Streck
Körperschaftsteuergesetz

# Körperschaftsteuergesetz

mit Nebengesetzen

Herausgegeben von

**Prof. Dr. Burkhard Binnewies**
Rechtsanwalt in Köln

Erläutert von

**Dr. Michael Streck**
Rechtsanwalt in Köln

**Dr. Rolf Schwedhelm**
Rechtsanwalt in Köln

**Dr. Herbert Olgemöller**
Rechtsanwalt in Köln

**Dr. Klaus Olbing**
Rechtsanwalt in Berlin

**Prof. Dr. Burkhard Binnewies**
Rechtsanwalt in Köln

**Dr. Jörg Alvermann**
Rechtsanwalt in Köln

9., neubearbeitete Auflage
2018

C.H.BECK

*Zitierweise:*

Streck KStG § 1 Rz. 1
Streck/Alvermann KStG § 5 Rz. 1
Streck/Schwedhelm KStG § 8 Anh Rz. 1
Streck/Olgemöller KStG § 23 Rz. 1
Streck/Olbing KStG § 14 Rz. 1
Streck/Binnewies KStG Beratungs-ABC Stichw. Rz. 1

**www.beck.de**

ISBN 978 3 406 70719 3


Wilhelmstraße 9, 80801 München
Satz, Druck und Bindung: Druckerei C. H. Beck Nördlingen
(Adresse wie Verlag)

Umschlaggestaltung: Druckerei C. H. Beck

Gedruckt auf säurefreiem, alterungsbeständigem Papier
(hergestellt aus chlorfrei gebleichtem Zellstoff)

# Vorwort

Dieser Kommentar fußt in seinen Ursprüngen auf der anwaltlichen Zusammenarbeit von Professor Dr. Günter Felix und Dr. Michael Streck. Von der dritten bis zur fünften Auflage wurde die Kommentierung im Wesentlichen durch Dr. Michael Streck bearbeitet, bevor sie ab der sechsten Auflage auf mehrere Steueranwälte der Partnerschaft Streck Mack Schwedhelm Rechtsanwälte mbB verteilt wurde. Dieses Autorenteam hat Bestand. Mit der neunten Auflage ist ein Wechsel in der Herausgeberschaft eingetreten, die darin begründet liegt, dass Dr. Michael Streck inzwischen aus Altersgründen aus der Partnerschaft ausgeschieden ist.

Der „Streck" ist nach wie vor ein praxisgeprägter Kommentar von Steueranwälten. Er soll für den Praktiker den schnellen Zugriff auf das Problem, insbesondere auf Verwaltungsauffassung und Rechtsprechung mit der eigenen Einschätzung der Autoren sichern, nicht eine umfassende dogmatische Erörterung liefern. Im Anhang findet sich weiterhin das „Beratungs-ABC" mit im Rahmen der Kommentierung kaum möglichen systematischen Erläuterungen von Beratungsschwerpunkten.

Bis Ende 2017 veröffentlichte Gesetze und Rechtsprechung sind berücksichtigt. Wo es sinnvoll erscheint, sind die im Jahr 2015 aktualisierten Körperschaftsteuerrichtlinien eingearbeitet. Umfassende Gesetzesreformen hat es zum Körperschaftsteuergesetz seit der Vorauflage nicht gegeben. Stattgefunden haben mehr oder weniger gelungene Reparaturen des Gesetzgebers, z.B. im Rahmen der Verlustbesteuerung (§§ 8c, 8d KStG) durch das Gesetz zur Weiterentwicklung der steuerlichen Verlustverrechnung v. 20.12.2016 und im Rahmen der Ausschüttungsbesteuerung (§ 8b KStG) durch das Gesetz zur Umsetzung der Änderungen der EU-Amtshilferichtlinie und von weiteren Maßnahmen gegen Gewinnverkürzung und -verlagerung v. 20.12.2016.

Die Verlustbesteuerung muss als gescheitert qualifiziert werden, nachdem das Bundesverfassungsgericht § 8c KStG in wesentlichen Teilen für verfassungswidrig erachtet und der Gesetzgeber zur rückwirkenden Neuregelung aufgefordert ist. Unabhängig davon musste § 8c KStG vom Gesetzgeber erneut überarbeitet werden. Da ist es nur ein schwacher Trost, dass seit Ende 2017 ein überarbeitetes BMF-Schreiben vorliegt. Auch der neu geschaffene § 8d KStG wirft mehr Fragen auf, als Antworten gegeben werden. Auch diesbezüglich steht ein erläuterndes BMF-Schreiben aus. Das Finanzunternehmen iSv § 8b Abs. 7 KStG wurde zutreffender Weise auf den Finanzsektor zusammengestutzt.

Fast 20 Jahre nach seiner Abschaffung sind Ausführungen zum Anrechnungsverfahren vollständig eliminiert worden. Diesbezüglich wird auf die Vorauflagen verwiesen. Die nunmehr auslaufenden Übergangsvorschriften §§ 36 ff. KStG beschäftigen uns noch immer nachhaltig im Rahmen der Rechtsbehelfsverfahren, so dass die Kommentierung auch insoweit aktualisiert wurde.

Die Ausführungen zur verdeckten Gewinnausschüttung stellen nach wie vor einen Schwerpunkt dar; denn die Kasuistik hierzu wächst weiter und die verdeckte Gewinnausschüttung ist im mittelständischen Bereich nach wie vor Prüfungsschwerpunkt. Insbesondere die zwischenzeitlich ergangene praxisrelevante Rechtsprechung zu den Pensionszusagen ist eingearbeitet.

Das Organschaftsrecht hat eine vergleichsweise ruhige Zeit erlebt mit klarstellenden Urteilen des BFH. Ein BMF-Schreiben zur kleinen Organschaftsreform fehlt immer noch.

Die Komplexität der Regelung zum Einlagekonto (§ 27 KStG) sowie die strenge Handhabung der Norm durch die Finanzverwaltung und die in Teilen unerbittliche Rechtsprechung hierzu macht die Norm weiterhin zur Haftungsfalle für den Berater. Die Kommentierung zeigt die Risiken auf.

Verstärktes Thema ist das Verhältnis von KSt und SchenkSt sowie die Problematik von Schenkungen zwischen Gesellschaft und Gesellschafter bzw. nahestehenden Personen. Diese Themen sind vor allem im Beratungs-ABC behandelt.

Köln, im Februar 2018 Für die Autoren *Burkhard Binnewies*

# Inhaltsübersicht

# Inhaltsverzeichnis

## II. Gesetz über steuerrechtliche Maßnahmen bei Erhöhung des Nennkapitals aus Gesellschaftsmitteln (KapErhStG)



## III. Texte



## IV. Beratungs-ABC (Themen und Beratungshilfen)

# Abkürzungsverzeichnis

| | |
|---|---|
| aA | anderer Ansicht |
| aaO | am angegebenen Ort |
| abl | ablehnend |
| Abs | Absatz |
| Abschn | Abschnitt |
| abw Wj | abweichendes Wirtschaftsjahr |
| abzb | abziehbar |
| AdV | Aussetzung der Vollziehung |
| aE | am Ende |
| AEAO | Anwendungserlass zur Abgabenordnung |
| aF | alte Fassung |
| AfA | Absetzung für Abnutzung |
| AG | Aktiengesellschaft; auch Zeitschrift „Die Aktiengesellschaft"; mit Ortsbezeichnung: Amtsgericht |
| AIG | Auslandsinvestitionsgesetz |
| AktG | Aktiengesetz |
| AK | Anschaffungskosten |
| allg | allgemein(e) |
| Alt | Alternative |
| AmtshilfeRLUmsG | Amtshilferichtlinie-Umsetzungsgesetz vom 26.6.2013 |
| AnfG | Anfechtungsgesetz |
| Anh | Anhang |
| Anm | Anmerkung |
| AnrBer | Anrechnungsberechtigung |
| anrber | anrechnungsberechtigt |
| AnrV | Anrechnungsverfahren |
| AntE | Anteilseigner |
| AnwErl | Anwendungserlass |
| AO | Abgabenordnung |
| AöR | Archiv für öffentliches Recht (Zeitschrift) |
| Ap | Außenprüfung |
| AR | Aufsichtsrat |
| ArbeitnehmerErfG | Gesetz über Arbeitnehmererfindungen |
| ArchSchwAbgR | Archiv für Schweizerisches Abgaberecht |
| arg | argumentum (Argument) |
| Art | Artikel |
| ARV | Aufsichtsratsvergütung |
| AmtlSlg | Amtliche Sammlung |
| AStG | Außensteuergesetz |
| Aufl | Auflage |
| ausf | ausführlich |
| ausländ | ausländische(r), (s) |
| AuslInvestmG | Gesetz über den Vertrieb ausländischer Investmentanteile und über die Besteuerung der Erträge aus ausländischen Investmentanteilen |
| AVmG | Altersvermögensgesetz vom 26.6.2001 |
| AWD | Außenwirtschaftsdienst des BB (Zeitschrift) |
| Az | Aktenzeichen |

| | |
|---|---|
| B/(Verfasser) | Blümich, EStG – KStG – GewStG und Nebengesetze (Loseblatt) |
| BAG | Bundesarbeitsgericht |
| BAnz | Bundesanzeiger |
| BaWü | Baden-Württemberg |
| BayObLG | Bayerisches Oberstes Landesgericht |
| BB | Betriebs-Berater (Zeitschrift) |
| Bd | Band |
| Bdbg (Brdbg) | Brandenburg |
| BdF | Bundesministerium der Finanzen |
| BdI | Bundesministerium des Inneren |
| BdJ | Bundesministerium der Justiz |
| Begr | Begründung |
| Beil | Beilage |
| Beisp | Beispiel |
| Beitr | Beitrag, Beiträge |
| BeitrRLUmsG | Beitreibungsrichtlinie-Umsetzungsgesetz vom 7.12.2011 |
| BerlFG | Berlinförderungsgesetz |
| BerVersV | Versicherungs-Berichterstattungs-Verordnung vom 29.3.2006 (BGBl. I S. 622) |
| bestr | bestritten |
| betr | betrifft; betreffend |
| BetrAufsp | Betriebsaufspaltung |
| BetrAusg (BA) | Betriebsausgabe(n) |
| BetrAVG | Gesetz zur Verbesserung der betrieblichen Altersversorgung |
| BetrKapGes | Betriebskapitalgesellschaft |
| BetrVerm | Betriebsvermögen |
| BewG | Bewertungsgesetz |
| BfF | Bundesamt für Finanzen |
| BFH | Bundesfinanzhof |
| BFHE | Sammlung der Entscheidungen des Bundesfinanzhofs, hrsg von den Mitgliedern des Bundesfinanzhofs |
| BFH/NV | Sammlung amtlich nicht veröffentlichter Entscheidungen des Bundesfinanzhofs |
| BFuP | Betriebswirtschaftliche Forschung und Praxis |
| BgA | Betrieb gewerblicher Art |
| BGB | Bürgerliches Gesetzbuch |
| BGBGes | Gesellschaft des bürgerlichen Rechts |
| BGBl | Bundesgesetzblatt |
| BGH | Bundesgerichtshof |
| BGHZ | Amtliche Sammlung von Entscheidungen des Bundesgerichtshofs in Zivilsachen |
| BiRiLiG, BilRiG | Bilanzrichtlinien-Gesetz |
| bish | bisherige(r) |
| BlStA | Blätter für Steuerrecht, Sozialversicherung und Arbeitsrecht |
| BMF | Bundesministerium der Finanzen |
| Bp | Betriebsprüfung |
| BpO | Betriebsprüfungsordnung |
| BR | Bundesrat |
| BRD | Bundesrepublik Deutschland |
| BReg | Bundesregierung |
| BR-Drucks | Bundesrats-Drucksache |
| BStBl | Bundessteuerblatt |
| BT | Bundestag |
| BT-Drucks | Bundestags-Drucksache |

| | |
|---|---|
| BVerfG | Bundesverfassungsgericht |
| BVerfGE | Entscheidungen des Bundesverfassungsgerichts, hrsg von den Mitgliedern des Bundesverfassungsgerichts |
| BVerfGG | Bundesverfassungsgerichtsgesetz |
| BVerwG | Bundesverwaltungsgericht |
| BVerwGE | Entscheidungen des Bundesverwaltungsgerichts, hrsg von den Mitgliedern des Bundesverwaltungsgerichts |
| bzgl | bezüglich |
| BZSt | Bundeszentralamt für Steuern |
| bzw | beziehungsweise |
| DB | Der Betrieb (Zeitschrift) |
| DBA | Doppelbesteuerungsabkommen |
| DDR | Deutsche Demokratische Republik |
| D/P/M | Dötsch/Pung/Möhlenbrock (Hrsg.), Die Körperschaftsteuer (Loseblatt) (der Verfasser ist ausgeschrieben) |
| ders | derselbe |
| dgl | dergleichen, desgleichen |
| DGStZ | Deutsche Gemeindesteuer-Zeitung (heute: ZKF) |
| dh | das heißt |
| dies | dieselben |
| Diss | Dissertation |
| DJT | Deutscher Juristentag |
| DM | Deutsche Mark |
| DNotZ | Deutsche Notarzeitung (Zeitschrift) |
| DöV | Die öffentliche Verwaltung (Zeitschrift) |
| Doppik | Doppelte Buchführung in Konten |
| Drucks | Drucksache |
| DStJG, Bd | Deutsche Steuerjuristische Gesellschaft eV (Band) |
| DStPr | Deutsche Steuer-Praxis (Zeitschrift) |
| DStR | Deutsches Steuerrecht (Zeitschrift) |
| DStV | Deutscher Steuerberaterverband |
| DStZ | Deutsche Steuerzeitung (Zeitschrift) |
| DStZ/A | Deutsche Steuerzeitung Ausgabe A |
| DStZ/B | Deutsche Steuerzeitung Ausgabe B (Eildienst) |
| dt | deutsch(en) |
| DV (DVO) | Durchführungsverordnung |
| DVBl | Deutsches Verwaltungsblatt (Zeitschrift) |
| DVR | Deutsche Verkehrsteuerrundschau (Zeitschrift) |
| EAV | Ergebnisabführungsvertrag |
| EDV | Elektronische Datenverarbeitung |
| EFG | Entscheidungen der Finanzgerichte |
| EG | Einführungsgesetz; Europäische Gemeinschaft |
| EGAO | Einführungsgesetz zur AO 77 |
| EGBGB | Einführungsgesetz zum Bürgerlichen Gesetzbuch |
| EGKStRG | Einführungsgesetz zum Körperschaftsteuerreformgesetz |
| eGmbH | eingetragene Genossenschaft mit beschränkter Haftung |
| eGmuH | eingetragene Genossenschaft mit unbeschränkter Haftung |
| ehem | ehemalig(es) |
| EigenKap | Eigenkapital |
| EinfErl | Einführungserlass |
| EK | Eigenkapital |
| einschl | einschließlich |
| Einspr | Einspruch |

| | |
|---|---|
| entspr | entspricht; entsprechend |
| Entw | Entwurf |
| ErbStG | Erbschaftsteuergesetz |
| ErbStR | Erbschaftsteuer-Richtlinien |
| Erläut | Erläuterung(en) |
| ESt | Einkommensteuer |
| EStDV | Einkommensteuer-Durchführungsverordnung |
| EStG | Einkommensteuergesetz |
| EStH | Einkommensteuer-Hinweise |
| estl | einkommensteuerlich |
| estpfl | einkommensteuerpflichtig |
| EStpfl | Einkommensteuerpflichtiger |
| EStR | Einkommensteuer-Richtlinien |
| EStZ | Europäische Steuer-Zeitung (Zeitschrift) |
| EU | Europäische Union |
| EuGH | Gerichtshof der Europäischen Gemeinschaften |
| EuGHE | Entscheidungen des Gerichtshofs der Europäischen Gemeinschaften (amtliche Sammlung) |
| eV | eingetragener Verein |
| evtl | eventuell |
| EWG | Europäische Wirtschaftsgemeinschaft |
| E&Y | Ernst & Young (Hrsg.) Körperschaftsteuergesetz, Kommentar (Loseblatt) |
| f | folgende |
| FA (FÄ) | Finanzamt (Finanzämter) |
| FArch | Finanzarchiv |
| Fbg | Freiburg |
| Festschr | Festschrift |
| ff | fortfolgende |
| FG | Finanzgericht |
| FG BaWü | Finanzgericht Baden-Württemberg |
| FG Bdbg | Finanzgericht Brandenburg |
| FG Bln | Finanzgericht Berlin |
| FG Bln-Bdbg | Finanzgericht Berlin-Brandenburg |
| FG Bremen | Finanzgericht Bremen |
| FG D'dorf | Finanzgericht Düsseldorf |
| FG Hbg | Finanzgericht Hamburg |
| FG Köln | Finanzgericht Köln |
| FG Leip | Sächsisches Finanzgericht Leipzig |
| FG Mchn | Finanzgericht München |
| FG MeVo | Finanzgericht Mecklenburg-Vorpommern |
| FG Münster | Finanzgericht Münster |
| FG Nbg | Finanzgericht Nürnberg |
| FG Nds | Niedersächsisches Finanzgericht |
| FG RhPf | Finanzgericht Rheinland-Pfalz |
| FG Saarl | Finanzgericht des Saarlandes |
| FG SachsAnh | Finanzgericht Sachsen-Anhalt |
| FG SchlHol | Schleswig-Holsteinisches Finanzgericht |
| FG Thür | Finanzgericht Thüringen |
| FGO | Finanzgerichtsordnung |
| FG-Urt | Finanzgerichts-Urteil |
| FinA | Finanzausschuss |
| FinArch | Finanzarchiv |
| FinBeh | Finanzbehörden |

| | |
|---|---|
| FinVerw | Finanzverwaltung |
| F/D | Frotscher/Drüen, KStG, GewStG, UmwStG, Kommentar (Loseblatt) (der Verfasser ist ausgeschrieben) |
| FMBl | Finanzministerialblatt |
| FMin | Finanzminister |
| Fn | Fußnote |
| FR | Finanz-Rundschau (Zeitschrift) |
| FS | Festschrift |
| FuSt | Finanzen und Steuer (Zeitschrift) |
| G | Gesetz |
| GAufzV | GewinnabgrenzungsaufzeichnungsVO |
| GAV | Gewinnabführungsvertrag |
| GBl | Gesetzblatt |
| GbR | Gesellschaft des bürgerlichen Rechts |
| gem | gemäß |
| GemH | Der Gemeindehaushalt (Zeitschrift) |
| GenG | Genossenschaftsgesetz |
| GesRecht | Gesellschaftsrecht |
| GesSt | Gesellschaftsteuer |
| GesVersammlung | Gesellschafterversammlung |
| gewerbl | gewerblich(er) |
| GewErtrSt | Gewerbeertragsteuer |
| GewO | Gewerbeordnung |
| GewSt | Gewerbesteuer |
| GewStDV | Gewerbesteuer-Durchführungsverordnung |
| GewStG | Gewerbesteuergesetz |
| GewStR | Gewerbesteuer-Richtlinien |
| GG | Grundgesetz |
| ggf (ggfs) | gegebenenfalls |
| ggü | gegenüber |
| glA | gleicher Ansicht |
| GmbH | Gesellschaft mit beschränkter Haftung |
| GmbHHdbch/ (Verfasser) | Handbuch der GmbH |
| GmbHG | Gesetz betreffend die GmbH |
| GmbHR | GmbH-Rundschau (Zeitschrift) |
| GmbH-StB | Der GmbH-Steuerberater (Zeitschrift) |
| GoB | Grundsatz (Grundsätze) ordnungsmäßiger Buchführung |
| Gosch/(Verfasser) | Gosch, Körperschaftsteuergesetz, Kommentar, München 2005 |
| grds | grundsätzlich |
| GrESt | Grunderwerbsteuer |
| GrundKap | Grundkapital |
| GrS | Großer Senat |
| GuV-Rechnung | Gewinn- und Verlustrechnung |
| GVBl | Gesetz- und Verordnungsblatt |
| GWG | Geringwertige Wirtschaftsgüter |
| hA | herrschende Ansicht |
| Halbs | Halbsatz |
| HandwO | Gesetz zur Ordnung des Handwerks (Handwerksordnung) |
| Hbg | Hamburg |
| Hdbch | Handbuch |
| Hess, hess | Hessen, hessisch |

| | |
|---|---|
| HessFG | Hessisches Finanzgericht |
| HFR | Höchstrichterliche Finanzrechtsprechung |
| HGA | Hypothekengewinnabgabe |
| HGB | Handelsgesetzbuch |
| H/H/R | Herrmann/Heuer/Raupach, Einkommensteuer- und Körperschaftsteuergesetz mit Nebengesetzen (Loseblatt) |
| hL | herrschende Lehre |
| hM | herrschende Meinung |
| HR, HReg | Handelsregister |
| Hrsg, hrsg | Herausgeber, herausgegeben |
| idF | in der Fassung |
| idR | in der Regel |
| idS | in dem Sinne |
| IDW | Institut der Wirtschaftsprüfer in Deutschland eV |
| ieS | im engeren Sinne |
| IFA | International Fiscal Association |
| iHd | in Höhe der/des |
| IHK | Industrie- und Handelskammer |
| iHv | in Höhe von |
| Inf (INF) | Die Information (Zeitschrift) |
| inländ | inländische(r), (s) |
| insbes | insbesondere |
| InsO | Insolvenzordnung |
| InvHAbg | Investitionshilfeabgabe |
| InvHG | Investitionshilfegesetz |
| InvStG | Investmentsteuergesetz |
| iRd | im Rahmen der/des |
| iRv | im Rahmen von |
| iS | im Sinne |
| iSd | im Sinne des |
| IStR | Internationales Steuerrecht (Zeitschrift) |
| iSv | im Sinne von |
| iÜ | im Übrigen |
| iVm | in Verbindung mit |
| IWB | Internationale Wirtschaftsbriefe (Zeitschrift) |
| iwS | im weiteren Sinne |
| iZm | in Zusammenhang mit |
| JbFfSt | Jahrbuch der Fachanwälte für Steuerrecht |
| JR | Juristische Rundschau (Zeitschrift) |
| JStErgG | Jahressteuer-Ergänzungsgesetz |
| JStG | Jahressteuergesetz |
| jur | juristisch(e) |
| JuS | Juristische Schulung (Zeitschrift) |
| JZ | Juristen-Zeitung (Zeitschrift) |
| KAGG | Gesetz über Kapitalanlagegesellschaften *(aufgehoben)* |
| KapAnlGes | Kapitalanlagegesellschaft |
| KapErhöhung | Kapitalerhöhung |
| KapErhStG | Gesetz über steuerrechtliche Maßnahmen bei Erhöhung des Nennkapitals aus Gesellschaftsmitteln *und bei Überlassung von eigenen Aktien an Arbeitnehmer* |
| KapErtrSt | Kapitalertragsteuer |
| KapGes | Kapitalgesellschaft |

| | |
|---|---|
| KapHerabsetzung | Kapitalherabsetzung |
| KapRücklage | Kapitalrücklage |
| KapVermögen | Kapitalvermögen |
| KapVSt | Kapitalverkehrsteuer |
| KartStVO | Verordnung über Körperschaftsteuer, Vermögensteuer und Gewerbesteuer der Kartelle und Syndikate |
| KFR | Kommentierte Finanz-Rechtsprechung |
| Kfz | Kraftfahrzeug |
| KfzSt | Kraftfahrzeugsteuer |
| KG | Kommanditgesellschaft; Kammergericht |
| KGA | Kreditgewinnabgabe |
| KGaA | Kommanditgesellschaft auf Aktien |
| KiSt | Kirchensteuer |
| kistpfl | kirchensteuerpflichtig |
| Kj | Kalenderjahr |
| kj-abw | kalenderjahrabweichend(e) |
| kj-gl | kalenderjahrgleich(e) |
| Kläschen | Kläschen, Körperschaftsteuergesetz, Kommentar (Loseblatt) |
| KO | Konkursordnung (jetzt: Insolvenzordnung) |
| Komm | Kommentierung, Kommentar |
| KÖSDI | Kölner Steuerdialog (Zeitschrift) |
| KostO | Kostenordnung |
| KöStI | Kölner Steuerinformation |
| krit | kritisch |
| KSt | Körperschaftsteuer |
| KStDV | Körperschaftsteuer-Durchführungsverordnung |
| KStG | Körperschaftsteuergesetz |
| KStH | Körperschaftsteuer-Hinweise |
| KStHdbch/(Verfasser) | Handbuch des Körperschaftsteuerrechts von Schöberle/Hofmeister (der Verfasser ist ausgeschrieben) |
| kstl | körperschaftsteuerlich |
| kstpfl | körperschaftsteuerpflichtig |
| KStpfl | Körperschaftsteuerpflichtiger |
| KStR | Körperschaftsteuer-Richtlinien |
| KStRG | Körperschaftsteuerreformgesetz |
| KStZ | Kommunale Steuerzeitung (Zeitschrift) |
| KVSt | Kapitalverkehrsteuer |
| KVStG | Kapitalverkehrsteuergesetz |
| KWG | Kreditwesengesetz |
| L/(Verfasser) | Lademann, Kommentar zur Körperschaftsteuer (Loseblatt) |
| LA | Lastenausgleich |
| LAG | Lastenausgleichsgesetz |
| lfd | laufend(e, er) |
| Lfg | Lieferung |
| LG | Landgericht |
| LS | Leitsatz |
| LSt | Lohnsteuer |
| LStDV | Lohnsteuer-Durchführungsverordnung |
| lstpfl | lohnsteuerpflichtig |
| LStR | Lohnsteuer-Richtlinien |
| lt | laut |
| LZB | Landeszentralbank |
| maW | mit anderen Worten |

| | |
|---|---|
| MBO | Management Buy-out |
| MDR | Monatsschrift für Deutsches Recht |
| mE | meines Erachtens |
| MeVo | Mecklenburg-Vorpommern |
| MinBl | Ministerialblatt |
| Mio | Million |
| MoMiG | Gesetz zur Modernisierung des GmbH-Rechts und zur Bekämpfung von Missbräuchen |
| M/S | Mössner/Seeger/von Brocke, Körperschaftsteuerkommentar (der Verfasser ist ausgeschrieben) |
| MutterGes | Muttergesellschaft |
| mwN | mit weiteren Nachweisen |
| | |
| Nachw | Nachweise |
| Nbg | Nürnberg |
| Nds (nds) | Niedersachsen (niedersächsisch) |
| NdsFG | Niedersächsisches Finanzgericht |
| NennKap | Nennkapital |
| nF | neue Fassung |
| nichtrechtsf | nicht rechtsfähig |
| NJW | Neue Juristische Wochenschrift (Zeitschrift) |
| nnv | noch nicht veröffentlicht |
| Nr | Nummer |
| nrkr | nicht rechtskräftig |
| NRW | Nordrhein-Westfalen |
| NStR | Neues Steuerrecht von A bis Z (Zeitschrift) |
| nv | nicht veröffentlicht |
| NWB | Neue Wirtschaftsbriefe Fach (Zeitschrift) |
| NZB | Nichtzulassungsbeschwerde |
| | |
| oa | oben angeführt |
| oä | oder ähnlich |
| obj | objektiv |
| OECD | Organisation for Economic Cooperation and Development (Organisation für wirtschaftliche Zusammenarbeit und Entwicklung) |
| OECD-MA | OECD-Musterabkommen |
| öffentl | öffentlich |
| ÖStZ | Österreichische Steuerzeitung (Zeitschrift) |
| OFD | Oberfinanzdirektion |
| OFH | Oberster Finanzgerichtshof |
| oGa | offene Gewinnausschüttung |
| oHG | offene Handelsgesellschaft |
| oJ | ohne Jahresangabe |
| OLG | Oberlandesgericht |
| oO | ohne Ortsangabe |
| Org | Organschaft |
| OrganGes | Organgesellschaft |
| OrganT | Organträger |
| OVG | Oberverwaltungsgericht |
| | |
| Palandt | Palandt, Kommentar zum BGB |
| PartG | Parteiengesetz |
| PersGes | Personengesellschaft |
| PKa | Pensionskasse |

| | |
|---|---|
| PrivVerm (PV) ........... | Privatvermögen |
| PrVBl ......................... | Preußisches Verwaltungsblatt (Zeitschrift) |
| PZ .............................. | Pensionszusage |
| RAO .......................... | Reichsabgabenordnung |
| Ratsdok ...................... | Ratsdokument |
| rd ............................... | rund |
| rechtsf ........................ | rechtsfähig |
| rechtl .......................... | rechtlich |
| Reg ............................ | Regierung |
| RegEntw ..................... | Regierungsentwurf |
| Rev ............................ | Revision |
| RFH .......................... | Reichsfinanzhof |
| RFHE ........................ | Sammlung der Entscheidungen und Gutachten des Reichsfinanzhofs, hrsg vom RFH |
| RFM .......................... | Reichsminister der Finanzen |
| RG ............................. | Reichsgericht |
| RGBl ......................... | Reichsgesetzblatt |
| RGZ .......................... | Entscheidungen des Reichsgerichts in Zivilsachen, hrsg von den Mitgliedern des Gerichtshofes und der Reichsanwaltschaft |
| RhPf .......................... | Rheinland-Pfalz |
| Richtl ......................... | Richtlinien |
| RIW .......................... | Recht der Internationalen Wirtschaft (Zeitschrift) |
| RIW/AWD .............. | Recht der Internationalen Wirtschaft, Außenwirtschaftsdienst (Zeitschrift) |
| rkr .............................. | rechtskräftig |
| Rn ............................. | Randnummer |
| Rpfl ............................ | Der Deutsche Rechtspfleger (Zeitschrift) |
| Rspr ........................... | Rechtsprechung |
| RStBl ......................... | Reichssteuerblatt |
| RVG .......................... | Reichsvereinsgesetz |
| RVO .......................... | Reichsversicherungsordnung; Rechtsverordnung |
| RWP .......................... | Rechts- und Wirtschaftspraxis, Blattei-Handbuch |
| Rz .............................. | Randzahl; Randziffer |
| S ................................ | Seite, ansonsten iVm §§-Angabe: Satz; Sätze |
| s ................................. | siehe |
| Saarl .......................... | Saarland |
| SächsFG .................... | Sächsisches Finanzgericht |
| SchlHol ...................... | Schleswig-Holstein |
| Schmidt/(Verfasser) | Einkommensteuergesetz, Kommentar, 32. Aufl, 2013, sofern keine andere Angabe |
| Schr ........................... | Schreiben |
| SFG ............................ | Solidarpaktfortführungsgesetz vom 20.12.2001 |
| s o .............................. | siehe oben |
| sog ............................. | sogenannt |
| SoliZ (SolZ) .............. | Solidaritätszuschlag |
| StandOG ..................... | Standortsicherungsgesetz vom 13.9.1993 |
| StÄndG ...................... | Steueränderungsgesetz |
| StAnpG ...................... | Steueranpassungsgesetz |
| StB ............................ | Steuerberater; Zeitschrift: Der Steuerberater |
| StBAG ....................... | Fünftes Gesetz zur Änderung des Steuerbeamten-Ausbildungsgesetzes und zur Änderung von Steuergesetzen vom 23.7.2002 |

| | |
|---|---|
| StAbzug | Steuerabzug |
| stbefreit | steuerbefreit |
| StBefreiung | Steuerbefreiung |
| StBelastung | Steuerbelastung |
| StBerater | Steuerberater |
| StBereinG | Steuerbereinigungsgesetz |
| StBev | Steuerbevollmächtigter |
| StBG | Steuerberatungsgesetz |
| Stbg | Die Steuerberatung (Zeitschrift) |
| StBilanz | Steuerbilanz |
| StbJb | Steuerberater-Jahrbuch |
| StbKongrRep | Steuerberater-Kongress-Report, hrsg von der Bundessteuerberaterkammer (ab 1977) |
| StBp | Die steuerliche Betriebsprüfung (Zeitschrift) |
| StEK | Steuererlasse in Karteiform, hrsg von Felix |
| steuerl | steuerlich(e) |
| Steufa | Steuerfahndungsstelle (Steuerfahndung) |
| StEuglG | Steuer-Euroglättungsgesetz vom 19.12.2000 |
| stfrei | steuerfrei |
| StGB | Strafgesetzbuch |
| StKongrRep | Steuer-Kongress-Report, hrsg von der Bundeskammer der Steuerbevollmächtigten (1961–1976) |
| StLex | Steuerlexikon |
| StMBG | Missbrauchsbekämpfungs- und Steuerbereinigungsgesetz vom 21.12.1993 |
| Stpfl | Steuerpflichtige(r) |
| stpfl | steuerpflichtig |
| StPflicht | Steuerpflicht |
| StPO | Strafprozessordnung |
| str | streitig |
| StRecht | Steuerrecht |
| StRefG | Steuerreformgesetz |
| StRK | Steuerrechtsprechung in Karteiform |
| StRKAnm | Anmerkungen zur Steuerrechtsprechung in Karteiform |
| stRspr | ständige Rechtsprechung |
| StSenkG | Steuersenkungsgesetz vom 23.10.2000 |
| StuB | Steuern und Bilanzen (Zeitschrift) |
| StuW | Steuer und Wirtschaft (Zeitschrift) |
| StV | Der Strafverteidiger |
| StVBG | Steuerverkürzungsbekämpfungsgesetz vom 19.12.2001 |
| StVergAbG | Steuervergünstigungsabbaugesetz vom 16.5.2003 |
| StVj | Steuerliche Vierteljahresschrift (Zeitschrift) |
| StWa | Steuerwarte (Zeitschrift) |
| StWK | Steuer- und Wirtschafts-Kurzpost |
| su | siehe unten |
| subj | subjektiv |
| teilw | teilweise |
| TochterGes | Tochtergesellschaft |
| Tz | Textziffer |
| ua | unter anderem |
| uÄ | und Ähnliches |
| uE | unseres Erachtens |
| UKa | Unterstützungskasse |

| | |
|---|---|
| umstr | umstritten |
| UmwG | Umwandlungsgesetz |
| UmwStG | Umwandlungssteuergesetz |
| UntStRefG | Unternehmensteuerreformgesetz |
| unzutr | unzutreffend |
| UR | Umsatzsteuer-Rundschau (Zeitschrift) |
| Urt | Urteil |
| USt | Umsatzsteuer |
| USt-EV | Umsatzsteuer-Eigenverbrauch |
| UStG | Umsatzsteuergesetz |
| UStR | Umsatzsteuer-Rundschau |
| usw | und so weiter |
| uU | unter Umständen |
| | |
| v | vom |
| VAG | Versicherungsaufsichtsgesetz |
| vEK | verwendbares Eigenkapital |
| Verf | Verfasser |
| VermBG | Vermögensbildungsgesetz |
| VersSt | Versicherungsteuer |
| VerwAkt (VA) | Verwaltungsakt |
| VerwArch | Verwaltungsarchiv |
| Vfg | Verfügung |
| vGa | verdeckte Gewinnausschüttung |
| vgl | vergleiche |
| vH | vom Hundert |
| VIZ | Zeitschrift für Vermögens- und Investitionsrecht |
| VO | Verordnung |
| VorausZ | Vorauszahlung |
| Vorschr | Vorschrift |
| VSt | Vermögensteuer |
| VStG | Vermögensteuergesetz |
| VStPfl | Vermögensteuerpflicht |
| VStR | Vermögensteuer-Richtlinien |
| vT | vom Tausend |
| VuG-Rechnung | Verlust- und Gewinnrechnung |
| VuV | Vermietung und Verpachtung |
| VVaG | Versicherungsverein auf Gegenseitigkeit |
| VwGO | Verwaltungsgerichtsordnung |
| VZ | Veranlagungszeitraum |
| | |
| WG | Wirtschaftsgut |
| WGG | Gesetz über die Gemeinnützigkeit im Wohnungswesen – Wohnungsgemeinnützigkeitsgesetz – |
| WGGDV | Verordnung zur Durchführung des Wohnungsgemeinnützigkeitsgesetzes |
| wistra | Zeitschrift für Wirtschafts-, Steuer- und Strafrecht |
| Wj | Wirtschaftsjahr |
| WK | Werbungskosten |
| WKBG | Wagniskapitalbeteiligungsgesetz |
| WM | Wertpapiermitteilungen (Zeitschrift) |
| Wpg | Die Wirtschaftsprüfung (Zeitschrift) |
| WPK-Mitt | Wirtschaftsprüferkammer – Mitteilungen |
| | |
| zB | zum Beispiel |

| | |
|---|---|
| Zeitschr | Zeitschrift |
| ZfgG | Zeitschrift für das gesamte Genossenschaftswesen |
| ZfZ | Zeitschrift für Zölle und Verbrauchsteuern |
| ZgK | Zeitschrift für das gesamte Kreditwesen |
| ZGR | Zeitschrift für Unternehmens- und Gesellschaftsrecht |
| ZHR | Zeitschrift für das gesamte Handels- und Wirtschaftsrecht |
| Ziff | Ziffer |
| ZIP | Zeitschrift für Wirtschaftsrecht |
| zit | zitiert |
| ZKF | Zeitschrift für Kommunalfinanzen (vormals: DGStZ) |
| ZPO | Zivilprozessordnung |
| zT | zum Teil |
| zust | zustimmend |
| zutr | zutreffend |
| zweifelh | zweifelhaft |
| zZt | zur Zeit |
| zzgl | zuzüglich |

# I. Körperschaftsteuergesetz (KStG)

In der Fassung der Bekanntmachung vom 15. Oktober 2002

(BGBl I 02, 4144; BStBl I 02, 1169)

Geändert durch Steuervergünstigungsabbaugesetz (StVergAbG) vom 16.5.2003 (BGBl I 03, 660), Gesetz zur Neustrukturierung der Förderbanken des Bundes (Förderbankenneustrukturierungsgesetz) vom 15.8.2003 (BGBl I 03, 1657), Steueränderungsgesetz 2003 (StÄndG 2003) vom 15.12.2003 (BGBl I 03, 2645), Gesetz zur Umsetzung der Protokollerklärung der Bundesregierung zur Vermittlungsempfehlung zum StVergAbG (sog Korb-II) vom 22.12.2003 (BGBl I 03, 2840), Haushaltsbegleitgesetz 2004 (HBeglG 2004) vom 29.12.2003 (BGBl I 03, 3076), EG-Amtshilfe-Anpassungsgesetz vom 2.12.2004 (BGBl I 04, 3112), Gesetz zur Organisationsreform in der gesetzlichen Rentenversicherung (RVOrgG) vom 9.12.2004 (BGBl I 04, 3242), Richtlinien-Umsetzungsgesetz (EURLUmsG) vom 9.12.2004 (BGBl I 04, 3310), Gesetz zur Änderung des Versicherungsaufsichtsgesetzes und anderer Gesetze vom 15.12.2004 (BGBl I 04, 3416), Steueränderungsgesetz 2007 (StÄndG 2007 vom 19.7.2006 (BGBl I 06, 1652), Gesetz zur Umsetzung der neu gefassten Bankenrichtlinie und der neugefassten Kapitaladäquanzrichtlinie vom 17.11.2006 (BGBl I 06, 2606), Gesetz über steuerliche Begleitmaßnahmen zur Einführung der Europäischen Gesellschaft und zur Änderung weiterer steuerrechtlicher Vorschriften (SEStEG) vom 7.12.2006 (BGBl I 06, 2782), Jahressteuergesetz 2007 (JStG 2007) vom 13.12.2006 (BGBl I 06, 2878), Unternehmensteuerreformgesetz 2008 vom 14.8.2007 (BGBl I 07, 1912), Gesetz zur weiteren Stärkung des bürgerschaftlichen Engagements vom 10.10.2007 (BGBl I 07, 2332), Jahressteuergesetz 2008 (JStG 2008) vom 20.12.2007 (BGBl I 07, 3150), Gesetz zur Modernisierung der Rahmenbedingungen für Kapitalbeteiligungen (MoRaKG) vom 12.8.2008 (BGBl. I 08, 1672), Jahressteuergesetz 2009 vom 19.12.2008 (BGBl I 08, 2794), Steuerbürokratieabbaugesetz vom 20.12.2008 (BGBl I 08, 2850), Drittes Mittelstandsentlastungsgesetz vom 17.3.2009 (BGBl I 09, 550), Gesetz zur Fortführung der Gesetzeslage 2006 bei der Entfernungspauschale vom 20.4.2009 (BGBl I 09, 774), Bürgerentlastungsgesetz Krankenversicherung vom 16.7.2009 (BGBl I 09, 1959), Steuerhinterziehungsbekämpfungsgesetz vom 29.7.2009 (BGBl I 09, 2302), Wachstumsbeschleunigungsgesetz vom 22.12.2009 (BGBl I 09, 3950), Gesetz zur Umsetzung steuerlicher EU-Vorgaben sowie zur Änderung steuerlicher Vorschriften vom 8.4.2010 (BGBl I 10, 386), Jahressteuergesetz 2010 vom 8.12.2010 (BGBl I 10, 1768), OGAW-IV-Umsetzungsgesetz vom 22.6.2011 (BGBl I 11, 1126), Steuervereinfachungsgesetz 2011 vom 1.11.2011 (BGBl I 11, 2131), Beitreibungsrichtlinie-Umsetzungsgesetz vom 7.12.2011 (BGBl I 11, 2592), Gesetz zur Änderung und Vereinfachung der Unternehmensbesteuerung und des steuerlichen Reisekostenrechts vom 20.2.2013 (BGBl I 13, 285), Ehrenamtsstärkungsgesetz vom 21.3.2013 (BGBl I 13, 556), Gesetz zur Umsetzung des EuGH-Urteils vom 20. Oktober 2011 in der Rechtssache C-284/09 vom 21.3.2013 (BGBl I 13, 561), Amtshilferichtlinie-Umsetzungsgesetz vom 26.6.2013 (BGBl I 13, 1809), AIFM-Steuer-Anpassungsgesetz vom 18.12.2013 (BGBl I 13, 4318), Gesetz zur Anpassung des nationalen Steuerrechts an den Beitritt Kroatiens zur EU und zur Änderung weiterer steuerlicher Vorschriften vom 25.7.2014 (BGBl I 14, 1266), Gesetz zur Anpassung der Abgabenordnung an den Zollkodex der Union und zur Änderung weiterer steuerlicher Vorschriften vom 22.12.2014 (BGBl I 14, 2417), Gesetz zur Modernisierung der Finanzaufsicht über Versicherungen vom 1.4.2015 (BGBl I 15, 434), Steueränderungsgesetz 2015 vom 2.11.2015 (BGBl I 15, 1834), Investmentsteuerreformgesetz vom 19.7.2016 (BGBl I 16, 1730), Gesetz zur Weiterentwicklung der steuerlichen Verlustverrechnung bei Körperschaften vom 20.12.2016 (BGBl I 16, 2998), Gesetz zur Umsetzung der Änderungen der EU-Amtshilferichtlinie und von weiteren Maßnahmen gegen Gewinnkürzungen und -verlagerungen vom 20.12.2016 (BGBl I 16, 3000), BVerfG-Beschluss vom 29.3.2017 2 BvL 6/11 (BGBl I 17, 1289), Gesetz gegen schädliche Steuerpraktiken im Zusammenhang mit Rechteüberlassungen vom 27.6.2017 (BGBl I 17, 2074), Gesetz zum Ausschluss verfassungsfeindlicher Parteien von der Parteienfinanzierung vom 18.7.2017 (BGBl I 17, 2730)

# Einleitende Hinweise zum KStG

## Übersicht



1 **1. Schrifttum – Körperschafts- und Unternehmensbesteuerung**

**Vor 1988:** S 7. Aufl.

**Ab 1988:** *Lang,* Reform der Unternehmensbesteuerung, StuW 89, 3; *Knobbe-Keuk,* Möglichkeiten und Grenzen einer UnternehmensStReform, DB 89, 1303; *Schneider,* Reform der Unternehmensbesteuerung aus betriebswirtschaftl Sicht, StuW 89, 328; *Seidl,* BetriebSt und Neutralität, StuW 89, 350; *Ritter,* Reform der Unternehmensbesteuerung aus der Sicht der Wirtschaft, StuW 89, 319; *Giloy,* Reform der Unternehmensbesteuerung, DStZ 89, 547; *Funk,* Zur Notwendigkeit einer UnternehmensStReform, Institut FuSt Nr 284, 1989; *Schneider,* Die überfällige Neuordnung der Unternehmensbesteuerung, StbKongrRep 89, 47; *DStV,* Zehn Thesen des DStV zur UnternehmensStReform, StBg 90, 9; *Rose,* Strategieorientierte Reform der Unternehmensbesteuerung, StVj 90, 1; *Ritter,* Konzept einer Reform der Unternehmensbesteuerung, BB 90, 2197; *Gobrecht/Ammann/Fuhrmann,* Anstöße zur Neuordnung – Besteuerung der Unternehmen, Besteuerung der Alterseinkünfte, Hamburg, 1990; *Korth,* Reformgedanken zur Unternehmensbesteuerung, Stbg 90, 126; *Gobrecht,* Thesen zur Reform der Unternehmensbesteuerung, Stbg 91, 453; *Cansier/Wellisch,* BetriebSt und internationale Neutralität, StuW 91, 179; *Fischer,* Die Reform des Unternehmenssteuerrechts in den wichtigsten Industriestaaten, FS Rose 1991, 217; *Gattermann,* Unternehmenssteuerreform – für Gesamtdeutschland noch möglich und notwendig, IDW-Fachtagung 1991, Bericht, 15; *Schuster,* Kstl Aspekte der geplanten UnternehmensStReform, 1991; *Wosnitza,* Zur Erweiterung der BetriebSt zu einer UnternehmensSt, StVj 92, 146; *Kaiser,* Konsumorientierte Reform der Unternehmensbesteuerung, 1992; *Graß,* Unternehmensformneutrale Besteuerung, 1992; *Carl,* Neue Vorschläge zur Vereinheitlichung der Unternehmensbesteuerung, DStZ 93, 2; *Crezelius* und *Knobbe-Keuk,* UnternehmensStReform aus nationaler Sicht und Entwicklungen in Europa, JbFSt 92/93, 33; *Lang,* Das Standortsicherungsgesetz auf dem Prüfstand, StbJb 93/94, 9; *Reiß,* Rechtsformabhängige Unternehmensbesteuerung, DStJG 17 (1994), 3; *Pezzer,* Rechtfertigung der KSt und ihre Entwicklung zu einer allgemeinen UnternehmenSt, FS Tipke, 1995, 419.

**Ab 2000:** *Hennrichs,* Dualismus der Unternehmensbesteuerung aus gesellschaftsrechtl und steuersystematischer Sicht, StuW 02, 201; *Jorde/Götz,* Maßgebende Gesichtspunkte der Rechtsformwahl unter Steuer-, Liquiditäts- und Bewertungsaspekten, BB 03, 1813; *Jacobs/Spengel/Hermann/Stetter,* Steueroptimale Rechtsformwahl: Personengesellschaften besser als Kapitalgesellschaften, StuW 03, 308; *Hey,* Perspektiven der Unternehmensbesteuerung in Europa. StuW 04 193; *Altmeppen,* Schutz vor „europäischen" Kapitalgesellschaften, NJW 04, 97; *Lutter,* Zur Entwicklung der GmbH in Europa und in der Welt, GmbHR 05, 1; *Westermann,* Die GmbH in der nationalen und internationalen Konkurrenz der Rechtsformen, GmbHR 05, 4; *Kußmaul/Meyering,* Historische Entwicklung der GmbH-Besteuerung und Vergleich der laufenden Steuerbelastung von Kapital- und Personengesellschaften, GmbHR 05, 17; *Herzig/Bohn,* Reform der Unternehmensbesteuerung – Zwischenbericht zum Konzept der Stiftung Marktwirtschaft, DB 06, 1; *Bayer/Hoffmann,* 100 Jahre GmbH-Rundschau – 100 Jahre Rechtstatsachen zur GmbH, GmbHR 09, 1048; *Seer,* Die Besteuerung der GmbH im Spiegel der Zeit, GmbHR 09, 1036; *Müller/Schmidt/Langkau,* Steuerberater Rechtsformvergleich in einem dynamischen Modell, StuW 10, 81; *Spengel/Schaden/Wehrße,* Besteuerung von Personengesllschaften in 27-EU-Mitgliedstaaten und den USA – eine Analyse der nationalen Besteuerungskonzeptionen, StuW 10, 44; *Hey,* Verfassungsrechtliche Maßstäbe der Unternehmensbesteuerung, FS Herzig, 2010, 7; *diesselbe,* Perspektiven der Unternehmensbesteuerung, StuW 11, 131; *Lang,* Unternehmensbesteuerung im internationalen Vergleich, StuW 11, 144; *Spengel/Evers,* Steuerpolitische Programme der Bundestagsparteien, DB 12, 705; *Kahle,* Modernisierung und Vereinfachung des Unternehmensteuerrecht, DStZ 12, 691.

## 2. Schrifttum – Zum KStG 1977 und seinen Reformen 2

**Vor 1985:** S 7. Aufl.

**Ab 1985:** *Herzig,* KStGuthaben oder vEK, GmbHR 85, 37; *Mayer-Wegelin,* Das vEK: Eine Zwangsjacke für kstpfl Unternehmen, BB 85, 1757; *Maas,* Überlegungen zur Vereinfachung des körperschaftsteuerlichen AnrV, BB 85, 45; *Jost,* KStGuthaben als Ersatz für das vEK oder vereinfachte Gliederung des vEK?, DB 86, Beil Nr 3; *Clouth,* Überlegungen zur Reform der KSt-Plädoyer für einen einheitl StSatz, DStR 86, 752, mit Entgegnung von *Jonas,* DStR 86, 753; *Sarrazin,* Gesetzgeberische Pläne zur Vereinfachung des AnrV, DStZ 86, 235; *Saß,* KStReform und Mutter/Tochter-Richtlinien der EG, BB 86, 1195; *Uelner,* JbFSt 86/87, 29; *Schwachert* GmbHR 87, 311; *Dötsch,* Vereinfachung des körperschaftsteuerlichen AnrV, DB 87, 1858; *Krebs,* Steuerpolitische Entscheidung zu Beginn des zweiten Jahrzehnts des deutschen KStSystems, GmbHR 87, 156; *Knobbe-Keuk,* Bilanz der KStReform 1977, GmbHR 87, 125; *Herzig,* Ausgewählte Schwachstellen des KStRechts, GmbHR 87, 140; *Dötsch,* Der Referentenentwurf des KSt-Vereinfachungsgesetzes, DB 88, 2426; *Wassermeyer,* Das ÄnderungsG zum KStG – Ein neues BFH-Rspr-KorrekturG, DB 88, 2531; *Herzig/Schuler,* Die Vereinfachung der Gliederungsrechnung wird vertagt – Eine vertane Chance zur Steuervereinfachung, DB 89, 495; *Herzig,* Nationale und internationale Aspekte einer Reform der KSt, StuW 90, 22; *Raupach/Sarrazin,* Das körperschaftsteuerliche AnrV, DStJG 20 (1997), 21, 57; *Krebühl,* Das körperschaftsteuerliche AnrV, FS L Fischer, 1999, 137.

**Ab 1999:** Brühler Empfehlungen zur Reform der Unternehmensbesteuerung vom 30.4.99, GmbHR 99, 598; dazu *Wagner/Bauer/Wader,* BB 99, 1296; *Schiffers,* GmbHR 99, 741; *Schulze zur Wiesche,* FR 99, 698; *Birk,* StuW 00, 328; *Herzig/Watrin,* StuW 00, 378; *Homburg,* Die Steuervorschläge der Stiftung Marktwirtschaft, BB 05, 2382; *Herzig/Bohn,* Reform der Unternehmensbesteuerung – Zwischenbericht zum Konzept der Stiftung Marktwirtschaft, DB 06, 1; *Spengel/Reister,* Die Pläne zur Unternehmenssteuerreform 2008 drohen ihre Ziele zu verfehlen, DB 06, 1741; *Hey,* Unternehmenssteuerreform: Integration von Personenunternehmen in die niedrige Besteuerung thesaurierter Gewinne, FS A Raupach, 2006,

479; *Schulze-Osterloh,* Das BVerfG und die Unternehmensbesteuerung, FS A Raupach, 2006, 531; *Böhmer,* Das Trennungsprinzip im Körperschaftsteuerrecht – Grundsatz ohne Zukunft? StvW 12, 33.

Zur **Unternehmensteuerreform 2008:** *Ortmann-Babel/Zipfel* BB 06, 1869, 2205; *Watrin/Wittkowski/Strohm* GmbHR 07, 785; *Schreiber/Overesch* DB 07, 813; *Herzig/Lochmann* DB 07, 1037; *Müller-Gatermann* StBg 07, 145; *Blumenberg/Benz,* Die Unternehmensteuerreform 2008, 2007; *Rödcker,* DStR 07, Beihefter zu Heft 40; *Förster* StBg 07, 559; *Oesterreicher/Klett/Koch* StuW 08, 15; *Hermann,* NWB F2, 9683 (2/08).

3 **3. Körperschaftsteuerrichtlinien 1977** v 29.12.77 (BStBl I 77, 790): S 2. Aufl.
**1981** v 22.12.81 (BStBl I 82, 71): S 3. Aufl.
**1985** v 30.12.85 (BStBl I 86, Sondernr 1): S 4. Aufl.
**1990** v 14.3.91 (BStBl I 91, Sondernr 1); *Dötsch/Singbartl,* DB 91, 355, 406.
**1995** v 15.12.95 (BStBl I 96, Sondernr 1).
**2004** v 13.12.04 (BStBl I 04, Sondernr 2).
**2015** v 6.4.16 (BStBl I 16, Sondernr 1).

4 **4. Kommentare:** *Hermann/Heuer/Raupach,* EStG/KStG, Loseblattkommentar; *Lademann,* Loseblattkommentar zum KStG; *Mössner/Seeger,* KStG, UmwStG, 3. Aufl, 2017; *Blümich,* EStG, KStG, GewStG und Nebengesetze, Loseblattkommentar; *Dötsch/Eversberg/Jost/Pung/Witt,* Die KSt, Loseblattkommentar; *Ernst & Young,* KStG, Loseblattkommentar; *Gosch,* KStG, 3. Aufl, 2015).

5 **5. Gesamtdarstellungen:** *Dötsch/Alber/Sädler/Sell/Zenthöfer,* KSt, 18. Aufl, 2017; *Erle/Sauter,* KStG, 3. Aufl, 2010; *Frotscher,* KSt, 2. Aufl, 2008; *Jäger/Lang,* KSt, 19. Aufl, 2016; *Gosch,* KStG, 2. Aufl, 2009.

6 **6. GmbH/AG:** *Gosch/Schwedhelm/Spiegelberger,* GmbH-Beratung, Loseblattsammlung; GmbH-Handbuch, Loseblattsammlung; *Götte,* Die GmbH, 2. Aufl, 2002; Beck'sches Handbuch der GmbH, 5. Aufl, 2014; *Tillmann/Schiffers/Wälzholz,* Die GmbH in Gesellschafts- und Steuerrecht, 6. Aufl, 2016; *Seibert/Kiem,* Handbuch der kleinen AG, 5. Aufl, 2008; *Balser/Bokelmann/Ott/Piorreck,* Die AG, 4. Aufl, 2002; *Henn,* Handbuch des Aktienrechts, 9. Aufl, 2017; *Heidel,* Aktienrecht, 4. Aufl, 2014; *Jäger,* AG, 2004; Beck'sches Handbuch der AG, 3. Aufl, 2018; *Marsch-Barner/Schäfer,* Handbuch börsennotierter AG, 4. Aufl, 2017; *Kußmaul/Meyering/Schwarz,* Historische Entwicklung der GmbH-Besteuerung und Belastungsvergleich der laufenden Steuerbelastung von Kapital- und Personengesellschaften, GmbHR 2016, 385.

7 **7. Genossenschaft:** *Bauer,* Genossenschaftshandbuch, Loseblattsammlung; *Stracke,* Besteuerung von Genossenschaften in der EU, 1997.

8 **8. Verein:** *Reuber,* Die Besteuerung der Vereine, Loseblattwerk; *Sauter/Schweyer/Waldner,* Der eingetragene Verein, 20. Aufl, 2016; *Märkle,* Der Verein im Zivil- und Steuerrecht, 13. Aufl, 2017; *Troll/Wallenhorst/Halaczinsky,* Die Besteuerung gemeinnütziger Vereine, Stiftungen und der juristischen Personen des öffentlichen Rechts, 6. Aufl, 2009; *Krähe,* Handbuch des Vereins- und Verbandsrechts, 13. Aufl, 2012; *Myßen/Feierabend/Kerst/Schleder,* Steuerrecht der Vereine, 10. Aufl, 2012.

9 **9. Stiftung:** *Brandmüller,* Gewerbliche Stiftungen, 3. Aufl, 2004; *Seifart/von Campenhausen/Richter,* Stiftungsrechts-Handbuch, 4. Aufl, 2014, *Schick/Schmidt/Ries/Walbröl,* Praxis-Handbuch Stiftungen, 2001; *Wachter,* Stiftungen 2011; *Berndt,* Stiftung und Unternehmen, 8. Aufl, 2009; *Troll/Wallenhorst/Halaczinsky,* aaO, Rz 8.

10 **10. Körperschaft des öffentl Rechts:** *Troll/Wallenhorst/Halaczinsky,* aaO, Rz 8.

**11. Schrifttum – Rechtsvergleichung und -harmonisierung:** Vor 1985: S. 8. Aufl. 13

**Ab 1985:** *Saß,* KStReform und Mutter-Tochter-Richtlinie der EG, BB 86, 1195; *Mennel,* KSt im internationalen Vergleich, IWB 10 International Gr 2, 635 (12/87); *Carl,* Neue Vorschläge zur Vereinheitlichung der Unternehmensbesteuerung, DStZ 93, 2; *Saß,* StHarmonisierung in der EG-Perspektiven für eine Harmonisierung der KSt und der Gewinnermittlung, DB 93, 113; *Willemsen,* Das deutsche KStRecht im gemeinsamen europäischen Markt, FS Bensch, 1993, 915; Unternehmensbesteuerung in EU-Staaten, DStJG 16 (1994); *Jacobs,* Die Körperschaftsteuersysteme in Deutschland, Frankreich und Großbritannien, FS Meyding, Steuervereinfachung, 1994; *Herzig,* Anrechnungsverluste als steuerliches Hemmnis grenzüberschreitender Kooperationen, IStR 96, 196; *Kessler,* Grenzüberschreitende KStGutschriften – Gestaltungsmöglichkeiten nach geltendem Recht, IStR 95, 405; *Schnieder,* Die KSt – ein Rechtsvergleich zwischen Spanien und Deutschland, 1996; *Merkert,* Das deutsche KStSystem muss seine nationalen Fesseln sprengen, FS Flick, 1997, 57; *Pütz,* Die Besteuerung von KapGes im internationalen Vergleich unter besonderer Berücksichtigung ausl Direktinvestitionen, 1997; *Herzig/Sander,* KStSysteme und grenzüberschreitende Kooperationen, StuW 99, 131; *Jacobs,* KStSysteme in der EU, FS L Fischer, 1999, 85; *Mössner/Kellersmann,* Freiheit des Kapitalverkehrs in der EU und das deutsche KStAnrV, DStZ 99, 505; *Schnittler,* Europatauglichkeit des deutschen KStSystems, Diss Köln, 1996; *Altmeppen,* Schutz vor „europäischen" Kapitalgesellschaften, NJW 04, 97; *Lutter,* Zur Entwicklung der GmbH in Europa und in der Welt, GmbHR 05, 1; *Westermann,* Die GmbH in der nationalen Konkurrenz der Rechtsformen, GmbHR 05, 4; *ESpengel/Schaden/Wehrße,* Besteuerung von Personengesellschaften in 27 EU-Mitgliedstaaten und den USA – eine Analyse der nationalen Besteuerungskonzeptionen, StuW 10, 44; *Röder,* Wo steht und wohin entwickelt sich das Europäische Unternehmenssteuerrecht? FS Herzig, 2010, 35; *Lang,* Unternehmensbesteuerung im internationalen Vergleich, StuW 11, 144; *Eilers/Nücken/Valentin,* Das „Grünbuch der Deutsch-Französischen Zusammenarbeit – **Konvergenzpunkte** bei der Unternehmensbesteuerung", DB 12, 535; *Spengel/Bräutigam/Eves,* Steuerbelastung von KapGes in der EU, DB 14, 1096; *Oppel,* Der Aktionsplan für eine faire und effiziente Unternehmensbesteuerung in der EU... – alter Wein- in neuen Schläuchen, IStR 15, 813; *Evers/Köster/Meier/Nicolay/Scheffeler/Spengel,* Gemeinsame KSt-Bemessungsgrundlage in der EU: Konkretisierung der Gewinnermittlungsprinzipien und Weiterentwicklungen, StuW 2015, 359; *Florstedt,* Die allgemeine Missbrauchsregel in der Richtlinie über eine Gemeinsame konsolidierte KSt-Bemessungsgrundlage, FR 2016, 1; *Benz/Böhmer,* Die Richtlinienvorschläge der EU-Kommission v 25.10.2016 zur weiteren Harmonisierung der Unternehmensbesteuerung, DB 16, 2800; *Velte/Mouk,* EU-Richtlinienvorschlag über eine Gemeinsame KSt-Bemessungsgrundlage (GKB) v 25.10.2016, StuW 17, 126.

**EG-Materialien:** Vorschlag einer Richtlinie des EG-Rates zur Harmonisierung der KStSysteme und der Regelungen der Quellensteuer auf Dividenden v 1.8.75, BT-Drucks 7/3981; dazu FinA, BT-Drucks 7/5310, 7 und die übrigen Materialien zur KStReform Vor § 1 Rz 15; Mitteilung der Kommission an den Rat über die Leitlinien für die Unternehmensbesteuerung im Rahmen der Vertiefung des Binnenmarktes (Ratsdok-Nr 7021/92); dazu FinAusschuss v 6.3.96, BT-Drucks 13/4138; Mitteilung der Kommission über die Umsetzung des Lissabon-Programms der Gemeinschaft – Bisherige Fortschritte und weitere Schritte zu einer gemeinsamen konsolidierten KSt-Bemessungsgrundlage (GKKB) (Ratsdok. 8231/06; BR-Drucks 281/06). Vorschlag für eine RL des Rates über eine Gemeinsame Konsolidierte KSt-Bemessungsgrundlage (GKKB), KOM (2011)121 (BR-Drucks 155/11); dazu *Pomp/Gerten,* StR 08, 377; *Rautenstrauch,* FR 09, 114; v. *Brocke,* WB Gr 14

2 F 11, 925 (10/08); *Lenz/Rautenstrauch,* DB 11, 726; *Bünning/Möser,* BB 11, 2647.

15 **12. Gesetzgebungsmaterialien zur KStReform 1977:** StReform 1974, Bulletin des Presse- und Informationsamts der BReg Nr 95 v 23.6.71; Gesetzentwurf der BReg/Entwurf eines Dritten StReformgesetzes, BR-Drucks 700/73 v 8.11.73 – BT-Drucks 7/1470 v 9.1.74; Erster Antrag des FinA zum 3. StRefG v 24.5.74, BT-Drucks 7/2164 v 24.5.74; Erster Bericht des FinA zum 3. StRefG v 30.5.74, BT-Drucks 7/2180 v 31.5.74; Gesetzentwurf der BReg v 24.2.76 zu einem EG zum KStReformgesetz (EGKStRG, BT-Drucks 7/4803 v 24.2.76; Gegenäußerung der BReg zur Stellungnahme des BR zum EGKStRG, BT-Drucks 7/5021 v 9.4.76; Synopse zum Entwurf des KStG (BT-Drucks 7/1470), hrsg v BMF, nv, Arbeitspapier des FinA; Dritter Antrag des FinA zum von der BReg eingebrachten Entwurf eines 3. StRefG v 3.6.76, BT-Drucks 7/5303 v 3.6.76; Dritter Bericht des FinA zum Entwurf des 3. StRefG v 8.6.76, BT-Drucks 7/5310 v 4.6.76; Gesetzesbeschluss zum KStReformgesetz v 10.6.76, BR-Drucks 421/76 v 11.6.76; KStReformgesetz v 31.8.76 (BGBl I 76, 2597; BStBl I 76, 445); EG zum KStReformgesetz v 6.9.76 (BGBl I 76, 2641; BStBl I 76, 467); KStDV 1977 v 14.6.77 (BGBl I 77, 848; BStBl I 77, 318). S zu diesem Thema umfassend *Riedel,* Die steuerpolitische Willensbildung bei der KStReform 1977, Frankfurt, 1982.

16 **13. Die Entwicklung des KStRechts. Schrifttum** zur Rechtsentwicklung s Rz 1 f der früheren Auflagen, insbes Gutachten der StReformkommission, 1971, 294 ff; *Rasenack,* Die Theorie der KSt, 1974, 19 ff; BT-Drucks 7/1470, 323. Ländergesetze **bis 1920:** geringe StSätze (3–4 vH); kaum Milderung der Doppelbelastung. **KStG 1920** (RGBl 20, 393); 10 vH KSt, Zuschlag (!) bei Ausschüttungen. Erhöhung der Sätze, verbunden mit einer Teilanrechnung beim AntE. **1922:** Neufassung (RGBl I 22, 472). **KStG 1925** (RGBl I 25, 208): Staffeltarif für kleinere Gesellschaften, kein Zuschlag mehr bei Ausschüttungen. Keine Milderung der Doppelbelastung und Wegfall der Vergünstigung für kleinere Ges durch das **KStG 1934** (RGBl I 34, 1031; RStBl 34, 1287). In der Folgezeit steigender KStSatz, und zwar – ohne Doppelbelastungsmilderung – bis zur Währungsreform nach dem 2. Weltkrieg auf 65 vH (EStSpitzensatz: 95 vH). Gesetz v **24.6.53** (BGBl I 53, 413; BStBl I 53, 192) führte die Milderung des StSatzes bei Ausschüttungen ein; allg StSatz 60 vH (1954, BGBl I 54, 373; BStBl I 54, 575, auf 45 vH ermäßigt), Ausschüttungen 30 vH. Gesetz v 18.7.58 (BGBl I 58, 473; BStBl I 58, 412): ab 1.1.58 51 vH allg StSatz, 15 vH AusschüttungsStSatz.

17 **14. Die Reformdiskussion vor dem KStG 1977.** Der Wissenschaftliche Beirat beim BMF lehnte 1967 die Doppelbelastung der Gewinne der Körperschaften ab und trat für die Anrechnung der KSt auf die StSchuld des AntE ein (Gutachten zur Reform der direkten Steuern, Schriftenreihe des BMF, Heft 9). Ähnlich die Überlegungen der StReformkommission in dem Gutachten aus 1971 (Schriftenreihe des BMF, Heft 17); das bis 1976 geltende Recht belaste die Unternehmen je nach Rechtsform unterschiedlich, die Eigenfinanzierung sei gegenüber der Fremdfinanzierung benachteiligt, die Doppelbelastung führe zu einer mangelnden Attraktivität für eine breite Vermögensbildung. Die SPD trat für eine Beibehaltung des bisherigen Systems ein (Außerordentlicher Parteitag v 18./19.11.71 in Bonn; s StReform, Außerordentlicher Parteitag 71, Bonn, oJ; kritisch die CDU, Die Beschlüsse des SPD-Parteitags 1971 und ihre Folgen, Bonn, oJ); für das AnrV die FDP, StReformkommission v 2.6.71; *Kruse,* StReform, 1973, 160. Die wissenschaftliche Diskussion befasste sich im Wesentlichen mit folgenden Reformmodellen, die alle die Milderung oder Beseitigung der Doppelbelastung bezweckten (für das bisherige System allerdings insbes *Rasenack,* Die Theorie der KSt, 1974). **Betriebsteuer:** Alle „Betriebe" sollen unabhängig von der Rechtsform gleich besteuert werden; zB Erstreckung der KSt auch auf Einzelunternehmen oder aber

Abspaltung der gewerblichen (betrieblichen) Einkünfte des Einzelunternehmens aus der ESt; abl Gutachten der StReformkommission, 1971, 315 und BT-Drucks 7/1470, 328, da eine Betriebsteuer das bisherige StSystem in seinen Grundprinzipien ändern würde; außerdem Erhebungsschwierigkeiten und Probleme des angemessenen Unternehmerlohns auch bei Einzelunternehmen. **Teilhabersteuer:** Das Einkommen der Körperschaft wird unabhängig von Ausschüttungen auf die AntE aufgeteilt, dort versteuert und eine erhobene KSt angerechnet (*Schneider* StuW 75, 97: Integrationsverfahren); abl Gutachten der StReformkommission, aaO, 317 ff, 331, jedoch nur wegen der technischen Schwierigkeiten, im Übrigen weitgehend in den Grundgedanken bejahend; nach BT-Drucks 7/1470, 328, wegen verwaltungstechnischer Schwierigkeiten nicht durchführbar. **Anrechnungsverfahren:** Beim AnrV unterliegen die Gewinne der Körperschaft der KSt. Soweit Ausschüttungen erfolgen, wird die KSt bei der Besteuerung des AntE angerechnet. Ist der anzurechnende Betrag höher als die StSchuld des AntE, wird der Differenzbetrag erstattet. Die Bruttodividende des AntE setzt sich zusammen aus der Bardividende und der StGutschrift; diese Bruttodividende wird beim AntE der Besteuerung unterworfen. Das AnrV tritt in mehreren Varianten auf: **AnrV mit Einheitssteuersatz:** Die KSt kennt keinen besonderen StSatz für ausgeschüttete Gewinne, sondern nur einen EinheitsStSatz. Folge: Die Bardividende wird durch die hohe KStBelastung gedrückt. Die KStBelastung wird erst im individuellen Veranlagungsverfahren auf das dem AntE entsprechende Niveau gesenkt oder angehoben; der Kleinaktionär mit niedrigerem Einkommen erhält regelmäßig einen Teil der für ihn zu hoch gezahlten KSt erstattet. Für dieses Verfahren hatte sich die StReformkommission entschieden (s aaO, 178 ff; in vielen Einzelheiten allerdings deutlich Gedanken der „Teilhabersteuer" verwendend, s BT-Drucks 7/1470, 331 ff). **AnrV mit gespaltenem Steuersatz:** Neben dem RegelStSatz steht ein niedrigerer StSatz für Ausschüttungen. Die unerwünschte Senkung der Bardividende wird hierdurch vermieden. Dies ist das Verfahren des KStG 1977. **Teilanrechnungsverfahren (französisches AnrV):** KSt auf nichtausgeschüttete und ausgeschüttete Gewinne 50 vH. Ausgeschüttete Gewinne sind estpfl StGutschrift („avoir fiscal"), die selbst stpfl ist: 50 vH des ausgeschütteten Gewinns. Folge: Milderung der StBelastung; die ausgeschütteten Gewinne bleiben mit 25 vH KSt belastet (s Körperschaftsteuerrechtliches AnrV, Institut FuSt, Heft 102, 8 ff). Dieses TeilAnrV sieht auch der Vorschlag einer Richtlinie des EG-Rats zur KStHarmonisierung v 1.8.75, BT-Drucks 7/3981, vor (s auch Rz 1 ff), vom dt Gesetzgeber nicht übernommen, s FinA, BT-Drucks 7/5310, 7. **Dividendenabzugsverfahren:** Dividenden werden wie Betriebsausgaben zum Abzug zugelassen (abl Gutachten der Reformkommission, aaO, 325, 336 und BT-Drucks 7/1470, 329 aus den gleichen Gründen, die gegen das Modell „Gespaltener Steuersatz" – s unten – sprechen). **Gespaltener Steuersatz:** Der AusschüttungsStSatz wird auf 0 vH gesenkt (abl StReformkommission, aaO, 325, 336 und BT-Drucks 7/1470, 329: unzulässige Begünstigung der AntE, die nicht der ESt- oder KStBesteuerung unterliegen; außerdem keine sichere Entlastung von Ausschüttungen, die der Rücklage entnommen werden). **Dividendenfreistellung:** Die Dividenden werden – ganz, teil- oder stufenweise – von weiteren ErtragSt freigestellt (s *Kreile,* BB 70, 895 „Kreile-Vorschlag"; *Meilicke,* Steuerliche Erleichterung der Umwandlung und Umgestaltung von Unternehmen, Die Aussprache 67, 213, zitiert nach Gutachten der StReformkommission, aaO, 329: „Meilicke-Vorschlag"; abl Gutachten, aaO, 328 ff; BT-Drucks 7/1470, 329, da die Progressionswirkung entfällt). Inzwischen im Ansatz realisiert durch das **Halbeinkünfteverfahren** bzw **Teileinkünfteverfahren** (Rz 25). **Wegfall der KSt:** Die Gleichbehandlung der Körperschaften mit PersGes – dh der Wegfall der KSt – wird letztlich aus Praktikabilitätsüberlegungen abgelehnt; zB würde die fiskalisch notwendige KapErtrSt entfallen, die die Besteuerung des Streubesitzes und des Ausländerbesitzes sicherstellt (als nicht ernsthaft diskutiert von der StReformkommission, aaO, 317, bezeichnet).

20 **15.** Zur **Entstehung des KStG 1977** im Einzelnen s 6. Aufl.

21 **16.** Die mit der **KStReform 1977** verfolgten **Zwecke** (s BT-Drucks 7/1470, 326; BT-Drucks 7/5303, 2): Nicht ausgeschüttete Gewinne sind grundsätzlich mit einer besonderen KSt zu besteuern. Die KSt bleibt folglich eine eigenständige Steuer der KapGes (BFH BStBl II 82, 401; II 87, 508; *Döllerer* BB 83, 1). Die Entlastung erfolgt auf der Ebene des AntE bei Ausschüttungen. Durch die Anr wird der steuerlich bedingte Interessengegensatz zwischen Großaktionär (Interesse an Gewinnthesaurierung in der Körperschaft) und Kleinaktionär (Interesse an Ausschüttungen) abgebaut. Durch die Spaltung des StSatzes wird eine allg Verringerung der Bardividende deutscher KapGes vermieden. Die Differenz zwischen den Kosten der Eigen- und Fremdfinanzierung wird geringer, da die steuerl Doppelbelastung auf die Eigenfinanzierung entfällt. Weiter wird eine breitere Vermögensbildung bezweckt. Die Besteuerung soll von der Unternehmensform gelöst werden und diese nicht mehr bestimmen; ua soll auf diese Weise der GmbH & Co KG entgegengewirkt werden (durch die handelsrechtl Belastung der GmbH – Publizitätspflicht, Prüfungspflicht – und die vermögensteuerliche und erbschaftsteuerliche Behandlung wurde allerdings weiter die GmbH & Co KG begünstigt). Schließlich soll der sog Ausländereffekt (s Beratungs-ABC „Ausländische Anteilseigner“) beseitigt werden.

22 Mit der KStReform wurde die BReg aufgefordert, über die Auswirkungen der Reform auf die **Stiftung** zu berichten (BT-Drucks 7/5303, 4); dieser Bericht kommt zu dem Ergebnis, dass kein Grund besteht, die StBelastung zu senken, vielmehr sei sie in einigen Fällen zu verschärfen (vgl BT-Drucks 8/3165); s auch *Sorg* BB 83, 1620.

23 **17. Wertung KStG 1977:** Aus den Gesetzen der Steuerreform der siebziger Jahre ragt das KStG 1977 deutlich heraus. Es ist das einzige Gesetz – selbst im Vergleich zur AO 1977 –, das uneingeschränkt den Namen Reform verdient. Die Beseitigung der Doppelbelastung wurde radikal durchgeführt. Kompromisse im Gesetzgebungsverfahren verwässern nur im Randbereich das Reformwerk (Aufsichtsratsvergütung). Als fortbestehender Mangel war die Doppelbelastung mit VSt und Belastung dieser VSt mit nicht anrechenbarer KSt zu vermerken (dazu § 31 aF Rz 8; frühere Aufl). Außerdem war sachlich nicht zu rechtfertigen, stfreie Erträge der KapGes im Ausschüttungsfall zu stpfl Erträgen umzuqualifizieren (vgl auch ABC „Steuerfreie Erträge“; eine Teilkorrektur brachte § 8b). Während vor der KStReform die Zahl der kstpfl KapGes jährlich um etwa 5000 stieg, betrug die jährliche Zunahme nach der Reform ca 26 000 Gesellschaften. Ende 1980 gab es über 250 000 Gesellschaften (gegenüber 147 000 am 31.12.76; *Krebs* StbKongrRep 81, 356), 1986 rund 350 000, im Mai 1992 509949 (*Hansen* GmbHR 93, 146, 147; die Zahl erfasst auch die GmbHs in den neuen Bundesländern), 1998 schließlich 815 000 (*Hansen* GmbHR 99, 26), 2001 900 000 (*Hansen* GmbHR 02, 148; 04, 39), u 2006 970 000 (*Hansen* 08, 19) u. 2010 1 045 000 (*Hansen* GmbHR 09, 692). Dem Ziel, die Unternehmensreform von der Besteuerung zu lösen, kam die KStReform mithin sicher ein wesentliches Stück näher. Das AnrV widersprach nicht der verfassungsrechtlichen Rechtsprechung zum Halbteilungsgrundsatz (BFH/NV 98, 476; BFH/NV 99, 515; BStBl II 01, 261; BFH/NV 05, 918 mit Hinweis zu anhängigen Verfassungsbeschwerden). Das AnrV war allerdings teilweise **europarechtswidrig** (ua EuGH v 6.3.07 – C 292/04 = „Meilicke-Entscheidung“, GmbHR 07, 328 mit Anm v *Rehm/Nagler;* zu den Auswirkungen auf ausländische KSt *Tiedtke/Szczesny* GmbHR 07, 1086).

24 **18. Reformdiskussion nach dem KStG 1977 und die Reform 2001. Schrifttum** s Rz 2. Der DJT forderte 1980, s FR 80, 511, GmbHR 80, 243: Das VollAnrV soll bestehen bleiben; PersGes mit kstl Struktur sollen kstpfl sein; Änderung des KStRechts im Hinblick auf ausländische AntE; Einführung des AnrV für die VSt. Dagegen steht zT die Bestrebung im Rahmen der EG-Harmonisierung, das TeilAnrV einzuführen, s Rz 13, 17. 1988 stellte der BMF einen RefEntw zur

Vereinfachung des AnrV zur Diskussion; s hierzu die in Rz 2 angegebene Literatur (insbes *Dötsch* DB 88, 2426); es ging insbes um eine Vereinfachung der Gliederungsrechnung. Auch mit dem StandOG v 13.9.93 (BGBl I 93, 1569; BStBl I 93, 774) wurde zunächst versucht, das AnrV zu vereinfachen; auch diese Vorhaben wurden nicht realisiert (vgl die Materialien zum StandOG, Voraufl. Vor § 1 Anm 19). Kaum gelöst waren die Probleme, wenn verschiedene nationale Anrechnungssysteme aufeinanderstoßen; dazu *Herzig* IStR 96, 196.

Mit den **Brühler Empfehlungen** zur **Reform** der **Unternehmensbesteuerung** vom 30.4.99 (Rz 2 aE) intensivierte sich die Diskussion zur Unternehmenssteuerreform, die sodann insbes durch das G vom 23.10.00 (StSenkG; Rz 27) realisiert wurde. **An die Stelle des AnrV** tritt eine niedrige KStBelastung von **25 %.** Auf der Ebene des AntE wurde das sog **Halbeinkünfteverfahren** eingeführt. Einkünfte von KapGes werden nur zur Hälfte angesetzt (§ 3 Nr 40 EStG). Das Gleiche gilt für die Gewinne aus der Veräußerung von Anteilen an der KapGes bei natürlichen Personen und PersGes (§ 3 Nr 40 EStG); sie bleiben bei AntE, die der KSt unterliegen, steuerfrei (§ 8b KStG). Während bzgl ausgeschütteter Gewinne die PersGes bzw das Einzelunternehmen gegenüber der KapGes immer noch – was die StBelastung anbelangt – knapp vorteilhafter bleibt, ändert sich das Bild für thesaurierte Gewinne. Hier entscheidet die Rechtsform über den eindeutigen Steuervorteil der KapGes. Das Ziel der Einführung des AnrV, eine Rechtsform unabhängig von der KSt zu schaffen (Rz 23), wurde aufgegeben, und zwar aufgrund behaupteter Schwierigkeiten des AnrV und einer behaupteten Europauntauglichkeit dieses Verfahrens, schließlich auch um eine – alleine gemessen am StSatz – attraktive KStBesteuerung im internationalen Vergleich ausweisen zu können. In einem bemerkenswerten Schritt haben sich 78 Wissenschaftler gegen diese Abschaffung des AnrV ausgesprochen (BB 00, 1269); ohne Erfolg. Der Übergang vom AnrV zum Halbeinkünfteverfahren war mit einer auf 15 Jahre bemessenen Übergangsregel versehen, angesichts der Kurzlebigkeit von Steuergesetzen eine höchst optimistische Normierung (s §§ 36 ff). 25

Mit der **Unternehmensteuerreform 2008** (G v 14.8.07, Vor § 1 Rz 27) will der Gesetzgeber die Unternehmen steuerl entlasten, um – so die Begründung (BT-Drucks 16/4841) – die Belastung der niedrigen Belastung der anderen EU-Staaten anzupassen. Schrifttum s o Rz 2 aE. Aus dem Halbeinkünfteverfahren wird das **Teileinkünfteverfahren;** s Beratungs-ABC zu diesem Stichwort. 26

**19. Änderungen des KStG 1977 bis 1995** s 6. Aufl. 27

**Ab 1996 – Neufassung** durch das **KStG 1996** (Rz 30): Das JStG 1996 v 11.10.95 (BGBl I 95, 1250; BStBl I 95, 437) änderte §§ 5 I Nr 3e, 9 und 54; dazu: BT-Drucks 13/4251, 13/901, 13/1558, 13/1686, 13/1960; BR-Drucks 304/95. Das JStErgG 1996 v 18.12.95 (BGBl I 95, 1959; BStBl I 95, 786) änderte § 5 I Nr 2, fügte hier Nr 21 ein und ergänzte § 54. Das JStG 1997 v 20.12.96 (BGBl I 96, 2049; BStBl I 96, 1523) ergänzte § 5 um die Nr 22 und änderte die Nr 2a; zum Inkrafttreten s § 54 idF des G v 20.12.96; Materialien: BT-Drucks 13/4838, 4839, 4845, 5359, 5504, 5758, 5951, 5952, 6530; BR-Drucks 390/96, 423/96, 804/96. Das Begleitgesetz zum G zur Umsetzung von EG-Richtlinien zur Harmonisierung bank- und wertpapieraufsichtsrechtlicher Vorschriften v 22.10.97 (BGBl I 97, 2567; BStBl I 97, 923) änderte die §§ 44, 45 und 54. §§ 8 Abs IV und 54 VI wurden durch das G zur Fortsetzung der Unternehmenssteuerreform v 29.10.97 (BGBl I 97, 2590; BStBl I 97, 982) neu gefasst; dazu BT-Drucks 13/901, 13/7000, 13/7570, 13/7579, 13/8325, 13/8348, BR-Drucks 221/97, 385/97, 583/97. Neufassung der gleichen Vorschriften durch das G zur Finanzierung eines zusätzlichen Bundeszuschusses zur gesetzlichen Rentenversicherung v 19.12.97 (BGBl I 97, 3121; BStBl I 98, 7). Änderung der §§ 5 I Nr 2 und 54 II durch das Dritte FinanzmarktförderungsG v 24.3.98 (BGBl I 98, 529; BStBl I 98, 369). Das G zur Umsetzung der EG-Einlagensicherungsrichtlinien und der EG-Anlegerentschädigungsrichtlinien v 16.7.98 (BGBl I 98, 1842; BStBl I 98, 112) änderte die §§ 5 I Nr 16, 54 V a. Änderung der §§ 26 VI, 54 I durch das SeeschifffahrtsanpassungsG v 9.9.98 (BGBl I 98, 2860; BStBl I 98, 1158). § 11 VI wurde durch das G zur Änderung des EinführungsG zur Insolvenzordnung und anderer G v 19.12.98 (BGBl I 98, 3836; BStBl I 99, 118) geändert; dazu BT-Drucks 14/49, 14/120, BR-Drucks 501/98, 958/98. Das StEntlG 1999/2000/2002 v 24.3.99 (BGBl I 99, 402; BStBl I 99, 304) änderte die §§ 8b, 9, 10, 13, 20–23, 26, 30–33, 44, 47 und 54; dazu BT-Drucks 14/23, 14/125, 14/158, 14/265, BR-Drucks 953/98, 978/98. Änderung der §§ 1, 5, 8b, 15, 21, 23, 47, 48, 50 und 54 durch das StBereinG 1999 v 22.12.99 (BGBl I 99, 2601; BStBl I 00, 13; dazu BT-Drucks 14/1514, 14/1655, 14/1720, 14/2035, 14/2070, 14/2380, BR-Drucks 368/99, 636/99, 731/99.

**Ab 2000:** §§ 9 und 54 VII werden geändert durch das G zur weiteren stl Förderung von Stiftungen v 14.7.00 (BGBl I 00, 1034; BStBl I 00, 1192; dazu BT-Drucks 14/336, 14/2029, 14/2340, 14/3010). **StSenkG:** Umfangreiche Änderungen (**Übergang** zum **Halbeinkünfteverfahren**) durch das StSenkG v 23.10.00 (BGBl I 00, 1433; BStBl I 00, 1521); dazu auch Rz 25 und BT-Drucks 14/4217, 14/4285, 14/4293, 14/4547, BR-Drucks 722/00. Die §§ 9, 24, 25, 34 und 36 werden durch das StEuroglättungsG v 19.12.00 (BGBl I 00, 1790; BStBl I 01, 3) geändert; dazu BT-Drucks 14/3554, 14/4277, BR-Drucks 192/00, 640/00. § 8b wird erneut geändert durch das G zur Änderung des InvZulG 1999 v 20.12.00 (BGBl I 00, 1850; BStBl I 01, 28); dazu BT-Drucks 14/2270, 14/2818, 14/3273, 14/4624, 14/4626, BR-Drucks 126/00, 391/99, 756/00. Die §§ 20, 21, 21a, 34 werden geändert durch das AltersvermögensG v 26.6.01 (BGBl I 01, 1310; BStBl 420). Das SteueränderungsG 2001 v 20.12.01 (BGBl I 01, 3794; BStBl I 02, 4) ändert die §§ 5, 8 und 34; dazu BT-Drucks 14/6877, 14/7340, 14/7341, BR-Drucks 399/01, 891/01. Die §§ 5, 8a, 8b, 12, 14, 15, 16, 18, 26, 27–29, 32, 33 und 34 werden geändert durch das UnternehmenssteuerfortentwicklungsG v 20.12.01 (BGBl I 01, 3858; BStBl I 02, 35); dazu BT-Drucks 14/6882, 14/7084, 14/7343, 14/7344, 14/7742, 14/7780, BR-Drucks 893/01, 638/01, 862/02. Das SteuerverkürzungsbekämpfungsG v 19.12.01 (BGBl I 01, 3922; BStBl I 02, 32) ändert die §§ 14, 17, 34; dazu BT-Drucks 14/6883, 14/7085, 14/7195, 14/7470, BR-Drucks 637/01, 892/01. Die §§ 7, 8, 23 und 34 werden durch das SolidarpaktfortführungsG v 20.12.01 (BGBl I 01, 3955; BStBl I 02, 60) und § 34 erneut sowie die §§ 36, 38 durch das 5. G zur Änderung des StBeamten-AusbildungsG und zur Änderung v StG v 23.7.02 (BGBl I 02, 2715; BStBl I 02, 714) geändert (BT-Drucks 14/8286, 8887; BR-Drucks 351/02). Das FlutopfersolidaritätsG v 19.9.02 (BGBl I 02, 3651; BStBl I 02, 865) ändert §§ 23, 34 (BT-Drucks 14/9894, 14/9934). Das SteuervergünstigungsabbauG v 16.5.03 (StVergAbG); BGBl I 03, 660; BStBl I 03, 321) änderte die § 14, 15, 26, 34, 37, 38, 40; dazu BT-Drucks 15/35, 15/119, 15/287, 15/241, 15/312, 15/480, 15/481, BR-Drucks 120/03.

28 **Ab 2003:** Das FörderbankenneustrukturierungsG v 15.8.03 (BGBl I 03, 1657; BStBl I 03, 426) ändert § 5 I Nr 2. Das StÄndG 2003 v 15.12.03 (BGBl I 03, 2645; BStBl I 03, 710) ändert die §§ 2 Nr. 2, 5, 31 und 34; dazu BT-Drucks 15/1562, 1621, 1798, 1929, 1945; BR-Drucks 630/03, 802/03. Das G zur Umsetzung der Protokollerklärung der BReg zur Vermittlungsempfehlung zum StVergAbG v 22.12.03 (BGBl I 03, 2840; BStBl I 04, 14) dazu: BT-Drucks 15/1518, 1762, 1665, 1684, 1996, 2243; BR-Drucks 560/03, 735/03, 940/03 ändert die §§ 8a, 8b, 15, 21 und 34. Das HaushaltsbegleitG 2004 v 29.12.04 (BGBl I 03, 3076; BStBl I 04, 120) ändert die §§ 25 und 34; dazu BT-Drucks 15/1502, 1639, 1751, 1752, 1992, 2261; BR-Drucks 652/03, 937/03. Das EG-Amtshilfe-AnpassungsG v 2.12.04 (BGBl I 04, 3112; BStBl I 04, 1148) fügt § 26 VI und § 34 XI c an; dazu BR-Drucks 619/04. Durch das G zur Organisationsreform der Renten-

versicherung v 9.12.04 (BGBl I 04, 3242; BStBl I 04, 1156) werden §§ 8 I Nr. 8, 34 geändert; dazu BT-Drucks 15/3654. Das EU-Richtlinien-UmsetzungsG v 9.12.04 (BGBl I 04, 3310; BStBl I 04, 1158) ändert die §§ 1, 5 I Nr. 2, 3, §§ 8b, 14, 21, 27, 29, 32, 34, 37, 39; dazu BR-Drucks 605/04. Das G zur Änderung des VersicherungsaufsichtsG v 15.12.04 (BGBl I 04, 3416) ändert § 5 I Nr. 16, 34. Das StÄndG 2007 v 19.7.06 (BGBl I 06, 1652; BStBl I 06, 432) ändert §§ 9, 26 u 34; dazu BT-Drucks 16/1501, 1545, 1859, 1969, 2012–2014, 2028, BR-Drucks 330/06, 464/06.

Das G zur Umsetzung der neu gefassten Bankenrichtlinie und der neu gefassten Kapitaladäquanzrichtlinie v 17.11.06 (BGBl I 06, 2606) ergänzt § 8b VII.

Das Gesetz über steuerl Begleitmaßnahmen zur Einführung der Europäischen Gesellschaft und zur Änderung weiterer steuerrechtlicher Vorschriften (SEStEG) v 7.12.06 (BGBl I 06, 2782; BStBl I 07, 4) reformiert die §§ 1, 8, 8b, 9, 11, 12, 14, 15, 27–29, 34, 37 u 40. Dazu BT-Drucks 16/2710, 2934, BR-Drucks 542/06. Berichtigung des SEStEG am 24.1.07 (BGBl I 07, 68). Das JStG 2007 v 13.12.06 (BGBl I 06, 2878; BStBl I 07, 28) fügt § 32a ein und ändert §§ 5, 8, 8b, 9, 26, 31, 34, 37, 38. Dazu BT-Drucks 16/2712, 3036, 3326, BR-Drucks 622/06. Das JStG 2007 ersetzt in allen §§ „vH“ durch „Prozent“.

Das **UnternehmenStRefG** 2008 v 14.8.07 (BGBl I 07, 1912; BStBl I 07, 630) ändert §§ 2 Nr 2, 5, 8, 8a, 8b, 16, 23, 31, 32 u 34; § 8c wird eingefügt; dazu BT-Drucks 16/4841, 4855, 4857, 5084, 5377, 5249; BR-Drucks 220/07, 220/1/07, 384/07. Das G zur weiteren Stärkung bürgerschaftl Engagements v 10.10.07 (BGBl I 07, 2332; BStBl I 07, 815) ändert §§ 9 und 34; dazu BT-Drucks 16/5200; 16/5926; BR-Drucks 117/07; 579/07. Das JStG 2008 v 20.12.07 (BGBl I 07, 3150; BStBl I 08, 218) ändert §§ 1, 5 I Nr 12, 8b III, 12, 14, 27, 34, 37u 38; § 40 wird aufgehoben; dazu BT-Drucks 16/6290, 6374, 6396, 6739, 6981, 70 936; BR-Drucks 544/07; 747/07.

**Ab 2008:** Das G zur Modernisierung der Rahmenbedingungen für KapBeteiligungen (MoRaKG) v 12.8.08 (BGBl I 08, 1672; BStBl I 08, 854) ändert §§ 8c u 34; dazu BT-Drucks 16/6311, 6648; Das JahresStG 2009 v 19.12.09 (BGBl I 08, 2794; BStBl I 09, 74) ändert die §§ 4, 5, 8, 8b, 9, 14, 15, 21, 32 u. 34; dazu BT-Drucks 16/10 189, 10 494, 10 665, 11 055, 11 108, 11 086; BR-Drucks 545/08 1/0/, 2/08, 3/08, 3/08 B, 896/08, 1/08, 08 B. Das SteuerbürokratieabbauG v 20.12.08 (BGBl I 08, 2850; BStBl I 09, 124) ändert die §§ 31, 34, 37; dazu BT-Drucks 16/10 188, 100 579, 10 665, 10 910, 10 916, 10 940; BR-Drucks 547/08, 1/08, 08 B, 897/08, 08 B. Drittes MittelstandsentlastungsG v 17.3.09 (BGBl I 09, 550; BStBl I 09, 470) ändert §§ 24, 25; dazu BT-Drucks 16/10 490, 11 622, 11 623; BR-Drucks 558/08, 1/08, 08 B, 36/09, 1/09, 09 B. Gesetz zur Fortführung der Gesetzeslage 2006 bei der Entfernungspauschale v 20.4.09 (BGBl I 09, 774; BStBl I 09, 536) ändert § 9, 34; dazu BT-Drucks 16/12099, 12299, 12302; BR-Drucks 243/09, 09 B. Das BürgerentlastungsG Krankenversicherung v 16.7.09 (BGBl I 09, 1959; BStBl I 09, 782) ändert die §§ 8c, 34; dazu BT-Drucks 16/ 12254, 12674, 12777, 13429, 13440, 13478; BR-Drucks 168/09, 1/09, 09 B, 567/09, 1/09, 2/09, 09 B. Das SteuerhinterziehungsbekämpfungsG v 29.7.09 (BGBl I 09, 2302; BStBl I 09, 826) ändert § 33; dazu BT-Drucks 16/12852, 13666, 13106; BR-Drucks 372/09, 1/09, 09 B, 633/09, 09 B. Das WachstumsbeschleunigungsG v 22.12.09 (BGBl I 09, 3950; BStBl I 10, 2) ändert die §§ 8a, 8c u. 34; dazu BT-Drucks 17/15, 48, 138, 142, 147, 149, 154, 155, 158, 159; BR-Drucks 865/09, 1/09, 2/09, 09 B. Das G zur Umsetzung steuerlicher EU-Vorgaben v 8.4.10 (BGBl I 10, 386; BStBl I 10, 334) ändert die §§ 9, 34; dazu BT-Drucks 17/83. Das JahressteuerG 2010 v 8.12.10 (BGBl I 10, 1768; BStBl I 10, 1394) ändert die §§ 5, 8, 8b, 8c, 12, 13, 20, 34, 38; dazu BT-Drucks 17/2249, 2823, 2971, 3449, 3466, 3468, 3469, 3549; BR-Drucks 318/10, 1/10, 2/10, 3/10, 10 B, 679/10, 1/10, 10 B. Das OGAW-IV-UmsetzungsG v 22.6.11 (BGBl I 11, 1126 ändert § 32; dazu BT-Drucks 17/4510, 4811, 4917, 5403, 5417; BR-

Drucks 850/10, 1/10, 10 B, 241, 11, 241 B. Das SteuervereinfachungsG 2011 v 1.11.11 (BGBl I 11, 2131; BStBl I 11, 986) ändert die §§ 8 und 34; dazu BT-Drucks 17/5125, 5196, 6105, 6121, 6146, 6583, 6875, 7025; BR-Drucks 54/11, 568/11. Das Beitreibungsrichtlinie-UmsetzungsG v 7.12.11 (BGBl I 11, 2592; BStBl I 11, 1171) ändert die §§ 9 und 34; dazu BT-Drucks 17/6263, 7469, 7515, 7524; BR-Drucks 253/11.

Das G zur Änderung und Vereinfachung der Unternehmensbesteuerung und des steuerlichen Reisekostenrechts vom 20.2.11 (BGBl I 13, 285; BStBl I 13, 188) ändert §§ 14, 17, 18, 38; dazu: BT-Drucks 17/10774, 11180, 11189, 11217, 11634, 11694, 11841; BR-Drucks 633/12, 633/1/12, 633/2/12, 34/13.

**Ab 2013:** Das EhrenamtsstärkungsG vom 21.3.13 (BGBl I 13, 556; BStBl I 13, 339) ändert §§ 9, 34; dazu BR-Drucks 663/13, 663/1/12, 663/2/12. Das G zur Umsetzung des EuGH-Urteils vom 20.10.11 in der Rechtssache C-284/09 vom 21.3.13 (BGBl I 13, 561; BStBl I 13, 344) ändert §§ 8b, 32, 34; dazu BT-Drucks 17/11314, 12465; BR-Drucks 786/12, 146/13. Das G zur Umsetzung der Amtshilferichtlinie sowie zur Änderung steuerlicher Vorschriften (AmtshilfeRLUmsG) vom 26.6.13 (BGBl I 13, 1809; BStBl I 13, 802) ändert §§ 5, 8b, 9, 26, 34; dazu BT-Drucks 17/12375, 12532, 12533, 12925, 13722; BR-Drucks 477/13. Das AIFM-Steuer-AnpassungsG v 18.12.13 (BGBl I 13, 4318; BStBl I 14, 2) ändert § 34; dazu BT-Drucks 18/68 (neu), 18/113; BR-Drucks 740/13, 784/13. Art 4 des G zur Anpassung des nationalen Steuerrechts an den Beitritt Kroatiens zur EU v 25.7.14 (BGBl I 14, 1266; BStBl I 14, 1126) ändert §§ 1, 5, 8b, 17, 19, 27, 31, 38; §§ 26, 34 wurden neu gefasst; dazu BR-Drucks 184/14, BTDrucks 18/1529, 1995. Art 6 G zur Anpassung der AO an den Zollkodex der Union v 22.12.14 (BGBl I 14, 2417; BStBl I 15, 58) ändert §§ 5, 26, 34, dazu BR-Drucks 432/14, BT-Drucks 18/3017, 3441. Art 2 Abs. 10 G zur Modernisierung der Finanzaufsicht über Versicherungen v 1.4.15 (BGBl I 15, 434, geändert durch G v 2.11. 15 BGBl I 15, 1834) ändert §§ 5, 20, 21a, 33, 34; dazu BR-Drucks 430/14, BT-Drucks 18/2956, 3900. Art 4 StÄndG 2015 v 2.11.15 (BGBl I 15, 1834; BStBl I 15, 846) ändert §§ 1, 5, 6, 8b, 8c, 20, 34 und fügt § 6a ein, dazu BR-Drucks 121/15, 418/15, BT-Drucks 18/4902, 6094. Art 4 InvestmentStRefG v 19.7.16 (BGBl I 16, 1730, BStBl I 16, 731) ändert § 32; dazu BR-Drucks 119/16, BT-Drucks 18/8045, 8739, 8741. Art 1 G zur Weiterentwicklung der stl Verlustverrechnung bei Körperschaften v 20.12.16 (BGBl I 16, 2998; BStBl I 17, 3) ändert § 8a und fügt § 8d und Abs 6a in § 34 ein; dazu BR-Drucks 544/16. Art 14 G zur Umsetzung der Änderungen der EU-Amtshilferichtlinie und von weiteren Maßnahmen gegen Gewinnkürzungen und -veranlagungen v 20.12.16 (BGBl I 16, 3000; BStBl I 17, 5) ändert §§ 8b und 34 und hebt § 21b auf; dazu BT-Drucks 18/9536, BR-Drucks 406/16. Art 3 G gegen schädliche Steuerpraktiken im Zusammenhang mit Rechteüberlassungen v 27.6.17 (BGBl 17, 2074; BStBl I 17, 1202) ändert §§ 8, 8c, 8d, 15 und 34; dazu BR-Drucks 366/17. Art 5 G zum Ausschluss verfassungsfeindlicher Parteien von der Parteienfinanzierung v 18.7.17 (BGBl I 17, 2730; BStBl I 17, 1218) ändert § 5; dazu BR-Drucks 509/17.

30 **20. Neufassungen: KStG 1981** v 10.12.81 (BGBl I 81, 1357; BStBl I 82, 1); **KStG 1984** v 10.2.84 (BGBl I 84, 217; BStBl I 84, 158) und **KStG 1991** v 11.3.91 (BGBl I 91, 638; BStBl I 91, 135); **KStG 1996** v 22.2.96 (BGBl I 96, 340; BStBl I 96, 166); **KStG 1999** v 22.4.99 (BGBl I 99, 817; BStBl I 99, 462); **KStG 2002** v 15.10.02 (BGBl I 02, 4144; BStBl I 02, 1169).

31 **21.** Zum KStG gilt die **KStDV 1977** v 14.6.77 (BGBl I 77, 848; BStBl I 77, 318), die **KStDV 1984** v 31.7.84 (BGBl I 84, 1055; BStBl I 84, 483) und die **KStDV 1994** v 22.2.96 (BGBl I 96, 365; BStBl I 96, 191) mit nachfolgenden Änderungen (s zu §§ 4–6 und § 26).

## Erster Teil. Steuerpflicht

### § 1 Unbeschränkte Steuerpflicht

(1) **Unbeschränkt körperschaftsteuerpflichtig sind die folgenden Körperschaften, Personenvereinigungen und Vermögensmassen, die ihre Geschäftsleitung oder ihren Sitz im Inland haben:**

**1. Kapitalgesellschaften (insbesondere Europäische Gesellschaften, Aktiengesellschaften, Kommanditgesellschaften auf Aktien, Gesellschaften mit beschränkter Haftung);**
**2. Genossenschaften einschließlich der Europäischen Genossenschaften;**
**3. Versicherungs- und Pensionsfondsvereine auf Gegenseitigkeit;**
**4. sonstige juristische Personen des privaten Rechts;**
**5. nichtrechtsfähige Vereine, Anstalten, Stiftungen und andere Zweckvermögen des privaten Rechts;**
**6. Betriebe gewerblicher Art von juristischen Personen des öffentlichen Rechts.**

(2) **Die unbeschränkte Körperschaftsteuerpflicht erstreckt sich auf sämtliche Einkünfte.**

(3) **Zum Inland im Sinne dieses Gesetzes gehört auch der der Bundesrepublik Deutschland zustehende Anteil**

**1. an der ausschließlichen Wirtschaftszone, soweit dort**
   **a) die lebenden und nicht lebenden natürlichen Ressourcen der Gewässer über dem Meeresboden, des Meeresbodens und seines Untergrunds erforscht, ausgebeutet, erhalten oder bewirtschaftet werden,**
   **b) andere Tätigkeiten zur wirtschaftlichen Erforschung oder Ausbeutung der ausschließlichen Wirtschaftszone ausgeübt werden, wie beispielsweise die Energieerzeugung aus Wasser, Strömung und Wind oder**
   **c) künstliche Inseln errichtet oder genutzt werden und Anlagen und Bauwerke für die in den Buchstaben a und b genannten Zwecke errichtet oder genutzt werden, und**

**2. am Festlandsockel, soweit dort**
   **a) dessen natürliche Ressourcen erforscht oder ausgebeutet werden; natürliche Ressourcen in diesem Sinne sind die mineralischen und sonstigen nicht lebenden Ressourcen des Meeresbodens und seines Untergrunds sowie die zu den sesshaften Arten gehörenden Lebewesen, die im nutzbaren Stadium entweder unbeweglich auf oder unter dem Meeresboden verbleiben oder sich nur in ständigem körperlichen Kontakt mit dem Meeresboden oder seinem Untergrund fortbewegen können; oder**
   **b) künstliche Inseln errichtet oder genutzt werden und Anlagen und Bauwerke für die in Buchstabe a genannten Zwecke errichtet oder genutzt werden.**

***Abs 3 lautete bis zur Neufassung durch das G v 25.7.14 (Rz 2):***

(3) Zum Inland im Sinne dieses Gesetzes gehört auch der der Bundesrepublik Deutschland zustehende Anteil am Festlandsockel, soweit dort Naturschätze des Meeresgrundes und des Meeresuntergrundes erforscht oder ausgebeutet werden oder dieser der Energieerzeugung unter Nutzung erneuerbarer Energien dient.

***Abs 3 lautete bis zur Neufassung durch das G v 2.11.15 (Rz 2):***

(3) Zum Inland im Sinne dieses Gesetzes gehört auch der der Bundesrepublik Deutschland zustehende Anteil

1. am Festlandsockel, soweit dort Naturschätze des Meeresgrundes und des Meeresuntergrundes erforscht oder ausgebeutet werden, und

2. an der ausschließlichen Wirtschaftszone, soweit dort Energieerzeugungsanlagen errichtet oder betrieben werden, die erneuerbare Energien nutzen.

***Gesetzesfassungen vor 2014 s 8. Aufl.***

*Körperschaftsteuerrichtlinien:* KStR 1.1, 1.2

**Übersicht**



1 **1. Allgemeines:** § 1 I iVm § 3 legt die subjektive StPflicht fest; hier wird normiert, wer stpfl ist. In § 1 II wird die objektive StPflicht (was ist stpfl?) für die unbeschränkte StPflicht geregelt; daneben tritt die objektive StPflicht der beschränkt Steuerpflichtigen (§ 8 I KStG iVm § 49 EStG). § 1 lll definiert den Inlandsbegriff, zunehmend auf den Meeresboden ausdehnend.

2 **2. Geltungszeit.** § 1 gilt ab VZ 77 (§ 54 I idF des KStG 1977); allerdings liegt gegenüber § 1 KStG aF vor 1977 nur eine Formulierungs-, keine Rechtsänderung vor. Das StÄndG 1992 v 25.2.92 (BGBl I 92, 297; BStBl I 92, 146) streicht aus § 1 I Nr 1 die KolonialGes, und zwar ab VZ 91 (§ 54 I idF des KStG 1991). Das StBereinG 1999 (BGBl I 99, 2601; BStBl I 00, 13) streicht mit Wirkung ab 2000 in Nr 1 die bergrechtlichen Gewerkschaften. Das EURLUmsG v 9.12.04 (BStBl I 04, 3310; BStBl I 04, 1158) nimmt den Pensionsfondsverein auf Gegenseitigkeit in den Kreis der Körperschaftsubjekte auf, und zwar ab VZ 2005 (§ 34 idF des G v 9.12.2004). Abs 1 Nr 1, 2 wurden durch das SEStEG v 7.12.06 (BGBl I 06, 2782; BStBl I 07, 4) mit Wirkung ab VZ 2006 (§ 34 idF des G v 7.12.06) geändert. Das JStG v 20.12.07 (BGBl I 07, 3150) änderte Abs 3 mit Wirkung ab 2008 (§ 34 I idF d G v 20.12.07); Abs 3 wurde geändert durch des G v 25.7.14 (mit Wirkung ab VZ 2015; § 34 I idF d G v 25.7.14) und erneut durch das StÄndG 2015 v 25.11.15 (ab VZ 2016; § 34 I idF d G v. 2.11.15); dazu Rz 55. Zu den einzelnen ÄndG s Vor § 1 Rz 27 ff.

4 **3. Unbeschränkte StPflicht:** Abs 1 zählt die Körperschaften auf, die subjektiv stpfl sind. Die Aufzählung ist abschließend (KStR 1.1); Analogie ist grundsätzlich nicht möglich (BFH BStBl II 71, 187); Ausnahme: ausländische Körperschaften (s Rz 13) und GründungsGes (s Rz 20). Ab VZ 2006 ist allerdings die Aufzählung in Abs 1 Nr 1 beispielsweise (Rz 30; aber BFH BStBl II 10, 991). Wenn Abs 1 vor der Aufzählung von „Körperschaften, Personenvereinigungen und Vermögensmassen" spricht, so haben diese Begriffe für Abs 1 keine eigenständige Bedeutung; entscheidend sind die Begriffe der Nr 1–6; anders § 2 (s § 2 Rz 3).

Die KStPflicht kann **nicht** durch die Vereinbarung **unterlaufen** werden, die Körperschaft handele stets für die AntE (RFH RStBl 30, 714; FG Nbg EFG 57, 96) oder sie sei allgemeine **Treuhänderin** der AntE (BFH BStBl II 75, 553). **Gewinnausschlussvereinbarungen** sind nicht möglich (vgl BFH BStBl II 75, 124 betr Unzulässigkeit von gewinnlosen Einkaufs- und VerkaufsGes. Zu einer weiteren unzulässigen Gestaltung s auch BFH BStBl II 88, 629. 5

**4. Qualifikationsfragen.** Zur abschließenden Aufzählung und zum Analogieverbot s Rz 3. Für die KStPflicht und zur Anwendung von Abs 1 Nr 1–6 ist die zivilrechtliche Rechtsform entscheidend (RFH RStBl 44, 396; BFH BStBl III 56, 95; III 59, 50: KG ist auf keinen Fall kstpfl; III 59, 197, 369; II 71, 187; auch nicht die sog kapitalistische KG: BFH GrS BStBl II 84, 751); dazu § 3 Rz 4. Die PartnerschaftsGes) ist nicht kstpfl. EinmannGes oder EhegattenGes ist anzuerkennen (RFH RStBl 31, 741; 35, 1159; 36, 682; BFH BStBl III 55, 397; III 59, 369: auch wenn die GmbH – zB als Steuerberatungs- bzw Anwalts-GmbH oder Steuerberatungs- bzw Anwalts-AG – freiberufliche Tätigkeit ausübt). Dies schließt Unterschiede bei der Besteuerung im Verhältnis zum beherrschenden Gesellschafter nicht aus (vgl § 8 Rz 320 ff). Aufspaltung eines Unternehmens, zB in Besitz- und VertriebsGes oder die sog Betriebsaufspaltung, sind ebenfalls anzuerkennen (ständige Rspr, RFH RStBl 44, 396; BFH BStBl III 59, 50). Unerheblich ist, ob die Gründung einer Körperschaft betrieblich oder aus anderen Gründen motiviert ist (RFH RStBl 44, 396). Zur Einheitstheorie bei Ordensgemeinschaften, die ab 1994 nicht mehr angewandt wird, FinVerw 1992 StEK KStG 1977 § 1 Nr 36. 8

**FamilienGes** sind unbedenklich; die spezifische einkommensteuerl Rspr zu den Familien-Mitunternehmerschaften ist nicht übertragbar; die jur Person und die Beteiligung von Familienmitgliedern nach den Normen des GmbHG, AktG usw können nicht negiert werden. Das Anrechnungsverfahren kannte weiterhin die Subjektfähigkeit der Körperschaft als StSchuldner (BFH BStBl II 82, 401). Zwar konnte man wirtschaftl davon sprechen, dass die KSt nichts anderes ist als eine Vorauszahlung auf die ErtragSt des AntE; gleichwohl dürften steuerrechtl Körperschaft und AntE nicht gleichgesetzt und Regeln der Mitunternehmerschaft nicht auf die Körperschaft übertragen werden (gegen die Durchgriffsthese von *Mannhold* StuW 80, 135). Im ab 2001 gelten KStRecht (Vor § 1 Rz 24) ist die Eigenständigkeit der Körperschaft als Steuersubjekt durch keine Überlegung mehr zu bestreiten. 9

Zum **Missbrauch** s Beratungs-ABC zu diesem Stichwort. Gegen die Nichtanerkennung einer inländischen GmbH wegen Missbrauchs FG RhPf EFG 87, 332. Nach *Arndt/Ringel* BB 88, 2147 soll die Rspr zu den ausländischen BasisGes auch auf inländische KapGes zu übertragen sein, wenn an ihr ausländische AntE beteiligt sind; uE abzulehnen. 10

**5. Ausländische Körperschaften** können unbeschränkt stpfl sein, wenn sie im Inland über Sitz oder Geschäftsleitung verfügen; findet auf die Gesellschaft deutsches Recht Anwendung, ist die Einordnung unter Abs 1 unproblematisch. Untersteht die Körperschaft hingegen ausländischem Recht (zB bei Anknüpfung an den Ort der Geschäftsleitung: tatsächliche Geschäftsleitung im Ausland, Sitz aber im Inland; oder bei tatsächlicher Geschäftsleitung im Inland und Anknüpfung an ein ausländisches Gründungsrecht wie im EG-Abkommen über die Anerkennung von Gesellschaft und jur Person, BGBl II 72, 369 – nicht in Kraft getreten –, vorgesehen), so hat ein „Typenvergleich" zu erfolgen; entspricht die Körperschaft einer inländischen in Abs 1 aufgezählten Körperschaft, ist sie als kstpfl Körperschaft zu behandeln. Das SEStEG (Rz 2) hat ab 2006 Abs 1 Nr 1 entsprechend geändert; die aufgezählten Körperschaften sind nur Beispiele („insbesondere"; BFH BStBl II 10, 992 spricht gleichwohl von einer abschließenden Aufzählung); der „Typenvergleich" erlaubt jetzt auch von Gesetzes wegen eine Ausdehnung auf ausländische KapGes (BR-Drucks 542/06). Aus der Entwicklung des Typenvergleichs in der 13

Rspr: RFHE 27, 73 (1930) betr venezolanische KG; 27, 303 (1930) betr rumänische Ges; BFH BStBl II 68, 695; BFH BStBl II 83, 77 betr GewSt; BFH BStBl II 88, 588 betr thailändische KG mit HFR Anm 88; 465; FG Saarland EFG 04, 430 betr liechtensteinische AG; ähnlich, jedoch ausschließlich an steuerrechtl Kriterien anknüpfend, *Wurster* FR 80, 588 und RIW/AWD 81, 679; aA *Hintzen* DStR 71, 327 und StuW 74, 319. BFH BStBl II 92, 972 und Vorinstanz FG D'dorf EFG 87, 202 gehen diesen Weg konsequent weiter: Eine liechtensteinische AG, deren Geschäftsleitung im Inland und die gesellschaftsrechtl nicht anzuerkennen ist, ist nach diesem Typenvergleich KStSubjekt (vgl hierzu *Ebenroth/Auer* RIW 92, 998; krit *Wassermeyer,* DStJG 20 (1997), 83; vgl auch BFH/NV 94, 661 eine spanische AG betr). Die im Inland tätige englische Ltd kann mithin kstpfl sein. Die FinVerw hatte zuerst differenziert (vgl 1985/1988 StEK KStG 1977 § 1 Nr 20, 23): Ist der Ort der Geschäftsleitung in England, so liegt beschränkte KStPflicht vor, ist er im Inland, so ist ein KStSubjekt nicht anzuerkennen, weil die Ltd nach der Sitztheorie hier nicht anerkannt wird (vgl OLG Oldenburg GmbHR 90, 346); krit *Hartmann* DB 87, 122; *Meilicke* RIW 90, 449. Aus BFH BStBl II 92, 972 folgt, dass die FinVerw an dieser Differenzierung nicht mehr festhält (vgl auch FinVerw 1993 StEK KStG 1977 § 1 Nr 37: KStPflicht ist zu bejahen, auch wenn die Geschäftsleitung im Inland ist). Zur Ltd s *Beinert/Werder* DB 05, 1480; *Korts/Korts* BB 05, 1474; *Kessler/Eicke* DStR 05, 2101; *Triebe/Otte/Kimpel* BB 05, 1233; *Wachter* FR 06, 358, 393. S auch ABC „Ausländische EU-Kapitalgesellschaften". FinVerw BStBl I 99, 1076 enthält eine Liste zum Typenvergleich. Zur Ltd Liability Company amerikanischen Rechts s BMF BStBl I 04, 411; *Lemaitre/Schnittker/Siegel* GmbHR 04, 618. Zu einer US-DelawareGes als Organträger s BFH BStBl II 04, 1043. Der Vergleich entscheidet nicht nur über die KStPflicht, sondern auch über die Eingruppierung in Abs 1 Nr 1–5. Diese Qualifizierung ist für § 7 KapErhStG maßgebend (s dort Rz 3); folglich können die Erlasse der FinVerw (§ 7 KapErhStG Rz 6) auch für die Körperschaftsteuerpflicht herangezogen werden (HFR Anm 88, 465). Insofern ist BFH BStBl II 92, 972, abzulehnen, da die liechtensteinische AG als Körperschaft iSv § 1 I Nr 5 (!) qualifiziert wird. Nach der Centros-Entscheidung des EuGH DB 99, 625 und der nachfolgenden Rspr des EuGH entscheidet der Typenvergleich auch über die Einordnung in die Nr 1–5; die liechtensteinische AG ist eine Körperschaft nach § 1 Nr 1 (*Sörgel* DB 99, 2236; *Schmidt/Sedemund* DStR 99, 2057; im Ergebnis allerdings mit abweichender Begründung BFH BStBl II 99, 437). Zur Sitzverlegung s § 12.

**14** Sonderbehandlung ausländischer Körperschaften in Niedrigsteuerländern nach **§§ 7ff AStG,** s dort; zu ausländischen Familienstiftungen s § 15 AStG; zu **ausländischen BasisGes** s Beratungs-ABC.

**16** **6.** Zu den sog **SpaltungsGes** (Gesellschaft mit Vermögen in verschiedenen Staaten, das aufgrund politischer Ereignisse nicht mehr einheitlich beurteilt werden kann) s BFH BStBl III 56, 289; III 57, 243; III 66, 207 (kritisch *Flume* DB 66, 754); III 66, 682 betr Genossenschaften; FG D'dorf EFG 65, 240; FinVerw 1963 StEK KStG § 1 Nr 8.

**18** **7. Beginn/Ende der KStPflicht.** Die Vereinbarung, eine Körperschaft zu errichten oder zu gründen, führt zur sog **VorgründungsGes** (BFH BStBl II 90, 91 mit Hinweisen zur Terminologie); falls sie gewerbl tätig wird, handelt es sich um eine gewerbl Mitunternehmerschaft (§ 15 I Nr 2 EStG; FG Münster EFG 88, 651; *Crezelius* DStR 87, 743, 749).

**20** **8.** Die KStPflicht **beginnt** mit dem Vertragsabschluss (Satzung, Statut, Vertrag usw); es entsteht die sog **Gründungs-** oder **VorGes** (vgl BFH BStBl II 90, 91; II 93, 352; II 10, 991), die wie im Zivilrecht eher Ähnlichkeit mit der gegründeten Körperschaft als mit anderen Gebilden hat und folglich wie diese kstpfl ist (vgl für einen problemlosen Fall BFH BStBl II 83, 247). Unerheblich ist, ob diese Ges nach außen auftritt oder Vermögen besitzt; diese Bedingung, bei entstandenen

Körperschaften unerheblich, muss auch im Gründungsstadium unerheblich sein (*Streck* BB 72, 263; HFR Anm 93, 193 aus BFH BStBl II 93, 352 herleitend; aA BFH BStBl III 60, 319). Nach BFH BStBl II 81, 600 – ähnlich auch FG Münster EFG 88, 651 – beginnt die StPflicht mit dem Abschluss des GesVertrages, der Übertragung von Vermögen und dem Auftreten nach außen; diese Entscheidung ist dahingehend zu verstehen, dass zumindest in diesen Fällen die StPflicht beginnt; nicht entschieden ist, ob alle Merkmale vorliegen müssen (HFR Anm 81, 482; ähnlich *Döllerer* ZGR 82, 573: an die Voraussetzungen einer nach außen in Erscheinung tretenden Tätigkeit dürfen keine übertriebenen Anforderungen gestellt werden). Die Gründung muss ernst gemeint sein. Selbst ein Mangel in der Form ist unerheblich, wenn die Gründer den Vertrag wirtschaftl durchführen (BFH BStBl II 73, 568). AA, VorGes nicht kstpfl, *Heckmann* DB 76, 980; *Römer* Die steuerl Behandlung von Vorformen der KapGes, Diss Göttingen, 1978; *Schuhmann* GmbHR 81, 198; diese Ansicht kann sich in erster Linie auf die zivilrechtl Haftung der Gründer stützen. Zweifelhaft ist die Beurteilung, wenn die **Gründung scheitert,** die Körperschaft im zivilrechtl Sinn nicht zur Entstehung gelangt, insbes bei AG, GmbH, Gen, Verein, die Eintragung im Handels-, Genossenschafts- oder Vereinsregister unterbleibt. UE kann die KStPflicht nicht rückwirkend wieder entfallen (vgl *Streck* BB 72, 261) Die gegenteilige Ansicht stützt sich auf BFH BStBl III 52, 172, 180; III 60, 319; sie nimmt rückwirkend eine GbR und ggf eine gewerbl Mitunternehmerschaft an, sofern nicht ein nichtrechtsfähiger Verein vorliegt (s zB FinVerw 1980 StEK KStG 1977 § 1 Nr 17; *Herrmann* StbJb 68/69, 181; *Werndl* ÖStZ 77, 138; FG Hbg EFG 89, 594; FG Brdbg EFG 03, 1330). BFH BStBl II 73, 568 lässt diese Frage ausdrücklich offen. BFH BStBl II 10, 991 entscheidet, dass die fehlgeschlagene VorGes nicht kstpfl ist (dazu *Martini,* DStR 11, 337); die erfolgreiche VorGes bleibt kstpfl. Scheitern der Gründung kann im Einzelfall Indiz sein, dass es an einer ernsthaften Gründung mangelte. Die gescheiterte VorGes bleibt im Übrigen bis zur Beendigung der Liquidation nach unserer Ansicht kstpfl; erfolgt eine Umgründung in eine PersGes, so erfolgt ein Wechsel der KStPflicht der VorGes zur StPflicht der an der Mitunternehmerschaft Beteiligten. Die gleiche Rechtslage gilt bei der Ein-Mann-GmbH. UE gelten diese Grundsätze im Übrigen **nicht** zwingend für **alle Körperschaften** der Nrn 1–5. Der VVaG und der nichtrechtsfähige Verein sind vor ihrer Entstehung in der Gründungsphase idR nichtrechtsfähige Vereine und als solche kstpfl. Die Stiftung entsteht als KStSubjekt mit dem Stiftungsakt und der staatlichen Anerkennung (BFH BStBl II 15, 545; aA die Vorauflage). Ausnahme nur dann, wenn der Stifter die Verfügungsmöglichkeit über das Stiftungsvermögen noch nicht verloren hat (FG Köln EFG 99, 834). Von Todes wegen errichtete Stiftungen sind im Fall der Genehmigung ab dem Zeitpunkt des Vermögensanfalls kstpfl (BFH BStBl II 05, 149). Vor der staatlichen Anerkennung ist ein Zweckvermögen möglich. Zum Zweckvermögen s *Streck* StuW 76, 144; Beginn mit bindender Vertragsgestaltung. Die unbeschränkte KStPflicht kann ebenfalls durch **Verlegung** des Sitzes oder der Geschäftsleitung ins Inland beginnen.

**9. KStPflicht endet** mit der Beendigung der Liquidation; der Beginn der Auflösung berührt die StPflicht nicht; s § 11 Rz 5. Für das Ende der Liquidation hat die entsprechende Eintragung in das Handelsregister nur deklaratorische Bedeutung; die StPflicht kann fortbestehen, wenn die Liquidation tatsächlich noch nicht beendet war. Zwangsliquidation ohne Beendigung der Tätigkeit beendet nicht die KStPflicht (FG BaWü EFG 90, 540). Diese Grundsätze gelten entsprechend für ausländische KapGes (BFH/NV 04, 670). Beendigung jedoch durch Verschmelzung, Aufspaltung und Formwechsel in eine Personengesellschaft; alte und neue Ges sind nicht identisch (RFH RStBl 36, 789, 790; BFH BStBl III 64, 306). Bei Formwechsel in eine andere kstpfl Rechtsform bleibt die Identität gewahrt (BFH BStBl III 58, 468 gegen RFH-Rspr). Kein Ende der StPflicht bei Insolvenz; s § 11 24

Rz 6 f. Bei einem sog Mantelkauf kann eine Beendigung und ein Neubeginn der KStPflicht anzunehmen sein. Zur Beendigung der unbeschränkten KStPflicht durch Verlegung von Sitz und/oder Geschäftsleitung ins Ausland s § 12 mit Erläuterungen.

25 **10.** Zum **Wechsel** von der beschränkten zur unbeschränkten StPflicht oder umgekehrt s § 32 II Nr 1.

28 **11.** Die unbeschränkte StPflicht wird durch **Geschäftsleitung oder Sitz** im **Inland** bestimmt; die Erfüllung einer dieser Voraussetzungen genügt. Geschäftsleitung s § 10 AO; zur Geschäftsleitung einer liechtensteinischen AG im Inland s FG Saaarl EFG 04, 430; Sitz s § 11 AO; Inland s Rz 53.

30 **12. Kapitalgesellschaften (Abs 1 Nr 1);** Schrifttum s Vor § 1 Rz 4 ff. Bis VZ 2005 lag eine sog Klammerdefinition vor; die Aufzählung war abschließend. Ab VZ 2006 (SEStEG, Rz 2) erfolgt die Aufzählung beispielsweise („insbesondere"; abw. allerdings BFH BStBl II 10, 991). Eine Ausdehnung auf ausländische Gesellschaften ist von Gesetzes wegen möglich; zu ausländischen Ges s Rz 13. Zur Europäischen Gesellschaft s Beratungs-ABC. AG, HandelsGes nach dem AktG. KGaA, maßgebend sind die Vorschriften des AktG. GmbH, HandelsGes nach dem GmbHG. KolonialGes: Auflösung s BGBl I 75, 2253; gestrichen ab VZ 1991. Bergrechtliche Gewerkschaft, maßgebend landesgesetzliche Vorschriften, Art 67 EGBGB. KStPflicht auch, wenn sie nur verwaltend tätig wird (RFH RStBl 25, 207; 31, 837). Pfännerschaften (Gewinnung von Steinsalz) sind kstpfl, wenn es bergrechtliche Gewerkschaften im vorgenannten Sinn sind. Die bergrechtlichen Gewerkschaften wurden zum 1.1.86 bzw zum 1.1.94 aufgelöst, wenn sie sich nicht in eine allgemeine Rechtsform umgewandelt haben (s G v 13.8.88 und 24.4.86, BGBl I 80, 1310 und I 86, 1310; *Dötsch/Pung* DB 00, 61). Nicht unter Abs 1 Nr 1 fallen jur Personen des Gemeinen Rechts (Art 163, 164, 165, 166 EGBGB; BFH BStBl II 71, 187, dazu Rz 37 und § 3 Rz 10); GmbH & Co KG; auch AbschreibungsGmbH & Co KG mit einer Vielzahl von Kommanditisten (BFH GrS BStBl II 84, 751; dazu § 3 Rz 4). GründungsGes s Rz 20.

32 **13. Genossenschaften (Abs 1 Nr 2);** Schrifttum: *Kirchhof,* Die Eigenständigkeit der Genossenschaft als StRechtssubjekt, 1980, s auch Vor § 1 Rz 7. Das SEStEG (Rz 2) ersetzt ab VZ 2006 den Begriff „Erwerbs- und Wirtschaftsgenossenschaften"; keine Änderung bzgl der Genossenschaften nach deutschem Recht. Rechtsform regelmäßig als eingetragene Genossenschaft nach dem GenG; Nr 2 verlangt jedoch nicht die Eintragung in das Genossenschaftsregister und damit die Rechtsfähigkeit; daher sind Genossenschaften ebenfalls nichtrechtsfähige Vereine mit genossenschaftlichen Zügen (Konsum-, Molkereivereine usw; aber auch bei ärztlichen Labor- und Apparategemeinschaften denkbar); zu dieser nichtrechtsfähigen Genossenschaft *Paulick,* Recht der eingetragenen Genossenschaft, 1956, 90 ff. Die Qualifikation war von Bedeutung, da die Genossenschaft im Gegensatz zu den nichtrechtsfähigen Vereinen (Abs 1 Nr 5) ins AnrV einbezogen waren. Zur Europäischen Genossenschaft s Beratungs-ABC. Keine Genossenschaft iSd Abs 1 Nr 2 sind öffentlich-rechtliche Gebilde, die den Namen Genossenschaft tragen. Zu den Hauberg-, Wald-, Forst- und Laubgenossenschaft s § 3 Rz 10. Sondervorschriften für Genossenschaften s § 22.

36 **14. VVaG (Abs 1 Nr 3):** Maßgebend sind die §§ 15–53b VAG. Ist die vorgeschriebene Erlaubnis (§ 15 VAG) erteilt, spricht eine Vermutung dafür, dass ein VVaG vorliegt (RFH RStBl 30, 551); anders, wenn das FA feststellt, dass Satzungsbestimmungen oder tatsächliche Geschäftsgebahren den anerkannten Grundsätzen eines VVaG widersprechen (RFH aaO). VVaG auch möglich, wenn die Erlaubnis gemäß § 15 VAG nicht vorliegt; in diesem Fall liegt ein nichtrechtsfähiger Verein vor; s dazu RFH RStBl 33, 1243; 41, 742 mit strengen Anforderungen für das Vorliegen eines VVaG; vgl auch *Hecker* FR 85, 464. Nachdem die Reform der

gesetzlichen Rentenversicherung 2001 auch den Pensionsfondsverein auf Gegenseitigkeit zulässt, wird er ab VZ 2005 KStSubjekt. Auf ihn finden die Vorschriften des VAG entsprechend Anwendung (BR-Drucks 605/04, 57).

**15. Sonstige jur Personen des privaten Rechts (Abs 1 Nr 4);** Schrifttum s Vor § 1 Rz 8f. Rechtsfähige Vereine (§§ 21ff BGB), und zwar die ideellen ebenso wie die wirtschaftl (§ 22 BGB; BFH BStBl III 55, 12: Verein als Träger einer Getreidebörse); rechtsfähige Stiftungen (§§ 80ff BGB); rechtsfähige Vereine und Stiftungen des Vor-BGB-Rechts, Art 163, 164, 165, 166 EGBGB (zB BFH BStBl II 71, 187). Kirchengemeinde mit verliehener Rechtsfähigkeit ist, sofern nicht eine Körperschaft des öffentl Rechts entsteht, Verein (RFH RStBl 39, 66). Zur KSt-Pflicht von Ordensgemeinschaften und klösterlichen Niederlassungen s *Maier,* Grundlagen und Probleme der Klosterbesteuerung, 1959, 82ff. Zur Frage, ob Stiftung des privaten oder öffentl Rechts vorliegt, BFH BStBl III 51, 120; Rz 41 und § 3 Rz 3. Zu Familienstiftungen, die an die Stelle von Familienfideikommissen getreten sind, s KStR 1.2. 37

**16. Nichtrechtsfähige Vereine, Anstalten, Stiftungen und andere Zweckvermögen (Abs 1 Nr 5);** Schrifttum s Vor § 1 Rz 8f. Die nichtrechtsfähigen Vereine stehen als Personenvereinigungen den Anstalten, Stiftungen und Zweckvermögen als Vermögensmassen gegenüber (BFH StRK KStG § 1 R 48; (1964); *Streck* StuW 75, 138). Nr 5 gilt nur für Körperschaften des Privatrechts; Klarstellungen durch das KStG 1977. Nichtrechtsfähige Vereine (§ 54 BGB) sind abzugrenzen von BGB-Gesellschaften, die, falls gewerbl tätig, Mitunternehmerschaften iSv § 15 I Nr 2 EStG sind, und von PartnerschaftsGes, die als Mitunternehmerschaften Einkünfte nach § 18 (oder § 15) EStG erzielen. Der nichtrechtsfähige Verein hat regelmäßig eine körperschaftliche Organisation, Organe wie Vorstand, Mitgliederversammlung; die Möglichkeit des leichten Mitgliederwechsels und die Unabhängigkeit des Vereins von bestimmten Mitgliedern sind typisch; erheblich ist, wer wirtschaftl als Träger des Vermögens anzusehen ist; bei dem Verein überwiegt die Eigenständigkeit des Vermögens gegenüber den Individualrechten des Einzelnen. S § 3 Rz 3. RFH RStBl 39, 702: Preis- und Konditionenkartell kstpfl. RFH RStBl 41, 374: Röntgeninstitut aus zwei Mitgliedern kein Verein; fünf Ärzte keine Körperschaft (FG Münster EFG 81, 143); Labor- und Apparategemeinschaft einer Mehrzahl von Ärzten kann nichtrechtsfähiger Verein sein (FinVerw BB 78, 899 nimmt GbR an; dazu *Kröger* DStR 79, 220); ebenso Werkskantine. Investment-Club s Beratungs-ABC. Fleischer-Einkaufs- und VerwertungsGes kstpfl (FG Karlsruhe EFG 56, 393). Zu sog Tauschringen s *Brandenstein/Corino/Petri* NJW 97, 825. Zur Freiwilligen Feuerwehr s BFH BStBl II 97, 361. Untergliederungen von Großvereinen können ihrerseits nichtrechtsfähige Vereine sein (FinVerw 1988 StEK UStG 1980 § 2 Abs 1 Nr 45, 1989 Nr 49, 51; 1989 StEK KStG 1977 § 5 Nr 104 betr Parteien). Zur Frage, ob eine betriebliche Unterstützungskasse ein nichtrechtsfähiger Verein ist, s FG RhPf EFG 91, 266. Kirchen oder Gemeinden, die nicht Körperschaften des öffentl Rechts sind, sind Vereine (RFH RStBl 39, 66 betr rechtsfähiger Verein). Zur kapitalistischen KG s § 3 Rz 4. Bei langjähriger Behandlung als Mitunternehmerschaft kann nicht dann, wenn es für den Stpfl günstiger ist, KStPflicht behauptet werden (BFH BStBl III 65, 554; Bedenken insoweit, als die Rspr dem FA eher einen Wechsel zum richtigen Recht gestattet als dem Steuerbürger). 40

**17.** Zweckvermögen sind **nichtrechtsfähige Stiftungen,** Anstalten und sonstige Zweckvermögen; es handelt sich um einen oder mehrere abgrenzbare Vermögensgegenstände, die rechtlich oder tatsächlich einer Vermögensbindung unterliegen, so dass kein sonstiges einkommensteuer- oder kstpfl Subjekt über den Vermögensgegenstand und über die daraus gezogenen Erträge wie ein Eigentümer verfügen und auch die Zweckbindung nicht einseitig aufheben kann (vgl BFH BStBl III 53, 54; StRK KStG § 1 R 48, 51 (1964) und die nachfolgend zitierte 41

Rspr; *Streck* StuW 75, 135; *Wochner* ZEV 99, 125). Ob ein oder mehrere Zweckvermögen vorliegen, ist eine Frage der jeweiligen wirtschaftl und organisatorischen Selbständigkeit (RFHE 10, 258 (1922)), also gestaltbar. Eine zivilrechtl Übertragung auf einen anderen Träger ist nicht erforderlich (RFH RStBl 38, 284; 36, 442); die Schaffung von Zweckvermögen ist folglich ohne Eigentumsänderung möglich (vgl RFHE 10, 240 (1922)); regelmäßig wird der Gegenstand allerdings unter Zweckbindung auf einen anderen Träger übertragen. Tatsächliche Durchführung der rechtl Bindung ist notwendig (RFH RStBl 43, 658). Einkunftserzielung ist keine Rechtsbedingung für das Zweckvermögen. **Beispiele:** Treuhänderische Stiftungen, zB die vom Stifterverband für die deutsche Wissenschaft gehaltenen nichtselbständigen Stiftungen mit eigenem Entscheidungsgremium. RFH RStBl 36, 442: Schulstiftung; RFH RStBl 38, 284: Unterstützungsfonds; RFH RStBl 38, 573: adliges Fräulein- und Witwen-Stift; RFH RStBl 38, 827: Grabpflegelegat; Fürsorgefonds von RFHE 7, 177 und StuW 43, 244 nicht als Zweckvermögen anerkannt; Landgut, der Armenverwaltung einer Gemeinde für die Bürgerkinder gestiftet (FG Köln EFG 01, 39). S weiter Beratungs-ABC „Nichtrechtsfähige Stiftung“, „Zweckvermögen“.

42 **18.** Nichtrechtsfähige **Anstalten** haben im Privatrecht keine eigenständige Bedeutung.

43 **19. Sonstige Zweckvermögen:** Allgemein s Rz 41; Beispiele: Marktförderungs- und stabilisierungsfonds (vgl FinVerw 1971 StEK KStG § 4 Nr 69) s Beratungs-ABC; Sammelvermögen (§ 1914 BGB; KStR 1.1 (5)) s ABC; Urlaubskasse eines Betriebs (*Felix* BB 82, 2127); Erträge, die von dem Empfänger von Beginn an für einen bestimmten Zweck gebunden sind (vgl *Streck* StuW 75, 137, 144: Künstler, der für einen wohltätigen Zweck eine Schallplatte besingt; Urheberrecht kann Zweckvermögen sein); Werbefonds, gebildet aus Beiträgen der Gewerbetreibenden einer Branche, kann Zweckvermögen sein; Vermögen mit unklaren Eigentumsverhältnissen kann Zweckvermögen sein, zB Erbmasse mit unbekannten Erben (RFH RStBl 40, 918); Grabpflegekonto (FinVerw 1995 StEK EStG § 44a Nr 38); betriebliche Sozialkassen; ausländisches Zweckvermögen, zB der Trust des anglo-amerikanischen Rechts; Sondervermögen der KapAnlGes sind kraft Gesetzes Zweckvermögen (§§ 38, 44 KAGG), jedoch nur für die KSt und VSt (FinVerw 1977 StEK VSt 1974 § 3 Nr 2). Kein Zweckvermögen: OHG, KG, GbR, Kinder-, Familienfonds mit zeitlich befristeter Verfügungsbeschränkung (RFH RStBl 30, 364); gepfändete, verpfändete, sicherungsübereignete Gegenstände (RFH RStBl 43, 236); Gegenstand unter Zwangsverwaltung; Konkursmasse (RFH RStBl 38, 843); Erbengemeinschaft (RFH RStBl 40, 918); Vorerbschaft (RFH RStBl 29, 467). Ist allerdings der Erbe oder Vorerbe nur formeller zivilrechtl Träger der Erbmasse, die im Übrigen zugunsten des Nacherben oder eines Dritten streng gebunden ist, so dass die Erbmasse für den zivilrechtl Eigentümer jede Bedeutung verliert, liegt ein Zweckvermögen, zB eine nichtselbständige Stiftung, vor (RFHE 16, 67 (1925); RStBl 29, 467; StuW 30 Nr 14; RStBl 38, 573; 41, 505, 911). Zusammenfassung mehrerer Hafenbetriebe zu einem Verband Gesamthafenbetrieb ohne dauernde Vermögensbindung kein Zweckvermögen (BFH BStBl III 53, 54); Verselbständigung eines Vermögensteils kein Zweckvermögen, wenn jederzeit die Eingliederung wieder erfolgen kann (RFH RStBl 33, 872). Zweckvermögen bei Körperschaften des öffentl Rechts können nach Abs 1 Nr 6 kstpfl sein; Abs 1 Nr 5 ist auf die privatrechtl Zweckvermögen beschränkt. Zu Hauberg-, Wald-, Forst-, LaubGen, Realgemeinden s § 3 Rz 10.

44 **20.** Das Zweckvermögen ist stets selbst **kstpfl Subjekt,** und zwar auch dann, wenn der zivilrechtl Träger den gleichen Zweck verfolgt; auch die Gemeinnützigkeit des Trägers überträgt sich nicht automatisch auf das Zweckvermögen. Die StPflicht erstreckt sich auf die **Erträge** des Zweckvermögens, nicht auf die Beiträge zur Schaffung des Zweckvermögens (RFH RStBl 40, 835). Da die Zweckver-

mögen selbständige StSubjekte sind, sind „Verträge" zwischen dem Zweckvermögen und dem Träger anzuerkennen, und zwar entsprechend der Rechtslage bei den Betrieben gewerbl Art (s § 4 Rz 53; außerdem Beratungs-ABC „Zweckvermögen").

**21.** Zur **zivilrechtl Gestaltung** von Zweckvermögen, insbes von nichtrechtsfähigen Stiftungen s Beratungs-ABC „Nichtrechtsfähige Stiftung", „Zweckvermögen". 45

**22. Betriebe gewerbl Art von jur Personen des öffentl Rechts (Abs 1 Nr 6):** s zu § 4. 48

**23. Sachliche (objektive) Steuerpflicht (Abs 2):** StPflicht ist das sog Welteinkommen, soweit Einkünfte gemäß § 2 I EStG vorliegen; Abs 2 enthält keine eigene Einkunftsart für Körperschaften. Einschränkung möglich durch Befreiungen, zB aufgrund eines DBA. 50

**24. Inland (Abs 3):** Der Inlandsbegriff hat zB Bedeutung für Abs 1 (unbeschränkte StPflicht), aber auch für § 49 I EStG (inländische Einkünfte). Keine gesetzliche Definition des Inlandsbegriffs. Inland umfasst die BRD, Zollausschlüsse, Freihäfen, Küstengewässer, Handelsschiffe mit Berechtigung zur Führung der deutschen Flagge (vgl BGBl I 51, 79) in deutschen Gewässern und auf hoher See (RFH RStBl 37, 899), nicht bei Aufenthalt in ausländischen Küstengewässern und Häfen. Inland sind nicht im Ausland belegene Botschafts-, Gesandtschafts- oder Konsulargebäude. Die DDR war bis zur Vereinigung Ausland; s dazu die Regelung des **Einigungsvertrags** in § 54a idF des G v 23.9.90 (BGBl II 90, 889; BStBl I 90, 656) sowie § 35. Abs 3 dehnt den Inlandsbegriff auf den **Festlandsockel** und andere Gebiete des **Meeres** und **Meeresbodens** aus (Rz 54 f). 53

**25. Festlandsockel (Abs 3):**

**Schrifttum:** *Kölble,* Bundesstaat und Festlandsockel, DöV 64, 217; *Menzel,* Der deutsche Festlandsockel in der Nordsee und seine rechtliche Ordnung, AöR Bd 90 (1965), 1; *Willecke,* Der Festlandsockel – seine völker- und verfassungsrechtlichen Problematik, DVBl 66, 461; *Hillert* FR 74, 266, 445; *Scholtz* DStZ/A 74, 241; *Grebner,* Die Rechtsstellung der Bohrinsel, AWD 74, 75; *Bode* DB 76, 405; *Schröer,* Staatliche Gebietshoheit und die verfassungsrechtlichen Verhältnisse am deutschen Festlandsockel, RIW/AWD 78, 507; *Rüster,* Die Rechtsordnung des Festlandsockels, 1977; *Gaster,* Der Meeresbodenbergbau unter der hohen See – Neuland des Seevölkerrechts und der nationalen Gesetzgebung, 1987; *Waldhoff/Engler,* Die Küste im deutschen Ertragsteuerrecht – am Beispiel der Besteuerung von Offshore-Energieerzeugung, FR 12, 254; *Behrendt/Wischoff/Krüger,* Praxisfragen zu deutschen Besteuerungsrechten im Zusammenhang mit Offshore-Windparks in der deutschen ausschließlichen Wirtschaftszone, BB 12, 1827; *Weber/Hammler/Kleinschmidt,* Grundlegende ertrag- und umsatzsteuerliche Aspekte bei der Errichtung/dem Betrieb von Onshore- sowie Offshore-Windkraftanlagen, BB 12, 1836; Betriebsstätten-Verwaltungsgrundsätze BStBl I 99, 1076 Tz 4.5–4.8.

Zur **Rechtsentwicklung** s 6. Aufl. Nach **Abs 3** Nr. 2 (durch die Neufassung durch das StÄndG 2015 v 2.11.15 weiter präzisiert) gehört zum steuerrechtl Inland der **Festlandsockel**, soweit dort Naturschätze des Meeresgrundes und des Meeresuntergrundes erforscht oder ausgebeutet werden. Die Definition des Festlandsockels sowie seine Erforschung und Ausbeutung ergibt sich aus der UN-Seerechtskonvention und den entsprechenden Ausführungsgesetzen. Am 16.11.94 ist das Seerechtsübereinkommen der Vereinten Nationen (SRÜ) vom 10.12.82 in Kraft getreten (BGBl II 94, 1799). Die BRD ist im SRÜ mit G vom 2.9.94 beigetreten (BGBl II 94, 1798). Die nach dem Übereinkommen erforderliche VO zur Durchführung des Teils XI des SRÜ wurde am 4.10.94 erlassen (BGBl II 94, 2565). Die Bestimmung und Abgrenzung des Festlandsockels wird in Teil VI des SRÜ geregelt. Hiernach umfasst der Festlandsockel den Meeresgrund und den Meeresuntergrund jenseits des Küstenmeeres in der natürlichen Verlängerung des Landgebietes bis zur äußeren Kontinentalrandlinie, jedenfalls aber bis zu einer Ent- 54 fernung von 200 Seemeilen und höchstens 350 Seemeilen von der Küstenlinie. Eine Konkretisierung der Festlandsockelanteile der BRD ist für die Nordsee und für die Ostsee zum Teil vertraglich geregelt (Kopenhagener Verträge vom 28.1.71 mit Dänemark und den Niederlanden, BGBl II 72, 881, 1616; Vertrag mit Großbritannien vom 25.11.71, BGBl II 72, 897; Protokoll mit Dänemark vom 9.6.65 betr die Ostsee, BGBl II 66, 205). Im Rahmen der Umsetzung des SRÜ ist am 15.6.95 das G zur Ausführung des SRÜ in Kraft getreten (AusführungsG Seerechtsübereinkommen 1982/1994, BGBl I 95, 778). Das G enthält in Art 9 das G zur Regelung des Meeresbodenbergbaus. In dem nach dem SRÜ definierten Gebiet des Festlandsockels übt der Küstenstaat die Hoheitsrechte aus, und zwar zum Zweck der **Erforschung** und **Ausbeutung** der **natürlichen Ressourcen.** In entsprechendem Umfang erfasst Abs 3 den Festlandsockel als **steuerliches Inland.** Die natürlichen Ressourcen umfassen gemäß Art 77 Abs 4 SRÜ die mineralischen und sonstigen nicht lebenden Ressourcen des Meeresbodens und seines Untergrunds sowie zu den sesshaften Arten gehörende Lebewesen, dh solche, die im nutzbaren Stadium unbeweglich auf oder unter dem Meeresboden verbleiben oder sich nur in ständigem körperlichen Kontakt mit dem Meeresboden oder seinem Untergrund fortbewegen können. Eine weitere Definition enthält das MeeresbodenbergbauG in § 2 Nr 4: Ressourcen sind danach mit Ausnahme von Wasser alle im Gebiet vorkommenden mineralischen Rohstoffe in festem, flüssigem oder gasförmigem Zustand, die sich in Ablagerungen oder Ansammlungen im Gebiet auf oder unter dem Meeresboden befinden.

55 Erforschung und Ausbeutung müssen sich auf diese Ressourcen beziehen, zB auf die Suche nach Lagerstätten, nicht aber die ozeanographische Forschung (glA *Scholtz* DStZ/A 74, 242). Geophysikalische Forschungen rechnen hierzu, wenn sie die Suche nach Naturschätzen bezwecken. Das Betreiben einer Transit-Rohrleitung stellt keine Ausbeutung, sondern Transport von Naturschätzen dar.

Das JStG 2008 (Rz 2) hat Abs 3 ergänzt, soweit der Meeresboden der Energieerzeugung erneuerbarer Energien dient. Damit werden insbes **Windkraftanlagen** im Meer erfasst.

Durch die Änderungen ab VZ 2015 und 2016 (Rz 2) wurde auch der Begriff der **Wirtschaftszone**, vorgegeben durch das Seerechtsübereinkommen der Vereinten Nationen, in das Gesetz aufgenommen, womit auch Tätigkeiten **oberhalb** der **Wasseroberfläche** erfasst werden (BR-Drucks 184/14, 77), zB auch die Fischzucht (BR-Drucks 121/15, 50).

56 Ist die Körperschaft unbeschränkt stpfl, gehören die Einkünfte im Zusammenhang mit dem Festlandsockel und der Wirtschaftszone zu ihrem Welteinkommen; es liegen keine ausländischen Einkünfte iSd §§ 34c, 34d EStG, § 26 vor; außerdem sind uE der Festlandsockel und die Wirtschaftszone ausländischer Staaten zu deren Staatsgebiet iSv §§ 34c, 34d EStG zu rechnen.

57 Zweifelhaft ist, ob der Festlandsockel und die Wirtschaftszone über Abs 1 die **unbeschränkte StPflicht** vermitteln können. Die Bedingungen des Abs 1 stehen in keinem Zusammenhang mit einer Forschungs- und Ausbeutungstätigkeit; die unbeschränkte StPflicht kann hierdurch und folglich durch den Festlandsockel und die Wirtschaftszone nicht begründet werden. Bei den „inländischen" Einkünften, die der **beschränkten StPflicht** gemäß § 49 EStG unterliegen, wirkt sich Abs 3 in erster Linie aus. Gewerbl Einkünfte aus der Erforschung oder Ausbeutung von Naturschätzen des Festlandsockels fallen unter § 49 I Nr 2a EStG. Betriebstätte ist erforderlich. Bohranlagen als ortsfeste oder flutbare Plattformen, sog Hubinseln und Bohrschiffe sind Betriebstätten (§ 12 Nr 7, 8 AO); s weiter *Grebner* AWD 74, 75; *Mittermüller* RIW 82, 812. Reine Forschungsschiffe sind keine Betriebstätten. Die Verpachtung einer Anlage zur Erforschung oder Ausbeutung kann unter § 49 Abs 1 Nr 6 EStG fallen; das Gleiche gilt, falls eine Forschungs- oder Ausbeutekonzession an Dritte zur Nutzung überlassen wird, sofern eine Verwertung in einer inländischen Betriebstätte (einschließlich Festlandsockel oder Wirtschaftszone)

vorliegt. S auch die Betriebstätten-Verwaltungsgrundsätze BStBl I 99, 1076 Tz 4.5.–4.8.

## § 2 Beschränkte Steuerpflicht

**Beschränkt körperschaftsteuerpflichtig sind**

**1. Körperschaften, Personenvereinigungen und Vermögensmassen, die weder ihre Geschäftsleitung noch ihren Sitz im Inland haben, mit ihren inländischen Einkünften;**

**2. sonstige Körperschaften, Personenvereinigungen und Vermögensmassen, die nicht unbeschränkt steuerpflichtig sind, mit den inländischen Einkünften, die dem Steuerabzug vollständig oder teilweise unterliegen; inländische Einkünfte sind auch**

**a) die Entgelte, die den sonstigen Körperschaften, Personenvereinigungen oder Vermögensmassen dafür gewährt werden, dass sie Anteile an einer Kapitalgesellschaft mit Sitz oder Geschäftsleitung im Inland einem Anderen überlassen und der Andere, dem die Anteile zuzurechnen sind, diese Anteile oder gleichartige Anteile zurückzugeben hat,**

**b) die Entgelte, die den sonstigen Körperschaften, Personenvereinigungen oder Vermögensmassen im Rahmen eines Wertpapierpensionsgeschäfts im Sinne des § 340b Abs. 2 des Handelsgesetzbuchs gewährt werden, soweit Gegenstand des Wertpapierpensionsgeschäfts Anteile an einer Kapitalgesellschaft mit Sitz oder Geschäftsleitung im Inland sind, und**

**c) die in § 8b Abs. 10 Satz 2 genannten Einnahmen oder Bezüge, die den sonstigen Körperschaften, Personenvereinigungen oder Vermögensmassen als Entgelt für die Überlassung von Anteilen an einer Kapitalgesellschaft mit Sitz oder Geschäftsleitung im Inland gewährt gelten.**

***Gesetzesfassungen vor 2014 s 8. Aufl.***

*Körperschaftsteuerrichtlinien:* KStR 2

### Übersicht



**1. Allgemeines:** Es gibt zwei Gruppen beschränkter StPflicht: Körperschaften 1
ohne Sitz und Geschäftsleitung im Inland (Nr 1; entsprechend der beschränkten StPflicht des EStG); im Übrigen „sonstige" Körperschaften – also ohne die der Nr 1 –, die nicht unbeschränkt stpfl sind, mit ihren inländischen Einkünften, von denen ein StAbzug vorzunehmen ist (Nr 2). Zweck der beschränkten StPflicht: Einmal werden die inländischen Einkunftsquellen ausländischer Körperschaften erfasst, zum anderen einzelne inländische Einkunftsquellen inländischer, nicht stpfl Körperschaften, insbes Ausschüttungen von KapGes. Das KStG erfasst in § 2 im Inland erwirtschaftete Leistungsfähigkeit, wobei kritisch zu fragen ist, ob die StPflicht der inländischen Körperschaft des öffentl Rechts nicht unangemessen eng abgegrenzt ist.

**2. Geltungszeit:** § 2 gilt ab 1.1.77 (§ 54 I idF des KStG 1977). S bis zum 2
KStG 1991 die 3. Aufl Vor § 1 Anm 19. Zur Wirkung des **Einigungsvertrags** s

§ 54 I und § 54a idF des G v 23.9.90 (BGBl I 90, 885; BStBl I 90, 654). Das StÄndG 2003 v 15.12.03 (BGBl I 03, 2645; BStBl I 03, 710) korrigierte – klarstellend – Nr 2. Das UnternehmenStRefG v 14.8.07 (Vor § 1 Rz 28) fügt in Nr 2 die Buchstaben a)–c) an; zum Inkrafttreten s § 34 II a idF des G v 14.8.07.

3 **3. Ausländische Körperschaften** (Nr 1): Sie sind beschränkt stpfl ohne Begrenzung auf den Katalog des § 1 I (vgl Begründung zum KStG 1934, RStBl 35, 82); Abgrenzung s § 3. Auch wenn das Gesetz einen Oberbegriff „Körperschaften, Personenvereinigungen und Vermögensmassen" voraussetzt, so wird dieser jedoch erst durch die Aufzählung in § 1 I erschlossen. Folglich ist es gerechtfertigt, die Frage der KStPflicht ausländischer Gebilde durch einen Typenvergleich mit inländischen Körperschaften zu ermitteln (s § 1 Rz 13). Die fehlende Einschränkung zeigt sich jedoch an ausländischen Körperschaften des öffentl Rechts. Beziehen sie inländische Einkünfte aus VuV oder aus Land- und Forstwirtschaft, so sind sie damit im Gegensatz zu inländischen Körperschaften des öffentl Rechts stpfl (anders noch RFH RStBl 31, 552 zum KStG 1925). Beschränkte StPflicht bedingt, dass weder Sitz (s § 11 AO) noch Geschäftsleitung (s § 10 AO) im Inland sind. Keines dieser Merkmale darf im Inland erfüllt sein, andernfalls greift unbeschränkte StPflicht ein (zB Sitz in der Schweiz, Geschäftsleitung Inland). Inland s § 1 Rz 53 ff.

4 Sonderbehandlung ausländischer Körperschaften in Niedrigsteuerländern nach **§§ 7 ff AStG;** s dort; zu ausländischen Familienstiftungen s § 15 AStG. Zur Beurteilung ausländischer **BasisGes** s Beratungs-ABC.

6 **4. Steuerpflicht** ist gegeben **mit** den **inländischen Einkünften.** Verweis auf § 49 EStG. Die Möglichkeit, dass Einkünfte aus der beschränkten StPflicht herausfallen, weil die ausländische Körperschaft eine gewerblich tätige KapGes ist, wird durch § 49 II EStG, sog isolierende Betrachtungsweise, aufgefangen; Beispiel: inländische VuV-Einkünfte sind auch dann stpfl, wenn sie „eigentlich" als gewerbliche Einkünfte zu qualifizieren sind, es an einer inländischen Betriebsstätte mangelt (§ 49 I Nr 2 EStG) und sie folglich „eigentlich" steuerfrei sein müssten (s BFH BStBl III 59, 133; II 75, 464; die StPfl vermittelt nicht die Buchführungspflicht nach § 141 AO; dies ist nach BFH BStBl II 16, 66 zweifelhaft). Inländische Einkünfte aus Land- und Forstwirtschaft, Gewerbebetrieb und VuV werden veranlagt (§ 49 I Nr 1, 2, 6 EStG); StSatz: s § 23, sofern nicht der StAbzug gemäß § 50a EStG eingreift. Zur Besteuerung von inländischen Sonderbetriebsvermögen einer beschränkt stpfl KapGes s BFH BStBl II 83, 771. Zur StPflicht ausländischer Management-KapGes s BFH BStBl II 93, 462. Zur Betriebsaufspaltung über die Grenze s Beratungs-ABC „Betriebsaufspaltung". Einkünfte aus selbständiger Arbeit (§ 49 I Nr 3 EStG) können bei KapGes nicht vorkommen (BFH BStBl II 71, 771; II 74, 511; II 84, 828; aA *Wurster* RIW 82, 888; s auch § 8 Rz 47 ff). Keine Bedeutung haben die Einkünfte aus nichtselbständiger Tätigkeit (§ 49 I Nr 4 EStG); denkbarer Ausnahmefall: geerbte Lohnansprüche; sodann § 50 II EStG. Einkünfte aus KapVerm (§ 49 I Nr 5 EStG); StPflicht durch KapErtrSt abgegolten (§ 32 I Nr 2). Sonstige Einkünfte (§ 49 I Nr 7 EStG) zZt gegenstandslos. Möglich hingegen Einkünfte aus Spekulationsgeschäften (§ 49 I Nr 8 EStG); veräußert eine ausländische Körperschaft ein Grundstück, dessen Einkünfte als Einkünfte aus VuV qualifiziert wurden (BFH BStBl III 59, 133; II 75, 464), so ist die Veräußerung allenfalls als Spekulationsgeschäft (dagegen allerdings *Gottwald* DStR 92, 168), nicht aber als gewerblicher Gewinn stpfl; das Grundstück ist nicht Betriebsvermögen. Ab 1994 ist mit § 49 I Nr 2f EStG diese Lücke geschlossen. § 49 I Nr 8a EStG ist im KStRecht ohne Bedeutung. Einkünfte aus der Überlassung von beweglichen Sachen und Know-how, soweit nicht Einkünfte gemäß § 49 I Nr 1–8 EStG vorliegen (§ 49 I Nr 9 EStG); Auffangvorschrift; Besteuerung: § 50a EStG. Ist die StPflicht gegeben, so kann sie durch DBA aufgehoben, eingeschränkt oder modifiziert sein. Keine Befreiung nach § 5 (§ 5 II Nr 2; s § 5 Rz 140). Zinsen für

die Finanzierung inländischer Steuern kann die ausländische KapGes mit inländischem Grundbesitz nicht abziehen (*Kossow/Schindler* DB 83, 1674). Pauschalierung der Steuer möglich nach § 50 IV EStG.

**5. Beginn/Ende der beschränkten KStPflicht:** Die beschränkte StPflicht ausländischer Körperschaften beginnt, wenn die Körperschaft als KStSubjekt entstanden (dazu § 1 Rz 20) und die Möglichkeit für inländische Einkünfte geschaffen ist; sie beginnt ebenfalls, wenn die unbeschränkte StPflicht endet und im Übrigen die vorgenannten Voraussetzungen vorliegen; vgl auch KStR 2. Ende der beschränkten StPflicht: Ende des KStSubjekts (dazu § 1 Rz 24) oder Beendigung der Möglichkeit für inländische Einkünfte; außerdem Beendigung durch Beginn der unbeschränkten StPflicht. Zum Wechsel von der beschränkten zur unbeschränkten StPflicht und umgekehrt s § 32 II Nr 1. 8

**6. Beschränkte Steuerpflicht nach Nr 2:** Betroffen sind alle Körperschaften, die nicht unbeschränkt stpfl (§ 1 I) sind und nicht unter Nr 1 fallen. Gehört zB die Beteiligung an einer inländischen KapGes zu einem Betrieb gewerblicher Art einer jur Person des öffentl Rechts, so ist § 1 I Nr 6 gegeben, also Nr 2 nicht. Unter Nr 2 fallen nicht die unbeschränkt stpfl, aber befreiten Körperschaften; dies entspricht dem bis 1976 geltenden Recht, führte dort jedoch bei der StPflicht und ihrer Abgeltung zu Schwierigkeiten (s BFH BStBl III 56, 155; III 61, 341). Umgekehrt kann im Einzelfall eine gemäß § 2 Nr 2 beschränkt stpfl Körperschaft unter § 5 zu subsumieren sein (zB Kirchen unter § 5 I Nr 9; dazu § 5 Rz 5). In erster Linie zählen zu Nr 2 die jur Personen des öffentl Rechts, wie Bund, Länder, Gemeinden, Gemeindeverbände usw. Zur Treuhänderschaft für deutsche jur Personen des öffentl Rechts außerhalb des Geltungsbereichs des GG s FinVerw 1968 StEK KStG § 2 Nr 5 und 1979 StEK KStG 1977 § 2 Nr 2. 10

**7. Steuerpflicht mit steuerabzugspflichtigen Einkünften,** dh mit inländischen Einkünften mit Abzügen nach §§ 43ff EStG (KapErtrSt), und zwar klarstellend durch das StÄndG 2003 (Rz 2) gleichgültig, ob vollständig oder teilweise dem StAbzug unterliegend; auch die Aufsichtsratsvergütung ist beschränkt stpfl, § 50a EStG (seltener Fall); Keine LSt, wenn eine Ges „Angestellte" einer anderen Ges ist (RFH RStBl 28, 360). Für die Ermittlung des abzugspflichtigen Betrages gelten im Übrigen die allgemeinen Vorschriften der §§ 43, 50, 50a EStG. Die StPflicht ist durch den StAbzug abgegolten (s § 50 II). 12

Die durch das UnternehmenStRefG (Rz 2) angefügten Buchstaben a)–c) sollen verhindern (BT-Drucks 16/4841, 74), dass nach Nr 2 beschränkt stpflichtige Körperschaften (Rz 10) durch sog **Wertpapierleiher** die abgeltendende Wirkung der KapErtrSt umgehen (s BT-Drucks aaO mit Gestaltungsbeispiel). 13

## § 3 Abgrenzung der Steuerpflicht bei nichtrechtsfähigen Personenvereinigungen und Vermögensmassen sowie bei Realgemeinden

(1) **Nichtrechtsfähige Personenvereinigungen, Anstalten, Stiftungen und andere Zweckvermögen sind körperschaftsteuerpflichtig, wenn ihr Einkommen weder nach diesem Gesetz noch nach dem Einkommensteuergesetz unmittelbar bei einem anderen Steuerpflichtigen zu versteuern ist.**

(2) [1] **Hauberg-, Wald-, Forst- und Laubgenossenschaften und ähnliche Realgemeinden, die zu den in § 1 bezeichneten Steuerpflichtigen gehören, sind nur insoweit körperschaftsteuerpflichtig, als sie einen Gewerbebetrieb unterhalten oder verpachten, der über den Rahmen eines Nebenbetriebs hinausgeht.** [2] **Im Übrigen sind ihre Einkünfte unmittelbar bei den Beteiligten zu versteuern.**

*Körperschaftsteuerrichtlinien:* KStH 3

**Übersicht**



**Schrifttum:** *Martini,* Das Verhältnis des persönlichen Körperschaftsteuertatbestandes zur Mitunternehmerschaft, DStR 12, 388.

1 **1. Allgemeines:** Bezweckt ist die Abgrenzung der kstpfl Gebilde, ein theoretisch notwendiger Zweck, eine in der Praxis wenig bedeutsame Vorschrift. Sie steht in Gefahr leerzulaufen. § 3 verweist auf das EStG und KStG; diesen Gesetzen ist aber, sieht man von § 3 ab, kaum ein abgrenzendes Merkmal zu entnehmen, wann eine Vereinigung zur kstpfl Körperschaft wird (vgl schon *Evers* KStG 1925, 1927, § 6 Anm 2; nach *Mirre/Dreutter* KStG 1934, 1939, § 3 Anm 3, drückt sich hier die grundsätzliche Vorrangigkeit des „ursprünglichen" EStG aus). Im Mittelpunkt der Bestimmung der KStSubjekte steht die Aufzählung des § 1 I. § 3 gewinnt zB Leben bei der Abgrenzung des nichtrechtsfähigen Vereins von der BGBGes (Rz 3), bei ausländischen Körperschaften (§ 2 Rz 3) und bei der sog kapitalistischen KG (Rz 4).

2 **2. Geltungszeit:** § 3 gilt ab 1.1.77. Der Systemwechsel hat keinen Ausfluss auf die Auslegung des § 3, da die KStPflicht als solche unberührt bleibt.

3 **3. Abgrenzung (Abs 1):** Sie gilt sowohl für die unbeschränkt wie für die beschränkt stpfl Körperschaften. Entscheidend ist, wem nach den Prinzipien des EStG und KStG die Einkünfte, dh die Leistungsfähigkeit, zuzurechnen sind. Problematisch ist zumeist die Abgrenzung BGBGes/nichtrechtsfähiger Verein. Für KSt-Pflicht sprechen: Selbständiger wirtschaftl Organismus, unabhängig von bestimmten Mitgliedern; ausgebildete Organisation; eigenes Auftreten nach außen; wirtschaftl Eigentum des Organismus; wirtschaftl Zurücktreten der Eigentümerstellung des Mitglieds; wirtschaftl Anrecht an fremden Vermögen anstelle von unmittelbarer Berechtigung; Charakter einer kapitalistischen Beteiligung; leichter Mitgliederwechsel (RFH RStBl 26, 321; 29, 572; 33, 990; 35, 523; 38, 736; 39, 702; FG Karlsruhe EFG 56, 393 betr Fleischer-Einkaufs- und VerwertungsGes; BFH I 196/63 v 14.12.65, HFR 66, 211 betr Arbeitsgemeinschaft von Lohnschlächtern). Mündliche Vereinbarung über die Organisation usw genügt (BFH HFR 66, 211). Aus der Tatsache, dass bei den Beteiligten aufgrund individueller StBedingungen keine Steuer anfällt, kann nicht auf die KStPflicht der Vereinigung geschlossen werden (RFH RStBl 38, 843). Die Praxis richtet sich nach anerkannten Qualifikationen und löst Zweifelsfälle durch Vergleiche. OHG, KG, GmbH & Co KG, BGBGes, PartnerschaftsGes, Partenreederei, stille Ges, Unterbeteiligung, die anerkannten Mitunternehmerschaften des § 15 I Nr 2 EStG sind nicht kstpfl; dagegen steht die Aufzählung des § 1 I. Weitere Fälle: KStPflicht ja: Ein- und VerkaufsGes, falls KapGes: keine Gewinnlosigkeit möglich (BFH BStBl II 75, 124; § 1 Rz 5); HoldingGes regelmäßig KapGes iSv § 1 I; nicht selbständige Stiftungen mit öffentl-rechtl Charakter (FG Köln EFG 01, 39); Zweckvermögen s § 1 Rz 40 ff; öffentl-rechtl Körperschaften (Einschränkung bei der unbeschränkten StPflicht, s § 2 Rz 10). KStPflicht nein: Eheliches Güterrecht führt nicht zur KStPflicht; Interessengemeinschaft: regelmäßig BGBGes, evtl Mitunternehmerschaft; Investment-Club und Kantinen s ABC; Konsortien: regelmäßig BGBGes, auch nichtrechtsfähiger Verein möglich (so RFH RStBl 38, 736 betr Rittergutskonsortium); Konzern: Kein Begriff, der ein kstpfl Gebilde als solches bezeichnet; Zusammenfassung mehrerer KStSubjekte.

Anlage- und sog AbschreibungsGes, die als KG oder GmbH & Co KG gestaltet sind, sog **PublikumsGes** oder **Kapitalistische KG,** sind Mitunternehmerschaften, keine KStSubjekte; Tendenzen, diese PersGes mit einer Vielzahl von Mitunternehmern als KStSubjekte zu qualifizieren (vgl *Uelner* JbFfSt 80/81, 359; *ders* DStZ 80, 363; *Walz,* Steuergerechtigkeit und Rechtsanwendung, 1980, 407), ist der Große Senat des BFH nicht gefolgt (BFH GrS BStBl II 84, 751). Eine Publikums GmbH & Co KG ist weder als rechtsfähiger Verein iSd § 1 I Nr 5 noch als nicht rechtsfähige Personenvereinigung nach § 3 I kstpfl. 4

**4. Kartelle/Syndikate:** Zusammenschlüsse zur Markt- und Wettbewerbsbeeinflussung; geregelt ab 1941 durch die KartStVO v 20.12.41 (RGBl I 41, 791; RStBl 41, 953). Sie waren nach § 1 dieser VO kstpfl, und zwar unabhängig von der Rechtsform. Die KartStVO ist rechtsungültig (BFH BStBl II 74, 695; dazu *Friedrich* BB 74, 1340; *Niemeier* DB 74, 2423); förmlich zum 1.1.1977 außer Kraft gesetzt durch Art 15 Nr 6 EGKStRG (BGBl I 76, 2641; BStBl I 76, 467); die FinVerw wendet sie an für alle Wj, die vor dem 1.1.1977 endeten (FinVerw FR 75, 66). Ab 1977 richtet sich die KStPflicht des Kartells bzw die StPflicht der Mitglieder nach allgemeinen Regeln. BGBGes ist nicht kstpfl; nichtrechtsfähiger Verein, Zweckvermögen, GmbH sind kstpfl. Zur umstrittenen Abgrenzung s vergleichsweise auch die nicht mehr uneingeschränkt anwendbare Rspr vor 1941, RFH RStBl 33, 329; 35, 517, 523; 39, 702, 744, 746; 40, 945. Über die Ausweichmöglichkeit im Wege einer Organschaft s *Friedrich* und *Niemeier* aaO. 7

**5. Realgemeinde (Abs 2):** Verbände alten Rechts, die gemäß Art 83, 164 EGBGB fortbestehen. Abs 2 ist gegenüber Abs 1 lex specialis und hat ebenfalls Vorrang vor § 5 I Nr 14, da die Frage der Befreiung der Frage der KStPflicht nachrangig ist. Abs 2 verweist auf § 1; folglich muss die Realgemeinde unter § 1 I Nr 4, 5 oder 6 subsumiert werden können; nicht § 1 I Nr 1 (BFH BStBl II 71, 187). Soweit man diese Frage für nicht erheblich hält und sich auf die RFH-Rspr RStBl 32, 828; 39, 1058 (aufgegriffen von BFH BStBl III 62, 7) stützt, behandelt diese den abweichenden Wortlaut der KStG 1925, 1934; demgegenüber hält RFH RStBl 29, 594 zu § 4 I Nr 5 VStG 1925 diese Frage für entscheidend. S diese Entscheidungen und BFH BStBl III 64, 117 betr Jahnschaft auch zur Frage, wann privatrechtl und wann öffentl-rechtl eine Realgemeinde vorliegt; regelmäßig ist Ersteres der Fall; für die Praxis der Besteuerung hat diese Frage keine große Auswirkung, da die land- und forstwirtschaftlichen Verbände durch § 3 II freigestellt sind und gewerbliche Betriebe im Rahmen des § 1 I Nr 4–6 gleichbehandelt werden. Abs 2 erfasst nur land- und forstwirtschaftliche Realgemeinden (RFH RStBl 34, 1060; 38, 736); die Realgemeinde muss noch im jeweiligen VZ Land- und Forstwirtschaft betreiben; ein historischer Bezug reicht nicht (FG Bremen EFG 04, 1551). Sonstige fortbestehende Realgemeinden können nach § 1 I Nr 4–6 uneingeschränkt unbeschränkt kstpfl sein; Beispiel: Realgemeinde von Braubürgern (BFH BStBl III 53, 90; III 66, 579); vgl auch FG Bremen aaO). 10

Realgemeinden iSv Abs 2 sind **nur kstpfl** mit Einkünften aus einem Gewerbebetrieb und aus der Verpachtung eines Gewerbebetriebs; mit den Übrigen Einkünften sind sie befreit. Zu kirchlichen Waldgenossenschaften s FinVerw 1993 StEK KStG § 3 Nr 2. Gestattung des Abbaus von Mineralien führt nicht zur StPflicht (RFH RStBl 39, 1058). Nebenbetrieb ist unschädlich, er setzt voraus, dass er dem Zweck des Hauptbetriebs dient und ihn fördert; die Verbindung darf nicht zufällig und ohne Nachteil lösbar sein (RFH RStBl 32, 828: Saline kein Nebenbetrieb zur Forstgenossenschaft; BFH BStBl III 63, 243: Erzschlackenverkauf kein Nebenbetrieb zur Forstwirtschaft). Soweit die Befreiung reicht, sind die Einkünfte unmittelbar bei den Beteiligten, und zwar als Einkünfte aus Land- und Forstwirtschaft (§ 13 I Nr 4 EStG) zu versteuern. Nach § 180 AO gesonderte Feststellung bei mehreren Beteiligten (FinVerw 1966 StEK EStG § 13 Nr 62 und DStZ/B 67, 116; FG Bremen EFG 04, 1551); diese sind jedoch keine Mitunter- 11 nehmer (FG Nds EFG 83, 369; aA FinVerw 1994 StEK EStG § 13 Nr 604). Einbehaltene StAbzugsbeträge sind den Beteiligten zuzurechnen. Ebenfalls können sie die Begünstigung nach §§ 6b, 6c EStG in Anspruch nehmen (BFH BStBl II 87, 169). Bei der Besteuerung eines Gewerbebetriebs, der über einen Nebenbetrieb hinausgeht, gelten die allgemeinen Vorschriften; so kann im Rahmen des stpfl Gewerbebetriebs gewillkürtes Betriebsvermögen gebildet werden (BFH BStBl II 73, 194). Realgemeinden waren uE nicht in das AnrV einbezogen (vgl hierzu im Einzelnen § 43 aF Rz 3 Anh AnrV der Voraufl; aA war die Verwaltung); folglich finden die §§ 23 II, 24 Anwendung, nicht aber die §§ 27 ff, 47 aF. Ausschüttungen von solchen Erträgen, die nicht unmittelbar den Beteiligten zuzurechnen sind, führen zu Einkünften aus KapVerm bzw wegen § 20 III EStG zu Einkünften aus Land- und Forstwirtschaft (BFH BStBl III 62, 7; III 64, 117; III 65, 319; III 66, 579; s dazu auch § 43 aF Rz 3 in der Voraufl). Nach Beendigung des AnrV ergibt sich die StPflicht von Ausschüttungen an die Beteiligten aus § 20 I 9 EStG; zur KapErtrStPflicht s § 43 I Nr 7a EStG. Zu den niedersächsischen Realverbänden s FinVerw 1995 StEK KStG 1977 § 3 Nr 4.

## § 4 Betriebe gewerblicher Art von juristischen Personen des öffentlichen Rechts

(1) 1 **Betriebe gewerblicher Art von juristischen Personen des öffentlichen Rechts im Sinne des § 1 Abs. 1 Nr. 6 sind vorbehaltlich des Absatzes 5 alle Einrichtungen, die einer nachhaltigen wirtschaftlichen Tätigkeit zur Erzielung von Einnahmen außerhalb der Land- und Forstwirtschaft dienen und die sich innerhalb der Gesamtbetätigung der juristischen Person wirtschaftlich herausheben.** 2 **Die Absicht, Gewinn zu erzielen, und die Beteiligung am allgemeinen wirtschaftlichen Verkehr sind nicht erforderlich.**

(2) **Ein Betrieb gewerblicher Art ist auch unbeschränkt steuerpflichtig, wenn er selbst eine juristische Person des öffentlichen Rechts ist.**

(3) **Zu den Betrieben gewerblicher Art gehören auch Betriebe, die der Versorgung der Bevölkerung mit Wasser, Gas, Elektrizität oder Wärme, dem öffentlichen Verkehr oder dem Hafenbetrieb dienen.**

(4) **Als Betrieb gewerblicher Art gilt die Verpachtung eines solchen Betriebs.**

(5) 1 **Zu den Betrieben gewerblicher Art gehören nicht Betriebe, die überwiegend der Ausübung der öffentlichen Gewalt dienen (Hoheitsbetriebe).** 2 **Für die Annahme eines Hoheitsbetriebs reichen Zwangs- oder Monopolrechte nicht aus.**

(6) 1 **Ein Betrieb gewerblicher Art kann mit einem oder mehreren anderen Betrieben gewerblicher Art zusammengefasst werden, wenn**

1. **sie gleichartig sind,**
2. **zwischen ihnen nach dem Gesamtbild der tatsächlichen Verhältnisse objektiv eine enge wechselseitige technisch-wirtschaftliche Verflechtung von einigem Gewicht besteht oder**
3. **Betriebe gewerblicher Art im Sinne des Absatzes 3 vorliegen.**

2 **Ein Betrieb gewerblicher Art kann nicht mit einem Hoheitsbetrieb zusammengefasst werden.**

***Gesetzesfassung vor 2014 s 8. Aufl.***

*Körperschaftsteuerrichtlinien:* KStR 4.1–4.5

**Übersicht**



**Schrifttum** (vor 2006 s 8. Aufl): *Streck,* Liebhaberei – Spenden – Gemeinnützigkeit – öffentliches Interesse – Non-Profit-GmbH, FS Wassermeyer, 05, 103; *Binnewies,* Verdeckte Gewinnausschüttung bei Betrieben der öffentlichen Hand, DB 06, 465; *Pinkos,* Einkommensermittlung bei Betrieben gewerbl Art mit strukturellen Dauerverlusten, DB 06, 692; *Kasper,* Steuerliche Aspekte beim Betrieb von Schwimmbädern, DStZ 06, 321; *Kalwarowskyj/Pinkos,* Nochmals: Einkommensermittlung von Betrieben gewerblicher Art mit strukturellen Dauerverlusten, DB 06, 1809; *Regierer/Becker,* Aktuelles im Rahmen der Besteuerung staatlicher Universitäten, DStR 06, 1494; *Orth,* Einkünfte von wirtschaftlichen Geschäftsbetrieben und Betrieben gewerblicher Art ohne Gewinnerzielungsabsicht, FR 07, 326; *Hüttemann,* Zur körperschaftsteuerlichen Behandlung dauerdefizitärer Unternehmen der öffentlichen Hand, DB 07, 1603; *Becker/Kretschmann,* Die vGa bei strukturell dauerdefizitären BgA, DStR 07, 1421; *Heurung/Seidel,* Organschaftsbesteuerung der öffentlichen Hand, BB 09, 1786; *Bott,* Betriebe gewerblicher Art und Kapitalertragsteuer, DStZ 09, 710; *Baldauf,* Steuerliche Erfassung von Personalgestellungen bei juristischen Personen des öffentlichen Rechts, DStZ 09, 738; *Leippe,* Gewinnminderung bei einem kommunalen Betrieb gewerblicher Art durch Anerkennung des Abzugs von Sondernutzungsentgelten als Betriebsausgaben, DStZ 09, 729; *Strahl,* Gewinnermittlung bei Betrieben gewerblicher Art, NWB 09, 2732; *Hüttemann,* Die Besteuerung der öffentlichen Hand, FR 09, 308; *Müller-Gatermann,* Die Besteuerung der Kommunen – eine Bestandsaufnahme, FR 09, 314; *Heger,* Die Besteuerung der öffentlichen Hand – ein Überblick über die Rechtsprechung des BFH, FR 09, 301; *Schiffers,* Kriterien zur Abgrenzung hoheitlicher von wirtschaftlichen Tätigkeiten einer juristischen Person des öffentlichen Rechts nach dem BMF-Schreiben vom 11.12.2009, DStZ 10, 122; *Baldauf,* Verpachtungsbetriebe gewerblicher Art von juristischen Personen des öffentlichen Rechts, DStZ 10,

523; *Strahl,* Aktuelle steuerliche Hinweise für Körperschaften des öffentlichen Rechts und für Gemeinnützige, KÖSDI 10, 17064; *Bracksiek,* Brennpunkte der Besteuerung der Kommunen und ihrer Einrichtungen, FR 10, 859; *Seer/Klemke,* Abgrenzung des Betriebes gewerblicher Art vom Hoheitsbetrieb, BB 10, 2015; *Baldauf,* Kommunale Hoheitsbetriebe im Steuerfokus, DStZ 11, 35; *Bürstinghaus,* Betriebe gewerblicher Art und Kapitalertragsteuer, DStZ 11, 345; *Storg,* Die Beteiligung von juristischen Personen des öffentlichen Rechts an Personengesellschaften, DStZ 11, 784; *Eversberg/Baldauf,* Der gemeinnützige Betrieb gewerblicher Art als steuerbegünstigter wirtschaftlicher Geschäftsbetrieb (Zweckbetrieb) einer juristischen Person des öffentlichen Rechts, DStZ 11, 597; *Vochsen,* Ertragsteuerliche Beurteilung der Überlassung einzelner Wirtschaftsgüter durch Kommunen an Betriebe gewerblicher Art, DStZ 11, 360; *Bott/Gastl,* Betriebe gewerblicher Art und Kapitalertragsteuer: Neue Ausrichtung nach alten Maßstäben, DStZ 12, 570; *Beleke/Westermann,* Praxisrelevante Hinweise zu Zweifelsfragen bei der Besteuerung öffentlicher Unternehmen, BB 12, 2473; *Schulte,* Steuerpflichten der Kirchengemeinden als Körperschaften des öffentlichen Rechts, KuR 12, 45; *Kronowitter,* Land- und forstwirtschaftliche Betriebe einer juristischen Peron des öffentlichen Rechts, KStZ 12, 81; *Leippe/Baldan,* Steuerrechtliche Betrachtung der interkommunalen Kooperation, DStZ 12, 283; *Eversberg,* Steuerwirksame Verrechung von Gewinnen und Verlusten der Städte und Gemeinden, DStZ 12, 278; *Schiffers,* Ertragsteuerliche Behandlung des Schulschwimmens in einem kommunalen Bad, DStZ 12, 258; *Keyser,* Kommunale Kindergärten im Steuerrecht, KStZ 13, 47; *Leippe,* Die Anstalt des öffentlichen Rechts, DStZ 13, 184; *Kronawitter,* Betriebe gewerblicher Art in ertragsteuerlichen Organschaften, ZKF 13, 8; *Lock,* Verlagerung hoheitlicher Aufgaben auf Personen- und Eigengesellschaften unter steuerlichen Gesichtspunkten, ZKF 13, 199u 221; *von Glasenapp,* Maßgeblich für die Höhe der Zuführungen zum steuerlichen Einlagekonto ist nicht das Steuer-, sondern das handelsbilanzielle Jahresergebnis, BB 13, 2929; *Kronawitter,* Besteuerung von Gewinnausschüttungen bei Gemeinden nach Einführung der Steuerpflicht von Streubesitzdividenden, ZKF 13, 247; *Leippe,* Beginn, Ende und Umstrukturierung von Betrieben gewerblicher Art, DStZ 14, 607; *Baldauf/Bürstinghaus,* Steuerliche Sichtweise der Finanzverwaltung bei der Beseitigung und Verwertung von Abfällen und Wertstoffen durch kommunale Entsorgungsträger, DStZ 15, 154; *Schiffers,* Betrieb gewerblicher Art ohne eigene Rechtspersönlichkeit und Kapitalertragsteuer: Konsequenzen des aktualisierten BMF-Schreibens vom 9.1.2015 in der Praxis, DStZ 15, 144; *Leippe,* Entgeltliche Verpachtung dauerdefizitärer Einrichtungen durch öffentliche Trägerkörperschaften im Steuerfokus, DStZ 15, 905; *Meyer,* E-Bilanz bei kommunalen BgA – Strategien zur Vermeidung, ZKF 15, 124; *Belcke,* Die Besteuerung öffentlicher Unternehmen – Aktuelle Praxishinweise, BB 15, 1500; *Hufnagel/Reinke,* Neue Chancen für steuerliche Querverbünde mittels BHKW?, ZKF 16, 223; *Hamsch/Karrenbrock,* Einbringung von Betrieben gewerblicher Art der öffentlichen Hand in eine GmbH, WPg 16, 530; *Schiffers,* Besteuerung von Beteiligungen einer juristischen Person des öffentlichen Rechts an einer Kapitalgesellschaft – aktuelle Bestandsaufnahme unter Berücksichtigung der KStR 2015, DStZ 16, 371; *Bott,* Partielle Steuerpflicht und Kapitalertragsteuer – Nachbelastung des unternehmerischen Gewinns aus Betrieb gewerblicher Art und wirtschaftlichem Geschäftsbetrieb als fiktiver Gewinntransfer iSd § 20 Abs. 1 Nr. 10 Buchst. b EStG, DStZ 16, 480; *Schiffers,* Besteuerung von Beteiligung einer juristischen Person des öffentlichen Rechts an einer Personengesellschaft – Bestandsaufnahme auf Basis der aktuellen Rechtsprechung und der fehlenden Positionierung der Finanzverwaltung, DStZ 16, 535; *Detig,* Die körperschaftsteuerliche Behandlung der Vermietungseinkünfte von Sparkassen – BgA oder nicht steuerbare Vermögensverwaltung, DStR 16, 1509; *Belcke,* Die Besteuerung öffentlicher Unternehmen – BMF-Schreiben zur Verflechtung von Versorgungsbetrieben mittels eines Blockheizkraftwerks sowie weitere aktuelle Praxishinweise, BB 16, 1687.

1 **1. Allgemeines.** § 4 beschäftigt sich mit dem Betrieb gewerbl Art von Körperschaften des öffentl Rechts, die nach § 1 I Nr 6 unbeschränkt kstpfl sind. Im Wesentlichen wurden die §§ 1–6 KStDV 1968 in das Gesetz übernommen. Die StPflicht selbst ist durch Wettbewerbsgründe gerechtfertigt. Wenn die jur Person des öffentl Rechts selbst wie eine Privatperson am gewerbl **Wettbewerb** teilnimmt, so soll sie wie diese stpfl sein, allerdings nur mit den einzelnen Betrieben gewerbl Art (Rz 10ff). Die StPflicht verstößt nicht gegen das GG (BFH/NV 91, 628; kritisch *Wolf* DB 03, 849), steht allerdings durch die zunehmende Privatisierung öffentl-rechtl Aufgaben auf dem Prüfstand (s auch *Dötsch/Pinkos* DB 05, 125; *Wolf* aaO). Problematisch ist ferner, dass die Vorschrift über § 2 III UStG aF noch bis 2010 auch für die **Umsatzbesteuerung** der öffentl Hand relevant ist. Mit EU-

Recht war dies nur schwer zu vereinbaren (s BFH BStBl II 99, 418 und 420; *Lange* UR 00, 1; *Seer/Wendt* DStR 01, 825). Dies hatte zu einer Vielzahl von umsatzsteuerlichen Zweifelsfragen und Streitfällen geführt (s nur BFH/NV 10, 1574; 11, 458 und 1454; 12, 534 und 670; zu den zT noch immer abweichenden Verwaltungskriterien s UStAE 2.11). Für die Umsatzbesteuerung war demnach § 2 III UStG mit seinem Verweis auf § 4 KStG EU-rechtskonform auszulegen. Steht die Betätigung der öffentl Hand im Wettbewerb, soll sie auch der USt unterliegen (s BFH/NV 12, 534 und 670, mwN). Die Rspr hatte dementsprechend die Umsatzsteuerbarkeit von kommunalen Betreibern schon nach alter Gesetzeslage auch in Fällen bejaht, bei denen es sich zwar um Hoheitsbetriebe handelt, diese aber im Wettbewerb zu privaten Leistungserbringern stehen (EuGH HFR 06, 830; BFH/NV 09, 1222; BFH/NV 10, 1574 und 2359; 11, 458 und 1454; 12, 534 und 670; s auch BFH BStBl II 04, 1034; II 07, 243 zu Auskunftsansprüchen privater Betreiber). Aus den gleichen Gründen können auch vermögensverwaltende Tätigkeiten (Rz 18) der öffentl Hand umsatzsteuerbar sein (BFH/NV 10, 1574). Auch der Bundesrechnungshof hatte eine Ausweitung der Umsatzbesteuerung der öffentl Hand gefordert (BR-Drucks 826/04; BT-Drucks 15/4081). Mit dem zum 1.1.17 in Kraft getretenen § 2b UStG hat der Gesetzgeber diesem Anliegen Rechnung getragen und die Umsatzbesteuerung der öffentl Hand von den ertragsteuerlichen Kriterien in § 4 KStG abgekoppelt. Umsatzsteuerlich ist nunmehr die Wettbewerbsrelevanz entscheidend, vgl § 2b I–III UStG. Aufgrund der durch den Gesetzgeber großzügig eingeräumten Übergangsregelung (vgl § 27 XXII UStG), von der nahezu sämtliche KdöR Gebrauch gemacht haben, werden allerdings bis 2020 noch überwiegend die alten Besteuerungsregeln und der Verweis auf § 4 KStG maßgebend sein. Gleichwohl ist die durch EU-Recht geprägte umsatzsteuerliche Rechtsprechung nicht ohne Weiteres auf das Ertragsteuerrecht übertragbar.

Der öffentl Hand stehen für ihre wirtschaftl Betätigung verschiedene Formen zur Verfügung (s *Binnewies* DB 06, 465): In Betracht kommt zum einen die Betätigung durch die öffentl Körperschaft selbst – sei es ohne organisatorische Selbständigkeit (sog **Regiebetrieb**) oder verselbständigt innerhalb der Verwaltung (ohne eigene Rechtspersönlichkeit, sog **Eigenbetrieb**). Zum anderen kommt die Betätigung als selbständiges Rechtssubjekt in Betracht, sei es als rechtsfähige Anstalt des öffentl Rechts (zB Sparkasse) oder als Privatrechtssubjekt (zB GmbH, AG). Letztere fallen nicht unter § 4, sondern unterliegen den Besteuerungsregeln der gewählten Rechtsform (s Rz 47). Betriebe gewerbl Art können ihrerseits wiederum nach § 5 KStG befreit sein (zB nach § 5 I Nr 9 als gemeinnütziger Zweckbetrieb, vgl die Übersicht bei *Eversberg/Baldauf* DStZ 11, 597). Die Regelungen zur Gemeinnützigkeit sind jedenfalls dann auf die öffentl Hand anwendbar, wenn eine jur Person des öffentl Rechts durch einen BgA zu Privaten in Wettbewerb tritt (BFH v 18.10.17 V R 46/16, BFH/NV 18, 293; BFH BStBl II 16, 68). 2

**2. Geltungszeit:** § 4 gilt ab 1.1.77 (§ 54 I idF des KStG 1977); keine materielle Änderung gegenüber den §§ 1–6 KStDV 1968, auch insoweit nicht, als KStDV-Vorschriften nicht in das KStG 1977 übernommen wurden (BT-Drucks 7/1470, 335). Durch das JStG 2009 v 19.12.08 (BGBl I 08, 2794; BStBl I 09, 74) wurde die Vorschrift um Abs 6 erweitert. 4

**3. Steuersubjekt** ist die jur Person des öffentl Rechts, so BFH BStBl II 74, 391 in Abkehr von der bis dahin hL, die den Betrieb gewerbl Art als StSubjekt ansah (folgend KStH 4.1; BFH BStBl II 90, 242; II 92, 432; BFH/NV 13, 514). Nach BFH aaO ist die jur Person des öffentl Rechts Zuordnungssubjekt für jeden einzelnen Betrieb gewerbl Art; das Einkommen eines jeden Betriebs sei gesondert zu ermitteln und gesondert gegen die jur Person des öffentl Rechts festzusetzen (s auch KStH 4.1). UE wäre folgerichtiger, wie bei den wirtschaftl Geschäftsbetrieben der stbefreiten Körperschaften ein einheitliches Einkommen zu ermitteln (§ 5 Rz 14; *Hüttemann* DB 07, 1603; *Seer/Wendt* DStR 01, 825). § 64 II AO ist jeden- 5 falls nicht anwendbar (BFH/NV 97, 625). Zu den Problemen des Verlustausgleichs s Abs 6 (Rz 44 ff) sowie § 8 VII–IX und § 8 Rz 485 ff.

6 **Juristische Personen des öffentl Rechts** sind rechtsfähige Körperschaften, die ihre Rechtsfähigkeit und ihre rechtl Gestaltung aus dem öffentl Bundes- und Landesrecht herleiten (BFH BStBl III 51, 120); gleichgültig, ob Körperschaft, Anstalt, Zweckvermögen, Personenvereinigung. Liegt eine jur Person des Privatrechts vor, gilt § 1 I Nr 1–5; insoweit besteht zwischen § 1 I Nr 1–5 und Nr 6 eine eindeutige Trennung. **Beispiele:** Bund, Land, Gemeinde, Gemeindeverbände, Krankenkassen, Kreise, Kreisverbände, Zweckverbände, Landschaftsverbände (NRW), Universitäten, Studentenwerke, IHK, Handwerkskammern, Innungen, Anwalts-, Steuerberater-, Ärzte-, Landwirtschaftskammern, LZB, Bundesbank, Rundfunkanstalten (BFH BStBl III 67, 582; II 74, 391), öffentl-rechtl ReligionsGes (dazu BFH BStBl II 75, 746); zu historischen Gebilden, bei denen die öffentl-rechtl oder privatrechtl Qualifikation zweifelhaft ist, s BFH BStBl III 51, 120, und § 3 Rz 10. Bescheinigungen anderer öffentl-rechtl Körperschaften haben bei Wahrung des vollen richterlichen Prüfungsrechts bedeutsamen Indiziencharakter (RFH RStBl 38, 322; BFH BStBl III 51, 120).

7 **4.** § 4 setzt unbeschränkte StPflicht, § 1 I Nr 6, voraus. Da folglich die juristische Person des öffentl Rechts im Inland Sitz oder Geschäftsleitung haben muss, ist die Frage, ob auch **ausländische juristische Personen** des öffentl Rechts unter § 1 I Nr 6 und § 4 fallen können, regelmäßig ohne Bedeutung. Zu dem Vermögen in der BRD, der alten juristischen Personen des öffentl Rechts im ehem DDR-Gebiet und den Ostgebieten s RechtsträgerAbwicklungsG 1965, BStBl I 65, 1065 (unberührt durch den Einigungsvertrag, BGBl II 90, 889; BStBl I 90, 656, Anlage I B Kap IV Sachgebiet A I Nr 14).

10 **5. Betriebe gewerbl Art (Abs 1).** Legaldefinition (BT-Drucks 7/1470, 325). Allerdings dürfte der Begriff des Betriebs gewerbl Art kaum definitorisch zu erschließen sein; es handelt sich uE um einen sog Typus-Begriff, der nur durch eine Vielzahl von Merkmalen vergleichend und umschreibend zu erfassen ist (vgl auch *Selmer/Schulze-Osterloh* DöV 78, 381; ähnlich BFH BStBl II 79, 746: unbestimmter Rechtsbegriff). Der BFH stellt insoweit auf eine „funktionelle Einheit“ ab (BFH BStBl II 74, 391; *Schiffers* DStZ 10, 122; s auch Rz 43). Betriebe gewerbl Art haben nur juristische Personen des öffentl Rechts; dazu oben Rz 6.

11 **6.** Der Betrieb gewerbl Art ist eine Einrichtung, die einer **nachhaltigen** wirtschaftl **Tätigkeit** zur **Erzielung** von **Einnahmen** oder anderen wirtschaftl Vorteilen dient. Dass § 4 entgegen § 1 I KStDV 1968 nur noch von Einnahmen spricht, bedeutet keine Rechtsänderung, da die Einnahmen die wirtschaftl Vorteile umfassen (s § 8 EStG). Damit wird jeder Funktionszusammenhang und jede wirtschaftl Einheit angesprochen, die auf nachhaltige Einnahmeerzielung ausgerichtet sind und das Bild eines Gewerbebetriebs bieten (vgl zum Begriff RFH RStBl 29, 666 und BFH BStBl II 74, 391; II 76, 793; II 79, 746). Entscheidend ist die Nachhaltigkeit; ist sie gegeben, erfolgt die Verneinung eines Betriebs gewerbl Art allenfalls noch durch das Merkmal der wirtschaftl Gewichtigkeit (Rz 12), des Nichtvorliegens einer Land- und Forstwirtschaft (Rz 17) oder Abs 5 (Hoheitsbetrieb, Rz 40 ff). Nachhaltigkeit entspricht dem Merkmal des § 15 II EStG. S die ESt-Kommentare zu § 15 EStG und die GewStKommentare zu § 2 GewStG. Einmalige Verkäufe führen zB nicht zur Nachhaltigkeit. Werden die Entgelte als Gebühr erhoben oder bezeichnet, hindert dies nicht die Annahme eines Betriebs gewerbl Art (BFH BStBl II 77, 813).

12 **7.** Die **Einrichtung** muss sich innerhalb der Gesamtbetätigung der jur Person **wirtschaftl herausheben.** „Einrichtung“ und „wirtschaftlich herausheben“ sind Tatbestandsbedingungen, die kaum trennbar miteinander verknüpft sind. Das Schwergewicht beruht weniger auf der Einrichtung als auf der wirtschaftlichen Bedeutsamkeit. Dazu § 1 II S 2 KStDV 1968: „Diese wirtschaftl Selbständigkeit

kann in einer besonderen Leistung, in einem geschlossenen Geschäftskreis, in der Buchführung oder in einem ähnlichen auf eine Einheit hindeutenden Merkmal bestehen. Dass die Bücher bei einer anderen Verwaltung geführt werden, ist unerheblich.“ Diese Aussagen haben weiterhin Gültigkeit, vgl KStH 4.1;, s KStR 4.1 IV, V; allerdings handelt es sich bei den genannten Merkmalen um Indizien für die Selbständigkeit; kein Merkmal ist zwingend; die Selbständigkeit kann auch durch andere Merkmale bedingt sein (vgl BFH BStBl II 74, 391; KStH 4.1). Getrennte Aufzeichnung der Entgelte kann ausreichen (BFH BStBl II 77, 813); ebenfalls kann die Art der Tätigkeit zur Heraushebung führen (BFH BStBl II 77, 813). Ein Markt zB wird durch Marktmeister und besonderen Haushaltsplanausweis selbständig (BFH BStBl III 57, 146). Eigenes Personal ist nicht erforderlich (BFH BStBl II 77, 813), spricht aber, falls vorhanden, für einen Betrieb gewerbl Art (BFH BStBl II 79, 746). Selbständigkeit bedeutet keine völlige Loslösung von der jur Person des öffentl Rechts; der Betrieb gewerbl Art bleibt dieser stets untergeordnet.

**8.** Die wirtschaftl Selbständigkeit setzt eine Tätigkeit von einigem Gewicht und damit nach hM – indiziell – **Mindesteinnahmen** voraus (Umsatzgrenze nach unten), und zwar Einnahmen von Dritten, nicht interne Verrechnungen (FinVerw BB 02, 2322). Der RFH hat gefordert, dass der Betrieb unter normalen Aufschlägen einer Person eine bescheidene Existenz muss bieten können (RFH RStBl 26, 666; 33, 53; 39, 449; BFH BStBl III 57, 146); insoweit ist nicht mit den tatsächlichen Preisen zu rechnen, sondern mit üblichen Gewinnaufschlägen. FG München UStR 73, 123: Schwimmbad kein Betrieb gewerbl Art, weil Umsatz nur 8000 DM–9000 DM erreicht; glA NdsFG EFG 74, 450 bei Umsatz von 20 000 DM. BFH BStBl III 61, 552 nennt eine Gewinnuntergrenze von 2000 DM. Da Gewinnerzielungsabsicht kein Kriterium des Betriebs gewerbl Art ist (s Rz 15), ist die Umsatzgrenze systematisch richtiger. Eine solche Gewinnuntergrenze müsste im Übrigen heute deutlich höher liegen. KStR 4.1 V verneint im Regelfall einen Betrieb gewerbl Art, wenn der Jahresumsatz nachhaltig 35 000 Euro/bis 2015: 30.678 Euro nicht übersteigt und die Tätigkeit mit einer gewissen (tatsächlichen, nicht rechtlichen) organisatorischen Selbstständigkeit verbunden ist. Keine Realisierung von stillen Reserven bei Neubestimmung der Grenze (BMF BStBl I 75, 934). Umsatz iSv § 1 I Nr 1 UStG maßgebend; Eigenverbrauch zählt nicht mit (BMF BStBl I 75, 934; FG München UStR 73, 123). Bei Selbstversorgungsbetrieben (s Rz 16) sind uE die Innenumsätze maßgebend. In jedem Fall – also auch ohne Anzeichen einer organisatorischen Selbstständigkeit – soll ein Betrieb gewerbl Art vorliegen, wenn der Umsatz 130 000 Euro übersteigt (KStR 4.1 IV). Aus den Einnahmen wird auf die Notwendigkeit organisatorischer Maßnahmen und aus der Notwendigkeit auf den Betrieb gewerbl Art geschlossen. Der Umsatz muss nachhaltig sein; liegt der Umsatz jährlich unter 35 000 Euro und wird die 130 000 Euro-Grenze nur durch die Veräußerung des Betriebs oder eines Anlageguts überschritten, kein Betrieb gewerbl Art. Diese Typisierung ist nicht bedenkenfrei. Der BFH hat eine feste Umsatzgrenze als mit dem Begriff des Betriebs gewerbl Art unvereinbar verworfen (BFH BStBl II 79, 746; II 90, 868; zust *Weiss* UStR 79, 85; *Heilmaier* UStR 79, 120; ebenso FG München EFG 78, 628). Durch BMF BStBl I 79, 684 wurden die genannten Grenzen nur noch als wichtige Indizien gewertet (so folgend auch KStR 4.1 IV, V); Betriebe, die die Grenzen unterschreiten, können insbes bei Wettbewerbsverzerrungen stpfl sein. Ob sich eine Tätigkeit wirtschaftlich iSd § 4 heraushebt, ist also danach zu beurteilen, ob die betreffende Tätigkeit der öffentl Hand die Wettbewerbsneutralität beeinträchtigen kann (zutr FG Bln-Bdbg v 13.7.17 9 K 11318/15, EFG 18, 56, Rev BFH I R 58/17). Dementsprechend kann sich die jur Person des öffentl Rechts auch zu ihren Gunsten (zB für Zwecke des Verlustausgleichs) auf die StPflicht berufen, wenn die Umsatzgrenzen der FinVerw unterschritten, aber im Übrigen die Voraussetzungen eines Betriebs gewerbl Art gegeben sind. Auf das Verhältnis der Ein- 13 nahmen zum Gesamthaushalt der Körperschaft kommt es nicht an (BFH BStBl II 83, 386; KStR 4.1 V 3).

14 Die wirtschaftl Selbstständigkeit ist für die verschiedenen Tätigkeiten der jur Person des öffentl Rechts gesondert zu prüfen, da grds jeder einzelne Betrieb zu besteuern ist (Rz 5). Dies gilt demzufolge auch für die Umsatzgrenzen.

15 **9. Gewinnerzielungsabsicht** ist nicht erforderlich, I 2. Reingewinnschätzungen bei Betrieben gewerbl Art sind nicht folgerichtig. Dementsprechend können auch Dauerverlustgeschäfte BgA sein (FG Bln-Bdbg v 13.7.17 9 K 11318/15, EFG 18, 56, Rev BFH I R 58/17). Gewerbl Einkünfte und die GewStPflicht des Betriebs gewerbl Art setzen aber Gewinnerzielungsabsicht voraus. Zum vGa-Risiko bei Dauerverlusten § 8 VII–IX und § 8 Rz 485 ff.

16 **10.** Es ist keine **Beteiligung** am allg **wirtschaftl Verkehr** erforderlich, I 2. Dies betrifft insbes die sog Eigen- oder Selbstversorgungsbetriebe der öffentl Hand, die ebenfalls Betriebe gewerbl Art darstellen (vgl BT-Drucks 7/1470, 336); BMF BStBl I 74, 911 ist uE überholt.

17 **11. „Außerhalb der Land- und Forstwirtschaft“,** die keinen Betrieb gewerbl Art begründet. Zweifelhafte Privilegierung der öffentl Hand. Land- und forstwirtschaftliche Nebenbetriebe sind ebenfalls stfrei (KStR 4.1 VI). Zur Abgrenzung kann EStR 15.5 herangezogen werden (KStH 4.1). Das Gleiche gilt für verpachtete land- und forstwirtschaftliche Betriebe (KStR 4.1 VI). Jagd gehört zur Land- und Forstwirtschaft. Wird die Land- und Forstwirtschaft in einer Rechtsform des Privatrechts betrieben (zB GmbH), tritt volle StPflicht ein. Die Herausnahme der Land- und Forstwirtschaft führt nicht zur sachlichen StBefreiung von Einkünften aus Land- und Forstwirtschaft; fallen diese in einem Betrieb gewerbl Art an, ohne einen eigenen Land- und forstwirtschaftlichen Betrieb zu bilden, so sind die Einkünfte stpfl. Wegen der Befreiung der Land- und Forstwirtschaft sollten entsprechende Betriebe ausgegliedert werden; Vorsicht wegen Gewinnrealisierung.

18 **12. Vermögensverwaltung** ist kein Betrieb gewerbl Art. Sie liegt vor allem dann vor, wenn sie bei einer natürlichen Person zu Einkünften aus KapVerm oder aus VuV führen würde. Hierzu zählen Raum-, Haus-, Grund- und Bodenvermietung, Vermietung einer Blumenhalle ohne Verkaufseinrichtung (RFH RStBl 42, 609). Zu Begriff und Abgrenzungsfragen s § 5 Rz 12 ff und *Vochsen* DStZ 11, 360; *Frank/Detig,* DStR 16, 1509. Häufiger Wechsel von Mietern kann zur Gewerblichkeit umschlagen, zB Messehalle, Kongresshalle. S Rz 75 zum Grundstückshandel („Grundstücksverkauf, Grundstücksankauf“). Abgrenzung notwendig zur Betriebsverpachtung, die einen Betrieb gewerbl Art darstellt (Rz 32 f; dort auch zur Betriebsaufspaltung). Verwaltung von Wertpapieren, Beteiligungen usw ist Vermögensverwaltung (§ 5 Rz 12). Die **Beteiligung an einer Kapitalgesellschaft** ist grds ebenfalls Vermögensverwaltung (KStR 4.1 II 2), sofern keine Betriebsaufspaltung vorliegt (Rz 33). § 17 EStG führt nicht zur StPflicht; die Veräußerung einer wesentlichen Beteiligung ist folglich nicht stpfl (RFH RStBl 38, 471). Allerdings kann die Verwaltung von Beteiligungen zu einem Betrieb gewerbl Art werden, zB durch Kauf und Verkauf, die den Rahmen der Vermögensverwaltung sprengen (§ 5 Rz 35 „Beteiligung an einer Körperschaft“). Betrieb gewerbl Art kann auch begründet werden, wenn die Verwaltung der Beteiligung ersetzt wird durch Übernahme oder ständige Eingriffe in die laufende Geschäftsführung (KStR 4.1 II 3; s auch § 5 Rz 35). Ferner begründet nach Auffassung der FinVerw auch eine geringfügige Beteiligung einen BgA, wenn die jPöR die Kapitalgesellschaft mit anderen jPöR beherrscht und im Zusammenwirken mit diesen entscheidenden Einfluss auf die Geschäftsführung der Kapitalgesellschaft ausübt (KStR 4.1 II 4, uE zweifelhaft). Schließlich kann bei der Verwaltung ein Betrieb gewerbl Art entstehen, wenn die Beteiligungen in einer Verwaltungsholding zusammengefasst sind, die in den gehaltenen Unternehmen für eine einheitliche Unternehmenspolitik sorgt (s § 14 Rz 30 ff zum Gewerbebetrieb bei einem OrganT). Die Beteiligung an einer

ausschließlich vermögensverwaltend tätigen Kapitalgesellschaft ist aber kein BgA (KStR 4.1 II 5).

**13. Beteiligung** an einer **Personengesellschaft,** zB KG, OHG, GbR, atypische stille Ges (BFH BStBl II 84, 726), deren Gegenstand bei der jur Person des öffentl Rechts einen Betrieb gewerbl Art darstellen würde, ist jedenfalls dann Betrieb gewerbl Art, wenn die Personengesellschaft **gewerblich tätig** ist (RFH RStBl 39, 301; BFH BStBl II 73, 616; II 84, 726; II 16, 172; *Storg* DStZ 11, 784; KStH 4.1). Die gilt auch dann, wenn die Tätigkeiten bei der jPöR keinen BgA darstellen würde (BFH BStBl II 16, 172). Die iRd Beteiligung bezogenen Sondervergütungen sind dann auf der Ebene des BgA ksStpfl und unterliegen auf der Ebene der Trägerkörperschaft der Kapitalertragsteuer (BFH BStBl II 16, 172). Dies gilt unabhängig davon, ob der BgA nur aus der Beteiligung an der Mitunternehmerschaft besteht, oder ob die Beteiligung lediglich vermögensmäßig einem im Übrigen bestehenden BgA zuzuordnen ist (FG D'dorf EFG 13, 1509, bestätigt durch BFH BStBl II 16, 172). Bei der Prüfung der Gewichtigkeit und der Umsatzzahlen (s Rz 13) ist auf den Betrieb insgesamt abzustellen, keine Aufteilung. Allerdings sind die typisierenden Umsatz- und Gewinnzahlen nur anzuwenden, falls an der Mitunternehmerschaft ausschließlich jur Person des öffentl Rechts beteiligt sind. Führt der Betrieb bei einem der Beteiligten zu stpfl Einkünften, so muss uE aus Gleichbehandlungsgründen auch die Beteiligung der jur Person des öffentl Rechts unabhängig von der Gewichtigkeit als Betrieb gewerbl Art angesehen werden. „Wirtschaftlich herausgehoben" ist durch die Beteiligungsform erfüllt. Die Beteiligung an einer zwar gewerblich geprägten, aber vermögensverwaltend tätigen Personengesellschaft ist demgegenüber kein BgA (BFH BStBl II 11, 858; zur Beteiligung einer gemeinnützigen Körperschaft, offengelassen in BFH BStBl II 16, 172). Die FinVerw hat bis VZ 08 die Beteiligung an einer Mitunternehmerschaft grundsätzlich als BgA qualifiziert; Fälle ab VZ 09 wurden zunächst offen gehalten und ein ergänzendes BMF-Schreiben angekündigt (BMF BStBl I 16, 535). Zur Feststellung der Einkünfte und zum Feststellungsverfahren s Rz 67. 19

**14.** Wird der Betrieb in der Rechtsform einer **privatrechtl jur Person** betrieben, gelten die hierfür maßgebenden Vorschriften (s auch KStR 4.1 VII). Das Halten der Beteiligung ist Vermögensverwaltung, nur in Ausnahmefällen ein Betrieb gewerbl Art (s Rz 18). S auch Rz 44 ff zur Zusammenfassung mehrerer Betriebe gewerbl Art. 20

**15. Betrieb gewerbl Art ist jur Person des öffentl Rechts (Abs 2).** Vorgänger § 5 I KStDV 1968. Wird der Betrieb gewerbl Art nicht nur als Teiltätigkeit von einer jur Person des öffentl Rechts geführt, sondern als Hauptzweck betrieben, so ist die jur Person des öffentl Rechts kstpfl. UE überflüssige Klarstellung (s auch *Frank/Detig* DStR 16, 1509). Werden der jur Person des öffentl Rechts andere Hoheitsrechte übertragen, so entfällt insoweit die KStPflicht und die jur Person des öffentl Rechts entspricht auch im Erscheinungsbild den sonstigen Personen des öffentl Rechts; der Unterschied ist also nur ein gradueller. Beispiel für Abs 2: öffentl-rechtl Versicherungsanstalten (falls nicht Hoheitsbetrieb, s Rz 40) und Sparkassen. Zur Trennung und Vermischung der Tätigkeit eines Betriebs gewerbl Art und eines Hoheitsbetriebs s Rz 45 f. Der Betrieb gewerbl Art kann bei Erfüllung der Voraussetzungen nach § 5 befreit sein (zB als gemeinnütziger Zweckbetrieb nach § 5 I Nr 9, vgl die Übersicht bei *Eversberg/Baldauf* DStZ 11, 597). 28

**16. Versorgungsbetriebe (Abs 3).** Bedeutsamer Anwendungsfall von Abs 1; Klarstellung ohne Einführung von in Abs 1 nicht normierten Bedingungen. Vorgänger § 2 KStDV aF. Abs 3 nennt die Betriebe, zu deren Aufgaben die Versorgung der Bevölkerung mit Elektrizität, Gas, Wasser, Wärme usw zählt und die dem sog Verwaltungsprivatrecht unterstehen (BFH BStBl II 75, 563; II 01, 773 betr die Versorgung mit Strom usw in Verbindung mit einem Blockheizkraftwerk). Soweit hieran besondere StFolgen geknüpft wurden oder werden, ist erheblich, dass es sich 30 nicht um Betriebe ausländischer Körperschaften handeln darf (RFH RStBl 31, 634). Zur Wasserversorgung s BFH BStBl III 56, 133; BStBl II 69, 415; II 72, 500; II 90, 452; BVerwG UStR 82, 221, 223 und Rz 75. Verkehrsbetriebe: Personenbeförderung durch Bahn, Bus, Obus, Schiff, Fähre, Flughafen, Tiefgarage (BFH BStBl II 90, 242); nicht reine Güterbeförderung (RFH RStBl 30, 552). Hafenbetriebe: Unterhaltung von Hafenbauten, Kaianlagen, Schleusen, Stromregulierung, Kennzeichnungen, Eisbrecher, Baggerei, Lotsen; Lagerhaus kann unselbstständiger Teil sein (RFH StuW 32 Nr 295). Nicht: Schiffsbau und -reparatur, Schleppen, Bugsieren, Tanken. Gemeint sind nur öffentliche, nicht Werkshäfen (FG RhPf EFG 56, 83). Zu weiteren Einzelfragen s BMF BStBl I 09, 1303. Zur Zusammenfassung Rz 44 ff. Besonderheiten bei der Einkommensermittlung s Rz 49 ff. Zur Behandlung von Abschlagszahlungen an ein Versorgungsunternehmen s BFH BStBl II 95, 742. Zur Beendigung der Möglichkeit von Billigkeitsmaßnahmen bei der Veräußerung von Stromversorgungsanlagen s BMF DB 96, 1440. Zur Zusammenfassung von BgA mittels eines Blockheizkraftwerks BMF BStBl I 16, 479; *Belcke/Westermann* BB 16, 1687.

32 **17. Verpachtung eines Betriebs gewerbl Art (Abs 4).** Vorgänger § 1 III 3 KStDV aF vor 1977. Verpachtung führt zum Betrieb gewerbl Art; die Betriebsverpachtung kann nicht als Vermögensverwaltung geführt werden (BFH BStBl II 79, 716 mit Anm in HFR 79, 530), und zwar auch dann nicht, wenn die Betriebsverpachtung nachhaltig zu Verlusten führt (BFH BStBl II 90, 1100; FG BaWü v 21.12.16 14 K 2029/13 nv; NZB BFH XI B 24/17, jew zur USt). Die FinVerw verneint allerdings eine Entgeltlichkeit und damit eine Verlustsaldierung, wenn gewährte Zuschüsse das Pachtentgelt erreichen oder übersteigen und insoweit eine rechtlich – tatsächliche – Verknüpfung besteht (OFD Nds v 13.1.11 S 2706-290-St 241, FMNR2997370010 nv; uE unzutreffend; s auch *Leippe/Baldauf* DStZ 15, 905). Ein Betrieb wird nur dann verpachtet, wenn die Summe von Sachen und Rechten, von der jur Person des öffentl Rechts selbst geführt, einen Betrieb gewerbl Art darstellen würde. Erheblich ist, dass das notwendige Anlagevermögen mitverpachtet wird (Fallbeispiele bei *Baldauf* DStZ 10, 523). Die Verpachtung eines Betriebs, dessen Führung größeres Inventar erfordert, ist nur dann stpfl, wenn Inventarstücke vom Verpächter beschafft und dem Pächter zur Nutzung überlassen sind. Das gilt auch dann, wenn das mitverpachtete Inventar nicht vollständig ist, jedoch die Führung eines bescheidenen Betriebs gestattet (vgl BFH BStBl II 72, 776; II 74, 391; II 83, 386). Unschädlich, wenn einzelne Inventarstücke vom Pächter beschafft werden müssen (BFH BStBl II 69, 443). Der Umfang der Einrichtung bestimmt sich nach der Art des Betriebs, er kann je nach Betrieb unterschiedlich sein (BFH BStBl III 67, 679; II 72, 776). Das Vorhandensein einer kaufmännischen Organisation ist für eine Betriebsverpachtung nicht Voraussetzung (BFH BStBl II 83, 386). Liegt die Verpachtung eines Betriebs vor, so können die Inventarstücke tatsächlich zur Verfügung gestellt werden; insoweit bedarf es keines besonderen Vertrags (BFH BStBl III 67, 679). Inventarstücke werden auch dann – wirtschaftlich gesehen – pachtweise überlassen, wenn sie zwar übereignet werden, aber später zurückzuübereignen sind (vgl hierzu BFH BStBl II 72, 776). Im Übrigen ist die Veräußerung des Inventars keine Verpachtung, wenn sie nicht rechtsmissbräuchlich eine Verpachtung verdeckt (BFH BStBl II 83, 386). Nicht ausreichend ist die Verpachtung einzelner Gegenstände oder Rechte, zB bei reiner Raummiete, auch bei gewerbl Räumen, gleich welcher Größe (RFH RStBl 40, 60), oder bei einer Kiesgrubenverpachtung, es sei denn, sie wird mit Einrichtungen verpachtet (RFH RStBl 40, 444). Wird der Betrieb veräußert und ein Grundstück zurückbehalten und an den Erwerber verpachtet, liegt keine Betriebsverpachtung vor (BFH BStBl III 64, 559). Nicht ausreichend ist die Verpachtung des Rechts zum Anschlag in der Stadt oder in einem Stadion ohne besondere Einrichtungen (BFH BStBl II 70, 151; II 72, 776; II 77, 94; II 83, 386), werden jedoch die in gemeind-

lichem Eigentum stehenden Anschlagstellen mitverpachtet, liegt eine Betriebsverpachtung vor (RFH RStBl 39, 560; 41, 501; 45, 42; BFH BStBl II 83, 386). Nicht ausreichend für die Betriebsverpachtung ist die Verpachtung des Rechts zur Wegebenutzung (RFH RStBl 38, 1184) oder des Rechts, amtliche Unterlagen auszuwerten (RFH RStBl 41, 682). Werden nur einzelne Gegenstände verpachtet, so liegt auch nicht deshalb eine Betriebsverpachtung vor, weil mit dem Pächter ein sog „Öffentlichkeitsvertrag" geschlossen wurde, durch den der Pächter dem Verpächter gegenüber bestimmte auf die Öffentlichkeit bezogene Pflichten übernimmt (*Piltz* FR 80, 36). Weitere Einzelfragen und Beispiele bei *Baldauf* DStZ 10, 523. Gehört der verpachtete Einzelgegenstand zu einem bestehenden Betrieb gewerbl Art, so ist die Verpachtung Teil des Betriebs (vgl BFH BStBl II 74, 391). Zur Pachtung eines Verlustbetriebs s Rz 53.

Besteht eine **Betriebsaufspaltung,** dh beherrscht die jur Person des öffentl 33
Rechts auch die Pächterin, so liegt auch dann ein Betrieb gewerbl Art vor, wenn nur die wesentlichen Betriebsgrundlagen, nicht aber Inventar, verpachtet werden; die jur Person des öffentl Rechts ist insoweit dem privaten Stpfl gleichzustellen. Da nach der Rechtsprechung Büro- oder Verwaltungsgebäude im Regelfall wesentliche Betriebsgrundlagen darstellen (BFH BStBl II 00, 621), führt zB die Verpachtung des Messegeländes an die stadteigene Messegesellschaft zum Betrieb gewerbl Art (*Leippe* ZKF 04, 92); s auch BFH BStBl II 01, 558; II 03, 412; FinVerw DStR 03, 596; *Vochsen* DStZ 11, 360.

**18.** Auch für die Verpachtung gilt, dass der **Verpachtungsbetrieb von einigem Gewicht** sein muss (Rz 12ff). Für die Umsatzgrenzen ist auf die Umsätze des verpachteten Betriebs, nicht auf die Umsätze der Pachtverträge abzustellen (BFH BStBl II 90, 868; KStR 4.1 V S 7; Übergangsregelung BMF BStBl I 90, 635). Im Hinblick auf BFH BStBl II 90, 868 soll die Verpachtung im Rahmen einer reinen Betriebsaufspaltung idR nicht zur StPflicht führen. 34

**Mehrere** verpachtete **Betriebe** können, auch wenn sie an unterschiedliche 35
Dritte verpachtet sind, bei Gleichartigkeit **zusammengefasst** werden (KStR 4.2). Voraussetzung ist, dass sie auch unmittelbar als Betrieb gewerbl Art hätten zusammengefasst werden können (BFH BStBl III 59, 339; abw RFH RStBl 40, 359). Zur Zusammenfassung im Einzelnen s Rz 44ff.

**Zweifelhaft** ist, ob bei der Betriebsverpachtung ein **Wahlrecht** besteht, zu Ein- 36
künften aus VuV überzugehen; uE zu verneinen angesichts des klaren Gesetzeswortlauts (glA BFH BStBl II 79, 716; aA FG D'dorf EFG 70, 464). **Entfallen** die **Bedingungen** der Betriebsverpachtung, erfolgt eine Gewinnrealisierung (KStH 4.3). Eine Aufgabeerklärung und ein Wahlrecht entsprechend BFH BStBl III 64, 124 ist auch hier nicht möglich (BFH BStBl II 79, 716; KStH 4.3).

**19. Hoheitsbetriebe (Abs 5).** Das Vorliegen eines Hoheitsbetriebs schließt ei- 40
nen Betrieb gewerbl Art aus. Der Hoheitsbetrieb dient „überwiegend der Ausübung der öffentlichen Gewalt". Eine befriedigende Definition ist noch nicht gefunden. „Die Grenzen zwischen einem Hoheitsbetriebs und einem Betrieb gewerbl Art sind flüssig" (BFH BStBl III 52, 41). Unklar ist bereits, ob der Begriff des Hoheitsbetriebs gegenüber der allgemeinen Definition in Abs 1 überhaupt gesonderte Bedeutung hat (s *Küffner* DStR 03, 1606). Jedenfalls aber ist die „wirtschaftliche Tätigkeit" (= Betrieb gewerbl Art, Abs 1) von der „Ausübung öffentlicher Gewalt" (= Hoheitsbetrieb, Abs 5) abzugrenzen (ausf *Baldauf* DStZ 11, 35). Nach § 4 KStDV 1968 liegt ein Hoheitsbetrieb insbes dann vor, „wenn es sich um Leistungen handelt, zu deren Annahme der Leistungsempfänger aufgrund gesetzlicher oder behördlicher Anordnung verpflichtet ist. Hierher gehören zB Forschungsanstalten, Wetterwarten, Schlachthöfe, Friedhöfe, Anstalten zur Lebensmitteluntersuchung, zur Desinfektion, zur Leichenverbrennung, zur Müllbeseitigung, zur Straßenreinigung und zur Abführung von Abwässern und Abfällen." Übernommen von KStR 4.4 I. Allerdings handelt es sich hierbei nur um Indizien, die

weder für die Annahme noch die Ablehnung zwingend sind (RFH RStBl 37, 982; BFH BStBl III 66, 150; II 76, 793). Der BFH verwendet in ständiger Rspr folgende Formel: Unter Ausübung öffentl Gewalt sind Tätigkeiten zu verstehen, die der jur Person des öffentl Rechts eigentümlich und vorbehalten sind (BFH BStBl II 76, 793; II 90, 95 und 866; II 97, 139; II 05, 501; II 09, 1022; übernommen von BMF BStBl I 09, 1597). Kennzeichnend hierfür ist die Erfüllung **spezifischer öffentl-rechtl Aufgaben,** die aus der Staatsgewalt abgeleitet sind und staatlichen Zwecken dienen (BFH BStBl II 90, 95; II 97, 139; II 05, 501), und zu deren Annahme der Leistungsempfänger aufgrund gesetzlicher oder behördlicher Anordnung verpflichtet ist (BFH II 05, 501; II 09, 1022; s auch KStR 4.4 I und BMF BStBl I 09, 1597). Maßgebend ist, ob die öffentl Hand ihre Tätigkeit im Rahmen einer eigens für sie geltenden Regelung und nicht unter den gleichen rechtl Bedingungen wie private Wirtschaftsteilnehmer ausübt (*Lange* UR 00, 1). Erforderlich ist regelmäßig eine gesetzliche Aufgabenzuweisung an die öffentl Hand durch Bundes- oder Landesrecht (BMF BStBl I 09, 1597). Nach richtiger Ansicht ist hierbei vorrangig auf die landesrechtlichen Regelungen abzustellen, so dass je nach Bundesland abweichende Behandlungen möglich sind (BMF BStBl I 09, 1597; s auch BFH BStBl II 05, 501; II 98, 410). Eine hoheitliche Tätigkeit liegt nach BMF BStBl I 09, 1597 (mit Übergangsregelung bis einschl VZ 09) nicht vor, wenn nach der gesetzlichen Aufgabenzuweisung auch auf private Dritte übertragen werden kann. Anders aber, wenn die Übertragung nur im Wege der Beleihung möglich ist und ein öffentl-rechtl Benutzungszwang besteht (BMF BStBl I 09, 1597).

41 Allein die Zuweisung von Tätigkeiten durch Gesetz ist jedoch für die Annahme eines Hoheitsbetriebs nicht ausreichend (BFH BStBl II 88, 910; KStH 4.4). Zu prüfen ist stets auch die **Wettbewerbssituation:** Eine Ausübung öffentl Gewalt ist ausgeschlossen, soweit sich die jur Person des öffentl Rechts in den allgemeinen wirtschaftl Verkehr einschaltet und sich ihre Tätigkeit von der eines privaten gewerbl Unternehmens nicht wesentl unterscheidet (BFH BStBl II 97, 239; II 05, 501; II 09, 248; II 10, 502; KStH 4.4). Schon der Wettbewerbsschutz macht in diesem Fall eine Besteuerung der öffentl Hand erforderlich (BFH BStBl II 05, 501). UE ist die Wahrung der Wettbewerbsneutralität oberster Prüfungsmaßstab für die Annahme eines Hoheitsbetriebs (s auch *Seer/Klemke* BB 10, 2015). Entscheidend ist, ob private Wirtschaftsteilnehmer in gleicher Weise tätig werden und ob eine unterschiedliche steuerl Behandlung nachteilige Folgen für den Wettbewerb haben könnte (BFH BStBl II 09, 1022; *Baldauf* DStZ 11, 35; *Heger* FR 09, 301; *Hüttemann* FR 09, 308). Zu prüfen ist insbes, ob der Leistungsempfänger zwischen der Inanspruchnahme eines Hoheitsträgers und eines Privatunternehmens wählen kann (BFH BStBl II 09, 1022). Die rein theoretische Möglichkeit der Übertragung auf beliebige Unternehmer reicht für eine Wettbewerbssituation aber nicht aus (vgl BFH BStBl II 05, 501). Soweit die Rspr auch ein potenzielles Wettbewerbsverhältnis ausreichen lässt (BFH BStBl II 04, 431 zur USt), muss das Wettbewerbsrisiko real sein. Erforderlich ist die hinreichend konkrete Erwartung des Marktzutritts eines Konkurrenten (*Seer/Klemke* BB 10, 2015).

42 Abs 5 sagt, insofern die Sicherheit nicht gerade erhöhend, ausdrücklich, dass **Zwangs- und Monopolrechte** zur Annahme eines Hoheitsbetriebs nicht ausreichen (BFH BStBl II 70, 519 verursachte diese Klarstellung, BT-Drucks 7/1470, 337). Nicht entscheidend ist ebenfalls, dass das Entgelt als Gebühr erhoben wird (BFH BStBl II 77, 813). Das Gesamtbild ist maßgebend (BFH BStBl III 66, 150); die Grenzen des Hoheitsbetriebs sind eher enger als weiter zu ziehen (BFH BStBl II 76, 793). Typische Hoheitsbetriebe: FinVerw, Zoll, Bundeswehr, öffentl Schulwesen, Polizei, Sozialfürsorge. Zu Friedhöfen s BFH BStBl II 83, 491; *Prugger* UStR 83, 147; HFR Anm 83, 530; KStH 4.5; zur wettbewerbsrechtl Zulässigkeit privatwirtschaftl Betätigung BGH NJW 87, 60, 62. Die StPflicht der öffentl-rechtl Versicherungsanstalten, in § 6 KStDV 1968 normiert, wurde nicht in das Gesetz übernommen, da zweifelhaft ist, ob der Bundesgesetzgeber insoweit unbeschränkte

Gesetzgebungskompetenz hat (BT-Drucks 7/1470, 336 unter Berufung auf BVerfG BStBl II 71, 567 betr UStPflicht der Rundfunkanstalten); regelmäßig liegen jedoch Betriebe gewerbl Art vor (BFH BStBl II 76, 355 betr Versorgungseinrichtung für freie Berufe; Ausnahme s BFH BStBl II 70, 519 betr Gebäudeversicherung; BFH/NV 96, 366). Sozialversicherung ist regelmäßig Hoheitsbetrieb, und zwar auch mit den Krankenanstalten, Bädern, Genesungsheimen usw (KStR 4.5 Abs 1 mit Bagatellregelung; RFH RStBl 39, 482, 483). Auch die **Verpachtung** eines Hoheitsbetriebs bleibt Hoheitsbetrieb (FinVerw 1987 StEK KStG 1977 § 4 Nr 18; *Buciek* DStZ 85, 113).

**20.** Ist eine jur Person des öffentl Rechts sowohl **hoheitlich** als auch **nichthoheitlich** tätig, so sind die Bereiche, soweit möglich, zu **trennen** (BMF BStBl I 75, 934). Stellt die nichthoheitliche Tätigkeit einen Betrieb gewerbl Art dar, so ist insoweit StPflicht gegeben. Besteht im Rahmen eines Hoheitsbetriebs auch ein Betrieb gewerbl Art (zB Kantine, Kiosk, Verkaufsstelle) besteht insoweit StPflicht (s auch KStH 4.4). Trennung kann auch zB nach zeitlicher Beanspruchung von Personal oder Maschinen erfolgen (BMF BStBl I 75, 934). **Hoheitsbetrieb** und **Betrieb gewerbl Art,** die getrennt vorliegen oder getrennt werden können, können nicht **zusammengefasst** werden (Abs 6 S 2, s Rz 44 und 48). Lässt sich eine Trennung nicht durchführen, weil die Bereiche untrennbar miteinander verwoben sind, so ist der Betrieb einheitlich zu beurteilen (vgl BFH BStBl III 62, 448). Er ist nach Abs 5 hoheitlich, wenn dieser Bereich überwiegt. Vgl auch KStR 4.1 III. Es wird kaum möglich sein, dieses Überwiegen zu quantifizieren. Entscheidend soll sein, welcher Bereich der Tätigkeit das Gepräge gibt (BMF BStBl I 75, 934; KStR 4.1 III, KStH 4.1: überwiegende Zweckbestimmung); s zu diesem überholten Begriff auch § 5 Rz 9. Veräußert die Bibliothek des Finanzministeriums Bücher an ein Antiquariat, wird bei dem Kauf von Büromaschinen ein Altgerät in Zahlung gegeben, wird die Benutzung des Amtstelefons den Beamten gegen Bezahlung für Privatgespräche gestattet, verkauft die Geschäftsstelle des Landgerichts Altpapier, so beeinträchtigt dies nicht den Hoheitsbetrieb; vgl auch KStR 4.4 II. Unzulässig ist, vom steuerl günstigen Ergebnis her zu schließen und die Frage des Überwiegens an Überschüsse zu knüpfen; kein Betrieb ist deshalb nichthoheitlich, weil er Überschüsse erzielt. 43

Werden Betriebe gewerbl Art und Hoheitsbetrieb in einer **Rechtsform** des **Privatrechts** betrieben, so ist ein einheitliches Einkommen einschließich Verlustausgleich möglich. Ein Hoheitsbetrieb, der Erträge abwirft, genügt regelmäßig dem Gewerbebegriff; in diesem Fall folgt uE aus der Nutzung der privaten Rechtsform die hieran anknüpfende StPflicht. S aber zu den bestehenden vGa-Risiken Rz 52 ff und § 8 Rz 500 ff.

**21. Zusammenfassung mehrerer Betriebe gewerbl Art** zu einem Betrieb gewerbl Art **(Abs 6).** Die Vorschrift gilt über die Verweisungen in § 8 VIII, IX, § 15 Nr 4 und 5 entsprechend für die Zusammenfassung in KapGes und die Organschaft. Die gesetzliche Regelung wurde durch das Bemühen verursacht, einen Verlustausgleich durch Zusammenfassung von Verlust- und Gewinnbetrieben zu erreichen. Würde dieser Verlustausgleich allgemein gestattet, würde das Problem seine Bedeutung verlieren. Grundsätzlich „hat es die Körperschaft des öffentl Rechts ... in der Hand, die organisatorischen Maßnahmen beim Aufbau ihrer Betriebe gewerbl Art im Rahmen der gesetzl Vorschriften ... so zu treffen, wie sie es für zweckmäßig hält" (BFH BStBl III 56, 238; III 55, 210). Die Grenze liegt dort, wo die Zusammenlegung ausschließlich oder überwiegend zum Zweck der StVermeidung geschieht. Die BFH-Rspr forderte eine organisatorische Zusammenfassung und eine wechselseitige technisch-wirtschaftl Verflechtung (BFH GrS BStBl III 67, 240; der vorher in der sog Bäder-Rspr – Zusammenfassung von Versorgungsbetrieb und Schwimmbädern – geforderte innere funktionale Zusammenhang wurde nicht aufrecht erhalten, vgl BFH BStBl III 56, 166; III 62, 450; III 66, 287; dem GrS folgend BFH BStBl III 67, 510; II 92, 432, betr Versorgungs- und 44

Bäderbetrieb; BFH/NV 03, 511; kritisch *Hofmeister,* FS L Schmidt, 1993, 700). Bereits bis VZ 08 konnten Betriebe gewerbl Art zusammengefasst werden (zu Einzelheiten s KStR 7 idF KStR 2004). Eine Zusammenfassung mit Hoheitsbetrieben war bereits vor der gesetzlichen Regelung in S 2 nicht möglich (KStH 7 idF KStR 2004; BFH BStBl III 62, 448; II 77, 813). Durch das JStG 2009 (vor § 1 Rz 28) wurde mit dem neu angefügten Abs 6 mit Wirkung ab dem VZ 09 eine explizite gesetzliche Regelung getroffen. Die Neuregelung durch den Gesetzgeber sollte keine grundsätzliche Änderung herbeiführen, sondern zur Rechtssicherheit die bestehende Verwaltungspraxis in das Gesetz überführen (vgl aus der Gesetzesbegründung BT-Drucks 16/11108, 33 und 36). BMF BStBl I 09, 1303 und KStR 4.2 enthalten ergänzende Verwaltungsregelungen. Die gesetzliche Möglichkeit zur Zusammenfassung begründet ein **Wahlrecht** der jur Person des öffentl Rechts, das für jeden VZ neu ausgeübt werden kann (BMF BStBl I 09, 1303; *Pinkos* DStZ 10, 96). Gesellschaftsrechtliche Zuordnungen sind herbei zu beachten (FG Nbg EFG 16, 592; Rev BFH I R 83/15). Die in Nr 1–3 aufgeführten Möglichkeiten sind alternativ und getrennt zu prüfen, die gesetzliche Aufzählung ist aber abschließend zu verstehen (BMF BStBl I 09, 1303). Die Zusammenfassung kann auch kettenförmig erfolgen (zB Betrieb A mit Betrieb B, der mit Betrieb C verbunden ist). Zu Einzelheiten s BMF BStBl I 09, 1303.

45 Gleichartige Betriebe gewerbl Art können zusammengefasst werden **(Abs 6 Nr 1).** Auch mehrere Einrichtungen, die mangels wirtschaftl Gewicht (Rz 12 ff) keinen eigenen Betrieb gewerbl Art darstellen, können – auch mit anderen Betrieben gewerbl Art – zusammengefasst werden (KStR 4.2 I). Gleichartig sind gewerbl Betätigungen, wenn sie im gleichen Gewerbezweig ausgeübt werden, oder sie zwar unterschiedlich sind, aber einander ergänzen (BFH BStBl II 89, 901, BFH/NV 03, 511; 97, 625; RFH RStBl 39, 372). Gleichartige oder sich ergänzende Tätigkeiten können – zB auf verschiedenen Produktionsstufen – auch über größere Entfernungen zusammengefasst werden (BFH BStBl II 89, 901; *Piltz* FR 80, 35). BFH/NV 03, 511 hat für Letzteres eine „funktionelle Verbindung" gefordert; uE kein zusätzliches, sondern den Begriff des „sich ergänzen" näher umschreibendes Kriterium. Gleichartigkeit offengelassen für Metzger- und Bäckereibetrieb durch BFH/NV 97, 605; verneint für Freibad und Wasser-/Elektrizitätsbetrieb FG Hessen EFG 01, 591 (und für Hallenbad mit Beteiligungen (FG Nbg EFG 16, 592; Rev BFH I R 83/15). Versorgungs- und Verkehrsbetriebe sind nicht zwingend gleichartig (BMF BStBl I 09, 1304). Zur Zusammenfassung mehrerer Versorgungsbetriebe nach Abs 6 Nr 3 s Rz 47.

46 Auch nicht gleichartige (Abs 6 Nr 1, Rz 45) Betriebe gewerbl Art können nach **Abs 6 Nr 2** zusammengefasst werden, wenn eine **wechselseitige technisch-wirtschaftliche Verflechtung** von einigem Gewicht besteht. Auch dieser Begriff war bereits vor der gesetzlichen Regelung (s Rz 44) durch die Rspr eingeführt worden (BFH GrS BStBl III 67, 240; II 90, 242; BFH/NV 03, 511). Der Begriff ist unscharf und streitanfällig (zur Kritik s *Hüttemann* DB 09, 2629; *Leippe/Baldauf* DStZ 09, 67; *Eversberg/Baldauf* DStZ 10, 358). Eine nähere, praxistaugliche Konkretisierung durch Rspr oder FinVerw ist bislang nicht erfolgt. Maßgebend sind stets die Verhältnisse im Einzelfall (BFH/NV 03, 511). UE sind die Begriffe „technisch" und „wirtschaftlich" nicht kumulativ, sondern alternativ zu verstehen: Die Verflechtung kann technischer *oder* wirtschaftlicher Natur sein, wenn sie jedenfalls gewichtig ist. Die Verflechtung greift aber erst dann, wenn sie tatsächlich besteht; eine bloße Planung reicht noch nicht aus (BFH BStBl II 92, 432). Bejaht wurde die Verflechtung in der Rspr insbes zwischen Bäder- und Versorgungsbetrieben (BFH GrS BStBl III 67, 240; BFH BStBl III 67, 510; II 92, 432; BFH/NV 03, 511; zur Beendigung bei Schließung des Hallenbads für den Publikumsverkehr FG Münster EFG 17, 1200, Rev BFH I R 41/17). Verneint für Kur- und Verkehrsverwaltung mit Ratskellerverpachtung (BFH BStBl III 67, 679 uE nicht überzeugend), für Gaststättenverpachtung mit Marktständen (BFH BStBl III 61,

552), für Fernheizwerk, Tiefgaragen und Abfallentsorgung (BFH/NV 03, 511) für Schwimmhalle und Heizwerk (FG MeVo GmbH-StB 17, 22; Rev BFH I R 66/16) und für Hallenbad mit Beteiligungen (FG Nbg EFG 16, 592; Rev BFH I R 83/15; zur Zusammenfassung mittels eines Blockheizkraftwerks BMF BStBl I 16, 479; *Belcke/Westermann* BB 16, 1687).

Mehrere **Versorgungsbetriebe** iSd Abs 3 (Rz 30) können zusammengefasst werden, **Abs 6 Nr 3.** Gesetzliche Klarstellung im Anschluss an die stRspr (BFH BStBl III 56, 133; III 62, 448, 450; III 66, 287; III 67, 679; II 90, 242) und Verwaltungspraxis (KStR 4.2). Die in Abs 3 aufgeführten Versorgungsbetriebe sind auch als gleichartig iSd Abs 6 Nr 1 (Rz 45) anzusehen (BMF BStBl I 09, 1303); dies gilt – trotz der Aufzählung in Abs 3 – aber nicht für Versorgungs- und Verkehrsbetriebe (BMF BStBl I 09, 1303). Zu Blockheizkraftwerken s BMF BStBl I 16, 479. 47

Die **Zusammenfassung von Betrieben gewerbl Art und Hoheitsbetrieben** ist nicht möglich, **Abs 6 Satz 2** (so bereits die frühere Rspr, s Rz 44). 48

Zusammengefasste Betriebe können wieder aufgeteilt werden (FG D'dorf EFG 70, 464); Gewinnrealisierung, falls ein Betrieb nach der Aufteilung die Eigenschaft verliert, Betrieb gewerbl Art zu sein; ansonsten steuerneutrale Realteilung. Zu sonstigen Fragen des **Verlustausgleichs** und den Regelungen zum **Querverbund** s § 8 VII–IX und § 8 Rz 485 ff sowie BMF BStBl I 09, 1303.

**22. Zusammenfassung** auch in einer **jur Person** des Privatrechts möglich, zB in einer **GmbH.** Die Zusammenfassung unterschiedlicher BgA in einer Kapitalgesellschaft ist grds als zulässige Handlungsform anzuerkennen (BFH/NV 04, 1689). Ab VZ 09 sind hierbei die Neuregelungen in § 8 VII–IX zu beachten; zu Einzelheiten und der bis VZ 08 geltenden Rechtslage s § 8 Rz 495 ff. Die Begründung einer **Organschaft** mit einer Holding-GmbH als OrganT ist jedenfalls kein Missbrauch iSd § 42 AO (BFH BStBl II 07, 961; hierzu BMF BStBl I 07, 905; BFH/NV 04, 1689). 49

**23. Ermittlung der Einkünfte, des Einkommens, Tarif, Veranlagung.** Hier werden nur Besonderheiten behandelt. S im Übrigen § 8 und KStR 8.2. Einkünfte und Einkommen sind für jeden Betrieb gewerbl Art **gesondert** zu **ermitteln** und gesondert zu **veranlagen,** s Rz 5. 50

Einkünfte aus dem Betrieb gewerbl Art sind stets Einkünfte aus Gewerbebetrieb (BFH BStBl II 79, 716; II 90, 246 betr Steuerberatungseinnahmen); das gilt auch für verpachtete Betriebe (BFH BStBl II 79, 716); folgend KStH 8.2 „Einkunftsart“). Für die Einkunftsermittlung gelten die Vorschriften des EStG (§ 8 Abs 1). Zu Rückstellungen BFH BStBl II 06, 688 und die Vorinstanz FG BaWü EFG 04, 1246. Zur Buchführungspflicht s BMF BStBl I 13, 59. Auch jur Personen des öffentl Rechts können Kaufleute, nach dem HGB zur Buchführung verpflichtet, sein (*Baumbach/Hopt* HGB § 1 Rz 27). Allerdings ist nach dem HGB Gewinnerzielungsabsicht erforderlich (vgl *Baumbach/Hopt* aaO § 1 Rz 16); dies kann beim Betrieb gewerbl Art fehlen, Abs 1 S 2. Weiter Buchführungspflicht zB nach der EigenbetriebsVO möglich (BMF BStBl I 12, 184; I 13, 59). Für HGB- und EigenbetriebsVO-Pflicht gilt § 140 AO (BMF BStBl I 12, 184; I 13, 59). Darüber hinaus kann § 141 AO eingreifen. Buchführungspflicht bei gewerbl Einkünften führt zu § 5 EStG. Entscheidet sich die jur Person des öffentl Rechts hinsichtlich ihres Gesamthaushalts zur Bilanzierung oder ist sie hierzu aufgrund anderer gesetzlicher Regelungen (zB Hochschulgesetze der Länder) verpflichtet, folgt hieraus noch nicht zwingend die steuerl Buchführungspflicht für den Betrieb gewerbl Art (BMF BStBl I 13, 59; *Kußmaul/Henkes/Pinkos* Wpg 08, 978; *Strahl* NWB 09, 2650; *Bürstinghaus* DStZ 11, 345). Dies gilt auch nach Einführung der Doppik (BMF BStBl I 12, 184; I 13, 59). Bei Dauerverlustbetrieben führt allein das Überschreiten der Umsatzgrenze nach § 141 AO noch nicht zur Buchführungspflicht, wenn keine Gewinnerzielungsabsicht besteht (BMF BStBl I 12, 184; I 13, 59; OFD Rostock DStR 03, 936; zur Rechnungslegung *Dreyer/Krüger* StB 04, 412). Auch keine Buchführungspflicht für einen BgA, der nicht deckungsgleicher Teil eines aufgrund außersteuerlicher Regelungen zur Buchführung verpflichteten Eigenbetriebs ist (BMF BStBl I 13, 59). Zur E-Bilanz *Meyer* ZKF 15, 124.

51 **24. Eröffnungsbilanz.** § 6 I Nr 6, 5 EStG; Teilwert (RFH RStBl 37, 1210; 39, 464; BFH BStBl II 87, 865). **Gewillkürtes Betriebsvermögen** ist uE möglich, da der Träger den Umfang des Betriebs bestimmen kann (glA FG Nürnberg EFG 07, 432; *Theis* DB 81, 1256 und für Eigenbetriebe BMF DB 79, 2458). Der BFH hat dies im Grundsatz ebenfalls bejaht, aber die konkreten Voraussetzungen bislang offengelassen (BFH BStBl II 09, 248; II 01, 778; BFH/NV 02, 1341). Jedenfalls aber setzt die Zuordnung voraus, dass die Wirtschaftsgüter nicht ausschließlich im Hoheitsbereich genutzt werden (BFH BStBl II 09, 248; KStH 8.2). Wegen der Eigenständigkeit der Gewinnermittlung der Betriebe gewerbl Art (Rz 5) führt die Überführung eines WG von einem Betrieb gewerbl Art in einen anderen zur Entnahme und Gewinnrealisierung (FinVerw FR 97, 503). Zuschüsse können stpfl Einnahmen des Betriebs gewerbl Art darstellen (BFH/NV 00, 1365). Die FinVerw behandelt demgegenüber sowohl Zuschüsse der Trägerkörperschaft an den Betrieb gewerbl Art als auch zweckgebundene Zuschüsse von dritter Seite einkommensneutral als (ggf verdeckte) Einlagen (FinVerw DStR 04, 459). Dies soll auch für den Fall gelten, das die Zuschüsse der dauerhaften Verlustabdeckung dienen (FinVerw aaO). Ob die – uE problematische – Verwaltungsauffassung Bestand hat, bleibt abzuwarten. Würden Zuschüsse als Einnahmen behandelt, würde dies die Problematik des Verlustbetriebes (s § 8 VII–IX und § 8 Rz 495 ff) weitgehend erledigen (*Dötsch/Pinkos* DB 05, 125; *Wallenhorst* DStZ 04, 711). Bei Mitunternehmerschaft (Rz 19) sind dem BgA auch Sondervergütungen zuzurechnen (BFH BStBl II 16, 172). **Betriebsausgaben** entstehen nach allg Grundsätzen (§ 8 I KStG iVm § 4 IV EStG). Bei Aufwendungen, die sowohl durch den BgA als auch den Hoheitsbereich veranlasst sind, ist im Wege sachgerechter Schätzung aufzuteilen. Die enge Rspr zum wirtschaftl Geschäftsbetrieb gemeinnütziger Körperschaften (s § 5 Rz 15) ist nicht anwendbar (*Strahl* NWB 09, 2732, mwN). Enteignungsentschädigungen der jur Personen des öffentl Rechts sind keine BA eines Betriebs gewerbl Art, wenn durch die Enteignung die öffentl Aufgaben des Trägers gefördert werden (BFH BStBl II 69, 17). Zu Sondernutzungsentgelten als BA *Leippe* DStZ 09, 729. **§ 6b EStG** ist anwendbar, auch bei Veräußerung an die Trägerkörperschaft oder andere Betriebe gewerbl Art (evtl finden jedoch die Grundsätze Anwendung, die für die Übertragung zwischen zwei Betriebe eines Stpfl gelten, s oben Rz 21 zur Rechtsentwicklung). Zinsen aus einem Gesamtkredit der Körperschaft können anteilig BA sein (FG Münster EFG 97, 1134). **Pachtzinsen** für ein vom Betrieb gewerbl Art genutztes Grundstück sind BA (BFH BStBl II 93, 459).

52 **25.** Abgaben und **Gewinnabführungen** an die jur Person des öffentl Rechts dürfen den Gewinn grundsätzlich nicht mindern (RFH RStBl 31, 652). Keine Gewinnminderung auch durch Gewinnabführung an einen weiteren Betrieb der Körperschaft (RFH RStBl 32, 526; 37, 979). Da der Betrieb gewerbl Art eine gewisse Verselbständigung voraussetzt (Rz 12), können auch bei diesen Leistungsbeziehungen zur Trägerkörperschaft entstehen, die für ihre steuerl Berücksichtigung üblich und angemessen sein müssen. Es gelten insoweit **vGa-Grundsätze** (BFH BStBl II 83, 147; II 04, 425; II 07, 961; KStR 8.5 I; *Binnewies* DB 06, 465; aA *Rader* BB 77, 1441). Zur vGa s § 8 Rz 142 ff und insbes für die öffentl Hand Rz 495 ff. Die Trägerkörperschaft wird insoweit wie eine AlleinGes behandelt; es gelten die steuerl Sonderbedingungen für beherrschende Gesellschaften, dh die Leistungsbeziehungen zwischen dem Betrieb gewerbl Art erfordern klare und eindeutige, im Voraus getroffene und tatsächlich durchgeführte Vereinbarungen (s § 8 Rz 330 ff). Lediglich auf das Erfordernis der zivilrechtl Wirksamkeit wird verzichtet, da diese mangels zivilrechtl Selbständigkeit des Betriebs gewerbl Art nicht vor-

liegen kann (s auch KStH 8.2 „Vereinbarungen“, *Binnewies* aaO). Im Ergebnis heißt das: Der Betrieb gewerbl Art kann keine BA oder sonstige Aufwendungen abziehen, die der Trägerkörperschaft zuzuordnen sind oder die die Abzugsfähigkeit überschreiten; geschieht dies, liegen vGa vor (vgl zB BFH BStBl II 69, 17 betr Enteignungsentschädigung; BFH BStBl II 74, 586 betr Spenden, dazu § 9 Rz 14 ff). Zum Nahestehenden im Recht der vGa s § 8 Rz 190. Die vGa-Grundsätze gelten auch für die Beteiligung der öffentl Hand an einer KapGes. Die vorrangige Erfüllung der eigenen hoheitlichen Aufgabenstellung vor einer Maximierung des Gewinns ist kein Grund für die Annahme einer vGa (*Knobbe-Keuk* StuW 83, 227). **Spenden** im Rahmen des § 9 Abs 1 Nr 2 sind möglich; hierzu FinVerw DStR 02, 721 und 2036; falls Spende an die eigene Trägerkörperschaft, Abgrenzung zur vGa erforderlich (s BFH BStBl III 62, 355; § 9 Rz 16).

26. **Verträge zwischen Betrieben gewerbl Art und jur Personen des öffentl Rechts** werden grundsätzlich nach den für vGa geltenden Bedingungen anerkannt (KStH 8.2 „Vereinbarungen“; *Binnewies* DB 06, 465): Sie müssen klar und ernst gewollt, rechtzeitig abgeschlossen und durchgeführt sein (§ 8 Rz 330 ff). Da „ernst gewollt“ unmittelbar verknüpft ist mit dem wirksamen Eingehen einer Verpflichtung (so im vGa-Recht, § 8 aaO, und bei FamilienGes) und eben diese Verpflichtung hier nicht vorliegt, ähneln die Vertragsbedingungen einer steuerrechtlichen Spiegelfechterei. Zur grundsätzlichen Anerkennung der Verträge s BFH BStBl III 65, 598; II 79, 192; II 82, 784; II 83, 147. Ausweis im Haushaltsplan ersetzt keinen Vertrag (BFH BStBl III 67, 679). Eine tatsächliche langjährige Übung nach bestimmten Bedingungen lässt jedoch vermuten, dass eine entsprechende Vereinbarung vorliegt. Insbes bei alten Nutzungsverhältnissen muss nicht unbedingt ein ausdrücklicher Vertrag gefordert werden (vgl RFH RStBl 36, 922). FG BaWü EFG 96, 449 rückt von dem Erfordernis allzu präziser Verträge ab. Miet- und Pachtverträge zwischen Betrieben gewerbl Art und Trägerkörperschaften werden – obwohl zivilrechtlich unwirksam, s oben – ebenfalls steuerl anerkannt, wenn sie üblich und angemessen sind (BFH BStBl II 93, 459; KStH 8.2 „Miet- und Pachtverträge“); nicht anerkannt werden aber Miet- oder Pachtverträge über Gegenstände, die eine wesentliche Grundlage des Betriebs gewerbl Art sind (BFH BStBl II 93, 459; II 01, 558; II 03, 412; KStH 8.2 „Vereinbarungen“; FinVerw DStR 03, 596 und 04, 727); da die nicht existenten Verträge grundsätzlich anerkannt werden, ist die Nichtanerkennung in diesem Fall dogmatisch nicht zu begründen. S hierzu auch *Wallenhorst* DStZ 02, 703. Die vertraglichen Verbindlichkeiten werden auch nicht so ernst genommen, dass sie bei der Umwandlung eines Eigenbetriebs in eine GmbH auf diese übergehen (BFH BStBl II 89, 473). 53

Die vGa-Grundsätze sind insbes auch bei **Entgeltvereinbarungen** zu beachten: Erbringt der Betrieb gewerbl Art Leistungen gegenüber der Trägerkörperschaft zu unüblich niedrigem Entgelt, kann dies eine vGa begründen. Gleiches gilt, wenn der Betrieb die Leistungen oder Arbeitsergebnisse **unentgeltlich** zur Verfügung stellt, obwohl im Geschäftsverkehr ein Entgelt üblich wäre (BFH BStBl II 97, 230; BFH/NV 04, 736). Nach den gleichen Maßstäben sind die Verhältnisse zwischen von der öffentl Hand betriebenen KapGes und ihren Gesellschaftern zu beurteilen (s BFH BStBl II 06, 196; FG Köln EFG 04, 1156). Allein der Verzicht auf Einnahmen oder Gewinne begründet für sich genommen aber noch keine vGa. So kann der Betrieb gewerbl Art oder die Eigengesellschaft zB schon aus verwaltungsrechtlichen Gründen gehalten sein, unentgeltlich oder lediglich kostendeckend zu arbeiten (s BFH und FG Köln, aaO; *Binnewies* DB 06, 465; zur Überlegung, das Recht der vGa durch das öffentl Recht insoweit zu überlagern s auch *Döllerer/Raupach* DB 93 Beil 11). Zu verlustbringenden Betrieben s § 8 VII–IX und § 8 Rz 495 ff. 54

**Einzelfälle:** Nicht kostendeckende Tarife der Versorgungsunternehmen sollen nach ursprünglicher Auffassung nicht zur vGa führen (FinVerw DB 78, 1377; *Pott* StuW 79, 323: der Bürger sei kein Nahestehender; s aber zum Nahestehenden 55

BFH BStBl II 94, 479 und allgemein § 8 Rz 182ff). Die Rspr wendet demgegenüber die **Fremdvergleichsgrundsätze** an: Überlässt ein Betrieb gewerbl Art seine Leistungen oder (Mess-)Ergebnisse ohne marktübliches Entgelt, liegt vGa vor (BFH BStBl 97 II, 230; BFH/NV 04, 736 und die Vorinstanz FG D'dorf EFG 03, 482, jeweils zu Wasserwerk); keine vGa aber, wenn ein höherer Preis wegen verwaltungs- oder gebührenrechtliche Bestimmungen nicht durchsetzbar ist (BFH BStBl II 06, 196; FG D'dorf EFG 05, 972). Unentgeltlich arbeitende Gesellschaften zur Arbeitsförderung, Beschäftigung und Strukturentwicklung sollen nicht zur vGa führen (FinVerw ViZ 92, 358). Zu **Konzessionsabgaben** s unten Rz 60. Die Verzinsung eines Kontokorrentkontos zwischen Betrieben gewerbl Art und der jur Person des öffentl Rechts muss nicht zur vGa führen (FG München EFG 81, 465), wohl aber die zinslose Überlassung von Guthaben an die jur Person des öffentl Rechts (HessFG EFG 01, 591). Die Erstattung der Kosten des Rechnungsprüfungsamtes durch den Eigenbetrieb einer Gemeinde ist keine vGa (BFH BStBl II 90, 647; FG Münster EFG 87, 89; aA noch BFH BStBl II 85, 435). Die unentgeltliche Abgabe von Daten in den Hoheitsbereich stellt eine vGa dar (BFH BStBl II 97, 230; aA FG BaWü EFG 96, 449; FG SchlHol EFG 96, 155). Sondervorteile der Sparkassen an die Gewährsträger können vGa sein (BFH BStBl II 83, 152; zurückhaltender FG BaWü EFG 79, 251). Zur unentgeltlichen Abgabe von Betriebsvermögen s Rz 59; zu Dauerverlusten s § 8 VII–IX und § 8 Rz 495ff; Spenden s Rz 52.

56 **27.** Der Betrieb gewerbl Art muss jedoch in **ausreichendem Maß EigenKap** haben; der Schuldenausweis steht nicht in dem Belieben der Trägerkörperschaft (RFH RStBl 37, 979; 38, 365; 39, 483). Verzinsliche Darlehen zwischen der Trägerkörperschaft und dem Betrieb gewerbl Art sind steuerl nur anzuerkennen, wenn der Betrieb mit ausreichendem Eigenkapital ausgestattet ist. Vom Betrieb gewerbl Art steuerl geltend gemachte Zinsen stellen vGa dar, soweit sein Eigenkapital einen bestimmten Prozentsatz des Aktivvermögens nicht erreicht. Wie hoch dieser Prozentsatz sein muss, unterliegt nach der Rspr einer **dynamischen Anpassung:** Nach BFH BStBl III 62, 450 und II 70, 694 sollte bei Versorgungsbetrieb das WidmungsKap 40 vH der Aktivseite nicht unterschreiten. Die KStR 1985 senkten die Grenze in A 27a III (heute KStR 8.2 II) auf **30 vH;** BFH BStBl II 04, 425 hält demgegenüber an seiner Rspr fest, wonach sich der Prozentsatz nach der **Kapitalstruktur gleichartiger Unternehmen** der Privatwirtschaft bemisst (s auch die Vorinstanz FG München EFG 02, 1191). Da diese Eigenkapitalquote zwangsläufig regelmäßigen und branchenspezifischen Veränderungen unterliegt, erfordert sie eine ständige Anpassung (BFH aaO). Der Vergleich hat demnach für **jeden VZ** gesondert zu erfolgen. Im Einzelfall können somit auch Eigenkapitalquoten unterhalb von 30 vH angemessen sein (s auch *Doppstadt* BB 04, 299). Fremdzinsen der Trägerkörperschaft können ohne besondere Vereinbarung weiterberechnet werden (FG Münster EFG 97, 1134). Die Ermittlung der im VZ angemessenen Quote obliegt dem FG als Tatsacheninstanz (BFH aaO). Offene Rücklagen zählen zum EigenKap (FG BaWü EFG 78, 239). Baukostenzuschüsse der Abnehmer sind keine Verpflichtungen; sie bleiben außer Ansatz (BFH BStBl II 70, 694; II 83, 147; KStR 8.2 II S 5); das Gleiche gilt für passive Wertberichtigungen; Pensionsrückstellungen sind als Verpflichtungen zu behandeln (s KStR 8.2 II 7). Stille Reserven rechnen nicht zum EigenKap (BFH BStBl II 83, 147). Nach einer prozentualen Herabsenkung der Grenze kann das EigenKap herabgesetzt werden (BFH BStBl III 56, 238; III 62, 450). KStR 8.2 ist nicht auf Darlehen anzuwenden, die Körperschaften des öffentl Rechts an rechtl selbständige Anstalten iSd Abs 2 (Rz 28) gewähren (FinVerw DB 95, 1540).

57 **28.** Zu **Verlusten, Querverbund und dauerdefizitären Betrieben,** insbes zur Rspr-Entwicklung und den gesetzlichen Regelungen in § 8 VII–IX s § 8 Rz 485ff.

**29. Vermögensübertragungen zwischen Betrieben gewerbl Art:** Ausführliche Darstellung bei *Leippe* DStZ 14, 607. Werden WG unentgeltlich auf einen anderen Betrieb gewerbl Art derselben Trägerkörperschaft oder in den hoheitlichen oder vermögensverwaltenden Bereich derselben Trägerkörperschaft übertragen, führt die fiktive Verselbständigung des Betriebs gewerbl Art zur Annahme einer vGa (BFH BStBl II 03, 412). Rechtsfolge ist die Aufdeckung der stillen Reserven in dem übertragenen WG auf der Ebene des Betriebs gewerbl Art sowie die Kapitalertragsteuerpflicht des Vorgangs. Im Ergebnis finden die Grundsätze zur Vermögensübertragung zwischen Schwestergesellschaften Anwendung (FinVerw BStBl I 02, 935; DB 05, 367). Zu einer entsprechenden vGa kann es auch kommen, wenn das WG durch einfache Nutzungsänderung (zB Nutzung für einen anderen Betrieb gewerbl Art) aus dem bisherigen Funktionszusammenhang des betreffenden Betriebs gewerbl Art herausgelöst wird (*Binnewies* DB 06, 465). Die Aufdeckung der stillen Reserven ist auch dann vorzunehmen, wenn sämtliche WG auf einen anderen Betrieb gewerbl Art übertragen werden. § 20 UmwStG findet keine Anwendung, da die Voraussetzung der Ausgabe neuer Gesellschaftsanteile nicht vorliegt. Teilweise wird die Anwendung von § 6 III 1 EStG in Erwägung gezogen (vgl *Bauschatz/Strahl* DStR 04, 489). Zur Aufdeckung stiller Reserven kommt es aber nicht, wenn mehrere Betriebe gewerbl Art zulässigerweise in einem zusammengefasst werden und somit die einzelnen Unternehmungen des jeweiligen Betriebs gewerbl Art fortgeführt werden (vgl BFH BStBl II 92, 432; s zum Ganzen auch *Leippe* DStZ 14, 607). 59

**30. Sondernutzungsentgelte, Konzessionsabgaben** der Versorgungsbetriebe sind regelmäßig BA. Zur geschichtlichen Entwicklung: BVerwG HFR 66, 148; BFH-Rspr BStBl III 53, 122; II 91, 315; II 06, 196. Zur Abziehbarkeit von Konzessionsabgaben KStH 8.2 „Konzessionsabgaben" und BMF BStBl I 98, 209; I 02, 940; I 12, 904). Ist der Empfänger der Konzessionsabgabe am Versorgungsbetrieb mittelbar oder unmittelbar beteiligt, ist eine Abgrenzung zur **vGa** erforderlich; es sind die allgemeinen Maßstäbe des Fremdvergleichs anzusetzen (BFH BStBl II 06, 196; FG BaWü EFG 03, 683). Leistet eine GmbH an ihre Gesellschafterin (Gemeinde) Konzessionsabgaben, die die preisrechtlichen Höchstsätze überschreiten, liegen vGa vor (BFH BStBl I 12, 694). Maßstab für die Fremdüblichkeit soll regelmäßig die „Anordnung über die Zulässigkeit von Konzessionsabgaben" (KAE-AnO) sein (BFH aaO; s auch BFH BStBl II 91, 315). Zur Bestimmung der Einwohnerzahl bei der Bemessung der Konzessionsabgaben im Bereich „Wasser" BMF BStBl I 12, 904. Erbringt eine von der öffentl Hand beliehene GmbH Verwaltungsaufgaben nach dem **Kostendeckungsprinzip** und bleibt somit gewinnlos, begründet dies keine vGa, wenn dies auf einer ausdrücklich gesetzl Vorgabe beruht (FG Köln EFG 04, 1156 und 1715). Zur Verwaltungsregelung s BMF BStBl I 98, 209. Auch die vom Betrieb gewerbl Art an die Trägerschaft gezahlten Sondernutzungsentgelte sind BA (BFH/NV 08, 886; s auch die Vorinstanz FG Ddorf EFG 07, 258). Zur Konzessionsabgabe nach einer **Eingemeindung** FG D'dorf EFG 80, 96. Folgekosten der **Verlegung** von **Versorgungsleitungen** bei Verlegung, Umbau von Straßen, U-Bahnbau usw s *Lenz* DB 72, 1005. Konzessionsabgaben für **Fernwärme** s FinVerw 1987 StEK KStG 1977 § 8 Nr 56. 60

**31. Kapitalertragsteuer.** Das StSenkG v 23.10.00 (BGBl I 00, 1433; BStBl I 00, 1521), Neufassung durch das G v 20.12.01 (BGBl I 01, 3858; BStBl I 02, 35), führte mit der Verabschiedung vom AnrV einen **besonderen Besteuerungstatbestand** für die **Gewinne** ein, die den Betrieb gewerbl Art **verlassen.** Vgl hierzu § 20 I Nr 10b EStG, § 43 I Nr 7b und 7c EStG und § 43a I Nr 2 EStG. Neugefasstes Anwendungsschreiben BMF BStBl I 15, 111; zu Einzelfragen *Bott/Gastl* DStZ 12, 570; *Bürstinghaus* DStZ 11, 345; *Schiffers* DStZ 15, 144; *Schüttler/Spielmann* DStR 14, 1365; *Bott* DStZ 16, 480. Die vom Betrieb gewerbl Art an die Trägerkörperschaft abgeführten Gewinne werden auf diese Weise der Besteuerung 61 unterworfen. Diese Gewinnabführung wird mit KapErtrSt belegt, die sichern soll, dass Beteiligungserträge aus einer KapGes die gleiche StLast tragen wie die Erträge aus einem Betrieb gewerbl Art. Das Gesetz behilft sich mit einer Ausschüttungsfiktion, da aufgrund der fehlenden rechtl Selbständigkeit des Betriebs gewerbl Art eine tatsächliche Ausschüttung nicht erfolgen kann (BFH BStBl II 07, 841). Diese Fiktion ist gesetzgeberisch verfehlt, führt zu erheblichen Praxisproblemen und einer Vielzahl ungeklärter Rechtsfragen (ausführl Überblick bei *Bott* DStZ 16, 480; *Schiffers* DStZ 15, 144; *Bott/Gastl* DStZ 12, 570; *Bürstinghaus* DStZ 11, 345). Voraussetzung ist die Gewinnermittlung durch Bilanzierung oder das Erreichen der in § 20 I Nr 10b EStG genannten Umsatz- bzw Gewinngrenzen. Besteuert werden die nicht den Rücklagen zugeführten Gewinne. Maßgebend ist bei Regiebetrieben nicht das steuerl, sondern das handelsrechtl Jahresergebnis iSd § 275 HGB (BFH BStBl II 15, 161; BMF BStBl I 15, 111; Rückgriff auf eine ausschließlich erstellte Steuerbilanz bleibt nach BMF, aaO, unbeantwortet). Bei zulässiger steuerlicher Gewinnermittlung nach § 4 III EStG ist der Gewinn iSd § 20 I Nr 10b EStG auf Grundlage eines BV-Vergleichs zu schätzen (BMF BStBl I 15, 111). Auch für die Rücklagenbildung ist uE ein Ausweis in der Handelsbilanz ausreichend (aA HessFG EFG 15, 1274; Rev BFH VIII R 42/15). Bemessungsgrenze ist bei einem Regiebetrieb „Beteiligung an einer KG" der handelsrechtliche Gewinn abzgl der von der KdöR abzuführenden KSt (FG Mchn EFG 15, 1950, Rev BFH VIII R 43/15). Auf die Höhe der tatsächlichen Entnahmen kommt es nicht an (FG Mchn EFG 15, 1950, Rev BFH VIII R 43/15). Die **Rücklagenbildung** ist – entgegen der ursprünglichen Verwaltungsauffassung, s BMF BStBl I 02, 935 – unabhängig vom Haushaltsrecht zulässig (so dann auch BMF BStBl I 05, 831; 15, 111; s auch *Leippe* ZKF 03, 50). Die Rücklage muss aber wirtschaftl durch den Betrieb gewerbl Art veranlasst sein und hinreichend konkrete Vorhaben betreffen. Bei einem Eigenbetrieb besteht insoweit eine weitreichende Dispositionsbefugnis (vgl auch BMF BStBl I 15, 111 und *Bott* DStZ 16, 840). So die FinVerw eine Rücklagenbildung nur im Regiebetrieb bei konkreten Zeitvorstellungen hinsichtlich des geplanten Vorhabens und nur dann zulassen will, „soweit die Zwecke des Betriebs gewerbl Art ohne die Rücklagenbildung nachhaltig nicht erfüllt werden können" (BMF BStBl I 15, 111; I 05, 831), findet dies im Gesetz keine Grundlage (FG D'dorf EFG 16, 1179, Rev BFH VIII R 15/16; s auch *Bott* DStZ 09, 710; *Strahl* KÖSDI 2010, 17064; *Bott/Gastl* DStZ 12, 570). BFH BStBl II 13, 328 ist diesem Erfordernis für Eigenbetriebe bereits explizit entgegengetreten. Für Regiebetriebe hat BFH BStBl II 13, 328, im Wege des obiter dictum verlangt, dass die Rücklagen „betrieblich erforderlich" sind. Dem ist FG D'dorf EFG 16, 1179 entgegengetreten (Rev BFH VIII R 15/16). Eine Auflösung der Rücklage für andere als die ursprünglich geplanten Zwecke ist zulässig (*Bott/Gastl* DStZ 12, 570; *Bürstinghaus* DStZ 11, 345, auch zu weiteren Praxisfragen). Zur erstmaligen Anwendung § 52 Abs 37a EStG und BFH BStBl II 07, 841, sowie BFH BStBl II 13, 328. Bei **Regiebetrieben** (Rz 2) gilt der nicht den Rücklagen zugeführte Gewinn zum Ende des Wirtschaftsjahrs als ausgeschüttet und zugleich bei der Trägerkörperschaft als zugeflossen (BFH BStBl II 07, 841). Die Gewinne der **Eigenbetriebe,** deren Überführung in den allgemeinen Haushalt noch nicht beschlossen oder die verdeckt an die Trägerkörperschaften ausgeschüttet wurden, führen noch nicht zu Kapitaleinkünften, sondern gelten als den Rücklagen zugeführt. Der Zufluss – und damit die KapErtSt-Pflicht – tritt dann erst nachfolgend im VZ des Verwendungsbeschlusses oder der faktischen Ausschüttung ein (BFH BFH/NV 12, 643); s im Übrigen BMF BStBl I 15, 111; nach BFH BStBl II 16, 172 ist auf im Gewinn eines BgA enthaltene **Sondervergütungen** KapErtrSt zzgl Solidaritätszuschlag festzusetzen (folgend BMF BStBl I 15, 111).

62 Die Einführung des Besteuerungstatbestandes hat zur Folge, dass auch Betriebe gewerbl Art ein steuerl **Einlagekonto** nach § 27 KStG führen müssen (s BFH BStBl II 08, 317); dies soll verhindern, dass Rückzahlungen von Einlagen als Ein-

künfte aus Kapitalvermögen besteuert werden (BFH BStBl II 15, 161; *Semmler/Zimmermann* DB 05, 2153; *Bott/Gastl* DStZ 12, 570). Umfang und Einzelheiten sind umstritten; s im Einzelnen BMF BStBl I 15, 111; *Bott* DStZ 16, 480; *Schiffers* DStZ 15, 144; *Semmler/Zimmermann* aaO; *Bott/Gastl* aaO; zum Anfangsbestand BFH aaO und FG Münster EFG 13, 1165; BMF BStBl I 15, 161. In die Verwendungsrechnung sind – von Kapitalherabsetzungen abgesehen – sämtliche Transferleistungen des Eigenbetriebs an die Trägerkörperschaft einzubeziehen, die nicht auf der Grundlage eines steuerl anzuerkennenden (fiktiven) gegenseitigen Vertrags erbracht werden (so – uE praxisfern – BFH/NV 12, 643). Allein der Ausschüttungsbeschluss soll zur Minderung des steuerl Einlagekontos führen (BFH BStBl II 13, 328, zu Eigenbetrieben). Verluste, die ein als Regiebetrieb (Rz 2) geführter BgA erzielt, gelten im Verlustjahr als durch die Trägerkörperschaft ausgeglichen und führen zu einem Zugang in entsprechender Höhe im Einlagekonto (BFH BStBl II 08, 573). Maßgebend ist bei Regiebetrieben nicht das steuerl, sondern das handelsbilanzielle Jahresergebnis (BFH BStBl II 15, 161; BMF BStBl I 15, 111). Keine Verrechnung mit den nach § 20 I Nr 10b) EStG ermittelten Einkünften der Trägerkörperschaft (BFH BStBl II 13, 328). Saldierung mit anderen Sachverhalten in einem KapErtrSt-Bescheid ist unzulässig (BFH aaO). S zum Ganzen auch BMF BStBl I 15, 111, und *Bott* DStZ 16, 480; *Schiffers* DStZ 15, 144. Zur Weiterleitung von Ausschüttungen aus dem Einlagekonto durch eine zwischengeschaltete jur Person des öffentl Rechts OFD Münster DB 12, 2194.

**32. Verkauf** eines Betriebs gewerbl Art ohne Betriebsgrundstücke führt zur 63
Gewinnrealisierung auch hinsichtlich des Grundstücks (BFH BStBl III 64, 559). Ebenfalls führt die **Betriebsaufgabe** zur Gewinnrealisierung. Betriebsaufgabe ist auch der Übergang eines Betriebs gewerbl Art zum Hoheitsbetrieb. Durch die Einstellung des BgA gelangt dessen Vermögen in den Hoheitsbereich oder – bei nachfolgender Vermietung – in die Vermögensverwaltung. Dies kann es im Einzelfall gestalterisch rechtfertigen, den BgA auch bei Unterschreiten der Umsatzgrenzen der FinVerw (Rz 13) fortzuführen. Keine Gewinnrealisierung, wenn das Betriebsgrundstück einem anderen Betrieb gewerbl Art gewidmet wird (BFH BStBl III 64, 559; zweifelhaft, uE Entnahme) oder selbst einen Betrieb gewerbl Art darstellt. Veräußerungsgewinn bei Verkauf von Elektrizitätsversorgungsbetrieb: StErlass zur Hälfte; vgl FinVerw DStZ/B 57, 268.

**33.** Zur steuerl Begünstigung von **Wasserkraftwerken** s VO RGBl I 44, 278; 64
RStBl 44, 657; Änderungen BGBl I 57, 807; BStBl I 57, 528; BGBl I 69, 141; BStBl I 69, 116; BGBl I 77, 1586; BStBl I 77, 442; BGBl I 84, 1493; BStBl I 84, 659; betr Verlängerung Baubeginn bis 1990. Text s Texte Nr 4. BFH-Rspr: BStBl III 62, 52; II 75, 618; II 91, 150. FinVerw: StEK KStG § 1 Nr 10 (1944), Nr 18 (1963), Nr 19 (1964), Nr 21 (1963), Nr 24 (1964); Auswirkungen der KStReform s *Merkert/Telkamp* BB 80, 1792.

**34.** Kein Verlustausgleich möglich unter mehreren Betrieben gewerbl Art (BFH 65
BStBl II 74, 391). **Verlustrücktrag, -vortrag** bei einem Betrieb möglich nach § 10d EStG. Der Verlustabzug setzt aber voraus, dass der Stpfl, der den Verlust erlitten hat, mit dem Stpfl identisch ist, dessen Verlustabzug gemindert werden soll (BFH/NV 11, 1194). Hieran fehlt es zB, wenn ein BgA im Wege der Gesamtrechtsnachfolge auf eine Anstalt des öffentl Rechts übergeht (BFH BFH/NV 11, 1194). Ein nicht ausgenutzter Verlustabzug geht nur dann auf den Rechtsnachfolger über, wenn dies eine gesetzl Norm ausdrücklich bestimmt (BFH BFH/NV 11, 1194, zum Verlustübergang nach UmwStG). Der für den BgA festgestellte Verlustvortrag ist auch nicht mit den Einkünften der Trägerkörperschaft aus KapVermögen verrechenbar (BFH BStBl II 08, 573). Dies gilt auch dann, wenn deren Kap-Einkünfte nach § 20 I Nr 10b) EStG (s Rz 61) ermittelt wurden (BFH aaO). Zum Verlustvor- und rücktrag bei zusammengefassten Betrieben s § 8 VIII und § 8 Rz 507.

66 **35. Tarif:** § 23. **Freibetrag:** § 24. Zur Besteuerung von **Gewinnabführungen** s Rz 52 ff.

67 **36.** Ist die jur Person des öffentl Rechts Mitunternehmerin (s Rz 19), so ist § 180 AO, **gesonderte Feststellung,** anzuwenden. Auch über das Bestehen der Mitunternehmerschaft ist ein gesondertes Feststellungsverfahren nach § 180 AO durchzuführen (BFH BStBl II 84, 726). Da Stpfl die jur Person des öffentl Rechts selbst ist (s Rz 5), ist bei ihrer Beteiligung an einer PersGes (s Rz 19) die Körperschaft des öffentl Rechts selbst und nicht ihr BgA Beteiligter des Feststellungsverfahrens (BFH/NV 13, 514). Die Frage, welchem BgA die festgestellten Einkünfte zuzurechnen sind, ist im Besteuerungsverfahren der Körperschaft des öffentl Rechts zu entscheiden (BFH/NV 13, 514; FG Hamburg EFG 16, 1580).

75 **37. ABC:** (Abkürzungen: + = ja; ./. = nein; BgA = Betriebe gewerbl Art; HB = Hoheitsbetriebe; BV = Betriebsverpachtung iSv § 4 IV).

**Abfallberatung**
BgA (BFH/NV 12, 1334).

**Abfallbeseitigung, Abfallentsorgung**
HB + (KStR 4.5 VI), jedenfalls soweit sie sich auf die Hausmüllentsorgung erstreckt (BFH BStBl II 97, 139; II 09, 246; FG München EFG 09, 1252; FG Bln-Bdbg EFG 11, 1356; *Schiffers* DStZ 10, 35; *Baldauf/Bürstinghaus* DStZ 15, 184; kritisch *Seer/Klemke* BB 10, 2015; *Kurth* FR 09, 321; offen gelassen BFH/NV 12, 1334). Für Abfälle, die unter die Verpackungsverordnung fallen, liegt allerdings kein HB vor (BFH II 09, 246; BFH/NV 12, 1334; FG Münster EFG 01, 849; KStR 4.5 VI). BgA liegt auch vor, wenn verschiedenste Abfallarten von Gewerbebetrieben behandelt und beseitigt werden (FG D'dorf EFG 13, 1509). Zu Betriebsausgaben *Leippe* DStZ 09, 729. S auch Abfallverwertung und Müllverbrennung.

**Abfallverwertung**
HB + (KStR 4.5 VI), falls Teil der Abfallentsorgung; die Aufgabenerfüllung nach der Verpackungsverordnung ist kein HB (KStR aaO; s Abfallbeseitigung); zu Problemen des Dualen Systems s auch *Meier* FR 93, 736; s auch Müllverbrennung und Rz 60.

**Abwasserbeseitigung**
HB + (vgl BFH BStBl II 69, 280; BFH BStBl II 01, 773; FG MeVo EFG 98, 1431 betr Mecklenburg-Vorpommern). Dies gilt auch dann, wenn die Entsorgung durch einen privaten Dritten als Erfüllungsgehilfen durchgeführt wird (BMF BStBl I 09, 1597). Zur Zusammenlegung mit der Wasserversorgung in einer KapGes in den neuen Bundesländern s BMF DB 92, 1555.

**Altersversorgung**
S Versorgungseinrichtung.

**Amtliche Unterlagen**
Auswertung BV ./., s Rz 32.

**Amtsblatt**
HB +, BgA nur insoweit, als durch Anzeigen Werbung betrieben wird.

**Anschlagstellen**
auf öffentl Plätzen, Wegen usw BV +, falls mit Einrichtungen (BFH BStBl II 72, 776; II 77, 94; II 83, 386); anders, falls nur das Recht zum Anschlag verpachtet wird (BFH aaO); zu einer missbräuchl Verdeckung einer Betriebsverpachtung s BFH BStBl II 83, 386; s weiter Rz 32.

**Apotheke**
BV + (BFH BStBl III 56, 105). Von der Treuhandanstalt verwaltete Apotheken sind BgA (FinVerw 1991 StEK UStG 1980 § 2 Abs 3 Nr 30, 31).

**Arbeitsmedizinische Zentren**
von Berufsgenossenschaften BgA + (FinVerw 1978 StEK KStG 1977 § 1 Nr 3).

**Architektenkammer**
S Berufskammer.

**Ärztekammer**
S Berufskammer.

**Ärzteversorgung**
BgA + (BFH BStBl II 74, 631; s auch BFH BStBl II 76, 355; evtl befreit nach § 5 I Nr 8).

**ASU-Plaketten**
Verkauf s Innung.

**Asylbewerber**
Billigkeitsregelung betr die vorübergehende Unterbringung von Aus- und Übersiedlern sowie Asylbewerbern und Obdachlosen s FinVerw BStBl I 91, 744, BStBl I 92, 166, BStBl I 97, 112, letztmalig bis zum 31.12.00, FinVerw DB 00, 1050.

**Auftragsforschung**
S Forschungsanstalten.

**Aussiedler**
S Asylbewerber.

**Auswärtiger Dienst**
HB +.

**Bäderverwaltung**
S Kur- und Bäderverwaltung.

**Bahn**
S Versorgungsbetrieb.

**Ball**
S Tanzveranstaltung.

**Bandenwerbung**
im Stadion s Anschlagstellen und Rz 32.

**Bauhof**
Überlassung für den hoheitlichen Bereich einer Körperschaft des öffentl Rechts HB + (FinVerw 1980 StEK UStG 1980 § 2 III Nr 1).

**Beregnungsverband**
mit der Lieferung von Beregnungswasser BgA + (NdsFG EFG 87, 145).

**Berufskammer**
Die Berufskammern sind Körperschaften des öffentl Rechts, jedoch nicht notwendig HB. Allein die berufsrechtl Selbstverwaltung ist kein HB (BFH BStBl III 57, 395 betr Ärztekammer; III 62, 201 betr kassenärztliche Vereinigung; II 85, 681 betr Landwirtschaftskammer). Die Tätigkeit ist im Einzelnen zu untersuchen. StPflicht ist gegeben mit dem BgA. S auch Handwerksinnung, Landwirtschaftskammer, Versicherungsvermittlung, Versorgungseinrichtung.

**Bestattungswesen**
BgA +, wenn neben der Bestattungshoheitsverwaltung auf privatrechtlicher Basis Leistungen eines Bestattungsunternehmens erbracht werden (Bestattungswirtschaftsbetrieb, vgl BFH/NV 87, 810); zur wettbewerbsrechtl Zulassung vgl BGH NJW 87, 60, 62; s auch Friedhof.

**Beteiligungen an Gesellschaften**
Zur Vermögensverwaltung s Rz 18, PersGes s Rz 19.

**Betriebsaufspaltung**
S Rz 33.

**Betriebsverpachtung**
S Rz 32f.

**Blockheizkraftwerk**
BgA +; zur Zusammenfassung BMF BStBl I 16, 479; *Belcke/Westermann* BB 16, 1687; *Hufnagel/Reinke* ZKF 16, 223.

**Blutalkoholuntersuchungsstelle**
BgA + (BFH BStBl II 90, 866; FG Köln EFG 88, 41).

**Bodenuntersuchungsanstalten**
BgA +.

**Börse**
BgA + (zB BFH BStBl III 52, 12 betr Getreidebörse; weitere BFH-Urteile BB 59, 330).

**Botanischer Garten**
BgA + (BFH V 287/58 v 13.4.61, HFR 62, 64).

**Buchstelle**
S Handwerksinnung.

**Bullenhaltung**
Zweckverband HB + (BFH BStBl III 52, 41), zumindest steuerfrei als Landwirtschaftsbetrieb (s Rz 17 und RFH RStBl 45, 19).

**Bundesbahnhotel**
S § 5 Rz 35 „Hotelbetrieb" und § 5 Rz 41.

**Bundeswehr**
HB +.

**Bundeswehr/Betreuungseinrichtungen**
wie Kantine, Friseurstuben, Kinos usw BgA +, falls mit Inventar verpachtet BV +; bei BV wurde steuerl Einkommen bis 1974 geschätzt (s 6. Aufl); völlige Neuordnung ab 1976 mit Übergangsregelung s FinVerw StEK KStG § 1 Nr 69; Gehalt des Personals ist BA, sofern es aus den Einnahmen gedeckt werden soll (FG Nbg EFG 62, 411).

**Bus**
S Versorgungsbetrieb.

**Cafeteria**
S Studentenwerke.

**Campingplatz**
BgA + und BV +, falls eingerichtet (BFH BStBl II 69, 443); anders, falls nur Grundstück verpachtet wird; KStH 4.5 „Campingplatz".

**Datenzentrale**
Stellt ein HB einem funktionell gleichartigen HB die EDV-Anlage entgeltlich zur Verfügung, soll nach BFH BStBl III 65, 339 kein BgA vorliegen; uE zweifelhaft, da wettbewerbsverzerrend.

**Desinfektion**
HB +, s Rz 40, nicht zwingend.

**Deutsche Bundesbahn**
S § 5 I Nr 1 und § 5 Rz 41.

**Deutsche Bundespost**
S § 5 I Nr 1 und § 5 Rz 41.

**Deutsche Telekom**
§ 5 I Nr 1 und § 5 Rz 41.

**Duales System**
S Abfallverwertung.

**Eigenversorgungsbetrieb**
S Rz 16.

**Elektrizitätswerk**
S Versorgungsbetrieb; zur Abgabe von Elektrizität bei Müllverbrennungsanlagen s Müllverbrennung.

**Erholungsheim**
BgA + (s auch KStR 4.5 II und VI). S auch Erholungspark, -gebiet, Jugend- und Erholungsstätte.

**Erholungspark, -gebiet**
BgA +, falls Benutzung gegen Entgelt; BV +, falls mit Erholungsinventar, zB Bänke, Unterstellhütten, Kiosk, Trimm-Dich-Pfad verpachtet. S auch Erholungsheim, Jugend- und Erholungsstätte.

**Erschließungstätigkeit**
HB + (BayVGH BayVBl 79, 181).

**Fähre**
S Versorgungsbetriebe.

**Fasching**
S Karneval.

**Ferienerholung**
BgA + (*Rass* GemH 78, 226).

**Fernsehturm**
BV möglich bzgl Turm, Gaststätte usw (s BFH BStBl II 74, 391).

**Fernwärme**
S Versorgungsbetriebe.

**Feuerbestattung**
S Krematorium.

**Feuerwehr**
HB +, Festveranstaltung der Freiwilligen Feuerwehr zur Selbstdarstellung und Mitgliederwerbung kein BgA (FG D'dorf EFG 91, 752).

**Finanzverwaltung**
HB +.

**Flughafen**
S Versorgungsbetriebe.

**Forschungsanstalten**
HB +, allerdings nicht zwingend. Forschungsaufträge einer Hochschule können aber BgA sein (*Korn/Strahl* BB 97, 1557). Soweit die FinVerw aufgrund des gesetzl Auftrags der öffentl Hand auch Auftragsforschung grds als HB einordnete, hält sie hieran im Hinblick auf § 5 I Nr 23 (s § 5 Rz 135) nicht mehr fest (FinVerw DB 04, 1236).

**Forstwirtschaft**
S Rz 17.

**Fotovoltaikanlage**
BgA (+), vgl NdsFG EFG 10, 1263; Versorgungsbetrieb nach Abs 3 (BMF BStBl I 09, 1303). In Ausnahmefällen uE Hoheitsbetrieb denkbar.

**Freie Berufe**
S Berufskammer, Versorgungseinrichtung.

**Freiwillige Feuerwehr**
als nichtrechtsfähiger Verein s BFH BStBl II 97, 361.

**Freizeitgebiet**
S Erholungspark, -gebiet.

**Friedhof**
HB +, Rz 17 und insbes BFH BStBl II 83, 491; BFH/NV 87, 810 mit ausführliche Umschreibung der hoheitlichen Tätigkeit; dazu *Prugger* UStR 83, 147; HFR Anm 83, 530; KStH 4.5 „Friedhofsverwaltung". S auch Bestattungswesen.

**Friedhofsgärtnerei**
BgA + (BFH BStBl II 77, 813; s auch BFH BStBl II 83, 491 aE), auch wenn unter Ausschluss von Wettbewerbern betrieben; KStH 4.5 „Friedhofsverwaltung".

**Gaststätte, Gastwirtschaft**
BgA +, BV +, falls eingerichtet (RFH RStBl 40, 60; BFH BStBl III 67, 679; II 90, 868; dazu *Löblein,* UR 91, 130; BFH/NV 90, 533; FG München EFG 78, 628).

**Gaswerk**
S Versorgungsbetriebe.

**Gerichte**
S Rechtspflege.

**Glascontainer**
S Abfallbeseitigung, Abfallverwertung.

**Grabpflege**
S Friedhofsgärtnerei.

**Grundbuchamt**
HB +.

**Grundstücksverkauf, Grundstücksankauf**
kann BgA sein; dies gilt zB für die Umwandlung, Parzellierung und Veräußerung von ehemals militärisch genutztem Gelände, s BFH/NV 05, 252 und die Vorinstanz FG BaWü EFG 03, 346; Erschließungs- und Betriebsarbeiten im Rahmen der öffentl Aufgaben zählen aber nicht hierzu (BFH aaO); auch der Verkauf von Grundstücken im Rahmen der Grundstücks- und Siedlungspolitik soll nach FinVerw 1980 StEK KStG 1977 § 1 Nr 14 HB, nicht BgA sein; uE sehr zweifelhaft, da bei Privatpersonen die Gewerblichkeit bei Verkäufen unabhängig von den Verkaufsmotiven angenommen wird.

**Gutachterausschuss**
nach dem Bundesbaugesetz BgA + (FG BaWü EFG 98, 408).

**Hafenbetriebe**
S Versorgungsbetriebe.

**Handelsregister**
HB +.

**Handwerksinnung**
sind jur Personen des öffentl Rechts und stpfl mit ihren BgA (RFH RStBl 31, 651, 822 betr Bäckerinnung mit Hefe- und Diamaltgeschäft; BFH BStBl II 91, 595 betr Buchstelle; FinVerw 1993, 1994 StEK KStG 1977 § 4 Nr 32, 38 betr Verkauf von ASU-Plaketten). S auch Berufskammer.

**Hausmüllentsorgung**
S Abfallbeseitigung.

**Heizkraftwerk**
S Blockheizkraftwerk.

**Hinterbliebenenversorgung**
S Versorgungseinrichtung.

**Hochschule**
S Universität.

**Innung**
S Handwerksinnung.

**Jagd**
S Rz 17.

**Job-Tickets**
Die Vermittlung von Job-Tickets gegen Kostenersatz stellt kein BgA dar; wird hierfür eine Verwaltungsgebühr oder ein Entgelt erhoben, das den Kostenersatz übersteigt, ist ein BgA möglich.

**Jugend- und Erholungsstätte**
Kann BgA sein (FinVerw 1994 StEK KStG 1977 § 4 Nr 36); s auch Erholungsheim, Erholungspark, -gebiet.

**Kantine**
BgA + (RFH RStBl 32, 82; 38, 477), evtl Befreiung nach § 5 I Nrn 1, 2; falls mit Einrichtung verpachtet: BV; s auch Bundeswehr.

**Karneval**
Karnevalsbälle einer Universität als BgA s FG München UVR 97, 174 und *Olbertz* UVR 98, 1.

**Kartenverkäufe**
der Landesvermessungsämter mit Ausnahme von Katasterkarten und amtlichen topographischen Karten, insbes also von Wanderkarten, Straßenkarten, historischen Karten BgA + (FinVerw 1980 StEK UStG 1980 § 2 III Nr 5).

**Kassenärztliche Vereinigung**
ist Körperschaft des öffentl Rechts. Die Tätigkeit ist nicht notwendig hoheitlich (BFH BStBl III 62, 201; s Berufskammer). StPflicht ist gegeben mit dem BgA.

**Katasteramt**
ist HB (BFH BStBl II 05, 501 und die Vorinstanz FG D'dorf EFG 03, 1333); dies gilt jedenfalls dann, wenn die Tätigkeiten an private Dritte nur im Wege der Beleihung erbracht werden kann (BMF BStBl I 09, 1597 mit Bsp zur Regelung in NRW).

**Kfz-Einstellplätze**
Übernahme der Bauherrenverpflichtung kann BgA sein (FinVerw 1973 StEK UStG 1967 § 2 Nr 54).

**Kiesgrube**
BgA +, falls selbst betrieben; BV ./., falls nicht mit Inventar verpachtet, s Rz 32.

**Kindergarten, Kinderhort, Kindertagesstätten**
sind nach FinVerw DB 04, 2612 und BFH BStBl II 12, 837 BgA; dies gilt auch für dauerdefizitäre Einrichtungen, § 8 I 2. Die FinVerw beanstandet es bei diesen Einrichtungen aber nicht, wenn im Hinblick auf die Dauerverluste keine Erklärungen abgegeben werden (s OFD Nds DB 13, 318). Im Hinblick auf mögliche Steuerfolgen bei Betriebsaufgabe (s Rz 63) kann die Verlustfeststellung dennoch sinnvoll sein (vgl auch OFD Nds aaO). Gemeinnütziger Zweckbetrieb (s ABC und § 5 Rz 25) ist möglich. Bei entsprechenden Einrichtungen der öffentl-rechtl Religionsgemeinschaften geht die FinVerw nicht von BgA aus (OFD Nds aaO); aA FG Hbg EFG 13, 956.

**Kirchturmbesteigung**
Kirchenbesichtigung uÄ BgA + (RFH RStBl 38, 1189; 39, 910).

**Klärwerk**
HB + (BFH BStBl II 01, 773).

**Kleiderkasse**
S § 5 Rz 35 „Altkleidersammlung“.

**Kliniken**
S Universitätsklinik.

**Klosterbetriebe**
Klosterbrauerei, BgA + (RFH RStBl 29, 573); zur Einkünfteermittlung s § 5 Rz 35 „Altkleidersammlung"; die Grundsätze gelten entsprechend.

**Kongresshalle**
Konzerthalle, laufende Vermietung BgA +, s Rz 32.

**Kongressveranstaltungen**
BgA +.

**Krankenbeförderung**
HB + (BFH BStBl III 56, 353).

**Krankenkassen**
Gesetzliche sind Körperschaften des öffentl Rechts; vermitteln sie ihren Mitgliedern private Zusatzversicherungsverträge oder erbringen sonstige, von der Hoheitstätigkeit abgrenzbare wirtschaftliche Leistungen, kann BgA vorliegen (BFH BStBl II 10, 502).

**Kreditanstalten**
öffentl-rechtl, BgA +, evtl Befreiung (§ 5 I Nr 2); Sparkassen- und Giroverbände sind nicht insgesamt Betriebe gewerbl Art (FinVerw 1978 StEK KStG 1977 § 4 Nr 12); zu den unter Treuhandschaft stehenden Wertvermögen der öffentl-rechtl Kreditinstitute s § 2 Rz 6 und FinVerw 1979 StEK KStG 1977 § 2 Nr 2.

**Krematorium**
ist BgA, wenn kein öffentl-rechtl Benutzungszwang besteht (BFH BStBl II 09, 1022; KStH 4.5 „Kommunales Krematorium; BMF BStBl I 09, 1597; s auch BFH/NV 05, 1135). Dies gilt auch dann, wenn zwar eine gesetzliche Aufgabenzuweisung an die öffentl Hand vorliegt, aber mangels Benutzungszwang auch private Unternehmen die Leistungen anbieten können (BFH BStBl II 09, 1022; KStH 4.5 „Kommunales Krematorium"; BMF BStBl I 09, 1597 mit Bsp für Hamburg). Zur USt EuGH HFR 06, 830u BFH BStBl II 04, 1034; II 07, 243.

**Kur- und Bäderverwaltung**
BgA + (KStR 4.5 VII); Kurtaxen, Mitgliedsbeiträge uÄ führen zu stpfl Einkünften (RFH RStBl 41, 506; FinVerw 1983 StEK KStG 1977 § 4 Nr 16); die frühere Vergünstigung war ohne Rechtsgrundlage (s BFH BStBl III 62, 542); keine Zusammenfassung mit Gaststätten, s Rz 44ff. Die Gemeinde kann Parkwege, soweit sie öffentlich-rechtlich gewidmet sind, nicht dem Kurbetrieb als BgA zuordnen (BFH BStBl II 90, 799; KStH 4.5 „Kurbetriebe").

**Kurtaxe**
S Kur- und Bäderverwaltung.

**Lagerhaus**
BgA +, s auch Versorgungsbetriebe.

**Land- und Forstwirtschaft**
S Rz 17.

**Landwirtschaftskammer**
ist Körperschaft des öffentl Rechts. Die Tätigkeit ist nicht notwendig hoheitlich (BFH BStBl II 85, 681; s Berufskammer). StPflicht ist gegeben mit dem BgA. Vermittlung von Holzverkäufen kann BgA sein (NdsFG EFG 74, 502); die Betreuung des Privatwaldes ist nach NdsFG EFG 80, 100 ein BgA (abweichend noch NdsFG EFG 74, 502). S auch Berufskammer, Handwerksinnung.

**Lebensmitteluntersuchung**
HB +, s Rz 40.

**Leichenverbrennung**
HB +, s Rz 40.

**Leihanstalten**
öffentl-rechtl, BgA + (vgl RFH RStBl 39, 1186).

**Lotsen**
S Versorgungsbetriebe.

**Marktamt**
S Märkte.

**Märkte**
jeder Art BgA + (RFH RStBl 37, 982; 39, 477; BFH BStBl III 55, 176; III 57, 146; III 61, 67; FG D'dorf EFG 98, 1028, auch wenn Marktamt genannt; KStH 4.5 „Marktveranstaltungen"); auch hier gilt die Gewichtigkeitsbedingung, s oben Rz 12f und FG D'dorf EFG 55, 201; keine Zusammenfassung mit Gaststätten, s Rz 21; unerheblich ist, ob mit dem Markt Heimatpflege, Fremdenverkehrswerbung usw verbunden ist; allerdings können Markt und Volksfest zusammengefasst werden (FG Münster EFG 97, 1134); zwischen der jur Person des öffentl Rechts und dem BgA Markt kann ein Pachtvertrag vereinbart werden (BFH BStBl III 61, 67); aber die überlassenen Straßenflächen bleiben Hoheitsvermögen; sie werden nicht Betriebsvermögen (BFH BStBl II 01, 558). Ausnahme: gemeindeeigene Schlachtviehmärkte sind HB (KStR 4.5 III); s zu diesem Stichwort. Toilettenanlage kann nicht (gewillkürtes) BetrVerm des Markts sein, BFH BStBl II 09, 248. Zur Besteuerung der Märkte nach dem StSenkG v 23.10.00 (Vor § 1 Rz 27) s *Reich/Helios* BB 01, 1442.

**Markthalle**
BgA + (RFH RStBl 38, 15).

**Materialprüfungsanstalten/-ämter**
bilden mit ihren entgeltlichen Untersuchungs-, Beratungs- und Begutachtungsleistungen einen BgA (FinVerw GemH 77, 115).

**Mensa**
S Studentenwerke.

**Messehalle**
BgA +.

**Mineralwasserbetriebe**
BgA + (RFH StuW 32, 296).

**Mitunternehmerschaft**
Beteiligung BgA + (s Rz 19).

**Müllverbrennung**
HB + (s Rz 40), Abgabe von Elektrizität und Wärme ist ebenfalls HB (FG Münster EFG 86, 619; FinVerw 1987 StEK KStG 1977 § 4 Nr 19; *Niebler* DGStZ 76, 70); das Gleiche gilt für die Veräußerung sonstiger Brandrückstände (FinVerw aaO); anders, wenn Elektrizität und Wärme selbständig, unabhängig von der Müllverwertung abgegeben werden (FG Münster aaO; FinVerw aaO). Wird die Müllverbrennungsanlage verpachtet, verliert sie uE den Charakter des HB; es liegt eine BV vor. S auch Abfallbeseitigung und Abfallverwertung; zur Gewinnermittlung *Rass* GemH 78, 226.

**Museum**
BgA + (RFH RStBl 37, 1306).

**Netzbetrieb**
BgA (+), Versorgungsbetrieb nach Abs 3 (BMF BStBl I 09, 1303).

**Notarkammer**
S Berufskammer.

**Notarverweserschaft**
der Notarkammer HB + (BFH BStBl III 66, 150 gegen ältere Rspr).

**Obdachlose**
S Asylbewerber.

**Orden**
S Klosterbetriebe.

**Pack-Sets**
Verkauf durch die (hoheitliche) Bundespost BgA +, aber befreit (§ 5 I Nr 1, § 5 Rz 41).

**Parkhäuser**
BgA + (KStR 4.5 IV; BFH BStBl II 93, 380 mit HFR Anm 1993, 458: auch wenn die Nutzung durch Satzung geregelt wird); BV +, falls mit Inventar verpachtet (s *Felix* KStZ 71, 240); Parkhäuser als Verkehrsbetrieb s Rz 21.

**Parkplatz**
BgA + (KStR 4.5 IV; BFH BStBl II 76, 793, auch wenn tatsächliche Benutzungszwang besteht, zust Anm *vMangold* StuW 78, 163; *Felix* KStZ 72, 240); BgA + auch dann, wenn entgeltlich an eigene Bedienstete überlassen wird; BV +, falls eingerichtet verpachtet; HB aber ist die Überlassung von Parkflächen gegen Gebühren iRd StVO (KStR 4.5 IV; FG BaWü EFG 16, 1191).

**Parkscheinautomaten, Parkuhren**
HB +, falls im Rahmen der StVO (KStR 4.5 IV; FG BaWü EFG 16, 1191).

**Personalgestellung**
ist grds BgA, wenn sie entgeltlich an einen Dritten erfolgt; dies gilt auch im Falle einer Gestellung an eine andere jur Person des öffentl Rechts; kein BgA bei Gestellung aus dem Hoheitsbereich an den eigenen BgA. Die FinVerw hat Billigkeitsregelungen getroffen, nach denen unter bestimmten Voraussetzungen ein BgA entfallen kann (vgl OFD Kiel UR 03, 304; OFD Hannover UR 03, 631; OFD Karlsruhe UR 00, 394, alle zur USt; weitere Nachweise und Einzelfragen bei *Baldauf* DStZ 09, 738).

**Personengesellschaft**
Beteiligung s Rz 13.

**Plakatierung**
S Anschlagstellen.

**Polizei**
HB +.

**Postbank**
S Deutsche Bundespost.

**Postdienst**
S Deutsche Bundespost.

**Psychiatrisches Landeskrankenhaus**
BgA sind die Behandlungsfälle, HB die Verwahr- und Pflegefälle; s FinVerw 1984 StEK AO 1977 § 52 Nr 32; 1987 StEK KStG 1977 § 5 Nr 77.

**Rechtsanwaltskammer**
S Berufskammer.

**Rechtspflege**
HB +.

**Reklameamt**
BgA + (RFH RStBl 30, 620).

**Rundfunkanstalten**
sind jur Personen des öffentl Rechts und HB + (BFH BStBl III 67, 582; FG München EFG 70, 189; BVerfG BStBl II 71, 567 betr Nichtigkeit des § 2 III 2 UStG 1967; aA OFH StRK KStG § 1 R 8); Rundfunkanstalten können BgA haben (BFH BStBl II 73, 391: Verpachtung von Fernsehturm, Aussichtsterrasse, Gaststätte; FG München EFG 70, 189: Werbesendungen; die Beteiligung an einer für die Werbesendung gegründeten GmbH soll einen BgA darstellen).

**Schiffe**
S Versorgungsbetriebe.

**Schlachthausbetrieb**
BgA + (RFH RStBl 31, 502), falls von Innung betrieben; HB + (vgl KStR 4.5 III), falls von Gemeinde betrieben; Differenzierung sehr zw.

**Schule**
HB +, Ersatzschule HB +; Fachschulen von jur Personen des öffentl Rechts nur, falls sie innerhalb des Zweckes der jur Person des öffentl Rechts tätig werden, zB Fachschule für Meister und Gesellen der Handwerkskammer oder Priesterseminar der Kirche.

**Schülerheime**
HB +, falls durch Zweck öffentl Schulen gefordert, sonst BgA + (KStR 4.5 II).

**Schulschwimmbad**
Für einheitliche HB + *Pfister* StWa 83, 8, da Schulschwimmen (= HB, BFH BStBl II 79, 746; NdsFG EFG 74, 450) überwiegt; uE aufteilbar, entgeltliche Benutzung durch Dritte ist uE BgA (ebenso BFH BStBl II 79, 746; KStR 4.5 V).

**Schulverpflegung**
entgeltlich, BgA möglich (*Rass* GemH 78, 226).

**Schwimmbad**
BgA +, s jedoch Rz 12 zur Gewichtigkeit; zur Zusammenfassung mit Versorgungsbetrieb s Rz 21. Zum Umfang des Betriebsvermögens FinVerw 1988 StEK KStG 1977 § 4 Nr 21.

**Selbstversorgungsbetriebe**
S Rz 16.

**Sondernutzungsgebühren**
an die Trägerkörperschaft sind regelmäßig Betriebsausgaben des BgA (s auch BFH BStBl II 09, 246; FG D'dorf EFG 07, 288; KStH 8.2 „Sondernutzungsentgelte").

**Sondervergütungen**
iSd § 15 I 1 Nr 2 EStG sind als Einkünfte aus Mitunternehmerschaft (Rz 19) dem BgA zuzurechnen (BFH BStBl II 16, 172).

**Sozialfürsorge**
HB +.

**Sozialversicherung**
HB +, s Rz 40 und KStH 4.5 „Träger der Sozialversicherung".

**Sparkassen**
BgA +, s Kreditanstalten; zur Abgrenzung zwischen Vermögensverwaltung und BgA bei Vermietungseinkünften *Frank/Detig* DStR 16, 1509.

**Spazier- und Wanderwege**
HB + (FinVerw 1980 StEK UStG 1980 § 2 III Nr 4).

**Sponsoring**
S § 5 Rz 35 „Sponsoring" und Beratungs-ABC „Sponsoring"; OFD Münster DB 12, 203.

**Sportpark**
Der Betrieb eines Sportparks gegen Benutzungsentgelt für jedermann ist regelmäßig BgA (s auch FG BaWü EFG 05, 235 zur USt).

**Staatsbanken**
S Kreditanstalten.

**Standesamt**
HB +; zur Zusammensetzung *Koss* ZKF 17, 25.

**Steuerberaterkammer**
S Berufskammer.

**Steuerberatung**
BgA + (BFH BStBl II 90, 246).

**Strafvollzugsanstalt**
HB + (BFH BStBl III 65, 95 gegen abweichende ältere Rspr; FG Nbg EFG 74, 499; KStH 4.5 „Arbeitsbetriebe von Straf- und Untersuchungshaftanstalten").

**Strandkorbvermietung**
BgA + (FinVerw StEK UStG 1967 § 2 Nr 8).

**Strandpromenade**
BgA + (FG SchlHol EFG 78, 353).

**Straßenbaulast**
HB + (FG München UStR 82, 228); Ausnahme möglich, falls der Verkehrsweg eine Betriebsvorrichtung eines BgA darstellt (FG München aaO).

**Straßenbeleuchtung**
HB +, s auch Rz 40.

**Straßennutzungsgebühr**
HB +, s auch BFH BStBl II 09, 246 und die Vorinstanz FG D'dorf EFG 07, 288.

**Straßenreinigung**
HB +, s Rz 40.

**Studentenwerke**
in NRW: Rechtsfähige Anstalten des öffentl Rechts (FinVerw DB 91, 993). Der Mensa- und Cafeteriabetrieb ist – gemeinnütziger (s § 5 Rz 103 ff) – BgA (FinVerw aaO). Ebenso in Thüringen (FinVerw BB 95, 2568). S auch § 5 Rz 35 Mensa.

**Talsperre**
ist als Teil der Wasserversorgung (= BgA) notwendiges Betriebsvermögen (FinVerw 1982 StEK KStG 1977 § 4 Nr 11).

**Tanzveranstaltung**
einer Universität als BgA s FG München UVR 97, 174 und *Olbertz* UVR 98, 1.

**Telekommunikationsbetrieb**
ist BgA, aber kein Versorgungsbetrieb nach Abs 3 (BMF BStBl I 09, 1303). S auch Deutsche Telekom.

**Tiefgarage**
BgA + (KStH 4.5 „Parkraumbewirtschaftung"); die Tiefgarage ist Verkehrsbetrieb (s Rz 21); s auch Parkhäuser.

**Tierzucht**
ist Land- und Forstwirtschaft, s Rz 17.

**Toilettenanlage**
kein (gewillkürtes) BetrVerm des BgA eines Markts, so BFH BStBl II 09, 248.

**Trauerfeiern**
Organisation BgA + (BFH BStBl II 77, 813).

**U-Bahn**
Verpachtung der Anlagen an eine Eigengesellschaft führt zur nicht stpfl Betriebsaufspaltung (s Rz 33).

**Übersiedler**
S Asylbewerber.

**Ufermauern**
Verpachtung, BV ./. (FG RhPf EFG 56, 83).

**Universität**
HB +. Unter bestimmten Bedingungen kann die Forschung – insbes die Auftragsforschung – zum BgA werden (FinVerw BB 90, 1334; *Korn/Strahl* BB 97, 1557; *Strahl* FR 04, 72). Zur organisatorischen Trennung und gesonderten Prüfung der einzelnen Fachbereiche s OFD Münster DB 09, 2292. Karnevals- und Tanzveranstaltungen s dort.

**Universitätsklinik**
Str, BgA + (RFH RStBl 37, 1306; 38, 743; FinVerw 1984 StEK AO 1977 § 52 Nr 32; *Strate* UStR 69, 152), HB + (*Knies* UStR 69, 24, 153).

**Verkehrsbetriebe**
S Versorgungsbetriebe.

**Verkehrswege**
S Straßenbaulast.

**Verlag**
BgA + (RFH RStBl 41, 158).

**Vermessungsamt**
S Katasteramt.

**Vermögensverwaltung**
S Rz 12.

**Verpackungsverordnung**
S Abfallverwertung.

**Versicherungen**
öffentl-rechtl, BgA +, auch wenn mit Monopol- oder Zwangsrechten ausgestattet (s § 4 V); s Rz 40 und Versorgungseinrichtung; s auch Sozialversicherung.

**Versicherungsvermittlung**
einer Ärztekammer als BgA s BFH/NV 91, 628 und FG Münster EFG 86, 37; von privaten Zusatzversicherungen durch gesetzl Krankenkassen FinVerw DStR 08, 407.

**Versorgungsbetriebe**
S Rz 30: allgemein; Rz 21: Zusammenfassung; Rz 45: Zusammenfassung mit HB; Rz 50ff zur Einkommensermittlung, Tarif usw; zur Konzessionsabgabe Rz 60.

**Versorgungseinrichtung**
für freie Berufe und/oder Kammerangehörige BgA + (BFH BStBl II 76, 355; BFH BStBl II 12, 601; FG SchlHol EFG 11, 2129, Rev BFH VIII R 34/11; *Mangold* StuW 78, 162). S aber die Befreiung nach § 5 I Nr 8 und § 5 Rz 100.

**Viehmarkt**
S Märkte. Es gelten die allgemeinen Regeln (KStH 4.5 „Viehmärkte").

**Volksfest**
BgA +, kann mit einem Markt zusammengefasst werden (FG Münster EFG 97, 1134); s Märkte.

**Volkshochschule**
BgA +, falls freiwillig betrieben, HB +, falls aufgrund gesetzl Verpflichtung unterhalten (zB NRW); glA *Piltz* FR 80, 36.

**Wärme**
S Versorgungsbetriebe; ein solcher liegt auch bei Abgabe an andere Hoheitsträger gegen Entgelt vor.

**Wasserentnahme**
Die Wasserentnahmegebühr in Niedersachsen führt nicht zu einem BgA (FinVerw 1993 StEK UStG 1980 § 2 Abs 3 Nr 35).

**Wasserversorgung, -werk**
S Versorgungsbetriebe und KStH 4.5 „Wasserbeschaffung, Wasserversorgung". Wasserbeschaffung alleine ist HB, geht jedoch in der damit verbundenen Wasserversorgung (= BgA) auf (BFH BStBl II 90, 452; KStH 4.5, aaO). Die Erschließungstätigkeit kann aus dem BgA Wasserversorgung nicht ausgeklammert werden (BFH NV 00, 1365).

Zur Zusammenlegung mit der Abwasserbeseitigung in den neuen Bundesländern s Abwasserbeseitigung.

**Wegebenutzungsrecht**
BV ./., s Rz 32.

**Wetterwarte**
HB +, s Rz 40.

**Wirtschaftsprüferkammer**
S Berufskammer.

**Wochenmarkt**
S Märkte.

**Zeltplatz**
S Campingplatz.

**Zentraleinkauf**
BgA +, wenn Wettbewerb mit anderen Unternehmen gegeben ist (RFH RStBl 41, 744, Arzneimittelzentraleinkauf für Klinik).

**Zoll**
HB +.

**Zoo**
BgA + (BFH v 13.4.61 V 287/58, HFR 62, 64). S auch § 5 Rz 35 „Zoo".

**Zweckbetrieb**
Betriebe gewerbl Art können als gemeinnützige Zweckbetriebe (hierzu § 5 Rz 25) nach § 5 I Nr 9 befreit sein (Übersicht bei *Eversberg/Baldauf* DStZ 11, 597).

## § 5 Befreiungen

(1) **Von der Körperschaftsteuer sind befreit**

1. **das Bundeseisenbahnvermögen, die Monopolverwaltungen des Bundes, die staatlichen Lotterieunternehmen und der Erdölbevorratungsverband nach § 2 Abs. 1 des Erdölbevorratungsgesetzes vom 25. Juli 1978 (BGBl. I S. 1073);**
2. **die Deutsche Bundesbank, die Kreditanstalt für Wiederaufbau, die Landwirtschaftliche Rentenbank, die Bayerische Landesanstalt für Aufbaufinanzierung, die Niedersächsische Gesellschaft für öffentliche Finanzierung mit beschränkter Haftung, die Bremer Aufbau-Bank GmbH, die Landeskreditbank Baden-Württemberg – Förderbank, die Bayerische Landesbodenkreditanstalt, die Investitionsbank Berlin, die Hamburgische Investitions- und Förderbank, die NRW.Bank, die Investitions- und Förderbank Niedersachsen, die Saarländische Investitionskreditbank Aktiengesellschaft, die Investitionsbank Schleswig-Holstein, die Investitionsbank des Landes Brandenburg, die Sächsische Aufbaubank – Förderbank –, die Thüringer**

Aufbaubank, die Investitionsbank Sachsen-Anhalt – Anstalt der Norddeutschen Landesbank – Girozentrale –, die Investitions- und Strukturbank Rheinland-Pfalz, das Landesförderinstitut Mecklenburg-Vorpommern – Geschäftsbereich der Norddeutschen Landesbank Girozentrale –, die Wirtschafts- und Infrastrukturbank Hessen – rechtlich unselbständige Anstalt in der Landesbank Hessen-Thüringen Girozentrale und die Liquiditäts-Konsortialbank Gesellschaft mit beschränkter Haftung;

2a. die Bundesanstalt für vereinigungsbedingte Sonderaufgaben;

3. rechtsfähige Pensions-, Sterbe- und Krankenkassen, die den Personen, denen die Leistungen der Kasse zugute kommen oder zugute kommen sollen (Leistungsempfängern), einen Rechtsanspruch gewähren, und rechtsfähige Unterstützungskassen, die den Leistungsempfängern keinen Rechtsanspruch gewähren,
   a) wenn sich die Kasse beschränkt
      aa) auf Zugehörige oder frühere Zugehörige einzelner oder mehrerer wirtschaftlicher Geschäftsbetriebe oder
      bb) auf Zugehörige oder frühere Zugehörige der Spitzenverbände der freien Wohlfahrtspflege (Arbeiterwohlfahrt-Bundesverband e. V., Deutscher Caritasverband e. V., Deutscher Paritätischer Wohlfahrtsverband e. V., Deutsches Rotes Kreuz, Diakonisches Werk – Innere Mission und Hilfswerk der Evangelischen Kirche in Deutschland sowie Zentralwohlfahrtsstelle der Juden in Deutschland e. V.) einschließlich ihrer Untergliederungen, Einrichtungen und Anstalten und sonstiger gemeinnütziger Wohlfahrtsverbände oder
      cc) auf Arbeitnehmer sonstiger Körperschaften, Personenvereinigungen und Vermögensmassen im Sinne der §§ 1 und 2; den Arbeitnehmern stehen Personen, die sich in einem arbeitnehmerähnlichen Verhältnis befinden, gleich;

   zu den Zugehörigen oder Arbeitnehmern rechnen jeweils auch deren Angehörige;
   b) wenn sichergestellt ist, dass der Betrieb der Kasse nach dem Geschäftsplan und nach Art und Höhe der Leistungen eine soziale Einrichtung darstellt. [2] Diese Voraussetzung ist bei Unterstützungskassen, die Leistungen von Fall zu Fall gewähren, nur gegeben, wenn sich diese Leistungen mit Ausnahme des Sterbegeldes auf Fälle der Not oder Arbeitslosigkeit beschränken;
   c) wenn vorbehaltlich des § 6 die ausschließliche und unmittelbare Verwendung des Vermögens und der Einkünfte der Kasse nach der Satzung und der tatsächlichen Geschäftsführung für die Zwecke der Kasse dauernd gesichert ist;
   d) wenn bei Pensions-, Sterbe- und Krankenkassen am Schluss des Wirtschaftsjahrs, zu dem der Wert der Deckungsrückstellung versicherungsmathematisch zu berechnen ist, das nach den handelsrechtlichen Grundsätzen ordnungsmäßiger Buchführung unter Berücksichtigung des Geschäftsplans sowie der allgemeinen Versicherungsbedingungen und der fachlichen Geschäftsunterlagen im Sinne des § 219 Absatz 3 Nummer 1 des Versicherungsaufsichtsgesetzes auszuweisende Vermögen nicht höher ist als bei einem Versicherungsverein auf Gegenseitigkeit die Verlustrücklage und bei einer Kasse anderer Rechtsform der dieser Rücklage entsprechende Teil des Vermögens. [2] Bei der Ermittlung des Vermögens ist eine Rückstellung für Beitragsrückerstattung nur insoweit abziehbar, als den Leistungsempfängern ein Anspruch auf die Überschussbeteiligung zusteht. [3] Übersteigt das Vermögen der Kasse den bezeichneten Betrag, so ist die Kasse nach Maßgabe des § 6 Abs. 1 bis 4 steuerpflichtig; und

e) wenn bei Unterstützungskassen am Schluss des Wirtschaftsjahrs das Vermögen ohne Berücksichtigung künftiger Versorgungsleistungen nicht höher ist als das um 25 Prozent erhöhte zulässige Kassenvermögen. [2] Für die Ermittlung des tatsächlichen und des zulässigen Kassenvermögens gilt § 4d des Einkommensteuergesetzes. [3] Übersteigt das Vermögen der Kasse den in Satz 1 bezeichneten Betrag, so ist die Kasse nach Maßgabe des § 6 Abs. 5 steuerpflichtig;

4. kleinere Versicherungsvereine auf Gegenseitigkeit im Sinne des § 210 des Versicherungsaufsichtsgesetzes, wenn
   a) ihre Beitragseinnahmen im Durchschnitt der letzten drei Wirtschaftsjahre einschließlich des im Veranlagungszeitraum endenden Wirtschaftsjahrs die durch Rechtsverordnung festzusetzenden Jahresbeträge nicht überstiegen haben oder
   b) sich ihr Geschäftsbetrieb auf die Sterbegeldversicherung beschränkt und die Versicherungsvereine nach dem Geschäftsplan sowie nach Art und Höhe der Leistungen soziale Einrichtungen darstellen;
5. Berufsverbände ohne öffentlich-rechtlichen Charakter sowie kommunale Spitzenverbände auf Bundes- oder Landesebene einschließlich ihrer Zusammenschlüsse, wenn der Zweck dieser Verbände nicht auf einen wirtschaftlichen Geschäftsbetrieb gerichtet ist. [2] Die Steuerbefreiung ist ausgeschlossen,
   a) soweit die Körperschaften oder Personenvereinigungen einen wirtschaftlichen Geschäftsbetrieb unterhalten oder
   b) wenn die Berufsverbände Mittel von mehr als 10 Prozent der Einnahmen für die unmittelbare oder mittelbare Unterstützung oder Förderung politischer Parteien verwenden.

   [3] Die Sätze 1 und 2 gelten auch für Zusammenschlüsse von juristischen Personen des öffentlichen Rechts, die wie die Berufsverbände allgemeine ideelle und wirtschaftliche Interessen ihrer Mitglieder wahrnehmen. [4] Verwenden Berufsverbände Mittel für die unmittelbare oder mittelbare Unterstützung oder Förderung politischer Parteien, beträgt die Körperschaftsteuer 50 Prozent der Zuwendungen;
6. Körperschaften oder Personenvereinigungen, deren Hauptzweck die Verwaltung des Vermögens für einen nichtrechtsfähigen Berufsverband der in Nummer 5 bezeichneten Art ist, sofern ihre Erträge im Wesentlichen aus dieser Vermögensverwaltung herrühren und ausschließlich dem Berufsverband zufließen;
7. politische Parteien im Sinne des § 2 des Parteiengesetzes und ihre Gebietsverbände, sofern die jeweilige Partei nicht gemäß § 18 Absatz 7 des Parteiengesetzes von der staatlichen Teilfinanzierung ausgeschlossen ist, sowie kommunale Wählervereinigungen und ihre Dachverbände. [2] Wird ein wirtschaftlicher Geschäftsbetrieb unterhalten, so ist die Steuerbefreiung insoweit ausgeschlossen;
8. öffentlich-rechtliche Versicherungs- und Versorgungseinrichtungen von Berufsgruppen, deren Angehörige auf Grund einer durch Gesetz angeordneten oder auf Gesetz beruhenden Verpflichtung Mitglieder dieser Einrichtung sind, wenn die Satzung der Einrichtung die Zahlung keiner höheren jährlichen Beiträge zulässt als das Zwölffache der Beiträge, die sich bei einer Beitragsbemessungsgrundlage in Höhe der doppelten monatlichen Beitragsbemessungsgrenze in der allgemeinen Rentenversicherung ergeben würden. [2] Ermöglicht die Satzung der Einrichtung nur Pflichtmitgliedschaften sowie freiwillige Mitgliedschaften, die unmittelbar an eine Pflichtmitgliedschaft anschließen, so steht dies der Steuerbefreiung nicht entgegen, wenn die Satzung die Zahlung keiner höheren jährlichen Beiträge zulässt als das Fünfzehnfache der Beiträge, die sich bei einer Bei-

tragsbemessungsgrundlage in Höhe der doppelten monatlichen Beitragsbemessungsgrenze in der allgemeinen Rentenversicherung ergeben würden;

9. Körperschaften, Personenvereinigungen und Vermögensmassen, die nach der Satzung, dem Stiftungsgeschäft oder der sonstigen Verfassung und nach der tatsächlichen Geschäftsführung ausschließlich und unmittelbar gemeinnützigen, mildtätigen oder kirchlichen Zwecken dienen (§§ 51 bis 68 der Abgabenordnung). 2 Wird ein wirtschaftlicher Geschäftsbetrieb unterhalten, ist die Steuerbefreiung insoweit ausgeschlossen. 3 Satz 2 gilt nicht für selbst bewirtschaftete Forstbetriebe;

10. Erwerbs- und Wirtschaftsgenossenschaften sowie Vereine, soweit sie
    a) Wohnungen herstellen oder erwerben und sie den Mitgliedern auf Grund eines Mietvertrags oder auf Grund eines genossenschaftlichen Nutzungsvertrags zum Gebrauch überlassen; den Wohnungen stehen Räume in Wohnheimen im Sinne des § 15 des Zweiten Wohnungsbaugesetzes gleich,
    b) im Zusammenhang mit einer Tätigkeit im Sinne des Buchstabens a Gemeinschaftsanlagen oder Folgeeinrichtungen herstellen oder erwerben und sie betreiben, wenn sie überwiegend für Mitglieder bestimmt sind und der Betrieb durch die Genossenschaft oder den Verein notwendig ist.

    2 Die Steuerbefreiung ist ausgeschlossen, wenn die Einnahmen des Unternehmens aus den in Satz 1 nicht bezeichneten Tätigkeiten 10 Prozent der gesamten Einnahmen übersteigen;

11. *(weggefallen)*

12. die von den zuständigen Landesbehörden begründeten oder anerkannten gemeinnützigen Siedlungsunternehmen im Sinne des Reichssiedlungsgesetzes in der jeweils aktuellen Fassung oder entsprechender Landesgesetze, soweit diese Landesgesetze nicht wesentlich von den Bestimmungen des Reichssiedlungsgesetzes abweichen, und im Sinne der Bodenreformgesetze der Länder, soweit die Unternehmen im ländlichen Raum Siedlungs-, Agrarstrukturverbesserungs- und Landentwicklungsmaßnahmen mit Ausnahme des Wohnungsbaus durchführen. 2 Die Steuerbefreiung ist ausgeschlossen, wenn die Einnahmen des Unternehmens aus den in Satz 1 nicht bezeichneten Tätigkeiten die Einnahmen aus den in Satz 1 bezeichneten Tätigkeiten übersteigen;

13. *(weggefallen)*

14. Erwerbs- und Wirtschaftsgenossenschaften sowie Vereine, soweit sich ihr Geschäftsbetrieb beschränkt
    a) auf die gemeinschaftliche Benutzung land- und forstwirtschaftlicher Betriebseinrichtungen oder Betriebsgegenstände,
    b) auf Leistungen im Rahmen von Dienst- oder Werkverträgen für die Produktion land- und forstwirtschaftlicher Erzeugnisse für die Betriebe der Mitglieder, wenn die Leistungen im Bereich der Land- und Forstwirtschaft liegen; dazu gehören auch Leistungen zur Erstellung und Unterhaltung von Betriebsvorrichtungen, Wirtschaftswegen und Bodenverbesserungen,
    c) auf die Bearbeitung oder die Verwertung der von den Mitgliedern selbst gewonnenen land- und forstwirtschaftlichen Erzeugnisse, wenn die Bearbeitung oder die Verwertung im Bereich der Land- und Forstwirtschaft liegt, oder
    d) auf die Beratung für die Produktion oder Verwertung land- und forstwirtschaftlicher Erzeugnisse der Betriebe der Mitglieder.

    2 Die Steuerbefreiung ist ausgeschlossen, wenn die Einnahmen des Unternehmens aus den in Satz 1 nicht bezeichneten Tätigkeiten 10 Prozent der

gesamten Einnahmen übersteigen. [3] Bei Genossenschaften und Vereinen, deren Geschäftsbetrieb sich überwiegend auf die Durchführung von Milchqualitäts- und Milchleistungsprüfungen oder auf die Tierbesamung beschränkt, bleiben die auf diese Tätigkeiten gerichteten Zweckgeschäfte mit Nichtmitgliedern bei der Berechnung der 10-Prozentgrenze außer Ansatz;

15. der Pensions-Sicherungs-Verein Versicherungsverein auf Gegenseitigkeit,
    a) wenn er mit Erlaubnis der Versicherungsaufsichtsbehörde ausschließlich die Aufgaben des Trägers der Insolvenzsicherung wahrnimmt, die sich aus dem Gesetz zur Verbesserung der betrieblichen Altersversorgung vom 19. Dezember 1974 (BGBl. I S. 3610) ergeben, und
    b) wenn seine Leistungen nach dem Kreis der Empfänger sowie nach Art und Höhe den in den §§ 7 bis 9, 17 und 30 des Gesetzes zur Verbesserung der betrieblichen Altersversorgung bezeichneten Rahmen nicht überschreiten;
16. Körperschaften, Personenvereinigungen und Vermögenmassen, soweit sie
    a) als Einlagensicherungssysteme im Sinne des § 2 Absatz 1 des Einlagensicherungsgesetzes sowie als Entschädigungseinrichtungen im Sinne des Anlegerentschädigungsgesetzes ihre gesetzlichen Pflichtaufgaben erfüllen oder
    b) als nicht als Einlagensicherungssysteme anerkannte vertragliche Systeme zum Schutz von Einlagen und institutsbezogene Sicherungssysteme im Sinne des § 61 des Einlagensicherungsgesetzes nach ihrer Satzung oder sonstigen Verfassung ausschließlich den Zweck haben, Einlagen zu sichern oder bei Gefahr für die Erfüllung der Verpflichtungen eines Kreditinstituts im Sinne des § 1 Absatz 1 des Kreditwesengesetzes oder eines Finanzdienstleistungsinstituts im Sinne des § 1 Absatz 1a Satz 2 Nummer 1 bis 4 des Kreditwesengesetzes Hilfe zu leisten oder Einlagensicherungssysteme im Sinne des § 2 Absatz 1 des Einlagensicherungsgesetzes bei deren Pflichtenerfüllung zu unterstützen.

    [2] Voraussetzung für die Steuerbefreiung nach Satz 1 ist zusätzlich, dass das Vermögen und etwa erzielte Überschüsse dauernd nur zur Erreichung des gesetzlichen oder satzungsmäßigen Zwecks verwendet werden. [3] Die Sätze 1 und 2 gelten entsprechend für Sicherungsfonds im Sinne der §§ 223 und 224 des Versicherungsaufsichtsgesetzes sowie für Einrichtungen zur Sicherung von Einlagen bei Wohnungsgenossenschaften mit Spareinrichtung. [4] Die Steuerbefreiung ist für wirtschaftliche Geschäftsbetriebe ausgeschlossen, die nicht ausschließlich auf die Erfüllung der begünstigen Aufgaben gerichtet sind;
17. Bürgschaftsbanken (Kreditgarantiegemeinschaften), deren Tätigkeit sich auf die Wahrnehmung von Wirtschaftsförderungsmaßnahmen insbesondere in Form der Übernahme und Verwaltung von staatlichen Bürgschaften und Garantien oder von Bürgschaften und Garantien mit staatlichen Rückbürgschaften oder auf der Grundlage staatlich anerkannter Richtlinien gegenüber Kreditinstituten, Versicherungsunternehmen, Leasinggesellschaften und Beteiligungsgesellschaften für Kredite, Leasingforderungen und Beteiligungen an mittelständischen Unternehmen zu ihrer Gründung und zur Erhaltung und Förderung ihrer Leistungsfähigkeit beschränkt. [2] Voraussetzung ist, dass das Vermögen und etwa erzielte Überschüsse nur zur Erreichung des in Satz 1 genannten Zwecks verwendet werden;
18. Wirtschaftsförderungsgesellschaften, deren Tätigkeit sich auf die Verbesserung der sozialen und wirtschaftlichen Struktur einer bestimmten Region durch Förderung der Wirtschaft, insbesondere durch Industrieansiedlung, Beschaffung neuer Arbeitsplätze und der Sanierung von Altlasten be-

**schränkt, wenn an ihnen überwiegend Gebietskörperschaften beteiligt sind. [2]Voraussetzung ist, dass das Vermögen und etwa erzielte Überschüsse nur zur Erreichung des in Satz 1 genannten Zwecks verwendet werden;**

**19. Gesamthafenbetriebe im Sinne des § 1 des Gesetzes über die Schaffung eines besonderen Arbeitgebers für Hafenarbeiter vom 3. August 1950 (BGBl. S. 352), soweit sie Tätigkeiten ausüben, die in § 2 Abs. 1 dieses Gesetzes bestimmt und nach § 2 Abs. 2 dieses Gesetzes genehmigt worden sind. [2]Voraussetzung ist, dass das Vermögen und etwa erzielte Überschüsse nur zur Erfüllung der begünstigten Tätigkeiten verwendet werden. [3]Wird ein wirtschaftlicher Geschäftsbetrieb unterhalten, dessen Tätigkeit nicht ausschließlich auf die Erfüllung der begünstigten Tätigkeiten gerichtet ist, ist die Steuerbefreiung insoweit ausgeschlossen;**

**20. Zusammenschlüsse von juristischen Personen des öffentlichen Rechts, von steuerbefreiten Körperschaften oder von steuerbefreiten Personenvereinigungen,**
**a) deren Tätigkeit sich auf den Zweck beschränkt, im Wege des Umlageverfahrens die Versorgungslasten auszugleichen, die den Mitgliedern aus Versorgungszusagen gegenüber ihren Arbeitnehmern erwachsen,**
**b) wenn am Schluss des Wirtschaftsjahrs das Vermögen nicht höher ist als 60 Prozent der im Wirtschaftsjahr erbrachten Leistungen an die Mitglieder;**

**21. die nicht in der Rechtsform einer Körperschaft des öffentlichen Rechts errichteten Arbeitsgemeinschaften Medizinischer Dienst der Krankenversicherung im Sinne des § 278 des Fünften Buches Sozialgesetzbuch und der Medizinische Dienst der Spitzenverbände der Krankenkassen im Sinne des § 282 des Fünften Buches Sozialgesetzbuch, soweit sie die ihnen durch Gesetz zugewiesenen Aufgaben wahrnehmen. [2]Voraussetzung ist, dass das Vermögen und etwa erzielte Überschüsse nur zur Erreichung der in Satz 1 genannten Zwecke verwendet werden;**

**22. gemeinsame Einrichtungen der Tarifvertragsparteien im Sinne des § 4 Abs. 2 des Tarifvertragsgesetzes vom 25. August 1969 (BGBl. I S. 1323), die satzungsmäßige Beiträge auf der Grundlage des § 186a des Arbeitsförderungsgesetzes vom 25. Juni 1969 (BGBl. I S. 582) oder tarifvertraglicher Vereinbarungen erheben und Leistungen ausschließlich an die tarifgebundenen Arbeitnehmer des Gewerbezweigs oder an deren Hinterbliebene erbringen, wenn sie dabei zu nicht steuerbegünstigten Betrieben derselben oder ähnlicher Art nicht in größerem Umfang in Wettbewerb treten, als es bei Erfüllung ihrer begünstigten Aufgaben unvermeidlich ist. [2]Wird ein wirtschaftlicher Geschäftsbetrieb unterhalten, dessen Tätigkeit nicht ausschließlich auf die Erfüllung der begünstigten Tätigkeiten gerichtet ist, ist die Steuerbefreiung insoweit ausgeschlossen;**

**23. die Auftragsforschung öffentlich-rechtlicher Wissenschafts- und Forschungseinrichtungen; ist die Tätigkeit auf die Anwendung gesicherter wissenschaftlicher Erkenntnisse, die Übernahme von Projektträgerschaften sowie wirtschaftliche Tätigkeiten ohne Forschungsbezug gerichtet, ist die Steuerbefreiung insoweit ausgeschlossen;**

**24. die Global Legal Entity Identifier Stiftung, soweit die Stiftung Tätigkeiten ausübt, die im unmittelbaren Zusammenhang mit der Einführung, dem Unterhalten und der Fortentwicklung eines Systems zur eindeutigen Identifikation von Rechtspersonen mittels eines weltweit anzuwendenden Referenzcodes stehen.**

(2) **Die Befreiungen nach Absatz 1 und nach anderen Gesetzen als dem Körperschaftsteuergesetz gelten nicht**

**1. für inländische Einkünfte, die dem Steuerabzug vollständig oder teilweise unterliegen; Entsprechendes gilt für die in § 32 Abs. 3 Satz 1 zweiter Halbsatz genannten Einkünfte,**
**2. für beschränkt Steuerpflichtige im Sinne des § 2 Nr. 1, es sei denn, es handelt sich um Steuerpflichtige im Sinne des Absatzes 1 Nr. 9, die nach den Rechtsvorschriften eines Mitgliedstaats der Europäischen Union oder nach den Rechtsvorschriften eines Staates, auf den das Abkommen über den Europäischen Wirtschaftsraum vom 3. Januar 1994 (ABl. EG Nr. L 1 S. 3), zuletzt geändert durch den Beschluss des Gemeinsamen EWR-Ausschusses Nr. 91/2007 vom 6. Juli 2007 (ABl. EU Nr. L 328 S. 40), in der jeweiligen Fassung Anwendung findet, gegründete Gesellschaften im Sinne des Artikels 54 des Vertrags über die Arbeitsweise der Europäischen Union oder des Artikels 34 des Abkommens über den Europäischen Wirtschaftsraum sind, deren Sitz und Ort der Geschäftsleitung sich innerhalb des Hoheitsgebiets eines dieser Staaten befindet, und mit diesen Staaten ein Amtshilfeabkommen besteht,**
**3. soweit § 38 Abs. 2 anzuwenden ist.**

***Abs 1 Nr 7 lautete bis zur Änderung durch das G v 18.7.17 (Rz 3):***

7. politische Parteien im Sinne des § 2 des Parteiengesetzes und ihre Gebietsverbände sowie kommunale Wählervereinigungen und ihre Dachverbände. [2]Wird ein wirtschaftlicher Geschäftsbetrieb unterhalten, so ist die Steuerbefreiung insoweit ausgeschlossen;

***Abs 1 Nr 16 S 1 u 2 lautete bis zur Neufassung durch das G v 2.11.15 (Rz 3):***

16. Körperschaften, Personenvereinigungen und Vermögensmassen, die als Entschädigungseinrichtungen im Sinne des Einlagensicherungs- und Anlegerentschädigungsgesetzes vom 16. Juli 1998 (BGBl. I S. 1842) oder als Sicherungseinrichtung eines Verbandes der Kreditinstitute nach ihrer Satzung oder sonstigen Verfassung ausschließlich den Zweck haben, bei Gefahr für die Erfüllung der Verpflichtungen eines Kreditinstituts im Sinne des § 1 Abs. 1 des Gesetzes über das Kreditwesen oder eines Finanzdienstleistungsinstituts im Sinne des § 1 Abs. 1a Satz 2 Nr. 1 bis 4 des Gesetzes über das Kreditwesen Hilfe zu leisten. [2]Voraussetzung ist, dass das Vermögen und etwa erzielte Überschüsse nur zur Erreichung des gesetzlichen oder satzungsmäßigen Zwecks verwendet werden.

***Abs 1 Nr 3 Buchst d S 1 Angabe „§ 5 Abs. Nr. 2 Halbsatz 2 des Versicherungsaufsichtsgesetzes“ ersetzt durch „§ 219 Absatz 3 Nummer 1 des Versicherungsaufsichtsgesetzes“, Einleitungssatz zu Nr 4 Angabe „§ 53 des Versicherungsaufsichtsgesetzes“ ersetzt durch „§ 210 des Versicherungsaufsichtsgesetzes“ und Nr 16 S 3 Angabe „§§ 126 und 127 des Versicherungsaufsichtsgesetzes“ ersetzt durch „§§ 223 und 224 des Versicherungsaufsichtsgesetzes“ durch G v 1.4.15 (Rz 3).***

***Abs 1 Nr 24 angefügt durch G v 22.12.14 (Rz 3).***

***Abs 1 Nr 2 Angabe „Hamburgische Wohnungsbaukreditanstalt“ ersetzt durch „Hamburgische Investitions- und Förderbank“ durch G v 25.7.14 (Rz 3).***

*Gesetzesfassungen vor 2014 s 8. Aufl.*

## Körperschaftsteuer-Durchführungsverordnung 1994 (KStDV 1994)

Vom 22.2.96 (BGBl I 96, 365; BStBl I 96, 191)

Geändert durch G v 19.12.00 (BGBl I 00, 1790; BStBl I 01, 3), VO v 17.11.10 (BGBl I 10, 1544; BStBl I 10, 1282) und G v 1.4.15 (BGBl I 15, 434)

**Zu § 5 Abs. 1 Nr. 3 des Gesetzes**

### § 1 Allgemeines

Rechtsfähige Pensions-, Sterbe-, Kranken- und Unterstützungskassen sind nur dann eine soziale Einrichtung im Sinne des § 5 Abs. 1 Nr. 3 Buchstabe b des Gesetzes, wenn sie die folgenden Voraussetzungen erfüllen:

1. Die Leistungsempfänger dürfen sich in der Mehrzahl nicht aus dem Unternehmer oder dessen Angehörigen und bei Gesellschaften in der Mehrzahl nicht aus den Gesellschaftern oder deren Angehörigen zusammensetzen.
2. Bei Auflösung der Kasse darf ihr Vermögen vorbehaltlich der Regelung in § 6 des Gesetzes satzungsmäßig nur den Leistungsempfängern oder deren Angehörigen zugute kommen oder für ausschließlich gemeinnützige oder mildtätige Zwecke verwendet werden.
3. Außerdem müssen bei Kassen mit Rechtsanspruch der Leistungsempfänger die Voraussetzungen des § 2, bei Kassen ohne Rechtsanspruch der Leistungsempfänger die Voraussetzungen des § 3 erfüllt sein.

### § 2 Kassen mit Rechtsanspruch der Leistungsempfänger

(1) Bei rechtsfähigen Pensions- oder Sterbekassen, die den Leistungsempfängern einen Rechtsanspruch gewähren, dürfen die jeweils erreichten Rechtsansprüche der Leistungsempfänger vorbehaltlich des Absatzes 2 die folgenden Beträge nicht übersteigen:

| | | |
|---|---|---|
| als Pension | 25 769 Euro | jährlich, |
| als Witwengeld | 17 179 Euro | jährlich, |
| als Waisengeld | 5 154 Euro | jährlich für jede Halbwaise, |
| | 10 308 Euro | jährlich für jede Vollwaise, |
| als Sterbegeld | 7 669 Euro | als Gesamtleistung. |

(2) [1]Die jeweils erreichten Rechtsansprüche, mit Ausnahme des Anspruchs auf Sterbegeld, dürfen in nicht mehr als 12 vom Hundert aller Fälle auf höhere als die in Absatz 1 bezeichneten Beträge gerichtet sein. [2]Dies gilt in nicht mehr als 4 vom Hundert aller Fälle uneingeschränkt. [3]Im Übrigen dürfen die jeweils erreichten Rechtsansprüche die folgenden Beträge nicht übersteigen:

| | | |
|---|---|---|
| als Pension | 38 654 Euro | jährlich, |
| als Witwengeld | 25 769 Euro | jährlich, |
| als Waisengeld | 7 731 Euro | jährlich für jede Halbwaise, |
| | 15 461 Euro | jährlich für jede Vollwaise. |

### § 3 Kassen ohne Rechtsanspruch der Leistungsempfänger

Rechtsfähige Unterstützungskassen, die den Leistungsempfängern keinen Rechtsanspruch gewähren, müssen die folgenden Voraussetzungen erfüllen:

1. Die Leistungsempfänger dürfen zu laufenden Beiträgen oder zu sonstigen Zuschüssen nicht verpflichtet sein.

2. Den Leistungsempfängern oder den Arbeitnehmervertretungen des Betriebs oder der Dienststelle muß satzungsgemäß und tatsächlich das Recht zustehen, an der Verwaltung sämtlicher Beträge, die der Kasse zufließen, beratend mitzuwirken.
3. Die laufenden Leistungen und das Sterbegeld dürfen die in § 2 bezeichneten Beträge nicht übersteigen.

**Zu § 5 Abs. 1 Nr. 4 des Gesetzes**

**§ 4 Kleinere Versicherungsvereine**

Kleinere Versicherungsvereine auf Gegenseitigkeit im Sinne des § 210 des Versicherungsaufsichtsgesetzes sind von der Körperschaftsteuer befreit, wenn

1. ihre Beitragseinnahmen im Durchschnitt der letzten drei Wirtschaftsjahre einschließlich des im Veranlagungszeitraum endenden Wirtschaftsjahrs die folgenden Jahresbeträge nicht überstiegen haben:
   a) 797 615 Euro bei Versicherungsvereinen, die die Lebensversicherung oder die Krankenversicherung betreiben,
   b) 306 775 Euro bei allen übrigen Versicherungsvereinen oder
2. sich ihr Geschäftsbetrieb auf die Sterbegeldversicherung beschränkt und sie im Übrigen die Voraussetzungen des § 1 erfüllen.

***Zu § 26 Abs 3 des Gesetzes***

**§ 5** *(aufgehoben)*[1)]

**Schlussvorschrift**

**§ 6 Anwendungszeitraum**

Die Körperschaftsteuer-Durchführungsverordnung in der am 1. Januar 2016 geltenden Fassung ist erstmals für den Veranlagungszeitraum 2016 anzuwenden.

**§ 7 (Inkrafttreten)**[2)]

*Körperschaftsteuerrichtlinien:* KStR 5.1–5.18

**Übersicht**



[1)] § 5 sowie die Anlage zu § 5 aufgehoben durch VO v 17.11.10 (BGBl I 10, 1544).
[2)] Die VO in ihrer ursprünglichen Fassung trat am 24.6.1977 in Kraft. Das Inkrafttreten der späteren Änderungen ergibt sich aus den jeweiligen Änderungsbestimmungen.

**1. Allgemeines.** § 5 regelt subjektive (Nr 1, 1a aF, 2, 2a) und sachliche (Nr 3–21) StBefreiungen. Die sachlichen StBefreiungen lassen sich unterscheiden in solche, die die Körperschaft unter bestimmten Bedingungen insgesamt freistellen (Nr 4, 6, 8, 10, 12, 14–18, 20–22), solche, die die Körperschaft unter bestimmten Bedingungen mit Ausnahme eines „wirtschaftl Geschäftsbetriebs" befreien (Nr 5, 7, 9, 19, 22) und Befreiungen unter bestimmten Bedingungen, die abstrakt bestimmte Einkaufs- und Vermögensteile ausnehmen (Nr 3 iVm § 6). Entsprechende Befreiungen finden sich in § 3 GewStG und § 3 VStG. 1

**2. Geltungszeit.** Gesetzesänderungen bis VZ 05 s 8. Auflage. § 5 II Nr 1 wurde durch das UntStRefG v 14.8.07 (BGBl I 07, 1912; BStBl I 07, 630) um einen Halbsatz ergänzt (s Rz 140); Intrafttreten s § 34 IIa idF d G v 14.8.07. S 1 der Nr 12 des Abs 1 wurde durch das JStG 2008 v 20.12.07 (BGBl I 07, 3150, BStBl I 07, 218) geändert; Inkrafttreten s § 34 VIII idF d G v 20.12.07. Das JStG 2009 v 19.12.08 (BGBl I 08, 2794; BStBl I 09, 74) änderte Abs 1 Nr 2 und Abs 2 Nr 2, 3; Inkrafttretens § 34 I, II idF d G v 19.12.08. Das JStG 2010 v 8.12.10 (BGBl I 10, 1768; BStBl I 10, 1394) änderte Abs 1 Nr 2; Abs 2 Nr 2 angepasst durch AmtshilfeRLUmsG v 26.6.13, BGBl I 13, 1809. Das KroatienAnpG v 25.7.14 (BGBl I 14, 1266) änderte Abs 1 Nr 2. Durch das ZollkodexAnpG v 22.12.14 wurde in den Abs 1 die neue Nr 24 eingefügt; Inkrafttreten s § 34 Abs 3 idF d G v 22.12.14. Abs 1 Nr 3 Buchst d, Nr 4 und Nr 16 wurden durch das VAMoG (Gesetz zur Modernisierung der Finanzaufsicht über Versicherungen) v 1.4.15 (BGBl I 15, 434 u 2553) angepasst; Inkrafttreten s § 34 Abs 3a idF d G v 1.4.15. Das JStG 2015 v 2.11.15 (BGBl I 15, 1834) änderte Abs 1 Nr 16; Inkrafttreten s § 34 Abs 3 idF d G v 2.11.15. Das G v 18.7.17 (BGBl I 17, 2730) ergänzte Abs 1 Nr 7 S 1. 3

Materialien zu allen Gesetzesänderungen Vor § 1 Rz 27 f.

**3.** Die Bedingungen der **StBefreiung** müssen bei der Körperschaft selbst vorliegen; die StBefreiung des Trägers, beherrschenden AntE oder dessen StPflicht 4 berührt nicht die StBefreiung oder StPflicht der abhängigen Körperschaft (RFH RStBl 39, 910; BFH BStBl II 74, 391). Eine entsprechende oder ausdehnende **Auslegung** von Befreiungsvorschriften ist dann möglich, wenn sie durch den Zweck der Befreiungsvorschrift gefordert wird. Zwar handelt es sich um Ausnahmevorschriften; eine Analogie innerhalb des Ausnahmezwecks ist jedoch möglich. Nach Auffassung der FinVerw kann auf die Befreiung nicht **verzichtet** werden (1962 StEK KStG § 4 Nr 5); dies ist uE unzutreffend. Eine Verzichtsmöglichkeit auf die steuerrechtliche Begünstigung ist systemkonform (offengelassen von BFH BStBl III 62, 73 zu Abs 1 Nr 5). Im Einzelfall lässt das Gesetz den Verzicht ausdrücklich zu. **Antrag** auf Befreiung ist nicht erforderlich. Gestaltet werden kann in jedem Falle der Sachverhalt. **Beginn** und **Ende** der StBefreiung s § 13. Zum Wegfall der StBefreiung in der **Insolvenz** s Rz 104.

5 **4.** Die Befreiungen gelten im Regelfall nicht für **ausländische beschränkt StPflichtige (§ 5 II Nr 2);** eine ausländische gemeinnützige Körperschaft, ein ausländischer Berufsverband sollte nach früherem Recht zB mit den inländischen VuV-Einkünften steuerpflichtig sein (BFH BStBl II 77, 175 betr gemeinnützige Körperschaft mit VuV-Einkünften im Inland). Diese Beschränkung war europarechtswidrig (EuGH v 14.9.06 – C-386/04 – *Stauffer* –, BFH/NV 07 Beil 1, 55; dazu *Hüttemann/Helios* DB 06, 2481; *Fischer* FR 07, 361; nachfolgend BFH/NV 07, 805) und wurde durch das JStG 2009 (Rz 3) korrigiert. Die Befreiung wurde in Abs 2 Nr 2 auf **EU-Gesellschaften** ausgedehnt, und zwar rückwirkend (§ 34 Va idF des JStG 2009). Zu den Gesellschaften nach Art 54 AEUV BFH/NV 17, 549. Die Befreiungen setzen die **StPflicht nach § 1** voraus; § 5 gilt auch für Betriebe gewerbl Art (§ 1 I Nr 6; BFH BStBl II 85, 162; II 90, 246). Nach RFH RStBl 39, 910 (folgend: BFH BStBl II 74, 391; BT-Drucks 7/1470, 340, 380) soll § 5 (bzw § 4 aF vor 1977) nicht für die beschränkte StPflicht nach § 2 Nr 2 gelten (zB für eine Kirche, die die Voraussetzungen des § 5 I Nr 9 erfüllt); dies ist aus dem Gesetzeswortlaut nicht herzuleiten; wegen fehlender Unterschiede bei der Besteuerung der befreiten Körperschaft und der Körperschaft nach § 2 Nr 2 (StPflicht mit StAbzug) hat diese Frage geringe Bedeutung.

### 5. Wirtschaftlicher Geschäftsbetrieb

**Schrifttum:** *Herbert,* Der wirtschaftl Geschäftsbetrieb des gemeinnützigen Vereins, 1988; *Hüttemann,* Wirtschaftliche Betätigung und steuerliche Gemeinnützigkeit, 1990; *Franz,* Grundlagen der Besteuerung gemeinnütziger Körperschaften bei wirtschaftl Betätigung, 1991; *Scholtz,* Der wirtschaftl Geschäftsbetrieb, FS L Schmidt, 1993, 707; *Kümpel* DStR 99, 1506; *Wolf,* Steuerliche Privilegien staatlicher Wirtschaftstätigkeit, DB 03, 849; *Christiansen,* Der wirtschaftl Geschäftsbetrieb – tatbestandliche Bedeutung und Begründung, FS Wassermeyer, 2005, 49; *Orth,* Einkünfte von wirtschaftl Geschäftsbetrieben und Betrieben gewerblicher Art ohne Gewinnerzielungsabsicht, FR 07, 326; *Kühner,* Unbeschränkte wirtschaftliche Betätigung für Berufsverbände, DStR 09, 1786; *Hüttemann/Schauhoff,* Der BFH als Wettbewerbshüter, DB 11, 319.

7 Abs 1 Nr 5 (Berufsverbände), **Nr 7** (politische Parteien), **Nr 9** (gemeinnützige Körperschaften), **Nr 19** (Gesamthafenbetriebe) und **Nr 22** (Einrichtungen der Tarifvertragsparteien) kennen eine partielle StPflicht der befreiten Körperschaft mit einem wirtschaftl Geschäftsbetrieb. Die Vorschriften können weitgehend einheitlich ausgelegt und angewendet werden. Der wirtschaftl Geschäftsbetrieb ist kein eigenständiges StSubjekt, sondern Bestandteil der steuerbefreiten Körperschaft. Er setzt voraus, dass die Körperschaft im Übrigen nach § 5 von der KSt befreit ist (BFH/NV 87, 397) und tangiert diese Befreiung nicht; entfällt die StBefreiung, begründet der wirtschaftl Geschäftsbetrieb als solcher keine StPflicht und auch nicht die Annahme bestimmter Einkunftsarten. Stpfl ist die Körperschaft, nicht der wirtschaftl Geschäftsbetrieb.*Alvermann*

8 Motiv des Gesetzgebers für die StPflicht des wirtschaftl Geschäftsbetriebs ist die Wahrung der Wettbewerbsneutralität (vgl auch BFH BStBl II 16, 971; II 86,

92; *Hüttemann*, Gemeinnützigkeits- und Spendenrecht, Rz 6.69, jew mwN). Im Falle nachhaltiger wirtschaftl Tätigkeit verlässt die steuerbefreite Körperschaft ihre begünstigungsfähige Sphäre. Sie muss insoweit den anderen wirtschaftl Tätigen gleichgestellt werden. Die StPflicht des wirtschaftl Geschäftsbetriebs ist daher eine **„drittschützende“ Norm;** Dritte, dh insbes Wettbewerber, können Nicht- oder Zuniedrigbesteuerung im Klageweg geltend machen (s dazu im Einzelnen BFH/NV 08, 490; BStBl II 98, 63; BFH/NV 98, 396; s auch BFH/NV 07, 305).

Der wirtschaftl Geschäftsbetrieb ist ein zulässiges und gewolltes **Finanzierungsinstrument** für steuerbefreite Körperschaften. Dementsprechend wird die StBefreiung der Körperschaft im Übrigen auch durch die **Größe des wirtschaftl Geschäftsbetriebs** nicht berührt. Selbst die steuerbefreiten Aktivitäten übersteigende Geschäftsbetriebe führen für sich genommen noch nicht zur Versagung der StBefreiung (s BFH BStBl II 07, 631; 02, 162 zu gemeinnützigen Körperschaften). Auch Körperschaften, die ihre Einnahmen nahezu ausschließlich aus wirtschaftl Geschäftsbetrieben erzielen, bleiben steuerbefreit, wenn ihre Tätigkeit im Übrigen die Befreiungsvoraussetzungen erfüllt (s auch FinVerw DB 03, 1932). Früher folgten Rspr und FinVerw allerdings der „Geprägetheorie“. Wenn der Geschäftsbetrieb für die Körperschaft derart „prägend“ war, dass die steuerbefreite Tätigkeit erkennbar dahinter zurücktritt, ist die StBefreiung insgesamt gefährdet (s BFH BStBl II 02, 162 und AEAO zu § 55 Nr 1, jeweils zur Gemeinnützigkeit). BFH BStBl II 07, 631 hat diese nur bedingt taugliche Formel verlassen und zu Recht darauf abgestellt, ob das Vermögen zweckgerichtet für die satzungsgemäßen Zwecke eingesetzt wird und die Einnahmen für die begünstigte Tätigkeit verwendet werden. Dies ist – jedenfalls für gemeinnützige Körperschaften – der zutreffendere Ansatz; auch die FinVerw hat die Geprägetheorie nachfolgend zumindest für gemeinnützige Körperschaften aufgegeben: der bisherige Nr 2 AEAO zu § 55 I Nr 1 aF wurde ersatzlos gestrichen, BMF BStBl I 12, 83. Für Berufsverbände (Nr 5, Rz 77 ff) findet sie sich gleichwohl noch im KStR 5.7 I Satz 6. Dies ist mit der BFH-Rechtsprechung unvereinbar, ein sachlicher Grund für eine Differenzierung ist nicht ersichtlich. 9

**6. Begriff: „Wirtschaftlicher Geschäftsbetrieb“** ist eine selbständige nachhaltige Tätigkeit, durch die Einnahmen oder andere wirtschaftl Vorteile erzielt werden … Die Absicht, Gewinn zu erzielen, ist nicht erforderlich.“ Diese Definition in § 14 AO ist auch für das KStG bindend; auf die Kommentierung zu dieser Vorschrift wird verwiesen. Kein notwendiger Bezug besteht zu dem in § 4 I besonders und abweichend definierten Betrieb gewerbl Art des § 1 I Nr 6. Zum Zweckbetrieb s Rz 25. Die Schwelle zur **Nachhaltigkeit** ist gering, vgl BFH BStBl II 86, 88 mit HFR Anm 86, 197; BFH/NV 86, 239. Es handelt sich um den gleichen Begriff, der Bestandteil des Gewerbebetriebsbegriffs ist (§ 1 GewStDV). Selbständigkeit erfordert nicht die persönliche Selbständigkeit als juristische Person, sondern die sachliche Selbständigkeit der Betätigung (BFH BStBl II 84, 451; BFH/NV 14, 1670). Der Geschäftsbetrieb muss sich äußerlich objektivierbar von der Körperschaft abheben; eine bestimmte organisatorische Eigenständigkeit oder der Einsatz besonderen Personals ist aber nicht erforderlich (BFH/NV 14, 1670); da auch mit dem wirtschaftl Geschäftsbetrieb der Zweck der Körperschaft verfolgt werden kann, bedeutet Selbständigkeit nicht Zwecktrennung; Geschäfte der Geschäftsstelle bzw die entgeltliche Zurverfügungstellung einer Geschäftsstelle sollen mangels Selbständigkeit nach KStR 5.7 VI kein wirtschaftl Geschäftsbetrieb sein. Die Selbständigkeit setzt nicht das Überschreiten einer bestimmten Einnahme- oder Überschussgrenze voraus. Allerdings entfällt in derartigen Fällen oft die Nachhaltigkeit. In Bagatellfällen kann auch die objektivierbare Selbständigkeit fehlen (Kaffee-, Geburtstags-, Freud- und Leidkasse). Einnahmeerzielungs-(nicht Gewinn- oder Überschusserzielungs-)absicht ist erforderlich (BFH/NV 10

87, 397). Der wirtschaftl Geschäftsbetrieb kann auch durch einen Erfüllungsgehilfen begründet werden (so FG BaWü EFG 88, 88). Zu den Einkunftsarten s Rz 14. „Echte“ Mitgliederbeiträge führen nicht zu einem wirtschaftl Geschäftsbetrieb; die Abgrenzung kann schwierig sein, da in den Beiträgen Entgelte für einen Geschäftsbetrieb enthalten sein können (s KStR 5.7 IV und § 8 Rz 460).

11 **7.** Die selbständige, nachhaltige Tätigkeit der steuerbefreiten Körperschaft muss nach § 14 AO über den Rahmen einer Vermögensverwaltung hinausgehen, um einen wirtschaftl Geschäftsbetrieb zu begründen. Zum Begriff der Vermögensverwaltung und Abgrenzungsfragen Rz 12. Die Grenze zum wirtschaftl Geschäftsbetrieb ist regelmäßig überschritten, wenn die Tätigkeit auf einen **wirtschaftlichen Leistungs- oder Güteraustausch** gerichtet ist. Gewinnerzielungsabsicht ist nicht erforderlich, § 14 S 2 AO. Auch rein kostendeckende oder verlustbringende Tätigkeit kann wirtschaftl Geschäftsbetrieb sein, BFH BStBl II 94, 573. Eine Teilnahme am allgemeinen wirtschaftl Verkehr ist ebenfalls nicht notwendig, § 14 Satz 2 AO. Erbringt die steuerbefreite Körperschaft Leistungen ausschließlich an ihre Mitglieder (zB auf vereinseigenen Festveranstaltungen), verhindert dies noch nicht den wirtschaftl Geschäftsbetrieb, vgl BFH/NV 86, 239. Auch die Geschäftstätigkeit gegenüber einer anderen steuerbefreiten Körperschaft kann ausreichen; die bloße Mittelverwaltung genügt aber nicht (s auch FG Berlin EFG 07, 291, zur Drittmittelforschung). Für eine wirtschaftliche Tätigkeit iSd § 14 AO ist uE auch eine Wettbewerbsrelevanz erforderlich (*Hüttemann,* Wirtschaftliche Betätigung und steuerliche Gemeinnützigkeit, 1990). Soweit die Rechtsprechung für die Annahme eines wirtschaftlichen Geschäftsbetriebs weder einen konkreten noch potentiellen Wettbewerb für erforderlich hält (BFH BStBl I6, 971), ist dies uE mit den gesetzlichen Motiven (Rz 8) unvereinbar.

12 **8.** Kein wirtschaftl Geschäftsbetrieb ist die **Vermögensverwaltung,** die idR dann vorliegt, „wenn Vermögen genutzt, zB KapVermögen verzinslich angelegt und unbewegliches Vermögen vermietet oder verpachtet wird“ (§ 14 AO). Zur Abgrenzung Vermögensverwaltung/wirtschaftl Geschäftsbetrieb schließt die hA an die Kriterien zur einkommensteuerl Unterscheidung zwischen Einkünften aus Gewerbebetrieb einerseits und Einkünften aus KapVermögen und VuV andererseits an (s auch *Alvermann* FR 06, 262). Bei der Vermögensverwaltung wird bereits vorhandenes Vermögen zur Fruchtziehung eingesetzt, während beim wirtschaftl Geschäftsbetrieb erst neue Vermögenswerte geschaffen werden (s BFH BStBl II 92, 693; BFH/NV 92, 839). Die Vermögensverwaltung ist auf Substanzerhaltung ausgerichtet. Geht die Verwaltung über dieses normale Maß der Vermögensumsetzung nicht hinaus, ist die Größe des verwertbaren Vermögens und der Umfang der Verwaltungstätigkeit unerheblich (s BFH BStBl III 64, 364 und 367, jeweils zur Gewerblichkeit).

13 § 14 S 3 AO nennt als Regelbeispiele der Vermögensverwaltung die Nutzung von (Kapital-)Vermögen und die VuV. Die Vermögensverwaltung ist jedoch hierauf nicht beschränkt. So ist nicht nur die verzinsliche Anlage von KapVermögen und Immobilien, sondern auch dessen Erwerb und die Veräußerung stfrei. S hierzu auch Rz 35 „Beteiligung an einer Körperschaft“, „Land- und Forstwirtschaft“. Zur Vermögensverwaltung durch PersGes s Rz 23. Zur Betriebsverpachtung und Betriebsaufspaltung s Rz 20. Die Veräußerung einbringungsgeborener Anteile soll stpfl sein (HessFG EFG 02, 861). Zur optimalen **Gestaltung** von Beteiligungen steuerbefreiter Körperschaften im steuerfreien Bereich oder im wirtschaftl Geschäftsbetrieb s Beratungs-ABC „Steuerbefreite Körperschaften“.

14 **9.** Für die **Einkünfteermittlung** des wirtschaftl Geschäftsbetriebs gelten die allgemeinen Vorschriften (§§ 7 ff). Die Einkünfte **eines jeden wirtschaftl Geschäftsbetriebs** werden **gesondert** ermittelt (BFH BStBl II 92, 103), aber zum

Zweck der Besteuerung im Einkommen zusammengefasst (vgl KStR 5.7 VII Satz 2 zu Berufsverbänden); etwas anders § 64 II AO für Geschäftsbetriebe gemeinnütziger Körperschaften: mehrere Geschäftsbetriebe werden als ein Geschäftsbetrieb behandelt. **Einkünfte aus Gewerbebetrieb** sind nicht zwingend, schon deshalb, weil Gewinnerzielungsabsicht nicht erforderlich ist (§ 14 AO; s aber zu Verlusten Rz 18). Die **Einkunftsart** bestimmt sich nach den allg Vorschriften (vgl zB BFH BStBl III 66, 632: falls mangels Gewinnerzielungsabsicht kein Gewerbebetrieb vorliegt, Einkünfte nach § 22 Nr 3 EStG möglich). Einkünfte aus Gewerbebetrieb können jedoch für die Körperschaft günstiger sein als solche aus § 22 Nr 3 EStG, weil der Verlustausgleich, Verlustvor- und -rücktrag möglich ist (*Streck* KÖSDI 79, 3420). Zweifelhaft ist, ob der wirtschaftl Geschäftsbetrieb auch zu stpfl **Einkünfte** aus **KapVermögen** und **VuV** führen kann. Diese Einkunftsarten sind idR ausgeschlossen, da sie grundsätzlich der Vermögensverwaltung zuzurechnen sind und diese keinen wirtschaftl Geschäftsbetrieb darstellt (Rz 12). UE sind derartige Einkünfte jedoch in Ausnahmefällen im wirtschaftl Geschäftsbetrieb möglich. Der wirtschaftl Geschäftsbetrieb scheidet einen organisatorischen Bereich aus der StBefreiung aus. Innerhalb dieses Bereichs können Kapitalerträge anfallen.

**10.** Für die **Ermittlung** der **einzelnen Einkünfte** gelten die allgemeinen Vorschriften des EStG. Werden Bücher geführt, gilt bei gewerbl Einkünften § 5 EStG. Ein vom Kj abweichendes Wj ist möglich (FinVerw DB 94, 2318). Die **Betriebseinnahmen** müssen dem wirtschaftl Geschäftsbetrieb zuzuordnen sein (BFH BStBl II 92, 103). Aus den Einnahmen ist regelmäßig ein **Spendenteil** nicht abspaltbar (FG Nürnberg EFG 60, 312); anders, wenn die Spenden ohne unmittelbare Zusammenhang mit den Leistungen des wirtschaftl Geschäftsbetriebs für den Zweck der Körperschaft erbracht werden; sie gehören dann nicht zu den Einnahmen (BFH BStBl II 76, 472). Keine stpfl Einnahmen sind **Mitgliederbeiträge** (§ 8 V, § 8 Rz 460 ff). Zur Aufteilung von Mitgliedsbeiträgen s § 8 Rz 460. Die **Betriebsausgaben** müssen in unmittelbarem wirtschaftl Zusammenhang mit den Einkünften des wirtschaftl Geschäftsbetriebs stehen (BFH BStBl II 92, 103). Gibt es mehrere Gründe, die die Entstehung der Betriebsausgaben verursachen, ist eine Gewichtung erforderlich. Nach der zu engen Rspr soll eine Ausgangsvermutung bestehen, dass primärer Anlass die steuerfreie Tätigkeit ist (BFH BStBl II 92, 103; ebenso auch BFH BStBl II 05, 305; BFH/NV 92, 412; 96, 268). Wäre die Angabe auch ohne den wirtschaftl Geschäftsbetrieb angefallen, soll sie nicht abzugsfähig sein. Berechtigte Kritik an dieser Rspr, die zu einer „Überbesteuerung" der gemeinnützigen Körperschaften führt, von *Thiel* DB 93, 1208; *Lang/Seer* FR 94, 521. Im Falle einer gewerblichen Mitveranlassung ist aber ein (anteiliger) Betriebsausgabenabzug zulässig (BFH BStBl II 15, 713). Die FinVerw lässt eine anteilige Berücksichtigung von gemischt veranlassten Aufwendungen als Betriebsausgaben zu, wenn ein „objektiver Aufteilungsmaßstab" dargelegt wird (AEAO zu § 64 I Nr 6). Arbeiten Vereinsmitglieder einer gemeinnützigen Körperschaft gegen Unterhaltsgewährung in einem wirtschaftl Geschäftsbetrieb, ist der Unterhalt Betriebsausgabe; keine vGa, auch wenn das Arbeitsverhältnis unangemessen gering ist (BFH BStBl II 98, 357). Bei gemeinnützigen Golfclubs ist der anteilige Betriebsausgabenabzug aus den Aufwendungen für Golfplatz und Personal im wirtschaftl Geschäftsbetrieb „Greenfee" im Verhältnis der Nutzung durch Mitglieder und Vereinsfremde zulässig (AEAO zu § 64 I Nr 6 S 2, entgegen BFH II 92, 103); beim Betrieb eines Festzelts als wirtschaftl Geschäftsbetrieb sind die Aufwendungen für den Festzug zum Zelt als Ausgaben zumindest dann abzugsfähig, wenn die ideelle Festveranstaltung des Vereins gesondert erfolgt (FG Nürnberg EFG 01, 1162). Bei steuerpflichtigen Konzerten von gemeinnützigen Musikvereinen sind die Aufwendungen auch dann anteilig abzugsfähig, wenn sie zT mit den Kosten der eigenen Musikgruppe zusammenhängen (AEAO zu § 64 Nr 6 S 3–5 I). Wer- 15 den der gemeinnützigen Körperschaft aber durch behördlich Auflagen bestimmte Ausgaben vorgeschrieben, sind diese in vollem Umfang als Betriebsausgaben abzugsfähig, soweit die Auflage durch den wirtschaftl Geschäftsbetrieb veranlasst ist (BFH BStBl II 05, 305).

16 Da der wirtschaftl Geschäftsbetrieb nicht durch die Gewinnerzielungsabsicht definiert ist (Rz 11), kann er zB als Geschäftsbetrieb eines Berufsverbandes Leistungen an die Mitglieder auch nach dem Kostendeckungsprinzip erbringen (BFH BStBl II 99, 99 betr Buchstelle eines Berufsverbands); eine **vGa** liegt in diesen Fällen nicht vor. Allerdings muss zumindest irgendein Entgelt erhoben werden oder ein Teil des Beitrags als Betriebseinnahme begriffen werden (BFH BStBl II 98, 161 betr Inkasso- und Abrechnungsfunktionen). Das Gleiche gilt, wenn der Berufsverband Rabatte, die er auf Leistungen der Mitglieder erhält, an diese weitergibt, sofern dies auch ein ordnungsgemäß handelnder Geschäftsleiter getan hätte (BFH BStBl II 98, 161).

17 Für **gemeinnützige Körperschaften (Abs 1 Nr 9)** gilt **§ 64 AO.** Mehrere wirtschaftl Geschäftsbetriebe werden zusammengefasst (§ 64 II AO). Übersteigen die Einnahmen einschließlich USt aus wirtschaftl Geschäftsbetriebe, die keine Zweckbetriebe sind, insgesamt nicht € 35 000,– im Jahr (bzw im abw Wj, vgl FinVerw DB 05, 1547), so unterliegen die diesen Geschäftsbetrieben zuzuordnenden Besteuerungsgrundlagen nicht der KSt und der GewSt (§ 64 III AO). Um zu verhindern, dass die steuerfreien Körperschaften durch Aufteilung mehrfach diese Bagatellgrenze nutzen, fingiert § 64 IV AO diese Aufteilung als Missbrauch iSd § 42 AO. § 64 V und VI AO schließlich ermöglichen pauschale Gewinnermittlungen für die dort genannten Geschäftsbetriebe.

18 Auch hinsichtlich der **Mittelverwendung** geben §§ 55 ff AO den gemeinnützigen engere Vorgaben als anderen steuerbefreiten Körperschaften. Zu Einzelheiten s §§ 55 ff AO, insbesondere zur (nahezu) uneingeschränkten, zeitnahen Mittelverwendung für den gemeinnützigen Satzungszweck (vgl § 55 Nr 1–5 AO). Obwohl für die Begründung eines wirtschaftl Geschäftsbetriebs keine Gewinnerzielungsabsicht erforderlich ist (s Rz 11), indizieren daher **Verluste** im wirtschaftl Geschäftsbetriebs eine gemeinnützigkeitsschädliche Mittelfehlverwendung (zu Einzelheiten und den – umstrittenen – Kriterien der FinVerw s AEAO zu § 55 Nr 4 ff und BMF BStBl I 98, 1423). Die Verwaltungsvorgaben sind im Verhältnis zur Rechtsprechung großzügig, aber zu schematisch, um zu sachgerechten Ergebnissen zu führen (s auch *Hüttemann* FR 02, 1337): Kann die stbefreite Körperschaft nachweisen, bei der Begründung des wirtschaftlichen Geschäftsbetriebs von Anfang an mit Gewinnerzielungsabsicht gehandelt zu haben, und werden im Falle der Verlustentstehung oder dauerhafter Verlustprognose wirtschaftliche Konsequenzen gezogen, dürfen defizitäre wirtschaftliche Geschäftsbetriebe die Stbefreiung nicht tangieren. Die Beurteilung wirtschaftlicher Betätigungen sollte insoweit – trotz § 14 S 2 AO – an die Prüfung der Gewinnerzielungsabsicht bei einkommensteuerlichen Einkünften angeglichen werden (*Hüttemann,* aaO). Schon mangels gesetzl Vorgaben zur Mittelverwendung sind die Verlustkriterien auf andere steuerbefreite Körperschaften (zB Berufsverbände) nicht übertragbar (aA *Meining* DStR 06, 352). Bei Dauerverlusten wird dort allenfalls zu prüfen sein, ob die verlustbringende Geschäftstätigkeit noch genügend Raum für die Verwirklichung der steuerbefreiten Satzungszwecke lässt.

19 Besonderheiten bei wirtschaftl Geschäftsbetrieben von geistlichen Orden s FinVerw 1964 StEK KStG § 4 Nr 23; abw BFH BStBl II 69, 93; dazu FinVerw DB 71, 601; s auch § 1 Rz 37.

20 **11.** Wird ein Haus, das ursprünglich einem wirtschaftl Geschäftsbetrieb diente, später vermietet, ohne dass der wirtschaftl Geschäftsbetrieb aufgegeben wird, so bleibt das Haus **Betriebsvermögen** (BFH HFR Anm 66, 21). Bei der Überführung von WG aus dem wirtschaftl Geschäftsbetrieb in den steuerbefreiten Bereich

und umgekehrt können die **Entnahme-** und **Einlageregeln** der §§ 4, 6 EStG angewandt werden. Keine Gewinnrealisierung bei der Übertragung von WG auf steuerbefreite Körperschaften, wenn die Voraussetzungen des § 6 I Nr 4 S 5 EStG vorliegen; für die Überführung von betrieblichen Einheiten insgesamt gilt § 13 IV und V (s auch BMF BStBl I 02, 212). Bei der **Verpachtung** eines wirtschaftl Geschäftsbetriebs hat die Körperschaft ein Wahlrecht hinsichtlich der Gewinnrealisierung; die Grundsätze zur Betriebsverpachtung finden Anwendung. Der BFH BStBl II 07, 725 hat noch einmal ausdrücklich klargestellt, dass eine steuerbefreite Körperschaft, die einen selbst betriebenen wirtschaftl Geschäftsbetrieb verpachtet, mit den Pachteinnahmen solange stpfl ist, bis die Betriebsaufgabe erklärt wird (ablehnend *Hüttemann* BB 07, 2324). Nach BMF BStBl I 02, 212 ist auch bei einer Aufgabeerklärung eine steuerneutrale Überführung in den steuerbefreiten Bereich zu Buchwerten im Rahmen von § 13 IV KStG zulässig (s auch *Schmidt/Fritz* DStR 02, 2509). Beherrscht die steuerbefreite Körperschaft eine voll steuerpflichtige GmbH, die von ihr wesentliche Betriebsgrundlagen anmietet, gelten die Regeln der **Betriebsaufspaltung** (BFH/NV 11, 312; 86, 433; FG Köln EFG 95, 360; DB 80, 425 den Berufsverband betr; FinVerw DB 82, 153 und DStR 99, 1111 betr gemeinnützige Körperschaften; AEAO zu § 64 Nr 3; *Jost* DB 07, 1664); s allerdings FG Köln GmbHR 87, 32, das die personelle Verflechtung ablehnt, wenn die BetriebsGes erst über die Mitglieder des Vereins – Verein = Besitzunternehmen – beherrscht wird). Beherrscht der Besitzunternehmer eine steuerbefreite Körperschaft und überlässt er ihr wesentliche Betriebsgrundlagen zur Nutzung, kann nur dann ein Gewerbebetrieb des Besitzunternehmers angenommen werden, wenn die Körperschaft, dh die BetriebsGes, einen wirtschaftl Geschäftsbetrieb mit Gewinnerzielungsabsicht unterhält und diesem Geschäftsbetrieb die wesentliche Betriebsgrundlagen überlassen werden. Gleiches gilt für die Nutzungsüberlassung von einer steuerbefreiten Muttergesellschaft (FinVerw DStR 99, 1111). Keine Betriebsaufspaltung, wenn ein Zweckbetrieb ausgegliedert wird und Besitz- und Betriebsunternehmen gemeinnützig sind (FinVerw DB 95, 1785; AEAO zu § 64 Nr 3); hier wird also das Besitzunternehmen ebenfalls als Zweckbetrieb begriffen. Für **vGa** gelten die allgemeinen Regeln (§ 8 Rz 142 ff; allg zu Gewinnausschüttungen *Knoop* DStR 06, 1263).

**12.** Da die Körperschaft einheitlich veranlagt wird, ist ein **Verlustausgleich** unter mehreren wirtschaftl Geschäftsbetrieben möglich (s auch KStR 5.7 VII 2 zu Berufsverbänden). Kein Verlustausgleich mit nicht stpfl Geschäftsbetrieb, zB mit gemeinnützigem Zweckbetrieb iSv §§ 65 ff AO (BFH BStBl II 76, 472). Zum Verhältnis eines Verlustvortrags und § 64 III AO s FG RhPf EFG 97, 306 und AEAO zu § 64 Nr 23. Zu **Spenden** s § 9 Rz 14 ff. **§ 10 Nr 1** ist zu beachten; kein Abzug von Aufwendungen, die innerhalb des Zwecks der Körperschaft liegen (vgl BFH BStBl II 77, 493 betr Nichtabzug der Aufwendungen für eine Schule und ein Waisenhaus); der Spendenabzug ist jedoch gegenüber § 10 Nr1 vorrangig (§ 10 Rz 7). § 10 Nr 1 betrifft nur Aufwendungen, die sich der Art nach als Einkommensverwendung darstellen. Betriebsausgaben und WK bleiben nach den allgemeinen Regeln abziehbar (s BFH BStBl II 05, 305; § 10 Rz 6). **Freibetrag** gemäß § 24 s dort; **StSatz** s § 23. 21

Für einen wirtschaftl Geschäftsbetrieb, den eine Körperschaft mit einer anderen Körperschaft durchführt, ist eine **gesonderte Feststellung** gemäß § 180 AO durchzuführen (BFH BStBl II 76, 472). Im gesonderten Gewinnfeststellungsbescheid für eine KG wird festgestellt, ob eine als Kommanditistin beteiligte gemeinnützige Körperschaft gewerbl Einkünfte bezieht (BFH BStBl II 84, 726; II 89, 134); ob die gewerblichen Einkünfte zu einem wirtschaftlichen Geschäftsbetrieb führen, ist aber außerhalb des Feststellungsverfahrens allein bei der beteiligten Körperschaft zu entscheiden, BFH BStBl II 11, 858, zur Beteiligung an rein vermögensverwaltender, aber gewerblich geprägter PersGes. 23

24 **Beginn, Ende** der StPflicht durch einen wirtschaftl Geschäftsbetrieb s § 13 und Rz 104, 114. Fällt die Gemeinnützigkeit fort, ist im Einzelnen zu ermitteln, welche Einkünfte vorliegen (BFH BStBl II 88, 75).

25 **13.** Bei **gemeinnützigen Körperschaften** führen wirtschaftl Geschäftsbetriebe dann nicht zur StPflicht, wenn diese Betriebe gleichzeitig die Bedingungen eines sog **Zweckbetriebs** erfüllen, §§ 65–68 AO (gilt nicht für Berufsverbände NdsFG EFG 98, 1665). Hierbei sind die spezialgesetzlichen Regelungen für einzelne Zweckbetriebe in §§ 66–68 AO vorrangig gegenüber der allgemeinen Definition des § 65 AO zu prüfen (BFH BStBl II 04, 660). Zu den **Sportvereinen** s Beratungs-ABC.

35 **14. Einzelfall-ABC** (+ = wirtschaftl Geschäftsbetrieb zu bejahen, ./. = zu verneinen; Zweckbetrieb: s Rz 25):

**Aktienbesitz**
./., s Beteiligung.

**Altenheim**
Altenwohnheim +, aber bei gemeinnützigen Körperschaften Zweckbetrieb (§ 68 AO).

**Altkleidersammlung**
Sammeln und Verkauf + (BFH BStBl II 92, 693; BFH/NV 92, 839; BMF BStBl I 95, 630; bei gemeinnützigen Körperschaften Zweckbetrieb nur in Ausnahmefällen denkbar, vgl BFH BStBl II 92, 693; BFH/NV 95, 568; FG D'dorf EFG 82, 203; aA FG D'dorf EFG 91, 151). Die FinVerw (DB 01, 351) erkennt nur den Einzelverkauf von gesammelten Kleidungsstücken an hilfsbedürftige Personen iSd § 53 AO als Zweckbetrieb nach § 66 AO an. Die Vermittlung von Plätzen für Kleidercontainer, die Überlassung des Namens der gemeinnützigen Körperschaft gegen Entgelt ist wirtschaftl Geschäftsbetrieb (FinVerw DStR 92, 1364). Zur Möglichkeit der Gewinnschätzung s § 64 V AO; s zum Ganzen auch OFD Frankfurt DB 12, 1957.

**Altmaterialsammlung**
S Altkleidersammlung.

**Angelkarten**
Verkauf ./. (FinVerw 1968 DStZ/B 68, 338).

**Ansichtskarten**
Verkauf + (FinVerw DB 94, 1902).

**Anzeigengeschäft**
in Vereinszeitschriften, Jahrbüchern, jährlich erscheinenden Festschriften usw + (BFH BStBl III 62, 73 und FG Saarl EFG 88, 135: Vereinszeitung; *Alvermann* FR 06, 262; KStR 5.7 IV 11), zweifelhaft, wenn zB eine Festschrift nur einmal erscheint (zum 100-jährigen Bestehen); uE keine Nachhaltigkeit; BFH BStBl II 76, 472 lässt die Frage offen; Kosten müssen im Schätzungsweg aufgeteilt werden; Aufteilung nach Seiten ist unzuverlässig, aber mangels eines anderen Maßstabs möglich (BFH BStBl III 62, 73; zur Aufteilung s auch FG Freiburg EFG 66, 292); tritt das Werk mit anderen Werken in Wettbewerb, so kann es auch ohne Aufteilung insgesamt einen wirtschaftl Geschäftsbetrieb darstellen (BFH BStBl III 55, 177: Kalender-Jahrbuch); Verpachtung des Anzeigengeschäfts an einen Verlag ist Vermögensverwaltung auch bei gewinnabhängiger Pacht (BFH BStBl III 67, 373; *Widmann* JbFfSt 76/77, 385).

**Apotheke**
S Krankenhausapotheke.

**Arbeitsmedizinische Zentren**
des Vereins berufsgenossenschaftlicher arbeitsmedizinischer Dienst eV + (FinVerw 1978 StEK KStG 1977 § 1 Nr 3).

**Auftragsforschung**
S Forschung.

**Ausbildungsveranstaltungen**
(Schulungen, Kurse, Vorträge, Tagungen etc) +, falls entgeltlich; NdsFG EFG 98, 1665. Bei gemeinnützigen Körperschaften kann ein Zweckbetrieb vorliegen.

**Aussiedlerheime**
+; Aus- und Übersiedlerheime gemeinnütziger Körperschaften sind unter bestimmten Bedingungen Zweckbetrieb (§ 68 AO); vgl BMF BStBl I 97, 112 und 00, 487.

**Ausstellungsflächen**
Vermietung von A. an eine Mehrzahl von Nutzern ist idR wirtschaftl Geschäftsbetrieb (s auch FG Hbg EFG 07, 218), im Ausnahmefall Zweckbetrieb denkbar.

**Ausweise**
s Bescheinigungen und Presseausweise.

**Bandenwerbung**
S Sportwerbung.

**Behindertenwerkstatt**
+, bei gemeinnützigen Körperschaften Zweckbetrieb möglich (§ 68 AO); zum Warenverkauf s FinVerw DB 98, 605; FG RhPf 1 K 1695/05 v 7.2.07, nv.

**Beratung**
entgeltlich von Mitgliedern, Gesellschaftern usw + (KStR 5.7 IV 10).

**Beschaffungsstellen**
steuerbegünstigter Körperschaften +, kein Zweckbetrieb (FinVerw DB 94, 1700; BB 96, 676); kein Zweckbetrieb (BFH II 91, 157 und 268; BFH/NV 98, 150).

**Bescheinigungen**
Das Ausstellen von Ausweisen, Zertifikaten, Bescheinigungen, Testaten gegen Entgelt ist wirtschaftl Geschäftsbetrieb (s BFH/NV 14, 1670 zu Presseausweisen); bei gemeinnütziger Körperschaft ist Zweckbetrieb (Rz 25) möglich.

**Beteiligung an einer Körperschaft**
./., auch beherrschende, selbst zu 100%, ist Vermögensverwaltung (BFH/NV 11, 312; BFH BStBl II 71, 753; KStR 5.7 V 3; *Alvermann* FR 06, 262). Auch die Veräußerung einer wesentliche Beteiligung begründet keinen wirtschaftl Geschäftsbetrieb. Anders im Falle einer Betriebsaufspaltung, s Rz 20. Ein wirtschaftl Geschäftsbetrieb soll auch dann entstehen, wenn die Körperschaft unmittelbar in die laufende Geschäftsführung eingreift oder diese übernimmt, und zwar gleichgültig, ob dies durch die Körperschaft alleine oder iVm anderen Körperschaften geschieht (BFH/NV 11, 312; BStBl II 71, 753; KStR 5.7 V 4 iVm 4.1 II 3); uE kein taugliches Abgrenzungskriterium. Die Möglichkeit des Eingriffs genügt jedenfalls nicht; von ihr muss Gebrauch gemacht werden (*v Wallis* GmbHR 69, 112; FG Münster DStZ/B 67, 495); die Beteiligung an einer Vermögensverwaltungs-GmbH ist aber auch unter diesen Bedingungen kein wirtschaftl Geschäftsbetrieb (KStR aaO); wirtschaftl Geschäftsbetrieb auch möglich, wenn mehrere Beteiligungen an einer „Holding" zusammengefasst sind oder wenn Beteiligungen oder Aktienbesitz spekulativ und die Vermögensverwaltung sprengend umgeschichtet werden (BFH BStBl II 69, 269). Vgl weiter *Müller-Thuns/Jehke* DStR 10, 905; *Meining* DStR 06, 352; *Engelsing/Muth* DStR 03, 917. Zur StPflicht einbringungsgeborener Anteile s HessFG EFG 02, 861.

**Beteiligung an einer PersGes**
S Personengesellschaft.

**Betriebsaufspaltung**
S Rz 20.

**Betriebsverpachtung**
S Rz 20.

**Bewirtung**
S Bierzelt, Esswarenverkauf, Gaststätte, Gesellige Veranstaltungen, Getränkeverkauf, Kulturelle Veranstaltungen, Sportveranstaltungen, Tabakwarenverkauf.

**Bierzelt**
+ (BFH/NV 89, 342). S auch Gaststätte, Getränkeverkauf.

**Blindenbetrieb**
S Behindertenwerkstatt.

**Blutspendedienst**
grds +, FG Bdbg EFG 02, 121; FinVerw DB 95, 2568 und 97, 2003 (zur USt); zum Zweckbetrieb s BFH BStBl II 04, 798 und die Vorinstanz FG D'dorf EFG 02, 304; zum DRK und Untergliederungen BMF BStBl 82, 370. Zur möglichen Gewinnpauschalierung S § 64 VI Nr 3 AO.

**Buchführung**
für Mitglieder usw + (KStR 5.7 Abs 4 Satz 10).

**Buchstelle**
+ (KStR 5.7 IV 10; BFH BStBl II 99, 99).

**Bundesliga**
S Kigabetrieb.

**Café, Cafeteria**
+ (BFH BStBl II 90, 724); zur Betriebsaufspaltung s Rz 20; s auch Bewirtung mit Verweisungen.

**Clubhaus**
Entgeltliches Betreiben +, selbst wenn Verkauf von Getränken und Tabakwaren grundsätzlich nur an Vereinsmitglieder erfolgt (BFH/NV 86, 239); kein Zweckbetrieb nach § 68 AO (BdF BStBl I 78, 202); soweit Verpachtung an Dritte vorliegt ./., da Vermögensverwaltung.

**Dachverband**
Dienstleistungen eines Dachverbands an seine Mitglieder im Rahmen der Ausrichtung von (Kiga-)Wettkämpfen können einen wirtschaftl Geschäftsbetrieb begründen (BFH BStBl II 16, 971). Ein ZB ist möglich (im konkreten Fall ablehnend BFH, aaO).

**Darlehen**
./., da Vermögensverwaltung.

**DRK**
S Blutspendedienst.

**Eislaufbahn**
+, BFH/NV 98, 96 (Kunsteisbahn); FG BaWü 93, 694 (wirtschaftl Geschäftsbetrieb eines Eissportvereins); Zweckbetrieb möglich; BFH BStBl II 00, 705, Nichtanwendungserlass BMF BStBl I 00, 1548.

**Erholungsheim**
+ (BFH BStBl III 56, 29), bei gemeinnützigen Körperschaften Zweckbetrieb (§ 68 AO).

**Esswarenverkauf**
+ BFH/NV 86, 239. S auch Bewirtung mit Verweisungen.

**Fachausstellung**
+ (KStR 5.7 IV 10).

**Fachmesse**
+.

**Familienhotel**
S Hotelbetrieb und BFH/NV 17, 80.

**Fastnacht, Fasching**
S Karneval.

**Festschrift**
kann einer geselligen Veranstaltung, s dort, zuzurechnen sein, wenn sie sich ausschließlich auf diese Veranstaltung bezieht (BFH BStBl II 76, 472). Bereits ein Anzeigenteil macht diesen oder die gesamte Festschrift zu einem eigenen wirtschaftl Geschäftsbetrieb (BFH aaO; uE sehr zweifelhaft; s die treffende Kritik von *Mangold* StuW 78, 164; s auch Anzeigengeschäft); selbst ein Zweckbetrieb iSv § 65 AO soll idR nicht vorliegen (BFH aaO); Nachhaltigkeit ist bei sich jährlich wiederholenden Festen gegeben (BFH aaO).

**Festzelt**
mit Festzug als wirtschaftl Geschäftsbetrieb FG Nürnberg EFG 01, 1162.

**Festzug**
S Festzelt.

**Feuerbestattung**
S Krematorium.

**Feuerwehr, freiwillige**
Tag der offenen Tür als wirtschaftl Geschäftsbetrieb BFH BStBl II 97, 361; desgleichen Feuerwehrfest FG Nürnberg EFG 98, 1447.

**Filmproduktion**
+, bei gemeinnützigen Körperschaften uU Zweckbetrieb (BFH BStBl II 86, 831).

**Filmvorführung**
-verleih + (KStR 5.7 IV 10).

**Fitness-Studio**
+, BFH BStBl II 96, 573; 94, 362.

**Flüchtlingsheim**
S Hotelbetrieb.

**Formularverkauf**
+, aber Zweckbetrieb (§ 65 AO) möglich (FG Münster EFG 67, 476).

**Forschung**
+, Zweckbetrieb unter den Voraussetzungen des § 68 Nr 9 AO; s BFH BStBl II 07, 631; *Strahl* DStR 07, 1468; *Becker* DStZ 07, 529; *Kaufmann/Schmitz-Herscheidt* BB 07, 2039.

**Forstwirtschaft**
S Land- und Forstwirtschaft.

**Fortbildungsveranstaltungen**
S Ausbildungsveranstaltungen.

**Freiwilligenagentur**
+, wenn entgeltliche Leistung; aber Zweckbetrieb, BMF BStBl I 03, 446.

**Fremdenverkehrsverband**
+, FG D'dorf EFG 02, 355.

**Freud- und Leidkasse**
S Rz 10.

**Fürsorgeerziehung**
Einrichtung der Fürsorgeerziehung als Zweckbetrieb s § 68 AO.

**Fußball der Bundesliga**
S Beratungs-ABC „Sportvereine"; § 67a AO und AEAO zu § 67a.

**Gärtnerei**
S Land- und Forstwirtschaft.

**Gaststätte**
+ (BFH BStBl II 92, 103 und BFH/NV 92, 412 betr Sportverein). S auch Bierzelt, Esswarenverkauf, Getränkeverkauf.

**Geburtstagskasse**
S Rz 10.

**Gehaltsabrechnungsstellen**
S Zentrale Gehaltsabrechnungsstellen.

**Geschäftsstelle**
der Körperschaft ./. (KStR 5.7 VI); auch wenn zB Altpapier, Möbel usw verkauft werden; das gilt auch, wenn die Geschäftsstelle, ganz oder teilweise, sachlich oder personell, einer anderen Körperschaft entgeltlich zur Verfügung gestellt wird (KStR aaO); in diesen Fällen fehlt die Selbständigkeit (s Rz 10); s aber FG SchlHol EFG 01, 410 zur Übernahme von Verwaltungsleistungen.

**Gesellige Veranstaltungen**
+, falls Einnahmen nachhaltig erzielt werden sollen (Beispiel: Veranstaltung eines bereits bekannten, sich jährlich wiederholenden Rosenmontagsballs); regelmäßige Waldfeste und Heimatabende eines Trachtenvereins BFH BStBl II 86, 92 mit HFR Anm 86, 197; Festveranstaltung gelegentlich einer Kirmes FG Saarl EFG 86, 38; Faschingsball FG Nürnberg EFG 91, 629; uE nicht bei einmaliger Veranstaltung; auch nicht bei sich wiederholenden, unentgeltlichen Veranstaltungen (jährliches Winterfest), die in einem Jahr einmal entgeltlich durchgeführt werden; als Zweckbetrieb einer gemeinnützigen Körperschaft s § 68 AO (dazu BFH BStBl II 76, 472; dazu *Mangold* StuW 76, 164). Bewirtung anlässlich solcher Veranstaltungen + (BFH BStBl II 86, 88, 92 mit HFR Anm 86, 197; BFH/NV 86, 239); kein Zweckbetrieb (FG Saarl EFG 86, 38); Verkauf von Karnevalsorden ist nach FG Köln EFG 12, 1693 kein Zweckbetrieb; uE unzutr.

**Gesundheitswesen**
Zur Abgrenzung von wirtschaftl Geschäftsbetrieb und Zweckbetrieb s FinVerw DB 98, 2300.

**Getränkeverkauf**
+, BFH/NV 86, 239. Der Verkauf im Rahmen der ideellen Betätigung an Hilfsbedürftige kann aber Zweckbetrieb sein, vgl FG Köln EFG 15, 1634. S auch Bierzelt und Bewirtung mit Verweisungen.

**Greenfee**
Überlassung der Golfanlage an Dritte gegen das sog Greenfee + (BFH BStBl II 87, 659; AEAO Tz 6 zu § 64); zum Betriebsausgabenabzug s Rz 15; s auch Sportanlagen.

**Grundstücksverwaltung**
ist bzgl des eigenen Grundvermögens Vermögensverwaltung (vgl BFH BStBl II 96, 583 mit HFR 86, 817, auch zur Problematik der Verwaltung kirchlicher Immobilien).

**Heimatabende**
S Gesellige Veranstaltungen.

**Hofläden,**
die ausschließlich Bewohnern einer gemeinnützigen, stationären Einrichtung dienen, sind Zweckbetrieb, FG Köln EFG 15, 1634.

**Holding**
S Beteiligungen an einer Körperschaft.

**Hotelbetrieb**
+, BFH/NV 99, 1089. Der Hotelbetrieb einer gemeinnützigen Körperschaft kann Zweckbetrieb sein, wenn die Leistungen hilfsbedürftigen Personen zugute kommen (zB Flüchtlingsheim; zum Familienhotel s BFH/NV 17, 80).

**Hütten**
von Wandervereinen +, falls bewirtschaftet (FinVerw 1987 StEK AO 1977 § 52 Nr 48). S auch Bewirtung mit Verweisungen.

**Inkasso**
+. Vgl auch BFH BStBl II 98, 161.

**Jahrbuch**
./., falls unentgeltlich; +, falls entgeltlich; evtl Zweckbetrieb (§ 65 AO) gegeben; zum Anzeigengeschäft s dort; s auch Festschrift.

**Jugendheim**
S Kindergarten.

**Jugendherberge**
+, bei gemeinnütziger Körperschaft Zweckbetrieb möglich (§ 68 AO).

**Jugendreisen**
+, aber Zweckbetrieb möglich (§ 65 AO; FinVerw 1981 StEK AO 1977 § 65 Nr 6).

**Kaffeekasse**
S Rz 10.

**Kalenderjahrbuch**
S Anzeigengeschäft und Jahrbuch.

**Kantine**
+ (KStR 5.7 IV 10); kein Zweckbetrieb (§ 68 AO; BMF BStBl I 78, 202). Ein Zweckbetrieb ist aber möglich, wenn die Kantine im Wesentlichen der Unterstützung und Versorgung hilfsbedürftiger Menschen dient (zB Obdachlosen; vgl FG Köln EFG 15, 1634).

**Karneval**
Karnevalssitzungen gemeinnütziger Vereine sind wirtschaftl Geschäftsbetriebe, uU Zweckbetrieb (FinVerw DB 91, 2315 mit Abgrenzungen zu den wirtschaftl Geschäftsbetrieben, Tanzveranstaltungen, Maskenball und Getränkeverkauf). Ein Karnevalsumzug ist Zweckbetrieb; Verkauf von Karnevalsorden soll nach FG Köln EFG 12, 1693 kein Zweckbetrieb sein; uE unzutr. BFH/NV 17, 510 verneint zu Unrecht die Zweckbetriebseigenschaft einer Kostümparty. Der BFH übersieht, dass das Brauchtum sich auch jüngeren Generationen öffnen darf. S zum Ganzen auch *Joisten/Vossel* FR 13, 57 und Gesellige Veranstaltungen.

**Kaufladen**
wG, bei Unterstützung Hilfsbedürftiger zB möglich, FG Köln EFG 15, 1634.

**Kindergarten, -heim**
+, bei gemeinnützigen Körperschaften Zweckbetrieb (§ 68 AO).

**Kiosk**
+, kann Zweckbetrieb sein (NdsFG EFG 98, 407).

**Kirmes**
durch Schützenverein + (FG D'dorf EFG 74, 34).

**Kleidersammlung**
S Altkleidersammlung.

**Kommanditgesellschaft**
S Personengesellschaft.

**Kongress**
+, wenn aus Teilnehmerentgelt etc Einnahmen erzielt werden. Bei gemeinnützigen Körperschaften kann ein Zweckbetrieb vorliegen, vgl BFH/NV 17, 1649.

**Konzert**
S Kulturelle Veranstaltungen, Rockkonzert.

**Krankenhaus**
+, bei gemeinnützigen Körperschaften im Rahmen des § 67 AO Zweckbetrieb; zur Überlassung von medizinischen Geräten durch das Krankenhaus an Arztpraxis s BFH BStBl II 05, 545; keine Gemeinnützigkeit eines ausgegliederten Krankenhauslabors, BFH BStBl II 13, 603.

**Krankenhausapotheke,**
die auch andere Krankenhäuser versorgt, ist wirtschaftl Geschäftsbetrieb, kein Zweckbetrieb (FinVerw 1982 StEK KStG 1977 § 5 Nr 44; s auch BFH BStBl II 91, 157 und 268); für einzelne Tätigkeiten ist aber Zweckbetrieb möglich (vgl auch zur Abgabe von Zytostatika BFH BStBl II 15, 123 und BFH v 18.10.17 V R 46/16 nv).

**Krankentransporte**
S FinVerw 1983 StEK AO 1977 § 65 Nr 15–18.

**Kreditschutz**
+ (KStR 5.7 IV 10).

**Krematorium**
+; FG SachsAnh EFG 04, 1087.

**Kulturelle Veranstaltungen**
+, falls nachhaltige Einnahmeerzielung; nicht, wenn es sich zB um ein einmaliges Konzert handelt; Zweckbetrieb bei gemeinnütziger Körperschaft möglich (§ 68 AO). Bewirtung +; s Gesellige Veranstaltungen, Rockkonzert.

**Kunstausstellung**
+, bei gemeinnütziger Körperschaft idR Zweckbetrieb; vgl hierzu *Orth* DStZ 87, 319. S im Übrigen Kulturelle Veranstaltungen.

**Kunsteisbahn**
S Eislaufbahn.

**Kurse**
S Ausbildungsveranstaltungen.

**Labor- und Untersuchungseinrichtungen**
+ (KStR 5.7 IV 10; HessFG EFG 79, 507 betr Zentrallabor in der Rechtsform eines eV); je nach Satzungszweck ist bei gemeinnütziger Körperschaft ein Zweckbetrieb (Rz 25) möglich; Steuerbefreiung bei in GmbH ausgegliedertem Laborbetrieb verneinend BFH BStBl II 13, 603.

**Land- und Forstwirtschaft**
grds + (BFH BStBl III 60, 131: Weingut; aA für Forstbetrieb RFH-Rspr und BFH BStBl II 77, 493 wegen der fehlenden Verpachtungsmöglichkeit; demgegenüber FinVerw 1982 StEK KStG 1977 Nr 45 und 1988 Nr 86; bei gemeinnützigen Körperschaften aber Befreiung nach § 5 I Nr 9 S 3). Der Verkauf von Vieh und Heu durch einen Verein zur Förderung des Naturschutzes und der Landwirtschaftspflege kann aber Zweckbetrieb sein, HessFG EFG 17, 861, Rev BFH V R 63/16. Der Verkauf von Ökoprodukten als unmittelbare, zwangsläufige Folge der ideellen Tätigkeit ist nicht steuerbar, HessFG, aaO.

**Lehrerhaus**
+, BFH BStBl II 74, 410.

**Leistungsabzeichen**
Verkauf +, aber Zweckbetrieb (§ 65 AO) möglich (FG SchlHol EFG 64, 30).

**Leistungsschau**
+ (KStR 5.7 IV 10).

**Ligabetrieb**
Die organisatorischen Dienstleistungen und die Errichtung eines Ordnungsrahmens für die Durchführung von Kiga-Wettkämpfen sind wirtschaftlicher Geschäftsbetrieb, wenn hierfür Entgelte und Gebühren erhoben werden (BFH BStBl II 16, 971). Ein ZB ist uE möglich (im konkreten Fall eines Sport-Dachverbandes abgelehnt vom BFH, aaO).

**Lizenzverträge**
./., Vermögensverwaltung. Lizenzvergabe an eigene BetriebsGmbH: Betriebsaufspaltung möglich; s Rz 20.

**Lohnaufträge**
+; Zweckbetriebe möglich, falls Langzeitarbeitslose an geregeltes Arbeiten herangeführt werden sollen (FG BaWü EFG 93, 462).

**Lotterie**
+, falls Einnahmeerzielung angestrebt wird; uE nicht, falls einmalige Veranstaltung; Zweckbetrieb bei gemeinnützigen Körperschaften s § 68 AO.

**Mahlzeitendienst**
+, bei gemeinnützigen Körperschaften Zweckbetrieb möglich (§ 65 AO), wenn Wettbewerb nicht unvermeidbar beeinträchtigt wird (FG Thür EFG 12, 8 und nachfolgend BFH/NV 13, 89).

**Märkte**
+ (KStR 5.7 IV).

**Mensa**
eines Studentenwerks +, aber Zweckbetrieb (s auch BFH BStBl II 88, 908); s auch § 4 Rz 41 Studentenwerk.

**Messe**
Service bei Messen für die Mitglieder + (BFH BStBl II 98, 161).

**Mitgliederberatung**
Einnahmen aus entgeltlicher Mitgliederberatung sind wirtschaftl Geschäftsbetrieb (BFH/NV 05, 2061); bei gemeinnütziger Körperschaft uU Zweckbetrieb.

**Mitunternehmerschaft**
S Personengesellschaft.

**Müllverbrennungsanlage**
+, BFH BStBl 94 II, 573; BFH/NV 95, 1012, auch die entgeltliche Abgabe der Energie ist wirtschaftl Geschäftsbetrieb (NdsFG EFG 94, 498).

**Museum**
S Kulturelle Veranstaltungen, Kunstausstellung.

**Notrufzentrale, Notdienste**
+, FG D'dorf EFG 02, 355; aber Zweckbetrieb möglich.

**Ökopunkte**
S Land- und Forstwirtschaft und HessFG EFG 17, 861, Rev BFH V R 63/16.

**Offene Handelsgesellschaft**
S Personengesellschaft.

**Organtransporte**
bei gemeinnützigen Körperschaften sind Zweckbetriebe; s FinVerw 1986 StEK AO 1977 § 65 Nr 24.

**Parteienfinanzierung**
als wirtschaftl Geschäftsbetrieb denkbar, s Rz 15.

**Personalüberlassung**
+ bei entgeltlicher Überlassung; dies gilt auch dann, wenn die Unterstützung an eine andere steuerbefreite Körperschaft erfolgt und die Überlassung im Hinblick auf § 58 Nr 3 AO unschädlich für die Gemeinnützigkeit ist, vgl BFH BStBl II 97, 189; ein Zweckbetrieb ist im Einzelfall möglich, BFH BStBl II 10, 1006.

**Personengesellschaft**
Für die Beurteilung, ob Beteiligung an einer PersGes Vermögensverwaltung oder wirtschaftl Geschäftsbetrieb ist, ist die PersGes zu beurteilen; genügt sie den Bedingungen des wirtschaftl Geschäftsbetriebs, ist auch die Beteiligung ein wirtschaftl Geschäftsbetrieb (BFH BStBl II 11, 858 mit Anm *Kraft* DStR 11, 1462; II 01, 449 mit Anm *Pezzer* FR 01, 837).

PersGes mit VermVerw (Rz 12) begründet daher keinen wirtschaftl Geschäftsbetrieb (FG D'dorf EFG 85, 83). Dies gilt auch dann, wenn die vermögensverwaltende PersGes gewerblich geprägt ist (BFH BStBl II 11, 858) und die PersGes zuvor gewerblich tätig war (BFH BStBl II 17, 251). Zur Gewinnfeststellung s Rz 23.

**Pferde**
einstellen, Pferde vermieten + (BFH BStBl II 69, 43; FinVerw 1974 StEK KStG § 4 Nr 79).

**Pferderennvereine**
Zu wirtschaftl Geschäftsbetrieb s BFH BStBl II 11, 475, und BMF BStBl I 11, 539.

**Pflegeheim**
+, aber bei gemeinnützigen Körperschaften Zweckbetrieb (§ 68 AO).

**Presseausweis**
Die entgeltliche Ausgabe von Presseausweisen durch einen Berufsverband begründet einen wirtschaftl Geschäftsbetrieb (BFH/NV 14, 1670).

**Projektträgerschaft**
S Forschung.

**Prüfungsmarken**
Verkauf +, aber Zweckbetrieb (§ 65 AO) möglich (FG Münster EFG 67, 476).

**Rettungsdienst**
durch kommunale Eigengesellschaft als ZB, BFH BStBl II 16, 68.

**Rockkonzert**
einer politischen Partei als wG, FG Thür EFG 15, 1473.

**Schützenfest**
+ (FinVerw 1987 StEK AO 1977 § 68 Nr 15); s auch Standplätze.

**Schule**
+, evtl Zweckbetrieb (§ 68 AO); zur Schülerbeförderung OFD Frankfurt DB 06, 697; uE Zweckbetrieb auch hier möglich.

**Schullandheim**
+, evtl Zweckbetrieb (§ 68 AO).

**Schulung**
S Ausbildungsveranstaltungen.

**Selbstversorgungsbetrieb**
+, bei gemeinnützigen Körperschaften Zweckbetrieb möglich (§ 68 AO).

**Seminare**
S Ausbildungsveranstaltungen.

**Speisenverkauf**
S Getränkeverkauf und Hofläden.

**Sponsoring**
Die Einnahmen können auf seiten der empfangenden Körperschaft dem ideellen Bereich oder der Vermögensverwaltung zugerechnet werden oder einen wirtschaftl

Geschäftsbetrieb darstellen; s Sponsoring-Erlass der FinVerw BStBl I 98, 213; ausführlich Beratungs-ABC „Sponsoring".

**Sportanlagen**
Vermietung, + bei kurzfristiger Vermietung an Nichtmitglieder (glA BFH BStBl II 87, 659; FG D'dorf EFG 79, 308 betr Vermietung von Turnhalle als Tennishalle; AEAO Nr 12 zu § 67a), aber Zweckbetrieb (§ 68 AO) bei kurzfristiger Vermietung an Mitglieder, ./. bei langfristiger Vermietung, da Vermögensverwaltung; s BMF BStBl I 78, 202.

**Sportreisen**
Veranstaltung +, unter bestimmten Bedingungen Zweckbetrieb (§ 68 AO) möglich (vgl BMF BStBl I 78, 202).

**Sportunterricht**
+, aber bei einer gemeinnützigen Körperschaft Zweckbetrieb möglich (BMF BStBl I 78, 202).

**Sportveranstaltungen**
+, falls nachhaltige Einnahmeerzielung; auch der Verkauf von Getränken und Esswaren während einer Sportveranstaltung (BFH/NV 86, 239; BFH BStBl II 86, 88; HFR Anm 86, 197; FG Saarl EFG 86, 38); Sonderregelung s § 67a AO betr Sportveranstaltungen allgemein; Beratungs-ABC „Sportvereine". Zur Werbung s Sportwerbung und Beratungs-ABC „Sponsoring"; Sportpassverkauf ebenfalls wirtschaftl Geschäftsbetrieb, HessFG EFG 99, 1311.

**Sportwerbung**
S Beratungs-ABC „Sponsoring".

**Stadionwerbung**
S Sportwerbungen und Beratungs-ABC „Sponsoring".

**Standplätze**
auf einem Schützenfestplatz + (RFH RStBl 38, 688; BFH BStBl II 69, 94; keine Vermögensverwaltung); zu Ausstellungen FG Hamburg EFG 07, 218.

**Sterbekasse**
+ (KStR 5.7 IV 10).

**Steuerberatung**
+ (KStR 5.7 IV 10; BFH BStBl II 90, 246, 248; 99, 99).

**Stiftungsfest**
S Gesellige Veranstaltungen.

**Stille Beteiligung**
typische, ist Vermögensverwaltung; die Erträge sind stfrei *Widmann* JbFfSt 76/77, 393); atypische s Personengesellschaft.

**Studentenheim**
+, bei gemeinnütziger Körperschaft Zweckbetrieb möglich (§ 68 AO).

**Tabakwarenverkauf**
+ (BFH/NV 86, 239). S auch Bewirtung mit Verweisungen.

**Tagungen**
S Ausbildungsveranstaltungen; Kongress.

**Tanzveranstaltungen**
+ (s FinVerw zu Karnevalssitzungen).

**Testate**
S Bescheinigungen.

**Theater**
S Kulturelle Veranstaltungen.

**Theaterkartenverkauf**
+, aber Zweckbetrieb bei Theatervereinen (FinVerw 1989 StEK AO 1977 § 65 Nr 29).

**Tierzuchtverband**
+ (BFH BStBl III 52, 41; FinVerw 1971 StEK KStG § 4 Nr 70).

**Tonbandverleih**
+ (KStR 5.7 IV 10).

**Totalisator**
eines Pferderennvereins oder eines Pferdezuchtvereins + (BFH BStBl II 05, 305 und die Vorinstanz; FG München EFG 01, 952, 1477, jeweils mit Ausführungen zur Gewinnermittlung; s auch FG D'dorf EFG 97, 1156).

**Trabrennen**
S Pferderennvereine.

**Trägerschaft**
entgeltlich, für eine Veranstaltung, zB eine Messe: uE ./., falls keine besonderen Aktivitäten entfaltet werden.

**Trikotwerbung**
S Sportwerbung und Beratungs-ABC „Sponsoring".

**Übersiedlerheime**
S Aussiedlerheime.

**Untersuchungseinrichtungen**
+ (KStR 5.7 IV 10).

**Urheberrechtsverträge**
./., Vermögensverwaltung.

**Vereinsgaststätte, -heim**
S Clubhaus.

**Vereinssäle**
und -räume, Vermietung an wechselnde Benutzer (./. BFH BStBl III 58, 96; + hingegen KStR 5.7 IV 10).

**Vermietung**
./. Vermögensverwaltung, s Rz 12; evtl aber Betriebsaufspaltung, s Rz 20.

**Verpachtung**
./. Vermögensverwaltung, s Rz 12; evtl aber Betriebsaufspaltung, s Rz 20.

**Verrechnungsstellen**
ärztliche +.

**Versicherungen**
+ (KStR 5.7 IV 10); BFH BStBl II 98, 175 betr Versicherungsschutz, die eine gemeinnützige Körperschaft ihren Vereinsmitgliedern entgeltlich gewährt, gegen FG Köln EFG 97, 485; s auch FG München EFG 00, 1146 und FinVerw 00, 449.

**Verwaltungsleistungen**
s Geschäftsstelle und FG SchlHol EFG 01, 410.

**Volkshochschule**
+, aber Zweckbetrieb (§ 68 AO), auch bzgl Beherbergung und Beköstigung.

**Vorträge**
S Ausbildungsveranstaltungen.

**Waldfeste**
S Gesellige Veranstaltungen.

**Wäscherei**
S Zentralwäscherei.

**Weingut**
S Land- und Forstwirtschaft.

**Werbung**
+, falls nicht zulässiger Zweck der befreiten Körperschaft, der durch Mitgliederbeiträge finanziert wird (KStR 5.7 IV 5–8 mit Einzelheiten); ausführlich Beratungs-ABC „Sponsoring".

**Wesentliche Beteiligung**
S Beteiligung an einer Körperschaft.

**Würstchenverkauf**
+.

**Zeitschrift**
./., soweit sie unentgeltlich an die Mitglieder, Gesellschafter, Träger der Körperschaft abgegeben wird; +, soweit dies gegen besonderes Entgelt geschieht; +, Anzeigengeschäft s dort (vgl KStR 5.7 IV 13). Die entgeltliche Überlassung des Verlagsrechts an einer Publikation der Körperschaft an einen Dritten ist Vermögensverwaltung, kein wirtschaftl Geschäftsbetrieb (BFH BStBl III 67, 373).

**Zentrale Gehaltsabrechnungsstellen**
gemeinnütziger Körperschaften + (FinVerw DB 92, 2064).

**Zentraleinkaufsstellen**
s Beschaffungsstellen.

**Zentrallabor**
S Labor- und Untersuchungseinrichtungen.

**Zentralwäscherei**
mehrerer Krankenhäuser + (FinVerw 1978 StEK KStG 1977 § 5 Nr 23).

**Zertifikate**
S Bescheinigungen.

**Zoo**
S zur Abgrenzung des wirtschaftl Geschäftsbetriebs vom Zweckbetrieb FinVerw 1982 StEK AO 1977 § 65 Nr 10. S auch § 4 Rz 41 „Zoo".

Zum früheren **Anrechnungsverfahren** s die Vorauflage. 36

### 15. Kapitalertragsteuer 37

Nach § 20 I Nr 10 Buchst b S 4 und 5 EStG gehören zum einen der nicht den Rücklagen zugeführte durch Betriebsvermögensvergleich ermittelte Gewinn eines von der Steuerbefreiung ausgeschlossenen wirtschaftl Geschäftsbetriebs ansonsten steuerbefreiter Körperschaften und zum anderen der nicht den Rücklagen zugeführte Gewinn eines von der Steuerbefreiung ausgeschlossenen wirtschaftl Geschäftsbetriebs ansonsten steuerbefreiter Körperschaften, der die in § 20 I Nr 10 Buchst b S 1 EStG genannte Umsatz- oder Gewinngrenze überschreitet, zu den Einkünften aus KapVerm. Die Auflösung von nach § 20 I Nr 10 Buchst b S 1 EStG gebildeten Rücklagen eines von der Steuerbefreiung ausgeschlossenen wirtschaftl Geschäftsbetriebs ansonsten steuerbefreiter Körperschaften zu Zwecken außerhalb eines wirtschaftl Geschäftsbetriebs gehören ebenfalls zu den Einkünften aus KapVerm. Diese Gewinne des wirtschaftl Geschäftsbetriebs unterliegen der Kapitalertragsteuer nach § 20 I Nr 10 Buchst b S 4 EStG iVm § 43 I 1 Nr 7c EStG von 15 % (§ 43a I 1 Nr 2 EStG). Die Steuerbefreiung auf diese dem Steuerabzug unterliegenden Einkünfte aus Kapitalvermögen ist nach § 5 II Nr 1 KStG ausgeschlossen. Diese Kapitalertragsteuer hat abgeltende Wirkung (§ 32 I Nr 1 KStG). Verdeckte Gewinnausschüttungen an die Gesellschafter/Mitglieder zählen nicht zu den Steuertatbeständen des § 20 I Nr 10 Buchst b S 4 EStG. Zur Verwendung von Vermögen des wirtschaftl Geschäftsbetriebs im steuerbefreiten Bereich der Körperschaft vgl Rn 4. Die Kapitalertragsteuerpflicht tritt neben die Besteuerung des in dem wirtschaftl Geschäftsbetriebs erzielten Gewinns mit 15 % des zu versteuernden

Einkommens der Körperschaft (§ 23 I KStG). Zu **Einzelheiten Einlagekonto** s BMF BStBl I 16, 200 und 685.

38 **Anwendungsbereich der Kapitalertragsteuer:** § 20 I Nr 10 Buchst b S 4 EStG erfasst insbesondere die nach § 5 I Nr 5, 7, 10, 12, 14, 16, 19, 21, 22 und 24 KStG befreiten Körperschaften. Umfasst die Steuerpflicht dieser Körperschaften nicht nur einen oder mehrere wirtschaftl Geschäftsbetriebe, sondern zB auch die Vermögensverwaltung, ist § 20 I Nr 10 Buchst b S 4 EStG nur für den bzw die wirtschaftl Geschäftsbetriebe anzuwenden. Beim Gewinn eines wirtschaftl Geschäftsbetriebs von nach § 5 I Nr 9 KStG **gemeinnützigen** Körperschaften wird nach § 44a VII 1 Nr 1 EStG vom Kapitalertragsteuerabzug **Abstand genommen**; auf die Vorlage der Bescheinigung nach § 44a VII 2 EStG an den Schuldner der Kapitalerträge (den wirtschaftl Geschäftsbetrieb) kann verzichtet werden (BMF BStBl I 16, 200).

41 **16. Abs 1 Nr 1 (Staatsbetrieb):** Subjektive Befreiung; abschließende Aufzählung. Voraussetzung der Befreiung ist, dass § 1 I gegeben ist; soweit die genannten Unternehmen hoheitlich tätig sind, entfällt bereits die StPfl. Zu früheren Befreiungen der Deutschen Bundespost etc s 8. Aufl. Ab VZ 00 ist die Befreiung gestrichen. Durch das EisenbahnneuordnungsG v 27.12.93 (BGBl I 93, 2378; BStBl I 94, 136) wurde die Befreiung der Deutschen Bundesbahn durch die des Bundeseisenbahnvermögens ersetzt; die Deutsche Bahn AG ist nicht befreit. Monopolverwaltung: Branntweinmonopol (zZ einziges Monopol mit Bundesverwaltung, BranntwMonG v 8.4.22 (RGBl I, 405 mit nachfolgenden Änderungen)); zum Zündwarenmonopol s StBefreiung für die Deutsche ZündwarenmonopolGes, G v 29.1.30, RGBl I 30, 11 (dazu im Einzelnen BMF-Finanznachrichten 5/82 v 12.2.82); das Monopol endete am 16.1.83 (G zur Abschaffung des Zündwarenmonopols v 27.8.82, BGBl I 82, 1241). Staatliche Lotterieunternehmen sind nur die als Betrieb gewerbl Art geführten; KapGes fallen nicht unter die Befreiung (BFH BStBl III 64, 90). Die Körperschaften sind uneingeschränkt steuerfrei, gleichgültig, ob sie innerhalb oder außerhalb ihres Zwecks tätig werden (glA FG München EFG 70, 91 betr Deutsche Bundespost; aA RFH RStBl 40, 747 und 43, 84 betr Kantinen; RStBl 37, 321 betr Kleiderkasse; die Verpachtung von Bahnhofshotels und -gaststätten liegt noch innerhalb des Zwecks, BFH BStBl III 58, 429 ohne ausdrückliche Bestätigung der RFH-Rspr; FG D'dorf DStZ/B 58, 171). Missbräuchlichem Einsatz steuerbefreiter Unternehmen für offensichtlich fremde Zwecke kann durch § 42 AO begegnet werden.

43 **17. Abs 1 Nr 2 (Kreditinstitute):** Subjektive Steuerbefreiung. Abschließende Aufzählung, die nahezu mit jedem SteueränderungsG erweitert oder korrigiert wird.

44 **Abs 1 Nr 2a:** Subjektive Steuerbefreiung, die die Steuerbefreiung der Treuhandanstalt (Nr 2a aF) für die Nachfolgeorganisation fortsetzt.

46 **18. Abs 1 Nr 3 (rechtsfähige Pensions-, Sterbe-, Kranken- und Unterstützungskassen).** Dazu §§ 1–3 KStDV. Sachliche Steuerbefreiung; weitere Einschränkung durch Abs 1 Nr 3d und e iVm § 6. Die Befreiung entspricht § 4 I Nr 7 KStG aF in der Fassung des BetrAVG v 19.12.74 (BGBl I 74, 3610; BStBl I 75, 22). Zur KStDV s Vor § 1 Rz 31.

47 Die Voraussetzungen des § 5 I Nr 3 und der §§ 1–3 KStDV müssen spätestens am **Ende** des **VZ vorliegen** (KStR 5.2 II). Für GründungsGes gelten die allgemeinen Voraussetzungen (§ 1 Rz 20f); lag zum Ende eines VZ eine Gründung vor, kann die Eintragung ins HR im nächsten VZ nachfolgen.

48 **19. Rechtsfähige Pensions-, Sterbe- und Krankenkassen,** die dem Leistungsempfänger einen Rechtsanspruch gewähren (vgl auch § 1 III BetrAVG), unterliegen dem VAG; eingeschränkte Rechtsformwahl durch das VAG; für alle Arten der Lebensversicherung ist der VVaG und die AG zulässig. **Rechtsfähige Unterstützungskassen** sind solche, die den Leistungsempfängern keinen Rechts-

anspruch gewähren (§ 3 Nr 1 KStDV; s auch § 1 IV BetrAVG); unschädlich ist ein arbeitsrechtlicher Anspruch auf Gleichbehandlung; unschädlich auch, wenn durch die freiwillige Leistung der UKa Verpflichtungen Dritter abgelöst werden. Zu den Auswirkungen einer internen Teilung beim Versorgungsausgleich und dem hieraus folgenden eigenständigen Versorgungsanspruch des Ehegatten (Ausgleichsberechtigten) BMF BStBl I 11, 1084. Keine Einschränkung bei der Rechtsformwahl (BFH BStBl II 71, 654; II 73, 632; regelmäßig eV – auch bereits vor der Eintragung, BFH/NV 01, 1300, GmbH, aber auch Stiftung, AG). Für **nichtrechtsfähige** Kassen gilt die Befreiung nicht (zu einer nichtrechtsfähigen UKa s FG RhPf EFG 91, 266), wohl aber – als Billigkeitsregelung – für Zusatzversorgungskassen der öffentl Hand, FinVerw DStZ/B 65, 348; BB 77, 1748; in KStR 5.2 I übernommen; s bereits FinVerw BStBl I 80, 230. Die früher erwähnten Witwen-, Waisen- und Hilfskassen werden von den genannten Kassen umfasst (BT-Drucks 7/1281, 42).

**20.** Die **Mittel** der PKa können vom Träger und den Leistungsempfängern aufgebracht werden; die Mittel der UKa werden nur vom Trägerunternehmen erbracht; Spenden der Leistungsempfänger sind unschädlich (vgl § 3 Nr 1 KStDV). Zu der steuerl Behandlung der Zuwendung bei dem leistenden Unternehmen s §§ 4c, 4d EStG. 49

**21.** Zum Begriff des **Leistungsempfängers** s Rz 52 ff. Hierzu zählen auch die Anwärter auf Leistungen, seien sie noch im Betrieb beschäftigt oder bereits ausgeschieden. 50

**22. Nr 3a (Beschränkung der Leistungen auf bestimmte Personen). aa) Zugehörige** oder frühere Zugehörige einzelner oder mehrerer **wirtschaftl Geschäftsbetriebe.** Zu diesem Begriff s Rz 10 ff. Er muss an dieser Stelle jedoch weiter gefasst werden; er umfasst uE auf jeden Fall alle Betriebe mit gewerbl Einkünften (zB vermögensverwaltende GmbH). Kassen für die Geschäftsbetriebe mehrerer Körperschaften (Konzern-, Gruppenkasse) sind möglich. Unschädlich ist die Tätigkeit für ausländische Betriebstätten und TochterGes; ebenso die Mitgliedschaft ausländischer Arbeitnehmer von TochterGes und ausländischen Betriebstätten, wenn entsprechende Beiträge geleistet werden (vgl KStR 5.3 III). Zugehörige sind Arbeitnehmer und arbeitnehmerähnliche Personen, zB auch Gewerbetreibende oder Freiberufler in einem abhängigen Verhältnis von einer gewissen Dauer, zB Vertreter, Hausgewerbetreibende, aber auch Steuerberater, Anwälte, Architekten; außerdem zählen im Unterschied zu cc) (Rz 54) zu den Zugehörigen Unternehmer, Mitunternehmer, für das Unternehmen tätige AntE, wesentlich beteiligte AntE sonstige Selbständige, die für das Unternehmen tätig sind oder waren (*Heubeck* BB 78, 489). Unschädlich, wenn Zugehörige über die Pensionierung hinaus im Betrieb tätig sind (KStR 5.3 I 6). Außerdem zählen die Angehörigen (§ 15 AO) der Zugehörigen zu dem zugelassenen Kreis der Leistungsempfänger (dazu BMF BStBl I 11, 1084; I 03, 93 und I 02, 706). Erhält ein ausgleichsberechtigter Ehegatte nach der Scheidung einen eigenständigen Versorgungsanspruch, zählt er auch nach der Scheidung zum Kreis der Angehörigen iSv Nr 3a iVm § 15 AO, s BMF BStBl I 11, 1084. Nicht erforderlich ist, dass die Kasse bereits während der Zeit des Zugehörigenverhältnisses bestanden hat; frühere Zugehörigkeit zum Betrieb ist ausreichend (KStR 5.3 I 4). In den Fällen des § 4 II BetrAVG muss auf die Zugehörigkeit ganz verzichtet werden (*Heubeck* BB 78, 489). 52

**23. bb) Zugehörige** und frühere Zugehörige bestimmter **Spitzenverbände** der freien **Wohlfahrtspflege** und ihre Untergliederungen, Einrichtungen und Anstalten; außerdem Zugehörige und frühere Zugehörige sonstiger gemeinnütziger Wohlfahrtsverbände. S im Übrigen Rz 52. 53

**24. cc) Arbeitnehmer** und arbeitnehmerähnliche Personen bei **sonstigen Körperschaften** iSv § 1 und § 2 Nr 1 und Nr 2. Zur Einschränkung gegenüber dem Begriff des Zugehörigen s Rz 52. Es fehlt im Wortlaut die Ausdehnung auf 54

„frühere Arbeitnehmer", uE ist insoweit eine entsprechende Anwendung – wie zu aa) und bb) – geboten. Angehörige (§ 15 AO) zählen zu den Arbeitnehmern bzw den arbeitnehmerähnlichen Personen.

56 **25. Nr 3b (soziale Einrichtung).** Dazu §§ 1–3 KStDV. Bei der PKa und UKa muss es sich um eine soziale Einrichtung der Trägerkörperschaft zugunsten der Zugehörigen oder Arbeitnehmer handeln. Keine StFreiheit folglich, wenn sich die Zugehörigen oder Arbeitnehmer selbst zu einer Kasse zusammenschließen (BFH BStBl III 55, 28; Befreiung nach I Nr 4 möglich). Keine StFreiheit wegen fehlender sozialer Einrichtung, wenn sich die Kasse auf leitende Angestellte und/oder den Unternehmer selbst beschränkt (RFH RStBl 31, 114, 499), unschädlich jedoch, wenn diese Personen auch zu den Leistungsempfängern zählen, sofern die übrigen Zugehörigen oder Arbeitnehmer die Mehrzahl der Leistungsempfänger darstellen (vgl dazu § 1 Nr 1 KStDV). Ebenfalls verstößt es gegen die Bedingung einer sozialen Einrichtung, wenn der Unternehmer unverhältnismäßig begünstigt wird (BFH BStBl II 70, 473). Ist eine Differenzierung sozial bedingt, können bestimmte Leistungen auf einzelne Gruppen beschränkt werden. Beispiel: Betriebszugehörigkeit ist zulässiger Unterscheidungsmaßstab. Mehrere Körperschaften können eine gemeinsame Kasse tragen (Konzern-, Gruppenkasse; vgl *Brendle/Schaaf* BB 75, 1296).

57 **26.** Die soziale Einrichtung wird im Übrigen durch den **Geschäftsplan** sowie die **Art** und **Höhe** der **Leistung** der Kasse garantiert. Geschäftsplan sind im Versicherungsrecht die das Versicherungsverhältnis bestimmenden Grundlagen (Satzung, Versicherungsbedingungen, sonstige Unterlagen); er ist bei PKa rechtl notwendig (§ 5 VAG). Bei UKa müssen diese förmlichen Bedingungen nicht eingehalten werden, sofern auf andere Weise, zB durch einen Leistungsplan, sichergestellt ist, dass eine soziale Einrichtung vorliegt (vgl BFH BStBl II 90, 1088; FG BaWü EFG 87, 203; vgl auch KStR 5.5 II); der Leistungsplan ist jedoch vorteilhaft (BFH/NV 01, 1300). Entspricht nur ein Teilbereich der Kasse nicht dem Gebot einer sozialen Einrichtung, so entfällt die StBefreiung insgesamt (RFH RStBl 37, 989). Das Gleiche gilt, wenn die soziale Zweckbestimmung tatsächlich nicht ausgeübt wird (FG BaWü EFG 73, 123).

58 **27.** Zur Konkretisierung der Bedingung der sozialen Einrichtung legt § 2 KStDV **Höchstbeträge** fest, die die Rechtsansprüche von Leistungsempfängern von **PKa** nicht überschreiten dürfen; andernfalls liegt eine soziale Einrichtung nicht vor (RFH RStBl 33, 1054; BFH BStBl II 70, 227). Zur Gesamtleistung iS dieser VO gehören auch Gewinnzuschläge, auf die ein Rechtsanspruch besteht (BFH BStBl II 70, 227). S auch BFH aaO und KStR 5.5 zur Ermittlung der 12% in § 2 II KStDV. **UKa** s gleichlautende Höchstbeträge in §§ 3 Nr 3, 2 KStDV). Kapitalisierung auf der Basis der Höchstbeträge ist möglich (KStR 5.5 III). Bei PKa beträgt der Kapitalisierungszinsfuß entgegen KStR aaO 3,5% (*Heubeck* BB 78, 489; aA FinVerw DB 78, 2149 und KStR 5.5 III 4: 5,5%). Bei Renten, die die Höchstbeträge unterschreiten, kann auch nach Ansicht der FinVerw mit einem niedrigeren Zinsfuß gerechnet werden, sofern der sich hier noch ergebende Kapitalwert, mit 5,5% zurückgerechnet, zu einer Rente führt, die die Höchstbeträge nicht übersteigt (vgl *Singbartl/Hundt/Dötsch* DB 82, 15). Die Höchstbeträge müssen tatsächlich eingehalten werden; satzungsmäßige Festschreibung ist nicht erforderlich (BFH BStBl II 68, 24). Auf konkrete Notfälle kommt es im Übrigen innerhalb dieser Höchstbeträge nicht an (BT-Drucks 7/1281, 42).

59 **28.** Für **UKa,** die Leistungen von Fall zu Fall gewähren, fordert das Gesetz, dass sich die Leistungen – abgesehen von einem **Sterbegeld** – auf Fälle der **Not** oder **Arbeitslosigkeit** beschränken. Urlaubsgeld darf folglich nur in Notfällen gezahlt werden; das Gleiche gilt für Schulgelder und Ausbildungsstipendien und -zuschüsse. Bergschäden sind alleine noch keine Notfälle (RFH RStBl 30, 145). Das Lohnniveau als solches rechtfertigt nicht, bei allen Arbeitnehmern einen Notzu-

stand anzunehmen (RFH RStBl 44, 443; Ausnahmen sind denkbar). Jubiläumszuwendungen dürfen nicht von der UKa erbracht werden. Der Begriff der Not ist im Übrigen nicht eng auszulegen (RFH RStBl 44, 443); erhöhter Geldbedarf in Zwangslagen – auch soziale Zwangslagen – reicht aus. Beispiel: Unglücksfälle, Krankheit und Tod, auch von nahen Angehörigen, Naturkatastrophen wie Sturm, Hagel, Frost, Hochwasser, Deichbruch oder Erdbeben, Diebstahl, Feuer, Unfälle, aber auch Geburt, Heirat, silberne oder goldene Hochzeit. Die StFreiheit von Geburts-, Heirats-, Krankheits-, Kurbeihilfen usw indiziert einen Notfall. Überbrückungsbeihilfen sind bei Arbeitslosigkeit möglich (FinVerw 1968 StEK KStG § 4 Nr 57).

**29.** Dem Charakter einer UKa als sozialer Einrichtung entspricht es, dass den Leistungsempfängern ein **Mitspracherecht** eingeräumt sein muss (§ 3 Nr 2 KStDV). Einschränkung dieses Rechts hebt die StFreiheit auf (BFH BStBl II 68, 24: Mitsprache, „soweit erforderlich" ist schädlich; BFH/NV 93, 329: faktischer Ausschluss des Mitspracherechts hebt StFreiheit auf); FG Köln EFG 98, 1356: Mitsprache auch bei der Vermögensanlage erforderlich). Betriebsrat hebt die Verpflichtung nicht auf (KStR 5.3 IV). Beirat der UKa, der alle Betriebszugehörigen repräsentiert, dh von diesen unmittelbar oder mittelbar gewählt ist, reicht aus (BFH BStBl II 81, 749; II 88, 27). Zur Mitsprache der Arbeitnehmer einer Dienststelle s *Krebs* BB 76, 129. Mitsprache bedeutet nicht Zustimmung, sondern Information und Gelegenheit zur Stellungnahme. 60

**30. Nr 3c (Vermögensbindung):** dazu § 1 Nr 2 KStDV. Vermögen und Einkünfte der Kasse müssen während des Bestehens der Kasse und bei ihrer Auflösung nach Satzung und tatsächlicher Geschäftsführung für den Zweck der Kasse als soziale Einrichtung (BFH BStBl II 77, 490) gebunden sein. Bindung gilt für Vermögen und Einkünfte; sie muss nach Satzung und Geschäftsführung gegeben sein. Die Vermögensbindung gilt – abweichend von der früheren Regelung – für UKa und für PKa. Wegen der Versicherungsaufsicht ist eine Zweckentfremdung bei PKa allerdings selten. Ausschließliche und unabänderliche Zweckbestimmung in der Satzung ist ausreichend (RFH RStBl 42, 910). Der Grundsatz der Vermögensbindung ist verletzt, wenn über das Vermögen nur mit Zustimmung des Trägerunternehmens verfügt werden kann (NdsFG EFG 95, 536). Geht der Anspruch der Leistungsempfänger über die Höchstbeträge der §§ 2, 3 KStDV hinaus, wird die Bindung durchbrochen; das Gleiche gilt, wenn tatsächlich mehr gewährt wird. Abfindungen und Übernahmen gemäß §§ 3, 4 BetrAVG verstoßen nicht gegen die Vermögensbindung (FinVerw 1976 StEK KStG § 4 Nr 87). 62

**31.** Insbes für den Fall der **Auflösung** ist die Vermögensbindung zugunsten des Zwecks der Kasse erforderlich (§ 1 Nr 2 KStDV: Vermögen darf nur den Leistungsempfängern, den Angehörigen oder – das Gesetz erweiternd – ausschließlich gemeinnützigen oder mildtätigen Zwecken zugute kommen; s auch KStR 5.4 I). Zu Leistungen an den ausgleichsberechtigten Ehegatten s BMF BStBl I 11, 1084. Das Vermögen darf nicht zugunsten des Trägerunternehmens an dieses zurückfließen. Vgl § 61 AO, der entsprechend herangezogen werden kann (KStR 5.4 I). Bei einer GmbH dürfen auch die Stammeinlagen nicht an das Trägerunternehmen zurückgezahlt werden (BFH BStBl II 73, 79). Konkrete, überprüfbare Bindung erforderlich (§ 61 I AO). Die Bindung kann nach BFH BStBl II 68, 24 nicht alleine durch einen Einwilligungsvorbehalt zugunsten des FA ersetzt werden. Wird hingegen die Bindung allgemein zugunsten des Kassenzwecks eindeutig ausgesprochen, so kann diese Bestimmung mit einem Einwilligungsvorbehalt kombiniert werden (vgl § 61 II AO). 63

**32. Anlage der Mittel** im Trägerbetrieb ist möglich. Angemessene, dh mit fremden Kreditkonditionen vergleichbar, Verzinsung erforderlich (s BFH BStBl II 69, 269; II 73, 632; *Hill/Klein* DB 89, 1942). Maßgebend ist eine Einzelfallbeurteilung. BFH DB 82, 1040 entzieht sich einer Fixierung (Vorentscheidungen BFH 64

BStBl II 77, 442; FG D'dorf EFG 77, 87). Nach BFH BStBl II 90, 1000 mit HFR Anm 91, 105 kann auch der durchschnittliche untere Spareckzins unterschritten werden (gegen FG D'dorf EFG 86, 254). Eine Unverzinslichkeit oder niedrige Verzinsung ist möglich, wenn das Trägerunternehmen eben diese Darlehensforderung zuwendet (KStR 13). Die Leistungsfähigkeit des Betriebs muss die Rückzahlung sicherstellen, anderenfalls Aussonderung erforderlich. Darlehensvergabe an die Leistungsempfänger möglich; das Gleiche gilt für Anlage im Wohnungsbau, sofern die Mittel in üblicher Weise verzinst werden. Verfügt die Kasse über Grundvermögen, kann dieses an das Trägerunternehmen vermietet werden. Unschädlich sind idR auch partiarische Darlehen und typisch stille Ges (glA FG BaWü EFG 84, 189 betr Unterbeteiligung; *Stuhrmann* BB 80, 879). Schädlich, wenn die Kasse die Vermögensanlage zu einer gewerbl Betätigung ausgestaltet (BFH BStBl II 69, 269). Beteiligung als Mitunternehmer an einem Gewerbebetrieb ist schädlich (BFH BStBl II 80, 225).

65 **33.** Nach BFH/NV 13, 648 soll die Übertragung des Vermögens an einen anderen Rechtsträger, auch der Rückfluss an den **Trägerunternehmer,** zur rückwirkenden Versagung der Steuerbefreiung führen. Dies ist uE zweifelhaft. Den Leistungsempfängern kommt das Vermögen auch dann zugute, wenn es zwar an den Trägerunternehmer zurückfließt, dieser aber die Leistungen der Kasse ohne Einschränkung übernimmt (DB 77, 1676; FinVerw 1980 StEK KStG 1977 § 5 Nr 27 betr UKa; KStR 5.4 IV; aA FG BaWü EFG 88, 202). Rückfluss ist auch unschädlich, soweit eine UKa ihre Leistungen einschränkt (KStR 5.4 II). Keine Unschädlichkeit, wenn sich die Leistungsempfänger die Leistungen durch erneute Prämien erst verdienen müssen (vgl FinVerw 1976 StEK KStG § 4 Nr 86). Zu §§ 3 I, 4 II BetrAVG s KStR 5.4 III. Zur Übertragung von Pensionsverpflichtungen auf eine UKa s *Rau* DB 79, 520. Zur Umwandlung einer UKa auf das Trägerunternehmen s FinVerw 1987 StEK KStG 1977 § 5 Nr 81.

66 **34.** Eine **Aufhebung** der **Zweckbindung** hat bis zur Verjährungsgrenze rückwirkende Kraft, da anderenfalls die Zweckbindung ihren Sinn verliert. Veranlagungen sind gemäß § 175 I Nr 2 AO zu ändern. GlA BFH BStBl II 77, 490.

67 Keine Vermögensbindung mehr für das **überdotierte Vermögen** (s § 6 VI und § 6 Rz 19 und hier Rz 65). Zu Einzelfragen (kassenorientierte oder segmentorientierte Betrachtungsweise; zivilrechtliche Beziehungen; Kündigung des Trägerunternehmens) ist im Anschluss an FG Münster EFG 13, 1876 das Revisionsverfahren beim BFH anhängig (Az I R 66/13); s auch FG RhPf EFG 12, 1993 und FG Nürnberg EFG 13, 1258, Rev BFH I R 37/13.

69 **35. Nr 3d (keine Überdotierung bei PKa).** Übersteigen die Vermögenserträge und Beiträge einer PKa die Leistungen, steigt das Vermögen der Kassen ständig an. Dieses Problem löst das BetrAVG durch die Anknüpfung der StFreiheit an ein nach oben begrenztes Vermögen der Kasse. Überschreitung führt zur partiellen StPflicht (s § 6). Die Überdotierung kann durch Rückübertragungen vermieden oder beseitigt werden (§ 6 Rz 10). Zur Begrenzung bei PKa s Gesetzeswortlaut. Einzelheiten s Rz 71. Die Berechnung des Wertes der Deckungsrückstellung erfolgt nach den Regeln der Versicherungsaufsicht; die versicherungsrechtl Pflicht („zu berechnen ist") ist für den Beginn der StPflicht entscheidend, nicht eine freiwillige Berechnung (aA KStR 6 III); s auch § 6 Rz 4.

71 **36. Nr 3e (keine Überdotierung bei UKa).** S Rz 69 einleitend, im Übrigen Gesetzeswortlaut, KStR 6 V, § 4d EStG und BFH BStBl 90 II, 1088. Die Änderung durch das JStG 1996 v 11.10.95 (BGBl I 95, 1250; BStBl I 95, 437) stellte eine enge Verbindung zu § 4d EStG her, um in Zukunft Paralleländerungen überflüssig zu machen (BT-Drucks 13/901, 143). Die 25%-Grenze soll bei geringfügigen Schwankungen nicht sogleich den Eintritt der partiellen StPflicht auslösen. Da der Grundbesitz mit dem Vermögensteuerwert angesetzt wird und dieser Wert

regelmäßig unter dem gemeinen Wert liegt, kann für die UKa die Geldanlage in Immobilien günstig sein. Hinsichtlich der Überdotierung ist nicht fallbezogen auf das jeweilige Trägerunternehmen (sog segmentorientierte Betrachtung) nach Maßgabe des Gesamtvermögens der Unterstützungskasse zu beurteilen (kassenorientierte Betrachtung; BFH BStBl II 15, 813; BFH/NV 16, 67).

**37. Abs 1 Nr 4 (kleinere VVaG).** Die Befreiung ist hervorgegangen aus § 12 KStDV 1968, der seinerseits auf eine Richtlinienbefreiung zurückgeht; der KStDV ist nur noch die Fixierung bestimmter Höchstbeträge vorbehalten (s § 53 Ib; dazu § 4 KStDV und KStR 5.6). § 53 VAG ist maßgebend. Die Versicherungsaufsichtsbehörde bestimmt, ob ein kleinerer VVaG vorliegt (§ 53 IV VAG); die Bedingungen des § 5 I Nr 4 müssen zusätzlich erfüllt sein. Nr 4 steht selbständig neben Nr 3 und kann folglich auch die partielle StPflicht des § 6 beseitigen. **a:** Beitragseinnahmen sind alle Leistungen der Mitglieder, die für den Versicherungsschutz und die laufende Verwaltung des VVaG bestimmt sind, auch Zuschläge und Zinsen für bestimmte Zahlungsweisen, nicht aber Mahngebühren, Verzugszuschläge und öffentl Abgaben wie VersSt. **b:** Die Befreiung ist in erster Linie als Auffangbefreiung neben Nr 3 gedacht, zB für die Fälle, in denen der VVaG nicht vom Betrieb, sondern von den Betriebsangehörigen getragen wird (s oben Rz 56). Soziale Einrichtung s Rz 57 ff. Buchst b ist eine selbständige Alternative neben Buchst a. Sind die Bedingungen von b nicht erfüllt, kann gleichwohl a eingreifen. 73

**38. Abs 1 Nr 5 (Berufsverband):** *Alvermann,* Der Berufsverband in der steuerlichen Praxis, FS Streck, 2011. Das KStG 1925 kannte in § 9 I Nr 8 eine Befreiung der Berufsverbände, nicht aber das KStG 1934. Die Befreiung wurde 1948 wieder eingeführt, ergänzt durch die KStDV; das Unterhalten eines wirtschaftl Geschäftsbetriebs war schädlich. S hierzu auch *Schlieder,* Die steuerliche Behandlung der Berufs- und Wirtschaftsverbände, Diss Köln, 1960. Durch StÄndG 1961 wurde bestimmt, dass die StFreiheit eines Berufsverbands nicht durch einen wirtschaftl Geschäftsbetrieb verlorengeht, der dem Verbandszweck dient. Volle StPflicht trat ein, wenn der wirtschaftl Geschäftsbetrieb nicht dem Verbandszweck diente. Seit 1.1.77 (§ 54 I idF des KStG 1977) gilt: Der Berufsverband darf nicht auf einen wirtschaftl Geschäftsbetrieb gerichtet sein; wird ein solcher unterhalten, tritt insoweit StPflicht ein. Weitere Klarstellung ohne inhaltliche Änderung durch das StÄndG 1992 (Vor § 1 Anm 19 der 8. Aufl); s Rz 2. Neufassung sodann durch das G v 28.1.94 (Vor § 1 Anm 19 der 6. Aufl). 75

**39.** Die **Verknüpfung** von **Berufsverband** und **wirtschaftl Geschäftsbetrieb** ist verwirrend. Einmal wird der wirtschaftl Geschäftsbetrieb in den Begriff des Berufsverbands einbezogen „... wenn der Zweck dieser Verbände nicht auf einen wirtschaftl Geschäftsbetrieb gerichtet ist"); zum anderen führt der Geschäftsbetrieb losgelöst vom Berufsverband zur partiellen StPflicht. Die gewollte Vereinfachung durch das KStG 1977 (BT-Drucks 7/1470, 338) ist im Wortlaut nicht gelungen, da man sich einerseits nicht von der Formulierung des KStG 1925 trennen, diese aber andererseits mit neuem Inhalt füllen wollte. Die Auslegung muss die gesetzl gewollte Vereinfachung zu Ende führen. Es ist zwischen dem Begriff des Berufsverbands und dem des wirtschaftl Geschäftsbetriebs zu trennen. Zuerst ist zu prüfen, ob ein Berufsverband vorliegt; wird das bejaht, führt der wirtschaftl Geschäftsbetrieb nur zur partiellen StPflicht, gefährdet im Übrigen nicht die StFreiheit des Verbunds (*Kühner* DStR 09, 1786). Unterhaltene Geschäftsbetriebe können nur anzeigen, dass evtl die Bedingungen eines Berufsverbands nicht vorliegen (dazu unten). Ein Berufsverband, dessen bestimmender Zweck auf einen Geschäftsbetrieb gerichtet ist, ist ein Widerspruch in sich; ein Berufsverband, dessen zusätzlicher oder Nebenzweck ein Geschäftsbetrieb ist, kann Berufsverband sein. Beispiel: Eine PKa ist kein Berufsverband und nicht etwa ein Berufsverband, dessen Zweck auf einen wirtschaftl Geschäftsbetriebs gerichtet ist; Soldatenverbände 76 mit Versicherungsvermittlung ist Berufsverband mit dem Nebenzweck eines wirtschaftl Geschäftsbetriebs. S auch Rz 77.

77 **40. Begriff des Berufsverband.** Alle Rechtsformen des § 1 I Nr 1–5 möglich. Körperschaftszweck s Umschreibung KStR 5.7 I. Der Zweck muss gerichtet sein auf die Wahrnehmung der „allgemeinen, aus der beruflichen oder unternehmerischen Tätigkeit erwachsenden ideellen und wirtschaftl Interessen des Berufsstandes oder Wirtschaftszweigs" (BFH BStBl II 03, 891; BFH/NV 12, 1181; KStR aaO). Die Steuerbefreiung setzt nicht voraus, dass der Berufsverband sowohl ideelle als auch wirtschaftl Interessen eines Wirtschaftszweigs vertritt (BFH/NV 12, 1181). Es reicht aus, wenn allgemeine Interessen wirtschaftl Art wahrgenommen werden. Die Mitglieder können auch aus verschiedenen Branchen stammen (BFH/NV 12, 1181). Gleichgültig ist, ob die Interessenwahrnehmung nur den Mitgliedern oder dem Berufsstand oder Wirtschaftszweig insgesamt zugute kommt (*Alvermann* FR 06, 262; s auch – zur USt – BFH BStBl II 89, 97; BFH/NV 90, 701). Schädlich ist die Vertretung von Individualinteressen. Ein Verband, der nicht den Interessen des Berufsstands, sondern nur einer geringen Anzahl von Berufsangehörigen dient, erlangt keine Steuerfreiheit (BFH BStBl II 74, 60; BFH/NV 02, 1617). Unschädlich ist aber, wenn er lediglich die in einem eng begrenzten Bereich der unternehmerischen Tätigkeit bestehenden gemeinsamen Interessen eines Wirtschaftsjahres vertritt (BFH BStBl II 03, 891; aA noch die Vorinstanz FG Köln EFG 03, 116). Zuwendungen von Mitgliedern ohne Verpflichtung stehen dem Berufsverband nicht entgegen; allenfalls ist zu prüfen, ob ein wirtschaftl Geschäftsbetrieb vorliegt. Zum Begriff s BFH BStBl III 52, 221, 228; III 54, 204; III 55, 12; III 55, 271; III 66, 525, 632; II 68, 236; II 74, 60; II 85, 92. Der Charakter des Berufsverbands muss sich nicht notwendig in der Satzung ausdrücken, sofern sich der Verband nachweisbar tatsächlich als Berufsverband betätigt (s BFH BStBl III 52, 221). Umgekehrt kann ein wirtschaftl Geschäftsbetrieb auch in der Satzung erwähnt werden (FinVerw DStR 02, 1305 und KStR 5.7 I 5). Die Anforderungen an die satzungsmäßigen Voraussetzungen gemeinnütziger Körperschaften (§ 60 AO) gelten nicht (BFH/NV 12, 1181). Im Zweifel ist die tatsächliche Tätigkeit maßgebend (BFH BStBl III 56, 29). Zusammenschlüsse von Berufsverbänden (Bundesverband, Landesverbänden, internationale Verbände usw) sind ebenfalls Berufsverbände (KStR 5.7 I 3; *Troost* DB 93, 1321). Öffentl-rechtl Körperschaften, Vereinigungen oder Anstalten scheiden aus; zu Zusammenschlüssen und Spitzenverbänden s weiter Rz 80.

78 **41. Vermögensverwaltung** ist unschädlich, solange der Berufsverbandszweck verfolgt wird und die Vermögensverwaltung diesem Zweck dient (uE aus Abs 1 Nr 6 ableitbar, Rz 87 ff); fehlt die letzte Bedingung, kann insoweit ein wirtschaftl Geschäftsbetrieb entstehen. Zum **wirtschaftl Geschäftsbetrieb** s Rz 10 ff und Rz 46 ff; Verfahren zur **Überprüfung** der **KSt-** und VStPflicht von Berufsverbänden s FinVerw DStR 96, 830; s auch *Alvermann* in FS Streck und FR 06, 262; *Eggers* DStR 07, 461; zu Beteiligungen s Rz 35 und *Meining* DStR 06, 352.

79 **42.** Einmalige oder laufende **Zuwendungen** an **politische Parteien** können nach Abs 1 Nr 5 S 2b zum Verlust der Steuerbefreiung führen. Wird die hier normierte **10%-Grenze** überschritten, ist der Berufsverband insgesamt stpfl. Mittel sind sowohl Geld- als auch Sachzuwendungen. Auch die Herkunft der Mittel (zB wirtschaftl Geschäftsbetrieb, Vermögensverwaltung, Zuschüsse, Gewinnausschüttungen, sonstige Einnahmen) ist unerheblich. Zu den Einnahmen gehören auch die Mitgliederbeiträge. Politische Parteien sindsolche iSd ParteienG. Die Mittelüberlassung kann auch durch verdeckte oder mittelbare Zuwendungen erfolgen, zB unentgeltliche oder verbilligte Raumüberlassung, Darlehensgewährung oder eine Wahlkampffinanzierung; s auch KStR 5.7 III. Im Übrigen werden Mittel für die Parteienfinanzierung mit 50% KSt belastet (Abs 1 Nr 5 S 4).

80 **43.** Durch das StÄndG 1992 (Vor § 1 Anm 19 der 6. Aufl) wurden die **kommunalen Spitzenverbände** einschließlich ihrer **Zusammenschlüsse** sowie die

den privaten Berufsverbänden entsprechenden Zusammenschlüsse der jur Personen des öffentl Rechts dem Berufsverband gleichgestellt. Die Befreiung und StPflicht der öffentl-rechtl Körperschaften nach § 1 I Nr 6 iVm § 4 greifen hier nicht, da die Zusammenschlüsse idR privatrechtl organisiert sind (vgl auch BT-Drucks 11/1108, 66).

**44. Gemeinnützigkeit** und Berufsverband schließen sich vom Zweck her gegenseitig aus (s auch *Alvermann* FR 06, 262); Ausnahmen mag es geben. Gemeinnützige Körperschaften, die von Berufsverbänden getragen und/oder finanziert werden, sind im Einzelfall verdeckte Berufsverbände (*Felix* BB 82, 2175). Die Bedingungen des Berufsverbands müssen in jedem VZ erfüllt sein (BFH BStBl III 52, 221). 81

**45. Wirtschaftlicher Geschäftsbetrieb** eines Berufsverbands s Rz 7 ff und *Alvermann* FR 06, 262; *Eggers* DStR 07, 461; *Kühner* DStR 09, 1786. Zweckbetriebe gibt es bei Berufsverbänden nicht (NdsFG EFG 98, 1665). 82

**46. Einzelfall-ABC** (+ = Berufsverband zu bejahen; ./. = Berufsverband zu verneinen): 85

**Abrechnungsstelle**
./. (BFH BStBl III 54, 204); als wirtschaftl Geschäftsbetrieb eines Berufsverbands möglich.

**Arbeitgeberverband**
+ (KStR 5.7 II).

**Architektenkammer**
./. Körperschaft des öffentl Rechts. S Zusammenschluss von Berufskammern.

**Ärztekammer**
./. Körperschaft des öffentl Rechts (vgl BFH/NV 91, 628). S Zusammenschluss von Berufskammern.

**Bankenverband**
+, s auch Kreditwirtschaftsverband.

**Bauernverband**
und -verein + (KStR 5.7 II).

**Beamtenbund**
+.

**Börse**
./. (BFH BStBl III 55, 12 betr Getreidebörse); als wirtschaftl Geschäftsbetrieb eines Berufsverbands möglich.

**Bundesvereinigung der kommunalen Spitzenverbände**
S Kommunale Spitzenverbände.

**Deutscher Landkreistag**
S Kommunale Spitzenverbände.

**Deutscher Städtetag**
S Kommunale Spitzenverbände.

**Deutscher Städte- und Gemeindebund**
S Kommunale Spitzenverbände.

**Einkaufsgemeinschaft**
./., sofern er sich auf die Koordinierung des Einkaufs für die Mitglieder beschränkt (BFH BStBl II 75, 722).

**Erzeuger- und Kontrollringe**
+ (FinVerw 1971 StEK KStG § 4 Nr 69).

**Getreidebörse**
S Börse.

**Gewerkschaften**
+ (KStR 5.7 II).

**Güteschutzgemeinschaft**
./. (KStH 5.7 unter Hinweis auf BFH BStBl II 73, 39; aA *Erasmy* BB 67, 327; *Goetz* BB 67, 581); s auch FG Brdbg EFG 03, 1334, zu einem Öko-Landschaftsverband, der eine Gütesicherung für Produkte seiner Mitglieder betreibt, zw.

**Handwerkerverband**
+.

**Handwerksinnung**
§§ 52ff HandwO, ./. Körperschaft des öffentl Rechts. S Zusammenschluss von Berufskammern.

**Handwerkskammer**
./., Körperschaft des öffentl Rechts. S Zusammenschluss von Berufskammern.

**Haus- und Grundbesitzervereine**
+ (KStR 5.7 II); s auch BFH/NV 05, 2061; Hess FG EFG 05, 561.

**IHK**
./. Körperschaft des öffentl Rechts. S Zusammenschluss von Berufskammern.

**Industrieclub**
+ möglich (vgl *Felix* StRK Anm KStG § 6 I 1 Allg R 211).

**Inkasso**
./., sofern prägende Tätigkeit des Verbandes (FG Nürnberg EFG 95, 336, zweifelhaft).

**Innung**
S Handwerksinnung.

**Kommunale Spitzenverbände**
werden wie Berufsverbände behandelt (FinVerw 1989 StEK KStG 1977 § 5 Nr 96). Seit dem StÄndG 1992 auch gesetzl normiert (Rz 80). Die Landesverbände der Spitzenverbände sind ebenfalls Berufsverbände.

**Kreditwirtschaftsverband**
+; Sondervermögen zur Einlagesicherung werden von der FinVerw in die Befreiung einbezogen, s Hinweise in BT-Drucks 8/292, 23; dazu § 5 I Nr 16.

**Landwirtschaftskammer**
./., Körperschaft des öffentl Rechts. S Zusammenschluss von Berufskammern.

**Lohnsteuerzahler, Lohnsteuerhilfeverein**
Interessengemeinschaft ./. (BFH BStBl II 74, 60; II 99, 366; KStH 16; Berufsverband könnte bejaht werden, jedoch liegt ein wirtschaftl Geschäftsbetrieb vor).

**Marketing-Club**
+ (FinVerw 1982 StEK KStG 1977 § 5 Nr 41).

**Mieterverein**
./. (BFH BStBl III 66, 525; keine Erwerbsinteressen).

**Mittelstandsvereinigung**
+ (aA noch RFH RStBl 30, 146, überholte Rspr s Rz 77).

**Notarkammer**
./. Körperschaft des öffentl Rechts. S Zusammenschluss von Berufskammern.

**Ökoverband**
S Güteschutzgemeinschaft und FG Brdbg EFG 03, 1334.

**Politischer Verein**
./., s auch Rz 79.

**Prüfungsverband**
genossenschaftlich ./. (FinVerw 1964 StEK KStG § 8 Nr 1).

**Rabattsparverein**
./. (BFH BStBl II 68, 236).

**Rechtsanwaltskammer**
./., Körperschaft des öffentl Rechts. S Zusammenschluss von Berufskammern.

**Rechtsanwaltsvereine**
+.

**Schweinezuchtverband**
+ (FinVerw 1971 StEK StG § 4 Nr 69).

**SoldatenVerb**
+.

**Steuerberaterkammer**
./., Körperschaft des öffentl Rechts. S Zusammenschluss von Berufskammern.

**Steuerberaterverband, Steuerberatervereine**
+.

**Studentenverbände**
./., so herrschende Praxis, uE jedoch +.

**Wareneinkauf**
S Einkaufsgemeinschaft.

**Warenzeichenverband**
./. (BFH BStBl III 66, 632); aber als wirtschaftl Geschäftsbetrieb eines Berufsverbands möglich.

**Werbung**
für Mitglieder als ausschließlicher Zweck ./. (BFH BStBl III 66, 638); Werbung als Teil der Gesamtinteressenvertretung entspricht dem Berufsverband; Einzelwerbung kann aber als wirtschaftl Geschäftsbetrieb eines Berufsverbands betrieben werden (KStR 5.7 IV); für wirtschaftl Geschäftsbetriebe spricht die Werbung für eine bestimmte Firma oder eine Kostendeckung, die in unmittelbarem Zusammenhang mit der konkreten Leistung für den Zahlenden steht.

**Wertpapierbesitzervereine**
Sofern sie allgemein die Interessen der Wertpapierbesitzer vertreten +.

**Wettbewerbsschutz**
Ein Verband, der sich auf die Förderung der Wettbewerbsfähigkeit des einzelnen Kaufmanns durch die Ahndung von Wettbewerbsverstößen beschränkt, ist kein Berufsverband (FG MeVo DStRE 00, 88).

**Wirtschaftsprüferkammer**
./. Körperschaft des öffentl Rechts. S Zusammenschluss von Berufskammern.

**Wirtschaftsrat**
der CDU eV beschäftigte die Gerichte mit der Frage, ob nun ein Berufsverband vorliegt oder nicht. Dem BFH reichten bisher alle tatsächlichen Feststellungen nicht aus, diese Frage zu entscheiden. Vgl: ./. nach Ansicht der FinVerw, vielmehr politischer Verein (1981 StEK KStG 1977 § 5 Nr 53 mit Anm v *Felix*); + nach Ansicht des FG Köln EFG 85, 369 und FG RhPf EFG 92, 449; Aufhebungen und Zurückverweisungen durch BFH DB 89, 156; BStBl II 89, 92; BFH/NV 90, 360; BStBl II 94, 33; nachfolgend erneut bejaht durch FG RhPf EFG 95, 799.

**Zusammenschluss von Berufskammern**
+ (Rz 80; BT-Drucks 12/1108, 66), sofern allgemeine ideelle und wirtschaftl Interessen ihrer Mitglieder wahrgenommen werden.

**Zusammenschluss von jur Personen des öffentl Rechts**
+, s Zusammenschluss von Berufskammern.

**47. Abs 1 Nr 6 (Vermögensverwaltung für Berufsverbände):** Ergänzung 87
der StFreiheit zu Nr 5. Wenn ein nichtrechtsfähige Berufsverband einen rechtsfä-

higen Träger seines Vermögens zwischenschaltet, soll dies keine StPflicht auslösen. Die Befreiung gilt auch für die kommunalen Spitzenverbände und die Zusammenschlüsse der jur Personen des öffentl Rechts, sofern sie Berufsverbände iSd Nr 5 darstellen (Rz 80).

88 **48.** Der Vermögensträger muss eine **Körperschaft** oder eine **Personenvereinigung** sein; zweifelhaft ist, ob damit Vermögensmassen (Stiftung, Anstalten, Zweckvermögen) ausgeschlossen sind. UE ist dies abzulehnen, da das KStG den Begriffen Körperschaft, Personenvereinigung und Vermögensmassen eine derartige eigenständige Bedeutung nicht zuerkennt. **AntE** oder **Mitglied** kann der Berufsverband, aber auch ein Dritter (zB Mitglieder des Berufsstands, Geschäftsführer des Verbands usw) sein, sofern dieser keine Erträge erhält (siehe unten). Hauptzweck muss die Vermögensverwaltung sein; zum Begriff der Vermögensverwaltung s Rz 12; die Körperschaft kann weitere Nebenzwecke verfolgen, ohne die StFreiheit insgesamt zu verlieren. Nebenzwecke sind nur dann schädlich, wenn sie der Vermögensverwaltungsgesellschaft das Gepräge geben. Tatsächlicher Gesellschaftszweck entscheidend; satzungsmäßige Fixierung nicht erforderlich. Beispiele: Hausverwaltung und Betreiben eines Getränkeautomaten; Vermietung eines Verbandshauses und Herausgabe einer Festschrift mit Anzeigenteil; schwierige Abgrenzung; für die Gestaltung aber attraktive Möglichkeit, da kleinere wirtschaftl Geschäftsbetriebe eines Berufsverbands auf diese Weise von der KSt befreit werden.

89 **49.** Es ist eine Vermögensverwaltung für einen **Berufsverband** iSv § 5 I Nr 5 (Rz 75 ff) erforderlich; unschädlich ist, wenn der Berufsverband einen wirtschaftl Geschäftsbetrieb unterhält, sofern der Berufsverband selbst nicht gefährdet wird; unschädlich ist auch, wenn die Anteile an der vermögensverwaltenden Körperschaft dem wirtschaftl Geschäftsbetrieb des Berufsverbands zugerechnet werden.

90 **50.** Die **Erträge** müssen (zusätzliche Bedingung) im Wesentlichen aus der Vermögensverwaltung herrühren; unwesentlich andere Erträge sind unschädlich; unwesentlich heißt uE 25 % und weniger. Schädlich ist folglich, wenn der Hauptzweck auf einen wirtschaftl Geschäftsbetrieb gerichtet ist (Rz 75) – gleichgültig, welche Erträge er bringt – oder wenn die Erträge aus einem wirtschaftl Geschäftsbetrieb wesentlich sind – gleichgültig, ob der Geschäftsbetrieb Hauptzweck ist. Unschädlich ist hingegen zB ein umfangreicher wirtschaftl Geschäftsbetrieb, der nicht Hauptzweck ist und (!) nicht wesentliche Erträge erbringt.

Alle Erträge – aus der Vermögensverwaltung und den wirtschaftl Geschäftsbetrieben – müssen schließlich (ggf auch über Treuhänder) dem **Berufsverband zufließen.** Ein zeitnaher Zufluss ist nicht erforderlich.

91 **51. Zeitlich** müssen alle Voraussetzungen jeweils im gesamten VZ vorliegen; fließen die Erträge nicht ausschließlich dem Berufsverband zu, so ist dies schädlich für den Zeitraum, in dem die Erträge erwirtschaftet wurden (Beispiel: vGa an einen fremden AntE für 00 schädlich für 01, ordnungsgemäße Ausschüttung für 00 in 01 an diesen fremden AntE schädlich für 00).

92 **52.** Die **StFreiheit** erstreckt sich auf **alle Einkünfte;** sie gilt auch für vGa.

95 **53. Abs 1 Nr 7** dehnt die StBefreiung auf **politische Parteien** iSd § 2 PartG aus. Die politische Partei bestimmt sich nach dem PartG. Ortsverbände der Parteien sind selbständige StSubjekte (FinVerw 1989 StEK KStG 1977 § 5 Nr 104); zu den Vereinigungen auf Bundesebene FinVerw 1990 StEK KStG 1977 § 5 Nr 106. Durch das G v 18.7.17 (Rz 3) wurde S 1 dahingehend ergänzt, dass verfassungsfeindliche Parteien von der Steuerbegünstigung ausgeschlossen werden. Soweit die Partei einen wirtschaftl Geschäftsbetrieb unterhält, ist die Steuerbefreiung ebenfalls (insoweit) ausgeschlossen; dazu Rz 7 ff.

96 Die Ablehnung der StBefreiung für **kommunale Wählervereinigungen** und ihre Dachverbände war verfassungswidrig (BVerfG BStBl II 99, 110; dazu FinVerw BStBl I 99, 215); Gesetzesänderung durch G v 22.12.99 (Rz 3).

**54.** Befreit waren weiterhin *bis VZ 83* der *politische Verein.* Durch das G v 22.12.83 (Rz 3) wurde der politische Verein in Abs 1 Nr 7 gestrichen. Zu dieser Befreiung s die 5. Aufl. 97

**55. Abs 1 Nr 8 (öffentl-rechtl Versicherungs- und Versorgungseinrichtungen);** entspricht § 4 I Nr 10 KStG aF vor 1977. Gleichstellung der berufsständischen Pflichtversicherungen mit den Sozialversicherungsträgern, die als Hoheitsbetriebe nicht kstpfl sind (§ 4 Rz 40ff). Beispiele: Versorgungswerke der Ärzte, Apotheker, Notare, Rechtsanwälte. Keine Beeinträchtigung der StFreiheit durch die Einführung der flexiblen Altersgrenze (FinVerw 1974 StEK KStG § 4 Nr 78). Regelung von Einzelheiten s FinVerw 1987 StEK KStG 1977 § 5 Nr 79. Anpassung durch das RentenRefG 1992 v 18.12.89 (Vor § 1 Anm 19 der 6. Aufl) mit Wirkung ab VZ 92 und das RVOrgG v 19.12.04 (Vor § 1 Rz 27) mit Wirkung ab VZ 05. 100

Die Steuerbefreiung ist umfassend und ist nicht auf bestimmte Tätigkeitsbereiche beschränkt. Sie schließt auch wirtschaftl Beteiligungen (zB Mitunternehmerschaft) und Betriebe gewerbl Art (vgl § 4) mit ein (BFH BStBl II 12, 601 zu Mitunternehmerschaft und Betriebsverpachtung). 101

**56. Abs 1 Nr 9.** Die StBefreiung der **gemeinnützigen (§ 52 AO), mildtätigen (§ 53 AO) und kirchlichen (§ 54 AO) Zwecken dienenden Körperschaften** ist in der Sache nahezu unverändert von § 4 I Nr 6 KStG aF vor 1977 in I Nr 9 übergegangen. Begrifflich erfolgte eine Anpassung an die §§ 51ff AO. Neufassung gilt seit 1.1.77 (§ 54 I idF des KStG 1977). Kritisch zur Subventionierung gemeinnütziger Körperschaften *Lang* DStZ 88, 18; Gutachten des wissenschaftl Beirats beim BdF, 2006. Die Befreiung gilt für alle Körperschaften iSv § 1 I, zB AG (RFH RStBl 29, 493), GmbH, Genossenschaft, Verein, Stiftung, Zweckvermögen, Betrieb gewerbl Art. Zu den einzelnen Bedingungen der Gemeinnützigkeit, Mildtätigkeit und der kirchlichen Zwecke wird auf §§ 52ff AO und ihre Kommentierung verwiesen. Zu „Sportvereine“, „Sponsoring“, „Stiftung“ s Beratungs-ABC. 103

**57.** Die **Befreiungsvoraussetzungen** müssen bei der Körperschaft selbst gegeben sein. Die Gemeinnützigkeit des Trägers, eines beherrschenden AntE, des zivilrechtl Treuhänders oder der öffentl-rechtl Körperschaft selbst ist nicht ausreichend. Die Befreiungsvoraussetzungen müssen während des **gesamten VZ** vorliegen (vgl §§ 60 II 2, 63 II AO). Entfällt die Vermögensbindung, tritt rückwirkend StPflicht bis zur 10-Jahres-Grenze ein (vgl §§ 61 III, 63 II AO; s Rz 114). Nach BFH BStBl II 07, 808 soll die StBefreiung regelmäßig enden, wenn über das Vermögen der Körperschaft das **Insolvenzverfahren** eröffnet wird. Dies ist uE zweifelhaft: Auch der Insolvenzverwalter hat die satzungsmäßige Vermögensbindung der gemeinnützigen Körperschaft zu beachten. Jedenfalls aber bleibt die StBefreiung erhalten, wenn im Insolvenzverfahren die steuerbegünstigte Tätigkeit fortgeführt wird. 104

Eine Körperschaft verfolgt **gemeinnützige Zwecke,** wenn ihre Tätigkeit darauf gerichtet ist, die Allgemeinheit auf materiellem, geistigem oder sittlichem Gebiet selbstlos zu fördern, § 52 I 1 AO. Die gemeinnützigen Zwecke sind in § 52 II 2 AO aufgezählt und wurden durch das „G zur weiteren Stärkung des bürgerschaftlichen Engagements“ (BGBl I 07, 2332; BStBl I 07, 815) neu gefasst. Der Gesetzeskatalog ist grds abschließend; lediglich in Ausnahmefällen sind die gesetzl zuständigen Finanzbehörden befugt, Körperschaften nach § 52 II 1 AO für gemeinnützig zu erklären, s § 52 II 2 AO. Dementsprechend hat der BFH zB „Turnierbridge“ zwar nicht als dem Gemeinnützigkeitskatalog zugehörig angesehen (BFH v 9.2.17 V R 69/14, BFHE 257, 6 zu § 52 Nr 21 und 23 AO), aber die Gemeinnützigkeit als vergleichbare Betätigung nach § 52 II 2 AO bejaht (BFH v 9.2.2017 V R 70/14, BFHE 257, 12). Erfüllt der Satzungszweck die Voraussetzungen des § 52 II 2 AO, ist er als gemeinnützig zu erklären; ein Ermessen der Fin- 105

Verw besteht dann nicht (BFH v 9.2.17 V R 70/14, aaO). „Grillsport" ist aber nicht gemeinnützig, FG Berlin EFG 17, 1 „Förderung der Allgemeinheit" (§ 52 I AO) ist Förderung des Gemeinwohls (*Gast-deHaan* DStR 96, 405 f). Hierunter ist nicht notwendig die Gesamtheit oder die Mehrheit der deutschen Bevölkerung zu verstehen. Das Gemeinwohl kann auch durch Unterstützung weniger Personen gefördert werden. Auch Körperschaften, die sich für Minderheiten einsetzen, können der Allgemeinheit dienen (FG Bln EFG 85, 146). Erforderlich ist lediglich, dass ein größerer Teil der Bevölkerung hiervon profitieren kann.

**106** Bei der Beurteilung ist aber die Auffassung der Mehrheit der Bevölkerung zugrunde zu legen (so bereits RFH RStBl 30, 62). Nicht nur der Zweck, sondern auch die Art und Weise der Zweckverfolgung muss gemeinnützig sein (RFH aaO). Die Auffassungen über das, was dem Gemeinwohl dient, können sich ändern. Beurteilungen über gemeinnützige Aktivitäten können Wandlungen unterliegen. Eine Körperschaft fördert nach hA auch dann die Allgemeinheit iSd § 52 Abs 1 AO, wenn sie ihre Zwecke ausnahmslos oder überwiegend im **Ausland** erfüllt (s auch *Schiffer* DStR 05, 508). Soweit die FinVerw hinsichtlich bestimmter Zwecksetzungen auf die Zweckerfüllung im Inland abstellt (zB für den Bereich des Denkmal-, Umwelt- und Naturschutzes, vgl DStR 02, 806; DStZ 03, 50; DStR 97, 1492), sind diese Beschränkungen mit dem Gemeinnützigkeitsbegriff unvereinbar (s auch BFH/NV 04, 1575). Das deutsche Steuerrecht erkennt die Verfolgung gemeinnütziger Ziele unabhängig davon an, ob dies im Inland oder im Ausland geschieht. Eine Förderung der Allgemeinheit iSd § 52 AO setzt nicht voraus, dass die Fördermaßnahmen den Bewohnern oder Staatsangehörigen Deutschlands zugute kommen (BFH aaO). Mit seiner „Stauffer"-Entscheidung hat der EuGH zudem auch ausländischen Körperschaften den Weg zur Erlangung der steuerl Privilegien der Gemeinnützigkeit geöffnet (EuGH v 14.9.06 C – 386/04 „Stauffer"; BFH/NV 17, 549; BFH/NV 07, Beil 1, 55 = DStR 06, 1736; nachfolgend BFH/NV 07, 805; s auch Rz 5 und eingehend *Hüttemann/Helios* DB 06, 2481; *Fischer* FR 07, 361 mwN). Die Beschränkung des § 5 II Nr 3 aF war europarechtswidrig (s Rz 5 und 140) und wurde folgerichtig in **Abs 2 Nr 3** aufgehoben. Die Bundesrepublik Deutschland ist aber nicht verpflichtet, einen Gemeinnützigkeitsstatus ausländischen Rechts anzuerkennen (BFH BStBl II 10, 331; II 14, 440; II 15, 588; BFH/NV 17, 549). Zu weiteren Fragen des Auslandsbezugs *Weitemeyer/Bornemann*, FR 16, 437.

**107** Eine Förderung der Allgemeinheit liegt nicht vor, wenn der Kreis der profitierenden Personen fest abgeschlossen oder so begrenzt ist, dass er dauerhaft nur klein sein kann, § 52 I S 2 AO. Das Gesetz nennt beispielhaft eine Begrenzung auf Familien- oder Unternehmensangehörige bzw nach räumlichen oder beruflichen Merkmalen. Die Förderung von Sonderinteressen oder exklusiver Kreise ist nicht steuerbegünstigt (BFH BStBl II 73, 430; II 79, 482). Dementsprechend ist zB die Familienstiftung nicht gemeinnützig (RFH RStBl 41, 316). Werden Kunstwerke in Privaträumen untergebracht und nur gelegentlich der Öffentlichkeit zugänglich gemacht, ist auch eine Kunststiftung nicht gemeinnützig (BFH/NV 17, 882). Auch gemeinnützige Körperschaften dürfen aber den Kreis der Zugangsberechtigten in sachlicher, regionaler, beruflicher oder persönlicher Hinsicht begrenzen. Ausreichend ist, wenn der Kreis der Profitierenden einen Ausschnitt aus der Allgemeinheit darstellt. So können unternehmensnahe Stiftungen gemeinnützig sein, wenn durch Satzung und Geschäftsführung auch Unternehmensfremden der Zugang ermöglicht wird. Auch der Ausschluss wesentlicher Bevölkerungsgruppen kann zur Versagung der Gemeinnützigkeit führen: So hat der BFH einer Freimaurerloge, die Frauen von der Mitgliedschaft ausschließt, die Gemeinnützigkeit versagt (BFH/NV 17, 1220). Hieraus kann aber nicht generell geschlossen werden, dass jegliche Mitgliederbeschränkungen schädlich sind: so ist uE bei fremdnützigen Körperschaften die Beschränkung der Mitgliedschaft unerheblich, wenn die Tätigkeit der Körperschaft nicht auf die Mitglieder ausgerichtet ist. Ferner sind auch

Körperschaften gemeinnützig, wenn die Beschränkung einen sachlichen Grund in den gemeinnützigen Zwecken hat (zB Frauenchor, Frauenhaus). Der Zugang der Allgemeinheit und damit die Gemeinnützigkeit kann auch durch die Höhe der Mitgliedsbeiträge ausgeschlossen sein, BMF BStBl I 98, 1424 und AEAO zu § 52 Tz 1, mit Höchstgrenzen; s Beratungs-ABC „Sportvereine". Die **Förderung politischer Parteien** oder politischer Meinungsbildung ist nicht gemeinnützig (AEAO Tz 9 zu § 52; BFH/NV 11, 1113). Die Betätigung einer gemeinnützigen Körperschaft mit politischer Ausrichtung ist aber dann unschädlich, wenn sie gerade der Verfolgung der gemeinnützigen Zwecke dient (HessFG DStRE 17, 1128, „Attac", Rev BFH V R 60/17). Gemeinnützigkeit liegt auch nicht bereits deshalb vor, weil die Körperschaft ihre Mittel einer Körperschaft des öffentlichen Rechts zuführt, § 52 I S 3 AO. Zur Religionsgemeinschaft BFH/NV 05, 1741. Zur Gemeinnützigkeit bei Wahrnehmung öffentlicher Aufgaben BFH BStBl II 06, 198 (Beitrittsaufforderung an BMF); *Regierer/Becker* DStZ 07, 597. Soweit § 51 III AO seit VZ 09 die Aberkennung der Gemeinnützigkeit bei **extremistischen Bestrebungen** an die Nennung in einem Verfassungsschutzbericht knüpft, ist dort eine explizite Einstufung erforderlich (BFH BStBl II 13, 146).

Die Förderung der Allgemeinheit muss selbstlos erfolgen, § 52 I 1 AO. Dieser 108
Gesetzesbegriff wird in § 55 AO näher konkretisiert: Die Körperschaft darf nicht in erster Linie eigenwirtschaftliche Zwecke (zB gewerbliche oder sonstige Erwerbszwecke) verfolgen. Dementsprechend sind an die **Mittelverwendung** von gemeinnützigen Körperschaften besondere Anforderungen zu stellen, §§ 55 und 58 AO. Die gemeinnützig gebundenen Mittel müssen ausschließlich und zeitnah für die satzungsmäßigen Zwecke eingesetzt werden (§ 55 Nr 1–5 AO). Hieraus entstehen für gemeinnützige Körperschaften umfangreiche Pflichten und Verwendungsbeschränkungen, zB betr Höhe der allgemeinen Verwaltungskosten (BFH BStBl II 00, 320; BFH/NV 99, 1055 und 1089; 03, 1025; AEAO Nr 18 ff zu § 55), Vergütungen an Mitglieder, Organe und Dritte (s zB BMF BStBl I 99, 591; BFH/NV 01, 1536). Mitteleinsatz und Mitteltransfer (§ 58 Nr 1–5 AO, AEAO Nr 1 ff zu § 55; BFH/NV 14, 235), Verluste im wirtschaftl Geschäftsbetrieb (s Rz 18) und Vermögensverwaltung (str; s AEAO Nr 9 zu § 55 und FinVerw DStR 99, 1565; zu Recht abl *Hüttemann* FR 02, 1337), zeitnahe Mittelverwendung (§§ 55 I Nr 1, 63 IV AO; BFH BStBl 90 II, 28; AEAO Nr 28 zu § 55; zu Rücklagen s § 58 Nr 6, 7, 12 AO und AEAO zu § 58). Zu den Einzelheiten wird auf die Kommentierung zu §§ 51 ff AO und AEAO zu §§ 51 ff AO verwiesen. Zur **unmittelbaren** Erfüllung der gemeinnützigen Zwecke s § 57 AO; ausgenommen sind Hilfspersonen iSd § 57 I 2 AO (zur Gemeinnützigkeit der Hilfsperson selbst s die einschränkende Ansicht der FinVerw BStBl I 03, 107 und AEAO Nr 2 S 11 zu § 57; bestätigt durch BFH BStBl II 07, 628) und Dachkörperschaften (§ 57 II AO).

**Vorbereitungshandlungen** einer neu gegründeten gemeinnützigen Körper- 109
schaft reichen aus, um die Voraussetzungen der Steuerbefreiung zu erfüllen, wenn die Tätigkeiten ernsthaft auf die Erfüllung der steuerbegünstigten, satzungsgemäßen Zwecke ausgerichtet sind (BFH BStBl II 03, 930). Die bloße Absicht, die Gemeinnützigkeitskriterien zu einem unbestimmten Zeitpunkt zu erfüllen, ist nicht ausreichend. Zur tatsächlichen, gemeinnützigen Geschäftsführung iSd § 63 I AO gehören in diesem Zusammenhang alle Tätigkeiten und Entscheidungen, die der Verwirklichung der Satzungszwecke vorausgehen und sie vorbereiten (zB Organisationsaufbau, Mittelsammlung, Planungs- und Beratungskosten). Die Körperschaft kann den erforderlichen Nachweis auch durch Schriftverkehr und Notizen über vorbereitende Maßnahmen führen. Konkrete Geschäfts- und Tätigkeitsberichte sind zwar sinnvoll, aber nicht zwingend erforderlich (BFH aaO).

Die Steuervergünstigung wird gewährt, wenn sich die ausschließliche und un- 110
mittelbare Verfolgung der gemeinnützigen Zwecke aus der **Satzung** bzw dem Stiftungsgeschäft ergibt, § 59 AO. Die Satzungszwecke und ihre Verwirklichung müssen dort so genau beschrieben sein, dass die satzungsmäßigen Voraussetzungen

für die Steuervergünstigung überprüft werden können (§ 60 I AO). Ein wirtschaftl Geschäftsbetrieb (s Rz 10ff) darf nicht als Satzungszweck festgelegt werden. Aufgrund des Ausschließlichkeitsprinzips (§ 56 AO) ist dies auch dann nicht zulässig, wenn der wirtschaftl Geschäftsbetrieb lediglich neben den steuerbegünstigten Zwecken genannt wird (*Kümpel* DStR 99, 1505, 1506). Die Vorschriften der Abgabenordnung müssen in der Satzung aber nicht wörtlich wiederholt werden. Ausreichend ist, wenn sich die satzungsmäßigen Voraussetzungen bei Auslegung der Satzungsbestimmungen ergeben (BFH BStBl II 97, 794; II 79, 482). Dies gilt allerdings nicht für die für VZ ab 2009 gesetzlich vorgeschriebenen Formulierungen der **„Mustersatzung"**, Anlage 1 zu § 60 AO, die wörtlich zu übernehmen sind. Seit VZ 13 kann die satzungsmäßige Gemeinnützigkeit durch Feststellungsbescheid nach § 62 AO gesondert festgestellt werden. Zur satzungsmäßigen Vermögensbindung s §§ 59, 61 AO und eingehend BFH/NV 11, 1111.

Da die tatsächliche Geschäftsführung den Satzungsleistungen entsprechen muss (§ 63 I AO), ist auch eine vom Satzungszweck abweichende gemeinnützige Tätigkeit nicht befreit.

111 **58.** Über die Befreiung wird im **Veranlagungsverfahren** entschieden; nicht in einem gesonderten Verfahren. Die Gemeinnützigkeit wird für jeden VZ gesondert entschieden. Zu abweichendem Wj s FinVerw DB 05, 1547. Die Gemeinnützigkeit kann mit KStBescheid oder auch **KSt-Freistellungsbescheid** beschieden werden; dieser Bescheid wird durch einen zur KSt veranlagenden Bescheid, evtl einen Null-Bescheid ersetzt, falls die Gemeinnützigkeit entfällt (BFH BStBl II 98, 711). Um die StBefreiung kann auch durch Rechtsbehelfe gegen Null-Bescheide gestritten werden (BFH BStBl II 95, 134, 499). Besteht partielle Stpfl im wirtschaftl Geschäftbetrieb, erfolgt Veranlagung mit KStBescheid; ein ergänzender Freistellungsbescheid ergeht dann nicht.

112 **59.** Für die Besteuerung der gemeinnützigen Körperschaft ist zwischen vier **Einnahmesphären** zu unterscheiden: Ideeller Bereich, Vermögensverwaltung, wirtschaftl Geschäftsbetrieb, Zweckbetrieb. Die Einnahmen aus Spenden und öffentlichen Zuschüssen fallen in den steuerfreien **ideellen Bereich.** Zu Mitgliedsbeiträgen s § 8 V und § 8 Rz 460ff.

113 Auch die **Vermögensverwaltung** (Rz 12ff) ist steuerfrei. Im **wirtschaftl Geschäftsbetrieb** (Rz 10ff) tritt partielle StPflicht ein. Bei den **Zweckbetrieben** (§§ 64–68 AO) entfällt allerdings die StPflicht; dazu Rz 25. Die Gemeinnützigkeit wird grds noch nicht dadurch berührt, dass der wirtschaftliche Geschäftsbetrieb die gemeinnützigen Aktivitäten übersteigt (BFH BStBl II 02, 162). Entscheidend ist allein, dass die Tätigkeit der gemeinnützigen Vereinigung darauf gerichtet ist, die Allgemeinheit selbstlos zu fördern. Auch Körperschaften, die ihre Einnahmen nahezu ausschließlich durch die Unterhaltung von wirtschaftlichen Geschäftsbetrieben erzielen, können als gemeinnützig anerkannt werden (FinVerw DB 03, 1932). Zur – überholten – Geprägetheorie und den Prüfungskriterien der Rspr s Rz 9. Keine StPflicht für selbstbewirtschaftete **Forstbetriebe**; S 3 eingefügt durch G v 18.12.89 (BGBl I 89, 2212; BStBl I 89, 499); zu den Forstbetrieben FinVerw 1990 StEK KStG 1977 § 5 Nr 114.

114 **Gefährdung und Versagung der Gemeinnützigkeit:** Neben der formellen Satzungsmäßigkeit (s o Rz 110) muss auch die tatsächliche Geschäftsführung den gemeinnützigen Anforderungen entsprechen, § 63 AO. **Beispiele** einzelner Gemeinnützigkeitsverstöße: Nach § 55 I Nr 1 AO dürfen Mittel der steuerbegünstigten Körperschaft ausschließlich für die satzungsmäßigen Zwecke verwendet werden; unzulässige Gewinnausschüttungen (§ 55 I Nr 1 und 2 AO; hierzu BFH/NV 11, 329), unverhältnismäßige Vergütungen oder zu hoher Auslagenersatz können nach § 55 I Nr 3 AO gemeinnützigkeitsschädlich wirken (BFH/NV 01, 1536; BMF BStBl I 99, 591); rechtswidrige Bereicherung der Organe (FG Hamburg EFG 07, 1543); Steuerhinterziehung, nicht aber bereits die verspätete Abgabe von

Steuererklärungen (FG Münster EFG 12, 802); unzulässig ist die Verwendung gemeinnützig gebundener Mittel im steuerpflichtigen wirtschaftl Geschäftsbetrieb; auch ein im Zweckbetrieb erwirtschafteter Überschuss muss für die begünstigten gemeinnützigen Zwecke der Körperschaft verwendet werden. Zu Verlusten im wirtschaftl Geschäftsbetrieb s Rz 18. Auch die nicht zeitnahe Mittelverwendung begründet einen Gemeinnützigkeitsverstoß: Die Mittel müssen innerhalb von zwei Jahren für die steuerbegüstigten satzungsmäßigen Zwecke verwendet werden, § 55 I Nr 5 S 3 AO; zu Einzelfragen s die Kommentierung zu § 55 AO und *Rösch/ Woitschell/Thiel/Eversberg* DB 07, 1434; *Thiel/Eversberg* DB 07, 191. Zu Gemeinnützigkeit bei **Insolvenz** BFH BStBl II 07, 808 und Rz 104.

Die Folge von Gemeinnützigkeitsverstößen ist nach dem Grundsatz der **Verhältnismäßigkeit** zu prüfen. Die Versagung der Gemeinnützigkeit ist also keinesfalls zwingend. Wie § 63 IV AO zeigt, soll die Versagung in bestimmten Fällen lediglich ultima ratio sein. Aber auch sonst hat die FinVerw im Wege der ordnungsgemäßen Ermessensausübung zu prüfen, ob der Gemeinnützigkeitsverstoß derart schwerwiegend ist, dass er die Versagung der Gemeinnützigkeit für einen oder mehrere Veranlagungszeiträume rechtfertigt. Liegt ein gravierender Verstoß vor, der die Versagung der Gemeinnützigkeit rechtfertigt, ist in zeitlicher Hinsicht zu unterscheiden: Wird gegen die Vorschriften der ordnungsgemäßen Geschäftsführung verstoßen, führt dies nach §§ 63 II, 60 II AO grundsätzlich zur Versagung der Gemeinnützigkeit in dem VZ, in dem der Geschäftsführungsverstoß begangen wurde. Wird gegen die Vorschriften über die Vermögensbindung verstoßen, gilt die Vermögensbindung als von Anfang an steuerlich nicht bestehend, §§ 63 II, 61 III 1 AO. Die Versagung der Gemeinnützigkeit kann rückwirkend für die letzten zehn Kalenderjahre erfolgen, §§ 61 III 2, 175 I 1 Nr 2 AO. S zum Ganzen auch BFH/NV 11, 329, zur Aberkennung bei ungerechtfertigten Vermögensausschüttungen FG Münster EFG 05, 1003 und zur Besteuerung nach Aberkennung FG Hamburg EFG 07, 1543.

**60. Abs 1 Nr 10,** ***11,*** **12,** ***13*** **(Wohnungs- und Siedlungsunternehmen)** 115

**61.** Die StBefreiung der Wohnungs- und Siedlungsunternehmen, bis 1976 geregelt in § 8 KStDV, wurde leicht geändert und schärfer abgegrenzt in Abs 1 Nr 10–13 KStG 1977 übernommen; s dazu BT-Drucks 7/1470, 339 und 7/5310, 10. Neufassung galt ab 1.1.77 (§ 54 I idF des KStG 1977). Kritisch *Felix* BB 82, 667; weitere Einzelheiten s das Schrifttum und A 13–15 KStR 1985. Änderung ab VZ 90.

**62.** Zum *bis VZ 89* geltenden Recht s 5. Aufl.

**63.** Das StRefG 1990 v 25.7.88 (BGBl I 88, 1093; BStBl I 88, 224) **schränkte** die **StFreiheit** der Wohnungs- und Siedlungsunternehmen **ein.** Die **Nr 10, 12** wurden **neu gefasst,** die Nr 11 ersatzlos gestrichen. Die Änderung gilt **seit** VZ 90. Das Wohnungsgemeinnützigkeitsgesetz (WGG) und die VO zur Durchführung des WGG wurden mit Wirkung ab 1.1.1990 durch das StRefG 1990 aufgehoben. Gesetzesbegründung: BT-Drucks 11/2157, 169; 11/2226, 21; 11/3536, 88. Dazu FinVerw BStBl I 89, 271; v 30.3.90, DB 90, 965; 1990 StEK KStG 1977 § 5 Nr 111; BB 94, 547; KStR 5.10. Das JStG 2008 v 20.12.07 (BGBl I 07, 3150) fasste S 1 neu, und zwar rückwirkend (s § 34 VIII idF des JStG 2008).

**64.** Die Vorschrift normiert eine **Befreiung** für **Genossenschaften und Vereine,** deren Geschäftsbetrieb auf bestimmte, eng umrissene Tätigkeiten beschränkt ist; s im Einzelnen das Gesetz. Eine nicht begünstigte Tätigkeit schließt die StBefreiung aus, wenn die Einnahmen aus dieser Tätigkeit 10% der Gesamteinnahmen übersteigen. Die Gesetzesregelung enthält keine Beschränkung auf bestimmte Tätigkeiten. So sind beispielsweise die Beteiligung an gewerbl tätigen PersGes oder die Überlassung von Räumen an Nichtmitglieder zulässig, soweit die 10%-Grenze nicht überschritten wird. Die verabschiedete Gesetzesfassung regelt entgegen dem Gesetzesentwurf nicht ausdrücklich die Frage, ob die StBefreiung insoweit entfällt, als eine zulässige, aber nicht begünstigte Tätigkeit ausgeübt wird. 116

Der Wortlaut zwingt nicht zu dieser Auslegung. Daraus folgt, dass beispielsweise die Einnahmen aus einer zulässigen Beteiligung an eine gewerbl PersGes steuerbefreit sind (aA FinVerw aaO). Die Einfügung des S 11 an § 13 III durch das G v 28.10.94 (§ 13 Rz 3) geht allerdings ebenfalls davon aus, dass sich die StFreiheit nicht auf den 10%-Anteil bezieht (vgl BT-Drucks 12/7945, 93). Unternehmen, die aufgrund der gesetzl Neuregelung die StFreiheit verlieren, haben nach § 13 auf den ersten Tag des Wj, für das die StFreiheit entfällt (idR also 1.1.1990, bei vom Kj abw Wj auch früher, eine steuerliche Anfangsbilanz aufzustellen und darin die Wirtschaftsgüter mit den Teilwerten anzusetzen (vgl *Krebs* GmbHR 88, 28, 236; *Selchert* DStR 85, 195). Dazu auch die Neuregelung des § 13 III (§ 13 Rz 19). Zu Dividendenausschüttungen s FinVerw v 23.5.90, BB 90, 1334. Zur Behandlung von Ausschüttungen nach dem Recht bis 1990 steuerbefreiter Körperschaften nach diesem Zeitpunkt s BFH BStBl II 95, 740; BFH/NV 96, 177. Zinsen von Wohnungsgenossenschaften aus Mieten sind eingeschränkt steuerfrei (BFH/NV 11, 311; weitergehend SächsFG EFG 11, 74). Zur kstl Organschaft mit ehemals gemeinnützigen Wohnungsunternehmen s *Fuchs* DB 95 Beil 12.

118 **65. Abs 1 Nr 14 (land- und forstwirtschaftl Erwerbs- und Wirtschaftsgenossenschaften und Vereine).** § 4 I Nr 11 KStG idF des 2. StÄndG 1973 – hervorgegangen aus § 31 KStDV aF – wurde Abs 1 Nr 14. S dazu *Krebs* BB 76, 127; *Söffing* Inf 74, 272. Übergangsregelung für 1974 FinVerw 1977 StEK KStG § 4 Nr 88. Zu den Änderungen 1980 und 1989 s 6. Aufl.

119 **66.** Ausführlich zu den **Bedingungen** der **StBefreiung** s KStR 5.11. In KStR 5.11 VI auch Erläuterung der für die Genossenschaft wesentlichen Begriffe **Zweckgeschäft, Gegengeschäft, Hilfsgeschäft, Nebengeschäft, Mitglieder-** und **Nichtmitgliedergeschäft.** Dazu BFH BStBl II 88, 753 und FinVerw BStBl I 90, 730. Ergänzend: Offene und stille Rücklagen sind eingeschränkt zulässig (FinVerw 1981 StEK KStG 1977 § 5 Nr 36; Missbrauch ist möglich, vgl BFH BStBl III 54, 38; FinVerw aaO). Ist bei einem Veräußerungsgeschäft noch unentschieden, ob ein Hilfs- oder Nebengeschäft vorliegt und wird eine § 6b-Rücklage gebildet, so gefährdet die Auflösung der Rücklage nicht die StFreiheit (BFH BStBl II 80, 577; aA FG München EFG 79, 100 – Vorinstanz –). Beschaffung von Gummistiefeln durch Molkereigenossenschaften kein Hilfsgeschäft (BFH v 16.7.59 I 132/58, HFR 63, 75); Nebengeschäfte sind auch schädlich, wenn sie mit steuerbefreiten Genossenschaften getätigt wurden (FinVerw 1990 StEK KStG 1977 § 5 Nr 113). Einnahmen aus einem GAV sind Nebengeschäfte, selbst wenn die OrganGes die Gewinne aus Zweckgeschäften erzielt oder aus Geschäften mit dem Organträger, dh der Genossenschaft. Die Herstellung von Quarkmischungen für Käsekuchen durch Molkereigenossenschaften ist noch Landwirtschaft (FinVerw 1982 StEK KStG 1977 § 5 Nr 39). Zur Herstellung von bestimmten Dressing-Soßen durch Molkereigenossenschaften s FinVerw 1985 StEK KStG 1977 § 5 Nr 66. Zu steuerunschädliche Finanzierungshilfen von Molkereigenossenschaften an Milchlieferanten zur Beschaffung von Milchkühlanlagen FinVerw 1977 StEK KStG 1977 § 5 Nr 2. Steuerl Behandlung von Butteraktionen s FinVerw 1977 StEK KStG 1977 § 5 Nr 5; 1978 Nr 13; 1979 Nr 22; 1982 Nr 48; 1984 Nr 62. Verpachtung von Anlagevermögen ist Nebengeschäft (BFH BStBl II 72, 498). S BFH BStBl II 72, 498 auch zur Frage der Aufteilung des Mitgliedergeschäfts und des Nichtmitgliedergeschäfts bei einer Molkereigenossenschaft, die ihr Anlagevermögen verpachtet hat. Ausnahmeregelungen für Züchtervereinigungen: partielle StPflicht bei Geschäften mit Nichtlandwirten, zu deren Aufnahme als Mitglieder sie gesetzl verpflichtet sind (FinVerw 1977 StEK KStG § 5 Nr 88).

120 In KStR 5.11 X auch zu Anschluss- und Lieferungsgenossenschaften. KStR 5.12 befasst sich mit Molkereigenossenschaften (zur Kooperation zwischen Molkereigenossenschaften FinVerw 1988 StEK KStG 1977 § 5 Nr 88). KStR 5.13 befasst sich mit den Winzergenossenschaften (dazu FinVerw 1983 StEK KStG 1977

§ 5 Nr 56; 1985 § 5 Nr 65, 70; 1987 § 5 Nr 76, 82), KStR 5.14 mit den Pfropfrebengenossenschaften, FinVerw 1984 StEK KStG 1977 § 5 Nr 61 mit Trocknungsgenossenschaften, KStR 5.15 mit anderen Genossenschaften. Die KStR 5.12–5.15 gelten entsprechend für land- und forstwirtschaftl Vereine (KStR 5.16). Zu Brennereigenossenschaften FinVerw 1983 StEK KStG 1977 § 5 Nr 58 (Billigkeitsregelung). Zu den land- und forstwirtschaftl Betriebshilfediensten FinVerw 1985 StEK KStG 1977 § 5 Nr 68.

**67.** Land- und forstwirtschaftl Genossenschaften und Vereine sind steuerfrei, soweit sich der Geschäftsbetrieb auf die im Gesetz genannten Tätigkeiten beschränkt. 122
Üben die Genossenschaften in geringem Umfang auch andere Tätigkeiten aus, führen diese Tätigkeiten zur partiellen StPflicht (dazu FinVerw 1993 StEK KStG 1977 § 5 Nr 138). Hinsichtlich der begünstigten Tätigkeit bleibt die StFreiheit erhalten. Die partielle StPflicht wird durch die im Gesetz genannte 10%-Grenze gezogen. Übersteigen die Einnahmen aus stpfl Tätigkeit 10%, entfällt die StBefreiung insgesamt. Die Beteiligung an einer PersGes, einer KapGes oder weiteren Genossenschaft als solche beschränkt die StFreiheit nicht mehr; die Einnahmen aus den Beteiligungen sind Einnahmen aus nicht begünstigten Tätigkeiten. Vgl BT-Drucks 11/5970, 113; *Krebs* BB 90, 527, 529. Zur Ausnahme von der 10%-Grenze für Genossenschaften und Vereine, deren Geschäftsbetrieb sich überwiegend auf Milchqualitätsprüfung und/oder Milchleistungsprüfungen oder auf die Tierbesamung beschränkt, s das Gesetz. Die Sonderregelungen für Molkereigenossenschaften sind mit der ab VZ 90 geltenden Neuregelung entfallen (FinVerw DB 91, 18). Zur Frage der StPflicht bei übermäßiger Vermögensbildung HessFG EFG 97, 1045. Zur Möglichkeit, auf die StBefreiung zu verzichten, s § 34 V.

**68. Beginn und Ende** der StBefreiung: § 13 findet Anwendung; s FinVerw 1978 StEK KStG 1977 § 13 Nr 1 mw Einzelheiten. 123

**69. Abs 1 Nr 15 (Pensions-Sicherungs-Verein):** VVaG, Träger der durch das BetrAVG v 19.12.74 (BGBl I 74, 3610; BStBl I 75, 22) eingeführten Insolvenzsicherung. Die Befreiung gilt seit VZ 75 (§ 24 KStG idF d BetrAVG). 125

**70. Abs 1 Nr 16 (Sicherungseinrichtungen von Banken):** Befreiung eingeführt durch StÄndG 1977 (BGBl I 77, 1586; BStBl I 77, 442). Sie gilt seit VZ 78 (§ 54 VIII idF des StÄndG 1977). Schrifttum: *Uelner* DStZ/A 77, 409; *Forst/Oepen/Sarrazin* DB 77, 1767. Korrektur durch das StRefG 1990 im Zusammenhang mit der Einschränkung der Befreiung für Wohnungs- und Siedlungsunternehmen (Rz 115 ff). Mit Wirkung ab VZ 98 neugefasst und präzisiert (Rz 3). Seit VZ 2005 sind auch die „Sicherungsfonds im Sinne der §§ 126 und 127 VAG" befreit (G v 15.12.04, Rz 2). FG München EFG 99, 1096 lehnt Nr 16 für den „Sicherungsfonds" eines genossenschaftlichen Prüfungsverbands ab. Weitere Gesetzesanpassungen durch G v 1.4.15 und 2.11.15 (Vor § 1 Rz 27). 127

**71. Abs 1 Nr 17** wurde eingeführt durch das G v 25.2.92 mit Wirkung ab VZ 91 (BGBl I 92, 297; BStBl I 92, 146; zur früheren Fassung und Streichung der Nr 17 s 3. Aufl). **Bürgschaftsbanken und Kreditgarantiegemeinschaften** wurden bisher als gemeinnützige Körperschaften behandelt. Da insoweit Bedenken bestanden, erfolgte die Befreiung in Nr 17 (BT-Drucks 12/1108, 66). Beide Institutionen sind funktionsmäßig identisch; sie tragen in den Ländern nur unterschiedliche Namen (BT-Drucks 12/1368, 22). Es handelt sich um Selbsthilfeeinrichtungen der mittelständischen Wirtschaft. Befreit sind nur kstpfl Subjekte. Sie müssen ausschließlich mit Vermögen und Ertrag den im Gesetz umschriebenen Zweck verfolgen. Zur Mittelstandsförderung gehört auch die Förderung freier Berufe (BT-Drucks aaO). Der finanzielle Aufbau der Bürgschaftsbanken erfolgte durch das eigene Kapital und dadurch, dass Beteiligungskapital durch die beteiligten Wirtschaftsträger (Kammern, Verbände etc) gezeichnet wird, außerdem durch Bürgschaften der öffentl Hand und ERP-Mittel (BT-Drucks 12/1108, 67). S zu 129 den Bedingungen im Einzelnen BFH BStBl II 00, 325 gegen FG Köln EFG 98, 1092.

131 **72. Nrn 18, 19** – Befreiungen von **Wirtschaftsförderungsgesellschaften und Gesamthafenbetrieben** – wurden durch das StandOG v 13.9.93 (BGBl I 93, 1569; BStBl I 93, 774) angefügt, und zwar mit Wirkung ab VZ 93. Nr 18 wurde in den Beratungen durch den Bundesrat (BR-Drucks 12/4487, 61) vorgeschlagen, Nr 19 im FinAusschuss (BT-Drucks 12/5016, 91). In beiden Fällen wurden die Körperschaften bisher als gemeinnützig angesehen. Zweifel hinsichtlich dieser Beurteilungen führten zur gesetzl Klarstellung. Zur Überleitung s FinVerw 93, 2509. Zu den WirtschaftsförderungsGes s BFH BStBl II 06, 141; BFH/NV 15, 1111; BMF BStBl I 96, 54; FinVerw DStR 03, 1525. Die Wirtschaftsförderung iS der Nr 18 setzt eine ausschließliche und unmittelbare Förderung von Unternehmen voraus (BFH BStBl II 03, 723; s auch FG Köln EFG 04, 1158). Hiervon ist nach der Rechtsprechung nur dann auszugehen, wenn es sich um sachlich und zeitlich eng umrissene Hilfeleistungen zur Ansiedlung von neuen Unternehmen oder der Erweiterung von bestehenden Unternehmen handelt (BFH BStBl II 06, 141; BFH/NV 15, 1111). Überschreitet die Körperschaft diesen Tätigkeitsrahmen, kann dies zur Versagung der Steuerbefreiung insgesamt führen. Dies ist insbesondere bei eigenwirtschaftlichen Tätigkeiten der Fall, mit denen die Wirtschaftsförderungsgesellschaft zu bestehenden Unternehmen in Wettbewerb tritt, sofern es sich nicht um eine Beratung oder ähnliche Tätigkeiten zum Zwecke der Ansiedlung oder Altlastensanierung handelt (BFH BStBl II 06, 161; BFH/NV 15, 1111). Aber auch bei Mittelfehlverwendungen kann die Steuerbefreiung versagt werden (HessFG EFG 14, 1225). Die Nrn 18, 19 schließen heute die Anwendung der Nr 9 (Befreiung wegen Gemeinnützigkeit) aus (BFH/NV 97, 904; FG RhPf EFG 96, 826). Spenden für gemeinnützige Zwecke sollen daher generell der Steuerbefreiung nach Nr 18 entgegen stehen (HessFG EFG 14, 1225, uE zu weitgehend). Nr 19 kennt einen wirtschaftl Geschäftsbetrieb, dessen Tätigkeit ausschließlich auf die Erfüllung der begünstigten Tätigkeit des Gesamthafenbetriebs gerichtet ist und die StFreiheit nicht gefährdet; er ist dem Zweckbetrieb der gemeinnützigen Körperschaften vergleichbar; im Übrigen führt der wirtschaftl Geschäftsbetrieb zur partiellen StPflicht.

133 **73. Nr 20** – Befreiung von **Versorgungsverbänden** – wurde angefügt durch das StMBG (v 21.12.93, BGBl I 93, 2310, BStBl I 94, 50), und zwar mit Wirkung ab VZ 93. Zur Begründung s BT-Drucks 12/6078, 129. Auch hier soll eine bereits in der Praxis gewährte StBefreiung abgesichert werden.

135 **74. Nr 21** – Arbeitsgemeinschaften Medizinischer Dienst – wurde eingefügt durch das G v 18.12.95 (s Vor § 1 Rz 27), **Nr 22** – Einrichtungen der Tarifvertragsparteien – durch das G v 20.12.96 (s Rz 27), **Nr 23** dehnt die Befreiung des § 68 Nr 9 AO auf alle Körperschaften aus durch StÄndG 2003 v 15.12.03 (s Vor § 1 Rz 27) mit Wirkung ab 2003 (§ 34 Abs 3a idF des StÄndG 2003). **Nr 24** wurde als individuelle Befreiung mit G v 22.12.14 (Vor § 1 Rz 27) eingeführt.

137 **75. Sonstige Befreiungen:** § 5 ist nicht abschließend. Weitere Befreiungen zB aufgrund von DBA, Völkerrecht und besonderen Gesetzen. Beispiele: Befreiung nach dem G über KapAnlGes, BGBl I 70, 127, BStBl I 70, 187, mit nachfolgenden Änderungen, über den Absatzförderungsfonds, BGBl I 76, 3109, nach dem früheren StädtebauförderungsG, nach dem VorruhestandsG, der Saarland-Sporttoto GmbH (dazu BFH I R 37/74 v 6.10.76, HFR 77, 146 mit Anm), der Internationalen Mosel GmbH, BGBl II 56, 1837, II 57, 2, der Aktionsgemeinschaft Deutsche Steinkohlereviere GmbH, BGBl I 67, 403, des Rationalisierungsverbands Steinkohlebergbau, BGBl I 63, 549, der European Transonic Windtunnel GmbH, BGBl II 89, 739, BStBl I 89, 387; vgl auch KStR 27. Befreiungen aufgrund § 163 AO **(Billigkeit)** möglich; Beispiel: FinVerw 1973 StEK KStG § 4 Nr 76 für forstwirtschaftl Zusammenschlüsse.

**76. Einschränkung der Befreiung (Abs 2).** Die Befreiung gilt nicht für inländische Einkünfte, die dem **StAbzug** – vollständig oder teilweise (Klarstellung durch StÄndG 2003 (Rz 2) – unterliegen **(Abs 2 Nr 1).** Die befreiten Körperschaften werden insoweit behandelt wie die beschränkt stpfl Körperschaften nach § 2 Nr 2; obwohl im Wortlaut nicht übereinstimmend, besteht hinsichtlich der StPflicht mit den steuerabzugspflichtigen Einkünften sachliche Übereinstimmung; auf § 2 Rz 12 kann verwiesen werden. Das UntStRefG (Rz 2) erweiterte den Ausschluss der Steuerbefreiung, soweit es nach § 32 III 1 zu einem Steuerabzug kommt; insoweit folgerichtig (vgl BT-Drucks 16/4841, 74). Abgeltung der StSchuld s § 32 I. Abs 2 Nr 1 gilt nicht, falls die Einkunftsquelle, die zu den abzugspflichtigen Erträgen führt, dem stpfl Bereich der befreiten Körperschaft zuzurechnen ist, zB einem wirtschaftl Geschäftsbetrieb. Nach **Abs 2 Nr 2** (vor 2001 Nr 3) keine Anwendung des Abs 1 auf **beschränkt Stpfl** iSd § 2 Nr 1 (Körperschaften ohne Geschäftsleitung und Sitz im Inland). Durch das JStG 2009 v 19.12.08 (Rz 3) werden die EU-Gesellschaften ausgenommen; für sie gelten die Befreiungen, und zwar rückwirkend (§ 34 Va idF des JStG 2009); zu Einzelheiten und EU-Rechtswidrigkeit von Abs 2 Nr 2 aF s Rz 5 und BFH/NV 17, 549. **Abs 2 Nr 3** wurde durch das G v 20.12.01 eingefügt (Rz 2) und durch das JStG 2009 (Rz 3) auf § 38 II reduziert; s dazu die Kommentierung der angeführten Paragraphen. 140

**77.** Abs 2 muss im Wege der Analogie auch für die nach **anderen Gesetzen** oder im **Billigkeitsweg befreiten Körperschaften** (Rz 137) angewandt werden, soweit im Einzelfall keine Sonderregelung vorgeht oder die Analogie nach der Art der Befreiung ausgeschlossen ist. Entsprechende Klarstellung durch das StÄndG v 20.12.01 (Rz 2): Einfügung von „Befreiung ... nach anderen Gesetzen als dem Körperschaftsteuergesetz ...". 141

## § 6 Einschränkung der Befreiung von Pensions-, Sterbe-, Kranken- und Unterstützungskassen

(1) **Übersteigt am Schluss des Wirtschaftsjahrs, zu dem der Wert der Deckungsrückstellung versicherungsmathematisch zu berechnen ist, das Vermögen einer Pensions-, Sterbe- oder Krankenkasse im Sinne des § 5 Abs. 1 Nr. 3 den in Buchstabe d dieser Vorschrift bezeichneten Betrag, so ist die Kasse steuerpflichtig, soweit ihr Einkommen anteilig auf das übersteigende Vermögen entfällt.**

(2) **Die Steuerpflicht entfällt mit Wirkung für die Vergangenheit, soweit das übersteigende Vermögen innerhalb von achtzehn Monaten nach dem Schluss des Wirtschaftsjahrs, für das es festgestellt worden ist, mit Zustimmung der Versicherungsaufsichtsbehörde zur Leistungserhöhung, zur Auszahlung an das Trägerunternehmen, zur Verrechnung mit Zuwendungen des Trägerunternehmens, zur gleichmäßigen Herabsetzung künftiger Zuwendungen des Trägerunternehmens oder zur Verminderung der Beiträge der Leistungsempfänger verwendet wird.**

(3) **Wird das übersteigende Vermögen nicht in der in Absatz 2 bezeichneten Weise verwendet, so erstreckt sich die Steuerpflicht auch auf die folgenden Kalenderjahre, für die der Wert der Deckungsrückstellung nicht versicherungsmathematisch zu berechnen ist.**

(4) [1]**Bei der Ermittlung des Einkommens der Kasse sind Beitragsrückerstattungen oder sonstige Vermögensübertragungen an das Trägerunternehmen außer in den Fällen des Absatzes 2 nicht abziehbar.** [2]**Das Gleiche gilt für Zuführungen zu einer Rückstellung für Beitragsrückerstattung, soweit den Leistungsempfängern ein Anspruch auf die Überschussbeteiligung nicht zusteht.**

(5) [1] **Übersteigt am Schluss des Wirtschaftsjahrs das Vermögen einer Unterstützungskasse im Sinne des § 5 Abs. 1 Nr. 3 den in Buchstabe e dieser Vorschrift bezeichneten Betrag, so ist die Kasse steuerpflichtig, soweit ihr Einkommen anteilig auf das übersteigende Vermögen entfällt. [2] Bei der Ermittlung des Einkommens sind Zuwendungen des Trägerunternehmens nicht erhöhend und Versorgungsleistungen der Kasse sowie Vermögensübertragungen an das Trägerunternehmen nicht mindernd zu berücksichtigen.**

(5a) [1] **Unterstützungskassen in der Rechtsform der Kapitalgesellschaft können bis zum 31. Dezember 2016 auf amtlich vorgeschriebenem Vordruck einen positiven Zuwendungsbetrag erklären. [2] Dieser errechnet sich aus den Zuwendungen des Trägerunternehmens in den Veranlagungszeiträumen 2006 bis 2015 abzüglich der Versorgungsleistungen in diesem Zeitraum, soweit diese Zuwendungen und diese Versorgungsleistungen in dem steuerpflichtigen Teil des Einkommens der Kasse nach Absatz 5 Satz 1 enthalten waren. [3] Dabei gelten Versorgungsleistungen in den Veranlagungszeiträumen 2006 bis 2015 als vornehmlich aus Zuwendungen des Trägerunternehmens in diesem Zeitraum erbracht. [4] Ab dem Veranlagungszeitraum 2016 mindert sich das steuerpflichtige Einkommen der Kasse in Höhe des zum Schluss des vorherigen Veranlagungszeitraums festgestellten Betrags nach Satz 6; es mindert sich höchstens um einen Betrag in Höhe der im Wirtschaftsjahr getätigten Versorgungsleistungen. [5] Durch die Minderung darf das Einkommen nicht negativ werden. [6] Gesondert festzustellen sind,**

1. **der Zuwendungsbetrag auf den 31. Dezember 2015 und**
2. **der zum 31. Dezember des jeweiligen Folgejahres verbleibende Zuwendungsbetrag, der sich ergibt, wenn vom zum Schluss des Vorjahres festgestellten Betrag der Betrag abgezogen wird, um den sich das steuerpflichtige Einkommen im laufenden Veranlagungszeitraum nach den Sätzen 4 und 5 gemindert hat.**

(6) [1] **Auf den Teil des Vermögens einer Pensions-, Sterbe-, Kranken- oder Unterstützungskasse, der am Schluss des Wirtschaftsjahrs den in § 5 Abs. 1 Nr. 3 Buchstabe d oder e bezeichneten Betrag übersteigt, ist Buchstabe c dieser Vorschrift nicht anzuwenden. [2] Bei Unterstützungskassen gilt dies auch, soweit das Vermögen vor dem Schluss des Wirtschaftsjahrs den in § 5 Abs. 1 Nr. 3 Buchstabe e bezeichneten Betrag übersteigt.**

***Abs 5 S 2 lautet bis zur Änderung durch das G v 2.11.15 (Rz 2):***

[2] Bei der Ermittlung des Einkommens sind Vermögensübertragungen an das Trägerunternehmen nicht abziehbar.

***Abs 5a wurde durch StÄndG 2015 v 2.11.15 (Rz 2) eingefügt.***

*Körperschaftsteuerrichtlinien:* KStR 6

**Übersicht**

**Schrifttum:** *Rau,* BB 75, Beil 1, 15; *Söffing,* Inf 75, 25; *Wrede,* DStZ/A 75, 104; *Brendle/Schaaf,* Steuerl Behandlung von überdotierten GruppenUKa und den Mitgliedsunternehmen, BB 75, 1296; *Schusinski/Rösinger,* DStR 75, 299; *Horn,* Überdotierte betriebl UKa, DStR 78, 136; *Heubeck,* Die Behandlung der PKa und UKa in den KStR 1977, BB 78, 489; Bericht der BReg über die Erfahrungen bei der Durchführung des BetrAVG, BT-Drucks 8/2377 v 11.12.78; *Ahrend,* Aktuelle steuerrechtl Fragen zur betriebl Altersversorgung, insbes zur Unternehmensversorgung, JbFfSt 78/79, 111; *Röder,* Zuwendungen an betriebl UKa, StPflicht von betriebl UKa, StBp 79, 278; *Heim,* Zur Ermittlung der partiellen StPflicht von überdotierten UKa, DB 79, 472; *Haug,* Ermittlung der Besteuerungsgrundlagen bei teilweiser StPflicht von UKa, DB 80, 511; *Blomeyer,* Betriebl Altersversorgung und UKa, BB 80, 789; *Förster/Heger,* Die gesetzl Neuregelung der UKaFinanzierung, DStR 92, 969; *Buttler,* Die steuerl Behandlung von UKa, 2. Aufl, 1996.

**1. Allgemeines.** § 6 entspricht ohne inhaltliche Änderung § 4a KStG aF, der durch das BetrAVG v 19.12.74 (BGBl I 74, 3610; BStBl I 75, 22) eingeführt wurde. Er behandelt die partielle StPflicht überdotierter rechtsfähiger Pensions-, Sterbe- und Krankenkassen (Abs 1–4, 6) sowie rechtsfähige UKa (Abs 5, 6) und knüpft an § 5 I Nr 3 Buchst d und e an (s § 5 Rz 69 ff). Die StPflicht des überdotierten Vermögens ist Folge der Entwicklung der Nachkriegszeit, in der die Kassen weit mehr Zuwendungen erhalten haben und Einkünfte aus der Vermögensbildung erwirtschaften konnten, als es den Leistungen der Kasse entsprach. Da das Vermögen regelmäßig dem Trägerunternehmen als Kredit zur Verfügung gestellt wurde, wurden abzugsfähige Zinsen verursacht, denen keine entsprechende StPflicht gegenüberstand. Durch das BetrAVG wurde die Zuwendungsmöglichkeit neu geregelt (s §§ 4c, 4d EStG) und die StPflicht der Kassen mit ihrem überdotierten Vermögen eingeführt (dazu BT-Drucks 7/1281, 42). Die partielle StPflicht insbes der UKa macht diese weit weniger attraktiv, als sie es vor dem BetrAVG waren (aA die Begr zum RegEntw BT-Drucks 7/1281, 42: keine Beeinträchtigung). Liegen die Voraussetzungen des § 5 I Nr 4 für die Kasse insgesamt vor, entfällt die StPflicht; Nr 4 enthält keinen Vorbehalt zugunsten § 6. Der partiellen KStPflicht entspricht eine partielle GewStPflicht und – früher – einer VStPflicht (s §§ 3 Nr 9 GewStG, 3 Nr 5 VStG aF). 1

**2. Geltungszeit.** Die partielle StPflicht gilt ab VZ 1974, für UKa ab VZ 1975 (§ 24 KStG idF des BetrAVG); die jetzige Fassung gilt ab 1.1.77 (§ 54 I idF des KStG 1977). Abs 5 S 2 wurde durch das StÄndG v 2.11.15 (BGBl I 15, 1834; BStBl I 15, 846) geändert und Abs 5a eingefügt, und zwar ab VZ 2016 (§ 34 idF des G v 2.11.15). 3

**3. Partielle Steuerpflicht der Pensions-, Sterbe- und Krankenkassen (Abs 1). Hierzu KStR R VI II–VI.** Zum Begriff der Kasse s § 5 Rz 48. Maßgebend ist die Überdotierung zu dem Zeitpunkt, zu dem der Wert der Deckungsrückstellung versicherungsmathematisch zu berechnen ist (§ 5 I Nr 3 Buchst d); diese versicherungsrechtl Pflicht ist entscheidend, nicht eine freiwillige Berechnung (s auch Rz 12 zu Abs 3; BT-Drucks 7/1281, 45). Die entsprechende Anforderung durch die Versicherungsaufsicht bestimmt folglich die Prüfung der partiellen StPflicht. KStR 6 III, IV, V betont den Vorrang des Steuerrechts vor dem Handels- und Versicherungsrecht. Zum Begriff der Deckungsrückstellung s § 20. StPflicht löst der Teil des Vermögens aus, der das zulässige Höchstvermögen gemäß § 5 I Nr 3 Buchst d übersteigt. Stpfl ist die PKa, nicht das Vermögen als solches. Die sachliche StPflicht wird auf ein bestimmtes Teileinkommen begrenzt. Die StPflicht bezieht sich erstmals auf das Einkommen des Wj, zu dessen Ende die StPflicht festgestellt wird; das Einkommen wird in dem VZ veranlagt, in dem das Wj endet. Soweit § 6 keine Sonderregelung enthält, gilt für den Beginn der StPflicht im Übrigen § 13. Zur Beendigung der StPflicht s Rz 12 zu Abs 3; auch bezüglich der Beendigung gilt subsidiär § 13. 4

**4.** Das **stpfl Einkommen** wird durch eine einfache Verhältnisrechnung ermittelt: 5

$$\frac{\text{stpfl Einkommen}}{\text{Gesamteinkommen}} = \frac{\text{überdotiertes Vermögen}}{\text{Gesamtvermögen}}$$

**Beispiel:** Übersteigt ein Kassenvermögen das zulässige Vermögen von 0,5 Mio Euro um 1,0 Mio Euro, so beträgt bei einem Gesamteinkommen von 100000 Euro das stpfl Einkommen (vgl BT-Drucks 7/1281, 44):

$$\frac{\times}{100\,000} = \frac{1\,000\,000}{1\,500\,000}$$

$$\times = \frac{1\,000\,000 \times 100\,000}{1\,500\,000}$$

$$\times = 66\,667$$

6 **5.** Der stpfl Anteil bleibt konstant bis zur erneuten von der Versicherungsaufsicht angeforderten Berechnung der Deckungsrückstellung (BT-Drucks 7/1281, 45). Zum Ansatz der StSchuld bei der Vermögensermittlung s *Heim* DB 79, 472; zust *Haug* DB 80, 511. Aufzuteilen ist das **Einkommen;** abziehbare und nicht abziehbare Aufwendungen werden mitaufgeteilt. Anteiliger Verlustrücktrag und -vortrag möglich; Rücktrag nicht in steuerbefreite Zeit. Das Einkommen richtet sich im Übrigen nach den allgemeinen Vorschriften. Es liegen gewerbl Einkünfte vor. Besonderheiten s Rz 14 zu Abs 4. Beiträge sind Einnahmen, Leistungen sind Ausgaben (anders bei den UKa, s Rz 17). Die Einkommensermittlung fordert eine jährliche Neuberechnung der Deckungsrückstellung; da dies gerade vermieden werden soll (BT-Drucks 7/1281, 45), hat uE die PKa ein Wahlrecht, ob sie ihr Einkommen Jahr für Jahr neu ermittelt oder das Einkommen des ersten Jahres, zu dessen Ende die StPflicht ausgelöst wird, auch für die kommenden Jahre maßgebend sein soll.

7 **6.** Ist die Kasse eine Körperschaft, die in das **AnrV** einbezogen war (zB AG), so waren auf Ausschüttungen die §§ 27 ff aF anzuwenden; keine Besonderheit, da bei Ausschüttungen sowohl der stfreien als auch der stpfl Einkommensteile die Ausschüttungsbelastung herzustellen war. S weiter 7. Auflage.

8 Die allgemeinen Vorschriften über StBerechnung, Veranlagung und Vorauszahlung finden Anwendung. Zweifelhaft ist, ob anzurechnende StAbzüge und die StGutschrift bei Einkünften gemäß § 20 EStG aufzuteilen sind; uE gilt für StAbzüge, die der Sache nach Vorauszahlung sind, die Vollzurechnung zum stpfl Bereich und folglich die Vollanrechnung, während KapErträge und StGutschrift aufzuteilen sind (aA BFH BStBl II 92, 98; FG Hbg EFG 81, 144; 89, 251 (Vorinstanz zu BFH aaO); KStR 6; *Ahrend* JbFfSt 78/79, 125: in jedem Fall Aufteilung).

10 **7. Rückwirkender Wegfall der Steuerpflicht (Abs 2).** Da die Überdotierung stets nachträglich festgestellt wird, hat der Gesetzgeber in Abs 2 die Möglichkeit eröffnet, die partielle StPflicht rückwirkend wieder zu beseitigen. Die Zustimmung der Versicherungsaufsicht ist Rechtsbedingung; unerheblich ist, ob sie vorher oder später erteilt wird. Die Rückübertragung an das Trägerunternehmen führt hier zu Betriebseinnahmen. Besteht die Möglichkeit einer rückwirkenden Beseitigung der StPflicht, sind StErklärungsfristen angemessen zu verlängern (*Wrede* DStZ/A 75, 109). Bei bereits bestandskräftig durchgeführter Veranlagung erfolgt eine Berichtigung gemäß § 175 I Nr 2 AO.

12 **8. Beendigung der Steuerpflicht (Abs 3).** Die StPflicht dauert bis zum Ende des Wj, in dem eine Überdotierung gemäß Abs 1 nicht mehr festzustellen ist. Auch hier wird grundsätzlich an die versicherungsrechtl Pflicht zur Ermittlung der Deckungsrückstellung angeknüpft; KStR 6 IV lässt jedoch eine freiwillige Ermittlung – zB zur zutreffenden Einkommensermittlung – ausreichen (so *Heubeck* BB 78, 489). Beendigung bereits mit Wirkung für den VZ, in dem das Wj endet, zu dessen Ende eine Überdotierung nicht festgestellt wird.

**9. Besonderheiten der Einkunftsermittlung (Abs 4).** Kein Abzug von Beitragsrückerstattungen und Vermögensübertragungen auf das Trägerunternehmen sowie Rückstellungen für Beitragsrückerstattungen, sofern – nur im letzteren Fall – ein Anspruch auf Überschussbeteiligung nicht besteht. Soweit die StPflicht eingreift, können Beitragsrückerstattungen vereinbart werden; sie sind auch bei der Ermittlung des Einkommens zu berücksichtigen (vgl *Nies* Stbg 64, 98). 14

**10. Partielle Steuerpflicht der Unterstützungskassen (Abs 5).** Entsprechende Regelung wie in Abs 1 für PKa, s Rz 11, 4. Übersteigt zum Ende eines Wj das tatsächliche Kassenvermögen das um 25% erhöhte zulässige Kassenvermögen, so ist die Kasse mit diesem Vermögensteil in dem VZ, in dem dieses Wj endet, stpfl. Die StPflicht ist für jeden VZ neu zu ermitteln. Keine rückwirkende Vermeidung der Steuerpflicht möglich. Überdotiertes Vermögen muss folglich rechtzeitig zurückübertragen werden (s Rz 19). Jede UKa ist hinsichtlich der partiellen Steuerpflicht gesondert zu beurteilen (FinVerw 1976 StEK KStG § 4 Nr 86). 16

**11.** Zum Einkommen, seiner Ermittlung, früheren AnrV s auch Rz 5ff. Nachfolgend nur Besonderheiten für UKa (s auch KStR 6 IV). Zur Aufteilung der Einkünfte s BFH BStBl II 92, 98 und Vorinstanz FG Hbg EFG 89, 251; dazu auch Rz 9 aE. Zweifelhaft ist, wie das Einkommen ermittelt wird. Dies hängt davon ab, wie die Beiträge des Trägers zu behandeln sind. Die FinVerw hat die Beiträge des Trägers und die Leistungen der Kasse – im Gegensatz zur PKa (s Rz 6) – weder als Betriebseinnahmen noch als Betriebsausgaben qualifiziert (FinVerw 1963 BB 64, 26; 1982 StEK KStG 1977 § 5 Nr 47; A 35 II KStR vor 1995; krit *Heissmann* BB 64, 26; die Ansicht der Verwaltung betraf zwar die voll stpfl Kasse; da die Überdotierung jedoch auf Seiten des Trägerunternehmens der Nichtabzugsfähigkeit entsprach, konnte die Ansicht auch auf die Beiträge an UKa übertragen werden, die partiell stpfl sind). Ist dies richtig, so muss die Kasse nicht zwingend gewerbl Einkünfte beziehen, soweit solche nicht wegen der Rechtsform (zB GmbH) vorliegen; in diesem Fall werden regelmäßig Einkünfte aus KapVermögen oder VuV bezogen (FinVerw 1982 StEK KStG 1977 Nr 47; *Haug* DB 80, 511). **BFH** BStBl II 92, 744 ist dem nicht gefolgt; aus der Sicht des leistenden Unternehmens sind Aufwendungen bei UKa in der Rechtsform einer Kapitalgesellschaft im Rahmen des § 4d EStG Betriebsausgaben (Bestätigung durch BFH BStBl II 14, 119). Dem müssen **Betriebseinnahmen** auf Seiten der UKa entsprechen (zustimmend BFH BStBl II 14, 119). Der BFH ließ es jedoch ausdrücklich dahinstehen, wie solche Leistungen zu beurteilen sind, die § 4d EStG übersteigen, oder Leistungen, die an UKa gewährt werden, die andere Arbeitnehmer eines Konzerns versorgen. Inzwischen ist der Betriebsausgabenabzug durch BFH BStBl II 07, 930 und II 14, 119 bejaht. Die Qualifikation hatte auch für das AnrV Bedeutung: Einlagen eines GmbH-AntE waren innerhalb des verwendbaren EK in $EK_{04}$ einzuordnen; bei Rückgewähr (= Ausschüttung) entfiel die Herstellung der Ausschüttungsbelastung (§ 40 Nr 2 aF). Das **StÄndG 2015** (Rz 2) hat durch eine Änderung des Abs 5 S 2 der vorgenannten Rechtsprechung des BFH den Boden entzogen, dies um die unterschiedlichen Rechtsformen der UKa gleich zu behandeln. 17

**12. Abs 5a,** eingefügt durch das StÄndG 2015 (Rz 2), ist eine **Übergangsregelung** zur vorstehend dagestellten gesetzgeberischen Abkehr von der BFH-Rspr. Ab dem VZ 2016 können UKa in der Rechtsform der Kapitalgesellschaft Leistungen an Versorgungsberechtigte nicht mehr einkommensmindernd geltend machen. Dagegen können Zuwendungen des Trägerunternehmens in den VZ zuvor als stpfl Einnahme erfasst worden sein, die dann anteilig in dem überdotierten, dh partiell stpfl Kassenvermögen enthalten waren. Zum Ausgleich dieser unterschiedlichen steuerlichen Handhabung der Zuwendungen einerseits und Leistungen andererseits wird der Kasse die Möglichkeit eingeräumt, Zuwendungen abzüglich Versorgungsleistungen, soweit diese in den zehn VZ vor 2016 anteilig im stpfl Einkommen enthalten waren, auf den Antrag gesondert feststellen zu lassen. Der festzustellende 18

Betrag darf nicht negativ sein. Im Übrigen wird fingiert, dass „Versorgungsleistungen in dieser Zeitspanne vornehmlich aus Zuwendungen aus dieser Zeitspanne geleistet werden." (BR-Drucks 121/15, 51) Der amtliche Vordruck zur gesonderten Festellung eines positiven Zuwendungsbetrags nach Abs 5a auf den 31.12.15 ist in BStBl II 16, 465 veröffentlicht.

19 **13. Wegfall der Bindung (Abs 6).** Da die Überdotierung die StPflicht auslöst, muss insoweit die Bindung gemäß § 5 I Nr 3 Buchst c entfallen. Für UKa entfällt die Bindung bereits im Laufe eines Wj, so dass rechtzeitig eine Rückübertragung an den Träger erfolgen kann. Eine entsprechende Betriebseinnahme (Bewertung bei Sachwertübertragungen: Teilwert) beim Träger kann ggf durch Pensionszusagen oder Direktversicherungen kompensiert werden. Verluste des Trägerunternehmens hindern nicht die Rückübertragung. *Heubeck* BB 78, 489 schlägt außerdem eine Verpflichtungserklärung der UKa gegenüber dem Träger vor, Überdotierungen zurückzugewähren; für eine entsprechende Satzungsklausel *Haug* DB 80, 512; diese allgemeinen Verpflichtungen können allerdings einer Von-Fall-zu-Fall-Gestaltung im Wege stehen. Eine Überdotierung kann auch zum Zweck der Aufhebung der Vermögensbindung dadurch bewusst herbeigeführt werden, dass das Trägerunternehmen Leistungen der Kasse übernimmt (s dazu auch FinVerw 1975, 1976 StEK KStG § 4 Nr 83, 86; bei Rückübertragung gegen Übernahme von Leistungen liegt evtl keine Verletzung der Vermögensbindung vor). Zur Rückübertragung bei einer UKa mit mehreren Trägerunternehmen (sog Gruppenkasse) s BFH BStBl II 15, 813 – dazu *Höfer* DB 2015, 831; BFH/NV 15, 761, 16, 67. Zur Beendigung der StBefreiung bei Übertragung des nahezu gesamten Vermögens einer UKa BFH BStBl II 14, 44.

## § 6a Einkommensermittlung bei voll steuerpflichtigen Unterstützungskassen

**Bei Unterstützungskassen, die voll steuerpflichtig sind, ist § 6 Absatz 5 Satz 2 und Absatz 5a entsprechend anzuwenden.**

*§ 6a wurde durch StÄndG 2015 v 2.11.15 eingefügt.*

1 **1. Allgemeines.** § 6a ergänzt mit einem Satz § 6 V 2 und Va. Warum der Gesetzgeber hierfür einen eigenen Paragrafen benötigt, bleibt unerfindlich.

2 **2. Geltungszeit.** § 6a wird durch das StÄndG 2015 v 2.11.15 (BGBl I 15, 1834; BStBl I 15, 846) zusammen mit der Änderung des § 6 V 2 und der Einführung des § 6 Va geschaffen und zwar ab VZ 2016 (§ 34 I idF des StÄndG 2015).

3 **3. Die Begründung** (BR-Drucks 121/15, 52) ist simpel. Was für partiell steuerpflichtige UKa gelten soll, soll auch für vollsteuerpflichtige gelten.

# Zweiter Teil. Einkommen

## Erstes Kapitel. Allgemeine Vorschriften

### § 7 Grundlagen der Besteuerung

(1) **Die Körperschaftsteuer bemisst sich nach dem zu versteuernden Einkommen.**

(2) **Zu versteuerndes Einkommen ist das Einkommen im Sinne des § 8 Abs. 1, vermindert um die Freibeträge der §§ 24 und 25.**

(3) [1]**Die Körperschaftsteuer ist eine Jahressteuer.** [2]**Die Grundlagen für ihre Festsetzung sind jeweils für ein Kalenderjahr zu ermitteln.** [3]**Besteht die unbeschränkte oder beschränkte Steuerpflicht nicht während eines ganzen Kalenderjahrs, so tritt an die Stelle des Kalenderjahrs der Zeitraum der jeweiligen Steuerpflicht.**

(4) [1]**Bei Steuerpflichtigen, die verpflichtet sind, Bücher nach den Vorschriften des Handelsgesetzbuchs zu führen, ist der Gewinn nach dem Wirtschaftsjahr zu ermitteln, für das sie regelmäßig Abschlüsse machen.** [2]**Weicht bei diesen Steuerpflichtigen das Wirtschaftsjahr, für das sie regelmäßig Abschlüsse machen, vom Kalenderjahr ab, so gilt der Gewinn aus Gewerbebetrieb als in dem Kalenderjahr bezogen, in dem das Wirtschaftsjahr endet.** [3]**Die Umstellung des Wirtschaftsjahrs auf einen vom Kalenderjahr abweichenden Zeitraum ist steuerlich nur wirksam, wenn sie im Einvernehmen mit dem Finanzamt vorgenommen wird.**

*Körperschaftsteuerrichtlinien:* KStR 7.1–7.3

**Übersicht**



**1. Allgemeines:** § 7 normiert allgemeine Grundsätze der Besteuerung; er gilt für alle Körperschaften, seien sie partiell (Betriebe gewerblicher Art), beschränkt oder unbeschränkt stpfl. Nicht erfasst werden Körperschaften, bei denen nur Kapitalerträge, die dem Steuerabzug unterliegen (s § 32 Rz 5 ff), zu versteuern sind (*Gosch/Roser* § 7 Rz 7; *Herlinghaus* in R/H/N § 7 Rz 3 mwN). Abs 4 erfasst nur Körperschaften, die buchführungspflichtig sind. 1

**2. Geltungszeit:** § 7 gilt seit 1977 (§ 54 I idF des KStG 1977). Zu den nachfolgenden Änderungen bis zum KStG 1991 s 3. Aufl. Seitdem gilt § 7 unverändert. Das StSenkG v 23.10.00 (BGBl I 00, 1433; BStBl I 00, 1428) hat Abs 1 lediglich redaktionell angepasst, da die bis dahin in § 23 VI enthaltenen Regelungen (besondere Besteuerung von Werbesendungen des ZDF) in § 23 III übernommen werden sollten (s § 23 Rz 27). Das SolidarpaktfortführungsG v 20.12.01 (BGBl I 01, 3959; BStBl I 02, 60) kehrt mit Abs 1 zur ursprünglichen Fassung zurück; die Bemessungsgrundlage der Besteuerung von Werbesendungen der Rundfunkanstalten wurde nach § 8 I übernommen (s dort). 2

3 **3. Bemessungsgrundlage (Abs 1):** Besteuert wird das Einkommen der Körperschaft. Das KStG knüpft an die Begriffe des EStG an. S Rz 7 ff. Die Körperschaft hat – außer in den Fällen der Organschaft (s § 14 Rz 130 ff) – das von ihr erzielte Einkommen zu versteuern (s auch § 1 Rz 5).

5 **4. Zu versteuerndes Einkommen (Abs 2):** Gesetzl Definition. Zur Ermittlung des zu versteuernden Einkommens KStR 7.1; zur Berechnung der KStR 7.2.

7 **5. KSt ist Jahressteuer (Abs 3).** Die Grundlagen für die Besteuerung, dh die Summe der Besteuerungsgrundlagen, werden für das Kj ermittelt **(Bemessungszeitraum);** die Körperschaft wird für das Kj veranlagt **(Veranlagungszeitraum),** s § 31 Rz 3. Die einzelnen Elemente des Einkommens, insbes die Einkünfte, werden ebenfalls grundsätzlich für das Kj ermittelt **(Ermittlungszeitraum).**

Ausnahmen: s Abs 4 (Rz 9 ff). Nach KStR 7.3 I kann Abs 4 auf kleine Körperschaften, die jur Personen des öffentl Rechts angeschlossen sind oder von ihr verwaltet werden, sowie auf TÜV entsprechend angewendet werden, soweit sie gezwungen sind, ihre Abschlüsse abweichend vom Kj aufzustellen. Gleiches gilt nach KStR 7.3 II für gemeinnützigen Körperschaften mit einem abweichenden Wj, die ordnungsgemäß Bücher führen und regelmäßig Abschlüsse erstellen, ohne hierzu nach HGB verpflichtet zu sein (s auch *Suchanek* in H/H/R § 7 Rz 30 und *Herlinghaus* in R/H/N § 7 Rz 47 mwN, die dies zu Recht auch für andere Steuerpflichtige fordern).

Für Land- und Forstwirte finden § 4a I Nrn 1 und 3, II EStG und § 8c EStDV (s dazu auch § 8 Rz 5) Anwendung. Gilt für eine ausländische Land- oder Forstwirtschaft nach dem Belegenheitsrecht ein hiervon abw Wj, so ist es uE auch für die deutsche Besteuerung anzuerkennen; § 4a II EStG ist entsprechend anzuwenden.

Bei **unbeschränkter** oder **beschränkter StPfl,** die nicht während eines ganzen Kj besteht, gilt der verkürzte Zeitraum als Bemessungs- und Ermittlungszeitraum (III 3); dies hat keine Auswirkung auf den VZ in diesen Fällen (*Gosch/Roser* § 7 Rz 32a; zum Verhältnis zu § 32 Abs 2 Nr 1 für Einkünfte, die dem Steuerabzug unterliegen *Gosch/Roser* § 7 Rz 34).

Im Fall der Liquidation hat § 11 Abs 1 Vorrang (s § 11 Rz 8 ff).

9 **6. Buchführungspflichtige: Abs 4 S 1** verdrängt § 4a I Nr 2 EStG, der keine Anwendung findet. Voraussetzung ist Buchführungspflicht nach den Vorschriften des HGB; steuerl Buchführungspflicht nach der AO genügt nicht. HGB-Buchführungspflicht gilt für alle Kaufleute, §§ 238 ff HGB, damit kraft Rechtsform für die AG (§§ 3 AktG, 6 HGB) und SE (Art 15 I SE-VO, §§ 3 AktG, 6 HGB), KGaA (§§ 278, 3 AktG, 6 HGB), GmbH (§§ 13 GmbHG, 6 HGB), Genossenschaft (§ 17 II GenG) SCE (Art. 8 I Buchst c, ii SCE-VO, § 17 II GenG) und VVaG (§ 16 VAG).

Sonstige Körperschaften, Personenvereinigungen und Vermögensmassen nach § 1 I Nrn 4–6 unterliegen der Buchführungspflicht, wenn sie nach §§ 1, 2, 3, 5 HGB Kaufmann sind oder als Kaufmann gelten (s BFH/NV 04, 445 zum Verein); zum Betrieb gewerbl Art s auch § 4 Rz 52.

Inländische Zweigniederlassungen ausländischer Körperschaften iSv § 13e HGB sind ebenfalls nach §§ 238 ff HGB buchführungspflichtig (s *Streck* BB 72, 1364; *Baumbach/Hopt,* HGB, 37. Aufl 2016, § 238 Rz 9; streitig – mit der Folge der Nichtanwendbarkeit des Abs 4 – für inländische Zweigniederlassungen von EU-/EWR-Gesellschaften s *Suchanek* in H/H/R § 7 Rz 4 und 26; *Gosch/Roser* § 7 Rz 38; *Herlinghaus* in R/H/N § 7 Rz 41 mwN).

Die Buchführungspflicht, der inländische Kaufleute und Körperschaften nach Handelsrecht unterliegen, umfasst auch ausländische Vermögenswerte, zB auch ausländische Betriebsstätten. Unterliegt ein Ertrag der inländischen KSt und ist die Körperschaft nicht nach inländischem Handelsrecht, wohl aber nach ausländischem Handelsrecht buchführungspflichtig, so kann dieser Ertrag uE ebenfalls nach einem gewählten Wj ermittelt werden; das gilt erst recht, wenn der ausländische Ertrag nur zur Anwendung eines Progressionsvorbehalts ermittelt werden muss.

**7.** Die Buchführungspflichtigen ermitteln ihren Gewinn, dh die gewerbl Einkünfte, s § 8 II und § 8 Rz 47 ff, nach dem **Wj,** für das sie **regelmäßig Abschlüsse machen;** abw von § 4a I Nr 2 EStG ist Firmeneintragung nicht Bedingung; Wj ist der steuerliche Ermittlungszeitraum, (handelsrechtl: Geschäftsjahr; eingehend *Jürgenmeyer,* Zur Bestimmung des Geschäftsjahrs Berlin, 2015). Dies gilt nur, falls gemäß §§ 238 ff HGB regelmäßig auf einen Stichtag im 12-Monats-Rhythmus Abschlüsse gemacht werden. Der Stichtag wird bei HandelsGes idR in der Satzung festgelegt; gleichwohl knüpft Abs 4 nicht an die Vereinbarung, sondern an die tatsächliche Handhabung an. Mit der ersten Schlussbilanz – nicht Eröffnungsbilanz – wird das Wj festgelegt, sofern damit die regelmäßigen Abschlüsse begonnen werden; die Folgezeit ist also noch von Bedeutung. Mehrfache grundlose Änderung des Stichtags führt zum Kj als Ermittlungszeitraum (RFH RStBl 31, 531). Die erste Schlussbilanz muss nicht ordnungsgemäß sein; sie muss nur klar den Willen der Körperschaft ausdrücken, zu dem Ende eines Wj eine Schlussbilanz zu erstellen. 10

Zur Umstellung auf D-Markbilanzen für Körperschaften auf dem Gebiet der ehemaligen DDR s 8. Aufl.

**8.** Die Wahl muss grundsätzlich auf ein **12-Monats-Jahr** gerichtet sein. Ein RumpfWj, dh ein Wj, das kürzer als 12 Monate ist, ist in den Fällen des § 8b S 2 EStDV zulässig, dh bei Beginn, Beendigung, Umstellung; allerdings ist die Aufzählung in § 8b EStDV nicht erschöpfend (BFH BStBl II 74, 692 betr RumpfWj bei Beginn der Liquidation); zweifelhaft ist im Übrigen, ob § 8b EStDV mangels Ermächtigungsgrundlage im KStRecht gilt, s § 8 Rz 5. Auch das RumpfWj ist ein Ermittlungszeitraum; es erfolgt in diesen Fällen keine Umrechnung des Ergebnisses auf ein 12-Monats-Wj oder auf das Kj. 11

**9.** Die Wahl des Wj wird durch die regelmäßige Erstellung der Jahresabschlüsse ausgeübt, nicht durch vorbereitende Jahresabschlussarbeiten, nicht durch einmalige Abschlüsse (zB Eröffnungs- oder Schlussbilanz s BFH/NV 90, 632) und auch nicht durch **Erklärung** gegenüber dem FA (aA FG Münster EFG 76, 379). Es gilt keine **Frist** für die Wahl des Wj; Wahl ist also noch nach dem VZ und nach einer handelsrechtl Bilanzerstellungsfrist möglich. Beispiel: Beginnt die GmbH am 1.1.17, so kann uE durch Bilanzierung im Juli 18 noch der 30.11. als Bilanzstichtag gewählt werden. UE hindert auch ein Rechtsbehelfsverfahren über die Besteuerung in dem VZ – etwa aufgrund von Schätzungsbescheiden – die Wahl nicht. Die BetriebsGes in der Betriebsaufspaltung kann das Wj selbständig wählen (BFH BStBl II 80, 94; zust *Koewius* DB 81, 1308). 12

Soweit das Wj durch Gesellschaftsvertrag oder Satzung festgelegt wird, was nicht zwingend ist, soll hiervon nur aufgrund einer gesellschaftsrechtlich wirksamen Änderung der Statuten abgewichen werden können (so die hM, s *Gosch/Roser* § 7 Rz 45b; *Herlinghaus* in R/H/N § 7 Rz 43, jeweils mwN; s auch BFH/NV 90, 326 und BFH/NV 97, 378; uE ist dies für die erstmalige Wahl des Wj nicht überzeugend, Abs 4 stellt nur auf die tatsächlich regelmäßig erstellten Abschlüsse ab, nicht darauf, ob diese den Gesellschaftsstatuten entsprechen).

Ist das Wj gewählt, ist es für die Ermittlung der Einkünfte maßgebend. Auch **Schätzungen** müssen für das Wj vorgenommen werden, sofern die Körperschaft selbst einmal ein Wj rechtswirksam bestimmt hat. Zweifelhaft, ob dies zeitlich unbeschränkt gilt. Liegen die Bedingungen eines Wj als Ermittlungszeitraum nicht vor, lässt sich zB die Wahl eines Wj nicht feststellen, ist der Gewinn grundsätzlich nach dem Kj zu ermitteln. 13

**10. Zurechnung der gewerbl Einkünfte (Abs 4 S 2):** Sie gelten bei abweichendem Wj als in dem VZ bezogen, in dem das Wj endet. Das Ergebnis des Wj 1.3.16–28.2.17 gilt als im VZ 2017 bezogen; keine Aufteilung. Das gilt für positive 14

Einkünfte ebenso wie für negative. Einkünfte aus einer Beteiligung an einer Personengesellschaft mit nicht identischem Wj sind bei der Körperschaft in dem Wj zu erfassen, in dem der Bilanzstichtag der Personengesellschaft liegt (*Herlinghaus* in R/H/N § 7 Rz 53; *Suchanek* in H/H/R § 7 Rz 36 jeweils mwN). Die gleiche Rechtsfolge gilt bei RumpfWj. In diesen Fällen können zwei Wj in einem VZ enden (BFH BStBl II 70, 788; II 07, 775). **Beispiel:** Umstellung des Wj 1.6.–31.5. auf das Kj in 2017; im VZ 2017 enden das Wj 1.6.10–31.5.17 und das RumpfWj 1.6.–31.12.17. Zu KSt-Vorauszahlungen bei abweichendem Wj § 31 Rz 9 und BFH/NV 91, 775.

17 **11. Umstellung des Wj (Abs 4 S 3):** Umstellung des Wj auf das Kj ist stets möglich. Zur Berücksichtigung der Erträge aus einer Beteiligung an einer ausländischen PersGes in diesem Fall s BFH BStBl II 92, 750. Die Umstellung eines Wj auf ein Wj, das vom Kj abweicht, ist grundsätzlich nur möglich, wenn wieder auf ein 12-Monats-Wj umgestellt werden soll; Umstellung auf zwei hintereinander geschaltete RumpfWj ist unzulässig (BFH BStBl II 69, 337). Ist allerdings in einem ersten Schritt die Umstellung auf einen 12-Monats-Zeitraum ernsthaft gewollt und stellt sich im Laufe des neuen Wj heraus, dass das alte oder ein anderes Wj optimaler ist, so kann das Wj grundsätzlich erneut umgestellt werden, auch wenn zwei RumpfWj, die hintereinander liegen, entstehen; dabei ist die Umstellung auf das Kj stets zulässig (vgl *Streck/Schwedhelm* BB 88, 679; zur Änderung des Wj bei Begründung oder Beendigung einer Organschaft s § 14 Rz 63; BFH BStBl II 10, 230; KStR 14.4; *Suchanek* in H/H/R § 7 Rz 48). Ist das Wj in der Satzung der KapGes festgelegt, ist die Umstellung erst nach ins Handelsregister eingetragener Satzungsänderung möglich (FG Nbg EFG 98, 1693; BFH/NV 97, 378; OLG Schleswig BB 00, 1488). Die Umstellung auf ein vom Kj abw Wj ist in allen Fällen nur im Einvernehmen mit dem FA möglich; das gilt sowohl, wenn ein Wj = Kj auf ein abw Wj umgestellt wird, als auch, wenn ein abw Wj auf ein anderes vom Kj abw Wj umgestellt wird.

18 **12.** Das **Einvernehmen** oder seine Ablehnung ist ein selbständiger VA, der nach § 348 I Nr 2 AO selbständig mit dem Einspruch angefochten werden kann; BFH BStBl III 63, 142 lässt zusätzlich die Entscheidung und Anfechtung innerhalb des Veranlagungsverfahrens zu; uE bleibt die Entscheidung über das Einvernehmen auch in diesem Fall selbständig und selbständig anfechtbar, mag sie auch mit der Veranlagung ergehen und mit der Veranlagung angefochten werden; so kann der Einspruch gegen die Veranlagung zurückgenommen werden, während der Einspruch gegen die Ablehnung des Einvernehmens bestehen bleibt. Die Entscheidung über das Einvernehmen ist uE kein Grundlagenbescheid mit Bindungswirkung (aA BFH BStBl II 00, 5). Das Einvernehmen kann schriftlich, mündlich oder konkludent erklärt oder abgelehnt werden, zB durch entsprechende Veranlagung (§ 119 I AO). Gegen die Auslegung eines Vorauszahlungsbescheides als Einvernehmen BFH BStBl II 74, 238. Eine unanfechtbare Ablehnung des Einvernehmens ist bei gleichem Sachverhalt auch für die Zukunft bindend (BFH BStBl III 64, 304). Rücknahme oder Widerruf durch das FA richtet sich nach §§ 130, 131 AO.

19 **13.** Einvernehmen ist **Ermessensentscheidung** des FA, allerdings stark gebundenes Ermessen. Die Ermessensentscheidung setzt voraus, dass das FA den Sachverhalt einwandfrei und erschöpfend ermittelt (BFH BStBl II 83, 672). Einvernehmen ist zu erteilen, falls wirtschaftlich einleuchtende, ernsthafte betriebliche **Gründe** vorliegen; wirtschaftlich zwingende oder betriebsnotwendige Gründe sind nicht Voraussetzung (vgl BFH BStBl III 63, 142; III 65, 287; II 70, 85; II 74, 238). Es muss sich um eine für den Betrieb auf die Dauer nützliche Maßnahme handeln (BFH BStBl II 74, 238); entscheidend ist also die Begründung aus der Sicht des Betriebs, nicht diejenige aus der Sicht des FA. Durch das Erfordernis des Einvernehmens sollen Missbräuche verhindert werden (BFH BStBl III 65, 287; II 74, 238); daher nicht ausreichend, wenn die Umstellung alleine aus steuerlichen

Gründen zB zur Erreichung einer Steuerpause oder eines Verlustrücktrag erfolgt (BFH BStBl III 65, 287; II 81, 50; II 83, 672; II 92, 486); wegen der Möglichkeit des § 31 II scheidet dieses Motiv bei Körperschaften jedoch regelmäßig aus; es kann auch nicht vom FA vermutet werden. Ausreichende Gründe: Bessere Inventurmöglichkeiten (BFH BStBl III 65, 287 unter Hinweis auf die WjRegelung bei den Landwirten; III 67, 111); bessere Personalauslastung (BFH BStBl III 67, 111; II 69, 71); die Ermöglichung von Betriebsvergleichen (BFH BStBl II 72, 87); Gleichschaltung von PächterWj mit VerpächterWj und umgekehrt (BFH BStBl II 70, 85); einheitliches Wj in der Organschaft (FinVerw 1973 StEK KStG § 7a Nr 12); einheitlicher Abschluss bei verbundenen Unternehmen, in einem Konzern oder in einer Unternehmensgruppe; bei Umgründungen kann ein fortbestehendes Unternehmen sein Wj auf den Beginn der neuen Unternehmensform – zB Beginn der Betriebsaufspaltung – umstellen; jede Umstellung ist ausreichend begründet, wenn durch die Umstellung ein gesetzl gewollter Vorteil, eine StErmäßigung oder -Vergünstigung ausgenutzt werden kann.

**14.** Wird das **Einvernehmen nicht erteilt,** ist die Umstellung steuerl nicht 20
anzuerkennen, auch wenn sie handelsrechtl rechtens ist. Der Gewinn ist weiterhin nach dem bisherigen Wj – eventuell durch Schätzung – zu ermitteln (BFH BStBl II 69, 337). Da zu dem bisherigen Wj aber keine Abschlüsse mehr gemacht werden, ist das bisherige Wj, sofern es vom Kj abweicht, nur für eine Übergangszeit, uE etwa 3 Jahre, wirksam; sodann ist das Kj Ermittlungszeitraum. Für die Ordnungsmäßigkeit der Buchführung ist das handelsrechtl zulässige Geschäftsjahr, nicht das steuerl Wj maßgebend (BFH BStBl II 69, 337; *Herlinghaus* in R/H/N § 7 Rz 61 mwN).

**15.** Das **FA** kann nur zustimmen oder ablehnen; es kann **nicht** von sich aus ein 21
**Wj festsetzen.**

## § 8 Ermittlung des Einkommens

(1) [1]**Was als Einkommen gilt und wie das Einkommen zu ermitteln ist, bestimmt sich nach den Vorschriften des Einkommensteuergesetzes und dieses Gesetzes.** [2]**Bei Betrieben gewerblicher Art im Sinne des § 4 sind die Absicht, Gewinn zu erzielen, und die Beteiligung am allgemeinen wirtschaftlichen Verkehr nicht erforderlich.** [3]**Bei den inländischen öffentlich-rechtlichen Rundfunkanstalten beträgt das Einkommen aus dem Geschäft der Veranstaltung von Werbesendungen 16 Prozent der Entgelte (§ 10 Abs. 1 des Umsatzsteuergesetzes) aus Werbesendungen.**

(2) **Bei unbeschränkt Steuerpflichtigen im Sinne des § 1 Abs. 1 Nr. 1 bis 3 sind alle Einkünfte als Einkünfte aus Gewerbebetrieb zu behandeln.**

(3) [1]**Für die Ermittlung des Einkommens ist es ohne Bedeutung, ob das Einkommen verteilt wird.** [2]**Auch verdeckte Gewinnausschüttungen sowie Ausschüttungen jeder Art auf Genussrechte, mit denen das Recht auf Beteiligung am Gewinn und am Liquidationserlös der Kapitalgesellschaft verbunden ist, mindern das Einkommen nicht.** [3]**Verdeckte Einlagen erhöhen das Einkommen nicht.** [4]**Das Einkommen erhöht sich, soweit eine verdeckte Einlage das Einkommen des Gesellschafters gemindert hat.** [5]**Satz 4 gilt auch für eine verdeckte Einlage, die auf einer verdeckten Gewinnausschüttung einer dem Gesellschafter nahe stehenden Person beruht und bei der Besteuerung des Gesellschafters nicht berücksichtigt wurde, es sei denn, die verdeckte Gewinnausschüttung hat bei der leistenden Körperschaft das Einkommen nicht gemindert.** [6]**In den Fällen des Satzes 5 erhöht die verdeckte Einlage nicht die Anschaffungskosten der Beteiligung.**

(4)[1] [1] *Voraussetzung für den Verlustabzug nach § 10d des Einkommensteuergesetzes ist bei einer Körperschaft, dass sie nicht nur rechtlich, sondern auch wirtschaftlich mit der Körperschaft identisch ist, die den Verlust erlitten hat.* [2] *Wirtschaftliche Identität liegt insbesondere dann nicht vor, wenn mehr als die Hälfte der Anteile an einer Kapitalgesellschaft übertragen werden und die Kapitalgesellschaft ihren Geschäftsbetrieb mit überwiegend neuem Betriebsvermögen fortführt oder wieder aufnimmt.* [3] *Die Zuführung neuen Betriebsvermögens ist unschädlich, wenn sie allein der Sanierung des Geschäftsbetriebs dient, der den verbleibenden Verlustvortrag im Sinne des § 10d Abs. 4 Satz 2 des Einkommensteuergesetzes verursacht hat, und die Körperschaft den Geschäftsbetrieb in einem nach dem Gesamtbild der wirtschaftlichen Verhältnisse vergleichbaren Umfang in den folgenden fünf Jahren fortführt.* [4] *Entsprechendes gilt für den Ausgleich des Verlustes vom Beginn des Wirtschaftsjahrs bis zum Zeitpunkt der Anteilsübertragung.*

(5) **Bei Personenvereinigungen bleiben für die Ermittlung des Einkommens Beiträge, die auf Grund der Satzung von den Mitgliedern lediglich in ihrer Eigenschaft als Mitglieder erhoben werden, außer Ansatz.**

(6) **Besteht das Einkommen nur aus Einkünften, von denen lediglich ein Steuerabzug vorzunehmen ist, so ist ein Abzug von Betriebsausgaben oder Werbungskosten nicht zulässig.**

(7) [1] **Die Rechtsfolgen einer verdeckten Gewinnausschüttung im Sinne des Absatzes 3 Satz 2 sind**

1. **bei Betrieben gewerblicher Art im Sinne des § 4 nicht bereits deshalb zu ziehen, weil sie ein Dauerverlustgeschäft ausüben;**
2. **bei Kapitalgesellschaften nicht bereits deshalb zu ziehen, weil sie ein Dauerverlustgeschäft ausüben.** [2] **Satz 1 gilt nur bei Kapitalgesellschaften, bei denen die Mehrheit der Stimmrechte unmittelbar oder mittelbar auf juristische Personen des öffentlichen Rechts entfällt und nachweislich ausschließlich diese Gesellschafter die Verluste aus Dauerverlustgeschäften tragen.**

[2] **Ein Dauerverlustgeschäft liegt vor, soweit aus verkehrs-, umwelt-, sozial-, kultur-, bildungs- oder gesundheitspolitischen Gründen eine wirtschaftliche Betätigung ohne kostendeckendes Entgelt unterhalten wird oder in den Fällen von Satz 1 Nr. 2 das Geschäft Ausfluss einer Tätigkeit ist, die bei juristischen Personen des öffentlichen Rechts zu einem Hoheitsbetrieb gehört.**

(8) [1] **Werden Betriebe gewerblicher Art zusammengefasst, ist § 10d des Einkommensteuergesetzes auf den Betrieb gewerblicher Art anzuwenden, der sich durch die Zusammenfassung ergibt.** [2] **Nicht ausgeglichene negative Einkünfte der einzelnen Betriebe gewerblicher Art aus der Zeit vor der Zusammenfassung können nicht beim zusammengefassten Betrieb gewerblicher Art abgezogen werden.** [3] **Ein Rücktrag von Verlusten des zusammengefassten Betriebs gewerblicher Art auf die einzelnen Betriebe gewerblicher Art vor Zusammenfassung ist unzulässig.** [4] **Ein bei einem Betrieb gewerblicher Art vor der Zusammenfassung festgestellter Verlustvortrag kann nach Maßgabe des § 10d des Einkommensteuergesetzes vom Gesamtbetrag der Einkünfte abgezogen werden, den dieser Betrieb gewerblicher Art nach Beendigung der Zusammenfassung erzielt.** [5] **Die Einschränkungen der Sätze 2 bis 4 gelten nicht, wenn gleichartige Betriebe gewerblicher Art zusammengefasst oder getrennt werden.** [6] **Kommt es bei einem Betrieb gewerblicher Art, der sich durch eine Zusammenfassung ergeben hat, innerhalb eines Zeitraums von fünf Jahren nach der Zusammenfassung zur Anwendung des § 3a des Einkommensteuergesetzes, ist § 3a Absatz 3 Satz 3 des Einkommensteuergesetzes entsprechend auf die in Satz 4 genannten Verlustvorträge anzuwenden.**

---

[1] § 8 Abs 4 aufgehoben durch Unternehmensteuerreformgesetz 2008 v 14.8.07 (BGBl I 07, 1912).

**(9) [1]Wenn für Kapitalgesellschaften Absatz 7 Satz 1 Nr. 2 zur Anwendung kommt, sind die einzelnen Tätigkeiten der Gesellschaft nach folgender Maßgabe Sparten zuzuordnen:**

1. **Tätigkeiten, die als Dauerverlustgeschäfte Ausfluss einer Tätigkeit sind, die bei juristischen Personen des öffentlichen Rechts zu einem Hoheitsbetrieb gehören, sind jeweils gesonderten Sparten zuzuordnen;**
2. **Tätigkeiten, die nach § 4 Abs. 6 Satz 1 zusammenfassbar sind oder aus den übrigen, nicht in Nummer 1 bezeichneten Dauerverlustgeschäften stammen, sind jeweils gesonderten Sparten zuzuordnen, wobei zusammenfassbare Tätigkeiten jeweils eine einheitliche Sparte bilden;**
3. **alle übrigen Tätigkeiten sind einer einheitlichen Sparte zuzuordnen.**

**[2]Für jede sich hiernach ergebende Sparte ist der Gesamtbetrag der Einkünfte getrennt zu ermitteln. [3]Die Aufnahme einer weiteren, nicht gleichartigen Tätigkeit führt zu einer neuen, gesonderten Sparte; Entsprechendes gilt für die Aufgabe einer solchen Tätigkeit. [4]Ein negativer Gesamtbetrag der Einkünfte einer Sparte darf nicht mit einem positiven Gesamtbetrag der Einkünfte einer anderen Sparte ausgeglichen oder nach Maßgabe des § 10d des Einkommensteuergesetzes abgezogen werden. [5]Er mindert jedoch nach Maßgabe des § 10d des Einkommensteuergesetzes die positiven Gesamtbeträge der Einkünfte, die sich in dem unmittelbar vorangegangenen und in den folgenden Veranlagungszeiträumen für dieselbe Sparte ergeben. [6]Liegen die Voraussetzungen des Absatzes 7 Satz 1 Nr. 2 Satz 2 ab einem Zeitpunkt innerhalb eines Veranlagungszeitraums nicht mehr vor, sind die Sätze 1 bis 5 ab diesem Zeitpunkt nicht mehr anzuwenden; hiernach nicht ausgeglichene oder abgezogene negative Beträge sowie verbleibende Verlustvorträge aus den Sparten, in denen Dauerverlusttätigkeiten ausgeübt werden, entfallen. [7]Liegen die Voraussetzungen des Absatzes 7 Satz 1 Nr. 2 Satz 2 erst ab einem bestimmten Zeitpunkt innerhalb eines Veranlagungszeitraums vor, sind die Sätze 1 bis 5 ab diesem Zeitpunkt anzuwenden; ein bis zum Eintritt der Voraussetzungen entstandener Verlust kann nach Maßgabe des § 10d des Einkommensteuergesetzes abgezogen werden; ein danach verbleibender Verlust ist der Sparte zuzuordnen, in denen keine Dauerverlustgeschäfte ausgeübt werden. [8]Der am Schluss eines Veranlagungszeitraums verbleibende negative Gesamtbetrag der Einkünfte einer Sparte ist gesondert festzustellen; § 10d Absatz 4 des Einkommensteuergesetzes gilt entsprechend. [9]Die §§ 3a und 3c Absatz 4 des Einkommensteuergesetzes sind entsprechend anzuwenden; § 3a Absatz 2 des Einkommensteuergesetzes ist für die Kapitalgesellschaft anzuwenden.**

**(10) [1]Bei Einkünften aus Kapitalvermögen ist § 2 Absatz 5b des Einkommensteuergesetzes nicht anzuwenden. [2]§ 32d Abs. 2 Satz 1 Nr. 1 Satz 1 und Nr. 3 Satz 1 und Satz 3 bis 6 des Einkommensteuergesetzes ist entsprechend anzuwenden; in diesen Fällen ist § 20 Abs. 6 und 9 des Einkommensteuergesetzes nicht anzuwenden.**

***Abs 8 S 6 und Abs 9 S 9 wurden angefügt durch G v 27.6.17 (Rz 2).***

***Gesetzesfassungen vor 2014 s 8. Aufl.***

*Körperschaftsteuerrichtlinien:* KStR 8.1–8.13

**Übersicht**



1 **1. Allgemeines:** § 8 enthält für die **Besteuerungsgrundlagen** dem Grunde und der Höhe nach die Generalverweisung auf das **EStG** unter gleichzeitiger Regelung von Besonderheiten, für die jedoch § 8 nicht erschöpfend ist; s zB §§ 8a, 8b, 8c, 9, 10, 11, 12, 13, sowie 14–19 (Organschaft); 20–21b (Versicherungsunternehmen und Bausparkassen), 22 (Erwerbs- und Wirtschaftsgenossenschaften). Die Vorschrift gilt, soweit die Einschränkung nicht ausdrücklich formuliert ist, zB Abs 2, 5, 7 und 8 für alle Körperschaften, seien sie beschränkt oder unbeschränkt stpfl.

**2. Geltungszeit:** § 8 gilt seit VZ 1977 (§ 54 idF des KStG 1977). Zu den Änderungen bis zum KStG 2002 vom 15.10.2002 (BGBl I 02, 4144) s 8. Aufl. Abs 2 wurde durch das SEStEG v 7.12.06 (BGBl I 06, 2782) mit Wirkung ab VZ 06 (§ 34 I idF des SEStEG) neu gefasst. Durch das JStG 2007 v 13.12.06 (BGBl I 06, 2878) wurden dem Abs 3 die Sätze 3 bis 6 angefügt. Die Regelung ist erstmals auf verdeckte Einlagen anzuwenden, die nach dem 18.12.06 getätigt wurden (§ 34 VI): Durch das UntStRefG 2008 v 14.8.2007 (BGBl I 07, 1912) wurde Abs 4 aufgehoben und durch § 8c ersetzt. Zur zeitlichen Anwendung s Rz 450; Abs 1 S 2 und die Abs 7–10 wurden durch das JStG 2009 v 19.12.08 (BGBl I 08, 2794) mit Wirkung zum VZ 09 eingeführt, zur zeitl Anwendung § 34 VI 1 u 7–12; Abs 9 S 8 wurde angefügt mit Wirkung zum VZ 09 (§ 34 VI 13) durch das JStG 2010 v 8.12.10 (BGBl I 10, 1768). Abs 10 S 1 wurde geändert durch das StVereinfG 2011 v 1.11.11 (BGBl I 11, 2131) mit Wirkung zum VZ 12 (§ 34 VI 14). Mit Wirkung zum VZ 2017 wurden Abs 8 S 6 und Abs 9 S 9 durch das G vom 27.6.17 (BGBl I 2017, 2074) angefügt. 2

**3. Generalverweisung auf das EStG (Abs 1 S 1):** Was als Einkommen gilt – StPflicht der Vermögensmehrungen dem Grunde nach – und wie es bemessen wird, richtet sich grundsätzlich nach den Vorschriften des EStG, soweit das KStG nicht Besonderheiten kennt oder einzelne Regelungen des EStG auf natürliche Personen beschränkt sind, zB §§ 33 ff. EStG. Damit sind andere Steuergesetze von ihrer Anwendung auf Körperschaften nicht ausgeschlossen; diese Gesetze müssen sich jedoch selbst für Körperschaften anwendbar erklären; so zB § 1 AStG durch den allgemeinen Begriff „Steuerpflichtige".

Ein **Ermittlungsschema** enthält R 7.1 (1) KStR 2015.

Eine **Aufzählung** der **anwendbaren Vorschriften** des **EStG** und der EStDV enthält R 8.1 (1) KStR 2015; diese Liste ist allenfalls für die FinVerw bindend. Abs 1 spricht nur von dem EStG; uE werden damit die **EStDV** nicht angesprochen; es fehlt für die Geltung der EStDV eine ausreichend präzise Verweisung oder Ermächtigungsgrundlage des KStG (*Kohlmann/Felix* DB 83, 1062). 5

Zu **einzelnen EStG-Vorschriften:**

**§ 2 EStG:** Unbeschränkt steuerpflichtige Körperschaften iSd § 1 Abs 1 Nr 1 bis 3 haben stets Einkünfte aus Gewerbebetrieb, s Abs 2 (Rz 47 ff). Bei unbeschränkt steuerpflichtigen Körperschaften, Personenvereinigungen und Vermögensmassen iSd § 1 I Nr 4 und 5 können alle Einkunftsarten anfallen (aA *Mahlow* DB 01, 1450: immer betriebliche Einkünfte); ferner *Küffner/Eisgruber* GmbHR 07, 640, zu Gestaltungsmöglichkeiten im Hinblick auf die Anwendung von Überschusseinkünften. Zu beschränkt steuerpflichtigen Körperschaften s § 2 Rz 6. 8

Entfällt die **Gemeinnützigkeit** eines kstpfl Vereins, so ist im Einzelnen zu prüfen, welche Einkunftsarten anfallen (BFH BStBl II 88, 75).

Der **wirtschaftl Geschäftsbetrieb** ist nur für bestimmte befreite Körperschaften von Belang (§ 5 Rz 7 ff); entfällt die Befreiung, begründet der wirtschaftl Geschäftsbetrieb weder die StPflicht allgemein noch die StPflicht einzelner Einkünfte.

Soweit keine der Einkunftsarten gegeben ist, liegen keine stpfl Einkünfte vor; dazu und zur möglichen **Liebhaberei** s Rz 48 ff.

Soweit eine Körperschaft mehrere Einkunftsarten hat, zB ein Verein, sind die Einkünfte untereinander auszugleichen; insoweit findet ein **Verlustausgleich** statt. Mehrere wirtschaftl Geschäftsbetriebe einer Körperschaft sind, soweit die Körperschaft mit ihnen stpfl ist, mit ihren positiven und negativen Erträgen ausgleichungspflichtig, s § 5 Rz 21; anders bei mehreren Betrieben gewerbl Art, s § 4 Rz 21. Die Verlustausgleichsbeschränkung des § 2a EStG gilt auch für Körperschaften (KStR 8.1 I). 9

**§ 3 Nr 11 EStG:** Keine Anwendung auf die Freistellung nicht bundeseigener Eisenbahnen, BeförderungSt zu Lasten des Fahrgastes zu erheben (BFH BStBl III 66, 324; II 72, 839; II 75, 577). Offen ist die Frage, ob Körperschaften hilfsbedürf- 12 tig iS dieser Vorschrift sein können (s BFH BStBl II 86, 806, mwN; *Schmidt/Levedag* § 3 Rz 42).

**§ 3 Nr 40 EStG** findet keine Anwendung, da § 8b KStG als lex specialis vorgeht (§ 8b Rz 22).

**§ 3 Nr 41 Buchst a EStG** findet Anwendung, § 8b V findet (entgegen FG Bremen DStZ 16, 683) Anwendung (BFH/NV 17, 1555).

***§ 3 Nr 66 EStG aF: Sanierungsgewinne.*** Die Begünstigung von Sanierungsgewinnen wurde für ab 1998 endende Wj aufgehoben. Zur bis dahin geltenden Rechtslage s 6. Aufl. Gleichwohl ging die FinVerw von einem allgemeinen Erlassgrund entsprechend § 3 Nr 66 EStG aF aus (BMF BStBl I 03, 240), womit sie gegen den Grundsatz der Gesetzmäßigkeit der Verwaltung verstößt (BFH GrS DStR 17, 305; dazu *Brandt* StBp 17, 1231; *Swierczok* BB 17, 481; für Verzichte und verbindliche Auskünfte bis zum 8.2.17 gewährt BMF v 27.4.17 BStBl I 17, 741 Bestandsschutz; zu den verfassungs- und EU-rechtlichen Bedenken schon BFH BStBl II 15, 696; *Olbing* GmbH-Stb 16, 137). S auch Rz 117 und Anh § 8 Rz 1023.

**Entschädigungen für stfreie Einnahmen** sind stfrei (BFH BStBl II 79, 120 betr InvZul; dazu HFR Anm 79, 57); widersprüchlich hierzu sind Schadensersatzleistungen für StNachteile stpfl (s § 10 Rz 20; *Schwedhelm/Olbing* BB 94, 1612; ebenso zu Schadensersatz für nicht abzugsfähige Geldbußen FG Münster EFG 15, 1021 und für Schadensersatz der nicht abzugsfähigen GewSt FG BaWü EFG 14, 1980).

13 **§ 3c I EStG** galt für inländische Dividenden bis einschließlich VZ 03. S hierzu 6. Aufl. Für ausländische Dividenden sowie für inländische Dividenden ab VZ 04 gilt § 8b V (s § 8b Rz 162 ff). Bis VZ 03 galt § 3c I EStG auch für den Nutzungsverbrauch bei der MutterGes aufgrund zinsloser Darlehen zwischen SchwesterGes (BFH/NV 14, 1090), s Rz 295.

**§ 3c II EStG** ist grds nicht anwendbar, da das Teileinkünfteverfahren (Rz 286) auf Körperschaften keine Anwendung findet. Ausnahmen gelten für Carried Interest (§ 3c II EStG iVm § 3 Nr 40a EStG).

**§ 3c III EStG** ist für nach § 3 Nr 10 EStG (REIT) begünstigte Gewinne anwendbar.

16 **§ 4 EStG.** Einlagen s Rz 61 ff; Entnahmen s Rz 142 ff.

Das Abzugsverbot des § 4 V 1 Nr 4 EStG gilt unabhängig davon, ob die Aufwendungen vGA darstellen (BFH/NV 07, 1230; BFH/NV 10, 1307; *Schiffers* DStZ 16, 325; s auch FG BaWü EFG 15, 1853 zur Angemessenheit von Leasingaufwand für einen Supersportwagen und Rz 53 f). Zu Kartellbußen und § 4 Abs V 1 Nr 8 EStG *Krüger* DStR 16, 895 u FG Köln 10 K 659/16; zu § 4 V 2 EStG FG D'dorf EFG 17, 886, Rev BFH I R 31/17.

Zu den Aufzeichnungspflichten nach § 4 VII EStG s BFH/NV 07, 1305; FGNds EFG 06, 1937; FG BaWü EFG 16, 1197, Rev BFH I R 38/16.

**§ 4 h EStG:** S § 8a.

19 **§ 5 EStG:** S auch Beratungs-ABC „Handelsbilanz".

Bilanzierung von **Schachtelerträgen:** Die MutterGes bilanziert den Dividenden- bzw Gewinnanspruch gegenüber der TochterGes idR, sobald der Anspruch entstanden ist, also grundsätzlich im Zeitpunkt des Gewinnverwendungsbeschlusses (*Schmidt/Heinicke* § 4 Rz 257); hierdurch entsteht bei parallellaufenden Wj ein „Jahressprung". Der Ertrag für 2006 wird bei der MutterGes erst in 2007 bilanziert. Eine hiervon abweichende sog phasengleiche Aktivierung lehnt der BFH seit Beschluss GrS v 7.8.00 (BStBl II 00, 632) im Grundsatz ab (vorausgehend BFH BStBl II 99, 547 und Vorlagebeschluss BFH BStBl II 99, 551 sowie BFH/NV 99, 1200; *Kempermann* FR 99, 367; *ders* DStR 99, 408; *Watermeyer* GmbHR 98, 1061; *Hoffmann/Sauter* GmbHR 98, 318; *Groh* DStR 98, 813; *Hoffmann* BB 97, 1679; *ders* DB 99, 503; *Hildesheim* DStZ 99, 551; zur Entscheidung des GrS *Herzig* BB 00, 2252; *Groh* DB 00, 2444; *Hoffmann* DB 00, 2557; *Wassermeyer* DB 01, 1053;

*Schulze-Osterloh* ZGR 01, 497; dem Beschluss des GrS nachfolgend BFH BStBl II 01, 401; II 01, 409; II 01, 185; II 08, 340; FG Hbg EFG 06, 1360; FG Köln EFG 15, 1569).

Zur Aktivierung von Beteiligungserträgen im Hinblick auf das **KStGuthaben** und die **KapErtrSt** s Beratungs-ABC „Handelsbilanz" Rz 1.

Zur Aktivierung aufschiebend bedingter **Rückdeckansprüche** für eine Witwenversorgung s FG Köln EFG 06, 590.

Zur Aktivierung stornobehafteter **Vermittlungsprovisionen** FG Münster EFG 16, 1284, Rev BFH I R 53/16, dazu *von Rönn* BB 16, 2738.

Zu bilanziellen **Bewertungseinheiten,** § 5 Ia EStG, BFH BStBl II 16, 831.

Zum Zeitpunkt der Gewinnrealisierung bei **Gerüstbauverträgen** FG BaWü EFG 16, 1071; *Otto* BB 16, 1714; *Hoffmann* StuB 16, 717.

Zur Aktivierung von Ackerprämienberechtigungen **(Ackerquoten)** FG SchlHol EFG 15, 245.

**Passivposten** für **Baukostenzuschüsse** bei **Gasversorgungsunternehmen** in der Rechtsform der GmbH s BFH BStBl II 77, 392.

Zur Passivierung von **Optionsprämien** BFH BStBl II 04, 126; von Verbindlichkeiten aus Anleihen FG Münster EFG 15, 1749.

Zu **Rückstellungen für Patronatserklärungen** BFH BStBl II 07, 384; für die Pflege von **Bestandskunden** bei einer Versicherungsagentur FG Köln EFG 14, 1615, die NZB hatte keinen Erfolg, BFH/NV 15, 50; für **Aktienoptionen** BFH BStBl II 17, 1043; für **Entsorgungspflichten** nach ElektroG BFH BStBl II 17, 780; für **Rückkaufsoptionen** FG Mchn EFG 15, 1561; für **Atomanlagen** BFH BStBl II 17, 472; für **Wartungsaufwand** bei Flugzeugen FG D'dorf EFG 15, 2479, dazu *von Glasenapp* BB 17, 879 u *Weber-Grellet* FR 17, 431; zur Rückstellung einer **Umlageverpflichtung** für Haftpflichtschäden FG Nds EFG 16, 650; zu Rückstellungsbewertung bei niedrigerem handelsrechtlichem Bilanzwert FG RhPf EFG 17, 693, Rev BFH I R 18/17.

Zur Frage, ob **StRückstellungen für vGa-Risiken** gebildet werden können, *Andresen* Wpg 03, 593.

Zu passiven **Rechnungsabgrenzungsposten** bei öffentlichen Zuschüssen FG Münster EFG 16, 462.

Zur **Abzinsung** von Verbindlichkeiten nach **§ 6 I Nr 3 EStG** s BFH/NV 16, 405; FG Bln-Brdbg EFG 16, 1161, Rev BFH I R 23/16.

Zur Ermittlung des gemeinen Werts einer Forderung BFH I R 36/15, DStR 17, 2658.

**§ 6b EStG:** Anwendung bei Körperschaften, die Land- und Forstwirtschaft be- 22
treiben (zur Abgrenzung SächsFG EFG 05, 1960; bestätigt durch BFH/NV 06, 1097). Zu § 6b IIa EStG *Grefe* DStZ 16, 439.

Die **§§ 7a bis 7k EStG** sind – soweit sie noch bzw wieder Gültigkeit haben – 25
grundsätzlich anwendbar.

**§ 9a S 1 Nr 3 EStG:** Werbungskostenpauschbetrag bei wiederkehrenden Bezügen findet Anwendung, ebenso der **Sparer-Pauschbetrag** nach § 20 IX 1 und 4 EStG (KStR 8.1 I und II).

**§ 10b EStG** gilt nicht, § 9 KStG geht vor. S § 9 Rz 14ff.

**§ 10d EStG:** Die Regelungen zum Verlustrück- und -vortrag sind in vollem 29
Umfang anwendbar. Dies gilt auch für das Wahlrecht bzgl des Verlustrücktrags (zur optimalen Ausnutzung des Wahlrechts s Beratungs-ABC „Verluste" Rz 9). Der vertikale Verlustausgleich hat bei KapGes keine Bedeutung, da alle Einkünfte gewerblich sind. Soweit § 10d EStG die Änderung von StBescheiden erlaubt und soweit der verbleibende Verlustabzug gesondert festzustellen ist, ist dies auch im KStRecht zu beachten. Zur Bindung an das im KStBescheid angesetzte Einkommen FG München EFG 98, 1695. Keine Minderung des Verlustes im Rück- oder Vortragsfall durch stfreie Einnahmen. Aufwendungen iSv §§ 9, 10 erhöhen bzw vermindern, die Freibeträge nach §§ 24, 25 erhöhen nicht den Verlust (BFH

BStBl II 82, 177). Zu finalen Verlusten aus **EU-Betriebstätten** BFH v 22.2.17 I R 2/15; FG Köln EFG 13, 1430; FG Hbg EFG 15, 156; zur Rechtsprechung des EuGH *Schiefer/Scheuch* NWB 16, 701.

30 Bei **Formwechsel** in eine andere kstpfl Rechtsform (GmbH → AG) bleibt der Verlustabzug erhalten. Bei Verschmelzung, Aufspaltung und Abspaltung auf eine andere Körperschaft geht ein Verlustabzug unter (§ 12 III 2 iVm § 4 II 2 UmwStG bzw §§ 15 I, 12 III 2 iVm § 4 II 2 UmwStG). Zur Rechtslage bei Umwandlungen vor dem 13.12.06 (§ 27 I UmwStG) s 6. Aufl. – Verlust im **Liquidationszeitraum** s § 11 Rz 22.

31 Zu beschränktem Verlustabzug bei sog **Mantelkauf** s Rz 420 ff u § 8c.

Zu § 12 Nr 1 S 2 EStG s Rz 252.

32 **§§ 14, 14a EStG:** Es gilt nur noch § 14 S 1 EStG, da auch der Freibetrag nach § 16 EStG nur noch für natürliche Personen gilt. Die Vergünstigungen des § 14a EStG sind zeitlich ausgelaufen (Verkauf vor 1.1.01).

35 **§ 15 EStG** gilt, soweit nicht § 8 II greift, s Rz 47 ff. Das Wahlrecht bei Betriebsverpachtung nach BFH GrS BStBl III 64, 124 gilt dann auch für Körperschaften. Zur Verpachtung eines wirtschaftl Geschäftsbetriebs s § 5 Rz 20, eines Betriebes gewerbl Art s § 4 Rz 32 ff. Ebenfalls finden, vorbehaltlich Abs 2 und Rz 47 ff, Betriebsaufspaltungsgrundsätze Anwendung, zB wenn ein Verein wesentliche Betriebsgrundlagen an eine GmbH verpachtet und beide Körperschaften von der gleichen Personengruppe beherrscht werden; hierzu ist Beherrschung durch Beteiligungsbesitz nicht erforderlich (BFH BStBl II 76, 750 und nachfolgende Rspr; BFH BStBl II 82, 662 betr Beherrschung über eine Stiftung); s auch § 4 Rz 33 und § 5 Rz 20. Zur kapitalistischen Betriebsaufspaltung s Beratungs-ABC „Betriebsaufspaltung" Rz 5.

**§ 15 IV EStG:** Anwendbar (BFH BStBl II 01, 349).

37 **§ 16 EStG:** Gilt auch für Körperschaften, soweit § 13 IV nicht greift (*Schauhoff* DStR 96, 366). Die Tarifermäßigung nach §§ 16, 34 EStG findet keine Anwendung (BFH BStBl II 91, 455), auch nicht bei Organschaft zu einer natürlichen Person (BFH BStBl II 92, 817). § 16 IV EStG – Freibetrag – in der seit VZ 96 geltenden Fassung begünstigt nur natürliche Personen. Zur Rechtslage bis VZ 95 s 6. Aufl.

**§ 17 EStG:** Freibetrag nach § 17 III gilt ebenso wie der nach § 18 III, sofern die entsprechende Einkunftsart vorliegt (BFH BStBl II 92, 437, 439; II 02, 490; KStR 8.1 II 4 und III).

39 **§ 18 EStG:** Wenn eine Körperschaft freiberufliche Leistungen erwirbt, um sie zu verwerten, führt dies zu gewerbl Einkünften (BFH BStBl II 70, 428; II 71, 771; II 74, 511). Ärztliche Laborvereine beziehen gewerbl Einkünfte (*Kröger* DStR 79, 222). Zum Freibetrag bei Veräußerung und Aufgabe nach § 18 III EStG s Rz 37.

**§ 19 EStG:** s zu § 2 EStG (Rz 8 ff).

**§ 20 EStG:** Sparerpauschbetrag ist anzuwenden (Rz 25).

**§ 21 Abs 2 EStG:** findet bei Körperschaften keine Anwendung (KStR 8.1 I). **§ 32b EStG,** Progressionsvorbehalt: In KStR 8.1 I nicht erwähnt. UE zumindest entsprechend anzuwenden, wenn Auslandsverluste höher als die inländischen Einkünfte (negativer Progressionsvorbehalt; glA *Herzig* RiW/AWD 79, 545; aA *Klein/Müller/Döpper* in Mössner/Seeger § 8 Rz 7; *Schmidt/Heinicke* § 32b Rz 12: nicht anwendbar).

**§ 34 EStG:** S Rz 37.

**§ 34b EStG:** Einkünfte aus außerordentliche Holznutzung s KStR 8.1 (1) iVm 23 KStR.

**§ 34g EStG:** nicht anwendbar.

41 **EStDV:** allgemein s Rz 4.

44 **4.** Zu **Betrieben gewerblicher Art (Abs 1 S 2):** s Rz 486 ff.

**5. Öffentlich-rechtliche Rundfunkanstalten (Abs 1 S 3):** Inländische öffentlich-rechtliche Rundfunkanstalten (ARD und ZDF) ermitteln ihr Einkommen aus Werbeeinnahmen pauschaliert mit 16% des Entgeltes iSd § 10 I UStG. Die Regelung ist verfassungsrechtlich nicht unbedenklich (s *Intermann* in R/H/N § 8 Rz 78 mwN). Soweit neben den Werbeeinnahmen noch andere BgA unterhalten werden, unterliegen diese der regulären Gewinnermittlung (BMF BStBl I 02, 935). 45

**6. Gewerblichkeit aller Einkünfte (Abs 2):** Bei **unbeschränkt StPfl** iSd § 1 I Nr 1 bis 3 sind alle Einkünfte als solche aus Gewerbebetrieb zu behandeln. Bis VZ 06 (s Rz 2) war Buchführungspflicht nach dem HGB (dazu § 7 Rz 9) Voraussetzung (siehe zum LSt-Hilfevereine FG Bln-Bdbg EFG 98, 138). 47

Die Vorschrift ist verfassungsgemäß (BFH BStBl II 77, 10; BVerfG HFR 77, 255 und BVerfG NJW 10, 2116 betr die entsprechende Vorschrift des § 2 II GewStG) und weitestgehend europarechtskonform (*Berninghaus* in R/H/N § 8 Rz 90 f). Zur Beschränkung der Besteuerung durch DBA s zB FG Hbg EFG 15, 156.

Unbeschränkt steuerpflichtig sind auch nach ausländischem Recht gegründete Gesellschaften, die nach ihrer Organisationsstruktur **(Typenvergleich)** einer inländischen Kapitalgesellschaft oder Genossenschaft (s *Berninghaus* in R/H/N § 8 Rz 95; zweifelhaft für ausländische Versicherungs- und Pensionsfonds, *Berninghaus* in R/H/N § 8 Rz 97; zu den möglichen Folgen des „Brexit" auf britische Limited *Seeger* DStR 2016, 1817) entsprechen und ihren Verwaltungssitz im Inland haben (§ 1 Rz 13), sowie inländische Körperschaften, die ihre Geschäftsleitung im Ausland haben.

**Alle Einkünfte** sind als Einkünfte aus Gewerbebetrieb zu behandeln. Voraussetzung ist, dass überhaupt Einkünfte iSv § 2 EStG vorliegen. Abs 2 schafft keine neue Einkunftsart, sondern enthält nur eine Umqualifizierung von Einkünften. Dem steht die Aussage des BFH, dass eine unbeschränkt steuerpflichtige Körperschaft keine außerbetriebliche Sphäre hat (BFH/NV 97, 190; s Rz 503), nicht entgegen. Einkünfte, die keiner Einkunftsart unterfallen, führen zu einer nicht steuerbaren Vermögensmehrung so wie nicht abzugsfähige Betriebsausgaben zu einer nicht steuerrelevanten Minderung des Betriebsvermögens führen (*Frotscher* in F/D § 8 Rz 25; *Lang* in E&Y § 8 Rz 420; aA FG Hbg EFG 12, 351; *Berninghaus* in R/H/N § 8 Rz 125; *Lang* in D/P/M § 8 II Rz 26; *B/Rengers* § 8 Rz 63; *Schallmoser* in H/H/R § 8 Rz 41; s auch Rz 57 zu Erbschaften und Schenkungen). 48

Die Umqualifizierung gilt auch, wenn die Körperschaft zusammen **mit anderen Stpfl** an einer Einkunftsquelle beteiligt ist und die anderen Beteiligten keine Einkünfte aus Gewerbebetrieb aus dieser Einkunftsquelle, sondern zB Einkünfte aus VuV beziehen (BFH BStBl II 85, 291, 372; zur weiteren Problematik *Schmidt/Wacker* § 15 Rz 200 ff). 49

Für **beschränkt steuerpflichtige ausländische Körperschaften** ist die Einkunftsart aufgrund der isolierenden Betrachtungsweise nach § 49 I EStG zu bestimmen (s BFH BStBl II 16, 66; FG SachsAnh EFG 16, 2024 m Anm *Kerber* Rev BFH I R 81/16), abweichende Qualifikationen nach dem Recht des Sitzstaates bleiben unberücksichtigt (§ 49 II EStG, s § 2 Rz 6).

Der I. Senat des BFH lehnt die Existenz einer **außerbetrieblichen Sphäre** für unbeschränkt steuerpflichtige Körperschaften seit dem Urteil BFH/NV 97, R 190 – eine Segeljacht betreffend – ab (nachfolgend BFH/NV 99, R 269, und BFH BStBl II 03, 487, jeweils betr Devisentermingeschäft; BFH/NV 02, 1538, betr Segeljacht; BFH/NV 05, 793, und BFH/NV 17, 60, jeweils betr Einfamilienhaus; BFH BStBl II 13, 1024, betr ausl Ferienimmobilie; BFH BStBl II 05, 666, betr Auslandsreise; BFH BStBl II 07, 961, betr kommunalen Eigenbetrieb, s hierzu auch Anh § 8 Rz 869; FG München EFG 03, 800, betr Ferienwohnung; ferner BFH/NV 10, 470; BFH/NV 08, 617; BFH BStBl II 17, 324; zustimmend *Berninghaus* in R/H/N § 8 Rz 103 ff; krit *Pezzer* StuW 98, 76; *ders* Anm FR 98, 1093; *Weber-Grellet* DStZ 98, 361; BB 14, 2263 *Schön* FS Flume, 1998, 265, 270 ff; 50

*Gosch/Roser* § 8 Rz 74 ff; *Frotscher* in F/D § 8 Rz 25, 41; *Hüttemann* in FS Raupach 2006, 495; *Rüd* Kapitalgesellschaften ohne außerbetriebliche Sphäre, Diss 05; *ders* FR 09, 703; *Mindermann/Lukas* NWB 14, 2092; zur Erläuterung der Begründung des I. Senats *Wassermeyer* FS Haas, 1996, 401; FS Raupach 2006, 565; FS Frotscher 2013, 696; GmbHR 03, 313; DStR 04, 214; DB 10, 1959; DB 11, 1828; die bisher nur vereinzelte Veröffentlichung der vorstehenden Rspr im BStBl zeigt, dass die FinVerw deren offizielle Anerkennung bisher scheut; s auch Rz 168). Ausgaben sind danach ausnahmslos Betriebsausgaben, keine **Liebhaberei.** Dennoch bleibt es dabei, dass die gesellschaftsrechtl Sphäre die Einkünfteermittlung nicht beeinflussen darf; sie rechtfertigen die Korrekturen im Einlage- und Gewinnausschüttungsbereich (s Rz 280 ff). Die **„Privatveranlassung"** kann insbesondere vGa indizieren (s Anh § 8 Rz 794 ff).

53 **Beschränkt steuerpflichtige** ausländische Körperschaften haben hingegen eine außerbetriebliche Sphäre (BFH II 02, 861: keine steuerpflichtigen Einkünfte bei fehlender Einkünfteerzielungsabsicht; kritisch *Prinz* aFR 02, 1171; zur privaten Nutzung einer Ferienimmobilie der ausländischen Kapitalgesellschaft s Anh § 8 Rz 106 „Ausländische Immobilien").

55 Folgt man der Rspr nicht (s zB *Briese* FR 14, 1001) und hält eine **Privatsphäre** für **möglich,** so gilt: Soweit keine stpfl Einkünfte vorliegen, bilden die den keiner Einkunftsart zuzurechnenden „Einkünfte" dienenden Vermögensgegenstände kein Betriebsvermögen. Der Übergang zu einer außerbetrieblichen Sphäre, zB zur Liebhaberei, kann zur Entnahme oder Betriebsaufgabe führen. Soweit ein Betrieb zur Liebhaberei übergeht, verneint BFH BStBl II 78, 626; II 82, 381 die zwingende Gewinnrealisierung; die stillen Reserven werden eingefroren, es sei denn, der StPflicht wählt die Realisierung. Diese Rspr könnte auch im KStRecht angewandt werden. Die Rückkehr in den Betrieb wäre Einlage nach allgemeinen Grundsätzen. Soweit stille Reserven eingefroren waren, werden die Buchwerte nur um die stillen Reserven aufgestockt, die außerhalb der betriebl Einkunftsarten entstanden sind. § 13 ist in diesem Fall nicht anwendbar (*Streck/Rainer* KÖSDI 80, 3662). Erfolgt eine Veräußerung in der außerbetriebl Sphäre, sind die realisierten eingefrorenen stillen Reserven zu versteuern. Im Übrigen sind Veräußerungseinkünfte in der außerbetriebl Sphäre stfrei, es sei denn, eine StPflicht nach anderen Vorschriften ist ausdrücklich gegeben (zB Spekulation). Im Ergebnis in diesem Sinn schon *Job* AG 80, 108; *v Wallis* FR 68, 460 und StbJb 70/71, 124.

56 Alle **gesellschaftsrechtlichen Vorgänge** sind von Auswirkungen auf die Einkunftsermittlungen auszuschließen. Hierzu zählen die Vermögensmehrungen und Vermögensminderungen, die ihren Grund in der gesellschaftsrechtl Stellung des Leistenden oder Empfangenden haben, dh insbesondere Einlagen (dazu Rz 61 ff) und Gewinnausschüttungen (dazu Rz 130 ff).

57 Keine Einkünfte sind **Erbschaften** und **Schenkungen,** wenn es sich um Zuwendungen eines Gesellschafters oder ihm Nahestehenden handelt (Einlage, s Rz 90). Ansonsten können Schenkungen und Erbschaften auch Betriebseinnahmen sein (s BFH BStBl II 06, 650; II 17, 324: zur Erbschaft eines Pflegeheim GmbH, dazu *Binnewies* GmbHR 17, 379 u *Crezelius* ZEV 17, 172; FG Nbg EFG 11, 361; *Gosch/Roser* § 8 Rz 131 „Schenkung").

Nicht in die Einkunftsermittlung sind auch **PersonenSt** einzubeziehen (§ 10 Rz 12 ff).

### 7. Einlagen

**Schrifttum:** Zur Literatur vor 1996 s 6. Aufl; *Hoffmann,* Die Einlagen in KapGes als Bilanzierungsproblem beim Einlegenden, BB 96, Beil 16; *ders,* DStJG 20 (1997), 141; *Schuhmann,* Zu den verdeckten Einlagen bei KapGes, StBp 98, 34; *Strahl,* Steuerrechtsfolgen von Forderungsverzichten durch GmbH-Ges, KÖSDI 99, 11 862; *Kußmaul/Klein,* Maßgeblichkeitsprinzip bei verdeckter Einlage und verdeckter Gewinnausschüttung?, DStR 01, 189; *Parczyk,* Verdeckte Einlagen sind wegen des Trennungsprinzips das Pendant zu verdeckten Gewinnausschüttungen, BB 98, 924; *Altrichter-Herzberg,* Steuerliche Aspekte der verdeckten Sacheinlage bei der GmbH, GmbHR 04, 118; *Böth,* Die verdeckte Einlage – eine häufig unterschätzte Feststellung, StBp 05, 341; *Neumann,* Verdeckte Gewinnausschüttungen und verdeckte Einlagen, 2. Aufl 2006; *Briese,* Die verdeckte Einlage in eine Kapitalgesellschaft, GmbHR 06, 1136; *ders,* Nochmals: Zur verdeckten Gewinnausschüttung und verdeckten Einlage, GmbHR 06, 1308; *Kirchner,* Verdeckte Einlagen in Kapitalgesellschaften zu Buchwerten nach § 6 Abs 6 Satz 3 EStG, StuB 06, 420; *Marenbach,* Konsequenzen von verdeckten Einlagen bei einer GmbH mit mehreren Gesellschaftern, DStR 06, 1919; *Hoffmann,* Verdeckte Einlagen von Nicht-Gesellschaftern in Kapitalgesellschaften, GmbH-StB 06, 373; *Briese,* Die verdeckte Einlage in eine Kapitalgesellschaft. Ein Beitrag für eine rechtsformneutrale Gewinnermittlungskonzeption, GmbHR 06, 1136, 1142; *ders,* Fragwürdige Korrespondenz bei verdeckten Gewinnausschüttungen und verdeckten Einlagen durch den Entwurf des Jahressteuergesetzes 2007, BB 06, 2110; *Bernhardt/van der Ham/Kluge,* Das Verhältnis von § 1 AStG nF und verdeckter Einlage – Können Wirtschaftsgüter grenzüberschreitend noch immer ausschließlich verdeckt eingelegt werden?, IStR 07, 717; *Dieterlen/Dieterlen,* Keine Einkommensminderung des verdeckt einlegenden Gesellschafters als Voraussetzung einer einkommensneutralen verdeckten Einlage nach § 8 Abs 3 Satz 3 KStG, DStZ 07, 489; *Dörfler/Heurung/Adrian,* Korrespondenzprinzip bei verdeckter Gewinnausschüttung und verdeckter Einlage, DStR 07, 514; *Pohl/Raupach,* Verdeckte Gewinnausschüttungen und verdeckte Einlagen nach dem JStG 2007, FR 07, 210; *Dörfler/Adrian,* Anwendungsfragen und Wirkungen des Korrespondenzprinzips bei verdeckter Gewinnausschüttung und verdeckter Einlage, Ubg 08, 373; *Kemp,* Korrespondenzprinzip bei internationalen verdeckten Gewinnausschüttungen und verdeckten Einlagen, StJB 2008/2009, 147; *Sell,* Schenkungsteuerpflichtige Auswirkungen von Einlagen und Ausschüttungen in bzw aus Kapitalgesellschaften DB 12, 426; *van Lishaut/Ebber/Schmitz,* Die schenkung- und ertragsteuerliche Behandlung disquotaler Einlagen und disquotaler Gewinnausschüttungen, Ubg 12, 1; *Kraft,* Einlagen in Personen- und Kapitalgesellschaften außerhalb des Umwandlungssteuergesetzes, FR 13, 825; *Hilbert,* Verdeckte Einlage und Zufluss von Gehaltsbestandteilen bei einem Gesellschafter-Geschäftsführer, NWB 14, 1848; *Prokofiew,* Verdeckte Einlagen, StBp 14, 235; *Ott,* Einlagen und Einlagenrückgewähr bei Kapitalgesellschaften, DStZ 16, 227.

Einlagen sind alle **Vorteilszuwendungen eines AntE** an seine Gesellschaft mit Rücksicht auf sein Mitgliedschaftsrecht. Mitgliedschaftsrechte kennen ua AG, GmbH, Genossenschaften, VVaG, nicht aber zB die Stiftung. Die Einlage kommt offen (Rz 71) oder verdeckt (Rz 80 ff) vor; sie kann als Geld- oder als Sacheinlage erfolgen. Begrifflich setzt die Einlage voraus, dass ein Vermögensgegenstand von dem AntE auf die Körperschaft übergeht. 61

**Einlagefähig** sind nur bilanzierbare Vermögenswerte. Dies folgt aus § 4 I 1 EStG, der eine Auswirkung auf den Vermögensbereich voraussetzt (vgl BFH BStBl II 71, 408; II 81, 181; II 82, 631; BB 84, 513; BB 84, 514; BStBl II 84, 747; insbes auch BFH GrS BStBl II 88, 348 betr die Nutzungseinlage, s Rz 107; ferner BFH BStBl II 15, 325, Kaufoption aus Leasingvertrag; II 14, 495, Verzicht auf Urlaubs- u Weihnachtsgeld). 62

**26.** Die Einlage kann nur **vom AntE** erfolgen. Verpflichtet sich ein Arbeitnehmer, vor Erwerb eines Anteils der Arbeitgeber-GmbH diesen Anteil beim Ausscheiden zu einem unter dem Wert liegenden Betrag auf die GmbH zurückzuübertragen, so ist dies keine Einlage (BFH BStBl II 85, 227; krit *Glade* GmbHR 86, 128; *Kicherer/Hannemann* BB 85, 2236). In solchen Fällen ist allerdings eine Einzelfallanalyse erforderlich. Hat die Vorteilszuwendung an die GmbH von dem NichtAntE ihren Grund in der zukünftigen Gesellschafterstellung, so ist eine Einlage möglich; s hierzu auch Rz 178 f. 63

Einlagen können **mittelbar erbracht** werden, zB Forderungserlass zwischen SchwesterGes aufgrund einer Weisung der gemeinsamen Mutter (BFH BStBl II 68, 720) oder durch Forderungsbegründung zwischen SchwesterGes (BFH BStBl II 77, 574). 64

Eine mittelbare Einlage liegt auch vor, wenn für den AntE **nahestehende Personen,** dazu Rz 191; die Einlage erbringen (Beispiel RFH RStBl 36, 951; Einlage durch Forderungsverzicht des Vaters des AntE; vgl auch BFH BStBl II 83, 744; GrS BFH BStBl II 98, 307). Zum Drittaufwand s Rz 112. 65

66 Einlagen werden, sofern sie zu aktivieren sind, bei der Körperschaft mit dem **Teilwert bewertet** (§ 6 I Nr 5 S 1 EStG iVm § 8 I; BFH BStBl III 66, 690; II 93, 799 betr Erbschaft; BFH BStBl II 02, 784, betr halbfertige Arbeiten). Der Teilwert ist eine feste Größe, die im Zweifel durch Schätzung zu ermitteln ist (BFH/NV 13, 547).

67 Inwieweit die Begrenzung auf die Anschaffungs- oder Herstellungskosten in § 6 I Nr 5 2. HS Buchst a, b und c EStG Anwendung findet, ist umstritten. Die Einlage wesentlicher Beteiligungen ist entgegen § 6 I Nr 5 Buchst b EStG immer mit dem Teilwert vorzunehmen (KStR 8.9 IV 2, *Neumann* in R/H/N § 8 Rz 1309 ff). Auch § 6 I Nr 5 Buchst c EStG (Einlage von Wertpapieren und Forderungen etc) ist zur Vermeidung einer Doppelbesteuerung nicht anzuwenden (KStR 8.9 IV 3; *Neumann* in R/H/N § 8 Rz 1312; *Lang* in D/P/M § 8 III Teil B Rz 58; *Schmidt/Kulosa* § 6 Rz 564). § 6 I Nr 5 Buchst a EStG (innerhalb der letzten drei Jahre angeschaffte oder hergestellte Wirtschaftsgüter) ist jedenfalls nicht anzuwenden, wenn es aufgrund einer verdeckten Einlage auf der Ebene des Einbringenden zur Besteuerung der stillen Reserven kommt (KStR 8.9 IV 4; *Neumann* in R/H/N § 8 Rz 1303 ff; *Gosch/Roser* § 8 Rz 116; *Lang* in D/P/M § 8 III Teil B Rz 58).

Zur Betriebsaufspaltung s Anh § 8 Rz 170 ff; zur Anwachsung s Anh § 8 Rz 50 ff; zu GesAnteilen s Rz 102; zu immateriellen WG s Rz 106.

Zu Besonderheiten bei stbefreiten Körperschaften s § 5 Rz 20.

70 Haben Einlagen den Gewinn erhöht, so sind sie bereits nach § 8 I iVm § 4 I 1 EStG aus der Einkunftsermittlung herauszunehmen (BFH BStBl II 71, 409; BFH GrS BStBl II 88, 348). Dies gilt auch, falls gesellschaftsrechtl Vorgänge zu Buchgewinnen führen, zB bei Kapitalherabsetzung oder Kapitalzusammenlegung (vgl RFHE 24, 267 betr Erwerb eigener Aktien und Kapitalherabsetzung; RStBl 33, 1321 betr Zusammenlegung; RStBl 35, 139 betr Kapitalherabsetzung). **Abs 3 S 3** hat insoweit nur deklaratorische Bedeutung.

71 **8. Offene Einlagen:** Eine klare begriffliche Abgrenzung zwischen offener und verdeckter Einlage gibt es im Steuerrecht bisher nicht (s im Einzelnen *Lang* D/P/M § 8 III Teil B Rz 15 ff). Sie ist für Zwecke der KSt auch nicht notwendig, da offene und verdeckte Einlagen auf der Ebene der Körperschaft gleich bewertet werden (Rz 66 f). Im Kern geht es bei der Abgrenzung nur darum, ob die Einlage bereits als solche iRd handelsrechtlichen Gewinnermittlung neutralisiert wurde (= offene Einlage) oder außerhalb der Bilanz zu korrigieren ist (verdeckte Einlage, dazu Rz 81).

Der handelsrechtl Begriff der Einlage deckt sich nicht notwendig mit dem steuerlichen Begriff (BFH BStBl II 73, 59). Pflicht- und freiwillige Einlagen nach § 272 II Nr 4 HGB, §§ 54 I, 55 AktG, §§ 5, 19, 26 GmbHG sind jedoch regelmäßig steuerlich Einlagen.

72 Soweit Nutzungsrechte gesellschaftsrechtlich als **Sacheinlagen** anzuerkennen sind (dazu *Veil* in *Scholz* GmbHG 11. Aufl § 5 Rz 42 ff; s ferner zur Abgrenzung Rz 107), sind sie mit dem Teilwert zu bewerten und über die Nutzungszeit abzuschreiben (*Groh* BB 82, 135; insoweit ist BFH BStBl II 78, 386 anwendbar; *Döllerer* ZGR 79, 355 und JbFfSt 80/81, 240). Bei § 3 II GmbHG kommt es auf die Art der Leistung an, die zu erbringen ist. Wer ein Darlehen aus ausgeschütteten Gewinnen geben soll, erbringt keine Einlage.

Nutzungsüberlassungen als **gesellschaftsrechtl Nebenleistungen** sind erfolgswirksam zu behandeln (*Groh* BB 82, 135). Beispiel: Unentgeltliche Dienst- oder Kapitalüberlassungen, die nach der GmbH-Satzung zu erbringen sind. Das in Rz 107 zur verdeckten Einlage Gesagte gilt entsprechend.

73 Das **Aufgeld,** das bei der Ausgabe neuer Gesellschaftsrechte zu zahlen ist, ist Einlage. Auch das Aufgeld von Wandelschuldverschreibungen und Optionsanleihen ist Einlage (BFH/NV 06, 426; s auch BFH/NV 15, 686; ferner *Döllerer* AG

86, 237, 240 mit Untersuchungen von verschiedenen Gestaltungen); insoweit hindert also auch die zukünftige Gesellschaftereigenschaft nicht, die Leistung als Einlage zu werten (*Döllerer* AG 86, 237, 241; vgl Rz 63).

Auch eine über den Wert des Stammkapitals hinausgehende Sacheinlage ist offene Einlage (BFH I R 35/05, FR 07, 1064). 75

Die Abführung von **Mehrerlösen aus Aktienemissionen** werten *Meilicke/Meilicke* DB 85, 457 als Einlage.

Ebenfalls ist die **Verlustabdeckung** durch die AntE Einlage (RFH StuW 34 Nr 761; BFH BStBl II 80, 494; II 90, 797), es sei denn, die Verlustübernahme ist Verpflichtung aus einem als betriebl anzuerkennenden Vertrag (BFH BStBl II 83, 744); s auch § 14 Rz 175. Zum Verhältnis zu **§ 1 AStG** s Rz 145.

**Disquotale Einlagen** sind zulässig (BFH BStBl II 01, 43; BFH/NV 10, 1865; 76
BFH/NV 12, 1330; BMF BStBl I 14, 63; *Groh* DStR 1999, 1050; *Schwedhelm/Binnewies* GmbH-StB 2000, 281; *Frotscher* in F/D § 8 Rz 90 ff) und keine Schenkung (s Rz 91).

### 9. Verdeckte Einlagen (Abs 3 S 3–6). 80

**Schrifttum:** S vor Rz 61.

**a) Begriff:** Eine verdeckte Einlage liegt nach ständiger Rspr des BFH vor, 81
wenn der AntE seiner Gesellschaft oder der dem AntE Nahestehende (Rz 182 ff) der Gesellschaft des AntE (BFH BStBl II 83, 744) einen einlagefähigen Vermögensvorteil gewährt, ohne dass der Gesellschafter hierfür neue Gesellschaftsanteile erhält, und diese Zuwendung ihre Ursache im Gesellschaftsverhältnis hat. Von einer Ursache im Gesellschaftsverhältnis geht der BFH aus, wenn ein NichtGes bei Anwendung der Sorgfalt eines ordentlichen Kaufmanns den Vermögensvorteil nicht gewährt hätte (BFH BStBl II 68, 722; II 70, 442; II 80, 494; II 83, 744; II 85, 227, 320; II 90, 86 betr Genossenschaften; II 06, 457; II 16, 903; ähnlich die FinVerw s KStR 8.9 I und III).

Die Definition des BFH ist nicht ganz präzise, da sie nur auf die Gewährung 82
neuer Gesellschaftsrechte abstellt. Danach wäre aber auch ein Aufgeld (Agio) oder ein Nachschuss (§ 26 GmbHG) aufgrund gesellschaftsvertraglicher Regelungen eine verdeckte Einlage, da hierfür keine neuen Gesellschaftsanteile gewährt werden. Solche Einlagen sind in die Kapitalrücklagen einzustellen, sie erhöhen handelsrechtlich nicht den Gewinn und sind daher uE „offen" (s Rz 71). Richtig wäre, nur die durch das Gesellschaftsverhältnis veranlassten einlagefähigen Vermögensvorteile als „verdeckt" anzusehen, die sich auf den Gewinn/Unterschiedsbetrag nach § 4 I 1 EStG ausgewirkt haben.

Zweifelhaft ist die Anknüpfung an den aus der vGa-Rechtsprechung stammenden Maßstab des ordentlichen Kaufmanns; die verdeckt ausschüttende Körperschaft ist zwar Kaufmann, nicht aber notwendig der AntE, der folglich nicht mit dem Maßstab eines Kaufmanns gemessen werden kann. Der vom BFH BStBl II 83, 744 angebotene Ausweg, der Nichtkaufmann müsse sich so behandeln lassen, als sei er Kaufmann, überzeugt nicht; es gibt keinen zwingenden Grund für diese Gleichschaltung. Ist der AntE gleichzeitig Geschäftsführer der GmbH, kann der diese Tätigkeit bestimmende Maßstab herangezogen werden. Ist er Privatier, muss der Maßstab des ordnungsgemäß handelnden AntE entwickelt werden. Im Verhältnis zur vGa ist bedeutsam, dass die vGa handelsrechtl idR untersagt, die verdeckte Einlage hingegen zulässig ist (BFH v 22.11.83 VIII R 133/82, BB 84, 513). Absicht der Vorteilszuwendung ist ebenso wenig erforderlich wie eine vertragl Einigung über die Einlage.

Haben die Leistungen bei der empfangenden Körperschaft einen betriebl zurei- 83
chenden Grund, liegen keine Einlagen vor (BFH BStBl II 72, 339); das Gleiche gilt bei angemessener Gegenleistung (BFH BStBl II 80, 752; diese Entscheidung zur KVSt gilt auch für die KSt, *Döllerer* ZGR 82, 576). Die Regeln über den **Vorteilsausgleich** (s Rz 230 ff) sind anwendbar.

84 Maßgebender **Zeitpunkt** für die Frage, ob eine verdeckte Einlage vorliegt, ist der Zeitpunkt des Vertragsabschlusses, dh das Verpflichtungs-, nicht das Erfüllungsgeschäft; liegt ein obligatorischer Vertrag nicht vor, ist der Zeitpunkt der Leistungserbringung maßgebend (*Neumann* in R/H/N § 8 Rz 1344).

85 **b) Korrektur des Einkommens:** Verdeckte Einlagen erhöhen das Einkommen nicht **(Abs 3 S 3).** Soweit eine verdeckte Einlage das Einkommen des Gesellschafters gemindert hat, erhöht die verdeckte Einlage das Einkommen der Körperschaft **(Abs 3 S 4).** Warum die Einlage das Einkommen gemindert hat, ist nicht entscheidend. Maßgebend ist allein, dass die Besteuerung auf der Ebene des Gesellschafters aus formellen oder materiellen Gründen nicht mehr geändert werden kann (dazu § 32a). Sachlich muss es sich um denselben Vorgang handeln. Zeitlich können unterschiedliche VZ betroffen sein; zu den Folgen bei international tätigen Unternehmen *Becker/Kempf/Schwarz* DB 08, 370.

86 Dies gilt auch für eine verdeckte Einlage, die auf einer vGa einer dem Gesellschafter **nahestehenden Person** (s Rz 182 ff) beruht und bei der Besteuerung des Gesellschafters nicht berücksichtigt wurde, es sei denn, die vGa hat bei der leistenden Körperschaft das Einkommen nicht gemindert **(Abs 3 S 5).**

87 Eine verdeckte Einlage, die S 5 unterfällt, erhöht nicht die Anschaffungskosten der Beteiligung **(Abs 3 S 6).** Zu Unklarheiten und rechtlichen Bedenken *Strnad* GmbHR 06, 1321; *Dötsch/Pung* DB 07, 11; *Dörfler/Heurung/Adrian* DStR 07, 514; *Dieterlen/Dieterlen* DStZ 07, 489; *Kempf/Loose* Ubg 15, 589.

88 **c)** Zur **zeitlichen Geltung** der S 4 bis 6, die der Umsetzung des Korrespondenzprinzips (s § 32a Rz 1) dienen, s Rz 2.

89 **d) Einzelfragen:** Eine **verdeckte Sacheinlage** iSd § 19 IV GmbHG, § 27 III AktG ist steuerlich nur eine verdeckte Einlage, soweit keine wertgleiche Gegenleistung der Gesellschaft vorliegt (eingehend *Hein/Suchan/Geeb* DStR 08, 2289; *Fuhrmann/Demuth* KÖSDI 09, 16562; *Altrichter-Herzberg* GmbHR 09, 1190; zum Handelsrecht s Koch ZHR 11, 55).

90 **Vererbt** der AntE Wirtschaftsgüter an seine GmbH, liegt idR eine Einlage vor (FG Köln EFG 97, 1136; BFH BStBl II 93, 799 – dazu *Thiel/Eversberg* DStR 93, 1881, dazu *Jost* DB 94, 910 – und III 56, 154 betr Erbschaft). Der Erwerb durch Vermächtnis ist keine Einlage, wenn Gegenleistungen zu erbringen sind (BFH/NV 03, 820).

91 Zum Verhältnis v Einlage und **Schenkung** für Sachverhalte, die nach dem 12.12.11 verwirklicht wurden s § 7 VIII 1 ErbStG (BGBl I 11, 2592) und BMF BStBl I 12, 331; *Binnewies* GmbH-StB 12, 343; *van Lishaut/Ebber/Schmitz* Ubg 12, 1; *Viskorf/Haag/Kerstan* NWB 12, 927; *Förster/Walla* FR 15, 961. Zur Rechtslage vor Gesetzesänderung BFH v 17.10.07 II R 63/05, ZEV 08, 153; BStBl II 10, 566; *Hartmann* GmbH-StB 08, 203; *Hübner* DStR 08, 1357; *Wälzholz* ZEV 08, 273; *Schwedhelm/Olbing/Binnewies* GmbHR 10, 1233; *Köhler* BB 10, 1645; *Tolksdorf* DStR 10, 423; *Birnbaum* DStR 11, 252 und Rz 300.

93 **Darlehen** des AntE an die eigene KapGes sind keine verdeckte Einlage. Dies galt auch für kapitalersetzende Darlehen iSd der durch das MoMiG (v 1.11.08, BGBl I 08, 2026) aufgehobenen §§ 32a, 32b GmbHG (BFH BStBl II 92, 532; BFH/NV 08, 616; BMF BStBl I 92, 653; *Groh* BB 93, 1882; *Wassermeyer* ZGR 92, 639; zu den Anschaffungskosten s BMF BStBl I 10, 832 und FG Köln EFG 14, 2136 m Anm *Hoffmann*).

Ein zur Vermeidung der Überschuldung (§ 19 II 2 InsO; BGH BGHZ 204, 231) vereinbarter **Rangrücktritt** hinsichtlich eines von einem Gesellschafter gewährten Darlehens führt grundsätzlich nicht zu einer Einlage (BFH BStBl II 93, 502; II 05, 581; II 06, 618). Etwas anderes gilt nur soweit das Passivierungsverbot des § 5 Abs 2a EStG zur Anwendung kommt, was nach Ansicht des BFH zur Einlage des werthaltigen Teils (Rz 97 f) der Forderung führt (BFH BStBl II 15, 769;

BFH/NV 17, 155; *Scheifele* FR 17, 390; *Wacker* DB 17, 26 mwN; zur Kritik *Rätke* StuB 15, 771; *Hoffmann* StuB 16, 495; *Schmidt* BB 16, 1; anders noch BFH BStBl II 12, 332). Demgegenüber ist die Vermögenslosigkeit der KapGes und die damit verbundene Wertlosigkeit der Forderung kein Grund sie nicht zu passivieren (BFH BStBl II 17, 104).

Eine Einlage liegt vor, wenn auf das Darlehen **verzichtet** wird (BFH BStBl II 94
92, 532; zum Verzicht auf kapitalersetzende Darlehen BFH/NV 01, 1353, mit Anm *Weber-Grellet* FR 01, 954; *Förster/Wendland* GmbHR 06, 169). Dies gilt auch bei einem Forderungsverzicht mit **Besserungsschein** (s zur vGa Anh § 8 Rz 494, zu § 42 AO Rz 146).

Eine bestimmte Eigenkapitalquote schreibt weder das Steuerrecht noch das Zivilrecht vor. Eine Umqualifizierung von Darlehen in **verdecktes Stammkapital** ist damit praktisch ausgeschlossen (s BFH BStBl II 92, 532 und 6. Aufl).

Entsprechendes gilt auch für Einlagen des **stillen Gesellschafters** (vgl *Tillmann* 96
StbKongrRep 78, 293).

Abtretungen von **werthaltigen Forderungen** stellen mit dem Teilwert der 97
Forderung eine Einlage dar (zur Ermittlung s FG Münster EFG 11, 2194). Gleiches gilt, wenn der Gesellschafter oder eine ihm nahestehende Person (Rz 191) auf eine werthaltige Forderung gegen die Gesellschaft verzichtet (GrS BFH BStBl II 98, 307).

Werden **nicht werthaltige** oder wertlos gewordene **Gesellschafterdarlehen** – 98
zB durch Verzicht – **eingelegt,** erfolgt die Einlage zum Teilwert, also nur in Höhe des werthaltigen Teils der Forderung; in Höhe des nicht werthaltigen Teils der Forderung liegt Ertrag vor. Dem Gesellschafter fließt der werthaltige Teil der Forderung zu, insoweit entstehen nachträgliche Anschaffungskosten (GrS BFH BStBl II 98, 307; BFH/NV 98, 826; FG Köln EFG 01, 588 mit Anm *Neu;* bestätigt durch BFH/NV 02, 677; FG Köln EFG 01, 1392, bestätigt durch BFH/NV 02, 677; FG Hbg EFG 02, 94). Diese Grundsätze gelten für den Verzicht durch den Gesellschafter oder eine ihm nahestehende Person (zu dieser Rspr *Groh* StbJb 97/98, 7; *ders* DB 97, 1683; *ders* BB 97, 2523; *Hoffmann* DB 98, 1983; *Krink/Maertins* DB 98, 833; *Eilers/Wienands* GmbHR 98, 618; *Stahl* KÖSDI 99, 11862; *Neu* GmbH-StB 00, 41; *Ostermayer/Erhart* BB 03, 449; *Helm/Krinninger* DB 05, 1989; zur Steuergestaltung durch Forderungsverzicht *Hoffmann* GmbHR 99, 848; *Olbing* GmbH-StB 02, 175; ferner FG Bln-Bdbg EFG 10, 1671, zur missbräuchlichen Umgehung des Verzichts durch Einlage; zur Umwandlung wertloser Darlehen in eine atypisch stille Beteiligung BFH/NV 12, 1440.

Abtretungen von **bedingten** und **befristeten Forderungen** sind keine unmit- 99
telbar zu bilanzierenden Einlagen, da kein gegenwärtiger Vermögensgegenstand übertragen wird; tritt die Bedingung ein, läuft die Frist ab, ist die Einlage zu bilanzieren. Der Verzicht auf zukünftige, noch nicht entstandene Forderungen ist keine Einlage (BFH BStBl II 84, 63).

**Zweifelhafte Forderungen** sind mit dem Teilwert einzulegen.

Zum **Forderungsverzicht zwischen SchwesterGes** als Einlage der MutterGes s BFH BStBl II 68, 720. S auch Anh § 8 Rz 494.

**Bürgschaftszahlungen** eines AntE können Einlagen darstellen, wenn der AntE 100
keinen Rückgriff bei der KapGes nehmen will und diese endgültig von einer Verpflichtung befreit wird. Dies kommt im Ergebnis einer Geldeinlage gleich (BFH/NV 02, 678 m Anm *Hoffmann* GmbHR 02, 221; kritisch *Neumann* in R/H/N § 8 Rz 1363). Tritt der Rückgriffanspruch an die Stelle der erfüllten Verbindlichkeit, entscheidet erst das weitere Schicksal dieser Gesellschafterforderung über die Frage der Einlage. Nur soweit der Rückgriffsanspruch werthaltig ist, liegt bei einem späteren Verzicht auf den Rückgriffsanspruch eine Einlage vor (s Rz 98). Zu den Auswirkungen der Bürgschaftszahlungen im Rahmen des § 17 EStG s *Schmidt/Weber-Grellet* § 17 Rz 175; zu Anteilen im Betriebsvermögen *Neumann* in R/H/N § 8 Rz 1364).

101 Der Verzicht auf eine **Pensionsanwartschaft** ist Einlage iHd Teilwerts der Anwartschaft (BFH BStBl II 98, 305; FinVerw DStR 07, 394, 993; *Keil/Prost* DB 07, 355; aA *Schothöfer* DStR 12, 548, Zufluss nur in Höhe des Rückstellungsbetrages). Bei einer verfallbaren PZ ist der Teilwert null (BFH/NV 11, 2117). Differenzen zur Rückstellung sind Ertrag oder Aufwand (BFH BStBl II 98, 305; *Arteaga* BB 98, 977; *Wichmann* INF 98, 265; *Götz* NWB Fach 3, 13815). Auch nach Eintritt des Versorgungsfalls kann der Verzicht zur Einlage führen. Zur entgeltlichen Ablösung der Pensionszusage s Anh § 8 Rz 937 f.

**Gehaltsverzicht:** Der Verzicht auf einen bereits entstandenen Gehaltsanspruch kann selbst dann Einlage sein, wenn er noch nicht fällig ist. Beispiel: Verzicht auf eine Tantieme nach Ablauf des Jahres, aber vor Feststellung der Bilanz (*Neumann* in R/H/N § 8 Rz 1397). Bei einem unterjährigen Verzicht auf Tantiemen, Weihnachts- oder Urlaubsgeld (= Vergütungen, die für das gesamte Jahr gezahlt werden, s Anh § 8 Rz 1269) ist im Zweifel von einem Zufluss und einer Einlage des bereits erdienten Anteils auszugehen. Maßgeblich ist, was als Verbindlichkeit in einer auf den Zeitpunkt des Verzichts aufzustellenden Bilanz als Verb indlichkeit anzusetzen wäre (BFH BStBl II 16, 903; *Neumann* in R/H/N § 8 Rz 1398). Erfolgt trotz Vereinbarung solcher Vergütungen weder eine Zahlung noch eine Rückstellung, so ist von einem konkludenten Verzicht von Beginn an auszugehen, so dass keine Ansprüche erdient wurden, die zufließen und eingelegt werden könnten (BFH BStBl II 14, 493, betrifft Weihnachtsgeld; II 14, 491, betrifft Tantiemen; II 14, 495, betrifft Urlaubs- und Weihnachtsgeld; BMF BStBl I 14, 860; *Briese* DB 14, 1334; kritisch *Neumann* in R/H/N § 8 Rz 1400).

Zahlungen des Gesellschafters an den Geschäftsführer für einen Verzicht auf Tantiemeansprüche sind keine Einlagen, wenn der Verzicht auf die Tantieme dem Gesellschafter höhere Dividenden ermöglicht (BFH BStBl II 84, 63).

102 **Gesellschaftsanteile** können Gegenstand einer Einlage sein (BFH BStBl III 67, 733; II 80, 494; II 12, 341). Die verdeckte Einlage steht der Veräußerung gleich (§ 17 I 2 EStG; § 8b II 6) und führt somit zur Gewinnrealisierung, der beim Einbringenden der Besteuerung nach § 17 EStG oder der Steuerbefreiung nach § 8b II unterliegt. Dies gilt auch bei ausländischen Anteilen (FGNds EFG 07, 611, mit Anm *Neu*). Schenkungsteuer fällt nicht an (BFH/NV 16, 848).

**Immobilien:** Keine verdeckte Einlage eines AntE bei Verzicht auf Mitbietung in der Zwangsversteigerung zugunsten der GmbH (FG RhPf EFG 86, 200).

**Gewinnchance** als Einlage s FG Bln-Bdbg EFG 90, 264.

**Sonderposten mit Rücklagenanteil** bilden keine Schuldposten und führen daher nicht zur Wertlosigkeit einer Gesellschafterforderung (BFH BStBl I 06, 132).

Übernimmt der Gesellschafter **Verbindlichkeiten** der KapGes unter Befreiung von Ersatzansprüchen, so ist die Verbindlichkeit – unabhängig von ihrem Wert – ertragsneutral auszubuchen (BFH/NV 02, 678).

105 Soweit die Einlage über **unangemessene Preise** erfolgt, zB bei Warenlieferungen, sind die Preise zu korrigieren – Gewinnminderung – und der Differenzbetrag als Einlage zu behandeln (vgl BFH BStBl II 90, 86 betr landwirtschaftl Genossenschaft; FG BaWü EFG 89, 369). Nachträgliche Preissenkungen oder Preiserhöhungen können verdeckte Einlagen sein (BFH BStBl II 75, 123). War von Anfang an nur ein vorläufiger Preis vereinbart – zB bei ausländischen Vertriebstöchtern, deren Gründungsaufwand und Anlaufverluste noch nicht abzusehen sind –, so ist diese Vorläufigkeit und ihre spätere endgültige Festlegung mit entsprechenden Rück- oder Nachzahlungen anzuerkennen (BFH BStBl II 72, 339). Keine verdeckte Einlage, wenn sich die MutterGes gegenüber einem Lieferanten der TochterGes verpflichtet, ihren Warenbedarf bei diesem Lieferanten zu überhöhten Preisen zu decken (BFH BStBl II 81, 181).

106 **Immaterielle Wirtschaftsgüter,** zB Geschäftswert, Know-how, Kundenstamm usw, sind nach Ansicht des BFH einlagefähig; die Werte werden realisiert; § 5 II EStG findet keine Anwendung (BFH BStBl II 87, 455 betr Firmenwert mit

Anm v *L. Schmidt,* FR 87, 231; BStBl II 87, 705 betr Firmenwert mit HFR Anm 87, 512 und *L. Schmidt* FR 87, 380; BFH/NV 90, 20 und BStBl 91 II, 512 betr Firmenwert; BFH/NV 87, 468 betr geschäftswertähnliche WG; zu dieser Rspr auch *Lange* NWB F 4, 3557 (8/87); *Jahn* DB 87, 1459).

Unentgeltlich oder unangemessen niedrig vergütete **Dienst-, Gebrauchs- oder Nutzungsüberlassung** führt nach der Rspr nicht zur Einlage (BFH GrS BStBl II 88, 348: II 89, 633; BFH/NV 15, 239). Dies gilt auch für Darlehen; eine Zinszahlungspflicht der KapGes besteht nicht (so schon BFH BStBl II 81, 612; II 84, 747; NdsFG EFG 77, 134 und FG D'dorf EFG 79, 201 betr verbilligte Zinsen zwischen verbundenen Unternehmen). Abzinsungen nach § 6 I Nr 3 EStG sind auch bei Gesellschafterdarlehen keine Einlage, sondern Ertrag (BFH BStBl II 10, 177; II 10, 478). 107

Das Problem der Nutzungsvorteile zwischen **SchwesterGes** löst der GrS wie folgt: Die vorteilsleistende Gesellschaft erbringt eine vGa an die MutterGes; die MutterGes gibt Vorteile an den Vorteilsempfänger weiter; bei der MutterGes wird der Vorteil verbraucht (s auch Rz 289). 108

Soweit von der unentgeltlichen oder verbilligten Dienst-, Gebrauchs- oder Nutzungsüberlassung **Kosten** anfallen – Beispiel: Refinanzierungskosten für unentgeltliche Darlehen –, stellen auch diese Aufwendungen keine Einlagen dar (BFH GrS BStBl II 88, 348). Ggf liegen Werbungskosten oder BA vor. 109

**Drittaufwand** ist grundsätzlich nicht zu berücksichtigen (BFH GrS BStBl II 99, 782; eingehend *Schmidt/Heinicke,* § 4 Rz 500 ff; *Neumann* in R/H/N § 8 Rz 1376 ff; *Kestler* DStR 15, 2465). 112

Entstehen bei einer **Betriebsaufspaltung** aufgrund zu niedriger Pacht nachhaltige Verluste im Besitzunternehmen, so führen auch diese Verluste nicht zur Einlage (BFH BB 84, 513 und Vorinstanz FG RhPf EFG 82, 585 für den Fall, in dem eine Pacht aus wirtschaftlich vernünftigen Gründen herabgesetzt wurde; aA BFH BStBl III 60, 513, eine Entscheidung auf die sich auch BFH GrS aaO stützt). 113

Überlegungen, bei **kapitalersetzender** Nutzungsüberlassung, den zur Nutzung überlassenen Gegenstand, mit seinem Teilwert als Einlage einzubuchen (vgl *Wassermeyer* StbJb 91/92, 345), sind durch Streichung der §§ 32a, 32b GmbHG durch das MoMIG (BGBl I 08, 2026) die Grundlage entzogen. S auch Anh § 8 Rz 865. 114

Waren Entgelte für die Dienst-, Gebrauchs- oder Nutzungsüberlassung vereinbart und wird hierauf später **nach Leistungserbringung verzichtet,** ist die Forderung (bzw bei der KapGes die passivierungspfl Verbindlichkeit) entstanden, so dass eine Forderungseinlage (Rz 97 f) vorliegt (BFH aaO mit HFR Anm 84, 214; BFH BStBl II 84, 747 mit Anm *L. Schmidt* FR 84, 543 betr entstandene Zinsforderungen; *Korn* KÖSDI 82, 4761). 115

Soweit verdeckte Einlagen bei der inländischen Besteuerung von Bedeutung sind, ist deutsches Steuerrecht maßgebend, auch wenn ein **Sachverhalt im Ausland** gegeben ist (BFH BStBl II 77, 574 betr Einlagen zwischen SchwesterGes; BStBl II 90, 875; zu Einlagen in eine **ausländische Körperschaft** BFH BStBl II 81, 612; II 82, 632; II 87, 65; VIII R 37/79 BB 84, 514; FinVerw BStBl I 79, 564; NdsFG EFG 77, 134 und FG D'dorf EFG 79, 201 mit zust Anm v *Döllerer* BB 79, 1539 betr niedrig verzinste Darlehen; s eingehend *Pyszka* DStR 17, 533). Die Fragen, ob eine verdeckte Einlage vorliegt oder ob § 1 AStG begründet ist, sind gesondert zu beantworten; die verdeckte Einlage kann nicht mit § 1 AStG begründet werden (BFH BStBl II 84, 747). Zur Einzahlung in die Kapitalrücklagen einer ausländischen Gesellschaft BFH GmbHR 00, 1163; zur Frage von verdeckten Einlagen, wenn ausländische MutterGes Zahlungen an Arbeitnehmer leisten, die auf Zeit zur Dienstleistung an die inländische TochterGes abgeordnet sind, s BFH BStBl II 84, 535. 116

**Sanierung** und Einlage schließen sich gegenseitig aus (BFH BStBl II 68, 720); es ist jeweils zur prüfen, ob das eine oder das andere vorliegt. S Rz 12 und Anh § 8 Rz 1023 ff. 117

Zur **Rückzahlung** einer verdeckten Einlage Anh § 8 Rz 402 ff; zur Rückzahlung einer vGa s Rz 305 ff.

Zum Verhältnis verdeckte Einlage und InvStG aF BFH BStBl II 13, 486.

130 **10. Gewinnausschüttungen (Abs 3 S 1 u 2). Abs 3 S 1** verbietet die Einkommensminderung durch Einkommensverwendung; dies ist die allgemeine **Grundaussage.** Gewinnausschüttungen dürfen die steuerl Bemessungsgrundlage daher nicht mindern. Es liegt **Einkommensverwendung** vor, die – wie im EStRecht – aus versteuertem Einkommen erfolgen soll. Dies gilt gleichgültig, ob die Ausschüttung offen oder verdeckt erfolgt, ob die Körperschaft beschränkt oder unbeschränkt (s BFH DB 95, 1312; BFH/NV 08, 1060; BStBl II 11, 547; II 13, 1024), ob der AntE beschränkt oder unbeschränkt stpfl (s BFH BStBl II 73, 449; II 77, 571; BFH/NV 05, 916) ist.

Die grundsätzlichen Regeln des Abs 3 gelten für **alle Körperschaften** unabhängig davon, welche Einkunftsarten sie beziehen (BFH BFHE 176, 151 betr Einkünfte aus VuV; zu diesem Urteil *Baranowski* DB 97, 2045). Die in Abs 3 S 2 erwähnten **vGa** kommen nur bei mitgliedschaftlich organisierten Körperschaften vor (Rz 175).

**Abs 3 S 2** sagt, dass auch vGa (Rz 142 ff) sowie Ausschüttungen auf Genussrechte, die eine Beteiligung am Gewinn und am Liquidationserlös gewähren (Rz 139), das Einkommen nicht mindern dürfen.

131 Die Regelung trägt der Notwendigkeit Rechnung, das Einkommen der Körperschaft zutreffend zu ermitteln und der KSt und GewSt zu unterwerfen (*Korn* KÖSDI 01, 12 812, unter Hinweis auf BFH BStBl II 76, 88; *Hey* GmbHR 01, 1).

Die Besteuerung auf der Ebene des Anteilseigners ist hiervon zu trennen. Die Einkommensverwendung auf der Ebene der Körperschaft muss weder zeitlich noch betragsmäßig mit dem Zufluss beim Anteilseigner korrepondieren (s Rz 284). Soweit dort ein Zufluss vorliegt, ist der Gesetzgeber bemüht, verfahrensrechtlich, nicht materiell (BFH/NV 16, 1756), eine korrespondierende Besteuerung zu gewährleisten (s § 32a KStG, § 32d II Nr 4 EStG).

132 Die Doppelbelastung ausgeschütteter Gewinne auf Ebene der Körperschaft mit KSt/GewSt und der Ebene des Anteilseigners mit ESt bei natürlichen Personen wird durch das Halbeinkünfteverfahren bzw Teileinkünfteverfahren (s Rz 286 u ABC zu diesen Stichworten) idR nicht vollständig kompensiert (s *Kußmaul/Meyering/Schwarz* GmbHR 16, 385), so dass einerseits für den Stpfl ein Anreiz zur bewussten Umqualifizierung der Einkunftsart besteht, andererseits versucht die Bp das Institut der vGa immer wieder zu bestätigen und auszubauen, da sich erhebliche Mehrergebnisse erzielen lassen (zu den Prüfungsfeldern der Bp *Harle* StBp 15, 245).

135 **11. Offene Gewinnausschüttungen.** Handelsrechtl **ordnungsgemäß beschlossene Ausschüttungen** (offene Ausschüttungen) dürfen grundsätzlich das Einkommen nicht mindern.

Bei der GmbH sind auch solche Ausschüttungsbeschlüsse ordnungsgemäß, die **zeitlich später** erfolgen, zB in 2018 für 2015. Anders nur, wenn bereits eine Vertrauensgrundlage für Gläubiger entstanden ist, etwa weil ein Gewinn als Gewinnvortrag oder Rücklage in der Bilanz ausgewiesen wurde (*Stockmeyer* GmbHR 80, 63).

**Ladungsmängel** sind unerheblich, wenn alle Gesellschafter anwesend waren und der Gewinnverwendung zustimmen (FG BaWü EFG 01, 913; bestätigt durch BFH/NV 02, 540).

Unter den gleichen Bedingungen können **Gewinnverteilungsbeschlüsse** auch **geändert** werden; BFH BStBl II 83, 512 und NdsFG EFG 87, 138 erkennen eine spätere Änderung mit steuerl Wirkung auch an, wenn sie steuerl motiviert ist (Änderung wegen Einführung des Verlustrücktrags); ebenso BFH/NV 90, 454. Zur Änderungsmöglichkeit im Liquidationszeitraum FG Münster EFG 98, 902.

Führen nicht beachtete Bilanzierungsvorschriften oder das Fehlen einer Prüfung zur **Nichtigkeit des Jahresabschlusses,** ist auch der auf dem Jahresabschluss basierende Ausschüttungsbeschluss nichtig (s Anh § 8 Rz 976). Es liegt kein „den gesellschaftsrechtlichen Vorschriften entsprechender Gewinnverteilungsbeschluss“ iSd §§ 36 II, 37 II vor. 136

Ein Verstoß gegen **Kapitalerhaltungsvorschriften** führt nicht zur Unwirksamkeit des Ausschüttungsbeschlusses (BFH/NV 02, 540; 07, 1713; s auch FG Köln DStRE 02, 24).

Zur Abgrenzung von Gewinnausschüttungen und **Schulderfüllung** s BFH BStBl II 83, 128. 137

Erfolgt die offene Gewinnausschüttung in Form einer **Sachdividende,** so muss diese – zumindest steuerlich (zum Gesellschaftsrecht *Hueck/Fastrich* in Baumbach/Hueck GmbHG 20. Aufl § 29 Rz 55; *Hüffer* AktG 12. Aufl, § 58 Rz 31 ff) – mit dem Verkehrswert angesetzt werden (*Bareis/Siegel* BB 08, 479). Wird dieser Wert unterschritten, liegt in der Differenz eine vGa (*Gosch* § 8 Rz 147).

Eine **quotenabweichende Gewinnverteilung (inkongruente Gewinnausschüttung)** ist zulässig (BFH BStBl II 01, 43; BFH/NV 06, 2207; m Anm *Binnewies* FR 07, 38; *Hoffmann* DStR 06, 1942; *Roser* GmbHR 06, 1211; BFH/NV 10, 1865; vorausgehend FG Münster EFG 06, 205; BFH/NV 15, 495; s auch HessFG EFG 05, 1587; ferner *Harle* GmbHR 00, 321; *Paus* FR 00, 197; *Heidemann* Inf 00, 333; Nichtanwendungserlass BStBl I 01, 47; dazu *Schwedhelm/Binnewies* DB 01, 503; *dies* GmbH-StB 00, 281; *Bartmuß/Möser* BB 01, 1329; *Priester* DStR 01, 795; *Blumers/Witt* DStR 02, 616; *Rose* FR 02, 1). Voraussetzung der steuerlichen Anerkennung ist die zivilrechtliche Wirksamkeit des Gewinnverteilungsbeschlusses (BFH/NV 15, 274; FG Berlin EFG 00, 1324). Diese ist bei entsprechender Satzungsgrundlage (Öffnungsklausel genügt, BayObLG BB 01, 1916) gesichert. UE genügt aber auch ein satzungsdurchbrechender Beschluss (s *Schwedhelm/Binnewies* DB 01, 503; *Bender/Bracksiek* DStR 14, 121; FG Köln EFG 2016, 1875 m Anm *Kamradt*). Sie kann nicht in ein Veräußerungsgeschäft umgedeutet werden, selbst wenn ein Anteilsverkauf vorausgeht (BFH GmbHR 15, 274; FG Münster EFG 12, 94). 138

**Ausschüttungen an beherrschende Gesellschafter** gelten idR mit dem Gewinnverwendungsbeschluss als zugeflossen, auch wenn der Beschluss eine spätere Fälligkeit vorsieht (BFH BStBl II 99, 223). Dies gilt auch für Vorabgewinnausschüttungen (BFH BStBl II 15, 333; *Schiffers* DStZ 15, 236; *Schimmele* EStB 15, 121).

**Vorabausschüttungen** oder überhöhte Ausschüttungen sind keine vGa; Rückzahlungen solcher Ausschüttungen sind Einlagen (BFH BStBl II 01, 127; II 01, 173; NV 02, 222; NV 02, 1545; *Gosch* § 8 Rz 146; aA *Kohlhaas* GmbHR 00, 796).

**12. Genussrechte.** Nach Abs 3 dürfen auch Ausschüttungen auf Genussrechte, mit denen das Recht der **Beteiligung am Gewinn und am Liquidationserlös** der KapGes verbunden ist, das Einkommen nicht mindern. Entscheidend für die Abzugsfähigkeit ist, ob mit den Genussrechten eine Beteiligung am Gewinn und am Liquidationserlös der KapGes verbunden ist. Ausschüttungen auf andere Genussrechte, die diese Voraussetzungen nicht kumulativ erfüllen, sind nicht hinzuzurechnen (BFH BStBl II 96, 77 und NichtanwendungsErl BMF BStBl I 96, 49; FG BaWü EFG 93, 174). 139

Die FinVerw (bundeseinheitliche Verfügung v 12.5.16, DStR 16, 1816; zuvor so schon *Neumann* in R/H/N § 8 Rz 1254) will darüber hinaus Genussrechte, die handelsrechtlich keine Verbindlichkeiten darstellen (s IDW/HFA 1/1994, WPg 94, 419), auch steuerlich als Eigenkapital behandeln. Im Zeitpunkt der Begründung des Rechts soll eine Einlage in Höhe des werthaltigen Teils vorliegen. Ausschüttungen auf soche Genussrechte seien unabhängig davon, ob die Voraussetzungen des § 8 III erfüllt seien, nicht abzugsfähig (dazu *Briese* GmbHR 16, 1338; *Hoffmann* StuB 16, 761; *Stegemann* DStR 16, 2151; *Kleinmanns* BB 16, 2543; *Kusch* NWB 16, 1952; ablehnend *Hennrichs/Schlotter* DB 16, 2072; zuvor schon *Kroener/Momen* DB 12, 829; *Lechner/Haisch* Ubg 12, 115; *Breuninger/Ernst* GmbHR 12, 494; *Rusch/Brocker* ZIP 12, 2193; *Breuninger* JbFStR 2012/2013, 308).

### 13. Verdeckte Gewinnausschüttungen

**Schrifttum:** Zum Schrifttum vor 2000 s 8. Aufl; *Schuhmann,* Die verdeckte Gewinnausschüttung – ein „Dauerbrenner", StBp 00, 77; *Schwedhelm,* Aktuelle Probleme der verdeckten Gewinnausschüttung, BB 2000, 693; *Weber-Grellet,* Verdeckte Gewinnausschüttung und verdeckte Einlage, Neuerungen, Entwicklungen, Grenzfälle, StB 2000, 122; *Neumann,* Besonderheiten der vGa bei beherrschenden Gesellschaftern, GmbH-StB 2001, 51; *Pieske-Kontny,* Neuere Anweisungen der Finanzverwaltung zur verdeckten Gewinnausschüttung, StBp 01, 75; *Wichmann,* VGa: Veranlassung, Fremdvergleich und Beweisrisikoverteilung, DB 01, 2465; *Bauschatz,* Verdeckte Gewinnausschüttung und Fremdvergleich, Diss 2001; *Rasch,* Konzernverrechnungspreise im nationalen, bilateralen und europäischen Steuerrecht, Diss 2001; *Wichmann,* Neues zur Definition der vGa, DB 02, 2668; *Reiß,* Verdeckte Gewinnausschüttung und Steuerbilanzgewinn zur nachträglichen Korrektur nicht erfasster verdeckter Gewinnausschüttungen, StuW 03, 29; *Wassermeyer,* Neues zur Definition der verdeckten Gewinnausschüttung, DB 03, 2668; *Schuhmann,* Verdeckte Gewinnausschüttungen – Neue Tendenzen in der Rspr des BFH?, StBp 03, 181; *Schmidt-Liebig,* Indiz und Rechtsanwendung im Steuerrecht bei „verdeckter Gewinnausschüttung" und „Gewerbebetrieb" in der neueren BFH-Rechtsprechung, FR 03, 273; *Musil,* Neue Entwicklungen in der Rspr zur verdeckten Gewinnausschüttung, DStZ 03, 649; *Herlinghaus,* BFH-Rspr zur verdeckten Gewinnausschüttung im Jahr 2002, GmbHR 03, 373; *Janssen,* ABC der verdeckten Gewinnausschüttungen, NWB Fach 4, 4853; *ders,* Die verdeckte Gewinnausschüttung, NWB Fach 4, 4825; *Oppenländer,* Verdeckte Gewinnausschüttung, 2004; *Böth,* Aktuelle Entwicklungen zur verdeckten Gewinnausschüttung, StBp 04, 69, 104, 135; *Friedrich/Steidle,* Ausgewählte Aspekte der „verdeckten Gewinnausschüttungen" – Handlungsbedarf zum Jahresende, DB 04, 2665; *Hoffmann,* Der Gesellschafter-Geschäftsführer und die verdeckte Gewinnausschüttung vor dem Richterstuhl Franz Wassermeyer, DStZ 05, 97; *Briese,* Verständnis und grundlegende Rechtsfragen der verdeckten Gewinnausschüttung, Analyse der Steuerfolgen und Versuch einer Neudefinition, GmbHR 05, 597; *Rose,* Die „Vorteilsgeneigtheit" als unerlässliche Voraussetzung für die Annahme verdeckter Gewinnausschüttungen, DB 05, 2596; *Binnewies,* Verdeckte Gewinnausschüttungen bei Betrieben öffentlicher Hand, DB 06, 465; *Briese,* Nochmals: Zur verdeckten Gewinnausschüttung und verdeckten Einlage, GmbHR 06, 1308; *Wilhelmy,* Lösung für das Problem der verdeckten Gewinnausschüttung FR 07, 470; *Janssen,* Die verdeckte Gewinnausschüttung, NWB F 4, 5239; *Kohlhepp,* Überblick über die Rechtsprechung zur verdeckten Gewinnausschüttung im Zeitraum 2007/2008, DB 08, 1523; *Rüd,* Verdeckt ausschütten (vGA), ohne auszuschütten?, FR 09, 703; *Schmitz,* Verdeckte Gewinnausschüttung und Irrtum, subjektive Voraussetzung einer verdeckten Gewinnausschüttung?, GmbHR 09, 910; *Fuhrmann/Demuth,* Verdeckte Gewinnausschützungen: Neue Rechtsentwicklungen und Beratungsstrategien, KÖSDI 09, 16613; *Kohlhepp,* Überblick über die Rechtsprechung zur vGA im Zeitraum 2008/2009 unter Einbeziehung wichtiger Entscheidungen der FG im Berichtszeitraum, DB 09, 1487; *Schönwald,* Gesellschaftliche Vermögensmehrungen und -minderungen, StBp 10, 307, 313; *Kohlhepp,* Überblick über die Rechtsprechung zur vGA im Zeitraum 2009/2010, DB 10, 1480; *Schwedhelm,* Verdeckte Gewinnausschüttungen: Aktuelles aus 2009/2010, GmbH-StB 10, 236; *Gebel/Merz,* Die Unterhaltung von Wirtschaftsgütern im privaten Interesse des Gesellschafters – Inkongruente Besteuerung der vGA auf Gesellschafts- und Gesellschafterebene?, DStZ 11, 145; *Martini,* Verdeckte Gewinnausschüttungen bei Versagen des Fremdvergleichs – Kriterienbildung am Beispiel des lästigen Gesellschafters, FR 11, 562; *Kohlhepp,* Überblick über die Rechtsprechung zur vGa im Zeitraum 2010/2011, DB 11, 1598; *ders,* 2011/2012, DB 12, 2360; *ders,* 2012/2013, DB 13, 2171; *ders,* 2013/2014, DB 14, 2910; *ders,* 2014/2015, DB 15, 2285; *ders,* 2015/2016, DB 16, 2682; *Böhmer,* Verdeckte Gewinnausschüttungen bei Überschusseinkünfte erzielenden Körperschaften, DStR 2012, 1995; *Geist,* Verdeckte Gewinnausschüttungen an mittelbar Beteiligte, BB 12, 2339; *Brinkmeier,* Aktuelle FG-Rechtsprechung rund um die GmbH, GmbH-Stb 15, 100; *ders,* GmbH-Stb 16, 21; *ders,* GmbH-Stb 16, 108; *ders,* GmbH-Stb 16, 208; *ders,* GmbH-Stb 16, 308; *Briese,* Verdeckte Gewinnausschüttung: 20 Jahre außerbilanzielle BFH-Dogmatik versus Steuerbilanzrecht, BB 14, 1943; *Briese,* Verdeckte Gewinnausschüttungen: Zweifelsfragen bei der Gewinnermittlung von Kapitalgesellschaften, DB 14, 2610; *Schulz,* Rückgängigmachung der verdeckten Gewinnausschüttung bei späterer Rückgewähr, DStR 14, 2165; *Weber-Grellet,* Die verdeckte Gewinnausschüttung als Instrument der Fehlerkorrektur, BB 14, 2263; *Haussmann,* Verdeckte Gewinnausschüttungen im Dreiecksverhältnis und wirtschaftliche Betrachtungsweise, StuW 14, 305; *Schwarz,* Verdeckte Gewinnausschüttung im Dreiecksverhältnis zwischen Fiktion und wirtschaftlicher Betrachtungsweise, StuW 15, 191; *Kollruss,* Verdeckte Gewinnausschüttung im Dreiecksverhältnis: Keine Fiktion, StuW 15, 286; *Haase/Steierberg,* Voraussetzungen und Folgen einer durch eine inländische Betriebsstätte bewirkten verdeckten Gewinnausschüttung, Ubg 2015, 411; *Briese,* Verdeckte Gewinnausschüttung, Entnahme und Sondervergütung bei der GmbH & Co KG, DStR 15, 1945; *Köster,* Gestaltungshinweise zum Jahresende 2015: Hinweise zur Besteuerung der Kapitalgesellschaften und ihrer Gesellschafter – Einkommensteuer und Körperschaftsteuer, DStZ 15, 855; *Hummel,* Fremdvergleich und hypothetischer Fremdvergleich, FS Franz Wassermeyer 2015, 279; *Schwedhelm,* vGA-Check für GmbH-Verträge, DB 15, 2956; *ders,* Verdeckte Gewinnausschüttungen, GmbH-Stb 17, 49; *Gehm,* Subventionsbetrug und Steuerhinterziehung bei verdeckter Gewinnausschüttung, ZWH 16, 229; *Laws,* Die steuerlichen Folgen der Vereinbarung eines Zeitwertkontos, GmbHR 16, 455; *Wichmann,* Die Geschäftschance – grundsätzliche Betrachtung der zivil- und steuerrechtlichen Beachtlichkeit, DStZ 16, 337; *Buse,* Steuerstrafrechtliche Folgen einer verdeckten Gewinnausschüttung, AO-StB 16, 97; *Sanna/Kiral,* Steuerklauseln: steuerliche Zeitreise aufgrund vertraglicher Anordnung, BB 16, 2583; *Greil,* Fremdvergleich bei grenzüberschreitenden Geschäftsvorfällen zwischen verbundenen Unternehmen, DStZ 16, 910–922; *Schwetlik,* vGa bei Vermietung an Gesellschafter-Geschäftsführer, EStB 16, 445; *Wichmann,* Verdeckte Gewinnausschüttung – zu Recht steuerlich nicht anerkannte Gestaltung, DStZ 17, 487.

VGa dürfen das Einkommen nicht mindern. Dies folgt aus dem **Zweck,** die Steuerbelastung der Körperschaft mit KSt und GewSt zu sichern (Rz 131). Das Institut der vGa verstößt nicht gegen das GG (vgl BFH BStBl II 88, 25; BFH/NV 89, 395). 142

Maßgebend für im Inland zu erfassende vGa soll **deutsche Steuerrecht** sein, auch wenn sich der Sachverhalt im Ausland ereignet (BFH BStBl II 77, 571, 574; NdsFG EFG 04, 124; BFH/NV 05, 1528; BFH BStBl II 13, 1024, zur unentgeltlichen Überlassung einer ausländischen Immobilie durch eine ausländische Kapitalgesellschaft s Anh Rz 106). Auch die Vermögensminderung oder verhinderte Vermögensmehrung der inländischen Betriebstätte einer ausländischen Kapitalgesellschaft kann vGa sein (*Haase/Steierberg* Ubg 15, 411).

Bei der Beurteilung von vGa ist das **KStRecht selbständig.** Das gilt sowohl für die Frage, ob eine vGa dem Grunde nach vorliegt, als auch für die Bewertung. Diese rechtl Eigenständigkeit gibt uE jedoch der FinVerw als entscheidende Behörde nicht das Recht, den einen Sachverhalt für verschiedene Steuerarten unterschiedlich zu qualifizieren. Die FinVerw darf sich durch einen Beurteilungswechsel nicht mit sich selbst in Widerspruch setzen. 144

VGa und **verdeckte Einlage** sind eigenständige Rechtsinstitute, die nicht notwendig von gleichen Regeln beherrscht werden (BFH GrS BStBl II 88, 348).

Die Regeln der verdeckten Einlage und der vGa sind der Korrekturvorschrift des **§ 1 AStG** vorrangig (BFH BStBl II 93, 457; FG Münster EFG 08, 923; BMF BStBl I 83, 218) soweit aus § 1 AStG nicht eine weitergehende Korrektur der Einkünfte folgt (*Gosch* § 8 Rz 187; BMF BStBl I 11, 277, Rz 31; zum Verhältnis zu DBA s Rz 321). 145

Das Verhältnis von vGa zu **§ 42 AO** ist nicht abschließend geklärt. Nach FG Köln EFG 99, 922 (aufgehoben durch BFH/NV 02, 1197) ist eine vGa neben § 42 AO möglich. Zu prüfen ist die nach § 42 AO an die Stelle der tatsächlichen Gestaltung tretende gedachte Gestaltung. 146

Weder vGa noch Gestaltungsmissbrauch ist der Erwerb einer Forderung gegen die Gesellschaft durch den Gesellschafter (BFH/NV 02, 1172; aA und für Gestaltungsmissbrauch BFH BStBl II 01, 520, mit Anm *Hoffmann* GmbHR 01, 528; *Gosch* StBp 01, 180; FG SchlHol EFG 02, 1142 mit Anm *Hoffmann* GmbHR 08, 1077; s auch FG Bln-Bdbg EFG 08, 719 m Anm *Kuhfus* zur verdeckten Kaufpreiszahlung; BFH/NV 12, 1901 (mit Anm *Schenkelberg* BB 12, 2864; *Hoffmann* GmbHR 12, 1192; *Dörr/Eggert* NWB 13, 22; nachfolgend FG SchlHol EFG 15, 1150, Rev BFH VIII R 21/15) lehnt erneut einen Missbrauch bei Forderungsverzicht mit Besserungsschein und anschließendem Verkauf der Forderung und Anteile ab. S aber FG Hbg EFG 16, 1721, eine vGa annehmend bei Forderungsverzicht mit Besserungsschein u anschließender Verschmelzung, dazu Anh § 8 Rz 494; ferner Anh § 8 Rz 843 u 1023.

**147** Der Begriff der vGa im steuerrechtl Sinn (Rz 160) ist nicht deckungsgleich mit dem des **Gesellschaftsrecht** (s dazu *Fastrich* in Baumbach/Hueck GmbHG, 20. Aufl § 29 Rz 68 ff; *Verse* in Scholz/Emmerich GmbHG, 11. Aufl, § 29 Rz 115 ff; *Hüffer/Koch* AktG, 12. Aufl § 57 Rz 8 ff). Die steuerrechtl vGa ist eine Gewinnkorrekturvorschrift, die von subjektiven Elementen ebenso unabhängig ist wie von der Frage, ob die vGa von allen Gesellschaftern gebilligt wird oder nicht.

Zur Frage, ob der Begriff der vGa **öffentl-rechtl** bestimmt sein kann, s *Gröpl* StuW 97, 131; *Streck* in FS für Wassermeyer, 108; *Binnewies* DB 06, 465, betr vGa bei der Erfüllung öffentl Aufgaben und *Döllerer/Raupach* DB 93, Beil 11 betr die Maßnahmen der Treuhandanstalt; ferner Anh § 8 Rz 869.

**160** a) **Begriff:** Es gibt keine gesetzl Definition der vGa. Die Rspr des I. Senates des BFH hat den Begriff in den letzten Jahrzehnten teils inhaltlich, teils den Worten nach geändert und fortentwickelt, ohne dass sie den Eindruck vermittelt, einen gesicherten Abschluss erreicht zu haben; zur Kritik Rz 167.

**161** **Bis 1984:** Lag nach der Rspr des BFH eine vGa vor, wenn eine Gesellschaft ihrem Gesellschafter außerhalb der gesellschaftsrechtl Gewinnverteilung einen Vermögensvorteil zuwendet, den sie bei Anwendung der **Sorgfalt** eines **ordentlichen** und **gewissenhaften Geschäftsleiters** einem NichtGes unter sonst gleichen Umständen nicht gewährt hätte. Gewinnverteilungsabsicht und Einigung über die Gewinnzuwendung waren nicht erforderlich. Allein die Unangemessenheit war nicht ausreichend, wenn sie betriebl motiviert war. Vgl BFH BStBl II 73, 322; II 75, 366; II 77, 467, 477; II 78, 109; II 81, 260, 492; II 82, 631.

**162** **1984–1989:** Erstmals durch die Entscheidung BFH BStBl II 84, 384 (mit HFR Anm 84, 292) stufte der I. Senat den Maßstab des ordnungsgemäß handelnden Geschäftsleiters zurück: „Das Wesen der vGa (ihr Kern) besteht darin, dass den Gesellschaftern oder ihnen nahestehenden Personen von der Gesellschaft Gewinn in der Form zugeführt wird, in der er nicht als Gewinn erscheint, sondern unter anderen Bezeichnungen verborgen ist … Entscheidend ist, ob Leistungen an den Gesellschafter aus betriebl Gründen oder mit Rücksicht auf das Gesellschaftsverhältnis (societatis causa) gewährt werden." Vgl idS auch BFH BStBl II 84, 673; II 85, 683; II 86, 195. Soweit der Zweck der Zuwendung angesprochen ist, handelt es sich um einen inneren Vorgang, der steuerl durch äußere Merkmale zu erschließen ist (BFH BStBl II 84, 673).

**163** **1989–1995:** Durch Entscheidungen vom 22.2.89 (BStBl II 89, 475, 631, 673) hat der I. Senat des BFH die Definition teilweise geändert: Eine vGa ist bei einer KapGes eine Vermögensminderung oder verhinderte Vermögensmehrung, die durch das Gesellschaftsverhältnis veranlasst ist, sich auf die Höhe des Einkommens auswirkt und in keinem Zusammenhang mit einer offenen Ausschüttung steht. Aus der Definition wird der Vermögensvorteil, der dem AntE zukommen muss, gestrichen. Es geht alleine darum, ob eine eingetretene Vermögensminderung oder eine nicht eingetretene Vermögensmehrung betriebl veranlasst ist. NachfolgeRspr: BFH BStBl II 89, 633, 673, 1029; BFH/NV 89, 669; BStBl II 90, 88 betr Genossenschaft; II 90, 89, 454, und alle weiteren Entscheidungen des I. Senats. S dazu *Graffe* DStZ 89, 531; *Bellstedt* FR 90, 65; *Maas* StVj 90, 42. Die **Begründung** der RsprÄnderung ist dürftig; insoweit müssen die Begleitliteratur (*Wassermeyer* DB 87, 113; *ders* FR 89, 218; *ders* DStR 90, 158; *ders* StVj 93, 208) und spätere Entscheidungen (zB BFH BStBl II 89, 636) herangezogen werden. Der I. Senat fügt die vGa des Abs 3 S 2 in folgende **Systematik** ein: Die vGa iSd § 8 III ist eine reine Einkommenskorrekturvorschrift; der Begriff der vGa iSd § 27 aF erfasst den abfließenden Vorteil (andere Ausschüttung iSv § 27 III 2 aF); die Kapitalerträge iSd § 20

I EStG die zufließenden Vorteile. Die vGa wird mithin dreifach definiert. Darüber hinaus verknüpfen die Entscheidungen (vgl zB BFH BStBl II 89, 633, 673; 90, 454; *Wassermeyer* FR 89, 218) die Sonderbedingungen für beherrschende AntE so intensiv mit der Definition der vGa, dass man annehmen musste, eine gesellschaftsrechtl Veranlassung liege zwingend dann vor, wenn es an einer klaren und von vornherein abgeschlossenen Vereinbarung über Entgelte fehlt. Zur **Kritik** an dieser Rspr unter Geltung des AnrV s 6. Aufl.

**1995–2001:** Die Entscheidungen des I. Senats aus dieser Zeit bieten ein diffuses 164
Bild der systematischen Behandlung der vGa (unabhängig davon, ob die Entscheidungen zu den konkreten Problemen richtig oder falsch sind). In dem Urteil zur Nur-Pension (BStBl II 96, 204) wird der **Fremdvergleich** zum entscheidenden Kriterium und verdrängt den Maßstab des ordnungsgemäß handelnden Geschäftsleiters (vgl *Wassermeyer* Stbg 97, 481, 483; so BFH BStBl II 97, 577 und II 01, 655 betr Überstundenvergütung; auch NdsFG, EFG 95, 848 – § 1 AStG wird zum Maßstab genommen –; dazu *Bilsdorfer* Inf 96, 705; krit *Hoffmann* DStR 95, 1750; *ders* DStZ 96, 236; *Cramer* BB 95, 2055); diese Entscheidung lässt fragen, ob die Gesellschaft mit ihren Gesellschaftern überhaupt noch die Gesellschaft bereichernde, unangemessen niedrigen Entgelte zu Lasten des Gesellschafters vereinbaren dürfen, dazu *Hoffmann* DStR 96, 729, 735; nach *Wassermeyer* DStR 96, 733 ist diese Frage nicht gewollt; offenbar aufgeschreckt durch diese Kritik und infolge der BVerfG-Beschlüsse v 7.11.95, BStBl II 96, 34 und DB 95, 2470 relativiert der BFH zB in BStBl II 98, 573 die Strenge des Fremdvergleichs dahingehend, dass er nur „indizielle" Bedeutung habe. Das Tantieme-Urteil BFH BStBl II 95, 549 wird demgegenüber wiederum vom Maßstab des ordnungsgemäß handelnden Geschäftsleiters beherrscht (für diesen Maßstab auch *Becker* DB 96, 1439). Das Urteil zur Erdienbarkeit von Pensionen (BFH BStBl II 95, 419) lässt sich vorrangig von einer „Typisierung zur Rechtssicherheit" leiten. Die Urteile BFH BStBl II 96, 246 betr § 181 BGB; BB 96, 466 betr Geschäftsführer als Subunternehmer; BStBl II 96, 383 betr Beratungshonorare, knüpfen allgemein – wohl für beherrschende wie nicht beherrschende Gesellschafter – an die „Nichternstlichkeit des Rechtsgeschäfts" an (krit *Hoffmann* GmbHR 96, 664).

**Seit 2002** lautet die ständige Rechtsprechung des I. Senats: Eine vGa ist eine 165
**Vermögensminderung oder verhinderte Vermögensmehrung** (Rz 193 ff), die **durch das Gesellschaftsverhältnis veranlasst** ist (Rz 236 ff), **sich auf die Höhe des Unterschiedsbetrags gemäß § 4 I 1 EStG** iVm § 8 I **auswirkt** (Rz 196) und in keinem Zusammenhang mit einer offenen Ausschüttung steht. Von einer Veranlassung durch das Gesellschaftsverhältnis ist auszugehen, wenn die Kapitalgesellschaft ihrem Gesellschafter einen Vermögensvorteil zuwendet, den sie bei Anwendung der Sorgfalt eines ordentlichen und gewissenhaften Geschäftsleiters einem Nichtgesellschafter nicht gewährt hätte (BFH BStBl III 67, 626; BStBl II 17, 214). Doch nicht jede durch das Gesellschaftsverhältnis veranlasste Unterschiedsbetragsminderung ist vGa. Die Annahme einer vGa setzt zusätzlich voraus, dass die Unterschiedsbetragsminderung bei der Körperschaft die „abstrakte" (BFH/NV 11, 2116) Eignung hat, beim Gesellschafter einen **sonstigen Bezug iSd § 20 Abs 1 Nr 1 S 2 EStG** (Rz 228) auszulösen (BFH BStBl II 04, 131; II 13, 186; II 14, 174; II 17, 214; s auch GmbHR 04, 1230, Verluste aus WP-Geschäften betreffend; DB 05, 749, betreffend Verluste aus Immobilie). Es kommt nicht darauf an, ob der Vermögensvorteil tatsächlich zufließt (BFH BStBl II 89, 475; BFH/NV 11, 2116; 16, 1496). Ist der begünstigte Gesellschafter ein beherrschender, so kann eine vGa auch dann anzunehmen sein, wenn die Kapitalgesellschaft an ihn oder an eine ihm nahestehende Person erbringt, für die es an einer klaren, im Voraus getroffenen, zivilrechtlich wirksamen und tatsächlich durchgeführten Vereinbarung fehlt (BFH BStBl II 08, 523; II 13, 1046; s Rz 320 ff).

Der VIII. Senat des BFH hat formal diese Begriffsdefinition für eine vGa iSd 166
§ 20 I Nr 1 S 2 EStG übernommen (s BFH BStBl II 07, 393; BFH/NV 07, 2291;

BFH BStBl II 16, 219); stellt letztlich aber nur auf den Vermögensvorteil beim Gesellschafter ab. BFH VIII R 11/12, GmbHR 15, 996, geht von einer vGa iSd § 20 I Nr 1 S 2 EStG aus, obwohl nach dem Sachverhalt auf Ebene der Kapitalgesellschaft keine Gewinnminderung vorlag – die Geldzuflüsse auf dem Konto des Gesellschafters waren als Einnahmen in der Kasse der GmbH erfasst –; ausdrücklich offengelassen, ob eine Gewinnminderung auch Voraussetzung für eine vGa nach § 20 I Nr 2 S 2 EStG darstellt, hat BFH VIII R 4/01 DStR 04, 2143; s auch BFH/NV 15, 683; BFH VIII R 32/12 FR 15, 607); ähnlich der **IV. Senat,** s BFH BStBl II 16, 219, zur vGa an den Nahestehenden, der **VI. Senat,** s BFH BStBl II 16, 778 und der **X. Senat** BFH/NV 10, 1246. S auch Rz 286.

168 **Kritik:** Die Rspr des BFH erweckt bis heute nicht den Eindruck, von einem einheitlichen systematischen Konzept der vGa bestimmt zu werden. Die insbesondere auf *Wassermeyer* (s Rz 50) zurückgehende Auffassung, dass alle Geschäftsvorfälle einer Kapitalgesellschaft betrieblich veranlasst sind und damit Korrekturen im Hinblick auf Einlagen und vGa außerhalb der Bilanz vorzunehmen sind (Rz 280 ff), ist mit beachtlichen Gründen auf zum Teil heftige Kritik gestoßen (s zuletzt *Weber-Grellet* BB 14, 2263; *Briese* BB 14, 1943, jeweils mwN). Bisher erweckt die Rechtsprechung des I. Senats aber nicht den Eindruck, dass die Bereitschaft besteht, diese Kritik aufzunehmen und diese Rechtsprechung zu ändern. Für die Beratungspraxis steht weniger dieser dogmatische Ansatz als vielmehr die zunehmend fallorientierte Fortentwicklung der einzelnen Begriffsmerkmale im Fokus der Kritik. Exemplarisch lässt sich dies an der Einführung des doppelten Fremdvergleichs (Rz 240) aufzeigen. Dieses Kriterium dient im konkreten Fall dazu, das „gewünschte" Ergebnis zu erzielen, passt aber keineswegs in die Systematik des Gesetzes (s Rz 241). Zweck des Abs 3 S 2 1. HS ist es, eine verdeckte Einkommensverwendung zu korrigieren. Um dies zu bestimmen ist der doppelte Fremdvergleich ungeeignet. Sind Leistung und Gegenleistung zu Lasten der Körperschaft nicht ausgewogen, kann dies eine Einkommensverwendung der Körperschaft indizieren, umgekehrt aber scheidet eine Einkommensverwendung der Körperschaft aus. Ihr Einkommen ist höher, als es wäre, wenn ein fremder Dritter das Geschäft abgeschlossen hätte. Allenfalls liegt eine (verdeckte) Einlage vor.

169 Die Begriffsbestimmung der Rspr ist in erster Linie auf den typischen Anwendungsfall, die **KapGes,** zugeschnitten. Er ist für die übrigen Körperschaften entsprechend anzupassen. An die Stelle des Gesellschaftsverhältnisses tritt die genossenschaftsrechtl Beziehung, die Mitgliedschaft des Vereins; der ordentlich und gewissenhafte Geschäftsleiter der GmbH wird ersetzt durch den ordnungsgemäß handelnden Geschäftsleiter einer **Genossenschaft** (§ 34 I 1 GenG; BFH BStBl II 90, 88; II 15, 1056; II 16, 298), eines VVaG (BFH BStBl II 92, 429) bzw den ordnungsgemäß handelnden **Vereinsvorstand** (s Anh § 8 Rz 1279 ff); zur Frage, ob es auch bei Körperschaften, die Überschusseinkünfte erzielen, eine vGa geben kann *Böhmer* DStR 12, 1995.

175 **b) Empfänger der vGa.** Empfänger einer vGa kann nur sein, wer in einem **gesellschaftsrechtl** oder **mitgliedschaftl Verhältnis** zur Körperschaft steht oder diesem nahe steht (dazu Rz 182), gleichgültig, ob er unbeschränkt oder beschränkt stpfl ist (vgl zB BFH BStBl II 73, 449; s auch Rz 175 ff).

Eine gesellschaftsrechtl oder mitgliedschaftl Beteiligung ist gegeben bei KapGes (auch ausländischen, s § 1 Rz 30), Genossenschaften (BFH BStBl III 56, 43; II 72, 361; II 84, 273; II 93, 376; NV 07, 2355; II 15, 1056; II 16, 298; aA *Beuthien* DStR 07, 1847), Gewerkschaften des alten Rechts (RFH RStBl 35, 827), VVaG (BFH BStBl III 62, 89; III 63, 244; BFH BStBl II 92, 429; s auch Anh § 8 Rz 1324 ff), Vereinen (s ABC „vGa bei Vereinen"), Betrieben gewerbl Art (BFH BStBl II 68, 692; HFR 69, 26; II 90, 237, 647; s Rz 506), nicht bei Stiftungen (BFH BStBl III 60, 37; BStBl II 64, 17; II 14, 484; *Rader* BB 77, 1442; aA *Schulze zur Wiesche* DStZ 91, 161).

Auf die **Höhe, Größe** oder den **Umfang** des Gesellschafts- oder Mitgliedschaftsrechts kommt es nicht an; zu den Besonderheiten bei beherrschenden AntE s Rz 320 ff. 176

Ist an dem Gesellschaftsanteil ein steuerl anzuerkennender **Nießbrauch** bestellt, so kann der Nießbraucher Empfänger einer vGa sein bzw diese bedingen, sofern ihm auch die offenen Ausschüttungen zugerechnet werden können; aufgrund seiner Gesellschafterstellung kann aber auch der Besteller die vGa begründen. BFH BStBl III 55, 397 behandelt einen Nießbrauchsfall, der allerdings nicht aussagekräftig ist, da Nießbrauchbesteller und Nießbraucher gleichzeitig nahestehende Personen waren; BFH BStBl III 67, 372 lässt das Problem offen. Maßgebend ist das wirtschaftl Eigentum an dem Anteil.

Bei einer **Treuhand** ist die vGa dem Treugeber zuzurechnen (BFH/NV 13, 1866; 14, 27).

Auch in der **Organschaft** ist eine vGa zu erfassen (Anh § 8 Rz 881 ff).

Keine vGa, wenn zwischen der einen Vorteil gewährenden Körperschaft und dem Empfänger ein **gesellschaftsrechtl** oder **mitgliedschaftl Verhältnis fehlt** (BFH/NV 12, 885; BFH BStBl II 95, 198 betr einen Geschäftsführer, der Gelder unterschlagen hat; BFH BStBl II 69, 14 betr Sondervorteil an jemanden, der als AntE geworben werden sollte; RFH RStBl 37, 934 betr Überlassung eigener Anteile an neue AntE). 177

Eine **mittelbare Beteiligung** genügt nicht, der mittelbar Beteiligte kann aber Nahestehender (Rz 182) sein (BFH BStBl II 95, 198; II 15, 687: der Gesellschafter einer vermögensverwaltenden Personengesellschaft, die die Anteile hält, ist nicht Anteilseigner, sondern Nahestehender; s auch *Geist* BB 12, 2339).

Ebenfalls keine vGa bei Zuwendungen der **AntE untereinander** (BFH BStBl III 52, 148 betr Veränderung der Beteiligungsverhältnisse; II 75, 230 betr Vorteile durch Bezugsrechte). Ist allerdings der Mitgesellschafter selbst AntE des zuwendenden Gesellschafters, zB einer beteiligten GmbH, so kann eine Beteiligungsverschiebung zugunsten des Mitgliedschafters eine vGa sein (BFH BStBl III 67, 626).

Eine vGa bzgl eines **zukünftigen** oder bzgl eines **ausgeschiedenen Gesellschafters ist** möglich, wenn sie durch das zukünftige oder vergangene Gesellschaftsverhältnis veranlasst ist (BFH BStBl II 89, 419 betr Vermögensvorteil an zukünftigen Gesellschafter; dazu *Klein* NWB F 4, 3761 (10/99); HFR Anm 89, 376; *Lange* NWB F 4, 3609 (6/89); ablehnend *Wichmann* DB 94, 2101; BFH BStBl II 11, 55, zur Zahlung an den durch Anteilsverkauf ausgeschiedenen Gesellschafter; FG Berlin EFG 04, 1712, zum Beitritt im engen zeitlichen Zusammenhang mit der Vermögensminderung; s auch BFH/NV 06, 426 zur Einlage eines Noch-Nichtgesellschafters). Insbesondere bei Dauerschuldverhältnissen bleibt die vGa bestehen, auch wenn der AntE die Stellung eines AntE verliert. Beispiel: AntE und Körperschaft schließen einen langfristigen Mietvertrag ab; die Körperschaft, Mieterin, zahlt eine überhöhte Miete. Veräußert der AntE seine Beteiligung, bezieht er weiterhin nebeneinander Einkünfte aus VuV und Einkünfte aus KapVerm (s auch BFH BStBl II 78, 33; BFH/NV 10, 1125 und FG BaWü EFG 01, 1440: vGa bei Pensionszahlungen an ausgeschiedenen Gesellschafter; FG Bln-Bdbg EFG 16, 1916 m Anm *Rätke* zu Pensionszahlungen und Beratervertrag an ausgeschiedenen Gesellschafter). 178

Die vGa bleibt auch unberührt, wenn die **Forderung** aus dem unangemessenen Vertrag nach dem maßgebenden Zeitpunkt an einen Nichtgesellschafter **abgetreten** wird (RFH RStBl 32, 1145).

Kann die Körperschaft den langfristigen Vertrag **kündigen** und unterlässt sie es, nachdem der Begünstigte nicht mehr AntE ist, entfällt die vGa von dem Zeitpunkt an, zu dem hätte gekündigt werden können. Vereinbart umgekehrt ein Vermieter mit der GmbH eine objektiv unangemessen hohe Pacht, so wird nicht dadurch der unangemessen hohe Anteil zur vGa, dass der Vermieter AntE wird. Erst wenn der Vertrag kündbar wird, kann sich die Frage der vGa neu stellen.

Bei NichtGes spricht uE die Vermutung gegen die vGa.

179 Die vGa ist von dem Augenblick an möglich, in dem das **KStSubjekt entsteht** (BFH BStBl II 83, 247; s auch FG Hdg EFG 06, 1364 zur vGa nach Umwandlung einer OHG in eine GmbH).

VGa sind auch in der **Liquidation** möglich. Beispiel: Die Gesellschaft veräußert ein Grundstück unangemessen niedrig an den AntE; der Mandantenstamm geht unentgeltlich auf den Gesellschafter über (BFH/NV 04, 958). Diese vGa darf den Liquidationsgewinn nicht mindern. Zur Zahlung unter Verstoß gegen § 30 GmbHG als vGa im Liquidationsstadium s NdsFG GmbHR 92, 59. Die vGa ist als Liquidationsrate dem Endvermögen hinzuzurechnen, s § 11 Rz 15 ff. Die Liquidation selbst ist ein organisationsrechtl Akt, der als solcher eine vGa nicht auslöst.

182 **c) VGa an Nahestehende:** VGa sind auch hinsichtlich nahestehender Personen möglich. Voraussetzung ist, dass der Grund der Vermögensminderung oder verhinderten Vermögensmehrung in dem Verhältnis zu dem Gesellschafter bzw Mitglied liegt, dem die dritte Person nahesteht. Entscheidend ist, ob die Körperschaft dem Dritten einen Vermögensvorteil zugewendet hat, den sie bei Anwendnung der Sorgfalt eines ordentlichen und gewissenhaften Geschäftsleiters einer Person, die dem Gesellschafter oder Mitglied nicht nahesteht, nicht gewährt hätte (BFH BStBl II 97, 301; II 16, 491). Die Einkommensveränderung erfolgt zu Gunsten des Nahestehenden, jedoch begründet durch das Gesellschafts- bzw Mitgliedschaftsverhältnis des Anteilseigners. Daher setzt die vGa an den Nahestehenden nicht voraus, dass der Gesellschafter, dem er nahesteht, beherrschend ist (BFH BStBl II 11, 62 m Anm *Pezzer* FR 09, 587; *Briese* GmbHR 09, 326; BFH/NV 15, 234; 17, 1174). Eine geringe Beteiligung mindert aber die Indizwirkung für die Veranlassung durch das Gesellschaftsverhältnis (BFH BStBl II 11, 62).

183 Ausreichend ist es, wenn dem Nahestehenden die Vermögensminderung oder verhinderte Vermögensmehrung **mittelbar** zugutekommt, wenn der Grund letztlich im Verhältnis zum AntE zu sehen ist (vgl FG Saarl EFG 73, 90: Vorteil an eine GmbH des Nahestehenden; FG München DStRE 10, 665, zur Anmietung durch die GmbH vom Nahestehenden; FG Münster EFG 15, 920: Zuwendung eines Vermögensvorteils an eine Kapitalgesellschaft, an der ein Angehöriger des Gesellschafters beteiligt ist, uE unzutreffend jedenfalls für eine vGa nach § 8 III 2, da die Vorteilseignung (Rz 228) fehlt; s auch BFH/NV 12, 885: keine vGa bei konzernfremdem Erstversicherer und konzerneigenem Rückversicherer; FG Köln GmbHR 17, 483, zur Nichtteilnahme der Komplementär-GmbH an der Kapitalerhöhung bei der KG). Der Vorteil des Nahestehenden muss aber nicht zugleich ein Vorteil des AntE sein (BFH BStBl II 97, 301; dazu BMF BStBl I 99, 514; *Gosch* NWB Fach 4, 4167 (7/97); *Mahlow* DB 97, 1640; entgegen *Rose* DB 05, 2596, hält der I. Senat an dieser Rspr auch nach der Erweiterung der vGa-Definition um die „Vorteilseignung" fest, BFH/NV 09, 1841, s auch Rz 165 f).

184 Nicht ausreichend, wenn der Dritte der **Gesellschaft** nahesteht, er muss dem AntE nahestehen (BFH BStBl III 64, 17). Steht der Dritte einer Person nahe, die **erst AntE werden** soll, so ist eine vGa idR nicht möglich (s auch Rz 177).

188 Ist der **Nahestehende zugleich AntE,** ist idR anzunehmen, dass das unmittelbare GesVerhältnis maßgebend ist (BFH BStBl II 82, 248; Zurückhaltung bei *L. Schmidt* FR 82, 152).

190 **Persönliche** oder **sachliche Beziehungen** zwischen AntE und Empfänger lassen **vermuten,** dass die Vermögensminderung oder verhinderte Vermögensmehrung durch das GesVerhältnis bzw Mitgliedschaftsverhältnis veranlasst ist (BFH BStBl II 97, 301; 16, 491). Die Beziehungen zwischen dem Gesellschafter bzw Mitglied können familienrechtlicher, gesellschaftsrechtlicher, schuldrechtlicher oder rein tatsächlicher Art sein (BFH BStBl II 97, 301; II 16, 491). Die Vermutung ist aber widerlegbar.

Sind für den Nahestehenden ebenso wie für einen Dritten **betriebliche Gründe** maßgebend, keine vGa (BFH BStBl III 67, 791 betr Altersversorgungszusage einer GmbH an die Mitglieder eines AntE, eines Vereins). Keine vGa, wenn der Grund ausschließlich in dem Verhältnis Körperschaft/Nahestehender begründet ist (BFH BStBl II 77, 569). S auch FG RhPf EFG 87, 372: Im Hinblick auf BVerfG BStBl II 85, 475 (betr die Zusammenrechnung von Ehegattenanteilen in der Betriebsaufspaltung) besteht keine Vermutung der gesellschaftsrechtlichen Veranlassung bei einer Vermögenszuwendung an den Ehegatten des Gesellschafters.

**Nahestehender** kann eine natürliche oder jur Person sein. 191

**Beispiele: Verwandtschaft** (BFH BStBl III 64, 17), keine Einschränkung durch § 15 AO (BFH BStBl II 97, 301; bei **Kindern** hindert die Volljährigkeit nicht das Nahestehen (BFH BStBl II 75, 306; II 77, 569); Ehe (BFH BStBl II 72, 320). Den **Ehegatten** als Nahestehenden zu qualifizieren, widerspricht nicht Art 3 GG (BFH BStBl II 88, 786). Auch die **Witwe,** die von dem AntE testamentarisch bedacht wird (FG Hbg EFG 88, 385), oder die **geschiedene Frau** können Nahestehende sein, allerdings nur, wenn sich hinter Zuwendungen eine private Veranlassung – zB Unterhaltszahlungen – verbirgt; nahestehend ist auch die **KapGes** der Ehefrau bzw des Ehemannes (s BFH BStBl II 75, 48), nicht die einer mit dem Alleingesellschafter befreundeten Person (FG Brdbg EFG 04, 1859). Der **nichteheliche Lebenspartner kann** Nahestehender sein (BFH BStBl II 01, 204, zur PZ an nichteheliche Lebenspartnerin, BFH/NV 16, 424 betr Darlehen). Gleiches gilt uE für **gleichgeschlechtliche Lebensgemeinschaften** und Partnerschaften (ebenso *Ottersbach* NWB F 4, 4435 (9/01)). Arbeitnehmer des AntE (BFH BStBl III 64, 33); ausgeschiedene Arbeitnehmer. Gesellschafter im Konzern, **SchwesterGes** (BFH BStBl III 61, 460; III 62, 338; III 65, 27; III 66, 285; II 69, 243; II 71, 69, 408; II 73, 449; II 77, 571, 574; II 82, 631; FG Hamburg EFG 07, 439 zur ausländischen Schwestergesellschaft). **PersGes,** an der die AntE der KapGes – nicht notwendig ausschließlich oder im gleichen Verhältnis, nicht notwendig auch alle – beteiligt sind, kann Nahestehende sein (BFH BStBl II 87, 459; FG Bln EFG 04, 1712; aA FG München EFG 85, 141; s auch *Schulze zur Wiesche* DStZ 17, 451); ebenso eine Gesellschaft des bürgerl Rechts (BFH/NV 91, 841). Staatshandelsunternehmen Rumäniens untereinander (HessFG EFG 82, 204). **Vereinsmitglieder** eines AntE (BFH BStBl III 67, 791; s auch Anh § 8 Rz 1279), selbst wenn der Empfänger ein von diesen Mitgliedern gebildeter weiterer Verein ist (BFH BStBl II 68, 322). Bei Betrieben gewerbl Art sind Nahestehende der **jur Personen des öffentl Rechts** deren andere Betriebe gewerbl Art (vgl zB RFH RStBl 37, 979), aber auch von der jur Pers des öffentl Rechts gehaltene KapGes (s hierzu § 9 Rz 18 betr die spezielle Problematik bei Sparkassen), nicht jedoch die Bürger, für die die jur Person des öffentl Rechts zuständig ist. Nahestehend können Körperschaften sein, an denen Nahestehende beteiligt sind (BFH BStBl II 75, 48). Sonstige intensive Beziehungen zwischen AntE und Empfänger können zu einem nahestehenden Verhältnis führen (BFH BStBl III 64, 17).

Zu den **Rechtsfolgen** der vGa an Nahestehende Rz 292. 192

**d) Vermögensminderung oder verhinderte Vermögensmehrung:** Nach 195
der Rspr des BFH ist Voraussetzung für eine vGa eine Vermögensminderung oder verhinderte Vermögensmehrung, die sich auf die **Einkommensermittlung** der Körperschaft **auswirkt.** Maßgebend für die Frage, ob eine Vermögensminderung vorliegt, ist die Steuerbilanz. Nur wenn der Gewinn (§ 4 I 1 EStG) der Steuerbilanz gemindert wurde, kann eine vGa vorliegen.

Mithin liegt **keine vGa** vor, wenn im Jahresabschluss einer GmbH Rücklagen auf ausstehende Einlagen umgebucht werden (BFH BStBl II 84, 717), eine Pensionszahlung gegen eine Pensionsrückstellung gebucht wird (FG D'dorf DStRE 11, 1007) oder Zahlungen auf ein Privatkonto des Gesellschafters fließen, aber bei der KapGes als Einnahme erfasst werden (anders zum Zufluss beim Gesellschafter BFH GmbHR 15, 996; Rz 165). Eine Darlehensgewährung, also die Hingabe der Valuta durch die Kapitalgesellschaften an den Gesellschafter oder Nahestehenden, ist keine vGa (Aktivtausch), allenfalls die Wertberichtigung der Forderung gegen den Gesellschafter (BFH BStBl II 04, 1010), wobei zu beachten ist, dass erst die tatsächliche Abschreibung (Wahlrecht, § 6 I Nr 2 S 2 EStG) zur Vermögensminderung führt (s auch Anh § 8 Rz 248 ff). Unterlässt es die Gesellschaft, eine Forderung gegen den Gesellschafter einzuklagen oder zu vollstrecken, kann dies vGa sein

(BFH BStBl II 97, 89; BFH/NV 11, 836), uE aber nur, wenn die Forderung hierdurch an Wert verliert – etwa wegen Eintritt der Verjährung oder Vermögensverfall des Gesellschafters.

Eine Verpflichtung zur Weiterleitung von vor der Gründung erlangten Vorteilen besteht für den Gesellschafter nicht (BFH/NV 09, 49; s auch Anh § 8 Rz 1406 ff).

**196** Soweit der BFH (Rz 165) auf den **Unterschiedsbetrag nach § 4 I 1 EStG** (Gewinn) und nicht auf das Einkommen abstellt, ist dies darin begründet, dass Gegenstand einer vGa auch steuerfreie Einkünfte sein können, die sich nicht auf das Einkommen auswirken (*Gosch* § 8 Rz 169; s auch Anh § 8 Rz 1096 steuerfreie Erträge).

**197** Eine vGa erfolgt in dem Augenblick, in dem sie den Gewinn der KapGes beeinflusst (BFH BStBl II 87, 733; II 04, 1010). Dieser **Zeitpunkt** muss weder mit dem tatsächlichen Vermögensabfluss noch mit dem Zufluss beim Gesellschafter zusammenfallen (BFH BStBl II 68, 809, II 87, 733; II 90, 237).

**198** Die **verhinderte Vermögensmehrung** ist eine fiktive Größe. Sie bestimmt sich aus der Differenz zwischen tatsächlich erzielter Einnahme/getätigter Ausgabe und dem, was im objektiven Fremdvergleich als angemessene Einnahme/Ausgabe anzusehen ist (*Gosch* § 8 Rz 253). Damit droht eine unzulässige Besteuerung eines Sollgewinns (*Gosch* § 8 Rz 254; s auch *Schnorberger/Dust* BB 15, 2903). UE kann eine vGa nur vorliegen, wenn die Körperschaft bereits eine Rechtsposition innehat, die ihr ohne Gegenleistung entzogen wird. Dies ist etwa bei dem Verkauf eines Wirtschaftsguts oder einer Dienstleistung unter Marktwert oder bei Überlassung einer konkreten Geschäftschance (Anh § 8 Rz 567) der Fall, nicht aber, wenn die Körperschaft, ohne bereits hierfür etwas aufgewendet zu haben, Möglichkeiten der Gewinnerzielung nicht nutzt.

Ist die Körperschaft Gesellschafterin einer PersGes, so kann die verhinderte Vermögensmehrung darin liegen, dass sie zugunsten ihrer AntE auf einen höheren Gewinnanteil verzichtet (BFH BStBl II 80, 531; zust *L. Schmidt* FR 80, 361). In diesem Fall bestimmt die Höhe des Gewinnverzichts die Höhe der vGa (vgl auch HFR Anm 80, 415). S hierzu auch Anh § 8 Rz 632.

**199** Die Vorteilszuwendung kann auch **mittelbar** geschehen (BFH/NV 86, 301 betr Vorteilszuwendung durch Befreiung von einer Verbindlichkeit; BFH/NV 86, 638). Sie kann zeitlich später erfolgen oder vollständig entfallen.

**202** Eine verhinderte Vermögensmehrung tritt auch ein, wenn materielle oder immaterielle Vermögensgegenstände von der Körperschaft auf den Anteilseigner ohne angemessene Gegenleistung übertragen oder ihm überlassen werden (vgl BFH BStBl II 71, 536; II 71, 69 betr Geschäftswert; BStBl II 72, 227 betr Vertragschancen oder Gebrauchs- und Nutzungsmöglichkeiten) oder der Anteilseigner veranlasst, dass ein Vermögensgegenstand unter Wert veräußert wird, um so eigene Aufwendungen zu ersparen (s BFH BStBl II 15, 249).

**205** Die **Nichtabzugsfähigkeit** von **Betriebsausgaben** (§§ 9, 10; § 4 EStG; keine Empfängerbenennung nach § 160 AO usw) berührt zwar die Einkommensermittlung; vGa liegen insoweit jedoch nicht vor, da solche Betriebsausgaben betriebl und nicht gesellschaftsrechtl veranlasst sind und im Übrigen der AntE keinen Vorteil erhalten hat (vgl BFH BStBl II 81, 108 betr nach § 4 V, VI EStG nicht abziehbare Betriebsausgaben). Im Zweifel geht uE die Behandlung als Nichtabzugsfähige Betriebsausgaben (zB nach § 4 V Nr 7 EStG) der vGa vor.

**208** Die Vermögensminderung oder verhinderte Vermögensmehrung der Körperschaft muss auf einer Rechtshandlung ihrer **Organe** beruhen. Dies ist der Geschäftsführer (BFH BStBl II 89, 1029), aber auch der beherrschende Gesellschafter (BFH BStBl II 91, 484; *Seeger* FR 90, 53; s auch BFH BStBl II 11, 60, zu vGa durch die Haftung der Schwestergesellschaft für eigenkapitalersetzende Gebrauchsüberlassung; FG Münster EFG 17, 149, m Anm *Rengers; Walter* GmbHR 17, 265 u *Köster* DStZ 17, 137, Rev BFH I R 78/16 zur vGa durch Haftung der Organgesellschaft nach § 73 AO). Dies kann durch Handeln, Dulden oder Unterlassen geschehen (BFH BStBl II 77, 467), auch durch rechtl (BFH BStBl II 93, 351) oder faktisch (BFH BStBl II 93, 352) Bevollmächtigte.

Handeln beherrschende **Geschäftsführer** einer GmbH, so ist es unerheblich, ob dies mit oder ohne Genehmigung der Gesellschafterversammlung geschieht (BFH BStBl II 91, 484; FG Hbg EFG 92, 40).

Verfügungen durch nachgeordnete **Angestellte** führen zu keiner vGa (BFH BStBl II 91, 484). Anders nur, wenn ein pflichtgemäß handelnder Geschäftsleiter ihre Handlungsweise hätte verhindern können und tatsächlich verhindert hätte (BFH BStBl II 93, 352; II 93, 351).

**Organisationsrechtliche Akte,** dh Beschlüsse der **Gesellschafterversammlung** über Satzungsänderungen, Zweckänderungen, Umwandlung, Fusion, Liquidation etc, führen nicht zu vGa. Durch § 8 III wird die Freiheit des AntE, über die Existenz und die Organisation der Körperschaft zu bestimmen, nicht eingeschränkt; vgl *Wassermeyer* StVj 93, 208, 218. Allerdings können mangelhafte oder fehlende Beschlüsse der Gesellschafterversammlung zur zivilrechtlichen Unwirksamkeit von Verträgen führen mit der Folge, dass die fehlende zivilrechtliche Wirksamkeit bei beherrschenden Gesellschaftern die gesellschaftsrechtliche Veranlassung indiziert (Rz 320 ff). 209

Die **unberechtigte Entnahme,** die **Unterschlagung** oder **Veruntreuung** eines AntE oder eines ihm Nahestehenden ohne die tatsächliche oder faktische Genehmigung durch die Geschäftsleitung oder die Gesellschafterversammlung führt nicht zu einer vGa; denn diese unberechtigte Entnahme ist nicht auf eine Organentscheidung zurückzuführen (FG RhPf EFG 72, 255; FG BaWü EFG 77, 170; FG RhPf EFG 87, 474; FG Bln-Bdbg EFG 15, 1643; BFH BStBl II 91, 484; 93, 351). Es fehlt an der Veranlassung durch das Gesellschaftsverhältnis. 210

Bewirkt der Geschäftsführer und **Alleingesellschafter** die Entnahme, ist sie genehmigt; es liegt eine – auch abgeflossene – vGa vor (vgl BFH BStBl II 93, 352; BFH/NV 04, 667; FG Saarland EFG 03, 566). 211

Problematisch sind die Fälle, in denen der **nicht beherrschende** Gesellschafter-Geschäftsführer oder der beherrschende Gesellschafter, sei er – ohne Alleingesellschafter zu sein – Geschäftsführer oder nicht, unberechtigt entnimmt, veruntreut oder unterschlägt. Die Organhandlung liegt vor (BFH BStBl II 87, 733; *Wassermeyer* DB 93, 1260, 1948), selbst wenn hierdurch die Gesellschaft in strafbarer Weise geschädigt wird (BFH BStBl II 93, 351, 352; GmbHR 05, 60). Der Geschäftsführer oder Gesellschafter haftet der Gesellschaft aufgrund der deliktischen (nicht gesellschaftsrechtl) Handlung. Zum Schutz der übrigen AntE kann selbst bei dem von § 181 BGB befreiten Geschäftsführer nicht von einer Genehmigung oder einem Verzicht ausgegangen werden (vgl FG BaWü EFG 77, 170; *Seeger* FR 90, 53; s auch FG Saarl EFG 12, 1875, wonach mangelnde Kontrolle des Geschäftsführers schon ausreichen soll; uE unzutreffend). 212

UE tritt dieser zivilrechtliche **Schadensersatzanspruch** an die Stelle des entnommenen bzw unterschlagenen Vermögensgegenstandes, so dass – anders als bei Ansprüchen der Gesellschaft gegen den Gesellschafter, die auf eine bloße Rückgängigmachung der vGa abzielen (dazu Rz 305 ff) – eine Einkommensbeeinflussung iSd vGa ausscheidet (s BFH/NV 97, R 232; 97, R 355; BFH/NV 98, 1374; FG Köln EFG 00, 582). Dies gilt jedenfalls dann, wenn der Schadensersatzanspruch bei Bilanzaufstellung bekannt ist (BFH BStBl II 84, 723; BFH/NV 04, 182).

Erst der spätere **Verzicht** auf die Rückforderung kann zur vGa führen (vgl BFH BStBl II 87, 733 betr nicht weitergeleiteter Schmiergeldzahlungen; BFH BStBl II 97, 89 mit HFR Anm 95, 209, und abweichender Auslegung der FinVerw BStBl I 97, 112; GmbHR 97, 609; BFH/NV 98, 1374; BFH/NV 11, 69, für eine AG; FG RhPf EFG 72, 255; FG BaWü EFG 77, 170; *Ranft* aaO; *Seeger* aaO; GmbHR 80, 308; vgl auch *Brezing* StbJb 83/84, 226; *Wassermeyer* StVj 93, 208, 213; *ders* FR 97, 563; *Paus* FR 97, 565). Grundsätzlich ist jedoch die Nichtgeltendmachung eines Anspruchs noch kein Verzicht (BFH/NV 98, 1579).

215 Diese von uns vorgenommene Differenzierung bezüglich der Anerkennung der **Rückgängigmachung der vGa** durch Aktivierung von Regressforderungen beruht entgegen der Auffassung von *Wassermeyer* GmbHR 05, 149, nicht auf einer Differenzierung nach dem Unrechtsgehalt bei der GmbH, sondern auf der dem Regressanspruch zugrunde liegenden Rechtsgrundlage. Ist diese gesellschaftsvertraglicher Natur, liegt eine gesellschaftsrechtliche Veranlassung und damit eine als Einlageforderung gewinnneutral zu behandelnde Regressforderung vor. Besteht ein gesetzl Schadensersatzanspruch, so ist die Rechtsgrundlage nicht gesellschaftsrechtlich veranlasst und es liegt eine die Gewinnminderung neutralisierende aktivierungspflichtige Regressforderung vor (*Schwedhelm/Binnewies* GmbHR 05, 65, 151).

Demgegenüber geht der **VIII. Senat** des BFH davon aus, dass die Hinzurechnung der Vermögensminderung außerhalb der Bilanz als vGa unabhängig von dem Rechtsgrund des Regressanspruchs Vorrang vor der gewinnerhöhenden Aktivierung des Anspruchs habe (GmbHR 05, 60; zustimmend *Wassermeyer* GmbHR 05, 149; BFH/NV 05, 1528; 09, 1815; FG München EFG 05, 1299, mit uE zu Recht krit Anm *Neu);* so auch schon die FinVerw in der Interpretation von BFH BStBl II 97, 89 FinVerw BStBl I 97, 112; FG Hbg EFG 92, 40, 42; krit dazu *Wichmann* Stbg 93, 116.

Zu den Rechtsfolgen, wenn der **Empfänger** des Vorteils ein **Nahestehender** ist, BFH/NV 05, 105; *Wassermeyer* GmbHR 05, 149; *Schwedhelm/Binnewies* GmbHR 05, 65, 151).

220 Unterschlägt ein Geschäftsführer Gelder, der **nicht AntE** oder Nahestehender ist, so liegt keine vGa vor (BFH BStBl II 95, 198; FG D'dorf EFG 05, 959; dazu *Ott/Schmitz* INF 05, 941).

221 Alleine durch die **Buchführung** oder durch **Buchungen** werden keine vGa vorgenommen. Die Buchführung stellt Vermögensbewegungen dar; sie bewirkt sie nicht. Buchungsfehler, Irrtümer bei der Dateneingabe usw sind regelmäßig keine vGa, BFH/NV 98, 1374 und Vorinstanz FG Saarl EFG 97, 1214; BFH/NV 00, 751; BFH/NV 14, 907; FG BaWü EFG 80, 518; FG D'dorf GmbHR 90, 56; FG Saarl GmbHR 90, 58 und GmbHR 94, 491; FG Saarl EFG 01, 1233). Das Gleiche gilt für Hinzuschätzungen aufgrund von Buchführungsmängeln (NdsFG GmbHR 92, 688, s auch Anh § 8 Rz 736). Oft ist jedoch die Buchung der Ausdruck einer vorgenommenen oder mit der Buchung sich vollziehenden Einkommensbeeinflussung bzw Vorteilsgewährung. VGa erst dann, wenn der Buchungsfehler erkannt, aber nicht korrigiert wird (s BFH X B 130/03 v 5.4.04, nv, gegen FG Berlin EFG 03, 1571, mit Anm *Neu*).

**Beispiel:** Die Gutschrift einer falsch berechneten Tantieme an den AntE auf dem Privatkonto, veranlasst durch den StB, führt nicht zu einer vGa; die Gutschrift einer rückwirkend gewährten Gehaltsnachzahlung kann hingegen eine vGa sein, wenn sie durch die Geschäftsleitung verfügt wurde, nicht aber, wenn der nachgeordnete Buchhalter sich „großzügig" erweisen wollte.

223 **Subjektiv** muss eine vGa nicht gewollt sein; insoweit ist ein **Wissen** oder **Nichtwissen** um die vGa unerheblich. Entscheidend ist nur, ob ein ordnungsgemäß handelnder Geschäftsleiter einem Nichtgesellschafter den Vorteil nicht gewährt bzw die Einkommensänderung nicht bewirkt hätte; hier wirkt sich die von subjektiven Vorstellungen freie Begriffsbestimmung der vGa aus. Daher führt nach Ansicht des BFH eine Zahlung auch dann zur vGa, wenn sie in der **irrtümlichen Annahme einer Zahlungsverpflichtung** erfolgt, sofern die angenommene Zahlungsverpflichtung zur vGa geführt hätte (BFH BStBl II 11, 55 m Anm *Kamps* GmbHR 08, 943; *Pezzer* FR 09, 32; ferner HessFG EFG 96, 832; NdsFG EFG 98, 1030; der Rspr zustimmend *Schmitz* GmbHR 09, 910).

227 Bei Dauerrechtsverhältnissen kann darüber hinaus eine vGa vorliegen, wenn von einer zivilrechtl möglichen **Beendigung oder Änderung** des Vertrags nicht Ge-

brauch gemacht wird, wenn durch die Beendigung oder Änderung des Vertrages das Vermögen der Körperschaft gesteigert worden wäre (BFH BStBl II 89, 248). Hierbei ist nicht nur die Kündigungsmöglichkeit, sondern auch ein Wegfall der Geschäftsgrundlage in Betracht zu ziehen (BFH BStBl II 84, 65; BFH/NV 86, 564). Ob ein pflichtgemäß handelnder Geschäftsleiter ein Dauerrechtsverhältnis kündigt, hängt jedoch nicht nur von den durch die Kündigung erzielbaren Vorteilen ab; auch die Nachteile sind in Betracht zu ziehen (BFH BStBl II 75, 366 betr Betriebspacht).

Die **Nichtdurchsetzbarkeit** einer Änderung schließt eine vGa aus (vgl BFH BStBl II 72, 802; II 75, 366; II 05, 653 zur Anpassung einer Pensionszusage).

Bei Tantiemevereinbarungen fordert BFH BStBl II 95, 549, eine **Überprüfung** alle drei Jahre, offenbar unabhängig von der zivilrechtl Kündigungsmöglichkeit; wie diese Überprüfung funktionieren soll, wenn der Vertrag eine Änderung nicht erlaubt, ist unklar (s Anh § 8 Rz 339). Ob diese Rspr noch gilt, ist nach BFH BStBl II 03, 418 zweifelhaft.

**e) Vorteilseignung:** Nach der Rechtsprechung des I. Senats des BFH muss die Vermögensminderung oder verhinderte Vermögensmehrung auf Ebene der Körperschaft geeignet sein, auf der Ebene des Anteilseigners einen Beteiligungsertrag auszulösen (BFH BStBl II 04, 131; BFH/NV 11, 2116). 228

In der Literatur wird das Merkmal der **„Vorteilseignung"** (s *Gosch* § 8 Rz 170) unterschiedlich interpretiert. Überwiegend wird angenommen, das eine vGa geeignet sein muss, „dem Grunde nach" oder „potentiell" einen Beteiligungsertrag beim Gesellschafter auszulösen (*Wassermeyer* DB 02, 2668, der die Rspr als Fortentwicklung interpretiert; dazu *Frotscher* FR 03, 230; *Briese* GmbHR 05, 597). Nach *Rose* DB 05, 2596, soll hingegen nicht irgendein potentieller Vorteil genügen. *Rose* will nur dann eine vGa annehmen, wenn der Vorteil speziell die Eignung besitzt, Bezüge nach § 20 I Nr 1 S 2 EStG auszulösen (uE zweifelhaft, zu den unterschiedlichen Ergebnissen s die Beispiele bei *Briese* und *Rose* aaO). *Rüd* FR 09, 703, fordert die Rückkehr zur Verbindung von vGa und Ausschüttung.

UE ist dem I. Senat darin zuzustimmen, dass eine vGa nur vorliegen kann, wenn die Vermögensminderung oder verhinderte Vermögensmehrung bei der Körperschaft mit einem bestimmbaren und messbaren geldwerten Vorteil bei dem Empfänger korrespondiert (BFH BStBl II 69, 15; BStBl II 77, 545; FG Mchn EFG 00, 789). Eine vGa ist somit ausgeschlossen, wenn der durch die Vermögensminderung oder verhinderte Vermögensmehrung verursachte geldwerte Vorteil nicht dem Anteilseigner, sondern (später) der Körperschaft selbst zugutekommt (so der Sachverhalt BFH BStBl II 04, 131) oder nur einen ideellen Wert hat.

Unklar ist bislang, wie dieses Merkmal bei vGa an Nahestehende zu prüfen ist (S Rz 292).

**f) Vorteilsausgleich:** Eine Vermögensminderung der Körperschaft fehlt, wenn und soweit diese durch eine entsprechende Gegenleistung ausgeglichen wird. Dies ist selbstverständlich, wenn sich Leistung und Gegenleistung aus einem einheitlichen Vertrag ergeben (Arbeitsleistung gegen Vergütung, Pacht gegen Nutzungsüberlassung, Zins gegen Darlehen). Der Vorteilsausgleich kann aber auch aus unterschiedlichen Vertragsbeziehungen resultieren, etwa indem wechselseitig zinslose Darlehen oder entgeltlose Leistungen erbracht werden. Ein solcher **Vorteilsausgleich** zwischen mehreren Geschäften bzw Verträgen ist zu berücksichtigen, wenn hierüber eine eindeutige Abmachung und zwischen den Geschäften bzw den Verträgen ein zeitlicher Zusammenhang besteht (BFH BStBl III 64, 370; III 65, 598; *Winter* GmbHR 92, 294). Der Austauschwille muss dokumentiert werden. Liegen diese Voraussetzungen vor, ist auch ein Ausgleich unter verschiedenartigen Leistungen möglich. 229

Nach der Ansicht des I. Senats des BFH muss sich der **Vorteilsausgleich** zwischen der Kapitalgesellschaft und dem Gesellschafter vollziehen. Es soll daher nicht 230 ausreichen, dass sich im Organkreis die Vermögensminderung der einen Organtochter durch den Vermögenvorteil der anderen ausgleicht (BFH BStBl II 07, 961; II 85, 18). Werden zwischen Schwestergesellschaften Forderungen und Verbindlichkeiten aus unterschiedlichen Leistungsbeziehungen (Pacht, Warenlieferungen) über ein Kontokorrentkonto abgerechnet, ist dies keine vGa, sofern damit keine einseitige Bevorzugung einer Vertragspartei gegeben ist (BFH BStBl II 75, 21). Damit kommt uE ein Vorteilsausgleich auch zwischen Kapitalgesellschaft und Nahestehendem in Betracht. Da die vGa an **Nahestehende** durch das Verhältnis zum AntE bedingt ist, s Rz 182, können auch die Beziehungen zwischen der Gesellschaft und dem Nahestehenden in den Vorteilsausgleich einbezogen werden (vgl auch FG Hbg EFG 86, 86; einen solchen Vorteilsausgleich ablehnend FG Saarl EFG 02, 1555).

Ein Vorteilsausgleich zwischen dem **beherrschenden Gesellschafter** (Rz 395 ff) und der Kapitalgesellschaft setzt voraus, dass der Vorteilsausgleich auf einer im voraus getroffenen klaren Vereinbarung beruht (BFH BStBl II 76, 734; II 77, 704; II 89, 248; II 90, 649; II 07, 961). Dies dürfte auch für einen Vorteilsausgleich zwischen Kapitalgesellschaft und dem Nahestehenden gelten, wenn das Näheverhältnis zu einem beherrschenden Gesellschafter besteht.

233 Die „Verwaltungsgrundsätze" (s Rz 260) wenden in Tz 2.3 BFH BStBl II 77, 704 auch auf die Entgeltsbeziehungen im **Konzern** an, konkretisieren jedoch – uE ohne Rechtsgrundlage – darüber hinaus: Erfolge der Vorteilsausgleich erst nach Ablauf eines Wj, müsse vor dem Ablauf bestimmt sein, durch welche Vorteile ein Nachteil ausgeglichen werde; außerdem müsse der Ausgleich innerhalb der folgenden drei Wj erfolgen, es sei denn, der Vorteil würde aktiviert. Es ist zweifelhaft, welche Bedeutung die „Verwaltungsgrundsätze" hier haben, ob sie § 1 AStG oder vGa-Normen konkretisieren, die gerade im Bereich des „Vorteilsausgleichs" differieren können (krit auch *Katterbe* DB 83, 365).

Kein Vorteilsausgleich, wenn eine von der KapGes zu erbringende Leistung um bereits realisierte vGa gemindert wird (BFH BStBl II 93, 635).

**Ausgleichsansprüche aus einem Gesamtschuldverhältnis** können die Vermögensminderung ebenso beseitigen (BFH/NV 04, 668) wie **gesetzliche Ausgleichsansprüche** der Kapitalgesellschaft gegen den Gesellschafter, nicht aber umgekehrt (BFH BStBl II 98, 402). Gleiches gilt, wenn und soweit der unterschlagende Gesellschafter mit diesen Mitteln (gesamtschuldnerische) Schulden der Gesellschaft tilgt (BFH/NV 04, 668).

236 **g) Veranlassung durch das Gesellschaftsverhältnis/Angemessenheit/Üblichkeit:** Von einer Veranlassung durch das Gesellschaftsverhältnis ist auszugehen, wenn die Kapitalgesellschaft ihrem Gesellschafter einen Vermögensvorteil zuwendet, den sie bei Anwendung der Sorgfalt eines **ordentlichen und gewissenhaften Geschäftsleiters** (§§ 93 I AktG, 43 I GmbHG, 347 I HGB, 34 GenG) einem Nichtgesellschafter nicht gewährt hätte (Rz 165). Nach diesem Sorgfaltsmaßstab müssen im Leistungsverkehr zwischen Körperschaft und AntE **angemessene Entgelte** – Preise, Gehälter, Pachten, Zinsen, Gebühren usw – berechnet werden. Der Sorgfaltsmaßstab des ordentlichen Geschäftsleiters ist uE vorrangig vor einem allgemeinen abstrakten Angemessenheitsgebot. Entspricht diesem Maßstab im Einzelfall ein unangemessener Preis, hält der unangemessene Preis der vGa-Überprüfung stand.

237 Bei der Beurteilung der Sorgfalt des ordentlichen und gewissenhaften Geschäftsführers ist ein diesem **Maßstab** entsprechender Spielraum der Geschäftsleitung zu berücksichtigen (Anforderungen im „menschlichen Maß", *Brezing* StbJb 83/84, 226, s auch *Greil/Colussi* StBp 11, 40). Zu prüfen ist immer, wie der Geschäftsleiter in einer konkreten Situation gehandelt hat (vgl BFH BStBl II 77, 765 betr Preisgestaltung; II 85, 120 betr die Tätigkeit eines Geschäftsleiters im Ausland; *Streck* GmbHR 87, 104, 106). Die Situationsbedingtheit wird nicht dadurch ge-

hindert, dass der Maßstab selbst objektiv, nämlich bezogen auf die individuelle Situation, zu bestimmen ist (zur Objektivität des Maßstabs vgl BFH BStBl II 78, 109; BFH/NV 87, 63; BStBl II 92, 359; s auch BFH/NV 04, 182, zu einem Gesellschafter-Geschäftsführer, der über Nacht Geld im PKW aufbewahrt hat und dessen PKW gestohlen wurde). Der Maßstab bezieht sich auch innerhalb der Organschaft auf die Gesellschaft deren Geschäftsführung zu bewerten ist; der Geschäftsführer einer OrganGes darf nicht den OrganT begünstigen (BFH BStBl II 85, 18).

Der Sorgfaltsmaßstab ist **objektiviert.** Er wird nicht dadurch aufgehoben, dass man die Entgeltsbestimmung einem Sachverständigen überträgt; das Sachverständigenurteil bleibt nach vGa-Kriterien überprüfbar (BFH BStBl II 78, 109). Diese Rspr ist formal in Ordnung. Da für die Feststellung einer vGa wiederum auf den Sachverständigen zurückgegriffen wird (Rz 270), muss, will man das Sachverständigenurteil nicht entwerten, die Entgeltsbestimmung durch einen Sachverständigen zumindest die Vermutung der Angemessenheit in sich tragen. S auch Rz 332.

Maßgebend für die Angemessenheit ist idR der sog **Fremdvergleich,** dh der Vergleich mit Geschäften, die mit Nichtgesellschaftern vereinbart werden. Allerdings gilt auch hier, dass der Fremdvergleich im Einzelfall aufgrund des entscheidenden Sorgfaltsmaßstabs Ausnahmen kennt (s zum Beispiel eines lästigen Gesellschafters *Martini* FR 11, 562). Andererseits ist der Fremdvergleich kein Maßstab, wenn er durch unangemessene Fremdgeschäfte **künstlich beeinflusst** wird, um vGa zu rechtfertigen (so die Annahme in BFH BStBl II 94, 479). 238

Der Fremdvergleich gilt **für alle Körperschaften,** zB auch für Vereine (vgl Beratungs-ABC „Verdeckte Gewinnausschüttungen bei Vereinen"), Genossenschaften (Beratungs-ABC „Genossenschaften") und **stbefreiten Körperschaften** s § 5 Rz 20. 239

Seit BFH BStBl II 90, 454 (HFR Anm 90, 439) misst der BFH dem Maßstab des Fremdvergleichs eine eigenständige Bedeutung bei. Ausgangspunkt der Prüfung ist für den BFH, ob der Aufwand zugunsten eines Gesellschafters betrieblich oder gesellschaftsrechtlich veranlasst ist. Kriterium dieser Prüfung ist, ob Vereinbarungen, wie sie der Vermögensminderung zugrunde liegen, auch zwischen Personen geschlossen würden, die nicht gesellschaftsrechtlich miteinander verbunden sind (Üblichkeit). Es wird geprüft, ob ein ordentlicher und gewissenhafter Geschäftsleiter die Vereinbarung auch mit einem Nichtgesellschafter getroffen hätte (BFH BStBl II 93, 455 zu einer sofort unverfallbaren Pensionszusage; II 97, 577 betr Überstundenvergütung; BFH/NV 05, 1633, betr mehrfache kurzfristige Gehaltserhöhungen; BFH/NV 15, 237 betr Firmenpacht; s auch Anh § 8 Rz 332). Diese Prüfung erfolge nicht nur aus Sicht der KapGes. Wenn ein Dritter einer für die Gesellschaft vorteilhaften Vereinbarung nicht zugestimmt hätte, kann deren Veranlassung im Gesellschaftsverhältnis liegen (BFH BStBl II 93, 311 zur Nur-Gewinntantieme; II 96, 204, zur „Nur-Pension"). Dieser **„doppelte Fremdvergleich"** näherte sich dem Fremdvergleichsmaßstab des § 1 AStG (s FGNds EFG 95, 848, wo vereinbart war, dass eine Herabsetzung des an sich klar und eindeutig vereinbarten Gehalts bis auf DM 0,– möglich war, wenn eine Überschuldung der GmbH drohte; *Wassermeyer* DB 94, 1108; s auch BFH BStBl II 98, 402, vGa bei Leistungsentgelt, das den gesellschaftsrechtl Beteiligungen entspricht; ebenso bereits FG Hbg EFG 96, 830; weitere Nachweise bei *Frischholz* StBp 95, 11). Daher hat der BFH seine Rspr zwischenzeitlich dahingehend eingeschränkt, dass es sich bei dem Fremdvergleich nur um ein widerlegbares **Indiz** handelt (BFH BStBl II 98, 689: Verlängerung der Dienstzeit; s hierzu § 8 Anh Rz 906; BFH BStBl II 98, 573; BFH/NV 97, 902; 05, 1374; 10, 1127; s auch FG Hbg EFG 99, 727, aufgehoben durch BFH BStBl II 02, 111, dazu *Steinkamp,* StB 2001, 397; FG Bln-Bdbg EFG 09, 433 m Anm *Neu* zur Durchführung eines Mietvertrags; FG SachsAnh EFG 08, 884 u 09, 1149: Ausschluss der ordentlichen Kündigung im Geschäftsführervertrag; eine Nur-Tantieme im Sonderfall anerkennend BFH BStBl II 98, 573; s auch 240

BFH BStBl II 99, 242 25%, eine Nur-Tantieme anerkennend; dazu auch OFD Frankfurt GmbHR 00, 954). Wo die Leistungsbeziehung aufgrund fehlender „Üblichkeit" nicht anerkannt wird, ist die dadurch verursachte Vermögensminderung, idR also das gesamte gezahlte oder aufgewandte Entgelt, vGa („vGa dem Grunde nach"). Dies gilt unabhängig davon, ob der Gesellschafter beherrschend oder nicht beherrschend ist.

Eine „unübliche" Vertragsgestaltung und -durchführung mit einem Dritten indiziert keine vGa (FG D'dorf EFG 03, 1040).

241 **Kritik:** Die Rspr des BFH ist abzulehnen, soweit eine vGa auch bei Leistungen der Körperschaft unterhalb der Angemessenheitsgrenze angenommen wird, nur weil die Art und Weise der Leistungsbeziehung unüblich ist (zB Nur-Pension). Für eine Gewinnkorrektur fehlt die sachliche Rechtfertigung (so auch FG Hbg EFG 04, 1006, aufgehoben durch BFH/NV 05, 1006; krit zum Kriterium der Üblichkeit auch *Hoffmann* GmbHR 96, 664). Das KStSubjekt steht nicht schlechter, sondern besser, als es stehen würde, wenn ein angemessenes Entgelt gezahlt worden wäre. Eine in der Art oder Höhe unüblich niedrige Vermögensminderung ist letztendlich eine Einlage des AntE. Die aus Sicht der BFH-Richter gegebenen Begründungen (*Wassermeyer* DB 01, 2465; *Gosch* § 8 Rz 345) überzeugen nicht, sondern zeigen, dass letztendlich nur ein Instrument geschaffen wurde, um das vom BFH subjektiv Gewollte zu begründen (s insb *Wassermeyer* DB 01, 2465 unter VII).

242 Der Fremdvergleich gilt aber nur **in der Regel;** denn im Einzelfall kann und muss auch der ordnungsgemäß handelnde Geschäftsleiter von der Regel abweichen (vgl die Entscheidung BFH BStBl II 77, 765 betr Warenpreise; BStBl II 81, 492; BFH/NV 89, 131; s auch Anh § 8 Rz 797 ff; ähnlich die „Verwaltungsgrundsätze", Rz 260, zu Tz 2.1.). Wegen der Einzelfallbezogenheit sind Richtsatzsammlungen der FinVerw oder Kostenstrukturstatistiken der statistischen Bundes- und Landesämter über Gewinne, Kosten usw idR untauglich, bieten allenfalls Ansatzpunkte.

243 Soll der AntE wie ein Nichtgesellschafter behandelt werden, so darf er jedoch auch **nicht schlechter als ein Nichtgesellschafter** behandelt werden (BFH BStBl III 67, 498; auch der Gesellschafter-Geschäftsführer einer ruhenden GmbH kann ein Gehalt verlangen, weil kein Dritter diese Tätigkeit und Verantwortung unentgeltlich übernehmen würde).

244 **Gegenstand** der Angemessenheitsprüfung ist das ganze **Schuldverhältnis;** das Gesamtentgelt ist zu berücksichtigen (BFH BStBl II 68, 809 betr Gehalt und Pension), einschließlich aller Haupt- und Nebenvereinbarungen. Ein Vorteilsausgleich erfolgt folglich in einem gegenseitigen Vertrag zwingend (BFH BStBl II 77, 704; s auch Rz 229 ff).

245 **Maßgebender Zeitpunkt** ist der Vertragsabschluss (BFH BStBl II 71, 600 und BStBl II 80, 477 betr stille Ges; II 75, 617 betr Grundstückskauf; II 89, 854 betr Geschäftsführergehalt; BStBl II 97, 301; II 05, 653 betr Pensionszusage; BFH BStBl II 03, 418 und FG D'dorf EFG 04, 222 betr Tantieme). Spätere Umstände, zB Wertsteigerungen, bleiben außer Betracht (BFH BStBl II 75, 617). War das Vereinbarte zum Zeitpunkt des Vertragsabschlusses angemessen, so ist eine vGa auch in Zukunft zu verneinen, wenn ein Entgelt später als unangemessen erscheint. Für den maßgebenden Zeitpunkt ist selbst dann der Vertragsabschluss maßgebend, wenn sich zuerst die vGa noch nicht auswirkt. Beispiel: Bürgschaftsübernahme ohne Regressabsicht, s Anh § 8 Rz 234 ff. Insoweit ist zwischen dem Zeitpunkt, der für die Beurteilung der vGa maßgebend ist, und demjenigen, zu dem sich eine vGa auswirkt, zu unterscheiden.

246 Erfolgen Aufwendungen der Körperschaft sowohl im eigenen Interesse als auch im Interesse eines AntE **(gemischtes Interesse),** so ist eine Aufteilung in Betriebsausgaben und vGa erforderlich (vgl BFH BStBl III 56, 94 betr Beerdigungskosten; III 56, 179 betr Prüfungskosten; II 76, 753 betr Auslandsreisen; s auch Anh

§ 8 Rz 390, 1000, 1308, 1336). Das Aufteilungsverbot des § 12 Nr 1 S 2 EStG gilt nicht generell (BFH GrS 1/06 BStBl II 10, 672), was auch im Bereich der vGa zu berücksichtigen ist (FinMin SchlHol DStR 11, 314; zur Rspr vor GrS 1/06 s BFH BStBl II 76, 753; II 81, 108; BFH/NV 86, 48; vorsichtiger BFH BStBl II 92, 359; restriktiv BFH/NV 04, 1603 zur Geburtstagsfeier, krit *Pezzer* FR 04, 1279; s auch BFH BStBl II 05, 666, bei „nicht nur untergeordneter privater Mitveranlassung" vGa, wenn bei EU § 12 Nr 1 EStG greifen würde; ebenso FG Mchn EFG 03, 800 für Wohnung im Tessin u FG Bln-Bdbg EFG 12, 2012 für Firmenjubiläum, mit zu Recht kritischer Anm v *Henningfeld*). Das Interesse muss eindeutig in beiden Sphären liegen, um eine Aufteilung zu rechtfertigen; dass eine Betriebsausgabe auch im Privatinteresse des AntE liegt, ermöglicht noch keine Aufteilung (RFH RStBl 32, 80); hätte der ordnungsgemäß handelnde Geschäftsleiter die Ausgabe trotz des Interesses des AntE voll getätigt, keine vGa und keine Aufteilung. Beispiel: Geschäftsreise nach Nizza; Mercedes als Geschäftswagen; Blumenschmuck im Büro.

Für die Angemessenheit spielt die **Gewinnsituation** der Körperschaft eine bedeutende Rolle. Eine GmbH will Gewinne erzielen; eine kostendeckende Gegenleistung soll daher nicht ausreichen (s Rz 249). 247

Die vereinbarte Gewinnlosigkeit ist nicht zulässig (BFH BStBl II 75, 722; II 75, 124 betr Ein- und VerkaufsGes; dazu *Henninger* GmbHR 77, 134; BFH BStBl II 74, 695 betr Kartelle und Syndikate; BFH BStBl II 94, 479 betr EinkaufsGes einer Handwerksinnung).

**Gewinnabsaugende** und **verlustverursachende Verträge** mit AntE deuten auf vGa hin (BFH BStBl II 75, 722). Bei einer Verzinsung von 10 % des eingezahlten StammKap und der offenen Rücklagen und von 3 % für das nicht eingezahlte StammKap fehlt ein erster Anschein für das Vorliegen einer vGa; allerdings wird der ordnungsgemäß handelnde Geschäftsleiter bemüht sein, mehr zu erzielen (BFH BStBl II 77, 679 betr Betriebspacht; II 78, 234 betr Gehalt).

Die Gewinnlosigkeit allein erlaubt noch nicht, auf die Angemessenheitsprüfung zu verzichten (BFH BStBl II 72, 320 betr Betriebspacht). **Gewinnlosigkeit** berechtigt die FinVerw nicht zu einer Globalschätzung. Auch in diesen Fällen ist die Verw verpflichtet, zu prüfen, wie sich ein ordnungsgemäß handelnder Geschäftsleiter verhalten, welche Entgelte er vereinbart und welche Gewinne er folglich erzielt hätte (BFH BStBl II 75, 722). Das Einzelgeschäft ist zu beurteilen (Tz 2.1.2. der „Verwaltungsgrundsätze", Rz 260; *Höppner* StBp 83, 128). Richtsatzsammlungen der FinVerw oder Kostenstrukturstatistiken bieten allenfalls Anhaltspunkte für die Gewinnermittlung, keinen zwingenden Ableitungsmaßstab (glA für die Kostenstrukturstatistik FinVerw 81 StEK AO 1977 § 162 Nr 7).

Die in der Praxis anzutreffende Argumentation, wonach im Hinblick auf Vergleichspreise, KapVerzinsung usw ein bestimmter Gewinn erzielt werden muss, ist verfehlt. Es gibt keinen Zwang zum Gewinn, keinen **„Pflichtgewinn".** Maßgebend ist alleine die Handlungsweise des ordnungsgemäß handelnden Geschäftsleiters, der alle Umstände des Einzelfalls, alle Besonderheiten der konkreten Situation berücksichtigen muss. Wo jedoch im Hinblick auf die Gewinnerzielung und die KapVerzinsung Verträge abgeschlossen werden, die unmittelbar oder als Entgelt-Untergrenze der Körperschaft garantieren, dass ihr eingesetztes Kapital angemessen verzinst wird, sind diese Verträge anzuerkennen.

**h) Höhe der vGa:** Die Bewertung der als vGa vorzunehmenden Einkommenskorrektur bzw des als vGa anzusetzenden Vorteils – das Unangemessene – richtet sich grundsätzlich nach dem, was ein ordnungsgemäß handelnder Geschäftsleiter verfügt, gezahlt oder gefordert hätte (BFH BStBl II 75, 722; II 77, 569; *Döllerer* BB 79, 58); diese Werte gehen sodann nach den für sie maßgebenden steuerlichen Ansätzen in die Einkommensermittlung ein. Der Maßstab ist die konsequente Ableitung aus der allgemeinen vGa-Formel, s Rz 165. 248

Regelmäßig ist die vGa mit dem **gemeinen Wert,** § 9 BewG, anzusetzen (KStH 8.6 „Hingabe von Gütern"); allerdings ohne jedes pauschalierende Element; § 9 II 3 BewG – Nichtberücksichtigung ungewöhnlicher oder persönlicher Verhältnisse – entfällt. Bei Betriebs- oder Teilbetriebsbewertungen gilt der Ertragswert, selbst wenn der Sustanzwert höher ist (BFH BStBl II 75, 306; FG D'dorf EFG 14, 1987); ebenfalls bei Mitunternehmeranteilen; § 6 III EStG ist nicht anzuwenden (BFH BStBl II 92, 832, noch zu § 7 I EStDV).

249 Für **Nutzungsüberlassungen** ist idR die erzielbare Vergütung anzusetzen (BFH BStBl II 75, 306; II 90, 649; KStH 8.6 „Nutzungsüberlassungen"; s auch Anh § 8 Rz 797 ff). Wird ein Wirtschaftsgut im privaten Interesse eines Gesellschafters unterhalten (Anh § 8 Rz 794) und ihm zur Nutzung überlassen, so ist streitig, ob nur der privat veranlasste betriebliche Verlust (so zu Recht *Briese* DStR 04, 249; *Paus* GmbHR 05, 1600; *Kohlhepp* DB 11, 1598) oder die Vollkosten zuzüglich Gewinnaufschlag als vGa anzusetzen sind (so BFH/NV 05, 793, zum Einfamilienhaus und FG München EFG 03, 800, zu einer Ferienwohnung: Als Miete ist die Kostenmiete plus Gewinnaufschlag anzusetzen, Sonderabschreibungen sind nicht zu berücksichtigen; ebenso für die private Nutzung eines betrieblichen Flugzeugs BFH/NV 11, 1019; für eine entsprechende Besteuerung auf der Gesellschafterebene *Gebel/Merz* DStZ 11, 145; ebenso uE aber unzutreffend FG Bln-Bdbg EFG 17, 1087, NZB BFH VIII B 50/17; zur PKW-Nutzung Anh § 8 Rz 331). UE fehlt für den pauschalen Gewinnaufschlag die Rechtfertigung, insoweit ist eine verhinderte Vermögensmehrung nicht gegeben

250 Der angemessene Preis, das angemessene Entgelt sind letztlich zu **schätzen** (BFH BStBl II 72, 594). Angemessen ist nicht ein bestimmter Betrag, sondern der Bereich der Angemessenheit erstreckt sich auf eine gewisse **Bandbreite** von Beträgen (BFH BStBl II 04, 132; zur Geschäftsführervergütung s Anh § 8 Rz 275 ff; FG Bln-Bdbg EFG 04, 370; EFG 08, 229, zum Grundstückskaufpreis; ähnlich schon BFH BStBl II 73, 322; FG Saarl EFG 94, 940). Unangemessen sind nur diejenigen Beträge, die den oberen Rand dieser Bandbreite übersteigen.

251 Die Angemessenheit ist eine **Tatsachenfrage,** die, wenn Vergleichspreise uä fehlen, nur ein Sachverständiger entscheiden kann. Im finanzgerichtlichen Rechtsstreit fällt die Entscheidung über die Angemessenheit daher regelmäßig in der FG-Instanz, die revisionsrechtlich nur auf Verfahrensfehler oder einen Verstoß gegen die Denkgesetze hin überprüft werden kann (s zB BFH BStBl II 68, 809; BFH/NV 96, 339). Dies gilt selbst dann, wenn „sich aus den vorhandenen Schätzungsgrundlagen gleichermaßen andere Beträge hätten ableiten lassen" (BFH/NV 03, 1346).

252 Aufwendungen auf der **Ebene des AntE,** um den Ertrag der vGa zu erhalten oder zu verwalten, mindern nicht die vGa bei der Körperschaft; es können allenfalls WK oder Betriebsausgaben beim AntE vorliegen (BFH BStBl II 89, 475; NdsFG EFG 12, 2007). Es besteht keine rechtlich zwingende Übereinstimmung zwischen der Bewertung einer vGa bei der Körperschaft und beim AntE (aA *Schulze zur Wiesche* GmbHR 90, 44).

260 **i) Verrechnungspreise:** Zu den Verrechnungspreisen und zur Einkünfteabgrenzung in multinationalen Unternehmen legte 1979 der Steuerausschuss der OECD einen Bericht „Verrechnungspreise und multinationale Unternehmen" vor, bei dem es sich im Wesentlichen um einen Kommentar zum „dealing at arm's length-Prinzip" handelt. Der für die einzelnen Länder und die StPflicht nicht bindende Bericht (*Baranowski* JbFfSt 81/82, 110) wurde 1985 und 1995 überarbeitet (vgl dazu *Baumhoff/Sieker* IStR 1995, 517; *Werra* IStR 1995, 457, 511; *Wassermeyer* in *Flick/Wassermeyer/Baumhoff,* AStG, § 1 Rz 63 ff, Okt 04). Er bildete die Grundlage für die von der deutschen FinVerw herausgegebenen „**Verwaltungsgrundsätze** für die Prüfung der Einkunftsabgrenzung bei international verbundenen Unternehmen", vgl BStBl I 83, 218 (s dazu *Flick* JbFfSt 81/82, 111; *Jonas* DStR 83, 218; *Höppner* StBp 83, 121; *Borggreve* Inf 83, 293; *PJ Schmidt* DB 83, 1389;

*Ritter* BB 83, 1677; *Menck/Schellen/Becker* JbFfSt 83/84, 125 ff; *Reuter* IWB F 3 Deutschland Gr 1, 1129 (2/1987); *Kußmaul* RIW 87, 679; *Popp/Theisen* DB 87, 1949; *Baumhoff* DStR 87, 497; *Weber* StBp 87, 117, 141; *Menger* GmbHR 87, 397; *Klein* BB 95, 225). Die „Verwaltungsgrundsätze" werden ständig ergänzt und geändert (vgl „Grundsätze für die Prüfung der Einkommensabgrenzung durch **Umlageverträge** zwischen international verbundenen Unternehmen", BStBl I 99, 1122, mit Kommentar von *Baumhoff* IStR 00, 693 ff, 731 ff); „Grundsätze für die Prüfung der Einkunftsabgrenzung zwischen nahestehende Personen mit grenzüberschreitenden Geschäftsbeziehungen in Bezug auf Ermittlungs- und Mitwirkungspflichten, Berichtigungen sowie auf Verständigungs- und EU-Schiedsverfahren" (Verwaltungsgrundsätze – **Verfahren,** BStBl I 05, 570); „Grundsätze für die Prüfung der Einkunftsabgrenzung zwischen international verbundenen Unternehmen in Fällen der Arbeitnehmerentsendung (Verwaltungsgrundsätze – **Arbeitnehmerentsendung,** BMF BStBl I 01, 796 mit Anm *Vögele/Cruger/Schmitz,* DB 02, 1185); „Merkblatt für bilaterale oder multilaterale Vorabverständigungsverfahren auf der Grundlage der Doppelbesteuerungsabkommen zur Erteilung verbindlicher Vorabzusagen über Verrechnungspreise zwischen international verbundenen Unternehmen (sog „advance pricing agreements" – APAs)", BStBl I 06, 594; „Grundsätze der Verwaltung für die Prüfung der Aufteilung der Einkünfte bei Betriebsstätten international tätiger Unternehmen (Betriebsstätten-Verwaltungsgrundsätze)", BStBl I 09, 888; „Grundsätze für die Prüfung der Einkunftsabgrenzung zwischen nahestehenden Personen in Fällen von grenzüberschreitenden Funktionsverlagerungen (Verwaltungsgrundsätze Funktionsverlagerung)", BStBl I 10, 774; Glossar „Verrechnungspreise, BStBl I 14, 838; „Grundsätze für die Anwendung des Fremdvergleichsgrundsatzes auf die Aufteilung der Einkünfte zwischen einem inländischen Unternehmen und seiner ausländischen Betriebsstätte und auf die Ermittlung der Einkünfte der inländischen Betriebsstätte eines ausländischen Unternehmens nach § 1 Abs 5 AStG und der Betriebsstättengewinnaufteilungsverordnung (Verwaltungsgrundsätze Betriebsstättengewinnaufteilung)", BStBl I 17, 182; dazu *Haverkamp* ISR 17, 33; *Kahle/Kindich* GmbHR 17, 341; *van der Ham/Retzer* ISR 17, 131; *Sennewald/Geberth* DB 17, 31; *Nientimp/Stein/Schwarz/Holinski* BB 17, 407; *Tenberge* IWB 17, 99. S auch *Vögele/Borstell/Engler/Kotschenreuther,* Handbuch der Verrechnungspreise, 3. Aufl 2011; *Kuckhoff/Schreiber,* Verrechnungspreise, 1997; *Kroppen,* Handbuch Internationaler Verrechnungspreise; *Vögele/Corpus/Juchems* IStR 2000, 713 ff; Rz 260 und die dort angegebene Literatur. Zum Beweisrecht der Verwaltungsgrundsätze s *Ritter* FR 85, 34 und Rz 275.

Grundlegend zur Verrechnungspreisbestimmung, insbesondere zur **Dokumentations- und Mitwirkungspflicht** war BFH BStBl II 04, 171; dazu *Kaminski/Strunk* IWB F 3, 1831; *Wassermeyer* DB 01, 2465; *Crezelius* BB 02, 1121; *Seer* FR 02, 380; *Wehnert/Stalberg* IStR 02, 141; *Vögele/Bader* IStR 02, 354; *Isensee* IStR 02, 465; nachfolgend BFH/NV 05, 1719, mit Anm *Bogenschütz* BB 05, 1725. Als Folge dieser restriktiven Rspr hat der Gesetzgeber in § 90 III AO extensive Dokumentationspflichten für Auslandssachverhalte festgelegt (eingehend dazu GAufzV BStBl I 03, 739; BMF BStBl I 05, 570; *Hagen* Stbp 05, 33; *Werra* IStR 05, 19; *Braun/Hof* IStR 05, 69; *Kaminski* in Praxisleitfaden Internationales Steuerrecht 2005/2006, 123; *Strunk/Kaminski* Stbg 05, 407; *Baumhoff/Ditz/Greinert* DStR 05, 1549). 261

**j) Beweislastfragen.** In der Praxis steht die FinVerw bei der Überprüfung von angemessenen Entgelten idR vor großen Schwierigkeiten. Konkrete Vergleichspreise fehlen, da die Leistungsangebote jederzeit Differenzierungen und damit die Ablehnung der von der FinVerw behaupteten Vergleichspreise erlauben (vgl *Baranowski* JbFfSt 81/82, 118). Die Kalkulations- und sonstigen Berechnungsmethoden werden in Bp-Berichten abstrakt in Standardformulierungen wiedergeben; die Anwendung ist weitgehend subjektiv fehlerhaft oder objektiv so schwierig, dass sie 275 griffige Gegenargumente erlaubt. Das Ergebnis sind ein deutlich spürbares Ausweichen auf die formalen Bedingungen bei beherrschenden AntE (vgl Rz 320 ff), selbstgestrickte Berechnungsmethoden der Bp (*Strobl* RIW/AWD 80, 741), die undifferenzierte und unkritische Anwendung von Statistiken oder der Ersatz einer argumentativen Begründung durch hoheitliche Behauptungen (so schon *Streck/Rainer* KÖSDI 82, 4573; s zur „Preisvergleichsmethode" FG Münster EFG 17, 334, Rev BFH I R 4/17). Die Frage, wer die Feststellungslast in einem Streit um die vGa trägt, ist daher nicht selten entscheidend für den Ausgang eines Rechtsbehelfsverfahrens. Eingehend **zur Streitführung** *Olgemöller* GmbH-StB 04, 310; s auch *Kohlhaas* GmbHR 09, 182.

Eine offenbleibende Unklarheit über das Vorliegen einer vGa dem Grund und der Höhe nach geht zu Lasten des FA, eine vGa ist nicht anzunehmen; insoweit trägt die **FinVerw** die **Feststellungslast** (BFH BStBl III 65, 119 betr partiarisches Darlehen; BStBl II 74, 430 betr Witwen- und Waisenrente; BStBl II 77, 568 betr Kostenbelastung; BStBl II 93, 569; BFH/NV 95, 548; BFH/NV 14, 1501). Überlegungen, die allgemeine Beweislastregel bei Betriebseinnahmen und Betriebsausgaben auch auf die vGa zu übertragen (vgl im Ansatz BFH/NV 86, 490; BStBl II 93, 247; FG SchlHol EFG 87, 206; *Eppler* DStR 88, 339; *Wassermeyer* FR 89, 218, 223), hat BFH/NV 02, 1179, eine Absage erteilt. Die FinVerw folgt dem (KStH 8.6). Die Vermutung spricht gegen die vGa.

Je geringer die **Beteiligung des AntE,** der die vGa bewirkt bzw erhalten haben soll, um so wahrscheinlicher die Angemessenheit (*Jonas* DStR 83, 220).

Zur vGa an **Nahestehende** s Rz 182 ff.

276 Bei **grenzüberschreitenden Beziehungen** ist § 90 II und III AO – gesteigerte Mitwirkungs- und Dokumentationspflichten bei Auslandsbeziehungen – einschlägig (s Rz 260). Die Mitwirkungspflicht setzt eine Auslandsbeziehung voraus. Die Behauptung einer Auslandsbeziehung, die man sodann als gegeben annimmt, weil der StPflicht der aus der behaupteten Auslandsbeziehung folgenden Mitwirkungspflicht nicht nachkommt, ist zwar eine häufig anzutreffende Argumentation der FinVerw, weil sie Argumente schafft, die nicht vorhanden sind. Sie ist jedoch rechtlich nicht haltbar.

280 **k) Rechtsfolgen der vGa:**

**Schrifttum:** *Hey,* Bedeutung und Besteuerungsfolgen der Verdeckten Gewinnausschüttung nach der Unternehmenssteuerreform, GmbHR 01, 1; *Korn,* Neue Beratungsaspekte zu verdeckten Gewinnausschüttungen, KÖSDI 01, 12 811; *Schiffers,* Die vGa im Halbeinkünfteverfahren, GmbH-StB 00, 242; *ders,* Konsequenzen verdeckter Gewinnausschüttungen nach dem Systemwechsel bei der Besteuerung von Kapitalgesellschaften, GmbHR 01, 885; *Binz/Sorg,* Die verdeckte Gewinnausschüttung nach der Unternehmenssteuerreform, DStR 01, 1457; *Dörner,* Verdeckte Gewinnausschüttungen sowie Leistungen zwischen Kapitalgesellschaft und Gesellschafter nach dem Halbeinkünfteverfahren, Inf 01, 76; *Seeger,* Die verdeckte Gewinnausschüttung und das Halbeinkünfteverfahren, StuB 00, 667; *Schmitz,* VGa im Konzern und systemgerechte Besteuerung nach der Unternehmenssteuerreform?, DB 01, 1166; *Hombitzer,* Die vGa im Spiegel der Unternehmenssteuerreform, StBp 01, 227; *Staiger/Scholz,* Belastungswirkung vGaen nach Einführung des Halbeinkünfteverfahrens, BB 02, 2633; *Wesselmann-Neugebauer,* Die Vereinbarung von Leistungsvergütungen zwecks Steueroptimierung nach Einführung des Halbeinkünfteverfahrens, GmbHR 02, 47; *Mar,* Steuerauswirkungen bei der Aufdeckung verdeckter Gewinnausschüttungen, DB 03, 673; *Graf/Weber,* Neuer Nährboden für verdeckte Gewinnausschüttungen, GmbHR 04, 757; *Janssen,* Die erwünschte verdeckte Gewinnausschüttung, NWB Fach 4, 5013 (29.8.05); *Rüd,* Verdeckte Gewinnausschüttung als Steuersparmodell, FR 06, 461, mit Replik *Bindl,* FR 06, 724, *Duplik* FR 06, 727; *Binz,* Verdeckte Gewinnausschüttung – gestern und morgen, DStR 08, 1820; *Kohlhepp,* § 8b Abs 5 KStG und Überlegungen zu einem geänderten dogmatischen Ansatz der vGa bei Konzernstrukturen, DStR 08, 1859; *Bareis,* „Belastungswirkungen" verdeckter Gewinnausschüttungen, DStR 09, 600.

Bei der Körperschaft erfolgt eine **Korrektur** des **Einkommens.** Da die vGa die bürgerl-rechtl Vereinbarungen idR unberührt lässt (BFH BStBl II 68, 50), erfolgt die erforderliche Korrektur nach Auffassung des BFH **außerhalb der Bilanz** in der KStErklärung bzw in dem KStBescheid (BFH BStBl II 02, 366, mit HFR Anm 95, 141 und DStR 94, 1803; BFH BStBl II 02, 367; 08, 277; zustimmend seit 2002 BMF BStBl I 02, 603; zu den vorausgegangenen Angriffen des BFH auf die FinVerw *Wassermeyer* GmbHR 02, 1; zustimmend ferner *Wassermeyer* GmbHR 02, 617; *ders* DB 02, 2668; *ders* FR 03, 234; *ders* FS Raupach 2006, 565; *ders* DB 10, 1959; *Frotscher* FR 02, 859; *ders* FR 03, 230; *Dörner* INF 02, 481; *Paus* DStZ 02, 787; *ders* DStZ 03, 386; *Lang* DStZ 03, 219; *Reiss* StuW 03, 21; *Harle* GmbHR 08, 1257; *ders* GmbHR 09, 816; *Gosch* § 8 Rz 395; dagegen und für eine Korrektur innerhalb der Bilanz *Briese* GmbHR 05, 597; GmbHR 06, 1136; 1308; FR 09, 991; BB 14, 1943; DB 14, 2610; FR 14, 1001; *Bareis* GmbHR 09, 813; *ders* DB 10, 2637; *ders* FR 14, 493; *ders* DB 14, 2610; differenzierend *Kohlhepp* Verdeckte Gewinnausschüttungen, Diss 2008; *ders* DB 09, 1488 u DStR 09, 357; s auch Rz 168).

**Konsequenzen:** Es erfolgt keine Korrektur der Bilanzansätze, auch soweit diese zu vGa geführt haben. Beispiel: Im Jahr 01 wird für eine Tantieme oder eine Pensionszusage eine Rückstellung gebildet. Soweit die Tantieme oder Pensionszusage als vGa anzusehen ist, kann die Korrektur nur im Jahr 01 erfolgen. Ein Nachholen der Besteuerung in einem späteren Jahr durch Auflösung der Rückstellungen ist nicht zulässig (BFH BStBl II 02, 366; 08, 277; 13, 41; FG SchlHol EFG 08, 637; BMF BStBl I 02, 603). Gleiches gilt für eine Verbindlichkeit der Gesellschaft gegenüber dem Gesellschafter oder Nahestehendem, die als vGa zu qualifizieren ist (FG SchlHol EFG 08, 637).

Das Ziel ist, die Einkommensermittlung so durchzuführen, wie dies ohne gesellschaftsrechtl Beeinflussung, dh bei ordnungsgemäß handelnder Geschäftsleitung geschehen wäre. Hat die vGa das Einkommen gemindert, wird die Minderung rückgängig gemacht. Liegt eine vGa durch Verzicht auf Erträge vor, werden diese Erträge hinzugerechnet. Werden Sachwerte **unter Preis** abgegeben, ist das Einkommen um den Differenzbetrag zu erhöhen (eingehend mit Berechnungsbeispielen *Neumann* in R/H/N § 8 Rz 330).

Die Korrektur erfolgt zu dem **Zeitpunkt,** zu dem bei richtiger Behandlung der Mehrgewinn ausgewiesen worden wäre. Dieser muss weder mit dem Zeitpunkt des Abflusses bei der Körperschaft noch mit dem Zeitpunk des Zuflusses bei dem Gesellschafter oder Nahestehenden identisch sein (BFH BStBl II 02, 367).

Nicht abschließend geklärt sind die Folgen, wenn ein **Wirtschaftsgut** zu **überhöhten Kosten** von dem Gesellschafter erworben wurde. Wendet man die Rspr konsequent an, führt erst die AfA, Veräußerung usw zur vGa (so *Wassermeyer* BB 89, 1382; FG Hbg EFG 07, 439). Nach aA (BFH/NV 86, 116; BMF BStBl 02, 603; *Gosch* § 8 Rz 485; *Martini/Valta* DStR 10, 2329; dagegen *Kohlhepp* DStR 11, 702) ist nur der echte Wert zu aktivieren, der überhöhte Betrag ist nicht zur Erlangung des Wirtschaftsguts aufgewandt worden. Ferner ist streitig, inwieweit eine solche Korrektur im ersten noch offenen Veranlagungsjahr möglich ist, wenn die vGa zuvor nicht erkannt wurde (so BMF BStBl I 02, 603; aA *Frotscher* FR 02, 859; dagegen *Wassermeyer* DB 02, 2668; Replik *Frotscher* FR 03, 230; Duplik *Wassermeyer* FR 03, 234). 281

Ist die vGa bei der Körperschaft steuerl erfasst, kann bei der Körperschaft die gleiche Vorteilszuwendung nicht nochmals erfasst werden. Ist die bilanzielle Passivierung eine vGa, ist die **Erfüllung** der Schuld keine vGa.

Der Betrag der vGa unterliegt der GewSt, KSt und SoliZ. Diese **StBelastung** bleibt unter Geltung des Halbeinkünfteverfahrens bzw Teileinkünfteverfahrens (s Rz 286 u ABC zu diesen Stichworten) definitiv. Hätte die vGa zu **stfreien Einkünften** geführt, ist auch die vGa stfrei. 282

Zur **USt** s Anh § 8 Rz 1233; zur Schenkungsteuer Rz 300. 283

Der **Abfluss** der vGa hat im Halbeinkünfteverfahren/Teileinkünfteverfahren (Rz 286) grundsätzlich keine Auswirkung auf die Höhe der StBelastung bei der

Gesellschaft. Zur **KapErtrSt** s Anh § 8 Rz 725. Zu den Auswirkungen durch die Abschaffung des KSt-Anrechnungsverfahrens bis VZ 06 s 8. Aufl.

284 Eine zwingende **Beziehung** zwischen der Behandlung der vGa bei der **Körperschaft** und dem **AntE** besteht nicht. Die Einkommensverwendung auf der Ebene der Körperschaft muss weder zeitlich noch betragsmäßig mit dem Zufluss beim Anteilseigner korrespondieren (vgl zB BFH BStBl II 70, 526; II 71, 408; II 77, 467; II 81, 612; II 82, 631; BFH VIII R 11/12 GmbHR 15, 996; VIII R 4/01 DStR 04, 2143; BFH/NV 15, 683; VIII R 32/12 FR 15, 607). Zum Verfahrensrecht s § 32a u BFH/NV 09, 213; 14, 1881.

285 **Bei dem AntE** wird der Vorteil der vGa den **Einkünften** aus **KapVermögen** zugerechnet (§ 20 I Nr 1 S 2 EStG).

286 Voraussetzung der Erfassung der vGa beim AntE ist der **Zufluss** oder **bilanzielle Zugang** nach allgemeinen Regeln des EStG (BFH VIII R 11/12 GmbHR 15, 996; BFH/NV 15, 683; BFH VIII R 32/12 FR 15, 607). Bei beherrschendem Gesellschafter kommt es bei Zahlungsfähigkeit der Gesellschaft bereits bei Fälligkeit zum Zufluss (BFH/NV 12, 597; § 8 Anh Rz 354).

Kommt es zum **Zufluss** beim Gesellschafter und handelt es sich dabei um eine unmittelbar oder mittelbar über eine PersGes beteiligte **natürliche Person,** gilt, soweit die Anteile im Betriebsvermögen gehalten werden, das Teileinkünfteverfahren (§ 3 Nr 40d EStG; bis VZ 09 Halbeinkünfteverfahren s § 52a III EStG), ansonsten der Tarif der Abgeltungssteuer (25%, § 32d EStG; s *Bintz* DStR 08, 1929; *Kollruss* BB 08, 2437; *Bareis* DStR 09, 600; *Horst* NWB 10, 982, sowie ABC zu diesen Stichworten). Stfreie Einlagenrückgewähr liegt vor, soweit sonstige Einlagen iSd § 27 als verwendet gelten. Damit führt eine Umqualifizierung von Einkünften des Gesellschafters in vGa zur Entlastung des Gesellschafters und zur Belastung der Gesellschaft.

**Beispiel:** A erhält 100 P zu viel Gehalt. Bei Annahme einer vGa werden statt 100 zum vollen ESt-Satz (unterstellt 40) nun 100 auf der Ebene der Gesellschaft der GewSt (unterstellt Hebesatz 450) mit 15,75, der KSt mit 15 und mit 25 bzw im Teileinkünfteverfahren mit 24 (100 × 60 % × 40%) der ESt unterworfen. Die Gesamtbelastung beträgt – statt 40–55,75 bzw 54,75, wovon 30,75 auf die Gesellschaft entfallen.

287 Ist Empfänger der vGa eine **andere Körperschaft,** unterliegt seit VZ 04 auch die vGa der 5% Besteuerung des § 8b V (s § 8b Rz 163). In Ausnahmefällen kann es darüber hinaus zu Steuerent- (Beispiel: Wegfall der Hinzurechnung nach § 8 Nr 1 GewStG) oder -belastungen (Beispiel: Schuldzinsen sind wegen der vGa nach § 3c I EStG nicht mehr abzugsfähig) kommen (eingehend mit Beispiel *Schulte/Behnes* DB 04, 1525; zur Kritik an der Anwendung des § 8b V auf vGA im Konzern *Kohlhepp* DStR 08, 1859).

288 **Ersparte Aufwendungen** sind auch im Teileinkünfteverfahren/Halbeinkünfteverfahren (Rz 286) auf der Ebene des AntE gegenzurechnen (s Rz 291), selbst wenn § 3c EStG der Berücksichtigung von WK oder BA entgegensteht (*Korn* KÖSDI 01, 12811).

289 Auch der Vorteil aus unentgeltlichen oder verbilligten **Nutzungs-,** Gebrauchs- oder Dienstleistungs**vorteilen** werden bei dem AntE erfasst (BFH GrS BStBl II 88, 348). Gibt der AntE – zB als MutterGes – den Vorteil an eine SchwesterGes weiter, so wird bei ihr der Vorteil „verbraucht“ (s zu zinslosen Darlehen zwischen SchwesterGes im Konzern BFH/NV 14, 1090, allerdings noch zur Rechtslage bis VZ 03 mit Anwendung des § 3c EStG; s Rz 13). Bei der Muttergesellschaft entsteht in Höhe der vGA ein steuerlich abzugsfähiger Aufwand (§ 8b V 2 KStG), da der Nutzungsvorteil nicht einlagefähig ist (s auch Rz 295 u Rz 108). Die Entscheidung des GrS erging zum Konzern; sie gilt jedoch auch dann, wenn natürliche Pers AntE der Körperschaft sind. Überlässt die GmbH unentgeltlich ein Grundstück oder einen Betrieb zur Nutzung an den AntE, führt dies bei der GmbH zur vGa. Bei dem AntE wird die vGa dann iSd GrS „ver-

braucht", wenn die Nutzungsentgelte Betriebsausgaben oder Werbungskosten darstellen.

Auch **immaterielle WG** werden bei dem AntE als vGa erfasst (vgl BFH BStBl II 87, 455 betr Geschäftswert; dazu *L. Schmidt* FR 87, 231; *Jahn* DB 87, 1459; BFH/NV 87, 468 betr geschäftswertähnliche WG; BFH/NV 87, 471 betr Kundenstamm). Fraglich ist, wie sich diese Rspr beim privaten AntE auswirkt. UE sollten auch hier die Grundsätze von BFH GrS (BStBl II 88, 348) angewandt werden: Beim ersten Schritt wird das immaterielle WG erfasst; im gleichlautenden zweiten Schritt wird es noch – betrieblich – verbraucht. 290

Die Qualifizierung der vGa als Einkommenskorrektur ist auch im Übrigen konsequent **zu Ende zu denken** (*Wassermeyer* FR 89, 218, 221f; *ders* StVj 93, 208, 214ff). Soweit beim AntE höhere Ausgaben an die Körperschaft anzunehmen sind, weil die Zahlungen an die Körperschaft zu gering waren, sind entsprechend „fiktiv" Werbungskosten, Betriebsausgaben, Anschaffungskosten, Sonderausgaben, nichtabziehbare Ausgaben usw anzunehmen (vgl BFH BStBl III 61, 80; III 62, 338; II 71, 53, betr Zinsen; II 71, 408, betr Miete; II 75, 722; II 76, 88, betr Unternehmenspacht; II 11, 271, betr Werbungskosten bei VuV). Verkauft die KapGes ihrem AntE verbilligt ein Mietshaus, erhöht die vGa die Abschreibungsgrundlage des AntE. Erwirbt die KapGes von ihrem beherrschenden AntE Nutzungsrechte aufgrund eines nach den für beherrschende Gesellschafter geltenden Sonderbedingungen (Rz 320ff) nicht anzuerkennenden Vertrags, so ist die Vergütung für die Nutzungsrechte vGa, die Überlassung der Nutzung aber Einlage, die die durch bei vGa ausgelöste Einkommenserhöhung iHd Werts der Einlage kompensiert (FG Mchn EFG 12, 1083). 291

Bei der **vGa an Nahestehende** lässt der I. Senat des BFH offen, wer den **Zufluss** versteuern muss, wenn der AntE keinerlei Vorteile erhalten hat (BStBl II 97, 301; BFH/NV 09, 1841). Nach Ansicht der FinVerw ist die vGa stets dem Gesellschafter als Einnahme zuzurechnen (BMF BStBl I 99, 514; zustimmend *Mahlow* DB 97, 1640; zweifelnd *Gosch* NWB F 4, 4168; *Winter* GmbHR 10, 1073; gegen eine Besteuerung beim AntE *Söffing* DStZ 99, 885; *Paus* DStZ 97, 739; s auch FG BaWü EFG 01, 1440, das die vGa aus einer PZ beim ausgeschiedenen Gesellschafter erfasst). Der VIII. Senat des BFH differenziert: Ist dem Gesellschafter die Vermögensminderung durch den Nahestehenden nicht bekannt und ist sie auch nicht in seinem Interesse, so ist ihm keine vGa zuzurechnen (BStBl II 07, 830; BFH/NV 07, 2291). Nur wenn andere Ursachen als die Nähe des Empfängers zum Gesellschafter auszuschließen sind, liegt ein Zufluss beim Gesellschafter vor (BFH VIII R 4/01 DStR 04, 2143; s auch *Pezzer* FR 07, 1157; *Schröder* GmbHR 07, 1054; *Kohlhepp* DB 07, 2446; *Breier/Sejdija* GmbHR 11, 290). Steht der Begünstigte mehreren Gesellschaftern nahe, so muss festgestellt werden, ob die Zuwendung durch die Beziehung zu allen oder nur zu einzelnen nahestehenden Gesellschaftern veranlasst ist (BFH/NV 05, 1266; BFH/NV 11, 449; 17, 1174. 292

Fraglich sind ferner die Rechtsfolgen, wenn der Nahestehende die vGa **zurückerstattet** (s zunächst Rz 188 zur Frage, ob überhaupt eine vGa vorliegt, sodann BFH/NV 05, 105; *Schwedhelm/Binnewies* GmbHR 05, 65; 151; *Wassermeyer* GmbHR 05, 149). Nach FG BaWü EFG 07, 697, liegen keine WK vor, wenn der Nahestehende des Geschäftsführers die vGa erstattet.

Auch **Minderjährigen** soll die vGa zugerechnet werden, selbst wenn der Minderjährige nichts erhalten hat (FG BaWü EFG 02, 135; BFH BStBl II 04, 35).

VGa zwischen **SchwesterGes** erfordern eine sorgfältige Analyse des wirtschaftl Sachverhalts, um das hypothetisch durchzuführende Geschäft richtig zu beurteilen. Zum Streit über die sog **Fiktionstheorie** s *Hausmann* StuW 14, 305; *Schwarz* StuW 15, 191; *Kollruss* StuW 15, 286; *Frotscher* in F/D Anh vGa zu § 8 Rz 205ff. 295

Werden zwischen SchwesterGes für Waren **überhöhte Preise** gezahlt, stehen sich bei der MutterGes vGa und verdeckte Einlage gegenüber (BFH BStBl II 82, 296

631). Das Gleiche gilt, wenn materielle WG **unentgeltliche** von einer SchwesterGes auf die andere übertragen werden (BFH BStBl II 69, 243; II 82, 631; s auch *Jahndorf* DB 03, 1759). Überlässt die eine der anderen SchwesterGes WG unentgeltlich oder verbilligt zur Nutzung, ist dies vGa an die Mutter und Nutzungsverbrauch durch die Mutter. Ist die Mutter selbst Körperschaft, gilt § 8b KStG (s Rz 289). Haben die SchwesterGes den gleichen beherrschenden Gesellschafter, gelten die Sonderbedingungen, s Rz 324. Ist die SchwesterGes zugleich auch MutterGes sind Vermögensminderungen der MutterGes idR Einlagen und keine vGa an den gemeinsamen Gesellschafter (FG Nürnberg EFG 10, 1524). Zur Umsatzsteuer bei vGa zwischen SchwesterGes Wulf AG 08, 163.

297 **Immaterielle WG** sind wie materielle zu behandeln (s Rz 106). Unentgeltliche oder verbilligte **Dienstleistungs- und Nutzungsüberlassung** zwischen SchwesterGes führen zur Einkommenserhöhung bei der vorteilsgewährenden Schwester und zu gleich hohem Aufwand bei der Mutter (FG BaWü EFG 02, 1214 mit Anm *Neu*). Zweifelhaft ist, inwieweit unter Geltung des Teileinkünfterverfahrens/Halbeinkünfteverfahrens (Rz 286) § 3c EStG auf der Ebene der AntE gilt (s *Neu* Anm EFG 02, 1215; *Schmitz* DB 01, 1166).

Vgl im Übrigen zur Auswirkung der vGa bei **verbundenen Unternehmen** *Herzig/Förster* Wpg 86, 289; *Schirmer* GmbHR 86, 52; *Nickol* BB 86, 1688; *Menger* StRevue 87, 461, 482 (das Verhältnis zur Schweiz betr); *Weber* StBp 87, 269; *Würfele* IWB 3 Deutschland Gr 1, 1189 (7/88); *Schröder* StBp 89, 73; *Schirmer* GmbHR 89, 513 betr die vGa nach dem StRefG 1990; *Winter* GmbHR 04, 1268.

Zu den Rechtsfolgen der vGa im **AnrV** s 8. Aufl.

300 **l) VGa und Schenkungsteuer:** Ohne Rechtsgrundlage ist die Auffassung der FinVerw (BMF BStBl I 12, 331), dass überhöhte Vergütungen eine **Schenkung** der KapGes an den Gesellschafter darstellen sollen, soweit der unangemessene Teil die Beteiligungsquote des Begünstigten übersteigt. Die gesellschaftsrechtliche Veranlassung der vGa steht einer freigiebigen Zuwendung entgegen (BFH BStBl II 13, 930; BFH/NV 15, 1586; Nichtanwendungserlass BStBl I 13, 1465; zur vorausgehenden Diskussion *Neufang/Merz* BB 11, 2397; *Binnewies* GmbHR 11, 1022; 13, 449; *Loose* DB 13, 1080; *Demuth* KÖSDI 11, 17395; *Viskorf* DStR 11, 607; *Birnbaum* DStR 11, 252; *Korezkij* DStR 11, 1454, 1496; 12, 163; *Sell* DB 12, 426; s auch *Berizzi/Guldan* BB 11, 1052, die zur Vermeidung die Vereinbarung vertraglicher Rückzahlungsverpflichtungen empfehlen). Dies gilt uE auch unter Berücksichtigung des § 15 IV ErbStG (*Binnewies* GmbHR 13, 449; *Loose* DB 13, 1080; aA *van Lishaut* FR 13, 891).

Die vGa an **Nahestehende** hat die FinVerw als unentgeltliche Verfügung zwischen den AntE und den Nahestehenden mit den entsprechenden schenkungsteuerl Folgen angesehen (BMF BStBl I 97, 350, Tz 5.2; FG Münster EFG 02, 627; zust *Roser/Schrepp* GmbHR 97, 393; *Bödecker* GmbHR 97, 240; *Hartmann* DB 96, 2250; *Götz* INF 05, 742; uE zu Recht für eine differenzierende Betrachtung *Buyer* GmbHR 96, 98; *Zimmermann* DB 05, 1650; eingehend *Kamps* Stbg 06, 107). Beispiel: Verbilligter Hausbau der GmbH für den Sohn des AlleinAntE. Folge: Einkünfte aus KapVerm beim AntE; in Höhe der Preisdifferenz unentgeltl Verfügung an den Sohn; Abschreibungsgrundlage des Sohnes: Preis + vGa (ebenso der VIII. Senat des BFH, s BFH/NV 05, 1090). Demgegenüber sieht der II. Senat des BFH keine freigiebige Zuwendung des Gesellschafters an den Nahestehenden (BFH BStBl II 08, 258), hat aber angedeutet, dass eine solche von der KapGes an den Nahestehenden vorliegen könnte (hierzu krit *Janssen* BB 08, 928; *Wälzholz* ZEV 08, 273; *Crezelius* ZEV 08, 268; *Hartmann* GmbH-StB 08, 203; *Hübner* DStR 08, 1357). Dies hat die FinVerw aufgegriffen und sieht nunmehr in jeder vGA an den Nahestehenden eine Schenkung der Kapitalgesellschaft an den Nahestehenden (BStBl I 12, 331). Auch dies ist uE **unzutreffend** (FG Münster EFG 14, 301; EFG 16, 232, Rev BFH II R 54/15; FG Nds EFG 16, 1818 m Anm *Neu,* Rev BFH II

R 32/16; s auch OFD NRW DStR 16, 812; *Binnewies* GmbHR 13, 449; *Loose* DB 13, 1080; *Erkis* DStR 16, 350; *Viskorf/Löcherbach* DStR 16, 789).

**m) Beseitigung der vGa, Satzungsklausel:** VGa können **gesetzlich** (zB aus §§ 60, 62 AktG, §§ 31, 32 GmbHG s Institut FuSt, Grüner Brief Nr 304 (1991), 23 ff; *Carle* KÖSDI 91, 8434; *Seeger* StVj 92, 249; *Geißler* GmbHR 03, 394; *Hueck/Fastrich* in Baumbach/Hueck GmbHG 18. Aufl 06, § 29 Rz 76) oder **vertraglich** (zB aus Satzungsklauseln; dazu *Lagemann,* Die StKlausel, Diss Gießen, 1979; *Theisen* GmbHR 80, 132, 182) **Rückgewähransprüche** auslösen. Umstritten ist, ob durch nachträgliche Einbuchung eines solchen Rückgewähranspruchs die steuerl Folgen einer vGa beseitigt werden können (zur Diskussion nach Abschaffung des Anrechnungsverfahrens *Siegel* DB 09, 2116; *Schnorr* GmbHR 03, 861, der die Rspr des BFH im Halbeinkünfteverfahren nicht mehr für anwendbar hält; dagegen *Gosch* § 8 Rz 518; *Frotscher* in F/D Anh zu § 8 Rz 297; *Schütz* DStZ 04, 14; zur Diskussion vor Abschaffung des Anrechnungsverfahrens s 8. Aufl). 305

Der I. Senat des **BFH steht dem** ablehnend gegenüber (anders noch BFH BStBl III 57, 400; III 62, 255; III 67, 152). Zunächst setze der Rückgewähranspruch die Kenntnis der vGa voraus; daher sei der Anspruch nicht im Jahr der vGa aktivierbar (BFH BStBl II 84, 723; II 85, 345; BFH/NV 94, 126). Selbst bei Bestehen eines Rückzahlungsanspruchs könne dieser die vGa nicht rückgängig machen, da es sich bei dem Rückforderungsanspruch um eine Einlagenforderung handele (ständige Rspr des I. Senates s BFH BStBl II 87, 733 betr Satzungsklausel; II 89, 1029 betr §§ 30, 31 GmbHG; BFH/NV 89, 460 betr § 30 GmbHG; BStBl II 97, 92; BFH/NV 00, 749 betr § 30 GmbHG; NV 04, 667 betr schuldrechtl Forderung; HFR 08, 367: vGa trotz Verrechnung der Vermögensminderung mit KapRücklagen). Der VIII. Senat des BFH hat sich dieser Rspr angeschlossen (BFH/NV 99, 1542; BFH/NV 00, 1201; BStBl II 01, 173; BStBl II 01, 226; BFH/NV 01, 106; 09, 1815). Die Rspr ist verfassungsrechtl unbedenklich (BVerfG GmbHR 93, 595). S auch BFH BStBl II 93, 635: keine „Rückgewähr" dadurch, dass korrekt vereinbarte Entgelte um erfolgte vGa gemindert werden, also **keine Rückgewähr** durch **Saldierung.** 307

Die Rückgewähr der vGa führt auf der **Ebene des AntE** nicht zu negativen Einkünften aus KapVerm, sondern zu nachträglichen Anschaffungskosten (BFH BStBl II 01, 173). Der Verzicht auf die Rückforderung ist keine vGa (BFH/NV 97, R 355). Zinsen für die Rückforderung sind beim Gesellschafter Werbungskosten (BFH/NV 99, 1542; BFH BStBl II 01, 226). 309

Zahlt der **Nicht-mehr-Gesellschafter** eine vGa zurück, wird man trotz der vorgenannten Rspr negative Werbungskosten bejahen können (*Wichmann* Stbg 95, 319).

UE ist die Qualifizierung des Rückzahlungsanspruchs als Einlageforderung willkürlich und nicht zwingend. UE entsteht zumindest dort keine vGa, wo ein gesetzlicher Schadensersatzanspruch besteht (s Rz 212). Ob man aufgrund der umstrittenen Rechtslage zu einer **Satzungsklausel** raten soll, ist zweifelhaft, zumal auch die mit ihr gegebene zivilrechtl Verpflichtung ihre Tücken haben kann (*Streck* GmbHR 82, 25; s auch *Wälzholz* GmbH-StB 13, 120; ohne Satzungsklausel ist idR kein Anspruch auf Rückzahlung der vGa gegeben, OLG Stuttgart GmbHR 13, 468). Nimmt man die Nutzlosigkeit auf der Ebene der AntE hinzu (Rz 309), so sollte man von ihr Abschied nehmen, sofern sie nur aus steuerl Gründen in die Satzung aufgenommen wird. 310

**n) Sonderbedingungen für beherrschende Gesellschafter:** Bei Leistungsbeziehungen mit **beherrschenden Gesellschaftern** verlangt die Rspr **klare** und **eindeutige,** dazu Rz 330 ff, **zivilrechtl rechtswirksame,** dazu Rz 339 ff, **zeitgerechte,** dazu Rz 370 ff, und **durchgeführte,** Rz 383 ff, **Verträge.** Vgl die nachfolgende, in Rz 321 ff zitierte Rspr. Folgend KStR 8.5 II. **Grund:** BFH 320

BStBl II 69, 268 „hält eine klare, nachweisbare und im voraus getroffene Vereinbarung für geeigneter, die engen und oft schwer durchschaubaren Beziehungen zwischen einer KapGes und ihrem beherrschenden Gesellschaftsgeschäftsführer zu ordnen und offenzulegen". Gewinnmanipulationen sollen vermieden werden (BFH BStBl II 74, 363; II 86, 469; II 96, 246). Da im Übrigen kein AntE verpflichtet ist, Leistungen seiner Gesellschaft entgeltlich aufgrund eines obligatorischen Vertrags zu erbringen, muss rechtzeitig geklärt werden, ob der AntE Leistungen **unentgeltlich** als AntE, dh auf gesellschaftsrechtl Ebene, **teilentgeltlich** oder **vollentgeltlich** erbringt (vgl BFH BStBl III 63, 440 betr Dienstleistungen; II 88, 590; II 89, 633; BFH/NV 05, 1374). Folglich ist die Angemessenheit von Leistung und Gegenleistung ebenso unerheblich (BFH/NV 96, 266) wie die Tatsache, dass auch leitende Angestellte ähnliche Leistungen zum entsprechenden Entgelt erhalten oder erbringen (BFH BStBl II 92, 434). Die Klärung muss für einen außenstehenden Dritten deutlich sein (BFH BStBl II 90, 645). Werden die Sonderbedingungen verletzt, kann vermutet werden, dass die Leistungen im Gesellschaftsverhältnis begründet sind (BFH/NV 97, 902; BStBl II 98, 573; BFH/NV 99, 1125). Die Rspr ist stark durch Beweislastüberlegungen bestimmt; GmbH und beherrschender AntE müssen beweisbar klären, ob der Gesellschafter betriebl oder gesellschaftsrechtl tätig ist (vgl *Wassermeyer* GmbHR 86, 26, 29). Verfassungsrechtliche Bedenken hat der BFH nicht (BFH/NV 09, 2005).

Die Sonderbedingungen können aufgrund **DBA** nicht anzuwenden sein (s BFH BStBl II 06, 564; II 13, 1046; FG Hbg DStRE 12, 172; KStH 8.5 III „Sperrwirkung des abkommensrechtlichen Grundsatzes „dealing at arm's length"; BMF v 30.3.16, FR 16, 387; *Kempermann* FR 06, 506; *Rasch* IWB 12, 198; *Böhmer* DStR 13, 270; *Habammer* IStR 16, 525).

321 **Kritik:** Der Rspr ist grundsätzlich zuzustimmen (eingehend auch *Böhmer,* Diss 2011, vGa bei beherrschenden Gesellschaftern). Da Körperschaft und AntE jeweils getrennte StSubjekte sind, müssen Abgrenzungsregeln geschaffen werden. Gleichwohl ist sie in ihrer Strenge kaum verständlich. Die Sonderbedingungen sind für die Stpfl nur sehr schwer einsehbar und vom Berater kaum zu vermitteln. Der Vertrag ist für den Interessenausgleich zwischen einander Fremden geschaffen. Hier wird er gerade dort gefordert, wo es an einem solchen Interessenswiderspruch fehlt und wo der StBürger selbst aus nicht steuerl Gründen nicht auf den Gedanken käme, ausdrücklich vertragliche Regelungen zu schaffen. Insbesondere die Bedingung der zivilrechtl Wirksamkeit veranlasst die FinVerw, mit einer immer förmlicher werdenden Betrachtungsweise bei beherrschenden AntE vGa zu bejahen. Aus dem Erfordernis der zivilrechtl Wirksamkeit wird so schnell das Verlangen nach Formerfordernissen, die dem Zivilrecht nicht entsprechen; s zB KStH 8.5 I „Zivilrechtl Wirksamkeit": „Die Befreiung eines Alleingesellschafters vom Selbstkontrahierungsverbot des § 181 BGB bedarf zu ihrer Wirksamkeit der Eintragung im Handelsregister"; diese Annahme ist schlichtweg falsch (s *Priester* DStR 92, 254; BFH I R 128/94, DStR 95, 1791). Kritik s weiter bei *Lempenau* in FS L. Schmidt, 1993, 605; *Hoffmann* DStR 95, 1210; *Frotscher* DStJG 20 (1997), 235; *Pezzer* StbKongrRep 97, 63, 72; *Hoffmann* StbKongrRep 97, 81, 104.

322 Da die Rspr ihren Grund in der Möglichkeit der AntE hat, ihrer Gesellschaft unentgeltlich Leistungen zu erbringen, ist mit ihr – auch bei beherrschenden AntE – ein **Zwang** zur **Entgeltlichkeit** nicht zu vereinbaren (vgl auch BFH BStBl III 60, 513; aA *Sarrazin* JbFfSt 79/80, 393). Gäbe es diesen Zwang, würde keine Notwendigkeit für das Gebot klarer und rechtzeitiger Verträge bestehen. Ein **Wechsel** zwischen unentgeltlicher und entgeltlicher Leistungserbringung ist grundsätzlich für die Zukunft, nicht für die Vergangenheit, möglich; zur Rückwirkung auf die Durchführung des Vertrages s Rz 383 ff.

323 Die Rspr gilt auch für KapGes im **Gründungsstadium** (BFH BStBl II 83, 247). Eine klare Vereinbarung muss im für die vGa maßgebenden Zeitpunkt vorliegen; dazu Rz 245. Eine Ausnahme ist möglich, falls die rechtzeitige Vereinba-

rung unmöglich oder unzumutbar ist (BFH BStBl II 82, 761; dazu HFR Anm 82, 576; DB 82, 2599; s auch Rz 337).

Die Rspr gilt nicht nur für Leistungsbeziehungen zwischen beherrschenden AntE und ihren Gesellschaften, sondern auch für Leistungsbeziehungen zwischen den **Nahestehenden** der beherrschenden AntE und ihren Gesellschaften (BFH BStBl II 87, 459, 461 mit HFR Anm 87, 417; BStBl II 87, 792; BFH/NV 87, 247; BStBl II 88, 786; BFH/NV 89, 131, 669; BStBl II 89, 631; Abkehr von der früheren Rspr BFH BStBl III 67, 372; II 70, 466). Insofern gelten die Sonderbedingungen auch für einen nicht beherrschenden Gesellschafter, der einem beherrschenden Gesellschafter nahesteht (BFH/NV 09, 969). 324

Die Rspr gilt auch für Leistungsbeziehungen zwischen **SchwesterGes,** die denselben beherrschenden Gesellschafter haben (FG D'dorf EFG 09, 1577; FG Nürnberg EFG 10, 641) und können damit auch auf Leistungsbeziehungen im **Konzern** zwischen SchwesterGes angewandt werden (BFH/NV 12, 885); die Praxis zeigt allerdings, dass die strengen Bedingungen für beherrschende AntE im Konzern weit großzügiger und vorsichtiger angewandt werden.

**aa) Klare und eindeutige Verträge. Klar** und **eindeutig** heißt, dass ein außenstehender Dritter zweifelsfrei erkennen kann, dass die Leistung aufgrund einer entgeltlichen Vereinbarung erbracht werden soll (BFH BStBl II 90, 645; 92, 362). Dies setzt zunächst voraus, dass die Gesellschaft aus einem Vertrag verpflichtet ist, daher vGa, wenn die Gesellschaft Zahlungen aus einem Vertragsverhältnis übernimmt, dem sie nicht beigetreten ist (FG Hbg BB 14, 981). Das Entgelt für die Leistung muss bestimmt oder zahlenmäßig bestimmbar sein (BFH BStBl II 76, 734; II 98, 545 betr Gehalt). Der Rechenvorgang darf durch keine Ermessensentscheidung beeinflussbar sein (BFH BStBl II 86, 469; II 98, 545). Die Festlegung einer Höchstgrenze genügt hierzu idR nicht (BFH/NV 09, 1458). 330

Eine **falsa demonstratio** ist unschädlich, wenn das Gewollte eindeutig, evtl durch Auslegung, feststellbar ist (BFH/NV 91, 90; FG Köln EFG 90, 595).

Fehlt eine **Neben-Detailvereinbarung,** ist nicht die Leistung insgesamt, sondern nur bzgl dieses Nebenpunktes vGa (BFH BStBl II 88, 301; 92, 434).

Die Bestimmbarkeit ist rein **formal** zu verstehen; sie muss nicht wirtschaftl vernünftig sein (BFH BStBl II 68, 49 betr Mieterhöhung); sie ist von der Frage der Angemessenheit zu trennen. 331

Die Vereinbarung eines **„angemessenen Gehaltes“** ist für die Bedingung des eindeutigen Vertrags ungenügend (BFH BStBl II 74, 497; 98, 545); ebenso die Vereinbarung eines Entgelts „an der oberen Grenze des Angemessenen“ (BFH BStBl II 71, 64) oder der Hinweis auf einen Maßstab nach betriebswirtschaftl Grundsätzen (BFH BStBl II 76, 734).

Knüpft eine Tantiemevereinbarung an eine **Rechenformel** an, in die die konkret beschlossene Ausschüttung eingeht, so liegt eine klare Vereinbarung nicht vor (BFH BStBl II 85, 345); ebenso, wenn nur Höchst- und/oder Mindestbeträge vereinbart sind (FG Hbg EFG 90, 125; NdsFG GmbHR 90, 420). Zur Eindeutigkeit von Tantiemevereinbarungen s weiter Anh § 8 Rz 315 ff.

Ist die Angemessenheit eines Entgelts schwierig zu bestimmen, so kann die Festlegung einem unbeteiligten **Sachverständigen** übertragen werden, seine Entscheidung wirkt auf den Zeitpunkt des Vertragsabschlusses zurück, in der Zwischenzeit können Abschlagszahlungen erbracht werden (BFH BStBl II 71, 566 betr Betriebspacht); allerdings kann die Festlegung des angemessenen Gehalts nicht allgemein einem StBerater übertragen werden (BFH BStBl II 98, 545, in Bestätigung von FG Berlin EFG 97, 1141). Das FA gilt offenbar in der Rspr nicht als solcher Sachverständiger (BFH/NV 86, 48). Wurde ein Entgelt fest vereinbart und wird es später aufgrund eines Sachverständigengutachtens korrigiert, so gilt das Rückwirkungsverbot (BFH BStBl II 71, 566). Das Sachverständigengutachten ermöglicht im erstgenannten Fall die Erfüllung der Bedingung einer rechtzeitigen, 332 klaren und eindeutigen Vereinbarung; der Sachverständige garantiert im Übrigen nicht die Angemessenheit (BFH BStBl II 78, 109).

333 Eine ursprünglich bestehende Unklarheit des Vereinbarten führt nicht zwingend zu einer vGa (BFH/NV 98, 746; 97, 902). Die Vereinbarungen sind zunächst **auszulegen** (BFH BStBl II 01, 612; 98, 47; BFH/NV 97, 806: „Unternehmensgewinn"; BFH/NV 12, 1003). Unklarheiten können später ausdrücklich oder durch **ständige Übung** beseitigt werden (BFH BStBl II 92, 362; BFH/NV 96, 178; BStBl II 97, 703; NdsFG EFG 95, 284; GmbHR 99, 137, zu Urlaubs-, Weihnachtsgeld und Pkw; FG Hbg EFG 00, 146; FG Saarland EFG 01, 1233). Auch mehrere Vertragsfassungen sind nicht „unklar", wenn klar ist, welche Fassung gilt (BFH/NV 98, 1375).

336 Klare und eindeutige Vereinbarungen sind auch dann erforderlich, wenn ein **gesetzl zivilrechtl Anspruch** des AntE besteht, da dieser abbedungen sein könnte (BFH BStBl II 77, 172 betr Pkw-Kosten und Miete; BStBl II 88, 590 betr Zinsen; BFH/NV 98, 746; BFH/NV 05, 723, gegen FG Hbg DStRE 04, 644; abl *Barth* DB 77, 2255; *Brezing* FR 77, 463).

Im Gegensatz dazu sind Vereinbarungen dann nicht erforderlich, wenn zivilrechtl ein gesetzl **Anspruch der Gesellschaft** gegen den AntE besteht (BFH BStBl II 98, 402 gegen BFH BStBl II 72, 802, für Ansprüche des Mieters nach §§ 951, 812 ff BGB; nachfolgend BFH/NV 98, 1374; FG Köln EFG 00, 582; anders BFH/NV 05, 1528; FG München EFG 05, 1299, mit uE zu Recht kritischer Anm *Neu*).

337 UE reichen gesetzl Ansprüche zumindest dort aus, wo das Leistungsverhältnis im Übrigen geregelt ist und die gesetzl Ansprüche der Ergänzung dienen; hier ist geklärt, dass der AntE eine schuldrechtl, nicht eine gesellschaftsrechtl Leistung erbringen will. Beispiel: Der auf Grund eines Dienstvertrags tätige Gesellschafter-Geschäftsführer handelt im Einzelfall für die GmbH in Geschäftsführung ohne Auftrag (§§ 677 ff BGB; zweifelhaft nach BFH BStBl II 88, 301). Außerdem muss auf gesetzl Ansprüche zurückgegriffen werden können, wenn die **Situation,** die zur Leistung führt, **überraschend** auftritt, so dass ein **rechtzeitiger** Vertrag **nicht möglich** ist (vgl idS *Woerner,* VGa an beherrschende Gesellschafter einer KapGes, FS von Wallis, 1985, 327; *Wassermeyer* GmbHR 86, 26; *Streck* GmbHR 87, 104, 108; zurückhaltend *Meier* FR 92, 438; s auch Rz 362 zu branchen-üblichen Nebenleistungen und Anh § 8 Rz 90).

339 **bb) Zivilrechtlich gültiger Vertrag.** Die Rspr fordert, dass die besonderen Verträge **zivilrechtl rechtswirksam** sind (BFH BStBl II 91, 597; *Wassermeyer* DStR 91, 105).

**Kritik:** Das Erfordernis der zivilrechtl Gültigkeit ist aus dem Zweck des besonderen Vertrags nicht ableitbar. Einkunftsquelle und Leistungsbeziehungen können auch durch zivilrechtlich ungültige Verträge klar und eindeutig festgelegt und definiert werden. Im Übrigen erkennt das StR auch zivilrechtl ungültige Verträge dann an, wenn sie durchgeführt werden (§ 41 AO). Die Nichtanwendung dieser Vorschrift kann aus dem Zweck des besonderen Vertrags nicht hergeleitet werden (vgl auch *Meyer-Arndt,* FS Rose, 1991, 373, 379; *Streck* DStR 91, 1645, 1646; *Tiedtke* DStR 93, 933). Die Rspr selbst ist nicht konsequent. Sie wendet das Erfordernis einer klaren Vertragsabgrenzung auch für Leistungsbeziehungen zwischen dem Betrieb gewerbl Art oder jur Personen des öffentl Rechts an, obwohl insoweit eindeutige Verträge zivilrechtl wirksam nicht abgeschlossen werden können (§ 4 Rz 53). Der Vertrag hat hier ausschließlich Abgrenzungs- und Definitionsfunktion. Der BFH umgeht das Problem der Anwendung des § 41 AO durch einen Zirkelschluss, der wie folgt lautet (vgl BFH/NV 91, 704; *Streck* DStR 91, 1645, 1646): Voraussetzung ist ein zivilrechtl gültiger Vertrag. § 41 AO findet keine Anwendung, wenn ein zivilrechtl gültiger Vertrag notwendig ist. Da hier ein zivilrechtl gültiger Vertrag gefordert wird, findet § 41 AO keine Anwendung.

Vorsichtige **Lockerung** der **Rspr** durch BFH BStBl II 93, 141: Bei einer **problematischen Zivilrechtslage** ist es ausreichend, wenn sich der Geschäftsführer um einen zivilrechtl gültigen Vertrag bemüht, auch wenn später die Ungültigkeit festgestellt wird. Denn „Zweck der Rspr ist es … nicht, dem StPflichtigen die … Risiken einer … ungeklärten Zivilrechtslage … aufzubürden (nachfolgend BFH BStBl II 96, 246 betr § 181 BGB; BFH/NV 96, 363, 644 und NdsFG EFG 00, 649). BVerfG BStBl II 96, 34 – Beschluss zum Oder-Konto – hat mit zur Lockerung beigetragen (vgl *Pezzer/Hoffmann* StbKongrRep 97, 63, 81). 340

Die Verträge zwischen der KapGes und ihren AntE müssen auch den spezifischen **gesellschaftsrechtl** Vorschriften entsprechen (s OLG Celle ZIP 16, 1728 zur Zuständigkeit für die Satzungsänderung einer GmbH bei einer „Einheits-GmbH & Co KG“). 342

Der **Gesellschafterbeschluss** hat seine eigenständige Bedeutung. Er ersetzt nicht den Vertrag, sondern bereitet ihn vor und kann für seine zivilrechtl Gültigkeit notwendig sein. Ist der beherrschende AntE an einem Gesellschaftsbeschluss beteiligt, der einen Vertrag mit ihm selbst betrifft, so kann allerdings der Beschluss dahingehend ausgelegt werden, dass er den Vertrag umfasst (BFH BStBl II 92, 434). 343

Das Gesetz kennt für Beschlussfassungen der Gesellschafterversammlung grundsätzlich keine Formerfordernisse. **In der Gesellschafterversammlung gefasste Beschlüsse** sind damit auch dann rechtswirksam, wenn sie nicht schriftlich niedergelegt wurden. Dies gilt selbst für die Ein-Mann-GmbH, für die eine gesetzliche Protokollierungspflicht besteht (§ 48 III GmbHG). Ein Verstoß führt nicht zur Nichtigkeit des Beschlusses (*Liebscher* in MüKo GmbHG 2. Aufl 2016 § 48 Rz 192). Streitig ist allerdings, ob sich der Alleingesellschafter gegenüber Dritten (und damit auch gegenüber dem FA) auf einen nicht protokollierten Beschluss berufen kann (s zum Streitstand *Liebscher* aaO mwN). Es ist daher dringend zu empfehlen, sowohl bei der Ein-Mann- wie bei der mehrgliedrigen GmbH Beschlüsse zu protokollieren. Andernfalls bestehen regelmäßig Beweisprobleme. Eine nachträgliche Protokollierung gefasster Beschlüsse ist zulässig. 344

Nach § 48 II GmbHG können **Beschlüsse** auch **außerhalb der Gesellschafterversammlung** gefasst werden. Erforderlich ist allerdings die schriftliche Abstimmung. Formlose Beschlüsse sind außerhalb der Gesellschafterversammlung ohne Satzungsgrundlage nach hM unzulässig und damit nichtig (zum Meinungsstand *Liebscher* in MüKo GmbHG 2. Aufl 2016 § 48 Rz 173f). Die Satzung kann die gesetzl Regelungen zur Beschlussfassung erweitern oder einschränken. Besteht eine formlose Satzungsregelung, sind formlose Beschlussfassungen außerhalb der Gesellschafterversammlung zulässig und wirksam. 345

Keine Beschlussfassung außerhalb der Gesellschafterversammlung liegt vor, wenn alle Gesellschafter spontan oder zufällig zusammenkommen **(Vollversammlung)** und bei der Beschlussfassung auf Formen und Fristen für die Beschlussfassung verzichten.

Enthält die Satzung **zusätzliche Formerfordernisse** für die Beschlussfassung in oder außerhalb der Gesellschafterversammlung, führt eine Missachtung zur Unwirksamkeit (BayObLG BB 91, 2103; s auch FG Köln EFG 97, 487: ein konkludenter Beschluss ist unwirksam, wenn die Satzung schriftliche Bestätigung verlangt). 346

Gesellschafter unterliegen bei der Beschlussfassung über die Vornahme eines Rechtsgeschäfts mit der Gesellschaft idR einem **Stimmrechtsausschluss** (§ 47 IV GmbHG). Die verbotswidrige Stimmabgabe führt jedoch nicht zwangsläufig zur Unwirksamkeit der Beschlussfassung. Bleibt auch nach Abzug der verbotswidrig abgegebenen Stimme die erforderliche Mehrheit gegeben, so ist der Beschluss wirksam (*Hüffer* in Hachenburg GmbHG 8. Aufl 1992 § 47 Rz 182). Nur wenn die Mehrheit nicht erreicht wird, kann der Beschluss unwirksam sein. 347

Stimmt ein Gesellschafter für sich und als Vertreter für einen anderen Gesellschafter oder ein Dritter als Vertreter mehrerer Gesellschafter ab, so bedarf es idR 348 einer **Befreiung von § 181 BGB** (BGH BB 91, 85; BayObLG GmbHR 01, 72; eingehend zum Zivilrecht *Götze* GmbHR 01, 217). Die Stimmabgabe ist zunächst schwebend unwirksam, der Beschluss nur, wenn es auf diese Stimmen ankommt. In der Bevollmächtigung eines Mitgesellschafters zur Stimmabgabe liegt idR eine Befreiung von § 181 BGB durch schlüssiges Verhalten (*Hüffer* in Hachenburg GmbHG 8. Aufl 1992 § 47 Rz 116f).

**349** Zum **Geschäftsführervertrag** s Anh § 8 Rz 577ff.

**350** **In-sich-Geschäfte** müssen nach außen kenntlich gemacht werden (BFH BStBl II 68, 49, betr Miete; II 72, 721; FG D'dorf EFG 09, 1577); Anweisungen an den Buchhalter, ein Darlehen zu verzinsen, sind ausreichend (BFH BStBl II 76, 761). Bei In-sich-Geschäften zwischen KapGes und Geschäftsführer verlangt die Rspr grundsätzlich, dass dieser von der **Beschränkung des § 181 BGB** rechtswirksam befreit ist (BFH/NV 91, 704; 94, 661; *Gosch* DStR 91, 765).

**351** Dies gilt auch für Verträge zwischen der **Ein-Mann-GmbH** und ihrem Gesellschafter-Geschäftsführer (§ 35 IV GmbHG; BFH/NV 99, 1125, krit *Paus* GmbHR 99, 1278; BFH/NV 96, 509; FG RhPf EFG 90, 124; HessFG 94, 941; FG München EFG 95, 862; *Mink* BB 90, 1393), wobei die Befreiung einer Satzungsgrundlage bedarf (BayObLG DB 84, 1517; OLG Hamm BB 98, 1328; aA *Altmeppen* NJW 95, 1182). Erforderlich ist eine Satzungsregelung, die unmittelbar befreit („A ist von der Beschränkung des § 181 BGB befreit") oder die Befreiung gestattet („Geschäftsführer können durch Beschluss der Gesellschafterversammlung von § 181 BGB befreit werden"). Bei der Beschlussfassung ist sodann § 48 III GmbHG zu beachten (BayObLG aaO). Die bloße Befreiung im Anstellungsvertrag soll nicht genügen (BFH/NV 96, 509, uE zu eng und durch BFH BStBl II 99, 38 überholt).

**352** Inwieweit die Befreiung von § 181 BGB bei einer **mehrgliedrigen GmbH** einer Satzungsgrundlage bedarf, ist bis heute streitig (*Schneider* in *Scholz* GmbHG 10. Aufl 2007 § 35 Anm 98f: nur die generelle Befreiung bedarf der Satzungsgrundlage; ebenso KG Berlin ZIP 06, 2085; aA *Zöllner/Noack* in Baumbach/Hueck GmbHG 19. Aufl 2010, § 35 Anm 132: generelle Befreiung auch ohne Satzungsgrundlage wirksam; *Meyer-Landrut/Miller/Niehu,* GmbHG 1987, §§ 35–38 Anm 24: auch für die Befreiung im Einzelfall ist eine Satzungsgrundlage erforderlich). Insoweit ist eine etwaige zivilrechtl Unwirksamkeit steuerl unerheblich (BFH BStBl II 96, 246; BFH/NV 96, 363; 644; HessFG EFG 95, 386, 388; NdsFG GmbHR 00, 782). Gleiches gilt für Vereinbarungen, die aufgrund der Änderung des § 35 IV GmbHG möglicherweise unwirksam geworden sind (BFH BStBl II 93, 141).

**353** Bei einer generellen Befreiung von § 181 BGB besteht – zivilrechtl – die Verpflichtung, diese **im HR** eintragen zu lassen (BayObLG aaO). Die **Eintragung** ist jedoch nicht konstitutiv (*Priester* DStR 92, 254), so dass der Befreiungsbeschluss auch ohne Eintragung zivilrechtl und steuerl wirksam ist (BFH/NV 96, 361; aA KStH 8.5 I „Zivilrechtl Wirksamkeit"; wohl auch noch BFH/NV 96, 509).

Fehlt die Befreiung von § 181 BGB bei Vertragsabschluss, wird sie aber später rechtswirksam **nachgeholt,** so ist der Vertrag von Anfang an steuerl anzuerkennen (BFH/NV 97, 265; 802, 803, 805; BFH/NV 98, 746; BFH BStBl II 99, 38; anders noch; II 77, 15: nachträgliche Genehmigung reicht nicht). Insoweit findet das Rückwirkungsverbot keine Anwendung (krit *Hoffmann* DB 97, 444; HFR Anm 929, 97).

Eine Befreiung von § 181 BGB, die dem Geschäftsführer einer GmbH mit mehreren AntE erteilt wurde, bleibt wirksam, wenn die **GmbH zur Ein-Mann-GmbH wird** (BFH BB 91, 925; BFH BStBl II 91, 597 mit HFR Anm 668, 91).

Zum **Geschäftsführervertrag** und § 181 BGB s Anh § 8 Rz 577ff.

**354** Verletzen Beschlüsse der Ein-Mann-GmbH die Aufzeichnungspflicht des **§ 48 III GmbHG,** so ist der Beschluss nicht nichtig; ein Nachweis in anderer Weise ist möglich (FinVerw DStR 94, 1459).

Der **Nachweis** über **Inhalt** und **Zeitpunkt** der zivilrechtl gültigen Vereinbarung muss in „irgendeiner Weise" erfolgen (BFH BStBl II 72, 721 betr Gehalt), die nach außen erkennbar ist (BFH BStBl II 72, 721). Der Nachweis kann mit **allen Mitteln der Glaubhaftmachung** der AO und FGO geführt werden, insbes durch Urkunden, Auskünfte Dritter (Zeugenbeweis), ggf auch durch eidesstattliche Versicherungen oder durch einfache schriftliche Erklärung (BFH/NV 86, 430). BFH BStBl II 84, 65 lässt auch Sprachgutachten zu, um die Bedeutung einer Vereinbarung zu ermitteln. Die Auslegung des Vertrags durch **übereinstimmende Interpretation** der Vertragsparteien ist zu beachten (BFH/NV 93, 386). Fotokopien genügen zum Nachweis schriftlich getroffener Vereinbarungen idR nicht (FG Hbg EFG 91, 564). 356

Der Nachweis der klaren und eindeutigen, zivilrechtl gültigen Vereinbarung kann auch durch **langjährige tatsächliche Übung** oder durch eine tatsächliche **Durchführung** erbracht werden (vgl BFH BStBl II 80, 531, 532; insb BFH BStBl II 90, 645; BFH/NV 91, 773; BFH/NV 93, 385; BFH/NV 96, 178; BFH BStBl II 97, 703 betr Tantieme; BFH/NV 98, 746; FG Saarl EFG 86, 620 und EFG 94, 674; NdsFG EFG 95, 284; EFG 99, 187; FG Hbg EFG 00, 147; FG Saarland EFG 01, 1233; aA FG Hbg EFG 00, 146; *Meier* GmbHR 91, 70). Anwendbar ist diese Rspr allerdings idR nur auf Dauerschuldverhältnisse (BFH BStBl II 93, 139). Hat zB die Vereinbarung von Preisabsprachen in laufenden Geschäftsbeziehungen ihren Ausdruck in einem Computerprogramm gefunden, kann mittels dieses Programms der Nachweis des Vertrags erfolgen. Der Vertrag gilt erst ab dem Zeitpunkt mittels langjähriger Übung als nachgewiesen, zu dem diese Übung feststeht; dies ist zB nicht notwendig der Zeitpunkt, zu dem von einem schriftlichen Vertrag abgewichen wird (vgl BFH BStBl II 92, 362). 357

**Schriftform** der Vereinbarung ist empfehlenswert, jedoch nicht zwingend (vgl BFH BStBl II 72, 721 betr Gehalt; BFH/NV 91, 90; BFH/NV 91, 773 betr Gehaltsnebenleistungen; BFH/NV 97, 808). Auch § 48 III GmbHG gebietet bei der Ein-Mann-GmbH nicht die Schriftform für Verträge, sondern regelt nur eine Protokollierungspflicht für Gesellschafterbeschlüsse (vgl *Streck* KÖSDI 80, 3960). 358

Ist die Schriftform oder die **notarielle Beurkundung gesetzl** geboten, ist sie unter der Bedingung des besonderen Vertrags für beherrschende AntE auch steuerl geboten, da es anderenfalls an der zivilrechtl Gültigkeit mangelt.

Wird die gesetzl nicht gebotene Schriftform gewählt, so liegt nicht notwendig eine klare Vereinbarung erst ab schriftlichem Vertragsabschluss vor. Der Vertrag kann auch einen **bestehenden Vertrag** bestätigen. Besteht über Leistung und Entgelt Einvernehmen und wird die Leistung erbracht, so kann sich gleichwohl die schriftliche Fixierung aus rein technischen Gründen – oder weil über Nebenpunkte noch gestritten wird – hinauszögern. Wird der in den steuerl erheblichen Punkten bestehende Vertrag schließlich schriftlich niedergelegt, so kann er steuerl „rückwirkend" anerkannt werden, da letztlich nichts anderes als die Schriftform zur vorhandenen Vereinbarung hinzugetreten ist.

Um einer Auseinandersetzung mit dem FA aus dem Weg zu gehen, sollten die für die Verwaltung wesentlichen Punkte – Entgelt und Leistung – rechtzeitig schriftlich in einem **Kurzvertrag** niedergelegt werden, der später durch den endgültigen umfassenden Vertrag ersetzt wird. Auf jeden Fall ist stets zu prüfen, ob die Schriftform gleichläuft mit einer in diesem Zeitpunkt getroffenen Vereinbarung, ob sie eine mündlich bestehende Vereinbarung bestätigt oder diese ändert.

Umgekehrt kann auch eine schriftlich vorliegende Vereinbarung mündlich geändert sein. Sieht ein Vertrag vor, dass jede **Änderung** des Vertrages der **Schriftform** bedarf, so ist auch diese Vereinbarung steuerl zu beachten (BFH BStBl II 91, 933); der Vertrag ist allerdings mündlich abänderbar, sofern der Vertragswille eindeutig ist (BFH BStBl II 90, 645; 97, 138; FG D'dorf EFG 10, 1531; aA noch BFH BStBl II 91, 933 u HessFG EFG 95, 384: keine mündliche Änderung bei 359 qualifizierter Schriftformklausel; dagegen *Depping/Voss* DStR 92, 341; *Tiedtke* DStZ 92, 195; s auch BFH/NV 88, 122; FG Hbg EFG 89, 651).

360 Je **unterschiedlicher** die **Beteiligungsverhältnisse** bei Mutter- und Tochter-Gesellschaft oder je weniger der beherrschende AntE an der Gesellschaft beteiligt ist, um so eher kann von einer rechtzeitigen Vereinbarung ausgegangen werden, da nicht zu unterstellen ist, dass der beherrschende AntE seine Machtstellung benutzt, um ohne Zustimmung des MinderheitsAntE Vorteile zu erlangen.

362 **Branchenübliche** Kosten- und Leistungsberechnungen müssen nicht im Voraus schriftlich vereinbart werden (BFH BStBl II 77, 568 betr Frachtkosten; s auch Anh § 8 Rz 797 ff).

Keine Vereinbarung ist erforderlich, soweit **Nebenleistungen üblicherweise** ohne besondere Vereinbarung erbracht werden, zB Benutzung des Firmen-Pkw für Fahrten zwischen Wohnung und Arbeitsstätte; nicht aber für sonstige Stadt-, Erholungs- und Urlaubsreisen (Anh § 8 Rz 120, 997); anders, wenn der Pkw zur ständigen privaten Verfügung steht (BFH BStBl II 78, 234; II 05, 882; klare Vereinbarung notwendig).

364 Zu den Fragen des **Wettbewerbsverbots** und der **Betriebsabgrenzung** s Anh § 8 Rz 1406 ff.

365 Zu klaren, eindeutigen und rechtzeitigen Vereinbarungen als Voraussetzung für den **Vorteilsausgleich** s Rz 230.

370 **cc) Rückwirkungsverbot.** Die Vereinbarungen müssen **zeitgerecht,** dh im maßgebenden Zeitpunkt, s Rz 2454, vorliegen. Die Rspr erkennt bei beherrschenden AntE **keine Rückwirkung** an (BFH BStBl II 92, 434). Das Rückwirkungsverbot gilt **allgemein** und für **jede Art von Verträgen.**

Das Rückwirkungsverbot gilt nicht für den nichtbeherrschenden AntE und die diesem Nahestehenden (BFH BStBl III 59, 374; II 74, 497); es gilt erst recht nicht für Geschäftsführer, die keine AntE sind (BFH BStBl III 67, 372; s auch Rz 175 ff).

Das Rückwirkungsverbot gilt nicht nur für die Rückwirkung in einen **abgelaufenen VZ** oder ein abgelaufenes Wj, sondern auch für die Rückwirkung **innerhalb eines VZ** oder eines Wj (BFH BStBl II 72, 721; II 92, 434; II 98, 545). Eine Tantieme, am 1.11. für das laufende Wj = Kj vereinbart, muss aufgeteilt werden; soweit sie sich auf die Monate Januar-Oktober bezieht, gilt das Rückwirkungsverbot; für eine Tantieme, die am 31.12. des Wj vereinbart wird, würde voll das Rückwirkungsverbot eingreifen (vgl BFH BStBl II 68, 482; II 74, 719 u II 98, 545, betr Tantieme; II 77, 172 betr Erfolgsprämie; II 92, 434; FG Hamburg EFG 00, 146 betr Urlaubs- u Weihnachtsgeld; NdsFG GmbHR 91, 483 betr Sonderzahlung; kritisch *Gosch* § 8 Rz 325). Diese gedankliche Aufteilung gilt nicht, wenn die Zahlung ihrem Zweck nach keine Rückwirkung hat (zB Gehaltserhöhung ab 1.6. oder besonderes Entgelt für eine Leistung im Dezember).

374 Eine Rückwirkung vertraglicher Vereinbarungen wird bei dem beherrschenden Gesellschafter auch dann nicht anerkannt, wenn anderen fremden Angestellten oder Vertragspartnern in gleicher Weise Rückwirkung gewährt wurde (BFH BStBl II 74, 719 betr Sondervergütung).

Ausnahmen von dem Grundsatz des Rückwirkungsverbots hat die Rechtsprechung nur in wenigen Einzelfällen zugelassen (so BFH BStBl II 82, 761 für Leistungsentgelte iZm Fleischlieferungen; zu § 181 BGB s Rz 353; anders BFH BStBl II 05, 176: vGa bei „spontan" zugesagter Zusatzvergütung).

Es gibt **keine Vermutung** dafür, dass der beherrschende Gesellschafter Leistungen seiner Gesellschaft nur **entgeltlich** erbringt; folglich kann dem Rückwirkungsverbot nicht mit einer solchen Vermutung begegnet werden; vgl zB BFH BStBl III 63, 440 betr Tätigkeit gegen Gehalt.

Soweit Rückwirkung gewollt war und das Verbot Anwendung findet, ist eine nachträgliche **Umqualifizierung** als laufender zeitgerechter Aufwand nicht möglich. Zu prüfen ist jedoch, ob die gewollte Rückwirkung nicht tatsächlich eine zeitgerechte Vereinbarung darstellt; zB ist denkbar, dass die Rückwirkung nur aus

Vereinfachungsgründen vereinbart wird, um zeitgerechte Berechnungen zu erleichtern. Auch kann die Rückwirkung nur die schriftliche Fixierung bestehender Verträge bedeuten.

Zum **Nachweis** der **Rechtzeitigkeit** s im Übrigen Rz 356 ff.

**Kein Verstoß** gegen das Rückwirkungsverbot liegt vor, wenn ein bestehender, 376
rechtzeitig vereinbarter **Anspruch zu spät erfüllt** wird (BFH BStBl II 74, 179 betr gestundete Gehaltszahlung wegen finanzieller Schwierigkeit der GmbH; 78, 234 betr Gehalt); allerdings müssen in diesem Falle alle sonstigen Folgerungen aus der Vereinbarung, insbes die Passivierung, gezogen sein (s Rz 383 ff).

Unschädlich sind rechtzeitige **Wertsicherungsklauseln.** Zulässig sind ebenfalls Klauseln, die die Anpassung an eine **geänderte steuerl Beurteilung** oder geänderte StBescheide vereinbaren (BFH BStBl II 71, 600).

Unschädlich ist die **jährliche Neufestsetzung** der Vergütung, sofern sie rechtzeitig erfolgt. Ob dies allerdings dem Erfordernis der „Üblichkeit" entspricht, könnte zweifelhaft sein (BFH/NV 95, 164; FG Saarland GmbHR 94, 336).

Ohne Verstoß gegen das Rückwirkungsverbot kann die Bestimmung des Angemessenen einem **Sachverständigen** übertragen werden; dazu oben Rz 237.

Soweit ein **Gesetz Rückwirkungen zulässt,** wird hierdurch nicht ohne wei- 377
teres das Rückwirkungsverbot durchbrochen. So erlaubt die Rückwirkung nach **§ 20 V UmwStG** nicht, rückwirkende Verträge abzuschließen; auch in diesem Fall müssen die Verträge bereits am Umwandlungsstichtag geschlossen sein (s Anh § 8 Rz 1237 „Umwandlungsvorgänge"). Auch bei der Rückwirkung von **Einbringungsvorgängen** gemäß § 20 VI 3 UmwStG betrifft die Rückwirkung den Einbringungsvorgang, nicht Leistungsverträge zum Ausschluss von vGa.

Soweit Vereinbarungen **unter das Rückwirkungsverbot fallen,** sind Vorteils- 379
zuwendungen der Körperschaft aufgrund dieser Vereinbarungen als vGa anzusehen, und zwar unabhängig davon, ob der AntE zeitlich vor der Vereinbarung eine Gegenleistung an die Körperschaft erbracht hat und die Nachzahlung folglich angemessen ist. Nur der rückwirkende Teil führt zur vGa; wird eine Tantieme im Dezember erhöht, verstößt allenfalls der Erhöhungsbetrag gegen das Rückwirkungsverbot.

**Kritik.** Das Rückwirkungsverbot ist in seinem Absolutheitsanspruch **nicht zu** 381
**rechtfertigen;** uE sollte der Körperschaft der Nachweis ermöglicht werden, dass die rückwirkende Vereinbarung betrieblich veranlasst ist. Das strikte Rückwirkungsverbot ist eine ständige Versuchung, Verträge nachzufertigen. Sicher kann diese Nachfertigung den Tatbestand des § 370 AO erfüllen. Der BFH sollte jedoch bedenken: Je unverständlicher seine Rspr zu den besonderen Vertragsbedingungen bei beherrschenden AntE ist, um so eher sind selbst Betriebsprüfer geneigt, Kopien, dh möglicherweise nachgefertigte Verträge, zu akzeptieren. Besonders bemerkenswert war dies zum Thema Wettbewerbsverbot und Betriebsabgrenzung (s Anh § 8 Rz 1406 ff). Die schweigende Verweigerung der strengen Bedingungen kann ein Indiz dafür sein, dass ihnen die innere Legitimität fehlt. Vgl auch *Streck* DStR 91, 1645, 1647.

**dd) Durchgeführte Verträge.** Die vereinbarten Verträge müssen, um aner- 383
kannt zu werden, **tatsächlich durchgeführt** sein (BFH BStBl II 78, 234 und II 86, 469, 880; II 88, 25 betr Treuhandvereinbarung; II 88, 301 betr Pachtverträge; II 88, 786 betr Beratungsvertrag; BFH/NV 97, 622; 01, 1149 und 02, 543 betr Gehalt; BFH/NV 07, 1189 betr Abrechnung von Leistungen zwischen Schwestergesellschaften). Wer ein vereinbartes Entgelt, zB eine Tantieme weder zahlt noch als Rückstellung ausweist, kann nicht später, wenn zB anlässlich eines Bp-Mehrgewinns dies zweckmäßig erscheint, die Rückstellung oder Zahlung nachholen (BFH BStBl II 74, 585). Keine Durchführung auch, wenn das Gehalt nicht gezahlt wird, ohne dass eine eindeutige Vereinbarung vorliegt (BFH BStBl II 93, 247 und BFH/NV 97, 622). Die fehlende Zuführung zur Pensionsrückstellung kann Indiz für die nicht ordnungsgemäße Durchführung sein, wenn der

Fehler hätte auffallen müssen (BFH BStBl II 06, 928; dazu *Westerfelhaus* DB 07, 876).

Keine Durchführung eines **Pachtvertrags,** wenn es für die verspätete Pachtzahlung betriebliche Gründe nicht gibt (FG BaWü EFG 96, 342) oder vertraglich vereinbarte Pachtanpassungen ohne Grund unterbleiben (FG Bln-Bdbg DStRE 08, 1336).

Andererseits ist ein **Grundstückskaufvertrag** durchgeführt, wenn die Kaufpreisforderung durch eine Darlehensforderung ersetzt wird (Novation). Voraussetzung ist die steuerl Anerkennung des Darlehens (FG Thür EFG 04, 594 mit Anm *Neu*).

**384** Die strengen Anforderungen für beherrschende AntE haben ihren **Grund** darin, das Verhältnis zwischen Gesellschafter und AntE durchschaubar zu machen und die rechtzeitige Klärung herbeizuführen, ob der AntE gesellschaftsrechtl (unentgeltlich) oder schuldrechtl (entgeltlich) Leistungen erbringt (BFH/NV 05, 1374). Diese Klärung wird durch den rechtzeitigen klaren und eindeutigen Vertrag grundsätzlich herbeigeführt, so dass an die Durchführungsbedingungen keine so strengen Anforderungen gestellt werden müssen, wie dort, wo es um die Trennung von Leistungsverträgen und Unterhaltszahlungen im Familienkreis geht (vgl *Streck* GmbHR 87, 104, 108f).

Die **Rspr** sieht dies strenger; so soll nach BFH BStBl II 88, 786 das vereinbarte Beratungshonorar bereits dann nicht als durchgeführt gelten, wenn die vereinbarte Auszahlung nicht erfolgt, sondern das Beratungshonorar als Schuld stehenbleibt; uE zu eng, da es keinen Sinn macht, diese Gestaltung nicht anzuerkennen, während die Auszahlung und Zurückzahlung wohl anzuerkennen sind (vgl *L. Schmidt* FR 88, 481).

Der Durchführung steht nicht entgegen, dass der **Jahresabschluss** der GmbH erst nach Ablauf der in § 264 I HGB festgelegten Fristen aufgestellt und Verpflichtungen, zB Tantiemeschulden, erst in diesem Jahresabschluss ausgewiesen werden (BFH/NV 98, 746).

**385** Die „tatsächliche Durchführung" ist jedoch kein Tatbestandsmerkmal des Betriebsausgabenabzugs, sondern nur ein **Indiz** für ernstgemeinte Vereinbarungen (BFH/NV 94, 345). Die Nichtdurchführung lässt – widerlegbar – auf eine nicht ernstlich gewollte Vereinbarung und damit auf eine vGa schließen (BFH/NV 97, 712; 03, 945; 05, 1374 mit Anm *Hoffmann* GmbHR 05, 940).

**386** **Maßstab** der Durchführung sind **wirtschaftl vernünftige Gründe** (vgl BFH BStBl III 60, 513) und die Antwort auf die Frage, ob die mangelhafte Durchführung die fehlende Ernstlichkeit der Vereinbarung indiziert (BFH/NV 97, 622).

Werden aufgrund der **finanziellen Situation** der Gesellschaft laufende Gehalts- oder Pachtzahlungen ausgesetzt, so ist der Vertrag durchgeführt, wenn die Schuld passiviert wird (vgl BFH BStBl II 78, 234 betr Gehalt; s auch BFH BStBl II 74, 585, der die Passivierung als Minimum fordert, selbst wenn die Insolvenzreife dokumentiert wird; vgl auch BFH BStBl II 74, 179; sowie § 8 Anh Rz 353).

Ein **Mietvertrag** mit einer Monatspacht ist auch dann noch durchgeführt, wenn aus Praktikabilitätsgründen auf die laufende Zahlung zugunsten einer jährlichen Einmalzahlung oder Passivierung verzichtet wird; ähnlich KÖSDI 84, 5705 bei vereinbarter monatlicher Zahlung und tatsächlich nur dreimal erfolgter Zahlung.

Allerdings fordert der BFH, dass die Körperschaft den **Nachweis** erbringt, warum die Abweichung von dem Vertrag betrieblich gerechtfertigt ist; ohne weitere Begründung bestätigt BFH/NV 86, 116 in einem solchen Zahlungsfall eine vGa. BFH/NV 90, 64: Ist eine monatliche Gehaltszahlung vereinbart, muss es betriebliche Gründe geben, falls hiervon abgewichen wird.

Eine **Stundung von Gehaltszahlungen** wegen Liquiditätsschwierigkeiten ist noch kein Indiz für vGa (BFH/NV 02, 543; anders HessFG DStRE 03, 161). Eine Tantieme muss nicht notwendig bei Fälligkeit gezahlt werden (BFH/NV 94, 345).

Der Berater sollte überlegen, ob es in kleineren Vertragsfällen nicht sinnvoll ist, von vornherein eine **Jahreszahlung** zu vereinbaren (vgl FG Saarl EFG 87, 90: Wird eine Mietzahlung als jährliche Zahlung vereinbart, ist sie anzuerkennen, wenn sie jährlich gezahlt wird).

Ein **Forderungsverzich**t indiziert nur dann die Nichtdurchführung, wenn von ihm auf eine von Anfang an nicht ernstlich gewollte Verbindlichkeit zu schließen ist (BFH BStBl II 94, 952; s auch FG Hbg EFG 16, 753, vGa bei einem monatlichen Gehaltsverzicht).

Die **Verlustvermeidung** in der GmbH ist zB eine vernünftige Begründung für die gesellschaftsrechtl (unentgeltliche) Arbeits- oder Nutzungserbringung, die die Ernsthaftigkeit der regulären obligatorischen entgeltlichen Verträge nicht in Frage stellt.

Die **Teildurchführung** eines Vertrags gefährdet nur den Teil des Vertrags, nicht 387
die Durchführung des gesamten Vertrags (vgl BFH BStBl II 88, 301 entsprechend; FG München GmbHR 00, 828, eine teilweise Durchführung anerkennend, bestätigt durch BFH/NV 03, 945 und 05, 1374).

Zur **Beweislast** will BFH BStBl II 88, 301 vermuten, dass bei Nichtdurchfüh- 388
rung von der Unentgeltlichkeit auszugehen ist (BFH BStBl II 88, 301; allgemein so nicht zutreffend; uE gelten die allgemeinen vGa-Beweislastregeln, s Rz 275 ff).

Die **Änderung eines Vertrags** ist etwas anderes als die fehlende Durchfüh- 389
rung. Der Gesellschafter kann von der entgeltliche Leistungserbringung zur unentgeltlich übergehen. Dies gefährdet nicht die Durchführung der entgeltlichen Vertragsphase. Allenfalls ein häufiger Wechsel zwischen Entgeltlichkeit und Unentgeltlichkeit kann die Durchführung der entgeltlichen Vereinbarung in Frage stellen (vgl BFH BStBl III 60, 513; FG Saarl EFG 94, 678); uE ist dies allenfalls bei extremer Wechselgeschwindigkeit denkbar.

Werden Verträge zu Lasten der Gesellschaft geändert, **ohne** dass ein **Anspruch** besteht, kann dies zur vGa führen (Beispiel: FG D'dorf EFG 02, 1404).

Die Rspr gilt auch mit umgekehrten Vorzeichen: Wird eine getroffene **Verein-** 390
**barung** mit den beherrschenden AntE **bewusst nicht durchgeführt,** so ist sie nicht anzuerkennen. Es erfolgt in diesen Fällen keine Zwangsdurchführung durch die FinVerw (*Streck* GmbHR 82, 30; FG Köln GmbHR 97, 510; anders für einen ähnlichen Sachverhalt FG Saarl GmbHR 94, 336). Das gilt sowohl für angemessene wie auch für unangemessene Vereinbarungen, im letzteren Fall gibt es keinen Zwang zur angemessenen Entgeltlichkeit oder zur vGa. Der mögliche Einwand, der Vertrag sei in diesen Fällen insgesamt, dh auch für frühere oder spätere Jahre, in der Durchführung gefährdet, so dass frühere oder spätere Zahlungen zur vGa werden, ist allenfalls in Extremfällen stichhaltig. Verträge, die ständige Leistungen und Gegenleistungen regeln (Dienstvertrag, Pachtvertrag usw), begründen laufend für die jeweilige Leistungserbringung die Anerkennung. Die Verträge und ihre Durchführung beziehen sich auf bestimmte Leistungen und Leistungsentgelte, nicht auf frühere und nicht auf spätere. Liegt dem entgeltlichen Zeitraum ein rechtzeitiger, eindeutiger und durchgeführter Vertrag zugrunde, so wird die damit herbeigeführte Klärung nicht durch die Nichtdurchführung in späteren Zeiträumen gefährdet. S auch Beratungs-ABC „Verluste".

**ee) Beherrschung.** Beherrschung vermittelt eine Beteiligung **über 50 %** 395
(BFH BStBl III 59, 374; II 69, 347; II 74, 179); 49²/₃% reichen nicht aus (BFH BStBl II 69, 347), ebenso nicht 50% (BFH BStBl III 66, 605; III 67, 153; II 74, 719; II 78, 659; aA FG Saarl EFG 94, 1018, bei einer 50%-Beteiligung, wenn der Mitgesellschafter nur aus berufsrechtl Gründen beteiligt wurde). Richtiger: Beherrschung heißt, über die Mehrheit für allgemeinen Beschlüsse der GmbH zu verfügen; idR ist § 47 I GmbHG maßgebend (BFH BStBl II 78, 659; aA HessFG EFG 82, 203: die Möglichkeit der Verhinderung von Mehrheitsbeschlüssen reiche aus); sieht die Satzung allgemeine Mehrheit von $^2/_3$ der Stimmen vor, reicht eine 51 %ige Beteiligung nicht; auch BFH BStBl II 69, 347 weist ausdrücklich auf Aus-

nahmen von der 50 %-Grenze hin. Ebenso BFH/NV 90, 455: Beherrschung liegt vor, wenn der Abschluss des zu beurteilenden Rechtsgeschäfts erzwungen werden kann. Weichen Kapital- und Stimmbeteiligung voneinander ab, ist die Stimmenmehrheit maßgebend.

Durch **Rücklagen** wird weder eine Beherrschung vermittelt noch erhöht (BFH BStBl II 69, 347).

397 **Mittelbare** Beherrschung ist ausreichend (BFH BStBl III 64, 163), wenn jede vermittelnde Gesellschaft, KapGes oder PersGes ihrerseits beherrscht wird (was im Fall BFH BStBl III 64, 163 nicht gegeben war: die Beherrschung erfolgte über eine 50%-Beteiligung unmittelbar und eine 24%-Beteiligung an einer KG, die die restlichen 50% hielt; eine Beherrschung über die Anteile war hier nicht möglich; gleichwohl ist die Entscheidung möglicherweise richtig, da die übrigen AntE der KG nahe Verwandte waren; der wiedergegebene Sachverhalt lässt insoweit eine Beurteilung nicht zu; zur Zusammenrechnung von Anteilen naher Verwandter s unten Rz 399). BFH BStBl II 74, 694 nimmt eine Beherrschung an, weil der Vater die Gesellschafterrechte des Sohnes ausüben konnte.

398 In besonderen Sachverhalten kann die **Beherrschungsmöglichkeit widerlegt** werden (zB: Bezüge der Vorstandsmitglieder einer **AG** unterliegen nicht notwendig der uneingeschränkten Einflussnahme durch den Mehrheitsaktionär, da die AG insoweit durch den Aufsichtsrat vertreten wird; Anh § 8 Rz 15).

399 Bei der Ermittlung der Beherrschung werden **Anteile von Ehegatten** nicht zusammengerechnet; diese Zusammenrechnung ist mit Art 3, 6 GG nicht vereinbar (BFH BStBl II 86, 62 betr den Zufluss an einen beherrschenden AntE; BFH/NV 86, 490; BStBl II 89, 522; 90, 454; jeweils im Anschluss an BVerfG BStBl II 85, 475 die Betriebsaufspaltung betr; glA *Offerhaus* StBp 85, 189; *Klempt* DStZ 86, 259; *Streck/Rainer* Stbg 86, 46).

Hat die Ehefrau die **Ausübung des Stimmrechts** auf ihren Ehemann übertragen, so ist ihr Anteil mit dem des Mannes zusammenzurechnen (BFH BStBl II 86, 469; vgl auch BFH BStBl II 69, 42).

Die Sonderbedingungen für beherrschende AntE gelten nicht nur im Verhältnis KapGes/beherrschende AntE, sie gelten auch im Verhältnis KapGes/**Nahestehenden** von AntE (s Rz 182ff). Sind die Ehefrau zu 60%, der Ehemann zu 40% an einer KapGes beteiligt, bedarf es folglich für Verträge zwischen der KapGes und dem Ehemann der Zusammenrechnung nicht, um die strengen Regeln anzuwenden (*Streck* GmbHR 87, 104, 108). Anders jedoch, wenn die Ehepartner jeweils zu 50% an einer GmbH beteiligt sind; hier können die Verträge zwischen der GmbH und einem Ehepartner nur auf die Angemessenheit überprüft werden (vgl hierzu zB FG Saarl EFG 88, 592), es sei denn, es liegen gleichgerichtete Interessen vor (Rz 404).

400 Die Zusammenrechnung der Anteile bezog sich auch stets auf die **minderjährigen Kinder.** Art 3 II GG kann hier nicht unmittelbar angewandt werden. Es ist zu erwarten, dass insoweit der BFH bei der Zusammenrechnung bleibt.

401 Zur Zusammenrechnung bei **Interessengleichklang** s Rz 404.

403 **Keine Zusammenrechnung** mit den Anteilen **volljähriger Kinder** (BFH BStBl III 66, 604; BStBl II 86, 469).

404 Bei einer Beteiligung von 50% und weniger liegt regelmäßig keine **Beherrschung** vor, es sei denn, besondere Umstände sind gegeben; solche besonderen Umstände können vorliegen, wenn der AntE **auf Grund gesellschaftsrechtl** Vereinbarung (BFH BStBl II 86, 195) die Gesellschaft beherrscht.

405 Ebenfalls ist eine Beherrschung anzunehmen, wenn der AntE in einer bestimmten Einzelfrage, bei einem bestimmten Vertrag die Gesellschaft mit einem anderen fremden AntE beherrscht, mit dem er bzgl dieser Frage oder bzgl dieses Vertrages in **Interessenübereinstimmung** steht. Diese Interessenübereinstimmung muss nicht auf vertraglicher Bindung beruhen (BFH/NV 88, 742).

**Beispiel:** Zwei AntE halten je 40% der Anteile; hinsichtlich ihrer Gehaltsbezüge sind sie beherrschend (vgl BFH BStBl III 66, 73; II 68, 234, 483; II 69, 347; II 71, 463; BFH/NV 86, 637; 97, 808; 10, 66).

Diese Rspr gilt auch, wenn Anteile von **Familienangehörigen** entsprechend Rz 399 nicht zusammengerechnet werden können (BFH BStBl II 86, 469).

In den Fällen der Interessenübereinstimmung wird auch ein mit einem beherrschenden AntE zusammenwirkender **Minderheitsgesellschafter** dem beherrschenden AntE gleichbehandelt (BFH BStBl II 76, 734: der beherrschende AntE habe sich aus zivilrechtl Gründen der Mitwirkung des Minderheitsgesellschafters versichern müssen; krit *Mangold* StuW 78, 171).

Im Einzelnen ist die Abgrenzung in der **Rspr** des BFH nicht immer einheitlich: 406 Drei unterschiedlich beteiligte AntE handeln nicht mit gleichem Interesse, wenn sie sich die gleiche Tantieme gewähren (BFH BStBl II 78, 659; anders bei gleicher Beteiligung und gleicher Tantieme: BFH BStBl II 83, 150). In GmbHR 79, 215 wird aus BFH BStBl II 78, 659 zutreffend gefolgert, dass gleichgerichtete Interessen nur dann zur Beherrschung führen, wenn die einzelnen AntE einen ihrem Anteil entsprechenden Vorteil erhalten; vgl auch *Streck* GmbHR 82, 26. Keine Zusammenrechnung aber mit den Anteilen, die ein Arbeitnehmer hält, wenn es sich um eine 50%-Beteiligung handelt (BFH BStBl II 74, 719). Die die AntE mit gleichlaufenden Interessen bevorteilenden Beschlüsse müssen zeitlich zusammenfallen; nicht erforderlich ist ein einheitlicher Beschluss (GmbHR 79, 215).

Diese klaren Regeln sind durch die Entscheidung BFH BStBl II 86, 469 in Frage gestellt. 407 Der BFH erlaubt hier nur einen Vergleich des in gleichgerichteten Interessen vereinbarten Entgelts mit der Gewinnbeteiligung oder Gewinnkürzung bei einer tatsächlich vorgenommenen Ausschüttung, nicht einer möglichen (ebenso FG Hbg EFG 14, 577, die NZB hatte keinen Erfolg; BFH/NV 15, 53; FG Mchn EFG 14, 2161). Die Entscheidungen überzeugen nicht. Denn der Nachweis, dass eine Entgeltszahlung betriebl oder nicht gesellschaftsrechtl bedingt ist, ist bereits dann erbracht, wenn der ausschüttungsfällige Gewinn gekürzt wird; auf den ausgeschütteten Gewinn kommt es nicht an (vgl auch die Änderung der Rspr zum Begriff der vGa, Rz 165). Unklar, wie BFH in BFH/NV 86, 48 das gleichgerichtete Interesse behandelt; die Entscheidung vermittelt den Eindruck, als werde die (unzulässige) Zusammenrechnung von Ehegatten-Anteilen (Rz 399) durch die – möglicherweise allzu leichte – Annahme von gleichgerichtetem Interesse bei Ehegatten ersetzt (dagegen aber FG Saarl EFG 88, 592; s auch BFH/NV 99, 671 für Ehegatten, die gemeinsam mit 51% beteiligt waren, bzgl Pensionszusage; anders BFH/NV 99, 1384, wenn die Höhe der Pensionszusage nicht den Beteiligungsverhältnissen entspricht).

Bei einer Beteiligung **unter 25%** scheidet regelmäßig eine Beherrschung aus, 408 von besonderen Ausnahmefällen abgesehen; vgl BFH BStBl III 59, 374; III 66, 73 (anders, falls Zusammenwirken mit beherrschenden AntE vorliegt); III 67, 372; II 68, 482; II 68, 234 (Ausnahme: Interessengleichheit mehrerer AntE, die zusammen über die Mehrheit verfügen; Rz 404); II 69, 347.

**Maßgebend** für die Beherrschung ist der **Zeitpunkt** des Vertragsabschlusses 409 (BFH BStBl II 82, 612; HFR 97, 101; BStBl II 97, 301; BFH/NV 97, 806).

Ein **Erwerb** oder **Verlust** der **Beherrschung** wirkt grundsätzlich nur für die Zukunft. Wer beherrschend wird, behält die erworbenen Ansprüche. Das Gebot klarer Absprachen und das Rückwirkungsverbot beziehen sich ab Beherrschung jedoch auch auf Vereinbarungen, die auf die Zeit der Nichtbeherrschung zurückwirken (BFH BStBl II 74, 497). Vor dem Erwerb der Beherrschung müssen folglich die bestehenden Ansprüche eindeutig festgelegt werden (BFH BStBl II 74, 497; uE ist diese Rspr bedenklich, da der Tatbestand „Beherrschung" ohne eigene Aktivität eintreten kann; abl *Brezing* FR 77, 463).

Wird die beherrschende **Mehrheit verloren,** gilt das Rückwirkungsverbot nicht mehr; rückwirkende Verträge, auch für die Zeit der Beherrschung, sind,

Angemessenheit unterstellt, steuerl wirksam. Verliert ein AntE die beherrschende Mehrheit aufgrund einer KapErhöhung, so gilt dies erst ab Eintragung der KapErhöhung im Handelsregister (BFH BStBl III 66, 605); anders uE, soweit der beherrschende AntE ab Erhöhungsbeschluss der Beherrschung entsprechende Rechte nicht mehr ausüben kann.

420 **14. Beschränkter Verlustabzug (Abs 4 aF)** beim sog **Mantelkauf; Rechtsentwicklung.** Mantelkauf meinte ursprünglich den Kauf einer vermögenslos gewordenen Körperschaft, die nach dem Kauf mit einem neuen Unternehmen wieder am Wirtschaftsleben teilnimmt. Die **Rspr** verneinte in diesem Fall die Möglichkeit des Verlustabzugs (BFH BStBl III 66, 289 und 513; BVerfG BStBl II 69, 331). Änderung der Rspr: Zumindest dann, wenn noch Aktivvermögen da war, ist der Verlustabzug nach § 10d EStG möglich (BFH BStBl II 87, 308, 310; BFH/NV 87, 266; vgl auch BFH BStBl II 01, 520: Wurde vor Inkrafttreten des § 8 IV zugleich mit dem Verlustmantel einer GmbH eine gegen diese gerichtete nicht mehr werthaltige Forderung erworben, kann dieser Vorgang nach § 42 AO wie der Erwerb von GmbH-Anteilen nach dem vorherigen Forderungsverzicht zu behandeln sein; zu Recht abl *Hoffmann* GmbHR 01, 533; vgl auch Rz 146 zum Forderungsverzicht mit Besserungsschein vor Anteilsübertragung). Literatur zu dieser RsprÄnderung s 3. Aufl § 8 Anm 16. Der Gesetzgeber hat auf diese RsprÄnderung durch den **neugefassten Abs 4** reagiert, den das StRefG 1990 v 25.7.88 (s 6. Aufl Vor § 1 Anm 19) einführte. Dazu BT-Drucks 11/2157, 171; FinVerw BStBl I 90, 252; Literatur in 6. Aufl § 8 Anm 151.

**Änderung dieses Abs 4** durch das Gesetz zur Fortsetzung der UnternehmensStReform v 29.10.97 (Vor § 1 Rz 27). Auch die Fortführung einer nicht vermögenslosen Körperschaft kann nunmehr zum Verlust des Verlustabzugs führen; zudem wurde die Schädlichkeitsgrenze der Anteilsübertragung von 75% auf 50% reduziert und gleichzeitig eine Sanierungsklausel eingefügt. Dazu FinVerw BStBl I 99, 455.

**Literatur vor 2003** in 6. Aufl § 8 Anm 151.

**Literatur ab 2003:** *Winter,* Abzug von GmbH-Verlusten in Zusammenhang mit Gesellschafterwechsel und Verschmelzung, GmbHR 03, 318; *Berg/Schmich,* Die Anwendung von § 8 IV KStG bei Anteilübertragungen im Konzern im Licht der jüngsten Rechtsprechung, DB 03, 1291; *Bock,* Das personale Substrat der Körperschaft beim Mantelkauf und die zeitliche Anwendung des § 8 IV KStG nF, GmbHR 03, 497; *Köhler,* § 8 IV KStG: Verlust der wirtschaftlichen Identität nur bei überwiegendem Zuführen von „neuem" Betriebsvermögen, DStR 03, 1011; *Roser,* Überschießende Steuerfolgen des sog „Mantelkaufs", FR 03, 451; *Gosch,* Neue Antworten und Lösungsansätze des BFH zu den Verlustabzugsbeschränkungen des § 8 IV KStG, DStR 03, 1917; *Oho/Remmel,* Die Abspaltung eines mit Verlusten behafteten Teilbetriebes bei anschließender Anteilsveräußerung im Bank-Konzern, BB 03, 2539; *Mildner,* Zeitliche Nutzung von Verlusten bei Verschmelzungen, GmbHR 03, 644; *Hoffmann,* Forderungsverzicht des Gesellschafters einer Kapitalgesellschaft gegen Besserungsschein bei Gesellschafterwechsel, DStR 04, 293; *Bock,* Telos und Tatbestand des § 8 IV KStG, GmbHR 04, 221; *Bachmeister,* Verlust der wirtschaftlichen Identität und Bestandskraft der Verlustfeststellung, DStR 04, 841; *Berg/Schmich,* Die Auswirkungen eines Forderungsverzichts mit Besserungsschein im Rahmen des § 8 IV KStG, FR 04, 520; *Orth,* Zur „wirtschaftlichen Identität" einer Kapitalgesellschaft iSd § 8 IV KStG, FR 04, 613; *Stalinski,* Tendenzen der BFH-Rspr zur Verlustnutzung beim Mantelkauf nach § 8 IV KStG, NWB F 4, 4815; *Neyer,* Direkter und indirekter Gesellschafterwechsel, BB 04, 2379; *Paus,* Forderungsverzicht gegen Besserungsschein, insbesondere bei späterem Verkauf der GmbH-Anteile, GmbHR 04, 1568; *Hoffmann,* Anteilsübertragung mit Forderungsverzicht kein Gestaltungsmissbrauch, GmbHR 05, 49; *Kollruss,* Erfasst § 8 IV KStG auch die Übertragung eines KGaA Komplementäranteils?, StBp 05, 65; *Lang,* Verlust der wirtschaftlichen Identität, NWB F 4, 4949; *Grube/Altrichter-Herzberg,* Aktuelles im Bereich von steuerlichen Verlustvorträgen bei Körperschaften im Zusammenhang mit § 8 IV KStG, GmbHR 05, 284; *Dörner,* Neuere Rechtsentwicklungen zur wirtschaftlichen Identität nach § 8 IV KStG, Inf 05, 175; *Kaeser,* Der „Mantelkauf" – ein Fall für die Altkleidersammlung?, DStR 05, 349; *Kluge/Löhr,* Internationaler Mantelkauf, DB 05, 791; *Engers* Schädlicher Gesellschafterwechsel iSv § 8 Abs 4 KStG beim Zusammentreffen von kapitalverändernden Maßnahmen und Anteilsübertragungen, BB 06, 743; *Krupske* Öffnung statt Sperre? Auf der Suche nach einer Alternativlösung zu § 8 Abs 4 KStG, GmbHR 06, 741; *Stahlschmidt* Die wirtschaftliche Identität beim Verlustabzug der Kapitalgesellschaftnach § 8 Abs 4 KStG, BB 06, 913; *Wittlinger* Zuführung überwiegend neuen Betriebsvermögens im Sinne von § 8 Abs 4 KStG, INF 06, 661; *Behrens,* Verlustabzug: Ob neues Betriebsvermögen vorliegt, ist anhand einer gegenständlichen Betrachtungsweise zu ermitteln, BB 2007, 2220 ff; *Biermann/Wacke,* Verlust der wirtschaftlichen Identität gem § 8 Abs 4 KStG im Rahmen der beschränkten Steuerpflicht, GmbHR 2007, 129 ff; *Breuninger/Frey/Schade,* Erwerb neuen Betriebsvermögens bei innenfinanzierten Anschaffungen und Betriebswechsel, GmbHR 2007, 1163 ff; *Breuninger/Schade,* Fremdfinanzierter konzerninterner Beteiligungserwerb, DStR 2007, 221 ff; *Dörfler,* Verlustnutzung bei Anteilskäufen (insbesondere § 8 Abs 4 KStG), JbFfSt 2005/2006, 220 ff; *Hans,* Vorlage an das BVerfG: Formelle Verfassungsmäßigkeit der Änderung des § 8 Abs 4 KStG 1996/1999, FR 2007, 42 ff; *Korn,* Steuerliche Charakterisierung von Rückflüssen aus Besserungsscheinen nach Übertragung der Geschäftsanteile, GmbHR 2007, 624 ff; *Neu,* Die Verlustabzugsbeschränkung gem § 8 Abs 4 KStG, EFG 2007, 446 ff; *Pezzer,* Vorlage an das BVerfG: Formelle Verfassungsmäßigkeit der Änderung des § 8 Abs 4 KStG 1996, 1999, FR 2007, 42; *Prinz/Hick,* Neue BFH-Rechtsprechung zu Mantelkauf und Beteiligungsertragsbefreiung, NWB, Fach 4, 5151 ff; *Rombey/Imschweiler,* Erwerb von Beteiligungen durch Verlustgesellschaften – Grenzen des § 8 Abs 4 KStG und Plädoyer für eine Neuregelung, DStR 2007, 321 ff; *Proschka,* Aktuelle Rechtsprechung zu § 8 Abs 4 KStG, BB 2008, 310; *Tiedchen,* Das Merkmal der Zuführung neuen Betriebsvermögens in § 8 Abs 4 KStG, FR 2008, 201.

**Verfassungsrechtliche Bedenken:** Die Vorschrift ist in einem hohem Maße auslegungsbedürftig. Die uneinheitliche Rspr des BFH zeigt, dass sie nur begrenzt auslegungsfähig ist. Sie bietet keine verlässliche Grundlage für Gestaltungen. Sie entspricht nicht dem **Bestimmtheitsgrundsatz** des Art 20 III GG. Sollten die Übergangsvorschriften der § 54 IV idF des G v 25.7.88 bzw § 54 VI idF des G v 19.12.97 dahingehend auszulegen sein, dass der Verlust der wirtschaftlichen Identität vor dem 24.5.88 bzw 6.8.97 nach den später in Kraft getretenen Regeln eintreten kann, so läge uE ein Verstoß gegen das **Rückwirkungsverbot** vor (vgl dazu Rz 424). Die Verschärfung des § 8 IV verstößt zwar gegen den **Parlamentsvorbehalt** und ist mit dem Grundgesetz unvereinbar, bleibt aber gültig (BVerfG BGBl I 08, 481). Da nach § 8 IV der Verlustvortrag verloren gehen kann, die zugrunde liegenden Verbindlichkeiten aber bestehen bleiben, liegt ein Verstoß gegen das **Leistungsfähigkeitsprinzip** aus Art 3 I GG vor (entspr Zweifel noch BFH/NV 10, 2356 zum Zusammenspiel von § 10d II EStG und § 8c KStG; kein Zweifel mehr BFH/NV 13, 161). 421

Vgl zu den **zivilrechtlichen Problemen** des Mantelkaufs: BGH GmbHR 10, 474; 11, 1032; GmbHR 12, 630; zum **Strafrecht** BGH ZIP 12, 1513. 422

**Abs 4 idF des G zur Fortsetzung der Unternehmensteuerreform 1997** galt ursprünglich ab VZ 97 (§ 54 VI idF dieses Gesetzes). Die Rückwirkung innerhalb des Jahres 1997 wurde zu Recht als verfassungsrechtl bedenklich eingestuft. Das Gesetz zur Finanzierung eines zusätzlichen Bundeszuschusses zur gesetzl Rentenversicherung v 19.12.97 (Vor § 1 Rz 27) hat deshalb § 54 IV aF dahingehend geändert, dass § 8 IV nF erst ab VZ 98 gilt, wenn der Verlust der wirtschaftl Identität vor dem 6.8.97 gewesen ist. Der BFH hat keine Bedenken hinsichtlich einer verfassungsrechtlich unzulässigen Rückwirkung (BFH/NV 09, 497). Allein wegen der Differenzierung beim Verlust der wirtschaftlichen Identität – gemessen an der Neuregelung – vor dem 1.1.97, die Neuregelung bereits 97 anzuwenden, dagegen beim Verlust in 97 vor dem 6.8. erst ab 98, sieht der BFH einen Verstoß gegen Art 3 I GG und hat die Sache dem BVerfG vorgelegt (BFH/NV 09, 500; Az BVerfG 2 BvL 2/09). Das BVerfG hat die Vorlage des BFH als unzulässig verworfen (BVerfGE 136, 127). Der BFH hat daraufhin seine Bedenken zurückgenommen (BStBl II 15, 612). 424

**Abs 4 S 1 verbietet** den **Verlustabzug** bei einer Körperschaft, wenn sie nicht wirtschaftl mit der Körperschaft identisch ist, die den Verlust erlitten hat. S 4 dehnt die Rechtsfolge auf den Verlustausgleich innerhalb eines Wj aus. S 1 spricht 426 allgemein von der wirtschaftl Identität; **S 2** formuliert genauer Tatbestandsmerkmale.

427 Während Abs 4 S 1 die allgemeine Regel für alle Körperschaften formuliert, ist **Abs 4 S 2** als **lex specialis** für die KapGes zu werten. Nur auf diesem Weg erhält man für die KapGes eindeutig anwendbare Tatbestandsmerkmale. Vgl *Streck/Schwedhelm* FR 89, 153; aA BFH BStBl II 97, 829, BFH/NV 08, 2129; die FinVerw BStBl I 90, 252; BStBl I 99, 455 Rz 24 und FG D'dorf EFG 95, 1119, die S 1 und S 2 auf alle Körperschaften anwenden. Die in S 1 erwähnte wirtschaftl Identität ist so allgemein formuliert, dass ihr Fehlen nur in krassen Ausnahmefällen bejaht werden kann. Bei KapGes fehlt die wirtschaftl Identität nur dann, wenn alle Tatbestandsbedingungen des S 2 vorliegen. Vielmehr ist S 2 einschränkend und sanierungsfreundlich auszulegen. Die Auslegung im BMF-Schreiben BStBl I 99, 455 ist abzulehnen. Im Gegenteil ist dem BFH zumindest insoweit zuzustimmen, wonach S 2 bei der Auslegung von S 1 zu berücksichtigen ist (BFH/NV 08, 2129; FG Saarl EFG 2013, 1163).

428 **Übertragung von mehr als 50%** – *bis VZ 96/97 (Rz 2, 423) 75%* – **der Anteile an einer KapGes (S 2):** Die Grenze von mehr als 50% der Anteile bezieht sich auf das NennKap (damit nicht Genussrechte, verdecktes EK, eigenkapitalersetzende GesDarlehen, Bezugsrechte (zu Letzteren aA *Janssen* DStZ 05, 856). Ob die Anteile ein Stimmrecht vermitteln, ist irrelevant (zB Vorzugsaktien). Eigene Anteile sind nicht zu berücksichtigen. Bei Genossenschaften stellt der BFH (BFH/NV 2013, 987) nicht auf die Zahl der neugebildeten Mitgliedschaftsrechte, sondern die Summe der Geschäftsguthaben ab (anders noch Sächs FG EFG 2012, 1495).

429 Der **Rechtsgrund für die Übertragung** der Anteile ist irrelevant (zB Kapitalerhöhung BFH/NV 09, 497, Abwärtsverschmelzung BFH/NV 11, 1924). Ausnahme: Anteilsübergang durch Erbfall einschließlich der Erbauseinandersetzung sowie im Rahmen der vorweggenommenen Erbfolge (zu Letzterem aA BMF BStBl I 99, 455, Rz 4).

430 **Erwerber der Anteile** können sowohl neue als auch bereits beteiligte Gesellschafter sein. Auch die Rückübertragung auf die ehemaligen Gesellschafter zur Wiederherstellung der ursprünglichen Beteiligungsstruktur ist schädlich (BFH/NV 10, 1859). Die mehrfache Übertragung des gleichen Anteils wird nur einmal gezählt. Es gibt **kein** ausdrückliches **Konzern-Privileg.** Der BFH stellt auf die Übertragung der Anteile an der KapGes ab, die den Verlust erlitten hat (BStBl II 04, 614; BFH/NV 14, 582; 16, 780). Danach ist eine konzerninterne Übertragung schädlich. Dieses soll unabhängig davon gelten, ob auf eine Kap- oder PersGes übertragen wird. Ob die Übertragung steuerneutral nach dem UmwStG erfolgt, soll irrelevant sein. Umgekehrt soll die mittelbare Anteilsübertragung unschädlich sein (BFH BStBl II 04, 616). UE ist bei einer konzerninternen Umstrukturierung S 2 über S 1 einzuschränken, da kein Außenstehender über das bisherige Maß an den Verlusten beteiligt wird. Die formale Sichtweise des BFH steht zudem im Widerspruch zu der wirtschaftlichen Betrachtungsweise bei der Frage, ob neues Betriebsvermögen zugeführt wird.

431 Die Übertragung von verschiedenen Anteilen muss in einem **Zusammenhang** stehen. Die FinVerw will alle Übertragungen innerhalb von fünf Jahren zusammenfassen (BMF BStBl I 99, 445 Rz 6). Dieses ist uE abzulehnen; maßgeblich ist eine objektive und subjektive Verknüpfung der Übertragungen aufgrund eines anfänglich vorhandenen Gesamtplanes. Damit ist Anteilsübertragung an verschiedene Personen mit nicht gleichgerichteten Interessen uE idR unschädlich (aA BMF BStBl I 99, 455 Rz 5). Enger auch FG Hbg (EFG 15, 1567) und FG Thür (EFG 16, 1024, Rev BFH I R 13/16); bis ein Jahr soll eine widerlegbare Vermutung bestehen. Eine engere Sichtweise hat auch der BFH (BStBl II 05, 794; II 07, 602) zur Frage des zeitlichen Zusammenhangs der Vermögenszuführung (s Rz 435). War der Gesellschafter bereits vor der Anteilsübertragung an der KapGes

beteiligt, sind die bereits zuvor vorhandenen Anteile nicht mit zu berücksichtigen (BFH/NV 11, 1192).

**Zuführung von überwiegend neuem Betriebsvermögen (S 2):** Die Zuführung von überwiegend neuem Betriebsvermögen ist sowohl im Fall der **Wiederaufnahme** (vgl dazu BFH, BStBl II 03, 822 zu § 12 III 2 UmwStG, danach ist der Geschäftsbetrieb bereits dann eingestellt, wenn sich die Tätigkeit des Unternehmens darauf beschränkt, mit Hilfe von Subunternehmen oder unter Einsatz ausgeliehener oder nur formal beschäftigter Arbeitnehmer Gewährleistungsverpflichtungen aus früher bearbeiteten Aufträgen zu erfüllen, so nunmehr auch BFH BStBl II 08, 988 zu § 8 IV idF 1996) als auch – ab VZ 97/98 (Rz 424) – im Fall der **Fortführung des Geschäftsbetriebs** Voraussetzung für den Verlust der wirtschaftl Identität. Jede KapGes hat nach zweifelhafter Ansicht der FinVerw (BMF BStBl I 99, 455, Rz 8) nur einen einheitlichen Geschäftsbetrieb. 432

**Neues Betriebsvermögen** überwiegt, wenn das über Einlagen und Fremdmittel zugeführte bzw finanzierte Aktivvermögen das im Zeitpunkt der Anteilsübertragung vorhandene Aktivvermögen übersteigt. Nach unzutreffender Ansicht des BFH ist bei einem Branchenwechsel auch eine reine Innenfinanzierung zu berücksichtigen (BFH BStBl II 08, 986). 433

Der BFH stellt allein auf das Anlagevermögen ab, wobei eine **gegenständliche Betrachtung** vorgenommen werden soll, so dass zB der Forderungsaustausch bzw eine Ersatzbeschaffung schädlich sein kann (BStBl II 02, 392; 08, 986; 08, 988): Die gegenständliche Betrachtung ist abzulehnen, sie würde auch jede durch laufende Erträge finanzierte Ersatzbeschaffung erfassen, so auch BMF BStBl I 02, 629. In BStBl II 04, 1085 ist die Umsichtung der Finanzanlage hingegen unschädlich.

Grundsätzlich ist das **Anlage- und Umlaufvermögen** zu berücksichtigen. Liegt kein **Branchenwechsel** vor (zur Definition vgl FG Hbg EFG 10, 1727), sind Änderungen im Umlaufvermögen grundsätzlich irrelevant (BFH/NV 09, 1838; BFH/NV 16, 780). Bei einem Branchenwechsel sollen uU auch selbst erwirtschaftete Forderungen als neues Betriebsvermögen zu berücksichtigen sein (BFH/NV 16, 780).

Gehören zum Betriebsvermögen **Beteiligungen an OrganGes** oder PersGes, will die FinVerw – zu Unrecht – das Aktivvermögen der OrganGes in vollem Umfang bzw das AktivVerm der **PersonenGes** zu dem Anteil der Beteiligung in den Vergleich einbeziehen (BMF BStBl I 99, 445 Rz 9; abl für eine reine Komplementär-GmbH auch FG Köln EFG 01, 698).

Jede **Zuführung** in dem Vergleichszeitraum soll berücksichtigt werden, auch wenn sie später nicht mehr vorhanden ist (zB Darlehensgewährung und spätere Rückzahlung, so FG München EFG 01, 1237).

Unschädlich sind Veränderungen auf der **Passivseite** (zB Umschuldung, Verzicht auf GesDarlehen).

**Bewertungsmaßstab** sind die Teilwerte des vorhandenen und des zugeführten Vermögens; etwaige immaterielle WG sind zu berücksichtigen, auch wenn sie bei der steuerl Gewinnermittlung nicht angesetzt werden dürfen (nach OFD Kiel, StEK KStG 1977 § 8 Nr 185 soll dieses nur für immaterielle WG iSv § 5 II EStG gelten, für den Firmenwert noch offengelassen BFH/NV 10, 1123; nach BFH/NV 11, 525 sind alle immateriellen WG unabhängig von § 5 II EStG zu berücksichtigen). Die Bewertung ist zum jeweiligen Zeitpunkt der Vermögenszuführung vorzunehmen (aA *Lang* in E & Y § 8 Rz 1276.3, der das AltVerm auf den Zeitpunkt des Wechsels der Anteile bewerten will). Eine Saldierung von zugeführtem AktivVerm mit Ausschüttungen findet nicht statt. Nach FG Münster (EFG 2013, 149) ist eine Saldierung der zugeführten aktiven Wirtschaftsgüter mit zugeführten passiven Wirtschaftsgütern zulässig (im Revisionsverfahren hat der BFH diese Frage offen gelassen, BFH/NV 14, 582). 434

Ab VZ 98 bzw Verlust der wirtschaftl Identität nach dem 5.8.97 ist die **Zuführung** neuen Betriebsvermögens auch **vor Anteilsübertragung** zu berücksichtigen (vgl zum erforderlichen Zusammenhang Rz 435).

435 Zwischen der Übertragung der Anteile und der Zuführung neuen Betriebsvermögens muss ein **Zusammenhang** bestehen. Die FinVerw will auch hier zeitlich abgrenzen; neues Betriebsvermögen sei zu berücksichtigen, das innerhalb von fünf Jahren nach der schädlichen Anteilsübertragung zugeführt wird (BMF BStBl I 99, 455 Rz 12). UE abzulehnen, da auch in diesem Zusammenhang allein die subjektive und objektive Verknüpfung auf Grund eines Gesamtplanes entscheidend sein kann. Der BFH hält es für zweifelhaft, ob ein ausreichender Zusammenhang besteht, wenn zwischen Anteilsübertragung und Vermögenszuführung mehr als 3 Jahre liegen (BStBl II 05, 794). So auch FinVerw, wenn denn Vermögenszuführung vor Anteilsübertragung (BStBl I 99, 455 Tz 31). Zu Recht noch enger BStBl II 07, 602: Werden Anteile mehr als ein Jahr vor dem Branchenwechsel und der Zuführung neuen Betriebsvermögens übertragen, kann ein schädlicher Zusammenhang nicht unterstellt werden. Bei einer Zuführung noch im Jahr der Anteilsübertragung wird der Zusammenhang vermutet (BFH/NV 08, 1965). Trotz eines zeitlichen Zusammenhangs ist der Nachweis eines fehlenden sachlichen Zusammenhangs möglich (BFH/NV 11, 66). Erfolgt die Zuführung neuen Betriebsvermögens vor der Anteilsübertragung, ist der Zusammenhang nur ausnahmsweise gegeben (BFH/NV 11, 1188 lässt Kenntnis und Billigung des neuen Anteilseigners vom Zusammenhang genügen; zweifelhaft da grds ein bewusstes Zusammenwirken erforderlich ist). Die Verschmelzung einer TochterGes auf die MutterGes nach Anteilsübertragung bei der MutterGes auf einen Dritten ist unschädlich (BFH/NV 11, 525). Anders bei Anteilsübertragung innerhalb eines Konzerns (BFH/NV 16, 780). Die FinVerw folgt dem nur eingeschränkt, nach BMF BStBl I 07, 624 soll regelmäßig von einem zeitnahen und sachlichen Zusammenhang auszugehen sein, wenn zwischen Anteilsübertragung und Betriebsvermögenszuführung mehr als zwei Jahre vergangen sind. Auch bei Überschreitung dieses Zeitraums soll ein Verlust der wirtschaftlichen Identität eintreten können, wenn der Zusammenhang durch andere Umstände dargelegt werden kann.

Durch die neue Übergangsvorschrift des § 34 VI 4 ändert sich uE an der zutreffenden Sichtweise des BFH nichts (s Rz 450).

440 **Sanierungsprivileg (S 3):** Allein der Sanierung dient die Zuführung neuen Betriebsvermögens, wenn die KapGes **sanierungsbedürftig** ist und das zugeführte Betriebsvermögen den für das Fortbestehen des Geschäftsbetriebs notwendigen Umfang nicht wesentlich überschreitet. Bei der Frage der Sanierungsbedürftigkeit kann auf die Kriterien des § 3 Nr 66 EStG zurückgegriffen werden (FG Köln EFG 01, 991). So kann zB auch die nur drohende Zahlungsunfähigkeit ausreichen (so FG Thür EFG 16, 1024, Rev BFH I R 13/16).

Der **Geschäftsbetrieb,** der den verbleibenden Verlustabzug verursacht hat, ist regelmäßig der ursprüngliche Geschäftsbetrieb in dem Umfang, den er im Durchschnitt während der Verlustphase gehabt hat. Diese Phase endet spätestens mit dem Verlust der wirtschaftl Identität.

441 Ein **Abschmelzen** des verlustverursachenden Geschäftsbetriebs bis zum Ablauf des Fortführungszeitraums um mehr als die Hälfte seines Umfangs soll nach Ansicht der FinVerw für den Verlustabzug schädlich sein (BMF BStBl I 99, 455 Rz 16, zweifelhaft, da zu formal). **Vergleichsmerkmale** für die Fortführung des Verlustbetriebs in einem vergleichbaren Umfang (= Mindestumfang) sollen im Rahmen einer auf den Einzelfall bezogenen Gesamtwürdigung ua der Umsatz, das Auftragsvolumen, das Aktivvermögen und die Anzahl der Arbeitnehmer sein. Der BFH stellt hingegen zu Recht im Zusammenhang mit der Verschmelzung auf den Vermelzungsstichtag ab (BFH/NV 09, 2088). Entsprechendes muss bei der Anteilsübertragung gelten.

Ein einmal **eingestellter Geschäftsbetrieb** kann nicht mehr saniert werden. Die Betriebseinstellung ist von der unschädlichen Betriebsunterbrechung zu unterscheiden. Auch der Wechsel von einer aktiven Tätigkeit zu einer aktiven Tätigkeit anderer Art **(Branchenwechsel)** kann uU zur Einstellung des Geschäftsbetriebs führen (BFH BStBl I 97, 829). Nach BStBl II 08, 986 und 988 soll der Branchenwechsel Einfluss auf den sachlichen Umfang des Betriebsvermögens haben, das bei der Schädlichkeitsprüfung zu berücksichtigen ist (zB Umlaufvermögen und Innenfinanzierung, s Rz 433). Unschädlich ist der Strukturwandel, wenn die personellen und sachlichen Ressourcen nicht wesentlich geändert werden. Im Fall der **Verpachtung** eines bisher aktiv betriebenen Geschäftsbetriebs führt die KapGes den bisherigen Geschäftsbetrieb nicht fort (Ausnahme Betriebsaufspaltung). Übernimmt die Körperschaft im Rahmen der Anwachsung den aktiven Geschäftsbetrieb der Personengesellschaft, an der sie bisher nur als Gesellschafter beteiligt war, liegt nach Ansicht des BFH ein Branchenwechsel vor (BFH/NV 14, 582). 442

Der fünf Zeitjahre betragende **Fortführungszeitraum** beginnt mit dem Zeitpunkt, in dem mehr als die Hälfte der Anteile übertragen und überwiegend neues Betriebsvermögen zugeführt worden ist. Das gilt auch für Fälle, in denen die Anteile vor 1997 übertragen worden sind. Wird der Geschäftsbetrieb innerhalb des Fünfjahreszeitraums ganz oder teilweise auf andere Weise als durch Gesamtrechtsnachfolge auf einen anderen Rechtsträger (zB durch Veräußerung oder im Wege der Einbringung durch Einzelrechtsnachfolge) übertragen, geht der Verlustabzug im nachhinein verloren. 443

Nach Ansicht der FinVerw trägt der Stpfl die **Feststellungslast,** dass die Zuführung des neuen Betriebsvermögens allein der Sanierung gedient hat. Die Übertragung der Mehrheit der Anteile vor dem 6.8.97 wird aus Billigkeitsgründen nicht zu seinem Nachteil berücksichtigt, wenn er im nachhinein den Nachweis führen kann. Die Regelung des § 8 IV KStG ist aber anzuwenden, wenn die FinVerw nachweisen kann, dass der Verlust der wirtschaftl Identität eingetreten ist (BMF BStBl I 99, 455 Rz 23). 444

**Verhältnis S 2 und S 3:** S 3 steht selbständig neben S 2. In Sanierungsfällen ist deshalb danach zu differenzieren, ob das neue Betriebsvermögen zu Sanierungszwecken zugeführt wird oder nicht. Ist dieses nicht der Fall (zB weil die Sanierung bereits erfolgreich abgeschlossen ist), liegt keine schädliche Zuführung vor, falls hinsichtlich dieses Vermögensteils die Voraussetzungen des S 2 eingehalten werden (aA BMF BStBl I 99, 455; Beispiel zu Rz 14; nach OFD Frankfurt, StEK KStG 1977 § 8 Nr 186 ist erst der Ablauf der Fünfjahresfrist ab schädliche Anteilsübertragung abzuwarten, danach soll die Zuführung neuen Betriebsvermögens unschädlich sein, auch wenn sie in die fünfjährige Fortführungsfrist nach S 3 fällt). 445

**Anwendung auf andere Fälle:** Der BFH geht zu Unrecht davon aus, dass § 8 IV 2 KStG den Verlust der wirtschaftl Identität bei der KapGes nicht abschließend regelt (BStBl II 97, 829; so auch FG Thür DStRE 13, 44 zu § 12 III 2 UmwStG 2002). Die FinVerw folgt dem mit einer extensiven Auslegung (BMF BStBl I 99, 455, Rz 26ff): 446

**Gesellschafterwechsel** durch Übertragung von mehr als 50% der Anteile gleichgestellt: KapErhöhung, Verschmelzung auf die VerlustGes, Einbringung eines Betriebs, Teilbetriebs oder Mitunternehmeranteils, Anteilserwerb durch bereits beteiligte Gesellschaft. Der BFH ist in diesem Bereich zurückhaltend und orientiert sich eng an dem Wortlaut des S 2 (vgl Rz 430 zur Umstrukturierung im Konzern), Ausnahme: BStBl II 04, 468, wo der Forderungserwerb der Anteilsübertragung gleichgesetzt wird.

Sehr viel freier entscheidet der BFH bei der **Zuführung neuen Betriebsvermögens** (BStBl II 02, 392): Auch die Übernahme von Bürgschaften und die Einräumung von Sicherheiten für Bankkredite kann der Zuführung neuen Betriebsvermögens wirtschaftl vergleichbar sein (zu Recht abl *Hoffmann* GmbHR 01, 1123 mit dem Hinweis, dass über diese Rspr alle Gestaltungen im Sanierungsbereich – 447 insbes Factoring, Leasing statt Anschaffung, Nutzungseinlage, Verlagerung gewinnträchtiger Teilbetriebe in die KapGes – in Frage gestellt werden können).

Die **FinVerw** wendet das Urteil nicht an (BStBl I 02, 629). Der BFH scheint seine gestaltungsfeindliche Haltung aufgeben zu wollen und hat das BMF zur Stellungnahme aufgefordert (BStBl II 02, 395). Das Verfahren hat sich durch Revisionsrücknahme erledigt. Nach unzutreffender Ansicht der FinVerw soll § 8 IV auch beim **Forderungsverzicht mit Besserungsschein** zur Anwendung kommen (BStBl I 03, 648). Der BFH hat diese Ansicht zu Recht zurückgewiesen (BFH/NV 12, 1901).

**UE** sind umgekehrt Sachverhalte denkbar, bei denen trotz der Erfüllung der formalen Kriterien von S 2 die wirtschaftl Identität der KapGes erhalten bleibt (zB Übertragung einer treuhänderisch gehaltenen Beteiligung auf den Treugeber, konzerninterne Umstrukturierungen).

Der BFH/NV 08, 2129 hat zutreffend festgestellt, dass umgekehrt bei der Auslegung von S 1 auf das Regelbeispiel von S 2 zurückzugreifen ist. Zudem hat er klargestellt, dass bei einer Beachtung von Abs 4 (und § 12 III UmwStG 2002) ein Missbrauchsvorwurf nach § 42 AO nicht zulässig ist (BFH/NV 14, 104).

448 **Umfang des Abzugsverbots (S 1 und 4):** Die Verluste, die bis zu dem Zeitpunkt des Verlusts der wirtschaftl Identität entstanden sind, dürfen mit danach entstandenen Gewinnen weder ausgeglichen (§ 8 IV 4 KStG) noch von ihnen abgezogen werden. Streitig ist, ob auf den Zeitpunkt der schädlichen Anteilsübertragung (so zu Recht BFH BStBl II 08, 988 zu § 8 IV KStG 1996 aF; FG Münster EFG 08, 432 sowie FG München DStRE 11, 892 zu § 8 IV KStG 1997) oder auf die schädliche Zuführung von neuem Betriebsvermögen (so FG Köln EFG 01, 991) abzustellen ist. Verluste, die nach diesem Zeitpunkt entstanden sind, bleiben ausgleichs- und abzugsfähig, auch wenn danach weitere Anteile übertragen werden oder zusätzlich neues Betriebsvermögens zugeführt wird (vgl zur Reihenfolge der Verrechnung der Verluste, wenn die wirtschaftl Identität vor 1997 verloren wurde, OFD Frankfurt, StEK KStG 1977 § 8 Nr 189; OFD Kiel, StEK KStG 1977 § 8 Nr 191).

449 **Verfahrensrechtlich** wird über die Abzugsfähigkeit des Verlustes nach § 8 IV im Bescheid über die gesonderte Feststellung des verbleibenden Verlustabzugs nach § 10d EStG bzw des vortragsfähigen Gewerbeverlustes nach § 10a GewStG entschieden (BFH BStBl II 04, 468; KStH 41). Maßgeblich ist das Jahr, in dem die wirtschaftliche Identität entfällt. Spätere Änderungen dieser Bescheide sind nur im Rahmen der allgemeinen Vorschriften möglich (insbes § 175 I Nr 2 AO beim Verstoß gegen das Sanierungsprivileg). Die – uU unzutreffenden – Feststellungsbescheide haben als Grundlagenbescheid Bindungswirkung für die Folgefeststellungsbescheide sowie die Körperschaft- und Gewerbesteuerbescheide (so auch FG BaWü EFG 06, 761). Nach Ansicht des BFH gilt diese Bindungswirkung nicht, wenn zwischenzeitlich die gesetzliche Grundlage für den Verlustabzug – wie zB 1997 – geändert wird (BStBl II 98, 485 und II 15, 612). Diese Ansicht ist abzulehnen. Sie wird nicht dem schutzwürdigen Vertrauen in die Rechtslage zum Zeitpunkt der Gestaltung gerecht. Wurde bereits nach dem alten Recht unzutreffend als abzugsfähig festgestellt, rechtfertigt die Verschärfung des Abs 4 nicht die Änderung des entsprechenden Feststellungsbescheides (FG Nds EFG 06, 1095). Vgl zur Anwendbarkeit des § 174 IV AO bei Änderung des § 8 IV BFH/NV 06, 1419. Nach Ansicht des BVerfG schützt auch keine verbindliche Auskunft, zudem soll wegen der eindeutigen gesetzlichen Regelung auch kein Schutz im Einzelfall durch Billigkeitsmaßnahmen zulässig sein (BFH/NV 15, 1230). Vgl zu den verfahrensrechtlichen Fragen im Rahmen des AnrV 6. Aufl § 8 Anm 152.

450 Im Rahmen der **Unternehmensteuerreform 2007** ist § 8 Abs 4 durch § 8c ersetzt worden. Auf Anteilsübertragungen ab dem 1.1.08 ist § 8c anwendbar. Aufgrund von § 34 VI 6 bleibt § 8 IV neben § 8c anwendbar, wenn mehr als die Hälfte der Anteile an einer Kapitalgesellschaft innerhalb eines Zeitraums von fünf

Jahren übertragen wird, der vor dem 1.1.08 beginnt, und der Verlust der wirtschaftlichen Identität vor dem 1.1.13 eintritt. In diesem Übergangszeitraum kann der Verlustabzug nach beiden Vorschriften entfallen.

Diese Übergangsschrift hat uE keine Auswirkungen auf die Auslegung des § 8 IV KStG (aA BMF BStBl I 08, 736 Tz 38). Hier bleibt es bei der vom BFH postulierten Ein-Jahresbetrachtung (s Rz 431, 435) § 8 IV KStG kommt damit ab dem 1.1.2008 nur zur Anwendung, wenn 451
- die Anteilsübertragung und die Vermögenszuführung vor dem 1.1.2008 abgeschlossen ist und es nur noch in den Sanierungsfällen um die fünfjährige Fortführungspflicht geht,
- die Anteile in einem schädlichen Ausmaß vor dem 1.1.2008 übertragen wurden und bis spätestens Ende 2008 neues Betriebsvermögen zugeführt wurde,
- die Anteilsübertragung vor dem 1.1.2008 begonnen und bis spätestens zum 31.12.2008 abgeschlossen ist. Hier werden Vermögenszuführung nur bis maximal zum 31.12.2009 steuerschädlich zu berücksichtigen sein. Davon unberührt bliebe in Sanierungsfällen die Fortführungspflicht, die uE spätestens am 31.12. 2013 endet, auch wenn die in § 8 IV 3 KStG vorgesehenen fünf Jahre noch nicht vollständig abgelaufen sind (aA BMF BStBl I 08, 736 Tz 37).

**15. Mitgliedsbeiträge (Abs 5).** Mitgliedsbeiträge sind keine stpfl Einnahmen. Abs 5 war bis zum StSenkG (Rz 2) Abs 6, Abs 6 war bis zum StandOG Abs 7 (Rz 2) und bis zum StRefG 1990 v 25.7.88 (6. Aufl Vor § 1 Anm 19) bereits einmal Abs 6. Abs 6 entsprach § 8 I KStG aF vor 1977, § 20 KStDV aF, ausgedehnt auf beschränkt stpfl Körperschaften (BT-Drucks 7/1470, 342). Personenvereinigungen sind KapGes, § 1 I Nr 1, Genossenschaften und Vereine. Hauptanwendungsgebiet für Mitgliedsbeiträge und damit für Abs 5 ist der Verein. 460

**Mitgliedsbeiträge** sind satzungsgemäß, nicht freiwillig erhobene Beiträge, die ohne Rücksicht auf eine Gegenleistung gezahlt werden. Satzungsgemäß heißt, dass die Beiträge in der Satzung festgelegt oder durch die zuständigen Satzungsorgane beschlossen werden; die Satzung muss den Beitrag nicht ziffernmäßig festlegen, falls er durch ein anderes Organ beschlossen werden kann; vgl KStR 8.11 II. Genossenschaftseintrittsgeld ist Beitrag (BFH BStBl III 64, 277; KStH 8.11). Zur Abgrenzung des Beitrags von Spenden s auch § 9 Rz 15. Zur USt s unten Rz 463. 461

Die StFreiheit gilt allerdings nur für solche Beiträge, die von der Körperschaft zur Erfüllung ihres satzungsmäßigen Gemeinschaftszwecks und der allgemeinen Belange der Mitglieder vereinnahmt werden (BFH BStBl II 85, 176; II 95, 753, zur USt). Ist der Beitrag ein offenes oder verdecktes **Entgelt** für eine **bestimmte Leistung,** entfällt die StFreiheit (KStR 8.11 I, III; BFH BStBl III 55, 12 betr Getreidebörse). Abzustellen ist darauf, ob den Beiträgen eine konkrete Gegenleistung zuzuordnen ist, die im Hinblick auf die Zahlung der Mitgliedsbeiträge erfolgte (BFH/NV 03, 1025). Die Rspr unterscheidet hierbei zwischen steuerunschädlichen Vereinsleistungen, die im Allgemeininteresse der Mitglieder stehen und anderen, entgeltlichen Leistungen, die im Sonderinteresse einzelner Mitglieder erbracht werden (BFH BStBl II 74, 60; FG Berlin EFG 01, 104). Letzteres wird insbesondere dann angenommen, wenn der Beitrag nach dem individuellen Vorteil des Mitglieds bemessen wird (BFH/NV 94, 60; FG München EFG 99, 1096). Die Gefahr der Entgeltlichkeit besteht vor allem dann, wenn bestimmte Vereinsleistungen bei der Bemessung der Mitgliedsbeiträge berücksichtigt werden (vgl BFH/NV 03, 1025). Staffelbeiträge, bei denen die Beitragshöhe vom individuellen Leistungsbezug des Mitglieds abhängig ist, indizieren (Teil-)Entgeltlichkeit und damit (teilweise) Steuerpflicht des Beitrags. Wesentliches Indiz für die Annahme „echter" (steuerfreier) Mitgliedsbeiträge ist dementsprechend die gleichmäßige Erhebung nach einem für alle Mitglieder verbindlichen Bemessungsmaßstab. Die Differenzierung nach persönlichen Kriterien (zB Alter, Einkommen, Familienstatus, Betriebs- 462 größe) ist unschädlich. Bei gleichmäßiger Beitragserhebung kann eine schädliche Entgeltlichkeit nur angenommen werden, wenn sich die Vereinstätigkeit im Wesentlichen darin erschöpft, den Mitgliedern gegen Beitragszahlungen individuelle Leistungen zukommen zu lassen (s zB BFH BStBl II 74, 530, zu Lohnsteuerhilfevereinen).

**463** Die vorstehenden Abgrenzungskriterien haben FinVerw und frühere Rspr auch für die **USt** übernommen (s zB BFH BStBl II 95, 753; 85, 176; UStAE 1.4). Dies war und ist rechtlich unhaltbar. Der EuGH hat schon 2002 festgestellt, dass Jahresbeiträge der Mitglieder eines Sportvereins die Gegenleistung für die vom Verein erbrachten Dienstleistungen darstellen können (EuGH BFH/NV 02, Beilage 3, 95 = HFR 02, 560); der BFH hat im Anschluss hieran die Umsatzsteuerbarkeit von Mitgliedsbeiträgen ausdrücklich bestätigt (BFH/NV 07, 2213; 08, 322; 09, 324). Ein zukünftiges Auseinanderfallen der ertrag- und ustlichen Kriterien ist daher in vielen Bereichen unausweichlich, zumal eine ustliche Parallelvorschrift zu § 8 V KStG weder existiert noch gemeinschaftsrechtskonform wäre; zu umsatzsteuerlichen Einzelheiten s *Nieskens* UR 02, 345; *Möhlenkamp* UR 03, 173; *Alvermann* FR 06, 262.

**464** **Einzelfälle:** Gewinn aus Verkäufen an Mitglieder ist kein Mitgliedsbeitrag (RFH RStBl 37, 430). Wassergebühren sind keine Mitgliedsbeiträge (FG RhPf EFG 87, 204). Leistungsentgelt kann auch bei pauschaliertem Entgelt vorliegen (BFH BStBl III 66, 632). Der Beitrag an LSt- oder StBeratungsvereine mit dem Zweck der StHilfe ist kein stfreier Beitrag, da eine konkrete Gegenleistung vorliegt (BFH BStBl II 74, 60; KStH 8.13). Ebenfalls scheiden aus diesem Grund Versicherungsbeiträge aus dem Anwendungsbereich aus (vgl BFH BStBl II 92, 429; § 20 II KStDV 1968 war überflüssig, BT-Drucks 7/1470, 342; s auch ABC Anh „Versicherungsunternehmen“). Beiträge eines Mietervereins sind partiell stpfl, wenn Interessenwahrnehmung in Mietrecht und Vermittlung vom Versicherungsschutz umfasst sind (FG Berlin EFG 01, 104). S auch KStH 8.11 IV mit Ausnahmehinweis für VVaG. Zu Beiträgen an Berufsverbände s *Alvermann* FR 06, 262; die kostenlose Ausgabe einer **Vereinszeitung** oder anderer Druckerzeugnisse kann nur dann zur (teilweisen) Entgeltlichkeit führen, wenn die Ausgabe der Zeitschrift bei der Bemessung der Beiträge miteinbezogen wurde (BFH/NV 03, 1025); auch eine hochwertig gestaltete Zeitung oder die entgeltliche Angabe an Nichtmitglieder führt für sich genommen uE noch nicht zur Entgeltlichkeit (s aber UStAE 1.4 VI; FG D'dorf EFG 69, 432); jedenfalls eine Entgeltlichkeit, wenn sich die Berichterstattung auf das allg Vereinsleben beschränkt. Nach Größe gestaffelte Beiträge an einen Bootsverein für die Bereitstellung der Liegeplätze sind stpfl (BFH BStBl II 74, 60).

**465** Allein die preisgünstige Ausgabe von Speisen und Getränken an Mitglieder führt nicht zur StPflicht des Mitgliedsbeitrags (FG Münster EFG 99, 729; zu Offiziersheimgesellschaft); beschränkt sich die Vereinstätigkeit auf die Vermittlung von preisgünstigen Reisen und zinsgünstigen Darlehen, ist der gesamte Beitrag stpfl Entgelt (BFH BStBl II 90, 550); auch bei gemeinsamer Werbung und PR-Arbeit für einen überschaubaren Mitgliederkreis kann (teilweise) Entgeltlichkeit gegeben sein (FG BaWü EFG 92, 766); Jahresumlagen eines Sportvereins sind nicht stpfl, soweit sie der Erfüllung der satzungsmäßigen Gemeinschaftszwecke dienen. Die Differenzierung zwischen aktiven und passiven Mitgliedern ist dabei unschädlich, wenn die Beiträge nach einer für alle Mitglieder geltenden Staffel erhoben werden (FG Hamburg EFG 02, 1123, zur USt); werden die Beiträge von Landesverbänden an den Bundesverband nach der Anzahl der in dem Landesverband zusammengefassten Sportler bemessen, führt dies noch nicht zu einer stpfl Sonderleistung; auch die Abgabe von Jahresmarken von dem Bundesverband an den Landesverband ist für sich genommen unschädlich (FG Hamburg aaO). Gewährt der Beitrag die Möglichkeit zum verbilligten Einkauf, ist im Regelfall Entgeltlichkeit gegeben (s FG Münster EFG 03, 650; zu Naturkostladen); zu Beiträgen an Wasser- und Bodenverband s HessFG EFG 04, 1873. Bei unentgeltlichen Vorträgen und Seminaren sowie Nutzung einer Internetplattform liegt kein echter Mitgliedsbeitrag vor, wenn Nichtmitglieder diese Leistungen nur entgeltlich bekommen (FG München EFG 10, 1921). Der Anteil der unechten Mitgliedsbeiträge ist ggf zu schätzen (FG München EFG 10, 1921).

Ist der Beitrag teils echter Beitrag, teils Gegenleistung, ist eine **Aufteilung** erforderlich (BFH BStBl III 53, 212; III 65, 294 betr Haus- und Grundbesitzverein; RFH RStBl 32, 1141 betr ärztliche Verrechnungsstelle; KStR 8.11 III). Dies muss regelmäßig im Wege der Schätzung erfolgen (FG Mchn EFG 10, 1921). Zu möglichen Schätzungskriterien s auch KStR 8.12 f. Kurheimverein: Mindestbeitrag ist Entgelt für die verbilligte Besuchsmöglichkeit des Kurheims; darüber hinausgehende, nach dem Einkommen gestaffelte Beiträge sind echte Mitgliedsbeiträge, da ihnen keine Leistungen mehr gegenüberstehen (HessFG EFG 77, 88). 470

Weitere **Richtlinienregelungen** für Haus- und Grundbesitzervereine, Mietervereine, KStR 8.12, KStH 8.12; Obst- und Gartenbauvereine, KStR 8.13 I; Kleingärtner- und Siedlervereine, KStR 8.13 II; Tierzuchtverbände und Vatertierhaltungsvereine, KStR 8.13 III; Pelztierzüchterverbände und -vereine, KStR 8.13 IV; Fremdenverkehrsvereine, KStR 8.13 V; uE sind die Regelungen nicht zwingend; Abweichungen im Einzelfall sind möglich. 473

Die **StFreiheit** bezieht sich nur auf die Mitgliedsbeiträge. Die Früchte dieser Beiträge, zB Zinsen, sind stpfl (RFH RStBl 31, 115). Mit den stfreien Beitrag zusammenhängende Ausgaben durften früher nicht abgezogen werden (BFH BStBl III 64, 277; A 38 V KStR 1995). Änderung der Rspr; s Rz 13; die Änderung der Rspr berührt allerdings nicht das Erfordernis, dass es sich bei den abzugsfähigen Ausgaben um Betriebsausgaben oder Werbungskosten handeln muss. 476

**16. Abs 6** war bis zum StSenkG (Rz 2) Abs 7, bis zum StandOG Abs 8 (Rz 2) und bis VZ 89 bereits einmal Abs 7 (Änderung durch das G v 25.7.88, 6. Aufl Vor § 1 Anm 19). Die Regelung entspricht § 13 S 2 KStG aF vor 1977. 480

Soweit die KSt mit einem StAbzug abgegolten ist, ist ein **Abzug** von **Betriebsausgaben** oder **Werbungskosten nicht möglich.** Die Vorschrift gilt nur, wenn die Einnahmen „lediglich" dem StAbzug unterliegen. Sind sie in ein normales Veranlagungsverfahren einbezogen, findet Abs 6 keine Anwendung. Erfolgt eine Veranlagung, ohne die Einkünfte mit Steuerabzug einzubeziehen, beschränkt sich das Abzugsverbot auf die Betriebsausgaben und Werbungskosten, die im Zusammenhang mit den abzugspflichtigen Einkünften stehen. Das Abzugsverbot erstreckt sich nicht auf die anderen Einkünfte.

**17. Kommunaler Querverbund (Abs 7–9):** Juristische Personen des öffentl Rechts sind mit ihren Betrieben gewerblicher Art unbeschränkt körperschaftsteuerpflichtig, § 1 I Nr 6, § 4. Der öffentl Hand stehen für ihre wirtschaftl Betätigung verschiedenen Formen zur Verfügung (s § 4 Rz 2). Diese wirtschaftl Betätigungen sind zT profitabel, zT dauerhaft defizitär. Hieraus folgt seit je her das Bestreben der öffentl Hand, die Gewinne der profitablen Betriebe (zB Energieversorgung) mit den Verlusten der dauerdefizitären Betriebe (zB Bäder, ÖPNV) zu verrechnen (sog kommunaler Querverbund; *Hüttemann* DB 2009, 2629). Die Rechtsprechungs- und Verwaltungsgrundsätze, nach denen öffentl Betriebe zusammengefasst werden dürfen, reichen weit zurück (eingehend zur Rechtsentwicklung *Hüttemann,* Die Besteuerung der öffentlichen Hand, 2002, 107 ff; zum Meinungsstand bis 2008 s 7. Aufl, § 4 Rz 57 ff). Die Rspr zog dann nachfolgend den kommunalen Querverbund in Zweifel: So sollte nach BFH BStBl II 07, 961 zB ein strukturell dauerdefizitärer Eigenbetrieb in der Rechtsform der GmbH regelmäßig eine vGa begründen (hierzu Nichtanwendungserlass BMF BStBl I 07, 905; s auch BFH/NV 04, 168; zu den drohenden wirtschaftl Folgen für die öffentl Hand s *Leippe* DStZ 08, 33; *Hüttemann* DB 07, 2508). 485

486 Der Gesetzgeber hat auf die drohende Abkehr der Rspr vom kommunalen Querverbund im JStG 2009 (BGBl I 08, 2794; BStBl I 09, 74) reagiert und die bisherigen Verwaltungsgrundsätze an mehreren Stellen gesetzlich verankert: § 4 VI regelt die Zusammenfassung Betriebe gewerbl Art (hierzu § 4 Rz 44 ff). § 8 I S 2 stellt klar, dass bei Betrieben gewerblicher Art eine Gewinnerzielungsabsicht und die Beteiligung am allgemeinen wirtschafl Verkehr nicht erforderlich sind (§ 4 Rz 15). § 8 VII bis IX schließen vGa für wichtige Bereiche der Dauerverlustgeschäfte der öffentl Hand aus (zu den Einzelheiten Rz 490 ff). § 15 S 1 Nr 4 und 5 treffen ergänzende Regelungen zur Organschaft (§ 15 Rz 25 ff). Die Finanzverwaltung hat zu den gesetzl Regelungen ein umfangreiches **Anwendungsschreiben** erlassen (BMF BStBl I 09, 1303). Mit G v 27.6.17 wurden Abs 8 S 6 und Abs 9 S 9 angefügt.

487 Die **EU-rechtl Wirksamkeit** der gesetzl Neuregelungen ist umstritten (s *Heger* FR 09, 301). Nach zutreffender Ansicht verstoßen die Vorschriften aber nicht gegen das europäische Beihilferecht (FG Köln EFG 10, 1345; *Weitemeyer* FR 09, 1; *Müller-Gatermann* FR 09, 314; *Hüttemann* DB 07, 2508 und FR 09, 308); offen gelassen in BFH BStBl II 17, 498.

488 Der Anwendungsbereich der Vorschriften umfasst auch die **Gewerbesteuer.** Allerdings setzt die Gewerbesteuerpflicht auch weiterhin den Tatbestand des Gewerbebetriebs (dh insbesondere Gewinnerzielungsabsicht) voraus. § 8 I 2 gilt nicht (BMF BStBl I 09, 1303 Rz 95). Zu weiteren Folgen der Neuregelungen für die Gewerbesteuer s BMF aaO Rz 96 ff.

489 Zur **zeitl Anwendung** § 34 VI: Da der Gesetzgeber die Neuregelungen weitgehend als deklaratorische Fortführung der bisherigen Grundsätze ansieht (s die Gesetzesbegründung BT-Drucks 16/10 189, 72) gilt § 8 VII auch für VZ vor 09, § 34 VI 4 KStG. Liegt ein Dauerverlustgeschäft iSd § 8 VII vor, finden die bisherigen Verwaltungsgrundsätze Anwendung, § 34 VI 5. Hierzu FG Münster EFG 15, 2076, Rev BFH VIII R 44/15. Zur rückwirkenden Anwendung bei unzulässiger Zusammenfassung von Tätigkeiten in Eigengesellschaften FG MeVo, Versorgungswirtschaft 17, 22, Rev BFH I R 66/16; FG Köln EFG 10, 1345; FG D'dorf EFG 10, 1443; OFD NRW DB 15, 279. Die Grundsätze des Verlustabzugs nach § 8 VIII und der Spartenrechnung nach § 8 IX sind demgegenüber erstmals ab VZ 09 anzuwenden (§ 34 VI 7 u 9). Zu weiteren ergänzenden Übergangsbestimmungen s § 34 VI 5, 6, 8 u 10–13.

490 **18. Dauerverlustgeschäfte der öffentlichen Hand (Abs 7):** Dauerhafte Verlustgeschäfte einer Körperschaft können zu vGa führen, wenn die Verluste im Interesse des Gesellschafters in Kauf genommen werden (Anh § 8 Rz 1296 u 794). Ob die Verlustgeschäfte im Interesse des Gesellschafters oder Gesellschaft durchgeführt werden, ist grds nach den zur **Liebhaberei** entwickelten Kriterien zu entscheiden (BFH/NV 02, 1538; 05, 793; Anh § 8 Rz 794). Für die öffentl Hand werden diese Grundsätze durch **§ 8 I 2** idF JStG 09 (Rz 2) eingeschränkt: Bei Betrieben gewerbl Art iSd § 4 sind Gewinnerzielungsabsicht und Teilnahme am allgemeinen wirtschaftlichen Verkehr nicht erforderlich. Diese gesetzgeberische Klarstellung erfolgte, nachdem in der Literatur zunehmend herausgearbeitet worden war, dass Liebhabereigrundsätze auch im Bereich der öffentl Hand Anwendung finden können (*Hüttemann,* Die Besteuerung der öffentlichen Hand, 2002, 112 ff; *ders* DB 07, 1603; *Seer* DStR 92, 1751; *Heger* FR 09, 301). Mit der gesetzgeberischen Klarstellung in Abs 1 S 2 steht der Anwendung nunmehr – vorbehaltlich der EU-rechtlichen Wirksamkeit, s Rz 487 – eine explizite gesetzliche Regelung entgegen. Abs 7 regelt demzufolge, dass vGa bei Betrieben gewerbl Art (Abs 7 S 1 Nr 1) und Eigengesellschaften (Abs 7 S 1 Nr 2) nicht bereits deshalb anzunehmen sind, weil Dauerverlustgeschäfte ausgeübt werden. Der Sache nach handelt es sich hierbei um eine **Subventionsvorschrift** (BFH BStBl II 17, 498) für bestimmte Tatbestände. Eine Erweiterung auf andere, unter Umständen eben-

falls subventionswürdige Konstellationen müsste durch den Gesetzgeber erfolgen (BFH aaO).

Der Ausschluss von vGa nach Abs 7 gilt auch für die **Kapitalertragsteuer** (BMF BStBl I 09, 1303 Rz 23 u 25). **491**

**Abs 7 S 1 Nr 1** schließt für den **Betrieb gewerbl Art** iSd § 4 (zu Begriff und Abgrenzungsfragen § 4 Rz 10ff und 75) eine vGa aufgrund von Dauerverlustgeschäften aus. Die gesetzl Regelung beseitigt die durch vorangehende Rspr (BFH BStBl II 07, 961) und in der Literatur (s die Nachweise bei *Heger* FR 09, 301; *Leippe* DStZ 08, 33; *Binnewies* DB 06, 465) aufgeworfenen Zweifel, inwieweit die Liebhabereigrundsätze auch für rechtl unselbständige Betriebe gewerbl Art gelten können. UE war bereits vor der gesetzl Klarstellung aufgrund des fehlenden Erfordernisses der Gewinnerzielungsabsicht (§ 4 I 2) die Annahme einer vGa bei dauerdefizitären Betrieben gewerbl Art denknotwendig ausgeschlossen (s auch FG D'dorf EFG 07, 435; aA *Heger* FR 09, 301; *Seer/Wendt* DStR 01, 825; *Hüttemann* DB 07, 1603). Verluste im Betrieb gewerbl Art gefährden – im Gegensatz zum wirtschaftlichen Geschäftsbetrieb der gemeinnützigen Körperschaft, s § 5 Rz 18 – auch nicht die übrige Steuerbefreiung der Körperschaft des öffentl Rechts. **495**

Der Anwendungsbereich des Abs 7 ist nicht auf die Ebene der Verlustgesellschaft beschränkt (FG Münster EFG 15, 2076, Rev BFH VIII R 44/15). Der Ausschluss der vGa gilt auch, wenn der Betrieb gewerbl Art Organträger ist und das Dauerverlustgeschäft von der **Organgesellschaft** unterhalten wird (§ 15 S 1 Nr 4 S 2). Handelt es sich um einen Betrieb gewerbl Art, der infolge einer **Zusammenfassung** iSd § 4 VI entstanden ist, muss der zusammengefasste Betrieb ein Dauerverlustgeschäft unterhalten (BMF BStBl I 09, 1303 Rz 22). **496**

**Abs 7 S 1 Nr 2** schließt vGa auch für von der öffentl Hand beherrschte Kapitalgesellschaften (sog **Eigengesellschaften**) aus. Voraussetzung ist, dass die Mehrheit der Stimmrechte unmittelbar oder mittelbar auf juristische Personen des öffentlichen Rechts entfällt und nachweislich ausschließlich dieser Gesellschafter die Verluste aus Dauerverlustgeschäften trägt, Abs 7 S 1 Nr 2 S 2. Der BFH hält es für erforderlich, dass die Eigengesellschaft den dauerdefizitären Betrieb selbst betreibt (BFH BStBl II 17, 498; hierzu *Schiffers* DStR 17, 275). Eine bloße Verpachtung ist nicht ausreichend (BFH aaO). Der Ausschluss der vGa gilt auch dann, wenn die Kapitalgesellschaft Organträger ist und das Dauerverlustgeschäft von der Organgesellschaft unterhalten wird (§ 15 S 1 Nr 4 S 2). **500**

Hinsichtlich der **Stimmrechte** ist auch eine mittelbare Mehrheit ausreichen, Abs 7 S 1 Nr 2 S 2. Stimmrechtsvereinbarungen sind zu beachten (BMF BStBl I 09, 1303 Rz 26). Bei mittelbarer Beteiligung muss auf jeder Stufe der Beteiligungskette die Mehrheit der Stimmrechte vermittelt werden (BMF aaO Rz 27). **501**

Der Ausschluss der vGa bei Eigengesellschaften gilt nur, soweit die **Dauerverluste von der öffentlichen Hand getragen** werden, **Abs 7 S 1 Nr 2 S 2**. Diese gilt auch, wenn sich bei der Gesellschaft selbst handelsrechtlich in der Summe kein Verlust ergibt (BMF BStBl I 09, 1303 Rz 28). Zu weiteren Einzelfragen, insbes zur Bemessung des Verlusts s BMF aaO Rz 28ff. **502**

Zur Verlusttragung bei **mehreren beteiligten jur Personen des öffentl Rechts** s FinVerw DStR 10, 2636 u DB 11, 268. Zur **disquotalen Verlusttragung** s auch BMF BStBl I 01, 47. Für die Anerkennung einer disquotalen Gewinnverteilung ist eine besondere Leistung des privaten Gesellschafters erforderlich (BMF aaO; BMF BStBl I 09, 1303 Rz 32; s auch § 8 Rz 138). Zu besonderen Sachverhalten s auch insoweit FinVerw DStR 10, 2636 und DB 11, 268. **503**

VGa werden durch Abs 7 für den Bereich der öffentl Hand nicht generell, sondern nur für den Bereich der **Dauerverlustgeschäfte** ausgeschlossen. Andere Vermögensminderungen oder verhinderte Vermögensmehrungen können also auch in Zukunft zu vGa führen. Für die „Betätigung ohne kostendeckendes Entgelt" ist aus Sicht der FinVerw (BMF BStBl I 09, 1303, Rz 36ff) maßgebend, ob **506** aufgrund einer Prognose nach den Verhältnissen den jeweiligen VZ nicht mit einem positiven oder ausgeglichenen Ergebnis oder nicht mit einem steuerlichen Totalgewinn zu rechnen ist (s auch *Hüttemann* DB 09, 2629). Die ertragsteuerlichen Grundsätze zur Gewinnerzielungsabsicht gelten entsprechend. Steuerfreie Betriebsvermögensmehrungen sind hinzuzurechnen, nicht abzugsfähige Aufwendungen gewinnmindernd zu berücksichtigen. Aufgabe- und Veräußerungsgewinne bleiben außer Betracht (BMF aaO Rz 37). Zu Umstrukturierungen *Essing/Funke* DStR 14, 1253.

507 Die **begünstigten** Dauerverlustgeschäfte werden in **Abs 7 S 2** aufgezählt: Die Betätigung ohne kostendeckendes Entgelt muss aus verkehrs-, umwelt-, sozial-, kultur-, bildungs- oder gesundheitspolitische Gründe zurückzuführen sein (Abs 7 S 2 1. Alt) oder aus einem Hoheitsbetrieb (§ 4 Rz 40ff) resultieren (Abs 7 S 2 2. Alt).

508 Zu den begünstigten **„wirtschaftlichen Dauerverlustgeschäften"** iSv **Abs 7 S 2 1. Alt** s die Aufzählung in BMF BStBl I 09, 1303 Rz 40ff: Zum **Verkehrsbereich** (hierzu auch FinVerw DStR 10, 980) zählen zB ÖPNV, Flughafen, Parkraumbewirtschaftung, Hafen, Fuhrbetriebe. Zum **Umweltbereich** zB die Gewerbemüllentsorgung (soweit nicht bereits hoheitlich, § 4 Rz 75 „Abfallbeseitigung"). **Sozialbereich:** Kindergärten, Kindertageseinrichtungen, Einrichtungen der Jugend- und Erwachsenenhilfe, Senioreneinrichtung. **Kulturbereich:** Bibliotheken, Zoo, Museum, kulturelle Ausstellungen, Kino, Oper, Theater, Bühnen, Orchester. **Bildungsbereich:** Schulen, Kurse von Kammern, Volkshochschulen. **Gesundheitsbereich:** Krankenhäuser, Bäder, Kuranlagen, Sportanlagen. **Nicht** begünstigt sind Beherbergungsbetriebe (BMF aaO Rz 46) und **Wirtschaftsförderungsgesellschaften** (BMF aaO Rz 43; s aber FG D'dorf EFG 10, 1443: Planung, Erschließung und Vermarktung von Gewerbeflächen ist Hoheitsbetrieb und Dauerverlustgeschäft iSd Abs 7 S 2 2. Alt.

509 Für die **Veranlassung durch einen Hoheitsbetrieb** iSv **Abs 7 S 2 2. Alt** ist nicht erforderlich, dass eine Eigengesellschaft als beliehener Unternehmer tätig wird. Ausreichend ist, dass die Eigengesellschaft Geschäfte tätigt, die bei der beteiligten Körperschaft dem Hoheitsbereich zuzuordnen wäre. Zum Begriff und den Voraussetzungen des Hoheitsbetrieb im Einzelnen § 4 Rz 40ff.

510 Liegt kein begünstigtes Dauerverlustgeschäft iSd Abs 7 S 2 vor, gelten die allgemeinen Grundsätze zur vGa, § 8 III 2. Die **Höhe der vGa** bemisst sich dann nach der Höhe des Verlusts. Maßgebend ist der steuerliche Verlust. Steuerfreie Vermögensmehrungen sind vGa-mindernd zu berücksichtigen (BMF BStBl I 09, 1303 Rz 52).

511 Ist die juristische Person des öffentl Rechts oder die Eigengesellschaft (§ 4 Rz 3) an einer **Personengesellschaft mit Dauerverlustgeschäften** beteiligt, ist zu differenzieren (s auch BMF BStBl I 09, 1303 Rz 59ff): Die Beteiligung einer jur Person des öffentl Rechts an einer Personengesellschaft ist ein eigenständiger Betrieb gewerbl Art, soweit die Tätigkeit der Personengesellschaft selbst den Kriterien des BgA entspricht. Auf diesen Betrieb gewerbl Art sind § 4 VI und § 8 VII anzuwenden (BMF aaO Rz 61). Ist die jur Person des öffentl Rechts nicht selbst, sondern über eine Eigengesellschaft (§ 4 Rz 3) an einer Personengesellschaft beteiligt, sind die Verlustgeschäfte bei der Einkommensermittlung der Kapitalgesellschaft nicht zu berücksichtigen. Dementsprechend scheiden hier vGa denknotwendig aus (BMF aaO Rz 63).

515 **19. Verlustnutzungen bei zusammengefassten Betrieben gewerbl Art (Abs 8):** Die Vorschriften des Verlustabzugs (§ 10d EStG) sind auf den jeweiligen Betrieb gewerblicher Art anzuwenden. Bei zusammengefassten Betrieben nach § 4 VI Nr 2 u 3 gilt der Verlustabzug für den Betrieb, der sich durch die Zusammenfassung ergibt, Abs 8 S 1. Dies gilt bei der Zusammenfassung gleichartiger Betriebe iSd § 4 VI Nr 1 (§ 4 Rz 44ff) auch uneingeschränkt hinsichtlich der Verlustvorträ-

ge der vorherigen Einzelbetriebe, vgl § 8 VIII 5. Ein Betrieb gewerbl Art, der aus der Zusammenfassung von nicht gleichartigen Betrieben entstanden ist, kann die Verlustvorträge der vorherigen Einzelbetriebe nicht übernehmen, Abs 8 S 2. In diesem Fall werden die Verlustvorträge erst wieder nutzbar, wenn die Trägerkörperschaft wieder zu dem ursprünglichen Einzelbetrieb zurückkehrt. Sind mehrere nicht gleichartige Tätigkeiten zusammengefasst und wird ein weiterer Tätigkeitsbereich zugeführt, erhält der hierdurch neu gebildete Betrieb gewerbl Art ebenfalls keinen Verlustvortrag. Veränderungen innerhalb eines Tätigkeitsbereichs sind aber unschädlich (BMF BStBl I 09, 1303 Rz 64). Umfangreiches Anwendungsbeispiel bei BMF aaO Rz 65.

**Abs 8 Satz 6** wurde im Rahmen der Regelungen zum Sanierungserlass angeführt durch G v 27.6.17. 516

**Folgeänderung aus § 3a III 3 EStG:** Wird vor einer Sanierung eines zusammengefassten BgA dessen sanierungsrelevanter Betriebsteil im Wege der Zusammenfassung eines Verlust-BgA mit einem anderen BgA gebildet, geht der bisherige Verlustvortrag des Verlust-BgA nicht unter, sondern wird „eingefroren". Er wird wieder aktiv, wenn der zusammengefasste BgA künftig getrennt wird, dh dessen defizitärer Betriebsteil wieder zum ursprünglichen Verlust-BgA wird. Wird beim zusammengefassten BgA eine steuerbegünstigte Sanierung durchgeführt, muss nach den Grundsätzen des § 3a III 3 EStG der „eingefrorene" Verlustvortrag entfallen (BT-Drucks 18/12128). 517

**20. Spartenrechnung (Abs 9):** Unterhalten dauerdefizitäre Eigengesellschaften iSd Abs 7 S 1 Nr 2 mehrere Tätigkeiten, ist eine Abgrenzung der nach Abs 7 begünstigten Dauerverlustgeschäfte zu den übrigen Tätigkeitsbereichen erforderlich. Hierzu hat der Gesetzgeber mit dem JStG 2009 (Rz 2) die Spartenbildung nach Abs 9 eingeführt. Beschränkt sich der Tätigkeitsbereich der Kapitalgesellschaft auf ein Betätigungsfeld, ist die Spartenrechnung entbehrlich. Auch bei mehreren Tätigkeitsbereichen ist eine Spartenrechnung nicht erforderlich, wenn Dauerverlustgeschäfte iSd Abs 7 nicht ausgeführt werden. Nach Auffassung der FinVerw (BMF BStBl I 09, 1303 Rz 66) ist Abs 9 anzuwenden, wenn für eine KapGes § 8 VII 1 Nr 2 zur Anwendung kommt und die KapGes mehr als eine Tätigkeit ausübt, die bei einer JPöR jeweils zu einem BgA führen würde (so auch FG Bln-Bdbg EFG 17, 856, Rev BFH I R 25/17; aA FG D'dorf EFG 17, 1370, Rev BFH I R 55/17). 520

**Zeitlicher Anwendungsbereich:** Abs 9 ist erstmals für den VZ 09 anzuwenden, § 34 VI 9. Zu Aufteilung, Verlustvor- und -rücktrag sowie gesonderter Feststellung s die Übergangsbestimmungen in § 34 VI 10–13. 521

**Zur Systematik der Spartenrechnung** sind drei Kategorien zu unterscheiden, die ihrerseits zT weiter aufzugliedern sind (*Hüttemann* DB 09, 2629; BMF BStBl I 09, 1303 Rz 68 ff): „Hoheitliche" Dauerverlustgeschäfte (Abs 9 Nr 1), nach § 4 VI zusammenfassbare Dauerverlust- oder Gewinngeschäfte sowie nicht zusammenfassbare Dauerverlustgeschäfte (Abs 9 Nr 2) und andere verbleibende Tätigkeiten (Abs 9 Nr 3). 522

Die erste Sparte bilden **Dauerverluste aufgrund von Hoheitsbetrieben, Abs 9 S 1 Nr 1.** Zum Begriff des Hoheitsbetriebs s § 4 V und § 4 Rz 40 ff. Zum Begriff des Dauerverlustgeschäfts Abs 7 S 2 und Rz 794. 523

Weitere Sparten bilden nach § 4 VI 1 **zusammenfassbare Tätigkeiten** (hierzu § 4 Rz 44 ff) sowie **nicht zusammenfassbare Dauerverlustgeschäfte**, **Abs 9 S 1 Nr 2**. Zusammenfassbare Tätigkeiten bilden jeweils eine einheitliche Sparte. 524

Eine weitere (einheitliche) Sparte bilden die **verbleibenden Tätigkeiten**, **Abs 9 S 1 Nr 3.** In diese Sparte sind auch Geschäfte einzuordnen, die – ohne Dauerverlustgeschäfte zu sein – in einzelnen Wirtschaftsjahren Verluste bzw Anlaufverluste erzielen (BMF BStBl I 09, 1303 Rz 71). 525

**Hilfsgeschäfte** teilen das Schicksal der Haupttätigkeit (BMF BStBl I 09, 1303 Rz 76). Gleiches gilt für Veräußerungen aus dem der Sparte zugeordneten Be- 526 triebsvermögen sowie für Nebengeschäfte von untergeordneter Bedeutung (BMF aaO Rz 76).

527 Die Spartenbildung ist unabhängig von der Frage vorzunehmen, ob einzelne Sparten einen **Teilbetrieb** bilden (BMF BStBl I 09, 1303).

528 **Änderungen der Tätigkeitsstruktur** sind auf ihre Auswirkungen auf die Spartenzuordnung zu prüfen. Zu Einzelheiten BMF BStBl I 09, 1303 Rz 72ff und *Hüttemann* DB 09, 2629.

529 Zur **Ergebnisermittlung der Sparten** sind die Wirtschaftsgüter und Geschäftsvorfälle den einzelnen Sparten „in sachgerechter Weise rechnerisch zuzuordnen" (BMF BStBl I 09, 1303 Rz 80). Nähere Konkretisierungen hat die Finanzverwaltung bislang nicht vorgenommen. Die Änderung der spartenmäßigen Zuordnung eines Wirtschaftsguts führt nicht zur Realisierung stiller Reserven (BMF aaO). Das Prinzip der „sachgerechten Zuordnung" gilt auch für **Verwaltungs- und Servicekosten** und die **Zinsschranke** (BMF aaO Rz 83–85). Für jede Sparte ist auf diese Weise ein eigenständiger Gesamtbetrag der Einkünfte zu ermitteln **(Abs 9 S 2).** Bei der Ermittlung des (Gesamt-)Einkommens der Eigengesellschaft sind dann nur solche Sparten zu berücksichtigen, deren Gesamtbetrag der Einkünfte nicht negativ ist (auch *Hüttemann* DB 09, 2629).

530 **Verlustabzug nach Spartenbildung:** Ein negativer Gesamtbetrag der Einkünfte einer Sparte darf nicht mit einem positiven Gesamtbetrag der Einkünfte einer anderen Sparte ausgeglichen oder nach § 10d EStG abgezogen werden, **Abs 9 S 4.** Der Verlust in einer Sparte mindert jedoch nach § 10d EStG den positiven Gesamtbetrag der Einkünfte, der sich in dem unmittelbar vorangegangenen und den nachfolgenden Veranlagungszeiträumen für diese Sparte ergibt, **Abs 9 S 5.** Die betragsmäßigen Beschränkungen des Verlustrück- und -vortrags sind also pro Sparte zu ermitteln (BMF BStBl I 09, 1303 Rz 88). Der sich nach diesen Grundsätzen pro Sparte verbleibende Verlustvortrag ist sodann nach Maßgabe des § 10d IV EStG gesondert festzustellen, **Abs 9 S 8.**

531 Abs 9 S 9 wurde angefügt im Rahmen der Regelungen zum Sanierungserlass durch G v 27.6.17. Die Änderung legt fest, dass sich die Prüfung, ob eine unternehmensbezogene Sanierung nach § 3a II EStG vorliegt, auf die KapGes iSd § 8 VII 1 Nr 2 KStG (Eigengesellschaft) und nicht auf die von dieser Gesellschaft zu bildenden Sparten bezieht. In entsprechender Anwendung von § 3a und § 3c IV EStG ist § 3a III 2 EStG dann aber spartenbezogen anzuwenden. Dessen Nr 7 erfasst den Verlust des Sanierungsjahres der zu sanierenden Sparte, dessen Nr 8 die laufenden Verluste der übrigen Sparten und dessen Nr 9 die nach Maßgabe des § 8 IX 8 KStG festgestellten negativen Beträge. Letzteres stellt auch sicher, dass Fälle, in denen vor einer Sanierung die Eigengesellschaft den sanierungsrelevanten Betriebsteil einer dauerdefizitären Sparte im Wege der Zusammenfassung auf eine andere Sparte überträgt, der bisherige, bei der dauerdefizitären Sparte verbleibende Verlustvortrag auch vom geminderten Sanierungsertrag gemindert wird (BT-Drucks 18/12128).

532 **21.** Zu **Organschaftsgestaltungen** s § 15 S 1 Nr 4 u 5 und § 15 Rz 25 u 30. Zur Spartenbildung innerhalb der Organschaft § 15 S 1 Nr 5 S 2 u Nr 4 S 2. Zu Dauerverlustgeschäften der Organgesellschaft s § 15 S 1 Nr 5 S 2 u BMF BStBl I 09, 1303 Rz 92f. Ein Dauerverlust-BgA kann kein Organträger sein (BFH/NV 10, 391; BMF aaO Rz 94). Für die Qualifizierung als Organträger ausreichend ist es aber, wenn unter Einbeziehung des Einkommens der Organgesellschaft mit einem positiven Ergebnis zu rechnen ist (BFH/NV 03, 1341; *Hüttemann* DB 09, 2629). Die Gewinnerzielungsabsicht des Besitzunternehmens kann bereits in dem Bestreben liegen, Beteiligungserträge zu erzielen (BFH/NV 10, 391). S auch § 15 Rz 25ff.

535 **22. Besonderheiten für Einkünfte aus Kapitalvermögen (Abs 10).** Abs 10 schränkt die allgemeine Verweisung des Abs 1 S 1 auf die Einkommensermittlung des EStG ein.

**S 1** bestimmt, dass Einkünfte aus Kapitalvermögen bei Körperschaften nicht der Abgeltungssteuer (Steuersatz 25%, § 32d EStG) sondern der tariflichen Körperschaftsteuer unterliegen (§ 23). Solche Einkünfte können nur Körperschaften iSd § 1 I Nr 4 u 5 und juristische Personen des öffentlichen Rechts mit ihren Betrieben gewerblicher Art haben, die keine gewerblichen Einkünfte kraft Rechtsform haben (s Abs 2).

**S 2** ordnet die teilweise Anwendung des § 32 EStG als Tarifvorschrift an, da diese ansonsten nicht über § 8 I anwendbar wäre und schließt die Verlustverrechnungbeschränkung des § 20 VI EStG und die Regelung des Sparer-Pauschbetrages in § 20 IX EStG für die Einkünfteermittlung von Körperschaften aus. Verluste können unbeschränkt verrechnet und Werbungskosten in Abzug gebracht werden.

## Anhang: ABC zur vGa und verdeckten Einlage

### ABC-Übersicht

**Abfindung**

1 S „Dienstverhältnis“ (Rz 275 ff), „Lästiger Gesellschafter“ (Rz 782).

Abfindungen an AntE, die in einem Dienstverhältnis zur Gesellschaft stehen (Beispiel: Geschäftsführer), müssen angemessen sein (DB 84, 483), was nur dann der Fall ist, wenn sie dem arbeitsrechtl Üblichen entsprechen (FG Nürnberg GmbHR 00, 189; FG München DStRE 00, 540) und eine arbeitsrechtliche Verpflichtung besteht (FG Köln EFG 03, 118). Sind private Erwägungen ursächlich (zB Schwiegersohn scheidet nach Scheidung aus), kann vGa vorliegen (BFH/NV 00, 1364, betr Ehefrau); evtl Aufteilung wegen gemischten Interesses (§ 8 Rz 246). Bei beherrschenden Gesellschaftern ist die Abfindung im Voraus klar und zivilrechtlich wirksam zu vereinbaren. Hierzu genügt es nicht, wenn durch Gesellschafterbeschluss nur ein Höchstbetrag festgelegt wird (BFH/NV 09, 1458).

Sagt der Gesellschafter-Geschäftsführer einem Dritten rechtsverbindlich ein Anstellungsverhältnis zu, stirbt er und löst sich der Erbe-Gesellschafter-Geschäftsführer aus betrieblichen Gründen von dieser Verpflichtung durch eine Abfindung, liegt uE keine vGa vor.

Zur entgeltlichen Ablösung einer Pensionszusage s „Pensionszusage“ (Rz 897 ff).

Verbindet sich das Ausscheiden mit einem Ausscheiden aus der Gesellschafter, kann ein Teil der Abfindung als Abfindung für das Ausscheiden oder als Erwerbspreis bei dem Anteilserwerb zu behandeln sein. Hinsichtlich des verdeckten Kaufpreisanteils liegt dann vGa vor (FG Bln-Bdbg EFG 08, 719). S auch „Lästiger Gesellschafter“ (Rz 782).

**Agio**

5 S „Aufgeld“ (Rz 80).

**Aktien**

10 S „Gesellschaftsanteile“ (Rz 598).

**Aktiengesellschaft**

15 S „Bauzinsen“, „Bezugsrecht“ (Rz 216), „Einlagenrückgewähr“ (Rz 402), „Gesellschaftsanteile“ (Rz 598), „Grundstückskauf“ (Rz 653).

Im Hinblick auf die Funktion des Aufsichtsrats sind Mehrheitsgesellschafter idR nicht beherrschend iSd von § 8 Rz 395 ff (BFH BStBl II 72, 436; 438; Ausnahmen s BFH BStBl II 76, 74; NdsFG EFG 02, 220: 90% beteiligter Vorstand kann beherrschend sein, bestätigt durch BFH/NV 03, 946; FG Bln-Bdbg EFG 12, 873; eingehend *Streck/Binnewies* AG 97, 26; *Binnewies* DStR 03, 2105 und Beratungs-ABC „vGa – Sonderbedingungen für beherrschende Aktionäre"; ferner *Erhart/Lücke* BB 07, 183; zu den Auswirkungen der Änderungen des § 87 AktG im Rahmen des G zur Angemessenheit der Vorstandsvergütung (VorstAG) *Leuner* AG 09, 622; uE ist ein Verstoß gegen § 87 I 2u 3 AktG kein Indiz für die Unangemessenheit der Tantiemen).

Nach NdsFG GmbHR 04, 138, ist eine vGa auch gegenüber Minderheitsaktionären möglich.

**Amortisation**

S „Einziehung" (Rz 414). 20

**Anfechtung**

Nach OFD Koblenz (DStR 01, 171) liegen einer vGa idR Rechtshandlungen 25 zugrunde, die § 1 I AnfG unterliegen.

**Angestelltenverhältnis**

S „Dienstverhältnis" (Rz 275 ff). 30

**Anscheinshaftung**

S „Haftung" (Rz 658 ff). 35

**Anteilsbewertung**

Bei der Frage nach der Angemessenheit eines Kaufpreises für Gesellschaftsanteile 45 ist das Unternehmen nach den Grundsätzen des IDW zu bewerten (HessFG EFG 02, 493).

**Anwachsung**

Gehen Anteile an einer PersGes, zB KG-Anteile, dadurch auf eine KapGes – zB 50 die Komplementär-GmbH der GmbH & Co KG – über, dass die Gesellschafter aus der PersGes (die Kommanditisten aus der GmbH & Co KG) ausscheiden, so kommt es in diesem Fall der Anwachsung nach Ansicht der FinVerw zur Gewinnrealisierung durch Aufdeckung aller stillen Reserven einschließlich des Geschäfts- oder Firmenwertes (FinVerw BStBl I 98, 268, Tz 20.04; FR 03, 48; GmbHR 04, 1091; 1264). Soweit die Gesellschaft eine Abfindung erhalten, die dem Wert ihrer Beteiligung entspricht, entsteht ein Veräußerungsgewinn oder -verlust in Höhe der Differenz zum jeweiligen Kapitalkonto. Liegt die Abfindung unter dem Wert des Anteils oder wird keine Abfindung gezahlt, soll eine verdeckte Einlage vorliegen (s auch *Schmidt/Wacker* § 16 Rz 513; *Schmitt/Hörtnagl/Stratz,* UmwG/UmwStG, 6. Aufl 2016 § 20 UmwStG Rz 193 ff).

Da die Anwachsung die gesetzl Folge des Ausscheidens ist, folglich keine Einlagehandlung vorliegt, liegt uE keine gewinnrealisierende Einlage, sondern eine unentgeltliche Übertragung des Mitunternehmeranteils vor (§ 6 III EStG; s auch BFH BStBl II 99, 269; *Rödder/Schumacher* DStR 01, 1634 gegen Gewinnrealisierung auch *Seithel* GmbHR 78, 70; *Krüger* NJW 82, 2849). Da die stillen Reserven voll der KSt/ESt verhaftet bleiben, besteht auch kein steuerl Interesse an der Realisierung.

Bei Gestaltungen ist uE angesichts der kontroversen Beurteilung Vorsicht geboten. Vorzuziehen ist die Einbringung der KG-Anteile in die GmbH im Wege der Kapitalerhöhung (sog „Einbringungsmodell", s *Schwedhelm,* Die Unternehmensumwandlung, 8. Aufl 2016, Anm 1561 ff).

**Arbeitgeberanteil**

S „Sozialabgaben" (Rz 1063). 55

**Arbeitgeberdarlehen**

58 S „Darlehen“ (Rz 248 ff).
Zu Arbeitgeberdarlehen OFD Hannover DStR 1998, 1964.

**Arbeitnehmererfinder**

62 S „Erfinder“ (Rz 439).

**Arbeitnehmerwohnungen**

65 Langfristige Darlehen zur Finanzierung von Arbeitnehmerwohnungen sind keine vGa; s „Darlehen“ (Rz 248 ff).

**Arbeitsverhältnis**

68 S „Dienstverhältnis“ (Rz 275 ff).

**Arbeitszeitkonten**

71 S „Dienstverhältnis“ (Rz 275 ff).

**Arztkosten**

75 Übernimmt die Körperschaft für ihren Gesellschafter-Geschäftsführer oder Gesellschafter-Angestellten Arztkosten, so liegt bei betriebsbedingten Krankheiten, Unfällen oder Verletzungen uE keine vGa vor. Bei beherrschenden AntE ist vorherige Vereinbarung erforderlich (s § 8 Rz 320 ff).

**Aufgeld**

80 Als Einlage s § 8 Rz 73. Zur vGa bei KapErhöhungen s Rz 722.

**Aufsichtsrat**

83 S „Aktiengesellschaft“ (Rz 15).

**Auftragsforschung**

87 Die Forschung und Entwicklung für den AntE oder einen Nahestehenden darf zur Vermeidung einer vGa nur gegen angemessenes Entgelt erfolgen. IdR kann das Entgelt durch „Kosten plus Gewinnaufschlag“ (4–10%) bemessen werden; vgl auch Tz 5.3. und 7 der „Verwaltungsgrundsätze“, BStBl I 83, 218; § 8 Rz 260 und „Konzernumlagen“ (Rz 761).

**Aufwendungsersatz**

90 S „Bagatellaufwendungen“ (Rz 120), „Reisekosten“ (Rz 997).
Bei beherrschenden AntE ist eine rechtzeitige klare Vereinbarung selbst dann erforderlich, wenn ein zivilrechtl Ersatzanspruch besteht (s dazu Rz 366). UE kann das nicht für überraschend notwendige Aufwendungen gelten, die der AntE in Geschäftsführung ohne Auftrag oder als Geschäftsführer für die Körperschaft erledigt. Wer bei Gefahr im Verzug als AntE eigene Güter oder Wirtschaftsgüter für die Körperschaft einsetzt, kann auch als AntE Ersatz verlangen. Ebenfalls gilt diese Strenge uE nicht für „Bagatellaufwendungen“ und „Reisekosten“.

**Aufwertungsgewinn**

93 S „Währungsrisiko“ (Rz 1362).

**Ausbildung**

96 Ausbildungskosten für den Sohn des Gesellschafters können – nicht: sind zwingend – vGa sein (FG Köln EFG 95, 541, bejahend BFH/NV 95, 548, diese Entscheidung als nicht ausreichend begründet aufhebend; abschließend sodann BFH/NV 96, 510; FG Köln EFG 00, 811). Ein berufsbegleitendes Studium kann zur Minderung der Gehaltsbezüge führen (FG Saarl GmbHR 95, 463).

**Ausgabe von Gesellschaftsanteilen**

99 S „Kapitalerhöhungskosten“ (Rz 724).

**Ausgleichszahlungen**

102 S § 16 Rz 7.

**Ausländische Anteilseigner**

105 S § 8 Rz 260 und Beratungs-ABC zu diesem Stichwort.

**Ausländische Immobilien**

106 Nach Auffassung des BFH ist die unentgeltliche Überlassung einer Ferienimmobilie durch eine ausländische Kapitalgesellschaft an den inländischen Gesellschafter eine vGa, s BFH/NV 05, 1528, vorausgehend FG Nds EFG 04, 124, zu einer schweizer AG; dagegen schon *Binnewies* Steueranwalt 2005/2006, 66; *Janssen* NWB 10, 3058; BFH BStBl II 13, 1024 zu einer spanischen S. L., dazu und zu den möglichen Konsequenzen aus den Änderungen des DBA Deutschland–Spanien seit 1.1.13 *Binnewies/Wollweber* DStR 14, 628; *Glombek* BB 14, 855; *Rindermann-Haugwitz* BB 15, 2654; *Milatz/Christopeit* BB 15, 1750; *Farré Espanol/Kaminski/Strunk/Ramallo Pallast* IStR 16, 653 auch zum spanischen Steuerrecht; die Rechtsprechung des BFH zu Recht ablehnend *Piltz* DStR 14, 684; dagegen *Haase* DStR 14, 1481; *Olfen/Plattes/Meineke* zum Steuerstrafrecht.

**Auslandsreise**

S „Reisekosten" (Rz 997). 108

**Außensteuergesetz**

§ 1 AStG und verdeckte Einlagen bzw vGa s § 8 Rz 116, 146. 111

**Avalgebühren**

S „Bürgschaft" (Rz 234 ff). 114

**Bagatellaufwendungen**

S „Aufwendungsersatz" (Rz 90), „Reisekosten" (Rz 997). 120

**Beispiel:** Trinkgelder, Zeitungsgelder, Telefongebühren, Postgebühren; derartige Aufwendungen fallen oft ohne Beleg an. Bei Erstattungen – auch an beherrschende AntE – liegt uE erst eine vGa vor, wenn und soweit die Aufwendungen wegen ihrer Höhe oder aus anderen Gründen unglaubwürdig sind; Glaubhaftmachung genügt (glA NdsFG EFG 62, 149; *Richter* GmbHR 81, 171); BFH BStBl III 66, 72 betr nicht belegte Reisekosten steht dem nicht entgegen, da es hier gerade an der Glaubhaftmachung fehlte. UE sind bei diesen Bagatellaufwendungen auch bei beherrschenden AntE im Voraus getroffene Erstattungsvereinbarungen nicht notwendig, wegen § 8 Rz 320 ff aber empfehlenswert.

**Bahn-Card**

S „Bahnkosten" (Rz 126). 123

**Bahnkosten**

S „Reisekosten" (Rz 997). 126

Nutzt der Gesellschafter-Geschäftsführer die von der GmbH angeschaffte Bahn-Card auch zu verbilligten Bahnfahrten im privaten Interesse, die er selbst zahlt, so liegt in der Nutzung der Bahn-Card keine vGa. Da die GmbH durch diese private Nutzung keinen Nachteil hat, kann sie auch kein Entgelt vom Geschäftsführer verlangen. Mithin kann sich der Verzicht auch nicht als vGa oder Einkünfte nach § 19 EStG darstellen.

**Baugenehmigung, Baupläne**

130 Diese behandelt BFH/NV 87, 63 als Nutzungsrecht, die bei einem Grundstückskauf mitzuvergüten sind, sofern der ordnungsgemäß handelnde Geschäftsleiter hierfür einen Preis gezahlt hätte (s auch „Grundstückskauf" Rz 653).

**Baukostenzuschüsse**

können vGa sein. 133

**Bauleistungen**

S „Lieferverkehr" (Rz 798). 134

**Bauten auf fremdem Grund und Boden**

136 Baut die GmbH auf dem Grund und Boden ihres AntE, ist eine vGa ausgeschlossen, wenn die GmbH zivilrechtl Eigentümerin des Bauwerks (Erbbaurecht, § 95 BGB) oder wirtschaftl Eigentümerin bleibt oder über einen angemessenen Ausgleichsanspruch gegen den AntE verfügt (BFH BStBl II 90, 244; II 98, 402, und Vorinstanz FG Köln EFG 97, 39; dazu *Hartmann* DStZ 98, 435; FG Saarl EFG

95, 173; FG Köln EFG 97, 39; EFG 00, 582; FG Bln-Bdbg DStRE 08, 1336, zu An- und Einbauten).

**Beerdigungskosten**

140 Die Übernahme der Beerdigungskosten für einen AntE kann zumindest zum Teil zu Betriebsausgaben führen (BFH BStBl III 56, 94). Betriebsausgaben sind uE auf jeden Fall betriebliche Kranz- und Blumenspenden, betriebl Todesanzeigen und Beerdigungsfeiern im Betrieb.

**Beirat**

142 Der Beirat bei einer GmbH hat nur dann Einfluss auf die gesellschaftsrechtliche Veranlassung von Gesellschafter-Geschäftsführervergütungen, wenn der Beirat die volle Funktion eines Aufsichtsrats hat (BFH BStBl II 16, 219); s auch „Aktiengesellschaft" Rz 15).

**Beratung**

144 S „Konzernumlagen" (Rz 761).

Der AntE kann seine Körperschaft beraten (DB 80, 616; *Koenig* Inf 96, 673). VGa liegt vor, wenn das Beratungshonorar unangemessen, nicht ernstlich gewollt ist (BFH BStBl II 96, 383) oder die Vereinbarung nicht dem Üblichen entspricht (FG SachsAnh EFG 17, 1020, Rev BFH I R 77/16; uE zweifelh, s § 8 Rz 241), bei beherrschenden AntE (s § 8 Rz 320 ff) keine rechtzeitigen, klaren, eindeutigen, zivilrechtl wirksamen Vereinbarungen vorliegen (FG BaWü EFG 01, 777).

Die Geschäftsführertätigkeit kann vollständig als Beratungsverhältnis mit Einkünften nach §§ 15 oder 18 EStG ausgestaltet sein (*Richter* GmbHR 81, 167; s „Dienstverhältnis" Rz 275 ff).

Ein Beratungsvertrag kann auch mit dem – im Übrigen aufgrund eines Anstellungsvertrags mit Einkünften nach § 19 EStG angestellten – Geschäftsführer vereinbart werden; hier stellt sich drängend die Angemessenheitsfrage; übernimmt der AntE im Beratungsvertrag Aufgaben, die Teil der Geschäftsführertätigkeit sind, muss sich das Geschäftsführergehalt entsprechend mindern.

Hinsichtlich des Beratungsentgelts haben die Parteien im Rahmen der Angemessenheit freie Hand. Ist ein monatliches Honorar vereinbart, so kann es bei beherrschenden Gesellschaftern an der Durchführung fehlen, wenn das Honorar nicht ausgezahlt wird (BFH BStBl II 88, 786).

Soweit der Gesellschafter-Geschäftsführer neben seiner Geschäftsführertätigkeit entgeltliche Dritte über Fragen berät, die auch Gegenstand der Körperschaft sind, ist eine klar vereinbarte Abgrenzung und eine Befreiung vom Wettbewerbsverbot empfehlenswert, s „Wettbewerbsverbot und Betriebsabgrenzung" (Rz 1406 ff).

**Beratungskosten**

147 S „Vertragskosten" (Rz 1336).

Die Übernahme von Steuerberatungskosten für den AntE sind idR vGa, können jedoch auch Betriebsausgaben sein, wenn mit der Beratung ein eigenes betriebl Interesse der Körperschaft verbunden ist (vgl auch *Felix* FR 86, 577).

**Berufsverband**

153 Zur vGa bei stbefreiten Körperschaften s § 5 Rz 16 u 36. Zu einer gewinnlos gehaltenen GmbH, die die Funktionen eines Berufsverbandes erfüllt, ohne Berufsverbandes im steuerl Sinn zu sein, s BFH BStBl II 75, 722. Zur EinkaufsGes einer Handwerksinnung BFH BStBl II 94, 479; s im Übrigen § 5 Rz 7 ff, 75 ff.

**Bescheinigung**

156 S „Steuerbescheinigung" (Rz 1092).

**Besserungsschein**

159 S „Sanierung" (Rz 1023). Zur Anerkennung eines Forderungsverzichts einer GmbH mit Besserungsschein s „Forderungsverzicht" (Rz 494).

**Beteiligung**

S „Gesellschaftsanteile" (Rz 598). 163

**Betrieb gewerblicher Art**

S § 4 Rz 52 ff. 167

**Betriebsabgrenzung**

S „Wettbewerbsverbot und Betriebsabgrenzung" (Rz 1406 ff). 169

**Betriebsaufspaltung**

S „Betriebs-, Teilbetriebsverpachtung" (Rz 190 ff), „Bürgschaft" (Rz 234 ff), 170 „Darlehen" (Rz 248 ff), „Dienstverhältnis" (Rz 275 ff), „Erfinder" (Rz 439), „Pensionszusage" (Rz 897 ff), „Personalgestellung, Personalkostenübernahme" (Rz 943); Beratungs-ABC „Betriebsaufspaltung".

**Schrifttum:** S Beratungs-ABC „Betriebsaufspaltung".

In der Betriebsaufspaltung ist jede Leistungsbeziehung zwischen AntE und KapGes daraufhin zu überprüfen, ob verdeckte Einlagen oder vGa vorliegen. Es gelten die **allgemeinen Regeln** (dazu auch *Schulze zur Wiesche* DStR 91, 137). VGa von der BetriebsKapGes an das Besitzunternehmen sind dort ggf BA (FG München EFG 99, 883).

171 Der Gesellschafter ist regelmäßig **beherrschender Gesellschafter,** so dass das Gebot des klaren, zivilrechtl gültigen, rechtzeitig abgeschlossenen und durchgeführten Vertrages gilt (§ 8 Rz 320 ff).

172 In der Betriebsaufspaltung laufen häufig verschiedene Leistungsbeziehungen zwischen AntE und KapGes parallel. Der scheinbaren Vorteilszuwendung auf der einen entspricht eine Benachteiligung auf der anderen Seite. Da die Rspr zum **Vorteilsausgleich** (s § 8 Rz 230) für den beherrschenden AntE eine klare, Vor- und Nachteile verbindende Vereinbarung (BFH BStBl II 77, 704) fordert, empfiehlt sich, in der Betriebsaufspaltung zu vereinbaren, dass sich – bezogen auf den beherrschenden AntE – Vor- und Nachteile aus Leistungsverhältnissen ausgleichen.

173 **Buchwertfortführung:** Bis zum StEntlG 1999/2000/2002 (Vor § 1 Rz 27) war anerkannt, dass bei der Gründung einer Betriebsaufspaltung WG zu Buchwerten von den zukünftigen Besitzunternehmern auf die BetriebsKapGes übergehen können.Seit dem 1.1.1999 ist nach hL eine Übertragung einzelner WG zu Buchwerten zwischen Besitzunternehmen und BetriebsKapGes wegen § 6 VI S 2 EStG nicht mehr möglich (*Schmidt/Wacker* § 15 Rz 877; uE zweifelhaft, da auch vor VZ 99 eine gesetzl Grundlage für die Buchwertfortführung fehlte). Eine steuerneutrale Begründung einer Betriebsaufspaltung aus einem bestehendem Unternehmen ist damit auch über § 20 UmwStG ausgeschlossen, da im Besitzunternehmen begriffsnotwendig wesentliche Betriebsgrundlagen zurückbleiben. Zu Alternativen *Schwedhelm* Die Unternehmensumwandlung, 8. Aufl 2016 Rz 1934 ff; *Schmidt/Wacker* § 15 Rz 877.

174 Wird bei Begründung der Betriebsaufspaltung das gesamte Betriebsvermögen mit Ausnahme des Grundstückes auf die BetriebsKapGes übertragen, so geht im Zweifel auch der **Geschäftswert** auf die BetriebsKapGes über (BFH BStBl II 01, 771; 05, 378). Der Firmenwert ist zwingend aufzudecken. Wird kein angemessenes Entgelt gezahlt, gilt der Firmenwert mit dem Teilwert als aus dem Besitzunternehmen entnommen und in die BetriebsKapGes eingelegt. Umgekehrt bedeutet dies, dass die BetriebsKapGes einen angemessenen Kauf- oder Pachtpreis auch für den Firmenwert zahlen kann, ohne dass vGa vorliegt (BFH BStBl II 01, 771). UE geht der Firmenwert nicht über, wenn für den Fall der Beendigung der Betriebsaufspaltung die Rückübertragung des Unternehmens auf das Besitzunternehmen vertraglich abgesichert ist (s FG RhPf DStR 04, 1998; s auch *Neumann,* VGa und verdeckte Einlagen, 2. Aufl 2006, 113).

175 Zur Ermittlung einer **angemessenen Pacht** s „Betriebs-, Teilbetriebsverpachtung" (Rz 190 ff). Eine zu hohe Pachtzahlung löst eine vGa aus. Ein zu niedriger Pachtzins führt nicht zur Einlage, s § 8 Rz 107.

Sind Zuführungen zu einer PZ bei der BetriebsKapGes vGa, so ist die Anwartschaft nicht bei dem Besitzunternehmen zu aktivieren (BFH/NV 11, 1558; gegen FG D'dorf EFG 08, 1884).

Zu hohe **Geschäftsführerbezüge,** die als vGa behandelt werden, sind als Betriebseinnahmen des Besitzunternehmens zu erfassen.

Zum Problem der **Verlustvermeidung** s Beratungs-ABC „Verluste".

Gewinnausschüttungen und vGa sind im Rahmen einer Betriebsaufspaltung als Sonderbetriebseinnahmen im Rahmen der Besitzgesellschaft zu erfassen, BFH/NV 15, 495.

Zur vGa im Rahmen einer umgekehrten Betriebsaufspaltung (Besitz-KapG und Betriebs-Personengesellschaft) s FG D'dorf EFG 17, 108.

**Betriebsführung**

179 S auch Beratungs-ABC „Betriebsführung".

Führt eine KapGes den Betrieb eines AntE, muss das Entgelt angemessen sein. Ein zu geringes Entgelt führt zur vGa. Führt umgekehrt der AntE oder eine nahe stehende Person den Betrieb der KapGes, folgt aus einem überhöhten Entgelt die vGa. Maßstab der Angemessenheit ist die Höhe der ersparten (Geschäftsführungs-) Kosten (BFH/NV 08, 1060 mit Anm *Hoffmann* GmbHR 08, 600; BFH/NV 12, 271). Bei beherrschenden AntE muss der Betriebsführungsvertrag klar, eindeutig, rechtzeitig und durchgeführt sein (BFH I B 171/07, DB 08, 1017; FG Köln EFG 08, 161). Vgl weiter *Schulze zur Wiesche* BB 83, 1028.

**Betriebsprüfung**

182 S „Steuerstreit" (Rz 1112 ff) und Beratungs-ABC zu diesem Stichwort.

**Betriebsstätte**

183 VGa ist einer inländischen Betriebsstätte zuzurechnen, wenn sie auf einem Vorgang beruht, der sich im Aufwand dieser Betriebsstätte niedergeschlagen hat (BFH/NV 12, 271).

**Betriebsunterbrechungsversicherung**

184 S „Versicherung" (Rz 1320).

**Betriebs-, Teilbetriebsveräußerung**

185 S „Geschäftswert" (Rz 586).

Sie muss zu einem angemessenen Entgelt im Fall der Veräußerung an einen AntE erfolgen; auch der Geschäftswert ist zu entgelten. Veräußert der AntE an seine Ges, führt der überhöhte Preis zur vGa. Zur vGa von Geschäftswerten und immateriellen WG s § 8 Rz 202, 290; zur entsprechenden Einlageproblematik s § 8 Rz 106.

**Betriebs-, Teilbetriebsverpachtung**

S „Vermietung und Verpachtung" (Rz 1308), „Einfamilienhaus" (Rz 390), „Praxiswert" (Rz 965).

**Schrifttum:** älteres Schrifttum s 6. Aufl. *Brandmüller,* Die Betriebsaufspaltung nach Handels- und Steuerrecht, 7. Aufl 1997, S 443 ff; *Tiedtke/Heckel,* Die Besteuerung des Geschäftswerts nach erklärter Betriebsaufgabe und anschließender Betriebsverpachtung, DStR 01, 145; *Stinn* Betriebsverpachtung im Ganzen, NJW 11, 440; *Crezelius* Betriebsverpachtung, JbFfSt 2010/2011, 738; *Schönemann/Dietrich* Betriebsaufgabe versus Betriebsverpachtung, DStR 11, 231.

190 Im Rahmen der Angemessenheit, s unten, sind AntE und Körperschaft frei in der **Gestaltung** von Betriebs- oder Teilbetriebsverpachtungen. Die Pacht kann als Festpacht oder variable Pacht (zB Umsatzpacht) oder als Kombination von Fest- und variabler Pacht vereinbart werden. Sie kann umsatz- und gewinnabhängig sein (BFH BStBl II 75, 366; 77, 679). Bei wechselndem oder sich änderndem Bestand

von verpachteten beweglichen WG kann die Pacht auch jährlich neu berechnet werden, zB um KapVerzinsung und Wertverzehr genau zu erfassen.

Der **angemessene** Pachtzins für eine Betriebs- oder Teilbetriebsverpachtung durch die Körperschaft oder an diese ist äußerst schwierig zu bestimmen. Das gilt für den StBürger ebenso wie für die FinVerw, die allerdings hin und wieder die Begründung durch hoheitliche Angemessenheitsentscheidung ersetzt. Aus diesem Grund kann uE eine vereinbarte Miete oder Pacht nur in offensichtlichen Fällen fehlender Angemessenheit verworfen werden. **191**

Es gibt **keine einzig gültige Methode** zur Ermittlung der angemessenen Pacht. Maßstab ist das Handeln des ordnungsgemäß handelnden Geschäftsleiters. Wendet er eine bestimmte Methode zur Ermittlung der Pacht an, so ist diese nicht deshalb falsch, weil das FA eine andere für richtig hält, sondern nur dann, wenn sie für den ordnungsgemäß handelnden Geschäftsleiter unakzeptabel wäre (*Streck* GmbHR 82, 29). Es gilt die BandbreitenRspr des BFH (§ 8 Rz 250). Eine Methode, um sich der angemessenen Pacht zu nähern, ist der Fremdvergleich (s § 8 Rz 238). Ist dieser, wie häufig, nicht möglich, ist die angemessene Pacht idR aus den Entgelten für den KapEinsatz, dem Wertverzehr und den laufenden Kosten festzustellen. **192**

**KapVerzinsung:** Bezieht sich auf die Summe der Teilwerte zzgl Geschäftswert. Eine überschlägige Ermittlung ist ausreichend. Die Höhe des Zinsfußes ist schwer zu bestimmen. In der Vergangenheit wurden im Schrifttum Zins von 5–8% für Immobilien und 6–10% für das übrige Vermögen genannt (s *Lang* in D/P/M § 8 nF Rz 1006). Derzeit dürften uE unter Berücksichtigung des geltenden Leitzins der EZB und der banküblichen Kreditzinsen für Immobilien und bewegliche Wirtschaftsgüter auch deutlich niedrigere Zinssätze angemessen sein. **193**

**Wertverzehr:** Entfällt, wenn Pächter Erhaltungs- und Erneuerungspflichten übernommen hat. In der Praxis werden die steuerlichen AfA-Möglichkeiten zugrunde gelegt; uE zulässig. Ebenso zulässig ist uE eine AfA nach Wiederbeschaffungspreisen. Auch der Geschäftswert unterliegt dem Wertverzehr (5–8 Jahre); kein Entgelt hierfür, wenn der Pächter verpflichtet ist, bei Pachtende den Geschäftswert entschädigungslos zurückzuübertragen. Kein Entgelt mehr, wenn die Gegenstände abgeschrieben sind. UE sollten keine Bedenken bestehen, wenn die vorstehenden Wertverzehrüberlegungen pauschalierend berücksichtigt werden. Aus der Rspr s FG München EFG 93, 404. **194**

Ebenfalls kann die Verpachtung des **Geschäftswerts** pauschalierend in die Pacht für die übrigen WG einbezogen werden; für ihn kann uE eine umsatzabhängige Pacht von 0,5 bis 1,5% des Umsatzes vereinbart werden (s aber auch FG Bln-Bdbg EFG 14, 291, wonach grundsätzlich eine Obergrenze zu vereinbaren sei; uE ist die Vereinbarung einer Obergrenze der Pacht nicht fremdüblich). Voraussetzung ist aber, dass der Geschäftswert nicht auf den Pächter übergegangen ist (s „Betriebsaufspaltung" Rz 170ff). **195**

**Berechnungsfehler** führen nur dann zur vGa, wenn sie einem ordnungsgemäß handelnden Geschäftsleiter auf keinen Fall unterlaufen wären (*Streck* GmbHR 82, 29). Zur Angemessenheit des Betriebspachtzinses im internationalen Konzern s *Kleineidam/Baumhoff/Seutter* DB 86, 233. **196**

Die angemessene Pacht wird regelmäßig sowohl dem Verpächter als auch dem **Pächter** eine angemessene **Rendite** belassen. Abzulehnen ist uE, den Gewinn auf Verpächter und Pächter in einem bestimmten prozentualen Verhältnis aufzuteilen; derartige Pauschalschätzungen sind unvereinbar mit dem auf die individuellen Umstände abstellenden Maßstab der vGa. Führt die Pacht zu andauernden Verlusten der Körperschaft, so ist eine vGa zu vermuten, aber nicht zwingend. Reicht der Gewinn der KapGes für eine angemessene Verzinsung des eingezahlten StammKap aus, fehlt es an einem ersten Anschein für das Vorliegen einer vGa (BFH BStBl II 77, 679). Eine Verzinsung von 10% des Kap und eine Risikovergütung von 3% für das nicht eingezahlte Kap – so die Vorinstanz – beseitigen daher den ersten Anschein einer vGa. UE sind auch die Rücklagen zu verzinsen, wenn sie zur Kapital- **197** ausstattung notwendig sind (weitergehend *Neumann,* Verdeckte Gewinnausschüttung und verdeckte Einlage, 2. Aufl 2006, 111, der eine Verzinsung auch der stillen Reserven fordert).

**198** Allerdings wird jeder ordnungsgemäß handelnde Geschäftsleiter bestrebt sein, eine bessere Rendite zu erzielen, zumal wenn der Verpächter bei der Minimalbegrenzung eine offensichtliche Überrendite erhalten würde (vgl BFH BStBl II 78, 234). Nach der Rspr muss darauf geachtet werden, dass die BetriebsKapGes auch die Chance hat, bei höherem Gewinn eine höhere Verzinsung, einen höheren Gewinnanteil zu erhalten. Die bewusste Beschränkung auf eine angemessene Kapitalverzinsung kann daher zur vGa führen (FG Saarland EFG 95, 538).

**199** Der Gedanke der Verzinsung hat auch eine andere Seite. Erzielt die GmbH durch den gepachteten Betrieb eine Verzinsung, die diese angemessene Verzinsung weit übersteigt, so ist die Pacht auch dann nicht unangemessen, wenn sie nach sog objektiven Methoden der Berechnung der Angemessenheit unangemessen ist; jeder Geschäftsleiter zahlt gerne eine unangemessene Pacht für einen unangemessen hohen Gewinn (*Streck* GmbHR 82, 29). Auf der anderen Seite muss die angemessene Verzinsung nicht garantiert werden; aus betrieblichen Gründen (Anlaufphase, Wirtschaftskrise, Streik, vorübergehende Insolvenzschwierigkeiten) kann die Mindestverzinsung auch vorübergehend unterschritten werden (ebenso BFH BStBl II 72, 320: Verlust der pachtenden GmbH allein rechtfertigt keine vGa). Die Entscheidung BFH BStBl II 77, 679 betraf den Fall der pachtenden GmbH. Sie gilt ebenso für die verpachtende Körperschaft; allerdings ist hier ggf ein Geschäftswert in die Renditebemessung einzubeziehen. Wird durch entsprechende Vertragsformulierungen die angemessene Verzinsung vorsorglich als Untergrenze gesichert, sind die Vereinbarungen anzuerkennen.

**200** Die **Verteilung** der **Kosten** im Pachtverhältnis muss angemessen sein. Im Verhältnis zum beherrschenden AntE ist eine klare Vereinbarung über die Tragung der laufenden Kosten notwendig, um den hier geltenden besonderen Bedingungen zu genügen (s § 8 Rz 320 ff). Die lfd Kosten trägt regelmäßig der Pächter.

**201** Zum maßgebenden **Zeitpunkt** s § 8 Rz 245 ff.

War nach den möglichen Vorausschätzungen die Umsatzpacht angemessen, so bleibt sie angemessen, auch wenn der Umsatz unerwartet steigt (BFH BStBl II 75, 366); anders, falls die Geschäftsgrundlage entfällt (BFH BStBl II 75, 366; BFH/NV 00, 1247; 01, 866; FG München EFG 93, 404).

**202** Auch bei der **Beendigung** des Pachtverhältnisses sind vGa möglich, falls der AntE zu Lasten der Körperschaft bevorteilt wird. Allerdings muss die Körperschaft nicht unbedingt entschädigt werden, falls sie als Pächterin Investitionen dem verpachtenden AntE überlässt. Regelmäßig investiert der Pächter auf eigenes Risiko und muss bei Pachtende die Investitionen beseitigen. Eine von vornherein vereinbarte Pflicht zur Entschädigung des Pächters ist nicht die Regel. Gleichwohl kann bei dem unentgeltlichen Übergang von Wirtschaftsgütern von der KapGes auf den AntE eine echte Bereicherung des verpachtenden AntE zu Lasten der Körperschaft möglich sein, die dann zur vGa führt, wenn es sich nicht um eine im Betriebspachtverhältnis übliche und angemessene Bereicherung des Verpächters handelt, sondern um einen von vornherein planvoll kalkulierten Vermögenstransfer. Die Rückgabe des Geschäftswerts bei Pachtende führt nicht zur vGa, falls er mitverpachtet war; anders, wenn eine Geschäftswertverpachtung nicht vorlag (vgl BFH BStBl II 71, 536; II 75, 204). Keine vGa liegt in diesem Fall auch dann vor, wenn sich der verpachtete Geschäftswert durch Leistungen der pachtenden Körperschaft erhöht hat.

**203** Bei **beherrschenden AntE** muss der Miet- oder Pachtvertrag klar, eindeutig, rechtzeitig vereinbart und durchgeführt sein (s § 8 Rz 320 ff; NdsFG GmbHR 91, 132); zB müssen zu Beginn des Pachtverhältnisses die Berechnungsweisen der Pacht festgelegt werden. Investiert der Verpächter, ist im Pachtvertrag, zumindest aber vor der Durchführung der Investition, die Auswirkung auf die Pacht zu regeln, falls sich durch die Investition der Pachtgegenstand verändert. Eine Vermutung für den Abschluss eines Miet- oder Pachtvertrages besteht bei beherrschenden AntE nicht (BFH BStBl III 56, 288 betr Pacht; möglich 120, 133). Beherrschung liegt zB regelmäßig in der **Betriebsaufspaltung** vor.

Zur **verfahrensmäßigen** Abwicklung einer vGa, die durch zu geringe Pacht einer KG an die ihr Unternehmen verpachtende GmbH, die selbst an der KG beteiligt war, entstanden war, s BFH BStBl II 76, 88: Behandlung der vGa wie bei der GmbH & Co KG, s dort. 204

Zum Verzicht auf Pachtzahlungen zur Vermeidung von **Verlusten** innerhalb der Betriebsaufspaltung s Beratungs-ABC „Verluste". Zur möglichen **Einlage** bei zu geringer Pacht s § 8 Rz 107. 205

**Bewertung**

der vGa s § 8 Rz 248. 210

**Bewirtungskosten**

S „Gesellschafterversammlung" (Rz 594). 213

**Bezugsrecht**

S „Gesellschaftsanteile" (Rz 598). 216

Das günstige Bezugsrecht für junge Aktien ist keine vGa (RFHE 4, 222 (1920)), und zwar auch dann nicht, wenn es rechtmäßig oder rechtswidrig nur einzelnen AntE gewährt wird (BFH BStBl II 75, 230). Ist allerdings AntE eine GmbH und verzichtet sie auf ein Bezugsrecht oder eine Beteiligung an einer KapErhöhung zugunsten ihrer eigenen AntE, so kann eine vGa vorliegen (BFH BStBl III 67, 626).

**Bilder**

S „Kunstwerke" (Rz 778). 220

**Buchungen**

Irrtümliche Buchungen sind keine vGa, s § 8 Rz 221; Bedeutung bei beherrschenden AntE § 8 Rz 356 ff. 223

**Buchwertfortführung**

S „Betriebsaufspaltung" (Rz 170 ff) und § 8 Rz 67, 242. 226

**Bundesverdienstkreuz**

Feiern der Körperschaft im Hinblick auf die Verleihung des Bundesverdienstkreuzes an den Gesellschafter-Geschäftsführer sind uE Betriebsausgaben (vgl *Mittelbach* GmbHR 82, 93). S jedoch „Geburtstag" (Rz 529). 230

**Bürgschaft**

S „Garantieversprechen" (Rz 510), „Schuldübernahme, Schuldtilgung" (Rz 1046). 234

Die Übernahme einer Bürgschaft für den Gesellschafter führt nicht zur vGa, wenn die Gesellschaft gewillt ist, ggf den Rückgriffsanspruch geltend zu machen, wogegen es spricht, wenn das Risiko der Inanspruchnahme hoch und der Rückgriffsanspruch wertlos ist (BFH BStBl II 75, 614; BFH/NV 07, 1710). Maßgebend ist der Zeitpunkt der Übernahme der Bürgschaft, nicht der der Inanspruchnahme (*Döllerer* DStR 80, 395). Die vGa ist bei der Körperschaft erst zu berücksichtigen, wenn sich die Inanspruchnahme gewinnmindernd auswirkt. War die Gewährung der Bürgschaft nicht gesellschaftsrechtlich veranlasst, ist keine vGa gegeben, wenn die Körperschaft einer Rückstellung für eine drohende Inanspruchnahme aus einer Bürgschaft bildet oder auf Zahlung in Anspruch genommen wird, sofern sie nicht auf den Rückgriffsanspruch verzichtet. Ist der Rückgriffsanspruch zum Zeitpunkt der Inanspruchnahme wertlos oder wird er dies, so liegt eine vGa nur vor, wenn aus gesellschaftsrechtlichen Gründen auf eine rechtzeitige Geltendmachung oder Besicherung des Anspruchs verzichtet wurde (s „Darlehen" Rz 248 ff).

Die Bürgschaftsübernahme durch die Körperschaft setzt ein angemessenes Entgelt (Avalgebühr) voraus (vgl BFH BStBl II 92, 846); wird hierauf verzichtet, so ist eine vGa in Höhe dieser Gebühr gegeben. Avalgebühr kann entfallen, wenn auch 235 ein ordnungsgemäß handelnder Geschäftsleiter entsprechend gehandelt hätte; Beispiel: Bürgschaft ohne besonderes Entgelt an einen wichtigen Geschäftspartner (= AntE) im lfd Geschäftsverkehr; oder: Bürgschaft an Nahestehenden, der Arbeitnehmer ist und die Bürgschaft wie seine Kollegen erhält; oder: ausreichende, ebenfalls unentgeltliche Ausfallsicherung. Ist die Betriebsbedingtheit der Bürgschaft anerkannt, muss auch der Eintritt der Bürgschaft, dh die Zahlung des Bürgschaftsvertrages zu Betriebsausgaben führen; dies gilt auch dann, wenn eine Bürgschaftsprovision nicht vereinbart worden ist, die Nichtvereinbarung der Provision jedoch von der FinVerw als vGa gewertet wird; denn durch die Qualifizierung der nicht vereinbarten Provision als vGa wird die volle Betriebsbedingtheit der Bürgschaft hergestellt.

236 Übernimmt der AntE umgekehrt für die Körperschaft eine Bürgschaft, sind angemessene Avalgebühren keine vGa an denselben (*Gosch* § 8 Rz 678); vGa aber, wenn in der Betriebsaufspaltung das Besitzunternehmen die BetriebsGes für die Darlehensaufnahme zwischenschaltet und dafür von ihr eine Avalgebühr erhält (FG Hbg EFG 78, 568, rkr); zum Einfluss von Bürgschaftsübernahmen auf die Höhe des Geschäftsführergehalts s Rz 284.

237 Bei beherrschenden AntE ist auf klare, eindeutige, zivilrechtl wirksame sowie rechtzeitige Vereinbarung zu achten, s § 8 Rz 320 ff. Die Nichtvereinbarung von Rückgriffsrechten hindert nicht das Vorliegen einer klaren Vereinbarung; § 774 BGB greift als gesetzl Folge ein. Soweit in § 8 Rz 336 darauf hingewiesen wurde, dass gesetzl Ansprüche gleichwohl vertraglich zu vereinbaren sind, kann dies nicht für gesetzl Folge- und Rückgriffsansprüche gelten, deren Vereinbarung, zB auch im Gesamtschuldverhältnis, absolut unüblich ist.

238 Zur Bürgschaft durch die Beratergesellschaft s DB 80, 616 und den Gesellschafter-Geschäftsführer DB 86, 1258. Zur Bürgschaftszahlung als Einlage s § 8 Rz 100. Zur Behandlung einer unentgeltlichen Bürgschaft zwischen Schwestergesellschaft s FG Hbg EFG 79, 467; BFH BStBl II 82, 631. Zu den Bürgschaften bei international verbundenen Unternehmen s auch *Reuter* IWB 3 Deutschland Gr 1, 1129, 1131 (2/87).

**Business-Club**

241 Übernimmt eine KapGes eine Firmenmitgliedschaft in einem privaten Business-Club, der eine Zugangsberechtigung für den nicht wesentlich beteiligten Gesellschafter-Geschäftsführer eröffnet, liegt nach FG Hamburg EFG 09, 1672, eine vGa vor, ähnlich FG Bremen DStRE 16, 730.

**Damnum**

245 S „Darlehen" (Rz 248 ff), „Sanierung" (Rz 1023).

Das Damnum bei Darlehen zwischen AntE und Körperschaft gehört bei der Frage der Angemessenheit zur Gesamtausstattung des Darlehens. S „Darlehen" (Rz 248 ff). Maßstab ist, was ein ordnungsgemäß handelnder Geschäftsleiter als Damnum fordern bzw gewähren würde.

**Darlehen**

248 S „Damnum" (Rz 245), „Gewinnausschüttungen" (Rz 618), „Währungsrisiko" (Rz 1362).

Die **Darlehensgewährung** selbst – also die Hingabe der Valuta – durch die Körperschaft **an den AntE** ist keine vGa, da sich das Darlehen nicht auf das Einkommen auswirkt (Aktivtausch).

249 Etwas Anderes kann gelten, wenn die **Rückzahlung von Anfang an nicht gewollt** ist – dann handelt es sich nicht um ein Darlehen, sondern um eine Ausschüttung (FG Nbg EFG 16, 907, zur Darlehensgewährung an eine Schweizer Briefkastenfirma; NZB VIII B 45/16; insoweit zutreffend *Neumann* GmbHR 96, 424). Dies ist zu vermuten, wenn der Rückzahlungsanspruch von vorn herein wertlos ist, so dass die Darlehensforderung mit Hingabe abzuschreiben wäre (BFH

BStBl III 58, 451; 90, 795; BFH/NV 91, 839; 99, 1515; FG Bdbg EFG 03, 261 mit Anm *Neu;* FG BaWü DStRE 06, 534).

Besondere, extrem atypische Gestaltungen können für eine gewollte **Ausschüttung durch die Darlehensvergabe** sprechen, dh für den Willen der Körperschaft, eine Rückzahlung des Darlehens vom Auszahlungszeitpunkt an nicht mehr zu fordern; siehe hierzu insbesondere die sehr am Fremdvergleich orientierte Rechtsprechung des VIII. Senats: BFH VIII R 32/12, FR 15, 607, zur Nichtanerkennung eines Darlehens mangels klarer Vereinbarungen und Erbringung von Zins und Tilgung; weiter Beispiele: 100jährige Laufzeit des Darlehens (BFH BStBl III 56, 80) oder 85, 95jährige Laufzeit (BFH BStBl III 58, 69: vGa sind nur die Beträge, die nach einer 15jährigen Laufzeit zu tilgen sind). Allerdings kann im Einzelfall auch eine langfristige Darlehensgewährung betriebsbedingt sein (BFH BStBl III 59, 4: 50 Jahre bei der Finanzierung von Arbeitnehmerwohnungen möglich). VGa nicht bereits deshalb, weil die KapGes ihren Zinsanspruch nicht bilanziell ausgewiesen hat (BFH/NV 01, 584). Wird in auffallend kurzer Zeit nach der Darlehensgewährung auf die Rückzahlung verzichtet, so kann dies ein Indiz sein, dass eine vGa bereits durch die Auszahlung erfolgte. Für eine vGA spricht auch, wenn Zahlungen an den Gesellschafter nicht als Darlehen, etwa auf dem Gesellschafterverrechnungskonto, gebucht werden (BFH/NV 15, 683).

In den vorgenannten Fällen liegt im **Zeitpunkt** der Hingabe der Valuta die vGa auf Ebene der Gesellschaft und ein Zufluss beim Gesellschafter vor. Ist eine Änderung der Veranlagung zu diesem Zeitpunkt nicht mehr möglich, ist die Darlehensforderung in der ersten noch offenen Bilanz auszubuchen, der hierdurch entstehende Aufwand ist außerbilanziell zu korrigieren, s § 8 Rz 280. Auf Ebene des Gesellschafters ist in diesem Fall keine Besteuerung mehr möglich.

Keine vGa ist die Hingabe eines Darlehens an den AntE ohne **Besicherung** 250 (BFH BStBl II 98, 573; BFH/NV 05, 916; BStBl II 08, 568; FG Köln EFG 08, 154), es sei denn, die Darlehensforderung ist ohne Sicherheit von Anfang an wertlos. Dann gilt Rz 249 (BFH/NV 99, 1515; FG D'dorf EFG 94, 124; FG Nürnberg EFG 16, 907, zur Darlehensgewährung an einen Dritten – Auslandsgesellschaft – im vermuteten Interese des Gesellschafters; Rev VIII 33/16).

Werden ungesicherte Darlehen gewährt, so kann die spätere Wertberichtigung oder der spätere Verzicht eine vGa darstellen, wenn dem Ausfallrisiko nicht durch einen entsprechend hohen Zinssatz Rechnung getragen wurde (FG BaWü EFG 15, 841; BFH BStBl III 58, 451; II 75, 48 betr nahestehende Körperschaften; II 90, 795; NV 07, 1710; NV 11, 2116; BStBl II 16, 491; FG D'dorf EFG 94, 124; HessFG EFG 96, 451; *Neumann* GmbHR 96, 424; *Schwedhelm/Olbing/Binnewies* GmbHR 09, 1238; zu den vGa-Risiken beim „Cash Management" *Podewils* GmbHR 09, 803; zu internationalen Upstream-Darlehen *Schultes-Schnitzlein/Piontek* IWB 16, 511). Zu beachten ist, dass es zur Vermögensminderung erst kommt, wenn das Darlehen tatsächlich abgeschrieben wird (BFH BStBl II 11, 62). § 6 I Nr 2 S 2 EStG gewährt ein Wahlrecht zur Teilwertabschreibung, keine Pflicht.

Die Teilwertabschreibung beinhaltet noch keinen Zufluss beim Gesellschafter, dies ist erst bei einem Verzicht der Fall (BFH BStBl II 04, 1010; NV 07, 1710) oder wenn nicht mehr mit einer Rückzahlung zu rechnen ist (FG Bln EFG 04, 1866). Dementsprechend bleibt die Verpflichtung zur Verzinsung des vollen Darlehens bestehen. Wird auf die Verzinsung des abgeschriebenen Teils der Forderung verzichtet, ist dies vGa (BFH BStBl II 16, 491; kritisch *Paus* FR 16, 802).

**§ 43a GmbHG** schränkt die Kreditvergabe an Geschäftsführer, Prokuristen etc 251 ein. Die Darlehen sind nicht nichtig. Damit ist die Kreditvergabe unter Verstoß gegen § 43a GmbHG keine vGa. Folgt die GmbH den Rechtsfolgen des § 43a GmbHG nicht, so kann dies Indiz dafür sein, dass das Kap endgültig dem Geschäftsführer usw verbleiben soll. Liegt eine vGa nicht vor, wird das Darlehen nicht zurückgefordert und mit einer Mehrbelastung refinanziert, kann die Mehrbelastung vGa sein (vgl *Streck* KÖSDI 80, 3961).

Eine Darlehensgewährung unter Verstoß gegen **§§ 30, 31 GmbHG** führt nicht zur vGa (*Wienands/Teufel* GmbHR 04, 1301; *Schlösser* GmbHR 05, 273; *Berg/Schmich* FR 05, 190; *Frotscher* in FS Raupach 2006, 363; *Suchanek/Hagedorn* GmbHR 06, 405, die aber – uE zu Unrecht – in der Auszahlung der Zinsen eine Ausschüttung sehen wollen).

252 Die Darlehensvereinbarung kann mündlich getroffen werden (BFH BStBl II 08, 397); eine bestimmte Form ist nicht Bedingung, Schriftform aber empfehlenswert. Fehlen Vereinbarungen über Kündigung, Tilgung und Rückzahlung, gelten die §§ 607 ff BGB (BFH BStBl II 98, 573; NdsFG EFG 97, 825; *Thiel* DStR 93, 1801; *Schwedhelm* BB 00, 693; teils aA *Neumann* GmbHR 96, 424). Die Bezeichnung „Darlehen" ist nicht erheblich (BFH BStBl III 56, 80).

253 Das Verhältnis der Darlehenshöhe zum StammKap, zu den Rücklagen und zum Gewinn spricht nicht gegen die Darlehensgewährung (BFH BStBl II 92, 532). S jedoch § 8a aF und § 8 Rz 93.

Die Tatsache, dass ein „Arbeitgeberdarlehen" gewährt wird, führt zu keiner besonderen Beurteilung (FinVerw GmbHR 99, 95).

Die Schenkung der Darlehensforderung gegen die GmbH vom Gesellschafter an seine minderjährigen Kinder führt nicht zur vGa (BFH/NV 08, 669).

254 Auch die gewollte **Ausschüttung** zu einem **späteren Zeitpunkt** führt nicht zu einer Sofortausschüttung; Vorschüsse auf Gewinnausschüttungen können als vorübergehende Darlehen vereinbart werden (s Beratungs-ABC „Vorabausschüttung"). Seit **Abschaffung des AnrV** (Vor § 1 Rz 27) bestehen zusätzliche Anreize, Ausschüttungen zu unterlassen und durch Darlehen zu ersetzen (*Seeger* StuB 00, 667). An den bisherigen Grundsätzen zur Anerkennung als Darlehen ändert sich uE jedoch nichts (ebenso *Korn* KÖSDI 01, 12811). Grundsätzlich ist die Darlehensforderung gegen den Gesellschafter auch werthaltig, soweit sie durch den Gewinnanspruch gedeckt ist. Dabei ist zu beachten, dass die Ausschüttung KapEst auslöst, somit nur die Nettodividende zur Verrechnung mit dem Darlehen zur Verfügung steht. Die Praxis zeigt, dass die FinVerw geneigt ist, bei längerfristiger Vermeidung der Ausschüttung durch Darlehensgewährung eine vGa zu unterstellen. Dies ist abzulehnen, soweit keine konkreten Anhaltspunkte vorliegen, die einen Verzicht auf den Rückzahlungsanspruch indizieren. Ohne solche konkreten Anhaltspunkte ist die Wahl des Zeitpunktes der vGa und des Zuflusses beim Gesellschafter zumeist von der FinVerw willkürlich gegriffen.

Soweit eine Finanzierung für beschlossene Gewinnausschüttungen erforderlich ist, liegt hinsichtlich der hierfür aufgewandten Zinsen keine vGa vor, da die AntE einen Anspruch auf die Auszahlung des Gewinns haben (RFH RStBl 35, 119); s auch „Gewinnausschüttungen" (Rz 618).

Die Verrechnung mit einer **Kapitalherabsetzung** setzt voraus, dass diese zivilrechtlich wirksam vorgenommen wird (BFH/NV 08, 1362).

255 Zu unberechtigten **Entnahmen** s § 8 Rz 210; berechtigte Entnahmen werden gerade in kleineren Verhältnissen oft darlehensweise als Vorschüsse auf die spätere Gewinnausschüttung gegeben; die Darlehensvereinbarungen werden konkludent geschlossen. Hier ist bei der Annahme einer vGa Zurückhaltung geboten (BFH BStBl II 82, 245 und II 86, 481: Werden Gehalts- oder sonstige Zahlungen über ein Privat- oder Verrechnungskonto des AntE gebucht, so liegt keine vGa, sondern Darlehensgewährung vor, wenn der AntE durch Abhebung den Kontobestand überzieht; dazu auch *Klempt* DStZ 82, 219; ähnlich auch FG BaWü EFG 80, 518). Allerdings kann eine Gewinnausschüttung, Vorabdividende, Unkostenerstattung usw, dh eine Zahlung, die endgültig an den AntE geleistet wurde, nicht im nachhinein in ein Darlehen umgewandelt werden.

256 Wird die Darlehensforderung später uneinbringlich aus Gründen, die bei Darlehensgewährung nicht vorhersehbar waren und auch nicht durch rechtzeitige Kündigung vermeidbar waren, zB plötzlicher Verlust der Bonität, Insolvenz usw, so führt der Verzicht oder die **Teilwertabschreibung** auf die Darlehensforderung

nicht zur vGa (BFH/NV 13, 1628; FG Bln-Bdbg EFG 03, 261). Hier hat die Körperschaft nichts, über das sie wirtschaftlich verfügen könnte. Das Gleiche gilt bei der Teilnahme der Körperschaft an einem Vergleich über das Vermögen des AntE oder bei einem steuerl anzuerkennenden Sanierungserlass. S „Sanierung" (Rz 1023) und „Vergleich" (Rz 1288). Nur wenn der Verzichtsgrund in der Gesellschaftssphäre der Körperschaft liegt, dann kann der Verzicht auf die Darlehensforderung oder die Rückzahlung zur vGa führen (s Rz 250).

Die **Rückzahlung** einer **Darlehensvaluta,** die die KapGes von dem AntE erhalten hat, von der KapGes an den AntE ist keine vGa, und zwar auch dann nicht, wenn die Rückzahlung einsetzt, wenn andere Leistungsentgelte, zB Gehalt, Pacht, nicht mehr gezahlt werden. 257

Ist die **Verzinsung,** die die Körperschaft für ein Darlehen an einen AntE erhält, unangemessen niedrig oder ist die Verzinsung, die der AntE für ein Darlehen an die Körperschaft von dieser erhält, unangemessen hoch, so liegt eine vGa vor, es sei denn, die niedrige oder hohe Verzinsung ist betrieblich veranlasst (vgl zB RFH RStBl 29, 253 betr Zinsen eines Vereins; BFH BStBl III 64, 17; NdsFG GmbHR 90, 421, 422 und 92, 120; FG Nürnberg EFG 10, 1524). Bei wechselseitiger Darlehensgewährung verlangt BFH BStBl II 90, 649 die ausdrückliche Vereinbarung einer Vorteilsverrechnung. Zinsfreie oder zinsverbilligte Darlehen an die Körperschaft sind steuerl unerheblich (s § 8 Rz 107; zu Refinanzierungszinsen bei teilentgeltlichem Darlehen BFH BStBl II 01, 698); Darlehen der Körperschaft gegen überhöhte Zinsen führen in Höhe des unangemessenen Teils zu Einlagen. 258

Die **Angemessenheit** richtet sich nach dem Maßstab des ordnungsgemäß handelnden Geschäftsleiters, idR nach dem Fremdvergleich. Entscheidend ist die Gesamtausstattung des Darlehens, dh Zinsen, Damnum, Bindung, Sicherung, Kosten, Provisionen sind zu berücksichtigen. Zinsgleitklauseln zur Anpassung an das allgemeine Zinsniveau hindern nicht die Angemessenheit. Erheblich ist, ob die Körperschaft oder der AntE dringend Kap benötigt oder ob nur eine KapAnlage geboten werden soll; im ersten Fall ist ein höherer Zinssatz als im zweiten Fall gerechtfertigt. Werden kurzfristige Darlehen an AntE mit höheren Zinssätzen langfristig oder mit gleicher Fristigkeit refinanziert, besteht die Möglichkeit einer vGa, falls für die Körperschaft ein nicht entgoltenes Risiko bleibt. BFH BStBl II 90, 649 lässt im AdV-Verf den Zins für Drei-Monats-Gelder gelten. Im Zweifel ist davon auszugehen, dass Gesellschaft und Gesellschafter die Spanne zwischen banküblichen Soll- und Habenzinsen teilen (BFH BStBl II 90, 649; II 94, 725; II 04, 307); nach FG BaWü EFG 06, 594, m Anm *Neu,* genügt es, wenn die Zinsen, die der Gesellschafter für ein Darlehn der Kapitalgesellschaft zahlt, den banküblichen Festgeldzinsatz übersteigt. Zinsen an die Gesellschafter sind nur vGa, wenn die KapGes anderweitig günstigere Konditionen erhalten hätte (FG Bln-Bdbg EFG 11, 1737). Zur Angemesssenheit unter Geltung negativer Bankzinsen *Patzner/Joch* GmbHR 15, 747. Bei einem **Kontokorrentkonto** führt die zinsfreie Abrechnung nur dann zu einer vGa, wenn ein klarer Vorteil für den AntE gegeben ist (vgl BFH BStBl II 75, 21; FG Münster EFG 17, 334 Rev I R 4/17 zu Zinsverrechnungspreisen bei SchwesterGes; das Gleiche gilt aber auch für Verrechnungskonten der AntE; vgl BFH BStBl II 82, 245; *Henninger* GmbHR 78, 114; *Schulze zur Wiesche* GmbHR 82, 192). Die Regelung der LStR zu Zinsvorteilen als Arbeitslohn sind nicht anwendbar (NdsFG EFG 99, 47). Besteht eine **offene Einlageforderung,** kann es angemessen sein, das Darlehen des AntE an die Gesellschaft in dieser Höhe zinslos zu stellen; s „Einlagen" (Rz 398). Umstr ist, ob es für die Frage der Angemessenheit auf den **Ort** des Darlehensgläubigers oder des Darlehensnehmers ankommt. Dass der AntE den Kredit billiger oder so billig wie bei der Körperschaft im Ausland erhalten kann, soll unerheblich sein (BFH BStBl III 65, 176). UE ist maßgeblich die pflichtgemäße Handlungsweise der Geschäftsleitung (s § 8 Rz 160 ff); diese ist aber in Darlehensfragen ortsungebunden; die Entscheidung BFH BStBl III 65, 176 ist daher nicht überzeugend. Zu den Auslandskrediten s auch die „Verwal- 259 tungsgrundsätze", § 8 Rz 260, Tz 4.2. Zur angemessenen Verzinsung eines partiarischen Darlehens BFH/NV 02, 537.

260 Bei **beherrschenden AntE** gilt das Gebot klarer, zivilrechtlicher gültiger Vereinbarungen und das Rückwirkungsverbot. Ausreichend ist die Vereinbarung einer variablen Verzinsung („x% über Basiszinssatz gemäß Diskontsatz-Überleitungsgesetz") auch bei Buchung über ein Verrechnungskonto (BFH/NV 00, 753). Mangels einer Vereinbarung gilt für Ansprüche der Gesellschaft gegen den AntE die gesetzl Zinsregelung (§§ 246 BGB, 352, 353, 354 HGB, s BFH BStBl II 98, 402); für Zinsansprüche des AntE gegen die Gesellschaft verlangt der BFH trotz gesetzl Anspruch die Vereinbarung einer Zinspflicht (BFH BStBl II 88, 590). Gerade bei Darlehen kann sich die Vereinbarung aus der Verbuchung oder der langjährigen Übung ergeben (s § 8 Rz 357); vgl: bei alleinvertretungsberechtigten, von § 181 BGB befreiten AntE reicht die Anweisung an den Buchhalter aus (BFH BStBl II 76, 761). Ein rückwirkender Zinsverzicht ist innerhalb eines Konzerns nicht möglich (FG Münster EFG 87, 163). Darlehen unter SchwesterGes s § 8 Rz 107 und 289.

261 Zur Verlustvermeidung durch unentgeltliche Darlehen s Beratungs-ABC „Verluste".

**DDR**

265 S 6. Aufl.

**Devisengeschäfte**

268 S „Risikogeschäfte" (Rz 1003).

**Diebstahl**

272 S „Unberechtigte Entnahmen" (Rz 1241), „Unterschlagung" (Rz 1249).

Diebstahl des AntE bei der eigenen Körperschaft ist regelmäßig keine vGa; s die angegebenen Stichworte und die Weiterverweisungen.

**Dienstverhältnis**

S „Abfindung" (Rz 1), „Aufwendungsersatz" (Rz 90), „Beratung" (Rz 144), „Darlehen" (Rz 248 ff), „Direktversicherung" (Rz 365), „Einfamilienhaus" (Rz 390), „Erfinder" (Rz 439), „Freier Mitarbeiter" (Rz 505), „Kongress" (Rz 749), „Lohnsteuer" (Rz 812), „Pensionszusage" (Rz 897 ff), „Pkw-Kosten" (Rz 958), „Reisekosten" (Rz 997), „Sozialabgaben" (Rz 1063), „Überstundenvergütung" (Rz 1225), „Urlaubsgeld" (Rz 1269), „Versicherung" (Rz 1320), „Verzicht auf Anspruch oder Recht" (Rz 1352), „Weihnachtsgeld" (Rz 1386), „Wettbewerbsverbot und Betriebsabgrenzung" (Rz 1406 ff).

275 **1. Steuerliche Einordnung.** Der AntE kann wählen, ob er der Körperschaft Dienste aufgrund eines **Dienstvertrages** – zB eines Geschäftsführervertrages – erbringt oder als gesellschaftsrechtl Leistung. Nur wenn ein Gehalt aufgrund eines Dienstvertrages gezahlt wird, entstehen Betriebsausgaben. Da der AntE diese Gestaltungsmöglichkeit hat, besteht bei beherrschenden AntE (dazu § 8 Rz 320 ff) keine Vermutung für die eine oder andere Alternative (BFH BStBl III 63, 440). Anders bei nicht beherrschenden AntE; hier kann vermutet werden, dass diese Dienstleistungen entgeltlich erbringen (RFHE 2, 183). Der AntE kann auch teils entgeltlich, teils unentgeltlich tätig sein. Schließlich ist es ihm unbenommen, mehreren Körperschaften in unterschiedlicher Weise seine Dienste zur Verfügung zu stellen (dazu Rz 287).

276 Die Einkünfte aufgrund des Dienstvertrages sind idR **Einkünfte** aus **nichtselbstständiger Arbeit** (BFH/NV 09, 1311; dagegen und für gewerbliche Einkünfte jedenfalls bei beherrschenden Gesellschafter-Geschäftsführern *Seer* GmbHR 11, 225; dagegen *Schothöfer* GmbHR 12, 559; Replik *Seer* GmbHR 12, 563); dies ist aber nicht zwingend. Eine Ausgestaltung als Beratungsvertrag mit Einkünften nach §§ 15 oder 18 EStG ist möglich (BFH/NV 11, 585; FG Saarl EFG 92, 70; FG Bln EFG 06, 1425; *Koenig* Inf 96, 673; *Richter* GmbHR 81, 167; – *el.* – DB 88,

1925; aA FG Köln GmbHR 96, 474) und auch umsatzsteuerlich anerkannt (BFH BStBl II 05, 730; BMF BStBl I 04, 240; OFD DStR 05, 1143; BMF BStBl I 07, 503; *Widmann* DB 05, 2373; *Hiller/Robisch* DStR 05, 1125; *Ruhmannseder* INF 05, 749; *Titgemeyer* BB 06, 408; 07, 189; *Hiller* UR 09, 477).

Eine **freie Mitarbeit** neben der Geschäftsführertätigkeit ist möglich, wenn die Abrechnungsmodalitäten hinreichend eindeutig geregelt werden (BFH/NV 03, 1666; BFH/NV 04, 819). Die freie Mitarbeit neben der Geschäftsführung ist aber bei der Höhe des angemessenen Geschäftsführergehalts zu berücksichtigen (BFH/NV 04, 819; s auch „Beratung" Rz 144). 277

**2. Gesamtausstattung.** Ein als Betriebsausgaben abziehbares Entgelt kann bis zur Höhe der Angemessenheit vereinbart werden. Das angemessene Entgelt muss nicht voll ausgeschöpft werden. Dienstvertragliche und gesellschaftsrechtliche Leistungserbringung können verbunden werden (s Rz 275). 278

Art und Weise des Entgelts und der Vertragsbedingungen müssen dem „Üblichen" entsprechen. Ansonsten können sie die gesellschaftsrechtliche Veranlassung der Entgeltzahlung indizieren (s § 8 Rz 240 mwN).

Für die Angemessenheit ist die Gesamtvergütung bzw **Gesamtausstattung** des Gesellschafter-Geschäftsführers oder -Angestellten (Arbeiters) maßgebend, dh die Summe aller Vorteile und Entgelte des Dienstverhältnisses (BStBl II 68, 809); Pensionszusagen sind einzubeziehen, der Zufluss ist nicht entscheidend (BFH BStBl II 68, 809). Auch Sachbezüge sind zu berücksichtigen; das Gleiche gilt für die Übernahme von Sozialabgaben, Versicherungsbeiträgen und nachgeforderter LSt (vgl *Kröller* GmbHR 86, 195). S die einzelnen Stichworte dieses ABC. Die Unterbewertung von Sachbezügen ist allerdings in erster Linie eine LSt-Frage; zur vGa wird der Sachbezug erst, wenn bei richtiger Bewertung unangemessene Gesamtbezüge vorliegen.

Die Gesamtausstattung ist zu messen an den Diensten des AntE. Hierbei sind alle Einzelumstände und Besonderheiten der **Dienstleistung** zu berücksichtigen. Nichtentlohnenswerte Tätigkeiten verdienen kein Entgelt. Beispiel: BFH/NV 98, 749 für einen Gesellschafter-Geschäftsführer, der weder geeignet noch zeitlich in der Lage war, Geschäftsführeraufgaben zu erfüllen, selbst wenn ein anderer (hier der Ehemann) diese Aufgaben wahrnimmt. Die Entscheidung berücksichtigt uE zu wenig, dass zur Dienstleistung des Geschäftsführers einer GmbH nicht nur seine Arbeitsleistung gehört, sondern auch die Verantwortung, die er übernimmt. Daher kann auch dem Geschäftsführer einer ruhenden GmbH eine Vergütung gezahlt werden (BFH BStBl III 67, 498; s auch NdsFG EFG 99, 45: die Erteilung einer Generalvollmacht an ihren Ehemann macht die Gehaltszahlungen an die Geschäftsführer-Ehefrau nicht zur vGa). Ferner FG Saarl EFG 02, 1555: Kein Vorteilsausgleich (§ 8 Rz 230) bei Gehaltsherabsetzung des Gesellschafters und Gehaltserhöhung des Gesellschafterehegatten. 279

Ist der Geschäftsführer, etwa wegen Verstoß gegen § 6 II GmbHG, nicht wirksam als Organ bestellt, ist die Bezahlung eines für seine Tätigkeit angemessenen Gehaltes keine vGa. Wegen der fehlenden Geschäftsführerverantwortung wird man bei der Gehaltsbemessung einen geringen Abschlag akzeptieren müssen (*Streck* KÖSDI 80, 3961). UE führt die fehlende Wirksamkeit der Organbestellung nach § 6 II GmbHG nicht zur Nichtigkeit des Dienstvertrages, so dass auch bei einem beherrschenden AntE, keine vGa aufgrund fehlender zivilrechtlicher Vereinbarung (§ 8 Rz 320 ff) in Betracht kommt.

Eine vGa liegt vor, wenn eine **unentgeltliche Tätigkeit** ausdrücklich **vereinbart** wurde und dennoch Zahlungen erfolgen (BFH/NV 00, 750).

Besteht die Vergütung zum Teil aus **variablen Bezügen,** so kann deren Angemessenheit – jedenfalls wenn es sich um Gewinntantiemen handelt – nicht isoliert beurteilt werden (BFH GmbHR 03, 1071; BStBl II 04, 132; II 04, 136). Damit erteilt der BFH dem Prüfungsschema der FinVerw (BMF BStBl I 02, 972 und 280

BMF BStBl I 02, 219, dazu *Altendorf* NWB Fach 4, 4695 (3.3.03); *ders* GmbH-StB 03, 292; *Krupske* GmbHR 03, 208; *Zimmermann* DB 03, 786; *Harle/Kulemann* GmbHR 03, 941) eine klare Absage (zur Reaktion der FinVerw auf die Rspr OFD D'dorf DStR 04, 1386).

### 3. Bestimmung der Angemessenheit

**Schrifttum:** *Tänzer,* Aktuelle Geschäftsführervergütung in der kleinen GmbH, GmbHR 00, 596; *Evers/Grätz/Näser,* Die Gehaltsfestsetzung bei Geschäftsführern der GmbH und GmbH & Co KG, 5. Aufl 2001; *Peetz,* Die Angemessenheit der Vergütung von (Gesellschafter-)Geschäftsführern in der Aufbauphase einer GmbH, GmbHR 01, 699; *Böth,* Die Angemessenheitsprüfung bei Gesellschafter-Geschäftsführer-Vergütungen, StBp 02, 134; *Zimmermann,* Prüfung der Angemessenheit der Vergütung von (Gesellschafter-)Geschäftsführern in kleineren GmbHs, GmbHR 02, 353; *Wanninger/Nikolaidu,* Ausgewählte Probleme zur vGa insbesondere bei Gesellschafter-Geschäftsführern, BB 02, 2470; *Haun/Schiegl,* Die Angemessenheit der Gesamtbezüge eines Gesellschafter-Geschäftsführers, Stbg 02, 577; *Rischar,* Geschäftsführerentgelte und vGa, GmbHR 03, 15; *Dörner,* Prüfung der Angemessenheit bei der Vereinbarung der Gesamtbezüge eines Gesellschafter-Geschäftsführers, INF 03, 67; *Schwedhelm,* Steuerorientierte Festsetzung der Geschäftsführerbezüge, GmbH-StB 03, 19; *Altendorf,* Die Angemessenheit der Gesamtbezüge eines Gesellschafter-Geschäftsführers, NWB Fach 4, 4695 (3.3.03); *Krupske,* Zur unendlichen Streitfrage: Angemessenheit der Gehälter von Gesellschafter-Geschäftsführern, GmbHR 03, 208; *Kenzer,* Die angemessene Geschäftsführervergütung GmbHR 03, 754; *Ott,* Beratungshinweise zu neueren BFH-Rspr zur Angemessenheit der Gehälter von Gesellschafter-Geschäftsführern, INF 04, 188; *Tänzer,* Die angemessene Höhe der Geschäftsführervergütung: Marktübliche Bezüge und Nebenleistungen, BB 04, 2757; *Bascopé/Hering,* Verdeckte Gewinnausschüttungen im Zusammenhang mit der Vergütung von Gesellschafter-Geschäftsführern, GmbHR 05, 741; *Tänzer,* Die aktuelle Geschäftsführervergütung 2005, GmbHR 05, 1256; *Niehues,* Langfristige Erfolgsorientierung bei Geschäftsführer-Vergütungen, DB 06, 799; *Janssen,* Angemessenheit der Gesamtvergütung von Gesellschafter – Geschäftsführern, DStZ 07, 483; *Müller-Potthoff/Lippke/Müller,* Angemessenheit von Tantiemen für Minderheits-Gesellschafter-Geschäftsführer, GmbHR 09, 867; *Mohr,* Die Angemessenheit der Gesamtvergütung des GmbH-Geschäftsführers im Gesellschaftsrecht, GmbHR 11, 402; Günther, Geschäftsführerbezüge als vGA, EStB 15, 56.

**284** Für die Bestimmung der Angemessenheit einer Gesamtausstattung gibt es keine festen Regeln. Der angemessene Betrag ist vielmehr im Einzelfall durch **Schätzung** zu ermitteln.

Nach Ansicht des BFH ist bei dieser Schätzung zu berücksichtigen, dass nicht nur ein bestimmtes Gehalt als „angemessen" angesehen werden kann, sondern der Bereich der Angemessenheit sich auf eine gewisse **Bandbreite** von Beträgen erstreckt (BFH BStBl II 04, 132; 139). Unangemessen sind nur diejenigen Bezüge, die den oberen Rand dieser Bandbreite übersteigen.

**Indizien** sind Art und Umfang der Tätigkeit, die künftigen Ertragsaussichten des Unternehmens, das Verhältnis des Geschäftsführergehalts zum Gesamtgewinn und zur verbleibenden Kapitalverzinsung sowie das Entgelt, das vergleichbare Unternehmen ihren Geschäftsführern für gleiche Leistungen zahlen (zB BFH BStBl II 78, 234; 89, 854; BFH/NV 92, 341; BStBl II 92, 690; 95, 549; BFH/NV 1999, 370; eingehend zu diesen Kriterien aus Sicht der FinVerw OFD Karlsruhe DStR 01, 792; BMF BStBl I 02, 972). Zusätzliche Leistungen, wie etwa eine Bürgschafts- oder Darlehensübernahme sind nach Ansicht des FG Bln-Bdbg EFG 08, 232, nicht durch das Dienst- sondern durch das Gesellschaftsverhältnis veranlasst und rechtfertigen daher keine höhere Vergütung; uE hätte aber eine Avalprovision vereinbart werden können, s Rz 236. Umsatz und Umsatzrenditen des Besitzunternehmens sind im Fall einer Betriebsaufspaltung nicht in den Fremdvergleich einzubeziehen (BFH/NV 10, 472).

**285** Wo im konkreten Einzelfall die Grenze zwischen noch angemessener und schon unangemessener Vergütung verläuft, ist nach Ansicht des BFH eine **Sachverhaltsfrage,** die vom Finanzgericht zu entscheiden ist und revisionsrechtlich nur auf Verfahrensfehler oder einen Verstoß gegen die Denkgesetze hin überprüft werden kann. Dies gilt selbst dann, wenn „sich aus den vorhandenen Schätzungsgrundlagen gleichermaßen andere Beträge hätten ableiten lassen“ (BFH/NV 03, 1346).

Als Anhalt für die Angemessenheit können die Gehälter anderer Geschäftsführer 286
und Angestellter (Arbeiter) der gleichen Körperschaft dienen. Insoweit ist der **innerbetriebliche Vergleich** das Nächstliegende (BFH BStBl III 58, 229; HessFG GmbHR 98, 650). Geschäftsführer und Angestellte untereinander sind aber nur bedingt vergleichbar (BFH 1963 StRK KStG § 6 I S 2 R 75). Bei einem Geschäftsführer ist seine „Totalzuständigkeit“ zu berücksichtigen (BFH BStBl II 93, 247). UE kann der Geschäftsführer – als Faustregel – bis zu 300% des bestbezahlten Angestellten nach ihm verdienen (s auch *Richter* GmbHR 81, 169; aA HessFG EFG 00, 1032). Ist der AntE Angestellter (Arbeiter) und unmittelbar anderen Angestellten (Arbeitern) vergleichbar, kann der Vergleich mit Gehältern von „Fremden“ durchgeführt werden.

Nach der Rspr des BFH erfordert die Aufnahme einer **Tätigkeit für eine wei-** 287
**tere Gesellschaft** nicht zwingend eine Gehaltsreduzierung, wenn der Mehrfach-Geschäftsführer seinen Einsatz nicht einschränkt (BFH/NV 00, 225). Grundsätzlich ist jeder Geschäftsführervertrag gesondert auf seine Angemessenheit zu prüfen (ebenso *Schuhmann* GmbHR 09, 1271; teils aA *Brass* BB 02, 1724). Dies bedeutet allerdings nicht, dass eine Mehrfachbeschäftigung bei der Beurteilung der Angemessenheit gänzlich außer Betracht zu lassen ist. Schuldet der Geschäftsführer seine gesamte Arbeitskraft und erhielt er eine Vergütung an der Obergrenze eines angemessenen Gehalts, so ist bei Aufnahme einer weiteren Tätigkeit idR eine Vergütungsreduzierung vorzunehmen (BFH GmbHR 03, 1071; BStBl II 03, 418; II 04, 132; BFH/NV 04, 1672; 05, 77; ferner NdsFG DStRE 2005, 159: bei Reduktion auf 50% der Arbeitskraft nur 50% der fremdüblichen Vergütung, zu pauschal, daher aufgehoben durch BFH/NV 05, 1147, mit Anm *Hoffmann* GmbHR 05, 635; FG Brdbg EFG 2002, 1405, bestätigt durch BFH/NV 05, 1146; FG Bln-Bdbg EFG 08, 1660 mit Anm *Neu*). Etwas anderes gilt nur dann, wenn der Steuerpflichtige nachweist, dass es zu keiner Einschränkung der Tätigkeit gekommen ist, oder die anderweitige Tätigkeit Vorteile für die Gesellschaft mit sich bringt (BFH/NV 03, 1346; BFH BStBl II 04, 132). Zur Sicht der FinVerw BMF BStBl I 02, 972. In jedem Fall ist das angemessene Gehalt eines Geschäftsführers, der für zwei oder mehr GmbH tätig ist, höher, als wenn er nur für eine GmbH tätig wäre. Eine Anpassung der Pensionszusage ist nicht zwingend (BFH/NV 05, 245 gegen FG Münster EFG 04, 1006).

Die Dienstleistung und ihr Entgelt sind nicht zu trennen von der **Leistungsfä-** 288
**higkeit der Gesellschaft.** Maßgebend sind die Gewinnerwartungen zum Zeitpunkt der Vereinbarung (BFH BStBl II 03, 418). Eine GmbH mit geringer Rendite wird ein niedrigeres Gehalt zahlen als ein gut verdienendes Unternehmen (BFH/NV 92, 341). Ohne Zweifel ist jedoch ein Gehalt und dessen Fortzahlung auch in Verlustjahren angemessen. Stammt der Dienstvertrag aus einer Zeit guter Gewinne, so erfolgt eine Anpassung regelmäßig erst mit dem ersten Kündigungszeitpunkt. S hierzu auch § 8 Rz 223.

Nach NdsFG EFG 00, 647, müssen mindestens 25% des „Geschäftserfolgs“ der GmbH verbleiben; ähnlich FG Hbg EFG 01, 160 und BMF BStBl I 02, 972: Angemessenheit gegeben, wenn Jahresüberschuss vor Steuern mindestens so hoch wie Geschäftsführervergütung; für eine StBeratungs-GmbH bzw für eine Versicherungsagentur FG Saarl EFG 91, 144; Stbg 91, 277 und GmbHR 92, 60, eine Aufteilung des Gewinns im Verhältnis $^1/_3$ GmbH und $^2/_3$ Geschäftsführer verlangend. Der BFH hat eine **pauschale Aufteilung** bislang zu Recht abgelehnt (s BFH BStBl II 92, 690; BFH/NV 99, 370; 03, 1666; ebenso SächsFG DStRE 14, 544).

Die Tatsache, dass die Gehälter den Gewinn aufzehren, begründet allein keine 289
vGa (BFH BStBl II 92, 690; s auch FG Saarl EFG 93, 407, und die aufhebende Entscheidung BFH/NV 95, 440; 97, 118; FG Saarl EFG 98, 395, bestätigt durch BFH/NV 99, 370; NdsFG EFG 95, 537). Gefährdet sind Vergütungen, wenn sie

ständig zu Verlusten führen oder nur einen Minimalgewinn bei der Gesellschaft belassen (s BFH BStBl II 78, 234; II 88, 25; FG München EFG 91, 147; NdsFG GmbHR 91, 289; GmbHR 90, 51) und bei nachweisbar gewollter Gewinnabsaugung (BFH BStBl III 58, 229; BStBl II 78, 234). Die **Gewinnabsaugung** allein genommen ist allerdings ein trügerisches Indiz für die vGa; denn bei einer weniger ertragreichen GmbH kann gerade das angemessene Gehalt die Körperschaft zu Verlusten führen (auch bei Verlusten ist ein angemessenes Gehalt möglich, NdsFG EFG 95, 537). Gehaltserhöhungen bei laufenden Verlusten indizieren allerdings vGa (HessFG EFG 02, 490); ebenso die Vereinbarung einer Gewinntantieme bei zu geringer Kapitalverzinsung (FG SchlHol EFG 02, 636). Zu Tantiemen und Verlustvorträgen s Rz 315.

**290** Hinsichtlich des Fremdvergleichs wird in der Bp-Praxis und von den FG (HessFG EFG 98, 1538; GmbHR 98, 650; FG Bln-Bdbg EFG 10, 517) auf **statistische Erhebungen** von Unternehmensberatungen und Verbänden zurückgegriffen (s zB *Tänzer* GmbHR 03, 754; BB 04, 2757; GmbHR 05, 1256). UE sind diese Statistiken idR untauglich, um Aussagen über die individuelle Angemessenheit zu treffen (krit gegenüber solchen Vergleichen FG SchlHol EFG 87, 206; FG Saarl EFG 88, 204; *Schneider/Altmüller* DB 96, 1003; *Korn* KÖSDI 01, 12811). Sie können allenfalls Ausgangspunkt sein, der sodann den individuellen Gegebenheiten (Art und Umfang der Tätigkeit, Ertragsaussichten, Kapitalverzinsung) anzupassen ist (siehe hierzu *Glade* DB 1998, 691; *Janssen* GmbHR 07, 749; FG Brdbg EFG 97, 303; HessFG EFG 00, 1032; HessFG EFG 00, 287; FG D'dorf EFG 2001, 1069: Einer besonders guten Ertragslage ist dadurch Rechnung getragen, dass erst bei krasser Abweichung von den statistischen Zahlen eine vGa angenommen wird – im konkreten Fall 40% auf den statistischen Wert –; insoweit bestätigt durch BFH BStBl II 03, 418; FG BaWü DStRE 06, 1279: Gehaltsstrukturuntersuchung nicht anwendbar bei starker Personenbezogenheit des Unternehmens; kritisch und Gehaltsuntersuchungen nur differenzierend anwendend auch SächsFG GmbHR 10, 1115; FG Bln-Bdbg EFG 10, 517).

Zu berücksichtigen ist, dass die statistisch erfassten Vergütungen idR neben Versicherungsleistungen und Pensionszusagen gewährt werden. Fehlen im individuellen Fall solche **Nebenleistungen,** kann ein höheres Entgelt gewährt werden (nach FG Köln EFG 96, 1006, 15% für eine fehlende Versorgungszusage und 5% für fehlende Unfallversicherung).

**291** Bei **kleineren GmbH's** mit mehreren Geschäftsführern sind nach der Rspr des BFH im Einzelfall nach den unterschiedlichen Aufgaben, Beanspruchungen und Verantwortlichkeiten Zu- und Abschläge vorzunehmen (BFH BStBl II 04, 139; BFH/NV 11, 1396; BFH/NV 14, 385; FG Bln-Bdbg EFG 03, 1336; 08, 717; 10, 517; FG München DStRE 09, 1194; FG Saarland OEFG 11, 1541: Abschlag von 30% auf das „statistische" Gehalt aus Gehaltsstudien).

Bei **Handwerks-GmbH** wird von FG zT der Tariflohn von Handwerksmeistern als Vergleichsmaßstab herangezogen (s FG München EFG 00, 700: 50% über Tarif, uE zu gering; zum **Frisörhandwerk** s FG BaWü EFG 96, 675).

Zur Berücksichtigung der Verhältnisse in den **neuen Bundesländern** s FG Bdbg EFG 97, 303.

Zur **Unternehmensberatungs-GmbH** s BFH BStBl II 84, 673; FG Bremen EFG 85, 463.

Bei **freiberuflicher** GmbH kommt dem persönliche Einsatz eine besondere Bedeutung zu (BFH/NV 99, 370).

**292** Der **BFH** räumt den FG bei der Anwendung der Gehaltsstrukturuntersuchungen einen breiten Ermessensspielraum ein (s BFH/NV 99, 1645; 02, 1174; 02, 1176; BFH BStBl II 03, 418: „oberes Quartil um 40 vH erhöht"; BFH/NV 03, 822: „durchschnittliches Gehalt gleich großer Unternehmen + 145 vH wegen überdurchschnittlicher Gewinnsituation ./. 90 vH, weil die Statistik auch Gesellschafter-Geschäftsführer beinhalte"; BFH BStBl II 04, 132: „Das FG ist zwar berechtigt und ggf verpflichtet, solche Untersuchungen zu berücksichtigen; es kann aber gleichwohl zu dem Ergebnis kommen, dass die von ihm zu beurteilende Gestaltung Besonderheiten aufweist, die eine mehr oder weniger große Abweichung von den Untersuchungsergebnissen rechtfertigen.“ Siehe auch FG D'dorf EFG 03, 484: „ein gegenüber dem Mittelwert leicht erhöhten Betrag“).

UE ist die Einholung eines **individuellen Vergütungsgutachtens,** zB einer Unternehmensberatung, dem statistischen Vergleich vorzuziehen (aA HessFG EFG 98, 593: Vorrangig ist der innerbetriebliche Vergleich, Sachverständigengutachten nur in Ausnahmefällen). Wird ein solches Gutachten vor Abschluss der Vergütungsvereinbarung eingeholt, ist eine vGa idR ausgeschlossen (s NdsFG EFG 01, 157, zum vergleichbaren Fall eines Unternehmensverkaufs). 293

Auch sog **„Nichtaufgriffsgrenzen“** (s OFD Stuttgart BB 97, 243, mit einer Nichtaufgriffsgrenze von DM 300 000,– und einer Obergrenze von DM 800 000,–; dagegen bereits OFD Frankfurt FR 99, 1146, aufgeh 8/00; s OFD Karlsruhe BB 01, 1339 mit eigener Gehaltsuntersuchung) mögen die Beurteilung vereinfachen, sind aber mit dem vGa-Maßstab nicht in Übereinstimmung zu bringen. 294

UE kann eine vGa nur angenommen werden, wenn ein **krasses Missverhältnis** zwischen Leistung und Entgelt besteht. Nach FG Köln GmbHR 96, 781 kann von einem krassen Missverhältnis erst dann gesprochen werden, wenn die Angemessenheitsgrenze um mehr als 20% überschritten wird. Im Zweifel ist die Gehaltsfestsetzung durch die Körperschaft maßgebend (BFH BStBl III 58, 229). Je weniger und geringer der Einfluss des angestellten AntE auf die Gesellschaft ist, um so wahrscheinlicher ist die Angemessenheit der Bezüge. 295

**4. Zusammensetzung der Vergütung.** Bei der **Vereinbarung** des **Entgelts** haben AntE und Körperschaft bis zur Angemessenheitsgrenze grundsätzlich **freie Hand** (vgl RFHE 2, 183 (1919) mit dem allgemeinen Angemessenheitsgebot; BFH BStBl II 89, 854). Alle Vergütungsarten können vereinbar werden, zB laufendes Monatsgehalt, Jahresgehalt usw. Diese Freiheit wird jedoch im Einzelnen durch die Rspr eingeschränkt. 300

**Üblich** ist die Gewährung einer Festvergütung und Gewinntantieme (Rz 314), einer Festvergütung und Pensionszusage (Rz 897 ff), einer Festvergütung und Gewinntantieme und Pensionszusage oder einer reinen Festvergütung.

Zur **Nur-PZ** „Pensionszusage“ (Rz 894). 301

Unüblich – und damit Indiz einer vGa, s § 8 Rz 271 ff – ist eine **Nur-Gewinntantieme** (BFH/NV 86, 490; BFH BStBl II 93, 311). Im Einzelfall kann die Vermutung widerlegt werden. So ist eine Nur-Gewinntantieme befristet auf zwei Jahre bei nur Teilzeittätigkeit des Geschäftsführers keine vGa (BFH/NV 02, 1178; BMF BStBl I 02, 214). Verzichtet der Gesellschafter-Geschäftsführer auf das Festgehalt, nicht aber auf die Tantieme, führt dies zur vGa, wenn keine zeitliche und betragsmäßige Begrenzung erfolgt (BFH BStBl II 02, 111; FG Hbg EFG 02, 287, mit Anm *Neu;* zur Kritik am BFH s *Hoffmann* GmbH-StB 01, 333; *Schröder* GmbHR 01, 582; *Peetz* GmbHR 01, 1108; *Steinkamp* Stbp 01, 397 und schon *Felix* BB 92, 2478). Nach FG Münster ist eine Nur-Gewinntantieme bei zeitlich geringfügiger Tätigkeit zulässig (EFG 03, 802, mit Anm *Neu*). 302

Bei **Umstellung** von einer reinen Festvergütung auf eine Festvergütung + Tantieme ist die Festvergütung ggf zu reduzieren (FG SchlHol EFG 02, 636). 303

**Zusatzvergütungen,** die nicht nach Leistung, sondern nach den Beteiligungsverhältnissen gezahlt werden, sind idR vGa (BFH BStBl II 98, 402).

**Arbeitszeitregelungen** haben ggf Auswirkung auf die Angemessenheit der Vergütung.

**Arbeitszeitkontomodelle** führen bei Gesellschafter-Geschäftsführern nach Ansicht der Finanzverwaltung (BMF BStBl I 09, 1286) zum sofortigen Lohnzufluss (aA zu Recht FG D'dorf EFG 12, 1400 u FG Nds EFG 12, 1397 – die jeweilige Rev hatte aus verfahrensrechtlichen Gründen Erfolg, die Rechtsfrage hat der BFH offen gelassen, s BFH/NV 14, 1370 u 1372 –; HessFG EFG 12, 1243; *Graefe* DStR 12, 2419) und nach Ansicht des BFH bei der Gesellschaft zur vGa, selbst wenn das Gehalt entsprechend gemindert wird (BFH BStBl II 16, 489 zur Barlohnumwandlung zugunsten Zeitwertkonten-Modell; FG RhPf EFG 17, 420; dazu kritisch *Schwedhelm/Zapf* DB 2016, 2200; *Paus* DStZ 16, 785; *Hilbert* BB 16, 1185; *Köster* DStZ 17, 299; zur Umwandlung einer PZ in Wertguthaben auf Arbeitszeitkonten *Wellisch/Quast* DB 06, 2139). Das FG Thür EFG 16, 1634, Rev I R 89/15, hat hingegen Zahlungen an eine überbetriebliche Versorgungskasse anerkannt, wenn das Gehalt des Gesellschafter-Geschäftsführers um die entsprechenden Beträge gekürzt wurde.

Zu **Überstundenvergütungen** und **Sonn- und Feiertagszuschlägen** s Rz 332.

**Abweichende Fälligkeitsregelungen** stehen in der Gefahr, als unüblich angesehen zu werden (BFH BStBl II 90, 454 und BFH/NV 03, 349: Zahlung nur bei hinreichender Liquidität; BStBl II 96, 383: Jahreshonorar; siehe auch *Frischholz* StBp 1995, 11, mwN; und FG RhPf DStRE 03, 295, zu einer Festbetragstantieme, die erst nach 10 Jahren fällig wird).

Unübliche Vereinbarungen mit einem **Fremdgeschäftsführer** bleiben anzuerkennen, wenn dieser AntE wird (NdsFG EFG 01, 1068, bestätigt durch BFH/NV 04, 88; s auch FG München EFG 01, 1071, zur Sondertantieme nach Veräußerung der Anteile durch den bisherigen Gesellschafter-Geschäftsführer, bestätigt durch BFH/NV 03, 83).

310 **5. Tantiemen. Umsatzabhängige Tantiemen** sind nach der Rspr des BFH – auch bei Minderheitsgesellschaftern (BFH BStBl II 99, 321) – nur ausnahmsweise steuerl anzuerkennen, wenn sie zeitlich und der Höhe nach beschränkt sind und hierfür besondere Gründe vorliegen, die der Stpfl dartun muss (BFH BStBl II 78, 234; BStBl II 89, 854; BFH/NV 94, 124; 96, 265; 96, 508; 98, 353; 07, 2148; ferner BFH/NV 99, 519, vGa auch bei spartenbezogener Umsatztantieme; BFH BStBl II 99, 321: Umsatztantieme auch dann vGa, wenn nur im Gewinnfall zu zahlen; BFH/NV 07, 107u 11, 301: vGa auch wenn die Umsatzprovision nur für die vom Geschäftsführer selbst abgeschlossen Geschäfte gezahlt wurde; FG Hbg EFG 84, 517; FG Saarl EFG 92, 33; EFG 94, 118; FG Münster GmbHR 94, 268; FG Berlin EFG 98, 1218; HessFG EFG 92, 415; EFG 05, 479, mit Anm *Neu,* zu einer Immobilienmakler-GmbH; FG München EFG 01, 1235; FG München EFG 87, 41; NdsFG GmbHR 90, 578; EFG 03, 638; FG Köln EFG 98, 136; FG SchlHol EFG 02, 636; FG Mchn EFG 08, 321, bestätigt durch BFH I B 208/07 nv; kritisch zu dieser Rspr *Ammelung* Inf 95, 332; *Dittges/Gross* BB 96, 509; *Schlagheck* StBp 97, 152; *Schuhmann* GmbHR 07, 977). Besonderer Grund ist gegeben, wenn die mit der variablen Vergütung angestrebte Leistungssteigerung durch eine Gewinntantieme nicht zu erreichen ist (BFH/NV 94, 124; 96, 508). Keine vGa auch bei einem Minderheitsgesellschafter und wenn alle anderen Mitarbeiter eine Umsatztantieme bekommen (BFH/NV 04, 124). Nach FG Bln-Bdbg EFG 14, 1332 liegt keine vGa vor, wenn im kokreten Fall eine Gewinnabsaugung durch die Umsatztantiemen ausgeschlossen ist. S auch FG BaWü EFG 15, 2213: keine vGa bei zeitlich und betragsmäßig unbeschränkter Umsatztantieme, wenn der Empfänger (Prokuristin und Ehefrau des beherrschenden Gesellschafters) ausschließlich für den Vertrieb zuständig ist. UE sind Gesellschaft und Gesellschafter-Geschäftsführer in der Vereinbarung des Entgelts frei; daher muss auch die Umsatztantieme möglich sein (positiv FG München EFG 87, 41; HessFG EFG 92, 32; EFG 94, 219; EFG 95, 285; *Ranft* GmbHR 79, 42; DB 79, 562; *Winter* GmbHR 86, 442; *Felix* BB 88, 277; *Meier* FR 89, 547). Für die Praxis muss vor Umsatztantiemen wegen der derzeitigen Rspr aber nachdrücklich gewarnt werden.

313 Keine vGa ist die Zahlung einer betragsmäßig **festen Tantieme** neben einem Festgehalt bei Erreichen einer bestimmten Umsatzgrenze (BFH BStBl II 03, 329

gegen FG Brdbg EFG 02, 163; Anm *Engers* DB 03, 116; BFH/NV 06, 1711; anders BFH/NV 05, 248, bei vom Umsatz abhängigen variablen Gehältern).

**Gewinntantiemen** sind zulässig und üblich (*Frischholz* StBp 95, 11). Bei beherrschenden Gesellschaftern ist auf eine klare und rechtzeitige Regelung zu achten (s § 8 Rz 320 ff). Die Regelungen des § 87 I 2 u 3 AktG idF des G zur Angemessenheit der Vorstandsvergütung (VorstAG) v 31.7.09 sind uE nur auf die börsennotierte AG anzuwenden (zur Anwendung auf die GmbH *Werner* GmbHR 09, R 305; *Greven* BB 09, 2154; *Wübbelsmann* GmbHR 09, 988) und daher bei anderen KapGes kein Kriterium der Üblichkeit oder Angemessenheit (s auch *Mohr* GmbHR 11, 402). 314

Die Nichtberücksichtigung von **Verlustvorträgen** bei der Tantiemenbemessung wird teilweise von der Rspr als Indiz für eine vGa gewertet. Das FG Saarl nimmt regelmäßig eine vGa an (EFG 92, 362; 97, 1214; GmbHR 98, 792; EFG 03, 565, bestätigt durch BFH BStBl II 04, 524). Das HessFG unterstellt jedenfalls dann eine vGa, wenn der Gesellschafter-Geschäftsführer die Verluste erwirtschaftet hat (HessFG EFG 00, 1147). Nach einer Entscheidung des FG Köln (EFG 01, 309, mit Anm *Neu*) soll die Nichtberücksichtigung von Verlustvorträgen nur dann nicht zur vGa führen, wenn sie – wie bei einer Umsatztantieme – auf die Anfangsphase beschränkt wird und eine Gewinnabsaugung ausgeschlossen ist. Im entschiedenen Fall wurde eine vGa angenommen, obwohl ein nicht an der Gesellschaft beteiligter leitender Angestellter ebenfalls eine Tantieme erhielt, bei der Verlustvorträge nicht berücksichtigt wurden. Nach der Rspr des NdsFG führt die Nichtberücksichtigung von Verlustvorträgen regelmäßig nicht zur vGa (EFG 03, 120, mit Anm *Neu;* aufgehoben und Klage abgewiesen durch BFH/NV 04, 86, da die Vereinbarung unklar war). Der BFH hat zum einen entschieden, dass es einer klaren und eindeutigen Vereinbarung bedarf, wenn entgegen den Regeln des Aktienrechts Verlustvorträge bei der Bemessung der Tantieme nicht berücksichtigt werden sollen (BFH BStBl II 93, 311; diese Anforderung dürfte trotz Aufhebung von § 86 AktG fortgelten). Zum anderen hat er die Rspr der Finanzgerichte bestätigt, dass jedenfalls dann eine vGa anzunehmen ist, wenn der Verlust während der Tätigkeit des tantiemenberechtigten Gesellschafter-Geschäftsführers entstanden ist (BFH BStBl II 04, 524; BFH/NV 05, 1868; BStBl II 08, 314 mit zu Recht kritischen Anm *Pezzer* FR 08, 468; *Hoffmann* GmbHR 08, 268; BFH/NV 11, 1920). UE ist es allenfalls in Ausnahmefällen gerechtfertigt eine vGa anzunehmen. Maßgebend ist der Vergleich mit einem Geschäftsführer, der eine reine Festvergütung bekommt. Nur wenn die Vergütung mit Tantieme aufgrund der Nichtberücksichtigung von Verlustvorträgen zu durchschnittlich deutlich höheren Bezügen führt als eine reine Festvergütung, kann eine vGa vorliegen. Zur Formulierung einer „Verlustvortragsklausel" siehe *Korn* KÖSDI 1996, 10815; ferner *Niehues* DB 06, 799. Nach FG BaWü EFG 15, 2215 ist eine Vereinbarung, wonach positive und aus Verlustjahren resultierende negative Tantiemen jahresübergreifend verrechnet werden, anzuerkennen. 315

Die **Modifizierung der Bemessungsgrundlage** (zB im Hinblick auf Sonderabschreibungen etc) ist möglich (zur **rohgewinnbezogenen Tantieme** BFH BStBl II 97, 703, mit Anm *Pezzer* FR 96, 220; Nichtanwendungserlass BStBl I 97, 900 überholt durch BFH BStBl II 99, 241, s OFD Frankfurt DB 00, 1686; BFH/NV 99, 982; FG Köln EFG 98, 902; FinVerw BB 00, 1770), setzt aber eine präzise Vertragsformulierung voraus (Beispiele bei *Carlé* KÖSDI 89, 7719; ferner *Schnittker/Best* GmbHR 02, 565). Das HessFG hat eine Koppelung an den Wertzuwachs des Unternehmens abgelehnt (EFG 02, 490). Nach FG SachsAnh EFG 06, 1931 soll ein schädlicher Vorbehalt (Rz 351) gegeben sein, wenn der Jahresüberschuss vor Zuführung zu Sonderposten mit Rücklagenanteil als Bemessungsgrundlage vereinbart wurde. 316

Bei der **Ermittlung des Prozentsatzes der Tantieme** wird – so der BFH – ein ordentlicher und gewissenhafter Geschäftsleiter darauf achten, dass die Tantie- 317 me iVm den übrigen Gehaltsbestandteilen nicht zu einer unangemessen hohen Gesamtausstattung führt. Hierzu kann er eine **Prognose** über die zukünftigen Gewinnaussichten der Gesellschaft anstellen und auf diese Weise ermitteln, welcher Tantiemensatz zu der angestrebten angemessenen Gesamtausstattung führt (BFH/NV 03, 1346; BFH BStBl II 04, 132). In diesem Zusammenhang kann es im Einzelfall ein Indiz für eine gesellschaftsrechtliche Veranlassung sein, wenn im Rahmen der Prognose der variable Anteil mehr als 25 % der Gesamtausstattung beträgt.

**Beispiel** (eingehend und mit weiteren Beispiel *Neumann* GmbHR 96, 740, 822): Die angemessene Gesamtvergütung beträgt 200 000 €, das anteilige Festgehalt somit 150 000 € (75 %). Im Zeitpunkt der Vertragsvereinbarung erwartet die Gesellschafter einen zukünftig durchschnittlich erzielbaren Jahresüberschuss vor Abzug der KSt, GewSt und Tantieme (= Bemessungsgrundlage) von 200 000 €. Als Tantieme werden daher 25 % der Bemessungsgrundlage vereinbart. Die sich nachfolgend aufgrund der Vereinbarung ergebende tatsächliche Tantieme ist angemessen, gleichgültig, ob sie unter oder über der Prognose liegt (BFH BStBl II 03, 418; FG D'dorf GmbHR 02, 1203).

318 Insbesondere für den Fall, dass die Ertragslage der Gesellschaft starken Schwankungen unterliegt, ist bei vom **Verhältnis 75/25 abweichenden Vereinbarungen** eine gesellschaftsrechtliche Veranlassung zu verneinen (BFH/NV 03, 1346; BFH BStBl II 04, 132).

319 Wurde eine Prognose nicht angestellt und lässt sich eine solche auch nicht mehr rekonstruieren, kann es genügen, wenn der Tantiemensatz als solcher einem Fremdvergleich standhält. In einem solchen Fall verlangt der BFH allerdings eine Höchstbetragsgrenze **(Deckelung),** um eine unkalkulierbare Gehaltsentwicklung zu vermeiden (s aber FG D'dorf EFG 04, 222: keine Deckelung, wenn eine sprunghafte Entwicklung nicht zu erwarten ist). Eine Begrenzung der Gewinntantieme verlangt der BFH ferner, wenn im Rahmen der Prognoseberechnung zum Zeitpunkt des Vertragsabschlusses sprunghafte Gewinnanstiege ernsthaft im Raum stehen. Fehlt die Begrenzung, tangiert dies nicht die steuerliche Anerkennung des Anstellungsvertrages oder der darin enthaltenen Tantiemevereinbarung. Nur soweit die Gesamtausstattung den Höchstbetrag überschreitet, liegt eine vGa vor (BFH/NV 03, 1346; BFH BStBl II 04, 132). Wird eine Deckelung vereinbart, so kann in dem Verzicht auf die Deckelung ein Indiz für die gesellschaftsrechtliche Veranlassung und damit das Vorliegen einer vGa gesehen werden (SächsFG DStRE 14, 544, bestätigt durch BFH/NV 237).

320 **Hinweis:** Mit den beiden vorstehend zitierten Urteilen hat der BFH seine 75/25 TantiemeRspr (BFH BStBl II 95, 549; s auch FG Nürnberg GmbHR 00, 583; zu dieser Rspr und ihren Auswirkungen s Anm DStR 95, 719; *Eder* DStR 95, 665; HFR Anm 95, 467; *Tillmann/Schmidt* GmbHR 95, 796; *Natschke* StB 96, 177; *Korn* KÖSDI 96, 10 611; *Brenner* DStZ 96, 65; *Fritsche/Köhl* GmbHR 96, 677; *Neger* DStR 98, 229), die uE nur für beherrschende Gesellschafter gilt (zweifelnd *Schnittker/Best* GmbHR 02, 565), nicht aufgegeben (s BFH/NV 04, 669; BFH/NV 05, 75, mit Anm *Hoffmann* GmbHR 04, 1536; FG D'dorf EFG 04, 1481). Allein die Beurteilung der Gesamtausstattung als angemessen, wie von FG gefordert (s FG BaWü DStRE 02, 290; FG BaWü EFG 01, 851), genügt dem BFH nicht. Es ist weiterhin zu prüfen, ob das Verhältnis des Tantiemesatzes zu einer auf den Zusagezeitpunkt bezogenen Gewinnprognose und/oder zu dem monatlichen Fixgehalt eine gesellschaftsrechtliche Veranlassung indiziert. Dies ist eine Sachverhaltsfrage, deren Beurteilung dem FG obliegt.

321 Hält eine Tantiemevereinbarung im Zeitpunkt ihres Abschlusses einem Fremdvergleich stand und **erhöht sich die Bemessungsgrundlage** für die Tantieme **später** in unerwartetem Maße, so führt die entsprechende Erhöhung der Tantieme nur dann zu einer vGa, wenn die Gesellschaft die Vereinbarung zu ihren Gunsten hätte anpassen können und darauf aus im Gesellschaftsverhältnis liegenden Gründen verzichtete (BFH BStBl II 03, 418; siehe auch im 2. Rechtszug FG D'dorf EFG 04, 222; s auch Rz 339).

Tantiemenversprechen gegenüber einem oder mehreren Geschäftsführern dürfen grundsätzlich insgesamt den Satz von **50% der Bemessungsgrundlage** nicht übersteigen (BFH BStBl II 95, 549; II 00, 547; BFH/NV 00, 1245; GmbHR 01, 115; BFH/NV 01, 342; 02, 1174; BStBl II 04, 136; BFH/NV 04, 1294; NdsFG EFG 04, 428 mit Anm *Neu;* krit *Derlien* DStR 02, 624). Der 50% übersteigende Betrag ist vGa. Bemessungsgrundlage ist der Gewinn vor Steuern, Tantieme (BFH BStBl II 04, 136; BMF BStBl I 02, 219) und Sonderabschreibungen (SächsFG EFG 06, 436; aus anderen Gründen aufgehoben durch BFH/NV 06, 1711); zur Bemessungsgrundlage aus Sicht eines Finanzbeamten *Böth* StBp 97, 178. Selbst bei einem nicht beherrschenden Gesellschafter ist eine Tantieme von 50% idR vGa (BFH BStBl II 00, 547; krit *Paus* GmbHR 01, 328). Keine vGa, wenn die Vereinbarung zu einem Zeitpunkt abgeschlossen wurde, zu dem der Geschäftsführer noch kein Gesellschafter oder Nahestehender war (BFH/NV 04, 88). Teile der FinVerw und der FG haben Ausnahmen zB bei stark personalistischen Gesellschaften, bei denen der Ertrag im Wesentlichen auf der Arbeitsleistung der Gesellschafter-Geschäftsführer beruht (zB Beratungsunternehmen), zugelassen (OFD Stuttgart BB 97, 243, mit einer „Freiberufler-Regelung“, deren Anwendung von anderen OFD abgelehnt wird; OFD Frankfurt FR 99, 1146; und FG Berlin DStRE 99, 113, bei 2 × 30% Tantieme; aufgehoben durch BFH/NV 00, 1247; FG Hbg EFG 00, 890; FG München EFG 99, 1248, aufgehoben durch BFH/NV 01, 342, und FG München EFG 99, 1199, aufgehoben durch BFH BStBl II 00, 547, mit Anm *Pezzer* FR 00, 1275, jeweils zu Tantiemen von über 50%; aA FG Brdbg EFG 99, 46 und BFH/NV 99, 379, wonach für „Freiberufler keine Besonderheiten gelten“). Ausnahmen hat der BFH bisher – ähnlich wie für Umsatztantiemen – nur zugelassen für die Anlaufphase (BFH BStBl II 00, 547; nachfolgend FG SchlHol EFG 02, 495: keine Anlaufphase, wenn GmbH aus EU hervorgeht, bestätigt durch BFH/NV 04, 817) und in einem Fall, in dem ein Fremdgeschäftsführer eine gleich hohe Tantieme bekam (BFH/NV 01, 342). Offen gelassen hat der BFH die Frage, ob eine höhere Tantieme vereinbart werden kann, wenn der Erfolg des Unternehmens in besonderer Weise von der Person des Geschäftsführers abhängt (BFH BStBl II 00, 547). 322

Zur Anwendung der BFH-Rspr auf **„Altfälle“** (Gewinntantiemen für vor dem 1.1.97 endende Wj) FinVerw BStBl I 96, 53; BStBl I 98, 90; GmbHR 97, 94; 96, 557, 797; DStR 96, 1246; 97, 202; *Neger* DStR 96, 1476; FG Köln GmbHR 96, 552. 323

Wird eine Tantieme **vor Fälligkeit ausbezahlt,** so ist der Verzicht auf eine Verzinsung vGa (BFH BStBl II 98, 545; BStBl II 04, 307). 324

**Mindesttantieme** ist nicht als solche eine vGa (BFH/NV 94, 660).

Eine Vereinbarung, wonach sich die **Vergütung erhöht,** wenn der Gesellschafter-Geschäftsführer Empfänger einer vGa ist, führt selbst zur vGa (BFH BStBl II 92, 691; BFH/NV 10, 1307: Ausgleich der durch eine vGa ausgelösten ESt ist vGa); ebenso eine Regelung wonach die Festvergütung an die Höhe der Gewinntantieme gekoppelt ist (FG SachsAnh EFG 11, 565).

**6. Sonstige Vergütungsbestandteile.** Weiter können vereinbart werden: **Geld- oder Sachbezüge** (PKW-Nutzung, Telefonnutzung, Wohnraumüberlassung (Rz 390), Weihnachtsgeld (Rz 1386), Urlaubsgeld (Rz 897 ff), Altersversorgungen wie Pensionszusagen (Rz 1269), Direktversicherungen (Rz 365), Übernahme von Versicherungen usw. 330

Die **private Pkw-Nutzung** ist für den Gesellschafter-Geschäftsführer nur dann keine vGA, wenn sie ausdrücklich gestattet wird (BFH BStBl II 12, 260; II 12, 262). Allerdings setzt eine solche Nutzungsüberlassung nicht zwingend die Vereinbarung im Geschäftsführervertrag voraus. Auch mündliche oder konkludente Vereinbarungen sind anzuerkennen. Hierbei spielt die tatsächliche Handhabung eine ausschlaggebende Rolle (BFH BStBl II 12, 266; II 12, 262). Dort, wo die Nutzung 331 gestattet ist, ist der Sachbezug Lohn (BFH BStBl II 12, 266). Dem hat sich die Finanzverwaltung angeschlossen (BMF BStBl I 12, 478).

Ist die private Nutzung vertraglich nicht gestattet, kann eine verbotswidrige Nutzung auch bei fehlendem Fartenbuch nicht unterstellt werden (BFH BStBl II 13, 920; II 13, 1044; FG Mchn EFG 05, 224; dazu *Briese* GmbHR 05, 1271; *Bornhaupt* DStR 07, 792; anders FG Bln-Bdbg EFG 06, 115 mit Anm *Neu;* EFG 07, 1731).

Nach BFH ist die Höhe der vGa mit dem Fremdvergleichspreis und nicht mit dem lohnsteuerlichen Wert (1%-Regelung) anzusetzen (BFH BStBl II 05, 882; BFH/NV 10, 247; BFH BStBl II 12, 260; BFH/NV 14, 153; krit *Hoffmann,* GmbHR 05, 775; aA FG Bln-Bdbg EFG 13, 1955; FG Saarl EFG 15, 800; eingehend auch *Briese* GmbHR 05, 1271; *Pust* StuW 06, 324; *Geserich* NWB 10, 178; *Eismann* DStR 13, 2740; *Altendorf* GmbH-StB 13, 224). Die FinVerw wendet die 1%-Regelung aus Vereinfachungsgründen weiterhin an (BMF BStBl I 12, 478; *Altendorf* GmbH-StB 13, 224).

Zur USt OFD Hannover GmbHR 04, 1357.

332 Stfreie **Zuschläge für Sonntags-, Feiertags- oder Nachtarbeit** sowie die Vereinbarung von **Überstundenvergütungen** werden bei Gesellschafter-Geschäftsführern idR nicht anerkannt (BFH BStBl II 97, 577; BFH/NV 00, 991; 01, 1608; BFH BStBl II 01, 655; BFH/NV 05, 247; BFH/NV 06, 2131; 07, 1192; 10, 469; 11, 258; ebenso der VIII. Senat BFH BStBl II 04, 927; 07, 393; BFH/NV 12, 1127; s auch OFD D'dorf/Münster GmbHR 05, 1011; FinMin MeVo DStR 05, 1531; OFD Frankfurt aM GmbHR, 109; OFD Hannover DStR 06, 97; gegen diese Rspr *Wesselbaum-Neugebauer* DStZ 06, 691; zur Übergangsregelung bis 1.1. 1998 BMF BStBl I 98, 1194; und BFH BStBl II 04, 927). Dies gilt auch bei mehreren Gesellschafter-Geschäftsführern (BFH BStBl II 01, 655; FG Köln EFG 01, 1516; *Prühs* DB 02, 114) und für einen Mehrheitsgesellschafter, der als faktischer Geschäftsführer anzusehen ist (FG Münster EFG 16, 671). Auch wenn Fremdarbeitnehmern eine entsprechende Überstundenvergütung gezahlt wird, genügt dies nicht, um eine vGa zu vermeiden (BFH/NV 05, 247, gegen FG Köln EFG 04, 601; FG Bremen EFG 04, 1163; 08, 1324, für Sondervergütungen wegen besonderem Arbeitseinsatz; FG BaWü EFG 06, 438 mit Anm *Neu).* Etwas anderes gilt nur, wenn zudem der tatsächliche Arbeitseinsatz des Geschäftsführers belegt werden kann und keine andere erfolgsabhängige Vergütung gezahlt wird (BFH/NV 06, 131, unter Aufhebung HessFG EFG 05, 1379; s auch BFH BStBl II 05, 307 mit Anm *Hoffmann* GmbHR 04, 1397; *Pezzer* FR 04, 1281). Verfassungsrechtliche Bedenken gegen diese Rspr teilt das BVerfG nicht (DStZ 02, 448).

333 Ohne vertragliche Regelung besteht für den Gesellschafter-Geschäftsführer nur kurzfristig (wenige Tag) ein Anspruch auf **Entgeltfortzahlung** im Krankheitsfall oder bei sonstiger unverschuldeter Verhinderung (§ 616 BGB; *Palandt/Weidenkaff* § 616 Rz 14). Das Entgeldfortzahlungsgesetz gilt nicht, auch nicht entsprechend (*Weidenkaff* aaO). Eine vertraglich vereinbarte Entgeltfortzahlungen von bis zu sechs Monaten ist daher üblich und notwendig. Bei **sozialversicherungspflichtigen** Geschäftsführern (zur Abgrenzung OFD D'dorf GmbHR 00, 516 und 518, *Schmidt* GmbH StB 2000, 167; LSG Hessen GmbHR 07, 487; LSG Bayern GmbHR 07, 490) ist eine volle Fortzahlung über sechs Wochen hinaus uU nicht sinnvoll, da sie zum Ruhen des Anspruchs auf Krankengeld führt (§ 49 I SGB V).

Bei langer Erkrankung (mehr als sechs Monate) ist uE die **Tantieme** zeitanteilig zu kürzen.

334 Die Gewährung von 30 bis 40 Tagen **Urlaub** ist üblich. Zur Urlaubsabgeltung s Rz 1266.

335 Zu **Reisekosten** s Rz 997.

339 **7. Anpassung.** Der BFH (BStBl II 95, 549) geht davon aus, dass das Gehalt eines Geschäftsführers laufenden **Anpassungen** unterliegt. Die Gewinntantieme ist

anlässlich jeder tatsächlich vorgenommenen Gehaltsanpassung, spätestens jedoch nach Ablauf von drei Jahren, auf ihre Angemessenheit zu überprüfen. Die Vereinbarung einer absoluten Obergrenze der Tantieme vermeidet dies (HessFG 98, 1538).

Die **Obergrenze** kann uE großzügig (zB Begrenzung auf ein Jahresfestgehalt) bemessen werden, wenn die Prognoseberechnung bei Vertragsabschluss realistisch war.

**Änderungen** einer Tantiemenvereinbarung **zu Gunsten** des Gesellschafter-Geschäftsführers vor Ende der vereinbarten Laufzeit ist nur dann keine vGa, wenn wichtige Gründe vorliegen und ein zivilrechtlicher Anspruch auf Änderung besteht (BFH/NV 00, 1247).

Eine Vertragsvereinbarung, wonach das Festgehalt im gleichen Prozentsatz steigt oder fällt, in dem Gehälter nach einem bestimmten **Tarifvertrag** und Tarifklasse steigen oder fallen, ist unproblematisch.

**Weitergehende Vertragsvereinbarungen** im Hinblick auf eine Anpassung der 340
Bezüge (s zB *Korn* KÖSDI 96, 10815; *Tillmann/Schmidt* GmbHR 95, 796; *Fritsche/Köhl* GmbHR 96, 677; *Neumann* GmbHR 96, 740, 822) sind uE weder erforderlich noch zweckmäßig. Sie beinhalten vielmehr das Risiko, als „Vorbehaltsklausel" angesehen zu werden und gefährden damit die Anerkennung der gesamten Vergütung (s FG Brdbg EFG 04, 1161: Keine tatsächliche Durchführung des Vertrags und damit Nichtanerkennung einer Tantieme, weil trotz Anpassungsklausel keine Anpassung erfolgte; aufgehoben durch BFH/NV 05, 1374 mit Anm *Hoffmann* GmbHR 05, 942).

Gehaltssteigerungen im Rahmen der Angemessenheit sind selbst dann anzuer- 341
kennen, wenn sie zu ungewöhnlichen **Gehaltssprüngen** führen (FG Saarl EFG 98, 686, rkr).

Unschädlich ist die **jährliche Neufestsetzung** der Vergütung. Ob dies allerdings auch dem Erfordernis der „Üblichkeit" (§ 8 Rz 271) entspricht, könnte zweifelhaft sein (s BFH/NV 95, 164; FG Saarl GmbHR 94, 336).

Auch die schnelle Anpassung von Gehältern an die Gewinnsteigerungen kann die Unangemessenheit indizieren (FG Saarl GmbHR 94, 635, 636). Entsprechend problematisch sind **Gehaltserhöhungen in kurzen Zeitabständen** (BFH/NV 05, 1633, gegen FG Hbg EFG 04, 1006; Anm *Hoffmann* GmbHR 05, 1145).

Ist Bemessungsgrundlage der Tantieme das nach dem KStG zu versteuernde 342
Einkommen, so sind **Änderungen,** zB durch eine Betriebsprüfung – positiv wie negativ – zu berücksichtigen (BFH BStBl II 71, 600; FG Köln GmbHR 2000, 581, mit Anm *Binnewies/Schwedhelm*). Ist Anknüpfungspunkt die Steuer- oder Handelsbilanz, ist eine Anpassung nur bei entsprechender Vertragsformulierung zulässig (NdsFG EFG 00, 807; s aber auch FG Bln-Bdbg EFG 15, 325, wonach ein schädlicher Vorbehalt – Rz 351 – gegeben sein soll, wenn die Anpassung der Tantieme an Änderungen der Bilanz der Entscheidung der Gesellschafterversammlung vorbehalten ist).

In der Krise besteht die Verpflichtung zur Anpassung der Vergütung (§ 87 II AktG; *Wilsing* BB 08, 2422; *Veil/Werner* GmbHR 09, 737). Dies gilt auch für die GmbH (OLG Köln ZIP 09, 36). Die unterlassene Anpassung kann vGa auslösen. Umgekehrt ist die Anpassung kein Indiz fehlender tatsächlicher Durchführung (Rz 353).

**8. Rechtsfolgen.** Ist die Gesamtausstattung **unangemessen,** ist sie bis auf die 345
angemessene Ausstattung als **vGa** zu qualifizieren. Kann die Unangemessenheit einem bestimmten Teilentgelt zugeordnet werden, so ist dessen unangemessener Teil eine vGa. Entsprechend ist nur der unangemessene Teil einer Tantieme vGa (BFH/NV 03, 1346; BFH BStBl II 04, 132; ähnlich BFH/NV 96, 437). Ist nur die Summe unangemessen, ohne dass ein einzelner Teil als unangemessen bezeichnet werden kann, so hat uE die Körperschaft im Rahmen der allgemeinen Regeln

über die Zusammensetzung der Vergütung (Rz 390) ein Wahlrecht, welche Vergütungsbestandteile zuerst zu kürzen sind.

346 Ist eine **Rückstellung** für ein Gehalt oder für Gehaltsteile, die nicht vereinbart sind, gebildet worden, so ist diese aufzulösen (BFH BStBl III 66, 72 betr nicht belegte Reisekosten bei beherrschenden AntE; BStBl II 70, 466 betr Provisionszahlung); es liegt keine vGa vor. Zu prüfen ist, ob eine stillschweigende oder konkludente Vereinbarung vorliegt.

350 **9. Beherrschende AntE.** Bei beherrschenden AntE (§ 8 Rz 395 ff) muss der Dienstvertrag und dessen Änderung **zivilrechtl gültig, klar** und eindeutig und **rechtzeitig** vereinbart sowie **durchgeführt** sein, s § 8 Rz 320 ff. Zum Abschluss des Dienstvertrages s insbes § 8 Rz 342 und *Schwedhelm* GmbHR 06, 281.

Die Vergütung ist so festzulegen, dass sie entweder **Beträge** nennt oder aber die Beträge allein durch einen Rechenvorgang zu ermitteln sind (Vertragsmuster: *Schwedhelm/Wollweber* in Formularbuch Recht und Steuern, 8. Aufl 2014, 321 ff). Die Vereinbarung einer „angemessenen Vergütung" ist unzureichend, selbst wenn die Ermittlung der „Angemessenheit" einem Dritten übertragen wird (BFH BStBl II 98, 545).

351 Das Erfordernis der klaren und eindeutigen Vereinbarung gilt insbesondere auch für die **Tantieme** (zur Vertragsgestaltung *Schmidt* GmbH-Stb 04, 242). Sie muss nach einer Rechenformel ohne weitere willkürliche Entscheidung zu ermitteln sein (BFH BStBl II 85, 345; NdsFG GmbHR 91, 341).

Die **Bezugsgröße** der Tantieme muss eindeutig sein, ob sie den Gewinn vor oder nach Tantieme und anderen gewinnabhängigen Bezügen, ob sie den Gewinn nach der Handels- oder Steuerbilanz meint (s BFH BStBl II 92, 362; BFH GmbHR 2003, 1502: „vorläufiger Gewinn" oder „vorläufiges Ergebnis" unklar; BFH/NV 07, 1189, „Netto-Gewinn" unklar; FG Berlin GmbHR 96, 706: „Gewinn vor Steuern" ist unklar; FG Nürnberg EFG 00, 965: Ist „Reingewinn vor Steuern" vereinbart, wird aber berechnet auf Basis „Reingewinn vor Steuern und Tantiemen", soll dies anteilig vGa sein; uE falsch, s NdsFG EFG 01, 916 und BFH BStBl II 92, 362; HessFG EFG 00, 1147: „Jahresüberschuss vor Ertragsteuern gemäß Steuerbilanz" ist klar; ohne Bezugnahme auf die Steuer- oder Handelsbilanz muss der Begriff „Jahresüberschuss" ausgelegt werden, s FG Hbg EFG 01, 774). Ggf kann das Gewollte aus tatsächlicher Übung abgeleitet werden (NdsFG GmbHR 01, 585, gegen FG Nürnberg EFG 00, 965; s auch § 8 Rz 357). Die Vereinbarung von Höchst- und/oder Mindestbeträgen ist nicht ausreichend (FG Hbg EFG 90, 125; NdsFG GmbHR 90, 420 und 91, 288, 489, 595). Richtet sich die Tantieme ohne weitere Festlegung nach dem Jahresgewinn, sind KSt und GewSt abzusetzen (BFH/NV 91, 269). „Steuerlicher Reingewinn" ist der HB-Gewinn vor nicht abzugsfähigen Steuern (so FG D'dorf GmbHR 92, 685). Zur Problematik des Begriffs „Steuerbilanzgewinn" s BFH BStBl II 92, 362 mit Anm *von Flume* DB 92, 1697. Der Begriff „Jahresüberschuss" als Bemessungsgrundlage ist auslegungsfähig (FG Hbg EFG 01, 774).

Eine **Vorbehaltsklausel** zugunsten der Entscheidung der Gesellschafter-Versammlung kann schädlich sein (BFH BStBl II 92, 851, hierzu krit *Hoffmann* GmbHR 94, 234; FG Hbg EFG 90, 125; NdsFG GmbHR 90, 420; FG Bln-Bdbg EFG 15, 325).

Sich widersprechende Tantiemevereinbarungen sind schädlich (BFH BStBl II 89, 800) es sei denn, das Gewollte kann durch Auslegung ermittelt werden (BFH/NV 98, 1375).

Zur Rückwirkungsproblematik s § 8 Rz 370 ff sowie FG Bdbg EFG 02, 1120 und *Michel,* Die rückwirkende Tätigkeitsvergütung des beherrschenden Gesellschafter-Geschäftsführers im Zivil-, GmbH- und Steuerrecht, 1999. Das **Rückwirkungsverbot** gilt nicht nur für ein abgelaufenes Wirtschaftsjahr, sondern auch innerhalb eines Wirtschaftsjahrs. Beispiel: Vereinbarung einer Gewinntantieme am

1.11. für das laufende Wj. Hier sind steuerlich nur 2/12 der Tantieme anzuerkennen (BFH BStBl II 98, 545; aA FG RhPf EFG 99, 919).

Auch die **private Kfz-Nutzung** muss vertraglich gestattet sein, was uE aber auch aus der tatsächlichen Übung (s § 8 Rz 357) abgeleitet werden kann. 352

Entsprechendes gilt für **Urlaubsgelder** und **Weihnachtsgelder** (s „Urlaubsgeld (Rz 1269)“, Weihnachtsgeld“ (Rz 1386)).

Das Rückwirkungsverbot gilt auch für die Übernahme von **Sozialabgaben** und Versicherungsbeiträgen (*Kröller* GmbHR 86, 195) sowie für die Erstattung von Repräsentationsaufwendungen (BFH BStBl III 61, 68); s „Aufwendungsersatz“ (Rz 90).

Bei beherrschenden Gesellschafter-Geschäftsführern muss die Vergütung entsprechend dem Vereinbarten gezahlt werden (Gebot der **tatsächlichen Durchführung,** s § 8 Rz 383 ff und BFH GmbHR 1997, 414; BFH/NV 97, 622; 97, 712; 01, 1149; hierzu *Schlagheck* StBp 98, 92; BFH/NV 02, 543; FG BaWü GmbHR 00, 343; eine nur teilweise durchgeführte Gehaltsvereinbarung anerkennend FG München EFG 00, 584). Ist monatliche Gehaltszahlung vereinbart, ist die monatliche Zahlung notwendig (BFH/NV 90, 64). Die Verbuchung erst bei Erstellung des Jahresabschlusses lässt auf eine vGa schließen. Nur wenn die Gesellschaft in einer nachweisbaren Liquiditätskrise ist, kann das Gehalt gestundet werden (BFH/NV 02, 543; FG München GmbHR 11, 839). 353

Die **Umwandlung in ein Darlehen** bedarf der ausdrücklichen Vereinbarung (BFH BStBl II 93, 247).

Allerdings liegen vGa nur vor, soweit Zahlungen oder Rückstellungen erfolgen. Die bewusste **„Nichtdurchführung“** eines Vertrags führt nicht zur vGa (FG Köln GmbHR 97, 510; aA für ähnlichen Sachverhalt FG Saarl DStRE 98, 227).

Ferner gelten dem beherrschenden Gesellschafter Beträge, die ihm die GmbH schuldet, bereits mit **Fälligkeit** als zugeflossen, sofern sie sich bei der Ermittlung des Einkommens der KapGes ausgewirkt haben (BFH BStBl II 84, 480; BFH/NV 05, 526; 05, 1776; 11, 1057 = BStBl II 14, 491, betr Tantieme; 11, 904 = BStBl II 14, 493 betr Weihnachtsgeld; BFH/NV 13, 1694 = BStBl II 14, 495 betr Urlaubs- u Weihnachtsgeld; BFH/NV 12, 597; BMF BStBl I 14, 860; kritisch *Briese* DB 14, 1334). Tantiemen sind mit Feststellung des Jahresabschlusses fällig, sofern nicht zivilrechtlich wirksam und fremdüblich etwas Anderes vereinbart wurde (BFH/NV 11, 1057). 354

Umgekehrt ist die **Rückzahlung** von irrtümlich überwiesenem Lohn auch beim beherrschenden Gesellschafter erst im Zeitpunkt der Zahlung steuerlich zu berücksichtigen (BFH BStBl II 16, 778).

Wird die Tantieme einem beherrschenden Gesellschafter-Geschäftsführer bei Fälligkeit **nicht ausgezahlt,** so liegt eine vGa nur dann vor, wenn dies die mangelnde Ernstlichkeit der Tantiemeverpflichtung indiziert (s HessFG DStRE 03, 161: nicht ernsthaft gemeint, wenn über Jahre gestundet und dann verzichtet wird; FG München EFG 09, 38, keine vGa bei nachträglicher Stundung zur Finanzierung der KapGes; ebenso FG Köln EFG 14, 1610; aA FG Hbg EFG 14, 577; die NZB hatte keinen Erfolg, BFH/NV 15, 53).

Vertragliche Vereinbarungen zur Arbeitszeit und zu den zu erbringenden Leistungen sind uE nicht notwendig, da aufgrund eines Dienst- oder Arbeitsvertrags grundsätzlich die gesamte Arbeitsleistung geschuldet wird. Nur wo hiervon Abweichendes gelten soll, ist ggf eine ausdrückliche Regelung erforderlich (s auch BFH/NV 10, 66).

Zur **Verlustvermeidung** durch unentgeltliche Dienste s ABC „Betriebsaufspaltung“. Zur unentgeltlichen Diensterbringung als **Einlage** s § 8 Rz 107. 355

**Differenzgeschäfte**

S „Risikogeschäfte“ (Rz 1003). 362

**Direktversicherung**

365 S „Dienstverhältnis" (Rz 275 ff); „Pensionszusage" (Rz 897 ff).

Für die Direktversicherung als Altersversorgung für Geschäftsführer gelten die gleichen allgemeinen Grundsätze wie für Pensionszusagen; s dort; ferner *Otto* DStR 99, 743. Die Ernsthaftigkeit kann im engsten Familienkreis bei einer Direktversicherung eher angenommen werden, als bei einer Pensionszusage (FG RhPf EFG 84, 81; dagegen NdsFG GmbHR 91, 133 betr eine vGa-Gestaltung). Da die Prämien sofort als Arbeitslohn erfasst werden (BFH VI R 58/15, DStR 17, 2915), spielt die Altersgrenze – (s „Pensionszusage" Rz 925 ff) allerdings keine Rolle (glA FinVerw BStBl I 80, 253; dazu DB 80, 2262). Für die Angemessenheitsprüfung werden die Jahresbruttoprämien angesetzt (DB 80, 2262). Zur Versicherung durch Einmalprämie FG RhPf EFG 95, 384.

**Dividende**

368 S „Gewinnausschüttungen" (Rz 618).

**Edelmetallgeschäfte**

375 S „Risikogeschäfte" (Rz 1003).

**Ehrung des Gesellschafter-Geschäftsführers**

378 S „Bundesverdienstkreuz" (Rz 230), „Geburtstag" (Rz 529), „Jubiläum" (Rz 718).

**Eigene Anteile**

382 S „Einziehung" (Rz 414), „Gesellschaftsanteile" (Rz 598).

**Schrifttum:** *Briese,* Eigene Anteile in der Steuerbilanz: Eine Aufgabe für den Gesetzgeber, GmbHR 16, 49; *Bachmann/Heckner,* Ansatzverbot für eigene Anteile nach BilMoG auch in der Steuerbilanz?, WPg 16, 832.

Handelsrechtlich ist der Erwerb eigener Anteile unter den Vorrausetzungen der §§ 71 I Nr 8 AktG, 33 II GmbHG zulässig. Seit dem BilMoG (v 25.5.09, BGBl I 09, 1102) werden der Erwerb und die Veräußerung eigener Anteile handelsrechtlich nicht mehr wie ein Anschaffungsgeschäft, sondern wie eine **Kapitalherabsetzung** bzw **Kapitalerhöhung** bilanziert. Dies gilt auch steuerlich (s BMF BStBl I 13, 1615 und § 17 Rz 106; aA FG Münster EFG 17, 423, soweit die Anteile nicht zur Einziehung erworben wurden, dazu *Unterberg* GmbHR 17, 594).

Die Zahlung eines unangemessenen Kaufpreises führt nicht zur vGa (streitig, s Rz 598).

**Eigentumswohnung**

386 S „Einfamilienhaus" (Rz 390).

**Einfamilienhaus**

S auch „Dienstverhältnis" (Rz 275 ff), „Grundstückskauf" (Rz 653), „Schwimmbad" (Rz 1055), „Vermietung und Verpachtung" (Rz 1308).

390 **1.** Vermietet die **Körperschaft an** ihren **AntE** ein Einfamilienhaus, so muss nach Ansicht des BFH eine kostendeckende Miete berechnet werden (BFH/NV 05, 793; BFH BStBl II 17, 214; II 17, 217; BFH/NV 17, 60: Kostenmiete plus Gewinnaufschlag, Sonder-AfA sind nicht zu berücksichtigen; FG D'dorf EFG 07, 442; s auch *Renner,* DStZ 17, 458). UE kann dies allenfalls für ein besonders aufwendig gestaltetes Einfamilienhaus gelten, Für eine „normale" Immobilie ist die sog Marktmiete, dh die Miete, die die Körperschaft bei einer Vermietung auf dem Wohnungsmarkt erzielen würde, anzusetzen (ebenso *Pezzer* FR 05, 590). Soweit der BFH nicht nur den Verlustausgleich, sondern auch einen Gewinnaufschlag verlangt, ist dies abzulehnen (unzulässige Besteuerung eines Sollgewinns § 8 Rz 198).

Die gleichen Grundsätze gelten nach FG München EFG 03, 800 für eine **Ferienwohnung.** Zur unentgeltlichen Überlassung einer Ferienwohnung durch eine ausländische Kapitalgesellschaft an den inländischen Gesellschafter s „Ausländische Immobilien" Rz 106.

**2. Vermietet der AntE** ein Einfamilienhaus an die Körperschaft, so darf die Körperschaft nicht mehr als die Marktmiete zahlen.

3. Ist der mietende **AntE gleichzeitig Angestellter,** zB Geschäftsführer der Körperschaft, so können Dienst- und Mietverhältnis getrennt nebeneinander stehen. Die Vermietung kann jedoch auch Teil des Angestelltenvertrags sein. In diesem Fall gehört der Mietwert oder Teil-Mietwert, falls keine oder eine zu geringe Miete gezahlt wird, zur Gesamtausstattung der Angestelltenbezüge, die auf ihre Angemessenheit hin zu prüfen sind. S hierzu „Dienstverhältnis" (Rz 275 ff). Als Mietwert ist grundsätzlich die Marktmiete anzusetzen, nach FG Köln EFG 14, 1141 bei einer aufwendig gestalteten Immobilie die Kostenmiete.

4. Zum **Kauf GmbH/AntE** s „Grundstückskauf" (Rz 653).

Veräußerung einer Eigentumswohnung durch eine Genossenschaft an ein Mitglied zu einem unangemessen niedrigen Kaufpreis als vGa s BFH BStBl II 93, 376.

**Einführungskosten**

S „Lieferverkehr" (Rz 797 ff). 394

**Einlagen**

S „Einlagenrückgewähr" (Rz 402). 398

Die Einlagenerbringung auf das NennKap bei der Gründung oder KapErhöhung ist dann vGa, wenn die Gesellschaft selbst die Einlage erbringt (BFH BStBl II 75, 230). Der Verzicht der GmbH auf eine Einlage zugunsten ihrer Gesellschafter ist keine vGa (BFH/NV 97, R 355; FG Berlin EFG 80, 305), weil die Verfügung nicht zu Lasten des Einkommens vorgenommen wird. Die Nichteinforderung der Mindesteinlage nach § 7 II GmbHG kann vGa (iS einer Ausschüttung) sein, nicht jedoch dann, wenn die GmbH ernsthaft mit Gegenforderungen rechnen muss, die die AntE der Einlageforderung entgegensetzen können (BFH BStBl II 86, 86: Sachgründung statt vereinbarter Bargründung; hätte die GmbH auf Bareinzahlung bestanden, hätte sie die Sachwerte zurückgeben müssen; keine vGa, dazu HFR Anm 86, 141), oder der Betrieb der GmbH nicht aufgenommen wird (FG MeVo EFG 99, 581). Die Umbuchung von Rücklagen auf ausstehende Einlagen führt nicht zu einer vGa, weil die Einlageverpflichtung nicht erfüllt wird (BFH BStBl II 84, 717 mit HFR Anm 85, 20); anders, wenn es zu einer wirksamen Erfüllung der Einlageverpflichtung kommt (BFH aaO). Zur Qualifizierung einer Zahlung als vGa, wenn der Empfänger noch für nicht eingezahltes StammKap haftet, s FG RhPf EFG 91, 43.

Die Forderung auf ausstehende Einlagen auf das Grund- oder StammKap führt nur durch Inverzugsetzen, dh durch Einforderung innerhalb einer bestimmten Frist, zu (Verzugs-)Zinsen (vgl §§ 63 II AktG, 20 GmbHG). Werden diese Zinsen nicht geltend gemacht, kann vGa vorliegen (FG D'dorf EFG 79, 202; HessFG EFG 15, 1638, Rev I R 52/15; s auch NdsFG GmbHR 90, 580, FG MeVo DStRE 99, 667, und NdsFG EFG 07, 619; die bzgl MindestKap von der Fälligkeit auch ohne ausdrückliche Einforderung ausgehen, was zivilrechtlich streitig ist, s *Hueck/Fastrich* in Baumbach/Hueck 18. Aufl § 19 Rz 6; s auch Sächs FG EFG 01, 1318: keine vGa, solange Zinsen noch aktiviert werden können). Keine vGa, wenn ansonsten keine Zinsen gezahlt werden. Das gilt auch, wenn die Körperschaft trotz der Möglichkeit der Einforderung fremdfinanziert (BFH BStBl II 69, 11); ebenfalls, wenn diese Fremdfinanzierung über den AntE erfolgt (BFH BStBl II 69, 11). Angesichts einer offenen Einlageforderung kann es gerechtfertigt sein, Darlehen des AntE in dieser Höhe zinslos zu stellen; Zinsen können vGa sein (BFH BStBl II 92, 532).

**Einlagenrückgewähr**

S „Einlagen" (Rz 398), „Einziehung" (Rz 414), „Kapitalherabsetzung" (Rz 727). 402

Auf der Ebene der auskehrenden Gesellschaft ist die Auskehrung von Einlagen an die Gesellschafter steuerneutral. Insbesondere ist keine Kapitalertragsteuer einzubehalten (§ 43 I S 1 Nr 1 und S 3 EStG). Auf der Ebene der Gesellschafter (natürliche Person) liegt keine Dividende vor, wenn die Auskehrung aus dem steuerlichen Einlagekonto erfolgt (§ 20 I Nr 1 S 3 EStG, § 27 KStG). Bei Beteiligung von mindestens 1% ist Veräußerung iSv § 17 IV 1 EStG mit steuerpflichtigem Gewinn gegeben, wenn die Auskehrung aus dem Einlagekonto ausnahmsweise die Anschaffungskosten des Gesellschafters übersteigt. Das Teileinkünfteverfahren nach § 3 Nr 40 S 1 Buchst c und S 2 EStG findet Anwendung. Gleiches gilt bei Beteiligung im Betriebsvermögen. Bei der Körperschaft als Gesellschafter findet nach hM § 8b II Anwendung. Zur Auskehrung aus dem Einlagekonto kommt es nur, wenn nach der Verwendungsreihenfolge von § 27 I 3 das Einlagekonto zur Verwendung kommt, dh zum Schluss des der Auskehrung vorausgegangenen Jahres kein ausschüttbarer Gewinn vorhanden ist und die streng formalen Voraussetzungen von § 27 (korrekte Feststellung des Einlagekontos, Feststellung des Abgangs aus dem Einlagekonto, rechtzeitige und zutreffende Erteilung einer Bescheinigung) eingehalten sind (ausführlich zu dem Problem in der Praxis *Binnewies* GmbHR 15, 1065; sowie Kommentierung zu § 27).

**Ein-Mann-GmbH**

406 Es gelten steuerlich grundsätzlich keine Besonderheiten. Bei Leistungsbeziehungen zwischen GmbH und Gesellschafter ist Schriftform aus Beweisgründen dringend zu empfehlen. Dies gilt vor allem wegen §§ 35 IV 2, 48 III GmbHG (s FG BaWü EFG 93, 731, wonach In-sich-Geschäfte grundsätzlich nur bei schriftlicher Aufzeichnung steuerlich beachtlich sind. Ferner FinVerw FR 94, 455, fehlende Schriftform führt allein nicht zur vGa, wenn der Nachweis in anderer Weise erbracht wird; ebenso DStR 94, 1459. Zu § 181 BGB § 8 Rz 350ff.

**Ein- und Verkaufsgesellschaft**

410 S „Lieferverkehr" (Rz 797ff) und BFH BStBl II 94, 479.

**Einziehung**

414 S „Einlagenrückgewähr" (Rz 402), „Gesellschaftsanteile" (Rz 598), „Kapitalherabsetzung" (Rz 727).

Die Einziehung von Anteilen ist bei Kapitalgesellschaften wie eine Kapitalherabsetzung zu behandeln (Rz 727); das gilt auch bei Einziehung eigener Anteile (BMF BStBl I 13, 1615).

Beim AntE wird die Abfindung wie eine Anteilsveräußerung besteuert (BFH BStBl II 01, 258; BMF BStBl I 13, 1615; zum Besteuerungszeitpunkt *Hülsmann* DStR 03, 49).

UE sind Abfindungszahlungen Ausschüttungen

(ebenso *Schmidt/Weber-Grellet* § 17 Rz 101; zu den Unterschieden in den Besteuerungsfolgen s Beratungs-ABC Einziehung).

**Elektrizitätslieferung**

417 S „Stromlieferung" (Rz 1148).

**Empfängerbenennung**

420 S „Schmiergelder" (Rz 1043).

Wird auf Verlangen des Finanzamtes der Empfänger einer als Betriebsausgabe geltend gemachten Zahlung nicht benannt, kann zwar nach § 160 AO die Betriebsausgabe nicht anerkannt werden; eine vGa liegt jedoch nicht vor (FG D'dorf EFG 03, 1040). Dies gilt aber nur dann, wenn glaubhaft ist, dass die Gelder an Dritte geflossen sind (vgl FG D'dorf EFG 79, 345), nicht dann, wenn die angeblichen Betriebsausgaben Entnahmen verdecken, wobei grundsätzlich das FA zu beweisen hat, dass Zuwendungen an den AntE oder ihm Nahestehende erfolgt sind. Nach FG Mchn EFG 15, 831, soll eine Barzahlung an eine im Ausland ansässige Person bei Verletzung der Mitwirkungspflicht vGa sein, uE unzutreffend, soweit es nur um die nicht hinreichende Benennung des Empfängers geht, hier greift nur die Rechtsfolge des § 160 AO. Für eine Zuwendung an den Gesellschafter oder Nahestenden trägt das Finanzamt die Feststellungslast, selbst wenn die Zahlung in das Ausland geflossen ist. Nur wo der festgestellte Sachverhalt für einen Vermögenszufluss beim Gesellschafter oder Nahestehenden spricht, kann sich die Feststellungslast umkehren (BFH/NV 14, 1501).

**Entnahme**

S „Darlehen“ (Rz 248 ff), „Unberechtigte Entnahmen“ (Rz 1241). **424**

Berechtigte Entnahmen sind vGa, sofern sie nicht darlehensweise gewährt werden. Werden die „Entnahmen“ über ein Verrechnungskonto gebucht, so spricht dies für eine Darlehensgewährung, dh keine vGa; s „Darlehen“ (Rz 248 ff). S auch *Hoffmann* GmbHR 95, 215.

**Entschädigung**

VGa und Entschädigung iSv § 24 Nr 1 EStG schließen sich nicht aus (FG Saarl **428** EFG 88, 571); s auch „Abfindung“ (Rz 1).

**Erbbaurecht**

Bestellt der AntE der Gesellschaft ein Erbbaurecht, muss der Erbbauzins ange- **432** messen sein. Gleitklauseln sind anzuerkennen. Der Zinssatz kann sich auch an dem Gewinn oder Umsatz des im Erbbaurecht betriebenen Gewerbebetriebs bemessen (DB 81, 2101). Beim Heimfall ist die GmbH zu entschädigen; der entschädigungslose Übergang kann eine vGa sein (vgl BFH BStBl II 72, 802). Maßgebend für die Angemessenheit der Entschädigungsregelung ist der Zeitpunkt der Vereinbarung (DB 81, 2101; s § 8 Rz 236 ff).

**Erbschaft**

Eine überschuldete Erbschaft nicht auszuschlagen, kann eine vGa darstellen **435** (BFH BStBl II 93, 799).

**Erfinder**

S „Patente“ (Rz 891), „Immaterielle Wirtschaftsgüter“ (Rz 693), „Know-how“ **439** (Rz 745).

Ist der AntE **freier Erfinder** und verfügt er über Patente, so kann er sie der Körperschaft gegen angemessene Lizenzzahlung zur Nutzung überlassen (RFH RStBl 40, 889). Er kann sie ihr auch verkaufen. Ein Entgelt ist dann gerechtfertigt, wenn tatsächlich das Schutzrecht überlassen wird. Eine rechtl ungeschützte Erfindung hat idR keinen messbaren Wert (BFH/NV 93, 595). Neben einem angemessenen Veräußerungspreis des aufgrund der Erfindung hergestellten Produkts kann eine eigene Lizenz nicht berechnet werden (vgl Tz 5.1.2. der „Verwaltungsgrundsätze“, § 8 Rz 260).

Für die **Angemessenheit** gilt der Fremdvergleich bzw der allgemeine vGa-Maßstab des ordnungsgemäß handelnden Geschäftsleiters. Allgemein sind Lizenzsätze zwischen 0,2 und 10% des Umsatzes üblich (Elektro 0.5–5; Maschinen und Werkzeug 0.33-10; Chemie 2–5; Pharmazie 2–10; s die vom Bundesminister für Arbeit und Sozialordnung herausgegebenen Richtlinien für die Vergütungen von Arbeitnehmererfindungen v 20.7.59 zuletzt geändert am 1.9.83 (Bundesanzeiger Nr 169, 9994; dazu *Reimer/Schade/Schippel,* Das Recht der Arbeitnehmererfindungen, 7. Aufl 2000, 227 ff). Bei sehr hohen Umsätzen (ab 1,5 Mio Euro) sind ggf Abschläge vorzunehmen (s Abs 11 der Richtlinie).

In die Angemessenheitsprüfung ist die Kostentragungslast einzubeziehen (Patentgebühren, Abwehrkosten), die bei beherrschenden Erfinder-Gesellschaftern rechtzeitig, dh vorher, klar vereinbart sein muss. Erstattet die GmbH ganz oder teilweise die Entwicklungskosten, was nicht unüblich ist, ist auch diese Vereinbarung in die Angemessenheitsprüfung einzubeziehen.

Ist der Erfinder beherrschender Gesellschafter-**Geschäftsführer** einer GmbH, so müssen GmbH und AntE rechtzeitig klären, **wem** die **Rechte** an Erfindungen **zustehen.** Ist dieser Punkt offen, gibt es zB kein vereinbartes freies Verwertungsrecht des Erfinders, so kann der Erfinder nach Dienstvertrags- oder Arbeitsrecht verpflichtet sein, die Erfindung der Körperschaft anzubieten; dies gilt auch, wenn das arbeitsrechtl ArbeitnehmerErfG, keine Anwendung findet (vgl BFH BStBl II

70, 824). Verzichtet die Körperschaft in derartigen Fällen auf die Erfindung, kann der Verzicht zur vGa führen. Gibt der Geschäftsführer der eigenen Körperschaft eine freiverwertbare Erfindung in Lizenz, so kann das Entgelt als Teil des Gehalts vereinbart werden (RFH RStBl 40, 889); dieser Teil muss sodann bei der Angemessenheitsprüfung der Tätigkeitsvergütung (s „Dienstverhältnis" Rz 275 ff) ausscheiden.

Findet auf den AntE das **ArbeitnehmerErfG** v 25.7.57 mit nachfolgenden Änderungen (letztmalig v 31.7.09, BGBl I 09, 2521) Anwendung, sind Vergütungen aufgrund dieses Gesetzes keine vGa. Sie rechnen auch nicht zur Gesamtausstattung des Dienstverhältnisses (s Rz 278 ff), soweit damit die Tätigkeit abgegolten wird.

**Erfüllung**

**442** einer Forderung s „Forderungserfüllung" (Rz 489).

**Ergebnisabführungsvertrag**

**446** S „Gewinnabführungsvertrag" (Rz 615).

**Erschließungskosten**

**450** Übernahme durch die GmbH zugunsten des AntE als vGa s FG Saarl EFG 87, 137 und 92, 158 betr Kanalbaubeiträge.

**Erwerbschance**

**454** S „Kaufangebot" (Rz 741), „Wettbewerbsverbot und Betriebsabgrenzung" (Rz 1406 ff).

**Fensterwerbung**

**460** S „Werbung" (Rz 1390).

**Ferienwohnung**

**462** S „Einfamilienhaus" (Rz 390), „Liebhaberei" (Rz 794)

**Finanzgeschäfte**

**464** S „Risikogeschäfte" (Rz 1003).

**Finanzierungskosten**

**468** für offene und verdeckte Gewinnausschüttungen s „Gewinnausschüttungen" (Rz 618).

**Firma**

**472** S „Konzernumlagen" (Rz 761), „Namenslizenz, Namensüberlassung" (Rz 857).

**Firmenjubiläum**

**475** S „Jubiläum" (Rz 718).

**Firmenwert**

**478** S „Geschäftswert" (Rz 586).

**Flugkosten**

**482** S „Reisekosten" (Rz 997).

Zahlt die GmbH für eine betrieblich veranlasste Reise die Flugkosten für den Gesellschafter-Geschäftsführer, steht ihr der Vorteil aus gutgeschriebenen Flugmeilen (sog Miles and More) zu. Verzichtet sie hierauf, kann dies beim Gesellschafter-Geschäftsführer zur vGa oder zu Einkünften nach § 19 EStG führen, soweit nicht § 37a EStG eingreift.

**Flugzeug**

**485** S „Pilotlizenz" (Rz 955) und § 8 Rz 16. Zur Angemessenheit der Aufwendungen für ein Flugzeug FG BaWü EFG 07, 1627. Die Höhe einer vGa bei privater Nutzung eines betrieblichen Flugzeugs ist nach der Rspr auf der Basis der Kosten plus Gewinnaufschlag zu berechnen (BFH/NV 11, 1019; mE unzutreffend, s § 8 Rz 249).

**Forderungserfüllung**

**489** Erfüllung einer vermeintlichen Forderung als vGa s BFH/NV 91, 121.

**Forderungsverrechnung**

Eine Forderungsverrechnung ist idR keine vGa, da es an der Gewinnminderung fehlt (NdsFG GmbHR 00, 191). 492

**Forderungsverzicht**

S „Kaufangebot“ (Rz 741), „Darlehen“ (Rz 248 ff), „Sanierung“ (Rz 1023). 494

Forderungsverzicht **zugunsten des AntE** ohne betriebl Anlass ist vGa; allerdings idR nur dann, wenn der Anspruch bestand (BFH BStBl II 77, 571 betr SchwesterGes mit zum anwendbaren Recht im konkreten Sachverhalt erläuternder HFR Anm 77, 380; NdsFG GmbHR 91, 134). BFH BStBl II 81, 260 nimmt eine vGa an, wenn auf einen nicht bestehenden, von dem Schuldner jedoch anerkannten Anspruch verzichtet wird. Die Nichtgeltendmachung eines Anspruchs ist noch kein Verzicht (BFH DStR 98, 1354; BFH/NV 01, 584, Vorinstanz FG Münster EFG 00, 468).

Wertberichtigung ist kein Verzicht (NdsFG GmbHR 90, 49).

BFH BStBl II 91, 588 (nachfolgend BFH/NV 97, 265) erkennt den Forderungsverzicht des AntE **zugunsten der GmbH mit Besserungsmöglichkeit** an; umfasst der Forderungsverzicht auch den Anspruch auf Darlehenszinsen, so sind nach Eintritt der Besserungsbedingungen Zinsen auch für die Dauer der Krise als Betriebsausgaben anzusetzen (dazu auch *Eppler* DB 91, 195; *Häuselmann* BB 93, 1552; *Bullinger* DStR 93, 225; *Rautenberg/Schaufenber* DB 95, 1345; einschränkend BMF BStBl I 03, 648; dazu *Harle/Kulemann* GmbHR 04, 733; *Hoffmann* DStR 04, 293; ferner *Uhländer* BB 05, 70); dies gilt auch, wenn der Anteil und die Forderung vor Eintritt des Besserungsfalls verkauft werden (s § 8 Rz 146).

FG Hbg EFG 16, 1721, Rev I R 46/16, will eine vGa zu Lasten der übernehmenden GmbH annehmen, wenn die GmbH nach Forderungsverzicht mit Besserungsschein auf eine Schwester- GmbH verschmolzen wird und die Forderung hierdurch wieder auflebt; uE unzutreffend; die Verschmelzung ist Tausch (Übertragung des Vermögens gegen Gewährung von Anteilen), wodurch der Gewinn der übernehmenden Gesellschaft nicht berührt wird. Anschließender Ertrag oder Verlust aus dem übernommenen Vermögen ist betrieblich und nicht gesellschaftrechtlich veranlasst.

Nach FG München EFG 02, 1115, mit Anm *Neu,* ist der Verzicht auf Geschäftsführergehalt mit Besserungsklausel vGa, wenn die Bedingungen für den Besserungsfall nicht eindeutig geregelt sind (bestätigt durch BFH/NV 03, 824, mit Anm *Hoffmann* GmbHR 03, 548). S auch § 8 Rz 97 ff.

**Forschung**

S „Auftragsforschung“ (Rz 87). 496

**Frachtkosten**

S „Lieferverkehr“ (Rz 797 ff). 499

Ist die Übernahme der Frachtkosten durch die Produktionsfirma branchenüblich, so können die Kosten weiter belastet werden (BFH BStBl II 77, 568; hier wird sogar beim beherrschenden AntE auf eine klare, im Voraus getroffene, gültige Vereinbarung verzichtet, s § 8 Rz 330 ff).

**Freiberufliche Praxis**

S „Praxisverkauf“ (Rz 963), „Praxiswert“ (Rz 965), „Rechtsberatungsgesellschaft“ (Rz 991), „Steuerberatungsgesellschaft“ (Rz 1080). 502

**Freier Mitarbeiter**

S „Dienstverhältnis“ (Rz 275 ff). 505

**Garantieversprechen**

Übernimmt die Körperschaft ein Garantieversprechen für den AntE, so muss hierfür ein angemessenes Entgelt gezahlt werden. S „Bürgschaft“ (Rz 234 ff). 510

**Gärtner**

Trägt die Körperschaft die Aufwendungen für den bei ihr angestellten Gärtner, der ausschließlich für den AntE tätig ist, so liegt eine vGa vor. Entspricht diese 514

Tätigkeit des Gärtners jedoch einem betriebsnotwendigen Repräsentationsbedürfnis, so kommt eine Aufteilung von Betriebsausgaben nach den Grundsätzen des gemischten Interesses, s § 8 Rz 246, in Frage; s „Repräsentation" (Rz 1000). Das Gleiche gilt, wenn der Gärtner zum Teil auch die Gärten und Anlagen der Körperschaft pflegt; die Gärtneraufwendungen sind insoweit keine vGa. Ist der Gärtner bei dem AntE angestellt, so gelten die vorstehenden Regeln für den Kostenersatz entsprechend. Bei einem beherrschenden AntE ist das Gebot einer rechtzeitigen Erstattungsvereinbarung zu beachten.

**Gebäude**

518 S „Einfamilienhaus" (Rz 390).

Zur Errichtung eines Gebäudes durch die Körperschaft auf dem Grundstück des AntE s „Bauten auf fremdem Grund und Boden" (Rz 136).

**Gebrauchsmuster**

522 S „Immaterielle Wirtschaftsgüter" (Rz 693).

**Gebrauchsüberlassung**

525 und Einlage § 8s Rz 107.

**Geburtstag**

529 S „Jubiläum" (Rz 718).

Die Aufwendungen für eine Geburtstagsfeier – auch bei „runden" Geburtstagen – des Gesellschafter-Geschäftsführers sind idR keine Betriebsausgaben, mithin, von der GmbH getragen, vGa (vgl BFH BStBl II 81, 108; BFH/NV 92, 560; BStBl II 92, 359; BFH DStR 04, 1691; BStBl II 11, 285). Ist der Veranstalter der Feier die GmbH und stehen im Hinblick auf die Art der Veranstaltung und die Gäste Betriebsinteressen im Mittelpunkt, können uE auch Betriebsausgaben vorliegen (vgl idS FG Köln EFG 90, 266; NdsFG EFG 91, 99; FG BaWü DStRE 03, 478; FG Saarl EFG 14, 1815; *Pezzer* FR 04, 1279. UE ist ggf zwischen privat und betrieblich veranlassten Kosten aufzuteilen (s FG Saarl EFG 14, 1815 u Änderung § 8 Rz 246).

**Gehalt**

532 S „Dienstverhältnis" (Rz 275 ff).

**Geheimnisse**

536 S „Immaterielle Wirtschaftsgüter" (Rz 693).

**Geldbuße**

539 S „Strafen" (Rz 1140).

**Geldwäsche**

541 Werden Gelder aus Betrugstaten des Gesellschafter-Geschäftsführers zur Verschleierung auf Konten der KapGes ein- und später wieder ausgezahlt, soll nach FG Hbg EFG 11, 254, in der Auszahlung eine vGa zu sehen sein; uE unzutreffend, es fehlt an einer Vermögensminderung, die sich auf den Gewinn auswirkt.

**Gelegenheitsgeschenke**

542 S „Geschenke" (Rz 590).

**Gemeinnützigkeit**

545 Zahlungen der Tochter-GmbH einer gemeinnützigen Körperschaft ohne Gegenleistung für den gemeinnützigen Zweck sind vGa (FG Saarl EFG 97, 1153), ebenso die Zahlung eines geringen Kaufpreises durch den Aktiengesellschafter an die gemeinnützige GmbH (FG Saarl EFG 00, 1352). Keine vGa, wenn Mitglieder ihre Arbeitsleistung unter Wert zur Verfügung stellen (BFH BStBl II 98, 357; s auch *von Oertzen/Zapf* StB 16, 296 u Rz 1066).

Zum Verlust der Gemeinützigkeit durch vGa s FG Mchn EFG 17, 753, Rev V R 67/16 u § 5 Rz 114.

**Generalversammlung**

549 S „Gesellschafterversammlung" (Rz 594).

**Genossenschaft**

S § 8 Rz 175. VGa und Mitgliedergeschäfte s *Herzig* BB 90, 603; zu Rückvergütungen bei Arbeitnehmer-ProduktionsGen BFH/NV 07, 1599 = BStBl II 15, 1056; zur Abgrenzung genossenschaftlicher Rückvergütungen von Preisnachlässen u vGa BFH BStBl II 16, 298; zu Geschäftsguthaben ehemaliger Mitglieder BFH/NV 07, 763; zur Pensionszusage an ein Vorstandsmitglied BFH/NV 07, 2355; Strafzahlungen von Mitgliedern sind keine Einlagen sondern Einnahmen, NdsFG EFG 10, 248. **553**

**Genussrechte, Genussscheine**

S § 8 Rz 139. **557**

**Gerichtsurteil**

Zahlungen aufgrund eines Gerichtsurteils können vGa sein, wenn an der Rechtmäßigkeit der Entscheidung erhebliche Zweifel bestehen und ein Rechtsmittel möglich war (BFH/NV 00, 752). **560**

**Geschäftsberichte**

S „Gesellschafterversammlung" (Rz 594). **563**

Die Versendung von Geschäftsberichten bei einer AG ist keine vGa; das Gleiche gilt für Geschäftsberichte anderer Körperschaften.

**Geschäftschancen**

S „Wettbewerbsverbot und Betriebsabgrenzung" (Rz 1406 ff). **567**

**Geschäftsführergehalt**

S „Dienstverhältnis" (Rz 275 ff). **570**

**Geschäftsführerhaftung**

S „Haftung" (Rz 658 ff). **573**

**Geschäftsführervertrag**

**Schrifttum:** *Tillmann/Mohr* GmbH-Geschäftsführer 10. Aufl 2013; *Schwedhelm* vGA-Check für GmbH-Verträge, DB 15, 2956; *Schwedhelm/Wollweber* in Formularbuch Recht und Steuern, 8. Aufl 2014, 321 ff.

Der Geschäftsführervertrag wird bei der GmbH **zwischen** der **Gesellschafterversammlung und** dem **Geschäftsführer** abgeschlossen, soweit die Satzung nichts anderes vorsieht (BFH BStBl II 92, 434). Nach BGH GmbHR 91, 363, gilt dies auch für Änderungen von Gesellschafterverträgen (dazu FinVerw BStBl I 94, 868 mit Übergangsregelung zum 1.1.96, ergänzend für Pensionszusagen BStBl I 96, 50 mit Stichtag 1.1.97; dazu *Tillmann/Schmidt* GmbHR 95, 796 und DStR 96, 849; *Grönwald* DB 96, 752; HessFG 95, 386). Zur mitbestimmten GmbH s FinVerw GmbHR 96, 797. Ein Abschluss des Vertrages mit der Vorgründungsgesellschaft (§ 1 Rz 18) ist nicht ausreichend (NdsFG EFG 97, 1048). **577**

Voraussetzung für den Abschluss oder die Änderung des Vertrags ist ein entsprechender **Gesellschafterbeschluss** (HessFG EFG 92, 414, s auch § 8 Rz 342 ff). Ist der Geschäftsführer Gesellschafter, kann er mit abstimmen. Das Stimmrechtsverbot des § 47 IV GmbHG findet keine Anwendung (BFH BStBl II 92, 434). Bei einer Vertretung in der Beschlussfassung ist ggf § 181 BGB zu beachten (s § 8 Rz 348). Nach HessFG EFG 95, 384 soll eine „konkludente Beschlussfassung" nicht ausreichen, wenn der Geschäftsführervertrag für die Änderung des Vertrags einen Gesellschafterbeschluss vorsieht (uE unzutreffend). **578**

Neben dem Beschluss ist der **Abschluss des Vertrags** erforderlich. Vertragspartner des Geschäftsführers ist die GmbH, vertreten durch die Gesellschafter. Allerdings können die Gesellschafter einzelne Gesellschafter, Geschäftsführer (auch den Betroffenen) oder Dritte zum Vertragsabschluss (auch konkludent) bevollmächtigen (OLG Köln GmbHR 91, 156; BFH BStBl II 96, 246). Der Beschluss selbst kann bereits den Vertragsabschluss beinhalten. Dies gilt jedenfalls dann, wenn der Geschäftsführer als Gesellschafter dem Beschluss zugestimmt hat (BFH BStBl II 92, 434; BFH/NV 96, 644; BStBl II 96, 246). **579**

580 Umstritten ist die Frage, ob der Gesellschafter-Geschäftsführer für den Abschluss und die Änderung des Anstellungsvertrags von **§ 181 BGB** befreit sein muss. UE ist eine Befreiung nicht erforderlich, da es sich bei dem Vertragsabschluss um einen Annex zur Organbestellung handelt, für die § 181 BGB unstreitig nicht gilt (*Heinemann* GmbHR 85, 176; *Zöllner/Noack* in Baumbach/Hueck GmbHG, 20. Aufl 2013 § 35 Rz 167; aA *Schneider/Schneider* in Scholz GmbHG, 11. Aufl 2014, § 35 Anm. 168ff; FG Köln EFG 96, 1120; FG D'dorf EFG 97, 36; BFH/NV 91, 704; *Wassermeyer* StbKongrRep 91, 91; zur Geschäftsführerstellung in der Tochter-GmbH siehe BayObLG GmbHR 01, 72). Da die Befreiung von § 181 BGB nachgeholt werden kann, hat die Streitfrage ihre praktische Relevanz verloren (s § 8 Rz 353).

581 Abschluss und Änderung des Geschäftsführervertrags bedürfen grundsätzlich keiner **Form.** Mündlich getroffene Vereinbarungen sind wirksam (BFH BStBl II 91, 645; BFH/NV 93, 38; NdsFG GmbHR 2000, 782, „Mündliche Vereinbarung aufgrund dauernder Übung klar und eindeutig"). Bei der Ein-Mann-GmbH sind § 35 IV und § 48 III GmbHG zu beachten.

Etwas Anderes kann gelten, wenn der Geschäftsführervertrag eine **Schriftformklausel** enthält. Zunächst hat der BFH nach der Art der Schriftformklausel differenziert. Einfache Schriftformklauseln („Änderungen und Ergänzungen des Vertrags bedürfen zur Rechtswirksamkeit der Schriftform") sollten mündlich abänderbar sein (BFH BStBl II 90, 645). Qualifizierte Schriftformklauseln („Vertragsänderungen bedürfen der Schriftform. Eine Befreiung von der Schriftform durch mündliche Vereinbarung ist unwirksam.") sollten hingegen mündliche Vertragsänderungen ausschließen (BFH BStBl II 91, 933). Im Anschluss an die Rspr des BGH hat der BFH diese Differenzierung jedoch aufgegeben und stellt nunmehr darauf ab, ob sich in der tatsächlichen Handhabung ein konkludenter Wille zur Aufhebung der Schriftformklausel manifestiert (BFH BStBl II 97, 138; FG D'dorf EFG 10, 1531). Fotokopien genügen zum Nachweis schriftlich getroffener Vereinbarungen idR nicht (FG Hamburg EFG 91, 564).

582 VGa ist die Anstellung eines Gesellschafter-Geschäftsführers, der weder geeignet noch zeitlich in der Lage ist, diese Aufgabe zu erfüllen, selbst wenn ein anderer (hier der Ehemann) diese Aufgabe wahrnimmt (BFH/NV 98, 749; anders, uE zu Recht: NdsFG EFG 99, 45: Ehemann als Generalbevollmächtigter; ferner FG Saarland EFG 02, 1555: kein Vorteilsausgleich). VGa liegt auch dann vor, wenn eine unentgeltliche Tätigkeit ausdrücklich vereinbart wurde und dennoch Zahlungen erfolgen (BFH/NV 00, 750).

**Geschäftswert**

586 S „Betriebs-, Teilbetriebsveräußerung" (Rz 185), „Betriebs-, Teilbetriebsverpachtung" (Rz 190 ff), „GmbH & Co KG" (Rz 632 ff), „Praxiswert" (Rz 965).

Geht der Geschäftswert ohne Gegenleistung von der Körperschaft auf einen AntE über, so liegt eine vGa vor (BFH BStBl II 73, 418; BFH/NV 04, 958). Dies gilt auch bei Teilbetriebsveräußerung unter SchwesterGes, wenn der Kaufpreis den Teilbetriebsgeschäftswert nicht erfasst. Folge: Geschäftswertrealisierung bei der Körperschaft. Zur Erfassung beim AntE s § 8 Rz 285 ff.

Auf eine Geschäftswertrealisierung bei der Körperschaft kann nur im Fall der Liquidation und kraft gesetzl Anordnung in den Fällen des UmwStG verzichtet werden. Dieser Verzicht ist auf andere Fälle nicht entsprechend anzuwenden (BFH BStBl II 73, 418; zur Betriebsaufspaltung s Rz 170 ff).

Das Entgelt für einen übernommenen Firmenwert an eine gesellschafteridentische Gesellschaft oder an eine nahe stehende Person sind nur dann vGa, wenn der Preis unangemessen ist (FG Saarl EFG 95, 390; FG Bln-Bdbg DStRE 08, 755), ebensowenig die entgeltliche Übertragung des Geschäftswerts vom bisherigen Einzelunternehmen auf eine GmbH bei Begründung einer Betriebsaufspaltung (BFH BStBl II 01, 771, mit Anm *Gosch* DStR 01, 1748; *Schießl* GmbHR 06, 459).

Die Rückgabe eines Geschäftswerts aufgrund einer vertraglichen Verpflichtung, zB bei der Rückgabe eines gepachteten Unternehmens mit Firmenwert, begründet keine vGa (s „Betriebs-, Teilbetriebsverpachtung" Rz 190ff).

Geschäftswert und Einlagen s § 8 Rz 106.

**Geschenke**

S „Schenkung" (Rz 1040). 590

Geschenke können, falls betrieblich bedingt, auch Betriebsausgaben sein, wenn sie an den AntE erfolgen; Indiz ist Gleichbehandlung von Kunden und AntE anlässlich entsprechender Geschäftsbeziehungen (vgl BFH 1964 StRK KStG § 6 I S 2 R 107 betr Taschenlampen und Geldbörsen). In diesem Fall sind auch Geschenke an den beherrschenden AntE möglich, die – da es sich um Geschenke handelt – naturgemäß nicht vorher vereinbart werden können.

**Gesellschafterversammlung**

S „Geschäftsberichte" (Rz 563), „Konzernumlagen" (Rz 761). 594

Die Kosten der Gesellschafterversammlung sind Betriebsausgaben. Hierunter fallen Organisations- und Raumkosten, Personalkosten usw. Demgegenüber ist die Erstattung von Reisekosten an AntE für die Fahrt zur Gesellschafterversammlung vGa (BFH BStBl III 56, 43; FinVerw BStBl I 84, 591). Bewirtungsaufwendungen können bis zu bestimmten Grenzen anerkannt werden (BMF BStBl I 84, 591: 25 DM je AntE oder Genosse; zust für VVaG FG Hbg EFG 90, 443). Sitzungsgelder, Verpflegungs-, Übernachtungspauschalen und Fahrtauslagenersatz an Mitglieder einer Vertreterversammlung gemäß § 43a GenG sind keine vGa (BFH BStBl II 84, 273; Abweichung von BFH BStBl III 62, 89; dazu HFR Anm 84, 235; zust FinVerw BStBl I 84, 591).

**Gesellschaftsanteile**

S auch „Bezugsrecht" (Rz 216), „Eigene Anteile" (Rz 382), „Einziehung" 598
(Rz 414), „Lästiger Gesellschafter" (Rz 782), „Lieferverkehr" (Rz 797ff), „Verfügungsbeschränkung" (Rz 1284).

Bei dem **Kauf** oder **Verkauf** von Gesellschaftsanteilen ist der Preis zu vereinbaren, der mit einem NichtAntE vereinbart würde. Unangemessene Preise zu Lasten der Körperschaft führen zur vGa (RFHE 4, 222 (1920)). Bei Börsenpapieren, zB Aktien, ist der Börsenkurs maßgebend. Im Übrigen regelmäßig der gemeine Wert (BFH BStBl III 65, 618; II 68, 105 betr Gesellschaft, die durch GAV gebunden ist; II 69, 243; II 75, 306: gemeiner Wert, korrigiert nach der Bemessung durch einen pflichtgemäß handelnden Geschäftsleiter; HessFG EFG 01, 1163: Ertragswert). Das vereinfachte Ertragswertverfahren (§§ 199ff BewG) ist uE allenfalls als Anknüpfungspunkt für eine Schätzung verwendbar (s zum Stuttgarter Verfahren BFH BStBl III 65, 618; BFH BStBl II 69, 243; BFH BStBl II 75, 306). Ist mit dem Kauf der Wertpapiere ein Risikogeschäft verbunden, so führt dies nicht zur vGa, wenn die Chancen auf seiten der Körperschaft und des AntE ausgeglichen sind (vgl BFH BStBl II 70, 442 betr Einlage; *Stollenwerk/Willems* GmbH-StB 12, 81, 123).

Diese Grundsätze galten bis zum Inkrafttreten des BilMoG (v 25.5.09, BGBl I S 1102) 2010 auch bei dem Kauf und Verkauf **eigener Anteile** vom oder an den AntE. Zahlte die KapGes für eigene Anteile einen zu hohen Preis oder verlangt sie beim Verkauf einen zu geringen Kaufpreis, lag vGa vor (BFH BStBl II 91, 255 mit HFR Anm 91, 293; BFH BStBl II 98, 781; II 00, 258; BFH/NV 09, 1280; 10, 1131; FG RhPf EFG 98, 1357; NdsFG EFG 00, 818; FG SachsAnh EFG 03, 1267; FG Berlin DStRE 05, 7629; BMF BStBl I 13, 1615). War der Preis angemessen, so fehlte es an einer Vermögensminderung, da die erworbenen Anteile mit den Anschaffungskosten zu aktivieren waren (BFH BStBl II 98, 781; 01, 258; BMF BStBl I 98, 1509; SachsFG GmbHR 11, 218). Eine **Teilwertabschreibung** auf die eigenen Anteile, löste eine vGa aus (BFH BStBl II 98, 781; krit *Paus* BB 98, 2138). Verzichtete die GmbH zugunsten ihrer AntE auf das Recht, den Anteil eines ausscheidenden AntE unter Wert zu erwerben, konnte dies eine vGa darstellen (BFH BStBl II 85, 227; krit *Glade* GmbHR 86, 128; *Kicherer/Hannemann* BB 85, 2236; *Hohage* DB 09, 1033).

Nach der Qualifizierung des Erwerbs eigener Anteile als Kapitalherabsetzung bzw Kapitalerhöhung durch das BilMoG ist diese steuerliche Beurteilung entgegen BMF BStBl I 13, 1615 nicht haltbar. Da bei einem Kauf eigener Anteile über Wert und einem Verkauf eigener Anteile unter Wert der Gewinn der Gesellschaft nicht berührt wird und eine Teilwertabschreibung mangels Aktivierung der eigenen Anteile ausscheidet, kann schon begrifflich keine vGa gegeben sein (streitig wie hier *Frotscher* in F/D Anh zu § 8 „Anteile, eigene"; *Schiffers* GmbHR 14, 83; *Siebert/Ivhenko-Siebert* FR 14, 355; aA Gosch § 8 Rz 577; s auch *Briese* GmbHR 16, 49)

Gesellschaftsanteile und **Einlage** s § 8 Rz 102.

**Gestüt**

602 S „Liebhaberei" (Rz 794).

**Gewerbesteuer**

605 Die vGa gehört zum Gewerbeertrag (*Blümich/Drüen* § 7 GewStG Rz 80 (Mai 16). Die erweiterte Gewerbeertragskürzung nach § 9 Nr 1 S 2 und 3 GewStG umfasst auch die vGa (GmbHR 81, 204). Die Kürzung nach § 9 Nr 2a GewStG greift hingegen nicht bei einer vGa aus dem Einlagenkonto nach § 27 (BFH/NV 05, 470).

**Gewerbesteuerumlage**

608 Die Berechnung der Gewerbesteuerumlage im Organkreis nach der sog Belastungsmethode („Stand-alone-Methode") führte bis zur Klärung der Zivilrechtslage durch BGH DStR 99, 724 jedenfalls für Jahre bis 1999 nicht zur Annahme einer vGa (BFH BStBl II 02, 369). Die FinVerw akzeptierte jede Methode, die zu betriebswirtschaftlich vertretbaren Ergebnissen führt (BMF v 12.9.02, DB 02, 2571; dazu *Berg/Schmich* FR 03, 11; s auch *Schlagheck* GmbHR 03, 985). Ohne entsprechende Vereinbarung war die Zahlung einer GewSt-Umlage vGa (FG D'dorf EFG 05, 1722). Seit VZ 2002 ist die Frage bedeutungslos, da gewerbesteuerliche und körperschaftsteuerliche Organschaft gleichlaufen und damit vGa keine steuerlichen Auswirkungen haben (§ 14 Rz 136).

**Gewinnabführung**

612 Gewinnabführungen ohne ordnungsgemäße Ausschüttungsbeschlüsse führen zur vGa, soweit nicht die Bedingungen der Organschaft vorliegen; dazu § 14 Rz 175 ff betr gescheiterte Organschaft.

**Gewinnabführungsvertrag**

615 Keine vGa gegenüber Organträger, wenn Organschaft vorliegt, s § 14 Rz 120. Vgl zu den Rechtsfolgen der vGa gegenüber der Organgesellschaft § 15 Rz 6. Ewas anderes kann gelten, wenn der Organträger den GAV zu einer dauerdefizitären Tochter im Interesse ihres Gesellschafters eingeht (BFH BStBl II 07, 961 zu kommunalen Eigenbetrieben, s auch „Öffentliche Hand" (Rz 869) sowie § 8 Rz 490 ff). Verzichtet bei einer mittelbaren Organschaft die vermittelnde Gesellschaft auf den Abschluss des GAV, so liegt hierin keine vGa (s § 14 Rz 82). Zum verunglückten GAV als vGa s § 14 Rz 175 ff. Die einvernehmliche, jedoch nicht vertragsgemäße, dh hier nicht vorgesehene Aufhebung eines GAV kann, um eine Verlustübernahme zu vermeiden, vGa sein. S auch „Einlagen" (Rz 398) bzgl des Verzichts auf Einlagen.

**Gewinnausschüttungen**

618 Finanzierungsaufwendungen für beschlossene Ausschüttungen sind keine vGa; s „Darlehen" (Rz 248 ff). Ist der Gewinnanspruch entstanden, so kann er verzinst werden. Die satzungsgemäße Verzinsung ist keine vGa. Das Gleiche gilt für Finanzierungskosten, die Aufwendungen betreffen, die später als vGa qualifiziert werden (OFD Kiel GmbHR 00, 1171; dafür spricht auch BFH BStBl II 89, 116;

II 89, 475 steht nicht entgegen, weil Aufwendungen des Empfängers betroffen sind).

**Gewinnchance**

S „Forderungsverzicht“ (Rz 494), „Kaufangebot“ (Rz 741), „Wettbewerbsverbot und Betriebsabgrenzung“ (Rz 1406 ff). 621

**Gewinnlosigkeit**

S „Nonprofit-GmbH“ (Rz 862). 624

**GmbH-Anteile**

S „Gesellschaftsanteile“ (Rz 598). 628

**GmbH & Co KG**

S „Dienstverhältnis“ (Rz 275 ff), „Immaterielle Wirtschaftsgüter“ (Rz 693).

Eine vGa liegt vor, wenn die Komplementär-GmbH mit zu **geringem Gewinn** ausgestattet wird. 632

In der **typischen GmbH & Co KG,** bei der die GmbH nicht am Vermögen der KG beteiligt ist, ist der Gewinnanteil der Komplementär-GmbH angemessen, wenn sie neben der Unkostenerstattung für die Haftung ein Entgelt erhält, das 6 vH ihres StammKap – auch in Verlustjahren – beträgt (BFH BStBl II 77, 346; BFH/NV 91, 191; vgl auch FG Saarl EFG 90, 586; 2% ist zu niedrig, BFH IV R 48/74 nv). Ist das Entgelt verlustabhängig, muss es höher sein. Es ist darauf zu achten, dass sich das Haftungsentgelt nicht nur auf das StammKap bezieht. Rücklage + Gewinnvortrag ./. Verlustvortrag haften ebenso; sie sind in die Bemessungsgrundlage einzubeziehen.

Führt die Gewinnverteilung dazu, dass der Komplementär-GmbH ständig Verluste zugewiesen werden, können vGa vorliegen (FG Münster EFG 87, 262).

Bei der **atypischen GmbH & Co KG** bringt die GmbH einen eigenen Betrieb in die KG ein. In diesem Fall muss die GmbH ein angemessenes Entgelt für den eingebrachten Betrieb, und zwar einschließlich stiller Reserven und Firmenwert, erhalten (vgl *Richter* Inf 78, 146). Nach *L. Schmidt* StbKongrRep 77, 74 ist in diesem Fall die 15%-Rspr zur Familienmitunternehmerschaft (s *Schmidt/Wacker* § 15 Rz 776) anwendbar. Dies gilt uE jedoch nur mit der Maßgabe, dass die 15%-Grenze hier als Untergrenze wirkt, während sie bei der Familienmitunternehmerschaft die Obergrenze darstellt. Erbringt die GmbH entgegen der Gründungsvereinbarung keine Einlage, ist eine einlagebezogene Gewinnzuweisung nicht erforderlich. 633

Ist der Anteil der GmbH **unangemessen niedrig,** so wird der GmbH-Gewinnanteil auf das angemessene Maß erhöht, ohne dass der Anteil der Kommanditisten entsprechend gemindert würde, da die gedanklich notwendige Minderung durch die vGa von seiten der GmbH an die Kommanditisten-AntE wieder ausgeglichen wird; anders, wenn die GmbH-AntE nicht Kommanditisten sind; dann vermindert sich der Kommanditistenanteil zugunsten der AntE der Komplementär-GmbH. Die Feststellung erfolgt im gesonderten Gewinnfeststellungsverfahren (s auch § 44 aF Rz 5 und Beratungs-ABC „Mitunternehmerschaft“). Ist die gesonderte Feststellung nicht mehr zu ändern, ist die Erfassung der vGa ausgeschlossen (BFH BStBl III 65, 54). 634

Soweit die GmbH am Gewinn beteiligt ist, können **Zahlungen an den Gesellschafter** oder eine nahestehende Person – anteilig – vGa sein, soweit sie den Gewinnanteil der GmbH schmälern (s *Schulze zur Wiesche* BB 05, 1137; *Rogall* GmbHR 05, 779; *Neumann* GmbH-StB 07, 17; *Briese* DStR 15, 1945, jeweils mit Beispielen). Die **Änderung** der **Gewinnverteilung** (dazu *Richter* Inf 78, 145; *L. Schmidt* StbKongrRep 77, 76) innerhalb der GmbH & Co KG **zu Lasten** der Komplementär-GmbH führt zur vGa, wenn ein ordnungsgemäß handelnder Geschäftsleiter der Änderung nicht zugestimmt hätte (BFH BStBl II 77, 467 betr Änderung durch KapErhöhung; II 77, 477; 504 ebenfalls betr KapErhöhung). Voraussetzung ist uE, dass die Komplementär-GmbH der Änderung überhaupt 635 zustimmen musste. Sieht der KG-Vertrag vor, dass die Komplementärin zB nicht an KapErhöhungen teilnimmt, so kann die Änderung der Gewinnverteilung über eine Änderung der KapBeteiligung nicht zu einer vGa führen. Soweit die GmbH berechtigt und in der Lage ist, an den Bedingungen der Änderung der Gewinnverteilung teilzunehmen, wird sie regelmäßig teilnehmen wollen. Allerdings sind alle Umstände in Betracht zu ziehen. Eine GmbH wird auf eine Beteiligung verzichten, wenn ansonsten die Kommanditisten ausscheiden und dem Betrieb wesentliche Grundlagen wie Patente, Know-how entziehen (BFH BStBl II 77, 477; abl *Mangold* StuW 78, 169); das Gleiche gilt zB für den betriebsnotwendigen Grundbesitz, der in der Hand des Kommanditisten liegt. Ebenfalls wird sie möglicherweise der Nichtbeteiligung zustimmen, wenn anderenfalls die tätigen Kommanditisten ihre Geschäftsführervergütung, bisher unangemessen niedrig, auf das angemessene Maß heraufsetzen, so dass letztlich die erhöhte Gewinnbeteiligung für die GmbH ohne Interesse ist (vgl BFH BStBl II 77, 504, vorbereitet durch HFR Anm 77, 123; krit *Mangold* StuW 78, 169). Achtung jedoch bei der Änderung der Geschäftsführervergütung: nach BFH BStBl II 77, 504 unter Berufung auf BFH BStBl II 73, 298 kann die Zustimmung zu einem Geschäftsführergehalt eine vGa enthalten (ebenso mit Beispielen *Wassermeyer* GmbHR 99, 18 und *Neumann* VGa und verdeckte Einlagen, 2. Aufl 2006, 304 f); Gewinnverteilungsänderung oder Gewinnverzicht **zugunsten** der GmbH führt zur Einlage (BFH BStBl III 64, 619; II 91, 172; dazu *Döllerer* DStR 91, 1033 und *Kaufmann* DStR 91, 1517).

636 **Liegt eine vGa** vor, so ist zu unterscheiden: Berührt die Änderung der Gewinnverteilung auch die **vermögensmäßige Beteiligung** – Anteil bei der **Abfindung,** im **Liquidationsfall** – so liegt eine vGa hinsichtlich eines Mitunternehmeranteils vor. Realisierung bei der Körperschaft, und zwar einschließlich eines Geschäftswertes nach dem Maßstab eines angemessenen Veräußerungsentgelts. Der Mitunternehmeranteil ist zudem als vGa bei den AntE im gesonderten Feststellungsverfahren der KG mit dem realisierten Wert zu erfassen (BFH BStBl II 77, 467; 477; abl *Ring* Inf 77, 491: lfd Ertragskorrektur).

637 Berührt die Gewinnverteilungsänderung hingegen **nur die Gewinnverteilung,** so liegt eine fortlaufende vGa nach den Grundsätzen BFH BStBl II 68, 152 vor (BFH BStBl II 77, 467 und 477). Das Gleiche gilt, falls eine vGa nur zeitlich bis zum nächstmöglichen Kündigungszeitpunkt des KG-Vertrages vorliegt (BFH BStBl II 77, 477). Die **rückwirkende** Änderung der Gewinnverteilung zu Lasten der GmbH führt hinsichtlich der rückwirkend den Kommanditisten überlassenen Gewinne zur vGa, wenn die Kommanditisten beherrschende AntE sind (BFH BStBl II 77, 477 und 504). Die vGa ist bei dem AntE im Jahr der Rückwirkung, nicht im Jahr, für das die Rückwirkung gelten soll, zu erfassen (BFH BStBl II 80, 723).

638 Die zur vGa führende Gewinnschmälerung der GmbH kann auch **in anderer Weise,** zB durch eine Begünstigung der AntE durch die KG, erfolgen. Die Vorteilsgewährung wirkt sich hier über den verminderten Gewinnanteil der GmbH an der KG aus (BFH BStBl II 80, 531; zust *L. Schmidt* FR 80, 361; BFH BStBl II 85, 683 betr den Verkauf der KG und einen Unter-Wert-Verkauf ihres Anteils durch die Komplementär GmbH; BStBl II 86, 17 mit HFR Anm 86, 65; zur Frage einer Differenz bei der Bewertung in den beiden zuletztgenannten Urteilen s *Schulze zur Wiesche* DStZ 86, 98; BFH BStBl II 92, 832 ebenfalls zum Verkauf des Anteils an der KG unter Wert durch die Komplementärin). In diesem Fall bestimmt der verminderte Gewinnanteil der GmbH die Höhe der vGa (vgl auch HFR Anm 80, 416); bleibt der Gewinnanteil der GmbH unberührt, liegt keine vGa vor.

639 Soll bei einer GmbH & Co KG die GmbH durch vGa ihre AntE begünstigt haben, so ist hierüber stets im **Gewinnfeststellungsverfahren** der KG zu entscheiden, wenn die vGa untrennbar mit der Höhe des Gewinnanteils der GmbH an der KG verbunden ist (BFH/NV 07, 1091; dazu *Freikamp* DB 07, 2220), und zwar sowohl dann, wenn die AntE der GmbH Gesellschafter der GmbH & Co KG sind,

als auch dann, wenn die AntE an der GmbH & Co KG nicht beteiligt sind (BFH BStBl II 68, 152; 76, 88; 80, 531; 86, 17; BFH/NV 89, 682; 91, 191; BFH BStBl II 98, 578). Die vGa ist bei der GmbH zu erfassen, wenn sie die Gewinnverteilung nicht tangiert, wie etwa bei einem Verkauf der Beteiligung an der KG durch die GmbH an ihren Gesellschafter unter Wert (BFH/NV 07, 1091).

**Golfclubbeitrag**

Aufwendungen für eine Golfsportberechtigung der Gesellschafter-Geschäftsführer und deren Ehefrauen führen zur vGa (FG Hbg EFG 02, 708, uE nicht zwingend, es kann auch Arbeitslohn vorliegen). 644

**Gründerlohn**

S „Gründungskosten“ Rz 650. Ein lfd Gründerlohn durch Gewinnbeteiligung ohne lfd Gegenleistung führt zur vGa (RFH RStBl 32, 1026). 647

**Gründungskosten**

S „Kapitalerhöhung“ (Rz 722). 650

Die Steuern, Kosten und Gebühren für die Errichtung einer GmbH (Gesellschaftsteuer, Rechtsanwalts- und Notargebühren, Registerkosten, Kosten der Veröffentlichung) sind grundsätzlich von den Gesellschaftern zu tragen. Soweit die Gesellschaft solche Kosten aufgrund gesetzlicher Vorschriften selbst schuldet (zB Registergebühren § 2 Nr 1 KostO, Gesellschaftsteuer § 10 I KVStG aF), haben die Gesellschafter den Gründungsaufwand zu erstatten (analog § 26 II AktG; BGH II ZB 10/88 v 20.2.89, DB 89, 871). Soll die Gesellschaft den Gründungsaufwand tragen, ist dies im Gesellschaftsvertrag festzulegen. Hierzu genügt es nicht, die Kosten der Art nach zu benennen. Vielmehr sind die einzelnen Kosten zusammengefasst als Gesamtbetrag auszuweisen. Kosten, die noch nicht genau beziffert werden können, müssen geschätzt werden (OLG Zweibrücken GmbHR 14, 427 mwN). Steuerl ist es ausreichend, einen Höchstbeitrag zu beziffern (FG BaWü EFG 99, 494; FinVerw BB 99, 300). Fehlt die bezifferte Benennung des Gründungsaufwands in der Satzung, ist die Klausel zivilrechtl unwirksam. Die Gründungsgesellschafter haben der GmbH den Aufwand zu erstatten (BGH aaO). Geschieht dies nicht, liegt in dem Verzicht auf die Geltendmachung des Erstattungsanspruchs eine vGa (BFH BStBl II 90, 89, der allerdings bereits in der Zahlung der Kosten durch die GmbH die vGa sieht; insoweit unzutreffend; BFH/NV 97, 711), also nicht bereits in der Tatsache, dass die GmbH die Kosten trägt. Vgl hierzu auch HessFG EFG 96, 829; *Streck/Rainer* Stbg 89, 326; 90, 76, 120; *Piltz* DStR 91, 1650; *Jürgenmeyer/Maier* BB 96, 2135. Nach BdF BStBl I 91, 661 wird BFH BStBl II 90, 89 auf Gründungen vor dem 1.4.90 nicht angewandt. Nach HessFG EFG 99, 1306 gilt dies auch für die Gründungskosten bei Umwandlung einer eG in eine AG vor Reform des UmwG 95, nicht hingegen für die Kosten einer anschließenden KapErhöhung. Eine Kostenübernahme durch Satzungsänderung zwischen Gründung und Eintragung soll nach NdsFG EFG 00, 811 nicht genügen.

**Grundstückskauf**

S „Baugenehmigung, Baupläne“ (Rz 130), „Einfamilienhaus“ (Rz 390), „Kaufangebot“ (Rz 741), „Lieferverkehr“ (Rz 797 ff). 653

Grundstückskauf unter Wert an AntE als vGa s BFH BStBl III 66, 97 betr AG; II 68, 322 betr Nahestehende; II 70, 296; II 75, 617 betr maßgebenden Zeitpunkt; FG Hbg EFG 92, 42. Zuflusszeitpunkt: Übergang des bürgerl-rechtl oder (!?) wirtschaftl Eigentums (BFH/NV 94, 786); uE ist nur letzteres maßgebend. Grundstückskauf über Wert von AntE als vGa FG München EFG 94, 998: Wird der Kaufpreis in Raten gezahlt, abfließende vGa erst, wenn die Raten den angemessenen Kaufpreis übersteigen. S die ältere BFH-Rspr zusammenfassend GmbHR 78, 285. Grundstücksverkauf an Dritte unter Wert kann vGa sein, wenn der AntE einen Gegenwert, zB ein verbilligtes Grundstück, erhält (FG Münster EFG 80, 44). Liegen Baupläne und Baugenehmigung für ein Grundstück vor, die der Erwerber nutzen kann, ist dies bei der Preisbemessung zu berücksichtigen (BFH/NV 87, 63). Kaufpreiserhöhung als vGa s FG Nürnberg GmbHR 91, 82. Zu dem Thema insgesamt auch DB 87, 1226. Zur Ermittlung des angemessenen Kaufpreises findet die Bandbreite-Rspr des BFH Anwendung (FG Berlin EFG 04, 370).

**Haftung**

S „Bürgschaft" (Rz 234 ff), „Garantieversprechen" (Rz 510).

658 **1.** Der AntE und Geschäftsführer kann für Schulden oder Verluste der KapGes **haften.** Eine solche Haftung ist möglich wegen Verletzung der Pflichten aus der Organstellung des Geschäftsführers, wegen Verletzung seines Dienstvertrags, nach den Regeln unerlaubter Handlung, nach den Regeln der Anscheinshaftung – der Geschäftsführer erweckt den Anschein, für sich zu handeln –, nach sonstigen Haftungsvorschriften (zB §§ 69, 71 AO; Steuerhaftung; zur Haftung für die Steuern aufgrund einer vGA s zB FG Hbg EFG 07, 1654; FG Köln EFG 14, 713, bestätigt durch BFH/NV 16, 1491) oder nach der Rspr zur Konzernhaftung.

659 **2.** Soweit die **Geschäftsführerstellung** die Haftung auslöst (Schadensersatz im Hinblick auf die Organstellung, wegen Verletzung des Dienstvertrags, Anscheinshaftung oder Haftung nach §§ 69, 71 AO), hängen die Haftungsfolgen mit der Geschäftsführerstellung zusammen, nicht mit einer etwa zugleich vorliegenden Gesellschafterstellung. Die Aufwendungen des Geschäftsführers sind je nach Vertragsgestaltung (s Rz 276) Werbungskosten oder Betriebsausgaben (s jedoch FG BaWü EFG 07, 697: keine WK, wenn der Geschäftsführer der GmbH die von ihm veranlassten vGa erstattet, die nahe stehenden Mitgesellschaftern zugeflossen sind). Wird auf die Haftung verzichtet, liegen entsprechend Einkünfte aus nichtselbständiger oder selbständiger Tätigkeit vor; bei einem Gesellschafter-Geschäftsführer kann der Verzicht zur vGa führen (s „Schadensersatz" Rz 1034). Zur Haftung nach § 71 AO s auch „Steuerhinterziehung".

660 **3.** Liegen die Voraussetzungen der **Konzernhaftung** vor, so wird vertreten, dass in der Nichtgeltendmachung der Haftung durch das beherrschte Unternehmen eine vGa im Hinblick auf den haftenden Gesellschafter vorliege (*Geck* NWB F 18, 3205 [9/92]). Soweit für das herrschende Unternehmen angenommen wird, dass im Hinblick auf eine Konzernhaftung eine Rückstellung mit sofortiger steuerl Wirkung zulässig sei (*Schwarz/Fischer-Zernin* DB 92, 1742 unter Hinweis auf *Knobbe-Keuk* DB 92, 1461), muss auch diese Ansicht den Verzicht auf die Haftung als vGa qualifizieren. UE ist eine solche Rückstellung abzulehnen. Die Verlustübernahme hat ihre Ursache nicht in einer Leistungsbeziehung zwischen beherrschendem und beherrschtem Unternehmen, sondern in der beherrschenden Gesellschafterstellung und der damit verbundenen Möglichkeit, das abhängige Unternehmen für Zwecke des beherrschenden Unternehmens zu nutzen. Der Verlustausgleich ist damit nicht Betriebsausgaben, sondern steuerliche Einlage, die bei dem Beherrschenden zu nachträglichen Anschaffungskosten führt (vgl auch für den Fall der verunglückten Organschaft BFH BStBl II 90, 797; § 14 Rz 175 ff). Damit führt die unterlassene Geltend-machung des Verlustausgleichsanspruchs auch nicht zu einer vGa. Auf der Ebene des beherrschten Unternehmens fehlt es bereits an der Auswirkung auf den Gewinn. Insoweit entfällt eine Korrektur nach § 8 III. Ein Vermögensabfluss ist nicht gegeben, da dies einen wirksamen Verzicht auf den Verlustausgleichsanspruch voraussetzen würde. Der gesetzl Verlustausgleichsanspruch nach § 2 AktG, auf den die Konzernhaftung zurückgreift, ist jedoch unverzichtbar, solange die Konzernvoraussetzungen gegeben sind. Diese Regelungen dürften für den faktischen Konzern analog gelten.

**Handelsvertreter**

664 S „Handelsvertreter-GmbH" (Rz 666), „Vertretertätigkeit" (Rz 1340).

**Handelsvertreter-GmbH**

Die angemessene Provision zwischen dem nahestehenden Produktionsunternehmen und der Handelsvertreter-GmbH ergibt sich aus den marktüblichen Provisionssätzen. Wenn der Geschäftsführer der Handelsvertreter-GmbH für seine Tätigkeit eine angemessene Vergütung erhält, verbleibt der GmbH lediglich ein Gewinn, der um die Tätigkeitsvergütung geringer ist, sofern man ihn mit dem Gewinn einer natürlichen Person vergleicht, die eine Handelsvertretung betreibt. Dies hindert nicht die Angemessenheit. Der Verzicht der Vertreter-GmbH auf den Ausgleichsanspruch nach § 89b HGB zugunsten einer verbundenen GmbH kann vGa sein (vgl den von *Neubeck* BB 87, 254 mitgeteilten Sachverhalt). **666**

**Handwerksinnung**

Die Einkaufs-GmbH einer Handwerksinnung kann nicht frei ihre Gewinne an die einkaufenden Mitglieder der Innung als Umsatzvergütungen zurückgeben; auch dann nicht, wenn Nicht-Mitglieder gleich behandelt werden (BFH BStBl II 94, 479). BFH aaO lässt grundsätzlich die Möglichkeit offen, dass Einkaufs-Gesellschaften durch klare und eindeutige rechtzeitige Vereinbarungen Umsatz-Vergütungen weitergeben. **670**

**Hauptversammlung**

S „Gesellschafterversammlung" (Rz 594). **673**

**Hausgehilfin**

Kostenübernahme durch die Körperschaft ohne betriebliche Veranlassung ist vGa (BFH 1963 StRK KStG § 6 I S 2 R 93). Evtl kommt Aufteilung in Betracht, wenn die Hilfe auch für die Körperschaft tätig ist; s § 8 Rz 252. **676**

**Hauskauf**

S „Einfamilienhaus" (Rz 390), „Grundstückskauf" (Rz 653). **679**

**Heizungskosten**

Übernahme der Kosten des AntE durch die GmbH als vGa s NdsFG GmbHR 92, 688. **683**

**Hinterbliebenenrente**

S „Pensionszusage" (Rz 894). **686**

**Hinzuschätzungen**

sind dann nicht als vGa zu behandeln, wenn sie nicht durch das Gesellschaftsverhältnis veranlasst sind, zB auf Buchführungsmängel zurückgehen (NdsFG GmbHR 92, 688). S auch „Schwarzgelder" (Rz 1049), „Kassenfehlbeträge" (Rz 736); *Brete* GmbHR 10, 911. **689**

**Immaterielle Wirtschaftsgüter**

S „Erfinder" (Rz 439), „Know-how" (Rz 745), „Patente" (Rz 891). **693**

S Tz 5 der „Verwaltungsgrundsätze", § 8 Rz 260.

Bei der Überlassung immaterieller WG wie Patente, Gebrauchsmuster, Warenzeichen, Urheberrechte, geschützter und ungeschützter Erfindungen, Know-how uä ist ein angemessenes Entgelt gerechtfertigt und zu leisten; vgl BFH/NV 93, 269 betr die Übertragung eines Verlagsrechts. Ist die Überlassung durch den Verkauf oder die Überlassung zur Nutzung eines anderen Wirtschaftsguts mitumfasst, so entfällt das Entgelt, wenn es in dem Entgelt für den Verkauf oder die Überlassung dieses Wirtschafsguts enthalten ist. S auch § 8 Rz 285 ff zur Behandlung der vGa. Immaterielle WG und Einlage s § 8 Rz 106.

**Incentive-Reise**

S „Reisekosten" (Rz 997). **696**

**Informationskosten**

S „Prüfungskosten" (Rz 974). **699**

**In-sich-Geschäft**

S § 8 Rz 350. **702**

**Invaliditätsrente**

705 S „Pensionszusage“ (Rz 897 ff).

**Investitionszulage**

708 S „Steuerfreie Erträge“ (Rz 1096).

**Jahresabschluss**

712 Ist der Jahresabschluss nichtig, sind auch „ordnungsgemäß“ beschlossene Ausschüttungen nichtig. Offene Ausschüttungen werden zu vGa. S „Prüfungspflicht“ (Rz 976).

**Jahresabschlusskosten**

714 Wird ein Einzelunternehmen oder eine PersGes in eine GmbH eingebracht oder umgewandelt, und trägt die GmbH die Bilanzierungs-, Jahresabschluss- und Prüfungskosten, die auf den letzten Abschluss des eingebrachten bzw umgewandelten Unternehmens entfallen, ist dies keine vGa, wenn ein Fall der (auch partiellen) Gesamtrechtsnachfolge (Ausgliederung, Verschmelzung, Formwechsel) vorliegt und die entsprechende Verbindlichkeit mit zum übergehenden Vermögen gehört. Gleiches gilt bei Einbringung im Rahmen der Einzelrechtsnachfolge (Sachgründung, Sachkapitalerhöhung), wenn die Verbindlichkeit miteingebracht wird.

**Jubiläum**

718 S „Geburtstag“ (Rz 529).

Die Bewirtung von AntE und Ehegatten bei dem 50jährigen Bestehen der Körperschaft als vGa s BFH 1963 StRK KStG § 6 I S 2 E 73; von Bedeutung ist, dass an der Feier im Wesentlichen nur AntE teilnahmen. UE gehört es auch zum betriebl Interesse eines Unternehmens, ein Jubiläum zu feiern. BFH BStBl II 92, 359, s „Geburtstag“ (Rz 529), hält die Anerkennung von Aufwendungen für Firmenjubiläen als Betriebsausgaben für möglich. Evtl ist Aufteilung angebracht, s § 8 Rz 246; aA FG Bln-Bdbg EFG 12, 2012.

**Kapitalerhöhung**

722 Die Nichtteilnahme an einer Kapitalerhöhung ist nur dann eine vGa, wenn die GmbH für ihr Bezugsrecht ein Entgelt erzielen konnte (BFH BStBl II 09, 197 mit Anm *Fritsche* GmbHR 05, 633).

Bei gezahlten oder nicht gezahlten Aufgeldern anlässlich einer KapErhöhung kommt es regelmäßig nicht zur vGa. Sie wirken sich auf der Einkommensebene nicht aus. Beim AntE gibt es auch dann keinen Zufluss als KapErtrag, wenn er die neuen Anteile unter Wert bezahlt. Vgl *Wassermeyer* FR 93, 532. KapErhöhung aus Gesellschaftsmitteln als vGa s KapErhStG § 1 Rz 8; bei ausländischen Gesellschaften KapErhStG § 7 Rz 8.

**Kapitalerhöhungskosten**

724 S „Gründungskosten“ (Rz 650).

Für anlässlich einer KapErhöhung anfallende Kosten gilt das Veranlassungsprinzip. Übernimmt die GmbH die Kosten, die mit der eigentlichen KapErhöhung zusammenhängen, liegt keine vGa vor, ohne dass es einer besonderen Satzungsregelung bedarf. Trägt die GmbH hingegen auch Kosten, die auf die Übernahme der neuen Anteile zurückzuführen sind, liegt eine vGa vor (BFH BStBl II 00, 545; gegen vGa FG D'dorf EFG 00, 586; FG BaWü EFG 99, 718, aufgehoben durch BFH BStBl II 00, 545; FG BaWü EFG 99, 493, aufgehoben durch BFH/NV 01, 343; s auch *Tiedtke/Wälzholz* GmbHR 01, 223, die BFH-Rspr ablehnend).

**Kapitalertragsteuer**

725 Eine vGa unterliegt, sofern sie nicht ausnahmsweise aus dem Einlagenkonto (§ 17) gespeist wird, als Kapitalertrag grundsätzlich der KapESt (§ 43 I 1 Nr 1 EStG). Ist der Anteilseigner, der die vGA zu versteuern hat, im Inland **unbeschränkt steuerpflichtig,** gilt der Vorrang des Veranlagungsverfahrens (BFH BStBl III 62, 107; II 69, 4), was bis heute der gängigen Verwaltungspraxis entspricht. Jedenfalls bei beschränkt steuerpflichtigen oder steuerbefreiten Anteilseig-

nern kommt auch die Steuernachforderung oder die Inhaftungnahme (§ 44 V EStG, BFH BStBl II 01, 67) der ausschüttenden Körperschaft in Betracht (FG Köln EFG 13, 231; FG Hbg BB 14, 981; s auch BFH BStBl II 10, 142 zur vGa nach § 8a bei inländischem Anteilseigner). Entrichtet die Körperschaft nach Entdeckung der vGA die KapESt führt dies nur dann zu einer weiteren vGa und Erhöhung der KapESt auf 33,95% (§ 27), wenn der Rückforderungsanspruch nicht geltend gemacht oder auf ihn später verzichtet wird (BFH II 71, 53). Einen Anspruch auf Ermäßigung der KapESt nach DBA hat nur der Empfänger (§ 50d I EStG).

**Kapitalherabsetzung**

S „Einlagenrückgewähr" (Rz 402), „Einziehung" (Rz 414). 727

KapRückzahlungen dürfen das Einkommen nicht mindern; das gilt auch für KapHerabsetzungen; unproblematisch, da sie regelmäßig das Einkommen tatsächlich nicht gemindert haben. Dies gilt auch bei Rückzahlung des Nennkapitals vor Wirksamkeit der Kapitalherabsetzung; der Verzicht auf eine Verzinsung kann – wie bei der Einlage (Rz 398) – vGa sein (BFH/NV 07, 108).

Zur Auswirkung der KapHerabsetzung auf das Einlagenkonto gemäß § 27 und den Sonderausweis nach § 28 s BMF BStBl 03, 366 und § 27 Rz 25, § 28 Rz 24 ff.

**Kapitalrückzahlung**

S „Kapitalherabsetzung" (Rz 727). 730

**Kapitalverkehrsteuer**

S 6. Aufl. 733

**Kassenfehlbeträge**

Fehlbeträge aufgrund formaler Mängel der Kassenführung lassen keinen zwingenden Schluss auf eine vGa zu (FG Köln GmbHR 99, 1109; BFH v 9.8.00 I R 82/99 GmbHR 01, 208; BFH/NV 06, 1747; 14, 1501; *Kolbe* StuB 06, 961; s aber auch FG D'dorf EFG 03, 342 mit Anm *Neu* und BFH BStBl II 05, 160). Der Mittelabfluss stellt idR BA dar (*Schwedhelm/Olbing/Binnewies* GmbHR 01, 1069, 1075). S auch „Hinzuschätzungen" (Rz 689) und „Ungeklärter Vermögenszuwachs" (Rz 1245). 736

**Kauf**

S „Einfamilienhaus" (Rz 390), „Grundstückskauf" (Rz 653), „Kaufangebot" (Rz 741), „Lieferverkehr" (Rz 797 ff), „Tausch" (Rz 1182), „Ratenzahlung" (Rz 988). 739

**Kaufangebot**

S „Gesellschaftsanteile" (Rz 598). 741

Verzicht auf ein günstiges Kaufangebot zugunsten eines AntE als vGa BFH BStBl II 72, 227. Durch das Kaufangebot muss eine rechtl geschützte Position geschaffen sein. Ist in Vorverhandlungen vorgesehen, dass eine GmbH erwirbt, und wird später an den AntE veräußert, uE keine vGa, es sei denn, die Körperschaft hat eine geldwerte Geschäftschance (BFH BStBl II 91, 593 mit HFR Anm 91, 491; Bestätigung von FG Berlin EFG 91, 264; FG Münster EFG 80, 44); s auch „Wettbewerbsverbot und Betriebsabgrenzung" (Rz 1406 ff).

**KgaA**

VGa an den persönlich haftenden Gesellschafter sind möglich (*Mahlow* DB 03, 1540). 742

**Know-how**

S „Erfinder" (Rz 439), „Immaterielle Wirtschaftsgüter" (Rz 693), „Patente" (Rz 891). 745

Der AntE kann seiner Körperschaft Know-how entgeltlich überlassen. Die Angemessenheit des Entgelts ist in hohem Maße einzelfallbezogen. Hohe Know-how-Gebühren, zB 10% bestimmter Umsätze für einen bestimmten Zeitraum, sind wegen des fehlenden Rechtsschutzes nicht ungewöhnlich. Häufig werden

Einmalvergütungen vereinbart. Ist der know-how-gebende AntE gleichzeitig Geschäftsführer, so ist die Abgrenzung zwischen Gehalt und Know-how-Entgelt problematisch (BFH/NV 10, 1307). Sofern der AntE über Know-how verfügt, das ein fremder Geschäftsführer nicht bringen wird, kann uE die Gesamtvergütung das angemessene Entgelt für das Dienstverhältnis alleine übersteigen. Know-how und Geschäftsführerkenntnisse sind nicht identisch.

**Kongress**

749 Schickt die Körperschaft ihren AntE-Vorstand oder ihren Gesellschafter-Geschäftsführer auf einen Kongress, den sie bezahlt, so stellt sich die Frage, ob nur Betriebsausgaben oder auch Arbeitslohn vorliegt (vgl *Felix* AG 87, 176); eine vGa kommt erst in Betracht, wenn keine betriebliche Veranlassung gegeben ist und beim Arbeitslohn die Angemessenheitsgrenze durchbrochen wird („Dienstverhältnis") oder wenn bei einem beherrschenden AntE die Kostenübernahme nicht rechtzeitig vereinbart ist (§ 8 Rz 370).

**Kontokorrent**

752 S „Darlehen" (Rz 248 ff).

**Konzernhaftung**

755 S „Haftung" (Rz 658 ff).

**Konzernname**

757 S „Konzernumlagen" (Rz 761).

**Konzernrückhalt**

759 S „Konzernumlagen" (Rz 761).

Der Konzernrückhalt kann nicht entgolten werden (BFH BStBl II 01, 140; Anm *Pezzer* FR 01, 246; s auch BFH BStBl II 16, 258, Anm *Greil/Wargowske* IStR 16, 272; *Engelen/Luckhaupt/Quilitzsch* ISR 15, 373; *Krüger* DStZ 17, 284).

**Konzernumlagen**

761 S § 8 Rz 260 und „Gewerbesteuerumlage" (Rz 608).

Konzernumlagen (ausführlich *Baumhoff* in Flick/Wassermeyer/Baumhoff, AStG, § 1 Rz 2051 ff (Aug 16)) beruhen alternativ auf einem Leistungsaustausch oder einem Poolverhältnis zwischen verbundenen Unternehmen. Konzernumlagen für verwaltungsbezogene Leistungen im Konzern sind Umlagen für Assistenzleistungen (Werbung, EDV usw), Management- und Kontrollleistungen, die im Konzern von einer Gesellschaft konzentriert erbracht werden. Sie sind solange keine vGa, als mit ihnen in angemessener Höhe echte Leistungen abgegolten werden. Keinen Ersatz kann der AntE für die Kosten verlangen, die mit dem Halten der Beteiligung, dh der Gesellschafterstellung, verbunden sind (so BFH BStBl II 69, 497 betr Regie- oder Kontrollkosten; allerdings ist der Leitsatz dieser Entscheidung nur schwer mit den Gründen in Übereinstimmung zu bringen; II 85, 120: Vergütungen für „rein konzernleitende Maßnahmen" sind vGa).

UE können Entgelte verrechnet werden für die Übernahme von Buchhaltungsarbeiten, Beratungsleistungen (so auch Tz 63 der „Verwaltungsgrundsätze", s § 8 Rz 260; vgl aber BFH BStBl II 93, 801, der für eine konzerneigene Steuerberatungsgesellschaft eine Einzelberechnung verlangt), Überlassung, Aus- und Fortbildung von Personal, Beschaffung von Waren und Dienstleistungen die Bereitstellung von Dienstleistungen auf Abruf. Kein Entgelt kann hiernach berechnet werden für den Rückhalt im Konzern, die Führung des Konzernnamens, es sei denn, der Konzernname ist zugleich als Markenname oder Markenzeichen geschützt (BFH BStBl II 01, 140; Anm *Pezzer* FR 01, 246; *Gosch* § 8 Rz 931; *Krüger* IStR 15, 650; *Greil/Wargowske* IStR 16, 272), für Vorstand und Aufsichtsrat (krit Niehues RIW 88, 808), Gesellschafterversammlung der MutterGes, Organisation, Investitions- und Produktionsplanung und -steuerung des Gesamtkonzerns, für den Schutz und die Verwaltung von Investitionen (Letzteres ist uE abzulehnen).

Schwierig ist es, die angemessene Höhe zu bestimmen. Die „Verwaltungsgrundsätze“, Betriebsvermögen 99 (§ 8 Rz 260) erfassten in Tz. 7 verschiedene Verrechnungsmodelle (Leistungsaustauschkonzept und Poolkonzept). Die Verwaltungsanweisung der Grundsätze für die Prüfung der Einkommensabgrenzung durch Umlageverträge zwischen international verbundenen Unternehmen (s § 8 Rz 260) hebt Tz 7 der „Verwaltungsgrundsätze“, aaO, auf und regelt ausschließlich nur noch das Poolkonzept. Das Leistungsaustauschkonzept bleibt uE aber weiterhin anwendbar (eingehend zu den einzelnen Methoden *Baumhoff* in Flick/Wassermeyer/Baumhoff, AStG, § 1 Rz 2055 ff (Aug 16)).

Tz 7 der „Verwaltungsgrundsätze“, aaO, forderte strenge Voraussetzungen für **Umlageverträge.** Sie mussten rechtzeitig, klar und eindeutig vereinbart und durchgeführt werden. Die Kosten waren nach anerkannten Methoden zu erfassen und zu verteilen, kostenunabhängige Maßstäbe, zB Umsatzschlüssel, schieden aus (vgl auch *Schulze* FR 83, 92). Ein Gewinnaufschlag war verboten, was uE dem vGa-Recht und dem Maßstab des ordnungsgemäß handelnden Geschäftsleiters widerspricht (dazu auch *Roser* FR 89, 417). Tz 7.2. kannte genaue Bedingungen des Vertragsinhalts, bei denen man angesichts ihrer Detailregelungen spontan nach der – uE nicht vorhandenen – Rechtsgrundlage fragt (zur Kritik auch *Zabel* DB 86, 2557). Der Vertrag war lfd auf seine Angemessenheit hin zu überprüfen und ggf anzupassen (dieses Gebot widerspricht der Forderung eines Vertrages, der idR für eine zeitliche Bindung sorgt). Tz 7.4. verlangte schließlich umfangreiche Nachweisungen für die Anerkennung des Umlagevertrags. UE überforderte Tz 7 die praktische Möglichkeit und führt zur Unanwendbarkeit; es handelt sich um eine klassische Anweisung vom grünen Tisch. In der Praxis werden heute weitaus pauschalere Konzernumlagen anerkannt. Auch die neuen Grundsätze für die Prüfung der Einkommensabgrenzung durch Umlageverträge zwischen international verbundenen Unternehmen (s § 8 Rz 260) an den Poolumlagevertrag entsprechend rigide – zum Teil verschärfte – Bedingungen. Positiv hervorzuheben ist Tz 6, wonach der Betriebsausgabenabzug bei groben Mängeln des Umlagevertrags nicht insgesamt zu versagen, sondern in dem Umfang zu gewähren ist, wie sich ein ordentlicher Geschäftsleiter an der Zahlung beteiligt hätte.

Rein formal betrachtet gelten die vorgenannten Grundsätze aufgrund des Wegfalls von Tz 7 der „Verwaltungsgrundsätze“, aaO, nicht (mehr) für Verträge über die Leistungsumlage. Die FinVerw kann sich uE darauf nicht mehr berufen. Dennoch ist zu empfehlen, den Anforderungen der (alten) „Verwaltungsgrundsätze“, § 8 Rz 260, zu entsprechen.

**Konzessionsabgabe**

S § 4 Rz 60 und zu Konzessionsabgaben einer Versorgungs-GmbH BFH/NV 05, 1199; BFH BStBl II 06, 196; BFH/NV 11, 850. **766**

**Kostenersatz**

S „Aufwendungsersatz“ (Rz 90). **769**

**Kreditvermittlungsgebühren**

Kreditvermittlungsgebühren sind von der Körperschaft auch dem eigenen AntE zu berechnen. Sie können jedoch bei AntE (Mitgliedern) geringer sein als bei Nichtgesellschaftern (Nichtmitgliedern), wenn der notwendige Aufwand geringer ist (BFH 1964 StRK KStG § 6 I S 2 R 96). **772**

**Kundenstamm**

S „Immaterielle Wirtschaftsgüter“ (Rz 693), „ Praxiswert“ (Rz 965). **775**

Geht ein Kundenstamm von der KapGes auf den AntE über, ist ein angemessenes Entgelt zu leisten (BFH/NV 03, 1349). Zur Einlage s § 8 Rz 106.

**Kunstwerke**

Auch eine KapGes kann wertvolle Kunstwerke, zB Bilder, erwerben. Dies ist nicht nur eine Kapitalanlage, sondern dient auch der Werbung und dem Marke- **778** ting. Ist der Erwerb ein betrieblicher Vorgang, so ist auch die fachgerechte Verwaltung betrieblich bedingt. Die Kunstwerke können im Unternehmen verwahrt oder einem Museum zur Verfügung gestellt werden. Auch die Leihgabe an ein Museum ist betriebsbedingt und keine vGa. Problematisch ist die Leihgabe an den AntE. Das gilt auch dann, wenn der AntE auf seine Kosten die fachgerechte Aufbewahrung übernimmt. Die unentgeltliche Nutzung dieses Vorteils kann eine vGa darstellen, wobei die Bewertung schwierig sein wird. Eine KapVerzinsung, in der Bp-Praxis vorgeschlagen, scheidet mE aus; die Belastung durch die Verwahrung und die Notwendigkeit des Schutzes mindern den Nutzen. Allerdings kann auch die Überlassung des Kunstwerks an den AntE betriebsbedingt sein, nämlich dann, wenn die Ausstattung seines Hauses mit Kunstwerken der KapGes im betrieblichen Interesse liegt (vgl hierzu „Einfamilienhaus“ Rz 390, „Repräsentation“ Rz 1000).

**Lästiger Gesellschafter**

782 S „Gesellschaftsanteile“ (Rz 598).

Abfindungen an lästige Gesellschafter können zu Betriebsausgaben führen (= keine vGa); die Grundsätze für die Abfindung lästiger Gesellschafter bei Mitunternehmerschaften gelten entsprechend; vgl BFH BStBl III 61, 463; III 65, 618; BFH/NV 96, 438; bei der AG dürfen die Anteile lästiger AntE durch die AG nur erworben werden, wenn die Voraussetzungen des § 71 AktG gegeben sind (BFH BStBl II 77, 572). Da ein nicht wesentlich beteiligter AntE die Körperschaft nicht ernsthaft soll gefährden können, soll er nicht „lästig“ sein können (BFH BStBl III 63, 454; uE zweifelhaft, ausgestattet mit Sonderrechten kann er sehr wohl lästig sein; s auch FG SachsAnh EFG 03, 1267, ein Gesellschafter, der an Dritte verkaufen will, ist nicht „lästig“). Die Abfindung ist, falls sich ein reguläres Ausscheiden mit einer wegen der Lästigkeit überhöhten Abfindung überlagert, in eine Ausschüttung (s „Einziehung“ Rz 414) und eine Betriebsausgabe aufzuteilen. Bei dem Erwerb der Anteile von einem lästigen Gesellschafter durch die Gesellschaft kann ebenfalls ein Teil des Erwerbspreises Betriebsausgabe sein (*J. Thiel,* Die steuerliche Behandlung eigener Anteile von KapGes, 1967, 56).

**Leasing**

785 S „Investitionszulage“ (Rz 708), „Vermietung und Verpachtung“ (Rz 1308).

Auch im Verhältnis zwischen GmbH und AntE sind Leasingverträge möglich. Es gelten die allgemeinen Angemessenheitsbedingungen. Wird der Vertrag mit einem beherrschenden AntE oder einem diesem Nahestehenden abgeschlossen, so müssen die Verträge klar und eindeutig, zivilrechtl gültig, rechtzeitig vereinbart und durchgeführt sein.

**Lebensversicherung**

788 S „Direktversicherung“ (Rz 365).

Prämien für eine Kapitallebensversicherung, die zur Sicherung und Tilgung eines Betriebskredites auf das Leben des Gesellschafters abgeschlossen wurde, sind keine vGa (FG Köln EFG 99, 349).

**Leibwächter**

791 S „Terroristenschutz“ (Rz 1204).

**Liebhaberei**

794 S „Verlustbetriebe“ (Rz 1296), „Nonprofit-GmbH“ (Rz 862).

S § 8 Rz 53 ff. Unterhält eine KapGes im Interesse ihres Gesellschafters ein Wirtschaftsgut (Segelyacht, Einfamilienhaus, Ferienwohnung), aus dem Verluste resultieren, so ist der Verzicht auf die Vereinbarung eines Aufwendungsersatzes nach der Rspr des I. Senates des BFH vGa (BFH/NV 97, R 190, Anm *Gosch* NWB v 30.6.97 F 4, 4165; BFH/NV 02, 1538, Anm *Pezzer* FR 02, 1175, Anm *Hoffmann* GmbHR 02, 1033; *Prinz* FR 02, 1171; BFH/NV 05, 793, Anm *Pezzer* FR 05, 590; FG München EFG 03, 800; FG München DStRE 10, 1176; FG Hbg EFG 06, 1283, zu Pferdesport; HessFG EFG 06, 289, m Anm *Neu,* zur Segelyacht;

Nds FG EFG 06, 1937: keine vGa bei Vercharterung von mehreren Motoryachten, aber Hinzurechnung mangels Aufzeichnung nach § 4 VII EStG, s auch § 8 Rz 16; eingehend auch *Prinz* StbJb 97/98, 97; *Hoffmann* Inf 97, 362; *Schönfeld/Bergmann* IStR 16, 935). Gleiches gilt nach BFH, wenn die KapGes eine Verlusttätigkeit im privaten Interesse ihres Gesellschafters ausübt (BFH/NV 99, R 269). Ob ein Verlustgeschäft im Interesse des Gesellschafters oder der Gesellschaft durchgeführt wird, ist nach den zur Liebhaberei entwickelten Kriterien zu entscheiden (BFH/NV 02, 1538; 05, 793; 08, 1534, ein gesellschaftsrechtliches Interesse bei Erwerb eines unbebauten Grundstücks verneinend). Der BFH sieht nicht lediglich den Verlust als vGa an, die GmbH muss einen über den reinen Verlustausgleich hinausgehenden Gewinnaufschlag verlangen (BFH/NV 05, 793; BStBl II 17, 217; BFH/NV 17, 60, jeweils zum Einfamilienhaus; FG BaWü EFG 00, 36, zu Devisentermingeschäften; FG München EFG 03, 800, zur Ferienwohnung), was bei Nichtgeltendmachung zu einer entsprechend höheren vGa führt (zur Krit s § 8 Rz 243; Anm *Pezzer* FR 98, 1093; *Hoffmann* StR 99, 269). Anders FG Münster EFG 13, 1659 zur Nutzung von Ferienwohnungen einer AG durch ihre Aktionäre: keine vGa auf Ebene der AG, Sachbezug nach § 20 I Nr 1 EStG in Höhe der vergleichbaren Bruttomiete auf Ebene des Aktionärs. Zur unentgeltlichen Überlassung einer ausländischen Immobilie durch eine ausländische Kapitalgesellschaft an den inländischen Gesellschafter s Rz 390.

Zur Liebhaberei bei KapGes und Betrieb gewerbl Art der öffentlichen Hand s § 4 Rz 10 ff.

**Lieferverkehr**

S auch „Aufwertungsgewinn" (Rz 93), „Frachtkosten" (Rz 499), „Gesellschaftsanteile" (Rz 598), „Grundstückskauf" (Rz 653), „Kaufangebot" (Rz 741), „Konzernumlagen" (Rz 761), „Rabatte" (Rz 983), „Risikogeschäfte" (Rz 1003), „Stromlieferung" (Rz 1148), „Tausch" (Rz 1182), „Währungsrisiko" (Rz 1362), „Zuckerfabriken/Rübenpreise" (Rz 1145).

Im laufenden Lieferverkehr (Warenverkehr) zwischen Gesellschaft und AntE 797
müssen **angemessene Preise,** dh solche, die ein ordnungsgemäß handelnder Geschäftsführer einem fremden Dritten berechnen würde, vereinbart werden. Anderenfalls liegt eine vGa vor, wenn der AntE durch den günstigen Preis bevorteilt wird. Unter- oder Überfakturierungen unter SchwesterGes führen hierbei zur vGa, wenn die MutterGes begünstigt wird (BFH BStBl III 66, 285; II 69, 243; II 73, 449; II 82, 631; II 84, 842 mit HFR Anm 85, 79; II 89, 475), nicht, wenn sie betrieblich veranlasst ist. Sind Preise fest vereinbart, kann eine Nachzahlung – auch bei nichtbeherrschenden AntE – selbst dann zu einer vGa führen, wenn die ursprünglichen Preise zu niedrig waren, sich aber ein ordnungsgemäß handelnder Geschäftsleiter mit einer rückwirkenden Preiskorrektur nicht einverstanden erklärt hätte (BFH BStBl II 70, 526); anders, wenn auch ein ordnungsgemäß entscheidender Geschäftsführer die Nachbelastung akzeptiert hätte; anders auch, wenn die Preise von vornherein vorläufig vereinbart waren (vgl die Entscheidung BFH BStBl II 72, 339 zur verdeckten Einlage); dann sind Nachzahlungen bei endgültiger Preisbestimmung möglich. Entsprechendes gilt für nachträgliche Rabatte, Vergütungen usw. Bei der Preisprüfung ist der gesamte Geschäftsverkehr mit all seinen Bedingungen als Einheit zu beurteilen. Unangemessene Preise können durch andere, gegenläufige unangemessene Bedingungen ausgeglichen werden; zum Vorteilsausgleich s § 8 Rz 230.

Der Vergleich der Preisbedingungen mit entsprechenden Vereinbarungen mit 798
Nichtgesellschaftern **(Fremdvergleich)** ist der Prüfungsmaßstab (FG Saarl EFG 10, 904, zu Bauleistungen), der sonstigen Ersatzmaßstäben, insbes kalkulierten Preisen, vorangeht, der jedoch den allgemeinen Maßstäben der vGa, insbes dem des ordnungsgemäß handelnden Geschäftsleiters, nachgeht. Der Verkauf von Waren unter den Selbstkosten ist dann keine vGa, wenn dies der auf dem Markt er-

zielbarer Erlös ist (BFH BStBl II 77, 765). Ähnlich auch die auf die individuellen Bedingungen abstellende Entscheidung BFH BStBl II 89, 510. Abzulehnen HessFG EFG 89, 200: vGa, wenn eine inländische Vertriebs-GmbH Verluste trägt, weil die MutterGes ihr keine hinreichende Gewinnspanne belässt, wobei die MutterGes unter Selbstkosten liefert; es gibt nicht das Gebot, einen „Soll"-Gewinn zu erzielen. Liegen Vergleichspreise vor, können also auch Abweichungen gerechtfertigt sein. Jeder Fremdvergleich erfordert eine Anpassung an die konkreten Geschäftsbeziehungen. Die Kostenstruktur des Abnehmers kann die Preise beeinflussen (vgl BFH BStBl II 77, 765: möglich, dass bei der MutterGes besondere Vertriebskosten anfallen). Der Gewinn eines neuen Abnehmers, das Halten eines Großkunden spielen für die Preisbemessung eine wichtige Rolle (BFH BStBl II 77, 765). Die Abhängigkeit von einem Hauptabnehmer kann ein niedrigeres Preisniveau rechtfertigen, auch wenn der Hauptabnehmer die MutterGes ist (BFH BStBl II 81, 492).

**799** Ist ein Fremdvergleich nicht möglich, so sind die Preise nach **Kontrollmethoden** zu überprüfen. In Frage kommen insbes: die Preisvergleichsmethode (sog „comparable uncontrolled price method") in Form des inneren Betriebsvergleichs (Preise, Kosten, Gewinne werden mit Betriebsergebnissen des Stpfl selbst und ihm Nahestehenden verglichen) oder des äußeren Betriebsvergleichs (Preise, Kosten und Gewinne werden mit Betriebsergebnissen von vergleichbaren Dritten verglichen). Kostenaufschlagsmethode (sog „cost plus method"): Die entstandenen Kosten werden um betriebs- oder branchenüblichen Gewinnaufschläge erhöht. Wiederverkaufspreismethode (sog „resale price method"): Aus dem Weiterverkauf an fremde Dritte wird der angemessene Preis errechnet. Einzelheiten zur Anwendung dieser Methode s Tz 2.4. der „Verwaltungsgrundsätze", § 8 Rz 260. Ultima ratio einer Angemessenheitsgrundlage bleibt die Überprüfung der **Verzinsung** des **eingesetzten Kap** (s auch § 1 AStG). **Alle Maßstäbe** sind **zweifelhaft,** angreifbar und geeignet, von dem gewollten Ergebnis auf die Prüfungsmethode und ihr Ergebnis zu schließen. In der Praxis findet man von seiten der Verwaltung nicht selten die allein hoheitliche Entscheidung über die Angemessenheit, die der Angemessenheitsbegründung aus dem Wege geht; Negativbeispiel zu Lasten der FinVerw aus der Rspr BFH BStBl II 80, 531.

**800** Im Lieferverkehr wird die GmbH auf jeden Fall versuchen, einen angemessenen **Gewinn** zu erzielen. **Laufende Verluste** über viele Jahre sprechen gegen angemessene Preise (BFH BStBl III 67, 495; II 73, 449 betr VertriebsGes; *Schreiber* IStR 94, 315), sofern nicht besondere Umstände die Preisvereinbarungen und den Fortbestand der Gesellschaft trotz der Verluste betriebl (aus der Sicht der Gesellschaft) rechtfertigen. So sind zB **Anlaufverluste** anzuerkennen; das Gleiche gilt für Anlaufverluste, die mit der Liquidation enden (= Fehlmaßnahme). Weiter sind langjährige Verluste denkbar bei Neuentwicklungen und häufigen Rückschlägen (Beispiel: Atomreaktorindustrie); bei langen Erprobungsphasen; bei tiefgreifendem Strukturwandel; sie sind auch gerechtfertigt bei übermächtigen Wettbewerben, denen nur bei langfristiger Planung Marktanteile zu nehmen sind (Beispiel: Computermarkt); glA *Mertens* FR 78, 166. Die Tatsache, dass der Gesamtkonzern Verluste erwirtschaftet, nimmt uE dem Verlust nicht zwingend die vGa-Indizwirkung (aA *Mertens* FR 78, 166). Verluste sind bei der **Markteroberung** gerechtfertigt (vgl BFH BStBl III 67, 495: Einführungskosten gehen zu Lasten der produzierenden MutterGes, falls branchenüblich; ähnlich Tz 3.4. der „Verwaltungsgrundsätze", § 8 Rz 260, die allerdings die Branchenüblichkeit nicht erwähnen; zur Üblichkeit ist regelmäßig ein Sachverständigengutachten erforderlich; sind die Preise angemessen und ist die Kostenübernahme nicht branchenüblich, lassen sich mithin auch lange Verlustphasen rechtfertigen, *Mertens* FR 76, 545). In der Pharmaindustrie trägt idR die inländische Vertriebstochter die Werbekosten und Marktzulassungskosten für die Arzneimittel der ausländischen Mutter-Produktions-Ges (FG BaWü v 29.11.68, nv Entscheidung des FG nach BFH BStBl II 67, 495). Lassen sich Branchenüblichkeiten nicht feststellen, ist darauf abzustellen, ob die Einführung eines neuen Produkts nach den vorliegenden Vereinbarungen innerhalb eines überschaubaren Zeitraums bei vorsichtiger Prognose einen Gewinn erwarten lässt; diese Prognose ist betriebswirtschaftlich zu belegen (BFH BStBl II 93, 457 mit HFR Anm 93, 454). Niedrigpreise zur Überwindung von Insolvenzschwierigkeiten sind keine vGa, wenn Nichtgesellschafter entsprechend gehandelt hätten. Hat eine Vertriebsgesellschaft in einem Geschäftszweig aus Geschäften mit dem AntE anhaltend Verluste, so sind diese Verluste uE allein kein Indiz für eine vGa, wenn die Verlustgeschäfte einen weiteren, gewinnträchtigen Geschäftszweig der Vertriebs-GmbH bedingen und die Vertriebs-GmbH insgesamt mit Gewinn abschließt (aA *Brendle/Schaaf* GmbHR 77, 137). **Vereinbarte Gewinnlosigkeit** ist jedenfalls steuerlich nicht zulässig, zB bei Ein- und VerkaufsGes (BFH BStBl II 75, 124; dazu *Henninger* GmbHR 77, 134).

Für Geschäfte zwischen Gesellschaft und **beherrschenden AntE** gilt die Voraussetzung rechtzeitiger, klarer, zivilrechtl gültiger und durchgeführter Vereinbarungen (s § 8 Rz 320 ff). Bei lfd Lieferverkehr ist uE aber auch mit beherrschenden AntE eine vorherige schriftliche Preisvereinbarung nicht erforderlich, wenn der Liefernde oder Leistende die Gesellschaft bzw den AntE wie einen Fremdbezieher behandelt oder wenn feste Preiskonditionen allgemeinanerkannt sind. Die Vereinbarung kann im Übrigen gerade im Lieferverkehr langjähriger Übung – die zB in einem Computerprogramm ihren Niederschlag gefunden hat – entnommen werden (§ 8 Rz 333). Vereinbarte Preise können nicht rückwirkend bei beherrschenden AntE geändert werden. Dies gilt selbst dann, wenn ein ordnungsgemäß handelnder Geschäftsleiter eine nachträglicher Korrektur zugelassen hätte; anders uE, wenn die Preise von vornherein vorläufig vereinbart waren. Zur Belastung mit Skontoaufwendungen s FG BaWü EFG 93, 406. Die strengen Formvorschriften gelten auch unter **SchwesterGes.** 801

Zur **Bewertung** der vGa s § 8 Rz 242. Der überfakturierte, dem AntE zufließende Betrag stellt die vGa dar; Kosten des Erhalts dieses Betrages sind keine Betriebsausgaben der Körperschaft, mindern nicht die vGa; sie stellen allenfalls Betriebsausgaben oder Werbungskosten des AntE dar (BFH BStBl II 89, 475). Der zollrechtliche Normalpreis ist für die vGa nicht bindend (BFH BStBl II 67, 495). 802

Lieferverkehr und **Einlagen** s § 8 Rz 105. 803

**Liquidation**

S § 8 Rz 178. 806

**Lizenz**

S „Erfinder“ (Rz 439), „Know-how“ (Rz 745), „Patente“ (Rz 891). 809

**Lohnsteuer**

Wird bei Bezügen des Gesellschafter-Geschäftsführers der LStAbzug unterlassen, ist dies noch keine vGa; vGa bei einem beherrschenden AntE erst dann, wenn die GmbH nach einer LStAußenprüfung die LSt übernimmt, ohne dass dies vorher vereinbart war; ist der begünstigte AntE nicht beherrschend, so liegt eine vGa vor, wenn die LStÜbernahme nicht angemessen ist. Vgl hierzu auch *Kröller* GmbHR 86, 195. S weiter „Dienstverhältnis“ (Rz 275 ff). 812

**Lösegeld**

Lösegeldzahlungen für den Gesellschafter oder eine ihm nahestehende Person führen nach FG Berlin EFG 01, 308 wegen privater Mitveranlassung zur vGa (bestätigt durch BFH/NV 01, 1048). 815

**Makler-GmbH**

Zur Frage, ob eine Makler-GmbH eine vertragliche Chance zur Abwendung einer vGa wahrnehmen muss s BFH/NV 97, 433. 820

**Management Buy-out**

823 Im Management Buy-out (MBO) kaufen die bei einem Unternehmen angestellten Manager (Vorstände, Geschäftsführer, Prokuristen etc) die von ihnen geführten Unternehmen. Handelt es sich um das Unternehmen einer KapGes, sind vGa möglich; vgl dazu im Einzelnen *Streck/Schwedhelm* BB 92, 792. Zahlt die zu übernehmende GmbH den Kaufpreis, den die Manager für die Anteile erbringen müssen, ohne dass gleichzeitig ein Darlehensverhältnis zur GmbH begründet wird, liegt insoweit eine vGa in Höhe des Kaufpreises vor (vgl BFH BStBl II 90, 795). Das Gleiche gilt, wenn die GmbH Verpflichtungen gegen Kaufpreisreduzierung übernimmt, die sie im Erwerbszeitpunkt noch nicht zu tragen hatte. Finanziert die GmbH den Erwerbern den Kauf durch Darlehensgewährung, so kann die Darlehenshingabe in Ausnahmefällen eine vGa darstellen (s „Darlehen" Rz 248 ff). Im Übrigen stellt sich die Frage des angemessenen Zinssatzes, wobei zu berücksichtigen ist, dass es sich regelmäßig um kaum gesicherte Darlehen handelt. Finanzieren die Käufer den Kaufpreis unmittelbar und stellt die GmbH Sicherheiten, so darf dies idR nicht unentgeltlich erfolgen; wird keine angemessene Avalgebühr vereinbart, kann dies zur vGa führen.

**Managementgebühren**

824 S „Betriebsführung" (Rz 179).

**Mandantenstamm**

826 S „Praxiswert" (Rz 965).

**Markteroberung**

829 S „Lieferverkehr" (Rz 797 ff).

**Metageschäft**

832 Über die Möglichkeit eines Metageschäftes zwischen AntE und Körperschaft s BFH 1963 StRK KStG § 6 I S 2 R 72.

**Mieterstattung**

835 Hat der beherrschende AntE Miete für die Körperschaft gezahlt, so fordert BFH BStBl II 77, 172 für die Aufwendungserstattung selbst dann eine klare Vereinbarung, wenn nach allgemeinen Regeln ein zivilrechtl Ersatzanspruch besteht; s § 8 Rz 336 und „Aufwendungsersatz" (Rz 90).

**Mietverträge**

837 S „Vermietung und Verpachtung" (Rz 1308).

**Miles and More**

840 S „Flugkosten" (Rz 482).

**Missbrauch**

843 Die vGa ist nicht notwendig ein Unterfall des § 42 AO. Im Einzelfall mag eine Gestaltung insoweit missbräuchlich sein, als sie eine Gewinnausschüttung verdeckt (so FG SchlHol EFG 02, 1142; FG Bln-Bdbg EFG 08, 719). Die unangemessene Pacht, die der AlleinAntE bezieht, ist jedoch idR kein missbräuchlicher Einsatz eines Pachtverhältnisses. Die strengen Formen und Erfordernisse bei beherrschenden AntE haben ihren Grund nicht in § 42 AO (s § 8 Rz 320). Bei unentgeltlichen Leistungen, Gebrauchs- und Nutzungsüberlassungen kann über § 42 AO kein Entgelt fingiert werden. S auch § 8 Rz 146 und Beratungs-ABC „Verluste".

**Mitgliedsbeiträge**

846 Werden dem AntE von der Körperschaft Mitgliedsbeiträge ohne betriebliche Veranlassung erstattet, so liegt eine vGa vor. Ist der AntE zugleich Geschäftsführer oder Angestellter der Körperschaft, so kann die Erstattung Teil des Geschäftsführergehalts bzw des Arbeitslohns sein. Hierzu Hinweis auf „Dienstverhältnis" (Rz 275 ff). Zur Übernahme von Mitgliedsbeiträgen an einen Arbeitnehmer aus betrieblichem Interesse, ohne dass Arbeitslohn vorliegt, s BFH BStBl II 85, 718. S „Parteispenden" (Rz 888).

**Mitunternehmerschaft**
S „Personengesellschaft" (Rz 946) mit Weiterverweisungen. 849

**Nachzahlungen**
S „Lieferverkehr" (Rz 797 ff). 852

**Nachzahlungsverbot**
S § 8 Rz 370 ff. 855

**Namenslizenz, Namensüberlassung**
S „Konzernumlagen" (Rz 761). 857
Zur Möglichkeit einer entgeltlichen Namenslizenz ohne Urheber- und Verlagsrecht s BFH/NV 93, 269. Das Entgelt der Körperschaft an einen AntE für die Namensüberlassung kann vGa sein (BFH BStBl III 56, 180). Ausnahmefall denkbar, wenn der Namensgeber nur kurzfristig zur Firmenbildung AntE ist.

**Nichtigkeit des Jahresabschlusses**
S „Jahresabschluss" (Rz 712). 859

**Nonprofit-GmbH**
S „Liebhaberei" (Rz 794), „Verlustbetriebe" (Rz 1296). 862
Es ist umstritten, ob die GmbH als Nonprofit-GmbH gegründet oder umgegründet werden kann. Gesellschaftsrechtl ist dies möglich (vgl *Priester* GmbHR 99, 149). Fraglich ist, ob die GmbH zu Gewinn verpflichtet werden kann, auch wenn sie diesen gar nicht erzielen darf oder kann (verneinend FG Köln EFG 99, 398; bestätigt durch BFH/NV 00, 1502; *Prinz* StbJb 97/98, 97).

**Nutzungsüberlassung**
als Einlage s § 8 Rz 107 f. Die Rückstellungsbildung wegen drohender Verbindlichkeiten nach § 32a GmbHG aF aufgrund kapitalersetzender Nutzungsüberlassung führt nach Ansicht des BFH zur vGa (BFH BStBl II 11, 60). Die Verpflichtung der KapGes, das Entgelt für eigenkapitalersetzende Nutzungsüberlassungen ggf zurück zu verlangen, ist durch Streichung der §§ 32a, 32b GmbHG zum 1.11.08 entfallen (*Harle* GmbHR 09, 1093). 865

**Öffentliche Hand**
S „Betrieb gewerblicher Art" (Rz 167), „Treuhandanstalt" (Rz 1212) und § 8 Rz 485 ff. 869

**Optionsgeschäfte**
S „Risikogeschäfte" (Rz 1003). 872
Zahlungen einer Kapitalgesellschaft für den Verzicht ihrer Gesellschafter auf ein wertloses Aktienoptionsrecht kann vGa sein (FG Mchn EFG 14, 344).

**Ordnungsgemäße Ausschüttung**
als vGa s § 8 Rz 135. 875

**Organisationsrechtliche Akte**
Zu den organisationsrechtl Akten wie Satzungsänderungen, Zweckänderungen, Umwandlung, Fusion, Liquidation etc s § 8 Rz 209. 878

**Organschaft**
S „Gewinnabführungsvertrag" (Rz 615). 881
Zur vGa innerhalb der Organschaft s § 14 Rz 136, 175 ff (betr gescheiterte Organschaft), § 15 Rz 9. Der Maßstab des ordnungsgemäß handelnden Geschäftsleiters bezieht sich innerhalb der Organschaft auf die Gesellschaft, deren Geschäftsführerstellung zu bewerten ist; der Geschäftsführer einer OrganGes darf nicht den OrganT begünstigen (BFH BStBl II 85, 18; teilw anders FG D'dorf EFG 80, 305).

**Pachtvertrag**
S „Vermietung und Verpachtung" (Rz 1308). 885

**Parteispenden**
S „Mitgliedsbeiträge" (Rz 846). 888

Übernimmt eine Körperschaft für den AntE den Mitgliedsbeitrag oder eine Spende für eine Partei, liegt eine vGa vor; anders, falls sie aus eigenem Interesse spendet; idR ist bei Spenden das eigene Interesse anzunehmen (BFH BStBl II 88, 220). Wird einer Körperschaft nachgewiesen, dass sie verdeckt im Wege der Ausnutzung von sonstigen Abzugsmöglichkeiten (Betriebsausgaben, Spendenabzug) Parteien unterstützt hat, so deutet dies nicht auf eine vGa zugunsten des AntE hin; die Körperschaft ist auch im eigenen Interesse an einer StMinimierung und Parteiunterstützung interessiert (BFH aaO). Vgl hierzu *Lang* JbFfSt 83/84, 220 ff; s auch § 9 Rz 27.

**Patente**

891 S „Erfinder“ (Rz 439), „Immaterielle Wirtschaftsgüter“ (Rz 693), „Know-how“ (Rz 745).

Verfügt der AntE über Fremdpatente, so kann er sie gegen angemessene Unterlizenz an die eigene Körperschaft vergeben. Die Angemessenheit kann aus dem Entgelt, das der AntE selbst zahlt oder zahlte, abgeleitet werden, wenn ein anderer Maßstab nicht zur Verfügung steht. Positive Erträge bei dem AntE weisen nicht notwendig auf eine vGa hin; das gilt auch für hohe Gewinne, wenn der AntE die Patente günstig erwerben konnte; die Chance der gewinnträchtigen Weitervergabe liegt bei ihm. Ebenso kann die Körperschaft an ihre AntE Patente in Lizenz vergeben. Liegen die Lizenzen unter der Angemessenheitsgrenze, so liegt vGa vor. Zur Angemessenheit s auch „Erfinder“ (Rz 439).

**Patronatserklärung**

894 S „Bürgschaft“ (Rz 234 ff), „Garantieversprechen“ (Rz 510).

S auch Tz 4.4. der „Verwaltungsgrundsätze“, § 8 Rz 260.

Zu den Erscheinungsformen s *Limmer* DStR 93, 1750; *Michalski* WM 94, 1229; *Siebert* AO-StB 05, 268. UE kann die MutterGes nur dann ein Entgelt von der TochterGes, für die sie die Patronatserklärung abgibt, fordern, wenn die Patronatserklärung gegenüber dem Kreditgeber zu einer bürgschafts- oder garantieversprechensähnlichen Gewährleistung führt. Ist eine Vermerkpflicht nach § 251 HGB nicht gegeben, ist uE ein Entgelt der TochterGes unangemessen und damit vGa. Die „Verwaltungsgrundsätze“, § 8 Rz 260, verweisen in Tz 4.4. auf die Anweisungen zur Bürgschaft; s dort (Rz 234 ff) jedoch mit der uE richtigen Einschränkung, dass dies nur dann gelte, wenn die Patronatserklärung Bürgschaftsfunktion hat.

Gibt der AntE für die KapGes eine Patronatserklärung gegenüber Kreditgebern der KapGes ab, so ist die Erfüllung der Kreditverpflichtung durch die KapGes nicht etwa vGa, weil der AntE hierdurch von seiner Verpflichtung befreit wird. Die KapGes erfüllt eine eigene Verpflichtung. UE gilt dies auch dann, wenn die KapGes die Verbindlichkeiten – etwa aufgrund einer Verschmelzung- von einer Tochter- oder SchwesterGes übernimmt.

**Pensionszusage**

S „Beratung“ (Rz 144), „Dienstverhältnis“ (Rz 275 ff), „Direktversicherung“ (Rz 365).

**Schrifttum:** (Zur Literatur vor 2000 s 8. Aufl). *Hambitzer,* Die steuerliche Beurteilung von PZ an den beherrschenden Gesellschafter-Geschäftsführer als vGa, StBp 01, 123; *Hieb/Leser,* PZ an den Gesellschafter-Geschäftsführer, steuerrechtliche Rahmenbedingungen und Finanzierung unter besonderer Berücksichtigung des § 8 II KStG, GmbHR 01, 453; *Rund,* Die Abfindung der Pensionsanwartschaft des Gesellschafter-Geschäftsführers im Zusammenhang mit der Unternehmensveräußerung – Arbeitslohn oder vGa, GmbHR 01, 417; *Hildesheim,* Zur Absicherung von Pensionsansprüchen eines beherrschenden Gesellschafter-Geschäftsführers, DStZ 02, 747; *Fuhrmann,* Anforderungen an die steuerrechtliche Anerkennung von Pensionszusagen, KÖSDI 02, 13545; *Höfer/Kaiser,* Pensionszusagen an beherrschende Gesellschafter-Geschäftsführer einer GmbH – Neues von der FinVerw und aus der Praxis, DStR 03, 274; *Daragan,* Abfindung der Versorgungszusage des Gesellschafter-Geschäftsführers einer GmbH durch Übertragung eines Rentenversicherungsvertrags, DStR 03, 1870; *Schlagheck,* Abfindungen oder Übertragungen von Pensionszusagen an beherrschende Gesellschafter vor

Erreichen der Altersgrenze, GmbHR 03, 992; *Langohr-Plato,* Die Regelung der Unverfallbarkeit in Pensionszusagen gegenüber Gesellschafter-Geschäftsführern von Kapitalgesellschaften, INF 03, 256; *Wellkamp,* Pensionszusagen an Gesellschafter-Geschäftsführer, DStZ 03, 291; *Briese,* Zur Steuersystematik einer vGa bei Pensionszusagen – zugleich ein Blick auf *Paus,* DStZ 02, 787, DStZ 03, 79; *Paus,* Nochmals: Auswirkungen einer nicht erkannten vGa bei Pensionszusagen – Duplik zu *Briese,* DStZ 03, 79, DStZ 03, 386; *Prost,* Auswirkungen aktueller BFH-Rechtsprechung auf Versorgungszusagen an beherrschende Gesellschafter-Geschäftsführer, DB 04, 2064; *Lederle,* Die Behandlung der passivierten Pensionszusage an den beherrschenden Gesellschafter-Geschäftsführer im Rahmen des Anteilsverkaufs einer GmbH, GmbHR 04, 269; *Langohr-Plato,* Steuerliche Konsequenzen des Verzichts eines GmbH-Gesellschafter-Geschäftsführers auf seine Pensionszusage, INF 04, 16, 65; *Höfer/Kaiser,* Zur Angemessenheit von Versorgungszusagen an beherrschende Gesellschafter-Geschäftsführer, DStR 04, 2136; *Haßelberg,* Angemessenheit von Pensionszusagen an Gesellschafter-Geschäftsführer aufgrund der BFH-Rechtsprechung zu Invalidenrentenanwartschaften, GmbHR 04, 1056; *Briese,* Pensionszusagen: Überversorgung nach § 6a EStG und/oder verdeckte Gewinnausschüttung?, GmbHR 04, 1132; *Briese,* vGa-Probleme bei Pensionszusagen im Fall vorzeitigen Ausscheidens des beherrschenden Gesellschafter-Geschäftsführers, DStR 04, 1233, 1276; *Finsterwalder,* Angemessenheitsprüfung und Überversorgung bei Pensionszusagen an Gesellschafter-Geschäftsführer im Licht unangemessener Rechtsfolgen, DB 05, 1189; *Briese,* Überversorgung und vGa bei Pensionszusagen, DStR 05, 272; *Langohr-Plato,* Bilanz steuerrechtliche Berücksichtigung überhöhter Versorgungsanwartschaften – nicht nur ein Problem von Gesellschafter-Geschäftsführern, INF 05, 134; *Paus,* Pensionszusagen und Abfindungsklauseln – Anmerkung zu dem BMF-Schreiben vom 6.4.05, GmbHR 05, 975; *Harle/Kulemann,* Pensionszusagen an den Gesellschafter-Geschäftsführer, GmbHR 05, 1275; *Paus,* Finanzierbarkeit einer Pensionszusage als Hürde für die steuerliche Anerkennung, INF 06, 70; *Ott,* Gesellschaftsrechtliche Veranlassung einer Pensionszusage, StuB 06, 329; *ders,* Voraussetzungen der Anerkennung einer Pensionszusage gegenüber Gesellschafter-Geschäftsführer, StuB 06, 249; *Janssen,* Auswirkungen des BMF-Schreibens zur Nur-Pensionszusage, NWB Fach 4, 5323, (14.7.2008); *Pitzke,* Bilanzsteuerrechtliche Berücksichtigung von sog. Nur-Pensionszusagen, NWB Fach 17, 2247 (7.7.2008); *Busch/Thieme,* Behandlung von Pensionszusagen an persönlich haftenden Gesellschafter einer KGaA, FR 08, 1137; *Ropohl/Schulz,* Verdeckte Einlage durch Verzicht auf Pensionsanwartschaften?, GmbHR 08, 568; *Briese,* Auslagerung von Pensionsanwartschaften auf Pensionsfonds, BB 09, 2733; *ders,* Wechselwirkungen von Betriebsrentenrecht und Steuerrecht bei Pensionszusagen an Gesellschafter-Geschäftsführer, DB 09, 2346; *Binnewies/Wollweber,* Pensionsverzicht bei Anteilsverkauf, GmbH/StB 09, 307; *Alt/Stadelbauer,* Abfindung von und Verzicht auf Pensionszusagen – Zulässigkeit und Konsequenzen, DStR 09, 2551; *Wellisch/Gellrich,* Ablösung und Auslagerung von Pensionszusagen, NWB 09, 2470; *Wellisch/Gahl,* Zweifelsfragen bei der körperschaftsteuerlichen Anerkennung von Pensionszusagen an Gesellschafter-Geschäftsführer – Zur Wartezeit, Erdienbarkeit und Unverfallbarkeit einer Pensionszusage, BB 09, 2341; *Uckermann/Pradl,* „Baustelle“ Gesellschafter-Geschäftsführer-Versorgung – Aktuelle Problemfelder in der Praxis: Herabsetzung der Versorgungsleistungen nach den Grundsätzen der „Past-Service-Methode“, BB 09, 2568; *Fuhrmann,* Steuerliche Fallstricke bei Pensionszusagen, StbJb 2009/2010, 291; *Höfer,* Pensionsrückstellungen und gewinnabhängige Alterversorgung, DB 10, 925; *Hoffmann,* Der Austritt aus der Pensionsverpflichtung, GmbH-StB 10, 371; *Harle,* Die Werthaltigkeit der Pensionszusage im Fall eines Verzichts durch den GmbH-Gesellschafter, BB 10, 1963; *Geilert/Retzlaff/Schnathmeier,* Pensionszusagen gegenüber beherrschenden Gesellschafter-Geschäftsführern, DStR 10, 87; *Wellisch,* Was tun mit erteilten Pensionszusagen?, NWB 10, 2862; *Uckermann,* Auslagerung von Pensionsverpflichtungen – Vorteilhaftigkeitsbetrachtung aus der Sicht der steuerlichen Beratung, DB 10, 279; *Risthaus,* Verdeckte Einlage durch Verzicht eines Gesellschafter-Geschäftsführers auf den „future-service“ seiner Pensionszusage, DStZ 10, 212; *Linden,* Gesellschafter-Geschäftsführer und Pensionszusagen – durch „Einfrieren“ ein Lohnsteuer- und Liquiditätsfiasko?, DStR 10, 582; *Keil/Prost,* Verzicht von Gesellschafter-Geschäftsführern auf den „future-service“ von bestehenden Pensionszusagen, DB 10, 868; *Perwein,* Abfindung der Pensionszusage für einen Gesellschafter-Geschäftsführer in der Handels- und Steuerbilanz, GmbHR 10, 523; *Janssen,* Ein gefährlicher Irrtum bei Pensionszusagen – Entwarnung, NWB 10, 4027; *Höfer,* Pensionsrückstellung in der Steuerbilanz, DB 10, 140; *Harle,* Der Verzicht auf die Pensionszusage, NWB 10, 1675; *Binnewies,* Pensionsrückstellung – „Pflege, Aufzucht, Kompostierung“, Steueranwalt 2010/2011, 127; *Schothöfer/Killat,* Plädoyer für eine zeitgemäße steuerrechtliche Behandlung der Pensionszusage, DB 11, 896; *Killat,* Verzicht auf den future service – nunmehr ein Ende der unendlichen Geschichte!?, DStZ 12, 642; *Dellisch/Quiring/Siebert,* Wertgleiche Umstellung von Pensionszusagen zur Befreiung von Finanzierungsrisiken, BB 11,

2859; *Altendorf,* „Einfrieren" einer Pensionszusage durch Verzicht auf den „future service" – neue Erkenntnisse der Finanzverwaltung, GmbHR 11, 1186; *Egner/Sartoris,* Verzicht auf Pensionszusagen – Klarheit bei unsicherer Wetterlage, BB 11, 2804; *Borggreve/Korfmann,* Pensionszusagen an Gesellschafter-Geschäftsführer, GmbH-StB 11, 374; *Janssen,* Ertragsteuerliche Behandlung des Verzichts auf den future service einer Pensionszusage, NWB 12, 3230; *Schütz,* Folgen der Weiterbeschäftigung des Gesellschafter-Geschäftsführers nach Erreichen der Altersgrenze, NWB 12, 2996; *Dernberger/Lenz,* Verzicht und Umstrukturierung der Zusage eines Gesellschafter-Geschäftsführers auf Basis des BMF-Schreibens vom 14.8.2012, DB 12, 2308; *Zajons/Mische,* Betriebswirtschaftliche Aspekte bei der Auslagerung von Versorgungsanwartschaften und -verpflichtungen auf externe Versorgungsträger, BB 13, 1072; *Schwedhelm/Höpfner,* Verdeckte Gewinnausschüttungen an Gesellschafter-Geschäftsführer bei gleichzeitigem Bezug von Aktiv-Vergütung und Pension?, GmbHR 13, 800; *Veit/Hainz,* Ansatz und Bewertung von Pensionsverpflichtungen – Anforderungen von Rechtsprechung und Finanzverwaltung, DStZ 14, 600; *Heidl/Miller,* Dienbarkeit einer Pensionszusage bei vorzeitigem Ausscheiden eines Gesellschafter-Geschäftsführers, NWB 14, 1428; *Briese,* Aktuelle BFH-Rechtsprechung zur Pensionszusage an Gesellschafter-Geschäftsführer, DB 14, 801; *ders,* Verdeckte Gewinnausschüttung bei Pensionsabfindung: Zur BFH-Kreation einer gleichzeitigen verdeckten Einlage, BB 14, 1567; *Otto,* Aktuelle Urteile des BFH zu Direktzusagen an beherrschende Gesellschafter-Geschäftsführer, GmbHR 14, 617; *Schulze zur Wiesche,* Pensionsansprüche eines Gesellschafter-Geschäftsführers als VGA, StBb 14, 320; *Kamchen/Kling,* Gleichzeitiger Bezug von Versorgungsleistung und Gehalt, NWB 14, 1270; *Paus,* Rückwirkende Einstufung einer zu recht anerkannten Pensionszusage als vGA, FR 14, 1129; *Wellisch/Kutzner,* Mittelbare Pensionserhöhungen bei entgeltabhängigen Pensionszusagen an Gesellschafter-Geschäftsführer, BB 15, 2731; *Mayer/Dietrich,* Pensionsrückstellung im Lichte des BAG-Urteils vom 15.5.2012, DStR 15, 136; *Huth/Kutzner,* Umstrukturierung klassischer Pensionszusagen von beherrschenden Gesellschafter-Geschäftsführern, GmbHR 15, 290; *Demuth/Fuhrmann,* Pensionszusagen an Gesellschafter-Geschäftsführer im Fokus der neueren Rechtsprechung, Kösti 15, 19213; *Demuth,* Update Pensionszusagen an Gesellschafter-Geschäftsführer, EStB 15, 137; *Briese,* Nachzahlungsverbot bei Pensionszusagen an beherrschende Gesellschafter-Geschäftsführer, DB 15, 2408; *ders,* Praktische Auswirkung der Überversorgung bei Pensionszusagen an Gesellschafter-Geschäftsführer und Arbeitnehmer, GmbHR 15, 635; *ders,* Rechtliche Grundlagen der Überversorgung bei Pensionszusagen an Gesellschafter-Geschäftsführer und Arbeitnehmer, GmbHR 15, 463; *Wellisch/Kutzner,* Die Erdienbarkeit von Pensionszusagen an Gesellschafter-Geschäftsführer – Gesellschafter – Geschäftsführer – Grundlagen und praktische Auswirkung, BB 16, 2135; *Ott,* Auslagerung einer Pensionszusage auf eine Rentner-GmbH vor Anteilsveräußerung oder vorweggenommene Erbfolge, DStZ 17, 435; *Selig-Kraft,* Steuerliche Fallstricke bei der Restrukturierung von Gesellschafter-Geschäftsführer-Pensionszusagen, BB 17, 159; *Kutzner,* Weitere Zweifelsfragen im Hinblick auf die Erdienbarkeit von Pensionszusagen zugunsten von Gesellschafter-Geschäftsführern, StB 17, 762.

897 **1. Allgemeines.** Eine Pensionszusage **(PZ)** wird regelmäßig im Rahmen eines **Dienstverhältnisses** gewährt; sie gehört hier zur „Gesamtausstattung" des Arbeitnehmers, die dem Angemessenheitsgebot genügen muss; s „Dienstverhältnis" (Rz 275 ff). Ob eine PZ auch als Entgelt für andere Leistungen gewährt werden kann (zB als Gegenleistung für „Beratung" Rz 144; s BFH BStBl II 74, 363), erscheint fraglich.

Die Gewährung einer PZ als Gegenleistung für die **Übertragung eigener Anteile** ist vGa, wenn die Rückstellung nicht ohne Minderung des StammKap möglich ist (HessFG EFG 00, 1412, NZB abgewiesen BFH StuB 01, 1128).

Die PZ soll nicht als ausschließliche Gegenleistung gewährt werden können, zB als einziges Entgelt für eine Geschäftsführertätigkeit (BFH BStBl 96, 204; zust *Gschwendtner* DStZ 95, 7; *Kempermann* FR 95, 835; krit *Hoffmann* DStR 95, 1750; *Cramer* BB 95, 2055; *Förster/Heger* DStR 96, 408; *Gosch/Gosch* § 8 Rz 1131; aA war noch BFH BStBl II 74, 363; Übergangsregelung BMF BStBl I 05, 387; dazu *Große* GmbHR 05, 1466). Nach Ansicht des BFH (BFH BStBl II 08, 523 mit Anm *-sch* DStR 06, 83 und *Pezzer* FR 06, 176; BFH BStBl II 13, 41; BMF BStBl I 13, 35; *Killat* DB 13, 195; *Altendorf* GmbH-StB 13, 80) stellt die **Nur-PZ** eine Überversorgung dar, dazu Rz 900; nach SächsFG DStRE 07, 756 gilt dies auch für nicht beherrschende Gesellschafter.

Austausch von – anteiligem (s „Dienstverhältnis“ Rz 275 ff) – laufendem Gehalt gegen PZ ist bei entsprechender Absicherung des Versorgungsanspruchs möglich (BFH BStBl II 05, 176; FG BaWü EFG 93, 403; dazu *Otto* DStR 96, 770). Eine arbeitnehmerfinanzierten PZ durch **Entgeltumwandlung** führt auch beim beherrschenden Gesellschafter-Geschäftsführer nicht zur vGa (FG Thür EFG 16, 1634, Rev I R 89/15; s auch *Paus* GmbHR 01, 607; *Wellisch/Siebert* BB 13, 427; zur Berücksichtigung bei der Überversorgungsprüfung BMF BStBl I 04, 1045, Tz 18, dagegen zu Recht *Höfer* DB 05, 132).

Die PZ kann von jedem **körperschaftsteuerpflichtigen Subjekt** gegeben werden. Die OrganGes kann für ihre Geschäftsführer selbständige Rückstellungen bilden (s § 15 Rz 4).

**2. § 6a EStG.** Eine PZ bedarf schon aufgrund des § 6a EStG (und damit auch 898
bei nicht beherrschenden Gesellschaftern) der **Schriftform** und der **Rechtsverbindlichkeit** (s § 6a I EStG; BFH BStBl II 05, 702; BFH/NV 11, 452; FG Saarl EFG 88, 592; FG Köln EFG 00, 1035).

Der **Beschluss der Gesellschafterversammlung** einer GmbH, eine PZ zu gewähren, ist nicht ausreichend, wenn der den Beschluss vollziehende Vertrag fehlt (BFH/NV 88, 807). Das Protokoll über den Beschluss der Gesellschafterversammlung genügt nicht, wenn das Protokoll keine Fixierung von Art und Höhe der PZ enthält (BFH BStBl II 04, 121, gegen NdsFG EFG 02, 1021).

Die schriftliche Zusage muss die Höhe der Leistungen nennen. Dies gilt auch für spätere Änderungen (FG Köln EFG 00, 1035). Dabei ist auf eine klare Formulierung zu achten. Ist Bezugsgröße das letzte Festgehalt, muss klargestellt werden, auf welches Jahr oder auf den Durchschnitt welcher Jahre sich der %-Satz bezieht. Ob das Gebot der Klarheit einer **Auslegung** der Vereinbarung entgegensteht, ist seit der Änderung des § 6a EStG durch das StÄndG 01 (BStBl I 02, 4) zweifelhaft (BFH/NV 05, 1036; s aber FG SchlHol EFG 10, 889); bis zur Gesetzesänderung hat der BFH eine Auslegung akzeptiert (BFH BStBl II 84, 65; BFH/NV 1999, 972, gegen NdsFG EFG 98, 782; BFH/NV 98, 1375; BFH BStBl II 01, 612: Festlegung der fiktiven Jahresnettoprämie ausreichend; vorausgehend BFH/NV 99, 1643; s auch BMF BStBl I 01, 594).

Eine Regelung, wonach die Versorgungsverpflichtung in Höhe des Teilwerts 899
gem § 6a III EStG abgefunden werden darf, steht unter einem nach § 6a I Nr 2 EStG schädlichem **Vorbehalt,** da der Teilwert der Pensionsrückstellung regelmäßig nicht dem ratierlichen Barwert nach § 2 BetrAVG entspricht (BFH BStBl II 05, 261; 13, 41; BMF BStBl I 05, 619; 860; *Paus* GmbHR 05, 975; s auch Rz 937). Ebenso ist eine Rückstellung unzulässig, die Gewinntantiemen, die nach der PZ vereinbart wurden, oder eine als vGA anzusehende Umsatztantieme in die Berechnung der Rückstellung einbezieht (BFH/NV 10, 1015; 10, 244).

Die Höhe der PZ darf zusammen mit den Rentenanwartschaften aus der gesetzl 900
Rentenversicherung und etwaigen Ansprüchen aus einer Direktversicherung (BFH/NV 96, 596; FG BaWü BB 98, 1201) 75% der Aktivbezüge (= tatsächlich gezahltes Entgelt einschließlich Durchschnitt der variabler Gehaltsbestandteile der letzten fünf Jahre, siehe FinVerw BStBl I 04, 1045) nicht überschreiten, sog **„Überversorgung“** (BFH BStBl II 76, 142; II 04, 937; II 05, 176; II 14, 174; BFH/NV 17, 807; diese Rechtsprechung ablehnend FG Bln-Bdbg EFG 15, 321; *Dommermuth* H/H/R § 6a Rz 115; *Wenzler* GmbHR 12, 760; *Briese* GmbHR 15, 463; *ders* GmbHR 15, 635). In die Berechnung sind nur die von der Gesellschaft gezahlten Vergütungen einzubeziehen (BFH BStBl II 13, 41; SächsFG GmbHR 12, 1024). Als vGa zu qualifizierende Bezüge (BFH BStBl II 05, 176) sowie die fiktive Jahresnettoprämie der PZ selbst (BFH BStBl II 04, 940) gehen nicht in die Bemessungsgrundlage der letzten Aktivbezüge ein; uE aber Tantiemen und Sachbezüge (§ 2 LStDV; ebenso *Gosch* § 8 Rz 1129; FG Berlin EFG 98, 28). Überversorgung auch bei eigener PZ und Witwenpension über Ehemann (BFH/NV 03,

347; FG Saarl EFG 01, 1316). Anwartschaften aus früheren Arbeitsverhältnissen sind zu berücksichtigen (BFH/NV 07, 1350). Zur Überversorgung durch eine Nur-PZ s Rz 897.

901 Bei einer Festbetragszusage führt eine **Absenkung des Festgehalts** nur dann zu einer anteiligen Auflösung der Pensionsrückstellung, wenn die PZ 75% des abgesenkten Gehalts übersteigt und die Gehaltskürzung auf Dauer angelegt ist (BFH BStBl II 12, 665; I R 4/15 DStR 17, 841; FG Köln EFG 15, 1563; BMF GmbHR 06, 560; *Heger* BB 12, 1532; *Wenzler* GmbHR 12, 758; *Briese* GmbHR 15, 463 u 635). Bei der Höhe der Auflösung ist zu berücksichtigen, dass bis zur Herabsetzung keine Überversorgung vorlag (BMF 04, 1045, Rz 19; zustimmend BFH I R 4/15 DStR 17, 841; FG Köln EFG 15, 1563). Anders ist dies bei einer entgeltsabhängigen Zusage („75% des durchschnittlichen Festgehalts der letzten drei Jahre"), hier ist die Rückstellung nach Ansicht des BFH anzupassen, eine Auslegung, dass auf bereits erdienten Anwartschaften nicht verzichtet werde (so uE zutreffend *Neumann* VGA und verdeckte Einlagen, 2. Aufl 2006, 385 f; s auch *Kohlhaas* GmbHR 06, 521; BMF GmbHR 06, 560), sei aufgrund des Schriftformerfordernisses nach § 6a EStG nicht möglich (BFH/NV 11, 452).

Eine **Dynamisierung** der Rente führt nicht zur Überversorgung iSd § 6a III EStG solange die jährlichen Steigerungsraten maximal 3% betragen (BFH BStBl II 96, 403; 423; 04, 940; 05, 176; aA noch HessFG EFG 00, 454). S auch Rz 907 und *Janssen* NWB F 4, 5287.

902 Von der Prüfung einer Überversorgung wird abgesehen, wenn die laufenden Aufwendungen für die Altersversorgung (Sozialversicherungsbeiträge und Zuführung zur Pensionsrückstellung) **30% des stpfl Arbeitslohns** nicht übersteigen (BFH BStBl II 87, 205; 87, 557; 95, 873; BFH/NV 96, 596; BFH BStBl II 04, 937). Nach BMF BStBl I 04, 1045 Tz 23 soll dies seit 1.1.05 nicht mehr gelten. Eine Grundlage in der Rspr findet sich hierfür nicht (daher zu Recht krit *Paus* FR 05, 409).

903 Im Fall einer Überversorgung ist die Rückstellung in Höhe der Überversorgung in der ersten noch offenen Bilanz aufzulösen (BFH BStBl II 04, 937; 940; 05, 176; BMF BStBl I 04, 1045; FG Berlin EFG 04, 1400 mit Anm *Neu; Langohr-Plato* INF 2005, 134; *Briese,* DStR 2005, 272). Die **Kürzungen der Rückstellung** nach § 6a EStG gehen einer vGa vor (BFH BStBl II 03, 149 mit Anm *Hoffmann* GmbHR 02, 860; BFH/NV 05, 245; 12, 1179).

Umgekehrt führt die **Nachholung von Pensionsrückstellungen** für Vorjahre bei einem beherrschenden Gesellschafter wegen nicht ordnungsgemäßer Durchführung zur vGa (BFH/NV 06, 1754; *Weber-Grellet* StuB 06, 872). S auch Rz 910.

905 **3. PZ und vGa.** Die PZ muss darüber hinaus zur Vermeidung einer vGa **ernsthaft, erdienbar, finanzierbar** und **angemessen** sein (KStR 38; BFH BStBl II 99, 318; BFH/NV 01, 67), und zwar zum Zeitpunkt der Zusage (BFH BStBl II 97, 301 dazu *Paus* DStZ 97, 739; BFH/NV 01, 866, unter Aufhebung v FG Köln EFG 99, 1098; anders FG München EFG 02, 941, mit Anm *Neu*). Ist einem nicht beherrschenden Gesellschafter Geschäftsführer eine Pensionszusage erteilt worden, die die strengeren Anforderungen für beherrschende Gesellschafter-Geschäftsführer nicht erfüllt, führt dies grundsätzlich nicht zur vGA, wenn der nicht beherrschende Gesellschafter-Geschäftsführer zum beherrschenden wird (sog „Statuswechsel" BMF BStBl I 16, 1427; offen gelassen von BFH BStBl II 16, 1008.).

Zur Beurteilung der **Ernsthaftigkeit** kann die später eingetretene tatsächliche Entwicklung herangezogen werden (s BFH BStBl II 98, 689; 93, 457). Arbeitet der AntE über die Zusagezeit hinaus, so ist dies noch kein Indiz gegen die Ernsthaftigkeit, s Rz.

Ebensowenig ist das Fehlen einer **Rückdeckversicherung** Indiz gegen die Ernstlichkeit der Zusage (BFH/NV 98, 796; BFH BStBl II 99, 316, gegen FG

Köln EFG 97, 1138; BStBl II 99, 318; BFH/NV 99, 972; NdsFG EFG 98, 782 aufhebend; FG D'dorf DStRE 01, 596, aufgehoben durch BFH BStBl 05, 662; *Hildesheim* DStZ 02, 749). Die Aufwendungen für eine Rückdeckversicherung im Fall der Nichtanerkennung der PZ sind keine vGa (BFH BStBl II 04, 131, gegen FG Köln EFG 02, 712, mit Anm *Rohde* GmbHR 03, 118; OFD Chemnitz DStR 99, 1696). Ebensowenig führt die nachträgliche Aufstockung der Rückdeckungsversicherung zur vGA (BMF v 6.9.07, DStZ 07, 646). VGa, wenn vereinbart ist, dass der Gesellschafter die Beiträge zur Rückdeckversicherung zu zahlen hat, aber die Gesellschaft zahlt (FG Bln-Bdbg GmbHR 11, 670).

Zu den Beiträgen bei mittelbarer Versorgungszusage s Rz 906.

**4. Erdienbarkeit.** Bei **beherrschenden Gesellschafter-Geschäftsführern** ist die PZ **erdienbar,** wenn zwischen dem Zeitpunkt der Zusage der Pension und dem Eintritt in den Ruhestand mindestens **10 Jahre** liegen (BFH BStBl II 95, 419; BFH/NV 00, 225, 892, 1168; BFH/NV 09, 608; NdsFG GmbHR 99, 826; krit *Gosch* FR 97, 438; *ders* in Gosch § 8 Rz 1098; *Langohr-Plato* Inf 03, 256; im Übrigen DStR 95, 601; *Höfer/Eichholz* DB 95, 1246; *Mink* GmbHR 95, 644; *Goecke* BB 95, 2467; *Brenner* DStZ 96, 65; *Tillmann/Schmidt* GmbHR 95, 796; *Forster/Meyer* DStR 96, 408; *Wellisch/Kutzner* BB 16, 2135; aA uE zutreffende FG Bln-Bdbg EFG 07, 1731: in Ausnahmefällen auch weniger, 7 Jahre 6 Monate). Wegen des Rückwirkungsverbotes (dazu § 8 Rz 370) dürfen zurückliegende Dienstzeiten nicht berücksichtigt werden (BFH BStBl III 56, 30; II 82, 612; II 14, 174). Maßgebend ist der im Vertrag vorgesehene Zeitpunkt des Ruhestandes, nicht die tatsächliche Dienstzeit (FG München EFG 00, 853). Der Erdienungszeitraum ist nicht gewahrt, wenn der beherrschende Gesellschafter-Geschäftsführer vor Ablauf von zehn Jahren in den Ruhestand treten kann (BFH GmbHR 2005, 1510; FG Münster EFG 04, 600) oder vor Ablauf der 10 Jahre aus dem Unternehmen als Geschäftsführer ausscheidet (BFH/NV 14, 1672; *Paus* FR 14, 1129). Diese Grundsätze gelten nicht nur für Direktzusagen, sondern auch für mittelbare Versorgungszusagen. Die Beiträge der Körperschaft, die sie an den Versicherer zahlt, sind, anders als bei Beiträgen zur Rückdeckversicherung s Rz 905, vGa (BFH BStBl II 17, 66 zu einer rückgedeckten Unterstützungskassenzusage; *Briese* GmbHR 16, 1275). 906

Durch **nachträgliche Verlängerung** des Zeitraums kann die vGa verhindert werden (BFH BStBl II 98, 689; FG RhPf EFG 97, 1047; *Hoffmann* DStR 98, 1653), allerdings nur ab Änderung der Zusage (BFH BStBl II 03, 926; BFH/NV 05, 2252).

Die Einhaltung der Zehnjahresfrist gilt auch für die **Erhöhung einer Pensionszusage** (BFH BStBl II 13, 39; gegen FG Münster EFG 07, 1629; FG D'dorf EFG 05, 1796, mit Anm *Neu;* BMF BStBl I 13, 58; *Killat* DB 13, 195; *Altendorf* GmbH-StB 13, 80) selbst wenn die Erhöhung aufgrund der Abhängigkeit der Pension von der gezahlten Vergütung aus einer (angemessenen) sprunghaften Erhöhung des Festgehalts resultiert („Pensionssprung" nach „Gehaltssprung"). Allenfalls eine Anpassung durch Koppelung an dynamische Steigerungen des Gehalts (zB tarifvertragliche Steigerungen) ist ohne Einhaltung einer Wartefrist zulässig (BFH BStBl II 15, 1022); zur Gefahr einer Überversorgung siehe Rz 901. Nach FG Hbg ist eine nachträgliche Dynamisierung nach Vollendung des 60. Lebensjahres vGa (EFG 16, 1357). 907

Bei **nicht beherrschenden Gesellschaften** ist die Pension grundsätzlich dann **erdienbar,** wenn der Zeitraum zwischen dem Zeitpunkt der Zusage und dem vorgesehenen Zeitpunkt des Eintritts in den Ruhestand mindestens 10 Jahre beträgt oder wenn dieser Zeitraum mindestens drei Jahre beträgt und der Gesellschafter-Geschäftsführer dem Betrieb seit mindestens 12 Jahre angehört (BFH BStBl II 97, 440; dazu Anm DStR 96, 1241; *Pezzer* FR 96, 638; krit *Gosch* DStR 97, 438; Übergangserlass der FinVerw BStBl I 97, 637; OFD Köln GmbHR 97, 1169; BFH BStBl II 99, 318; BFH/NV 00, 1168; FG Bremen EFG 08, 1324). Bei der Min- 908 destbetriebszugehörigkeit sind – wie bei der Probezeit – auch Zeiten zu berücksichtigen, die der Gesellschafter-Geschäftsführer in dem Betrieb tätig war bevor dieser durch Umwandlung oder Verkauf auf die GmbH übergegangen ist (BFH BStBl II 00, 504, FG Bdbg EFG 99, 625 bestätigend; FG München EFG 04, 1863; FG Köln EFG 14, 2162).

909 Die Fristen, die dem inzwischen mit Wirkung zum 1.1.02 geänderten (s § 16 BetrAVG) BetrAVG entnommen sind, haben allerdings nur **indizielle Bedeutung** (BFH/NV 98, 1530; 02, 1055; BFH BStBl II 03, 416 mit Anm *Hoffmann* GmbHR 02, 1145, und BMF BStBl I 03, 300; BFH/NV 05, 112; FG München EFG 04, 1863; aA FG SachsAnh EFG 02, 1478, mit Anm *Neu;* dazu BFH/NV 03, 785; FG Bremen EFG 08, 1324) und sollen daher weiterhin gelten (BMF BStBl I 02, 1393). Eine kurzfristige Unterbrechung der 10-Jahres-Frist oder ein geringfügiges Unterschreiten der Frist ist unschädlich (BFH/NV 02, 1055, gegen FG Köln EFG 02, 46).

910 Wird eine Einbeziehung von Vordienstzeiten vereinbart, so sind diese bei der Rückstellung in der Bilanz zu berücksichtigen und außerbilanziell durch eine vGA zu korrigieren (BFH BStBl II 14, 174). Werden Vordienstzeiten bei der Rückstellungsbildung berücksichtigt, ohne dass dies vereinbart war, so ist die gebildete Pensionsrückstellung fehlerhaft und in der Bilanz zu berichtigen. Sie führt – wenn die Zusage als solche angemessen ist – nicht zur vGa (BFH BStBl II 03, 149, mit Anm *Hoffmann* GmbHR 2002, 860; BFH/NV 09, 608.

912 **5. Finanzierbarkeit.** Der BFH verlangt die Finanzierbarkeit der PZ (BFH BStBl II 99, 316; BFH/NV 93, 330; BVerfG GmbHR 1998, 750; BFH BStBl II 05, 657; II 05, 659; BFH/NV 01, 1147; 02, 675; *Paus* INF 06, 70). Für die Beurteilung der Finanzierbarkeit ist der versicherungsmathematische Barwert (§ 6a III S 2 Nr 2 EStG) anzusetzen (BFH BStBl II 05, 659; BFH/NV 01, 1147; 02, 675; BStBl II 05, 662; GmbHR 2003, 778; *Kutz* StWa 01, 242; *Janssen* BB 01, 1818; *Buciek* DStZ 01, 480), ggf der niedrigere handelsrechtl Teilwert (BFH BStBl II 05, 662; FG Bln-Bdbg EFG 10, 807). Abzustellen ist nicht auf den jeweiligen Bilanzstichtag, sondern auf den Zeitpunkt der Zusage (BFH BStBl II 05, 653 mit Anm *Hoffmann* GmbHR 2001, 399, gegen FG Köln EFG 99, 1098).

Fällt die Finanzierbarkeit aufgrund einer späteren Vermögensentwicklung fort, so ist eine Einschränkung oder ein **Widerruf der Pensionszusage** erst dann notwendig, wenn eine entsprechende zivilrechtl Grundlage besteht und ein ordentlicher und gewissenhafter Geschäftsleiter in der gegebenen Situation gegenüber einem Fremdgeschäftsführer von diesen Möglichkeiten Gebrauch gemacht hätte. Die bloße bilanzielle Überschuldung ist kein Grund für eine solche Anpassung (BFH GmbHR 2003, 778; BStBl II 05, 653), ebensowenig eine vorübergehende Verlustphase (FG Bln-Bdbg EFG 14, 482). Zum **Rangrücktritt** in der Krise *Rund* GmbHR 09, 1149; *Harle* NWB 10, 1675.

Bei einer **kombinierten Zusage** (Altersversorgung, Invalidität, Witwenpension) ist jede einzeln zu beurteilen (BFH/NV 01, 1142).

**Immaterielle Wirtschaftsgüter** wie ein Firmenwert – und damit die künftige Ertragslage – sind – jedenfalls bei positiver Fortführungsprognose – bei der Beurteilung der Finanzierbarkeit heranzuziehen (BFH GmbHR 04, 1034; FG Bdbg EFG 01, 708, in der Grundaussage bestätigt durch BFH BStBl II 03, 416). Nach FG Berlin (EFG 05, 1961, mit Anm *Neu*) ist bei der Berechnung der Steuerrückstellung im Rahmen der fiktiven Überschuldungsbilanz aber nur der Teilwert der Pensionsrückstellung anzusetzen.

913 VGa ist die PZ nur, **soweit** sie **nicht finanzierbar** ist. Ggf ist die Rückstellung also teilweise anzuerkennen (BFH BStBl II 05, 659).

Die **FinVerw** ist dem BFH erst nach langem Widerstand gefolgt (BMF BStBl I 05, 875; ergänzend OFD Frankfurt FR 06, 96; eingehend zu dem Widerstreit zwischen BFH und FinVerw *Gosch* DStR 01, 822).

**6. Angemessenheit.** Die PZ muss angemessen sein. Sie ist Teil der Gesamtausstattung des Berechtigten (FG BaWü EFG 90, 266). S Rz 275 ff unter „Dienstverhältnis“. Die Unangemessenheit kann sich auch aus der Unüblichkeit ergeben, s § 8 Rz 272. 915

Das **Fehlen einer PZ an übrige Arbeitnehmer** ist – wenn diese nicht die gleiche Tätigkeit wie der Gesellschafter ausüben – ebenso wenig ein Indiz einer vGa wie eine **Widerrufsklausel** entsprechend § 6a I Nr 2 EStG (BFH/NV 89, 131; BFH BStBl II 96, 423; 99, 316, 318).

Die **sofortige Unverfallbarkeit** ist kein Indiz für eine vGa, wenn eine proportionale Kürzung für den Fall vorzeitigen Ausscheidens vorgesehen ist (BFH/NV 98, 1530; 02, 952; 04, 373; 08, 1273; anders FG Berlin DStRE 02, 167; BMF BStBl I 02, 1393; dazu *Höfer/Kaiser* DStR 03, 274; *Langohr-Plato* Inf 03, 256).

Soweit Leistung und Gegenleistung angemessen einander gegenüberstehen, kommt es auf das Motiv der Leistungserbringung nicht mehr an; unerheblich zB, ob **steuersparende Motive** ausschlaggebend waren (BFH BStBl III 66, 604).

Bei der Angemessenheitsbewertung wird die PZ mit einer **fiktiven Jahresnettoversicherungsprämie** ohne Abschluss- und Verwaltungskosten angesetzt, die, abgestellt auf das Alter im Zusagezeitpunkt, für eine entsprechende Versicherung gezahlt werden müsste (H 8.7 KStH 2015; BFH BStBl III 59, 374); Wertsicherungsklauseln bleiben, falls angemessen, außer Betracht. Rückdeckungsversicherungen sind in die Angemessenheitsprüfung nicht einzubeziehen. 916

PZ sind „unangemessen“ (und damit vGa auch bei nicht beherrschenden Gesellschaftern), wenn sie dem Berechtigten erstmals in einem Alter gewährt werden, zu dem ein ordentlicher Geschäftsleiter eine solche Zusage nicht erteilt hätte. Zusagen nach Vollendung des **60. Lebensjahres** führen daher zur vGa (BFH BStBl II 95, 478; BFH/NV 95, 1092; 99, 1125; 01, 67; BStBl II 03, 926; BFH/NV 06, 616; 09, 1841, zu einer Witwenrente; FG München EFG 04, 1789). 917

VGa ist die Erteilung einer PZ nach Ausbruch einer **lebensbedrohenden Erkrankung** (BFH/NV 05, 385).

Die Gewährung einer PZ unmittelbar nach Anstellung des Geschäftsführers ist nach Auffassung der FinVerw (BMF BStBl I 99, 512; 13, 58) und nach der Rspr des BFH (BStBl II 93, 455; II 05, 882, dazu *Hoffmann* GmbHR 05, 775; BFH BStBl II 05, 702; 13, 41) „unüblich“ und damit idR vGa. Erforderlich ist eine **Wartezeit,** um die Eignung und Befähigung des Geschäftsführers überprüfen zu können (BFH/NV 93, 330; 98, 1262; 10, 1310). Dies gilt selbst bei Abschluss einer Rückdeckversicherung (BFH/NV 98, 1262; FG Berlin EFG 97, 1139 bestätigend; dagegen *Fromm* GmbHR 96, 597 und BB 96, 950). Handelt es sich um eine neu gegründete KapGes, ist die PZ erst dann keine vGA, wenn die zukünftige wirtschaftliche Entwicklung der Gesellschaft verlässlich abgeschätzt werden kann (BFH BStBl II 13, 41; BFH/NV 10, 1310). Keine Probezeit, wenn die GmbH aus einem bestehenden Unternehmen – zB durch Umwandlung eines Einzelunternehmens in eine GmbH oder Begründung einer Betriebsaufspaltung – hervorgegangen ist (BFH/NV 99, 1384; BFH BStBl II 99, 318, gegen NdsFG EFG 97, 1137; BFH/NV 00, 225; BFH BStBl II 02, 670; ferner FG RhPf EFG 03, 184 bei Neugründung nach Insolvenz, mit Anm *Neu;* ebenso FG Bln-Bdbg EFG 14, 482 u EFG 14, 1713). Eine Wartezeit von fünf Jahren ist in jedem Fall ausreichend (BFH BStBl II 99, 316; OFD Frankfurt FR 06, 96; s auch *Tillmann/Schmidt* GmbHR 95, 796 und *GmbH Centrale* GmbHR 95, 217). Die besonderen Bedingungen in den neuen Bundesländern können eine kürzere Zeit rechtfertigen (FG Berlin EFG 98, 137, NZB des FA abgewiesen BFH/NV 98, 1530). Bei einem Geschäftsführer mit Branchenerfahrung genügen 18 Monate (BFH/NV 98, 1530; 04, 373). Ohne Branchenerfahrung genügen 15 Monate nicht (BFH/NV 98, 1262). Nach Auffassung der FinVerw (BStBl I 99, 512, mit Ergänzung OFD Koblenz GmbHR 99, 1267; krit *Janssen* DStZ 99, 741; *Mahlow* DB 99, 2590) ist eine 918

Probezeit von zwei bis drei Jahren – bei Neugründung von fünf Jahren – idR ausreichend.

919 Die FinVerw hat Zuführungen zu einer Rückstellung für eine **PZ,** die **ohne Beachtung der Probezeit** vereinbart worden ist, bis zum Ablauf der Probezeit als vGa behandelt. Nach Ablauf der angemessenen Probezeit wurden die weiteren Zuführungen aufgrund der ursprünglichen PZ für die Folgezeit gewinnmindernd berücksichtigt (BMF BStBl I 99, 512; zu den hieraus resultierenden Gestaltungsmöglichkeiten *Hoffmann* DStR 99, 1346; s auch FG D'dorf EFG 03, 484; BFH/NV 04, 373). Nach BFH BStBl II 13, 41, ist die Situation zum Zusagezeitpunkt ausschlaggebend, so dass die PZ auch nach Ablauf der Probezeit nicht in die steuerliche Anerkennung hineinwächst. Dem folgt die FinVerw für PZ, die nach dem 29.7.10 erteilt wurden (BMF BStBl I 13, 58).

921 **7. Wertsicherungs-, Gleit- und Spannungsklauseln.** Sind zulässig und bedeuten keine Rückwirkung. Das gilt auch für die Vereinbarung fester Mindeststeigerungsraten (FG D'dorf EFG 95, 391). Die nachträgliche Vereinbarung einer Wertsicherungs- oder Anpassungsklausel während der Dienstzeit wird sich idR auf die zukünftig zu erbringenden Dienste beziehen. Wertsicherungsklauseln, die nach dem Eintritt des Versorgungsfalles neu vereinbart werden, führen allerdings zur vGa (BFH BStBl II 78, 33, 79, 687; 82, 612; Ausnahmen nachfolgend).

922 Eine **Anpassung** ist jedoch aus sozialen Gründen („Sozialrenten"), zB bei Bedürftigkeit, möglich (BFH StRK KStG § 6 I S 2 R 45; BStBl II 74, 430; III 62, 318 betr PZ bei Pensionierung) oder zur Anpassung an die gestiegenen Kosten und die Geldentwertung, wenn auch die Pensionen oder PZ der übrigen Angestellten oder Arbeiter angepasst werden (BFH BStBl II 72, 501; II 74, 430; II 79, 687: Anpassung bei einer Teuerung seit der Zusage oder der letzten Anpassung von 20 vH möglich – dazu DB 79, 2455 –; BStBl II 82, 612 – dazu HFR Anm 82, 465; *Klempt* DStZ 82, 503 –; BStBl II 89, 57; FG Münster EFG 85, 310; dies gilt uE auch, wenn der Gesellschafter-Geschäftsführer der einzige ist, dem eine PZ gewährt wurde; ebenso nach der Begründung BFH BStBl II 79, 687 und 82, 612). Soweit hiernach eine Erhöhung möglich ist, kann sie auch im Rahmen einer nachträglichen Wertsicherungsklausel erfolgen (BFH BStBl II 79, 687). Eine zivilrechtliche Pflicht zur Anpassung ist in diesen Fällen nicht Voraussetzung (BFH BStBl II 82, 612; HFR Anm 79, 529). Ist die Erhöhung und Anpassung zivilrechtlich verpflichtend, so liegt keine Rückwirkung vor (BFH BStBl II 82, 612; FG Münster EFG 85, 310). Veranlasst § 16 BetrAVG eine Anpassung von Versorgungsbezügen im Unternehmen, können auch die Bezüge des Gesellschafter-Geschäftsführers angepasst werden (glA BFH BStBl II 82, 612; DB 77, 1164). Soweit eine Anpassung möglich ist, kann eine Einmalrückstellung erfolgen. Ist wegen Wegfalls der Geschäftsgrundlage eine Anpassung zum Nachteil des Berechtigten möglich, muss die verpflichtete KapGes diese Möglichkeit in Erwägung ziehen (BFH BStBl II 84, 65, allerdings im konkreten Fall eine solche Pflicht verneinend; dazu DB 84, 433). Wird die aufgrund einer Spannungsklausel erforderliche Anpassung nach unten unterlassen, ist eine vGa möglich (BFH BStBl II 84, 64).

925 **8. Pensionsalter.** § 6a EStG schreibt kein Mindestpensionsalter vor. Die Pensionsrückstellung ist daher immer nach dem in der Zusage vorgesehenen Alter zu berechnen (so, wohl veranlasst durch die Anhebung der gesetzlichen Altersgrenzen ab 07 – s BMF BStBl I 08, 569; 09, 712 – BFH BStBl II 16, 1008; BFH/NV 15, 500; HessFG EFG 13, 1508; BMF BStBl I 16, 1427, entgegen der früheren Rechtsprechung und Verwaltungsauffassung, die grundsätzlich auf das Endalter 65 abstellten, s BFH/NV 91, 269; BStBl II 91, 379; FinVerw BStBl I 82, 988; *Lieb* BB 17, 114). Eine Zusage auf ein Endalter unter 65 Jahre indiziert bei einem beherrschenden Gesellschafter eine vGA (BFH/NV 05, 2252). Nach Ansicht der Finanzverwaltung (BMF BStBl II 16, 1427) ist bei Neuzusagen nach dem 9.12.16 bei einer Altersgrenze unter 62 davon auszugehen, dass die Rückstellung in voller

Höhe zur vGA führt. Liegt die Altersgrenze unter dem 67. Lebensjahr soll anteilig eine vGA vorliegen. Für Zusagen bis zum 9.12.16 sollen die Altersgrenzen bei 60 und 65 Jahren liegen. Die Anhebung der Altersgrenzen in der gesetzlichen Rentenversicherung ab 2007 hat nach der Rechtsprechung jedenfalls keinen Einfluss auf die steuerliche Beurteilung von Zusagen, die vor 2007 erteilt wurden (BFH BStBl II 16, 1008; BFH/NV 14, 728; 15, 500).

Eine Zusage auf ein **höheres Endalter** als 65 wird anerkannt. Allerdings ist eine Zusage auf ein Endalter über 70 nicht mehr bei der 10jährigen Erdienbarkeitsfrist (Rz 906 ff) zu berücksichtigen (BFH BStBl 95, 419). Einem 60jähriger beherrschenden Gesellschafter-Geschäftführer kann also keine Zusage mehr erteilt werden, selbst wenn er sich verpflichtet, über das 70. Lebensjahr hinaus tätig zu sein, anders bei einem 59jährigen bei einer Zusage auf das 70. Lebensjahr. **926**

Eine **vorzeitige Pensionierung** führt uE nicht zur vGa, wenn die zugesagte Pension entsprechend gekürzt wird und der Mindestzeitraum für die Erdienbarkeit (Rz 906 ff) nicht unterschritten wird (NdsFG EFG 07, 1808). Zur vorzeitigen Auszahlung der Pension FG D'dorf EFG 10, 1720).

Ist die Zahlung einer Pension nicht an die tatsächliche Beendigung des Dienstverhältnisses, sondern „nur" an das Erreichen des Ruhestandsalters geknüpft, führt dies nicht zur vGA. Wird das Dienstverhältnis des Gesellschafter-Geschäftsführers nach Erreichen des in der Pensionszusage vorgesehenen Ruhestandsalters fortgeführt, so muss die Geschäftsführervergütung nach Auffassung des BFH auf die Versorgungsleistung angerechnet werden. Soweit dies nicht erfolgt, liegt nach Ansicht des BFH in Höhe des nicht angerechneten Betrags eine vGA vor (BFH BStBl II 15, 409). Trotz heftiger und uE berechtigter Kritik an diesem Urteil (s *Schwedhelm/Höpfner* GmbHR 13, 800, sowie die Nachweise in der Begründung BFH BStBl II 15, 413) hat der BFH an dieser Rechtsprechung festgehalten, selbst wenn die Vergütung mit Eintritt des Versorgungsfalls gekürzt wurde (BFH BStBl II 15, 413; FG Köln EFG 15, 1220), allerdings zugestanden, dass eine vGA vermieden wird, wenn der vereinbarte Eintritt des Versorgungsfalls aufgeschoben wird, bis der Begünstigte endgültig seine Geschäftsführerfunktion beendet. In diesem Fall dürfen die Pensionszusagen nach versicherungs-mathematischen Grundsätzen erhöht werden (BFH BStBl II 15, 413; s hierzu *Briese* DB 14, 1567; *ders* DB 14, 801; *Kohlepp* DB 14, 2910; *Pezzer* FR 14, 559; *Hoffmann,* GmbHR 14, 497; *ders* StuB 14, 313; *Schulze zur Wiesche* StBp 14, 320; *Kamchen* NWB 14, 1270; *Otto* GmbHR 14, 617). Nach FG Bln-Bdbg EFG 16, 1916, sollen diese Grundsätze auch gelten, wenn der Geschäftsführervertrag beendet und durch einen Beratervertrag, der die Fortführung der Geschäftsführertätigkeit nur verdeckt, ersetzt wird, NZB I B 104/16.

Zur Kapitalabfindung der Pension ohne Beendigung der Tätigkeit nach Eintritt des Versorgungsfalls s Rz 937.

**9. Beherrschung.** S § 8 Rz 395. Ehegatteninteressen (s BFH BStBl III 66, 323), aber auch die Interessen von Gesellschafter-Geschäftsführern können in der PZ-Frage parallel laufen. Zur Beherrschung aufgrund gleichlaufender Interessen s § 8 Rz 405 f. Gleichlaufende Interessen können nach BFH BStBl II 82, 612 auch bei unterschiedlichen Beteiligungen der Zusageberechtigten vorliegen; uE hat der BFH hier allerdings die nach BFH BStBl II 78, 659 gebotene krit Prüfung unterlassen. Gleichlaufende Interessen liegen im Übrigen idR nur bei Gleichaltrigkeit der Zusageberechtigten vor. Der Jüngere wird stets bemüht sein, den älteren Geschäftsführer mit 65 Jahren zur Beendigung zu bewegen oder zu zwingen. Die Anteile von AntE mit auffallenden Altersunterschieden können folglich in der Pensionsfrage nicht zusammengerechnet werden (so BFH/NV 99, 1384; s aber auch BFH/NV 99, 671; vGa bei Ehegatten, die mit 25 und 26% beteiligt waren und gleichartige, aber unterschiedlich hohe PZ erhielten). **928**

930 **10. Invaliditätsrente.** Nach FG München EFG 02, 941 ist die Zusage einer nicht rückgedeckten Invaliditätsrente auch bei gewährleisteter Finanzierung vGa. Der BFH BStBl II 05, 841 (dazu *Höfer/Kaiser* DStR 04, 2136; *Doetsch/Lenz* DB 06, 1028; ferner BFH/NV 12, 1181) hat die Entscheidung in der Sache bestätigt. Eine vGa liege aber nicht wegen des Risikos, sondern wegen der Unüblichkeit einer dienstzeitunabhängigen Invaliditätsversorgung in Höhe von 75% des Bruttogehalts vor. Nach FG Berlin DStRE 02, 167, ist eine sofort unverfallbare Invaliditätsrente vGa.

932 **11. Hinterbliebenenzusagen.** Neben der Altersversorgung für den tätigen AntE sind Hinterbliebenenzusagen zusätzlich möglich (st Rspr BFH BStBl III 66, 202, 323). Unwiderrufliche Witwen- und Waisenrenten sind als ernsthaft anzusehen (BFH BStBl III 62, 138, 399; II 68, 810). Ein Vertrag zwischen der Körperschaft und dem Hinterbliebenen ist nicht erforderlich (BFH BStBl III 67, 207). Der Anspruch des Ehepartners muss nicht unentziehbar sein; anstelle des Ehepartners kann ein dritter Empfänger benannt werden (BFH BStBl III 67, 207; BStBl II 01, 204: nichteheliche Lebensgefährtin; BMF BStBl I 02, 706, mit Anm *Bickenbach* GmbHR 01, 304). Er muss mit dem Tod des tätigen Partners entstehen (BFH BStBl III 67, 207). Es muss eine angemessene Verbindung zur Tätigkeit des Geschäftsführers bestehen. Eine Rente an die Witwe des Geschäftsführers zur Abgeltung erbrechtlicher Ansprüche ist vGa (BFH 1963 StRK KStG § 6 I S 2 R 83); ebenfalls die Altersversorgung für die geschiedene Frau des Gesellschafter-Geschäftsführers (BFH BStBl II 77, 444; dazu *Früchtnicht* FR 77, 234; *Mangold* StuW 78, 171), eine erheblich (30 Jahre) jüngere Ehefrau (FG Nürnberg EFG 00, 701, uE unzutreffend), oder eine Witwenrente von 100% der Mannesrente (FG Bln DStRE 02, 167).

933 Auch bei **Hinterbliebenenrenten** gilt das **Rückwirkungsverbot** (BFH BStBl II 82, 612) und die Erdienbarkeit (Rz 906; BFH/NV 14, 731). Entscheidend ist, ob der tätige Geschäftsführer oder Angestellte beherrschender AntE ist, nicht ob die Hinterbliebenen beherrschend sind (BFH 1963 StRK EStG § 5 R 381). Die Zusage einer Witwenrente nach dem Tod des beherrschenden Gesellschafter-Geschäftsführers ist vGa (*Gosch/Gosch* § 8 Rz 1076). Waisenrenten können noch in fortgeschrittenem Alter oder der Witwe gegenüber gewährt werden (BFH BStBl II 74, 430: Fortentwicklung des sozialen Gedankens). Wird ein Hinterbliebener später Angestellter oder Geschäftsführer, so kann er die Hinterbliebenenbezüge neben der lfd Tätigkeitsvergütung beziehen; das gilt auch, wenn die Hinterbliebene bereits zu Lebzeiten des Verstorbenen Geschäftsführerin war (vgl BFH BStBl III 62, 399; 1963 StRK EStG § 5 R 381).

936 **12. Versorgungsfall.** Tritt der Geschäftsführer mit dem vereinbarten Zeitpunkt in den Ruhestand, sind die **Pensionen Betriebsausgaben,** die zum Teil durch die Auflösung der Rückstellung neutralisiert werden. Soweit die Rückstellung zur vGa geführt hat, ist bei der Auflösung die Gewinnerhöhung zu korrigieren (BMF BStBl I 02, 603; BFH BStBl II 08, 277; Anm *Hoffmann* GmbHR 08, 44).

Gibt der Berechtigte mit dem Zusagezeitpunkt – zB 65. Lebensjahr – noch nicht seine Tätigkeit auf, handelt es sich um einen sog **technischen Rentner;** dazu R 6a (22) EStR. Wurde keine Rückstellung gebildet, sind angemessene Alterszahlungen Betriebsausgaben; ansonsten vGa (BFH/NV 09, 1841).

937 **14. Abfindung der PZ.** Eine Abfindung der PZ ist zulässig, wenn die PZ ein Kapitalisierungswahlrecht enthält. Das Kapitalisierungswahlrecht kann auch vor Eintritt des Versorgungsfalls ausgeübt werden. Der Kapitalbetrag darf allerdings erst mit Eintritt des Versorgungsfalls fällig werden, sofern der Dienstvertrag nicht vorzeitig endet (BFH BStBl II 15, 409; II 15, 413).

Scheidet der Geschäftsführer auch nach Eintritt des Versorgungsfalls nicht aus, was zulässig ist, müssen die laufenden Gehaltszahlungen auf die Abfindung durch Berücksichtigung eines versicherungsmathematisch zu berechnenden Abschlags

**angerechnet** werden, sonst verliere – so BFH BStBl II 15, 409 und BStBl II 15, 413 – die PZ ihren Charakter als Altersversorgung (uE unzutreffend, s Rz 926).

**§ 3 BetrAVG** ist auf Gesellschafter-Geschäftsführer, die zu 50% oder mehr an der Gesellschaft beteiligt sind, nicht anzuwenden (s *Höfer* BetrAVG § 17 Rz 5590 ff; *Freckmann* DStR 08, 52) und steht daher der steuerlichen Anerkennung nicht entgegen (BFH BStBl II 15, 409; BStBl II 13, 41; ebenso *Gosch* FR 97, 438; *Frotscher* in F/D Anh § 8 Pensionszusage; *Arteaga* GmbHR 98, 265; *Beck* DStR 02, 473; *Hoffmann* GmbH-StB 02, 151; *Schwedhelm/Olgemüller* GmbH-StB 03, 163; *Förster* DStR 06, 2149; aA *Neumann* GmbHR 97, 292; *ders* FR 97, 925; *Haßelberg* DStR 02, 1803, die § 3 BetrAVG als Fremdvergleichsmaßstab sehen). Gleiches gilt, wenn der Gesellschafter-Geschäftsführer weniger als 50% der Anteile hält, er aber mit weiteren Gesellschafter-Geschäftsführern über die Mehrheit der Anteile verfügt und seine Beteiligung nicht ganz unbedeutend (unter 10%) ist (BFH BStBl II 13, 41; *Höfer* BetrAVG § 17 Rz 5595 ff) oder wenn die Geltung des § 3 BetrAVG vereinbart wird (so der Fall BFH/NV 06, 1515). Auf die nahe stehende Person eines Gesellschafters als Geschäftsführer dürfte § 3 BetrAVG anwendbar sein (s § 17 I BetrAVG). Greift die Vorschrift dem Grunde nach ein, so ist die Reichweite der Vorschrift in der jeweils gültigen Gesetzesfassung zu prüfen. So war nach der bis 05 geltenden Fassung die Abfindung nach Eintritt des Versorgungsfalls jedenfalls zulässig (BFH/NV 08, 1273, mit Anm *Pezzer* FR 08, 1025; *Luxem* GmbH-StB 08, 161; *Hoffmann* GmbH-StB 08, 313). Nach der Neufassung der Vorschrift (zur Übergangsregelung s § 30g II BetrAVG) dürfen laufende Zahlungen nach Eintritt des Versorgungsfalls und Anwartschaften im Fall der Beendigung des Arbeitsverhältnisses vor Eintritt des Versorgungsfalls zwar nicht mehr abgefunden werden (§ 3 I BetrAVG). Zulässig bleibt aber die Abfindung von Anwartschaften bei ungekündigtem Dienstvertrag und direkt bei Eintritt des Versorgungsfalls (s *Höfer* BetrAVG § 3 Rz 3570u 3574.6 ff; *Riewe* DB 10, 2503).

Der Verzicht des Gesellschafter-Geschäftsführers auf eine unverfallbare PZ gegen Zahlung einer angemessenen **Abfindung** ist keine vGa, wenn die Abfindung betrieblich veranlasst ist. Dies ist regelmäßig der Fall, wenn die Abfindung im Zusammenhang mit der Beendigung des Dienstverhältnisses steht (BFH BStBl II 13, 41; FG Münster EFG 09, 1779; *Gosch* FR 97, 640; *Wochinger* in Ernst & Young, vGa und vE, Fach 4, „Pensionszusagen" Rz 135; *Grögler/Urban* DStR 06, 1389; *Förster* DStR 06, 2149; *Lederle* GmbHR 04, 209; *Altenberg* GmbH-StB 08, 334; *Briese* GmbHR 08, 568; *Schwedhelm/Olbing/Binnewies* GmbHR 09, 1242). In diesen Fällen spricht es nicht gegen die betriebliche Veranlassung, wenn die Abfindung vor Eintritt des Versorgungsfalls gezahlt wird (FG Münster EFG 09, 1779).

Wird das Dienstverhältnis nach Verzicht und Abfindung hingegen fortgesetzt, so liegt nach Ansicht des BFH idR eine vGa vor (BFH/NV 14, 795; 14, 797).

Die **Höhe der vGa** beschränkt sich im Fall der unverfallbaren PZ nach Ansicht des BFH nicht auf die Differenz zwischen der (höheren) Abfindung und der aufgelösten Rückstellung. Beide Vorgänge – die Vermögensminderung durch die Abfindungszahlung einerseits und die Erhöhung des Vermögens durch die Abfindungszahlung andererseits – seien gesondert zu betrachten (BFH BStBl II 14, 726 und 729, jeweils unter Hinweis auf BFH/NV 06, 1515 und in Abgrenzung zu BFH BStBl II 13, 41). UE fehlt es in Höhe der Rückstellungsauflösung an einer Vermögensminderung soweit die Rückstellung in zutreffender Höhe gebildet wurde (s auch FG D'dorf EFG 10, 1720; *Briese* BB 14, 1567). Dementsprechend führt die Abfindung einer PZ, die selbst als vGA zu qualifizieren ist, in Höhe der bereis steuerlich korrigierten Rückstellung nicht zu erneuten vGA auf der Ebene der Körperschaft (s Rz 936 und § 8 Rz 281), wohl zu Einkünften aus Kapitalvermögen beim Gesellschafter. Ist die Korrektur der zu hohen Rückstellung außerhalb der Bilanz unterblieben, ist die Abfindung anteilig vGa (BFH BStBl II 13, 41).

Die Höhe der Abfindung darf die Grenze der Angemessenheit und damit den **Barwert** der künftigen Pensionsleistungen zum Zeitpunkt der Abfindung nicht überschreiten. Maßgebend ist also, was der Versorgungsberechtigte aufwenden müsste, um einen gleich hohen Versorgungsanspruch bei einem gleichwertigen Schuldner zu erwerben (BFH BStBl II 05, 261; BMF BStBl I 05, 619; *Frotscher* in F/D Anh § 8 Pensionszusage; *Wellisch/Quast/Machill* BB 07, 987). Die Abtretung von Ansprüchen aus einer Rückdeckversicherung zur Abfindung ist ebenso zulässig (FG Münster EFG 09, 1779; *Reuter* GmbHR 02, 6) wie die Abfindung der PZ mit einer Direktversicherung (s BFH BStBl III 67, 328).

Soweit der Teilwert des Pensionsanspruchs (Wiederbeschaffungswert) die Abfindung überschreitet, liegt eine **Einlage** vor (s § 8 Rz 101; ferner *Fuhrmann,* StbJb 2009/2010, 291; FG Münster EFG 09, 1779). Zur Umwandlung in Guthaben auf Arbeitszeitkonten s Rz 71.

Bei einem **beherrschenden Gesellschafter-Geschäftsführer** muss das Abfindungsversprechen vor Zahlung (*Frotscher* in F/D Anh § 8 Pensionszusage; *Förster* DStR 06, 2149), nicht aber bereits im Zeitpunkt der Zusage (so grds *Rupp* in D/J/P/W § 8 Abs 3 Rz 692, ansonsten nur bei gesellschaftsrechtlichen Veränderungen, zB Verkauf der Anteile) klar und eindeutig vereinbart sein (FG Münster EFG 09, 1770). Schriftform ist nach Auffassung des BFH erforderlich (BFH/NV 14, 795; BMF BStBl I 05, 619).

938 Die Abfindung einer **verfallbaren PZ** ist vGa (BFH BStBl II 04, 106, mit Anm *Wendt* FR 04, 209 und *Gosch* StBp 04, 53; BFH/NV 06, 1515; FG Bln-Bdbg EFG 09, 1677 mit Anm *Neu*).

Beim Gesellschafter ist die Abfindung – soweit sie nicht als vGa zu qualifizieren ist – nach § 34 EStG und ggf. nach § 24 EStG begünstigter Arbeitslohn (BFH/NV 02, 638; BStBl II 03, 177; 03, 748; 04, 106; BFH/NV 04, 17; 04, 624; 95, 191; 05, 546; 06, 1169; BStBl II 07, 581; FG München EFG 03, 467); zum Lohnzufluss kommt es auch, wenn die Abfindung auf Verlangen des Geschäftsführers auf eine andere GmbH übertragen wird (BFH BStBl II 07, 581; dazu *Heeg/Schramm* DStR 07, 1706; FG D'dorf BB 13, 1301; generell zur Übertragung auf Dritte *Gögler/Urban* DStR 06, 1389; *Wellisch/Bleckmann* NWB Fach 17, 2027 (5/06); *Fuhrmann/Demuth* KÖSDI 06, 15 082; 07, 15 625; *Passarge* GmbHR 07, 701; *Wellisch/Quiring/Siebert* BB 11, 2859); nicht aber, wenn der Geschäftsführer kein Recht hat, die Auszahlung an sich oder eine von ihm zu benennende Gesellschaft zu verlangen (s BFH/NV 17, 16; BFH BStBl II 17, 730; dazu *Janssen* NWB 16, 3776; *Ott* DStZ 17, 435; *Oenings/Altenburg* DStR 17, 538; *Perwein* GmbHR 17, 396).

939 Zum Verzicht auf PZ und **Einlage** s § 8 Rz 101. Das „Einfrieren" einer PZ **(Verzicht auf den Future-Service)** führt uE nicht zur Einlage (*Binnewies* Steueranwalt 2010/2011, 127; *Keil/Prost* DB 10, 868; *Risthaus* DStZ 10, 212; *Linden* DStR 10, 582; vgl auch FG Münster EFG 09, 1779; ebenso BMF BStBl I 12, 874; dazu *Janssen* NWB 12, 3230; *Killat* DStZ 12, 642; *Dornberger/Lenz* DB 12, 2308).

**Personalgestellung, Personalkostenübernahme**

S „Konzernumlagen" (Rz 761).

943 Die Personalgestellung durch die Körperschaft an den AntE ohne Entgelt, die Personalkostenübernahme durch die Körperschaft zugunsten des AntE, ohne deren Dienste in Anspruch zu nehmen, führt zur vGa (vgl BFH BStBl II 71, 408 für Personalkostenübernahme unter SchwesterGes). Bei Personalgestellung durch die Körperschaft zu Ausbildungszwecken ist uE die Kostenabrechnung ausreichend; bei den Kosten sind auch die Gemeinkosten anzusetzen; ein Gewinnaufschlag ist auch unter Fremden nicht üblich. NdsFG GmbHR 90, 417, verzichtet allgemein auf den Ansatz von Gemeinkosten bei der KapGes. Stellt umgekehrt der AntE Personal für die Körperschaft, liegt erst eine vGa vor, wenn das angemessene Entgelt überschritten wird. Wo im erstgenannten Fall – Personalgestellung durch die Körperschaft – eine Kostenabrechnung ausreicht, kann uE bei Kostenerstattung an

den AntE ein Gewinnaufschlag von der KapGes akzeptiert werden. Dies liegt im zulässigen Entscheidungsbereich des ordnungsgemäß handelnden Geschäftsleiters. Zum rechtzeitigen Vertrag im Fall der Beherrschung s NdsFG GmbHR 90, 582.

**Personengesellschaft**

S „GmbH & Co KG" (Rz 632 ff), „Stille Gesellschaft" (Rz 1129 ff). 946

**Personenschutz**

S „Terroristenschutz" (Rz 1204). 949

**Pflichtprüfung**

S „Prüfungspflicht" (Rz 976). 952

**Pilotlizenz**

Aufwendungen für die Pilotlizenz als vGa FG D'dorf GmbHR 95, 467; uE ist 955 dies von der Art des Betriebs abhängig.

**Pkw-Kosten**

S „Dienstverhältnis" (Rz 331), „Reisekosten" (Rz 997). 958

Der Ankauf eines Pkw vom AntE muss nicht allein deshalb zu einer vGa führen, weil der Kfz-Brief den AntE nicht als Eigentümer ausweist (FG Saarl EFG 98, 133).

**Postgebühren**

S „Bagatellaufwendungen" (Rz 120). 961

**Praxisverkauf**

Zum Verkauf einer freiberuflichen Praxis, zB einer Steuerberaterpraxis, an die 963 eigene KapGes, zB eine Steuerberatungs-GmbH, s „Praxiswert" (Rz 965).

**Praxiswert**

Zur **Verpachtung** einer freiberuflichen Praxis s BFH BStBl II 90, 595, eine 965 Steuerberatungspraxis betreffend. Ein Steuerberater verpachtete den Praxiswert der eigenen Praxis an eine eigene Steuerberatungs-GmbH, die er selbst führte. Der BFH verneinte die Möglichkeit einer solchen Verpachtung, da der Steuerberater der GmbH bereits als Geschäftsführer die Mandanten mitbringe, die er als Praxiswert verpachten wolle. Aus diesem Grund nimmt die Anm DStR 90, 422, zu Recht an, dass dieser Umstand ein besonders hohes Geschäftsführergehalt rechtfertigen würde. Der BFH ließ es dahingestellt sein, ob das Pachtentgelt nicht als Kaufpreisraten zu werten sei; dies führt dazu, dass streng genommen die Entscheidung auch für den Verkauf einer Steuerberatungspraxis gilt. Aus der Anwendung der Entscheidung könnte gefolgert werden, dass der Steuerberater dann einer GmbH die eigene Steuerberatungspraxis nicht verkaufen könne, wenn er Geschäftsführer der erwerbenden GmbH sei; Folge: Einerseits Gewinnrealisierung der Steuerberatungspraxis, da diese in die GmbH eingelegt wird; zum anderen Kaufpreis als vGa, was zu einer Doppelversteuerung des Werts der Praxis führt. Wenn jedoch der Praxiswert so untrennbar mit der Person des Steuerberaters verbunden ist, wie diese Entscheidung glauben macht, so kann auch gefolgert werden, dass der Praxiswert kein verfügbares Wirtschaftsgut ist, das realisiert werden könne; daraus würde zumindest folgen, dass die Realisierung des Praxiswerts unzutreffend ist. BFH BStBl II 93, 139 befasst sich anlässlich des Verkaufs eines Mandantenstamms nur mit den Bedingungen eines hinreichenden Vertrags, ohne die Verkaufsmöglichkeit als solche in Frage zu stellen. Auch FG Saarl (GmbHR 93, 371) hält den Verkauf des Praxiswerts weiterhin für möglich. BFH BStBl II 94, 903 rückt sodann von BFH BStBl II 90, 595 ab: Auch der Praxiswert einer Steuerberatungspraxis ist ein selbständig verfügbares und abnutzbares WG, das folglich als solches veräußert und nach BFH BB 97, 1243, auch verpachtet werden kann.

**Preiskorrekturen**

S „Lieferverkehr" (Rz 797 ff). 968

**Provisionen**

971 S „Vertretertätigkeit" (Rz 1340).

**Prüfungskosten**

974 S „Gründungskosten" (Rz 650), „Konzernumlagen" (Rz 761).

Prüfungskosten, die die Inanspruchnahme des Rechts des § 51a GmbHG auslösen, trägt die GmbH. Es handelt sich um Betriebsausgaben. Die Grundsätze zur „Gesellschafterversammlung" (Rz 594) – s dort – gelten entsprechend. Allenfalls die Erstattung von solchen Aufwendungen, die außerhalb der Gesellschaft anfallen – Beispiel: Reisekosten zur GmbH – stellen vGa dar. Das Gleiche gilt für Prüfungskosten, die sonstige im Gesetz vorgesehene Sonderprüfungen auslösen. Zur Erstattung der Kosten des Rechnungsprüfungsamts durch den Eigenbetrieb einer Gemeinde s § 4 Rz 55.

**Prüfungspflicht**

976 Wird der Jahresabschluss einer prüfungspflichtigen KapGes nicht geprüft, ist er nichtig (vgl *Baumbach/Hopt,* HGB, 34. Aufl 2009, § 316 Rz 2). Ausschüttungen aufgrund eines nichtigen Abschlusses sind nicht ordnungsgemäß; sie führen zur „anderen Ausschüttung" iSd § 28 II 2 aF (BFH BStBl II 03,779; 07, 728; *Rauch* BB 97, 35) bzw zu einem nicht den gesellschaftsrechtlichen Vorschriften entsprechenden Gewinnverteilungsbeschluss iSd § 37 (eingehend zu den Folgen im Halbeinkünfteverfahren s § 8 Rz 286; *Zimmermann* DStR 02, 2145). Tantiemen werden nicht fällig. Wird eine Tantieme vor Fälligkeit ausbezahlt, ist der Verzicht auf eine Verzinsung vGa (BFH BStBl II 98, 545), sofern die Gewährung von Vorschüssen nicht von vornherein klar vereinbart wurde (FG Köln DStRE 03, 1225, wegen nicht hinreichender Klarheit der Vereinbarung aufgehoben durch BFH BStBl II 04, 307).

**Putzfrau**

979 S „Hausgehilfin" (Rz 676).

Häufig wird eine Aufteilung richtig sein; s § 8 Rz 246.

**Rabatte**

983 S „Lieferverkehr" (Rz 797 ff).

Rabatte sind nur dann vGa, wenn sie einem Dritten nicht gewährt worden wären. Einem angestellten AntE können die allgemeinen Sozialrabatte eingeräumt werden.

**Rabattvereinigung**

985 S BFH 1965 StRK EStG § 5 R 528 betr Markenschwund.

**Ratenzahlung**

988 Erwirbt eine KapGes von ihrem Gesellschafter ein WG zu einem überhöhten Preis und wird dieses in Raten bezahlt, so liegt eine Ausschüttung erst dann vor, wenn die Ratenzahlung den angemessenen Kaufpreis übersteigt (BFH BStBl II 99, 369).

**Rechtsberatungsgesellschaft**

991 Soweit Rechtsberatungsgesellschaften, zB Rechtsanwalts-GmbH, zulässig sind oder zugelassen werden, gelten für sie hinsichtlich der vGa-Problematik die Grundsätze für SteuerberatungsGes entsprechend; s „Steuerberatungsgesellschaft" (Rz 1080).

**Regieverlag**

994 Regieverlag ist ein regelmäßig als GmbH geführter Verlag, der einem bestimmten Unternehmen oder einer bestimmten Organisation dient. Der Regieverlag ist bestrebt, Gewinne zu erzielen; Verluste sind ein Indiz für vGa. Da die hinter ihm stehende Organisation dem Verlag Kosten abnimmt und einen bestimmten Absatz garantiert, sind niedrige Preise gerechtfertigt. Minimalgewinne genügen. Großzügiges Urteil BFH BStBl II 69, 15; hier wurde ein verlustträchtiger Verlag einer im Übrigen gewinnbringenden GmbH akzeptiert.

**Reisekosten**

S auch „Aufwendungsersatz" (Rz 90), „Bagatellaufwendungen" (Rz 120), „Bahn-Card" (Rz 123), „Bahnkosten" (Rz 126), „Dienstverhältnis" (Rz 275 ff), „Flugkosten" (Rz 482), „Gesellschafterversammlung" (Rz 594), „Miles and More" (Rz 840), „Studienfahrt" (Rz 1152). 997

Die **Erstattung** von betrieblich bedingten Reisekosten (Pkw-Gestellung oder Kostenersatz, Bahn, Taxi, Flugzeug, Verpflegungsmehraufwand, Übernachtungskosten, Nebenkosten) führt idR zu Betriebsausgaben. § 4 V Nr 6 EStG ist nicht anwendbar (BFH BStBl II 99, 321). Fehlt die betriebliche Bedingtheit, können vGa vorliegen (BFH 1961 StRK EStG § 20 R 42; BFH/NV 09, 216 betr Reise nach Hawaii; 10, 1330: Auslandsreise als Mitglied einer Wirtschaftsdelegation eines Ministerpräsidenten spricht für betriebliche Veranlassung; NdsFG GmbHR 90, 419 betr USA-Reise des Geschäftsführers einer StBeratungsGmbH). Die Erstattung von nicht betrieblich veranlassten Reisekosten an den Gesellschafter-Geschäftsführer kann auch zusätzliches Gehalt sein, das zu Einkünften aus nichtselbständiger Tätigkeit führt.

Soweit eine Reise sowohl im Interesse der Körperschaft als auch im privaten Interesse des AntE liegt, ist eine **Aufteilung** möglich (BFH BStBl II 76, 753 betr Auslandsreise; anders BFH BStBl II 05, 666, bei „nicht nur untergeordneter privater Mitveranlassung"; vGa, wenn bei EU § 12 Nr 1 EStG greifen würde; diese Rspr ist durch GrS 1/06 BStBl II 10, 672, überholt. Eine Aufteilung ist grundsätzlich vorzunehmen (FinMin SchlHol DStR 11, 314; s auch § 8 Rz 252).

Bei **beherrschenden AntE** ist für „übliche" Reisekosten eine klare, rechtzeitige Abrede nicht erforderlich (NdsFG EFG 00, 235; 03, 1196, mit Anm *Neu;* anders noch NdsFG GmbHR 91, 288; s auch FG Saarl EFG 03, 117: übliche Abrechnung erforderlich). Keine Vereinbarung kann bei notwendigen unvorhergesehenen Reisen verlangt werden (§ 8 Rz 337).

Die Aufwendungen müssen **nachweisbar** sein; die Erstattung nicht nachgewiesener Reisekosten ist vGa (BFH BStBl III 66, 72; FG Saarl EFG 03, 117); bei kleineren Aufwendungen genügt allerdings beleglose Glaubhaftmachung (s auch „Bagatellaufwendungen" Rz 120).

Wird der GmbH von einem Lieferanten eine **Incentive-Reise** zugesprochen und lässt die GmbH ihren Gesellschafter-Geschäftsführer fahren, so ist fraglich, ob eine vGa oder Einkünfte nach § 19 EStG vorliegen. Das Angemessenheitsgebot wird nicht verletzt sein, möglich ist eine Verletzung der Sonderbedingungen für beherrschende AntE. UE handelt es sich hier jedoch um eine Leistung, die ihrer Natur nach nicht von vornherein vereinbart werden kann (s § 8 Rz 370 ff) und allenfalls zu Einkünfte nach § 19 EStG führt (FG Saarl EFG 92, 765). Keine vGa bei einer USA-Reise: s BFH/NV 86, 48.

**Repräsentation**

S „Einfamilienhaus" (Rz 390). 1000

Soweit Repräsentationsaufwendungen der Repräsentationsnotwendigkeit der Körperschaft entsprechen, handelt es sich um Betriebsausgaben der Körperschaft; falls die Kosten sowohl durch das betriebliche Interesse der Körperschaft als auch durch das Privatinteresse des AntE bedingt sind, erfolgt nach den Grundsätzen des gemischten Interesses (s § 8 Rz 246) eine Aufteilung.

**Risikogeschäfte**

Eine Körperschaft ist grundsätzlich darin frei, auch Risikogeschäfte (Devisen-, 1003
Finanz-, Zins-, Warentermin-, Edelmetall-, Wertpapieroptionsgeschäfte etc) einzugehen (BFH BStBl II 68, 20; 70, 442 betr Wertpapiergeschäfte; BFH/NV 99, 269; 02, 1538, mit Anm *Hoffmann* GmbHR 02, 1033; BFH BStBl II 03, 487, mit Anm *Wiese* GmbHR 01, 1118; BFH/NV 03, 1093; 04, 1482; FinVerw BStBl I 97, 112; BStBl I 15, 1091; *Wassermeyer* StVj 93, 208, 217; *ders* FR 97, 563; *Prinz* FR 02, 1171; *Stollenwerk/Willems* GmbH-StB 12, 123; eher die vGa bejahend *Walter*

DStZ 93, 5). Anders, wenn solche Geschäfte auf private Interessen der Gesellschafter zurückzuführen sind. Dies wird dann angenommen, wenn die Gesellschaft sich verpflichtet, Verluste zu tragen, Gewinne aber an die Gesellschafter abzuführen oder die Gesellschaft das Geschäft erst zu einem Zeitpunkt übernimmt, zu dem sich ein dauerhafter Verlust bereits abzeichnet (BFH BStBl II 03, 487; FG München EFG 03, 1268 mit Anm *Neu,* verlangt daher eine im Voraus getroffene klare Vereinbarung; s auch FG Mchn EFG 14, 579 zu Währungsspekulationsgeschäften zwischen GmbH und ihrem Gesellschafter). Die „Private Veranlassung" prüft der BFH an Hand der zur Liebhaberei entwickelten Kriterien (BFH/NV 02, 1538; 05, 1377). S § 8 Rz 210 und „Schadensersatz" (Rz 1034).

**Rübenpreise**

**1006** S „Zuckerfabriken/Rübenpreise" (Rz 1445).

**Rückhalt im Konzern**

**1008** S „Konzernrückhalt" (Rz 759).

**Rückvergütungen**

**1011** Rückvergütungen, die nicht nach § 22 abzugsfähig sind, sind vGa. Nur wenn § 22 nicht greift, kann eine vGa gegeben sein (BFH BStBl II 88, 592; II 16, 298; s auch Genossenschaften, Rz 553 u § 22 Rz 5).

**Rückversicherung**

**1013** Die Einbeziehung einer nahestehenden Gesellschaft als Rückversicherer führt nicht zur vGa, wenn die Vereinbarungen drittüblich und angemessen sind (BFH/NV 12, 885).

**Rückzahlung**

**1014** Die Rückzahlung einer **vGa** ist nach hA eine Einlage (s weiter § 8 Rz 305 ff). Rückzahlung einer Einlage s „Einlagenrückgewähr" (Rz 402).

**Ruhende GmbH**

**1017** Entgelt für den Gesellschafter-Geschäftsführer ist keine vGa, da auch ein fremder Dritter für die Geschäftsführung einer ruhenden GmbH ein Entgelt gefordert hätte (BFH BStBl III 67, 498).

**Sachbezüge**

**1020** S „Dienstverhältnis" (Rz 275 ff).

**Sanierung**

**1023** S „Forderungsverzicht" (Rz 494), „Vergleich" (Rz 1288).

Sanierung im steuerl Sinn ist auch zwischen Körperschaft und AntE möglich. Verzichtet die Körperschaft dem AntE gegenüber auf eine Forderung und liegen alle Sanierungsbedingungen iS des inzwischen aufgehobenen § 3 Nr 66 EStG vor, liegt keine vGa vor. Werden Besserungsscheine ausgestellt und verzichtet die Körperschaft später auf die Besserungsrechte, obwohl Besserung eingetreten ist, liegt eine vGa vor. Erklärt umgekehrt der AntE der Körperschaft gegenüber einen Sanierungsverzicht und werden Besserungsscheine ausgegeben, so können Zahlungen auf die Besserungsscheine eine vGa darstellen, wenn keine Besserung eingetreten ist. Nach Eintritt der Besserung ist weder die Zahlung der Forderung noch der Zinsen – auch für die Dauer der Krise – vGa (BFH BStBl II 91, 588; BFH/NV 97, 265; „Forderungsverzicht" (Rz 494). Die Zahlung auf einen Besserungschein nach Verkauf der Anteile und Abtretung der unter Besserungsvorbehalt stehenden Forderung ist weder Missbrauch noch vGa (s Rz 494 u § 8 Rz 146).

**Satzung**

**1026** S „Satzungsklausel" (Rz 1028) und Beratungs-ABC „Satzung der GmbH und KSt". Die Satzungsänderung ist ein organisationsrechtl Akt und löst als solche keine vGa aus.

**Satzungsklausel**

**1028** S § 8 Rz 305.

**Sauna**

S „Schwimmbad“ (Rz 1055). 1031

**Schadensersatz**

S „Haftung“ (Rz 658 ff), „Schmiergelder“ (Rz 1043). 1034

Eine vGa kann in dem Verzicht auf die Geltendmachung einer Schadensersatzforderung nur gesehen werden, wenn der Schadensersatzanspruch zivilrechtlich voraussichtlich durchsetzbar gewesen wäre (BFH BStBl II 97, 89; dazu BMF BStBl I 97, 112; dazu *Wassermeyer* FR 97, 563; *Paus* FR 97, 565; BFH/NV 04, 182). Ein Schadensersatzanspruch der GmbH gegen den AlleinGesellschafter-Geschäftsführer ist ausgeschlossen (FG BaWü EFG 00, 36; BGH DStR 00, 645); ebenso bei einer mehrgliedrigen GmbH, wenn alle Gesellchafter mit dem Handeln des Geschäftsführers einverstanden waren (NdsFG EFG 06, 1937). UE kann die Ursache für die Nichtgeltendmachung auch das Arbeitsverhältnis sein, so dass Arbeitslohn vorliegt.

Eine **vGa** kann **Schadensersatzansprüche** gegen den Verfügenden, gegen den Empfänger und gegen Dritte **auslösen.** Die Höhe solcher Schadensersatzansprüche ist im Hinblick auf die differenzierten steuerl Auswirkungen (KStLast, EStLast, Berücksichtigung der Anrechnung) schwierig zu berechnen (s *Jonas* GmbHR 87, 233; *Rodewald* BB 94, 2013; BGH IX ZR 153/96, AG 98, 231).

**Schätzung**

Zu Gewinnschätzungen als vGa s „Hinzuschätzungen“ (Rz 689). 1037

**Scheinrechnungen**

Zahlungen aufgrund von Scheinrechnungen sind vGa (FG Nürnberg EFG 10, 1038
641).

**Schenkung**

S „Geschenke“ (Rz 590). 1040

Unentgeltliche Zuwendungen der Körperschaft an den AntE sind regelmäßig keine Schenkung iSd ErbStG sondern Zuwendungen aufgrund des gesellschaftsrechtlichen Verhältnisses und damit Gewinnausschüttung, soweit keine Betriebsausgaben vorliegen (s § 8 Rz 300 ff). Dies gilt auch für mittelbare Zuwendungen und für Zuwendungen des AntE an die Körperschaft. Die Vermutung spricht für Einlagen, nicht für Schenkungen (s § 8 Rz 57 u 91).

**Schmiergelder**

S „Schwarzgelder“ (Rz 1049); Empfängerbenennung (Rz 420). 1043

Schmiergeld an Dritte, die § 4 V Nr 10 EStG unterfallen, sind zwar Betriebsausgaben und keine vGa, dürfen den Gewinn aber nicht mindern (nicht abzugfähige Betriebsausgabe). VGa mit der Folge einer eventuellen Haftung der GmbH für KapESt und Besteuerung des Zuflusses beim Anteilseigner ist nur bei Schmiergeldzahlungen an Nahestehnde denkbar. Unterfallen Zahlungen aus betrieblichen Gründen an Dritte nicht dem Abzugsverbot des § 4 V Nr 10 EStG, kann sich die Frage der Empfängerbenennung (§ 160 AO, Rz 420) stellen.

Empfängt der Gesellschafter-Geschäftsführer von Dritten Schmiergelder, muss er sie zivilrechtl an die GmbH herausgeben. Eine vGa tritt dann ein, wenn die GmbH auf diese Ansprüche verzichtet oder sie nicht geltend macht (BFH BStBl II 87, 733; SächsFG EFG 05, 1074; s auch § 8 Rz 210 zu unberechtigten Entnahmen). S hierzu auch Beratungs-ABC „Nichtabziehbare Aufwendungen“.

**Schuldübernahme, Schuldtilgung**

S „Steuerzahlung“ (Rz 1125), „Strafen“ (Rz 1140), „Strafverteidiger“ 1046
(Rz 1144).

Schuldübernahme, Schuldtilgung für den AntE durch die Körperschaft ohne betrieblicher Anlass ist vGa (vgl BFH BStBl II 71, 538 betr Ablösung einer Arbeitnehmergestellungspflicht; zweifelhaft, ob hier nicht eine betriebliche Veranlassung gegeben war; BFH BStBl III 63, 454: Bezahlung des Anteilserwerbs eines Gesellschafters durch die Körperschaft; FG RhPf EFG 87, 372: vGa auch dann, wenn die Schuldtilgung Geschäftsbeziehungen sichert; uE zweifelhaft, da dies sicher davon abhängt, ob Schuldtilgung und Vorteil für die Körperschaft einander entsprechen oder nicht). Keine vGa allerdings bei realisierbarem Rückgriffsanspruch, auf den nicht verzichtet ist und der geltend gemacht werden soll (BFH BStBl II 92, 846).

**Schwarzgelder**

**1049** S „Schmiergelder" (Rz 1043), „Steuerhinterziehung" (Rz 1104).

Nichtversteuerte Einkünfte können vGa sein, wenn die Schwarzgelder einem AntE zugeflossen sind. Es gelten die Regeln für unberechtigte Entnahmen (§ 8 Rz 210 ff). Wurden sie auf einem schwarzen Konto erfasst, das der Körperschaft zuzurechnen ist, keine vGa; gleichwohl Nachversteuerung bei der Körperschaft. Wurden sie für Schmiergelder benutzt, deren Empfänger nicht bezeichnet werden soll, handelt es sich ausschließlich um ein Problem des § 160 AO, nicht um vGa. Verbraucht der Geschäftsführer Schwarzeinnahmen, kann dies vGa sein, wenn er Nahestehender eines Gesellschafters ist und dieser die Schwarzeinnahmen toleriert (FG Saarl EFG 12, 1875; ähnlich FG Köln EFG 13, 725; s auch § 8 Rz 212).

**Schwestergesellschaft**

**1052** S § 8 Rz 295.

**Schwimmbad**

**1055** S „Einfamilienhaus" (Rz 390).

**Schrifttum:** *Beck,* Steuerfragen zum eigenen Schwimmbad und zur Sauna, DB 78, 2094.

Zur unentgeltlichen Überlassung eines Schwimmbads an einen AntE als vGa und zur Bewertung unterhalb der Kostenmiete s BFH BStBl II 77, 569.

**Segelyacht**

**1057** S „Liebhaberei" (Rz 794).

**Seminare**

**1060** Ob Aufwendungen einer GmbH für Seminare des Gesellschafter-Geschäftsführers vGa sind, ist nach den gleichen Grundsätzen zu beantworten wie die Abgrenzung WK/Kosten der allgemeinen Lebensführung, § 12 EStG (FG Nürnberg EFG 99, 1249).

**Sozialabgaben**

**1063** S „Lohnsteuer" (Rz 812).

Übernimmt die GmbH für den angestellten AntE Sozialabgaben, ist eine vGa möglich, falls die Angemessenheitsgrenze überschritten wird (vgl „Dienstverhältnis" Rz 275 ff), bei beherrschenden AntE bereits dann, wenn die Übernahme nicht rechtzeitig klar vereinbart ist (§ 8 Rz 320); s hierzu BFH BStBl II 87, 461, 463; NdsFG GmbHR 91, 346; *Kröller* GmbHR 86, 195. Die Erstattung von Arbeitgeberanteilen nach vermeintlicher Sozialversicherungspflicht an den Gesellschafter oder eine ihm nahestehende Person führt jedenfalls dann nicht zur vGa sondern zu Arbeitslohn, wenn unter Einbeziehung dieser Zahlungen eine (noch) angemessene Vergütung gegeben ist (BFH BStBl II 15, 638; dazu *Schmitz-Herscheidt* NWB 15, 1538; gegen OFD Köln GmbHR 94, 902; FG D'dorf EFG 94, 642; s auch *Schwedhelm* GmbHR 93, 354). Die irrtümliche Zahlung als solche ist in keinem Fall vGa (HessFG EFG 96, 832).

**Sparkasse**

**1066** S „Darlehen" (Rz 248 ff). Zuschüsse einer Zweckverbandssparkasse an eine gemeinnützige Wirtschaftsförderungs-GmbH sind keine vGa an die Mitglieder des Zweckverbands (BFH v 19.10.05 GmbHR 06, 326, mit Anm *Hoffmann*).

**Spenden**

**1069** S „Parteispenden" (Rz 888) und § 9 Rz 13, 15.

Spende einer GmbH als vGa FG BaWü EFG 98, 1488; FG SchlHol EFG 00, 193: Spende an einen „nahe stehenden" Verein sind vGa; FG Köln EFG 06, 1932, mit Anm *Neu,* bestätigt durch BFH/NV 08, 988: Spenden an Religionsgemeinschaft sind vGa bei Ausrichtung auf die Bekenntniszugehörigkeit des Gesellschafters; FG Münster EFG 07, 725: Zuwendung eines Kunstgegenstands an Stadt, die beherrschende Gesellschafterin war, ist vGa, soweit sie den Durchschnitt der Fremdspenden in den letzten fünf Jahren übersteigen; ähnlich FG Hamburg EFG 08, 634, bestätigt durch BFH/NV 08, 1704: Zuwendung an gemeinnützige Stiftung, die auch den Gesellschafter nach § 58 Nr 5 AO unterstützt, ist vGa. UE jeweils unzutreffend, da diese Vermögensminderung nicht geeignet ist bei dem Gesellschafter einen sonstigen Bezug iSd § 20 Abs 1 Nr 1 S 2 EStG auszulösen (s § 8 Rz 165; kritisch auch *Janssen* DStZ 10, 170; *Wagner* DStR 11, 1594; Der BFH hält die Abgrenzung von abziehbaren Spenden und vGa hingegen für geklärt, BFH/NV 14, 1092).

**Stammeinlagen**

S „Einlagen" (Rz 398). **1073**

**Steuerberatungsgesellschaft**

Auch für SteuerberatungsGes gelten die allgemeinen Regeln der vGa. Zum angemessenen Gehalt s „Dienstverhältnis" (Rz 275 ff); s auch „Reisekosten" (Rz 997). Zur Verpachtung und dem Verkauf des Praxiswerts s „Praxiswert" (Rz 965). S auch „Wettbewerbsverbot und Betriebsabgrenzung" (Rz 1406 ff). Zur Abrechnung einer konzerneigenen Steuerberatungsgesellschaft s BFH BStBl II 93, 801. **1080**

**Steuerberatungskosten**

S „Beratungskosten" (Rz 147). **1084**

**Steuerberatungspraxis**

S „Steuerberatungsgesellschaft" (Rz 1080). **1088**

**Steuerbescheinigung**

S § 44 aF und „Steuerstreit" (Rz 1112 ff). **1092**

**Steuerfreie Erträge**

Gibt die GmbH stfreie Erträge an den AntE ohne Gegenleistung weiter, so führt dies zur (stpflichtigen) vGa (NdsFG GmbHR 92, 329; aA *Maas* BB 83, 1845, der dies für die von der Betriebs-GmbH an das investierende Besitzunternehmen weitergegebene Investitionszulage verneint). Die Nichtweitergabe der InvZul vom Leasinggeber an den Leasingnehmer kann vGa sein (FinVerw 1989 StEK KStG 1977 § 8 Nr 69). **1096**

**Steuerhaftung**

S „Haftung" (Rz 658 ff). **1100**

**Steuerhinterziehung**

S „Schwarzgelder" (Rz 1049), „Strafverteidiger" (Rz 1144). **1104**

Der **Straftatbestand** des **§ 370 AO** (StHinterziehung) und der Tatbestand des § 378 AO (leichtfertige StVerkürzung) können auch durch eine vorsätzliche oder leichtfertige vGa erfüllt werden (s zB BGH 5 StR 72/07, DStRE 08, 169 BGH vom 6.9.12 1 StR 140/12, GmbHR 12, 1234; BGH vom 26.7.12 1 StR 492/11, wistra 12, 477; BGH v 1.12.15 1 StR 154/15, GmbHR 16, 162; s auch BGH v 26.7.12 1 StR 492/11 wonach von der Steuerfahndung zu Unrecht als vGa qualifizierte Zahlungen als Scheingeschäfte angesehen werden). So einsichtig dies im Ergebnis ist, so schwierig zeigen sich die Probleme im Einzelnen bei einer exakten Subsumtion. Problematisch ist nicht nur die Erfassung des Vorsatzes im Hinblick auf die KSt-/GewStHinterziehung einerseits und die parallellaufende ErtragStHinterziehung auf der Ebene des AntE andererseits; bereits das Verhältnis der objektiven Tatbestände auf beiden Hinterziehungsebenen ist problematisch.

Zur vGa und Untreue s „Untreue" (Rz 1258).

Die StHinterziehung – auch eine Beteiligung an der StHinterziehung – führt zur **Haftung** für die hinterzogenen Steuern **(§ 71 AO).** Beim Geschäftsführer kann diese Haftungsgrundlage neben §§ 34, 69 AO treten; im Übrigen kann nach ihr auch der AntE haften. AntE, insbes ausländische AntE, müssen diese Haftungsgefahr im Auge behalten, wenn sie der Behauptung oder Feststellung einer erheblichen vGa mit dem „In-Insolzenzgehen-lassen" der GmbH begegnen wollen. Die Hinterziehung beeinflusst außerdem die steuerl Verjährung (§§ 169, 171 VII AO), die Bestandskraft (§ 173 II AO) und die Verzinsung (§ 235 AO).

**Steuerklauseln**

1108 Unter Steuerklauseln versteht man Vereinbarungen in Verträgen, durch die besondere **steuerl Folgen** zivil- und handelsrechtl **geregelt** werden sollen. Hier konzentrieren wir uns auf StKlauseln, die die GmbH berühren.

Zu **Satzungsbestimmungen,** die das KStR berücksichtigen, s Beratungs-ABC „Satzung der GmbH und KSt".

Zu Steuer- und Satzungsklauseln, die die **Folgen vGa** regeln sollen, s § 8 Rz 305.

**Anteilskauf:** Zur Problematik des Erwerbs von Anteilen an einer GmbH, bei der **Hinterziehungstatbestände** vorliegen, s *Streck,* BB 92, 1539 und Beratungs-ABC „Steuerhinterziehung".

**Steuerstreit**

S Beratungs-ABC zu diesem Stichwort sowie zum Stichwort „Betriebsprüfung" (Rz 182).

1112 Die Auseinandersetzung um vGa ist das wesentliche Streitfeld innerhalb der KSt (so schon *Bahlau,* Die Inanspruchnahme der Finanzgerichte durch Streitigkeiten zur Körperschaftsteuer, DStZ 86, 576; *Wassermeyer* StbJb 88/89, 231; *Olgemöller,* Der Streit um die verdeckte Gewinnausschüttung, GmbH-StB 04, 310).

Die Kenntnis der Bp – insbes der AmtsBp – vom Recht der vGa ist nicht immer optimal. Insoweit ist stets auch eine genaue rechtl Überprüfung der Ansicht des FA erforderlich. Im Übrigen ist der Streit um die Annahme einer vGa in erster Linie um den **Sachverhalt** zu führen (zur Bedeutung dieses Streits *Streck/Kamps/Olgemöller,* Der Steuerstreit, 4. Aufl 2017, 47 ff; *Pezzer* StbKongrRep 97, 63, 68).

1113 Die Anwendung des Maßstabs der Sorgfalt des ordnungsgemäß handelnden Geschäftsleiters, Fragen der Angemessenheit von Entgelten, Fragen im Bereich des Fremdvergleichs, die Fragen des Vorliegens eines Vertrages, seines rechtzeitigen Abschlusses und seiner Durchführung und schließlich die Frage der Beherrschung sind Sachverhaltsfragen. Die Auseinandersetzung um die Anwendung und Auslegung des Rechts lässt sich häufig bequemer führen, weil der Schreibtisch kaum verlassen werden muss. Die Sachverhaltsermittlung setzt Gespräche mit dem Mandanten, mit dritten Personen voraus, zwingt zur Durchsicht von Unterlagen, Belegen und Akten. Sie ist mühevoller. Dies ist ein Grund, warum häufig im Rechtlichen dort gestritten wird, wo der Streit um den Sachverhalt geführt werden sollte. Hinzu kommt, dass manch ein Berater sich dem Mandanten gegenüber mit klugen rechtl Ausführungen eher ins rechte Licht zu setzen glaubt als mit lästigen Fragen zu Sachverhalten, die Jahre zurückliegen. Der Streit soll jedoch stets mit dem Gesicht zum Gegner, nicht mit dem Gesicht zum Mandanten geführt werden.

1114 Soweit der Sachverhalt streitig ist, sind dem FA, später auch dem Gericht, Anregungen zur Beweiserhebung zu geben. Unterlagen sind vorzulegen. Auskunftsersuchen müssen angeregt werden. Ggf sind Gutachten zu beschaffen oder das FA zu bitten, Gutachten einzuholen. FA und FG sind aufzufordern, Zeugen zu vernehmen. Auch durch Vorlage schriftlicher Erklärungen können Vereinbarungen belegt werden (s § 8 Rz 356 ff); über die Angemessenheit einer Geschäftsführer-Gesamtausstattung ist eine tatsächliche Verständigung möglich (BFH GmbHR 98, 248; BFH/NV 98, 498; FG Saarl EFG 98, 686).

Das FA ist an die Pflicht des § 364 AO zu erinnern. Es muss im Einspruchsverfahren dem Einspruchsführer alle Besteuerungsunterlagen offenlegen. Dazu gehören die Schätzungsgrundlagen der Bp in Fällen der vGa. Wenn die Bp behauptet, eine Pacht in Höhe von 40 000 Euro – wie vereinbart – sei unangemessen, hingegen eine Pacht in Höhe von 20 000 Euro angemessen, so ist das FA zu bitten, diese Behauptung im Einzelnen zu belegen. Oft wird die Rechtsbehelfsstelle des FA dabei feststellen, wie dünn die argumentative Ebene der Bp ist. Gerade mit Hilfe des § 364 AO kann manche BpFeststellung als das aufgedeckt werden, was sie ist, nämlich keine begründete Feststellung, sondern eine Behauptung in hoheitlicher Attitüde.

**Beweislast:** S § 8 Rz 275 ff.

Als **Beraterregel** gilt im Streit um die vGa: Wird, was erforderlich ist, der 1115
Sachverhalt in den Mittelpunkt des Rechtsstreits gerückt, so wachsen die Erfolgsaussichten von Instanz zu Instanz.

Neben den materiellen Streit um die vGa treten **verfahrensrechtl Probleme.** 1116
Die Umsetzung der vGa in StBescheide geschieht einmal auf der Ebene der GmbH, zum anderen auf der Ebene der Gesellschafter. Beide Ebenen sind nicht wie Grundlagen- und Folgebescheide miteinander verbunden. Zu den Änderungsmöglichkeiten s die Kommentierung zu § 8 III 4 und 5 und § 32a.

**Steuerzahlung**

S „Lohnsteuer" (Rz 812), „Schuldübernahme, Schuldtilgung" (Rz 1046). 1125

Zahlt die Körperschaft Steuern (ESt, Kfz-Steuer usw) des AntE, so liegt vGa vor. Anders zB bei einer vollständigen Nettolohnvereinbarung oder bei einer Nettolohnvereinbarung, die sich nur auf bestimmte Nebenleistungen bezieht, zB Pkw, Telefon uÄ, sofern sie sich innerhalb der angemessenen Gesamtausstattung der Gehaltsabzüge bewegt, s „Dienstverhältnis" (Rz 275 ff). Auf KapErtrSt, die die Körperschaft übernimmt, muss wiederum KapErtrSt gezahlt werden; die 20% KapErtrSt erhöhen sich damit auf 25% (§ 43a EStG).

**Stille Gesellschaft**

Der AntE kann sich an der eigenen Körperschaft als stiller Gesellschafter be- 1129
teiligen. Dies ist weitgehend unstreitig (BFH BStBl II 83, 563). Problematisch ist die Gewinnbeteiligung. Eine unangemessen hohe Gewinnbeteiligung führt zur vGa.

Liegt eine **atypisch stille Beteiligung** vor, ist also der AntE Mitunternehmer 1130
(zur Abgrenzung von der typischen stillen Gesellschaft s BFH DB 94, 125; *Blaurock,* Handbuch der stillen Gesellschaft, 8. Aufl 2016, Rz 20.59; *Schwedhelm,* Die GmbH & Still als Mitunternehmerschaft, 1987, 6), so können für die Frage der angemessenen Gewinnverteilung die Grundsätze zur GmbH & Co KG gelten (BFH BStBl II 69, 690 betr typische stille Gesellschaft, „soweit sich nicht aus dem Wesen der stillen Gesellschaft etwas anderes ergibt"; BFH BStBl II 77, 346 betr GmbH & Co KG; ein Gesellschafter war jedoch atypisch still beteiligt; er wurde dem Kommanditisten gleich behandelt; BFH/NV 00, 420: Geschäftsführer-Vergütung des atypisch stillen Gesellschaft ist Sondervergütung; eingehend auch FinVerw GmbHR 04, 209; *Blaurock* BB 92, 1976; aA *Schwedhelm* GmbHR 94, 445; s auch BFH/NV 12, 1440: keine Anerkennung einer atypisch stillen Gesellschaft bei Umwandlung wertloser Gesellschafterdarlehen). Soweit bei der Körperschaft Arbeitseinsatz, Haftung und Kapital abgegolten sind, ist ihr Gewinnanteil angemessen (s „GmbH & Co KG" Rz 632 ff). In Abweichung von der GmbH & Co KG sollte bei der GmbH & Still das Haftungsentgelt höher bemessen werden, da der Stille nicht in der gleichen Weise haftet wie der Kommanditist. Bei der Beteiligung an einer GmbH mit bestehendem Gewerbebetrieb muss bei der angemessenen Gewinnverteilung der GmbH der Wert dieses Betriebs einschließlich Firmenwert berücksichtigt werden. Nach FG Bdbg EFG 02, 1118 ist der Wert des Betriebs nach der indirekten Methode (Mittel aus Ertrags- und Substanzwert)

zu bestimmen (ebenso *Degethof* StBp 03, 1 mwN); uE wäre es richtig, ausschließlich den Ertragswert zu berücksichtigen, da dies die heute vorherrschende Bewertungsmethode ist.

Rechtsfolge einer nicht angemessenen Gewinnverteilung zwischen GmbH und atypisch stillem Gesellschafter aufgrund der gesellschaftsrechtlichen Beteiligung des stillen Gesellschafters an der GmbH ist nach BFH BStBl II 15, 935 keine vGa, sondern die Korrektur der Gewinnverteilung im Rahmen der einheitlichen und gesonderten Gewinnverteilung.

1131 Die Angemessenheit bei der **typisch stillen Beteiligung** bestimmt sich im Einzelfall nach den erbrachten Kapitalleistungen und deren Verzinsung, den Risiken, dem Arbeitseinsatz, den Ertragsaussichten und der Dringlichkeit des Kapitaleinsatzes (BFH BStBl II 80, 477; BFH/NV 87, 326 und BStBl II 92, 59 bestätigen; dazu *Heinemann* KÖSDI 80, 3890; HFR Anm 80, 564; *Döllerer* ZGR 81, 560; *Bitsch* GmbHR 83, 56; FG Bdbg EFG 02, 1118). Die FamilienRspr ist nicht anzuwenden. Angemessen ist uE folgende Gewinnverteilung: Zuerst sind KapVerzinsung und die Risiken der GmbH aus ihrer Haftung sowie ihre Tätigkeit zu vergüten. UE ist zweifelhaft, ob dieser Vorab bei der typisch stillen Beteiligung unbedingt erforderlich ist; er ist bei der Vereinbarung einer typisch stillen Beteiligung mit natürlichen Personen unüblich (dagegen auch *Tillmann* StbKongrRep 78, 296). Dennoch ist er zu empfehlen, um die Gefahr einer vGa auf jeden Fall abzuwenden. Zur Höhe: *Felix* StbKongrRep 71, 230 hält 20% des StammKap bei der Neugründung der GmbH & Still (Neugründung der GmbH und der stillen Beteiligung) für ausreichend; um sicherzugehen, empfehlen wir eher 30%.

1132 Beteiligt sich der Stille an einem bereits bestehenden und mit fester Marktposition arbeitenden Unternehmen der GmbH, so empfiehlt sich als Vorab ein bestimmter Prozentsatz des Gewinns (zB 10–20%). Für die Verteilung des Restgewinns ist das Verhältnis zwischen Verkehrswert des GmbH-Vermögens und dem Nennwert der stillen Beteiligung entscheidend (vgl auch BFH BStBl II 80, 477 mit Berechnung des Unternehmenswerts; und diese Rspr fortsetzend BFH/NV 87, 326 und BStBl II 92, 59; BFH/NV 02, 537).

1133 Wird eine GmbH & Still aus einem Einzelunternehmen ausgegründet, ist es nicht fehlerhaft, den Wert des von der GmbH betriebenen Unternehmens aus dem Wert des Einzelunternehmens abzuleiten (BFH/NV 87, 263). Es darf also nicht in jedem Fall auf das StammKap der GmbH abgestellt werden. Wie hier *Tillmann* StbKongrRep 78, 295ff. Der Gewinn ist vor KSt der GmbH zu verteilen, da bei der stillen Beteiligung am Einzelunternehmen die ESt auch nicht mindernd berücksichtigt wird; wird der Gewinn nach KSt verteilt, muss der Anteil des Inhabers (GmbH) rund doppelt so hoch sein (vgl *Döllerer* ZGR 81, 560).

1134 Die Beurteilung der Angemessenheit ist eine Einzelfallentscheidung; zB ist auch das Kapitalbedürfnis von Bedeutung (*Mittelbach* Inf 76, 537); bei späteren Einlageerhöhungen kann eine geringere Gewinnbeteiligung richtig sein. Einer besonderen Prüfung bedarf es auch, ob und in welchem Umfang der Stille an Beteiligungserträgen der KapGes aus Zeiten vor der Beteiligung des Stillen beteiligt ist (vgl BFH BStBl II 84, 384). In BStBl II 71, 600, billigt der BFH eine Gewinnbeteiligung von 25% des Gewinns, ohne dass die Berechnungsgrundlagen im Einzelnen deutlich werden; bemerkenswert ist, dass die Gewinnbeteiligung auf 25% des Gewinns, nicht aber auf einen Verzinsungsbetrag hinsichtlich der Einlage begrenzt wird; diese Rspr fortführend BFH/NV 95, 103 und 02, 537: Gewinnverteilung ist angemessen, wenn unter Zugrundelegung der bei Vertragsabschluss erwarteten Gewinne eine Rendite von 25% des Nennwertes der Beteiligung nicht überschritten wird. Zur Angemessenheitsberechnung s auch FG Münster EFG 80, 597. Zu einer weiteren eigenwilligen Angemessenheitsberechnung s FG Berlin EFG 78, 287. FG Hbg EFG 86, 86 reduziert eine 20%ige Gewinnbeteiligung des Stillen auf 12%. Eine Mindestverzinsung, die 25% der Einlage nicht übersteigt, steht der Anerkennung der stillen Gesellschaft nicht entgegen (FG RhPf EFG 87, 521). Auch die Einwilligung in benachteiligende Vertragsänderungen kann eine vGa auslösen (BFH/NV 93, 386). Zum maßgebenden Zeitpunkt s § 8 Rz 227.

Bei einer stillen Gesellschaft mit dem **beherrschenden AntE** muss der Vertrag **1135**
über die stille Gesellschaft den besonderen Anforderungen des klaren, rechtzeitigen und durchgeführten Vertrags erfüllen (§ 8 Rz 320). Ist Bemessungsgrundlage für den Gewinnanteil des stillen Gesellschaftters die Handelsbilanz, so ist dies der Jahresüberschuss vor KSt und Gewinnanteil des stillen Gesellschaft (FG Nürnberg EFG 99, 917). Eine Höchstbegrenzung des Gewinns ist nicht ausreichend (BFH/NV 90, 63). Zu dem rechtzeitigen Abschluss im Fall der Einbringung s § 8 Rz 377 und „Umwandlungsvorgänge" (Rz 1237) und BFH BStBl II 84, 384.

**Strafen**

S „Schuldübernahme, Schuldtilgung" (Rz 1046), „Strafverteidiger" (Rz 1144). **1140**

Die Übernahme von Strafen und Geldbußen für Gesellschafter-Geschäftsführer ist Arbeitslohn, wenn das Delikt mit dem Dienstverhältnis zusammenhängt; die Erstattung ist in die Gesamtausstattung des Geschäftsführers (oder Angestellten) einzubeziehen; s „Dienstverhältnis" (Rz 275 ff). Hat das Delikt keinen Bezug zum Dienstverhältnis, liegt vGa vor.

Keine vGa, wenn sich die Strafe oder Geldbuße unmittelbar auf die Körperschaft bezieht.

**Strafverteidiger**

S „Schuldübernahme, Schuldtilgung" (Rz 1046), „Schwarzgelder" (Rz 1049), **1144**
„Steuerhinterziehung" (Rz 1104), „Strafen" (Rz 1140).

Die Übernahme von Strafverteidigerkosten für einen AntE muss nicht zur vGa führen. Die Übernahme ist häufig betrieblich bedingt, zB wenn die Verurteilung des Gesellschafter-Geschäftsführers die Körperschaft selbst trifft, zB durch Forderungsverlust (s HessFG EFG 63, 31), oder wenn bei einem Steuerfahndungsverfahren gegen den AntE die Besteuerungsgrundlage der Gesellschaft Gegenstand des Ermittlungsverfahrens ist. Oft ist in diesen Fällen nach den Grundsätzen des „gemischten Interesses", s § 8 Rz 246, eine Aufteilung notwendig.

**Stromlieferung**

Verbilligte Stromlieferung als vGa s BFH BStBl II 70, 526. **1148**

**Studienfahrt**

S „Dienstverhältnis" (Rz 275 ff), „Kongress" (Rz 749), „Reisekosten" (Rz 997). **1152**

Aufwendungen für die Studienfahrt eines AntE als vGa s BFH BStBl II 72, 361.

**Studium**

S „Ausbildung" (Rz 96). **1156**

**Subunternehmer**

S „Wettbewerbsverbot und Betriebsabgrenzung" (Rz 1406 ff). **1164**

**Tageszeitung**

S „Zeitung" (Rz 1427). **1170**

**Tantieme**

S „Dienstverhältnis" (Rz 275 ff). **1174**

**Tätigkeitsvergütungen**

S „Dienstverhältnis" (Rz 275 ff). **1178**

**Tausch**

S auch „Lieferverkehr" (Rz 797 ff). **1182**

Da der Tausch zwei Lieferungs- oder Leistungsgeschäfte enthält, gelten für jedes Geschäft die vGa-Regeln. S *Wichmann* Stbg 92, 165 zum Zeitpunkt der vGa im Fall des Tauschs. Nur wenn Leistung und Gegenleistung einander entsprechen, entfällt eine vGa. S zum Vorteilsausgleich § 8 Rz 230.

**Teilbetriebsveräußerung**

S „Betriebs-, Teilbetriebsveräußerung" (Rz 185). **1186**

**Teilbetriebsverpachtung**

1188 S „Betriebs-, Teilbetriebsverpachtung" (Rz 190 ff).

**Teilhaberversicherung**

1193 Prämien für Teilhaberversicherungen, die den Überlebenden in den Stand versetzen sollen, den Anteil des Verstorbenen zu erwerben, sind vGa; hier wird ein Risiko auf der Ebene der AntE versichert (RFH RStBl 33, 78), anders, wenn Begünstigte die KapGes ist (FG D'dorf EFG 95, 176).

**Telefongebühren**

1198 S „Bagatellaufwendungen" (Rz 120).

**Terroristenschutz**

1204 Die Aufwendungen einer Körperschaft für den persönlichen Schutz ihrer AntE sind grundsätzlich vGa. Ist der AntE gleichzeitig Geschäftsführer oder Vorstandsmitglied, so wird der Schutz aufgrund der Geschäftsführer- oder Vorstandsposition gewährt. Dies ist im Interesse der Körperschaft; uE folglich keine vGa.

**Tigerfall**

1208 Der Tigerfall stammt von *Scholtz* FR 90, 350: die Katz + Tierhandlung GmbH will ihrem Seniorchef einen Tiger zum 70. Geburtstag schenken. Der Juniorchef kauft ihn für die Gesellschaft und versteckt ihn bis zu dem freudigen Ereignis. Drei Tage vor dem Geburtstag stirbt der Tiger. Ersatz- oder Versicherungsansprüche hat die Gesellschaft nicht. Trotz der „privaten" Motivation sollen die Aufwendungen nach *Scholtz* aaO und *Thiel* DStR 93, 1803 Betriebsausgaben darstellen. Bedenklich. Zur Behandlung des Falls unter Berücksichtigung der „Vorteilsgeneigtheit" (Rz 165) s *Rose* DB 05, 2596.

**Treuhandanstalt**

1212 S „DDR" (Rz 265), „Öffentliche Hand" (Rz 869).

Zum Problem der vGa bei unentgeltlichen Übertragungen im Rahmen des Umstrukturierungsauftrags der Treuhandanstalt s *Döllerer/Raupach* DB 93, Beilage 11. Zu Einlagen bei Zinsverzicht FG Berlin EFG 98, 1486; zur vGa durch Kostenübernahme einer TochterGes BFH BStBl II 00, 480; SächsFG EFG 99, 1201, aufhebend.

**Treuhandschaft**

1216 S „Wirtschaftliches Eigentum" (Rz 1419).

Erwirbt ein AntE oder ein Nahestehender ein WG in Treuhandschaft für die Körperschaft ohne unangemessenen Vorteil, so liegt keine vGa vor; angemessene Treuhandgebühren führen nicht zur vGa. Ist umgekehrt die Körperschaft Treuhänderin, muss sie Treuhandgebühren berechnen, um eine vGa zu vermeiden. Geht ein WG aus dem zivilrechtlichen Eigentum der Körperschaft in das Eigentum des AntE über, der es treuhänderisch für die Körperschaft hält, ist dieser Übergang des WG als solcher keine vGa. Soll die GmbH treuhänderisch für ihren AntE tätig werden und behandelt sie die Forderungen und Verbindlichkeiten der Treuhandgeschäfte wie eigene, ist das Treuhandverhältnis nicht durchgeführt (BFH BStBl II 88, 25; s auch BFH BStBl II 01, 468; NdsFG EFG 99, 523, aufhebend: Treuhand auch dann anzuerkennen, wenn WG erst im Jahresabschluss als Treugut ausgewiesen wird).

**Trinkgelder**

1220 S „Bagatellaufwendungen" (Rz 120).

**Überstundenvergütung**

1225 S „Dienstverhältnis" (Rz 332).

**Umlageverträge**

1229 S „Konzernumlagen" (Rz 761).

**Umsatzsteuer**

Entgeltliche Leistungsbeziehungen zwischen Gesellschaft und Gesellschafter unterfallen § 1 I Nr 1 UStG auch, soweit sie als vGa zu qualifizieren sind (BFH/NV 05, 105; *Wulf* AG 08, 163). Das Entgelt bemisst sich nach § 10 V iVm IV UStG. **1233**

Die vGa umfasst diese USt (BFH/NV 06, 7; 06, 722). Eine Hinzurechnung nach § 10 Nr 2 KStG ist nicht erforderlich (BFH BStBl II 92, 359; *Sarrazin* GmbHR 86, 93; *Reiss* DB 90, 1936; KStR 37).

Unentgeltliche Wertabgabe an den Gesellschafter sind als Lieferung (§ 3 Ib UStG) oder als sonstige Leistung (§ 3 IXa UStG) steuerpflichtig. Eine steuerbare Entnahme bzw Verwendung wird nur angenommen, wenn die Anschaffungs- bzw Herstellungskosten des „entnommenen" oder verwendeten Gegenstands mit USt belastet waren und der Unternehmer hinsichtlich dieser Steuer zum vollen oder anteiligen Vorsteuerabzug berechtigt war.

Zur verdeckten Einlage eines Vorsteuerabzugs s FG Bln-Bdbg EFG 08, 241.

**Umwandlungsvorgänge**

S „Prüfungskosten" (Rz 974), „Gründungskosten" (Rz 650). **1237**

Die Umwandlung einer Körperschaft nach dem UmwG ist ein **organisationsrechtl Akt,** der als solcher keine vGa auslöst.

Problematisch sind die Rückwirkungsregelungen des **§ 20 V u VI UmwStG.** Diese Vorschrift gilt nicht für Entnahmen und Einlagen (§ 20 V 2 UmwStG); auf diese Weise soll vermieden werden, dass Entnahmen als vGa besteuert werden. Nach der Rspr des BFH gilt im Übrigen die Rückwirkung des § 20 V UmwStG nicht für Verträge. Diese gelten nur dann ab dem Umwandlungsstichtag, wenn sie zu diesem Zeitpunkt bereits vereinbart waren (BFH BStBl II 87, 797). Eine Durchführung des Vertrags liegt nicht vor, wenn nach dem Umwandlungsstichtag nicht der rechtzeitig abgeschlossene Geschäftsführervertrag, sondern die allgemeinen Entnahmeregeln der umgewandelten PersGes angewandt werden (BFH BStBl II 86, 880). Nach dem Umwandlungsstichtag, aber vor der Eintragung der Umwandlung rückwirkend vereinbarte Zuwendungen an den Gesellschafter, die kstl vGa wären, sind im Rahmen des § 20 V UmwStG als Entnahme zu behandeln (BFH BStBl II 87, 797; s auch FG Hbg EFG 06, 1364, das – anders als BFH BStBl II 87, 797 – auf den Zahlungszeitpunkt abstellt und daher bei gleichem Sachverhalt zu einer vGa kommt; zu dieser Problematik weiter *Streck/Schwedhelm* BB 88, 1639; *Schulze zur Wiesche* BB 92, 1686; *Pyszka* DStR 16, 2683 u BMF BStBl I 11, 1314, Tz 20.16.

**Überbewertung** von **eingebrachtem Betriebsvermögen:** Eine vGa liegt dann vor, wenn die KapGes dem AntE einen VermVorteil zuwendet. Erhält der AntE als Gegenleistung für die WG ausschließlich die Anteile, so können die Anteile nicht mehr wert sein als eben die eingebrachten WG. Eine vGa scheidet aus. Anders, wenn der AntE zusätzlich sonstige Gegenleistungen, etwa ein Darlehen, erhält. Ist der Wert des Darlehens höher als der Wert der Gegenleistung, dann liegt eine vGa vor (vgl *Streck/Schwedhelm* BB 88, 1639). Ebenso, wenn das eingebrachte Vermögen negativ ist (s die Nachweise bei „Verlustbetriebe" Rz 1296).

VGa liegt vor, wenn eine Kapitalgesellschaft ihr Unternehmen ohne entsprechende Gegenleistung (Beteiligung) in eine Kapital- oder Personengesellschaft einbringt, an der der Gesellschafter beteiligt ist (s BFH BStBl II 05, 867; dazu *Briese* GmbHR 05, 207).

**Unberechtigte Entnahmen**

S § 8 Rz 210 ff. **1241**

**Ungeklärter Vermögenszuwachs**

Ein ungeklärter Vermögenszuwachs bei einem Gesellschafter-Geschäftsführer rechtfertigt nur dann die Annahme einer vGa, wenn praktisch keine andere Einnahmequelle in Betracht kommt (BFH/NV 03, 1450; 03, 1221). **1245**

**Unterschlagung**

1249 Unterschlagung durch AntE oder Gesellschafter-Geschäftsführer s § 8 Rz 210 ff.

**Unterstützungskasse**

1254 Zuführungen an die Unterstützungskasse, die bei einer Konzernkasse einer SchwesterGes zugutekommen, sind vGa (BFH BStBl III 65, 27).

**Untreue**

1258 VGa kann strafrechtl eine Untreue (§ 266 StGB) sein (BGH BB 87, 1855; krit *Meilicke* BB 88, 1261; *Reiß* wistra 89, 81; BGH BB 89, 611 und 89, 974; zu beiden Entscheidungen *Wassermeyer* BB 89, 1731 und 1382, der insbesondere auf Differenzen zwischen der Rspr des BGH und des BFH hinweist; dagegen *Eppler* DStR 90, 136; *Buyer* BB 90, 1809; zu *Eppler: Wassermeyer* DStR 90, 158, 161; s auch *Gehrlein* NJW 00, 1089 und § 8 (Rz 210 ff).

**Urheberrechte**

1262 S „Immaterielle Wirtschaftsgüter" (Rz 693).

**Urlaubsabgeltung**

1266 S „Dienstverhältnis" (Rz 275 ff).

Urlaubsabgeltung ist keine vGa; sie verstößt nicht gegen das Rückwirkungsverbot (BFH BStBl II 69, 327; 73, 322; 05, 524; NV 07, 275; FG Köln EFG 03, 1499). FG Münster EFG 95, 1116 nimmt eine vGa an, wenn die Urlaubsabgeltung vorgezogen wird. Besteht keine Vereinbarung über die Unverfallbarkeit des Urlaubsanspruchs, rechtfertigt rückständiger Urlaub keine Rückstellung, die über den Jahresurlaub hinausgeht (FG Nürnberg EFG 00, 965; FG RhPf DStRE 03, 295).

**Urlaubsgeld**

1269 S „Dienstverhältnis" (Rz 275 ff).

Urlaubs- und Weihnachtsgeld werden vom BFH als Vergütung für Dienste im laufenden Geschäftsjahr angesehen (BFH BStBl II 92, 434). Sie sind daher beim beherrschenden Gesellschafter nur zeitanteilig anzuerkennen, wenn sie nicht bereits zu Beginn des Jahres vereinbart waren (FG D'dorf GmbHR 90, 57; FG Saarl EFG 90, 196; NdsFG GmbHR 91, 341; FG Hbg GmbHR 97, 806). Eine „ständige Übung" genügt nicht, wenn die Zahlung laut Vertrag „freiwillig" erfolgte (FG Hbg EFG 00, 146). „Umsatzgestufte" Weihnachtsgelder sind grundsätzlich zulässig (FG Saarl EFG 03, 1195).

**Verdecktes Stammkapital**

1275 S § 8 Rz 94.

**Verein**

1279 S § 8 Rz 169.

**Verfügungsbeschränkung**

1284 Zahlt die Körperschaft ein Entgelt an den AntE, weil er in der Verfügung über den Anteil beschränkt ist, so liegen nur dann keine vGa vor, wenn die Verfügungsbeschränkung der Körperschaft nützt (RFH RStBl 32, 548). Ist die Beteiligung einer inländischen GmbH an einer kanadischen Gesellschaft durch Vorzugsaktien rechtsbeschränkend gestaltet, so kann eine vGa vorliegen, wenn dies in einer Unternehmensgruppe geschieht und hierdurch die MutterGes begünstigt wird (FG D'dorf EFG 78, 40, rkr).

**Vergleich**

1288 S „Sanierung" (Rz 1023).

Nimmt die Körperschaft an einem Vergleich mit dem AntE teil, so ist der Forderungsverzicht regelmäßig keine vGa, wenn die Körperschaft wie andere Gläubiger handelt. VGa mag nur vorliegen, wenn die Körperschaft den Vergleich bewusst benutzt, um dem AntE einen Forderungserlass „zuzuschieben".

**Verlagsrecht**

1292 S „Immaterielle Wirtschaftsgüter" (Rz 693).

**Verlustbetriebe**

S „Liebhaberei" (Rz 794), „Risikogeschäfte" (Rz 1003). 1296

Die Einbringung von Verlustbetrieben in eine GmbH kann zur vGa führen, wenn das eingebrachte Vermögen negativ ist (FG BaWü EFG 92, 686; *Streck/ Schwedhelm* BB 88, 1639; *Schulze zur Wiesche* BB 92, 1686). Zu Verlustbetrieben der öffentl Hand s § 4 Rz 57.

**Verlustübernahme**

Die Übernahme eines Verlustes durch eine GmbH zugunsten des AntE, zB aus 1300
einer KG, an der die GmbH als Kommanditist, der AntE als Komplementär beteiligt sind, kann vGa sein (vgl FG Freiburg EFG 63, 420). Verlustübernahme als Einlage s § 8 Rz 75. Zur Übernahme eines Verlustes der KapGes durch den AntE außerhalb der Organschaft s § 14 Rz 176.

**Verlustvermeidung**

und Gefahren der vGa s Beratungs-ABC „Verluste". 1304

**Vermietung und Verpachtung**

S „Bauten auf fremdem Grund und Boden" (Rz 136), „Betriebs-, Teilbetriebs- 1308
verpachtung" (Rz 190ff), „Einfamilienhaus" (Rz 390), „Erschließungskosten" (Rz 450).

Ein **Miet- oder Pachtvertrag** muss vorliegen. Er kann mündlich vereinbart sein. Schriftform ist jedoch zu empfehlen.

Die Körperschaft muss an ihren AntE zu einem **angemessenen Miet- oder Pachtzins** vermieten oder verpachten; verpachtet oder vermietet der AntE an die Körperschaft, darf er nur eine angemessene Miete oder Pacht erhalten. Maßgebend ist die Miete oder Pacht, die ein ordnungsgemäß handelnder Geschäftsleiter mit einem fremden Dritten vereinbaren würde. Soweit auch für den ordnungsgemäß handelnden Geschäftsleiter Vergleichsmieten mit fremden Dritten vorliegen – insoweit sind auch Rückschlüsse aus einer nachfolgenden Fremdvermietung zu ziehen (FG Saarl EFG 10, 905) –, sind diese maßgebend, selbst wenn eine Schätzung nach Verzinsungs- und Kostengesichtspunkten zu einer anderen Miete oder Pacht führen würde. Für die Frage der Angemessenheit ist der gesamte Miet- bzw Pachtvertrag zu berücksichtigen einschließlich aller Nebenabreden und der Kostentragungspflicht; ebenso eine etwaige Risikoübernahme durch den Mieter (BFH BStBl III 51, 12; s jedoch auch BFH/NV 07, 978, zur Miethöhe während einer Umbauphase). Bei der Beurteilung ist nicht nur auf ein Jahr abzustellen (BFH BStBl III 51, 12 betr Vermietung durch Wohnhaus GmbH). Falls keine Vergleichsmiete oder -pacht vorliegt, ist eine Schätzung erforderlich (BFH BStBl II 72, 594). Werden innerhalb eines engen Zeitrahmens unterschiedlich hohe Mieten vereinbart, ohne dass es hierfür nachvollziehbare Gründe gibt, kann dies die Unangemessenheit begründen (FG Bln-Bdbg EFG 09, 2048). Von einer Kündigungsmöglichkeit muss ggf Gebrauch gemacht werden (BFH BStBl II 89, 249). Ist die Anschaffung des gemieteten Gegenstands möglich und kostengünstiger als die Anmietung, so kann die Anmietung Indiz für eine vGa sein (BFH/NV 87, 265). Zahlt die Körperschaft an den AntE eine Pacht, so ist diese nur angemessen und daher anzuerkennen, wenn die Körperschaft den gepachteten Gegenstand auch tatsächlich nutzt oder gebraucht; alleine der Abschluss eines Pachtvertrages ist nicht ausreichend (BFH 1963 StRK KStG § 6 I S 2 R 93). Wird stadtnah landwirtschaftliches Gelände erworben und für Baumschulzwecke verpachtet, so kann die Angemessenheit nicht aus der Verzinsung des eingesetzten Kapitals hergeleitet werden (FG BaWü EFG 78, 569). Betrieblich nicht bedingte Übernahme von Erschließungskosten des gemieteten Grundstücks durch die GmbH zugunsten des AntE als vGa s FG Saarl EFG 87, 137.

Zu An- und Einbauten sowie **Bauten** auf **fremdem Grund** und **Boden** s zu diesem Stichwort (Rz 136).

Wird der gemietete oder gepachtete Gegenstand **gleichzeitig** von der **Körperschaft** und dem **AntE genutzt,** so ist die abgegrenzte oder sich überlagernde Doppelnutzung bei der Frage der Angemessenheit zu berücksichtigen. UE ist in diesen Fällen stets aufzuteilen, notfalls im Schätzungsweg; vgl § 8 Rz 246 zum gemischten Interesse.

Bei Miet- oder Pachtverhältnissen zwischen der Körperschaft und dem **beherrschenden AntE** müssen rechtzeitig klare und durchgeführte Verträge vorliegen (§ 8 Rz 320). Fehlt in dem Mietvertrag eine Detailregelung, so können allenfalls Zahlungen im Rahmen der fehlenden Detailregelung als vGa qualifiziert werden; der Vertrag bleibt grundsätzlich anerkannt. Insbesondere zur Durchführung der Mietverträge s § 8 Rz 383.

Nach FG Bln-Bdbg EFG 14, 784, ist eine Umsatzpacht zwischen GmbH und beherrschenden Gesellschafter nur unter strengen Fremdvergleichsmaßstäben (Vereinbarung einer Obergrenze, einheitliche Kündigungsmöglichkeiten, klare Regelung zum Ersatz von Wirtschaftsgütern) keine vGa.

Zu **ausländischen** Immobilien s Rz 106.

**Verrechnungskonto**

**1312** S „Darlehen" (Rz 248 ff).

**Verschmelzung**

**1316** S Umwandlungsvorgänge Rz 1237

**Versicherung**

**1320** S „Direktversicherung" (Rz 365), „Lebensversicherung" (Rz 788).

Die Übernahme von Versicherungskosten zugunsten eines Angestellten-AntE ist in die Angemessenheitsprüfung einzubeziehen (s „Dienstverhältnis" Rz 275 ff); bei beherrschenden AntE ist eine rechtzeitige klare Vereinbarung notwendig; vgl *Kröller* GmbHR 86, 195.

Prämien für eine Betriebsunterbrechungsversicherung, die das Erkrankungsrisiko des Gesellschafter-Geschäftsführers mit abdeckt, sind keine vGa, wenn die GmbH alleinige Bezugsberechtigte im Versicherungsfall ist (BFH/NV 15, 1273)

**Versicherungsunternehmen**

**Schrifttum:** *Knocks,* Möglichkeiten und Grenzen der vGa bei VVaG, Wpg 79, 128; dazu auch *Mies* Wpg 80, 213; *Knocks* Wpg 80, 245.

**1324** Die Nichterhebung ausreichender Beiträge oder die Erstattung von Beiträgen über § 21 hinaus ist vGa, sofern der Versicherte gleichzeitig Gesellschafter oder Mitglied – Beispiel: VVaG – ist (BFH BStBl III 63, 244; II 69, 12; 76, 731; 92, 429 und Vorinstanz FG Hbg EFG 90, 443; krit dazu *Schloßmacher* DB 99, 1573). Das versicherungstechnische und das nichtversicherungstechnische Geschäft sind sorgfältig voneinander abzugrenzen; Verrechnungen zu Lasten des nichtversicherungstechnischen Geschäfts zugunsten des versicherungstechnischen Geschäfts sind vGa (BFH BStBl II 69, 12). Verrechnungen innerhalb des technischen Versicherungsgeschäfts sind keine vGa (NdsFG EFG 74, 75 betr Verlustausgleich durch Auflösung einer Schwankungsrückstellung; insoweit dem Grunde nach durch die Revisionsentscheidung BFH BStBl II 76, 731 nicht berührt). VGa liegt zeitlich dann vor, wenn ein VVaG beschließt, Verluste des versicherungstechnischen Geschäfts mit anderen Erträgen oder Rücklagen auszugleichen (BFH BStBl II 76, 731; 92, 429). Die FinVerw wendet die Rspr an (FinVerw 1980 StEK KStG 1977 § 8 Nr 19; 1981 Nr 28 mit von BFH BStBl II 92, 429 anerkannter 3-Jahres-Regelung). Zweifelhaft ist, ob die Unterscheidung hinsichtlich der verschiedenen Sparten dem vGa-Recht entspricht; abl mit beachtlichen Gründen *Knocks* aaO; dagegen allerdings BFH BStBl II 92, 429 und *Mies* aaO.

**Versorgungsbetriebe**

**1328** S § 4 Rz 30.

**Vertragschancen**

Aufgabe einer Vertragschance s „Kaufangebot" (Rz 741). 1332

**Vertragskosten**

S „Gründungskosten" (Rz 650). 1336

Vertrags- und Beratungskosten sind grundsätzlich von dem Auftraggeber des Kostengläubigers zu bezahlen. Oft enthalten die Verträge jedoch Kostentragungsregelungen. Bei Verträgen zwischen der Körperschaft und dem AntE kann zweifelhaft sein, ob steuerl die durch die Beauftragung oder Vereinbarung gewählte Kostentragungspflicht für Vertrags- und Beratungskosten anzuerkennen ist. Die GmbH wird die Kosten tragen können, die auch ein ordnungsgemäß handelnder Geschäftsführer übernommen hätte, zB Notar- und Beratungskosten der GmbH-Gründung. Bei einem Kaufvertrag über größere Objekte trägt häufig der Käufer die Vertragskosten. Evtl kommt eine Aufteilung nach den Grundsätzen des gemischten Interesses, s § 8 Rz 246 in Betracht (glA *Henninger* GmbHR 77, 45).

**Vertretertätigkeit**

S „Handelsvertreter-GmbH" (Rz 666). 1340

Erhält der Gesellschafter-Geschäftsführer von dritter Seite für die Vermittlung von Geschäften der Körperschaft Provisionen, so liegt eine vGa vor, wenn die Tätigkeit zur Geschäftsführertätigkeit zählt und diese angemessen entlohnt wird (BFH BStBl III 60, 102). Eine klare Vereinbarung kann die Verhältnisse auch anders gestalten. Der Geschäftsführer kann einen fremden Agenten oder Vertreter ersetzen; dann steht ihm auch eine Provision zu (vgl BFH BStBl II 72, 949). Das Geschäftsführergehalt kann auch so gering bemessen sein, dass es abredegemäß durch derartige Provisionen aufgefüllt werden kann, um insgesamt zu einer angemessenen „Gesamtausstattung" zu gelangen.

Zur Einlage eines Vertreterrechts in eine GmbH s FG Köln EFG 96, 1019.

**Vertreterversammlung**

S „Gesellschafterversammlung" (Rz 594). 1344

**Vertriebsgesellschaft**

S „Lieferverkehr" (Rz 797 ff). 1348

**Verzicht auf Anspruch oder Recht**

S „Einlagen" (Rz 398), „Forderungsverzicht" (Rz 494), „Kaufangebot" 1352
(Rz 741).

Irrtümliche Zahlungen nach Verzicht sind zu korrigieren und keine vGa; anders, wenn die Zahlungen in Kauf genommen wurden (NdsFG EFG 98, 1030).

**VVaG**

S „Gesellschafterversammlung" (Rz 594), „Versicherungsunternehmen" 1356
(Rz 1324).

**Währungsrisiko**

S hierzu Tz 4. der „Verwaltungsgrundsätze", § 8 Rz 260.

Ein Aufwertungsgewinn muss dort anfallen, wo er auch bei fremden Dritten an- 1362
gefallen wäre (FG Münster EFG 79, 512).

**Waisenrenten**

S „Pensionszusage" (Rz 897 ff). 1366

**Wandelanleihen**

Der Rückkauf von Wandelanleihen ist keine vGa, *Herzig/Joisten* DB 13, 954. 1368

**Warenentnahme**

S „Entnahme" (Rz 424), „Unberechtigte Entnahmen" (Rz 1241). 1370

Das dort Gesagte gilt entsprechend.

**Warentermingeschäfte**

S „Risikogeschäfte" (Rz 1003). 1374

**Warenverkehr**

1378 S „Lieferverkehr" (Rz 797 ff).

**Warenzeichen**

1382 S „Immaterielle Wirtschaftsgüter" (Rz 693).

**Weihnachtsgeld**

1386 S „Urlaubsgeld" (Rz 1269), „Dienstverhältnis" (Rz 275 ff).

**Werbung**

1390 S „Lieferverkehr" (Rz 797 ff).

Die Kosten der Werbung muss grundsätzlich derjenige tragen, dem der Vorteil der Werbung zufällt; trägt die GmbH die Kosten der Werbung für den AntE, so kann vGa vorliegen (BFH BStBl II 69, 14 betr Fensterwerbung; FG Bln-Bdbg EFG 2009, 1147). Die Tendenz der FinVerw geht dahin, die Werbungskosten den Produktionsunternehmen zuzurechnen; vgl auch Tz 3.3. der „Verwaltungsgrundsätze", § 8 Rz 260; s auch Lieferverkehr (Rz 797 ff).

**Wertgutachten**

1394 Wird zur Bestimmung der Angemessenheit (etwa eines Kaufpreises) ein unabhängiges Gutachten eingeholt, so beschränkt sich die Prüfung auf die Frage, ob dem Gutachten zutreffende Tatsachen zugrunde liegen und anerkannte Bewertungsmethoden angewandt wurden (NdsFG EFG 01, 157).

**Wertpapiergeschäfte**

1398 S „Risikogeschäfte" (Rz 1003).

**Wettbewerbsverbot**

1402 Die Entschädigung für ein nachvertragliches Wettbewerbsverbot ist keine vGa, falls sie angemessen ist und – bei beherrschenden Gesellschaftern – rechtzeitig und klar vereinbart wurde.

**Wettbewerbsverbot und Betriebsabgrenzung**

S „Dienstverhältnis" (Rz 275 ff).

**Schrifttum:** *Korn/Herff* KÖSDI 96, 10 858; *Buyer* GmbHR 96, 98; *Gosch* DStR 95, 1863; *Pezzer* FR 95, 905; *Hoffmann* GmbH-StB 97, 75; *Schwedhelm* in *Mack/Olbing/Podziech/Schwedhelm/Streck,* GmbH in Bedrängnis, 1996, 43, 57; *Müller,* Das Wettbewerbsverbot des GmbH-Gesellschafters und seine körperschaftsteuerlichen Folgen, 1995; *ders,* Vertragliches Wettbewerbsverbot des GmbH-Gesellschafters und verdeckte Gewinnausschüttungen in der jüngeren Rspr des BFH, BB 97, 1441; *Fleischer,* Verdeckte Gewinnausschüttungen: Die Geschäftschancenlehre im Spannungsfeld zwischen Gesellschafts- und Steuerrecht, DStR 99, 1249; *Steck,* Neue Aspekte zur Geschäftschancenlehre bei GmbH-Gesellschaftern GmbHR 05, 1157; *Ditz,* Übertragung von Geschäftschancen bei Funktionsverlagerungen ins Ausland, DStR 06, 1625; *Schwedhelm,* Verdeckte Gewinnausschüttungen, GmbH-StB 10, 236; *Wichmann,* Die Geschäftschance – grundsätzliche Betrachtung der zivil- und steuerrechtlichen Beachtlichkeit, DStZ 16, 337; zur früheren Rechtsprechung s 5. Aufl.

1406 Entgegen früherer Rspr (BFH BStBl II 87, 461; II 89, 633; 636; 637; II 90, 595) führt eine Tätigkeit des Gesellschafter-Geschäftsführers außerhalb der GmbH nicht zwangsläufig zu einer vGa (BFH I R 155/94 v 30.8.95, DStR 95, 1873; bestätigt und fortgeführt in BFH I R 127/94 v 12.10.95, DStR 96, 337; BFH/NV 96, 645; I R 97/95 v 11.6.96, DStR 96, 1769; I R 149/94 v 13.11.96, DB 97, 506; I R 26/95 v 18.12.96, DStR 97, 575; I R 126/95 v 13.11.96, BB 97, 1241; I R 14/96 v 12.6.97, HFR 97, 837, s dazu *Gosch* DStR 97, 442; *Wassermeyer* DStR 97, 681; *Höpken* DB 97, 702; *Weisser* GmbHR 97, 429): § 8 III 2 KStG **erlaubt nicht,** die von einem Gesellschafter im eigenen Namen und für eigene Rechnung ausgeübte Tätigkeit und die daraus erzielten **Einkünfte** der GmbH **zuzurechnen,** selbst wenn sie dem Unternehmensgegenstand der GmbH unterfällt (DStR 95, 1873; DStR 96, 337; BFH/NV 96, 645; BFH DB 97, 506). Gegen einen **Alleingesellschafter** besteht – zumindest solange er der GmbH kein Vermögen entzieht, das zur Deckung des Stammkapitals erforderlich ist – kein Schadensersatzanspruch wegen einer konkurrierenden Tätigkeit, da der Alleingesellschafter **keinem Wettbewerbsverbot** gegenüber seiner Gesellschaft unterliegt (BFH DStR 95, 1873 unter Hinweis auf BGHZ 122, 333). Selbst bei einem vertraglichen Wettbewerbsverbot für den Gesellschafter und/oder Geschäftsführer besteht bei Verstoß kein Schadensersatzanspruch gegen den Alleingesellschafter-Geschäftsführer (BFH DStR 95, 1873, DB 97, 506 und BB 97, 1241 unter Hinweis auf BGH NJW 93, 193). Entsprechendes gilt für eine **mehrgliedrige GmbH,** wenn die Gesellschafter gemeinschaftlich und in Ausübung gleichgerichteter Interessen handeln (BFH DB 97, 506) bzw eine Befreiung vom Wettbewerbsverbot erteilt wurde (BFH/NV 97, 232; 98, 1579; 99, 1125, zu § 112 II HGB). Auch der Verzicht auf ein Entgelt für die Wettbewerbsverbotsbefreiung ist idR keine vGa, wenn die Tätigkeit außerhalb der Gesellschaft bei der Geschäftsführervergütung berücksichtigt wird (BFH BB 97, 779). Liegt ein im Gesellschaftsvertrag vereinbartes Wettbewerbsverbot vor, so kann auch die Einwilligung aller Gesellschafter ohne Beschluss befreien (BFH DStR 98, 1354).

Das **Fehlen** eines zivilrechtlichen **Schadensersatzanspruchs schließt** die An- 1407
nahme einer **vGa** durch Gewinnverlagerung zu Lasten der GmbH jedoch **nicht aus** (BFH DB 97, 506). Dabei ist zu differenzieren, ob der Gesellschafter(-Geschäftsführer) als Subunternehmer für die GmbH oder für Dritte tätig wird. Bei Aufträgen, die der Gesellschafter(-Geschäftsführer) als **Subunternehmer** ausführt, handelt es sich um **Geschäftschancen** der GmbH. Ob die Ausführung des Geschäfts durch den Gesellschafter als Subunternehmer zur vGa führt, richtet sich nach dem Maßstab des ordentlichen und gewissenhaften Geschäftsleiters: War die Gesellschaft personell, finanziell und sachlich in der Lage, den Auftrag selbst auszuführen oder war es kostengünstiger, einen Dritten zu beauftragen? Hierbei ist mitentscheidend, ob die an den Gesellschafter als Subunternehmer vergebene Tätigkeit nicht bereits zu seinen Geschäftsführeraufgaben gehörten (BFH DStR 96, 337; DB 97, 506; BFH/NV 03, 887). Soweit der Gesellschafter-Geschäftsführer **von Dritten** beauftragt wird oder **mit Dritten** ein Geschäft abschließt, kann eine vGa nur angenommen werden, wenn konkrete Anhaltspunkte dafür festgestellt werden, dass der Gesellschafter hierbei Geschäftschancen der GmbH ausnutzt. Dabei können die Geschäftschancen nicht nach formalen Kriterien (etwa nach dem Unternehmensgegenstand) zugeordnet werden. Es besteht auch kein Gebot der Aufgabenabgrenzung (BFH DB 97, 506).

Sofern nach den vorstehenden Kriterien eine vGa in Betracht kommt, besteht 1408
sie der **Höhe** nach in dem entgangenen Gewinn (Subunternehmer, BFH DB 97, 506) bzw in Höhe des Entgelts, das ein Dritter für die Überlassung der Geschäftschance bezahlt hätte (BFH/NV 96, 645; 03, 205).

Der BFH hat die Kriterien einer **„Geschäftschance"** bisher nicht näher präzi- 1409
siert (siehe hierzu KG Berlin DStR 01, 1042; *Lawall* NJW 97, 1742; *Fleischer* DStR 99, 1249; *Thiel* DStR 93, 1801; *Schneider* DB 93, 1192; *Timm* GmbHR 91, 177; *Tries,* Verdeckte Gewinnausschüttungen im GmbH-Recht, 1991, 196). Nach BFH DB 96, 2366 ist zu prüfen, ob der Gesellschafter-Geschäftsführer sein Wissen von der Geschäftschance durch seine Tätigkeit bei der Gesellschaft erlangt hat. Dabei kann der Unternehmensgegenstand ein Indiz für die Zuordnung der Geschäftschance sein. Eine Geschäftschance liegt nicht vor, wenn die Geschäftsanbahnung bereits vor Gründung erfolgte (FG München GmbHR 98, 748; s auch NdsFG EFG 98, 1286, mit Anm *Sauter/Hoffmann* GmbHR 98, 1027). Das Rechtsinstitut der vGa rechtfertigt es jedenfalls nicht, einer GmbH ein Rechtsgeschäft aufzudrängen (BFH GmbHR 97, 904: betr Makler-GmbH). FG München EFG 01, 457, wollte eine vGa auch dann annehmen, wenn der Gesellschafter-Geschäftsführer zwar nicht konkurrierend tätig wird, aber seine Interessen über die der Gesellschaft stellt (hier Forderungen gegen die Gesellschaft verbilligt erwirbt; dazu *Hoffmann* GmbHR 01, 588). Der BFH hat das Vorliegen einer vGa zu Recht verneint (BFH/NV 02, 1172, mit Anm *Hoffmann;* GmbHR 02, 748). S auch FG

SchlHol EFG 02, 1142, mit Anm *Neu* und Anm *Hoffmann* GmbHR 02, 1077, zu einem gleichen Sachverhalt und der Annahme einer vGa infolge Gestaltungsmissbrauch; tatsächlich liegt bei dieser Gestaltung kein Missbrauch vor (BFH/NV 12, 1901; s „Sanierung" Rz 1023); ferner FG Saarl EFG 01, 1165, zur Überlassung eines projektierten Bauvorhabens an Schwester-GmbH; aufgehoben durch BFH GmbHR 03, 183). Nach HessFG EFG 02, 493 ist ein Verkauf von Anteilen durch eine GmbH an den Gesellschafter nicht nur unter dem Gesichtspunkt der Angemessenheit des Kaufpreises, sondern auch unter dem Gesichtspunkt einer Geschäftschance zu prüfen, wenn die verkaufte Gesellschaft später an die Börse gebracht wurde.

1410 Der BFH hat mit der vorstehenden Rspr das Erfordernis einer **Betriebsabgrenzung** bei konkurrierender Tätigkeit eines beherrschenden Gesellschafter-Geschäftsführers außerhalb der GmbH (s hierzu 5. Aufl) aufgegeben (BFH DB 97, 506). Das Fehlen einer Betriebsabgrenzung führt damit nicht mehr automatisch zur vGa. Vereinbarungen über die jeweilige Geschäftstätigkeit begründen aber eine Vermutung für die jeweilige Zuordnung einer Geschäftschance (BFH DB 97, 506). **Betriebsabgrenzungsvereinbarungen** sind daher in der Praxis weiterhin zu **empfehlen** (ebenso *Hoffmann* GmbH-StB 97, 75).

**Wirtschaftlicher Geschäftsbetrieb**

1415 Steuerbefreite Körperschaften und vGa s § 5 Rz 16.

**Wirtschaftliches Eigentum**

1419 S „Treuhandschaft" (Rz 1216).

Überträgt die GmbH aus wirtschaftl beachtlichen Gründen das zivilrechtl Eigentum ohne Gegenleistung auf ihren AntE, behält sie aber das wirtschaftl Eigentum zurück, so liegt hierin nicht notwendig eine vGa hinsichtlich des übertragenen Gegenstands, wenn ihre Verfügungsmöglichkeit wirtschaftl uneingeschränkt bestehenbleibt.

**Witwenrente**

1423 S „Pensionszusage" (Rz 897 ff).

**Zeitung**

1427 Bezug durch die KapGes keine vGa. Die Annahme einer vGa entbehre nicht ganz der Komik (so *Woerner* BB 83, 2034 in einer Anm zu BFH BStBl II 83, 715 betr die FAZ; dazu auch *Brezing* BB 84, 894). Dies gilt erst recht für die Wirtschaftspresse (vgl *Woerner* aaO betr „Blick durch die Wirtschaft" und „Handelsblatt").

**Zeitungsgelder**

1430 S „Bagatellaufwendungen" (Rz 120).

**Zinsen**

1435 S „Darlehen" (Rz 248 ff); Zinsen zur Finanzierung einer vGa ist keine erneute vGa (BFH/NV 08, 1534).

**Zinstermingeschäfte**

1440 S „Risikogeschäfte" (Rz 1003).

**Zuckerfabriken/Rübenpreise**

1445 S „Lieferverkehr" (Rz 806); RFH-Rspr: RStBl 31, 493, 497; 32, 577 mwN.

**Zuschläge nach § 3b EStG**

1450 S „Überstundenvergütung" (Rz 1225).

**Zustellungsbevollmächtigter**

1455 Ist eine Körperschaft Zustellungsbevollmächtigter iSv § 123 AO für ihren ausländischen AntE, so kann dies uE unentgeltlich erfolgen; fehlendes Entgelt führt nicht zur vGa.

**Zustimmungspflichtige Geschäfte**

1460 Satzungen enthalten regelmäßig einen Katalog zustimmungspflichtiger Geschäfte, die die Geschäftsführungsbefugnis einschränken. Diese interne Regelung beeinflusst grundsätzlich nicht die Wirksamkeit der im Außenverhältnis abgeschlossenen Rechtsgeschäfte, da die Vertretungsmacht des Geschäftsführers nicht beschränkt werden kann (§ 37 II GmbHG). Dieser Grundsatz gilt aber nicht für Rechtsgeschäfte zwischen der GmbH (vertreten durch den Geschäftsführer) und dem Gesellschafter. Hier ist die Innenbeschränkung des Geschäftsführers zu beachten BGH ZIP 97, 1419; *Zöllner/Noack* in Baumbach/Hueck, GmbH, 21. Aufl 2017, § 37 Rz 41. Wird ein Kataloggeschäft ohne Zustimmung der Gesellschafterversammlung mit einem Gesellschafter abgeschlossen, ist das Rechtsgeschäft unwirksam. Bei einem beherrschenden Gesellschafter oder einer ihm nahe stehenden Person kann eine vGa vorliegen (BFH/NV 99, 1125; NdsFG GmbHR 92, 391; kritisch *Paus,* GmbHR 99, 1278).

Die dargestellte Problematik tritt nicht nur bei katalogmäßig erfassten Rechtsgeschäften auf. Auch für Rechtsgeschäfte, die nicht zum gewöhnlichen Geschäftsbetrieb gehören, bedarf es ggf der Zustimmung der Gesellschafterversammlung. Ob auch in diesen Fällen die Beschränkung der Geschäftsführungsbefugnis zur Unwirksamkeit eines Rechtsgeschäfts mit einem Gesellschafter führt, ist streitig (s *Scholz/Schneider,* GmbHG 11. Aufl 2014, § 35 Rz 25 ff; abl *Felix* KÖSDI 92, 8938).

**Zweckverband**

S Rz 1066. **1465**

**„Zwei-Konten-Modell"**

Trägt eine KapGes, die an einer PersGes beteiligt ist, dort entstandene „entnahmebedingte" Schuldzinsen, kann eine vGA vorliegen (BFH/NV 10, 1129). **1470**

## § 8a Betriebsausgabenabzug für Zinsaufwendungen bei Körperschaften (Zinsschranke)

(1) [1] **§ 4h Abs. 1 Satz 2 des Einkommensteuergesetzes ist mit der Maßgabe anzuwenden, dass anstelle des maßgeblichen Gewinns das maßgebliche Einkommen tritt.** [2] **Maßgebliches Einkommen ist das nach den Vorschriften des Einkommensteuergesetzes und dieses Gesetzes ermittelte Einkommen mit Ausnahme der §§ 4h und 10d des Einkommensteuergesetzes und des § 9 Abs. 1 Nr. 2 dieses Gesetzes.** [3] **Die §§ 8c und 8d gelten für den Zinsvortrag nach § 4h Absatz 1 Satz 5 des Einkommensteuergesetzes mit der Maßgabe entsprechend, dass stille Reserven im Sinne des § 8c Absatz 1 Satz 7 nur zu berücksichtigen sind, soweit sie die nach § 8c Absatz 1 Satz 6 und § 8d Absatz 2 Satz 1 abziehbaren nicht genutzten Verluste übersteigen.** [4] **Auf Kapitalgesellschaften, die ihre Einkünfte nach § 2 Abs. 2 Nr. 2 des Einkommensteuergesetzes ermitteln, ist § 4h des Einkommensteuergesetzes sinngemäß anzuwenden.**

(2) **§ 4h Abs. 2 Satz 1 Buchstabe b des Einkommensteuergesetzes ist nur anzuwenden, wenn die Vergütungen für Fremdkapital an einen zu mehr als einem Viertel unmittelbar oder mittelbar am Grund- oder Stammkapital beteiligten Anteilseigner, eine diesem nahe stehende Person (§ 1 Abs. 2 des Außensteuergesetzes vom 8. September 1972 – BGBl. I S. 1713 –, das zuletzt durch Artikel 3 des Gesetzes vom 28. Mai 2007 – BGBl. I S. 914 – geändert worden ist, in der jeweils geltenden Fassung) oder einen Dritten, der auf den zu mehr als einem Viertel am Grund- oder Stammkapital beteiligten Anteilseigner oder eine diesem nahe stehende Person zurückgreifen kann, nicht mehr als 10 Prozent der die Zinserträge übersteigenden Zinsaufwendungen der Körperschaft im Sinne des § 4h Abs. 3 des Einkommensteuergesetzes betragen und die Körperschaft dies nachweist.**

(3) [1] **§ 4h Abs. 2 Satz 1 Buchstabe c des Einkommensteuergesetzes ist nur anzuwenden, wenn die Vergütungen für Fremdkapital der Körperschaft oder**

**eines anderen demselben Konzern zugehörenden Rechtsträgers an einen zu mehr als einem Viertel unmittelbar oder mittelbar am Kapital beteiligten Gesellschafter einer konzernzugehörigen Gesellschaft, eine diesem nahe stehende Person (§ 1 Abs. 2 des Außensteuergesetzes) oder einen Dritten, der auf den zu mehr als einem Viertel am Kapital beteiligten Gesellschafter oder eine diesem nahe stehende Person zurückgreifen kann, nicht mehr als 10 Prozent der die Zinserträge übersteigenden Zinsaufwendungen des Rechtsträgers im Sinne des § 4h Abs. 3 des Einkommensteuergesetzes betragen und die Körperschaft dies nachweist. [2] Satz 1 gilt nur für Zinsaufwendungen aus Verbindlichkeiten, die in dem voll konsolidierten Konzernabschluss nach § 4h Abs. 2 Satz 1 Buchstabe c des Einkommensteuergesetzes ausgewiesen sind und bei Finanzierung durch einen Dritten einen Rückgriff gegen einen nicht zum Konzern gehörenden Gesellschafter oder eine diesem nahe stehende Person auslösen.**

***Bis zur Änderung durch das G v 20.12.16 lautete Abs 1 S 3:***

[3] Die §§ 8c und 8d gelten für den Zinsvortrag nach § 4h Absatz 1 Satz 5 des Einkommensteuergesetzes mit der Maßgabe entsprechend, dass stille Reserven im Sinne des § 8c Absatz 1 Satz 7 nur zu berücksichtigen sind, soweit sie die nach § 8c Absatz 1 Satz 6 und § 8d Absatz 2 Satz 1 abziehbaren nicht genutzten Verluste übersteigen.

***Gesetzesfassungen vor 2014 s 8. Aufl.***

**§ 4h EStG** idF des Wachstumsbeschleunigungsgesetzes v 22.12.09 (Rz 11, 12) lautet:

**§ 4h Betriebsausgabenabzug für Zinsaufwendungen (Zinsschranke)**

(1) [1] Zinsaufwendungen eines Betriebs sind abziehbar in Höhe des Zinsertrags, darüber hinaus nur bis zur Höhe des verrechenbaren EBITDA. [2] Das verrechenbare EBITDA ist 30 Prozent des um die Zinsaufwendungen und um die nach § 6 Absatz 2 Satz 1 abzuziehenden, nach § 6 Absatz 2a Satz 2 gewinnmindernd aufzulösenden und nach § 7 abgesetzten Beträge erhöhten und um die Zinserträge verminderten maßgeblichen Gewinns. [3] Soweit das verrechenbare EBITDA die um die Zinserträge geminderten Zinsaufwendungen des Betriebs übersteigt, ist es in die folgenden fünf Wirtschaftsjahre vorzutragen (EBITDA-Vortrag); ein EBITDA-Vortrag entsteht nicht in Wirtschaftsjahren, in denen Absatz 2 die Anwendung von Absatz 1 Satz 1 ausschließt. [4] Zinsaufwendungen, die nach Satz 1 nicht abgezogen werden können, sind bis zur Höhe der EBITDA-Vorträge aus vorangegangenen Wirtschaftsjahren abziehbar und mindern die EBITDA-Vorträge in ihrer zeitlichen Reihenfolge. [5] Danach verbleibende nicht abziehbare Zinsaufwendungen sind in die folgenden Wirtschaftsjahre vorzutragen (Zinsvortrag). [6] Sie erhöhen die Zinsaufwendungen dieser Wirtschaftsjahre, nicht aber den maßgeblichen Gewinn.

(2) [1] Absatz 1 Satz 1 ist nicht anzuwenden, wenn

a) der Betrag der Zinsaufwendungen, soweit er den Betrag der Zinserträge übersteigt, weniger als drei Millionen Euro beträgt,
b) der Betrieb nicht oder nur anteilmäßig zu einem Konzern gehört oder
c) der Betrieb zu einem Konzern gehört und seine Eigenkapitalquote am Schluss des vorangegangenen Abschlussstichtages gleich hoch oder höher ist als die des Konzerns (Eigenkapitalvergleich). [2] Ein Unterschreiten der Eigenkapitalquote des Konzerns um bis zu zwei Prozentpunkte ist unschädlich.
[3] Eigenkapitalquote ist das Verhältnis des Eigenkapitals zur Bilanzsumme; sie bemisst sich nach dem Konzernabschluss, der den Betrieb umfasst, und ist für den Betrieb auf der Grundlage des Jahresabschlusses oder Einzelabschlusses zu ermitteln. [4] Wahlrechte sind im Konzernabschluss und im Jahresabschluss oder Einzelabschluss einheitlich auszuüben; bei gesellschaftsrechtlichen Kündigungsrechten ist insoweit mindestens das Eigenkapital anzusetzen, das sich nach den Vorschriften des Handelsgesetzbuchs ergeben würde. [5] Bei der Ermittlung der Eigenkapitalquote des Betriebs ist das Eigenkapital um einen im Konzernabschluss enthaltenen Firmenwert, soweit er auf den Betrieb entfällt, und um die Hälfte von Sonderposten mit Rücklagenanteil (§ 273 des Handelsgesetzbuchs) zu erhöhen sowie um das Eigenkapital, das keine Stimmrechte vermittelt – mit Ausnahme von Vorzugsaktien –, die Anteile an anderen Konzerngesellschaften und um Einlagen der letzten sechs Monate

vor dem maßgeblichen Abschlussstichtag, soweit ihnen Entnahmen oder Ausschüttungen innerhalb der ersten sechs Monate nach dem maßgeblichen Abschlussstichtag gegenüberstehen, zu kürzen. [6]Die Bilanzsumme ist um Kapitalforderungen zu kürzen, die nicht im Konzernabschluss ausgewiesen sind und denen Verbindlichkeiten im Sinne des Absatzes 3 in mindestens gleicher Höhe gegenüberstehen. [7]Sonderbetriebsvermögen ist dem Betrieb der Mitunternehmerschaft zuzuordnen, soweit es im Konzernvermögen enthalten ist.
[8]Die für den Eigenkapitalvergleich maßgeblichen Abschlüsse sind einheitlich nach den International Financial Reporting Standards (IFRS) zu erstellen. [9]Hiervon abweichend können Abschlüsse nach dem Handelsrecht eines Mitgliedstaats der Europäischen Union verwendet werden, wenn kein Konzernabschluss nach den IFRS zu erstellen und offen zu legen ist und für keines der letzten fünf Wirtschaftsjahre ein Konzernabschluss nach den IFRS erstellt wurde; nach den Generally Accepted Accounting Principles der Vereinigten Staaten von Amerika (US-GAAP) aufzustellende und offen zu legende Abschlüsse sind zu verwenden, wenn kein Konzernabschluss nach den IFRS oder dem Handelsrecht eines Mitgliedstaats der Europäischen Union zu erstellen und offen zu legen ist. [10]Der Konzernabschluss muss den Anforderungen an die handelsrechtliche Konzernrechnungslegung genügen oder die Voraussetzungen erfüllen, unter denen ein Abschluss nach den §§ 291 und 292 des Handelsgesetzbuchs befreiende Wirkung hätte. [11]Wurde der Jahresabschluss oder Einzelabschluss nicht nach denselben Rechnungslegungsstandards wie der Konzernabschluss aufgestellt, ist die Eigenkapitalquote des Betriebs in einer Überleitungsrechnung nach den für den Konzernabschluss geltenden Rechnungslegungsstandards zu ermitteln. [12]Die Überleitungsrechnung ist einer prüferischen Durchsicht zu unterziehen. [13]Auf Verlangen der Finanzbehörde ist der Abschluss oder die Überleitungsrechnung des Betriebs durch einen Abschlussprüfer zu prüfen, der die Voraussetzungen des § 319 des Handelsgesetzbuchs erfüllt.
[14]Ist ein dem Eigenkapitalvergleich zugrunde gelegter Abschluss unrichtig und führt der zutreffende Abschluss zu einer Erhöhung der nach Absatz 1 nicht abziehbaren Zinsaufwendungen, ist ein Zuschlag entsprechend § 162 Absatz 4 Satz 1 und 2 der Abgabenordnung festzusetzen. [15]Bemessungsgrundlage für den Zuschlag sind die nach Absatz 1 nicht abziehbaren Zinsaufwendungen. [16]§ 162 Absatz 4 Satz 4 bis 6 der Abgabenordnung gilt sinngemäß.

[2]Ist eine Gesellschaft, bei der der Gesellschafter als Mitunternehmer anzusehen ist, unmittelbar oder mittelbar einer Körperschaft nachgeordnet, gilt für die Gesellschaft § 8a Absatz 2 und 3 des Körperschaftsteuergesetzes entsprechend.

(3) [1]Maßgeblicher Gewinn ist der nach den Vorschriften dieses Gesetzes mit Ausnahme des Absatzes 1 ermittelte steuerpflichtige Gewinn. [2]Zinsaufwendungen sind Vergütungen für Fremdkapital, die den maßgeblichen Gewinn gemindert haben. [3]Zinserträge sind Erträge aus Kapitalforderungen jeder Art, die den maßgeblichen Gewinn erhöht haben. [4]Die Auf- und Abzinsung unverzinslicher oder niedrig verzinslicher Verbindlichkeiten oder Kapitalforderungen führen ebenfalls zu Zinserträgen oder Zinsaufwendungen. [5]Ein Betrieb gehört zu einem Konzern, wenn er nach dem für die Anwendung des Absatzes 2 Satz 1 Buchstabe c zugrunde gelegten Rechnungslegungsstandard mit einem oder mehreren anderen Betrieben konsolidiert wird oder werden könnte. [6]Ein Betrieb gehört für Zwecke des Absatzes 2 auch zu einem Konzern, wenn seine Finanz- und Geschäftspolitik mit einem oder mehreren anderen Betrieben einheitlich bestimmt werden kann.

(4) [1]Der EBITDA-Vortrag und der Zinsvortrag sind gesondert festzustellen. [2]Zuständig ist das für die gesonderte Feststellung des Gewinns und Verlusts der Gesellschaft zuständige Finanzamt, im Übrigen das für die Besteuerung zuständige Finanzamt. [3]§ 10d Absatz 4 gilt sinngemäß. [4]Feststellungsbescheide sind zu erlassen, aufzuheben oder zu ändern, soweit sich die nach Satz 1 festzustellenden Beträge ändern.

(5) [1]Bei Aufgabe oder Übertragung des Betriebs gehen ein nicht verbrauchter EBITDA-Vortrag und ein nicht verbrauchter Zinsvortrag unter. [2]Scheidet ein Mitunternehmer aus einer Gesellschaft aus, gehen der EBITDA-Vortrag und der Zinsvortrag anteilig mit der Quote unter, mit der der ausgeschiedene Gesellschafter an der Gesellschaft beteiligt war. [3]§ 8c des Körperschaftsteuergesetzes ist auf den Zinsvortrag einer Gesellschaft entsprechend anzuwenden, soweit an dieser unmittelbar oder mittelbar eine Körperschaft als Mitunternehmer beteiligt ist.

**Übersicht**



1 **1. Zweck und Entstehungsgeschichte, Grundlagen:** Unter Geltung des AnrV kämpfte die FinVerw um die systemgerechte Belastung nichtanrechnungsberechtigter AntE mit inländischer KSt. Diese, insbes ausländischen AntE inländischer KapGes, konnten der Festschreibung der inländischen StBelastung dadurch entgehen, dass sie Gewinnausschüttungen durch Entgelte auf Kapitalleistungen, insbes durch Zinsen oder Gewinnbeteiligungen stiller Gesellschafter ersetzten. Um diese Gestaltungen auszuschließen, wurde seit Inkrafttreten des KStG 1977 diskutiert, die ertragsabhängigen Leistungsentgelte und bestimmte ertragsunabhängige Entgelte für die Kapitalüberlassung an nichtanrechnungsberechtigte und anrechnungsberechtigte AntE als vGa zu fingieren.

Nachdem der Gesetzgeber den Wünschen der FinVerw nicht nachkommen wollte, hat sie selbst versucht, im Erlasswege bestimmte Formen der Fremdfinanzierung als missbräuchlich zu verwerfen (BStBl I 87, 373); dem ist der BFH nicht gefolgt (BFH BStBl II 92, 532). Die Antwort des Gesetzgebers auf diese BFH-Entscheidung war § 8a, eingefügt durch das StandOG v 13.9.93 (BGBl I 93, 1569; BStBl I 93, 774).

Nachdem die Regelung des § 8a I aF durch EuGH DB 02, 2690, als diskriminierend eingestuft wurde, hat die FinVerw die Vorschrift in EU-Fällen für nicht mehr anwendbar erklärt (FinMin NRW FR 03, 686; FinMin Hbg DStR 03, 1259). Die Frage, ob § 8a aF nicht auch im Hinblick auf Gesellschafter aus Drittstaaten EU-rechtswidrig ist (s FG BaWü EFG 05, 309 mit Anm *Neu; Prinz* FR 05, 370; *Rehm/Nagler* IStR 05, 261; *Schönfeld* IStR 05, 410; *Schnitger* IStR 05, 493), hat der EuGH (BFH/NV Beilage 4, 362) verneint (s dazu FinVerw Hamburg DStR 07, 1256). BFH/NV 11, 154 = BStBl II 13, 186 bejaht einen Verstoß gegen das Diskriminierungsverbot des DBA-Schweiz; ebenso BFH BStBl II 14, 721 für das DBA USA. Der Gesetzgeber hat auf das Urteil reagiert und die Vorschrift durch das G v 22.12.03 (sog Korb-II-Gesetz, BGBl I 03, 2840, BStBl I 04, 20; s Vor § 1 Rz 27) auf sämtliche – also auch inländische – AntE ausgedehnt und inhaltlich modifiziert. Zur Kommentierung von § 8a aF s 8. Aufl.

§ 4h EStG und § 8a KStG idF des UntStRefG 2008 v 14.8.07 (BGBl I 07, 1912) ersetzten die Regelung des § 8a aF. Nach der Gesetzesbegründung soll mit der Ausweitung bzw Neukonzeption der Abzugsbeschränkung von Zinsaufwendungen das inländische Steuersubstrat gesichert werden. Durch die gewinnabhängige Abzugsbeschränkung soll einerseits Konzernen ein Anreiz gegeben werden, Gewinne ins Inland zu verlagern. Andererseits will der Gesetzgeber einseitige Verlagerungen von Fremdfinanzierungsaufwand ins Ausland verhindern (BT-Drucks 16/4841).

2 Anders als die Regelung zur Gesellschafterfremdfinanzierung in § 8a aF, die nur die Zahlung von Zinsen an wesentlich beteiligte Anteilseigner, Nahestehende und rückgriffsberechtigte Dritte durch Kapitalgesellschaften einschränkte, erfasst die in § 4h EStG geregelte Zinsschranke **jede** Art der **Fremdfinanzierung,** also insbesondere auch die Bankenfinanzierung. § 8a Abs 1 modifiziert und Abs 2 u 3 erweitert und verschärft die über § 8 generell geltenden Regelungen des § 4h EStG für Körperschaften insbesondere im Hinblick auf die Gesellschafterfremdfinanzierung.

§ 8a gilt für Körperschaften gleichgültig, ob sie ihren Gewinn durch Bestandsvergleich oder Einnahmen- Überschussrechnung ermitteln (Abs 1 S 4, s Rz 30) sowie für Mitunternehmerschaften, die einer Körperschaft unmittelbar oder mittelbar nachgeordnet sind (§ 4h II 2 EStG, dazu *Hahne,* DStR 07, 1947).

Anders als § 8a aF hat die Zinsschranke auf die Besteuerung des **Darlehensgebers** keine Auswirkung. Bei ihm sind die Zinsen als solche zu versteuern. Dies gilt auch dann, wenn der Darlehensgeber Gesellschafter ist. 3

Nach Ansicht des BFH verstossen die Regelungen des § 4h EStG und § 8a gegen Art 3 GG und sind daher **verfassungswidrig** (BFH/NV 16, 475, Az des BVerfG 2 BvL 1/16; vorausgehend FG Mchn EFG 15, 1126; zu dem Vorlagebeschluss *Hick* FR 16, 409; *Mitschke* FR 16, 412; *München/Mückel* DB 16, 497; *Weggenmann/Claß* BB 16, 1175; bereits zuvor hat der BFH in einem parallelen Fall wegen Zweifeln an der Verfassungsmäßigkeit die AdV gewährt (BFH BStBl II 14, 947; dazu *Prinz* DB 14, 1102; vorausgehend FG Münster EFG 13, 1147; Nichtanwendungserlass BMF BStBl I 14, 1516; die FinVerw hält auch nach dem Vorlagebeschluß BFH/NV 16, 475 daran fest, dass keine AdV zu gewähren ist; OFD Frankfurt v 24.6.16). Zur vorausgehenden **Kritik** an der Zinsschranke s *Prinz* FR 12, 541; ders FR 13, 145; *Rödder* DStR 07, Beihefter zu Heft 40; *Töben* FR 07, 739; *Welling* FR 07, 735; *Homburg* FR 07, 717; *Schwarz* IStR 08, 11; *Musil/Volmering* DB 08, 12, *Wilke/Süß* FR 09, 796; *Schön* IStR 09, 882. Soweit § 8a statt an den Gewinn an das Einkommen anknüpft, ist dies nicht nachvollziehbar. Die Gesetzesbegründung, wonach nur so Gewinnkorrekturen, wie vGA, den „steuerlichen EBITDA" und damit das Zinsausgleichsvolumen erhöhen, geht fehl, da auch der steuerliche Gewinn nach R 7.1 KStR 2015 diese Korrekturen erfasst. Die Bezugnahme auf das Einkommen bei abweichendem Wirtschaftsjahr zu Verwerfungen führen (s *G. Förster* in Breithecker/Förster/Förster/Klapdor UntStRefG § 8a Rz 14). 4

**AnwErl** der FinVerw: BMF v 4.7.08, BStBl I 08, 718; s hierzu *Huken* DB 08, 544; *Köhler/Hahne* DStR 08, 1505; *Stibi/Thiele* BB 08, 2507; *Schwedhelm/Finke* GmbHR 09, 281; *Demuth/Kaiser* BB 10, 2497; OFD NRW v 11.7.13 FR 13, 823; ferner OFD NRW DB 13, 1580.

**Schrifttum:** *Rödder/Stangl,* Zur geplanten Zinsschranke, DB 07, 479; *Scheunemann/Socher,* Zinsschranke beim Leverage Buy-out, BB 07, 1144; *Lüdenbach/Hoffmann,* Der IFRS – Konzernabschluss als Bestandteil der Steuerbemessungsgrundlage für die Zinsschranke nach § 4h EStG-E, DStR 07, 636; *Middendorf/Stegmann,* Die Zinsschranke nach der geplanten Unternehmensteuerreform 2008 – Funktionsweise und erste Gestaltungsüberlegungen INF 07, 305; *Köhler,* Erste Gedanken zur Zinsschranke nach der Unternehmensteuerreform DStR 07, 597; *Dörfler/Vogl,* Unternehmensteuerreform 2008: Auswirkung der geplanten Zinsschranke anhand ausgewählter Beispiele, BB 07, 1084; *Rupp,* Die Zinsschranke, EStb 07, 419; *Töben/Fischer,* Die Zinsschranke für Kapitalgesellschaften, GmbHR 07, 532; *Grotherr* Funktionsweise und Zweifelsfragen der neuen Zinsschranke, IWB Fach 3 Gruppe 3, 1489, 7/07; *Schwedhelm,* Die neue Zinsschranke für Personen- und Kapitalgesellschaften, GmbH-StB 07, 282; *ders,* Die neue Zinsschranke für Kapitalgesellschaften AG 07, 540; *Hahne,* Die Begünstigung von Beteiligungen an Personengesellschaften bei der „Zinsschranke", DStR 07, 1947; *Dörr/Geibel/Fehling,* Die neue Zinsschranke, NWB Fach 4, 5199, 8/07; *Neumann,* Zinsschranke nach dem Unternehmensteuerreformgesetz 2008, EStB 07, 292; *Thiel* Die steuerliche Behandlung von Finanzierungen im Unternehmen, FR 07, 729; *Eiler,* Fremdfinanzierung im Unernehmen nach der Unternehmensteuerreform 2008, FR 07, 733; *Watrin/Wittkowski/Strohm,* Auswirkungen der Unternehmensteuerreform 2008 auf die Besteuerung von Kapitalgesellschaften, GmbHR 07, 785; *Schaden/Käshammer,* Die Neuregelung des § 8a KStG im Rahmen der Zinsschranke, BB 07, 2259; *dies,* Der Zinsvortrag im Rahmen der Regelung zur Zinsschranke, BB 07, 2317; *Reiche/Kroschewski,* Akquisitionsfinanzierung nach Einführung der Zinsschranke – erste Empfehlungen für die Praxis, DStR 07, 1330; *Hennrichs,* Zinschranke, Eigenkapitalvergleich und IFRS, DB 07, 2101; *ders,* Zinsschranke, IFRS – Rechnung und prüferische Durchsicht oder Prüfung, DStR 07, 1926; *Rohrer,* Zinsschranke: Belastungswirkung bei der atypisch ausgeprägten KGaA, BB 07, 2266; *Staats/Renger,* Hebelt ein Logikfehler des Gesetzgebers die Zinsschranke aus?, DStR 07, 1801; *Wagner,* Anwendung der Zinsschranke bei Personengesellschaften, BB 07, 1811; *Kussmaul/Pfirmann/Meyering/Schäfer,* Ausgewählte Anwendungsprobleme der Zinsschranke, BB 08, 135; *Brunsback/Syré,* Die 10%-Grenze des § 8a Abs 3 KStG – neu als Voraussetzung für den Eigenkapitalvergleich, IStR 08, 157; *Herzig/Lochmann/Liekenbrock,* Die Zinsschranke im Lichte einer Unternehmensbefragung, DB 08, 593; *Prinz,* Zinsschranke und Organisationsstruktur: Rechtsformübergreifend, aber nicht rechtsformneutral anwendbar, DB 08, 368; *ders,* Mittelstandsfinanzierung in Zeiten der Zinsschranke, FR 08, 441; *Schmitz-Herscheidt,* Zinsschranke und Gesellschafterfremdfinanzierung bei nachgeordneten Mitunternehmerschaften, BB 08, 699; *Kussmaul/Ruiner/Schappe,* Ausgewählte Gestaltungsmaßnahmen zur Vermeidung der Anwendung der Zinsschranke, GmbHR 08, 505; *Kraft/Mayer-Theobald,* Zinsschranke und atypische stille Gesellschaft, DB 08, 2325; *Kempf/Schmidt,* Umsystematik in der Systematik der (verdeckten) Gewinnausschüttungen?, DStZ 08, 410; *Kollruss,* Vollständige Vermeidung der Zinsschranke: Das Interest-Pooling-Modell (IPM), GmbHR 09, 637; *Wehrheim/Hausmann,* Darlehensvergabe in Konzernverbund und Zinsschranke, StuW 09, 269; *Watrin/Pott/Richter,* Auswirkungen der Zinsschranke auf die steuerliche Bemessungsgrundlage, StuW 09, 256; *Kollruss,* Ertragssteueroptimale Gesellschafter-Fremdfinanzierung und Zinsschranke – Das KGaA-Joint-Venture-Modell, StuW 09, 280; *Blaufus/Lorenz,* Die Zinsschranke in der Krise, StuW 09, 323; *Langkau,* Rückwirkung der steuerlichen Zinsschrankenregelung auf den Goodwill-Impairment-Test nach IFRS, DStR 09, 52; *Eilers/Bühring,* Das Ende des Schönewetter-Steuerrechts, DStR 09, 137; *Kollruss/Weißert/Ilin,* Die KGaA im Lichte der Verlustabzugsbeschränkung des § 8c KStG und der Zinsschranke, DStR 09, 88; *Hierstetter,* Zinsvortrag und Restrukturierung, DB 09, 79; *Heuselmann,* Zum Zinsbegriff der Zinsschranke als Steueroptimierungsfaktor, FR 09, 104; *Rödder/Hageböke/Stangel,* Zur Anwendung der Zinsschranke bei der KGaA und ihrem persönlich haftenden Gesellschafter, DB 09, 1561; *Hubertus/Lüdemann,* Einführung einer Sanierungsklausel/Änderung der Zinsschranke: Notwendige Maßnahmen zur Einschränkung des deutschen Schönwetter-Steuerrechts, StB 09, Nr 8 I; *Kollruss/Seitz/Grubner/Niedental,* Zur Rechtsformabhängigkeit der Zinsschranke, DStZ 09, 117; *Eisenbach,* Vermeidung der Zinsschranke durch Förderdarlehen, StuB 09, 644; *Ortmann-Babel/Bolik/Fuest,* Beurteilung von Zinsschranke, Verlustverrechnungsbeschränkung und steuerpolitischen Zukunftserwartungen aus Unternehmersicht, DStR 10, 1865; *Schuck/Fuller,* Probleme der parallelen Anwendung von Zinsschranke und gewerbesteuerlichen Hinzurechnungen in der Organschaft, DB 10, 2186; *Lenz/Dörfler,* Die Zinsschranke im internationalen Vergleich, DB 10, 18; *Stadler/Bindl,* Das unverzinsliche Darlehen in der Konzernsteuerplanung, DB 10, 862; *Bolik/Linzbach,* Verluste und Zinsschranke in der Bilanzierung latenter Steuern, DStR 10, 1587; *Schmidt,* Zinschranke und 6b-Rücklage, NWB 16, 920; *Engelen,* Der OECD-Aktionspunkt 4 zur Begrenzung der Erosion der Bemessungsgrundlage durch Zinsabzug – Reformbedarf für Deutschland?, Ubg 16, 214; *Joachimsen/Zinowsky,* Konkretisierung der europäischen Richtlinie zur Bekämpfung von Steuervermeidungspraktiken, ISR 16, 318; *Rautenstrau/Suttner,* Die EU Anti-BEPS-Richtlinie: Überblick und künftige Anpassungsnotwendigkeiten im deutschen Recht, BB 16, 2391; *Schaumburg,* Steuerwettbewerb, ISR 16, 371 sowie die Literatur unter Rz 4.

8 **2. Geltungszeit:** Die Zinsschranke gilt erstmals für Wirtschaftsjahre, die nach dem 25.5.07 (Tag des Gesetzesbeschlusses durch den Deutschen Bundestag) beginnen und nicht vor dem 1.1.08 enden (§§ 52 XIId EStG, 34 VIa 3 KStG). Bei Unternehmen, bei denen das Wirtschaftsjahr gleich dem Kalenderjahr ist, gilt die Zinsschranke seit 08. Bei abweichendem Wirtschaftsjahr, das nach dem 25.5.07 beginnt, galten die Neuregelungen schon für dieses in 07 beginnende Wirtschaftsjahr, sofern es sich nicht um ein Rumpfwirtschaftsjahr handelt, das vor dem 1.1.08 endete. Bei abweichendem Wirtschaftsjahr, das nach dem 25.5.07 beginnt, war in 07 eine Rückkehr zum Kalenderjahr als Wirtschaftsjahr möglich, um die Anwendung der Zinsschranke für 07 zu vermeiden.

9 Für **beschränkt steuerpflichtige** Kapitalgesellschaften mit Einnahmen- Überschussermittlung (Rz 30) galt die Regelung erstmals für das Kalenderjahr 08 (§ 7 III 2 KStG).

10 **Ausnahme** (§ 34 IV): § 8a II u III waren auf die Fremdfinanzierung eines Betriebs gewerblicher Art durch einen Dritten nicht anzuwenden, wenn die Rückgriffsmöglichkeit des Dritten allein auf der Gewährträgerhaftung einer Gebietskörperschaft oder einer anderen Einrichtung des öffentlichen Rechts gegenüber den Gläubigern eines Kreditinstituts für Verbindlichkeiten beruhten, die bis zum

18.7.01 vereinbart waren. Gleiches galt für bis zum 18.7.05 vereinbarte Verbindlichkeiten, wenn deren Laufzeit nicht über den 31.12.15 hinausging.

Durch das Jahressteuergesetz 2009 v 19.12.08 (BGBl I 08, 2794) wurde in § 4h V EStG eine Rechtsfolgenverweisung auf § 8c aufgenommen (s dazu *Hoffmann* DStR 09, 257). Zur zeitlichen Anwendung s § 52 XIId 2 EStG. 11

Durch das Wachstumsbeschleunigungsgesetz v 22.12.09 (BGBl I 09, 3950) wurde die Freigrenze (§ 4h II 1 Buchst a EStG) rückwirkend von 1 Mio € auf 3 Mio € und der Toleranzrahmen innerhalb der Escape-Klausel (§ 4h II 1 Buchst c EStG) erhöht sowie ein EBITDA-Vortrag eingeführt (§ 4h I 3 EStG). § 8a I ist diesen Änderungen redaktionell angepasst worden. Zur zeitlichen Anwendung der Änderungen des § 4h EStG s § 52 XII 3 bis 5 EStG; zur Änderung des § 8a I s § 34 VIa 5u 6. Schrifttum zu den Änderungen der Zinsschranke durch das Wachstumsbeschleunigungsgesetz: *Rödding* DStR 09, 2649; *Bien/Wagner* BB 09, 2627; *Gemmel/Loose* NWB 10, 262; *Kessler/Lindemer* DB 10, 472; *Herzig/Liekenbrock* DB 10, 690; *Kessler/Dietrich* DB 10, 240. Zu alternativen Gesetzesvorschlägen *Herzig/Bohn/Fritz* DStR 09, Beihefter 29, 61.

**3. Maßgebliches Einkommen (Abs 1 S 1 und 2):** Nach § 4h EStG sind Zinsaufwendungen eines Betriebs abziehbar in Höhe des Zinsertrags, darüber hinaus nur bis zur Höhe des verrechenbaren EBITDA (Earnings before interest, tax and depreciations). Verrechenbarer EBITDA ist 30% des um die Zinsaufwendungen und um die nach § 6 II S 1 abzuziehenden, nach § 6 IIa 2 gewinnmindernd aufzulösenden und nach § 7 EStG abgesetzten Beträge erhöhten und um die Zinserträge verminderten maßgeblichen Gewinns (§ 4h I 2 EStG). Bemessungsgrundlage für die Zinsschranke ist damit das Ergebnis vor Zinsen, Abschreibung und Steuern (EBITDA BMF BStBl I 08, 718 Tz 40ff). Für Körperschaften ist anstelle des maßgeblichen Gewinns das maßgebliche Einkommen zu berücksichtigen. Maßgebliches Einkommen ist nach der Gesetzesdefinition das nach den Vorschriften des EStG und des KStG ermittelte Einkommen mit Ausnahme der §§ 4h und 10d EStG und § 9 I Nr 2. Kapitalgesellschaften haben stets nur einen Betrieb iSd Zinsschranke. 15

Zur **Ermittlung** des Einkommens siehe R 7.1 KStR 2015. Damit erhöhen Hinzurechnungen wegen nicht abzugsfähiger Betriebsausgaben, vGa, oder Hinzurechnungen nach dem AStG die Bemessungsgrundlage für die 30%-Grenze. Soweit Zinsen in vGa umqualifiziert werden, erhöhen sie das maßgebliche Einkommen und sind nicht als Zinsaufwendungen anzusetzen. Gewinnausschüttungen nach § 8b stehen nur zu 5% für eine Erhöhung des Zinsausgleichsvolumens zur Verfügung, was insbesondere bei Holdinggesellschaften zum Problem führt (eingehend *Rödder/Stangl,* DB 07, 479; zu den Auswirkungen beim Unternehmenskauf *Scheunemann/Socher,* BB 07, 1144; *Lüdenbach/Hoffmann,* DStR 07, 636; *Töben/Fischer,* GmbHR 07, 532). Andererseits erhöhen steuerfreie Einkünfte und Einlagen das maßgebliche Einkommen nicht. 16

**Zinsaufwendungen** sind Vergütung für die Überlassung von Fremdkapital, die das maßgebliche Einkommen gemindert haben (§ 4h III 2 EStG). Zinsaufwendungen, die nicht als Betriebsausgaben abziehbar sind, bleiben unberücksichtigt. Dies gilt uE auch für Zinsen, die nur anteilig abzugsfähig oder nach § 15 I EStG als Sondervergütungen zu qualifizieren sind (ebenso *Middendorf/Stegmann,* INF 07, 305; *Köhler,* DStR 07, 597; BMF BStBl I 08, 718 Tz 18). Demgegenüber dürften Aufwendungen, die gemäß der §§ 2a, 15a und 15b EStG zwar zum Betriebsausgabenabzug berechtigen, jedoch nur zu verrechenbarem, aber nicht abzugsfähigem Aufwand führen, zu berücksichtigen sein. Insoweit können sich (temporär) Abzugsbeschränkungen kumulieren (*Köhler,* DStR 2007, 597). Zu Förderdarlehen OFD Rheinland v 26.11.12 DB 13, 148; v 11.7.13, DB 13, 1580; FinMin Schl-Hol v 10.8.12, DStR 13, 144. 17

18 **Zinserträge** sind Erträge aus Kapitalforderungen jeder Art, die das maßgebliche Einkommen erhöht haben (§ 4h III 3 EStG). Zinsen nach §§ 233ff AO, Skonti und Boni sowie auf Deckungsrückstellung oder Rückstellung für Beitragsrückerstattung beruhende Leistungen an Versicherungsunternehmen sollen nach der Gesetzesbegründung (BT-Drucks 16/4841) nicht der Anwendung des § 4h I EStG unterliegen. Demgegenüber führen Auf- und Abzinsung unverzinslicher oder niedrig verzinslicher Verbindlichkeiten oder Kapitalforderungen zu Zinserträgen oder Zinsaufwendungen (§ 4h III 4 EStG; BMF BStBl I 08, 718 Tz 27).

19 Erfasst werden auch Aufwendungen und Erträge aus Darlehen, bei denen die Höhe des Entgelts von einem ungewissen Ereignis abhängt (BT-Drucks 16/4841), wie beispielsweise bei **partiarischen Darlehen** (zur Forfaitierung und zum Factoring BMF BStBl I 08, 718 Tz 14u 29ff, zum Leasing Tz 25f; ferner zur Einordnung verschiedener Finanzierungsinstrumente *Häuselmann,* FR 09, 506; zu Investmentfonds *Kurth,* NWB 08, 4271).

20 **Verlustabzüge** nach § 10d EStG und **Spenden** nach § 9 I Nr 2 sind zur Berechnung der 30%-Grenze dem nach KStR 7.1 errechneten Einkommen wieder hinzuzurechnen.

25 **4. EBITDA- und Zinsvortrag (Abs 1 S 3):** Seit Geltung des § 4h I EStG idF des Wachstumsbeschleunigungsgesetzes (Rz 12) ist ein verrechenbares EBITDA, das die um Zinserträge geminderten Zinsaufwendungen des Jahres übersteigt, in die folgenden fünf Wirtschaftsjahre vorzutragen (§ 4h I 3 1. Halbs EStG). Ein solcher EBITDA-Vortrag entsteht auch, wenn ein Zinsertragsüberhang gegeben ist (*Rödder,* DStR 10, 529; aA OFD Frankfurt DB 12, 1779; dagegen *Fischer* DStR 12, 2000), jedoch nicht, wenn die Escapeklausel des § 4h Abs 2 EStG greift (§ 4h I 3 2. Halbs EStG).

Zinsaufwendungen, die nicht nach § 4h I 1 EStG abgezogen werden können – also soweit die Zinsaufwendungen die Zinserträge und 30% des EBITDA übersteigen, – sind bis zur Höhe der EBITDA-Vorträge aus vorangegangenen Wirtschaftsjahren abziehbar (§ 4h I 4 EStG; hierzu eingehend *Gemmel/Loose,* NWB 10, 262; *Herzig/Liekenbrock,* DB 10, 690). Darüber hinaus sind sie – wie generell vor Änderung des § 4h I EStG durch das Wachstumsbeschleunigungsgesetz (Rz 12) – in die folgenden Wirtschaftsjahre vorzutragen (dazu *Beußer* FR 09, 49).

Der EBITDA-Vortrag und der Zinsvortrag sind gesondert festzustellen (§ 4h IV EStG). Ein Zinsvortrag erhöht die Zinsaufwendungen dieser Wirtschaftsjahre, nicht aber das maßgebliche Einkommen (§ 4h I 6 EStG). Beispiel: Steuerpflichtiger Gewinn 01 1000. Darin enthalten Zinserträge von 100 und Zinsaufwendungen von 900. Maßgeblicher Gewinn 01 = 1800 (1000 – 100 + 900). 30% von 1800 = 540 = abziehbare Zinsen. Zinsvortrag = 260 (900 – 100 – 540). Steuerpflichtiger Gewinn 02 5000. Darin enthalten Zinserträge von 100 und Zinsaufwand von 900. Maßgeblicher Gewinn 02 = 5800 (5000 – 100 + 900). 30% = 1740. Zinsaufwand 02 + Zinsvortrag = 1060 (800 + 260), also voll abziehbar.

26 Bei der Kapitalgesellschaft teilt der Zinsvortrag das Schicksal des körperschaftsteuerlichen Verlustvortrags nach **§ 8c** (**§ 8a I 3** iVm § 4h I 5 EStG). Die Entscheidung des BVerfG v 29.3.17 zu § 8c Abs 1 S 1 (DStR 17, 1094) gilt damit mittelbar auch für die Zinsschranke. Der teilweise Wegfall bei einem Beteiligungserwerb von mehr als 25% bis 50% ist in dem Zeitraum vom 1.1.08 bis zum 31.12.15 mit Art 3 Abs 1 GG unvereinbar. Der Gesetzgeber muss bis zum 31.12.18 eine Neuregelung schaffen (s dazu auch § 8c Rz 1; *Binnewies* AG 17, 853). Stille Reserven iSd § 8c I 7 sind nur zu berücksichtigen, soweit sie die nach § 8c I 6 abziehbaren nicht genutzten Verluste übersteigen. Stille Reserven „retten" den Zinsvortrag also nur, soweit sie höher sind als die nicht genutzten Verluste.

Der schädliche Beteiligungserwerb tangiert nicht Zinsaufwendung des laufenden Geschäftsjahres, in den der schädliche Erwerb fällt, diese können mit Zinserträgen aus der Zeit nach dem schädlichen Erwerb innerhalb des Geschäftjahres verrechnet werden und umgekehrt (*G. Förster* in Breithecker/Förster/Förster/Klapdor UntStRefG § 8a Rz 22; aA FinMin SchlHol DB 12, 1847; dagegen *Liekenbrock* DB 12, 2488; *Fischer* DStR 12, 2000; *Schmidt/Mertgen* DB 12, 183). Soweit Verluste bis zum 31.12.12 nur aufgrund § 8 IV aF untergehen (§ 34 VI 4), bleibt der Zinsvortrag erhalten.

**5. Überschusseinkünfte (Abs 1 S 4):** Für Kapitalgesellschaften, die ihre Einkünfte durch Einnahmen-Überschuss-Rechnung ermitteln gilt § 4h EStG sinngemäß (§ 8a I 4). Erfasst werden ausschließlich beschränkt steuerpflichtige Kapitalgesellschaften mit Einkünften aus VuV. Hat eine beschränkt steuerpflichtige Kapitalgesellschaft inländische Einkünfte aus anderen Einkunftsarten, ist eine Aufteilung der Zinsen nach der Verursachung, ansonsten nach dem Verhältnis der Einkünfte zueinander vorzunehmen (*G. Förster* in Breithecker/Förster/Förster/Klapdor UntStRefG § 8a Rz 14). Entsprechendes gilt, soweit unbeschränkt steuerpflichtige Körperschaften iSv § 1 I Nr 4 und 5 Überschusseinkünfte haben (*G. Förster* aaO). 30

**6. Freigrenze:** Die Zinsschranke greift nicht, wenn der die Zinserträge übersteigende Zinsaufwand im jeweiligen Wirtschaftsjahr weniger als **€ 3 Mio** beträgt (§ 4h II 1 Buchst a EStG; zur zeitlichen Anwendung s Rz 10 ff). Dies gilt auch für Körperschaften. Übersteigt der Zinssaldo diese Freigrenze, ergreift die Zinsschranke den vollen Betrag. 34

**7. Nicht konzernzugehörige Körperschaft (Abs 2):** Grundsätzlich entfällt die Anwendung der Zinsschranke, wenn der Betrieb nicht zu einem Konzern gehört (§ 4h II 1 Buchst b EStG). Dies gilt jedoch nicht für Körperschaften. Die Zinsschranke ist auch bei fehlender Konzernzugehörigkeit anzuwenden, wenn die Körperschaft nicht nachweist, dass mindestens 90% der die Zinserträge übersteigenden Zinsaufwendungen nicht an einen zu mehr als $^1/_4$ unmittelbar oder mittelbar beteiligten Anteilseigner, eine diesem nahe stehende Person iSd § 1 I des AStG oder einen Dritten, der auf den zu mehr als $^1/_4$ beteiligten Anteilseigner oder eine diesem nahe stehende Person zurückgreifen kann, gezahlt werden **(„schädliche Gesellschafterfremdfinanzierung").** Werden mehr als 10% der die Zinserträge übersteigenden Zinsaufwendungen an Gesellschafter, Nahestehende oder Rückgriffsberechtigte gezahlt, so ist die Zinsschranke auch bei einer nicht zu einem Konzern gehörenden Gesellschaft anwendbar. Greift die Zinsschranke aufgrund der Gesellschafterfremdfinanzierung, erfasst sie – vorbehaltlich der Freigrenze des § 4h II 1a EStG – den gesamten Zinssaldo und nicht etwa nur den auf Gesellschafter, Nahestehenden und Rückgriffsberechtigten entfallenden Anteil der Zinsaufwendungen (eingehend BMF BStBl I 08, 718 Tz 79 ff). 38

**Kritik:** Die Sinnhaftigkeit des Anknüpfens an den Zinssaldo ist nicht erkennbar. Beispiel: Zinserträge 100, Zinsaufwendungen 200, davon 11 an Gesellschafter. Die Zinsschranke greift, da die Zinszahlungen mehr als 10% des Zinssaldos (200 – 100 = 100) betragen. Hätte die Körperschaft im Beispielsfall keine Zinserträge, würde die Zinsschranke nicht greifen. 39

Eine Gesellschafterfremdfinanzierung kommt uE nur bei **Kapitalgesellschaften** in Betracht, da nur diese über Grund- oder Stammkapital verfügen (aA *G. Förster* in Breithecker/Förster/Förster/Klapdor UntStRefG § 8a Rz 30: Körperschaften, an denen Mitgliedschaftsrechte bestehen, also auch Genossenschaften, BgA von Körperschaften des öffentlichen Rechts, wirtschaftliche Geschäftsbertriebe von steuerbefreiten Körperschaften, nicht Vereine und Stiftungen). 40

Schädlich ist die Kapitalgewährung durch einen unmittelbar oder mittelbar (s dazu § 8c Rz 32 f) zu mehr als 25% beteiligten **Anteilseigner.** Maßgeblich ist die Beteiligung am Grund- oder Stammkapital, nicht die Stimmrechte; eine Zusammenrechnung mit anderen Anteilseignernerfolgt nicht. 41

Zum **Nahestehenden** s § 1 II AStG. 42

Ein unmittelbar beteiligter AntE kann – unabhängig von der Höhe seiner Beteiligung – ebenso wenig **Rückgriffsberechtigter Dritter** sein (*Wienand/Bahns* 43

GmbHR 05, 1211; aA *Grotherr* DStZ 05, 9) wie ein Nahestehender. Nach der Gesetzesbegründung (BT-Drucks 16/4841) soll ein schädlicher Rückgriff iSd § 8a KStG bereits dann vorliegen, wenn der Anteilseigner/Nahestehende dem Dritten gegenüber faktisch für die Erfüllung der Schuld einsteht; ein konkreter rechtlich durchsetzbarer Anspruch soll keine Voraussetzung für einen schädlichen Rückgriff sein. Nach FG Bln-Bdbg EFG 17, 859 (m Anm *Neu*) ist die Verpfändung von Gesellschaftsanteilen als schädlicher Rückgriff zu werten (Rev I R 11/17). UE ist die Regelung jedenfalls dann nicht anzuwenden, wenn der Nachweis einer fehlenden Back-to-back-Finanzierung gelingt (ebenso G. *Förster* in Breithecker/Förster/Förster/Klapdor UntStRefG § 8a Rz 47).

44 Besteht die Beteiligung nicht während des gesamten Wirtschaftsjahres in Höhe von mehr als 25%, sind nur die auf den **Zeitraum** der schädlichen Beteiligung entfallenden Zinsen zu berücksichtigen. Entsprechendes gilt, wenn nur zeitweise die Voraussetzungen des § 1 II AStG oder die Rückgriffsberechtigung vorliegt.

45 Die Körperschaft hat das Unterschreiten der 10% Grenze nachzuweisen. Wie und bis wann dieser **Nachweis** zu erfolgen hat, sagt das Gesetz nicht. Daher ist jede Form der Beweisführung, insbesondere aber die Einreichung der entsprechenden Buchhaltungsunterlage, bis zur Bestandskraft des entsprechenden Körperschaftsteuerbescheides ausreichend.

48 **8. Konzernzugehörige Körperschaft (Abs 3):** Eine Körperschaft gehört zu einem Konzern, wenn sie nach IFRS (International Financial Reporting Standards), HGB oder US-GAAP (Generally Accepted Accounting Principles der Vereinigten Staaten von Amerika) mit einem oder mehreren anderen Betrieben konsolidiert wird oder werden könnte (§ 4h III 5 EStG). Damit unterfallen alle Körperschaften der Zinsschranke, die zu einer Kapitalgesellschaft oder einer Kapitalgesellschaft & Co. gehören bzw von einer solchen beherrscht werden (§§ 290, 264a HGB. Siehe *Merkt* in Baumbach/Hopt, HGB, 34. Aufl; 10, § 290 Rz 1; zum Konzernbegriff iSd Zinsschranke *Weber-Grellet,* DStR 09, 557; *Goebel/Eilinghoff,* DStZ 10, 487; *Brunsbach,* IStR 10, 745; FG München EFG 12, 453; Anm *Fischer* BB 12, 818; *Töben* FR 12, 354).

49 **Gemeinschaftlich geführte Unternehmen** nach § 310 HGB oder vergleichbare Unternehmen, die nach anderen zur Anwendung kommenden Rechnungslegungsstandards (zB IAS 31) nur anteilmäßig in den Konzernabschluss einbezogen werden, gehören nach der Gesetzesbegründung (BT-Drucks 16/4841) für Zwecke der Zinsschranke nicht zu einem Konzern, wenn sie nicht von einem einzelnen Rechtsträger beherrscht werden (zB PPP-Projektgesellschaften, die nicht zu einem einzelnen Konzern gehören Siehe hierzu *Lüdenbach/Hoffmann,* DStR 07, 636). Entsprechendes (keine Konzernzugehörigkeit iSd § 4h EStG) soll auch für **Verbriefungszweckgesellschaften** gelten, deren Unternehmensgegenstand im Rahmen von Asset-Backed-Securities-Gestaltungen in dem rechtlichen Erwerb von Forderungen aller Art und/oder der Übernahme von Risiken aus Forderungen und Versicherungen liegt, wenn eine Einbeziehung in den Konzernabschluss allein aufgrund einer wirtschaftlichen Betrachtungsweise unter Berücksichtigung der Nutzen- und Risikoverteilung erfolgt ist. Gelten gemeinschaftlich geführte Unternehmen und Verbriefungszweckgesellschaften für Zwecke der Zinsschranke als nicht konzernangehörig, ist deren Vermögen zur Ermittlung der Eigenkapitalquote des Konzerns aus dem Konzernabschluss herauszurechnen.

50 **Erweiterter Konzernbegriff** (§ 4h III 6 EStG): Ein Betrieb gehört auch dann zu einem Konzern, wenn seine Finanz- und Geschäftspolitik mit einem oder mehreren anderen Geschäftsbetrieben einheitlich bestimmt werden kann (Beherrschungsverhältnis). Aufgrund dieses erweiterten Konzernbegriffs in § 4h III 6 EStG liegt ein Konzern auch dann vor, wenn eine natürliche Person die Beteiligung an zwei Personen- oder Kapitalgesellschaften hält, die sie beherrscht, oder, wenn eine natürliche Person ein Einzelunternehmen betreibt und darüber hinaus Gesellschaf-

ter einer Kapitalgesellschaft ist, die sie beherrscht. Dies gilt jedenfalls nach dem Gesetzeswortlaut auch bei einer GmbH & Co. KG, bei der ein Gesellschafter sowohl an der Komplementär-GmbH wie auch an der Kommanditgesellschaft beherrschend beteiligt ist (s *Dörfler/Vogl,* BB 07, 1084; aA BMF BStBl I 08, 718 Tz 66). Ebenso werden **öffentlich-rechtliche Körperschaften** erfasst, die mehrere Gesellschaften beherrschen oder neben einem wirtschaftlichen Geschäftsbetrieb eine beherrschende Beteiligung halten (dazu BMF BStBl I 08, 718 Tz 91 ff).

Ergibt sich die Gewerblichkeit eines Besitzunternehmens nur aufgrund einer personellen und sachlichen Verflechtung mit dem Betriebsunternehmen **(Betriebsaufspaltung),** liegt nach der Gesetzesbegründung (BT-Drucks 16/4841) kein Konzern vor. UE muss dies dann auch für eine **gewerblich geprägte Personengesellschaft** und eine **Kapitalgesellschaft,** die keinen eigenen Geschäftsbetrieb unterhält und nur eine Beteiligung an einer anderen Kapital- oder Personengesellschaft hält, gelten. 51

Zur **Organschaft** s § 15 S 1 Nr 3 KStG. Organträger und Organgesellschaft gelten als ein Betrieb. Zinsaufwendungen und Zinserträge der Organgesellschaft sind beim Organträger zu berücksichtigen. S auch § 15 Rz 20 ff u *Herzig/Liekenbrock,* DB 09, 1949. 52

Die Zinsschranke findet keine Anwendung, wenn der Betrieb Teil eines Konzerns ist und seine Eigenkapitalquote die **Eigenkapitalquote** des Konzerns, die ihm angehört, nicht unterschreitet (§ 4h II 1 Buchst c EStG; eingehend BMF BStBl I 08, 718 Tz 69 ff; *Herzberg,* GmbHR 09, 367). Ein Unterschreiten der Eigen-kapitalquote des Konzerns bis zu zwei (bis zur Änderung des § 4h durch das Wachstumsbeschleunigungsgesetz – Rz 12 – bis zu einem) Prozentpunkt ist unschädlich (§ 4h II 2 EStG). Eigenkapitalquote ist das **Verhältnis des Eigenkapitals zur Bilanzsumme.** Sie bemisst sich nach dem Konzernabschluss, der den Betrieb der Körperschaft umfasst, und ist für den Betrieb auf der Grundlage des Jahresabschlusses oder Einzelabschlusses zu ermitteln (§ 4h II 3 EStG). Der Nachweis einer gleich hohen oder höheren Kapitalquote ist durch den Betrieb nur dann erbracht, wenn die Abschlüsse des Betriebs und des Konzerns in deutscher Sprache oder in einer beglaubigten Übersetzung vorgelegt werden und der Konzernabschluss von einem Abschlussprüfer testiert ist (BT-Drucks 16/4841). 53

Die für den Eigenkapitalvergleich maßgeblichen **Abschlüsse** sind einheitlich nach den IFRS zu erstellen (§ 4h II 9 EStG). Hiervon abweichend können Abschlüsse nach dem Handelsrecht eines Mitgliedstaats der Europäischen Union verwendet werden, wenn kein Konzernabschluss nach den IFRS zu erstellen und offen zu legen ist und für keines der letzten fünf Wirtschaftsjahre ein Konzernabschluss nach den IFRS erstellt wurde; nach US-GAAP aufzustellende und offen zu legende Abschlüsse sind zu verwenden, wenn kein Konzernabschluss nach den IFRS oder dem Handelsrecht eines Mitgliedstaats der Europäischen Union zu erstellen und offen zu legen ist (§ 4h II 10 EStG). 54

Mit dieser Vorschrift halten die IFRS Einzug in das deutsche Steuerrecht. Damit werden alle **Divergenzen** zwischen HGB und IFRS, wie beispielsweise die Frage, ob für eine Personengesellschaft deutschen Rechts überhaupt Eigenkapital ausgewiesen werden kann, steuerrelevant (s hierzu *Lüdenbach/Hoffmann,* DStR 07, 636). Daher regelt § 4h II 4 EStG ausdrücklich, dass für Gesellschaften, bei denen Gesellschaftern ein gesellschaftsrechtliches Kündigungsrecht zusteht, insoweit mindestens das Eigenkapital anzusetzen ist, das sich nach den Vorschriften des HGB ergeben würde (§ 4h II 4 EStG). 55

Der Konzernabschluss muss den Anforderungen an die handelsrechtliche **Konzernrechnungslegung** genügen oder die Voraussetzungen erfüllen, unter denen ein Abschluss nach den §§ 291 und 292 HGB befreiende Wirkung hätte (§ 4h II 11 EStG). Wahlrechte sind im Konzernabschluss und im Jahresabschluss oder Einzelabschluss einheitlich auszuüben. Bei der Ermittlung der Eigenkapitalquote des Betriebs ist das Eigenkapital um einen im Konzernabschluss enthaltenen Fir- 56 menwert, soweit er auf den Betrieb entfällt, und um die Hälfte von Sonderposten mit Rücklagenanteil (§ 273 HGB) zu erhöhen. Zu kürzen ist das Eigenkapital um das Eigenkapital, das keine Stimmrechte vermittelt, mit Ausnahme von Vorzugsaktien (hiermit soll Mezzanine-Eigenkapital erfasst werden, BT-Drucks 16/4841), die Anteile an anderen Konzerngesellschaften (bei einer reinen Holdinggesellschaft führt dies zu einer Eigenkapitalquote von null oder sogar zu einer negativen Eigenkapitalquote, s *Rödder/Stangl,* DB 07, 479; *Köhler,* DStR 07, 597; *Lüdenbach/Hoffmann,* DStR 07, 636) und um Einlagen der letzten sechs Monate vor dem maßgeblichen Abschlussstichtag, soweit ihnen Entnahmen oder Ausschüttungen innerhalb der ersten sechs Monate nach dem maßgeblichen Abschlussstichtag gegenüberstehen (§ 4h II 5 EStG). Die Bilanzsumme ist um Kapitalforderungen zu kürzen, die nicht im Konzernabschluss ausgewiesen sind und denen Verbindlichkeiten iSd § 4h III EStG in mindestens gleicher Höhe gegenüberstehen (§ 4h II 6 EStG). Dadurch wird gewährleistet, dass Fremdkapital des Betriebs, das anderen Konzernunternehmen als Darlehen zur Verfügung gestellt wird, nicht die Eigenkapitalquote des Betriebs belastet.

57 Wurde der Jahresabschluss oder Einzelabschluss nicht nach denselben Rechnungslegungsstandards wie der Konzernabschluss aufgestellt, ist die Eigenkapitalquote des Betriebs in einer **Überleitungsrechnung** nach den für den Konzernabschluss geltenden Rechnungslegungsstandards zu ermitteln (§ 4h II 12 EStG). Die Überleitungsrechnung ist einer prüferischen Durchsicht zu unterziehen (§ 4h II 13 EStG). Auf Verlangen der Finanzbehörde ist der Abschluss oder die Überleitungsrechnung des Betriebs durch einen Abschlussprüfer zu prüfen, der die Voraussetzungen des § 319 HGB erfüllt (§ 4h II 14 EStG). UE handelt es sich um eine Ermessensentscheidung des jeweiligen Finanzamts, die isoliert rechtsmittelfähig ist. Insbesondere muss die für das Unternehmen ausgelöste Kostenbelastung in einem angemessenen Verhältnis zur steuerlichen Auswirkung der Zinsschranke stehen.

58 Ist ein dem Eigenkapitalvergleich zugrunde gelegter **Abschluss unrichtig** und führt der zutreffende Abschluss zu einer Erhöhung der nicht abziehbaren Zinsaufwendungen nach § 4h I EStG, ist ein Zuschlag entsprechend § 162 IV 1 und 2 AO festzusetzen. Bemessungsgrundlage für den Zuschlag sind die nach § 4h I EStG nicht abziehbaren Zinsaufwendungen. § 162 IV 4 bis 6 AO gilt sinngemäß (§ 4h II 15 und 16 EStG).

59 Problematisch ist der Eigenkapitalquotenvergleich in den Fällen, die nur aufgrund des erweiterten Konzernbegriffs der Zinsschranke unterfallen (*Dörfler/Vogl,* BB 07, 1084). UE ist eine **„fiktive“ Konzernbilanz** nach allgemeinen Konzernrechnungslegungsregeln zu erstellen, um die Eigenkapitalquote zu ermitteln (ebenso *Middendorf/Stegmann,* INF 07, 305). Soweit die Gesetzesbegründung eine Prüfung der Abschlüsse verlangt, ist hierbei allerdings zu berücksichtigen, dass ein Abschlussprüfer keinen uneingeschränkten Bestätigungsvermerk erteilen kann, da der „Konzernabschluss“ eben nicht den Vorschriften des IFRS bzw des HGB entspricht (s *Lüdenbach/Hoffmann,* DStR 07, 636).

60 **Sonderbetriebsvermögen** ist dem Betrieb der Mitunternehmerschaft zuzuordnen, soweit es im Konzernvermögen enthalten ist (§ 4h II 8 EStG). Damit ist Sonderbetriebsvermögen in die Bilanzierung einzubeziehen, soweit es dem beherrschenden Gesellschafter zuzurechnen ist.

61 Der entlastende Eigenkapitalvergleich nach § 4h II 1 Buchst c EStG scheidet für alle Konzerngesellschaften aus, wenn eine schädliche **Gesellschafter-Fremdfinanzierung** (Rz 38) bei einer konzernzugehörigen Körperschaft oder einem andern zum Konzern gehörenden Rechtsträger gegeben ist (§ 8 III 1). Der Nachweis des Nichtvorliegens einer schädlichen Gesellschafter-Fremdfinanzierung muss also nicht nur für die Körperschaft, die den Zinsabzug begehrt, geführt werden, sondern für alle Rechtsträger (Körperschaften, Personengesellschaften, natürlichen Personen) weltweit, was insbesondere bei weltweiten Konzernen faktisch unmöglich sein dürfte (s *Töben/Fischer,* GmbHR 07, 533).

In die **10%-Grenze** sind allerdings nur Zinsaufwendungen aus Verbindlichkeiten einzubeziehen, die im voll konsolidierten Konzernabschluss nach § 4h II 1 Buchst c EStG ausgewiesen sind (§ 8a III 2 1. Halbs KStG). **Konzerninterne Verbindlichkeiten,** die aufgrund der Schuldenkonsolidierung im Konzernabschluss nicht enthalten sind, sind bei der Ermittlung der 10%-Grenze außen vor zu lassen. Dies gilt auch, wenn die Kredit gebende Gesellschaft nicht im Inland ansässig ist, beide Gesellschaften jedoch in einen Konzernabschluss aufzunehmen sind. 62

Bei einer **Finanzierung durch einen Dritten** scheidet der Konzernvergleich nur aus, wenn dieser einen Rückgriff gegen einen nicht zum Konzern gehörenden Gesellschafter oder eine diesem nahe stehende Person hat (§ 8a III 2 2. Halbs KStG). Ist der Rückgriff beschränkt, etwa durch eine Bürgschaft nur für einen Teil des Darlehens, so ist nur dieser Teil in die Schädlichkeitsbetrachtung einzubeziehen (FinMin Thüringen DStR 09, 1150). 63

Entgegen BMF BStBl I 08, 718, Tz 82 sind die Zinsaufwendungen mehrerer wesentlich Beteiligter nicht zu addieren (BFH BStBl II 17, 319; m Anm *Hick* FR 16, 678).

## § 8b Beteiligung an anderen Körperschaften und Personenvereinigungen

(1) [1] **Bezüge im Sinne des § 20 Abs. 1 Nr. 1, 2, 9 und 10 Buchstabe a des Einkommensteuergesetzes bleiben bei der Ermittlung des Einkommens außer Ansatz.** [2] **Satz 1 gilt nur, soweit die Bezüge das Einkommen der leistenden Körperschaft nicht gemindert haben.** [3] **Sind die Bezüge im Sinne des Satzes 1 nach einem Abkommen zur Vermeidung der Doppelbesteuerung von der Bemessungsgrundlage für die Körperschaftsteuer auszunehmen, gilt Satz 2 ungeachtet des Wortlauts des Abkommens für diese Freistellung entsprechend.** [4] **Satz 2 gilt nicht, soweit die verdeckte Gewinnausschüttung das Einkommen einer dem Steuerpflichtigen nahe stehenden Person erhöht hat und § 32a des Körperschaftsteuergesetzes auf die Veranlagung dieser nahe stehenden Person keine Anwendung findet.** [5] **Bezüge im Sinne des Satzes 1 sind auch Einnahmen aus der Veräußerung von Dividendenscheinen und sonstigen Ansprüchen im Sinne des § 20 Abs. 2 Satz 1 Nr. 2 Buchstabe a des Einkommensteuergesetzes sowie Einnahmen aus der Abtretung von Dividendenansprüchen oder sonstigen Ansprüchen im Sinne des § 20 Abs. 2 Satz 2 des Einkommensteuergesetzes.**

(2) [1] **Bei der Ermittlung des Einkommens bleiben Gewinne aus der Veräußerung eines Anteils an einer Körperschaft oder Personenvereinigung, deren Leistungen beim Empfänger zu Einnahmen im Sinne des § 20 Abs. 1 Nr. 1, 2, 9 und 10 Buchstabe a des Einkommensteuergesetzes gehören, oder an einer Organgesellschaft im Sinne der §§ 14 oder 17 außer Ansatz.** [2] **Veräußerungsgewinn im Sinne des Satzes 1 ist der Betrag, um den der Veräußerungspreis oder der an dessen Stelle tretende Wert nach Abzug der Veräußerungskosten den Wert übersteigt, der sich nach den Vorschriften über die steuerliche Gewinnermittlung im Zeitpunkt der Veräußerung ergibt (Buchwert).** [3] **Satz 1 gilt entsprechend für Gewinne aus der Auflösung oder der Herabsetzung des Nennkapitals oder aus dem Ansatz des in § 6 Absatz 1 Nummer 2 Satz 3 des Einkommensteuergesetzes bezeichneten Werts.** [4] **Die Sätze 1 und 3 gelten nicht, soweit der Anteil in früheren Jahren steuerwirksam auf den niedrigeren Teilwert abgeschrieben und die Gewinnminderung nicht durch den Ansatz eines höheren Werts ausgeglichen worden ist.** [5] **Satz 4 gilt außer für Gewinne aus dem Ansatz mit dem Wert, der sich nach § 6 Abs. 1 Nr. 2 Satz 3 des Einkommensteuergesetzes ergibt, auch für steuerwirksam vorgenommene Abzüge nach § 6b des Einkommensteuergesetzes und ähnliche Abzüge.** [6] **Veräußerung im vorstehenden Sinne ist auch die verdeckte Einlage.**

(3) [1]Von dem jeweiligen Gewinn im Sinne des Absatzes 2 Satz 1, 3 und 6 gelten 5 Prozent als Ausgaben, die nicht als Betriebsausgaben abgezogen werden dürfen. [2]§ 3c Abs. 1 des Einkommensteuergesetzes ist nicht anzuwenden. [3]Gewinnminderungen, die im Zusammenhang mit dem in Absatz 2 genannten Anteil entstehen, sind bei der Ermittlung des Einkommens nicht zu berücksichtigen. [4]Zu den Gewinnminderungen im Sinne des Satzes 3 gehören auch Gewinnminderungen im Zusammenhang mit einer Darlehensforderung oder aus der Inanspruchnahme von Sicherheiten, die für ein Darlehen hingegeben wurden, wenn das Darlehen oder die Sicherheit von einem Gesellschafter gewährt wird, der zu mehr als einem Viertel unmittelbar oder mittelbar am Grund- oder Stammkapital der Körperschaft, der das Darlehen gewährt wurde, beteiligt ist oder war. [5]Dies gilt auch für diesem Gesellschafter nahestehende Personen im Sinne des § 1 Abs 2 des Außensteuergesetzes oder für Gewinnminderungen aus dem Rückgriff eines Dritten auf den zu mehr als einem Viertel am Grund- oder Stammkapital beteiligten Gesellschafter oder eine diesem nahestehende Person auf Grund eines der Gesellschaft gewährten Darlehens. [6]Die Sätze 4 und 5 sind nicht anzuwenden, wenn nachgewiesen wird, dass auch ein fremder Dritter das Darlehen bei sonst gleichen Umständen gewährt oder noch nicht zurückgefordert hätte; dabei sind nur die eigenen Sicherungsmittel der Gesellschaft zu berücksichtigen. [7]Die Sätze 4 bis 6 gelten entsprechend für Forderungen aus Rechtshandlungen, die einer Darlehensgewährung wirtschaftlich vergleichbar sind. [8]Gewinne aus dem Ansatz einer Darlehensforderung mit dem nach § 6 Abs. 1 Nr. 2 Satz 3 des Einkommensteuergesetzes maßgeblichen Wert bleiben bei der Ermittlung des Einkommens außer Ansatz, soweit auf die vorangegangene Teilwertabschreibung Satz 3 angewendet worden ist.

(4) [1]Bezüge im Sinne des Absatzes 1 sind abweichend von Absatz 1 Satz 1 bei der Ermittlung des Einkommens zu berücksichtigen, wenn die Beteiligung zu Beginn des Kalenderjahres unmittelbar weniger als 10 Prozent des Grund- oder Stammkapitals betragen hat; ist ein Grund- oder Stammkapital nicht vorhanden, ist die Beteiligung an dem Vermögen, bei Genossenschaften die Beteiligung an der Summe der Geschäftsguthaben, maßgebend. [2]Für die Bemessung der Höhe der Beteiligung ist § 13 Absatz 2 Satz 2 des Umwandlungssteuergesetzes nicht anzuwenden. [3]Überlässt eine Körperschaft Anteile an einen anderen und hat der andere diese oder gleichartige Anteile zurückzugeben, werden die Anteile für die Ermittlung der Beteiligungsgrenze der überlassenden Körperschaft zugerechnet. [4]Beteiligungen über eine Mitunternehmerschaft sind dem Mitunternehmer anteilig zuzurechnen; § 15 Absatz 1 Satz 1 Nummer 2 Satz 2 des Einkommensteuergesetzes gilt sinngemäß. [5]Eine dem Mitunternehmer nach Satz 4 zugerechnete Beteiligung gilt für die Anwendung dieses Absatzes als unmittelbare Beteiligung. [6]Für Zwecke dieses Absatzes gilt der Erwerb einer Beteiligung von mindestens 10 Prozent als zu Beginn des Kalenderjahres erfolgt. [7]Absatz 5 ist auf Bezüge im Sinne des Satzes 1 nicht anzuwenden. [8]Beteiligungen von Kreditinstituten im Sinne des § 1 Absatz 1 Satz 1 des Kreditwesengesetzes, die Mitglied einer kreditwirtschaftlichen Verbundgruppe im Sinne des § 1 Absatz 10 Nummer 13 des Zahlungsdiensteaufsichtsgesetzes sind, an anderen Unternehmen und Einrichtungen dieser Verbundgruppe sind zusammenzurechnen.

(5) [1]Von den Bezügen im Sinne des Absatzes 1, die bei der Ermittlung des Einkommens außer Ansatz bleiben, gelten 5 Prozent als Ausgaben, die nicht als Betriebsausgaben abgezogen werden dürfen. [2]§ 3c Abs. 1 des Einkommensteuergesetzes ist nicht anzuwenden.

(6) [1]Die Absätze 1 bis 5 gelten auch für die dort genannten Bezüge, Gewinne und Gewinnminderungen, die dem Steuerpflichtigen im Rahmen des

**Gewinnanteils aus einer Mitunternehmerschaft zugerechnet werden, sowie für Gewinne und Verluste, soweit sie bei der Veräußerung oder Aufgabe eines Mitunternehmeranteils auf Anteile im Sinne des Absatzes 2 entfallen. [2]Die Absätze 1 bis 5 gelten für Bezüge und Gewinne, die einem Betrieb gewerblicher Art einer juristischen Person des öffentlichen Rechts über andere juristische Personen des öffentlichen Rechts zufließen, über die sie mittelbar an der leistenden Körperschaft, Personenvereinigung oder Vermögensmasse beteiligt ist und bei denen die Leistungen nicht im Rahmen eines Betriebs gewerblicher Art erfasst werden, und damit in Zusammenhang stehende Gewinnminderungen entsprechend.**

(7) **[1]Die Absätze 1 bis 6 sind nicht auf Anteile anzuwenden, die bei Kreditinstituten und Finanzdienstleistungsinstituten dem Handelsbestand im Sinne des § 340e Absatz 3 des Handelsgesetzbuchs zuzuordnen sind. [2]Gleiches gilt für Anteile, die bei Finanzunternehmen im Sinne des Kreditwesengesetzes, an denen Kreditinstitute oder Finanzdienstleistungsinstitute unmittelbar oder mittelbar zu mehr als 50 Prozent beteiligt sind, zum Zeitpunkt des Zugangs zum Betriebsvermögen als Umlaufvermögen auszuweisen sind.**

(8) **[1]Die Absätze 1 bis 7 sind nicht anzuwenden auf Anteile, die bei Lebens- und Krankenversicherungsunternehmen den Kapitalanlagen zuzurechnen sind. [2]Satz 1 gilt nicht für Gewinne im Sinne des Absatzes 2, soweit eine Teilwertabschreibung in früheren Jahren nach Absatz 3 bei der Ermittlung des Einkommens unberücksichtigt geblieben ist und diese Minderung nicht durch den Ansatz eines höheren Werts ausgeglichen worden ist. [3]Gewinnminderungen, die im Zusammenhang mit den Anteilen im Sinne des Satzes 1 stehen, sind bei der Ermittlung des Einkommens nicht zu berücksichtigen, wenn das Lebens- oder Krankenversicherungsunternehmen die Anteile von einem verbundenen Unternehmen (§ 15 des Aktiengesetzes) erworben hat, soweit ein Veräußerungsgewinn für das verbundene Unternehmen nach Absatz 2 in der Fassung des Artikels 3 des Gesetzes vom 23. Oktober 2000 (BGBl. I S. 1433) bei der Ermittlung des Einkommens außer Ansatz geblieben ist. [4]Für die Ermittlung des Einkommens sind die Anteile mit den nach handelsrechtlichen Vorschriften ausgewiesenen Werten anzusetzen, die bei der Ermittlung der nach § 21 abziehbaren Beträge zu Grunde gelegt wurden. [5]Entsprechendes gilt für Pensionsfonds.**

(9) **Die Absätze 7 und 8 gelten nicht für Bezüge im Sinne des Absatzes 1, auf die die Mitgliedstaaten der Europäischen Union Artikel 4 Abs. 1 der Richtlinie 2011/96/EU des Rates vom 30. November 2011 über das gemeinsame Steuersystem der Mutter- und Tochtergesellschaften verschiedener Mitgliedstaaten (ABl. L 345 vom 29.12.2011, S. 8), anzuwenden haben.**

(10) **[1]Überlässt eine Körperschaft (überlassende Körperschaft) Anteile, auf die bei ihr Absatz 4, 7 oder 8 anzuwenden ist oder auf die bei ihr aus anderen Gründen die Steuerfreistellungen der Absätze 1 und 2 oder vergleichbare ausländische Vorschriften nicht anzuwenden sind, an eine Körperschaft (andere Körperschaft), bei der auf die Anteile Absatz 4, 7 oder 8 nicht anzuwenden ist, und hat die andere Körperschaft, der die Anteile zuzurechnen sind, diese oder gleichartige Anteile zurückzugeben, dürfen die für die Überlassung gewährten Entgelte bei der anderen Körperschaft nicht als Betriebsausgabe abgezogen werden. [2]Überlässt die andere Körperschaft für die Überlassung der Anteile Wirtschaftsgüter an die überlassende Körperschaft, aus denen diese Einnahmen oder Bezüge erzielt, gelten diese Einnahmen oder Bezüge als von der anderen Körperschaft bezogen und als Entgelt für die Überlassung an die überlassende Körperschaft gewährt. [3]Absatz 3 Satz 1 und 2 sowie Absatz 5 sind nicht anzuwenden. [4]Die Sätze 1 bis 3 gelten auch für Wertpapierpensionsgeschäfte im Sinne des § 340b Absatz 2 des Handelsgesetzbuchs. [5]Die**

**Sätze 1 bis 4 gelten nicht, wenn die andere Körperschaft keine Einnahmen oder Bezüge aus den ihr überlassenen Anteilen erzielt. [6] Zu den Einnahmen und Bezügen aus den überlassenen Anteilen im Sinne des Satzes 5 gehören auch Entgelte, die die andere Körperschaft dafür erhält, dass sie die entliehenen Wertpapiere weiter verleiht. [7] Die Sätze 1 bis 6 gelten entsprechend, wenn die Anteile an eine Personengesellschaft oder von einer Personengesellschaft überlassen werden, an der die überlassende oder die andere Körperschaft unmittelbar oder mittelbar über eine Personengesellschaft oder mehrere Personengesellschaften beteiligt ist. [8] In diesen Fällen gelten die Anteile als an die Körperschaft oder von der Körperschaft überlassen. [9] Die Sätze 1 bis 8 gelten entsprechend, wenn Anteile, die die Voraussetzungen des Absatzes 7 erfüllen, von einer Personengesellschaft überlassen werden. [10] Die Sätze 1 bis 8 gelten nicht, soweit § 2 Nummer 2 zweiter Halbsatz oder § 5 Absatz 2 Nummer 1 zweiter Halbsatz auf die überlassende Körperschaft Anwendung findet. [11] Als Anteil im Sinne der Sätze 1 bis 10 gilt auch der Investmentanteil im Sinne von § 1 Absatz 1 des Investmentsteuergesetzes vom 15. Dezember 2003 (BGBl. I S. 2676, 2724), das zuletzt durch Atikel 2 des Gesetzes vom 21. März 2013 (BGBl. I S. 561) geändert worden ist, in der jeweils geltenden Fassung, soweit daraus Einnahmen erzielt werden, auf die § 8b anzuwenden ist.**

(11) **Die Absätze 1 bis 10 sind nicht anzuwenden bei Anteilen an Unterstützungskassen.**

***Abs 7 lautete bis zur Änderung durch das G v 20.12.16 (Rz 21g):***

(7) [1] Die Absätze 1 bis 6 sind nicht auf Anteile anzuwenden, die bei Kreditinstituten und Finanzdienstleistungsinstituten nach § 1a des Kreditwesengesetzes in Verbindung mit den Artikeln 102 bis 106 der Verordnung (EU) Nr. 575/2013 des Europäischen Parlaments und des Rates vom 26. Juni 2013 über Aufsichtsanforderungen an Kreditinstitute und Wertpapierfirmen und zur Änderung der Verordnung (EU) Nr. 646/2012 (ABl. L 176 vom 27.6.2013, S. 1) oder unmittelbar nach den Artikeln 102 bis 106 der Verordnung (EU) Nr. 575/2013 dem Handelsbuch zuzurechnen sind. [2] Gleiches gilt für Anteile, die von Finanzunternehmen im Sinne des Gesetzes über das Kreditwesen mit dem Ziel der kurzfristigen Erzielung eines Eigenhandelserfolges erworben werden. [3] Satz 2 gilt auch für Kreditinstitute, Finanzdienstleistungsinstitute und Finanzunternehmen mit Sitz in einem anderen Mitgliedstaat der Europäischen Union oder in einem anderen Vertragsstaat des EWR-Abkommens.

***Abs 11 angefügt durch G v 2.11.2015 (Rz 21f).***

***Abs 2 S 1 u S 3 sowie Abs 7 S 1 lauteten bis zur Änderung durch das G v 25.7. 14 (Rz 21e):***

(2) [1] Bei der Ermittlung des Einkommens bleiben Gewinne aus der Veräußerung eines Anteils an einer Körperschaft oder Personenvereinigung, deren Leistungen beim Empfänger zu Einnahmen im Sinne des § 20 Abs. 1 Nr. 1, 2, 9 und 10 Buchstabe a des Einkommensteuergesetzes gehören, oder an einer Organgesellschaft im Sinne der §§ 14, 17 oder 18 außer Ansatz. ... [3] Satz 1 gilt entsprechend für Gewinne aus der Auflösung oder der Herabsetzung des Nennkapitals oder aus dem Ansatz des in § 6 Abs. 1 Satz 1 Nr. 2 Satz 3 des Einkommensteuergesetzes bezeichneten Werts.

(7) [1] Die Absätze 1 bis 6 sind nicht auf Anteile anzuwenden, die bei Kreditinstituten und Finanzdienstleistungsinstituten nach § 1a des Kreditwesengesetzes dem Handelsbuch zuzurechnen sind.

***Gesetzesfassungen vor 2014 s 8. Aufl.***

**Übersicht**



**Schrifttum:** *Crezelius,* Steuersenkungsgesetz: § 8b Abs 3 S 2 KStG 2001, ein steuergesetzliches Verwirrspiel, DB 00, 1631; *Dötsch/Pung,* Steuersenkungsgesetz: Die Änderungen bei der Körperschaftsteuer und bei der Anteilseigner-Besteuerung, DB 34/00 Beil 10; *Eilers/Wienands,* Steuersenkungsgesetz: Besteuerung von Dividendeneinnahmen von Körperschaften nach der Neufassung von § 8b Abs 1 KStG, GmbHR 00, 957; *Eilers/Wienands,* Steuersenkungsgesetz: Anteilsveräußerungen durch Körperschaften nach der Neufassung von § 8b Abs 2 KStG, GmbHR 00, 1229; *Eisgruber,* Unternehmenssteuerreform 2001: Das Halbeinkünfteverfahren auf der Ebene der Körperschaft, DStR 00, 1493; *Grotherr,* Änderungen bei der Besteuerung von Einkünften aus ausländischen Beteiligungen durch das Steuersenkungsgesetz, IWB F 3 Gr 1, 1697 und 1709; *Haritz,* Unternehmenssteuerreform 2001: Begünstigte Veräußerungsgewinne bei einbringungsgeborenen Anteilen, DStR 00, 1537; *Jakobs/Wittmann,* Steuersenkungsgesetz: Besteuerung von Anteilsveräußerungen, GmbHR 00, 910; *Köhler,* Unternehmenssteuerreform 2001: Auswirkungen des Steuersenkungsgesetzes auf deutsche Auslandsinvestitionen, DStR 00, 1849; *Köster,* Steuersenkungsgesetz: Befreiung innerkonzernlicher Beteiligungserträge, FR 00, 1263; *Korth,* Unternehmenssteuerreform 2001, 2000; *Menck,* Halbeinkünfteverfahren, Schachtelprivileg über die Grenze und Außensteuergesetz, IWB F 3 Deutschland Gr 1 S 1639; *Mick,* Steuersenkungsgesetz: Gefährdung der Steuerfreiheit von Veräußerungsgewinnen nach § 8b Abs 2 und 4 KStG nF bei bestimmten Formen des Wertpapierhandels, DB 00, 1682; *Oppenhoff & Rädler,* Reform der Unternehmensbesteuerung – Steuersenkungsgesetz, 2000; *Schaumburg/Rödder,* Unternehmenssteuerreform 2001, 2000; *Utscher/Blaufus,* Unternehmenssteuerreform 2001: Begrenzung des Betriebsausgabenabzugs bei Beteiligungserträgen, DStR 00, 1581; *van Lishaut/Förster,* Steuersenkungsgesetz: Anteilsveräußerungen im neuen Recht, GmbHR 00, 1121; *Vögele/Edelmann,* Internationale Steuerplanung nach der Unternehmenssteuerreform 2001, IStR 00, 463; *Werra,* Unternehmenssteuerreform: Aspekte des nationalen und internationalen Konzernsteuerrechts, FR 00, 645; *Beinert/van Lishaut,* Steuerfragen bei Anteilskäufen und Sperrfristen, FR 01, 1137; *Crezelius,* Dogmatische Grundstrukturen der Unternehmenssteuerreform, DB 01, 221; *Dötsch/Pung,* Ausgewählte Fragen zu der letztmaligen Anwendung des Anrechnungsverfahrens sowie zu der erstmaligen Anwendung des Halbeinkünfteverfahrens, GmbHR 01, 641; *Eilers/Schmidt,* Der Holdingstandort Deutschland, FR 01, 8; *Eisolt/Wickinger,* Veräußerung von einbringungsgeborenen Anteilen nach der Neuregelung des § 8b Abs 4 KStGStSenkG, BB 01, 229; *Förster,* Ausgewählte Fragen bei der Veräußerung von Anteilen an Kapitalgesellschaften, Stbg 01, 657; *Frotscher,* Die Ausgabenabzugsbeschränkung nach § 3c EStG und ihre Auswirkung auf Finanzierungsentscheidungen, DStR 01, 2045; *Rödder/Wochinger,* Veräußerungen von Kapitalgesellschaftsanteilen durch Kapitalgesellschaften, FR 01, 1253; *Rättig/Protzen,* Anwendung des § 8b Abs 2 KStG auf verdeckte Gewinnausschüttungen anlässlich einer Anteilsveräußerung, GmbHR 01, 495; *Rödder/Schumacher,* Der Regierungsentwurf eines Gesetzes zur Fortentwicklung des Unternehmenssteuerrechts, DStR 01, 1634 und 1685; *Rohde,* Gestaltungen zur zeitlichen Verschiebung der Steuerfolgen bei Beteiligungsverkäufen, Inf 01, 549; *Seifried,* Unternehmens-StRef 2001: Ausgewählte Zweifelsfragen, DStR 01, 240; *Strahl,* Einbringungsgeborene Anteile: Probleme und Gestaltungsmöglichkeiten, KÖSDI 2001, 12728; *Thömmes,* § 8b KStG und EG-Recht, DB 01, 775; *Urban,* Steuerfreiheit bei der Veräußerung eigener Anteile einer Kapitalgesellschaft nach § 8b Abs 2 KStG nF gegeben?, DStR 01, 1059; *Watermeyer,* Steuerbefreiung für GmbH-Anteilsveräußerungen, GmbH-StB 01, 166; *Felix/Stoll,* Besteuerung von Wertpapierdarlehens- und Wertpapierpensionsgeschäften, DStR 02, 1597; *Fischer,* Wechselwirkungen zwischen der Einkommen- und Körperschaftsteuer und der Gewerbesteuer bei Anteilen im Streubesitz nach dem UntStFG, DStR 02, 610; *Haun/Winkler,* Klarstellungen und Unklarheiten bei der Besteuerung von Beteiligungserträgen nach der Neufassung des § 8b KStG, GmbHR 02, 192; *Kroschweski,* Die Reichweite der „Veräußerungssperre" gemäß § 8b Abs 4 S 1 Nr 1 KStG bei Verkauf von GmbH-Anteilen, GmbHR 02, 761; *Leip,* Die Veräußerung von Anteilen an Kapitalgesellschaften durch Kapitalgesellschaften, BB 02, 1839; *Melchior,* Übersicht über die Änderung durch das Gesetz zur Fortentwicklung des Unternehmenssteuerrechts (Unternehmenssteuerfortentwicklungsgesetz), DStR 02, 1; *Mikus,* Die Bedienung von Aktienoptionen durch eigene Anteile nach der Unternehmenssteuerreform, BB 02, 178; *Pauka,* Änderungen der Körperschaftsteuer und der Gewerbesteuer durch das Steueränderungsgesetz 2001 und das Unternehmenssteuerfortentwicklungsgesetz, NWB 02, 1189; *Prinz/Simon,* Kuriositäten und Ungereimtheiten des UntStFG: Ungewollte Abschaffung des gewerbesteuerlichen Schachtelprivilegs für Kapitalgesellschaften?, DStR 02, 149; *Pyszka/Brauer,* Einschränkungen der Steuerbefreiung von Dividenden und Veräußerungsgewinnen bei Holdinggesellschaften (§ 8b Abs 7 KStG), BB 02, 1669; *Rödder/Schumacher,* Unternehmenssteuerfortentwicklungsgesetz: Wesentliche Änderungen des verkündeten Gesetzes gegenüber dem Regierungsentwurf, DStR 02, 105; *Romswinkel,* Systematische Rechtfertigung und Wirkungsweise des § 8b Abs 4 KStG, DB 02, 1679; *Schmidt/Hageböke,* Der Verlust von eigenkapitalersetzenden Darlehen und § 8b Abs 3 KStG, DStR 02, 1202; *Schmitt,* Die Auswirkungen einer Verschmelzung von Schwesterkapitalgesellschaften auf „gesperrte" Anteile nach § 8b Abs 4 KStG, BB 02, 435; *Schwedhelm/Olbing/Binnewies,* Gestaltungsüberlegungen zum Jahreswechsel 2002/2003 rund um die GmbH, GmbHR 02, 1157; *Stoschek/Lauermann/Peter,* Anwendbarkeit von § 8b Abs 7 KStG auf Holding- und Beteiligungsgesellschaften, NWB 02, 3015; *Wassermeyer,* Verdeckte Gewinnausschüttung – Bundesfinanzhof versus Finanzverwaltung, GmbHR 02, 1; *Bünning/Slabon,* Die Erzielung „kurzfristiger Eigenhandelserfolge" iSd § 8b Abs 7 S 2 KStG durch Holdinggesellschaften und vermögensverwaltende Kapitalgesellschaften, FR 03, 174; *Desens,* Die Besteuerung des Anteilseigners bei grenzüberschreitenden Gewinnausschüttungen – Überblick und Grundprobleme, IStR 03, 613; *Dötsch/Pung,* § 8b Abs 1 bis 6 KStG: Das Einführungsschreiben des Bundesfinanzministeriums, DB 03, 1016; *Eilers/Schmidt,* Die Steuerbefreiung von Dividenden und Veräußerungsgewinnen nach § 8b KStG, GmbHR 03, 613; *Eilers/Teske,* Aktuelles Beratungs-Know-how Körperschaftsteuerrecht, DStR 03, 1195; *Füger/Rieger,* Anwendungserlass zu § 8b KStG – Ausgewählte Zweifelsfragen, FR 03, 543 und 589; *Gold/Jakoby,* „Veräußerungsverluste" bei Insolvenz iSd § 8b Abs 3 KStG, Stbg 03, 368; *Günkel/Bourseaux,* Steuerliche Abziehbarkeit der Kosten für die Ausgabe von Aktien im Rahmen von Aktienoptionsprogrammen im Konzern, FR 03, 497; *Heinz,* Einbringungsgeborene Anteile – Steuerchaos oder Steuersystematik?, GmbHR 03, 1474; *Kerssenbrock,* § 8b Abs 5 KStG nach der „Lankhorst-Hohorst"-Entscheidung des EuGH, BB 03, 2148; *Knebel/Seltenreich,* Besprechung des BMF-Schreibens zu § 8b KStG vom 28.4.2003, Stbg 03, 259; *Krawitz/Büttgen-Pöhland,* Zwischenschaltung von EU-Auslandsholdinggesellschaften als steuerorientiertes Gestaltungsinstrument bei der Finanzierung inländischer Konzernbeteiligungen, FR 03, 877; *Mössner/Rouenhoff,* Zum zeitlichen Anwendungsbereich des § 8b KStG idF des UntStFG, IWB 03, 1065, Gruppe 4, 429; *Reuter/Klein,* Erschüttert Gerritses Trommeln die Deutsche Dividendenbesteuerung?, IStR 03, 634; *Roser,* Steuerbefreiung von Dividenden und Veräußerungsgewinnen – offene Anwendungsfragen zu § 8b KStG idF des Regierungsentwurfs vom 13.8.2003, GmbHR 03, 1250; *Scheffler,* Beteiligungsveräußerungen durch Kapitalgesellschaften: Die Steuerbefreiung nach § 8b Abs 2 KStG ist gerechtfertigt, DB 03, 680; *Scheipers/Dauster,* Eingeschränkter Abzug von Finanzierungskosten nach § 3c Abs 1 EStG bei steuerfreien Veräußerungsgewinnen iSv § 8b Abs 2 KStG?, DStR 03, 1597; *Schild/Eisele,* Die Steuerbefreiung nach § 8b KStG – Das neue BMF-Schreiben vom 28.4.2003, DStZ 03, 443; *Strunk/Kaminski,* Anwendung des § 8b KStG 2002 und Auswirkungen auf die Gewerbesteuer, NWB 03, 05, Fach 4, 4731; *Watermeyer,* § 8b KStG-Anwendungsschreiben des BMF, GmbH-StB 03, 194; *Buchna/Sambrowski,* Aufwendungen mit Eigenkapitalersatzcharakter als nicht zu berücksichtigende Gewinnminderungen nach § 8b Abs 3 KStG nF, DB 04,1956; *Dötsch/Pung,* Die Neuerungen bei der Körperschaftsteuer und bei der Gewerbesteuer durch das Steuergesetzgebungspaket vom Dezember 2003, DB 04, 151; *Enders,* Steuerreformpaket 2004 – Teil II: Beteiligungserträge im Konzern nach „Korb II“, PIStB 04, 47; *Gocksch/Buge,* Pauschalierung von nichtabzugsfähigen Betriebsausgaben gemäß § 8b KStG und Gewerbesteuer, DStR 04, 1549; *Kaminski/Strunk,* Die steuerliche Behandlung von Aufwand im Zusammenhang mit Kapitalgesellschaftsbeteiligungen nach Änderung des § 8b KStG zum 1.1.2004, BB 04, 689; *Körner,* Gewerbeertragsbesteuerung von Mitunternehmerschaften, Inf 04, 265; *Kussmaul/Zabel,* Auswirkungen der Änderungen der §§ 8b und 15 KStG durch das Gesetz zur Umsetzung der Protokollerklärung der Bundesregierung zur Vermittlungsempfehlung zum Steuervergünstigungsabbaugesetz („Korb II“), BB 04, 577; *Maiterth/Wirth,* Anmerkungen zur unendlichen Diskussion über Beteiligungsaufwendungen bei Kapitalgesellschaften aus steuersystematischer Sicht, DStR 04, 433; *Mitsch,* Die Änderungen des § 8b KStG durch Korb II, Inf 04, 217; *Patt,* Anwendung des Halbeinkünfteverfahrens auf einbringungsgeborene Anteile, FR 04, 561; *Richter,* Die Auswirkungen des § 8b KStG idF des „Korb II-Gesetzes“ auf (die Vorteilhaftigkeit von) Organschaftskonzernstrukturen, GmbHR 04, 1192; *Rogall,* Ungereimtheiten bei der Gewerbesteuer im Zusammenhang mit Beteiligungen an Kapitalgesellschaften, DB 04, 2176; *Scheipers/Kowallik,* Zur Anwendbarkeit des § 8b Abs 3 KStG bei der Veräußerung direkt gehaltener Beteiligungen durch beschränkt Steuerpflichtige, IWB 04, 601, Gruppe 4, 459; *Schulte/Behnes,* Verdeckte Gewinnausschüttungen bei verbundenen Unternehmen unter Berücksichtigung von § 3c EStG und § 8b Abs 5 KStG, DB 04, 1525; *Seitz,* Die Berücksichtigung der Steuerbefreiung nach § 8b Abs 2 und 6 KStG bzw § 3 Nr 40 EStG bei Ermittlung des Gewerbeertrags einer Mitunternehmerschaft, GmbHR 04, 476; *Buchna/Sombrowski,* Nochmals zu Aufwendungen mit Eigenkapitalersatzcharakter als nicht zu berücksichtigende Gewinnminderungen nach § 8b Abs 3 KStG, DB 05, 1539; *Rödder/Stangl,* Wertminderungen eigenkapitalersetzender Darlehen im Betriebsvermögen einer Kapitalgesellschaft und § 8b Abs 3 S 3 KStG, DStR 05, 354; *Bindl,* Zur Steuerpflicht von Beteiligungserträgen nach § 8b Abs 7 KStG bei Industrieholdinggesellschaften, DStR 06, 1817; *Rogall,* Zur Anwendung von § 8b Abs 7 nach § 15 Nr 2 KStG bei Organschaften, DB 06, 2310; *Strnad,* Das Korrespondenzprinzip in § 8, § 8b KStG gemäß JStG 2007, GmbHR 06, 1321; *Dieterlen/Dieterlen,* § 8b VII 7 KStG und Übertragungsvorgänge bei Mitunternehmerschaften, GmbHR 07, 741; *Häuselmann,* Das Ende des „Steuerschlupfloches“ Wertpapierleihe, DStR 07, 1379; *Mützler,* Die „Zuschreibungs-Fälle“ des § 8b VIII S 4 KStG für Lebens- und Krankenversicherungsunternehmen, DB 07, 1894; *Obermann/Britt/Füllbier,* Die Neuregelung der ertragsteuerlichen Behandlung von Wertpapiergeschäften durch das UntStRefG 2008, BB 07, 1647; *Richter,* Kritische Beurteilung der gewerbesteuerlichen Auswirkung von § 8b V KStG durch das JStG 2007, BB 07, 751; *Schwedhelm/Olbing/Binnewies,* Aktuelles zum Jahreswechsel 2007/2008 rund um die GmbH, GmbHR 07, 1233; *Altrichter/Herzberg,* Gewinnminderungen im Zusammenhang mit Darlehen wesentlich beteiligter Gesellschafter, GmbHR 08, 337; *Watermeyer,* Gewinnminderungen im Zusammenhang mit Darlehensforderungen, GmbH-StB 08, 81; *Frase,* Hinzurechnungsbesteuerung“ nach § 8b Abs 1 Satz 2 KStG, S 2 KStG europrechtskonform?, BB 08, 2713; *Nissen,* Droht Holding- und Beteiligungskapitalgesellschaften der Verlust der Steuerfreistellung nach § 8b KStG?, DB 08, 2273; *Bauschatz,* Finanzunternehmen nach § 8b Abs 7 Satz 2 KStG, DStZ 09, 502; *Dörfler/Adrian,* § 8b Abs 3 KStG und Teilwertabschreibungen auf Gesellschafterdarlehen, SteuK 09, 8; *Eberhard,* Steuerwirksame Abschreibung auf Gesellschafterdarlehen, DStR 09, 2226; *Ebner/Helios,* Zur Anwendung von § 8b Abs 7 KStG bei Publikums- und Spezialfonds, FR 09, 977; *Hageböke,* Zum Konkurrenzverhältnis von DBA-Schachtelprivileg und § 8b KStG, IStR 09, 474; *Hagedorn/Matzke,* Steuerpflicht von Veräußerungsgewinnen bei Anteilsverkäufen durch eine Holding, GmbHR 09, 970; *Lohmann/Windhöfel,* Das Signal bei Holding steht auf langfristiges Halten – der BFH zu § 8b Abs 7 Satz 2 KStG, DB 09, 1043; *Prinz,* Körperschaftsteuerliches Gewinnminderungsverbot bei qualifizierten Gesellschafterdarlehen – unsystematisch und fragwürdig, aber gestaltbar in FS Schaumburg, 09, S. 459 ff; *Stollenwerk/Kühnemund,* Geglückte oder verunglückte Verwaltung von Finanzvermögen in der GmbH, GmbH-StB 09, 336 und GmbH-StB 10, 11; *Watermeyer,* Aktuelle Fragestellungen zu § 8b KStG in der Rechtsprechung, GmbH-StB 09, 220; *Behrendt/Klages,* Verschmelzung in der Krise als Steuerrisiko? Zur Besteuerung von Konfusionsgewinnen vor dem Hintergrund des § 8b Abs 3 KStG, GmbHR 10, 190; *Kempf/Hohage,* Gedanken zu § 8b Abs 3 Satz 1 KStG bei beschränkt Steuerpflichtigen, IStR 10, 806; *Löffler/Tietjen,* Veräußerung von Anteilen an Immobilien-Objektgesellschaften – schädlicher „Eigenhandel“ iSv § 8b Abs 7 Satz 2 KStG?, DStR 10, 586; *Micksch/Mattern,* Anwendung von § 8b KStG bei der Währungskurssicherung von Auslandsbeteiligungen im Rahmen von Bewertungseinheiten, DB 10, 579; *Hahne,* Spätere Ausfälle von Kaufpreisforderungen mindern rückwirkend steuerfreie Veräußerungsgewinne gem. § 8b Abs 2 KStG, DStR 11, 955;

*Krug,* Die steuerliche Abziehbarkeit von tatsächlich angefallenen Veräußerungskosten im Rahmen von § 8b Abs 2 und 3 KStG, DStR 11, 598; *Lammers,* Die begrenzte Abziehbarkeit von Aufwendungen im Zusammenhang mit Beteiligungen an Kapitalgesellschaften nach § 8b Abs 3 und 5 KStG, DStZ 11, 483; *Müller,* Vereinbarkeit der Mindestbesteuerung in §§ 8b Abs 3 Satz 1, 8b Abs 5 Satz 1 KStG mit dem allgemeinen Gleichheitssatz, FR 11, 309; *Riegel,* Die Ausnahme vom Beteiligungsprivileg für Finanzunternehmen, Ubg 11, 121; *Kessler/Girlich/Philipp,* Streichung des § 8b Abs 7 Satz 2 KStG – Korrektur eines gesetzgeberischen Kunstfehlers?, DStR 12, 2524; *Helios/Niedrig,* Zur Einbeziehung von Optionsprämien in den Anwendungsbereich von § 8b Abs 2 KStG, DStR 12, 1301; *Füllbier,* Wertpapierleihgeschäfte als Missbrauch von rechtlichen Gestaltungsmöglichkeiten iSd § 42 AO, BB 12, 1769; *Kosner/Kaiser,* Zweifelsfragen und Praxiserfahrungen im Zusammenhang mit dem Abzugsverbot für Gewinnminderungen iSd § 8b Abs 3 Satz 4 ff. KStG, DStR 12, 925; *Schnitger,* Anwendung des § 8b Abs 1 KStG beim Kapitalertragsteuerabzug – Auswirkungen der Entscheidung des EuGH vom 20.10.2011, DB 12, 305; *Nitzschke,* Veräußerung direkt gehaltener Beteiligungen durch beschränkt Körperschaftsteuerpflichtige, IStR 12, 125; *Kraft/Edelmann,* Verfassungsrechtlich unzulässige Rückwirkung bei der Wertpapierleihe über Aktien?, FR 12, 889; *Desens,* Kritische Bestandsaufnahme zu den geplanten Änderungen in § 8b KStG, Beihefter zu Heft 4 DStR 13, 13; *Schönfeld,* Die Steuerpflicht von Streubesitzdividenden gemäß § 8b Abs 4 KStG nF – dargestellt anhand von Fallbeispielen, DStR 13, 937; *Kusch,* Körperschaftsteuerpflicht für Dividenden aus Streubesitz, NWB 13, 1068; *Bolik/Zöller,* Unterjähriger Hinzuerwerb von Beteiligungen im Rahmen des § 8b Abs 4 KStG, DStR 14, 782; *Mössner,* Auslegung von § 8b Abs 4 KStG durch OFD Frankfurt, IStR 14, 497; *Schlagheck,* Gewerbesteuerliche Organschaft und Anwendung von § 8b Abs 5 KStG auf Schachteldividenden der Organgesellschaft, GmbHR 14, 1138; *Joisten/Vossel,* Anwendung des Teileinkünfteverfahrens auf Streubesitzdividenden gem. § 8b Abs 4 KStG?, FR 14, 794; *Kahle/Hiller,* Anschaffungsnebenkosten beim Erwerb von Beteiligungen an Kapitalgesellschaften, DB 14, 500; *Riedel,* Die Veräußerungskosten iSd § 8b Abs 2 Satz 2 KStG, FR 14, 719; *Rüsch/Moritz,* Teileinkünfteverfahren und § 8b KStG, DStR 15, 2305; *Pung,* Hindert eine verfassungskonforme Auslegung tatsächlich die Besteuerung von im Betriebsvermögen entstandenen stillen Reserven?, DB 15, 2118; *Richter/Reeb,* Zur Ausdehnung des materiellen Korrespondenzprinzips in § 8b Abs 1 S. 2 KStG durch das AmtshilfeRLUmsG im Spannungsfeld von Europa- und Völkerrecht, IStR 15, 40; *Schäfer,* Steuerliche Kollateralschäden im Inland bei Umstrukturierungen in angelsächsisch geprägten Ländern, IStR 15, 656; *Rogall/Dreßler,* Ausweitung der Veräußerungsgewinnbesteuerung durch Neuregelung des § 8b Abs 4 KStG, BB 15, 2009; *Kotten/Heinemann,* Erweiterung der Steuerpflicht von Streubesitzbeteiligungen: Eine kritische Analyse aktueller Entwicklungen, DStR 15, 1889; *Ritzer/Strangl,* Geplante Änderungen des § 8b Abs 4 KStG, DStR 15, 2203; *Haselmann/Albrecht,* Die angekündigte Ausweitung des § 8b Abs 4 KStG auf Veräußerungsgewinne – verfassungswidrige Rückwirkung trotz „Schonfrist“, DStR 15, 2212; *Höring,* Der Diskussionsentwurf zum Investmentsteuerreformgesetz („InvStRefG“), DStZ 15, 835; *Melkonyan/Kudert,* Körperschaftsteuerliche Streubesitzdividenden im Kontext der Hinzurechnungsbesteuerung nach §§ 7 bis 14 AStG, Ubg 15, 132; *Broemel,* § 8b Abs 4 KStG und Participation Exemption Shopping – Anknüpfungspunkt der Steuergestaltung?, IStR 15, 644; *Haase,* § 8b Abs 5 KStG auf Outbound-Dividenden im Anwendungsbereich von Art. 8 OECD-MA?, IStR 15, 359; *Kollruss/Weißert/Bauer,* Systemimmanente gewerbesteuerliche Nichtanwendung des § 8 b Abs 5 KStG bei Schachteldividendenbezug der Organgesellschaft, Ubg 15, 137; *Binnewies/Zapf* Versagung des Beteiligungsprivilegs gem. § 8b Abs 7 S. 2 KStG, Finanzunternehmen ist man schneller als man denkt!, GmbH-StB 15, 226; *Fischer,* Zurechnung von Aktien bei einer Wertpapierleihe – keine Änderung der wirtschaftlichen Realität im Rahmen eines „Gesamtvertragskonzepts“, jurisPR-SteuerR 12/2016 Anm. 1; *Schwetlik,* Wirtschaftliches Eigentum bei Wertpapierleihe, EStB 16, 93; *Hesse/Frieburg,* Änderungen des KStG und GewStG im Entwurf des AHRL-ÄndUsG, GbH-StB 16, 271; *Herkens,* Gesonderte und einheitliche Feststellung bei Einkünften nach § 8b KStG – Ob und in welcher Weise wird mit Bindungswirkung entschieden, GmbH-StB 16, 277; *Köhler,* Berücksichtigung negativer Aktiengewinne nach § 40a KAGG und § 8b Abs 3 KStG – Anmerkung zum BMF-Schreiben v 25.7.2016, DStR 16, 1895; *Lange,* Anerkennung von Teilwertabschreibungen auf Beteiligungen – Anmerkung zum BMF-Schreiben v 3.5.2016, DB 16, 1108; *Knobloch,* Zum Anwendungsbereich des § 8b KStG bei Termingeschäften im Lichte der BFH-Rechtsprechung, DB 2017, 1277.

1 **1. Allgemeines, Zweck:** § 8b ist eine zentrale Norm im Rahmen der Umstellung des Körperschaftsteuerrechts vom Anrechnungs- zum Halbeinkünfteverfahren, ab VZ 09 Teileinkünfteverfahren. Zwischengesellschaftliche Gewinnausschüt-

tungen sollen nur auf der Ebene der am Ende einer Kette von Gesellschaften stehenden natürlichen Personen besteuert werden. Die auf der Ebene der in der Kette ersten KapGes entstehende KStBelastung iHv 15% wird auf der Ebene der sich am Schluss der Kette befindenden natürlichen Personen als Anteilseigner durch das Teileinkünfteverfahren (§ 3 Nr 40 EStG) oder die Abgeltungssteuer (§ 32d EStG) bei Anteilen im PrivVerm ausgeglichen. Aufgrund des Generalverweises in § 8 I 1 ist in der Literatur umstritten, ob das Teileinkünfteverfahren aus § 3 Nr 40 EStG auch auf Körperschaften Anwendung findet, wenn die Befreiungen aus Abs 1 und Abs 2 nicht greifen (zB Abs 4, 7, 8, 11). § 8b ist uE als lex specialis zu § 8 Abs 1 iVm § 3 Nr 40 EStG anzusehen, so dass das Teileinkünfteverfahren für Körperschaften keine Anwendung findet (vgl *Rüsch/Moritz* DStR 15, 2305); verfahrensrechtlich wird über die Begünstigung auf der Ebene der Mitunternehmerschaft (mit Tochter-Kapitalbeteiligung) entschieden, vgl *Herkens* GmbH-Stb 16, 277.

Dieses System erfordert für die Ausschüttungen in einer Kette von Gesellschaften eine allgemeine Dividendenfreistellung **(Abs 1).** Aufgrund der Freistellung bleibt es bei einer KStBelastung iHv 15% so lange, bis der Gewinn die Ebene der Körperschaften verlässt und an natürliche Personen ausgeschüttet wird. Die Freistellung wird auf Veräußerungsgewinne ausgedehnt, da es keinen Unterschied machen soll, auf welchem Weg Gewinne und stille Reserven realisiert werden **(Abs 2).** Im Gegenzug sind Gewinnminderungen iVm begünstigten Kapitalbeteiligungen nicht abziehbar **(Abs 3),** Gleiches gilt bis VZ 03 für Betriebsausgaben, die in unmittelbarem wirtschaftlichen Zusammenhang mit den steuerbefreiten Einnahmen stehen (inländische Dividenden: § 3c I EStG; Pauschalierung für ausländische Dividenden nach **Abs 5**). **Letzteres wurde als EU-rechtswidrig qualifiziert.** Ab VZ 04 ist das Betriebsausgabenabzugsverbot nicht nur für Betriebsausgaben, die im Zusammenhang mit ausländischen Dividenden, sondern auch bezüglich der inländischen Dividenden und Veräußerungsgewinne, nicht aber für Gewinnminderungen pauschaliert. IHv 5% werden nicht abzugsfähige Betriebsausgaben fingiert **(Abs 3 S 2, Abs 5).** § 3c I EStG findet ab VZ 04 keine Anwendung. Damit ist die Diskriminierung beseitigt. **Abs 4** schränkt die Freistellung nach Abs 1 mit Wirkung für Ausschüttungen, die nach dem 28.2.13 zufließen, ein. Dies soll auch bei Ausschüttung von Altrücklagen gelten (vgl *Schönfeld* DStR 13, 937). Einschränkungen ergeben sich ferner nach **Abs 4** aF für einbringungsgeborene und von natürlichen Personen stammende Anteile. Aufgrund der Umstellung des Systems der Besteuerung einbringungsgeborener Anteile durch das SEStEG findet Abs 4 aF ab VZ 07 keine Anwendung mehr. Abs 4 aF ist weiter anzuwenden für Anteile, die am 12.12.06 einbringungsgeborene Anteile iSv § 21 UmwStG aF sind und für Anteile iSv Abs 4 S 1 Nr 2 aF, die auf einer Übertragung bis zum 12.12.06 beruhen (§ 34 V). Die Begünstigungen gelten anders als im alten Recht (vgl Komm zu § 8b aF) bis zum 28.2.13 unabhängig von einem Mindestbeteiligungsumfang und unabhängig davon, ob es sich um eine Beteiligung an einer inländischen oder ausländischen Körperschaft handelt. Ferner greift die Freistellung, wenn eine PersGes bzw juristische Person des öffentlichen Rechts zwischengeschaltet ist **(Abs 6). Abs 7** nimmt bestimmte Unternehmen des Finanzsektors, aber auch Holdinggesellschaften von den Begünstigungen des § 8b aus. Gleiches gilt für Lebens- und Krankenversicherungsunternehmen **(Abs 8). Abs 9** macht für die Fälle der Abs 7 und 8 eine Gegenausnahme für EU-Gesellschaften, die unter die Mutter-Tochter-Richtlinie fallen. Das UntStRefG 08 v 14.8.07 hat § 8b um **Abs 10** ergänzt. Damit werden steuerliche Vorteile aus der sog Wertpapierleihe eliminiert. Das StÄndG 2015 v 2.11.15 hat **Abs 11** angefügt, wonach die Regelungen aus Abs 1 bis 10 nicht gelten bei Beteiligungen an Unterstützungskassen. Zum Ausschluss von Abs 1 bei Publikums-Investmentfonds vgl *Behrens/Faller* BB 14, 219. 2

Als sachliche Befreiungsvorschrift berührt § 8b die **Gewinnermittlung** in Handelsbilanz und Steuerbilanz nicht (zur gesonderten und einheitlichen Feststellung bei Einkünften nach § 8b s ausf *Herkens* GmbH-StB 16, 277). Rechtsfolge ist 3 eine außerbilanzielle Ergebniskorrektur, allerdings bezogen auf den einzelnen Geschäftsvorfall. Zur zeitlichen Erfassung nachträglicher Änderungen vgl BFH BStBl II 15, 658; BMF BStBl I 15, 612. Damit handelt es sich um eine Änderung der Gewinnermittlung, nicht der Einkünfteermittlung, die grds auf die **GewSt** (§ 7 S 1 GewStG) durchschlägt, sowohl bei einer unmittelbaren Tochterbeteiligung als auch bei einer über eine Mitunternehmerschaft gehaltenen Beteiligung (hM: BFH BStBl II 07, 279; dazu BFH BStBl I 07, 302; vgl ferner FG D'dorf EFG 04, 849; *Füger/Rieger* DStR 02, 936f, mwN; FG Münster EFG 05, 1212; bestätigt durch BFH/NV 06, 1659; vgl ferner BFH I B 34/00, IStR 00, 681; aA noch FinVerw BStBl I 03, 292 Tz 57f). Mit Wirkung ab VZ 04 ist dies iSd Literatur gesetzl klargestellt durch § 7 S 4 GewStG.

4 Bezüglich der – wegen Abs 5 nur zu 95% – freigestellten Dividenden erfolgt für gewerbesteuerliche Zwecke eine Hinzurechnung (§ 8 Nr 5 GewStG). Das gilt nur für sog Streubesitzdividenden, da die Hinzurechnung unterbleibt, wenn ein gewerbesteuerliches **Schachtelprivileg** eingreift (§ 9 Nr 2a, Nr 7 GewStG). In diesem Fall erfasst die GewSt wie die KSt nur 5% der Dividende (§ 7 S 1 GewStG iVm § 8b V). Greifen Begünstigung nach Abs 1 und nach DBA-Schachtelprivileg, entfällt eine Hinzurechnung nach § 8 Nr 5 GewStG aufgrund des DBA-Schachtelprivilegs (BFH BStBl II 11, 129). Die Auffassung des FG Mchn (EFG 06, 1534), wonach die 5% nichtabzugsfähiger Betriebsausgaben gem § 9 Nr 2a GewStG der gewerbesteuerlichen Kürzung unterliegen, hat sich nicht durchgesetzt (BFH v 10.1.07 I R 53/06, DStR 07, 1078). Gesetzlich klargestellt durch Änderung von § 9 Nr 2a, Nr 7 u Nr 8 GewStG im JStG 07 (ausf *Richter* BB 07, 751). Beides gilt im Ergebnis sowohl bei der unmittelbar, als auch bei der über eine Mitunternehmerschaft mittelbar gehaltenen Beteiligung. Die von der FinVerw vor Klarstellung durch § 7 S 4 GewStG bis einschließlich VZ 03 vertretene Auffassung (so) wirkt sich im Ergebnis bei Veräußerung über eine Mitunternehmerschaft gehaltener Beteiligungen aus, die nach Auffassung der FinVerw bis einschließlich VZ 03 auf der Ebene der Mitunternehmerschaft gewerbesteuerlich zu erfassen wäre. Konsequenterweise müssen sich Verlust und andere Gewinnminderungen iSv Abs 3 gewerbesteuerlich auswirken (vgl *Brandis* EFG 04, 850; *Watermeyer* GmbH-StB 03, 194; *Gocksch/Buge* DStR 04, 1549; *Körner* Inf 04, 265).

5 § 15 I 1 Nr 2 regelt die Anwendung von § 8b in **Organschaftsfällen** (vgl hierzu § 15 Rz 15).

6 Beibehalten wurde die Erhebung von **KapErtrSt** (25%), die weiterhin anrechen und erstattbar ist, sofern die empfangende Ges unbeschränkt steuerpflichtig (§§ 43 I 1 Nr 1, 43a I Nr 1, 36 II 2 Nr 2 EStG; vgl auch BMF IV C 1 – S 2410 – 17/02, NWB 02, 1983) oder beschränkte StPflicht mit inländischer Betriebsstätte (§ 32 I Nr 2) gegeben ist (ausf *Behrens* AG 08, 117). Problematisch ist die Abgeltungswirkung bei beschränkt stpfl Körperschaften (§ 43 I 3 EStG, § 32 I Nr 2 KStG). Gem § 31 I KStG iVm § 36 II Nr 2 EStG kommt eine Anrechnung der KapErtrSt iR einer Veranlagung nicht in Betracht, sondern nur die Reduzierung auf eine Steuerbelastung von 15%. Die Mutter-Tochter-Richtlinie (§ 43b EStG) erfasst nicht alle Fälle. Der EuGH (Urt v 20.10.11 C-284/09, DStR 11, 2038) duldet diese Ungleichbehandlung nicht (ausf *Schnitger* DB 12, 305). Der Gesetzgeber hat daher mit Wirkung ab dem 28.2.13 das Privileg der Freistellung nach Abs 1 auf Beteiligungen ab 10% eingeschränkt.

12 **2. Geltungszeit:** § 8b wurde durch das StSenkG v 23.10.00 (BGBl I 00, 1433; BStBl I 00, 1428) mit Wirkung zum 1.1.01 bzw 02 vollkommen neu gestaltet (zur zeitlichen Anwendung der Neuregelung im Einzelnen vgl die Kommentierung zu den einzelnen Absätzen). Mit der Neufassung wurde die umfassende Freistellung von laufenden und einmaligen Beteiligungserträgen eingeführt. Abs 1 regelt die generelle Steuerfreistellung der Dividendenerträge, Abs 2 die der Gewinne aus Veräußerung von Kapitalbeteiligungen, Abs 3 erklärt Gewinnminderungen aus ent-

sprechenden Kapitalbeteiligungen für nicht abziehbar, Abs 4 schränkt die Steuerfreiheit nach Abs 1 für Streubesitz ein, Abs 5 postuliert ein pauschales 5%iges Abzugsverbot für Betriebsausgaben iVm steuerfreien Dividenden (bis VZ 03 galt dies nur für ausländische Dividenden), Abs 6 erweitert die Anwendung von Abs 1–5 bei zwischengeschalteten PersGes bzw juristischen Personen des öffentlichen Rechts. Abs 7 u 8 nehmen Finanzunternehmen bzw Versicherungen vom Anwendungsbereich aus, Abs 9 macht eine Gegenausnahme für Unternehmen, die unter die Mutter-Tochter-Richtlinie fallen. Abs 10 nimmt sich der Wertpapierleihe an. Abs 11 nimmt Beteiligungen an Unterstützungskassen vom Anwendungsbereich aus.

Die **Neufassung** wurde bereits vor ihrem erstmaligen Inkrafttreten geändert. Das InvZulG v 20.12.00 (BGBl I 00, 1850; BStBl I 01, 28) brachte materielle Änderungen in Abs 2 und 3 sowie die Einfügung von Abs 7. In Abs 2 wurde die einjährige Haltefrist als Voraussetzung für die Steuerfreiheit von Veräußerungsgewinnen gestrichen. In Abs 3 ist als Konsequenz aus der Änderung des Abs 2 die Regelung entfallen, nach der Teilwertabschreibungen auch während der einjährigen Behaltefrist nicht anerkannt wurden. Durch Abs 7 wurde ergänzt, dass der Handel mit Wertpapieren durch institutionelle Anleger von § 8b nicht begünstigt wird. 13

Das **UntStFG v 20.12.01** (BGBl I 01, 3858; BStBl I 02, 35, zur zeitlichen Anwendung ausführlich *Mössner/Rouenhoff* IWB Gr 4, 429) brachte eine weitere Neufassung. Mit Abs 1 S 2 wurde die Steuerbefreiung für empfangene Dividenden auf die Veräußerungserlöse von Dividendenansprüchen ausgedehnt – ab dem VZ 01, wenn das Wj dem Kj entspricht, bei abw Wj ab Wj 01/02. Durch die Neuformulierung von Abs 2 S 1 wurde klargestellt, dass die Befreiung für Veräußerungsgewinne auch auf den Verkauf eigener Anteile, die Veräußerung von Organbeteiligungen sowie die Aufdeckungstatbestände bei einbringungsgeborenen Anteilen nach § 21 II UmwStG aF Anwendung findet (mit Wirkung ab 1.1.02, bei abw Wj ab Wj 02/03). Abs 3 stellt klar, dass zu den nicht berücksichtigungsfähigen Gewinnminderungen auch die des § 21 II UmwStG aF gehört; ferner, dass das Abzugsverbot auch gilt, wenn die Anteile später steuerpflichtig veräußert werden, zB bei Unterschreiten der 7-Jahresfrist aus Abs 4 aF (beides mit Wirkung ab 1.1.02, bei abw Wj ab Wj 02/03). Abs 4 S 2 Nr 1 aF stellt klar, dass die 7-jährige Sperrfrist nicht im Zeitpunkt des Erwerbs, sondern erst im Zeitpunkt der Einbringung zu laufen beginnt. Mit Abs 4 S 2 Nr 2 aF wird der Fall der grenzüberschreitenden Einbringung nach § 23 IV UmwStG aF in die Rückausnahme einbezogen (ebenfalls beides mit Wirkung ab 1.1.02, bei abw Wj ab Wj 02/03). In Abs 5 wurde der Begriff „Dividenden" durch den Begriff „Bezüge" ersetzt, um klarzustellen, dass auch vGa in die pauschale Regelung einbezogen sind (Geltung für oGa ab 1.1.02, für vGa ab 1.1.01, bei abw Wj ab Wj 02/03 bzw Wj 01/02). In Abs 6 wird klargestellt, dass die mittelbare Anteilsveräußerung über eine zwischengeschaltete PersGes nicht nur beim Verkauf der Anteile an einer KapGes durch eine Mitunternehmerschaft vorliegt, sondern auch, wenn der Verkauf der Anteile an der Mitunternehmerschaft erfolgt. Gleiches gilt für Bezüge iSd Abs 1–4, die einen Betrieb gewerblicher Art über eine andere juristische Person des öffentlichen Rechts erhält, bei der die Leistungen nicht zu einem Betrieb gewerblicher Art gehören, und für die damit zusammenhängenden Gewinnminderungen nach Abs 5 (beides mit Geltung ab 1.1.01, bei abw Wj ab Wj 01/02 bzgl vGa, für oGa sowie Beteiligungsveräußerungen ab 1.1.02, bei abw Wj ab Wj 02/03). 14

Das **Gesetz zur Umsetzung der Protokollerklärung der Bundesregierung zur Vermittlungsempfehlung zum Steuervergünstigungsabbaugesetz (sog Korb II) v 22.12.03** (BGBl I 03, 2840; BStBl I 03, 14) fügt mit Wirkung ab 1.1.04 durch Abs 2 S 2 eine Legaldefinition des steuerfreien Veräußerungsgewinns ein. Diese ist Grundlage für die ebenfalls ab 1.1.04 eingeführte Fiktion nichtabzugsfähiger Betriebsausgaben iHv 5% (Abs 3 S 2). Abs 3 S 1 in der ab 2004 geltenden Fassung kann auf bis zum 22.12.2013 entstandene stille Reserven nicht angewandt werden (HessFG EFG 15, 1299, Az BFH I R 34/15; aA *Pung* DB 15, 15

2118). In Abs 4 S 1 Nr 2 aF umfasst der Wortlaut „mittelbar" auch die sog Ketteneinbringung (vgl Rz 119f). Abs 4 S 3 aF stellt klar, dass Substanzverluste steuerl auch dann nicht berücksichtigt werden, wenn ein Gewinn nach Abs 4 aF stpfl wäre (vgl Rz 105). Beide Änderungen in Abs 4 aF entsprechen der Auffassung der FinVerw (BStBl I 03, 292 Tz 27 und 38) vor der Neufassung und sollen aus Sicht der FinVerw daher lediglich klarstellenden Charakter haben. In Abs 5 wurde das pauschalierte Betriebsausgabenabzugsverbot iHv 5% ausgedehnt auf inländische Dividenden mit Wirkung ab 1.1.04. Abs 3 S 1 und Abs 5 sind nach der Rechtsprechung verfassungsgemäß, zuletzt FG Münster EFG 16, 509; zuvor BVerfG BGBl I 10, 1766; BFH BStBl II 14, 859; KStH 8b. Abs 8 erstreckt die Gegenausnahme von der Freistellung aus Abs 1 bis 7 auf Lebens- und Krankenversicherer.

16 Das **EURLUmsG v 9.12.04** (BGBl I 04, 3310; BStBl I 04, 1158) macht durch Einfügung von Abs 9, von Abs 7 und 8 eine Rückausnahme für Gesellschaften, die unter die Mutter-Tochter-Richtlinie fallen mit Wirkung ab VZ 04.

17 Das **Gesetz zur Umsetzung der Banken- und Kapitaladäquarenzrichtlinie** v 17.11.06 (BGBl I 06, 2606; BStBl I 07, 2) korrigert den Verweis in Abs 7 S 1 als Konsequenz der Änderung des Kreditwesengesetzes. Es handelt sich um eine redaktionelle Änderung.

18 Das **SEStEG v 7.12.06** (BGBl I 06, 2782; BStBl I 07, 4) hat Abs 2 S 3 insoweit geändert, als die Gewinne iSv § 21 II UmwStG aF aus der Begünstigung herausgenommen werden. Die Änderung ist Konsequenz der Umstellung der Besteuerung einbringungsgeborener Anteile. Ferner wurde Abs 2 um den neuen S 5 ergänzt, der die Steuerfreistellung eines Veräußerungsgewinns insoweit ausschließt, als steuerwirksame Abzüge nach § 6b EStG oder ähnliche Abzüge vorgenommen wurden. Die Neuregelung gilt ab VZ 06. Ferner hebt das SEStEG Abs 4 aF ersatzlos auf. Auch dies ist Konsequenz der völligen Umstellung der Besteuerung einbringungsgeborener Anteile. Abs 4 aF gilt gem § 34 VIIa für Anteile weiter, die einbringungsgeboren iSv § 21 UmwStG aF sind und für Anteile iSd Abs 4 S 1 Nr 2 aF, die auf einer Übertragung bis zum 12.12.06 beruhen. Aufgrund des 7-jährigen Sperrzeitraums aus Abs 4 aF hat Abs 4 aF noch Regelungscharakter für Altfälle bis VZ 13.

19 Das **JStG 2007 v 13.12.06** (BGBl I 06, 2878; BStBl I 07, 28) hat in Abs 1 die S 2 bis 4 eingefügt. Danach gilt die Freistellung nach Abs 1 nicht für den Fall der vGA, soweit sie das Einkommen der leistenden Körperschaft gemindert haben, für den Fall der vGA aus einer ausländischen Tochterges, sofern das ausländische Recht eine Hinzurechnung im Sinne von § 8 III nicht vorsieht sowie für den Fall der Steuerfreistellung für vGA nach dem DBA, wenn die Bezüge im Ausland einkommensmindernd berücksichtigt wurden. Abs 1 S 2 bis 4 gelten für Bezüge, die nach dem 18.12.06 zugeflossen sind (ausf *Becker/Kempf/Schwarz* DB 08, 370).

20 Das **UntStRefG v 14.8.07** (BGBl I 07, 1912; BStBl I 07, 630) hat Abs 10 eingefügt mit Wirkung ab VZ 07. Danach werden die steuerlichen Vorteile aus der sog Wertpapierleihe eliminiert.

21 Das **JStG 2008 v 20.12.07** (BGBl I 07, 3150; BStBl I 07, 3150) beseitigt mit der Änderung von Abs 3 S 1 den fehlerhaften Verweis auf Abs 2 S 5. Nunmehr wird auf Abs 2 S 6 verwiesen. Ferner wird die steuerliche Nichtanerkennung von Gewinnminderungen aufgrund von Wertminderungen in der Substanz von Gesellschafterdarlehen und vergleichbaren Forderungen festgeschrieben mit Wirkung ab VZ 08. Betroffen sind Gesellschafter mit einer Beteiligung von mindestens 25% am Grund- oder Stammkapital.

21a Das **JStG 2009 v 19.12.08** (BGBl I 08, 2794; BStBl I 09, 74) hat mit Wirkung ab VZ 09 Abs 10 um S 9 ergänzt. Die Ergänzung erweitert die Anwendung der Regelungen zur Wertpapierleihe auf Fälle, in denen Investmentanteile Gegenstand einer Wertpapierleihe sind.

21b Das **JStG 2010 v 8.12.10** (BGBl I 10, 1768; BStBl I 10, 1394) hat Abs 1 S 2 redaktionell an § 20 Abs 1 Nr 9 EStG angepasst, da dort S 2 eingefügt wurde.

Das **Gesetz zur Umsetzung des EuGH-Urteils v 20. Oktober 2011 in der Rs C-284/09 (BGBl I 13, 561) vom 21.3.13** nimmt gem Abs 4 die Streubesitzdividenden (Beteiligung unter 10%) mit Wirkung für Ausschüttungen, die nach dem 28.2.13 zufließen, von der Freistellung nach Abs 1 aus. Abs 4 wurde entsprechend neu gefasst, Abs 10 S 1 redaktionell hieran angepasst. **21c**

Das **AmtshilfeRLUmsG v 26.6.13** (BGBl I 13, 1809) hat in Abs 1 S 2 das Korrespondenzprinzip über vGa hinaus auf sämtliche Bezüge erweitert, mit Wirkung für Bezüge, die nach dem 31.12.13 zufließen (§ 34 Abs 7). Ferner erfolgten redaktionelle Änderungen in Abs 7 und Abs 9. In Abs 10 wurden die Grundsätze der Wertpapierleihe auf Personengesellschaften erweitert. Die Neuregelung gilt erstmals für nach dem 31.12.13 überlassene Anteile (§ 34 VII 15). Schließlich wurde klargestellt, dass zu den Einnahmen und Bezügen aus überlassenen Anteilen auch Entgelte gehören, die die andere Körperschaft dafür erhält, dass sie die entliehenen Wertpapiere weiterverleiht (Abs 10 S 6). Diese Klarstellung soll auf alle noch offenen Fälle anwendbar sein (§ 34 Abs 7 S 16). **21d**

Das **KroatienAnpG v 25.7.14** (BGBl I 14, 1266; BStBl I 14, 1126) hat Verweise richtiggestellt (Abs 2 S 3) bzw an geänderte Gesetzesfassungen angepasst (Abs 2 S 1 u Abs 7 S 1). Die geänderte Fassung gilt ab VZ 15. Materielle Änderungen haben sich hierdurch nicht ergeben. **21e**

Mit Wirkung ab VZ 16 nimmt das **StÄndG 2015 v 21.12.15** (BGBl I 15, 1834; BStBl I 15, 846) Beteiligungen an Unterstützungskassen vom Anwendungsbereich aus, wenn diese als KapGes organisiert sind. Gewinnausschüttungen oder einmalige Gewinne, die das Trägerunternehmen erzielt, sollen steuerpflichtig sein, da das Trägerunternehmen Zuwendungen an die Unterstützungskasse grds als BA abziehen kann (vgl § 4d EStG). **21f**

Nach dem **BEPS-Umsetzungsgesetz v 20.12.16** (BGBl I 16, 3000; BStBl I 17, 5) fallen mit Wirkung ab VZ 17 unter die Finanzunternehmen iSv Abs 7 nur noch diejenigen Finanzunternehmen, an denen Kreditinstitute oder Finanzdienstleistungsinstitute unmittelbar oder mittelbar zu mehr als 50% beteiligt sind. Damit wird die vom Gesetz ursprünglich intendierte bankenspezifische Ausrichtung auch tatsächlich im Gesetz umgesetzt. Ab VZ 17 fallen nur Finanzunternehmen aus dem Bankensektor unter die Regelung. Ferner kommt es für Erwerbe ab VZ 17 nicht mehr auf die Zuordnung zum Handelsbuch iSd KWG, sondern stattdessen auf die Zurechnung iSv § 340e HGB an (vgl *Binnewies/Zapf* AG 17, 477). **21g**

**3. Persönlicher Anwendungsbereich (Abs 1).** Abs 1 S 1 regelt die **Dividendenfreistellung** für alle **Steuersubjekte, die unbeschränkt oder beschränkt kstpflichtig** sind (§§ 1–4). Abs 4 schränkt die Freistellung nach Abs 1 für Streubesitzdividenden (unter 10%) ein. Die Vorschrift enthält keine persönlichen Einschränkungen, die Rechtsform ist unerheblich. Ebenso die Art der Tätigkeit des Empfängers. Die Befreiung gilt also auch für Holdinggesellschaften und für allein der Vermögensverwaltung dienende KapGes oder Vermögensmassen, sofern diese nicht als Finanzunternehmen iSv Abs 7 qualifiziert werden. Für die Anwendung der Vorschrift ist unerheblich, ob die Weiterausschüttung der begünstigten Bezüge steuerbare Einkünfte auslöst oder auf der letzten Ebene in der Kette der Anteilseigner eine Steuerpflicht entsteht. Die empfangende Körperschaft darf nicht steuerbefreit sein. Steuerbefreite Körperschaften (zB öffentlich-rechtliche oder gemeinnützige Körperschaften) werden auf der Ebene ihrer wirtschaftl Geschäftsbetriebe, mit denen sie nach § 5 I Nr 9 stpfl sind und bei denen die Bezüge anfallen, durch Abs 1 begünstigt. **22**

Die Vorschrift gilt ferner für im **Ausland** ansässige beschränkt oder unbeschränkt stpfl KapGes unabhängig davon, ob die Anteile in einem inländischen Betriebsvermögen gehalten werden bzw Doppelansässigkeit besteht. Für die ausländische Ges mit Ort der Geschäftsleitung im Inland ist lediglich der sog **Ty-** **23**

**penvergleich** anzustellen, auf eine zivilrechtl Anerkennung als jur Person kommt es nicht an.

24 Bei der **Organschaft** finden Abs 1 bis 6 keine Anwendung auf der Ebene der OrganGes. Das Einkommen der Organgesellschaft wird dem Organträger ohne Anwendung von Abs 1 oder 2 zugerechnet. Abs 1 und 2 gelten wohl aber auf der Ebene des Organträgers, sofern dieser die subjektiven Voraussetzungen erfüllt und das zugerechnete Einkommen nach Abs 1 bis 6 begünstigte Bezüge enthält (§ 15 I 1 Nr 2).

25 Über Abs 6 wird der Anwendungsbereich auf über eine **zwischengeschaltete PersonenGes** vereinnahmte Bezüge ausgedehnt, ebenso auf Bezüge, die einem Betrieb gewerblicher Art einer jur Person des öffentl Rechts über andere juristische Personen des öffentlichen Rechts zufließen. Nach Auffassung der FinVerw wird im Gewinnfeststellungsbescheid über die Begünstigung entschieden (*Herkens* GmbH-Stb 16, 277).

26 Abs 7 nimmt in den dort genannten Fällen **Kreditinstitute und Finanzdienstleistungsinstitute** sowie **Finanzunternehmen** vom Anwendungsbereich aus. Gleiches gilt für **Lebens- und Krankenversicherer** nach Abs 8. Abs 9 wiederum erklärt Abs 7 und 8 für unanwendbar für **EU-Gesellschaften,** die der Mutter-Tochter-Richtlinie unterliegen. Abs 11 nimmt Beteiligungen an **Unterstützungskassen** vom Anwendungsbereich aus.

27 An der Pflicht zum **Abzug von KapErtrSt** bei der ausschüttenden Ges (§ 43 I Nr 1 EStG) und ihrer Anrechnung auf die KSt der empfangenden Ges (§ 36 I Nr 2 S 1 EStG) ändert § 8b nichts (FinVerw BStBl I 03, 292 Tz 11). Bei beschränkt Steuerpflichtigen ohne inländisches Betriebsvermögen hat die KapErtrSt nach hM (so Rz 6) Abgeltungswirkung (§ 32 I Nr 2 KStG). KapErtrSt fällt ebenfalls nicht an bei Einnahmen aus der Veräußerung von Gewinnansprüchen, die gemäßAbs 1 S 2 ebenfalls begünstigt sind. Ist in einem **DBA** ein Quellensteuersatz unter 25% vorgesehen, kann Herabsetzung, Erstattung oder Freistellung verlangt werden (§ 50d EStG). Gleiches gilt nach § 43b EStG für Mutter-EU-Gesellschaften aufgrund der Mutter-Tochter-Richtlinie.

27a Ein Berufsverband ist gem § 5 I Nr 5 von der KSt befreit. Beteiligungen an KapGes werden grundsätzlich dem Bereich der Vermögensverwaltung zugeordnet. Die Beteiligung ist damit dem nichtsteuerbaren Bereich zuzuordnen. Mit den Einkünften aus der Beteiligung, die dem Steuerabzug unterliegen, sind die Berufsverbände beschränkt steuerpflichtig. Die KSt ist mit dem KapErtrStAbzug abgegolten (§ 32 I Nr 2). Die Gewinnausschüttungen der KapGes unterliegen nach § 43 I Nr 1a EStG der KapErtrSt. Die KapErtrSt beträgt nach § 43a I Nr 1 EStG 25%. Sie kann nach § 44a VIII 1 Nr 2 EStG auf 15% zuzüglich SolZ gemindert werden. Bei der Veräußerung der Beteiligung wird nach § 44a VI 1 Nr 2 iVm § 43 I Nr 9 EStG keine KapErtrSt einbehalten. Wird die Beteiligung dem wirtschaftlichen Geschäftsbetrieb des Berufsverbands zugeordnet, so sind die laufenden Beteiligungserträge grundsätzlich nach § 8b I von der KSt befreit, soweit es sich nicht um Streubesitzdividenden handelt. Die einbehaltene KapErtrSt kann angerechnet werden. Demnach erscheint die Zuordnung zum wirtschaftlichen Geschäftsbetrieb günstiger. Dies gilt allerdings nicht, wenn der Tatbestand des § 20 I Nr 10b EStG verwirklicht wird. § 20 I Nr 18b EStG fingiert eine Ausschüttung des nicht den Rücklagen zugeführten Gewinns eines BgA an die Trägerkörperschaft. Unerheblich ist, ob der Gewinn tatsächlich der Trägerkörperschaft zugeflossen ist. Der Gewinn gilt auch ohne tatsächlichen Vermögenstransfer bei der Trägerkörperschaft als zugeflossen. Nach § 20 I Nr 10b S 4 EStG ist diese Vorschrift auch auf wirtschaftliche Geschäftsbetriebe von nach § 5 I Nr 5 steuerbefreiten Körperschaften anzuwenden (BMF BStBl I 16, 200 Tz 2). Der wirtschaftliche Geschäftsbetrieb müsste einen Gewinn von mehr als € 30000,– im Wj erzielen oder den Gewinn durch Betriebsvermögensvergleich ermitteln. Erfasst werden die nicht den Rücklagen zugeführten Gewinne bzw die nachfolgende Auflösung der Rücklagen. Die nach § 8b steuerbefreiten Erträge zählen ebenfalls zu dem Gewinn (BMF BStBl I 15,

111 Tz 26). Der Gewinn des wirtschaftlichen Geschäftsbetriebs und die Kapitalerträge der Trägerkörperschaft werden zeitgleich vereinnahmt, denn wirtschaftlicher Geschäftsbetrieb und Trägerkörperschaft sind rechtlich identisch. Die Besteuerung dieser Kapitalerträge erfolgt im Wege des KapErtrStAbzugs. Nach § 43a I 1 Nr 2 iVm § 43 I Nr 7c EStG ist KapErtrSt iHv 15% einzubehalten. Die KapErtrSt entsteht gem § 44 VI EStG mit Bilanzerstellung bzw spätestens acht Monate nach Ablauf des Wj. Mit dieser KapErtrSt ist der Berufsverband wiederum definitiv belastet. Es gibt keine Erstattungsmöglichkeit. Der Berufsverband ist im Ergebnis – unabhängig davon, ob die Beteiligung dem Bereich der Vermögensverwaltung oder dem wirtschaftlichen Geschäftsbetrieb zugeordet wird – jeweils mit KapErtrSt iHv 15% definitiv belastet. Eine Zuordnung zum wirtschaftlichen Geschäftsbetrieb ist nur dann günstiger, wenn die Voraussetzungen des § 20 I Nr 10b EStG nicht vorliegen, wenn also der Gewinn nicht durch Betriebsvermögensvergleich ermittelt wird, der Umsatz nicht mehr als € 350 000,– beträgt und der Gewinn nicht mehr als € 30 000,– beträgt.

Die **Hinzurechnungsbesteuerung** nach dem AStG wird durch Abs 1 nicht begünstigt. Sowohl der Hinzurechnungsbetrag selbst als auch die Ermittlung des Hinzurechnungsbetrags (zB ausländische ZwischenGes erzielt Dividendeneinkünfte) unterfällt nicht § 8b (vgl § 10 II 3 und § 10 III 4 AStG). Zur Anwendung des § 8b iRd Hinzurechnungsbesteuerung nach § 15 AStG aF s FG Mchn EFG 15, 356; FG D'dorf EFG 15, 629. Tatsächlich erfolgte Ausschüttungen fallen unter Abs 1, wobei auf diese Dividenden das pauschale Betriebsausgabenabzugsverbot des Abs 5 iHv 5% trotz § 3 Nr 41a EStG Anwendung findet (BFH/NV 17, 1555). Gleichwohl kommt es jedoch zur Doppelbesteuerung aufgrund von Abs 5 im Hinblick auf nichtabzugsfähige Betriebsausgaben (5%), aufgrund von Abs 4 und aufgrund von § 8 Nr 5 GewStG (ausführlich *Gosch* KStG, § 8b Rz 25 ff). 28

**4. Sachlicher Anwendungsbereich (Abs 1). Sachlich wichtigste Freistellung** ist die der **Dividenden** und **sonstigen Bezüge** nach **§ 20 I Nr 1 EStG.** Hierunter fallen insbes ordentliche Ausschüttungen, Vorabausschüttungen, vGa, Ausschüttungen auf Genussrechte, nicht die Einnahmen aus Wertpapierleihe, nicht im Rahmen einer Organschaft zugerechnete Erträge. Zur Qualifikation von Zahlungen als Gewinnbeteiligung iSv § 20 I Nr 1 EStG ausf FG D'dorf EFG 13, 1881. 32

Ferner sind **Entgelte oder Vorteile** iSv § 20 III EStG begünstigt. § 20 III EStG stellt lediglich eine Klarstellung zu § 20 I Nr 1 EStG dar. Darunter fallen zB Ausgleichszahlungen an außen stehende Gesellschafter im Fall eines Gewinnabführungsvertrags, Bezüge aufgrund einer Dividendengarantie, Boni etc. Auch **Sachausschüttungen** sind erfasst. Die im Rahmen der Ausschüttung ausgekehrten Wirtschaftsgüter gelten als zum gemeinen Wert angeschafft. Zur Behandlung von Treueaktien (Telekom) FinVerw BStBl I 99, 1129; BFH DStR 05, 639; *Binnewies* AG 03, 162. 33

Gewinnausschüttungen, die sich aus dem **Einlagekonto** (§ 27) finanzieren und den Buchwert übersteigen, werden uE ebenfalls erfasst. § 20 I Nr 1 S 3 EStG steht dem nicht entgegen, da diese Regelung Anteile betrifft, die im Privatvermögen gehalten werden. Diese sollen abgesehen von § 17 II 4 EStG nicht mit Einkommensteuer belastet werden, wenn es zur Einlagenrückzahlung kommt. Dieser Hintergrund des § 20 I Nr 1 S 3 EStG greift bei im Betriebsvermögen gehaltenen Anteilen nicht (vgl *Pung* in D/P/M § 8b Rz 34, 137; *Watermeyer* GmbH-StB 03, 194; *Füger/Rieger* FR 03, 543). Der BFH subsumiert Auskehrungen aus dem Einlagekonto nicht unter Abs 1, Abs 2 galt im entschiedenen Fall noch nicht, so dass der BFH die Anwendbarkeit v Abs 2 offengelassen hat (BFH GmbHR 10, 323). Die FinVerw (KStH 8b; BStBl I 03, 292) und Teile der Literatur (*Eilers/Wienands* GmbHR 00, 1235) subsumieren diesen Tatbestand unter Abs 2, mit der Konsequenz, dass nach Abs 3 Gewinnminderungen nicht zu berücksichtigen sind sowie 34 die Restriktionen des Abs 4 aF gelten, dh insbesondere die Auskehrung aus dem Einlagekonto bei einbringungsgeborenen Anteilen innerhalb der 7-Jahres-Frist steuerpflichtig sind, sofern die Einbringung vor dem 12.12.06 erfolgte. Konsequenz dieser Auffassung ist ferner die unterschiedliche Behandlung von inländischen und ausländischen Tochterkapitalbeteiligungen, da bei Letzteren ein Kapitalkonto iSv § 27 nicht existiert. Das überzeugt nicht (vgl auch *Füger/Rieger* FR 03, 543). Vorteil dieser Auffassung ist, dass Abs 4 nF nicht gilt, dh es nicht auf eine Mindestbeteiligung von 10% ankommt. Nach aA ist für den den Buchwert übersteigenden Betrag selbst die Steuerfreistellung nach Abs 2 nicht gegeben (*Gosch* § 8b Rz 106). Diese Abgrenzungsfrage tritt nur auf, sofern tatsächlich das Einlagekonto zur Finanzierung der Auskehrung herangezogen wird. Ist zwar handelsrechtlich eine Eigenkapitalauskehrung gegeben, aber steuerrechtlich ein Bestand im Einlagekonto nicht vorhanden, handelt es sich um eine Ausschüttung, die unter Abs 1 zu subsumieren ist.

35 Der Verweis auf **§ 20 I Nr 2 EStG** betrifft Bezüge aufgrund einer **Kapitalherabsetzung** oder **Liquidation** einer unbeschränkt stpfl Körperschaft, die nicht in der Rückzahlung von Nennkapital bestehen. Das sind aus dem neutralen Vermögen oder im Übergangszeitraum dem $EK_{02}$ finanzierte Auskehrungen sowie diejenigen, die im Rahmen einer Kapitalherabsetzung nach § 28 II 2 als Gewinnausschüttung gelten.

36 **Beispiel:** Die A-GmbH, Stammkapital (= Nennkapital) 50 000, sonstiges Kapital 100 000 davon aus steuerlichem Einlagekonto 20 000 wird liquidiert. Das zu verteilende Vermögen beträgt damit 150 000. 80 000 (ausschüttbarer Gewinn nach § 27 I 5) unterfallen Abs 1 und Abs 5 (5%, dh 4000 sind zu versteuern). Die Rückzahlung aus dem Einlagekonto iHv 20 000 wird nach Auffassung der FinVerw unter Abs 2 und Abs 3 subsumiert (5%, dh 1000 sind zu versteuern), uE ist Abs 1 anwendbar (dagegen BFH GmbHR 10, 323, vgl Rz 34), hier mit demselben Ergebnis. 50 000 entfallen steuerneutral auf die Rückzahlung des Stammkapitals durch Verrechnung mit dem Buchwert (vgl FinVerw BStBl 03, 292 Tz 7). Letzteres ist umstritten bei sonstigen Einlagerückzahlungen, die nicht das Stammkapital betreffen. Lässt man auch hier die Verrechnung mit dem Buchwert zu, kann in dieser Höhe die Besteuerung iHv 5% aufgrund von Abs 3 bzw Abs 5 vermieden werden (dafür: *Dötsch/Pung* DB 03, 1016; dagegen: *Füger/Rieger* FR 03, 543; ausführlich *Watermeyer* in H/H/R § 8b Rz 41). Der Nachteil besteht ggf später in einem erhöhten Veräußerungsgewinn (Abs 2 S 2 iVm Abs 3 S 1 oder Abs 4 aF).

37 Über **§ 20 I Nr 9 S 1 EStG** werden Leistungen einer Körperschaft, Personenvereinigung oder Vermögensmasse iSv § 1 I Nr 3–5 erfasst, der Verweis auf **§ 20 I Nr 10a EStG** bezieht Auskehrungen eines nicht steuerbefreiten Betriebs gewerblicher Art mit eigener Rechtspersönlichkeit an die Trägerkörperschaft ein.

38 Bei Bezügen, die nach dem 31.12.13 zufließen, bestimmt Abs 1 S 2, dass die Freistellung nach Abs 1 S 1 nur gilt, soweit die Bezüge das Einkommen der leistenden Körperschaft nicht gemindert haben **(Korrespondenzprinzip).** Mit Abs 1 S 2 sollen „weiße Einkünfte" verhindert werden. Dies gilt zum einen für hybride Finanzierungen. Bezüge aus Genussrechten unterliegen Abs 1 S 1, wenn die Genussrechte eine Beteiligung am Gewinn und am Liquidationserlös gewähren. Qualifiziert im grenzüberschreitenden Fall der ausländische Quellenstaat das Genussrecht als Fremdkapital und lässt die Zahlungen zum Betriebsausgabenabzug zu, greift Abs 1 S 2. Dasselbe gilt im Inlandsfall, wenn auf der Ebene der leistenden Ges die Zahlungen auf das Eigenkapital – bzw beteiligungsähnliche Genussrecht – fälschlicherweise zum Betriebsausgabenabzug zugelassen werden und der FinVerw keine Korrekturnorm zur Verfügung steht. § 32a gilt für diesen Fall nicht. Zum anderen gilt die Regelung insbesondere für vGa, die aus dem Ausland stammen, wenn das ausländische Recht eine Hinzurechnung iSv § 8 III 2 nicht kennt (ausführlich mit Beispielen *Beker/Kempf/Schwarz* DB 08, 370; *Horst* NWB 09, 2954 u 3022). Im Ergebnis kommt es nach Abs 1 S 2 nicht darauf an, warum die Bezüge das Einkommen der leistenden Körperschaft nicht gemindert haben. Ob die Ursache auf einem grenzüberschreitenden Tatbestand oder auf einem negativen Quali-

fikationskonflikt beruht oder auf einem nationalen verfahrensrechtlichen Problem, ist nicht entscheidend. Haben die Bezüge das Einkommen der leistenden Körperschaft anteilig gemindert, gilt auch Abs 1 S 2 nur anteilig „soweit". Die Regelung ist im Hinblick auf die Niederlassungs- bzw Kapitalverkehrsfreiheit sowie im Hinblick auf die Mutter-Tochter-Richtlinie höchst zweifelhaft (vgl *Richter/Reeb* IStR 15, 40 ff; *Desens* Beihefter zu DStR Heft 4/2013, 18 ff; *Strnad* GmbHR 06, 1321). Für Bezüge, die nach dem 18.12.06, aber vor dem 31.12.13 zufließen, gilt das Korrespondenzprinzip nur für vGa. Das Korrespondenzprinzip soll auch dann gelten, wenn ein DBA-Schachtelprivileg eigentlich Steuerfreistellung anordnet (Abs 1 S 3, vgl auch *Heurung/Engel/Seidel* DB 10, 1551). Hierbei handelt es sich um ein treaty override (treaty-override ist verfassungsmäßig, BVerfG v 15.12.15 2 BvL 1/12, DStR 16, 359). Auch die DBA-Freistellung soll nicht gelten, wenn die Bezüge im Ausland einkommensmindernd berücksichtigt worden sind. Entgegen dem DBA wird der Verzicht rückgängig gemacht, wenn das Einkommen der ausländischen Gesellschaft gemindert wurde. Hat der ausländische Staat Quellensteuer einbehalten, wird diese nach § 26 VI S 1 angerechnet. Gem Abs 1 S 4 gilt Abs 1 S 2 nicht, wenn eine Korrektur nach § 32a nicht möglich ist vor dem Hintergrund, dass das Einkommen einer nahe stehenden Person erhöht wurde und diesbezüglich § 32a keine Anwendung findet. Das durch S 2 bis 4 eingeführte Korrespondenzprinzip funktioniert nicht bei vGA in Gestalt einer verhinderten Vermögensmehrung. Dies gilt insbes in Auslandsfällen (ausf *Schäfer* IStR 15, 656 mit Beispielen; *Birker/Schänzle* Ubg 16, 320). Vom Wortlaut der Regelungen ist diese Konstellation nicht gedeckt.

**Beispiel:** Die A-GmbH ist 100%ige Muttergesellschaft der B-Ltd und der C-Ltd. Die B-Ltd verlagert Geschäftschancen auf die C-Ltd. Nach deutschem steuerlichen Verständnis liegt eine vGA der B-Ltd an die A-GmbH und eine Einlage der A-GmbH in die C-Ltd vor. Auf der Ebene der A-GmbH ist die vGA uE nach S 1 zu 95% steuerfrei gestellt. Das Korrespondenzprinzip greift nicht, da auf der Ebene der B-Ltd eine Vermögensminderung iSv S 2 nicht vorliegt. Diese kann mit einer verhinderten Vermögensmehrung nicht begründet werden (aA *Frotscher* in F/D § 8b KStG Rz 125; *Pung* in D/P/M § 8b KStG Rz 81; *Gosch* § 8b Rz 148; *Neumann* GmbH-StB 07, 112). Als Ausnahmeregelung zur systematischen Freistellung nach S 1 ist S 2 eng auszulegen. Der Gesetzeswortlaut und die Gesetzes-historie decken die Einbeziehung einer verhinderten Vermögensmehrung in S 2 nicht (*Watermeyer* in H/H/R § 8b Rz 50; *Gröbel/Adrian* in Erle/Sauter KStG, 3. Aufl 2010, § 8b Rz 88; *Schnittger/Rometzki* DB 08, 1648; *Dörfler/Heurung/Adrian* DStR 07, 514; *Strnad* GmbHR 06, 1321). Nach dem Wortlaut kommt es auf die Minderung des Einkommens an. Eine solche erfolgt nur durch aufwandswirksame Betriebsausgaben. Anlass für den Gesetzgeber S 2 einzufügen war die Verhinderung der Inanspruchnahme einer doppelten Vergünstigung. Die Freistellung nach S 1 soll nicht greifen, wenn die vGA auf Ebene der leistenden (Tochter-)Gesellschaft das Einkommen entgegen § 8 III 2 gemindert hat (vgl *Benecke* NWB 06, 3341; *Becker/Kempf/Schwarz* DB 08, 374; *Wartermeier* in H/H/R § 8b Rz 50). Sowohl die Gesetzesbegründung im AmtshilfeRLUmsG als auch im JStG 2013 (BT-Drucks 17/13033, 62, 80) sehen als Ziel der Regelungen von S 1 und S 2, dass nur „Zahlungen" freigestellt werden, wenn sie im Quellenstaat „keine Betriebsausgaben darstellen". Nur diese Auslegung entspricht auch der Systematik von Abs 1. Die Steuerfreistellung nach S 1 ist nicht daran geknüpft, dass der ausgeschüttete Betrag auf der Ebene der leistenden (Tochter-)Gesellschaft der Besteuerung unterlegen hat. Die Einbeziehung einer im Ausland unterstellten verhinderten Vermögensmehrung ist zudem abzulehnen, da es sich nicht um ein der inländischen Besteuerung unterliegendes Steuersubstrat handelt (vgl nur *Watermeyer* in H/H/R § 8b Rz 50). Zudem bestünde eine Kollision zur Hinzurechnungsbesteuerung nach dem AStG (*Becker/Kempf/Schwarz* DB 08, 370; *Strnad* GmbHR 06, 1321). 38a

Der durch das UntStFG eingefügte **Abs 1 S 5** erweitert die Freistellung auf Einnahmen aus der Veräußerung von **Dividendenscheinen** und sonstigen Ansprüchen iSv § 20 II 1 Nr 2a EStG sowie Einnahmen aus der Abtretung von Dividendenansprüchen oder sonstigen Ansprüchen iSv § 20 II 2 EStG. Das betrifft die von der Veräußerung des Gesellschaftsanteils losgelöste **Veräußerung der Gewinnbezugsrechte.** Auch beim Erwerber, dem Dividendenempfänger, erfolgt 39 keine Besteuerung, da der Erwerber des Dividendenanspruchs bzw der Abtretungsempfänger bei der späteren Dividendenzahlung lediglich eine Forderung einzieht.

40 Begünstigt sind Bezüge sowohl aus inländischen als auch aus ausländischen Körperschaften (ausführlich *Desens* IStR 03, 613), wenn diese nach dem sog Typenvergleich einer inländischen KapGes vergleichbar sind. Bezüge iSv § 20 I Nr 2 und 10a EStG setzen unbeschränkte Steuerpflicht voraus. Die Liquidation ausländischer KapGes ist nach Abs 2 begünstigt, allerdings mit den Restriktionen des Abs 3 und Abs 4 (bis VZ 06), was zu der Frage einer unzulänglichen Diskriminierung ausländischer KapGes führt (vgl *Füger/Rieger* FR 03, 543 in Bezug auf EuGH DStR 03, 25, Lankhorst/Hohorst).

41 Eine Ausnahme von der Freistellung nach Abs 1 gilt nach § 37 III im ursprünglich vorgesehenen 18-jährigen **Übergangszeitraum.** Löst der bei der Muttergesellschaft an sich freigestellte Bezug eine KStMinderung bei der ausschüttenden Tochter aus, fällt bei der Mutter die in § 37 III geregelte **Nachsteuer** an. Dies gilt bis VZ 06, da ab VZ 07 mangels KStMinderung auf der Ebene der ausschüttenden TochterGes eine Nachversteuerung auf der Ebene der MutterGes entfällt.

45 **5. Zeitliche Anwendung (Abs 1).** Der zeitlichen Anwendung von Abs 1 liegt das Prinzip zugrunde, dass die steuerliche Behandlung der Ausschüttung bei der ausschüttenden Körperschaft und bei der empfangenen Körperschaft korrespondieren muss. Entscheidend ist die **Anwendung neuen Rechts** auf der Ebene der ausschüttenden Körperschaft (vgl BFH/NV 07, 1596). Bei inländischen Körperschaften als ausschüttende Körperschaft ist zu differenzieren zwischen oGa, die den gesellschaftsrechtlichen Vorschriften entsprechen und für ein abgelaufenes Wj erfolgen sowie anderen Ausschüttungen (vGa und Vorabausschüttungen). Entscheidend ist, wann die Ausschüttung erfolgt, dh wann sie abfließt, auch wenn sie verspätet abfließt. **OGa:** Neues Recht ab 02 (Wj = Kj) bzw ab Wj 02/03 (abw Wj). Bei Umstellung von kj-gl Wj auf abw Wj in 01 neues Recht ab Wj 01/02. Bei Umstellung von abw Wj auf kj-gl Wj in 01 neues Recht ab Wj 03. Bei **anderen Ausschüttungen** und **sonstigen Leistungen:** neues Recht ab 01 bei kj-gl Wj bzw ab Wj 01/02 bei abw Wj. Bei Umstellung von kj-gl Wj auf abw Wj in 01 ab Rumpf-Wj 01. Bei Umstellung von abw Wj auf kj-gl Wj in 01 ab Wj 02. Keine Besonderheiten ergeben sich bei **phasengleicher Aktivierung** von Dividendenansprüchen. Zwar ist die steuerliche Anerkennung der phasengleichen Aktivierung von Dividenden nach der Entscheidung des BFH (GrS BStBl II 00, 632) erledigt (bestätigt durch BFH v 7.2.07 I R 15/06, DStR 07, 1342; BFH BStBl II 01, 185 u 409). Die FinVerw lässt die phasengleiche Aktivierung von Dividendenansprüchen aber letztmals zu, wenn Gewinnausschüttungen auf einem ordnungsgemäßen Gewinnverteilungsbeschluss beruhen und für ein abgelaufenes Wj erfolgen, für das noch letztmals das Anrechnungsverfahren anwendbar ist, also altes Recht gilt (BMF BStBl I 00, 1510). Bei Bezügen von ausländischen Tochtergesellschaften gilt etwas anderes, da diese zu keinem Zeitpunkt dem Anrechnungsverfahren unterlegen haben. **Auslandsdividenden,** die von einer Körperschaft mit kj-gl Wj bezogen werden, sind bei Zufluss ab dem Wj 01, bei abw Wj ab Wj 01/02 nach Abs 1 S 1 freigestellt. Insoweit wird, anders als bei Bezügen von inländischen Körperschaften auf die Verhältnisse der empfangenden Körperschaft abgestellt. Bezüge iSv § 20 I Nr 9 und 10a EStG können bei kj-gl Wj erstmals in 02 und bei abw Wj erstmals ab Wj 02/03 anfallen. Bezüge iSv Abs 1 S 2 unterfallen der Freistellung, wenn auf der Ebene des Anteilseigners neues Recht anzuwenden ist, also bei kj-gl Wj in 01, bei abw Wj in 01/02. Das für **vGA** eingeführte Korrespondenzprinzip (S 2 bis S 4: keine Freistellung nach S 1, wenn auf Ebene der ausschüttenden Ges der Ausschüttungsbetrag einkommensmindernd war) gilt für Bezüge, die nach dem 28.12.06 zugeflossen sind. Für Ausschüttungen, die nach dem 28.2.13 zufließen, sieht Abs 4 die Einschränkung für Streubesitzdividenden vor.

**6. Veräußerungsgewinne (Abs 2).** Abs 2 **S 1** erweitert die Steuerbefreiung für laufende Erträge auf **einmalige Gewinne** aus Beteiligungen an Körperschaften. Es soll keinen Unterschied machen, ob Gewinne und stille Reserven durch laufende Ausschüttungen oder durch einmalige Verwertung der Beteiligung entstehen, wobei Abs 2 keine Einschränkung für Streubesitzbeteiligungen vorsieht. Zu § 8b II u § 42 AO vgl NdsFG EFG 13, 328, aufgehoben und wegen Verfahrensfehlern zurückverwiesen an das FG durch BFH BFH/NV 16, 1034. Zur Frage der zeitlichen Anwendung vgl FG Hbg EFG 16, 1987, Rev BFH I R 71/16; FG Mchn EFG 16, 1360, Rev BFH I R 36/16). 50

Der **subjektive Anwendungsbereich** ist identisch mit dem des Abs 1. Begünstigt sind unbeschränkt und beschränkt steuerpflichtige Körperschaften. Letztere müssen die Beteiligung nicht über eine inländische Betriebsstätte halten. Jede im Inland steuerverhaftete Beteiligung einer ausländischen Körperschaft an einer inländischen Körperschaft kann nach Abs 2 begünstigt veräußert werden. 51

**Sachlich** werden die **Veräußerungen** eines Anteils an einer anderen inländischen oder ausländischen Körperschaft oder Personenvereinigung, die **Auflösung** einer anderen Körperschaft oder Personenvereinigung, die **Herabsetzung des Nennkapitals** einer anderen Körperschaft oder Personenvereinigung, die **Wertaufholung** nach § 6 I Nr 2 S 3 EStG sowie die Realisierung nach **§ 21 II UmwStG aF** (für einbringungsgeborene Anteile, die bis zum 13.12.06 entstanden sind) freigestellt. Auch die den Buchwert übersteigende Einlagenrückgewähr unterliegt nach hM Abs 2. Auf eine Mindestbeteiligung kommt es nicht an. Von Abs 2 begünstigt sind insbes Aktien, GmbH-Anteile, Genussscheine. Bei Wandelschuldverschreibungen sind die Finanzierungskosten unbeschränkt abzugsfähig, die Anteile nach Ausübung des Wandlungsrechts nach Abs 2 begünstigt zu veräußern. Eingeschlossen ist der Verkauf eigener Anteile sowie die Veräußerung von Organbeteiligungen. Nach der FinVerw (BStBl I 13, 1615) handelt es sich beim Erwerb und der späteren Veräußerung von eigenen Anteilen um eine Kapitalherab-/heraufsetzung und nicht um einen Veräußerungsvorgang. Diese wird auf der Ebene der Gesellschafter steuerneutral behandelt. § 8b kommt nicht zur Anwendung. Auf der Ebene des Gesellschafters, dessen Anteile erworben werden, wird von einem Veräußerungsvorgang ausgegangen. § 8b greift insoweit. Entgegen dieser Auffassung der FinVerw geht das FG Münster (EFG 17, 423) beim Erwerb eigener Anteile, die nicht eingezogen werden, von einem Anschaffungs-/Veräußerungsgeschäft aus, das vollumfänglich Abs 2 unterliegt. Zur „Veräußerung" iR einer Umtauschanleihe vgl FG Köln EFG 17, 1012, Rev BFH I R 20/17. 52

Erfasst wird uE ferner die Veräußerung von **Anwartschaften** auf Beteiligungen an einer Körperschaft. Insoweit ist nicht auf den Wortlaut von Abs 2 S 1 abzustellen. Dies hat der IX. Senat des BFH zur Anwendung des Halbeinkünfteverfahrens bei natürlichen Personen entschieden (BFH BStBl II 06, 171; vgl *Weber-Grellet* in Schmidt § 17 Rz 27). Aufgrund des insoweit identischen Wortlauts „Anteilen an Körperschaften" von § 3 Nr 40 S 1 Buchst a und j EStG sowie Abs 2 S 1 ist ein überzeugender sachlicher Grund zur Differenzierung zwischen natürlichen und juristischen Personen uE nicht ersichtlich (aA BFH BStBl II 08, 719; FinVerw BStBl I 03, 292 Tz 24; *Gosch* § 8b Rz 162). Zu erfassen sind uE insbesondere Veräußerung von Bezugsrecht (FG Köln EFG 07, 214 für den Fall eines durch Kapitalerhöhung entstandenen Bezugsrechts, aufgehoben durch BFH BStBl II 08, 719; bestätigt durch BFH BStBl II 13, 588), Verzicht auf Bezugsrecht gegen Entgelt, Veräußerung oder Verzicht auf schuldrechtliche Option. Die Ablehnung der Anwendung des Halbeinkünfteverfahrens bei der Ausübung von Arbeitnehmeroptionen (BFH BFH/NV 07, 698) steht dem nicht entgegen, da hier die Wertzuwendung im Arbeitsverhältnis im Vordergrund steht. Im Zusammenhang mit dem Erwerb und der Veräußerung von Anteilen aufgrund von absichernden Optionsgeschäften anfallende Stillhalterprämien fallen nach BFH nicht unter die Freistellung des Abs 2 (BStBl II 13, 588; ausf *Helios/Niedrig* DStR 12, 1301; *Schnitger* DStR 13,

1771; *Knobloch* DB 17, 1277). Zu § 8b II bei Mitarbeiterbeteiligung vgl *Stangl* Beihefter DStR Heft 4/2013, 8).

53 Über Abs 6 wird im Fall des Verkaufs eines **Mitunternehmeranteils** durch eine KapGes, die über die Mitunternehmerschaft an einer anderen KapGes beteiligt ist, der Veräußerungsgewinn insoweit freigestellt, als er auf Beteiligungen iSv Abs 2 entfällt. Die anteilige Befreiung schlägt auch auf die **GewSt** durch (§ 7 S 4 GewStG).

54 Die Freistellung nach Abs 2 erfolgt unabhängig davon, ob es sich um eine Beteiligung an einer inländischen oder ausländischen Körperschaft handelt, ferner unabhängig von einer **Mindestbeteiligungshöhe** (vgl Rz 2). Durch die rückwirkende Änderung durch das InvZulG v 20.12.00 kommt es auch auf eine **Mindestbehaltefrist** nicht an (zum Gestaltungsmissbrauch vgl NdsFG EFG 13, 328, aufgehoben und wegen Verfahrensfehlern zurückverwiesen an das FG durch BFH/NV 16, 1034).

55 Für die Begünstigung nach Abs 2 S 1 kommt es nicht darauf an, ob die Anteile in einem **Betriebsvermögen** gehalten werden, Abs 2 ist auch anzuwenden, wenn die Körperschaft, die eine Beteiligung veräußert, keine gewerbl Einkünfte erzielt (zB ausländische Mutterkapitalgesellschaft, stpfl Verein ohne gewerbl Einkünfte).

56 Nach ganz hM werden auch **vGa** im Zusammenhang mit der Übertragung von Anteilen zB durch Unterpreisveräußerung an Gesellschafter nach Abs 2 begünstigt (vgl BFH/NV 00, 1430; HessFG EFG 15, 1300 u 12, 75, noch zum alten Recht; das gilt erst recht für das neue Recht, statt aller: *Pung* in D/P/M § 8b Rz 133, FinVerw BStBl I 03, 292 Tz 21).

57 **Beispiel** (vgl FinVerw BStBl I 03, 292 Tz 21): A-AG veräußert Anteile an B-GmbH an ihre Anteilseigner für 200, der Buchwert entspricht den AK von 500, Teilwert beträgt 1000. Veräußerungsverlust beträgt 300, vGA beträgt 800, also Gewinnerhöhung um 500, die nach Abs 2 freigestellt ist (5%-Versteuerung nach Abs 3), KapErtrSt 200 (25% von 800), Einkünfte nach § 20 Nr 1 EStG beim Anteilseigner von 800 (§ 3 Nr 40 EStG bei natürlichen Person, Abs 1 bei Körperschaft). Wenn zuvor eine Teilwertabschreibung der AK auf 300 erfolgt ist, ergibt sich ein Veräußerungsverlust von 100, vGA iHv 800, Gewinnerhöhung iHv 700, die nur iHv 500 nach Abs 2 begünstigt ist aufgrund der aufzuholenden Teilwertabschreibung iHv 200 (Abs 2 S 4), iHv 200 also steuerpflichtiger Veräußerungsgewinn, KapErtrSt und Einkünfte des Anteilseigners unverändert.

58 Der Begriff der Veräußerung ist weit auszulegen, da vom Gesetzeszweck eine umfassende Freistellung erreicht werden soll. Damit ist auch der **Anteilstausch** sowie die **Einbringung** von Kapitalbeteiligungen gem § 21 UmwStG aF sowie § 20 u § 21 UmwStG zu Teil- oder Zwischenwerten begünstigt (*Pung* in D/P/M § 8b Rz 124; vgl *Gosch* § 8b Rz 187). Gleiches gilt für die Einbringung von Beteiligungen in das Gesamthandsvermögen einer Mitunternehmerschaft gegen Gewährung von Gesellschaftsrechten. Zwar werden auch weiterhin Realisierungsfälle im Zusammenhang mit **Umwandlungsvorgängen** im Gesetz nicht ausdrücklich angesprochen. Nach hM ist die Erhöhung von Wertansätzen (von Anteilen an Kapitalgesellschaften) in einer steuerlichen Schlussbilanz der übertragenden Körperschaft nach §§ 3, 11 I 2 und II UmwStG sowie Gewinnrealisierungen in den Fällen des § 15 III iVm I UmwStG und § 11 UmwStG und § 16 UmwStG unter die Steuerbefreiung des Abs 2 zu subsumieren (vgl nur *Gosch* § 8b Rz 188; FinVerw BStBl I 03, 292 Tz 23 erwähnt §§ 3 und 16 UmwStG und damit den Übergang auf PersGes oder natürliche Person nicht). Die Frage der Anwendbarkeit von Abs 2 stellt sich immer, wenn das im Rahmen einer Umwandlung übergehende Betriebsvermögen im Rahmen der zulässigen Wertaufstockung in der Handels- und Steuerbilanz mit einem höheren Wert angesetzt wird und diese Aufstockung ganz oder teilweise auf Anteile an Kapitalgesellschaften entfällt. Letztlich handelt es sich um tauschähnliche Vorgänge, die nach Abs 2 insgesamt zu begünstigen sind.

59 **Beispiel:** Die A-GmbH wird auf ihre Schwesterkapitalgesellschaft, die B-GmbH, verschmolzen, wobei Letztere eine Kapitalerhöhung vornimmt. Das Vermögen der A-GmbH

besteht ausschließlich in Beteiligungen an Tochterkapitalgesellschaften. Die B-GmbH gibt Anteile als Gegenleistung für die von der A-GmbH im Rahmen der Verschmelzung übertragenen Wirtschaftsgüter aus. Ist die A-GmbH an anderen Kapitalgesellschaften beteiligt und werden diese Anteile in der handels- und steuerrechtlichen Schlussbilanz über dem Buchwert angesetzt, muss Abs 2 auch für diesen **Aufstockungsgewinn** wie bei jedem anderen Tauschvorgang gelten (vgl *Pung* in D/P/M § 8b Rz 135).

Zu beachten ist allerdings, dass **Abs 2 S 4** die Steuerfreiheit des Aufstockungsgewinns ausschließt, wenn der Anteil in früheren Jahren steuerwirksam gem § 6 Abs 1 Nr 2 S 3 EStG auf den niedrigeren Teilwert abgeschrieben wurde. Hat die Wertaufholung andere Ursachen gilt gem Abs 2 S 5 dasselbe. Gleiches gilt, wenn eine **Buchwertverschmelzung** nach § 11 II UmwStG nicht möglich ist und die Aufdeckung stiller Reserven ganz oder zum Teil auf Tochterkapitalbeteiligungen entfällt. Es ist zB der Fall, wenn eine Gegenleistung für die Verschmelzung gewährt wird oder aber die Besteuerung der stillen Reserven bei der übernehmenden Körperschaft nicht sichergestellt ist. Auch insoweit ist die Verschmelzung als tauschähnlicher Vorgang anzusehen, der unter Abs 2 zu subsumieren ist. Entsprechendes gilt ferner, wenn die **Spaltung** einer KapGes nicht zu Buchwerten vorgenommen werden kann, zB wenn keine Teilbetriebe vorlagen oder die Steuerneutralität durch § 15 III UmwStG ausgeschlossen wird. Da die Aufspaltung einer KapGes mit einer Liquidation vergleichbar ist und die Abspaltung mit einer Sachausschüttung an den Gesellschafter, verbunden mit der Einlage der Wirtschaftsgüter in die aufnehmende Gesellschaft, sind auch diese Tatbestände uE unter Abs 2 zu subsumieren (vgl *Beinert/van Lishaut* FR 01, 1152; *Haun/Winkler* GmbHR 02, 192). 60

Nach **§ 6 V 3 EStG** können **Einzelwirtschaftsgüter** steuerneutral aus dem Gesamthandsvermögen einer Personengesellschaft in das Betriebsvermögen oder Sonderbetriebsvermögen eines Mitunternehmers übertragen werden. Demzufolge ist es möglich, dass eine mitunternehmerisch an einer Personengesellschaft beteiligte Kapitalgesellschaft – unter Berücksichtigung der insoweit in § 6 V 5 und 6 EStG enthaltenen Sonderregelungen – eine **Kapitalgesellschaftsbeteiligung** aus dem Gesamthandsvermögen der Mitunternehmerschaft zum Buchwert in das Sonderbetriebsvermögen überführt. Zu beachten ist jedoch, dass § 6 V 4 EStG zu einer Nachversteuerung der zunächst nicht aufgedeckten stillen Reserven führen kann, wenn das übertragene Einzelwirtschaftsgut (KapBeteiligung) innerhalb einer Sperrfrist von drei Jahren veräußert oder entnommen wird. Da die Nachversteuerung wirtschaftlich einen Veräußerungstatbestand erfasst, ist sie unter Abs 2 zu subsumieren. 61

Der Besteuerungs(nicht)zeitpunkt richtet sich nach den allgemeinen Grundsätzen, dh nach dem Übergang des **wirtschaftlichen Eigentums** an der Beteiligung. Bei vorgezogenen schuldrechtlichen Vereinbarungen und zeitlicher Verlagerung des tatsächlichen Übergangs des wirtschaftlichen Eigentums in den zeitlichen Anwendungsbereich von Abs 2 kommt es darauf an, dass dem Veräußerer die wesentlichen Gesellschafterrechte und das Wertrisiko zuzurechnen sind. Insbesondere müssen ihm die Stimm und Gewinnbezugsrechte ungeschmälert bis zum tatsächlichen Übergangszeitpunkt zustehen (vgl BFH BStBl II 88, 832; ausführlich *Watermeyer* in H/H/R § 8b Rz 63; *Weber-Grellet* in Schmidt § 17 Rz 96, 50). Bei nachträglicher Änderung des Kaufpreises oder der Veräußerungskosten gilt § 175 AO (BFH BStBl II 15, 658; vgl Rz 66b). 62

Im Rahmen der **Liquidation** sind mehrere Fallgruppen zu unterscheiden: Wird die Tochtergesellschaft liquidiert, fällt der Liquidationserlös bei der Muttergesellschaft unter Abs 1, soweit er das vEK betrifft und unter Abs 2 bzgl der Rückzahlung von echtem Nennkapital. Werden im Rahmen der Liquidation der Muttergesellschaft Anteile an Körperschaften veräußert gilt Abs 2. Wird im Rahmen der Liquidation der Muttergesellschaft die Beteiligung an der Tochtergesellschaft an die Anteilseigner ausgekehrt, ist auch dies ein Fall von Abs 2. UE ist auch dieser Fall der Sachdividende von der Freistellung erfasst (ebenso wie vGa, so; vgl FinVerw BStBl I 03, 292 Tz 22). 63

64 Die Subsumtion der **Sachdividende** unter Abs 2 S 1 ist allerdings str, wenn in dem ausgeschütteten Gegenstand stille Reserven enthalten sind, die als verdeckt ausgeschüttet anzusehen sind (dafür: FinVerw BStBl I 03, 292 Tz 22; vgl *Haun/Winkler* GmbHR 02, 194; *Leip* BB 02, 1840). Die Alternativgestaltung, Veräußerung der Anteile zum angemessenen Preis bei anschließender Ausschüttung des Kaufpreises, liegt auf der Hand.

65 Begünstigt wird schließlich der Gewinn aus der Auflösung passiver **organschaftlicher Ausgleichsposten,** da sie wie die Organbeteiligung selbst zu behandeln sind. Ein solcher Ausgleichsposten entsteht, wenn die handelsrechtliche Gewinnabführung höher als das dem Organträger zuzurechnende Einkommen der Organgesellschaft ist. Werden die Anteile an der Organgesellschaft veräußert, ist der passive Ausgleichsposten aufzulösen. Die resultierende Gewinnerhöhung ist nach Abs 2 begünstigt (BMF BStBl I 03, 292 Tz 16; OFD Frankfurt v 8.11.05 DB 05, 2608). Der BFH (BStBl II 07, 796) löst den passiven Ausgleichsposten im Fall der Veräußerung der Organbeteiligung erfolgsneutral auf, so dass es auf Abs 2 nicht ankommt. Die FinVerw bleibt bei einer erfolgswirksamen Auflösung, auf die Abs 2 anwendbar ist (NichtAnwErl BStBl I 07, 743). Wenn man Abs 5 innerhalb der Organschaft für nicht anwendbar hält und dies auf den Fall der Veräußerung überträgt, ergibt sich kein Unterschied (ausf *Dörler/Adrian/Geeb* DStR 07, 1889). Mit Wirkung für VZ 08 hat die Verw § 14 IV entsprechend ihrer Auffassung angepasst und damit der Rspr des BFH den Boden entzogen. Der Ausgleichsposten ist einkommenswirksam aufzuheben. Abs 2 findet Anwendung (§ 14 IV idF des JStG 2008).

66 **Abs 2 S 2** enthält eine **Legaldefinition** des steuerfreien **Veräußerungsgewinns.** Die Definition des steuerfreien Veräußerungsgewinns (Veräußerungspreis ./. Veräußerungskosten ./. Buchwert) ist von Bedeutung für die Bemessungsgrundlage der 5-%-Fiktion aus Abs 3 S 1. Die Definition geht vom Veräußerungspreis aus. Veräußerungspreis ist die Gegenleistung, die der Erwerber der Beteiligung für deren Erwerb aufwendet. Die aufzuwendende Gegenleistung kann in Geld, aber auch in Geldeswert bestehen. Bei im Wege des Tauschs hingegebenen Sachwerten ist der gemeine Wert des vom Erwerber hingegebenen Wirtschaftsguts anzusetzen. Der BFH legt den Begriff des (steuerfreien) Veräußerungspreises eng aus. Nur die für die Übertragung der Beteiligung selbst hingegebene Gegenleistung ist Veräußerungspreis. Optionsprämien/Stillhalteprämien sollen nicht nach Abs 2 begünstigt sein (BFH BStBl II 13, 588). Ergebnis der Rechtsprechung des BFH ist: Optionsprämie/Stillhalteprämie ist voll steuerpflichtig; der für die Übertragung gesondert gezahlte Kaufpreis ist nach Abs 2 begünstigt. Die systematisch naheliegende Konsequenz, dass Stillhalteprämien/Optionsprämien beim Erwerber nicht Teil der Anschaffungskosten, sondern abzugsfähige Betriebsausgaben sind, sieht der BFH nicht (BFH BStBl II 14, 861; aA *Groler* GmbH-StB 14, 263; *Roser* GmbHR 13, 722; *Schmid/Renner* DStR 13, 2734; *Schnitger* DStR 13, 1771). Nach *Gosch* (§ 8b Rz 198a) sind derartige Ungerechtigkeiten und Unsymmetrien hinzunehmen. Durch das Abstellen auf den steuerlichen Buchwert als Abzugsgröße ist die Einbeziehung anderer Steuerbilanzposten vom Gesetzeswortlaut nicht erfasst. Der Buchwert ist bis zum Veräußerungszeitpunkt um Erhöhungen (zB Einlagen nach dem letzten Bilanzstichtag) sowie Minderungen (zB Ausschüttungen aus dem Einlagekonto) zu korrigieren.

66a **Veräußerungskosten** werden iRd Ermittlung des Veräußerungsgewinns nach S 2 vom Veräußerungserlös abgezogen. Da der Veräußerungsgewinn freigestellt wird, können die tatsächlichen Veräußerungskosten insoweit nicht als laufende Betriebsausgaben steuerwirksam berücksichtigt werden (vgl nur FG Mnchn EFG 10, 257). Da allgemeine Beratungskosten vollabzugsfähige Betriebsausgaben darstellen, ist die Abgrenzung von großer wirtschaftlicher Bedeutung. Rechtsfolge der Minderung des Veräußerungsgewinns durch Veräußerungskosten ist die Reduzierung der Bemessungsgrundlage der 5%-Versteuerung nach Abs 3 S 1. Trotz dieser

„Schachtelstrafe" vertritt die Finanzverwaltung einen weiten Veräußerungskostenbegriff, was dazu führt, dass Betriebsausgaben nicht zum Abzug zugelassen werden, obgleich mit der 5%-Fiktion aus Abs 3 der Systematik nach eine pauschale Abgeltung erfolgen soll. Insoweit besteht auch ein systematischer Bruch zu Abs 1 iVm Abs 5. Bei Dividenden setzt die Schachtelstrafe beim Bruttobetrag an. Im Gegenzug sind sämtliche Betriebsausgaben abzugsfähig. Eine Abgrenzung erübrigt sich. Nicht so bei der Freistellung nach Abs 2. UE sind Aufwendungen nur dann Veräußerungskosten, wenn sie in einem unmittelbaren wirtschaftlichen Zusammenhang mit der Veräußerung stehen und vom Veräußerer Kraft Gesetzes oder Vertrags zu tragen sind, insbesondere Notar- und Beratungskosten sowie GrESt (für einen engen Begriff der Veräußerungskosten *Frotscher* in F/D § 8b Rz 256; *Krug* DStR 11, 598; *Rohler* GmbH-StB 14, 263; *Riedel* FR 14, 356; *Watermeyer* in H/H/R § 8b Rz 73). Der BFH teilt den weiten Veräußerungskostenbegriff der Finanzverwaltung. Danach reicht es aus, wenn die Kosten entstanden sind, weil die Beteiligung veräußert worden ist. Ein sachlicher Veranlassungszusammenhang genügt. Insoweit übertragen FinVerw und Rechtsprechung den zu §§ 16, 17 EStG vertretenen weiten Veräußerungskostenbegriff, der vor dem Hintergrund der Schachtelstrafe nach Abs 3 vorliegend uE nicht sachgerecht ist. UE sind zB interne Aufwendungen der veräußernden Gesellschaft (Kosten der Rechts- und Personalabteilung, Kosten der Marketingabteilung) den Veräußerungskosten zuzuordnen (vgl *Dietz/Tscherveniachki* DStR 12, 1161). Nach der Rechtsprechung hingegen stellen sämtliche Aufwendungen Veräußerungskosten dar, die nach ihrem auslösenden Moment und damit nach dem Veranlassungsprinzip dem Veräußerungsvorgang zuzuordnen sind (BFH GmbHR 16, 1167; BStBl II 14, 719; II 14, 861; vgl aber BFH BStBl II 14, 102). Ein zeitlicher Zusammenhang der Aufwendungen mit der Veräußerung genügt allerdings nicht. Wird die Tochterbeteiligung verkauft und anlässlich der Veräußerung eine „Abfindungszahlung" an den Geschäftsführer gezahlt, stellt dies trotz des weiten Veräußerungskostenbegriffs keine Veräußerungskosten dar (BFH BStBl II 14, 719). Fallen die Aufwendungen iRd Entscheidungsfindung, also noch vor der abstrakten Entscheidung, dass veräußert werden soll, an, handelt es sich um allgemeine Beratungskosten. Die Veräußerungsentscheidung muss nicht unumstößlich gefasst sein. Die Veranlassung durch eine grundsätzlich gefasste Veräußerungsentscheidung, die noch nicht auf eine konkrete Beteiligung bezogen sein muss, soll ausreichen (vgl BFH BStBl II 10, 469; FG Köln DStRE 12, 724). Dasselbe gilt auch auf Erwerberseite. Nach einer abstrakt getroffenen Erwerbsentscheidung sind diesbezügliche Beratungskosten den Anschaffungskosten der Beteiligung zuzuordnen, so dass sich diese nur iRd 5-%-Fiktion auswirken und nicht zum allgemeinen Betriebsausgabenabzug zugelassen sind. Nach diesen Grundsätzen werden auch Due-Diligence-Kosten zugeordnet. Die Kosten fallen nach der Rechtsprechung grundsätzlich nach einer abstrakt gefassten Erwerbsentscheidung an. Due-Diligence-Kosten, die regelmäßig vom Erwerber getragen werden, stellen aktivierungspflichtige Anschaffungsnebenkosten und keine abzugsfähigen Betriebsausgaben dar (FG Köln DStRE 12, 724). Ist das Ergebnis der Due-Diligence, dass die Beteiligung nicht erworben wird, handelt es sich um allgemeine Beratungskosten, die vollabzugsfähig sind. Mangels aktivierungsfähiger Beteiligung, da der Erwerb gescheitert ist, fehlt es an der für Abs 3 S 3 notwendigen Verbindung mit einem Anteil (BFH BStBl II 10, 469). Ist alleiniger Unternehmensgegenstand die Gründung und Veräußerung von Tochtervorratsgesellschaften, stellen damit im Zusammenhang stehende Aufwendungen nach Auffassung des BFH ebenfalls Veräußerungskosten dar.

**Beispiel:** Die A-GmbH errichtet und vertreibt Vorratsgesellschaften. Bei diesen Vorratsgesellschaften handelt es sich um KapGes. Die mit der Gründung und Veräußerung unmittelbar im Zusammenhang stehenden Kosten (Notarkosten, Gerichtskosten, IHK-Kosten) erfasst die A-GmbH iRd Ermittlung des Veräußerungsgewinns nach Abs 2 S 2. Die allgemeinen Verwaltungsaufwendungen, wie zB Miete für Geschäftsräume, Personalkosten, sonstige laufende

Aufwendungen, macht die A-GmbH als allgemeine Betriebsausgaben der Gesellschaft geltend. Nach **Auffassung des BFH** (BStBl I 17, 182; vgl *Scholz/Riedel* FR 16, 1040) sind auch die Allgemeinkosten der A-GmbH unter Abs 2 S 2 zu subsumieren. Dabei kommt es nach Auffassung des BFH für die Erfassung der Veräußerungskosten nicht darauf an, ob sie „in unmittelbarem sachlichem Bezug" zum Veräußerungsgeschäft stehen. Ein Veranlassungszusammenhang zu der Veräußerung soll ausreichen. In Konsequenz dessen qualifiziert der BFH auch Gemeinkosten, zB allgemeine Verwaltungs-, Raum- und Personalkosten als Veräußerungskosten, soweit sie bei der gebotenen wertenden Zuordnung eine größere Nähe zu einzelnen Veräußerungsvorgängen als zum allgemeinen Geschäftsbetrieb aufweisen. Sofern der Geschäftsbetrieb ausschließlich darin besteht, KapGes zu gründen und die hierbei erlangten Anteile zu veräußern, handelt es sich nach Auffassung des BFH bei den **Gemeinkosten des Geschäftsbetriebs** zugleich um Kosten, die den einzelnen Veräußerungsvorgängen (in ihrer Gesamtheit) zuzuordnen seien: Die Gemeinkosten ließen sich zwar keinem einzelnen Veräußerungsvorgang konkret zuordnen, dies sei aber auch nicht erforderlich. Da der Geschäftsbetrieb ausschließlich auf die Veräußerung von KapGes gerichtet sei, seien die Gemeinkosten – bei der gebotenen wertenden Betrachtung – als **durch** die **Veräußerungsvorgänge veranlasst** anzusehen (aA *Gosch* § 8b Rz 195a). Nach Auffassung des BFH ist es auch unerheblich, dass Gemeinkosten auch dann anfallen, wenn **keine Beteiligungen veräußert werden.** Hieraus sei nicht abzuleiten, dass Gemeinkosten von vornherein keine Veräußerungskosten sein könnten (aA *Schwedhelm/Olbing/Binnewies* GmbHR 12, 1282). Dem stünde auch nicht die Auffassung des BFH entgegen, dass bei fehlgeschlagenen Veräußerungskosten, wonach bei Scheitern eines angestrebten bestimmten Veräußerungsgeschäfts die hierdurch ausgelösten Aufwendungen nicht als **Veräußerungskosten** eingestuft werden können, nicht entgegen (vgl BFH BStBl II 05, 637). Im Unterschied zu den Fällen einer fehlgeschlagenen Veräußerung sei es im Beispielsfall zu Veräußerungen gekommen, denen die Aufwendungen insgesamt aufgrund des anzunehmenden weiten Veranlassungszusammenhangs zuzuordnen waren.

Veräußerungsverluste aus Geschäften, die das eigentliche Veräußerungsgeschäft absichern, sollen zu den Veräußerungskosten zählen und sich damit nur iRd 5%-Fiktion auswirken können (vgl BFH BStBl II 14, 861). Veräußerungskosten sind darüber hinaus Übersetzungskosten sowie Abfindungs- und Ausgleichszahlungen an Dritte, wenn sie erforderlich sind, um den Verkauf der Beteiligung zu ermöglichen (FG Nbg EFG 13, 966). Freiwillige Abfindungszahlungen zB an Mitarbeiter, weil sie aus dem Konzern ausscheiden, haben keinen hinreichenden Bezug zur Ermöglichung der Veräußerung und stellen allgemeine Betriebsausgaben dar (BFH BStBl II 14, 719).

66b **Spätere Veränderungen des Veräußerungsgewinns** wirken auf den Zeitpunkt der Veräußerung (Übergang des wirtschaftlichen Eigentums) zurück. Nach der BFH-Rechtsprechung erfolgt die Ermittlung des Veräußerungsgewinns stichtagsbezogen auf den Veräußerungszeitpunkt. Vorgelagerte Veräußerungskosten sind im VZ des Anfalls außerbilanziell zu korrigieren und wirken sich nur im VZ des Übergangs des wirtschaftlichen Eigentums aus. Nachträgliche Veränderungen des Veräußerungspreises sowie nachträgliche Veränderungen der angefallenen Veräußerungskosten (FG SchlHol EFG 16, 1290 Rev BFH I R 43/16; auch Währungs-, Zins- und Abzinsungsverluste) wirken ebenfalls gewinnmindernd auf den Veräußerungszeitpunkt zurück. Das betrifft nicht nur die nach Abs 2 und Abs 3 außerbilanziell vorzunehmende Einkommenskorrektur, sondern auch die (ebenfalls außerbilanziell) vorzunehmende Gegenkorrektur (BFH BStBl II 15, 658; II 15, 668). Das BMF hat mit Schreiben vom 14.7.15 (BStBl I 15, 612) hierzu Stellung genommen. Danach gelten folgende Grundsätze: Die in einem anderen Wj entstandenen Veräußerungskosten oder Veränderungen des Kaufpreises sind bei der Ermittlung des Veräußerungsgewinns oder Veräußerungsverlusts nach Abs 2 in dem Veranlagungszeitraum zu berücksichtigen, in dem das Wj der Veräußerung der Beteiligung endet. Soweit die Veränderung des Kaufpreises oder die Veräußerungskosten bilanziell in anderen Wj berücksichtigt wurden, ist der steuerbilanzielle Gewinn dieser Wj und der steuerbilanzielle Gewinn des Jahrs, in dem die Veräußerung erfolgt ist, außerbilanziell zu korrigieren. Es sind sowohl die Veranlagungen für den Veranlagungszeitraum, in dem das Wj der Veräußerung endet, als auch die

Veranlagung für die Veranlagungszeiträume, in denen sich die nachträglichen Veräußerungskosten oder die Kaufpreisveränderung steuerbilanziell ausgewirkt haben, entsprechend anzupassen. Vor dem Wj der Anteilsveräußerung entstandene Veräußerungskosten sind bei der Veranlagung für den Veranlagungszeitraum, in dem das Wj endet, in dem sie angefallen sind, zu berücksichtigen. Die außerbilanzielle Korrektur der vor dem Wj der Anteilsveräußerung angefallenen Veräußerungskosten ist erst mit Wirkung der Veräußerung vorzunehmen. Eine Korrektur nach § 175 I 1 Nr 2 AO kommt nur in Betracht, wenn das rückwirkende Ereignis nach Erlass des Steuerbescheids eingetreten ist. Die Anteilsveräußerung stellt das rückwirkende Ereignis für die Korrektur des Steuerbescheids dar, in dem die vor dem Wj der Anteilsveräußerung angefallenen Veräußerungskosten berücksichtigt wurden. Nachträgliche Veräußerungskosten und nachträgliche Kaufpreisveränderungen wirken nach § 175 I 1 Nr 2 AO auf die Veranlagung für den Veranlagungszeitraum, in dem das Wj der Anteilsveräußerung endet, zurück. In Fällen, in denen das Ereignis zwar schon vor Erlass des Steuerbescheids eingetreten, dem Finanzamt aber erst nachträglich bekannt geworden ist, kann die Änderung nach § 173 I AO erfolgen.

**Beispiel:** Eine GmbH veräußert im Jahr 02 die Beteiligung an einer Tochtergesellschaft (Veräußerungserlös 500 abzgl. Buchwert 100). Im Jahr 01 sind Veräußerungskosten in Form von Beratungskosten iHv 20 angefallen. Der Kaufpreis wurde gestundet. Im Jahr 04 fällt die Kaufpreisforderung aus. Im Jahr 01 mindern die Veräußerungskosten zunächst das Einkommen. Im Jahr 02 werden die Veräußerungskosten in die Berechnung des nach Abs 2 S 2 steuerfreien Veräußerungsgewinns und in die Bemessungsgrundlage für die nicht abzugsfähigen Betriebsausgaben einbezogen. Sie sind zudem im Jahr 02 außerbilanziell (gewinnmindernd) zu erfassen. Korrespondierend sind die Veräußerungskosten rückwirkend im Jahr 01 ebenfalls außerbilanziell (gewinnerhöhend) auszugleichen. Der Ausfall der Kaufpreisforderung im Jahr 04 wirkt sich auf die Berechnung des Gewinns nach Abs 2 S 2 aus und führt zur nachträglichen Änderung der Veranlagung für das Jahr 02. Die Gewinnauswirkung des Forderungsausfalls im Jahr 04 ist im Jahr 02 außerbilanziell zu korrigieren. Daraus ergibt sich folgende Abwicklung (BStBl I 15, 612):

Tabelle 1: Auswirkungen

| **Auswirkungen des Veräußerungsvorgangs auf Jahresüberschuss und Einkommen der Jahre 01-04** | | | | | |
|---|---|---|---|---|---|
| **alle Beträge in TEUR** | | **Gesamt 01 -04** | **Jahr 01** | **Jahr 02** | **Jahr 04** |
| Veräußerungskosten 01 | | -20 | -20 | | |
| **Veräußerung 02** | | | | | |
| Ertrag aus KP-Forderung | | 500 | | 500 | |
| Ausbuchung der Beteiligung (BW) | | -100 | | -100 | |
| **Nach § 8b KStG zu berücksichtigen:** | | | | | |
| KP | 500 | | | | |
| BW | -100 | | | | |
| VK | -20 | | | | |
| Veräußerungsgewinn | 380 | | | | |
| steuerfrei gem § 8b Abs 2 KStG | | -380 | | -380 | |
| § 8b Abs 3 S 1 KStG (5 %) | | +19 | | +19 | |
| rückwirkende außerbilanzielle Korrektur | | 0 | +20 | -20 | |
| *Einkommen vor Kaufpreisänderung* | | 19 | 0 | 19 | |
| Aufwand aus dem Ausfall der KP-Forderung 04 | | -500 | | | -500 |
| Außerbilanzielle Korrektur | | +500 | | | +500 |

| Auswirkungen des Veräußerungsvorgangs auf Jahresüberschuss und Einkommen der Jahre 01-04 | | | | | |
|---|---|---|---|---|---|
| alle Beträge in TEUR | | Gesamt 01 -04 | Jahr 01 | Jahr 02 | Jahr 04 |
| **Änderung 02**<br>bisher nach § 8b KStG berücksichtigte Beträge sind zu neutralisieren | | +380<br><br>-19 | | +380<br><br>-19 | |
| **Nach § 8b KStG sind neu zu berücksichtigen:** | | | | | |
| KP | 0 | | | | |
| BW | -100 | | | | |
| VK | -20 | | | | |
| Veräußerungsverlust (§ 8b Abs 3 KStG) | -120 | +120 | | +120 | |
| rückwirkende außerbilanzielle Korrektur | | -500 | | -500 | |
| **Einkommen nach Änderung** | | **0** | **0** | **0** | **0** |

**Das Ergebnis der Rechtsprechung des BFH** ist ernüchternd. Einerseits wird ein weiter Veräußerungskostenbegriff iRv Abs 2 S 2 vertreten, was den Betriebsausgabenabzug verhindert. Verluste aus Gegengeschäften (BFH BStBl II 14, 861), Stillhalteprämien aus Optionsgeschäften (BStBl II 13, 588), Aufwendungen für eine Put-Option (FG Nbg EFG 13, 966) werden als Veräußerungskosten qualifiziert und mit dem eigentlichen Veräußerungsgeschäft „zusammengezogen". Auf der Ebene des Empfängers derartiger Zahlungen wird nicht von einem nach Abs 1 begünstigten Veräußerungsgewinn ausgegangen (BFH BStBl II 13, 588). Mit Recht kritisch hierzu *Rohler* (GmbH-StB 14, 263). Auch ein aus Devisentermingeschäften, die der Kurssicherung iZm dem Beteiligungskauf und -verkauf dienen, resultierender Gewinn soll weder privilegierter Veräußerungserlös noch privilegierte (negative) Veräußerungskosten sein. Auch dass die Geschäfte bilanziell als Bewertungseinheit zusammengefasst sind, soll Abs 2 nicht zur Anwendung bringen (FG Bln-Bdbg EFG 16, 1629, Rev BFH I R 20/16; vgl auch *Knobloch* DB 17, 1277; OFD NRW v 14.7.17 DB 17, 1938).

67 **Abs 2 S 3** erweitert die Steuerfreistellung nach Abs 2 über die Veräußerung iSv S 1 hinaus auf Gewinne aus der Auflösung, der Herabsetzung des Nennkapitals oder aus dem Ansatz des in § 6 I 1 Nr 3 EStG bezeichneten Werts. Unter „Gewinn aus der Auflösung" ist der Liquidationsgewinn zu verstehen, den die MutterKapGes im Fall der Liquidation der TochterKapGes vereinnahmt. Insoweit ist das Verhältnis zwischen Abs 1 und Abs 2 unklar. Ein Teil der Literatur geht davon aus, dass Abs 1 vorrangig ist. Das bedeutet, dass die Auskehrung des Liquidationsgewinns aufzuteilen ist. Nur soweit es um die Rückzahlung des Nennkapitals geht, soll Abs 2 S 3 einschlägig sein, bezüglich des darüber hinausgehenden Liquidationsgewinns Abs 1 (vgl *Gosch* § 8b Rz 211; *Pung* in D/P/M § 8b Rz 152; *Gröbel/Adrian* in Erle/Sauter § 8b Rz 133). Dies ist bedeutsam vor dem Hintergrund, dass die Steuerfreistellung nach Abs 1 gem Abs 4 nur bei einer Mindestbeteiligung von 10% greift. Die Systematik spricht für eine Aufteilung. Vom Wortlaut der Norm „Gewinn aus der Auflösung" ist uE die Subsumtion der Liquidationsauskehrung an die MutterKapGes unter Abs 2 S 3 insgesamt gedeckt (vgl auch *Watermeyer* in H/H/R § 8b Rz 81). Ebenso wie Liquidationsgewinne werden Gewinne aus der Verlegung von Sitz- und/oder Geschäftsleitung außerhalb der EU/EWR nach § 12 III gem Abs 2 S 3 freigestellt (*Rödder/Schumacher* DStR 03, 909). Im Fall der Kapitalherabsetzung greift Abs 2 S 3 und damit die Steuerfreistellung nach Abs 2, wenn die Auszahlung des herabgesetzten Kapitals den Buchwert der Beteiligung übersteigt. Soweit iR einer Kapitalherabsetzung und deren Auszahlung der

Sonderausweis aus § 28 I 2 als verwendet gilt, greift Abs 2 S 3 nicht, sondern die Freistellung nach Abs 1. Die Auflösung und Auszahlung von aus Gewinnrücklagen gebildetem Nennkapital führt zur Ausschüttung nach Abs 1, was die Steuerfreistellung wiederum von der Mindestbeteiligung iSv Abs 4 abhängig macht. Ferner subsumiert die Finanzverwaltung die Rückzahlung von Einlagen unter Abs 2 (vgl Rz 34; BMF BStBl I 03, 292 Tz 6).

Die Begünstigung der **Wertaufholung** nach § 6 I 1 Nr 2 S 3 EStG hängt mit der in Abs 3 S 2 geregelten Nichtberücksichtigung einer vorangegangenen Teilwertabschreibung zusammen. 68

**Beispiel:** A-AG schreibt die AK der Anteile an der B-GmbH von 400 auf 200 ab. Die Abschreibung ist nach Abs 2 S 4 nicht zu berücksichtigen, der steuerl Gewinn ist außerbilanziell zu erhöhen. Eine spätere Wertaufholung ist nach Abs 2 freigestellt (aber 5%-Versteuerung nach Abs 3). 69

Nicht schlüssig ist die Nichtanwendbarkeit von Abs 2 auf Wertaufholungen bei einbringungsgeborenen Anteilen alten Rechts, soweit sie unter die Ausnahmeregelung von Abs 4 aF fallen. Nach dem Wortlaut ist die Wertaufholung zu versteuern, obwohl die Teilwertabschreibung nach Abs 3 nicht steuerwirksam war (*Köster* FR 00, 1267). Die doppelte Nichtberücksichtigung entspricht nicht dem Gesetzeszweck und ist durch Auslegung zu korrigieren. Die FinVerw erzielt dieses Ergebnis, indem die Wertaufholung um die zuvor steuerunwirksame Abschreibung korrigiert wird, so dass kein stpfl Gewinn verbleibt (vgl BStBl I 03, 292 Tz 18). 70

Schließlich begünstigte Abs 2 S 3 aF die Gewinne des **§ 21 II UmwStG aF** für Anteile, die durch Einbringungen bis zum 12.12.06 entstanden sind. Danach treten die in § 21 I UmwStG aF für die Veräußerung einbringungsgeborener Anteile geregelten Rechtsfolgen auch ohne Veräußerung der Anteile ein, wenn der AntE dies beantragt, das deutsche Besteuerungsrecht hinsichtlich des Gewinns aus der Veräußerung der Anteile ausgeschlossen wird, die KapGes, an der die Anteile bestehen, aufgelöst und abgewickelt wird oder das Kapital herabgesetzt und zurückgezahlt wird oder Beträge aus dem steuerlichen Einlagekonto ausgeschüttet oder zurückgezahlt werden, soweit es sich nicht um freies Vermögen handelt oder der AntE die Anteile verdeckt in eine KapGes einlegt. 71

**Abs 2 S 4** beschränkt die Steuerfreistellung nach S 1 im Fall vorangegangener **Teilwertabschreibungen** auf die Differenz zwischen der vorangegangenen Teilwertabschreibung und dem Veräußerungsgewinn. Erfasst werden die Altfälle, bei denen die Teilwertabschreibung bis zum Veräußerungszeitpunkt nicht durch eine Wertaufholung nach § 6 I 1 Nr 2 S 3 EStG ausgeglichen worden ist. Dieser Ausgleich iHd Teilwertabschreibung erfolgt im Zeitpunkt der Veräußerung, wenn folgende Voraussetzungen vorliegen: steuerwirksame Abschreibung auf niedrigeren Teilwert in den vergangenen Jahren durch den Veräußerer, kein zwischenzeitlicher Ausgleich durch Wertaufholung, Veräußerung der Anteile. Wertaufholungen, denen in früheren Jahren sowohl steuerwirksame als auch steuerunwirksame Abschreibungen von Anteilen auf den niedrigeren Teilwert vorangegangen sind, sind nach Abs 2 S 4 zunächst mit den nicht steuerwirksamen und erst danach mit steuerwirksamen Teilwertabschreibungen zu verrechnen (BFH DStR 09, 2483). Abs 2 S 4 gilt auch, wenn die Teilwertabschreibung entgegen Abs 3 fälschlicherweise als steuermindernd berücksichtigt wurde (FG Münster EFG 09, 1051; FG D'dorf EFG 08, 980). 72

Der durch das SEStEG für VZ 06 eingeführte **S 5** erweitert die Steuerpflicht des Wertaufholungsgewinns auf Abzüge iSv § 6b EStG und ähnliche Abzüge (zB § 30 BergbauRatG).

Nach **S 6** wird die **verdeckte Einlage** der Veräußerung gleich- und somit ebenfalls freigestellt. Werden Anteile an TochterKapGes verdeckt eingelegt, erfolgt steuerlich auf der Ebene der MutterKapGes die Aufdeckung der stillen Reserven in der TochterBeteiligung, welche durch S 6 wie eine Veräußerung steuerfrei ge- 73 stellt wird. Der Veräußerungspreis ist mit dem gemeinen Wert anzusetzen. Dies ist für Abs 3 (5 %-Versteuerung) von Bedeutung.

77 **7. Zeitliche Anwendung (Abs 2).** Maßgebend für die zeitliche Anwendung des Abs 2 sind die Verhältnisse bei der Körperschaft, an der die Anteile bestehen, deren Veräußerung nach Abs 2 freigestellt werden soll. Stichtag für die Anwendung des Abs 2 ist der 1.1.02, sofern bei der Körperschaft, an der die Anteile bestehen, das Wj dem Kj entspricht, der Beginn des Wj 02/03 bei abw Wj. Hat die Körperschaft, an der die Anteile bestehen in 01 das Wj auf ein vom Kj abw Wj umgestellt, gilt Abs 2 ab Beginn des Wj 01/02. Hat die Körperschaft, an der die Anteile bestehen, in 01 das abw Wj auf ein kj-gl Wj umgestellt, gilt Abs 2 ab dem 1.1.02. Bei Beteiligungen an ausländischen Körperschaften richtet sich die zeitliche Anwendung der Begünstigung des Abs 2 danach, ab wann bei der veräußernden Gesellschaft neues Recht gilt, also ab 1.1.01 bzw Wj 01/02 bei abw Wj (str ist, ob Behandlung von Beteiligungen an ausländischen Körperschaften, die beschränkt stpfl sind, gleich zu stellen ist mit inländischen Beteiligungen; vgl *Pung/Werner* in D/P/M, § 34 Rz 67 ff).

78 Nach der FinVerw gilt Abs 2 erstmalig für Gewinne und Gewinnminderungen aus Vorgängen, die im Jahr 2002 oder später erfolgen (BStBl I 03, 292 Rz 64). Für den Fall, dass das Veräußerungsgeschäft vor dem 1.1.02 stattgefunden, der Veräußerungspreis sich jedoch nach diesem Zeitpunkt erhöht hat, hat das FG Mchn die Steuerbefreiung dieses nach dem 1.1.02 (im dem FG vorliegenden Fall in 07) erhöhten Veräußerungspreises nach Abs 2 bestätigt (EFG 16, 1363 mit Anm *Tiedchen*; Az BFH I R 36/16). Nach FG Mchn stellt § 34 VII 1 aF gerade nicht auf die Veräußerung selbst, sondern auf den **Zeitpunkt der Entstehung eines Gewinns oder einer Gewinnminderung** ab (ebenso FG Hbg v 19.9.16 – 6 K 67/15, nv; aA *Jacobs/Wittmann* GmbHR 00, 910, 919). Nach FG Hbg ist Abs 2 keine eigenständige Steuerbefreiung, sondern ergänzt die Regelung des Abs 1 in konsequenter Weise, so dass die zeitliche Anwendung beider Absätze auch parallel verlaufen sollte (FG Hbg v 19.9.16 – 6 K 67/15, nv).

81 **8. Gewinnminderungen (Abs 3).** Abs 3 ordnet die steuerliche Berücksichtigung fingierter nicht abzugsfähiger Betriebsausgaben iHv 5 % zur Abgeltung laufender Aufwendungen an und untersagt die steuerliche Geltendmachung von **Gewinnminderungen,** die im Zusammenhang mit den in Abs 2 begünstigten Anteilen entstehen (zur Anwendbarkeit von Abs 3 bei beschränkter Steuerpflicht vgl. BFH/NV 17, 1680; keine Anwendung bei fehlender Betriebsstätte). Als Kehrseite der Steuerfreistellung der Verwertungsgewinne sollen sich Gewinnminderungen steuerlich nicht auswirken. Dies ist insofern ein zweifelhafter Ausgleich, da die Gewinne bei Ausschüttung an den in der Kette am Schluss stehenden Anteilseigner besteuert werden, während sich die nichtberücksichtigten Gewinnminderungen gar nicht auswirken. Insoweit liegt ein Verstoß gegen das Leistungsfähigkeitsprinzip vor (vgl *Schön* FR 01, 381; *ders* StuW 00, 151). Der BFH lehnt einen Verstoß gegen das Leistungsfähigkeitsprinzip ab (BStBl II 14, 719; BStBl II 14, 861; DB 05, 2724; vgl auch *Romswinkel* GmbHR 03, 92).

82 **Abs 3 S 1** enthält mit Wirkung ab 1.1.04 die **Fiktion von nichtabzugsfähigen Betriebsausgaben** iHv 5 % des Veräußerungsgewinns iSv Abs 2 S 2 (zur Anwendung bei beschr StPflicht vgl *Kempf/Hohage* IStR 10, 806; *Nitzschke* JStR 12, 125). Das Abzugsverbot gilt auch dann, wenn der tatsächliche Aufwand nachweislich niedriger oder höher ist. FG Hamburg hält dies zu Recht für verfassungswidrig (EFG 08, 236). Das BVerfG lehnt eine Verfassungswidirgkeit ab (BVerfG BB 11, 92, vgl dazu. *Müller* FR 2011, 309; *Krug* DStR 11, 598; *Lammers* DStZ 11, 483; im Nachgang FG Münster EFG 16, 509). Das HessFG (EFG 15, 1299) begrenzt den Anwendungsbereich von Abs 3 S 1 auf die nach dem 22.12.13 entstandenen stillen Reserven. Der auf die bis zum 22.12.13 entstandenen stillen Reserven entfallende Veräußerungsgewinn ist aufgrund verfassungskonformer Auslegung

damit zu 100% steuerfrei, da von Abs 3 S 1 nicht erfasst (Az BFH I R 34/15). Bei mehrstufigen Beteiligungsketten führt S 1 zu Kaskadeneffekten. Die Fiktion tritt an die Stelle von § 3c I EStG (S 2). Das pauschale Betriebsausgabenabzugsverbot soll auf jeden Gewinn iSv Abs 2 S 1 und Abs 2 S 3 anzuwenden sein (Veräußerung; verdeckte Einlage; Wertaufholung iSv § 6 I Nr 2 S 3 EStG; § 21 II UmwStG aF; Übertragungsgewinne iSv §§ 11 und 15 UmwStG). Ob die 5%-Fiktion bei der Veräußerung von Organbeteiligungen greift, wird zu Recht bezweifelt (*Dörfler/Adrian/Geeb* DStR 07, 1889). Abs 3 S 1 stellt die Parallele zu Abs 5 S 1 her, welcher iRd Organschaft nicht anwendbar ist. Das Abzugsverbot für Gewinnminderungen nach S 3 bleibt hiervon unberührt. Nach der Gesetzesbegründung soll das pauschale Betriebsausgabenabzugsverbot auf jeden einzelnen Gewinn iSv Abs 2 S 2 anzuwenden sein. Eine **Saldierung** der im gesamten VZ erzielten Gewinne und Gewinnminderungen kommt nicht in Betracht.

Diskutiert wird eine solche Saldierung für die Ausgabe eigener Aktien im Rahmen von **Aktienoptionsprogrammen.** Ist der Kurs zwischen Zusage der Option und Ausgabe an die Mitarbeiter gesunken, wird die Differenz teilweise unter Abs 2 subsumiert (*Mikus* BB 02, 178), teilweise die Saldierung zugelassen (Gewinn iHv 0, da keine stillen Reserven realisiert werden, bei Ausgabe der Aktien wird mit dem Buchwert verrechnet), so dass kein steuerpflichtiger Gewinn entsteht (*Gosch* § 8b Rz 196ff). Ist der Kurs gestiegen, ist der erhöhte Aufwand der Gesellschaft nicht unter Abs 3 zu subsumieren. Zwar liegt ein Veräußerungsverlust vor. Dieser ist aber durch das Arbeitsverhältnis verursacht, so dass Personalaufwand gegeben ist. Insoweit ist auf den Verursachungszusammenhang abzustellen. Verursacht ist der Aufwand insgesamt durch die Vergütung der Arbeitsleistung der Arbeitnehmer (*Mikus* BB 02, 178; vgl auch BFH DStR 05, 1394, dazu *Binnewies* AG 05, 734; aA *Gosch* § 8b Rz 273ff; FG Münster EFG 17, 1194; Rev BFH I R 43/17). Das pauschale Betriebsausgabenabzugsverbot gilt dann **nicht,** wenn die Freistellung nach Abs 2 durch Abs 4 aF ausgeschlossen wird. 83

Durch den Ausschluss der Anwendung von § 3c I EStG in **Abs 3 S 2** bleiben die bei der MutterGes tatsächlich anfallenden Aufwendungen voll abzugsfähig. Insbesondere die Wertaufholung nach § 6 I Nr 2 S 3 EStG, der eine steuerlich nicht zu berücksichtigende Teilwertabschreibung vorausgegangen ist (Abs 3 S 3), ist nicht systemgerecht. Gleiches gilt im Fall der wegen Abs 4 aF stpfl Veräußerung. Insoweit ist der entsprechenden Minderung des stpfl Gewinns gemäß Tz 46 und Tz 18 des BMF-Schr v 28.4.03 (BStBl I 03, 292) zuzustimmen. 84

Die nach **Abs 3 S 3** steuerlich nicht zu berücksichtigende Gewinnminderung ergibt sich aus dem Ansatz des niedrigeren Teilwerts, der Veräußerung mit Verlust (zu Veräußerungsverlusten in der Insolvenz *Gold/Jacoby* Stbg 03, 368), der Erzielung eines Auflösungsverlusts, der Herabsetzung des Nennkapitals, Gewinnminderungen bei Anwendung des § 21 II UmwStG aF sowie Verlusten im Zusammenhang mit der verdeckten Ausschüttung eines Anteils und der sonstigen Sachausschüttung. Verfassungsrechtliche Zweifel bestehen nach der Rechtsprechung nicht (BFH BStBl II 14, 859; FG Mchn DStRE 11, 742). 85

**Beispiel:** A-AG veräußert Anteile an B-GmbH (Buchwert 500, Teilwert 300) zu 200 an ihren Aktionär. Der stpfl Veräußerungsgewinn beträgt 0 (Veräußerungsverlust iHv 300, vGA iHv 100, also Saldo ./. 200), der nach Abs 3 S 3 nicht zu berücksichtigen, dh außerbilanziell zu korrigieren ist. Bemessungsgrundlage für KapEinkünfte des Aktionärs sowie KapErtrSt 100.

Die außerbilanzielle Hinzurechnung soll nach der Rechtsprechung nicht davon abhängig sein, ob nach Abs 1 oder Abs 2 **begünstigte Einkünfte** erzielt wurden (BFH/NV 11, 521; Aussetzungsbeschluss des NdsFG EFG 11, 567, bestätigt durch BFH/NV 11, 1399). Es sollen sämtliche Wertminderungen des Anteils seine Substanz betreffend erfasst werden, nicht hingegen **laufende Aufwendungen** (vgl dazu Abs 3 S 2, § 3c I EStG, ab VZ 04 § 8b V; aus der Literatur: *Gosch* DStR 03, 1351; krit zur Organschaft *Thiel* DB 02, 1340; ausführlich *Füger/Rieger* FR 03, 86

589). Finanzierungskosten, Verwaltungsaufwand sind voll abzugsfähig. Kosten, die zu einem Veräußerungs- oder Liquidationsverlust führen, sollen nicht berücksichtigungsfähig sein (vgl FG München EFG 10, 257). Zur Anwendbarkeit von Abs 3 bei Investmentfonds iVm § 40a I 2 KAGG vgl BFH BStBl II 11, 229; NdsFG EFG 10, 368; FG Mchn EFG 09, 1053, aufgehoben durch BFH DB 14, 2260; BFH BStBl II 16, 701; BMF BStBl I 16, 763; *Köhler* DStR 16, 1895; *Hils* DB 09, 1151; *Hellstern* DStR 07, 1992. Zur Rückwirkung von § 40a I 2 KAGG vgl FG Münster EFG 08, 983; BVerfG DStR 14, 520). Zur Hinzurechnung eines negativen Aktiengewinns gem Abs 3 S 3 ohne Saldierung mit positiven Aktiengewinnen s FG Nds EFG 16, 832. Abs 3 S 3 steht der Geltendmachung von Aufwand der Muttergesellschaft für den Erwerb einer Beteiligung durch eine Tochtergesellschaft nicht entgegen. Es handelt sich um BA, da ein einlagefähiges WG, welches die AK auf die Beteiligung erhöhen würde, nicht angenommen werden kann (vgl *Pyszka* DStR 10, 1468; aA *Pung* in D/P/M § 8b Rz 191). Auch nach Auffassung des BFH (BStBl II 13, 343) kann Abs 3 S 3 nur greifen, wenn derjenige, der den Aufwand trägt, tatsächlich eine Beteiligung erwirbt, deren Anschaffungskosten und Nebenkosten hierzu aktiviert werden können. Due-diligence-Kosten stellen daher sofort abzugsfähigen Aufwand dar, wenn der Beteiligungserwerb scheitert (vgl *Kahle/Hiller* DB 14, 500: Aufwendungen für eine Due-diligence-Prüfung führen danach zu sofort abzugsfähigen Betriebsausgaben). Wird die Beteiligung erworben, wird das Abzugsverbot des Abs 3 S 3 auf Due-diligence-Kosten von der Rechtsprechung angewandt (FG Köln EFG 11, 264). Die Zuordnung von Aufwand auf Erwerberseite zu den AK ist von großer wirtschaftlicher Bedeutung, da iE im Veräußerungsfall usw nur 5%-Auswirkung. Daher kommt es immer wieder zum Streit zur Abgrenzung zwischen AK und laufendem Beratungsaufwand. Bei der Berechnung des Veräußerungsverlusts, der durch die Übertragung von Aktien der Muttergesellschaft auf Arbeitnehmer entsteht, ist als Veräußerungspreis auch der Wert der Arbeitsleistung einzubeziehen (FG Münster EFG 17, 1194, Rev BFH I R 43/17).

**87** Umstritten ist die Behandlung **aktiver Ausgleichsposten.** Diese entstehen, wenn handelsrechtlich weniger Gewinn abgeführt als steuerl zugerechnet wird. Bei folgenden Mehrabführungen kann der Ausgleichsposten steuerneutral abgeschrieben werden. Im Zeitpunkt der Veräußerung der Organbeteiligung sind die dann noch vorhandenen Ausgleichsposten bzw deren Saldo bei dem Organträger aufzulösen. § 3 Nr 40 EStG, § 3c II EStG und § 8b KStG sind dabei anzuwenden. Die Finanzverwaltung wendet dabei die Nettomethode an, wonach die Ausgleichsposten mit dem Buchwert der Organgesellschaft zusammenzufassen sind. Hieraus ergibt sich ein höherer bzw niedrigerer Veräußerungsgewinn, auf den dann erst § 8b KStG bzw § 3 Nr 40 und § 3c II EStG anzuwenden sind (KStR 14.8 III 3 ff; vgl dazu *Pohl* NWB 16, 2424 (2429)). Der Veräußerung gleichgestellt sind die Umwandlung der Organgesellschaft auf eine Personengesellschaft oder eine natürliche Person, die verdeckte Einlage der Beteiligung an der Organgesellschaft und die Auflösung der Organgesellschaft. Bei **Beendigung der Organschaft ohne Verkauf** der Beteiligung an der Organgesellschaft (bzw ohne dem Verkauf gleichgestellte Sachverhalte) bleiben die Ausgleichposten erhalten. Erst beim tatsächlichen Verkauf bzw den gleichgestellten Sachverhalten sind die Ausgleichsposten aufzulösen. Die Finanzverwaltung vertritt zu Unrecht in allen Fällen, in denen die Organschaft durch eine Umwandlung beendet wird, die Ansicht, dass die Ausgleichsposten ertragswirksam aufzulösen sind (BMF BStBl I 11, 1314 Rz Org 05 bis 08, 16, 17, 21, 22, 24; aA *Olbing* § 14 Rz 145: In § 14 IV KStG sind nicht alle, sondern nur einzelne Umwandlungsvorgänge dem Verlauf gleichgestellt).

**88** Die Teilwertabschreibung auf **Gesellschafterdarlehen** ist grds steuerlich wirksam (siehe aber Rz 89). Abs 3 S 3 steht dem nicht entgegen, da nur die Wertminderung in der Beteiligung selbst erfasst wird (BFH BStBl II 16, 261; BStBl II 09, 674; dazu OFD Münster DStR 09, 2489). Das ist systematisch konsequent, da Abs 2 ebenfalls nur die Beteiligung selbst privilegiert. Auch im Übrigen trennt der

BFH strikt zwischen Beteiligung und Forderung, zB hinsichtlich des Bilanzansatzes (vgl BFH GmbHR 04, 590 mit Anm *Hoffmann*). Bei Anerkennung der Teilwertabschreibung eröffnet sich die Gestaltungsmöglichkeit, die Schaffung nachträglicher Anschaffungskosten, deren Verlust nach Abs 3 steuerlich nicht zu berücksichtigen wäre, durch die Darlehenshingabe zu ersetzen (vgl *Schmidt/Hageböke* DStR 02, 1202; *Beinert/van Lishaut* FR 01, 1037; *Kessler/Teufel* DB 01, 1955; *Herzig* Wpg 01, 269; *Kessler/Kahl* DB 02, 2236; *Rödder/Stangl* DStR 05, 354; aA wohl auch die FinVerw, vgl *Buchna/Sombrowski* DB 04, 1956 und 05, 1539; vgl auch BFH Inf 02, 221 und GmbHR 02, 331). Diese Ausführungen gelten sowohl für eigenkapitalersetzende Darlehen als auch für Darlehen, die diese Voraussetzungen nicht erfüllen. Zur Anwendbarkeit von § 1 AStG bei Darlehenshingabe über die Grenze vgl BMF BStBl I 11, 277; 16, 455; BFH BStBl II 16, 261; 16, 258; *Eberhard* DStR 09, 2226; *Dörfler/Adrian* SteuK 09, 8; *Watermeyer* GmbH-StB 09, 220).

Das JStG 08 hat in Abs 3 die S 4 bis 8 eingefügt. Durch diese Regelungen soll das in Rz 88 geschilderte Problem gelöst werden, in dem **Gewinnminderungen aus gesellschaftsrechtlich veranlassten Darlehen** unter das Abzugsverbot des Abs 3 S 3 subsumiert werden (ausf *Kosner/Kaiser* DStR 12, 925). Die Regelungen gelten ab VZ 08 (§ 34 I). Aus Sicht der FinVerw handelt es sich um eine Klarstellung, aus Sicht der Rechtsprechung und Literatur um eine substantielle Änderung (BFH BStBl 09, 674, *Watermeyer* GmbH-StB 08, 81; *Altrichter-Herzberg* GmbHR 08, 337; vgl Rz 88). S 4 bis S 8 sind uE überschießend formuliert und verletzen das Leistungsfähigkeitsprinzip, da Gewinnminderungen an den betroffenen Darlehen unberücksichtigt bleiben, Gewinne aber zu versteuern sind. Insoweit ist S 8 nicht ausreichend. Nach der Rechtsprechung sind die Regelungen verfassungsgem (vgl BFH BStBl II 14, 859; FG BaWü EFG 15, 764; FG Münster EFG 16, 1810). Zu weiterhin anfallenden Fragen in der Praxis vgl *Lorenz* NWB 14, 2840. Betroffen sind Gesellschafter, die zu mehr als 25% unmittelbar oder mittelbar am Grund- oder Stammkapital der Körperschaft, der das Darlehen gewährt wurde, beteiligt sind oder waren (vgl *Gosch* § 8b Rz 279c). Nach dem Gesetzeswortlaut reicht das Bestehen einer „wesentlichen Beteiligung" zu irgendeinem Zeitpunkt aus. Sie muss im Zeitpunkt des Eintritts der Gewinnminderung nicht mehr vorliegen. Von einer gesellschaftsrechtlichen Veranlassung kann uE nur ausgegangen werden, wenn im Zeitpunkt der Darlehenshingabe oder im Zeitpunkt der Hingabe der Sicherheit das qualifizierte gesellschaftsrechtliche Verhältnis bestand. Die Rechtsprechung lässt es genügen, wenn der Gesellschafter zu irgendeinem Zeitpunkt während der Darlehenslaufzeit das Beteiligungserfordernis erfüllt (BFH BStBl II 14, 859). **Abs 3 S 4** unterwirft Gewinnminderungen im Zusammenhang mit einem Darlehen oder aus den Inanspruchnahmen von Sicherheiten, die für ein Darlehen hingegeben wurden, dem Abzugsverbot des Abs 3 S 3. Zur Abgrenzung des Darlehensbegriffs vgl FG Münster EFG 16, 1810. Gewinnminderung idS sind Teilwertabschreibung, Ausfall der Forderung iRd Insolvenz oder iRd Liquidation sowie der Forderungsverzicht. Bei Letzterem ist iHd werthaltigen Teils eine verdeckte Einlage, iHd nicht werthaltigen Teils eine Gewinnminderung iSv Abs 3 S 4 gegeben. Laufende Aufwendungen (zB Refinanzierungskosten) sind vom Abzugsverbot nicht betroffen. Entsprechendes gilt bei der Inanspruchnahme aus Sicherheiten. Zivilrechtlich entsteht im Zeitpunkt der Inanspruchnahme aus der Sicherheit eine Rückgriffsforderung gegen die Körperschaft. Aus dieser Rückgriffsforderung können die oben angegebenen Gewinnminderungen gleichfalls resultieren. Sicherungsgeber muss der qualifizierte Gesellschafter sein, die Person des Sicherungsnehmers ist unerheblich. Es kann sich um andere Anteilseigner, nahe stehende Personen oder auch fremde Dritte (insbesondere Banken) handeln. Ausf zu den Rechtsfolgen und zum Verhältnis von § 8 III 2 zu Abs 3 S 4 bis 8 vgl *Eberhard* DStR 09, 2226. **Abs 3 S 5** dehnt das Abzugsverbot auf Gewinnminderungen von dem qualifizierten Gesellschafter nahe stehende Personen iSv § 1 II AStG aus. Nach Abs 3 S 5 2. HS sind auch Gewinnminderungen aus dem Rückgriff eines Dritten auf den qualifiziert beteiligten Anteilseigner oder auf eine diesen nahe stehende Person nicht anzuerkennen. Diesbezüglich ist fraglich, in welchem Verhältnis diese Regelung zu Abs 3 S 4 steht. Sofern man den Rückgriff iS eines rechtlichen Anspruchs oder einer dinglichen Sicherheit definiert, dürfte Abs 3 S 4 iVm Abs 3 S 5 1. HS die Konstellation bereits abdecken. In der Literatur wird daher ein weiter Rückgriffsbegriff vertreten, der eine Gewinnminderung aufgrund einer faktischen Rückgriffsmöglichkeit erfasst. Danach soll eine Einschränkung auf sog Back-to-back-Fälle nicht stattfinden (vgl *Dötsch/Pung* DB 07, 2670). Zur Vermeidung der Wirkungen von S 4 u S 5 durch Zwischenschalten einer Mitunternehmerschaft vgl *Prinz* in FS Schaumburg 09, 471. **Abs 3 S 6** sieht eine Escape-Klausel vor. Die Regelung ist § 8a I 1 Nr 2 nachempfunden. Der qualifizierte Gesellschafter kann sich durch die Möglichkeit eines Drittvergleichs vom Betriebsausgabenabzugsverbot entlasten. Der Drittvergleich ist auf den Zeitpunkt der Darlehensgewährung bzw der Nichtausübung eines Kündigungsrechts zu führen. Für den Drittvergleich iSv Abs 3 S 6 2. HS dürfen nur die eigenen Sicherungsmittel der darlehensempfangenden Gesellschaft berücksichtigt werden (vgl *Melchior* DStR 07, 2236). Damit hat die Regelung regelmäßig den Ausschluss des Drittvergleichs zur Folge. Wird der Drittvergleich erfolgreich geführt, ist eine gesellschaftsrechtlich veranlasste Darlehens- oder Sicherheitshingabe nicht gegeben, so dass eine Gewinnminderung nach Abs 3 S 3 ausscheidet. **Abs 3 S 7** weitet das Betriebsausgabenabzugsverbot auf Gewinnminderungen aus einer Darlehensgewährung wirtschaftlich vergleichbarer Sachverhalte aus. Dies zielt insbesondere auf die kapitalersetzende Nutzungsüberlassung, aus der eine Wertminderung zB in Form des Wertverlusts im überlassenen Wirtschaftsgut resultiert (vgl *Häuselmann* BB 07, 1533). Auch hier muss das Wirtschaftsgut vom qualifiziert beteiligten Gesellschafter bzw einer diesem nahestehenden Person oder einem rückgriffsberechtigten Dritten zur Verfügung gestellt werden. Der Drittvergleich nach Abs 3 S 6 kann auch bei dieser Fallkonstellation geführt werden. Diesbezüglich bestehen im Hinblick auf den Bestimmtheitsgrundsatz allerdings berechtigte Zweifel (vgl *Watermeyer* GmbH-StB 08, 83). Spiegelbildlich zur Nichtanerkennung der Wertminderung spricht **Abs 3 S 8** aus, dass ein später entstehender Wertaufholungsgewinn auf die Forderung gegen die Körperschaft insoweit steuerfrei bleibt, als die vorangegangene Gewinnminderung nach Abs 3 S 3 nicht anerkannt worden ist. Nicht nachvollziehbar ist die Beschränkung auf einen Wertaufholungsgewinn. Abs 3 S 8 ist analog anzuwenden auf sämtliche Gewinne, die im Zusammenhang mit der unter Abs 3 S 4 subsumierten Forderung stehen (zB Abtretung im Rahmen einer Veräußerung). Zum Problem von Konfusionsgewinnen bei Verschmelzung vgl *Behrendt/Klages* GmbHR 10, 190, zur Behandlung ausländ Forderungsverluste vgl *Winhard* FR 10, 686.

**90** Nach dem Wortlaut des Gesetzes greift das Abzugsverbot nach Abs 3 S 3 auch, wenn die Anteile wegen Unterschreitens der **7-Jahresfrist** (Abs 4 aF) stpfl veräußert werden. Dies ist ein systemwidriges und unbilliges Ergebnis (*Watermeyer* in H/H/R § 8b Rz 106; *Haritz* DStR 00, 1544; aA *Pung* in D/P/M § 8b Rz 183 aE).

**91** Die **zeitliche Anwendung** von Abs 3 korrespondiert grds mit der zeitlichen Anwendung von Abs 2 (vgl Rz 77). Wegen der vorzeitigen Anwendbarkeit des Gewinnminderungsverbots für ausländische KapGes hatte der BFH (BStBl II 07, 945) den EuGH angerufen. Betroffen ist VZ 01, da ab VZ 02 Inlands- und Auslandsbeteiligungen gleichbehandelt werden. Der EuGH (DStRE 09, 225) hat einen Verstoß gegen die Kapitalverkehrsfreiheit angenommen. Abs 3 ist europarechtskonform dahin auszulegen, dass das Abzugsverbot für Teilwertabschreibungen auf ausländ Beteiligungen zeitgleich mit der Anwendung der Regelung für inländ Beteiligungen, also ab 02, in Kraft tritt (BFH BFH/NV 11, 147; FG D'dorf EFG 10, 591; FG Köln EFG 10, 1163; BMF BStBl I 08, 940; I 11, 40; I 12, 529). Auch für Beteiligungen an ausl KapGes in Drittstaaten gilt dies (vgl *Intem* NWB 09, 2889; *Trossen* GmbH-StB 07, 266; *Roser* AG 07, 655). Die FinVerw sah dies so nur bei (Drittstaaten)Beteiligungen unter 10% (BMF BStBl I 12, 529), hat diese Auffassung jedoch aufgegeben und stellt nicht mehr auf eine bestimmte Beteiligungshöhe ab (BMF BStBl 16, 478; Anm dazu *Lange* DB 16, 1284). In Bezug auf Körperschaften aus einem Drittstaat sei jedoch die Anwendung von § 2a EStG zu prüfen. Das BVerfG (BGBl I 14, 255) hat die zeitliche Anwendung von § 43 Abs 18 KAGG idF v 22.12.03 (Anwendung von § 40a I 2 KAGG iVm § 8b III) für verfassungsgemäß erklärt. Der BFH hat dies im Anschluss umgesetzt (DStRE 14, 1374; 15, 1051). Das BMF-Schreiben v 25.7.16 (BStBl I 16, 763) setzt diese Rspr sowie die EuGH-Rspr (DStRE 09, 223) um (vgl dazu *Köhler,* DStR 16, 1895).

**9. Streubesitzdividende (Abs 4):** Abs 4 schränkt die Dividendenfreistellung nach Abs 1 ein für sog Streubesitzdividenden (Beteiligung unter 10%), die nach dem **28.2.13** zufließen (§ 34 VIIa 2 aF; zur Rückwirkung vgl *Schönfeld* DStR 13, 937). Das Teileinkünfteverfahren greift nach hM bei der Vereinnahmung von Streubesitzdividenden nicht. Abs 4 ist insoweit lex specialis. Die Dividenden sind voll stpfl (*Gosch* § 8b Rz 2875; vgl auch *Joisten/Vostel* FR 14, 794; *Rüsch/Moritz* DStR 15, 2305; *Rathke/Ritter* DStR 14, 1207). Für Altfälle wurde für beschr steuerpfl Körperschaften mit § 32 V ein Erstattungsverfahren eingeführt. Mit Urteil v 20.10.11 hatte der **EuGH** den deutschen Gesetzgeber im Hinblick auf die Dividendenbesteuerung im Konzern zum Handeln gezwungen. Nach Auffassung des EuGH war die unterschiedliche Besteuerung von Dividenden aus TochterGes auf der Ebene der MutterGes, abhängig von der Ansässigkeit der MutterGes im Inoder (EU-)Ausland, **europarechtswidrig** (EuGH DStR 11, 2038). Bei Beteiligungen ausländ MutterGes an inländ KapGes mit einer Beteiligungsquote von weniger als 10% kam es bei Ausschüttungen gem § 32 I Nr 2 KStG aF, § 43b EStG zur definitiven Belastung mit KapErtrSt (ausf *Wiese/Lay* GmbHR 13, 404; *Benz/Jetter* DStR 13, 489; *Intemann* BB 13, 1239). Gewinne aus der Veräußerung von Streubesitzbeteiligungen bleiben somit nach wie vor gem Abs 2 von der Besteuerung ausgenommen (zur Diskussion über die vom Gesetzgeber zwischenzeitlich wiederaufgegebene Erweiterung von Abs 4 auf Veräußerungsgewinne vgl *Rogal/Dreßler* BB 15, 2009; *Kotten/Heinemann* DStR 15, 1889; *Ritzer/Stangl* DStR 15, 2207; *Höring* DStZ 15, 835; *Haselmann/Albrecht* DStR 15, 2212). Diese Art der Beseitigung der europarechtswidrigen Differenzierung bei der Besteuerung von Dividenden an in- bzw ausländische MutterGes stellt einen Systembruch dar (ebenso *Intemann* BB 13, 1239; *Wiese/Lay* GmbHR 13, 404; vgl auch *Haisch/Helios* DB 13, 724; *Schönfeld* DStR 13, 937; *Benz/Jetter* DStR 13, 489). Zur Beseitigung des europarechtlichen Problems hat der Gesetzgeber die einheitliche Befreiung von einer systemwidrigen Doppelbesteuerung von Dividenden bzw von den Gewinnen aus der Veräußerung von Tochterkapitalbeteiligungen aufgegeben. Die **gewerbesteuerliche Regelung** zur Schachteldividende (§ 8 Nr 5 iVm § 9 Nr 2a GewStG) bleibt von der Neuregelung des Abs 4 unberührt. Zur Verfassungsmäßigkeit von Abs 4 und § 9 Nr 2a GewStG vgl FG Hbg EFG 17, 1117, Rev BFH I R 29/17. Hinzuweisen ist darauf, dass die gewerbesteuerliche Regelung auf eine 15%-Beteiligung bzw das Eingreifen der Mutter-Tochter-Richtlinie abstellt. IdR greift die körperschaftsteuerliche Freistellung damit immer, wenn die gewerbesteuerliche Freistellung greift. Umgekehrt gilt dies aufgrund der höheren gewstlichen Anforderungen nicht. Zum Verhältnis zur Hinzurechnungsbesteuerung *Melkonyan/Kudert* Ubg 15, 132. 92

**Nach Abs 4 S 1** gilt die Steuerbefreiung für Dividenden auf der Ebene der MutterGes nicht, wenn die Dividende aus einer Beteiligung resultiert, die nicht **mindestens 10%** am Grund- oder Stammkapital der TochterGes vermittelt (zu Vermeidungsstrategien durch sog Participation Exemption Shopping vgl *Broemel* IStR 15, 644). Sollte die Körperschaft über kein Grund- oder Stammkapital verfügen, ist auf die Beteiligung am Vermögen der ausschüttenden Herrschaft abzustellen. Bei Genossenschaften kommt es auf die Beteiligung an der Summe der Geschäftsguthaben an. In die Beteiligungsquote sind auch schuldrechtl Rechtsposi- 93 tionen einzubeziehen. Dies gilt insbesondere für Genussrechte. Genussrechte können beteiligungsähnlich ausgestaltet sein. Dann unterfallen sie auch der Steuerfreistellung gem Abs 2. Insoweit ist es systemkonform, entsprechende Genussrechte auch als Beteiligung gem Abs 4 zu qualifizieren (vgl BMF BStBl I 03, 292, Tz 24; *Intemann* BB 13, 1239; *Haisch/Helios* DB 13, 724; *Wiese/Lay* GmbHR 13, 404). Die 10%-Beteiligung muss von der Muttergesellschaft **unmittelbar** gehalten werden. Über Tochter- oder Schwestergesellschaften gehaltene Beteiligungen werden in die Berechnung der Beteiligungsquote nicht mit einbezogen. Auch im **Organschaftsverhältnis** findet eine Zusammenrechnung der von Organträger und Organgesellschaften gehaltenen Beteiligungen nicht statt (vgl § 15 S 1 Nr 2). Für die Ermittlung der Beteiligungsquote gelten uE die allgemeinen Grundsätze. Ausgangspunkt ist das Zivilrecht, daneben ist nach § 39 AO die wirtschaftliche Betrachtungsweise anzustellen. Für den Fall, dass eine Kapitalerhöhung zum Handelsregister angemeldet ist, die Eintragung aber erst nach dem 1.1. erfolgt, vgl FG Köln EFG 16, 1542.

94 Nach **Abs 4 S 2** ist bei der Ermittlung der Beteiligungsquote **§ 13 II 2 UmwStG** nicht anzuwenden. Die Umwandlung einer KapGes auf eine andere KapGes im Wege der Verschmelzung, Abspaltung oder Aufspaltung führt dazu, dass auf der Ebene der Gesellschafter die Anteile am übertragenden Rechtsträger untergehen und neue Anteile am übernehmenden Rechtsträger erworben werden. § 13 II 2 UmwStG regelt für diese Fälle, dass die Anteile an der übernehmenden Ges an die Stelle der Anteile an der übertragenden Ges treten (Fußstapfentheorie). Gem Abs 4 S 2 soll dies für Zwecke der Ermittlung des Beteiligungsumfangs iSv Abs 4 nicht gelten.

**Beispiel:** Die A-AG ist im Umfang von 50% an der B-GmbH beteiligt. Die B-GmbH wird auf die C-GmbH verschmolzen. Nach der Verschmelzung ist die A-AG noch mit 9% an der C-GmbH beteiligt. Die Verschmelzung wird am 1.4.13 eingetragen. Am 1.7.13 vereinnahmt die A-AG die Dividende von der C-GmbH. Die Dividendenfreistellung greift nicht. Zu Jahresbeginn war die A-AG nicht an der C-GmbH beteiligt. Im Zeitpunkt der Vereinnahmung der Dividende ist sie es mit nur 9%. Entgegen der Regelung des § 13 II 2 UmwStG lebt in der Beteiligung an der C-GmbH der „Charakter der Nicht-Schachtelbeteiligung" an der B-GmbH in den Anteilen an der C-GmbH nicht fort (ausf *Benz/Jetter* DStR 13, 489).

95 **Abs 4 S 3** sieht für den Fall der **Wertpapierleihe** vor, dass die Anteile, die Gegenstand der Leihe sind, für die Ermittlung der Beteiligungsquote dem Verleiher zuzurechnen sind. Für die materiell-rechtliche Zurechnung gelten die allgemeinen Grundsätze (§ 20 V EStG, § 39 II AO). Abs 4 S 3 gilt nur für die Ermittlung der Beteiligungsquote im Rahmen von Abs 4 (*Haisch/Helios* DB 13, 724).

96 Nach **Abs 4 S 4 u S 5** werden Beteiligungen, die über eine **Mitunternehmerschaft** gehalten werden, den beteiligten Mitunternehmern entsprechend ihrer Beteiligung an der Mitunternehmerschaft anteilig zugerechnet. Es erfolgt also eine mitunternehmerbezogene Ermittlung der Beteiligungsquote. Zur verfahrensrechtlichen Erfassung der Beteiligungsquote im Feststellungsbescheid vgl *Herkens* GmbH-StB 16, 277. Bei dem jeweiligen Mitunternehmer werden zur Berechnung der Beteiligungsquote unmittelbar gehaltene Anteile und über die Mitunternehmerschaft gehaltene Anteile (anteilig) zusammengerechnet.

**Beispiel:** Die A-GmbH und die B-GmbH sind zu jeweils 50% an der C-OHG beteiligt. Die C-OHG ist zu 10% an der X-GmbH beteiligt. Die A-GmbH ist ebenfalls unmittelbar zu 5% an der X-GmbH beteiligt. Die X-GmbH schüttet aus. Für die A-GmbH gilt die Dividendenfreistellung, für die B-GmbH nicht.

97 **Abs 4 S 6** regelt eine **zeitliche Fiktion auf den jeweiligen Jahresbeginn** bei unterjährigem Erwerb. Es genügt nicht, wenn die Beteiligungsquote lediglich im Zeitpunkt der Vereinnahmung der Dividende aus der TochterGes erreicht ist. Es kommt vielmehr auf die Beteiligungsverhältnisse zu Beginn des Kalenderjahrs

an, in dem die Dividende vereinnahmt wird (Abs 4 S 1). Auf den Beginn des Kalenderjahrs ist auch dann abzustellen, wenn die MutterGes ein vom Kalenderjahr abweichendes Wirtschaftsjahr hat. Es ist auch dann der Beginn des Kalenderjahrs maßgeblich, indem die Dividende auf der Ebene der MutterGes steuerlich zu erfassen ist (vgl *Intemann* BB 13, 1239).

**Unterjähriges Absinken:** Ein unterjähriges Absinken der Beteiligung unter die 10%-Quote ändert an der Anwendbarkeit der Steuerfreistellung der Dividende nach Abs 1 S 1 nichts. Nach dem eindeutigen Wortlaut kommt es lediglich auf den Beginn des jeweiligen Jahrs an (so auch OFD Frankfurt DStR 14, 427). 97a

**Beispiel:** Die A-GmbH ist am 1.1.13 mit 15% an der B-GmbH beteiligt. Im Juni 13 veräußert die A-GmbH einen Geschäftsanteil im Umfang von 6%. Im August vereinnahmt die A-GmbH die Dividende für das Geschäftsjahr 12. Die Dividendenfreistellung findet Anwendung. Dasselbe gilt, wenn die A-GmbH die 15%-Beteiligung an der B-GmbH im Februar 16 erwirbt und im Juni 16 die Veräußerung von 6% erfolgt.

**Unterjährige Erhöhung:** Die unterjährige Erhöhung der Beteiligung auf die 10%-Quote oder mehr ist uE nicht klar geregelt (ebenso *Mössner* IStR 14, 497). Nach dem Wortlaut gilt der Erwerb einer Beteiligung von mindestens 10% als zu Beginn des Kalenderjahrs erfolgt (Abs 4 S 6). Unter Erwerb ist jedenfalls nicht nur der derivative Erwerb, sondern auch die unterjährige Beteiligung im Rahmen der Neugründung der TochterGes oder im Rahmen einer Kapitalerhöhung zu verstehen. Die erforderliche Beteiligungsquote ist damit fraglos erreicht, wenn im Jahr der Vereinnahmung der Dividende eine Beteiligung (zB GmbH-Geschäftsanteil, Aktie), die mindestens 10% am Stamm- oder Grundkapital vermittelt, erworben wird. Dasselbe muss gelten, wenn mehrere Anteile einheitlich **„im Paket"** erworben werden, die in der Summe die 10%-Grenze erreichen, denn an ein und derselben KapGes kann es nur eine Beteiligung des Dividendenempfängers geben (*Bolik/Zöller* DStR 14, 782; aA OFD Frankfurt DStR 14, 427, allerdings nur für 10%). Dies gilt unabhängig davon, ob die MutterGes zu Beginn des Kalenderjahrs überhaupt an der TochterGes beteiligt war oder nicht. 97b

**Beispiel:** Die A-GmbH erwirbt im Juni 16 zehn Aktien an der B-AG. Die zehn Aktien repräsentieren 10% am Grundkapital der B-AG. Im Oktober 16 vereinnahmt die A-GmbH die Dividende für das Geschäftsjahr 15. Die Dividendenfreistellung findet Anwendung. Das gilt unabhängig davon, ob die A-GmbH vor Erwerb des 10%-Pakets bereits an der B-AG (unter 10%) beteiligt war. War die A-GmbH an der B-AG am 1.1.16 mit 5% beteiligt und erwirbt sie im Oktober 16 weitere 10%, gilt die Dividendenfreistellung aufgrund der zeitlichen Fiktion auch dann, wenn die Dividende bereits im August 2016 vereinnahmt wurde.

Der Wortlaut der Neuregelung legt nahe, dass die zeitliche Fiktion auf den Beginn des Kalenderjahrs nur gelten soll, wenn der **unterjährige (Paket-)Erwerb selbst die 10%-Quote** erreichen muss (so OFD Frankfurt DStR 14, 427). Diese Auslegung der Norm führt allerdings zu einem Ergebnis, das mit Sinn und Zweck der Regelung in keiner Weise zu vereinbaren ist. Darüber hinaus kommt es bei dieser Lesart zu nicht lösbaren Abgrenzungsproblemen. Vom Sinn und Zweck der Regelung her kann es nicht darauf ankommen, ob der unterjährige Beteiligungserwerb selbst die 10%-Grenze erreicht oder die 10%-Grenze nur erreicht wird, wenn die zu Beginn des Kalenderjahrs oder später bereits bestehende Beteiligung durch einen weiteren Erwerb oder weitere Erwerbe, die jeweils selbst nicht die 10%-Grenze erreichen, zusammengerechnet werden. Sowohl die Systematik von § 8b als auch der Sinn und Zweck der Einschränkung der Steuerfreistellung von Dividenden nach § 8b führen zu der Auslegung, dass es im Ergebnis darauf ankommt, dass die Gesellschaft zu irgendeinem Zeitpunkt im Jahr der Vereinnahmung der Dividende mit mindestens 10% am Grund- oder Stammkapital der TochterGes beteiligt war. Wird die 10%-Grenze zu irgendeinem Zeitpunkt im Jahr erreicht, gilt die zeitliche Fiktion auf den Jahresbeginn unabhängig von der konkreten Entwicklung der Beteiligungshöhe bis zum Jahresende (vgl *Bolik/Zöller* 97c

DStR 14, 782; *Haisch/Helios* DB 13, 724; *Intemann* BB 13, 1239). Anderenfalls sind Abgrenzungsprobleme nicht sachgerecht zu lösen (vgl *Adrian* GmbHR 14, 407; *Bolik/Zöller* DStR 14, 782; *Ernst* DB 14, 449; *Mössner* IStR 14, 497; *Binnewies* GmbH-StB 14, 242; GmbH-StB 13, 255). Es ist offensichtlich, dass ein gleichzeitiger (Paket-)Erwerb von mehreren Anteilen, die insgesamt 10% des Grund- oder Stammkapitals ausmachen, von der zeitlichen Fiktion erfasst sein muss. Wann aber ist von einem einheitlichen Erwerb auszugehen? Gilt dies auch für einen „gestückelten, zeitlich gestreckten Erwerb" (die A-GmbH erwirbt von Mai bis August in jedem Monat 3% aufgrund eines einheitlichen Erwerbsvertrags)?

**Beispiel 1:** Keine Beteiligung zu Jahresbeginn, unterjähriger Erwerb von 11%. Nach Auffassung der FinVerw greift die Rückbeziehungsregelung von § 8b IV 6 ein. Dies gilt wohl auch dann, wenn nicht ein GmbH-Geschäftsanteil oder eine Aktie erworben werden, die eine Beteiligung am Nennkapital von 11% vermitteln, sondern mehrere Anteile. Die FinVerw lässt einen „einheitlichen Paketerwerb" ausreichen. Dem ist im Ergebnis zuzustimmen. Allerdings erläutert die FinVerw nicht, was ein „Paketerwerb" sein soll. Kommt es auf ein einheitliches schuldrechtliches Geschäft an oder auch auf den zeitgleichen dinglichen Erwerb von einer Mehrzahl von Anteilen, die insgesamt das Quorum erreichen. Ist beispielsweise der in einem Vertrag einheitlich vereinbarte schuldrechtliche Erwerb von 3 × 4%, wobei die Abtretung auf drei unterschiedliche Termine im Jahr erfolgt, erfasst oder nicht? UE sind auch diese Konstellationen zu erfassen.

**Beispiel 2:** Beteiligungshöhe zu Beginn des Jahres 4%, unterjähriger Erwerb von 7%. Die FinVerw geht von einer Streubesitz-Beteiligung aus. Ein Zusammenrechnen der anfänglichen Beteiligung mit der unterjährig erworbenen Beteiligung soll nicht erfolgen. Nachvollziehbar ist dies nicht. Nach der Systematik des § 8b kann es nur eine Beteiligung geben, die insgesamt das Quorum erreicht oder nicht. Diese Beteiligung kann durchaus aus unterschiedlichen Anteilen bestehen, die zu unterschiedlichen Zeitpunkten erworben wurden. Dies ändert aber nichts daran, dass sowohl nach der Systematik, als auch nach Sinn und Zweck von Abs 4 eine Streubesitz-Beteiligung nicht gegeben ist. Dies wird auch dadurch belegt, dass auch nach Auffassung der FinVerw im Folgejahr zum 1.1. von einer einheitlichen Beteiligung ausgegangen wird, die das Quorum der Streubesitz-Beteiligung überschreitet. Diese – nach der Auffassung der FinVerw gegebene – mit dem Wortlaut aber nicht zu erklärende „Vereinigung" mehrerer Beteiligungen zu einer Beteiligung belegt, dass auch im Jahr des Erwerbs eine Einheitsbetrachtung anzustellen ist (*Balik/Zöller* DStR 14, 782).

**Beispiel 3:** Beteiligungshöhe zum Jahresbeginn 4%, unterjähriger Erwerb von 11%. In diesem Fall soll nach Auffassung der FinVerw zu differenzieren sein. Soweit die Ausschüttung auf die hinzuerworbene Beteiligung entfällt, soll sie steuerfrei sein. Soweit die Ausschüttung auf die zu Beginn des Jahres bestehende Beteiligung im Umfang von 4% entfällt, soll eine StPflicht gegeben sein. Diese isolierte Betrachtungsweise ist mit der Systematik der Regelung von § 8b nicht vereinbar. Danach ist eine einheitliche Betrachtung der Beteiligung insgesamt aufzustellen. Die unterschiedliche steuerliche Behandlung von einzelnen Anteilen, die insgesamt die Beteiligung ausmachen, ist § 8b fremd. Systematische Konsequenz der Auffassung der FinVerw müsste sein, dass die Gesellschaft anteilsbezogen und nicht nur gesellschafterbezogen inkongruent ausschütten können muss. Die Fragwürdigkeit eines solchen Vorgehens belegt die unzutreffende Konsequenz der Auffassung der FinVerw.

**Beispiel 4:** Keine Beteiligung zum Jahresbeginn, drei unterjährige Erwerbe von jeweils 20%, 7% und 4%. Auch in dieser Konstellation will die FinVerw anteilsbezogen differenzieren. Dies ist mit dem Gedanken der Streubesitz-Beteiligung nicht vereinbar. Die Frage, ob Streubesitz vorliegt oder nicht, wird grds beteiligungsbezogen und nicht anteilsbezogen betrachtet. Hintergrund der differenzierten Behandlung von Streubesitz ist, dass Streubesitz-Beteiligungen typischerweise keinen unternehmerischen Einfluss vermitteln. Die Möglichkeit der unternehmerischen Einflussnahme hängt aber nicht davon ab, ob sich das 10%-Quorum aus einem Anteil oder mehreren Anteilen zusammensetzt. Ebenso wenig ist ausschlaggebend, ob diese zu einem oder unterschiedlichen Zeitpunkten erworben wurden.

**Beispiel 5:** Keine Beteiligung zu Jahresbeginn, Hinzuerwerb von 5% von Veräußerer 1 und 5% von Veräußerer 2. Auch in dieser Fallkonstellation geht die FinVerw nicht von einem einheitlichen Erwerb aus. Dies dürfte dann wohl auch der Fall sein, wenn von einem Veräußerer eine 10%-Beteiligung, einem zweiten Veräußerer eine 5%-Beteiligung und von einem dritten Veräußerer eine weitere 5%-Beteiligung erworben wird. Auch eine solche Differenzierung ist der Systematik des § 8b fremd und mit dem Sinn und Zweck der Regelung offensichtlich nicht zu vereinbaren.

**Beispiel 6:** Erwerb von 15% und Veräußerung von 10% im gleichen Jahr. Hier geht die FinVerw von einem rückbezugsfähigen Beteiligungserwerb aus. Ob dieser unterjährig, vor Vollzug der Ausschüttung, unter das 10%-Qorum absinkt, soll nicht entscheidend sein. Dem ist zuzustimmen (vgl *Binnewies* GmbH-StB 13, 255).

Gem **Abs 4 S 7** finden das **Betriebsausgabenabzugsverbot** nach § 3c EStG **97d** sowie die Fiktion nach Abs 5 keine Anwendung, wenn nach Abs 4 die Dividendenfreistellung nach Abs 1 nicht eingreift. Laufende Aufwendungen im Zusammenhang mit einer Schachtelbeteiligung sind abzugsfähig. Für Gewinnminderungen aus Anteilen (Teilwertabschreibung, Veräußerungsverluste) findet Abs 3 S 3 auch bei Streubesitzbeteiligungen Anwendung.

*10. **Ausnahmen (Abs 4 aF).*** *Abs 4 aF regelt **Ausnahmen** von der Anwendung des* **98** *Abs 2. Die missbräuchliche Inanspruchnahme der Begünstigung aus Abs 2 soll verhindert werden. Abs 4 aF ist ab VZ 07 nur noch für einbringungsgeborene Anteile iSv § 21 UmwStG aF und für Anteile iSv Abs 4 S 1 Nr 2 aF, die auf einer Übertragung bis zum 12.12.06 beruhen, anwendbar. Die Aufhebung von Abs 4 im Übrigen wurde durch das SEStEG v 7.12.06 ermöglicht, dass die Besteuerung einbringungsgeborener Anteile, die durch Einbringungen ab dem **13.12.06** entstanden sind, grundlegend neu geregelt und zum Wegfall des Bedürfnisses für den von Abs 4 aF bezweckten Umgehungsschutz geführt hat. Abs 4 aF beseitigt die Freistellung des Veräußerungsgewinns nach Abs 2 im Wesentlichen für die Fälle, in denen die veräußerten Anteile durch Einbringung nicht nach Abs 2 begünstigten Vermögens (sachliche Sperre) bzw durch Einbringung von nicht durch Abs 2 begünstigte Personen (persönliche Sperre) entstanden sind. Die Versteuerung innerhalb der 7-jährigen Sperrfrist führt entsprechend dem alten System der Besteuerung einbringungsgeborener Anteile zur Veräußerung der stillen Reserven im Zeitpunkt der Veräußerung. Der BFH qualifiziert die Ausnahme von der Steuerfreistellung als verfgem (BFH/NV 15, 1446).*

*Das **SEStEG** hat dieses Konzept für Anteile, die durch Einbringungen ab 13.12.06* **99** *entstanden sind, grundlegend geändert. Anstatt der vollständigen nachträglichen Versteuerung der stillen Reserven im Zeitpunkt der Veräußerung einbringungsgeborener Anteile wird gem § 20 II UmwStG nunmehr nachträglich der zugrunde liegende Einbringungsvorgang besteuert, wenn die einbringungsgeborenen Anteile innerhalb von sieben Jahren veräußert werden. Nach wie vor kann bei Vorliegen der Voraussetzungen von § 20 II UmwStG (insbesondere das Weiterbestehen des unbeschränkten deutschen Besteuerungsrechts) die Einbringung in KapGes gegen Gewährung von Anteilen zu Buchwerten erfolgen. Der Wertansatz der die Wirtschaftsgüter aufnehmenden KapGes bestimmt auf der Seite des Einbringenden die Höhe der Anschaffungskosten für die erhaltenen Anteile. Werden die erhaltenen Anteile innerhalb von sieben Jahren nach der Einbringung veräußert, kommt es zur nachträglichen Besteuerung des Einbringungsgewinns, wobei sich dieser Gewinn mit Ablauf eines jeden Jahres um* $^{1}/_{7}$ *verringert. Im Umfang der Nachversteuerung kommt es zu einer Höherbewertung des eingebrachten Vermögens bei der übernehmenden KapGes, die von den höheren Werten abschreiben kann und einer Höherbewertung der Anschaffungskosten der für die Einbringung erhaltenen Anteile beim Einbringenden. Die Nachversteuerung des Einbringungsvorgangs erfolgt ohne Begünstigung (Abs 2 sowie § 3 Nr 40 EStG sind nicht anwendbar). Die Differenz zwischen dem nachversteuerten Wert und dem Veräußerungserlös unterliegt bei natürlichen Personen dem Halbeinkünfteverfahren, bei Körperschaften der Begünstigung nach Abs 2. In der Praxis problematisch wird das Problem, dass ggf die Werte zum Zeitpunkt der Einbringung sieben Jahre rückwärts festgestellt werden müssen. Problematisch ist ferner das zeitliche Nebeneinander zwischen altem System nach Abs 4 aF sowie neuem System nach §§ 20ff UmwStG. Abs 4 aF gilt noch bis zum Ende einer im Zeitpunkt des Inkrafttretens des SEStEG bereits laufenden 7-Jahresfrist, da für einbringungsgeborene Anteile alten Rechts die bisherigen Vorschriften weiter gelten. Werden einbringungsgeborene Anteile alten Rechts eingebracht, unterliegen auch die im Gegenzug erhaltenen neuen Anteile den Regelungen einbringungsgeborener Anteile alten Rechts (vgl Dötsch/Pung DB 06, 2763).*

*Der steuerneutrale Verkauf von Betrieben oder Teilbetrieben unter Nutzung der Möglich-* **100** *keiten der steuerneutralen Einbringung nach § 20 UmwStG aF soll verhindert werden. Dies* *betrifft die Einbringung von Teilbetrieben oder Anteilen an PersGes durch eine KapGes in eine KapGes und die anschließende steuerfreie Veräußerung des als Gegenleistung erhaltenen Anteils an der KapGes, sog* ***sachliche Sperre*** *nach Abs 4 S 1 Nr 1 aF. Eine entsprechende Veräußerung des Teilbetriebs oder Mitunternehmeranteils durch eine Körperschaft könnte nicht steuerfrei erfolgen. Die Umgehung soll verhindert werden.*

101 *Abs 4 S 1 Nr 2 aF soll verhindern, dass die Steuerbefreiung des Abs 2 von natürlichen Personen in Anspruch genommen wird, die dem nach § 8b begünstigten Personenkreis nicht unterfallen, sog* ***persönliche Sperre.*** *Nicht begünstigte Personen hätten sonst über die steuerneutrale Einbringung einer KapBeteiligung in eine Körperschaft und die anschließende Weiterveräußerung der Anteile durch diese Körperschaft die Möglichkeit, die Versteuerung eines Veräußerungsgewinns aus dem Verkauf einer Kapitalbeteiligung im Halbeinkünfteverfahren zu umgehen und den Gewinn in der ErwerberKapGes steuerfrei zu parken.*

102 *Abs 4 aF korrespondiert mit § 3 Nr 40 S 3 und 4 EStG aF. Die Versagung des Halbeinkünfteverfahrens bei natürlichen Personen wird unter denselben Voraussetzungen versagt wie das Freistellungsverfahren bei Körperschaften.*

103 *Bei der nach* ***Abs 4 S 1 Nr 1 oder Nr 2 aF*** *ausgeschlossenen Steuerbefreiung verbleibt es, wenn der nach Abs 2 begünstigte Vorgang später als 7 Jahre nach dem Zeitpunkt des Erwerbs der betreffenden Anteile stattfindet, sog* ***7-jährige Sperrfrist*** *(Abs 4 S 2 Nr 1 aF). Anteile, die nicht einbringungsgeboren oder nicht von einer nicht von Abs 2 begünstigten Person unter dem Teilwert erworben wurden, können sofort unter Inanspruchnahme der Begünstigung nach Abs 2 veräußert werden. Das gilt auch, wenn diese Anteile zum Buchwert erworben wurden, zB bei Anwendung des Tauschgutachtens, bei Realteilung einer PersGes oder im Rahmen der Begründung einer Betriebsaufspaltung (vgl Pung in D/P/M § 8b Rz 330).*

104 ***Abs 4 S 2 aF*** *enthält neben der Rückausnahme des Ablaufs der 7-jährigen Sperrfrist (Nr 1) in Nr 2 die weitere* ***Rückausnahme*** *für die Fälle, in denen einbringungsgeborene Anteile durch nationalen oder EU-grenzüberschreitenden Anteilstausch gegen solche Anteile ausgetauscht werden, für deren Veräußerung die Begünstigung nach Abs 2 hätte in Anspruch genommen werden können. Damit ist die Veräußerung dieser Anteile nach Abs 2 freigestellt, wenn die Anteile nicht unmittelbar oder mittelbar auf eine Einbringung iSv § 20 I S 1 oder § 23 I–III UmwStG aF durch eine nicht durch Abs 2 begünstigte Person (natürliche Person, Mitunternehmerschaft mit natürlichen Personen als Gesellschafter) innerhalb der 7 jährigen Frist beruhen. Im Ergebnis kommt die Sperre aus S 1 Nr 1 und 2 aF nicht zum Tragen, wenn einbringungsgeborene Anteile erst nach Ablauf der 7-jährigen Sperrfrist veräußert werden oder zwar innerhalb der Sperrfrist die Veräußerung erfolgt, aber die Anteile auf einem nationalen oder EU-internationalen Anteilstausch nach § 20 II oder § 23 IV UmwStG aF durch eine von Abs 2 begünstigte Person beruhen.*

105 ***Abs 4 S 3 aF*** *regelt, dass die* ***Gewinnminderungen*** *nach Abs 3 auch dann steuerunwirksam sind, wenn nach Abs 4 eine Veräußerung stpfl wäre.*

106 *Als Konsequenz des Abs 4 aF ist im Fall der Beteiligungsveräußerung sowohl im Interesse des Veräußerers als auch des Erwerbers die Geschichte der Anteile mindestens für 7 Jahre nach zu verfolgen. Im Rahmen des Besteuerungsverfahrens hat im Zweifel die FinVerw den Nachweis der Voraussetzungen von Abs 4 S 1 zu erbringen. Bei Abs 2 handelt es sich nicht um eine Steuervergünstigung für die der Steuerpflichtige die* ***Darlegungslast*** *trägt. Die Freistellung der Veräußerungsgewinne ist systematisch die Regel. Hält ein AntE sowohl nach Abs 2 begünstigte als auch aufgrund von Abs 4 aF nicht begünstigte Anteile, werden im Zweifel die begünstigten Anteile veräußert, wenn sich aus der Veräußerungsvereinbarung nichts anderes ergibt (vgl Gosch § 8b Rz 302f).*

110 ***11.*** *Der* ***Ausschluss der Freistellung*** *nach Abs 2 durch* ***Abs 4 S 1 Nr 1 aF*** *betrifft* ***einbringungsgeborene Anteile alten Rechts*** *(§ 21 UmwStG aF, dazu Heinz GmbHR 03, 1474). Einbringungsgeborene Anteile iSv § 21 UmwStG aF entstehen durch Einbringung eines Betriebs, Teilbetriebs oder Mitunternehmeranteils nach § 20 I S 1 UmwStG aF zu Buchwerten oder Zwischenwerten durch Formwechsel einer PersGes in eine KapGes nach § 25 UmwStG aF, durch Einbringung einer mehrheitsvermittelnden Kapitalbeteiligung nach § 20 I 2 UmwStG aF zu Buchwerten oder Zwischenwerten (vgl BFH GmbHR 14,*

*1104; BFH BStBl II 13, 94), grenzüberschreitende Einbringung von Unternehmensteilen nach § 23 I–III UmwStG aF unter dem Teilwert, Anteilstausch durch Einbringung über die Grenze nach § 23 IV UmwStG aF unter dem Teilwert, durch Verlagerung von stillen Reserven nach den sog Grundsätzen der Wertabspaltung (Einbringung nach § 20 I S 1 UmwStG aF im Rahmen einer Kapitalerhöhung bei Schaffung weiterer und neuer Anteile, die ohne ein am Verkehrswert ausgerichtetes Aufgeld ausgegeben werden). Keine einbringungsgeborenen Anteile entstehen, wenn durch eine KapGes ein Betrieb, Teilbetrieb oder Mitunternehmeranteil innerhalb von drei Jahren seit Anschaffung zum Buchwert (§ 6 I Nr 5 EStG)* ***verdeckt eingelegt*** *wird.*

*Die Anteile fallen nicht mehr unter die sachliche Sperre nach Abs 4 S 1 Nr 1 aF, wenn eine Versteuerung der stillen Reserven nach § 21 II Nr 1 UmwStG aF auf Antrag oder nach § 21 II Nr 2 UmwStG aF wegen Ausscheidens aus der unbeschränkten Steuerpflicht erfolgt ist. In diesen Fällen entfällt der Charakter als einbringungsgeborene Anteile. Durch den* ***Wegfall*** *der Voraussetzung nach Abs 4 S 1 Nr 1 aF können die Anteile innerhalb der 7 jährigen Sperrfrist steuerfrei veräußert werden (vgl FinVerw BStBl I 03, 292 Tz 35). Der Antrag nach § 21 II Nr 2 UmwStG aF war sinnvoll, wenn für die Zukunft eine erhebliche Wertsteigerung der einbringungsgeborenen Anteile prognostiziert und eine Veräußerung innerhalb von 7 Jahren zu erwarten war. Rechtsfolge von Abs 4 S 1 Nr 1 aF ist die Steuerpflicht bzgl des Gewinns aus der Veräußerung einbringungsgeborener Anteile (es bestehen verfassungsrechtlich keine Bedenken, BFH GmbHR 15, 1104). Gleiches gilt bzgl der weiteren in Abs 2 begünstigten Tatbestände. Zu den Konsequenzen der Verschmelzung von KapGes, an denen Anteile nach Abs 4 S 1 Nr 1 bestehen vgl Schmitt BB 02, 435.* 111

***12.*** *Nach* ***Abs 4 S 1 Nr 2 aF*** *greift die Begünstigung des Abs 2 nicht ein, wenn die Anteile durch eine Körperschaft, Personenvereinigung oder Vermögensmasse unmittelbar, mittelbar oder über eine Mitunternehmerschaft von einem* ***Einbringenden,*** *der nicht dem* ***subjektiven Anwendungsbereich*** *von Abs 2 unterfällt, zu einem Wert unter dem Teilwert erworben wurden. Es handelt sich um einen Umgehungstatbestand, der die Besteuerung von Veräußerungsgewinnen für* ***natürliche Personen*** *nach dem* ***Halbeinkünfteverfahren*** *sichern soll. Die natürliche Person soll bei einer Veräußerung von Kapitalbeteiligungen nicht künstlich eine Körperschaft, die nach Abs 2 begünstigt wird, zwischenschalten und dort den Veräußerungsgewinn zu 95% (Abs 2 S 1 und Abs 3 S 1) steuerfrei thesaurieren können. Diese Einbringung durch den nicht nach Abs 2 Begünstigten kann unmittelbar, mittelbar oder über eine Mitunternehmerschaft erfolgen.* 116

***Unmittelbar*** *erfolgte sie, wenn die natürliche Person die Anteile direkt in die Körperschaft einlegten. Unter dem Teilwert erfolgte dies im Wesentlichen bei folgenden Fallgestaltungen: Einbringung einer mehrheitsvermittelnden Beteiligung gegen Gewährung von Gesellschaftsrechten nach § 20 I S 2 UmwStG (handelt es sich hier bei den eingebrachten Anteilen bereits um einbringungsgeborene Anteile wird Abs 2 durch Abs 4 S 1 Nr 1 und Nr 2 aF ausgeschlossen, ansonsten sind nur die als Gegenleistung erhaltenen Anteile einbringungsgeboren, nicht aber die in die Körperschaft eingebrachten), Einbringung einer 100%igen Kapitalbeteiligung durch eine natürliche Person nach § 20 I S 2 UmwStG aF, Einbringung einer Beteiligung im Rahmen einer Einbringung eines Betriebs, Teilbetriebs oder Mitunternehmeranteil nach § 20 I S 1 UmwStG aF, Erwerb der Beteiligung im Rahmen eines Formwechsels einer PersGes mit natürlichen Personen als Gesellschafter nach § 25 UmwStG.* 117

*Die* ***verdeckte Einlage*** *führt regelmäßig nicht zu einem Erwerb unter dem Teilwert, da idR die stillen Reserven zu realisieren sind (vgl § 17 I 2 EStG, § 21 II Nr 4 UmwStG aF). Auch wenn die aufnehmende Gesellschaft die Anteile versehentlich mit einem Wert unter dem Teilwert ansetzt, liegt kein Erwerb unter dem Teilwert iSv Abs 4 S 1 Nr 2 aF vor (BFH BFH/NV 09, 1207). Die Behandlung bei verdeckter Einlage innerhalb von 3 Jahren seit Anschaffung (Ansatz mit den Anschaffungskosten nach § 6 I Nr 5 S 1a EStG) ist str (vgl Frotscher in F/M § 8b Rz 290, 294; Füger/Rieger FR 03, 592; FinVerw BStBl I 03, 292 Tz 39).* 118

*Die Einbringung unter dem Teilwert durch den nicht nach Abs 2 Begünstigten konnte ferner* ***mittelbar*** *erfolgen. Das ist der Fall, wenn die natürliche Person eine 100%-ige Ka-* 119 *pitalbeteiligung nach § 24 I UmwStG in eine PersGes einbringt, deren Mitunternehmerin die Körperschaft ist, wenn die Beteiligung im Rahmen der Einbringung eines Betriebs, Teilbetriebs oder Mitunternehmeranteils nach § 24 I UmwStG in die PersGes eingebracht wird, an der die Körperschaft beteiligt ist sowie bei Erwerb der Beteilung durch steuerneutrale Realteilung einer PersGes, an der natürliche Personen als Mitunternehmer beteiligt sind. Eine Lücke besteht im Fall der sog* ***Ketteneinbringung.***

120 ***Beispiel:*** *A bringt Anteile an der B-GmbH nach § 20 I S 2 UmwStG aF in die C-GmbH ein. Die Anteile an der B-GmbH sind bei der C-GmbH nicht einbringungsgeboren. Die C-GmbH bringt die Anteile an der B-GmbH nach § 20 I S 2 UmwStG aF in die T-GmbH ein. Die Anteile an der B-GmbH sind bei der T-GmbH nicht einbringungsgeboren. Einbringungsgeboren sind nur jeweils die als Gegenleistung erhaltenen Anteile, die des A an der C-GmbH und die der C-GmbH an der T-GmbH. Die T-GmbH veräußert schließlich die Anteile an der B-GmbH. Die Begünstigung nach Abs 2 greift ein. Abs 4 S 1 Nr 1 aF ist nicht anwendbar, da die Anteile an der B-GmbH nicht einbringungsgeboren sind. Abs 4 Nr 2 aF greift bis VZ 04 ebenfalls nicht ein, da die Anteile an der B-GmbH weder unmittelbar noch mittelbar über eine Mitunternehmerschaft von einer nicht von Abs 2 begünstigten Personen erworben worden sind.*

121 ***Abs 4 S 1 Nr 2 aF*** *erfasst seit sog „Korb II" ab VZ 04 dem Wortlaut nach durch die Einfügung der „mittelbaren" Einbringung durch eine Körperschaft die sog* ***Ketteneinbringung.*** *Aus Sicht der FinVerw hat diese Änderung lediglich klarstellenden Charakter (vgl FinVerw BStBl I 03, 292 Tz 38). Nach hM ist die Gesetzesänderung ab VZ 04 konstitutiv (Hill/Kavazidis DB 03, 2028; Neu/Watermeyer DStR 03, 2181; Dötsch/Pung DB 03, 1016; Eilers/Schmidt GmbHR 03, 613; Leip BB 02, 1839; Gosch § 8b Rz 358).*

122 *Über Abs 6 gilt dies auch, wenn die Anteile mittelbar über eine* ***Mitunternehmerschaft*** *erworben sind.*

123 ***Beispiel:*** *A bringt seine Beteiligung an der A-GmbH in die B-GmbH & Co KG nach § 24 I UmwStG aF zum Buchwert ein. Die B-GmbH ist Komplementärin, die C-GmbH alleinige Kommanditistin. Die Anteile an der A-GmbH werden verkauft. Bezüglich der Besteuerung des Veräußerungsgewinns Bei B-GmbH und C-GmbH gilt die persönliche Sperre nach Abs 4 S 1 Nr 2 aF.*

124 *Kein Fall des Abs 4 S 1 Nr 2 aF ist die Rechtsnachfolge im Hinblick auf Kapitalbeteiligungen im Fall der Anwachsung (§ 738 I 1 BGB) von im Gesamthandsvermögen gehaltenen Kapitalbeteiligungen bei Austritt von Gesellschaftern, da es an einem Erwerb iSv Abs 4 S 1 Nr 2 aF fehlt (vgl Eilers/Schmidt GmbHR 03, 629; Füger/Rieger FR 03, 593).*

125 *Zu den Konsequenzen der Verschmelzung von KapGes, an denen Anteile nach Abs 4 S 1 Nr 1 bestehen, vgl Schmitt BB 02, 435; zur Anwendung von Abs 4 S 1 Nr 2 auf die Veräußerung eigener Anteile vgl Neumayer EStB 02, 249.*

130 ***13. Abs 4 S 2 Nr 1 aF*** *enthält die* ***erste Rückausnahme.*** *Liegen ihre Tatbestandsvoraussetzungen vor, ist der Veräußerungsvorgang nach Abs 2 begünstigt, obwohl die begünstigungsfeindlichen Ausnahmevoraussetzungen von Abs 4 S 1 Nr 1 oder Nr 2 aF gegeben sind. Es verbleibt bei der Begünstigung nach Abs 2 auch für die Veräußerung von einbringungsgeborenen Anteilen sowie Anteilen, die durch Einbringung durch nicht begünstigte Personen oder mittelbar über Mitunternehmerschaften unter dem Teilwert erworben wurden, wenn der nach Abs 2 zu begünstigende Vorgang später als 7 Jahre nach der Einbringung der Anteile stattfindet. Wird der Ablauf der 7-jährigen Sperrfrist abgewartet, kommt es im Hinblick auf § 42 AO nicht darauf an, ob dies von vornherein geplant war. Das bewusste Ausnutzen der gesetzlichen Frist kann nicht rechtsmissbräuchlich sein, da die gesetzliche Wertung (Wegfall der Sperre nach Fristablauf) abschließend ist (ebenso Gosch § 8b Rz 376).*

131 *Für die Berechnung der 7 jährigen Sperrfrist nach § 108 AO ist bezüglich des Beginns des Fristlaufs auf die Einbringung der zur Veräußerung anstehenden Anteile abzustellen. Maßgeblich ist der* ***steuerliche Übertragungsstichtag*** *(FinVerw BStBl I 03, 292 Tz 41; aA Gosch § 8 b Rz 377), nicht die handelsrechtliche Wirksamkeit der Sacheinlage und damit das zivilrechtliche Entstehen der neuen (einbringungsgeborenen) Anteile. Dies gilt auch für eine etwaige Zurückbezogenheit nach §§ 2, 20 VII und VIII UmwStG. Die ertragsteuerlich wirksame Rückwirkung bezieht sich insoweit auf sämtliche Bereiche. Die Behaltefrist kann schon vor Inkrafttreten von § 8b nF ganz oder teilweise abgelaufen sein. Bezüglich des*

***Beginns des Fristlaufs** ist stets auf den Tatbestand abzustellen, der iSv Abs 4 S 1 aF für die Freistellung nach Abs 2 schädlich ist.*

***Beispiel:** Die A-AG bringt im Jahr 1998 einen Teilbetrieb zu Buchwerten in die B-GmbH ein. Im Jahr 2002 bringt die A-AG ihre Anteile an der B-GmbH zu Buchwerten in die C-GmbH ein. Im Jahr 2007 veräußert die C-GmbH die Anteile an der B-GmbH. Diese Veräußerung ist nach Abs 2 freigestellt. Der nach Abs 4 S 1 Nr 1 aF schädliche Vorgang ist die Einbringung des Teilbetriebs in die B-GmbH im Jahr 1998. Daraus resultiert der einbringungsgeborene Charakter der Anteile an der B-GmbH. Obwohl die C-GmbH die Anteile an der B-GmbH durch Einbringung zu Buchwerten im Jahr 2002 erlangt hat, ist Fristbeginn für die 7-jährige Sperrfrist die Einbringung im Jahr 1998, da dieser Tatbestand den einbringungsgeborenen Charakter der Anteile an der B-GmbH begründet hat und nicht die Einbringung im Jahr 2002.* 132

*Gleiches gilt für den Fall, dass eine PersGes, die einbringungsgeborene Anteile hält, steuerneutral in eine KapGes umgewandelt wird und Mitunternehmer der PersGes nur von Abs 2 begünstigte Steuerpflichtige sind. Für die Veräußerung der „mit eingebrachten" einbringungsgeborenen Anteile beginnt daher die 7-jährige Sperrfrist mit der ursprünglichen Einbringung und nicht mit der Umwandlung zu laufen.* 133

*Ist sowohl der Tatbestand nach Abs 4 S 1 Nr 1 aF als auch der Tatbestand nach Abs 4 S 1 Nr 2 aF erfüllt, beginnt die 7-jährige Sperrfrist mit dem zeitlich letzteren Tatbestand zu laufen.* 134

***Beispiel:** A bringt sein Einzelunternehmen zu Buchwerten in die B-GmbH ein im Jahr 1998. Im Jahr 2002 bringt er die Anteile an der B-GmbH in die C-GmbH ein. Die C-GmbH veräußert die Anteile an der B-GmbH im Jahr 2006. Die C-GmbH veräußert einbringungsgeborene Anteile iSv Nr 1, allerdings ist diesbezüglich die 7-jährige Sperrfrist im Jahr 2006 abgelaufen. Der einbringungsgeborene Charakter resultiert aus der Einbringung des A in die B-GmbH im Jahr 1998. Unter diesem Gesichtspunkt ist die 7-jährige Sperrfrist daher abgelaufen. Mit der Veräußerung der Anteile an der B-GmbH veräußert die C-GmbH allerdings auch Anteile, die von einem nicht nach Abs 2 Begünstigten (A) durch Einbringung zum Buchwert erworben wurden. Damit ist auch Abs 4 S 1 Nr 2 aF erfüllt. Dieser Tatbestand erfolgte im Jahr 2002. Damit beginnt diesbezüglich eine weitere 7-jährige Sperrfrist im Jahr 2002 zu laufen. Diese Frist ist bei der Veräußerung durch die C-GmbH im Jahr 2006 noch nicht abgelaufen. Insoweit ist die Veräußerung der Anteile an der B-GmbH durch die C-GmbH nicht nach Abs 2 freigestellt.* 135

*Auch wenn die Beteiligung mittelbar über eine Mitunternehmerschaft (Abs 6) erworben wird, ist bezüglich der Behaltefrist auf den schädlichen Vorgang abzustellen.* 136

***Beispiel:** A bringt im Jahr 1998 sein Einzelunternehmen zu Buchwerten in die B-GmbH ein. In einem nächsten Schritt bringt A die Anteile an der B-GmbH in die C-KG ein. Das erfolgt im Jahr 2000. Im Jahr 2001 tritt im Rahmen einer Kapitalerhöhung die D-AG in die C-KG ein. Im Jahr 2006 veräußert die C-KG die Anteile an der B-GmbH. Fraglich ist, ob der auf die D-AG entfallende anteilige Veräußerungsgewinn nach Abs 2 freigestellt ist. Nach Abs 6 steht der D-AG die Freistellung nach Abs 2 auch dann zu, wenn der Veräußerungsgewinn über eine zwischengeschaltete Mitunternehmerschaft realisiert wird. Der Freistellung nach Abs 2 steht jedoch die Missbrauchsregelung des Abs 4 S 1 Nr 2 aF entgegen. Bezüglich des Ablaufs der 7-jährigen Sperrfrist nach Abs 4 S 2 Nr 1 kommt es hier im Ergebnis auf den Beitritt der D-AG im Jahr 2001 an. Zwar stellt auch die Entstehung der Anteile an der B-GmbH einen schädlichen Tatbestand dar. Dieser liegt im Veräußerungszeitpunkt allerdings mehr als 7 Jahre zurück und ist insofern irrelevant. Der Beitritt der D-AG in die C-KG und damit der „anteilige" Erwerb der Anteile an der B-GmbH begründet jedoch einen weiteren Fristlauf. Befinden sich die veräußerten Anteile im Gesamthandsvermögen einer PersGes, ist im Ergebnis bezüglich der 7-jährigen Sperrfrist auf die Körperschaft als Mitunternehmerin abzustellen. Erfüllt zwar die PersGes, nicht aber die Körperschaft als Mitunternehmerin die Behaltefrist, verbleibt es beim Ausschluss der Freistellung des Veräußerungsvorgangs durch die PersGes (ebenso Pung in D/P/M § 8b Rz 346).* 137

*Inwieweit der Veräußerungsvorgang innerhalb oder außerhalb der 7-jährigen Sperrfrist stattfindet oder nicht, richtet sich nicht nach dem schuldrechtlichen Geschäft, sondern nach dem **Übergang des wirtschaftlichen Eigentums** an den Anteilen. Nach ertragsteuerlichen Grundsätzen liegt eine Veräußerung einer Kapitalbeteiligung nicht im Zeitpunkt des Abschlusses eines schuldrechtlichen Geschäfts über die Veräußerung, sondern erst mit deren dinglicher Erfüllung, dh der Übertragung des rechtlichen und wirtschaftlichen Eigentums an der Kapitalbeteiligung, vor (BFH BFH/NV 02, 640, 642 mwN; FG München DStRE 00, 18; vgl auch BFH GmbHR 11, 325; Pung in D/P/M § 8b aF Rz 348). Zum* 138

*Zeitpunkt des Übergangs des wirtschaftlichen Eigentums bei Terminkauf, Option etc vgl BFH BFH/NV 02, 640; FG Münster EFG 00, 374; FG Hamburg EFG 88, 475; Haun/Winkler DStR 01, 1195; Seibt DStR 00, 2061. Bei den übrigen Realisationstatbeständen (zB Liquidation, Wertaufholung) kommt es darauf an, wann der nach Abs 2 begünstigte Gewinn steuerlich realisiert ist.*

139 *Die siebenjährige Sperrfrist beginnt im Hinblick auf eine erste Einbringung nicht erneut zu laufen, wenn der Gesellschafter innerhalb der Frist eine weitere Sacheinlage zu einem Wert unterhalb des Teilwerts erbringt oder wenn die Anteile zusammengelegt oder geteilt werden. Bei einer Anteilsveräußerung nach Ablauf der – ersten – Sperrfrist ist die aus dem ersten Einbringungsvorgang resultierende Steuerverstrickung bei der Bemessung des zu versteuernden Veräußerungsgewinns herauszurechnen (BFH BStBl II 13, 94).*

142 *14. Nach der **Rückausnahme** in **Abs 4 S 2 Nr 2 aF** konnten zwei Arten von einbringungsgeborenen Anteilen bereits vor Ablauf der 7-jährigen Sperrfrist unter Inanspruchnahme der Freistellung nach Abs 2 veräußert werden: Kapitalbeteiligungen, die auf einem **Einbringungsvorgang iSv § 20 I 2 UmwStG aF** (Einbringung einer mehrheitsvermittelnden Kapitalbeteiligung, in eine andere KapGes) beruhen sowie Kapitalbeteiligungen, die auf einem **Einbringungsvorgang iSv § 23 IV UmwStG aF** (grenzüberschreitenden Einbringung einer Kapitalbeteiligung in eine EU-KapGes) beruhen. Voraussetzung ist, dass die Kapitalbeteiligungen nicht mittelbar auf eine Einbringung iSv § 20 I 1 oder § 23 I–III UmwStG aF bzw auf die Einbringung durch einen nicht von Abs 2 Begünstigten innerhalb der 7-Jahresfrist zurückzuführen sind. Abs 4 S 2 Nr 2 aF wird demnach nur relevant, wenn ein Realisationstatbestand innerhalb der **7-jährigen Sperrfrist** nach Abs 4 S 2 Nr 1 gegeben ist. Ist die Sperrfrist abgelaufen, tritt die Wiederherstellung der Freistellung nach Abs 2 bereits durch Abs 4 S 2 Nr 1 aF ein. Für die Prüfung der Voraussetzungen des Abs 4 S 2 Nr 2 aF ist danach zu unterscheiden, aus welchen Einbringungsvorgängen die veräußerten einbringungsgeborenen Anteile resultieren. Anteile, die aus einer Einbringung iSv § 20 I 2 UmwStG aF entstanden sind, können sofort, dh ohne Beachtung der Sperrfrist nach Abs 4 S 2 Nr 1 aF, veräußert werden. Allerdings dürfen diese Anteile, die auf dem Weg des § 20 I 2 UmwStG aF erworben wurden, nicht vorher aufgrund einer unmittelbaren oder mittelbaren Einbringung iSv § 20 I 1 UmwStG aF entstanden sein. Die nach § 20 I 2 UmwStG aF aufnehmende KapGes muss vor einer Veräußerung innerhalb der 7-jährigen Sperrfrist klären, ob die eingebrachten Anteile ihrerseits auf der Einbringung eines Betriebs, Teilbetriebs oder Mitunternehmeranteils (§ 20 I 1 UmwStG) beruhen.*

143 *Nach **Abs 4 S 2 Nr 2 1. Alt aF** kommt es auf die Person des Einbringenden zwar nicht an. Fraglich ist, ob **Abs 4 S 2 Nr 2 3. Alt aF** klarstellt, dass von der Rückausnahme, also der steuerfreien Veräußerung innerhalb der 7-jährigen Sperrfrist, grundsätzlich nur der Anteilstausch durch eine von Abs 2 begünstigte Person begünstigt wird (so Gosch § 8b Rz 434; Watermeyer in H/H/R § 8b Rz 176; Frotscher in Frotscher/Maas § 8b Rz 316; FinVerw BStBl I 03, 292 Tz 47ff; aufgrund des schwierigen Wortlauts aA Haun/Winkler GmbHR 02, 192; Widmann in Widmann/Mayer § 20 UmwStG Rz 20.2 (grüne Blätter); zweifelnd auch Füger/Rieger FR 03, 590; ausführlich zu dieser Einschränkung unter verfassungsrechtlichen Gesichtspunkten: Seer/Drüen GmbHR 02, 1093). Im Ergebnis wollte der Gesetzgeber (vgl RegBegr BR-Drucks 638/01, S 57) nur denjenigen begünstigen, der, wenn er die Anteile nicht eingebracht, sondern veräußert hätte, bereits von Abs 2 begünstigt worden wäre. Dieser – aus seiner Sicht verfassungsrechtlich zulässigen – Auslegung folgt auch der BFH (BFH/NV 09, 1712, BFH/NV 11, 653). Damit fallen nach hM unter die Rückausnahme des Abs 4 S 2 Nr 2 im Ergebnis nur die Anteile nach Abs 4 S 1 Nr 1.*

144 *Die Rückausnahme des **Abs 4 S 2 Nr 2 2. Alt aF** begünstigte den Anteilstausch nach § 23 IV UmwStG aF. Damit wird auch der grenzüberschreitende Anteilstausch erfasst. Die aufnehmende Gesellschaft kann die Anteile innerhalb der 7-jährigen Sperrfrist veräußern, wenn diese nicht ihrerseits auf einer Einbringung nach § 20 I 1 oder § 23 I–III UmwStG aF beruhen. Ferner muss nach hM der Einbringende eine nach Abs 2 begünstigte Person und damit keine natürliche Person oder Mitunternehmerschaft mit natürlichen Personen als Gesellschaftern sein (BFH/NV 09, 1712, BFH/NV 11, 653, zur Wirksamkeit der*

*Einschränkung durch **Abs 4 S 2 Nr 2 3. Alt aF** so zur 1. Alt). Im Zusammenhang mit der Begünstigung nach Abs 4 S 2 Nr 2 2. Alt ist allerdings auf die 7-jährige Sperrfrist nach § 26 II 1 UmwStG aF hinzuweisen, die ihrerseits die Anwendung von § 23 IV UmwStG aF einschränkt.*

*Der Wortlaut differenziert nicht danach, ob die für die Rückausnahme schädigende Einbringung nach § 20 I 1 UmwStG aF bzw § 23 I–III UmwStG aF unter dem Teilwert erfolgt ist. Nur in diesem Fall ist aber eine Versagung der Begünstigung nach Abs 2 gerechtfertigt. Dem scheint sich die FinVerw angeschlossen zu haben (BStBl I 03, 292 Tz 48).* 145

***Beispiel:** Die X-GmbH bringt im Jahr 98 einen Teilbetrieb unter dem Teilwert in die Y-GmbH ein. In 00 werden die Anteile an der Y-GmbH im Wege der Sachgründung in die Z-GmbH eingebracht. In 03 veräußert die X-GmbH die Anteile an der Z-GmbH. Der Veräußerungsgewinn ist zu versteuern. Die Rückausnahme gem Abs 4 S 2 Nr 2 aF liegt nicht vor. Zwar beruhen die Anteile an der Z-GmbH auf einer Einbringung nach § 20 I 2 UmwStG aF. Die nach § 20 I 2 UmwStG aF eingebrachten Anteile (Y-GmbH) beruhen jedoch auf einer Einbringung zu Buchwerten nach § 20 I 1 UmwStG aF, die noch nicht länger als 7 Jahre zurückliegt.* 146

*Soweit im Rahmen der **Einbringung eines Teilbetriebs** in eine Körperschaft nach § 20 I S 1 UmwStG aF auch Anteile an einer Körperschaft als „Teil" des Teilbetriebs eingebracht wurden, können diese Anteile von der aufnehmenden Körperschaft sofort steuerfrei veräußert werden, sofern die Einbringung von einer nach Abs 2 begünstigten Person erfolgt ist. Ferner darf die eingebrachte Beteiligung nicht mittelbar oder unmittelbar durch eine schädliche Einbringung entstanden sein. Werden die Anteile, die aufgrund der Einbringung des Teilbetriebs, der Kapitalbeteiligungen beinhaltet, gewährt worden sind (einbringungsgeborene Anteile nach § 20 I S 1 UmwStG aF), veräußert und geschieht dies innerhalb der 7-jährigen Sperrfrist, ist der Veräußerungsgewinn in einen nach Abs 2 freigestellten und einen nicht nach Abs 2 freigestellten Veräußerungsgewinn aufzuteilen. Der Teil des Veräußerungsgewinns, der auf die im Rahmen der Einbringung des Teilbetriebs übertragenen Anteile an KapGes entfällt, die nicht von Abs 4 S 1 erfasst werden, ist nach Abs 2 freigestellt. Für die Aufteilung ist uE auf den Buchwert der mitübertragenden Anteile im Verhältnis zu dem Buchwert der im Übrigen eingebrachten Wirtschaftsgüter abzustellen(vgl auch Gosch § 8b Rz 416ff).* 147

*Nach Auffassung der **FinVerw** sind die Gewinne aus der Veräußerung von diesen einbringungsgeborenen Anteilen, die einer Körperschaft für die Übertragung der in einem Betriebsvermögen enthaltenen Beteiligungen gewährt werden, nur nach Abs 2 begünstigt, wenn eine mehrheitsvermittelnde Beteiligung übertragen worden ist, die Beteiligung nicht wesentliche Betriebsgrundlage des übertragenden Betriebs oder Teilbetriebs ist, die für die übertragenden Anteile gewährten Anteile genau identifizierbar sind und das Verhältnis des Nennwerts dieser Anteile zum Nennwert der insgesamt gewährten Anteile dem Verhältnis des Verkehrswerts der übertragenden Anteile zum Verkehrswert des insgesamt übertragenden Betriebsvermögens entspricht. Die Verkehrswerte sind zum steuerlichen Übertragungsstichtag der Einbringung zu ermitteln; Gegenstand des BMF-Schr vom 5.1.2004 (GmbHR 04, 266, mit Anm Haritz/Wisniewski; vgl auch Patt FR 04, 561).* 148

***Beispiel:** Die X-AG bringt einen Teilbetrieb zu unter dem Teilwert liegenden Buchwert in die Y-GmbH ein. Zu dem Teilbetrieb gehört die 100%ige Beteiligung an der C-GmbH. Die C-GmbH ist durch Bargründung entstanden. Die X-AG veräußert innerhalb der 7-Jahresfrist Anteile an der Y-GmbH. Der Vertrag über die Einbringung legt fest, dass 50% der Anteile an der Y-GmbH auf die Übertragung der C-Beteiligung entfallen und bezeichnet diese Anteile. Die Buchwerte betragen 150, davon entfallen 100 ($^2/_3$) auf die Beteiligung der C-GmbH und 50 ($^1/_3$) auf die übrigen Wirtschaftsgüter des Teilbetriebs. Die Y-GmbH gewährt Anteile im Nennwert von 150. Der Verkehrswert des eingebrachten Teilbetriebs beträgt 400 und entfällt je zur Hälfte auf die Beteiligung der C-GmbH und auf die übrigen Wirtschaftsgüter. Die C-Anteile sind keine wesentliche Betriebsgrundlage des eingebrachten Teilbetriebs. Nach Auffassung der FinVerw ist die Veräußerung der Anteile an der Y-GmbH steuerfrei, soweit sie für die Übertragung der C-Anteile gewährt worden sind. Die Übertragung der Anteile an der C-GmbH fällt unter § 20 I 2 UmwStG aF, auch wenn sie im Rahmen der Einbringung eines Teilbetriebs erfolgt ist. Die Rückausnahme des Abs 4 S 2 Nr 2 aF gilt. Fehlt es an einer der oben genannten Voraussetzungen, zB stellen die C-Anteile eine wesentliche Betriebsgrundlage dar, ist die Veräußerung der Anteile an der Y-GmbH steuerpflichtig. Alle Anteile an der Y-GmbH sind nach Auffassung der FinVerw einbringungsgeborene Anteile iSv § 20 I 1 UmwStG aF. Die Anteile an der C-GmbH teilen* 149 *als wesentliche Betriebsgrundlage das Schicksal des Teilbetriebs. Eine Aufteilung kommt nach Auffassung der FinVerw nicht in Betracht. Die Rückausnahme des Abs 4 S 2 Nr 2 aF soll nicht gelten. Ist die Rückausnahme nur deshalb nicht anwendbar, weil die für die übertragenden Anteile gewährten einbringungsgeborenen Anteile nicht genau* ***identifizierbar*** *sind, ist aus Billigkeitsgründen eine quotale Betrachtung anzuwenden, wenn die Anteile auf einer Einbringung beruhen, die bis zum 31.1.04 erfolgt ist. In diesen Fällen ist die Veräußerung eines Anteils innerhalb der 7-Jahresfrist stets zum Teil steuerfrei und zum Teil steuerpflichtig. Die Steuerverhaftung eines jeden Anteils richtet sich dabei nach dem Verhältnis der Verkehrswerte zum Zeitpunkt der Einbringung des Betriebs oder Teilbetriebs.*

**150** *Die FinVerw schweigt dazu, wann eine Kapitalbeteiligung* ***wesentliche Betriebsgrundlage*** *eines Teilbetriebs ist. Die in den Beispielsfällen dargestellten Wertverhältnisse deuten allerdings darauf hin, dass die FinVerw von einer rein* ***funktionalen Betrachtung*** *ausgeht (vgl Patt FR 2004, 561, 568; Schumacher DStR 2004, 589, 593). Voraussetzung für die Gewährung einer partiellen Steuerfreiheit der Veräußerung der einbringungsgeborenen Anteile soll sein, dass die für die übertragenen Anteile gewährten (einbringungsgeborenen) Anteile „genau identifizierbar sind" und die Nennwerte wertverhältnisgerecht zugeordnet werden können. Das Erfordernis wertverhältnisgerechter Nennwertrelationen stellt die Praxis vor erheblichen Schwierigkeiten, da bereits im Einbringungszeitpunkt die* ***Verkehrswerte*** *der übergehenden Beteiligung sowie der übrigen Wirtschaftsgüter des Betriebs bzw Teilbetriebs ermittelt werden müssen. Die weitere Anforderung einer genauen* ***Identifizierbarkeit*** *der für die eingebrachten Anteile ausgegebenen (einbringungsgeborenen) Anteile an der aufnehmenden Kapitalgesellschaft ist bei einer Kapitalerhöhung oder Gründung einer GmbH, bei der* ***gesellschaftsrechtlich*** *jeweils nur* ***ein neuer Gesellschaftsanteil*** *ausgegeben werden darf, kaum zu erfüllen. Im Rahmen der Übernahme der Anteile muss ein Nominalbetrag des Geschäftsanteils festgelegt werden, der sich auf die eingebrachte mehrheitsvermittelnde Beteiligung bezieht. Bei einer späteren Teilung im Rahmen einer Veräußerung (§ 17 VI 1 GmbHG) könnte dann erklärt werden, dass der veräußerte Teilgeschäftsanteil sich auf diesen Betrag bezieht (vgl Haritz GmbHR 2004, 267, 268).*

**151** *Sowohl der Wortlaut des § 8b Abs 4 aF als auch die von der FinVerw vertretene Auffassung gehen am* ***Zweck*** *des § 8b II iVm IV aF KStG vorbei. Einzubringende bzw eingebrachte Beteiligungen an Kapitalgesellschaften, die vom Einbringenden begünstigt nach § 8b II KStG hätten steuerfrei veräußert werden können, können auch durch die aufnehmende Körperschaft begünstigt nach § 8b II KStG veräußert werden. Insoweit besteht Einigkeit. Auch die im Gegenzug für die Einbringung der nach § 8b II KStG begünstigten gewährten* ***einbringungsgeborenen Anteile alten Rechts,*** *die ganz oder teilweise an die Stelle der eingebrachten Anteile treten, müssen nach § 8b II KStG begünstigt veräußert werden können. Durch die Einbringung entsteht kein Besteuerungsvorteil (Frotscher in F/D § 8b Rz 312 f; Watermeyer GmbH-StB 2002, 108, 112; Schild/Eisele DStZ 2003, 443, 445; Schumacher DStR 2004, 589, 592). Um die mit dem BMF-Schreiben vom 5.1.04 verbundenen Schwierigkeiten zu vermeiden, sollten zunächst die Beteiligung einer Kapitalgesellschaft nach § 20 I 2 UmwStG aF und in einem zweiten Schritt die übrigen Wirtschaftsgüter nach § 20 I 1 UmwStG aF eingebracht werden. Jedenfalls wenn es sich um eine Beteiligung handelt, die nicht wesentliche Betriebsgrundlage des (Teil-)Betriebs ist, stellt dies eine praxisgerechte Lösung dar. Handelt es sich bei der Kapitalbeteiligung um eine* ***wesentliche Betriebsgrundlage,*** *kann diese jedenfalls nicht in einem zweiten getrennten Schritt eingebracht werden, da die Einbringung der übrigen Wirtschaftsgüter die Voraussetzungen des § 20 I 1 UmwStG aF nicht erfüllen würde (keine Einbringung sämtlicher wesentlicher Betriebsgrundlagen). Im Fall der vorherigen Einbringung der Kapitalbeteiligung geht die hM davon aus, dass die im Gegenzug erhaltenen (einbringungsgeborenen) Anteile im Ergebnis einbringungsgeborene Anteile sind, die auf eine Einbringung nach § 20 I 1 UmwStG aF zurückzuführen sind (Patt FR 04, 561). Ggf kann hier eine* ***Vorabveräußerung*** *erfolgen, die aber die Erwerberin liquiditätsmäßig belastet und nur zu 95 % freigestellt ist (§ 8b III; vgl Patt FR 04, 561; Eilers/Teske DStR 03, 1195). Sofern im Fall der nicht wesentlichen Betriebsgrundlage die Vorabeinbringung der Kapitalbeteiligung in die aufnehmende Gesellschaft bei nachfolgenden Einbringung der üblichen Wirtschaftsgüter des (Teil-)Betriebs gewählt wird, müssen die im Gegenzug gewährten Anteile im Verhältnis der Verkehrswerte* *der eingebrachten Kapitalbeteiligung sowie der übrigen Wirtschaftsgüter stehen. Anderenfalls besteht die Gefahr des **„Überspringens stiller Reserven“** auf die für die Kapitalbeteiligung gewährten Anteile, mit der Folge, dass auch diese als einbringungsgeborene Anteile nach § 20 I 1 UmwStG aF qualifiziert werden (vgl BFH BStBl II 92, 761, 763, 764: Patt aaO; BMF BStBl I 03, 292 Tz 52).*

*Von **Abs 4 S 2 Nr 1 1. Alt aF** begünstigt werden ferner die Einbringung einer Beteiligung im Rahmen eines Formwechsels einer PersGes in eine KapGes nach § 25 UmwStG aF, wenn an der PersGes keine natürlichen Personen als Gesellschafter beteiligt waren, Anteile, die aufgrund des Tauschgutachtens steuerneutral erworben wurden, sowie der mittelbare Erwerb über eine Mitunternehmerschaft, deren Mitunternehmer ausschließlich von Abs 2 begünstigte Personen sind. Ausgeschlossen von der Rückausnahme nach Abs 4 S 2 Nr 2 aF sind die Beteiligungen, die unmittelbar oder mittelbar auf eine Einbringung iSv § 20 I S 1 oder § 23 I–III UmwStG aF beruhen. Das sind die Anteile, die als Gegenleistung für eine Einbringung nach den genannten Vorschriften gewährt wurden oder die Anteile, die als Gegenleistung für die Einbringung von Anteilen gewährt worden sind, die ihrerseits Gegenleistung für die Einbringung eines Betriebs, Teilbetriebs oder Mitunternehmeranteils waren. Diese Anteile können erst nach Ablauf der 7-jährigen Sperrfrist freigestellt veräußert werden.* 152

*Nach **Abs 4 S 2 Nr 2 3. Alt aF** entfällt die Rückausnahme und damit die Möglichkeit der steuerfreigestellten Veräußerung innerhalb der 7-jährigen Sperrfrist, wenn die eingebrachte Beteiligung von einem Steuerpflichtigen eingebracht worden ist, der nicht von Abs 2 begünstigt wird (natürliche Person oder Mitunternehmerschaft mit natürlichen Personen als Gesellschafter).* 153

***Beispiel Abs 4 S 2 Nr 2 3. Alt aF:** A bringt seine 60%ige Beteiligung an der B-GmbH nach § 20 I S 2 UmwStG aF in die C-GmbH ein. Die C-GmbH veräußert die Anteile. Lösung: Abs 2 ist ausgeschlossen durch Abs 4 S 1 Nr 2 aF. Rückausnahme nach Abs 4 S 2 Nr 2 1. Alt aF greift aufgrund von Abs 4 S 2 Nr 2 3. Alt aF nicht ein. Veräußerung innerhalb der 7-jährigen Sperrfrist ist nicht nach Abs 2 freigestellt (krit Haun/Winkler GmbHR 02, 197). Weiteres Beispiel: A bringt seine 60%ige Beteiligung an der B-GmbH nach § 20 I S 2 UmwStG aF in die C-GmbH ein. Die C-GmbH bringt ihrerseits die Anteile an der B-GmbH zu Buchwerten in die D-AG ein. Die D-AG veräußert die Anteile an der B-GmbH. Lösung: Keine Freistellung nach Abs 2, da Abs 4 S 1 Nr 2 aF eingreift. Keine Rückausnahme nach Abs 4 S 2 Nr 2 1. Alt aF, da Abs 4 S 2 Nr 2 3. Alt aF eingreift. Gleiches gilt für den Fall, dass die C-GmbH die Anteile an der D-AG veräußert.* 154

*Abs 4 S 2 Nr 2 3. Alt aF wurde durch die Neuformulierung im Rahmen des UntStFG v 20.12.01 (Rz 14) in das Gesetz eingefügt. Nach § 34 VII Nr 2 S 7 gilt diese Einschränkung erstmals für Veräußerungen, die nach dem **15.8.01** (Tag des Kabinettsbeschlusses) erfolgen. Zeitlich maßgebend ist auch hier der Übergang des wirtschaftlichen Eigentums (BFH GmbHR 11, 325). Da die freigestellte Anteilsveräußerung grundsätzlich erst ab 02 möglich ist, hat die Einschränkung aus Abs 4 S 2 Nr 2 3. Alt aF grundsätzlich Rückwirkung. Etwas anderes kann nur gelten, wenn es sich um die Veräußerung von Beteiligungen an Gesellschaften handelt, die ein kj-gl Wj in 01 auf ein abw Wj umgestellt haben. In diesem Fall können die Anteile nach Ablauf des in 01 endenden Rumpf-Wj nach Abs 2 steuerfrei veräußert werden. Für die übrigen nach Abs 2 begünstigten Realisationstatbestände kommt es im Rahmen des Abs 4 aF darauf an, zu welchem Zeitpunkt der Gewinn nach Abs 2 ansonsten zu erfassen wäre.* 155

*Auch im Rahmen einer Bargründung oder Barkapitalerhöhung können einbringungsgeborene Anteile iSv § 21 UmwStG aF entstehen, wenn nicht verhältniswahrende Einlagen erbracht und damit stille Reserven auf die neu geschaffenen Anteile von anderen Anteilen überspringen. Unbelastete Anteile können auch nachträglich in die Steuerverstrickung geraten. Entsprechen bei einer Einbringung nach § 20 I 1 KStG aF die im Rahmen einer Kapitalerhöhung neu gewährten Anteile nicht dem Verhältnis der Teilwerte des im Zeitpunkt der Einbringung vorhandenen Betriebsvermögens zu den eingebrachten Wirtschaftsgütern, springen stille Reserven der eingebrachten Wirtschaftsgüter teilweise auf Altanteile über. Nach BFH (BStBl II 92, 761) und FinVerw (BStBl I 98, 268 Tz 21.14) gelten die Anteile auch insoweit als einbringungsgeboren iSv § 21 UmwStG aF, als stille Reserve auf sie übergehen. In diesem Fall stellt der Einbringungsvorgang das die 7-Jahres-Frist auslösende Moment dar (vgl FinVerw BStBl 03, 292, Tz 51 und 52).* 156

157 *Der mit Wirkung ab VZ 04 angefügte* ***Abs 4 S 3 aF*** *regelt, dass in Fällen nicht steuerfreier Veräußerung aufgrund Abs 4 S 1 und 2 Gewinnminderungen nicht zu berücksichtigen sind, die im Zusammenhang mit den dort genannten Anteilen stehen. Folglich sind Gewinnminderungen während der 7-jährigen Sperrfrist auch dann nicht abziehbar, wenn eine Anteilsveräußerung während dieses Zeitraums steuerpflichtig wäre. Auch dies war vor der Gesetzesänderung bereits Verwaltungsauffassung (BStBl I 03, 292 Tz 27). Auch diesbezüglich ist zweifelhaft, ob es sich tatsächlich um eine Klarstellung handelt, wie es die Gesetzesbegründung darstellt. Nach Teilen der Literatur bezog sich Abs 3 nur auf Anteile, die auch der Rechtsfolge des Abs 2 unterlagen und demnach steuerfrei veräußert werden konnten (Watermeyer GmbH-StB 04, 113; Rödder/Schumacher DStR 00, 1453). Die drohende Doppelbesteuerung im Fall einer steuerpflichtigen Veräußerung oder im Fall der Wertaufholung bei einer vorausgegangenen Teilwertabschreibung federt die FinVerw ab, indem vom steuerpflichtigen Gewinn die Teilwertabschreibung abgezogen wird (BStBl I 03, 292 Tz 18 und 46).*

158 *Die* ***zeitliche Anwendung*** *von Abs 4 aF ist begrenzt auf Anteile, die durch Einbringungsvorgänge bis zum 12.12.06 entstanden sind (§ 34 V).*

162 **15. Nichtabzugsfähige Betriebsausgaben (Abs 5).** Abs 5 sieht sowohl für Dividenden aus Beteiligungen an inländischen Kapitalgesellschaften als auch aus Beteiligungen an ausländischen Kapitalgesellschaften ein **Betriebsausgabenabzugsverbot** iHv 5% der Bezüge nach Abs 1 vor. Die Pauschalierung ist verfassungsrechtl zulässig, auch wenn die tatsächlichen Betriebsausgaben unter 5% liegen (BVerfG BB 11, 92, vgl dazu *Müller* FR 11, 309; *Krug* DStR 11, 598). Abs 5 ist lex specialis zu § 3c I EStG. Auch hier handelt es sich wie bei Abs 3 S 2 um eine Fiktion (ausf *Kaminski/Strunk* BB 04, 689; *Maiterth/Wirth* DStR 04, 433; zur EU-Vereinbarkeit *Körner* BB 03, 2436; *Kerssenbrock* BB 03, 2148). Zur verfahrensrechtlichen Erfassung der Hinzurechnung nach Abs 3 S 2 und Abs 5 im Gewinnfeststellungsbescheid einer Mitunternehmerschaft vgl *Herkens* GmbH-StB 16, 277. Für inländische Dividenden wurde das pauschale Abzugsverbot erst mit Wirkung ab VZ 04 eingeführt. Die Ungleichbehandlung ausländischer Dividenden sowohl bereits nach altem Recht (§ 8b Abs 7 aF) als auch nach Abs 5 bis VZ 03 ist europarechtswidrig (BFH DStR 07, 154; IStR 07, 70; vgl EuGH GmbHR 06, 435; vgl auch *Friedrich/Nagler* IStR 06, 217). Das pauschale Abzugsverbot für ausländische Dividenden bis einschließlich VZ 03 gilt daher für Dividenden aus EU-TochterKapGes nicht. Entsprechendes gilt für Dividenden aus TochterGes mit Sitz in Drittstaaten, da ebenfalls ein Verstoß gegen den Drittstaaten umfassenden Grundsatz der Kapitalverkehrsfreiheit anzunehmen ist (BFH BStBl II 07, 279 und GmbHR 09, 550; auf die Höhe der tatsächlichen Beteiligung kommt es dabei nicht an, FG Mchn EFG 15, 1978; BMF BStBl I 16, 478). Die FinVerw und Rechtsprechung wollen teilweise § 3c I EStG wieder aufleben lassen (BMF BStBl I 08, 940, ebenso FG SchlHol EFG 11, 1459; FG Mchn EFG 15, 1978). Dies dürfte gegen das Verbraucherschutzprinzip verstoßen (vgl *Eicker* Steueranwaltsmagazin 07, 184). Jedenfalls trägt die FinVerw für die Anwendung von § 3c EStG die Feststellungslast (vgl *Watermeyer* GmbH-StB 09, 225, mwN). Inwieweit die Ungleichbehandlung ab VZ 04 tatsächlich beseitigt ist, ist nicht zweifelsfrei, da bei inländischen Dividenden das pauschale Abzugsverbot durch Begründung einer Organschaft beseitigt werden kann.

162a Nach der Rechtsprechung gilt das pauschale Betriebsausgabenabzugsverbot aus Abs 5 S 1 auch bei Dividenden, die auf der Ebene der inländischen MutterKapGes nach DBA steuerfrei gestellt sind. Die 5-%ige Hinzurechnung ist danach nicht durch eine DBA-Freistellung gesperrt (BFH/NV 17, 324; FG Mchn EFG 17, 942; FG D'dorf EFG 15, 155; FG Saarland EFG 15, 1850; vgl *Haase* IStR 15, 359). Nach Auffassung des BFH (DStR 17, 2035) ist Abs 5 S 1 auf nach § 3 Nr 41a EStG freigestellte Dividenden anwendbar.

163 Erfasst werden sämtliche nach Abs 1 steuerfreien **Bezüge.** Ist der mit der Beteiligung in unmittelbarem wirtschaftlichen Zusammenhang stehende Aufwand größer als 5%, führt dies bei inländischen Dividenden im Vergleich zur früheren An-

wendung von § 3c I EStG (bis einschließlich VZ 03) zur Besserstellung. Ist der Aufwand kleiner, führt dies zu einer Verschlechterung. Das pauschale Betriebsausgabenabzugsverbot greift auch dann ein, wenn der tatsächlich entstandene Aufwand wegen anderer Restriktionen, zB § 8a, nicht abzugsfähig ist (vgl *Rödder/Schumacher* DStR 03, 1725; *Kessler* DB 03, I; zum Verhältnis Abs 5 und § 26 vgl *Schnitger* IStR 03, 298).

Durch die Regelung kommt es sowohl bei inländischen als auch bei ausländi- 164
schen Dividenden zu **Kaskadeneffekten,** da Ausschüttungen in einer mehrstöckigen Beteiligungskette auf jeder Stufe nur zu 95% freigestellt werden. Ferner ergibt sich ein **kumulativer Effekt** bei Weiterausschüttung eines erzielten Veräußerungsgewinns. Das Ballooning-Konzept (Gewinnthesaurierung) hat nur noch aufschiebende Wirkung.

Das Betriebsausgabenabzugsverbot greift nicht bei **Organschaft** (vgl *Richter* 165
GmbHR 04, 1192). Gem § 15 Nr 2 ist § 8b allerdings erst auf der Ebene des Organträgers anzuwenden. Das Einkommen der Organgesellschaft wird ohne Berücksichtigung von § 8b ermittelt und dem Organträger zugewiesen. Auf der Ebene des Organträgers werden privilegierte Dividenden abgezogen und nichtabzugsfähige Betriebsausgaben erfasst. Auf der Ebene des OrganT finden kstl § 8b und estl § 3 Nr 40 EStG Anwendung. Bei tiefgestaffelten Beteiligungsverhältnissen muss die Organschaft allerdings die gesamte Kette erfassen. Nach der hM greift die Hinzurechnung nicht abzugsfähiger Betriebsausgaben nach Abs 5 bei der gewerbesteuerlichen Org nicht. Sofern das gewstl Schachtelprivileg aus § 9 Nr 7 S 1 GewStG auf der Ebene der OrganGes greift, sind etwaige Dividenden aus Tochterbeteiligungen der OrganGes in dem Gewerbeertrag der OrganGes, der dem OrganT zugerechnet wird, nicht mehr enthalten. Kstl liegen auf der Ebene des OrganT die Voraussetzungen von § 15 Nr 2 S 2 vor, für die Bemessungsgrundlage der KSt finden § 8b und damit auch Abs 5 also Anwendung. Gewerbesteuerlich ist auf der Ebene des OrganT § 8b nicht anwendbar, da die Dividende im hinzugerechneten Ertrag nicht enthalten ist iSv § 15 Nr 2 S 2 KStG (§ 7 S 1, § 2 I 2, § 9 Nr 7 S 1 GewStG; vgl nur BFH BStBl II 15, 1052; *Kollruss/Weißert/Bauer* Ubg 15, 137; aA *Schlagheck* GmbHR 14, 1138).

Unter der Anwendung von § 3c I EStG bei **inländischen Dividenden bis VZ** 166
**03** wurden Betriebsausgaben vom Abzug nur in der Höhe proVZ ausgeschlossen, in der im betr VZ Dividenden bezogen wurden (*Schlagheck* StBP 03, 119; vgl zur Anwendung von § 3c I EStG im Rahmen von Abs 2 *Scheipers/Dauster* DStR 03, 1597). Bei fehlendem Dividendenbezug waren die Betriebsausgaben in vollem Umfang abzugsfähig, was zu entsprechender – zulässiger – Ausschüttungspolitik (Ballooning) führte. Neben diesem zeitlichen Bezug musste es sich um Aufwendungen handeln, die sachlich/inhaltlich durch die Dividenden vermittelnde Beteiligung veranlasst sind (insbes Finanzierungs-, Verwaltungs-, Reisekosten, jeweils soweit ein konkreter Bezug zur konkreten Beteiligung hergestellt werden kann). Im Fall der Organschaft kam § 3c I EStG ebenfalls nicht zur Anwendung.

Sowohl die Abzugsbeschränkung nach Abs 5 als auch bei inländischen Dividen- 167
den bis VZ 03 nach § 3c I EStG schlägt auf die GewSt durch (§ 7 S 1 und S 4 GewStG; vgl Rz 3). Zur Anwendung von Abs 5 bei gewstl Org vgl Rz 165.

Das Verhältnis der Hinzurechnungsbesteuerung nach §§ 7 bis 10 AStG zu Abs 5 168
ist nicht abschließend geklärt.

**Beispiel:** Die A-GmbH ist zu 100% an der in der Schweiz ansässigen B-AG beteiligt. Bei den Veranlagungen der A-GmbH wurden iRd Gewinnermittlung Hinzurechnungsbeträge aus der Beteiligung an der B-AG berücksichtigt (vgl § 10 II AStG). In den Folgejahren schüttet die B-AG Gewinn an die A-GmbH aus. Gewinne von ausländischen Zwischengesellschaften in Niedrigsteuerstaaten unterwirft das Gesetz der Hinzurechnungsbesteuerung (§§ 7 bis 14 AStG). Der Hinzurechnungsbetrag fällt unter die Einkünfte aus Kapitalvermögen gem § 20 I Nr 1 EStG (§ 10 II AStG). **§ 10 II 3** AStG schließt die Steuerbefreiung nach Abs 1 aus. Werden die fiktiv erfassten Hinzurechnungsbeträge später ausgeschüttet, sieht § 3 Nr 41a EStG die

Steuerfreiheit dieser Ausschüttung vor, wenn die Hinzurechnungsbeträge im selben Jahr oder in den sieben vorausgegangenen Jahren der Hinzurechnungsbesteuerung unterlegen haben. Die Anwendung der **Steuerbefreiungsnorm nach § 3 Nr 41a EStG** auf KapGes ist vor dem Hintergrund der Steuerfreiheit von Ausschüttungen aus TochterKapGes nach Abs 1 umstritten (vgl *Levedag* in Schmidt EStG, 36. Aufl 17, § 3 Nr 41 Rz 147). Sofern Abs 1 der Vorrang vor § 3 Nr 41a EStG iVm § 8 KStG eingeräumt wird, besteht allerdings das Problem, dass iHv 5 % (vgl Abs 5) eine doppelte Erfassung eintritt. Dieses Ergebnis ist systemwidrig (vgl *Erhard* in Blümich, § 3 Nr 41 EStG Rz 1 (Stand Juli 16)). Die Systematik verbietet es, Abs 5 anzuwenden, wenn Bezüge aus einem anderen Rechtsgrund als in Abs 1 vorgesehen von der Steuer befreit sind. Nur dieses Ergebnis ist systemgerecht, da ansonsten aufgrund der Doppelbesteuerung im Umfang von 5 % ein Verstoß gegen das Leistungsfähigkeitsprinzip gegeben ist. Der BFH (BFH/NV 17, 1555) richtet sich nach dem Wortlaut und wendet Abs 5 ungeachtet der systematischen Überlegungen an.

172 **16. Zwischengeschaltete Mitunternehmerschaft (Abs 6).** Abs 6 erweitert den **subjektiven Anwendungsbereich** von Abs 1–5 auf Körperschaften, die die in den Abs 1–5 behandelten Bezüge, Gewinne und Gewinnminderungen nicht unmittelbar von einer TochterKapGes erzielen, sondern ihnen diese aus einer **Mitunternehmerschaft** zugerechnet werden bzw aufgrund der Veräußerung oder Aufgabe eines Mitunternehmeranteils entstehen. Letzteres ist auf die Neufassung durch das UntStFG zurückzuführen. Abs 6 setzt eine Mitunternehmerschaft iSv §§ 13 VII, 15 I 1 Nr 2 und 3 sowie § 18 IV EStG voraus. Diese Mitunternehmerschaft ist beteiligt an einer Körperschaft iSv Abs 1. Aus dieser Beteiligung resultieren Bezüge und Gewinne iSv Abs 1–3, die zumindest einem Mitunternehmer, der eine Körperschaft iSv Abs 1 darstellt, anteilig zugerechnet werden. Mitunternehmerschaften iSv Abs 6 sind auch doppelstöckige PersGes sowie eine ausländische PersonenGes, die dem Typenvergleich standhält. Problematisiert wird, ob die vermögensverwaltende PersGes hierunter fällt. Sofern dies abgelehnt wird, können bei einer vermögensverwaltenden PersGes die begünstigten Bezüge den dahinterstehenden Körperschaften als Gesellschafter direkt zugerechnet und die Begünstigung nach Abs 1 und 2 auf diesem Weg in Anspruch genommen werden (vgl *Pung* in D/P/M § 8b Rz 406; *Watermeyer* in H/H/R § 8b Rz 203 jeweils mwN; FinVerw BStBl I 03, 290 Tz 56).

173 Nach Abs 6 S 1 1. Alt sind die Bezüge erfasst, die im Rahmen des **„Gewinnanteils“** zugerechnet werden. Das entspricht idR der **Beteiligungsquote** der an einer Mitunternehmerschaft beteiligten Körperschaften. Soweit die nach Abs 1–4 begünstigten Bezüge aus einer Beteiligungsgesellschaft resultieren, die zum Sonderbetriebsvermögen der an der Mitunternehmerschaft beteiligten Körperschaft gehört, werden diese ausschließlich ihr zugerechnet. Nach Abs 6 S 1 2. Alt werden nicht nur die Bezüge, die die Mitunternehmerschaft selbst erzielt und den Mitunternehmern anteilig zugerechnet werden, sondern auch Bezüge aus der **Veräußerung** oder **Aufgabe** des **Mitunternehmeranteils selbst,** soweit sie auf die im mitunternehmerischen Betriebsvermögen gehaltenen Anteile an Körperschaften entfallen, begünstigt. Im Ergebnis wird so getan, als wenn die Mitunternehmerkörperschaft nicht über die Mitunternehmerschaft, sondern direkt an der TochterKapGes beteiligt wäre. Sind natürliche Personen an der Mitunternehmerschaft beteiligt, gilt entsprechendes für die Anwendung von § 3 Nr 40 EStG und § 3c II EStG.

174 Da es sich bei Abs 1–5 um **Gewinnermittlungsvorschriften** handelt, schlägt die Begünstigung auch auf die **GewSt** durch. Für VZ ab 04 ergibt sich dies aus § 7 S 4 GewStG, bis VZ 03 str, wie hier BFH BStBl II 07, 279; dazu BMF BStBl I 07, 302; BFH/NV 07, 1596; BFH/NV 06, 2379; FG Köln EFG 05, 1964 m Anm *Neu;* FG D'dorf EFG 04, 849; aA noch FinVerw BStBl I 03, 290 Tz 57 f (vgl *Seitz* GmbHR 04, 476; zur atypisch stillen Beteiligung *Pyszka* DB 03, 686; ausführlich Rz 3). Die nach Abs 1 und 2 außer Ansatz bleibenden Gewinnbestandteile mindern den Gewinn aus Gewerbebetrieb, soweit eine Mitunternehmerschaft Körperschaften unmittelbar oder mittelbar über eine andere Mitunternehmerschaft beteiligt sind. Gleiches gilt für die teilweise Freistellung der Bezüge nach § 3 Nr 40

EStG bei natürlichen Personen als Mitunternehmer. Die aufgrund der Freistellung ganz oder teilweise bei der Gewinnermittlung außer Ansatz gelassenen Beträge sind nach § 8 Nr 5 GewStG zur Ermittlung des Gewerbeertrags wieder hinzuzurechnen, soweit es sich nicht um Schachteldividenden iSv § 9 Nr 2a oder 7 GewStG handelt. Sinngemäß bleiben bei der Ermittlung des nach § 7 S 4 und S 2 GewStG stpfl Gewinns aus der Veräußerung oder Aufgabe von Mitunternehmerschaften oder Mitunternehmerschaftsanteilen durch eine Körperschaft Gewinne oder Verluste, die auf Anteile iSv Abs 2 entfallen, außer Ansatz.

Verfahrensrechtlich ist die Berücksichtigung der Steuerbefreiung nach Abs 6 iVm Abs 1–5 im Rahmen der **einheitlichen** und **gesonderten Gewinnfeststellung** vorzunehmen (vgl *Schwedhelm/Olbing/Binnewies* GmbHR 02, 1157; *Seitz* GmbHR 04, 476; *Brandis* EFG 04, 850). 175

Nach Abs 6 S 2 gelten die Abs 1–5 ebenfalls für Bezüge und Gewinne, die einem Betrieb gewerblicher Art über andere juristischen Personen des öffentlichen Rechts zufließen, über die sie mittelbar an der leistenden Körperschaft beteiligt ist und bei denen die Leistungen nicht im Rahmen eines Betriebs gewerblicher Art erfasst werden (Beispiel bei *Watermeyer* in H/H/R § 8b Rz 218; zum Zufluss bei Sparkassen privaten Rechts vgl OFD Frankfurt aM DB 02, 2625). Erfasst wird auch die Weiterleitung von Ausschüttungen aus dem steuerlichen Einlagekonto durch eine zwischengeschaltete Person des öffentlichen Rechts (OFD Koblenz DB 12, 2494). Die Aufwendungen des BgA aus der Zahlung einer Sonderumlage an den öffentlich-rechtlichen Verband zum Ausgleich eines Bilanzverlusts sind nach Abs 6 S 2 iVm Abs 3 S 3 nicht zu berücksichtigen (OFD Nds DB 14, 2138; vgl dazu NdsFG v 19.1.17 6 K 287/15, Rev BFH I R 16/17; OFD Frankfurt aM DStR 17, 1934). 176

**17. Finanzunternehmen (Abs 7).** Abs 7 schränkt die Anwendung von Abs 1–6 **für Kreditinstitute, Finanzdienstleistungsinstitute** sowie sonstige **Finanzunternehmen** ein. Hintergrund der Regelung ist ursprünglich die Vermeidung wettbewerbsverzerrender Nachteile im internationalen Wertpapierhandel, wenn das Ergebnis aus steuerrechtlich nicht zu berücksichtigenden Aktiengeschäften mit denjenigen aus steuerrechtlich wirksamen Derivatgeschäften nicht mehr verrechenbar gewesen wäre. 180

**Abs 7 S 1** ordnet die Nichtanwendung von Abs 1–6 für **Kreditinstitute und Finanzdienstleistungsinstitute** für die Anteile an, die dem Handelsbestand iSv § 340e III HGB zuzurechnen sind. Die bis zum 31.12.16 geltende Zuordnung zum Handelsbuch iSd KWG wird durch die Zurechnung der Anteile im Zeitpunkt des Zugangs zum Handelsbestand iSd HGB ersetzt. Dies sind Finanzinstrumente, die weder einer Liquiditätsreserve noch einem Anlagebestand zuzuordnen sind. Spätere Umgliederungen sind unerheblich. Die Entscheidung im Erwerbszeitpunkt sollte nachvollziehbar dokumentiert werden. Der Zuordnung zum Handelsbestand ist steuerrechtlich regelmäßig zu folgen. Ein ggf falscher Ansatz ist in der Steuerbilanz zu korrigieren. Die Änderungen gelten ab dem 1.1.17, also für Zugänge nach dem 31.12.16. 181

**Abs 7 S 2** ordnet die Nichtanwendung von Abs 1–6 für Anteile von Finanzunternehmen iSd KWG an, an denen Kreditinstitute oder Finanzdienstleistungsinstitute unmittelbar oder mittelbar zu mehr als 50% beteiligt sind und die Anteile zum Zeitpunkt des Zugangs zum Betriebsvermögen als Umlaufvermögen auszuweisen sind. Damit wird die vom Gesetz ursprünglich intendierte bankenspezifische Ausrichtung auch tatsächlich im Gesetz umgesetzt. Ab VZ 17 fallen nur noch Anteile von Finanzunternehmen aus dem Bankensektor unter die Regelung. Auch diese Änderung gilt ab dem 1.1.17, also für Zugänge nach dem 31.12.16. Unklar war iRd des Gesetzgebungsverfahrens der Zeitpunkt, zu dem die Beteiligungsquote vorliegen muss. UE kommt es auf den Erwerbszeitpunkt an (BT-Drucks 18/9536, 54). Sachlich werden Wertpapiere erfasst, die im Erwerbszeitpunkt dem Umlaufvermögen zuzuordnen sind. Ausschlaggebend für die Zuordnung sind die allg han- 181a delsrechtlichen Grundsätze (§ 247 II HGB). Nachträgliche Umgliederungen ins Anlagevermögen sollen irrelevant sein (vgl *Hesse/Frieberg* GmbHStB 2016, 271).

182 *Abs 7 S 2 aF nahm Anteile von der Anwendung der Abs 1–6 aus, die von **Finanzunternehmen iSd KWG** mit dem Ziel der **kurzfristigen Erzielung eines Eigenhandelserfolgs** erworben wurden (dazu ausf Binnewies/Zapf GmbH-StB 15, 226; zur potentiellen Streichung von S 2 vgl Kessler/Girlich/Philipp DStR 12, 2524).*

183 *Die Anteile müssen also von einem Unternehmen gehalten werden, das der Art und der Tätigkeit nach als **Finanzunternehmen** zu qualifizieren ist. Mit dem Begriff des „Finanzunternehmens" verweist Abs 7 S 2 aF auf § 1 III KWG. Unter **Finanzunternehmen** sollten alle Unternehmen des Finanzsektors als Restgröße fallen, dh alle Unternehmen, die nicht Institute nach § 1 Ib KWG sind und eine Tätigkeit nach § 1 III Nr 1 bis 8 KWG ausüben. Erfasst werden demnach Holding-, Factoring-, Leasing-, Anlageberatungs-, bestimmte Unternehmensberatungsunternehmen sowie vermögensverwaltende KapGes (vgl BMF BStBl I 02, 712, Abschnitt C.I.) Dies entspricht der Einordung nach den Kriterien des KWG. Hier vertritt die hM aufgrund des Wortlauts, dass jede Holdinggesellschaft grundsätzlich unter den Tatbestand des Finanzunternehmens fällt (Schäfer in Boos/Fischer/Schulte-Mattler, KWG, 4. Aufl 12, § 1 Rz 174; Schwennicke in Schwennicke/Auerbach, KWG 2. Aufl 13, § 1 Rz 179). Auf Kriterien wie das Handeln mit Beteiligungen, den Erwerb von Beteiligungen zu Anlagezwecken oder ein unternehmerisches Tätigwerden über die bloße Verwaltung des Beteiligungsbesitzes hinaus soll es nicht ankommen (vgl Rundschreiben des BAKred v 23.12.99 I 5 – 21 – 14/98; Schwennicke in Schwennicke/Auerbach, KWG, 2. Aufl 13, § 1 Rz 179). In der Literatur wird eine **einschränkende Auslegung** unter Berücksichtigung des Sinn und Zwecks des Abs 7 S 2 aF für erforderlich gehalten (Sterner/Balmes FR 02, 993, 994f). Demnach ist für die Einordnung als Finanzunternehmen entscheidend, dass ein Unternehmen wie ein institutioneller Händler auftritt, dh seine Tätigkeit entweder gewerbsmäßig oder in einem Umfang ausübt, der einen in kaufmännischer Weise eingerichteten Geschäftsbetrieb erfordert. Der **BFH** lehnt aufgrund der uneingeschränkten Bezugnahme auf das KWG eine teleologisch einschränkende Auslegung ab (BFH BStBl II 09, 671; BFH/NV 09, 1843; BFH/NV 11, 69; BFH/NV 12, 453; BFH/NV 12, 613). Die kreditwesenrechtliche Einordnung sei für die Tatbestandsmäßigkeit von Abs 7 S 2 aF ausschlaggebend. § 1 III 1 Nr 1 KWG erfordere nicht, dass das Unternehmen seinen Beteiligungsbesitz fortwährend am Markt umschlägt oder dass es sich bei jenem Beteiligungsbesitz um seiner Art nach typischerweise handelbaren Aktienbesitz handelt (BFH BStBl II 09, 671). Insbesondere der Betrieb eines gewerbl Wertpapierhandels sei nicht erforderlich (BFH BStBl II 09, 671). Das FG Münster hat im Urteil v 11.2.15 ausgeführt, ein Finanzunternehmen setze voraus, dass ein Unternehmen Finanzdienstleistungen für andere gewerbsmäßig oder in einem Umfang erbringt, der einen in kaufmännischer Weise eingerichteten Geschäftsbetrieb erfordert (FG Münster EFG 15, 1222; vgl hierzu auch Watermeyer in H/H/R § 8b Rz 229 (Stand Juni 14)). Noch nicht geklärt ist, ob bei einer Kapitalgesellschaft bereits kraft Rechtsform generell die Unternehmenseigenschaft anzunehmen ist (vgl Haisch/Bindl Ubg 12, 667) oder ob konkret auf die finanzunternehmerische Tätigkeit – dh das Erwerben und Halten von Beteiligungen – ein Mindestmaß an kaufmännischer und organisatorischer Ausstattung erforderlich ist.*

***Beispiel:** Die A-GmbH ist Komplementärgesellschaft der im Bereich der Bauprojektentwicklung tätigen B-GmbH & Co KG und in dieser Funktion einzige unbeschränkt haftende Gesellschafterin. Gesellschafter-Geschäftsführer der A-GmbH ist B, der auch die Geschäftsführung der B-GmbH & Co KG wahrnimmt. Weitere Beschäftigte hat die A-GmbH nicht. In der Satzung der A-GmbH ist vorgesehen, dass sie zur Förderung des Gesellschaftszwecks der B-GmbH & Co KG Geschäfte vornehmen und insoweit auch Beteiligungen erwerben darf. Ein eigens dafür vorgesehener Geschäftsbetrieb ist bei der A-GmbH nicht eingerichtet. UE handelt es sich bei der A-GmbH nicht um ein Finanzunternehmen, da bei der A-GmbH für die Tätigkeit „Erwerb und Halten von Beteiligungen" kein eigens dafür vorgesehener Geschäftsbetrieb eingerichtet ist. Alleiniger Unternehmenszweck der A-GmbH ist die Stellung als Komplementärin der B-GmbH & Co KG. Selbst wenn die A-GmbH Anteile zur Erzielung eines kurzfristigen Eigenhandelserfolgs erwirbt, so tut sie dies nicht als Finanzunternehmen.*

184 *Handelt es sich um ein Unternehmen, dessen Qualifikation als Finanzunternehmen iSd § 1 III KWG in Betracht kommt, das neben einer der in § 1 III 1 Nr 1 bis 8 KWG*

*abschließend genannten Tätigkeiten aber noch eine oder mehrere weitere Tätigkeiten ausübt, ist entscheidend, welche Tätigkeit die* ***Haupttätigkeit des Unternehmens*** *darstellt. Nicht geklärt ist, nach welchen Kriterien die Haupttätigkeit zu identifizieren ist. Nach Auffassung des BFH (BFH/NV 13, 255) ist die Abgrenzung entweder nach dem zur steuerrechtlichen Gesellschafter-Fremdfinanzierung entwickelten Maßstab der „Bruttoerträge iSd Abschnitts 76 Abs 8 S 1 KStR 1995 im Durchschnitt der drei vorausgegangenen Jahre" (BMF BStBl I 02, 712, Abschnitt C. I unter Verweis auf das BMF BStBl I 95, 25 Tz 81 und 82a) oder nach einem aus dem Gesetz über das Kreditwesen abgeleiteten Maßstab „nach dem Anteil der betreffenden Tätigkeit am Gesamtumsatz, ggf auch an der Bilanzsumme oder dem Eigenkapital (sog Bilanztest)" vorzunehmen (vgl FG Mchn EFG 15, 1226; Gosch § 8b Rz 565; Ebel FR 14, 500). Umstritten ist insoweit, ob auch außerordentliche Erträge aus der Veräußerung von Beteiligungen in die Verhältnisrechnung mit einbezogen werden dürfen (zur Vermeidung von Zirkelschlüssen ablehnend: Müller BB 03, 1309; Gosch § 8b Rz 566; für eine Einbeziehung dagegen FG Hbg EFG 11, 1091, rkr). Nach dem kreditwesenrechtlichen Maßstab ist von einer Haupttätigkeit auszugehen, wenn die fragliche Tätigkeit mehr als 50% des Geschäftsvolumens des Unternehmens ausmacht (Schäfer in Boos/Fischer/Schult-Mattler, KWG, 4. Aufl 12, § 1 Rz 169; Schwennicke in Schwennicke/Auerbach, KWG, 2. Aufl 13, § 1 Rz 172; vgl ausf zu den unterschiedlichen Ansätzen: Ebel FR 14, 500; Pung in D/P/M § 8b Rz 442 (Dez 2014)). UE ist die Haupttätigkeit durch eine* ***Gesamtwürdigung der Umstände des Einzelfalls*** *anhand quantitativer sowie qualitativer Kriterien zu ermitteln (so auch Jacob/Scheifele IStR 09, 304; Stollenwerk/Kühnemund GmbH-StB 09, 336, 339; Riegel Ubg 11, 121, 124; Watermeyer in H/H/R § 8b Rz 229 (Juni 2014); Rengers in Blümich, § 8b KStG Rz 443 (Stand Nov 2014)). Für eine rein* ***quantitative*** *Beurteilung der Haupttätigkeit entweder nach dem steuerlichen Kriterium der Bruttoerträge oder den kreditwesenrechtlichen alternativen Kriterien des Umsatzes, der Bilanzsumme oder des Eigenkapitals gibt der Wortlaut des Abs 7 S 2 aF nichts her (vgl Jacob/Scheifele IStR 09, 304; Riegel Ubg 11, 121). Die Sichtweise der FinVerw ist bereits deshalb unzutreffend, da eine Betrachtung der Bruttoerträge der vergangenen drei Jahre bei neugegründeten Gesellschaften von vornherein ausscheidet. Auch die Durchführung bereits eines einzelnen Geschäfts kann zur Qualifizierung als Finanzunternehmen führen. Zudem knüpft Abs 7 S 2 aF selbst ausdrücklich an die Begrifflichkeit aus dem KWG an. Die im kreditwesenrechtlichen Schrifttum genannten starren Kriterien ergeben sich nicht aus dem Gesetz. Vor dem Hintergrund des sich von dem KWG unterscheidenden Sinn und Zwecks von Abs 7 S 2 aF müssen zur sachgerechten Einordnung eines Unternehmens als Finanzunternehmen im Einzelfall auch* ***qualitative*** *Gesichtspunkte Berücksichtigung finden können. Dem folgt auch die finanzgerichtliche Rechtsprechung (vgl FG Hbg EFG 11, 1091; FG Münster EFG 15, 1222; FG Bln-Bdbg v 18.6.15 10 V 10260/14, nv) unter ausdrücklicher Ablehnung der Sichtweise der FinVerw (FG Münster EFG 15, 1222). Zu berücksichtigen sind neben den Erträgen, der Bilanzsumme und dem Eigenkapital folgende Kriterien: Zweck des Unternehmens laut Gesellschaftsvertrag; Umfang der gehandelten Beteiligungen; Qualität der Beteiligung im Hinblick auf die Handelbarkeit; Personal- und Organisationseinsatz; Charakteristisches Erscheinungsbild des Unternehmens in der Öffentlichkeit. Für die Beurteilung soll es nach Auffassung der finanzgerichtlichen Rechtsprechung auf die Verhältnisse der dem Stichtag, dh dem* ***Zeitpunkt des konkreten Beteiligungserwerbs****, vorausgehenden zwölf Monate ankommen (FG Münster EFG 15, 1222; zust Rengers in Blümich, § 8b KStG Rz 443). Der BFH stellt auf die Tätigkeit im gesamten Wj ab (BFH BFH/NV 11, 69; offen gelassen durch BFH BFH/NV 12, 613; Riegel Ubg 11, 121). Nicht verwechselt werden darf die Frage nach dem einzubeziehenden Zeitraum für die Würdigung der Gesamtumstände mit dem Umstand, dass die Tatbestandsvoraussetzung „Finanzunternehmen" zeitpunktbezogen auf den Erwerb der Beteiligung vorliegen muss (vgl Rengers in Blümich § 8b KStG Rz 443). Abs 7 S 2 aF ist nur einschlägig, wenn Anteile von einem Finanzunternehmen erworben werden. IRd Beurteilung einer Tätigkeit iSd § 1 III 1 Nr 1 bis 8 KWG als Haupttätigkeit einer Gesellschaft ist allein die Tätigkeit im eigenen Namen und auf eigene Rechnung entscheidend. Tätigkeiten iRd Geschäftsführung im Namen und für Rechnung einer Gesellschaft, an der die zu beurtei-*

*lende Gesellschaft beteiligt ist, ist nicht ausreichend, um selbst ggf als Finanzunternehmen qualifiziert zu werden (aA FG Bln-Bdbg EFG 14, 1611). Die Haupttätigkeit führungsleitender Managementholdinggesellschaften liegt uE unter keinen Gesichtspunkten in dem Erwerb und dem Halten von Beteiligungen. Unternehmenszweck derartiger Holdinggesellschaften ist die Erbringung konzerneinheitlicher Dienstleistungen, wie zB die Erstellung von Konzernrichtlinien, Zurverfügungstellung eines einheitlichen Internetauftritts, Aufbau eines einheitlichen EDV-Systems, Übernahme der Finanzbuchhaltung, Cash-Pooling, etc. Aus Sicht der Managementholdinggesellschaft werden die Beteiligungen notwendigerweise gehalten, um diese Dienstleistungen gegenüber den Tochtergesellschaften anbieten zu können. Das Erwerben und Halten von Beteiligungen ist somit notwendige Begleiterscheinung der Haupttätigkeit der Managementholdinggesellschaft (so auch Jacob/Scheifele IStR 09, 304; aA Frotscher in F/D § 8b Rz 573, der aber aus rechtspolitischen Gründen Industrieholdings aus dem Anwendungsbereich des Abs 7 S 2 aF ausnehmen möchte).*

**184a** *Weitere Voraussetzung des Abs 7 S 2 aF ist der* ***Erwerb von Anteilen****. Hierbei kann es sich nach Auffassung des* ***BFH*** *um* ***sämtliche Anteile an KapGes*** *oder Personenvereinigungen handeln, sofern deren Leistungen beim Empfänger zu Einnahmen gem § 20 Abs 1 Nr 1, 2, 9 und 10 Buchst a EStG führen (BFH BStBl II 09, 671; BFH BFH/NV 09, 1843; so auch Rengers in Blümich § 8b KStG Rz 450). Es muss sich danach nicht um handelbare Aktien handeln. Erfasst werden auch Anteile an GmbH oder Anteile an einer nach ausländischem Recht gegründeten KapGes (BFH BFH/NV 09, 1843). Hierfür spreche, dass Abs 7 S 2 aF diesbezüglich – anders als hinsichtlich des Begriffs des Finanzunternehmens – keinen Verweis auf die einschlägigen Regelungen des KWG enthalte. Zudem beziehe sich Abs 7 S 2 aF als Nichtanwendungsregelung auf die Abs 1 bis 6, die ebenfalls sämtliche Anteile an KapGes erfassen. Dem schließt sich die finanzgerichtliche Rechtsprechung an (FG Hbg EFG 11, 1091). UE ist dieser Sichtweise nicht zuzustimmen. GmbH-Anteile und nicht über die Börse gehandelte Aktien werden nicht von Abs 7 S 2 aF erfasst (ebenso Grube/Behrendt DStR 07, 886; Feyerabend in Erle/Sauter § 8b Rz 372). Aufgrund der ausdrücklichen Verwendung der Begrifflichkeit des Eigenhandels in Abs 7 S 2 aF ist auf die kreditwesenrechtliche Definition des Eigenhandels gem § 1 Ia Nr 4 KWG zurückzugreifen. Der Eigenhandel idS zielt auf den Handel mit* ***Finanzinstrumenten*** *ab. Mangels Handelbarkeit können GmbH-Anteile und nicht börsengängige Aktien nicht als Finanzinstrumente iSd § 1 XI KWG verstanden werden (vgl Milatz BB 01, 1066; Stoschek/Lauermann/Peter NWB 02, 3015; Pyszka/Brauer BB 02, 1669; FG Köln EFG 06, 366; Grube/Behrendt DStR 07, 886). Dem kann nicht entgegengehalten werden, der Begriff des Eigenhandels sei rein steuerrechtlich auszulegen (so aber BFH BStBl II 2009, 671). Legt man den Begriff des Finanzunternehmens iSd KWG und die Tatbestandsvoraussetzung des Eigenhandels rein steuerrechtlich aus, läuft man Gefahr, Abs 7 S 2 aF aus seinem Gesamtzusammenhang zu reißen und zu systemwidrigen Ergebnissen zu gelangen (vgl Feyerabend in Erle/Sauter § 8b Rz 370). Nicht erfasst ist der Erwerb eigener Anteile (Schmidtmann Ubg 13, 755; Blumenberg/Lechner DB 13, 141; vgl Pung in D/P/M § 8b Rz 447). Nach Auffassung der FinVerw ist die Weiterveräußerung eigener Anteile als Kapitalerhöhung und nicht als Veräußerungsgeschäft zu behandeln (vgl BMF BStBl I 13, 1615 Tz 13). Daher kommt es auch nicht zur Anwendung von Abs 5. Angemessene laufende Aufwendungen iZm dem Erwerb bzw der Veräußerung eigener Anteile sind vollständig abziehbar, während der Vorgang im Übrigen erfolgsneutral ist.*

**184b** *Der BFH schließt sich der im kreditwesenrechtlichen Schrifttum (vgl Schäfer in Boos/Fischer/Schulte-Mattler KWG, 4. Aufl 12, § 1 Rz 173; Schwennicke in Schwennicke/Auerbach KWG, 2. Aufl 13, § 1 Rz 178) vertretenen Auffassung an, dass für die Qualifizierung als Finanzunternehmen trotz des Plurals in § 1 III 1 Nr 1 KWG bereits der* ***Erwerb einer Beteiligung*** *ausreichend sein kann (BFH BFH/NV 12, 453; vgl auch Watermeyer in H/H/R § 8b Rz 229). Die Anwendbarkeit des Abs 7 S 2 aF setzt ihrem Wortlaut nach voraus, dass der zu beurteilende Erwerb bereits im Zeitpunkt des Erwerbs durch ein Finanzunternehmen erfolgt ist. Nicht ausreichend ist, dass eine Gesellschaft erst durch den ersten Erwerb zu einem Finanzunternehmen wird. Dies macht es erforderlich, dass die Eigenschaft einer Gesellschaft als Finanzunternehmen im Zeitpunkt des ersten Beteili-*

*gungserwerbs von vornherein in ihrem* ***Unternehmenszweck*** *begründet liegen muss. Daher vertritt der BFH die Auffassung, dass der erste Erwerb einer Beteiligung – unter Erfüllung der übrigen Voraussetzungen des Abs 7 S 2 aF – nur dann in der Eigenschaft als Finanzunternehmen erfolgen kann, wenn der Erwerb von Unternehmensbeteiligungen ausdrücklich als Unternehmenszweck in die Satzung aufgenommen wurde (vgl BFH BFH/NV 12, 453).*

*Der Wortlaut des § 1 III 1 Nr 1 KWG spricht vom* ***Erwerben und Halten von Beteiligungen****. Daher ist die Gründung und Veräußerung von Vorratsgesellschaften nach Auffassung des BFH mangels eines abgeleiteten Erwerbs keine Tätigkeit iSv § 1 III 1 Nr 1 KWG und daher nicht zu berücksichtigen (BFH BStBl II 07, 60; GmbHR 16, 1167). Anders beurteilt der BFH hingegen den Erwerb und die Weiterveräußerung von Vorratsgesellschaften (BFH BFH/NV 11, 69). Nicht geklärt ist, ob Beteiligungen, die iRe Einlage oder Einbringung entstehen, unter Abs 7 S 2 aF fallen (vgl BFH BStBl II 07, 60). Ein Erwerb mit Handelsabsicht, dh unter Ausnutzung bestehender oder erwarteter Unterschiede zwischen Kauf- und Verkaufspreis, setzt uE zwingend einen derivativen Erwerb (durch einen Übertragungsakt von einem Dritten) voraus. Ohne einen derivativen Erwerb werden Marktschwankungen zur Erzielung eines Eigenhandelserfolgs nicht ausgenutzt. Folgende Vorgänge werden uE neben der Gründung einer KapGes nicht als Erwerb erfasst: Übernahme von Anteilen nach einer Kapitalerhöhung; als Gegenleistung für eine Verschmelzung gem § 11 UmwStG oder eine Auf- und Abspaltung nach § 15 UmwStG erhaltene Anteile; als Gegenleistung für eine Einbringung nach §§ 20, 21 UmwStG erhaltene Anteile (aA Breuninger/Winkler Ubg 11, 13, 18; Riegel Ubg 11, 121, 128; Pung in D/P/M § 8b Rz 449); Einbringung in das Sonderbetriebsvermögen einer Personengesellschaft, an der eine KapGes beteiligt ist (vgl dazu Pung in D/P/M § 8b Rz 449; Frotscher in F/D § 8b Rz 579).* **184c**

*Der Begriff der* ***Eigenhandelsabsicht*** *setzt nach BFH eine Handelsabsicht mit dem Zweck des kurzfristigen Wiederverkaufs aus dem Eigenbestand voraus, die darauf abzielt, bestehende oder erwartete Unterschiede zwischen Kauf- und Verkaufspreis zu nutzen und dadurch einen Eigenhandelserfolg zu erzielen (BFH BStBl II 09, 671; BFH/NV 09, 1843; BFH/NV 11, 69; 12, 453; 12, 613; FG Münster EFG 15, 1222; FG Mchn EFG 15, 1226). Gemeint sind typische Spekulationsgeschäfte. Weder bedarf es nach BFH des Handels iRe organisierten, staatlich geregelten und überwachten Markts noch erfordere Abs 7 S 2 aF das Vorliegen eines Eigenhandels als Finanzdienstleistung iSv § 1 Ia Nr 4 KWG aF. Der Begriff des Eigenhandelserfolgs gem Abs 7 S 2 aF umfasst danach jeglichen Umschlag von Anteilen iSv Abs 1 auf eigene Rechnung unter Ausnutzung einer abstrakten Marktsituation in Gestalt von Angebot und Nachfrage. Im Ergebnis entscheidend ist nach BFH, dass Finanzunternehmen iSv Abs 7 S 2 aF ebenso besteuert werden wie nach Abs 7 S 1 die zur Führung eines Handelsbuchs verpflichteten Kreditinstitute und Finanzdienstleistungsunternehmen. Ein* ***Wiederverkauf zur Nutzung von Preis- und Kursunterschieden*** *soll auch dann vorliegen, wenn eine Vorratsgesellschaft als leere Hülle erworben wurde und diese erst nach Versetzung in einen werthaltigen Zustand veräußert wird (BFH BFH/NV 11, 69). Gleiches soll gelten, wenn Anteile nach dem Erwerb durch Entschuldungsmaßnahmen – wie zB die Übertragung von Verpflichtungen – erst in den Zustand der Wiederveräußerbarkeit versetzt werden (BFH BStBl II 09, 671). Der BFH stellt allein auf den formalen Umstand des abgeleiteten Erwerbs ab. Unerheblich sei, ob die erworbenen Anteile und die veräußerten Anteile wirtschaftlich identisch sind. Es komme allein auf die rechtliche Identität an. Zudem sei hinsichtlich der Absicht, einen kurzfristigen Eigenhandelserfolg zu erzielen, ausschließlich auf den Erwerbszeitpunkt abzustellen. Nachfolgende Maßnahmen des Steuerpflichtigen seien unmaßgeblich. Diese Rechtsprechung hat insbesondere Auswirkungen auf Objekt- oder Projektentwicklungsgesellschaften.* **184d**

***Beispiel:*** *Die A-GmbH erwirbt iRv GmbH-Anteilskäufen nahezu wertlose Grundstücke. Die Grundstücke werden erschlossen und baureif gemacht. ZT werden auch Bauprojekte durchgeführt. Im Anschluss erfolgt wiederum ein Verkauf im Wege des Share-Deals. Nach Auffassung des BFH wären die Maßnahmen der A-GmbH zur Schaffung der Werthaltigkeit der erworbenen GmbH-Anteile unbeachtlich.*

*Ein Eigenhandel mit Anteilen liegt nicht vor, wenn die veräußernde MutterGes die erworbenen Anteile nach dem Erwerb erheblich umgestaltet und dadurch im Wert steigert (vgl Brauer/Pyszka GmbHR*

*02, 1116; Löffler/Tietjen DStR 10, 586; Löffler/Hansen DStR 11, 558). In diesem Fall liegt steuerlich kein Eigenhandel iSd An- und Verkaufs in (nahezu) unverändertem Zustand, sondern eine Produktion iS einer Herstellung und eines Absatzes vor (vgl zum Begriff der Produktion: BFH BStBl II 01, 811). Der Stpfl nutzt nicht günstige Marktentwicklungen aus, sondern versucht Gewinne mittels produktiver Eigeninitiative erreichter Wertschöpfungen bzw Wertsteigerungen zu erzielen (vgl Löffler/Tietjen DStR 10, 586, 588; Frotscher in F/D § 8b Rz 582). Auch der BGH qualifiziert die Verwendung eines auf Vorrat gegründeten GmbH-Mantels als wirtschaftliche Neugründung (vgl BGH DStR 03, 298). Dies muss auch steuerlich nachvollzogen werden. Der Gründungsfall und der Erwerbsfall einer Vorrats-GmbH muss iRv Abs 7 S 2 aF gleich behandelt werden (so auch Löffler/Hansen DStR 11, 558, 559).*

**184e** *Die Frage, ob ein Stpfl Anteile mit der* ***Absicht der Erzielung eines kurzfristigen Eigenhandelserfolgs*** *erwirbt, ist letztlich eine innere Tatsache, die anhand objektiver Umstände beurteilt werden muss. Die* ***FinVerw*** *ist der Auffassung, dass die buchhalterische Zuordnung von Anteilen zum Umlaufvermögen unwiderlegbar zur Erfüllung des Merkmals „Absicht der Erzielung eines kurzfristigen Eigenhandelserfolgs" führe. An eine einmal getroffene Zuordnung zum Anlage- oder Umlaufvermögen sei der Stpfl gebunden (BMF BStBl I 02, 712, Abschnitt C. II). Das* ***FG Mchn*** *führt diesbezüglich unter Verweis auf die Rechtsprechung des BFH aus, dass letztlich nur das Unternehmen selbst die Zweckbestimmung treffen kann, welche Anteile zur Erzielung eines kurzfristigen Erfolgs erworben werden und sich der subjektive Wille des Unternehmens in der Zuordnung der Anteile zum Anlage- oder Umlaufvermögen manifestiere (FG Mchn EFG 15, 1226). Eine starre zeitliche Grenze für das Halten der Beteiligung, bis zu der noch eine Handelsabsicht angenommen werden könne oder abgelehnt werden müsse, existiere nicht. Der objektiven buchhalterischen Zuordnung zum Anlage- oder Umlaufvermögen kommt damit nach Sichtweise des FG Mchn eine – vom Stpfl widerlegbare – Vermutung zu. Nach dem BFH führt die zeitnahe Zuordnung zum Umlaufvermögen nicht zwingend zu einer Eigenhandelsabsicht. Die Zuordnung ist danach Indiz für das Vorliegen der erforderlichen Eigenhandelsabsicht (BFH BFH/NV 12, 453; zustimmend: Gosch § 8b Rz 589; Watermeyer in H/H/R § 8b Rz 230). Umgekehrt muss uE das Gleiche gelten. Ein starkes Indiz gegen eine Eigenhandelsabsicht ist demnach die zeitnahe Zuordnung erworbener Anteile zum Anlagevermögen (so auch FG Münster EFG 15, 1222). Als weitere Indizien für das Vorliegen einer Eigenhandelsabsicht nennt der BFH die kurze Zeitspanne zwischen Erwerb und Veräußerung oder zB die Einschaltung eines professionellen Wertpapierhändlers (vgl BFH BFH/NV 12, 453). Innerhalb der Literatur wird als weiteres Indiz für eine Erfolgserzielungsabsicht auch die kurzfristige Refinanzierung des Kaufpreises genannt (vgl Gosch § 8b Rz 589; hierauf verweist auch BFH BFH/NV 12, 613). Die Indizwirkung der bilanziellen Zuordnung muss durch den Stpfl insbesondere dann widerlegt werden können, wenn die Anteile zu Unrecht zum Anlage- bzw Umlaufvermögen zugeordnet wurden (vgl Gosch § 8b Rz 589). Hierbei kommt es allein auf einen objektiven Fehlerbegriff an (vgl BFH BStBl II 13, 317). Irrelevant ist demnach, ob die Zuordnung zum Anlage- oder Umlaufvermögen aus der Sicht eines ordentlichen und gewissenhaften Kaufmanns vertretbar ist. Eine Zuordnung zum Anlagevermögen hat zu erfolgen, wenn WG im Zeitpunkt des Erwerbs dem Betrieb dauernd zu dienen bestimmt sind (vgl Ballwieser in MüKo HGB, 3. Aufl 13, § 247 Rz 14). Umgekehrt handelt es sich um Umlaufvermögen, wenn WG verbraucht oder weiterveräußert werden sollen (vgl Reiner/Haußer in MüKo HGB, 3. Aufl 13, § 266 Rz 55). IdR haben unverbriefte Anteile wie zB GmbH-Anteile Anlagecharakter, da für derartige Anteile regelmäßig kein Markt besteht und die Veräußerung vielfach durch Zustimmungserfordernisse erschwert wird (vgl Grottel/Kreher in BeBiKo, 9. Aufl 14, § 271 Rz 21). Gem § 271 I 3 iVm S 1 HGB gelten Anteile an KapGes iHv mindestens 20% des Nennkapitals als Beteiligungen, die dazu bestimmt sind, dem eigenen Geschäftsbetrieb durch Herstellung einer dauernden Verbindung zu dienen. UE spricht demnach im Zeitpunkt des Erwerbs einer GmbH-Beteiligung iHv mindestens 20% eine Vermutung gegen eine Eigenhandelsabsicht. Diese Vermutung gilt unabhängig von der bilanziellen Behandlung, da selbst eine bilanzielle Behandlung als Umlaufvermögen ohne Vorliegen besonderer Umstände im Einzelfall objektiv falsch wäre. Auf die bilanzielle Zuordnung kann nicht abgestellt werden, wenn Anteile* *unterjährig angeschafft und wieder veräußert werden. In diesem Fall ist es umso wichtiger, dass der Stpfl eine Beweisvorsorge in Bezug auf den Hintergrund des Anteilserwerbs trifft. Ergebnis ist auch hier, dass eine Gesamtabwägung aller Sachverhaltselemente anzustellen ist (FG Münster EFG 16, 59).*

*Offen ist ferner die Frage, welche Bedeutung dem Tatbestandmerkmal der **Kurzfristigkeit** bezogen auf die Absicht der Erzielung eines Eigenhandelserfolgs zukommt. Die FinVerw misst dem Merkmal der Kurzfristigkeit keine eigenständige Bedeutung zu (vgl Jansen/Lübbehüsen BB 12, 2595, 2602). Mit der bilanziellen Behandlung als Umlaufvermögen sieht die Finanzverwaltung neben dem Merkmal der Eigenhandelsabsicht auch das Merkmal der Kurzfristigkeit stets als erfüllt an (BMF BStBl I 02, 712, Abschnitt C. II). Es wird zu Recht darauf hingewiesen, dass es sich bei der Kurzfristigkeit um ein zusätzliches, über die bloße Absicht zur Erzielung eines Eigenhandelserfolgs hinausgehendes Tatbestandsmerkmal iRd Abs 7 S 2 aF handelt (vgl Gosch § 8b Rz 590; Jacob/Scheifele IStR 09, 304, 308; Egner/Kohl Ubg 12, 516, 523). Die **bilanzielle Behandlung als Umlaufvermögen** mag die Eigenhandelsabsicht als solche indizieren. Hierdurch bringt der Stpfl zum Ausdruck, dass die Beteiligung dem Betrieb nicht dauernd zu dienen bestimmt ist. Die bilanzielle Behandlung als Umlaufvermögen sagt aber nichts über die Kurzfristigkeit der Eigenhandelsabsicht aus (so auch Gosch § 8b Rz 590). Für die Beurteilung der Kurzfristigkeit kann uE auch auf die **tatsächliche Haltedauer** von Beteiligungen im Unternehmen abgestellt werden (ebenso Jacob/Scheifele IStR 09, 304, 308; Schmitt/Krause/Rengier NWB 09, 1993, 1999; anders wohl BFH BFH/NV 12, 453; FG Münster EFG 15, 1222). Richtigerweise kommt es zwar hinsichtlich der zu beurteilenden kurzfristigen Eigenhandelsabsicht auf den **Erwerbszeitpunkt** an. Es sind aber keine Gründe dafür ersichtlich, warum eine tatsächlich langfristige Haltedauer nicht gegen eine kurzfristige Eigenhandelsabsicht bereits im Erwerbszeitpunkt sprechen soll. Ein solcher Rückschluss darf nicht mit einer irrelevanten Umwidmung verwechselt werden. Trotz Bilanzausweis im Umlaufvermögen kommt damit die Anwendung der Abs 1 bis 6 in Betracht, wenn erworbene Anteile tatsächlich langfristig gehalten werden und ansonsten keine Hinweise für eine kurzfristige Eigenhandelsabsicht sprechen (ein Hinweis auf die kurzfristige Eigenhandelsabsicht kann zB sein, wenn Anteile im Umlaufvermögen ausdrücklich unter dem Konto „GmbH-Anteile zum kurzfristigen Verbleib" ausgewiesen werden, vgl BFH BFH/NV 09, 1843). Zum Teil wird im Schrifttum gefordert, zur Wahrung des Bestimmtheitsgrundsatzes als kurzfristig einen Zeitraum von maximal zwölf Monaten anzusehen (vgl Bogenschütz/Tibo DB 01, 8, 10; Bünning/Slabon FR 03, 174, 179; Eilers/Schmidt GmbHR 03, 613, 641; Riegel Ubg 11, 121, 128). Nach hM lässt sich dem Wortlaut eine solche starre Grenze wohl zu Recht nicht entnehmen (vgl Berg JbFfSt 01/02, 209, 211; Gosch in Gosch § 8b Rz 591; Jacob/Scheifele IStR 09, 304, 308; Egner/Kohl Ubg 12, 516, 523). Betrachtet man die Rechtsprechung, so lässt sich feststellen, dass bei einer Veräußerung innerhalb weniger Monate wohl eine kurzfristige Eigenhandelsabsicht indiziert ist (vgl FG Hbg EFG 11, 1091, bei einer Haltedauer von 6,5 Monaten), während eine solche Indizwirkung bei einer Veräußerung nach Ablauf von drei bis fünf Jahren entfallen muss (vgl Egner/Kohl Ubg 12, 516, 524). Insoweit ist auch die FinVerw der Auffassung, dass auf Venture Capital- und Private Equity-Kapitalgesellschaften Abs 7 aF keine Anwendung findet, da die Fonds aufgrund einer mittelfristigen Haltedauer von drei bis fünf Jahren keine kurzfristigen Eigenhandelserfolge verfolgen (vgl BMF BStBl I 04, 40 Tz 14 und 18). Dazwischen liegt ein Graubereich, innerhalb dessen zwingend anderweitige Kriterien herangezogen werden müssen.* 184f

*Für die Beurteilung der Erfolgserzielungsabsicht kommt es ausschließlich auf den **Zeitpunkt des Erwerbs der jeweiligen Beteiligung** an. Nach der FinVerw (BMF BStBl I 02, 712, Abschnitt C. II) und der Rechtsprechung (BFH BStBl II 09, 671; BFH/NV 12, 453; FG Münster EFG 15, 1222; FG Mchn EFG 15, 1226) ist der Stpfl an eine einmal getroffene Zuordnung zum Anlage- oder Umlaufvermögen gebunden. Eine spätere Änderung dieser Absicht kann zwar eine Umgliederung der Anteile in das Anlagevermögen rechtfertigen, habe aber für die Rechtsfolgen des Abs 7 S 2 aF keine Auswirkungen. Auch einer retrospektiven Betrachtung der tatsächlichen Haltedauer komme wegen der kaum vorhersehbaren Kursentwicklung im Wertpapierbereich keine entscheidende Bedeutung bei der* 184g

*Indizwürdigung für den Erwerbszeitpunkt zu (BFH BFH/NV 12, 453; ebenso FG Münster EFG 15, 1222).*

184h ***Abs 7 S 3 aF** erweiterte die Nichtanwendung der Abs 1–6 auf Institute und Unternehmen mit **Sitz** in einem anderen EU-Mitgliedstaat oder einem EWR-Staat. Abs 7 S 3 aF war konstitutiv, was zu der Annahme führt, dass Gesellschaften aus Drittstaaten nicht Finanzunternehmen iSv S 2 aF sein können (Kempf/Nitzsche IStR 16, 183).*

185 **18. Lebens- und Krankenversicherungsunternehmen (Abs 8).** Abs 8 wurde durch Korb-II-Gesetz mit Wirkung ab VZ 04 neu eingefügt, um die Ausnahme für den Eigenhandel nach Abs 7 generell für Anteile, die bei Lebens- und Krankenversicherungsunternehmen den **Kapitalanlagen** zuzurechnen sind, auszudehnen. Neben Dividendenerträgen sind bei diesen Gesellschaften auch Veräußerungsgewinne steuerpflichtig und Veräußerungsverluste steuerwirksam. Die Steuerpflicht für Veräußerungsgewinne greift nicht ein, soweit die Gewinne auf einer nicht steuerwirksamen Teilwertabschreibung beruhen und keine Wertaufholung erfolgte. Eine weitere Einschränkung der Berücksichtigung von Veräußerungsverlusten betrifft vorangegangene innerkonzernliche Erwerbe, die zu steuerfreien Veräußerungsgewinnen geführt haben (vgl *Mützler* DB 07, 1894). Die Nichtanwendung von § 8b wird ergänzt durch die Einschränkung von § 21 (Rückstellungsbildung).

186 **19. Mutter-Tochter-Richtlinie (Abs 9).** Gewinne von **EU-Kapitalgesellschaften** dürfen aufgrund von Art 4 der Mutter-Tochter-Richtlinie nur im Ansässigkeitsstaat der Gesellschaft besteuert werden. Der Ansässigkeitsstaat der Muttergesellschaft hat die Doppelbesteuerung entweder durch Freistellung oder Anrechnung der Auslandssteuer zu vermeiden. Abs 1 stellt die laufenden Beteiligungserträge von der Besteuerung frei, auch in Bezug auf ausländische Tochter-KapGes. Diese Steuerbefreiung gilt gem Abs 7 und Abs 8 nicht für Erträge aus Beteiligungen, die von Kreditinstituten, Finanzdienstleistungsinstituten, sonstigen Finanzunternehmen sowie von Lebens- oder Krankenversicherungsunternehmen als Kapitalanlagen gehalten werden. Zur Sicherstellung der Einhaltung der Mutter-Tochter-Richtlinie macht **Abs 9** ab VZ 04 eine Rückausnahme von den in Abs 7 und Abs 8 geregelten Ausnahmen. Es gilt Folgendes: **laufende Beteiligungserträge** aus in- und ausländischen Kapitalgesellschaften sind gem Abs 1 iVm Abs 5 zu 95% von der KSt befreit. Ist der Empfänger der laufenden Beteiligungserträge ein Kreditinstitut, Finanzdienstleistungsunternehmen, sonstiges Finanzunternehmen oder eine Lebens- und Krankenversicherung, gilt die Steuerfreistellung nicht (Abs 7 und Abs 8). Die Steuerfreistellung gilt aufgrund der Rückausnahme in Abs 9 wieder, wenn es sich bei den laufenden Beteiligungserträgen der in Abs 7 und Abs 8 geregelten Unternehmen um solche handelt, die von einer im EU-Ausland ansässigen Tochter-Kapitalgesellschaft stammen und einer im Inland ansässigen Kapitalgesellschaft oder der inländischen Betriebstätte einer im EU-Ausland ansässigen Kapitalgesellschaft zufließen.

200 **20. Wertpapierleihe (Abs 10).** Abs 10 ist eingefügt durch das UntStRefG v 14.8.07. Die bis zum VZ 06 durch die Gestaltung der sog Wertpapierleihe erzielten steuerlichen Vorteile sollen mit Wirkung ab VZ 07 beseitigt werden. Abs 10 S 1 zielt insbesondere auf folgende Konstellation ab:

201 **Beispiel:** Eine Bank verleiht Aktien, die sich bei ihr im Handelsbestand befinden, an eine GmbH im Rahmen eines Sachdarlehens. Die GmbH vereinnahmt die Dividende. Die GmbH zahlt an die Bank eine Leihgebühr und eine Ausgleichszahlung für die erhaltene Dividende. Die GmbH als Entleiher kann die Dividende nach Abs 1 iVm Abs 5 zu 95% steuerfrei vereinnahmen. Die Leihgebühr und die Ausgleichszahlung hingegen können voll als Betriebsausgabe abgezogen werden. Für die GmbH als Entleiher ergibt sich insgesamt ein steuerlicher Verlust aus dem Leihgeschäft, der mit anderen positiven Einnahmen ausgeglichen werden kann. Für die Bank als Verleiher ist der Vorgang steuerlich neutral. Bei ihr wäre die Dividende nach Abs 7 ohnehin steuerpflichtig gewesen. An die Stelle der Dividende tritt die Ausgleichs-

zahlung als steuerpflichtige Betriebseinnahme (zu den konkreten steuerlichen Auswirkungen derartiger Gestaltungen vgl *Hahne* FR 07, 819).

202 **Abs 10 S 1** soll den beim Entleiher entstehenden Steuervorteil beseitigen, in dem die für die Überlassung von Anteilen geleisteten Entgelte (Leihgebühr, Ausgleichszahlung) nicht als Betriebsausgabe abgezogen werden dürfen. Auch für den Fall, dass keine Ausgleichszahlung geleistet wird, sondern dem Verleiher stattdessen ertragbringende Wirtschaftsgüter überlassen werden, gilt das Abzugsverbot der Betriebsausgaben entsprechend. Das Zusammenspiel aus zu 95% steuerfrei vereinnahmten Dividenden und vollständig abziehbaren Ausgleichszahlungen wird gesetzlich unterbunden (Beispiel zur alten und zur neuen Rechtslage bei *Obermann/Brill/Füllbier* BB 07, 1647; ausf *Rau* DStR 09, 948; zur Anwendbarkeit vom § 42 AO vgl *Füllbier* BB 12, 1769; NdsFG EFG 14, 494).

203 **„Schädliche Verleiher"** iSv Abs 10 S 1 können grundsätzlich nur Körperschaften sein. Körperschaften iSd Abs 10 S 1 sind KapGes deutschen Rechts, typusgleiche Körperschaften ausländ Rechts, VVaG, Genossenschaften und andere juristische Personen des Privatrechts. Ferner kann es sich um juristische Personen des öffentlichen Rechts einschließlich der öffentlich-rechtlichen Anstalten (zB Sparkassen) handeln. Nicht hierzu zählen Personenvereinigungen wie zB nicht rechtsfähige Vereine, Gewerkschaften, Parteien und Berufsverbände, Vermögensmassen bzw Zweckvermögen. Problematisch ist die Qualifizierung von PersGes als „schädliche Verleiher", wenn an ihnen eine Körperschaft unmittelbar oder mittelbar über eine oder mehrere andere PersGes beteiligt ist, unabhängig vom Umfang der Beteiligungsquote und der übrigen Gesellschafter (Abs 10 S 7). Mit G v 26.6.13 wurde daher S 9 eingefügt, wonach zum Umgehungsschutz auch PersGes als Verleiher erfasst werden. Voraussetzung beim „schädlichen Verleiher" ist, dass die Vereinnahmung von Dividenden aus Körperschaften bei ihm nicht privilegiert ist. Abs 10 S 1 1. Alt nennt Streubesitzinhaber (Abs 4), Kredit- und Finanzdienstleistungsinstitute (Abs 7) sowie Lebens- und Krankenversicherungsunternehmen (Abs 8). Abs 10 S 1 2. Alt definiert als „schädlichen Verleiher" alle Körperschaften, bei denen die Steuerfreistellungen von Abs 1 und von Abs 2 keine Anwendung finden. Darunter fallen alle inländ steuerbefreiten Körperschaften sowie alle ausländ Verleiher. Ausländ Verleiher werden nur dann nicht erfasst, wenn Abs 1 und Abs 2 entsprechende ausländ Vorschriften einschlägig wären und Dividendeneinkünfte und Veräußerungsgewinne nach ausländ Recht steuerfrei blieben. Hierdurch soll eine Ausländerdiskriminierung vermieden werden. Problematisch ist, dass die Rechtsfolge von Abs 10 S 1 beim Entleiher gezogen wird, in dem bei diesem die Leihgebühr sowie etwaige Ausgleichszahlungen nicht zum Betriebsausgabenabzug zugelassen werden. Dem Entleiher ist es teilweise gar nicht möglich, sicher zu erkennen, ob der Verleiher die schädlichen Voraussetzungen nach Abs 10 S 1 erfüllt. Hierauf ist in der Vertragspraxis zu achten, in dem der Verleiher entsprechende Zusicherungen abgibt. Diese müssen sich entweder darauf beziehen, dass weder ein Kredit- oder Finanzdienstleistungsinstitut noch ein Finanzunternehmen gegeben ist oder jedenfalls kein Verleih aus dem Handelsbestand erfolgt.

204 Vom Verbot des Betriebsausgabenabzugs betroffen sind **Entleiher** in Form von Körperschaften. § 3c II 3 EStG ordnet allerdings die entsprechende Anwendung von Abs 10 an, so dass auch einkommensteuerpflichtige Entleiher dem Betriebsausgabenabzugsverbot für Kompensationszahlungen unterliegen können. Ferner wird das Betriebsausgabenabzugsverbot über Abs 10 S 7 auch auf PersGes als Entleiher und über Abs 10 S 9 auf PersGes als Verleiher ausgedehnt. Als Entleiher nicht betroffen sind Kredit- und Finanzdienstleistungsinstitute sowie Finanzunternehmen oder andere Unternehmen, bei denen Dividenden gem Abs 4, Abs 7 oder Abs 8 oder vergleichbare Vorschriften steuerpflichtig sind. Gem Abs 10 S 5 greift das Betriebsausgabenabzugsverbot für geleistete Leihgebühren und Ausgleichszahlungen nicht, wenn der Entleiher keine steuerfreien Dividenden bezogen hat. Dies

trifft zB zu, wenn die entliehenen Anteile vor dem Dividendentermin bereits zurückübertragen wurden. S 6 verhindert den zwar umstrittenen Fall der Kettenleihe. Entgelte aus Weiterverleihung sind schädliche Entgelte.

205 Abs 10 S 1 erfasst alle **Leihgeschäfte** mit unter Abs 2 zu subsumierenden Anteilen (vgl Rz 50 ff). Auf den Rechtsgrund für die Überlassung der Anteile kommt es nicht an. Regelmäßig handelt es sich bei der Wertpapierleihe um ein Sachdarlehen iSv § 607 BGB. Problematisch sind die Fälle, in denen das wirtschaftliche Eigentum an Anteilen trotz des Vorliegens des zivilrechtlichen Eigentums beim Entleiher, beim Verleiher verbleibt. Der BFH hat die Anwendung des § 8b auf solche Fälle verneint, soweit „die Gesamtwürdigung der Zustände des Einzelfalls ergibt, dass dem Entleiher lediglich eine formale zivilrechtliche Rechtsposition verschafft wurde, die es ihm ermöglichen sollte, formal – gem Abs 1 – steuerfreie Dividenden zu beziehen und zugleich steuerl abziehbare Betriebsausgaben (Kompensationszahlungen und Leihgebühren) zu generieren, um hieraus einen Steuervorteil zu erreichen (BFH DB 16, 82; vgl dazu *Fischer* jurisPR-SteuerP 12/2016 Anm 1; *Schwetlik* EStB 16, 93 mit Beraterhinweisen). Die FinVerw wendet dieses Urteil zunächst nicht an (OFD Frankfurt DB 16, 862). Kennzeichnend ist die temporäre Überlassung (vgl BFH DB 16, 82; OFD Frankfurt DB 16, 862) von Anteilen iSv Abs 2 unter Wechsel der Zurechnung der Erträge aus den überlassenen Anteilen (ausf *Hahne* FR 07, 819; *Obermann/Brill/Füllbier* BB 07, 1647; *Häuselmann* DStR 07, 1379).

206 Als **Rechtsfolge** sieht Abs 10 S 1 vor, dass die für die Überlassung gewährten Entgelte nicht zum Betriebsausgabenabzug beim Entleiher zugelassen werden. Das Gesetz differenziert nicht zwischen dem reinen Sachdarlehenszins und den Dividendenausgleichszahlungen, obgleich lediglich die Dividendenausgleichszahlungen, die beim Entleiher nach Abs 1 zu 95% steuerfrei vereinnahmt werden können, Ursache für den erlangten Steuervorteil sind (vgl *Häuselmann* DStR 07, 1379).

207 Auch für den Fall, dass keine Ausgleichszahlung geleistet wird, sondern dem Verleiher stattdessen ertragbringende Wirtschaftsgüter überlassen werden im **Tausch,** gilt das Abzugsverbot der Betriebsausgaben entsprechend. **Abs 10 S 2** fingiert bei derartigen Entgeltersatzleistungen eine Gegenleistung auf die Abs 10 S 1 Anwendung findet. Auch wechselseitige Leihgeschäfte sind damit erfasst (Beispiel bei *Hahne* FR 07, 819).

208 **Abs 10 S 3** ordnet an, dass beim Entleiher die 5%-Pauschalierung aus Abs 3 und Abs 5 nicht anzuwenden ist. Da die Ausgleichszahlungen an den Verleiher nicht als Betriebsausgaben abziehbar sind, muss eine Hinzurechnung pauschaler nicht abziehbarer Betriebsausgaben auf die bezogenen Dividenden unterbleiben. Die vom Entleiher bezogene Dividende soll voll umfänglich steuerfrei gestellt und andererseits die Dividendenausgleichszahlung in voller Höhe steuerlich nicht mindernd berücksichtigt werden.

208a **Abs 10 S 4** benennt ausdrücklich Wertpapierpensionsgeschäfte iSv § 340b II HGB, bei denen die übertragenen Wertpapiere ununterbrochen in der Bilanz des Veräußerers (Pensionsgebers) auszuweisen sind (OFD Frankfurt v 17.2.16).

209 Beides schlägt über **§ 7 I 1 GewStG** auch auf die gewerbesteuerliche Bemessungsgrundlage durch. Damit kommt gewerbesteuerlich das Betriebsausgabenabzugsverbot nicht zur Wirkung, wenn der Entleiher gewerbesteuerpflichtige Streubesitzdividenden iSv § 8 Nr 5 GewStG bezieht. Hierdurch soll eine gewerbesteuerliche Doppelbelastung des Entleihers vermieden werden. Dies ist systemgerecht.

210 Gem **Abs 10 S 7** gelten die Abzugsbeschränkungen unter bestimmten Voraussetzungen auch für die Überlassung von Anteilen an PersGes, an denen die überlassende Körperschaft unmittelbar oder mittelbar beteiligt ist. In diesem Fall findet § 8b auf Ebene des Gesellschafters der PersGes Anwendung (Abs 6). Dies gilt auch für das Betriebsausgabenabzugsverbot (Abs 10 S 7).

**Beispiel:** Die X-AG ist Kommanditistin der Y & Co KG. Von der X-AG werden Anteile an die Y & Co KG verliehen, die unter Abs 7 zu subsumieren sind. Die entliehenen Anteile unterliegen bei der Y & Co KG weder Abs 7 noch Abs 8. Die Y & Co KG zahlt eine Ausgleichszahlung an die X-AG. Gem Abs 6 ist die Dividendenzahlung auf der Ebene der X-AG steuerbefreit. Im Gegenzug ist die von der Y & Co KG geleistete Ausgleichszahlung gem Abs 10 S 7 nicht abzugsfähig. Im Ergebnis wird der Ertrag vollständig besteuert. 211

Ferner erfasst Abs 10 S 7 den Fall, wenn die Anteile von einer PersGes überlassen werden, an der der Entleiher unmittelbar oder mittelbar über eine PersGes beteiligt ist. Abs 10 S 9 erweitert den Anwendungsbereich auf PersGes als Verleiher, um Umgehungen zu verhindern. 212

**Abs 10 gilt nicht,** sofern auf die überlassene Körperschaft § 2 Nr 2 2. Halbs oder § 5 II Nr 1 2. Halbs anwendbar ist. Im Ergebnis verbleibt es bei der Abziehbarkeit der Dividendenausgleichszahlungen, wenn der Entleiher von einem Verleiher entliehen hat, zu dessen Lasten der Entleiher gem § 32 III ein Steuerabzug von dem Leihentgelt oder der Dividendenausgleichszahlung vornehmen muss. Gebietskörperschaften sind mit solchen Eink beschränkt steuerpflichtig, die dem Steuerabzug unterliegen (§ 2 Nr 2). Dem Steuerabzug kommt Abgeltungswirkung zu (§ 32 I Nr 2). Vor diesem Hintergrund wurde der KapErtrStAbzug im Wege der Wertpapierleihe vermieden. Leihgebühren und Kompensationszahlungen wurden steuerfrei vereinnahmt, da der KapErtrStAbzug nicht gilt und eine Veranlagung im Übrigen nicht erfolgt. Ähnliches galt für steuerbefreite Körperschaften nach § 5 II Nr 1 (vgl § 44a VIII 1 Nr 1 EStG iVm § 32 I Nr 1 KStG). § 32 III 1 ordnet für diese Fälle nunmehr eine Abzugsteuer auf Dividendenausgleichszahlungen an, für die die Regeln über den KapErtrStEinbehalt entsprechend anzuwenden sind. Der Steuersatz wurde auf 15% erhöht (§ 32 III 2). Gem Abs 10 S 10 verbleibt es bei der Abzugsfähigkeit der Leihgebühr bei der entleihenden Körperschaft. Dies ist systemgerecht, da die Dividende im Übrigen bei der entleihenden Körperschaft, abgesehen von der KapErtrSt, nicht steuerpflichtig gewesen wäre. 213

Abs 10 soll bereits **ab VZ 07** anzuwenden sein (§ 34 VII 9 aF). Die Ausgleichszahlungen sind daher bereits rückwirkend für den gesamten VZ 07 nicht mehr als Betriebsausgabe abzugsfähig. Diese Rückwirkung ist verfassungsrechtlich bedenklich (vgl *Kraft/Edelmann* FR 12, 889; *Hahne* FR 07, 819; *Obermann/Brill/Füllbier* BB 07, 1647; aA NdsFG EFG 12, 441; bestätigt v NdsFG EFG 14, 494; offen lassend BFH DB 16, 82). Die Regelungen für juristische Personen des öffentlichen Rechts und andere Vermögensmassen hingegen sollen für Dividenden gelten, die nach Inkrafttreten zufließen. S 6, eingefügt durch G v 26.6.13, gilt für alle zu diesem Zeitpunkt offenen Fälle. Die Erweiterung auf PersGes als Verleiher in S 9 gilt für nach dem 31.12.13 überlassene Anteile. 214

**21. Unterstützungskassen (Abs 11).** Abs 11, durch das Steueränderungsgesetz 2015 v 2.11.15 (BGBl I 15, 1834) eingefügt, regelt die kstl Behandlung von Anteilen an Unterstützungskassen **ab VZ 16.** Danach sind die Abs 1 bis 10 auf die Beteiligungserträge aus Anteilen an Unterstützungskassen nicht anzuwenden, dh diese sind vollumfänglich der KSt zu unterwerfen. Das ist systemgerecht, denn Trägerunternehmen können die von ihnen an eine Unterstützungskasse geleisteten Zuwendungen gem § 4d EStG als Betriebsausgaben geltend machen und dieser Betriebsausgabenabzug führt bei Trägerunternehmen zu einer Vermögensmehrung. Wenn diese Vermögensmehrung den Tatbestand des Abs 1 bzw Abs 2 erfüllen würde, würde es bei Anwendung der Regelungen dieser Norm nicht zu einem Ausgleich des zuvor geltend gemachten Betriebsausgabenabzugs (§ 4d EStG) kommen (vgl OFD Nds v 22.3.16). 215

## § 8b aF *Beteiligung an ausländischen Gesellschaften*

*(1) [1] Bezüge im Sinne des § 20 Abs. 1 Nr. 1 und 2 des Einkommensteuergesetzes, die eine unbeschränkt steuerpflichtige Körperschaft im Sinne des § 1 Abs. 1 Nr. 1, 2, 3 oder 6 von einer unbeschränkt steuerpflichtigen Kapitalgesellschaft oder von einer sonstigen Körperschaft im Sinne des § 43 erhält, bleiben bei der Ermittlung des Einkommens außer Ansatz, soweit dafür der Teilbetrag im Sinne des § 30 Abs. 2 Nr. 1 als verwendet gilt. [2] Voraussetzung für die Anwendung des Satzes 1 ist, daß die Verwendung des Teilbetrags im Sinne des § 30 Abs. 2 Nr. 1 durch eine Steuerbescheinigung nach § 44 oder § 45 nachgewiesen wird. [3] Gewinnminderungen, die*

*1. durch den Ansatz des niedrigeren Teilwerts des Anteils an der in Satz 1 genannten ausschüttenden Kapitalgesellschaft oder sonstigen Körperschaft oder*
*2. durch Veräußerung des Anteils oder bei Auflösung oder Herabsetzung des Nennkapitals dieser Kapitalgesellschaft oder sonstigen Körperschaft*

*entstehen, sind bei der Gewinnermittlung nicht zu berücksichtigen, soweit der Ansatz des niedrigeren Teilwerts oder die sonstige Gewinnminderung auf die Gewinnausschüttungen zurückzuführen ist. [4] Die Sätze 1 bis 3 gelten nicht für Bezüge, die in einem wirtschaftlichen Geschäftsbetrieb einer nach § 5 Abs. 1 Nr. 9 steuerbefreiten Körperschaft anfallen.*

*(2) [1] Bei der Ermittlung des Einkommens einer unbeschränkt steuerpflichtigen Körperschaft im Sinne des § 1 Abs. 1 Nr. 1, 2, 3 oder 6 bleiben Gewinne aus der Veräußerung eines Anteils an einer ausländischen Gesellschaft oder bei deren Auflösung oder der Herabsetzung von deren Nennkapital außer Ansatz, wenn Gewinnausschüttungen dieser Gesellschaft nach einem Abkommen zur Vermeidung der Doppelbesteuerung oder nach Absatz 5 befreit oder nach § 26 Abs. 2 oder 3 begünstigt wären, soweit sich nicht in früheren Jahren eine bei der Gewinnermittlung berücksichtigte Gewinnminderung durch Ansatz des niedrigeren Teilwerts des Anteils ergeben hat und soweit diese Gewinnminderung nicht durch den Ansatz eines höheren Teilwerts ausgeglichen worden ist. [2] Verluste, die bei der Veräußerung, Auflösung oder Kapitalherabsetzung nach Satz 1 entstehen, sind nicht abziehbar. [3] Hängt die Befreiung oder Begünstigung von der Tätigkeit der ausländischen Gesellschaft ab, muß die unbeschränkt steuerpflichtige Körperschaft nachweisen, daß die in einem Abkommen zur Vermeidung der Doppelbesteuerung oder in § 26 Abs. 2 festgelegten Tätigkeiten seit der Gründung dieser Gesellschaft oder während der letzten fünf Jahre vor und in dem Veranlagungszeitraum, in dem die Einkünfte aus der Veräußerung, Auflösung oder Kapitalherabsetzung bezogen werden, ausgeübt worden sind.*

*(3) Absatz 2 ist nicht anzuwenden für die Anteile an einer ausländischen Gesellschaft, die*

*1. ein Einbringender nach § 23 Abs. 4 als Gegenleistung für die Einbringung von Anteilen an einer unbeschränkt steuerpflichtigen Kapitalgesellschaft oder nach § 23 Abs. 1 oder 3 des Umwandlungssteuergesetzes oder*
*2. eine unbeschränkt steuerpflichtige Kapitalgesellschaft nach § 20 Abs. 1 Satz 2 oder § 23 Abs. 4 des Umwandlungssteuergesetzes von einem Einbringenden, der mit Gewinnen aus der Veräußerung der Anteile an der ausländischen Gesellschaft oder bei deren Auflösung oder der Herabsetzung von deren Nennkapital im Inland steuerpflichtig ist und nicht zu den nach Absatz 2 begünstigten Körperschaften gehört,*

*zu einem unter dem Teilwert anzusetzenden Wert erworben hat, wenn die Veräußerung, Auflösung oder Kapitalherabsetzung innerhalb eines Zeitraums von sieben Jahren nach dem Zeitpunkt der Einbringung stattfindet.*

*(4) [1] Gewinnanteile, die von einer ausländischen Gesellschaft auf Anteile ausgeschüttet werden, die einer inländischen gewerblichen Betriebsstätte einer beschränkt steuerpflichtigen Körperschaft zuzurechnen sind, bleiben bei der Ermittlung des der inländischen gewerblichen Betriebsstätte zuzurechnenden Einkommens außer Ansatz, soweit sie nach einem Abkommen zur Vermeidung der Doppelbesteuerung oder nach Absatz 5 befreit wären, wenn die beschränkt steuerpflichtige Körperschaft unbeschränkt steuerpflichtig*

***wäre.*** [2] ***Die Absätze 2 und 3 gelten sinngemäß für die Ermittlung des Einkommens einer inländischen gewerblichen Betriebsstätte einer beschränkt steuerpflichtigen Körperschaft, wenn die Voraussetzungen des Satzes 1 im übrigen erfüllt sind.*** [3] ***Hängt die Befreiung oder Begünstigung vom Halten der Beteiligung für einen Mindestzeitraum ab, muß die Beteiligung während dieses Zeitraums auch zum Betriebsvermögen der inländischen gewerblichen Betriebsstätte gehört haben.***

***(5) Sind Gewinnanteile, die von einer ausländischen Gesellschaft ausgeschüttet werden, nach einem Abkommen zur Vermeidung der Doppelbesteuerung unter der Voraussetzung einer Mindestbeteiligung von der Körperschaftsteuer befreit, so gilt die Befreiung ungeachtet der im Abkommen vereinbarten Mindestbeteiligung, wenn die Beteiligung mindestens ein Zehntel beträgt.***

***(6) Sind Gewinnanteile, die von einer ausländischen Gesellschaft ausgeschüttet werden, nach einem Abkommen zur Vermeidung der Doppelbesteuerung, nach Absatz 4 Satz 1 und 3 oder nach Absatz 5 von der Körperschaftsteuer befreit oder nach § 26 Abs. 2 bis 3 oder Abs. 7 begünstigt, so sind Gewinnminderungen, die***

1. ***durch Ansatz des niedrigeren Teilwerts des Anteils an der ausländischen Gesellschaft oder***
2. ***durch Veräußerung des Anteils oder bei Auflösung oder Herabsetzung des Kapitals der ausländischen Gesellschaft***

***entstehen, bei der Gewinnermittlung nicht zu berücksichtigen, soweit der Ansatz des niedrigeren Teilwerts oder die sonstige Gewinnminderung auf die Gewinnausschüttungen zurückzuführen ist.***

***(7) Von den Dividenden aus Anteilen an einer ausländischen Gesellschaft, die nach einem Abkommen zur Vermeidung der Doppelbesteuerung oder nach den Absätzen 4 oder 5 von der Körperschaftsteuer befreit sind, gelten fünf vom Hundert als Betriebsausgaben, die mit den Einnahmen in unmittelbarem wirtschaftlichen Zusammenhang stehen.***

***Abs 7 lautete bis zur Änderung durch das G v 22.12.99 (Rz 5):***

(7) Für die Anwendung des § 3c des Einkommensteuergesetzes gelten 15 vom Hundert der nach einem Abkommen zur Vermeidung der Doppelbesteuerung oder nach den Absätzen 4 und 5 von der Körperschaftsteuer befreiten Gewinnausschüttungen einer ausländischen Gesellschaft als Betriebsausgaben, die mit den Einnahmen in unmittelbarem wirtschaftlichen Zusammenhang stehen.

***Abs 7 wurde durch das G v 24.3.99 (Rz 5) eingefügt.***

***Abs 2 S 2 lautete bis zur Änderung durch das G v 24.3.99 (Rz 5):***

Die Vorschriften über die Abziehbarkeit von Verlusten, die bei der Veräußerung, Auflösung oder Kapitalherabsetzung nach Satz 1 entstehen, bleiben unberührt.

***Gesetzesfassungen bis zum KStG 1996 s 5. Aufl.***

**Übersicht**

**Schrifttum:** *Müller-Gatermann* FR 93, 381; *Cattelaens* Wpg 93, 557; *Hundt* DB 93, 2048, 2098; *Henkel* DB 93, 893; *Dötsch* DB 93, 1970; *Pauka* NWB F 4, 3957 (10/93); *Rendels* DStR 93, 1089; *Binger/Pinkos* GmbHR 93, 556; *Franz/Rupp* BB 93, Beil 20; *Ketterer/Pumbo* IStR 93, 289 betr Ausschüttungseffekte; *Streu* IStR 93, 45; *Förster* DB 94, 385; *Krebühl* DB 94, 496; *Köster,* Die Ausweitung internationaler Schachtelvergünstigungen durch § 8b KStG für unbeschränkt stpfl Körperschaften, GmbHR 94, 674; *Wilke,* Die Besteuerung ausländischer Einkünfte im KStR, IWB 3 Deutschland Gr 4, 339 (1/95); *Kohler,* Buchwertveräußerung im Rahmen des § 8b II KStG und vGa, IStR 96, 70; *Pyszka,* Das Holding- und Schachtelprivileg des § 8b IV KStG für Auslandsbeteiligungen im inländischen Betriebsvermögen eines beschränkt körperschaftsteuerpflichtigen Mitunternehmers, IStR 97, 684; *ders,* Anwendung von § 8b I KStG bei Gewinnausschüttungen einer Kapitalgesellschaft, deren Anteile zum steuerlichen Betriebsvermögen einer Personengesellschaft gehören, IStR 98, 464; *Starke/Zurmühlen,* Die § 8b KStG-Falle, DB 98, 103; *Dötsch/Pung,* Steuerentlastungsgesetz 1999/2000/2002; Änderungen KStG, DB 99, 867; *Thömmes,* Unvereinbarkeit des neuen § 8b VII KStG mit der EG-Mutter-Tochterrichtlinie, DB 99, 500; *Rose,* § 8b VII KStG: Neue Fassung, alte Probleme, FR 00, 314; *Scheipers,* Betriebsausgabenabzug bei Schachteldividenden-Änderung des § 8b VII KStG durch das Steuerbereinigungsgesetz 1999, DStR 00, 89; *Rättig/Protzen,* Anwendung des § 8b II KStG auf verdeckte Gewinnausschüttungen anlässlich einer Anteilsveräußerung, GmbHR 01, 495; Haase, Europarechtswidrigkeit von § 8b VII KStG idF des StBereinG, Inf 04, 666; *Frase,* „Hinzurechnungsbesteuerung" nach § 8b Abs 1 Satz 2 KStG, S 2 KStG europrechtskonform?, BB 2008, 2713; *Nissen,* Droht Holding- und Beteiligungskapitalgesellschaften der Verlust der Steuerfreistellung nach § 8b KStG?, DB 08, 2273; *Bauschatz,* Finanzunternehmen nach § 8b Abs 7 Satz 2 KStG, DStZ 09, 502; *Dörfler/Adrian,* § 8b Abs 3 KStG und Teilwertabschreibungen auf Gesellschafterdarlehen, SteuK 2009, 8; *Eberhard,* Steuerwirksame Abschreibung auf Gesellschafterdarlehen, DStR 09, 2226; *Ebner/Helios,* Zur Anwendung von § 8b Abs 7 KStG bei Publikums- und Spezialfonds, FR 09, 977; *Hageböke,* Zum Konkurrenzverhältnis von DBA-Schachtelprivileg und § 8b KStG, IStR 09, 474; *Hagedorn/Matzke,* Steuerpflicht von Veräußerungsgewinnen bei Anteilsverkäufen durch eine Holding, GmbHR 09, 970; *Lohmann/Windhöfel,* Das Signal bei Holding steht auf langfristiges Halten – der BFH zu § 8b Abs 7 Satz 2 KStG, DB 09, 1043; *Prinz,* Körperschaftsteuerliches Gewinnminderungsverbot bei qualifizierten Gesellschafterdarlehen – unsystematisch und fragwürdig, aber gestaltbar in FS Schaumburg, 2009, S 459 ff; *Stollenwerk/Kühnemund,* Geglückte oder verunglückte Verwaltung von Finanzvermögen in der GmbH, GmbH-StB 09, 336 und GmbH-StB 10, 11; *Watermeyer,* Aktuelle Fragestellungen zu § 8b KStG in der Rechtsprechung, GmbH-StB 09, 220; *Behrendt/Klages,* Verschmelzung in der Krise als Steuerrisiko? Zur Besteuerung von Konfusionsgewinnen vor dem Hintergrund des § 8b Abs 3 KStG, GmbHR 10, 190; *Kempf/Hohage,* Gedanken zu § 8b Abs 3 Satz 1 KStG bei beschränkt Steuerpflichtigen, IStR 10, 806; *Löffler/Tietjen,* Veräußerung von Anteilen an Immobilien-Objektgesellschaften – schädlicher „Eigenhandel" iSv § 8b Abs 7 Satz 2 KStG?, DStR 10, 586; *Micksch/Mattern,* Anwendung von § 8b KStG bei der Währungskurssicherung von Auslandsbeteiligungen im Rahmen von Bewertungseinheiten, DB 10, 579; *Hahne,* Spätere Ausfälle von Kaufpreisforderungen mindern rückwirkend steuerfreie Veräußerungsgewinne gem § 8b Abs 2 KStG, DStR 11, 955; *Krug,* Die steuerliche Abziehbarkeit von tatsächlich angefallenen Veräußerungskosten im Rahmen von § 8b Abs 2 und 3 KStG, DStR 11, 598; *Lammers,* Die begrenzte Abziehbarkeit von Aufwendungen im Zusammenhang mit Beteiligungen n Kapitalgesellschaften nach § 8b Abs 3 und 5 KStG, DStZ 11, 483; *Müller,* Vereinbarkeit der Mindestbesteuerung in §§ 8b Abs 3 Satz 1, 8b Abs 5 Satz 1 KStG mit dem allgemeinen Gleichheitssatz, FR 11, 309.

1 **1. Allgemeines, Zweck:** § 8b aF will den „Standort" Deutschland insbesondere auch für HoldingGes attraktiv machen. Inländischen Körperschaften soll es ermöglicht werden, steuerfrei bezogene ausländische Einkünfte auch an eine inländische MutterGes steuerfrei weiterzuleiten. Vgl hierzu BT-Drucks 12/4487, 38; zu den entsprechenden Regelungen in Holland, Belgien, Luxemburg, Österreich s

*Hundt* DB 93, 2049. § 8b aF steht in Zusammenhang mit einer entsprechenden Korrektur der §§ 40, 44 aF. Das steuerfreie Durchschütten steuerfreier Auslandserträge darf nicht darüber hinwegtäuschen, dass die Weiterausschüttung an den AntE der Mutter- oder HoldingGes die steuerfreien Einkünfte in die volle Stpfl führt (hier setzt die Kritik von *Wassermeyer* DB 92, 2311 und *Henkel* DB 93, 893 an). Außerdem normiert § 8b aF unter bestimmten Bedingungen die StFreiheit der Veräußerung ausländischer Beteiligungen; was als Dividende steuerfrei sein soll, soll auch – ohne Ausschüttung – als Veräußerungsgewinn steuerfrei sein. Schließlich bemüht sich § 8b aF, inländische Betriebsstätten ausländischer Körperschaften inländischen Körperschaften gleichzustellen, dies auch, um Art 52 EWG-Vertrag Rechnung zu tragen (BT-Drucks 12/4487, 38). Da der StGesetzgeber immer voller Argwohn Missbrauchsgefahren sieht, wird § 8b aF um solche Missbrauchsgrenzen erweitert. Materialien s Vor § 1 Rz 27. In diesen Materialien spiegelt sich auch das Hin und Her der gesetzl Normierung wider (dazu auch *Hundt* DB 93, 2098).

**2. Geltungszeit:** § 8b aF wurde durch das StandOG v 13.9.93 (BGBl I 93, 1569; BStBl I 93, 774) eingefügt. Er gilt erstmals für den VZ 1994 (§ 54 I idF des StandOG). Abs 3 wurde durch das StMBG v 21.12.93 (BGBl I 93, 2310; BStBl I 94, 50) nachgebessert; außerdem wurde die besondere Vorschrift zur erstmaligen Anwendung des § 54 VIc normiert. Die Reform des UmwStG durch das G v 28.10.94 (BGBl I 94, 3267; BStBl I 94, 839) erforderte eine redaktionelle Anpassung des Abs 3 mit Wirkung ab VZ 1994 (§ 54 I). Mit dem StEntlG 1999/2000/2002 v 24.3.99 (BGBl I 99, 402; BStBl I 99, 304) wurde mit Wirkung ab dem 1.1.1999 Abs 2 S 2 aF neu gefasst sowie Abs 7 aF angefügt. Mit der Neufassung des Abs 2 S 2 aF sind Veräußerungsverluste sowie Verluste bei Auflösung oder Kapitalherabsetzung bei einer ausländischen Gesellschaft nicht mehr abziehbar. Nicht erfasst von der Neuregelung werden Teilwertabschreibungen. Der neu eingefügte Abs 7 aF fingiert für § 3c EStG aF, dass 15% der aus der ausländischen Gesellschaft stammenden, KSt-befreiten Gewinnanteile nicht abziehbare Betriebsausgaben sind. Das StBereinG 1999 v 22.12.99 (BGBl I 99, 2601; BStBl I 00, 13) änderte Abs 7 aF rückwirkend mit Wirkung ab dem 1.1.1999. Die Fiktion der nicht abziehbaren Betriebsausgaben wurde von 15% der steuerfreien Auslandsdividenden auf 5% reduziert. Das StSenkG v 23.10.00 (BGBl I 00, 1433; BStBl I 00, 1428) hat im Rahmen der Umstellung vom AnrV zum Halbeinkünfteverfahren zur völligen Neufassung von § 8b geführt. Zur Geltungszeit der Neufassung s Komm zu § 8b. 5

**3. Steuerbefreiung nach Abs 1 S 1 aF:** Gewinnausschüttungen und andere Bezüge iSd § 20 I Nr 1 und 2 EStG, die eine unbeschränkt stpfl Körperschaft iSd § 1 Nr 1 (KapGes), Nr 2 (Erwerbs- und Wirtschaftsgenossenschaften), Nr 3 (VVaG) und Nr 6 (Betrieb gewerbl Art einer Körperschaft des öffentl Rechts) von einer anderen unbeschränkt stpfl KapGes oder von einer sonstigen Körperschaft iSd § 43 (insbes Erwerbs- und Wirtschaftsgenossenschaften) erhält, bleiben bei der Ermittlung des Einkommens außer Ansatz, soweit dafür der Teilbetrag iSd § 30 II Nr 1 aF (= $EK_{01}$) als verwendet gilt. Abs 1 S 1 aF ist nicht auf Fondserträge anwendbar (FG Hamburg EFG 08, 1816). 9

Mit dieser Regelung wird zB einer **unbeschränkt stpfl KapGes** für Gewinnausschüttungen, die sie über eine inländische TochterGes bezieht, eine StBefreiung gewährt, wenn die Gewinnausschüttung der TochterGes aus steuerfreien ausländischen Einkünften stammt. Damit wird – s auch § 40 Nr 1 aF – erreicht, dass die steuerbefreiten ausländischen Einkünften bei ihrer Weiterausschüttung an eine andere unbeschränkt stpfl Körperschaft nicht nachbesteuert werden. Die Verwendungsfiktion des § 28 aF bleibt unberührt; es können also nicht gezielt steuerfrei empfangene ausländische Einkünfte weiter ausgeschüttet werden (vgl auch § 28 aF Rz 9 ff). Dass auf der Empfängerseite auch der VVaG und Betriebe gewerbl Art der Körperschaft des öR begünstigt sind, ist systemwidrig, steht zu Abs 1 S 4 aF (dazu 10

Rz 24) in Widerspruch und ist auf politische Einflüsse zurückzuführen (vgl *Dötsch* DB 93, 1790, 1794; *Binger/Pinkos* GmbHR 93, 560).

11 Nicht begünstigt ist die Ausschüttung an einkommensteuerpflichtige **natürliche Personen oder PersonenGes** (dazu auch *Henkel* DB 93, 893; *Pyszka* IStR 98, 44 differenziert danach, ob die Beteiligung an der ausschüttenden KapGes im Gesamthandsvermögen oder Sonderbetriebsvermögen gehalten wird; dagegen: OFD Kiel GmbHR 00, 1171). Zu OrganGes A 41 III KStR. Das Gesetz normiert keine Mindestbeteiligung; Abs 1 S 1 aF greift bei einer Beteiligung in jeder Höhe. Aufgrund der Neuregelung kann die ausschüttende Körperschaft eine höhere Bardividende ausschütten. Allerdings hat der anrechnungsberechtigte AntE kein KStAnrechnungsguthaben und erwartet daher als Ausgleich die höhere Bardividende. Wegen dieser höheren Bardividende ist die Neuregelung insbesondere für nichtanrechnungsberechtigte AntE vorteilhaft, was auch dem Gesetzeszweck – s Rz 1 – entspricht. Soweit im Anschluss an die Centros-Entscheidung (Rs C-212/97 v 9.3.99, DB 99, 625), die Überseering-Entscheidung (Rs C-208/00 v 5.11.02, BB 02, 2402) sowie die Inspire Art-Entscheidung (Rs C-167/01 v 30.9.03, DB 03, 2219) des EuGH ausländischen EU-KapGes nach Zuzug zivilrechtlich als KapGes anzuerkennen sind (dazu: *Schwedhelm/Binnewies* GmbH-StB 00, 100; *Görk* GmbHR 99, 793; BGH DB 00, 1114; BFH/NV 01, 1206; *Generalanwalt des EuGH,* Schlussantrag v 4.12.01, GmbHR 02, R 5; *Pache* GmbHR 02, 299; *Schulz/Sester,* EWS 02, 545) folgt daraus auch die Gewährung der Vergünstigungen aus § 8b aF (*Schwedhelm/Binnewies* aaO; *Schmidt/Sedemund* DStR 99, 2057; *Sörgel* DB 99, 2236). UE trifft dies zu, wenn eine in einem EU-Mitgliedstaat, der der Gründungstheorie folgt, wirksam gegründete KapGes ihre Geschäftsleitung ins Inland verlegt.

12 Die Steuerfreiheit hat nach § 3c EStG zur Konsequenz, dass in unmittelbarem wirtschaftlichen Zusammenhang mit steuerfreien Dividenden stehende Betriebsausgaben nicht abzugsfähig sind. Der BFH hat das Abzugsverbot dem EuGH vorgelegt (BStBl II 05, 53) und seine Entscheidung eingeholt (EuGH BStBl II 08, 834).

16 **4. Steuerbescheinigung (Abs 1 S 2 aF).** Tatbestandsbedingung für die StFreiheit nach S 1 aF ist, dass die Verwendung des $EK_{01}$ (§ 30 II Nr 1 aF) durch eine StBescheinigung nach §§ 44 aF oder 45 aF nachgewiesen wird. Die Bescheinigung ist materielle Bedingung für die StBefreiung (s auch § 44 aF Rz 1).

20 **5. Ausschluss der steuerlichen Berücksichtigung von Gewinnminderungen (Abs 1 S 3 aF).** Aus der StBefreiung der aus dem $EK_{01}$ stammenden Gewinnausschüttungen folgt, dass ausschüttungsbedingte Gewinnminderungen nach Abs 1 S 2 aF vom steuerlichen Abzug ausgeschlossen sind. Dies gilt für Gewinnminderungen, die durch den Ansatz des niedrigeren Teilwerts der Anteile an der in S 1 aF genannten ausschüttenden KapGes oder sonstigen Körperschaft entstehen, außerdem für Gewinnminderungen, die durch die Veräußerung des Anteils oder bei der Auflösung oder Herabsetzung des NennKap dieser KapGes oder sonstigen Körperschaften verursacht werden. Aber auch diese Gewinnminderungen sind nicht allgemein ausgeschlossen, sondern nur „soweit der Ansatz des niedrigeren Teilwerts oder die sonstige Gewinnminderung auf die Gewinnausschüttungen zurückzuführen ist". Das Gesetz stellt also einen kausalen Zusammenhang zwischen der Gewinnausschüttung, die S 1 aF freistellt, und der Gewinnminderung, die S 2 aF von der steuerlichen Berücksichtigung ausschließt, her. Außerhalb dieser Einschränkung sind Teilwertabschreibungen nach allg Regeln möglich (*Krebühl* DB 94, 496). Im Rahmen einer Organschaft vorgenommene abführungsbedingte Teilwertabschreibungen sind nicht vom Abzug ausgeschlossen (BFH DStR 03, 542).

24 **6. Ausschluss der gemeinnützigen Körperschaften (Abs 1 S 4 aF).** Abs 1 S 1 bis 3 aF gelten nicht für Bezüge, die im wirtschaftl Geschäftsbetrieb einer nach § 5 I Nr 9 steuerbefreiten Körperschaft, dh bei gemeinnützigen Körperschaften,

anfallen. Bezieht eine gemeinnützige GmbH in ihrem wirtschaftl Geschäftsbetrieb Bezüge, die eigentlich nach S 1 aF befreit wären, sind diese ohne Einschränkung stpfl. Da der Gesetzgeber davon ausgeht, dass die steuerbefreite Körperschaft die vereinnahmte Gewinnausschüttung nicht weiter ausschüttet, wird sie dem AntE auf der untersten Ebene, der seinerseits nicht weiter ausschüttet, gleichgestellt, dh der natürlichen Person. Dieser Endempfänger soll aber gerade nicht in den Genuss des § 8b aF kommen (s Rz 3). Allerdings steht hierzu in Widerspruch, dass der VVaG und der Betrieb gewerbl Art der Körperschaft des öffentl Rechts nach Abs 1 S 1 aF begünstigt sind (s Rz 10).

**7. Steuerfreiheit von Veräußerungsgewinnen.** Grundsatz **Abs 2 S 1 aF:** Während Abs 1 aF die „Nachbesteuerung" von weiter ausgeschütteten steuerfreien Gewinnen verhindert, stellt Abs 2 aF sicher, dass diese Gewinne auch dann unbesteuert bleiben, wenn sie als bezahlte Rücklagen Teil eines Veräußerungsgewinns sind. Bei der Ermittlung des Einkommens bleiben Gewinne aus der **Veräußerung** eines Anteils an einer ausländischen Ges oder bei deren Auflösung oder der Herabsetzung von deren NennKap außer Ansatz, wenn Gewinnausschüttungen dieser Ges nach einem DBA oder nach Abs 5 (s Rz 63) befreit oder nach § 26 II oder III aF (nicht IIa) begünstigt wären; dies gilt auch für einbringungsgeborene Anteile iSv § 21 UmwStG (*Binger/Pinkos* GmbHR 93, 560). Den Veräußerungsgewinnen müssen Gewinne durch den Ansatz eines höheren Teilwerts, Gewinnerhöhungen durch vGa oder Einlagen gleichgestellt werden (*Förster* DB 94, 388; BFH BStBl II 02, 491; zur verdeckten Einlage FG Nds EFG 07, 611). Auch diese StFreiheit gilt nur für Körperschaften iSd § 1 I Nr 1, 2, 3 und 6 (s auch Rz 9). 29

Ausgeschlossen ist die StFreiheit, soweit sich in früheren Jahren eine bei der Gewinnermittlung berücksichtigte **Gewinnminderung** durch Ansatz des niedrigen Teilwerts des Anteils ausgewirkt hat und soweit diese Gewinnminderung nicht durch den Ansatz eines höheren Teilwerts wieder ausgeglichen wurde. Das Gesetz normiert keine zeitliche Grenze, die bei den „früheren Jahren" zu berücksichtigen ist. Die „Soweit"-Begrenzung ist numerisch zu verstehen. Die Gewinnminderung der früheren Jahre ist zahlenmäßig zu ermitteln; insoweit ist der Veräußerungsgewinn nicht nach S 1 aF stfrei. Ein Veräußerungsgewinn kann mithin teilweise stpfl, teilweise steuerfrei sein. Für die Ausnahme von der Regel der StFreiheit trägt die FinVerw die Beweislast, dies auch deshalb, weil sie anhand der StAkten die Begrenzung leicht feststellen kann. Die StFreiheit hindert nicht die Abzugsfähigkeit von Finanzierungsaufwendungen (*Krebühl* DB 94, 498; *Eilers/Nowack* IStR 94, 218; aA offenbar *Förster* DB 94, 392; *Köster* GmbHR 94, 680). Sie erstreckt sich auch auf die GewSt (*Förster* DB 94, 389). Zur Frage, ob mittels des Tauschgutachtens BFH BStBl III 59, 30 die Privilegierung des Abs 2 aF erreicht werden kann, s *Rödder* DStR 94, 384. Zum Verhältnis des Abs 2 aF zum AStG s *Hundt* DB 93, 2100; *Köhler* IStR 95, 529. 30

**8. Abziehbarkeit von Veräußerungsverlusten (Abs 2 S 2 aF).** Bis zum 1.1.1999 entstandene **Verluste** aus der Veräußerung, Auflösung oder Kapitalherabsetzung einer ausländischen Gesellschaft bleiben nach den allgemeinen Grundsätzen steuerlich abzugsfähig (Abschn 41 X KStR 1995). Sachlich ist dies gerechtfertigt, da ansonsten realisierte Veräußerungsverluste endgültig unberücksichtigt bleiben würden, während der zwar auf der Ebene der KapGes steuerfrei gestellte Veräußerungsgewinn auf der Ebene des am Ende der Kette stehenden Anteilseigners (natürliche Person) nachversteuert wird. Die Abzugsfähigkeit wurde gleichwohl durch das StEntlG 1999/2000/2002 gestrichen. Sofern nach S 1 aF ein Veräußerungsgewinn begünstigt wäre, ist nach dem Wortlaut von S 2 ein entsprechender Verlust unbeachtlich, dh außerhalb der Bilanz dem Gewinn wieder hinzuzurechnen. Nach FG Köln (EFG 11, 174) verstößt S 2 gegen die Niederlassungsfreiheit und gegen die Kapitalverkehrsfreiheit, etwaige Verluste sind demnach anzuerkennen. Das Abzugsverbot nach Abs 2 S 2 aF kann zudem umgangen wer- 34 den, indem vor der Veräußerung zunächst im ersten Schritt eine verlustbedingte Teilwertabschreibung auf die ausländische Beteiligung vorgenommen wird. Diese wird durch Abs 2 S 2 aF nicht erfasst. Abs 1 S 3 aF und Abs 6 aF schränken lediglich die steuerliche Berücksichtigung ausschüttungsbedingter, nicht aber veräußerungsbedingter Teilwertabschreibungen ein (*Dötsch/Pung* DB 99, 867). Auch soweit sich Teilwertabschreibungen nicht auswirken sollen, liegt ein Verstoß gegen die EU-Kapital- und Niederlassungsfreiheit vor (BFH BStBl II 13, 707).

39 **9. Aktive Tätigkeit der ausländischen Gesellschaft (Abs 2 S 3 aF).** Hängt die Befreiung oder Begünstigung von einer aktiven Tätigkeit der ausländischen Ges ab (vgl dazu auch *Hundt* DB 93, 2100), muss die unbeschränkt stpfl Körperschaft nachweisen, dass die in einem DBA oder in § 26 II aF festgelegten Tätigkeiten seit der Gründung dieser Ges oder während der letzten fünf Jahre vor oder in dem VZ, in dem die Einkünfte aus der Veräußerung, Auflösung oder Kapitalherabsetzung bezogen wurden, ausgeübt worden sind. Die Fünfjahresfrist entspricht § 2a II S 2 EStG.

47 **10. Einschränkung der Steuerfreiheit** (**Abs 3 aF,** der noch im gleichen Jahr des StandOG durch das StMBG präzisiert wurde; dazu *Dötsch* DB 94, 9; *Cattelaens* Wpg 94, 41 und Anm 2). Die Regelung ist notwendig, da anderenfalls grundsätzlich im Inland stpfl stille Reserven der Besteuerung entzogen werden könnten. Beispiel: Eine inländische KapGes bringt ihre Mehrheitsbeteiligung an einer anderen inländischen KapGes im Wege der Sacheinlage steuerneutral nach § 20 UmwStG aF, § 23 UmwStG in eine in einem anderen EG-Mitgliedstaat ansässige KapGes gegen Gewährung von Gesellschaftsrechten ein. Später veräußert sie – gäbe es Abs 3 aF nicht – die Anteile an der ausländischen Gesellschaft nach Abs 2 aF steuerfrei. Diese Einschränkung gilt nicht grenzenlos. Das Gesetz unterstellt (vgl BT-Drucks 12/4487, 39) eine StErsparnis als hauptsächlichen Beweggrund, wenn die erworbenen Anteile innerhalb von sieben Jahren nach der Einbringung veräußert werden. Aus der Festlegung dieser Siebenjahresfrist folgt, dass nach Ablauf der sieben Jahre die StFreiheit des Abs 2 aF auf jeden Fall voll greifen kann, auch wenn auf diesem Weg grundsätzlich in der Bundesrepublik stpfl stille Reserven der Besteuerung entzogen werden. Gab es im Fall der Nr 2 vor der Einbringung kein deutsches Besteuerungsrecht hinsichtlich der Gewinne aus der Veräußerung der Anteile, greift die Sperrfrist des Abs 3 aF nicht (*Dötsch* aaO).

55 **11. Inländische Betriebsstätte einer beschränkt stpfl Körperschaft (Abs 4 aF).** Abs 4 S 1 aF regelt die StBefreiung von Dividenden aus wesentlichen Beteiligungen an einer ausländischen Gesellschaft, die einer inländischen gewerbl Betriebsstätte einer beschränkt stpfl Körperschaft zuzurechnen sind. Solche Gewinnanteile bleiben bei der Ermittlung des der inländischen gewerbl Betriebsstätte zuzurechnenden Einkommens außer Ansatz, soweit sie nach einem DBA oder nach Abs 5 aF (Anm 15 befreit wären, wenn die beschränkt stpfl Körperschaft unbeschränkt stpfl wäre. Soweit nach einem DBA mithin nur unbeschränkt stpfl KapGes begünstigt sind, gilt dies auch für ausländische Körperschaften. Soweit die Begünstigung unbeschränkt stpfl KapGes aus Verwaltungsanweisungen herzuleiten sind, muss auch insoweit eine Ausdehnung auf ausländische Körperschaften erfolgen (*Hundt* DB 93, 2102). Zur Zurechnung zur Betriebstätte s *Hundt* DB 93, 2102. Die Beteiligung an einer PersGes wird bewusst nicht von Abs 4 erfasst, da auch eine inländische KapGes die Schachtelvergünstigung bei Zwischenschaltung einer PersGes nicht erhält (*Hundt* DB 93, 2102; anders wenn die Beteiligung an der ausländischen Ges nicht im Gesamthandsvermögen der PersGes, sondern im Sonderbetriebsvermögen gehalten wird (s *Pyszka* IStR 97, 684). Soweit die Befreiung oder die Begünstigung vom Halten der Beteiligung für einen Mindestzeitraum abhängt, gilt dies für die inländische Betriebsstätte entsprechend (S 3 aF).

63 **12. Ausdehnung der DBA-Befreiung: Abs 5 aF** war bisher – wortgleich – § 26 VII aF. Aus systematischen Gründen nahm das StandOG (Rz 5) die Umordnung vor. **Abs 5 aF** erleichtert im Weg eines einseitig nationalen Gesetzgebung-

saktes den Zugang zum internationalen Schachtelprivileg der DBA. Zur Geltungszeit s § 26 Anm 3 3. Aufl. Tatbestandsvoraussetzung ist die Befreiung von der KSt (nicht ESt) unter der Voraussetzung einer Mindestbeteiligung aufgrund eines DBA. Liegen diese Bedingungen vor, so gilt die Befreiung auch, sofern die Beteiligung mindestens $^{1}/_{10}$ beträgt. Befreiungen sollen ausgedehnt werden. Sieht das DBA eine Befreiung bei noch geringerer Beteiligung vor, bleibt es bei der DBA-Befreiung. Ist ein DBA nicht vereinbart, findet Abs 5 aF keine Anwendung. Die Befreiung gilt zeitlich für die Geltungsdauer der DBA-Befreiung. Die übrigen Bedingungen der DBA bleiben unberührt. Soweit die Gewinnanteile befreit sind, scheidet eine StAnrechnung nach § 26 I–III, V aF und ein Abzug ausländischer Steuern bei der Ermittlung des Gesamtbetrags der Einkünfte (§ 26 VI aF iVm § 34c II, III, VI EStG) aus (Abschn 41 XVII KStR 1995).

**13. Teilwertabschreibungen und Veräußerungsverluste bei Auslandsbeteiligungen** (**Abs 6 aF;** dazu *Singbartl/Dötsch/Hundt* DB 88, 1767, 1820; *Müller-Dott* GmbHR 90, 269). Abs 6 aF war bisher § 26 VIII aF. Aus systematischen Gründen nahm das StandOG (Rz 5) die Umordnung vor. Der Ausschluss des Abs 8 aF wurde eingeführt durch das StRefG 1990 (§ 26 Anm 3 3. Aufl). Abs 6 aF ist als § 26 VIII aF erstmals auf Gewinnminderungen anzuwenden, die auf Gewinnausschüttungen nach dem 23.6.88 zurückzuführen sind (§ 54 X bzw VII idF des G v 25.7.88). Betroffen sind Gewinnanteile, die von einer ausländischen Ges ausgeschüttet werden und die nach einem DBA oder nach Abs 5 aF (Rz 63) bei der inländischen Besteuerung befreit oder nach § 26 II–III, VII aF (§ 26 Rz 52ff) begünstigt sind. Verursachen diese Gewinnausschüttungen eine Teilwertminderung oder einen Veräußerungsverlust, so ist die Teilwertabschreibung oder der Veräußerungsverlust nicht anzusetzen. Bedingung ist eine Kausalität zwischen den steuerfreien bzw begünstigten Gewinnanteilen und der Teilwertabschreibung bzw dem Veräußerungsverlust. Geht die Teilwertminderung oder der Veräußerungsverlust auf andere Ursachen zurück, so können die Verluste berücksichtigt werden. Die FinVerw dehnt Abs 6 aF allerdings auf Änderungen des Beteiligungsansatzes durch Einlagen aus. In der EK-Gliederung alten Rechts ist $EK_{02}$ anzupassen. Abs 6 ist nicht auf Investmentfonds anwendbar (FG München EFG 11, 1016, NZB wurde durch BFH zurückgewiesen BFH/NV 11, 1698). 67

**14. Nichtabsetzbare Betriebsausgaben. Abs 7 aF** fingiert für die Anwendung des § 3c EStG aF 5% der aufgrund der Anwendung von Abs 4 und 5 aF von der Körperschaftsteuer befreiten Gewinnausschüttungen einer ausländischen Gesellschaft als Betriebsausgaben, die mit den Einnahmen in unmittelbarem wirtschaftlichen Zusammenhang stehen. Die Pauschalierung des Betriebsausgabenabzugsverbots für ausländische Dividenden ist europarechtswidrig (BFH IStR 07, 70; DStR 07, 154; EuGH GmbHR 06, 435; BMF BStBl I 08, 940; *Intemann* NWB 09, 2889). Eine Drittstaatenwirkung lehnt der BFH ab (BStBl II 13, 89; aA FG Mchn DStR 17, 160). 71

Abs 7 aF wurde mit dem StEntlG 1999/2000/2002 v 24.3.1999 eingeführt. Zunächst war ein Abgeltungssatz iHv 15% vorgesehen. Das StBereinG 1999 v 22.12. 1999 senkte den Pauschalierungssatz rückwirkend zum 1.1.1999 auf 5%. Soweit Ausgaben mit steuerfreien Einnahmen im wirtschaftlichen Zusammenhang stehen, dürfen sie nicht als Betriebsausgaben abgezogen werden (§ 3c EStG aF). Danach sind **5%** aller nach einem DBA steuerfrei gestellten Gewinnausschüttungen einer ausländischen TochterGes an die deutsche Mutter fiktiv nicht abziehbare Betriebsausgaben bei der Muttergesellschaft. Sie erhöhen bei der Muttergesellschaft den Gewinn und unterliegen der deutschen Besteuerung. Faktisch führen sie zu einer Reduzierung der Steuerfreiheit der ausländischen Dividenden auf 95%. Diese Besteuerung ist unabhängig davon, ob überhaupt oder ggf in welcher Höhe die inländische Muttergesellschaft tatsächlich Ausgaben getätigt hat, die mit stfreien Einnahmen in unmittelbarem wirtschaftlichen Zusammenhang stehen. 72

73 Im Gegenzug folgt aus der Pauschalregelung, dass Aufwendungen, die tatsächlich unmittelbar mit stfreien Einnahmen im Zusammenhang stehen, im übrigen keinem weiteren Abzugsverbot unterliegen, also eine **Abgeltung** des Abzugsverbots des § 3c EStG aF eintritt. Für Dividenden aus EU-TochterGes gilt die Pauschalierung aufgrund ihrer EU-Rechtswidrigkeit (so) nicht.

74 In der **Gliederungsrechnung** alten Rechts sind 95% der ausländischen Dividenden im $EK_{01}$ zu erfassen. Die nach Abzug der stfreien Gewinnausschüttung zugeordneten Betriebsausgaben (Pauschale von 5%) verbleibenden tatsächlich angefallenen und abziehbaren Betriebsausgaben mindern das vEK nach den allgemeinen Regeln (Minderung des Zugangs zum belasteten EK oder – in Verlustfällen – als Abzug vom $EK_{02}$). Soweit die der steuerfreien Gewinnausschüttung zugeordneten Betriebsausgaben die tatsächlich angefallenen Betriebsausgaben übersteigen, erhöhen sie das steuerliche Einkommen und damit das belastete vEK (BMF BStBl I 00, 71; *Scheipers* DStR 00, 89, 93; *Dötsch/Pung* DB 99, 867, 868; vgl auch BMF BStBl I 08, 940).

75 Abs 7 aF ist auf Dividenden anzuwenden, die als solche nach DBA oder Abs 4 oder 5 aF von der KSt **befreit** sind. Nach Auffassung der Finanzverwaltung (BMF aaO) ist der Begriff der Dividenden nach dem anzuwendenden DBA ausschlaggebend. Als Dividenden kommen damit auch vGa in Betracht (zweifelnd: *Buyer* aaO Rz 277). Nicht erfasst sind Gewinne aus der Veräußerung zugrunde liegender Beteiligungen, die nach Abs 1 aF freizustellen sind und bei denen sich der Betriebsausgabenabzug allein nach § 3c EStG aF richtet. Ebenso wenig erfasst wird die Hinzurechnung nach § 10 AStG aF, da keine Gewinnausschüttungen besteuert werden (anders für vGa: *Scheipers* DStR 00, 89, 91). Abs 7 aF ist anzuwenden bei Freistellungen von Dividenden kraft Verweisung (§ 26 V aF, § 13 I 1 Nr 1 AStG aF, § 9 Nr 8 GewStG aF).

76 Immer angeknüpft wird an die Gewinnausschüttung. In Jahren, in denen die Gewinne bei der ausländischen Tochtergesellschaft **thesauriert** werden, bleibt in Deutschland der Betriebsausgabenabzug erhalten, insoweit läuft § 3c EStG aF leer. Der Begriff „Gewinnausschüttung" richtet sich nach deutschem Steuerrecht, so dass auf den Betrag vor Abzug ausländischer Quellensteuer abzustellen ist. Nicht maßgeblich ist das Zufluss/Abflussprinzip. Es ist darauf abzustellen, ob im Bilanzgewinn steuerfreie Schachteldividenden enthalten sind. Im Geltungszeitraum von Abs 7 aF der noch zulässigen phasengleichen Aktivierung von Dividendenansprüchen kommt es auf den steuerlich maßgeblichen Zeitpunkt an.

77 Als Konsequenz von Abs 7 aF wird der Pauschbetrag außerhalb der Bilanz dem Gewinn hinzugerechnet. In **Organschaftsfällen** ist Abs 7 aF bei der Ermittlung des Einkommens zur OrganGes anwendbar. Trägt die OrganGes die mit der Auslandsbeteiligung verbundenen Betriebsausgaben, finden Abs 7 aF sowie § 3c EStG aF bei der Ermittlung des Einkommens der OrganGes Anwendung mit der Folge der Erhöhung des steuerpflichtigen, dem OrganT zuzurechnenden Einkommens. Trägt der OrganT die mit der Auslandsbeteiligung verbundenen Betriebsausgaben, erhält der OrganT das, was ihm insoweit zufließt, aufgrund des Gewinnabführungsvertrags und nicht aus steuerfreien DBA-Einkünften. Insoweit führen die von der OrganGes bezogenen steuerfreien DBA-Einkünfte beim OrganT nicht zur Anwendung von Abs 7 aF, § 3c EStG aF.

78 **Zeitlich** ist der Pauschbetrag in dem VZ anzusetzen, in dem die DBA-begünstigten Schachteldividenden ohne Befreiung steuerpflichtig wären. Unerheblich ist, in welchem Zeitraum der ausgeschüttete Gewinn entstanden ist. Werden Gewinne früherer Jahre ausgeschüttet, wird mit dem Pauschbetrag auch Kostenaufwand der Gesellschaft während dieser früheren Jahre mit abgegolten. Der Pauschbetrag fällt demnach nur in Ausschüttungsjahren an. Nimmt die Gesellschaft ein Darlehen zum Erwerb der Beteiligung an der ausländischen Gesellschaft auf und fällt in den Jahren 01 bis 05 Zinsaufwand an, erfolgt die Ausschüttung im Jahr 06, kann der Zinsaufwand der Jahre 01 bis 05 voll abgezogen werden, da in diesen Jahren the-

sauriert wurde und keine in wirtschaftlich unmittelbarem Zusammenhang stehende Dividendeneinkünfte vorliegen (sog Ballooning; vgl BFH BStBl II 97, 60 und 63).

## § 8c Verlustabzug bei Körperschaften

(1) [1]**Werden innerhalb von fünf Jahren mittelbar oder unmittelbar mehr als 25 Prozent des gezeichneten Kapitals, der Mitgliedschaftsrechte, Beteiligungsrechte oder der Stimmrechte an einer Körperschaft an einen Erwerber oder diesem nahe stehende Personen übertragen oder liegt ein vergleichbarer Sachverhalt vor (schädlicher Beteiligungserwerb), sind insoweit die bis zum schädlichen Beteiligungserwerb nicht ausgeglichenen oder abgezogenen negativen Einkünfte (nicht genutzte Verluste) nicht mehr abziehbar.** [2]**Unabhängig von Satz 1 sind bis zum schädlichen Beteiligungserwerb nicht genutzte Verluste vollständig nicht mehr abziehbar, wenn innerhalb von fünf Jahren mittelbar oder unmittelbar mehr als 50 Prozent des gezeichneten Kapitals, der Mitgliedschaftsrechte, Beteiligungsrechte oder der Stimmrechte an einer Körperschaft an einen Erwerber oder diesem nahe stehende Personen übertragen werden oder ein vergleichbarer Sachverhalt vorliegt.** [3]**Als ein Erwerber im Sinne der Sätze 1 und 2 gilt auch eine Gruppe von Erwerbern mit gleichgerichteten Interessen.** [4]**Eine Kapitalerhöhung steht der Übertragung des gezeichneten Kapitals gleich, soweit sie zu einer Veränderung der Beteiligungsquoten am Kapital der Körperschaft führt.** [5]**Ein schädlicher Beteiligungserwerb liegt nicht vor, wenn**

1. **an dem übertragenden Rechtsträger der Erwerber zu 100 Prozent mittelbar oder unmittelbar beteiligt ist und der Erwerber eine natürliche oder juristische Person oder eine Personenhandelsgesellschaft ist,**
2. **an dem übernehmenden Rechtsträger der Veräußerer zu 100 Prozent mittelbar oder unmittelbar beteiligt ist und der Veräußerer eine natürliche oder juristische Person oder eine Personenhandelsgesellschaft ist oder**
3. **an dem übertragenden und an dem übernehmenden Rechtsträger dieselbe natürliche oder juristische Person oder dieselbe Personenhandelsgesellschaft zu jeweils 100 Prozent mittelbar oder unmittelbar beteiligt ist.**

[6]**Ein nicht abziehbarer nicht genutzter Verlust kann abweichend von den Sätzen 1 und 2 abgezogen werden, soweit er bei einem schädlichen Beteiligungserwerb im Sinne des Satzes 1 die anteiligen und bei einem schädlichen Beteiligungserwerb im Sinne des Satzes 2 die gesamten zum Zeitpunkt des schädlichen Beteiligungserwerbs vorhandenen im Inland steuerpflichtigen stillen Reserven des Betriebsvermögens der Körperschaft nicht übersteigt.** [7]**Stille Reserven im Sinne des Satzes 6 sind der Unterschiedsbetrag zwischen dem anteiligen oder bei einem schädlichen Beteiligungserwerb im Sinne des Satzes 2 dem gesamten in der steuerlichen Gewinnermittlung ausgewiesenen Eigenkapital und dem auf dieses Eigenkapital jeweils entfallenden gemeinen Wert der Anteile an der Körperschaft, soweit diese im Inland steuerpflichtig sind.** [8]**Ist das Eigenkapital der Körperschaft negativ, sind stille Reserven im Sinne des Satzes 6 der Unterschiedsbetrag zwischen dem anteiligen oder bei einem schädlichen Beteiligungserwerb im Sinne des Satzes 2 dem gesamten in der steuerlichen Gewinnermittlung ausgewiesenen Eigenkapital und dem diesem Anteil entsprechenden gemeinen Wert des Betriebsvermögens der Körperschaft.** [9]**Bei der Ermittlung der stillen Reserven ist nur das Betriebsvermögen zu berücksichtigen, das der Körperschaft ohne steuerrechtliche Rückwirkung, insbesondere ohne Anwendung des § 2 Absatz 1 des Umwandlungssteuergesetzes, zuzurechnen ist.**

(1a) [1]**Für die Anwendung des Absatzes 1 ist ein Beteiligungserwerb zum Zweck der Sanierung des Geschäftsbetriebs der Körperschaft unbeachtlich.**

**[2] Sanierung ist eine Maßnahme, die darauf gerichtet ist, die Zahlungsunfähigkeit oder Überschuldung zu verhindern oder zu beseitigen und zugleich die wesentlichen Betriebsstrukturen zu erhalten.**
**[3] Die Erhaltung der wesentlichen Betriebsstrukturen setzt voraus, dass**

**1. die Körperschaft eine geschlossene Betriebsvereinbarung mit einer Arbeitsplatzregelung befolgt oder**
**2. die Summe der maßgebenden jährlichen Lohnsummen der Körperschaft innerhalb von fünf Jahren nach dem Beteiligungserwerb 400 Prozent der Ausgangslohnsumme nicht unterschreitet; § 13a Absatz 1 Satz 3 und 4 und Absatz 4 des Erbschaftsteuer- und Schenkungsteuergesetzes gilt sinngemäß; oder**
**3. der Körperschaft durch Einlagen wesentliches Betriebsvermögen zugeführt wird. [2] Eine wesentliche Betriebsvermögenszuführung liegt vor, wenn der Körperschaft innerhalb von zwöf Monaten nach dem Beteiligungserwerb neues Betriebsvermögen zugeführt wird, das mindestens 25 Prozent des in der Steuerbilanz zum Schluss des vorangehenden Wirtschaftsjahrs enthaltenen Aktivvermögens entspricht. [3] Wird nur ein Anteil an der Körperschaft erworben, ist nur der entsprechende Anteil des Aktivvermögens zuzuführen. [4] Der Erlass von Verbindlichkeiten durch den Erwerber oder eine diesem nahestehende Person steht der Zuführung neuen Betriebsvermögens gleich, soweit die Verbindlichkeiten werthaltig sind. [5] Leistungen der Kapitalgesellschaft, die innerhalb von drei Jahren nach der Zuführung des neuen Betriebsvermögens erfolgen, mindern den Wert des zugeführten Betriebsvermögens. [6] Wird dadurch die erforderliche Zuführung nicht mehr erreicht, ist Satz 1 nicht mehr anzuwenden.**

**[4] Keine Sanierung liegt vor, wenn die Körperschaft ihren Geschäftsbetrieb im Zeitpunkt des Beteiligungserwerbs im Wesentlichen eingestellt hat oder nach dem Beteiligungserwerb ein Branchenwechsel innerhalb eines Zeitraums von fünf Jahren erfolgt.**

(2) **§ 3a Absatz 3 des Einkommensteuergesetzes ist auf verbleibende nicht genutzte Verluste anzuwenden, die sich nach einer Anwendung des Absatzes 1 ergeben.**

***Abs 2 angefügt durch G v 27.6.17 (Rz 5).***

***Abs 1 Satz 5 lautete bis zur Änderung durch das StÄndG 2015 v 2.11.15 (Rz 5):***

[5] Ein schädlicher Beteiligungserwerb liegt nicht vor, wenn an dem übertragenden und an dem übernehmenden Rechtsträger dieselbe Person zu jeweils 100 Prozent mittelbar oder unmittelbar beteiligt ist.

***Gesetzesfassungen vor 2014 s 8. Aufl.***

*Körperschaftsteuerrichtlinien:* KStH 8c

**Übersicht**

**Schrifttum:** *Altrichter-Herzberg,* Die mögliche Einführung eines Sanierungsprivilegs in § 8c KStG, GmbHR 09, 466 ff; *Altrichter-Herzberg,* Steuerliche Verlustvorträge: Der Fünf-Jahres-Zeitraum im Sinne des § 8c KStG, GmbHR 10, 799 ff; *Ballwieser/Frase,* Zur (Un-)Anwendbarkeit von § 8c KStG bei konzerninternen Umstrukturierungen – oder: Die Jurisprudenz als „verstehende Wissenschaft", BB 09, 1502 ff; *Behrendt/Arjes/Nogens,* § 8c KStG – Struktur zum Erhalt gewerbesteuerlicher Verlustvorträge, BB 08, 367 ff; *Beußer,* Die Verlustabzugsbeschränkung gem. § 8c KStG um Unternehmensteuerreformgesetz 08, DB 07, 1549 ff; *Behrendt/Arjes/Mogens,* § 8c KStG – Struktur zum Erhalt gewerbesteuerlicher Verlustvorträge, BB 08, 367; *Blumenberg/Benz,* Die Unternehmensteuerreform, 08, 07; *Bien/Wagner,* Erleichterung bei der Verlustabzugsbeschränkung und der Zinsschranke nach dem Wachstumsbeschleunigungsgesetz, BB 09, 2627 ff; *Bien/Wagner,* Die Konzernklausel bei § 8c KStG, BB 10, 923 ff; *Breinersdorfer,* Kompliziertes Steuerrecht, muss das sein? – Eine normanalytische Betrachtung der neueren Steuergesetzgebung am Beispiel des „Mantelkaufs" und der „back-to-back-Finanzierung" bei der Abgeltungsteuer, StuW 08, 216 ff; *Blumenberg/Haisch,* Die unionsrechtliche Beihilfeproblematik der Sanierungsklausel nach § 8c Abs 1a KStG, FR 12, 12 ff; *Breithecker/Förster/Förster/Klapdor,* UntStRefG, 08; *Breuninger/Ernst,* Der Beitritt eines rettenden Investors als (stiller) Gesellschafter und der „neue" § 8c KStG – Droht jetzt das Ende der Sanierungsklausel durch das EU-Beihilfeverbot?, GmbHR 10, 561 ff; *Breuninger/Ernst,* § 8c KStG im „Zangengriff" von Europa- und Verfassungsrecht – Sanierungsklausel und Beihilferecht nach der Negativentscheidung der EU-Kommission, GmbHR 11, 673 ff; *Brocke,* § 8c Abs 1a KStG als steuerliche Beihilfe?, Steueranwalts-Magazin 10, 94 ff; *Bron/Berwin,* Verlustnutzungsrestriktionen des § 8c KStG und erbschaft- und schenkungsteuerlich motiviertes Stimmrechtspooling, FR 10, 208 ff; *Busch/Spiekermann,* Die Konzernklausel des § 8c Abs 1 Satz 5 KStG – Ausgewählte Fallbeispiele zur Anwendung, EStB 10, 260 ff; *Cloer/Vogel,* Steuern als verbotene Beihilfen – Die Sanierungsklausel auf dem Prüfstand, IWB 10, 439 ff; *Cloer/Vogel,* Die Sanierungsklausel – Bestandsaufnahme und Handlungsempfehlungen, PIStB 11, 304; *Cortez/Brucker,* Änderungen der Verlustsbeschränkungsregelung des § 8c KStG durch das Wachstumsbeschleunigungsgesetz vom 22.12.09, BB 10, 734 ff; *Dieterlen/Winkler,* Konzernsachverhalte im Rahmen der neuen Mantelkauf-Regelung des § 8c KStG, GmbHR 07, 815 ff; *Dorfmueller,* Die praktische Anwendung des Verlustabzugs nach § 8c KStG bei Umwandlungen im Ausland, IStR 09, 411 ff; *Dörr,* Ausnahme von der Verlustabzugsbeschränkung für Körperschaften – § 8 KStG wird saniert!, NWB 09, 2050 ff; *Dörr,* Sanierungsprivileg bei Verlustabzugsbeschränkung für Körperschaften – Steuerliche Sanierung gescheitert: EU-Kommission kippt § 8c Abs 1a KStG, NWB 11, 690 ff; *Dörr,* Anforderungen an Übergangsregelungen sowie Praxisfolgen für die Auslegung von § 8c KStG – Mantelkaufregelung 1997 zum Teil verfassungswidrig, NWB 09, 692 ff; *Dörr,* EU-Kommission kippt branchenspezifische Ausnahme von der Verlustabzugsbeschränkung – § 8c Abs 2 KStG tritt nicht in Kraft!, NWB 09, 3499 ff; *Dörr,* Erleichterung bei der Verlustabzugsbeschränkung für Körperschaften – Wachstumsbeschleunigung durch den neuen § 8c KStG, NWB 10, 184 ff; *Dörr,* Neuausrichtung der Mantelkaufregelung, NWB, 5181 ff; *Dörr/Motz,* Aussetzung der Vollziehung bei Versagung des Sanierungsprivilegs, NWB 11, 3180; *Dörr/Drüen,* Die Sanierungsklausel des § 8c KStG als europarechtswidrige Beihilfe – Anmerkungen zur Beihilfeentscheidung der EU-Kommission vom 26.1.11, DStR 11, 289 ff; *Dust,* Gestaltungen zur Vermeidung von Verlustuntergängen nach § 8c KStG, Beilage zu NWB 13/2012, 15 ff; *Dörfler/Wittkowski,* Verschärfung der Verlustnutzung bei Kapitalgesellschaften: Wie § 8c KStG-E das Kinde mit dem Bade ausschüttet, GmbHR 07, 513 ff; *Ehrmann,* Beihilferechtliche Zulässigkeit des § 8c Abs 1a KStG, DStR 11, 5 ff; *Elicker/Zillmer,* Böses Erwachen beim Körperschaftsteuerbescheid – Was tun, wenn Poolverträge vermeintlich Verlust- und Zinsvorträge zerstört haben?, BB 09, 2620 ff; *Endres/Spengel/Reister,* Neu Maß nehmen: Auswirkungen der Unternehmensteuerreform 08, WPg 07, 478 ff; *Felten,* Erbschaft- und schenkungsteuerlich motivierte Poolverträge als Verlustfalle?, DStR 10, 1261 ff; *Fey/Neyer,* Entschärfung der Mantelkaufregelung für Sanierungsfälle, DB 09, 1368 ff; *Forst/Kofmann/Pittelkow,* Die mögliche Europarechtswidrigkeit der sog. Sanierungsklausel (§ 8c Abs 1a KStG) – Der Nichterlass des BMF, EStB 10, 309 ff; *Franz,* Enge oder weite Auslegung der „Konzernklausel" in § 8c Abs 1 Satz 5 KStG, BB 10, 991 ff; *Frey/Mückl,* Konzeption und Systematik der Änderungen beim Verlustabzug (§ 8c KStG) – Chancen und Risiken für die Gestaltungspraxis, GmbHR 10, 71 ff; *Groß/Klein,* Kein Untergang von Verlusten nach § 8c KStG beim Börsengang, AG 07, 896 ff; *Grube/Behrendt,* § 8c KStG – ein neues Kapitel in der unendlichen Geschichte der Nutzung steuerlicher Verluste, BB 07, Heft 33, I; *Grützner,* Verschärfung der bisherigen Einschränkungen beim Verlustabzug nach § 8 Abs 4 KStG durch § 8c KStG-E, StuB 07, 339 ff; *Hans,* Unternehmensteuerreform 2008: Kritik der Neuregelung über die Nutzung körperschaftsteuerlicher Verluste (§ 8c KStG), FR 07, 775 ff; *Hans/Engelen,* Wegfall der Mantelkaufregelung durch das Unternehmensteuerreformgesetz, NWB Beratung aktuell 07, 1981 ff; *Haase/Dorn,* Gibt es eine mittelbare Wirkung von Doppelbesteuerungsabkommen? – Überlegungen zur „stille-Reserven-Klausel" des § 8c KStG, IStR 12, 206 ff; *Hackemann/Fiedler,* Voraussetzungen einer Nichtigkeitsklage gegen den Beschluss der Europäischen Kommission vom 26.1.11 zur Sanierungsklausel, BB 11, 2972 ff; *Hackemann/Momen,* Sanierungsklausel (§ 8 Abs 1a KStG) – Analyse der Entscheidungsbegründung der EU-Kommission, BB 11, 2135 ff; *Haßa/Gosmann,* Zweifelsfragen zu Konzernklausel und Verschonungsregel des § 8c KStG, DB 10, 1198 ff; *Herzig/Bohn,* Das Wachstumsbeschleunigungsgesetz als Umsetzung des Sofortprogramms der Koalitionsparteien zum Unternehmensteuerrecht, DStR 09, 2341 ff; *Helios/Wiesbrock,* Der Regierungsentwurf des Gesetzes zur Förderung von Wagniskapitalbeteiligungen (Wagniskapitalbeteiligungsgesetz – WKBG), DStR 07, 1793 ff; *Honert/Imschweiler,* Anwendungsschreiben zum Verlustabzug bei Körperschaften (§ 8c KStG) – Erwerber und Erwerberkreis, EStB 09, 32 ff; *Honert/Obser,* Steuerlich nicht genutzte Verluste und/oder Zinsvorträge in der Gesellschaft – Vorsicht beim Abschluss von Stimmrechtsvereinbarungen!, BB 09, 1161 ff; *Hörster,* Steuerliches Sofortprogramm kommt wie geplant zum 1.1.10 – Gesetz zur Beschleunigung des Wirtschaftwachstums, NWB 10, 20 ff; *Imschweiler/Geimer,* Einführung einer Sanierungsklausel in § 8c KStG, EStB 09, 324 ff; *Karl,* Verfassungswidrigkeit oder teleologische Reduktion des § 8c KStG bei mittelbarer Anteilsübertragung von Verlustgesellschaften, BB 12, 92 ff; *Kessler/Hinz,* Kernbereiche der Verlustverrechnung – Verfassungswidrigkeit von § 8c KStG, DB 11, 1771 ff; *Knipping,* Der sachliche Anwendungsbereich des § 8c KStG vor dem Hintergrund der Lidl Belgium-Rechtsprechung, Der Konzern 11, 25 ff; *Kollruss/Weißert/Ilin,* Die KGaA im Lichte der Verlustabzugsbeschränkung der § 8c KStG und der Zinsschranke, DStR 09, 88 ff; *Kutt/Möllmann,* Verlustnutzung bei unterjährigem Beteiligungserwerb – Zweifelsfragen zu §§ 8c KStG, 10a GewStG sowie dem zu § 8c KStG ergangenen Anwendungsschreiben, DB 09, 2564 ff; *Lang,* Die neue Sanierungsklausel in § 8c KStG, DStZ 09, 751 ff; *Lang,* Die Neufassung von § 8c Abs 1 KStG durch das Wirtschaftswachstumsbeschleunigungsgesetz, Der Konzern 10, 35 ff; *Lang,* Verfassungswidrigkeit des § 8c KStG – eine Bestandsaufnahme, GmbHR 12, 57 ff; *Lang,* Die Neuregelung der Verlustabzugsbeschränkung gem § 8c KStG durch das Unternehmsteuerreformgesetz 08, DStZ 07, 652 ff; *Lenz,* Alternativen zu § 8c KStG – internationaler Vergleich, in FS für Herzig, 10, 132 ff; *Lenz/Ribbrock,* Versagung des Verlustabzugs bei Anteilseignerwechsel – kritische Analyse des § 8c KStG in der Fassung des Referentenentwurfs zur Unternehmensteuerreform 08, BB 07, 587 ff; *Marquardt,* Die Möglichkeit der Verlustverrechnung als selektive Begünstigung sanierungsbedürftiger Unternehmen? – Wider die Beihilfewidrigkeit der Sanierungsklausel (§ 8 Abs 1a KStG), IStR 11, 445 ff; *Merker,* Überblick über den Regierungsentwurf des Unternehmensteuerreformgesetzes 08, StuB 07, 247 ff; *Meiisel/Bokeloh,* Anmerkungen zum Entwurf des BMF-Schreibens zu § 8c KStG, BB 08, 808; *Mückl/Remplik,* Die neue Sanierungsklausel gem § 8c Abs 1a KStG nF, FR 09, 689 ff; *Müller-Gatermann,* Unternehmensteuerreform 08, Stbg 4/07, 145 ff; *Neumann,* Die neue Mantelkaufregelung in § 8c KStG, GmbH-StB 07, 249 ff; *Neumann/Stimpel,* Die Sanierungsklausel in § 8c KStG – erste Überlegungen, Der Konzern 09, 409 ff; *Neyer,* Verlustnutzung nach Anteilsübertragung –. Zum Umfang des Verlustverwertungsverbots gem § 8c KStG, BB 09, 415 ff; *Neyer,* Sanierungsprivileg gem § 8c Abs 1a KStG – Qualifizierte Zuführung von Betriebsvermögen als Verlustrettungsmaßnahme, BB 09, 2284 ff; *Neyer,* Verlustnutzung nach unterjährigem Anteilserwerb: Verwertungsverbot und Verschonungsregeln, DStR 10, 1600 ff; *Neyer,* Verlustnutzung nach Anteilsübertragung: Anwendung der neuen Verschonungsregeln auf Konzernsachverhalte, BB 10, 1055 ff; *Neyer,* Verlustverrechnungsverbot gemäß § 8c KStG auch für Gewinne im Jahr der Anteilsübertragung? – Die Entscheidungen des Hessischen FG vom 7.10.10 und des FG Münster vom 30.11.10, DStR 11, 654 ff; *Neyer,* § 8c KStG: Abwehrberatung mit Blick auf konzerninterne Anteilsübertragungen in den Jahren 08 und 09, BB 12, 615 ff; *Neyer,* Ausgewählte Zweifelsfragen zur neuen Verlustabzugsbeschränkung nach § 8c KStG, GmbHR 07, 1194 ff; *Neyer,* Verlustnutzung nach Anteilsübertragung: Die Neuregelung des Mantelkaufs durch § 8c nF, BB 07, 1415 ff; *Oening,* Verlustuntergang bei Anteilseignerwechsel – Ist die Neuregelung des Mantelkaufs in § 8c KStG verfassungswidrig?, FR 09, 606 ff; *Ortmann-Babel/Bolik/Gageur,* Mantelkauf: Passt nicht, immer noch zu weit! – Zweifelsfragen und Lösungsansätze im Zusammenhang mit der Sanierungsklausel § 8c Abs 1a KStG, DStR 09, 2173 ff; *Pohl,* Gesplittete Anteilsübertragung und § 8c KStG – Ein neuer Anwendungsfall der Gesamtplanrechtsprechung?, GmbHR 09, 132 ff; *Pott/Wittkowski,* Fortführung steuerlicher Verlustvorträge trotz § 8c KStG in Höhe übergehender stiller Reserven – Aufdeckung steuerlicher Vorteile auf Grundlage empirischer Evidenz, StuW 09, 139 ff; *Prokscha,* Aktuelle Rechtsprechung zu § 8 Abs 4 KStG – Die BFH-Urteile vom 5.6.07 (I R 106/05 und I R 9/06) sowie die Urteile des FG Berlin vom 16.1.06 und des FG Mecklenburg-Vorpommern vom 6.12.06, BB 08, 310 ff; *Richter/Escher,* Stimmrechtsbindungsvereinbarungen im Rahmen von Poolverträgen und § 8c KStG, FR 11, 760; *Rödl/Lindner,* Unternehmensteuerreform 08 – Ein Überblick, StB 07, 131 ff; *Roser,* Verlust- (und Zins-)Nutzung nach § 8c KStG, DStR 08, 77 ff; *Roser,* Quantitative Verlusterhaltung nach § 8c Abs 1 Satz 6–8 KStG – Rettung vor dem „Abgrund" oder selbst ein Abgrund?, EStB 10, 265 ff; *Roser,* Verlust- (und Zins-)Nutzung nach § 8c KStG, DStR 08, 77 ff; *Roser,* Verlust- (und Zins-) Nutzung nach § 8c KStG, DStR 08, 77; *Sauerland,* Körperschaftsteuerlicher Verlustabzug bei Verlustentstehung zwischen Anteilseigner und Betriebsvermögenszuführung, DStZ 07, 461 ff; *Scheunemann/Dennisen/Behrens,* Steuerliche Änderungen durch das Wachstumsbeschleunigungsgesetz, BB 09, 23 ff; *Scheunemann/Dennisen,* Unternehmensbesteuerung 10 – Überblick über die im Wachstumsbeschleunigungsgesetz vorgesehenen Änderungen, BB 09, 2564 ff; *Schildknecht/Riehl,* Untergang von Verlust- und Zinsvorträgen beim Gesellschafterwechsel in der Kapitalgesellschaft – Ausgestaltung und Quantifizierung des Ausgleichsanspruchs, DStR 09, 117 ff; *Schmidt,* Organschaft ohne Beherrschungsvertrag und Personalunion, GmbHR 1996, 175 ff; *Schmiel,* § 8c KStG in der Kritik: Ungleichmäßigkeit der Besteuerung durch Verlustverrechnungsbeschränkung beim Mantelkauf und anderen Anteilsübertragungen, BB 10, 151 ff; *Schmitz,* § 8c KStG: Rückkehr zum Mantelkauf? – Anmerkungen zum JStG 10 und Rechtsvergleich mit Österreich, DStZ 11, 324 ff; *Schneider/Roderburg,* Beratungsrelevante Änderungen durch das Wachstumsbeschleunigungsgesetz, FR 10, 58 ff; *Schumacher/Hageböke,* Umwandlungssteuerrechtliche Rückwirkungsfiktion und Übertragung von Anteilen im Rahmen des § 8c KStG, DB 08, 493 ff; *Schumacher/Hageböke,* Umwandlungssteuerrechtliche Rückwirkungsfiktion und Übertragung der Anteile im Rahmen des § 8c KStG, DB 08, 493; *Schwedhelm,* Die Neuregelung des Mantelkaufs in § 8c KStG – verfassungs- und steuersystematische Würdigung, GmbHR 08, 404; *Sedemund/Fischenich,* Die neuen Mantelkaufregelungen und Grunderwerbsteuer als verfassungs- und europarechtlich bedenkliche Bremse von internationalen Umstrukturierungen, BB 08, 535 ff; *Sedemund/Fischenich,* Die neuen Mantelkaufregelungen und Grunderwerbsteuer, BB 08, 535; *Sistermann/Brinkmann,* Die neue Sanierungsklausel in § 8c KStG – Vorübergehende Entschärfung der Mantelkaufregelung für Unternehmen in der Krise, DStR 09, 1453 ff; *Sistermann/Brinkmann,* Wachstumsbeschleunigungsgesetz: Die Änderung bei der Mantelkaufregelung – Entschärfung der Verlustabzugsbeschränkungen durch Konzernklausel und Verschonung in Höhe der stillen Reserven, DStR 09, 2633 ff; *Stollenwerk/Scherff,* Verwertung steuerlicher Verlustvorträge trotz schädlichen Beteiligungserwerbs – Sicherung des Verlustvortrags bei Vorliegen stiller Reserven iSd § 8c Abs 1 Satz 6–9 KStG, GmbHR 11, 76 ff; *Strahl,* Praxisrelevante Hinweise zu den Entwürfen aktueller Steueränderungsgesetze, KÖSDI 09, 16 759 ff; *Strunk,* Verlustbeschränkungen für Körperschaften gem § 8c KStG – Erste Analyse des Entwurfs eines BMF-Schreibens vom 20.2.08, Stgb 08, 19 ff; *Suchanek,* Verlustabzugsbeschränkung für Körperschaften – Anmerkungen zum Entwurf eines BMF-Schreibens vom 20.2.08 zu § 8c KStG, GmbHR 08, 292 ff; *Suchanek/Jansen,* Änderungen bei der Stille-Reserven-Klausel des § 8c KStG durch das Jahressteuergesetz 10, GmbHR 11, 174 ff; *Suchanek/Jansen,* Unfang und Grenzen der Mitwirkungspflicht bei der Sachverhaltsaufklärung im Rahmen von § 8c KStG, GmbHR 09, 412 ff; *Suchanek/Herbst,* Unternehmensteuerreform 08: Fatale Wirkungen des neuen § 8c KStG zur Verlustnutzung bei Körperschaften und der Auslaufvorschrift zu § 8 Abs 4 KStG, FR 07, 863 ff; *Suchanek,* Verlustbeschränkung für Körperschaften, GmbHR 08, 292; *Thiel,* Die Verlustabzugsbeschränkungen für Körperschaften (§ 8c KStG) – ein krasser Wertungswiderspruch im Körperschaftsteuerrecht – Steuerzentrierte Rechtsberatung, in FS für Harald Schaumburg, 09, 515 ff; *Tiedchen,* Das Merkmal der „Zuführung neuen Betriebsvermögens" in § 8 Abs 4 KStG, FR 08, 201 ff; *Trossen,* Die neue Sanierungsklausel des § 8c Abs 1a KStG – Inhalt und Zweck der Neuregelung, GmbH-StB 09, 227 ff; *Tschesche/Hofmann,* Die Berücksichtigung von Minderheitsaktionären im Rahmen des § 8c KStG bei der Verschmelzung börsennotierter Aktiengesellschaft, BB 11, 279 ff; *Viskorf/Michel,* Stimmrechtsübertragungen und vergleichbare Sachverhalte im Rahmen des § 8c KStG, DB 07, 2561 ff; *Wagner,* Sind die mit dem Wachstumsbeschleunigungsgesetz erfolgten Verbesserungen im Unternehmensteuerbereich als

Sofortprogramm „krisenentschärfende Maßnahmen" qualifiziert?, DStZ 10, 26 ff; *Wagner,* § 8c KStG: Verschonungsregelung bei stillen Reserven, DB 10, 2751 ff; *Watermeyers,* Änderungen des § 8c KStG ab VZ 10 – Übersicht und Hinweise, GmbH-StB 10, 132 ff; *Watrin/Wittkowski/Pott,* Förderung von Wagniskapital im Visier des Gesetzgebers – Was erwartet Private Equity und Venture Capital Gesellschaften?, DB 07, 1939 ff; *Weber/Schwind,* Die neuen Erlasse der Länder zu Poolvereinbarung über Anteile an Kapitalgesellschaften, DStR 11, 13 f; *Wiese,* Der Untergang des Verlust- und Zinsvortrags bei Körperschaften – zu § 8c KStG idF des Regierungsentwurfs eines Unternehmensteuerreformgesetzes 08, DStR 07, 741 ff; *Wiese/Klass/Möhrle,* Der Regierungsentwurf zur Unternehmensteuerreform 08 – Überblick und erste Anmerkungen, GmbHR 07, 405 ff; *Wild/Sustmann/Papke,* Gefährdet § 8c KStG bei einem Börsengang die steuerlichen Verlustvorträge der emittierenden Gesellschaft?, DStR 08, 851 ff; *Wittkowski/Hielscher,* Änderungen des § 8c KStG durch das Wachstumsbeschleunigungsgesetz, DB 10, 11 ff; *Wittkowski,* Verschärfung der Verlustnutzung bei Kapitalgesellschaften: Wie § 8c KStG-E das Kinde mit dem Bade ausschüttet, GmbHR 07, 513 ff; *Zerwas/Fröhlich,* § 8c KStG – Auslegung der neuen Verlustabzugsbeschränkung, DStR 07, 1933 ff; *Ziegenhagen/Thewes,* Die neue Sanierungsklausel in § 8c Abs 1a KStG, BB 09, 2116 ff; *Zimmer,* Abschaffung der Sanierungsklausel (§ 8c Abs 1a KStG) und Debt-Equity-Swap nach ESUG, ZInsO 11, 950 ff.; *Altrichter-Herzberg,* Die teleologisch gebotene Auslegung des § 8c KStG am Beispiel der zu berücksichtigenden Beteiligungserwerbe, GmbHR 12, 724 ff; *Eicke,* Auswirkungen der Europarechtswidrigkeit der Sanierungsklausel auf den Sanierungserlass, PIStB 12, 131 ff; *Engelberth,* Der Verlustabzug bei Körperschaften, NWB 12, 1685 ff; *Ernst,* Punktuelle Linderung bei § 8c KStG, aber keine Heilung, DB 12, 1002 ff; *Roth,* Teleologische Reduktion des § 8c KStG bei mittelbaren Anteilsübertragungen?, DB 12, 1768 ff; *Schmid/Mertgen,* Organschaft, Zinsschranke und § 8c KStG bei unterjährigem Beteiligungserwerb – eine Steuerfalle, DB 12, 1830 ff; *Drüen/Schmitz,* Zur Uniformkonformität des Verlustuntergangs bei Körperschaften, GmbHR 12, 485; *Prinz,* Sonderwirkungen des § 8c KStG beim Zinsvortrag, DB 12, 2367; *Dörr/Eggert,* Gestaltungsmodell Mantelkauf mit Abtretung einer Besserungsanwartschaft, NWB 13, 22; *Klemt,* Richtungsentscheidung für Kompetenzen in Europa – lässt das Beihilferecht die Sanierungsklausel in § 8c Abs 1a KStG zu?, DStR 13, 1057 ff; *Bethmann/Mammen/Sassen,* Alternativkonzepte zu § 8c KStG, DStR 13, 1941 ff; *Goldacker/Heerdt,* Die teleologische Auslegung des § 8c KStG als Missbrauchsvermeidungsvorschrift, Ubg 13, 170 ff; *Adrian,* Saldobetrachtung bei § 8c KStG? – Anm zum Urteil des Nds FG vom 13.9.12 – 6 K 51/10, Ubg 13, 8 ff; *Prinz,* Sonderwirkungen des § 8c KStG beim „Zinsvortrag", DB 12, 2367 ff; *Suchanek,* Die Rechtsfolgen des § 8c KStG in der Organschaft, FR 13, 349 ff; *Schnitger/Rometzki,* Das Verschonungspotential des § 8c Abs 1 Sätze 6 bis 9 KStG – Fallstricke aus der Praxis, Ubg 13, 1 ff; *Hackemann/Sydow,* Richtungsentscheidung des EuGH in der Rs. C-6/12, P Oy für die Voraussetzungen der Einstufung einer Sanierungsklausel als staatliche Beihilfe; Auswirkungen auf die suspendierte deutsche Sanierungsklausel des § 8c Abs 1a KStG, IStR 13, 786 ff; *Hunkenschröder/Kellersmann/Zwirner,* Die Auslegung der Stille-Reserven-Klausel des § 8c Abs 1 S. 6 KStG bei ertragsteuerlichen Organschaften, Der Konzern 13, 531 ff; *Kohlhaas/Kranz,* Praktische Probleme bei der Anwendung des § 8c KStG – Eine Untersuchung jenseits einer etwaigen Verfassungswidrigkeit der Norm –, GmbHR 12, 1308 ff; *von Brocke/Wohlhöfler,* Die Position von EU-Kommission und EuGH zu steuerlichen Beihilfen, IWB 14, 287 ff; *Ritzer/Stangl,* Highlights aus dem Entwurf des neuen BMF-Schreibens zu § 8c KStG, DStR 14, 977 ff; *Adrian/Weiler,* Unterjähriger Beteiligungserwerb, Konzernklausel und Stille-Reserven-Klausel, BB 14, 1303 ff; *Ott,* Verlustnutzung durch Verschmelzung von Verlust- und Gewinnkapitalgesellschaften, Stbg 14, 250 ff; *Rödder,* Das neue (geplante) BMF-Schreiben zu § 8c KStG, Ubg 14, 317 ff; *Neumann,* Überlegungen zum aktuellen Entwurf des BMF-Schreibens zu § 8c KStG, GmbHR 14, 673 ff; *Schneider/Sommer,* Der Entwurf des neuen BMF-Schreibens zu § 8c KStG, FR 14, 537 ff; *Neyer,* Verlustnutzung nach konzerninterner Anteilsübertragung – Was bringt das neue BMF-Schreiben zu § 8c KStG? –, GmbHR 14, 734 ff; *Hinder/Hentschel,* Der Erwerberkreis des § 8c KStG, GmbHR 15, 16 ff; *Temme/Richter,* Erwerb einer Vorratsgesellschaft mit Gründungsverlusten, NWB 15, 1631 ff; *Süß,* Mantelkaufregelungen im Körperschaftsteuerrecht, 15, *Mühlhausen,* Ubg 15, 207 ff; *Adrian,* Die neue Konzernklausel des § 8c Abs 1 Satz 5 KStG, Ubg 15, 288 ff; *Hinder/Hentschel,* Aktuelle Entwicklungen zum steuerlichen Verlustuntergang in Konzernsachverhalten, GmbHR 15, 742 ff; *Haskamp,* Gleichgerichtete Interessen iSd. § 8c Abs 1 S. 3 KStG, DStR 15, 1593 ff; *Neyer,* Verlustnutzung nach schädlichem Erwerb: Sonderprobleme bei unterjähriger Anteilsübertragung, DStR 15, 1777 ff; *Ortmann-Babel/Gauß,* Steueränderungsgesetz 15 verabschiedet, DB 15, 2470 ff; *Hinder/Hentschel,* Aktuelle Entwicklungen zum steuerlichen Verlustuntergang in Konzernsachverhalten, GmbHR 15, 742 ff; *Seer,* Unterjähriger Beteiligungswechsel bei der Organschaft und Verlustabzugsbeschränkung nach § 8c Abs 1 KStG,

§ 10a S. 10 GewStG, FR 15, 729 ff; *Ruhlmann,* Steueränderungsgesetz 15: Ertragsteuerliche Änderungen im Konzernsteuerrecht, NWB 15, 3450 ff; *Unterberg,* Anpassung der Konzernklausel des § 8c KStG durch das Steueränderungsgesetz 15, GmbHR 15, 1190 ff; *Suchanek/Hesse,* Die Konzernklausel nach § 8c Abs 1 Satz 5 KStG in der Fassung des StÄndG 15, DStZ 16, 27 ff; *Fuhrmann,* Verlustverwertung bei Kapitalgesellschaften: Organschaft, Forderungsverzicht, Besserungsschein und Umwandlung, KÖSDI 16, 19733 ff; *Hinder/Hentschel,* Luxemburger Bestätigung für Beihilferechtswidrigkeit der Sanierungsklausel, GmbHR 16, 345 ff; *Weiss,* § 8c KStG im Rahmen der Hinzurechnungsbesteuerung, NWB 16, 1360 ff; *de Weerth,* EuG zur „Sanierungsklausel" des § 8c KStG: Die Rücknahme zur Ausnahme ist eine staatliche Beihilfe iSd EU-Beihilferechts!, DB 16, 682 ff; *Seer,* Die Suche nach dem Rechtsgedanken des § 8c KStG (Verlustabzug), GmbHR 16, 394 ff; *Suchanek/Rüsch,* § 8c KStG bei aufeinanderfolgenden Beteiligungserwerben, FR 16, 260 ff; *Roth,* Sanierungsklausel § 8c Abs 1a KStG als rechtswidrige Beihilfe („GFKL Financial Services/Kommission"), EWiR 16, 319 ff; *Chuchra/Dorn/Schwarz,* Untergang von Verlusten bei Anteilsübertragungen: Greift § 8c KStG bei Übertragungen im Rahmen der vorweggenommenen Erbfolge?, DStR 16, 1404 ff; *Klönne/Sauer/Schroer,* Ermittlungen von stillen Reserven nach § 8c KStG bei negativem Eigenkapital, DB 16, 1393 ff; *Oppel,* Führen auch Übertragungen im Wege der vorweggenommenen Erbfolge zum Verlustuntergang nach § 8c KStG?, ZEV 16, 427 ff; *Ronneberger,* Aktuelle Entwicklungen zur Verlustnutzung bei schädlichem Beteiligungserwerb i. S. des § 8c KStG, NWB 16, 3300 ff; *Ferdinand,* Gesetz zur Weiterentwicklung der steuerlichen Verlustverrechnung bei Körperschaften – Analyse der Auswirkungen auf Start-up-Unternehmen und Organschaften, BB 17, 87 ff; *Schön/Röder,* Bericht der Arbeitsgruppe „Weiterentwicklung der Regelungen zur Verlustverrechnung nach Anteilseignerwechsel (§ 8c KStG), FR 17, 113 ff; *Dennisen/Frankus,* Kein Untergang von § 15a EStG-Verlusten durch Vorgänge iSd § 8c KStG und § 8d KStG?, DB 17, 443 ff; *Hohmann,* Beschränkung des subjektbezogenen Verkauftransfers im Kapitalgesellschaftsteuerrecht, 2017; *Hinder/Hentschel,* Die Einführung des „Veräußerers" in die Konzernklausel des § 8c Abs. 1 S. 5 Nr. 2 KStG – offene Auslegungsfragen, GmbHR 17, 217; *Gosch,* Nur ein paar Worte zu den Verlustabzugsbeschränkungen des § 8c KStG nach dem BVerfG-Verdikt, GmbHR 17, 695; *Ronneberger,* Wann hat eine Erwerbergruppe gleichgerichtete Interessen gem. § 8 c KStG?, NWB 17, 3135; *Ettlinger,* Die Stille-Reserve-Klausel des § 8c Abs. 1 KStG beim Zinsvortrag, Ubg 17, 571; *Dreßler,* § 8c Satz 2 KStG ist potenziell verfassungswidrig, DB 17, 2629; *Böing/Dokholian,* Finales BMF-Schreiben zur Verlustabzugsbeschränkung für Körperschaften (§ 8c KStG), GmbH-StB 18, 13.

**1. Allgemeines.** Der Erhalt des Verlustabzugs bei Körperschaften im Zusammenhang mit Anteilsübertragungen und anderen kapitalbezogenen Maßnahmen ist eines der **zentralen Probleme im Körperschaftsteuerrecht.** Es besteht die Sorge eines rechtsmissbräuchlichen Handels mit Verlusten, so dass andere Gesellschafter mittelbar in den Genuss des Verlustabzugs kommen als die, die den Verlust verursacht haben. Der Gesetzgeber hat die Voraussetzungen für den Erhalt des Verlustabzugs wiederholt verschärft (s § 8 Rz 420). § 8c stellt nunmehr allein auf die Anteilsübertragung und die gleichgestellten Sachverhalte ab. Hierdurch kommt es zu einer erneuten erheblichen Verschärfung gegenüber der bisherigen Rechtslage (insbes Herabsetzung der Schädlichkeitsgrenze auf 25 %, Berücksichtigung von mittelbaren kapitalbezogenen Maßnahmen). § 8c soll der Vereinfachung der Rechtsanwendung dienen (BR-Drucks 220/07, 125). 1

**Kritik** (siehe dazu umfassend *Reitsam* in Breithecker/Förster/Förster/Klapdor, UntStRefG, § 8c Rz 13 ff, sowie wissenschaftlicher Beirat Steuern der Ernst & Young GmbH, DB 12, 1704): Die Vorschrift lässt nicht erkennen, welche Zielsetzung sie hat. Der Gesetzesbegründung zufolge soll dem § 8c der Gedanke zu Grunde liegen, dass sich die wirtschaftliche Identität durch das wirtschaftliche Engagement eines anderen Anteilseigners ändert (BR-Drucks 220/07, 126). Damit wird zu Unrecht der Eindruck erweckt, § 8c verfolge den gleichen Zweck wie § 8 IV. § 8 IV sanktionierte den Gesellschafter, der sich einen beherrschenden Einfluss auf die Körperschaft sicherte. Hier konnte vom Ansatz her die Gefahr gesehen werden, dieser Gesellschafter nutze seinen Einfluss aus, um mit einem sachlich neuen unternehmerischen Substrat „fremde" Verluste für eine eigene, neue unternehmerische Tätigkeit auszunutzen. Beim Minderheitsgesellschafter von mehr als 25 % kann dies nicht mehr der Grund sein (idS auch BVerfG BStBl II 17, 1082).

Durch das Abstellen allein auf das Stimmrecht ohne einen vermögensrechtlichen Bezug spielt die gezielte Ausnutzung fremder Verluste keine Rolle mehr. § 8c geht sachlich zu weit. Es wird eine Vielzahl von Fällen erfasst, bei denen kein missbräuchlicher Handel gegeben ist. Es wird deshalb nicht nur von einer Verlustabzugsbegrenzung (so BR-Drucks 220/07, 125), sondern einer Verlustversagungsvorschrift gesprochen (so zB *Suchanek/Herbst,* DStR 07, 863, 865). Das berechtigte Interesse sanierungsbedürftiger Körperschaften, neue Gesellschafter aufzunehmen, wurde in der ursprünglichen Fassung nicht berücksichtigt. Betroffen waren auch start-up-Unternehmen, die nach einer verlustreichen Entwicklungsphase neue Gesellschafter benötigen, um das Produkt marktreif zu machen. Das **Leistungsfähigkeitsprinzip** wird missachtet. Dem steuerlichen Verlustabzugsbetrag stehen in der Regel verbrauchtes Eigenkapital und Verbindlichkeiten gegenüber. Diese müssen in Zukunft immer häufiger aus versteuerten Gewinnen getilgt werden. Es wurden daher zu Recht von Beginn an **verfassungsrechtliche Zweifel** geäußert (vgl zB *Schwedhelm* GmbHR 08, 404; *Kessler/Hinz* DB 11, 1771; *Karl* BB 12, 92; *Lang* GmbHR 12, 57). Der Gesetzgeber hat versucht, diesen Bedenken zum Teil Rechnung zu tragen, indem er eine Sanierungsklausel, eine Konzernklausel und eine Verschonungsregelung eingeführt hat. Diese Neuregelungen sind jedoch unzureichend.

Die **Rechtsprechung** hat sich zum Teil diesen verfassungsrechtlichen Bedenken angeschlossen (FG Hbg EFG 11, 1460 zum teilweisen Verlust der nicht genutzten Verluste bei einer Anteilsübertragung nach Abs 1 S 1, Az BVerfG: 2 BvL 6/11; aA Sächs FG EFG 11, 1457 zum vollständigen Verlust nach Abs 1 S 2, Az BFH I R 31/11, der das Revisionsverfahren wegen des Verfahrens beim BVerfG nach § 74 FGO iVm § 121 FGO ausgesetzt hat, BFH/NV 12, 605; die Finanzverwaltung gewährt in diesem Zusammenhang nicht die Aussetzung der Vollziehung, OFD Magdeburg DStR 11, 1521 sowie FinMin SchlHol DStR 12, 1607; die Rspr gewährt die AdV nur beim Vorliegen besonderer individueller Interessen (BFH/NV 12, 1489; FG Thür 3 V 1001/11, EFG 12, 861). Das **BVerfG** teilt diese verfassungsrechtlichen Bedenken zumindest im Hinblick auf Abs 1 S 1 (DStR 17, 1094). Danach sind die Verlustabzugsbeschränkungen des § 8c für Anteilsübertragungen von mehr als 25% bis 50% mit Art 3 I GG unvereinbar für die Zeit zwischen dem 1.1.07 und 31.12.15. Der Gesetzgeber ist aufgefordert, bis zum 31.12.18 rückwirkend bis zum 1.1.08 eine Neuregelung zu schaffen. Trotz dieser Entscheidung bleiben die bisherigen Bedenken zu Abs 1 S 1 auch für die Zeit ab dem 1.1.2016. Aufgrund der Vorlage des FG Hamburg (EFG 17, 1906) muss das BVerfG nun auch zu Satz 2 aF bzw Abs 1 S 2 zum vollständigen Wegfall bei Anteilsübertragungen über 50 % Stellung nehmen (Az BVerfG 2 BvL 19/17). Eine Stellungnahme der Finanzverwaltung zu diesem Verfahren liegt noch nicht vor.

Hinzutreten **europarechtliche Bedenken** bei der Sanierungsklausel (vgl Rz 78a; allg zu den unionsrechtlichen Zweifeln *Drüen/Schmitz,* GmbHR 12, 485).

2 Das Ziel der Vereinfachung wird nicht erreicht. § 8c enthält weiterhin eine Vielzahl von **unbestimmten Rechtsbegriffen** sowie Tatbestandsvoraussetzungen, die eindeutig zu weit gefasst sind und einer Korrektur bedürfen. Auch insoweit bestehen zu Recht verfassungsrechtliche Bedenken (vgl zB *Hans,* FR 07, 775, 779; *Suchanek/Herbst,* DStR 07, 863, 870; *Zerwas/Fröhlich,* DStR 07, 1993, 1994f).

3 Vor diesem Hintergrund ist § 8c **so eng wie möglich auszulegen.** Das nunmehr vorliegende BMF-Schreiben zu § 8c v 4.7.08 (BStBl I 08, 736) idF v 28.11.17 (BStBl I 17, 1645) vertritt hingegen eine extensive Auslegung und ist deshalb abzulehnen. Die berechtigte Kritik an dem Entwurf vom 15.4.14 (vgl zB *Adrian/Weiler,* BB 14, 1303; *Ritzer/Stangl,* DStR 14, 977; vgl zur Sichtweise der FinVerw *Neumann* GmbHR 14, 673) wurde leider nur in geringen Teilbereichen berücksichtigt, so dass man hier auf eine gerichtliche Klärung warten muss.

4 **2. Geltungszeit.** § 8c ist durch das **UntStRefG 08** v 14.8.07 BGBl 07 I, 1912) eingeführt worden. Er tritt an die Stelle von § 8 Abs 4 KStG. Er ist auf alle An-

teilsübertragungen ab dem 1.1.08 anzuwenden. Eine Berücksichtigung von Erwerbsvorgängen vor dem 1.1.08 ist nicht zulässig (so auch *Lang,* DStZ 07, 652, 662). Nach § 34 Abs 6 S 4 kann § 8 Abs 4 bis zum 31.12.12 neben § 8c KStG zur Anwendung kommen (s § 8 Rz 450).

Durch das **MoRaKG** v 12.8.08 (BGBl I 08, 1672) sollte ab VZ 2008 Abs 2 eingefügt werden, um darin Wagniskapitalbeteiligungsgesellschaften nach dem WKBG zu privilegieren; die Vorschrift ist nicht in Kraft getreten, da die EU-Kommission darin eine unzulässige Beihilfe gesehen hat (vgl dazu *Dörr,* NWB 09, 3499). 5

Durch das **FMStG** v 17.10.08 (BGBl I 08, 1982) wurde der Anwendungsbereich des § 8c eingeschränkt. Nach § 14 III FMStFG ist § 8c beim Erwerb von Stabilisierungselementen oder deren Rückübertragung durch den Fonds nicht anzuwenden. Mit dem **Bürgerentlastungsgesetz Krankenversicherung** v 16.7. 09 (BGBl I 09, 1959) wurde rückwirkend zum VZ 2008 aber zunächst zeitlich befristet für Anteilsübertragungen vor dem 1.1.10 mit Abs 1a eine Sanierungsklausel eingefügt. Die zeitliche Befristung wurde mit dem **Wachstumsbeschleunigungsgesetz** v 22.12.09 (BGBl I 09, 3950) aufgehoben; zudem wurde eine Konzernklausel in Abs 1 S 5 sowie eine Verschonungsregel beim Vorhandensein von stillen Reserven in Abs 1 S 6 bis 8 für Beteiligungserwerbe nach dem 31.12.09 eingefügt. Schließlich wurde Abs 1a Nr 3 um S 5 ergänzt. Im **JStG 2010** v 8.12. 10 (BGBl I 10, 1768) wurde ab VZ 2010 die Verschonungsregel auf ausländisches Betriebsvermögen, das im Inland steuerpflichtig ist, in Abs 1 S 6 erweitert. Zudem wurde S 8 eingefügt, um die Bemessungsgrundlage bei einem negativen Vermögen zu regeln. Schließlich wurde die zeitliche Begrenzung der schädlichen Leistungen modifiziert. Durch das **BeitrRLUmsG** v 7.12.11 (BGBl II 11, 2592), wurde die Sanierungsklausel nach Abs 1a ausgesetzt, bis geklärt ist, ob es sich hierbei um eine EU-rechtlich unzulässige Beihilfe handelt, § 34 VIIc (vgl dazu auch Rz 1 und 78a). Durch das **StÄndG 2015** v. 2.11.15 (BStBl II 15, 1834) wurde die Konzernklausel in Abs 1 S 5 erweitert; die Neuregelung erstreckt sich aber auf die Beteiligungserwerbe, die nach dem 31.12.09 erfolgt sind. Mit dem G gegen schädliche Steuerpraktiken im Zusammenhang mit der Rechteüberlassung v 27.6.17 (BGBl I 17, 2074) ist zum VZ 2017 Abs 2 eingeführt worden, um das Verhältnis zum neuen § 3a EStG zu regeln.

**3. Voraussetzungen.** § 8c definiert in Abs 1 S 1 den **schädlichen Beteiligungserwerb.** Abs 1 S 2 verwendet den in S 1 definierten Begriff des schädlichen Beteiligungserwerbs, ohne ihn auf die besonderen Rechtsfolgen des S 2 anzupassen (s zu den dadurch bedingten Abgrenzungsproblemen Rz 68). Ein schädlicher Beteiligungserwerb ist gegeben, wenn innerhalb von fünf Jahren, mittelbar oder unmittelbar mehr als 25% (S 1) des gezeichneten Kapitals, der Mitgliedschaftsrechte, Beteiligungsrechte oder der Stimmrechte an einer Körperschaft an einen Erwerber oder diesem nahe stehende Person übertragen werden oder ein vergleichbarer Sachverhalt vorliegt (vgl zur Unvereinbarkeit mit Art 3 I GG, Rz 1). Als ein Erwerber gilt auch eine Gruppe von Erwerbern mit gleichgerichteten Interessen (S 3). Eine Kapitalerhöhung ist unter den Voraussetzungen des S 4 der Übertragung gleichgestellt. 6

**a) Erwerbsgegenstand.** Anders als bei § 8 IV wird nicht mehr nach Körperschaften und Kapitalgesellschaften differenziert. § 8c erfasst alle **Körperschaften.** Es wird dazu auf § 1 verwiesen. Es ist jedoch zweifelhaft, ob bei „beteiligungslosen“ Körperschaften (insb Stiftungen) § 8c überhaupt anwendbar ist (so aber BMF BStBl I 17, 1645 Tz 1). 7

Betroffen sind **unbeschränkt und beschränkt steuerpflichtige** Körperschaften, sofern diese im Inland veranlagt werden (so auch BMF BStBl I 17, 1645 Tz 1). Nicht betroffen sind beschränkt steuerpflichtige Körperschaften, von deren inländischen Einkünften eine Quellensteuer mit Abgeltungswirkung vorgenommen wird (vgl *Lang,* DStZ 07, 652, 653).

8 Da die verschiedenen Formen der Körperschaften erfasst werden sollen, muss § 8c die **verschiedenen Beteiligungsformen** als Gegenstand der Übertragung umschreiben: Anteil am gezeichneten Kapital, Mitgliedschaftsrecht, Beteiligungsrecht und Stimmrecht.

9 **Gezeichnetes Kapital** ist das Nennkapital der jeweiligen Gesellschaft.

**Mitgliedschaftsrechte** sind alle aus der gesellschaftsrechtlichen Stellung dem Anteilseigener erwachsenden Rechte, insbesondere der Mitverwaltungs- und Vermögensrechte.

**Beteiligungsrechte** sind dem Gesellschafts- und Steuerrecht als eigenständiger Rechtsgriff unbekannt. In Abgrenzung zu den Mitgliedschaftsrechten scheint der Gesetzgeber die Körperschaften erfassen zu wollen, die keine Mitglieder kennen (zB Stiftung). Beteiligungsrechte umfassen die bei diesen Körperschaften möglichen Mitverwaltungs- und Vermögensrechte. Ob bei diesen Körperschaften § 8c sinnvoll zur Anwendung kommen kann, erscheint zweifelhaft.

10 Die gesonderte Aufzählung des **Stimmrechts** überrascht, da dieses von den Mitgliedschaftsrechten und Beteiligungsrechten umfasst wird. Es gibt keine Beteiligung an einer Körperschaft, die sich auf die Ausübung des Stimmrechts beschränkt. Das Stimmrecht ist zumindest mit einem Informationsrecht sowie dem Recht auf Teilnahme in den entsprechenden Abstimmungsgremien verbunden.

11 Wegen der ausdrücklichen Aufzählung des Stimmrechts ist uE der Umkehrschluss zulässig, das **alle Beteiligungsformen ohne Stimmrecht nicht** von § 8c **erfasst** werden (zB stimmrechtslose Vorzugsaktien, Genussscheine und Bezugsrechte, Darlehen, stille Beteiligungen, mezzanine Finanzierungsmodelle; so auch *Lang,* DStZ 07, 652, 653; *Benz/Rosenberg* in Blumenberg/Benz, 175; aA BMF BStBl I 17, 1645 Tz 5 und 8; aA zu Genussscheinen *Reitsam* in Breithecker/Förster/Förster/Klapdor, UntStRefG, § 8c Rz 41).

12 Diese **Aufzählung** ist **abschließend.** Werden andere Rechtsbeziehungen übertragen, kommt § 8c nur zur Anwendung, wenn ein „vergleichbarer Sachverhalt" gegeben ist.

13 UE ist grundsätzlich nur die **sachlich ungeteilte Übertragung** der gesamten Rechtsbeziehung zu der jeweiligen Körperschaft relevant. Der Gesetzeswortlaut (zB Übertragung „der" Mitgliedschaftsrechte, nicht Übertragung „von" Mitgliedschaftsrechten) spricht dagegen, dass auch abtrennbare (Teil-)Rechte zu berücksichtigen sind; zB einzelne Vermögensrechte (zB isolierte Übertragung des Gewinnbezugsrechts), einzelne Verwaltungsrechte (zB isolierte Übertragung nur des Anfechtungsrechts). Ansonsten würden zusätzliche Abgrenzungsprobleme entstehen, die die Vorschrift des § 8c vollends in die Unbestimmtheit abgleiten lassen würden: Welche Teilrechte müssten übertragen werden, damit von einem schädlichen Erwerb ausgegangen werden kann (ist zB bereits die Abtretung nur des Gewinnbezugsrechts schädlich)? Werden Teilrechte an verschiedene Personen übertragen, kann ein mehrfacher schädlicher Erwerb geben sein (zB Abtretung der Gewinnbezugsrechte an A, Abschluss eines Stimmbindungsvertrags mit B); aA BMF BStBl I 17, 1645 Tz 5.

14 **Anderes** gilt nur für das **Stimmrecht,** da es in § 8c als einziges Teilrecht gesondert aufgezählt ist (aA *Hans,* FR 07, 775, 776, der die Übertragung von Stimmrechten auf die Fälle beschränken will, in denen kein Gesellschaftskapital vorhanden ist). Die isolierte Übertragung des Stimmrechts kann damit schädlich sein. Zur zivilrechtlichen Möglichkeit der isolierten Übertragung der Stimmrechte Rz 28.

15 **b) Erwerber.** Im Gegensatz zu § 8 IV wird nicht die Anteilsübertragung aus Sicht der betroffenen Körperschaft, sondern aus dem **Blickwinkel des Erwerbers** beurteilt. Maßgeblich sind die Übertragungen auf eine Person. Nur wenn diese 25% bzw 50% der Anteile erwirbt, kann es zu einer teilweisen bzw vollständigen Nichtabzugsfähigkeit der Verluste kommen. Offen ist die Frage, wie zwischenzeitliche Veräußerungen zu bewerten sind, wenn der Erwerber zwar mehr als 25% der

Anteile erworben hat, aber wegen der Veräußerung nie die 25%-Grenze überschritten hat (zu Recht unschädlich Nds FG EFG 12, 2311, Az BFH I R 75/12; aA anscheinend BMF BStBl I 17, 1645 Tz 23).

Der Erwerber kann eine **natürliche Person,** eine **Körperschaft** oder eine **Personengesellschaft** sein. Bei einer vermögensverwaltenden Personengesellschaft gilt eine anteilige Zurechnung nach § 39 II Nr 2 AO (BMF BStBl I 17, 1645 Tz 24).

Ob der Erwerber **bereits vor der Übertragung** an der Körperschaft **beteiligt** gewesen ist, ist irrelevant (aA *Hans,* FR 07, 775, 778).

16 Eine **Zusammenrechnung** mit anderen Erwerbern ist **nur ausnahmsweise** möglich. Nach Abs 1 S 1 und 2 ist eine Zusammenrechnung mit Übertragungen an **nahe stehende Personen** vorzunehmen. Der Begriff der nahe stehenden Personen ist wie bei der vGA (§ 8 Rz 182 ff) und nicht nach § 1 II AStG auszulegen (so auch BMF BStBl I 17, 1645 Tz 25; *Lang,* DStZ 07, 652, 653; *Neumann/Stimpel,* GmbHR 07, 1194, 1997; *Reitsam* in Breithecker/Förster/Förster/Klapdor, UntStRefG, § 8c Rz 25; *Suchanek/Herbst,* DStR 07, 863, 668; aA *Benz/Rosenberg* in Blumenberg/Benz, Die Unternehmensteuerreform 2008, 184; *Hans,* FR 05, 775, 777; *Neyer* BB 07, 1415, 1418; *Zerwas/Fröhlich,* DStR 07, 1993, 1934). Es bleibt damit der Nachweis möglich, dass trotz einer verwandtschaftlichen Nähe kein koordiniertes Verhalten besteht.

17 Als ein Erwerber gilt auch eine **Gruppe von Erwerbern** mit gleichgerichteten Interessen (Abs 1 S 3). Der Vorschrift ist nicht zu entnehmen, worauf sich die gleichgerichteten Interessen richten sollen. Die zur vGA entwickelten Grundsätze sind nicht übertragbar (vgl dazu § 8 Rz 405 ff, so auch *Reitsam* in Breithecker/Förster/Förster/Klapdor, UntStRefG, § 8c Rz 28; aA BMF BStBl I 17, 1645 Tz 27, unklar ist der Hinweis auf einen Gesamtplan in Tz 19). UE muss das gemeinsame Interesse auf die dauerhafte und abgestimmte Beeinflussung der Körperschaft gerichtet sein. Der abgestimmte Erwerb ist unschädlich, wenn nach dem Erwerb die Anteilseigner eigene Interessen verfolgen. Das allgemeine Interesse, den wirtschaftlichen oder ideellen Erfolg der Körperschaft zu fördern ist ohne Bedeutung (zB bei Mitarbeiterbeteiligungsmodellen oder dem Erwerb über die Börse). Erforderlich ist eine konkrete darüber hinaus gehende Absprache, individuelle Interessen der Erwerber abzustimmen und in der Körperschaft durchzusetzen. Die Absprache muss bereits zum Zeitpunkt der Anteilsübertragung bestehen (BFH BStBl II 17, 921; BMF BStBl I 17, 1645 Tz 28; FG Köln EFG 17, 51, Rev BFH I R 76/16 geht bei einem Treuhandverhältnis von gleichgerichteten Interessen aus). Spätere Absprachen sind unschädlich. Späteres Abstimmungsverhalten lässt in der Regel keinen ausreichend sicheren Rückschluss auf eine entsprechende Absprache zu. Die Darlegungs- und Beweislast für eine solche Absprache trägt die FinVerw (s Rz 60).

18 **Innerhalb** einer **Gruppe** von Erwerbern mit gleichgerichteten Interessen soll im Gegenzug die **Übertragung** von Anteilen irrelevant sein (so zB *Reitsam* in Breithecker/Förster/Förster/Klapdor, UntStRefG, § 8c Rz 28; aA wohl BStBl I 17, 1645 Tz 22, wo die mehrfache Übertragung eines Anteils innerhalb eines „Erwerberkreises" schädlich sein kann, aber nicht zur Addierung führen soll, sowie Tz 11 bei der Übertragung der Anteile von Gesamthandsvermögen in das Sonderbetriebsvermögen). Entsprechendes soll für die Anteilsübertragung bei der Auflösung der Gruppe gelten. Diese Sichtweise erscheint zweckmäßig. Sie findet im Gesetzeswortlaut aber keine Stütze. Durch die Einführung der Konzernklausel nach Abs 1 S 5 (Rz 36 ff) hat diese Problematik in Teilbereichen an Bedeutung verloren (vgl zu konzerninternen Umstrukturierungen bis zum 31.12.09 *Ballwieser/Frase,* BB 09, 1502; *Neyer,* BB 12, 615).

19 Gemäß § 14 III FMStG sind Übertragungsakte von und auf den **Finanzmarktstabilisierungsfonds** vom Anwendungsbereich des § 8c ausgenommen (vgl dazu *Dötsch* in D/P/M § 8c Tz 158 ff).

25 **c) Erwerbsvorgang.** Schädlich ist die **Übertragung** des Anteils. Erforderlich ist damit die zivilrechtliche vollständige und endgültige Übertragung (aA BMF BStBl I 17, 1645 Tz 7, wirtschaftliches Eigentum).

26 Damit sind mangels Rechtsübertragung **nicht erfasst:** Überführung der Anteile von einem BetrVerm/PrivVerm in ein anderes BetrVerm/PrivVerm des gleichen Steuerpflichtigen; Begründung der schuldrechtlichen Verpflichtung zur Anteilsübertragung; Einräumung einer Option; Begründung eines Pfandrechts (§§ 1273 ff BGB); Einräumung eines beschränkten Zuwendungsnießbrauchs.

27 Die von Anfang an vereinbarte **zeitweise Übertragung** einer Beteiligung (zB im Wege der Sicherungsabtretung, Wertpapierleihe oder im Wege eines Wertpapierpensionsgeschäfts) ist nicht erfasst, wenn das wirtschaftliche Eigentum beim bisherigen zivilrechtlichen Beteiligten verbleibt (so auch *Reitsam* in Breithecker/Förster/Förster/Klapdor, UntStRefG, § 8c Rz 47; so ausdrücklich BMF BStBl I 17, 1645 Tz 17 nur beim Zwischenerwerb durch eine Emissionsbank im Rahmen eines Börsengangs).

28 Eine **isolierte Übertragung des Stimmrechts** durch Abtretung ist idR nicht möglich (sog Abspaltungsverbot vgl zur AG *Hüffer* § 12 Rz 3; zur GmbH *Lutter/Hommelhoff* § 47 Rz 2). Stimmbindungsverträge und bedingungslose Vollmachten an Dritte zur Stimmrechtsausübung sind keine Übertragungen, sie können allenfalls vergleichbare Sachverhalte darstellen (s Rz 42). Einer der wenigen Fälle der direkten Übertragung von Stimmrechten wird die Übertragung von Anteilen mit Mehrstimmrechten sein (vgl *Viskorf/Michel,* DB 07, 2561, 2562). Beispiel: Es wird eine Kapitalerhöhung von 100 um 25 auf 125 vorgenommen, die neu geschaffenen Anteile erhalten das doppelte Stimmrecht und werden auf einen Investor übertragen; obwohl nur 20% der Anteile übertragen werden, liegt ein schädlicher Erwerb vor, da bezogen auf das Stimmrecht 33% übertragen werden.

29 Der **Rechtsgrund** für die Übertragung ist nach dem Wortlaut des § 8c irrelevant. Erfasst sind damit sowohl die rechtsgeschäftliche Übertragung als auch die von Gesetzes wegen. § 8c macht keinen Unterschied danach, ob es sich um eine Einzelrechtsübertragung oder Gesamtrechtsnachfolge bzw einen entgeltlichen oder unentgeltlichen Vorgang handelt (aA *Zerwas/Fröhlich,* DStR 07, 1993, 1994, die § 8c dann nicht anwenden wollen, wenn die Übertragung ohne den Willen des Rechtsträgers erfolgt).

Der Wortlaut des § 8c geht eindeutig zu weit. Der Erwerb seitens einer natürlichen Person durch **Erbfall** einschließlich der **Erbauseinandersetzung** und der unentgeltlichen **vorweggenommenen Erbfolge** ist nach zutreffender Ansicht der Finanzverwaltung nicht erfasst (BMF BStBl I 17, 1645 Tz 4 mit der zusätzlichen Einschränkung, dass die Übertragung zwischen Angehörigen iSd § 15 AO erfolgen muss; zur vorweggenommenen Erbfolge FG Münster EFG 16, 412). UE darf auch die Anteilsübertragung im Rahmen der **buchwertneutralen Umwandlungsfälle** nicht erfasst werden (FG Bln-Bdbg DStRE 12, 1189, Rev BFH I R 79/11; aA BMF BStBl I 17, 1645 Tz 7). Der Zwischenerwerb durch eine Emissionsbank im Rahmen eines Börsengangs bleibt unbeachtlich (so zu Recht BMF aaO Tz 6).

30 Schädlich ist – wie bisher – die **unmittelbare Anteilsübertragung.** Als Erwerber kommen natürliche und juristische Personen wie auch Personengesellschaften in Betracht (s Rz 15). Der Umstand, dass der Übertragende an der Personengesellschaft beteiligt ist, steht der zivilrechtlichen Übertragung in das Gesamthandsvermögen der Gesellschaft nicht entgegen (so auch BMF BStBl I 17, 1645 Tz 11 für den umgekehrten Fall der Übertragung vom Gesamthandsvermögen in das Sonderbetriebsvermögen). Ebenso ist es irrelevant, ob der Erwerber bereits vorher an der Körperschaft beteiligt war.

31 Zudem ist es nach Ansicht des Gesetzgebers unerheblich, ob es durch die unmittelbare Anteilsübertragung auf einer **höheren Beteiligungsebene** mittelbar zu einer **Anteilsverschiebung** kommt. Beispiel: A ist zu 100% an der A-AG und der B-AG beteiligt; die A AG hält 60% an der verlustträchtigen C-GmbH; die A-AG

überträgt ihre Anteile an der C GmbH auf die B-AG; der bisher nicht genutzte Verlust der C-GmbH geht nach § 8c S 2 vollständig verloren. Ein Konzernvorbehalt war ursprünglich nicht vorgesehen (so BR-Drucks 220/07, 126). Den Bedenken des Bundesrats ist der Bundestag ursprünglich ausdrücklich nicht gefolgt (BT-Drucks 16/5377, 29 und 49; so auch BMF BStBl I 08, 736 Tz 11). Durch die Einführung der Konzernklausel sowie deren Erweiterung (vgl Rz 36) ist diesen Bedenken ab VZ 09 zumindest teilweise Rechnung getragen worden.

Berücksichtigt wird nunmehr auch die **mittelbare Anteilsübertragung.** Hierbei soll die Beteiligungsquote durchgerechnet werden (BR-Drucks 220/07, 126; BMF BStBl I 17, 1645 Tz 12). Beispiel: A erwirbt 20% der Anteile an der A-GmbH, diese ist zu 30% an der B-AG beteiligt; bezogen auf das Verhältnis zur B-AG hat A 6% erworben. UE ist diese Sichtweise unzutreffend, da § 8c durch das Hervorheben des Stimmrechts auf die Einflussmöglichkeit abstellt (s Rz 10). Für den mittelbaren Erwerb muss daher entweder die vermittelnde Gesellschaft eine mehrheitliche Beteiligung an der Verlustgesellschaft haben (A erwirbt Anteile an der A-GmbH, die mit mehr als 50% an der B-AG beteiligt ist) oder der Erwerber bei der vermittelnden Gesellschaft mehrheitlich beteiligt sein (A erwirbt die Mehrheit bei der A-GmbH, die an der B-AG beteiligt ist) (in diese Richtung auch *Suchanek/Herbst,* DStR 07, 863, 865). 32

**Beherrscht** eine **zwischengeschaltete Gesellschaft** die nachgelagerte Gesellschaft, sind deren Stimmrechte der beherrschenden Gesellschaft nur anteilig zuzurechnen, auch wenn auf Grund der Beherrschung das Stimmrecht bei der nachgelagerten Gesellschaft nur einheitlich ausgeübt wird (so auch *Viskorf/Michel,* DB 07, 2561, 2562).

§ 8c enthält keine Aussage darüber, über wie viele Stufen die Anteilsübertragung vermittelt wird. Damit wäre eine Auslegung möglich, dass eine Anteilsübertragung auch bei beliebig vielen Zwischenstufen auf der Ebene der verlustträchtigen Körperschaft schädlich sein könnte. Dies erschient nur unter der in Rz 32 vertretenen Ansicht sachgerecht, dass eine mehrheitsvermittelnde Beteiligungskette vorliegt. Ansonsten müsste die mittelbare Anteilsübertragung auf die Erste und zweite Beteiligungsstufe begrenzt werden (so auch *Lang,* DStZ 07, 652, 656). 33

**Erhöht die beteiligungsvermittelnde Gesellschaft nach der Anteilsübertragung** ihre Beteiligung an der Verlustgesellschaft, schlägt dies auf den übergeordneten Gesellschafter nur durch, wenn dieser an der vermittelnden Gesellschaft mehrheitlich beteiligt ist (unschädlich: A ist zu 40% an der A-GmbH beteiligt; die A-GmbH erhöht ihre Beteiligung an der B-AG von 10% auf 90%; schädlich: A ist zu 90% an der A-GmbH beteiligt; die A-GmbH erhöht ihre Beteiligung an der B-AG von 10% auf 90%). 34

So wie die **Übertragungen zwischen nahe stehenden Personen** und **innerhalb der Gruppe** mit gleichgerichteten Interessen nicht von § 8c ausgenommen sind (s Rz 18), ist auch die **Verkürzung der Beteiligungskette** vom Wortlaut des § 8c erfasst (so ausdrücklich BMF BStBl I 08, 736 Tz 11; *Zerwas/Fröhlich,* DStR 07, 1993, 1935 plädieren in solchen Fällen zurecht für eine teleologische Reduktion; so nun auch FG Bln-Bdbg DStRE 12, 1189, Rev BFH I R 79/11; sowie FG D'dorf EFG 15, 768). 35

Durch das Wachstumsbeschleunigungsgesetz v 22.12.09 (vgl Rz 5) wurde für Anteilsübertragungen nach dem 31.12.09 eine **Konzernklausel** in Abs 1 S 5 eingeführt. Danach lag ein schädlicher Beteiligungserwerb nicht vor, wenn an dem übertragenden und an dem übernehmenden Rechtsträger dieselbe Person zu jeweils 100% mittelbar oder unmittelbar beteiligt ist. Diese lange von der Praxis geforderte Vorschrift war ein trauriges Beispiel dafür, wie sich der Wille des Gesetzgebers in dem – leider – eindeutigen Wortlaut nur teilweise wiederfindet. Nach BT-Drucks 17/15, 30 sollten mit der Neuregelung alle Umstrukturierungen innerhalb eines Konzerns privilegiert werden, solange keine Verschiebungen zugunsten Dritter gegeben sind. Der Wortlaut war jedoch erheblich enger (vgl dazu und 36 zur Literatur die 8. Aufl). Mit dem StÄndG 2015 wurde der Wortlaut rückwirkend geändert und erfasst nunmehr fast alle relevanten Fälle.

Ein schädlicher Beteiligungserwerb liegt **nunmehr** nicht vor, wenn

1. an dem übertragenden Rechtsträger der Erwerber zu 100% mittelbar oder unmittelbar beteiligt ist und der Erwerber eine natürliche oder juristische Person oder eine Personenhandelsgesellschaft ist,
2. an dem übernehmenden Rechtsträger der Veräußerer zu 100% mittelbar oder unmittelbar beteiligt ist und der Veräußerer eine natürliche oder juristische Person oder eine Personenhandelsgesellschaft ist oder
3. an dem übertragenden und an dem übernehmenden Rechtsträger dieselbe natürliche oder juristische Person oder dieselbe Personenhandelsgesellschaft zu jeweils 100% mittelbar oder unmittelbar beteiligt ist.

Hierzu liegt nun endlich eine verbindliche **Stellungnahme der Finanzverwaltung** vor (BMF BStBl I 17, 1645 Tz 39 ff), die die Kritik der Literatur an dem Entwurf v 15.2.14 (vgl dazu nur *Adrian/Weiler*, BB 14, 1303; *Ritzer/Stangl*, DStR 14, 977) weitgehend berücksichtigt.

Unschädlich sind damit **Übertragungen auf einer Ebene,** wie auch die **Verkürzung,** als auch die **Verlängerungen der Beteiligungskette** (so auch BStBl I 17, 1645 Tz 43). Die Art des Beteiligungserwerbs ist wie auch sonst bei Abs 1 irrelevant (zB auch Umwandlungen). BStBl I 17, 1645 Tz 39 ff stellt zutreffend klar, dass die Begriffe Erwerber, Veräußerer, übernehmender und übertragender Rechtsträger normenspezifisch (und zB nicht umwandlungssteuerrechtlich) zu verstehen sind, um den Anwendungsbereich dieser Klausel auf möglichst viele an sich schädliche Anteilserwerbe anwenden zu können.

37 **Voraussetzung** ist jedoch, dass zu den übertragenden und übernehmenden Rechtsträgern eine 100% Beteiligungskette – die unterschiedlich lang sein kann – zu einer natürlichen oder juristischen Person oder einer Personenhandelsgesellschaft als Konzernspitze besteht (ausländische Personenhandelsgesellschaften sind zulässig, BStBl I 17, 1645 Tz 42). Andere Personengesellschaften (zB Partnerschaft oder GbR) oder Erwerbergruppen mit gleichgerichteten Interessen sind vom Wortlaut als Konzernspitze nicht vorgesehen. Dieses ist abzulehnen, da eine solche Zusammenrechnung im negativen Sinne bei S 3 geschieht. Zudem soll das Sonderbetriebsvermögen bei Personenhandelsgesellschaften nicht erfasst sein (vgl *Dötsch/Leibner* in D/P/M § 8c Rz 127 mwN). Damit ist eine Zusammenrechnung der Anteile, die in unterschiedlichen Sonderbetriebsvermögen gehalten werden, bzw die Zusammenrechnung von Anteilen im Sonderbetriebsvermögen mit Anteilen im Gesamthandsvermögen ausgeschlossen. Nicht erforderlich ist, dass der übertragende Rechtsträger eine 100%ige Beteiligung an der Verlustgesellschaft hält (BStBl I 17, 1645 Tz 45).

Das kann **vorbereitende Maßnahmen** notwendig machen. Da bei einem Formwechsel iwS von einer Personengesellschaft in eine Personenhandelsgesellschaft durch Eintragung in das Handelsregister keine Vermögensübertragung stattfindet, ist eine solche Gestaltung vor der eigentlichen Anteilsübertragung unschädlich. Die Übertragung der Beteiligung von einer Erwerbergruppe bzw vom Sonderbetriebsvermögen auf eine Personenhandelsgesellschaft kann hingegen unter den allg Voraussetzungen steuerschädlich sein. Wenn im Sonderbetriebsvermögen eine 100%ige Beteiligung liegt, ist eine Übertragung in das Gesamthandvermögen einer Personenhandelsgesellschaft oder in das Privatvermögen nicht notwendig, da das Halten der 100%igen Beteiligung im Sonderbetriebsvermögen nicht die Qualifikation als Konzernspitze ausschließt.

Dass die Konzernspitze bereits eine **bestimmte Zeit vor dem anschließenden Beteiligungserwerb** bestanden haben muss, fordert S 5 nicht. Bei der Schaffung einer Konzernspitze sind aber die allgemeinen Vorgaben des Abs 1 zu beachten.

**Unschädlich** ist es, wenn über der Konzernspitze verschiedene Anteilseigner sind, solange sich der Beteiligungserwerb auf die Ebene unter der Konzernspitze beschränkt.

**Zeitlich** ist die Neuregelung auf alle – an sich – schädlichen Beteiligungserwerbe nach dem 31.12.09 anwendbar. Beim gestuften Erwerb ist es unproblematisch, wenn noch unschädliche Erwerbe (dh bis 25%) vor dem 31.12.09 erfolgten und der Erwerb, mit dem die Schädlichkeitsgrenze überschritten wird, nach dem 31.12.09 vorgenommen wird (Beispiel: erster Erwerb am 1.11.09 über 20%, zweiter Erwerb über 20% am 1.2.10).

Als **Rechtsfolge** ordnet Abs 1 S 5 an, dass insoweit kein schädlicher Beteili- 38
gungserwerb vorliegt. Die über Abs 1 S 5 privilegierten Erwerbe können deshalb nicht mit anderen nicht privilegierten Erwerben zusammengezählt werden (so auch BMF BStBl I 17, 1645 Tz 48).

**Beispiel:** A ist Alleingesellschafter der A-GmbH und der B-GmbH; die B-GmbH ist zu 60% an der Verlust-AG beteiligt; die A-GmbH überträgt am 1.2.10 ihre Anteile an der Verlust-AG auf die B-GmbH; am 1.4.10 überträgt ein Minderheitsgesellschafter 20% seiner Anteile an der Verlust-AG auf die B-GmbH; die Übertragung A-GmbH auf B-GmbH ist nach Abs 1 S 5 privilegiert; die Übertragung des A verstößt nicht gegen Abs 1 S 1.

**d) Vergleichbare Sachverhalte.** Entsprechend der Übertragung von Anteilen 40
im oben genannten Sinn sollen **vergleichbare Sachverhalte** von § 8c erfasst werden. Die Vergleichbarkeit kann sich sowohl auf den Gegenstand der Übertragung als auch die Art der Übertragung beziehen. Aufgrund der ausdrücklichen Erwähnung des Stimmrechts wird man nicht auf die vermögensmäßige Beteiligung des Erwerbs abstellen müssen, sondern auf dessen Einflussmöglichkeit auf die Körperschaft. § 8c bekommt dadurch eine ganz andere Systematik als die bisherige Mantelkaufregelung (s Rz 1).

Bezogen auf die **Art der Übertragung** wird eine Vergleichbarkeit nur gegeben 41
sein, wenn der Erwerber zumindest das wirtschaftliche Eigentum erlangt (zB durch die Begründung eines Treuhandverhältnisses; insoweit zutreffend BMF BStBl I 17, 1645 Tz 6). Rein schuldrechtliche Vereinbarungen reichen grundsätzlich nicht aus.

Eine Vergleichbarkeit wird zudem dann vorliegen, wenn sich ohne eine Anteilsübertragung auf einen Dritten die **Beteiligungsverhältnisse verändern** (zB Kapitalherabsetzung, Erwerb eigener Anteile, Einziehung von Geschäftsanteilen, Schaffung vom stimmrechtlosen Anteilen; vgl dazu *Reitsam* in Breithecker/Förster/Förster/Klapdor, UntStRefG, § 8c Rz 45; *Neyer,* BB 07, 1415, 1416).

Die Einräumung von reinen **Vermögensrechten ohne Stimmrecht** (zB Ge- 42
nussrechte – insoweit aA BMF BStBl I 17, 1645 Tz 7 –, stimmrechtlose Vorzugsaktien, Stille Beteiligungen, Darlehen, mezzanine Finanzierungen) ist grundsätzlich nicht vergleichbar (zT aA *Beußer,* DB 07, 1549, 1551). Erst wenn weitere Absprachen hinzutreten, die dazu führen, dass der Berechtige wirtschaftlich einem stimmberechtigten Beteiligten gleichgestellt ist, kann eine Vergleichbarkeit gegeben sein.

**Stimmbindungsverträge** sind nur dann mit einer Übertragung vergleichbar, wenn der Dritte ein uneingeschränktes und dauerhaftes Bestimmungsrecht hinsichtlich der Stimmausübung hat. Entsprechendes gilt für eine vorbehaltlose Bevollmächtigung zur Stimmrechtsausübung. Behält sich der Anteilsinhaber einen Rest von Mitbestimmungsrecht (zB durch gemeinsame Entscheidung über die Ausübung des Stimmrechts, gegenständliche Beschränkung der Vollmacht, internes Vetorecht, Widerrufs- und Kündigungsrecht) vor, ist kein vergleichbarer Sachverhalt gegeben (vgl dazu ausführlich *Viskorf/Michel,* DB 07, 2561). Insbes durch die §§ 13a, 13b ErbStG bei erbschaft- und schenkungsteuerlich motiviertem Stimmrechtspooling sind die Auswirkungen auf § 8c I zu beachten (vgl *Bron,* FR 10, 208; *Elicker/Zillmer,* BB 09, 2620).

43 **Umwandlungsfälle** sind nur erfasst, wenn sich dadurch die Beteiligungsverhältnisse ändern (so auch BMF BStBl I 17, 1645 Tz 7). UE sind alle Umwandlungsfälle zu privilegieren, bei denen eine Buchwertfortführung zulässig ist.

44 Die vom Gesetzgeber beabsichtigte Vereinfachung wird durch die Berücksichtigung vergleichbarer Sachverhalte nicht erreicht werden. Wegen der erheblichen verfassungsrechtlichen Bedenken (s Rz 2) wird nur eine **restriktive Auslegung** zulässig sein. Abzulehnen ist insbesondere der Rückgriff auf § 42 AO, wenn es überhaupt keinen Beteiligungswechsel gibt (zB Verschmelzung der Gewinngesellschaft auf die personenidentische Verlustgesellschaft), so aber FG Thür DStRE 13, 44.

Im **Umkehrschluss** muss uE über den Verweis auf vergleichbare Sachverhalte auch der **Entlastungsbeweis** möglich sein, dass trotz der zivilrechtlichen Anteilsübertragung das wirtschaftliche Eigentum an der Beteiligung nicht übertragen wurde (zB bei der Übertragung unter umfassendem Vorbehaltsnießbrauch oder nur zeitweiser Übertragung s Rz 27).

50 **e) Kapitalerhöhung (Abs 1 S 4).** Bei § 8 IV war lange Zeit nicht höchstrichterlich geklärt, ob die Kapitalerhöhung der Anteilsübertragung vergleichbar ist (s § 8 Rz 446). Nunmehr steht die Kapitalerhöhung der Übertragung des gezeichneten Kapitals gleich, **soweit** sie zu einer **Veränderung** der **Beteiligungsquoten** am Kapital der Körperschaft führt. Für die Quoten ist auf das Kapital nach Kapitalerhöhung abzustellen (so auch BMF BStBl I 17, 1645 Tz 9).

Die Kapitalerhöhung nach S 4 kann zu einer **mittelbaren Anteilsübertragung** führen (BMF BStBl I 17, 1645 Tz 10).

**Beispiel:** A und B sind zu je 50% an der A-GmbH beteiligt; Die A-GmbH ist zu 100% an der B-GmbH beteiligt; das Stammkapital der A-GmbH wird von 100 um 300 auf 400 erhöht; B hat das alleinige Bezugsrecht; hierdurch erhöht sich die mittelbare Beteiligung des B an der B-GmbH von 50% auf 87,5%.

51 **Treffen Anteilsübertragung und Kapitalerhöhung** zusammen, ist die Schädlichkeitsquote auf den Zeitpunkt des jeweiligen Anteilswechsels zu berechnen (aA *Lang,* DStZ 07, 652, 660).

**Beispiel:** A ist zu 100% an der A-GmbH beteiligt, deren Stammkapital 100 beträgt; in 01 überträgt A 30% auf B; in 02 wird das Stammkapital um 100 erhöht, davon übernehmen A sowie der neu eintretende C jeweils 50; die Übertragung von 30% auf den B führt zur anteiligen Nichtabziehbarkeit in 01; die Beteiligung des C ist unschädlich, da sie 25% nicht übersteigt; die Anteilsübertragungen auf B und C sind nicht nach § 8c I 2 zusammenzurechen.

55 **f) Fünf-Jahres-Frist.** Sämtliche Anteilsübertragungen innerhalb von fünf Jahren werden zusammengerechnet. Ein **sachlicher Zusammenhang** ist **nicht** mehr **erforderlich.** Die Fristberechnung erfolgt taggenau, beginnend mit dem Tag an dem die Erste Übertragung zivilrechtlich wirksam wird (aA BMF BStBl I 17, 1645 Tz 13, Übergang des wirtschaftlichen Eigentums). Es kommen die gleichen Grundsätze zum Tragen, wie bei der Fristberechnung nach § 23 EStG. Bei der Kapitalerhöhung ist die Eintragung in das Handelsregister maßgeblich (so auch BStBl I 17, 1645 Tz 14). Bei „schädlichen" Umwandlungen ist bei der Fristberechnung ein steuerlicher Rückbezug nach § 2 UmwStG nicht zu berücksichtigen (BMF aaO Tz 15).

Bei der Zusammenrechnung muss nach Ansicht der FinVerw **bei dem jeweiligen Anteilserwerb** noch kein Verlust bestehen, der untergehen könnte (BMF BStBl I 17, 1645 Tz 17). Maßgeblich ist der Verlust beim Überschreiten der 25- bzw 50%-Grenze.

Anteilsübertragungen vor dem 1.1.08 dürfen auf Grund § 34 VIIb nicht berücksichtigt werden. Die erste Fünf-Jahres-Frist kann damit frühestens mit einer Anteilsübertragung **ab dem 1.1.08** beginnen (vgl zur Unvereinbarkeit mit Art 3 I GG, Rz 1).

Unabhängig davon will die FinVerw eine Mehrzahl von Erwerben durch einen Erwerberkreis als einen Erwerb werten, wenn ihnen ein **Gesamtplan** zugrunde liegt. Ein solcher schädlicher Gesamtplan wird widerlegbar vermutet, wenn die Erwerbe innerhalb eines Jahres erfolgen (BMF BStBl I 17, 1645 Tz 19). Diese Sichtweise ist abzulehnen. Sie stammt aus der Anwendung des § 8 IV 4 aF (siehe § 8 Tz 431). Da der Gesetzgeber in § 8c I eine Fünf-Jahres-Frist für die Zusammenrechnung vorgegeben hat, ist kein Raum für eine weitere Zusammenrechnung aufgrund eines Gesamtplanes. 56

Ist die **25% Schädlichkeitsgrenze überschritten,** sollen weitere Anteilserwerbe nur für die 50% Grenze innerhalb der bereits laufenden Fünf-Jahres-Frist berücksichtigt werden. Im Übrigen soll erst eine weitere Übertragung bezogen auf die 25%-Grenze eine neue Fünf-Jahres-Frist in Gang setzen (so BR-Drucks 220/07, 126; BMF BStBl I 17, 1645 Tz 18). 57

**Beispiel:** A erwirbt an der A-GmbH 10% in 01, 10% in 03 und 15% in 04; damit in 04 anteilige Nichtabziehbarkeit in Höhe von 35%; der weitere Erwerb von 10% in 05 ist unschädlich; erwirbt A in 07 weitere 20%, sind zwischen 01 und 05 keine 50% erworben worden; die Erwerbe zwischen 03 und 07 sind nicht zusammenzurechnen, da die erste Fünf-Jahres-Frist bereits 01 begann und 05 endet; die Erwerbe aus 05 und 07 führen jedoch zu einer weiteren Nichtabziehbarkeit in Höhe von 30%.

Ein solcher **„Verbrauch" der Erwerbsvorgänge** gilt nicht nur gegenüber dem einzelnen Erwerber, sondern auch im Zusammenhang mit dem Erwerb **nahe stehender Personen** und einer **Gruppe** mit gleichgerichteten Interessen (so auch *Zerwas/Fröhlich,* DStR 07, 1993, 1936; ähnlich *Neumann/Stimpel,* GmbHR 07, 1194, 1198).

Diese Sichtweise in der Gesetzesbegründung ist **zweifelhaft** und findet im Wortlaut des § 8c keine Stütze. Sie ermöglicht Gestaltungen zum – teilweisen – Erhalt des Verlusts.

Der **Verbrauch** kann **gezielt eingesetzt** werden, um vor dem Entstehen der relevanten Verluste einen schädlichen Erwerb herbeizuführen.

Die **Weiterübertragung** eines Anteils **auf einen Dritten** löst bei diesem eine gesonderte Fünf-Jahres-Frist aus (BMF BStBl I 17, 1645 Tz 22, dort auch zum Zusammentreffen von mittelbarer und unmittelbarer Übertragung; aA *Suchanek/Herbst,* DStR 07, 863, 866, die die Rechtsfolgen auf die Verluste begrenzen wollen, die nach der Ersten Übertragung entstanden sind; vgl dazu auch *Kroniger/Braun,* BB 10, 2336). Entsprechendes gilt, wenn der Anteil von dem ursprünglichen Inhaber (zurück-)erworben wird (so nun auch BMF BStBl I 17, 1645 Tz 23). Lediglich bei einer Rückabwicklung des ursprünglichen Erwerbsvorgangs (zB wegen Rücktritts) sind beide Erwerbsvorgänge für § 8c irrelevant (insoweit aA *Benz/Rosenberg* in Blumenberg/Benz, Die Unternehmensteuerreform 08, 182). Diese Mehrfachberücksichtigung bei einer Weiterübertragung führt nicht zu einer Addition der Anteilserwerbe (Beispiel: wird ein Anteil iHv 30% innerhalb von fünf Jahren von A auf B und dann von B nach auf C übertragen, liegen zwei schädliche Erwerbe nach Abs S 1 vor, nicht jedoch mit der zweiten Übertragung ein Erwerb nach Abs 1 S 2). 58

**g) Darlegungs- und Beweislast.** Die Darlegungs- und Beweislast für alle Tatbestandsmerkmale liegen ausschließlich bei der **Finanzverwaltung.** 60

**4. Rechtsfolgen.** Die zum schädlichen Beteiligungserwerb nicht ausgeglichenen oder abgezogenen negativen Einkünfte (**nicht genutzte Verluste**) sind nicht mehr abziehbar. Erfasst sind damit der Verlustvortrag und -ausgleich nach § 10d EStG. Beim unterjährigen Anteilswechsel ist der bis dahin entstandene laufende Verlust betroffen. Bis zum schädlichen Beteiligungswechsel erzielte Gewinne können mit noch nicht ausgenutzten Verlustvorträgen verrechnet werden (BFH BStBl II 12, 360; Hess FG DStRE 11, 289; so nun auch BMF BStBl I 17, 1645 Tz 33 65 mit Ausführungen auch zur Organschaft). Der bisher zum schädlichen Beteiligungsmerkmal entstandene Verlust darf für den Verlustrücktrag verwendet werden (so auch FG Münster EFG 16, 1546, Rev BFH I R 61/16).

66 Bei einer **Anteilsübertragung von mehr als 25 % bis zu 50 %** innerhalb von fünf Jahren werden die nicht genutzten Verluste im gleichen Prozentsatz nichtabziehbar (S 1, vgl zur Unvereinbarkeit mit Art 3 I GG Rz 1). Beim gestreckten Erwerb sind die nicht genutzten Verluste maßgeblich, die bei der Anteilsübertragung bestanden, mit der erstmals die Schädlichkeitsgrenze des S 1 überschritten wurde (so auch BMF BStBl I 17, 1645 Tz 17 und 21).

**Beispiel 1:** A beteiligt sich in 01 zu 20 % an der A-GmbH; die A-GmbH hat bis zu diesem Zeitpunkt keine Verluste erwirtschaftet; seit 02 erleidet die A-GmbH Verluste; in 04 erwirbt A weitere 6 % an der A-GmbH; dieser Hinzuerwerb führt nach § 8c S 1 zu einer anteiligen Nichtabziehbarkeit.

**Beispiel 2:** A beteiligt sich in 01 zu 20 % an der A-GmbH, die Verlustvorträge ausweist; in den Jahren bis 03 gelingt die vollständige Sanierung; in 04 erwirbt A weitere 6 % an der A-GmbH; da bei der Überschreitung der Schädlichkeitsgrenze keine nicht genutzten Verluste mehr vorhanden sind, kommt § 8c nicht rückwirkend auf 01 zur Anwendung.

67 Bei einer Anteilsübertragung von **mehr als 50 %** (Abs 1 S 2) sind die alle bisher nicht genutzten Verluste nicht mehr abziehbar. S 2 kommt unabhängig von S 1 zur Anwendung. Eine Übertragung kann damit sowohl für die 25 %- wie für die 50 %-Grenze relevant sein und damit zunächst zur anteiligen Nichtabziehbarkeit und später im Zusammenhang mit anderen Anteilsübertragungen zur vollständigen Nichtabziehbarkeit führen.

68 **Streitig** werden die Fälle diskutiert, in denen einem **schädlichen Erwerb nach Abs 1 S 1 der vollständige Verlust nach S 2 folgt.** Unter Hinweis auf den Wortlaut des Abs 1 S 2 wird zT die Ansicht vertreten, maßgeblich sei der nicht genutzte Verlust zum Zeitpunkt des „schädlichen Erwerbs". Dieser Begriff sei in Abs 1 S 1 definiert mit der Übertragung von mehr als 25 %. Die spätere Entwicklung der Verluste bis zur Überschreitung der 50 %-Grenze sei daher unerheblich (so zB *Benz/Rosenberg* in Blumenberg/Benz, Die Unternehmensteuerreform 08, 188, 192). Andere verweisen auf die Gesetzesbegründung (BR-Drucks 220/07, 127) und stellen auf die nicht ausgenutzten Verluste zum Zeitpunkt der Überschreitung der 50 %-Grenzen ab (so zB *Lang,* DStZ 07, 652, 658 ausführlich *Reitsam* in Breithecker/Förster/Förster/Klapdor, UntStRefG, § 8c Rz 87 ff).

**Je nach der Entwicklung der wirtschaftichen Verhältnisse** können sich beide Ansichten positiv wie negativ auswirken.

**Beispiel 1:** A beteiligt sich in 01 sich zu 26 % an der A-GmbH; da die A-GmbH bis zu diesem Zeitpunkt keine Verluste erwirtschaftet hat, kommt § 8c S 1 nicht zur Anwendung; seit 02 erleidet die A-GmbH Verluste; in 04 erwirbt A weitere 26 % an der A-GmbH. Nach *Benz/Rosenberg* (aaO) kommt es 04 nicht zur Nichtabziehbarkeit der Verluste, da 01 beim Überschreiten der 25 %-Grenze keine nicht genutzten Verluste vorlagen. Anders *Lang* (aaO), der auf die nicht genutzten Verluste in 04 abstellt.

**Beispiel 2:** A beteiligt sich in 01 sich zu 26 % an der A-GmbH; die A-GmbH weist hohe Verluste aus, die nach S 1 anteilig nichtabzugsfähig werden; in der Folgezeit gelingt die vollständige Sanierung, so dass bis 03 alle Verluste ausgeglichen sind; in 04 erwirbt A weitere 26 % an der A-GmbH. Hier kämen *Benz/Rosenberg* (aaO) zu einem vollständigen Verlust in 01. Nach *Lang* (aaO) würde es in 04 zu keiner zusätzlichen Nichtabziehbarkeit kommen.

**UE** ist auf die Umstände abzustellen, die zum Zeitpunkt der Überschreitung der 50 %-Grenze vorliegen (so auch BMF BStBl I 17, 1645 Tz 21). Wir haben uns bereits seit längerer Zeit darauf einstellen müssen, dass der Gesetzgeber unsauber formuliert. Was er will, ist hier zum Glück anhand der Gesetzesbegründung nachvollziehbar. Die dort vertretene Sichtweise ist auch sachgerecht, da es keine sachgerechte Begründung dafür gibt, eine erfolgreiche Sanierung im Nachhinein zu sanktionieren.

Bei der **Ermittlung des schädlichen Prozentsatzes** werden eigene Anteile nicht berücksichtigt. Das gezeichnete Kapital ist um die eigenen Anteile zu kürzen. Bezogen auf den gekürzten Betrag ist zu ermitteln, ob die 25%- bzw 50%-Grenze überschritten ist. 69

Bei einer **Organschaft** unterliegt bei einem schädlichen Beteiligungserwerb bei dem Organträger auch das noch nicht zugerechnete negative Einkommen der Organgesellschaft der (anteiligen) Verlustbeschränkung (BMF BStBl I 17, 1645 Tz 32 sowie 37 f zum unterjährigen Beteiligungserwerb).

Maßgeblich für die Ermittlung des Prozentsatzes sind die Verhältnisse zum **Zeitpunkt** der jeweiligen Übertragung (so auch *Hans,* FR 2007, 775, 777). Zwischenzeitlich vorgenommene Kapitalerhöhungen, -herabsetzungen sowie der Erwerb von eigenen Anteilen können zur Schädlichkeit bzw Unschädlichkeit führen (s Rz 51).

Die **Sanierungsklausel** nach Abs 1a kommt derzeit nicht zur Anwendung (vgl 70
Rz 78a). Wegen eines dadurch uU steuerpflichtig werdenden Sanierungsgewinns verwies BMF BStBl I 08, 736 Tz 34 noch auf den Erlass der Steuer im Billigkeitswege nach BMF, BStBl I 03, 240. Der Große Senat des BFH hat diesen Sanierungserlass für rechtswidrig erklärt (BStBl II 2017, 393). Der Gesetzgeber will in § 3a EStG und § 7b GewStG wieder eine gesetzliche Grundlage für die Steuerfreiheit schaffen. Unabhängig davon ist für alle Beteiligungserwerbe nach dem 31.12.15 der neue § 8d zu beachten.

Wie bei § 8 IV werden die Rechtsfolgen des § 8c in den folgenden **Verlustfest-** 71
**stellungsbescheiden** nach § 10d EStG festgestellt (s dazu § 8 Rz 449 und BFH, BStBl II 04, 468).

Ein **Verlustrücktrag** in die Zeit vor dem schädlichen Anteilswechsel bleibt möglich.

Über § 8a I 3 entfällt auch der **Zinsvortrag** nach § 4h I 2 EStG. Nach § 10a 72
S 8 GewStG findet § 8c auf **gewerbesteuerliche Verlustvorträge** entsprechend Anwendung. Einzige Besonderheit ist, dass hier die laufenden Verluste bzw Zinsen aus dem Erhebungszeitraum, in den der schädlicher Erwerb fällt, nicht erfasst sind (vgl *Zerwas/Fröhlich,* DStR 2007, 1993, 1939).

**Spezielle Verlustvorträge** einer Kapitalgesellschaft (insbes §§ 2a, 15 IV, 15a, 15b EStG) sind uE nicht erfasst, da es dort an einer entsprechenden Verweisung fehlt (so auch *Zerwas/Fröhlich,* DStR 07, 1993, 1936 f; zweifelnd *Rödder,* Beiheft zu DStR 07 Heft 40, 13; aA BMF BStBl I 17, 1645 Tz 2; *Suchanek/Herbst,* DStR 07, 863, 869).

Die Nichtabziehbarkeit der Verluste wirkt sich auf die Körperschaft aus. Betrof- 73
fen sind damit auch die **Anteilseigner,** die an der Anteilsübertragung nicht beteiligt waren. UE könne die an der Übertragung nicht beteiligten Anteilseigner einen **zivilrechtlichen Anspruch auf Nachteilsausgleich** gegen die an der schädlichen Anteilsübertragung beteiligten Personen haben. Zur Vermeidung von Streitigkeiten sollten Voraussetzungen und Rechtsfolgen eines Ausgleichsanspruchs in den Gesellschaftsvertrag aufgenommen werden (vgl dazu *Benz/Rosenberg* in Blumenberg/Benz, Die Unternehmensteuerreform 08, 194 f).

**5. Beispiel** nach BMF BStBl I 17, 1645 Tz 31: 75

| | **Jahr 01**<br>**€** | **Jahr 02**<br>**€** | **Jahr 03**<br>**€** | **Jahr 04**<br>**€** | **Jahr 05**<br>**€** |
|---|---|---|---|---|---|
| Gezeichnetes Kapital | 1 000 000 | 1 000 000 | 1 000 000 | 1 000 000 | 1 000 000 |
| **Beteiligungsverhältnisse** | | | | | |
| Gesellschafter A | 700 000 | 400 000 | 400 000 | 400 000 | 400 000 |
| Gesellschafter B | 300 000 | 300 000 | 200 000 | 150 000 | 50 000 |
| Gesellschafter C | | 300 000 | 400 000 | 450 000 | 550 000 |

| | Jahr 01 € | Jahr 02 € | Jahr 03 € | Jahr 04 € | Jahr 05 € |
|---|---|---|---|---|---|
| Übertragene Anteile im 5-Jahreszeitraum | | 300 000 (30 %) | 400 000 (40 %) | 450 000 (45 %) | 550 000 (55 %) |
| **Schädlicher Beteiligungserwerb** | | **ja** | **nein** | **nein** | **ja** |
| Ergebnis des laufenden VZ | | – 2 000 000 | – 600 000 | 3 500 000 | 4 700 000 |
| davon Verlust bis zum schädlichen Beteiligungserwerb | | – 1 200 000 | – 300 000 | 0 | 235 000 |
| Verbleibender Verlustabzug zum Ende des vorangeg. VZ Verlust**abzugs**verbot § 8c Abs 1 S 1 | | 20 000 000 6 000 000 (30 %) | 15 640 000 | 16 240 000 0 | 13 740 00 0 |
| Verlustabzugsverbot § 8c Abs 1 S 2 | | 0 | 0 | 0 | 13 505 000 (100 %) |
| Verlust**ausgleichs**verbot § 8c Abs 1 S 1 | | 360 000 | 0 | 0 | 0 |
| Verlustabzug | | | | 2 500 000 | 235 000 |
| **Verbleibender Verlustabzug am Ende des VZ** | | **15 640 000** | **16 240 000** | **13 740 000** | **0** |

76 **6. Verschonungsregelung.** Die Verschonungsregel des Abs 1 S 6 bis 9 wurde durch das Wachstumsbeschleunigungsgesetz v 22.12.09 eingeführt. Erfasst werden ansonsten schädliche Beteiligungserwerbe nach dem 31.12.09 (Rz 5). Der Gesetzgeber ging bei der Neuregelung davon aus, dass **kein Missbrauch** vorliegt, da kein typischer Mantelkauf gegeben ist, bei dem es nur um die Ausnutzung von „fremden" Verlusten geht. Vielmehr geht es um den **Erwerb eines Unternehmens mit stillen Reserven.** Es soll verhindert werden, dass vor dem Beteiligungserwerb die stillen Reserven realisiert werden müssen, um den Verlust der bisher nicht genutzten Verluste zu verhindern. Die anderen Verlustbeschränkungen auf der Ebene der Körperschaft (insbes § 10d II EStG) werden dadurch nicht eingeschränkt (vgl aus der umfangreichen Literatur nur *Frey/Mückl,* GmbHR 10, 71; *Lang,* Der Konzern 10, 35; *Neyer,* BB 10, 1055; *Scheunemann/Dennisen/Behrens,* BB 10, 23; *Schneider/Roderburg,* FR 10, 58; *Suchanek/Jansen,* GmbHR 11, 174; *Stollenwerk/Scherff,* GmbH-StB 11, 76; *Wagner,* DB 10, 2751).

Hierzu liegt nun endlich eine verbindliche **Stellungnahme der Finanzverwaltung** vor (BMF BStBl I 17, 1645 Tz 49 ff), die die Kritik der Literatur an dem Entwurf v 15.2.14 (vgl dazu nur *Adrian/Weiler,* BB 14, 1303; *Ritzer/Stangl,* DStR 14, 977) weitgehend nicht berücksichtigt.

76a Nach Abs 1 **Satz 6** kann ein nicht abziehbarer, **nicht genutzter Verlust** abweichend von den Abs 1 S 1 und 2 **abgezogen** werden, **soweit** er bei einem schädlichen Beteiligungserwerb iSd Abs 1 S 1 die anteiligen und bei einem schädlichen Beteiligungserwerb iSd Abs 1 S 2 die gesamten zum Zeitpunkt des schädlichen Beteiligungserwerbs vorhandenen **im Inland steuerpflichtigen stillen Reserven** des Betriebsvermögens der Körperschaft **nicht übersteigt** (bis zum VZ 2010 beschränkte sich diese Regelung auf die stillen Reserven des inländischen Betriebsvermögens).

76b Nach **Satz 7** sind **stille Reserven** in diesem Sinne der **Unterschiedsbetrag** zwischen dem anteiligen oder bei einem schädlichen Beteiligungserwerb iSd Satz 2 dem gesamten in der steuerlichen Gewinnermittlung ausgewiesenen Eigenkapital und dem auf diesem Eigenkapital jeweils entfallenden gemeinen Wert der Anteile der Körperschaft, soweit diese im Inland steuerpflichtig sind. Das **Eigenkapital** ergibt sich aus dem Buchwertansatz in der Steuerbilanz und ist entsprechend § 266 III A. HGB die Summe aus Nennkapital (abzüglich nicht eingezahlter Einlagen) und Kapital- und Gewinnrücklagen zuzüglich Gewinn- und abzüglich Verlustvortrag. Werden Genussrechte als beteiligungsähnlich qualifiziert, muss das Eigenkapital um das Genussrecht-Kapital erhöht werden. Vgl zu der möglichen Vereinfachung der Feststellung des Eigenkapitals bei einem unterjährigen Beteiligungserwerb *Brinkmann,* Ugb 10, 94 sowie BMF BStBl I 17, 1645 Tz 57. Der **gemeine Wert der Anteile** ergibt sich vorrangig aus dem Kaufpreis, ansonsten nach § 11 II BewG. Noch nicht geklärt ist die Frage, ob der Kaufpreis stets bindend ist oder ein anderer Nachweis möglich bleibt (vgl FG Köln EFG 17, 51, Rev BFH I R 76/16). Der letzte HS **„soweit diese im Inland steuerpflichtig sind"** ist unklar. Sinnvoll ist die Regelung nur, wenn sie sich nicht auf die Anteile an der Körperschaft, sondern auf deren stille Reserven bezieht. Relevant ist damit bei ausländischen Betriebstätten die DBA-Lage: ohne DBA oder bei DBA mit Anrechnungsmethode sind die ausländischen stillen Reserven zu berücksichtigen (so auch *Neumann,* GmbHR 14, 673, 681). Dafür spricht auch die Begründung des Regierungsentwurfs (BT-Drucks 17/15, 31), wonach gemäß § 8b II steuerbefreite Anteile der Verlust-Körperschaft an anderen KapGes bei der Vergleichsrechnung herauszunehmen sind. Streitig ist, ob zu 100% oder wegen § 8 III 1 nur zu 95%. Da bei einer Realisierung dieser stillen Reserven der Gewinn nur zu 95% steuerbefreit ist, wäre eine 100%-Nichtberücksichtigung uE nicht sachgerecht (aA BMF BStBl I 17, 1645 Tz 52; *Dötsch* in D/P/M § 8 c KStG Rz 76n). Aus den gleichen Gründen sollten sperrfristbehaftete Anteile iSd § 20 UmwStG 2006 mit ihrem steuerverhafteten Einbringungsgewinn I berücksichtigt werden (aA BMF BStBl I 17, 1645 Tz 52).

**Satz 8** regelt den Fall des **negativen Eigenkapitals.** Diese Regelung wurde zum VZ 10 eingefügt (Rz 5), da der Kaufpreis keine geeignete Bezugsgröße für die Ermittlung der stillen Reserven ist. Auch ohne stille Reserven würde sich bei einem geringen Kaufpreis allein aufgrund des negativen Eigenkapitals ein positiver Wert nach Satz 7 ergeben. Ist das Eigenkapital der Körperschaft negativ, sind deshalb stille Reserven iSd Satz 6 der Unterschiedsbetrag zwischen dem anteiligen oder bei einem schädlichen Beteiligungserwerb iSd Satzes 2 dem gesamten in der steuerlichen Gewinnermittlung ausgewiesenen Eigenkapital und dem diesem Anteil entsprechenden **gemeinen Wert des Betriebsvermögens** der Körperschaft. Auch ohne ausdrückliche Erwähnung sind in S 8 nur solche stillen Reserven zu berücksichtigen, die im Inland steuerpflichtig sind. 76c

Bei einer **mehrstufigen Beteiligungskette** kann der Beteiligungserwerb an der Obergesellschaft sowohl bei der Obergesellschaft wie auch bei den nachgelagerten Körperschaften schädlich sein. Hier ist auf jeder Ebene die Verschonungsregel nach den für die jeweilige Gesellschaft maßgeblichen Werten anzuwenden (so auch BMF BStBl I 17, 1645 Tz 58). Lässt sich der Kaufpreis für den Erwerb der Anteile an der Obergesellschaft nicht auf die miterworbenen nachgelagerten Körperschaften aufteilen, ist für jede nachgelagerte Gesellschaft der gemeine Wert der Anteile nach § 11 II BewG zu ermitteln. Eine Gruppenbetrachtung oder eine Obergrenze in Höhe der stillen Reserven bei der erworbenen Obergesellschaft (so BT-Drucks 17/15, 19) findet in dem Gesetzeswortlaut keine Stütze (so nun auch BMF BStBl I 17, 1645 Tz 58). Eine Gruppenbetrachtung ist uE nur bei einer **Organschaft** zulässig, wenn die Anteile an dem Organträger veräußert werden. Die im Betriebsvermögen der Organgesellschaft vorhandenen stillen Reserven wären bei deren Realisierung unabhängig vom Vorliegen von vororganschaftlichen Verlusten bei der Organgesellschaft dem Organträger zuzurechnen. Der Organträger könnte diese Einkommen mit den bisher nicht genutzten Verlusten ausgleichen (aA BMF BStBl I 17, 1645 Tz 59, ablehnend auch unter Hinweis auf Abs 1 S 7 letzter HS *Dötsch* in D/P/M § 8c KStG Rz 76). Eine isolierte Betrachtung ist bei 76d einem Beteiligungserwerb an der Organgesellschaft im Hinblick auf deren vororganschaftliche Verluste zulässig (so auch BMF BStBl I 17, 1645 Tz 60).

76e Nach **Satz 9** ist bei der Ermittlung der stillen Reserven nur das Betriebsvermögen zu berücksichtigen, das der Körperschaft ohne **steuerliche Rückwirkung,** insbes ohne Anwendung des § 2 I UmwStG, zuzurechnen ist. Hierdurch soll verhindert werden, dass nach dem Beteiligungserwerb der Körperschaft stille Reserven zur Verlustrettung zugeführt werden.

76f **Rechtsfolgen.** Sind die stillen Reserven höher als die nicht genutzten Verluste, bleiben die Verluste vollständig erhalten. Sind die stillen Reserven geringer, macht der Gesetzgeber keine Vorgaben über die Verteilung der stillen Reserven zum Erhalten der jeweiligen ansonsten nicht mehr abziehbaren Einzelbestandteile. Möglich ist, dass die verschiedenen Verluste anteilig abziehbar bleiben. Vorzugwürdig ist jedoch die Ansicht der FinVerw (BMF BStBl I 17, 1645 Tz 62f), wonach zunächst der laufende Verlust und anschließend der Verlustvortrag erhalten bleiben sollen. Für die Verrechnung der stillen Reserven mit den nicht genutzten Verlusten gilt die gleiche Reihenfolge, in der im Fall der Realisierung der stillen Reserven die Verluste aufgebraucht werden würden. Es ist damit soweit möglich eine konkrete Zuordnung der stillen Reserven vorzunehmen.

78 **7. Sanierungsprivileg.** Das Sanierungsprivileg in Abs 1a wurde rückwirkend zum VZ 08 durch das Bürgerentlastungsgesetz v 16.7.09 eingeführt (Rz 5) und durch das JStG 2010 v 8.12.10 ab dem VZ 10 in Abs 1a Nr 3 S 5 geändert (Rz 5). Durch diese Regelung wollte der Gesetzgeber die seit langem geforderte **Sanierung notleidender Unternehmen erleichtern.** Die Sanierungsklausel wurde in der Fachliteratur zutreffend als unzureichend kritisiert (vgl nur *Lang,* DStZ 09, 751; *Mückl/Remplik,* FR 09, 689; *Sistermann/Brinkmann,* DStR 09, 1453; *Ziegenhagen/Thewes,* BB 09, 2116). Sie ist voller unbestimmter Rechtsbegriffe, die eine sichere Gestaltungsberatung fast unmöglich machen. Vgl zur Auslegung durch die Finanzverwaltung OFDen Rheinland und Münster, GmbHR 10, 557.

78a Abs 1a ist **nicht anwendbar,** da die EU-Kommission durch Beschluss v 26.1.11 (DB 11, 2069) Abs 1a rückwirkend als mit dem **EU-Beihilferecht** für nicht vereinbar erklärt hat (*Blumenberg/Haisch,* FR 12, 12; *Breuninger/Ernst,* GmbHR 11, 673; *Ehrmann,* DStR 11, 5; *Dörr,* NWB 11, 690; *Drüen,* DStR 11, 289; *Hackemann/Momen,* BB 11, 2135; *Marquart,* IStR 11, 445). Das BMF hat bereits aufgrund der Einleitung des förmlichen Prüfverfahrens im Hinblick auf Art 108 II AEUV die Nichtanwendbarkeit der Sanierungsklausel anerkannt (BStBl I 10, 488). Aufgrund der vorliegenden Negativentscheidung ist die Finanzverwaltung verpflichtet, die Bescheide, bei denen Abs 1a angewendet wurde, zu berichtigen und die „rechtswidrige Beihilfe" zurückzufordern. Im Rückforderungsverfahren kann man sich nicht auf die Bestandskraft der Bescheide berufen und hat nur einen sehr begrenzten Anspruch auf Vertrauensschutz (vgl dazu *Forst/Kofmann/Pittelkow,* EStB 10, 309). Die Bundesregierung hat am 7.4.11 gegen die Entscheidung Nichtigkeitsklage nach Art 263 iVm 256 I AEUV beim EuG eingelegt (vgl dazu *Hackemann/Fiedler,* BB 11, 2972). Diese Klage sowie die Klagen der betreffenden Unternehmen haben keine aufschiebende Wirkung. Mit dem BeitrRLUmsG v 7.12.11 wurde Abs 1a nicht aufgehoben, sondern nur in seiner Anwendbarkeit ausgesetzt, bis geklärt ist, ob es sich hierbei um eine EU-rechtlich unzulässige Beihilfe handelt. Bei einem positiven Ausgang ist Abs 1a auf alle noch nicht bestandskräftigen Steuerbescheide anzuwenden. Das EuG hat die Klage der Bundesrepublik als unzulässig abgewiesen, da die Klage zu spät eingelegt wurde (EuG DStR 13, 132). Der EuGH hat diese Entscheidung bestätigt (BB 14, 1878). Da mehrere betroffene Unternehmen auch Nichtigkeitsklage eingelegt haben, besteht weiterhin die Möglichkeit, dass der EuGH die Entscheidung der Kommission aufhebt oder hilfsweise Vertrauensschutz gewährt. Das EuG hat zwei der Klagen zwischenzeitlich als unbegründet abgewiesen (DStR 16, 390; GmbHR 16,

384). Hier laufen noch die Rechtsmittelverfahren beim EuGH unter den Az Rs C 203, 208, 209 und 219/16 P.

78b **Betroffene Unternehmen** konnten ebenfalls bis zum 5.12.11 Klage gegen die Entscheidung der EU-Kommission beim EuGH einlegen. Unabhängig davon können die betroffenen Unternehmen gegen die Änderungs- und Rückforderungsbescheide der Finanzverwaltung Rechtsmittel einlegen. Das FG Münster (EFG 12, 165) hat in diesem Zusammenhang die Aussetzung der Vollziehung gewährt, da es ernstlichen Zweifel daran hat, ob die Entscheidung der EU-Kommission unionsrechtskonform ist (vgl dazu *Dörr/Motz,* NWB 11, 3180). Nach Ansicht des EuGH (DStR 13, 1588) muss eine Ausnahme von einer den Verlustvortrag ausschließenden Mantelkaufvorschrift keine unionsrechtswidrige Beihilfe sein (so zu einer finnischen Regelung). In allen **Rückforderungsfällen** sind deshalb die Verfahren offen zu halten. Auch bei noch abzugebenden Steuererklärungen kann unter Hinweis auf die Entscheidung des FG Münster (aaO) die Anwendung des Abs 1a beantragt werden. Das Finanzamt wird der Erklärung insoweit nicht folgen dürfen. Gegen den abweichenden Steuerbescheid sind Rechtsmittel einzulegen und die Aussetzung der Vollziehung zu beantragen. **Anstehende Gestaltungen** sind so zu strukturieren, dass man überhaupt nicht in den Anwendungsbereich des Abs 1 kommt (vgl Rz 80 ff). Lässt sich Abs 1 nicht vermeiden, muss geprüft werden, ob über § 8d der Verlust gerettet werden kann. Ansonsten sollte die Gestaltung nur durchgeführt werden, wenn sie auch bei dem (teilweisen) Verlust des nicht genutzten Verlusts betriebswirtschaftlich sinnvoll ist. Unabhängig davon sollte man die Bescheide offenhalten, um bei einem positiven Ausgang des EU-rechtlichen Verfahrens die Vorteile des Abs 1a ausnutzen zu können.

78c Nach Abs 1a **Satz 1** ist für die Anwendung des Abs 1 ein **Beteiligungserwerb zum Zweck der Sanierung** des Geschäftsbetriebs der Körperschaft unbeachtlich. Die Sanierungsklausel kommt bei **allen Formen des Beteiligungserwerbs** nach Abs 1 zur Anwendung, damit auch bei der Kapitalerhöhung und anderen vergleichbaren Sachverhalten. Da ein Beteiligungserwerb allein idR nicht zur Sanierung des Geschäftsbetriebs führt, ist es grds erforderlich, dass der Beteiligungserwerb **Bestandteil eines umfassenderen Sanierungskonzepts** ist. Der Beteiligungserwerb muss in einem zeitlichen und sachlichen Zusammenhang mit dieser Sanierung stehen. Die Körperschaft muss sanierungsbedürftig und -fähig sein. Die vorgesehenen Maßnahmen müssen zum Zeitpunkt der Sanierung objektiv geeignet sein, die Krise in absehbarer Zeit zu beseitigen. Es ist nicht erforderlich, dass die Sanierung tatsächlich erfolgreich ist. Als Ausnahmevorschrift zu Abs 1 liegt die **objektive Feststellungslast** für das Vorliegen der Voraussetzungen des Abs 1a bei der Körperschaft. Es ist daher sinnvoll, vor dem Beteiligungserwerb einen Sanierungsplan (zB nach IDW-Standard S 6) schriftlich zu dokumentieren.

78d Bei einer **mehrstufigen Konzernstruktur** und einem mittelbaren Beteiligungserwerb sind die Voraussetzungen des Abs 1a auf jeder Beteiligungsebene gesondert zu prüfen. Bei einer **Organschaft** ist grds der gesamte Organkreis als ein zu sanierender Geschäftsbetrieb iSv Abs 1a anzusehen. Geht es nur um die Erhaltung von vororganschaftlichen Verlustvorträgen einer Organgesellschaft, beschränkt sich die Prüfung auf diese Gesellschaft.

78e Nach Abs 1a **Satz 2** ist die Sanierung eine Maßnahme, die darauf gerichtet ist, die Zahlungsunfähigkeit oder Überschuldung zu verhindern oder zu beseitigen und gleichzeitig die wesentlichen Betriebsstrukturen zu erhalten. Die Begriffe der **Zahlungsunfähigkeit** und Überschuldung richten sich grds nach der Definition der InsO (§§ 17 und 19 InsO), wobei bei dem **Überschuldungsbegriff** zu berücksichtigen ist, dass durch das FMStG v 17.10.08 (BGBl I 08, 1982) für die Zeit bis zum 31.12.13 bei einer positiven Fortführungsprognose keine Überschuldung im rechtlichen Sinne vorliegen soll. Würde man diese Definition dem Abs 1a zugrunde legen, könnte nie wegen einer Überschuldung die Sanierungsklausel zur Anwendung kommen, da diese eine Sanierungsfähigkeit und damit eine positive

Fortführungsprognose voraussetzt. Vor diesem Hintergrund ist dem Überschuldungsbegriff die Definition des § 19 II InsO zugrunde zulegen, die ab dem 1.1.14 gilt. Ist Überschuldung oder Zahlungsunfähigkeit eingetreten, ist eine Sanierung nach Abs 1a unter Beachtung der anderen Voraussetzung möglich, da sie die Kreise **„beseitigt".** Problematisch ist, wie weit bereits vorher die Sanierung zulässig ist, um die Krise iSv Abs 1a S 2 **„zu verhindern".** Der Gesetzgeber geht offensichtlich davon aus, dass für den Kriseneintritt die Grundsätze des Eigenkapitalersatzrechts vor Inkrafttreten des MoMiG maßgeblich sind (BT-Drucks 16/6140, 57; 16/76; 16/140, 57). Von einem Kriseneintritt wäre danach auszugehen, wenn die Körperschaft kreditunwürdig ist und von einem fremden Dritten einen Kredit zu marktüblichen Konditionen nicht mehr erhalten würde. Da dieses Abgrenzungskriterium unscharf und äußerst streitanfällig ist, besteht ein erhebliches Unsicherheitspotential dahingehend, dass die Sanierung aus Sicht der Finanzverwaltung zu früh erfolgt. Verschiebt man hingegen die Sanierung, um sicherzugehen, dass die Krise auch tatsächlich eingetreten ist, wird es idR schwerer sein, ein erfolgversprechendes Sanierungskonzept vorzulegen.

**78f** In Abs 1a **Satz 3** wird beschrieben, was zur **Erhaltung der wesentlichen Betriebsstrukturen** zu beachten ist. Die drei aufgeführten Alternativen gelten unabhängig voneinander.

**78g** Nach **Nr 1** ist erforderlich, dass die Körperschaft eine geschlossene **Betriebsvereinbarung mit einer Arbeitsplatzregelung** befolgt. Als Betriebsvereinbarung kommen vorrangig Vereinbarungen nach § 77 BetrVG in Betracht. Die Finanzverwaltung lässt aber auch vergleichbare Arbeitsplatzregelungen in Tarifverträgen und/oder in einem Sozialplan zu; existiert kein Betriebsrat, sollen auch individuelle Vereinbarungen mit den Arbeitnehmern möglich sein (OFDen Rheinland und Münster, GmbHR 10, 557, Rz 13 u 14; aA *Dötsch* in D/P/M § 8c KStG Rz 119 beim Fehlen eines Betriebsrats). Da Nr 1 im Gegensatz zu Nr 2 und 3 keine zeitliche Begrenzung enthält, ist bei dem Abschluss solcher Vereinbarungen sicherzustellen, dass diese zeitlich befristet sind, um zu verhindern, dass man zur Sicherung des Sanierungsprivilegs die Vereinbarung nicht dauerhaft befolgen muss.

**78h** Nach **Nr 2** darf die Summe der maßgeblichen jährlichen **Lohnsummen** der Körperschaft innerhalb von fünf Jahren nach dem Beteiligungserwerb 400% der Ausgangslohnsumme nicht unterschreiten; § 13a I 3 und 4 sowie Abs 4 des ErbStG gelten sinngemäß. Die Fünfjahresfrist beginnt taggenau; bei gestreckten Erwerben mit dem Erwerb, durch die die 25%- bis 50%-Grenze überschritten wird. Bei einem mehrfachen schädlichen Erwerb beginnt jeweils eine eigene Fünfjahresfrist. Durch eine rechtzeitige Reduzierung des Mindestlohns bzw die Absenkung der Beschäftigungszahl auf 10% vor dem Beteiligungserwerb kann die Einhaltung dieser Vorschrift erleichtert werden.

**78i** Nach **Nr 3** ist es ausreichend, wenn der Körperschaft durch Einlagen **wesentliches Betriebsvermögen zugeführt** wird. Eine wesentliche Betriebsvermögenszuführung liegt vor, wenn der Körperschaft innerhalb von zwölf Monaten nach dem Beteiligungserwerb neues Betriebsvermögen zugeführt wird, das mindestens 25% des in der Steuerbilanz zum Schluss des vorangegangenen Wirtschaftsjahres enthaltenen Aktivvermögens entspricht. Wird nur ein Anteil an der Körperschaft erworben, ist nur der entsprechende Anteil des Aktivvermögens zuzuführen. Der Erlass von Verbindlichkeiten durch den Erwerber oder eine diesem nahestehende Person steht der Zuführung neuen Betriebsvermögens gleich, soweit die Verbindlichkeiten werthaltig sind. Leistungen der Kapitalgesellschaft, die (bei einem Beteiligungserwerb bis zum 31.12.09 zwischen dem 1.1.09 und dem 31.12.11 erfolgt sind) bei einem Beteiligungserwerb ab dem 1.1.10 innerhalb von drei Jahren nach der Zuführung eines neuen Betriebsvermögens erfolgen, mindern den Wert des zugeführten Betriebsvermögens. Wird dadurch die erfolgte Zuführung nicht mehr erreicht, ist Nr 3 nicht mehr anzuwenden.

Streitig ist, ob für die Beurteilung der **Buch- oder der Teilwert** maßgeblich ist (vgl *Dötsch* in D/P/M § 8c KStG Rz 124; die Finanzverwaltung geht von den Buchwerten der Steuerbilanz aus, OFDen Rheinland und Münster, GmbHR 10, 557, Rz 20). Ebenso ist streitig, ob die Einlage auch von den **Altgesellschaftern** erfolgen kann (vgl *Dötsch,* aaO; die Finanzverwaltung geht davon aus, dass die Einlage durch den neuen Gesellschafter oder diesem nahestehenden Personen erfolgen muss, OFDen Rheinland und Münster, GmbHR 10, 557, Rz 26). **Schädliche Leistungen** der Körperschaft nach Nr 3 S 5 sind alle Vermögensabflüsse mit gesellschaftsrechtlicher Veranlassung (insbes offene und verdeckte Gewinnausschüttung, Kapitalrückzahlung, Einlagerückzahlung; nicht hingegen steuerrechtlich nicht als vGA zu bewertende Zahlungen aufgrund einer schuldrechtlichen Vereinbarung, zB Zinsen, Lohn, Miete). Ob die Leistung an den Alt- oder Neugesellschafter erfolgt, ist irrelevant. 78j

Nach Abs 1a **Satz 4** liegt keine Sanierung vor, wenn die Körperschaft ihren Geschäftsbetrieb im Zeitpunkt des Beteiligungserwerbs im Wesentlichen eingestellt hat oder nach dem Beteiligungserwerb ein Branchenwechsel innerhalb eines Zeitraums von fünf Jahren erfolgt. Wann der **Geschäftsbetrieb „im Wesentlichen" eingestellt** ist, lässt sich nicht sicher beurteilen. Zudem ist offen, auf welchen Zeitraum der Vergleich stattfinden soll. UE ist in diesem Zusammenhang auf die Rspr zu § 8 IV abzustellen. Der schädliche **Branchenwechsel** ist vom unschädlichen Strukturwandel abzugrenzen; auch insoweit kann uE auf die Rspr zu § 8 IV zurückgegriffen werden. Die Fünfjahresfrist ist wie bei Abs 1a S 3 Nr 2 taggenau zu berechnen. 78k

Der **Verstoß gegen die nachlaufenden Fristen** von Abs 1a S 3 und 4 ist ein rückwirkendes Ereignis iSv § 175 I 1 Nr 2 AO und führt zur nachträglichen Anwendung von Abs 1 auf den bisher begünstigten Beteiligungserwerb. 78l

**8. Verhältnis zu § 3a EStG (Abs 2).** Nachdem der Große Senat des BFH den **Sanierungserlass** (BStBl I 03, 240) für rechtswidrig erklärt hat (BStBl II 17, 393), hat der Gesetzgeber reagiert und in § 3a EStG eine gesetzliche Neuregelung geschaffen. Der neue Abs 2 stellt für alle VZ ab 2017 klar, dass zunächst nach § 8c I zu klären ist, ob ein nicht genutzter Verlust untergeht. Nur der danach verbleibende Verlust wird im Rahmen des § 3a EStG berücksichtigt. 78m

**9. Gestaltungsüberlegungen.** Wie bei § 8 IV bleibt es bei § 8c primäres Gestaltungsziel, die Verlustvorträge durch **Gewinnrealisierung vor der Anteilsübertragung** möglichst weitgehend auszunutzen (zB sale-and-lease-back-Verfahren; Forderungsverzicht – mit und ohne Besserungsschein). Der Einwand eines Gestaltungsmissbrauchs ist uE in diesem Zusammenhang nicht berechtigt, da § 8c nicht mehr auf Betriebsvermögenszuführung abstellt (so auch zum Forderungsverzicht mit Besserungsschein *Neumann/Stimpel,* GmbHR 07, 1194, 1201 mit dem Hinweis auf den neuen § 20 II 1 Nr 7 und S 2 EStG). Zu beachten bleiben die Begrenzungen des § 10d II EStG. 80

Alternativ ist prüfen, ob eine **Verlustausnutzung unterhalb der Körperschaft** möglich ist. Hierzu gründen die Körperschaft und der Beteiligungsinteressierte zB eine Personenhandelsgesellschaft, über die das bisher verlustträchtige Unternehmen (zB nach einer Ausgliederung) fortgeführt wird. Bei der – teilweisen – Übertragung des Geschäftsbetriebs der Körperschaft auf die Personenhandelsgesellschaft und die – uU disquotale – Gewinnverteilung sind aus Sicht der Körperschaft die Grundsätze der vGA zu beachten. 81

**Alternative Finanzierungsmethoden** werden an Bedeutung gewinnen. Die Finanzierungen werden immer individueller ausgestaltet, so dass eine grundsätzliche Einordnung als vergleichbarer Sachverhalt immer schwerer wird. Je mehr man sich dabei der regulären Beteiligung nähert, desto größer wird das Risiko, in den Anwendungsbereich des § 8c zu kommen. Maßgeblich für die Abgrenzung ist aus unserer Sicht das Mitbestimmungsrecht. 82

83 Statt der „Übertragung" von Stimmrechten zB durch Mehrfachstimmrecht (Rz 28) kann das gleiche Ziel dadurch erreicht werden, dass im **Gesellschaftsvertrag qualifizierte Mehrheiten** vereinbart werden. Beispiel: A erwirbt 20% der Anteile an der A-GmbH; um ihm besonderen Einfluss einzuräumen, erhält er ein vierfaches Mehrstimmenrecht; Einräumung des Mehrstimmrechts ist gemäß § 8c I 2 schädlich; unschädlich wäre es, in dem Gesellschaftsvertrag zu vereinbaren, alle wichtigen Entscheidungen mit mehr als 80% der Stimmen zu treffen; ein „vergleichbarer Sachverhalt" ist uE nicht gegeben).

84 An Bedeutung wird auch der **Zeitpunkt der Übertragung** gewinnen. Nach der hier vertretenen Ansicht sind die Verluste zum Zeitpunkt der jeweiligen Anteilsübertragung maßgeblich. Ist absehbar, dass die Verlustphase noch relativ lang anhält, sollte frühzeitig übertragen werden, damit späte Verluste nicht unter § 8c fallen. Ist eine positive Ertragslage zu erwarten, sind die Übertragungen zurückzustellen. Der Beteiligungswillige kann durch Optionen abgesichert werden, die solange unproblematisch sind, wie sie nicht zum Übergang des wirtschaftlichen Eigentums führen. Bei einem gestreckten Erwerb bis 50% sollte möglichst frühzeitig die Schädlichkeitsgrenze des S 1 überschritten werden, um anschließend bis max. 50% unschädlich aufstocken zu können (s Rz 57).

## § 8d Fortführungsgebundener Verlustvortrag

(1) **[1] § 8c ist nach einem schädlichen Beteiligungserwerb auf Antrag nicht anzuwenden, wenn die Körperschaft seit ihrer Gründung oder zumindest seit dem Beginn des dritten Veranlagungszeitraums, der dem Veranlagungszeitraum nach Satz 5 vorausgeht, ausschließlich denselben Geschäftsbetrieb unterhält und in diesem Zeitraum bis zum Schluss des Veranlagungszeitraums des schädlichen Beteiligungserwerbs kein Ereignis im Sinne von Absatz 2 stattgefunden hat. [2] Satz 1 gilt nicht:**

1. **für Verluste aus der Zeit vor einer Einstellung oder Ruhendstellung des Geschäftsbetriebs oder**
2. **wenn die Körperschaft zu Beginn des dritten Veranlagungszeitraums, der dem Veranlagungszeitraum nach Satz 5 vorausgeht, Organträger oder an einer Mitunternehmerschaft beteiligt ist.**

**[3] Ein Geschäftsbetrieb umfasst die von einer einheitlichen Gewinnerzielungsabsicht getragenen, nachhaltigen, sich gegenseitig ergänzenden und fördernden Betätigungen der Körperschaft und bestimmt sich nach qualitativen Merkmalen in einer Gesamtbetrachtung. [4] Qualitative Merkmale sind insbesondere die angebotenen Dienstleistungen oder Produkte, der Kunden- und Lieferantenkreis, die bedienten Märkte und die Qualifikation der Arbeitnehmer. [5] Der Antrag ist in der Steuererklärung für die Veranlagung des Veranlagungszeitraums zu stellen, in den der schädliche Beteiligungserwerb fällt. [6] Der Verlustvortrag, der zum Schluss des Veranlagungszeitraums verbleibt, in den der schädliche Beteiligungserwerb fällt, wird zum fortführungsgebundenen Verlust (fortführungsgebundener Verlustvortrag). [7] Dieser ist gesondert auszuweisen und festzustellen; § 10d Absatz 4 des Einkommensteuergesetzes gilt entsprechend. [8] Der fortführungsgebundene Verlustvortrag ist vor dem nach § 10d Absatz 4 des Einkommensteuergesetzes festgestellten Verlustvortrag abzuziehen. [9] Satz 8 gilt bei Anwendung des § 3a Absatz 3 des Einkommensteuergesetzes entsprechend.**

(2) **[1] Wird der Geschäftsbetrieb im Sinne des Absatzes 1 eingestellt, geht der nach Absatz 1 zuletzt festgestellte fortführungsgebundene Verlustvortrag unter; § 8c Absatz 1 Satz 6 bis 9 gilt bezogen auf die zum Schluss des vorangegangenen Veranlagungszeitraums vorhandenen stillen Reserven entsprechend. [2] Gleiches gilt, wenn**

**1. der Geschäftsbetrieb ruhend gestellt wird,**
**2. der Geschäftsbetrieb einer andersartigen Zweckbestimmung zugeführt wird,**
**3. die Körperschaft einen zusätzlichen Geschäftsbetrieb aufnimmt,**
**4. die Körperschaft sich an einer Mitunternehmerschaft beteiligt,**
**5. die Körperschaft die Stellung eines Organträgers im Sinne des § 14 Absatz 1 einnimmt oder**
**6. auf die Körperschaft Wirtschaftsgüter übertragen werden, die sie zu einem geringeren als dem gemeinen Wert ansetzt.**

***Abs 1 S 9 angefügt durch das G v 27.6.17 (Rz 6).***

***§ 8d eingefügt durch das G v 20.12.16 (Rz 6).***

**Übersicht**



**Schrifttum:** *Bakeberg/Krüger,* Gesetzentwurf zur Weiterentwicklung der steuerlichen Verlustverrechnung von Körperschaften: eine erste Analyse von § 8 d KStG-E, BB 16, 2967 ff; *Bergmann/Süß,* Neues zum Verlustuntergang: Erste Überlegungen zum Entwurf eines § 8 d KStG, DStR 16, 2185 ff; *Dörr/Reisich/Plum,* Fortführungsgebundener Verlustvortrag nach § 8 d KStG (Teil 1), NWB 17, 496 ff; *Dörr/Reisich/Plum,* Fortführungsgebundener Verlustvortrag nach § 8d KStG (Teil 2), NWB 17, 573 ff; *Dreßler/Rogall,* Regierungsentwurf zur Einführung des § 8d KStG, DB 16, 2375 ff; *Ferdinand,* Gesetz zur Weiterentwicklung der steuerlichen Verlustverrechnung bei Körperschaften – Analyse der Auswirkungen auf Start-up-Unternehmen und Organschaften, BB 17, 87 ff; *Förster/von Cölln,* Die Neuregelung des § 8d KStG beim schädlichen Beteiligungserwerb, DStR 17, 8 ff; *Frey/Thürmer,* Erste Anmerkungen und Vorschläge zur Konzeption des „fortführungsgebundenen Verlustvortrags", GmbHR 16, 1083 ff; *Keilhoff/Risse,* Unzureichende Umsetzung der Intentionen des Gesetzgebers im neuen § 8d KStG-E, FR 16, 1085 ff; *Kenk,* Die Neuregelung des § 8d KStG: Lebt die alte Mantelkaufregelung wieder auf?, BB 16, 2844 ff; *Neumann/Heuser,* § 8d KStG – Weiterentwicklung der körperschaftsteuerlichen Verlustverrechnung für eng begrenzte Sonderfälle, GmbHR 17, 281 ff; *Neyer,* Der neue § 8d KStG: Verlustretter mit Schwachstellen, BB 17, 415 ff; *Neyer,* § 8d KStG-E: Neue Verschonungsoption für die Verlustnutzung nach schädlichem Anteilserwerb, FR 16, 928 ff; *Noël,* Der fortführungsgebundene Verlustvortrag gem. § 8d KStG, GmbH-StB 17, 86 ff; *Ortmann-Babel/Bolik;* Verlustrettung durch fortführungsgebundenen Verlustvortrag nach § 8d KStG, DB 16, 2984 ff; *Scholz/Riedel,* Zum fortführungsgebundenen Verlustvortrag gem. § 8d KStG-E bei Umstrukturierungen, DB 16, 2562 ff; *Suchanek/Rüsch,* Erweiterung der körperschaftsteuerlichen Verlustverrechnung: Der Entwurf zu einem „fortführungsgebundenen Verlustvortrag" (§ 8d KStG-E), Ubg 16, 576 ff; *Suchanek/Rüsch,* Update zu § 8d KStG: Die Änderungen im verabschiedeten Gesetz, Ubg 16, 7 ff; *Vogel,* Erhalt steuerlicher Verlustvorträge auch bei Änderungen der Eigentümerstruktur – nun doch ein Happy End für eine nahezu unendliche (Gesetzgebungs-)Geschichte?, GmbHR 16, R 305 f; *Weitnauer,* Erleichterungen für VC-Finanzierungen durch Neuregelung des fortführungsgebundenen Verlustvortrages in § 8d KStG, GWR 17, 23 ff; *von Wilcken,* Rettung der Sanierungsklausel durch einen neuen § 8d KStG, NZI 16, 996 ff; *Zinowsky/Jochimsen,* Ausweitung der Verlustverrechnungsmöglichkeiten bei Körperschaften, StBp 17, 35 ff; *Arbeitskreis im BWA,* A Never-Ending Story: Der Begriff des(selben) Geschäftsbetriebs iSd § 8d KStG, DStR 17, 2457; *Kußmaul/Palm/Licht,* § 8d KStG im Licht des europäischen Beihilferechts, GmbHR 17, 1009; *Moser/Witt,* Neugeschaffener § 8d KStG – ein gelungenes Korrektiv zu § 8c KStG?, DStZ 17, 235.

1 **1. Allgemeines.** Mit § 8d versucht der Gesetzgeber ein weiteres Mal, **den viel zu weitreichenden § 8c einzugrenzen.** Auch die verbesserte Konzernklausel nach § 8c I 5 und die Verschonungsregel nach § 8c I 6 bis 9 können nicht alle die Fälle erfassen, die nichts mit einem missbräuchlichen Mantelkauf zu tun haben. Die Sanierungsklausel des § 8c Ia ist derzeit wegen der Verfahren beim EuGH bis auf Weiteres ausgesetzt. Mit dem neuen § 8d versucht man, diese Lücke zu schließen, indem man auf die **Fortführung des Geschäftsbetriebs** abstellt. Insoweit erinnert die Vorschrift an die Sanierungsklausel des § 8 IV 4 aF.

2 § 8d ist leider ein weiteres **Beispiel einer schlechten Gesetzgebung.** Der Grund dafür liegt vorrangig an dem viel zu weit gefassten § 8c I, so dass es bereits vom Grundsatz her schwer ist, dessen negative Folgen auf ein sachgerechtes Maß einzugrenzen. Die Reform müsste an sich direkt bei § 8c I ansetzen. Es ist zwar zu begrüßen, dass der Gesetzgeber auf den drohenden Wegfall der Sanierungsklausel nach § 8c Ia reagiert. Im Gesetzgebungsverfahren hat er aber kein ernsthaftes Interesse an den Stellungnahmen der Fachverbände gezeigt, in dem er eine viel zu kurze Stellungnahmefrist setzte. So wundert es nicht, dass von den Verbesserungsvorschlägen praktisch nichts berücksichtigt wurde. So ist zB das rückwirkende Inkrafttreten auf den 1.1.2016 zu kurz bemessen; um die Sanierungsklausel zu ersetzen, müsste § 8d an sich auf alle noch nicht bestandskräftigen Fälle anwendbar sein, die ansonsten von § 8c Ia erfasst wären. Zudem enthält die neue Vorschrift eine Vielzahl von unbestimmten Rechtsbegriffen, die eine rechtssichere Anwendung der Vorschrift in der Gestaltungsberatung fast unmöglich macht. Eine Vielzahl von Rechtsstreitigkeiten ist vorprogrammiert. Ob ein BMF-Schreiben hier Abhilfe schaffen kann, ist zweifelhaft. Die Negativvoraussetzungen für die Fortführung des Verlustvortrags sind zudem viel zu weit gefasst. Die Mehrzahl dieser Maßnahmen ist in der Sanierungsberatung betriebswirtschaftlich sinnvoll und zum Teil sogar zwingend geboten. Da es keine Wesentlichkeitsgrenze gibt, können bereits kleine Änderungen zu einem Totalverlust führen. Zudem wäre es ausreichend gewesen, ein Saldierungsverbot zwischen den Gewinnen aus diesen anderen Betätigungen und den fortführungsgebundenen Verlustvorträgen anzuordnen.

3 Es bestehen aber nicht nur **verfassungsrechtliche,** sondern vor allem auch **EU-rechtliche Bedenken.** Die Kommission hat sich noch nicht dazu geäußert, ob sie in § 8d eine unzulässige Beihilfe sieht. Nach dem Debakel mit § 8c Ia verwundert es, dass der Gesetzgeber nicht vorher die Kommission offiziell einbezogen hat. Denn ein Vertrauensschutz des Stpfl besteht bei einer EU-Rechtswidrigkeit nicht.

6 **2. Geltungszeit.** § 8d wurde durch das **Gesetz zur Weiterentwicklung der steuerlichen Verlustverrechnung bei Körperschaften** v 20.12.16 eingeführt (BGBl I 16, 2998). Gleichzeitig wurde die Zinsschranke in § 8a I 3 angepasst. Für die Gewerbesteuer ist nach § 10a S 10 GewStG der § 8d entsprechend anwendbar. Die Neuregelung gilt nach § 34 IVa für alle schädlichen Beteiligungserwerbe iSd § 8c, die nach dem 31.12.15 erfolgt sind, wenn der Geschäftsbetrieb der Körperschaft vor dem 1.1.16 weder eingestellt noch ruhend gestellt war. Mit dem **G gegen schädliche Steuerpraktiken im Zusammenhang mit Rechteüberlassungen** v 27.6.17 (BGBl I 17, 2074) ist zum VZ 2017 Abs 1 S 9 eingeführt worden, um das Verhältnis zum neuen § 3a EStG zu regeln.

8 **3. Voraussetzungen. a) Allgemeines. § 8c** ist nach einem schädlichen Beteiligungserwerb auf Antrag **nicht anzuwenden,** wenn die Körperschaft seit ihrer Gründung oder zumindest seit dem Beginn des dritten VZ, der dem VZ nach S 5 vorausgeht, ausschließlich denselben Geschäftsbetrieb unterhält und in diesem Zeitraum bis zum Schluss des VZ des schädlichen Beteiligungserwerbs kein Ereignis iSv Abs 2 stattgefunden hat (= **vorgelagerte Betrachtungsweise**).

9 Grundvoraussetzung für das Eingreifen des § 8d ist, dass überhaupt ein **schädlicher Beteiligungserwerb nach § 8c** vorliegt. Erst mit dem Eintritt der Schädlichkeit sind die nachfolgenden Punkte zu prüfen. Dieses ist von Bedeutung bei

einem gestreckten Erwerb, der sich über einen längeren Zeitraum hinzieht aber zusammenzurechnen ist. Wird mehrmals die Schädlichkeitsgrenze überschritten, sind die Voraussetzungen getrennt nach den jeweiligen Umständen zum jeweiligen Zeitpunkt zu prüfen.

**b) Fortführung des Geschäftsbetriebs.** Maßgeblich ist die Fortführung des **Geschäftsbetriebs.** Nach Abs 1 S 3 umfasst der Geschäftsbetrieb die von einer einheitlichen Gewinnerzielungsabsicht getragenen, nachhaltigen, sich gegenseitig ergänzenden und fördernden Betätigungen der Körperschaft und bestimmt sich nicht nach quantitativen, sondern nach qualitativen Merkmalen in einer Gesamtbetrachtung. **Qualitative Merkmale** sind insb die angebotenen Dienstleistungen oder Produkte, der Kunden- und Lieferantenkreis, die bedienten Märkte und die Qualifikation der Arbeitnehmer. Der Gesetzgeber hat damit einen neuen Begriff eingeführt, bei dem nicht klar ist, in welchem Verhältnis er zu der bisher verwendeten Begrifflichkeit steht: zB § 16 EStG (Betrieb/Teilbetrieb), § 5 I Nr 9 KStG (wirtschaftl Geschäftsbetrieb), § 8 AStG (eingerichteter Geschäftsbetrieb). Die einzelnen Kriterien sind auslegungsbedürftig und damit streitanfällig. 10

Kernproblem der Norm ist die Frage, ob die Körperschaft immer **nur einen einheitlichen Geschäftsbetrieb hat oder mehrere unabhängige Geschäftsbetriebe** haben kann. Abs 1 S 1 spricht für die erste, Abs 2 S 2 Nr 3 spricht hingegen für die zweite Sichtweise. Diese Vorfrage hat weitreichende Auswirkungen auf die weitere Anwendung der Norm. So würde die Einstellung des einen (Teil)Geschäftsbetriebs nicht zum Untergang des Verlusts eines anderen (Teil)Geschäftsbetriebs führen, wenn sie rechtlich selbstständig nebeneinander bestehen würden. Dieses würde es erforderlich machen, innerbetrieblich das einheitlich nach § 8 ermittelte Einkommen auf die verschiedenen Geschäftsbetriebe aufzuteilen. Diese Aufteilung hätte den sachgerechten Vorteil, dass sich schädliche Maßnahmen auf den (Teil)Geschäftsteil beschränken, in dem die Maßnahme unmittelbar vorgenommen wird. Andererseits würde bei einer Gesamtbetrachtung die Einstellung eines von mehreren (Teil)Geschäftsbetrieben nicht zwingend zum Totalverlust nach Abs 1 S 2 Nr 1 führen. 11

Dieser Geschäftsbetrieb darf **nicht eingestellt** oder ruhend gestellt sein. Erfolgte dieses vor dem 1.1.16, ergibt sich der Ausschluss aus § 34 VIa 1. Für die Einstellung und Ruhendstellung nach dem 31.12.15 aus Abs 1 S 2 Nr 1. Solche Altverluste können unter keinen Voraussetzungen über Abs 1 S 1 fortgeführt werden. Bei der Frage, ob ein Geschäftsbetrieb eingestellt ist, wird man auf die Grundsätze der Betriebsaufgabe iSv § 16 EStG zugreifen können. Danach ist eine Willensentscheidung oder Handlung erforderlich, die darauf gerichtet ist, den (Geschäfts)Betrieb als selbstständigen Organismus nicht mehr in seiner bisherigen Form bestehen zu lassen. Hierzu ist kein ausdrücklicher Liquidationsbeschluss erforderlich. Andererseits führt ein solcher Beschluss noch nicht zur Einstellung (aA *Leibner/Dötsch* in D/P/M § 8d Rz 54). Erforderlich ist die nach außen erkennbare Umsetzung dieses Willens. Dabei ist eine bloße Reduzierung des Geschäftsbetriebs unschädlich. Zum Teil wird zu Unrecht die Ansicht vertreten, auch das Absinken der verbleibenden Tätigkeit auf ein geringes Maß könne der Einstellung gleichgesetzt werden (so *Leibner/Dötsch* in D/P/M § 8d Rz 55). Diese Ansicht würde zu nicht lösbaren Abgrenzungsproblemen führen. Wegen des eindeutigen (zu strengen) Wortlauts der Vorschrift, wird man die Einbringung/Ausgliederung des Geschäftsbetriebs in/auf eine andere Gesellschaft als Geschäftsbetriebseinstellung werten müssen, da die Körperschaft den ursprünglichen Geschäftsbetrieb nicht unmittelbar selbst fortführt. 12

Darüber hinaus verlangt Abs 1 S 1, dass die Körperschaft seit ihrer Gründung oder zumindest seit dem Beginn des dritten VZ, der dem VZ nach S 5 vorausgeht, bis zum schädlichen Beteiligungserwerb **ausschließlich denselben Geschäftsbetrieb unterhält.** Wie bereits dargelegt ist unklar, ob es mehrere Geschäftsbetriebe geben kann, die unabhängig voneinander zu beurteilen sind und wie sich Verände- 13 rungen in dem (Teil)Geschäftsbetrieb auf die anderen (Teil)Geschäftsbetriebe bzw den (Gesamt)Geschäftsbetrieb auswirken. Unabhängig davon muss ein Strukturwandel weiterhin möglich sein. Dieses gilt insbesondere für die Sanierung des bisher verlustträchtigen (Teil)Geschäftsbetriebs. Die Frage, in welchem Maße sich die qualitativen Merkmale nach Abs 1 S4 ändern müssen, damit es nicht mehr derselbe Geschäftsbetrieb ist, lässt sich nicht mit der notwendigen Bestimmtheit beantworten. UE sind die bisherigen Grundsätze des Branchenwechsels maßgeblich.

14 **c) Ausschlussgründe.** Ein weiterer absoluter Ausschlussgrund nach Abs 1 S 2 Nr 2 ist das **Bestehen einer Organschaft oder die Beteiligung an einer Mitunternehmerschaft** (vgl dazu auch Rz 18 f) zu Beginn der dreijährigen Vorlaufzeit nach Abs 1 S 1. Wurde die Organschaft vorher aufgehoben bzw die Mitunternehmerschaft beendet, können die daraus vorher angesammelten Verluste über § 8d unter den allgemeinen Voraussetzungen fortgeführt werden.

Darüber hinaus verlangt Abs 1 S 1 in diesem Zeitraum über den schädlichen Beteiligungserwerb hinaus bis zum Schluss des VZ des schädlichen Beteiligungserwerbs, dass **kein Ereignis iSv Abs 2** stattgefunden hat. Diese sind:

15 ***Abs 2 S 2 Nr 1: der Geschäftsbetrieb wird ruhend gestellt***

Hier stellt sich die Frage, ob jede noch so kurze Unterbrechung zu einem schädlichen Ruhen führt. Hier müssen uE zunächst die Unterbrechungen ausgeschieden werden, die nicht durch eine unternehmerische Entscheidung bedingt sind, sondern durch von außen kommende Ereignisse (zB Streik und Brandschaden). Zudem muss die Unterbrechung von einer gewissen Dauer sein. Der klassische Fall wird daher die Betriebsverpachtung sein. Ob es daneben noch Anwendungsfälle gibt, muss bezweifelt werden. In der Gestaltungsberatung ist daher Wert darauf zu legen, dass möglichst lange zumindest ein Restbetrieb fortgeführt wird.

16 ***Abs 2 S 2 Nr 2: der Geschäftsbetrieb wird einer andersartigen Zweckbestimmung zugeführt***

Hier liegt eine Überschneidung mit der Fortführungspflicht nach Abs 1 S 1 vor. Es stellen sich daher die gleichen Probleme. Was ist ein noch unschädlicher Strukturwandel, welche betriebswirtschaftlich notwendigen Sanierungsmaßnahmen sind zulässig, wo beginnt der schädliche Branchenwechsel? Die qualitativen Kriterien in Abs 1 S 4 sind wenig hilfreich. Es sollte daher auf die alte Rechtsprechung zu § 8 IV aF zurückgegriffen werden.

17 ***Abs 2 S 2 Nr 3: die Körperschaft nimmt einen zusätzlichen Geschäftsbetrieb auf***

Hier wiederholt sich die vom Gesetzgeber unbeantwortete Grundsatzfrage, ob es überhaupt mehrere selbständige Geschäftsbetriebe innerhalb einer Körperschaft geben kann. Falls ja, ist es fast unmöglich, die Ausweitung eines vorhandenen Geschäftsbetriebs von der Aufnahme eines neuen Geschäftsbetriebs abzugrenzen. Im Zweifel müssen für neue Geschäftsfelder vorhandene oder neue Tochter-Kapitalgesellschaften verwendet werden. Hier muss jedoch darauf geachtet werden, dass dadurch nicht ein neuer, zusätzlicher Geschäftsbetrieb in Form einer Holding entsteht.

18 ***Abs 2 S 2 Nr 4: die Körperschaft beteiligt sich an einer Mitunternehmerschaft***

Nicht erfasst sind Beteiligungen an Kapitalgesellschaften sowie vermögensverwaltenden Personengesellschaften. Unschädlich ist auch das mittelbare Halten von Mitunternehmeranteilen über eine zwischengeschaltete Kapitalgesellschaft. Bei Gesellschaftsformen, die an sich mitunternehmerfähig sind, gewinnen Beteiligungsformen an Bedeutung, bei denen der Gesellschafter durch die Einschränkung der Mitunternehmerinitiative und/oder des Mitunternehmerrisikos steuerlich nicht als Mitunternehmer zu qualifizieren ist. Bei der (verfehlten) engen Sichtweise des Gesetzes wird man nicht davon ausgehen können, dass die Ausgliederung des Geschäftsbetriebes von der Körperschaft auf eine Mitunternehmerschaft zulässig ist.

*Abs 2 S 2 Nr 5: die Körperschaft nimmt die Stellung eines Organträgers iSd § 14 I ein* 19

Aufgrund der Verweisung in § 17 wird man leider davon ausgehen müssen, dass nicht nur eine Organschaft gegenüber Aktiengesellschaften, der Kommanditgesellschaft auf Aktien etc, sondern auch gegenüber GmbHs unzulässig ist. Zulässig bleibt die Begründung einer Organschaft, wenn die Körperschaft nicht die Rolle des Organträgers, sondern der Organgesellschaft einnimmt. Hier wird man mangels anderweitiger gesetzlicher Regelung in § 15 davon ausgehen dürfen, dass auf der Ebene der Organgesellschaft der laufende Gewinn mit dem vororganschaftlichen fortführungsgebundenen Verlustvortrag saldiert wird, bevor das dann verbleibende Einkommen der Organgesellschaft dem Organträger zugerechnet wird.

*Abs 2 S 2 Nr 6: auf die Körperschaft werden Wirtschaftsgüter übertragen, die sie zu einem geringeren als dem gemeinen Wert ansetzt* 20

An dieser unscheinbaren Norm werden die meisten Gestaltungen scheitern, wenn man sie wortgetreu anwendet. Hier ist der Gesetzgeber aufgefordert, unverzüglich Abhilfe zu schaffen. Diese Vorschrift steht im unvereinbaren Widerspruch zu § 6 EStG. Sie differenziert nicht danach, von wem das Wirtschaftsgut übertragen wird und in welchem Zusammenhang (Kauf oder Einlage) das geschieht. Der Gesetzgeber dachte an die Übertragung von Betriebsvermögen, dass nach dem UmwStG an sich zum gemeinen Wert, aber unter bestimmten Voraussetzungen auch zum Buch- oder Zwischenwert, bei dem aufnehmenden Rechtsträger angesetzt werden darf. Da dieses im Wesentlichen nur bei Betrieben und Teilbetrieben möglich ist, würde hier bereits Nr 3 bzw Nr 4 zum Tragen kommen, und das unabhängig davon, mit welchem Wert dieses bei der Körperschaft angesetzt wird (somit auch bei dem gemeinen Wert). Relevant bliebe in diesem Zusammenhang nur der qualifizierte Anteilstausch nach § 21 I 2 UmwStG. Ansonsten ist bei der Übertragung von einzelnen Wirtschaftsgütern § 6 EStG zu beachten. Dort darf die Körperschaft jedoch (abgesehen von § 6 VI EStG) nie den gemeinen Wert ansetzen. Maßgeblich sind die Anschaffungskosten oder bei Einlagen der Teilwert, der idR geringer ist, als der gemeine Wert. Kauft die Körperschaft ein Wirtschaftsgut, muss damit kontrolliert werden, ob die Anschaffungskosten dem gemeinen Wert entsprechen, was nur selten der Fall sein wird. Bei Handelswaren ist dieses nie der Fall. Dieses gilt auch bei dem Erwerb von Dritten, wo an sich nicht die Gefahr einer missbräuchlichen Gestaltung gegeben ist. Erfolgt vom Gesellschafter eine offene oder verdeckte Einlage bei der Körperschaft, ist nach § 6 I Nr 5 EStG nicht der gemeine Wert, sondern „nur" der Teilwert anzusetzen. Der wahlweise Ansatz des gemeinen Werts ist nicht zulässig. Verkauft die Gesellschaft deshalb das Wirtschaftsgut an die Körperschaft zum gemeinen Wert, besteht die Gefahr der verdeckten Gewinnausschüttung wegen eines zu hohen Preises. Der gemeine Wert dient als Bezugsgröße für den Verkauf des Gegenstands durch die Körperschaft, nicht aber für den Ankauf (vgl § 8 Rz 242). Auch hier zeigt sich, wie wenig die neue Vorschrift durchdacht und in das normale Regelwerk eingepasst ist.

Ein **einmaliger, auch kurzfristiger Verstoß** reicht aus. Diese schädlichen Ereignisse müssen nicht mehr zum Zeitpunkt des schädlichen Beteiligungserwerbs vorliegen. So ist zB die Aufnahme und spätere Einstellung eines zusätzlichen Geschäftsbetriebs innerhalb des Dreijahreszeitraums schädlich, auch wenn die Einstellung vor dem schädlichen Beteiligungserwerb erfolgte. Diese Ereignisse sind nach Abs 1 S 1 auch nach dem schädlichen Beteiligungserwerb von Relevanz, solange sie in dem Veranlagungszeitraum erfolgen, in dem der schädliche Beteiligungserwerb fällt. Erst in dem nachfolgenden VZ kommt Abs 2 zur Anwendung (vgl dazu Rz 35 ff). Diese Differenzierung ist von erheblicher Bedeutung, da die Stille-Reserve-Klausel des Abs 2 nicht im Rahmen des Abs 1 gilt. 21

Die **Dauer** dieser **vorgelagerten Betrachtungsweise** ist nicht wirtschaftsjahrbezogen, sondern bezieht sich auf die VZ. Maßgeblich sind grds drei volle Jahre, wobei der VZ, in den der schädliche Beteiligungserwerb fällt, nicht mitzählt. Eine 22

Verkürzung ist nur für den Fall der Gründung anzusehen. Maßgeblich wird hier nicht die zivilrechtliche Gründung, sondern der Beginn der KStPflicht sein. Bei ausländischen Körperschaften ist der Gründung der Beginn der deutschen beschränkten oder unbeschränkten StPfl gleichzusetzen. Die Rückwirkungsfiktion zB aus dem UmwStG wird zu berücksichtigen sein (zB Umwandlung einer Tochter-PersGes in eine KapGes).

23 **d) Antrag.** Die Begünstigungen des § 8d kommen nicht automatisch zum Tragen. Die Rechtsfolgen sind **antragsgebunden.** Nach Abs 1 S 5 ist der Antrag in der Steuererklärung für die Veranlagung des VZ zu stellen, in den der schädliche Beteiligungserwerb fällt. Der Antrag muss daher schriftlich erfolgen. Ein konkludenter Antrag ist nicht möglich. Es handelt sich um eine nichtverlängerbare Ausschlussfrist. Da der Wortlaut insoweit eindeutig ist, sollte daher immer überlegt werden, ob vorsorglich ein solcher gestellt werden sollte. Unklar ist jedoch, ob der Antrag auch zurückgenommen werden kann (vgl *Leibner/Dötsch* in D/P/M § 8d Rz 26). Das Gesetz schweigt dazu. Um dem Betroffenen die notwendigen Handlungsmöglichkeiten zu geben, muss ihm die Möglichkeit gegeben werden den Antrag zurückzunehmen, um sicherzustellen, dass er auf bei der Erklärung noch nicht erkennbare Umstände nachträglich reagieren kann. Eine Begrenzung des Antrags auf einen Teil der Verluste ist nicht vorgesehen. Dieses gilt auch dann, wenn nach § 8c I 1 nur ein Teil der Verluste vom Untergang bedroht ist. Von daher sollte nur ein Antrag gestellt werden, wenn der schädliche Beteiligungserwerb zu einem vollständigen Verlust des Verlustvortrages führen würde oder absehbar ist, dass der fortführungsgebundene Verlustvortrag relativ rasch ausgenutzt werden kann, bevor es zu einem schädlichen Ereignis nach Abs 2 kommt könnte (vgl zu den Kriterien der Antragstellung auch *Dreßler/Rogall* DB 16, 2375).

24 Diese ganze Konzeption zeigt, wie **wenig durchdacht und kontraproduktiv** diese Regelung ist. Die Vor- und Nachteile des Antrags sind sorgsam abzuwägen, wobei bei der Erklärung idR noch gar nicht absehbar ist, wie sich der zu erhaltende Verlust zB durch eine spätere BP ändern kann bzw was für Maßnahmen nach der Antragstellung notwendig werden, die aber nach Abs 2 schädlich sind. Von daher ist der Gesetzgeber gerade in diesem Bereich aufgefordert, möglichst rasch eine Entschärfung vorzunehmen: Der Antrag muss noch bis zur bestandskräftigen Veranlagung gestellt werden können. Es muss klargestellt werden, dass er zurückgenommen werden kann. Der Antrag sollte auf den Teil des Verlusts beschränkt werden, der von § 8c I bedroht wird.

25 **4. Rechtsfolgen.** Nach Abs 1 S 6 bis 8 wird der Verlustvortrag, der zum Schluss des VZ verbleibt, in den der schädliche Beteiligungserwerb fällt, zum **fortführungsgebundenen Verlust.** Dieser ist gesondert auszuweisen und festzustellen; § 10d IV EStG gilt entsprechend. Der fortführungsgebundene Verlustvortrag ist vor dem nach § 10d IV EStG festgestellten Verlustvortrag abzuziehen.

29 Die **Umqualifizierung** ist **extrem weitgehend.** Erfasst sind auch die Verluste, die nach dem schädlichen Beteiligungserwerb bis zum Ende des VZ angefallen sind. Erfasst ist der gesamte Verlustvortrag und beschränkt sich nicht auf den Teil, der nach § 8c I 1 nur anteilig wegfallen würde. Die Stille-Reserve-Klausel des § 8c I 6 ff kommt nicht zur Anwendung. Betroffen sind alle Arten der Verluste, die nach § 8c KStG wegfallen würden. Allein die Verluste, die in den VZ nach dem schädlichen Beteiligungserwerb anfallen, werden nach den normalen Regeln behandelt. Erst wenn für diese neuen Verluste ein neuer schädlicher Beteiligungserwerb nach § 8c vorliegt, stellt sich die Frage des § 8d. Hierbei würde es sich um ein separates Verfahren handeln.

30 Die Umqualifizierung erfolgt in einem **gesonderten Feststellungsverfahren,** auf das § 10d IV EStG entsprechend anwendbar ist. Dieser fortführungsbedingte Verlustvortrag ist nach Abs 1 S 8 vor dem verbleibenden Verlustvortrag nach § 10 IV EStG zu verwenden. Hierbei gelten nicht die Beschränkungen des § 10d II EStG.

Abs 1 S 9 regelt ab dem VZ 2017 das **Verhältnis zum** neugeschaffenen **§ 3a EStG.** In der Verlustverbrauchsreihenfolge des § 3a EStG ist zunächst der fortführungsgebundene Verlustvortrag zumindest zu verwenden, bevor der verbleibende Verlustvortrag nach § 10d IV EStG zur Minderung des Sanierungsertrags herangezogen wird. 31

**5. Nachträglicher Untergang.** Dieser fortführungsbedingte Verlustvortrag kann nach Abs 2 **nachträglich untergehen.** Nach zutreffendem Verständnis ist diese Aufzählung abschließend (so auch *Leibner/Dötsch* in D/P/M § 8d Rz 47), so dass sich andere für den „normalen" Verlustvortrag schädlichen Ereignisse (insb § 8c KStG, §§ 4 II, 11 III, 15 III UmwStG) nicht auf den fortführungsgebundenen Verlustvortrag auswirken (aA zu § 8c *Förster/von Cölln* DStR 17, 8, 17). 35

Nur soweit **stille Reserven** iSv § 8c I 6 bis 9 vorhanden sind, bleibt der fortführungsgebundene Verlustvortrag erhalten. Zu beachten ist hierbei, dass auf den zum Schluss des dem schädlichen Ereignis vorangegangenen VZ abgestellt wird. In der Folgezeit kann auch dieser Teil des (zunächst) erhaltenen fortführungsgebundenen Verlustvortrags (ganz oder teilweise) untergehen, wenn ein weiteres schädliches Ereignis eintritt und der Verlustvortrag noch nicht aufgebraucht ist und zu diesem Zeitpunkt nicht ausreichende stille Reserven vorliegen. 36

Zu den **schädlichen Ereignissen** zählen (vgl dazu ausführlich Rz 15 ff): 37

- der Geschäftsbetrieb wird eingestellt,
- der Geschäftsbetrieb wird ruhend gestellt,
- der Geschäftsbetrieb wird einer andersartigen Zweckbestimmung zugeführt,
- die Körperschaft nimmt einen zusätzlichen Geschäftsbetrieb auf,
- die Körperschaft beteiligt sich an einer Mitunternehmerschaft,
- die Körperschaft nimmt die Stellung eines Organträgers iSd § 14 I ein oder
- auf die Körperschaft werden Wirtschaftsgüter übertragen, die sie zu einem geringeren als dem gemeinen Wert ansetzt.

Auch bei dieser nachgelagerten Kontrolle findet keine Wesentlichkeitsbetrachtung statt. Bereits ein kleiner Verstoß führt zum Verlust des gesamten bis dahin noch nicht aufgebrauchten fortführungsbedingten Verlustvortrags. Maßgeblich ist der Bestand zum Schluss des vorangegangenen VZ. Der drohende Untergang des fortführungsbedingten Verlustvortrags und damit die nachgelagerte Kontrolle enden erst, wenn dieser vollständig aufgebraucht ist.

## § 9 Abziehbare Aufwendungen

(1) **Abziehbare Aufwendungen sind auch:**

**1. bei Kommanditgesellschaften auf Aktien und bei vergleichbaren Kapitalgesellschaften der Teil des Gewinns, der an persönlich haftende Gesellschafter auf ihre nicht auf das Grundkapital gemachten Einlagen oder als Vergütung (Tantieme) für die Geschäftsführung verteilt wird;**

**2. vorbehaltlich des § 8 Absatz 3 Zuwendungen (Spenden und Mitgliedsbeiträge) zur Förderung steuerbegünstigter Zwecke im Sinne der §§ 52 bis 54 der Abgabenordnung bis zur Höhe von insgesamt**

**a) 20 Prozent des Einkommens oder**

**b) 4 Promille der Summe der gesamten Umsätze und der im Kalenderjahr aufgewendeten Löhne und Gehälter.**

**[2] Voraussetzung für den Abzug ist, dass diese Zuwendungen**

**a) an eine juristische Person des öffentlichen Rechts oder an eine öffentliche Dienststelle, die in einem Mitgliedstaat der Europäischen Union oder in einem Staat belegen ist, auf den das Abkommen über den Europäischen Wirtschaftsraum (EWR-Abkommen) Anwendung findet, oder**

**b) an eine nach § 5 Absatz 1 Nummer 9 steuerbefreite Körperschaft, Personenvereinigung oder Vermögensmasse oder**

c) an eine Körperschaft, Personenvereinigung oder Vermögensmasse, die in einem Mitgliedstaat der Europäischen Union oder in einem Staat belegen ist, auf den das Abkommen über den Europäischen Wirtschaftsraum (EWR-Abkommen) Anwendung findet, und die nach § 5 Absatz 1 Nummer 9 in Verbindung mit § 5 Absatz 2 Nummer 2 zweiter Halbsatz steuerbefreit wäre, wenn sie inländische Einkünfte erzielen würde,

geleistet werden (Zuwendungsempfänger). [3] Für nicht im Inland ansässige Zuwendungsempfänger nach Satz 2 ist weitere Voraussetzung, dass durch diese Staaten Amtshilfe und Unterstützung bei der Beitreibung geleistet werden. [4] Amtshilfe ist der Auskunftsaustausch im Sinne oder entsprechend der Amtshilferichtlinie gemäß § 2 Absatz 2 des EU-Amtshilfegesetzes. [5] Beitreibung ist die gegenseitige Unterstützung bei der Beitreibung von Forderungen im Sinne oder entsprechend der Beitreibungsrichtlinie einschließlich der in diesem Zusammenhang anzuwendenden Durchführungsbestimmungen in den für den jeweiligen Veranlagungszeitraum geltenden Fassungen oder eines entsprechenden Nachfolgerechtsaktes. [6] Werden die steuerbegünstigten Zwecke des Zuwendungsempfängers im Sinne von Satz 2 Buchstabe a nur im Ausland verwirklicht, ist für die Abziehbarkeit der Zuwendungen Voraussetzung, dass natürliche Personen, die ihren Wohnsitz oder ihren gewöhnlichen Aufenthalt im Geltungsbereich dieses Gesetzes haben, gefördert werden oder dass die Tätigkeit dieses Zuwendungsempfängers neben der Verwirklichung der steuerbegünstigten Zwecke auch zum Ansehen der Bundesrepublik Deutschland beitragen kann. [7] Abziehbar sind auch Mitgliedsbeiträge an Körperschaften, die Kunst und Kultur gemäß § 52 Absatz 2 Nummer 5 der Abgabenordnung fördern, soweit es sich nicht um Mitgliedsbeiträge nach Satz 8 Nummer 2 handelt, auch wenn den Mitgliedern Vergünstigungen gewährt werden. [8] Nicht abziehbar sind Mitgliedsbeiträge an Körperschaften, die

1. den Sport (§ 52 Abs. 2 Nr. 21 der Abgabenordnung),
2. kulturelle Betätigungen, die in erster Linie der Freizeitgestaltung dienen,
3. die Heimatpflege und Heimatkunde (§ 52 Abs. 2 Nr. 22 der Abgabenordnung) oder
4. Zwecke im Sinne des § 52 Abs. 2 Nr. 23 der Abgabenordnung

fördern.

[9] Abziehbare Zuwendungen, die die Höchstbeträge nach Satz 1 überschreiten, sind im Rahmen der Höchstbeträge in den folgenden Veranlagungszeiträumen abzuziehen. [10] § 10d Abs. 4 des Einkommensteuergesetzes gilt entsprechend.

(2) [1] Als Einkommen im Sinne dieser Vorschrift gilt das Einkommen vor Abzug der in Absatz 1 Nr. 2 bezeichneten Zuwendungen und vor dem Verlustabzug nach § 10d des Einkommensteuergesetzes. [2] Als Zuwendung im Sinne dieser Vorschrift gilt auch die Zuwendung von Wirtschaftsgütern mit Ausnahme von Nutzungen und Leistungen. [3] Der Wert der Zuwendung ist nach § 6 Absatz 1 Nummer 4 Satz 1 und 4 des Einkommensteuergesetzes zu ermitteln. [4] Aufwendungen zugunsten einer Körperschaft, die zum Empfang steuerlich abziehbarer Zuwendungen berechtigt ist, sind nur abziehbar, wenn ein Anspruch auf die Erstattung der Aufwendungen durch Vertrag oder Satzung eingeräumt und auf die Erstattung verzichtet worden ist. [5] Der Anspruch darf nicht unter der Bedingung des Verzichts eingeräumt worden sein.

(3) [1] Der Steuerpflichtige darf auf die Richtigkeit der Bestätigung über Spenden und Mitgliedsbeiträge vertrauen, es sei denn, dass er die Bestätigung durch unlautere Mittel oder falsche Angaben erwirkt hat oder dass ihm die Unrichtigkeit der Bestätigung bekannt oder infolge grober Fahrlässigkeit nicht bekannt war. [2] Wer vorsätzlich oder grob fahrlässig eine unrichtige Bestäti-

**gung ausstellt oder veranlasst, dass Zuwendungen nicht zu den in der Bestätigung angegebenen steuerbegünstigten Zwecken verwendet werden (Veranlasserhaftung), haftet für die entgangene Steuer; diese ist mit 30 Prozent des zugewendeten Betrags anzusetzen. [3]In den Fällen der Veranlasserhaftung ist vorrangig der Zuwendungsempfänger in Anspruch zu nehmen; die natürlichen Personen, die in diesen Fällen für den Zuwendungsempfänger handeln, sind nur in Anspruch zu nehmen, wenn die entgangene Steuer nicht nach § 47 der Abgabenordnung erloschen ist und Vollstreckungsmaßnahmen gegen den Zuwendungsempfänger nicht erfolgreich sind; § 10b Absatz 4 Satz 5 des Einkommensteuergesetzes gilt entsprechend.**

***Gesetzesfassungen vor 2014 s 8. Aufl.***

*Körperschaftsteuerrichtlinien:* KStR 9

**Übersicht**



**Schrifttum:** *Lohaus,* Abziehbare und nicht abziehbare Aufwendungen im KStR, Diss Münster, 1988; *ders,* Zur außerbetrieblichen Sphäre der Körperschaft, StuW 89, 358.

**1. Allgemeines.** Den abziehbaren Ausgaben des § 9 in den verschiedenen Fassungen (Rz 4) liegt kein gemeinsamer **Zweck** zugrunde. § 9 ist der gesetzliche Ort, um Aufwendungen aus verschiedenen Gründen für abziehbar zu erklären, die Zweifel an der Abziehbarkeit zu beseitigen oder die Abziehbarkeit einzuschränken. Die systematische Erfassung der einzelnen Regelung hängt davon ab, ob man die geregelten Fragen dem betrieblichen Bereich zuordnet; in diesem Fall ist der Ausschluss des Abzugs bis zu einer bestimmten Höhe zugleich die Erlaubnis des Abzugs der Aufwendungen jenseits dieser Grenze (vgl die Diskussion zu den Ausgabekosten Rz 5). Dieser Fragenkreis hängt wiederum davon ab, ob man der Körperschaft überhaupt eine nichtbetriebliche Sphäre zubilligt. Nach *Lohaus* StuW 89, 358 sind die §§ 9, 10 Gewinnermittlungsvorschriften; ähnlich BFH BStBl II 82, 177; offen gelassen in BFH BStBl II 88, 215 und BFH BStBl II 88, 220). Der BFH judiziert in ständiger Rspr (zuletzt BFH BFH/NV 16, 1491; s auch § 8 Rz 54), dass Körperschaften – auch unter der Geltung des Halbeinkünfteverfahrens – grds keinen privaten Bereich haben. §§ 9, 10 gehörten als Regelung der kstl Besonderheiten über die Abziehbarkeit von Aufwendungen systematisch eigentlich in eine Vorschrift (glA *Drüen* in H/H/R § 9 Rz 1). 1

**2. Geltungszeit:** § 9 gilt ab VZ 1977 (§ 54 I idF des KStG 1977). Zu den weiteren Änderungen bis zum KStG 1991 (Vor § 1 Rz 27) s 3. Aufl. Neufassung durch das Sechste G zur Änderung des ParteienG und anderer G v 28.1.94 (BGBl I 94, 142; BStBl I 94, 207); die Abzugsfähigkeit der Parteispenden wurde ab VZ 1994 gestrichen (s Rz 27); zum Inkrafttreten s § 54 VII idF des G v 28.1.94. § 9 Abs 1 und 2 wurden durch das JStG 1996 v 11.10.95 (BGBl I 95, 1250) geändert (s auch Vor § 1 Rz 27), und zwar mit Wirkung ab VZ 1996 (§ 54 I idF des G v 11.10.95). Das StEntlG vom 24.3.99 (BGBl I 99, 402; BStBl I 99, 304) verkürzte den Verteilungs- 4 zeitraum für Großspenden mit erstmaliger Geltung für VZ 1999 von 7 auf 6 Jahre. Durch das StiftungsFördG vom 14.7.00 (BGBl I 00, 1034; BStBl I 00, 1192) wurde in § 9 I Nr 2 S 3 die Regelung über den zusätzlichen Abzug von Zuwendungen an Stiftungen eingefügt; die bisherigen S 3 und 4 wurden S 4 und 5. Redaktionelle Anpassung durch Erweiterung der Verweisung in § 9 II 3 durch StÄndG 2007 (BGBl I 06, 1652). Das SEStEG vom 7.12.2006 (BGBl I 06, 2782) erstreckt die Regelung des § 9 I Nr 1 auf vergleichbare KapGes. Das G zur weiteren Stärkung des bürgerschaftlichen Engagements v 10.10.2007 (BGBl I 07, 2332) führte zur Neufassung (und inhaltlichen Verbesserung) der Spendenregelungen der Abs 1 Nr 2, Abs 2, 3. Durch JStG 2009 v 19.12.08 (BGBl I 08, 2794) wurde in Abs 3 S 2 der Klammerzusatz „Veranlasserhaftung" sowie Abs 3 S 3 neu eingefügt, der entsprechend § 10b Abs 4 S 4, 5 EStG bei der Veranlasserhaftung eine Reihenfolge für die Inanspruchnahme sowie eine Ablaufhemmung für die Festsetzungsfrist für Haftungsbescheide vorsieht. Durch EU-Vorgaben-Gesetz v 8.4.10 (BStBl I 10, 334) wurde Abs 1 Nr 2 um Regelungen über grenzüberschreitende Zuwendungen an ausländischen Einrichtungen ergänzt und Abs 3 geändert, jeweils parallel zu Änderungen des § 10b EStG. Terminologischer Natur ist die Änderung in § 9 I Nr 2 S 5 durch das G v 7.12.11 (BGBl I 11, 2592, BStBl I 11, 1171 – BeitrRLUmsG). Die Ersetzung der Worte „oder wer" durch „oder" in § 9 III 2 durch das G v 28.3.2013 (BGBl I 13, 556 – EhrenamtsstärkungsG) erstreckt das Verschuldenserfordernis auf die Veranlasserhaftung. Die Änderung in § 9 I Nr 2 S 4 durch das G v 26.6.2013 (BGBl I 13, 1809 – AmtshilfeRLUmsG) ist redaktionell bedingt.

6 **3.** *Ausgabekosten (Abs 1 Nr 1 aF):* Nr 1 aF wurde mit Wirkung ab Mitte 1983 (zum genauen Zeitpunkt s § 54 V idF des G v 22.12.83; Vor § 1 Rz 27) gestrichen. Der Gesetzgeber ist der vielfältigen Kritik, insbes BFH BStBl II 78, 346 gefolgt (s BT-Drucks 10/336, 37 f). Vom Inkrafttreten der Streichung an können die Ausgabekosten unbeschränkt als Betriebsausgaben abgezogen werden (BT-Drucks 10/336, 28; FinVerw 1984 StEK KStG 1977 § 9 Nr 6). Zur **Kommentierung** der **Nr 1** s 3. Aufl.

9 **4. Gewinnanteil des persönlich haftenden Gesellschafters einer KGaA (Abs 1 Nr 1):** Abs 1 Nr 1 war bis zum G v 28.1.94 Nr 2 (s Rz 4). Die Vorschrift korrespondiert mit § 15 I Nr 3 EStG. Die dort als Einkünfte aus Gewerbebetrieb des persönlich haftenden Gesellschafters einer **KGaA** – oder einer vergleichbaren KapGes – bezeichneten Einkünfte werden über Nr 1 der KSt entzogen. Soweit der persönlich haftende Gesellschafter – wie ein Dritter – am GrundKap beteiligt ist und Gewinnausschüttungen bezieht, liegen kstpfl Gewinn und Einkünfte aus KapVerm vor. Der Gewinnanteil des persönlich Haftenden bestimmt sich nach Handelsrecht; eine spätere Gewinnerhöhung durch die Bp ohne Änderung der HB erhöht folglich nur den Anteil der Körperschaft; anders, falls der Mehrgewinn tatsächlich an den persönlich Haftenden verteilt wird (RFH RStBl 30, 345). Neben dem Gewinnanteil sind abziehbar die Vergütungen für die Geschäftsführung, zB feste Gehälter (RFH RStBl 35, 1305; BFH BStBl III 65, 418), Tantiemen, Gratifikationen, Pensionszusagen und Ruhegehälter (RFH RStBl 38, 334); *Menzel* DStR 72, 562, 594 und StuW 71, 204 wendet Nr 1 nur auf gewinnabhängige Bezüge an; gewinnunabhängige sind nach seiner Ansicht als Betriebsausgaben unmittelbar abziehbar. Nr 1 erwähnt – im Gegensatz zu § 15 I Nr 3 EStG – nicht die Vergütungen für die Hingabe von Darlehen und für die Überlassung von Wirtschaftsgütern; diese Aufwendungen sind bereits nach allgemeinen Grundsätzen abziehbar (*Menzel* DStR 72, 565 und StuW 71, 204, 207). Die Körperschaft kann den Gewinnanteil und die Geschäftsführungsvergütung in dem Jahr abziehen, in dem sie ihn versteuern müsste; zur Einkunftsermittlung auf Seiten des persönlich Haftenden s BFH BStBl II 89, 881; BFH/NV 10, 1919. Eine gesonderte Feststellung ist zulässig (so jetzt BFH/NV 16, 1679; s auch FG Hbg EFG 15, 1682). Der persönlich haftende Gesellschafter der KGaA kann eine Ergänzungsbilanz aufstellen

BFH/NV 17, 1548; offen gelassen noch in BFH/NV 17, 423, dazu *Wacker* DStR 17, 197 und *Kublik* BB 17, 562).

Erfasst von Abs 1 Nr 1 werden nach der Ergänzung durch das SEStEG (Rz 4) auch Gesellschafter ausländischen Rechts, die einer deutschen KGaA vergleichbar sind, zB die italienische Societa a accomandita per azioni – S. u. p. a. (vgl BR-Drucks 542/06, 47). 10

**Schrifttum:** (ab 2004): *Kusterer,* Ergänzungsbilanz des persönlich haftenden Gesellschafters einer KGaA, DStR 04, 77; *Kessler,* Die KGaA im System der dualen Unternehmensbesteuerung – Konsequenzen und Inkonsequenzen einer hybriden Rechtsform –, FS Korn, 05, 307; *Bauschatz,* Die Einpersonen-GmbH & Co KGaA als Holdinggesellschaft, DStZ 07, 39, *Kusterer,* Überlegungen zur Besteuerung des persönlich haftenden Gesellschafters einer KGaA, DStR 08, 484; *Falter,* Die einheitliche und gesonderte Feststellung von Besteuerungsgrundlagen bei der KGaA, FS Spiegelberger 09, 13; *Rödder/Hageböke/Stangl,* Zur Anwendung der Zinsschranke bei der KGaA und ihrem persönlich haftenden Gesellschafter, DB 09, 1561, *Kramer,* Das Internationale Schachtelprivileg der KGaA, DStR 10, 57; *Hageböke,* Zur Anwendung des DBA-Schachtelprivilegs bei der KGaA, DStR 10, 59, *Crezelius,* Steuerrechtliche Probleme des Gewinnanteils des persönlich haftenden Gesellschafters der KGaA, JbFfSt 10/11, 484; *Wassermeyer,* Die Besteuerung des Gewinnanteils des persönlich haftenden Gesellschafters einer KGaA, FS Streck 11, 259; *ders,* Die Wurzeltheorie bei der Besteuerung persönlich haftender Gesellschafter einer KGaA unter Beachtung des BFH-Urteils vom 19.5.2010 – I R 62709, Ubg 11, 47; *Drüen,* Die KGaA zwischen Trennungs- und Transparenzprinzip – eine steuersystematische Bestandsaufnahme, DStR 12, 541; *Drüen/van Heek,* Sondervergütungen an den Komplementär einer KGaA – (K)eine Frage der Transparenz?, DB 12, 2184; *Hageböke,* Sondervergütungen des KGaA-Komplementärs und Betriebsausgabenabzug, DB 12, 2709; *Kollruss,* Zur Besteuerungssystematik der KGaA: Entwicklung eines grundlegenden Besteuerungskonzepts, DStZ 12, 650; *ders,* Besteuerung der KGaA: Klärung der Besteuerungssystematik in fünf Stufen, BB 12, 3178; *Deutschländer,* Die Besteuerung des Komplementärs einer KGaA, StBp 13, 283; *Bielinis;* Vorschläge zur Reform der KGaA-Besteuerung, DStR 14, 769; *Hageböke,* Einheitliche und gesonderte Feststellung bei der KGaA und ihrem persönlich haftenden Gesellschafter, Ubg 15, 295; *Hasselbach/Ebbinghaus,* Die KGaA als Unternehmensform für den deutschen Mittelstand, DB 15, 1269; *Kempf,* Ergänzungsbilanzen für den persönlich haftenden Gesellschafter einer KGaA?, DStR 15, 1905; *Hagemann,* Zur Anwendung von § 50d Abs. 10 EStG beim persönlich haftenden Gesellschafter der KGaA, IStR 15, 608; *Fischer,* Die (deutsche) KGaA im internationalen Steuerrecht, FS Gosch, 16, 69; *Kollruss,* KGaA-Besteuerungskonzept: Keine zwingende Betragsidentität zwischen § 9 Abs. 1 Nr. 1 KStG und § 15 Abs. 1 Nr. 3 EStG, StBp 16, 41; *Kusterer/Graf,* Ertragsteuerrechtliche Behandlung von Geschäftsführervergütungen einer KGaA bei Drittanstellung, DStR 16, 2782; *Kruse/Domning/Frechen,* Die (GmbH & Co) KG aA als moderne Rechtsform für mittelständische Familienunternehmen, DStR 17, 2440; *Kopec/Schade,* Der persönlich haftende Gesellschafter einer KGaA vs. atypisch stille Gesellschafter, FR 17, 811; älteres Schrifttum s 7. Aufl.

**5. Abzug von Zuwendungen (Abs 1 Nr 2, Abs 2, 3):** Es handelt sich um eine komplexe Regelung, die nicht nur die Abzugstatbestände definiert (Abs 1 Nr 2), Bemessungsgrundlagen festlegt und Vorschriften zur Wertermittlung enthält (Abs 2), sondern darüber hinaus (Sonder-)Regeln der Haftung einschließlich des dazugehörigen Verfahrensrechts normiert (Abs 3). 14

**6. Entwicklung und Abgrenzungen:** Die Regelung zum steuerlichen Spendenabzug sind durch das G v 10.10.07 (Rz 4) vereinheitlicht und verbessert worden (*Fritz,* BB 07, 2546; *Eichler,* FR 07, 1037). Lediglich geringfügige Modifikationen durch das StEntlG und das StiftungsFördG (Rz 4). Das EU-VorgabenG v 8.4.10 (Rz 4) erweitert die Regelung um grenzüberschreitende Zuwendungen an ausländische Einrichtungen (*Hüttemann/Helios,* DB 09, 701; *Mai* in F/D § 9 Rz 42 ff; zur Abgrenzung s BFH BStBl II 14, 440; FG Köln EFG 14, 667, rkr). Nr 3 aF umfasst ab VZ 1984 in einer Nr Spenden und Parteispenden, die bis VZ 1983 in Nr 3 a und b getrennt waren. 1988 bis 1989 wurde sodann Nr 3 viermal geändert und wieder die Buchstabenfolge geschaffen. Zu dieser Gesetzgebung und zum Inkrafttreten der einzelnen Änderung s 3. Aufl, Anm 2; Streitigkeiten sind hier nicht ausgeschlossen, da die Inkrafttretensvorschriften im Einzelnen nicht eindeutig sind. Umstr ist die **systematische Bewertung** der Vorschriften über den Spendenabzug (s hierzu auch 15

*Duchêne,* Sponsoring der Unternehmen im ESt- und KStRecht, 1995; zur Abgrenzung der Spenden von unbegrenzt abziehbaren Aufwendungen für Sponsoring BMF BStBl I 98, 212; *Schauhoff* DB 98, 494; *Thiel* DB 98, 842; *Krome* DB 99, 2030; *Becker* DStZ 02, 663). Spenden können betrieblich veranlasst sein, damit als Betriebsausgaben, als Anschaffungs- und Herstellungskosten in die Gewinnermittlung eingehen, oder nicht abziehbare Gewinnverwendung darstellen (vgl unten § 8 Rz 142 ff und § 8 Anh Rz 15, § 10 Rz 1 u 5). Folglich kann Abs 1 Nr 2 dahin verstanden werden, dass der Abzug innerhalb der Gewinnermittlung eingeschränkt oder der beschränkte Abzug nicht abziehbarer Spenden erlaubt wird. Nach BFH BStBl II 82, 177 war Nr 3 aF eine Gewinnermittlungsvorschrift, wobei allerdings das Verhältnis zum Betriebsausgabenabzug nicht klar bestimmt wird; BFH BStBl III 66, 255 rechnete Spenden noch zur außerbetrieblichen Sphäre der Körperschaft (überholt durch BFH BStBl II 03, 487; Rz 1). Die in BT-Drucks 7/1470, 344 empfohlene Klarstellung unterblieb. BFH BStBl II 88, 220 betr Parteispenden lässt die Frage offen. BFH BStBl II 90, 237 trennt die Spenden (die § 9 unterliegen) von den sonstigen Betriebsausgaben, ohne die Frage, ob Spenden Betriebsausgaben sind, zu beantworten, die Abgrenzung erfolgt durch die „Motivation des Ausgebenden" (in Anschluss an BFH BStBl II 88, 220); ebenso BFH BStBl II 91, 258 mit HFR, Anm 91, 295. ME werden Spenden, die Betriebsausgaben darstellen, von Abs 1 Nr 2 nicht erfasst; sie sind nach allgemeinen Regeln der Gewinnermittlung zu behandeln. Nur Spenden, die keine Betriebsausgaben, sondern Gewinnverwendung sind, fallen unter Nr 2 (glA *Schnädter* BB 87, 659). Abs 1 Nr 2 gilt für unbeschränkt und beschränkt stpfl Körperschaften. Zum Verhältnis zu **§ 10 Nr 1** s § 10 Rz 7.

16 **7. Zuwendungen:** Der durch das G v 10.10.07 (Rz 4) eingeführte Oberbegriff der Zuwendung ersetzt den vormaligen Begriff der Ausgabe. Zuwendungen werden in S 1 nunmehr legal definiert als Spenden und Mitgliedsbeiträge. Ungeachtet der vom Gesetzgeber gewählten Terminologie steht inhaltlich nach wie vor das historisch zur Spende entwickelte Begriffsverständnis, das in seinem Kern gekennzeichnet ist als gegenleistungslose Ausgabe für einen anerkannten Förderzweck – letztere Submerkmale treffen auch auf den vom Gesetz begünstigten Mitgliedsbeitrag zu – im Mittelpunkt.

17 **8.** Abzugsfähig in der ersten Alternative des Gesetzes sind **Spenden.** Spenden müssen freiwillig, dh ohne Rechtspflicht erfolgen (RFH RStBl 38, 1044; BFH BStBl II 91, 258). Das Bestehen einer Rechtspflicht steht allerdings der Abzugfähigkeit von Mitgliedsbeiträgen nicht (mehr) entgegen (Rz 26). Verpflichtende Vereinsumlagen zur Errichtung einer Sportstätte sind keine Spenden; anders, wenn der Verein allen Mitgliedern anheimstellt, einen Betrag in der Größenordnung von x Euro zu spenden. Das Eingehen einer Verpflichtung kann Spende sein. Auf das Motiv der Spende kommt es nicht an (BFH BStBl III 52, 49). Nur bestimmte Spenden sind abziehbar. Die Ausgabe muss zur Förderung mildtätiger, kirchlicher, religiöser, wissenschaftlicher und staatspolitischer Zwecke erfolgen. S §§ 52, 53, 54 AO. Durch das G v 10.10.07 und G v 8.4.10 (Rz 4) ist der Katalog der gemeinnützigen Zwecke in § 52 Abs 2 AO neu gefasst worden; die §§ 48, 49 EStDV wurden aufgehoben. § 50 EStDV („Zuwendungsbestätigung") gilt entsprechend (KStH 9); zweifelhaft ist, ob die Vorschriften der EStDV im KStG eine ausreichende Rechtsgrundlage haben (zutreffend verneinend *Kohlmann/Felix* DB 83, 1062; s § 8).

18 **9.** Abziehbar sind Geld- ebenso wie **Sachspenden,** nicht jedoch Nutzungen und Leistungen (vgl Abs 2). Möglich ist die Spende einer Forderung (BFH BStBl II 79, 297 betr Kostenerstattungsanspruch eines DLRG-Übungsleiters). Bewertung von Spenden s Abs 2 und Hinweis auf § 6 I Nr 4 S 1 und 4 EStG. Das G v 18.12.89 (Vor § 1 Rz 27) regelte darüber hinaus die sog **Aufwandsspende.** Heute Hinweis auf Abs 2 S 4, 5.

19 **10.** Spenden können mit **Gewinnausschüttungen** zusammenfallen. Mit „vorbehaltlich des § 8 Abs 3" wird klargestellt, dass eine nicht abziehbare vGa der Ab-

ziehbarkeit der Spenden vorgeht (BT-Drucks 7/5310, 11; BFH BStBl II 74, 586; BStBl II 89, 471; BFH/NV 89, 668 für die Zeit vor Geltung des § 8 III; *Jansen,* DStR 10, 170; *Wassermeyer,* DB 11, 1828). Zur vGa s § 8 Rz 142ff. VGa soll vorliegen, wenn die Körperschaft die Spende für ihren AntE erbringt oder an den AntE oder einen Nahestehenden (BFH BStBl II 90, 237; BFH/NV 08, 988; FG SchlHol EFG 11, 269; FG Münster EFG 07, 1470; FG Hbg EFG 08, 634: Spende an nahe stehende Stifung) leistet (kritisch *Wagner* DStR 11, 1594). Regelmäßig ist davon auszugehen, dass die Körperschaft die Spende selbst erbringt, auch wenn sie an eine Körperschaft erfolgt, die Zwecke verfolgt, die der AntE bevorzugt (vgl BFH BStBl II 88, 220 betr Parteispenden). Bestimmt der GesGeschäftsführer den Spendenempfänger, spendet folglich die Körperschaft, nicht der AntE.

**11.** Stpfl **wirtschaftliche Geschäftsbetriebe** befreiter Körperschaften können 20
ebenfalls Spenden abziehen. Das gilt auch für Spenden an die eigene Trägerkörperschaft, sofern die Spenden die Bedingungen des Abs 1 Nr 2 erfüllen. AA KStR 9 VIII; BReg DB 77, 657; *Widmann* JbFfSt 76/77, 395; *Jansen* DStZ 01, 160. Dass die Trägerkörperschaft gegenüber dem wirtschaftl Geschäftsbetrieb kein selbständiges Rechtssubjekt darstellt, ist unerheblich, da insoweit Rechtsbeziehungen für Steuerzwecke fingiert werden können (aA BFH BStBl II 01, 449; s § 4 Rz 53 betr Betriebe gewerbl Art). Wegen dieser möglichen Fiktion kann der Spendenabzug auch nicht dadurch verneint werden, es liege eine Entnahme vor. Es ist widersprüchlich, bei den Betrieben gewerbl Art, die auch kein selbständiges StSubjekt darstellen (s § 4 Rz 5), Spenden anzuerkennen (s Rz 9), bei wirtschaftl Geschäftsbetrieben aber nicht. Im Übrigen müssen die Spendenmittel aus dem wirtschaftl Geschäftsbetrieb stammen, nicht aus dem steuerbefreiten Bereich (BFH BStBl II 91, 645). Spenden des wirtschaftl Geschäftsbetriebs an andere Körperschaften sind auch nach Ansicht der Verwaltung abziehbar, selbst wenn die Empfänger-Körperschaft den gleichen Zweck verfolgt wie die Trägerkörperschaft (KStH 9 unter Berufung auf BFH BStBl III 64, 81; wenn BFH BStBl II 76, 472 die Spende eines Altherrenverbands an die Schule nicht zum Abzug zulässt, so wegen § 10 Nr 1; die Frage des Spendenabzugs nach § 9 Nr 3 aF stellte sich offensichtlich nicht; die Gründe sind hierzu nicht eindeutig). Gegen wechselseitige Spenden zwischen wirtschaftl Geschäftsbetrieben BReg DB 77, 657; mE abzulehnen.

**12. Betriebe gewerbl Art** können ihren Trägerkörperschaften Spenden ge- 21
währen. Maßstab für die Abgrenzung gegenüber einer vGa ist, ob der Betrieb auch einer fremden Körperschaft eine entsprechende Spende gewährt (BFH BStBl III 62, 355 betr Stadtwerke; FG Münster EFG 07, 1470; HessFG EFG 14, 1225; *Günkel,* JbFSt 05/06, 693), oder ob ein ordentlicher Geschäftsleiter einer fremden Körperschaft die Spende nicht gegeben hätte (BFH BStBl II 70, 468 und II 74, 586 betr Sparkasse). Um diesen Maßstab zu konkretisieren, wird die Spende an die Träger-Körperschaft mit den sonstigen Spendengepflogenheiten der Körperschaft verglichen; hält sich die Spende in dem durchschnittlichen Rahmen, der durch Spenden an andere Körperschaften gezogen wird, so liegt keine vGa vor; hierbei hat die Geschäftsleitung einen gewissen Spielraum (BFH BStBl II 79, 192; II 90, 237; FinVerw 1987 StEK KStG 1977 § 9 Nr 26; *Jansen* DStZ 01, 160); FG Mchn EFG 81, 414 vergleicht unmittelbar die Spenden an ein Freibad mit denjenigen an einen Sportverband; auf das Spendenverhalten anderer gewerbl Unternehmen kommt es nicht an (BFH BStBl II 79, 192). Umstände späterer VZ können herangezogen werden (BFH BStBl II 74, 586; aA *Leingärtner* FR 71, 113). Der in einem Einzelfall für eine Trägerkörperschaft gefundene Wert vervielfältigt sich nicht entsprechend der Zahl der Träger-Körperschaften (BFH BStBl II 83, 150).

**Kritik:** Die Konkretisierung der Rspr ist bedenklich. Für die Spende ist das 22
Gießkannenprinzip (dazu BFH/NV 14, 1092) nicht begriffsnotwendig; Spenden können sehr einseitig und gezielt vorgenommen werden; sie können außerdem von Jahr zu Jahr schwanken. Das gilt auch für den „ordentlichen Geschäftsführer". Die

notwendige Freiwilligkeit der Spende verträgt sich mit keiner Regel. ME kann man die Spende an eine Stadt nicht deshalb verneinen, weil der Betrieb nicht auch an das Rote Kreuz oder an amnesty international gespendet hat (für flexible Anwendung *Leingärtner* FR 71, 112; *Winter* StRK Anm KStG § 11 Ziff 5 R 13; auch BFH BStBl II 74, 586 behandelt die Spenden an Dritte mehr als zu wertende Indizien denn als Grundlage für eine statistische Berechnung). Allerdings zutreffend: Überweist der Betrieb gewerbl Art (hier Sparkasse) einen Teil des zu erwartenden Jahresüberschusses vor Ablauf des Geschäftsjahres an den Träger, liegt keine Spende, sondern Gewinnabführung vor, auch wenn der Betrag an gemeinnützige Einrichtungen geht (FG RhPf EFG 91, 44). Erfolgt die Spende an einen Dritten, so kann eine vGa vorliegen, wenn der Betrieb gewerbl Art eine Verbindlichkeit der Träger-Körperschaft erfüllt (BFH BStBl II 68, 629). Die Erfüllung öffentlicher Aufgaben zählt nicht hierzu, es sei denn, sie hat sich bereits zu einer Rechtspflicht verstärkt (BFH BStBl II 70, 468) oder durch einen Ratsbeschluss oder eine aufsichtsbehördliche Maßnahme konkretisiert (BFH BStBl II 74, 586). S auch KStH 9.

23 **13.** Zur Problematik des Spendenabzugs von **Sparkassen** s *Leingärtner* FR 71, 109; *Nestle* BB 71, 951; *Jansen* DStZ 01, 160, und aus der Rspr neben den genannten: BFH BStBl II 68, 629; II 89, 471 mit Übergangsregelung FinVerw 1989 StEK KStG 1977 § 8 Nr 70; BFH/NV 89, 668: Einkommensverwendung, wenn der Gewährsträger auf den Gewinn verzichtet und er deshalb gemeinnützigen Zwecken zugeführt wird (dazu Übergangsregelung FinVerw 1989 StEK KStG 1977 § 8 Nr 70; kritisch *Zeller* DB 89, 1991); **grundsätzlich** BFH BStBl II 90, 237 mit Anm *Seeger* FR 90, 258 und weiter präzisierend BFH BStBl II 92, 849; BFH BStBl II 91, 258 und FG Nbg EFG 86, 622 betr Durchlaufspenden. Die Rspr ist nicht verfassungswidrig (BVerfG HFR 78, 339 zu BFH BStBl II 74, 586).

Zur **vGa** bei Betrieben gewerbl Art s auch § 4 Rz 52.

24 ***14. Nr 3b aF:*** *Parteispenden* waren bis zum VZ 1983 nach Nr 3b aF beschränkt abziehbar. Die Neuregelung ab VZ 1984 war partiell verfassungswidrig (BVerfG BStBl II 86, 684). S im Einzelnen zur Abzugsfähigkeit in den Vorjahren die Anm 2 der 3. Aufl. Die Neuregelung durch Nr 3 Buchst b aF galt ab VZ 1989. Auch sie war verfassungswidrig (BVerfG BStBl II 92, 766), kann jedoch bis 1993 angewandt werden (BVerfG aaO). Das G v 28.1.94 (Rz 4) strich den Parteispendenabzug ab VZ 1994 (§ 54 VII idF des G v 28.1.94). Zur Verfassungsmäßigkeit der Abschaffung für bei abweichendem Wj zu 1993 geleisteten Parteispenden s FG Bln EFG 98, 1489. Einzelheiten s 7. Aufl.

25 ***15. Nr 3 Buchst c:*** Durch das G v 25.7.88 (Vor § 1 Rz 27) wurden auch Beiträge und Spenden an unabhängige **Wählervereinigungen** in bestimmter Höhe zum Abzug zugelassen. Diese Regelung gilt rückwirkend vom VZ 1984 an. Hinweis auf die detaillierte Gesetzesregelung. Dazu FinVerw 1989 StEK KStG 1977 § 9 Nr 30. Auch Buchst c ist verfassungswidrig; er kann jedoch bis 1993 angewandt werden (BVerfG BStBl II 92, 764). Die Abzugsfähigkeit ist ab 1994 aufgehoben durch das G v 28.1.94 (s Rz 4).

26 **16. Zuwendungen in Form von Mitgliedsbeiträgen:** Beiträge iSd Abs 1 Nr 2 – einschließlich Umlagen und Aufnahmegebühren – sind (idR regelmäßig) zu entrichtende Geldleistungen, die das Mitglied aufgrund der Satzung an die Körperschaft erbringt. Angesprochen sind „echte“ Mitgliedsbeiträge, die nicht als Gegenleistung für eine besondere Leistung der Körperschaft entrichtet werden (vgl § 8 Abs 5; § 8 Rz 460 ff). Ihr Abzug wird durch Abs 1 Nr 2 S 8 eingeschränkt auf Förderungszwecke abseits der Freizeitgestaltung (zu Abgrenzungsschwierigkeiten und Kritik *Mai* in F/D § 9 Rz 32b).

27 **17. Höchstgrenzen (Abs 2):** Durch das G v 10.10.07 (Rz 4) ist die Zuwendungshöchstgrenze vereinheitlicht und auf 20% des Einkommens bzw – alternativ – 4 vT der Summe der Umsätze und Löhne und Gehälter angehoben worden; zuvor

lagen die Höchstgrenzen im Regelfall bei 5%, bei wissenschaftlichen, mildtätigen und als besonders förderungswürdig anerkannten kulturellen Zwecken bei 10% des Einkommens bzw 2 vT der Umsätze und Löhne und Gehälter. Einkommen s § 8 Rz 4. Es reicht also, wenn sich die Zuwendung innerhalb eines der Höchstrahmen bewegt. Eine Rangfolge besteht nicht (BFH BStBl II 70, 349). Gesamte Umsätze: hierzu zählen auch die umsatzsteuerl nicht steuerbaren Umsätze im Ausland oder Innenumsätze; das Gleiche gilt für die umsatzstfreien Umsätze (BFH BStBl II 70, 349; II 97, 327 mit Einzelheiten zum Inkasso von Schecks und Wechseln). Im Übrigen sind die Umsätze entsprechend der Umsatzbesteuerung nach dem Soll oder Ist zu berechnen. Bei Organschaft werden die Höchstbeträge für OrganT und OrganGes getrennt ermittelt; für die Berechnung der Höchstbeträge gelten beide Unternehmen steuerl als selbständige StSubjekte (BFH BStBl II 03, 9; KStR 9 V); zB beeinflussen die Umsätze der OrganGes nur den Höchstbetrag der OrganGes; das gilt auch für Innenumsätze der OrganGes an den OrganT; aA *Gerlach* DB 86, 2357; *Olbing* FS Streck 2011, 121. Für Zuwendungen an Stiftungen des öffentlichen und privaten Rechts ist ab VZ 2000 bis VZ 2006 (Wahlrecht für 2007!; vgl § 34 Abs 8a Satz 2 (§ 34 Rz 49)) zusätzlich zu den „normalen" Spenden ein „darüber hinausgehender" Höchstbetrag bis 40 000 DM, ab VZ 2002 bis 20 450 Euro abziehbar (*Hüttemann* DB 00, 1584). Durch das G v 10.10.07 (Rz 4) ist die bisherige komplizierte Sonderregelung für Großspenden aufgehoben worden.

**18. Zeitliche Zuordung:** Zuwendungen, insbes Spenden, sind in dem **VZ** zu 30
berücksichtigen, in dem das Ergebnis des Wj erfasst wird, das sie gemindert haben. Die Verteilung einer geleisteten Spende auf mehrere Wj ist nicht möglich; der Spender-Körperschaft ist es jedoch unbenommen, die Spende in Raten zu erbringen. Ebenso keine Rückstellungen für künftige Spenden. Allerdings kann eine Spende auch als Forderung gewährt werden, die zu passivieren und nach Maßgabe des Abs 1 Nr 2 abziehbar ist. Wird ein geleisteter Geldbetrag als Darlehen vereinbart, das in jährlichen Teilbeträgen zu tilgen ist, und werden die Tilgungsraten erlassen, so soll Steuerumgehung vorliegen (FG Mchn EFG 64, 72; mE unzutreffend bei einem ernstgemeinten Darlehen). Das G v 13.12.90 (Vor § 1 Rz 27) führte mit Nr 3 Buchst a S 3 und 4 für Großspenden einen beschränkten Spendenvortrag ein; fortgeführt in Abs 1 Nr 2 S 4, 5 aF; nunmehr ist ein zeitlich unbegrenzter Zuwendungsvortrag möglich. Es müssen beide Höchstbeträge überschritten sein (BFH BStBl II 04, 736; *Hüttemann,* DB 07, 2053, 2056). Zur Behandlung der **Großspende** im AnrV s § 31 aF Rz 15. Die Verkürzung des Abzugszeitraums in Abs 1 Nr 2 S 4 betrifft nur die ab VZ 1999 geleisteten Großspenden (OFD Koblenz BB 99, 2655; OFD Frankfurt FR 99, 1204).

Zu Zuwendungen bei unterschiedlichen **StSätzen** s § 23 Rz 19 und dortige 31
Hinweise. Spenden sind hiernach nicht mit stfreien Erträgen zu verrechnen.

Zur Zuwendung (Spende) bei inländischen und ausländischen Einkünften in der 32
**EK-Gliederung** s § 30 aF Rz 10. Zuwendungen und **§ 10d EStG** s § 8 Rz 29.

**19. Nachweis:** Zum Nachweis s § 50 EStDV (KStH 9 I; BMF BStBl I 13, 35
1333; für EU/EWR-Spenden s BFH BStBl II 15, 588). Großzügige Anwendung des § 48 III Nr 1 EStDV aF durch FG D'dorf EFG 84, 119. § 49 EStDV wurde infolge des ÄnderungsG v 22.12.83 (Vor § 1 Rz 27) gestrichen (VO v 7.3.84, BGBl I 84, 385; BStBl I 84, 220, mit Wirkung ab 1.1.84). Die Zuwendung muss zu stbegünstigten Zwecken eingesetzt werden, was bezüglich des StiftungsKap einer gemeinnützigen Stiftung nicht der Fall ist, wenn das Kapital bei Wegfall des Stiftungszwecks an den Stifter zurückfällt (BFH BStBl II 92, 748). Bei Durchlaufspenden muss auch der Empfänger gemeinnützig sein (BFH BStBl II 91, 258).

**20. Vertrauensschutz und Haftung (Abs 3):** Ab VZ 1990 kennt das G v 40
18.12.89 (Vor § 1) einen Vertrauensschutz verbunden mit einer Haftung. S Nr 3 S 7–9 nach Buchst c aF; heute Abs 3. Herabsetzung des Haftungsumfangs von 40% des zugewendeten Betrags auf 30% durch das G v 10.10.07 (Rz 4); zur „Logik"

der 30%-Grenze s *Fischer* NWB aktuell v 5.3.2007, 765, 767; *Hüttemann* DB 07, 2053, 2058. Dass der Stpfl auf die Richtigkeit vertrauen darf, heißt, dass er Anspruch auf den Zuwendungsabzug hat. Dies schützt ihn einmal vor der Korrektur einer StVeranlagung, die einen Zuwendungsabzug bereits berücksichtigt hat, gibt ihm aber auch das Recht auf Zuwendungsabzug bei noch vorzunehmenden Veranlagungen. Grundsätzlich kann von dem Vertrauen ausgegangen werden. Die Beweislast für den Ausnahmetatbestand trägt das Finanzamt. Die **Haftung** bezieht sich auf die Steuer des Zuwendenden. Sie kommt nur dann in Betracht, wenn die Zuwendung unkorrigierbar zum Abzug zugelassen oder zuzulassen ist. Vorrangig ist stets zu prüfen, ob die Abzugsfähigkeit gegeben ist oder nicht.

41 Die Haftung trifft zwei Personenkreise (*Schmidt/Heinicke* § 10b EStG Rz 52ff). Die Ausstellerhaftung trifft den Aussteller, die „Veranlasserhaftung" kann auch die Körperschaft treffen, vgl *Oppermann* DStZ 98, 424; bei natürlichen Personen muss bei der „Veranlasserhaftung" ein Verschulden iSd § 69 AO hinzutreten (HessFG EFG 98, 757; FG Mchn EFG 01, 838). Bei den früheren sog Durchlaufspenden soll die Gemeinde nach Art 34 GG eintreten (FG Mchn EFG 97, 322). Die Neufassung durch das Gesetz zur Stärkung des Ehrenamts (Rz 4) hat die Differenzierung im Verschuldensmaßstab zwischen Aussteller- und Veranlasserhaftung beseitigt: die frühere Gefährdungshaftung des Veranlassers ist ab VZ 2013 weggefallen (*Kühnen* EFG 15, 907). Die typisierende Höhe des Haftungsbetrages ist auch dann anzusetzen, wenn der tatsächliche StAusfall höher ist. Kann der Haftende hingegen nachweisen, dass der tatsächliche StAusfall geringer ist, so muss der Haftungsbetrag entsprechend geringer angesetzt werden; jede Haftung ist nach ihrem Zweck auf die Höhe der StSchuld, für die gehaftet wird, begrenzt. Kritisch zur Haftungsquote von 30% s B/*Brandl* § 9 Rz 15; *Drüen* in H/H/R § 9 Rz 59).

42 Abs 3 S 3 legt eine Reihenfolge der Inhaftungnahme bei der „Veranlasserhaftung" fest. Vorrangig ist der Zuwendungsempfänger zu belangen. Anwendbar auf alle Fälle, in denen noch keine bestandskräftige Veranlagung vorliegt (§ 34 VIIIa 5). Haftungsverfahren: § 191 AO. Die Haftungsvorschrift des Abs 3 verdrängt uE die Haftung nach §§ 69, 71 AO. Abs 3 S 3 letzter HS übernimmt die Ablaufhemmung des § 10 b IV 5 EStG.

## § 10 Nichtabziehbare Aufwendungen

**Nichtabziehbar sind auch:**

1. **die Aufwendungen für die Erfüllung von Zwecken des Steuerpflichtigen, die durch Stiftungsgeschäft, Satzung oder sonstige Verfassung vorgeschrieben sind. [2] § 9 Abs. 1 Nr. 2 bleibt unberührt,**
2. **die Steuern vom Einkommen und sonstige Personensteuern sowie die Umsatzsteuer für Umsätze, die Entnahmen oder verdeckte Gewinnausschüttungen sind, und die Vorsteuerbeträge auf Aufwendungen, für die das Abzugsverbot des § 4 Abs. 5 Satz 1 Nr. 1 bis 4 und 7 oder Abs. 7 des Einkommensteuergesetzes gilt; das gilt auch für die auf diese Steuern entfallenden Nebenleistungen,**
3. **in einem Strafverfahren festgesetzte Geldstrafen, sonstige Rechtsfolgen vermögensrechtlicher Art, bei denen der Strafcharakter überwiegt, und Leistungen zur Erfüllung von Auflagen oder Weisungen, soweit die Auflagen oder Weisungen nicht lediglich der Wiedergutmachung des durch die Tat verursachten Schadens dienen,**
4. **die Hälfte der Vergütungen jeder Art, die an Mitglieder des Aufsichtsrats, Verwaltungsrats, Grubenvorstands oder andere mit der Überwachung der Geschäftsführung beauftragte Personen gewährt werden.**

*Körperschaftsteuerrichtlinien:* KStR 10

**Übersicht**



**1. Allgemeines:** S auch § 9 Rz 1. Aufzählung der nichtabziehbaren Aufwendungen ist nicht erschöpfend (s Einleitungssatz: „auch"); weitere Vorschriften, die die Abziehbarkeit einschränken: §§ 8a, 8b; § 4 V–VII EStG; § 160 AO. Zu § 3c EStG s § 8 Rz 13. Ebenfalls enthielt § 9 Verbote der Abziehbarkeit, s § 9 Rz 3. Die Nichtabzugsfähigkeit ist als gesetzliches Verbot unabhängig davon, wie die Ausgaben zu qualifizieren sind, ob als Betriebsausgaben oder nicht; auch die handelsrechtliche Qualifizierung ist unerheblich (BFH BStBl III 67, 540). Die Rspr wertet die §§ 9, 10 eher als Gewinnermittlungsvorschriften denn als Sonderausgaben (BFH BStBl II 82, 177; II 89, 1027; II 95, 207; s dazu auch § 9 Rz 1). § 10 gilt für alle Körperschaften, KapGes und sonstige Körperschaften, unbeschränkt und beschränkt stpfl. 1

**2. Geltungszeit:** § 10 gilt ab VZ 1977 (§ 54 I idF des KStG 1977). Die in § 10 erwähnten nichtabziehbaren Aufwendungen entspricht im Wesentlichen § 12 KStG 1968. Der Begriff „Ausgaben" wurde durch „Aufwendungen" ersetzt; hierdurch keine sachliche Änderung (BT-Drucks 7/1470, 343). Zu nachfolgenden Änderungen s 3. Aufl. § 10 Nr 2 wurde durch das StEntlG v 24.3.1999 (BGBl I 99, 402; BStBl I 99, 304) mit Wirkung ab VZ 1999 neu gefasst. 3

**3. Zweckaufwendungen (Nr 1):** Nr 1 gilt für alle Körperschaften, wenn sie auch ursprünglich als Rechtsregel für Stiftungen geschaffen war. In Nr 1 drückt sich der allgemeine Gedanke aus, **Einkommensverwendung** nicht von der Bemessungsgrundlage abzuziehen. Unter Zweckerfüllung ist folglich jede Art der Gewinn- bzw Ertragsverwendung zu verstehen (RFH RStBl 31, 652). Nr 1 ist vergleichbar mit § 12 Nr 1 EStG, aber auch mit § 8 III (vgl § 8 Rz 142 ff). Die Nichtabzugsfähigkeit der Einkommensverwendung ist unabhängig davon, ob der Gewinn mittelbar oder unmittelbar gerade dem Zweck der Körperschaft dient (RFH RStBl 40, 789; FG Mchn EFG 70, 192). Liegt Gewinnverwendung vor, so ist die Nichtabzugsfähigkeit auch dann gegeben, wenn die Ausgabe als „Willkürausgabe" überhaupt nichts mit dem Zweck der Körperschaft gemein hat. Nr 1 gilt auch bei der Beurteilung einer vGa, wenn ihre Wirkung fiktiv oder hypothetisch durchdacht werden muss (§ 8 Rz 291; BFH BStBl II 76, 722). Die Nichtabziehbarkeit wird nicht dadurch berührt, dass die Aufwendungen bei dem Empfänger stpfl sind oder nicht (RFHE 12, 42). 5

**4.** Nr 1 berührt nicht die **Ermittlung** der **Einkünfte** nach den **allgemeinen Regeln;** Betriebsausgaben und Werbungskosten bleiben abzugsfähig; notwendige VerwKosten einer Stiftung gehören zu den Werbungskosten der verwalteten KapErträge (RFH RStBl 40, 789). Bei einer MissionsGes ist die Verpflichtung, die Spenden einem bestimmten Zweck zuzuführen, erfolgswirksam zu passivieren (RFH RStBl 40, 916). Soweit Unternehmensstiftungen verdienten Arbeitnehmern Zahlungen leisten, um sie an das Unternehmen zu binden, liegt Arbeitslohn vor, der als Betriebsausgabe abzugsfähig ist (BFH BStBl III 60, 335; BT-Drucks 8/3165, 8). Ist eine Aufwendung sowohl eine Betriebsausgabe (Werbungskosten) als auch eine Ausgabe zur Erfüllung eines Satzungszwecks, so hat der Betriebsausgabenabzug (Werbungskostenabzug) Vorrang (BFH BStBl III 60, 335; II 88, 75 betr Fußballverein; s auch BFH BStBl II 05, 305 betr Wettbetrieb eines Traber- 6 zuchtvereins; FG Hbg EFG 07, 1543). Nr 1 erlaubt keine Einnahmefiktionen; Nießbrauchbestellung und unentgeltlich Darlehensvergabe durch eine Stiftung führen nicht zu Einnahmen (BFH BStBl III 60, 37; *Rader* BB 77, 1442); negative Einkünfte auf VuV sind nicht anzuerkennen, wenn in Erfüllung eines Vereinszwecks auf eine kostendeckende Miete verzichtet wird (BFH BStBl II 74, 549). Im Übrigen gilt Nr 1 nur für Einkünfte der Körperschaft; Einkünfte, die nicht auf die Stiftung übergegangen sind, sondern dem Stifter verbleiben, fallen weder unter die KStPflicht noch unter Nr 1 (RFH RStBl 34, 152).

7 **5. Vorbehalt des Spendenabzugs:** S 2 dient der Klarstellung; Ausgaben, die nach **§ 9 I Nr 2** abziehbar sind, bleiben abziehbar, auch wenn sie den Tatbestand des § 10 Nr 1 erfüllen (ähnlich bereits zum alten Recht BFH BStBl III 64, 81; II 74, 586).

8 **6. Rückzahlungen** von Leistungen, die unter Nr 1 fallen, sind keine stpfl Einnahmen; wegen des Vorrangs der Einkünfteermittlung (s oben) ist jedoch Bedingung, dass es sich nicht um Betriebseinnahmen bzw Einnahmen handelt. Beispiel: Einlagen, Rückzahlung durch den Empfänger einer wohltätigen Spende, dessen Situation sich gebessert hat.

9 **7. Anwendung der Nr 1:** Die Verwendung von Stiftungserträgen zur Verfolgung des Stiftungszwecks ist nichtabziehbar (RFH RStBl 27, 225; 34, 631; 39, 1150; BFH BStBl II 77, 493 betr Abzug von Schul- und Waisenhausaufwendungen bei einer Stiftung; s BFH BStBl II 93, 637 betr laufende Rente als Stiftungszweck; BT-Drucks 8/3165, 4 – Stiftungsbericht –). Verluste aus Preisnachlässen und Verbilligungen können nicht mit Gewinnen verrechnet werden (RFH RStBl 38, 1134). Nichtabziehbar sind Spenden eines Altherrenverbandes an die Schule (BFH BStBl II 76, 472; hier wird allerdings auf die Abzugsfähigkeit nach § 9 Nr 3 aF (= Abs 1 Nr 2 nF) nicht eingegangen; s § 9 Rz 17). Zweckvermögen: die Ausgaben zur Erreichung des das Vermögen bestimmenden Zwecks fallen unter § 10 Nr 1. Unterhalt eines Ordens für die Ordensangehörigen fällt unter Nr 1; allerdings können Betriebsausgaben angenommen werden, wenn die Ordensangehörigen in einem wirtschaftl Geschäftsbetrieb arbeiten (BFH II 98, 357; anders BFH BStBl II 69, 93; dagegen FinVerw DB 71,601). Bei einer UKa fallen die Unterstützungsleistungen unter Nr 1 (BFH BStBl II 69, 269); anders und in Abgrenzung zu BFH BStBl II 69, 269 jetzt BFH/NV 11, 1325; Kassenleistungen einer UKa in der Rechtsform der GmbH stellen vom Abzugsverbot der Nr 1 nicht betroffene Betriebsausgaben dar. Gewinnabführungen, Gewinnausschüttungen, offene und verdeckte, von KapGes fallen unter Nr 1 (s auch Rz 5 und § 8 Rz 142 ff). Gewinnabführung einer GmbH an eine gemeinnützige Stiftung ist nichtabziehbar (RFH RStBl 33, 970). Die Abführung von Gewinnen der Betriebe gewerbl Art von Körperschaften des öffentl Rechts an die Trägerkörperschaft unterliegt dem Abzugsverbot (RFH RStBl 31, 652; 33, 51); s auch § 9 Rz 18 zur Abgrenzung Gewinnabführung/Spende. Der Zweckertrag einer Lotterie fällt nicht unter Nr 1 (FinVerw StEK KStG 1977 § 10 Nr 1).

12 **8. Nichtabziehbare Steuern (Nr 2):** Entsprechend § 12 Nr 3 EStG. Durch die allgemeine Fassung „Personensteuern" sollte der Rechtszustand des KStG 1925 wiederhergestellt werden (BT-Drucks 7/5310, 12). Die Vorschrift ist notwendig, da die PersSt bei KapGes zumindest handelsrechtliche Betriebsausgaben sind (§ 275 III Nr 17 HGB; BFH BStBl III 51, 37; II 68, 189; II 69, 140; II 77, 220). Nr 2 verletzt nicht das GG (BVerfG StRK KStG § 12 Ziff 2 R 7 (1969)).

13 **9.** Zu den **nichtabziehbaren Steuern** zählen (vgl auch KStH 10.1): KSt, Ergänzungsabgaben zur KSt, Solidaritätszuschlag, KapErtrSt, VSt, ErbSt, auch die verrentete ErbersatzSt nach § 24 ErbStG (BFH BStBl II 95, 207; FinVerw 1980 StEK KStG 1977 § 10 Nr 2). Ausländische St s Rz 18. Bezüglich der PauschSt nach § 5 KapErhStG s § 5 II KapErhStG; bezüglich der Investitionshilfeabgabe s § 9 InvHG: Behandlung wie die KSt (vgl FinVerw 1984 StEK KStG 1977 § 10 Nr 4).

**Abziehbar** sind hingegen Steuern, die keine PersSt darstellen wie GewSt (ab VZ 2008 Abzugsverbot, § 8 I iVm § 4 V b EStG; *Bierenstiel* StBp 14, 311), LSt, GrundSt usw, außerdem Verspätungszuschlag auf KapErtrSt (BFH BStBl II 97, 548). Aufwendungen wegen Haftung für Steuerschulden Dritter unterfallen der Vorschrift nicht (FG Münster EFG 17, 149, Az BFH I R 78/16, B/*Hofmeister* § 10 Rz 44).

**10.** *Bis zur Änderung durch das StRefG 1990 v 25.7.88* (Vor § 1 Rz 19): Nach BFH BStBl III 59, 340 sind **Säumniszuschläge** (§ 240 AO) nicht abziehbar, sofern sie mit nichtabziehbaren Steuern zusammenhängen; das Gleiche gilt für **Zinsen,** §§ 234 AO (Stundungszinsen), 235 AO (Hinterziehungszinsen), 237 AO (Aussetzungszinsen), **Verspätungszuschläge** (§ 152 AO), **Zwangsgelder** (§ 329 AO) und **Kosten** (§§ 337–345 AO); vgl A 43 KStR 1985. Nach der AO 1977 handelt es sich insgesamt um Nebenleistungen der Steuer (§ 3 III AO aF). Aus § 1 I und III AO aF kann geschlossen werden, dass Vorschriften für Steuern ohne gesetzliche Anordnung nicht ohne weiteres auch für Nebenleistungen gelten; auch § 239 AO, hierauf wird in den KStR 1985 verwiesen, ist nur als Anwendungsnorm innerhalb der AO zu verstehen. Nr 2 war folglich nicht auf Nebenleistungen anzuwenden. Fraglich ist allerdings, ob es sich um Betriebsausgaben oder Werbungskosten handelt (s auch § 8 Rz 53f). ME liegen Betriebsausgaben vor. Die Finanzierungs- und sonstigen Kosten für die StZahlungen sind so mit der Gesamtfinanzierung des Betriebs der Körperschaft verbunden, dass eine Aufteilung nicht möglich ist. Schließlich entspricht der Abzug der Zinsen der StPflicht der empfangenen Zinsen (Rz 20). Die Rspr des **BFH** war wankelmütig. Nach BFH BStBl II 84, 672 sind Aussetzungszinsen keine Betriebsausgaben; BFH BStBl II 85, 605 ließ die Revision bezüglich Stundungszinsen nach der Kritik von *Flume* DB 85, 9 zu (zur Diskussion auch *Knepper* BB 85, 1657; HFR Anm 85, 555; *Woerner* BB 85, 1837; FG BaWü EFG 88, 488). BFH BStBl II 89, 116 entschied, dass Stundungszinsen abzugsfähig seien; ebenfalls sei es fraglich, ob BFH BStBl II 84, 672 noch Bestand haben könne (für Abzugsfähigkeit der Aussetzungszinsen HFR Anm 89, 206). 14

*Entsprechend der Regelung durch das StRefG 1990 v 25.7.88* (Vor § 1 Rz 27) sind ab VZ 1990 bis VZ 1998 einschließlich Stundungszinsen (§ 234 AO), Aussetzungszinsen (§ 237 AO) und Vollverzinsungszinsen (§ 233a AO) voll abzugsfähig. Bezüglich sonstiger Nebenleistungen (auch Hinterziehungszinsen gemäß § 235 AO; BFH BStBl II 95, 477) ist unter der Geltung des StRefG 1990 (Vor § 1 Rz 27) eindeutig normiert, dass sie nicht abzugsfähig sind. Die Nichtabzugsfähigkeit der steuerlichen Nebenleistung soll auch bereits für VZ gelten, die vor dem 1.1.1990 begonnen haben (§ 54 V idF des G v 25.7.88; hierzu § 54 aF, 4. Aufl Anm 23 und *Kiesling* DStZ 90, 159; gebilligt durch BFH BStBl II 95, 477 und FG D'dorf EFG 94, 267 betr Hinterziehungszinsen; FG BaWü EFG 95, 179 betr Säumniszuschläge). Die Differenz zwischen abzugsfähigen und nicht abzugsfähigen Nebenleistungen kann zu erheblicher **Unbilligkeit** führen. Die Stundung führt zu einer 6%-Verzinsung, die abziehbar ist; die 12%-Säumniszuschläge sind nicht abziehbar. Die Säumniszuschläge haben damit einen rund **4fachen Belastungsfaktor** im Verhältnis zu den Stundungszinsen. 15

Aufgrund der **Neufassung** des § 10 Nr 2 durch das StEntlG (Rz 3) gilt der Grundsatz der Nichtabziehbarkeit von Nebenleistungen ohne Ausnahme. Ab **VZ 1999** sind daher auch Zinsen auf Steuernachforderungen (§ 233a AO), Stundungszinsen (§ 234 AO) und Aussetzungszinsen (§ 237 AO) nicht abziehbar. Das Abzugsverbot für § 233a-Zinsen ist verfassungsgemäß (BFH/NV 10, 470). Das Abzugsverbot greift indessen nicht, sofern die Nebenleistung nicht in Zusammenhang mit eigenen Steuern der Körperschaft steht (BFH BStBl II 97, 548). Nicht abzb sind nach Maßgabe der beständig erweiterten Nebenleistungsdefinition des § 3 IV AO gleichfalls Verzögerungsgelder (§ 146 IIb AO), Zuschläge nach § 162 IV AO sowie die speziell normierten Kosten für verbindliche Auskünfte (§ 89 III AO) oder für Vorabverständigungsverfahren (§ 178a AO); str, s *Dürrschmidt* in H/H/R § 10 Rz 73 mwN). 16

17 **11. Sonstige Kosten,** die mit der StZahlung zusammenhängen, zB anteilige StBeratungskosten, die Kosten eines StProzesses, sind abziehbar (FinVerw 1962 StEK KStG § 12 Nr 2 unter Berufung auf *Hartz* DB 62, 482; FG RhPf EFG 64, 32; *L. Schmidt* FR 84, 510 betr Finanzierungskosten). Dies gilt auch nach der Neuregelung durch das StRefG 1990.

18 **12. Ausländische Personensteuern** sind ebenfalls nicht abziehbar (BFH BStBl III 62, 254; II 69, 140; II 90, 920; II 92, 1086), soweit nicht ein Abzug nach § 26 iVm § 34c EStG in Betracht kommt (s § 26 Rz 52ff und BFH BStBl II 69, 140). Zur US-amerikanischen Withholding-tax FG Hbg EFG 2007, 616 und zur schweizer Spitalsteuer FG BaWü v 3.12.15, 3 K 982/14. Zur Anrechnung s § 26.

19 **13. USt:** Nicht abziehbar war ab VZ 1968 die USt auf den sog Eigenverbrauch. Das StEntlG (Rz 3) erstreckt ab VZ 1999 das Abzugsverbot auf die USt für Umsätze, die **Entnahmen** (*Horst* BB 17, 2143) oder **vGa** sind, und auf Vorsteuerbeträge auf Aufwendungen, für die das Abzugsverbot des § 4 V 1 Nrn 1 bis 4 und 7 oder Abs 7 EStG gilt. Es handelt sich um eine Folgeänderung der Anpassung des UStG an das EG-Recht und die EuGH-Rspr. Zur USt bei vGa s § 8 Anh ABC „Umsatzsteuer". Die Erweiterung ist praktisch bedeutungslos, da mangels Privatsphäre der Körperschaft (BFH BStBl II 03, 487) Entnahmen nicht vorkommen und die USt in der Bemessung der vGa schon enthalten ist, s KStR 8.6 und 10.1.

20 **14. Erstattungen** der in Nr 2 genannten Steuern sind steuerfrei. Die StFreiheit ist unabhängig davon, in welcher Weise sich die StZahlung auf die Besteuerung ausgewirkt hat (RFH RStBl 38, 494; 41, 860). Die StFreiheit gilt nicht für **Schadensersatzleistungen** von Dritten, auch wenn hierdurch eine StMehrbelastung ausgeglichen werden soll (BFH BStBl II 72, 292; II 77, 220; II 92, 686; FG BaWü EFG 14, 1980; FG Münster EFG 15, 1021; folgerichtig BGH WM 79, 161: der Ersatzanspruch muss die zu zahlende KSt umfassen. Im Widerspruch hierzu ist die Entschädigung für eine steuerfreie InvZulage selbst steuerfrei (BFH BStBl II 79, 120). **Prozesszinsen** auf Erstattungsbeträge (§ 236 AO) sowie Erstattungsbeträge nach § 233a AO gehören zu den stpfl Einnahmen (BFH BStBl II 12, 697), und zwar, soweit § 8 II nicht greift, zu den Einkünften aus KapVerm (BFH BStBl II 75, 568 betr ESt).

24 **15. Strafen und Auflagen (Nr 3):** Zur Einfügung der Nr 3 s 3. Aufl. Der GrS des BFH BStBl II 84, 160, 166 hatte in zwei Beschlüssen entschieden: betrieblich und beruflich veranlasste Geldbußen sind Betriebsausgaben oder WK. Dies galt auch für Geldbußen gegen juristische Personen als Nebenfolge einer Straftat oder Ordnungswidrigkeit (§ 30 OWiG). Angerufen war der GrS durch BFH BStBl II 83, 556, 560; zu den Beschlüssen *Döllerer* BB 84, 545; *Budde* Inf 84, 182; *Walz* StuW 84, 170. Die Beschlüsse wurden in den Medien heftig abgelehnt. Im Mittelpunkt stand die „Entlasung des Unternehmers", die nicht sein solle; eher hätte man die Entscheidung zum Anlass nehmen sollen, sich ins Bewusstsein zu rufen, welcher Betrag verdient werden muss, um – bei Nichtabzugsfähigkeit – 10 000 Euro als Buße zu zahlen. Nicht die Entlastung, sondern die Belastung sollte der eigentliche Tatbestand des öffentl Ärgernisses sein. Durch das G v 25.7.84 (Vor § 1 Rz 27) wurde die Nichtabzugsfähigkeit durch eine Änderung der §§ 4, 9, 12 EStG sowie § 10 Nr 3 festgeschrieben. Materialien: BT-Drucks 10/1029, 10/1189, 10/1314, 10/1370, 10/1634; BR-Drucks 117/84, 311/84.

25 **Geldstrafen** und sonstige Rechtsfolgen vermögensrechtlicher Art, bei denen der **Strafcharakter** überwiegt, sowie Leistungen zur Erfüllung von Auflagen oder Weisungen, soweit sie nicht lediglich der Wiedergutmachung des durch die Tat verursachten Schadens dienen, sind nicht abziehbar. Geldstrafen sind ihrer Natur nach nicht abziehbar. Die trennende Neuregelung – Geldbußen werden in § 4 EStG (s unten), Strafen in §§ 12 EStG, 10 KStG behandelt – soll dies unterstreichen. Geldstrafen, Auflagen und Weisungen sind nach deutschem Recht gegenüber Körperschaften nicht möglich (vgl auch KStR 10.2). Da es sich um Geldstrafen eines Strafverfahrens handeln muss, scheiden Vertragsstrafen, sonstige Privatstrafen,

Vereinsstrafen oder dergleichen aus. Betroffen sind jedoch auch ausländische Geldstrafen und Sanktionen (vgl BR-Drucks 117/84, 10). Ausländische Sanktionen, die dem inländischen ordre public widersprechen, bleiben jedoch abziehbar, sofern Betriebsausgaben nach allgemeinen Regeln vorliegen (vgl zum ordre public § 73 G über die internationale Rechtshilfe in Strafsachen; BR-Drucks 117/84, 10; *Bordewin* FR 84, 408; BFH BStBl II 92, 85). Nr 3 umfasst die Einziehung nach §§ 74 II Nr 1, 75 StGB, da diese Einziehung Strafcharakter hat (BR-Drucks 117/84, 9); anders §§ 74 II Nr 2, 75 StGB und – jedenfalls im Regelfall – der Fall nach § 73 StGB, da er nur Ausgleichs-, nicht Straffunktion hat (BR-Drucks aaO). Die Nichtabziehbarkeit von **Geldbußen,** Ordnungsgeldern und Verwarnungsgeldern folgt aus § 4 V S 1 Nr 8 EStG; sie umfasst auch Bußen nach den Vorschriften der EU sowie disziplinar- und berufsrechtliche Bußen (*Bordewin* FR 84, 409). Soweit auch Geldbußen nicht abziehbar sein sollen, die den wirtschaftl Vorteil der Tat abschöpfen sollen (§ 17 IV OWiG), war die Regelung verfassungsmäßig zweifelhaft (s *Lang* StuW 85, 10). Der VIII. Senat hat diese Frage dem BVerfG vorgelegt (BFH BStBl II 87, 212); keine Verfassungswidrigkeit (BVerfG BStBl II 90, 483).

**Verteidiger-,** Gutachter-, sonstige Verfahrens- oder **Gerichtskosten** werden weder von Nr 3 noch von § 4 V S 1 Nr 8 EStG erfasst (BFH BStBl II 84, 160; KStR 10.2). Voraussetzung ist ein ausschließlicher und unmittelbar aus der betrieblichen oder beruflichen Tätigkeit heraus erklärbarer Zusammenhang (BFH/NV 08, 155). Dieser Grundsatz gilt auch für KSt-Subjekte. Zur Gefahr einer vGa s § 8 Anh ABC „Strafverteidiger". 26

**16. Aufsichtsratsvergütungen (Nr 4):** Nr 4 war bis zur Änderung durch das StRefG 1990 v 25.7.88 Nr 3 (Vor § 1 Rz 19). **Aufsichtsratsvergütungen** sind Betriebsausgaben (BVerfG HFR 73, 135). Ihre Nichtabziehbarkeit ist nicht zu rechtfertigen (aA *Peetz,* GmbHR 09, 977 und AG 09, 192). Bis 1976 waren die Aufsichtsratsvergütungen voll nichtabziehbar. Das KStG schränkt die Nichtabziehbarkeit auf die Hälfte ein, nachdem der RegEntw die ersatzlose Streichung der Nichtabziehbarkeit vorgesehen hatte (BT-Drucks 7/1470, 344). Die hälftige Wiedereinführung im FinA wird damit gerechtfertigt, das Verbot träge dazu bei, die Höhe von Aufsichtsratsvergütungen in angemessener Weise zu begrenzen (BT-Drucks 7/5310, 8). Ein untaugliches Mittel und daher abzulehnen (*Jünger* DB 76, 1122; *Jurkat* Wpg 76, 518; *Ehmcke* DStJG 20, 265, 274; *Clemm* BB 01, 1873). Dieser Reformteil ist kleinlich und provinziell. Die Nichtabziehbarkeit lässt sich nur mit irrationalen Vorurteilen gegen Aufsichtsräte erklären. BFH BStBl II 68, 392; II 81, 623, lehnt einen Verstoß gegen Art 3 GG ab; ebenso BVerfG HFR 73, 135. Die Urteilsgründe zeichnen die Entstehungsgeschichte nach; die Nichtabziehbarkeit mag hiernach früher einmal vertretbar gewesen sein. Nachdem Vergütungen und Anzahl der Aufsichtsratsfunktionen beschränkt sind (vgl §§ 95, 100, 113 AktG), ist die Vorschrift ein weiterer Beweis, dass Steuern und Steuerverschärfungen zwar leicht einführbar, aber kaum wieder abschaffbar sind. 30

Die Nichtabziehbarkeit gilt für **alle Körperschaften** (KapGes, Genossenschaften, Vereine, Betriebe gewerbl Art usw); vgl BFH BStBl II 81, 623 betr GmbH. Der **Beirat** einer **GmbH & Co KG** fällt nicht unter Nr 4; die KG ist keine Körperschaft. Das gilt auch, sofern die Beiratsmitglieder GmbH-Gesellschafter sind. Sind die Beiratsmitglieder Kommanditisten, so ist die Beiratsvergütung nach § 15 I Nr 2 EStG Vorweggewinn. Ist auch oder nur für die Komplementär-GmbH ein Beirat bestellt, so greift Nr 4 ein, soweit der Beirat die GmbH überwacht. Da die GmbH jedoch die Geschäfte der KG führt, wird man regelmäßig davon ausgehen können, dass der GmbH-Beirat die KG überwacht, so dass § 10 Nr 4 nicht anzuwenden ist; die Abzugsfähigkeit der Gehälter und sonstiger Vergütungen, die die Beiratsmitglieder von der KG erhalten, ist jedenfalls durch § 10 Nr 4 nicht gehindert. Zu vermeiden, wenn GmbH & Co KG jeweils einen Beirat erhalten. Unschädlich ist es, wenn er personengleich ist. Zur Feststellung der Aufsichtsratsvergütung im Feststellungsverfahren der KG s Rz 38. 31

32 **17.** Der Empfänger muss schwerpunktmäßig mit der **Überwachung** der Geschäftsführung beauftragt sein. Die Aufzählung in Nr 4 ist beispielhaft; auf die Bezeichnung kommt es nicht an (BFH BStBl II 81, 623). Die Überwachung der Geschäftsführung muss nicht ausschließlich Gegenstand der Beauftragung sein; es reicht aus, wenn sie **wesentlich** die Überwachung zum Inhalt hat (RFH RStBl 31, 555 betr Grubenvorstand; BFH/NV 00, 895 betr Beirat: Schwerpunktfeststellung ist Tatfrage). Der Beirat kann auch Überwachungsfunktion ausüben, wenn daneben noch der nach dem BetrVerfG vorgeschriebene Aufsichtsrat besteht (BFH BStBl II 81, 623); allgemein: Vergütungen an einen Verwaltungsrat, der neben dem Aufsichtsrat besteht, fallen unter Nr 4, wenn der Verwaltungsrat Aufgaben des Aufsichtsrats wahrnimmt. Die Vergütung an einen in den Aufsichtsrat entsandten Beamten fällt unter Nr 4 (BFH BStBl III 66, 206); ebenso Vergütungen an Arbeitnehmer, die von einem an der AG beteiligten Unternehmen in den Aufsichtsrat geschickt wurden (BFH BStBl III 67, 540). Gehören dem Beirat der OrganGes Angestellte des OrganT an, kann nicht ohne weiteres davon ausgegangen werden, dass der Beirat Geschäftsführungsaufgaben übernimmt (BFH BStBl II 81, 623). Üben die beauftragten Personen die Überwachung treuhänderisch für einen Dritten aus, findet Nr 4 gleichwohl Anwendung. Staatliche Kommissare aufgrund des HypothekenbankG fallen nicht unter Nr 4 (BFH BStBl III 54, 249: Nr 4 gelte nicht für aus öffentl Interesse angeordnete Aufsichtsorgane; wesentlich sei, dass die Aufsichtspersonen ihren Auftrag aus dem Unternehmen selbst, nicht aber vom Staat herleiten; ebenso BFH BStBl II 85, 340: Vergütungen einer Sparkasse an einen Beamten der Trägerkörperschaft, der im Verwaltungsrat gesetzliche Aufgaben wahrnimmt, fallen nicht unter das Abzugsverbot, da es an einer Beauftragung fehlt). Wer nur Repräsentationsaufgaben erfüllt, ist nicht mit der Überwachung beauftragt (BFH BStBl II 78, 352). Andererseits: Wer Vorstandstätigkeit ausübt, bezieht keine nichtabziehbaren Aufsichtsratsvergütungen (*Bergmann* DB 75, 1622 betr Aufsichtsratsmitglieder, die nach § 105 II AktG Vorstandsmitglieder vertreten; NdsFG EFG 91, 421). Der Auftrag zur Überwachung kann schriftlich oder mündlich erteilt werden; er muss nicht seine Grundlage in der Satzung, im GesVertrag usw haben. Ungeklärt ist der Fall, dass ein Mitglied der Geschäftsführung unter faktischer Fortführung seiner alten Tätigkeit und seiner Bezüge in das Kontrollgremium wechselt (*Olgemöller* AG 03, 494).

33 **18.** Die Überwachung muss die **gesamte Geschäftsführung** zum Gegenstand haben. Die Rspr legt den Auftrag zur Überwachung der Geschäftsführung sehr weit aus (BFH BStBl II 79, 193; II 81, 623; s auch KStR 10. 3 III). Handelt es sich um den Aufsichtsrat einer AG, so zählt zu Nr 4 jede Tätigkeit, die in den Rahmen einer möglichen Aufsichtsrats-Tätigkeit fällt (RFH RStBl 30, 761 betr Familien-GmbH; RStBl 36, 58 und 141; 37, 978; BFH BStBl III 66, 688). Es wird vermutet, dass das Aufsichtsrats-Mitglied als solches tätig wird (FG D'dorf EFG 63, 122; FG SchlHol EFG 60, 151). Eine derartige ausdehnende Vermutung reicht jedoch nur soweit, wie die rechtlichen Möglichkeiten gehen. Diese werden bei dem Aufsichtsrat der AG durch § 111 AktG bestimmt, im Übrigen durch den erteilten Auftrag; ist dieser eng gefasst, kann auch die Vermutung die Auftragsgrenzen nicht durchbrechen. Aufsichtsratsvergütungen sind nicht abziehbar, wenn der Beirat über eine Beratungsfunktion hinaus zu gewichtigen Geschäftsvorgängen und zu wesentlichen Entscheidungen der Geschäftsführung seine Zustimmung geben muss (FG BaWü EFG 77, 133). Hat der Beirat usw die Funktion, bei bestimmten Geschäften nur beratend mitzuwirken, ist Nr 4 nicht gegeben (RFH RStBl 35, 1435 betr Kreditausschüsse einer Bank). Werkausschüsse bei kommunalen Eigenbetrieben sind idR nicht überwachend tätig (FinVerw 1982 StEK KStG 1977 § 10 Nr 3; dazu FG RhPf EFG 86, 359). Nachträgliche Beurteilung einer Geschäftsführungsmaßnahme ist keine Beaufsichtigung (RFH RStBl 33, 957).

34 **19.** Die **Zerlegung der Aufsichtsratsvergütungen** in nichtabziehbare Überwachungstätigkeit und sonstige abziehbare Tätigkeit wird regelmäßig abgelehnt (vgl

RFHE 24, 11; BFH StRK KStG § 12 Ziff 3 Rz 3; BStBl III 66, 688 betr Finanzierungsberatung; II 73, 872 betr Geschäftsführungstätigkeit durch Aufsichtsrat; FG SchlHol EFG 60, 151; FG D'dorf EFG 63, 122 betr Kundenbetreuung), es sei denn, die sonstige Tätigkeit werde aufgrund eines besonderen, klar abtrennbaren Vertrages erbracht und gehöre nicht zur Überwachungstätigkeit (RFHE 24, 11; RStBl 38, 1124 betr Organisationsberater und – in den Gründen – betr anwaltliche Tätigkeit im Einzelfall und in Dauerberatung; anders wiederum bei einem Aufsichtsrats-Anwalt mit allgemein rechtlichen Ratschlägen; BFH BStBl III 66, 688 betr – in den Gründen – Bauunternehmer und Anwaltstätigkeit). Das Gehalt, das der Arbeitnehmervertreter neben der Aufsichtsratsvergütungen bezieht, ist voll abziehbar, auch wenn es wegen der Aufsichtsrats-Tätigkeit nicht gekürzt wird. Ist ein Aufsichtsrats-Mitglied gleichzeitig Mitglied eines Ausschusses usw, der nicht Überwachungsfunktion hat, so sind die Vergütungen für die letztere Tätigkeit abziehbar, wenn die Vereinigung der Ämter eher zufällig ist und nicht eine künstliche Aufteilung des Aufsichtsrat vorliegt (RFH RStBl 35, 1435 betr Kreditausschuss: Vergütung abziehbar; BFH BStBl II 71, 310 betr Kreditausschuss: Vergütung nichtabziehbar, da die Doppelfunktion nicht zufällig sei; Vergütungen an Kreditausschussmitglieder der Sparkasse fallen unter Nr 4, wenn sie gleichzeitig dem VerwRat angehören, BFH BStBl II 79, 193 betr NRW; FinVerw 1973 StEK KStG § 12 Nr 7). Sind Aufsichtsrat-Mitglieder gleichzeitig Mitglieder eines Beirats ohne Überwachungsfunktion einer OrganTochter, so sind die Beiratsvergütungen abziehbar (FG Berlin EFG 60, 144). Werden Vergütungen an jemanden gezahlt, der früher einmal Aufsichtsrats-Mitglied war, so ist zu prüfen, ob ein Entgelt für die frühere Aufsichtsrat-Tätigkeit (nichtabziehbar) oder für eine neue, nicht überwachende, zB beratende Tätigkeit vorliegt (abziehbar) (BFH BStBl II 69, 147).

**20. Vergütungen jeder Art** sind alle geldwerten Vorteile, die für die Beauf- 35
sichtigung gewährt werden, zB lfd Vergütungen, Einmaltantieme, Tagegelder, Sitzungsgelder, Reisegelder, Aufwandsentschädigungen (s KStR 10.3. I; dazu jedoch auch Rz 36), Aktien, freie Wohnung, freie Kost und Unterbringung, Kfz-Benutzung, Beiträge zur Altersversorgung (BFH BStBl II 69, 147), Pensionszahlungen, Ersatz von Aufwendungen für den Erwerb von Aktien (RFH RStBl 38, 110); Übernahme der Aufsichtsrats-Steuer nach § 50a EStG. Zu D & O-Prämien s *Kästner* DStR 01, 195 und 422 sowie *Schuppen/Sanna* ZIP 02, 550. Auch die Teilnahme eines Aufsichtsrats-Mitglieds an kollektiven „Lust“reisen hat Vergütungscharakter. Eine differenzierte Betrachtung ist geboten bei (partnerbegleiteten) *Informations*reisen mit kulturellem/touristischem Begleitprogramm. Hier gilt es aufzuklären, ob es sich um eine Maßnahme im überwiegenden Arbeitgeberinteresse handelt („Teambildungsmaßnahme“, vgl *Albert* FR 03, 1153); ggf ist die Veranstaltung in einen betrieblichen und einen Vergütungsanteil aufzuspalten. Entschädigung für den Wegfall der Vergütung im Fall der Liquidation fällt unter Nr 4. Zinsen für rückständige Aufsichtsratsvergütungen sind nach RFH RStBl 38, 110 keine Aufsichtsratsvergütungen; Entscheidung zur VO über den StAbzug von Aufsichtsratsvergütungen 1935; uE nicht auf § 10 Nr 4 übertragbar.

**21. Tagegelder, Reisegelder** und sonstige **Aufwandsentschädigungen** fallen 36
nicht unter Nr 4, soweit sie den im Einzelfall erforderlichen Aufwand nicht übersteigen. Die Ausnahme ist nicht aus dem Wortlaut, allenfalls aus der Entstehungsgeschichte zu erklären (dazu FG D'dorf EFG 64, 32). Die Verwaltung erkennt die in den EStR festgelegten Sätze an; die Vorschriften über die Aufwandsentschädigung nach beamtenrechtliche Vorschriften sind nicht maßgebend (BFH BStBl III 66, 206). Aufwendungen für Büroräume und Hilfskräfte, die im Unternehmen dem Aufsichtsrat überlassen werden, fallen nicht unter Nr 4; das Gleiche gilt für einen Pkw, der für Fahrten der Überwachungstätigkeit auf Abruf zur Verfügung steht. Anders, wenn Räume, Hilfskräfte außerhalb des Unternehmens oder ein Pkw ständig unentgeltlich zur Verfügung gestellt werden (FinVerw 1968 StEK

KStG § 12 Nr 6). FG Hbg EFG 65, 394 erkennt die Aufwendungen für eine (ausschließlich betrieblich veranlasste) Informationsreise, die der Aufsichtsrat mit der Geschäftsführung unternimmt, zum Abzug an. GlA BFH BStBl II 76, 155 betr Gebühren für einen Prüfer, den der Aufsichtsrat beauftragt.

37 **22. USt:** Die Tätigkeit als Aufsichtsrat ist als sonstige unternehmerische Leistung umsatzsteuerbar (FG Hbg EFG 07, 453). Zur Bemessungsgrundlage OFD Münster DB 07, 2288. Regelversteuerer: die Nettozahlen sind zugrunde zu legen; falls bei der Körperschaft kein oder nur ein teilweiser VorStAbzug möglich ist, so ist die Hälfte der den VorStAbzug übersteigenden VorSt nicht abziehbar. Sonstige: Bruttoentgelt ist maßgebend. S KStR 10.3 II.

38 **23.** Nichtabziehbar ist die **Hälfte** der Aufsichtsratsvergütung. Die Summe der unter Nr 4 fallenden Aufsichtsratsvergütungen ist durch 2 zu teilen. Zur VorSt s Rz 37. Hat eine GmbH & Co KG für KG und GmbH einen identischen Beirat, so wird im **Gewinnfeststellungsverfahren** der KG entschieden, ob ein Teil der Aufsichtsratsvergütungen der GmbH zuzurechnen ist, weil der Aufsichtsrat auch die Geschäftsführung der GmbH überwacht (NdsFG EFG 73, 512).

39 **24.** Da Aufsichtsratsvergütungen ihrer Natur nach Betriebsausgaben sind, sind **Rückzahlungen** Betriebseinnahmen. Nr 4 ist jedoch mit umgekehrten Vorzeichen bei Einnahmen mit der Maßgabe anzuwenden, dass Rückzahlungen zur Hälfte steuerfrei sind.

40 **25. Durchführung des Abzugsverbots:** Die nichtabziehbaren Aufwendungen **Nr 1–4** dürfen weder die Einkünfte (Gewinn, Einnahmeüberschuss) noch das Einkommen noch das zu versteuernde Einkommen mindern, auch nicht durch Rückstellungen (RFH RStBl 32, 737 betr PersonenSt). Gegebenenfalls sind sie wieder hinzuzurechnen. Nichtabziehbare Aufwendungen dürfen einen ausgleichungs-, vor- oder rücktragungsfähigen Verlust nicht erhöhen (BFH BStBl II 65, 140). Da es sich um eine steuerrechtliches Gebot handelt, kann die Zurechnung außerhalb der Bilanz, zB erst mit der Steuererklärung erfolgen. Keine Hinzurechnung, falls die Ausgabe zB aus einer bereits versteuerten Rücklage erfolgt. Wird ein Gewinn in einen stpfl und einen steuerfreien Teil zerlegt, dürfen die nichtabziehbaren Aufwendungen nur anteilsmäßig zugerechnet werden, sofern sie den Gewinn insgesamt gemindert haben (vgl RFH RStBl 36, 205; 37, 959). Dies gilt nur, wenn Gegenstand der Aufteilung der um die nichtabziehbaren Aufwendungen geminderte Gewinn ist, nicht aber, wenn bei der Gewinnermittlung ein bestimmter Betrag, zB als Rückstellung, steuerfrei ist (RFH RStBl 39, 274 betr Rücklage eines Lebensversicherungsunternehmens). Wird die Abzugsfähigkeit dadurch wiederhergestellt, dass aufgrund einer anderen Vorschrift der Abzug zugelassen wird, so ist ausschließlich diese Vorschrift anzuwenden. Der hiernach zB zugelassene Abzug vom Gesamtbetrag der Einkünfte erlaubt nicht einen Abzug als Betriebsausgabe (vgl BFH BStBl II 69, 140 betr die Abziehbarkeit ausländischer Steuern nach § 68f EStDV aF; die Abzugsmöglichkeit ist jetzt in § 34c EStG geregelt; BFH BStBl II 69, 140 wurde durch BFH BStBl II 82, 177 nicht abgelehnt; ob jene Entscheidung jedoch heute noch Bestand hat, ist fraglich; s zu der Problematik § 26 Rz 52ff).

41 Zur Behandlung der nichtabziehbaren Aufwendungen im **AnrV** s § 31 aF.

## § 11 Auflösung und Abwicklung (Liquidation)

(1) [1]**Wird ein unbeschränkt Steuerpflichtiger im Sinne des § 1 Abs. 1 Nr. 1 bis 3 nach der Auflösung abgewickelt, so ist der im Zeitraum der Abwicklung erzielte Gewinn der Besteuerung zugrunde zu legen.** [2]**Der Besteuerungszeitraum soll drei Jahre nicht übersteigen.**

(2) **Zur Ermittlung des Gewinns im Sinne des Absatzes 1 ist das Abwicklungs-Endvermögen dem Abwicklungs-Anfangsvermögen gegenüberzustellen.**

(3) **Abwicklungs-Endvermögen ist das zur Verteilung kommende Vermögen, vermindert um die steuerfreien Vermögensmehrungen, die dem Steuerpflichtigen in dem Abwicklungszeitraum zugeflossen sind.**

(4) [1] **Abwicklungs-Anfangsvermögen ist das Betriebsvermögen, das am Schluss des der Auflösung vorangegangenen Wirtschaftsjahrs der Veranlagung zur Körperschaftsteuer zugrunde gelegt worden ist.** [2] **Ist für den vorangegangenen Veranlagungszeitraum eine Veranlagung nicht durchgeführt worden, so ist das Betriebsvermögen anzusetzen, das im Falle einer Veranlagung nach den steuerrechtlichen Vorschriften über die Gewinnermittlung auszuweisen gewesen wäre.** [3] **Das Abwicklungs-Anfangsvermögen ist um den Gewinn eines vorangegangenen Wirtschaftsjahrs zu kürzen, der im Abwicklungszeitraum ausgeschüttet worden ist.**

(5) **War am Schluss des vorangegangenen Veranlagungszeitraums Betriebsvermögen nicht vorhanden, so gilt als Abwicklungs-Anfangsvermögen die Summe der später geleisteten Einlagen.**

(6) **Auf die Gewinnermittlung sind im Übrigen die sonst geltenden Vorschriften anzuwenden.**

(7) **Unterbleibt eine Abwicklung, weil über das Vermögen des unbeschränkt Steuerpflichtigen im Sinne des § 1 Abs. 1 Nr. 1 bis 3 das Insolvenzverfahren eröffnet worden ist, sind die Absätze 1 bis 6 sinngemäß anzuwenden.**

***Gesetzesfassungen vor 2014 s 8. Aufl.***

*Körperschaftsteuerrichtlinien:* KStR 11

**Übersicht**



**Schrifttum:** *Neu,* Die Liquidationsbesteuerung der GmbH, GmbHR 00, 57; *Neyer/Gürzenich-Schmidt,* Liquidation einer ausländischen Gesellschaft: Deutsche Besteuerung unbeschränkt steuerpflichtiger Anteilseigner, IStR 00, 295; *Jünger,* Liquidation und Halbeinkünfteverfahren, BB 01, 69; *Maack,* Systemübergreifende Liquidation von Kapitalgesellschaften, DStR 01, 1064; *Dötsch/Pung,* Ausgewählte Fragen zu der letztmaligen Anwendung des Anrechnungsverfahrens sowie zur erstmaligen Anwendung des Halbeinkünfteverfahrens, GmbHR 01, 641; *Dötsch/Pung,* Die Auflösung und Abwicklung von Körperschaften: Das Einführungsschreiben des BMF vom 26.8.2003, DB 03, 1922; *Oltmanns,* Wirtschaftsjahr oder kein Wirtschaftsjahr? – Zur erstmaligen Anwendung des Halbeinkünfteverfahrens bei aufgelösten Körperschaften, DB 05, 2713; *Küster,* Die Nachtragsliquidation von Kapitalgesellschaften unter dem Blickwinkel des § 11 Abs 1 Satz 2 KStG, DStR 06, 209; *Semmler/Zimmermann,* Ausgewählte Zweifelsfragen zur erstmaligen Anwendung des Halbeinkünfteverfahrens bei der Liquidation von Kapitalgesellschaften, DB 2006, 1804; *Lohmann/Bascopé,* Liquidationsbesteuerung von Körperschaften: Ermittlung des Abwicklungsgewinns bei Vornahme von Zwischenveranlagungen, GmbHR 06, 1313; *Frank/Wittmann,* Liquidation und Rechnungslegung einer GmbH – Ein Überlick, Stbg 09, 351; *Geist,* Die ordentliche Liquidation einer GmbH unter dem Einfluss von Mindestbesteuerung und steuerfreiem Sanierungsprogramm, GmbHR 08, 969; *Wägholz,* Steuerliche Probleme der GmbH in der Liquidation, GmbH-Stb 11, 117;

*Hoffmann,* Die ungeklärte Liquidationsbesteuerung, StuB 14, 865; *Buschmann/Bös,* Liquidationsbesteuerung im Rahmen des Insolvenzplanverfahrens, KSI 15, 219; *Dißars/Kahl-Hinsch,* Steuerliche Fragestellungen in der Liquidation der Kapitalgesellschaft, StuB 15, 495; *Schwarz/Bös,* Verbindlichkeiten in der Liquidationsschlussbilanz, KSI 15, 18; *Kahlert,* Liquidationsbesteuerung der GmbH: keine Auflösung einer nicht befriedigten Verbindlichkeit, DStR 16, 2262; *Koss,* Auswirkung zeitlich abweichender Auflösungsbeschlüsse auf den Beginn der Liquidation und das Sperrjahr, DStZ 16, 503. Literatur vor 2000 s 6. Aufl.

1 **1. Allgemeines.** § 11 betrifft die Liquidation zur Ausschüttung des Vermögens an die AntE; zur Umwandlung und Verschmelzung s UmwStG. Zum Ende der KStPflicht § 1 Rz 24.

3 **2. Geltungszeit.** Zum Inkrafttreten s § 54 aF, Anm 6 (4. Aufl). Durch das EGInsOÄndG v 19.12.98 (BGBl I 98, 3836; BStBl I 99, 118) wurde in Abs 7 der Begriff „Konkurs" durch „Insolvenz" ersetzt. Die Besteuerung einer KapGes während des Liquidationszeitraums entsprach nach altem Recht (AnrV) im Wesentlichen weiterhin dem bis 1976 geltenden Recht. Unter dem Regime des AnrV war die – nach den §§ 17, 34 EStG aF tarifbegünstigte – Anteilsveräußerung idR vorteilhafter als die Liquidation (s 5. Aufl). Die Änderungen des Steuerrechts im Zuge der Einführung des Halbeinkünfteverfahrens – Herausnahme der Veräußerungsgewinne nach § 17 EStG aus der Tarifbegünstigung des § 34 EStG; Absenkung der Wesentlichkeitsgrenze des § 17 EStG; Freistellung von Dividenden- und Veräußerungsgewinnen gem. § 8b – haben diese Präferenz beseitigt. Durch das SEStEG vom 7.12.2006 (BGBl I 06, 2782) sind die Abs 1 und 7 redaktionell an die Änderungen in § 1 Abs 1 Nr 1 und 2 (§ 1 Rz 2) angepasst worden.

5 **3. Gewinnermittlung während der Liquidation (Abs 1 S 1).** Die Liquidation berührt die subjektive StPflicht nicht (RFH RStBl 28, 314). Allerdings erfolgt die Gewinnermittlung während der Liquidation nicht nach Wj; gemäß § 11 wird ihr der Liquidationszeitraum (= Ermittlungszeitraum; s § 7 Rz 7) zugrunde gelegt. Zur handelsrechtlichen Rechnungslegung während der Liquidationsphase s *Frank/Wittmann* Stbg 09, 351. Diese besondere Gewinnermittlung gilt nur für unbeschränkt Stpfl iSd § 1 I Nr 1–3. § 11 gilt für diese Körperschaften auch, sofern sie gemäß § 5 befreit und nur mit einem wirtschaftl Geschäftsbetrieb stpfl sind. Für die Liquidation der übrigen Körperschaften (beschränkt Stpfl, Vereine, Stiftungen, Betriebe gewerbl Art) gelten die Vorschriften des EStG (§ 8 I); also insbes § 16 EStG – evtl iVm § 49 I Nr 2 EStG – für gewerbl Einkünfte, zu § 16 IV EStG s § 8 Rz 37. Zur Vereinsliquidation s *Schick* DB 83, 1733.

6 **4.** § 11 greift mit dem **Beginn der Auflösung** ein. Dies kann der Auflösungsbeschluss sein (nur diesen Fall erwähnte § 14 I KStG aF; zur Auslegung des beschlossenen Auflösungsbeginns s BFH BStBl III 60, 391; II 74, 342), aber auch durch Zeitablauf, Verfügung des Registergerichts (BT-Drucks 7/1470, 345), Insolvenz (Rz 25), Ablehnung der Eröffnung des Insolvenzverfahrens mangels Masse, Auflösung durch gerichtliches Urteil (§§ 396 AktG, 61 GmbHG), kraft Gesetzes (Art 12 § 1 GmbHG-Novelle; *Streck* KÖSDI 80, 3962) oder hoheitliche Entscheidung, faktischen Auflösungsbeginn (anders altes Recht, s BFH 1962 StRK KStG § 14 R 3). Beschließt ohne weitere Zeitbestimmung der Alleingesellschafter die Auflösung, ist der Tag der Beschlussfassung maßgebend (BFH BStBl II 83, 433). Entspr ein Auflösungsbeschluss nicht den handelsrechtlichen Vorschriften, so kann der Beginn der tatsächlichen Auflösung dennoch steuerl Beginn der Auflösung sein (FG BaWü EFG 97, 1174). Der faktische Auflösungsbeginn kann dem Beschluss vorausgehen (RFH RStBl 38, 630). Auflösung verfolgt stets den Zweck, das Restvermögen an die AntE auszuschütten. Scheinliquidationen führen nicht zu § 11 (RFHE 10, 23 (1920) und RStBl 28, 366; 29, 512; StuW 32 Nr 1190); das gilt insbes, wenn der Gesellschaftszweck im Rahmen der Liquidation verwirklicht werden soll (vgl RFH RStBl 27, 121 und 36, 754 betr Grundstücksverwaltungs-Ges). Keine Anwendung des § 11, wenn zwar Auflösung, aber keine Abwicklung

erfolgt, zB bei Löschung infolge Vermögenslosigkeit (FG BaWü EFG 90, 540). Vereinigung aller Anteile in einer Hand ist keine Auflösung, wohl aber die Einziehung aller Anteile einer Körperschaft. Zur Liquidation einer ausländischen Gesellschaft *Neyer/Gürzenich-Schmidt* IStR 00, 295.

**5.** Der **Gewinnermittlungszeitraum beginnt** mit dem Schluss des dem Auflösungsbeginn vorangehenden Wj (s Abs 3 und Rz 18; KStR 11 I), da andernfalls ein „Loch" in der Gewinnermittlung entstünde; dieser Zeitpunkt kann also vor dem Beginn der Auflösung liegen (s auch Rz 18). Die Liquidation endet mit der vollständigen Verteilung des Vermögens an die AntE, frühestens mit Ablauf des Sperrjahrs; eine frühere Registerlöschung ist unerheblich (RFHE 10, 318 (1922); 12, 16 (1922); RStBl 28, 314; KStR 11 II); gleichzeitig **endet** der Gewinnermittlungszeitraum. Geht die KapGes im Liquidationszeitraum wieder zur aktiven Geschäftstätigkeit über, so ist die Liquidation zu diesem Zeitpunkt beendet; die Körperschaft ist wieder nach den allg Regeln und in den normalen VZ zu besteuern (RFH RStBl 29, 512; StuW 32 Nr 1190). 7

**6. Besteuerungszeitraum (Abs 1 S 2)** ist nicht das einzelne Kalenderjahr, sondern der gesamte Abwicklungszeitraum (BFH BStBl II 08, 303; 08, 312; 13, 508; dazu BMF BStBl I 08, 542). Er soll 3 Jahre nicht übersteigen. Er ersetzt den VZ. Nach BMF I 03, 434 und OFD Magdeburg DB 06, 1248 gibt es im Abwicklungszeitraum kein Wj im steuerlichen Sinn; für Zwecke der Besteuerung einschließlich der §§ 27, 37, 38 tritt der Besteuerungszeitraum an die Stelle des Wj (dagegen FG RhPf EFG 05, 1347; BFH BStBl II 08, 298; 09, 160; BFH/NV 09, 1835; *Oltmann* DB 05, 2713; *Semmler/Zimmermann* DB 06, 1804). Gewinnermittlungszeitraum bleibt grundsätzlich der gesamte Liquidationszeitraum. Abs 1 S 2 meint Zeitjahre (RFH RStBl 37, 967); sie beginnen mit dem Beginn der Gewinnermittlung (Rz 18), nicht also unbedingt mit der Auflösung (RFH RStBl 37, 967). Ein längerer Besteuerungszeitraum als drei Jahre ist zulässig, („soll"), allerdings ist nach Ablauf des Regelzeitraums eine **Zwischenveranlagung** möglich (BFH BStBl II 08, 319 mit Anm *Pezzer;* BFH BStBl II 13, 508) nicht aber ein kürzerer bei noch nicht beendeter Liquidation (RFHE 10, 23 (1920) und RStBl 37, 967; 40, 715). Über die Bildung eines Liquidationszeitraums kann das FA durch eigenständigen, vom Veranlagungsbescheid gesonderten VerwAkt mit Bindung für spätere Steuerbescheide entscheiden (FG BaWü EFG 97, 1173; BFH BStBl II 08, 312). Die Festsetzung von Vorauszahlungen ist möglich (*Thiel* AG 60, 273f). Wird eine Zwischenveranlagung durchgeführt, so kann auf die folgende Veranlagung wiederum Abs 1 angewandt werden, das FA kann aber auch zur Jahresveranlagung übergehen (RFH RStBl 40, 715; FG Bdbg EFG 02, 432 mit Anm *Neu*). Werden für einen Liquidationszeitraum mehrere Veranlagungen durchgeführt, so können diese nur vorläufigen Charakter haben (BFH BStBl III 66, 152; die „Rechtsqualität" der Zwischenveranlagung offen lassend BFH/NV 14, 1593; *Hoffmann* StuB 14, 865; ausf *Hageböke* in R/H/N § 11 Rz 96ff); erwachsen sie in Bestandskraft und verhindern auf diese Weise eine Verlustverrechnung, so ist die Veranlagung ggf gemäß § 175 I Nr 2 AO zu ändern (*Schlüter* DB 61, 350); wird jeweils ein Gewinn versteuert oder besteht eine Verlustrück- oder -vortragsmöglichkeit (dazu Rz 22), besteht zu einer Änderung früherer Veranlagungen gemäß § 175 I Nr 2 AO kein Anlass (s auch Rz 12). Ist ein (zulässiger) Besteuerungszeitraum noch nicht abgelaufen, besteht keine Pflicht zur Abgabe von Erklärungen, wohl aber die allgemeine Auskunftspflicht (RFHE 10, 23 (1920), 318 (1922)). Gelten im Besteuerungszeitraum mehrere StSätze, ist der zum Ablauf geltende maßgebend (RFH RStBl 39, 598; gilt mE auch für die Änderung der StSätze innerhalb des KStG 1977); erfordert die Liquidation mehrere Besteuerungszeiträume, so gilt dies allerdings nur für den jeweiligen Besteuerungszeitraum; der letzte bestimmt nicht den StSatz des ersten (RFH aaO kann anders verstanden werden). 8

12 **7. Liquidationsgewinn (Abs 2)** ist die Differenz aus Abwicklungs-Endvermögen (Rz 15) und Abwicklungs-Anfangsvermögen (Rz 18). Es handelt sich um einen besonderen steuerl Gewinn, der dem Handelsrecht fremd ist (BFH BStBl II 72, 229). Der Liquidationsgewinn umfasst die Realisierung der stillen Reserven, aber auch die im Liquidationszeitraum erzielten Erträge (BFH BStBl II 72, 229). Werden im Liquidationszeitraum mehrere Veranlagungen durchgeführt (s oben Rz 8), so gilt Abs 2 weiterhin für den gesamten Liquidationszeitraum; zum Ende des ersten Besteuerungszeitraums ist jedoch in entsprechender Anwendung von Abs 2 und 3 eine Zwischengewinnermittlung durchzuführen (ähnlich auch *Thiel* AG 60, 274; ausführlich *Lohmann/Bascopé* GmbHR 06, 1313); der endgültige Gewinn ist im letzten Besteuerungszeitraum für den gesamten Gewinnermittlungszeitraum (= Liquidationszeitraum) unter Absetzung bereits versteuerter Beträge zu ermitteln.

15 **8. Abwicklungs-Endvermögen (Abs 3)** ist das Vermögen, das an die AntE zur Verteilung kommt. Erfasst wird das Schlussvermögen einschließlich bereits offen oder verdeckt an die AntE oder in ihrem Auftrag an Dritte ohne Schuldgrund verteilter Beträge. Verteilte Sachwerte sind mit dem gemeinen Wert anzusetzen, auch wenn sie an den AntE zu einem niedrigeren Wert veräußert wurden (RFH RStBl 38, 630; 39, 598; BFH BStBl III 66, 152). Aktivierte immaterielle WG werden Aufwand, wenn sie nicht auf einen anderen übertragen werden; sie sind im Endvermögen nicht anzusetzen; im Übrigen sind immaterielle WG mit dem gemeinen Wert anzusetzen, sofern sie entgeltlich erworben wurden; selbstgeschaffene immaterielle WG sind nicht zu bewerten. § 5 II EStG ist anwendbar mit der Folge, dass ein selbstgeschaffener **Geschäftswert** bei der Bewertung des Endvermögens nicht zu erfassen ist (BFH BStBl II 79, 99; II 01, 71 und ausführliche Begründung s 6. Aufl). Eigene Anteile scheiden bei der Bewertung des Endvermögens aus (RFH RStBl 30, 760; StuW 38 Nr 192), jedoch ohne den Liquidationsgewinn zu mindern (RFH RStBl 39, 923 mit Teiländerung der vorgenannten RFH-Rspr; s auch Rz 18). Maßgebender Zeitraum für die Bewertung: Tag der Übertragung (RFH RStBl 39, 59; BFH BStBl III 66, 152). Steuerfreie Vermögensmehrungen während der Liquidation werden abgesetzt; betroffen sind Zugänge, die nach allgemeinen Gewinnermittlungsvorschriften steuerfrei sind (RFH RStBl 29, 280); wegen Abs 6 ist die Vorschrift überflüssig. Beispiel: Einlage eines AntE durch Forderungsverzicht (RFH RStBl 38, 1142). Keine Steuerfreiheit von Sanierungsgewinnen (s Rz 22). Nichtabziehbare Aufwendungen s Rz 22. Die KSt auf den Liquidationsgewinn wird ebenso wenig berücksichtigt wie die aufgrund der Liquidationsausschüttung unter der Geltung des AnrV verursachte KStErhöhung oder -Minderung (§ 27 aF).

18 **9. Abwicklungs-Anfangsvermögen (Abs 4)** ist das Betriebsvermögen, das am Schluss des der Auflösung vorangegangenen Wj der Veranlagung zur KSt zugrunde gelegt worden ist. Die Formulierung entspr § 14 IV 1 KStG aF vor 1977. Sie garantiert die Bilanzkontinuität und die vollständige Erfassung aller stillen Reserven (RFH RStBl 29, 280). Korrekturen von Bewertungsfehlern sind unzulässig. Beginnt die Auflösung durch einen handelsrechtlich ordnungsgemäßen Auflösungsbeschluss, so endet mit dem Beginn der Auflösung das letzte ordentliche Wj (BFH BStBl II 74, 692; beim Alleingesellschafter ist dies der Tag der Beschlussfassung, sofern der Beschluss nichts weiter sagt, BFH BStBl II 83, 433); während BFH BStBl II 74, 692 handelsrechtlich argumentiert, gewährt KStR 11 I 3 unabhängig vom Handelsrecht das faktische Wahlrecht –, zu Beginn der Liquidation ein RumpfWj zu bilden. Soweit handelsrechtlich eine Gewinnermittlungsschlussbilanz erforderlich ist, ist dies auch steuerlich zwingend. In den übrigen Fällen unterbricht die Auflösung nicht notwendig ein lfd Wj; beginnt zB eine GmbH im Insolvenzverfahren am 1.9.14. mit der Auflösung, so ist grundsätzlich als Anfangsvermögen dasjenige der Bilanz zum 31.12.13 zugrunde zu legen, falls für die GmbH Wj = Kj ist. Sofern für den letzten VZ eine Veranlagung nicht durchgeführt wurde (Bei-

spiel: Verlustjahr), ist das Betriebsvermögen anzusetzen, das bei einer Veranlagung ermittelt worden wäre (Abs 4 S 2); der letzte vorangehende VZ ist der dem Besteuerungszeitraum der Liquidation vorangehende VZ (*Micker* in H/H/R § 11 Rz 50). Eigene Anteile sind nicht auszuscheiden (RFH RStBl 30, 760, s Rz 15). Das Anfangsvermögen ist um den Gewinn eines vorangegangenen Wj zu mindern, der im Liquidationszeitraum ausgeschüttet wird (Abs 4 S 3; eine Vorschrift, die sich bereits aus Abs 6 ergibt und die so überflüssig ist, wie sie es im alten Recht schon war).

**10. Kein Betriebsvermögen (Abs 5).** War am Schluss des vorangegangenen VZ **Betriebsvermögen nicht vorhanden,** so gilt als Anfangsvermögen die Summe der später geleisteten Einlagen (**Abs 5**). Der in Abs 5 angeordnete Ansatz der Einlagen ist nicht erforderlich, weil diese bereits nach Abs 6 den Liquidationsgewinn nicht erhöhen dürfen; insoweit ist Abs 5 überflüssig. Im Übrigen: Obwohl diese Vorschrift gegenüber dem Recht vor 1976 nur klarstellende Bedeutung haben soll (BT-Drucks 7/1470, 345), enthält sie weiterhin Unklarheiten. Geregelt werden soll die Liquidation innerhalb des ersten Wj, ohne dass der Auflösungsbeginn selbst ein Rumpf-Wj schafft. Der Wortlaut ist jedoch zu weit: Er umfasst jede Körperschaft, die am 31.12. eines Kalenderjahres (= VZ) über kein Betriebsvermögen verfügt, obwohl am Ende des vorangegangenen Wj Betriebsvermögen ausgewiesen wird. Andererseits ist er zu eng: Wird eine Körperschaft am 1.12.12 gegründet, Wj 1.12.–30.11., und geht sie am 30.5.14 in Liquidation, so ist der Fall des Abs 5 gegeben, obwohl am 31.12.13 noch Betriebsvermögen „vorhanden" gewesen sein mag. Eine zweifelhafte Formulierung, die ihre Problematik dadurch begründet, dass Abs 5 von am Schluss des vorangegangenen „VZ" vorhandenem Betriebsvermögen, Abs 4 hingegen vom Schluss des vorangegangenen Wj, dessen Betriebsvermögen der Veranlagung zugrunde gelegt wird, spricht. Im Übrigen wird der ohnehin enge Anwendungsbereich der Vorschrift durch die Entscheidung BFH BStBl II 74, 692 weiter eingeschränkt (s Rz 18). Denn wenn innerhalb des ersten Wj die Auflösung beschlossen wird, entsteht ein erstes ordentliches (Rumpf-)Wj, dessen Endvermögen Auflösungs-Anfangsvermögen iSd Abs 4 ist. Einlagen ist der umfassende Begriff für Einzahlungen auf das Grund- oder StammKap, Nachschüsse, Überparizahlungen, verdeckte Einlagen usw (s § 8 Rz 61 ff). Zur Bewertung von Sacheinlagen s § 8 Rz 66. 19

**11.** Die **„sonst geltenden Vorschriften" (Abs 6)** sind anzuwenden, soweit sie nicht durch die Abs 1–5 verdrängt wurden. § 6b EStG findet keine Anwendung, weil eine Reinvestition nicht möglich ist. Sachliche StBefreiungen sind zu berücksichtigen; nicht jedoch §§ 16, 34 EStG; zum Freibetrag nach § 16 IV EStG s § 8 Rz 37. Sanierungsgewinn (s § 3 Nr 66 EStG idF bis VZ 1997) ist nicht stfrei (RFH RStBl 38, 44; Sanierungserfolg ist nicht gewollt). §§ 9, 10 finden Anwendung; sonstige nichtabziehbare Aufwendungen sind dem Liquidationsgewinn hinzuzurechnen. Der Wegfall eigener Anteile darf den Liquidationsgewinn nicht berühren (s Rz 15, 18). § 10d EStG: Verlustvortrag ist zu berücksichtigen, ebenso aber auch Verlustrücktrag aus dem Besteuerungszeitraum gemäß Abs 1 in den vorangegangenen regulären VZ; auch zwischen mehreren VZ einer Liquidation kann § 10d EStG angewandt werden. Zu Verlustvorträgen gem § 10d II EStG und Mindestbesteuerung s BFH BStBl II 13, 508; *Geist* GmbHR 08, 969; *Wägholz* GmbH-Stb 11, 117, 119; *Hageböke* in R/H/N § 11 Rz 61 ff StSatz: § 23. Zur Liquidation einer OrganGes s § 14 Rz 119. 22

**12.** *Liquidation und AnrV:* S 5. Aufl. Der Liquidationsgewinn unterliegt bei der Körperschaft der KSt nach dem allgemeinen für die Körperschaft geltenden Tarifsatz (s § 23 Rz 6). Die Ausschüttung des Abwicklungs-Endvermögens führt bei Körperschaften, die in das AnrV einbezogen sind, zur KStErhöhung oder -Minderung gemäß §§ 27ff, dh zur Herstellung der allg Ausschüttungsbelastung von 30 (36) vH. Für die Schlussverteilung wird an das dem Endvermögen entsprechende vEK angeknüpft (*Felix/Streck* BB 76, 923; *Herzig* FR 79, 289; *ders* DB 79, 1007). 23

Vgl auch A 95a KStR 1995. Zur Realisierung des KStGuthabens im Halbeinkünfteverfahren *Jünger* BB 01, 69; *Maack* DStR 01, 1064; *Dötsch/Pung* GmbHR 01, 641 und DB 03, 1922; *Semmler/Zimmermann* DB 06, 1804.

25 **13. Insolvenz (Abs 7):** Die Abs 1–6 gelten entspr bei der Abwicklung in einem Insolvenzverfahren (BFH BStBl II 13, 508). Die Insolvenzeröffnung als solche führt noch nicht zur Anwendung des § 11. Im Rahmen des Insolvenzverfahrens muss mit der Abwicklung begonnen werden. Keine Anwendung im Insolvenzplanverfahren, FG Köln EFG 15, 673, Az BFH I R 64/16; *Buschmann/Bös* KSI 15, 219). Wird der Betrieb zuerst fortgeführt, bleibt es auch im Insolvenzverfahren zuerst bei der Jahresveranlagung (s RFH RStBl 39, 355; 40, 715). Das Konkursverfahren bzw Insolvenzverfahren ist beendet, wenn nur noch die SchlussSt offen ist (RFH RStBl 40, 715).

## § 12 Verlust oder Beschränkung des Besteuerungsrechts der Bundesrepublik Deutschland

(1) [1]**Wird bei der Körperschaft, Personenvereinigung oder Vermögensmasse das Besteuerungsrecht der Bundesrepublik Deutschland hinsichtlich des Gewinns aus der Veräußerung oder der Nutzung eines Wirtschaftsguts ausgeschlossen oder beschränkt, gilt dies als Veräußerung oder Überlassung des Wirtschaftsguts zum gemeinen Wert; § 4 Absatz 1 Satz 5, § 4g und § 15 Abs. 1a des Einkommensteuergesetzes gelten entsprechend.** [2]**Ein Ausschluss oder eine Beschränkung des Besteuerungsrechts hinsichtlich des Gewinns aus der Veräußerung eines Wirtschaftsguts liegt insbesondere vor, wenn ein bisher einer inländischen Betriebsstätte einer Körperschaft, Personenvereinigung oder Vermögensmasse zuzuordnendes Wirtschaftsgut einer ausländischen Betriebsstätte dieser Körperschaft, Personenvereinigung oder Vermögensmasse zuzuordnen ist.**

(2) [1]**Wird das Vermögen einer beschränkt steuerpflichtigen Körperschaft, Personenvereinigung oder Vermögensmasse als Ganzes auf eine andere Körperschaft desselben ausländischen Staates durch einen Vorgang übertragen, der einer Verschmelzung im Sinne des § 2 des Umwandlungsgesetzes vom 28. Oktober 1994 (BGBl. I S. 3210, 1995 I S. 428), das zuletzt durch Artikel 10 des Gesetzes vom 9. Dezember 2004 (BGBl. I S. 3214) geändert worden ist, in der jeweils geltenden Fassung vergleichbar ist, sind die übergehenden Wirtschaftsgüter abweichend von Absatz 1 mit dem Buchwert anzusetzen, soweit**

1. **sichergestellt ist, dass sie später bei der übernehmenden Körperschaft der Besteuerung mit Körperschaftsteuer unterliegen,**
2. **das Recht der Bundesrepublik Deutschland hinsichtlich der Besteuerung der übertragenen Wirtschaftsgüter bei der übernehmenden Körperschaft nicht beschränkt wird,**
3. **eine Gegenleistung nicht gewährt wird oder in Gesellschaftsrechten besteht und**
4. **wenn der übernehmende und der übertragende Rechtsträger nicht die Voraussetzungen des § 1 Abs. 2 Satz 1 und 2 des Umwandlungssteuergesetzes vom 7. Dezember 2006 (BGBl. I S. 2782, 2791) in der jeweils geltenden Fassung erfüllen.**

[2]**Wird das Vermögen einer Körperschaft durch einen Vorgang im Sinne des Satzes 1 auf eine andere Körperschaft übertragen, gilt § 13 des Umwandlungssteuergesetzes für die Besteuerung der Anteilseigner der übertragenden Körperschaft entsprechend.**

(3) [1]**Verlegt eine Körperschaft, Vermögensmasse oder Personenvereinigung ihre Geschäftsleitung oder ihren Sitz und scheidet sie dadurch aus der unbeschränkten Steuerpflicht in einem Mitgliedstaat der Europäischen Union oder**

**einem Staat aus, auf den das Abkommen über den Europäischen Wirtschaftsraum Anwendung findet, gilt sie als aufgelöst, und § 11 ist entsprechend anzuwenden. [2] Gleiches gilt, wenn die Körperschaft, Vermögensmasse oder Personenvereinigung auf Grund eines Abkommens zur Vermeidung der Doppelbesteuerung infolge der Verlegung ihres Sitzes oder ihrer Geschäftsleitung als außerhalb des Hoheitsgebietes der in Satz 1 genannten Staaten ansässig anzusehen ist. [3] An die Stelle des zur Verteilung kommenden Vermögens tritt der gemeine Wert des vorhandenen Vermögens.**

***Gesetzesfassungen vor 2014 s 8. Aufl.***

*Körperschaftsteuerrichtlinien:* KStR 12

**Übersicht**



**Schrifttum:** *Benecke/Schnitger,* Neuregelung des UmwStG und der Entstrickungsnormen durch das SEStEG, IStR 06, 765; *Blumenberg/Lechner,* Der Regierungsentwurf des SEStEG: Entstrickung und Sitzverlegung bei Kapitalgesellschaften, Neuerungen beim Einlagenkonto, Körperschaftsteuerminderung und -erhöhung sowie sonstige Änderungen im Körperschaftsteuerrecht, BB-Spezial 8/2006, 25; *Dötsch/Pung,* SEStEG: Die Änderungen des KStG, DB 06, 2648; *Hahn,* Kritische Erläuterungen und Überlegungen zum Entwurf des SEStEG, IStR 06, 797; *Körner,* Anmerkungen zum SEStEG-Entwurf vom 21.4.2006, IStR 06, 469; *Rödder/Schumacher,* Das kommende SEStEG – Teil I: Die geplanten Änderungen des EStG, KStG und AStG, DStR 06, 1481; *Schneider,* Änderungen im Körperschaftsteuerrecht nach dem SEStEG, NWB F 4, 5139; *Schönherr/Lemaitre,* Der Entwurf des SEStEG: Geplante Änderungen im Einkommensteuer-, Körperschaftsteuer- und Gewerbesteuergesetz, GmbHR 06, 561; *Schwedhelm/Olbing/Binnewies,* Aktuelles zum Jahreswechsel 2006/2007 rund um die GmbH, GmbHR 06, 1225; *Stadler/Elser,* Der Regierungsentwurf des SEStEG: Einführung eines allgemeinen Entstrickungstatbestandes und Änderungen des EStG; BB-Spezial 8/2006, 18; *Strunk,* Der Entwurf des SEStEG vom 12.4.2006, Stbg 06, 266; *Wassermeyer,* Verliert Deutschland im Fall der Überführung von Wirtschaftsgütern in eine ausländische Betriebsstätte das Besteuerungsrecht?, DB 06, 1176; *ders,* Entstrickung durch Beschränkung des deutschen Besteuerungsrechts, DB 06, 2420; *Werra/Teiche,* Das SEStBeglG aus der Sicht international tätiger Unternehmen, DB 06, 1455; *Benecke/Schnitger,* Letzte Änderungen der Neuregelungen des UmwStG und der Entstrickungsnormen durch das SEStEG, IStR 07, 22; *Bilitewski,* Gesetz über steuerliche Begleitmaßnahmen zur Einführung der Europäischen Gesellschaft und zur Änderung weiterer steuerlicher Vorschriften (SEStEG), FR 07, 57; *Carlé,* Entstrickung im Ertragsteuerrecht, KÖSDI 07, 15 401; *Kessler/Winterhalter/Huck,* Überführung und Rückführung von Wirtschaftsgütern: Die Ausgleichspostenmethode des § 4g EStG, DStR 07, 133; *Korn,* Neues zur Besteuerung der Kapitalgesellschaften und ihrer Gesellschafter nach dem JStG 2007 und dem SEStEG, KÖSDI 07, 15 428; *Dötsch/Pung,* JStG 2008: Die Änderungen des KStG, des UmwStG und des GewStG, DB 07, 2669; *Hoffmann,* Der Ausgleichsposten nach § 4g EStG idF des SEStEG, DB 07, 652; *Kramer,* Noch einmal: Der Ausgleichsposten nach § 4g EStG, DB 07, 2338; *Schaumburg,* Das neue Umwandlungssteuerrecht (SEStEG), JbFStR 2006/2007, 97; *Prinz,* „Teilwegzug" von Unternehmen in das europäische Ausland, GmbHR 07, 966; *Schwenke,* Europarechtliche Vorgaben und deren Umsetzung durch das SEStEG, DStZ 07, 235; *Ronge/Perroulaz,* Umwandlung in der Schweiz und ihre steuerlichen Folgen in Deutschland nach dem SEStEG, IStR 07, 422; *Wassermeyer,* Die bilanzielle Behandlung der Entstrickungsbesteuerung nach § 4 Abs 1 Satz 3 EStG und nach § 12 Abs 1 KStG, DB 08, 430; *ders,* Entstrickung versus Veräußerung und Nutzungsüberlassung steuerrechtlich gesehen, IStR 08, 176; *Eickmann/Mörwald,* Steuerrechtliche Auswirkungen des Wegzugs von Kapitalgesellschaften in einen Drittstaat, DStZ 09, 427; *Haase,* Über Sinn und Unsinn von § 12 Abs 3 KStG, BB 09, 1448; *Körner,* Ent- und Verstrickung, DStR 09, 741; *Wissenschaftlicher Beirat von Ernst & Young tax,* Die Systematik der sog Entstrickungssystematik, DB 10,

1776; *Mitschke,* Konkretisierung der gesetzlichen Entstrickungsregelungen und Kodifizierung der finalen Betriebsaufgabetheorie durch das Jahressteuergesetz 2010, Ubg 11, 328; *ders,* Kein steuerfreier Exit stiller Reserven bei Sitzverlegung einer SE von Deutschland nach Österreich, IStR 11, 294; *Kessler/Philipp,* Hat sich die Entstrickung endgültig „verstrickt"? Neues zur Europarechtskonformität der deutschen Entstrickungsnormen, DStR 11, 1888; *Ditz/Schneider,* Änderungen des Betriebsstättenerlasses durch das BMF-Schreiben vom 25.8.2009, DStR 10, 81; *Kahle/Beinert,* Zur Diskussion um die Europarechtswidrigkeit der Entstrickungstatbestände nach Verder LabTec, FR 15, 585; *Klepsch,* Zur steuerlichen Behandlung von Drittstaatenverschmelzungen von Körperschaften, IStR 16, 1, *Kredig/Link,* Europarechtskonforme Entstrickungsbesteuerung, SAM 16, 15, *Pohl,* Nochmals: Drittstaatenverschmelzungen und § 12 Abs 2 KStG, DStR 16, 2837; *Becker/Schwarz/Mühlhausen,* Steuerfolgen des identitätswahrenden Wegzugs einer Kapitalgesellschaft in einen Drittstaat, IStR 17, 45; *Krauß/Köstler,* Aktuelles zur steuerlichen Behandlung von Drittstaatenumwandlungen: Drittstaatenverschmelzungen und Drittstaatenspaltungen, BB 17, 924; *Loose,* Steuerneutralität durch Änderung des Umwandlungssteuererlasses, PIStB 17, 71; *Polt,* Neue Entwicklungen bei der steuerrechtlichen Behandlung von Drittstaatenverschmelzungen auf Ebene des Anteilseigners, Ubg 17, 134.

**Schrifttum vor dem 7.12.2006:** s 7. Aufl.

1 **1. Allgemeines.** § 12 bezweckt die steuerliche Erfassung der stillen Reserven im Zeitpunkt des Ausscheidens aus der unbeschränkten Steuerpflicht (BFH BStBl II 74, 255). Der Verlust der unbeschränkten Steuerpflicht, der nach altem Recht bei Verlegung des Sitzes und/oder der Geschäftsleitung ins Ausland eintrat, führte zur Liquidationsbesteuerung entsprechend § 11. Die Neufassung der Vorschrift ist Bestandteil des durch das SEStEG (Rz 5) umgesetzten allgemeinen Entstrickungskonzepts. Auf den erweiterten Anwendungsbereich gegenüber der Vorgängervorschrift weist bereits die neugefasste Überschrift hin. Scheidet ein WG aus der deutschen Steuerhoheit aus oder wird diese beschränkt, wird nach der Grundregel des § 12 eine Besteuerung zum gemeinen Wert fingiert („gilt"), wie wenn das WG veräußert oder entgeltlich zur Nutzung überlassen worden wäre. § 12 ist KSt-Spezialregelung parallel zum Grundtatbestand des § 4 I 3 EStG (auf Umstrukturierungsvorgänge nach dem UmwStG nicht anwendbar, FG RhPf EFG 16, 1392). Nach der Gesetzesbegründung soll die Regelung als Klarstellung zum geltenden Recht zu verstehen sein (BR-Drucks 542/06, 42); tatsächlich kannte das Ertragsteuerrecht bis dato keinen allgemeinen Entstrickungsgrundsatz (BFH BStBl II 72, 455); das SEStEG nimmt vielmehr eine **substanzielle Ausweitung der Steuerpflicht** vor (*Carlé* KÖSDI 2007, 15402; *Stadler/Elser* BB-Spezial 8/06, 18; *Strunk* Stbg 06, 266). § 12 II ermöglicht entsprechend der Vorgängerregelung beschränkt Stpfl unter bestimmten Voraussetzungen, ihr inländisches Vermögen in toto steuerneutral auf einen ausländischen Rechtsträger zu übertragen. § 12 III regelt unter Berücksichtigung europarechtlicher Bindungen die steuerlichen Konsequenzen der Verlegung von Sitz und/oder Geschäftsleitung einer Körperschaft.

2 **Kritik:** Die Gewinnrealisierung mittels Entstrickung einzelner WG bei Überführung in eine ausländische Betriebsstätte (*Werra/Teiche* DB 06, 1462: Betriebsstätte als „Steuerfluchttatbestand") widerspricht den Anforderungen eines modernen Steuerrechts, das den in einem globalisierten Markt tätigen Unternehmen die erforderliche Flexibilität hinsichtlich der Allokation der Ressourcen einräumen muss. Durch die Neuregelung wird die Zahl der Doppelbesteuerungsfälle drastisch erhöht; außerdem führt sie, wenngleich abgemildert durch § 4g EStG, zu einer deutlichen steuerlichen Mehrbelastung. Zur Europarechtskonformität der Regelung ausf Gosch/*Lampert,* § 12 Rz 50 ff, *von Freeden* in R/H/N § 12 Rz 42.

5 **2. Geltungszeit:** Seit der KStReform 1977 (§ 54 I idF des KStG 1977) ist § 12 Sitz einer Regelung der Rechtsfolgen des Verlusts der unbeschränkten Steuerpflicht. § 12 aF entsprach im Wesentlichen § 16 KStG aF; die Beschränkung auf die KapGes wurde aufgehoben und der Anwendungsbereich auf alle Körperschaften erstreckt. Zur Entstehungsgeschichte der Vorschrift BFH BStBl II 74, 255. Das StÄndG 1992 v 25.2.92 (BGBl I 92, 297; BStBl I 92, 146) fügte Abs 2 aF den

letzten Satzteil vor dem Komma mit Wirkung für Übertragungen nach dem 31.12.91 (§ 54 VIIIa idF des G v 25.2.92) an. Die Reform des Umwandlungssteuerrechts durch das G v 28.10.94 (BGBl I 94, 3267; BStBl I 94, 839) passte Abs 2 aF mit Wirkung ab VZ 1992 (§ 54 VIIIa) redaktionell an. Das UntStFG v 20.12. 01 (BGBl I 01, 3858; BStBl I 02, 35) regelte in dem neu eingefügten § 12 II S 2 den Fall der Einbringung europafreundlicher als bisher. Durch das SEStEG vom 7.12.2006 (BGBl I 06, 2782) ist die Vorschrift neugefasst und in ihr erstmalig ein allgemeiner Entstrickungstatbestand kodifiziert worden. Durch das JStG 2008 (BGBl I 07, 3150, BStBl I 08, 218) wurde der Rechtsverweis auf § 4g EStG in § 12 Abs 1 aufgenommen. Durch das JStG 2010 v 8.12.2010 (BGBl I 10, 1768) wurde dem Abs 1 ein Satz 2 beigefügt. Die Vorschrift soll als Regelbeispiel einen Hauptanwendungsfall der Entstrickung iSd Abs 1 S 1 wiedergeben. Ferner wird durch § 34 Abs 8 S 3 die rückwirkende Anwendung dieses Regelbeispiels auch für VZ vor 2006 angeordnet.

3. Im Mittelpunkt der Regelung des **Abs 1 1. Halbs** steht – anders als in den 7
nachfolgenden Abs 2 und 3, die sich auf Sachgesamtheiten beziehen – das einzelne WG. Die Vorschrift zieht inhaltlich die Parallele zu § 4 Abs 1 S 3 EStG, allerdings beschränkt auf **betriebliche Entstrickungsvorgänge.** Da die KapGes keine Privatsphäre hat, geht der Gesetzgeber nicht von einer Entnahme aus, sondern fingiert eine Veräußerung bzw Nutzungsüberlassung zum gemeinen Wert. Außen vor bleiben **gesellschaftsrechtlich veranlasste Entstrickungstatbestände,** die sich steuerlich als vGA bzw verdeckte Einlage darstellen. In den Anwendungsbereich der Neuregelung fallen damit letztlich nur innerbetriebliche grenzüberschreitende Verbringungen bzw Nutzungen von WG (kritisch zum Nutzungsbegriff *Werra/Teiche* DB 06, 1456; *Wassermeyer* DB 06, 2421 f). Liegt eine Übertragung auf einen anderen Rechtsträger vor, kommt es zur – vorrangigen – Gewinnrealisierung nach den Grundsätzen der vGA/verdeckten Einlage (BR-Drucks 542/06, 48).

4. Die Entstrickung nach Abs 1 1. Halbs ist durch den **Verlust oder die Be-** 9
**schränkung des deutschen Besteuerungsrechts** gekennzeichnet. Die Interpretation dieses Tatbestandsmerkmals im Fachschrifttum – Rechtsprechung hierzu liegt bislang nicht vor – wird vom jeweils vertretenen Entstrickungskonzept bestimmt (Gosch/*Lampert,* § 12 Rz 6 ff) und ist sehr unterschiedlich.

Die deutsche Steuerhoheit geht verloren, wenn ein WG in einen Staat überführt wird, mit dem Deutschland kein DBA abgeschlossen hat (str; vgl einerseits *Bilitewski* FR 07, 57, 58 f; *Korn* KÖSDI 07, 15 439; andererseits *Dötsch/Pung* DB 06, 2649; *Schneider* NWB F 4, 5142). Dasselbe gilt bei Überführung eines WG aus dem Inland (oder aus einem DBA-Staat mit Anrechnungsmethode) in einen DBA-Staat mit Freistellungsmethode (str). Gerade diesen Fall als Entstrickungsfall zu etablieren, war erklärtes Ziel der Gesetzesänderung (BR-Drucks 542/06, 48, 42; zweifelnd und kritisch *Blumenberg/Lechner* BB-Spezial 8/06, 27; *Wassermeyer* DB 06, 1176; *Werra/Teiche* DB 06, 1455).

**Keine Einbuße** erfährt die deutsche Steuerhoheit, wenn ein WG in einen Staat 11
überführt wird, mit dem die Anrechnungsmethode vereinbart ist (str, glA *von Freeden* in R/H/N § 12 Rz 65 mN zur Gegenmeinung). Ebenso stellt der bewusste Verzicht auf die Ausübung des Besteuerungsrechts keinen Verlust der deutschen Steuerhoheit dar, zB Befreiung nach § 5 KStG (s BR-Drucks 542/06, 48).

Da Abs 1 1. Halbs auf die Besteuerungshoheit und nicht auf eine Handlung des 13
Stpfl (wie im Regelfall bei der Entnahme) abstellt, lösen auch **Rechtsänderungen,** zB Wegfall eines DBA, Übergang in einem DBA von der Anrechnungs- zur Freistellungsmethode, die Entstrickungsfolge aus (str, wie hier B/*Pfirrmann,* § 12 Rz 40; aA *von Freeden* in R/H/N § 12 Rz 83).

Unklar ist, ob die Feststellung der Beeinträchtigung der deutschen Steuerhoheit aufgrund **abstrakter** oder **konkreter Betrachtung** zu erfolgen hat. Der Wortlaut der Norm spricht für ein Abstellen auf das Besteuerungsrecht. In der Literatur wird zT eine Einschränkung dann befürwortet, wenn § 34c EStG faktisch nicht zur Anwendung gelangt, weil der Nicht-DBA-Staat gar keine Ertragsteuern auf die Betriebsstättengewinne erhebt (s Rz 8; ferner *Blumenberg/Lechner* BB-Spezial 8/06, 27 Fn 18 mwN; aA *Schneider* NWB F 4, 5143).

14 Bei **beschränkt stpfl** Körperschaften stellt die Überführung eines WG ins Ausland unabhängig vom Bestehen eines DBA einen Ausschluss des deutschen Besteuerungsrechts dar, da beschränkt Stpfl nur mit ihren inländischen Einkünften der deutschen Besteuerung unterliegen. Zu europarechtlichen Bedenken wegen der Nichtanwendbarkeit des § 4g EStG bei beschränkt Stpfl s *Benecke/Schnitger* IStR 06, 28, *Kahle/Beinert* FR 15, 585; *Kredig/Link* SAM 16, 15.

15 **5.** Eine gesetzliche Regelung für die **Zuordnung** der WG zur Betriebsstätte oder zum Stammsitz besteht nicht. Nach Verwaltungsansicht (Betriebsstätten-Verwaltungsgrundsätze) ist die **Zentralfunktion des Stammhauses** zu berücksichtigen, BMF BStBl I 99, 1076; BStBl I 09, 888; dazu *Ditz/Schneider* DStR 10, 81. Dies wirkt sich insbesondere aus bei Beteiligungen und immateriellen Wirtschaftsgütern, zB Geschäftswert. Der Streit um Abgrenzungsfragen wird zunehmen (*Blumers* DB 06, 856; *Schwedhelm/Olbing/Binnewies* GmbHR 06, 1231; *Wassermeyer* IStR 08, 176).

**6.** Durch das JStG 2010 (Rz 2) ist in Form des Regelbeispiels des Abs 1 S 2 näher erläutert worden, wann eine Beschränkung des Besteuerungsrechts anzunehmen ist. Die Regelung gilt gem § 34 Abs 8 S 3 KStG für Wirtschaftsjahre, die vor dem 1.1.2006 enden. Anliegen des Gesetzes war es, die von der Rspr (BFH BStBl II 11, 1019) aufgegebene These der finalen Entnahme für die Vergangenheit festzuschreiben. Str ist, ob eine unzulässige Rückwirkung vorliegt (*Frotscher* in F/D § 12 Rz 8c ff; *Mössner* in M/S § 12 Rz 61; *Mitschke* DB 09, 1376, 1378; Ubg 11, 328; s auch FG Köln EFG 16, 793; FG D'dorf EFG 16, 209).

17 **7.** Rechtsfolge der Entstrickung ist die **Gewinnrealisierung** zum **gemeinen Wert** (§ 9 BewG; zu den Unterschieden zum Teilwert/Fremdvergleichspreis s *Hahn* IStR 06, 800 ff; *Rödder/Schumacher* DStR 06, 1484; *Werra/Teiche* DB 06, 1457). Der gemeine Wert ist auch Bezugsgröße für die Besteuerung der in nicht entgeltlich erworbenen immateriellen WG – zB originärem Firmenwert – enthaltenen stillen Reserven (*Dötsch/Pung* DB 06, 2648). In Fällen einer unmittelbar an die Entstrickung anschließenden Verstrickung ist über eine Teilwertabschreibung nachzudenken (*Carlé* KÖSDI 07, 15 403; *Rödder/Schumacher* DStR 06, 1486). Im Fall der Nutzungsüberlassung ist Rechtsfolge die – streitanfällige – Versteuerung eines fiktiven fremdüblichen Nutzungsentgelts (B/*Pfirrmann* § 12 Rz 55 ff mwN).

Die im Regierungsentwurf (§ 12 Abs 1 S 2 SEStEG-E) enthaltene Sonderregelung, wonach **Pensionsverpflichtungen** im Falle der Entstrickung nach § 6a EStG zu bewerten gewesen wären, ist vom Finanzausschuss ersatzlos gestrichen worden. Die Bewertung von Pensionsrückstellungen ist nach allgemeinen Grundsätzen durchzuführen.

19 **8. Steueraufschub:** Weder das SEStEG noch der Bericht des Finanzausschusses enthielten eine Aussage zur Anwendbarkeit des **§ 4g EStG,** der im Bereich des EStG die Bildung eines **Ausgleichspostens** zulässt. Eine Brücke zu § 4g EStG konnte nur über § 8 I hergestellt werden. Der fehlenden Bezugnahme lag ein Redaktionsversehen zugrunde, das durch das JStG 08 (Rz 2) behoben worden ist (*Dötsch/Pung* DB 07, 2671; *Benecke/Schnitger* IStR 07, 22, 23; *Bilitewski* FR 07, 57, 60; *Kessler/Winterhalter/Huck* DStR 07, 133; *Korn* KÖSDI 07, 15 439). Ausf zu § 4g EStG *Hoffmann* DB 07, 652; *Krämer* DB 07, 2338 und DB 08, 433; *Wassermeyer* DB 08, 430. Zu fortbestehenden europarechtlichen Unzulänglichkeiten des § 4g EStG s *Kahle/Beinert* FR 15, 585; *Kredig/Link* SAM 16, 15.

20 **9. Anteilsentstrickung:** Abs 1 2. Halbsatz erklärt die § 4 I 4, § 15 Ia EStG für entsprechend anwendbar. Geregelt werden darin die Steuerfolgen der Sitzverlegung einer Europäischen Gesellschaft – SE – oder Europäischen Genossenschaft – SEG. Die Bezugnahme stellt sicher, dass im Falle der Sitzverlegung einer SE/SEG eine

Entstrickung hinsichtlich der **Anteile** eintritt, welche einer inländischen Betriebsstätte zuzurechnen sind.

**10. Drittstaatenverschmelzung: Abs 2** ermöglicht steuerneutrale Umstrukturierungen außerhalb des UmwStG. Die Norm regelt in enger Anknüpfung an die Vorgängerregelung den Fall der sog Drittstaatsverschmelzung auf Gesellschafts- (S 1) und Gesellschafterebene (S 2). Zu Umwandlungen in der Schweiz und ihre steuerlichen Folgen in Deutschland s *Ronge/Perroulaz* IStR 07, 422. Die Steuerneutralität der Übertragung (Buchwertansatz) ist an eine Vielzahl von Bedingungen geknüpft. Auf Gesellschaftsebene müssen folgende Voraussetzungen erfüllt sein: 25

- beschränkt inländische StPflicht
- Vermögen als Ganzes
- Übertragung auf andere Körperschaft *desselben* ausländischen Staates mittels verschmelzungsgleichen Vorgangs
- Sicherstellung der späteren Belastung der übertragenen WG mit KSt bei der übernehmenden Gesellschaft
- keine Beeinträchtigung des deutschen Besteuerungsrechts
- keine Gegenleistung
- Nichtanwendbarkeit des UmwStG.

Keine Regelung hält Abs 2 S 1 für Drittstaaten**spaltungen** – Aufspaltung, Abspaltung, Ausgliederung –bereit. Es bleibt bei dem unbefriedigenden bisherigen Rechtszustand (*Schnitger/Rometzki* FR 06, 845, 847; für Einbeziehung aufgrund Art. 3 I GG *Krauß/Köstler* BB 17, 924). 26

**S 2** regelt die steuerlichen Folgen der Drittstaatenverschmelzung auf der Ebene der im Inland ansässigen **Anteilseigner** der übertragenden Körperschaft. Wird das Vermögen einer Körperschaft *„durch einen Vorgang im Sinne des Satzes 1"* auf eine andere Körperschaft übertragen, findet § 13 UmwStG entsprechende Anwendung. Dabei kommt es nicht darauf an, dass sämtliche Voraussetzungen des Satzes 1 für eine steuerneutrale Übertragung auf Gesellschaftsebene vorliegen, insbesondere muss keine Verschmelzung zwischen Körperschaften desselben Staates vorliegen und ist eine beschränkte Steuerpflicht des übertragenden Rechtsträgers kein Tatbestandsmerkmal (*Klepsch* IStR 17, 15; *Loose* PIStB 17, 71; *Polt* Ubg 17, 134; *Pohl* DStR 16, 2837). 27

**11. Wegzugsbesteuerung (Abs 3):** Korrespondierend zur bisherigen Regelung in § 12 I aF ordnet die Vorschrift im Fall der Sitzverlegung mit Ausscheiden aus der unbeschränkten Steuerpflicht innerhalb der EU/EWR eine Liquidationsbesteuerung an. § 12 III ist insoweit lex specialis zu § 12 I. Soweit die Sitzverlegung in einen Staat der EU oder des EWR erfolgt, wird dieser Vorgang bereits durch § 12 I erfasst (*Eichmann/Mörwald* DStZ 09, 422, 424). 30

Der Wegzug aus dem EU/EWR-Raum führt nach dem Wortlaut des § 12 III nicht – wie bei § 12 I – zu einer wirtschaftsgutbezogenen Besteuerung, sondern zur Besteuerung der stillen Reserven des gesamten Vermögens. Nach dem Wortlaut des Abs 3 ist unerheblich, ob alle oder einzelne WG nach dem Wegzug in Deutschland – etwa in einer Betriebsstätte – steuerverstrickt bleiben. Insoweit droht eine Übermaßbesteuerung, die nur durch teleologische Reduktion des Anwendungsbereichs der Vorschrift vermieden werden kann (str; *Blumenberg/Lechner* BB-Spezial 8/06, 25, 32; *Blumberg* IStR 09, 549; *Haase* BB 09, 1448; *von Freeden* in R/H/N § 12 Rz 132; aA *Frotscher* in F/D § 12 Rz 173). Zu den Rechtsfolgen des § 12 III auf Ebene der Anteilseigner der wegziehenden Gesellschaft s *Becker/Schwarz/Mühlhausen* IStR 17, 45: keine Zuflussfiktion von Kapitalerträgen.

**12. Zeitlicher Anwendungsbereich** der Neuregelung: s § 34 VIII (§ 34 Rz 49). Der neugefasste Abs 1 und neuangefügte Abs 3 sind gleichlaufend mit den Entstrickungsregeln des EStG erstmals für nach dem 31.12.05 endende Wj anzuwenden. Die Neufassung des Abs 2 findet auf alle Verschmelzungen Anwendung, die nach dem Tag der Verkündung des Gesetzes zur Eintragung in ein öffentliches Register angemeldet werden. 32

33 **13.** *Altes Recht: Vorausetzungen des Abs 1 aF:* Gilt für alle Körperschaften iSv § 1 I; allerdings ist eine Anwendung bei Betrieben gewerblicher Art iSv § 1 I Nr 6 nicht vorstellbar. Die Körperschaft muss unbeschränkt kstpfl sein. Die StPflicht muss durch Verlegung von Sitz oder Geschäftsleitung enden; Sitz s § 11 AO; Geschäftsleitung s § 10 AO. Wegen der Bedingung des Ausscheidens aus der unbeschränkten StPflicht muss der inländische Sitz und die inländische Geschäftsleitung verlegt werden; hierzu § 1 Rz 28. Die Aufhebung nur eines der beiden Merkmale ist ausreichend, wenn nur durch dieses Merkmal die unbeschränkte StPflicht begründet wurde. Ausland iSv § 12 ist daher Nicht-Inland iSv § 1; zum Inland s § 1 Rz 53.

34 **14.** *Entsprechende Anwendung von § 11:* Die Verweisung bringt Schwierigkeiten mit sich, da beide Sachverhalte nur sehr eingeschränkt einander ähnlich sind. § 11 gilt nur für KapGes und Genossenschaften; § 12 ist jedoch – auch soweit auf § 11 verwiesen wird – auf alle Körperschaften anzuwenden.

35 **15.** *Die Einkünfte* bis zum Verlust der unbeschränkten StPflicht und die stillen Reserven sind zu erfassen. Für Einkünfte iSv § 2 I Nr 5–7 EStG gelten im Hinblick auf §§ 12, 11 keine Besonderheiten; die allgemeinen Regeln sind bis zum Stichtag anzuwenden. § 12 ermöglicht nicht, vom Zuflussprinzip abzuweichen. Einkünfte aus KapVerm werden innerhalb der unbeschränkten StPflicht nur erfasst, wenn sie zugeflossen sind. Von Bedeutung ist § 12 iVm § 11 damit in erster Linie für die Gewinneinkünfte (Einkünfte aus Gewerbebetrieb und Land- und Forstwirtschaft; Einkünfte aus freiberufliche Tätigkeit werden nicht anfallen). Der „Verlegungsgewinn" ist nach § 11 II zu ermitteln. „Verlegungs-Anfangsvermögen" s § 11 IV. Zweifelhaft ist, ob zum Zeitpunkt des Verlustes der unbeschränkten StPflicht, sofern kein normales Wj endet, ein RumpfWj entsteht. ME entsteht ein RumpfWj nur, wenn vom Handelsrecht eine Bilanzierung gefordert wird; dies ist aber nicht der Fall, wenn die Geschäftsleitung, nicht der Sitz, ins Ausland verlegt wird. „Verlegungs-Endvermögen" s § 11 III iVm § 12 I 2. Da die unbeschränkte StPflicht abgeschlossen wird, ist das gesamte Weltvermögen zu erfassen, es sei denn, es greifen nach den allgemeinen Regeln, zB DBA, Befreiungen ein. Hieraus folgt das Gebot einer Schlussbilanz unabhängig vom Handelsrecht. Bewertung nach dem gemeinen Wert (§ 9 BewG). Maßgebend ist der Wert, der bei der Veräußerung an einen ausländischen Erwerber zu erzielen ist. Nach hL ist auch der Firmenwert zu erfassen (FinVerw 1985 StEK KStG 1977). Abzulehnen wegen der Gleichstellung der Verlegung mit einer Liquidation, bei der ein Firmenwert nicht zu erfassen ist (s § 11 Rz 15). Solange Wertsteigerungen im Betriebsvermögen nicht durch Umsatzakte am Markt realisiert werden, stellen sie keinen Ertrag dar (Wiss Beirat FB Steuern der Ernst & Young AG, BB 05, 2167); die Erfassung des Firmenwerts würde bedeuten, dass die im Firmenwert ausgedrückten zukünftigen Gewinne, die außerhalb der deutschen StPflicht erzielt werden, doch noch von ihr besteuert werden; s auch BFH BStBl II 01, 71.

36 **16.** *Bleiben WG* in einer **inländischen Betriebsstätte,** mit der die Körperschaft weiterhin beschränkt stpfl ist, so kann nach dem Wortlaut und dem historischen Normzweck auf eine Aufdeckung der stillen Reserven an sich nicht verzichtet werden (so 6. Aufl). Die Zwangsversteuerung der stillen Reserven kollidiert mit den Grundfreiheiten des EGV; § 12 aF ist daher in EG-konformer Weise teleologisch zu reduzieren (gegen Realisierung auch *Knobbe-Keuk* StuW 90, 372).

Das „Verlegungs-Endvermögen" ist um die **Verlegungskosten** zu mindern (analog § 16 Abs 2 EStG).

37 **17.** *Für den Verlegungsgewinn* gilt in Anwendung von § 11 I ein besonderer **Besteuerungszeitraum,** der von dem letzten lfd VZ zu trennen ist. Dieser Besteuerungszeitraum, der Zeitraum zwischen maßgeblichem „Verlegungs-Anfangs-" und „Verlegungs-Endvermögen", kann zum Zeitpunkt zusammenschrumpfen, wenn mit der Verlegung das letzte normale oder ein erforderliches RumpfWj endet (s

oben Rz 34). Verfahrensmäßig ist auch in diesem Fall der Verlegungsgewinn besonders zu veranlagen (str).

**18.** *Anrechnungsverfahren:* Körperschaften, die in das AnrV einbezogen sind, verlassen mit dem Ausscheiden aus der unbeschränkten StPflicht auch das AnrV (§§ 50, 51 aF). § 12 zwingt zur stpfl Auflösung aller stillen Reserven. Diese gehen mit 40 (45/50/56)% belastet in die beschränkte StPflicht ein; eine Herabsetzung auf die Ausschüttungsbelastung ist nicht mehr möglich. 38

**19.** *Auflösung/Verlegung* einer **Betriebsstätte** (**Abs 2**): Abs 1 behandelt die Beendigung der unbeschränkten, Abs 2 diejenige der beschränkten StPflicht, die durch eine inländische Betriebsstätte begründet ist. Abs 2 kennt drei Beendigungsgründe: Auflösung, Verlegung oder (eingeschränkt) Einbringung. Auflösung ist Aufgabe der Betriebsstätte oder Schrumpfung mit dem Ergebnis, dass die Voraussetzungen des Betriebsstättenbegriffs entfallen; Abs 2 gilt auch, wenn bei einer Schrumpfung zwar dem DBA-Betriebsstättenbegriff eines anwendbaren DBA nicht mehr – und damit die Besteuerungsmöglichkeit endet –, wohl aber dem Begriff des § 12 AO noch entsprochen wird (str). Es erfolgt eine Auflösung und Besteuerung aller stillen Reserven; auch hier ist ein Firmenwert nicht zu erfassen (s Rz 34; *Dieterlen/Schaden* IStR 99, 1, 4). 39

**20.** Abs 2 aF gilt auch, wenn die Betriebsstätte in eine **inländische KapGes eingebracht** wird; FinVerw 1963 StEK KStG § 16 R 1; BFH BStBl II 74, 255 (kritisch *Schick* 1974 StRK Anm KStG § 16 R 1). Soweit eine Gewinnrealisierung stattfindet, muss die inländische KapGes zumindest die realisierten Werte bilanzieren; dies gilt auch für einen (mE unzutreffend, s Rz 38) realisierten Geschäftswert. Die **Zusammenlegung** von **inländischen Betriebsstätten** führt nicht zur Gewinnrealisierung. 40

Wird die Betriebsstätte im Rahmen einer Verschmelzung in eine **andere ausländische KapGes** mit der Maßgabe eingebracht, dass die Besteuerungsmöglichkeit hinsichtlich der inländischen Betriebsstätte bestehen bleibt, lässt § 12 II S 2 ab VZ 2001 die steuerneutrale Übertragung von Betriebsstättenvermögen zu (BR-Drucks 638/01, 37/58; *Rödder/Schumacher* DStR 01, 1686). 41

Soweit besondere Vorschriften des UmwStR Anwendung finden (§ 20 VIII aF; § 23 nF UmwStG), findet Abs 2 keine Anwendung (Ergänzung des Abs 2 durch das StÄndG 1992; s Rz 5; *Dieterlen/Schaden* IStR 99, 1). 42

**21.** *Verfahrensmäßig* ist der Gewinn nach Abs 2 in einem besonderen Besteuerungszeitraum zu veranlagen; demgegenüber geht BFH BStBl II 74, 255 offensichtlich davon aus, dass der Gewinn nach Abs 2 im regulären VZ zu erfassen ist. 43

**22.** *Der Wechsel* von der beschränkten zur unbeschränkten StPflicht durch **Sitz-** oder **Geschäftsleitungsverlegung** ins **Inland** ist im alten Recht nicht geregelt. Auch wenn zwei Veranlagungen erforderlich sind (s § 2 Rz 8), so ist jedoch mangels gesetzlicher Normierung und mangels eines zureichenden Besteuerungszwecks insoweit eine Gewinnrealisierung bezüglich einer inländischen Betriebsstätte nur dann möglich, wenn die Sitzverlegung als Einbringung in eine neue Gesellschaft begriffen wird (vgl *Dötsch* DB 89, 2296; gegen die Anwendung von Abs 2 *Knobbe-Keuk* StuW 90, 372; *Soergel* DB 99, 2236; *Schwedhelm/Binnewies* GmbH-StB 00, 105; *Dörrfuß* IStR 01, 147; s auch FG RhPf EFG 98, 664; BFH BStBl II 00, 619, mit Anm *Breuninger/Heimann* GmbHR 00, 1037). 44

## § 13 Beginn und Erlöschen einer Steuerbefreiung

(1) **Wird eine steuerpflichtige Körperschaft, Personenvereinigung oder Vermögensmasse von der Körperschaftsteuer befreit, so hat sie auf den Zeitpunkt, in dem die Steuerpflicht endet, eine Schlussbilanz aufzustellen.**

(2) **Wird eine von der Körperschaftsteuer befreite Körperschaft, Personenvereinigung oder Vermögensmasse steuerpflichtig und ermittelt sie ihren Gewinn durch Betriebsvermögensvergleich, so hat sie auf den Zeitpunkt, in dem die Steuerpflicht beginnt, eine Anfangsbilanz aufzustellen.**

(3) **In der Schlussbilanz im Sinne des Absatzes 1 und in der Anfangsbilanz im Sinne des Absatzes 2 sind die Wirtschaftsgüter vorbehaltlich des Absatzes 4 mit den Teilwerten anzusetzen.**

(4) **[1] Beginnt die Steuerbefreiung auf Grund des § 5 Abs. 1 Nr. 9, sind die Wirtschaftsgüter, die der Förderung steuerbegünstigter Zwecke im Sinne des § 9 Abs. 1 Nr. 2 dienen, in der Schlussbilanz mit den Buchwerten anzusetzen. [2] Erlischt die Steuerbefreiung, so ist in der Anfangsbilanz für die in Satz 1 bezeichneten Wirtschaftsgüter der Wert anzusetzen, der sich bei ununterbrochener Steuerpflicht nach den Vorschriften über die steuerliche Gewinnermittlung ergeben würde.**

(5) **Beginnt oder erlischt die Steuerbefreiung nur teilweise, so gelten die Absätze 1 bis 4 für den entsprechenden Teil des Betriebsvermögens.**

(6) **[1] Gehören Anteile an einer Kapitalgesellschaft nicht zu dem Betriebsvermögen der Körperschaft, Personenvereinigung oder Vermögensmasse, die von der Körperschaftsteuer befreit wird, so ist § 17 des Einkommensteuergesetzes auch ohne Veräußerung anzuwenden, wenn die übrigen Voraussetzungen dieser Vorschrift in dem Zeitpunkt erfüllt sind, in dem die Steuerpflicht endet. [2] Als Veräußerungspreis gilt der gemeine Wert der Anteile. [3] Im Falle des Beginns der Steuerpflicht gilt der gemeine Wert der Anteile als Anschaffungskosten der Anteile. [4] Die Sätze 1 und 2 gelten nicht in den Fällen des Absatzes 4 Satz 1.**

***Gesetzesfassung vor 2014 s 8. Aufl.***

*Körperschaftsteuerrichtlinien:* KStR 13

**Übersicht**



## 1. Allgemeines

**Schrifttum:** *Fuchs,* Körperschaftsteuerliche Organschaft bei ehemals gemeinnützigen Wohnungsunternehmen, DB 95 Beilage 12; *Fuchs/Lieber/Ludwig,* Begünstigtes Investitionsvolumen bei ehemals gemeinnützigen Wohnungsunternehmen – Stellschraube für Steuermehreinnahmen ?, DStZ 03, 765; *Schmidt/Heinz,* Schlussbesteuerung nach § 13 KStG (k)ein Ausgliederungshindernis bei körperschaftsteuerpflichtigen Genossenschaften?, BB 06, 1604; *Frotscher,* Zur Europarechtswidrigkeit der „Nachversteuerung" nach § 38 KStG – dargestellt am Beispiel der ehemals gemeinnützigen Wohnungsunternehmen, BB 06, 861.

1 Das KStG 1977 regelt erstmals die StFolgen bei Beginn und Beendigung einer StBefreiung. Die Vorschrift gilt für alle Fälle der StPflichtänderung, erfolge sie aufgrund tatsächlicher Umstände oder aufgrund Gesetzes, zB des KStG 1977 (vgl BT-Drucks 7/1470, 345).

**2. Geltungszeit:** § 13 trat am 1.1.77 in Kraft (§ 54 I idF des KStG 1977). Zu den nachfolgenden Änderungen s 3. Aufl. Abs 3 und 4 wurden durch das StandOG v 13.9.93 (BGBl I 93, 1569; BStBl I 93, 774) neugefasst; s dazu Rz 19 und Rz 22. Abs 3 tritt entsprechend § 54 VIIIb idF des G v 13.9.93, Abs 4 ab VZ 1994 (§ 54 I idF des G v 13.9.93) in Kraft. Materialien: BT-Drucks 12/4487; 12/5016. Abs 3 S 11 wurde durch das G v 28.10.94 (BGBl I 94, 3267; BStBl I 94, 839) angefügt; § 54 VIIIb wurde geändert; Abs 4 wurde redaktionell angepasst. Durch das StEntlG v 24.3.99 (BGBl I 99, 402; BStBl I 99, 304) wurde die Bezugnahme auf § 10d EStG in § 13 III S 8 im Absatz geändert. Das JStG 2010 v 8.12.10 (BGBl I 10, 1768) hob die Sondervorschriften in Abs 3 S 2 bis 11 für ehemals steuerbefreite Wohnungsunternehmen und mit ihnen verbundene Personen auf. Übergangsregelung § 34 VIIIb. 2

**3. Beginn/Erlöschen der Steuerbefreiung:** Sie können durch Gesetzesänderung oder Änderung der tatsächlichen Umstände eintreten. § 5 nennt die meisten Befreiungen, aber nicht alle (§ 5 Rz 137); § 13 gilt auch für sonstige gesetzliche Befreiungen. Subjektive Befreiungen (vgl § 5 Rz 1) werden unmittelbar wirksam, wenn das Gesetz die Befreiung normiert und die Körperschaft dem Tatbestand der Befreiung entspricht. Das Entsprechende gilt für die Beendigung. Beginn/Erlöschen der Befreiung können folglich auch in den Lauf eines VZ fallen. Sachliche Befreiungen (zB § 5 I Nr 3–17): Ihre Bedingungen müssen regelmäßig während des gesamten VZ vorliegen; beginnen sie in einem VZ (Verein wird durch Satzungsänderung am 1.8. zu einem Berufsverband; nichtrechtsfähiger Verein wird innerhalb eines VZ zur Partei iSd § 2 PartG) oder enden sie in einem VZ, so ist die Körperschaft für diesen VZ insgesamt stpfl. Das Gesetz bietet insoweit keine Handhabe, innerhalb eines VZ zwischen stpfl und stbefreiten Erträgen zu unterscheiden; vgl auch §§ 60 II, 63 II AO. Keine Anknüpfung an ein Wj. Bei abweichendem Wj müssen die Erträge ggf auf die VZ aufgeteilt werden. Die StBefreiung beginnt in diesen Fällen folglich regelmäßig mit dem 1.1. bzw sie erlischt mit dem 31.12. Ausnahme: Die Bedingungen für Pensions- und Unterstützungskassen müssen erst am Ende des VZ erfüllt sein; s § 5 Rz 47. Die Tatsache, dass nur ein kurzer Zeitraum zwischen Beginn und Beendigung einer StBefreiung oder StPflicht liegt, rechtfertigt nicht, von der Anwendung des § 13 abzusehen (FinVerw 1978 StEK KStG 1977 § 13 Nr 1 betr land- und forstwirtschaftliche Kooperationen). Zur Anwendung des § 13, wenn Genossenschaften einzelne Geschäftsbereiche oder den ganzen Geschäftsbetrieb auf (Tochter-)Kapitalgesellschaften ausgliedern, s *Schmidt/Heinz* BB 06, 1604. 5

**4.** Die Vorschrift betrifft ausschließlich den Beginn und das Erlöschen einer StBefreiung. Keine Befreiung ist der **Beginn** und die **Beendigung** einer **Einkunftsquelle.** Beginnt oder beendet der voll stpfl Verein eine gewerbl Tätigkeit, ohne über sonstige Einkünfte zu verfügen, so ist kein Fall des § 13 gegeben. Für den Beginn und die Beendigung gelten die allgemeinen Gewinnermittlungsvorschriften dieser Einkunftsart. Für die Aufgabe eines Gewerbebetriebs gilt zB § 16 EStG (s § 8 Rz 37). Entsprechend räumt A 47 XII KStR 1995 zutreffend bei der Verpachtung eines Gewerbebetriebs im wirtschaftl Geschäftsbetrieb das Wahlrecht, BFH BStBl III 64, 124, ein. § 13 findet auch keine Anwendung, wenn Körperschaften durch die Befreiung von Einkünften, Einkunftsteilen oder durch Tarifvorschriften – zB durch die Freibeträge der §§ 24, 25 – steuerfrei gestellt werden. Im gleichen Sinn greift § 13 ein, wenn eine StBefreiung endet, ohne dass infolge von Einkunftsbefreiungen oder Tarifvorschriften eine StPflicht entsteht. Kein Beginn der StPflicht iSd § 13, wenn die Körperschaft bis zu einem bestimmten Zeitpunkt als steuerbefreit (gemeinnützig) behandelt wurde, diese Voraussetzungen aber nicht vorlagen (BFH BStBl II 96, 28). § 13 ist nicht anwendbar, wenn eine Vermögensbindung gem § 61 III AO von Anfang an nicht als ausreichend gilt (BFH BStBl II 12, 226 und Vorinstanz FG Münster Urt v 3.3.09 Tz 103 mwN); § 13 findet 6 ebenfalls keine Anwendung auf die Veräußerung eines wirtschaftlichen Geschäftsbetriebs (HessFG EFG 10, 1242).

10 **5.** Schlussbilanz bei dem **Beginn der StBefreiung** (**Abs 1**): Befreiung der Körperschaft erforderlich; gleichgültig, ob unbeschränkt oder beschränkt stpfl Körperschaft. Beendigung der StPflicht mit den Abzugsbeträgen (§§ 2 Nr 1, 2; 5 II Nr 1; 50 II aF) nicht ausreichend. Zum Zeitpunkt der Beendigung der StPflicht s Rz 5, 6.

11 **6. Schlussbilanz:** Dies gilt nach dem Wortlaut, gleichgültig welche Einkunftsart die Körperschaft bezieht, und gleichgültig, ob die Körperschaft bilanziert oder eine Einnahme-/Überschussrechnung führt. Die Vorschrift bezweckt die steuerliche Erfassung aller Vermögensmehrungen zur Zeit der StPflicht und ihre Besteuerung; sie ändert nicht die allgemeinen Regeln der Einkunftsermittlung (so ausdrücklich der RegEntw in § 12 V, BT-Drucks 7/1470, 174; die Streichung im FinA bezweckte keine sachliche Änderung, BT-Drucks 7/5310, 12). Daraus folgt: Die Schlussbilanz führt nur in den Einkunftsarten zu einer Schlusssteuer, die grundsätzlich eine bilanzielle Gewinnermittlung kennen, dh in den Gewinneinkunftsarten (§ 2 I Nr 1, 2 EStG). Sie betrifft auch diejenigen, die die Einkünfte durch Einnahme-/Überschussrechnung ermitteln; sie müssen – wie bei einer Betriebsaufgabe – im „Aufgabe"-Zeitpunkt zur Bilanzierung übergehen (KStR 54 I 4 unter Hinweis auf EStR 16 VII). Bezieht und versteuert hingegen die Körperschaft Einkünfte iSv § 2 I Nr 4–7 EStG (zB: Verein mit Einkünften aus VuV), so berührt Abs 1 nicht das Zuflussprinzip. Nachzahlungen im Zeitraum der StBefreiungen werden nicht dadurch stpfl, dass sie in eine „Schlussbilanz" aufzunehmen sind; Werbungskosten können nicht vorgezogen werden. Abs 1 ist in diesen Fällen einschränkend auszulegen; die Pflicht zur Schlussbilanz entfällt, da sie keinen Zweck hat (so auch der Wortlaut nach § 12 I RegEntw BT-Drucks 7/1470, 174; ebenfalls zeigt Abs 2 deutlich die Verbindung des Gebots der Bilanzerstellung mit dem Zweck der Besteuerung). Bewertung und Besteuerung s Rz 18.

15 **7. Anfangsbilanz** bei dem Beginn der StPflicht (**Abs 2**): Beginn der StPflicht durch Gesetzesänderung oder Änderung der tatsächlichen Umstände, gleichgültig, ob unbeschränkte oder beschränkte StPflicht begründet wird; nicht ausreichend Begr der StPflicht mit den Abzugsbeträgen (§§ 2 Nr 1, 2; 5 II Nr 1). Zum Zeitpunkt des Beginns s Rz 5, 6. Anfangsbilanz nur, falls die Körperschaft mit dem Beginn ihrer StPflicht den Gewinn durch Bestandsvergleich ermittelt (glA Gosch/*Märtens* § 13 Rz 26 f). Bei einer Einnahme-/Überschussrechnung werden von dem Zeitpunkt der Beendigung der StBefreiung an Einnahmen und Ausgaben sofort steuerl wirksam; § 3c EStG findet keine Anwendung, soweit nach dem Stichtag anfallende Ausgaben mit vor dem Stichtag liegenden Einnahmen zusammenhängen; nachträgliche Einnahmen werden stpfl.

18 **8. Bewertung (Abs 3):** Die WG sind in der Schlussbilanz (Abs 1) und der Anfangsbilanz (Abs 2) mit dem Teilwert anzusetzen; auf die Handelsbilanz kommt es nicht an (BT-Drucks 7/1470, 345). Die Höchstwerte des § 6 I Nr 5 EStG sind unmaßgeblich (anders noch RegEntw BT-Drucks 7/1470, 346). Kein Ansatz eines Geschäfts-/Firmenwerts in der Anfangsbilanz (BFH BStBl II 01, 71 mit Anm *Weber-Grellet* FR 00, 1285; vgl auch BFH/NV 03, 88) und in der Schlussbilanz (KStH 54). Geschäftswerte sind im Wesentlichen zukünftige Gewinne. Deren Besteuerung steht mit der künftigen StFreiheit dieser Gewinne im Widerspruch. Aus Abs 3 folgt bei der Beendigung der StPflicht ein Zwang zur vollen Realisierung; dieser absolute Zwang ohne Wahlrecht ist bedenklich, entsprechend auch nicht dem geltenden Rechtszustand, der Formen entwickelt hat, um den Zwang zu vermeiden (zB Grundsätze zur Betriebsverpachtung, Einfrieren von Buchwerten bei Strukturwandel; Beginn einer Liebhaberei, § 8 Rz 53 ff). Bei hohen stillen Reserven kann der Beginn der StBefreiung die Körperschaft zur Überschuldung führen. Bei Auflösung von stillen Reserven, die auf EStR 6.6, § 6b EStG oder § 3 ZRFG zurückzuführen sind, sollen Billigkeitsmaßnahmen aus sachlichen Gründen

ausgeschlossen sein (FinVerw 1978 StEK KStG 1977 § 13 Nr 1). Ausnahmen s Abs 4, 6 und Rz 22, 29.

Die Sonderregelung des **Abs 3 S 2 bis 11** *wurde durch das JStG 2010 (Rz 2) aufgehoben.* Übergangsregelung s § 34 Rz 8b. Es handelte sich um Spezialvorschriften, die durch das StandOG normiert und das G v 28.10.94 korrigiert wurden (Rz 2); zum Inkrafttreten s § 54 VIIIb idF des G v 13.9.93 bzw des G v 28.10.94. Zur Begründung s BT-Drucks 12/5016, 94 und BT-Drucks 12/7945, 81, 93. Durch das StRefG 1990 war die damalige StBefreiung für gemeinnützige Wohnungsunternehmen aufgehoben worden (s § 5 Rz 115). Mit dem Eintritt in die StPflicht gilt § 13 II, III. Zur Europarechtswidrigkeit der „Nachversteuerung" nach § 38 KStG bei Ausschüttung des bei Übergang in die Steuerpflicht in das EK 02 eingestellten Gewinns *Frotscher* BB 06, 861. Der Teilwert stellt die Bemessungsgrundlage für die AfA dar (einschränkend FG BaWü EFG 02, 783). Mit der Ergänzung des Abs 3 soll verhindert werden, dass Verluste aus der Wohnungsvermietung ehemals gemeinnütziger Wohnungsunternehmen, soweit sie auf Abschreibungen von hohen Teilwerten beruhen, in vollem Umfang vom Wohnungsunternehmen selbst und von anderen Unternehmen berücksichtigt werden, mit denen sie lediglich konzernrechtlich verbunden sind (BT-Drucks 12/5016, 94). Zur Bestimmung des „begünstigten Investitionsvolumens" in Abs 3 S 4 s HessFG EFG 03, 123; kritisch *Fuchs/Lieber/Ludwig* DStZ 03, 765. Die Befreiung des Abs 3 S 11 wurde eingefügt (s Rz 3), um Unternehmen, die im Rahmen des § 5 I Nr 10 S 2 stpfl sind (dazu § 5 Rz 116), nicht in die StPflicht zu führen, wenn sie, um die Folgen des Abs 3 zu vermeiden, im stpfl Bereich investieren (BT-Drucks 12/7945, 93). S im Übrigen für diesen Spezialfall Gesetzestext und -begründung, BMF BStBl I 94, 917 sowie BFH/NV 00, 891 und FG D'dorf EFG 01, 919. Zur kstl Organschaft mit ehemals gemeinnützigen Wohnungsunternehmen *Fuchs* DB 95 Beilage 12; zu Mehrgewinnen aus vororganschaftlicher Zeit FG D'dorf EFG 01, 919; *Pannen* BB 03, 815; *Krinninger* BB 05, 1191. 19

**9. Ausnahmebewertung (Abs 4):** S *Niemann* Institut FuSt Nr 332 (1994); *Schauhoff* DStR 96, 366. Wird die Körperschaft gemeinnützig (§ 5 I Nr 9) und dient sie ausschließlich und unmittelbar den hier genannten Zwecken, so sind die Wirtschaftsgüter in der Schlussbilanz mit den Buchwerten anzusetzen; kein Zwang zur Realisierung; s diesen Gesetzeszweck auch in § 6 I Nr 4 S 4 und 5 EStG (Buchwertprivileg bei Sachspenden). Das Gesetz räumt kein Wahlrecht ein („so sind"). Erlischt die StBefreiung, so ist der Wert anzusetzen, der sich bei ununterbrochener StPflicht nach den Vorschriften über die steuerl Gewinnermittlung ergeben würde (S 2 und KStR 55 II). Für die Anwendung dieser Vorschrift ist es – im Gegensatz zum RegEntwurf BT-Drucks 7/1470, 174, 346 – gleichgültig, ob die Wirtschaftsgüter während der Zeit der StFreiheit erworben wurden oder ob auf die Wirtschaftsgüter früher einmal S 1 angewendet wurde (aA *B/Pfirrmann* § 13 Rz 66). Auch bei einer zulässigen Einnahme-/Überschussrechnung ist für die Zeit der StBefreiung eine fiktive Gewinnermittlung nach § 4 III EStG durchzuführen, um zu den zutreffenden Anfangswerten zu gelangen (auch insoweit abw noch im RegEntw BT-Drucks 7/1470, 174, 346). Das StandOG v 13.9.93 dehnt ab VZ 1994 die Ausnahmebewertung auf **alle gemeinnützigen Körperschaften** aus, die ausschließlich und unmittelbar stbegünstigten Zwecken nach § 9 Nr 3 Buchst a – durch das G v 28.10.94 (Rz 3) redaktionell geändert in § 9 Abs 1 Nr 2 – dienen (BT-Drucks 12/4487, 39; s Rz 2). 22

**10.** Der **Schlussgewinn** ist nach den allgemeinen Vorschriften stpfl. Es handelt sich um einen Aufgabegewinn. Keine Tarifermäßigung. Es sollte aber in analoger Anwendung der Freibetrag nach § 16 IV EStG gewährt werden (s § 8 Rz 18). Die Aufdeckung der stillen Reserven ist zwingend. Kein Wahlrecht. Dazu oben Rz 18. 23

**11. Partielle StPflicht (Abs 5):** Für die partielle StPflicht iSv § 5 I Nr 3 Buchst d, e kennt § 6 eine Sonderregelung; § 13 bleibt jedoch subsidiär anwendbar 26

(§ 6 Rz 4). Durch einen wirtschaftl Geschäftsbetrieb wird idR bei befreiten Körperschaften die StBefreiung insoweit ausgeschlossen (s § 5 Rz 11); die StBefreiung erlischt partiell. Wird ein wirtschaftl Geschäftsbetrieb beendet, so beginnt die StBefreiung partiell. Insoweit ist Beginn und Ende eines wirtschaftl Geschäftsbetriebs der wichtigste Anwendungsfall des Abs 5. Allerdings ist damit die alleinige Anwendung des § 13 noch nicht zwingend vorgeschrieben. Zum Beginn und Ende der StBefreiung s allgemein Rz 5, 6. Der wirtschaftl Geschäftsbetrieb gibt Raum für stpfl Einkünfte, wobei es sich idR um gewerbl Einkünfte handelt; sie sind jedoch nicht zwingend (§ 5 Rz 15). Innerhalb des wirtschaftl Geschäftsbetriebs gehen – entsprechend Abs 4 – die allgemeinen Vorschriften der Einkunftsermittlung § 13 vor. Wird innerhalb des wirtschaftl Geschäftsbetriebs ein Gewerbebetrieb aufgegeben, so hat § 16 EStG Vorrang vor § 13; wird die St-Pflicht dadurch beendet, dass der wirtschaftl Geschäftsbetrieb zum steuerfreien Zweckbetrieb wird, ist § 13 anzuwenden; keine Betriebsaufgabe (s auch FinVerw BStBl I 02, 221). Kauft eine stbefreite Körperschaft ein Restaurant, um es selbst zu betreiben, beginnt der Gewerbebetrieb im neuen wirtschaftl Geschäftsbetrieb mit einer Bilanzierung zu den Anschaffungskosten, nicht mit dem Teilwert nach Abs 3. Für den Beginn eines Gewerbebetriebs mit vorhandenen WG gilt § 6 I Nr 6, 5 EStG, nicht Abs 3. Soweit Abs 5 Anwendung findet, sind die einzelnen Gegenstände des Betriebsvermögens konkret zuzurechnen. Grundstücke sind – ähnlich wie bei einer betrieblichen und privaten Nutzung – aufzuteilen. EStR 4.2 (4) ist entsprechend anzuwenden. Ist eine konkrete Zurechnung nicht möglich, wie bei der partiellen StPflicht von Pensions- und Unterstützungskassen, so wird bei der Beendigung der partiellen StPflicht der gesamte Schlussgewinn des stpfl und befreiten Teils ermittelt und sodann entspr der Aufteilung der StPflicht selbst aufgeteilt. Wird in solchen Fällen die partielle StPflicht lediglich eingeschränkt, muss die Schlussteuer für den eingeschränkten Teil ermittelt werden. Zur Verpachtung eines wirtschaftl Geschäftsbetriebs s A 47 XII KStR 1995; BMF DB 02, 350 und § 5 Rz 20.

29 **12. § 17 EStG (Abs 6):** Für Anteile an KapGes, die von einer Körperschaft als Anteile iSv § 17 EStG gehalten werden, dh nicht Betriebsvermögen darstellen (Beispiel: eine Stiftung hält Anteile an einer GmbH), fingiert Abs 6 für den Beginn der StBefreiung den Veräußerungsvorgang. Voraussetzung ist, dass alle Bedingungen des § 17 EStG gegeben sind mit Ausnahme der Veräußerung. Als Veräußerungspreis gilt in diesem Fall der gemeine Wert. Keine Gewinnrealisierung, falls die in Abs 4 S 1 genannten Voraussetzungen vorliegen (s Rz 22). Beginnt die StPflicht, gilt der gemeine Wert als Anschaffungskosten (S 3), und zwar auch im Fall des Abs 4 S 2. Die Fiktion des Veräußerungs- und Anschaffungsgeschäfts gilt auch für die zeitliche Bedingung des § 17; die 5-Jahres-Frist beginnt mit dem Beginn der StPflicht. Die Regelung hat mit Einführung des § 8b ab VZ 2001 bzw 2002 ihre Bedeutung verloren (*Frotscher* in F/D § 13 Rz 66).

## Zweites Kapitel. Sondervorschriften für die Organschaft

### § 14 Aktiengesellschaft oder Kommanditgesellschaft auf Aktien als Organgesellschaft

(1) [1] **Verpflichtet sich eine Europäische Gesellschaft, Aktiengesellschaft oder Kommanditgesellschaft auf Aktien mit Geschäftsleitung im Inland und Sitz in einem Mitgliedstaat der Europäischen Union oder in einem Vertragsstaat des EWR-Abkommens (Organgesellschaft) durch einen Gewinnabführungsvertrag im Sinne des § 291 Abs. 1 des Aktiengesetzes, ihren ganzen Gewinn an ein einziges anderes gewerbliches Unternehmen abzuführen, ist das Einkommen**

**der Organgesellschaft, soweit sich aus § 16 nichts anderes ergibt, dem Träger des Unternehmens (Organträger) zuzurechnen, wenn die folgenden Voraussetzungen erfüllt sind:**

1. **[1]Der Organträger muss an der Organgesellschaft vom Beginn ihres Wirtschaftsjahrs an ununterbrochen in einem solchen Maße beteiligt sein, dass ihm die Mehrheit der Stimmrechte aus den Anteilen an der Organgesellschaft zusteht (finanzielle Eingliederung). [2]Mittelbare Beteiligungen sind zu berücksichtigen, wenn die Beteiligung an jeder vermittelnden Gesellschaft die Mehrheit der Stimmrechte gewährt.**
2. **[1]Organträger muss eine natürliche Person oder eine nicht von der Körperschaftsteuer befreite Körperschaft, Personenvereinigung oder Vermögensmasse sein. [2]Organträger kann auch eine Personengesellschaft im Sinne des § 15 Absatz 1 Satz 1 Nummer 2 des Einkommensteuergesetzes sein, wenn sie eine Tätigkeit im Sinne des § 15 Absatz 1 Satz 1 Nummer 1 des Einkommensteuergesetzes ausübt. [3]Die Voraussetzung der Nummer 1 muss im Verhältnis zur Personengesellschaft selbst erfüllt sein. [4]Die Beteiligung im Sinne der Nummer 1 an der Organgesellschaft oder, bei mittelbarer Beteiligung an der Organgesellschaft, die Beteiligung im Sinne der Nummer 1 an der vermittelnden Gesellschaft, muss ununterbrochen während der gesamten Dauer der Organschaft einer inländischen Betriebsstätte im Sinne des § 12 der Abgabenordnung des Organträgers zuzuordnen sein. [5]Ist der Organträger mittelbar über eine oder mehrere Personengesellschaften an der Organgesellschaft beteiligt, gilt Satz 4 sinngemäß. [6]Das Einkommen der Organgesellschaft ist der inländischen Betriebsstätte des Organträgers zuzurechnen, der die Beteiligung im Sinne der Nummer 1 an der Organgesellschaft oder, bei mittelbarer Beteiligung an der Organgesellschaft, die Beteiligung im Sinne der Nummer 1 an der vermittelnden Gesellschaft zuzuordnen ist. [7]Eine inländische Betriebsstätte im Sinne der vorstehenden Sätze ist nur gegeben, wenn die dieser Betriebsstätte zuzurechnenden Einkünfte sowohl nach innerstaatlichem Steuerrecht als auch nach einem anzuwendenden Abkommen zur Vermeidung der Doppelbesteuerung der inländischen Besteuerung unterliegen.**
3. **[1]Der Gewinnabführungsvertrag muss auf mindestens fünf Jahre abgeschlossen und während seiner gesamten Geltungsdauer durchgeführt werden. [2]Eine vorzeitige Beendigung des Vertrags durch Kündigung ist unschädlich, wenn ein wichtiger Grund die Kündigung rechtfertigt. [3]Die Kündigung oder Aufhebung des Gewinnabführungsvertrags auf einen Zeitpunkt während des Wirtschaftsjahrs der Organgesellschaft wirkt auf den Beginn dieses Wirtschaftsjahrs zurück. [4]Der Gewinnabführungsvertrag gilt auch als durchgeführt, wenn der abgeführte Gewinn oder ausgeglichene Verlust auf einem Jahresabschluss beruht, der fehlerhafte Bilanzansätze enthält, sofern**
   a) **der Jahresabschluss wirksam festgestellt ist,**
   b) **die Fehlerhaftigkeit bei Erstellung des Jahresabschlusses unter Anwendung der Sorgfalt eines ordentlichen Kaufmanns nicht hätte erkannt werden müssen und**
   c) **ein von der Finanzverwaltung beanstandeter Fehler spätestens in dem nächsten nach dem Zeitpunkt der Beanstandung des Fehlers aufzustellenden Jahresabschluss der Organgesellschaft und des Organträgers korrigiert und das Ergebnis entsprechend abgeführt oder ausgeglichen wird, soweit es sich um einen Fehler handelt, der in der Handelsbilanz zu korrigieren ist.**

   **[5]Die Voraussetzung des Satzes 4 Buchstabe b gilt bei Vorliegen eines uneingeschränkten Bestätigungsvermerks nach § 322 Absatz 3 des Handelsgesetzbuchs zum Jahresabschluss, zu einem Konzernabschluss, in den der**

**handelsrechtliche Jahresabschluss einbezogen worden ist, oder über die freiwillige Prüfung des Jahresabschlusses oder der Bescheinigung eines Steuerberaters oder Wirtschaftsprüfers über die Erstellung eines Jahresabschlusses mit umfassenden Beurteilungen als erfüllt.**

4. **Die Organgesellschaft darf Beträge aus dem Jahresüberschuss nur insoweit in die Gewinnrücklagen (§ 272 Abs. 3 des Handelsgesetzbuchs) mit Ausnahme der gesetzlichen Rücklagen einstellen, als dies bei vernünftiger kaufmännischer Beurteilung wirtschaftlich begründet ist.**
5. **Negative Einkünfte des Organträgers oder der Organgesellschaft bleiben bei der inländischen Besteuerung unberücksichtigt, soweit sie in einem ausländischen Staat im Rahmen der Besteuerung des Organträgers, der Organgesellschaft oder einer anderen Person berücksichtigt werden.**

**2 Das Einkommen der Organgesellschaft ist dem Organträger erstmals für das Kalenderjahr zuzurechnen, in dem das Wirtschaftsjahr der Organgesellschaft endet, in dem der Gewinnabführungsvertrag wirksam wird.**

(2) *(aufgehoben)*

(3) **1 Mehrabführungen, die ihre Ursache in vororganschaftlicher Zeit haben, gelten als Gewinnausschüttungen der Organgesellschaft an den Organträger. 2 Minderabführungen, die ihre Ursache in vororganschaftlicher Zeit haben, sind als Einlage durch den Organträger in die Organgesellschaft zu behandeln. 3 Mehrabführungen nach Satz 1 und Minderabführungen nach Satz 2 gelten in dem Zeitpunkt als erfolgt, in dem das Wirtschaftsjahr der Organgesellschaft endet. 4 Der Teilwertansatz nach § 13 Abs. 3 Satz 1 ist der vororganschaftlichen Zeit zuzurechnen.**

(4) **1 Für Minder- und Mehrabführungen, die ihre Ursache in organschaftlicher Zeit haben, ist in der Steuerbilanz des Organträgers ein besonderer aktiver oder passiver Ausgleichsposten in Höhe des Betrags zu bilden, der dem Verhältnis der Beteiligung des Organträgers am Nennkapital der Organgesellschaft entspricht. 2 Im Zeitpunkt der Veräußerung der Organbeteiligung sind die besonderen Ausgleichsposten aufzulösen. 3 Dadurch erhöht oder verringert sich das Einkommen des Organträgers. 4 § 3 Nr. 40, § 3c Abs. 2 des Einkommensteuergesetzes und § 8b dieses Gesetzes sind anzuwenden. 5 Der Veräußerung gleichgestellt sind insbesondere die Umwandlung der Organgesellschaft auf eine Personengesellschaft oder eine natürliche Person, die verdeckte Einlage der Beteiligung an der Organgesellschaft und die Auflösung der Organgesellschaft. 6 Minder- oder Mehrabführungen im Sinne des Satzes 1 liegen insbesondere vor, wenn der an den Organträger abgeführte Gewinn von dem Steuerbilanzgewinn der Organgesellschaft abweicht und diese Abweichung in organschaftlicher Zeit verursacht ist.**

(5) **1 Das dem Organträger zuzurechnende Einkommen der Organgesellschaft und damit zusammenhängende andere Besteuerungsgrundlagen werden gegenüber dem Organträger und der Organgesellschaft gesondert und einheitlich festgestellt. 2 Die Feststellungen nach Satz 1 sind für die Besteuerung des Einkommens des Organträgers und der Organgesellschaft bindend. 3 Die Sätze 1 und 2 gelten entsprechend für von der Organgesellschaft geleistete Steuern, die auf die Steuer des Organträgers anzurechnen sind. 4 Zuständig für diese Feststellungen ist das Finanzamt, das für die Besteuerung nach dem Einkommen der Organgesellschaft zuständig ist. 5 Die Erklärung zu den gesonderten und einheitlichen Feststellungen nach den Sätzen 1 und 3 soll mit der Körperschaftsteuererklärung der Organgesellschaft verbunden werden.**

***Gesetzesfassungen vor 2014 s 8. Aufl.***

*Körperschaftsteuerrichtlinien:* KStR 14.1–14.8

**Übersicht**



**Schrifttum (bis 2002 s 6. Aufl):** *Hasselbach/Nawroth/Rödding,* Beck'sches Holding Handbuch, 2011; *Herzig,* Organschaft, 2003; *Kessler/Kröner/Köhler,* Konzernsteuerrecht, 2. Aufl 08; *Lutter/Bayer,* Holding-Handbuch, 5. Aufl 15; *Müller/Stöcker/Lieber,* Die Organschaft, 10. Aufl 17; *Prinz/Witt,* Steuerliche Organschaft, 15; *Büttelborn,* Nochmals: Finanzierungskosten im Organkreis, BB 03, 184; *Berg/Schmich,* Verdeckte Gewinnausschüttungen bei Gewerbesteuerumlagen nach der Belastungsmethode in „Alt"-Fällen?, FR 03, 11; *Ortmann-Babel/Renn,* Auflösung der Mehrmütterorganschaft und die steuerlichen Folgen für die MinderheitsGes, BB 03, 237; *Kessler/Reitsam,* Die typisch stille Beteiligung als Alternative zur Organschaft, DStR 03, 269 und 315; *Kestler/Weger,* Doppelte Verlustnutzung bei grenzüberschreitender (ertragsteuerlicher) Organschaft?, GmbHR 03, 156; *Sedemund,* Der Verfall von Unternehmensvermögen bei Schmiergeldzahlungen durch die Geschäftsleitung von Organgesellschaften, DB 03, 323; *Herzig/Wagner,* Einschränkung der Verlustnutzung bei Kapitalgesellschaften, DStR 03, 225; *Fatouros,* Körperschaftsteuerliche Änderungen nach dem StVergAbG, DStZ 03, 179; *Harle,* Nochmals: Finanzierungskosten im Organkreis, BB 03, 184; *Stahl/Fuhrmann,* Entwicklungen im Steuerrecht der Organschaft, NZG 03, 250; *Romani/Maier,* Doppelbesteuerung während der Organschaft in Folge der Maßgeblichkeit der Handelsbilanz?, DB 03, 630; *Heurung/Möbus,* Einkommensermittlung bei Organschaften: Gestaltungsmöglichkeiten bei Umwandlungen und grenzüberschreitenden Sachverhalten im Kontext der neueren Entwicklungen im Unternehmenssteuerrecht, BB 03, 766; *Wassermeyer,* Können organschaftliche Mehrabführungen Gewinnausschüttungen sein?, GmbHR 03, 313; *Walter/*

*Stümper,* Organschaftsvertrag ohne Beherrschungsabrede kann Mitbestimmung verhindern, GmbHR 03, 449; *dies,* Vorzeitige Versteuerung des Organeinkommens bei abweichendem Wirtschaftsjahr erstmals gesetzlich geregelt?, GmbHR 03, 652; *Pannen,* Mehrabführungen im Lichte der aktuellen BFH-Rechtsprechung und der Übergangsregelungen vom Anrechnungs- zum Halbeinkünfteverfahren, BB 03, 815; *Walter/Stümper,* Bilanzielle Behandlung von vororganschaftlichen BP-Mehrsteuern bei Organgesellschaften, GmbHR 03, 825; *Füger,* Organschaftsfälle: Die Auslegung des § 14 Abs 1 Nr 5 KStG, Praxis Internationale Steuerberatung, 03, 136; *Altendorf,* Vor- und nachorganschaftliche Verluste, GmbH-StB 03, 137; *Schlagheck,* Verdeckte Gewinnausschüttungen und Gewerbesteuer-Umlagen im kapitalistischen Konzern, GmbHR 03, 985; *Rust,* Ermöglichen Diskriminierungsverbote eine Organschaft über die Grenze?, IStR 03, 658; *Stollenwerk,* Neue Einschränkungen der steuerlichen Organschaft, GmbH-StB 03, 199; *Warnke,* Einschränkungen nach dem StVergAbG und Reaktionsmöglichkeiten, EStB 03, 259; *Rödder/Schumacher,* Das Steuervergünstigungsabbaugesetz, DStR 03, 805; *Winkemann,* Die KGaA als Alternative zur Mehrmütterorganschaft?, BB 03, 1649; *Löwenstein/Maier/Lohrmann,* Erfordernis der gewerblichen Tätigkeit der Personengesellschaft als Organträgerin nach dem StVergAbG, DStR 03, Beihefter 4 zu Heft 29; *Bürkle,* Ertragsteuerliche Organschaft im spartengetrennten Versicherungskonzern, DB 03, 1701; *Philippi/Neveling,* Unterjährige Beendigung von Gewinnabführungsverträgen im GmbH-Konzern – Beendigungsgründe und Rechtsfolgen, BB 03, 1685; *Richter,* Die geplante gesetzliche Regelung vororganschaftlicher Verluste im Rahmen des Entwurfs des Gesetzes zur Reform der Gewerbesteuer, GmbHR 03, 1311; *Füger,* Steuerplanerische Überlegungen nach den Änderungen bei der ertragsteuerlichen Organschaft, BB 03, 1755; *Fenzl/Antoszkiewicz,* Die unterjährige Beendigung der Organschaft, FR 03, 1061; *Kessler/Reitsam,* § 3c Abs 1 EStG und Vorteilsgewährung im Konzern, DB 03, 2139; *Raupach/Burwitz,* Gestaltungsüberlegungen nach Abschaffung der Mehrmütterorganschaft, DStR 03, 1901; *Görden,* Körperschaft- und gewerbesteuerliche Organschaft, GmbHStB 03, 285; *Korezkij,* Organschaft und die Steuerermäßigung nach § 35 EStG – Gegenwart und Zukunft, GmbHR 03, 1178; *Heurung/Klübenpies,* Ertragsteuerliche Organschaften im Lichte des BMF-Schreibens vom 26.8.2003, BB 03, 2483; *Ehlermann/Löhr,* Steuerfallen bei mittelbaren Anteilsübertragungen im Konzern, DStR 03, 1509; *Dötsch/Pung,* Organschaftsbesteuerung: Das Einführungsschreiben des BMF vom 26 8. 2003 und weitere aktuelle Entwicklungen, DB 03, 1970; *Breuer,* Haftung bei Organschaft, AO-StB 03, 342; *Blumers/Goerg,* Gewerblichkeit von Organträger-Personengesellschaften, BB 03, 2203; *Micker,* Europarechtswidrigkeit der Organschaftsbesteuerung im Körperschaft- und Gewerbesteuerrecht?, DB 03, 2734; *Nagel/Thies,* Steuerliche Behandlung der Schlussauflösung von organschaftlichen Ausgleichsposten bei Kapitalgesellschaften, GmbHR 04, 35; *Watrin/Sievert/Strohm,* Reform der Konzernbesteuerung in Deutschland und Europa, FR 04, 3; *Richter,* Die Auflösung von in organschaftlicher Zeit gebildeten Kapitalrücklagen, GmbHR 04, 79; *Wassermeyer,* Widerspüchlichkeiten bei der Organschaft, DStR 04, 214; *Heurung/Wehrheim/Adrian,* Die Bruttomethode des § 15 S 1 Nr 2 KStG in der Fassung des Korb II-Gesetzes, BB 04, 465; *Kußmaul/Zabel,* Auswirkungen der Änderungen der §§ 8b und 15 KStG durch das Gesetz zur Umsetzung der Protokollerklärung der Bundesregierung zur Vermittlungsempfehlung zum Steuervergünstigungsabbaugesetz („Korb II"), BB 04, 577; *Richter,* Die Auswirkungen des § 8b KStG idF des „Korb II-Gesetzes" auf (die Vorteilhaftigkeit von) Organschaftskonzernstrukturen, GmbHR 04, 1192; *Rosenbach,* Aktuelle Entwicklungen bei der Holdingbesteuerung in der EU, Praxis Internationale Steuerberatung 04, 169; *Haase,* Personengesellschaften als Organträger – Zweifelsfragen bei der Auslegung des § 14 Abs 1 Nr 2 KStG nF; DB 04, 1580; *Suchanek,* Verunglückte Organschaft bei unterjähriger Veräußerung der Organbeteiligung, INF 04, 302; *Carlé/Carlé,* Teilbetriebsveräußerung durch Organgesellschaft, NZG 04, 650; *Mensching,* Bemessung der Ausgleichszahlungen am Gewinn der Organgesellschaft als Grund für die steuerliche Nichtanerkennung einer Organschaft?, BB 04, 1421; *Vanselow,* Mehrstufige Organschaft im kleinen GmbH-Konzern, GmbH-StB 04, 305; *Dörr,* Abschaffung oder Erweiterung der Organschaft? Zu den möglichen Konsequenzen der Rechtssache „Marks and Spencer plc", IStR 04, 265; *Honert/Geimer,* Erstmalige Begründung einer Organschaft, EStB 04, 341; *von Groll,* Irrungen und Wirrungen um die Organschaft im Körperschaftsteuerrecht – mit Folgen auch im formellen Recht, DStR 04, 1193; *Herlinghaus,* Ausgewählte Praxisprobleme im Schnittpunkt von Umwandlung und ertragsteuerlicher Organschaft, FR 04, 974; *Flutgraf/Fuchs/Stifter,* Organschaftliche Mehrabführungen – Verfassungswidrige Rückwirkung der geplanten Dividendenbesteuerung, DB 04, 2012; *Johann/Pott,* Steuerliche Behandlung von ausländischen Schachteldividenden bei inländischer Organschaft mit einer Personengesellschaft als Organträger, DB 04, 2445; *Herzig/Wagner,* Zukunft der Organschaft im EG-Binnenmarkt, DB 05, 1; *Dötsch/Pung,* Richtlinien-Umsetzungsgesetz: Die Änderungen des EStG, des KStG und des GewStG, DB 05, 10; *Suchanek,* Neues zu vororganschaftlich verursachten Mehr- und Minderabführungen, INF 05, 21; *Rödder,* Vororganschaftlich verursachte Mehrabführungen iSd § 14 Abs 3 KStG nF, DStR 05, 217; *Olgemöller,* Organschaft und Diskriminierungsverbote der Doppelbesteuerungsabkommen – Anmerkungen zum BMF-Schreiben vom 8.12.2004, AG 05, 86; *Walter,* Der Entwurf eines neuen BMF-Schreibens zur Organschaft, GmbHR 05, 456; *Orth,* Geschäftsleitende Holding-Personengesellschaft als Organträger, DB 05, 741; *Berger,* Durchführung eines Ergebnisabführungsvertrags bei vorvertraglichem Verlustvortrag der Organgesellschaft, DB 05, 903; *Blumers/Goerg,* Eigengewerblichkeit von mehrstöckigen Personengesellschaften, DStR 05, 397; *Balmes/Brück/Ribbrock,* Der EuGH-Fall Marks & Spencer: Rückschlüsse für die deutsche Organschaftsbesteuerung, BB 05, 966; *Krinninger/Helm,* Vororganschaftlich verursachte Mehr- und Minderabführungen – Die Neuregelung in § 14 Abs 4 KStG, BB 05, 1191; *Heidinger,* Verlustrechnung über die Grenzen – Das Ende des Vertragkonzerns?, NZG 05, 502; *Birkenfeld ua,* Grenzüberschreitende Verlustberücksichtigung im deutschen Steuerrecht, BB 05, 754; *Nagler/Kleinert,* Das EuGH-Verfahren Marks & Spencer – Konsequenzen des Schlussantrags des Generalanwalts, DB 05, 855; *Berger,* Durchführung eines Ergebnisabführungsvertrags bei vorvertraglichem Verlustvortrag der Organgesellschaft, DB 05, 903; *Rautenstrauch/Adrian,* Anmerkungen zum Entwurf des BMF-Schreibens zu Änderungen der ertragsteuerlichen Organschaft durch das StVergAbG, DB 05, 1018; *Scheunemann,* Europaweite Verlustberücksichtigung im Konzern, IStR 05, 303; *Sauter/Heurung/Klübenspies,* Das Entwurfschreiben des Bundesfinanzministeriums zu ertragsteuerlichen Organschaften unter der Ägide des StVergAbG, BB 05, 1304; *Raupach/Pohl,* Die Rechtssache Marks & Spencer, NZG 05, 489; *Suchanek/Herbst,* Die tatsächliche Durchführung von Gewinnabführungsverträgen im Sinne des § 14 Abs 1 S 1 Nr 3 S 1 KStG, FR 05, 665; *Schmidt/Hageböke,* Organträgereigenschaft der atypisch stillen Gesellschaft nach § 14 KStG nF, DStR 05, 761; *Schothöfer,* Gefährdung der Organschaft durch neue aktienrechtliche Verjährungsvorschrift – Auswirkungen der Einführung von § 302 Abs 4 AktG auf die Anerkennung einer körperschaft- und gewerbesteuerlichen Organschaft, GmbHR 05, 982; *Meyer,* Unterjährige Beendigung einer ertragsteuerlichen Organschaft, GmbH-StB 05, 237; *Plewka/Schienke,* Rückwirkung der Organschaft bei Umwandlungen, DB 05, 1703; *Milatz/Schäfer,* Ausgliederung im Gemeinnützigkeitssektor am Beispiel von Krankenhäusern – Können Betriebe gewerblicher Art oder gemeinnützige Körperschaften steuerliche Organschaften nutzen?, DB 05, 1761; *Orth,* Organschaft und Anwachsung, DStR 05, 1629; *Bregenhorn-Kuhs/Rathmann,* Eigene gewerbliche Tätigkeit einer Organträger-Personengesellschaft, INF 05, 340; *Kleinert,* Formelle Voraussetzungen für die steuerliche Anerkennung einer Verlustübernahmeverpflichtung, AG 05, 689; *Grube/Behrendt,* Verschmelzungsgewinne bei einer Organgesellschaft unter Berücksichtigung der Neufassung des § 14 Abs 3 KStG durch das EURLUmsG, GmbHR 05, 1172; *Dahlbender,* Die Beendigung eines Beherrschungs- und Gewinnabführungsvertrags, GmbH-StB 05, 279; *Fichtelmann,* Beendigung der Organschaft durch Eröffnung des Insolvenzverfahrens?, GmbHR 05, 1346; *Bock,* Das BMF-Schreiben vom 10.11.2005 zu den Änderungen bei der Organschaftsbesteuerung durch das Steuervergünstigungsabbaugesetz (StVergAbG), AG 05, 918; *Dötsch,* Organschaft: Das Einführungsschreiben des BMF vom 10.11.05, DB 05, 2541; *Thill/Antoszkiewicz,* Einzelfragen beim down-stream merger eines Organträgers auf eine Organgesellschaft, FR 06, 7; *Walter/Stümper,* Überraschende Gefahren nach Beendigung einer Organschaft, GmbHR 06, 68; *Saß,* Nochmals: Zur Berücksichtigung von Verlusten ausländischer Tochtergesellschaften in der EU, DB 06, 123; *Herzig/Wagner,* EuGH-Urteil „Marks & Spencer" – Begrenzter Zwang zur Öffnung nationaler Gruppenbesteuerungssysteme für grenzüberschreitende Sachverhalte, DStR 06, 1; *Hey,* Die EuGH-Entscheidung in der Rechtssache Marks & Spencer und die Zukunft der deutschen Organschaft, GmbHR 06, 113; *Balmes/Brück/Ribbrock,* Das EuGH-Urteil Marks & Spencer: Grenzüberschreitende Verlustnutzung kommt voran!, BB 06, 186; *Schumacher,* Umwandlungssteuerrecht und Organschaft zum übernehmenden Rechtsträger, DStR 06, 124; *Wischott/Schönweiß,* Grunderwerbsteuerpflicht bei Wechsel des Organträgers, DStR 06, 172; *Reichl/Wittkowski,* Das Urteil im Fall Marks & Spencer: Mögliche Auswirkungen für deutsche Konzerne, StB 06, 50; *Dürrschmidt/Schiller,* Verrechnung von Verlusten von Auslandstochtergesellschaften, NZG 06, 103; *Roser,* Änderungen bei der Organschaft und die Reaktion des BMF, EStB 06, 71; *Scheidl/Koch,* Zweifelsfragen bei der körperschaftlichen Organschaft aufgrund mittelbarer Beteiligung, DB 05, 2656; *Wernsmann/Nippert,* Gemeinschaftsrechtliche Vorgaben für die grenzüberschreitende Verlustberücksichtigung im Konzern – Zugleich zur deutschen Organschaftsbesteuerung nach dem Urteil des EuGH in der Rs Marks & Spencer, FR 06, 153; *Scheunemann,* Praktische Anforderungen einer grenzüberschreitenden Verlustberücksichtigung im Konzern in Inbound- und Outboundfällen nach der Entscheidung Marks & Spencer, IStR 06, 145; *Hageböke/Heinz/Dötsch,* Die Organträgereignung einer atypisch stillen Gesellschaft, DB 06, 473; *Fatouros,* Vereinbarung über die Verlustübernahme nach § 17 S 2 Nr 2 KStG, FR 06, 163; *Schumann/Kempf,* Vororganschaftliche Mehr- und Minderabführungen: Definitionsversuch und Analyse der Rechtsfolgen, FR 06, 219; *Altrichter-Herzberg/Nuernberger,* Verlustnutzung über die Grenze, GmbHR 06, 466; *Schumacher,* Übertragung von Beteiligungen an Organgesellschaften und die „vororganschaftliche Zeit" iSd § 14 Abs 3 KStG, DStR 06, 310; *Linn/Reichl/Wittkowski,* Grenzüberschreitende Verlustverrechnung: Möglichkeiten und Grenzen, BB 06, 630; *Thiel,* Kann die Korrektur der verdeckten Gewinnausschüttung einer Organgesellscahft zu einem Verlust der Muttergesellschaft führen?, DB 06, 633; *Suchanek,* Ergänzendes zur Organträgereigenschaft der atypisch stillen Gesellschaft nach § 14 KStG nF DStR 06, 836; *Suchanek/Herbst,* Steht die vereinfachte Kapitalherabsetzung der Abführung des „ganzen Gewinns" gemäß § 14 Abs 1 S 1, § 17 S 1 KStG entgegen?, GmbHR 06, 966; *Grube/Behrendt/Heeg,* Vororganschaftlich verursachte Mehr- und Minderabführungen und die sog. Fußstapfentheorie im Umwandlungssteuerrecht (I), GmbHR 06, 1026; *Grube/Behrendt/Heeg,* Vororganschaftlich verursachte Mehr- und Minderabführungen und die sog. Fußstapfentheorie im Umwandlungssteuerrecht (II), GmbH 06, 1079; *Suchanek,* BGH stützt Organschaften: Aufrechnung gegen den Verlustausgleichsanspruch aus § 302 AktG zulässig, FR 06, 872; *Priester* in FS Raupach, Zusammentreffen von Gewinnabführungsvertrag und stiller Gesellschaft – Dissonanz oder Konkordanz?, 391; *Thiel* in FS Raupach, Probleme beim Übergang von Halbeinkünfteverfahren zur Organschaft – Mehr- und Minderabführungen nach § 14 Abs 3 KStG, 543; *Gosch* in FS Raupach, Die Personengesellschaft als Organträgerin, 461; *Wernicke/Scheunemann,* Verzinsung des Anspruchs auf Verlustübernahme nach § 302 AktG aus gesellschaftsrechtlicher und steuerrechtlicher Sicht, DStR 06, 1399; *Philippi/Fickert,* Organschaft bei Gewinnabführungsverträgen: Ist aus gesellschaftsrechtlicher Sicht eine Verzinsung des Gewinnabführungsanspruchs erforderlich?, BB 06, 1809; *Kreidl/Riehl,* Tatsächliche Durchführung des Gewinnabführungsvertrags – Gibt es eine Möglichkeit, die „vergessene" Verlustausgleichsverpflichtung nach § 301 AktG zu heilen?, BB 06, 1880; *Rogall,* Zur Anwendung von § 8b Abs 7 KStG nach § 15 Nr 2 KStG bei Organschaften, DB 06, 2310; *Reichl/Wittkowski,* Europarechtswidrigkeit der Nichtberücksichtigung ausländischer Betriebsstättenverluste?, BB 06, 2496; *Neumayer,* Die Holding als Organträger, EStB 06, 381; *Haase,* Probleme der Organschaft nach grenzüberschreitender Anwachsung im Konzern – Europarechtswidrigkeit des § 18 KStG, IStR 06, 855; *Schilmar,* Verlustausgleich im GmbH-Vertragskonzern, ZIP 06, 2346; *Dörfler/Adrian/Geeb,* Aktuelle Entwicklungen beim organschaftlichen Ausgleichsposten – zugleich Anmerkungen zum Urteil des BFH vom 7.2.07, I R 5/05, DStR 07, 1889 ff; *Dötsch,* Mehr- und Minderabführungen mit Verursachung in vororganschaftlicher Zeit: Ein weiterer Diskussionsbeitrag, Der Konzern 07, 190 ff; *Frotscher,* Organschaftliche Mehr- und Minderabführungen mit Verursachung in vertraglicher Zeit, Der Konzern 07, 34 ff; *Glutsch/Meining,* Der passive Ausgleichsposten bei organschaftlichen Mehrabführungen, DB 07, 308 ff; *Habersack,* Steuerumlagen im faktischen Konzern konzernrechtlich betrachtet, BB 07, 1397 ff; *Jänisch/Klein,* Inbound Finanzierung von Großbritannien nach Deutschland über eine KG Holding Struktur – Anwendungsfall von § 14 Abs 1 S 1 Nr 5 KStG?, BB 07, 696 ff; *Kußmaul/Richter,* Ertragsteuerliche Organschaft: Entwicklungstendenzen bei der steuerlichen Berücksichtigung von Minder- und Mehrabführungen ohne und mit Bezug zur außerorganschaftlichen Zeit, BB 07, 1256 ff; *Neyer/Schlepper,* Zivilrechtliches Verbot der Aufrechnung gegen einen Verlustausgleichsanspruch – Gefahr für die Anerkennung einer ertragsteuerlichen Organschaft?, BB 07, 413 ff; *Nolting/Voßkuhl,* Steuerbelastungswirkungen der Behandlung des Ausgleichsanspruchs eines außenstehenden Minderheitsgesellschafters, DB 07, 2223 ff; *Pache/Englert,* Grenzüberschreitende Verlustverrechnung deutscher Konzernspitzen – Ist die Organschaft noch zu retten?, IStR 07, 47 ff; *Prokopf,* Die Verzinsung von Verlustausgleichs- und Gewinnabführungsansprüchen im Hinblick auf die steuerliche Anerkennung von Organschaftsverhältnissen, DB 07, 900 ff; *Simon,* Steuerumlagen im Konzern, ZGR 07, 71 ff; *Schild,* Begründung von Organschaften, JbFfSt 05/06, 262 ff; *Weber-Grellet,* Erfolgsneutrale Auflösung eines passiven Ausgleichspostens, StuB 07, 623 ff; *Herzig/Liekenbrock,* Zinsschranke im Organkreis, DB 07, 2387; *Reiß,* Steuerliche Einkommenszurechnung, handelsrechtliche Gewinnabführung und steuerliche Ausgleichsposten im Rahmen der Organschaft, Der Konzern 08, 9; *Fuhrmann,* Organschaft als steuerliches Gestaltungsinstrument, KÖSDI 07, 15 989; *Suchanek/Herbst,* Ausgleichsposten bei Organschaft nach dem JStG 08, FR 08, 112; *Dötsch/Pung,* Minder- und Mehrabführungen bei Organschaft, Der Konzern 08, 150; *Rogall,* Thesaurierungsbegünstigung – Regelungslücke bei der Organschaft und der doppelstöckigen Personengesellschaft, DStR 08, 429; *Altrichter-Herzberg,* Ertragsteuerliche Organschaft ohne Ausgleichszahlung – Vermeidung der Grunderwerbsteuer bei Anteilsübertragungen, GmbHR 10, 244 ff; *Ammelung/Bernhardt/Lorenzen/Ackermann,* Die Vergütung von Konzernbürgschaften im Lichte des steuerlichen Fremdvergleichs, Der Konzern 10, 404 ff; *Arslan,* Steuerfreies Durchreichen ausländischer Gewinne an deutsche Gesellschafter halbiert Steuerbelastung – Steuersparmodell Organschaft, NWB 12, 37 ff; *Bahns/Graw,* Organschaftliche Einkommenszurechnung bei Auflösung und Umwandlung einer Organgesellschaft, DB 08, 1645 ff; *Bareis,* Systembruch durch Ausgleichsposten nach § 14 Abs 4 KStG? – Anmerkungen zu BFH I R 5/05 und zu Kolbe, StuB 08, 293–298, FR 08, 649 ff; *Behrens,* Keine sog. Organschaft über die Grenze aufgrund des DBA-Diskriminierungsverbots, BB 12, 485 ff; *Beutel/Rehberg,* National Grid Indus – Schlusspunkt der Diskussion oder Quell neuer Kontroverse zur Entstrickungsbesteuerung?, IStR 12, 94 ff; *Blumenberg,* Die Zukunft der grenzüberschreitenden Verlustverrechnung, FS Herzig, 2010, 211; *Bohn/Loose,* Besonderheiten des EBITDA-Vortrags bei Organschaftsverhältnissen, DStR 11, 1009 ff; *Borggräfe/Kutsch,* Heilung von nicht durchgeführten Organschaftsverträgen mittels Bilanz, NWB 11, 1946 ff; *Breier,* Mehr- und Minderabführungen in der Organschaft – Teil 1/2, Der Konzern 11, 11 ff; *Breier,* Mehr- und Minderabführungen in der Organschaft – Teil 2/2, Der Konzern 11, 84 ff; *Bünning/Möser,* Gemeinsame konsolidierte Körperschaftsteuer-Bemessungsgrundlage (GKKB), BB 11, 2647 ff; *Dehmer,* BFH zur umsatzsteuerlichen Organschaft – Der Tod der Betriebsaufspaltung, DStR 10, 1701 ff; *Dötsch,* Kann eine unzutreffende handelsrechtliche Bilanzierung zur steuerlichen Nichtanerkennung der Organschaft führen?, Der Konzern 09, 171 ff; *Dötsch,* Begründung einer Organschaft bei vororganschaftlichen Verlustvorträgen, Der Konzern 10, 99 ff; *Dötsch,* Können auch vor Beginn der Organschaft entstandene Einkommenteile Gegenstand der organschaftlichen Zurechnung sein?, Der Konzern 10, 34 ff; *Dötsch,* Neue BFH-Rechtsprechung zum Beginn der Organschaft, Der Konzern 10, 552 f; *Dötsch,* Gruppenbesteuerung statt Organschaft: Vorschläge zur vereinfachten Abwicklung von Mehr- und Minderabführungen, Der Konzern 11, 402 ff; *Dötsch/Pung,* Mehr- und Minderabführungen, die auf Ebene einer der Organgesellschaft nachgeordneten Personengesellschaft verursacht sind, Der Konzern 10, 223 ff; *Duttiné,* Keine erweiterte Kürzung innerhalb des Organkreises, DStR 11, 2033 ff; *Ederle,* Der verdeckte Beherrschungsvertrag als konzernrechtliches Haftungsinstrument, AG 10, 273 ff; *Ehlermann/Petersen,* Abkommensrechtliche versus nationale Zuordnung von Beteiligungen – Besonderheiten bei ertragsteuerlicher Organschaft?, IStR 11, 747 ff; *Eisolt,* Verlustübernahme bei Organschaftsverhältnissen, NWB 10, 3268 ff; *Elicker/Hartrott,* Angriffspunkte gegen die Haftung im Organkreis – Teil 1: Erwägungen auf Tatbestandsebene unter Berücksichtigung des Verfassungsrechts, BB 11, 2775 ff; *Elicker/Hartrott,* Angriffspunkte gegen die Haftung im Organkreis – Teil 2: Erwägungen auf Ermessensebene, BB 11, 3093 ff; *Endres,* Gesetzgeberischer Überarbeitungsbedarf bei der Organschaft: eine Bestandsaufnahme, in FS für Norbert Herzig, 1. Aufl 10, 189 ff; *Fichtelmann,* Die Beendigung des Gewinnabführungsvertrages und ihre Auswirkungen auf die Organschaft, GmbHR 10, 576 ff; *von Freeden/Rogall,* Organschaftliche Mehr- und Minderabführungen im Anwendungsbereich der Thesaurierungsbegünstigung des § 34a EStG, FR 09, 785 ff; *Freudenberg,* Der Fortbestand des Beherrschungs- und Gewinnabführungsvertrages in der Insolvenz der Konzernobergesellschaft, ZIP 09, 2037 ff; *Frey/Sälzer,* Die deutsche Konzernbesteuerung im Umbruch, BB 12, 294 ff; *Frotscher,* Grenzüberschreitende Organe – wo stehen wir?, IStR 11, 697 ff; *Frotscher,* Verlustabzugsbeschränkung, § 8c KStG, und Organschaft, Der Konzern 08, 548 ff; *Haase,* Die grenzüberschreitende Organschaft – eine Bestandsaufnahme, BB 09, 980 ff; *Haase/Brändel,* Ertragsteuerliche Konkurrenz von Organschaft und Mitunternehmerschaft und ihre Auflösung, DB 11, 1128 ff; *Gebert,* Das Zusammenspiel von umwandlungssteuerrechtlicher Rückwirkung und Beginn der Organschaft – Aktuelle Entwicklungen, DStR 11, 102 ff; *Glahe,* Grenzüberschreitende Organschaft ohne Gewinnabführungsvertrag, IStR 12, 128 ff; *Grieser/Wirges,* Anforderungen an die Verlustübernahmepflicht bei ertragsteuerlichen Organschaften im GmbH-Konzern, DStR 10, 2288 ff; *Hageböke/Stangl,* Umwandlungen auf Organgesellschaften: Kopplungserklärungen im Zusammenhang mit Billigkeitsregeln? – Kritik an Tz 11.08, 15.14 und 20.18 des UmwStE-Entwurfs, GmbHR 11, 744 ff; *Hahn,* Bezugnahme auf § 302 AktG im Gewinnabführungsvertrag mit einer GmbH wirklich erforderlich?, DStR 09, 1834 ff; *Hans,* Zweifelsfragen des UmwStG 06 – Führt eine handelsrechtliche Mehrabführung zur Besteuerung des „Einbringungsgewinns I"?, BB 08, 27 ff; *Heurung,* Bruttomethode bei Organschaft nach dem JStG 09, BB 09, 472 ff; *Heurung/Seidel,* Ausgleichspostenmethode bei Organverlusten und mittelbarer Organschaft, Der Konzern 09, 400 ff; *Heurung/Engel,* Fortführung und rückwirkende Begründung von Organschaftsverhältnissen in Umwandlungsfällen, Betriebs-Berater 11, 151 ff; *Heurung/Engel/Schröder,* BB-Rechtsprechungsreport ertragsteuerliche Organschaft 10, BB 11, 599 ff; *Heurung/Engel/Thiedemann,* Ertragsteuerliche Organschaft im Lichte des Europarechts, FR 11, 212 ff; *Heerdt,* Die steuerliche Behandlung von Mehrabführungen im Rahmen eines Upstream-Mergers auf eine Organgesellschaft, DStR 09, 938 ff; *Herzig,* CCCTB-Projekt und Zukunft der Konzernbesteuerung (III), FR 09, 1037 ff; *Herzig,* Die Organschaft im Umbruch, Beiheft zur DStR 10, 61 ff; *Herzig/Liekenbrock,* Zum Zinsvortrag bei der Organschaft, DB 09, 1949 ff; *Heurung/Engel/Thiedemann,* Umwandlungen und Organschaft – Anmerkungen zum Umwandlungssteuererlass vom 11.11.11, Der Konzern 12, 16 ff; *Hohage,* Zu Art und Umfang der Bezugnahme auf § 302 AktG im Gewinnabführungsvertrag, BB 10, 1119 ff; *Hohage/Willkommen,* Der Gewinnabführungsvertrag und die ertragsteuerliche Organschaft im GmbH-Konzern, BB 11, 224 ff; *Hubertus/Lüdemann,* „Verunglückte" Organschaft infolge gewinnabhängiger Ausgleichszahlungen an Außenstehende – Kommentar zum BFH-Urteil vom 4.3.09, I R 1/08, DStR 09, 2136 ff; *Ismer,* Besteuerung inhabergeführter Unternehmensgruppen – Einschlägige neuere Entwicklungen bei der ertragsteuerlichen Organschaft, GmbHR 11, 968 ff; *Kaeser,* Der Gewinnabführungsvertrag als formale Hürde der Organschaft, Beiheft zur DStR 10, 56 ff; *Kerssenbrock/Seiffert,* Auswirkungen von Einkommensänderungen im Rahmen der körperschaftsteuerlichen Organschaft auf die Gewerbesteuer, Stbg 10, 209 ff; *Kessler/Philipp,* Finanzielle Eingliederung zur Neugründung, DStZ 10, 906 ff; *Kieker/Vollmar,* Änderung des Höchstbetrags der Gewinnabführung durch das BilMoG – Auswirkungen auf die steuerliche Anerkennung von Organschaftsverhältnissen?, DStR 09, 842 ff; *Kinzl,* Voraussetzungen für die Anerkennung einer steuerlichen Organschaft, AG 10, 447 ff; *Kos/Schönhaust,* Auswirkung von Umwandlungen auf Organschaften, NWB 12, 646 ff; *Kowallik,* Praxisfragen zur Organschaft bei der Zinsschranke im Rahmen der Escape-Klausel – Das sog. Erstjahresproblem bei der Organschaft in der Escape-Klausel, IWB 10, 241 ff; *Krau,* Tatsächliche Durchführung des Gewinnabführungsvertrages bei körperschaftsteuerlicher Organschaft, StBp 10, 65 ff; *Krebühl,* Reform der Konzernbesteuerung (IV), FR 09, 1042 ff; *Kusch/Schöneborn,* Grenzüberschreitende Organschaft, NWB 12, 1231; *Kutsch,* Verlustübernahmeverpflichtung bei körperschaftsteuerlicher Organschaft – § 17 S 2 Nr 2 KStG im Fokus der Verfassung und Staatsgewalten, GmbHR 10, 953 ff; *Lang,* Körperschaftsteuerliche Organschaft – Ausgleichsposten für Mehr-/Minderabführung in organschaftlicher Zeit, NWB 09, 118 ff; *Lange,* Der steuerlich wichtige Kündigungsgrund bei der ertragsteuerlichen Organschaft, GmbHR 11, 806 ff; *Lange,* Der steuerlich wichtige Kündigungsgrund bei der ertragsteuerlichen Organschaft, GmbHR 11, 806 ff; *Leitzen,* Update zu Gewinnabführungsverträgen mit beherrschten GmbHs – Alte und neue Fallstricke für GmbH-Berater, GmbH-StB 09, 278 ff; *Lendewig,* Neues zur grenzüberschreitenden Organschaftsbesteuerung, NWB 11, 2539 ff; *Lishaut,* Reform der Konzernbesteuerung (II), FR 09, 1030 ff; *Lohmann/Goldacker/Annecke,* Das BFH-Urteil vom 4.3.09 zur Bemessung von Ausgleichszahlungen an Mindergesellschafter – Handlungsmöglichkeiten, BB 09, 2344 ff; *Lohmann/Heerdt,* Außerorganschaftlich verursachte Mehrabführungen nach formwechselnder Umwandlung, DB 08, 1937 ff; *Lohr/Görges,* Probleme und Zukunft der Organschaft, DB 10, 2576 ff; *Lüdicke,* Reform der Konzernbesteuerung (I), FR 09, 1025 ff; *Lüdicke,* Das DBA-Gespenst bei der Organschaft, IStR 11, 740 ff; *Marquardt/Krack,* Variable Ausgleichszahlungen und körperschaftsteuerliche Organschaft – Anmerkung zum Urteil des BFH vom 4.3.09, FR 09, 1110, FR 09, 1098 ff; *Meüsel/Bokeloh,* Zulässigkeit variabler Augleichszahlungen in Ergebnisabführungsverträgen, DB 09, 2067 ff; *Meilicke,* Zur Bedeutung der Rechtsprechung des EuGH zur Organschaft außerhalb der Verlustverrechnung, in FS für Norbert Herzig, 1. Aufl 10, 231 ff; *Meining,* Mehrabführungen anlässlich der Verschmelzung einer Tochterkapitalgesellschaft auf eine Mutterorgangesellschaft, BB 09, 1444 ff; *Meining,* Korrektur von Gewinnabführungen bei der steuerlichen Organschaft, GmbHR 10, 309 ff; *Melcher/Murer,* Bilanzierung von latenten Steuern bei Organschaften nach dem BilMoG im Fall von Steuerumlageverträgen, DB 11, 2329 ff; *Mische/Recnik,* Bilanzielle Behandlung organschaftlicher Ausgleichsposten bei Auf- und Abstockungen der Organbeteiligung, BB 12, 1015; *Mitschke,* Keine grenzüberschreitende Organschaft zum europarechtlichen „Nulltarif"! – Erwiderung auf den Beitrag von Klaus von Brocke in DStR 10, 964 ff, DStR 10, 1368 ff; *Mitschke,* Ergebnisabführungsvertrag „über die Grenze" und Abzug finaler Verluste ausländischer Tochtergesellschaften – Zugleich eine Erwiderung auf die Anmerkung von Homburg zu BFH-Urteil I R 16/10 (IStR 11, 111), IStR 11, 185 ff; *Mühl/Wagenseil,* Der Gewinnabführungsvertrag – gesellschafts- und steuerrechtliche Aspekte, NZG 09, 1253 ff; *Müller,* Verfahrensrechtliche Fragen in Organschaftsfällen, Der Konzern 09, 167 ff; *Neumann/Stimpel,* Wesentliche Änderungen für Kapitalgesellschaften und deren Gesellschafter durch das JStG 08, GmbHR 08, 57 ff; *Neumayer/Imschweiler,* Aktuelle Rechtsfragen zur Gestaltung und Durchführung von Gewinnabführungsverträgen, GmbHR 11, 57 ff; *Oesterwinter,* Problembereiche der ertragsteuerlichen Organschaft – Lösung durch die Einführung eines modernen Gruppenbesteuerungssystems?, DStZ 11, 585 ff; *Oesterwinter,* Problembereiche der ertragsteuerlichen Organschaft – Lösung durch die Einführung eines modernen Gruppenbesteuerungssystems?, DStZ 11, 585 ff; *Oesterwinter/Pellmann,* Zweifelsfragen zur schädlichen Einlagenrückgewähr nach § 22 Abs 1 S 6 Nr 3 UmwStG – Dringender Klarstellungsbedarf insbesondere bei Einbringung in Organgesellschaften, BB 08, 2769 ff; *Olbing,* Ärger ohne Ende: Der BFH nimmt Stellung zur Mindestlaufzeit von Gewinnabführungsverträgen, NZG 11, 773 f; *Peters/Hecker,* Die Kündigung von Beherrschungs- und Gewinnabführungsverträgen im GmbH-Konzern, DStR 12, 86 ff; *Prinz,* Gedankensplitter zur konzeptionellen Fortentwicklung des steuerlichen Organschaftsrechts – Diskussionsbeitrag zum 2. Münchner Unternehmenssteuerforum, Beiheft zur DStR 10, 67 ff; *Prinz,* Droht Deutschland ein zigfaches Scheitern steuerlicher Organschaften? – Update zum Beitrag von Rödder, DStR 10, 1218, DStR 10, 1512 ff; *Pyszka,* Organschaft: Verlängerung der Mindestlaufzeit eines Gewinnabführungsvertrags durch Rumpfwirtschaftsjahre, GmbHR 11, 1030 ff; *Rengier,* BFH zur Anwendung von § 35b GewStG – Neue Entwicklungen bei Wahl des richtigen Rechtsbehelfs im Organkreis, NWB 10, 1830 ff; *Richter/Braun,* Eignung einer britischen Limited mit Geschäftsleitung in Deutschland als Organgesellschaft – Eine kritische Analyse unter Berücksichtigung des BMF-Schreibens vom 28.3.11, GmbHR 12, 18 ff; *Rödder,* Droht Deutschland ein zigfaches Scheitern von steuerlichen Organschaften?, DStR 10, 1218 ff; *Rödder,* Umwandlungen und Organschaft, DStR 11, 1053 ff; *Rödder/Schönfeld,* Abschied (auslandsbeherrschter) inländischer Kapitalgesellschaften von der deutschen Ertragsteuerpflicht?, DStR 11, 886 ff; *Rogall,* Zur Aufstockungsmöglichkeit eines Mindestausgleichs gem § 304 Abs 2 S 1 AktG an Mindergesellschafter bei Organschaft, Der Konzern 09, 572 ff; *Rohrer/Goldacker/Huber,* Durchführung eines Gewinnabführungsvertrags – Empfehlungen für die Praxis bei einer „vergessenen" Verrechnung von vorvertraglichen Verlusten, DB 09, 360; *Rublack,* Abzug grenzüberschreitender Konzernverluste nur mit Gewinnabführungsvertrag?, FR 10, 791 ff; *Schaumburg/Bäuml,* Organschaft und Gewerbesteueranrechnung, FR 10, 1061 ff; *Schmich,* Rechtliche und steuerliche Fragen bei der mezzaninen Finanzierung einer Organgesellschaft, GmbHR 08, 464 ff; *Schneider,* Regelung der Verlustübernahmeverpflichtung in GAVs, Der Konzern 10, 486 ff; *Schneider,* Verlustübernahmepflicht iSd § 17 KStG: Update zum Beitrag in Der Konzern 10, 486, Der Konzern 10, 604 ff; *Schnitger,* Anwendung des § 8b Abs 1 KStG beim Kapitalertragsteuerabzug – Auswirkungen der Entscheidung des EuGH vom 20.10.11, DB 12, 305 ff; *Schnitger/Berliner,* Die Anwendung der deutschen Organschaft bei grenzüberschreitenden Sachverhalten, IStR 11, 753 ff; *Schöneborn,* Aktuelle Formfragen der ertragsteuerlichen Organschaft, DB 10, 245 ff; *Schönwald,* Körperschaftsteuerliche Organschaft – Teil I, StBp 12, 10 ff; *Schönwald,* Körperschaftsteuerliche Organschaft – Teil II, StBp 12, 37 ff; *Schuck/Faller,* Probleme der parallelen Anwendung von Zinsschranke und gewerbesteuerlichen Hinzurechnungen in der Organschaft, DB 10, 2186 ff; *Schumacher,* Mehr- und Minderabführungen iSd § 14 Abs 3 und 4 KStG im Rahmen von Umwandlungen, Festschrift für Harald Schaumburg, 2009, 477 ff; *Sedemund,* Ungelöste Fragen bei vor- und innerorganschaftlichen Mehr- und Minderabführungen, DB 10, 1255 ff; *Seeger/Busch,* Verändert § 15 S 1 Nr 2 KStG in der Fassung vom 20.12.01 den Gegenstand einer Veräußerung?, Der Konzern 10, 612 ff; *Stadler/Bindl,* Gesellschafterliste und finanzielle Eingliederung bei der Organschaft, GmbHR 10, 412 ff; *Stöber,* Das unverzinsliche Darlehen in der Konzernsteuerplanung, DB 10, 862 ff; *Stöber,* Grenzüberschreitende Organschaften im Lichte abkommensrechtlicher Diskriminierungsverbote und der Niederlassungsfreiheit, BB 11, 1943 ff; *Stöber,* Grenzüberschreitende Organschaften im Lichte abkommensrechtlicher Diskriminierungsverbote und der Niederlassungsfreiheit, BB 11, 1943 ff; *ders,* Dividendenbesteuerung und Kapitalverkehrsfreiheit, DStZ 12, 155 ff; *Süß/Mayer,* BFH: Formal-zivilrechtliche Betrachtungsweise bei Organschaft gilt auch bei Änderung des Ergebnisabführungsvertrags, DStR 09, 789 ff; *Suliga,* Grenzüberschreitende USt-Organschaft, EU-UStB 11, 60 ff; *Viskorf,* Bericht zum 2. Münchner Unternehmenssteuerforum: „Organschaft im Umbruch?", DStR 10, 53 ff; *Vogel,* Geklärte, ungeklärte und neue Fragen im Problemkreis von Umwandlung und Organschaft, DB 11, 1239 ff; *Wagner,* Sitz der Organgesellschaft im Inland ist keine Voraussetzung mehr, Praxis Internationale Steuerberatung 11, 204 ff; *Walter,* Unterjähriger Beginn der ertragsteuerlichen Organschaft, AG 08, 741; *Walter,* Eine gesetzliche Klärung der Regelung zur organschaftlichen Verlustübernahme bei der GmbH steht bevor, AG 10, 669 ff; *Walter,* Gefahrenquellen bei Gestaltung einer Organschaft: Verlustübernahmepflicht und Mindestlaufzeit des Ergebnisabführungsvertrages, AG 11, 201 ff; *Winter/Marx,* „Grenzüberschreitende" Organschaft mit zugezogenen EU-/EWR-Gesellschaften, DStR 11, 1101 ff; *Wulf,* Steuerliche Formvoraussetzungen für Gewinnabführungsverträge bleiben weiter streitig, AG 10, 34 ff; *Wulf,* Formelle Voraussetzungen der Organschaft im GmbH-Konzern – Rechtslage nach dem Jahressteuergesetz 10, AG 11, 23 ff; *Schönfeld,* Praxisfragen der grenzüberschreitenden Organschaft, IStR 12, 368 ff; *Ismer,* Gruppenbesteuerung statt Organschaft im Ertragsteuerrecht?, DStR 12, 821 ff; *Burwitz,* Neue Entwicklungen im Steuerrecht, NZG 12, 496 ff; *Hoene,* Der grenzüberschreitende Gewinnabführungsvertrag, IStR 12, 462 ff; *Dötsch,* Steuerschädliche Zuviel- oder Zuwenig-Abführunen bei Organschaft, Der Konzern 12, 104 ff; *Eversberg,* Steuerwirksame Verrechnung von Gewinnen und Verlusten der Städte und Gemeinden durch Betriebe gewerblicher Art als Organträger, DStZ 12, 278 ff; *Lampert/Grave,* Der Vertrauenschutz bei der Änderung von Steuergesetzen, DStZ 12, 498 ff; *Olbing,* Organschaft und Umwandlungen, GmbH-StB 12, 188 ff; *Schmid/Mentgen,* Organschaft, Zinsschranke und § 8c UStG bei unterjährigen Beteiligungserwerb, DB 12, 1830 ff; *Trautmann/Faller,* Mehr- und Minderabführungen in der Organschaft nur bei einkommenserheblichen Abweichungen zwischen Handels- und Steuerbilanz?, DStR 12, 890 ff; *Wacher,* Abschaffung der Mehrmütterorganschaft und Verlustverwertungsbeschränkungen bei stillen Beteiligungen, NWB 12, 2462 ff; *Walter,* Aktuelle Rechtsprechung zur Organschaft, GmbHR 12, 670 ff; *Bareis,* Zur Systematik der Ausgleichsposten bei körperschaftsteuerlicher Organschaft, FR 12, 937 ff; *Behrens,* Konzerninterne Veräußerung der Organbeteiligung kein wichtiger Grund iSv § 14 Abs 1 Nr 3 S 2 KStG?, BB 12, 2787; *Brill,* Neues zur Organschaft und Verlustverrechnung, Kösdi 12, 18 103; *Butler,* Das Treuhandmodell – Eine „Organschaft" für Personengesellschaften, NWB 12, 2925; *Gösch,* über Cross Border-Organschaften, IWB 12, 694 ff; *Dötsch,* Erfüllung eines Gewinnabführungsvertrages ggü dem bisherigen Organträger trotz unterjähriger Veräußerung der Organbeteiligung, Der Konzern 12, 319 ff; *Lenz/Adrian/Handwerker,* Geplante Neuregelung der ertragsteuerlichen Organschaft, BB 12, 2851 ff; *Haase,* Organschaftliche Ausgleichszahlungen im DBA-Recht, IStR 12, 659 ff; *Heurung/Engel/Müller-Thomczik,* Der „wichtige Grund" zur Beendigung des Gewinnabführungsvertrages, GmbHR 12, 1227 ff; *Mehl/Tetzlaff,* Originäre Gewerblichkeit einer Personengesellschaft als Organträger, NWB 12, 3163 ff; *Schneider/Sommer,* Organschaftsreform „light", GmbHR 13, 22 ff; *Taetzner/Protz,* Wenn das Handelsregister Ergebnisabführungsverträge zu spät bearbeitet: Abweichende Steuerfestsetzung im Billigkeitsweg, BB 12, 2795 ff; *Stangl/Ritzner,* Durchführung eines Gewinnabführungsvertrags per Novatien, Der Konzern 12, 529 ff; *Schöne/Heurung/Petersen,* Erforderliche Änderungen im Recht des faktischen Konzerns im Zuge der Reform der steuerlichen Organschaft, DStR 12, 1680 ff; *Oesterwinter,* Reform der ertragsteuerlichen Organschaft, DStZ 12, 867 ff; *Wolfersdorff/Rödder/Schmidt-Fehrenbacher/Beisheim/Gerner,* Der Fraktionsentwurf zur „kleinen Organschaftsreform": Guter Wille, aber doch kein wirklicher Rechtsfrieden!, DB 12, 2241 ff; *Mindermann/Lukas,* Anforderungen an einen Organträger als gewerbliches Unternehmen, NWB 13, 516 ff; *Suchanek,* Die Rechtsfolgen des § 8c KStG in der Organschaft, FR 13, 349 ff; *von Freeden/Liekenbrock,* Neue Zinsabzugsbeschränkung für Inbound-Akquisitionsfinanzierungen durch § 14 Abs 1 Nr 5 KStG nF?, DB 13, 1690 ff; *Schirmer,* Holding als Organträger nach der Organschaftsreform, GmbHR 13, 797; *Scheifele/Hörner,* Neue formale Anforderungen an die Regelung der Verlustübernahmepflicht in Gewinnabführungsverträgen: Handlungsbedarf für Alt- und Neuverträge, DStR 13, 553 ff; *Schneider/Schmitz,* Ausschluss der Verlustberücksichtigung bei Organschaft, GmbHR 13, 281 ff; *Stangl/Brühl,* Brennende Zweifelsfragen des § 17 S 2 Nr 2 KStG nach der „kleinen Organschaftsreform", DB 13, 538 ff; *Gründig/Schmid,* Die Änderung des § 14 Abs 1 S 1 Nr 5 KStG und deren Auswirkung auf grenzüberschreitende Unternehmensstrukturen, DStR 13, 617; *Kröner/Nomen/Boller,* Zeitliche Anwendung des § 14 Abs 1 S 1 Nr 5 KStG nF und verfahrensrechtliche Konsequenzen, IStR 13, 405; *Weigert/Strohm,* Zu den persönlichen Voraussetzungen der ertragsteuerlichen Organschaft unter Berücksichtigung aktueller Entwicklungen, Der Konzern 13, 249 ff; *Strahl,* Steuergesetzgebung 2013 – Teil I: Kleine Organschaftsreform, Reisekostenrecht, Einkommensteuertarif, Kösdi 13, 18 299 ff; *Graw,* Ausgewählte Zweifelsfragen im Zusammenhang mit der Anwendungsregelung für § 17 S 2 Nr 2 KStG idF des UntSt/RKVereinfG, Ubg 13, 373; *Suchanek/Jansen/Hesse,* Organschaftliche Ausgleichsposten – Geht der Streit zwischen BFH und Finanzverwaltung weiter?, Ubg 13, 280 ff; *Wagner/Liekenbrock,* Organschaft und Ausschluss der doppelten Verlustberücksichtigung im In- und Ausland nach § 14 Abs 1 Nr 5 KStG nF, Ubg 13, 133 ff; *Möbus/Posnak/Hansen,* Behandlung von Verbindlichkeiten aus Ergebnisabführungsverträgen im Rahmen von Übertragungen eines Teilbetriebs, Ubg 13, 146 ff; *Engel,* Anmerkung zu BFH IV R 50/09 vom 28.2.13, BB 13, 1445 f; *Heurung/Engel/Schröder,* BB-Rechtsprechungsreport ertragsteuerliche Organschaft 12, BB 13, 663 ff; *Mayer/Wiese,* Zur Verlustübernahme nach der „kleinen Organschaftsreform" – Vertragsformulierungen im Lichte der Übergangsvorschrift, DStR 13, 629 ff; *Micker,* Die Aufgabe des doppelten Inlandsbezugs bei der Organschaft, EWB 13, 309 ff; *Benecke/Schnitger,* Wichtige Änderungen bei der körperschaftlichen Organschaft durch das UntStG 13, IStR 13, 143 ff; *Schwenke,* Grenzüberschreitende Organschaft – Anmerkungen zu den Neuregelungen im Gesetz zur Änderung und Vereinfachung der Unternehmensbesteuerung und des steuerlichen Reisekostenrechts, ISR 13, 41 ff; *Schaden/Polatzky,* Neuregelungen der Verlustausgleichsbeschränkung des § 14 Abs 1 S 1 Nr 5 KStG, IStR 13, 131 ff; *Goebel/Ungemach,* Neuregelungen bei der Besteuerung ertragsteuerrechtlicher Organschaften mit Ausandsbezug, NWB 13, 595 ff; *Oesterwinter,* Aktuelle Entwicklungen im Rahmen der Reform der ertragsteuerlichen Organschaft, DStZ 12, 867 ff; *Keller,* Neuerungen bei der Organschaft durch das Gesetz zur Änderung und Vereinfachung der Unternehmensbesteuerung und des steuerlichen Reisekostenrechts, DStZ 13, 60 ff; *Els-*

*weiler/Grave,* Die niederländische Einheitstheorie im Praxistext – eine Alternative für die Organschaft in Deutschland?, IStR 13, 91 ff; *Paintner,* Das Gesetz zur Änderung und Vereinfachung der Unternehmensbesteuerung und des steuerlichen Reisekostenrechts im Überblick, DStR 13, 217 ff; *Henningfeld,* Verunglückte Organschaft – Ausdrückliche Einbeziehung der Regelungen des § 302 AktG in den Ergebnisabführungsvertrag erforderlich – Anm zu FG Baden-Württemberg, Außensenate Freiburg, 3 K 2384/11 vom 12.9.12, EFG 13, 159 ff; *Dötsch/Pung,* Gesetz zur Änderung und Vereinfachung der Unternehmensbesteuerung und des steuerlichen Reisekostenrechts: Die Änderungen bei der Organschaft, DB 13, 305 ff; *Olbing,* Nun doch: Die (kleine) Reform des Organschaftsrechts, AG 13, 164 ff; *Möbus/Posnak/Hansen,* Behandlung von Verbindlichkeiten aus Ergebnisabführungsverträgen im Rahmen von Übertragungen eines Teilbetriebs, Ubg 13, 146 ff; *Wagner/Liekenbrock,* Organschaft und Ausschluss der doppelten Verlustberücksichtigung im In- und Ausland nach § 14 Abs 1 Nr 5 KStG nF, Ubg 13, 133 ff; *Fellinger/Welling,* Auslegungsfragen zur kleinen Organschaftsreform – Positives Ziel nicht aus den Augen verlieren, DStR 13, 1718 ff; *Stangl/Brühl,* Die „kleine Organschaftsreform", Der Konzern 13, 77 ff; *Forst/Suchanek/Klopsch,* Handelsrechtliche Bilanzierungsfehler und ihre Auswirkungen auf die tatsächliche Durchführung eines Gewinnabführungsvertrags, GmbHR 13, 914 ff; *Ronneberger,* Zur Systematik organschaftlicher Ausgleichsposten nach dem BFH-Urteil vom 29.8.12, Stbg 13, 297 ff; *Suchanek/Jansen/Hesse,* Organschaftliche Ausgleichsposten – Geht der Streit zwischen BFH und Finanzverwaltung weiter?, Ubg 13, 280 ff; *Graw,* Ausgewählte Zweifelsfragen im Zusammenhang mit der Anwendungsregel für § 17 S 2 Nr 2 KStG idF des UntSt/RKVereinfG, Ubg 13, 373 ff; *Polatzky/Seitner,* Anwendung des § 14 1 Nr 5 KStG auf US-Inbounds-Strukturen nach Deutschland vor dem Hintergrund des US-Steuerrechts, Ubg 13, 285 ff; *Hageböke,* Nochmals: GmbH & atypisch Still und Organschaft – Kritische Anmerkungen zu den Verfügungen der OFD Frankfurt/M. vom 30.1.13 und des FM Schleswig-Holstein vom 4.3.13, Der Konzern 13, 334 ff; *Schulze zur Wiesche,* Die ertragsteuerliche Organschaft unter Berücksichtigung des Gesetzes zur Vereinfachung der Unternehmensbesteuerung und der steuerlichen Reisekosten sowie der aktuellen Rechtsprechung, DStZ 13, 621 ff; *Schimmele/Weber,* Haftung bei Organschaft – Offene Fragen zu § 73 AO, BB 13, 2263 ff; *Faller,* Organschaftliche Mehr- oder Minderabführungen bei einkommenerheblichen Abweichungen zwischen Handels- und Steuerbilanz, DStR 13, 1977 ff; *Kusch,* Die Reform der ertragsteuerlichen Organschaft, NWB 13, 3065 ff; *Dötsch/Pung,* Die „kleine Organschaftsreform": Alles nur theoretische Probleme?, DB 13, 2169 ff; *Drüen,* Das neue Verfahrensrecht der Organschaft, Der Konzern 13, 433 ff; *Kudert/Mroz,* Vereinfachung der Unternehmensbesteuerung bei der körperschaftsteuerlichen Organschaft, PIStB 13, 243 ff; *Schirmer,* Neue Probleme durch das Zuordnungsmerkmal bei der Organschaft nach der Organschaftsreform, StBp 13, 245 ff; *Kröner/Momen//Boller,* Zeitliche Anwendung des § 14 Abs 1 S 1 Nr 5 KStG nF und verfahrensrechtliche Konsequenzen, IStR 13, 405 ff; *Pyszka,* Steuergestaltung durch Nichtwahrung der Voraussetzungen einer ertragsteuerlichen Organschaft, GmbHR 14, 1296 ff; *Teiche,* Verfahrensrechtliche Aspekte nach der Organschaftsreform, DStR 13, 2197 ff; *Tinter/Klahr/Ungemach,* Ertragsteuerrechtliche Organschaft: Der Zeitpunkt des Beginns der gewerblichen Betätigung, NWB 13, 3303 ff; *Schaefer/Wind/Mager,* Beendigung und Begründung von Organschaften beim Unternehmenskauf, DStR 13, 2399 ff; *Schmidt/Ungemach,* Die ertragsteuerrechtliche Organschaft als Instrument der internationalen Steuerplanung, PIStB 13, 274 ff; *Walter,* Finanzielle Eingliederung bei Organschaft durch wirtschaftliches Eigentum, Der Konzern 13, 472 ff; *Neumann/Suchanek,* (Vor-) organschaftlich verursachte Mehr- und Minderabführungen – Ein Diskussionsbeitrag, Ubg 13, 549 ff; *Stangl/Aichberger,* Unterjährige Verschmelzung einer Organgesellschaft – Auswirkungen auf das Organschaftsverhältnis zum übertragenden Rechtsträger, Ubg 13, 685 ff; *Suchanek/Hesse,* Ertragsteuerliche Organschaft und Treuhand-KG, GmbHR 13, 1196 ff; *Hunkenschröder/Kellersmann/Zwirner,* Die Auslegung der Stille-Reserve-Klausel des § 8c Abs 1 S 6 KStG bei ertragsteuerlichen Organschaften, Der Konzern 13, 531 ff; *Schmidt/Ungemach,* Die Organschaft als Instrument der internationalen Steuerplanung (Teil 3), PIStB 13, 330 ff; *Herzberg,* Die Mindestvertragslaufzeit im Sinne des § 14 Abs 1 S 1 Nr 3 S 1 KStG, GmbHR 14, 85 ff; *Kahlert,* Beendigung der ertragsteuerlichen Organschaft mit dem vorläufigen Insolvenzverfahren, DStR 14, 73 ff; *Schmidtmann,* Anteilige Auflösung organschaftlicher Ausgleichsposten bei „upstream"-Abspaltungen, DStR 14, 405 ff; *Rödder/Schmidtmann,* Zeitlicher Zusammenhang von konkretem Anlass und Rücklagenzuführung bei der Bildung einer Gewinnrücklage gemäß § 14 Abs 1 S 1 Nr 4 KStG, Ubg 14, 177 ff; *Dötsch/Pung,* Organträger-Personengesellschaft mit ausländischen Gesellschaftern: Zur Anwendung des § 14 Abs 1 S 1 Nr 2 S 7 KStG, DB 14, 1215 ff; *Hahn,* Der Verzicht auf die Durchführung der Gewinnabführung als Gestaltungsinstrument bei M&A-Transaktionen, Ubg 14, 427 ff; *Pyszka/Nienhaus,* Gewerbsteuerliches Schachtelprivileg bei Gewinnausschüttungen sowie vororganschaftlichen Mehrabführungen an eine Organgesellschaft, DStR 14, 1585 ff; *Scheifele/Marx*, Die zeitlichen Anforderungen an den Gewinnabführungsvertrag und seine Durchführung, DStR 14, 1793 ff; *Heurung/Bresgen/Fröhr*, BB-Rechtsprechungsreport ertragsteuerliche Organschaft 13, BB 14, 1687 ff; *Aichberger/Ritzer*, Implikationen der BFH-Entscheidung I R 65/11 für organschaftliche Ausgleichsposten, Der Konzern 14, 219 ff; *Jochimsen/Mangold/Zinowsky*, Ertragsteuerliche Organschaft bei Implementierung eines Personengesellschafts-Treuhandmodells, DStR 14, 2045 ff; *Walter*, Gewinnabführungsvertrag mit Schwestergesellschaft aus zivilrechtlicher Sicht, DB 14, 2016 f; *Mylich*, Die Dogmatik vororganschaftlich verursachter Minderabführungen (§ 14 Abs 3 S 2 KStG) und ihre praktischen Folgen, DStR 14, 2427 ff; *Wetterich*, Finanzunternehmen und Organschaft als Instrument zur Nutzung ausländischer Verluste, BB 14, 2779 ff; *Pyszka*, Steuergestaltung durch Nichtwahrung der Voraussetzungen einer ertragsteuerlichen Organschaft, GmbHR 14, 1296 ff; *Heinz/Scheuch*, Grenzüberschreitende Organschaft – offene Fragen auch nach Anpassung von § 19 KStG durch das Kroatien-AnpG, IStR 14, 915 ff; *Rüsch*, Bericht zur 18. Euroforum-Jahrestagung „Die Organschaft 2014" am 22.9.14, DStZ 15, 27 ff; *Sommer*, Gewinnabführungsverträge als Sicherheit für konzerninterne Up-Stream-Darlehen? – Eine Fallstudie, FR 15, 67 ff; *Rogall/Dreßler*, Ungereimtheiten betreffend Ausgleichszahlungen an Minderheitsgesellschafter bei Organschaften, DStR 15, 449 ff; *Hierstetter*, Übertragung des Geschäftsbetriebs einer Organgesellschaft, BB 15, 859 ff; *Walter*, Organschaft zwischen Schwestergesellschaften de lege lata, GmbHR 15, 182 ff; *Forst/Suchanek/Martini*, Risiken bei der Veräußerung von Organgesellschaften hinsichtlich der Fiktion der tatsächlichen Durchführung, GmbHR 15, 408 ff; *Adrian*, Gewerbesteuerliche Behandlung von Dividenden bei Organschaft, BB 15, 1113 ff; *Scheifele/Kirch-Heim*, Heilung fehlerhafter Gewinnabführungsverträge nach dem 31.12.14: Rien ne va plus?, DStR 15, 932 ff; *Hölzer*, Nichteinbeziehung des umwandlungs- und umwandlungssteuerrechtlichen Rückbezugsraum in die Berechnung der Mindestlaufzeit eines Gewinnabführungsvertrags?, DB 15, 1249 ff; *Füger/Rieger/Schell*, Die Behandlung von Ergebnisausführungsverträgen beim Unternehmenskauf – gesellschafts-, steuer- und insolvenzrechtliche Aspekte, DStZ 15, 404 ff; *Walter*, Neue Gestaltungen für Organschaften ausländischer Gesellschafter, PIStB 15, 153 ff; *Heuerung/Bresgen/Fröhr*, BB-Rechtsprechungsreport ertragsteuerliche Organschaft 2014, BB 15, 1431 ff; *Suchanek/Rüsch*, Zu den KStR-E 2015: Wesentliche unternehmensteuerrechtliche Aspekte, DStZ 15, 628 ff; *Walter*, Alternativen zur unterjährigen Aufhebung des Gewinnabführungsvertrags mit einer GmbH, GmbHR 15, 965 ff; *Brinkmann*, Stille Beteiligung an einer Organgesellschaft möglich?, StBp 15, 277 ff; *Brühl*, Neues Ungemach bei der Mindestlaufzeit von Gewinnabführungsverträgen in Umwandlungsfällen?, DStR 15, 1896 ff; *Hölzer*, Stille Beteiligung an Kapitalgesellschaften schädlich für deren Eignung als Organgesellschaft?, FR 15, 1065 ff; *Suchanek*, Körperschaftsteuerliche Organschaft und atypische stille Gesellschaft, GmbHR 15, 1031 ff; *Schultze*, Internationalisierung der Organschaft – Frankreich: Möglichkeiten und Grenzen, IStR 15, 546 ff; *Weiss*, Neuerungen bei der körperschaftsteuerlichen Organschaft, EStB 15, 417 ff; *Schnitger*, Grenzüberschreitende Organschaft aufgrund der Grundfreiheiten, Der Konzern 15, 491 ff; *Berner*, Die Fortführung organschaftlicher Ausgleichsposten im Rahmen konzerninterner Umstrukturierungen, DStR 16, 14 ff; *Gehm*, Die Haftung bei Organschaft gemäß § 73 AO – Risikoprofil in der Praxis, StBp 16, 37 ff; *Hölzle*, Steuerhaftung im Konzern – Organschaftskaskade als Sanierungshemmnis?, ZIP 16, 103 ff; *Heuerung/Fröhr/Schmidt*, BB-Rechtsprechungsreport ertragsteuerliche Organschaft 2015, BB 16, 727 ff; *Walter*, Abführungssperre für die Gewinnabführung wegen Anpassung der Abzinsung von Pensionsrückstellungen und Organschaft, GmbHR 16, 354 ff; *Drüen*, Organträgertauglichkeit einer Personengesellschaft trotz Beteiligung steuerbefreiter Gesellschafter, Ubg 16, 109 ff; *Rüsch*, Aktuelle Entwicklungen zur steuerlichen Organschaft, DStZ 16, 263 ff; *Zinowsky/Jochimsen*, Körperschaftsteuerliche Behandlung von Dividendenerträgen im Fall von Organträgerpersonengesellschaften, DStR 16, 285 ff; *von Freeden/Joisten*, Auflösung organschaftlicher Ausgleichsposten bei mittelbarer Organschaft, DB 16, 1099 ff; *Brinkmann*, Die förmliche Feststellung von Besteuerungsgrundlagen einer Organgesellschaft, StBp 16, 189 ff; *Moritz*, Unterjähriger Beteiligungswechsel bei Organschaft, GmbHR 16, 861 ff; *Hasbach/Brühl*, Steuerliche Anerkennung von Ergebnisabführungsverträgen bei kombinierten Ausgleichszahlungen und fehlendem Verweis auf § 302 Abs 4 AktG, DStR 16, 2361 ff; *Brühl*, Umwandlung und Organschaft-Die finanzielle Eingliederung im Spannungsfeld von Rückwirkung und Rechtsnachfolge, Ubg 16, 586 ff; *Neumann-Tomm*, Die Einspruchsfalle bei der Hinzurechnungsbesteuerung in Organschaftsfällen, IStR 16, 889 ff; *Brühl/Binder*, (Steuerliche) Anwachsung und Organschaft, Ubg 16, 647 ff; *Schell/Schrade*, Wiedereinlagevereinbarungen und tatsächliche Durchführung von Gewinnabführungsverträgen iSd § 14 Abs 1 S 1 Nr 3 S 1 KStG, DStR 17, 86 ff; *Hageböke/Hennrichs*, Organschaft: Der Gesetzeszweck der Ausschüttungssperre in § 253 Abs 6 S 2 HGB nF als Thesaurierungsgrund iSv § 14 Abs 1 S 1 Nr 4 KStG, DB 17, 18 ff; *Rüsch*, Aktuelle Entwicklungen zur steuerlichen Organschaft, DStZ 17, 69 ff; *Kamphaus/Nitzschke*, Ermittlung des Anrechnungshöchstbetrags bei Steueranrechnung durch den Organträger, IStR 17, 96 ff; *Voges*, § 253 HGB und die ertragsteuerliche Organschaft/BMF-Schreiben vom 23.12.16, GWR 17, 47 ff; *von Freeden/Lange,* Ertragszuschuss eines Organträgers an seine Organgesellschaft, DB 17, 2055; *Gosch/Adrian,* Mehr- und Minderabführungen bei der ertragsteuerlichen Organschaft, GmbHR 17, 965; *Prinz,* Organschaft in der Praxis – Aktuelle Brennpunkte, GmbHR 17, R273; *Pieske-Kontny,* Drohende Haftungsinanspruchnahme der Organgesellschaft für KSt-Schulden bei Insolvenz des Organträgers, StBp 17, 305; *Joisten/Lüttchens,* Auswirkungen außerbilanzieller Korrekturen auf organschaftliche Mehr- und Minderabführungen, Ubg 17, 561; *Adrian/Fey,* Organschaftsrettung durch den BFH, DStR 17, 2409; *Kowanda,* Körperschaftliche Organschaft bei Neuaufnahme eines Gesellschafters im Rahmen einer Barkapitalerhöhung, GmbH-StB 17, 351; *Claudy,* Ausübung des Wahlrechts auf Abzug von ausländischen Steuern bei körperschaftlicher Organschaft, Ubg 17, 621; *Hemme,* Zur Unschädlichkeit einer sog Organschaftsunterbrechung, Ubg 17, 678.

**1. Allgemeines.** Die Organschaft **beseitigt die steuerl Selbstständigkeit** verbundener Unternehmen, indem das Einkommen einer KapGes dem Gesellschafter zugerechnet und dort mit den anderen Einkünften des Gesellschafters saldiert besteuert wird. Sie zieht aus einem wirtschaftl Tatbestand, der Verflechtung von Unternehmen, die angemessene steuerl Folge. Es handelt sich folglich um kein Privileg und um keine steuerl Vergünstigung, die zur einengenden Auslegung verpflichten. Wie im USt- und GewStRecht (§ 2 II Nr 2 UStG, § 2 II GewStG) werden OrganGes und OrganT weitgehend als ein Unternehmen behandelt. Zu den Organschaftstheorien s *Winter* in H/H/R Vor § 14 Rz 8ff. Die Organschaft sperrt sich einer systematisch klaren Erfassung; schon der Bildbegriff „Organschaft" kann zu Unklarheiten führen. Das **ehemalige AnrV** und die Organschaft bezweckten das Gleiche: die Beseitigung der Doppelbelastung der Gewinne der Körperschaft mit KSt und ESt/KSt des AntE. Dennoch behielt auch das KSt 1977 das Rechtsinstitut der Organschaft bei (s dazu 6. Aufl). 1

Mit dem **Wegfall des AnrV** durch das StSenkG hat die Organschaft an Bedeutung gewonnen (vgl zum Ganzen auch *Kirsch/Grube* GmbHR 01, 371; *Prinz* FR 00, 1255). Eine weitestgehende Saldierung von Gewinnen und Verlusten ist wie vor 1977 nur über die Organschaft möglich. Darüber hinaus kommen bei der Organschaft die Abzugsbeschränkungen des § 3c EStG nicht zum Tragen. Eine phasengleiche Aktivierung von Beteiligungsanträgen lässt sich gegen BFH BStBl II 00, 632 durch die Organschaft sicherstellen. Zudem sind die Zugangsvoraussetzungen erleichtert worden (insbes Streichung des Additionsverbots Nr 1 sowie der wirtschaftl und organisatorischen Eingliederung Nr 2 aF). Die Reform war leider in weiten Bereichen missglückt. Sie wies gravierende handwerkl Mängel auf (zB waren §§ 15 Nr 2 und 3, 16 und 17 nicht auf die Änderungen abgestimmt). Sie erstreckte sich zudem nicht auf das USt- und GewStR, was zu erheblichen Abstimmungsproblemen führte. Durch das UntStFG (Rz 7 und Vor § 1 Rz 28) wurden die Mängel weitestgehend abgestellt. 2

Die **weitere** steuerrechtliche **Entwicklung** des Organschaftsrechts hängt zunächst davon ab, ob es, wie nun schon mehrfach angekündigt, zu einer Umstellung auf die sog **Gruppenbesteuerung** kommt. Danach wäre nicht mehr der Abschluss eines GAV erforderlich, ausschlaggebend wäre allein eine qualifizierte Mehrheitsbeteiligung in einer noch zu bestimmenden Höhe (vgl dazu nur *Oesterwinter,* DStZ 11, 585; *Bünning/Möser,* BB 11, 2647; *Dötsch,* Der Konzern 11, 402; *Frey/Sälzer,* BB 12, 294; *Ismer,* DStR 12, 821). Konkrete gesetzgeberische Maßnahmen sind dazu derzeit nicht erkennbar. Unabhängig davon hat die Berücksichtigung **internationaler Verflechtungen** eine zunehmende Bedeutung gewonnen. Aufgrund der Entscheidung des EuGH zu *Marks & Spencer* (v 13.12.05 C 446/03, DStR 05, 2788; vgl zum derzeitigen Rechtsprechungsstand EuGH Timac Agro Deutschland vom 17.12.15, BStBl II 16, 362) hat eine breite Diskussion begonnen, unter welchen Voraussetzungen und zu welchem Zeitpunkt „finale" Verluste einer EU-aus- 3 ländischen Tochter-Kapitalgesellschaft bzw einer EU-ausländischen Betriebsstätte im Inland steuerlich geltend gemacht werden können (zuletzt BFH DStR 17, 1145, vgl aus der umfangreichen Literatur nur *Henz/Wartin/Thomsen/Weiß* IStR 16, 397; *Schumacher* IStR 16, 473; *Schütz* IWB 16, 106; *Kahlenberg* NWB 16, 1723). Aufgrund der Entscheidung des BFH zur gewerbesteuerlichen Organschaft im Jahr 99 (BStBl II 12, 106, Nichtanwendungserlass BStBl I 12, 119) wird neuerdings die Frage aufgeworfen, ob aufgrund von DBA-Diskriminierungsverboten ohne GAV bzw mit einer dem GAV vergleichbaren Vereinbarung eine körperschaftsteuerliche Organschaft über die Grenze möglich ist (vgl dazu *Behrens,* BB 12, 485; *Ehlermann/Petersen,* IStR 11, 747; *Endres,* FS Herzig, 189; *Frotscher,* IStR 11, 697; s auch Rz 12).

4 Neben den steuerl Folgen der Organschaft sind die wirtschaftlichen zu beachten. Die Organschaft führt zu einer **Durchbrechung** der **Haftungsbegrenzung** der OrganGes, da der OrganT über die Verlustübernahme für die Verluste der OrganGes einstehen muss. Hinzukommen steuerl Haftungstatbestände (insbes § 73 AO).

7 **2. Geltungszeit.** § 14 gilt seit 1.1.77 (§ 54 I idF des KStG 1977). Keine Übergangsprobleme, da § 14 mit § 7a I KStG aF identisch war. § 7a KStG aF war 1969 eingeführt worden; vorher keine gesetzliche Regelung im KStRecht, wohl im USt- und GewStG seit 1934. Auslösend für § 7a KStG aF war BFH BStBl III 67, 118 betr Nichtanerkennung der Organschaft zu einem Einzelunternehmen oder einer PersGes. Das **StÄndG 1992** v 25.2.92 (BGBl I 92, 297; BStBl I 92, 146) ergänzte Nr 2 um Satz 3 und änderte die Abs 4 und 5, und zwar mit Wirkung ab VZ 1991 (§ 51 I idF des G v 25.2.92). Das **StSenkG** (BGBl I 00, 1433; BStBl I 00, 1521) ändert Nr 1 und streicht Nr 2. Diese Änderungen sind bei kalendergleichen Wj erstmals im VZ 01, bei abw Wj grundsätzlich im VZ 02 anzuwenden. Vgl *Dötsch/Pung* DB Beilage 10/00, 22f, wenn die Wj voneinander abweichen. Das **UntStFG** (BGBl I 01, 3858; BStBl I 02, 35) führt mit Rückwirkung die Mehrmütterorganschaft ein, ab VZ 03 mit der Notwendigkeit einer besonderen Beteiligungsquote; zudem ist es ab VZ 01 ausreichend, dass der OrganT seine Geschäftsleitung im Inland hat; ab VZ 01 ist durch die Nr 5 sichergestellt, dass bei doppelansässigen Gesellschaften negative Einkommen doppelt berücksichtigt werden. Das **StVBG** (BGBl I 01, 3922; BStBl I 02, 32) fügte Abs 3 an, wonach ab VZ 02 Abs 1 nicht auf OrganGes anwendbar ist, die Lebens- und Krankenversicherungen sind. Ab VZ 03 gelten schärfere Voraussetzungen für die Mehrmütterorganschaft. Das **StVergAbG** (BGBl I 03, 660; BStBl I 03, 321) beseitigt ab VZ 03 die Mehrmütterorganschaft und verlangt bei OrganT in der Rechtsform der PersGes eine eigene gewerbl Tätigkeit; für alle nach dem 20.11.02 geschlossenen GAV gilt der neue Abs 1 S 2. Durch das **EURLUmsG** v 9.12.04 (BGBl I 04, 3310; BStBl I 04, 1158) wurde Abs 3 zu den vororganschaftliche Mehr- und Minderabführungen eingefügt (der BFH BStBl II 14, 398 und 651 hat die Frage, ob ein Verstoß gegen das Rückwirkungsverbot gegeben ist, dem BVerfG Az 2 BvL 7/13 sowie 2 BvL 18/14 vorgelegt). Durch das SEStEG v 7.12.06 (BGBl I 06, 2782) ist die Europäische Gesellschaft (SE) als mögliche OrganGes eingefügt worden. Durch das **JStG 2008** v 20.12.07 wurde mit Rückwirkung Abs 4 zu den organschaftlichen Mehr- und Minderabführungen eingefügt. Durch das **JStG 2009** v 19.12.08 (BGBl I 08, 2794) wurde Abs 2 aufgehoben. Durch das **Gesetz zur Änderung und Vereinfachung der Unternehmensbesteuerung** vom 20.2.13 (BGBl I 13, 285) wurde in Abs 1 Satz 1 der doppelte Inlandsbezug bei OrganGes rückwirkend für alle noch nicht bestandskräftigen Veranlagungen aufgehoben; bezogen auf den OrganT wurde mit Wirkung ab VZ 12 Abs 1 S 1 Nr 2 dahingehend geändert, dass unabhängig von dem Sitz oder dem Ort der Geschäftsleitung des Organträgers die Beteiligung an der OrganGes einer inländischen Betriebsstätte zugerechnet werden muss; ebenfalls ab VZ 12 wurden die Begrenzungen der dop-

pelten Berücksichtigung von negativen Einkünften in Abs 1 S 1 Nr 5 ausgeweitet; mit Rückwirkung auf alle noch offenen Veranlagungen wurden die Voraussetzungen für die tatsächliche Durchführung des GAV bei fehlerhaften Bilanzansätzen in Abs 1 S 1 Nr 3 entschärft; in Abs 5 wurde für Feststellungszeiträume, die nach dem 31.12.13 beginnen, ein gesondertes Feststellungsverfahren eingeführt. Zu den einzelnen ÄndG s Vor § 1 Rz 27 f.

### 3. Organgesellschaft (Abs 1 S 1; Abs 2)

**a) Allgemeines.** OrganGes ist das Steuersubjekt, dessen Einkommen dem Gesellschafter zugerechnet wird. Die möglichen Rechtsformen der OrganGes sind eingeschränkt. Gesellschaften mit Auslandsbezug können ausgeschlossen sein. Abgesehen von der Zurechnung des Einkommens bleibt die OrganGes ein selbständiges Steuersubjekt mit allen Rechten und Pflichten. 10

**b) Rechtsform.** § 14 betrifft die Europäische Gesellschaft (SE), AG oder KGaA als OrganGes; zu den übrigen KapGes als OrganGes s § 17. OrganGes muss nicht gewerbl tätig sein (BFH BStBl II 70, 348). Gemeinnützige OrganGes iSd § 5 Abs 1 Nr 9 wird es nicht geben, da der GAV der Gemeinnützigkeit entgegensteht. VorGes kann bereits OrganGes sein (BFH BStBl II 78, 486 betr USt; so auch *Gosch/Neumann* § 14 Rz 48; aA *Frotscher* in F/D § 14 Rz 85), nicht jedoch VorgründungsGes (BFH BStBl II 90, 91). Nach der Ansicht der Finanzverwaltung soll es schädlich sein, wenn an der Organgesellschaft eine atypische Beteiligung besteht (BMF BStBl I 15, 649, Rz 91). 11

**c) Geschäftsleitung und Sitz.** Geschäftsleitung (§ 10 AO) und Sitz (§ 11 AO) mussten bisher im Inland (dazu § 1 Rz 53) liegen. Anders als in § 1 zur unbeschränkten StPflicht war es nicht ausreichend, wenn Geschäftsleitung oder Sitz im Inland lagen (hierzu auch § 18 Rz 5). Entsprechendes galt für im Ausland gegründete KapGes, die über § 17 OrganGes werden können. Die **EU-Kommission** hatte in dem **Vertragsverletzungsverfahren** 2000/4909 diesen **doppelten Inlandsbezug** angegriffen. Vor diesem Hintergrund akzeptierte die Finanzverwaltung (BStBl I 11, 300) über den Wortlaut der Regelung des § 14 I 1 und des § 17 hinaus, dass eine im EU/EWR-Ausland gegründete KapGes mit Geschäftsleitung in Deutschland ihr auf im Inland steuerpflichtigen (positiven und negativen) Einkünften ruhendes Einkommen innerhalb einer steuerlichen Organschaft einem OrganT iSd § 14 I 1 Nr 2 oder § 18 zurechnen kann, wenn auch die übrigen Voraussetzungen der §§ 14 ff für die Anerkennung einer steuerlichen Organschaft erfüllt sind. Die EU-Kommission konnte zu Recht mit dieser Verwaltungsanweisung nicht zufrieden sein und hat am 22.3.12 Deutschland beim EuGH verklagt. Mit Gesetz vom 20.2.13 (s Rz 7) wurde deshalb Abs 1 S 1 rückwirkend für alle noch nicht bestandskräftigen Veranlagungen geändert. Maßgeblich ist nunmehr allein die **Geschäftsleitung im Inland** und der **Sitz in einem Mitgliedsstaat der EU bzw in einem Vertragsstaat des EWR-Abkommens.** Nicht erfasst sind damit weiterhin KapGes mit Sitz im Inland und Geschäftsleitung im Ausland, mit Sitz und Geschäftsleitung im Ausland sowie Geschäftsleitung im Inland und Sitz in einem Drittstaat. Es ist zweifelhaft, ob diese bestehen bleibenden Beschränkungen EU-rechtskonform sind (vgl zB *Schenke* ISR 13, 41, 43 unter Hinweis auf die Entscheidung des EuGH v 6.9.12 C 18/11 *Philipps Electronics* IStR 13, 239). Ebenso ist zweifelhaft, ob die vorgenommene Erweiterung ausreicht, um die EU-rechtlichen Bedenken in dem Bereich zu beseitigen, wo nunmehr ein Auslandsbezug hingenommen wird. Das Organschaftsrecht verlangt nämlich immer noch den Abschluss eines GAV, der in den Sitzstaaten der ausländischen KapGes idR unbekannt ist (vgl dazu *Micker* NWB 13, 309). Zudem stellt sich die Frage, wie der Gewinn, den die ausländische OrganGes abzuführen hat, zu ermitteln ist. Auch hier ist das ausländische Handelsrecht maßgeblich. Im Rahmen des § 17 wäre die Abführung nach ausländischem Handelsrecht unschädlich, solange der in 12

§ 301 AktG genannte Betrag nicht überschritten wird (vgl dazu auch *Dötsch* DB 13, 305, 306). Da § 17 nunmehr ausdrücklich eine dynamische Verweisung auf § 302 AktG verlangt, ist unklar, was zur tatsächlichen Durchführung verlangt wird, wenn die Verluste nach dem ausländischen Handelsrecht anders ermittelt werden als in Deutschland. Ohne gesetzliche Klärung bzw Regelung per BMF-Schreiben wird die Aufgabe des doppelten Inlandsbezugs in der Praxis keine Rolle spielen.

13 **d) Lebens- und Krankenversicherungsunternehmen (Abs 2 aF). Lebens- und Krankenversicherungen** konnten aufgrund Abs 2 ab VZ 02 nicht mehr OrganGes sein. Diese Einschränkung war sachlich nicht gerechtfertigt und verfassungsrechtlich zweifelhaft (so auch *Hey* FR 01, 1279; *Schnittker/Hartmann* BB 02, 277; *Welling/Schnittker* StB 02, 276; *Bürkle* DB 03, 1701). Aufgrund § 8b VIII war der Grund für das Organschaftsverbot ab VZ 04 entfallen. Lebens- und Krankenversicherungen konnten jedoch weiterhin OrganT sein. Mit dem JStG 2009 wurde das Organschaftsverbot wieder aufgehoben und Abs 2 gestrichen. Abs 2 ist nach § 34 IX Nr 6 (idF des JStG 2009) letztmals auf Wirtschaftsjahre der OrganGes anzuwenden, die vor dem 1.1.2009 enden. Auf gemeinsamen Antrag von OrganGes und OrganT gilt § 14 Abs 1 in diesen Fällen bereits für Wj, die nach dem 31.12.07 enden. In diesem Fall gilt die Neufassung des § 21 I Nr 1 S 1 ebenfalls zum VZ 08. Dieser Antrag ist zeitlich unbeschränkt und kann damit bis zur Bestandskraft des KSt-Bescheids der OrganGes gestellt werden.

**4. Organträger (Abs 1 S 1 Nr 2)**

20 **a) Allgemeines.** OrganT ist der **Gesellschafter der OrganGes,** dem über den GAV deren Einkommen zugerechnet wird. Abgesehen von dieser Zurechnung ist der OrganT ein eigenständiges Steuersubjekt mit uU eigenem Einkommen sowie eigenen Rechten und Pflichten. Der OrganT kann als solcher nicht die Rechte der OrganGes ausüben, ihn treffen deren Pflichten nicht unmittelbar. Er kann zu mehreren TochterGes Organschaften bilden, die voneinander unabhängig sind. Der OrganT kann gegenüber seinem Gesellschafter OrganGes sein. Ursprünglich konnte jeder Rechtsträger mit einem inländischen gewerbl Unternehmen OrganT sein. Dieses ist in den letzten Jahren zunehmend eingegrenzt worden.

21 **b) Natürliche Person.** Bis VZ 11 konnte eine natürliche Person nur OrganT sein, wenn sie **unbeschränkt stpfl** war (§ 1 EStG, Wohnsitz oder gewöhnlicher Aufenthalt iSd §§ 8, 9 AO). § 1 III EStG war ausreichend (anders noch 6. Aufl). Ab VZ 12 wird nicht mehr auf die Steuerpflicht, sondern auf die Zuordnung der Beteiligung an der OrganGes zu einer inländischen Betriebsstätte abgestellt (s Rz 35 ff).

22 **c) Personengesellschaft. Seit VZ 03** kommen nur **Mitunternehmerschaften iSd § 15 I 1 Nr 2 EStG** als OrganT in Betracht. Nicht ausreichend ist die gewerbl Prägung, § 15 III Nr 2 EStG. Eine gewerbl Infizierung nach § 15 III Nr 1 EStG lässt die FinVerw zu Recht ausreichen, ohne klarzustellen, welches Ausmaß die eigene gewerbl Tätigkeit erreichen muss (BMF BStBl I 05, 1038, Tz 17; aA *Gosch/Neumann* § 14 Rz 84). ME kommen hier die gleichen Maßstäbe zum Tragen wie auch sonst bei § 15 EStG (*Schmidt/Wacker* § 15 Rz 185 ff). Vgl zur atypisch stillen Gesellschaft BMF BStBl I 15, 649.

*Bis VZ 02* war jede Mitunternehmerschaft iSd § 15 EStG ausreichend. Das Gesetz sieht keine Übergangsvorschrift vor. BMF BStBl I 05, 1038 Tz 22 gewährt für bereits bestehende Organschaften eine Anpassungsfrist bis zum 31.12.03. Zu den in VZ 03 begründeten Organschaften BMF BStBl I 05, 1038, Tz 23.

Die gewerbliche Tätigkeit muss nicht bereits zu Beginn des Wj der OrganGes vorliegen (so BFH BStBl II 16, 272 gegen BMF BStBl I 05, 1038 Tz 21).

Die **Geschäftsleitung** (§ 10 AO) der Mitunternehmerschaft musste bis VZ 11 im Inland sein. Ab 2002 war es nicht mehr erforderlich aber auch nicht ausreichend, dass sich auch der Sitz (§ 11 AO) im Land befindet. Ab dem VZ 12 wird nicht mehr auf die Geschäftsleitung im Inland, sondern auf die Zuordnung der Beteiligung an der OrganGes zu einer inländischen Betriebsstätte abgestellt (s Rz 35 ff). 23

Eine PersGes, an der ein steuerbefreiter Gesellschafter beteiligt ist, kann nicht OrganT sein (so auch FinMin SchlHol DStR 13, 1607). 24

Seit VZ 03 ist der **Gesellschafterwechsel** auf der Ebene der Mitunternehmerschaft während der Organschaft irrelevant. Zum Gesellschafterwechsel bis VZ 02 6. Aufl sowie *Gosch/Neumann* § 14 Rz 89 ff. 25

**d) Körperschaften, Personenvereinigungen und Vermögensmassen iSd § 1.** Jedes KStSubjekt nach § 1 kann OrganT sein (insbes KapGes – wie AG, KGaA, GmbH, SE, jur Personen des öffentlichen Rechts mit ihren Betrieben gewerbl Art (vgl dazu HessFG EFG 17, 1544), Stiftungen, Vereine, Anstalten, Genossenschaften sowie deren VorGes). Die VorgründungsGes zumindest als Mitunternehmerschaft iSd § 15 I 1 Nr 2 EStG (ansonsten str, s Rz 22). Zum OrganT in Liquidation BFH BStBl II 90, 992. Persönlich stbefreite Körperschaften (§ 5) können nur im Rahmen einer partiellen StPflicht OrganT sein. Die Begründung einer Organschaft zwischen verschiedenen kommunalen Eigenbetrieben in der Rechtsform einer GmbH als OrganGes und einer kommunalen Holding-GmbH als OrganT ist grds nicht nach § 42 AO missbräuchlich (BFH/NV 04, 1689; BFH BStBl II 07, 961). Nach der unzutreffenden Ansicht der Finanzverwaltung soll es schädlich sein, wenn an der Kapitalgesellschaft eine **atypische stille Beteiligung** besteht (BMF BStBl I 15, 649). 26

Die **Geschäftsleitung** (§ 10 AO) musste bis VZ 11 im Inland sein. Ab 2002 war es nicht mehr erforderlich, aber auch nicht ausreichend, dass sich auch der Sitz (§ 11 AO) im Land befindet. Ab dem VZ 12 wird nicht mehr auf die Geschäftsleitung im Inland, sondern auf die Zuordnung der Beteiligung an der OrganGes zu einer inländischen Betriebsstätte abgestellt (s Rz 35 ff). 27

**e) Gewerbliches Unternehmen.** Über die Voraussetzungen des Begriffs **„gewerbliches Unternehmen"** herrscht Streit. UE ist ein gewerbl Unternehmen immer zu bejahen, wenn steuerl Einkünfte aus Gewerbebetrieb vorliegen, also auch in den Fällen des § 8 II (gewerbl Einkünfte kraft Rechtsform; BFH/NV 10, 391) oder der Betriebsverpachtung, der Betriebsaufspaltung (so nun auch ausdrücklich BFH DStR 13, 1939; BMF BStBl I 05, 1038, Tz 16), – bis VZ 02 – Gepräge-Rspr (gewerbl Einkünfte kraft Richterrechts) und des § 15 III Nr 2 EStG. Eine PersGes kann auch dann OrganT sein, wenn die OrganGes einem landwirtschaftl Teilbetrieb eingegliedert ist, sofern die Einkünfte der PersGes insgesamt esteuerl als gewerbl zu qualifizieren sind. Die Gewerblichkeit bei der Einkunftsart zu bejahen und Folgerungen der Gewerblichkeit zu verneinen, führt zu systematisch nicht annehmbaren Widersprüchen (ebenso *Müller/Stöcker/Lieber* Rz 60 ff). Ab VZ 03 muss die PersGes eine Tätigkeit iSv § 15 I Nr 1 EStG ausüben. 30

Die **Rspr** forderte **bisher** ein gewerbl Unternehmen mit allen Merkmalen des § 1 GewStDV (Selbständigkeit, Nachhaltigkeit, Gewinnerzielungsabsicht, Beteiligung am allgemeinen wirtschaftl Verkehr) und folgert dies im Wesentlichen aus der Bedingung der wirtschaftl Eingliederung. Ein „fingierter" Gewerbebetrieb konnte hiernach nicht OrganT sein (vgl BFH BStBl II 70, 257, 554; II 72, 722; II 73, 740). 31

Die **nachfolgende Rspr** (BFH BStBl II 89, 668; II 90, 24) knüpft demgegenüber eindeutig an § 15 EStG und alle Alternativen des § 2 GewStG an; ein anderes gewerbl Unternehmen sei der Gewerbebetrieb kraft gewerbl Tätigkeit (§ 2 I GewStG), der Gewerbebetrieb kraft Rechtsform (§ 2 II GewStG) sowie der Gewerbebetrieb kraft wirtschaftl Geschäftsbetriebs (§ 2 III GewStG). Hiernach muss auch die Fiktion des § 15 III Nr 2 EStG die Organträgerschaft begründen. Es ist höchst zweifelhaft, ob diese präzisierende Rspr zu einer Änderung der Ergebnisse führt. Der BFH verlagerte die Problematik in das Merkmal der – bis VZ 01 bzw 02 notwendigen – wirtschaftl Eingliederung; und diese war nach der Rspr nicht möglich in einem Gewerbebetrieb kraft Rechtsform.

**Ab VZ 01 bzw VZ 02** (s Rz 7) ist das Erfordernis der wirtschaftl Eingliederung entfallen. Es bleibt abzuwarten, ob die Rspr die Problematik in das Tatbestandsmerkmal „gewerbliches Unternehmen" zurückverlagert. Gegen eine solche Verlagerung spricht uE, dass der Gesetzgeber durch die Streichung der Nr 2 eine Vereinfachung erreichen wollte (differenzierend *Herlinghaus* FR 00, 1108; so nun auch BMF BStBl I 05, 1038, Tz 18 zur Holding).

32 **Ab VZ 03** verlangt Abs 2 Nr 1 S 2 bei **PersGes,** dass diese eine **Tätigkeit iSv § 15 I Nr 1 EStG** ausüben. UE sind andere – auch überwiegende – Tätigkeiten unschädlich, ebenso Gewerblichkeit der BesitzGes im Rahmen einer Betriebsaufspaltung, des Verpächters im Rahmen der Betriebsverpachtung und der geschäftsleitenden HoldingGes. Ob eine Beteiligung an einer ihrerseits gewerbl tätigen PersGes ausreicht, ist zweifelhaft (so *Fatouros* DStZ 03, 179; aA BMF BStBl I 05, 1038, Tz 20).

33 Eine **HoldingPersGes** soll nach Ansicht der Finanzverwaltung (BMF BStBl I 05, 1038, Tz 18) nur dann OrganT sein können, wenn sie selbst eine eigene gewerbl Tätigkeit ausübt. Dazu soll nicht auf die Grundsätze des BFH zur wirtschaftl Eingliederung abgestellt werden (A 50 II Nr 2 KStR 1995). Die Finanzverwaltung relativiert diese an sich abzulehnende Haltung, indem sie für die Teilnahme am allgemeinen wirtschaftl Verkehr genügen lässt, dass eine Gesellschaft Dienstleistungen nur gegenüber einem Auftraggeber erbringt. Dieses soll auch dann gegeben sein, wenn die Dienstleistung (zB Erstellung der Buchführung, EDV-Unterstützung) nur gegenüber einer oder mehreren KonzernGes erbracht wird. Voraussetzung soll jedoch sein, dass die Leistungen gegen gesondertes Entgelt erbracht und wie gegenüber fremden Dritten abgerechnet werden (BMF BStBl I 05, 1038, Tz 19).

34 Die Voraussetzungen des OrganT – inländisches gewerbl Unternehmen – müssen in dem **Zeitraum** vorliegen, in dem die Eingliederungsvoraussetzungen der Organschaft gegeben sein müssen (s Rz 60). Die gewerbliche Tätigkeit muss jedoch nicht bereits zu Beginn des Wj der OrganGes vorliegen (so BFH BStBl II 14, 272 gegen BMF BStBl I 05, 1038 Tz 21).

35 **f) Betriebsstättenzuordnung. Bis VZ 11** musste der OrganT nach Abs 1 S 1 Nr 2 in Deutschland unbeschränkt steuerpflichtig sein. Bei ausländischen OrganT war nach § 18 aF eine Zuordnung über eine **inländische Zweigniederlassung** erforderlich. Der BFH sah darin zur gewerbesteuerlichen Organschaft in 1999 einen Verstoß gegen das Diskriminierungsverbot des Art 20 IV und V DBA-GB 1964/1970 bezogen auf den Gesellschafter mit Sitz und Geschäftsleitung in Großbritannien (BStBl II 12, 106 mit Nichtanwendungserlass BMF BStBl I 12, 119). Um diese Problematik zu beseitigen, wurde mit Gesetz vom 20.2.13 (s Rz 7) ab **VZ 12** das Konzept beim Organträger neugefasst. § 18 wurde ersatzlos gestrichen und Abs 1 S 1 Nr 2 neugefasst: es wird nicht mehr zwischen inländischen und ausländischen Gesellschaftern unterschieden; maßgeblich ist die Zuordnung der Beteiligung und der Einkünfte zu einer **inländischen Betriebsstätte** des OrganT.

Für bereits nach dem bisherigen Recht anerkannte ausländische OrganT ändert sich in der Regel wenig, da die Zweigniederlassung iSv § 18 aF gemäß § 12 I 2 Nr 2 AO bzw Art 5 II Buchst b OECD-MA grundsätzlich die Voraussetzung einer Betriebsstätte erfüllt und auch die Zuordnungskriterien der einzelnen Wirtschaftsgüter im Wesentlichen gleich sind. **Betroffen** von der Neuregelung sind insbes unbeschränkt steuerpflichtige OrganT, bei denen es bisher nicht auf das Vorhandensein einer Zweigniederlassung angekommen ist, deren Beteiligung aber einer ausländischen Betriebsstätte zuzuordnen ist (zB bei doppelansässigen Körperschaften, PersGes mit Geschäftsleitung im Inland und ausländischen Mitunternehmern sowie natürlichen Personen).

Die Neuregelung ist unter mehreren Gesichtspunkten **abzulehnen.** Zunächst ist die in 2013 beschlossene rückwirkende Änderung zum VZ 12 eine unzulässige echte Rückwirkung. Die faktische Rückwirkung ist sogar noch größer, da Satz 4 verlangt, dass die Beteiligung während der gesamten Dauer der Organschaft einer inländischen Betriebsstätte iSd § 12 AO des OrganT zuzuordnen sein muss. Bei einer seit Jahren laufenden Organschaft müsste die Zuordnung zu einer Betriebsstätte bereits seit dem ersten Jahr gewährleistet sein, um eine Anerkennung der Organschaft ab dem VZ 12 zu erhalten. Zudem ist die Neuregelung schlampig formuliert; mal wird von Einkommen, mal von Einkünften gesprochen, das bzw die zuzurechnen ist/sind. Da der Betriebsstättenbegriff nicht eindeutig geklärt ist, bestehen erhebliche Abgrenzungsschwierigkeiten und Planungsunsicherheiten. Das BMF will hier zunächst nicht durch ein Schreiben zusätzliche Rechtssicherheit schaffen (vgl BMF v 29.5.13 GmbHR 13, 728). Gestaltungen müssen daher vermehrt mit verbindlichen Auskünften abgesichert werden.

Voraussetzung für die Anerkennung der Organschaft ist, dass die Beteiligung an 36 der OrganGes ununterbrochen während der gesamten Dauer der Organschaft einer **inländischen Betriebsstätte iSd** § 12 AO des OrganT zuzuordnen sein muss. Bei einer mittelbaren Beteiligung gilt dies für die Beteiligung an der vermittelnden Gesellschaft. Ist der OrganT eine PersGes, muss nicht die Beteiligung an der PersGes, sondern deren Beteiligung an der OrganGes einer inländischen Betriebsstätte zuzuordnen sein. Im Zentrum steht damit die Frage, **ob eine inländische Betriebsstätte besteht** und ob die Beteiligung an der OrganGes dieser inländischen Betriebsstätte zugeordnet werden kann. Die Frage, ob eine Betriebsstätte besteht, richtet sich grundsätzlich nach § 12 AO. Durch Abs 1 S 1 Nr 2 S 7 findet aber eine zusätzliche Eingrenzung nur für den Zweck der Organschaft statt. Um das Besteuerungsrecht Deutschlands sicherzustellen, ist nach Satz 7 eine inländische Betriebsstätte nur dann gegeben, wenn die dieser Betriebsstätte zuzurechnenden Einkünfte sowohl nach innerstaatlichem Steuerrecht als auch nach einem anzuwendenden DBA der inländischen Besteuerung unterliegen. Trotz der Unklarheit durch die Verwendung des Begriffs „Einkünfte" dürfte unstreitig sein, dass alle Einkünfte/Einkommen gemeint sind, die im Zusammenhang mit der Organbeteiligung stehen. Neben den unmittelbaren Einkünften des OrganT, zB nach § 14 III oder aus der Veräußerung unter Berücksichtigung des § 14 IV, auch das zugerechnete Einkommen nach Satz 6. Bei der Prüfung, wem das Besteuerungsrecht abkommensmäßig zusteht, wird man davon ausgehen können, dass der OrganT abkommensberechtigt ist und das Organeinkommen zu den Unternehmensgewinnen iSd Art 7 OECD-MA gehört (vgl zu den Zweifeln in der Literatur *Weigert/Strohm* Der Konzern 13, 249, 271).

Über die **Zuordnungskriterien** herrscht sowohl bei § 12 AO als auch im Ab- 37 kommensrecht keine Einigkeit (vgl zur Zuordnung ausführlich *Weigert/Strohm* Der Konzern 13, 249, 265 ff). Die FinVerw vertritt bisher den Grundsatz des Vorrangs der Zentralfunktion des Stammhauses. Danach ist die abweichende Zuordnung einer Beteiligung zu einer Betriebsstätte nur dann möglich, wenn dies zur Absicherung der Betriebsstätten-Geschäftstätigkeit erforderlich ist oder in absehbarer Zeit vorgesehenen Investitionen dienen soll (BMF BStBl I 94, 1076 Tz 2.4.). Die Literatur vertritt zu Recht eine tatsächlich-funktionale Betrachtungsweise. Bereits zu § 18 aF war streitig, ob nur notwendiges Betriebsvermögen oder auch gewillkürtes Betriebsvermögen der Zweigniederlassung zugeordnet werden kann. UE reicht auch bei der neuen Regelung die Zuordnung als gewillkürtes Betriebsvermögen (so auch *Weigert/Strohm* Der Konzern 13, 249, 267 mwN). Damit kann sich die Betriebsstätte auf die Funktion einer Holding gegenüber der OrganGes beschränken, wenn von der Betriebsstätte die wesentlichen Managementleistungen gegenüber der OrganGes mit eigenem Personal erbracht werden.

38 Die Zuordnung muss für die **gesamte Dauer der Organschaft** sichergestellt sein. Eine Zuordnung auf mindestens fünf Jahre ist nicht erforderlich (aA *Schwenke* ISR 13, 41, 46). Maßgeblich ist die tatsächliche Dauer der Organschaft, die länger sein kann. Eine vorzeitige andere Zuordnung der Beteiligung vor Ende des GAV führt uE nicht zu einem rückwirkenden Versagen der Organschaft. Ein wichtiger Grund muss nicht vorliegen (so aber *Benecke/Schnitger* IStR 13, 143, 153). Die geänderte Zuordnung sollte aber vorsorglich sachlich begründet und entsprechend dokumentiert werden. Im Zweifel ist der GAV formell unter den allgemeinen Voraussetzungen zu beenden.

39 Gemäß Abs 1 S 1 Nr 2 S 6 ist das **Einkommen der OrganGes der inländischen Betriebsstätte zuzurechnen.** Die Begrifflichkeit passt nicht mit der beschränkten Steuerpflicht von Betriebsstätteneinkünften nach § 2 Nr 1 iVm § 49 I Nr 2a EStG zusammen. Dennoch dürfte unstreitig sein, dass das Organeinkommen zur Summe der Einkünfte der Betriebsstätte zu addieren ist.

### 5. Finanzielle Eingliederung (Abs 1 S 1 Nr 1)

40 **a) Allgemeines.** Die finanzielle Eingliederung ist **einzige Eingliederungsvoraussetzung,** nachdem die wirtschaftl und organisatorische Eingliederung **ab 2001** gestrichen wurden. Darüber hinaus wurden die Voraussetzungen für die finanzielle Eingliederung durch die Streichung des Additionsverbots gelockert. Der Anwendungsbereich der Organschaft hat sich dadurch erweitert. Zudem lässt sich die Organschaft sicherer gestalten, da die weggefallenen Eingliederungsmerkmale unbestimmte Rechtsbegriffe waren.

Die finanzielle Eingliederung hat zur Folge, dass die Anteile zum **notwendigen Betriebsvermögen** des OrganT gehören. Liegen zudem die Voraussetzungen für das Vorliegen von notwendigem Sonderbetriebsvermögen II bei einer anderen Mitunternehmerschaft vor, hat diese Qualifikation Vorrang (vgl BFH BStBl II 06, 361). Die Einkommenszurechnung bei den OrganT nach §§ 14 ff bleibt davon unberührt.

42 **b) Mehrheit der Stimmrechte.** Die finanzielle Eingliederung ist unbedingte Voraussetzung der Organschaft. Sie knüpft nicht unmittelbar an die gesellschaftsrechtliche Beteiligung an. Vielmehr muss der OrganT über die **Mehrheit der Stimmrechte** aus den Anteilen der OrganGes verfügen. Die Stimmrechte, nicht die kapitalmäßige Beteiligung, sind entscheidend. Eine unter 50% liegende Kapitalbeteiligung kann folglich durch ein besonderes Mehrheitsstimmrecht ausgeglichen werden.

Der **Mehrheitsmaßstab** richtet sich nach GesRecht für allgemeine Beschlüsse (§ 133 AktG; Mehrheit der abgegebenen Stimmen; ebenso § 47 GmbHG). Legt die Satzung eine andere Mehrheit oder andere Berechnungsmodalitäten für allgemeine Beschlüsse – nicht für qualifizierte Beschlüsse wie Satzungsänderung oÄ – fest, so ist diese vereinbarte Mehrheit entscheidend (BFH BStBl II 02, 167). Eigene Anteile der OrganGes bleiben unberücksichtigt.

43 **Wirtschaftl Eigentum** an den Anteilen ist Voraussetzung. Für das wirtschaftl Eigentum ist entscheidend, ob die Stimmrechte ausgeübt werden können.

Keine finanzielle Eingliederung besteht zum **Treuhänder** oder **Sicherungseigentümer,** da sie nicht uneingeschränkt über die Stimmrechte verfügen können. Zu Treugeber und Sicherungsgeber kann hingegen die finanzielle Eingliederung gegeben sein, sofern sie in der Ausübung des Stimmrechts nicht beschränkt sind (vgl *Walter* in E&Y, § 14 Rz 277). Die Ausübung über den Treuhänder ist unschädlich (entsprechend mittelbarer Beteiligung).

**Pfändung** der Anteile an der OrganGes hindert die finanzielle Eingliederung nicht (*Müller/Stöcker/Lieber* Rz 85). Zum Pfändungspfandgläubiger kann keine finanzielle Eingliederung begründet werden. Die **Verpfändung** hindert die finanzielle Eingliederung dann nicht, wenn Verpfänder sich die Stimmrechte vorbehält.

Beim **Nießbrauch** ist zivilrechtl umstr, wer die Stimmrechte ausübt (vgl zB für die GmbH *Baumbach/Hueck,* GmbHG, 20. Aufl, 2017, § 15 Rz 52). Nur bei eindeutiger Regelung der Stimmrechtsfrage ist die finanzielle Eingliederung zum Nießbraucher möglich; angesichts der Ertragsabführung kommt sie zum Nießbrauchbesteller ohnehin nicht in Frage.

Finanzielle Eingliederung bei sog **Pensionsverträgen** s FinVerw BStBl I 69, 652 und BFH GrS BStBl II 83, 272.

Keine finanzielle Eingliederung besteht, wenn erst ein **obligatorischer Anspruch** auf **Übertragung** einer Beteiligung besteht, die die finanzielle Eingliederung begründet (vgl BFH BStBl II 69, 18). 44

Anteile im **Sonderbetriebsvermögen** einer Mitunternehmerschaft sind bei der finanziellen Eingliederung gegenüber der Mitunternehmerschaft grundsätzlich nicht zu berücksichtigen (anders noch 6. Aufl). Aufgrund der Änderungen durch das StVergAbG (Rz 7) müssen die Voraussetzungen der Organschaft unmittelbar von der Mitunternehmerschaft als OrganT erfüllt sein.

Keine finanzielle Eingliederung kann durch die bloße **Gläubigerstellung** begründet werden (BFH BStBl III 67, 259).

Unwiderruflich eingeräumte **Stimmrechtsvollmachten** begründen grundsätzlich nicht das wirtschaftl Eigentum an den Anteilen (BFH BStBl II 96, 5) und damit idR auch nicht die finanzielle Eingliederung. Andererseits sind Stimmrechtsverbote für einzelne Geschäfte unschädlich.

Eine **Zusammenrechnung** von Beteiligungen von **Angehörigen** ist grundsätzlich nicht zulässig. 45

**c) Mittelbare Beteiligung.** Die finanzielle Eingliederung musste ursprünglich unmittelbar gegeben sein. **Mittelbare** finanzielle Eingliederung war **bis 2000** (s Rz 7) nur dann ausreichend, wenn jede der vermittelnden Beteiligungen die Mehrheit der Stimmrechte sicherte. Die Stimmrechtsmacht musste also auf einem vermittelnden „Beteiligungsstrang" ausgeübt werden können. In diesem Fall war es gleichgültig, wie lang der Strang war. So war die finanzielle Eingliederung von „Urenkeln" möglich; vgl *Brezing* ZGR 78, 89. Ausgeschlossen war die finanzielle Eingliederung, wenn die Stimmrechtsmehrheit nur durch die **Zusammenrechnung** von mittelbaren und/oder unmittelbaren Beteiligungen erreicht wurde (sog **Additionsverbot;** vgl A 49 KStR 1995; *Müller/Stöcker/Lieber* Rz 92ff; aA *Brezing* ZGR 78, 90). 50

Durch das StSenkG (Rz 7) wurde grundsätzlich **ab VZ 01** das **Additionsverbot aufgehoben.** Voraussetzung ist jedoch, dass der OrganT an jeder vermittelnden Gesellschaft die Mehrheit der Stimmrechte gewährt (Beispiel: GmbH 1 ist zu 60% an GmbH 2 und zu 40% an GmbH 3 beteiligt. GmbH 2 zu 20% an GmbH 3; finanzielle Eingliederung zwischen GmbH 1 und GmbH 2 sowie GmbH 3, die Anteile der GmbH 2 werden der GmbH 1 zugerechnet. Keine finanzielle Eingliederung GmbH 3 bei GmbH 1, wenn GmbH 1 nur zu 40% an GmbH 2 beteiligt). 51

Ist der OrganT mehrheitlich an der vermittelnden Gesellschaft beteiligt, sind dem OrganT alle Anteile der vermittelnden Gesellschaft zuzurechnen (aA R 14.2 Beispiel 3 KStR 2015, in dem nur eine **anteilige Zurechnung** entsprechend der Beteiligung an der zwischengeschalteten Gesellschaft zugelassen wird; danach wären in dem vorangegangenen Beispiel: GmbH 1 nicht 20%, sondern nur 12% zuzurechnen).

Ist eine mittelbare finanzielle Eingliederung gegeben, so besteht die Eingliederung unmittelbar zwischen OrganGes und OrganT unter **Umgehung der zwischengeschalteten Gesellschaft** (R 14.2 KStR 2015). Daher ist auch eine mittelbare Eingliederung über ausländische Gesellschaft möglich (glA *Winter* GmbHR 78, 257; aA FinVerw 1978 StEK KStG 1977 § 14 Nr 2). Mittelbare Beteiligung ist 52 über zwischengeschaltete jur Personen (zB GmbH) oder PersGes (zB KG) möglich; vgl BFH BStBl II 78, 74 betr mittelbare Beteiligung über KG. Eine Haftung nach § 73 AO ist bei einer mehrstufigen Organschaft ausgeschlossen (BFH/NV 17, 1647).

Keine mittelbare Beteiligung liegt zwischen **SchwesterGes** vor (so auch BFH v 13.2.08 I B 187, 188/07, juris). Mittelbare Beteiligungen laufen nur aufwärts zum OrganT, nie auf- und abwärts über gemeinsame Mutter- oder GroßmutterGes. Eine „Querorganschaft" ist auch aus unionsrechtlichen Gründen nicht geboten (BFH/NV 17, 1279).

53 Die finanzielle Eingliederung bleibt bestehen, wenn eine **mittelbare** durch eine **unmittelbare** oder eine unmittelbare durch eine mittelbare Beteiligung **ersetzt** wird.

60 **d) Zeitliche Bedingungen.** Die finanzielle Eingliederung muss **zeitlich vom Beginn des Wj** der **OrganGes an,** dessen Gewinn abgeführt werden soll, gegeben sein **(Beginn).** Die Eingliederung muss außerdem während des gesamten Wj bestehen, darf also frühestens mit dem Ende des Wj enden **(Beendigung).** Das gilt auch, wenn der GAV aus wichtigem Grund im Laufe eines Wj gekündigt werden kann. Nach Ansicht des BFH (BFH/NV 17, 2109) muss die finanzielle Eingliederung in den ersten fünf Jahren nicht durchgehend bestehen, so dass es zu **Unterbrechungen** kommen kann, ohne dass die Organschaft insgesamt scheitert.

61 Wechselt die OrganGes den OrganT zum Stichtag des Wj, so ist die finanzielle Eingliederung beim Veräußerer und beim Erwerber gegeben (R 14.4 Abs 2 KStR 2015). Der **Veräußerungsvertrag** muss vor oder mit dem Stichtag abgeschlossen werden; keine Rückbeziehung möglich (vgl zu den Auswirkungen des Kartellvorbehaltes nach § 35 GWG *Starke/Rafiqpoor* AG 07, 201). Soll anlässlich der Veräußerung das Geschäftsjahr umgestellt werden, muss die Eintragung im HR vor dem Veräußerungsstichtag erfolgen (*Herrmann* BB 99, 2270). Dies gilt auch beim Erwerb einer sog „Vorratsgesellschaft", der zivilrechtlich einer Neugründung gleichgestellt wird (BFH/NV 17, 1558).

62 **Gesamtrechtsnachfolge** bei OrganT (Verschmelzung, Erbfolge) führt zu keiner Unterbrechung. Das Gleiche gilt uE für unentgeltliche Übertragungen (arg ex § 6 III EStG; glA *Müller/Stöcker/Lieber* Rz 440). Derzeit streitig werden die Auswirkungen von **Umwandlung** des OrganT bzw der OrganGes diskutiert. Die Finanzverwaltung stellt bei der Frage der Fortführung bzw Neubegründung einer Organschaft bei der finanziellen Eingliederung allein auf die steuerliche **Rückwirkungsfiktion** des UmwStG ab (BMF BStBl I 11, 1314 Org 02, 03, 06 bis 08, 13 bis 15, 18, 21, 25). Unter Hinweis auf BFH BStBl II 11, 528 u BFH/NV 11, 67 vertreten wir die Ansicht, dass es allein auf die Gesamtrechtsnachfolge ankommt, so dass auch ohne steuerliche Rückwirkung (zB bei den §§ 13, 21 UmwStG) und unabhängig von dem Umwandlungsstichtag rückwirkend zu Beginn des Wj, in dem die Umwandlung erfolgt, eine finanzielle Eingliederung gegeben ist (vgl auch *Dötsch,* Der Konzern 10, 552; *Heurung/Engel,* BB 11, 151; *Gebert,* DStR 11, 102; *Kessler/Philipp,* DStZ 10, 906; offen gelassen BFH/NV 15, 356). Der BFH hat dazu noch nicht abschließend Stellung genommen. Einerseits sollen alle Formen der Gesamtrechtsnachfolge beachtlich sein (so zur Anwachsung beim letzten Gesellschafter einer PersGes BFH/NV 17, 2109). Andererseits soll eine umwandlungsrechtliche Rückwirkung auch auf einen Zeitpunkt beachtlich sein, der vor der Gründung der Organgesellschaft liegt (BFH/NV 17, 1558).

63 Durch **Umstellung des Wj** der OrganGes kann die Wirksamkeit der Organschaft beeinflusst werden (zur Umstellung s § 7 Rz 17ff). Wird zB eine OrganGesBeteiligung zum 1.6. gekauft, kann die OrganGes zu diesem Stichtag ihr Wj umstellen, um auf diese Weise unmittelbar die Organstellung zu erlangen. Die Organschaft ist ausreichender Grund für das FA, einer Umstellung des Wj zuzustimmen (R 14.4 Abs 3 KStR 2015). Die Zustimmung muss erteilt werden; sie ist

durch den Verwaltungserlass noch nicht erteilt. Durch eine entsprechende Umstellung des Wj kann auch bei Beendigung der Organschaft im Laufe des Wj der OrganGes der Ertrag bis zur Beendigung der Organschaft dieser noch unterworfen werden. Die Beendigung ist ausreichender Grund für die Umstellung des Wj (R 14.4 Abs 3 KStR 2015). Wird das Wj auf das Kj umgestellt, ist ein Einvernehmen mit dem FA nicht erforderlich (§ 7 IV). Dies ist bedeutsam, da die Umstellung auf ein vom Kj abw Wj wegen der Organschaft oft nur vorübergehend sinnvoll ist. Die Rückkehr zum Kj kann durch das FA nicht verhindert werden. Die FinVerw lässt hier auch zwei RumpfWj in einem VZ zu (1989 StEK KStG 1977 § 14 Nr 12 und A 53 III KStR 1990; dazu auch *Albrod* StBp 91, 234). Die Umstellung wird erst mit der Eintragung im HR wirksam, sofern sie einer Satzungsänderung bedarf (BFH/NV 90, 326 sowie BFH/NV 97, 378).

**6. Wirtschaftliche Eingliederung (Abs 1 Nr 2 aF).** Die bis 2000 erforderliche wirtschaftl Eingliederung war rechtlich kaum fassbar. Die OrganGes soll aufgrund der wirtschaftl Eingliederung in das Unternehmen des OrganT nach Art einer Geschäftsabteilung als unselbständige Betriebstätte dienend eingegliedert sein sowie die Betätigung des herrschenden Unternehmens fördern und ergänzen, das die Haupttätigkeit übernimmt (vgl BFH BStBl II 70, 257). S dazu im Einzelnen 6. Aufl. 70

**7. Organisatorische Eingliederung (Abs 1 Nr 2 aF).** Bis 2000 wurde zudem die organisatorische Eingliederung verlangt. Danach musste der OrganT jederzeit Einfluss auf die Geschäftsführung der OrganGes nehmen können. S dazu im Einzelnen 6. Aufl. 71

**8. Mehrmütter-Organschaft (Abs 1 S 1 und Abs 2 aF). Ursprünglich** 75
von der FinVerw im Grundsatz zugelassene Rechtsform zu mehreren OrganT; s A 52 VI KStR 1995. Der GAV wurde mit einer Willensbildungs-GbR abgeschlossen. Die Anteile an der OrganGes hielten die Gesellschafter der GbR im dortigen Sonderbetriebsvermögen. Anerkennung durch BFH BStBl II 94, 124, gegen Hess FG EFG 87, 580. Vgl dazu auch 5. Aufl.

BFH BStBl II 00, 695 **änderte** die **Rspr** dahingehend, dass die Organschaft nicht zur GbR, sondern zu den einzelnen Gesellschaften besteht; **NichtAnwErl** BStBl I 00, 1571.

Das **UntStFG** (Rz 7) hat mit **rückwirkender Kraft** (vgl zu den verfassungs- 76
rechtlichen Bedenken zutreffend *Kirchhof/Raupach* DB 01, Beilage 3; *Raupach* DStR 01, 1325; *Herlinghaus* GmbHR 01, 956, 962; der BFH hat sich nicht den Bedenken angeschlossen BStBl II 06, 546, 549, so auch BVerfG BFH/NV 09, 1768) die bisherige Verwaltungspraxis in § 14 Abs 1 S 1 und Abs 2 übernommen. Ab VZ 03 sollten die Voraussetzungen für eine Mehrmütter-Organschaft verschärft werden. Berücksichtigt werden nur noch solche Ges, die zu mindestens 25% an der OrganGes beteiligt sind. Diese Verschärfung ist nicht wirksam geworden.

**Ab VZ 03** ist die Mehrmütter-Organschaft durch das StVergAbG ganz **abge-** 77
**schafft** worden. Die Voraussetzungen der Organschaft müssen alle von der PersGes oder einem ihrer Gesellschafter erfüllt sein.

Das Gesetz sieht **keine Übergangsvorschriften** vor. Die FinVerw gewährt nur sehr eingeschränkt Abhilfe (BMF BStBl I 05, 1038). Für alle Organschaften, bei denen vor dem 16.5.03 der GAV abgeschlossen wurde, bleibt das Organschaftsverhältnis anerkannt, wenn die Anteile bis zum 31.12.03 in das Gesamthandsvermögen eingelegt wurden und die GbR eine eigene gewerbl Tätigkeit aufnimmt (BMF, aaO, Tz 22 und 23). Dieses soll jedoch gewerbesteuerl als Neugründung anzusehen sein, was zum Wegfall der gewerbesteuerl Verlustvorträge führen soll (BMF, aaO, Tz 11; diese Ansicht ist abzulehnen, da eine bisher gesetzlich anerkannte Gestaltung durch eine andere gesetzlich zugelassene ersetzt wird, ohne dass sich sachlich etwas ändert; aA BFH/NV 09, 791 gegen FG Nds EFG 06, 580). Ohne Fortführung der Organschaft mit der PersGes als OrganT sollen ebenfalls die gewerbesteuerl Verlustvorträge entfallen. Aus Billigkeitsgründen soll auf Antrag eine Übertragung auf die bisherige verlustverursachende OrganGes möglich sein (BMF, aaO, Tz 9 und 11; auch diese Ansicht ist nicht sachgerecht. Aus Billigkeitsgründen sollte der Verlust anteilig von den Gesellschaftern der GbR geltend gemacht werden können). Wieder anders der BFH, der § 34 I KStG idF des StVergAbG wie folgt verfassungskonform auslegt: Wurde in Fällen der sog Mehrmütterorganschaft der GAV vor dem 21.11.02 abgeschlossen, ist die verschärfte Neuregelung des § 14 1 Nr 2 S 3 jedenfalls dann als erfüllt anzusehen, wenn die bisher im Sonderbetriebsvermögen bei der OrganT-PersGes gehaltenen Anteile (ganz oder anteilig) vor Ablauf des ersten nach Verkündung des StVergAbG endenden Wirtschaftsjahrs in das Gesamthandsvermögen der PersGes mit der Folge einer mehrheitlichen Beteiligung iSv § 14 I 1 Nr 1 übertragen werden (BFH BStBl II 12, 751).

### 9. Gewinnabführungsvertrag (Abs 1 S 1 Nr 3 und 4, S 2)

80 **a) Allgemeines.** Der GAV ist das zentrale Tatbestandsmerkmal für die Organschaft. Er ist ein **zivilrechtl Vertrag,** in dem sich die OrganGes verpflichtet, den Gewinn abzuführen. Im Gegenzug verpflichtet sich der OrganT, deren Verluste auszugleichen (also besser Ergebnisübernahmevertrag). Für die in § 14 als OrganGes genannten AG und KGaA sind die §§ 291 ff AktG hinsichtlich des GAV unmittelbar anwendbar. Für andere Gesellschaftsformen kommen die aktienrechtlichen Vorschriften über § 17 mittelbar zur Geltung. Neben der zivilrechtl Wirksamkeit des Vertrags ist die Beachtung **besonderer steuerrechtl Vorgaben** erforderlich. Diese strengen Vorgaben gelten auch bei einer späteren **Änderung** des GAV (BFH BStBl II 09, 972 sowie BFH/NV 11, 849).

81 **b) Abschluss.** Die **Vertragsparteien** müssen den Vorgaben der §§ 291 ff AktG und des § 14 I Genüge tun. Da die Voraussetzungen des § 14 I enger sind als die der §§ 291 ff AktG, ist hinsichtlich der Rechtsform und des Inlandbezugs vorrangig auf § 14 I abzustellen.

82 Zwischen den Vertragsparteien muss eine unmittelbare oder mittelbare **Eingliederung** gegeben sein. Bei mittelbarer Eingliederung kann der **GAV** sowohl unmittelbar zwischen OrganGes und OrganT als auch im Wege einer geschlossenen Kette von GAV über die vermittelnden Gesellschafter vereinbart werden (*Brezing* ZGR 78, 91). Verzichtet die vermittelnde Gesellschaft zugunsten der MutterGes auf den unmittelbaren Abschluss eines GAV, so liegt hierin keine vGA (*Brezing* aaO). Wird eine mittelbare finanzielle Eingliederung gegen eine unmittelbare oder eine unmittelbare gegen eine mittelbare vertauscht, ohne dass die finanzielle Eingliederung gefährdet wird (s Rz 53), so können die GAV entsprechend geändert werden, ohne dass die Organschaft gefährdet wird. Verträge zu Gunsten/Lasten Dritter sind nicht möglich.

83 Bei der **Mitunternehmerschaft** muss der GAV mit der Gesellschaft abgeschlossen werden. Mehrere Verträge mit den Gesellschaftern können nicht auf der Ebene der Gesellschafter zu einer Organschaft zusammengezogen werden.

84 Der Vertrag muss alle **zivilrechtl Wirksamkeitsvoraussetzungen** erfüllen. Das Aktienrecht differenziert danach, ob die UnterGes (= OrganGes) iSd §§ 319 ff AktG eingegliedert ist oder nicht. Für den Regelfall **(nicht eingegliedert)** gilt: Schriftform (§ 293 III AktG); qualifizierte Zustimmung der Hauptversammlung beider Gesellschaften (§ 293 I, II AktG); bei der KGaA Einverständnis des persönlich haftenden Gesellschafters (§ 285 II AktG); vor der Beschlussfassung sind die Informationsrechte der Gesellschafter nach §§ 293 ff AktG zu beachten; Eintragung des GAV in das HR der UnterGes (§ 294 AktG).

85 Die **Eintragung** in das HR wirkt konstitutiv. Die vom Registergericht zu vertretende verzögerte Registereintragung stellt keine sachliche Unbilligkeit gem § 163 AO dar (BFH DB 17, 3036). Sie heilt nicht Mängel des Vertragsschlusses. Der tatsächliche Vollzug eines unwirksamen GAV mag zivilrechtl dazu führen, dass

sich die Parteien nicht auf die Unwirksamkeit berufen können. Steuerrechtl liegt dennoch keine Organschaft vor (vgl *Müller/Stöcker/Lieber* Rz 206 ff).

Bei **eingegliederten Gesellschaften** tritt die zivilrechtl Wirksamkeit des GAV ein, sobald er in Schriftform abgeschlossen ist (§ 324 II AktG). 86

**c) Inhalt.** Der Vertrag muss zunächst den Vorgaben des § 291 I AktG entsprechen. Hierbei ist es unschädlich, ob es sich um einen **GAV** nach § 291 I 1 AktG oder einen **Geschäftsführungsvertrag** nach § 291 I 2 AktG handelt (im Folgenden wird weiterhin einheitlich von GAV gesprochen; s *Gosch/Neumann* § 14 Rz 175 ff zur Abgrenzung zu den anderen Unternehmensverträgen). Eine ausdrückliche Bezeichnung als GAV ist nicht erforderlich. Der GAV ist ausschließlich nach objektiven Gesichtspunkten **auszulegen** (BFH/NV 13, 989). Auf gesetzliche Regelungen kann nicht zur ergänzenden Auslegung zurückgegriffen werden (BFH/NV 09, 1840). 90

Der **GAV** muss sich auf die Abführung des **„ganzen" Gewinns** beziehen; Teilgewinnabführungsverträge sind für die Organschaft unzureichend. Nach BFH BStBl II 76, 510 ist ebenfalls schädlich, wenn sich eine PersGes als OrganT verpflichtet, den Gewinn weiter abzuführen (uE zweifelhaft). Nach BFH/NV 11, 1397 ist eine atypisch stille Beteiligung an der OrganGes steuerschädlich; dieses gilt auch dann, wenn sich die atypisch stille Beteiligung auf eine bestimmte Einrichtung oder ein bestimmtes Tätigkeitsfeld beschränkt und die daraus erwirtschafteten Gewinne nach einem DBA in Deutschland steuerbefreit sind (so auch grundsätzlich BMF BStBl I 15, 640). 91

Der **Gewinn** wird zum einen durch die Vorschriften des AktG bestimmt, zum anderen durch § 14 Nr 4. Maßgebend ist der handelsrechtl, nicht der steuerl Gewinn. R 14.5 Abs 3 KStR 2015. Höchstbetrag: § 301 AktG. Bei den gesetzlichen Rücklagen ist § 300 AktG zu beachten. Hierbei ist zu beachten, dass Ausschüttungssperren (zB § 253 Abs 6 HGB) nicht automatisch zu **Abführungssperren** führen. Dazu ist eine ausdrückliche Verankerung in § 301 VI AktG notwendig (vgl BMF BStBl I 17, 41).

Die **Verlustübernahme** folgt aus § 302 AktG und muss nicht ausdrücklich geregelt werden (anders bei § 17).

Über den zivilrechtl bedingten Inhalt hinaus sind **steuerl Sondervorschriften** zu beachten. 92

Nach Abs 1 S 1 Nr 3 muss der Vertrag auf mindestens **fünf Jahre** (Zeitjahre = 5 × 12 Monate; BFH BStBl II 11, 727) abgeschlossen werden. Das erste Jahr, für das der GAV wirksam wird, zählt mit, auch wenn der GAV erst zum Jahresschluss vereinbart wird (R 14.5 Abs 2 KStR 2015). Die 5-Jahres-Bindung muss vom ersten Jahr an bestehen. Die tatsächliche 5-jährige Durchführung eines GAV auf unbestimmte Zeit ist nicht ausreichend. Wird die 5-Jahres-Bindung im zweiten Jahr der Organschaft vereinbart, zählen von diesem Zeitpunkt an die fünf Jahre; im ersten Jahr keine Organschaft. Nach Ablauf der vereinbarten fünf Jahre ist keine bestimmte zeitliche Bindung mehr erforderlich (FinVerw 1977 StEK KStG 1977 § 14 Nr 7). 93

Geht der OrganT im Wege der **Gesamtrechtsnachfolge** (Umwandlung, Erbfolge) auf einen anderen Träger unter Fortbestand des GAV über, so wird die 5-Jahres-Laufzeit nicht unterbrochen (so auch BMF BStBl I 11, 1314 Tz Org 01, 08, 10, 11, 29 vgl aber auch unten Rz 106 zu den Fällen, in denen die FinVerw von einer Beendigung des GAV ausgeht; BFH/NV 17, 2109 sieht die Anwachsung als unschädlich an); das Gleiche gilt uE bei **unentgeltlicher Einzelrechtsnachfolge.** Neuabschluss des GAV zu einem Unternehmen, das aufgrund einer Gesamtrechtsnachfolge übernommen wurde (Umwandlung, Erbfolge), wirkt zurück auf den Beginn des Wj der OrganGes, auch wenn dieser Beginn zeitlich noch in die Zeit des Rechtsvorgängers fällt. Die Eingliederungsvoraussetzungen müssen auch in diesen Fällen vom Beginn des Wj der OrganGes an vorliegen, vgl Rz 62 zur 94 rückwirkenden Begründung der finanziellen Eingliederung in Umwandlungsfällen. Höchstrichterlich ist noch nicht geklärt, ob über die Rückwirkung des § 2 UmwStG eine Vorverlegung möglich ist (ablehnend FG D'dorf, EFG 15, 951; BFH I R 19/15).

95 Zudem beschränkt Abs 1 S 1 Nr 4 die **freie Rücklagenbildung** (s Rz 115 f). Der GAV muss die gesetzliche Bedingung des Abs 1 S 1 Nr 4 **nicht ausdrücklich** enthalten.

100 **d) Beginn.** *Von 1991 bis 2002* musste der GAV bis zum Ende des Wj der OrganGes, für das er erstmals gelten sollte, abgeschlossen sein, während es reichte, dass die **Wirksamkeit** erst bis zum **Ende** des **folgenden Wj** eintrat. Die Neufassung des Abs 1 Nr 3 berücksichtigte die durch die BGH-Rspr geforderten gesteigerten Formerfordernisse und die vorstehend zitierte BFH-Rspr, die – vor der Neufassung – die Wirksamkeit im ersten Wj verlangte (BT-Drucks 12/1108, 67). Str ist, ob damit auch die Eintragung des GAV in das HR der OrganGes zwingend erforderlich ist. UE nicht, da die Beteiligten keinen Einfluss auf die Arbeit des HR haben. Im Rahmen des § 163 AO muss es ausreichend sein, wenn der Eintragungsantrag rechtzeitig gestellt wurde (aA FG BaWü, EFG 15, 2156; BFH I R 80/15).

101 Wurde der **GAV nach dem 20.11.02 abgeschlossen** (maßgeblich ist allein der Vertragsschluss und nicht die Zustimmungsbeschlüsse), gilt Abs 1 S 2 nF: Die Einkommenszurechnung erfolgt erstmals in dem **Kj** (nicht Wj), **in dem das Wj der OrganGes endet, in dem** der **GAV wirksam** wird. Es treten damit wie in der Zeit bis VZ 90 die gleichen Unsicherheitsfaktoren aufgrund der ungewissen Dauer des Eintragungsverfahrens beim HR ein. Maßgeblich sollte daher der Antrag auf Eintragung ins HR sein. Bei der Fristberechnung ist zu berücksichtigen, dass bereits mit der Aufnahme der Geschäftstätigkeit vor Eintragung ins HR das **erste (Rumpf-)Wirtschaftsjahr** beginnt (BFH BStBl II 10, 60). Die spätere Bildung eines Rumpfwirtschaftsjahrs ist irrelevant, wenn die Gesamtlaufzeit weiterhin fünf Zeitjahre beträgt (BFH BStBl II 14, 486).

102 Zivilrechtl kann der GAV **aufschiebend bedingt oder befristet** abgeschlossen werden. Auch steuerrechtl hängt die Wirksamkeit der Organschaft von dem Eintritt der Bedingung oder Frist ab. Eine Bedingung kann zB sinnvoll sein, wenn die OrganGes zunächst noch Verlustvorträge abbauen soll, die durch die Organschaft nicht erfasst würden.

105 **e) Ende.** Die Beendigung des GAV **ist** durch einvernehmliche **Aufhebung und Kündigung** möglich, §§ 296, 297 AktG. Eine Aufhebung kann nur **zum Ende des Geschäftsjahrs** erfolgen (BGH GmbH 15, 985; so auch FG Münster GmbHR 14, 1326).

Ein **wichtiger Grund** ist gegeben (vgl auch R 14.5 Abs 6 S 2 KStR 2015):
– Veräußerung der Organbeteiligung,
– Einbringung der Organbeteiligung,
– Verschmelzung oder Spaltung des Organträgers oder der Organgesellschaft,
– Liquidation des Organträgers oder der Organgesellschaft,
– ein an sich wichtiger Grund kann unbeachtlich werden, wenn er zum Zeitpunkt des Vertragsabschlusses feststand (BFH BStBl II 2014, 486 sowie R 14.5 Abs 6 S 3 KStR 2015, die noch in den R 60 Abs 6 S 4 KStR 2004 vorgesehene Rückausnahme bei Umwandlungen und Liquidation ist nicht übernommen worden)
– nicht Erfüllung des Konzernverlustverrechnungszwecks (BFH BStBl II 14, 486).

Eine **Kündigung aus wichtigem Grund** ist auch innerhalb der steuerl 5-Jahres-Frist unschädlich (R 14.5 Abs 6 KStR 2015; vgl auch *Lange,* GmbHR 11, 806). Diese Kündigungsmöglichkeit muss nicht ausdrücklich im Vertrag erwähnt sein. UE ist jedoch Parallelität von Zivil- und StR insoweit erforderlich, als der GAV beendet werden muss. Was wichtiger Grund ist, kann allerdings iSv Nr 3 eine andere Auslegung erfahren als iSv § 297 AktG. Liegt steuerl ein wichtiger

Grund, zivilrechtl aber kein wichtiger Grund vor, so muss der steuerl wichtige Grund ggf von einer einvernehmlichen Auflösung des Vertrags begleitet werden.

Die Kündigung oder Aufhebung des GAV auf einen Zeitpunkt während des Wj der OrganGes **wirkt steuerrechtl** auf den Beginn des Wj **zurück** (§ 14 I 1 Nr 3 S 3). Es kommt damit zu einer zeitlichen Abweichung zwischen zivil- und steuerrechtl Ende der Organschaft.

**Weitere Beendigungsgründe:** 106

- **Befristung, auflösende Bedingung** des GAV,
- **Anfechtung** des bzw **Rücktritt** vom GAV,
- **Hinzutreten** eines außenstehenden Gesellschafters (§ 307 AktG),
- uU **Umwandlung** des OrganT oder der OrganGes (BMF BStBl I 11, 1314 Rz Org 04, 21, 23, 24; ansonsten uU Kündigungsgrund).
- **Realteilung** des OrganT (PersGes) (s *Gosch/Neumann* § 14 Rz 281 bis 284),
- Eröffnung des **Insolvenzverfahrens** über das Vermögen einer der Vertragsparteien (so die hM im Zivilrecht BGH II ZR 170/87 v 14.12.87, NJW 88, 1326; uE ist nur ein Recht zur außergewöhnliche Kündigung gegeben; Gleiches gilt für den **Auflösungsbeschluss** bei einer der Vertragsparteien, erst mit der Vollbeendigung hört die Gesellschaft auf zu existieren, so auch BFH BStBl II 68, 105).

**Kein Beendigungsgrund** (GAV gilt fort, aber uU Grund für außergewöhnliche Kündigung) zB: 107

- **Einzelrechtsübertragung** der Beteiligung an der OrganGes,
- (Teil-)**Betriebsübertragung** durch die OrganGes,
- Wegfall der **finanziellen Eingliederung** (vgl Rz 60 zur Unterbrechung der Organschaft bei weiterer Durchführung des Ergebnisabführungsvertrags),
- **Umwandlungsvorgänge** mit Ausnahme (s Rz 106),
- **Verlegung** des **Sitzes** oder der Geschäftsleitung ins Ausland, sodass der für die Organschaft erforderliche Inlandsbezug nicht mehr gegeben ist,
- **Einstellung** der eigengewerblichen **Tätigkeit** beim OrganT,
- **mangelnde** tatsächliche **Durchführung,**
- **steuerl Nichtanerkennung** der Organschaft durch die FinVerw,

**f) Tatsächliche Durchführung.** Nach Abs 1 Nr 3 muss die Organschaft fünf Jahre durchgeführt werden. Auch anschließend ist die Durchführung **Tatbestandsmerkmal.** Der GAV muss nicht ab dem Zeitpunkt, zu dem alle Wirksamkeitsbedingungen vorliegen, sondern ab dem Zeitpunkt, ab dem er gelten soll, durchgeführt werden. 110

Die **Nichtdurchführung in den ersten 5 Jahren** ist schädlich mit Rückwirkung auf den Beginn der 5-Jahres-Frist (R 14.5 Abs 8 KStR 2015). Lagen bestands- oder rechtskräftig Veranlagungen vor, erfolgt eine Änderung nach § 175 I Nr 2 AO. Nichtdurchführung während der ersten fünf Jahre führt zur Notwendigkeit einer neuen 5-jährigen Durchführung und (!) zur erneuten oder fortbestehenden Vereinbarung einer 5-jährigen Laufzeit. 111

Die **Nichtdurchführung nach den ersten durchgeführten fünf Jahren** ist uE nur im Wj der Nichtdurchführung schädlich. Es besteht keine Notwendigkeit zu einer erneuten 5-jährigen Durchführung (aA R 14.5 Abs 6 KStR 2015). 112

Die **vorzeitige Beendigung** – vor Ablauf der fünf Jahre – ist unschädlich, dh ohne rückwirkende Schädlichkeit, falls ein **wichtiger Grund** vorliegt (Abs 1 Nr 3 S 2). UE ein steuerl Begriff; er muss nicht identisch sein mit den zivilrechtl Gründen, die eine außerordentliche Kündigung rechtfertigen. Wichtiger Grund: Veräußerung, Einbringung der Organbeteiligung, Umwandlung (zu Unrecht nur einschränkend BMF BStBl I 11, 1314 Tz Org 05, 12, 26), Liquidation des OrganT (aA FG Hbg EFG 89, 428: die Liquidation des OrganT beendet schon als solche die Organschaft) oder der OrganGes (R 14.5 Abs 6 KStR 2015); uE Insolvenz (s Rz 106). Allerdings liegen keine wichtigen Gründe in diesen Fällen vor, falls zu 113

Beginn feststand, dass keine 5-jährige Durchführung erfolgt, es sei denn, es handelte sich um Umwandlungsvorgänge (vgl R 14.5. Abs 6 KStR 2015), Wegfall der Eingliederungsvoraussetzungen oder anderer Bedingungen der Organschaft mit Ausnahme der Durchführung (so zB A 52 III KStR 1995 betr schädliche Veräußerung bei einer PersGes als OrganT). Das KStG 1977 war ein wichtiger Grund zur Kündigung, sofern sie zum Ende des ersten nach dem 31.12.76 endenden Wj erfolgte (BdF BStBl I 76, 755 Tz 3.8). Entsprechendes gilt für die nachfolgenden Reformen des Körperschaftsteuerrechts im Allgemeinen und dem Organschaftsrecht im Besonderen (zB BMF BStBl I 05, 1038, Tz 24 zum StVergAbG). Die strengeren Zivilrechtsbedingungen für den GAV erlauben die Kündigung. Die Beendigungsmöglichkeit aus wichtigem Grund berührt nicht die zeitliche Bedingung, dass die Organschaftsvoraussetzungen im ganzen Wj der OrganGes vorliegen müssen. Die Kündigung aus wichtigem Grund sollte daher stets zum Ende des Wj der OrganGes ausgesprochen werden.

114 **Durchführung heißt** Vollziehung entsprechend den rechtlichen Vereinbarungen und steuerl Bedingungen. Enthält der GAV Regelungen, die unmittelbar mit der Gewinnabführung oder der Verlustübernahme im Zusammenhang stehen, ist deren Nichtdurchführung uE steuerlich für die Anerkennung der Organschaft irrelevant (zB Verzinsung; str vgl Rz 120).

Die **Gewinnabführung** hat für nicht eingegliederte OrganGes in § 301 AktG eine Obergrenze (zu den eingegliederten OrganGes vgl § 324 AktG) und in § 14 I 1 Nr 4 für alle OrganGes eine Untergrenze.

115 Vorvertraglicher **Gewinnvortrag und** vorvertraglich freie **Rücklagen** können nicht abgeführt werden, wohl nachvertraglich freie Rücklagen (vgl § 301 AktG). Sind sowohl vorvertraglich wie auch nachvertraglich freie Rücklagen vorhanden, kann die OrganGes wählen, welche abgeführt werden (*Walter* in E&Y § 14 Rz 31). Erfolgt keine Wahl, so gelten zugunsten der OrganGes die nachvertragliche Rücklagen als vor den vorvertraglich entnommen. Ausgleich mit vorvertraglichem Verlustvortrag vor Abführung erforderlich. Kein Verstoß gegen das Verbot ist gegeben, freie vorvertragliche Rücklagen aufzulösen und abzuführen, wenn die Organgesellschaft diese Rücklagen auflöst und den entsprechenden Bilanzgewinn außerhalb des GAV an die AntE ausschüttet. Diese Ausschüttung ist nach allgemeinen Vorschriften zu behandeln. Zur Behandlung im AnrV s BMF BStBl I 94, 754 und Abschn 55 V KStR 1995.

116 Bei der Gewinnabführung gelten nach **Abs 1 S 1 Nr 4** steuerl Besonderheiten in Hinblick auf die Zulässigkeit, **Gewinnrücklagen** (§ 272 III HGB) zu bilden. Mit Ausnahme der gesetzlichen dürfen nur solche Beträge aus dem Jahresüberschuss in die Gewinnrücklage eingestellt werden, als dies bei vernünftiger kaufmännischer Betrachtung wirtschaftl begründet ist.

Zur Bildung ist ein konkreter **wirtschaftl Grund** erforderlich, zB Betriebsverlegung, Werkserneuerung, Liquiditätsgründe, Kapazitätsausweitung (R 14.5 Abs 5 KStR 2015). Die Rspr ist nicht eng, die Aufzählung der KStR enthält nur Beispiele (BFH BStBl II 81, 336). Die OrganGes hat einen Beurteilungsspielraum (BFH aaO). Allein die bezweckte Umsatzausweitung ist kein Grund für Rücklagen (FinVerw 1973 StEK KStG § 7a Nr 14); wohl aber dann, wenn durch die Rücklagenbildung ein erhöhtes Risiko aus der Geschäftsausweitung aufgefangen werden soll (BFH BStBl II 81, 336 und NdsFG EFG 77, 397 betr Risiko aus einem Versicherungsgeschäft, dazu auch *Reichel* Inf 81, 269). Der ausreichende Zweck muss bei der Bildung der Rücklage gegeben sein; spätere Änderung oder Zweckverfehlung ist unschädlich. Es ist gleichgültig, ob die Rücklage sodann aufgelöst – und abgeführt – wird oder nicht. Nicht schädlich ist die spätere Umwandlung in NennKap (NdsFG EFG 77, 397, bestätigt durch BFH BStBl II 81, 336). Der Zweck muss in angemessener Zeit angestrebt werden; weitgehend Sache der unternehmerischen Planung. Hier kann das FA den Unternehmer nicht ersetzen. Nicht ausreichend ist die gewohnheitsmäßige Bildung von Rücklagen (BFH BStBl II 81, 336).

Die Beschränkung der Nr 4 gilt nicht für handels- und steuerrechtl **Bewertungsrechte,** für Rücklagen gemäß **§ 247 III HGB** (Sonderposten mit Rücklagenanteil, zB § 6b EStG, vgl R 14.5 Abs 5 KStR 2015). 117

**Verluste** der eingegliederten OrganGes sind auszugleichen; eine vorrangige Saldierung auf der Ebene der OrganGes ist nur mit Gewinnrücklagen zulässig, die während der Vertragszeit gebildet wurden (§ 302 AktG; für eingegliederte OrganGes vgl § 324 AktG). Auszugleichen ist der Jahresfehlbetrag gemäß § 275 III Nr 19 HGB. Dieser kann, muss nicht durch freie Rücklagen, die während der Organschaftszeit gebildet wurden, gemindert oder ausgeglichen werden vgl § 302 I AktG). Ein Ausgleich durch vorvertragliche Gewinnvorträge, vorvertragliche freie Rücklagen, gesetzliche Rücklagen der vor- und nachvertraglichen Zeit ist nicht zulässig. Der GAV kann sich (muss nicht) auch auf vorvertragliche Verluste beziehen. Dieses ist auch steuerl unschädlich. Davon abzugrenzen ist die Vereinbarung, den GAV erst dann wirksam werden zu lassen, wenn das vorvertragliche Verlustvolumen bei der OrganGes aufgebraucht ist (vgl *Grashoff* BB 97, 164). 118

GAV bezieht sich nicht auf den Gewinn oder Verlust des **Abwicklungszeitraums** (BFH BStBl II 68, 105; II 70, 689; R 14.6 KStR 2015). Das Gleiche gilt für das Ergebnis aus einer faktisch durchgeführten Auflösung (BFH BStBl II 71, 411; R 14.6 KStR 2015; zur Abgrenzungsproblematik FG BaWü EFG 79, 361). Mit dem Zeitpunkt des Beginns der Liquidation endet das letzte Wj (BFH BStBl II 74, 692), dessen Gewinn oder Verlust noch dem GAV unterliegt. 119

**Unschädlich für die Durchführung** (BFH/NV 16, 1177): 120

- Durchführung durch **Verrechnungen;** Bargeldzahlung nicht erforderlich nach Ansicht des BGH muss die zur Aufrechnung gestellte Forderung werthaltig sein (GmbHR 06, 928; so auch *Neyer/Schlepper* BB 07, 413).
- Bleibt die **Forderung oder Schuld stehen,** s Rz 121 zur Schädlichkeit.
- **Umwandlung** in **Einlage** des OrganT in die OrganGes „Führ-ab-Hol-zurück-Verfahren".
- Verletzung der **Formvorschriften** gemäß § 293 III 2, IV AktG aF, soweit die zivilrechtl Wirksamkeit des GAV unberührt bleibt.
- Vgl zur Behandlung des **KSt-Guthabens** der OrganGes OFD Hannover DB 09, 483.
- **Freiwilliger Ausgleich** vorvertragliche Verluste.
- Verwendung **vorvertragliche Rücklagen** für die gesetzliche Rücklage oder für eine Umwandlung in NennKap.
- Bildung **gesetzlicher Rücklagen** gemäß § 300 AktG (R 14.5 Abs 5 KStR 2015); gilt entsprechend für GmbH.
- **Unterlassene Verzinsung** der Verlustausgleichs- bzw Gewinnabführungsansprüche (*Behrens/Renner* AG 07, 279; aA bei vertraglich vereinbarter Verzinsung *Prokopf* DB 07, 900, jeweils mwN).
- Gesetzliche **Abführungssperre** (zB § 58d GmbHG, vgl *Suchanek/Herbst* GmbHR 06, 966).
- **Vereinbarungen** im **GAV** über Rücklagebildung.
- **Gewinnermittlungen,** die sich im Rahmen der Vorschriften halten, die das Handels- und Steuerrecht für den abzuführenden Gewinn oder den auszugleichenden Verlust setzen.
- **Rücklagen** gemäß **§ 14 I Nr 4,** sofern sie im GAV nicht angesprochen sind: empfehlenswert ist allerdings, die Rücklagenbildung im GAV vorzusehen; schädlich ist die Bildung von Rücklagen gemäß § 14 I Nr 4, sofern sie im GAV ausgeschlossen sind (aA DB 77, 699).
- Abführung vorvertraglicher **stiller Reserven,** die während der Organschaft realisiert werden (R 14.6 Abs 2 KStR 2015).
- Abführung vorvertraglicher Rücklagen bei eingegliederten Gesellschaften iSv **§§ 319–327 AktG** (R 14.6 Abs 3 KStR 2015).

- **Ausschüttung** vorvertraglicher Rücklagen oder Gewinnvorträge aufgrund eines ordnungsgemäßen Ausschüttungsbeschlusses (R 14.6 Abs 2 KStR 2015), und zwar einschließlich ausgelöster KStMinderung; schädlich nach FinVerw DB 94, 1546 jedoch, wenn die Ausschüttung durch nachvertragliche Einlagen ermöglicht wird; aA *Willenberg/Welte* DB 94, 1688.
- Abführung von **Zuschüssen und Zuzahlungen** der AntE an die OrganGes während der Organschaft, soweit sie vorher ertragswirksam der OrganGes zugeflossen sind (FinVerw 1990 StEK KStG 1977 § 14 Nr 15).
- **VGa** an den OrganT sind unschädlich (R 14.6 Abs 4 KStR 2015), nicht aber bei „Ausschüttungen" des Stammkapitals (Verstoß bei GmbH gegen § 30 GmbHG).
- **Vorauszahlungen** auf die Verpflichtung nach dem GAV.
- **Einlagen** sind unschädliche Einlagen in die Kapitalrücklagen gemäß § 272 II Nr 4 HGB unterliegen nicht der Gewinnabführung, Rückzahlungen sind Ausschüttungen (BFH BStBl II 03, 923; zustimmend BMF BStBl I 03, 647).
- Ebenso **Konzernumlagen,** auch StUmlagen.
- **Teilbetriebsveräußerung.**
- Anhaltende **Verluste** der OrganGes (R 14.5 Abs 5 KStR 2015; merkwürdig, da offenbar die Frage, ob die OrganGes noch eine steuerl Einkunftsquelle darstellt, nicht zu stellen ist).
- **Kündigung** des GAV aus wichtigem Grund. Verluste müssen tatsächlich vom OrganT ausgeglichen werden (FG München EFG 98, 1155).
- Begründung einer **typischen stillen Gesellschaft** mit der OrganGes (vgl *Priester* FS Raupach 391, 401; zur atypisch stillen Gesellschaft vgl Rz 91).
- uE ist es unschädlich, wenn der Ausgleichsanspruch **nicht bilanziell ausgewiesen** ist, **aber** dennoch zeitnah **ausgeglichen** wird.

121 **Schädlich für die Durchführung:**

- Verletzung der **Fünf-Jahres-Bindung** des Abs 1 Nr 3.
- Aufhebung, **Kündigung ohne wichtigen Grund** (R 14.5 Abs 6 KStR 2015).
- **Nichtverrechnung** des Jahresüberschusses der OrganGes mit einem **vororganschaftlichen Verlustvortrag** (BFH/NV 11, 151). S dazu auch Rz 123.
- **Nichtabführung** des Gewinns, Nichtübernahme des Verlusts gemäß GAV, auch durch zu hohe, steuerl unzulässige Reservebildung bei der OrganGes (vgl dazu auch *Dötsch* Der Konzern 12, 104).
- Überschreitung des **Höchstbetrags nach § 301 AktG** (zu den Heilungsmöglichkeiten *Kreidl/Riehl* BB 06, 1880; vgl zu den Änderungen durch das BilMoG BStBl I 10, 65).
- Abführung nur eines **Teilgewinns** bzw Übernahme nur eines Teilverlusts.
- **Variable Ausgleichszahlungen** nach § 16 (BFH BStBl II 10, 407; Nichtanwendungserlass BStBl I 10, 372, wenn neben einem Festbetrag zusätzlich variable Ausgleichszahlungen erbracht werden).
- Vereinbarung durch OrganT, dass **Gewinn** sofort an einen **Dritten,** einen AntE der OrganGes, weiter abgeführt wird, so BFH BStBl II 76, 510; zw Entscheidung, nach *L. Schmidt* FR 76, 361 fehlte im entschiedenen Fall bereits die finanzielle Eingliederung.
- **Verzicht** auf Gewinnabführung oder Verlustausgleich; das gilt auch im Rahmen des § 302 III AktG, der nur eine zivilrechtl Möglichkeit eröffnet; das Gleiche gilt für einen **Vergleich.**
- **Stundung** der Forderung oder Verpflichtung aus dem GAV, ebenso Verrechnungsabreden mit zukünftigen Gegenansprüchen; anders nur – also Unschädlichkeit –, wenn die Ansprüche angemessen verzinst und – falls dies nach Laufzeit und Bonität des Schuldners angemessen wäre – mit einer Sicherheit ausgestattet werden; ob die Verpflichtung zur Verlustübernahme zwingend zu verzinsen ist, ist noch nicht abschließend steuerlich geklärt (vgl *Wernicke/Scheunemann* DStR 06, 1399; *Philippi/Fickert* BB 06, 1809).

- Bildung von **Rücklagen** über § 14 I Nr 4 hinaus.
- **Abführung** von **vorvertraglichen Gewinnvorträgen** oder **Rücklagen** (R 14.5 Abs 4 KStR 2015).
- **Verlustverrechnung** mit vorvertraglichen Gewinnvorträgen oder -rücklagen (R 14.5 Abs 4 KStR 2015).
- Verrechnung **nichtabziehbarer Aufwendungen** mit vorvertraglichen Gewinnvorträgen oder -rücklagen (R 14.5 Abs 4 KStR 2015).
- **Nichtordnungsmäßigkeit** der Buchführung ist nur dann schädlich, wenn durch die Buchführung nicht mehr sichergestellt ist, dass der ganze Gewinn abgeführt wird. Formelle Mängel, mangelnde Aktivierung von Leistungen an den OrganT berühren uE die Gewinnabführung dann nicht, wenn die vGa nichts anderes ist als eine Vorauszahlung auf den GAV (glA *Frotscher* in F/D § 14 Rz 204). Die KStR kennen die Bedingung der ordnungsgemäßen Buchführung nicht; anders der frühere Organschafts-Erlass BStBl I 72, 2 Tz 21, 23. Die **Nichtigkeit** des **Jahresabschlusses** der OrganGes ist ebenfalls nur dann schädlich, wenn durch die zur Nichtigkeit führenden Mängel nicht mehr sichergestellt ist, dass der ganze Gewinn abgeführt wird. Vgl zu **fehlerhaften Bilanzansätzen** und deren Heilungsmöglichkeiten Rz 123.
- Schädlich ist **innerhalb der fünf Jahre** auch die zivilrechtl gültige **Aufhebung.**
- Ebenfalls uE **Kündigungsgründe** im GAV für den 5-Jahres-Zeitraum der Nr 3, die, falls ausgeübt, nicht wichtige Gründe iSv Abs 1 Nr 3 darstellen; hier fehlt die geforderte 5-Jahres-Bindung.

Nicht jeder **kleine Verstoß** gegen das Durchführungsgebot hindert oder zerstört die Organschaft; angesichts der Gewichtigkeit der Rechtsfolge muss auch der Verstoß von einigem Gewicht sein. Vgl zu den **Heilungsmöglichkeiten** *Borggräfe/Kutsch,* NWB 11, 1946; *Meining,* GmbHR 10, 309. 122

Abzuführen ist der „ganze Gewinn", der sich nach der Handelsbilanz richtet. 123 Maßgeblich ist dabei nicht der im Jahresabschluss festgestellte Gewinn, sondern derjenige, der sich bei objektiver Bilanzierung ergeben würde (BGH GmbHR 05, 628). **Handelsrechtliche Bilanzierungsfehler** bei dem Jahresabschluss schlagen damit auf die Organschaft durch und führen zu deren Nichtanerkennung. In diesem Zusammenhang wurde bisher streitig diskutiert, ob steuerlich eine rückwirkende Heilung der Organschaft möglich ist, indem man den Fehler an der Quelle, dh im Jahr der fehlerhaften Bilanzierung, beseitigt und die Abführung entsprechend nachholt (vgl dazu *Schneider/Sommer* GmbHR 13, 22, 23f mwN). Rückwirkend für alle noch offenen Veranlagungen ist durch das Gesetz vom 20.2.13 (Rz 7) eine **neue Korrekturmöglichkeit** eingeführt worden. Bezogen auf den GAV wurde Abs 1 S 1 Nr 3 dahingehend ergänzt, dass fehlerhafte Bilanzansätze nicht zwangsläufig zu einer Nichtdurchführung des GAV und damit zu einer steuerlichen Nichtanerkennung führen.

**Voraussetzung** ist jedoch, das 124

- der Jahresabschluss wirksam festgestellt und der festgestellte Gewinn auch tatsächlich abgeführt bzw Verlust ausgeglichen wurde,
- die Fehlerhaftigkeit unter Anwendung der Sorgfalt eines ordentlichen Kaufmanns nicht hätte erkannt werden müssen und
- der Fehler auf Beanstandung durch die FinVerw hin spätestens in dem nächsten nach dem Zeitpunkt der Beanstandung des Fehlers aufzustellenden Jahresabschluss der OrganGes und des OrganT korrigiert und das Ergebnis entsprechend abgeführt oder ausgeglichen wird, soweit es sich um einen Fehler handelt, der in der Handelsbilanz zu korrigieren ist.

Abs 1 S 1 Nr 3 S 5 fingiert das Nicht-Erkennen-Müssen der Fehlerhaftigkeit, bei Vorliegen

- eines uneingeschränkten Bestätigungsvermerks nach § 322 III HGB zum Jahresabschluss, zu einem Konzernabschluss, in den der handelsrechtliche Jahresab-

schluss einbezogen worden ist, oder über die freiwillige Prüfung eines Jahresabschlusses oder
– der Bescheinigung eines Steuerberaters oder Wirtschaftsprüfers über die Erstellung eines Jahresabschlusses mit umfassenden Beurteilungen.

Daneben kann das Nicht-Erkennen-Müssen auch anderweitig dargelegt werden.

Die Neuregelung ist grundsätzlich zu begrüßen. Um sich diese Änderungsmöglichkeit in noch offenen Verfahren zu sichern, sollte ein Änderungsantrag gestellt werden, in dem das Finanzamt gleichzeitig zur Beanstandung gemäß Abs 1 S 1 Nr 3 S 3 Buchst c aufgefordert wird. Die Vorschrift leidet jedoch unter **vielen noch offenen Fragen** (vgl nur *Dötsch/Pung* DB 13, 305, 308 ff; *Schneider/Sommer* GmbHR 13, 22, 23 ff und *Forst/Suchanek/Klopsch* GmbHR 13, 914). Leider hat es die FinVerw bisher abgelehnt, dazu ein klarstellendes BMF-Schreiben zu erlassen (BMF v 29.5.13 GmbHR 13, 728), so dass auf regional beschränkte Schreiben der Finanzverwaltung zurückgegriffen werden muss (zB OFD-Frankfurt DStR 16, 537 und 1375 oder FinMin Schleswig-Holstein GmbHR 16, 560).

125 Die Probleme fangen damit an, was ein **fehlerhafter Bilanzansatz** ist. Maßgeblich sind nur Fehler in der **Handelsbilanz.** Feststellungen im Rahmen der Betriebsprüfung sind damit irrelevant, wenn sie sich auf die Verletzung von steuerlichen Vorschriften beschränken, die nicht auf die Handelsbilanz durchschlagen. Zudem ist allein der **subjektive Fehlerbegriff** maßgeblich. Nur wenn der Fehler zum Zeitpunkt der Feststellung des Jahresabschlusses bei pflichtgemäßer und gewissenhafter Prüfung hätte erkannt werden können, ist der Jahresabschluss fehlerhaft und kann auf die Organschaft durchschlagen. Die Aufgabe des subjektiven Fehlerbegriffs durch die Entscheidung des Großen Senats des BFH vom 31.1.2013 (DStR 13, 633) ist in diesem Zusammenhang irrelevant. In Betracht kommen alle Ansatz- und Bewertungsfehler unabhängig davon, ob sie handels- und/oder gesellschaftsrechtlich begründet sind. Der Fehler muss von einigem Gewicht sein, da die Handelsbilanz ansonsten nicht geändert werden muss (vgl dazu insbes *Forst/Suchanek/Klopsch* GmbHR 13, 914). Die wichtigsten Fallgruppen werden sein:
– vergessener Abzug vororganschaftlicher Verluste,
– Nichtbeachtung handelsrechtlicher Abführungsverbote,
– unzulässige Abführung vororganschaftlicher Gewinn- und Kapitalrücklagen,
– unzulässige Abführung während der Organschaft gebildeter und aufgelöster Kapitalrücklagen,
– nach Bilanzrecht unzulässige oder überhöhte Rückstellungen.

126 Bei der Frage, ob der Jahresabschluss **wirksam festgestellt** wurde, wird man § 256 VI AktG (analog bei der GmbH) berücksichtigen müssen, wonach ein zunächst nichtiger Jahresabschluss durch Zeitablauf wirksam werden kann.

127 Kernproblem der Neuregelung ist jedoch, was eine **„Beanstandung"** des Fehlers durch die FinVerw ist. Muss die Beanstandung als Beanstandung nach § 14 ausdrücklich gekennzeichnet werden? Zu welchem Zeitpunkt ist eine Beanstandung möglich? Ist die Beanstandung ein Verwaltungsakt, der rechtsmittelfähig ist? Führt die Beanstandung zu einer Selbstbindung der Verwaltung, sodass nicht später behauptet werden kann, die auf die Beanstandung vorgenommene Korrektur sei eine Nichtdurchführung des GAV, da es gar keinen ursprünglichen (subjektiven) Fehler gab, der zu korrigieren war? Bis zur höchstrichterlichen Klärung wird man vorsorglich davon ausgehen müssen, dass die FinVerw jederzeit beanstanden kann. Die Einhaltung besonderer Formen ist nicht erforderlich. Im Zweifel sollte daher nachgefragt werden, ob zB eine kritische Frage des Sachbearbeiters im Rahmen der Veranlagung als Beanstandung iSv § 14 zu verstehen ist. Die Beanstandung wird man nicht als Verwaltungsakt qualifizieren können. Rechtsmittel sind damit nicht gegeben. Ebenso keine Selbstbindung der Verwaltung, wenn man von den Grundsätzen von Treu und Glauben absieht. Im Zweifel sollte nach der Beanstandung und vor der Korrektur eine entsprechende verbindliche Auskunft beim Finanzamt beantragt werden. Voraussetzung dafür ist jedoch, dass dafür überhaupt

noch genügend Zeit ist. Die FinVerw hat damit ein erhebliches „Drohpotential". Beanstandet sie einen aus ihrer Sicht relevanten Bilanzierungsfehler, müssen beide Unternehmen reagieren, indem sie – uU gegen ihre Überzeugung – die Korrektur vornehmen oder auf ihr Risiko den Rechtsstreit führen. Erweist sich die Rechtsansicht der FinVerw als zutreffend, ist es idR für eine Korrektur zu spät.

Eine Verpflichtung nach **§ 153 AO,** die FinVerw auf einen fehlerhaften Bilanzansatz hinzuweisen, wird man nicht herleiten können. Eine eigenmächtige Korrektur ohne vorherige Beanstandung sollte jedoch auch nicht vorgenommen werden. Vielmehr liegt es im eigenen Interesse des OrganT, die FinVerw unter Hinweis auf den Fehler aufzufordern, eine Beanstandung vorzunehmen. 128

Unabhängig davon bleibt neben der neuen Korrekturvorschrift nach § 14 I 1 Nr 3 S 4f in dem folgenden Jahresabschluss die bereits bisher bestehende Möglichkeit der **Fehlerkorrektur an der Quelle.** Hier ist jedoch nochmals darauf hinzuweisen, dass die Einzelheiten dieser Korrekturmöglichkeit noch nicht höchstrichterlich geklärt sind. Auch diese Korrektur sollte nur in enger Abstimmung mit der FinVerw vorgenommen werden. 129

### 10. Rechtsfolgen

**a) Allgemeines.** Trotz der Organschaft bleibt die **OrganGes** ein **eigenständiges StSubjekt** mit allen Rechten und Pflichten. Sie ermittelt das Einkommen nach den allgemeinen Regeln. Der dem OrganT zurechenbare Teil dieses Einkommens kann davon abweichen. Der **OrganT** ermittelt zunächst seinen steuerl Gewinn ohne Berücksichtigung der Organschaft. Erst im **letzten Schritt** erfolgt die **Zurechnung.** Vgl zur Zurechnung bei **Umwandlungen** BMF BStBl I 11, 1314, Rz Org 19, 27, 30. 130

Die **Rechtsfolgen** sind **zwingend.** Es besteht kein Wahlrecht. Die Rechtsfolgen lassen sich nur vermeiden, indem eine der Voraussetzungen der Organschaft gezielt beseitigt wird. Innerhalb der ersten fünf Jahre kann dies zum rückwirkenden Wegfall der Organschaft führen (Rz 111).

Die Rechtsfolgen treten für jede Organschaft **getrennt** ein. Es erfolgt keine Zurechnung zwischen Schwester-OrganGes. Die verschiedenen Zurechnungen saldieren sich auf der Ebene des OrganT.

**b) Einkommen der Organgesellschaft.** Das Einkommen der OrganGes ist nach den allgemeinen Grundsätzen zu ermitteln. Zu den **Besonderheiten** der **Organschaft** s §§ 15 und 16. 131

**c) Einkommen des Organträgers.** Es gelten vom Grundsatz die **allgemeinen Vorschriften.** Die folgenden **Besonderheiten** gelten: 132

Aufgrund des Ergebnisabführungsvertrags wird die Ergebnisübernahme in der HB des OrganT als Forderung bzw Verbindlichkeit gebucht. Um eine doppelte Erfassung durch die spätere steuerl Zurechnung zu vermeiden, wird bei der Einkommensermittlung des OrganT dieses bilanzielle Ergebnis korrigiert (R 14.6 Abs 1 KStR 2015).

**Verträge,** Lieferungen, Leistungen und sonstige Gewinnverwirklichungen zwischen OrganT und OrganGes sind anzuerkennen. 133

**§ 6b EStG** gilt auch bei Gewinnverwirklichung gegenüber OrganT.

**Rückstellungen** sind auch bei Risiko gegenüber der OrganGes möglich. Keine Rückstellungen allerdings bei OrganT für **drohende Verluste aus der Organschaft** (BStBl II 77, 441; *Wassermeyer* StbJb 92/93, 219 bejaht die Rückstellungsmöglichkeit, korrigiert sie jedoch aufgrund von § 14).

**Zinsen** für Erwerb von Organbeteiligungen sind abzugsfähig (R 14.7 Abs 1 KStR 2015). Die Beschränkungen der § 8b und § 3c EStG gelten wie auch bei anderen Aufwendungen im Zusammenhang mit der Beteiligung nicht (aA *Thiel* DB 02, 1340). Fallen Gewinnausschüttungen aus vororganschaftlicher Zeit mit organschaftlichen Abführungen zusammen, kommen die Beschränkungen der § 8b und § 3c EStG anteilig zur Anwendung (so FG Saarl EFG 16, 1013; BFH VIII R 4/16). Sonderregelungen gelten nur für die Teilwertabschreibung. Zur Zinsschranke nach § 4h EStG vgl § 15 Rz 20.

134 **Teilwertabschreibung** ist grundsätzlich möglich, solange sie nicht mit Verlusten der OrganGes begründet wird (R 14.7 Abs 3 KStR 2015). Bei OrganT in der Rechtsform der Körperschaft iSd § 1 ist die Teilwertabschreibung aufgrund des geänderten § 8b II unzulässig, die Beschränkungen des § 8b III kommen zum Tragen. Ist OrganT eine Mitunternehmerschaft, an der eine Körperschaft beteiligt ist, ist insoweit § 8b IV zu beachten. Bei Personenunternehmen als OrganT gelten die Beschränkungen des § 3 II EStG. § 3c I EStG gilt nicht. Bei der Teilwertabschreibung ist nicht nur auf die Ertragslage der Organschaft, sondern auch auf deren funktionale Bedeutung im Unternehmensverbund abzustellen (BFH/NV 15, 1381).

135 **Konzernumlagen,** auch StUmlagen (USt, GewSt, nicht KSt) sind anzuerkennen (FinVerw 1961 StEK KStG § 6 Org Nr 7; 1964 Nr 19; 1964 Nr 21; 1986 StEK KStG 1977 § 14 Nr 10). Vgl zur vGa-Gefahr BFH BStBl II 02, 369 und BMF DB 02, 2571.

136 Bei einer **vGa** erfolgt eine Korrektur nach den allgemeinen Vorschriften (vgl § 15 Rz 6; § 8 Anh „Organschaft"). Eine Doppelbelastung ist auf jeden Fall zu vermeiden; ggf ist das Einkommen der OrganGes zu korrigieren (vgl hierzu auch BFH BStBl II 87, 455; BFH/NV 87, 468; R 14.7 Abs 2 KStR 2015; vgl FG Hbg EFG 98, 392 zu vGa in mehrstöckiger Organschaft; vgl dazu auch *Wassermeyer* DB 06, 296; *Thiel* DB 06, 633). Der Abschluss des GAV kann gegenüber dem Anteilseigner des OrganT keine vGA sein; andererseits verhindert der Abschluss des GAV nicht die vGA (vgl dazu BFH BStBl II 07, 961 zum dauerdefizitären kommunalen Eigenbetrieb).

Übernimmt der OrganT vorvertragliche **Verluste,** so liegen Einlagen vor, die auf dem Beteiligungskonto zu aktivieren sind (BFH BStBl III 55, 187). Verzicht auf Verlustübernahme kann vGa sein (vgl § 8 Anh „GAV").

**Abführung** vorvertragliche versteuerter stiller **Rücklagen** (Beispiel: handelsrechtl AfA war höher als steuerl) unterliegt der Organregelung; keine Abspaltung eines Beteiligungsertrags.

137 Bis zum VZ 11 sah Abs 1 S 1 Nr 5 besondere Voraussetzungen für die **Anerkennung des negativen Einkommens** bei einem doppelansässigen OrganT vor (s dazu 7. Aufl). Im Rahmen des Gesetzes vom 20.2.13 (Rz 7) wurde das Verlustabzugsverbot rückwirkend zum VZ 12 erheblich ausgeweitet. Nunmehr bleiben negative Einkünfte des OrganT oder der OrganGes bei der inländischen Besteuerung unberücksichtigt, soweit sie in einem ausländischen Staat im Rahmen der Besteuerung des OrganT, der OrganGes oder einer anderen Person berücksichtigt werden. Die Neuregelung ist **abzulehnen.** Für den VZ 12 liegt eine unzulässige echte Rückwirkung vor. Unabhängig davon verstößt sie wegen der Nichtberücksichtigung der Verluste gegen Art 3 GG (Leistungsfähigkeitsprinzip) sowie gegen EU-Recht (vgl dazu *Schneider/Schmitz* GmbHR 13, 281, 286 ff; sowie *Scheipers/Linn* IStR 13, 139). Zudem wirft die Neuregelung Fragen auf, dass sie nicht anwendbar ist (so auch *Dötsch* in D/P/M § 14 Rz 214 ff, vgl auch BFH/NV 17, 685, der auf die vielen offenen Fragen hinweist).

138 Die Nr 5 kommt nur zum Tragen, wenn aufgrund eines **DBA keine Freistellung der Einkünfte** vereinbart ist. Bezugsgröße sind die **negativen Einkünfte als Saldo,** nicht einzelne Betriebsausgaben, die uU doppelt berücksichtigt werden. Negative Einkünfte des Organträgers liegen nach BFH nur dann vor, wenn bei diesem nach der Zurechnung des Einkommens der Organgesellschaft ein Verlust verbleibt (BFH/NV 17, 685). Erforderlich ist, dass die negativen Einkünfte **tatsächlich im ausländischen Staat bei einer Besteuerung berücksichtigt** wurden; die bloße Entstehung oder Erhöhung eines ausländischen vortragsfähigen Verlustes sind nicht ausreichend. Hierdurch kann es zu einem **zeitlichen Ausein-**

**anderfallen** zwischen Entstehung in Deutschland und Auswirkung im ausländischen Staat kommen. In diesem Fall sind die negativen Einkünfte zunächst in Deutschland zu berücksichtigen, da noch unklar ist, ob, wann und inwieweit diese Einkünfte auch im Ausland Berücksichtigung finden. Ob in diesem Fall eine Korrekturmöglichkeit nach § 175 I 1 Nr 2 AO besteht, ist unklar (vgl dazu *Goebel/Ungemach* NWB 13, 595, 602 f). Kernproblem wird für die FinVerw sein, festzustellen, ob, wann und inwieweit die negativen Einkünfte im ausländischen Staat Berücksichtigung gefunden haben. Die Feststellungslast trifft die FinVerw. Die deutschen Unternehmen trifft nur die erhöhte Mitwirkungspflicht nach § 90 II AO. Eine Berichtigungspflicht nach § 153 AO besteht nicht, da die ursprüngliche Erklärung zum damaligen Zeitpunkt nicht unrichtig oder unvollständig gewesen ist.

Über die **Bilanzänderung** (§ 4 II EStG) ist jeweils bei der OrganGes und dem OrganT gesondert zu entscheiden. Die Bilanzänderung der einen berechtigt zur Bilanzänderung der anderen, falls ein sachlicher Zusammenhang besteht. 139

**d) Ausgleichsposten (Abs 3 und 4).** Die Organschaft bezweckt die Beseitigung der Doppelbelastung. Folglich ist bei der Besteuerung sorgsam darauf zu achten, dass jede **Doppelbelastung ausscheidet.** Die Gefahr der Doppelbelastung besteht insbes dann, wenn über den GAV dem OrganT zivilrechtl mehr bzw weniger zugerechnet wird als steuerl (zB Minderabführung der OrganGes durch Bildung einer Gewinnrücklage, die der OrganT zu versteuern hat). Die **Ursache** für solche Mehr- bzw Minderabführungen kann vor dem Abschluss des GAV liegen oder in der Laufzeit des Vertrags. Vgl zur zeitlichen Abgrenzung FG D'dorf EFG 13, 1262; der BFH hat diese Frage dem BVerfG vorgelegt, BStBl II 14, 651, BVerfG 2 BvL 18/14). Werden vororganschaftliche Verluste bei der Organgesellschaft mit laufenden Gewinnen saldiert, geht die Finanzverwaltung anscheinend nicht mehr davon aus, dass es sich um eine organschaftliche Minderabführung handelt (die KStR 2015 enthalten keine Regelung wie noch R 63 Abs 2 KStR 2004). Daneben gibt es auch **außerorganschaftliche** Mehr- bzw Minderabführungen, die durch Umwandlungsvorgänge auf die OrganGes entstehen können. Diese sind gesetzlich nicht geregelt, werden von der Finanzverwaltung jedoch wie vororganschaftliche Mehr- bzw Minderabführungen nach Abs 3 behandelt (OFD Münster DStR 11, 367, BStBl I 11, 1314, Rz Org 33). 140

Mehrabführungen sind **„Minderverlustübernahmen"** gleichzustellen (BFH BStBl II 14, 398).

**Vororganschaftliche Mehr- bzw Minderabführungen** sind erst seit dem EURLUmsG (s Rz 7, dort auch zum Verfahren beim BVerfG) in Abs 3 gesetzlich geregelt (vgl dazu ausführlich *Dötsch/Witte,* Der Konzern 07, 190): Mehrabführung gilt als **Gewinnausschüttung** der OrganGes, Minderabführung gilt als **Einlage** des OrganT. Sie gelten als in dem Zeitraum erfolgt, in dem das Wj der OrganGes endet. Dieses entspricht der ursprüngliche Handhabung durch die FinVerw (A 59 IV 3 KStR 1995). Der BFH hatte diese Ansicht verworfen und ging bei vororganschaftlich verursachten Mehrabführungen von einer Abführung iSd §§ 14 ff aus (so nochmals BFH, BStBl II 14, 398 und 615, er hat zur rückwirkenden Einführung des Abs 3 S 1 KStG das BverfG angerufen, 2 BvL 7/13 und 2 BvL 18/14). Die FinVerw war dieser Rspr gefolgt (BMF BStBl I 05, 65). Sie gewährte großzügige Übergangsregeln, um eine ununterbrochene Fortführung der bisherigen Handhabung sicherzustellen (BMF BStBl I 05, 813). Nunmehr wendet der BFH auf die Mehrabführungen iSv Abs 3 alle Regelungen der Gewinnausschüttung an (so BFH BStBl II 14, 398 zu § 38). 141

Die Verfahren zur Vermeidung der **organschaftlichen Mehr**- **bzw Minderabführungen** war bis zur Einfügung des Abs 4 durch das JStG 2008 (s Rz 7) **umstritten;** nachfolgend Rspr **und** hL (insbes BFH BStBl II 75, 126; *Winter* in H/H/R § 14 Rz 72 ff; *Frotscher,* Der Konzern 07, 34; *Breier,* Der Konzern, 11, 11 und 84; R 14.8 KStR 2015). 142

Das Einkommen der OrganGes bleibt unkorrigiert (so auch BFH/NV 09, 790 zum alten Recht). Die Mehr- bzw Minderabführungen sind **vorrangig** auf dem steuerl **Einlagenkonto** iSv § 27 VI zu erfassen. Das Einlagekonto kann dadurch negativ werden (§ 27 I 4). Das Einkommen des OrganT wird außerhalb der Bilanz korrigiert. Die Gewinnabführung wird wie eine stfreie Einnahme abgerechnet. Die Verlustübernahme wird entweder durch einen Passivposten bilanztechnisch neutralisiert oder in der Bilanz überhaupt nicht berücksichtigt. Wird im Rahmen einer Organschaft der OrganGes ein Ertragszuschuss gewährt, führt die Rückzahlung nicht zur Rückgängigmachung der Einlage, sondern zu organschaftlichen Mehrabführungen (so BFH/NV 17, 1276 gegen BMF BStBl I 13, 921).

143 **Im Übrigen** muss durch **aktive** oder **passive Ausgleichsposten** sichergestellt werden, dass eine Doppelbelastung nicht eintritt. Die Verwendung der Ausgleichsposten wird von diesem Zweck bestimmt. Die Höhe der Ausgleichsposten wird durch den Betrag festgelegt, der vor der Doppelbelastung gesichert werden soll. Hiernach beantwortet sich auch die Frage, ob bei nicht 100 vH-Beteiligung anteilsmäßige Ausgleichsposten zu bilden sind (dazu BFH BStBl II 96, 614).

Aktive und passive Ausgleichsposten, die in der Organschaft der Verhinderung der Doppelbelastung dienen, können **zusammengefasst** und auch **verrechnet** werden. Bilanzänderungen bei der OrganGes rechtfertigen die Änderung von Ausgleichsposten im Wege der Bilanzänderung beim OrganT. S hierzu R 14.8 KStR 2015. Zur Kritik s insbes *Dötsch* DB 93, 752, der die Zwecke der Ausgleichsposten durch verdeckte Einlagen erreichen will.

**Spätere Änderungen** bzw **erstmalige Bildungen** sind nur über § 4 II EStG änderbar, die KStR 2015 enthalten dazu keine Regelungen mehr.

Ist der OrganT nicht zu 100% an der OrganGes beteiligt, ist der Ausgleichsposten entsprechend der Beteiligungshöhe **quotal** zu bilden (BFH BStBl II 96, 614; BMF BStBl I 03, 437, Tz 43; aA *Frotscher* in F/D § 14 Rz 315 ff). Bei einer mittelbaren Organschaft sind die Ausgleichsposten auch dann zu bilden, wenn die Zwischengesellschaft nicht organschaftlich eingebunden ist (R 148 Abs 3 S 7 KStR 2015).

144 Wird die organschaftliche Mehr- oder Minderabführung zu Zeiten der Organschaft zivilrechtl **ausgeglichen** (zB die handelsrechtl gebildete Gewinnrücklage wird aufgelöst) ist der ursprünglich gebildete Ausgleichsposten aufzulösen. Wurde dieser zwischenzeitlich mit gegenläufigen Ausgleichsposten verrechnet, muss ein entsprechender Gegenposten gebildet werden.

145 Bei der **Beendigung** der **Organschaft** bleiben die **Ausgleichsposten** bestehen, sofern sie noch erforderlich sind, um eine noch drohende Doppelbelastung zu vermeiden. Nach Ansicht der Finanzverwaltung führen Umwandlungen stets zur Auflösung der Ausgleichsposten, wenn dadurch eine Organschaft beendet wird (BMF BStBl 11, 1314, Rz Org 05 bis 08, 16, 17, 21, 22, 24; so auch für die Umwandlung der Organkapitalgesellschaft in eine Personengesellschaft FG Münster, EFG 16, 594, BFH I R 16/16 bei der Verschuldung der Organgesellschaft auf eine zwischengeschaltete Kapitalgesellschaft). UE sind die Ausgleichsposten bis zum tatsächlichen Verkauf der Anteile fortzuführen, wenn die Beteiligung nach der Umwandlung fortbesteht.

**Anwendungsfälle** (vgl auch R 14.8 KStR 2015):

- Versteuert der OrganT Vermögensmehrungen der OrganGes, die nicht abgeführt wurden (gesetzliche Rücklage, zulässige freie Rücklagen), so bildet der OrganT erfolgsneutral in gleicher Höhe aktive Ausgleichsposten, die erfolgswirksam aufzulösen sind, falls der versteuerte Ertrag später abgeführt oder die Beteiligung an der OrganGes veräußert wird.
- Entsprechend sind passive Ausgleichsposten zu bilden, falls der Gewinn, der abgeführt wird, handelsrechtl das zu versteuernde Einkommen übersteigt (zB durch höhere Abschreibung).
- Keine Ausgleichsposten, falls der Unterschied von abgeführtem Gewinn und zuzurechnendem Einkommen die Folgewirkung von Geschäftsvorfällen der

Vororganschaftszeit ist. Einzelheiten s BdF-Schreiben BStBl I 81, 44 und BStBl I 97, 939 betr körperschaftsteuerrechtl Behandlung von Mehr- und Minderabführungen bei organschaftlich verbundenen Unternehmen.
– Zur körperschaftsteuerrechtl Behandlung vorvertraglich versteuerter stiller Rücklagen von OrganGes s *Schröder* StBp 86, 269.
– Zur handelsrechtl (nicht steuerrechtl) Auflösung einer § 6b-Rücklage bei der OrganGes und zur Abführung des dadurch entstandenen Gewinns an den OrganT s FinVerw 1986 StEK KStG 1977 § 14 Nr 9.
– Zum Ertragszuschuss des Gesellschafters (FG Münster EFG 15, 1974, BFH I R 67/15).
– Umwandlung der OrganGes (BMF BStBl I 11, 1314 Tz Org 28, 30; str vgl *Rödder* DStR 11, 1053).
– nicht für verrechenbare Verluste iSv § 15a EStG der OrganGes nach Umwandlung in eine PersGes (BFH BStBl II 13, 555, mit einschränkendem BMF BStBl I 13, 921).

Aufgrund des § 8b idF des StSenkG ist der **Verkauf der OrganGes** stfrei. Nach hM ist der Ausgleichsposten aufzulösen (aA *Sauter/Heurung* GmbHR 01, 167). Der dadurch verursachte Gewinn bzw Verlust unterlag nach hM ebenfalls dem § 8b (so BMF BStBl I 03, 292, Tz 16). Der BFH vertrat hingegen die Ansicht, passive Ausgleichsposten seien erfolgsneutral aufzulösen (BStBl II 07, 769, vgl dazu Nichtanwendungserlass BStBl I 07, 743, sowie *Dörfler/Adrian/Geeb* DStR 07, 1889). Das JStG 2008 (s Rz 7) hat die bisherige Haltung der FinVerw durch die rückwirkende Einführung des Abs 4 auf eine gesetzliche Grundlage gestellt (vgl dazu *Dötsch/Pung* DB 07, 2669, 2672). Der Ausgleichsposten ist mit dem Buchwert der Organgesellschaft zusammenzufassen (sog Nettomethode, so nun auch ausdrücklich R 14.8 Abs 3 S 4 ff KStR 2015). Bei der mittelbaren Organschaft (Rz 143) ist der Ausgleichsposten auch beim Verkauf der Beteiligung an die Zwischengesellschaft aufzulösen (R 14.8 Abs 3 S 7 KStR 2015). 146

**e) Zusammenrechnung und Besteuerung.** Die **Einkommenszurechnung** bei dem OrganT ist steuerl Rechtsfolge. Es sind keine betriebl Einnahmen (BFH BStBl II 75, 126; *Winter* in H/H/R § 14 Rz 62; aA *Wassermeyer* DStR 04, 214 gewerbl Einkünfte). Nach Ansicht der FinVerw erfolgt bei kstpfl OrganT die Addition auf der Stufe der Ermittlung des Gesamtbetrags der Einkünfte (R 7 Abs 1 KStR 2015). Dieses Muster versagt bei solchen OrganT, die keinen Gesamtbetrag der Einkünfte haben (zB Mitunternehmerschaften). Da die Vermögensminderung bzw -mehrung durch den GAV in der Gewinnermittlung des OrganT neutralisiert ist (s Rz 132), wird das zuzurechnende Einkommen der OrganGes zusammen mit dem Gewinn bzw Verlust des OrganT auf einer 2. Ebene der Gewinnermittlung zusammengefasst. 160

Ist der OrganT eine **Mitunternehmerschaft,** wird das Organschaftseinkommen nach dem allgemeinen Gewinnverteilungsschlüssel zugerechnet. Abweichende Vereinbarungen sind im Rahmen des auch ansonsten Zulässigen möglich. Die Zurechnung erfolgt nur bei den Gesellschaftern, die zum Zeitpunkt der Einkommenszurechnung an dem Organträger beteiligt sind (BStBl II 13, 494). Zuzurechnende Verluste und Verluste der OrganGes sind beim OrganT im Rahmen des § 15a EStG zu berücksichtigen. Beteiligungen der Mitunternehmer an der OrganGes sind nicht zwangsläufig Sonderbetriebsvermögen (BFH BStBl II 04, 216). Entsprechendes galt bisher beim Bestehen einer Mehrmütter-Organschaft (s 6. Aufl). 161

Auf der Ebene des OrganT ist ein **Verlustausgleich** zwischen Einkommen von OrganGes und OrganT möglich. **Verlustabzugs**möglichkeiten beim OrganT: 162
– Rücktrag bzw Vortrag des eigenen vor- oder nachvertraglichen Verlusts in einen VZ vor, in oder nach der Organschaft.
– Rücktrag bzw Vortrag eines nicht ausgeglichenen Organeinkommens in einen VZ vor, in oder nach der Organschaft.

163 **Spenden:** Gesonderte Ermittlung der Höchstbeträge; keine Zusammenrechnung oder Spitzenausgleich mit dem Höchstbetrag der OrganGes (so zu Unrecht BFH BStBl II 03, 9; FG D'dorf EFG 12, 1876, der BFH hat die Revision gegen dieses Urteil aus anderen Gründen abgewiesen, BFH/NV 14, 903). S auch § 15 Rz 5 und § 9 Rz 23.

**Tarif/Steuerart:** Der OrganT ist maßgebend. Das Einkommen einer GmbH unterliegt zB bei einer natürlichen Person als OrganT der ESt. Zur Weiterleitung von StVergünstigungen und StBefreiungen von der OrganGes an den OrganT s § 19.

Die Besteuerung beim OrganT kann zur Anwendung von **Tarifvergünstigungen** uÄ führen, die die OrganGes selbst nicht hätte in Anspruch nehmen können. Bei Betriebs- oder Teilbetriebsveräußerung bzw einem Tatbestand des § 16 I EStG bei der OrganGes ist § 34 EStG bei OrganT anzuwenden, sofern der OrganT eine natürliche Person oder eine Mitunternehmerschaft ist, soweit hieran natürliche Personen beteiligt sind (*Winter* in H/H/R § 19 Rz 11; *Müller/Stöcker/Lieber* Rz 590f; *Tiedtke/Wälzholz* GmbHR 01, 847; aA R 19 Abs 2 KStR 2015; BFH BStBl II 92, 817).

Zu OrganT im **AnrV** s §§ 36, 37 aF. Zu den **Ausgleichszahlungen** s § 19.

164 Hinsichtlich der **zeitlichen Zurechnung** gilt Folgendes. Einkommen von OrganGes und OrganT werden jeweils unmittelbar nach § 7 IV dem VZ zugerechnet (BFH BStBl II 75, 126; R 14.7 KStR 2015). Beispiel: Wj OrganT 1.4.–31.3.; OrganGes 1.6.–31.5.; beide in 06 endend Wj sind dem VZ 06 zuzurechnen. Unzutreffend wäre: Zurechnung des Einkommens der OrganGes in dem Wj des OrganT d mit diesem Zurechnung zu einem VZ (so Rspr vor 1969 und heute ein Teil der Lehre, s *Gosch/Neumann* § 14 Rz 506 und 512ff bei Mitunternehmerschaften). Enden in einem Kj mehrere Wj der OrganGes, kann die OrganGes mit dem Ergebnis eines Wj stpfl, mit dem Ergebnis eines anderen nicht stpfl sein, je nachdem, ob die Organschaft für das jeweilige Wj eingreift oder nicht. Scheidet unterjährig ein Gesellschafter aus der OrganT-Personengesellschaft aus, ist das Einkommen der OrganGes nur den Gesellschaftern des OrganT zuzurechnen, die im Zeitpunkt der Einkommenszurechnung an dem OrganT beteiligt sind (BFH/NV 13, 1036).

170 **f) Verfahrensfragen.** Bis VZ 13 erfolgte kein besonderes Feststellungsverfahren für die Anerkennung der Organschaft und für Organschaftseinkommen. Der KStBescheid der OrganGes war kein Grundlagenbescheid für die Besteuerung des OrganT (zweifelnd *Walter* in E&Y § 14 Rz 804f). Die Feststellung erfolgte im Veranlagungsverfahren des OrganT. Das zuzurechnende Einkommen der OrganGes war unselbständige Besteuerungsgrundlage nach § 157 II AO bei dem OrganT. Die FinVerw hielt, soweit nicht ein Fall des § 16 vorliegt, nur den OrganT für rechtsbehelfsfähig (R 14.6 Abs 6 KStR 2015; aA *Jesse* DStZ 01, 113). Im Übrigen blieben die OrganGes ein eigenständiges StSubjekt mit eigenen Rechten und Pflichten.

171 Um verfahrensrechtlich sicherzustellen, dass das Einkommen der OrganGes dem OrganT noch im Falle einer späteren Änderung wirksam zugerechnet werden kann, wurde mit Gesetz vom 20.2.13 (Rz 7) in einem neuen § 14 V ein **Feststellungsverfahren** eingeführt. Die Neuregelung gilt für alle Feststellungszeiträume, die nach dem 31.12.13 beginnen. Danach ist das dem OrganT zuzurechnende Einkommen der OrganGes und damit zusammenhängende andere Besteuerungsgrundlagen gegenüber dem OrganT und der OrganGes gesondert und einheitlich festzustellen. Diese Feststellungen sind für die Besteuerung des Einkommens des OrganT und der OrganGes bindend. Entsprechendes gilt für die von der OrganGes geleisteten Steuern, die auf die Steuern des OrganT anzurechnen sind.

172 Die **Reichweite der Bindungswirkung** ist leider nicht klar umgrenzt. Sicherlich ist in dem Feststellungsbescheid festgestellt, ob eine Organschaft vorliegt sowie

welches Einkommen und welche Steuerzahlungen dem Organträger zuzurechnen sind. Aber was sind die „damit zusammenhängenden anderen Besteuerungsgrundlagen“? Bis zur abschließenden Klärung sollten im Zweifel der OrganT und die OrganGes nicht nur gegen alle „damit zusammenhängenden“ Bestandteile des Feststellungsbescheids Einspruch einlegen, sondern auch gegen die vermeintlichen Folgebescheide, die uU insoweit kein Folgebescheid sind.

**Zuständig für die Feststellung** ist das FA, das für die Besteuerung nach dem Einkommen der OrganGes zuständig ist. Die entsprechenden Erklärungen sollen mit der Körperschaftsteuererklärung der OrganGes verbunden werden. Der OrganT ist nach § 181 III AO befreit. Die Bekanntgabe erfolgt an beide Rechtsträger. Beide sind rechtsmittelbefugt. Das Rechtsmittel eines Beteiligten hindert die Bestandskraft des Bescheids auch gegenüber dem anderen Beteiligten. Dieser ist notwendig beizuladen. Bei einem Antrag auf **verbindliche Auskunft** ist nach § 89 III 2 AO nur eine Gebühr zu erheben (so bereits BFH BStBl II 16, 706 für die Zeit vor dem 22.7.16). Einspruchsberechtigt sind sowohl der Organträger als auch die Organgesellschaft (R 14.6 Abs 6 KStR 2015). Entsprechendes wird für die Aussetzung der Vollziehung gelten. 173

Ist der **OrganT** eine **Mitunternehmerschaft,** ist das zuzurechnende Einkommen im gesonderten Gewinnfeststellungsverfahren (§ 180 AO) festzustellen, allerdings gesondert von dem unmittelbaren Einkommen der Mitunternehmerschaft (Einzelheiten FinVerw 1976 KStG § 7 Nr 18). **Zuständig** ist das FA des OrganT. 174

Ein Gewinnfeststellungsbescheid für eine **Tochter-PersGes der OrganGes** entfaltet verfahrensrechtlich gegenüber dem OrganT nicht die Wirkung eines Grundlagenbescheids (BFH BStBl II 08, 663).

**11. Gescheiterte Organschaft.** Eine **gescheiterte Organschaft** ist gegeben, wenn die Beteiligten die Bildung einer Organschaft gewollt haben, die aber von Anfang an nicht oder ab einem späteren Zeitpunkt nicht wirksam geworden ist (zu den Gründen s beispielhaft *Gosch/Neumann* § 14 Rz 532). Im Gegensatz zur umsatzsteuerl Organschaft, wo kein GAV notwendig ist und es allein auf die Eingliederung ankommt, ist im Körperschaftsteuerrecht eine von den Beteiligten nicht erkannte, **verdeckte Organschaft** nicht möglich. 175

Trotz – steuerl – gescheiterter Organschaft kann der **GAV** zivilrechtl **wirksam** sein.

Unabhängig von der zivilrechtl Wirksamkeit des GAV sind **Gewinnabführungen** ohne Voraussetzungen der Organschaft Ausschüttungen. Da kein ordnungsmäßiger Ausschüttungsbeschluss vorliegt, nimmt der BFH vGa an (BFH/NV 91, 121; 08, 614). 176

**Verlustübernahme** bei gescheiterter Organschaft führt zu verdeckten Einlagen (BFH BStBl II 90, 797: Teilwertabschreibungen sind möglich; zustimmend *Knepper* BB 91, 1607; *Wichmann* BB 92, 394; krit *Laengner* BB 91, 1239). Verzichtet die UnterGes (vermeintlich OrganGes) trotz eines zivilrechtl wirksamen GAV auf einen Verlustausgleich, liegt steuerl eine Einlagenrückgewähr vor. Der Verzicht auf die Verzinsung des Ausgleichsanspruchs kann eine vGa sein.

Soweit das Scheitern **Rückwirkung** hat (s Rz 111), sind bestands- oder rechtskräftige Veranlagungen zu berichtigen (§ 175 I Nr 2 AO). Die OrganGes ist regelmäßig erstmals zu veranlagen (R 14.4 Abs 8 KStR 2015). 177

Zur aufgrund Gesetzesänderung **verunglückten Mehrmütter-Organschaft** s Rz 77.

In Ausnahmefällen lässt die FinVerw im Rahmen der **abweichenden StFestsetzung** (§ 167 AO) die Rechtsfolgen der Organschaft trotz deren Scheitern zu.

## § 15 Ermittlung des Einkommens bei Organschaft

[1]Bei der Ermittlung des Einkommens bei Organschaft gilt abweichend von den allgemeinen Vorschriften Folgendes:

1. Ein Verlustabzug im Sinne des § 10d des Einkommensteuergesetzes ist bei der Organgesellschaft nicht zulässig. [2]Satz 1 steht einer Anwendung von § 3a des Einkommensteuergesetzes nicht entgegen. [3]Der für § 3c Absatz 4 Satz 4 des Einkommensteuergesetzes maßgebende Betrag ist der sich nach Anwendung von Nummer 1a ergebende verminderte Sanierungsertrag.

1a. [1]Auf einen sich nach § 3a Absatz 3 Satz 4 des Einkommensteuergesetzes ergebenden verbleibenden Sanierungsertrag einer Organgesellschaft ist § 3a Absatz 3 Satz 2, 3 und 5 des Einkommensteuergesetzes beim Organträger anzuwenden. [2]Wird der Gewinn des Organträgers gesondert und einheitlich festgestellt, gilt § 3a Absatz 4 des Einkommensteuergesetzes entsprechend. [3]Die Sätze 1 und 2 gelten auch, wenn die Voraussetzungen des § 14 Absatz 1 im Sanierungsjahr nicht vorliegen und das Einkommen der Organgesellschaft in einem innerhalb der letzten fünf Jahre vor dem Sanierungsjahr liegenden Veranlagungszeitraum dem Organträger gemäß § 14 Absatz 1 Satz 1 zugerechnet worden ist.

2. [1]§ 8b Abs. 1 bis 6 dieses Gesetzes sowie § 4 Abs. 6 des Umwandlungssteuergesetzes sind bei der Organgesellschaft nicht anzuwenden. [2]Sind in dem dem Organträger zugerechneten Einkommen Bezüge, Gewinne oder Gewinnminderungen im Sinne des § 8b Abs. 1 bis 3 dieses Gesetzes oder mit solchen Beträgen zusammenhängende Ausgaben im Sinne des § 3c Abs. 2 des Einkommensteuergesetzes oder ein Übernahmeverlust im Sinne des § 4 Abs. 6 des Umwandlungssteuergesetzes enthalten, sind § 8b dieses Gesetzes, § 4 Abs. 6 des Umwandlungssteuergesetzes sowie § 3 Nr. 40 und § 3c Abs. 2 des Einkommensteuergesetzes bei der Ermittlung des Einkommens des Organträgers anzuwenden. [3]Satz 2 gilt nicht, soweit bei der Organgesellschaft § 8b Abs. 7, 8 oder 10 anzuwenden ist. [4]Für die Anwendung der Beteiligungsgrenze im Sinne des § 8b Absatz 4 in der Fassung des Artikels 1 des Gesetzes vom 21. März 2013 (BGBl. I S. 561) werden Beteiligungen der Organgesellschaft und Beteiligungen des Organträgers getrennt betrachtet.

3. [1]§ 4h des Einkommensteuergesetzes ist bei der Organgesellschaft nicht anzuwenden. [2]Organträger und Organgesellschaften gelten als ein Betrieb im Sinne des § 4h des Einkommensteuergesetzes. [3]Sind in dem dem Organträger zugerechneten Einkommen der Organgesellschaften Zinsaufwendungen und Zinserträge im Sinne des § 4h Abs. 3 des Einkommensteuergesetzes enthalten, sind diese bei Anwendung des § 4h Abs. 1 des Einkommensteuergesetzes beim Organträger einzubeziehen.

4. [1]§ 8 Abs. 3 Satz 2 und Abs. 7 ist bei der Organgesellschaft auf Dauerverlustgeschäfte im Sinne des § 8 Abs. 7 Satz 2 nicht anzuwenden. [2]Sind in dem dem Organträger zugerechneten Einkommen Verluste aus Dauerverlustgeschäften im Sinne des § 8 Abs. 7 Satz 2 enthalten, ist § 8 Abs. 3 Satz 2 und Abs. 7 bei der Ermittlung des Einkommens des Organträgers anzuwenden.

5. [1]§ 8 Abs. 9 ist bei der Organgesellschaft nicht anzuwenden. [2]Sind in dem dem Organträger zugerechneten Einkommen Einkommen einer Kapitalgesellschaft enthalten, auf die § 8 Abs. 7 Satz 1 Nr. 2 anzuwenden ist, ist § 8 Abs. 9 bei der Ermittlung des Einkommens des Organträgers anzuwenden.

[2]Nummer 2 gilt entsprechend für Gewinnanteile aus der Beteiligung an einer ausländischen Gesellschaft, die nach den Vorschriften eines Abkommens zur Vermeidung der Doppelbesteuerung von der Besteuerung auszunehmen sind.

***Nr. 1 S 2 und 3 sowie Nr 1a wurden durch das G vom 27.6.17 eingefügt (Rz 11).***

***Gesetzesfassungen vor 2014 s 8. Aufl.***

*Körperschaftsteuerrichtlinien:* KStR 15

**Übersicht**



**Schrifttum:** s § 14.

**1. Allgemeines.** § 15 enthielt ursprünglich nur Besonderheiten zur **Ermittlung** des **Einkommens** der **Organgesellschaft.** In der Folgezeit wurden auch Besonderheiten in der Besteuerung des OrganT aufgenommen. Zum internationalen Schachtelprivileg (Nr 2 aF) s 6. Aufl. 1

**2. Geltungszeit.** § 15 gilt ab 1.1.77 (§ 54 idF des KStG 1977). § 15 übernimmt – geändert – § 7a II KStG aF vor 1977. Nr 3 wurde durch das StMBG v 21.12.93 (BGBl I 93, 2310; BStBl I 94, 50) angefügt; zum Inkrafttreten s § 54 VIc idF des G v 21.12.93. Das **StBereinG** 1999 (BGBl I 99, 2601; BStBl I 00, 13) ändert Nr 2 und 3; die Neuregelungen sind auch für VZ vor 00 anzuwenden. Das **StSenkG** (BGBl I 00, 1433; BStBl I 00, 1521) hat Nr 2 und 3 nicht dem neugefassten § 8b angepasst. Dieses wurde durch das **UntStFG** (BGBl I 01, 3858; BStBl I 02, 35) nachgeholt. Durch das **StVergAbG** (BGBl I 03, 660) wird ab VZ 03 Nr 2 ergänzt und S 2 eingefügt. Durch das **Korb-II-Gesetz** v. 22.12.03 (BGBl I 03, 2840; BStBl I 04, 14) ist der Hinweis in § 15 S 1 Nr 2 S 2 auf § 3c Abs 2 EStG begrenzt worden. Hintergrund war die gleichzeitige Änderung des § 8b III. Im Rahmen des **SEStEG** v 7.12.06 (BGBl I 06, 2782) war eine redaktionelle Folgeänderung notwendig, da aus dem § 4 VII UmwStG aF § 4 VI UmwStG wurde. Durch das **UntStRefG 2008** v 14.8.07 (BGBl I 07, 1912; BStBl I 07, 630) wurde im Zusammenhang mit der Einführung der Zinsschranke (§ 4h EStG) mit Wirkung ab VZ 08 Nr 3 angefügt. Durch das **JStG 2009** v 19.12.08 (BGBl I 08, 2794) werden Nr 2 S 3 sowie Nrn 4 u 5 eingefügt. Durch das **G zur Umsetzung des EuGH-Urteils vom 20. Oktober 2011 in der Rechtssache C-284/09** v 21.3.2013 (BGBl I 13, 561) wurde mit der Neuregelung der Besteuerung von sog Streubesitzdividenden Nr 2 um einen Satz 4 ergänzt; die Neuregelung gilt für Bezüge, die nach dem 28.3.2013 zufließen. Mit dem **G gegen schädliche Steuerpraktiken im Zusammenhang mit Rechteüberlassungen** v 27.6.17 (BGBl I 17, 2074) sind zum VZ 2017 Nr 1 Satz 2 und 3 sowie Nr 1a eingeführt worden, um das Verhältnis zum neuen § 3a EStG bei einem Sanierungsgewinn auf der Ebene des Organträgers und der Organgesellschaft zu klären. Zu den einzelnen ÄndG s Vor § 1 Rz 27, 28. 2

### 3. Einkommensermittlung der Organgesellschaft

**a) Allgemeines.** OrganGes bleibt **subjektiv stpfl Buchführung** und **Bilanzierungspflichten** werden ebenso wenig eingeschränkt wie die **allgemeine** abgaberechtliche **Pflicht** aus dem StSchuldverhältnis. 3

OrganGes kann selbst **OrganT** einer weiteren OrganGes sein; sie reicht deren Einkommen weiter an ihren OrganT. Bei der Anwendung von StNormen ist von der unbeschränkten Stpfl der OrganGes auch dann auszugehen, wenn der OrganT beschränkt stpfl ist (Fall des § 18).

Die Tatbestandsvoraussetzungen für **StVergünstigungen** (zB InvZulG) müssen bei der OrganGes vorliegen; da sie selbständiges StSubjekt bleibt, können fehlende Merkmale nicht von dem OrganT hergeleitet werden. Zur Weitergabe der Vergünstigungen an den OrganT s § 19.

Das Einkommen der OrganGes wird nach **allgemeinen Vorschriften** ermittelt (BFH BStBl II 75, 126).

4 **Verträge,** Lieferungen, Leistungen, Gewinnverwirklichungen **zwischen OrganGes** und **OrganT** sind grundsätzlich anzuerkennen. Der **Geschäftsführer,** Vorstand der OrganGes, bezieht Einkünfte aus nichtselbständiger Tätigkeit; GmbH & Co KG-Grundsätze sind nicht anzuwenden. Pensionsrückstellung ist mögl. Die Aufwendung reduziert das Einkommen der OrganGes. Konzernumlagen (für Kosten und Steuern) sind möglich. Bei allen Leistungsbeziehungen zwischen der OrganGes und dem OrganT besteht ein vGa-Risiko (s Rz 6).

5 Wird eine **vororganschaftliche Rücklage** (zB § 6b EStG) nach Begründung der Organschaft aufgelöst, wird das Einkommen der OrganGes im Wj der Auflösung erhöht. Dieses gilt für alle vororganschaftlich gebildeten stillen Reserven, die während der Organschaft aufgedeckt werden.

**Rückstellungen** sind möglich bei Risiken gegenüber dem OrganT.

Das dem OrganT zuzurechnende Einkommen der OrganGes umfasst auch alle **nichtabziehbaren Aufwendungen.**

**Veräußerungsgewinne** iSd § 16 EStG bzw Gewinne im Zusammenhang mit einbringungsgeborenen Anteilen (§ 21 UmwStG idF vor dem SEStEG) gehen ohne Besonderheiten in das Einkommen der OrganGes ein. Die Bruttomethode (Rz 15) kommt hier nicht zum Tragen (s auch § 19 Rz 10).

**Hinzurechnungsbeträge** nach § 7 I AStG erhöhen ohne Besonderheiten das Einkommen der OrganGes. Der Bescheid nach § 18 AStG ist der OrganGes zuzustellen (BFH BStBl II 85, 199).

Besondere **Verlustbeschränkungen** (zB §§ 2a, 15a EStG) sind auf der Ebene der OrganGes zu berücksichtigen.

Beim **Spendenabzug** sind nach Ansicht des BFH (BStBl II 03, 9) für OrganT und OrganGes gesondert die Höchstbeträge zu ermitteln; es erfolgt keine Zusammenrechnung und kein Spitzenausgleich. Die Ansicht ist uE unzutreffend (vgl ausführlich *Olbing* in FS Streck, 2011, 121). § 9 unterscheidet nicht zwischen „eigenen" und fremden Einkommen, die Gefahr einer doppelten Berücksichtigung besteht nicht. Umsätze der OrganGes sind ihr auch dann zuzurechnen, wenn sie wegen umsatzsteuerl Organschaft vom OrganT versteuert werden. Einkommen zur Berechnung der Höchstbeträge umfasst zu versteuernde Ausgleichszahlungen.

6 Offene und verdeckte **Gewinnausschüttungen** dürfen das Einkommen nicht mindern; das gilt auch für Leistungen aufgrund des GAV (BFH BStBl II 75, 126). VGa sind nach allgemeinen Grundsätzen zu behandeln; um sie ist das Einkommen der OrganGes so zu berichtigen, dass sich die vGa nicht mehr auswirkt. Der zum ordnungsgemäßen Handeln verpflichtete Geschäftsführer einer OrganGes handelt auch dann pflichtwidrig, wenn er sich vorrangig von dem Interesse des OrganT leiten lässt (BFH BStBl II 85, 18 mit HFR Anm 85, 30; teilw anders FG D'dorf EFG 80, 305). Aus Vereinfachungsgründen kann uE idR auf eine Korrektur verzichtet werden, wenn die steuerl Erfassung in der Organschaft gesichert ist (glA *Thiel* StbKongrRep 71, 179, 203; s zu den Ausnahmen *Gosch/Neumann* § 14 Rz 404). Eine vGa gegenüber dem OrganT stellt die tatsächliche Durchführung des GAV (s dazu § 14 Rz 120) nicht in Frage, wohl aber uU gegenüber dem OrganT nahestehenden Personen sowie außenstehenden Anteilseignern.

**Gewinnabführung** bzw **Verlustübernahme** im Rahmen des GAV sind gesellschaftsrechtliche Vorgänge und beeinflussen das Ergebnis der OrganGes nicht. Die Verlustübernahme außerhalb der OrganGes ist Einlage, der Verzicht auf Verlustübernahme ist vGa, s dazu § 8 Anh „Gewinnabführungsvertrag"; s dort auch „Organschaft". 7

Zu **Mehr-** und **Minderabführungen** s § 14 Rz 140 ff. Auf der Ebene der OrganGes ist ausschließlich das Einlagekonto nach § 27 betroffen. Sie haben keine Auswirkungen auf das Einkommen der OrganGes.

Über eine **Bilanzänderung** (§ 4 II EStG) ist jeweils bei OrganGes und OrganT gesondert zu entscheiden; Bilanzänderung bei einer Gesellschaft berechtigt jedoch zur Bilanzänderung bei anderer Ges, falls ein Zusammenhang besteht. 8

**b) Verlustabzug (Nr 1).** Eine **Abweichung** von den **allgemeinen Grundsätzen** in der Einkommensermittlung der OrganGes betrifft den Verlustabzug. Nach Nr 1 ist die Anwendung des § 10d EStG bei der OrganGes nicht zulässig. Auf die Anwendung der Nr 1 kann nicht verzichtet werden (FinVerw 1992 StEK KStG 1977 § 15 Nr 3). S zu den abw zivilrechtl Grundsätzen *Gosch/Neumann* § 15 Rz 3). 10

**Vororganschaftliche Verluste** können nicht mit organschaftlichen Gewinnen der OrganGes saldiert werden. Aus dem allg Ausschluss des § 10d EStG folgt zudem, dass ein Rücktrag von organschaftlichen Verlusten in vorvertraglicher Zeit bei der OrganGes ausgeschlossen ist. Wird die Organschaft beendet, kann ein Rücktrag von nachorganschaftlichen Verlusten in die Organschaft nicht erfolgen. Der unverbrauchte vororganschaftliche Verlust kann zum Ausgleich mit nachorganschaftlichen Gewinnen verwendet werden. 11

Der **OrganT** ist in der Verlustausnutzung nur insoweit beschränkt, als er die vororganschaftlichen Verluste nicht geltend machen kann (s § 14 Rz 136).

Nr 1 S 2 und 3 sowie Nr 1a wurden zum VZ 2017 eingeführt, um die Wirkung des **steuerfreien Sanierungsgewinns** nach dem neuen § 3a III EStG im Rahmen der Organschaft zu regeln. Da die Organgesellschaft und der Organträger ihr Einkommen jeweils selbständig ermitteln, finden § 3a EStG und § 3c IV EStG bei beiden zunächst getrennt Anwendung. Dieses gilt insbesondere für die Minderungen der in § 3a III EStG aufgeführten Verlustbeträge.

Ein nach § 3a III EStG verbleibender **Sanierungsertrag auf der Ebenen des Organträgers** wird nicht mit vororganschaftlichen Verlustvorträgen der Organgesellschaft(en) gemindert.

Der **Sanierungsertrag auf der Ebene der Organgesellschaft** ist zunächst nach Nr 1 S 2 entgegen der Regelung des Nr 1 S 1 mit vororganschaftlichen Verlusten dieser Organgesellschaft zu mindern. Der dann verbleibende Sanierungsertrag führt auf der Ebene des Organträgers zu einer Minderung der Beträge nach § 3a III EStG. Ein dann noch verbleibender Sanierungsertrag ist nicht mit vororganschaftlichen Verlusten von anderen Organgesellschaften zu mindern, die über den Organträger mit der sanierten Organgesellschaft verbunden sind. Die Minderung nach Nr 1a S 1 und 2 beim (ehemaligen) Organträger ist nach Nr 1a S 3 jedoch auch dann vorzunehmen, wenn das Organschaftsverhältnis im Sanierungsjahr zwar nicht mehr besteht, aber in den letzten fünf vorangegangenen Veranlagungszeiträumen Einkommen der Organgesellschaft dem (ehemaligen) Organträger zugerechnet worden ist. Dies soll selbst dann gelten, wenn der ehemalige Organträger nicht mehr an der Organgesellschaft beteiligt ist. Gerade diese letzte Regelung ist verfassungsrechtlich zweifelhaft, da dadurch auch eine Minderung von Verlustpotential möglich ist, das erst nach Beendigung des Organschaft bei dem ehemaligen Organträger entstanden ist und daher in keinem sachlichen Zusammenhang mit der ehemaligen Organschaft steht.

**c) Steuerfreie Bezüge/Bruttomethode (S 1 Nr 2 und S 2).** S 1 Nr 2 S 1 regelt die **zweite** wichtige **Ausnahme** in der Einkommensermittlung bei der 15

OrganGes S 1 Nr 1 S 2 zieht die Konsequenzen bei dem OrganT. Diese Bruttomethode dient der Sicherstellung des Halbeinkünfteverfahrens. S 2 erweitert ab VZ 03 die Bruttomethode auf internationale Schachtelbeteiligungen (so auch BFH BStBl II 11, 131).

Bei der Ermittlung des Einkommens einer **OrganGes** werden die Regelungen des § 8b I bis VI 6 KStG und – ab VZ 03 – § 4 VI UmwStG nicht angewendet. Dividenden etc gehören ungeschmälert zum Einkommen der OrganGes. Noch ungeklärt ist die Behandlung des **Übernahmegewinns** nach § 12 II UmwStG bei einer Umwandlung auf die Organgesellschaft (FG Münster EFG 16, 594, BFH I R 16/16).

§ 8b KStG, § 3 Nr 40 EStG und § 3c EStG werden erst bei der Ermittlung des Einkommens des **OrganT** angewendet. Ob auf das zugerechnete Einkommen § 8b oder § 3 Nr 40 EStG anzuwenden ist, entscheidet sich anhand der Gegebenheiten des OrganT. Ist der OrganT eine PersGes ist auf deren Gesellschafter abzustellen.

16 Entsprechendes gilt für die **Beteiligungsaufwendungen** der OrganGes. Von § 15 nicht erfasst sind die Aufwendungen des OrganT für seine Beteiligung an der OrganGes.

S zu den **Berechnungsschritten** BMF BStBl I 03, 437, Rz 25.

Im JStG 2009 wurde **Satz 3** eingefügt, in dem eine Rückausnahme zu S 2 angeordnet wird. Damit kommt nicht die Bruttomethode bei OrganGes in den Fällen von § 8b VII, VIII oder X zum Tragen. Die Tatbestandsvoraussetzungen aus § 8b VII, VIII oder X sind damit auf der Ebene der OrganGes zu prüfen, als wenn keine OrganGes bestünde. Nach § 15 S 1 Nr 2 S 2 wird dann beim OrganT § 8b insgesamt angewendet. Die unter § 8b VII, VIII oder X fallenden Erträge der OrganGes werden ohne Anwendung von § 8b I bis VI beim OrganT steuerpflichtig erfasst. S 3 soll nur eine redaktionelle Klarstellung sein, die rückwirkend auf alle noch offenen Veranlagungen zur Anwendung kommt (zweifelhaft zu Recht *Dötsch* in D/J/P/W § 15 KStG Rz 30g).

17 **Verfahrensrechtlich** besteht kein gesondertes Feststellungsverfahren. Der erforderliche Informationsfluss ist durch entsprechende Angaben in der Anlage ORG nur teilweise sichergestellt.

18 Im G zur Umsetzung des EuGH-Urteils vom 20. Oktober 2011 in der Rechtssache C-284/09 wurde Satz 4 eingefügt, danach soll die Bruttomethode nicht für die Besteuerung der sog **Streubesitzdividenden** gelten. Für die Anwendung der Beteiligungsgrenze iSd § 8b IV werden die Beteiligungen des OrganT und die Beteiligung der OrganGes getrennt betrachtet. Ein sachlicher Grund für diese Regelung ist nicht ersichtlich.

20 **d) Zinsschranke § 4h EStG (Nr 3). § 4h EStG** ist **bei den OrganGes nicht anzuwenden.** OrganT und OrganGes gelten als ein Betrieb. Sind in dem dem OrganT zugerechneten Einkommen der OrganGes Zinsaufwendungen und Zinserträge iSd § 4h EStG enthalten, sind diese bei Anwendung des § 4h I EStG beim OrganT einzubeziehen.

Die **Innenfinanzierung** innerhalb des Organkreises gleicht sich damit aus.

21 Die **Freigrenze** des § 4h II EStG gilt im Organkreis nur einmal. Für Zwecke des § 4h EStG ist das **Eigenkapital** des Gesellschafters des Organkreises nach den Grundsätzen des Rechnungslegungsstandards zu **konsolidieren,** der für die Konsolidierung des Konzernkreises angewendet wird, dem der Organkreis gehört.

22 **§ 8a** idF des UntStRefG 2008 bleibt anwendbar. Zinserträge und Zinsaufwendungen im Organkreis sind zu saldieren. Zinsaufwendungen für Gesellschafterfremdfinanzierungen dürfen höchstens 10% des Saldos ausmachen.

Vgl dazu im Einzelnen *Herzig/Liekenbrock,* DB 07, 2387.

25 **e) Dauerverlustgeschäfte (Nr 4).** Mit dem JStG 2009 v 19.12.08 (BGBl I 08, 2794) wurde mit Rückwirkung auf alle noch offenen Veranlagungen Nr 4 ein-

geführt. Dadurch wird die bisherige Auffassung der Finanzverwaltung gegen die Entscheidung des BFH BStBl II 07, 461 gesetzlich festgeschrieben.

**f) Spartenbezogene Verlustverrechnung (Nr 5).** Mit dem JStG 2009 v 19.12.08 (BGBl I 08, 2794) ist die Position auch für Verluste aus Dauerverlustgeschäften anzuwenden, wenn nach § 8 IX eine spartenbezogene Verlustverrechnung vorzunehmen ist. 30

## § 16 Ausgleichszahlungen

**[1]Die Organgesellschaft hat ihr Einkommen in Höhe von $^{20}/_{17}$ der geleisteten Ausgleichszahlungen selbst zu versteuern. [2]Ist die Verpflichtung zum Ausgleich vom Organträger erfüllt worden, so hat die Organgesellschaft $^{20}/_{17}$ der geleisteten Ausgleichszahlungen anstelle des Organträgers zu versteuern.**

***Gesetzesfassungen vor 2014 s 8. Aufl.***

*Körperschaftsteuerrichtlinien:* KStR 16

**Übersicht**



**Schrifttum:** s § 14.

1 **1. Allgemeines.** Ausgleichszahlungen sind Zahlungen der OrganGes an „außenstehende“ Gesellschafter, die nicht in den unmittelbaren Wirkungsbereich des Ergebnisabführungsvertrages fallen. Diese Zahlungen werden bei der OrganGes, die insoweit kstl StSubjekt bleibt, versteuert.

3 **2. Geltungszeit:** § 16 gilt seit 1.1.77 (§ 54 I idF des KStG 1977). Das **StSenkG** (BGBl I 00, 1433; BStBl I 00, 1521) passt § 16 dem Wegfall des AnrV an (s auch Rz 8). Durch das **UntStFG** (BGBl I 01, 3858; BStBl I 02, 35) wurde S 2 dem S 1 angepasst. Diese Änderungen gelten ab VZ 01 beim kalendergleichen Wj und grundsätzlich ab VZ 02 bei abweichendem Wj (vgl dazu auch § 14 Rz 7 sowie BMF BStBl I 02, 874). Im Rahmen des **UntStRefG 2008** v 14.8.07 (BGBl I 07, 1912; BStBl I 07, 630) wurde die Besteuerung dem geänderten Steuersatz angepasst. Zu den einzelnen ÄndG s Vor § 1 Rz 27, 28.

5 **3. Ausgleichszahlungen** sind im KStG nicht definiert. Sie umfassen alle Zahlungen an MinderheitsGes zum Ausgleich des Abschlusses des GAV (s § 304 AktG; wegen § 17 gilt jedoch § 16 auch für Ausgleichszahlungen sonstiger KapGes; vgl zum Begriff BFH BStBl III 57, 139, 146; II 73, 791 betr Zahlungen für Nießbrauchsrecht an Anteilen als Ausgleichszahlung). Ausgleichszahlungen werden auch als Dividendengarantien bezeichnet. Da es sich handelsrechtl um Betriebsausgaben handelt, vermindern sie den abzuführenden Gewinn und erhöhen einen auszugleichenden Verlust. Ausgleichszahlungen, die prozentual an das Ergebnis der OrganGes geknüpft sind, sind für die Organschaft schädlich; es liegt nur eine Teilgewinnabführung im Organschaftsverhältnis vor (vgl *Witt* in D/J/P/W, § 16 Rz 2a; FG Nds EFG 16, 1193, BFH I R 93/16; differenzierend *Scharf* DB 90, 296, jeweils unter Hinweis auf BFH BStBl II 76, 510). Nach Ansicht des BFH ist es auch schädlich, wenn die variablen Ausgleichszahlungen neben einem Festbetrag vereinbart sind (BStBl II 10, 407, insoweit Nichtanwendungserlass BStBl I 10, 372; jedoch bestätigt durch BFH DStR 17, 2429).

7 **4. Besteuerung.** Ausgleichszahlungen sind bei der OrganGes **nichtabziehbare Aufwendungen** (§ 4 V Nr 9 EStG). Sie werden wie Gewinnverwendungen behandelt. Entspr können sie auch als verdeckte Ausgleichszahlungen auftreten (= vGa; s dazu *Ott* DB 78, 1515).

Die **Besteuerung** erfolgt bei der **OrganGes,** gleichgültig ob die OrganGes oder der OrganT die Ausgleichszahlungen erbringt; vgl R 16 KStR 2015. Maßgebend sind die StBedingungen der OrganGes. Eine Verrechnung mit eigenen vororganschaftlichen Verlusten ist nicht möglich.

*Bis 2000* fand das AnrV Anwendung (Billigkeitsregelung zur Verrechnung mit dem EK s BStBl I 93, 317; s 6. Aufl).

8 Besteuerung nach dem *StSenkG 01 bis 07* (Rz 3): Auch nach dem Wegfall des AnrV sind Ausgleichszahlungen **wie Dividenden zu besteuern** und deshalb bei der OrganGes der KSt zu unterwerfen. Die Einkommensbestimmung mit $^{4}/_{3}$ der Ausgleichszahlung ist auch bei S 2 vorzunehmen. Eine durch die Ausgleichszahlung bedingte KStMinderung gehört zur Gewinnabführung, nicht zur Ausschüttung. Die 3/4 orientieren sich an dem KStSatz von 25%. Im *VZ 03* betrug der KStSatz 26,5%, diese Änderung ist im Rahmen des § 16 nicht nachvollzogen worden. Der Differenzbetrag in Höhe von 1,5% wird als nichtabziehbare Betriebsausgabe behandelt, wodurch sich der Gewinnabführungsbetrag vermindert, nicht aber das dem OrganT zuzurechnende Einkommen (so OFD Hannover v 18.4.05, DStR 05, 1059). **Ab 08** sind $^{20}/_{17}$ der geleisteten Ausgleichszahlungen von der OrganGes zu versteuern. Dieses berücksichtigt den auf 15% reduzierten KStSatz.

9 Die **Zurechnung** des Einkommens an den **OrganT** nach § 14 ist im Rahmen des § 16 zu korrigieren, um eine Doppelbesteuerung auf der Ebene des OrganT zu vermeiden (Beispiel: Gewinn OG 100; Ausgleichszahlung an außenstehende Gesellschafter 15; Handelsbilanzgewinn der OG 85 + 15 gemäß § 4 V 1 Nr 9 EStG = 100 steuerl Gewinn OG; Zurechnung bis 07 OG $^{4}/_{3}$ von 15 = 20; Zurechnung OT 100 ./. 20 = 80; Zurechnung ab 08 OG $^{20}/_{17}$ von 15 = 17,65; Zurechnung OT 100 ./. 17,65 = 82,35). Die beiden Besteuerungsebenen sind nicht durch ein gesondertes Feststellungsverfahren miteinander verbunden.

10 Beim **Empfänger der Ausgleichszahlung** richtet sich die Besteuerung nach den allgemeinen Grundsätzen.

## § 17 Andere Kapitalgesellschaften als Organgesellschaft

(1) [1]**Die §§ 14 bis 16 gelten entsprechend, wenn eine andere als die in § 14 Absatz 1 Satz 1 bezeichnete Kapitalgesellschaft mit Geschäftsleitung im Inland und Sitz in einem Mitgliedstaat der Europäischen Union oder in einem Vertragsstaat des EWR-Abkommens sich wirksam verpflichtet, ihren ganzen Gewinn an ein anderes Unternehmen im Sinne des § 14 abzuführen.** [2]**Weitere Voraussetzung ist, dass**

1. **eine Gewinnabführung den in § 301 des Aktiengesetzes genannten Betrag nicht überschreitet und**
2. **eine Verlustübernahme durch Verweis auf die Vorschriften des § 302 des Aktiengesetzes in seiner jeweils gültigen Fassung vereinbart wird.**

(2) **Für die Anwendung des Absatz 1 Satz 2 Nummer 2 gilt § 34 Absatz 10b in der Fassung des Artikels 12 des Gesetzes vom 18. Dezember 2013 (BGBl. I S. 4318) entsprechend fort.**

***Abs 2 wurde durch das KroatienAnpG vom 25.7.14 eingeführt (Rz 2).***

***Gesetzesfassungen vor 2014 s 8. Aufl***

*Körperschaftsteuerrichtlinien:* KStR 17

**Übersicht**



**Schrifttum:** S § 14.

1 **1. Allgemeines.** § 14 setzt als OrganGes eine AG oder KGaA voraus; § 17 **erweitert** den **Kreis** der möglichen **OrganGes** auf alle anderen KapGes iSv § 1 I Nr 1.

2 **2. Geltungszeit.** S § 14 Rz 7. § 17 idF des KStG 1977 war die fast wörtliche Fortsetzung von § 7a V KStG aF vor 1977. Das **StÄndG** 1992 v 25.2.92 (BGBl I 92, 297; BStBl I 92, 146) gab § 17 eine neue Fassung. Durch das **G zur Änderung und Vereinfachung der Unternehmensbesteuerung** v 20.2.13 (BGBl I 13, 285) wurde § 17 S 1 dem neuen § 14 I 1 Nr 1 angepasst und § 17 S 2 Nr 2 grundlegend neugefasst; s zum Geltungszeitraum Rz 5 und 13. Der durch das **KroatienAnpG** v 25.7.14 (BGBl I 14, 1266) eingeführte Abs 2 stellt sicher, dass es bei diesem Geltungszeitraum bleibt.

5 **3. Andere Kapitalgesellschaften.** Als weitere – nicht bereits in § 14 genannte inländischen KapGes – führt § 1 I Nr 1 nur noch die **GmbH** auf. Eine Ausdehnung über den Kreis der KapGes iSv § 1 I Nr 1 hinaus, zB auf Genossenschaften oder auf die GmbH & Co KG ist nicht möglich (s BFH BStBl II 73, 269). GründungsGes kann bereits eine OrganGes sein (BFH BStBl II 78, 486 betr USt); s auch § 14 Rz 11.

Bei der GmbH ist zwischenzeitlich geklärt, dass die GmbH dem **GAV** in notarieller Form mit qualifizierter Mehrheit zustimmen muss und der Vertrag ins Handelsregister des beherrschten Unternehmens einzutragen ist (R 17 Abs 1 KStR 2015; s zur ursprünglichen Rechtlage 6. Aufl).

Durch das G v 20.2.13 ist Satz 1 dem neuen § 14 I 1 Nr 1 angepasst worden. Auf den doppelten Inlandsbezug bei Gesellschaften in einem **EU-/EWR-Staat** wird, wenn die Geschäftsleitung im Inland ist, verzichtet, s § 14 Rz 12. Kapitalgesellschaften, die in **Drittstaaten** gegründet wurden, können weiterhin nicht OrganGes sein.

Diese Änderung findet auf alle noch nicht bestandskräftigen Veranlagungen Anwendung (§ 34 IX Nr 8).

**4. Steuerliche Besonderheiten**

10 **a) Allgemeines.** Grundsätzlich kommen §§ 14ff zur Anwendung. Da die aktienrechtliche Vorgaben nicht unmittelbar anwendbar sind, enthält § 17 besondere Vorschriften.

11 **b) Abführung von vorvertraglichen Rücklagen (Nr 1). Nr 1** fordert, dass die **Gewinnabführung** den in **§ 301 AktG** genannten Betrag **nicht überschreitet.** Dies ist eine Bedingung tatsächlicher Art, die die Durchführung des GAV betrifft (vgl auch § 14 Rz 121). Die Bedingung muss nicht ausdrücklich in den GAV aufgenommen werden (FinVerw DB 94, 708). Der Verstoß stellt eine mangelhafte Durchführung des GAV dar.

12 **c) Verlustübernahme (Nr 2):** Bei der bisherigen Fassung der Nr 2 war streitig, ob ein GAV mit einer OrganGes, die nicht die Rechtsform nach § 14 I 1 hat, eine ausdrückliche **Vereinbarung über die Verlustübernahme nach § 302 AktG** zwingend enthalten muss, oder ob es für die steuerliche Anerkennung des

GAV ausreicht, dass die Verlustübernahmeverpflichtung vor allem bei GmbHs zivilrechtlich auch ohne ausdrückliche Vereinbarung gilt (vgl dazu ausführlich 7. Aufl). Der BFH verlangte eine ausdrückliche Vereinbarung (vgl nur BFH/NV 11, 528). Das BVerfG hatte die Verfassungsbeschwerde in einem vergleichbaren Fall nicht zur Entscheidung angenommen (Az 2 BvR 998/10). Die Finanzverwaltung und nunmehr auch die Finanzgerichte (zB FG BaWü EFG 13, 159, der BFH hat sich im anschließenden Revisionsverfahren nicht mit der materiell-rechtlichen Frage beschäftigt, BFH/NV 13, 1807) folgten dieser – unzutreffenden – Sichtweise des BFH. Bei Änderungen des § 302 AktG nach Abschluss des GAV verlangt der BFH eine entsprechende Anpassung des GAV (BFH DStR 17, 2429).

13 Vor diesem Hintergrund wurde dies durch das G v 20.2.13 (s Rz 2) geändert. In Nr 2 ist zunächst eine Verschärfung vorgenommen worden. Nunmehr wird der GAV nur dann steuerlich anerkannt, wenn der Vertrag ausdrücklich eine **dynamische Verweisung auf die jeweils gültige Fassung des § 302 AktG** enthält. Für das bis dahin geltende Recht ist streitig, ob der Ergebnisabführungsvertrag bei jeder Änderung des § 302 AktG angepasst werden musste (vgl FG Nds EFG 16, 1193, BFH I R 93/15). In der Literatur ist rasch die Frage aufgekommen, ob es schädlich sein kann, wenn neben dem nunmehr erforderlichen dynamischen Verweis auf § 302 AktG auch einzelne Passagen dieser Regelung – teilweise – wörtlich zitiert werden (sog **„statische Elemente“;** vgl zB *Schweifele/Hörner* DStR 13, 553). UE sind solche Zitate unschädlich, wenn zumindest durch Auslegung sichergestellt ist, dass der dynamische Verweis Vorrang hat (in diesem Sinne auch BMF v 29.5.13, GmbHR 13, 728). Dennoch sollten Zitate so weit wie möglich vermieden und der Vorrang der dynamischen Verweisung ausdrücklich hervorgehoben werden.

*Abs 2 ordnet die Fortgeltung des § 34 Xb an. Diese Vorschrift lautet:*

*§ 17 Satz 2 Nummer 2 in der Fassung des Artikels 2 des Gesetzes vom 20. Februar 2013 (BGBl I S. 285) ist erstmals auf Gewinnabführungsverträge anzuwenden, die nach dem Tag des Inkrafttretens dieses Gesetzes abgeschlossen oder geändert werden. [2] Enthält ein Gewinnabführungsvertrag, der vor diesem Zeitpunkt wirksam abgeschlossen wurde, keinen den Anforderungen des § 17 Satz 2 Nummer 2 in der Fassung der Bekanntmachung vom 15. Oktober 2002 (BGBl I S. 4144), das zuletzt durch Artikel 4 des Gesetzes vom 7. Dezember 2011 (BGBl I S. 2592) geändert worden ist, entsprechenden Verweis auf § 302 des Aktiengesetzes, steht dies der Anwendung der §§ 14 bis 16 für Veranlagungszeiträume, die vor dem 1. Januar 2015 enden, nicht entgegen, wenn eine Verlustübernahme entsprechend § 302 des Aktiengesetzes tatsächlich erfolgt ist und eine Verlustübernahme entsprechend § 17 Satz 2 Nummer 2 in der Fassung des Artikels 2 des Gesetzes vom 20. Februar 2013 (BGBl I S. 285) bis zum Ablauf des 31. Dezember 2014 wirksam vereinbart wird. [3] Für die Anwendung des Satzes 2 ist die Vereinbarung einer Verlustübernahme entsprechend § 17 Satz 2 Nummer 2 in der Fassung des Artikels 2 des Gesetzes vom 20. Februar 2013 (BGBl I S. 285) nicht erforderlich, wenn die steuerliche Organschaft vor dem 1. Januar 2015 beendet wurde. [4] Die Änderung im Sinne des Satzes 2 eines bestehenden Gewinnabführungsvertrags gilt für die Anwendung des § 14 Absatz 1 Satz 1 Nummer 3 nicht als Neuabschluss.*

14 Diese Neuregelung gilt nur für diejenigen GAV, die nach dem Tag des Inkrafttretens des Änderungsgesetzes abgeschlossen oder geändert werden, also ab dem 25.2.13 (§ 34 Xb 1). Diese sog **„Neuverträge“** müssen eine dynamische Verweisung enthalten. Die eigentliche und vom Grundsatz her sehr zu begrüßende Neuregelung enthält § 34 Xb 2–5 bezogen auf die **Heilung von Altverträgen.** Bei bereits bestehenden Verträgen ohne eine entsprechende Verweisung ist der Vertrag bis zum 31.12.14 anzupassen (vgl dazu auch BFH BStBl II 14, 272). Diese Anpassung ist kein Neuabschluss des GAV, so dass die Fünfjahresfrist für die steuerliche Anerkennung nicht erneut in Gang gesetzt wird. Endet der GAV vor dem 1.1.15, wird auf eine Anpassung verzichtet. Es ist eine rückwirkende Heilung möglich, unabhängig davon, wie weit der ursprüngliche Verstoß zurückliegt. Verfahrens-

rechtlich ist nur erforderlich, dass die entsprechenden Veranlagungen noch abänderbar sind.

Die Heilungsmöglichkeit für Altverträge weist leider eine Vielzahl von **Auslegungsschwierigkeiten** auf, die bei der Beratung zu erheblicher Unsicherheit führen. Das BMF hat sich bisher geweigert, ein klarstellendes BMF-Schreiben zu erlassen (vgl BMF v 29.5.13, GmbHR 13, 728). Gestaltungen sollten daher über eine verbindliche Auskunft abgesichert werden. 15

Bei den Altverträgen und der Heilung im Rahmen des § 34 Xb 2 war nach der ursprünglichen Fassung nicht eindeutig, ob es eine **Lücke für VZ 2014** gibt, da die Übergangsregelung nur für VZ 2014 gelten sollte, die „vor dem 31.12.2014" enden (vgl zu dem damit verbundenen Problem *Schwedhelm/Olbing/Binnewies* GmbHR 13, 1233, 1234). Der Versuch einer gesetzlichen Klarstellung durch das AIFM-Steueranpassungsgesetz ist im zweiten Anlauf doch noch geglückt. Erfasst sind nunmehr alle Heilungen in dem VZ, der vor dem 1.1.2015 endet. Der VZ 14 ist damit erfasst. Bei einem **abweichenden Wirtschaftsjahr** ist problematisch, ob die Anpassungsmöglichkeit „nur" bis zum regulären Ende des Wirtschaftsjahres in 2014 oder wie im Gesetz vorgesehen bis zum 1.1.2015 möglich ist. Vorsorglich sollte von der ungünstigeren Sichtweise ausgegangen und die Heilung bis zum Ende des Wirtschaftsjahres vorgenommen werden. 16

Problematisiert wird die Frage, ob die Heilungsmöglichkeit auch gilt, wenn auf der Ebene der OrganGes **auch oder nur Gewinne angefallen** sind, so dass es nicht zu der vom Gesetz für notwendig erklärten Verlustübernahme kommen konnte. ME kann es nicht um die tatsächliche Verlustübernahme, sondern um die rechtlich verbindliche Verlustübernahmebereitschaft gehen. Sind keine Verluste angefallen, ändert dies an der Schutzbedürftigkeit der Vertragsparteien nichts. Da man die bisherige Ertragslage der OrganGes und damit die tatsächliche Verlustübernahme durch den OrganT nicht (mehr) beeinflussen kann, bleibt den Beteiligten nichts anderes übrig, als eine Heilung nach § 34 Xb vorzunehmen und im Rechtsweg um die Anerkennung der Heilung zu streiten. 17

Nach § 34 Xb 4 gilt die **Anpassung von „gescheiterten" Altverträgen nicht als Neuabschluss,** so dass die Fünfjahresfrist des § 14 I Nr 3 S 1 nicht zur Anwendung kommt. Doch was ist mit „guten" Altverträgen, die den § 302 AktG – wenn auch nicht durch eine dynamische Verweisung, aber statisch – durch Wiedergabe des Wortlauts vereinbart haben? Diese müssen nicht geheilt werden. Was ist aber, wenn der Vertrag dennoch geändert und eine dynamische Verweisung aufgenommen wird? Was ist, wenn nicht klar ist, ob ein „gescheiterter" oder ein „guter" Altvertrag vorliegt und der Vertrag vorsorglich „geheilt" werden soll? In beiden Fällen spricht viel dafür, dass auch hier kein Neuabschluss vorliegt (so auch BMF v 29.5.13, GmbHR 13, 728). 18

Eine Anpassung ist nicht notwendig, wenn die Organschaft vor dem 1.1.15 endet. Hier wird die Frage aufgeworfen, ob dies auch für **Organschaftsbeendigungen nach dem Inkrafttreten des Änderungsgesetzes am 25.2.13** gilt. Dies ist uE der Fall. Da es bei diesen Fallkonstellationen keine andere „Rettungsmöglichkeit" gibt, bleibt den Parteien nichts anderes übrig, als diese Rechtsansicht im Rechtsmittelverfahren zu erstreiten. 19

Umgekehrt wird die Frage aufgeworfen, ob aufgrund des Wortlauts des § 34 Xb 1 die Heilungsmöglichkeit dann nicht mehr besteht, wenn der **Vertrag zwar vor dem 25.2.13 abgeschlossen wurde, aber erst danach wirksam wird.** Auch hier wird man von einer Heilungsmöglichkeit ausgehen müssen, damit es zu keiner unsachgerechten Regelungslücke kommt. 20

Schließlich ist nicht eindeutig geregelt, ob die Rückwirkung auch in solchen Fällen gilt, in denen die **Vertragsanpassung vor dem 25.2.13** erfolgte, um nach dem damaligen Recht die Organschaft zumindest für die Zukunft zu heilen (zB fehlerhafter GAV in 2007, Anpassung mit dynamischen Verweis auf § 302 AktG in 2008, ab 2007 tatsächliche Durchführung). Trotz der Verwendung des Futurs in 21

§ 34 Xb 2 sind diese Fallkonstellationen noch schutzwürdiger als die Anpassungen, die nach dem 25.2.13 erfolgen.

## § 18 *(aufgehoben)*

***§ 18 lautete bis zur Aufhebung durch das G v 20.2.13 (Rz 2):***

**Ausländische Organträger**

[1] Verpflichtet sich eine Organgesellschaft, ihren ganzen Gewinn an ein ausländisches gewerbliches Unternehmen, das im Inland eine im Handelsregister eingetragene Zweigniederlassung unterhält, abzuführen, so ist das Einkommen der Organgesellschaft den beschränkt steuerpflichtigen Einkünften aus der inländischen Zweigniederlassung zuzurechnen, wenn

1. der Gewinnabführungsvertrag unter der Firma der Zweigniederlassung abgeschlossen ist und
2. die für die finanzielle Eingliederung erforderliche Beteiligung zum Betriebsvermögen der Zweigniederlassung gehört.

[2] Im Übrigen gelten die Vorschriften der §§ 14 bis 17 sinngemäß.

**Übersicht**



**Schrifttum:** s § 14.

1 **1. Allgemeines.** Organschaft zu einem ausländischen OrganT gab es bisher nur in der **eingeschränkten Form** des § 18. Eine allgemeine Organschaft über die Grenze kennt das KStG nicht. Ob sich hieran etwas aufgrund der Marks & Spencer-Entscheidung des EuGH v 13.12.05 (Rs C 446/03, DStR 05, 2788) ändert, bleibt abzuwarten (s § 14 Rz 28). Derzeit herrscht noch der Grundsatz, dass die Besteuerung des Einkommens der OrganGes im Inland trotz des Auslandbezugs sichergestellt sein muss.

2 **2. Geltungszeit.** S § 14 Rz 7. § 18 setzt § 7a VI KStG aF vor 1977 unverändert fort. Durch das **UntStFG** (BGBl I 01, 3858; BStBl I 02, 35) ist § 18 inhaltlich den Änderungen des § 14 durch das **StSenkG** angepasst worden. Die Änderungen treten zeitgleich ein. Mit dem **G zur Änderung und Vereinfachung der Unternehmensbesteuerung** v 20.2.13 (BGBl I 13, 285) ist § 18 zum VZ 12 ersatzlos aufgehoben worden. Da § 14 I 1 Nr 2 nunmehr an die inländische Betriebsstätte anknüpft, soll § 18 entbehrlich sein. Zu den einzelnen ÄndG s Vor § 1 Rz 27, 28.

5 **3. *(bis VZ 11)* Ausländischer Organträger (S 1).** Jedes **ausländische gewerbl Unternehmen,** das im Inland eine im HR eingetragene Zweigniederlassung unterhält, kommt als OrganT in Betracht. Die Rechtsform des ausländischen Unternehmens ist irrelevant. Hauptniederlassung muss „ausländisch", dh nicht „inländisch" iSv § 14 sein; s § 14 Rz 27.

Hinsichtlich der **OrganGes** gelten keine Besonderheiten.

10 **4. *(bis VZ 11)* Zweigniederlassung (S 1).** Notwendig für die Einbeziehung in eine inländische Organschaft ist das Vorliegen einer Zweigniederlassung im Inland. Die **Eintragung** im **HR** ist steuerl notwendige Bedingung, obwohl die Eintragung handelsrechtl nur deklaratorisch ist; s dazu §§ 13, 13b HGB, § 12 GmbHG, §§ 42–44 AktG.

Die **Einkünfte** aus der Zweigniederlassung müssen **gewerbl** sein. Die Tätigkeit des ausländischen Unternehmens außerhalb der Zweigniederlassung ist entgegen dem Wortlaut des § 18 S 1 irrelevant (anders noch 6. Aufl; so auch *Gosch/Neumann* § 18 Rz 14; aA *Pache* in H/H/R § 18 Rz 15). Die Gewerblichkeit richtet sich nach inländischen Kriterien. Die Begrenzungen aus § 14 sind zu beachten (s § 14 Rz 30ff). 11

Die **Einkünfte** aus der inländischen Zweigniederlassung müssen nach dem Wortlaut des § 18 **beschränkt stpfl** sein. Da die Zweigniederlassung Betriebstätte iSd DBA ist, ist die beschränkte StPflicht regelmäßig gegeben. Ist das im Einzelnen nicht der Fall, findet § 18 keine Anwendung (selbst bei unbeschränkter Stpfl FG Köln EFG 99, 309). Die StPflicht ist nur dem Grunde nach wesentlich. So ist es unschädlich, wenn in einem Jahr aufgrund eines Verlusts, Verlustvortrags usw kein stpfl Einkommen anfällt. 12

Sind die Einkünfte **unbeschränkt stpfl,** soll nach der noch hM § 18 keine Anwendung finden, und zwar auch dann nicht, wenn die unbeschränkte StPflicht nicht ausreicht, um den Bedingungen des OrganT nach § 14 I 1 Nr 2 zu genügen (so BFH BStBl II 92, 263 und Vorinstanz FG Köln EFG 91, 152 betr US-KapGes mit Geschäftsleitung im Inland). Nachdem § 14 für den OrganT nicht den doppelten Inlandsbezug fordert, sollte § 18 immer dann bei einem ausländischen Unternehmen anwendbar sein, wenn § 14 nicht einschlägig ist (so auch *Gosch/Neumann* § 18 Rz 5; aA *Müller/Stöcker/Lieber,* Rz 53). Relevanz hat der Meinungsstreit bei ausländischen Unternehmen mit Sitz im Inland und Geschäftsleitung im Ausland. Diese fallen uE trotz ihrer unbeschränkten StPflicht unter § 18. 13

Da die **Mitunternehmerschaft** nicht beschränkt stpfl sein kann, stellt die hM auf die StPflicht der Mitunternehmer ab. Diese Sichtweise entspricht nicht mehr dem geänderten § 14 I 1 Nr 2, der nicht mehr auf die Besteuerung der Gesellschafter abstellt. UE sind auch hier alle Mitunternehmerschaften erfasst, die ihren Sitz im Inland und die Geschäftsleitung oder beides im Ausland haben. 14

**Zeitlich** müssen alle Bedingungen für das ganze Wj der OrganGes vorliegen, deren Gewinn abgeführt werden soll (s auch § 14 Rz 66ff). Bei der Begründung der Organschaft wird man es entspricht § 14 I 2 ausreichen lassen können, dass die Zweigniederlassung wie der GAV im Laufe des Wj eingetragen wird, für das die Organschaft erstmals gelten soll. Die Zweigniederlassung muss als solche jedoch bereits zu Beginn des Wj bestanden haben. Tatsächliche Auflösung der Zweigniederlassung bzw deren Löschung aus dem HR innerhalb der Fünfjahresfrist des § 14 I 1 Nr 3 führt nicht zum rückwirkenden Wegfall der Organschaft, da die Existenz der Zweigniederlassung nichts mit der Durchführung des GAV zu tun hat. 15

**5.** ***(bis VZ 11)*** **Gewinnabführungsvertrag (Nr 1). Der** GAV muss **unter Firma der Zweigniederlassung abgeschlossen** werden. Zivilrechtl Vertragspartner ist gleichwohl der OrganT selbst. 20

**6.** ***(bis VZ 11)*** **Finanzielle Eingliederung (Nr 2).** Beteiligung, die die **finanzielle Eingliederung** vermittelt, muss zum Betriebsvermögen der Zweigniederlassung gehören. Hierbei ist das steuerliche Betriebsvermögen gemeint, gleichgültig, ob notwendiges oder gewillkürtes Betriebsvermögen. Die der Zweigniederlassung zugeordnete finanzielle Eingliederung kann aufgrund einer unmittelbaren und/oder mittelbaren Beteiligung gegeben sein. Das Additionsverbot gilt nicht. 25

**Unberücksichtigt** bleiben jedoch solche Beteiligungsstränge, die nicht dem Betriebsvermögen der Zweigniederlassung zuzuordnen sind. Mehrere Zweigniederlassungen können nicht steuerlich zur Begründung der finanziellen Eingliederung zusammengefasst werden. Seit dem Wegfall der Mehrmütter-Organschaft (s § 14 Rz 77) reicht die Zugehörigkeit zum Sonderbetriebsvermögen des OrganT nicht mehr aus.

Für die **Einlage** in das Betriebsvermögen der Zweigniederlassung gelten die allgemeinen Grundsätze.

**Zivilrechtl** bleibt Inhaber das ausländische Unternehmen. Es ist daher unschädlich, dass die Stimmrechte vom ausländischen Unternehmen ausgeübt werden.

30 **7. Rechtsfolgen.** Es gelten die **allgemeinen Grundsätze.** Wegen der inländischen Betriebsstätte kommt § 14 I 1 Nr 5 nicht zur Anwendung (s *Gosch/Neumann* § 14 Rz 484 und § 18 Rz 47).

Der **OrganT** ist mit seinem von der OrganGes zugerechneten Einkommen und seinen sonstigen Einkünften gemäß § 49 EStG **beschränkt stpfl.** Nach der hier vertretenen Ansicht (Rz 13) kann auch eine unbeschränkte StPflicht gegeben sein.

## § 19 Steuerabzug bei dem Organträger

(1) **Sind bei der Organgesellschaft die Voraussetzungen für die Anwendung besonderer Tarifvorschriften erfüllt, die einen Abzug von der Körperschaftsteuer vorsehen, und unterliegt der Organträger der unbeschränkten Körperschaftsteuerpflicht, sind diese Tarifvorschriften beim Organträger so anzuwenden, als wären die Voraussetzungen für ihre Anwendung bei ihm selbst erfüllt.**

(2) **Unterliegt der Organträger der unbeschränkten Einkommensteuerpflicht, gilt Absatz 1 entsprechend, soweit für die Einkommensteuer gleichartige Tarifvorschriften wie für die Körperschaftsteuer bestehen.**

(3) **Unterliegt der Organträger nicht der unbeschränkten Körperschaftsteuer- oder Einkommensteuerpflicht, gelten die Absätze 1 und 2 entsprechend, soweit die besonderen Tarifvorschriften bei beschränkt Steuerpflichtigen anwendbar sind.**

(4) [1] **Ist der Organträger eine Personengesellschaft, gelten die Absätze 1 bis 3 für die Gesellschafter der Personengesellschaft entsprechend.** [2] **Bei jedem Gesellschafter ist der Teilbetrag abzuziehen, der dem auf den Gesellschafter entfallenden Bruchteil des dem Organträger zuzurechnenden Einkommens der Organgesellschaft entspricht.**

(5) **Sind in dem Einkommen der Organgesellschaft Betriebseinnahmen enthalten, die einem Steuerabzug unterlegen haben, so ist die einbehaltene Steuer auf die Körperschaftsteuer oder die Einkommensteuer des Organträgers oder, wenn der Organträger eine Personengesellschaft ist, anteilig auf die Körperschaftsteuer oder die Einkommensteuer der Gesellschafter anzurechnen.**

*Körperschaftsteuerrichtlinien:* KStR 19

***Abs 1 bis 4 lauteten bis zum KroatienAnpG vom 25.7.14 (Rz 2):***

(1) Sind bei der Organgesellschaft die Voraussetzungen für die Anwendung besonderer Tarifvorschriften erfüllt, die einen Abzug von der Körperschaftsteuer vorsehen, und unterliegt der Organträger der Körperschaftsteuer, so sind diese Tarifvorschriften beim Organträger so anzuwenden, als wären die Voraussetzungen für ihre Anwendung bei ihm selbst erfüllt.

(2) Unterliegt der Organträger der Einkommensteuer, so gilt Absatz 1 entsprechend, soweit für die Einkommensteuer gleichartige Tarifvorschriften wie für die Körperschaftsteuer bestehen.

(3) [1] Ist der Organträger eine Personengesellschaft, so gelten die Absätze 1 und 2 für die Gesellschafter der Personengesellschaft entsprechend. [2] Bei jedem Gesellschafter ist der Teilbetrag abzuziehen, der dem auf den Gesellschafter entfallenden Bruchteil des dem Organträger zuzurechnenden Einkommens der Organgesellschaft entspricht.

(4) Ist der Organträger ein ausländisches Unternehmen im Sinne des § 18, so gelten die Absätze 1 bis 3 entsprechend, soweit die besonderen Tarifvorschriften bei beschränkt Steuerpflichtigen anwendbar sind.

**Übersicht**



**Schrifttum:** s § 14.

**1. Allgemeines.** Hat die OrganGes das Recht, bestimmte **Vergünstigungen** durch eine Tarifregelung oder einen Abzug von der KSt vorzunehmen, so kann nach § 19 dieser Tarifvorteil durch den OrganT in Anspruch genommen werden, sofern bei ihm dem Grunde nach überhaupt die Ermäßigungsvorschrift Anwendung finden kann. Bei der Auslegung des § 19 ist zu beachten, dass er StErmäßigungen **erhalten, nicht ausdehnen** will. Die Weiterleitung ist grundsätzlich nur dann möglich, wenn der OrganT grundsätzlich zu den durch die StErmäßigung begünstigten StSubjekten gehört. 1

Im Übrigen betrifft § 19 **nicht** die Vergünstigungen, die bereits die **Einkunftsermittlung** berühren; sie wirken sich unmittelbar bei der Bemessung des zuzurechnenden Einkommens aus. Stfreie Einnahmen sind nicht geregelt.

**2. Geltungszeit.** § 19 gilt zuerst bei erstmaliger Anwendung der §§ 14 ff. S § 14 Rz 7. Durch das **KroatienAnpG** vom 25.7.14 (BGBl I 14, 1266) wurden mit Rückwirkung zum VZ 2012 die Abs 1 bis 4 den Änderungen durch das **UnterStRefG 2012** angepasst (insbes Streichung des § 18 sowie Einfügung des § 14 I S 1 Nr 2). 3

**3. Organträger = Körperschaft (Abs 1). Tarifvorschriften,** die einen **Abzug** vorsehen und die an eine unbeschränkt steuerpflichtige Körperschaft weitergegeben werden können, sind heute nur noch: 5
- § 26 iVm § 34c: Anrechnung ausländischer Steuern;
- § 12 AStG: Anrechnung ausländischer Steuern, die nach § 10 I AStG abziehbar sind;
- fiktive Anrechnung nach einem DBA.

**Nicht** erfasst sind die **Tarifvergünstigungen** nach dem **EStG** (zB § 34 EStG).

Ist die Möglichkeit des Abzugs grundsätzlich gegeben, so wird der Tarifvorteil **unabhängig** davon weitergegeben, **ob** die **OrganGes** selbst **Einkommen** zu versteuern hat oder – ohne Organschaft – selbst Einkommen zu versteuern hätte (BT-Drucks 7/1470, 350; *Maas* BB 85, 2228; aA BFH BStBl II 80, 733; II 84, 362 betr § 14 I 3. VermBG und das alte KStRecht, dazu auch *Walkhoff* DB 81, 1258). Ein Abzug kann folglich auch dann zum Tragen kommen, wenn die Organ**Ges** Verluste ausweist. Ebenso kann eine Vergünstigung entfallen, wenn beim OrganT kein Einkommen mehr verbleibt, weil positives Einkommen der OrganGes mit negativem des OrganT ausgeglichen wird. 6

Der OrganT muss jedoch die Voraussetzungen für die Tarifvergünstigung in der Art erfüllen, dass sie ihm zu gewähren wäre, wenn er die Einkünfte unmittelbar erzielt hätte. Dieses ist idR unproblematisch, da der OrganT wie die OrganGes kstpfl ist. 7

Eventuelle **Anträge** (zB bei § 12 AStG) sind von der OrganGes zu stellen (aA *Voss* in H/H/P § 19 Rz 11).

**Höchstbeträge** richten sich nach dem OrganT (R 19 Abs 1 Satz 4 KStR 2015).

**4. Organträger = natürliche Person (Abs 2).** Zu den Vergünstigungen s Rz 5. 10

Da die Besteuerungssysteme nicht wie bei Abs 1 gleichlaufend sind, muss zu den sonstigen Voraussetzungen hinzukommen, dass das **EStG** eine **vergleichbare Regelung** kennt. Dieses ist bei § 26 I iVm § 34c EStG gegeben, nicht jedoch bei § 12 AStG.

**Tarifbegünstigungen,** die **nur beim OrganT** vorgesehen sind (zB §§ 16, 34 EStG), kommen nicht zur Anwendung, wenn deren Voraussetzungen nur durch die OrganGes erfüllt werden (BStBl II 04, 515 zum Veräußerungsgewinn der OrganGes; R 19 Abs 2 KStR 2015).

15 **5. Organträger = Mitunternehmerschaft (Abs 4).** Abs 1 bis 3, jeweils bezogen auf den **einzelnen Mitunternehmer,** anteilmäßig anzuwenden.

20 **6. Organträger = ausländisches Unternehmen (Abs 3).** Abs 1 und 2 gelten entsprechend; s Rz 5 ff.

Ist der OrganT **unbeschränkt stpfl**, gelten keine Besonderheiten.

Ist der OrganT **beschränkt** stpfl, können nur solche Vergünstigungen weitergereicht werden, die auch bei beschränkter StPflicht anwendbar sind (nicht § 26 I, wohl aber § 26 VI).

25 **7. Steuerabzugsbeträge (Abs 5). StAbzugsbeträge** zu Lasten der OrganGes werden stets bei der Besteuerung des OrganT angerechnet, und zwar auch dann, wenn die OrganGes selbst Einkommen zu versteuern hat. Ist OrganT eine PersGes, werden die Abzugsbeträge wie das Einkommen verteilt.

Soweit StAbzugsbeträge die StSchuld **abgelten,** wirkt dies auch zugunsten des OrganT. Abs 5 wurde entsprechend auf die **Anrechnung** der **KSt** angewandt (A 65 IV KStR 1995).

## Drittes Kapitel. Sondervorschriften für Versicherungen und Pensionsfonds

### § 20 Schwankungsrückstellungen, Schadenrückstellungen

(1) [1] **Für die Bildung der Rückstellungen zum Ausgleich des schwankenden Jahresbedarfs sind insbesondere folgende Voraussetzungen erforderlich:**

1. **Es muss nach den Erfahrungen in dem betreffenden Versicherungszweig mit erheblichen Schwankungen des Jahresbedarfs zu rechnen sein.**
2. [1] **Die Schwankungen des Jahresbedarfs dürfen nicht durch die Prämien ausgeglichen werden.** [2] **Sie müssen aus den am Bilanzstichtag bestehenden Versicherungsverträgen herrühren und dürfen nicht durch Rückversicherungen gedeckt sein.**

[2] **Auf Schwankungsrückstellungen und ähnliche Rückstellungen im Sinne des § 341h des Handelsgesetzbuchs ist § 6 Absatz 1 Nummer 3a Buchstabe e des Einkommensteuergesetzes nicht anzuwenden.**

(2) [1] **Bei Rückstellungen für noch nicht abgewickelte Versicherungsfälle (§ 341g des Handelsgesetzbuchs) sind die Erfahrungen im Sinne des § 6 Abs. 1 Nr. 3a Buchstabe a des Einkommensteuergesetzes für jeden Versicherungszweig zu berücksichtigen, für den nach aufsichtsrechtlichen Vorschriften eine gesonderte Gewinn- und Verlustrechnung aufzustellen ist.** [2] **Die Summe der einzelbewerteten Schäden des Versicherungszweiges ist um den Betrag zu mindern (Minderungsbetrag), der wahrscheinlich insgesamt nicht zur Befriedigung der Ansprüche für die Schäden benötigt wird.** [3] **Für Zwecke der Sätze 1 und 2 haben die Niederlassungen der Versicherungsunternehmen im Sinne des § 341 Absatz 2 Satz 2 des Handelsgesetzbuchs die auf Grund des § 55a des Versicherungsaufsichtsgesetzes in der am 31. Dezember 2015 geltenden Fassung erlassene Verordnung über die Berichterstattung von Versi-**

**cherungsunternehmen gegenüber der Bundesanstalt für Finanzdienstleistungsaufsicht entsprechend anzuwenden.**

***Abs 1 S 2 eingefügt durch das G vom 2.11.15 (Rz 3)***

***Abs 2 S 3 lautete bis zum StÄndG vom 1.4.15 (Rz 3):***

[3] Für Zwecke der Sätze 1 und 2 haben die Niederlassungen der Versicherungsunternehmen im Sinne des § 341 Absatz 2 Satz 2 des Handelsgesetzbuchs die auf Grund § 55a des Versicherungsaufsichtsgesetzes erlassene Verordnung über die Berichterstattung von Versicherungsunternehmen gegenüber der Bundesanstalt für Finanzdienstleistungsaufsicht entsprechend anzuwenden.

***Gesetzesfassungen vor 2014 s 8. Aufl.***

*Körperschaftsteuerrichtlinien:* KStH 20 (vgl BStBl I 00, 1218; 15, 1027 sowie 16, 1147)

**Übersicht**



**Schrifttum:** *Ringwald,* Die Entwicklung der Rückstellungen im Zuge der Bilanzsteuerrechtsreform, Information StW 00, 417; *Hartmann/Schnittker,* Zur Verfassungsmäßigkeit des Ausschlusses der Lebens- und Krankenversicherungsunternehmen von der körperschaft- und gewerbesteuerlichen Organschaft, BB 02, 277; *Kemper/Konold,* Die Berücksichtigung von Vergangenheitserfahrungen bei Rückstellungen für gleichartige Verpflichtungen (§ 6 Abs 1 Nr 3a Buchst a EStG), DStR 03, 1686.

**1. Allgemeines.** Die Regelung der versicherungstechnischen Rücklagen gehört zu den **Einkommensermittlungsvorschriften.** Für Versicherungsunternehmen gelten grundsätzlich die allgemeinen Vorschriften der §§ 7–10 mit der Weiterverweisung des § 8 I auf das EStG; zur vGa s § 8 Anh „Versicherungsunternehmen". §§ 20–21a enthalten Sondervorschriften und gelten für alle kstpfl Versicherungsunternehmen, nicht aber für „Selbstversicherer"; Schadenrückstellungen für das eigene Unternehmen können nicht gebildet werden. Die Vorschriften gelten sowohl für unbeschränkt wie auch für beschränkt stpfl Versicherungsunternehmen; § 18 KStDV 1968 wurde in das neue Recht nicht übernommen (BT-Drucks 7/1470, 350). Zur StPflicht und der Einkommensermittlung beschränkt stpfl Versicherungsunternehmen s FinVerw BStBl I 79, 306. 1

**2. Geltungszeit.** § 20 gilt ab VZ 1977 (§ 54 I idF des KStG 1977), damit für alle Wj, die nach dem 31.12.76 enden; er setzt § 11 Nr 2 KStG aF und § 24 KStDV 1968 im Wesentlichen unverändert fort. Die ursprünglichen Pläne einer umfangreicheren Regelung der Versicherungsrückstellungen sind nicht Gesetz geworden; dazu BT-Drucks 7/1470, 176f, 350ff; zur Aufgabe des Reformvorhabens s BT-Drucks 7/5310, 8f, **13. EG-Richtlinien** zu Versicherungsbilanzen führten zur Aufnahme versicherungsspezifischer Bilanzvorschriften in das HGB und – mit Wirkung ab 1995 – zur Streichung des Abs 1 (vgl G v 24.6.94, BGBl I 94, 1377; BStBl I 94, 466; Inkrafttreten s § 54 VIIIc idF des G v 24.6.94; Materialien Vor § 1 Anm 19 6. Aufl). Der durch das **StEntlG 1999/2000/2002** (BGBl I 99, 402; BStBl I 99, 304) hinzugefügte Abs 2 (s auch Rz 5) ist auch vor dem VZ 99 anzuwenden. Durch das **JStG 2010** v 8.12.10 (BGBl I 10, 1768) wurde Abs 2 um einen Satz 3 ergänzt, in dem klargestellt wird, unter welchen Voraussetzungen inländische Niederlassungen von ausländischen Versicherungsunternehmen 3 von Abs 2 Gebrauch machen können. Die Neuregelung ist ab VZ 10 anzuwenden. Durch das **StÄndG 2015** v 1.4.15 (BGBl I 15, 434) wurde Abs 2 S 3 ab dem VZ 2016 den sonstigen gesetzlichen Änderungen angepasst. Der durch das **VFinAModG** v 2.11.15 (BGBl I 15, 1834) eingeführte Abs 1 S 2 gilt auch für die Zeit vor VZ 2016. Zu den einzelnen ÄndG s Vor § 1 Rz 27ff.

5 **3.** *Versicherungstechnische Rückstellungen (Abs 1 idF bis 1994) s 6. Aufl.*

6 **4. Schwankungsrückstellungen (Abs 1).** Handelsrechtl Grundlage § 341h I HGB. Hierbei handelt es sich um Rückstellungen, die bei über einen längeren Zeitraum kalkulierten gleichbleibenden Prämien ebenfalls den Schadensverlauf ausgleichen sollten. Die Bildung von Schwankungsrückstellungen ist durch Anordnungen des Bundesamtes für das Versicherungswesen reglementiert. Diese Anordnungen sind zwar steuerl nicht bindend, werden von der Verwaltung aber gleichwohl anerkannt (BStBl II 66, 135; I 75, 7; I 79, 306 betr KStG 1977), allerdings mit Sonderanweisungen in Einzelfällen (FinVerw 1973 StEK KStG § 6 BeitrRück Nr 21 betr HagelVers; FinVerw BStBl I 75, 74 und 1977 StEK KStG 1977 § 20 Nr 1 und 1980 StEK KStG 1977 § 20 Nr 6 betr AtomanlagenVers; FinVerw BStBl I 75, 76 betr Feuer-, Industrie-, Betriebsunterbrechungs- und Sturmversicherung; FinVerw 1974 StEK EStG § 5 Rückstellungen Nr 50 und KStG 1977 § 20 Nr 2 und 1980 StEK KStG 1977 § 20 Nr 5 betr Versicherungen von Großraumflugzeugen; FinVerw BStBl I 79, 685; I 85, 12 und I 91, 535 betr die Produkthaftpflichtversicherung von Pharma-Risiken). Soweit diese Anordnungen für Versicherungsunternehmen von geringer wirtschaftl Bedeutung nicht gelten, bestehen koordinierte Ländererlasse (BStBl II 67, 39 und FinVerw 1975 StEK KStG § 6 BeitrRück Nr 34). Zur Behandlung der Zinszuführungen zur Schwankungsrückstellung s FinVerw 1982 StEK KStG 1977 § 20 Nr 8. Beschränkt stpfl Versicherungsunternehmen s FinVerw BStBl I 79, 306. Zur Schwankungsrückstellung bei den Niederlassungen EG-ausländischer Versicherungsunternehmen *Schloßmacher* RIW 99, 7. § 6 I Nr 3a Buchst e EStG ist nicht anzuwenden.

7 **5. Schadenrückstellungen (Abs 2).** Der Abs 2 schränkt den Maßgeblichkeitsgrundsatz bei Schadenrückstellungen nach § 341g HGB ein (aA BT-Drucks 14/265, 192ff: klarstellend; vgl dazu auch OFD Frankfurt aM v 12.12.16). In Konkretisierung zu § 6 I Nr 3 Buchst a EStG ist die Summe der einzelbewerteten, noch nicht abgewickelten Schäden anhand der Erfahrungen aus der Vergangenheit zu kürzen (Minderungsbetrag, vgl im Einzelnen BFH BStBl II 00, 487). **Inländische Niederlassungen** von **ausländischen Versicherungsunternehmen** unterliegen nicht der versicherungsrechtlichen Aufsicht nach der aufgrund § 55a VAG erlassenen Versicherungsberichterstattungs-Verordnung (BBerVersV) v 29.3.06 (BGBl I 06, 622). Um eine steuerwirksame Schadensrückstellung zu bilden, ist jedoch die BerVersV anzuwenden.

## § 21 Beitragsrückerstattungen

(1) **Beitragsrückerstattungen, die für das selbst abgeschlossene Geschäft auf Grund des Jahresergebnisses oder des versicherungstechnischen Überschusses gewährt werden, sind abziehbar**

**1. in der Lebens- und Krankenversicherung bis zu dem nach handelsrechtlichen Vorschriften ermittelten Jahresergebnis für das selbst abgeschlossene Geschäft, erhöht um die für Beitragsrückerstattungen aufgewendeten Beträge, soweit die Beträge das Jahresergebnis gemindert haben und die hierfür verwendeten Überschüsse dem Grunde nach steuerpflichtig und nicht steuerbefreit sind, und gekürzt um den Betrag, der sich aus der Auflösung einer Rückstellung nach Absatz 2 Satz 2 ergibt, sowie um den Nettoertrag des nach steuerlichen Vorschriften über die Gewinnermittlung anzusetzenden Betriebsvermögens am Beginn des Wirtschaftsjahrs; für Pensionsfonds**

**gilt Entsprechendes. [2] Als Nettoertrag gilt der Ertrag aus langfristiger Kapitalanlage, der anteilig auf das Betriebsvermögen entfällt, nach Abzug der entsprechenden abziehbaren und nichtabziehbaren Betriebsausgaben;**

**2. in der Schaden- und Unfallversicherung bis zur Höhe des Überschusses, der sich aus der Beitragseinnahme nach Abzug aller anteiligen abziehbaren und nichtabziehbaren Betriebsausgaben einschließlich der Versicherungsleistungen, Rückstellungen und Rechnungsabgrenzungsposten ergibt. [2] Der Berechnung des Überschusses sind die auf das Wirtschaftsjahr entfallenden Beitragseinnahmen und Betriebsausgaben des einzelnen Versicherungszweiges aus dem selbst abgeschlossenen Geschäft für eigene Rechnung zugrunde zu legen.**

(2) **[1] Zuführungen zu einer Rückstellung für Beitragsrückerstattung sind insoweit abziehbar, als die ausschließliche Verwendung der Rückstellung für diesen Zweck durch die Satzung oder durch geschäftsplanmäßige Erklärung gesichert ist. [2] Die Rückstellung ist vorbehaltlich des Satzes 3 aufzulösen, soweit sie höher ist als die Summe der in den folgenden Nummern 1 bis 4 bezeichneten Beträge:**

*[alte Fassung:]*

**1. die Zuführungen innerhalb des am Bilanzstichtag endenden Wirtschaftsjahrs und der zwei vorangegangenen Wirtschaftsjahre,**

*[Fassung für VZ 2010 bis 2015:]*

**1. die Zuführungen innerhalb des am Bilanzstichtag endenden Wirtschaftsjahrs und der vier vorangegangenen Wirtschaftsjahre, soweit die Summe dieser Beträge nicht höher ist als das 1,2-Fache der Summe der drei Zuführungen, die zum Schluss des im Veranlagungszeitraum 2009 endenden letzten Wirtschaftsjahrs zulässigerweise ermittelt wurden. [2] Der Betrag nach Satz 1 darf nicht niedriger sein als der Betrag, der sich ergeben würde, wenn das vor Inkrafttreten des Artikels 2 des Gesetzes vom 8. Dezember 2010 (BGBl. I S. 1768) geltende Recht weiter anzuwenden wäre,**

**[Fassung für VZ 2016 bis 2018]:**

**1. die Zuführungen innerhalb des am Bilanzstichtag endenden Wirtschaftsjahrs und der vier vorangegangenen Wirtschaftsjahre. [2] Der Betrag nach Satz 1 darf nicht niedriger sein als der Betrag, der sich ergeben würde, wenn das am 13. Dezember 2010 geltende Recht weiter anzuwenden wäre,**

**2. der Betrag, dessen Ausschüttung als Beitragsrückerstattung vom Versicherungsunternehmen vor dem Bilanzstichtag verbindlich festgelegt worden ist,**

**3. in der Krankenversicherung der Betrag, dessen Verwendung zur Ermäßigung von Beitragserhöhungen im folgenden Geschäftsjahr vom Versicherungsunternehmen vor dem Bilanzstichtag verbindlich festgelegt worden ist,**

**4. in der Lebensversicherung der Betrag, der für die Finanzierung der auf die abgelaufenen Versicherungsjahre entfallenden Schlussgewinnanteile erforderlich ist; für Pensionsfonds gilt Entsprechendes.**

**3 Eine Auflösung braucht nicht zu erfolgen, soweit an die Versicherten Kleinbeträge auszuzahlen wären und die Auszahlung dieser Beträge mit einem unverhältnismäßig hohen Verwaltungsaufwand verbunden wäre.**

(3) **§ 6 Abs. 1 Nr. 3a des Einkommensteuergesetzes ist nicht anzuwenden.**

***Gesetzesfassungen vor 2014 s 8. Aufl.***

*Körperschaftsteuerrichtlinien:* KStH 21

**Übersicht**



**Schrifttum:** *Müllereisert,* Steuerliche Abzugsfähigkeit von Beitragsrückerstattungen bei Lebensversicherungsunternehmen, DB 00, 2038; *Hofmeister,* Zum Umfang des Abzugsverbots bei Beitragsrückerstattungen in der Kfz-Haftpflichtversicherung und die Folgen der Aufhebung der KraftTarifVO (f), HFR 00, 209; *Hartmann/Schnittker,* Zur Verfassungsmäßigkeit des Ausschlusses der Lebens- und Krankenversicherungsunternehmen von der körperschaft- und gewerbesteuerlichen Organschaft, BB 02, 277; *Bürkle,* Ertragsteuerliche Organschaft im spartengetrennten Versicherungskonzern, DB 03, 1701; *Melchior,* Überblick über das Richtlinien-Umsetzungsgesetz, DStR 04, 2121; *FinMin NRW,* Gesetz zur Umsetzung von EU-Richtlinien in nationales Steuerrecht und zur Änderung weiterer Vorschriften (Richtlinien Umsetzungsgesetz – EURLUmsG), DB 04, 2660; *Dötsch/Pung,* Richtlinien-Umsetzungsgesetz: Die Änderungen des EStG, des KStG und des GewStG, DB 05, 10; *Schick/Bickart,* Besteuerung des Aktiengewinns bei Personenversicherungsunternehmen unter besonderer Berücksichtigung des Blockwahlrechts, BB 06, 2334; *Mützler,* Die „Zuschreibungsfälle" des § 8b Abs 8 S 4 KStG für Lebens- und Krankenversicherungsunternehmen, DB 07, 1894.

1 **1. Allgemeines.** S § 20 Rz 1.

2 **2. Geltungszeit.** § 21 gilt ab VZ 1977 (§ 54 I idF des KStG 1977), damit für alle Wj, die nach dem 31.12.76 enden. § 21 setzt § 6 II–IV KStG aF und §§ 17, 18 KStDV 1968 verändert fort; insbes ist die Mindestbesteuerung für Lebensversicherer nach § 6 IV KStG aF entfallen; zu § 17 II KStDV 1995s noch BFH BStBl II 79, 584. Das **StEntlG 1999/2000/2002** (BGBl I 99, 402; BStBl I 99, 304) hebt ab VZ 00 Abs 2 Satz 3 auf. Der neue Abs 3 ist bereits ab VZ 1999 anwendbar (s auch Rz 5). Mit dem **AltersvermögensG** v 26.6.01 wurden ab dem VZ 02 die Pensionsfonds den Lebens- und Krankenversicherungen gleichgestellt. Durch das **Korb-II-Gesetz** v 22.12.03 (BGBl I 03, 2840; BStBl I 04, 14) wurde der Kürzungskatalog des Abs 1 Nr 1 S 1 um nach DBA steuerbefreite ausländische Dividenden erweitert. Im Zusammenhang mit der Aufhebung des Organschaftsverbots bei Lebens- und Krankenversicherungen hat das **JStG 2009** v 19.12.08 (BGBl I 08, 2794) von der KSt befreite Erträge bei Abs 1 Nr 1 von den steuerrelevanten Beitragsrückerstattungen grds ausgenommen; die Neuregelung gilt grds ab VZ 09; vgl § 34 Xb. Durch das **JStG 2010** v 8.12.10 (BGBl I 10, 1768) wurde für die VZ 2010 bis 2013 in Abs 2 Nr 1 die Obergrenze, ab der die Rückstellung ertragswirksam aufzulösen ist, zusätzlich gestreckt. Aufgrund der andauernden Niedrigzinsphase hat das **StÄndG 2015** v 2.11.15 (BGBl I 15, 1834) die Streckung in Abs 2 S 2 Nr 1 in abgewandelter Form für die VZ 2016 bis 2018 fortgesetzt. Zu den ÄndG s Vor § 1 Rz 27 f.

**3. Beitragsrückerstattungen (Abs 1).** Beitragsrückerstattungen sind **Teilrückerstattungen der Beiträge,** weil das Schadensrisiko sich geringer realisierte als in den Beiträgen vorher kalkuliert. Beitragsrückerstattungen sind ergebnisabhängig. Von der KSt befreite Erträge sind ab VZ 09 (vgl Rz 2) nicht zu berücksichtigen. Rückerstattungen, die ohne Rücksicht auf das Jahresergebnis bzw einen versicherungstechnischen Überschuss vertraglich zu zahlen sind, fallen nicht unter § 21; es handelt sich um Betriebsausgaben, sofern im Einzelfall keine vGa vorliegt; Beispiel: Pflicht zur Beitragsminderung bei der Kfz-Versicherung (FinVerw 1974 StEK KStG § 6 BeitrRück Nr 30). Beitragsrückerstattungen sind, sofern sie sich im Rahmen des § 21 halten, **Betriebsausgaben.** Es handelt sich nicht um Gewinnausschüttungen; vGa kommt erst in Betracht, wenn die Grenzen des § 21 überschritten werden und die übrigen Bedingungen einer vGa vorliegen. 4

**Einzelheiten** zu Abs 1 s die ausführliche BdF-Regelung BStBl I 78, 160; der Erlass hebt frühere Verwaltungsanweisungen zu dieser Frage auf; er gilt ab Wj, die in 1977 enden. Ergänzend für die Kfz-Versicherung BdF BStBl I 85, 11. Die Maßgeblichkeit der Handelsbilanz für die Rückerstattung (vgl BFH BStBl II 77, 439; krit *Mangold* StuW 78, 167) bleibt auch bestehen, wenn aufgrund einer Bp sich die Bilanzansätze ändern (vgl BFH BStBl III 59, 138). Einfluss kann eine Bp auf die Beitragsrückerstattung in diesen Fällen nur haben, wenn die Handelsbilanz nachträglich der StBilanz angeglichen wird. Zuschüsse von Rückversicherern erhöhen das für die Rückerstattung maßgebende Ergebnis des Versicherungsgeschäfts, wenn sie nicht für außerhalb dieses Geschäfts liegende Zwecke bestimmt waren (BFH BStBl II 77, 439). Abs 1 gilt nur für solche Beitragsrückstellungen, die Versicherungsunternehmen für das selbst abgeschlossene Geschäft aufgrund ihres Jahresergebnisses oder eines versicherungstechnischen Überschusses gewähren (sog erfolgsabhängige Beitragsrückerstattung), nicht für andere Arten von (erfolgsunabhängigen) Beitragsrückerstattungen (zB BFH BStBl II 99, 739, Mindestbeitragsrückerstattung; BFH BStBl II 00, 238, Prämien für schadensarmes Verhalten; BFH BStBl II 07, 589). Die aus der Anlage vorausgezahlten Haftpflichtversicherungsprämien dürfen bei der Berechnung des Höchstbeitrags nach Abs 1 Nr 2 nicht berücksichtigt werden (BFH BStBl II 00, 238). 5

**4. Rückstellungen (Abs 2 und 3).** Handelsrechtl Grundlage § 341e II Nr 2 HGB. Aufgrund der geringen Zinserträge wurde für die VZ 2010 bis 2018 die Obergrenze, ab der die Rückstellung ertragswirksam aufzulösen ist, zeitlich gestreckt. Die versicherungsaufsichtsrechtlich vorgeschriebene Mindestbeitragsrückerstattung ist für Abs 2 irrelevant (BFH/NV 10, 1860). Nachträgliche Änderungen des Gewinns und damit der Rückstellung nach Abs 2 lösen keine unterschiedlichen Zinsläufe aus (BFH BStBl II 11, 340). 7

**Abs 3** stellt klar, dass die in § 6 I Nr 3a EStG eingeführten Höchstwerte nicht neben Abs 2 gelten. Nur erfolgsabhängige, nicht aber erfolgsunabhängige Beitragsrückerstattungen werden vom Abzinsungsgebot ausgeschlossen (BFH BStBl II 10, 304; BFH/NV 15, 69).

## § 21a Deckungsrückstellungen

(1) [1]**§ 6 Abs. 1 Nr. 3a Buchstabe e des Einkommensteuergesetzes ist von Versicherungsunternehmen und Pensionsfonds mit der Maßgabe anzuwenden, dass Deckungsrückstellungen im Sinne des § 341 f des Handelsgesetzbuchs mit dem sich für die zugrunde liegenden Verträge aus der Bestimmung in Verbindung mit § 25 der Verordnung über die Rechnungslegung von Versicherungsunternehmen oder in Verbindung mit der auf Grund des § 240 Satz 1 Nummer 10 des Versicherungsaufsichtsgesetzes erlassenen Rechtsverordnung ergebenden Höchstzinssatz oder einem niedrigeren zulässigerweise verwendeten Zinssatz abgezinst werden können.** [2]**Für die von Schaden- und**

**Unfallversicherungsunternehmen gebildeten Renten-Deckungsrückstellungen kann der Höchstzinssatz, der sich auf Grund der nach § 217 Satz 1 Nummer 7 des Versicherungsaufsichtsgesetzes erlassenen Rechtsverordnung ergibt, oder ein niedrigerer zulässigerweise verwendeter Zinssatz zugrunde gelegt werden.**

(2) **Soweit die in Absatz 1 genannten versicherungsrechtlichen Bestimmungen auf Versicherungsunternehmen mit Sitz in einem anderen Mitgliedsstaat der Europäischen Union oder in einem anderen Vertragsstaat des EWR-Abkommens keine Anwendung finden, können diese entsprechend verfahren.**

***Abs 1 lautet bis zum VFinAModG v 2.11.15 (Rz 2):***

(1) [1] § 6 Abs. 1 Nr. 3a Buchstabe e des Einkommensteuergesetzes ist von Versicherungsunternehmen und Pensionsfonds mit der Maßgabe anzuwenden, dass Deckungsrückstellungen im Sinne des § 341 f des Handelsgesetzbuchs mit dem sich für die zugrunde liegenden Verträge aus der Bestimmung in Verbindung mit § 25 der Verordnung über die Rechnungslegung von Versicherungsunternehmen oder in Verbindung mit der auf Grund des § 116 des Versicherungsaufsichtsgesetzes zu erlassenden Rechtsverordnung ergebenden Höchstzinssatz oder einem niedrigeren zulässigerweise verwendeten Zinssatz abgezinst werden können. [2] Für die von Schaden- und Unfallversicherungsunternehmen gebildeten Renten-Deckungsrückstellungen kann der Höchstzinssatz, der sich aus § 2 der Deckungsrückstellungsverordnung ergibt, oder ein niedrigerer zulässigerweise verwendeter Zinssatz zugrunde gelegt werden.

***Gesetzesfassungen vor 2014 s 8. Aufl.***

1 **1. Allgemeines.** S § 20 Rz 1.

2 **2. Geltungszeit.** § 21a wurde durch das **StEntlG 1999/2000/2002** (BGBl I 99, 402; BStBl I 99, 304) eingeführt und gilt ab VZ 99. Mit dem **AltersvermögensG** v 26.6.01 (Vor § 1 Anm 19 in der 6. Aufl) wurden ab VZ 02 die Pensionsfonds den Versicherungsunternehmen in Abs 1 S 1 gleichgestellt. Mit dem **VFinAModG** v 2.11.15 (BGBl I 15, 1834) wurde Abs 1 zum VZ 2016 den geänderten gesetzlichen Rahmenbedingungen angepasst.

3 **3. Inhalt.** Deckungsrückstellungen haben ihre **handelsrechtl Grundlage** in § 341 iVm § 25 RechVersVO v 8.11.94 (BGBl I 94, 3378). Durch **Abs 1** wird die **Abzinsungsregel** des § 6 I Nr 3a Buchst e EStG abgeändert, um eine Bewertung nach den versicherungsaufsichtsrechtl vorgeschriebenen Vorgaben auch weiterhin sicherzustellen. **Abs 2** sichert die Gleichbehandlung von Versicherungsunternehmen mit Sitz in einem anderen EU-Staat.

## § 21b *(aufgehoben)*

***§ 21b lautete bis zur Aufhebung durch das G v. 20.12.16 (Rz 2):***

***Zuteilungsrücklage bei Bausparkassen***

[1] Bausparkassen im Sinne des § 1 Abs. 1 des Gesetzes über Bausparkassen können Mehrerträge im Sinne des § 6 Abs. 1 Satz 2 des Gesetzes über Bausparkassen in eine den steuerlichen Gewinn mindernde Zuteilungsrücklage einstellen. [2] Diese Rücklage darf 3 Prozent der Bauspareinlagen nicht übersteigen. [3] Soweit die Voraussetzungen für die Auflösung des Sonderpostens im Sinne des § 6 Abs. 1 Satz 2 des Gesetzes über Bausparkassen nach der Rechtsverordnung erfüllt sind, die auf Grund der Ermächtigungsvorschrift des § 10 Satz 1 Nr. 9 des Gesetzes über Bausparkassen erlassen wird, ist die Rücklage gewinnerhöhend aufzulösen.

**Schrifttum:** *Langel,* Der „Fonds zur bauspartechnischen Absicherung", seine bilanzrechtliche und steuerliche Behandlung und zur Fragwürdigkeit der Änderung seiner Besteuerung, FS Meilicke 2010, 367.

1 **1. Allgemeines.** § 21b ist eine besondere **Einkommensermittlungsvorschrift** für Bausparkassen. Für kstpfl Bausparkassen gelten grundsätzlich die allgemeinen Vorschriften der §§ 7–10 mit Weiterverweisung des § 8 I auf das EStG.

**2. Geltungszeit.** § 21b wurde durch das **Gesetz zur Änderung des Gesetzes über Bausparkassen** v 13.12.90 (BGBl I 90, 2770; BStBl I 91, 43) eingefügt. § 21b ist erstmals auf Mehrerträge, die nach dem 31.12.90 anfallen, anzuwenden (§ 54 Abs 7a idF des Gesetzes v 13.12.90; heute § 34 Abs 7d). Durch das **StEntlG 1999/2000/2002** (BGBl I 99, 402; BStBl I 99, 304) wurde ab 1999 aus dem bisherigen § 21a der § 21b. S 1 und 2 sind letztmals für das Wj anwendbar, das vor dem 1.1.99 endet, S 3 auf das, das nach dem 31.12.02 endet; eine Rücklage, die am Schluss des letzten vor dem 1.1.99 endenden Wj gebildet wurde, ist in den folgenden fünf Wj mit mindestens je einem Fünftel gewinnerhöhend aufzulösen (§ 34 Abs 8f). Die Vorschrift wurde durch das **ÄndEUAmtshilfeRLG** v 20.12.16 (BGBl I 16, 3000) zum VZ 2016 ersatzlos aufgehoben. 2

Vgl 8. Aufl. 3

## Viertes Kapitel. Sondervorschriften für Genossenschaften

### § 22 Genossenschaftliche Rückvergütung

(1) [1]**Rückvergütungen der Erwerbs- und Wirtschaftsgenossenschaften an ihre Mitglieder sind nur insoweit als Betriebsausgaben abziehbar, als die dafür verwendeten Beträge im Mitgliedergeschäft erwirtschaftet worden sind. [2]Zur Feststellung dieser Beträge ist der Überschuss**

**1. bei Absatz- und Produktionsgenossenschaften im Verhältnis des Wareneinkaufs bei Mitgliedern zum gesamten Wareneinkauf,**

**2. bei den übrigen Erwerbs- und Wirtschaftsgenossenschaften im Verhältnis des Mitgliederumsatzes zum Gesamtumsatz**

**aufzuteilen. [3]Der hiernach sich ergebende Gewinn aus dem Mitgliedergeschäft bildet die obere Grenze für den Abzug. [4]Überschuss im Sinne des Satzes 2 ist das um den Gewinn aus Nebengeschäften geminderte Einkommen vor Abzug der genossenschaftlichen Rückvergütungen und des Verlustabzugs.**

(2) [1]**Voraussetzung für den Abzug nach Absatz 1 ist, dass die genossenschaftliche Rückvergütung unter Bemessung nach der Höhe des Umsatzes zwischen den Mitgliedern und der Genossenschaft bezahlt ist und dass sie**

**1. auf einem durch die Satzung der Genossenschaft eingeräumten Anspruch des Mitglieds beruht oder**

**2. durch Beschluss der Verwaltungsorgane der Genossenschaft festgelegt und der Beschluss den Mitgliedern bekannt gegeben worden ist oder**

**3. in der Generalversammlung beschlossen worden ist, die den Gewinn verteilt.**

[2]**Nachzahlungen der Genossenschaft für Lieferungen oder Leistungen und Rückzahlungen von Unkostenbeiträgen sind wie genossenschaftliche Rückvergütungen zu behandeln.**

*Körperschaftsteuerrichtlinien:* KStR 22

**Übersicht**



**Schrifttum:** bis 1999 s 6. Aufl; ab 2000: *Storg,* Genossenschaftliche Mitgliederförderung als Prüfstein für die Grenze zwischen Betriebsausgabe und verdeckter Gewinnausschüttung,

NWB F 4, 4765 (2003); *Herlinghaus,* Das Verhältnis des § 22 KStG zur verdeckten Gewinnausschüttung, DStZ 03, 865; *Beuthien,* Sind Vorzugskonditionen für Genossenschaftsmitglieder eine verdeckte Gewinnausschüttung, DStR 07, 1847; *Helios/Strieder,* Beck'sches Handbuch der Genossenschaft, 2009.

1 **1. Allgemeines.** Rückvergütungen werden wie **Betriebsausgaben** behandelt. Aufgrund der gesetzlichen Regelung ist der Streit, ob Rückvergütung Betriebsausgaben sind oder Gewinnausschüttungen, die lt Gesetz als Betriebsausgaben zu behandeln seien, für die Praxis kaum erheblich. Vgl zur Abgrenzung gegenüber vGa BFH BStBl II 16, 298).

3 **2. Geltungszeit.** § 22 gilt erstmals für alle Wj, die nach dem 31.12.76 enden (§ 54 I idF des KStG 1977). Das neue Recht sollte materiell keine Änderung bringen (BT-Drucks 7/1470, 359). § 35 I KStDV 1968 wurde mit Ergänzungen Abs 2, § 35 II KStDV 1968 wurde Abs 1 und § 35 III KStDV wurde Abs 3. Der Begriff Waren-Rückvergütung wurde zu Rückvergütung, um entsprechend der bisherigen Praxis auch Rückvergütungen zB aus dem Dienstleistungs- und Kreditverkehr zu erfassen.

5 **3. Rückvergütungen (Abs 1).** Rückvergütungen sind rein umsatzabhängige, nachträglich von der Genossenschaft beschlossene Rückzahlungen. Die Nachträglichkeit unterscheidet Rückvergütungen von anderen Preisnachlässen wie Rabatte, Boni usw, bei denen es sich um Betriebsausgaben handelt (R 22 Abs 2 KStR 2015, BFH BStBl II 16, 298 zum Bonusprogramm). Zur Abgrenzung von Milchgeldnachzahlungen und Rückvergütungen verwies H 70 KStH 1995 noch auf BFH BStBl III 64, 211. Nachzahlungen der Genossenschaft für Lieferungen oder Leistungen sowie Rückzahlungen von Unkostenbeiträgen sind wie Rückvergütungen zu behandeln; für sie gelten die Bedingungen des § 22, um die Abzugsfähigkeit zu ermöglichen. Nur bei Rückvergütungen, Nachzahlungen oder Erstattungen an Mitglieder liegen Rückvergütungen iSd § 22 vor. Rückvergütungen an Nichtmitglieder sind stets Betriebsausgaben (so noch ausdrücklich A 66 I KStR 1995).

6 Nur Rückvergütungen von **Erwerbs- und Wirtschaftsgenossenschaften** sind begünstigt. Die Eintragung im Genossenschaftsregister lässt das Vorliegen einer Genossenschaft vermuten (R 22 Abs 1 KStR 2015). Zu Rückvergütungen durch steuerbefreite Genossenschaften s FinVerw 1991 StEK KStG 1977 § 22 Nr 4. Streitig war die Rückvergütung bei **Arbeitnehmerproduktionsgenossenschaften.** BStBl II 15, 1056 lehnt die Anwendung des § 22 ab und geht von einer vGA aus, da die Arbeitnehmergenossen nicht unternehmerisch gegenüber der Genossenschaft auftreten (so auch *Herlinghaus* DStZ 03, 865, 867; zu Recht aA *Gosch/Rose* § 22 Rz 19.

7 Rückvergütungen können nur aus Überschüssen aus dem **Mitgliedergeschäft,** dh aus den Geschäften zwischen Genossenschaft und Mitgliedern, gewährt werden. Abs 1 berechnet den aus dem Mitgliedergeschäft zur Verfügung stehenden **Höchstbetrag** wie folgt (zu den Begriffen Mitgliedergeschäft, Zweckgeschäft, Nebengeschäft s § 5 mit Weiterverweisungen):

**(1.)** Einkommen der Genossenschaft vor Rückvergütungen – und zwar an Mitglieder und Nichtmitglieder – und Verlustabzug;

**(2.)** abzüglich Gewinn aus Nebengeschäften. Verluste aus Nebengeschäften sind nur mit Gewinnen aus Nebengeschäften auszugleichen, nicht aber mit Überschüssen aus dem Mitgliedergeschäft (glA DB 58, 180). Bagatellgrenze für Nebengeschäfte, bis zu deren Höhe Nebengeschäfte als Zweckgeschäfte mit Nichtmitgliedern zu behandeln sind. Gewinne aus Hilfsgeschäften rechnen zum Mitgliedergeschäft. Zur Verpachtung eines Betriebs als Nebengeschäft s BFH BStBl II 88, 592. Auch umfangreiche Zweckgeschäfte hindern die Abzugsfähigkeit von Rückvergütungen nicht (FinVerw 1984 StEK KStG 1977 § 22 Nr 3).

**(3.)** Daraus folgt der Überschuss vor Aufteilung auf das Mitgliedergeschäft;

**(4.)** Aufteilung sodann nach den Verhältnissen von Abs 1 S 2 auf Mitgliedergeschäft und Nichtmitgliedergeschäft. Bei Beitritt eines Mitglieds kann der Beitretende während des ganzen Wj als Mitglied behandelt werden;

**(5.)** hieraus folgt der Anteil des Mitgliedergeschäfts, dh die obere Grenze für den Abzug (Abs 1 S 3).

Innerhalb dieses Höchstbetrags ist die Genossenschaft frei, Rückvergütungen zu gewähren; dies gilt selbst dann, wenn der Höchstbetrag den Handelsbilanz-Gewinn übersteigt und auf Rücklagen zurückgegriffen werden müsste. Allerdings muss die Rückvergütung genossenschaftsrechtl ordnungsgemäß sein (s auch Rz 12). Steuerl anzuerkennen ist auch, wenn der gesamte Überschuss ausgeschüttet wird.

**4. Weitere Bedingungen (Abs 2).** Rückvergütungen müssen nach der **Höhe** des **Umsatzes** zwischen dem Mitgliedern und der Genossenschaft bemessen und allen Mitgliedern in gleichen Prozentsätzen des Umsatzes gewährt werden. Eine Differenzierung nach Waren- oder Umsatzgruppen, nach der Höhe der Geschäftsguthaben oder nach persönlichen Merkmalen, zB Dauer der Mitgliedschaft, ist unzulässig. Hier wird der Grundsatz der Gleichbehandlung aller Mitglieder wirksam. Hiernach ist auch eine progressive oder degressive Staffelung der Rückvergütungen nach dem Umsatz unzulässig. Eine derartige Gestaltung ist mE jedoch mit dem Gesetz vereinbar. Ausnahme für Tabakwaren wegen des Ausschlusses von Rückvergütungen im TabakStG; dazu BFH BStBl II 69, 245. Außerdem bedeutsame Ausnahme für Geschäftssparten, die als organisatorisch verselbständigte Betriebsabteilung im Rahmen des Gesamtbetriebs eine gewisse Bedeutung haben, zB Bezugsgeschäft, Absatzgeschäft, Kreditgeschäft, Produktion, Leistungsgeschäft; hier kann für jede Sparte ein gesonderter Prozentsatz gewählt werden. 10

Rückvergütungen müssen **bezahlt** sein, dh in den Herrschaftsbereich des Mitglieds gelangt sein. Das ist auch bei den jederzeit verfügbaren Gutschriften der Fall. Werden die Rückvergütungen der Genossenschaft als Darlehen gewährt, so erkennt die FinVerw dies ebenfalls an, wenn der Darlehensvertrag bestimmte Voraussetzungen erfüllt. Zusätzlich fordert R 22 Abs 4 KStR 2015, dass Rückvergütungen spätestens zwölf Monate nach Ablauf des Wj gezahlt oder gutgeschrieben sein müssen. Das FA kann die Frist verlängern. Bei Fristversäumnis kann die Rückvergütung auch später nicht abgezogen werden. Ausnahme: Rückvergütungen nach Bp, s Rz 13. 11

Rückvergütungen müssen **genossenschaftsrechtl ordnungsgemäß** als Anspruch des Mitglieds entstehen, entweder als Satzungsrecht oder aufgrund eines Beschlusses der Verwaltungsorgane der Genossenschaft oder aufgrund eines Beschlusses der Generalversammlung. Die Rückvergütung darf nicht von bestimmten Voraussetzungen abhängig gemacht werden, zB von bestimmten Wohlverhalten oder Zahlungsverhalten der Mitglieder. BFH BStBl III 66, 321 lehnte eine Rückvergütung ab, die sofort als verlorener Baukostenzuschuss für einen Silo an die Genossenschaft zurückgewährt wurde; mE sehr zweifelhaft, da die Genossen offensichtlich frei verfügen konnten; an 18 der 256 Mitglieder wurde tatsächlich ausgezahlt. 12

**Mehrgewinne** nach einer **Bp** können noch als Rückvergütungen gewährt werden, wenn der Mehrgewinn in einer geänderten Handelsbilanz ausgewiesen wird. Diese Möglichkeit darf aber nicht benutzt werden, bisher nicht als Rückvergütungen ausgeschüttete Gewinne nachträglich als Rückvergütungen zu gewähren. Rückvergütungen sind auch noch möglich, wenn **stfreie Genossenschaften stpfl** werden. Werden stpfl Genossenschaften stfrei, kann der nach § 13 KStG zu realisierende Gewinn als Rückvergütung ausgeschüttet werden (FinVerw 1980 StEK KStG 1977 § 13 Nr 1). 13

**Nachzahlungen** und **Rückzahlungen** von Unkostenbeiträgen s Rz 5. 14

**5. Rechtsfolgen.** Rückvergütungen, die allen Voraussetzungen des § 22 genügen, sind „als Betriebsausgaben abziehbar“. Da die Bedingungen der Rückvergü- 15 tungen regelmäßig erst nach Ablauf des Wj geschaffen sind, heißt Abzugsfähigkeit regelmäßig Rückstellung (BFH BStBl III 60, 523; BFH/NV 05, 1489). Die Abzugsfähigkeit wird im Übrigen nicht dadurch gehindert, dass die Voraussetzungen der Rückvergütungen regelmäßig vollständig erst nach dem Wj, um dessen Rückvergütungen es geht, vorliegen. Einschränkung bzgl der Bedingung, dass die Rückvergütung gezahlt sein muss (12-Monats-Grenze). Rückvergütungen sind im Rahmen des § 22 keine Ausschüttungen. Liegen die Voraussetzungen des § 22 nicht vor, so sind Rückvergütungen an Mitglieder vGa (BFH BStBl II 94, 479; BStBl II 16, 298).

# Dritter Teil. Tarif; Besteuerung bei ausländischen Einkunftsteilen

## § 23 Steuersatz

(1) **Die Körperschaftsteuer beträgt 15 Prozent des zu versteuernden Einkommens.**

(2) **Wird die Einkommensteuer auf Grund der Ermächtigung des § 51 Abs. 3 des Einkommensteuergesetzes herabgesetzt oder erhöht, so ermäßigt oder erhöht sich die Körperschaftsteuer entsprechend.**

***Gesetzesfassungen vor 2014 s 8. Aufl.***

*Körperschaftsteuerrichtlinien:* KStR 23

### Übersicht



**1. Allgemeines:** § 23 normiert den StSatz (Tarif). Die Vorschrift legt als Folge des Übergangs zum Halbeinkünfteverfahren ab VZ 2001 bzw bei abw Wj ab VZ 2002 einen einheitlichen Definitivsteuersatz fest. Die bisherige Unterscheidung zwischen Thesaurierung und Ausschüttung, zwischen beschränkter und unbeschränkter StPflicht entfällt. Während das alte Recht die Gewinnausschüttung begünstigte, begünstigt der neue KStSatz die Thesaurierung von Gewinnen. 1

Nach altem Recht ändern Ausschüttungen die StBelastung im AnrV; es wird die Ausschüttungsbelastung hergestellt. Bei den ins AnrV einbezogenen Körperschaften handelt es sich bei dem StSatz des § 23 aF folglich um den ThesaurierungsStSatz. Ist die Körperschaft nicht in das AnrV einbezogen, berührt die Ausschüttung grundsätzlich den StSatz nicht; bei diesen Körperschaften wird in § 23 aF die definitive KStBelastung geregelt. Sog personenbezogene KapGes (§ 19 I Nr 2 KStG aF vor 1977) sind nicht mehr begünstigt; mit der Einführung des AnrV entfiel der Grund, insoweit zu differenzieren. Erstreckt sich ein Besteuerungszeitraum über mehrere Kalender- oder Wj, so ist der StSatz des Jahres maßgebend, in dessen Ende der Besteuerungszeitraum fällt (RFH RStBl 39, 598; s auch § 11 Rz 8). Zur Auswirkung eines negativen Progressionsvorbehalts s § 8 Rz 39. Zur abgeltenden Quellenbesteuerung bei beschränkter StPflicht und bei befreiten Körperschaften s § 2 Rz 6, 12 und § 5 Rz 140. Zur Europatauglichkeit der Systeme (AnrV bzw Halbeinkünfteverfahren) *Sprengel/Jäger/Müller* IStR 00, 257, 261; *Lehner* IStR 01, 332, 334; FG Köln EFG 2005, 1374 (Vorlagebeschluss zum AnrV). 2

4 **2. Geltungszeit:** § 23 gilt ab VZ 1977 (§ 54 I idF des KStG 1977). Zu den Tarifen bis 1976s Vor § 1 Rz 16. Zu den nachfolgenden Änderungen s 3. Aufl. Durch das StandOG v 19.9.93 (BGBl I 93, 1569; BStBl I 93, 774) wurde der allgemeine TarifStSatz auf 45 (Abs 1) bzw 42 (Abs 2) % gesenkt, und zwar mit Wirkung ab VZ 1994 (§ 54 I idF des StandOG). Im StEntlG v 24.3.99 (BGBl I 99, 402; BStBl I 99, 304) wurde der allgemeine StSatz auf 40% gesenkt, der ermäßigte StSatz entfiel; in Abs 2 aF wurde eine erhöhte KSt von 45% für konzerninterne Gewinnausschüttungen eingeführt und durch das StBereinG 1999 v 22.12.99 (BGBl I 99, 2601; BStBl I 00, 13) auf den auf EK 45 beruhenden Anteil am Übernahmegewinn ausgedehnt. Das StSenkG v 23.10.00 (BGBl I 00, 1433; BStBl I 00, 1521) reduzierte den StSatz mit Wirkung ab VZ 2001 auf 25%. Durch das SolidarpaktfortführungsG v 20.12.01 (BGBl I 01, 3955; BStBl 02, 60) wurde die Sonderregelung für Werbesendungen verlagert (Rz 17). Das FlutopfersolidaritätsG v 19.9.02 (BGBl I 02, 3651) ordnet eine auf den VZ 2003 begrenzte Anhebung des StSatzes von 25% auf 26,5% an (§ 34 XIa). Das Unternehmenssteuer-RefG 2008 v 14.8.2007 (BStBl I 07, 630) senkt den StSatz ab VZ 2008 auf 15%. Die Absenkung von 25% auf 15% als Kernstück der Reform ist im Zusammenhang mit dem Betriebsausgabenabzugsverbot für die GewSt zu sehen.

6 **3. StSatz (Abs 1):** Der StSatz nach neuem Recht beträgt ab VZ 2001 bzw bei abw Wj ab VZ 2002 einheitlich und definitiv 25% des zu versteuernden Einkommens (dazu § 7 II). Die StSätze des alten Rechts differenzieren dagegen nach RegelStSatz und ermäßigtem StSatz; über den Geltungszeitraum hinweg ändert sich zudem mehrfach die StSatzHöhe (ausführlich zur Tarifänderung 1999: *Dötsch/Pung* Beil 10/2000 zu DB 34/2000; *Neu/Neumann/Neumeyer* Sonderheft EStB/GmbH-StB 2000). Eine Übersicht über die Entwicklung der StSätze gibt nachfolgende Tabelle:

| VZ | Regel-StSatz | Ermäßigter StSatz |
|---|---|---|
| 1977–1989 | 56% | 50% |
| 1990–1993 | 50% | 46% |
| 1994–1998 | 45% | 42% |
| 1999–2000 | 40% | entfallen |
| ab 2001 | 25% | |
| 2003 | 26,5% | |
| 2004–2007 | 25% | |
| ab 2008 | 15% | |

7 Zur Verfassungsmäßigkeit der KStBelastung nach altem Recht BFH/NV 98, 746. 56% entsprach seinerzeit dem EStSpitzenStSatz; allerdings wurde dieser StSatz im EStRecht wegen der geringeren StSätze in den vorangegangenen Tarifzonen und dem Grundfreibetrag als DurchschnittsStSatz nie erreicht, er näherte sich mit steigendem zu versteuerndem Einkommen der 56%-Grenze (Darstellungen s Tarifbericht BT-Drucks 8/62). Die Absenkung des KStSatzes durch das StRefG 1990 (s Vor § 1 Rz 27) auf 50% nahm von der Gleichstellung mit dem SpitzenStSatz bei der ESt Abschied; der Gesetzgeber zog hier die Folgerung aus der Tatsache, dass allgemein bei den Industriestaaten die KapGes mit einem niedrigeren StSatz belegt waren. Durch das StandOG und das StEntlG (Rz 4) erfolgte eine weitere Absenkung auf 45 bzw 40%, wobei auch diese Tarifbelastung noch über der anderer Industriestaaten lag. Erst die Absenkung des KStSatzes auf einheitlich 25% aufgrund des Übergangs zum Halbeinkünfteverfahren führt – unter Einbeziehung von SolZ und GewSt – zu einem mittleren Platz im internationalen Vergleich mit anderen Industriestaaten (vgl *Dötsch* in D/P/M § 23 Rz 2) bzw im letzten Drittel der EU-Staaten (*Burwitz* in H/H/R § 23 Rz 10). Der direkte Vergleich des neuen EinheitsStSatzes von 25%/15% ist mit den bisherigen StSätzen des alten AnrV ist

indessen nur bedingt aussagekräftig, da hierbei die Besteuerung auf der Ebene des Gesellschafters ausgeblendet wird. Wurde das AnrV ernst genommen, erwiesen sich die alten KStSätze bei einer Gesamtbetrachtung der StLast sowohl auf Gesellschafts- wie auch auf Gesellschafterebene durchaus als nicht ungünstig.

**4.** *StSatz außerhalb des AnrV* (*Abs 2 aF idF bis zum StEntlG 1999*): Für VVaG (§ 1 I Nr 3; BFH BStBl II 92, 429), sonstige jur Person des privaten Rechts, insbes also rechtsfähige Vereine (§ 1 I Nr 4), nichtrechtsfähige Vereine, Anstalten und andere Zweckvermögen des privaten Rechts (§ 1 I Nr 5) sowie für Betriebe gewerbl Art von jur Personen des öffentl Rechts (§ 1 Nr 6) beträgt der StSatz 42% (bis 1989 50%, bis 1993 46%, s Tabelle Rz 6 und auch 3. Aufl). Es handelt sich um Körperschaften, bei denen Gewinnausschüttungen nicht vorkommen oder Gewinnverwendungen zu keiner Entlastung im AnrV führen. 10

**5.** *Ausgenommen* von der Ermäßigung von zuletzt 45 vH auf zuletzt 42% in den VZ 1994 – VZ 1998 sind Körperschaften, deren Leistungen bei den Empfängern zu den Einnahmen iSv **§ 20 I Nr 1 oder 2 EStG** gehören (**Abs 2 Buchst a aF**); diese Parallelvorschrift zu § 43 aF stellt sicher, dass immer dann, wenn Einkünfte bei dem AntE vorliegen, die bei ihm den AnrMechanismus und folglich die Totalentlastung von KSt auslösen, der allgemeine KStSatz von zuletzt 45% eingreift. Von Bedeutung ist folglich auch an dieser Stelle die Auslegung des § 20 I Nr 1 EStG: Enumerative oder beispielhafte Aufzählung? Dazu § 43 aF Rz 3. Für Wirtschaftsvereine, Realgemeinden usw gilt mE der StSatz von 50/46/42% (aA s die Nachweise zu § 43 aF Rz 3). 11

**6.** *Stiftungen:* Auf sie, seien sie rechtsfähig oder nichtrechtsfähig, findet bis VZ 1998 einschließlich der allgemeine StSatz von zuletzt 45% Anwendung (Abs 2 Buchst b aF idF bis zum StEntlG 1999, Rz 4). Diese Ausnahme von der Besteuerung der übrigen Körperschaften des § 1 I Nr 3–6 wurde damit motiviert, Unternehmens-Stiftungen hätten anderenfalls für investiertes Kapital einen Wettbewerbsvorsprung (BT-Drucks 7/5310, 8). Allerdings war der Finanzausschuss von dieser Entscheidung nicht vollständig überzeugt, insbes wurden die verfassungsrechtl Bedenken gesehen, eine einzelne Rechtsform steuerl im Verhältnis zu anderen ähnlichen Rechtsformen nachteilig zu behandeln. Aus diesem Grund wurde die BReg durch eine Entschließung des BT bei der Verabschiedung des KStG 1977 aufgefordert, die Besteuerung der Stiftungen und ihrer Destinatäre allg und im Hinblick auf die KStReform zu überprüfen und dem BT alsbald zu berichten (s BT-Drucks 7/5303, 4 und 7/5310, 8). Der vorliegende Bericht kommt zu dem Ergebnis, dass kein Anlass bestehe, etwas zu ändern (BT-Drucks 8/3165). Die verfassungsrechtl Bedenken im Hinblick auf die Ungleichbehandlung wurden damit nicht beseitigt. 12

**7.** *Für wirtschaftl Geschäftsbetriebe* einer stbefreiten **Stiftung,** mit welchem die Stiftung, sei sie rechtsfähig oder nichtrechtsfähig, kstpfl ist, galt der ermäßigte StSatz von 42% (Abs 2 Buchst b 2. Halbs aF). Das Gleiche galt ab VZ 1981 (s Anm 2 3. Aufl) für unter Staatsaufsicht stehende und in der Rechtsform der Stiftung geführte Sparkassen. 13

**8.** *Beschränkt Stpfl* (*Abs 3 aF*): **Ab VZ 1980** (s Anm 2 3. Aufl) galt für beschränkt Stpfl iSd § 2 Nr 1 einheitlich der StSatz von 50%, vgl *Winter* GmbHR 80, 274. Die in Rz 15 dargestellten Schwierigkeiten sollten beseitigt werden (BT-Drucks 8/3688). Eine Problemlösung durch einen FinVerwErlass wurde abgelehnt (FinVerw 1979 StEK KStG 1977 § 23 Nr 7). **Ab VZ 1990** (s Anm 2 3. Aufl) ermäßigte sich der StSatz auf 46%, **ab VZ 1994** bis zur Aufhebung der Norm durch das StEntlG 1999 mit Wirkung ab VZ 1999 (s Tabelle Rz 6) auf 42%. Zu den beschränkt Stpfl iSd § 2 Nr 1 s § 2 Rz 3. Soweit die Steuer durch den StAbzug abgegolten ist (§ 50 II Nr 2; s § 50 aF, Rz 6), findet Abs 3 keine Anwendung. 14

Mit dem Systemwechsel und dem Übergang zum EinheitsStSatz entfallen die europarechtlichen Probleme, die die Betriebsstättenbesteuerung unter der Geltung des alten Rechts aufgeworfen hat. Der gespaltene KSt-Tarif des alten Rechts diskriminierte Betriebsstätten, da ihre Gewinne anders als bei inländischen KapGes stets dem höheren ThesaurierungsStSatz unterlagen. BFH BStBl II 07, 838 legt deshalb im Anschluss an EuGH DStR 06, 418 im Wege gemeinschaftskonformer normerhaltender Auslegung den BetriebsstättenStSatz auf 33,5 (bzw 33,885) % fest. Das FG D'dorf EFG 07, 1194 rechnet für VZ 1996 mit 31,75%. S auch BMF BStBl I 07, 766; FG Bln-Bdbg EFG 09, 1147; 09, 1343; BFH/NV 12, 271 und BFH BStBl II 13, 392).

15 **9.** *Bis VZ 1979* galt der StSatz von 50% nur für **Einkünfte,** die in einem **inländischen Betrieb** anfielen. Obwohl der FinA (BT-Drucks 7/5310, 7) von den inländischen Betriebsstätten ausländischer Unternehmen spricht, wählte das Gesetz diesen Begriff nicht. Die „Einkünfte des inländischen Betriebs" sind umfassender; es sind alle im Inland stpfl Gewinn-Einkünfe (s auch § 50 V EStG). Hierzu zählen inländische gewerbl Betriebsstätteneinkünfte ebenso wie Einkünfte, die stpfl sind, weil ein inländischer Vertreter bestellt worden ist (§ 49 I Nr 2a EStG); glA A 67 KStR 1977. Auch die StPflicht gem § 49 I Nr 2b EStG (Betrieb eines Seeschiffs oder Luftfahrzeugs) führt zu dem ermäßigten StSatz (von A 67 KStR 1977 nicht erwähnt). Ebenso ist Abs 3 aF auch auf die Fälle des § 49 I Nr 2c EStG (Veräußerung wesentlicher Beteiligungen) anzuwenden; es handelt sich nach § 49 EStG um inländische gewerbl Einkünfte; von A 67 KStR 1977 wurde dieser Fall allerdings nicht angesprochen. Von Abs 3 aF werden auch land- und forstwirtschaftl Betriebe erfasst (glA A 67 KStR 1977). Zweifelhaft, ob Abs 3 aF auch eingriff, wenn die ausländische Körperschaft mit inländischen Einkünften aufgrund § 49 I Nr 5, 6, 8, 9 EStG wegen der sog **isolierenden Betrachtungsweise** (§ 49 II EStG) stpfl war. Ohne Zweifel ist die Anwendung sinnvoll; denn ein unterschiedlicher StSatz für inländischen gewerbl Einkünften und zB für inländische Einünften aus der Vermietung von Grundbesitz lässt sich kaum rechtfertigen. Das Tatbestandsmerkmal „inländischer Betrieb" steht jedoch einer Anwendung, auch einer analogen Anwendung entgegen.

16 **10.** § 23 II idF des StEntlG 1999 (Rz 4) unterwirft für VZ ab 1999 Ausschüttungen aus dem EK 45 nicht dem RegelStSatz von 40%, sondern einem erhöhten StSatz von 45%, sog **Nachsteuer.** Die Ausnahmeregelung soll StEntlastungen durch konzerninterne Ausschüttungen verhindern (BT-Drucks 14/23, 279). Gleichwohl erfasst sie alle anrechnungsberechtigten Körperschaften, die Gewinnausschüttungen anderer anrechnungsberechtigter Körperschaften beziehen. Für die Anwendung ist unerheblich, ob die Einnahmen iSd § 20 I Nr 1 bis 3 EStG den Einkünften aus KapVerm oder nach § 20 III EStG einer anderen Einkunftsart zuzuordnen sind (BMF DB 00, 303). Zur Fortgeltung s § 34 Xa. Die rückwirkende Erstreckung der Regelung auf den Übernahmegewinn durch § 23 II S 5 aF ist verfassungsrechtlich zulässig (FG Münster EFG 05, 1225; BFH BStBl II 10, 63; BVerfG BStBl II 12, 932).

17 **11.** *Sonstige Kreditinstitute (Abs 4 in der bis VZ 1980 geltenden Fassung):* S dazu 3. Aufl.

18 **12.** *Sparkassen (Abs 5 in der bis VZ 1980 geltenden Fassung):* S dazu 3. Aufl.

19 **13.** Unterliegt das Einkommen **mehreren StSätzen,** so sind abziehbare Spenden und Verluste (§ 10d EStG, § 2a III EStG), der Abzugsbetrag nach § 24b EStG aF und der Freibetrag nach §§ 24, 25 KStG zuerst von den am höchsten besteuerten Einkommensteilen abzuziehen (A 67 II KStR aF). Das gilt auch bzgl des Teils des Einkommens, der steuerfrei ist.

20 **14.** *Abrundung (Abs 4 aF):* Abs 4 war bis VZ 1980 Abs 6 (Anm 2 3. Aufl). Die Vorschrift entfällt ab VZ 1988 (Anm 2 3. Aufl). Das zu versteuernde Einkommen

wurde bis zu diesem Zeitpunkt auf volle zehn Deutsche Mark nach unten abgerundet (vgl § 18 KStG aF vor 1977). Durch die Abrundung wurde ein Teilbetrag steuerfrei gestellt; nach Ansicht der FinVerw gehörte dieser Teil bei Ermittlung des EK zu $EK_{02}$ (s § 30 aF, Rz 7, 15). Auf Antrag ließ A 67 KStR einen Verzicht auf die Abrundungsvorschrift zu, was ein Eingeständnis der Zweckverfehlung dieser Vorschrift bedeutet. Nach BFH BStBl II 88, 203 ist der Abrundungsbetrag nicht $EK_{02}$, sondern dem EK zuzurechnen, bei dem die Abrundung erfolgte. Diese Entscheidung führte zu Gesetzesänderungen. Eine Ab- oder Aufrundung findet nicht mehr statt.

**15. Änderung des Tarifs (Abs 2):** Abs 2 war bis zur Neuregelung durch das StSenkG (Rz 4) Abs 4. Der KStSatz steht unter dem allgemeinen Vorbehalt des § 51 III EStG (u § 53 I Nr 2b KStG aF). Wird aufgrund der hier ausgesprochenen Ermächtigung aus konjunkturpolitischen Gründen der StSatz erhöht oder ermäßigt, erhöht oder ermäßigt sich die KSt entsprechend; keine isolierte Änderung der ESt möglich. Abs 2 entspricht § 19c KStG aF vor 1977. 25

**16.** *KStErhöhungen und -Minderungen (Abs 5 aF):* Während der Geltungsdauer des AnrV ändert sich die KSt aufgrund von KStErhöhungen oder -Minderungen gemäß §§ 27ff aF. Abs 5 aF stellt dies – ein wenig überflüssig – klar. 26

**17.** *ZDF (Abs 6 aF):* Sondertarifvorschrift für die Werbesendungen des ZDF. Änderung des StSatzes durch das StRefG 1990 (Anm 2 3. Aufl), das StandOG (Rz 4), das StEntlG 1999 (Rz 4) sowie das StSenkG (Rz 4). Nach *Ossenbühl,* FS für *Flume* II, 1978, 201, verfassungswidrig. Zur steuerl Behandlung der Werbeerträge der ARD s *Kläschen* DStZ/A 78, 462. Durch das StSenkG wurde Abs 6 zu Abs 3. Mit Wirkung ab VZ 2001 hat die Sonderregelung einen neuen Standort in § 8 I S 2, ab VZ 2009 in § 8 I S 3 gefunden (Rz 4). 27

## § 24 Freibetrag für bestimmte Körperschaften

**1 Vom Einkommen der steuerpflichtigen Körperschaften, Personenvereinigungen oder Vermögensmassen ist ein Freibetrag von 5000 Euro, höchstens jedoch in Höhe des Einkommens, abzuziehen. 2 Satz 1 gilt nicht**

1. **für Körperschaften und Personenvereinigungen, deren Leistungen bei den Empfängern zu den Einnahmen im Sinne des § 20 Abs. 1 Nr. 1 oder 2 des Einkommensteuergesetzes gehören,**
2. **für Vereine im Sinne des § 25.**

***Gesetzesfassungen vor 2014 s 8. Aufl.***

*Körperschaftsteuerrichtlinien:* KStR 24

**Übersicht**



**1. Allgemeines:** Das KStG 1977 enthält in § 24 erstmals einen – praktisch wenig bedeutsamen – gesetzl Freibetrag für kleinere Körperschaften, der die bis 1976 geltende Vereinfachungsvorschrift des A 64 I KStR 1969 ablöst. Der Freibetrag diente vor dem Systemwechsel als Härteausgleich, um bei kleineren Körperschaften die sofort voll eingreifende StBelastung abzumildern. Im Übrigen diente er der VerwVereinfachung, um die Vielzahl kleinerer Vereine usw nicht jeweils mit ihren oft geringen Einkünften veranlagen zu müssen. Für Körperschaften, die nach altem 1

Recht ins AnrV einbezogen sind, s die Vereinfachung in A 104 KStR 1995 (dazu § 49 aF, 4. Aufl, Anm 4). **Kritik:** Der Freibetrag hindert die Konzentration im Vereinsbereich. Er fördert Überlegungen, vollzogene Zusammenführungen wieder aufzulösen; denn durch eine Vervielfältigung von Vereinen kann der Freibetrag entsprechend vervielfältigt werden (s Rz 12).

3 **2. Geltungszeit:** § 24 gilt ab VZ 1977 (§ 54 I idF des KStG 1977). Neufassung durch das VereinsförderungsG v 18.12.89 (s Vor § 1 Rz 27 und 3. Aufl). Keine Änderung durch StSenkG (§ 23 Rz 2). Durch das StEuglG v 19.12.00 (BGBl I 00, 1790; BStBl 01, 3) wurde der Freibetrag von 7500 DM mit Wirkung ab 2002 auf 3835 Euro umgestellt. Durch das MittelstandsentlastungsG v 17.3.2009 (BGBl I 2009, 550; BStBl I 2009, 470) wurde mit Wirkung ab VZ 2009 der Freibetrag von 3835 € auf 5000 € angehoben. Zudem wurde die bisherige Beschränkung des subjektiven Geltungsbereichs durch Streichung des Wortes „unbeschränkt" aufgehoben. Das Wort „und" zwischen „Personenvereinigungen" und „Vermögensmassen" wurde durch „oder" ersetzt.

5 **3. Anwendungsbereich:** Der Freibetrag gilt für alle Körperschaften mit Ausnahme derjenigen, die nach dem vor dem Systemwechsel geltenden Recht mit ihren Einkünften in das AnrV einbezogen sind. Die Abgrenzung ist ungeachtet der Aufhebung des AnrV durch das StSenkG (§ 23 Rz 2) unverändert beibehalten worden. Er kann insbes bei rechtsfähigen und nichtrechtsfähigen Vereinen und Stiftungen, bei Zweckvermögen und bei Betrieben gewerbl Art der Körperschaften des öffentl Rechts abgesetzt werden (vgl KStH 24). Soweit die Körperschaft steuerbefreit ist, gilt der Freibetrag ohne Aufteilung für stpfl wirtschaftl Geschäftsbetrieben (glA A 74 I KStR 1995).

6 Für nach altem Recht in das AnrV einbezogene Körperschaften ist § 24 ausgeschlossen (BFH BStBl II 90, 470); das Gesetz wählt in § 24 Nr 1 die Anknüpfung an die Einkünfte gemäß § 20 I Nr 1, 2 EStG; kein Freibetrag folglich für AG, GmbH; kein Freibetrag auch dann, wenn die KapEinkünfte wegen § 20 III EStG gewerbl Einkünfte darstellen, § 24 gilt folglich auch nicht für die Komplementär-GmbH einer GmbH & Co KG, BFH BStBl II 85, 634; FG D'dorf EFG 79, 571; FG Münster EFG 80, 146; FG Bremen EFG 81, 466; *Arnold* GmbHR 80, 219; aA *Hesselmann* GmbHR 80, 120; *Kühnel* GmbHR 81, 300), Genossenschaften (dazu s jedoch § 25). § 24 gilt auch nicht für nach altem Recht in das AnrV einbezogene Körperschaften, die aufgrund anderer Vorschriften keine oder nur geringe Ausschüttungen vornehmen dürfen; Beisp: gemeinnützige Körperschaften (BFH BStBl II 90, 470; A 74 II KStR 1995). Zweifelhaft ist, ob Einkünfte noch im Wege der Analogie unter § 20 I Nr 1, 2 EStG subsumiert werden können; dazu § 43 aF, Rz 3.

7 Für Vereine, die Land- und Forstwirtschaft betreiben, kennt § 25 einen besonderen Freibetrag; § 24 findet keine Anwendung (§ 24 Nr 2). Eine Kumulierung der Freibeträge wird auf diese Weise verhindert.

8 Freibetragsberichtigung beschränkt Körperschaftsteuerpflichtiger: Bis zum VZ 2008 war der persönliche Geltungsbereich des § 24 auf unbeschränkt stpfl Körperschaften, Personenvereinigungen und Vermögensmassen begrenzt. Der Ausschluss beschränkt KStPfl wurde durch das 3. MittelstandsentlastungsG ab VZ 2009 beendet. Zu vermuten ist, dass der Gesetzgeber stillschweigend eine europarechtswidrige Diskriminierung beseitigen und dabei den Kreis der Berechtigten nicht auf diejenigen beschränken wollte, die die Niederlassungsfreiheit in Anspruch nehmen können (vgl Anm 7. Aufl). Damit dürften alle ausländ Rechtsgebilde hinsichtlich ihrer beschränkt stpfl Einkünfte freibetragsberechtigt sein, sofern sie nach dem Typenvergleich einer inländ Körperschaft, Personenvereinigung oder Vermögensmasse vergleichbar sind, die nicht unter die Ausnahmetatbestände des Satzes 2 fällt. Bedeutung dürfte die Neuregelung etwa für ausländ Stiftungen oder Vereine haben, die nach dem Typenvergleich inländ Stiftungen oder nichtwirtschaftlichen Vereinen vergleichbar sind und die mit ihren inländ Einkünften zB aus Vermietung

und Verpachtung der beschränkten KStPflicht unterliegen (vgl *Burwitz* in H/H/R, § 23 Rz 9).

**4. Höhe des Freibetrages:** Der Freibetrag betrug bis VZ 89 *5000 DM,* ab VZ 1990 *7500 DM* entsprechend 3835 Euro ab VZ 2002, ab VZ 2009 5000 € höchstens die Höhe des stpfl Einkommens; er ist vom Einkommen (§ 8 I, vor Anwendung von § 7 II) abzuziehen. Zum Abzug bei unterschiedlichen StSätzen s § 23 Rz 19. Stfreie Einnahmen sind mit dem Freibetrag nicht zu verrechnen; Tarifvergünstigungen sind unabhängig von dem Freibetrag anzuwenden. Der Freibetrag wird neben der Werbungskostenpauschale nach § 9a S 1 Nr 2 EStG und neben dem Sparerfreibetrag nach § 20 IV 1 EStG gewährt (zur Anwendung dieser EStG-Vorschriften s § 8 Rz 25, 39); Verlustabzug ist vorrangig zu berücksichtigen (A 37 KStR 1995). Überstieg das Einkommen *10 000 DM,* wurde der Freibetrag bis einschließlich VZ 1989 (Rz 3 und 3. Aufl) um die Hälfte des übersteigenden Betrages gekürzt. 10

**5. Gestaltungen:** Der Freibetrag von 5000 Euro iVm dem Sparerfreibetrag hat in der Literatur (*Zeitler* DStZ 1993, 358) zu Überlegungen geführt, (rechtsfähige oder nicht rechtsfähige) „Kapitalverwaltungsvereine" ins Leben zu rufen, was in den Grenzen der §§ 39, 42 AO bzw § 15 I Nr 2 EStG zu tolerieren ist, näher dazu 5. Aufl Anm 5. Eine besondere Praxisrelevanz dieser Gestaltungsmöglichkeit ist nicht festzustellen. 12

## § 25 Freibetrag für Erwerbs- und Wirtschaftsgenossenschaften sowie Vereine, die Land- und Forstwirtschaft betreiben

(1) [1] **Vom Einkommen der steuerpflichtigen Genossenschaften sowie der steuerpflichtigen Vereine, deren Tätigkeit sich auf den Betrieb der Land- und Forstwirtschaft beschränkt, ist ein Freibetrag in Höhe von 15 000 Euro, höchstens jedoch in Höhe des Einkommens, im Veranlagungszeitraum der Gründung und in den folgenden neun Veranlagungszeiträumen abzuziehen.** [2] **Voraussetzung ist, dass**

**1. die Mitglieder der Genossenschaft oder dem Verein Flächen zur Nutzung oder für die Bewirtschaftung der Flächen erforderliche Gebäude überlassen und**

**2. a) bei Genossenschaften das Verhältnis der Summe der Werte der Geschäftsanteile des einzelnen Mitglieds zu der Summe der Werte aller Geschäftsanteile,**

**b) bei Vereinen das Verhältnis des Werts des Anteils an dem Vereinsvermögen, der im Falle der Auflösung des Vereins an das einzelne Mitglied fallen würde, zu dem Wert des Vereinsvermögens**

**nicht wesentlich von dem Verhältnis abweicht, in dem der Wert der von dem einzelnen Mitglied zur Nutzung überlassenen Flächen und Gebäude zu dem Wert der insgesamt zur Nutzung überlassenen Flächen und Gebäude steht.**

(2) **Absatz 1 Satz 1 gilt auch für steuerpflichtige Genossenschaften sowie für steuerpflichtige Vereine, die eine gemeinschaftliche Tierhaltung im Sinne des § 51a des Bewertungsgesetzes betreiben.**

***Gesetzesfassungen vor 2014 s 8. Aufl.***

*Körperschaftsteuerrichtlinien:* KStR 25

**Übersicht**

1 **1. Allgemeines:** Der Freibetrag bezweckt, Zusammenschlüsse in der Land- und Forstwirtschaft zu fördern (BT-Drucks 7/1470, 361). Es handelt sich um eine Subventionsnorm. Soweit der Freibetrag einer Genossenschaft gewährt wird, ist er unter Geltung des alten AnrV nur eine vorläufige Vergünstigung, da er bei Ausschüttungen an die Genossen verlorengeht; anders bei den ebenfalls begünstigten Vereinen, die nicht in das AnrV einbezogen sind; hier erfolgt eine Befreiung von der definitiven KSt (dazu aber § 43 aF, Rz 3). Unter der Geltung des Halbeinkünfteverfahrens kann der StVorteil an die Mitglieder weitergegeben werden.

3 **2. Geltungszeit:** Die Vorschrift gilt, vom Systemwechsel nicht berührt, ab 1977 (§ 54 I idF des KStG 1977). Sie gilt auch bereits für vor 1977 gegründete Genossenschaften und Vereine. Der 10-Jahres-Zeitraum, s Rz 6, rechnet auch in diesem Fall ab Gründungs-VZ. Der in 1998 gegründete Verein kann im VZ 2007 erstmals und letztmals den Freibetrag beanspruchen. Durch das StEuglG vom 19.12.00 (BGBl I 00, 1790; BStBl 01, 3) wurde der Freibetrag auf 15 339 Euro umgestellt. Der Euro-Betrag ist ab VZ 2002 maßgebend. Durch das HBeglG 2004 (BGBl I 03, 3076) erfolgte Kürzung auf 13 498 Euro, durch das 3. MittelstandsentlastungsG v 17.3.09 (s § 24 Rz 2) wurde mit Wirkung ab VZ 2009 der Freibetrag wieder auf 15 000 € angehoben. In Abs 1 Satz 1 und in Abs 2 wurde „Erwerbs- und Wirtschaftsgenossenschaften" durch „Genossenschaften" ersetzt. Zudem wurde die explizite Beschränkung auf unbeschränkt stpfl Genossenschaften und Vereine durch Streichung des Worts „unbeschränkt" in Abs 1 S 1 und in Abs 2 aufgehoben, die Begrifflichkeiten dem Sprachgebrauch des GenG angepasst (*Frotscher* in F/D § 25 KStG Rz 1). Eine entsprechende Anpassung der Überschrift – symptomatisch für die Sorgfalt der Steuergesetzgebung – erfolgte jedoch nicht.

5 **3. Voraussetzungen des Freibetrags (Abs 1):** Berechtigt sind (bis VZ 2009: unbeschränkt) stpfl Erwerbs- und Wirtschaftsgenossenschaften sowie (bis VZ 2009 unbeschränkt) stpfl Vereine (*Koss* NWB 2008, 2421), seien sie rechtsfähig oder nichtrechtsfähig. Sie müssen sich auf die Tätigkeit der Land- und Forstwirtschaft beschränken. In Entsprechung zu A 16 VII, 66 XIV KStR 1985 wird man jedoch geringfügige sonstige Einkünfte als unschädlich ansehen müssen. Die Mitglieder müssen der Genossenschaft bzw dem Verein die betriebsnotwendigen Flächen und Gebäude überlassen. Dies kann entgeltlich – zB aufgrund eines Pachtvertrags – oder unentgeltlich geschehen; wegen Abs 1 Nr 2 sind allerdings insoweit alle Mitglieder gleich zu behandeln. Außerdem muss die vermögensmäßige Beteiligung an der Genossenschaft bzw dem Verein dem Anteil an den zur Nutzung überlassenen Flächen und Gebäuden entsprechen. „Nicht wesentliche" Abweichungen sind unschädlich; nicht wesentlich sind mE Abweichungen bis zu 25%; differenzierend *Frotscher* in F/D, § 25 Rz 3).

6 **4. Rechtsfolge:** Vom Einkommen wird ein Betrag von 15 339 Euro/ *30 000 DM, ab VZ 2004 13 498 Euro, ab VZ 2009 15 000 €* höchstens das Einkommen abgezogen. Verlustabzug ist vorrangig (A 37 III KStR 1995). Zum Abzug bei unterschiedlichen StSätzen s § 23 Rz 19 und dortige Hinweise; zum Verhältnis zu inländischen und ausländischen Einkünften im AnrV s § 30 aF, Rz 10. Der **Freibetrag** ist zeitlich befristet; er gilt vom VZ der Gründung plus 9 VZ. Erfolgte die Gründung in 2002, so kann der Freibetrag bis 2011 beansprucht werden. Zur Übergangsproblematik s Rz 3. Im AnrV wird der durch § 25 freigestellte Teil des EK in $EK_{02}$ eingeordnet. Die Voraussetzungen des § 25 werden im Veranlagungsverfahren überprüft; § 36b EStG (aufgehoben durch das StSenkG, s § 23 Rz 4) greift folglich nicht ein; im Übrigen sind auch die Genossenschaften und Vereine, die § 25 beanspruchen können, anrechnungsberechtigt. KStR 24 gibt, wenn das

Einkommen den Freibetrag nicht übersteigt, einen Anspruch auf Erteilung einer NV-Bescheinigung.

Die Verfassungsmäßigkeit – „Parlamentsvorbehalt" – der Freibetragsherabsetzung auf 13 498 Euro durch das HBeglG 2004, (Rz 3) die auf die im Vermittlungsverfahren eingebrachte „Streichliste" von Koch/Steinbrück zurückgeht, ist umstritten (*Mössner* Gastkommentar DB 2004, Heft 12; *Schnuke* FR 00, 638; *Wendt* FR 04, 211; ohne Bedenken BMF DStR 04, 557; vgl Vorlagebeschluss BFH BStBl II 07, 793 – zurückgenommen – mit Anm *Pezzer* und *Hans;* s auch BVerfGE 120, 56). Ab VZ 2009 gilt ein neuer – angehobener – Freitbetrag, der dem Niveau vor dem HBeglG 2004 (Rz 3) in etwa wieder entspricht. 7

**5. Tierhaltung (Abs 2):** Der Freibetrag des Abs 1 S 1 gilt auch für Genossenschaften und Vereine, die eine Tierhaltung iSv § 51a BewG betreiben. Die Voraussetzungen des BewG müssen auch kste gegeben sein; das gilt auch für das Verzeichnis nach § 51a I letzter Satz BewG. 10

## § 26 Steuerermäßigung bei ausländischen Einkünften

(1) [1] **Für die Anrechnung einer der deutschen Körperschaftsteuer entsprechenden ausländischen Steuer auf die deutsche Körperschaftsteuer und für die Berücksichtigung anderer Steuerermäßigungen bei ausländischen Einkünften gelten vorbehaltlich des Satzes 2 und des Absatzes 2 die folgenden Bestimmungen entsprechend:**

1. **bei unbeschränkt Steuerpflichtigen § 34c Absatz 1 bis 3 und 5 bis 7 und § 50d Absatz 10 des Einkommensteuergesetzes sowie**
2. **bei beschränkt Steuerpflichtigen § 50 Absatz 3 und § 50d Absatz 10 des Einkommensteuergesetzes.**

[2] **Dabei ist auf Bezüge im Sinne des § 8b Absatz 1 Satz 1, die auf Grund des § 8b Absatz 1 Satz 2 und 3 bei der Ermittlung des Einkommens nicht außer Ansatz bleiben, vorbehaltlich des Absatzes 2 § 34c Absatz 1 bis 3 und 6 Satz 6 des Einkommensteuergesetzes entsprechend anzuwenden.**

(2) [1] **Abweichend von § 34c Absatz 1 Satz 2 des Einkommensteuergesetzes ist die auf die ausländischen Einkünfte entfallende deutsche Körperschaftsteuer in der Weise zu ermitteln, dass die sich bei der Veranlagung des zu versteuernden Einkommens, einschließlich der ausländischen Einkünfte, ohne Anwendung der §§ 37 und 38 ergebende deutsche Körperschaftsteuer im Verhältnis dieser ausländischen Einkünfte zur Summe der Einkünfte aufgeteilt wird.** [2] **Bei der entsprechenden Anwendung von § 34c Absatz 2 des Einkommensteuergesetzes ist die ausländische Steuer abzuziehen, soweit sie auf ausländische Einkünfte entfällt, die bei der Ermittlung der Einkünfte nicht außer Ansatz bleiben.** [3] **§ 34c Absatz 6 Satz 3 des Einkommensteuergesetzes ist auch auf Einkünfte entsprechend anzuwenden, die auf Grund einer Verordnung oder Richtlinie der Europäischen Union in einem anderen Mitgliedstaat der Europäischen Union nicht besteuert werden.**

***§ 26 KStG wurde neugefasst durch G v 25.7.2014 und später geändert durch G v 22.12.2014.***

***Abs 1 S 1 und Abs 2 lauteten bis zur Änderung durch das G v 22.12.2014:***

**§ 26 Anrechnung ausländischer Steuern**

(1) [1] **Für die Anrechnung einer der deutschen Körperschaftsteuer entsprechenden ausländischen Steuer auf die deutsche Körperschaftsteuer gelten**

**vorbehaltlich des Satzes 2 und des Absatzes 2 die folgenden Bestimmungen entsprechend:**

**1. bei unbeschränkt Steuerpflichtigen § 34c Absatz 1 bis 3 und 5 bis 7 und § 50d Absatz 10 des Einkommensteuergesetzes sowie**

**2. bei beschränkt Steuerpflichtigen § 50 Absatz 3 und § 50d Absatz 10 des Einkommensteuergesetzes.**

...

(2) [1] **Bei der Anwendung von § 34c Absatz 1 Satz 2 des Einkommensteuergesetzes ist der Berechnung der auf die ausländischen Einkünfte entfallenden inländischen Körperschaftsteuer die Körperschaftsteuer zugrunde zu legen, die sich ohne Anwendung der §§ 37 und 38 ergibt.** [2] **Bei der entsprechenden Anwendung von § 34 c Absatz 2 des Einkommensteuergesetzes ist die ausländische Steuer abzuziehen, soweit sie auf ausländische Einkünfte entfällt, die bei der Ermittlung der Einkünfte nicht außer Ansatz bleiben.** [3] **§ 34c Absatz 6 Satz 3 des Einkommensteuergesetzes ist auch auf Einkünfte entsprechend anzuwenden, die auf Grund einer Verordnung oder Richtlinie der Europäischen Union in einem anderen Mitgliedstaat der Europäischen Union nicht besteuert werden.**

*§ 26 lautete bis zur Neufassung durch das G v 25.7.2014:*

**§ 26 Besteuerung ausländischer Einkunftsteile**

(1) **Bei unbeschränkt Steuerpflichtigen, die mit ausländischen Einkünften in dem Staat, aus dem die Einkünfte stammen, zu einer der deutschen Körperschaftsteuer entsprechenden Steuer herangezogen werden, ist die festgesetzte und gezahlte und um einen entstandenen Ermäßigungsanspruch gekürzte ausländische Steuer auf die deutsche Körperschaftsteuer anzurechnen, die auf die Einkünfte aus diesem Staat entfällt.**

(2) **§ 50d Absatz 10 des Einkommensteuergesetzes gilt entsprechend.**

(3) **bis** (5) **(weggefallen)**

(6) [1] **Vorbehaltlich der Sätze 2 und 3 sind § 34c Abs. 1 Satz 2 bis 5 und Abs. 2 bis 7 des Einkommensteuergesetzes und § 50 Abs. 6 des Einkommensteuergesetzes entsprechend anzuwenden; in den Fällen des § 8b Abs. 1 Satz 2 und 3 sind vorbehaltlich der Sätze 2 und 3 § 34c Abs. 1 bis 3 und 6 Satz 6 des Einkommensteuergesetzes und § 50 Abs. 6 des Einkommensteuergesetzes entsprechend anzuwenden.** [2] **Bei der Anwendung des § 34c Abs. 1 Satz 2 des Einkommensteuergesetzes ist der Berechnung der auf die ausländischen Einkünfte entfallenden inländischen Körperschaftsteuer die Körperschaftsteuer zugrunde zu legen, die sich ohne Anwendung der §§ 37 und 38 ergibt.** [3] **Bei der entsprechenden Anwendung des § 34c Abs. 2 des Einkommensteuergesetzes ist die ausländische Steuer abzuziehen, soweit sie auf ausländische Einkünfte entfällt, die bei der Ermittlung der Einkünfte nicht außer Ansatz bleiben.** [4] **Soweit die in Artikel 6 der Richtlinie 2003/49/EG des Rates vom 3. Juni 2003 über eine gemeinsame Steuerregelung für Zahlungen von Zinsen und Lizenzgebühren zwischen verbundenen Unternehmen verschiedener Mitgliedstaaten (ABl. EU Nr. L 157 S. 49), zuletzt geändert durch die Richtlinie 2004/76/EG des Rates vom 29. April 2004 zur Änderung der Richtlinie 2003/49/EG (ABl. EU Nr. L 157 S. 106, Nr. L 195 S. 33), festgelegten Sätze der Quellensteuer für Zinsen und Lizenzgebühren, die aus Griechenland, Lettland, Litauen, Polen, Portugal, Slowakei, Spanien oder der Tschechischen Republik stammen, niedriger sind als die in den Abkommen zur Vermeidung der Doppelbesteuerung mit diesen Staaten dafür festgelegten Sätze, ist auf Grund des § 34c Abs. 6 in Verbindung mit § 34c Abs. 1 des**

**Einkommensteuergesetzes die Quellensteuer höchstens zu den nach den Richtlinien festgelegten Sätzen anzurechnen. [5] § 34c Abs. 6 Satz 3 des Einkommensteuergesetzes ist bei den aus einem Mitgliedstaat der Europäischen Union stammenden Einkünften auch auf Einkünfte anzuwenden, die nach den Richtlinien nicht besteuert werden können. [6] Eine Zahlung, die von einem Unternehmen der in Satz 3 genannten Staaten oder von einer in diesen Staaten gelegenen Betriebsstätte eines Unternehmens eines Mitgliedstaates der Europäischen Union als Schuldner erfolgt, gilt als aus dem betreffenden Mitgliedstaat der Europäischen Union stammend, wenn die Einkünfte nach Artikel 6 der Richtlinie in dem Mitgliedstaat der Europäischen Union besteuert werden können. [7] Soweit ein Abkommen zur Vermeidung der Doppelbesteuerung mit einem dieser Staaten bei Zinsen oder Lizenzgebühren die Anrechnung einer als gezahlt geltenden Steuer vorsieht, ist die Anrechnung bei den unter die Richtlinie fallenden Zinsen und Lizenzgebühren letztmals für den Veranlagungszeitraum zu gewähren, in dem dieser Staat nach Artikel 6 der Richtlinie hierauf noch Quellensteuern erheben kann. [8] Werden die aus den in Satz 3 genannten Staaten stammenden Zinsen oder Lizenzgebühren an eine in der Bundesrepublik Deutschland gelegene Betriebsstätte eines Unternehmens eines anderen Mitgliedstaates der Europäischen Union gezahlt, sind bei Anwendung des § 50 Abs. 6 des Einkommensteuergesetzes die Zinsen und Lizenzgebühren als ausländische Einkünfte anzusehen. [9] Eine Steueranrechnung erfolgt höchstens zu den in Artikel 6 der Richtlinie genannten Sätzen. [10] Die Sätze 1 bis 8 sind im Fall der Besteuerung nach Artikel 15 Abs. 2 Satz 2 des Abkommens zwischen der Europäischen Union und der Schweizerischen Eidgenossenschaft über Regelungen, die den in der Richtlinie 2003/48/EG des Rates im Bereich der Besteuerung von Zinserträgen festgelegten Regelungen gleichwertig sind (ABl. EU 2004 Nr. L 385 S. 30), entsprechend anzuwenden.**

***Gesetzesfassungen vor 2014 s 8. Aufl.***

*Körperschaftsteuerrichtlinien:* KStR 26

**Übersicht**



**Schrifttum:** *Beckmann/Kußmaul,* Anrechnung oder Abzug ausländischer Steuern, StuB 00, 1188; *Jacob,* Besteuerung hybrider Finanzierung in grenzüberschreitenden Situationen, IFA Mitteilungen 00, 1521; *Wassermeyer,* Wann stammen Einkünfte oder Vermögen aus einem anderen Vertragsstaat?, Festschrift für Klaus Vogel zum 70. Geburtstag, 2000, 787; *Kempermann,* Zuordnung von Refinanzierungskosten als Betriebsausgaben zu ausländischen Einkunftsquellen von Kreditinstituten, FR 00, 998; *Dreissig,* Verlegung der Geschäftsleitung einer deutschen Kapitalgesellschaft ins Ausland, DB 00, 893; *Lechner,* Die Kapitalgesellschaft als Steuersparmodell, Stbg 01, 201; *Beckmann/Kußmaul,* Die Dividendenbesteuerung im nationalen und internationalen Kontext, DB 01, 608; *Herlinghaus,* Abziehbarkeit Schweizerischer Verrechnungssteuer, EFG 02, 1536; *Förster/Lange,* Grenzüberschreitende Sitzverlegung der Europäischen Aktiengesellschaft aus ertragsteuerlicher Sicht, RIW 02, 585; *Kußmaul/Schäfer,* Ertragsteuerliche Behandlung der internationalen Unternehmenstätigkeit inländischer Kapitalgesellschaften im Ausland, StuB 02, 275; *Desens,* Die Besteuerung des Anteilseigners bei grenzüberschreitenden Gewinnausschüttungen – Überblick und Grundprobleme, EStR 03,

613; *Scheffler,* Steuerlich zweckmäßige Ausübung des Wahlrechts (Anrechnung, Abzug, Pauschalierung) zur Vermeidung der internationalen Doppelbesteuerung bei Gewinnen aus einer ausländischen Betriebstätte, Handbuch der internationalen Steuerplanung, 2003, 105; *Grotherr,* International relevante Änderungen durch das StVergAbG, IWB 03/11 Gruppe 1, 1935; *Müller-Dott,* Zur Rechtsänderung des § 34c EStG zur Anrechnung ausländischer Steuern durch das StVergAbG, DB 03, 1468; *Kaminski/Strunk,* Internationale Aspekte des StVergAbG, StBG 03, 253; *Schnitger,* Anrechnung ausländischer Quellensteuern bei steuerfreien ausländischen Einkünften unter besonderer Beachtung von § 8b Abs 5 KStG, IStR 03, 298; *Laule,* Grenzen internationaler Steuergestaltungen im Lichte der Rechtsprechung des EuGH, EStR 03, 217; *Schnitger,* Grenzüberschreitende Körperschaftsteueranrechnung und Neuausrichtung der Kohärenz nach dem EuGH-Urteil in der Rs Manninen, FR 04, 1357; *Grotherr,* Zweifelsfragen zur Ausgabenberücksichtigung bei der Ermittlung ausländischer Einkünfte, Festschrift für Franz Wassermeyer zum 65. Geburtstag, 2005, 303; *Wotschofsky,* Organisationsformen grenzüberschreitender Unternehmenstätigkeit aus ertragsteuerlicher Sicht, RIW 05, 30; *Desens,* Der neue Anrechnungshöchstbetrag in § 34c Abs. 1 Satz 2 EStG, IStR 15, 77; *Siegle,* Die Anrechnungsmethode des § 34c Abs. 1 EStG, DStR 15, 508; *Ebel,* Anrechnungsbegrenzung des § 34c Abs. 1 Satz 4 EStG – Regelungsreichweite eines fiskalisch motivierten Systembruchs, FR 16, 241.

1 **1. Allgemeines. Zweck** des § 26, der weitgehend auf § 34c EStG verweist, ist die Beseitigung der Doppelbelastung für im Ausland erzielte Erträge. Diese Erträge unterliegen bei unbeschränkter StPflicht regelmäßig der Besteuerung im Inland sowie der Besteuerung im Ausland. Es handelt sich um eine nationale, einseitige Regelung, die zurücktritt, wenn bilaterale Abkommen, insbesondere DBA, eingreifen. Insoweit ist § 26 subsidiär. Allerdings verweisen die DBA im Fall der Beseitigung einer Doppelbesteuerung durch Anrechnung der ausländischen Steuer bezüglich deren Durchführung auf § 26. Im Einzelnen ist § 26 zur Vermeidung einer Doppelbesteuerung anwendbar, wenn ausländische Einkünfte erzielt werden und

- kein DBA besteht,
- das DBA eine Doppelbesteuerung nicht beseitigt (Abs 1 S 1 Nr 1 iVm § 34c VI EStG),
- das DBA die Anrechnungsmethode vorsieht.

2 Zur Beseitigung möglicher **Doppelbelastungen** stellt § 26 folgende Verfahren zur Verfügung:

- Anrechnung ausländischer Steuern, Abs 1 S 1 Nr 1 iVm § 34c I EStG (bei unbeschränkter StPflicht); Abs 1 S 1 Nr 2 iVm § 50 III u X EStG iVm § 34c I EStG (bei beschränkter StPflicht),
- wahlweise Abzug anrechenbarer ausländischer Steuern auf Antrag, Abs 1 S 1 Nr 1 iVm § 34c II EStG (bei unbeschränkter StPflicht); Abs 1 S 1 Nr 2 iVm § 50 III EStG iVm § 34c II EStG (bei beschränkter StPflicht),
- falls Anrechnung ausgeschlossen, Abzug ausländischer Steuern von Amts wegen, Abs 1 S 1 Nr 1 iVm § 34c III EStG (bei unbeschränkter StPflicht); Abs 1 S 1 Nr 2 iVm § 50 III EStG iVm § 34c III EStG) bei beschränkter StPflicht),
- pauschalierte Besteuerung, Erlass oder Teilerlass für ausschließlich unbeschränkt Steuerpflichtige, Abs 1 S 1 Nr 1 iVm § 34c V EStG,
- Steueranrechnung im DBA-Fall, Abs 1 Nr 1 iVm § 34c VI EStG.

3 Die Anrechnung führt zur Herstellung des **deutschen Besteuerungsniveaus,** sofern die entsprechende ausländische Steuer niedriger ist. Ist sie höher, entfällt eine zusätzlicher inländische Belastung, es verbleibt bei der ausländischen Steuer. Etwaige GewSt, die auf ausländische Einkünfte anfällt, wird nur iRd Abzugs entlastet (Abs 1 S 1 iVm § 34c II EStG).

4 Die früher geregelten weitergehenden Möglichkeiten der **indirekten und fiktiven StAnrechnung** sind durch die StFreistellung von Dividenden und Veräußerungsgewinnen aus Beteiligungen an ausländischen KapGes nach § 8b I und II entfallen. Durch die Steuerfreistellung der Beteiligungseinkünfte nach § 8b I und II erübrigt sich eine Entlastung durch Steueranrechnung. Zur alten Rechtslage vgl

6. Aufl Anm 3. Hinsichtlich der Definitivbelastung aufgrund der Fiktion nicht abzugsfähiger Betriebsausgaben in § 8b III S 1 und V S 1 sollte eine Anrechnung nach Abs 1 S 1 iVm S 2 sowie § 34c I EStG in Betracht gezogen werden. Dasselbe gilt für die wirtschaftliche Streichung der Freistellung für Streubesitzdividenden nach § 8b IV sowie für Dividenden des Finanzunternehmens nach § 8b VII (vgl *Schnitger* IStR 2003, 298; für eine Korrektur durch Billigkeitsregelung *Gosch/Roser* § 26 Rz 4). § 8b greift im Fall der **Hinzurechnungsbesteuerung** nicht (§ 10 II S 3 AStG). Gemäß § 12 I und II AStG kommt der Abzug der ausländischen Steuer und auf Antrag die Anrechnung ausländischer Steuer gemäß § 26 zur Anwendung.

Unter **europarechtl Gesichtspunkten** wird teilweise vertreten, dass eine Erstattung stattzufinden habe, wenn die anzurechnende ausländische Steuer die deutsche Steuer, die anteilig auf die ausländischen Einkünfte entfällt, übersteigt (vgl *Wassermeyer* IStR 01, 113). Die Rspr ist dem entgegengetreten (BFH IStR 04, 279). Zur Anrechnung ausländischer KSt als Konsequenz der EuGH-Entscheidung in Sachen Manninen (EuGH DB 04, 2023) vgl *Schnitger* FR 04, 1357. Dies betrifft die Konstellation von Doppelbelastung mit KSt innerhalb der EU unter dem AnrV (ausführlich *Siegers* in D/P/M § 26 Rz 59 ff). Im Ergebnis dürfte die Rspr des EuGH allenfalls für unter dem AnrV bezogene Streubesitzdividenden einer Körperschaft Auswirkung haben (*Siegers* in D/P/M § 26 Rz 63). 5

**Verfahrensrechtlich** ist die Anrechnung nach § 26 I KStG Teil des Festsetzungsverfahrens. Eine Änderung ist damit nur innerhalb der Festsetzungsfrist möglich. Ändert sich oder erfolgt die ausländische Steuerfestsetzung nachträglich, ist die Anrechnung auch bei bestandskräftigen Bescheiden nach § 175 AO möglich. Ist die Änderung im Ausland für das Inland steuererhöhend, ergibt sich eine Anzeigepflicht nach § 153 II AO. Erzielt eine Mitunternehmerschaft ausländische Einkünfte, sind diese Teil der einheitlichen und gesonderten Feststellung (§ 180 I Nr 2a AO). Nach Auffassung der Finanzverwaltung ist die Anrechnung Gegenstand der Feststellung. Das Wahlrecht auf Anrechnung oder Abzug kann von jedem Mitunternehmer unterschiedlich ausgeübt werden (vgl *Siegers* in D/P/M § 26 Rz 45 ff). 7

**2. Geltungszeit:** Zur Gesetzesentwicklung bis EG-Amtshilfe-AnpassungsG (EGAmtAnpG) v 2.12.04 (BGBl I 04, 3112; BStBl I 04, 1148) s 6. Aufl. Mit EGAmtAnpG v 2.12.04 wurden S 3 bis 8 des Abs 6 eingefügt. Die Ergänzung ist Konsequenz der Umsetzung der Zinsen- und Lizenzgebühren-Richtlinie (R 2003/49/EG v 3.6.03, ABl EU Nr L 157, 49 sowie der R 2004/66/EG v 26.4.04, ABl EU Nr L 168, 35 und der R 2004/76/EG v 29.4.04, ABl EU Nr L 157, 106). Nach der R 2003/49/EG ist der Sitzstaat der Zinsen oder Lizenzgebühren schuldenden Gesellschaft zur vollständigen StBefreiung verpflichtet, so dass eine StAnrechnung im Sitzstaat des Gläubigers der Zinsen oder Lizenzen nicht mehr in Betracht kommt. Die Regelung gilt für Zahlungen an verbundene Unternehmen. Das BMF hat mit Schreiben v 26.4.04 (BStBl I 04, 479) die unmittelbare Anwendbarkeit zum 1.1.04 angeordnet. Eine Abänderung der Richtlinie erfolgte durch die Richtlinie 2004/66/EG v 26.4.04 bezüglich der zum 1.5.04 der EU beigetretenen Staaten. Ebenfalls noch vor Erlass des Umsetzungsgesetzes wurde mit Richtlinie 2004/76/EG v 29.4.04 die Richtlinie 2003/49/EG geändert, indem bestimmte Übergangsregelungen für in Abs 6 3 genannten Staaten eingeführt wurden. Das EUAmtAnpG v 2.12.04 setzt die Richtlinie für Zinsen und Lizenzgebühren in nationales Recht um mit Wirkung ab VZ 2004 (§ 34c XI EStG). Allerdings sind die dem UmsetzungsG zugrunde liegenden Richtlinie an die Richtlinie 2003/48/EG (betr Zinszahlung an natürliche Personen) gekoppelt. Das bedeutet, dass die Beschränkungen der Quellensteuer-Berechtigung für die genannten Mitgliedsstaaten bis zum Geltungsbeginn dieser Zinsrichtlinie nicht greifen. Bis dahin kommt der Neureglung keine Bedeutung zu. Das StÄndG 2007 vom 19.7.06 (BGBl I 06, 1652; BStBl I 06, 432) hat den Abs 6 S 9 eingefügt. Mit Wirkung ab 10

VZ 05 wird die Zins- und Lizenzgebühren-Richtlinie auf die Schweiz erstreckt. Das JStG 2007 vom 13.12.06 (BGBl I 06, 2878; BStBl I 07, 28) passt Abs 1 S 1 an den geänderten § 34c I EStG an. Durch die Änderung soll sichergestellt werden, dass der Steuerpflichtige sämtliche Möglichkeiten zur Ermäßigung der ausländischen Steuer, die im Inland angerechnet oder abgezogen werden soll, ausschöpfen muss. Abs 6 S 1 wird als Folgeänderung von § 8b I S 2 u 3 geändert. Die Anrechnung bzw der Abzug ausländischer Quellensteuer soll für den Fall gesichert sein, dass im Inland von einer vGA ausgegangen wird und damit eine Steuerfreistellung nach § 8b I S 3 nicht erfolgt. Ferner wird durch den neuen S 3 klargestellt, dass auch der Abzug der ausländischen Steuer voraussetzt, dass die ausländischen Einkünfte in die inländische Bemessungsgrundlage einzubeziehen sind. Dies war zuvor bereits Verwaltungsauffassung. Die Änderungen des Abs 6 gelten für alle VZ, die zum Zeitpunkt der Gesetzesänderung noch nicht bestandskräftig veranlagt sind. Das AmtshilfeRLUmsG v 26.6.13 (BGBl I 13, 1809) hat Abs 2 eingefügt, womit § 50d X EStG für alle noch offenen Fälle entsprechend gelten soll, was uU eine echte Rückwirkung bedeutet (vgl *Salzmann* NWB 13, 405). § 26 wurde durch das KroatienAnpG v 25.7.14 (BGBl 14, 1266) und das ZollkodexAnpG v 22.12.14 (BGBl I 14, 2417) neugefasst. Die „leerstehenden" Absätze wurden gestrichen, EU-Übergangsregelungen im Abs 6 aF sind entfallen. Nun unterscheidet der neue Abs 1 hinsichtlich der Anrechnung ausländischer Steuern zwischen den beschränkt und unbeschränkt Steuerpflichtigen und verweist in seinen Sätzen 1u 2 auf die Normen des EStG. Somit ist der im Abs 1 aF enthaltene Rechtsgrund weggefallen und im Abs 1 nF wurde eine sog „Blankettverweisung" verankert.

14 3. **Anrechnung:** Abs 1 S 1 Nr 1 iVm § 34c I EStG regelt die StAnrechnung, dh die unbeschränkt steuerpflichtige Anrechnung der KSt vergleichbarer ausländischer Steuer, die die inländische Körperschaft für ausländische Einkünfte im Ausland zu entrichten hat, wobei er dafür direkt bzw indirekt auf § 34c I EStG verweist. Zur Berechnung des Anrechnungsbetrags gemäß § 34c I EStG vgl *Sülflow-Schwork* IStR 15, 802). Die Anrechnung erfolgt auf die KSt, die im Inland aufgrund der unbeschränkten StPflicht ebenfalls auf diese Einkünfte erhoben wird. Ist mit dem ausländischen Staat, aus dem die Einkünfte stammen, ein DBA vereinbart, so gehen diese Regelungen vor (Abs 1 S 1 Nr 1 iVm § 34c VI). Die Anrechnung ist begrenzt durch die Höhe der inländischen Steuer, die auf die ausländischen Einkünfte entfällt sowie durch die per-country-limitation, dh die für jeden Staat gesondert anzustellende Ermittlung des höchstens anzurechnenden Betrags (zur europarechtlichen Zulässigkeit der per-country-limitation vgl EuGH-Urteil v 28.2.13 C-168/11 „Beker-Beker", BFH BStBl II 15, 361). Die anrechnungsberechtigte Körperschaft muss **unbeschränkt bzw beschränkt kstpfl** sein. Unbeschränkt kstpfl sind inländische Körperschaften nach § 1 I (vgl § 1 Rz 3 ff), ferner Körperschaften ausländischen Rechts mit Sitz oder Ort der Geschäftsleitung im Inland (vgl § 1 Rz 13). Für Letztere ist der sog **Typenvergleich** anzustellen. Entspricht die ausländische Körperschaft danach einer inländischen, ist sie als unbeschränkt kstpfl zu behandeln (vgl Tabelle 1 und 2 zu BMF BStBl I 99, 1076). Auf eine zivilrechtliche Anerkennung der ausländischen Körperschaft als jur Person nach inländischem Recht kommt es nicht an (vgl § 1 Rz 13).

18 Da § 26 der Vermeidung der Doppelbesteuerung dient, muss dasselbe **StSubjekt** in demselben VZ mit vergleichbarer inländischer und ausländischer Steuer doppelt belastet sein, dh StSchuldner sein (zB nicht bei Pflicht zur Abführung von QuellenSt). Dies ist nach den Grundsätzen inländischen Rechts zu beurteilen. Wird im Rahmen einer **Organschaft** die OrganGes mit ihren ausländischen Einkünften sowohl mit deutscher als auch ausländischen Steuer belastet, findet die Anrechnung nach Abs 1 beim OrganT statt, soweit dieser unbeschränkt kstpfl ist (§ 19 I). Ist der OrganT beschränkt kstpfl, so erfolgt die Anrechnung nach Abs 1 S 1 Nr 2 iVm § 19 III (vgl auch Rz 53 aE). Bei einer Mitunternehmerschaft gilt

§ 19 IV. Fallen der formal Berechtigte und der **wirtschaftl Berechtigte** auseinander (zB Treuhandverhältnisse, Nießbrauch, Sicherungseigentum), steht die Anrechnung nach Abs 1 dem wirtschaftl Berechtigten zu. Dieser wird nach den allgemeinen Grundsätzen (§ 39 II AO) bestimmt. Zu **BasisGes** und der Zurechnung von Einkünften über § 42 AO vgl BFH BStBl II 02, 819; II 03, 869; II 16, 887. Im Fall der Beteiligung an einer **ausländischen Körperschaft** ist die inländische Körperschaft anrechnungsberechtigt, wenn entweder ausländische QuellenSt einbehalten wurde oder die ausländische Körperschaft nach inländischem Recht als **Mitunternehmerschaft** zu qualifizieren ist und damit die im Ausland besteuerten Einkünfte nach inländischem Recht der inländischen Körperschaft unmittelbar zugerechnet werden. Letzteres gilt auch bei Beteiligung an einer ausländischen Mitunternehmerschaft, die nach inländischem Recht entsprechend qualifiziert wird. Abweichendes gilt bei Qualifizierung als Körperschaft uE nur, wenn im Ausland trotz Qualifizierung als Mitunternehmerschaft die Möglichkeit der steuerlichen Thesaurierung besteht.

Die **ausländischen Einkünfte,** deren StBelastung im Inland zur Anrechnung kommt, sind in § 26 nicht definiert. Insoweit gilt § 34d iVm § 49 EStG (§ 26 I verweist auf § 34c I EStG, § 34d EStG nimmt Bezug auf § 34c I bis V EStG). Der Katalog aus § 34d EStG ist nach hM abschließend (vgl *E/S/Hierstetter* § 26 Rz 17; *Gosch/Roser* § 26 Rz 48). Von Bedeutung ist dies, wenn ausländische Staaten dort erzielte Einkünfte inländischer Körperschaften auch ohne Vorliegen der von § 34d EStG geforderten Anknüpfungspunkte (zB Vorliegen einer Betriebsstätte) besteuern (vgl zu Liefergewinnen BFH BStBl II 79, 527). Für diese Einkünfte verbleibt nur der Abzug der ausländischen Steuer gemäß Abs 1 iVm § 34c III EStG. 19

Grundlage ausländischer Einkünfte ist die betriebliche oder sonstige **Tätigkeit im Ausland** als Einkunftsquelle. § 34d Nr 1 bis 8 EStG entspricht grundsätzlich den Einkunftsarten. Für Veräußerungsgewinne sind Sondertatbestände vorgesehen (Veräußerung von im Ausland belegenen Wirtschaftsgütern des Anlagevermögens, Veräußerung von Anteilen an KapGes mit Sitz im Ausland unabhängig von der 1%-Grenze oder einer Spekulationsfrist). Nach dem Wortlaut des Gesetzes müssen die Einkünfte aus einem anderen Hoheitsgebiet stammen (vgl BFH BStBl II 91, 926). Einkünfte aus einem zu keinem staatlichen Hoheitsgebiet gehörenden Gebiet unterliegen daher nach hM nicht der Anrechnung nach § 26. Die Einkünfte müssen aus dem Staat stammen, dessen Steuern angerechnet werden. Drittstaatensteuern werden nicht angerechnet (*Staats* in R/H/N § 26 Rz 54). 20

Ob ausländische Einkünfte iSv § 34d EStG vorliegen, ist nach der sog **isolierenden Betrachtungsweise** iSv § 49 II EStG zu beurteilen (BFH BStBl II 97, 657). Die Abgrenzung richtet sich demnach ausschließlich nach dem im Ausland verwirklichten Sachverhalt, sofern ansonsten ausländische Einkünfte nicht angenommen werden könnten. Würden inländische Besteuerungsmerkmale eine Rolle spielen, wäre bei inländischen KapGes aufgrund von § 8 II stets von gewerbl Einkünften auszugehen, die in der Regel nur unter den Voraussetzungen des § 34d Nr 2a EStG (Betriebsstättenerfordernis) als ausländische Einkünfte zu qualifizieren wären. Bei isolierender Betrachtungsweise bleibt § 8 II außer Betracht. Damit gilt der gesamte Einkünfte-Katalog des § 34d EStG unabhängig von § 8 II. 21

Da die Anrechnung auf die deutsche KSt, die auf die ausländischen Einkünfte entfällt, begrenzt ist, sind die ausländischen Einkünfte zu ermitteln und ins Verhältnis zu den inländischen Einkünften zu setzen. Die **Ermittlung** hat pro Staat gesondert zu erfolgen und zwar nach den Grundsätzen inländischen Rechts (BFH BStBl II 01, 710; II 94, 727). Die Angaben des ausländischen StBescheids bieten daher keine Grundlage für die Anrechnung. In der Praxis erfolgt oftmals eine Anpassung unter Berücksichtigung der wichtigsten Abweichungen. 22

Nach der Rspr (BFH BStBl II 00, 577; II 97, 657; II 94, 799; dem folgend FinVerw BStBl I 97, 1022) hat die **isolierende Betrachtungsweise** auch zur Konsequenz, dass bei der Ermittlung der ausländischen Einkünfte, wenn diese 23 nicht originär gewerbl sind, die Grundsätze der Gewinnermittlung für Gewinneinkunftsarten auch dann nicht zur Anwendung gelangen, wenn diese Einkünfte von einer inländischen KapGes erzielt werden und nach § 8 II als gewerbl Einkünfte zu qualifizieren sind (aA ausführlich *Siegers* in D/P/M § 26 Rz 151 und 166). In § 34c I 3 EStG ist mit Wirkung ab VZ 03 geregelt, dass ausländische Einkünfte, die im betreffenden Staat nicht besteuert werden, bei der Ermittlung der ausländischen Einkünfte nicht zu berücksichtigen sind, sich insoweit also eine Verringerung des staatenbezogenen Anrechnungshöchstbetrags ergibt. Gemäß § 34c I 4 EStG ist für die Einkünfte iSv § 34d Nr 3, 4, 6, 7 und 8c EStG mit Wirkung **ab VZ 03** geregelt, dass die Ermittlung nach den Grundsätzen der Gewinneinkunftsarten zu erfolgen hat, obgleich nach der isolierenden Betrachtungsweise keine gewerblichen Einkünfte gegeben sind. Dies hat nicht nur Auswirkungen für zB die Vornahme von Teilwertabschreibungen, sondern insbes für den Zeitpunkt der Erfassung der Einnahmen.

24 Sofern die ausländische Steuer auf Bruttoerträge erhoben ist, sind nach inländischem Recht **Betriebsausgaben** oder **Werbungskosten** abzuziehen. Die inländische Steuer, die durch Anrechnung ermäßigt wird, bemisst sich nach den ausländischen Einkünften, die tatsächlich der inländischen Veranlagung zugrunde zu legen wären (BFH BStBl II 92, 187).

25 Im Rahmen der Ermittlung der ausländischen Einkünfte kam es bis VZ 02 nicht darauf an, ob die zu berücksichtigenden Einnahmen tatsächlich der **ausländischen Besteuerung** unterlegen haben (vgl BFH BStBl II 96, 261). Ab VZ 03 ist durch § 34c I 3 EStG klargestellt, dass im Quellenstaat nicht besteuerte Einnahmen bei der Ermittlung der ausländischen Einkünfte im Rahmen von Abs 1 auszuscheiden sind. § 34c I 3 EStG greift jedenfalls ein, wenn die Einnahmen im Ausland nicht steuerbar, steuerfrei oder aufgrund von Freibeträgen oder Freigrenzen nicht zu berücksichtigen sind. StFreiheit iSv § 34c I 3 EStG liegt wohl nicht vor, wenn die Nichtbesteuerung aufgrund eines Verlustvor- oder -rücktrags beruht (*Siegers* in D/P/M § 26 Rz 162). Im Rahmen der Anrechnung nach Abs 1 ist die ausländische Steuer als Einnahme zu qualifizieren, etwas anderes gilt nur im Rahmen des Abzugsverfahrens. Dies ist insbes bei Einnahmen, die dem Quellensteuerabzug unterlegen haben, von Bedeutung, die QuellenSt ist hinzuzurechnen. Bezüglich des Zeitpunkts der Erfassung der Einnahme ist bei unter ausländischen Gesichtspunkten originär gewerbl Einkünften oder bei Eingreifen von § 34c I 4 EStG nach Bilanzierungsgrundsätzen zu verfahren.

26 Auch der Ansatz der im Rahmen der Einkünfteermittlung von den Einnahmen abzusetzenden **Betriebsausgaben** bzw **Werbungskosten** richtet sich nach inländischem Recht. Bis VZ 02 war der BFH der Auffassung (BStBl II 00, 577; FinVerw BStBl I 97, 1022), dass bei „isoliert betrachtet" nicht gewerblichen Einkünften (also ohne Berücksichtigung von § 8 II) nur Aufwendungen anzusetzen sind, die im Rahmen einer Einnahme-Überschuss-Rechnung anzusetzen wären (zB keine Teilwertabschreibung, keine Rückstellung). **Ab VZ 03** regelt § 34c I 4 EStG, dass auch bei ausländischen Einkünften iSv § 34d Nr 3, 4, 6, 7 und 8c EStG Betriebsausgaben und -vermögensminderungen, die in wirtschaftl Zusammenhang mit den Einnahmen stehen, anzusetzen sind (kritisch *Ebel* FR 16, 241).

27 Damit ist ferner die Frage der „Unmittelbarkeit" des **wirtschaftlichen Zusammenhangs** ab VZ 03 geklärt. Bis VZ 02 waren nach hM keine Ausgaben abzusetzen, die mit den Einnahmen lediglich in mittelbarem wirtschaftl Zusammenhang standen (BFH BStBl II 00, 577; FinVerw DStR 02, 805). Dies betraf insbes Refinanzierungskosten, die nicht aus Darlehen stammten, die konkret der ausländischen Einkunftsquelle zugeordnet werden konnten. Gem § 34c I 4 EStG kommt es ab VZ 03 auf eine Unmittelbarkeit des wirtschaftl Zusammenhangs nicht mehr an. Demgemäß reicht eine mittelbare Kausalität (s BT-Drs 15/119, 40; BFH BStBl II 17, 48). Es muss ein erkennbarer Bezug der Aufwendungen mit den ausländischen Einnahmen vorliegen. Daher können nach einem indirekten Schlüs-

sel ermittelte Verwaltungskosten anteilig den ausländischen Einnahmen zugeordnet werden (ausführlich *Lüdicke* IStR 03, 433; vgl auch *Sprang* NWB 16, 3012). Nach diesen Grundsätzen nicht abzugsfähige Aufwendungen sind den ausländischen Einnahmen hinzuzurechnen.

Für Zwecke der Einkunftsermittlung sind Einnahmen und Ausgaben in **Euro** umzurechnen (BFH BStBl II 90, 57). Im Rahmen der Einkünfteermittlung hat die Umrechnung grundsätzlich zum Tag des jeweiligen Geschäftsvorfalls stattzufinden (BFH BStBl II 90, 57). Die Stichtagsmethode lässt der BFH nur bedingt zu. Währungsgewinne bzw Währungsverluste, die aus der Veränderung von Wechselkursen im Zeitraum zwischen der Entstehung der Forderung oder Verbindlichkeit und deren Zahlung resultieren, erhöhen bzw mindern die ausländischen Einkünfte, denen sie zuzuordnen sind. Nach Auffassung der Finanzverwaltung ist der Währungsgewinn bzw -verlust in dem VZ anzusetzen, in dem er entsteht. 28

Ausländische Steuern sind nur **anrechenbar,** wenn die ausländische Steuer der inländischen KSt entspricht, festgesetzt und gezahlt worden ist sowie keinem Ermäßigungsanspruch mehr unterliegt (Abs 1 S 1 Nr 1 iVm § 34c I EStG). Dies gilt auch in Bezug auf beschränkt Stpfl, Abs 1 S 1 Nr 2 iVm § 50 III EStG). Für die Anrechnung der ausländischen Steuer ist damit Voraussetzung, dass der beschränkt oder unbeschränkt Steuerpflichtige alle Möglichkeiten zur Ermäßigung dieser ausländischen Steuer ausschöpfen muss. Die Anrechnung wird auch gekürzt, wenn ein Ermäßigungsanspruch entstanden, aber zB aus Verjährungsgründen im Ausland nicht mehr durchgesetzt werden kann. Die Steuer muss von demselben Staat erhoben worden sein, aus dem die ausländischen Einkünfte stammen. Steuern aus Drittstaaten sind nicht anrechenbar. 29

**Beispiel:** Die B-AG betreibt eine Betriebsstätte in Hongkong. Mit Hongkong besteht kein DBA. Das DBA-China ist nicht anwendbar, da es lediglich in den Staatsgebieten anwendbar ist, in denen chinesisches StRecht gilt. Dies ist bei Hongkong nicht der Fall. Aus der Betriebsstätte in Hongkong werden Waren in ein Drittland geliefert. Der Drittstaat erhebt eine QuellenSt auf die Liefergewinne. Hongkong besteuert darüber hinaus die in der Betriebsstätte anfallenden Gewinne. In Deutschland anrechenbar ist lediglich die in Hongkong erhobene Steuer, nicht aber die Steuer des Drittstaats. Letztere ist jedoch als Aufwand bei der Ermittlung der ausländischen Einkünfte abzuziehen. 30

Die **ausländische Steuer** muss auf Einkünfte iSv § 34d EStG erhoben sein. Darüber hinaus muss die ausländische Steuer ihrer Art nach der deutschen KSt entsprechen. Auf die Bezeichnung als „Steuer" kommt es nicht an. Ferner ist die Vergleichbarkeit der gesetzl Grundlage unerheblich. Entscheidend ist eine wirtschaftliche Betrachtungsweise, dh eine Besteuerung desselben wirtschaftl Erfolgs (vgl BFH BStBl II 92, 187). Die FinVerw fasst die vergleichbaren Steuern weit (vgl Anl 6 zu EStR 34c). Auf die Erhebungsform im Ausland kommt es ebenfalls nicht an. 31

Die ausländische Steuer muss **festgesetzt** sein, dh entweder durch StBescheid, durch StAbzug oder durch StAnmeldung konkretisiert sein (BFH BStBl II 92, 607). Für die Zahlung der Steuer muss nach ausländischem Recht ein Rechtsgrund bestehen, auf die Endgültigkeit kommt es zunächst nicht an. Gezahlt ist die Steuer, wenn sie aus der Vermögenssphäre des Stpfl abgeflossen ist. Eine erlassene oder gestundete Steuer ist nicht anrechenbar. Eine fiktive Steuer ist ebenfalls nicht anrechenbar (anderes ist ggf in DBA geregelt). 32

Wie Abs 2 aF, der durch AmtshilfeRLUmsG v 26.6.13 in den § 26 KStG eingefügt wurde, transportiert auch Abs 1 nF § 50d X EStG in das KStRecht, unabhängig von der beschränkten (S 1 Nr 2) und unbeschränkten (S 1 Nr 1) KStPflicht. **§ 50d X EStG** soll die inländische Besteuerung von Sondervergütungen bei Mitunternehmerschaften sichern. Vergütungen einer inländischen PersGes an ihre ausländischen Mitunternehmer (natürliche Personen oder Körperschaften), die nach inländischem Steuerrecht **Sonderbetriebseinnahmen** darstellen, sollen unabhängig vom Abkommensrecht als Unternehmensgewinne einer inländischen Betriebsstätte zu qualifizieren sein. Dies soll ungeachtet der Regelungen eines 32a

DBA über die Zuordnung von Vermögenswerten zu einer Betriebsstätte gelten (ausf *Jabrayilov,* S 26 ff). Das Gesetz reagiert damit auf BFH v 8.9.10 I R 74/09 (DB 10, 2654). Nach Auffassung des BFH konnte § 50d X EStG aF das inländische Besteuerungsrecht nicht sichern, da das Gesetz zwar die Qualifikation der Sondervergütungen als Teil des Unternehmensgewinns vorsah, nicht aber die zwingende Zuordnung zu einer inländischen Betriebstätte. Zur Verfassungsmäßigkeit des § 50d X EStG ist zwar ein Verfahren beim BVerfG anhängig (Az 2 BvL 15/14), jedoch hat das BVerfG die Verfassungsmäßigkeit der mit § 50d X EStG ähnlichen Vorschrift des § 50d VIII 1 EStG („Treaty override") bestätigt BVerfG, IStR 16, 191). Kommt es zur Doppelbesteuerung, weil der ausländische Staat die Sondervergütung auf Grundlage des einschlägigen DBA nicht als Unternehmensgewinn (zB Lizenzgebühren) qualifiziert, ist nach Abs 1 S 1 Nr 1 bzw 2 iVm § 50d X EStG die auf die Sondervergütung anteilig entfallende ausländische Steuer auf die anteilig auf diese Sondervergütung entfallende KSt anzurechnen, sofern das jeweilige DBA keine ausdrückliche Regelung für solche Einkünfte enthält.

**33** Nach Abs 1 S 1 iVm § 34c I 5 EStG ist die ausländische Steuer nur insoweit anrechenbar, als sie auf die im VZ bezogenen Einkünfte entfällt. Die Einkünfte gelten **in dem Jahr** als bezogen, in dem sie nach inländischem Recht bei der Ermittlung der inländischen Besteuerungsgrundlage einzubeziehen sind. Unerheblich ist, wann die Einkünfte im Ausland besteuert werden, wann die ausländische Steuer festgesetzt wird oder wann die Zahlung erfolgt. Auch eine im Ausland vorgenommene Durchschnittsbesteuerung zusammenhängender Zeiträume steht dem nicht entgegen (BFH BStBl II 91, 922). Im Ergebnis kann der Zeitpunkt der Zahlung ausländischer Steuern daher in einem früheren oder einem späteren VZ liegen, als die Einkünfte im Inland erfasst werden. Dies ist der Fall zB bei langfristigen Bauvorhaben, bei denen im Inland aufgrund des Realisationsprinzips erst mit Fertigstellung und Abnahme Einkünfte erfasst werden können, im Ausland sich aber bereits eine Gewinnrealisierung zu frühem Zeitpunkt ergeben hat.

**34** Die Zahlung der ausländischen Steuer ist durch Vorlage entsprechender Unterlagen **nachzuweisen** (§ 68b S 1 EStDV, vgl BFH BStBl II 92, 607). Die ausländischen Steuern sind mit dem amtlichen Devisenkurs am Tag der Zahlung anzusetzen. Spätere Änderungen der ausländischen Besteuerung sind nach § 175 I Nr 2 AO zu berücksichtigen. Den Stpfl trifft eine Mitteilungspflicht (§ 153 I AO).

**35** Abs 1 S 2 normiert die Anrechnungsmöglichkeit der ausländischen Quellensteuer für die Zahlung aus der ausländischen in die inländische Körperschaft, soweit diese wg § 8b I 2 u 3 gemäß § 8b I 1 nicht steuerbefreit ist. Es sind Fälle denkbar, in denen der Staat, in dem die leistende Körperschaft ansässig ist, Zahlungen einer Quellensteuer unterwirft, während diese in Deutschland als Ansässigkeitsstaat der empfangenden Körperschaft als verdeckte Gewinnausschüttung angesehen und entsprechend § 8b I 3 nicht von der inländischen Bemessungsgrundlage ausgenommen werden. Zur Vermeidung einer Doppelbesteuerung wird daher in diesen Fällen sichergestellt, dass die im ausländischen Staat für Rechnung der im Inland ansässigen Körperschaft gezahlte Quellensteuer auf die anteilige KSt angerechnet wird (§ 34c I EStG) bzw bei der Ermittlung der Einkünfte abgezogen wird (§ 34c II EStG). Daher ordnet Abs 1 S 2 an, die Vorschriften des § 34c I bis III EStG auch bei Bestehen eines DBA entsprechend anzuwenden. Dies gilt aufgrund der Verweisung auf § 50 III EStG auch für die Betriebsstättenfälle, da Abs 1 S 2 sich auf sowohl beschränkt, als auch unbeschränkt KStPfl bezieht (vgl Rz 23).

**36** Die ausländische Steuer ist gemäß Abs 1 S 1 iVm § 34c I 1 EStG auf die deutsche KSt anzurechnen, die auf die Einkünfte aus diesem Staat entfällt. Die auf die ausländischen Einkünfte entfallende inländische KSt stellt damit für die Anrechnung einen **Höchstbetrag** dar. Dieser Höchstbetrag wird für jeden ausländischen Staat gesondert ermittelt (per-country-limitation, zur Europarechtstauglichkeit vgl BFH DB 14, 807). Soweit die ausländische Steuer die inländische Steuer, die auf die ausländischen Einkünfte entfällt, übersteigt, verbleibt ein Anrechnungsüberhang. Dieser geht verloren. Eine Erstattung kommt nicht in Betracht. Auch ein Vor- oder Rücktrag sieht das Gesetz nicht vor. Insoweit ist auch der Billigkeitsweg ohne Erfolg (vgl BFH BStBl II 73, 27).

Bei den ausländischen Einkünften sind nur die Einkünfte anzusetzen, die der inländischen Besteuerung überhaupt unterliegen. Im Ergebnis handelt es sich um Einkünfte aus ausländischen Staaten, mit denen kein DBA besteht, oder mit denen ein DBA besteht, das das Besteuerungsrecht bezüglich der ausländischen Einkunftsquelle Deutschland zuweist. Die in einem ausländischen Staat unterschiedliche Behandlung verschiedener ausländischer Einkünfte wirkt sich nicht aus, dh die ausländischen Einkünfte aus einem Staat sind zusammenzufassen und die saldierte ausländische StBelastung ist zu berücksichtigen. Werden zB ausländische Dividenden mit einer geringen Quellensteuer belastet, gleichzeitig die aus einer ausländischen Betriebsstätte in demselben Staat erzielten Einkünfte hoch belastet, kommen die insgesamt in diesem Staat erzielten Einkünfte und die insgesamt in diesem Staat festgesetzte und gezahlte Steuer zum Ansatz (vgl BFH BStBl II 96, 261). Damit ist die inländische Steuer, die auf Dividende und Betriebsstätte gemeinsam entfällt als Höchstbetrag zu anzusetzen. 37

Bei im Inland **stbefreiten** Einkünften ist eine gesonderte Ermittlung der auf die ausländischen Einkünfte entfallende KSt nach hM entbehrlich (vgl BFH BStBl II 98, 77; FinVerw BStBl I 92, 123; aA BFH BStBl II 92, 187). 38

Im Ausland stfreie Einkünfte sind gemäß § 34c I 3 EStG nicht zu berücksichtigen. Hier kommt es auf eine rechtliche, nicht aber auf eine tatsächliche Nichtbesteuerung an. 39

Ermittlung des Anrechnungshöchstbetrags: 40

$$\text{Anrechnungshöchstbetrag} = \text{inländische KSt} \times \frac{\text{ausländischer Besteuerung unterliegende Einkünfte pro Staat}}{\text{Summe der gesamten Einkünfte}}$$

Auch nach der Erklärung der Berechnungsformel des § 34c I EStG für unionsrechtswidrig durch den EuGH in der Rechtssache „Beker & Beker" (IStR 13, 275) und nach dessen Modifizierung durch das ZollKodexAnpG v 22.12.14 (vgl Rz 13) hat sich die Berechnung des Anrechnungshöchstbetrags iSd § 26 KStG nicht verändert. Denn die Berücksichtigung persönlicher Lebensverhältnisse, wie der EuGH dies hinsichtlich natürlicher Personen verlangt, hat bei Körperschaften nicht zu erfolgen, da diese keine Privatsphäre und damit keine persönlichen Lebensverhältnisse haben können. Trotzdem hat der Gesetzgeber die bisherige Berechnungsformel vom Einkommensteuerrecht abgekoppelt und in Abs 2 S 2 geregelt. Zur Verfassungsmäßigkeit der Nichtanwendung des § 34c I 2 EStG auf Körperschaftsteuersubjekte vgl *Desens* IStR 15, 77.

Ergibt sich aufgrund eines Verlustvor- oder -rücktrags gemäß **§ 10d EStG** eine verminderte inländische KSt, führt dies zur Verminderung des Anrechnungshöchstbetrags. Ggf ist diesbezüglich der Abzug vorzuziehen. Gleiches gilt, wenn positive Einkünfte und im Inland berücksichtigungsfähige negative Einkünfte zusammentreffen. 41

Folgende Beispiele verdeutlichen, die Systematik der Anrechnung: 42

**Beispiel 1:** Nur ausländische Einkünfte 43

| | Euro |
|---|---|
| Einkünfte aus einer ausländischen Betriebsstätte | 300 000 |
| abzgl ausländische Steuer | 40 000 |
| Nettozufluss im Inland | 260 000 |
| KSt 15 der ausländischen Einkünfte von 300 000 Euro | 745 000 |
| darauf werden angerechnet | 40 000 |
| verbleibende Steuer | 5 000 |

44 **Beispiel 2** (*Gosch/Roser* § 26 Rz 112): Inländische und ausländische Einkünfte (T€)

| | Euro | | Euro |
|---|---|---|---|
| Einkünfte aus einer ausländischen Betriebsstätte | 500,00 | | |
| nicht abziehbare ausländische Steuer (20 %) | 100,00 | | |
| ausländische Einkünfte | | | 600,00 |
| inländische Einkünfte | | | 1000,00 |
| Summe der Einkünfte | | | 1600,00 |
| tarifliche KSt (15 %) | | | 240,00 |
| Anrechnungshöchstbetrag = 240,00 X | $\frac{600,00}{1600,00}$ | = | – 90,00 |
| verbleibende KSt | | | 150,00 |

45 **Beispiel 3** (vgl *Müller-Dott* DB 03, 1468):

| | Euro | Euro |
|---|---|---|
| inländische Einkünfte | | 200 000 |
| ausländische Einkünfte Land A | | 150 000 |
| davon 50 000 Euro nicht besteuert | | |
| ausländische Einkünfte Land B | | 80 000 |
| Quellensteuer Land A | | 30 000 |
| Quellensteuer Land B | | 30 000 |

*Ab VZ 03*

Anrechnungshöchstbetrag Land A: $\frac{\text{64 500 (15 \% von 430 000)} \times \text{100 000}}{\text{430 000}}$ = 15 000

*Ab VZ 02:*

Anrechnungshöchstbetrag Land B: $\frac{\text{64 500 (15 \% von 430 000)} \times \text{80 000}}{\text{430 000}}$ = 12 000

46 **Beispiel 4** (*Gosch/Roser* § 26 Rz 113): Kombination Anrechnung und Abzug (T€)

| | StAnrechnung | | | StAbzug | |
|---|---|---|---|---|---|
| ausländische Betriebsstätte | A | B | Summe | | |
| | Euro | Euro | Euro | Euro | Euro |
| – Einkünfte | 600,00 | 400,00 | 1000,00 | 600,00 | – 400,00 |
| – ausländische Steuer | – 180,00 | – 80,00 | – 260,00 | – 180,00 | – 80,00 |
| A: 30 %, B: 20 % | 30 % | 20 % | | 30 % | 20 % |
| ausländische Einkünfte | 420,00 | 320,00 | 740,00 | 420,00 | 320,00 |
| zzgl ausländische Steuer | 180,00 | 80,00 | 260,00 | 180,00 | 80,00 |
| Anpassung Bemessungsgrundlage* | 200,00 | – 200,00 | 0,00 | 200,00 | – 200,00 |
| | 800,00 | 200,00 | 1000,00 | 800,00 | 200,00 |
| inländische Einkünfte | 900,00 | 900,00 | 1800,00 | 900,00 | 900,00 |
| StAbzug § 34c II EStG | 0,00 | 0,00 | 0,00 | 180,00 | – 80,00 |
| Summe der Einkünfte | 1700,00 | 1100,00 | 2800,00 | 1520,00 | 1020,00 |
| KSt (25 %) | – 425,00 | – 2 75,00 | – 700,00 | – 380,00 | – 255,00 |
| KSt (15 %) | – 255,00 | – 165,00 | – 420,00 | – 228,00 | – 153,00 |
| Anrechnungshöchstbetrag (25 %) | 200,00 | 50,00 | | | |
| Anrechnungshöchstbetrag (15 %) | 120,00 | 30,00 | | | |
| Anrechnungsüberhang (25 %) | – 20,00 | 30,00 | | | |
| Anrechnungsüberhang (15 %) | 60,00 | 50,00 | | | |

47 Die Berechnung der anzusetzenden **Summe der Einkünfte** ergibt sich aus R 7.1 KStR (R 26 I 2 HS 2 KStR). Da § 10d I 1 EStG erst vom Gesamtbetrag der Einkünfte abgesetzt wird, ist er in der Summe der Einkünfte nicht enthalten. Für

Verlustverrechnungsbeschränkungen, zB § 15a EStG, ist zwischen Verlustentstehungs- und Verlustverrechnungsjahr zu unterscheiden. Im Verlustentstehungsjahr kommt es darauf an, ob die Verluste für Zwecke der StAnrechnung als bezogen gelten iSv § 34c I S 3 EStG, und ob die Verluste für die ausländische Steuer und für die inländischen Einkünfte zeitlich auseinanderfallen. Ist Letzteres der Fall, wird die Anrechnung der ausländischen Steuer beeinflusst. Im Verlustentstehungsjahr wird die anrechenbare Steuer durch die Erhöhung der inländischen KSt und des Anrechnungshöchstbetragsquotienten erhöht, im Verlustverrechnungsjahr entsprechend vermindert (*Gosch/Roser* § 26 Rz 116). Zur Verlustbehandlung im Fall der Verschmelzung bei Verlustübertragung gem § 12 UmwStG aF vgl BFH BStBl II 06, 380; dazu BMF BStBl I 06, 344. Spenden haben keine Bedeutung, da diese gemäß KStR 7.1 I erst nach der Summe der Einkünfte angesetzt werden.

Die ausländische Steuer ist von **Amts wegen** anzurechnen. Die Summe der pro Staat ermittelten Anrechnungshöchstbeträge ist von der tariflichen KSt abzusetzen. 48 Teilweise kann der Abzug gemäß § 34c II EStG iVm Abs 1 S 1 Nr 1 bzw 2 in Anspruch genommen werden. Die Frage über die Höhe der Anrechnung der ausländischen Steuer auf die inländische KSt ist verfahrensrechtl Teil des Festsetzungsverfahrens (*E/S/Hierstetter* KStG, § 26 Rz 71). Bei Fehlern im Zusammenhang mit der Anrechnung ist also der KSt-Bescheid anzufechten. Dies ist ferner für den Ansatz von Prozesszinsen nach § 236 AO von Bedeutung, der nach hM nur in Betracht kommt, wenn eine Änderung der StFestsetzung erfolgt.

Nach § 26 I 1 Nr 1 ist auch § 50d X EStG anwendbar. Dieser stellt sicher, dass 49 nach deutschem Recht als Sondervergütungen bei einer Mitunternehmerschaft zu qualifizierende Einkünfte als gewerbliche Einkünfte bei einer inländischen Betriebsstätte zugerechnet werden, unabhängig von der anderweitigen Qualifikation im Ansässigkeitsstaat. Voraussetzung ist eine unbeschränkt steuerpflichtige ausländische Körperschaft als Mitunternehmerin im Inland. In der Alternative des Abs 1 S 1 Nr 1 kann es sich nur um eine doppelte Ansässigkeit der Körperschaft handeln. Ferner kommt eine Ansässigkeitszuordnung nach Art 4 OECD-MA in Betracht (vgl *Roser* in Gosch § 26 Rz 125). Schwerpunkt des Verweises dürften beschränkt steuerpflichtige Körperschaften sein (vgl dazu und zur Anrechnungssystematik Rz 24f).

**4. Abzug anrechenbarer Steuer:** Ist kein ausreichendes Anrechnungsvolumen 52 inländischer Steuer für die ausländische Steuer vorhanden, kommt wahlweise der Abzug der ausländischen Steuer von der inländischen Bemessungsgrundlage nach Abs 1 S 1 Nr 1 iVm § 34c II EStG in Betracht. Die Körperschaft hat diesbezüglich einen **Antrag** zu stellen. Der Antrag muss einheitlich für sämtliche Einkünfte, die aus einem ausländischen Staat stammen, ausgeübt werden. Bei Einkünften aus mehreren ausländischen Staaten kann hinsichtlich der Staaten unterschiedlich entschieden werden. Der Abzug kommt insbesondere bei negativen inländischen Einkünften und positiven ausländischen Einkünften oder im Fall des Verlustvortrags bzw -rücktrags in Betracht. Der Abzug gemäß § 34c II EStG unterliegt denselben Voraussetzungen wie die Steueranrechnung. Eine Höchstbetragsbegrenzung findet nicht statt, da anstelle der Begrenzung durch das inländische Besteuerungsniveau eine Begrenzung durch das zu versteuernde Einkommen tritt. Der Antrag ist nicht fristgebunden. Eine Rücknahme oder Nachholung ist zulässig, solange der zugrunde liegende KSt-Bescheid noch abänderbar ist (§§ 164f, 172ff AO), im Rechtsbehelfsverfahren bis zum Ende der Tatsacheninstanz, also FG. § 4 II 2 EStG gilt nicht.

Im Fall der einheitlichen und gesonderten Gewinnfeststellung ist der Antrag **im** 53 **Rahmen der Feststellungserklärung** zu stellen. Die Beteiligten sind nicht zur einheitlichen Ausübung verpflichtet. Jeder Feststellungsbeteiligte kann aufgrund persönlicher Entscheidung unabhängig der übrigen entscheiden. Erzielt eine Körperschaft über eine Beteiligung an einer PersGes sowie selbst Einkünfte aus einem ausländischen Staat, muss die Entscheidung bezüglich Anrechnung oder Abzug für diesen ausländischen Staat einheitlich getroffen werden. Im Fall der Organschaft wirkt sich der Antrag auf Abzug auf der Ebene der OrganGes aus, die Anrechnung hingegen auf der Ebene des OrganT (s Rz 18). Die FinVerw vertritt die Auffassung, dass das Wahlrecht für den gesamten Organkreis allein dem Organträger zusteht. Danach sind die gesamten ausländischen Steuern des Organkreises unter Berücksichtigung der per-country-limitation von den Einkünften des Organträgers abzuziehen, oder, wenn das Wahlrecht von ihm nicht ausgeübt wird, nach Abs 1 iVm § 19 I u V auf die Steuer des Organträgers anzurechnen (OFD Frankfurt v 21.2.17, IStR 17, 336).

57 **5. Abzug nicht anrechenbarer Steuer:** Liegen die Voraussetzungen der Anrechnung nach Abs 1 nicht vor, ist zu prüfen, ob gemäß § 34c III EStG die ausländische Steuer abgezogen werden kann. Dies kommt insbesondere in Betracht, wenn die ausländische Steuer mit der inländischen KSt nicht vergleichbar ist, die ausländische Steuer nicht vom Quellenstaat, sondern von einem Drittstaat erhoben wird, von Einkünften erhoben wird, die nicht ausländische Einkünfte iSv § 34d EStG sind oder die ausländische Steuer abkommenswidrig erhoben wird. Gem Abs 1 S 2 Nr 1 bzw 2 iVm § 34c III EStG ist jedenfalls Voraussetzung, dass eine ausländische Steuer auf im Inland kstpflichtige Einkünfte entfällt und dasselbe Steuersubjekt belastet wird. Auch der Abzug gemäß Abs 1 S 1 Nr 1 bzw 2 iVm § 34c III EStG ist neben der Anrechnung nach Abs 1 S 1 iVm § 34c I EStG möglich.

58 Der Abzug der ausländischen Steuer setzt gemäß Abs 2 S 2 grundsätzlich voraus, dass die ausländischen Einkünfte in die inländischen Besteuerungsgrundlagen mit einzubeziehen sind. Nach Auffassung der Finanzverwaltung ergibt sich dies aus dem Sinn und Zweck der Vorschrift, doppelte Belastungen zu vermeiden, nicht aber doppelte Vorteile zu ermöglichen. Nach Abs 2 S 2 ist ein Abzug einer ausländischen Steuer ausgeschlossen, wenn die der ausländischen Steuer zugrunde liegenden Einkünfte nicht der deutschen Steuer unterliegen. Damit soll klargestellt werden, dass ein Abzug der ausländischen Steuer ausgeschlossen ist, wenn zB Dividenden, die von einer im Ausland ansässigen Tochterkapitalgesellschaft an eine inländische Körperschaft gezahlt werden, aufgrund von § 8b bei der Ermittlung des Einkommens außer Ansatz bleiben.

66 **6. Verhältnis zu DBA:** Von Deutschland abgeschlossenen DBA sehen regelmäßig zur Beseitigung der Doppelbesteuerung entweder die Freistellungsmethode oder die Anrechnungsmethode vor. Die Regelung der DBA gehen gemäß Abs 1 S 1 Nr 1 iVm § 34c VI 1 und 2 EStG der nationalen Regelung vor. Sieht das DBA die Anrechnungsmethode vor, kommt es gemäß Abs 1 S 1 Nr 1 iVm § 34c VI 2 EStG zu einer entsprechenden Anwendung des § 34c I 2–5 EStG. Ordnet das DBA also die Anrechnungsmethode an, richtet sich die Technik der Anrechnung, insbes die Berechnung des Anrechnungshöchstbetrags nach den dargestellten Grundsätzen. Ausnahmsweise können DBA besondere Regelungen bezüglich der Technik der Anrechnung vorsehen. Ordnet ein DBA die Freistellungsmethode an, verdrängt diese die Anrechnungsmethode, auch wenn Letztere vorteilhafter sein sollte.

67 Schreibt ein DBA die Anrechnungsmethode vor, ist auch der **Steuerabzug** gemäß § 34c II und III EStG zulässig.

68 Aus dem konkreten DBA kann sich aufgrund von § 34c VI S 2 EStG eine weitere Beschränkung des **Höchstbetrags** der Anrechnung ergeben. Neben die Höchstbetragsbegrenzung der Anrechnung der auf die ausländischen Einkünfte anteilig entfallenden inländischen Steuer tritt die Begrenzung der dem Quellenstaat nach dem konkreten DBA zustehenden Steuer (vgl BFH BStBl II 95, 580). Erhebt der ausländische Staat also Steuern, die über die ihm nach DBA zugestandenen Steuern hinausgehen, kommt der überschießende Teil nicht zur Anrechnung.

Diesbezüglich hat sich die Körperschaft an die ausländischen StBehörden zu wenden.

Auch im DBA-Fall erfolgt die Höchstbetragsberechnung auf der Grundlage der per-country-limitation (zur europarechtlichen Zulässigkeit der per-country-limitation vgl BFH DB 14, 807). Es sind die jeweiligen Einkünfte aus einem Staat einzubeziehen, die nach DBA der Anrechnungsmethode unterliegen, nicht diejenigen, die der Freistellungsmethode unterliegen. Es ist möglich, dass konkrete DBA-Vorgaben gesonderte Vorgaben für einzelne Einkunftsarten aufstellen. Insoweit ist fraglich, ob die Höchstbetragsberechnung staatenbezogen oder sogar einkunftsartbezogen vorgenommen werden muss. Jedenfalls gilt das **„Günstigkeitsprinzip“** (BFH BStBl II 96, 261). Ist die staatenbezogene Ermittlung trotz konkreter Vorgaben für einzelne Einkunftsarten im DBA vorteilhafter, gilt diese. **69**

Gemäß Abs 1 S 1 Nr 1 iVm § 34c VI 2 3. HS EStG findet § 34c I S 3 EStG keine Anwendung, wenn in einem DBA eine **fiktive StAnrechnung** vorgesehen ist. Dies ist in vielen DBA mit Entwicklungsländern der Fall. Obwohl die Steuer im ausländischen Staat nicht erhoben wird, gilt sie als gezahlt. Diese Investitionshilfe soll durch § 34c I S 3 EStG nicht eingeschränkt werden. **70**

Die Anwendung von § 34c III EStG kommt in Betracht, soweit der ausländische DBA-Staat Einkünfte besteuert, die nicht aus diesem Staat stammen (§ 34c VI 6 EStG). Dies gilt allerdings nicht, wenn die Besteuerung im Einklang mit dem konkreten DBA steht oder durch eine missbräuchliche Gestaltung verursacht ist. **71**

Nach Abs 1 S 1 Nr 1 iVm § 34c VI 4 EStG sind § 34c I und II EStG ebenfalls anwendbar, wenn bei Einkünften aus einem DBA-Staat die Doppelbesteuerung nach den Vorschriften des einschlägigen DBA **nicht beseitigt** wird. Es handelt sich insoweit um eine Auffangnorm. Das kann der Fall sein, wenn die konkrete Steuer nicht vom DBA erfasst wird, eine abkommenswidrige Besteuerung durchgeführt wird oder einkunftsartbezogene Qualifikationskonflikte dazu führen, dass beide Staaten unter Anwendung des DBA zur Besteuerung der Einkünfte kommen. **72**

**7. Beschränkt steuerpflichtige (§ 26 Abs 1 S 1 Nr 2) Körperschaften** können für ihre ausländischen Einkünfte gem Abs 1 S 1 Nr 2 iVm § 50 III iVm § 34c EStG ebenfalls eine Steueranrechnung (§ 26 I 1, § 34c I EStG) sowie den Abzug der ausländischen Steuer bei der Ermittlung der Einkünfte (§ 26 I, § 34c II und III EStG) in Anspruch nehmen. **73**

**Beispiel 1:** Eine ausländische Kapitalgesellschaft unterhält im Inland eine Betriebsstätte, die im Drittland gewerbliche Gewinne erzielt, für die am Tätigkeitsort Steuern entrichtet werden müssen. Die Ertragsteuer des Drittstaats ist über § 26 VI, § 50 III iVm § 34c I EStG auf die inländische Körperschaftsteuer anzurechnen.

In der Regel erzielen nur unbeschränkt steuerpflichtige Körperschaften ausländische Einkünfte iSv § 34d EStG. Bei beschränkt steuerpflichtigen Körperschaften beschränkt sich das inländische Besteuerungsrecht in der Regel auf inländische Einkünfte iSv § 49 EStG. Die Doppelbesteuerung hat dann in der Regel der Ansässigkeitsstaat der beschränkt steuerpflichtigen Körperschaft zu beseitigen. Nur ausnahmsweise zählen ausländische Einkünfte iSv § 34d EStG zu den inländischen Einkünften iSv § 49 EStG. Diesen Fall hat Abs 1 S 1 Nr 2 iVm § 50 III iVm § 34c EStG vor Augen. **74**

Abs 1 S 1 Nr 2 iVm § 50 Abs 3 EStG und § 34c I bis III EStG setzen eine beschränkt steuerpflichtige Körperschaft mit Betrieb im Inland voraus. Die im Drittstaat besteuerten Einkünfte müssen der inländischen Besteuerung unterliegen. Ferner werden nur Gewinneinkunftsarten erfasst. Nach § 50 III EStG muss es sich um Einkünfte aus Land- und Forstwirtschaft, aus gewerblicher Tätigkeit oder selbstständiger Tätigkeit handeln. Über § 8 II liegen bei der Körperschaft mit inländischer Betriebsstätte regelmäßig gewerbliche Einkünfte vor. **75**

**Beispiel 2:** Der Betriebstätte der beschränkt steuerpflichtigen Körperschaft sind Anteile an einer im Drittstaat ansässigen Kapitalgesellschaft zuzurechnen. Aus dieser werden verdeckte

Gewinnausschüttungen bezogen. Die Steuerfreistellung nach § 8b I greift aufgrund des Korrespondenzprinzips nicht. Die im Drittstaat gegebenenfalls auf die vGA einbehaltene Quellensteuer ist auf die inländische Körperschaftsteuer der Betriebstätte bezogen auf die Betriebstätte anzurechnen.

76 **Beschränkt** stpfl Körperschaften erfahren Entlastung durch Abs 1 S 1 Nr 2 iVm § 50 III EStG. Danach erfolgt die Anrechnung, soweit inländische Einkünfte erzielt werden, für die im Inland ein Betrieb unterhalten wird. Unter Betrieb idS ist nicht nur die Betriebstätte iSv § 12 AO zu verstehen. Eine im Inland ansässige Holding-Personengesellschaft vermittelt die Anrechnung nach Abs 1 S 1 Nr 2 iVm § 50 III EStG (vgl *Gosch/Roser* § 26 Rz 41a). Im Einzelnen handelt es sich um Einkünfte aus Gewerbebetrieb, Land- und Forstwirtschaft oder selbstständiger Arbeit. § 50 III EStG ist auch anwendbar, wenn der beschränkt Stpfl in einem Staat ansässig ist, mit dem ein DBA abgeschlossen ist. Eingeschränkt wird die Anrechnung nach § 50 III EStG für beschränkt Stpfl, wenn in den Einkünften des deutschen Betriebs Einkünfte aus einem ausländischen Staat enthalten sind, mit denen der in Deutschland beschränkt Stpfl dort in einem der unbeschränkten StPflicht ähnlichen Umfang zu einer Steuer vom Einkommen herangezogen wird. Dies ist der Fall, wenn der ausländische Staat vom Welteinkommensprinzip ausgeht. In diesem Fall hat der Staat der unbeschränkten StPflicht für die Beseitigung der Doppelbesteuerung zu sorgen. Im Fall der doppelten unbeschränkten StPflicht gilt Abs 1 S 1 Nr 1 unmittelbar. Im Einzelnen ist Abs 1 S 1 Nr 1 bei beschränkter StPflicht für in Drittstaaten angefallene ausländische Steuern anwendbar, wenn diese aus einer dort ebenfalls vorliegenden beschränkten StPflicht resultieren. Dies ist der Fall zB bei Erhebung von QuellenSt auf Dividenden aus einem Drittstaat (weder Deutschland noch Staat der unbeschränkten StPflicht), die in Deutschland einer Betriebstätte einer beschränkt stpfl Körperschaft zuzurechnen sind.

77 Im Fall des **Wechsels** des Umfangs der StPflicht kommt es auf den Zeitpunkt des Bezugs der ausländischen Einkünfte an. Fällt der Bezug dieser Einkünfte in die Zeit der unbeschränkten StPflicht, gilt Abs 1. Im Übrigen gilt § 7 III 3. § 50 III EStG gilt, wenn die ausländischen Einkünfte in der Zeit der beschränkten StPflicht anfallen.

**Beispiel 3:** Die ausländische Körperschaft mit inländischer Betiebstätte erzielt über die inländische Betriebstätte Lizenzentgelte, die aus einem Drittstaat bezogen werden, der diese mit Quellensteuer belegt. Die Quellensteuer wird über § 50 III EStG in Deutschland angerechnet oder abgezogen.

78 Als „unechte Steueranrechnung" ist § 50d X EStG ebenfalls über § 26 I 1 Nr 2 KStG für beschränkt steuerpflichtige analog anwendbar. Von einer „unechten Anrechnung" wird gesprochen, da § 50d X EStG ausländische Steuern erfasst, die auf inländische Einkünfte anfallen (§ 50d X 5 EStG). Dies ergänzt den Grundsatz, dass die Anrechnung nach § 26 von Deutschland als Ansässigkeitsstaat mit der Anrechnung ausländischer Quellensteuern auf ausländische Einkünfte ausgeht. Nach Abs 1 S 1 Nr 2 iVm § 50d X EStG kann hingegen eine im Ausland ansässige Körperschaft auf eine deutsche Quellensteuer ausländische Steuern aufgrund einer dort bestehenden unbeschränkten Steuerpflicht anrechnen (ausf *Kudert/Kahlenberg* IStR 13, 801; *Mössner* IStR 15, 2014).

79 Hintergrund von § 50d X EStG ist die Sicherung des Besteuerungsrechts für Sondervergütungen bei einer Mitunternehmerschaft. Sondervergütungen sowie durch das Sonderbetriebsvermögen veranlasste Erträge werden derjenigen Betriebsstätte zugerechnet, welcher der Aufwand für die der Vergütung zugrundeliegenden Leistung zuzuordnen ist. Ist eine ausländische Körperschaft an einer inländischen Mitunternehmerschaft beteiligt und erzielt Sondervergütungen, kommt es aufgrund von § 50d X EStG häufig zu einer Doppelbesteuerung. Dem ausländischen Steuerrecht ist das Institut der Sondervergütung in der Regel fremd. Auch im DBA-Fall ist der Ansässigkeitsstaat der Körperschaft nicht zur Anrechnung oder

Freistellung verpflichtet. Aus deutscher Sicht werden Sondervergütungen den Betriebsstätteneinkünften zugerechnet. Das ausländische Recht hingegen qualifiziert diese als Gehalt, Miete oder zB Zinsen. Insbesondere zB bei Zinsen und Lizenzgebühren geht der ausländische Staat von einem Besteuerungsrecht als Ansässigkeitsstaat aus. Kommt es vor diesem Hintergrund zur Doppelbesteuerung, sieht § 50d X 5 EStG die Anrechnungsmöglichkeit vor. Anrechenbar ist der Teil der ausländischen Steuer, der auf die betreffende Sondervergütung und den insoweit durch das Sonderbetriebsvermögen veranlassten Ertrag oder Aufwand entfällt. Nach Auffassung der Finanzverwaltung wird vom Verhältnis der Sondervergütung und des durch das Sonderbetriebsvermögen veranlassten Ertrags zur Summe der Einkünfte ausgegangen (BMF BStBl I 14, 1258 Tz 5.1.3.1). Sofern der ausländische Ansässigkeitsstaat deutscher Quellensteuer nach den allgemeinen Regeln deutsche Quellensteuer anrechnet, ist die Differenz, die als Doppelbesteuerung verbleibt, nach § 50d X 5 EStG anrechenbar.

## Vierter Teil. Nicht in das Nennkapital geleistete Einlagen und Entstehung und Veranlagung

### § 27 Nicht in das Nennkapital geleistete Einlagen

(1) [1]Die unbeschränkt steuerpflichtige Kapitalgesellschaft hat die nicht in das Nennkapital geleisteten Einlagen am Schluss jedes Wirtschaftsjahrs auf einem besonderen Konto (steuerliches Einlagekonto) auszuweisen. [2]Das steuerliche Einlagekonto ist ausgehend von dem Bestand am Ende des vorangegangenen Wirtschaftsjahrs um die jeweiligen Zu- und Abgänge des Wirtschaftsjahrs fortzuschreiben. [3]Leistungen der Kapitalgesellschaft mit Ausnahme der Rückzahlung von Nennkapital im Sinne des § 28 Abs. 2 Satz 2 und 3 mindern das steuerliche Einlagekonto unabhängig von ihrer handelsrechtlichen Einordnung nur, soweit sie den auf den Schluss des vorangegangenen Wirtschaftsjahrs ermittelten ausschüttbaren Gewinn übersteigen (Einlagenrückgewähr). [4]Der Bestand des steuerlichen Einlagekontos kann durch Leistungen nicht negativ werden; Absatz 6 bleibt unberührt. [5]Als ausschüttbarer Gewinn gilt das um das gezeichnete Kapital geminderte in der Steuerbilanz ausgewiesene Eigenkapital abzüglich des Bestands des steuerlichen Einlagekontos.

(2) [1]Der unter Berücksichtigung der Zu- und Abgänge des Wirtschaftsjahrs ermittelte Bestand des steuerlichen Einlagekontos wird gesondert festgestellt. [2]Der Bescheid über die gesonderte Feststellung ist Grundlagenbescheid für den Bescheid über die gesonderte Feststellung zum folgenden Feststellungszeitpunkt. [3]Bei Eintritt in die unbeschränkte Steuerpflicht ist der zum Zeitpunkt des Eintritts in die Steuerpflicht vorhandene Bestand der nicht in das Nennkapital geleisteten Einlagen gesondert festzustellen; der gesondert festgestellte Bestand gilt als Bestand des steuerlichen Einlagekontos am Ende des vorangegangenen Wirtschaftsjahrs. [4]Kapitalgesellschaften haben auf den Schluss jedes Wirtschaftsjahrs Erklärungen zur gesonderten Feststellung von Besteuerungsgrundlagen abzugeben. [5]Die Erklärungen sind von den in § 34 der Abgabenordnung bezeichneten Personen eigenhändig zu unterschreiben.

(3) [1]Erbringt eine Kapitalgesellschaft für eigene Rechnung Leistungen, die nach Absatz 1 Satz 3 als Abgang auf dem steuerlichen Einlagekonto zu berücksichtigen sind, so ist sie verpflichtet, ihren Anteilseignern die folgenden Angaben nach amtlich vorgeschriebenem Muster zu bescheinigen:

1. den Namen und die Anschrift des Anteilseigners,
2. die Höhe der Leistungen, soweit das steuerliche Einlagekonto gemindert wurde,
3. den Zahlungstag.

[2]Die Bescheinigung braucht nicht unterschrieben zu werden, wenn sie in einem maschinellen Verfahren ausgedruckt worden ist und den Aussteller erkennen lässt.

(4) [1]Ist die in Absatz 1 bezeichnete Leistung einer Kapitalgesellschaft von der Vorlage eines Dividendenscheins abhängig und wird sie für Rechnung der Kapitalgesellschaft durch ein inländisches Kreditinstitut erbracht, so hat das Institut dem Anteilseigner eine Bescheinigung mit den in Absatz 3 Satz 1 bezeichneten Angaben nach amtlich vorgeschriebenem Muster zu erteilen. [2]Aus der Bescheinigung muss ferner hervorgehen, für welche Kapitalgesellschaft die Leistung erbracht wird. [3]Die Sätze 1 und 2 gelten entsprechend, wenn anstelle eines inländischen Kreditinstituts eine inländische Zweignieder-

**lassung eines der in § 53b Absatz 1 oder 7 des Kreditwesengesetzes genannten Unternehmen die Leistung erbringt.**

(5) [1]**Ist für eine Leistung der Kapitalgesellschaft die Minderung des Einlagekontos zu niedrig bescheinigt worden, bleibt die der Bescheinigung zugrunde gelegte Verwendung unverändert.** [2]**Ist für eine Leistung bis zum Tag der Bekanntgabe der erstmaligen Feststellung im Sinne des Absatzes 2 zum Schluss des Wirtschaftsjahrs der Leistung eine Steuerbescheinigung im Sinne des Absatzes 3 nicht erteilt worden, gilt der Betrag der Einlagenrückgewähr als mit 0 Euro bescheinigt.** [3]**In den Fällen der Sätze 1 und 2 ist eine Berichtigung oder erstmalige Erteilung von Steuerbescheinigungen im Sinne des Absatzes 3 nicht zulässig.** [4]**In anderen Fällen ist die auf den überhöht ausgewiesenen Betrag der Einlagenrückgewähr entfallende Kapitalertragsteuer durch Haftungsbescheid geltend zu machen; § 44 Abs. 5 Satz 1 zweiter Halbsatz des Einkommensteuergesetzes gilt insoweit nicht.** [5]**Die Steuerbescheinigungen können berichtigt werden.** [6]**Die Feststellung im Sinne des Absatzes 2 für das Wirtschaftsjahr, in dem die entsprechende Leistung erfolgt ist, ist an die der Kapitalertragsteuerhaftung nach Satz 4 zugrunde gelegte Einlagenrückgewähr anzupassen.**

(6) **Minderabführungen erhöhen und Mehrabführungen mindern das Einlagekonto einer Organgesellschaft, wenn sie ihre Ursache in organschaftlicher Zeit haben.**

(7) **Die vorstehenden Absätze gelten sinngemäß für andere unbeschränkt steuerpflichtige Körperschaften und Personenvereinigungen, die Leistungen im Sinne des § 20 Abs. 1 Nr. 1, 9 oder Nr. 10 des Einkommensteuergesetzes gewähren können.**

(8) [1]**Eine Einlagenrückgewähr können auch Körperschaften oder Personenvereinigungen erbringen, die in einem anderen Mitgliedstaat der Europäischen Union der unbeschränkten Steuerpflicht unterliegen, wenn sie Leistungen im Sinne des § 20 Abs. 1 Nr. 1 oder 9 des Einkommensteuergesetzes gewähren können.** [2]**Die Einlagenrückgewähr ist in entsprechender Anwendung der Absätze 1 bis 6 und der §§ 28 und 29 zu ermitteln.** [3]**Der als Leistung im Sinne des Satzes 1 zu berücksichtigende Betrag wird auf Antrag der Körperschaft oder Personenvereinigung für den jeweiligen Veranlagungszeitraum gesondert festgestellt.** [4]**Der Antrag ist nach amtlich vorgeschriebenem Vordruck bis zum Ende des Kalenderjahrs zu stellen, das auf das Kalenderjahr folgt, in dem die Leistung erfolgt ist.** [5]**Zuständig für die gesonderte Feststellung ist die Finanzbehörde, die im Zeitpunkt der Abgabe des Antrags nach § 20 der Abgabenordnung für die Besteuerung nach dem Einkommen örtlich zuständig ist.** [6]**Bei Körperschaften oder Personenvereinigungen, für die im Zeitpunkt der Antragstellung nach § 20 der Abgabenordnung keine Finanzbehörde zuständig ist, ist abweichend von Satz 5 das Bundeszentralamt für Steuern zuständig.** [7]**Im Antrag sind die für die Berechnung der Einlagenrückgewähr erforderlichen Umstände darzulegen.** [8]**In die Bescheinigung nach Absatz 3 ist das Aktenzeichen der nach Satz 5 oder 6 zuständigen Behörde aufzunehmen.** [9]**Soweit Leistungen nach Satz 1 nicht gesondert festgestellt worden sind, gelten sie als Gewinnausschüttung, die beim Anteilseigner zu Einnahmen im Sinne des § 20 Abs. 1 Nr. 1 oder 9 des Einkommensteuergesetzes führen.**

***Abs 4 S 3 lautete bis zur Änderung durch das G v 25.7.14:***

[3]Die Sätze 1 und 2 gelten entsprechend, wenn anstelle eines inländischen Kreditinstituts eine inländische Zweigniederlassung eines der in § 53b Absatz 1 oder 7 des Gesetzes über das Kreditwesen genannten Institute oder Unternehmen die Leistung erbringt.

***Gesetzesfassungen vor 2014 s 8. Aufl.***

**Übersicht**



**Schrifttum:** *Warnke,* Halbeinkünfteverfahren – Bedeutung für die Einkünfte aus Kapitalvermögen, EStB 02, 21; *Binnewies,* Das steuerliche Einlagekonto im Halbeinkünfteverfahren – Anleitung zur Behandlung der nicht in das Nennkapital geleisteten Einlagen, GmbH-StB 03, 129; *ders,* Das steuerliche Einlagekonto im Halbeinkünfteverfahren – Das BMF-Schreiben v 4.6.03 zu § 27 KStG, GmbH-StB 03, 225; *Dötsch/Pung,* Steuerliches Einlagekonto, Kapitalerhöhung aus Rücklagen und Kapitalherabsetzung: Das Einführungsschreiben des BMF v 4.6.03, DB 03, 1345; *Franz,* Das steuerliche Einlagekonto – Anmerkungen zum BMF-Schreiben v. 4.6.03 zur Anwendung von § 27, § 28 KStG 02, GmbHR 03, 818; *Pfarr/Hanisch/Welke,* Steuerliche Auswirkungen der ergebnisneutralen Auskehrung einer Kapitalrücklage, GmbHR 03, 150; *Voß,* Aktuelle Probleme des neuen Eigenkapitalausweises nach den §§ 27–29 KStG, BB 03, 880; *Kußmaul/Richter/Meyering,* Verwendung des steuerlichen Einlagekontos bei Körperschaftsteuererhöhung ($EK_{02}$): Existenz einer Gesetzeslücke!?, DB 05, 685; *Semmler/Zimmermann,* Ausgewählte Fragen zur Führung des Einlagekontos bei Betrieben gewerbl Art, DB 05, 2153; *Dötsch/Pung,* SEStEG: Die Änderungen des KStG, DB 06, 2648; *Winkeljohann/Fuhrmann,* SEStEG: Einlagekonto, Körperschaftsteuerguthaben und Nachversteuerung von $EK_{02}$-Beträgen auf dem Weg nach Europa, DB 06, 1862; *Dötsch/Pung,* JStG 08: Die Änderungen der KStG, des UmwStG und des GewStG, DB 07, 2669; *Häuselmann,* Referentenentwurf zum Jahressteuergesetz 08, BB 07, 1533; *Melchior,* Das Jahressteuergesetz 08 im Überblick, DStR 07, 2233; *Pohl,* Entwicklungen des steuerlichen Einlagekontos beim Forderungsverzicht mit Besserungsschein – Änderung der Rechtslage durch das SEStEG?, DB 07, 1553; *Spilker/Pechke,* Erfordernis der Steuerneutralität der Einlagenrückgewähr aus ausländischen Gesellschaften, DStR 11, 385; *Sedemund,* Zweifelsfragen im Rahmen von § 27 Abs 8 KStG, IStR 09, 579; *Sedemund/Fischenich,* Steuerneutralität von Leistungen ausländischer Kapitalgesellschaften im Halbeinkünfteverfahren vor und nach Einführung des § 27 Abs 8 KStG, BB 08, 1656; *Hageböke,* Nochmals: Zur Zuständigkeit des Bundeszentralamts für Steuern bei grenzüberschreitenden Kapitalherabsetzungen von EU-Kapitalgesellschaften nach § 27 Abs 8 KStG, IStR 10, 715; *Voßkuhl/Klemke,* Unterjährige Zugänge bei Ausschüttungen aus dem steuerlichen Einlagekonto, DB 10, 2696; *Voßkuhl/Klemke,* Vorrang des Veranlagungsverfahrens vor dem Abzugsverfahren, DB 2012, 2248; *Binnewies,* Haftungsfalle „Einlagekonto nach § 27 KStG", GmbH-StB 2013, Heft 1; *Siegel,* Zur Zuordnung von Ausschüttungen nach § 27 KStG – zugleich Kritik am BFH-Urteil I R 35/11 v 30.1.13 –, DStZ 13, 739; *Bareis,* Magische Gewinnerschaffung durch § 27 KStG? – zugleich Anm. zum BFH-Urteil vom 30.1.13 – I R 35/11 (DB 2013, 1335) –, DB 13, 2231; *Ott,* Steuer- und Haftungsfallen beim steuerlichen Einlagekonto, Stbg 14, 301; ders, Probleme beim steuerlichen Einlagekonto und bei der Einlagenrückgewähr, DStR 14, 673; ders, Einlagen und Einlagenrückgewähr bei Kapitalgesellschaften – Praktische Probleme im Zusammenhang mit dem steuerlichen Einlagekonto nach § 27 KStG, DStZ 16, 227; *Fuhrmann/Müller,* Ausschüttung eines das steuerliche Eigenkapital übersteigenden handelsrechtlichen Gewinns, Steuerliche Folgen und Fallstricke, NWB 15, 1457; *Binnewies,* Praxisprobleme mit dem Einlagekonto (§ 27 KStG) – Steuerrecht an der Schnittstelle zum Gesellschaftsrecht, GmbHR 15, 1065; *Söffing,* Ausschüttungen aus dem steuerlichen Einlagekonto innerhalb der erbschaft- und schenkungsteuerlichen Behaltefrist, DStR 16, 1913; *Teiche,* Steuerliche Risiken bei (grenzüberschreitenden) Eigenkapitalmaßnahmen, DStR 16, 712; *Neyer,* Einlagenrückgewähr: Strafsteuer auf nachträglich der Besteuerung zugrunde gelegte vGA?, DStR 16, 1841; *Klepsch,* Gesonderte Feststellung nach

§ 27 Abs 8 KStG auf Nennkapitalrückzahlungen bei EU-/EWR-Körperschaften, IStR 16, 381; *Brühl,* Anfechtung des Feststellungsbescheids nach § 27 Abs 2 S 1 KStG durch den Anteilseigner, DStR 17, 1129; *Gosch/Adrian,* Mehr- und Minderabführungen bei der ertragsteuerlichen Organschaft, GmbHR 17, 965; *Neyer,* Verwendungsfestschreibung gem § 27 Abs 5 KStG: Steuerfalle auch für Fälle der verdeckten Gewinnausschüttung?, BB 17, 3036; *Ott,* Aktuelle Entwicklungen und Gestaltungsüberlegungen zum steuerlichen Einlagekonto, DStR 17, 1506; *Schönfeld,* Einlagenrückgewähr aus Drittstaaten – oder: Wie Art. 3 GG zum (kleinen) Bruder der EU-Grundfreiheiten wurde, IStR 17, 486.

**1. Allgemeines:** § 27 soll sicherstellen, dass die **Rückgewähr von Einlagen** auf der Ebene des Gesellschafters grds nicht zu stpfl Beteiligungserträgen führt. Auf der Ebene der Gesellschaft besteht im Unterschied zur Gewinnausschüttung grds keine Pflicht zum Einbehalt von KapErtrSt. Das macht die Erfassung nicht in das NennKap geleisteter offener und verdeckter Einlagen auf einem besonderen Konto notwendig. Es handelt sich um ein rein steuerliches Konto außerhalb der handelsrechtl Buchführung und außerhalb der Steuerbilanz zur Sicherstellung der Abgrenzung zwischen stpfl Ausschüttungen und nicht steuerbaren Auskehrungen von Einlagen. Das Einlagekonto wird gesellschaftsbezogen, nicht gesellschafterbezogen geführt. Dh, dass inkongruente Einlagen einzelner Gesellschafter nicht individuell für diese im steuerlichen Einlagekonto erfasst werden. Das gilt auch, wenn handelsrechtlich eine gesellschafterbezogene Rücklage gebildet wird. Umgekehrt richtet sich die Verwendung des Einlagekontos nach der Reihenfolge des Abs 1 S 3. Unabhängig davon, ob an alle Gesellschafter kongruent oder inkongruent an einzelne Gesellschafter ausgeschüttet wird. 1

**Beispiel 1:** A leistet eine inkongruente Einlage von 100, die im Einlagekonto erfasst wird. Jahre später wird kongruent an A und B je 50 ausgeschüttet. Nach Abs 1 S 3 kommt es zur Verwendung des Einlagekontos, da kein ausschüttbarer Gewinn vorhanden ist. A und B erhalten eine nicht steuerbare Auskehrung aus dem Einlagekonto.

**Beispiel 2:** A und B leisten je 50 in die Rücklage, die auch korrekt im Einlagekonto erfasst wird. Jahre später werden inkongruent 100 an B ausgeschüttet. Nach Abs 1 S 3 kommt das Einlagekonto zur Verwendung, da kein ausschüttbarer Gewinn vorhanden ist. B vereinnahmt eine nicht steuerbare Auskehrung aus dem Einlagekonto.

**Abgänge** von diesem Konto unterliegen als bescheinigte Einlagenrückgewähr grundsätzlich nicht dem Halbeinkünfteverfahren (§ 20 I Nr 1 S 3 EStG) und nicht dem KapErtrStAbzug (vgl § 43 EStG). Das gilt sowohl für die unter dem AnrV als auch unter dem Halbeinkünfteverfahren sowie ab VZ 09 dem Teileinkünfteverfahren nicht in das NennKap geleisteten offenen und/oder verdeckten Einlagen. Befindet sich die Beteiligung im Betriebsvermögen oder handelt es sich um eine Beteiligung iSv § 17 EStG, kommt es gem § 17 IV 1 EStG zu stpfl Einnahmen, wenn die Auskehrung von Einlagen den Buchwert der Beteiligung bzw die Anschaffungskosten übersteigt (BFH BStBl II 13, 484; FG BaWü EFG 15, 885; ausf *Binnewies* GmbHR 15, 1065 f; *Ott* DStR 16, 227; *Schmidt/Weber-Grellet* § 17 Rz 234 und 165; *Frotscher* in F/D § 27 Rz 3 ff; *Semmler* DStR 01, 1340; *Warnke* EStB 02, 21). 2

**Beispiel 1** (vgl OFD Frankfurt v 4.2.14 – S 2244 A-41-St 215, nv): A und B gründen die AB-GmbH. Beide erbringen ihren Anteil an der Stammeinlage iHv je € 25 000. Das für den Geschäftsbetrieb zusätzlich benötigte Kapital leistet nach einem Gesellschafterbeschluss allein A iHv € 100 000. Drei Jahre später erfolgt eine Gewinnausschüttung iHv je € 120 000 an A und B. In der Gewinnausschüttung ist eine Rückzahlung aus dem steuerlichen Einlagekonto iHv je € 30 000 enthalten. Die Gewinnausschüttung unterliegt iHv je € 90 000 bei A und B dem Teileinkünfteverfahren bzw der Abgeltungsteuer. IHd Rückzahlung aus dem steuerlichen Einlagekonto von € 30 000 mindern sich jeweils die AK von A und B. 3

Die (fortgeführten) AK von A betragen € 95 000 (Stammeinlage € 25 000 + offene Einlage € 100 000 ./. Rückzahlung aus dem steuerlichen Einlagekonto € 30 000). Bei einer späteren Veräußerung der Beteiligung oder Liquidation der Gesellschaft sind die AK nur noch iHv € 95 000 zu berücksichtigen. Die (fortgeführten) AK von B betragen € 0, sie werden sogar um den Betrag von € 5000 überschritten (Stammeinlage € 25 000 ./. Rückzahlung aus dem steuerlichen Einlagekonto € 30 000). Im die AK übersteigenden Betrag von € 5000 liegt bei B ein Gewinn nach § 17 Abs 4 EStG vor, der ebenfalls dem Teileinkünfteverfahren unterliegt. Bei einer späteren Veräußerung der Beteiligung oder Liquidation der Gesellschaft sind die AK nur noch iHv. € 0 zu berücksichtigen.

4 **Beispiel 2:** A kauft 100 % der Anteile an der X-GmbH, die in wirtschaftlichen Schwierigkeiten steckt, für € 1. Er führt die Gesellschaft aus der Krise und erwirtschaftet in den nachfolgenden Jahren Gewinne. Bei einer Gewinnausschüttung iHv € 200 000 werden € 50 000 aus dem steuerlichen Einlagekonto verwendet. Die zurückgewährten Einlagen stammen vom vorhergehenden Gesellschafter X.

Die Gewinnausschüttung unterliegt iHv € 150 000 bei A dem Teileinkünfteverfahren bzw der Abgeltungsteuer. IHd Rückzahlung aus dem steuerlichen Einlagekonto von € 50 000 mindern sich die AK von A. Da A aber nur AK iHv € 1 hatte, entsteht iHd. übersteigenden Betrags von € 49 999 ein Gewinn nach § 17 Abs 4 EStG, der ebenfalls dem Teileinkünfteverfahren unterliegt. X konnte die iHv € 50 000 geleistete Einlage im Jahr der Veräußerung der Beteiligung bei dem Veräußerungsverlust nach § 17 EStG ggf mit weiteren nachträglichen AK mindernd ansetzen.

5 **Ausgangspunkt** des Einlagekontos war der im Zeitpunkt des Systemwechsels bestehende positive Endbetrag des $EK_{04}$. Insoweit ist § 27 iVm § 39 und § 36 VII zu sehen. § 39 regelt iVm § 36 VII die Überleitung von der früheren EK-Gliederung zum steuerl Einlagekonto. § 27 regelt im Anschluss daran die Fortführung des steuerl Einlagekontos, seine jährliche Fortschreibung sowie die verfahrensrechtl Regelungen zur Fortschreibung und Bescheinigung seiner Verwendung. Bei zuziehenden Gesellschaften durch Verlegung des Orts der Geschäftsleitung ins Inland sind nicht in das Nennkapital geleistete Einlagen ab VZ 06 im Zeitpunkt der Begründung der unbeschränkten Steuerpflicht festzustellen (Abs 2 S 3).

6 Die unterschiedliche Behandlung der Rückgewähr nicht in das NennKap geleisteter Einlagen sowie von Ausschüttungen erfordert ferner die Implementierung einer **Verwendungsreihenfolge.** Eine steuerneutrale KapRückzahlung liegt nur vor, wenn bei einer Auskehrung von Vermögen an die Gesellschafter auf Einlagen zurückgegriffen wird.

10 **2. Geltungszeit:** Zu § 27 aF s Kommentierung dort (s Anhang). § 27 wurde eingefügt durch StSenkG v 23.10.00 (BGBl I 00, 1433; BStBl I 00, 1521), geändert durch UntStFG v 20.12.01 (BGBl I 01, 3858; BStBl I 02, 35). § 27 gilt anders als die „Gliederungsregelungen" des § 37 (KStGuthaben) und des § 38 (Fortführung $EK_{02}$) über den Übergangszeitraum hinaus. Bei kj-gl Wj gilt die Vorschrift ab VZ 01, bei abw Wj ab VZ 02 (§ 34 I, Ia). Das Einlagekonto ist also erstmals auf den 31.12.01 bzw den Schluss des Wj 01/02 zu ermitteln (BFH/NV 10, 2117). Auf den 31.12.00 kann eine Feststellung des Einlagekontos noch nicht vorliegen. Insoweit ist nach zutr Auffassung des BFH auf die Feststellung des $EK_{04}$ zum 31.12.00 gem § 37 VII abzustellen. Dieser Bestand bildet gem § 39 I den Anfangsbestand des Einlagekontos. Diese Sichtweise ermöglicht steuerneutrale Auskehrungen aus dem Einlagekonto auch im VZ 01 (BFH/NV 10, 1886), zB im Rahmen einer Vorabausschüttung. Ordentliche Gewinnausschüttungen in 01 sind noch mit dem vEK alten Rechts nach dem Anrechnungsverfahren zu verrechnen (vgl BFH/NV 10, 2117). § 27 in der Ursprungsfassung des G v 23.10.00 kommt aufgrund der rückwirkenden Änderung nicht zur Anwendung (§ 34 IIa). Durch das EURLUmsG v 9.12.04 (BGBl I 04, 3310; BStBl I 04, 1158) wurde Abs 6 S 4 im Hinblick auf eine Anwendung nur der Mehr- oder Minderabführungen in organschaftl Zeit ergänzt. Nach Auffassung der FinVerw handelt es sich hierbei um eine Klarstellung. Mit Wirkung ab VZ 06 hat das SEStEG v 7.12.06 (BGBl I 06, 2782; BStBl I 07, 4) Abs 1 S 3 bis 5 ersetzt sowie den alten S 5 gestrichen. Durch die Veränderung der Verwendungsreihenfolge wird der direkte Zugriff auf das Einlagekonto beschränkt. Die Regelung über die Bescheinigung der Verwendung des Einlagekontos wird in Abs 5 verschoben. Abs 2 S 3 regelt die Feststellung des Einlagekontos im Fall des Zuzugs einer Körperschaft. Abs 5 sieht eine Verwendungs-

festschreibung hinsichtlich des Einlagekontos nur noch bei zu niedriger Bescheinigung der Einlagenrückgewähr vor. Bei einer zu hoch bescheinigten Verwendung des Einlagekontos wird eine Berichtigungsmöglichkeit eingeführt. Der neue Abs 8 sieht die Einführung der Einlagenrückgewähr durch Körperschaften ausländischen Rechts an inländische Gesellschafter vor, um eine Qualifizierung als Dividende iSv § 20 I 1 Nr 1 EStG zu vermeiden. Mit Abs 2 S 3 und Abs 8 wird die Regelung des § 27 damit internationalisiert. Änderungen gelten ab VZ 06. Mit Berichtigungsgesetz zum SEStEG v 24.1.07 (BGBl I 07, 68, BStBl I 07, 4) wird Abs 7 insoweit umformuliert, als die entsprechende Anwendung der Abs 1 bis 6 für andere „unbeschränkt" steuerpflichtige Körperschaften und Personenvereinigungen angeordnet wird. Dies hängt mit der gesonderten Behandlung der beschränkt steuerpflichtigen EU-KapGes in Abs 8 zusammen. Das JStG 08 v 20.12.07 (BGBl I 07, 3150; BStBl I 08, 218) hat in Abs 1 S 3 ein redaktionelles Versehen beseitigt, indem nunmehr auf § 28 II 1 und 2 verwiesen wird. In Abs 6 werden S 2 bis 4 gestrichen, da diese sinngem in § 14 IV übernommen wurden. Als Reaktion auf BFH BStBl II 07, 796, hat die Verw ihre Auffassung zu organschaftlichen Ausgleichsposten in § 14 IV gesetzlich fixiert. Dies betrifft die Auswirkungen von Mehr- oder Minderabführungen in organschaftlicher Zeit beim Organträger. Abs 6 regelt nur noch die Auswirkungen bei der Organgesellschaft im Einlagekonto. Die Änderungen gelten auch für VZ vor 08 (§ 34 IX Nr 5 aF).

**3. Anwendungsbereich (Abs 1 S 1):** Die Regelung über den subjektiven Anwendungsbereich wurde durch das G v 20.12.01 (Rz 10) überarbeitet. Abs 1 bis 6 gelten unmittelbar für **unbeschränkt stpfl KapGes** und nach Abs 7 sinngemäß für **andere Körperschaften** und **Personenvereinigungen,** die Leistungen iSd § 20 I Nr 1, 9 und 10 EStG gewähren können. Bei Regiebetrieben (BgA) gelten Verluste ab dem Ende des Verlustjahres als ausgeglichen und dem Einlagekonto zugeführt (BFH BStBl II 08, 573, bestätigt durch BFH BStBl II 15, 161; Anm *Schüttler/Spielmann* DStR 14, 1365). Dies gilt unabhängig von der Gewinnermittlungsart und gilt auch für Buchverluste (BFH BStBl II 15, 161; FG D'dorf EFG 12, 669). Das SEStEG v 7.12.06 (Rz 10) dehnt das Konzept der Einlagenrückgewähr auf EU-KapGes aus (Abs 8). Neben der unbeschränkt stpfl KapGes (vgl § 1 I Nr 1) werden Leistungen iSv **§ 20 I Nr 1 EStG** insbesondere von ausl unbeschränkt stpfl KapGes (nach ausländ Recht gegründete KapGes mit Geschäftsleitung im Inland), ausländ EU-KapGes (Abs 8), von Erwerbs- und Wirtschaftsgenossenschaften sowie von bergbaubetreibenden Vereinigungen, die die Rechte an einer jur Person haben, erbracht. Leistungen iSv **§ 20 I Nr 9 EStG** kann eine nicht von der KSt befreite Körperschaft, Personenvereinigung oder Vermögensmasse iSv § 1 I Nr 3 (VVaG), § 1 I Nr 4 (sonstige jur Personen des privaten Rechts) sowie § 1 I Nr 5 (nicht rechtsfähige Vereine, Anstalten, Stiftungen, und andere Zweckvermögen des privaten Rechts; vgl FG Köln EFG 10, 1066) erbringen. Leistungen iSv **§ 20 I Nr 10 EStG** werden von nicht von der KSt befreiten Betrieben gewerbl Art einer jur Person des öffentlichen Rechts mit oder ohne eigene Rechtspersönlichkeit erbracht. Damit werden auch diese Vermögensmassen erfasst. Auskehrungen aus dem Einlagekonto bleiben auch bei ihnen steuerfrei und unterliegen nicht der KapErtrSt (§ 43a I EStG). Da bei diesen Körperschaften zum Systemwechsel mangels Vorhandensein von $EK_{04}$ dieses nicht Ausgangspunkt für das Einlagekonto sein kann, sind sämtliche EigenKapTeile abzüglich NennKap oder vergleichbarer Kapitalgröße in das Einlagekonto zu überführen (*Förster/van Lishaut* FR 02, 1205, 1208; BMF v 11.9.02 Tz 13, DStR 02, 1713). Ein BgA fällt nicht unter § 27, wenn dieser die Gewinn- und Umsatzgrenzen des § 20 I Nr 10b EStG nicht überschreitet. Für die betreffenden Jahre ist kein Einlagekonto zu führen. Kommt es deswegen zu Unterbrechungen in den Feststellungen, sind in die erste nach der Unterbrechung erfolgende Feststellung auch dann Altrücklagen oder Altverluste aufzunehmen, wenn in dem zuletzt ergangenen Feststellungsbescheid 11 diese nicht enthalten sind. Dieser Bescheid entfaltet wegen der Unterbrechung keine Grundlagenfunktion (FG Sachsen EFG 17, 689; Rev BFH I R 12/17; vgl auch BMF BStBl I 15, 111 Tz 43–46). In **Organkreisen** haben der OrganT und die OrganGes jeweils eigenständig steuerl Einlagekonten zu führen. Nicht erfasst werden ausländ KapGes aus Drittstaaten, die lediglich beschränkt stpfl sind. Zur Weiterleitung von Ausschüttungen aus dem steuerlichen Einlagekonto durch eine zwischengeschaltete Person des öffentlichen Rechts vgl OFD Koblenz v 14.6.12, DB 12, 2494.

12 Bei bereits unter dem AnrV bestehenden Körperschaften wird gem § 39 der sich aus der **Schlussgliederung** nach § 36 VII ergebende Endbestand des $EK_{04}$ als **Anfangsbestand** des steuerl Einlagekontos erfasst (vgl Rz 10). Hierauf bauen die Hinzurechnungen der nicht in das NennKap geleisteten Einlagen sowie ihre Auskehrungen auf. Wird die Körperschaft nach der erstmaligen Geltung von § 27 gegründet, stellen Bar- oder Sacheinlagen iRd Gründung, die nicht in das NennKap geleistet werden, den Anfangsbestand des Einlagekontos dar. Wird die unbeschränkte Steuerpflicht durch Verlegung des Orts der Geschäftsleitung einer ausländischen KapGes ins Inland begründet, werden die nicht in das NennKap geleisteten Einlagen ab VZ 06 festgestellt (Abs 2 S 3). Maßgebend für die Einstellung in das steuerl Einlagekonto ist ausschließlich, ob die Vermögenszuwendung **steuerl** als **Einlage** zu qualifizieren ist. Die handelsrechtliche Qualifizierung ist unerheblich. Das steuerl Einlagekonto kann, muss nicht mit dem handelsrechtl Kapitalrücklagekonto nach § 272 II HGB übereinstimmen. Eine positive Differenz zwischen EK nach Handels- und Steuerbilanz ist weder bei der erstmaligen Bildung noch bei der Fortschreibung des Einlagekontos zu berücksichtigen (BFH/NV 10, 248). Abweichungen ergeben sich auch bei verdeckten Einlagen, die das steuerl Einlagekonto erhöhen, handelsrechtl aber als Ertrag zu erfassen sind.

13 In das Einlagekonto nach Abs 1 S 1 sind **einzustellen** (vgl auch *Binnewies* GmbHR 15, 1065): Das Ausgabeaufgeld bei der Ausgabe neuer Anteile (Agio nach § 272 II Nr 1 HGB), Aufgelder bei Wandel- und Optionsanleihen (§ 272 II Nr 2 HGB; vgl BFH/NV 06, 426), Zuzahlungen bei Vorzugsaktien (§ 272 II Nr 3 HGB), Nachschüsse von GmbH-Gesellschaftern und sonstige Leistungen der Gesellschafter, die unmittelbar in die Rücklage eingestellt werden (§ 272 II Nr 4 HGB), verdeckte Einlagen, Eintrittsgelder bei Genossenschaften, Rückzahlungen vGa, Minderabführungen bei Organschaft, Herabsetzung des NennKap ohne Auszahlung an die AntE, Vermögenszugänge aus Verschmelzung oder Spaltung (vgl § 29) sowie Zuflüsse aus Verkauf nicht aktivierter eigener Anteile (zur Einziehung erworben), wenn das Einlageguthaben im Zusammenhang mit dem Erwerb gemindert worden war. In den Fällen der **Bar- oder Sachgründung** sowie in **Einbringungsfällen** nach § 20 UmwStG ist das in der Eröffnungsbilanz auszuweisende EigenKap, soweit es das Stamm- oder GrundKap übersteigt, im steuerl Einlagekonto zum Schluss des (Rumpf-)Wj der Gründung zu erfassen. Bei Einbringungen mit steuerl Rückwirkung ist das Einlagekonto ebenfalls erst zum Schluss des Wj der Einbringung zu erhöhen, da es auf die tatsächliche Erbringung der Einlage ankommt (*Franz* GmbHR 03, 818). Der **Forderungsverzicht** des Gesellschafters ist Einlage, und zwar unabhängig davon, ob gegen Besserungsschein ausgesprochen (ausf zum Forderungsverzicht mit Besserungsschein *Pohl* DB 07, 1553). Die **Rangrücktrittserklärung** führt nicht zur Einlage. **Gesellschafterdarlehen** sind keine Einlage, auch wenn eigenkapitalersetzender Charakter gegeben ist (BFH BStBl II 92, 532). Einlagen **stiller Gesellschafter** führen nicht zur Erfassung im Einlagekonto. **Genussrechtskapital** führt zur Einlage, wenn nicht bloße Gewinnbeteiligung, sondern auch Anteil am Liquidationserlös eingeräumt wird (*Stimpel* in R/H/N § 27 Rz 53). (Aufgeld)zahlungen im Zusammenhang mit der Zeichnung von **Optionsanleihen** stellen sowohl handelsrechtl KapRücklage iSv § 272 II HGB als auch steuerl Einlage in das Einlagekonto dar (*Gosch/Bauschatz* § 27 Rz 38), und zwar unabhängig davon, ob die Option ausgeübt wird,

dh ein GesVerhältnis überhaupt begründet wird (BFH/NV 06, 426). Die Kapitalherabsetzung ohne Auszahlung führt nach § 28 II S 1 zur Erhöhung, es sei denn, es besteht ein Sonderausweis. Auch die Veräußerung eigener Anteile kann zur Erhöhung des Einlagekontos führen (vgl Rz 16). Bei **Betrieben gewerbl Art** erfasst die FinVerw sämtliche Altrücklagen wie Einlagen, die in den Anfangsbestand des Einlagekontos aufzunehmen sind (BStBl I 02, 935 Tz 13 und 25; ausf *Semmler/Zimmermann* DB 05, 2153). Einlagen, die zum Ausgleich von Verlusten geleistet wurden und daher im Zeitpunkt der erstmaligen Feststellung des Einlagekontos verbraucht sind, werden nicht im Einlagekonto erfasst (BFH BStBl II 08, 317; GmbHR 08, 212 mit Anm *Binnewies,* GmbHR 08, 1111; FG Münster EFG 13, 1165; FinVerw BStBl I 02, 935 Tz 13 und 25; vgl auch *Semmler/Zimmermann* DB 05, 2153). Diese Grundsätze werden auf **nicht gemeinnützige eingetragene Vereine** übertragen. Auch einlagefähige Vermögensgegenstände aus dem außerbetrieblichen Satzungsbereich eines eingetragenen Vereins in dessen betrieblichen Vermögensbereich sind feststellungsfähige Einlagen. In diesem Fall können auch Mitgliedsbeiträge Einlagen darstellen (FG Köln EFG 10, 1066). Zu Betrieben gewerbl Art, die den Gewinn nicht durch Betriebsvermögensvergleich ermitteln oder die die in § 20 I Nr 10b EStG festgelegten Grenzwerte überschreiten vgl FG BaWü EFG 06, 1008. Der Gesetzeswortlaut stellt nicht ausdrücklich auf Einlagen der AntE ab und erfasst damit auch die nicht in das NennKap geleisteten **Einlagen durch Dritte.** Nach BFH GrS BStBl II 98, 307 kann eine verdeckte Einlage auch anzunehmen sein, wenn ein Nichtgesellschafter einer KapGes einen Vermögensvorteil zuwendet, ohne ein eigenwirtschaftl Interesse an der Zuwendung zu haben. Der Wortlaut des § 27 ist insoweit lückenhaft, als eine § 30 III aF und § 38b aF entsprechende Regelung fehlt, nach der Rücklagen, die bei der Körperschaft in dem Zeitpunkt vorhanden sind, in dem erstmals eine EK-Gliederung zu erstellen ist, in den Teilbetrag $EK_{04}$ einzustellen sind. Sachgerecht wäre eine Verbuchung solcher Rücklagen als Zugänge auf dem Einlagekonto. Verlegt beispielsweise eine ausländ KapGes ihre Geschäftsleitung ins Inland und begründet damit die unbeschränkte KStPflicht, droht bei Nichteinstellung sämtlicher Rücklagen in das Einlagekonto im Zeitpunkt des Zuzugs bei späterer Auskehrung die steuerl Doppelbelastung mit ursprünglich ausländischer KSt oder ESt und im Zeitpunkt der Auskehrung die Besteuerung beim AntE. Trotz des auch insoweit unvollständigen Wortlauts von § 27 sind nach Sinn und Zweck sämtliche Rücklagen im Zeitpunkt der erstmaligen Pflicht zur Erstellung des Einlagekontos in dieses einzustellen (für VZ ab 06 vgl Abs 2 S 3). Entsprechend geht die FinVerw bei Betrieben gewerbl Art vor (s oben). Das muss jedenfalls für den Teil der während der beschränkten StPflicht gebildeten Rücklagen gelten, der nicht von der Körperschaft erwirtschaftet ist, sondern auf gesellschaftsrechtlicher Grundlage von den Gesellschaftern zugeführt wurde (vgl *Franz* GmbHR 03, 818; aA FinVerw BStBl I 03, 366 Tz 5; *Dötsch* in D/P/M § 27 Rz 118; *Förster/van Lishaut* FR 02, 1209). Ab VZ 06 ist dies durch Abs 2 S 3 im Gesetz vorgesehen.

Das Einlagekonto **verringert** sich um Leistungen, für die nach Abs 1 S 3 das Einlagekonto als verwendet gilt, um Kapitalerhöhungen aus GesMitteln (§ 28 I 1), um Mehrabführungen bei Organschaft (Abs 6) sowie um Vermögensabgänge infolge Abspaltung (vgl § 29 III). 14

**Leistungen** iSv Abs 1 S 3 sind Auskehrungen, die ihre Ursache im GesVerhältnis haben (BFH/NV 10, 2117), neben den ordentl Gewinnausschüttungen (auch verspätet beschlossen und/oder verspätet abgeflossen) Vorabausschüttungen, vGa, also auch sonstige Leistungen.

Ab VZ 06 wird der **direkte Zugriff** auf das Einlagekonto durch Abs 1 S 3 eingeschränkt auf Abs 6 (Mehrabführungen bei OrganGes) und § 28 II S 2 (Herabsetzung und Auszahlung des NennKap). Das Verbot des Direktzugriffs gilt auch dann, wenn die Gesellschafter im Ausschüttungsbeschluss zunächst eine handelsrechtliche Kapitalrücklage nach § 272 II Nr 4 HGB zivilrechtlich auflösen und handelsrechtlich diese ausgeschüttet wird. Nach Auffassung des BFH verstößt die Verwendungsfiktion aus § 27 I 3 KStG nicht gegen Art 3 GG. Der Gesetzgeber sei berechtigt, zur Bewältigung einer Vielzahl von Verwaltungsvorgängen typisierende Anordnungen zu treffen. Im Ergebnis können die Gesellschafter – etwa durch Gestaltung des Ausschüttungsbeschlusses – die Verwendungsreihenfolge des § 27 I 3 KStG nicht beeinflussen (BFH BStBl II 15, 816). Mit der Neufassung hat der Gesetzgeber ab VZ 06 ferner festgeschrieben, dass es für die Bestimmung einer Leistung iSv Abs 1 S 3 auf die handelsrechtliche Einordnung der Auskehrung, zB Auszahlung aus der Kapitalrücklage, nicht ankommt (vgl BFH BStBl II 15, 816; FG Hamburg EFG 13, 1520). Betroffen sind hiervon vor allem Rückzahlungen von Nachschüssen der Gesellschafter iSv § 26 GmbHG, die nach alter Rechtslage entsprechend dem GesRecht unmittelbar vom Einlagekonto abgezogen wurden. Auch Auskehrungen aus ausländ KapGes richten sich rein nach inländ Steuerrecht.

Dies bedeutet aber auch, dass über die **Erhöhung des NennKap** aus der Kapitalrücklage mit anschließender Kapitalherabsetzung der unmittelbare Zugriff auf das Einlagekonto ermöglicht wird (vgl *Binnewies* GmbHR 15, 1065; *Ott* DStR 16, 227; Stbg 14, 301; *Dötsch/Pung* DB 06, 2651). Nach dem BFH (BStBl II 16, 411) ist ein Direktzugriff auf das Einlagekonto im Zusammenhang mit einer Kapitalherabsetzung auch dann möglich, wenn im Herabsetzungsbeschluss selbst noch nicht die Auskehrung des herabgesetzten Kapitals an die Gesellschafter beschlossen wird (aA FinVerw BStBl I 03, 366 Tz 40). Vielmehr sei ein Direktzugriff auf das Einlagekonto nach steuerrechtlichen Maßgaben immer dann zuzulassen, wenn die Leistung anderweitig und unmissverständlich als Auszahlung des Herabsetzungsbetrags qualifiziert werden könne. Dies ist in den Fällen anzunehmen, in denen die NennKap-Herabsetzung und die Auszahlung an die AntE in zeitlicher Nähe zueinander erfolgen und ein sachlicher Zusammenhang besteht (BFH BStBl II, 411). Bei tatsächlichem Vollzug kann ein Gestaltungsmissbrauch iSv § 42 AO nicht angenommen werden, da das Ergebnis der Wertung des Gesetzes entspricht. § 28 II 2 sieht einen gesetzlich angeordneten Verwendungstatbestand für die Herabsetzung und Rückzahlung von NennKap vor, soweit nicht der Sonderausweis als verwendet gilt. Um eine doppelte Berücksichtigung zu vermeiden, bleibt ein entsprechender Betrag bei der Differenzrechnung außen vor.

15 **Beispiel** (FinVerw BStBl I 03, 366 Tz 40): Die A-GmbH hat ein NennKap von 200, einen Sonderausweis nach § 28 I 3 KStG (in NennKap umgewandelte Rücklagen) von 50. Das steuerl Einlagekonto beträgt 0. Es erfolgt eine KapHerabsetzung von 100 und eine Rückzahlung von 80, da 20 nicht in das NennKap eingezahlt waren und insoweit verrechnet werden.

| | Vorspalte | Einlagekonto | Sonderausweis |
|---|---|---|---|
| Anfangsbestand | | 0 | 50 |
| Betrag der KapHerabsetzung | 100 | | |
| ./. Verringerung des Sonderausweises | ./. 50 | | ./. 50 |
| Zwischenergebnis | 50 | | |
| ./. ausstehende Einlagen auf das NennKap | ./. 20 | | |
| Zugang beim steuerl Einlagekonto | 30 | + 30 | |
| Zwischenergebnis | | 30 | 0 |
| Rückzahlung von NennKap | 80 | | |
| ./. Verringerung des Sonderausweises | ./. 50 | | |
| Abgang vom steuerl Einlagekonto | 30 | ./. 30 | |
| Schlussbestände | | 0 | 0 |

UE können mit der Kapitalerhöhung und anschließender Kapitalherabsetzung auch versehentlich nicht im Einlagekonto festgestellte Einlagen steuerneutral an die Gesellschafter ausgekehrt werden (vgl § 28 Rz 18). Umstritten ist, ob es neben den Tatbeständen des Abs 1 S 3 und den geregelten Ausnahmen des direkten Zugriffs Minderungen des Einlagekontos geben kann. Dies ist insbesondere für zwei Fallkonstellationen relevant, die dem Wortlaut nach weder unter den Tatbestand der Leistungen iSv Abs 1 S 3 noch unter die geregelten Fälle des direkten Zugriffs zu subsumieren sind, bei denen es sich der Sache nach aber handelsrechtlich und steuerrechtlich um Einlagerückzahlungen und nicht um Ausschüttungen handelt. Es geht um das **Wiederaufleben eines Darlehens nach vorausgegangenem Forderungsverzicht gegen Besserungsschein** sowie den **Erwerb eigener Anteile.** In beiden Fällen ist es verfehlt, kapitalertragsteuerpflichtige Ausschüttungen anzunehmen. Im Ergebnis sollte entweder von einer teleologischen Erweiterung des Direktzugriffs oder von einer eigenständigen materiell-rechtlichen Bedeutung des Begriffs „Abgänge" iSv Abs 1 S 2 ausgegangen werden. Beide Wege ermöglichen einen Negativbestand des Einlagekontos, da dieses gem Abs 1 S 4 nur durch Leistungen nicht negativ werden kann.

Wird auf eine Forderung verzichtet, stellt der werthaltige Teil Einlage dar. Der **Besserungsfall** setzt idR zwischenzeitlich erzielten Gewinn voraus. Das Wiederaufleben der Forderung würde also regelmäßig zur stpfl Ausschüttung führen, wenn der unmittelbare Zugriff auf das Einlagekonto verweigert wird. Der Einlagevorgang durch Verzicht würde nicht rückgängig gemacht, obwohl der Vorgang zweifellos als Rückgängigmachung eines Einlagevorgangs erkannt werden muss. Der Sache nach handelt es sich nicht um eine Ausschüttung, sondern um den actus contrarius zur Einlage und uE damit nicht um eine Leistung iSv Abs 1 S 3. Der unmittelbare Zugriff mit ggf der Konsequenz eines Negativausweises sollte demnach zugelassen werden (vgl *Pohl* DB 07, 1553; *Dötsch* in D/P/M § 27 Rz 63; vgl auch FG Hamburg EFG 13, 1520).

Entsprechendes gilt beim Erwerb nicht zu aktivierender eigener Anteile unter altem Recht (Erwerb zur Einziehung) und nach BilMoG ab 1.1.10 beim **Erwerb eigener Anteile** generell. Handelsrechtlich waren unter dem alten Recht eigene Anteile zu aktivieren und auf der Passivseite eine entspr Rücklage auszuweisen. Nur Anteile, die zur Einziehung erworben wurden, durften nicht ausgewiesen werden. Es erfolgte eine Verrechnung mit dem $EK_{04}$ bzw dem Einlagekonto. Der Vorgang war auf der Ebene der Ges damit steuerneutral. Ab 1.1.10 ist auf der Ebene der Gesellschaft handelsrechtlich das NennKap der eigenen Anteile vom Stamm- oder Grundkapital abzusetzen; der das NennKap übersteigende Teil des Kaufpreises mit den frei verfügbaren Rücklagen zu verrechnen. Ein Ausweis eigener Anteile in der Bilanz erfolgt damit grds nicht mehr (§ 272 Ia HGB). Veräußert die Gesellschaft die erworbenen Anteile, ist handelsrechtlich das gezeichnete Kapital iHd Nennbetrags aufzufüllen und iHd übersteigenden Teils von einer Einlage in die frei verfügbare Rücklage auszugehen. Wird mit „Gewinn" veräußert, ist der übersteigende Betrag in die Kapitalrücklage einzustellen (§ 272 II Nr 1 HGB; vgl *Köhler* DB 11, 15). Um eine handelsrechtlich und steuerrechtlich konsistente Lösung zu erzielen, sollte in dem Fall der Verrechnung mit der Kapitalrücklage steuerlich unmittelbar mit dem Einlagekonto verrechnet werden. Auf diese Weise ist sowohl der Erwerb, als auch die Veräußerung eigener Anteile auf der Ebene der Gesellschaft steuerneutral. Im Ergebnis hat die Gesellschaft uE keine KapErtrSt einzubehalten (ebenso mit unterschiedlichen Begründungen: *Breuninger/Müller* GmbHR 11, 10; *Lechner/Haisch* Ubg 10, 691; *Förster/Schmidtmann* Ubg 09, 1342; *Mayer* Ubg 08, 779; *Köhler* DB 11, 15). Auch die FinVerw hat sich dieser Sichtweise angeschlossen (BMF BStBl I 13, 1615). In der Steuerbilanz sind eigene Anteile nicht zu aktivieren. Der Nennbetrag ist vom gezeichneten Kapital in der Vorspalte abzusetzen. Insoweit gilt der Maßgeblichkeitsgrundsatz aus § 5 I EStG. Der Erwerb eigener Anteile wird steuerlich als Kapitalherabsetzung behandelt. § 28 II KStG 16 soll entsprechend gelten. Allerdings wird ein Direktzugriff auf das Einlagekonto zugelassen. In Höhe des Nennbetrags erhöht sich das Einlagekonto, um sich im nächsten Schritt in der selben Höhe wieder zu mindern. Ein bestehender Sonderausweis iSv § 28 II KStG soll nicht berührt werden (BMF Tz 9). **Erwerb zum Kaufpreis unterhalb des Nennbetrags (BMF Tz. 10):** IHd Differenzbetrags zwischen dem niedrigeren Kaufpreis und dem Nennbetrag der Anteile ist von einer Kapitalherabsetzung ohne Auszahlung an den Gesellschafter auszugehen. § 28 II 1 ist entsprechend anzuwenden. Besteht ein Sonderausweis iSv § 28 II KStG, ist dieser zunächst zu mindern. Zu einer Ausschüttung auf der Ebene des Gesellschafters führt dies nicht, da auf der Ebene des Gesellschafters von einer Veräußerung ausgegangen wird. Übersteigt der Differenzbetrag den Sonderausweis, erhöht sich das steuerliche Einlagekonto. **Erwerb zum Kaufpreis des Nennbetrags (BMF Tz 9):** Entspricht der Kaufpreis dem Nennbetrag, ergeben sich keine Auswirkungen auf das Einlagekonto oder einen etwaigen Sonderausweis. Im ersten Schritt erhöht sich das Einlagekonto, um sich danach in gleicher Höhe zu mindern. Im Ergebnis liegt ein Direktzugriff auf das steuerliche Einlagekonto vor. **Erwerb zum Kaufpreis oberhalb des Nennbetrags (BMF Tz 9):** Der über den Nennbetrag hinausgehende Betrag stellt eine Leistung der Gesellschaft an den veräußernden Gesellschafter dar. Es gelten die allgemeinen Grundsätze des § 27 I S 3. Soweit die Leistung den ausschüttbaren Gewinn übersteigt, mindert sich das Einlagekonto. Abweichend von § 28 II S 1 ist ein Sonderausweis nicht zuerst zu mindern. Da der Vorgang auf der Ebene des Gesellschafters als Veräußerung behandelt wird, ist auf der Ebene der Gesellschaft keine Kapitalertragsteuer einzubehalten, auch soweit aus Sicht der Gesellschaft nach der Regelung des § 27 I S 3 oder § 28 II S 3 eine Ausschüttung gegeben ist (BMF Tz 11).

**Beispiel:** Die A-GmbH verfügt zum 31.12.13 über ein steuerliches Eigenkapital von 1 Mio. €. Ihr Stammkapital beträgt € 100 000. Das steuerliche Einlagekonto zum 31.12.13 beträgt € 800 000. Die A-GmbH erwirbt im Jahr 14 eigene Anteile im Nennwert von € 25 000. Der Kaufpreis beträgt € 500 000.

Das steuerliche Eigenkapital zum 31.12.13:

| | |
|---|---|
| Steuerliches Eigenkapital 31.12.13 | 1 000 000 € |
| – Nennkapital | – 100 000 € |
| – Steuerliches Einlagekonto 31.12.13 | – 800 000 € |
| = ausschüttbarer Gewinn 31.12.13 | 100 000 € |

Handelsrechtlich ist der Nennbetrag iHv € 25 000 in der Bilanz in der Vorspalte zur Darstellung des Stammkapitals abzusetzen. Dies erfolgt auch in der Steuerbilanz. IHv € 25 000 erhöht sich das Einlagekonto. Diese Erhöhung erfolgt im Wj des Erwerbs der Anteile. Im Wj der Bezahlung des Kaufpreises ermäßigt sich das Einlagekonto um denselben Betrag. Der über den Nennbetrag hinausgehend als Kaufpreis gezahlte Betrag wird nach § 27 I S 3 mit dem steuerlichen Eigenkapital verrechnet. Zunächst gilt der ausschüttbare Gewinn als verwendet. Der darüber hinausgehende Teil mindert das Einlagekonto. Im Beispiel werden € 100 000 durch den ausschüttbaren Gewinn finanziert. Das Einlagekonto mindert sich um € 375 000.

| | |
|---|---|
| Steuerliches Eigenkapital 31.12.14 | 500 000 € |
| – Nennkapital nach Kürzung | – 75 000 € |
| steuerliches Einlagekonto | 800 000 € |
| Einlagekonto per 31.12.13 | + 25 000 € |
| Zugang wegen Kapitalherabsetzung | |
| Abgang iH des Kaufpreises für Nennbetrag | – 25 000 € |
| Verwendung Einlagekonto | – 375 000 € |
| – Einlagekonto per 31.12.14 | + 425 000 € |
| = ausschüttbarer Gewinn 31.12.14 | 0 € |

Bei einer Einziehung der eigenen Anteile ergeben sich keine steuerlichen Auswirkungen. Im Falle einer Einziehung gegen Abfindung gelten nach BMF diesselben Ausführungen. An die Stelle des Kaufpreises tritt die Abfindung bzw Entschädigungszahlung (BMF Tz 16). Wird das Nennkapital bei der Einziehung nicht herabgesetzt, ist der Vorgang hinsichtlich der Höhe des Nennkapitals der eingezogenen Anteile analog § 28 I als Kapitalerhöhung aus Gesellschaftsmitteln zu behandeln (BMF Tz 17). Entsprechend der handelsrechtlichen Behandlung stellen Nebenkosten des Erwerbs und der Einziehung Betriebsausgaben dar (BMF Tz 18).

Die Veräußerung der eigenen Anteile ist auf der Ebene der Gesellschaft wie eine Kapitalerhöhung zu behandeln. Sie führt nicht zu einem steuerlichen Veräußerungsgewinn bzw -verlust (BMF Tz 13). § 8b ist damit aus Sicht der FinVerw mangels Veräußerungsvorgangs nicht anwendbar. Entspricht der Veräußerungserlös dem Nennbetrag der Anteile ergeben sich keine Auswirkungen auf das steuerliche Einlagekonto nach § 27 oder den Sonderausweis iSv § 28 (BMF Tz 13). Übersteigt der Veräußerungserlös den Nennbetrag, erhöht sich insoweit das steuerliche Einlagekonto (BMF Tz 13).

**Beispiel:** Im Jahr 15 veräußert die A-GmbH die eigenen Anteile zum Kaufpreis iHv € 700 000.

| | |
|---|---|
| Steuerliches Eigenkapital 31.12.15 | 1 200 000 € |
| – Nennkapital (nach Zuschreibung; | |
| § 272 Abs 1b HGB, § 5 I EStG) | 100 000 € |
| steuerliches Einlagekonto | |
| Einlagekonto Stand per 31.12.14 | 425 000 € |
| Zugang iH des Kaufpreises über Nennbetrag | |
| – Einlagekonto per 31.12.2015 | + 675 000 € |
| | + 1 100 000 € |
| = ausschüttbarer Gewinn 31.12.15 | 0 € |

Der positive Effekt ist, dass der ausschüttbare Gewinn iHv € 100 000 zum 31.12. 13 im Ergebnis ohne steuerliche Konsequenzen auf der Ebene der Gesellschafter zum Bestand des Einlagekontos wird. Dieser Betrag kann an die Gesellschafter ausgekehrt werden, ohne dass Einkünfte aus Kapitalvermögen gegeben sind. Ist der Veräußerungserlös niedriger als der Nennbetrag, wird dies als Kapitalerhöhung aus Gesellschaftsmitteln behandelt. Analog § 28 I vermindert der Differenzbetrag den Bestand des steuerlichen Einlagekontos. Reicht der Bestand des steuerlichen Einlagekontos zur Verrechnung nicht aus, führt der Vorgang zur Bildung oder zur Erhöhung des Sonderausweises iSv § 28 (BMF Tz 14). Auch diese Reihenfolge weicht vom Gesetzeswortlaut ab. Auch insoweit wird ein Rückgriff auf das Einlagekonto zugelassen.

Auf der Ebene des Gesellschafters handelt es sich beim Erwerb eigener Anteile durch die Ges um Veräußerung (so auch FinVerw BStBl I 13, 1615 Tz 20). Der Gesellschafter überträgt Anteile gegen Entgelt. IRd Übertragungsakts selbst gehen die Anteile nicht unter. Damit ist von einer Veräußerung auszugehen. Soweit der Veräußerungserlös die AK oder den BW übersteigt, gelten § 8b KStG, § 17 EStG oder § 20 II Nr 1 EStG (vgl *Breuninger/Müller* GmbHR 11, 10; *Köhler* DB 11, 15; *Lechner/Haisch* Ubg 10, 691; *Förster/Schmidtmann* Ubg 09, 1342; *Mayer* Ubg 08, 779).

**Bis zur Neufassung** von Abs 1 S 3 und S 4 ab VZ 06 kommen als unmittelbare Minderungstatbestände Rückzahlungen von Nachschüssen (§§ 26, 30 II GmbHG), Wiederaufleben einer Darlehensverpflichtung gegenüber Gesellschaftern nach vorangegangenem Forderungsverzicht unter Besserungsvorbehalt, Erwerb nicht zu aktivierender eigener Anteile, Ausgleichsposten nach § 20 II 2 UmwStG aF sowie organschaftliche Mehrabführungen (Abs 6) in Betracht. 17

Zugänge im **Kj 01** bzw **Wj 01/02** werden als Zugänge bei der erstmaligen Feststellung zum 31.12.01 bzw im Schluss des Wj 01/02 erfasst. Für Abgänge im ersten Jahr der Anwendung von § 27 gilt uE dasselbe. Zwar kann die Verwendungsfiktion von Abs 1 S 3 nach Abs 1 S 2 dem Wortlaut nach nicht eingreifen, da es 18 einen Vorjahresbestand noch nicht gibt. Insoweit sollte aber als Vorjahresbestand die Schlussfeststellung des $EK_{04}$ als Anfangsbestand des Einlagekontos nach §§ 39 I, 36 VII verstanden werden (vgl *Semmler* DStR 02, 391, 393). Dem hat sich auch der BFH angeschlossen (BFH/NV 10, 1886, vgl Rz 10). Auskehrungen, die noch unter das Anrechnungsverfahren fallen, mindern das Einlagekonto nicht. Den gesellschaftsrechtlichen Vorschriften entsprechende Gewinnverwendungen in 01 werden noch mit dem $EK_{04}$ verrechnet (BFH/NV 10, 2117).

19 Verzichtet die FinVerw gem § 156 II AO auf eine KStVeranlagung und wird später veranlagt, soll das Einlagekonto bei Eintritt in die Veranlagungspflicht null betragen, wenn kein abw Nachweis erfolgt (FinVerw BStBl I 03, 366 Tz 8). Insoweit ist anzuraten, von Beginn an ein Einlagekonto gem § 27 zu führen, unabhängig von einer KStVeranlagung.

20 **4. Jährliche Fortschreibung (Abs 1 S 2):** Zu- und Abgänge sind ausgehend vom Bestand am Ende des vorangegangenen Wj nach dem Zuflussprinzip und nicht nach Bilanzgrundsätzen fortzuschreiben (vgl BFH BStBl II 97, 92). Ebenso wie § 30 II Nr 4 aF stellt § 27 auf **geleistete Einlagen** ab. Das Einlagekonto ist ein steuerl Konto und wird außerhalb der handelsrechtl Buchführung geführt. Es ist kein Konto im buchhalterischen Sinn. Abweichungen zwischen der Bilanz und dem Einlagekonto können sich ergeben, wenn zB Einlageforderungen gebucht, aber noch nicht tatsächlich erfüllt sind. Das Einlagekonto ist auf den Schluss eines jeden Wj (auch Rumpf-Wj) zu erstellen und ausgehend vom Stand am Ende des Vorjahrs um Zu- und Abgänge zu korrigieren. Es können nur Zu- und Abgänge des laufenden, nicht hingegen eines früheren Wj berücksichtigt werden (FG BaWü EFG 15, 954 mit Anm *Kuhfus*). Zugänge sind die nicht in das NennKap geleisteten Einlagen (s Rz 12 ff) im Zeitpunkt ihres Zuflusses sowie die zu erfassenden Minderungen (vgl Rz 14 f) im Zeitpunkt ihres Abflusses, soweit nach Abs 1 S 3 bei Auskehrungen das Einlagekonto als verwendet gilt. Dies kann im Fall von Bilanzberichtigungen zu Problemen führen. Erfolgt eine verdeckte Sacheinlage in 10 und wird diese in 17 wertberichtigt, da ursprünglich zu niedrig bewertet, kann die Höherbewertung im Einlagekonto nur erfasst werden, solange der Feststellungsbescheid am Ende des Jahrs des Zuflusses noch offen ist (vgl *Stimpel* in R/H/N § 27 Rz 57).

23 **5. Verwendungsfiktion (Abs 1 S 3 und 4):** Abs 1 S 3 und 4 bestimmen, welche Leistungen unter Verwendung von Beträgen des steuerl Einlagekontos erbracht werden. Es wird die **Verwendungsreihenfolge** festgelegt, die bestimmt, in welcher Reihenfolge die bei der Körperschaft vorhandenen Rücklagen für Leistungen an AntE als verwendet gelten. Es handelt sich um eine Fiktion, die der Gestaltung nicht zugänglich ist und nicht gegen Art 3 GG verstößt (BFH BStBl II 15, 816).

24 Leistungen mindern das steuerliche Einlagekonto unabhängig von ihrer handelsrechtlichen Einordnung nur, soweit sie den auf den Schluss des vorangegangenen Wj ermittelten ausschüttbaren Gewinn übersteigen (Einlagenrückgewähr). Der ausschüttbare Gewinn gilt also als zuerst ausgekehrt, was zur steuerpflichtigen Dividende führt. Ausschüttbarer Gewinn ist das steuerliche Eigenkapital abzüglich Nennkapital und abzüglich Bestand des steuerlichen Einlagekontos (Abs 1 S 5). Unter Leistungen fallen alle Auskehrungen der Körperschaft, die ihre Ursache im Gesellschaftsverhältnis haben. Hierzu zählen: Offene und verdeckte Gewinnausschüttungen, Vorabausschüttungen, Rückzahlungen von Aufgeldern oder Zuzahlungen, Wiederaufleben einer Forderung, auf die gegen Besserungsschein verzichtet wurde iHd Einlage bei Verzicht, Erwerb eigener Anteile soweit der Kaufpreis den Nennbetrag übersteigt, Schlussauskehrung iRd Liquidation, Mehr- und Minderabführungen iRd Organschaft werden über das Einlagekonto abgewickelt (vgl Abs 6).

25 Ausnahmsweise unterliegen Auskehrungen oder sonstige KapVeränderungen nicht der Verwendungsreihenfolge, sondern werden unabhängig von der Struktur des EK **direkt** aus dem Einlagekonto finanziert: KapErhöhung aus Gesellschafts-

mitteln (§ 28 I), KapHerabsetzung mit Auskehrung, soweit nicht Sonderausweis verbraucht (§ 28 II), organschaftliche Mehr- und Minderabführungen nach Abs 6, Rückzahlung von Nachschüssen bei der GmbH (§ 32 II GmbHG), Rückzahlung bei Darlehensverzicht gegen Besserung, soweit aufgrund des Verzichts bezüglich des werthaltigen Teils das Einlagekonto erhöht wurde (vgl BFH BStBl II 91, 588, ausf zur Rechtslage nach SEStEG v 7.12.07 *Pohl* DB 07, 1553). Unklar ist die Behandlung eines Ausgleichspostens nach § 20 II UmwStG aF. Insoweit ist str, ob eine Verrechnung mit dem Einlagekonto überhaupt erforderlich ist oder eine Abweichung des bilanziellen EK von der „Gliederungsrechnung" zu akzeptieren ist (vgl *Förster/van Lishaut* FR 02, 1205; *Franz* GmbHR 03, 818; *Dötsch/Pung* DB 03, 1345). **Ab VZ 06** ist durch die Neuformulierung von Abs 1 S 3 der unmittelbare Zugriff auf das Einlagekonto auf Abs 6 sowie § 28 II 2 beschränkt. Es spricht allerdings viel dafür, den Direktzugriff im Besserungsfall bei Forderungsverzicht gegen Besserungsschein weiter zuzulassen (zutr *Pohl* DB 07, 1553, vgl Rz 14). In den übrigen Fällen ist zunächst die Auskehrung ausschüttbaren Gewinns anzunehmen (vgl Rz 14).

Zur Bestimmung des Umfangs der Verwendung des Einlagekontos für Leistungen der Körperschaft an ihre AntE ist mangels vollständiger Gliederung des vEK eine **Differenzrechnung** erforderlich. Das Einlagekonto wird nach Abs 1 S 3 nur insoweit gemindert, als die Summe der im Wj von der Körperschaft an ihre Gesellschafter erbrachten Leistungen (Ausgangsgröße) den auf den Schluss des vorangegangenen Wj ermittelten ausschüttbaren Gewinn (Abzugsgröße) übersteigt. Ein positiver Differenzbetrag mindert in entsprechender Höhe das Einlagekonto. Die Verringerung des Einlagekontos tritt beim Abfließen der Leistung ein, nicht bereits im Zeitpunkt der ggf bilanziellen Behandlung einer Leistungsverpflichtung. Auf die Reihenfolge des Abflusses im Einzelfall kommt es nicht an, für Abs 1 S 3 ist lediglich die Summe der im Wj abgeflossenen Leistungen maßgeblich. 26

Der im Wj abgeflossenen **Summe der Leistungen** ist als Abzugsgröße der ausschüttbare Gewinn, ermittelt auf den Schluss des vorangegangenen Wj, gegenüberzustellen. Der **ausschüttbare Gewinn** umfasst nach Abs 1 S 5 das sog neutrale Vermögen sowie den Bestand an im Übergangszeitraum fortgeführten $EK_{02}$. Das G v 23.10.00 nannte als Vergleichsgröße nicht den „ausschüttbaren Gewinn", sondern das Gesamt-EK abzüglich NennKap, abzüglich Einlagekonto. Eine materielle Änderung ist mit der begrifflichen Änderung nicht beabsichtigt. Die FinVerw definiert den ausschüttbaren Gewinn weiterhin als Saldo des EK laut StBilanz abzgl gezeichnetem Kapital abzgl des Bestands des Einlagekontos (FinVerw BStBl I 03, 366 Tz 14; ebenso BFH BStBl II 10, 57). Ist der Saldo negativ, ist kein ausschüttbarer Gewinn vorhanden (FinVerw BStBl I 03, 366 Tz 14). Für die Bestimmung des EK kommt es auf die StBilanz an (BFH BStBl 10, 57), liegt keine vor, auf eine nach § 60 EStDV angepasste Handelsbilanz. Nach OFD Frankfurt (DStR 14, 903) setzt sich das EK zusammen aus dem gezeichneten Kapital, der Kapitalrücklage, den Gewinnrücklagen, dem Gewinnvortrag bzw Verlustvortrag sowie dem Jahresüberschuss bzw Jahresfehlbetrag (vgl § 266 III HGB). Inhaltlich besteht also Einigkeit. Sonderposten mit Rücklagenanteil, Rücklagen nach § 6b EStG, Rückstellungen und Verbindlichkeiten, auch wenn sie auf außerhalb der Bilanz hinzuzurechnenden vGa beruhen, gehören nach Auffassung der FinVerw (BStBl I 03, 366 Tz 16f) nicht zum steuerl EK. Für die Berechnung des gezeichneten Kap soll es auf den Nennwert, nicht auf den Stand der Einzahlung ankommen (FinVerw BStBl I 03, 366 Tz 20). Im Ergebnis vermindert sich das Einlagekonto durch folgende **Differenzrechnung: Ausgangsgröße** (Summe der im Wj abgeflossenen Leistungen ./. Rückzahlung von NennKap nach § 28 II 2) ./. **Abzugsgröße** (ausschüttbarer Gewinn zum Schluss des vorangegangenen Wj) = **Differenzbetrag,** wenn positiv = Minderung des Einlagekontos in entsprechender Höhe. 27

Leistungen aus dem Einlagekonto an mehrere AntE sind ihnen entspr ihrem Anteil an der Ausschüttung zuzurechnen. Finanziert sich eine Ausschüttung teilweise 28 aus dem ausschüttbaren Gewinn und teilweise aus dem Einlagekonto, ist es nicht möglich, dem einen AntE den Finanzierungsanteil aus dem neutralen Vermögen zuzuweisen und einem anderen AntE den Finanzierungsanteil aus dem Einlagekonto (vgl auch Rz 1). Zulässig ist es hingegen, disproportional auszuschütten, dh abweichend von der handelsrechtl Beteiligung der jeweiligen AntE an der Körperschaft (BFH BStBl II 01, 43, FR 07, 38, mit Anm *Binnewies* BFH/NV 06, 2207; BFH/NV 10, 865; BMF v 17.12.13 DB 14, 23; *Schwedhelm/Binnewies* DB 01, 503). Die aus dem Einlagekonto finanzierte Leistung des einzelnen Anteilseigners bestimmt sich dann nach seinem Anteil an der konkreten Ausschüttung (vgl Rz 1), zu der Frage der gesellschafterbezogenen Rücklagenbildung und deren Auflösung und Ausschüttung an einzelne Gesellschafter (vgl *Binnewies* GmbHR 15, 1065; *Priester* FS Knobbe-Keuk, 1997, 292, 297 ff; *ders* DStR 01, 795; zu der Problematik der gezielten Rückzahlung von Nachschüssen bei einer GmbH als unmittelbare Rückzahlung aus dem Einlagekonto trotz Vorhandensein von neutralem Vermögen vgl *Frotscher* in F/D § 27 Rz 41a).

29 Leistungen iSv Abs 1 S 3 konnten gleichzeitig zu einer **KStMinderung** (§ 37) und/oder **KStErhöhung** (§ 38) führen. In diesem Fall ist lediglich eine Bescheinigung nach § 38 III auszustellen und eine KStMinderung entgegen § 37 III S 4 Nr 2 nicht auszuweisen (FinVerw BStBl I 03, 366 Tz 25). Dies konnte zur Verhinderung der Nachversteuerung nach § 37 III nutzbar gemacht werden. Wurde über die Einlagenminderung eine KStMinderung nach § 37 II ausgelöst, kam es bei der empfangenden Körperschaft nicht zur KStErhöhung nach § 37 III, da aus Sicht der FinVerw keine Ausschüttung nach § 8b I, sondern eine Auskehrung nach § 8b II gegeben ist. Deswegen wird von der FinVerw auf die Bescheinigung der KStMinderung verzichtet.

30 Da Abs 1 S 3 bestimmt, dass auf den ausschüttbaren Gewinn zum Schluss des vorangegangenen Wj abzustellen ist, stehen im laufenden Wj erwirtschaftete Gewinne zur Finanzierung von **Vorabausschüttungen** oder vGa nicht zur Verfügung. Werden in einer KapGes regelmäßig Vorabausschüttungen beschlossen und stehen somit ausschüttbare Gewinne zum Jahresende nicht zur Verfügung, finanzieren sich Vorabausschüttungen bzw vGa im laufenden Jahr nicht aus im laufenden Jahr erzielten Gewinnen, sondern aus dem Einlagekonto, soweit dieses ausreicht. Insoweit ist es möglich, zum Jahresende durch Vorabausschüttungen die Rücklagen auf null zu reduzieren und laufende Gewinne im Folgejahr durch Vorabausschüttungen an die Gesellschafter unmittelbar weiterzureichen (ausf *Ackermann/Strnad* GmbHR 02, 584). Diese müssten dann mit dem Einlagekonto verrechnet werden. Das gelingt allerdings nur iHd tatsächlichen Bestands des Einlagekontos. Begrifflich können Einlagen zur Finanzierung von Ausschüttungen nur herangezogen werden, sofern sie tatsächlich geleistet wurden. Einen Negativausweis auf dem Einlagekonto gibt es grds nicht (Abs 1 S 4; BFH/NV 10, 2117; *Dötsch* in D/P/M § 27 Rz 58 ff; *Frotscher* in F/D § 27 Rz 32 ff).

31 **Beispiel:** Die A-GmbH hat zum 31.12.10 ein steuerl EK von 100. Das gezeichnete Kapital beträgt 60, das steuerl Einlagekonto 40 und damit der ausschüttbare Gewinn (steuerl EK abzüglich gezeichnetes Kapital, abzüglich Einlagekonto) null. Der bis z 30.6.11 erwirtschaftete Gewinn wird iHv 50 ausgeschüttet. IHv 40 kommt es zur stneutralen Auskehrung des Einlagekontos, iHv 10 ist eine Dividende zu versteuern und KapErtrSt abzuführen, da die Vorabausschüttung nicht zu einem Negativbestand des Einlagekontos führen kann.

32 Im Gegenzug stehen auch im laufenden VZ geleistete Einlagen nicht zur Finanzierung einer entsprechenden Auskehrung in demselben VZ zur Verfügung. Insoweit ist Vorsicht geboten, sonst werden angenommene Einlagerückzahlungen zu dem Teileinkünfteverfahren oder der Abgeltungssteuer unterliegenden Ausschüttungen:

33 **Beispiel:** A tätigt am 1.5.16 eine Einlage zur Sicherstellung der Liquidität der A-GmbH. Im August 16 wird der entspr Betrag wieder ausgekehrt, da die Liquidität nicht mehr benötigt

wird. Das Einlagekonto zum 31.12.15 betrug null. Die Auskehrung unterliegt iE der Dividendenbesteuerung.

Die Auskehrung aus der A-GmbH ist nur steuerneutral, wenn das Geld darlehensweise überlassen wurde oder es sich tatsächlich um eine Auskehrung aus dem Einlagekonto handelt. Da gem § 27 I S 3 auf den Bestand des Einlagekontos zum 31.12.15 abzustellen ist, kann es sich nach der Fiktion von § 27 I S 3 nicht um eine Auskehrung aus dem Einlagekonto handeln. Dem Wortlaut des Gesetzes folgend ist vorliegend von der Auskehrung zwischenzeitlich erwirtschafteter Gewinne, also ausschüttbarem Gewinn, auszugehen. Die Auskehrung unterliegt auf der Ebene der A-GmbH der KapErtrSt bzw auf der Ebene des A der Dividendenbesteuerung. § 27 lässt einen **direkten Zugriff auf das Einlagekonto** nicht zu, selbst wenn der Gesellschafterbeschluss über die Auskehrung einen entsprechenden Zugriff definiert (vgl BFH BStBl II 15, 816). Diesbezüglich besteht kein Gestaltungsspielraum. Wirtschaftlich und ausgehend vom Zweck des Gesetzes würde es zwar Sinn machen, auch einen **unterjährigen Zugang zum Einlagekonto** bereits zur Finanzierung einer in demselben Wj vorgenommenen Leistung heranzuziehen. Für den Fall des Zuzugs ausländ Gesellschaften ins Inland wird dies von Abs 2 S 3 gesetzlich dadurch geregelt, dass die unterjährige – im Zeitpunkt des Zuzugs der ausländ Gesellschaft – Erfassung von Einlagen im Einlagekonto zurückbezogen wird auf den Schluss des Vorjahrs. Eine analoge Anwendung dieser Regelung scheitert jedoch am klaren Wortlaut von Abs 1 S 3. Dem steht auch nicht entgegen, dass der BFH zu § 37 entschieden hat (BStBl II 08, 390), dass zur Finanzierung einer ordentlichen Gewinnausschüttung auch unterjährige Zugänge zum KStGuthaben genutzt werden konnten. Der entsprechende Wortlaut in § 37 III ist nicht identisch mit dem des Abs 1 S 3. Entgegen der Auffassung von *Dötsch* (D/P/M § 27 Rz 44) stellt auch der BFH (DB 2010, 1972) fest, dass der Wortlaut des Abs 1 S 3 insoweit eindeutig ist (so auch BFH v 30.1.13 I R 35/11, GmbHR 13, 716 mit Anm *Binnewies;* vgl *ders* GmbHR 15, 1065; aA *Siegel* DStR 13, 739; *Bareis* DB 13, 2231; ebenso FG Bln-Bdbg EFG 16, 678). Zu unterjährigen Zugängen und Abgängen des Einlagekontos bei Verschmelzungen ausf *Voßkuhl/Klemke* DB 10, 2696). Zum Problem der Besteuerung eines „fiktiven Gewinns" bei Auskehrung „materieller" Einlagen, die nicht erfasst sind, vgl *Bareis* DB 13, 2231. 34

Ausschüttungen können grds nicht dazu führen, dass das Einlagekonto negativ wird (Abs 1 S 4; vgl BFH/NV 10, 248). Dies bedeutet auf der Ebene der Gesellschaft, dass der das Einlagekonto übersteigende Teil grds kapitalertragsteuerpflichtig ist und auf der Ebene des Gesellschafters steuerbare Einnahmen vorliegen (BFH/NV 10, 248).

Ausnahmsweise kann es zu einem **Negativausweis** beim Einlagekonto kommen, idR wenn auf das Einlagekonto direkt zugegriffen wird, **bis VZ 06** zB bei überhöht ausgestellter Bescheinigung nach Abs 1 S 5 aF, bei der Rückzahlung von Nachschüssen nach § 32 II GmbHG, organschaftlichen Mehrabführungen (Abs 6), Wiederaufleben und Erfüllung von Forderungen bei Verzicht gegen Besserung, soweit bei Verzicht iHd werthaltigen Teils das Einlagekonto erhöht wurde (vgl FinVerw BStBl I 03, 366 Tz 10, 28 und 29), aber auch bei Erwerb eigener Anteile zur Einziehung (*Förster/van Lishaut* FR 02, 1205). Wird in diesen Fällen der Negativausweis durch spätere Einlagen ausgeglichen, kommt es bei deren Auskehrung zur Dividendenbesteuerung (§ 3 Nr 40 EStG oder § 8b I). **Ab VZ 06** wird die Möglichkeit eines Negativbestands durch den eingefügten Abs 1 S 4 auf den Fall des Abs 6 (organschaftliche Mehrabführungen) beschränkt (vgl Rz 14). Dies ist Konsequenz der Neufassung des Abs 1 S 3 mit Wirkung ab VZ 06, durch die der Direktzugriff auf das Einlagekonto begrenzt wird und von § 28 II 3, der die Reduzierung des Einlagekontos iRd Kapitalherabsetzung auf null beschränkt. Der darüber hinausgehende Teil der Auskehrung führt zu Einkünften aus Kapitalvermögen (§ 28 II 4). Dies gilt uE nicht für den Fall, dass man den Direktzugriff für den

Besserungsfall bei Forderungsverzicht gegen Besserungsschein weiter zulässt (da § 27 mangels Leistung iSv Abs 1 S 3 nicht anwendbar ist, vgl Rz 14 u 25, ausf *Pohl* DB 07, 1553).

37 ***6. Festschreibung der Verwendung (Abs 1 S 5 aF, bis VZ 05, danach s Abs 5, Rz 61):*** Nach Abs 3 sind dem AntE Auskehrungen, die aus dem steuerl Einlagekonto finanziert werden, zu bescheinigen. Abs 1 S 5 aF bestimmt, dass die einmal **bescheinigte Verwendung** von Beträgen des Einlagekontos unverändert bleibt, auch für den Fall, dass sich zB im Rahmen einer Betriebsprüfung herausstellt, dass noch andere Rücklagen vorhanden waren. Voraussetzung ist allerdings, dass überhaupt eine Bescheinigung erteilt wurde. Eine Bescheinigung gilt als erteilt, wenn sie mindestens einem Gesellschafter ausgehändigt wurde (BFH BStBl II 09, 974). Die der Bescheinigung zugrunde gelegte Verwendung bleibt unverändert, unabhängig davon, ob die Verwendung zu hoch oder zu niedrig bescheinigt wurde (krit für den Fall der zu niedrig ausgestellten Bescheinigung *Förster/van Lishaut,* FR 02, 1212). Insoweit kann es zu einem Negativausweis des Einlagekontos kommen. Hintergrund der Regelung ist der Umstand, dass insbesondere bei Publikumsgesellschaften, deren AntE anonym sind, eine Berichtigung einmal ausgestellter Bescheinigungen praktisch unmöglich ist. Im Fall der zu hoch ausgestellten Bescheinigung kann es nachträglich ausnahmsweise zu einem Negativbestand im Einlagekonto kommen, da es sich bei der Festschreibung der Verwendung durch die Ausstellung der Bescheinigung letztlich um eine weitere Fiktion handelt. Bis zum Zugang der Bescheinigung beim AntE ist eine Berichtigung möglich. Zugang bei einem Teil der AntE genügt für die bindende Festschreibung. Ist für eine Leistung aus dem Einlagekonto keine Bescheinigung ausgestellt worden, ist bis VZ 05 die Korrektur nach hM zulässig bis zur Bestandskraft des Bescheids über die Feststellung des Bestands des Einlagekontos (vgl *Gosch/Bauschatz* § 27 Rz 88). Ab VZ 06 ist Abs 1 S 5 durch Abs 5 ersetzt.

40 **7. Gesonderte Feststellung (Abs 2 S 1 und 2):** Als formelle Regelung bestimmt Abs 2, dass der Bestand des steuerl Einlagekontos gesondert festzustellen ist (vgl OFD Frankfurt DStR 14, 903). Festgestellt wird der Bestand auf den Schluss des jeweiligen Wj (auch Rumpf-Wj). S 2 bestimmt, dass der Bescheid über die gesonderte Feststellung des Einlagekontos **Grundlagenbescheid** für den Bescheid über die gesonderte Feststellung zum folgenden Feststellungszeitpunkt ist. Diese Regelung knüpft an § 39 I und § 36 VII an, wonach ein sich iRd Schlussgliederung zum Systemwechsel ergebender positiver Endbetrag $EK_{04}$ als Anfangsbetrag des steuerl Einlagekontos anzusehen ist. Insoweit ergibt sich eine lückenlose Kette von Grundlagen und Folgebescheiden. Ein Feststellungsbescheid ergeht auch, wenn sich keine Änderung ergeben hat. Ergibt sich in der Kette eine Änderung, kann diese über § 175 I 1 Nr 1 AO in den folgenden (Folge-)Bescheiden weiter umgesetzt werden.

41 Vor dem Hintergrund der Grundlagen-Folgebescheid-Funktion der jeweiligen Feststellungen des Einlagekontos zum Jahresende kann eine Einlage nur in dem Jahr zur Erfassung im Einlagekonto erklärt werden, in dem sie der Gesellschaft tatsächlich zugeflossen ist. Ist sie zum Schluss des Jahres des Zuflusses im Feststellungsbescheid nicht erfasst, ist eine nachträgliche Erfassung in späteren Jahren nicht möglich. Steuerlich wirkt sich die Einlage nur noch iRe Veräußerung oder einer Liquidation in Form von nachträglichen AK aus. Bei den AK iSv § 17 EStG bei natürlichen Personen oder iSv § 8b bei Körperschaften kommt es auf die Feststellung der Einlagen als nachträgliche AK im Einlagekonto nicht an. AK iSv § 17 EStG oder § 8b sind ausschließlich materiell-rechtlich zu definieren. Beide Normen haben keine Konnexität zu § 27. Sofern die Feststellung nach Abs 2 S 1/S 2 bestandskräftig ist, ist in der Praxis umstritten, inwieweit Korrekturen nach § 129 AO oder § 173 AO möglich sind. Jedenfalls, wenn aus der mit der Steuererklärung eingereichten Bilanz bzw dem Bilanzbericht hervorgeht, dass sich die handelsrecht-

liche Kapitalrücklage durch eine Zuzahlung der Gesellschafter erhöht hat, ist für den Veranlagungsbeamten erkennbar, dass ein Unterbleiben der Erklärung dieser Zuführung zur Feststellung des Einlagekontos versehentlich erfolgt sein muss. Jedenfalls in dieser Konstellation ist eine offenbare Unrichtigkeit gegeben (so auch FG Bln-Bdbg EFG 17, 231; FG Köln EFG 14, 417 und EFG 16, 980; FG Münster EFG 18, 11; vgl aber FG Münster EFG 14, 1155; v 13.10.17 EFG 18, 11; FG BaWü EFG 15, 954; FG RhPf EFG 14, 2081; vgl auch *Schröder* DStR 17, 835; *Herkens* GmbH-StB 16, 78). Ein Verjährungsproblem stellt sich iRd Korrektur nach § 129 AO nicht, da die fehlerhafte Feststellung des Einlagekontos in der Grundlagen-Folgebescheid-Funktion zu den Folgefeststellungen steht und sich die fehlerhafte Feststellung aufgrund der materiell-rechtlichen Bindungswirkung für die Besteuerung des Gesellschafters auf dessen Ebene erst Jahre später nach der fehlerhaften Feststellung des Einlagekontos noch auswirkt (FG Köln EFG 16, 980; FG Bln-Bdbg EFG 17, 231). Als weitere Korrekturnorm kommt § 173 I Nr 2 AO in Betracht. Zwar ist der feststellungspflichtigen Gesellschaft das Versehen eines steuerlichen Beraters zuzurechnen. Die Gesellschaft kann sich uE jedoch auf eine Verletzung der Ermittlungspflicht des Finanzamts berufen. Das Finanzamt muss eingereichte Bilanzen, Bilanzberichte und Wirtschaftsprüfungsberichte auswerten. Zwar braucht die FinVerw eindeutigen Steuererklärungen und vorgelegten Jahresabschlüssen nicht mit Misstrauen zu begegnen. Gleichwohl ist das Finanzamt nach Treu und Glauben gehindert, sich auf das Verschulden der Gesellschaft bzw ihres Beraters zu berufen, wenn es offensichtlichen Widersprüchen – hier zwischen eingereichter Bilanz und eingereichter Feststellungserklärung nach § 27 II – nicht nachgeht (aA FG Münster EFG 14, 1155). Ist die Kapitalrücklage handelsrechtlich noch vorhanden, kann das Problem unabhängig von verfahrensrechtlichen Korrekturen uE durch eine Kapitalerhöhung aus Gesellschaftsmitteln und einer später folgenden Kapitalherabsetzung aus Gesellschaftsmitteln oder den Erwerb eigener Anteile gelöst werden (vgl § 28 Rz 18).

Verfahrensrechtlich entfaltet der Feststellungsbescheid keine Wirkung für den KSt- oder EStBescheid des Anteilseigners. Über § 20 I Nr 1 S 3 EStG ergibt sich wohl aber eine materielle Bindung, da der Gesetzestatbestand unmittelbar an § 27 anknüpft. UE folgt hieraus nicht unmittelbar, dass die Minderung des Einlagekontos im Feststellungsbescheid bindend für die Qualifizierung einer Auskehrung iSv § 20 I Nr 1 S 3 EStG beim AntE ist, sondern lediglich die materielle Beurteilung sich nach § 27 KStG richtet und diesbezüglich keine eigenständigen Kriterien iRd § 20 I Nr 1 S 3 EStG gelten. Der BFH (BFH/NV 10, 1886) ist ebenfalls der Auffassung, dass der gesonderten Feststellung des Bestands des Einlagekontos **formell keine Bindungswirkung** für die Anteilseigner zukommt. Gleichwohl geht der BFH von einer **materiell-rechtlichen Bindungswirkung** auch für die Anteilseigner aus. Gem § 20 I Nr 1 S 3 EStG gehören Bezüge aus Anteilen an einer Körperschaft nicht zu den Einnahmen aus Kapitalvermögen, soweit für diese EK iSv § 27 als verwendet gilt. Daraus schließt der BFH, dass ein Gesellschafter sich nicht darauf berufen kann, das steuerl Einlagekonto sei im Bescheid über die Feststellung des steuerl Einlagekontos unzutreffend ausgewiesen. Vielmehr gelte das steuerl Einlagekonto für Leistungen der Körperschaft als verwendet, sofern dies der Feststellung gem § 27 II zu entnehmen sei. UE ist dies nicht zwingend (vgl auch *Binnewies* Stbg 15, 408). Aus dem Umstand, dass § 20 I Nr 1 S 3 EStG als Tatbestandsmerkmal das steuerl Einlagekonto iSv § 27 aufgreift, folgt uE lediglich, dass die materiell-rechtlichen Voraussetzungen von § 27 II gegeben sein müssen, damit keine Dividende iSv § 20 I Nr 1 EStG vorliegt. Der BFH hingegen stellt auch insoweit Kontinuität zum alten Recht unter dem Anrechnungsverfahren her (vgl BFH BStBl II 95, 362). Daraus kann uE geschlossen werden, dass der Gesellschafter selbst den Feststellungsbescheid anfechten kann, mit idR anderem Fristlauf, da er ihm nicht bekanntgegeben wird (vgl *Brühl* DStR 17, 1129). Änderungen bezüglich des Feststellungsbescheids lösen als rückwirkendes Ereignis iSv § 175 I S 2 42

Nr 2 AO die Ablaufhemmung der vierjährigen Frist für die Einkommensteuerfestsetzung auf der Ebene des Gesellschafters nach § 175 II iVm § 169 II S 1 Nr 2 AO aus (BFH BStBl II 17, 101).

43 **8. Erstmalige Feststellung bei Zuzug (Abs 2 S 3):** Der mit Gesetz v 7.12.06 neu eingefügte Abs 2 S 3 ermöglicht die erstmalige Feststellung des Einlagekontos im Fall des Zuzugs einer ausländ KapGes durch Verlegung des Orts der Geschäftsleitung ins Inland und damit im Fall der erstmaligen Begründung der unbeschränkten Steuerpflicht. Der im Zeitpunkt des Zuzugs festgestellte Bestand gilt als Bestand des steuerl Einlagekontos am Ende des vorangegangenen Wj. Das bedeutet, dass die im Ausland geleisteten Einlagen bei der Ermittlung des Einlagekontos Berücksichtigung finden können. Dies wurde von der FinVerw bislang abgelehnt (BMF v 4.6.03, BStBl I 03, 366 Tz 5). Die Regelung des Abs 2 S 3 gilt für den Zuzug nicht nur von EU-KapGes, sondern weltweit. Durch die Fiktion der Feststellung des Einlagekontos im Zeitpunkt des Zuzugs, also der Begründung der unbeschränkten Steuerpflicht auf den Schluss des vorangegangenen Wj stehen die Einlagen im Zuzugsjahr bereits für Auskehrungen zur Verfügung. Nach der Gesetzesbegründung soll Gleiches für Neugründungen von KapGes gelten. Eine im laufenden VZ gegründete KapGes kann die im Zeitpunkt der Gründung geleisteten Einlagen bereits zur Auskehrung verwenden, da auch in diesem Fall die zeitliche Fiktion auf den Schluss des vorangegangenen Wj erfolgen soll. Entsprechendes gilt in Einbringungsfällen gem § 20 UmwStG. Die tatsächliche Feststellung des Einlagekontos erfolgt erstmals auf den Schluss des Zuzugsjahrs oder des Gründungsjahrs. Darin erfasst sind ggf bereits erfolgte Auskehrungen. Im Ergebnis ist in den Zuzugsfällen eine Schattenrechnung nach § 27 seit Gründung der ausländ KapGes vorzunehmen. Die zuziehende Gesellschaft muss nachweisen, in welcher Höhe offene und verdeckte Einlagen geleistet wurden und in welcher Höhe diese zurückgezahlt wurden, also im Ergebnis in welcher Höhe sie im Zeitpunkt des Zuzugs noch vorhanden sind. Fiktive Einlagen nach § 4 I 8 2. HS EStG sollen nicht erfasst werden (OFD Rheinland DB 11, 2426; OFD Münster DStR 11, 2298). Dies ist in der Praxis mit erheblichen Nachweisproblemen behaftet. Für die grenzüberschreitende Hereinverschmelzung sieht § 29 VI eine entsprechende Regelung vor. Das Einlagekonto der übernehmenden inländ KapGes erhöht sich um die in der untergehenden ausländ Ges vorhandenen offenen und verdeckten Einlagen. Die zeitliche Fiktion einer rückwirkenden Erhöhung des Einlagekontos der Übernehmerin bereits zum Schluss des vorangegangenen Wj gilt uE entsprechend.

47 **9. Erklärungspflichten (Abs 2 S 4 und 5):** Unbeschränkt stpfl KapGes sowie sonstige Körperschaften (Abs 7) haben eine Erklärung zur gesonderten Feststellung des Bestands des steuerl Einlagekontos auf den Schluss des jeweiligen Wj abzugeben. Erklärungspflichtig sind die in § 34 AO genannten Personen, die die Erklärung eigenhändig zu unterzeichnen haben. Das sind die gesetzl Vertreter der Körperschaft, Personenvereinigungen und Vermögensmassen. Die Erklärung zur gesonderten Feststellung ist eine StErklärung iSv §§ 149 ff AO. Bei Nichtabgabe können Verspätungszuschläge festgesetzt werden (§ 152 AO). Die Erklärung zur gesonderten Feststellung des Bestands des Einlagekontos zum Schluss eines jeden Wj geht einher mit der Erklärungspflicht des Sonderausweises der in NennKap umgewandelten Rücklagen (§ 28 I S 3 und 4).

51 **10. Bescheinigung (Abs 3 und 4):** Abs 3 ordnet die Pflicht der Körperschaft zur Bescheinigung der aus dem Einlagekonto finanzierten Leistungen gegenüber den AntE an. Die Bescheinigung ist nach **amtlich vorgeschriebenem Muster** auszustellen. Der Bericht über den Jahresabschluss bzw Gesellschafterbeschluss vermag die Bescheinigung iSv Abs 3 nicht zu ersetzen (FG RhPf EFG 14, 2081). Die Bescheinigung gilt als ausgestellt, wenn mindestens ein Gesellschafter sie erhal-

ten hat (BFH BStBl II 09, 974). Bis dahin kann von der Gesellschaft neu ausgestellt werden. Eine Bescheinigung, die den Anforderungen des Abs 3 nicht entspricht, entfaltet keine Wirkung (BFH BFH/NV 15, 1603). Bei Ausgleichszahlungen ist die OrganGes zur Bescheinigung verpflichtet, auch wenn die Zahlung vom OrganT erbracht wird. Die AntE haben einen zivilrechtl durchsetzbaren Anspruch auf diese Bescheinigung.

**AntE** ist nach § 20 IIa 2 EStG derjenige, dem nach § 39 AO die Anteile an dem KapVermögen iSv § 20 I Nr 1 EStG im Zeitpunkt des Gewinnverteilungsbeschlusses zuzurechnen sind. Wirtschaftlicher Eigentümer als Empfänger der Anteile ist: Bei Treuhandverhältnissen der Treugeber, bei Sicherungsübereignungen der Sicherungsgeber, bei Verpfändung der Pfandschuldner, bei Sicherungsabtretung der Abtretende, bei Vorbehalts- oder Vermächtnisnießbrauch der Nießbraucher, bei unentgeltlichem Zuwendungsnießbrauch der Nießbrauchbesteller, bei entgeltlichem Zuwendungsnießbrauch der Nießbraucher. Bei vGa treten die Rechtsfolgen stets in der Person des Anteilsinhabers ein, auch bei vGa an nahestehende Personen. Die Bescheinigung ist auf den Anteilsinhaber auszustellen. Bei PersGes ist eine zusammenfassende Bescheinigung auf den Namen der PersGes auszustellen. Ist die Beteiligung dem Sonderbetriebsvermögen zuzurechnen, wird die Bescheinigung dem Gesellschafter ausgestellt. Für die Frage des wirtschaftlichen Eigentums ist die Fiktionswirkung der Gesellschafterliste nach § 16 GmbHG ein Indiz, aber nicht ausschlaggebend. Da nach S 1 Nr 3 der Zahlungstag zu bescheinigen ist, darf die Bescheinigung erst ausgestellt werden, nachdem die Leistung **abgeflossen** ist. 52

Die Bescheinigung ist keine **materielle Voraussetzung** für die Qualifizierung der Leistung als nicht steuerbare KapRückzahlung. Sie dient lediglich dem vereinfachten Nachweis. § 20 I Nr 1 S 3 EStG macht die Nichtsteuerbarkeit nur vom Vorliegen der materiellen Voraussetzungen des § 27, nicht aber zusätzlich vom Vorlegen einer Bescheinigung abhängig (ebenso *Frotscher* in F/D § 27 Rz 59b). Gleichwohl entfaltet die Bescheinigung für den Gesellschafter materiell-rechtliche Bindungswirkung (Nds FG EFG 09, 1963), jedenfalls besteht eine Beweisvermutung (BFH/NV 10, 1128). Die Bindungswirkung der Bescheinigung ergibt sich aus dem Umstand, dass Abs 5 die Korrekur einer zu niedrigen oder gar nicht erfolgten Bescheinigung nicht zulässt. Dies hat eine entsprechende (zu niedrige) Feststellung der Verwendung des Einlagekontos nach Abs 2 zur Folge. Die Feststellung nach Abs 2 wiederum hat materiell-rechtliche Bindung für die Besteuerung des Gesellschafters (so jedenfalls der BFH vgl Rz 42). Ist eine Verwendung nicht bescheinigt, wird sie nicht feststellt. Wird sie nicht festgestellt, liegt auf der Ebene der Gesellschaft Dividende vor. 53

Die Ausstellung der Bescheinigung im Zeitpunkt des Systemwechsels vom Anrechnungs- zum Halbeinkünfteverfahren hängt davon ab, ob die Ausschüttung dem AnrV oder dem Halbeinkünfteverfahren unterliegt. Bei ordentlichen Gewinnausschüttungen und kj-gl Wj betrifft dies die Ausschüttungen in 02 für 01, beim Vorhandensein eines abw Wj 00/01 bei Ausschüttungen im Wj 02/03. Bei anderen Ausschüttungen und kj-gl Wj für Ausschüttungen, die in 01 abgeflossen sind, bei kj-abw Wj 00/01, wenn die Ausschüttung im Wj 01/02 abgeflossen ist. Mit der Ausstellung der Bescheinigung sollte bis zum Ablauf des jeweiligen Wj gewartet werden, da vorher nicht feststeht, ob noch weitere Ausschüttungen erfolgen. Bei mehreren Ausschüttungen ist die Summe zu bilden, die dann einheitlich zu verrechnen ist. 54

Die nach amtlich vorgeschriebenem Muster zu erteilende Bescheinigung muss grundsätzlich unterschrieben werden. Die **Unterschrift** ist entbehrlich, wenn die Bescheinigung im maschinellen Verfahren ausgedruckt worden (iRd KapESt-Anmeldung) und der Aussteller erkennbar ist (Abs 3 S 2). Die Bescheinigung ist erstmals im BMF-Schreiben BStBl I 01, 235 veröffentlicht. Nach Abs 3 Nr 1 sind der **Name** und die **Anschrift** des Anteilseigners anzugeben. Anschrift ist bei natürlichen Personen der Wohnsitz nach § 8 AO, bei Körperschaften der **Sitz** nach 55

§ 11 AO oder der **Ort der Geschäftsleitung** nach § 10 AO. Nach Abs 3 Nr 2 hat die Bescheinigung die **Höhe der Leistung** zu enthalten, die an den AntE ausgekehrt wurde und aus dem steuerl Einlagekonto finanziert ist. Mehrere Leistungen, die bei der Körperschaft in demselben Wj abgeflossen sind, sind in einer **Summe** zu bescheinigen. Nach Abs 3 S 1 Nr 3 hat die Bescheinigung ferner den **Zahltag** zu enthalten. Das ist der Tag des **Zuflusses** beim AntE. Nicht unproblematisch ist die Erteilung der Bescheinigungen in dem Fall, in dem es innerhalb eines Wj **mehrere Ausschüttungen** gegeben hat.

**Beispiel:** Bei der A-GmbH beträgt der ausschüttbare Gewinn zum 13.12.14 € 200 000. Auch der Bestand des zum 31.12.14 festgestellten Einlagekontos beträgt € 200 000. Im März 15 wird ein Betrag iHv € 200 000 ausgeschüttet. Ferner wird im Juli 15 eine weitere Ausschüttung iHv € 200 000, beschlossen und durchgeführt. Für die Ausschüttung im März 15 wird eine Kapitalertragsteueranmeldung eingereicht, KapErtSt einbehalten und abgeführt. Für die Ausschüttung im Oktober 15 wird eine Bescheinigung über die Auskehrung aus dem steuerlichen Einlagekonto erstellt. Die KapErtSt-Anmeldung enthält einen Null-Betrag. KapErtSt wird nicht einbehalten und abgeführt. Das Finanzamt erlässt für die Ausschüttung im Oktober 15 einen Haftungsbescheid über KapErtSt (FG Hessen EFG 15, 676). Unter Anwendung dieser Rechtsgrundsätze wären im Beispielsfall KapErtSt-Anmeldungen abzugeben gewesen, aus denen sich jeweils eine steuerpflichtige Ausschüttung iHv € 100 000 ergibt. Die Bescheinigung über die Verwendung des Einlagekontos hat für jede Ausschüttung € 100 000 auszuweisen.

Diese **Sammelbetrachtung** führt dazu, dass erst mit Ablauf des Wj rückwirkend feststeht, in welchem Umfang die in dem jeweiligen Wj erfolgten einzelnen Leistungen auf einer Verwendung des steuerlichen Einlagekontos beruhen. Die für die einzelnen Ausschüttungen abgegebenen KapErtrSt-Anmeldungen und ausgefüllten Bescheinigungen sind gegebenenfalls unzutreffend. Dies ist nach FG Hessen (EFG 15, 676) hinzunehmen. Die KapErtSt-Anmeldungen seien jedoch gemäß § 164 II AO, aber auch nach § 175 I Nr 1 AO rückwirkend abänderbar. Die Bescheinigungen nach Abs 3 könnten wegen der Sammelbetrachtung zwar erst nach Ablauf des Wj in zutreffender Höhe ausgestellt werden. Auch das gemäß Abs 2 S 1 eine zu niedrig bescheinigte Verwendung der steuerlichen Einlagen festgeschrieben würde, stehe der Sammelbetrachtung nicht entgegen. Die Festschreibung einer zu niedrig bescheinigten Verwendung trete erst im Zeitpunkt des Erlasses des Feststellungsbescheids zum Ende des betreffenden Wj ein, so dass die Gesellschaft nach Ablauf des Wj bis zur Bekanntgabe des Feststellungsbescheids hinreichend Anlass und Gelegenheit habe, für jede Einzelleistung die Verwendung der steuerlichen Einlagen nach Maßgabe der Sammelbetrachtung unter Berücksichtigung des zum Vorjahresende festgestellten steuerlichen Einlagekontos und des vorhandenen ausschüttbaren Gewinns zu ermitteln und den Anteilseignern die entsprechenden Bescheinigungen für sämtliche Leistungen zu übersenden. Diese Handhabung ist äußerst problematisch. Da für die Verwendung des steuerlichen Eigenkapitals nach der Verwendungsfiktion gemäß Abs 1 S 3 sowieso auf das steuerliche Eigenkapital auf den Schluss des vorangegangenen Wj abgestellt wird, ist es uE sinnvoll und der Norm entsprechend, sowohl bei der Erteilung der Bescheinigungen als auch bei der Abgabe der KapErtSt-Anmeldung eine Einzelbetrachtung vorzunehmen. Die Auffassung des FG Hessen sowie der hM führt dazu, dass die Bescheinigungen nach § 27 KStG im Zeitpunkt der jeweiligen Ausschüttung vorbereitet und ausgestellt, nicht aber den Gesellschaftern ausgehändigt werden sollten. Im Fall der Bescheinigung einer zu niedrigen Verwendung des Einlagekontos, welcher in diesen Konstellationen regelmäßig bei den ersten Ausschüttungen im Jahr eintritt, würde diese Bescheinigung der zu niedrigen Verwendung des Einlagekontos unabänderbar in dem Zeitpunkt, in dem auch nur einem Gesellschafter die Bescheinigung ausgehändigt worden ist. Vor diesem Hintergrund sollte keinem Gesellschafter eine Bescheinigung ausgehändigt werden vor Ablauf des Wj und einer Berechnung nach der Sammelbetrachtung.

Die in Abs 3 begründete Pflicht, dem AntE eine Bescheinigung über die Verwendung des steuerl Einlagekontos auszustellen, geht nach Abs 4 auf ein **Kreditinstitut** über, wenn die Auszahlung der Leistung von der Vorlage eines Dividendenscheins abhängt und die Auszahlung der Leistung für Rechnung der Körperschaft durch ein Kreditinstitut erbracht wird. Da die Vorlage des Dividendenscheins nur bei Aktien erforderlich ist, wird die Bescheinigung nur von Kreditinstituten ausgestellt, wenn die ausschüttende Körperschaft eine **Aktiengesellschaft** ist. Die Aktiengesellschaft stellt in diesen Fällen keine Bescheinigung nach Abs 3 aus. Der Anspruch des AntE richtet sich daher gegen das Kreditinstitut. Nach S 2 ist in der Bescheinigung anzugeben, für welche Aktiengesellschaft die Leistung erbracht wird. Abs 4 ersetzt die bisherige Regelung des § 45 aF. Verpflichtet sind inländ Kreditinstitute, dh Kreditinstitute mit Sitz und/oder Geschäftsleitung im Inland sowie Zweigniederlassungen eines Kreditinstituts, eines Wertpapierhandelsunternehmens oder eines Unternehmens, das sonstige Bankgeschäfte betreibt oder Finanzdienstleistungen erbringt und seinen Sitz zwar nicht im Inland, aber in einem Staat des Europäischen Wirtschaftsraums hat (§ 53b I, VII KWG). 56

**11. Verwendungsfestschreibung (Abs 5):** Abs 5 wurde durch das Gesetz v 7.12.06 neu gefasst. Eine Verwendungsfestschreibung bezüglich des Einlagekontos ist nur noch bei zu niedriger Angabe der Einlagerückgewähr in der Bescheinigung vorgesehen (Abs 5 S 1).Ist in der Bescheinigung keine Angabe vorgesehen oder eine Bescheinigung bis zur erstmaligen Feststellung gem Abs 2 nicht erteilt, gilt dies als Bescheinigung einer Einlagerückgewähr von null (Abs 5 S 2; Abs 5 S 1 und 2 sind nach der Rspr lex specialis zu Abs 1 S 3 und überlagern die materiellrechtliche Berechnung nach Abs 1 S 3 (FG RhPf EFG 14, 2081)). Dies ist ua im Zusammenhang mit vGa von Bedeutung, da bei vGa typischerweise eine Bescheinigung nicht erteilt wird. Die FinVerw geht davon aus, dass es auf den Zeitpunkt der Entdeckung der vGa nicht ankommt. Auch wenn diese erst nach der Feststellung gem § 27 II entdeckt wird, gilt nach Auffassung der FinVerw die Fiktion (OFD Münster GmbHR 10, 56). Eine vGa führt danach in der Praxis regelmäßig immer zu stpfl Dividenden, auch wenn ein ausreichend hohes Einlagekonto zur Finanzierung der vGa vorhanden ist. 61

**Beispiel** (OFD Münster v 27.11.09, GmbHR 10, 56):

A-GmbH 31.12.07 (in T€)

| | | | |
|---|---|---|---|
| Aktiva | 200 | gezeichnetes Kapital | 25 |
| | | Kapitalrücklage | 185 |
| | | Verlust | ./. 10 |
| | 200 | | 200 |

Für die A-GmbH wurde zum 31.12.08 ein steuerliches Einlagekonto iHv 185 T€ festgestellt. In 08 erfolgt eine **vGa** (nachträglich festgestellt durch eine Betriebsprüfung im Dezember 09) iHv 50 T€. Der erstmalige Bescheid über die Feststellung des steuerl Einlagekontos zum 31.12.08 wurde am 25.9.09 bekannt gegeben. Die A-GmbH hat bis zum 25.9.09 für in 08 abgeflossene Gewinnausschüttungen keine Steuerbescheinigung mit einer Verwendung des steuerl Einlagekontos erteilt. Die Verwendung gilt als **iHv null Euro bescheinigt.** Daraus ergibt sich, dass die Verwendungsfestschreibung nach Abs 5 S 1 greift und der Anteilseigner Erträge iSd § 20 I Nr 1 EStG erzielt. Dies soll gelten, obwohl in dem vorliegenden Fall ein ausschüttbarer Gewinn von null Euro vorhanden ist und folglich nach der Regelung des Abs 1 die vGa zu 100% aus dem steuerl Einlagekonto finanziert werden könnte. UE sollte Abs 5 S 2 nur auf erkannte Ausschüttungen Anwendung finden (vgl *Dötsch* in D/P/M § 27 Rz 214; *Ott* DStZ 16, 227; aA *Gosch/Bauschatz* § 27 Rz 105). Der BFH hat die Fiktion aus Abs 5 S 2, die zu materiell-rechtlich nicht berechtigter Steuer führen kann, für verfassungsgemäß erachtet (BFH BStBl II 15,

816). Die Regelung sei hier hinsichtlich ihrer Voraussetzungen und Rechtsfolgen klar und diene in zulässiger Weise der Vereinfachung des Verwaltungsverfahrens.

Kommt es zu einer Verwendungsfestschreibung aufgrund einer zu niedrigen Angabe in der Bescheinigung, sieht Abs 5 S 3 ein **Verbot der Berichtigung** der Bescheinigung vor (vgl auch BFH/NV 10, 1886). Dies soll die korrespondierende steuerl Behandlung der Leistung bei der auskehrenden Körperschaft und den empfangenden Anteilseignern garantieren (Abs 5 S 3). Die Körperschaft verringert ihr Einlagekonto lediglich iHv bescheinigten Einlagerückgewähr und die Anteilseigner haben steuerfreie Auskehrungen nach § 20 I 1 Nr 1 S 3 EStG lediglich iHd zu niedrig bescheinigten Betrags. Problematisch ist auch diese Regelung bei nachträglich festgestellten Ausschüttungen, zB Feststellung von vGa in der Bp. Hier sollte trotz der zu niedrig ausgestellten Bescheinigung der Einlagenrückgewähr mit dem Einlagekonto verrechnet werden können. Die Verwendungsfestschreibung ist teleologisch zu reduzieren auf Leistungen, die zur Zeit der Erstellung der Bescheinigung als Ausschüttung bekannt waren (ebenso *Dötsch* in D/P/M § 27 Rz 214; vgl Rz 61; *Neyer* DStR 16, 1841; offen FG RhPf EFG 14, 2081). Sofern man eine teleologische Reduktion aufgrund des Wortlauts des Gesetzes nicht für möglich hält, sollte jedenfalls in diesem Fall eine Billigkeitsmaßnahme nach § 163 AO möglich sein, obgleich die Rechtsprechung auch diesbezüglich ausgesprochen restriktiv ist (vgl FG BaWü EFG 16, 1994; Rev BFH I R 30/16; FG Sachsen EFG 17, 156; Rev I R 45/16; FG RhPfl EFG 14, 2081; BFH/NV 15, 1022; aus der FinVerw: OFG Münster v 27.11.09, GmbHR 10, 56; aus der Literatur: *Neyer* BB 17, 3036; *Moritz* GmbHR 17, 511).

62 Ist die Verwendung des Einlagekontos zu hoch bescheinigt, kann die den Anteilseignern ausgestellte Bescheinigung hinsichtlich der Einlagerückgewähr berichtigt werden (Abs 5 S 5). Dies steht im Ermessen der Verwaltung. Dies bedeutet, dass auch gegenüber nur einzelnen Anteilseignern eine Berichtigung erfolgen kann. Vor dem Hintergrund der Berichtigungsflut bei Publikumsgesellschaften hat das Gesetz die Berichtigung in das Ermessen der Verwaltung gestellt. Unabhängig davon, ob die Steuerbescheinigung berichtigt wird, **haftet** die auskehrende Körperschaft iHd auf den überhöht ausgewiesenen Betrag der Einlagenrückgewähr entfallenden KapErtrSt (Abs 5 S 4). Auf Vorsatz oder grobe Fahrlässigkeit kommt es nicht an. Übernimmt die auskehrende Körperschaft die KapErtrSt, gilt gem § 43a I Nr 1 EStG der Steuersatz von 25% anstelle von 20% bis VZ 08, wobei die Übernahme der KapErtrSt eine vGa an die Anteilseigner darstellen würde (ebenso *Ott* DStR 16, 227; *Dötsch* in D/P/M § 27 Rz 220). Über den zusätzlichen Kapitalertrag ist eine gesonderte Steuerbescheinigung auszustellen, die sich aus einer vGa iHd übernommenen KapErtrSt und zusätzlich darauf abzuführender KapErtrSt zusammensetzt. Die KapErtrSt wird auf den vollen Betrag der Ausschüttung und nicht auf den bei Anwendung des Teileinkünfteverfahrens steuerpflichtigen Teil der Ausschüttung (60%) erhoben (*Ott* DStR 16, 227). Nach Abs 5 S 6 ist iRd Feststellung des Einlagekontos zum Schluss des Wj der Leistung nur der zutreffende – und nicht der unrichtig überhöht ausgewiesene – Betrag der Einlagenrückgewähr abzuziehen. Auf Anteilseignerseite werden Kapitalerträge iHd bescheinigten Einlagerückgewähr nicht der Besteuerung unterworfen. Wird die unzutreffende Bescheinigung nicht berichtigt, kommt es auf der Seite der die Leistung gewährenden Körperschaft ebenfalls nur iHd zutreffenden Betrags zur Verringerung des Einlagekontos. Die Anteilseigner beziehen iHd übersteigenden Betrags Kapitalerträge. Auf den übersteigenden Betrag entfällt 25% KapErtrSt. Diese Steuer wird definitiv. In die Veranlagung des Anteilseigners ist jedoch die vGa im Fall der übernommenen KapErtrSt einzubeziehen, auf die wiederum KapErtrSt entfällt, die der Anteilseigner anrechnen kann. Wird die unrichtige Steuerbescheinigung berichtigt, unterliegt die Gewinnausschüttung nach allgemeinen Grundsätzen der KapErtrSt. Zur Frage, ob in diesem Fall die Veranlagung einem Einbehalt von KapErtrSt vorgeht, vgl *Voßkuhl/Klemke* DB 12, 2248. Das Einlagekonto der Kör-

perschaft wird nicht verringert. Auf Anteilseignerseite werden iHd zunächst zu hoch bescheinigten Einlagenrückzahlung steuerpflichtige Dividenden angesetzt. Die bei der Körperschaft regulär erhobene KapErtrSt wird auf die ESt des Anteilseigners angerechnet.

**12. Mehr- und Minderabführungen bei Organgesellschaften (Abs 6):** 70
Abs 6 ersetzt den Abs 8 des G v 23.10.00 (Rz 10) rückwirkend, dh ab Einführung des Halbeinkünfteverfahrens. Abs 8 aF idF des StSenkG (Rz 10) kommt daher nicht zur Anwendung. Das JStG 08 hat die S 2 bis 4 gestrichen. Die steuerl Auswirkungen organschaftlicher Ausgleichsposten sind nunmehr entsprechend der umstr VerwAuffassung in § 14 IV geregelt. Entgegen BFH BStBl II 07, 796, ist dort festgeschrieben, dass die Ausgleichsposten steuerwirksam aufzulösen sind. § 8b, § 3 Nr 40 EStG gelten (vgl § 14 Rz 142ff). Abs 6 S 1 regelt nur noch die Auswirkungen von Mehr- oder Minderabführungen auf das Einlagekonto bei der OrganGes. Nach § 14 ist das Einkommen der OrganGes, wie es sich ohne Bestehen der Organschaft ergeben hätte, steuerl dem OrganT zuzurechnen.

Das zu versteuernde Einkommen wird auf der Ebene des OrganT ermittelt. Die 71
steuerl Regelung korrespondiert mit der handelsrechtl Gewinnabführung. Allerdings entsprechen sich handelsrechtl abzuführender Gewinn und steuerl dem OrganT zuzurechnendes Einkommen nicht immer. Das zuzurechnende Einkommen kann höher, aber auch niedriger sein. Durch die Aufgabe der Maßgeblichkeit der Handelsbilanz für die Steuerbilanz im UmwStG durch das SEStEG v 7.12.06 erhöht sich die Anzahl der Fallkonstellationen (vgl *Dötsch/Pung* DB 07, 2672). Diese **Abweichungen** müssen ausgeglichen werden. Anderenfalls würde bei der OrganGes Vermögen gezeigt, das handelsrechtl nicht mehr vorhanden ist, weil es aufgrund des Ergebnisabführungsvertrags an den OrganT abgeführt wurde. Umgekehrt würde handelsrechtl Vermögen bei der OrganGes belassen, das steuerl dem OrganT zugerechnet wird.

Unter dem AnrV führten Minderabführungen grundsätzlich zu einer Erhöhung 72
des $EK_{04}$ der OrganGes, Mehrabführungen verringerten ihr $EK_{04}$. Diese Regelung wurde für das Einlagekonto übernommen. Nach Abs 6 erhöhen Minderabführungen und mindern Mehrabführungen das Einlagekonto. Die Minderung des Einlagekontos ist nicht auf seinen positiven Bestand beschränkt. Auch insoweit kann ein negatives Einlagekonto entstehen (vgl Rz 34). Zwar kann eine nicht geleistete Einlage begrifflich nicht verwendet werden. Wie bei der Festschreibung nach Abs 5 handelt es sich vorliegend aber ebenfalls um eine **Fiktion** nicht nur der Verwendungsreihenfolge, sondern der Verwendung überhaupt und nicht um eine tatsächliche Verwendung. In den Fällen der „doppelten" Fiktion (Festschreibung nach Abs 5 sowie Mehrabführung nach Abs 6) ist eine Minderung des Einlagekontos unter null, also ein Negativbetrag, möglich. Insbesondere der Wechsel von der in Abs 8 aF vorgesehenen Formulierung „vorrangige Minderung" zu nunmehr „Minderung" bestätigt dies (ebenso *Rosenberg* DB Beilage 1/02, 52; *Dötsch* in D/P/M § 27 Rz 238). Praktisch tritt dieser Fall zB auf, wenn das Einlagekonto in der Zeit zwischen Bildung (Erhöhung des Einlagekontos) und Auflösung der Rücklage (Minderung des Einlagekontos) durch eine andere Maßnahme verbraucht wurde. Die Mehr- bzw Minderabführungen müssen ihre Ursache in **organschaftlicher Zeit** haben.

Bis zur Änderung durch das JStG 08 nannte S 2 als Beispiel für eine Minderab- 73
führung die Einstellung von Teilen des Jahresüberschusses der OrganGes in die Rücklagen (§ 14 I Nr 4). Dementsprechend führte die spätere Auflösung der Rücklage zu einer Mehrabführung an den OrganT (Abs 6 S 3 aF). Sofern die Rücklage unter Geltung des AnrV gebildet wurde und unter dem Halbeinkünfteverfahren aufgelöst wird, gilt S 3 aF, da die ursprüngliche Bildung der Rücklage nach altem Recht zu einer Erhöhung des $EK_{04}$ (§ 37 II 1 aF) geführt hat und sich diese ursprüngliche Erhöhung im Einlagekonto, das das $EK_{04}$ in sich aufgenommen

hat, widerspiegelt. Eine durch den niedrigeren Vermögensausweis in der StBilanz der OrganGes verursachte Mehrabführung vermindert das Einlagekonto, so dass die im Jahr der Bilanzangleichung verursachte Minderabführung das Einlagekonto wieder erhöht. Dies gilt auch dann, wenn der niedrigere Ausweis des Vermögens in der StBilanz **(Mehrabführung)** unter dem AnrV und die Angleichung (Minderabführung) unter dem Teileinkünfteverfahren erfolgt, da auch in diesem Fall die steuerl Wirkung im alten $EK_{04}$ und im neuen Einlagekonto übereinstimmt und sich entsprechend fortsetzt. Eine in organschaftlicher Zeit durch Minderabführung verursachte Erhöhung des Einlagekontos besteht nach Beendigung der Organschaft fort. Gleiches gilt für eine durch Mehrabführung verursachte Minderung des Einlagekontos, selbst wenn es negativ geworden ist. Die **nachorganschaftliche Bilanzangleichung** beseitigt den Negativbestand nicht. Er muss durch sonstige Gesellschaftereinlagen ausgeglichen werden. Die nachorganschaftliche Bilanzangleichung führt zu einem steuerl Gewinn, den die OrganGes zu versteuern hat, obwohl sie den Betrag iRd Mehrabführung an den OrganT in organschaftlicher Zeit abgeführt hat. Handelsrechtl besteht ein Verlust iHd KSt auf den steuerl Mehrgewinn. Inhaltlich hat sich hieran durch die Streichung der S 2 bis 4 und Verlagerung der Regelungen in § 14 IV nichts geändert (vgl *Dötsch/Pung* DB 07, 2672). Bei der **Rückgewähr eines Ertragszuschusses** über die organschaftliche Gewinnabführung ist von einer Mehrabführung auszugehen (BFH DStZ 17, 623 gegen BMF BStBl I 13, 921; vgl auch *Gosch/Adrian* GmbHR 17, 965). Im Ergebnis soll der Ertragszuschuss eine erhöhende Einlage und die Rückgewähr eine das Einlagekonto mindernde Mehrabführung sein.

74 In vorvertraglicher Zeit begründete Mehrabführungen werden von der FinVerw als Gewinnausschüttung nach den allgemeinen Regeln, also Abs 1 bis 6, behandelt (BStBl I 05, 65 und 794). Nach BFH (BStBl II 05, 49) ist keine Ausschüttung gegeben (ausf § 14 Rz 141). Mit Wirkung ab VZ 04 ist das Gesetz entsprechend der Auffassung der FinVerw geändert (vgl § 14 III 1). Vororganschaftlich veranlasste Minderabführungen führen als Einlage des OrganT zur Erhöhung des Einlagekontos nach den allgemeinen Regeln (BStBl I 05, 65 und 794). Nach BFH (BStBl II 05, 49) ist keine Einlage gegeben (ausf § 14 Rz 141). Mit Wirkung ab VZ 04 ist das Gesetz entsprechend der Auffassung der FinVerw geändert (vgl § 14 III 2).

79 **13. Erweiterter Anwendungsbereich (Abs 7):** S Rz 11.

83 **14. Einlagenrückgewähr aus EU-Gesellschaften (Abs 8):** Das G v 7.12.06 (BGBl I 06, 2782; BStBl I 07, 4) hat durch die Einführung des Abs 8 die Behandlung von Einlagenrückzahlungen aus EU-KapGes als nicht steuerbare Auskehrungen eingeführt.

Nach **Abs 8 S 1** werden Körperschaften erfasst, die Leistungen iSv § 20 Abs 1 Nr 1 oder 9 EStG gewähren können und in einem anderen **EU-Staat** unbeschr steuerpfl sind. Dazu zählen auch Ges, die nach dem Recht eines Drittstaats gegründet, aber innerhalb der EU der ausschl oder auch der unbeschr Steuerpfl unterliegen. Nicht erfasst werden auch im Inland, also aus inländ Sicht doppelt ansässige Ges. Für diese gelten Abs 1 bis 7 unmittelbar. Für die Anwendung von Abs 1 bis 7 reicht die Ansässigkeit nach nationalem Recht, also nach § 1; auf die Ansässigkeit nach DBA kommt es nicht an. Nicht nachvollziehbar ist die Beschränkung auf das EU-Ausland (vgl *Teiche* DStR 16, 712, 719; *Sievert/Sedemund/Seufer* DB 11, 1606; *Spilker/Peschke* DStR 11, 385). Die im Übrigen eingeführte Internationalisierung, insbesondere des Umwandlungssteuerrechts durch das SEStEG, erstreckt sich jedenfalls auch auf die EWR-Staaten (vgl § 12 III KStG, § 6 V AStG). Für Zeiträume vor VZ 06 sollte die Regelung analog angewandt werden. Zur Erweiterung des Anwendungsbereichs aufgrund der Kapitalverkehrsfreiheit vgl *Werra/Teiche* DB 06, 1455; *Sedemund/Fischenich* BB 08, 1656. Mit Urteil v 13.7.16 hat der **BFH** (BFH/NV 16, 1831) entschieden, dass **Abs 8** auch den Fall der Einlagenrückgewähr einer Drittstaatengesellschaft erfasst. Nach Auffassung des BFH verstößt es gegen die Kapitalverkehrsfreiheit nach Art 63 AEUV, die **Möglichkeit der steuerneutralen Einlagenrückgewähr aus dem Ausland** auf in EU-Mitgliedsstaaten ansässige Kapitalgesellschaften zu beschränken. Es sei nicht hinnehmbar, dass ansonsten bei einer Einlagenrückgewähr durch einen in einem Drittstaat ansässige Körperschaft es zu einer systemwidrigen Besteuerung von Einlagen komme. Ferner hat der BFH am 13.7.16 (BFH/NV 16, 1831) entschieden, dass die **Nachweisobliegenheit und das Nachweisrisiko** für das Vorliegen der Voraussetzungen einer steuerfreien Einlagenrückzahlung die Steuerpflichtigen treffen. Bei der Qualifizierung der Auskehrung als steuerfreie Einlagenrückgewähr ist deutsches Steuerrecht auf den ausländischen Sachverhalt anzuwenden. Eine Rückzahlung von nicht in das Nennkapital geleisteten Einlagen kann nach Auffassung des BFH ua dann vorliegen, wenn die Leistungen aus der KapGes im Wj das Nennkapital und den im Vorjahr festgestellten ausschüttbaren Gewinn übersteigen. Dabei kann eine Einlagenrückgewähr sich auch aus der **nach ausländischem Recht aufgestellten Bilanz** der ausschüttenden Ges ergeben. Diese Voraussetzungen können auch im Fall der Sachausschüttung vorliegen. Eine Vergleichbarkeit der Sachausschüttung mit einer Dividende liegt dann vor, wenn sie aus vorhandenen – laufenden oder in früheren Jahren angesammelten – Jahresüberschüssen der Ges gezahlt wird.

Die Regelung ermöglicht es, im Inland ansässigen Anteilseignern Auskehrungen aus Beteiligungen an im EU-Ausland ansässigen KapGes, die inhaltlich „Einlagenrückgewähr" darstellen, steuerfrei zu vereinnahmen. Die Ermittlung der **Einlagenrückgewähr** erfolgt in sinngemäßer Anwendung von Abs 1 bis 6 und §§ 28, 29. Unterjährige Einlagen sind nicht zu berücksichtigen (FG Köln EFG 15, 2218), da stets auf das steuerliche EK zum Schluss des vorangegangenen Wj abzustellen ist.

Nur bei – auf Antrag – erfolgter **gesonderter Feststellung** nach **Abs 8 S 3** der Einlagenrückgewähr ist eine steuerfreie Vereinnahmung möglich. Unterbleibt die Feststellung, ist die Auskehrung aus der ausländ Körperschaft im Inland als Dividende zu versteuern (vgl **Abs 8 S 9**). Festgestellt wird der im jeweiligen Jahr ausgekehrte Betrag, der Einlagenrückgewähr iSv Abs 8 S 2 ist. Die Feststellung erfolgt gegenüber der ausländ Ges und ist für die Besteuerung des inländ Gesellschafters bindend. Entsprechend erteilt die ausländ Körperschaft den inländ Anteilseignern eine Steuerbescheinigung über die Einlagenrückgewähr **(Abs 8 S 8).** Für die Bescheinigung gilt Abs 5 entsprechend: Ist die Bescheinigung zu niedrig, gilt nur der bescheinigte Teil als Einlagenrückgewähr; ist die Bescheinigung zu hoch, ist der überhöhte Teil beim inländ Gesellschafter zu besteuern. Eine Haftung der ausländ Gesellschaft kommt nicht in Betracht.

Die im Ausland ansässige Körperschaft kann bei ihrem zuständigen inländ FA bzw beim BZSt auf amtl Vordruck die gesonderte Feststellung der Einlagenrückgewähr **beantragen** (vgl FG Köln EFG 15, 2218). Der Antrag hat jeweils im Folgejahr der Einlagenrückgewähr zu erfolgen **(Abs 8 S 4 bis 6).** Die Frist ist nach FG Köln (EFG 17, 770) als Ausschlussfrist nicht verlängerbar, was nicht gegen das EU-Recht verstoßen soll (FG Köln aaO und EFG 17, 135).

Die ausländische Körperschaft hat mit dem Antrag die für die Berechnung der Einlagenrückgewähr erforderlichen Umstände darzulegen **(Abs 8 S 7).** Für den **Nachweis einer Einlagenrückgewähr** ist letztlich die Entwicklung der Bestandteile des nach deutschem Steuerrecht zu ermittelnden Eigenkapitals der ausländ Körperschaft seit deren Gründung erforderlich. Im Ergebnis ist eine Schattenrechnung für die ausländ Körperschaft nach § 27 KStG erforderlich, um die Einlagenrückgewähr nachzuweisen. Diese Anforderungen und Vorgaben des BZSt stellt die Praxis vor erhebliche, letztlich kaum lösbare Probleme (ausf *Spilker/Peschke* DStR 11, 385; *Sedemund* IStR 09, 579). Ist die Rekonstruktion des EK seit Gründung nicht möglich, ist das gesamte EK zu einem Zeitpunkt in der Vergangenheit als ausschüttbarer Gewinn zu schätzen und von da ab die Entwicklung der Einlagen nachzuvollziehen (*Gosch/Bauschatz* § 27 Rz 144). Die FinVerw behandelt **Nennkapitalrückzahlungen aus EU-/EWR-KapGes** auf Ebene der inländischen Gesellschafter als Einlagenrückgewähr iSv Abs 8 (BMF GmbHR 16, 503 Tz 1). Liegt kein Antrag auf gesonderte Feststellung einer Nennkapitalrückzahlung als Einlagenrückgewähr nach Abs 8 vor oder ist die gesonderte Feststellung aus anderen Gründen unterblieben, gilt die Nennkapitalrückzahlung nach Auffassung der FinVerw als **Gewinnausschüttung.** Auch insoweit wird die **Fiktion aus Abs 8 S 9** zur Anwendung gebracht (BMF GmbHR 16, 503 Tz 3). Die **Jahresfrist für die Antragstellung** (Abs 8 S 4) qualifiziert die Finanzverwaltung als nicht verlängerbare Ausschlussfrist (BMF GmbHR 16, 503 Tz 4). Bei Bezahlungen aus den ausländischen KapGes, die vor dem 1.1.14 zugeflossen sind, kann das Finanzamt unabhängig von der Fiktion des Abs 8 S 9 eine **materiell-rechtliche Qualifizierung** als nicht steuerbare Nennkapitalrückzahlung vornehmen (BMF GmbHR 16, 503 Tz 4). Die Subsumtion von Nennkapitalrückzahlungen unter Abs 8, insbesondere mit der Konsequenz, dass bei **fehlender gesonderter Feststellung** zwangsweise von einer Ausschüttung nach Abs 8 S 9 ausgegangen werden soll, ist unzutreffend. Sie widerspricht Wortlaut und Systematik der Regelung von § 27. Die Regelung betrifft die nicht in das Nennkapital geleisteten Einlagezahlungen. Bei Auskehrungen aus den Rücklagen soll § 27 sicherstellen, dass eine Auszahlung aus der Kapitalrücklage – unter Beachtung der Formalien und der Verwendungsreihenfolge – nicht als steuerpflichtige Dividende behandelt wird. Einzahlungen in das Nennkapital sind von dieser Regelungssystematik grundsätzlich ausgenommen. Sie können daher auch nicht Gegenstand der Fiktion des Abs 8 S 9 sein (ebenso *Behrens/Renner* BB 16, 1180). Im **Ergebnis** sind Rückzahlungen aus dem Nennkapital uE nicht steuerbar. Auch die in Abs 1 S 3 und S 5 vorgesehene Verwendungsreihenfolge gilt für sie nicht. Insoweit kann es nicht darauf ankommen, ob zum Schluss des vorangegangenen Wj bei der auskehrenden Gesellschaft ausschüttbarer Gewinn iSv Abs 1 vorhanden war (vgl *Behrens/Renner* BB 16, 1180). Ob in der ausländischen Gesellschaft Nennkapital herabgesetzt und an die inländischen Gesellschafter ausgekehrt wird, richtet sich nach **ausländischem Handelsrecht.**

## § 28 Umwandlung von Rücklagen in Nennkapital und Herabsetzung des Nennkapitals

(1) [1] **Wird das Nennkapital durch Umwandlung von Rücklagen erhöht, so gilt der positive Bestand des steuerlichen Einlagekontos als vor den sonstigen Rücklagen umgewandelt.** [2] **Maßgeblich ist dabei der sich vor Anwendung des Satzes 1 ergebende Bestand des steuerlichen Einlagekontos zum Schluss des Wirtschaftsjahrs der Rücklagenumwandlung.** [3] **Enthält das Nennkapital auch Beträge, die ihm durch Umwandlung von sonstigen Rücklagen mit Ausnahme von aus Einlagen der Anteilseigner stammenden Beträgen zugeführt worden sind, so sind diese Teile des Nennkapitals getrennt auszuweisen und gesondert festzustellen (Sonderausweis).** [4] **§ 27 Abs. 2 gilt entsprechend.**

(2) [1] **Im Fall der Herabsetzung des Nennkapitals oder der Auflösung der Körperschaft wird zunächst der Sonderausweis zum Schluss des vorangegangenen Wirtschaftsjahrs gemindert; ein übersteigender Betrag ist dem steuerlichen Einlagekonto gutzuschreiben, soweit die Einlage in das Nennkapital geleistet ist.** [2] **Die Rückzahlung des Nennkapitals gilt, soweit der Sonderausweis zu mindern ist, als Gewinnausschüttung, die beim Anteilseigner zu Bezügen im Sinne des § 20 Abs. 1 Nr. 2 des Einkommensteuergesetzes führt.** [3] **Ein den Sonderausweis übersteigender Betrag ist vom positiven Bestand des steuerlichen Einlagekontos abzuziehen.** [4] **Soweit der positive Bestand des steuerlichen Einlagekontos für den Abzug nach Satz 3 nicht ausreicht, gilt die**

**Rückzahlung des Nennkapitals ebenfalls als Gewinnausschüttung, die beim Anteilseigner zu Bezügen im Sinne des § 20 Abs. 1 Nr. 2 des Einkommensteuergesetzes führt.**

(3) **Ein Sonderausweis zum Schluss des Wirtschaftsjahrs vermindert sich um den positiven Bestand des steuerlichen Einlagekontos zu diesem Stichtag; der Bestand des steuerlichen Einlagekontos vermindert sich entsprechend.**

*Gesetzesfassungen vor 2014 s 8. Aufl.*

**Übersicht**



**Schrifttum:** S §§ 29, 36, 37.

1 **1. Allgemeines:** § 28 regelt die steuerl Behandlung der Erhöhung des NennKap durch **Umwandlung von Rücklagen** sowie seine spätere **Herabsetzung** und **Auskehrung.** Die Regelung ist umfassend und löst die nach altem Recht in §§ 5 und 6 KapErhStG sowie in §§ 29, 41, 44, 45 und 47 KStG 99 vorgesehenen Regelungen ab.

2 § 28 dient der Vermeidung **missbräuchlicher Gestaltungen** und soll auch im System des Teileinkünfteverfahrens bzw der Abgeltungssteuer bei Anteilen im PV gewährleisten, dass keine Besteuerungslücken entstehen, wenn zunächst Gewinnrücklagen in NennKap umgewandelt werden und später dann das NennKap herabgesetzt und an die AntE ausgekehrt wird. Ohne die Regelung des § 28 könnte diese Auskehrung der Besteuerung nach dem Teileinkünfteverfahren oder der Abgeltungssteuer bei Anteilen im PV entzogen werden, da Einlagerückzahlungen gem § 20 I Nr 1 S 3 EStG grds nicht zu den Einkünften aus KapVermögen gehören. Das durch Umwandlung von Gewinnrücklagen entstandene NennKap ist daher getrennt auszuweisen und gesondert festzustellen. Seine Auskehrung im Rahmen einer späteren KapHerabsetzung wird als Gewinnausschüttung fingiert und führt beim AntE zu Kapitalerträgen nach § 20 I Nr 2 S 2 EStG.

3 **Handelsrechtlich** sind die AntE frei, zu bestimmen, die NennKapErhöhung aus Kapital- oder Gewinnrücklagen zu finanzieren (handelsrechtl ist die KapErhöhung aus Gesellschaftsmitteln in den §§ 207 bis 220 AktG und in §§ 57c ff GmbHG geregelt). Einschränkungen ergeben sich lediglich für Aktiengesellschaften nach § 208 I 2 und II AktG.

4 Die Sonderbehandlung dient ausschließlich **steuerl Zwecken.** Um im Rahmen einer späteren NennKapHerabsetzung die Auskehrung des herabgesetzten Teils steuerl beim AntE korrekt erfassen zu können, ist es erforderlich, bei der KapErhöhung aus Gesellschaftsmitteln festzuhalten, wie sich die KapErhöhung steuerl finanziert. Zur Verfügung stehen die Rücklagen und Gewinnvortrag und das Einlagekonto. KapErhöhung durch Umwandlung von Rücklagen bedeutet also, dass sich die KapErhöhung nicht aus Anlass der Kapitalaufstockung zugeführten Einlagen der AntE finanziert. Voraussetzung für die Umwandlung von Rücklagen ist stets, dass die Rücklagen bereits gebildet sind, dh entweder in der letzten Bilanz oder im letzten Beschluss über die Gewinnverwendung diese Mittel der Rücklage zugeführt wurden. Sonderposten mit Rücklagenanteil stehen nicht zur Verfügung. Die gesonderte Erfassung der im NennKap umgewandelten Rücklagen muss weder in der StBilanz noch in der Buchführung erfolgen. Für Zwecke des § 28 ge-

nügt es, wenn die gesonderte Feststellung erfolgt und fortgeführt wird. Daneben ist ein besonderer Ausweis in Bilanz oder Buchführung nicht erforderlich (*Köster* in H/H/R § 28 Rz 15).

8 **2. Geltungszeit:** § 28 wurde eingeführt durch das StSenkG v 23.10.00 (BGBl I 00, 1433; BStBl I 00, 1521), geändert durch UntStFG v 20.12.01 (BGBl I 01, 2858; BStBl I 02, 35). Nach § 34 IIa ist § 28 erstmals für den VZ anzuwenden, für den das KStG nF erstmals anzuwenden ist, also dem VZ 01, bei abweichendem Wj ab VZ 02. Nach § 28 abzuwickeln sind also KapErhöhungen und KapHerabsetzungen, die im Wj 01 bzw Wj 01/02 handelsrechtl wirksam, dh eingetragen werden. Die Änderung des UntStFG v 20.12.01 ist rückwirkend, dh die Fassung des StSenkG v 23.10.00 kommt nicht zur Anwendung. Eine Unklarheit besteht im Verhältnis zu §§ 8a II, V und VI KapErhStG. § 8a KapErhStG bestimmt, dass §§ 5 und 6 KapErhStG letztmalig auf die Rückzahlung von NennKap anzuwenden sind, die in dem letzten vor dem 1.1.02 beginnenden Wj erfolgt. § 28 löst §§ 5 und 6 KapErhStG ab. Nach dem oben Gesagten gilt § 28 bereits ab Wj 01. Der Widerspruch ist insoweit aufzulösen, als der Neuregelung des § 28 der Anwendungsvorrang zu gewähren ist (ebenso *Köster* in H/H/R § 28 Rz 3). Abs 2 ist durch das SEStEG vom 7.12.06 (BGBl I 06, 2782; BStBl I 07, 4) neu gefasst. Die Neufassung von Abs 2 steht im Zusammenhang mit der Änderung von § 27 I. Das Gesetz zielt darauf ab, sicherzustellen, dass das steuerliche Einlagekonto auch im Rahmen einer Kapitalherabsetzung nicht negativ wird. Die Änderung gilt mit Wirkung ab VZ 06.

12 **3. Umwandlung von Rücklagen in NennKap (Abs 1 S 1 und 2):** Erhöhen Körperschaften ihr NennKap durch Umwandlung von Rücklagen, gilt nach Abs 1 S 1 zunächst der positive Bestand des Einlagekontos als umgewandelt. Nur der darüber hinausgehende Betrag finanziert sich steuerl aus den sonstigen Rücklagen. **NennKap** ist bei Aktiengesellschaften das Grundkapital, bei GmbH das Stammkapital, bei Erwerbs- oder Wirtschaftsgenossenschaften die Summe der Geschäftsguthaben. Erfasst wird die Erhöhung, die nicht durch neue Einlagen der AntE, sondern aus bestehenden Gesellschaftsmitteln, dh Rücklagen, finanziert wird.

13 Als Rechtsfolge fingiert Abs 1 S 1 eine **Verwendungsreihenfolge,** und zwar zunächst die Verwendung des Einlagekontos, das sich um den Erhöhungsbetrag reduziert. Die Reduktion ist auf den positiven Betrag des Einlagekontos beschränkt. Zu einem Negativausweis kann es nicht kommen, da nicht die Verwendung des Einlagekontos als solche, sondern nur die Reihenfolge fingiert wird. Die KapErhöhung kann sich aus **Einlagen** nur finanzieren, soweit sie tatsächlich auf dem Einlagekonto verzeichnet sind. Daher stellt das Gesetz auf den „positiven" Bestand ab. Ist der Bestand des Einlagekontos aufgrund von Fiktionen (Minderung nach § 27 VI) negativ oder reicht der positive Bestand des Einlagekontos nicht aus, um die NennKapErhöhung zu finanzieren, wird der Rest durch die **sonstigen Rücklagen** finanziert. Die Maßnahme wirkt sich weder auf der Ebene der Körperschaft noch auf der Ebene der AntE (vgl § 1 KapErhStG) auf das zu versteuernde Einkommen aus. Lediglich fehlerhafte Kapitalerhöhungen führen zur Annahme einer Ausschüttung an die Gesellschafter mit anschließender Wiedereinlage (vgl § 1 KapErhStG Rz 5). Diese Ausschüttung mobilisiert bis VZ 06 kein KStGuthaben nach § 37, da es an einem den gesellschaftsrechtl Vorschriften entsprechenden Ausschüttungsbeschluss mangelt. Als Konsequenz bleibt das Einlagekonto von einer fehlerhaften KapErhöhung aus Gesellschaftsmitteln unberührt (vgl *Köster* in H/H/R § 28 Rz 11).

14 Bei der Bestimmung des zur Finanzierung der KapErhöhung verwendeten Bestands des **Einlagekontos** wird auf den Bestand zum Schluss des Wj des Wirksamwerdens der Rücklagenumwandlung abgestellt (Abs 1 S 2). Im Ergebnis wirken sich die im Jahr des Wirksamwerdens der Rücklagenumwandlung vorgenomme-

nen Minderungen bzw Erhöhungen des Einlagekontos aus. Es kommt nicht darauf an, ob diese Erhöhungen oder Minderungen vor oder nach Wirksamwerden der Rücklagenumwandlung erfolgt sind. Der nach Berücksichtigung der Vorgänge des laufenden Jahres sich ergebende Bestand ist maßgeblich und zur NennKapErhöhung heranzuziehen (vgl FinVerw BStBl I 03, 366, Tz 38).

**4. Sonderausweis (Abs 1 S 3 und 4):** Wird die Erhöhung des NennKap nach Anwendung von S 1 und 2 auch aus Beträgen der sonstigen Rücklagen Vermögen finanziert, sind diese Teile des NennKap als sog „Sonderausweis" getrennt auszuweisen und der unter Berücksichtigung von Zu- und Abgängen ermittelte Bestand gesondert festzustellen. Bemerkenswert ist, dass S 3 abweichend von S 1 nicht an das formal festgestellte Einlagekonto anknüpft. Für die Verwendung von Einlagen im Rahmen der Umwandlung von Rücklagen wird nach S 1 an das gem § 27 formal festgestellte Einlagekonto angeknüpft. S 3 hingegen formuliert materiell-rechtlich „Einlagen der Anteilseigner". In den Sonderausweis sind daher nicht nur Einlagen, die im Einlagekonto gemäß § 27 erfasst sind, sondern unabhängig von der Feststellung gem § 27 sämtliche von den Gesellschaftern geleisteten Einlagen nicht aufzunehmen. Relevant wird dies, wenn die Feststellung gem § 27 fehlerhaft ist. Beispiel: Im Jahr 17 leistet A eine Einlage in die A-GmbH. Diese wird versehentlich in der Feststellung des Einlagekontos zum Jahresende nicht erfasst. Der Feststellungsbescheid zum Einlagekonto ist bestandskräftig. Zwei Jahre später erfolgt eine Kapitalerhöhung aus Gesellschaftsmitteln. Nach S 1 wird das Einlagekonto nicht gemindert, da es mit null festgestellt ist. Gleichwohl ist ein Betrag in Höhe der Einlage nicht im Sonderausweis nach S 3 zu erfassen, da es nach S 3 nicht auf die formale Feststellung des Einlagekontos ankommt, sondern darauf, ob materiell-rechtlich Einlagen zur Kapitalerhöhung verwandt wurden (aA *Dötsch* in D/P/M KStG, § 28 Rz 27). Auch *Dötsch* weist allerdings darauf hin, dass der Wortlaut des S 3 nicht nachvollziehbar ist, wenn man – wie er – nur die formal im Einlagekonto erfassten Einlagen nach S 1 zur Kapitalerhöhung heranzieht und nach S 3 nicht im Sonderausweis zu erfassen hat. 18

Nach § 39 II wurde der nach **§ 47 I 1 Nr 2 aF** zuletzt festgestellte Betrag als Anfangsbestand in die Feststellung des Sonderausweises übernommen. Damit ist auch diesbezüglich ein lückenloser Übergang von AnrV zu Halbeinkünfteverfahren gewährleistet. 19

Die **Feststellung** des Sonderausweises stellt letztlich sicher, dass sämtliche Leistungen an AntE, die sich nicht aus dem Einlagekonto finanzieren, dem Teileinkünfteverfahren bzw der Abgeltungssteuer bei Anteilen im PV unterworfen werden. Verfahrensrechtl verweist Abs 1 S 4 auf § 27 II. Der Bestand des Sonderausweises ist folglich zum Schluss eines jeden Wj gesondert festzustellen. Die Feststellung ist von Jahr zu Jahr fortzuschreiben. Der jeweilige Bescheid ist **Grundlagenbescheid** für den Bescheid zum folgenden Feststellungszeitpunkt. Die Körperschaften sind verpflichtet, eine entsprechende Erklärung abzugeben. Betroffen sind nicht nur die KapGes (Abs 1 S 4 verweist auf § 27 II, der lediglich von „Kapitalgesellschaften" spricht. Hier ist § 27 VII in § 27 II hineinzulesen). Nach § 39 II wurde der nach § 47 I 1 Nr 2 aF zuletzt festgestellte Betrag des Sonderausweises als Anfangsbestand nach Abs 1 S 2 einbezogen. Das ist bei kj-gl Wj der Bestand des Sonderausweises zum 31.12.00. Diese Ausgangsgröße für den Sonderausweis nach Abs 1 S 3 stellt zugleich den maßgeblichen Bestand für die Anwendung von Abs 2 bei einer in 01 erfolgten KapHerabsetzung oder Auflösung der Körperschaft dar. Inhaltlich sind der Bestand nach § 47 I 1 Nr 2 aF und nach Abs 1 S 3 nicht identisch. Nach altem Recht in NennKap umgewandeltes $EK_{03}$ wurde nur im Fall einer KapHerabsetzung und Auskehrung innerhalb von fünf Jahren nach der Umwandlung in NennKap nachversteuert. Nach dem Wortlaut wird nunmehr der im neutralen Vermögen aufgegangene Altbestand an $EK_{03}$ im Falle seiner Umwandlung in NennKap und Auskehrung bei späterer KapHerabsetzung dem Teilein- 20 künfteverfahren unterworfen. Dies ist eine vom Gesetzgeber wohl nicht intendierte Mehrbelastung.

24 **5. Kapitalherabsetzung/Auflösung (Abs 2):** Die Anwendung von Abs 2 setzt die handelsrechtl wirksame KapHerabsetzung bzw Auflösung der Körperschaft voraus. Bei den KapGes ist zwischen ordentlicher KapHerabsetzung (§§ 222 ff AktG, § 58 GmbHG), der vereinfachten KapHerabsetzung (§§ 229 ff AktG, § 58a GmbHG) sowie der KapHerabsetzung durch Einziehen von Anteilen (§§ 237 ff AktG, §§ 58, 34 GmbHG, ausführlich dazu *Förster/van Lishaut* FR 02, 1205) zu differenzieren. Die Rechtsfolgen des Abs 2 S 1 treten bei allen drei Vorgängen ein. Die Rechtsfolgen des Abs 2 S 2 entfallen bei der vereinfachten Kapitalherabsetzung, da es hier nicht zur Auskehrung des freigewordenen Kapitals kommt. Abs 2 S 1 ist eine „Gliederungsvorschrift".

25 Im Fall der Herabsetzung des Kapitals oder Auflösung der Körperschaft wird zunächst der **Sonderausweis** zum Schluss des vorangegangenen Wj gemindert. Diese Minderung geht bei der Auflösung stets, bei der Herabsetzung abhängig von der Höhe der Herabsetzung bis zur Nullstellung. Ein übersteigender Betrag ist dem steuerl Einlagekonto gutzuschreiben. Das gilt allerdings nur, soweit das herabgesetzte NennKap von den AntE auch tatsächlich erbracht, dh eingezahlt war. Sofern das nicht der Fall war, entfällt mit der KapHerabsetzung die entsprechende Einzahlungsverpflichtung. Eine Erhöhung des steuerl Einlagekontos scheidet aus, da es eine entsprechende Einlageleistung zu keinem Zeitpunkt gegeben hat (vgl aber *Förster/van Lishaut* FR 02, 1216).

26 Bei der **vereinfachten KapHerabsetzung** beschränken sich die Wirkungen des Abs 2 auf den S 1. Die steuerl Wirkung der Nennkapitalherabsetzung erschöpft sich in der „Umgliederung" der Rücklagen. Das NennKap wird reduziert, die Rücklagen erhöhen sich, wobei die Verringerung des Sonderausweises betragsmäßig identisch mit der Erhöhung bei den sonstigen Rücklagen ist.

27 Bei der **ordentlichen KapHerabsetzung** (Auskehrung an die AntE) sowie bei der **liquidationsbedingten Auskehrung** folgt der Umgliederung nach Abs 2 S 1 die steuerl Behandlung der Auskehrung nach Abs 2 S 2. Soweit die Minderung des Sonderausweises nach Abs 2 S 1 reicht, wird die Auskehrung als Gewinnausschüttung fingiert, die beim AntE zu Einkünften aus KapVermögen nach § 20 I Nr 2 S 2 EStG führt.

28 **Beispiel** (vgl *Förster/van Lishaut* FR 02, 1214):

| | **Ebene der Körperschaft** | | | **Ebene des AntE** | |
|---|---|---|---|---|---|
| | **NK** | **SA** | **EL** | **GA** | **EL** |
| Stand 31.12.02 | 120 | 8 | 0 | | |
| effektive KapHerabsetzung, § 28 II 1 und 2 | – 20 | | | | |
| Minderung SA und GA | | – 8 | | + 8 | |
| Einlagengutschrift (S 1) | | | + 12 | | |
| Einlagerückzahlung (S 2) | | | – 12 | | +12 |
| Stand 31.12.03 | 100 | 0 | 0 | 8 | 12 |

29 Die **Fiktion der Gewinnausschüttung** hat bis VZ 06 unstreitig die Anwendung von § 38 **(KStErhöhung)** zur Folge. Die Anwendung von § 37 **(KStMinderung)** bis VZ 06 ist für den Fall der KapHerabsetzung, nicht für den Fall der Liquidation (vgl § 40 IV) umstritten. UE ist ebenso wie im Fall der Liquidation auch im Fall der Herabsetzung § 37 anwendbar. § 37 II 1 setzt einen den gesellschaftsrechtl Vorschriften entsprechenden Gewinnverteilungsbeschluss voraus. Auch

die KapHerabsetzung setzt einen wirksamen GesBeschluss voraus. Da Abs 2 S 2 die KapHerabsetzung mit Auskehrung an die AntE als Gewinnausschüttung fingiert, ist uE auch nicht nur von einem den gesellschaftsrechtl Vorschriften entsprechenden KapHerabsetzungsbeschluss, sondern insoweit von einem fingierten Ausschüttungsbeschluss auszugehen (dagegen FinVerw BStBl I 03, 366 Tz 42).

Durch die Qualifizierung der Auskehrung iHd Minderung des Sonderausweises 30 nach Abs 2 S 1 als Bezüge iSv § 20 I Nr 2 S 2 EStG nach Abs 2 S 2 wird sichergestellt, dass die Rückzahlung des NennKap, soweit dieses durch die Umwandlung von sonstigen Rücklagen entstanden ist, ebenso wie eine Ausschüttung im **Teileinkünfteverfahren** bzw durch die Abgeltungssteuer bei Anteilen im PV besteuert wird.

Der die Minderung des Sonderausweises übersteigende ausgekehrte Betrag min- 31 dert entsprechend den Bestand des steuerl **Einlagekontos** und unterfällt nicht der Dividendenbesteuerung, sondern unterliegt der Besteuerung nur, soweit die Rückzahlung von Einlagen stpfl ist (vgl § 27 Rz 2). Insoweit ist Abs 2 S 3 als lex specialis zu § 27 I 3 anzusehen. Dieser Teil der Auskehrung wird ohne Rücksicht auf die Differenzrechnung nach § 27 I 3 direkt aus dem Einlagekonto finanziert.

Abs 2 S 3 ist in Verbindung mit Abs 2 S 1 2. HS zu sehen. Der den Sonderaus- 32 weis übersteigende Betrag ist im ersten Schritt bei der KapHerabsetzung sowie bei der Auflösung der Körperschaft zunächst dem steuerl **Einlagekonto** gutzuschreiben. Erfolgt seine Auskehrung, ist nach Abs 2 S 3 der den Sonderausweis übersteigende Betrag der KapRückzahlung vom Bestand des steuerl Einlagekontos abzuziehen.

**Beispiel** (nach *Rosenberg* DB Beilage 1/02, 53 f): 33
Das StammKap der A-GmbH mit natürlichen Personen als Gesellschafter beträgt 25 000,– Euro und ist vollständig eingezahlt. Der ausschüttbare Gewinn iSv § 27 I 5 beträgt 50 000,– Euro und das steuerl Einlagenkonto 25 000,– Euro. Im Jahr 01 wird eine KapErhöhung aus GesMitteln von 40 000,– Euro beschlossen und im Jahr 02 das Kapital um 20 000,– Euro herabgesetzt. Die KapErhöhung wird zunächst mit dem steuerl Einlagekonto von 25 000,– Euro verrechnet, welches sich auf null reduziert. Soweit die KapErhöhung den positiven Bestand des steuerl Einlagekontos übersteigt (15 000,– Euro), wurden sonstige Rücklagen verwandt. Die Verwendung führt zu einem gesondert festzustellenden Sonderausweis von 15 000,– Euro (Abs 1 S 3). Die KapHerabsetzung im Jahr 02 führt nach Abs 2 S 1 zunächst dazu, dass sich der steuerl Sonderausweis um 15 000,– auf null reduziert und der übersteigende Betrag 5000,– Euro dem Einlagekonto gutzuschreiben ist. Soweit das NennKap an die Anteilseigner ausgekehrt wird, haben diese die Minderung des Sonderausweises 15 000,– Euro als Bezüge nach § 20 I Nr 2 S 2 EStG zu versteuern. Der übersteigende Betrag 5000,–Euro mindert den Bestand des steuerl Einlagekontos nach Abs 2 S 2 und reduziert dieses auf null. Wird der Herabsetzungsbetrag nicht an die Anteilseigner herausgekehrt, bleibt es bei dem nach Abs 2 S 1 ermittelten Bestand des steuerl Einlagekontos. Eine Besteuerung der Minderung des Sonderausweises als Gewinnausschüttung unterbleibt ebenfalls.

Das SEStEG v 7.12.06 hat zur Neuformulierung von Abs 2 S 2 2. HS, aus dem 34 S 3 wurde, geführt. Ferner wurde S 4 hinzugefügt. Die Änderungen stellen sicher, dass das Einlagekonto im Rahmen einer Kapitalherabsetzung trotz des Direktzugriffs auf das Einlagekonto nicht negativ wird. Eine Einlagenrückgewähr kann auch in diesem Zusammenhang nur bis zum Bestand des steuerlichen Einlagekontos erfolgen. Eine übersteigende Auszahlung führt zu Einkünften aus Kapitalvermögen, die bei natürlichen Personen der Besteuerung bei den Einkünften aus Kapitalvermögen unterliegen (Abs 2 S 4).

Die Systematik von Abs 2 erlaubt den Direktzugriff auf die in einer Kapitalrück- 35 lage ausgewiesenen Einlagen über den Umweg einer zuvor durchgeführten Nennkapitalerhöhung mit anschließender Kapitalherabsetzung (*Dötsch/Pung* DB 06, 2648). § 42 AO dürfte uE diesbezüglich nicht anwendbar sein. Dies gilt jedenfalls, wenn zwischen Nennkapitalerhöhung – finanziert aus der Kapitalrücklage – und Kapitalherabsetzung ein „angemessener Zeitraum“ vergangen ist. Anderenfalls würde uE unverhältnismäßig in die Finanzierungsfreiheit der Gesellschafter eingegriffen.

40 **6. Minderung des Sonderausweises durch Einlagekonto (Abs 3):** Der Sonderausweis nach Abs 1 S 3 vermindert sich zum Schluss eines jeden Wj um den positiven Bestand des steuerl Einlagekontos zu diesem Stichtag. Der Bestand des steuerl Einlagekontos mindert sich entsprechend. Ein Nebeneinander von Sonderausweis und positivem Einlagekonto soll es nicht geben. Die Verrechnung des Sonderausweises mit dem steuerl Einlagekonto bewirkt, dass die zunächst für die NennKapErhöhung verwandten sonstigen Rücklagen durch nachträglich geleistete Einlagen ersetzt werden. Wenn in einem Wj bei bestehendem Sonderausweis eine NennKapHerabsetzung mit Rückzahlung und eine nicht auf das NennKap geleistete Einlage der AntE zusammentreffen, ist zuerst die KapHerabsetzung abzuwickeln, denn Abs 2 S 1 bezieht sich auf den Schluss des vorangegangenen Wj. Die Verrechnung des Sonderausweises mit dem steuerl Einlagekonto ist ein später vorzunehmender Rechenvorgang, da Abs 3 sich auf den Sonderausweis zum Schluss des Wj bezieht (Beispiel bei *Dötsch* in D/P/M § 28 Rz 68).

## § 29 Kapitalveränderungen bei Umwandlungen

(1) **In Umwandlungsfällen im Sinne des § 1 des Umwandlungsgesetzes gilt das Nennkapital der übertragenden Kapitalgesellschaft und bei Anwendung des Absatzes 2 Satz 3 und des Absatzes 3 Satz 3 zusätzlich das Nennkapital der übernehmenden Kapitalgesellschaft als in vollem Umfang nach § 28 Abs. 2 Satz 1 herabgesetzt.**

(2) [1] **Geht das Vermögen einer Kapitalgesellschaft durch Verschmelzung nach § 2 des Umwandlungsgesetzes auf eine unbeschränkt steuerpflichtige Körperschaft über, so ist der Bestand des steuerlichen Einlagekontos dem steuerlichen Einlagekonto der übernehmenden Körperschaft hinzuzurechnen.** [2] **Eine Hinzurechnung des Bestands des steuerlichen Einlagekontos nach Satz 1 unterbleibt im Verhältnis des Anteils des Übernehmers an dem übertragenden Rechtsträger.** [3] **Der Bestand des Einlagekontos des Übernehmers mindert sich anteilig im Verhältnis des Anteils des übertragenden Rechtsträgers am Übernehmer.**

(3) [1] **Geht Vermögen einer Kapitalgesellschaft durch Aufspaltung oder Abspaltung im Sinne des § 123 Abs. 1 und 2 des Umwandlungsgesetzes auf eine unbeschränkt steuerpflichtige Körperschaft über, so ist der Bestand des steuerlichen Einlagekontos der übertragenden Kapitalgesellschaft einer übernehmenden Körperschaft im Verhältnis der übergehenden Vermögensteile zu dem bei der übertragenden Kapitalgesellschaft vor dem Übergang bestehenden Vermögen zuzuordnen, wie es in der Regel in den Angaben zum Umtauschverhältnis der Anteile im Spaltungs- und Übernahmevertrag oder im Spaltungsplan (§ 126 Abs. 1 Nr. 3, § 136 des Umwandlungsgesetzes) zum Ausdruck kommt.** [2] **Entspricht das Umtauschverhältnis der Anteile nicht dem Verhältnis der übergehenden Vermögensteile zu dem bei der übertragenden Kapitalgesellschaft vor der Spaltung bestehenden Vermögen, ist das Verhältnis der gemeinen Werte der übergehenden Vermögensteile zu dem vor der Spaltung vorhandenen Vermögen maßgebend.** [3] **Für die Entwicklung des steuerlichen Einlagekontos des Übernehmers gilt Absatz 2 Satz 2 und 3 entsprechend.** [4] **Soweit das Vermögen durch Abspaltung auf eine Personengesellschaft übergeht, mindert sich das steuerliche Einlagekonto der übertragenden Kapitalgesellschaft in dem Verhältnis der übergehenden Vermögensteile zu dem vor der Spaltung bestehenden Vermögen.**

(4) **Nach Anwendung der Absätze 2 und 3 ist für die Anpassung des Nennkapitals der umwandlungsbeteiligten Kapitalgesellschaften § 28 Abs. 1 und 3 anzuwenden.**

(5) **Die vorstehenden Absätze gelten sinngemäß für andere unbeschränkt steuerpflichtige Körperschaften und Personenvereinigungen, die Leistungen im Sinne des § 20 Abs. 1 Nr. 1, 9 und 10 des Einkommensteuergesetzes gewähren können.**

(6) [1] **War für die übertragende Körperschaft oder Personenvereinigung ein Einlagekonto bisher nicht festzustellen, tritt für die Anwendung der vorstehenden Absätze an die Stelle des Einklagekontos der Bestand der nicht in das Nennkapital geleisteten Einlagen zum Zeitpunkt des Vermögensübergangs.** [2] **§ 27 Abs. 8 gilt entsprechend.**

***Gesetzesfassungen vor 2014 s 8. Aufl.***

**Übersicht**



**Schrifttum:** *Förster/van Lishaut,* Das körperschaftsteuerliche Eigenkapital iSd §§ 27–29 KStG 2001 (Teil 2), FR 02, 1257; *Müller/Maiterth,* Die Anpassung des steuerlichen Eigenkapitalausweises bei der Verschmelzung von Körperschaften im neuen Steuerrecht, DStR 01, 1229; *dies,* Die Anpassung des gesonderten steuerlichen Eigenkapitalausweises von Körperschaften bei Kapitaländerungen in Umwandlungsfällen, DStR 02, 746; *Schäfers/Kalz,* Stiftungssteuerreform, Unternehmenssteuerreform und Reformperspektiven im Gemeinnützigkeitsrecht, FR 02, 499; *Rosenberg* in Linklaters, Oppenhoff & Rädler, DB, Beilage 1/02; BMF v 11.11.11, BStBl I 11, 1314, K.01 ff; *Brühl,* Materielle Tatbestandswirkung in § 29 Abs 2 KStG, Folgerungen (nicht nur) aus der Entscheidung des FG Düsseldorf vom 24.11.15, DStR 16, 689.

**1. Allgemeines.** § 29 regelt die Auswirkungen einer **Umwandlung** auf das steuerl Einlagekonto (§ 27), das NennKap sowie den Sonderausweis in NennKap umgewandelter Rücklagen (§ 28 II 3). Lediglich für die Ausgliederung iSv § 123 III UmwG hat § 29 mangels betragsmäßiger Auswirkung keine Bedeutung (vgl FinVerw BStBl I 03, 786 Tz 29 ff). § 29 ergänzt die § 27 (Einlagekonto) und § 28 (Sonderausweis) für den Fall der Umstrukturierung. Zum Verfahrensrecht bei nachträglicher Änderung der Bescheide der Ausgangsgesellschaft vgl. FG D'dorf EFG 16, 436; Rev BFH I R 90/15. 1

Aus der **Systematik** des § 29 ergibt sich iE folgende Reihenfolge: Nullstellung (Verschmelzung/Aufspaltung) bzw Verringerung (Abspaltung) des Einlagekontos bei der Überträgerin (Abs 1), Hinzurechnung des Einlagekontos bei der Übernehmerin (Abs 2), keine Hinzurechnung beim upstream-merger (Abs 2 S 2), Kürzung des Einlagekontos bei der Übernehmerin beim downstream-merger (Abs 2 S 3), sodann Festsetzung des NennKap der Übernehmerin (Abs 4): Vorrangige Verwendung des soeben festgestellten Bestands des Einlagekontos für Finanzierung des Nennkapitals, für den bei der Finanzierung des NennKap das Einlagekonto übersteigenden Betrag, Verwendung der sonstigen Rücklagen und insoweit Bildung bzw Erhöhung eines Sonderausweises nach § 28 I 3, im Folgenden Verminderung des Sonderausweises um neu geleistete Einlagen nach § 28 III. 2

**Zweck** von § 29 ist die Zusammenfassung des Einlagekontos und des Sonderausweises mit dem Ziel der Beseitigung bzw Minimierung des Sonderausweises. 3

4 § 29 muss in Zusammenhang mit **§ 40 aF** – bis zu dessen Streichung durch das JStG 2008 – gesehen werden. Der Regelungsbereich von § 29 beschränkt sich auf die Auswirkungen von Umwandlungen auf das NennKap, den Sonderausweis sowie das Einlagekonto. § 40 aF regelt bis VZ 06 die Auswirkungen von Umwandlungen auf das KStGuthaben und das $EK_{02}$. Eine gesonderte Regelung machte insofern Sinn, als die Regelung des § 40 bzgl der bis VZ 06 weiterzuführenden „Töpfe" KStGuthaben und $EK_{02}$ und nur für den Übergangszeitraum galt, während die Regelung des § 29 bzgl des Einlagekontos und des Sonderausweises dauerhaft Bestand hat.

8 **2. Geltungszeit.** Zu § 29 aF s Kommentierung dort (s Anhang). § 29 wurde eingefügt durch UntStFG v 20.12.01 (BGBl I 01, 3858; BStBl I 02, 35). Der durch StSenkG v 23.10.00 (BGBl I 00, 1433; BStBl I 00, 1521) eingefügte § 29 regelte in Anlehnung an § 47 II Nr 2 und 3 aF die Grundlagenfunktionen des KStBescheids. Diese Regelung ist ersatzlos entfallen. § 29 ersetzt § 29 idF des StSenkG rückwirkend, so dass dieser nicht zur Anwendung kommt (§ 34 II 2a). Bei kj-gl Wj ist § 29 ab VZ 2001 anzuwenden, bei vom Kj abw Wj ist § 29 erstmals für den VZ 2002 anzuwenden, wenn das erste VZ 2001 endende Wj vor dem 1.1.02 begonnen hat. Mit Wirkung ab VZ 2005 ist durch das EURLUmsG v 9.12.04 (BGBl I 04, 3310; BStBl I 04, 1158) Abs 1 S 1 ergänzt. Nach der Neufassung ist für die Ermittlung des steuerl Einlagekontos in Fällen der Abwärtsverschmelzung vor Anwendung des Abs 2 S 3 bzw Abs 3 S 3 bei der übernehmenden Ges von einer Herabsetzung des NennKap gem § 28 II auszugehen. Ausweislich der Gesetzesbegründung handelt es sich hierbei nach Auffassung der FinVerw um eine Klarstellung (vgl auch FinVerw BStBl I 03, 786 Tz 39). Das SEStEG v 7.12.06 (BGBl I 06, 2782; BStBl I 07, 4) hat Abs 5 abgeändert und Abs 6 eingeführt mit Wirkung ab VZ 06. Die Gesetzesänderung bezweckt die Beschränkung der Anwendbarkeit von Abs 1 bis 4 auf unbeschränkt steuerpflichtige Körperschaften und eine Neuregelung in Abs 6 für nicht unbeschränkt steuerpflichtige Körperschaften.

12 **3. Anwendungsbereich (Abs 1 iVm Abs 5).** § 29 regelt gem **Abs 1** den Vermögensübergang durch Umwandlung iSv § 1 UmwG. Geregelt werden sowohl die Auswirkungen bei der übertragenden als auch bei der übernehmenden Körperschaft. Abs 1 bis 4 nennen auf der Seite der **Überträgerin** die KapGes, auf der Seite der **Übernehmerin** unbeschränkt stpfl Körperschaften. In **Abs 5** wird der Anwendungsbereich auf der Seite der Überträgerin auf andere – ab VZ 06 nur noch für unbeschränkt steuerpfl – Körperschaften und Personenvereinigungen ausgedehnt, die Leistungen iSd § 20 I Nr 1 EStG (KapGes, Erwerbs- und Wirtschaftsgenossenschaften, bergbaubetreibende Vereinigungen in der Rechtsform einer jur Person), § 20 I Nr 9 EStG (nicht von der KSt befreite Körperschaft, Personenvereinigung und Vermögensmassen iSv § 1 I Nr 3 bis 5 KStG, die Gewinnausschüttungen vornehmen, die denen iSv § 20 I Nr 1 EStG vergleichbar sind) und § 20 I Nr 10 EStG (nicht von der KSt befreite Betriebe gewerbl Art mit oder ohne eigene Rechtspersönlichkeit) gewähren können. Eine weitere Konkretisierung nimmt Abs 5 nicht vor. Daher ist der Anwendungsbereich auf der Seite der Überträgerin und der Seite der Übernehmerin im Einzelnen identisch.

Nicht anwendbar sind Abs 1 bis Abs 4 auf die **beschränkt stpfl Körperschaften.** Abs 6 regelt den Fall der Herein-Verschmelzung einer beschränkt steuerpflichtigen Körperschaft. Von § 1 UmwG werden auch Umwandlungen auf eine **PersGes** oder auf eine **natürliche Person** erfasst. Das hat insbesondere zur Konsequenz, dass der im Sonderausweis ausgewiesene Teil des NennKap nach Abs 1 iVm § 28 II iRd Umwandlung von der übernehmenden natürlichen Person bzw den Mitunternehmern der übernehmenden PersGes im Rahmen von § 7 UmwStG zu versteuern ist.

**4. Herabsetzung des Nennkapitals (Abs 1).** Unter Abs 1 fallen nur Körperschaften mit Nennkapital, also KapGes und Erwerbs- und Wirtschaftsgenossenschaften. 16

Abs 1 fingiert in Umwandlungsfällen des § 1 UmwG die vollumfängliche Herabsetzung des **NennKap** der übertragenden Körperschaft zum steuerl Übertragungsstichtag. Umwandlungsfälle iSv § 1 UmwG sind Verschmelzungen, Spaltungen, Vermögensübertragungen und Formwechsel von KapGes und Körperschaften iSv Abs 5 mit Sitz im Inland. Die Herabsetzung tritt also auch ein, wenn der übertragende Rechtsträger bestehen bleibt (zB Abspaltung). 17

Die Fiktion der vollständigen NennKapHerabsetzung führt nach § 28 II 1 zur **Reduzierung des Sonderausweises auf null.** Die zum Zeitpunkt des steuerl Übertragungsstichtags im NennKap enthaltenen Rücklagen werden wieder zu sonstigen Rücklagen. In dem Umfang, in dem das NennKap der übertragenden Körperschaft den Sonderausweis übersteigt, ist er nach § 28 II 1 2. HS dem Einlagekonto der Überträgerin gutzuschreiben. Somit besitzt die Überträgerin zum steuerl Übertragungsstichtag steuerl weder NennKap noch einen Sonderausweis iSd § 28 I 3, sondern allenfalls einen Bestand im Einlagekonto. 18

Im Ergebnis soll Abs 1 die Verschiebung von Beständen im Sonderausweis zwischen den an einer Umstrukturierung beteiligten Körperschaften verhindern. Frühere KapErhöhungen aus der Umwandlung von Gewinnrücklagen werden rückgängig gemacht. 19

Auf § 28 II 2 wird nicht verwiesen, dh es kommt nicht zur Fiktion einer **Gewinnausschüttung** an die AntE der Überträgerin. Die Anteilseignerebene ist von dem Vorgang unberührt. Anderes gilt nur im Fall des §§ 7, 16 UmwStG für die Abspaltung auf PersGes oder natürliche Personen, wo die Versteuerung von Gewinnrücklagen im Teileinkünfteverfahren oder iRd Abgeltungssteuer bei Anteilen im PV sicherzustellen ist. 20

Durch das EURLUmsG (Rz 8) wurde Abs 1 mit Wirkung ab VZ 05 dahingehend ergänzt, dass bei der **Abwärtsverschmelzung** einer MutterGes auf ihre TochterGes auch das NennKap der aufnehmenden TochterGes als auf null herabgesetzt gilt. Dies war auch zuvor bereits Verwaltungsauffassung (FinVerw BStBl 03, 786 Tz 39). 21

**5. Einlagekonto und Verschmelzung (Abs 2).** Abs 2 regelt die Fälle der Verschmelzung nach § 2 UmwG. Geht das Vermögen einer Körperschaft auf eine unbeschränkt stpfl Körperschaft über, ist der Bestand des Einlagekontos der übertragenden Körperschaft dem Einlagekonto der übernehmenden Körperschaft **hinzuzurechnen** (S 1). Der Reduzierung des Einlagekontos der Überträgerin auf null entspricht die Erhöhung des Einlagekontos der Übernehmerin. Dies entspricht der bis VZ 06 erforderlichen Regelung für das KStGuthaben und den $EK_{02}$-Bestand nach § 40 I aF (vgl § 40 aF Rz 11 ff; dazu ausf *Brühl* DStR 16, 689). 25

Die zusammenzurechnenden Beträge ergeben sich für die übertragende Körperschaft aus der auf den **steuerl Übertragungsstichtag** letztmals vorgenommenen Feststellung des Einlagekontos (im Übergangszeitraum zusätzlich KStGuthaben und $EK_{02}$, vgl § 40 aF Rz 15 ff). Bei der übernehmenden Körperschaft ist die Zusammenrechnung auf den Schluss des Wj, in das der steuerl Umwandlungsstichtag fällt, vorzunehmen. Basis für die Hinzurechnung der Beträge der übertragenden Körperschaft sind bei der übernehmenden Körperschaft die Beträge aus der Feststellung auf den Schluss des vorangegangenen Wj (zur Frage unterjähriger Veränderungen vgl § 40 aF Rz 11 und 17). Dies gilt uE auch für den Fall, dass eine im ersten Jahr der Anwendbarkeit (bei kj-gl Wj: VZ 01) wirksam werdende Umwandlung Rückbezug auf den Schluss des vorangegangenen Wj hat. Bei den beteiligten Körperschaften ist nach § 39 vom positiven Bestand des $EK_{04}$ als Anfangsbestand des Einlagekontos auszugehen. Ist einer der Bestände negativ, wird ein Nullbestand zugrunde gelegt (vgl *Förster/van Lishaut* FR 02, 1257). § 27 Ia S 2 26

UmwStG aF ist für diesen Fall so auszulegen, als der steuerl Übertragungsstichtag mit allen Konsequenzen über den 31.12.00 hinaus in den Geltungsbereich des neuen Rechts verschoben wird (1.1.01); näher dazu *Dötsch* in D/P/M § 29 Rz 19a.

27 Die Hinzurechnung des steuerl Einlagekontos der Überträgerin zu dem Bestand des steuerl Einlagekontos der Übernehmerin **entfällt** in dem Maß, in dem die Übernehmerin an dem übertragenden Rechtsträger beteiligt ist (Abs 2 S 2). Im Fall dieses **upstream-merger** soll verhindert werden, dass durch die Verschmelzung der beiden Körperschaften künstlich das Einlagekonto erhöht wird auf einen Bestand, dessen spätere Auskehrung in nicht gerechtfertigtem Umfang nicht zu Einkünften aus KapVermögen führen würde. Der Kaskadeneffekt, der entstehen würde, wenn beide Eigenkapitalkonten zusammengerechnet werden würden, soll vermieden werden.

28 **Beispiel 1:** A-GmbH mit NennKap 50 wird auf die 100%ige MutterGes B-GmbH mit NennKap 50 verschmolzen. Aufgrund der 100%igen Beteiligung verbleibt es bei der übernehmenden B-GmbH bei einem NennKap von 50. Das am steuerl Übertragungsstichtag vorhandene Einlagekonto der A-GmbH geht insoweit unter. Eine Hinzurechnung unterbleibt vollständig, da die aufnehmende MutterGes zu 100% an der übergehenden TochterGes beteiligt ist. Wird die A-GmbH auf die 80%ige MutterGes B-GmbH verschmolzen, geht das am steuerl Übertragungsstichtag nach § 29 I verbleibende Einlagekonto (100) zu 20% (20) auf die B-GmbH über. Wird die A-GmbH zu 50% auf die 80%ige MutterGes B-GmbH abgespalten, gehen 10% des Einlagekontos (10) über (100 × 20% × 50% = 10).

29 **Beispiel 2** (vgl FinVerw BStBl I 03, 786 Tz 42; BStBl I 11, 1314 Rz K.16): Auf die M-GmbH wird die T-GmbH, an der sie zu 50% beteiligt ist, verschmolzen. Das nach § 29 II 1 zuzurechnende steuerl Einlagekonto der T-GmbH beträgt 400. Der Sonderausweis der M-GmbH beträgt 100, der Bestand des steuerl Einlagenkontos Null. IRd Umwandlung wird das NennKap um 120 erhöht, wovon 70 auf bare Zuzahlungen entfallen. Nach der Verschmelzung wird das NennKap der M-GmbH durch Umwandlung von Rücklagen um weitere 100 erhöht.

| | **Vorspalte** | **Einlagekonto** | **Sonderausweis** |
|---|---|---|---|
| Bestand vor Umwandlung | | 0 | 100 |
| Zugang steuerl Einlagekonto der T-GmbH | 400 | | |
| – Kürzung nach § 29 II 2 (50%) | – 200 | | |
| Rest, Zugang steuerl Einlagekonto | 200 | + 200 | |
| Zwischenergebnis | | 200 | 100 |
| Anpassung des NennKap (Erhöhung um insgesamt 220 abzüglich bare Zuzahlungen iHv 70) | 150 | | |
| Vorrangige Verwendung des Einlagekontos | – 150 | – 150 | |
| Zwischenergebnis | | 50 | 100 |
| Verrechnung des Sonderaus-weises mit dem positiven steuerl Einlagekonto zum Schluss des Wj (§ 28 III) | | – 50 | – 50 |
| Schlussbestände | | 0 | 50 |

30 Im Ergebnis erfolgt dasselbe beim sog **downstream-merger.** In diesem Fall der Verschmelzung der MutterGes auf die TochterGes werden zunächst die Einlagekonten von MutterGes und TochterGes zusammengefasst, im Verhältnis der Beteiligung der MutterGes an der TochterGes wird anschließend das Einlagekonto der TochterGes gekürzt. Es spielt keine Rolle, ob die Einlagen von dem übertragenden

Rechtsträger (MutterGes) oder früheren Anteilseignern erbracht wurden (FG BaWü EFG 14, 1612). Im Ergebnis geht das Einlagekonto der TochterGes bei einer 100%igen Beteiligung unter (Abs 2 S 3). Insofern unterscheidet sich die Technik von S 2 und S 3. Nach dem Wortlaut des Abs 2 S 3 iVm Abs 1 konnte es bis VZ 04 zur Entstehung virtueller Beträge im Einlagekonto kommen (vgl *Dötsch* in D/P/M § 29 Rz 21). Vor diesem Hintergrund erfolgte die Ergänzung des Wortlauts von Abs 1 durch das EURLUmsG v 9.12.04 (Rz 8). Danach ist die Fiktion der Herabsetzung des NennKap auf null nicht nur für die übertragende Muttergesellschaft, sondern auch bei der aufnehmenden TochterGes vorzunehmen. Die FinVerw sieht die Neuregelung des Abs 1 als Klarstellung und hatte im BMF-Schreiben v 16.12.03 BStBl I 03, 786 Tz 39 bereits für den downstream-merger ein entsprechendes Beispiel gebildet.

**Beispiel** (FinVerw BStBl I 03, 786 Tz 39; BStBl 11, 1314 Rz K.13): Die MutterGes M (NennKap 120, steuerl Einlagekonto 80 und Sonderausweis 0) wird auf ihre 100%ige TochterGes T (NennKap 120, steuerl Einlagekonto Null und Sonderausweis 50) verschmolzen. Das NennKap der T nach Verschmelzung beträgt 240. Für das steuerl Einlagekonto und den Sonderausweis der T ergibt sich danach: 31

| | Vorspalte | Einlagekonto | Sonderausweis |
|---|---|---|---|
| Bestand vor der Verschmelzung | | 0 | 50 |
| Fiktive KapHerabsetzung auf null | 120 | | |
| – Verringerung des Sonderausweises | – 50 | | – 50 |
| Rest, Zugang beim steuerl Einlagekonto | 70 | + 70 | |
| Zwischenergebnis | | 70 | 0 |
| – Verringerung iHd Beteiligung M an T | | – 70 | |
| Zwischenergebnis | | 0 | 0 |
| + Zugang des steuerl Einlagekontos der M (nach Anwendung des § 29 I) | | + 80<br>+ 120 | |
| Zwischenergebnis | | 200 | 0 |
| Betrag der fiktiven KapErhöhung | 240 | | |
| Verringerung des steuerl Einlagekontos | – 200 | – 200 | |
| Rest, Zugang beim Sonderausweis | 40 | 0 | 40 |
| Bestände nach der Verschmelzung | | 0 | 40 |

Bei der Ermittlung des steuerl Einlagekontos der übernehmenden TochterGes auf den Schluss des Wj, in das der Umwandlungsstichtag fällt, ist daher wie folgt vorzugehen: fiktive Herabsetzung des NennKap der TochterGes auf null (§ 29 I), Verringerung des nach § 29 II 1 erhöhten Einlagekontos im Verhältnis der Beteiligung der MutterGes an der TochterGes (§ 29 II 3), fiktive Herabsetzung des NennKap der MutterGes auf null (§ 29 I), Hinzurechnung des erhöhten Einlagekontos der MutterGes (§ 29 II 1), fiktive Erhöhung des auf null herabgesetzten NennKap der TochterGes auf den Stand nach der Übertragung (§ 29 IV). 32

Die Regelung gilt entsprechend, wenn die übertragende Körperschaft (MutterGes) mittelbar, zB über eine andere Körperschaft (TochterGes), an der übernehmenden Körperschaft (EnkelGEs) beteiligt ist. 33

Im Fall der verdeckten Einlage durch eine nicht zu 100% beteiligte MutterGes in ihre TochterGes ermöglicht der Wortlaut von Abs 2 S 2 und S 3 allerdings das Entstehen eines **„Einlagekontoüberhangs“.** Legt eine zu 80% beteiligte Mut- 34 terGes 100 Punkte in das Vermögen der TochterGes ein, erhöht sich das Einlagekonto der MutterGes sowohl beim downstream-merger als auch beim upstream-merger um 20 Punkte. Mit diesen 20 Punkten kann von der übernehmenden Körperschaft eine Ausschüttung an die AntE finanziert werden, ohne dass bei diesen Einkünfte aus KapVermögen entstehen, obwohl letztlich neutrales Vermögen der MutterGes ausgeschüttet wird und nicht etwa von deren Anteilseignern geleistete Einlagen (vgl *Dötsch* in D/P/M § 29 Rz 29 ff).

35 Abs 2 S 3 betrifft sowohl die Fallgestaltung, in der nur bei der übertragenden MutterGes ein **Einlagekonto** vorhanden ist, als auch die, bei der nur die übernehmende TochterGes ein Einlagekonto ausweist.

40 **6. Einlagekonto und Auf- oder Abspaltung (Abs 3).** Abs 3 regelt den Vermögensübergang durch die Auf- oder Abspaltung iSv § 123 I und II UmwG. S 1 bis 3 betreffen den spaltungsbedingten Vermögensübergang von einer Körperschaft auf eine andere Körperschaft, S 4 den spaltungsbedingten Vermögensübergang von einer Körperschaft auf eine PersGes. Abs 3 ist bis VZ 06 in Zusammenhang mit § 40 II aF zu sehen (parallele Regelung betreffend KStGuthaben und $EK_{02}$).

41 Grundsätzlich ist der Betrag des Einlagekontos der übertragenden Körperschaft anteilig im Verhältnis zum übergehenden Vermögen der übernehmenden Körperschaft bzw bei der Aufspaltung den übernehmenden Körperschaften jeweils entsprechend zuzuordnen.

42 **Beispiel** (vgl FinVerw BStBl I 03, 786 Tz 34; BStBl I 11, 1314 Rz K.08): Die X-GmbH (voll eingezahltes NennKap 300, davon Sonderausweis 100) wird hälftig abgespalten. Das NennKap nach Abspaltung soll 50 betragen.

| | **Vorspalte** | **Einlagekonto** | **Sonderausweis** |
|---|---|---|---|
| Anfangsbestand | | 0 | 100 |
| Betrag der fiktiven KapHerabsetzung | 300 | | |
| – Verringerung des Sonderausweises | – 200 | | – 100 |
| Rest, Zugang beim steuerl Einlagekonto | 200 | + 200 | |
| Zwischenergebnis | | 200 | 0 |
| – Abgang des steuerl Einlagekontos zu 50 % | | – 100 | |
| Zwischenergebnis | | 100 | 0 |
| Betrag der fiktiven KapErhöhung | 50 | | |
| Verringerung des steuerl Einlagekontos | – 50 | – 50 | |
| Schlussbestände | | 50 | 0 |

43 Im Fall der **Aufspaltung** erfolgt bei der übertragenden Körperschaft auf den steuerl Übertragungsstichtag letztmals eine gesonderte Feststellung des Einlagekontos (bis VZ 06 ebenso KStGuthaben und $EK_{02}$, vgl § 40 II aF). Festgestellt werden die Beträge vor Vermögensübergang. Bei der **Abspaltung** sind bei übertragenden Körperschaften zum Schluss des Wj, in das der steuerl Übertragungsstichtag fällt, von dem Vorjahresbestand die auf die Übernehmerin übergehenden Beträge abzuziehen. Der Restbetrag wird unter Berücksichtigung der ansonsten angefallenen unterjährigen Veränderungen gesondert festgestellt. Im Fall der Auf- oder Abspaltung auf eine andere Körperschaft ist bei der Übernehmerin der auf sie entfallende Anteil am steuerl Einlagekonto (bis VZ 06 nach § 40 II aF ebenso KStGuthaben und $EK_{02}$) bei der gesonderten Feststellung zum Schluss ihres Wj, in das der steuerl Übertragungsstichtag fällt, neben den weiteren unterjährigen Veränderungen als Zugang zu erfassen.

Im Fall der **Abspaltung auf eine PersGes** bzw natürliche Person (Abs 3 S 4) ist bei der übertragenden Körperschaft das Einlagekonto zu verringern. Bei der übernehmenden PersGes bzw natürlichen Person erfolgt die Besteuerung nach den §§ 3 bis 10 UmwStG. **44**

Nach Abs 3 S 1 ist das Einlagekonto der Überträgerin ist der übernehmenden Körperschaft im Verhältnis der übergehenden Vermögensteile zu dem bei der Überträgerin vor dem Übergang bestehenden Vermögen zuzuordnen. IdR entspricht dies den Angaben zum Umtauschverhältnis der Anteile im Spaltungs- und Übernahmevertrag oder im Spaltungsplan (§§ 126 I Nr 3, 136 UmwG). Entspricht das Umtauschverhältnis ausnahmsweise nicht dem Verhältnis der übergehenden Vermögensteile zu dem bei der übertragenden Körperschaft vor Spaltung bestehenden Vermögen, ist das Verhältnis der gemeinen Werte der übergehenden Vermögensteile zu dem vor der Spaltung vorhandenen Vermögen ausschlaggebend (Abs 3 S 2; zur Kritik ausf *Mayer* DB 08, 888). Bei asymetrischer Verteilung der stillen Reserven kann es zu einer Minderung des ausschüttbaren Gewinns zugunsten der Erhöhung des Einlagekontos kommen (ausf *Kratz/Siebert* DStR 08, 417). **45**

Für die Entwicklung des Einlagekontos der übernehmenden Körperschaft gelten Abs 2 S 2 und Abs 2 S 3 entsprechend. Soweit der übernehmende am übertragenden Rechtsträger beteiligt war oder umgekehrt, unterbleibt eine Hinzurechnung des Einlagekontos. Auch im Rahmen der upstream-Spaltung bzw downstream-Spaltung soll das Entstehen von „Einlageüberhängen" verhindert werden. **46**

**7. Nennkapital und Umwandlung (Abs 4).** Abs 4 legt fest, wie in den Fällen der Verschmelzung oder Spaltung das NennKap der an der Umwandlung beteiligten Körperschaften anzupassen ist. IdR erfolgt bei den aufnehmenden Körperschaften eine Kapitalerhöhung. Insoweit wird § 28 I und III für anwendbar erklärt. Letzteres gilt nicht, wenn die KapErhöhung durch bare Zuzahlungen oder Sacheinlagen finanziert wird (FinVerw BStBl I 03, 786 Tz 41). **50**

Bezüglich des NennKap geht Abs 1 in einem ersten Schritt bei der Überträgerin von einer KapHerabsetzung auf null aus, bei der Übernehmerin wird durch Abs 4 iVm § 28 die Neufestsetzung des NennKap durch eine KapErhöhung fingiert. Abs 2 und 3 sind vor § 28 I und III anzuwenden. **51**

Durch die Anwendung von § 28 I wird die erstmalige Festsetzung des NennKap der Übernehmerin bei Verschmelzung bzw Spaltung auf eine neugegründete Körperschaft bzw die „Neufestsetzung" bei Verschmelzung bzw Spaltung auf eine bereits bestehende Körperschaft wie eine **KapErhöhung** behandelt. Wird das NennKap durch Umwandlung von Rücklagen gebildet, gilt der positive Bestand des Einlagekontos als vor den sonstigen Rücklagen verwendet. IHd NennKap der Übernehmerin verringert sich ihr Einlagekonto. Abzustellen ist auf den Bestand zum Schluss des Wj der Verschmelzung bzw Spaltung. Reicht der Betrag des Einlagekontos zur Bildung des NennKap nicht aus, ist bei der Übernehmerin in entsprechender Höhe ein Sonderausweis zu bilden nach § 28 I 3 (ebenso FG BaWü EFG 14, 1612). Die vollständige Herabsetzung des NennKap bei der Überträgerin nach Abs 1 gilt auch für den Fall der Abspaltung. Nach Abs 4 iVm § 28 I gilt das NennKap der übertragenden Körperschaft anschließend wieder von null auf seinen Bestand nach der Abspaltung erhöht unter Anwendung der entsprechenden Verwendungsfiktionen. **52**

**8. Beschränkt steuerpflichtige Körperschaften (Abs 5 und 6):** Die Anwendbarkeit der Abs 1 bis 4 ist auf unbeschränkt steuerpflichtige Körperschaften begrenzt. Der durch Gesetz vom 7.12.06 eingeführte Abs 6 erfasst internationale Fälle (ausf *Schießl* DStZ 08, 852). Ist die übertragende Gesellschaft vor der Umwandlung nicht unbeschränkt steuerpflichtig, so dass für sie kein Einlagekonto nach § 27 festzustellen ist, tritt nach Abs 6 an die Stelle des Einlagekontos der Bestand, der nicht in das Nennkapital geleisteten Einlagen zum Zeitpunkt des Vermögensübergangs, der nach § 27 VIII gesondert festzustellen ist. Damit führt Abs 6 **55**

eine Regelung für die grenzüberschreitende Hereinverschmelzung ein. Das Einlagekonto der übernehmenden inländischen Körperschaft erhöht sich um die im Ausland geleisteten offenen und verdeckten Einlagen der Anteilseigner, soweit diese Einlagen im Verschmelzungszeitpunkt noch vorhanden sind. Die in § 27 Abs 2 S 3 2. HS geregelte Fiktion führt uE vorliegend zu einer rückwirkenden Erhöhung des Einlagekontos der Übernehmerin bereits zum Schluss des vorangegangenen Wj (vgl *Dötsch/Pung* DB 06, 2652). Auch in diesem Zusammenhang ist eine „Schattenrechnung" nach § 27 seit Gründung der ausländischen KapGes erforderlich, um den Bestand der Einlagen zum Verschmelzungsstichtag bestimmen zu können.

## § 30 Entstehung der Körperschaftsteuer

**Die Körperschaftsteuer entsteht**

1. **für Steuerabzugsbeträge in dem Zeitpunkt, in dem die steuerpflichtigen Einkünfte zufließen,**
2. **für Vorauszahlungen mit Beginn des Kalendervierteljahrs, in dem die Vorauszahlungen zu entrichten sind, oder, wenn die Steuerpflicht erst im Laufe des Kalenderjahrs begründet wird, mit Begründung der Steuerpflicht,**
3. **für die veranlagte Steuer mit Ablauf des Veranlagungszeitraums, soweit nicht die Steuer nach Nummer 1 oder 2 schon früher entstanden ist.**

***Gesetzesfassungen vor 2014 s 8. Aufl.***

*Körperschaftsteuerrichtlinien:* KStR 30

**Übersicht**



1 **1. Allgemeines:** Die AO 1977 setzt den Entstehungstatbestand der Steuer in den EinzelStGesetzen voraus (§ 38 AO). Die Entstehung bezieht sich auf die Steuer dem Grund, nicht der Höhe nach (BFH BStBl II 72, 693). Von der Entstehung der StSchuld ist die Fälligkeit zu trennen (§ 220 I AO). *KStR 30 ergänzt § 30 bzgl des KStErhöhungsbetrags nach § 38 und der besonderen KSt nach § 5 I Nr 5 S 4.*

2 **2. Geltungszeit:** § 30 gilt – bis 2000 als § 48 – ab 1.1.77 (§ 54 idF des KStG 1977), dh ab VZ 1977. Ab der Neufassung durch das KStG 1996 wurden die Buchst a bis c durch die Nummern 1. bis 3. ersetzt; dies erforderte die Anpassung der Nr 3 durch das StBereinG 1999 v 22.12.99 (Vor § 1 Rz 27). Durch das StSenkG v 23.10.00 (BGBl I 00, 1322; BStBl I 00, 1521; s Vor § 1 Rz 27) wurde § 48 zu § 30, und zwar ab VZ 2001 (§ 34 idF des G v 23.10.00).

3 **3. Nr 1: Abzugsteuern:** S § 2 Rz 12; betrifft in erster Linie die KapErtrSt; entspricht § 44 I 2 EStG. StSchuld entsteht mit dem Zufluss (§ 11 I 1 EStG; BFH BStBl II 72, 591). Soweit die StSchuld nicht durch den Abzug abgegolten ist, ist die StSchuld auflösend bedingt durch das Entstehen der endgültigen StSchuld. Auswirkung der Entstehung der StSchuld im Konkurs (Insolvenz) des Schuldners der Abzugsteuer s BFH BStBl II 75, 621. Fälligkeit s zB §§ 31 KStG, 44 EStG betr KapErtrSt.

4 **4. Nr 2: Vorauszahlungen:** Entspr § 37 I S 2 EStG. Regelmäßiger Entstehungszeitpunkt (§§ 31 KStG, 37 I EStG): 1.1. (VorausZ 10.3.), 1.4. (VorausZ

10.6.), 1.7. (VorausZ 10.9.), 1.10. (VorausZ 10.12.). Begründung der StPfl: Wechsel zur unbeschränkten StPfl oder Begründung der unbeschränkten StPfl; Beendigung der Steuerbefreiung; Begründung der partiellen StPfl, zB durch Gründung eines wirtschaftl Geschäftsbetrieb. Nicht betroffen ist der Fall vorhandener StPfl dem Grunde nach, wenn Einkünfte anfallen, nachdem bisher keine Einkünfte vorlagen. Fälligkeit s §§ 31 KStG, 37 III EStG.

Der **Einigungsvertrag** (BGBl II 90, 889; BStBl I 90, 656) enthielt zu den Vorauszahlungen in Anlage I B Kap IV Sachgebiet B Nr 15 eine Spezialregelung.

**5. Nr 3: Veranlagte KSt:** Entsprechend § 36 I EStG. Die KSt entsteht mit Ablauf des VZ. Hierdurch bleibt die Entstehung nach Nr 1 und 2 unberührt. Fälligkeit: §§ 31 KStG, 36 IV EStG. 5

## § 31 Steuererklärungspflicht, Veranlagung und Erhebung der Körperschaftsteuer

(1) [1] **Auf die Durchführung der Besteuerung einschließlich der Anrechnung, Entrichtung und Vergütung der Körperschaftsteuer sowie die Festsetzung und Erhebung von Steuern, die nach der veranlagten Körperschaftsteuer bemessen werden (Zuschlagsteuern), sind die Vorschriften des Einkommensteuergesetzes entsprechend anzuwenden, soweit dieses Gesetz nichts anderes bestimmt.** [2] **Die sich im Zuge der Festsetzung ergebenden einzelnen Körperschaftsteuerbeträge sind jeweils zu Gunsten des Steuerpflichtigen auf volle Euro-Beträge zu runden.** [3] **§ 37b des Einkommensteuergesetzes findet entsprechende Anwendung.**

(1a) [1] **Die Körperschaftsteuererklärung und die Erklärung zur gesonderten Feststellung von Besteuerungsgrundlagen sind nach amtlich vorgeschriebenem Datensatz durch Datenfernübertragung zu übermitteln.** [2] **Auf Antrag kann die Finanzbehörde zur Vermeidung unbilliger Härten auf eine elektronische Übermittlung verzichten; in diesem Fall sind die Erklärungen nach amtlich vorgeschriebenem Vordruck abzugeben und vom gesetzlichen Vertreter des Steuerpflichtigen eigenhändig zu unterschreiben.**

(2) **Bei einem vom Kalenderjahr abweichenden Wirtschaftsjahr gilt § 37 Abs. 1 des Einkommensteuergesetzes mit der Maßgabe, dass die Vorauszahlungen auf die Körperschaftsteuer bereits während des Wirtschaftsjahrs zu entrichten sind, das im Veranlagungszeitraum endet.**

***Abs 1 S 2 lautet bis zur Streichung durch das G v 25.7.14 (Rz 2):***

[2] Wird der Gewinn durch Bestandsvergleich ermittelt, sind bei der Festsetzung der Vorauszahlungen die Änderungen durch das Unternehmensteuerreformgesetz 2008 vom 14. August 2007 (BGBl. I S. 1912) zu berücksichtigen, wenn der Steuerpflichtige dies nach amtlich vorgeschriebenem Vordruck beantragt oder das Finanzamt den Steuerpflichtigen zur Abgabe des Vordrucks auffordert.

***Gesetzesfassungen vor 2014 s 8. Aufl.***

*Körperschaftsteuerrichtlinien:* KStR 31.1, 31.2

**Übersicht**

1 **1. Allgemeines:** So wie § 8 I die Verweisungsvorschrift für die Einkommensermittlung darstellt, so ist § 31 die Verweisungsvorschrift für die Vorschriften über Veranlagung, Anrechnung, Entrichtung und Vergütung der KSt. Abs 2 enthält eine Sonderbestimmung für Vorauszahlungen.

2 **2. Geltungszeit:** § 31 gilt – zunächst bis 2000 als § 49 – ab 1.1.77, dh ab VZ 1977 (§ 54 I idF des KStG 1977). Zu Gesetzesänderungen bis zum KStG 1996 s 5. Aufl. Abs 2 wurde durch das StSenkG v 23.10.00 (BGBl I 00, 1433; BStBl I 00, 1521), dh mit der Aufhebung des AnrV, gestrichen, und zwar ab VZ 2001 (§ 34 I idF des G v 23.10.00); der bisherige Abs 2 wurde Abs 3. Abs 1 S 2 wurde durch das StÄndG 2003 v 15.12.03 (BGBl I 03, 2645; BStBl I 03, 710) angefügt (ab 2004, § 34 I idF des StÄndG 2003). Abs 1 S 3 wurde durch das JStG 2007 v 13.12.06 (BGBl I 06, 2878; BStBl I 07, 28) angefügt. § 31 I 2 wurde durch das UnternehmenStRefG v 14.8.07 (BGBl I 07, 1912; BStBl I 07, 630) eingefügt; zum Inkrafttreten s § 34 XIIIa idF des G v 14.8.07. Das SteuerbürokratieabbauG v 20.12.08 (BGBl I 08, 2850; BStBl I 09, 124) fügte Abs 1a ein, und zwar mit Wirkung ab VZ 2011 (§ 34 XIIIa S 2 idF des G v 20.12.08). Abs 1 S 2 wurde durch das G zur Anpassung des nationalen Steuerrechts an den Beitritts Kroatiens zur EU v 25.7.14 (BGBl I 14, 1266; BStBl I 14, 1126) mit Wirkung ab VZ 2015 (§ 34 I idF des G v 25.7.14) wegen Zeitablaufs gestrichen

3 **3. Abs 1 S 1** spricht von den Vorschriften, die für die ESt gelten. Diese Formulierung umfasst neben dem **EStG** die **EStDV;** zur Problematik der Anwendung der EStDV über § 8 I s § 8 Rz 5. Abs 1 erstreckt die Verweisung nicht nur auf die Veranlagung, sondern auf das gesamte Besteuerungsverfahren. S im Übrigen KStR 8.1. § 8 Rz 5 ff § 25 EStG: VZ ist Kj. Der Liquidationszeitraum ist ein besonderer VZ (s § 11 Rz 8). § 56 EStDV (Erklärungspflicht, § 149 AO) soll nach Ansicht der FinVerw anwendbar sein (*Dötsch* DB 85, 11, 13), obwohl nach Abs 1 dem Inhalt nach auf die EStPflicht bezogen. § 60 EStDV: anwendbar. § 36 II Nr 1 EStG: Anrechnung von VorausZ; § 36 II Nr 2 EStG: Anrechnung von AbzugSt; § 37 EStG: VorausZ (s Rz 9). §§ 43–45d EStG: KapErtrSt; anwendbar. §§ 49–50a EStG: beschränkte StPfl s § 2 Rz 6. **Abs 1 S 2** aF war eine Sondervorschrift für den Übergang zum StRecht der UnternehmenStRefom 2008 (dazu BT-Drucks 16/4841, 77). **Abs 1 S 2** normiert eine Rundungsvorschrift. **Abs 1 S 3** erlaubt die Pauschalierung nach § 37b EStG auch, wenn der Empfänger der Zuwendung der KSt unterliegt (BR-Drucks 622/06, 121); pauschaliert wird sodann die KSt.

4 **4. Keine Veranlagung** in den Fällen, in denen das Einkommen offensichtlich 500 Euro nicht erreicht (vgl KStR 79 mw Einzelheiten). Zur gesonderten Feststellung nach § 27 s KStR 31.1.

8 **5. Abs 1a** führt die Pflicht zur Abgabe von **Steuererklärungen als Datensätze** ab 2011 (Rz 2) ein. S 2 ermöglicht eine Ausnahmeregelung. Keine Abweichung vom amtlich vorgeschriebenen Datensatz durch Fernübertragung, zB durch Übergabe einer CD oder eines USB-Sticks, möglich (BFH/NV 16, 72).

9 **6. Vorauszahlungen (Abs 2):** Abs 2 war bis 2000 Abs 3. § 37 EStG ist anwendbar. Abweichung: Bei abweichendem Wj hat die Körperschaft bereits während dieses Wj die VorausZ zu erbringen, die sie für den VZ schuldet, in dem das Wj endet. Dies ist die allgemeine Regelung, falls Wj = Kj. In der EStBesteuerung erfolgt bei abweichenden Wj ein Sprung; Beispiel: Wj 1.2.–31.1.; in 2018 werden die VorausZ 2018 nach dem Wj 1.2.17–31.18. bemessen, wirtschaftl also verspätet. Bei Körperschaften soll diese „Verspätung" ausgeschlossen sein. Im genannten Beispiel sind auf den 10.3., 10.6., 10.9.18 bereits jeweils VorausZ auf die KStSchuld 2018 zu zahlen.

**§ 32 Sondervorschriften für den Steuerabzug**

(1) Die Körperschaftsteuer für Einkünfte, die dem Steuerabzug unterliegen, ist durch den Steuerabzug abgegolten,

1. wenn die Einkünfte nach § 5 Abs. 2 Nr. 1 von der Steuerbefreiung ausgenommen sind oder
2. wenn der Bezieher der Einkünfte beschränkt steuerpflichtig ist und die Einkünfte nicht in einem inländischen gewerblichen oder land- oder forstwirtschaftlichen Betrieb angefallen sind.

(2) Die Körperschaftsteuer ist nicht abgegolten,

1. wenn bei dem Steuerpflichtigen während eines Kalenderjahrs sowohl unbeschränkte Steuerpflicht als auch beschränkte Steuerpflicht im Sinne des § 2 Nr. 1 bestanden hat; in diesen Fällen sind die während der beschränkten Steuerpflicht erzielten Einkünfte in eine Veranlagung zur unbeschränkten Körperschaftsteuerpflicht einzubeziehen;
2. für Einkünfte, die dem Steuerabzug nach § 50a Abs. 1 Nr. 1, 2 oder Nr. 4 des Einkommensteuergesetzes unterliegen, wenn der Gläubiger der Vergütungen eine Veranlagung zur Körperschaftsteuer beantragt;
3. soweit der Steuerpflichtige wegen der Steuerabzugsbeträge in Anspruch genommen werden kann oder
4. soweit § 38 Abs. 2 anzuwenden ist.

(3) [1] Von den inländischen Einkünften im Sinne des § 2 Nr. 2 zweiter Halbsatz ist ein Steuerabzug vorzunehmen; Entsprechendes gilt, wenn die inländischen Einkünfte im Sinne des § 2 Nr. 2 zweiter Halbsatz von einer nach § 5 Abs. 1 oder nach anderen Gesetzen als dem Körperschaftsteuergesetz steuerbefreiten Körperschaft, Personenvereinigung oder Vermögensmasse erzielt werden. [2] Der Steuersatz beträgt 15 Prozent des Entgelts. [3] Die für den Steuerabzug von Kapitalerträgen im Sinne des § 43 Abs. 1 Satz 1 Nummer 1 und 1a geltenden Vorschriften des Einkommensteuergesetzes mit Ausnahme des § 44 Abs. 2 und § 44a Abs. 8 des Einkommensteuergesetzes sind entsprechend anzuwenden. [4] Der Steuerabzug ist bei Einnahmen oder Bezügen im Sinne des § 2 Nr. 2 zweiter Halbsatz Buchstabe c von der anderen Körperschaft im Sinne des § 8b Abs. 10 Satz 2 vorzunehmen. [5] In Fällen des Satzes 4 hat die überlassende Körperschaft der anderen Körperschaft den zur Deckung der Kapitalertragsteuer notwendigen Betrag zur Verfügung zu stellen; § 44 Absatz 1 Satz 10 und 11 des Einkommensteuergesetzes gilt entsprechend.

(4) [1] Absatz 2 Nr. 2 gilt nur für beschränkt steuerpflichtige Körperschaften, Personenvereinigungen oder Vermögensmassen im Sinne des § 2 Nr. 1, die nach den Rechtsvorschriften eines Mitgliedstaats der Europäischen Union oder nach den Rechtsvorschriften eines Staates, auf den das Abkommen über den Europäischen Wirtschaftsraum vom 3. Januar 1994 (ABl. EG Nr. L 1 S. 3), zuletzt geändert durch den Beschluss des Gemeinsamen EWR-Ausschusses Nr. 91/2007 vom 6. Juli 2007 (ABl. EU Nr. L 328 S. 40), in der jeweiligen Fassung Anwendung findet, gegründete Gesellschaften im Sinne des Artikels 54 des Vertrags über die Arbeitsweise der Europäischen Union oder des Artikels 34 des Abkommens über den Europäischen Wirtschaftsraum sind, deren Sitz und Ort der Geschäftsleitung sich innerhalb des Hoheitsgebiets eines dieser Staaten befindet. [2] Europäische Gesellschaften sowie Europäische Genossenschaften gelten für die Anwendung des Satzes 1 als nach den Rechtsvorschriften des Staates gegründete Gesellschaften, in dessen Hoheitsgebiet sich der Sitz der Gesellschaften befindet.

(5) [1] Ist die Körperschaftsteuer des Gläubigers für Kapitalerträge im Sinne des § 20 Absatz 1 Nummer 1 des Einkommensteuergesetzes nach Absatz 1

**abgegolten, wird dem Gläubiger der Kapitalerträge auf Antrag die einbehaltene und abgeführte Kapitalertragsteuer nach Maßgabe des § 36 Absatz 2 Nummer 2 des Einkommensteuergesetzes erstattet, wenn**

**1. der Gläubiger der Kapitalerträge eine nach § 2 Nummer 1 beschränkt steuerpflichtige Gesellschaft ist, die**
   **a) zugleich eine Gesellschaft im Sinne des Artikels 54 des Vertrags über die Arbeitsweise der Europäischen Union oder des Artikels 34 des Abkommens über den Europäischen Wirtschaftsraum ist,**
   **b) ihren Sitz und Ort der Geschäftsleitung innerhalb des Hoheitsgebiets eines Mitgliedstaates der Europäischen Union oder eines Staates, auf den das Abkommen über den Europäischen Wirtschaftsraum Anwendung findet, hat,**
   **c) im Staat des Orts ihrer Geschäftsleitung ohne Wahlmöglichkeit einer mit § 1 vergleichbaren unbeschränkten Steuerpflicht unterliegt, ohne von dieser befreit zu sein, und**

**2. der Gläubiger unmittelbar am Grund- oder Stammkapital der Schuldnerin der Kapitalerträge beteiligt ist und die Mindestbeteiligungsvoraussetzung des § 43b Absatz 2 des Einkommensteuergesetzes nicht erfüllt.**

**[2] Satz 1 gilt nur, soweit**

**1. keine Erstattung der betreffenden Kapitalertragsteuer nach anderen Vorschriften vorgesehen ist,**
**2. die Kapitalerträge nach § 8b Absatz 1 bei der Einkommensermittlung außer Ansatz bleiben würden,**
**3. die Kapitalerträge aufgrund ausländischer Vorschriften keiner Person zugerechnet werden, die keinen Anspruch auf Erstattung nach Maßgabe dieses Absatzes hätte, wenn sie die Kapitalerträge unmittelbar erzielte,**
**4. ein Anspruch auf völlige oder teilweise Erstattung der Kapitalertragsteuer bei entsprechender Anwendung des § 50d Absatz 3 des Einkommensteuergesetzes nicht ausgeschlossen wäre und**
**5. die Kapitalertragsteuer nicht beim Gläubiger oder einem unmittelbar oder mittelbar am Gläubiger beteiligten Anteilseigner angerechnet oder als Betriebsausgabe oder als Werbungskosten abgezogen werden kann; die Möglichkeit eines Anrechnungsvortrags steht der Anrechnung gleich.**

**[3] Der Gläubiger der Kapitalerträge hat die Voraussetzungen für die Erstattung nachzuweisen. [4] Er hat insbesondere durch eine Bescheinigung der Steuerbehörden seines Ansässigkeitsstaates nachzuweisen, dass er in diesem Staat als steuerlich ansässig betrachtet wird, dort unbeschränkt körperschaftsteuerpflichtig und nicht von der Körperschaftsteuer befreit sowie der tatsächliche Empfänger der Kapitalerträge ist. [5] Aus der Bescheinigung der ausländischen Steuerverwaltung muss hervorgehen, dass die deutsche Kapitalertragsteuer nicht angerechnet, nicht abgezogen oder nicht vorgetragen werden kann und inwieweit eine Anrechnung, ein Abzug oder Vortrag auch tatsächlich nicht erfolgt ist. [6] Die Erstattung der Kapitalertragsteuer erfolgt für alle in einem Kalenderjahr bezogenen Kapitalerträge im Sinne des Satzes 1 auf der Grundlage eines Freistellungsbescheids nach § 155 Absatz 1 Satz 3 der Abgabenordnung.**

***Abs 3 S 5 2. Hs lautete bis zur Änderung durch das G v 19.7.16 (Rz 2):***

„§ 44 Abs. 1 Satz 8 und 9 des Einkommensteuergesetzes gilt entsprechend."

***Gesetzesfassungen vor 2014 s 8. Aufl.***

**Übersicht**



**1. Allgemeines:** § 32 enthält „Sondervorschriften für den StAbzug vom Kapitalertrag". Diese ursprüngliche Überschrift war zu eng; § 32 beschäftigt sich allgemein mit dem StAbzug, dessen bedeutsamsten Anwendungsfall bei Körperschaften allerdings die KapErtrSt darstellt. Die jetzige Überschrift geht auf das G v 19.12.08 (Rz 2) zurück. 1

**2. Geltungszeit:** § 32 gilt – bis 2000 als § 50 – ab 1.1.77 (§ 54 I idF des KStG 1977). Zu nachfolgenden Änderungen s 3. und 5. Aufl. Abs 1 Nr 3 wurde das StBereinG 1999 v 22.12.99 (BGBl I 99, 2601; BStBl I 00, 13) mit Wirkung ab VZ 2000 (§ 54 I idF des G v 22.12.99) gestrichen. Abs 2 Nr 2 wurde mit Aufhebung des AnrV gestrichen, Abs 2 auf die bisherige Nr 1 des Abs 2 reduziert (StSenkG v 23.10.00, BGBl I 00, 1433; BStBl I 00, 1521), und zwar ab 2001 (§ 34 I idF des G v 23.10.00); s auch Vor § 1 Rz 27. Abs 2 wurde erneut geändert durch das UntStFG v 20.12.01 (BGBl I 01, 3858; BStBl I 02, 35), und zwar auch mit Wirkung ab VZ 2001 (§ 34 I idF des G v 20.12.01) Durch das EURLUmsG v 9.12.04 (BGBl I 04, 3310; BStBl I 04, 1158) wurde die Verweisung in Abs 2 Nr 2 richtig gestellt (Abs 12 statt Abs 9). Abs 3 wurde durch das UnternehmenStRefG v 14.8.07 (Vor § 1 Rz 28) angefügt; zum Inkrafttreten s § 34 XIIIb idF des G v 14.8.07. Das JStG 2009 v 19.12.08 (BGBl I 08, 2794; BStBl 09, 74) änderte die Gesetzesüberschrift sowie Abs 2 und fügt Abs 4 an, und zwar mit Wirkung ab VZ 2009 (§ 34 I idF d G v 19.12.08). Das OGAW-IV-UmsG v 22.6.11 (BGBl I 11, 1126) passt in Abs 3 S 3 die Verweisung auf das EStG an. Das G v 21.3.13 (BGBl I 13, 561) fügt Abs 5 an; zur Geltungszeit s § 34 Abs 13 idF des G v 21.3.13; Materialien Vor § 1 Rz 28. Redaktionelle Änderung durch das AmtshilfeRLUmsG v 26.6.13 (BGBl I 13, 1809) in Abs 4. 2

3. *KapErtrSt: Abs 1 aF* normierte eine Anpassung der §§ 43 Abs 1 Nr 6, 45 EStG, die die Erhebung der sog KuponSt für Gebietsfremde regelten. Diese KuponSt war 1965 eingeführt worden. Die währungspolitische Notwendigkeit für die KuponSt besteht nicht mehr. Das StBerG 1985 strich die Vorschriften. Vgl *Dötsch* DB 85, 11. Zur aF s im Übrigen die 2. Aufl. 4

**4. Abgeltung bei Steuerabzug (Abs 1):** Abs 1 – bis zur Änderung durch das G v 14.12.84 (Vor § 1 Anm 6. Aufl) Abs 2 – betrifft alle Fälle des StAbzugs, nicht nur – die Überschrift des § 32 war zu eng (Rz 1) – den StAbzug vom KapErtrag, wenn auch der StAbzug von sonstigen Einnahmen bei Körperschaften an Bedeutung weit hinter dem StAbzug vom KapErtrag zurückbleibt. Unter Abs 1 fallen: Einkünfte mit Abzügen nach §§ 43 ff EStG (KapErtrSt); auch der Vergütungsbetrag gemäß § 52 aF zählt hierzu; § 50a, EStG, nicht § 50a VII aF EStG (BFH BStBl III 55, 63); keine LSt, wenn Gesellschafter „Angestellte" einer anderen Gesellschaft ist (RFH RStBl 28, 360). Abgeltung durch den StAbzug heißt, dass die StPflicht hinsichtlich der vom Abzug betroffenen Einnahmen durch den ordnungsmäßigen Einbehalt der AbzugSt erfüllt ist; Ausnahmen s Abs 2 und Rz 11. Wegen Abzug von Betriebsausgaben oder Werbungskosten s § 8 VI (§ 8 Rz 480). 5

Befreiungen können eingreifen, zB nach DBA, oder eine Pauschalierung nach § 50 IV EStG; in diesen Fällen ist die KapErtrSt zu erstatten.

6 **5. Steuerbefreite Körperschaft (Abs 1 Nr 1):** Die Einkünfte müssen nach § 5 II Nr 1 von der StBefreiung ausgenommen sein. Voraussetzung ist eine Befreiung nach § 5 I. Gehört zB die Beteiligung an einer KapGes zu dem wirtschaftl Geschäftsbetrieb einer gemeinnützigen Körperschaft, so tritt keine Befreiung nach § 5 I ein, folglich keine Ausnahme nach § 5 II, folglich findet Abs 2 Nr 1 keine Anwendung; die Beteiligungserträge sind voll stpfl. Die AbzugSt gehörte zur Tarifbelastung der beziehenden Körperschaft, sofern diese in das AnrV einbezogen ist.

7 **6. Beschränkte StPflicht (Abs 1 Nr 2):** Beschränkte StPflicht nach § 2 Nr 1 oder Nr 2 ist Voraussetzung. S § 2 Rz 3 ff. Die Einkünfte dürfen nicht in einem inländischen gewerbl oder land- oder forstwirtschaftl Betrieb angefallen sein. Im Fall des Abs 1 Nr 1 heißt das, die Einkünfte dürfen nicht beschränkt stpfl sein nach § 49 I Nr 1, 2 EStG. Obwohl begrifflich nicht übereinstimmend (Betrieb/Betriebstätte/ständiger Vertreter), muss uE eine parallellaufende Auslegung erfolgen. Beschränkte StPflicht nach § 49 I Nr 1, 2 EStG schließt Abs 1 Nr 2 aus. Der Betriebstättenbegriff des inländischen Rechts ist allerdings weiter als derjenige der DBA; folglich kann eine grundsätzliche StPflicht nach § 49 I Nr 2 EStG gegeben sein, ohne dass der BRD das Besteuerungsrecht zusteht. Auch in diesem Fall ist Abgeltung nach Abs 1 Nr 2 gegeben, obwohl möglicherweise Betriebseinnahmen eines inländischen Betriebs vorliegen. Im Fall des Abs 1 Nr 2 kommt in aller Regel nur eine Zurechnung zu einem land- und forstwirtschaftl Betrieb in Frage; denn liegt ein gewerbl Betrieb vor, ist regelmäßig unbeschränkte StPflicht nach § 1 Nr 6 gegeben und Abs 1 ausgeschlossen. Da land- und forstwirtschaftl Betriebe der nach Abs 1 Nr 2 beschränkt stpfl Körperschaft stfrei sind (§ 4 Rz 17 und § 2 Rz 10 f), führt der Ausschluss von der Abgeltung insoweit zur vollen StBefreiung und zur Erstattung der AbzugSt.

8 **7.** *§ 43 I Nr 5 EStG (Abs 1 Nr 3):* Aufgehoben durch G v 22.12.99 (Rz 2). Frühere Änderungen s Anm 2 3. Aufl. Höhe des Abzugs s § 43a I Nr 2 EStG. KapErtrSt zählte im AnrV zur Tarifbelastung.

11 **8. Ausschluss der Abgeltung (Abs 2):** Mehrfach geänderte Vorschrift, zuletzt durch das JStG 2009 (s Rz 2), das auch Abs 2 Nr 2 durch Abs 4 „europarechtstauglich" machte. Abs 2 Nr 1 entspricht § 2 VII EStG.

15 **9.** KapitalertragStAbzug für Leihgebühren und Kompensationen bei der **Wertpapierleihe (Abs 3).** Eingeführt durch das G v 14.8.07, angepasst durch das G v 22.6.11 (Rz 2). Diese StPflicht fügt sich ein in das Bemühen, das „Schlupfloch" Wertpapierleihe zu schließen. Zum Funktionieren dieser Gestaltung s BT-Drucks 16/4841, 74 zur Ergänzung von § 2 Nr 2 (§ 2 Rz 13).

16 **10.** Das G vom 21.3.13 (Rz 2) setzt das EuGH-Urteil v 20.10.11 in der Rechtssache C-284/09 um, und zwar durch **§ 8b Abs 4** (s die Kommentierung dort) und **Abs 5** zu **§ 32;** Geltungszeit § 34 Abs 7a und 13b. Dazu ausführlich *Anissimor/Stöber,* Die Erstattung europarechtswidrig abgezogener Kapitalertragssteuer auf Dividenden nach dem neuen § 32 Abs 5, KStG, DStZ 13, 379.

## § 32a Erlass, Aufhebung oder Änderung von Steuerbescheiden bei verdeckter Gewinnausschüttung oder verdeckter Einlage

(1) [1] **Soweit gegenüber einer Körperschaft ein Steuerbescheid hinsichtlich der Berücksichtigung einer verdeckten Gewinnausschüttung erlassen, aufgehoben oder geändert wird, kann ein Steuerbescheid oder ein Feststellungsbescheid gegenüber dem Gesellschafter, dem die verdeckte Gewinnausschüttung zuzurechnen ist, oder einer diesem nahe stehenden Person erlassen, aufgehoben oder geändert werden.** [2] **Die Festsetzungsfrist endet insoweit nicht vor**

**Ablauf eines Jahres nach Unanfechtbarkeit des Steuerbescheides der Körperschaft. [3] Die Sätze 1 und 2 gelten auch für verdeckte Gewinnausschüttungen an Empfänger von Bezügen im Sinne des § 20 Abs. 1 Nr. 9 und 10 Buchstabe a des Einkommensteuergesetzes.**

(2) [1] **Soweit gegenüber dem Gesellschafter ein Steuerbescheid oder ein Feststellungsbescheid hinsichtlich der Berücksichtigung einer verdeckten Einlage erlassen, aufgehoben oder geändert wird, kann ein Steuerbescheid gegenüber der Körperschaft, welcher der Vermögensvorteil zugewendet wurde, aufgehoben, erlassen oder geändert werden. [2] Absatz 1 Satz 2 gilt entsprechend.**

**Übersicht**



**1. Allgemeines:** Die Vorschrift bezweckt eine einheitliche Besteuerung von KapGes und Anteilseignern; sie ist verfassungsgemäß (BFH BStBl II 12, 839). Wird bei der KapGes eine vGa festgestellt, so soll der Gesellschafter in den Genuss des Halb-/Teileinkünfteverfahrens kommen (Abs 1). Abs 2 behandelt den Fall, in dem bei den Gesellschaftern eine verdeckte Einlage veranlagungsmäßig festgestellt wird. In diesem Fall kann der KSBbescheid geändert werden. Zur Problematik und zu Lösungsmöglichkeiten im bisherigen Recht s *Trossen* DStR 06, 2295. Zur Kritik *Briese* BB 06, 2110; *Harle/Kulemann* GmbHR 06, 976. Zur Kritik *Pohl/Raupach* FR 07, 210. Die Änderungsmöglichkeit hat keine Rückwirkung auf beim Inkrafttreten des § 32a (BFH/NV 12, 269; NdsFG EFG 11, 947). Aktuell s zur Rspr auch *Stöber* FR 13, 448. 1

**2. Geltungszeit.** § 32a wurde durch das JStG 2007 v 13.12.06 (BGBl I 06, 2878; BStBl I 07, 28) eingefügt. Die Änderungsmöglichkeit findet erstmals Anwendung, wenn nach dem Tag der Verkündigung (18.12.06) ein Steuerbescheid erlassen, aufgehoben oder geändert wird (§ 34 XIIIb idF des JStG 2007) und der zu ändernde Bescheid am 18.12.06 noch nicht festsetzungsverjährt war (FG Saarland EFG 12, 1392; FG München EFG 12, 1878). 2

**3. Abs 1.** Wird gegenüber einer Körperschaft, idR gegenüber einer KapGes, ein Steuerbescheid bezüglich einer **vGa** erlassen, aufgehoben oder geändert, kann der Steuerbescheid oder Feststellungsbescheid gegenüber dem Gesellschafter entsprechend geändert werden. Auch die Änderung eines Verlustfeststellungsbescheids ermöglicht die Änderung des EStBescheids (FG Bln-Bdbg EFG 15, 330). 4

§ 32a I bewirkt eine Ablaufhemmung für die Festsetzung der ESt im Zusammenhang mit einer vGa (BGH BStBl II 15, 858 dann *Brühl* FR 15, 871 und GmbHR 15, 1303.

Abs 1 enthält eine **eigenständige Berichtigungsvorschrift** (vgl zur jüngeren Rspr und zu Einzelfragen *Brühl* GmbHR 15, 1303). Der KStBescheid ist nicht Grundlagenbescheid (*Trossen* DStR 06, 2295, 2297; FG Köln EFG 09, 1096; FG Münster EFG 17, 1148). Es geht nur um die formelle Bestandskraft. Der Anteilseigner ist nicht gehindert, sich in „seinen" Verfahren gegen eine vGa zu wenden oder für sie im Hinblick auf das Halb-/Teileinkünfteverfahren zu streiten. Die Änderungsmöglichkeit gilt auch gegenüber Nahestehenden (BR-Drucks 622/06, 122). Die übrigen Änderungsvorschriften der AO bleiben durch Abs 1 unberührt. Der umgekehrte Fall – Feststellung einer vGa auf Gesellschafterebene und Bestandskraft des KStBescheids – führt nicht zu einer entsprechenden Änderung. Hier sind § 3 Nr 40 S 1 Buchst d und § 8b EStG einschlägig, die die Vergünstigung des Halb-/Teileinkünfteverfahrens nur dann gewähren, wenn bei der leistenden Körperschaft eine vGa angenommen wird. Ist dies wegen Bestandskraft nicht mehr möglich, kann beim Anteilseigner das Halb-/Teileinkünfteverfahren nicht angewandt werden. Das Finanzamt muss die Änderungen nach Abs 1 vornehmen. Zwar spricht der Gesetzeswortlaut von „kann". Es ist jedoch nicht anzunehmen, dass das Finanzamt einen Ermessensspielraum hat (FG Münster EFG 17, 1148; *Trossen* DStR 06, 2295, 2297). Anders, wenn die KStAnmeldung zur Insolvenztabelle geändert wird (Nds FG EFG 08, 1824; kein Anspruch). S 2 enthält eine eigenständige Regelung zur Ablaufhemmung, die § 171 AO vorgeht (s BFH BStBl II 15, 858; dazu *Brühl* FR 15, 871 und GmbHR 15, 1303). S 3 dehnt die Regelung auch auf vGa an den Empfänger von Bezügen iSv § 20 Abs 1 Nr 9, 10 Buchst a EStG aus.

6 **4. Abs 2** regelt den Fall, in dem gegenüber dem Gesellschafter ein Steuerbescheid zur Berücksichtigung einer **verdeckten Einlage** (nicht von nicht erklärten Einnahmen, FG RhPf EFG 15, 331) erlassen, aufgehoben oder geändert wird. Hier kann sodann der entsprechende KStBescheid aufgehoben, erlassen oder geändert werden. Die Änderungsmöglichkeit betrifft nicht nur den KStBescheid, sondern sämtliche relevanten Bescheide auf der Ebene der Gesellschaft, insb den Bescheid zur Feststellung des Einlagekontos nach § 27. Hat die verdeckte Einlage bisher den Gewinn erhöht, ist die Gewinnkürzung rückgängig zu machen. Zu Einzelheiten FG Köln EFG 16, 1109; FG RhPf EFG 16, 1552. Auch hier ist nur die Möglichkeit gegeben, die formelle Bestandskraft zu durchbrechen. Es liegt kein Grundlagen-/Folgebescheidverhältnis vor. Materiell ist die KapGes mit ihrem Begehren in einem Streitverfahren durch Abs 2 nicht eingeschränkt.

Auch die Änderung eines Verlustfeststellungsbescheids ermöglicht die Änderung des EStBescheids (FG Bln-Bdbg EFG 15, 330).

§ 32a I bewirkt eine Ablaufhemmung für die Festsetzung der ESt iZm einer vGa (BGH BStBl II 15, 858 dann *Brühl* FR 15, 871 und GmbHR 15, 1303).

## Fünfter Teil. Ermächtigungs- und Schlussvorschriften

### § 33 Ermächtigungen

(1) **Die Bundesregierung wird ermächtigt, zur Durchführung dieses Gesetzes mit Zustimmung des Bundesrates durch Rechtsverordnung**

**1. zur Wahrung der Gleichmäßigkeit bei der Besteuerung, zur Beseitigung von Unbilligkeiten in Härtefällen und zur Vereinfachung des Besteuerungsverfahrens den Umfang der Steuerbefreiungen nach § 5 Abs. 1 Nr. 3 und 4 näher zu bestimmen. [2]Dabei können**

**a) zur Durchführung des § 5 Abs. 1 Nr. 3 Vorschriften erlassen werden, nach denen die Steuerbefreiung nur eintritt,**

**aa) wenn die Leistungsempfänger nicht überwiegend aus dem Unternehmer oder seinen Angehörigen, bei Gesellschaften aus den Gesellschaftern und ihren Angehörigen bestehen,**

**bb) wenn bei Kassen mit Rechtsanspruch der Leistungsempfänger die Rechtsansprüche und bei Kassen ohne Rechtsanspruch der Leistungsempfänger die laufenden Kassenleistungen und das Sterbegeld bestimmte Beträge nicht übersteigen, die dem Wesen der Kasse als soziale Einrichtung entsprechen,**

**cc) wenn bei Auflösung der Kasse ihr Vermögen satzungsmäßig nur für soziale Zwecke verwendet werden darf,**

**dd) wenn rechtsfähige Pensions-, Sterbe- und Krankenkassen der Versicherungsaufsicht unterliegen,**

**ee) wenn bei rechtsfähigen Unterstützungskassen die Leistungsempfänger zu laufenden Beiträgen oder Zuschüssen nicht verpflichtet sind und die Leistungsempfänger oder die Arbeitnehmervertretungen des Betriebs oder der Dienststelle an der Verwaltung der Beträge, die der Kasse zufließen, beratend mitwirken können;**

**b) zur Durchführung des § 5 Abs. 1 Nr. 4 Vorschriften erlassen werden**

**aa) über die Höhe der für die Inanspruchnahme der Steuerbefreiung zulässigen Beitragseinnahmen,**

**bb) nach denen bei Versicherungsvereinen auf Gegenseitigkeit, deren Geschäftsbetrieb sich auf die Sterbegeldversicherung beschränkt, die Steuerbefreiung unabhängig von der Höhe der Beitragseinnahmen auch eintritt, wenn die Höhe des Sterbegeldes insgesamt die Leistung der nach § 5 Abs. 1 Nr. 3 steuerbefreiten Sterbekassen nicht übersteigt und wenn der Verein auch im Übrigen eine soziale Einrichtung darstellt;**

**2. Vorschriften zu erlassen**

**a) über die Kleinbeträge, um die eine Rückstellung für Beitragsrückerstattung nach § 21 Abs. 2 nicht aufgelöst zu werden braucht, wenn die Auszahlung dieser Beträge an die Versicherten mit einem unverhältnismäßig hohen Verwaltungsaufwand verbunden wäre;**

**b) über die Herabsetzung oder Erhöhung der Körperschaftsteuer nach § 23 Abs. 2;**

**c) nach denen bei Anschaffung oder Herstellung von abnutzbaren beweglichen und bei Herstellung von abnutzbaren unbeweglichen Wirtschaftsgütern des Anlagevermögens auf Antrag ein Abzug von der Körperschaftsteuer für den Veranlagungszeitraum der Anschaffung oder Herstellung bis zur Höhe von 7,5 Prozent der Anschaffungs- oder Herstellungskosten dieser Wirtschaftsgüter vorgenommen werden kann.**

[2]§ 51 Abs. 1 Nr. 2 Buchstabe s des Einkommensteuergesetzes gilt entsprechend;

d) nach denen Versicherungsvereine auf Gegenseitigkeit von geringerer wirtschaftlicher Bedeutung, die eine Schwankungsrückstellung nach § 20 Abs. 1 nicht gebildet haben, zum Ausgleich des schwankenden Jahresbedarfs zu Lasten des steuerlichen Gewinns Beträge der nach § 193 des Versicherungsaufsichtsgesetzes zu bildenden Verlustrücklage zuführen können;

e) die die Steuerbefreiung nach § 8b Absatz 1 Satz 1 und Absatz 2 Satz 1 sowie vergleichbare Vorschriften in Abkommen zur Vermeidung der Doppelbesteuerung von der Erfüllung besonderer Nachweis- und Mitwirkungspflichten abhängig machen, wenn außerhalb des Geltungsbereichs dieses Gesetzes ansässige Beteiligte oder andere Personen nicht wie inländische Beteiligte bei Vorgängen innerhalb des Geltungsbereichs dieses Gesetzes zur Mitwirkung bei der Ermittlung des Sachverhalts herangezogen werden können. [2]Die besonderen Nachweis- und Mitwirkungspflichten können sich auf die Angemessenheit der zwischen nahestehenden Personen im Sinne des § 1 Absatz 2 des Außensteuergesetzes in ihren Geschäftsbeziehungen vereinbarten Bedingungen und die Bevollmächtigung der Finanzbehörde, im Namen des Steuerpflichtigen mögliche Auskunftsansprüche gegenüber den von der Finanzbehörde benannten Kreditinstituten außergerichtlich und gerichtlich geltend zu machen, erstrecken. [3]Die besonderen Nachweis- und Mitwirkungspflichten auf der Grundlage dieses Buchstabens gelten nicht, wenn die außerhalb des Geltungsbereichs dieses Gesetzes ansässigen Beteiligten oder anderen Personen in einem Staat oder Gebiet ansässig sind, mit dem ein Abkommen besteht, das die Erteilung von Auskünften entsprechend Artikel 26 des Musterabkommens der OECD zur Vermeidung der Doppelbesteuerung auf dem Gebiet der Steuern vom Einkommen und vom Vermögen in der Fassung von 2005 vorsieht oder der Staat oder das Gebiet Auskünfte in einem vergleichbaren Umfang erteilt oder die Bereitschaft zu einer entsprechenden Auskunftserteilung besteht.

(2) Das Bundesministerium der Finanzen wird ermächtigt,

1. im Einvernehmen mit den obersten Finanzbehörden der Länder Muster der in den §§ 27 und 37 vorgeschriebenen Bescheinigungen zu bestimmen;
2. den Wortlaut dieses Gesetzes und der zu diesem Gesetz erlassenen Durchführungsverordnungen in der jeweils geltenden Fassung mit neuem Datum, unter neuer Überschrift und in neuer Paragrafenfolge bekannt zu machen und dabei Unstimmigkeiten des Wortlauts zu beseitigen.

*Abs 1 Nr 2 Buchst d Verweis lautete bis zur Änderung durch das G v 1.4.15 (Rz 2):*
„§ 37 des Versicherungsaufsichtsgesetzes“

*Gesetzesfassungen vor 2014 s 8. Aufl.*

**Übersicht**



1 **1. Allgemeines:** Ermächtigungsgrundlage für KStDV. Die Grenzen sind enger als in § 23a KStG aF, da die Vorschriften teilweise in das Gesetz übernommen,

teilweisen den KStR vorbehalten wurden. Vgl BT-Drucks 7/1470, 381. Zur Frage, ob neben den KStDV auch die EStDV gelten, s § 8 Rz 5.

**2. Geltungszeit:** Die Ermächtigung gilt ab 1.1.77 (§ 54 I idF des KStG 1977). Wegen nachfolgender Änderungen s 5. Aufl. Mit der Aufhebung des AnrV durch das StSenkG v 23.10.00 (BGBl I 00, 1433; BStBl I 00, 1521) wurde § 53 zu § 33 und zwar ab VZ 2001 (§ 34 I). Das UntStFG v 20.12.01 (BGBl I 01, 3858; BStBl I 02, 35) änderte Abs 1 Nr 1 Buchst 2 (redaktionelle Änderung) und strich Abs 1 Nr 3; Abs 2 Nr 1 wurde angepasst. Das SteuerhinterziehungsbekämpfungsG v 29.7.09 (BGBl I 09, 2302; BStBl I 09, 826) fügte die Ermächtigung des Abs 1 Nr 2e) an. In Abs 1 Nr 2 Buchst d wurde die Gesetzesverweisung durch das G v 1.4.15 (BGBl I 15, 434) geändert. 2

**3. Abs 1:** Hierzu KStDV 1977, BGBl I 77, 848; BStBl I 77, 318, die KStDV 1984, BGBl I 84, 1055, BStBl I 84, 483 und KStDV 1994 v 22.2.96 (BGBl I 96, 365; BStBl I 96, 191) mit nachfolgenden Änderungen. 3

**4. Abs 2:** Zu Nr 1: Ab KStR 1995 nicht mehr in den KStR enthalten, da das Änderungsverfahren zu schwerfällig ist *(Dötsch/Jost* DB 96 Beil 4. 23). 4

## § 34 Schlussvorschriften

(1) **Diese Fassung des Gesetzes gilt, soweit in den folgenden Absätzen nichts anderes bestimmt ist, erstmals für den Veranlagungszeitraum 2017.**

(2) [1]**Erwerbs- und Wirtschaftsgenossenschaften sowie Vereine können bis zum 31. Dezember 1991, in den Fällen des § 54 Absatz 4 in der Fassung des Artikels 9 des Gesetzes vom 18. Dezember 1989 (BGBl. I S. 2212) bis zum 31. Dezember 1992 oder, wenn es sich um Erwerbs- und Wirtschaftsgenossenschaften oder Vereine in dem in Artikel 3 des Einigungsvertrages genannten Gebiet handelt, bis zum 31. Dezember 1993 durch schriftliche Erklärung auf die Steuerbefreiung nach § 5 Absatz 1 Nummer 10 und 14 des Körperschaftsteuergesetzes in der Fassung des Artikels 4 des Gesetzes vom 14. Juli 2000 (BGBl. I S. 1034) verzichten, und zwar auch für den Veranlagungszeitraum 1990.** [2]**Die Körperschaft ist mindestens für fünf aufeinanderfolgende Kalenderjahre an die Erklärung gebunden.** [3]**Die Erklärung kann nur mit Wirkung vom Beginn eines Kalenderjahrs an widerrufen werden.** [4]**Der Widerruf ist spätestens bis zur Unanfechtbarkeit der Steuerfestsetzung des Kalenderjahrs zu erklären, für das er gelten soll.**

(3) [1]**§ 5 Absatz 1 Nummer 2 ist für die Hamburgische Investitions- und Förderbank erstmals für den Veranlagungszeitraum 2013 anzuwenden.** [2]**Die Steuerbefreiung nach § 5 Absatz 1 Nummer 2 in der bis zum 30. Juli 2014 geltenden Fassung ist für die Hamburgische Wohnungsbaukreditanstalt letztmals für den Veranlagungszeitraum 2013 anzuwenden.** [3]**§ 5 Absatz 1 Nummer 16 Satz 1 und 2 in der am 1. Januar 2016 geltenden Fassung ist erstmals für den Veranlagungszeitraum 2015 anzuwenden.** [4]**§ 5 Absatz 1 Nummer 24 in der am 31. Dezember 2014 geltenden Fassung ist erstmals für den Veranlagungszeitraum 2014 anzuwenden.**

(3a) **§ 5 Absatz 1 Nummer 3 Buchstabe d, Nummer 4 und 16 Satz 3 in der am 1. Januar 2016 geltenden Fassung ist erstmals für den Veranlagungszeitraum 2016 anzuwenden.**

(4) **§ 8a Absatz 2 und 3 ist nicht anzuwenden, wenn die Rückgriffsmöglichkeit des Dritten allein auf der Gewährträgerhaftung einer Gebietskörperschaft oder einer anderen Einrichtung des öffentlichen Rechts gegenüber den Gläubigern eines Kreditinstituts für Verbindlichkeiten beruht, die bis zum 18. Juli 2001 vereinbart waren; Gleiches gilt für bis zum 18. Juli 2005 vereinbarte**

**Verbindlichkeiten, wenn deren Laufzeit nicht über den 31. Dezember 2015 hinausgeht.**

(5) [1] **§ 8b Absatz 4 in der am 12. Dezember 2006 geltenden Fassung ist für Anteile weiter anzuwenden, die einbringungsgeboren im Sinne des § 21 des Umwandlungssteuergesetzes in der am 12. Dezember 2006 geltenden Fassung sind, und für Anteile im Sinne des § 8b Absatz 4 Satz 1 Nummer 2, die auf einer Übertragung bis zum 12. Dezember 2006 beruhen.** [2] **§ 8b Absatz 7 Satz 1 in der am 1. Januar 2017 geltenden Fassung ist erstmals für den Veranlagungszeitraum 2017 anzuwenden; § 8b Absatz 7 Satz 2 in der am 1. Januar 2017 geltenden Fassung ist anzuwenden auf Anteile, die nach dem 31. Dezember 2016 dem Betriebsvermögen zugehen.**

(6) [1] **Erfüllt ein nach dem 31. Dezember 2007 erfolgter Beteiligungserwerb die Voraussetzungen des § 8c Absatz 1a, bleibt er bei Anwendung des § 8c Absatz 1 Satz 1 und 2 unberücksichtigt.** [2] **§ 8c Absatz 1a ist nur anzuwenden, wenn**

1. **eine rechtskräftige Entscheidung des Gerichts oder des Gerichtshofs der Europäischen Union den Beschluss der Europäischen Kommission K(2011) 275 vom 26. Januar 2011 im Verfahren Staatliche Beihilfe C 7/2010 (ABl. L 235 vom 10.9.2011, S. 26) für nichtig erklärt und feststellt, dass es sich bei § 8c Absatz 1a nicht um eine staatliche Beihilfe im Sinne des Artikels 107 Absatz 1 des Vertrags über die Arbeitsweise der Europäischen Union handelt,**
2. **die Europäische Kommission einen Beschluss zu § 8c Absatz 1a nach Artikel 7 Absatz 2, 3 oder Absatz 4 der Verordnung (EG) Nr. 659/1999 des Rates vom 22. März 1999 über besondere Vorschriften für die Anwendung von Artikel 93 des EG-Vertrags (ABl. L 83 vom 27.3.1999, S. 1), die zuletzt durch die Verordnung (EG) Nr. 1791/2006 (ABl. L 363 vom 20.12.2006, S. 1) geändert worden ist, fasst und mit dem Beschluss weder die Aufhebung noch die Änderung des § 8c Absatz 1a gefordert wird oder**
3. **die Voraussetzungen des Artikels 2 des Beschlusses der Europäischen Kommission K(2011) 275 erfüllt sind und die Steuerfestsetzung vor dem 26. Januar 2011 erfolgt ist.**

[3] **Die Entscheidung oder der Beschluss im Sinne des Satzes 2 Nummer 1 oder Nummer 2 sind vom Bundesministerium der Finanzen im Bundesgesetzblatt bekannt zu machen.** [4] **§ 8c Absatz 1a ist dann in den Fällen des Satzes 2 Nummer 1 und 2 anzuwenden, soweit Steuerbescheide noch nicht bestandskräftig sind.** [5] **§ 8c Absatz 1 Satz 5 in der am 1. Januar 2016 geltenden Fassung ist erstmals auf Beteiligungserwerbe anzuwenden, die nach dem 31. Dezember 2009 erfolgen.**

(6a) [1] **§ 8d ist erstmals auf schädliche Beteiligungserwerbe im Sinne des § 8c anzuwenden, die nach dem 31. Dezember 2015 erfolgen, wenn der Geschäftsbetrieb der Körperschaft vor dem 1. Januar 2016 weder eingestellt noch ruhend gestellt war.** [2] **§ 8d Absatz 1 Satz 2 Nummer 1 ist auf Einstellungen oder Ruhendstellungen anzuwenden, die nach dem 31. Dezember 2015 erfolgen.**

(7) **§ 19 in der am 31. Juli 2014 geltenden Fassung ist erstmals für den Veranlagungszeitraum 2012 anzuwenden.**

(7a) [1] **§ 20 Absatz 1 in der am 1. Januar 2016 geltenden Fassung ist auch für Veranlagungszeiträume vor 2016 anzuwenden.** [2] **§ 20 Absatz 2 in der am 1. Januar 2016 geltenden Fassung ist erstmals für den Veranlagungszeitraum 2016 anzuwenden.**

(8) § 21 Absatz 2 Satz 2 Nummer 1 ist für die Veranlagungszeiträume 2016 bis 2018 in der folgenden Fassung anzuwenden:

„1. die Zuführungen innerhalb des am Bilanzstichtag endenden Wirtschaftsjahrs und der vier vorangegangenen Wirtschaftsjahre. [2]Der Betrag nach Satz 1 darf nicht niedriger sein als der Betrag, der sich ergeben würde, wenn das am 13. Dezember 2010 geltende Recht weiter anzuwenden wäre,".

(8a) § 21a Absatz 1 in der am 1. Januar 2016 geltenden Fassung ist erstmals für den Veranlagungszeitraum 2016 anzuwenden.

(9) [1]§ 26 in der am 31. Dezember 2014 geltenden Fassung ist erstmals auf Einkünfte und Einkunftsteile anzuwenden, die nach dem 31. Dezember 2013 zufließen. [2]Auf vor dem 1. Januar 2014 zugeflossene Einkünfte und Einkunftsteile ist § 26 Absatz 2 Satz 1 in der am 31. Dezember 2014 geltenden Fassung in allen Fällen anzuwenden, in denen die Körperschaftsteuer noch nicht bestandskräftig festgesetzt ist.

(10) § 27 Absatz 1 Satz 6 in der Fassung des Artikels 3 Nummer 10 des Gesetzes vom 7. Dezember 2006 (BGBl. I S. 2782) gilt letztmals für den Veranlagungszeitraum 2005.

(10a) § 33 Absatz 1 Nummer 2 Buchstabe d in der am 1. Januar 2016 geltenden Fassung ist erstmals für den Veranlagungszeitraum 2016 anzuwenden.

(11) § 36 ist in allen Fällen, in denen die Endbestände im Sinne des § 36 Absatz 7 noch nicht bestandskräftig festgestellt sind, in der folgenden Fassung anzuwenden:

„§ 36 Endbestände

(1) Auf den Schluss des letzten Wirtschaftsjahrs, das in dem Veranlagungszeitraum endet, für den das Körperschaftsteuergesetz in der Fassung der Bekanntmachung vom 22. April 1999 (BGBl. I S. 817), das durch Artikel 4 des Gesetzes vom 14. Juli 2000 (BGBl. I S. 1034) geändert worden ist, letztmals anzuwenden ist, werden die Endbestände der Teilbeträge des verwendbaren Eigenkapitals ausgehend von den gemäß § 47 Absatz 1 Satz 1 Nummer 1 des Körperschaftsteuergesetzes in der Fassung der Bekanntmachung vom 22. April 1999 (BGBl. I S. 817), das zuletzt durch Artikel 4 des Gesetzes vom 14. Juli 2000 (BGBl. I S. 1034) geändert worden ist, festgestellten Teilbeträgen gemäß den nachfolgenden Absätzen ermittelt.

(2) [1]Die Teilbeträge sind um die Gewinnausschüttungen, die auf einem den gesellschaftsrechtlichen Vorschriften entsprechenden Gewinnverteilungsbeschluss für ein abgelaufenes Wirtschaftsjahr beruhen und die in dem in Absatz 1 genannten Wirtschaftsjahr folgenden Wirtschaftsjahr erfolgen, sowie um andere Ausschüttungen und sonstige Leistungen, die in dem in Absatz 1 genannten Wirtschaftsjahr erfolgen, zu verringern. [2]Die Regelungen des Vierten Teils des Körperschaftsteuergesetzes in der Fassung der Bekanntmachung vom 22. April 1999 (BGBl. I S. 817), das zuletzt durch Artikel 4 des Gesetzes vom 14. Juli 2000 (BGBl. I S. 1034) geändert worden ist, sind anzuwenden. [3]Der Teilbetrag im Sinne des § 54 Absatz 11 Satz 1 des Körperschaftsteuergesetzes in der Fassung der Bekanntmachung vom 22. April 1999 (BGBl. I S. 817), das zuletzt durch Artikel 4 des Gesetzes vom 14. Juli 2000 (BGBl. I S. 1034) geändert worden ist (Teilbetrag, der einer Körperschaftsteuer in Höhe von 45 Prozent unterlegen hat), erhöht sich um die Einkommensteile, die nach § 34 Absatz 12 Satz 2 bis 5 in der am 14. Dezember 2010 geltenden Fassung einer Körperschaftsteuer von 45 Prozent unterlegen haben, und der Teilbetrag, der nach dem 31. Dezember 1998 einer Körperschaftsteu-

**er in Höhe von 40 Prozent ungemildert unterlegen hat, erhöht sich um die Beträge, die nach § 34 Absatz 12 Satz 6 bis 8 in der am 14. Dezember 2010 geltenden Fassung einer Körperschaftsteuer von 40 Prozent unterlegen haben, jeweils nach Abzug der Körperschaftsteuer, der sie unterlegen haben.**

(3) *(weggefallen)*

(4) **Ist die Summe der unbelasteten Teilbeträge im Sinne des § 30 Absatz 2 Nummer 1 bis 3 in der Fassung des Artikels 4 des Gesetzes vom 14. Juli 2000 (BGBl. I S. 1034) nach Anwendung des Absatzes 2 negativ, sind diese Teilbeträge zunächst untereinander und danach mit den mit Körperschaftsteuer belasteten Teilbeträgen in der Reihenfolge zu verrechnen, in der ihre Belastung zunimmt.**

(5) **[1] Ist die Summe der unbelasteten Teilbeträge im Sinne des § 30 Absatz 2 Nummer 1 bis 3 in der Fassung des Artikels 4 des Gesetzes vom 14. Juli 2000 (BGBl. I S. 1034) nach Anwendung des Absatzes 2 nicht negativ, sind zunächst die Teilbeträge im Sinne des § 30 Absatz 2 Nummer 1 und 3 in der Fassung des Artikels 4 des Gesetzes vom 14. Juli 2000 (BGBl. I S. 1034) zusammenzufassen. [2] Ein sich aus der Zusammenfassung ergebender Negativbetrag ist vorrangig mit einem positiven Teilbetrag im Sinne des § 30 Absatz 2 Nummer 2 in der Fassung des Artikels 4 des Gesetzes vom 14. Juli 2000 (BGBl. I S. 1034) zu verrechnen. [3] Ein negativer Teilbetrag im Sinne des § 30 Absatz 2 Nummer 2 in der Fassung des Artikels 4 des Gesetzes vom 14. Juli 2000 (BGBl. I S. 1034) ist vorrangig mit dem positiven zusammengefassten Teilbetrag im Sinne des Satzes 1 zu verrechnen.**

(6) **[1] Ist einer der belasteten Teilbeträge negativ, sind diese Teilbeträge zunächst untereinander in der Reihenfolge zu verrechnen, in der ihre Belastung zunimmt. [2] Ein sich danach ergebender Negativbetrag mindert vorrangig den nach Anwendung des Absatzes 5 verbleibenden positiven Teilbetrag im Sinne des § 30 Absatz 2 Nummer 2 in der Fassung des Artikels 4 des Gesetzes vom 14. Juli 2000 (BGBl. I S. 1034); ein darüber hinausgehender Negativbetrag mindert den positiven zusammengefassten Teilbetrag nach Absatz 5 Satz 1.**

(6a) **[1] Ein sich nach Anwendung der Absätze 1 bis 6 ergebender positiver Teilbetrag, der einer Körperschaftsteuer von 45 Prozent unterlegen hat, mindert in Höhe von $^{5}/_{22}$ seines Bestands einen nach Anwendung der Absätze 1 bis 6 verbleibenden positiven Bestand des Teilbetrags im Sinne des § 30 Absatz 2 Nummer 2 in der Fassung des Artikels 4 des Gesetzes vom 14. Juli 2000 (BGBl. I S. 1034) bis zu dessen Verbrauch. [2] Ein sich nach Anwendung der Absätze 1 bis 6 ergebender positiver Teilbetrag, der einer Körperschaftsteuer von 45 Prozent unterlegen hat, erhöht in Höhe von $^{27}/_{5}$ des Minderungsbetrags nach Satz 1 den nach Anwendung der Absätze 1 bis 6 verbleibenden Bestand des Teilbetrags, der nach dem 31. Dezember 1998 einer Körperschaftsteuer von 40 Prozent ungemildert unterlegen hat. [3] Der nach Satz 1 abgezogene Betrag erhöht und der nach Satz 2 hinzugerechnete Betrag vermindert den nach Anwendung der Absätze 1 bis 6 verbleibenden Bestand des Teilbetrags, der einer Körperschaftsteuer von 45 Prozent unterlegen hat.**

(7) **Die Endbestände sind getrennt auszuweisen und werden gesondert festgestellt; dabei sind die verbleibenden unbelasteten Teilbeträge im Sinne des § 30 Absatz 2 Nummer 1 und 3 des Körperschaftsteuergesetzes in der Fassung der Bekanntmachung vom 22. April 1999 (BGBl. I S. 817), das zuletzt durch Artikel 4 des Gesetzes vom 14. Juli 2000 (BGBl. I S. 1034) geändert worden ist, in einer Summe auszuweisen."**

(12) **§ 37 Absatz 1 ist in den Fällen des Absatzes 11 in der folgenden Fassung anzuwenden:**

„(1) [1]Auf den Schluss des Wirtschaftsjahrs, das dem in § 36 Abs. 1 genannten Wirtschaftsjahr folgt, wird ein Körperschaftsteuerguthaben ermittelt. [2]Das Körperschaftsteuerguthaben beträgt 15/55 des Endbestands des mit einer Körperschaftsteuer von 45 Prozent belasteten Teilbetrags zuzüglich 1/6 des Endbestands des mit einer Körperschaftsteuer von 40 Prozent belasteten Teilbetrags."

(13) [1]§ 38 Absatz 1 in der am 19. Dezember 2006 geltenden Fassung gilt nur für Genossenschaften, die zum Zeitpunkt der erstmaligen Anwendung dieses Gesetzes in der Fassung des Artikels 3 des Gesetzes vom 23. Oktober 2000 (BGBl. I S. 1433) bereits bestanden haben. [2]Die Regelung ist auch für Veranlagungszeiträume vor 2007 anzuwenden. [3]Ist in den Fällen des § 40 Absatz 5 und 6 in der am 13. Dezember 2006 geltenden Fassung die Körperschaftsteuerfestsetzung unter Anwendung des § 38 in der am 27. Dezember 2007 geltenden Fassung vor dem 28. Dezember 2007 erfolgt, sind die §§ 38 und 40 Absatz 5 und 6 weiter anzuwenden. [4]§ 38 Absatz 4 bis 9 in der am 29. Dezember 2007 geltenden Fassung ist insoweit nicht anzuwenden.

(14) [1]Die §§ 38 und 40 in der am 27. Dezember 2007 geltenden Fassung sowie § 10 des Umwandlungssteuergesetzes vom 7. Dezember 2006 (BGBl. I S. 2782, 2791) sind auf Antrag weiter anzuwenden für

1. Körperschaften oder deren Rechtsnachfolger, an denen unmittelbar oder mittelbar zu mindestens 50 Prozent
   a) juristische Personen des öffentlichen Rechts aus Mitgliedstaaten der Europäischen Union oder aus Staaten, auf die das EWR-Abkommen Anwendung findet, oder
   b) Körperschaften, Personenvereinigungen oder Vermögensmassen im Sinne des § 5 Absatz 1 Nummer 9

   alleine oder gemeinsam beteiligt sind, und
2. Erwerbs- und Wirtschaftsgenossenschaften,

die ihre Umsatzerlöse überwiegend durch Verwaltung und Nutzung eigenen zu Wohnzwecken dienenden Grundbesitzes, durch Betreuung von Wohnbauten oder durch die Errichtung und Veräußerung von Eigenheimen, Kleinsiedlungen oder Eigentumswohnungen erzielen, sowie für steuerbefreite Körperschaften. [2]Der Antrag ist unwiderruflich und kann von der Körperschaft bis zum 30. September 2008 bei dem für die Besteuerung zuständigen Finanzamt gestellt werden. [3]Die Körperschaften oder deren Rechtsnachfolger müssen die Voraussetzungen nach Satz 1 ab dem 1. Januar 2007 bis zum Ende des Zeitraums im Sinne des § 38 Absatz 2 Satz 3 erfüllen. [4]Auf den Schluss des Wirtschaftsjahres, in dem die Voraussetzungen des Satzes 1 nach Antragstellung erstmals nicht mehr vorliegen, wird der Endbetrag nach § 38 Absatz 1 letztmals ermittelt und festgestellt. [5]Die Festsetzung und Erhebung des Körperschaftsteuererhöhungsbetrags richtet sich nach § 38 Absatz 4 bis 9 in der am 29. Dezember 2007 geltenden Fassung mit der Maßgabe, dass als Zahlungszeitraum im Sinne des § 38 Absatz 6 Satz 1 die verbleibenden Wirtschaftsjahre des Zeitraums im Sinne des § 38 Absatz 2 Satz 3 gelten. [6]Die Sätze 4 und 5 gelten entsprechend, soweit das Vermögen der Körperschaft oder ihres Rechtsnachfolgers durch Verschmelzung nach § 2 des Umwandlungsgesetzes oder Auf- oder Abspaltung im Sinne des § 123 Absatz 1 und 2 des Umwandlungsgesetzes ganz oder teilweise auf eine andere Körperschaft übergeht und diese keinen Antrag nach Satz 2 gestellt hat. [7]§ 40 Absatz 6 in der am 27. Dezember 2007 geltenden Fassung ist nicht anzuwenden.

*Abs 1 Angabe „Veranlagungszeitraum 2016" durch „Veranlagungszeitraum 2017" ersetzt durch das G v 27.6.17.*

*Abs 5 S 2 angefügt, Abs 8 Angabe „für die Veranlagungszeiträume 2016 bis 2017“ durch „für die Veranlagungszeiträume 2016 bis 2018“ ersetzt durch das G v 20.12.16.*

*Abs 6a eingefügt durch das G v 20.12.16.*

*Abs 1 Angabe „Veranlagungszeitraum 2015“ durch „Veranlagungszeitraum 2016“ ersetzt, Abs 3 neuer S 3 eingefügt, Abs 6 S 5 angefügt, Abs 7a neuer S 1 eingefügt durch das G v 2.11.15, Abs 8 lautete bis zur Neufassung durch dieses G:*

(8) § 21 Absatz 2 Satz 2 Nummer 1 ist für die Veranlagungszeiträume 2010 bis 2015 in der folgenden Fassung anzuwenden:

„1. die Zuführungen innerhalb des am Bilanzstichtag endenden Wirtschaftsjahrs und der vier vorangegangenen Wirtschaftsjahre, soweit die Summe dieser Beträge nicht höher ist als das 1,2-fache der Summe der drei Zuführungen, die zum Schluss des im Veranlagungszeitraum 2009 endenden letzten Wirtschaftsjahrs zulässigerweise ermittelt wurden. [2]Der Betrag nach Satz 1 darf nicht niedriger sein als der Betrag, der sich ergeben würde, wenn das am 13. Dezember 2010 geltende Recht weiter anzuwenden wäre,“.

*Abs 3a, 7a, 8a, 10a eingefügt durch das G v 1.4.15.*

*Abs 3 S 3 angefügt durch das G v 22.12.14.*

*Abs 9 lautete bis zur Neufassung durch das G v 22.12.14:*

(9) § 26 in der am 31. Juli 2014 geltenden Fassung ist erstmals auf Einkünfte und Einkunftsteile anzuwenden, die nach dem 31. Dezember 2013 zufließen.

*§ 34 wurde neugefasst durch das G v 25.7.14.*

*Gesetzesfassungen vor 2014 s 8. Aufl.*

1 **1. Allgemeines.** § 34 trägt von dem ersten Inkrafttreten dieses KStG im Jahre 1977 an die Überschrift „Schlussvorschriften“, obwohl inzwischen dieser Paragraf nicht mehr den Schluss des Gesetzes kennzeichnet. Er war und ist aber der Ort, in dem das Inkrafttreten der einzelnen Vorschriften geregelt wurde und wird. Da das Anwendungsrecht inzwischen nahezu ein eigenständiges Recht neben dem Hauptrecht darstellt, erstaunt es nicht, dass die Schlussvorschriften ausgewuchert sind. Es war daher zu begrüßen, dass das G v 25.7.14 § 34 neugefasste (und diese Neufassung alsbald und wieder mehrfach ergänzte). Diese Neufassung knüpft an die zuletzt in der 8. Aufl dieses Kommentars kommentierte Fassung an. Zu diesem Gesetzestext und die vorangehenden Texte sowie die dazu gehörenden Kommentierungen wird auf die zu 8 Aufl. verwiesen.

2 **2. Ergänzungen zum älteren Recht.** BFH (BStBl II 16, 414) befasst sich mit § 34 Abs 16 des KStG 2002, das FG SchlHol (EFG 13, 1605) mit § 34 Abs 13f.

3 **3. Änderungen.** Ausgangspunkt ist die Neufassung des § 34 durch das G v 25.7.14 (BGBl I 14, 1266; BStBl I 14, 1126). Das G v 22.12.14 (BGBl I 14, 2417; BStBl I 15, 58) fügt dem Abs 3 einen Satz 3 an und fasste Abs 9 neu. Das G v 1.4.15, BGBl I 15, 434 (geändert durch das G v 2.11.15, BGBl. I 15, 1834) fügte Abs 3a, 7a, 8a, 10a ein. Das G v 2.11.15 (BGBl I 15, 1834, BStBl I 15, 846) änderte Abs 2, 3, 6, 7a und 8. Das G v 20.12.16 (BGBl I 16, 2998; BStBl I 17, 3) fügte Abs 6a ein. Das G v gleichen Tag – v 20.12.16 – (BGBl I 16, 3000; BStBl I 17, 5) ändert Abs 5 und Abs 8.

## § 35 Sondervorschriften für Körperschaften, Personenvereinigungen oder Vermögensmassen in dem in Artikel 3 des Einigungsvertrages genannten Gebiet

**Soweit ein Verlust einer Körperschaft, Personenvereinigung oder Vermögensmasse, die am 31. Dezember 1990 ihre Geschäftsleitung oder ihren Sitz in dem in Artikel 3 des Einigungsvertrages genannten Gebiet und im Jahre 1990 keine Geschäftsleitung und keinen Sitz im bisherigen Geltungsbereich des Körperschaftsteuergesetzes hatte, aus dem Veranlagungszeitraum 1990 auf das Einkommen eines Veranlagungszeitraums für das das Körperschaftsteuergesetz in der Fassung des Artikels 3 des Gesetzes vom 23. Oktober 2000 (BGBl. I S. 1433) erstmals anzuwenden ist oder eines nachfolgenden Veranlagungszeitraums vorgetragen wird, ist das steuerliche Einlagekonto zu erhöhen.**

***Gesetzesfassungen vor 2014 s 8. Aufl.***

*Körperschaftsteuerrichtlinien:* KStR 35

**Übersicht**



**1. Allgemeines:** Sonderregelung für das ehemalige Gebiet der DDR. Einzelheiten s *Dötsch,* KStFragen im Zusammenhang mit dem Beitritt der Länder der DDR zur BRD, DB DDR Rep 90, 3126. 1

**2. Geltungszeit:** Eingefügt wurde § 54a aF durch den Einigungsvertrag v 31.8.90 iVm dem EinigungsvertragsG v 23.9.90 (BGBl II 90, 885, 976, BStBl I 90, 654), Anlage I Kap IV Sachgebiet B II Nr 19. Durch das StSenkG v 23.10.00 (BGBl I 00, 1433; BStBl I 00, 1521) wurde § 54a zu § 35; inhaltlich erfolgte keine Änderung, auch keine Anpassung der Paragraphenbezifferung. Durch das UntStFG v 20.12.01 (BGBl I 01, 3858; BStBl I 02, 35) wurden die Sondervorschriften zum AnrV abgeschafft und die Verlustauswirkung auf das neue System geregelt. Zum Inkrafttreten des KStG in den ehemaligen Gebieten der DDR s Art 3 des Einigungsvertrags: 2

„**Artikel 3. Inkrafttreten des Grundgesetzes**

Mit dem Wirksamwerden des Beitritts tritt das Grundgesetz für die Bundesrepublik Deutschland in der im Bundesgesetzblatt Teil III, Gliederungsnummer 100-1, veröffentlichten bereinigten Fassung, zuletzt geändert durch Gesetz vom 21. Dezember 1983 (BGBl I S 1481), in den Ländern Brandenburg, Mecklenburg-Vorpommern, Sachsen, Sachsen-Anhalt und Thüringen sowie in dem Teil des Landes Berlin, in dem es bisher nicht galt, mit den sich aus Artikel 4 ergebenden Änderungen in Kraft, soweit in diesem Vertrag nichts anderes bestimmt ist.“

Zum Übergang s BFH BStBl II 95, 578. Weitere Regelungen: BdF BStBl I 91, 506 betr die steuerl Behandlung der in der DDR im ersten Halbjahr 1990 in KapGes umgewandelten volkseigenen Kombinate, Betriebe und Einrichtungen; BStBl I 91, 921; FinVerw 1991 StEK KStG 1977 § 1 Nr 27 betr LPG; FinVerw 1991 StEK KStG 1977 § 1 Nr 28 betr bäuerliche Handelsgenossenschaften; FinVerw 1991 StEK KStG 1977 § 1 Nr 29 betr Apotheken; FinVerw 1992 StEK KStG 1977 § 1 Nr 31 betr Kreditgenossenschaften; FinVerw 1992 StEK KStG 1977 § 4 Nr 25, 28 betr Schlachthöfe; FinVerw 1992 StEK KStG 1977 § 4 Nr 26 betr Abwasserbeseitigung und Wasserversorgung; FinVerw 1992 StEK KStG 1977 § 4 Nr 27 betr StFreistellung 1990; FinVerw DB 92, 1499 betr Gewinnabführun- 3 gen und Gewinnausschüttungen von KapGes im Beitrittsgebiet beim Übergang auf das bundesdeutsche StR; FinVerw DB 92, 1604 betr die Besteuerung einer sich auflösenden PGH; FinVerw BB 92, 1704 betr Verlustrücktrag auf 1990.

4 **Rspr** zum **KStR** der **DDR:** BFH BStBl II 95, 133, 209, 419; I R 67/94 v 9.11.94, DB 95, 811; BStBl II 97, 183, dazu FinVerw DB 97, 908; FG MeVo EFG 94, 115; FG MeVo betr die Besteuerung einer Ausschüttung als Mindesteinkommen EFG 95, 542.

# Sechster Teil. Sondervorschriften für den Übergang vom Anrechnungsverfahren zum Halbeinkünfteverfahren

## § 36[1)] Endbestände

(1) **Auf den Schluss des letzten Wirtschaftsjahrs, das in dem Veranlagungszeitraum endet, für den das Körperschaftsteuergesetz in der Fassung der Bekanntmachung vom 22. April 1999 (BGBl. I S. 817), das durch Artikel 4 des Gesetzes vom 14. Juli 2000 (BGBl. I S. 1034) geändert worden ist, letztmals anzuwenden ist, werden die Endbestände der Teilbeträge des verwendbaren Eigenkapitals ausgehend von den gemäß § 47 Absatz 1 Satz 1 Nummer 1 des Körperschafteuergesetzes in der Fassung der Bekanntmachung vom 22. April 1999 (BGBl. I S. 817), das zuletzt durch Artikel 4 des Gesetzes vom 14. Juli 2000 (BGBl. I S. 1034) geändert worden ist, festgestellten Teilbeträgen gemäß den nachfolgenden Absätzen ermittelt.**

(2) **1 Die Teilbeträge sind um die Gewinnausschüttungen, die auf einem den gesellschaftsrechtlichen Vorschriften entsprechenden Gewinnverteilungsbeschluss für ein abgelaufenes Wirtschaftsjahr beruhen und die in dem in Absatz 1 genannten Wirtschaftsjahr folgenden Wirtschaftsjahr erfolgen, sowie um andere Ausschüttungen und sonstige Leistungen, die in dem in Absatz 1 genannten Wirtschaftsjahr erfolgen, zu verringern. 2 Die Regelungen des Vierten Teils des Körperschaftsteuergesetzes in der Fassung der Bekanntmachung vom 22. April 1999 (BGBl. I S. 817), das zuletzt durch Artikel 4 des Gesetzes vom 14. Juli 2000 (BGBl. I S. 1034) geändert worden ist, sind anzuwenden. 3 Der Teilbetrag im Sinne des § 54 Absatz 11 Satz 1 des Körperschaftsteuergesetzes in der Fassung der Bekanntmachung vom 22. April 1999 (BGBl. I S. 817), das zuletzt durch Artikel 4 des Gesetzes vom 14. Juli 2000 (BGBl. I S. 1034) geändert worden ist (Teilbetrag, der einer Körperschaftsteuer in Höhe von 45 Prozent unterlegen hat), erhöht sich um die Einkommensteile, die nach § 34 Absatz 12 Satz 2 bis 5 in der am 14. Dezember 2010 geltenden Fassung einer Körperschaftsteuer von 45 Prozent unterlegen haben, und der Teilbetrag, der nach dem 31. Dezember 1998 einer Körperschaftsteuer in Höhe von 40 Prozent ungemildert unterlegen hat, erhöht sich um die Beträge, die nach § 34 Absatz 12 Satz 6 bis 8 in der am 14. Dezember 2010 geltenden Fassung einer Körperschaftsteuer von 40 Prozent unterlegen haben, jeweils nach Abzug der Körperschaftsteuer, der sie unterlegen haben.**

(3) *(weggefallen)*

(4) **Ist die Summe der unbelasteten Teilbeträge im Sinne des § 30 Absatz 2 Nummer 1 bis 3 in der Fassung des Artikels 4 des Gesetzes vom 14. Juli 2000 (BGBl. I S. 1034) nach Anwendung des Absatzes 2 negativ, sind diese Teilbeträge zunächst untereinander und danach mit den mit Körperschaftsteuer belasteten Teilbeträgen in der Reihenfolge zu verrechnen, in der ihre Belastung zunimmt.**

(5) **1 Ist die Summe der unbelasteten Teilbeträge im Sinne des § 30 Absatz 2 Nummer 1 bis 3 in der Fassung des Artikels 4 des Gesetzes vom 14. Juli 2000 (BGBl. I S. 1034) nach Anwendung des Absatzes 2 nicht negativ, sind zunächst die Teilbeträge im Sinne des § 30 Absatz 2 Nummer 1 und 3 in der Fassung des Artikels 4 des Gesetzes vom 14. Juli 2000 (BGBl. I S. 1034) zu-**

---

[1)] § 36 idF des JStG 2010, entspr. § 34 Abs. 11.

**sammenzufassen. [2]Ein sich aus der Zusammenfassung ergebender Negativbetrag ist vorrangig mit einem positiven Teilbetrag im Sinne des § 30 Absatz 2 Nummer 2 in der Fassung des Artikels 4 des Gesetzes vom 14. Juli 2000 (BGBl. I S. 1034) zu verrechnen. [3]Ein negativer Teilbetrag im Sinne des § 30 Absatz 2 Nummer 2 in der Fassung des Artikels 4 des Gesetzes vom 14. Juli 2000 (BGBl. I S. 1034) ist vorrangig mit dem positiven zusammengefassten Teilbetrag im Sinne des Satzes 1 zu verrechnen.**

(6) **[1]Ist einer der belasteten Teilbeträge negativ, sind diese Teilbeträge zunächst untereinander in der Reihenfolge zu verrechnen, in der ihre Belastung zunimmt. [2]Ein sich danach ergebender Negativbetrag mindert vorrangig den nach Anwendung des Absatzes 5 verbleibenden positiven Teilbetrag im Sinne des § 30 Absatz 2 Nummer 2 in der Fassung des Artikel 4 des Gesetzes vom 14. Juli 2000 (BGBl. I S. 1034); ein darüber hinausgehender Negativbetrag mindert den positiven zusammengefassten Teilbetrag nach Absatz 5 Satz 1.**

(6a) **[1]Ein sich nach Anwendung der Absätze 1 bis 6 ergebender positiver Teilbetrag, der einer Körperschaftsteuer von 45 Prozent unterlegen hat, mindert in Höhe von $^{5}/_{22}$ seines Bestands einen nach Anwendung der Absätze 1 bis 6 verbleibenden positiven Bestand des Teilbetrags im Sinne des § 30 Absatz 2 Nummer 2 in der Fassung des Artikels 4 des Gesetzes vom 14. Juli 2000 (BGBl. I S. 1034) bis zu dessen Verbrauch. [2]Ein sich nach Anwendung der Absätze 1 bis 6 ergebender positiver Teilbetrag, der einer Körperschaftsteuer von 45 Prozent unterlegen hat, erhöht in Höhe von $^{27}/_{5}$ des Minderungsbetrags nach Satz 1 den nach Anwendung der Absätze 1 bis 6 verbleibenden Bestand des Teilbetrags, der nach dem 31. Dezember 1998 einer Körperschaftsteuer von 40 Prozent ungemindert unterlegen hat. [3]Der nach Satz 1 abgezogene Betrag erhöht und der nach Satz 2 hinzugerechnete Betrag vermindert den nach Anwendung der Absätze 1 bis 6 verbleibenden Bestand des Teilbetrags, der einer Körperschaftsteuer von 45 Prozent unterlegen hat.**

(7) **Die Endbestände sind getrennt auszuweisen und werden gesondert festgestellt; dabei sind die verbleibenden unbelasteten Teilbeträge im Sinne des § 30 Absatz 2 Nummer 1 und 3 des Körperschaftsteuergesetzes in der Fassung der Bekanntmachung vom 22. April 1999 (BGBl. I S. 817), das zuletzt durch Artikel 4 des Gesetzes vom 14. Juli 2000 (BGBl. I S. 1034) geändert worden ist, in einer Summe auszuweisen.**

***Gesetzesfassungen vor 2014 s 8. Aufl.***

*Körperschaftsteuerrichtlinien:* KStH 36

**Übersicht**



**Schrifttum:** *Dötsch/Pung,* Steuersenkungsgesetz: Körperschaftsteuer- und Anteilseignerbesteuerung, DB Beilage 10/00; *dies,* Ausgewählte Fragen zu der letztmaligen Anwendung des Anrechnungsverfahrens sowie zu der erstmaligen Anwendung des Halbeinkünfteverfahrens,

GmbHR 01, 641; *Crezelius,* Dogmatische Grundlagen der Unternehmenssteuerreform, DB 01, 221; *Neu/Neumann/Neumayer,* Steueroptimierung nach Unternehmenssteuerreform, Gewinnausschüttungen vor und nach dem Systemwechsel, Sonderheft ESt-GmbH-StB 00; *Klapdor/Hild,* Die Übergangsregelung im KStRecht, DStZ 00, 737; *Förster/Ott,* Ausgewählte Beispiele zur Zwangsumgliederung des verwendbaren Eigenkapitals, Stbg 01, 349; *Frotscher,* Die körperschaftsteuerliche Übergangsregelung nach dem Steuersenkungsgesetz, BB 00, 2280; *Rödder/Schumacher,* Der Regierungsentwurf eines Gesetzes zur Fortentwicklung des Unternehmenssteuerrechts (Teil II), DStR 01, 1685; *Schwedhelm/Binnewies,* Realisierung vom Körperschaftsteuerguthaben zum Systemwechsel, DB 01, 503; *Schwedhelm/Olbing/Binnewies,* Gestaltungsüberlegungen zum Jahreswechsel 2001/2002 rund um die GmbH, GmbHR 01, 1069; *Schiffers,* Steuersenkungsgesetz: Gewinnausschüttungspolitik in der Übergangsphase vom Anrechnungsverfahren zum Halbeinkünfteverfahren, GmbHR 00, 901; *ders,* Besteuerungszeitpunkt von Dividenden, GmbH-StB 01, 14; *Hoffmann,* Die „$EK_{02}$-Falle" von 2001 bis 2015, GmbH-StB 01, 34; *Jünger,* Liquidation und Halbeinkünfteverfahren, BB 02, 1178; *Melchior,* Übersicht über die Änderungen durch das Gesetz zur Fortentwicklung des Unternehmenssteuerrechts (Unternehmenssteuerfortentwicklungsgesetz), DStR 02, 1; *Lang,* Das System der Ausschüttungen in der fünfzehnjährigen Übergangszeit, DB 02, 1793; *Linklaters Oppenhoff & Rädler,* Steueränderung zum 1.1.2002 im Unternehmensbereich, DB 02, Beilage 1; *Pauka,* Änderungen der Körperschaftsteuer und der Gewerbesteuer durch das Steueränderungsgesetz 2002 und das Unternehmenssteuerfortentwicklungsgesetz, NWB 02, 1189; *Ott,* Gestaltungsmöglichkeiten zur Vermeidung von Körperschaftsteuer-Guthabenüberhängen bei Umwandlung von Kapital- in Personengesellschaften nach den Änderungen des UmwStG durch UntStFG, INF 02, 107; *Rödder/Schumacher,* Unternehmenssteuerfortentwicklungsgesetz: Wesentliche Änderungen des verkündeten Gesetzes gegenüber dem Regierungsentwurf, DStR 02, 105; *Schlagheck,* Nutzungsvorteile im Konzern nach der Unternehmenssteuerreform, GmbHR 02, 92; *ders,* Unternehmenssteuerreform und Verstoß gegen die Prüfungspflicht des Jahresabschlusses einer GmbH, GmbHR 02, 682; *Schwedhelm/Olbing/Binnewies,* Gestaltungsüberlegungen zum Jahreswechsel 2002/2003 rund um die GmbH, GmbHR 02, 1157; *Semmler,* Körperschaftsteuererhöhung nach dem KStG 2001 für Gewinnausschüttungen, die dem AnrV unterliegen, DStR 02, 391; *Streck/Binnewies,* Verfassungsrechtliche Bedenken gegen die Behandlung des KStGuthabens von Körperschaften im Rahmen der Systemumstellung vom Anrechnungs- zum Halbeinkünfteverfahren, DB 02, 1956; *Streck/Binnewies,* Das verfassungswidrige Fiskalspiel mit dem Körperschaftsteuerguthaben, DB 03, 1133; *Schlagheck,* Körperschaftsteuerlicher Verlustabzug und Unternehmensteuerreform, GmbHR 03, 214; *Schiffers,* Zeitliche Abgrenzung von Anrechnungs- und Halbeinkünfteverfahren, GmbH-StB 04, 21; *Streck/Binnewies,* Hat das verfassungswidrige Fiskalspiel mit dem KSt-Guthaben nunmehr das Schlussdrittel erreicht?, DB 07, 359; *dies,* Das Ende des Fiskalspiels mit dem Körperschaftsteuer-Guthaben, GmbHR 10, 408; *Holst/Nitzschke,* Vernichtung von Körperschaftsteuerminderungspotenzial trotz der Neuregelung durch das JStG 2010, DStR 11, 1450; *Kasperczyk/Hübner,* Wie viel vernichtetes Körperschaftsteuerguthaben kann gerettet werden?, DStR 11, 1446; *Siegel,* Verfassungswidrige Vernichtung von Körperschaftsteuer-Guthaben: Kritik des BFH-Urteils I R 86/12 vom 25.2.15, DStR 16, 166.

**1. Allgemeines.** Die §§ 36 ff enthalten die Vorschriften für den Übergang vom AnrV zum Halbeinkünfteverfahren. § 36 ist die Ausgangsvorschrift für die Übergangszeit bei der Körperschaft und regelt die letztmalige Ermittlung des vEK sowie seine Umgliederung. Die letztmalige Ermittlung und Umgliederung des vEK ist erforderlich, weil aus Anlass des Systemwechsels ein KStGuthaben aus mit KSt belastetem EK gebildet wird. Das Guthaben sollte in den folgenden 18 Jahren bei Gewinnausschüttungen die KSt der ausschüttenden Ges iHv $^1/_6$ der jeweiligen Ausschüttung mindern (§ 37 aF). Das nicht mit KSt belastete $EK_{02}$ sollte für den 18jährigen Übergangszeitraum ebenfalls festgehalten werden, weil sich bei seiner Verwendung zur Gewinnausschüttung in den folgenden 18 Jahren die KSt erhöhen sollte (§ 38 aF). Ferner ist das letztmals festzustellende $EK_{04}$ Ausgangsposition für das dauerhaft beizubehaltende Einlagekonto (§ 27). Durch die KStMinderung bei Ausschüttung von belasteten Altrücklagen sowie die KStErhöhung bei Ausschüttung von Altrücklagen aus dem $EK_{02}$ sollte gesichert werden, dass Altrücklagen, die nach dem Systemwechsel zur Finanzierung von Ausschüttungen herangezogen werden, einer KStDefinitivbelastung von 30% unterliegen, bevor sie auf Ebene des AntE dem Halbeinkünfteverfahren unterworfen werden. Ferner ist gewährleistet, 1 dass Ausschüttungen, die sich aus dem Einlagekonto finanzieren, auf der Ebene der AntE wie bisher stfrei vereinnahmt werden können.

2 In der **Übergangsphase bis VZ 06** gilt für Ausschüttungen folgende Verwendungsreihenfolge: Vorrangig gilt das KStGuthaben iSv § 37 iHv $^1/_6$ der Ausschüttung als verwendet. Der Vorrang greift nur bei ordentlichen Gewinnausschüttungen. Vom 12.4.03 bis zum 1.1.06 kann KStGuthaben nicht realisiert werden. Im VZ 06 ist die Verwendung von KStGuthaben nicht nur iHv $^1/_6$ des Ausschüttungsbetrags, sondern auch durch eine lineare Verteilung auf die Restlaufzeit des Übergangszeitraums begrenzt (§ 37 II und IIa). Zweitrangig gelten die nach der Systemumstellung erzielten Gewinne der KapGes als verwendet. Für darüber hinausgehende Ausschüttungen gilt entweder der fortgeführte unbelastete Teilbetrag iSv § 38 (fortgeführtes $EK_{02}$) oder schließlich das steuerl Einlagekonto iSv § 27 (ehemals $EK_{04}$) als verwendet.

3 Mit Wirkung **ab VZ 07** hat sich der Übergangszeitraum erledigt, da §§ 37, 38 nF ab VZ 07/08 eine ausschüttungsabhängige Realisierung des KStGuthabens bzw Nachversteuerung des $EK_{04}$ über zehn Jahre verteilt vorsehen.

4 Die **Schlussgliederung** des vEK zum Systemwechsel vollzieht sich in folgenden Schritten (vgl FinVerw BStBl I 03, 575 Tz 20 ff):

**1. Schritt:** Die Teilbeträge des vEK werden zunächst nach altem Recht ermittelt und festgestellt **(Abs 1).**

**2. Schritt:** Die Teilbeträge werden verringert um offene Ausschüttungen, die im VZ 01 für ein abgelaufenes Jahr beschlossen wurden und im VZ 01 abgeflossen sind, sowie andere Ausschüttungen (vGa, Vorabausschüttungen, sonstige Leistungen), die im VZ 00 abgeflossen sind. Für von anderen Körperschaften empfangene Dividenden gilt eine Sonderregelung nach § 34 XII 2 bis 8 **(Abs 2).**

**3./0. Schritt:** *Anschließend erfolgt die Zwangsumgliederung des $EK_{45}$. Die positiven Bestände an $EK_{45}$ werden in $EK_{40}$ (+27/22) und $EK_{02}$ (–5/22) umgegliedert* ***(Abs 3).*** Diesen Umgliederungsschritt hat das BVerfG für unzulässig erklärt (BFH/NV 10, 803). Das JStG 2010 v 8.12.10 (BGBl I 10, 1768) hat Abs 3 gestrichen und durch Abs 6a für alle noch offenen Fälle ersetzt.

**4./3. Schritt:** Verbleibende negative unbelastete Teilbeträge ($EK_{01}$, $EK_{02}$ und $EK_{03}$) werden zunächst miteinander verrechnet, bevor der Saldo das belastete vEK in der Reihenfolge vermindert, in der die Belastung zunimmt, zunächst $EK_{30}$, dann $EK_{40}$ **(Abs 4).**

**5./4. Schritt:** Ist der Bestand an $EK_{01}$ bis $EK_{03}$ nicht negativ, wird zunächst das $EK_{01}$ mit dem $EK_{03}$ zusammengefasst. Ist diese Summe aus $EK_{01}$ und $EK_{03}$ negativ, erfolgt eine vorrangige Verrechnung mit dem $EK_{02}$. Ist zwar die Summe von $EK_{01}$ und $EK_{03}$ positiv, das $EK_{02}$ jedoch negativ, erfolgt eine vorrangige Verrechnung des $EK_{02}$ mit dem zusammengefassten $EK_{01}$ und $EK_{03}$ **(Abs 5).**

**6./5. Schritt:** Ist einer der belasteten Teilbeträge negativ, sind diese zunächst untereinander zu verrechnen. Ist der Saldo negativ, ist dieser Betrag zunächst vom positiven $EK_{02}$ und danach von einer positiven $EK_{01}/EK_{03}$-Summe abzuziehen **(Abs 6).**

**0./6. Schritt:** Bei einem positiven Bestand an $EK_{45}$ wird der Bestand des $EK_{02}$ um $^5/_{22}$ des Bestands an $EK_{45}$ gemindert, allerdings nur soweit positives $EK_{02}$ vorhanden ist, also bis zu dessen vollständigem Verbrauch (Abs 6a S 1). Der nach Abs 1 bis 6 verbleibende Bestand an $EK_{40}$ wird um $^{27}/_5$ des Minderungsbetrags des $EK_{02}$ erhöht (Abs 6a S 2). Der Bestand des $EK_{45}$ vermindert sich um den Saldo, dh erhöht sich um den Betrag nach S 1 und vermindert sich um den Betrag nach S 2 (Abs 6a S 3). Ist kein oder kein ausreichend positiver Bestand an $EK_{02}$ vorhanden und verbleibt deswegen ein positiver Bestand an $EK_{45}$, wird aus dem $EK_{45}$ zusätzlich KStGuthaben mit 15/55 herausgerechnet und mit dem KStGuthaben aus dem $EK_{40}$ ($^{1}/_{6}$) zusammengefasst (§ 37 I idF des JStG 2010, vgl § 34 XIIIg).

**7. Schritt:** Die so ermittelten Endbestände werden getrennt ausgewiesen und gesondert festgestellt. Dabei sind die verbleibenden unbelasteten Teilbeträge in einer Summe auszuweisen **(Abs 7).**

Ergebnis der Durchführung dieser Schritte ist die Verrechnung der negativen unbelasteten Teilbeträge mit den belasteten Teilbeträgen zunächst mit dem $EK_{30}$ und schließlich mit dem $EK_{40}$, wodurch potentielles KStGuthaben vernichtet wird. Insbesondere vor dem Hintergrund der ursprünglich vorgesehenen Zwangsumgliederung des $EK_{45}$ (3. Schritt alt) haben wir die Umgliederung nach §§ 36 ff für verfassungswidrig gehalten (*Streck/Binnewies* DB 02, 1956; 03, 1133; 07, 359; aA FG München EFG 05, 141, bestätigt durch BFH BStBl II 05, 884, dazu *Binnewies* GmbHR 05, 1450; FG Berlin EFG 05, 732; OFD Koblenz DStR 05, 867). Das BVerfG hat sich dieser Auffassung angeschlossen und Abs 3 für verfassungswidrig erklärt (BFH/NV 10, 803; dazu *Binnewies* GmbHR 10, 408). Jedenfalls die Zwangsumgliederung des $EK_{45}$, die bei nicht vorhandenem $EK_{02}$ zwingend zum Verlust von KStGuthaben führte, verstößt danach gegen Art 3 GG. Der Gesetzgeber hat im JStG 2010 Abs 3 durch Abs 6a ersetzt mit Wirkung für alle noch offenen Fälle (vgl dazu *Kasperczyk/Hübner* DStR 11, 1446; *Holst/Nitzschke* DStR 11, 1450). Der BFH lehnt es aufgrund der Vorgaben des BVerfG ab, die Neuregelung des Abs 6a auch in den Fällen zur Anwendung zu bringen, in denen die Feststellung gemäß Abs 7 bei Inkrafttreten des JStG 2010 schon bestandskräftig war (BFH GmbHR 14, 1213; BFH/NV 15, 1007). Nach Auffassung des BFH ist auch keine Notwendigkeit für eine Feststellung des $EK_{45}$ mit € 0 nach § 179 III AO erforderlich, die ggf die Bestandskraft der Feststellung nach Abs 7 aufgehoben hätte (vgl hierzu *Kasperczyk/Hübner* DStR 11, 1446). Verfassungsrechtlich bedenklich ist neben der nunmehr bereinigten Zwangsumgliederung des $EK_{45}$ auch die Verrechnung eines negativen Saldos von $EK_{01}$ bis $EK_{03}$ mit belasteten Teilbeträgen gem Abs 4 (ausf mit Beispielen *Holst/Nitzschke* DStR 11, 1450; *Binnewies* GmbHR 14, 1184; 15, 601 und 874; vgl *Siegel* DStR 16, 166; dagegen BFH BStBl II 16, 243; BFH/NV 11, 1729; vgl auch BFH GmbHR 15, 770; FG Köln EFG 15, 668, Az BFH I R 7/15; *Dötsch/Krämer* in D/P/M § 36 Rz 27 ff; ausf Rz 39). 5

Bei Betrieben gewerblicher Art, die nach altem Recht nicht zur Gliederung des vEK verpflichtet waren, unterbleibt eine Feststellung nach Abs 7 (FG BaWü EFG 06, 1008, vgl auch BFH BStBl II 08, 317). 6

**2. Geltungszeit.** Zu § 36 aF s Kommentierung dort (Anh § 36 aF Rz 2). Das Halbeinkünfteverfahren und damit die Gliederungsregelung des § 36 wurde eingeführt durch das StSenkG v 23.10.00 (BGBl I 00, 1433; BStBl I 00, 1521), geändert durch das UntStFG v 20.12.01 (BGBl I 01, 3858; BStBl I 02, 35), das StBAG v 23.7.02 (BGBl I 02, 2715; BStBl I 02, 714) und das JStG 2010 v 8.12.10 (BGBl I 10, 1768, BStBl I 10, 1394). § 36 regelt, dass die Teilbeträge des vEK bei kl-gl Wj auf den 31.12.00, bei abw Wj 00/01 auf den Schluss des letzten vor dem 1.1.02 endenden Wj zu ermitteln sind (FinVerw BStBl I 03, 575 Tz 19). Nach dem Wortlaut des § 36 erfolgt die Ermittlung der Teilbeträge des vEK nach altem Recht sowie die Feststellung der modifizierten Teilbeträge nach § 36 zu demselben Stichtag. 9

Die Umgliederung ist jedoch noch nicht iRd Erklärung für 00, sondern iRd Veranlagungsarbeiten für 01 durchzuführen. Rückwirkend zum 31.12.00 sind dann die Umgliederungsschritte zu berücksichtigen (zur Verfassungsmäßigkeit des Rückbezugs vgl *Frotscher* in F/D § 36 Rz 21). IRd Veranlagung für 01 wird dann auch ein positiver Endbestand des $EK_{40}$ iHv $^{1}/_{6}$ als KStGuthaben zum 31.12.01 festgestellt. Dies hat den Nachteil, dass Vorabgewinnausschüttungen im Jahr 01 wohl nicht zu einer KStMinderung führen können, da auf den 31.12.00 (bei abw 10

Wj 00/01 zum Schluss des letzten vor dem 1.1.01 endenden Wj) ein KStGuthaben noch nicht festgestellt wird (vgl OFD Koblenz v 12.6.01 – F 2830 A – Ft 34 1/St 34 2). Zum Zeitpunkt der Erstellung der Schlussgliederung im Rahmen einer Liquidation vgl *Dötsch/Pung* GmbHR 01, 642; DB 02, 1232; *Jünger* BB 02, 1178). Die ursprüngliche Fassung des StSenkG kommt hinsichtlich der Abs 4 bis 6 aufgrund der rückwirkenden Abänderung durch das UntStFG nicht zur Anwendung. Die Änderung von Abs 2 S 3 durch das StBAG ist lediglich redaktioneller Art. Das BVerfG (BFH/NV 10, 803) hat Abs 3 mit Wirkung für alle nicht bestandskräftigen Feststellungen der Endbestände für verfassungswidrig erklärt und den Gesetzgeber zur Neuregelung aufgefordert. Das JStG 2010 setzt die Entscheidung des BVerfG um und hat Abs 3 gestrichen, Abs 2 und Abs 4 redaktionell angepasst und Abs 6a eingefügt, sämtliche Änderungen mit Wirkung für noch offene Fälle (§ 34 XIIIf aF). Dadurch entfällt der Verlust von KStGuthaben bei der Zwangsumgliederung des $EK_{45}$, da in positives $EK_{40}$ und negatives $EK_{02}$ nur bis zum Verbrauch von positiven $EK_{02}$ umgegliedert, im Übrigen aus dem $EK_{45}$ unmittelbar das KStGuthaben herausgerechnet wird (§§ 37 I, 34 XIIIg idF JStG 2010).

14 **3. Endbestände (Abs 1).** Für die Schlussfeststellung des vEK auf den 31.12.00 (bei abw Wj auf den Schluss des Wj 00/01, enden in VZ 01 zwei Wj durch Umstellung auf das Kj auf 31.12.01, Beispiel bei *Frotscher* in F/D § 36 Rz 11), dh für die Ermittlung und die gesonderte Feststellung iRd ersten Rechenschritts, gilt altes Recht. Abs 1 bestimmt den Zeitpunkt der Systemumstellung. Ausgangspunkt für die letztmalige Ermittlung der Teilbeträge des vEK sind die zuletzt gem § 47 I 1 Nr 1 aF festgestellten Teilbeträge auf den Schluss des gleichen Wj. Der Feststellungsbescheid über die Ergebnisse hat Grundlagenfunktion für den Bescheid über die Feststellung der modifizierten Teilbeträge (Abs 7). Für Körperschaften, die an einer Feststellung gem § 47 aF nicht teilnehmen, entfällt auch eine Umgliederung nach § 36 sowie die Feststellung eines KStGuthabens nach § 37 I (FG BaWü, EFG 12, 174).

19 **4. Korrektur der Endbestände (Abs 2).** Nach Abs 2 werden die Teilbeträge des vEK auf den Schluss des in Abs 1 bezeichneten Wj vermindert um die Gewinnausschüttungen, die auch nach § 28 II aF mit dem vEK zu diesem Zeitpunkt zu verrechnen wären.

20 Das betrifft die Gewinnausschüttungen, die auf einem den gesellschaftsrechtl Vorschriften entsprechenden Gewinnverteilungsbeschluss (vgl dazu BFH v 22.8.06 I R 40/05, DB 07, 323; FG Köln EFG 01, 1462; FG BaWü EFG 01, 913, bestätigt durch BFH BFH/NV 02, 540; FG RhPf EFG 06, 1278) für ein abgelaufenes Wj beruhen und in dem folgenden Wj (bei kj-gl Wj im Jahr 01) erfolgen. Bei unterlassener Pflichtprüfung der Gesellschaft sind Jahresabschluss und Gewinnverwendungsbeschluss nichtig, so dass kein den gesellschaftsrechtl Vorschriften entspr Gewinnverteilungsbeschluss gegeben ist (ausführlich *Zimmermann* DStR 02, 2145; *Schlagheck* GmbHR 02, 685). Eine gegen KapErhaltungsvorschriften verstoßende Überausschüttung führt nicht zur zivilrechtl Unwirksamkeit des Gewinnverwendungsbeschlusses (BFH BFH/NV 02, 540).

21 Für welches Wj die Ausschüttung erfolgt, ist unerheblich, sie muss nur ein abgelaufenes Wj betreffen. Andere Ausschüttungen und sonstige Leistungen, die in diesem Wj erfolgen (bei kj-gl Wj im Jahr 00), mindern ebenfalls die nach Abs 1 festgestellten Teilbeträge des vEK.

22 Die Verrechnung der Ausschüttungen erfolgt also vor der vorzunehmenden Umgliederung. Auf die Verrechnung sind die Regelungen des Vierten Teils des KStG aF anzuwenden (vgl § 34 XII aF). Die Ausschüttungen können aus allen Teilbeträgen des vEK finanziert werden. Auch das $EK_{04}$ steht noch für Ausschüttungen zur Verfügung. Betroffen sind diejenigen Ausschüttungen, die nach bisherigem Recht in dem sog nachrichtlichen Teil der Gliederungsvordrucke einzutragen sind. Nach Verringerung infolge der in Abs 2 S 1 genannten Ausschüttungen wei-

sen die Teilbeträge des vEK nur noch Bestände aus, die zur Finanzierung der nach neuem Recht abzuwickelnden Ausschüttungen heranzuziehen sind.

Vorabgewinnausschüttungen in 01 sowie ordentliche Ausschüttungen in 02 für 01 bei kj-gl Wj unterliegen bereits dem Halbeinkünfteverfahren. Gleiches gilt für vGa im Jahr 01 sowie oGa in 01 für 00, die verspätet erst nach dem 1.1.02 abfließen (bei kj-gl Wj). 23

Für Ausschüttungen, für die letztmalig eine Ausschüttungsbelastung nach altem Recht herzustellen ist, gilt bei dem Empfänger ebenfalls noch altes Recht. 24

Gilt bei der ausschüttenden Körperschaft der Teilbetrag $EK_{45}$ für die Ausschüttung als verwendet und ist der Empfänger eine anrber Körperschaft, unterliegt die Ausschüttung bei der Empfängerin nach § 34 XII 2 bis 5 aF einem KStSatz von 45%. Entspr erhöht sich bei der empfangenden Körperschaft nach Abs 2 S 3 der Teilbetrag $EK_{45}$. Entsprechendes gilt bei der Verwendung von $EK_{40}$ (§ 34 XII 6 bis 8). Die Sonderregelung für die Verwendung von $EK_{45}$ und $EK_{40}$ soll eine Herabschleusung der KStBelastung bei konzerninternen Gewinnausschüttungen verhindern. Bei kj-gl Wj führt eine Ausschüttung in 01 für 00 zur Erhöhung des $EK_{45}$ bzw $EK_{40}$ zum 31.12.00 (Abs 2 S 3); vgl zum Vorstehenden BMF BStBl I 03, 575 Tz 9 ff und 22; OFD Koblenz GmbHR 01, 594. Unzulässig ist eine doppelte Minderung des $EK_{40}$ durch Erfassung eines Verlustvortrags als EK-Minderung und anschließender Verrechnung negativen $EK_{02}$ mit positivem $EK_{40}$ (FG D'dorf EFG 06, 368; FG Köln EFG 07, 1357). 25

Abs 2 erfasst folglich sowohl eine Minderung (S 1) als auch eine Erhöhung (S 3) der Teilbeträge des $EK_{45}$ und $EK_{40}$ aufgrund von Gewinnausschüttungen. Fraglich ist, ob Minderung und Erhöhung saldiert werden können, bevor es zur Zwangsumgliederung kommt. Anderenfalls droht die „doppelte $EK_{45}$-Umgliederungsfalle" (ausf *Prinz/Thurmayr* GmbHR 01, 798). Dies betrifft den Fall, dass eine KapGes von ihrer TochterKapGes in 01 eine Ausschüttung erhält für 00, für die $EK_{45}$ bzw $EK_{40}$ als verwendet gilt. Gleichzeitig schüttet die MutterGes an ihre AntE aus, um das im $EK_{45}$ bzw $EK_{40}$ gespeicherte KStGuthaben zu realisieren. Liegen die Voraussetzungen der phasengleichen Aktivierung von Dividenden nicht vor (vgl dazu BFH DStR 07, 1342), stellt sich die Frage, ob das aufgrund der Ausschüttung von der Tochter an die Mutter bei der Mutter neugebildete $EK_{45}$ gleichwohl für die Ausschüttung an die AntE als verwendet gelten kann. Dies ist fraglich, da die Ausschüttung an die AntE mit dem vEK zum 31.12.00 verrechnet wird, zu diesem Zeitpunkt die Ausschüttung von der Tochter an die Mutter aber noch nicht zugeflossen ist. Nach Sinn und Zweck soll die Nachversteuerung in S 3 lediglich die Herabschleusung der KStBelastung bei konzerninternen Gewinnausschüttungen verhindern. Darauf sollten die steuerlichen Konsequenzen von S 3 auch begrenzt werden. Dem steht nicht entgegen, wenn Nachversteuerung aus S 3 und Minderung aus S 2 saldiert werden, dh in 01 der Nachversteuerung unterliegende Ausschüttungen direkt als weiter ausgeschüttet an die AntE der Mutter angesehen werden können. Auf diese Weise wird der verfassungsrechtlich bedenkliche Verlust weiteren KStGuthabens verhindert (*Thurmayr* in H/H/R § 36 Rz 38; aA *Dötsch* in D/P/M § 36 Rz 19b; *Frotscher* in F/D § 36 Rz 45). Dieses Problem entsteht nicht, soweit Abs 6a anwendbar ist (vgl Rz 50). 26

Bezieht eine OrganGes entspr Ausschüttungen, fällt die Nachsteuer beim OrganT an, dem das entspr Organeinkommen zuzurechnen ist. Beim OrganT tritt die Erhöhung des $EK_{45}$ bzw $EK_{40}$ zum 31.12.00 bzw zum Schluss des abw Wj 00/01 ein. Ist der OrganT eine natürliche Person, greifen § 34 XII und II 3 aF nicht ein. Im Ergebnis soll die Vorschrift das Schütt-Aus-Hol-Zurück-Verfahren innerhalb eines Konzerns zur Mobilisierung von KStGuthaben erschweren. Es wird verhindert, dass auf der Ebene der TochterGes die Ausschüttungsbelastung mit 30% hergestellt wird, diese bei der MutterGes zur Anrechnung gelangt und der Dividendenbezug in 01 bei der Mutter-GmbH lediglich mit 25% KSt belastet wird. Andererseits führt die Erhöhung des $EK_{45}$ bzw $EK_{40}$ bei der 27

MutterGes dazu, dass die KStBelastung nicht in vollem Umfang definitiv wird, sondern es bei späteren Ausschüttungen zur Minderung der KSt kommen kann (vgl § 37).

31 ***5. Zwangsumgliederung des $EK_{45}$ (Abs 3).*** Diesen Umgliederungsschritt hat das BVerfG für unzulässig erklärt (BFH/NV 10, 803). Das JStG 2010 v 8.12.10 (BGBl I 10, 1768) hat Abs 3 gestrichen und durch Abs 6a für alle noch offenen Fälle ersetzt (vgl Rz 4, 50 f). ***Zuvor:*** *Die letztmalige Feststellung der Teilbeträge des vEK zum Systemwechsel erfordert, die in § 54 XI 2 und 3 aF für den Schluss des letzten vor dem 1.1.04 abgelaufenen Wj vorgesehene Umgliederung des positiven $EK_{45}$ in $EK_{40}$ und des negativen $EK_{02}$ vorzuziehen. Die Umgliederung ist auf den gleichen Stichtag vorzunehmen, auf den die Feststellung der Endbestände zu erfolgen hat. Die Umgliederung erfolgt nach der Aufstellung der letzten Gliederungsrechnung, der Verminderung der Teilbeträge des vEK um Ausschüttungen nach Abs 2 S 1 und der Erhöhung des $EK_{45}$ um empfangene Ausschüttungen aus dem $EK_{45}$ nach Abs 2 S 3.*

32 *Das $EK_{45}$ ist mit $^{27}/_{22}$ des Bestands in $EK_{40}$ einzustellen und gleichzeitig $^{5}/_{22}$ des Bestands an $EK_{45}$ als Negativbetrag in das $EK_{02}$. Die Summe des vEK bleibt damit unverändert. Soweit mit positivem $EK_{02}$ verrechnet werden kann, bleibt auch das KStMinderungspotential in seiner Summe unverändert. Allerdings ergibt sich durch die Verminderung des in den belasteten Teilbeträgen ruhenden KStMinderungspotentials ein Liquiditätsnachteil, der erst ausgeglichen wird, wenn auch das $EK_{02}$ vollständig ausgeschüttet wird. Aufgrund der Verwendungsfiktion in § 38 I 4 wird es in vielen Fällen nicht dazu kommen.*

33 *KStGuthaben wird endgültig vernichtet, wenn sich durch die Kürzung des $EK_{02}$ ein Negativsaldo bei den Teilbeträgen $EK_{01}$ bis $EK_{03}$ ergibt oder bildet, der mit belasteten Teilbeträgen verrechnet wird (vgl Abs 4). Ein negativer Bestand an $EK_{45}$ wird auf dieser Stufe nicht umgegliedert (vgl Abs 6).*

37 **6. Umgliederung bei negativer Summe $EK_{01-03}$ (Abs 4 und Abs 5).** Abs 4 und 5 enthalten Regelungen, wie zu verfahren ist, wenn das unbelastete EK negative Beträge enthält. Dabei regelt Abs 4 den Fall, dass die Summe der unbelasteten Teilbeträge des $EK_{01}$ bis $EK_{03}$ negativ ist. Abs 5 regelt den Fall, dass die Summe des $EK_{01}$ bis $EK_{03}$ nicht negativ, dh positiv oder null ist, einzelne Teilbeträge aber negativ sind. Das ist aufgrund der vorrangigen Zusammenfassung von $EK_{01}$ und $EK_{03}$ der Fall, wenn $EK_{02}$ positiv, aber die Summe von $EK_{01}$ und $EK_{03}$ negativ ist, ohne dass die Summe des unbelasteten EK insgesamt negativ wird oder $EK_{02}$ negativ ist, die Summe von $EK_{01}$ und $EK_{03}$ aber einen höheren oder gleich hohen positiven Betrag ergibt.

38 Bei der **Umgliederung der unbelasteten Teilbeträge** wird $EK_{04}$ nicht einbezogen. Dieser Teilbetrag wird in das Einlagekonto überführt (§ 27).

39 Nach Abs 4 ist Ausgangspunkt der Umgliederung das unbelastete vEK iSv § 30 II Nr 1 bis 3 aF ($EK_{01}$, $EK_{02}$ und $EK_{03}$), wie es sich nach den Rechenschritten von Abs 2 (und Abs 3, soweit bestandskräftige Feststellung vor JStG 2010, vgl Rz 5, 13, 32 f) darstellt. Ist die danach ermittelte Summe der unbelasteten Teilbeträge negativ, ist sie nach dem Wortlaut des Gesetzes mit den durch KSt belasteten Teilbeträgen in der Reihenfolge zu verrechnen, in der ihre Belastung zunimmt, also zunächst mit dem $EK_{30}$, sodann mit dem $EK_{40}$. Die Verrechnung mit dem $EK_{40}$ führt zur **Vernichtung von KStGuthaben,** und zwar iHv $^{1}/_{6}$ der negativen Summe aus $EK_{01}$ bis $EK_{03}$ (zu den Vermeidungsstrategien vgl *Schiffers* GmbHR 00, 901; *Schwedhelm/Olbing/Binnewies* GmbHR 00, 1173; *Schwedhelm/Binnewies* DB 01, 503; BFH FR 07, 38). Die Vernichtung von KStGuthaben stellt eine verfassungsrechtl unverhältnismäßige Regelung dar. UE geht dies auch aus der Entscheidung des BVerfG v 17.11.09 (GmbHR 10, 368) hervor. Das BVerfG stellt uE darauf ab, dass jedenfalls das KStGuthaben, das bei einer Vollausschüttung zum Systemwechsel hätte realisiert werden können, nicht untergehen darf. Ein negativer Saldo von $EK_{01}$ bis $EK_{03}$ führte häufig zu einer **handelsrechtlichen Ausschüt-**

**tungssperre.** Das KStGuthaben hätte also durch eine Vollausschüttung nicht, jedenfalls nicht vollständig realisiert werden können. Das ist aber nicht der Fall, wenn zB ausreichend hohes $EK_{04}$ die Ausschüttungssperre aufhebt. Daher ist die Verrechnung des negativen Saldos in diesem Fall nicht verfasssungskonform. Die entgegenstehende Auffassung des BFH (BStBl II 16, 243; Az BVerfG 2 BvR 1424/15) ist nicht überzeugend. UE ist die Entscheidung des BVerfG (BFH/NV 10, 803) so zu interpretieren, dass das KStGuthaben erhalten bleiben muss, welches durch eine Vollausschüttung im Zeitpunkt des Systemwechsels hätte realisiert werden können. Der BFH hingegen geht in seiner Entscheidung von dem Konzept einer „modifizierten Vollausschüttung" aus. Er hält lediglich das KStGuthaben für erhaltenswert, welches bei einer Ausschüttung des Eigenkapitals ohne Ausschüttung vorhandener Rücklagen, die durch Einlagen (altes $EK_{04}$) geschaffen worden sind, hätte realisiert werden können. Die Aufhebung einer Ausschüttungssperre durch $EK_{04}$ hält der BFH für unerheblich. UE ist dies den Ausführungen des BVerfG nicht zu entnehmen. Die Schlechterstellung der Gesellschaften, die negatives $EK_{02}$ nicht durch positives $EK_{01}/EK_{03}$ ausgleichen können, aber aufgrund positiven $EK_{04}$ gleichwohl im Zeitpunkt des Systemwechsels das KStGuthaben vollständig hätten realisieren können, ist entgegen der Auffassung des BFH auch bei Einräumung eines Ermessensspielraums des Gesetzgebers nicht hinnehmbar. Ein sachliches Kriterium für diese Ungleichbehandlung ist nicht erkennbar. Entscheidend ist allein, ob die Gesellschafter ausschütten und das KStGuthaben realisieren können, nicht aber die steuerliche Struktur des Eigenkapitals ($EK_{01}/EK_{03}$ oder $EK_{04}$). Eine Ungleichbehandlung von Gesellschaften mit vergleichbarer Eigenkapitalausstattung unabhängig von der steuerlichen Qualifizierung dieses Eigenkapitals ist unzulässig. Ebensowenig ist ersichtlich, warum der BFH Körperschaften mit ausreichendem $EK_{04}$ genauso behandeln will wie Gesellschaften, die negatives $EK_{02}$ nicht durch $EK_{01}/EK_{03}$ oder $EK_{04}$ ausgleichen können. Gesellschaften, die aufgrund einer Ausschüttungssperre oder mangelnder Liquidität grundsätzlich nicht hätten ausschütten können, konnten im Anrechnungsverfahren von dem sog „Leg-ein-hol-zurück-Verfahren" Gebrauch machen. Dieses allseits anerkannte Verfahren zur vollständigen Realisierung von KStGuthaben führte gerade in den Fällen der handelsrechtlichen Ausschüttungssperre (also bei einem negativen $EK_{02}$-Bestand) zu $EK_{04}$, welches die Ausschüttungssperre aufhob. Für eine Schlechterstellung der Gesellschaften, die bereits ohne ein solches „Leg-ein-hol-zurück-Verfahren" über genügend $EK_{04}$ verfügen, ist kein sachlicher Grund ersichtlich. Auch der Hinweis auf den weiten Ermessensspielraum des Gesetzgebers hilft nicht weiter. Dieser darf nur dann zu Rechtsnachteilen der Steuerpflichtigen führen, wenn die getroffene Regelung zur Systematisierung oder Vereinfachung des Rechts oder zur Verwaltungseffektivität beiträgt. Das Gegenteil ist jedoch vorliegend der Fall. Die gesetzlichen Regelungen haben eine Komplexität, die durch nichts gerechtfertigt ist. Das belegen die zahlreichen Streitverfahren bis hin zum BVerfG. Das BVerfG hat in seiner Entscheidung zwei einfache Regelungssysteme zur Beseitigung der Verfassungswidrigkeit von Abs 3 dargestellt. Das KStGuthaben hätte entweder nach § 37 aus den zum Stichtag vorhandenen Teilbeträgen des $EK_{45}$ und des $EK_{40}$ gebildet werden können oder die beiden Teilbeträge aus $EK_{45}$ und $EK_{40}$ hätten ohne Zusammenfassung in einem KStGuthaben fortgeführt werden können. Der Gesetzgeber hingegen hat im Anschluss an die Entscheidung des BVerfG diesen Wege nicht gewählt, sondern mit dem neuen Abs 6a nur einen Teilbereich der Verfassungswidrigkeit beseitigt. Nicht nur Abs 3 hätte durch Abs 6a korrigiert werden müssen, sondern auch Abs 4. Der BFH verkennt, dass die oben dargestellten (Un-)Gleichbehandlungen nur dann gerechtfertigt sein können, wenn das angestrebte Ziel des Gesetzgebers nicht durch ein milderes, ebenso geeignetes Mittel erreicht werden kann, mildere und einfachere, dh besser geeignete Mittel hat das BVerfG aufgezeigt. Der Wegfall von realisierbarem KStGuthaben iRv Abs 4 verstößt daher gegen Art 3 GG. Gegen die Entscheidung des BFH ist Verfassungsbeschwerde eingelegt (BVerfG 2 BvR 1424/15). Das Verfahren I R 7/15 wurde vom BFH ausgesetzt bis zur Entscheidung über die genannte Verfassungsbeschwerde (aus der Literatur vgl *Siegel* DStR 16, 166; *Holst/Nitschke* DStR 11, 1450; *Binnewies* GmbHR 12, 221; 14, 1184; *Binnewies/Stenert* GmbH 15, 874).

40 Abs 4 idF des StSenkG (Rz 2) regelte lediglich die Verrechnung der negativen Summe der unbelasteten Teilbeträge mit belasteten Teilbeträgen. Das StSenkG (Rz 2) bestimmte zunächst nicht, dass die unbelasteten Teilbeträge miteinander zu verrechnen, also die Teilbeträge umzugliedern sind. Auf eine förmliche Umgliederung mit Nullstellung des $EK_0$ kommt es im Ergebnis auch nicht an, da jedenfalls eine mit belasteten EK zu verrechnende Summe der unbelasteten Teilbeträge gebildet werden muss. In welchem Teilbetrag ($EK_{01}$, $EK_{02}$, $EK_{03}$) diese negative Summe ausgewiesen wird, ist grundsätzlich unerheblich. Nunmehr sieht das Gesetz ausdrücklich vor, dass zunächst innerhalb der unbelasteten Teilbeträge zu verrechnen ist. Diese Ergänzung vermeidet bei formaler Betrachtung mögliche sinnwidrige Ergebnisse. Bildet man bei negativen $EK_{01}$ und/oder $EK_{03}$ und positiven $EK_{02}$ lediglich die negative Summe und lässt das positive $EK_{02}$ stehen, würde es bei wortgetreuer Anwendung von § 38 zur Fortführung eines Bestands an positivem $EK_{02}$ kommen (vgl *Dötsch* in D/P/M § 36 Rz 35). Insoweit ist die gesetzliche Klarstellung hilfreich.

41 Sind zwar einzelne Teilbeträge des unbelasteten vEK negativ, nicht aber die daraus zu bildende Summe, ist dies kein Fall des Abs 4, sondern ein Fall des Abs 5.

45 **7. Umgliederung bei positiver Summe $EK_{01-03}$ (Abs 5).** Abs 5 erfasst den Fall, dass nach den Rechenschritten aus Abs 2 (Verrechnung der Gewinnausschüttung) und Abs 3 (Umgliederung des $EK_{45}$) ohne Anrechnung von $EK_{04}$ noch in der Summe positives $EK_0$ vorhanden ist oder die Summe von $EK_{01}$, $EK_{02}$ und $EK_{03}$ null beträgt. Letzter Fall war idF des StSenkG (Rz 9 f) nicht ausdrücklich vorgesehen. Bei insgesamt positivem oder neutralem $EK_0$ sind zunächst die Teilbeträge $EK_{01}$ und $EK_{03}$ zu einem Teilbetrag zusammenzufassen. Nach Abs 5 S 2 ist eine aus der Zusammenfassung des $EK_{01}$ und $EK_{03}$ sich ergebender Negativ-Betrag mit einem positiven $EK_{02}$ zu verrechnen. Diese Umgliederung vermeidet eine spätere Nachversteuerung des $EK_{02}$ im Fall seiner Ausschüttung im Übergangszeitraum. Als Folge dieser Verrechnung entsteht im $EK_{02}$ ein geringerer Betrag oder ein Betrag von null. Dieser verringerte Teilbetrag bzw der Teilbetrag von null ist dann nach Abs 7 gesondert festzustellen. Ist das $EK_{02}$ negativ, bedeutet dies, dass die Summe aus $EK_{01}$ und $EK_{03}$ in gleicher Höhe oder höher positiv sein muss. Das negative $EK_{02}$ ist mit der positiven Summe der Teilbeträge $EK_{01}$ und $EK_{03}$ zu verrechnen. Im Ergebnis ergibt sich ein geringerer Teilbetrag $EK_{01}/EK_{03}$ oder ein Betrag von null. Dieser verringerte Teilbetrag bzw der Teilbetrag von null ist nach Abs 7 ebenfalls gesondert festzustellen. Dadurch wird die Verrechnung des negativen $EK_{02}$ mit belastetem EK vermieden. Sind schließlich sowohl die Summe aus $EK_{01}$ und $EK_{03}$ als auch das $EK_{02}$ positiv, sind auf dieser Stufe der Umgliederung beide positiven Teilbeträge ($EK_{01}/EK_{03}$, $EK_{02}$) festzustellen, dauerhaft ist nur das $EK_{02}$ fortzuführen (vgl § 38 I 1).

49 **8. Negativ belastete Teilbeträge** ($EK_{40}$, $EK_{30}$) sind nach **Abs 6** zunächst miteinander zu verrechnen (S 1, eingefügt durch das UntStFG v 20.12.01 (Rz 9 f)). Ein verbleibender Negativbetrag mindert vorrangig das $EK_{02}$, anschließend das zusammengefasste $EK_{01}/EK_{03}$ (S 2). Negatives belastetes EK beruht idR auf einem Überhang nichtabziehbarer Ausgaben, deren Nachversteuerung durch den Abzug von belastetem EK sichergestellt werden soll. Das gelingt iRd Systemumstellung nicht, soweit der Negativbetrag vom $EK_{02}$ abgezogen wird. Ferner wird durch die Reduzierung des $EK_{02}$ eine potentielle KStErhöhung vermindert.

50 **9. Umgliederung des $EK_{45}$ nach dem JStG 2010** (**Abs 6a**). Positives $EK_{45}$ mindert nach Abs 6a den Bestand des $EK_{02}$ um 5/22 des Bestands an $EK_{45}$, allerdings nur soweit positives $EK_{02}$ vorhanden ist, also bis zu dessen vollständigem

Verbrauch (Abs 6a S 1). Der nach Abs 1 bis 6 verbleibende Bestand an $EK_{40}$ wird um 27/5 des Minderungsbetrags des $EK_{02}$ erhöht (Abs 6a S 2). Der Bestand des $EK_{45}$ vermindert sich um den Saldo, dh erhöht sich um den Betrag nach S 1 und vermindert sich um den Betrag nach S 2 (Abs 6a S 3). Ist kein oder kein ausreichend positiver Bestand an $EK_{02}$ vorhanden und verbleibt deswegen ein positiver Bestand an $EK_{45}$, wird aus dem $EK_{45}$ zusätzlich KStGuthaben mit 15/55 herausgerechnet und mit dem KStGuthaben aus dem $EK_{40}$ ($^1/_6$) zusammengefasst (§ 37 I idF des JStG 2010, vgl § 34 XIIIg). Auf diese Weise führt die Umgliederung des $EK_{45}$ nicht zum Verlust von KStGuthaben (ausf und mit Beispielen *Holst/Nitzschke* DStR 11, 1450; *Dötsch* in D/P/M § 36 Rz 48aff). Diese nur auf alle nach dem JStG 2010 noch offenen Fälle anwendbare Regelung setzt BVerfG BFH/NV 10, 803 um. Die Erhöhung des KStGuthabens auf der Grundlage von Abs 6a ist nicht möglich, wenn der Bescheid über die Feststellung der Einzelbestände nach Abs 7 vor Inkrafttreten von Abs 6a (JStG 2010) bestandskräftig war (BFH BStBl II 14, 960; GmbHR 15, 770, Az BVerfG 2 BvR 928/15). Zur Frage der verfahrensrechtlich noch offenen Fälle vgl FG Münster EFG 13, 326, bestätigt durch BFH GmbHR 15, 770; *Kasperczyk/Hübner* DStR 11, 1446; *Dötsch* D/P/M § 36 Rz 48b u 48c). Zur Verfassungsmäßigkeit des Abs 6a vgl FG Münster EFG 15, 500, Az BVerfG 2 BvL 29/14; zu Abs 4 Az BVerfG 2 BvR 1424/15 (vgl Rz 39).

**10. Die gesonderte Feststellung** der Endbestände nach **Abs 7** stellt den letz- 53
ten Schritt bei der Umgliederung des vEK dar. Nach Abs 7 sind auf den Schluss des letzten vor dem 1.1.01 beginnenden Wj die Endbestände der Teilbeträge des vEK getrennt auszuweisen und gesondert festzustellen. Lediglich die verbleibenden Teilbeträge $EK_{01}$ und $EK_{03}$ sind in einer Summe zusammengefasst auszuweisen. Die Summe des vEK wird nicht gesondert festgestellt. Festgestellt werden alle vorhandenen Teilbeträge des vEK ($EK_{45}$, wenn JStG 2010 anwendbar; $EK_{40}$; $EK_{30}$; $EK_{02}$; $EK_{01}/EK_{03}$ und $EK_{04}$).

Die Feststellung nach Abs 7 hat auf den gleichen Zeitpunkt zu erfolgen, auf den 54
auch die letzte Gliederungsrechnung nach § 47 aF aufzustellen ist, also auf den 31.12.00 bei kj-gl Wj bzw auf den Schluss des abw Wj 00/01. Gleichwohl ergeben sich erhebliche Unterschiede, da bei der Feststellung nach Abs 7 Vorgänge zu berücksichtigen sind, die zeitlich nach dem Feststellungszeitpunkt liegen (insbesondere zu verrechnende Gewinnausschüttung nach Abs 2 S 1 und 3).

Von materiell-rechtl Bedeutung sind die festgestellten Endbestände des $EK_{45}$, des 55
$EK_{40}$, des $EK_{02}$ und des $EK_{04}$. Aus dem $EK_{45}$ und dem $EK_{40}$ wird das KStGuthaben gebildet (§ 37 I). Die nachrichtliche Mitteilung des zu ermittelnden KSt-Guthabens im Bescheid über die Feststellung der Endbestände nach Abs 7 stellt keinen anfechtbaren VA da. Anfechtbar ist nur die Feststellung selbst (FG Köln EFG 15, 675). Aus dem $EK_{02}$ entstehen für die Übergangszeit KStErhöhungen (§ 38). Der festgestellte Bestand an $EK_{04}$ stellt den Ausgangspunkt für die Feststellung des Einlagekontos dar (§ 27).

Die gesonderte Feststellung der Teilbeträge des vEK ist als **Feststellungsbe-** 56
**scheid** nach § 179 AO zu qualifizieren. Einwendungen gegen die gesonderte Feststellung der Teilbeträge müssen gegen diesen Feststellungsbescheid vorgebracht werden. Ist der Feststellungsbescheid vor dem Inkrafttreten des JStG 2010 bestandskräftig geworden, kann eine Erhöhung des KStGuthabens auf der Grundlage der §§ 36, 37 Abs 1 nicht mehr erfolgen (BFH GmbH-StB 15, 91; BFH GmbHR 15, 770). Die Feststellung ist Grundlagenbescheid für die Folgefeststellungen (Umschreibung des $EK_{40}$ und $EK_{45}$ in das KStGuthaben nach § 37 (vgl FG Münster EFG 13, 326, bestätigt durch BFH GmbHR 15, 770), Feststellung des $EK_{02}$ für die Folgefeststellung zum jeweiligen Ende des folgenden Wj nach § 38, Feststellung des $EK_{04}$ für die erstmalige Feststellung des Einlagekontos nach § 27). Im Ergebnis besteht von der Feststellung der Endbestände des vEK auf den 31.12.00 (Abs 7) bis hin zur Festsetzung des Auszahlungsanspruchs auf den 31.12.06 (§ 37 V 3) eine

Kette von Grundlagen-Folgebescheiden. Dies ist für die Fälle entscheidend, in denen zwar eine Bestandskraft der Feststellung der Endbestände auf den 31.12.00 nach Abs 7 im Zeitpunkt des Inkrafttretens des JStG 2010 nicht vorlag, aber eine der Folgefeststellungen auf dem Weg bis hin zur Festsetzung des Auszahlungsanspruchs auf den 31.12.06 nach § 7 V bestandskräftig ist (BFH GmbHR 15, 770; ausf *Binnewies* GmbHR 14, 1184). Die Feststellung des Bestands an $EK_{30}$, eines etwaigen negativen Bestands an $EK_{40}$ oder $EK_{30}$ sowie die positive oder negative Summe des $EK_{01}$/$EK_{03}$ sind materiell-rechtlich bedeutungslos. Zur Frage, ob die Bestandskraft des Feststellungsbescheids durch den Erlass eines Ergänzungsbescheids gem § 179 III AO überwunden werden kann, vgl BFH BFH/NV 14, 1910.

## § 37 Körperschaftsteuerguthaben und Körperschaftsteuerminderung

*[Abs 1 idF des JStG 2010, entspr. § 34 Abs 12:]*

(1) [1] **Auf den Schluss des Wirtschaftsjahrs, das dem in § 36 Abs. 1 genannten Wirtschaftsjahr folgt, wird ein Körperschaftsteuerguthaben ermittelt.** [2] **Das Körperschaftsteuerguthaben beträgt $^{15}/_{55}$ des Endbestands des mit einer Körperschaftsteuer von 45 Prozent belasteten Teilbetrags zuzüglich $^{1}/_{6}$ des Endbestands des mit einer Körperschaftsteuer von 40 Prozent belasteten Teilbetrags.**

*[Abs 1 aF:]*

(1) [1] **Auf den Schluss des Wirtschaftsjahrs, das dem in § 36 Abs. 1 genannten Wirtschaftsjahr folgt, wird ein Körperschaftsteuerguthaben ermittelt.** [2] **Das Körperschaftsteuerguthaben beträgt $^{1}/_{6}$ des Endbestands des mit einer Körperschaftsteuer von 40 Prozent belasteten Teilbetrags.**

(2) [1] **Das Körperschaftsteuerguthaben mindert sich vorbehaltlich des Absatzes 2a um jeweils $^{1}/_{6}$ der Gewinnausschüttungen, die in den folgenden Wirtschaftsjahren erfolgen und die auf einem den gesellschaftsrechtlichen Vorschriften entsprechenden Gewinnverteilungsbeschluss beruhen.** [2] **Satz 1 gilt für Mehrabführungen im Sinne des § 14 Abs. 3 entsprechend.** [3] **Die Körperschaftsteuer des Veranlagungszeitraums, in dem das Wirtschaftsjahr endet, in dem die Gewinnausschüttung erfolgt, mindert sich bis zum Verbrauch des Körperschaftsteuerguthabens um diesen Betrag, letztmalig in dem Veranlagungszeitraum, in dem das 18. Wirtschaftsjahr endet, das auf das Wirtschaftsjahr folgt, auf dessen Schluss nach Absatz 1 das Körperschaftsteuerguthaben ermittelt wird.** [4] **Das verbleibende Körperschaftsteuerguthaben ist auf den Schluss der jeweiligen Wirtschaftsjahre, letztmals auf den Schluss des 17. Wirtschaftsjahrs, das auf das Wirtschaftsjahr folgt, auf dessen Schluss nach Absatz 1 das Körperschaftsteuerguthaben ermittelt wird, fortzuschreiben und gesondert festzustellen.** [5] **§ 27 Abs. 2 gilt entsprechend.**

(2a) **Die Minderung ist begrenzt**

1. **für Gewinnausschüttungen, die nach dem 11. April 2003 und vor dem 1. Januar 2006 erfolgen, jeweils auf 0 Euro;**
2. **für Gewinnausschüttungen, die nach dem 31. Dezember 2005 erfolgen auf den Betrag, der auf das Wirtschaftsjahr der Gewinnausschüttung entfällt, wenn das auf den Schluss des vorangegangenen Wirtschaftsjahrs festgestellte Körperschaftsteuerguthaben gleichmäßig auf die einschließlich des Wirtschaftsjahrs der Gewinnausschüttung verbleibenden Wirtschaftsjahre verteilt wird, für die nach Absatz 2 Satz 3 eine Körperschaftsteuerminderung in Betracht kommt.**

(3) [1] **Erhält eine unbeschränkt steuerpflichtige Körperschaft oder Personenvereinigung, deren Leistungen bei den Empfängern zu den Einnahmen im Sinne des § 20 Abs. 1 Nr. 1 oder 2 des Einkommensteuergesetzes in der Fas-**

sung des Artikels 1 des Gesetzes vom 20. Dezember 2001 (BGBl. I S. 3858) gehören, Bezüge, die nach § 8b Abs. 1 bei der Einkommensermittlung außer Ansatz bleiben und die bei der leistenden Körperschaft zu einer Minderung der Körperschaftsteuer geführt haben, erhöht sich bei ihr die Körperschaftsteuer und das Körperschaftsteuerguthaben um den Betrag der Minderung der Körperschaftsteuer bei der leistenden Körperschaft. [2] Satz 1 gilt auch, wenn der Körperschaft oder Personenvereinigung die entsprechenden Bezüge einer Organgesellschaft zugerechnet werden, weil sie entweder Organträger ist oder an einer Personengesellschaft beteiligt ist, die Organträger ist. [3] Im Fall des § 4 des Umwandlungssteuergesetzes sind die Sätze 1 und 2 entsprechend anzuwenden. [4] Die leistende Körperschaft hat der Empfängerin die folgenden Angaben nach amtlich vorgeschriebenem Muster zu bescheinigen:

1. den Namen und die Anschrift des Anteilseigners,
2. die Höhe des in Anspruch genommenen Körperschaftsteuerminderungsbetrags,
3. den Zahlungstag.

[5] § 27 Abs. 3 Satz 2, Abs. 4 und 5 gilt entsprechend. [6] Die Sätze 1 bis 4 gelten nicht für steuerbefreite Körperschaften und Personenvereinigungen im Sinne des § 5 Abs. 1 Nr. 9, soweit die Einnahmen in einem wirtschaftlichen Geschäftsbetrieb anfallen, für den die Steuerbefreiung ausgeschlossen ist.

(4) [1] Das Körperschaftsteuerguthaben wird letztmalig auf den 31. Dezember 2006 ermittelt. [2] Geht das Vermögen einer unbeschränkt steuerpflichtigen Körperschaft durch einen der in § 1 Abs. 1 des Umwandlungssteuergesetzes vom 7. Dezember 2006 (BGBl. I S. 2782, 2791) in der jeweils geltenden Fassung genannten Vorgänge, bei denen die Anmeldung zur Eintragung in ein öffentliches Register nach dem 12. Dezember 2006 erfolgt, ganz oder teilweise auf einen anderen Rechtsträger über, wird das Körperschaftsteuerguthaben bei der übertragenden Körperschaft letztmalig auf den vor dem 31. Dezember 2006 liegenden steuerlichen Übertragungsstichtag ermittelt. [3] Wird das Vermögen einer Körperschaft oder Personenvereinigung im Rahmen einer Liquidation im Sinne des § 11 nach dem 12. Dezember 2006 und vor dem 1. Januar 2007 verteilt, wird das Körperschaftsteuerguthaben letztmalig auf den Stichtag ermittelt, auf den die Liquidationsschlussbilanz erstellt wird. [4] Die Absätze 1 bis 3 sind letztmals auf Gewinnausschüttungen und als ausgeschüttet geltende Beträge anzuwenden, die vor dem 1. Januar 2007 oder bis zu dem nach Satz 2 maßgebenden Zeitpunkt erfolgt sind. [5] In Fällen der Liquidation sind die Absätze 1 bis 3 auf Abschlagszahlungen anzuwenden, die bis zum Stichtag erfolgt sind, auf den das Körperschaftsteuerguthaben letztmalig ermittelt wird.

(5) [1] Die Körperschaft hat innerhalb eines Auszahlungszeitraums von 2008 bis 2017 einen Anspruch auf Auszahlung des Körperschaftsteuerguthabens in zehn gleichen Jahresbeträgen. [2] Der Anspruch entsteht mit Ablauf des 31. Dezember 2006 oder des nach Absatz 4 Satz 2 oder Satz 3 maßgebenden Tages. [3] Der Anspruch wird für den gesamten Auszahlungszeitraum festgesetzt. [4] Der Anspruch ist jeweils am 30. September auszuzahlen. [5] Für das Jahr der Bekanntgabe des Bescheids und die vorangegangenen Jahre ist der Anspruch innerhalb eines Monats nach Bekanntgabe des Bescheids auszuzahlen, wenn die Bekanntgabe des Bescheids nach dem 31. August 2008 erfolgt. [6] Abweichend von Satz 1 ist der festgesetzte Anspruch in einem Betrag auszuzahlen, wenn das festgesetzte Körperschaftsteuerguthaben nicht mehr als 1000 Euro beträgt. [7] Der Anspruch ist nicht verzinslich. [8] Die Festsetzungsfrist für die Festsetzung des Anspruchs läuft nicht vor Ablauf des Jahres ab, in dem

**der letzte Jahresbetrag fällig geworden ist oder ohne Anwendung des Satzes 6 fällig geworden wäre. [9] § 10d Abs. 4 Satz 4 und 5 des Einkommensteuergesetzes gilt sinngemäß. [10] Auf die Abtretung oder Verpfändung des Anspruchs ist § 46 Abs. 4 der Abgabenordnung nicht anzuwenden.**

(6) **[1] Wird der Bescheid über die Festsetzung des Anspruchs nach Absatz 5 aufgehoben oder geändert, wird der Betrag, um den der Anspruch, der sich aus dem geänderten Bescheid ergibt, die Summe der Auszahlungen, die bis zur Bekanntgabe des neuen Bescheids geleistet worden sind, übersteigt, auf die verbleibenden Fälligkeitstermine des Auszahlungszeitraums verteilt. [2] Abweichend von Satz 1 ist der übersteigende Betrag in einer Summe auszuzahlen, wenn er nicht mehr als 1000 Euro beträgt und auf die vorangegangene Festsetzung Absatz 5 Satz 6 oder dieser Satz angewendet worden ist. [3] Ist die Summe der Auszahlungen, die bis zur Bekanntgabe des neuen Bescheids geleistet worden sind, größer als der Auszahlungsanspruch, der sich aus dem geänderten Bescheid ergibt, ist der Unterschiedsbetrag innerhalb eines Monats nach Bekanntgabe des Bescheids zu entrichten.**

(7) **[1] Erträge und Gewinnminderungen der Körperschaft, die sich aus der Anwendung des Absatzes 5 ergeben, gehören nicht zu den Einkünften im Sinne des Einkommensteuergesetzes. [2] Die Auszahlung ist aus den Einnahmen an Körperschaftsteuer zu leisten.**

***Gesetzesfassungen vor 2014 s 8. Aufl.***

*Körperschaftsteuerrichtlinien:* KStH 37

**Übersicht**



**Schrifttum:** *Lang,* Das System der Ausschüttungen in der fünfzehnjährigen Übergangszeit, DB 02, 1793; *Birk/Desens,* Beschränkungen der Realisierung des Körperschaftsteuer-Guthabens als verfassungswidriger Zwangskredit, DB 03, 1644; *Brodersen/Littan,* Realisierung des Körperschaftsteuer-Guthabens durch Umwandlung in eine Personengesellschaft – Gestaltungsüberlegungen zum StVergAbG, GmbHR 03, 678; *Djanani/Brähler/Wesel,* Das „Körperschaftsteuermoratorium" oder die „Notbremse" des Fiskus, StB 03, 284; *Dötsch,* Setzt die Realisierung des Körperschaftsteuer-Guthabens dessen formale Feststellung auf den Schluss des Vorjahres voraus?, DStR 03, 1997; *Kramer,* Aktivierung bereits verlorener Körperschaftsteuer-Guthaben durch Feststellung einer verdeckten Gewinnausschüttung, DStR 03, 1963; *Kramer,* Realisierung des Körperschaftsteuer-Guthabens in 2002 durch Ausschüttungen über mehrere Stufen, DStR 03, 1866; *Schiffers,* 6 Thesen zur Ausschüttungspolitik nach dem StVergAbG, GmbH-StB 03, 134; *Schiffers,* Steuervergünstigungsabbaugesetz: Geänderte Rahmenbedingungen für die Ausschüttungspolitik der GmbH, GmbHR 03, 673; *Streck/Binnewies,* Das verfassungswidrige Fiskalspiel mit dem Körperschaftsteuer-Guthaben, DB 03, 1133; *Wiese/Klass,* Das „Steuervergünstigungsabbaugesetz" in der Unternehmenspraxis, Überblick und erste Anmerkungen zu den ertragsteuerlichen Vorschriften, GmbHR 03, 557; *Hoffmann,* Realisierung des Körperschaftsteuer-Minderungspotentials, GmbH-StB 04, 93; *Prinz,* Strategien „gestalteter Ausschüttungsmaßnahmen" bei Kapitalgesellschaften, FR 04, 19; *Kramer,* Lässt § 37 KStG 2002 phasengleiche Nutzung von unterjährigen Zugängen zum Körperschaftsteuer-Guthaben für Gewinnausschüttungen zu?, StB 05, 129; *Kußmaul/Richter/Meyering,* Verwendung des steuerlichen Einlagekontos bei Körperschaftsteuererhöhung ($EK_{02}$): Existenz einer Gesetzeslücke!?, DB 05, 685; *Rödder,* Vororganschaftlich verursachte Mehrabführungen iS des § 14 Abs 3 KStG nF, DStR 05, 217; *Ott,* Körperschaftsteuer-Guthaben und Ausschüttungspolitik, DStR 06, 113; *Förster/Felchner,* Auszahlung des Körperschaftsteuerguthabens nach dem Regierungsentwurf des SEStEG, DStR 06, 1725; *Dötsch/Pung,* Die Änderungen des KStG, DB 06, 2648; *Grube/Chuchra,* Steuerliche Behandlung des Zinsanteils und Körperschaftsteuerguthabens iSd § 37 Abs 5 KStG, BB 07, 1479; *Streck/Binnewies,* Hat das verfassungswidrige Fiskalspiel mit dem KStGuthaben nun das Schlussdrittel erreicht?, DB 07, 359; *Sterzinger,* Probleme bei der Auszahlung des Körperschaftsteuerguthabens im Insolvenzverfahren, BB 08, 1480; *Ladiges,* Der Auszahlungsanspruch nach § 37 Abs 5 KStG – Probleme bei der Aufrechnung und Insolvenz, DStR 08, 2041; *Sedemund/Schreiber,* Abtretung des Körperschaftsteuerguthabens: Möglichkeiten, Hindernisse und Auswege, DB 09, 697; *Binnewies,* Das Ende des Fiskalspiels mit dem Körperschaftsteuerguthaben, GmbHR 2010, 408; *Gundlach/Rautmann,* Aufrechnung des Finanzamts mit dem Erstattungsanspruch gemäß § 37 Abs 5 in der Insolvenz, DStR 11, 1404.

**1. Allgemeines, Zweck.** § 37 knüpft an die Feststellung der Endbestände des vEK gem § 36 an und regelt die materiell rechtl Behandlung des KStMinderungspotentials aus dem nach altem Recht gebildeten $EK_{40}$ in der Übergangszeit. Die Überführung des KStMinderungspotentials aus der Zeit des Anrechnungsverfahrens in das Halbeinkünfteverfahren und seine Realisierung unterlag frühzeitig verfassungsrechlichen Bedenken (*Streck/Binnewies* DB 02, 1956; vgl § 36 Rz 5). Dem ist das BVerfG bezüglich des Verlusts von KStGuthaben iRd Zwangsumgliederung des $EK_{45}$ gefolgt (BFH/NV 10, 803; vgl § 36 Rz 5 u 50). 1

Da die Ausschüttung beim AntE dem Halbeinkünfteverfahren unterliegt, kommt es auf der Ebene der AntE nicht mehr zu einer Anrechnung von KSt. Deswegen erfolgt die Minderung auf der Ebene der Gesellschaft. Dazu wird zunächst ein Betrag iHv $^1/_6$ des $EK_{40}$ in das „KStGuthaben" überführt. Dieses KStGuthaben steht dann bei künftigen ordentlichen Gewinnausschüttungen im Übergangszeitraum zur Minderung der KSt der Gesellschaft zur Verfügung, und zwar jeweils iHv $^1/_6$ der jeweiligen Ausschüttung. Vom **12.4.03 bis 31.12.05** galt ein dreijähriges Moratorium. **In 06** ist die KStMinderung zusätzlich durch eine lineare Verteilung des KStGuthabens auf die Restlaufzeit des Übergangszeitraums begrenzt. **Ab 07** ist die KStMinderung abgeschafft. Das zum 31.12.06 letztmals festgestellte KStGuthaben wird **ab 08** in zehn gleichen Jahresraten ausgezahlt. Das **JStG 2010** v 8.12.10 (BGBl I 10, 1768; BStBl I 10, 1394) hat Abs 1 S 2 geändert und für alle noch offenen Fälle das aus dem $EK_{45}$ iHv $^{15}/_{55}$ zu bildende KStGuthaben aufgenommen. 2

Bei Ausschüttungen einer unbeschränkt stpfl Körperschaft, die bei der ausschüttenden Körperschaft zu einer KStMinderung nach Abs 2 geführt haben, kommt es auf der Ebene der empfangenden Körperschaft zur entsprechenden Nachversteuerung und Gutschrift auf dem eigenen KStGuthaben gem Abs 3. Dadurch soll die Realisierung des KStGuthabens im Wege des Schütt-aus-Hol-zurück-Verfahrens verhindert werden. **Ab 07** hat diese Regelung keine Bedeutung mehr, da die Realisierung des zum 31.12.06 vorhandenen KStGuthabens durch ratierliche Auszahlung über zehn Jahre erfolgt. 3

**2. Geltungszeit.** § 37 wurde eingefügt durch das StSenkG v 23.10.00 (BGBl I 00, 1433; BStBl I 00, 1521), geändert durch das UntStFG v 20.12.01 (BGBl I 01, 3858; BStBl I 02, 35). Die Überführung des KStMinderungspotentials aus dem 7

$EK_{40}$ (soweit JStG 2010 einschlägig auch aus dem $EK_{45}$, vgl Rz 13) in das KStGuthaben erfolgt zum 31.12.01 bei kj-gl Wj bzw auf den Schluss des Wj 01/02 bei abw Wj. Wird in 01 umgestellt auf ein kj-gl WJ erfolgt die erstmalige Feststellung des KStGuthabens ebenfalls auf den 31.12.01, wird in 02 umgestellt, auf den Schluss des ersten Rumpf-Wj. Die KStMinderung wird letztmals in dem VZ vorgenommen, in dem das 18. Wj endet, das auf den Zeitpunkt folgt, auf den das KStGuthaben ermittelt wird. Dies ist bei kj-gl Wj der VZ 19, bei abw Wj der VZ 20. Die ursprüngliche Fassung des StSenkG kommt hinsichtlich der Abs 2 S 4 und Abs 3 aufgrund der rückwirkenden Abänderung durch das UntStFG nicht zur Anwendung.

8 Das StVergAbG v 16.5.03 (BGBl I 03, 660) hat für Gewinnausschüttungen, die nach dem 11.4.03 und vor dem 1.1.06 erfolgen, ein Moratorium gebracht. Dies gilt nicht für vor dem 21.11.02 beschlossene Ausschüttungen (§ 34 XIIIb aF). Für Gewinnausschüttungen, die nach dem 1.1.06 erfolgen, gilt die weitere Begrenzung der linearen Verteilung auf die Restlaufzeit des Übergangszeitraums (Abs 2a).

9 Durch den eingefügten Abs 2 S 2 (EURLUmsG v 9.12.04, BGBl I 04, 3310; BStBl I 04, 1158) werden vororganschaftliche Mehrabführungen ab VZ 04 den ordentlichen Ausschüttungen gleichgesetzt, die KStMinderung auslösen können. Die Regelung war erforderlich geworden, nachdem der BFH (v 18.12.02, DB 03, 586) die Qualifizierung als Gewinnausschüttung abgelehnt hatte. Durch die Änderung wird die Verwaltungsauffassung Gesetz.

10 Das SEStEG v 7.12.06 (BGBl I 06, 2782; BStBl I 07, 4) hat das System der KStMinderung abgeschafft und durch Abs 4 bis 7 die ratierliche Auszahlung des letztmals zum 31.12.06 festgestellten KStGuthabens in zehn Jahresraten eingeführt.

11 Das JStG 2007 v 13.12.06 (BGBl I 06, 2878; BStBl I 07, 28) hat in Abs 2a Nr 2 die Angabe Abs 2 S 2 durch Abs 2 S 3 ersetzt. Hierbei handelt es sich um eine redaktionelle Korrektur.

12 Das JStG 2008 v 20.12.07 (BGBl I 07, 3150; BStBl I 08, 218) hat weitere Korrekturen gebracht mit Wirkung ab VZ 08. In Abs 4 S 3u 4 wurde „31.12.06“ durch „1.1.07“ ersetzt. In Abs 5 wurde neben redaktionellen Änderungen das Auszahlungsdatum der ersten Rate in 08 festgelegt (frühestens 30. 9.) in S 4u 5. Der neue Abs 5 S 6 verweist auf § 10d IV und V EStG. Abs 5 S 7 lässt ausdrücklich die Absetzung oder Verpfändung zu.

13 Das StBürokratieabbauG v 20.12.08 (BGBl I 08, 2850; BStBl I 09, 124) hat Vereinfachungen durch die Einführung der Sofortauszahlung bis zu einem Höchstbetrag von € 1000,– (Abs 5 S 6 und Abs 6 S 2) gebracht. Infolge dessen wurde Abs 5 S 8 angepasst. Die Änderungen gelten bereits für Ansprüche, die in 08 festgesetzt wurden (§ 34 Abs 13d).

14 Das JStG 2010 v 8.12.10 (BGBl I 10, 1768; BStBl I 10, 1394) hat Abs 1 S 2 geändert und das aus dem $EK_{45}$ iHv 15/55 zu bildende KStGuthaben aufgenommen. Dies ist eine Folgeänderung zur Einfügung von § 36 VIa für alle noch offenen Fälle als Konsequenz der Entscheidung des BVerfG, in welcher § 36 III (Zwangsumgliederung des $EK_{45}$, vgl § 36 Rz 50) für verfassungswidrig erklärt wurde (BFH/NV 10, 803).

16 **3. KStGuthaben (Abs 1 S 1).** Das KStGuthaben ist nach **Abs 1 S 1** erstmals auf den 31.12.01 (bei abw Wj 00/01 auf den Schluss des Wj 01/02) festzustellen. Entsprechendes gilt, wenn das folgende „Wj“ ein RumpfWj ist (vgl mit Beispiel *Frotscher* in F/D § 37 Rz 4f). Damit erfolgt die Feststellung des $EK_{40}$ nach § 36 Abs 7 und die Ermittlung des KStGuthabens nach Abs 1 nicht auf den gleichen Stichtag. Körperschaften, die nicht an einer Feststellung nach § 47 aF teilgenommen haben, unterliegen auch nicht einer Umgliederung nach § 36 und auch ein KStGuthaben wird nicht festgestellt (FG BaWü EFG 12, 174 betr rechtsfähige Stiftung). Die Feststellung des $EK_{40}$ nach § 36 VII erfolgt auf den Stichtag, zu dem der Übergang vom Anrechnungs- zum Halbeinkünfteverfahren vollzogen wird.

Die nachrichtliche Mitteilung des KStGuthabens im Bescheid über die Endbestände nach § 36 VII stellt keinen anfechtbaren VA dar. Anzufechten ist nur die Feststellung nach § 36 VII selbst (FG Köln EFG 15, 675). Die Feststellung des KStGuthabens erfolgt auf den Schluss des folgenden Wj. Die zeitliche Differenz zwischen den Feststellungen hat keinen Einfluss auf die Höhe des KStGuthabens. Im zum Zeitpunkt des Systemwechsels (vgl § 36) festgestellten $EK_{40}$ können sich keine Veränderungen mehr ergeben, da das AnrV für die zwischen den beiden Stichtagen liegende Zeit nicht mehr gilt. Einzig denkbare Änderung des $EK_{40}$ in der Zeit zwischen seiner letztmaligen Feststellung und der Feststellung des KSt-Guthabens ist der Fall, dass die Körperschaft eine Ausschüttung von einer anrber Körperschaft erhalten hat, die aus $EK_{40}$ finanziert worden ist. Dadurch erhöht sich nachträglich das $EK_{40}$, was jedoch bereits nach § 36 VII berücksichtigt wird iRd letztmaligen Feststellung des $EK_{40}$. Fließt diese Ausschüttung erst nach der erstmaligen Feststellung des KStGuthabens zu, erhöht sich dieses entsprechend (Abs 3).

Die zeitliche Differenz zwischen der Feststellung der Endbestände und der Feststellung des KStGuthabens ist notwendig, um im Jahr der Umstellung eine doppelte KStMinderung zu verhindern (Herstellung der Ausschüttungsbelastung nach altem Recht/KStMinderung nach neuem Recht). Auch im Fall der Verschmelzung ergibt sich keine Abweichung. Bei der übertragenden Körperschaft endet das Wj mit dem steuerl Übertragungsstichtag. Zu diesem Zeitpunkt ist das KStGuthaben zu ermitteln, sofern es sich bei dem zu diesem Zeitpunkt endenden (Rumpf)Wj um das erste nach dem in § 36 I genannten Wj endenden Wj handelt (nach 31.12.00, bei abw Wj nach dem in 01 endenden Wj). Ansonsten fließt das EK in die Feststellung der aufnehmenden Gesellschaft nach § 36 ein. 17

Andererseits ergibt sich durch diese zeitliche Differenz das systemwidrige Ergebnis, dass es nach hM im **Jahr der Systemumstellung** (bei kj-gl Wj der VZ 01) zu keiner KStMinderung kommen kann. Dies hat insbes zur Konsequenz, dass Vorabausschüttungen in 01, die bereits dem Halbeinkünfteverfahren unterliegen, noch keine KStMinderung nach § 37 bewirken können, da es an einem zum Schluss des vorangegangenen Wj festgestellten KStGuthaben fehlt (*Dötsch/Pung* DB 00, Beilage 10, 18; *Schiffers* GmbHR 01, 901; *Frotscher* BB 00, 2286). Der BFH nimmt dieses systemwidrige Ergebnis hin (BStBl II 08, 431). 18

**4. Höhe des KStGuthabens.** Nach **Abs 1 S 2** wird das KStGuthaben mit $^1/_6$ des festgestellten Endbestands an $EK_{40}$ ermittelt. Dies ist die Differenz aus der Tarifbelastung alten Rechts iHv 40% zu der erstrebten Ausschüttungsbelastung für Altrücklagen iHv 30%. Insoweit ist ein Systembruch gegeben. Das neue Recht besteuert Neugewinne iHv 25% (§ 23), während für Altrücklagen im Zeitpunkt ihrer Ausschüttung eine Definitivbelastung iHv 30% hergestellt wird. Das JStG 2010 v 8.12.10 (BGBl I 10, 1768; BStBl I 10, 1394) hat Abs 1 S 2 ergänzt und das aus dem $EK_{45}$ zu bildende KStGuthaben iHv $^{15}/_{55}$ des $EK_{45}$ aufgenommen. Dies ist eine Folgeänderung zur Einfügung von § 36 VIa für alle noch offenen Fälle als Konsequenz der Entscheidung des BVerfG, in welcher § 36 III (Zwangsumgliederung des $EK_{45}$, vgl § 36 Rz 50) für verfassungswidrig erklärt wurde (BFH/NV 10, 803; vgl *Binnewies* GmbHR 10, 408). 21

Die Ermittlung des KStGuthabens erfolgt ausschließlich durch einen **Rechenvorgang.** Rechtl Erwägungen sind nicht anzustellen. Das zu ermittelnde KStGuthaben kann sich aufgrund der Umgliederung ausschließlich aus dem Endbestand des $EK_{40}$ ergeben, der nach § 36 VII gesondert festgestellt ist. Einwände gegen die Ermittlung richten sich gegen den Feststellungsbescheid. Diese Feststellung hat Grundlagenfunktion für die Ermittlung des KStGuthabens. Das gilt auch für den festzustellenden Bestand an $EK_{45}$, aus dem sich ebenfalls KStGuthaben ergeben kann, soweit JStG 2010 anwendbar ist (vgl *Kasperczyk/Hübner* DStR 11, 1446). 22

Auf den festgestellten Bestand an $EK_{40}$ ist der Faktor von $^1/_6$ zu beziehen. Der Betrag von $^1/_6$ stellt die Differenz zwischen der Tarifbelastung von 40% und der 23 für Altrücklagen erstrebten Ausschüttungsbelastung v 30% dar. Bei einer Tarifbelastung von 40% befinden sich, ausgehend von einem Einkommen vor KSt von 100 Punkten, 60 Punkte im $EK_{40}$. Bei einer Festschreibung des KStGuthabens iHv $^{1}/_{6}$ des $EK_{40}$, dh iHv 10 Punkten, vermindert sich die Tarifbelastung von 40 Punkten auf 30 Punkte, also auf 30% des Ausgangswerts von 100 Punkten. Entsprechendes gilt für den festgestellten Bestand an $EK_{45}$, auf den der Faktor 15/55 zu beziehen ist, wenn das JStG 2010 einschlägig ist (vgl *Kasperczyk/Hübner* DStR 11, 1446).

27 **5. Minderung des KStGuthabens. Abs 2 S 1:** Das festgestellte KStGuthaben **mindert** sich nach **Abs 2 S 1** jeweils um $^{1}/_{6}$ der in den folgenden Wj erfolgenden **ordentlichen Gewinnausschüttungen,** dh Gewinnausschüttungen vorab oder für vergangene Jahre, die zivilrechtlich wirksam beschlossen sind (vgl § 36 Rz 20; bei nichtigem Jahresabschluss, zB aufgrund unterlassener Pflichtprüfung, entspricht der hierauf beruhende Gewinnverwendungsbeschluss nicht dem GesRecht und vermittelt keine KStMinderung, vgl BFH BStBl II 07, 728 und FG RhPf EFG 06, 1278, ausführl *Schlagheck* GmbHR 02, 685; *Zimmermann* DStR 02, 2147). Kein den gesellschaftsrechtlichen Vorschriften entsprechender Beschluss liegt vor, wenn bei der Gewinnverwendung vom testierten Abschluss abgewichen wird, vgl BFH DStR 07, 193. Ob eine Gewinnausschüttung auf einem den gesellschaftsrechtl Vorschriften entspr Gewinnverteilungsbeschluss beruht, richtet sich grundsätzlich nach Handelsrecht (BFH/NV 87, 61). Ein Gewinnverwendungsbeschluss, der gegen Kapitalerhaltungsmaßnahmen verstößt, ist steuerl gleichwohl als ordentliche Gewinnausschüttung, die KStGuthaben vermitteln kann, anzusehen (vgl BFH/NV 03, 1275; vgl OFD Münster DB 03, 1199; OFD Nürnberg GmbHR 03, 368). Ein lediglich anfechtbarer Beschluss entspricht den gesellschaftsrechtlichen Vorschriften (FG D'dorf EFG 05, 1380).

28 Sonstige Ausschüttungen, insbes vGa, Gewinnabführungen aufgrund eines Gewinnabführungsvertrags, organschaftliche Ausgleichszahlungen führen nicht zu einer Minderung des KStGuthabens (Abs 2 S 1). Nach hM gilt dies auch für Auskehrungen nach § 28 II 2, obwohl diese bei den AntE zu versteuern sind (vgl *Gosch/Bauschatz* § 37 Rz 50, mwN).

29 In **Abs 2 S 2** wird die **organschaftliche Mehrabführung,** die ihre Ursachen in vororganschaftlicher Zeit hat, mit Wirkung ab VZ 04 der ordentlichen Gewinnausschüttung gleichgestellt. Die gesetzliche Regelung war aus Sicht der Verwaltung erforderlich geworden, da der BFH die entsprechende Verwaltungsauffassung abgelehnt hatte (BFH DB 03, 586; für VZ vor 04 vgl BMF DB 05, 19; *Rödder* DStR 05, 218).

30 „In den folgenden Wj" **bezieht sich auf die Jahre nach der Feststellung** des KStGuthabens. Zur Minderung des KStGuthabens kann es erst nach seiner Feststellung kommen (BFH GmbHR 08, 491 mit Anm *Binnewies,* dh frühestens im VZ 02 (bei kj-gl Wj). Ab diesem Zeitraum können dann auch Vorabausschüttungen zur KStMinderung führen, sofern sie auf einem den gesellschaftsrechtlichen Vorschriften entsprechenden Gewinnverteilungsbeschluss beruhen. Voraussetzung für eine ordentliche Gewinnausschüttung ist nicht, dass sie für ein abgelaufenes Wj erfolgt (*Frotscher* in F/D § 37 Rz 11a). Für eine in VZ 01 beschlossene und vollzogene Gewinnausschüttung einer Liquidationsgesellschaft, die das im VZ 00 endende Rumpf-Wj betrifft, gilt das Anrechnungsverfahren. Die systemübergreifende Liquidation steht dem nicht entgegen (BFH/NV 09, 1835).

31 Gewinnausschüttungen **erfolgen,** wenn sie bei der ausschüttenden Körperschaft **abfließen.** Der Zeitpunkt des Abflusses ist also maßgeblich für das Auslösen der KStMinderung. Der Vermögensabfluss bei der Gesellschaft muss verwirklicht sein. Eine bloße Passivierung der Ausschüttungsverbindlichkeit führt nicht zum Abfluss (vgl FG Nds EFG 06, 1194; vgl auch FG MeVo 1 K 507/04, nv). Hingegen kommt es nicht darauf an, ob es sich um eine verspätet beschlossene Gewinnaus-

schüttung (Beschluss und Abfluss im Jahr 02 für den Gewinn des Jahres 00) oder eine verspätet abgeflossene Gewinnausschüttung (Beschluss im Jahr 01 für den Gewinn des Jahres 00 und Abfluss im Jahr 02) handelt.

War die erste KSt-mindernde Ausschüttung entspr hoch (dh $^1/_6$ davon), konnte das KStGuthaben bereits bei der ersten Ausschüttung vollständig realisiert werden. 32

Zur Feststellung des Vermögensabflusses ist auf die StBilanz der Gesellschaft abzustellen (BFH BStBl II 91, 255). Es kommt weder auf den Zufluss beim AntE nach § 11 EStG noch auf den Zeitpunkt des Gewinnverwendungsbeschlusses an. Danach ergibt sich ein Vollzug der Ausschüttung bei tatsächlicher Zahlung, mit dem Untergang der Verbindlichkeit durch Aufrechnung, Erlass oder in ähnlicher Weise, bei Umwandlung eines Dividendenanspruchs in eine Darlehensforderung, bei Gutschrift auf einem Verrechnungskonto des Gesellschafters, über das er jederzeit frei verfügen kann. Bei einem beherrschenden Gesellschafter erfolgt die Ausschüttung bereits mit Fälligkeit, dh mit Beschlussfassung, da er es in der Hand hat, die Beträge jederzeit zur Auszahlung zu bringen (BFH BStBl II 99, 223). 33

Gewinnausschüttungen, die nach dem 11.4.03 und vor dem 1.1.06 erfolgen, dh abfließen, lösen keine Realisierung des KStGuthabens aus (Abs 2a Nr 1). 34

Bei Gewinnausschüttungen, die nach dem 31.12.05 erfolgen, dh abfließen, ist die Realisierung des KStGuthabens nicht nur auf einen Betrag iHv $^1/_6$ der Ausschüttung begrenzt. Daneben tritt die Grenze der linearen Verteilung des zuletzt festgestellten KStGuthabens auf die Restlaufzeit des Übergangszeitraums bis 19 bei kj-gl Wj bzw 20 bei abw Wj (Abs 2a Nr 2). 35

Ab 07 ist das System der KStMinderung abgeschafft und ersetzt durch die ratierliche Auszahlung des zum 31.12.06 noch vorhandenen KStGuthabens ab 08. 36

**6. Abs 2 S 3.** In gleichem Maß, wie sich das KStGuthaben mindert, vermindert sich die KStSchuld. Gemindert wird die KSt des **Abflussjahrs.** Wenn die KStMinderung die tarifliche KSt übersteigt, ist der übersteigende Betrag als negative KSt festzusetzen und führt zu einer entsprechenden Erstattung auf der Ebene der Körperschaft. Der Vergütungsbetrag steht der ausschüttenden Körperschaft zu. Er stellt nicht einen Bestandteil der ausgeschütteten Dividende dar. 40

Der Grundsatz des alten Rechts der **Mitverwendung** der KStMinderung gilt nach neuem Recht nicht. Die Erhöhung des handelsrechtl Ergebnisses wirkt sich erst auf das Ausschüttungspotential nachfolgender Jahre aus. Bilanziell sind die Folgen der KStMinderung also anders als im alten Recht im Jahr des Abflusses der Ausschüttung, nicht in dem Jahr, für das ausgeschüttet wird, zu ziehen (BMF DStR 02, 1048 und DB 02, 2513). 41

Die Vermögensmehrung durch die KStMinderung unterliegt selbst nicht der KSt. Eine KStMinderung wird letztmals in dem VZ 06 vorgenommen. Die erstmalige Ermittlung und Feststellung erfolgt auf den 31.12.01 (bei kj-gl Wj) bzw auf den Schluss des abw Wj 01/02. 42

**7. Fortschreibung.** Nach **Abs 2 S 4** wird das nach Abs 1 erstmals ermittelte KStGuthaben auf den Schluss der jeweiligen Folgejahre fortgeschrieben und gesondert **festgestellt.** Die gesonderte Feststellung betrifft aber nicht nur die Folgejahre, sondern auch das erstmalig ermittelte KStGuthaben. Die jeweilige Feststellung ist Grundlagenbescheid für die Feststellung des KStGuthabens auf den Schluss des Folgejahrs. Beides ergibt sich aus der Verweisung auf § 27 II **5.** Dem Feststellungsbescheid kommt nach hM ferner Grundlagenfunktion für den KStBescheid des folgenden Wj, in dem die KStMinderung aufgrund von Ausschüttungen eintritt, zu, da nur das zum Schluss des vorangegangenen Wj festgestellte KStGuthaben realisiert werden könne (vgl *Frotscher* in F/D § 37 Rz 26, mwN). Daher fordert der BFH bei Auskehrung von Liquidationsraten im VZ 01 die Feststellung des KStGuthabens zum 31.12.00, um im KStBescheid für 01 KStMinderung berücksichtigen zu können (BFH BStBl II 08, 312; m Anm *Binnewies* in GmbHR 06, 1110). Der Feststellungsbescheid hat keine Grundlagenfunktion für den KStBe- 46 scheid desselben VZ, dh wenn eine KStMinderung nicht berücksichtigt wurde, ist lediglich der KStBescheid anzufechten. Vorsicht ist geboten, wenn der Bescheid über KStVorauszahlung angefochten wurde. Der KStBescheid wird Gegenstand des Einspruchsverfahrens. Die Feststellung des KStGuthabens muss angefochten werden, da diese nicht Gegenstand des Vorauszahlungsbescheids ist. Die Feststellung des verbleibenden KStGuthabens erfolgt letztmals auf den 31.12.06. Ist bereits vorher das KStGuthaben auf null herabgesunken, ist jeweils ein Null-Betrag bis zum Schluss des Übergangszeitraums festzustellen.

47 Zwar können sich grundsätzlich nur Abgänge aus dem KStGuthaben ergeben. Ausnahmsweise sind jedoch auch Zugänge möglich (zB durch Verschmelzung oder Spaltung nach § 40). Vor diesem Hintergrund ist die Feststellung auch vorzunehmen, wenn eine Körperschaft nach dem Systemwechsel neu gegründet worden ist. Im Fall der Verschmelzung dieser Körperschaft muss auch für sie auf den festgestellten Null-Betrag im KStGuthaben zurückgegriffen werden können. Zur Ausschüttungspolitik vgl *Ott* DStR 06, 113.

51 **8. Moratorium. Abs 2a** wurde zur Stabilisierung des KSt-Aufkommens durch das **StVergAbG** eingefügt. Das StVergAbG hat einerseits ein **zeitliches Moratorium** von fast drei Jahren, in denen eine KStMinderung ausgeschlossen wird, andererseits eine in der Höhe jährlich begrenzte KStMinderung, im Wege der linearen Verteilung auf den Übergangszeitraum, gebracht. Ferner wurde der Übergangszeitraum um drei Jahre verlängert (ausf *Schiffer* GmbHR 03, 673; GmbH-StB 03, 134; *Brodersen/Littan* GmbHR 03, 678; *Semmler* NWB 03, 1909; *Lemaitre* DStR 03, 1476; *Rödder/Schumacher* DStR 03, 805). Das Moratorium ist uE erheblichen verfassungsrechtl Bedenken ausgesetzt (*Streck/Binnewies* DB 03, 1133; *Birk/Desens* DB 03, 1644; aA FG RhPf EFG 05, 1473, bestätigt durch BFH BStBl II 07, 662; dazu *Binnewies* DB 07, 359; GmbHR 07, 209).

52 Nach **Abs 2a Nr 1** war die KStMinderung für Gewinnausschüttungen, die nach dem 11.4.03 und vor dem 1.1.06 erfolgten, auf **Euro 0,–** begrenzt. Das zum Stichtag 31.12.02 noch vorhandene KStGuthaben wurde insoweit für die Jahre 03 bis 05 eingefroren. In dieser Zeit konnte kein KStGuthaben realisiert werden. Dies galt nicht für Ausschüttungen, die nach dem 11.4.03 und vor dem 1.1.06 erfolgten, wenn der Beschluss vor dem 21.11.02 gefasst worden war. Auf diese Gewinnausschüttungen sowie auch Ausschüttungen, die vor dem 12.4.03 erfolgten, dh abgeflossen waren, war Abs 2 anzuwenden (§ 34 XIIIa aF). Der 20.11.02 wurde als Stichtag des **Vertrauensschutzes** gewählt, da an diesem Tag der Kabinettsbeschluss erfolgte. Gleichwohl ist nicht gesichert, ob nicht sämtliche vor dem 12.4.03 beschlossenen Gewinnausschüttungen Vertrauensschutz genießen, da der am 20.11.02 beschlossene Entwurf kein Moratorium der KStMinderung vorsah.

53 **Beispiel:** Die A-GmbH hat zum 31.12.02 ein KStGuthaben iHv Euro 200 000,–. Am 25.4.03 erfolgt eine Gewinnausschüttung iHv Euro 120 000,– für 01. Der Ausschüttungsbeschluss datiert vom 20.11.02. Ferner wird am 25.4.03 eine Ausschüttung iHv Euro 180 000,– für 02, die auf einen Beschluss vom 25.4.03 zurückzuführen ist, ausgezahlt. Da der Beschluss für 01 vor dem 21.11.02 gefasst wurde, kommt § 37 II zur Anwendung. Unerheblich ist, dass der Abfluss erst nach dem 11.4.03 erfolgt. Für 03 ist somit eine KStMinderung iHv $^1/_6$ von Euro 120 000,– = Euro 20 000,– vorzunehmen. Dagegen vermittelt die Gewinnausschüttung für 02 keine KStMinderung, weil die Auszahlung nach dem 11.4.03 erfolgt und der Beschluss nach dem 20.11.02 gefasst wurde. Das KStGuthaben zum 31.12.03 ist daher iHv Euro 180 000,– festzustellen. Dieses KStGuthaben wird aufgrund des Moratoriums bis zum 31.12.05 eingefroren. Es kann allerdings zu Erhöhungen nach Abs 3 kommen.

54 Im Anschluss an das Moratorium wird in 06 die KStMinderung zeitlich auf den Übergangszeitraum **linear** verteilt. Die Regelung des Abs 2, also eine KStMinderung iHv $^1/_6$ der erfolgten ordentlichen Ausschüttungen bis zum Verbrauch des KStGuthabens, bleibt bestehen. Allerdings wird nach **Abs 2a Nr 2** ein **Höchstbetrag** eingeführt, der sicherstellt, dass der Verbrauch des KStGuthabens über den verbleibenden Übergangszeitraum linear verteilt wird. Übersteigt dieser Höchstbe-

trag der KStMinderung die festzusetzende KSt, kommt es zur Erstattung. Diese Regelung war ursprünglich für den gesamten Übergangszeitraum gedacht. Gültig ist sie nur für 06, da Abs 4 bis 7 ab 07 die KStMinderung abschaffen.

**Beispiel 1:** Die A-GmbH mit kj-gl Wj verfügt zum 31.12.02 über ein KStGuthaben iHv Euro 1 400 000,–. Bis zum 20.11.02 wurde in 02 kein Gewinnverwendungsbeschluss gefasst, bis zum 12.4.03 ist ferner auch keine ordentliche Gewinnausschüttung erfolgt. Für ordentliche Gewinnausschüttungen, die in 06 erfolgen, dh abfließen, realisiert sich die KStMinderung iHv höchstens Euro 100 000,– (Übergangszeitraum 14 Jahre, dh $^1/_{14}$ des KStGuthabens), wenn mindestens Euro 600 000,– ausgeschüttet werden. Abweichungen hiervon gibt es nur, wenn das Ausschüttungsvolumen Euro 600 000,– nicht erreicht oder von einer TochterKapGes eine Ausschüttung empfangen wird, die nach Abs 3 KStG die Nachversteuerung auslöst. 55

**Beispiel 2:** Das KStGuthaben der A-GmbH, die ein vom abw Wj hat, soll zum 30.6.05 Euro 210 000,– betragen. Am 15.11.05 wird für das Wj 04/05 eine ordentliche Gewinnausschüttung iHv Euro 100 000,– vorgenommen. Am 20.1.06 erfolgt eine Vorabausschüttung iHv Euro 81 000,– für das Wj 05/06. Für im Wj 05/06 vereinnahmte Dividenden, die die A-GmbH nach § 8b I stfrei vereinnahmt hat, hat die ausschüttende Gesellschaft die von ihr in Anspruch genommene KStMinderung mit Euro 7000,– bescheinigt. Die Ausschüttung für das Wj 04/05 führt zu keiner KStMinderung, weil sie vor dem 1.1.06 erfolgt, dh abgeflossen ist (§ 37 II a Nr 1). Für die Vorabausschüttung im Wj 05/06 würde ohne Höchstbetragbeschränkung die KStMinderung $^1/_6$ von Euro 180 000,– = Euro 30 000,– betragen. Da der Höchstbetrag nach Abs 2a Nr 2 sich auf $^1/_{15}$ von Euro 210 000,– = Euro 14 000,– beläuft, kann lediglich eine KStMinderung iHv Euro 14 000,– erfolgen. Die von der TochterGes in Anspruch genommene KStMinderung führt bei der A-GmbH zur Nachversteuerung nach Abs 3. Zum 30.6.06 ist das KStGuthaben danach auf Euro 203 000,– (Bestand zum 30.6.05 iHv Euro 210 000,–, abzüglich KStMinderung wegen Vorabausschüttung iHv Euro 14 000,–, zuzüglich Nachversteuerung aufgrund stfreier Dividendenvereinnahmung iHv Euro 7000,–) verringert. Für das WJ 06/07 steht eine maximale KStMinderung iHv $^1/_{14}$ von Euro 203 000,– = Euro 14 500,– zur Verfügung. Die Ausschüttung muss allerdings bis zum 31.12.06 erfolgen (vgl Abs 4). Bei der **Umstellung** des vom abw Wj auf ein kj-gl Wj sind die Ergebnisse von zwei Wj einem VZ zu erfassen. Damit kann der Höchstbetrag nach Abs 2a Nr 2 in einem VZ zweifach in Anspruch genommen werden. 56

Die mit dem StVergAbG eingeführten Einschränkungen der Realisierung von KStGuthaben nach Abs 2a gelten nicht in den Fällen der **Umwandlung** einer KapGes in ein Personenunternehmen (§ 10 S 2 UmwStG aF) sowie in den Fällen der **Liquidation** (§ 40 IV S 7 aF). Gleiches gilt in den in § 40 III aF geregelten Umwandlungsfällen, also wenn das Vermögen einer unbeschränkt stpfl Körperschaft durch Gesamtrechtsnachfolge auf eine unbeschränkt stpfl, von der KSt befreite Körperschaft, Personenvereinigung oder Vermögensmasse oder auf eine jur Person des öffentlichen Rechts übergeht. Durch die Nichtanwendung von Abs 2a wird in all diesen Fällen ein endgültiger Verlust von KStGuthaben verhindert. Umstritten ist, ob in diesen Fällen der **fingierten Vollausschüttung** aller Rücklagen es nur dann zu einer vollständigen Realisierung von KStGuthaben kommt, wenn ausreichende Rücklagen vorhanden sind (insbes *Ott* DStR 06, 113; *ders* INF 03, 376; *Förster* DB 03, 92; aA: *Schwedhelm* BB 03, 605; *Schwedhelm/Olbing/Binnewies* GmbHR 02, 1157 mit Hinweis auf BFH BStBl 96 II, 390). In der Beratungspraxis sollte zu einer entsprechenden Einlage vor Umwandlung in das EK der Gesellschaft geraten werden. 57

Die **bis zum 31.12.16** nach Abs 2 iVm § 40 IV aF im Fall der **Liquidation** vorzunehmende Realisierung des KStGuthabens unterliegt erheblichen verfassungsrechlichen Zweifeln. Nach § 40 IV iVm II aF konnte das KStGuthaben bei bis zum 31.12.06 erfolgten Liquidationen lediglich iHv $^1/_6$ der Liquidationsausschüttung realisiert werden. Bei Liquidationen ab dem 1.1.07 gilt auch iRd Liquidation die vollständige Erstattung des KStGuthabens nach Abs 5. Verfassungsrechtliche Zweifel bestehen insoweit, als dass bei Liquidationen bis zum 31.12.06 dann KStGuthaben endgültig verloren gingen, wenn der Betrag von $^1/_6$ der Liquidationsausschüttung nicht ausreichte, um das festgestellte KStGuthaben zu realisieren. Dies gilt jedenfalls in den Fällen, in denen bei einer fingierten Vollausschüttung 58 zum Zeitpunkt des Systemwechsels das KStGuthaben vollständig hätte realisiert werden können (vgl BVerfG GmbHR 10, 368). Unter Anwendung der vom BVerfG aufgestellten Rechtsgrundsätze ist auch in diesen Fällen von einem Verstoß gegen Art 3 GG auszugehen. Nach Auffassung des BVerfG darf den Gesellschaften kein KStGuthaben genommen werden, welches iR einer Vollausschüttung zum Systemwechsel hätte realisiert werden können. Hierzu konnte es jedoch bei Liquidation bis zum 31.12.06 kommen, wenn der Betrag von $^1/_6$ der Liquidationsausschüttung den Betrag des zu diesem Zeitpunkt bestehenden KStGuthabens nicht erreichte. Eine sachliche Rechtfertigung für den endgültigen Verlust von KStGuthaben ist für diese Fälle nicht erkennbar. Dies gilt insb vor dem Hintergrund, dass die weniger leistungsfähigen Gesellschaften gegenüber den leistungsfähigeren Gesellschaften benachteiligt werden. Bei der Liquidation von Gesellschaften mit ausreichendem Vermögen trat der Verlust von KStGuthaben nicht ein. Gesellschaften ohne ausreichendes Vermögen, also potenziell weniger leistungsfähige Gesellschaften, mussten den endgültigen Verlust von KStGuthaben hinnehmen. Dies ist nicht nur eine sachlich nicht gerechtfertigte Ungleichbehandlung, sondern auch ein Verstoß gegen das Leistungsfähigkeitsprinzip (aA BFH BFH/NV 16, 1113; Az BVerfG 2 BvR 1375/16). Beleg für die unzureichende Übergangsregelung für Liquidationen bis zum 31.12.06 ist die ab dem 1.1.07 geltende Regelung des Abs 5. Danach wird das zum Zeitpunkt der Liquidation vorhandene KStGuthaben ratierlich vollständig erstattet, unabhängig vom Umfang des iRd Liquidation ausgekehrten Vermögens. Entgegen der Auffassung des BFH rechtfertigt der gesetzgeberische Gestaltungsspielraum diese Ungleichbehandlung nicht. Auch die ausschüttungsabhängige Realisierung von KStGuthaben unter dem Anrechnungsverfahren rechtfertigt keineswegs die ausschüttungsabhängige Realisierung von KStGuthaben im Übergangszeitraum (so aber der BFH). Unter dem Anrechnungsverfahren erfolgte die Realisierung von KStGuthaben durch Anrechnung bzw Erstattung auf der Ebene der Gesellschafter. Wirtschaftlich war die KSt eine Vorauszahlung auf die Ertragsteuer der Gesellschafter. Vor diesem Hintergrund war es folgerichtig, die Anrechnung bzw Erstattung der KSt an den Ausschüttungsvorgang anzuknüpfen. Insoweit hat beim Wechsel vom Anrechnungs- zum Halbeinkünfteverfahren ein völliger Paradigmenwechsel stattgefunden. Das KStGuthaben wird nicht auf Ebene der Gesellschafter angerechnet bzw erstattet. Vielmehr mindert sich auf Ebene der Gesellschaft die KSt. Daher ist eine inhaltliche Bindung der Realisierung des KStGuthabens an den Ausschüttungsvorgang in keiner Weise folgerichtig oder gar zwingend. Der Zweck der Abhängigkeit vom Ausschüttungsvorgang ist im Übergangszeitraum ein völlig anderer. Die sofortige Realisierung des KStGuthabens im Zeitpunkt des Systemwechsels sei zwar haushaltspolitisch nicht gewollt. Ausschließlich vor dem Hintergrund der zeitlichen Streckung der Realisierung des KStGuthabens wurde diese in Abhängigkeit der Ausschüttungen an die Gesellschafter gestaltet. Dies wird durch die Entwicklung der Übergangsregelungen belegt. Die Notwendigkeit der Privilegierung der Liquidation ist uE aus der Privatautonomie abzuleiten. Die Gesellschafter dürfen vor dem Hintergrund der Realisierung von KStGuthaben in ihrer Entscheidung, die Gesellschaft fortzuführen oder zu beenden, nicht beeinträchtigt werden. Interessant, uE aber nicht überzeugend, ist der Hinweis des erstinstanzlich zuständigen HessFG, wonach auch Gesellschaften, die vor Inkrafttreten von Abs 5 liquidiert worden seien, einen Antrag auf Festsetzung eines KStErstattungsanspruchs iSv Abs 5 stellen können, da dies vom Gesetz nicht ausdrücklich ausgeschlossen sei (HessFG v 12.2.14 4 K 1691/12, nv). Die Entscheidung des BVerfG unter dem Az 2 BvR 1375/16 bleibt abzuwarten. Wir hoffen, dass das BVerfG die Kraft aufbringt, nach der Entscheidung bezüglich der Umgliederungsproblematik aus § 36 KStG (BVerfG GmbHR 10, 368) sich mit den unsäglichen Konsequenzen des Wegfalls von KStGuthaben iZm mit der Überführung des Anrechnungsverfahrens in das Halbeinkünfte-/Teileinkünfteverfahren zu befassen (ausf *Binnewies* GmbHR 16, 715; 14, 1184).

**9. Abs 3 S 1** sieht eine **Nachversteuerung** bei Körperschaften vor, die Gewinnausschüttungen erhalten, die bei der ausschüttenden Körperschaft zu einer Minderung der KSt geführt haben. Von der Nachversteuerung betroffen sind nur die Körperschaften, die selbst Ausschüttungen vornehmen und das KStGuthaben nutzen können. Diese Begrenzung des Anwendungsbereichs wurde durch das UntStGF v 20.12.01 (Rz 7) eingeführt. Nach Auffassung der FinVerw (BayLfSt GmbHR 10, 336) und des FG Köln (EFG 10, 354) kommt es für die Nachversteuerung nicht darauf an, dass die Weitergabe der empfangenen Ausschüttung tatsächlich im Wege der Ausschüttung erfolgt. 62

Bei der empfangenden Körperschaft erhöht sich die KSt um den Minderungsbetrag, wenn die Gewinnausschüttung bei der empfangenden Körperschaft nach § 8b Abs 1 außer Ansatz bleibt. Zugleich erhöht sich entspr das KStGuthaben bei der empfangenden Körperschaft. Nachversteuerung und Erhöhung des KStGuthabens bei der empfangenden Körperschaft sowie KStMinderung bei der ausschüttenden Körperschaft sind in der Höhe identisch ($^{1}/_{6}$ des Ausschüttungsbetrags). Damit wird das Leg-ein-Hol-zurück-Verfahren im Konzern ausgeschlossen. Im Ergebnis wird eine Realisierung des KStGuthabens ohne gleichzeitige Versteuerung der Ausschüttung verhindert. 63

Ist der Empfänger eine **PersGes,** fällt die Nachsteuer nach Auffassung der FinVerw an, soweit an der PersGes eine Körperschaft beteiligt ist (FinVerw BStBl I 03, 575 Tz 37 f). Dem Wortlaut entspricht dies uE nicht. Dieser erfasst den „Erhalt von Bezügen". Darunter ist uE der unmittelbare Erhalt einer Dividende aufgrund des Gewinnverwendungsbeschlusses zu verstehen, nicht aber die mittelbare Zurechnung über § 15 I Nr 2 EStG. Eine § 8b VI vergleichbare Regelung gibt es nicht. Etwas anderes kann allenfalls gelten, wenn es sich um die Beteiligung im Sonderbetriebsvermögen einer an einer Mitunternehmerschaft beteiligten Körperschaft handelt, da hier die Ausschüttung unmittelbar bezogen wird und nicht über das Gesamthandsvermögen nur mittelbar. Ebenso ist eine direkte Zurechnung der Ausschüttung mit der Konsequenz der Nachsteuer zulässig bei einer vermögensverwaltenden PersGes, bei der die Anteile an der TochterGes den Gesellschaftern nach § 39 AO unmittelbar zugerechnet werden. Gleiches gilt im Fall eines Treuhandverhältnisses, wenn der Treugeber eine Körperschaft ist (vgl *Gosch/Bauschatz* § 37 Rz 125). Das FG Hessen (EFG 12, 1187) wendet Abs 3 S 1 bei Vereinnahmung abgetretener Dividendenansprüche an, vgl auch FG Mchn (EFG 13, 1009). 64

Die **Erhöhung der KSt** und des KStGuthabens erfolgt im Übrigen bei der Körperschaft, bei der die Gewinnausschüttung ohne Anwendung von § 8b I zu versteuern wäre. **Abs 3 S 1** stellt auf den Erhalt der Bezüge ab. Die KStErhöhung fällt unabhängig von der Höhe des zu versteuernden Einkommens der empfangenden Körperschaft an. Das gilt selbst für Verlustsituationen der empfangenden Körperschaft. Sofern die empfangende Körperschaft im Übergangszeitraum nicht in der Lage ist, Ausschüttungen zu finanzieren, wird die 40%ige Vorbelastung der empfangenen Ausschüttung nach Ablauf des Übergangszeitraums definitiv. Inwieweit bei der empfangenden Körperschaft im Hinblick auf § 3c I EStG trotz Nachversteuerung von einer stfreien Dividende ausgegangen werden kann, diskutiert *Starke* in FR 02, 613. 65

Heftig umstritten war die Frage, ob die empfangende Körperschaft das zu erhöhende KStGuthaben bei **Weiterausschüttung** in demselben VZ nutzen kann oder Ausschüttungen nur eine KStMinderung iHd zum letzten Stichtag festgestellten KStGuthabens vermitteln können (so *Dötsch* DStR 03, 1997; aA *Kramer* StB 05, 129). Für Ausschüttungen, die nach dem 31.12.05 erfolgen, ist dies in Abs 2a Nr 2 idS gesetzlich geregelt. Für Ausschüttungen, die zwischen dem 1.1.02 und dem 11.4.03 (danach bis 31.12.05 Moratorium) erfolgen vertrat die FinVerw dieselbe Auffassung (BStBl I 03, 575 Tz 40). 66

67 **Beispiel:** Die A-GmbH schüttet am 13.6.02 an die B-GmbH aus. Im September 02 schüttet die B-GmbH an ihre Gesellschafter (natürliche Personen) im Wege der Vorabausschüttung aus. Geht man davon aus, dass bei der B-GmbH zum 31.12.01 kein KStGuthaben bestand, stellt sich die Frage, ob es auf der Ebene der B-GmbH zur KStMinderung kommt aufgrund des Verbrauchs des im Jahr 02 iRd Nachversteuerung nach Abs 3 entstandenen KStGuthabens oder ob es ausschließlich bei der KStErhöhung aufgrund von Abs 3 verbleibt.

68 Eine gesetzl Grundlage für die Auffassung der FinVerw, es bleibe bei der KStErhöhung, da es ein für eine KStMinderung erforderliches festgestelltes KStGuthaben gäbe, gibt es nicht. Weder aus dem Wortlaut noch aus der Systematik des § 37 aF kann dies entnommen werden (ausf *Kramer* DStR 03, 1866, mwN). Dies ergibt sich insbesondere auch aus der Regelung in Abs 2a Nr 2. Folgt man der Auffassung der FinVerw, hätte es einer ausdrücklichen Regelung in Abs 2a Nr 2 nicht bedurft. Vor diesem Hintergrund teilt der BFH die Auffassung der FinVerw nicht (BFH GmbHR 08, 366, mit Anm *Binnewies*). Finanzgerichtliche Entscheidungen widersprechen allesamt der Verw (FG Münster DStRE 07, 1019; FG Hessen EFG 08, 159; FG Nds EFG 08, 230). Die FinVerw hält nicht mehr an ihrer Auffassung fest (vgl OFD Frankfurt aM GmbHR 08, 840).

72 **10. Organschaft.** Nach **Abs 3 S 2** erhöhen sich bei der Ausschüttung an eine OrganGes KSt und KStGuthaben beim OrganT (S 2 1. Alt) bzw aufgrund der ausdrücklichen Regelung bei der an einer PersGes als OrganT beteiligten Körperschaft (S 2 2. Alt). Bei einer GmbH & Co KG sind die Folgerungen bei der Komplementärin zu ziehen.

76 **11.** Nach **Abs 3 S 3** ist die Regelung entsprechend auf den Anteil einer Körperschaft an einem Übernahmegewinn oder -verlust iSv § 4 IV und V UmwStG bei der **Umwandlung** einer Körperschaft in eine PersGes anzuwenden, soweit die übertragende Körperschaft eine KStMinderung gem § 10 UmwStG aF in Anspruch genommen hat (vgl *Schnitger* DStR 03, 768). Die Regelung ist nur anwendbar bei einer Umwandlung einer Körperschaft, die ein KStGuthaben aufweist, in eine PersGes. Nur in diesem Fall wird das KStGuthaben nach § 10 UmwStG aF realisiert. Wird die Körperschaft auf eine andere Körperschaft verschmolzen oder wird sie auf eine andere Körperschaft gespalten, ist ihr KStGuthaben mit dem KStGuthaben der übernehmenden Körperschaft zusammenzurechnen (vgl § 40 aF). Im Ergebnis soll bei all diesen Vorgängen keine endgültige KStMinderung eintreten, solange sich die Ausschüttungsbeträge noch im Bereich des KStRechts befinden und die Ausschüttung beim Empfänger nicht versteuert wird. Sofern eine Körperschaft in eine PersGes umgewandelt wird, an der ausschließlich natürliche Personen beteiligt sind, kommt es zur Realisierung des KStGuthabens. Dies zu Recht, da der Übernahmegewinn dem Halbeinkünfteverfahren unterlag (§ 4 VII UmwStG aF). Sind an der übernehmenden PersGes dagegen Körperschaften beteiligt, ist der Übernahmegewinn nach § 4 VII UmwStG gem § 8b zu 95% stfrei. Daher ist es konsequent, in Abs 3 S 3 eine Nachversteuerung für diesen Fall ebenso wie in S 1 für den Fall des § 8b VII vorzusehen. Dabei ist unter Umwandlung auch der bloße Formwechsel zu verstehen (FG SchlHol DStRE 13, 593, bestätigt durch BFH GmbHR 15, 444, aus verfahrensrechtlichen Gründen jedoch aufgehoben).

80 **12. Abs 3** sieht schließlich in den **S 4 und 5** die Pflicht der leistenden Körperschaft zur Erstellung einer **Bescheinigung** darüber vor, ob und in welcher Höhe die ausschüttende Körperschaft durch die Ausschüttung ein KStGuthaben realisiert hat (zum Bescheinigungsverfahren vgl OFD Magdeburg DStR 05, 921). Adressat der Bescheinigung ist die empfangende Körperschaft. Bei einer Änderung der Realisierung des KStGuthabens müssen entsprechende Änderungsbescheinigungen erstellt werden. Die Bescheinigung ist immer auch dann auszustellen, wenn der Ausschüttungsempfänger eine PersGes ist, da AntE der PersonenGes auch eine Körperschaft sein kann. Ihrer Rechtsnatur nach ist die Bescheinigung ein Beweismittel zur Durch-

führung der Besteuerung auf der Ebene der die Ausschüttung empfangenden Körperschaft. Für die die Ausschüttung empfangende Körperschaft ist die Bescheinigung bzw ihre Änderung eine neue Tatsache bzw ein neues Beweismittel, das die Änderung der StFestsetzung (KStBescheid und Bescheid über die Feststellung des KStGuthabens) nach § 173 AO ermöglicht. § 27 III 2, IV und V gilt entsprechend. Das betrifft insbes den Erlass der Unterschrift (§ 27 III), die Ausstellung durch ein in den Ausschüttungsvorgang eingeschaltetes Kreditinstitut (§ 27 IV) sowie die Haftung des Ausstellers bei unrichtig ausgestellter Steuerbescheinigung (§ 27 V).

**13. Gemeinnützige Körperschaften** sind von der Nachbelastung ausgenommen (Abs 3 S 6). 84

**14.** Die **Nachversteuerung** nach Abs 3 ist systemwidrig. Die KStMinderung auf Ebene der ausschüttenden Gesellschaft hängt systematisch nicht mit der Besteuerung der Ausschüttung beim Empfänger zusammen. Bedeutsam wäre dies am ursprünglich gedachten Ende des Übergangszeitraums geworden. Hätte eine Körperschaft im letzten Jahr des Übergangszeitraums eine Gewinnausschüttung erhalten, auf die Abs 3 anwendbar gewesen wäre, wäre nach dem Wortlaut bei ihr ein KStGuthaben entstanden, das sie durch eine normale Gewinnausschüttung, die erst im folgenden Jahr erfolgen könnte, nicht mehr hätte realisieren können. Darüber hinaus wäre dieses KStGuthaben bei der empfangenden Körperschaft nicht mehr festgestellt worden. Da die Nachversteuerung aus Sicht der Verw mit der Feststellung der entsprechenden Erhöhung des KStGuthabens verbunden war, wäre uE im letzten Jahr des Übergangszeitraums eine Nachversteuerung nicht vorzunehmen gewesen. Ansonsten hätte die die Ausschüttung empfangende Körperschaft nur die Möglichkeit gehabt, das KStGuthaben durch eine ordnungsgemäß beschlossene Vorabausschüttung zu realisieren. Für eine AG ist dies gesellschaftsrechtl nicht zulässig. Die Nachsteuer entsteht in dem VZ, in dem die Gewinnausschüttung der empfangenden Körperschaft zufließt. Durch die ratierliche Auszahlung ab VZ 08 hat sich dieses Problem erledigt. 88

**15. Letztmalige Feststellung und Minderung (Abs 4).** Gem § 37 IV 1 wird das KStGuthaben letztmalig auf den 31.12.06 ermittelt, nicht festgestellt (vgl FG Münster EFG 13, 326; bestätigt durch BFH GmbHR 15, 770). UE gilt dies auch bei vom Kalenderjahr abweichendem Wj 05/06 (*Förster/Felchner* DStR 06, 1725; *Dötsch/Pung* DB 06, 2648). Eine ausschüttungsbedingte Realisierung von KStGuthaben im VZ 06 erfolgt also bei den gesellschaftsrechtlichen Vorschriften entsprechenden (Vorab )Gewinnausschüttungen, die bis zum 1.1.07 erfolgen, dh bei der ausschüttenden Gesellschaft abfließen (Abs 4 S 4). Das JStG 08 hat klargestellt, dass der Abfluss noch am 31.12.06 erfolgen kann (zum Abfluss vgl Rz 33). Dies gilt auch bei abweichendem Wj für Ausschüttungen nach Ablauf des Wj 05/06 bis zum 31.12.06. Der Bildung eines Rumpf-Wj bis zum 31.12.06 bedarf es uE nicht (*Dötsch/Pung* DB 2006, 2648; *Förster/Felchner* DStR 06, 1725). 92

Im Fall von Umwandlungen iSv § 1 I UmwStG findet die letztmalige Ermittlung des KStGuthabens auf den vor dem 31.12.06 liegenden steuerlichen Übertragungsstichtag statt, wenn die Anmeldung der Eintragung ins Handelregister nach dem Tag der Verkündung des SEStEG (12.12.06) erfolgt (Abs 4 S 2) und der steuerliche Übertragungsstichtag vor dem 31.12.06 liegt. Ohne diese Regelung würde zB bei einer rückwirkenden Verschmelzung einer KapGes auf eine Mitunternehmerschaft oder einen Einzelunternehmer eine Schlussermittlung des KStGuthabens zur Festsetzung des ratierlichen Auszahlungsbetrags entfallen, weil die Körperschaft zum 31.12.06 nicht mehr besteht. Der steuerliche Übertragungsstichtag ist auch der Stichtag, an dem die den gesellschaftsrechtlichen Vorschriften entsprechenden (Vorab-)Gewinnausschüttungen erfolgten, dh abgeflossen sein müssen, um noch eine KStMinderung auslösen zu können (Abs 4 S 4). 93

In Liquidationsfällen (Abs 4 S 3), in denen das Vermögen nach dem Tag der Verkündung des SEStEG (12.12.06) und vor dem 31.12.06 ausgekehrt wird, ist für 94 die letztmalige Feststellung des KStGuthabens der Tag der Liquidationsschlussbilanz maßgeblich (Abs 4 S 3). Das JStG 08 hat den „31.12.06" in „1.1.07" geändert, was zutreffend ist. Der Abfluss kann also noch am 31.12.06 erfolgen. Liquidationsraten müssen bis spätestens zum 31.12.06 ausgekehrt sein, um noch eine KStMinderung auslösen zu können. Das JStG 08 stellt dies durch den eingefügten Satz 5 klar auch für Abschlagszahlungen.

95 Das JStG 08 will mit der Einbeziehung „als ausgeschüttet geltende Beträge" in S 4 auch Mehrabführungen einer Organschaft, die ihre Ursache in vororganschaftlicher Zeit haben, sowie Umwandlungsvorgänge klargestellt wissen.

100 **16. Ratierliche Auszahlung (Abs 5).** Die Körperschaft, gegenüber der die Schlussermittlung des KStGuthabens zum 31.12.06 erfolgt, bzw ihr Rechtsnachfolger haben einen Anspruch auf Auszahlung des zuletzt festgestellten KStGuthabens innerhalb eines zehnjährigen Auszahlungszeitraums von 08 bis 17 (Abs 5 S 1). Beträgt der Anspruch nicht mehr als Euro 1000,–, erstattet die Verwaltung in einem Betrag (Abs 5 S 6). Nach Auffassung des FG Nbg ist die Regelung verfassungsgemäß (DStRE 2012, 1192; ebenso FG SchlHol, EFG 13, 153). Zur Erhöhung des Anspruchs um SolZ bzw zur Minderung der Bemessungsgrundlage des SolZ um den Erstattungsanspruch vgl Rz 115.

101 Der Auszahlungsanspruch entsteht mit Ablauf des 31.12.06 bzw mit Ablauf des früher liegenden Übertragungsstichtags im Fall der Umwandlung (Abs 5 S 2). Dies bedeutet, dass der Anspruch auf Auszahlung abgezinst in der Bilanz zum 31.12.06 aktiviert werden kann. In Organschaftsfällen ist der Anspruch bei der OrganGes zu erfassen (zur bilanziellen Behandlung vgl BMF BStBl I 08, 280; *Ortmann-Babel/Balik* BB 07, 73).

102 Der Auszahlungsanspruch wird für den gesamten Auszahlungszeitraum festgesetzt (Abs 5 S 3). Der Festsetzungsbescheid über den Auszahlungsanspruch ist uE nicht Folgebescheid zum Bescheid über die letztmalige Feststellung des KStGuthabens zum 31.12.06, da eine entsprechende Anordnung im Gesetz nicht vorgesehen ist.

103 Die erste Rate wird innerhalb eines Monats nach Bekanntgabe des Festsetzungsbescheids ausgezahlt frühestens am 30.9.08, die Auszahlung der weiteren neun Raten erfolgt jeweils zum 30.9. der Folgejahre (Abs 5 S 4 u 5). Die erste Rate wird frühestens in 08 ausgezahlt. Hintergrund ist wohl der Gedanke, dass im Fall der ausschüttungsbedingten Realisierung des KStGuthabens nach altem Recht der im VZ 07 erwirtschaftete Gewinn regelmäßig im VZ 08 ausgezahlt worden wäre. Unter Berücksichtigung von Vorabgewinnausschüttungen ist dieser Gedanke im Ergebnis nicht zutreffend. „Schleichend" führt der Steuergesetzgeber wiederum ein nicht zu rechtfertigendes einjähriges KStMoratorium ein. Darüber hinaus untersagt das Gesetz ausdrücklich eine Verzinsung (Abs 5 S 7). Das JStG 2008 hat auch für die erste Rate in 08 den Regeltermin der Auszahlung auf den 30.9. festgelegt. Ist der Bescheid erst nach dem 31.8.08 bekannt gegeben, wird innerhalb eines Monats nach Bekanntgabe ausgezahlt (Abs 5 S 5).

104 Abs 5 S 8 u 9 regeln verfahrensrechtliche Fragen. Die Festsetzungsfrist ist hinausgeschoben bis 2017. Ein Bescheid über die Festsetzung des KStGuthabens ist zu erlassen, aufzuheben oder zu ändern, wenn sich zB iRd Bp die Grundlage für die Ermittlung des KStGuthabens ändert. Die Kette der Feststellungen des KStGuthabens nach § 36 VII, § 37 IV ist für die Festsetzung des Anspruchs bindend, obgleich formal keine durchgängige Grundlagen-Folgebescheid-Funktion vorliegt (vgl FG Münster EFG 13, 326; bestätigt durch BFH GmbHR 15, 770; ausf *Binnewies* GmbHR 14, 1184).

105 Mangels anderweitiger Regelungen ist der Anspruch unter den Voraussetzungen des § 46 AO abtretbar (ausf *Sedemund/Schreiber* DB 09, 697). Das JStG 2008 hat dies durch Abs 5 S 9 klargestellt und darüber hinaus § 46 IV für nicht anwendbar erklärt (nach Auffassung der OFD Hannover GmbHR 08, 280, nur mit Wirkung

ab VZ 08). Der Anspruch kann auch verpfändet werden. Abtretung und Verpfändung unterliegen nicht der Beschränkung auf Sicherungsabtretungen. Er kann sowohl im Wege der Gesamtrechtsnachfolge als auch im Wege der Einzelrechtsnachfolge übertragen werden. Ein Beispiel der Gesamtrechtsnachfolge ist die Verschmelzung oder Spaltung, aber auch die Umwandlung einer Körperschaft auf eine PersGes. Diese führt gem § 10 UmwStG nicht mehr zur sofortigen Realisierung des KStGuthabens. Vielmehr gehen die noch offenen Auszahlungsraten auf die PersGes über. IRd Liquidation kommt es ebenfalls nicht zur sofortigen Realisierung von KStGuthaben. Dies bedeutet, dass einer der Gläubiger den Anspruch auf Auszahlung der noch offenen Raten übernehmen muss, da anderenfalls die Ges bis 17 nicht aus dem Register gelöscht werden kann, da ihr noch ein Vermögenswert zusteht (nach FG SchlHol EFG 13, 153 verfassungsgemäß).

Die Verw lässt eine Verrechnungsstundung mit dem Erstattungsanspruch nicht **106** zu. UE sollte ein Anspruch auf Verrechnungsstundung im Hinblick auf die nächst fällige Rate mindestens 3 Monate vorher bestehen. Bei diesem Korridor ist eine zeitnahe Fälligkeit des Anspruchs gegeben.

Der Anspruch steht der Insolvenzmasse zu im **Insolvenzfall.** Auch diesbezüglich gilt die ratierliche Auszahlung. Ein frühzeitiger Abschluss gelingt daher nur, wenn der Anspruch an einen Gläubiger abgetreten werden kann (vgl Rz 105). Bei Insolvenzen nach dem 31.12.06 ist der Anspruch vor Eintritt der Insolvenz entstanden und kann mit Insolvenzforderungen seitens der Verw aufgerechnet werden. Bei Eröffnung des Insolvenzverfahrens vor dem 31.12.06, also vor Entstehung des Erstattungsanspruchs, stellt diese Masseforderung dar, gegen den das FA nicht mit früheren Steuerschulden aufrechnen kann (BStBl II 11, 822; BFH/NV 11, 1298; ausf *Gundlach/Rautmann* DStR 11, 1404; *Hubertus/Fürwentsches* DStR 10, 2382).

Im Fall der **Liquidation vor dem 31.12.16** mit der Konsequenz, dass **107** KStGuthaben entfällt, wenn die Ausschüttungsmasse nicht hoch genug ist (vgl § 40 Abs 4 iVm Abs 2, ausf Rz 58), schlägt das HessFG vor, den **zeitlichen Anwendungsrahmen** von Abs 5 zu erweitern. Nach HessFG können auch Gesellschaften, die vor Inkrafttreten von Abs 5 liquidiert worden sind, einen Antrag auf Festsetzung eines KStErstattungsanspruchs iSv Abs 5 stellen, da dies vom Gesetz nicht ausdrücklich ausgeschlossen ist (HessFG v 12.2.14 4 K 1691/12, nv).

**17. Änderungen** (**Abs 6**). Abs 6 regelt den Fall der Änderung der Festsetzung **110** des Auszahlungsanspruchs. Bleibt ein Rest, wird dieser auf die restlichen Fälligkeitszeitpunkte linear aufgeteilt. Nach S 2 wird ein Betrag bis zu € 1000,– in einer Summe ausgezahlt. Wird zuviel KStGuthaben ausgezahlt, hat die Gesellschaft die Überzahlung innerhalb eines Monats zurückzuzahlen.

**18. Steuerliche Behandlung (Abs 7).** Das Gesetz regelt in Abs 7 S 1, dass **115** sowohl die Erfüllung des Auszahlungsanspruchs als auch etwaige Rückzahlungen aufgrund von Überzahlungen nicht zu den Einkünften der Gesellschaft rechnen. Diese Regelung ist erforderlich, da die Systematik der KStMinderung verlassen wird. Problematisch ist im Vergleich zum alten System, dass die Steuerfreiheit nicht realisiert werden kann, wenn ein Rechtsnachfolger eintritt, der nicht Körperschaft ist (vgl BMF v 14.1.08, BStBl I 08, 280). Problematisch ist auch die steuerliche Behandlung bilanzieller Zinseffekte aus Auf- und Abzinsung der Forderung (ausf *Grube/Chuchra* BB 07, 1479). Nach BMF (BStBl I 08, 280) und BFH (BFH/NV 08, 1771) führen Abwertungen des Anspruchs nicht zur Gewinnminderung. Jegliche Wertberichtigungen sind danach zu neutralisieren.

Verfassungsrechtlich zweifelhaft ist, dass mit dem Systemwechsel von der **116** KStMinderung zur Erstattung ein echter Nachteil eintritt im Hinblick auf den Solidaritätszuschlag (ausf *Heinstein* DStR 08, 381).

**Beispiel:** Die A-GmbH wird zur Zahlung von Euro 1 Mio KSt zzgl SolZ veranlagt. Auf- **117** grund der ausschüttungsbedingten Realisierung von KStGuthaben nach altem Recht mindert sich die KSt iHv Euro 1 Mio. Konsequenz ist, dass KSt nicht anfällt und damit auch die Bemessungsgrundlage für den SolZ entfällt. Eine zum 30.9. des Jahres fällige Rückzahlung iHv Euro 1 Mio aufgrund von Abs 5 beseitigt die Belastung mit SolZ nicht mehr.

Da das KStGuthaben ua zu Zeiten der Geltung des SolZ „angespart" wurde und die Realisierung des KStGuthabens im Wege der KStMinderung bis VZ 06 die Bemessungsgrundlage für den SolZ minderte, ist es willkürlich und verstößt gegen Art 3 GG, wenn der Gesetzgeber ab VZ 07 zur ratierlichen Erstattung übergeht, ohne eine Auswirkung auf den SolZ vorzusehen. Einen sachlichen Grund hierfür gibt es nicht. Insbes zwingt die Umstellung von der KStMinderung auf die vereinfachte ratierliche Erstattung nicht zur Nichtberücksichtigung einer Auswirkung auf den SolZ. Einmal mehr wird das KStGuthaben zu Fiskalzwecken missbraucht. Der BFH hat diese Frage dem BVerfG vorgelegt (BFH DStR 11, 2287; Az BVerfG 2 BvL 12/11). **Verfahrensrechtlich** sollte sowohl beim Finanzamt ein Antrag auf Festsetzung eines Erstattungsanspruchs iHv 5,5% des gem Abs 4 festgesetzten Erstattungsanspruchs gestellt werden als auch der jährliche KStBescheid im Erstattungszeitraum (bis VZ 17) angefochten werden mit dem Begehren, bei der Berechnung des SolZ eine Minderung der Bemessungsgrundlage iHd jährlichen Erstattungsanspruchs zu berücksichtigen. Beide Wege sind denkbar zur Beseitigung der Verfassungswidrigkeit, sollte sie vom BVerfG bestätigt und der Gesetzgeber einmal mehr zur Neuregelung aufgefordert werden (vgl BFH DStR 11, 2287, Az BVerfG 2 BvL 12/11; OFD Nds DStR 10, 2578). Die Anfechtung des Bescheids über die Festsetzung des Erstattungsanspruch gem Abs 5 genügt nicht (FG Köln EFG 10, 1357).

118 Bemerkenswert ist Abs 7 S 2. Die Auszahlung ist aus dem KStAufkommen zu finanzieren. Der Sinn dieses Satzes erschließt sich nicht. Die Erfüllung des verbindlichen Anspruchs aus Abs 5 kann wohl kaum vom KStAufkommen abhängig gemacht werden. Dieses unsinnige Ansinnen halten wir für verfassungswidrig (Art 14 GG). Abs 7 S 2 ist Beleg für die uE verfassungswidrige Behandlung des KStGuthabens seit dem Systemwechsel (vgl *Streck/Binnewies* DB 07, 359), die aufgrund der durch BVerfG BFH/NV 10, 803 durch JStG 2010 ins Gesetz aufgenommenen Änderungen (§ 36 III und VIa, § 37 I) nur teilweise beseitigt worden (vgl § 36 Rz 5 u 50).

## § 38 Körperschaftsteuererhöhung

(1) [1]**Ein positiver Endbetrag im Sinne des § 36 Abs. 7 aus dem Teilbetrag im Sinne des § 30 Abs. 2 Nr. 2 in der Fassung des Artikels 4 des Gesetzes vom 14. Juli 2000 (BGBl. I S. 1034) ist auch zum Schluss der folgenden Wirtschaftsjahre fortzuschreiben und gesondert festzustellen. [2]§ 27 Abs. 2 gilt entsprechend. [3]Der Betrag verringert sich jeweils, soweit er als für Leistungen verwendet gilt. [4]Er gilt als für Leistungen verwendet, soweit die Summe der Leistungen, die die Gesellschaft im Wirtschaftsjahr erbracht hat, den um den Bestand des Satzes 1 verminderten ausschüttbaren Gewinn (§ 27) übersteigt. [5]Maßgeblich sind die Bestände zum Schluss des vorangegangenen Wirtschaftsjahrs. [6]Die Rückzahlung von Geschäftsguthaben an ausscheidende Mitglieder von Genossenschaften stellt, soweit es sich dabei nicht um Nennkapital im Sinne des § 28 Abs. 2 Satz 2 handelt, keine Leistung im Sinne der Sätze 3 und 4 dar. [7]Satz 6 gilt nicht, soweit der unbelastete Teilbetrag im Sinne des Satzes 1 nach § 40 Abs. 1 oder Abs. 2 infolge der Umwandlung einer Körperschaft, die nicht Genossenschaft im Sinne des § 34 Absatz 13 ist, übergegangen ist.**

(2) [1]**Die Körperschaftsteuer des Veranlagungszeitraums, in dem das Wirtschaftsjahr endet, in dem die Leistungen erfolgen, erhöht sich um $^{3}/_{7}$ des Betrags der Leistungen, für die ein Teilbetrag aus dem Endbetrag im Sinne des Absatzes 1 als verwendet gilt. [2]Die Körperschaftsteuererhöhung mindert**

**den Endbetrag im Sinne des Absatzes 1 bis zu dessen Verbrauch. [3]Satz 1 ist letztmals für den Veranlagungszeitraum anzuwenden, in dem das 18. Wirtschaftsjahr endet, das auf das Wirtschaftsjahr folgt, auf dessen Schluss nach § 37 Abs. 1 Körperschaftsteuerguthaben ermittelt werden.**

(3) **[1]Die Körperschaftsteuer wird nicht erhöht, soweit eine von der Körperschaftsteuer befreite Körperschaft Leistungen an einen unbeschränkt steuerpflichtigen, von der Körperschaftsteuer befreiten Anteilseigner oder an eine juristische Person des öffentlichen Rechts vornimmt. [2]Der Anteilseigner ist verpflichtet, der ausschüttenden Körperschaft seine Befreiung durch eine Bescheinigung des Finanzamts nachzuweisen, es sei denn, er ist eine juristische Person des öffentlichen Rechts. [3]Das gilt nicht, soweit die Leistung auf Anteile entfällt, die in einem wirtschaftlichen Geschäftsbetrieb gehalten werden, für den die Befreiung von der Körperschaftsteuer ausgeschlossen ist, oder in einem nicht von der Körperschaftsteuer befreiten Betrieb gewerblicher Art.**

(4) **[1]Der Endbetrag nach Absatz 1 wird letztmalig auf den 31. Dezember 2006 ermittelt und festgestellt. [2]Wird das Vermögen einer Körperschaft oder Personenvereinigung im Rahmen einer Liquidation im Sinne des § 11 nach dem 31. Dezember 2006 verteilt, wird der Endbetrag im Sinne des Satzes 1 letztmalig auf den Schluss des letzten vor dem 1. Januar 2007 endenden Besteuerungszeitraums festgestellt. [3]Bei über den 31. Dezember 2006 hinaus fortdauernden Liquidationen endet der Besteuerungszeitraum nach § 11 auf Antrag der Körperschaft oder Personenvereinigung mit Ablauf des 31. Dezember 2006. [4]Die Absätze 1 bis 3 sind letztmals auf Leistungen anzuwenden, die vor dem 1. Januar 2007 oder dem nach Satz 2 maßgebenden Zeitpunkt erfolgt sind.**

(5) **[1]Der Körperschaftsteuererhöhungsbetrag beträgt $^{3}/_{100}$ des nach Absatz 4 Satz 1 festgestellten Endbetrags. [2]Er ist begrenzt auf den Betrag, der sich nach den Absätzen 1 bis 3 als Körperschaftsteuererhöhung ergeben würde, wenn die Körperschaft oder Personenvereinigung ihr am 31. Dezember 2006 oder an dem nach Absatz 4 Satz 2 maßgebenden Zeitpunkt bestehendes Eigenkapital laut Steuerbilanz für eine Ausschüttung verwenden würde. [3]Ein Körperschaftsteuererhöhungsbetrag ist nur festzusetzen, wenn er 1000 Euro übersteigt.**

(6) **[1]Die Körperschaft oder deren Rechtsnachfolger hat den sich nach Absatz 5 ergebenden Körperschaftsteuererhöhungsbetrag innerhalb eines Zeitraums von 2008 bis 2017 in zehn gleichen Jahresbeträgen zu entrichten (Zahlungszeitraum). [2]Satz 1 gilt nicht für Körperschaften oder Personenvereinigungen, die sich am 31. Dezember 2006 bereits in Liquidation befanden. [3]Der Anspruch entsteht am 1. Januar 2007. [4]Der Körperschaftsteuererhöhungsbetrag wird für den gesamten Zahlungszeitraum festgesetzt. [5]Der Jahresbetrag ist jeweils am 30. September fällig. [6]Für das Jahr der Bekanntgabe des Bescheids und die vorangegangenen Jahre ist der Jahresbetrag innerhalb eines Monats nach Bekanntgabe des Bescheids fällig, wenn die Bekanntgabe des Bescheids nach dem 31. August 2008 erfolgt. [7]In den Fällen des Satzes 2 ist der gesamte Anspruch innerhalb eines Monats nach Bekanntgabe des Bescheids fällig. [8]Der Anspruch ist nicht verzinslich. [9]Die Festsetzungsfrist für die Festsetzung des Körperschaftsteuererhöhungsbetrags läuft nicht vor Ablauf des Jahres ab, in dem der letzte Jahresbetrag fällig geworden ist.**

(7) **[1]Auf Antrag kann die Körperschaft oder deren Rechtsnachfolger abweichend von Absatz 6 Satz 1 den Körperschaftsteuererhöhungsbetrag in einer Summe entrichten. [2]Der Antrag kann letztmals zum 30. September 2015 gestellt werden. [3]Anstelle des jeweiligen Jahresbetrags ist zu dem Zahlungs-**

**termin, der auf den Zeitpunkt der Antragstellung folgt, der zu diesem Termin nach Absatz 6 Satz 4 fällige Jahresbetrag zuzüglich der noch nicht fälligen Jahresbeträge abgezinst mit einem Zinssatz von 5,5 Prozent zu entrichten. [4]Mit der Zahlung erlischt der gesamte Anspruch. [5]Die Sätze 3 und 4 sind in den Fällen des Absatzes 6 Satz 7, des Absatzes 8 und des Absatzes 9 Satz 1 und 2 von Amts wegen anzuwenden.**

(8) **Bei Liquidationen, die nach dem 31. Dezember 2006 beginnen, werden alle entstandenen und festgesetzten Körperschaftsteuererhöhungsbeträge an dem 30. September fällig, der auf den Zeitpunkt der Erstellung der Liquidationseröffnungsbilanz folgt.**

(9) **[1]Geht das Vermögen einer unbeschränkt steuerpflichtigen Körperschaft oder Personenvereinigung durch einen der in § 1 Abs. 1 Nr. 1 des Umwandlungssteuergesetzes vom 7. Dezember 2006 (BGBl. I S. 2782, 2791) in der jeweils geltenden Fassung genannten Vorgänge ganz oder teilweise auf eine nicht unbeschränkt steuerpflichtige Körperschaft oder Personenvereinigung über oder verlegt eine unbeschränkt steuerpflichtige Körperschaft oder Personenvereinigung ihren Sitz oder Ort der Geschäftsleitung und endet dadurch ihre unbeschränkte Steuerpflicht, werden alle entstandenen und festgesetzten Körperschaftsteuererhöhungsbeträge an dem 30. September fällig, der auf den Zeitpunkt des Vermögensübergangs oder des Wegzugs folgt. [2]Ist eine Festsetzung nach Absatz 6 noch nicht erfolgt, ist der gesamte Anspruch innerhalb eines Monats nach Bekanntgabe des Bescheids fällig. [3]Satz 1 gilt nicht, wenn der übernehmende Rechtsträger in einem anderen Mitgliedstaat der Europäischen Union unbeschränkt steuerpflichtig ist oder die Körperschaft oder Personenvereinigung in den Fällen des Wegzugs in einem anderen Mitgliedstaat der Europäischen Union unbeschränkt steuerpflichtig wird.**

(10) **§ 37 Abs. 6 und 7 gilt entsprechend.**

***Abs 1 S 7 Verweis „§ 34 Abs. 13d" durch „§ 34 Absatz 13" ersetzt durch das G v 25.7.14.***

***Gesetzesfassungen vor 2014 s 8. Aufl.***

*Körperschaftsteuerrichtlinien:* KStH 38

**Übersicht**

**Schrifttum:** *Kussmaul/Richter/Meyering,* Probleme bei der Ermittlung der Körperschaftsteuererhöhung im Rahmen von § 38 Abs 2 KStG ($EK_{02}$), DB 04, 1907; *dies* Verwendung des steuerlichen Einlagekontos bei Körperschaftsteuererhöhung ($EK_{02}$): Existenz einer Gesetzeslücke!?, DB 05, 685; vgl ferner § 36 und § 37; *Häuselmann,* Referentenentwurf zum Jahressteuergesetz 2008, BB 07, 1533; *Balik/Zäller,* Etappensieg gegen Körperschaftsteuererhöhung nach § 38 Abs 5 KStG, DStR 12, 738.

**1. Allgemeines.** Ebenso wie § 37 ist auch § 38 eine Anschlussnorm an die Feststellung der Endbestände des vEK nach § 36. § 38 hat die Behandlung des nach § 36 VII festgestellten Bestands an $\mathbf{EK_{02}}$ im Übergangszeitraum zum Regelungsgegenstand. Formell wird die im Anschluss an die Feststellung nach § 36 VII vorzunehmende Weiterentwicklung des Bestands an $EK_{02}$ geregelt. Materiell wird bis VZ 06 die KStErhöhung im Fall der Finanzierung einer Ausschüttung aus dem $EK_{02}$ festgeschrieben (zur KStErhöhung kann es darüber hinaus bis VZ 06 in Fällen der §§ 10, 14 und 16 UmwStG aF kommen). Ferner wird die Verwendungsreihenfolge für die bis VZ 06 existierenden Teilbeträge des vEK für die Finanzierung einer Ausschüttung festgelegt. Die Abschaffung der KStMinderung und Einführung der ratierlichen Auszahlung des zum 31.12.06 noch vorhandenen KStGuthabens durch das SEStEG (BGBl I 06, 2782; BStBl I 07, 4) hat auf die KStErhöhung aufgrund der Nachversteuerung des alten $EK_{02}$ keinen Einfluss. Mit dem JStG 08 wurde dann jedoch entsprechend der ratierlichen Erstattung des KStGuthabens die ratierliche Nachversteuerung des $EK_{02}$ eingeführt (Abs 4 bis 10). Ab VZ 07 führen Ausschüttungen daher weder zur KStErhöhung noch zur KStMinderung. Die (Zwangs-)Nachversteuerung findet iHv 3% des zum 31.12.06 letztmals festgestellten $EK_{02}$, verteilt über 10 Raten bis zum 30.9.2017 statt. § 34 XVI sieht für bestimmte Körperschaften die Option zur Weiterführung des alten Rechts vor. 1

**2. Geltungszeit.** § 38 wurde eingefügt durch das StSenkG v 23.10.00 (BGBl I 00, 1433; BStBl I 00, 1521), geändert durch das UntStFG v 20.12.01 (BGBl I 01, 3858; BStBl I 02, 35) und das StBAG v 23.7.02 (BGBl I 02, 2715; BStBl I 02, 714) sowie das StVergAbG v 16.5.03 (BGBl I 03, 660). Zu einer KStErhöhung nach § 38 kann es bereits im VZ 01 kommen, sofern es sich um Ausschüttungen handelt, für die das AnrV nicht mehr gilt (vgl *Dötsch* in D/P/M § 38 Rz 28). In 01 (bei abw Wj, Wj 01/02) sind davon die anderen Ausschüttungen, insbes vGa, Vorabgewinnausschüttungen sowie sonstige Leistungen betroffen. Letztmalig ist eine KStErhöhung aufgrund der Verwendung von $EK_{02}$ zur Finanzierung von Ausschüttungen im VZ 06 vorzunehmen. Die rückwirkenden Änderungen durch das UntStFG und das StBAG brachten redaktionelle Überarbeitungen sowie die Klarstellung, dass sich die KSt des Jahres erhöht, in dem die Ausschüttung erfolgt (Abs 2). Das StVergAbG verlängerte den Anwendungszeitraum. Das JStG 07 v 13.12.06 (BGBl I 06, 2878; BStBl I 07, 28) hat mit Abs 1 S 6 und 7 eine Ergänzung für Genossenschaften gebracht. Die Änderung ist auf alle zum Zeitpunkt der Einführung noch offenen Fälle anwendbar, wenn die Genossenschaft zum Zeitpunkt des Systemwechsels bereits bestand. Das JStG 08 v 20.12.07 (BGBl I 07, 3150; BStBl I 08, 218) hat Abs 4 bis 10 angefügt. Mit Wirkung ab VZ 07 ist die ausschüttungsbedingte Nachversteuerung des $EK_{02}$ beseitigt und ersetzt durch eine anteilige ratierliche (Zwangs-)Nachversteuerung. Ausschüttungen, die nach dem 31.12.06 abfließen, können keine Nachversteuerung des letztmals zum 31.12.06 festgestellten $EK_{02}$ mehr auslösen (Abs 4). Die ratierliche Zwangsnachversteuerung setzt erstmals zum 30.9.08 (10 Raten bis 30.9.17) ein. § 34 XVI sieht für bestimmte Körperschaften die Option zur weiteren Anwendung des § 38 I bis III vor (vgl BayLfSt DStR 09, 1264). Der Antrag muss bis zum 30.9.08 gestellt sein. Das JStG 2010 v 8.12.10 (BGBl I 10, 1768; BStBl I 10, 1394) hat in Abs 7 eine redaktionelle Anpassung gebracht. Wird ein Antrag nicht gestellt, unterliegen gemeinnützige Gesellschaften der Nachversteuerung (vgl FG SchlHol EFG 13, 548). 5

9 **3. Fortführung $EK_{02}$.** Nach **Abs 1 S 1** ist ein **positiver Endbetrag des Teilbetrags $EK_{02}$** erstmals zum Ende des Wj 01 bzw des abw Wj 01/02 fortzuschreiben und gesondert festzustellen. Ausgangspunkt für die Fortschreibung und Feststellung ist die Feststellung des Endbetrags von $EK_{02}$ nach § 36 VII. Die gesonderte Feststellung ist Grundlagenbescheid für die Fortschreibung und gesonderte Feststellung des Endbetrags auf den Schluss des folgenden Wj (Abs 2 S 2 iVm § 27 II). Eine Fortschreibung erfolgt nur, wenn der nach § 36 VII festgestellte Endbetrag positiv ist. Ein festgestellter negativer Endbetrag hat keine Bindungswirkung.

10 **Änderungen** gegenüber der erstmaligen Feststellung können bereits im Wj 01 eintreten. Die KStErhöhung tritt ein Jahr früher ein als die KStMinderung nach § 37. Der nach § 36 VII festgestellte Betrag verringert sich um den Betrag, der für Ausschüttungen als verwendet gilt. Das Gesetz enthält keine Regelung darüber, wie lange die gesonderte Feststellung der fortgeführten Beträge des $EK_{02}$ vorzunehmen ist. Fraglich ist daher, ob die Feststellung nicht mehr zu treffen ist, wenn das $EK_{02}$ leer geschüttet ist. Die hM geht davon aus, dass die Feststellung bis zur letztmaligen Feststellung vorzunehmen ist, ggf ein Null Betrag festzustellen ist. Die Feststellung des Null Betrags im Übergangszeitraum bis 31.12.06 macht für den Fall der Spaltung oder Verschmelzung Sinn, wenn es zur Zusammenrechnung der Beträge kommt (*Wening* in Blümich § 38 Rz 9; *Frotscher* in F/D § 38 Rz 9; *Dötsch* in D/P/M § 38 Rz 5). Die Feststellung erfolgt auch, wenn sich im laufenden VZ keine Änderung ergeben hat. Die Feststellung erfolgt letztmalig zum 31.12.06 (Abs 4), da für den zum 31.12.06 festgestellten Betrag mit dem JStG 2008 die anteilige ratierliche (Zwangs-)Nachversteuerung eingeführt wurde.

11 Wenn der bei der Schlussgliederung gem § 36 VII festgestellte Bestand an $EK_{02}$ **negativ** ist, wird dieser nicht fortgeführt. Er saldiert sich innerhalb des sog neutralen Vermögens. Gleiches gilt für den bei der letztmaligen Feststellung noch verbleibenden positiven Bestand an $EK_{02}$. Nach Ablauf des VZ 06 führt dessen Ausschüttung daher nicht mehr zu einer KStErhöhung. Um der KStErhöhung zu entgehen, galt es daher, Ausschüttungen, die sich aus dem Bestand an $EK_{02}$ finanzieren würden, bis VZ 06 zu vermeiden. Bis VZ 06 ist es die Regel, dass sich der Teilbetrag an $EK_{02}$ durch Abgänge infolge von Ausschüttungen verringert. Ein Zugang zu diesem Bestand ist nur in den Ausnahmefällen der Verschmelzung oder Spaltung nach § 40 bis VZ 06 denkbar.

15 **4. Fortschreibung $EK_{02}$. Abs 1 S 2** verweist auf § 27 II. Der Verweis betrifft die Pflicht zur Abgabe von **Erklärungen** zur gesonderten Feststellung sowie die **Grundlagenfunktion** des Feststellungsbescheids für die gesonderte Feststellung zum jeweils nächsten Feststellungszeitpunkt. Ausgenommen ist die letzte gesonderte Feststellung, da diese keinen Folgezeitpunkt hat. Darüber hinaus hat die gesonderte Feststellung des Bestands an $EK_{02}$ Grundlagenfunktion für den KStBescheid des VZ, in dem das jeweils folgende Wj endet, soweit in diesem KStBescheid eine Erhöhung nach Abs 2 vorzunehmen ist. Die wesentliche Funktion der gesonderten Feststellung des $EK_{02}$-Bestands ist die Feststellung der vorzunehmenden KStErhöhung. Obwohl es dem Gesetz nicht ausdrücklich zu entnehmen ist, muss daher davon ausgegangen werden, dass der Feststellungsbescheid auch insofern Grundlagenfunktion hat. Aus Beratersicht sollte gleichwohl neben dem Feststellungsbescheid der KStBescheid angefochten werden. Keine Grundlagenfunktion besteht uE für den KStBescheid desselben Jahres. Ist der KStBescheid bestandskräftig, kann in demselben Jahr eine Änderung im Feststellungsbescheid nicht in den KStBescheid (erhöhend) aufgenommen werden. Eine zu Unrecht vorgenommene KStErhöhung ist daher immer im KStBescheid anzufechten. Sicherheitshalber sollte auch der Feststellungsbescheid mit angefochten werden. Die in der ursprünglichen Fassung vorgesehene weitergehende Verweisung auf § 27 II bis V war von Beginn an gegenstandslos, da eine Pflicht zur Erstellung einer Bescheinigung iRv § 38 keinen Sinn macht.

19 **5. Verbrauch $EK_{02}$.** In **Abs 1 S 3** wird bestimmt, dass sich der Bestand an $EK_{02}$ **verringert,** soweit er als für „Leistungen“ verwendet gilt. Diese Definition der Minderung des $EK_{02}$ Bestands ist nicht vollständig. In der ursprünglichen Fassung war anstelle von „Leistungen“ „Ausschüttungen“ vorgesehen. Die Erweiterung erfolgte zu Recht. Zusätzlich zu dem als für die Ausschüttung verwendet geltenden Betrag kommt der darauf entfallende KStErhöhungsbetrag nach Abs 2 S 2. Erst aus der Summe dieser Beträge ergibt sich die gesamte Verminderung des $EK_{02}$ Betrags.

20 Die Festlegung des „für Leistungen verwendeten Betrags“ in Abs 1 S 3 und 4 hat nicht nur Bedeutung für die Verringerung des $EK_{02}$-Bestands, sondern auch für die Bestimmung der Bemessungsgrundlage für die KStErhöhung nach Abs 2. „Leistungen“ iSv Abs 1 sind identisch mit denen iSv Abs 2. Nur der Betrag, der zur Verringerung des Bestands an $EK_{02}$ führt, kann auch der Nachversteuerung unterliegen. Die Vereinheitlichung der Terminologie durch das UntStFG v 20.12.01 (Rz 5) dient daher lediglich der Klarstellung. Die Auslegung des Begriffs „Ausschüttung“ der ursprünglichen Fassung war umstritten. Unstreitig erfasst wurden ordentliche Gewinnausschüttungen für zurückliegende Wj, Vorabausschüttungen vor Ablauf eines Wj, vGa. Streitig war dies hingegen bezüglich der sonstigen Leistungen, insbesondere der Ausschüttung anlässlich einer Liquidation oder KapHerabsetzung, Ausgleichszahlungen an außenstehende Gesellschaft einer OrganGes, Mehrabführungen aufgrund vorvertraglicher Veranlassungen im Rahmen einer Organschaft (vgl *Frotscher* BB 00, 2280, 2286). Aufgrund der Neufassung durch das UntStFG v 20.12.01 (Rz 5) ist davon auszugehen, dass bis VZ 06 auch die sonstigen Leistungen zu KStMinderungen nach § 37 bzw KStErhöhungen nach § 38 führen. Für den Fall der Liquidation ist dies aufgrund der Ergänzung durch das UntStFG v 20.12.01 ausdrücklich vorgesehen. Die Auskehrung nach § 28 I 3, II 2 ist als Leistung iSv Abs 1 S 3 zu verstehen, da es sich um die Auskehrung von Gewinn handelt. Weiterhin abzulehnen ist die Qualifizierung von Gewinnabführungen aufgrund eines Gewinnabführungsvertrags sowie organschaftliche Mehrabführungen als Leistung iSv Abs 1 S 3 (vgl *Gosch/Bauschatz* § 38 Rz 37). Vororganschaftlich verursachte Mehrabführungen werden gem § 14 III 1 als Gewinnausschüttung und damit als Leistung iSv Abs 1 S 3 angesehen (BFH BStBl II 14, 651). Umstritten ist ferner die Rückzahlung von Einlagen. Stellt man zur Qualifizierung von Leistungen auf die gesellschaftsrechtl veranlasste Verteilung von Gewinn ab, kann die Einlagenrückgewähr nicht zur KStErhöhung führen (vgl *Gosch/Bauschatz* § 38 Rz 36; vgl auch BFH v 12.10.11 I R 107/1, DB 11, 2894 u Rz 63). Stellt man lediglich auf gesellschaftsrechtl veranlasste Auskehrungen ab, fallen auch Einlagerückzahlungen inklusive Rückzahlungen von Nennkapital hierunter (vgl FinVerw BStBl I 03, 575 Tz 44).

25 **6. Verwendungsfiktion. Abs 1 S 4** enthält schließlich die für Gewinnausschüttungen im Übergangszeitraum vorgeschriebene **Verwendungsreihenfolge** der Teilbeträge des vEK. Die von der Körperschaft vorgenommene Gewinnausschüttung wird aufgeteilt in einen Betrag, der keine KStErhöhung begründet und einen weiteren Betrag, der nach Abs 1 S 4 zur Verringerung des $EK_{02}$-Bestands führt sowie als Bemessungsgrundlage für die KStErhöhung nach Abs 2 herangezogen wird. Die KStErhöhung tritt nur für den Betrag der Gewinnausschüttung ein, für den festgestelltes $EK_{02}$ als verwendet gilt. Bis VZ 06 gilt für Ausschüttungen folgende Verwendungsreihenfolge: Vorrangig gilt das KStGuthaben mit $^1/_6$ einer Ausschüttung begrenzt durch den Höchstbetrag nach § 37 IIa Nr 2 als verwendet. Dieser Vorrang greift allerdings nur bei ordentlichen Ausschüttungen. Ferner entfällt eine Verwendung von KStGuthaben v 12.4.03 bis zum 31.12.05 (§ 37 IIa Nr 1). Zweitrangig gelten die nach der Systemumstellung erzielten Gewinne als verwendet. Für darüber hinausgehende Ausschüttungen gilt dann das fortgeführte $EK_{02}$ und schließlich das Einlagekonto (§ 27) als verwendet. Einer stneutralen

Ausschüttung aus dem Einlagekonto ist damit stets die sterhöhende Ausschüttung aus dem $EK_{02}$ (sofern positiv) vorgelagert. Das war zu beachten, wenn zur Realisierung des KStGuthabens das „Leg-ein-Hol-zurück"-Verfahren eingesetzt wurde (zum Zusammenspiel v KStMinderung, KStErhöhung und Einlagenrückgewähr vgl *Semmler* DStR 01, 1337; DStR 02, 391 zum Zusammentreffen von KStErhöhung und AnrV im ersten Jahr des neuen Rechts). Dieselbe Leistung konnte bis VZ 06 zu einer KStMinderung nach § 37 II als auch zu einer KStErhöhung nach § 38 sowie zu einer Minderung des Einlagekontos nach § 27 führen (ausf FinVerw BStBl I 03, 575 Tz 48). Nach BFH (BStBl II 10, 57) ist der Betrag einer KapErh aus Gesellschaftsmitteln, bei der $EK_{02}$ verwendet wurde, dem ausschüttbaren Gewinn hinzuzuaddieren, da es ansonsten zu einer doppelten Berücksichtigung in der Differenzrechnung käme. Der Bestand des $EK_{02}$ bleibt unverändert, wenn Rücklagen des $EK_{02}$ zur Finanzierung einer Kapitalerhöhung herangezogen werden. Das Gesetz enthält keine Regelung, die in diesem Fall eine Kürzung des $EK_{02}$ vorsieht. Damit wirkt es sich doppelt aus, wenn vom steuerlichen Eigenkapital neben dem Nennkapital (welches teilweise aus $EK_{02}$ finanziert wurde) das ungekürzte $EK_{02}$ abgezogen wird.

31 **7. Berechnung des Betrags.** Ausgangspunkt für die Berechnung des Betrags, um den sich der Bestand an $EK_{02}$ verringert, ist die Summe der Leistungen, die im Wj abgeflossen sind. Das sind sämtliche Gewinnausschüttungen, unabhängig davon, ob sie sich auf verschiedene Wj beziehen, also ordentliche Gewinnausschüttungen für zurückliegende Wj ebenso wie vGa, die im laufenden Wj abgeflossen sind. Das für Ausschüttungen frei zur Verfügung stehende Kapital ist ausgehend von der StBilanz auf den Schluss des Wj, das dem Wj des Leistungsabflusses vorangeht, zu bestimmen **(Abs 1 S 5).** Die StBilanz zu Beginn des Ausschüttungsjahrs ist also maßgebend. Das gilt auch für Vorabausschüttungen und vGa. Dadurch kann es bei diesen Ausschüttungen zur KStErhöhung kommen, obwohl frei verfügbares EK, allerdings des laufenden und nicht des vorangehenden Wj, ausgeschüttet worden ist (vgl FinVerw BStBl I 03, 575 Tz 43).

32 Das zur Ausschüttung zur Verfügung stehende EK wird gebildet aus dem EK aus der **StBilanz** abzüglich des gezeichneten Kapitals. Gegenstand des zur Verfügung stehenden Kapitals ist die Summe aus Kapital- und Gewinnrücklagen, Gewinn- und Gewinnvortrag abzüglich Verlust- und Verlustvortrag. Passive Ausgleichsposten erhöhen, aktive Ausgleichsposten vermindern das zur Verfügung stehende EK. Aufgrund des Abstellens auf die StBilanz kann es bei außerbilanziellen Hinzurechnungen ebenfalls dazu kommen, dass $EK_{02}$ als verwendet gilt, obwohl freies EK zur Verfügung steht. Der festgestellte Bestand an $EK_{02}$ gilt nur als verwendet, wenn und soweit die Ausschüttung das „freie EK" übersteigt. Das ergibt sich aus folgender Rechnung: EK abzüglich gezeichnetes Kapital = zur Ausschüttung zur Verfügung stehendes Kapital abzüglich festgestelltes Einlagekonto (§ 27) abzüglich festgestellter Bestand an $EK_{02}$ = „frei verfügbares" EK abzüglich Ausschüttung = Differenz. Ist die Differenz positiv oder null, wurde nur „frei verfügbares" EK ausgeschüttet. Es gelten weder Beträge aus dem Einlagekonto noch aus dem Bestand aus dem $EK_{02}$-Bestand als verwendet. Ist die Differenz negativ, wurde der festgestellte Bestand an $EK_{02}$ und, sofern dieser nicht ausreicht, der festgestellte Bestand des Einlagekontos mit verwendet (vgl § 27 I 3 u 4).

36 **8. Beispiel:**

| | |
|---|---|
| Summe der Leistungen | 350 |
| EK lt StBbilanz | 500 |
| – gezeichnetes Kapital | 50 |
| – Einlagekonto | 50 |
| – $EK_{02}$ | 80 |
| Unterschiedsbetrag = „frei verfügbares EK" | 320 |
| Differenz (Verwendung $EK_{02}$) | – 30 |

Dabei ist der für Leistungen als verwendet geltende Betrag in der Höhe begrenzt auf den tatsächlich vorhandenen Bestand des $EK_{02}$ sowie auf den tatsächlich abgeflossenen Betrag. Beides ergibt sich nicht aus dem Wortlaut des Gesetzes (näher *Frotscher* in F/D § 38 Rz 27 ff). 37

**9. Ausnahme Genossenschaft (Abs 1 S 6 u 7).** Nach der obigen Berechnung kann jede Leistung einer Körperschaft, also auch die Rückzahlung von Einlagen, eine KStErhöhung auslösen, wenn $EK_{02}$ als verwendet gilt. Durch S 6 wird die Rückzahlung von Geschäftsguthaben an ausscheidende Genossen von der KStErhöhung ausgenommen. Dies gilt nicht, wenn aus Rücklagen gebildetes Nennkapital zurückgezahlt wird. Bedingt ist diese Sonderbehandlung der Genossen dadurch, dass sich ihr Ausscheiden anders als bei KapGes unmittelbar auf das EK auswirkt. In der Praxis sind insbesondere die Wohnungsbaugenossenschaften betroffen. 41

**10. KStErhöhung. Abs 2** regelt die bei der Verwendung von $EK_{02}$ vorzunehmende KStErhöhung. Nach S 1 erhöht sich die KSt um $^3/_7$ des Betrags einer Gewinnausschüttung, für die ein Teilbetrag des ehemaligen $EK_{02}$ als verwendet gilt. Im Ergebnis wird eine Heraufschleusung auf die nach altem Recht geltende Ausschüttungsbelastung iHv 30% erreicht (zur Frage eines Verstoßes gegen die Mutter-Tochter-Richtlinie bei EU-MutterKapGes vgl *Schnitger* IStR 03, 51). Auch die Fiktion aus § 14 III gilt als Ausschüttung iSv Abs 2 (vgl FG D'dorf FR 13, 898). 45

Die KStErhöhung tritt zum Ende des Wj ein, in dem die Gewinnausschüttung erfolgt und $EK_{02}$ als verwendet gilt. Dabei kommt es nicht darauf an, ob ein den gesellschaftsrechtl Vorschriften entspr Beschluss vorliegt oder die Gewinnverwendung zivilrechtl unwirksam ist. Insoweit besteht eine Diskrepanz zu § 37 (vgl *Zimmermann* DStR 02, 2146; *Schlagheck* GmbHR 02, 682). 46

Nach Abs 2 ist bei der **Berechnung** der KStErhöhung zu beachten, dass die Erhöhung zugleich den festgestellten Betrag des ehemaligen $EK_{02}$ mindert. Nicht nur der ausgeschüttete Betrag selbst, sondern auch die KStErhöhung führen damit zum Verbrauch von $EK_{02}$. Für den Ausschüttungsbetrag selbst stehen daher nur $^7/_{10}$ des $EK_{02}$ tatsächlich zur Verfügung. Die maximale KStErhöhung beträgt $^3/_7$ der $^7/_{10}$ und damit 30% des ehemaligen $EK_{02}$. Die zu einer KStErhöhung führende Gewinnausschüttung ist also in der Summe von Ausschüttung und KStErhöhung maximal so hoch wie das festgestellte $EK_{02}$. 47

**Beispiel:** $EK_{02}$ von 70, Ausschüttung nach Abs 1 S 5 ebenfalls 70, KStErhöhung = 30% von 70 = 21, nicht $^3/_7$ von 70 = 30. $EK_{02}$ reduziert sich auf 0 durch 49 Ausschüttung und 21 KStErhöhung. Weitere 21 der Ausschüttung aus Einlagekonto, das nach $EK_{02}$ als verwendet gilt. 48

Ist also nach Abs 1 ein Betrag iHv 70 festgestellt, beträgt die maximale KStErhöhung hierauf 30% von 70, dh 21. Mit dem festgestellten Betrag iHv 70 kann daher eine maximale Ausschüttung von 49 zzgl KStErhöhung von 21 finanziert werden. Ausgehend von dem Ausschüttungsbetrag beträgt die KStErhöhung $^3/_7$. Bezogen auf den $EK_{02}$ Bestand beträgt sie 30%. Ebenso wie die KStMinderung nach § 37 ist die KStErhöhung nach Abs 2 in dem VZ vorzunehmen, in dem das Wj endet, in dem die Leistung erfolgt (BMF DB 02, 2513). 49

Der **Empfänger** der Ausschüttung ist von der KStErhöhung auf der Ebene der Körperschaft nicht berührt. Er kann die KSt nicht anrechnen. Anders als bei § 37 gibt es auch keine Sonderregelung, sofern der Empfänger der Ausschüttung eine Körperschaft ist. Es kommt auf dieser Ebene nicht zu einer Entlastung. Als Konsequenz hieraus kann der gleiche Ausschüttungsbetrag bei weiterer Ausschüttung durch eine Kette von Körperschaften mehrfach zu einer KStErhöhung führen (vgl *Dötsch* in D/P/M § 38 Rz 34). 50

54 **11. Ausnahme. Abs 3** nimmt Leistungen von der KStErhöhung aus, soweit eine von der KSt **befreite Körperschaft** Gewinnausschüttungen vornimmt an einen unbeschränkt stpfl von der KSt befreiten AntE oder an eine jur Person des öffentl Rechts. Die Ausnahmeregelung ist darauf zurückzuführen, dass die Ausschüttung im stfreien Bereich verbleibt. Auch wenn es nicht zu einer KStErhöhung kommt, hat die stbefreite Körperschaft die gesonderte Feststellung und Fortschreibung des festgestellten Betrags vorzunehmen. Dies kann zB von Bedeutung sein, wenn die StBefreiung in nachfolgenden Wj verloren geht. Die Empfänger der Ausschüttungen und sonstigen Leistungen müssen unbeschränkt stpflichtig, von der KSt befreit oder eine jur Person des öffentl Rechts sein. Die von der KSt befreiten AntE müssen dies durch eine Bescheinigung des FA nachweisen. Von einer KStErhöhung bei Verwendung von $EK_{02}$ darf nur abgesehen werden, wenn die Bescheinigung tatsächlich vorliegt. Die StBefreiung muss in dem Zeitpunkt bestehen, in dem die KStErhöhung erfolgt, also im Zeitpunkt des Abflusses der Gewinnausschüttung.

59 **12. Verlustrücktrag.** Problematisch im Übergangszeitraum ist der Verlustrücktrag von 01 nach 00. Im neuen Recht führen Verluste stets zu einer Verminderung des sog neutralen Vermögens. Steuerl berücksichtigungsfähige Verluste verringern im Jahr des Rück- oder Vortrags das dann zu versteuernde Einkommen. Der dadurch stfrei gestellte Einkommensteil erhöht das sog neutrale Vermögen. Zu Verzerrungen im $EK_{02}$ kommt es jedoch bei einem Verlustrücktrag von 01 nach 00. Bei einem Verlustrücktrag iHv 100 vermindert sich das $EK_{40}$ zum 31.12.00 um die vorher eingestellten 60 (100 ./. 40% KSt). Das $EK_{02}$ zum 31.12.00 erhöht sich um 60. Diese Erhöhung des $EK_{02}$ wird im Jahr 01 nicht ausgeglichen. Vielmehr kommt es im Jahr 01 zu einer Verringerung infolge des Verlusts des neutralen Vermögens iHv 100. Gleichzeitig führt der KStErstattungsanspruch für 00, der erst im Jahr 01 entsteht, zu einer Erhöhung des neutralen Vermögens iHv 40 (in 00 gezahlte KSt auf 100). Im alten Recht hätte sich die Minderung in der Summe iHv 60 mit der Erhöhung des $EK_{02}$ im Vorjahr saldiert. Eine solche Saldierung findet nunmehr nicht statt. Vielmehr bleiben die 60 im $EK_{02}$ zum 31.12.00 festgestellt (vgl FG Köln EFG 07, 1357). Die Minderung des Vermögens in gleicher Höhe vollzieht sich im Folgejahr im neutralen Vermögen. Das ist insoweit von Nachteil, als bei einer Ausschüttung auf das Einlagekonto nur zurückgegriffen werden kann, nachdem die 60 Punkte mit einer potenziellen KStErhöhung iHv 30% ausgeschüttet sind (ausf *Dötsch* in D/P/M § 38 Rz 8; *Düll/Fuhrmann/Eberhard* DStR 01, 641). Auch etwaiges zum 31.12.00 bestehendes Verlustvortragspotenzial kann nicht angemessen verwertet werden. Zunächst reduziert sich durch die Absenkung des StSatzes die KStErsparnis. Dies ist systembedingt. Problematisch ist, dass der Verlust sich im Entstehungsjahr im $EK_{02}$ als Negativbetrag wiederfindet und dieser Negativbetrag nach altem Recht im Verlustabzugsjahr durch eine Zuführung eines $EK_{02}$ neutralisiert wurde. Gem § 36 IV kann es zum 31.12.00 zur Verrechnung von negativem $EK_{02}$ mit positiven belasteten Teilbeträgen und damit zur Vernichtung von KStGuthaben (ausf *Düll/Fuhrmann/Eberhard* DStR 01, 641) kommen (vgl § 36 Rz 37 ff). Das FG Bln-Bdbg (EFG 10, 1725) löst das Problem, indem zwar die Minderung des $EK_{02}$ iRd Verlustrücktrags zugelassen, diese iRd Schlussgliederung nach § 36 VII aber wieder rückgängig gemacht wird. Das FG Köln (DStRE 07, 1508) hat die Erhöhung des $EK_{02}$ im Verlustausgleichsjahr zugelassen, jedoch eine entspr Kürzung im Verlustentstehungsjahr abgelehnt.

60 **13. Letztmalige Feststellung (Abs 4).** Das JStG 2008 hat das ursprüngliche System des Übergangszeitraums in Form der ausschüttungsbedingten Realisierung des $EK_{02}$ beendet (zur verfassungsrechtl Zulässigkeit vgl BFH BStBl II 16, 237). Entsprechend der ratierlichen Erstattung des KStGuthabens gem § 37 IV bis VII wird die ratierliche (Zwangs-)Nachversteuerung des $EK_{02}$ eingeführt (Abs 4 bis 10). Ab VZ 07 führen Ausschüttungen daher weder zur KStErhöhung noch zur

KStMinderung. Abs 4 regelt die letztmalige Ermittlung und Feststellung des nach Abs 1 fortgeführten $EK_{02}$ auf den 31.12.06 (S 1). Die letztmalige Ermittlung und Feststellung auf den 31.12.06 erfolgt auch bei abweichendem Wj. Ein Rumpf-Wj muss uE nicht gebildet werden. Im Fall der Liquidation, deren Schlussverteilung bis zum 31.12.06 erfolgt, erfolgt die Realisierung des $EK_{02}$ nach altem Recht, also den Abs 1 bis 3. Wird die Liquidation nach dem 31.12.06 abgeschlossen und die Schlussverteilung nach dem 31.12.06 vorgenommen, ist der Endbestand des $EK_{02}$ auf den Schluss des letzten vor dem 1.1.07 endenden Besteuerungszeitraums zu ermitteln und festzustellen (Abs 4 S 2). Wird für den gesamten Abwicklungszeitraum ein einheitlicher Besteuerungszeitraum gebildet (§ 11 I 2), ist der Schluss des letzten Besteuerungszeitraums der Schluss des letzten regulären Veranlagungszeitraums vor dem Liquidationsbeginn. Das $EK_{02}$ ist letztmals auf diesen Stichtag zu ermitteln und festzustellen. Ist ein längerer Abwicklungszeitraum in mehrere Besteuerungszeiträume unterteilt, ist der Schluss des letzten Besteuerungszeitraums iSv Abs 4 S 2 der Schluss des letzten vor dem 1.1.07 endenden Besteuerungszeitraums während der Liquidation. Das $EK_{02}$ ist letztmals auf diesen Stichtag zu ermitteln und festzustellen (Abs 4 S 2). Auf Antrag der Körperschaft endet der Besteuerungszeitraum nach § 11 mit Ablauf des 31.12.06. Bei Antragstellung ist das $EK_{02}$ auf diesen Stichtag zu ermitteln und festzustellen (Abs 4 S 3). Bei einer über den 31.12.06 fortzuführenden Liquidation wird der regelmäßig mehrjährige Abwicklungszeitraum in mindestens zwei Besteuerungszeiträume unterteilt. Der erste endet am 31.12.06 und der nächste beginnt am 1.1.07. Handelt es sich um einen Abwicklungszeitraum, der bereits in mehrere Besteuerungszeiträume unterteilt ist, wird durch die Antragstellung ein weiterer Besteuerungszeitraum ausgelöst. Wird der Antrag nicht gestellt, ist der Endbestand des $EK_{02}$ letztmals auf den Schluss desjenigen VZ festzustellen, der einem mehrjährigen über den 31.12.02 hinausreichenden Besteuerungszeitraum vorangeht.

Die ausschüttungsbedingte KStErhöhung nach Abs 1 bis 3 kommt daher letzt- 61
mals für Leistungen in Betracht, die vor dem 1.1.07 erfolgt (vgl dazu Rz 5) oder vor dem Schluss des Besteuerungszeitraums iSv Abs 4 S 2 erfolgt sind. Regelmäßig haben Ausschüttungen, die ab VZ 07 erfolgen, daher keine kstmindernde Wirkung nach § 37 und auch keine ksterhöhende Wirkung nach § 38 mehr. Das System der ausschüttungsbedingten Änderung der KSt auf Ebene der Körperschaft ist damit ab VZ 07 abgeschafft (Abs 4 S 4).

Für Umwandlungen sieht Abs 4 keine Sonderregelung vor. Diesbezüglich 62
kommt es auf den steuerlichen Übertragungsstichtag an. Wird eine Körperschaft mit steuerlichem Übertragungsstichtag, der vor dem 1.1.07 liegt, auf eine PersGes oder natürliche Person verschmolzen, gilt altes Recht (§ 10 iVm § 38 Abs 1 bis 3). Liegt der steuerliche Übertragungsstichtag nach dem 31.12.06, erfolgt die letztmalige Feststellung auf den 31.12.06 gem Abs 4 S 1. Die Verpflichtung zur (Zwangs-) Nachversteuerung geht auf den übernehmenden Rechtsträger über (vgl *Dötsch/Pung* DB 07, 2676).

**14. Nachversteuerungsbetrag (Abs 5).** Nach Abs 5 S 1 beträgt der KStErhö- 63
hungsbetrag 3% des nach Abs 4 S 1 zum 31.12.06 festgestellten Endbetrags. Der Gesetzgeber unterstellt damit, dass ein Betrag iHv 10% des Bestands an $EK_{02}$ mit 30% ausschüttungsunabhängig nachversteuert wird. Der Steuersatz von 30% wird aus der im Anrechnungsverfahren gegebenen Ausschüttungsbelastung abgeleitet. Gemeinnützige Körperschaften, die nach ihrer Satzung keine Ausschüttungen vornehmen dürfen, sind nach FG München (EFG 14, 1504) nicht ausgenommen. Abs 5 S 2 sieht für die Körperschaften eine Obergrenze vor, die zum 31.12.06 nicht über eine ausreichende Ausschüttungsmasse verfügen. Die KStErhöhung ist auf den Betrag begrenzt, der sich nach Abs 1 bis 3 ergeben würde, wenn die Körperschaft ihr zum 31.12.06 vorhandenes Eigenkapital vollständig für eine Ausschüttung verwenden würde. Die KStErhöhung alten Rechts bei fingierter Vollaus-

schüttung stellt damit den Höchstbetrag der Nachversteuerung dar (Abs 5 S 2). IRd fingierten Vollausschüttung stellt das Gesetz auf das ausschüttbare Eigenkapital der Steuerbilanz ab. Demnach ist das Nennkapital der Gesellschaft entgegen der Auffassung der FinVerw nicht in die Bemessungsgrundlage für die Berechnung des Höchstbetrags nach Abs 5 S 2 mit einzubeziehen (BFH BStBl II 12, 610; FG Thür EFG 14, 1430; ausf *Bolik/Zöller* DStR 12, 738). Auch das steuerliche Einlagekonto nach § 27 ist abzuziehen und nicht Teil der Bemessungsgrundlage für den Höchstbetrag (FG Thür EFG 14, 1430 und FG BaWü EFG 15, 2219, Az BFH I R 65/15). Ausschüttungsbegrenzungen der Satzung spielen keine Rolle (FG Mchn EFG 14, 1504).

Abs 5 S 3 sieht dann eine Vereinfachungsregel vor, nach der eine Nachversteuerung unterbleibt, wenn der KStErhöhungsbetrag € 1000,– nicht übersteigt. Der KStErhöhungsbetrag ergibt sich bei einem Bestand an $EK_{02}$ zum 31.12.06 iHv € 33 366,– (vgl *Dötsch/Pung* DB 07, 2676).

64 **15. Ratenzahlung (Abs 6).** Die Zahlung des Nachversteuerungsbetrags iHv 3% des zum 31.12.06 gegebenen $EK_{02}$ erfolgt ratierlich gleichmäßig verteilt über 10 Jahre (Abs 6 S 1). Die zehn gleichen Jahresraten sind über die VZ 08 bis 17 verteilt. Der Anspruch entsteht nach Abs 6 S 3 zum 1.1.07 (vgl FG Thür EFG 14, 1430). Der Anspruch ist nicht verzinslich (Abs 6 S 8). Die Zahlungsverpflichtung muss im Jahresabschluss 06 nicht passiviert werden, da die Verbindlichkeit erst am 1.1.07 entsteht. In den Jahresabschlüssen ab 07 ist die Verbindlichkeit zu jedem Bilanzstichtag während des Zahlungszeitraums zu erfassen und gem § 6 I Nr 3 EStG mit einem Zinssatz von 5,5% abzuzinsen. Der jeweilige Jahresbetrag ist am 30.9. des Jahres fällig (Abs 6 S 5). Gem Abs 6 S 4 wird der KStErhöhungsbetrag für sämtliche Raten einheitlich festgesetzt. Die Festsetzung ist nicht Bestandteil der KStFestsetzung im KStBescheid. Es handelt sich verfahrensrechtlich um eine eigenständige Festsetzung. Die im KStBescheid festgesetzte KSt wird hierdurch nicht beeinflusst. Gleiches gilt für die KStErstattung gem § 37 IV bis VII. Sowohl die KStErstattung nach § 37 V als auch die Nachversteuerung des $EK_{02}$ nach Abs 6 S 1 werden jeweils am 30.9. fällig (Abs 6 S 5). Für das Jahr der Bekanntgabe des Bescheids und für die vorangegangenen Jahre ist nach Abs 6 S 6 die Jahresrate innerhalb eines Monats nach Bekanntgabe des Bescheids fällig, wenn diese erst nach dem 31.8.08 erfolgt. Gem Abs 6 S 9 läuft die Festsetzungsfrist für die Festsetzung der Nachversteuerung nicht vor Ablauf des Jahres ab, in dem der letzte Jahresbetrag fällig geworden ist. Der Nachversteuerungsbetrag ist nicht verzinslich (Abs 6 S 7).

65 Bei Körperschaften, die sich zum 31.12.06 in Liquidation befinden, sieht Abs 6 S 2u 7 die Fälligkeit des gesamten Anspruchs innerhalb eines Monats nach Bekanntgabe des Bescheids über die Ermittlung und Festsetzung des KStErhöhungsbetrags vor. Von Amts wegen wird eine Abzinsung mit 5,5% vorgenommen. Anders als iRd § 37 wird iRd § 38 im Fall der Liquidation von einer ratierlichen Abwicklung abgesehen. Zu Liquidationen, die nach dem 31.12.06 beginnen, vgl Rz 67. Die FinVerw war der Auffassung, dass der Anspruch auf Nachversteuerung zur Insolvenztabelle anzumelden ist, bei allen Insolvenzen, die nach dem 31.12.01 eröffnet wurden. Aufgrund des Umstands, dass der BFH für das KStGuthaben gem § 37 V 2 entschieden hat, dass das KStGuthaben auch insolvenzrechtlich erst mit Ablauf des 31.12.06 entsteht, überträgt die FinVerw dies auch auf den Nachversteuerungsbetrag, mit der Konsequenz, dass die entsprechende Forderung des Finanzamts nur zur Insolvenztabelle mittels Berechnung als Insolvenzforderung iSv § 38 InsO zur Tabelle anzumelden ist, wenn das Insolvenzverfahren nach dem 1.1.07 eröffnet wurde (OFD Münster DB 11, 2293). Zwingend ist der Umkehrschluss nicht (vgl *Schwetlik* GmbH-StB 12, 17; FG Thür EFG 14, 143).

66 **16. Vorzeitige Zahlung (Abs 7).** Die Körperschaften haben die Möglichkeit, die (Zwangs-)Nachversteuerung mit einer Einmalzahlung abzulösen. Hierzu muss gem Abs 7 der entsprechende Antrag gegenüber dem Finanzamt gestellt werden.

Die Antragstellung ist zu allen Stichtagen (30. 9.) bis 2015 möglich. Abs 7 S 2 sieht als letzten Antragszeitpunkt den 30.9.15 vor. Nach Abs 7 S 3 ist bei Antragstellung anstelle des jeweiligen Jahresbetrags der auf die Antragstellung folgende Fälligkeitstag fällige Jahresbetrag (Abs 6 S 4) zzgl der noch nicht fälligen Jahresbeträge für die Folgezeiträume mit 5,5% abgezinst zu bezahlen. Mit der Zahlung geht der Anspruch des Fiskus durch Erfüllung unter (Abs 7 S 4). Die vollständige Zahlung mit Abzinsung gem Abs 6 S 3u 4 ist in den Fällen der Liquidation oder des Wegzugs (Abs 6 S 6, Abs 8u 9 S 1u 2) von Amts wegen anzuwenden (Abs 7 S 5).

**17. Liquidation (Abs 8).** Abs 8 sieht eine Sonderregelung vor für Liquidationen, die nach dem 31.12.06 beginnen. In diesem Fall wird der vollständige KStErhöhungsbetrag auf den nächsten 30.9. fällig, der dem Zeitpunkt der Erstellung der Liquidationseröffnungsbilanz folgt. Der zu diesem Zeitpunkt noch offene Anspruch ist mit 5,5% abzuzinsen (Abs 7 S 5). 67

**18. Wegzug (Abs 9).** Geht das Vermögen einer unbeschränkt steuerpflichtigen Körperschaft durch Verschmelzung, Auf- oder Abspaltung oder vergleichbare Vorgänge ganz oder teilweise auf eine nicht unbeschränkt stpfl Körperschaft oder Personenvereinigung über oder verlegt eine unbeschränkt stpfl Körperschaft oder Personenvereinigung ihren Sitz oder Ort der Geschäftsleitung und endet hierdurch ihre unbeschränkte Stpflicht, werden alle entstandenen und festgesetzten KStErhöhungsbeträge an dem 30.9. fällig, der auf den Zeitpunkt des Vermögensübergangs oder des Wegzugs folgt (Abs 9 S 1). Ist eine Festsetzung noch nicht erfolgt, ist der gesamte Anspruch innerhalb eines Monats nach Bekanntgabe des Bescheids fällig (Abs 9 S 2). Die Abzinsung mit 5,5% findet Anwendung (Abs 7 S 5). Die sofortige Fälligkeit des Gesamtanspruchs tritt nicht ein, wenn der übernehmende Rechtsträger in einem EU-Mitgliedstaat unbeschränkt stpfl ist oder die weggezogene Körperschaft in einem anderen EU-Mitgliedstaat unbeschränkt stpfl wird (Abs 9 S 3). Bezüglich des Wegzugs hat die Regelung lediglich Auswirkungen bei Wegzug in einen EWR-Staat. Sofern der Wegzug in einen Drittstaat außerhalb der EU und außerhalb des EWR erfolgt, gilt gem § 12 Abs 3 die Liquidationsbesteuerung, so dass bereits Abs 8 Anwendung findet. 68

**19. Änderungsvorschriften (Abs 10).** Abs 10 verweist auf § 37 VI und VII. Sofern der Bescheid über die Festsetzung des KStErhöhungsbetrags zB aufgrund einer Bp aufgehoben oder geändert wird, ist ein Mehr des KStErhöhungsbetrags innerhalb eines Monats nach Bekanntgabe des Änderungsbescheids zu bezahlen. Bei Verringerung des KStErhöhungsbetrags wird der Unterschiedsbetrag auf die verbleibenden Fälligkeitstermine des Zahlungszeitraums verteilt, dh es kommt zu einer entsprechenden Minderung der noch ausstehenden Jahresbeträge (vgl *Dötsch/Pung* DB 07, 2677). UE ist die Verteilung der Minderung des KStErhöhungsbetrags auf die restlichen Fälligkeitszeitpunkte nicht zwingend. Die Verweisung von Abs 10 auf § 37 VI u VII ist insoweit unklar, als § 37 VI und VII die umgekehrte Situation, nämlich den Anspruch der Körperschaft gegenüber dem Fiskus regelt. Die Nachversteuerung stellt einen steuerbegründenden Tatbestand dar. Hier gilt der Parlamentsvorbehalt und der Bestimmtheitsgrundsatz. UE ist der Verweis in Abs 9 auf § 37 VI 1 nicht bestimmt genug. Vor diesem Hintergrund ist die Minderung des KStErhöhungsbetrags für vorangegangene Fälligkeitszeitpunkte vom nächst fälligen Betrag insgesamt abzuziehen und nicht auf die noch ausstehenden Fälligkeitszeitpunkte zu verteilen. 69

Durch den Verweis in Abs 10 auf § 36 VII soll klargestellt werden, dass die Zahlungsverpflichtung steuerlich außerbilanziell zu neutralisieren ist. Der in die Bilanz des VZ 07 aufzunehmende abgezinste KStErhöhungsbetrag wird steuerlich außerbilanziell hinzugerechnet. Bei Zahlung der Jahresraten führt der jeweils gegebene Unterschiedsbetrag zwischen der jährlichen Zahlung und der Verringerung der Gesamtverbindlichkeit (Zinsanteil) zu einem bilanziellen Aufwand, der nach Auffassung von *Dötsch/Pung* (DB 07, 2677) ebenfalls außerbilanziell zu neutralisieren 70 ist. Entsprechend der Auffassungen zu § 37 VII ist dies umstritten. Umstritten ist iE, ob sich Gewinnminderungen bzw -erhöhungen sonstiger Art mit dem KSt-Guthaben bzw dem KStErhöhungsbetrag (Zinsverluste, Rückzahlungen oder Verluste bei Übertragung des Anspruchs etc) auf die Höhe des steuerlichen Einkommens auswirken (vgl *Grube/Chuchra* BB 07, 1479). Bei Verschmelzung ist der KStErhöhungsanspruch mit seinem abgezinsten Wert in der steuerlichen Übertragungsbilanz der untergehenden Körperschaft erfasst. Steuerlich erfolgt die außerbilanzielle Neutralisierung nach Abs 10 iVm § 37 VII. Die Passivierung des Anspruchs in der Übertragungsbilanz führt jedoch zu einer Verringerung des Übernahmeergebnisses und damit zu geringeren Einnahmen iSv § 7 UmwStG iVm § 20 I 1 Nr 1 EStG (vgl *Dötsch/Pung* DB 07, 2678). Umstritten ist auch, ob sich die Regelungen der steuerlichen Neutralisierung nur auf KStSubjekte, die die Voraussetzungen der KStMinderung nach § 37 oder die Voraussetzungen der KStErhöhung nach § 38 erfüllen, beschränken. Jedenfalls Gesamtrechtsnachfolger, die der KSt unterliegen, sind erfasst. Fraglich ist dies bei Übergang auf eine PersG oder Einzelunternehmer (vgl *Dötsch/Pung* DB 07, 2678; *Förster/Felchner* DStR 07, 283).

§ 34 XVII sieht eine Option zur weiteren Anwendung der bisherigen Regelungen (§ 38 I bis III) vor. Wohnungsunternehmen von juristischen Personen des öffentl Rechts und stbefreite Körperschaften können bis zum 30.9.08 beim zuständigen Finanzamt den Antrag auf Weiteranwendung der Abs 1 bis 3 stellen. Der Antrag ist unwiderruflich (§ 34 XVI 2). Von der Optionsmöglichkeit nicht erfasst sind ehemals gemeinnützige Wohnungsunternehmen, die Tochtergesellschaften stpflichtiger gewerblicher Unternehmen sind. Von der Option erfasst sind Körperschaften oder deren Rechtsnachfolger an denen unmittelbar oder mittelbar zumindest 50% juristische Personen des öffentl Rechts aus EU-Mitgliedstaaten oder EWR-Staaten oder Körperschaften, Personenvereinigungen oder Vermögensmassen iSv § 5 I Nr 9 alleine oder gemeinsam beteiligt sind, sowie Erwerbs- und Wirtschaftsgenossenschaften. Ferner müssen die Körperschaften bzw Erwerbs- und Wirtschaftsgenossenschaften ihre Umsatzerlöse überwiegend durch Verwaltung und Nutzung eigenen zu Wohnzwecken dienenden Grundbesitzes, durch Betreuung von Wohnbauten oder durch die Errichtung und Veräußerung von Eigenheimen, Kleinsiedlungen oder Eigentumswohnungen erzielen. Stbefreite Körperschaften fallen unter die Optionsmöglichkeit, unabhängig davon, ob sie einen wirtschaftlichen Geschäftsbetrieb unterhalten. Sind die Voraussetzungen nicht bis zum Ende des Übergangszeitraums (2018/2019) erfüllt, gelten § 38 IV bis X ab dem Schluss des Wj, in dem die Voraussetzungen erstmals nicht mehr vorliegen. UE verstößt es gegen das Leistungsfähigkeitsprinzip und das Gleichheitsgebot, dass diese Optionsmöglichkeit nicht für sämtliche Körperschaften vorgesehen ist. Die Körperschaften, die einen Bestand an $EK_{02}$ in das Halbeinkünfteverfahren überführt haben, haben ihre Ausschüttungsplanung so ausgerichtet, dass eine Realisierung von $EK_{02}$ und damit die Auslösung der Nachversteuerung nach Abs 1 bis 3 nicht erfolgt. UE ist hierin auch ein Verstoß gegen das Vertrauensschutzprinzip zu sehen. Die Abs 4 bis 10 sehen im Ergebnis eine (Zwangs-)Nachversteuerung der $EK_{02}$-Bestände vor, die es in den meisten Fällen aufgrund der entsprechenden Thesaurierungspolitik der Körperschaften nicht gegeben hätte. Auch die verhältnismäßig geringe Nachversteuerung (3%) vermag nicht allen Einzelfällen gerecht zu werden. Der BFH sieht die verfassungsrechtlichen Zweifel nicht. Danach rechtfertigt das gesetzgeberische Ermessen sowohl die Privilegierung der Wohnungsbauwirtschaft als auch die einseitige Privilegierung öffentlich-rechtlich beherrschter Unternehmen oder steuerbefreiter Körperschaften (BFH BStBl 16, 414; BStBl 16, 237). UE kann die Förderung der Wohnungsbauwirtschaft nicht iRd Spezialproblems der Nachversteuerung von altem $EK_{02}$ erfolgen. Dies ist nur dann zulässig, wenn dies die folgerichtige Umsetzung einer Grundsatzentscheidung der umfassenden steuerlichen Privilegierung der Unternehmen der Wohnungsbauwirtschaft wäre. Die mit der Zwangsversteuerung von altem $EK_{02}$ einhergehende Problematik der ausschüttungsunabhängigen Liquiditätsbelastung trifft alle Unternehmen gleichermaßen. Insbesondere wird in die Ausschüttungspolitik der Unternehmen eingegriffen. Die ausschüttungsabhängige Nachversteuerung von altem $EK_{02}$ eröffnete den Unternehmen die Möglichkeit, durch entsprechende Ausschüttungs- bzw Thesaurierungspolitik bis zum Ablauf des Übergangszeitraums die Versteuerung von altem $EK_{02}$ endgültig zu vermeiden. Diesen Eingriff hält der BFH für verhältnismäßig und angemessen. Noch weniger als die grundsätzliche Privilegierung von Unternehmen der Wohnungsbauwirtschaft ist die einseitige Privilegierung öffentlich-rechtlich beherrschter Unternehmen und steuerbefreiter Unternehmen nachzuvollziehen. Der BFH rechtfertigt diese Ungleichbehandlung mit Normen aus dem Kommunalverfassungsrecht, obgleich erkannt wird, dass der Gesetzgeber diese Verbindung nicht gezogen hat. Aus den kommunalverfassungsrechtlichen Vorschriften, die in der Teilnahme der Kommunen an dem vom Wettbewerb beherrschten Wirtschaftsleben keinen zulässigen öffentlichen Zweck sehen, wird vom BFH der Schluss gezogen, dass die öffentlich-rechtlich beherrschten Wohnungsbauunternehmen regelmäßig sozialen Wohnungsbau betreiben und sich damit im Bereich der Daseinsvorsorge bewegen. Ferner wird spekuliert, dass in diesen Gesellschaften des Bereichs der Daseinsvorsorge Gewinne typischerweise nicht ausgeschüttet würden. Beide Thesen wurden im Sachverhalt der Entscheidung nicht festgestellt. In ihrer Pauschalität dürften sie auch unzutreffend sein. Sowohl der Wohnungsbau als auch die Versorgung mit Energie kann zwar Teil der öffentlich-rechtlichen Daseinsvorsorge sein. Dies ändert aber nichts daran – ob kommunalverfassungsrechtlich zulässig oder nicht –, dass die Kommunen in diesen Bereichen sowohl an dem vom Wettbewerb beherrschten Wirtschaftsleben teilnehmen als auch aus haushaltspolitischen Gründen ein großes Interesse an Dividenden, ja sogar die haushaltspolitische Notwendigkeit zur Ausschüttung aus den entsprechenden Gesellschaften haben. Hätte der Gesetzgeber iRv § 38 tatsächlich den Wohnungsbau privilegieren wollen, hätte er dies unabhängig von der Zusammensetzung des Gesellschafterbestands tun müssen. Die Differenzierung zwischen öffentlich beherschten und privat beherrschten Gesellschaften ist gemessen an der Wirtschaftsrealität uE nicht sachgerecht. Die Entscheidung des BVerfG bleibt abzuwarten (Az 2 BvR 988/16; vgl auch FG D'dorf EFG 14, 1506, Rev BFH I R 37/14, ausgesetzt bis zur Entscheidung des BVerfG im vorgenannten Verfahren).

## § 39 Einlagen der Anteilseigner und Sonderausweis

(1) **Ein sich nach § 36 Abs. 7 ergebender positiver Endbetrag des Teilbetrags im Sinne des § 30 Abs. 2 Nr. 4 des Körperschaftsteuergesetzes in der Fassung der Bekanntmachung vom 22. April 1999 (BGBl. I S. 817), das zuletzt durch Artikel 4 des Gesetzes vom 14. Juli 2000 (BGBl. I S. 1034) geändert worden ist, wird als Anfangsbestand des steuerlichen Einlagekontos im Sinne des § 27 erfasst.**

(2) **Der nach § 47 Abs. 1 Satz 1 Nr. 2 in der Fassung des Artikels 4 des Gesetzes vom 14. Juli 2000 (BGBl. I S. 1034) zuletzt festgestellte Betrag wird als Anfangsbestand in die Feststellung nach § 28 Abs. 1 Satz 3 einbezogen.**

***Gesetzesfassungen vor 2014 s 8. Aufl.***

**Übersicht**

**Schrifttum:** S §§ 36 und 37.

1 **1. Allgemeines.** § 39 regelt die Einstellung des Endbestands des $EK_{04}$ alten Rechts als Anfangsbestand in das steuerl Einlagekonto (§ 27) sowie die Fortführung des Sonderausweises des für Ausschüttungen verwendbaren Teils des NennKap iSv § 47 I 1 iVm § 29 III KStG 1999 (§ 28). Die Rückzahlung von Einlagen der Gesellschafter wird auch unter dem neuen System auf der Empfängerseite nicht als Dividende, sondern grds als stneutrale KapRückzahlung qualifiziert (§ 20 I Nr 1 S 3 EStG). Ferner sollen weiterhin die in NennKap umgewandelten Gewinnrücklagen im Wege der KapHerabsetzung nicht stneutral ausgekehrt werden können. Das erfordert die Abgrenzung der entsprechenden Beträge vom übrigen Vermögen der Gesellschaft. Die materiellen Fragen, in welchem Umfang Einlagen zur stneutralen Rückzahlung zur Verfügung stehen, in welchem Umfang sie verwendet werden bzw welcher Teil im Rahmen einer KapHerabsetzung als verwendet gilt und beim Gesellschafter zu KapErträgen iSv § 20 I 1 Nr 2 EStG führt, regeln § 27 bzw § 28. § 39 erfasst ausschließlich die Überführung unter altem Recht geleisteter Einlagen bzw in NennKap umgewandelter Gewinnrücklagen (§ 30 II Nr 4 aF bzw § 47 I 1 Nr 2 aF) in das neue System.

5 **2. Geltungszeit.** § 39 wurde eingefügt durch das StSenkG v 23.10.00 (BGBl I 00, 1433; BStBl I 00, 1521), geändert durch das UntStFG v 20.12.01 (BGBl I 01, 3858; BStBl I 02, 35). Das bisherige $EK_{04}$ wird nach § 36 Abs VII 1 letztmals auf den 31.12.00 bzw auf das Ende des abw Wj 00/01 festgestellt. Dieser festgestellte Betrag gilt als **Anfangsbestand** des Einlagekontos zu Beginn des Wj 01 bzw 01/02. Entsprechendes gilt für den Sonderausweis nach § 47 I 1 Nr 2 iVm § 29 III KStG 1999. Abs 2 wurde erst durch das UntStFG v 20.12.01 (BGBl I 01, 3858; BStBl I 02, 35) rückwirkend zum Zeitpunkt der erstmaligen Geltung eingefügt. Durch das EURLUmsG v 9.12.04 (BGBl I 04, 3310; BStBl I 04, 1158) wurde der falsche Verweis auf § 28 I 2 durch den Verweis auf § 28 I 3 ersetzt und damit ein redaktionelles Versehen beseitigt.

9 **3. Anfangsbestand des Einlagekontos.** Gem **Abs 1** wird der gem § 36 VII auf den 31.12.00 bzw das Ende des Wj 00/01 festgestellte positive Endbestand des $EK_{04}$ unverändert als **Anfangsbestand** des steuerl Einlagekontos übernommen. Nur ein positiver Endbetrag des $EK_{04}$ wird als Anfangsbestand des Einlagekontos fortgeführt. Bei einem Negativbestand des $EK_{04}$ beträgt der Bestand des Einlagekontos null.

10 Bei Streit über die Höhe des Anfangsbestands des Einlagekontos ist dies iRd Anfechtung des Feststellungsbescheids nach § 36 VII zu klären. Dieser hat insoweit **Grundlagenfunktion.**

11 Verfügte eine Körperschaft über kein $EK_{04}$, weil sie nicht zur Gliederung des vEK verpflichtet war (zB beschränkt stpfl Körperschaft), sind bei der **erstmaligen** Bildung des Einlagekontos (zB aufgrund des Wechsels in die unbeschränkte Stpfl) die Rücklagen im Einlagekonto zu erfassen, um eine systemwidrige und gegen das Leistungsfähigkeitsprinzip verstoßende Besteuerung von Einlagen im Fall der Rückzahlung an die AntE zu vermeiden (*Förster/van Lishaut* FR 03, 1205; *Bauschatz* in Gosch§ 39 Rz 17; aA FinVerw BStBl I 03, 366 Tz 5). Inzwischen hat § 27 eine entsprechende Änderung erfahren (vgl § 27 Rz 43). § 39 ist nach FG D'dorf (DStRE 07, 1506) nicht analog anwendbar auf Betriebe gewerblicher Art. Danach sind die im Zeitpunkt des Systemwechsels noch vorhandenen Einlagen zum Einlagekonto zu erfassen, nicht aber die durch Verluste verbrauchten Einlagen; bestätigt durch BFH I R 78/06, BStBl II 08, 317.

15 **4. Anfangsbestand des Sonderausweises. Abs 2** stellt klar, dass der zuletzt festgestellte Sonderausweis iSv § 47 Abs 1 S 1 Nr 2 KStG 1999 als Anfangsbestand auf dem Konto nach § 28 auszuweisen ist. Der Feststellungsbescheid gem § 47 I 1 Nr 2 aF ist insoweit direkter Grundlagenbescheid.

**§ 40 aF** *Umwandlung, Liquidation und Verlegung des Sitzes*

(1) *Geht das Vermögen einer unbeschränkt steuerpflichtigen Körperschaft durch Verschmelzung nach § 2 des Umwandlungsgesetzes auf eine unbeschränkt steuerpflichtige Körperschaft über, ist der unbelastete Teilbetrag gemäß § 38 dem entsprechenden Betrag der übernehmenden Körperschaft hinzuzurechnen.*

(2) [1] *Geht Vermögen einer unbeschränkt steuerpflichtigen Körperschaft durch Aufspaltung oder Abspaltung im Sinne des § 123 Abs. 1 und 2 des Umwandlungsgesetzes auf eine unbeschränkt steuerpflichtige Körperschaft über, ist der in Absatz 1 genannte Betrag der übertragenden Körperschaft einer übernehmenden Körperschaft im Verhältnis der übergehenden Vermögensteile zu dem bei der übertragenden Körperschaft vor dem Übergang bestehenden Vermögen zuzuordnen, wie es in der Regel in den Angaben zum Umtauschverhältnis der Anteile im Spaltungs- und Übernahmevertrag oder im Spaltungsplan (§ 126 Abs. 1 Nr. 3, § 136 des Umwandlungsgesetzes) zum Ausdruck kommt.* [2] *Entspricht das Umtauschverhältnis der Anteile nicht dem Verhältnis der übergehenden Vermögensteile zu dem bei der übertragenden Körperschaft vor der Spaltung bestehenden Vermögen, ist das Verhältnis der gemeinen Werte der übergehenden Vermögensteile zu dem vor der Spaltung vorhandenen Vermögen maßgebend.* [3] *Soweit das Vermögen auf eine Personengesellschaft übergeht, mindert sich der Betrag der übertragenden Körperschaft in dem Verhältnis der übergehenden Vermögensteile zu dem vor der Spaltung bestehenden Vermögen.*

(3) [1] *Geht das Vermögen einer unbeschränkt steuerpflichtigen Körperschaft durch einen der in § 1 Abs. 1 Nr. 1 des Umwandlungssteuergesetzes vom 7. Dezember 2006 (BGBl. I S. 2782, 2791) in der jeweils geltenden Fassung genannten Vorgänge ganz oder teilweise auf eine von der Körperschaftsteuer befreite Körperschaft, Personenvereinigung oder Vermögensmasse oder auf eine juristische Person des öffentlichen Rechts über oder wird die Körperschaft steuerbefreit, erhöht sich die Körperschaftsteuer um den Betrag, der sich nach § 38 ergeben würde, wenn das in der Steuerbilanz ausgewiesene Eigenkapital abzüglich des Betrags, der nach § 28 Abs. 2 Satz 1 in Verbindung mit § 29 Abs. 1 dem steuerlichen Einlagekonto gutzuschreiben ist, als im Zeitpunkt des Vermögensübergangs für eine Ausschüttung verwendet gelten würde.* [2] *Die Körperschaftsteuer erhöht sich nicht in den Fällen des § 38 Abs. 3.*

(4) [1] *Wird das Vermögen einer Körperschaft oder Personenvereinigung im Rahmen einer Liquidation im Sinne des § 11 verteilt, erhöht sich die Körperschaftsteuer um den Betrag, der sich nach § 38 ergeben würde, wenn das verteilte Vermögen als im Zeitpunkt der Verteilung für eine Ausschüttung verwendet gelten würde.* [2] *Das gilt auch insoweit, als das Vermögen bereits vor Schluss der Liquidation verteilt wird.* [3] *Die Erhöhung der Körperschaftsteuer ist für den Veranlagungszeitraum vorzunehmen, in dem die Liquidation bzw. der jeweilige Besteuerungszeitraum endet.* [4] *Eine Erhöhung ist letztmals für den Veranlagungszeitraum 2020 vorzunehmen.* [5] *Bei Liquidationen, die über den 31. Dezember 2020 hinaus fortdauern, endet der Besteuerungszeitraum nach § 11 mit Ablauf des 31. Dezember 2020.* [6] *Auf diesen Zeitpunkt ist ein steuerlicher Zwischenabschluss zu fertigen.* [7] *Die Körperschaftsteuer erhöht sich nicht in den Fällen des § 38 Abs. 3.*

(5) *Geht das Vermögen einer unbeschränkt steuerpflichtigen Körperschaft oder Personenvereinigung durch einen der in § 1 Abs. 1 Nr. 1 des Umwandlungssteuergesetzes vom 7. Dezember 2006 (BGBl. I S. 2782, 2791) in der jeweils geltenden Fassung genannten Vorgänge ganz oder teilweise auf eine nicht unbeschränkt steuerpflichtige Körperschaft oder Personenvereinigung über oder verlegt eine unbeschränkt steuerpflichtige Körperschaft oder Personenvereinigung ihren Sitz oder Ort der Geschäftsleitung und endet dadurch ihre unbeschränkte Steuerpflicht, erhöht sich die Körperschaftsteuer um den Betrag, der sich nach § 38 ergeben würde, wenn das zum Übertragungsstichtag oder im Zeitpunkt des Wegfalls der unbeschränkten Steuerpflicht vorhandene Vermögen abzüglich des Betrags, der nach § 28 Abs. 2 Satz 1 in Verbindung mit § 29 Abs. 1 dem steuerlichen Einlagekonto gutzuschreiben ist, als am Übertragungsstichtag oder im Zeitpunkt des Wegfalls der unbeschränkten Steuerpflicht für eine Ausschüttung verwendet gelten würde.*

*(6) [1]Ist in den Fällen des Absatzes 5 die übernehmende Körperschaft oder Personenvereinigung in einem anderen Mitgliedstaat der Europäischen Union unbeschränkt steuerpflichtig und nicht von der Körperschaftsteuer befreit, ist der auf Grund der Anwendung des § 38 nach Absatz 5 festgesetzte Betrag bis zum Ablauf des nächsten auf die Bekanntgabe der Körperschaftsteuerfestsetzung folgenden Kalenderjahres zinslos zu stunden, soweit die übernehmende Körperschaft oder Personenvereinigung bis zum 31. Mai des nachfolgenden Jahres nachweist, dass sie bis zum Zeitpunkt der Fälligkeit keine Ausschüttung der übernommenen unbelasteten Teilbeträge vorgenommen hat. [2]Die Stundung verlängert sich jeweils um ein Jahr, soweit der in Satz 1 genannte Nachweis erbracht wird, letztmals bis zum Schluss des Wirtschaftsjahrs, das nach dem 31. Dezember 2018 endet. [3]Auf diesen Zeitpunkt gestundete Beträge werden nicht erhoben, soweit der in Satz 1 genannte Nachweis erbracht wird. [4]Die Sätze 1 bis 3 gelten auch bei der Sitzverlegung, wenn die Körperschaft oder Personenvereinigung in einem anderen Mitgliedstaat der Europäischen Union unbeschränkt steuerpflichtig wird. [5]Die Stundung ist zu widerrufen, wenn die aufnehmende Körperschaft oder Personenvereinigung oder deren Rechtsnachfolger*

*a) von der Körperschaftsteuer befreit wird,*
*b) aufgelöst und abgewickelt wird,*
*c) ihr Vermögen ganz oder teilweise auf eine Körperschaft oder Personenvereinigung überträgt, die in einem Staat außerhalb der Europäischen Union unbeschränkt steuerpflichtig ist,*
*d) ihren Sitz oder Ort der Geschäftsleitung in einen Staat außerhalb der Europäischen Union verlegt und dadurch ihre unbeschränkte Steuerpflicht innerhalb der Europäischen Union endet oder*
*e) ihr Vermögen auf eine Personengesellschaft oder natürliche Person überträgt.*

***§ 40 wurde aufgehoben durch das G v 20.12.07 (Rz 7), ist im Ausnahmefall aber noch anwendbar (§ 34 Abs 16).***

***Gesetzesfassungen vor 2008 s 7. Aufl.***

**Übersicht**



**Schrifttum:** *Müller/Maiterth* DStR 01, 1229; *Neu,* Liquidationsbesteuerung der GmbH, GmbH-StB 02, 74; *Dötsch/Pung,* Die Auflösung und Abwicklung von Körperschaften: Das Einführungsschreiben des BMF vom 26.8.2003, DB 03, 1922; BMF vom 11.11.11, BStBl I 11, 1314; s auch Schrifttum zu §§ 36, 37.

1 **1. Allgemeines.** § 40 regelt die Fortentwicklung des KStGuthabens (§ 37) bis VZ 06 sowie des $EK_{02}$-Bestands (§ 38), grds ebenfalls bis VZ 06, im Ausnahmefall (§ 34 XVI) während des 18-jährigen Übergangszeitraums für folgende Fälle:
– Verschmelzung von Körperschaft auf Körperschaft (§§ 11–13 UmwStG [Abs 1]),
– Auf oder Abspaltung aus dem Vermögen einer Körperschaft (Abs 2),
– Vermögensübergang durch Gesamtrechtsnachfolge von einer stpfl auf eine stbefreite Körperschaft (Abs 3),
– Vermögensverteilung im Rahmen einer Liquidation (Abs 4),
– Wegfall der unbeschränkten Steuerpflicht (Abs 5),

– Wegfall der unbeschränkten Steuerpflicht innerhalb der EU (Abs 6).

§ 40 ist lediglich eine materiell-rechtlich Verknüpfung. Verfahrensrechtlich sind die Bescheide der Ausgangs- und Endgesellschaft nach FG Düsseldorf nicht verknüpft. Ändert sich eine Feststellung der Ausgangsgesellschaft, sind die Bescheide der Endgesellschaft nach § 175 I 1 Nr 2 AO zu ändern (FG D'dorf EFG 16, 436; Rev BFH I R 90/15).

§ 29 enthält entsprechende Regelungen für den Bestand des **Einlagekontos,** das **NennKap** sowie den Bestand des **Sonderausweises** in NennKap umgewandelter Rücklagen. 2

Nicht von § 40 erfasst ist die Verschmelzung einer Körperschaft auf eine **PersGes** bzw **natürliche Person.** Dies wird durch §§ 3–10 UmwStG aF geregelt, grds ebenfalls bis VZ 06, im Ausnahmefall (§ 34 XVI) bis zum Ende des Übergangszeitraums. 3

Ziel von § 40 ist die Sicherstellung der im Übergangszeitraum vorzunehmenden **KStMinderung** durch Realisierung des KStGuthabens (§ 37) bis VZ 06 einerseits sowie andererseits die Sicherstellung der **Nachversteuerung** bei Verwendung von $EK_{02}$ im Übergangszeitraum (§ 38), grds ebenfalls bis VZ 06, im Ausnahmefall (§ 34 XVI) bis zum Ende des Übergangszeitraums für die Fälle der aufgeführten Umstrukturierungen einer zum Zeitpunkt des Systemwechsels vom Anrechnungsverfahren zum Halbeinkünfteverfahren bereits existierenden Körperschaft. Unter dem Halbeinkünfte-, ab VZ 09 Teileinkünfteverfahren entstandene Körperschaften sind nicht betroffen, da diese mangels KStGuthaben und $EK_{02}$ weder von der KStMinderung noch von der Nachversteuerung betroffen sind.

Zunächst das SEStEG v 7.12.06 und dann das JStG 08 v 20.12.07 (vgl Rz 7) haben den Übergang des KStGuthabens bzw des $EK_{02}$ im Fall der Umstrukturierung im Regelfall ab VZ 07 überflüssig gemacht (Ausnahme § 34 XVI). 4

**2. Geltungszeit.** § 40 wurde eingefügt durch das StSenkG v 23.10.00 (BGBl I 00, 1433; BStBl I 00, 1521), geändert durch das UntStFG v 20.12.01 (BGBl I 01, 3858; BStBl I 02, 35) sowie das StVergAbG v 16.5.03 (BGBl I 03, 660). § 40 gilt für den 18-jährigen Übergangszeitraum. Bei kj-gl Wj gilt die Vorschrift ab VZ 01, bei abw Wj ab VZ 02. Damit endet der Anwendungsbereich von § 40 im VZ 18 bzw 19. Besonderheiten gelten für die Liquidation (Abs 4). Bei Liquidationen, deren Besteuerungszeitraum über den 31.12.00 fortdauert, gilt grds Abs 4, auf Antrag und bei Erstellung eines Zwischenabschlusses auf den 31.12.00 das KStG aF. Der Antrag muss bis zum 30.6.02 gestellt sein (§ 34 XIV; ausf *Dötsch/Pung* DB 02, 1232). Erstreckt sich eine Liquidation über den VZ 20 hinaus, ist ein Zwischenabschluss auf den 31.12.20 zu erstellen und nach der Übergangsregelung des Abs 4 zu verfahren. Abs 3 S 1 und Abs 4 in der Ursprungsfassung kommen aufgrund der rückwirkenden Änderung nicht zur Anwendung. Das **SEStEG v 7.12.06** (BGBl I 06, 2782; BStBl I 07, 4) hat eine völlige Neufassung gebracht. Abs 1 bis 4 werden insoweit angepasst, als es ab VZ 07 keine Übertragung des KStGuthabens mehr gibt. Dieses wird zum 31.12.06 letztmals festgestellt und ab VZ 08 in zehn Jahresraten ausgezahlt. Eine KStMinderung sowie ein KStGuthaben gibt es ab VZ 07 nicht mehr. Im Rahmen der Verschmelzung geht lediglich der Auszahlungsanspruch nach § 37 V über im Wege der Gesamtrechtsnachfolge, wie jede übrige Forderung auch. Die neuen Abs 5 und 6 regeln die Nachversteuerung des alten $EK_{02}$ nach § 38 bei Wegfall der unbeschränkten Steuerpflicht. Das JStG 08 v 20.12.07 (BGBl I 07, 3150; BStBl I 08, 218) hat mit Wirkung ab VZ 07 die Aufhebung von § 40 gebracht. Ab VZ 07 gibt es grds auch keine KStErhöhung und keinen Übergang von $EK_{02}$ iRd Verschmelzung und Spaltung mehr, sondern nur noch den Übergang des KStErhöhungsbetrags nach § 38 Asb 5. Gleiches gilt für § 10 UmwStG aF im Fall der Verschmelzung auf eine PersGes oder natürliche Person. Liegt der steuerliche Übertragungsstichtag nach dem 31.12.06, geht nur noch die Verbindlichkeit aus § 38 V und VI über. § 34 XVI sieht allerdings für 7 bestimmte Körperschaften die Option zur Fortführung des alten Rechts vor. Ferner gelten V u VI fort, wenn der Wegzug bis zur Verkündung des JStG 08 (28.12.07) erfolgt und eine Festsetzung der KStErhöhung vorher vorgenommen wurde (§ 34 XIIIe).

11 **3. Verschmelzung von Körperschaften (Abs 1).** Abs 1 erfasst den Vermögensübergang im Fall der Verschmelzung einer unbeschränkt stpfl Körperschaft auf eine unbeschränkt stpfl Körperschaft (§ 2 UmwG). Ein verschmelzungsbedingter Vermögensübergang iSv § 2 UmwG ist Tatbestandsvoraussetzung des Abs 1. Betroffen sind nur Anrechnungskörperschaften.

12 Die übertragende Körperschaft kann **stbefreit** oder nicht stbefreit sein, in beiden Fällen können KStMinderungs- oder Erhöhungsbeträge gegeben sein. Für eine stbefreite übernehmende Körperschaft enthält Abs 3 eine Sonderregelung.

13 **OrganGes** kommen sowohl als Überträgerin als auch als Übernehmerin in Betracht. Ist die übernehmende Körperschaft OrganGes sind die steuerl Konsequenzen aufgrund der Zurechnung des Gewinns beim Organträger zu ziehen.

14 **Rechtsfolge** des Abs 1 ist die Hinzurechnung des KStGuthabens (§ 37) sowie des unbelasteten Teilbetrags (§ 38 I) der übertragenden Körperschaft bei den entsprechenden Beträgen der übernehmenden Körperschaft. § 40 schreibt die Addition der festgestellten Beträge vor.

15 Die Höhe der Beträge ergibt sich aus den gesonderten Feststellungen nach § 37 I und § 38 I, jeweils für die übertragende und übernehmende Körperschaft. Für die übertragende Körperschaft sind das KStGuthaben (§ 37 I) und der unbelastete Teilbetrag (§ 38) letztmalig auf den steuerl Übertragungsstichtag (§ 2 UmwStG) vor Vermögensübergang festzustellen. Diese Feststellung legt fest, in welcher Höhe die Beträge bei der übernehmenden Körperschaft hinzuzurechnen sind. Bei der übernehmenden Körperschaft sind die Beträge aus der Feststellung auf den Schluss des vorangegangenen Wj Basis für die Hinzurechnung der Beträge der übertragenden Körperschaft.

16 Die Zusammenrechnung gilt auch, wenn die übernehmende Körperschaft keine festgestellten Beträge iSv § 37 und § 38 hat. Dies ist der Fall, wenn diese Beträge **null** betragen oder die aufnehmende Körperschaft erst nach dem Systemumbruch gegründet wurde, zB auch im Fall der Verschmelzung durch Neugründung. Bei der übernehmenden Körperschaft sind in diesen Fällen das KStGuthaben (§ 37 I) sowie der unbelastete Teilbetrag (§ 38 I) erstmalig auf den Schluss des ersten Wj nach der Gründung festzustellen.

17 Soweit sich **Gewinnausschüttungen** der übertragenden Körperschaft bereits auf das StBilanzeigenkapital zum Übertragungsstichtag ausgewirkt haben, erfolgt eine Berücksichtigung der Gewinnausschüttungen bei der gesonderten Feststellung des KStGuthabens und des $EK_{02}$-Bestands auf den steuerl Übertragungsstichtag. Bei ordentlichen Gewinnausschüttungen ist dies im Fall der Beschlussfassung vor dem steuerl Übertragungsstichtag, bei vGa bei Abfluss zum Übertragungsstichtag der Fall (bei vGa durch Pensionsrückstellung im Jahr der Rückstellungsbildung).

18 Der **Zeitpunkt** der Zusammenrechnung hängt vom steuerl Übertragungsstichtag ab. Zum Ende des Wj, in das der steuerl Übertragungsstichtag fällt, sind die Bestände an KStGuthaben und an $EK_{02}$ der übergehenden Körperschaft und der aufnehmenden Körperschaft zusammenzurechnen und festzustellen. Grds ist dies zum 31.12.06 letztmalig der Fall. In den Fällen der Optionsausübung gem § 34 XVI wird die Zusammenrechnung letztmalig zum Ende des Übergangszeitraums vorgenommen. Sofern keine Umstellungen des Wj erfolgen, ist dies letztmals zum 31.12.18 bzw zum Schluss des Wj 18/19 der Fall. Um Unsicherheiten zu verhindern, sollte als letztmöglicher steuerl Übertragungsstichtag der 30.12.18 bzw der Tag vor dem Ende des Wj 18/19 gewählt werden. Anderenfalls kann eine Diskussion darüber entstehen, ob die Verschmelzung vor oder nach oder gleichzeitig mit der letzten Feststellung der Bestände wirksam geworden ist.

**4. Spaltung (Abs 2).** Abs 2 S 1 regelt den Fall, dass das Vermögen im Wege der Aufspaltung oder Abspaltung iSv § 123 I und II UmwG, § 15 UmwStG ganz oder teilweise durch Sonderrechtsnachfolge auf eine oder mehrere andere Körperschaften übergeht. Voraussetzung ist, dass es sich bei den Beteiligten um **unbeschränkt stpfl Körperschaften** handelt. 21

Nicht erfasst ist der Fall der **Ausgliederung** iSv § 123 III UmwG, da es sich steuerl nicht um einen Fall der Spaltung nach § 15 UmwStG, sondern um einen Fall der Einbringung nach § 20 UmwStG handelt. 22

Die übertragende Körperschaft löst sich bei der Aufspaltung auf, bei der Abspaltung bleibt sie zwar bestehen, aber mit einem verringerten Vermögensbestand. In beiden Fällen ist die Realisierung des KStGuthabens sowie die Nachversteuerung von Ausschüttungen aus dem $EK_{02}$-Bestand nicht vollständig gesichert. Soweit das Vermögen und damit das Ausschüttungsvolumen auf die übernehmende Körperschaft übergeht, werden KStGuthaben und $EK_{02}$-Bestand daher entsprechend **aufgeteilt.** 23

Maßstab für die Aufteilung des KStGuthabens (§ 37) bis VZ 06 und des unbelasteten Teilbetrags (§ 38) ist das **Verhältnis** der übergehenden Vermögensteile zu dem bei der übertragenden Körperschaft vor der Aufteilung bestehenden Vermögen. Ab VZ 06 wird der Anspruch auf Auszahlung des KStGuthabens (§ 37 V) bzw die Verbindlichkeit der Nachversteuerung (§ 38 VI) entsprechend aufgeteilt. Das Verhältnis ergibt sich regelmäßig aus dem Spaltungs- und Übernahmevertrag bzw aus dem Spaltungsplan. Entsprechendes ist in § 29 III für das Einlagekonto vorgesehen. 24

**Zivilrechtl** ist es möglich, das im Spaltungs- und Übernahmevertrag bzw im Spaltungsplan festgesetzte Verhältnis abweichend von den wahren Wertverhältnissen der übergehenden Vermögensteile festzuschreiben. **Abs 2 S 2** sieht für diesen Fall vor, das KStGuthaben sowie den $EK_{02}$-Bestand entsprechend der gemeinen Werte der übergehenden Vermögensteile im Verhältnis zu dem vor der Spaltung vorhandenen Vermögen aufzuteilen. Sofern die AntE des übertragenden Rechtsträgers nicht verhältniswahrend am übernehmenden Rechtsträger beteiligt sind, muss im Spaltungsvertrag bzw im Spaltungsplan eine Ausgleichsregelung vorgesehen werden, wenn ein vom Umtauschverhältnis abweichender Übergang von KStGuthaben (bis VZ 06, danach Anspruch auf Auszahlung gemäß § 37 V bzw Verbindlichkeit der KStErhöhung gemäß § 38 VI) in Betracht kommt. Ansonsten kann eine Barzahlungsverpflichtung gemäß §§ 125, 15 UmwG entstehen. Diese stellt keine Ausschüttung dar und vermittelt bis VZ 06 weder eine KStMinderung (§ 37) bis VZ 06 noch eine KStErhöhung (§ 38), vgl *Suchan/Pelkan* DStR 03, 136. 25

Ebenso wie bei der Verschmelzung nach Abs 1 sind bei der Spaltung nach Abs 2 aufseiten der übertragenden Körperschaft für den Bestand des aufzuteilenden KStGuthabens und/oder $EK_{02}$-Bestands die gesonderten Feststellungen auf den **steuerl Übertragungsstichtag** maßgebend. Ab VZ 07 kommt es auf den festgestellten KStErstattungsanspruch bzw festgestellten KStErhöhungsbetrag an. 26

**Abs 2 S 3** enthält eine Sonderregelung für den Fall, dass das aufgespaltene bzw abgespaltene Vermögen auf eine **PersGes** übergeht. Im Unterschied zu den sonst in § 40 geregelten Fällen ist eine Fortführung des KStGuthabens und/oder $EK_{02}$-Bestands auf der Seite der Übernehmerin ausgeschlossen. Abs 2 S 3 enthält daher lediglich die Bestimmung, dass das KStGuthaben und/oder $EK_{02}$-Bestand entsprechend dem Verhältnis der übergehenden Vermögensteile zu dem vor der Spaltung bestehenden Vermögen zu mindern sind. Geht das Vermögen aufgrund einer Aufspaltung auf mehrere PersGes über, entfällt eine Fortschreibung der Bestände, da die Überträgerin und mit ihr das gesamte KStGuthaben bzw der $EK_{02}$-Bestand untergeht. Die Konsequenzen der KStMinderung bzw KStErhöhung auf der Ebene der übertragenden Gesellschaft bis VZ 06 regeln § 16 S 2 iVm § 10 UmwStG aF. Dabei ist davon auszugehen, dass die KStMinderung bzw KStErhöhung der Minderung des KStGuthabens bzw des $EK_{02}$-Bestands entspricht. Dies war bis zur 27

Änderung der Neufassung des § 10 UmwStG durch das UntStFG v 20.12.01 (Rz 7) eindeutig. Nunmehr fingiert § 10 UmwStG die Ausschüttung des übergehenden Vermögens. Der Wortlaut von § 10 UmwStG ist nicht eindeutig. Die Fiktion der Ausschüttung könnte auch so verstanden werden, dass sich die KStMinderung bzw KStErhöhung nur insoweit ergibt, als EK tatsächlich ausgeschüttet werden kann. Problematisch ist das in den Fällen mit KStGuthaben bzw positivem $EK_{02}$ aber keinem Vermögen, das zur Ausschüttung zur Verfügung steht. UE verbleibt es gleichwohl bei der Parallelität zwischen Minderung des KStGuthabens und Minderung der KSt im Wj, in dem der steuerl Übertragungsstichtag liegt bzw KStErhöhung und Minderung des $EK_{02}$ Bestands (vgl BFH BStBl II 96, 390; aA *Ott* Inf 02, 110; DStR 06, 113).

31 **5. Übergang auf stbefreite Körperschaft (Abs 3).** Bei Umwandlungen nach Abs 3, die zum Vermögensübergang auf unbeschränkt stpfl, aber stbefreite Körperschaften führen, sollen die Folgen der §§ 37 und 38 zum Zeitpunkt des Vermögensübergangs eintreten. Die Umwandlungsvorgänge werden nach S 1 wie eine **Vollausschüttung** behandelt. Im Zeitpunkt der Umwandlung kommt es bis VZ 06 damit zur vollständigen Realisierung des KStGuthabens bzw Nachversteuerung des gesamten $EK_{02}$-Bestands. Weitere Voraussetzungen für die KStMinderung bzw KStErhöhung bestehen nicht, da die Ausschüttung fingiert wird. Bezüglich der Frage der Fiktion der Ausschüttung bei fehlendem Vermögen zur Ausschüttung (vgl Rz 30 aE).

32 Wegen des Übergangs in den **stbefreiten Bereich** ist die vollständige Auflösung des KStGuthabens sowie des $EK_{02}$-Bestands systemgerecht. Die KStÄnderungen sind bei der übertragenden Körperschaft in dem VZ zu erfassen, in dem das letzte Wj endet, also das Wj, dessen Ende durch den steuerlichen Übertragungszeitpunkt festgeschrieben wird.

33 Die Einschränkungen durch das **StVergAbG** (§ 37 IIa) gelten gemäß S 2 nicht.

34 Systemgerecht ist auch die Ausnahme nach S 3. Der Verweis auf § 38 III stellt sicher, dass eine KStErhöhung unterbleibt, sofern es sich bei der übertragenden Körperschaft ebenfalls um eine stbefreite Körperschaft handelt. Insoweit bleibt insgesamt die StBefreiung gesichert. In diesem Fall verlässt das übertragende Vermögen nicht den stbegünstigten Bereich, so dass eine KStErhöhung nicht gerechtfertigt ist. Etwas anderes gilt, wenn das übertragene Vermögen bei der aufnehmenden Körperschaft zu einem wirtschaftl Geschäftsbetrieb gehört, da es den stbegünstigten Bereich verlässt (Verweis auf § 38 III). Für die KStMinderung verbleibt es bei der Fiktion der Vollausschüttung, dh bei der Realisierung des gesamten KSt-Guthabens.

38 **6. Liquidation (Abs 4).** Abs 4 regelt die steuerl Folgen der Liquidation im Übergangszeitraum. S 1 setzt eine Liquidation iSv § 11 voraus. Ist diese gegeben, wird die Vermögensverteilung wie eine Vollausschüttung behandelt. Auch hierbei handelt es sich um eine Fiktion. Für die KStMinderung nach § 37 kommt es nicht auf einen zivilrechtl wirksamen Gewinnausschüttungsbeschluss an.

39 Bemessungsgrundlage für die KStMinderung bzw KSt-Erhöhung ist der Wert des ausgekehrten Vermögens. $^{1}/_{6}$ hiervon kann zur KStMinderung führen. Die Einschränkungen durch das StVergAbG (§ 37 IIa) gelten gemäß S 7 nicht. Keine Minderung tritt ein, soweit NennKap zurückgezahlt wird, wenn es nicht aus dem Sonderausweis gemäß § 28 I 3 besteht. Zunächst wird neutrales Vermögen, dann der Sonderausweis, dann das NennKap ausgekehrt (vgl FinVerw BStBl I 03, 434 Tz 12 ff).

40 Das gilt unabhängig davon, ob Vermögen zum oder vor Schluss der Liquidation verteilt wird (S 2).

41 Abs 4 S 1 ist ebenfalls in dem Ausnahmefall anwendbar, dass es im Rahmen einer Insolvenz zur Auskehrung von Vermögen an die Gesellschafter kommt. Das ergibt sich durch den Verweis auf § 11 und damit auch auf § 11 VII.

Die KStÄnderung ist nach S 3 zum Ende des VZ vorzunehmen, in dem die Liquidation bzw der jeweilige Besteuerungszeitraum endet, in dem das Vermögen abfließt. 42

Satz 4 bis 6 regeln die **zeitliche Anwendung** (vgl Rz 7; ausf *Dötsch/Pung* DB 02, 1232; *Neu* GmbH-StB 02, 74). Aus Satz 4 folgt, dass eine Auskehrung im Rahmen der Liquidation zur KStMinderung im VZ 01 führen kann. Nach Auffassung des BFH erfordert dies allerdings eine Feststellung des KStGuthabens bereits zum 31.12.00 (BFH GmbHR 06, 1110, m Anm *Binnewies)*. 43

Im Hinblick auf das Urteil des BVerfG zur Umgliederung (BGBl I 10, 326) ist es uE verfassungsrechtlich unzulässig, die Realisierung des KStGuthabens auf $^1/_6$ der Liquidationsauskehrung zu beschränken. Ist das KStGuthaben höher, geht die Differenz endgültig verloren. Nach Auffassung des BVerfG darf es zu einem endgültigen Verlust an KStGuthaben aufgrund der Übergangsregelungen nicht kommen, wenn das KStGuthaben im Zeitpunkt der Umgliederung durch eine Ausschüttung hätte realisiert werden können. Damit ist die generelle Beschränkung auf $^1/_6$ der Liquidationsauskehrung nicht vereinbar (ausf hierzu § 37 Rz 58). 44

**7. Wegfall der unbeschränkten KStPflicht (Abs 5 und 6).** Abs 5 regelt den Fall des umwandlungsbedingten Vermögensübergangs von einer unbeschränkt stpfl Körperschaft auf eine nicht unbeschränkt stpfl Körperschaft sowie die Beendigung der unbeschränkten KStPflicht durch Verlegung des Sitzes oder des Orts der Geschäftsleitung. Die KSt erhöht sich um den Betrag, der sich nach § 38 ergeben würde, wenn das zum Übertragungsstichtag bzw im Zeitpunkt des Wegfalls der unbeschränkten KStPflicht vorhandene Vermögen abzüglich des Betrags, der nach § 28 II 1 iVm § 29 I (NennKap) dem steuerlichen Einlagekonto gutzuschreiben ist, als zum vorgenannten Zeitpunkt für eine Ausschüttung verwendet gelten würde. Die Nachbelastung des Altbestands an $EK_{02}$ findet statt. Für EU-Fälle – nicht ausdrücklich auch EWR-Fälle – regelt Abs 6, dass der sich nach Abs 5 ergebende KStErhöhungsbetrag bis zum Ende des 18-jährigen Übergangszeitraums zinslos gestundet wird (31.12.18). Die Stundung erfolgt für jeweils ein Jahr und setzt voraus, dass die übernehmende ausländische Körperschaft bis zum 31.5. des nachfolgenden Jahres nachweist, dass – bei Zugrundelegung der in § 38 geregelten Verwendungsfiktionen – $EK_{02}$ nicht verwendet worden ist. Insoweit ist für die nach ausländischem Recht zu besteuernde Körperschaft eine Schattenrechnung nach § 38 durchzuführen. Hieraus ergeben sich erhebliche Nachweisprobleme. Kann der Nachweis erbracht werden, dass bis zum 31.12.18 $EK_{02}$ nicht verwandt wurde, entfällt die Nachbelastung endgültig. Abs 6 S 5 enthält schließlich Sachverhalte, bei deren Vorliegen die Stundung seitens der Finanzverwaltung zu widerrufen ist. 47

Abs 5 u 6 sind über VZ 06 hinaus anzuwenden, wenn vor Verkündung des JStG 08 (28.12.07) die Festsetzung der KStErhöhung gemäß Abs 5 und 6 vorgenommen wurde. Entsprechendes gilt für § 38 I bis III, § 34 XIIIe 3 und 4).

# Anhang: Anrechnungsverfahren

Die Kommentierung der §§ 27 bis 47, 51, 52 KStG aF, dh die Vorschriften des Anrechnungsverfahrens, war aus der 6. Aufl in die 7. Aufl noch übernommen worden. Gesetzesänderungen, neue Rechtsprechungen, Erlasse der Finanzverwaltung und Literatur waren dort eingearbeitet.

Ab der 8. Aufl verzichten wir auf die Wiedergabe der Kommentierung des Anrechnungsverfahrens.

Auf folgende das **Anrechnungsverfahren** betreffende **Rechtsprechung** weisen wir hin:

FG Köln EFG 08, 1230 betr Verluste iSv § 33; BFH/NV 09, 1835 betr Herstellung der Ausschüttungsbelastung im Liquidationsfall; FG Köln EFG 09, 1491: Vorlage an den EuGH (Rs C-262/09) betr Anrechnung ausländischer KSt; BFH/NV 10, 2117 betr Verwendung des steuerlichen Einlagekontos bei Ausschüttungen, die unter das AnrV fallen; FG Köln EFG 11, 170 betr Auflösung einer Kapitalrücklage und Auszahlung an die Anteilseigner.

# II. Gesetz über steuerrechtliche Maßnahmen bei Erhöhung des Nennkapitals aus Gesellschaftsmitteln (KapErhStG)

In der Fassung vom 10. Oktober 1967

(BGBl I 67, 977; BStBl I 67, 367)

Zuletzt geändert durch Gesetz vom 7.12.2006 (BGBl I 06, 2782; BStBl I 07, 4)

## Vorbemerkung

### Übersicht



**Schrifttum:** *Loos,* Die Überführung von verwendbarem EK einer KapGes auf ihre Gesellschaft nach der KStReform, DB 77, 217, 265; *Brezing,* Das KapErhStG nach der KStReform, AG 79, 12; *Döllerer* JbFfSt 80/81, 239, 253 ff; *Glade,* Die Auswirkungen von KapVeränderungen einer GmbH auf die KStAnr, GmbHR 83, 173; *Tillmann,* MindestKapErhöhung aufgrund der GmbH-Novelle 1980, GmbHR 80, 244.

Zu § 8 s dort.

**1. Gegenstand des KapErhStG:** Zwei Sachverhalte werden geregelt: Die **§§ 1, 3–7** beschäftigen sich mit den Folgen einer KapErh aus Gesellschaftsmitteln. Die Sonderregelung war erforderlich geworden, nachdem die Rspr bei diesen gesellschaftsrechtl Vorgängen eine Ausschüttung und folglich estpfl Einkünfte angenommen hatte (sog Doppelmaßnahme, BFH BStBl III 57, 401; III 58, 390; II 78, 414; II 79, 560). Das KapErhStG korrespondiert bis zum 1.1.1995 mit dem handelsrechtl G über die KapErh aus Gesellschaftsmitteln und über die Verschmelzung von GmbH v 23.12.59, BGBl I 59, 789 mit nachfolgenden Änderungen, seit 1995 mit §§ 57c–57o GmbHG bzw – für AG u KGaA – mit §§ 207–220 AktG. **§ 8** erleichterte die Überlassung eigener Anteile an Arbeitnehmer; er wurde ab 1.1.84 durch § 19a EStG ersetzt; § 19a EStG wurde mit Wirkung vom 1.4.09 aufgehoben; zum Übergang s § 52 XXXV EStG. 1

**2. Einfluss der KStReform 1977:** Die Zwecke der §§ 1–7 KapErhStG haben sich mit der KStReform verschoben. Vor der Reform galten die §§ 1–3 als Vergünstigungen, die durch § 5 eingeschränkt werden mussten. Vorteilhaft war die Nichtausschüttung; die Ausschüttung wurde in bestimmten Fällen fingiert. Nach der KStReform 1977 kann in vielen Fällen die Ausschüttung günstiger sein (s ABC „Schütt-aus-Hol-zurück"-Verfahren). Der Missbrauchsverdacht richtet sich eher gegen die Ausschüttung als gegen ihre Vermeidung. Die KStReform hat jedoch zu einer Neutralität der Ausschüttung geführt, die unter keinem besonderen Missbrauchsvorbehalt mehr steht; dies musste die Auslegung des KapErhStG beeinflussen (s auch ABC „Schütt-aus-Hol-zurück"-Verfahren). Die Abschaffung des AnrV ab 2001 (s § 1 Rz 24) führt wieder zu dem eingangs erwähnten Vergünstigungseffekt. 2

**3. Rechtsentwicklung:** Das G v 30.12.59 (BGBl I 59, 834; BStBl I 60, 14) wurde nach verschiedenen Änderungen, die die Rechtsentwicklung anderer G berücksichtigten, am 10.10.67 (BGBl I 67, 977; BStBl I 67, 367) neu gefasst. Weitere Anpassungen vom 23.12.71 (BGBl I 71, 2134; BStBl I 72, 13). Am 6.9.76 3

(BGBl I 76, 2641; BStBl I 76, 476) wurde das G durch das EGKStRG in die KStReform einbezogen und teilweise neu gefasst; dazu BT-Drucks 7/4803, 36. Die Anpassung an die AO 1977 erfolgte am 14.12.76 (BGBl I 76, 3341; BStBl I 76, 694). Das 2. HStruktG v 22.12.81 (BGBl I 81, 1523; BStBl I 81, 235, 244) änderte § 8; dazu BT-Drucks 9/842 u BR-Drucks 363/81. Das Vermögensbeteiligungs G v 22.12.83 (BGBl I 83, 1592; BStBl I 84, 23) ersetzte § 8 durch § 19a EStG, und zwar ab 1.1.84 (§ 10 idF des G v 22.12.83); dazu BR-Drucks 304/83, 517/83; BT-Drucks 10/337, 10/349, 10/724. Das StückaktienG v 25.3.98 (BGBl I 98, 590; BStBl I 98, 378) passte die §§ 3, 6 begrifflich an. Das StSenkG v 23.10.00 (BGBl I 00, 1433; BStBl I 00, 1521) hob folgerichtig die §§ 5, 6 mit der Beendigung des AnrV auf; zum Inkrafttreten s § 8a idF des G v 23.10.00. Das UntStFG v 20.12.01 (BStBl I 01, 3858; BStBl I 02, 35) fasste § 8a Abs 2 neu. Das SEStEG v 7.12.06 (BGBl I 06, 2782; BStBl I 07, 4) ergänzte § 7 II.

## § 1 Steuern vom Einkommen und Ertrag der Anteilseigner

**Erhöht eine Kapitalgesellschaft im Sinne des § 1 Abs. 1 Nr. 1 des Körperschaftsteuergesetzes ihr Nennkapital durch Umwandlung von Rücklagen in Nennkapital, so gehört der Wert der neuen Anteilsrechte bei den Anteilseignern nicht zu den Einkünften im Sinne des § 2 Abs. 1 des Einkommensteuergesetzes.**

### Übersicht



1 **1. Allgemeines:** § 1 schließt aus, in der KapErh aus Gesellschaftsmitteln eine Ausschüttung und Wiedereinlage (Doppelmaßnahme, s Rz 5) zu sehen. Dies kann als Fiktion entgegen der allgemeinen Rechtsfolge einer Doppelmaßnahme gesehen werden, wenn man der Rspr (s Rz 5) folgt; man kann sie aber auch als gesetzl Bestätigung begreifen, dass bereits nach allgemeinen Regeln entgegen der Rspr eine Ausschüttung bei KapErh aus Gesellschaftsmitteln nicht anzunehmen ist. Insoweit ist § 1 bezüglich des Problems der Doppelmaßnahme neutral.

2 **2. Geltungszeit:** S Anm zu §§ 8a, 10, 11. § 1 wurde durch das EGKStRG v 6.9.76, BGBl I 76, 2641, BStBl I 76, 476 geändert; obwohl die Änderung nur redaktionell sein sollte (BT-Drucks 7/4803, 36), wurde durch die Neufassung § 1 vom Handelsrecht abgekoppelt und die KapErh aus den Rücklagen als selbständige stl Voraussetzung formuliert.

3 **3. Kapitalgesellschaft** iSv § 1 I Nr 1 KStG s KStG § 1 Rz 30. Obwohl nicht zwingend aus dem Wortlaut ableitbar, folgt aus der besonderen Regelung des § 7, dass § 1 eine Gesellschaft voraussetzt, die inländischem GesRecht unterliegt; durch den Hinweis auf § 1 I Nr 1 KStG werden diese bestimmten inländischen GesFormen bezeichnet. Die KapGes kann OrgGes iSv §§ 14–17 KStG sein. StBefreiung der KapGes ist unschädlich. Allerdings ist zu prüfen, ob die KapErh für die StBefreiung schädlich ist (s dazu auch *Gronemann* DB 81, 1589).

4 **4. Erhöhung des Nennkapitals** durch Rücklagenumwandlung. Es entstehen neue Anteilsrechte (Freianteile, Berichtigungsaktien, Gratisaktien). Die KapErh muss aufgrund gesellschaftsrechtl Vorschriften erfolgen. Einschlägig sind die §§ 57c–57o GmbHG und die §§ 207–220 AktG für die AG und KGaA.

§ 1 setzt die **gesellschaftsrechtl Wirkung der KapErhöhung** voraus. Hinweis im einzelnen auf das GesRecht. Erforderlich ist die Eintragung im Handelsregister (§ 57i GmbHG; § 211 AktG). Die Eintragung hat konstitutive Wirkung und ist für das StRecht bindend (BFH BStBl II 74, 32; BT-Drucks 7/4803, 36), selbst wenn die KapErh gegen zwingende gesellschaftsrechtl Vorschriften verstieß (BFH BStBl II 74, 32; II 79, 560). Die KapErh muss aus den Rücklagen erfolgen (§ 57d GmbHG; §§ 207, 208 AktG). Wird unmittelbar der Gewinn in Form von Freiaktien ausgeschüttet, liegen stpfl Gewinnanteile vor; anders, wenn der Gewinn zuerst in die Rücklage eingestellt und sodann zur KapErh verwandt wird (FinVerw 1964 StEK KStG § 19 Nr 5); anders auch, wenn der Gewinnverwendungsbeschluss die Zuweisung zu den Rücklagen ausweist und hieraus die KapErh erfolgt (FinVerw 96, 1445). Die Maßnahmen – Feststellung des Jahresabschlusses, Einstellung des Gewinns in die Rücklagen und KapErh aus diesen Rücklagen – können bei der GmbH zeitlich unmittelbar einander folgen. Allerdings muss die Bilanz, in der der Gewinn als Rücklage ausgewiesen ist, geprüft und bestätigt sein (vgl §§ 57e, 57f GmbHG), was aber – im Zeitablauf – vor dem gesellschaftsrechtl Beschluss über die Zuweisung zu den Rücklagen erfolgen kann. Wegen § 174 III AktG, wonach der Gewinnverteilungsbeschluss die Bilanz nicht ändert, ist eine derartige Zusammenfassung bei der AG nicht mögl.

**5. Rechtsfolge:** Keine Einkünfte nach § 2 I EStG. Dies kann als Befreiung verstanden werden oder als Bestätigung, dass kein stpfl Wertzuwachs beim AntE vorliegt (s Rz 1). Im ersteren Fall gilt für zugehörige Werbungskosten oder Betriebsausgaben § 3c EStG; im letzteren Fall ist der Abzug nach allgemeinen Regeln mögl. Liegen die Voraussetzungen des § 1 nicht vor, so beurteilt die Rspr die KapErh als Ausschüttung und Einlage, dh als sog Doppelmaßnahme (BFH BStBl III 57, 401; III 58, 390; II 78, 414; II 79, 560). Es liegt eine vGa vor (BFH BStBl II 78, 414; glA FinVerw DB 74, 1745). 5

## § 2 *Gesellschaftsteuer*

§ 2 wurde ab 1.1.72 durch G v 23.12.71 (BGBl I 71, 2134; BStBl I 72, 13) gestrichen.

## § 3 Anschaffungskosten nach Kapitalerhöhung

**Als Anschaffungskosten der vor der Erhöhung des Nennkapitals erworbenen Anteilsrechte und der auf sie entfallenen neuen Anteilsrechte gelten die Beträge, die sich für die einzelnen Anteilsrechte ergeben, wenn die Anschaffungskosten der vor der Erhöhung des Nennkapitals erworbenen Anteilsrechte auf diese und auf die auf sie entfallenen neuen Anteilsrechte nach dem Verhältnis der Anteile am Nennkapital verteilt werden.**

**Übersicht**



**1. Allgemeines:** Durch § 3 werden die Anschaffungskosten der Anteile vor der KapErh gleichmäßig auf die Alt- und Neuanteile verteilt. 1

**2. Geltungszeit:** S Anm zu §§ 8a, 10, 11. Durch das EGKStRG v. 6.9.76, BGBl I 76, 2641; BStBl I 76, 476 erfolgte nur eine redaktionelle Änderung (BT- 2

Drucks 7/4803, 36). Durch das G v 25.3.98 (Vor § 1 Rz 3) wurde der Begriff Nennbetrag durch Anteile am Nennkapital ersetzt.

3 **3. Voraussetzung** ist, dass der Tatbestand des § 1 gegeben ist.

4 **4. Verteilung der Anschaffungskosten:** Ein Anschaffungsgeschäft wird nicht angenommen. Die jungen Anteile sind von den alten „abgespalten"; ihr Anschaffungsvorgang wird von den Altanteilen abgeleitet (aA *Karwatzki* DB 79, 1150 bzgl der Anschaffung im Spekulationsgeschäft). Die Anschaffungskosten werden linear verteilt. Dies gilt unabhängig davon, ob die Anteile Privatvermögen oder Betriebsvermögen darstellen. Bilanziert der AntE nicht mit den Anschaffungskosten, sondern mit einem anderen zulässigen Wert (Teilwert, § 6b EStG usw), ist dieser Wert zu verteilen. Bei Anteilen mit unterschiedlichen Anschaffungskosten erfolgt die Verteilung jeweils für die Anteile mit gleichen Anschaffungskosten (oder Buchwerten) gesondert. Sind die unterschiedlichen Anschaffungskosten nicht mehr bestimmten Anteilen zurechenbar, so erfolgt die Verteilung so, als seien die Anschaffungskosten für die Anteile vor der KapErh gleichmäßig auf die Anteile verteilt. Folgt aus dieser mechanischen Regelung des § 3, dass die Anschaffungskosten der Freianteile über dem Börsenkurs liegen, ist nach allgemeinen Regeln eine Teilwertabschreibung möglich; § 3 steht nicht entgegen.

5 **5. Teilrechte** sind in die Verteilung mit einzubeziehen; ihnen sind nach § 3 folglich Anschaffungskosten zuzuordnen.

## § 4 Mitteilung der Erhöhung des Nennkapitals an das Finanzamt

**Die Kapitalgesellschaft hat die Erhöhung des Nennkapitals innerhalb von zwei Wochen nach der Eintragung des Beschlusses über die Erhöhung des Nennkapitals in das Handelsregister dem Finanzamt mitzuteilen und eine Abschrift des Beschlusses über die Erhöhung des Nennkapitals einzureichen.**

### Übersicht



1 **1. Allgemeines:** § 4 bezweckt, durch MitteilungsPfl die StFolgen des KapErhStG sicherzustellen.

2 **2. Geltungszeit:** S Anm zu §§ 8a, 10, 11. § 4 war bis zum EGKStRG v 6.9.76 (BGBl I 76, 2641; BStBl I 76, 476) § 5; im Übrigen keine Änderung durch die KStReform.

3 **3. Voraussetzung** ist eine Erhöhung des NennKap iSv § 1; s § 1 Rz 3, 4.

4 **4.** Die Tatsache der Erhöhung ist **mitzuteilen.** Außerdem ist eine Abschrift des Beschlusses einzureichen; Beglaubigung ist nicht erforderlich; Kopie ist ausreichend. Frist: zwei Wochen nach Eintragung des Beschlusses; Fristbemessung: §§ 108 AO, 187f BGB. Fristverlängerung ist durch das FA möglich entsprechend § 109 AO. Die Mitteilung erfolgt an das für die Besteuerung der KapGes zuständige FA. Eine Sanktion für die Verletzung ist nicht vorgesehen. Führt die vorsätzlich oder fahrlässige Verletzung zu einer StVerkürzung, kann StHinterziehung oder leichtfertige StVerkürzung gegeben sein; wohl nur eine sehr theoretische Möglichkeit.

### § 5 *Herabsetzung des Nennkapitals*

*(1) [1] Gilt für die Erhöhung des Nennkapitals eine Rücklage als verwendet, die aus dem Gewinn eines vor dem 1. Januar 1977 abgelaufenen Wirtschaftsjahrs gebildet worden ist, und setzt die Kapitalgesellschaft das Nennkapital innerhalb von fünf Jahren nach Erhöhung herab, so gilt die Rückzahlung dieses Teils des Nennkapitals als Gewinnanteil. [2] § 41 Abs. 2 des Körperschaftsteuergesetzes ist anzuwenden.*

*(2) [1] Die auf die Gewinnanteile (Dividenden) im Sinn des Absatzes 1 entfallenden Steuern vom Einkommen der Gesellschafter werden im Wege der Pauschbesteuerung erhoben. [2] Die Steuer ist von der Kapitalgesellschaft zu entrichten. [3] Sie beträgt dreißig vom Hundert der Gewinnanteile. [4] Sie ist bei der Ermittlung des Einkommens nicht abziehbar und bei der Ermittlung der Teilbeträge des verwendbaren Eigenkapitals dem Teilbetrag im Sinne des § 30 Abs. 2 Nr. 3 des Körperschaftsteuergesetzes zuzuordnen. [5] § 27 des Körperschaftsteuergesetzes und die Vorschriften über die Anrechnung und Vergütung von Körperschaftsteuer sind nicht anzuwenden.*

*(3) [1] § 4 gilt entsprechend. [2] Die Mitteilung der Herabsetzung des Nennkapitals gilt als Steuererklärung im Sinne des § 150 der Abgabenordnung.*

*(4) [1] Das Finanzamt setzt durch Steuerbescheid die Steuer fest. [2] Die Steuer ist innerhalb eines Monats nach Bekanntgabe des Steuerbescheids zu entrichten.*

*(5) (aufgehoben)*

**Übersicht**



**Schrifttum:** *Schöneberger* DB 80, 223; *Reuter* AG 83, 148; *Herzig* JbFfSt 82/83, 366.

**1. Allgemeines:** Vor der KStReform war es für AntE in vielen Fällen günstig, an die Stelle einer Gewinnausschüttung die KapErh und die anschließende Kap-Herabsetzung zu setzen. Hier bezweckte § 5 einen Missbrauchsschutz: KapHerabsetzungen innerhalb von 5 Jahren nach der KapErh führten zu Einkünften. Kap-Auskehrungen, die nach dem 31.12.76 gebildete Gewinne betreffen, führen jedoch nach der KStReform stets zu Einkünften aus KapVerm. § 5 beschränkt sich heute folglich nur noch auf die zu NennKap umgewandelten Rücklagen, die aus Gewinnen von Wj stammen, die vor dem 1.1.77 endeten. Die Vorschrift hat abnehmende Bedeutung, da bei den KapGes das AltKap zunehmend von NeuKap überlagert wird. 1

**2. Geltungszeit:** S Anm zu §§ 8a, 10, 11. § 5 war vor der KStReform § 6. Durch das EGKStRG v 6.9.76 (BGBl I 76, 2641; BStBl I 76, 476) wurde § 6 aF zu § 5 nF und in wesentlichen Teilen neu gefasst. KapAuskehrungen aus Neugewinnen (Gewinne nach 1976) können den allgemeinen Vorschriften unterliegen, da hier Ausschüttungen iSd § 27aF KStG vorliegen; eine Sonderregelung ist nur für Altgewinne (Gewinne vor 1977) notwendig; hierauf wurde § 5 eingeschränkt (s BT-Drucks 7/4803, 36). Außerdem wurde Abs 3 und Abs 4 durch das EGAO v 14.12.76 (BGBl I 76, 3341; BStBl I 76, 694) mit Wirkung vom 1.1.77 der AO 1977 angepasst. 2

Mit der Abschaffung des AnrV durch das StSenkG v 23.10.00 (Vor § 1 Rz 3) wurde auch § 5 **aufgehoben;** zum Inkrafttreten s § 8a.

**3. Kommentierung s 7. Aufl.** 3

### *§ 6 Anschaffungskosten nach Kapitalherabsetzung innerhalb von fünf Jahren*

*Setzt eine Kapitalgesellschaft innerhalb von fünf Jahren nach Erhöhung des Nennkapitals (§ 1) das Nennkapital herab und zahlt sie die dadurch frei werdenden Mittel ganz oder teilweise an die Gesellschafter zurück, so gelten als Anschaffungskosten der nach der Kapitalherabsetzung verbleibenden Anteilsrechte die Beträge, die sich für die einzelnen Anteilsrechte ergeben, wenn die Anschaffungskosten der vor der Kapitalherabsetzung vorhandenen gesamten Anteilsrechte auf die nach der Kapitalherabsetzung verbleibenden Anteilsrechte nach dem Verhältnis ihrer Anteile am Nennkapital verteilt werden.*

**Übersicht**



1 **1. Allgemeines:** § 6 befasst sich mit den Anschaffungskosten für die Anteile bei einer KapHerabsetzung nach KapErh. Innerhalb von 5 Jahren bleibt die KapHerabsetzung ohne Einfluss auf die Anschaffungskosten. Die Herabsetzung wird wie eine Ausschüttung behandelt. Die Voraussetzungen in § 6 sind weiter gefasst als diejenigen des § 5, so dass § 6 eigenständige Bedeutung hat.

2 **2. Geltungszeit:** S Anm zu §§ 8a, 10, 11. Durch das EGKStRG v 6.9.76 (BGBl I 76, 2641; BStBl I 76, 476) eingefügt; inhaltsgleich, redaktionell geändert, mit § 6 V aF (BT-Drucks 7/4803, 37). Das G v 25.3.98 (Vor § 1 Rz 3) ersetzte den Begriff der Nennbeträge durch den der Anteile am Nennkapital.

Durch das StSenkG v 23.10.00 (Vor § 1 Rz 3) wurde § 6 – mit der Abschaffung des AnrV – **aufgehoben;** zum Inkrafttreten s § 8a.

3 **3. Kommentierung** s 7. Aufl.

### § 7 Anteilsrechte an ausländischen Gesellschaften

(1) [1] **§ 1 ist auf den Wert neuer Anteilsrechte an ausländischen Gesellschaften anzuwenden, wenn**

1. **die ausländische Gesellschaft einer Aktiengesellschaft, einer Kommanditgesellschaft auf Aktien oder einer Gesellschaft mit beschränkter Haftung vergleichbar ist,**
2. **die neuen Anteilsrechte auf Maßnahmen beruhen, die einer Kapitalerhöhung aus Gesellschaftsmitteln nach den Vorschriften der §§ 207 bis 220 des Aktiengesetzes oder nach den Vorschriften *des Gesetzes über die Kapitalerhöhung aus Gesellschaftsmitteln und über die Gewinn- und Verlustrechnung vom 23. Dezember 1959 (Bundesgesetzbl. I S. 789), zuletzt geändert durch das Einführungsgesetz zum Strafgesetzbuch vom 2. März 1974 (Bundesgesetzbl. I S. 469)*[1], entsprechen und**
3. **die neuen Anteilsrechte wirtschaftlich den Anteilsrechten entsprechen, die nach den in Nummer 2 bezeichneten Vorschriften ausgegeben werden.**

[2] **Der Erwerber der Anteilsrechte hat nachzuweisen, daß die Voraussetzungen der Nummern 1 bis 3 erfüllt sind.**

(2) [1] **Setzt die ausländische Gesellschaft in den Fällen des Absatzes 1 innerhalb von fünf Jahren nach Ausgabe der neuen Anteilsrechte ihr Kapital herab und zahlt sie die dadurch freiwerdenden Mittel ganz oder teilweise zurück, so gelten die zurückgezahlten Beträge bei den Anteilseignern insoweit als Ein-**

[1] KapErhG aufgehoben; nunmehr geregelt in §§ 57c bis 57o GmbHG.

**künfte aus Kapitalvermögen im Sinne des § 20 Abs. 1 Ziff. 1 des Einkommensteuergesetzes, als sie den Betrag der Erhöhung des Kapitals nicht übersteigen. [2]Das gleiche gilt, wenn die ausländische Gesellschaft Maßnahmen trifft, die den in Satz 1 bezeichneten Maßnahmen vergleichbar sind. [3]Die Sätze 1 und 2 sind in den Fällen des § 27 Abs. 8 des Körperschaftsteuergesetzes in der Fassung des Artikels 3 des Gesetzes vom 7. Dezember 2006 (BGBl. I S. 2782) nicht anzuwenden.**

***Abs 2 S 3 wurde durch das G v 7.12.06 (Rz 2) angefügt.***

**Übersicht**



**1. Allgemeines:** §§ 1–6 gelten nur für KapGes, die Gesellschaften nach deutschem Gesellschaftsrecht darstellen. § 7 dehnt die Regelung auf vergleichbare ausländische Gesellschaft aus. Zum Verhältnis des § 7 zum DBA Brasilien s FinVerw 1980, 1983 StEK KapErhStG § 7 Nr 67, 83. Allgemein zu § 7 aus der Sicht der FinVerw 1996 StEK KapErhStG § 7 Nr 179. 1

**2. Geltungszeit:** S Anm zu §§ 8a, 10, 11. § 7 wurde durch das EGKStRG v 6.9.76 (BGBl 76, 2641; BStBl 76, 476) neu gefasst, um für ausländische Gesellschaften die bis 1976 geltende Rechtslage beizubehalten (BT-Drucks 7/4803, 37). Abs 2 Satz 3 wurde durch das SEStEG v 7.12.06 (BGBl I 06, 2782; BStBl I 07, 4) angefügt. 2

**3.** Die **ausländische Gesellschaft** muss einer AG, KGaA oder GmbH vergleichbar sein (Abs 1 Nr 1). S hierzu auch § 1 KStG Rz 13 und FinVerw 1996 oben Rz 1. Die Grundsätze, die zur Qualifizierung ausländische Gesellschaft als KStSubjekte entwickelt wurden, gelten auch hier. Maßgebend ist nicht die Tatsache, ob die Gesellschaft im Ausland jur Person ist oder der KStG unterliegt, sondern ob sie bei wirtschaftl Betrachtung in der rechtl Organisation, in ihrer Funktion und in ihrer Bedeutung für das Wirtschaftsleben einer der genannten KapGes entspricht. 3

**4.** Neue Anteilsrechte aufgrund einer der **KapErhöhung** entsprechenden Maßnahme (Abs 1 Nr 2). Wesentliche Bedingung ist, dass die neuen Anteile den bisherigen AntE im Verhältnis ihrer Beteiligung zustehen und dass sie wirtschaftl etwas erhalten, was ihnen über die Altanteile ohnehin zustand. Es ist nicht erforderlich, dass die ausländische KapErh den in der Vorschrift genannten deutschen handelsrechtl Vorschriften im Einzelnen entsprechen muss; so BFH BStBl II 77, 177 betr eine KapErh nach Schweizer Recht entgegen der früheren engeren Praxis der FinVerw; folgend FinVerw 1977 StEK KapErhStG § 7 Nr 37; GmbHR 96, 873. Entsteht durch die KapErh eine Einzahlungsverpflichtung, wäre dies schädlich (BFH aaO). BFH aaO lässt ausdrücklich offen, ob eine KapErh aus dem Gewinn oder Gewinnvortrag – nicht aus den Rücklagen – ausreicht; uE ist dies zu bejahen, wenn dies das ausländische Recht zulässt; der Umweg über die Rücklage ist nicht wesensnotwendig für die KapErh aus eigenen Mitteln (so auch *Loos* RIW 91, 124). 5

Demgegenüber sieht es BFH BStBl II 78, 414 (ebenso FinVerw 1977 StEK KapErhStG § 7 Nr 37, 1996 StEK KapErhStG § 7 Nr 179) als notwendig an, dass die Umwandlung aus Rücklagen erfolgt; bei einer KapErh aus dem Gewinn erbringe der AntE insoweit eine Einlage, als er auf seinen Gewinnanspruch verzichte. Ebenso NdsFG EFG 92, 747: KapErh bei einer französischen S. A. R. L. als stpfl Ertrag, wenn sie von einem Gewinnausschüttungen noch zugänglichen Gewinnvortragskonto finanziert wird. Die KapErh muss nach dem ausländischen GesRecht ordnungsgemäß sein. Wird die KapErh in das ausländische HReg eingetragen, kann idR davon ausgegangen werden, dass die KapErh dem ausländischen Recht entsprach (BFH BStBl II 77, 177). Allerdings kann nicht ohne weiteres von einer heilenden Wirkung ausgegangen werden (*Döllerer* JbFfSt 80/81, 256).

Werden inflationsbedingte Gewinne oder Aufwertungsgewinne, die durch Neubewertung entstehen, in NennKap umgewandelt, findet § 7 keine Anwendung; ebenfalls liegt keine Doppelmaßnahme (Ausschüttung und Rückgewähr) vor (FinVerw DB 74, 1745 u 1975; 1983 StEK KapErhStG § 7 Nr 26, 97 betr Brasilien; 1978 StEK KapErhStG § 7 Nr 41 betr Argentinien). Die StFolge für diese Anteile richtet sich damit im Ergebnis ebenfalls nach §§ 1, 3, ohne dass allerdings die Voraussetzungen des § 7 vorliegen.

Die Aufteilung ausländischer Aktien (Aktiensplit), die zur Vermehrung der Aktien führt, ohne das Kapital zu erhöhen, fällt nicht unter § 7; ebenfalls keine Doppelmaßnahme. Behandlung im Ergebnis nach §§ 1, 3 (FinVerw 1967 StEK KapErhStG § 7 Nr 3; 1968 § 7 Nr 6; 1970 § 7 Nr 9; 1973 § 7 Nr 21).

6 **5.** Die **neuen Anteile** müssen wirtschaftl den Anteilsrechten an einer AG, KGaA oder GmbH entsprechen (Abs 1 Nr 3). Diese Voraussetzung wird von der Voraussetzung des Abs 1 Nr 1 – entsprechende Gesellschaftsform – umfasst; Abweichungen sind schwer vorstellbar. Werden mit den neuen Anteilen Barausschüttungen vorgenommen – zB zur Begleichung von Steuern –, findet hierauf § 7 keine Anwendung; es liegen stpfl Einkünfte vor (FG Hbg EFG 81, 140).

7 **6.** Abs 1 S 2 bürdet dem AntE die objektive **Beweislast** auf. Die FinVerw prüft allerdings die Voraussetzung bzgl ausländischer Gesellschaften auch auf ministerieller Ebene; die Ergebnisse werden im Erlassweg veröffentlicht (Verfahren FinVerw 1996 StEK KapErhStG § 1 Nr 179; GmbHR 96, 873; vgl die Erlasse in StEK zu § 7 KapErhStG. Bei französischen und italienischen KapGes genügt es, Namen und Sitz der Ges anzugeben und zu versichern, dass der Erwerb aufgrund einer KapErh aus Gesellschaftsmitteln unentgeltlich erfolgte (FinVerw 1996 StEK KapErhStG § 7 Nr 179; gilt nicht für Österreich, FinVerw 1968 StEK KapErhStG § 7 Nr 4). Die Erlasse sind für die Gerichte nicht bindend.

8 **7.** Die **Rechtsfolge** des **§ 1** greift ein. Es werden keine Einkünfte angenommen. Vgl § 1 Rz 5. **§ 3** wird nicht erwähnt, obwohl in der bis 1976 geltenden Fassung enthalten und die Änderung nur redaktionellen Charakter haben sollte (BT-Drucks 7/4803, 37). Da die Regelung des § 3 sachnotwendig ist und auch gelten würde, gäbe es ihn nicht, findet § 3 auch entsprechend im Fall des § 7 Anwendung. Liegen die Voraussetzungen des § 7 nicht vor, liegt regelmäßig eine Doppelmaßnahme, dh vGa und Einlage, vor (§ 1 Rz 5 und BFH BStBl II 78, 414; FinVerw 1977 StEK KapErhStG § 7 Nr 37). Bleiben die Einzelheiten der KapErh ungeklärt, so kann aus der zu Lasten des AntE wirkenden objektiven Beweislast gefolgert werden, dass eine Doppelmaßnahme vorliegt (so NdsFG EFG 75, 444). Eine Zwischenlösung zwischen StFreiheit und StPfl ist nicht zulässig.

9 **8. Abs 2** behandelt die Rückzahlung von Kap aufgrund einer **KapHerabsetzung,** die innerhalb von 5 Jahren nach der KapErh erfolgt, als Einkünfte aus KapVerm iSv § 20 I Nr 1 EStG. Vergleichbare Maßnahmen werden nach Abs 2 S 2 ebenso behandelt. Nur das rückgezahlte Kap wird zu Einkünften, nicht das Kap, das zur Verlustabdeckung oder zur Rücklagenbildung in der Gesellschaft bleibt. Außerdem können nur Einkünfte entstehen bis zur Höhe der früheren

KapErh; hierdurch wird eine betragsmäßige Grenze gezogen. Werden KapErh und KapHerabsetzung durch andere gesellschaftsrechtl Akte in ihrem sachlichen Bezug aufeinander unterbrochen, findet § 7 II keine Anwendung.

**9.** Zur 5-Jahres-**Frist:** Fristbeginn ist die Ausgabe neuer Anteilsrechte, nicht die Eintragung ins HR. Fristgebunden ist die KapHerabsetzung, nicht auch die Auszahlung. **10**

**10.** Die zurückgezahlten Beträge sind **Einkünfte nach § 20 I Nr 1 EStG.** Allerdings führt diese Fiktion nicht dazu, dass für diese Einkünfte die StGutschrift nach § 20 I Nr. 3 EStG zu gewähren ist; vgl § 36 II Nr 3 EStG. Sachnotwendig muss auch die Regelung des aufgehobenen § 6 eingreifen: Keine Verrechnung mit den Anschaffungskosten; diese bzw die maßgebenden Buchwerte müssen gleichmäßig auf die verbleibenden Anteile verteilt werden. **11**

**11. § 27 VIII KStG** idF des SEStEG v 7.12.06 (BGBl I 06, 2782; BStBl I 07, 4) hat vor Abs 2 S 1 und 2 **Vorrang.** **12**

## § 8[1)] *Einkommensteuer (Lohnsteuer) bei Überlassung von eigenen Aktien an Arbeitnehmer zu einem Vorzugskurs*

*(1) ¹Überläßt eine Aktiengesellschaft oder eine Kommanditgesellschaft auf Aktien ihren Arbeitnehmern eigene Aktien zu einem unter dem Börsenkurs liegenden Kurs (Vorzugskurs) und wird hierbei vereinbart, daß die Aktien innerhalb von fünf Jahren nicht veräußert werden dürfen (Sperrfrist), so gehört der Vorteil, der sich aus dem Unterschied zwischen dem am Tag der Beschlußfassung maßgebenden Börsenkurs und dem Vorzugskurs (Kursunterschied) errechnet, außer in den Fällen der Sätze 2 und 3 nicht zu den Einkünften aus nichtselbständiger Arbeit. ²Soweit der Unterschied höher ist als die Hälfte des Börsenkurses, gehört der Vorteil aus dem Kursunterschied in voller Höhe zu den Einkünften aus nichtselbständiger Arbeit. ³Das gleiche gilt, soweit der Vorteil aus den Kursunterschieden für den einzelnen Arbeitnehmer 300 Deutsche Mark im Kalenderjahr übersteigt. ⁴Bei Aktien, die nicht zum Handel an der Börse oder im geregelten Freiverkehr zugelassen sind, tritt an die Stelle des Börsenkurses der gemeine Wert. ⁵Wird außer im Falle des Todes des Arbeitnehmers oder des Eintritts seiner völligen Erwerbsunfähigkeit die Sperrfrist nicht eingehalten, so wird eine Nachversteuerung durchgeführt.*

*(2) (aufgehoben)*

### *Verordnung zur Durchführung des § 8 Abs. 1 des Gesetzes über steuerrechtliche Maßnahmen bei Erhöhung des Nennkapitals aus Gesellschaftsmitteln und bei Überlassung von eigenen Aktien an Arbeitnehmern:*[2)]

Kommentierung des § 8 und Text der VO s bis zur 4. Aufl.

## § 8a Schlußvorschriften

(1) ¹**Dieses Gesetz ist erstmals auf Kapitalerhöhungen anzuwenden, die in einem nach dem 31. Dezember 1976 abgelaufenen Wirtschaftsjahr der Kapitalgesellschaft wirksam werden.** ²**Ist eine Kapitalerhöhung in einem früheren Wirtschaftsjahr wirksam geworden, so treten in den Fällen der §§ 6 und 7 Abs. 2 des Gesetzes in der Fassung der Bekanntmachung vom 10. Okto-**

---

[1)] § 8 ist durch G v 22.12.83 aufgehoben.

[2)] Vom 28.2.62 (BGBl I 62, 162; BStBl I 62, 890). Aufgehoben durch G v 22.12.83 (BGBl I 83, 1592; BStBl I 84, 23).

**ber 1967 (Bundesgesetzbl. I S. 977)[1] die in diesen Vorschriften bezeichneten Rechtsfolgen ein.**

(2) **Die §§ 5 und 6 sind letztmals auf die Rückzahlung von Nennkapital anzuwenden, wenn das Nennkapital in dem letzten Wirtschaftsjahr erhöht worden ist, in dem bei der Kapitalgesellschaft das Körperschaftsteuergesetz in der Fassung der Bekanntmachung vom 22. April 1999 (BGBl. I S. 817), das zuletzt durch Artikel 4 des Gesetzes vom 14. Juli 2000 (BGBl. I S. 1034) geändert worden ist, anzuwenden ist, soweit dafür eine Rücklage als verwendet gilt, die aus Gewinnen eines vor dem 1. Januar 1977 abgelaufenen Wirtschaftsjahrs gebildet worden ist.**

1 Abs 1 enthält die Regelung für das **Inkrafttreten** der durch das **EGKStRG** v 6.9.76 (BGBl I 76, 2641; BStBl I 76, 476) eingeführten Änderungen. Die KapErh wird durch die Eintragung im HReg wirksam. Fällt der Tag der Eintragung in ein Wj, auch ein Rumpf-Wj, das nach dem 31.12.76 endet, ist die Fassung nach dem EGKStRG maßgebend.

2 Abs 2, eingefügt durch das G v 23.10.00 (Vor § 1 Rz 3), normiert den Übergang der **Aufhebung** der **§§ 5, 6.** Der neue Abs 2, eingefügt durch das G v 20.12.01 (Vor § 1 Rz 3), bestimmt das Ende der Regelung der §§ 5, 6 **nach Beendigung** des **AnrV.**

## § 9 *Anwendung im Land Berlin*

*(gegenstandslos)*

## § 10 Anwendungszeitraum

**[1]Die vorstehende Fassung dieses Gesetzes ist erstmals ab 1. Januar 1984 anzuwenden. [2]Auf Aktien, die vor dem 1. Januar 1984 an Arbeitnehmer überlassen worden sind, ist § 8 Abs. 1 dieses Gesetzes in der vor dem 1. Januar 1984 jeweils geltenden Fassung weiter anzuwenden.**

## § 11 Inkrafttreten[2]

**Dieses Gesetz tritt am Tage nach seiner Verkündung in Kraft.**

Die Vorschrift war vor der Änderung durch das 2. HStruktG v 22.12.81 (BGBl I 81, 1523; BStBl I 82, 235, 244) § 10. Das Gesetz wurde am 11.11.61 verkündet.

---

[1] Text der §§ 6, 7 s zuletzt 5. Aufl.

[2] *[Amtliche Anmerkung:]* Diese Vorschrift betrifft das Inkrafttreten des Gesetzes in der ursprünglichen Fassung vom 30.12.59 (BGBl. I S. 834).

Das Inkrafttreten der späteren Änderungen ergibt sich aus den jeweiligen Änderungsgesetzen.

# III. Texte

## 1. Solidaritätszuschlaggesetz 1995 (SolZG 1995)

In der Fassung der Bekanntmachung vom 15. Oktober 2002

(BGBl I 02, 4130; BStBl I 02, 1154)

Geändert durch G v 23.12.02 (BGBl I 02, 4621), JStG 2007 v 13.12.06 (BGBl I 06, 2878), JStG 2008 v 20.12.07 (BGBl I 07, 3150), JStG 2009 v 19.12.08 (BGBl I 08, 2794), G v 22.12.08 (BGBl I 08, 2955), G v 22.12.09 (BGBl I 09, 3950), JStG 2010 v 8.12.10 (BGBl I 10, 1768), BeitrRLUmsG v 7.12.11 (BGBl I 11, 2592), G v 16.7.15 (BGBl I 15, 1202), InvStRefG v 19.7.16 (BGBl I 16, 1730) und G v 20.12.16 (BGBl I 16, 3000)

### § 1 Erhebung eines Solidaritätszuschlags

(1) Zur Einkommensteuer und zur Körperschaftsteuer wird ein Solidaritätszuschlag als Ergänzungsabgabe erhoben.

(2) Auf die Festsetzung und Erhebung des Solidaritätszuschlags sind die Vorschriften des Einkommensteuergesetzes mit Ausnahme des § 36a des Einkommensteuergesetzes und des Körperschaftsteuergesetzes entsprechend anzuwenden.

(3) Ist die Einkommen- oder Körperschaftsteuer für Einkünfte, die dem Steuerabzug unterliegen, durch den Steuerabzug abgegolten oder werden solche Einkünfte bei der Veranlagung zur Einkommen- oder Körperschaftsteuer oder beim Lohnsteuer-Jahresausgleich nicht erfasst, gilt dies für den Solidaritätszuschlag entsprechend.

(4) [1] Die Vorauszahlungen auf den Solidaritätszuschlag sind gleichzeitig mit den festgesetzten Vorauszahlungen auf die Einkommensteuer oder Körperschaftsteuer zu entrichten; § 37 Abs. 5 des Einkommensteuergesetzes ist nicht anzuwenden. [2] Solange ein Bescheid über die Vorauszahlungen auf den Solidaritätszuschlag nicht erteilt worden ist, sind die Vorauszahlungen ohne besondere Aufforderung nach Maßgabe der für den Solidaritätszuschlag geltenden Vorschriften zu entrichten. [3] § 240 Abs. 1 Satz 3 der Abgabenordnung ist insoweit nicht anzuwenden; § 254 Abs. 2 der Abgabenordnung gilt insoweit sinngemäß.

(5) [1] Mit einem Rechtsbehelf gegen den Solidaritätszuschlag kann weder die Bemessungsgrundlage noch die Höhe des zu versteuernden Einkommens angegriffen werden. [2] Wird die Bemessungsgrundlage geändert, ändert sich der Solidaritätszuschlag entsprechend.

### § 2 Abgabepflicht

Abgabepflichtig sind

1. natürliche Personen, die nach § 1 des Einkommensteuergesetzes einkommensteuerpflichtig sind,
2. natürliche Personen, die nach § 2 des Außensteuergesetzes erweitert beschränkt steuerpflichtig sind,
3. Körperschaften, Personenvereinigungen und Vermögensmassen, die nach § 1 oder § 2 des Körperschaftsteuergesetzes körperschaftsteuerpflichtig sind.

### § 3 Bemessungsgrundlage und zeitliche Anwendung

(1) Der Solidaritätszuschlag bemisst sich vorbehaltlich der Absätze 2 bis 5,

1. soweit eine Veranlagung zur Einkommensteuer oder Körperschaftsteuer vorzunehmen ist:
   nach der nach Absatz 2 berechneten Einkommensteuer oder der festgesetzten Körperschaftsteuer für Veranlagungszeiträume ab 1998, vermindert um die anzurechnende oder vergütete Körperschaftsteuer, wenn ein positiver Betrag verbleibt;
2. soweit Vorauszahlungen zur Einkommensteuer oder Körperschaftsteuer zu leisten sind:
   nach den Vorauszahlungen auf die Steuer für Veranlagungszeiträume ab 2002;
3. soweit Lohnsteuer zu erheben ist:
   nach der nach Absatz 2a berechneten Lohnsteuer für
   a) laufenden Arbeitslohn, der für einen nach dem 31. Dezember 1997 endenden Lohnzahlungszeitraum gezahlt wird,
   b) sonstige Bezüge, die nach dem 31. Dezember 1997 zufließen;
4. soweit ein Lohnsteuer-Jahresausgleich durchzuführen ist, nach der nach Absatz 2a sich ergebenden Jahreslohnsteuer für Ausgleichsjahre ab 1998;
5. soweit Kapitalertragsteuer oder Zinsabschlag zu erheben ist außer in den Fällen des § 43b des Einkommensteuergesetzes:
   nach der ab 1. Januar 1998 zu erhebenden Kapitalertragsteuer oder dem ab diesem Zeitpunkt zu erhebenden Zinsabschlag;
6. soweit bei beschränkt Steuerpflichtigen ein Steuerabzugsbetrag nach § 50a des Einkommensteuergesetzes zu erheben ist:
   nach dem ab 1. Januar 1998 zu erhebenden Steuerabzugsbetrag.

(2) Bei der Veranlagung zur Einkommensteuer ist Bemessungsgrundlage für den Solidaritätszuschlag die Einkommensteuer, die abweichend von § 2 Abs. 6 des Einkommensteuergesetzes unter Berücksichtigung von Freibeträgen nach § 32 Abs. 6 des Einkommensteuergesetzes in allen Fällen des § 32 des Einkommensteuergesetzes festzusetzen wäre.

(2a) [1] Vorbehaltlich des § 40a Absatz 2 des Einkommensteuergesetzes ist beim Steuerabzug vom Arbeitslohn Bemessungsgrundlage die Lohnsteuer; beim Steuerabzug vom laufenden Arbeitslohn und beim Jahresausgleich ist die Lohnsteuer maßgebend, die sich ergibt, wenn der nach § 39b Absatz 2 Satz 5 des Einkommensteuergesetzes zu versteuernde Jahresbetrag für die Steuerklassen I, II und III im Sinne des § 38b des Einkommensteuergesetzes um den Kinderfreibetrag von 4788 Euro sowie den Freibetrag für den Betreuungs- und Erziehungs- oder Ausbildungsbedarf von 2640 Euro und für die Steuerklasse IV im Sinne des § 38b des Einkommensteuergesetzes um den Kinderfreibetrag von 2394 Euro sowie den Freibetrag für den Betreuungs- und Erziehungs- oder Ausbildungsbedarf von 1320 Euro für jedes Kind vermindert wird, für das eine Kürzung der Freibeträge für Kinder nach § 32 Absatz 6 Satz 4 des Einkommensteuergesetzes nicht in Betracht kommt. [2] Bei der Anwendung des § 39b des Einkommensteuergesetzes für die Ermittlung des Solidaritätszuschlages ist die als Lohnsteuerabzugsmerkmal gebildete Zahl der Kinderfreibeträge maßgebend. [3] Bei Anwendung des § 39f des Einkommensteuergesetzes ist beim Steuerabzug vom laufenden Arbeitslohn die Lohnsteuer maßgebend, die sich bei Anwendung des nach § 39f Abs. 1 des Einkommensteuergesetzes ermittelten Faktors auf den nach den Sätzen 1 und 2 ermittelten Betrag ergibt.

(3) [1] Der Solidaritätszuschlag ist von einkommensteuerpflichtigen Personen nur zu erheben, wenn die Bemessungsgrundlage nach Absatz 1 Nummer 1 und 2, vermindert um die Einkommensteuer nach § 32d Absatz 3 und 4 des Einkommensteuergesetzes,

1. in den Fällen des § 32a Absatz 5 und 6 des Einkommensteuergesetzes 1944 Euro,
2. in anderen Fällen 972 Euro

übersteigt. [2]Auf die Einkommensteuer nach § 32d Absatz 3 und 4 des Einkommensteuergesetzes ist der Solidaritätszuschlag ungeachtet des Satzes 1 zu erheben.

(4) [1]Beim Abzug vom laufenden Arbeitslohn ist der Solidaritätszuschlag nur zu erheben, wenn die Bemessungsgrundlage im jeweiligen Lohnzahlungszeitraum

1. bei monatlicher Lohnzahlung
   a) in der Steuerklasse III mehr als 162 Euro und
   b) in den Steuerklassen I, II, IV bis VI mehr als 81 Euro,
2. bei wöchentlicher Lohnzahlung
   a) in der Steuerklasse III mehr als 37,80 Euro und
   b) in den Steuerklassen I, II, IV bis VI mehr als 18,90 Euro,
3. bei täglicher Lohnzahlung
   a) in der Steuerklasse III mehr als 5,40 Euro und
   b) in den Steuerklassen I, II, IV bis VI mehr als 2,70 Euro

beträgt. [2]§ 39b Abs. 4 des Einkommensteuergesetzes ist sinngemäß anzuwenden.

(5) Beim Lohnsteuer-Jahresausgleich ist der Solidaritätszuschlag nur zu ermitteln, wenn die Bemessungsgrundlage in Steuerklasse III mehr als 1944 Euro und in den Steuerklassen I, II oder IV mehr als 972 Euro beträgt.

### § 4 Zuschlagsatz

[1]Der Solidaritätszuschlag beträgt 5,5 Prozent der Bemessungsgrundlage. [2]Er beträgt nicht mehr als 20 Prozent des Unterschiedsbetrages zwischen der Bemessungsgrundlage, vermindert um die Einkommensteuer nach § 32d Absatz 3 und 4 des Einkommensteuergesetzes, und der nach § 3 Absatz 3 bis 5 jeweils maßgebenden Freigrenze. [3]Bruchteile eines Cents bleiben außer Ansatz. [4]Der Solidaritätszuschlag auf die Einkommensteuer nach § 32d Absatz 3 und 4 des Einkommensteuergesetzes beträgt ungeachtet des Satzes 2 5,5 Prozent.

### § 5 Doppelbesteuerungsabkommen

Werden auf Grund eines Abkommens zur Vermeidung der Doppelbesteuerung im Geltungsbereich dieses Gesetzes erhobene Steuern vom Einkommen ermäßigt, so ist diese Ermäßigung zuerst auf den Solidaritätszuschlag zu beziehen.

### § 6 Anwendungsvorschrift

(1) § 2 in der Fassung des Gesetzes vom 18. Dezember 1995 (BGBl. I S. 1959) ist ab dem Veranlagungszeitraum 1995 anzuwenden.

(2) Das Gesetz in der Fassung des Gesetzes vom 11. Oktober 1995 (BGBl. I S. 1250) ist erstmals für den Veranlagungszeitraum 1996 anzuwenden.

(3) Das Gesetz in der Fassung des Gesetzes vom 21. November 1997 (BGBl. I S. 2743) ist erstmals für den Veranlagungszeitraum 1998 anzuwenden.

(4) Das Gesetz in der Fassung des Gesetzes vom 23. Oktober 2000 (BGBl. I S. 1433) ist erstmals für den Veranlagungszeitraum 2001 anzuwenden.

(5) Das Gesetz in der Fassung des Gesetzes vom 21. Dezember 2000 (BGBl. I S. 1978) ist erstmals für den Veranlagungszeitraum 2001 anzuwenden.

(6) Das Solidaritätszuschlaggesetz 1995 in der Fassung des Artikels 6 des Gesetzes vom 19. Dezember 2000 (BGBl. I S. 1790) ist erstmals für den Veranlagungszeitraum 2002 anzuwenden.

(7) § 1 Abs. 2a in der Fassung des Gesetzes zur Regelung der Bemessungsgrundlage für Zuschlagsteuern vom 21. Dezember 2000 (BGBl. I S. 1978, 1979) ist letztmals für den Veranlagungszeitraum 2001 anzuwenden.

(8) § 3 Abs. 2a in der Fassung des Gesetzes zur Regelung der Bemessungsgrundlage für Zuschlagsteuern vom 21. Dezember 2000 (BGBl. I S. 1978, 1979) ist erstmals für den Veranlagungszeitraum 2002 anzuwenden.

(9) § 3 in der Fassung des Artikels 7 des Gesetzes vom 20. Dezember 2007 (BGBl. I S. 3150) ist erstmals für den Veranlagungszeitraum 2008 anzuwenden.

(10) § 3 in der Fassung des Artikels 5 des Gesetzes vom 22. Dezember 2008 (BGBl. I S. 2955) ist erstmals für den Veranlagungszeitraum 2009 anzuwenden.

(11) § 3 in der Fassung des Artikels 9 des Gesetzes vom 22. Dezember 2009 (BGBl. I S. 3950) ist erstmals für den Veranlagungszeitraum 2010 anzuwenden.

(12) [1] § 3 Absatz 3 und § 4 in der Fassung des Artikels 31 des Gesetzes vom 8. Dezember 2010 (BGBl. I S. 1768) sind erstmals für den Veranlagungszeitraum 2011 anzuwenden. [2] Abweichend von Satz 1 sind § 3 Absatz 3 und § 4 in der Fassung des Artikels 31 des Gesetzes vom 8. Dezember 2010 (BGBl. I S. 1768) auch für die Veranlagungszeiträume 2009 und 2010 anzuwenden, soweit sich dies zu Gunsten des Steuerpflichtigen auswirkt.

(13) § 3 Absatz 2a Satz 2 in der Fassung des Artikels 6 des Gesetzes vom 7. Dezember 2011 (BGBl. I S. 2592) ist erstmals für den Veranlagungszeitraum 2012 anzuwenden.

(14) [1] § 3 Absatz 2a Satz 1 in der am 23. Juli 2015 geltenden Fassung ist erstmals anzuwenden auf laufenden Arbeitslohn, der für einen nach dem 30. November 2015 endenden Lohnzahlungszeitraum gezahlt wird, und auf sonstige Bezüge, die nach dem 30. November 2015 zufließen. [2] Bei der Lohnsteuerberechnung auf laufenden Arbeitslohn, der für einen nach dem 30. November 2015, aber vor dem 1. Januar 2016 endenden täglichen, wöchentlichen und monatlichen Lohnzahlungszeitraum gezahlt wird, ist zu berücksichtigen, dass § 3 Absatz 2a Satz 1 in der am 23. Juli 2015 geltenden Fassung bis zum 30. November 2015 nicht angewandt wurde (Nachholung). [3] Das Bundesministerium der Finanzen hat dies im Einvernehmen mit den obersten Finanzbehörden der Länder bei der Aufstellung und Bekanntmachung der entsprechenden Programmablaufpläne zu berücksichtigen (§ 52 Absatz 32a Satz 3 des Einkommensteuergesetzes).

(15) § 3 Absatz 2a in der am 1. Januar 2016 geltenden Fassung ist erstmals auf den laufenden Arbeitslohn anzuwenden, der für einen nach dem 31. Dezember 2015 endenden Lohnzahlungszeitraum gezahlt wird, und auf sonstige Bezüge, die nach dem 31. Dezember 2015 zufließen.

(16) Das Gesetz in der Fassung des Gesetzes vom 19. Juli 2016 (BGBl. I S. 1730) ist erstmals für den Veranlagungszeitraum 2016 anzuwenden.

(17) § 3 Absatz 2a in der am 1. Januar 2017 geltenden Fassung ist erstmals auf den laufenden Arbeitslohn anzuwenden, der für einen nach dem 31. Dezember 2016 endenden Lohnzahlungszeitraum gezahlt wird, und auf sonstige Bezüge, die nach dem 31. Dezember 2016 zufließen.

(18) § 3 Absatz 2a in der am 1. Januar 2018 geltenden Fassung ist erstmals auf den laufenden Arbeitslohn anzuwenden, der für einen nach dem 31. Dezember 2017 endenden Lohnzahlungszeitraum gezahlt wird, und auf sonstige Bezüge, die nach dem 31. Dezember 2017 zufließen.

## 2. Verordnung über die steuerliche Begünstigung von Wasserkraftwerken

Vom 26. Oktober 1944

(RGBl I 44, 278; RStBl 44, 657)

Zuletzt geändert durch SteuerbereinigungsG 1985 v 14.12.84 (BGBl I 84, 1493) und G v 8.12.10 (BGBl I 10, 1864)

### § 1 Steuerbegünstigte Unternehmen

Unternehmen, die elektrische Arbeit durch Wasserkräfte erzeugen, werden nach Maßgabe dieser Verordnung steuerlich begünstigt.

### § 2 Steuerbegünstigte Anlagen

(1) [1] Die steuerliche Begünstigung erstreckt sich nur auf die Anlagen zur Erzeugung elektrischer Arbeit durch Wasserkräfte (Wasserkraftwerke). [2] Zu den Wasserkraftwerken gehören auch die Anlagen zur Fortleitung der erzeugten elektrischen Arbeit bis zu den Abspannketten der Fernleitungen.

(2) Die steuerliche Begünstigung kann auf Antrag auch für die Anlagen zur Fortleitung des Stroms aus steuerbegünstigten Wasserkraftwerken gewährt werden.

### § 3 Voraussetzung der steuerlichen Begünstigung

Die steuerliche Begünstigung tritt nur ein, wenn der Baubeginn der Anlagen in die Zeit vom 1. Januar 1938 bis zum 31. Dezember 1990 fällt.

### § 4 Einkommensteuer und Körperschaftsteuer

(1) Die Einkommensteuer oder die Körperschaftsteuer, die auf den Gewinn aus den steuerbegünstigten Anlagen entfällt, ermäßigt sich ab dem Betriebsbeginn für die Dauer von zwanzig Jahren auf die Hälfte der gesetzlichen Beträge.

(2) Die Bundesregierung wird ermächtigt, mit Zustimmung des Bundesrates durch Rechtsverordnung Vorschriften über die Ermittlung des steuerbegünstigten Gewinns für den Fall zu erlassen, daß ein Unternehmen steuerbegünstigte und nicht steuerbegünstigte Anlagen unterhält.

### § 5 Vermögensteuer und *Aufbringungsumlage*

[1] Die Vermögensteuer *und die Aufbringungsumlage,* die auf die steuerbegünstigten Anlagen entfallen, sind während der Bauzeit nicht zu entrichten. [2] Sie ermäßigen sich ab dem Betriebsbeginn für die Dauer von zwanzig Jahren auf die Hälfte der gesetzlichen Beträge.

### § 6 Gewerbesteuer

(1) Die einheitlichen Gewerbesteuermeßbeträge, die auf die steuerbegünstigten Anlagen entfallen, ermäßigen sich ab dem Betriebsbeginn für die Dauer von zwanzig Jahren auf die Hälfte der gesetzlichen Beträge.

(2) *(aufgehoben)*

**§ 7 Absetzung für Abnutzung**

(1) Die Summe der Absetzungen für Abnutzung auf die Wirtschaftsgüter, die zu den steuerbegünstigten Anlagen gehören, muß für die gesamte Dauer der Steuerbegünstigung bei den Wasserkraftwerken mindestens 25 vom Hundert, bei den Fortleitungsanlagen (§ 2 Abs. 2) mindestens 40 vom Hundert der Anschaffungs- oder Herstellungskosten betragen.

(2) [1] Die Bundesregierung wird ermächtigt, mit Zustimmung des Bundesrates durch Rechtsverordnung zu bestimmen, wie der Gesamtbetrag der Absetzung für Abnutzung auf die einzelnen Jahre zu verteilen ist. [2] Bleibt die Summe der Absetzungen für Abnutzung eines Jahres hinter dem danach maßgebenden Betrag zurück, so tritt die steuerliche Begünstigung für dieses Jahr nicht ein.

**§ 8** *(aufgehoben)*

**§ 9** *(gegenstandslos)*

**§ 10 Anwendungsvorschriften**

(1) Die Bestimmungen dieser Verordnung sind erstmalig anzuwenden:

a) bei der Veranlagung zur Einkommensteuer und zur Körperschaftsteuer für das Kalenderjahr 1943;
b) bei der Veranlagung zur Vermögensteuer und zur Aufbringungsumlage für das Rechnungsjahr 1943;
c) bei der Festsetzung der einheitlichen Gewerbesteuermeßbeträge für das Kalenderjahr 1943.

(2) [Übergangsvorschrift] ...

(3) § 8 in der im Bundesgesetzblatt Teil III, Gliederungsnummer 610-6-2, veröffentlichten bereinigten Fassung ist letztmals für Wirtschaftsjahre anzuwenden, die vor dem 1. Januar 1984 enden.

## 3. Verordnung über die Steuerbegünstigung von Stiftungen, die an die Stelle von Familienfideikommissen getreten sind

Vom 13. Februar 1926

(RGBl. I 26, 101; RStBl. 26, 113)

**§ 1**

Ist eine Vermögensmasse, die zu einem standesherrlichen Hausvermögen, einem Familienfideikommiß, einem Lehen oder einem Erbstammgut gehört hat, ganz oder zum Teil nach den für die Auflösung geltenden Vorschriften in eine Stiftung umgewandelt worden, so bleiben bei der Veranlagung einer solchen Stiftung zur Körperschaftsteuer die Einkünfte außer Ansatz, die an die nach der Stiftungssatzung bezugsberechtigten, unbeschränkt einkommensteuerpflichtigen Familienmitglieder verteilt werden.

**§ 2**

Diese Verordnung gilt erstmalig für den ersten Steuerabschnitt, für den nach dem Körperschaftsteuergesetz vom 10. August 1925 (Reichsgesetzbl. I S. 208) eine Stiftung der in § 1 bezeichneten Art zur Körperschaftsteuer zu veranlagen ist.

# IV. Beratungs-ABC

Themen und Beratungshilfen

**Übersicht**

## Abfindungen

S „Satzung der GmbH und KSt“.

1 **Abfindungen** können in der **GmbH-**Satzung vereinbart werden, wenn AntE einer GmbH im Wege der **Einziehung** ihres Geschäftsanteils (§ 34 GmbHG) ausscheiden. Tritt an die Stelle der Einziehung alternativ eine Zwangsabtretung,

tritt das **Veräußerungsentgelt** an die Stelle des Abfindungsbetrags. In entsprechenden Satzungen sind Abfindung und Veräußerungsentgelt regelmäßig identisch bzw durch Bezugnahme aneinander gekoppelt. Sowohl Zwangseinziehung, als auch Zwangsabtretung stellen **ertragsteuerlich** Veräußerungsvorgänge iSv §§ 17, 20 II Nr 1 EStG dar. Werden die Anteile im Betriebsvermögen gehalten, gelten §§ 15, 16 EStG bzw § 8b II KStG. Einziehungs- bzw Abtretungsvergütung abzüglich der Anschaffungskosten stellen den **Veräußerungsgewinn** dar. Wird von der Gesellschaft eine überhöhte Vergütung gezahlt, gelten die vGa-Grundsätze.

**Auf der Ebene der Kapitalgesellschaft** ist die Einziehung erfolgsneutral 2
(BFH v 29.7.92 I R 31/91, BStBl II 93, 369). Gleiches gilt für den Erwerb eigener Anteile (vgl. BMF BStBl I 13, 1615 u FG Münster EFG 17, 423). Erwirbt ein Mitgesellschafter oder ein fremder Dritter im Wege der Zwangsabtretung den oder die Anteile, handelt es sich um einen normalen Anschaffungsvorgang.

Gem **§ 7 VII ErbStG** gilt als Schenkung der auf dem Ausscheiden eines Ge- 3
sellschafters beruhende Übergang des Anteils eines Gesellschafters an der GmbH auf die anderen Gesellschafter oder die Gesellschaft, soweit der Wert, der sich für seinen Anteil zur Zeit seines Ausscheidens nach § 12 ErbStG ergibt, den Abfindungsanspruch übersteigt. Entsprechendes gilt für den Fall der Einziehung (§ 7 VII 2 ErbStG). Auf das subjektive Moment **des Willens zur Entgeltlichkeit** seitens des ausscheidenden Gesellschafters kommt es nicht an, da § 7 VII ErbStG als Fiktion formuliert ist. Liegt die gezahlte **Abfindung also unter dem Wert** der abgefundenen Beteiligung, unterliegt der Differenzbetrag der Schenkungsteuer. Ausscheiden iSv § 7 VII ErbStG setzt Anteilsübergang aufgrund der Satzung voraus (BFH/NV 16, 848; FG Mchn EFG 17, 1027). Der Gesellschaftsvertrag der GmbH sollte neben der Zwangseinziehung aus wichtigem Grund stets die Zwangsabtretung aus wichtigem Grund als Alternative enthalten, um ggf Vergünstigungsvorschriften in Anspruch nehmen zu können (zB §§ 13a, 13b, 19a ErbStG).

## „Abschirmende“ ausländische juristische Personen

S „Basisgesellschaften“, „Betriebsprüfung“, „Steuerfahndung in Großunternehmen“, „Steuerstreit“.

**1.** Die **„normalen“** Fälle **ausländischer Kapitalgesellschaften** und Stiftun- 1
gen: Gibt es für die Gründung ausländischer Kapitalgesellschaften und Stiftungen wirtschaftliche, politische oder sonstige nichtsteuerliche, aber erhebliche Gründe, so erkennt die FinVerw die ausländischen Körperschaften an. Sie wird nicht in besonderer Weise auf deren Gewinn zugreifen. Die erwähnten nichtsteuerlichen Gründe müssen sich gerade auf die Begründung im Ausland beziehen. Die Vertriebstochter in Zürich einer deutschen Produktionsgesellschaft wird, wenn die Vertriebsgesellschaft den Vertrieb in der Schweiz übernimmt, idR anerkannt werden. Anders die aus Steuergründen im Ausland gegründeten ausländischen Körperschaften. IdR steht der Steuerspareffekt im Mittelpunkt. Diese Gesellschaften gelten als Basisgesellschaften, Domizilgesellschaften, off-shore-Gesellschaften, Scheingesellschaften. Sie sollen die unterschiedlichen Steuerbedingungen zwischen Deutschland und dem Gründungsstaat ausnutzen.

**2.** Die **„normale“ Steuerpflicht** ausländischer Körperschaften. Die ausländi- 2
schen Körperschaften sind nach § 1 in Deutschland unbeschränkt steuerpflichtig, wenn sie ihre Geschäftsleitung oder ihren Sitz im Inland haben (§ 1 I). Dies ist bei den ausländischen Körperschaften, die vor der inländischen Ertragsteuer abschirmen sollen, idR nicht gewollt. Ob der Wille mit der Realität in Übereinstimmung steht, wird später behandelt (s Rz 7). Daneben steht die beschränkte Ertragsteuerpflicht. Die „normalen“ ausländischen Körperschaften sind im Inland mit ihren „inländischen Einkünften“ beschränkt körperschaftsteuerpflichtig (§ 2 Nr 1). Mit diesen inländischen Einkünften sind die in § 49 EStG angesprochenen inländischen Einkünfte gemeint. Allgemein kann gesagt werden, dass inländische Einkünfte

solche sind, die ihre eindeutig definierten Quellen im Inland haben (inländische Betriebstätte, inländische Einrichtung, im Inland gelegenes Grundstück, inländische Arbeitsleistungen etc). Soweit ausländische „abschirmende“ Körperschaften im Inland beschränkt steuerpflichtig sind, werden diese Rechtsfolgen idR gesehen. Sie stellen kein Problem dar. Eine Liechtensteiner Anstalt, die im Inland Eigentümerin eines Hochhauses ist, ist mit den Einkünften aus diesem Hochhaus steuerpflichtig.

3 **3. Die „abschirmenden“ ausländischen Körperschaften.** Vorab: Die „abschirmenden“ Körperschaften werden von der Idee getragen, dass der deutsche Fiskus auf ausländische Erträge (das sind die Erträge der ausländischen Körperschaften) nicht zugreifen darf. Hier geht es nicht um das Verschweigen ausländischer Einkünfte, sondern zunächst um die Aussage: Es ist die ausländische Gesellschaft, die den Ertrag erwirtschaftet, nicht der inländische Anteilseigner. Mit Steuerhinterziehung hat dies zunächst nichts zu tun. Dies kann Steuerhinterziehung sein, wenn der deutschen Finanzverwaltung Sachverhaltselemente verschwiegen werden, die dem deutschen Finanzamt erlauben würden „zuzugreifen“.

4 **4. Erscheinungsformen** der „abschirmenden“ Körperschaften. Angesprochen sind die Kapitalgesellschaften **(AG, GmbH)** in Steueroasenländern, die der Kapitalgesellschaft besondere Steuervorteile bringen. Diese Kapitalgesellschaften werden idR zu folgenden Zwecken eingeschaltet: Umfakturierung; Kapitalgesellschaft als Dienstleister; Finanzierungsleistungen; Vermögensverwaltung; Eigentümer inländischer Immobilien. Hier geht der Streit insbesondere darum, ob die ausländische Kapitalgesellschaft tatsächlich die wirtschaftliche Leistung erbringt, zu der sie vermeintlich genutzt wird. Außerdem sind Konfliktpunkte: Die Gesellschaft ist bekannt oder wird verschwiegen. Der Anteilseigner ist bekannt oder ist unbekannt. Wenn der Anteilseigner bekannt ist, so kann er Eigentümer oder Treuhänder sein. Denkbar ist auch, dass die Gesellschaft selbst Treuhänder ist. **Stiftungen** und **Trust.** Das zu den Kapitalgesellschaften Gesagte gilt entsprechend. Allerdings entfällt hier die Problematik, die sich um den Anteilseigner kümmert. Fraglich ist jedoch, ob der Anteilseigner Vermögensgegenstände, die er auf die Stiftung oder den Trust überträgt, tatsächlich endgültig übertragen hat oder ob Stiftung oder Trust nur Treuhänder sind.

5 **5.** Die härteste Sanktion des deutschen Steuerrechts ist, die **ausländische Gesellschaft** zuverneinen. Ihre Gründung wird als **Missbrauch** iSd § 42 AO qualifiziert. S „Basisgesellschaften“. Alles das, was diese Gesellschaft an Leistungen erbringt, wird unmittelbar dem Anteilseigner zugerechnet. Die **Verneinung** von **Rechtsbeziehungen.** In der Praxis seltener anzutreffen, von der Rechtsprechung aber gebilligt, ist auch, nicht die Gesellschaft nach § 42 AO zu verneinen, sondern einzelne Rechtsbeziehungen. S auch hierzu „Basisgesellschaften“.

6 **6.** Die ausländische Kapitalgesellschaft als **Zwischengesellschaft** im Sinn des AStG. Sind Inländer zur Mehrheit an einer ausländischen Gesellschaft in einem niedrig besteuerten Land beteiligt, so ist dies eine Zwischengesellschaft iSd §§ 7ff AStG. Die Frage, wann eine Zwischengesellschaft gegeben ist, wann passive Einkünfte gegeben sind, wann eine Niedrigbesteuerung vorliegt, wie die Einkünfte zu ermitteln und wie sie schließlich den Steuerpflichtigen im Inland zuzurechnen sind, ist eine äußerst komplizierte Steuermaterie. Es erstaunt nicht, dass es im Verhältnis zum intellektuellen Aufwand des Gesetzgebers bezüglich dieser Vorschriften relativ wenige Fälle gibt, in denen eine Hinzurechnungsbesteuerung durchgeführt wird. Die FinVerw nutzt jede Gelegenheit, dieser Besteuerung auszuweichen. Ein „Ausweichen“ betrifft das Verhältnis der §§ 7ff AStG zu § 42 AO. Es versteht sich, dass die FinVerw vornehmlich § 42 AO bejaht, weil dies in der Tat der praktikabelste Weg ist. Die Rechtsprechung ist zu dem genannten Verhältnis eindeutig (vgl BFH BStBl II 01, 222). § 42 AO hat Vorrang. Allerdings ist § 42 AO am Geset-

zeszweck der §§ 7 ff AStG zu messen. Denn diese Vorschriften sind gerade geschaffen, um der Steuerflucht zu begegnen. Wo der Sache nach diese Vorschriften eingreifen, muss also nach dem gesetzgeberischen Willen § 42 AO zurücktreten. Diese Rechtsprechung billigt die FinVerw nicht. Anstößige Gestaltung, die den BFH und die FinVerw bewegte, war die Gründung einer Kapitalverwaltungsgesellschaft in den Dubliner Irischen Docks. Sie sind nach irischem Steuerrecht begünstigt. Die Begünstigung ist durch die EU gebilligt. Die FinVerw wollte dies nicht akzeptieren. Sie wendete § 42 AO an. Der BFH erhob Einspruch (BFH BStBl II 01, 222). Gerade für ausländische Vermögensverwaltungsgesellschaften sind die Zwischengesellschaften nach dem Außensteuergesetz geschaffen. Die FinVerw antwortete mit einem Nichtanwendungserlass (BStBl I 01, 243). S weiter „Basisgesellschaften". Dieses „Hin und Her" führte schließlich zu einem neuen § 42 II AO, der lautet, dass die Missbrauchsvorschrift des § 42 AO auch anwendbar ist, wenn seine Anwendbarkeit gesetzlich nicht ausdrücklich ausgeschlossen ist. Selten hat der Gesetzgeber größeren Unsinn formuliert. Dass § 42 AO gilt, wenn er nicht ausdrücklich ausgeschlossen ist, ist bereits Inhalt des Abs 1. Der BFH hat in der erwähnten Rechtsprechung zu den Gesellschaften in den Dubliner Docks auch § 42 AO nicht angewendet, sondern hat ihn gerade im Spiegel des Außensteuergesetzes ausgelegt. Daran ändert auch der neue Abs 2 nichts.

**7.** Die **unbeschränkte Steuerpflicht** der ausländischen Körperschaft. Die im Ausland gegründeten Körperschaften, die die inländische Steuerpflicht abwehren sollen, werden nicht von „Unternehmern", sondern von Verwaltern geleitet, die den eigentlichen Zweck der Gesellschaft genau kennen. Und diese Unternehmensleiterwissen auch, dass der inländische Steuerpflichtige häufig weiterhin die Hand auf das in das Ausland verlagerte Vermögen legen will. Mit anderen Worten: Der inländische Steuerpflichtige, der Initiator der Stiftung, beherrscht weiter vom Inland aus das Geschehen im Ausland. Möglich ist damit, dass die Geschäftsleitung der ausländischen Körperschaft im Inland liegt. Die ausländische Gesellschaft ist im Inland unbeschränkt körperschaftsteuerpflichtig. Dies hat unmittelbare Auswirkung auf die Anwendung des § 42 AO und des AStG. Letzteres scheidet aus, weil keine ausländische Körperschaft mehr vorliegt. § 42 AO setzt gerade in den hier behandelten Fällen die Niedrigbesteuerung im Ausland voraus. Die FinVerw scheut diese unbeschränkte Körperschaftsteuerpflicht, die oft sehr nahe liegt. Sie wendet die Steuerbelastung von dem inländischen Steuerpflichtigen ab. Die Besteuerung wird von einem inländischen Körperschaftsteuersubjekt erhoben, das im Inland kein Vermögen hat. Außerdem gibt es auch verfahrensrechtliche Schwierigkeiten, diese ausländische Körperschaft im Inland zur KSt zu veranlagen. 7

**8.** Sonderbehandlung der **Familienstiftungen,** des Familientrusts im Ausland. Nach § 15 AStG wird das Vermögen des Einkommens einer Familienstiftung (darunter fällt auch der Familientrust), die Geschäftsleitung und Sitz im Ausland hat, den unbeschränkt steuerpflichtigen Personen zugerechnet, die bezugsberechtigt oder anfallsberechtigt sind. Lebt der unbeschränkt steuerpflichtige Stifter noch, erfolgt die Zurechnung an ihn. Diese Vorschrift ist radikal. Sie wird in den wenigen Entscheidungen des Bundesfinanzhofs auch „hart" angewandt (vgl zB BFH/NV 01, 1457; zu den wenigen Entscheidungen *Kraft* in Kraft, AStG, 2009, § 15 Rz 60). Den im Inland Bezugsberechtigten oder Anfallsberechtigten werden Vermögen und Einkünfte zugerechnet mit steuerlichen Folgen, ohne dass diese oft über irgendeine neue Liquidität verfügen. Die Anfallsberechtigung gibt den Betroffenen nicht einmal einen Anspruch gegen die ausländische Stiftung. Sind sie in zehn Jahren anfallsberechtigt, müssen sie während der zehn Jahre die Steuern auf die Einkünfte der Stiftung zahlen, ohne einen Cent im Ausland zu sehen. In der Beratungspraxis muss jede Anwendung des § 15 AStG in einen Prozess münden, weil der gesetzliche Rahmen unpräzise und die Rechtsprechung in den vorliegenden Urteilen noch nicht akzeptabel ist. 8

9 **9.** Die **gesteigerte Mitwirkungspflicht des § 90 II AO bei ausländischen Körperschaften.** Diese Mitwirkungspflicht wird von der FinVerw – so kann man sagen – als eigenständige Steuerquelle eingesetzt. **Beispiel:** Der Steuerpflichtige zahlt Provisionen für einen Auftrag an eine Gesellschaft in der Schweiz. Das Finanzamt erörtert diesen Provisionsvorgang. Es fordert von dem Steuerpflichtigen: Legen Sie Bilanzen der ausländischen Gesellschaft vor. Sagen Sie uns, wer Gesellschafter ist und wer ansonsten dahinter steht. Der Steuerpflichtige, das sei angenommen, ist tatsächlich an der ausländischen Gesellschaft nicht beteiligt. Also kann er die Fragen nicht beantworten, den Anforderungen nicht nachkommen. Das Finanzamt kann nun folgern: Die Mitwirkungspflicht nach § 90 II AO ist verletzt. Die Pflichtverletzung erlaubt zur Schätzung. Schätzung heißt hier Nichtanerkennung der Provisionszahlung. Schätzung kann hier auch heißen: Geschätzte Gewinne der ausländischen Gesellschaft werden dem Steuerpflichtigen zugerechnet. Praxiserfahrung: Die Finanzbeamten wollen gar nicht, dass die gesteigerte Mitwirkungspflicht erfüllt wird. Sie legen die Messlatte der Mitwirkung gerade immer so hoch, dass der Steuerpflichtige die Mitwirkungsverpflichtung nicht meistert. Gelingt es ihm, die Fragen zu beantworten, so wird im Wege der Nachfrage die Messlatte nachgehoben.

10 **10.** Das **Vollstreckungsproblem. Beispiel:** Ein inländischer Textildesigner und -produzent beliefert über eine Gesellschaft der Kanalinsel Guernsey inländische Abnehmer. Diese inländischen Einzelhändler beziehen also ihre Ware bei der Guernsey-Firma. Das Finanzamt urteilt: Missbrauch. Der Ertrag der Gesellschaft auf Guernsey wird dem Textildesigner und -produzenten zugerechnet. Gegen ihn ergehen sofort vorläufige Einkommensteuerbescheide. Allerdings hat der Textildesigner und -produzent im Inland kein Vermögen. Das Finanzamt vollstreckt aus den Einkommensteuerbescheiden (des Textildesigner und -produzenten) in die Forderungen der Guernsey-Firma gegen die inländischen Abnehmer. § 42 AO mag zwar herhalten, um die ausländische Gesellschaft einkommensteuerlich zu verneinen. Zivilrechtlich hat sie Bestand. Das Vollstreckungsrecht folgt hier dem Zivilrecht. Das Finanzamt kann mit Forderungen gegen den Textildesigner und -produzent, rühren sie auch aus der Nichtanerkennung der Guernsey-Firma her, nicht in Forderungen der Guernsey-Firma vollstrecken.

11 **11.** Die ausländische Körperschaft im **Steuerfahndungsverfahren.** Bisher wurden die steuerlichen Instrumente vorgestellt. Steuerstrafrechtlich erfolgt eine eigenständige Begründung. § 42 AO oder die Vorschriften des AStG führen nicht automatisch zum Vorwurf der Steuerhinterziehung. Diese setzt voraus, dass dem Finanzamt Sachverhaltsumstände verschwiegen werden, aus denen dieses die richtige Steuerfolge ableiten kann. Die unterschiedliche Betrachtungsweise betrifft auch die Ermittlungen im Ausland. In den Steuerverfahren spielt die ausländische Amts- und Rechtshilfe eine geringe Rolle, weil das Finanzamt schätzen kann. Es kann auf Ermittlungen im Ausland verzichten. Nicht so im Strafrecht. Hier muss die Strafverfolgungsbehörde im Einzelnen die Täuschung nachweisen. Dies geht oft nicht ohne langwierige Amtshilfeersuchen und Ermittlungen im Ausland. Diese scheuen die Strafverfolger bei kleinen und mittleren Fällen. Sie konzentrieren sich auf die größeren Fälle. Die kleineren und mittleren Fälle sind Domäne eines einvernehmlichen Abschlusses auch im Steuerstrafverfahren, der voraussetzt, dass die Ermittlungen irgendwann abgebrochen werden und der Steuerpflichtige eine „sanfte“ Sanktion akzeptiert, obwohl ihm die Steuerhinterziehung letztlich nicht nachgewiesen wird. Dies ist idR auch dann der Fall, wenn die FinVerw vor folgendem kaum lösbaren Problem steht: Bei einem Steuerpflichtigen in Trier findet die Steuerfahndung die gesamten Unterlagen, alle Einnahmen und Ausgaben einer Luxemburger Aktiengesellschaft, die Wertpapiere des Trierer Steuerpflichtigen verwaltet. An den Zahlen gibt es nichts zu deuteln. Die Steuerfahndung will sofort § 42 AO anwenden. IRd Diskussion kommt sie zu dem Ergebnis, dass sie vor fol-

gender Alternative steht. Entweder sie wendet § 42 AO an oder aber sie nimmt eine Zwischengesellschaft iSd AStG an oder aber sie bejaht die unbeschränkte Steuerpflicht der Luxemburger Gesellschaft im Inland. Die FinVerw muss sich für eine Alternative entscheiden. Eine Wahlfeststellung ist nicht möglich. Denn es gibt hier drei verschiedene strafrechtliche Folgen. Im Fall des § 42 AO liegt eine Einkommensteuerhinterziehung vor. Im Fall der Zwischengesellschaft liegt eine Nichtabgabe einer gesonderten Feststellung des Hinzurechnungsbetrags vor. Im letzteren Fall ist eine Körperschaftsteuerhinterziehung gegeben. Der Steueranwalt wird immer die zwei Alternativen für möglich halten, die die Strafverfolgung nicht wählt. Es ist einleuchtend, dass die Konstellation zu einer einvernehmlichen Regelung, die auch für den Steuerpflichtigen erträglich ist, führen muss.

## Anteilsrotation

**1.** Unter dem Stichwort „Anteilsrotation" werden einerseits Gestaltungen ver- 1
standen, bei denen die Realisierung in einer Kapitalgesellschaft angesammelter stiller Reserven auf dem Weg der **Veräußerung anstatt der Ausschüttung bzw Liquidation** erfolgt, obwohl im Zeitpunkt der Realisierung der stillen Reserven die Geschäftstätigkeit der Gesellschaft im Wesentlichen eingestellt ist. Dies macht zB Sinn, wenn es sich um Beteiligungen handelt, die vor dem 1.1.09 erworben wurden und die 1-%-Grenze aus § 17 EStG nicht erreichen. Die Veräußerung ist in diesem Fall im Gegensatz zur Liquidation steuerfrei möglich. Ein Gestaltungsmissbrauch ist jedenfalls für die Fälle abzulehnen, in denen die Veräußerer keinen Einfluss auf eine etwaige Erwerbergesellschaft bzw den Erwerber haben. Gleiches gilt, wenn zwar die Veräußerer Anteilseigner der Erwerbergesellschaft sind, die Übertragung jedoch auf Dauer angelegt ist und die Erwerbergesellschaft nicht auch unmittelbar im Anschluss an die Gestaltung ihrerseits liquidiert wird (vgl *Streck/Binnewies* GmbHR 01, 830; BFH BStBl II 98, 90; 01, 260; DStR 01, 1883).

### 2. Verlustrealisierung durch ringweisen Anteilsverkauf

**Beispiel:** Fünf Gesellschafter sind an der A-GmbH zu jeweils $^1/_5$ beteiligt. Um den Verlust 2
des Wertverfalls in Form des Wertverfalls in den GmbH-Anteilen auf der Ebene der Gesellschafter im VZ 17 realisieren zu können, übertragen sie ihre jeweilige Beteiligung im Kreis. Die Veräußerung erfolgt zum Kaufpreis iHv jeweils € 1, die Anschaffungskosten des jeweiligen Gesellschafters für seine Beteiligung betrugen € 10 000. Wird die Veräußerung im Wege der dinglichen Übertragung tatsächlich vollzogen, hat jeder Gesellschafter im VZ 17 einen Verlust iHv € 9999 realisiert, der nach dem Teilabzugsverfahren (60 %) im VZ 17 mit anderen Einkünften ausgeglichen werden kann.

Nach **Auffassung des BFH** (BStBl II 11, 427) ist der Verlust wirksam realisiert. Ein Gestaltungsmissbrauch ist nicht gegeben. In ständiger Rechtsprechung bestätigt der BFH, dass allein die Motivation „Steuern zu sparen", einen Gestaltungsmissbrauch nach § 42 AO nicht begründen kann. Entscheidend für den **Gestaltungsmissbrauch** sei, dass die Steuerersparnis entgegen der vom Gesetz verfolgten Zwecke eintrete. Dies ist nach Auffassung des BFH im vorliegenden Fall nicht der Fall. Die jeweiligen Veräußerungen werden **tatsächlich durchgeführt.** Die Geschäftsanteile werden mit dinglicher Wirkung an den Mitgesellschafter übertragen. Anders als im Fall gegenläufiger schuldrechtlicher Rechtsgeschäfte, die sich wirtschaftlich aufheben, ist die Übertragung der Geschäftsanteile aufgrund des zivilrechtlichen und wirtschaftlichen Übergangs auf einen anderen Steuerpflichtigen anzuerkennen. Systematisch zutreffend weist der BFH darauf hin, dass im Fall einer späteren Veräußerung der Anteile oder im Fall einer späteren Liquidation entsprechend geringere Anschaffungskosten zu einem höheren Veräußerungs- oder Liquidationsgewinn bzw geringerem Veräußerungs- oder Liquidationsverlust führen. Für die Praxis wichtig ist, dass die dingliche Anteilsabtretung notariell beurkundet und auch tatsächlich vollzogen wird. Dazu gehört insbesondere auch die Erstellung einer neuen Gesellschafterliste mit der veränderten Zuordnung der konkret bezeichneten Anteile. Diese Gestaltung ist grundsätzlich auch bei Übertragung zwischen nahen Angehörigen anzuerkennen.

3 In der Praxis ist es ausgesprochen schwierig, den **Zeitpunkt der Verlustrealisierung bei Liquidation bzw. Insolvenz** auf der Ebene der Gesellschafter zu bestimmen. Frühester VZ, in dem der Verlust geltend gemacht werden kann, ist der VZ, in dem der Insolvenzantrag gestellt und mangels Masse abgelehnt wird. Spätester Zeitpunkt ist der Untergang der Anteile durch Löschung im Anschluss an die beendete Insolvenz bzw. beendete Liquidation. Dazwischen stellt der BFH darauf ab, ob nach den Grundsätzen ordnungsmäßiger Buchführung die Höhe des Verlusts der Gesellschafter mit an Sicherheit grenzender Wahrscheinlichkeit bestimmt werden kann. Hierbei handelt es sich um eine ausgesprochen unsichere Definition. In der Praxis sind daher sämtliche Veranlagungszeiträume, auf die dieser Zeitpunkt zutreffen kann, offenzuhalten. Um Sicherheit über den Zeitpunkt der Verlustrealisierung zu erhalten, bietet sich die ringweise Veräußerung an.

4 Von einer steuerwirksamen Veräußerung zwischen Angehörigen gegen Entgelt kann grundsätzlich auch ausgegangen werden, wenn ein **Entgelt lediglich in symbolischer Höhe** vereinbart wird. Voraussetzung ist dann allerdings, dass die Anteile objektiv wertlos sind. Bei der Übertragung zwischen fremden Dritten ist nach Auffassung des BFH hiervon regelmäßig auszugehen. Bei den Übertragungen zwischen nahestehenden Personen kann eine entgeltliche Veräußerung hingegen nur angenommen werden, wenn der Anteil sowohl objektiv als auch in den Augen der Beteiligten wertlos ist (BFH BFH/NV 14, 1201).

## Auffanggesellschaft

S „Fortführungsgesellschaft".

## Ausländer als Unternehmer im Inland

S „Ausländische Anteilseigner", „Ausländische EU-Kapitalgesellschaften", „Europäische Aktiengesellschaft", „Europäische Genossenschaft".

1 **1.** Der Ausländer kann sich im Inland in einer Weise betätigen, die **keine StPflicht** auslöst. Er darf keine Betriebstätte im Inland begründen (§ 12 AO); außerdem darf er im Inland nicht über einen ständigen Vertreter verfügen (§ 13 AO); s § 49 I Nr 2 EStG, § 2 GewStG. Beispiele: Handel im Inland durch reisende Angestellte, Einschaltung selbstständiger inländischer Agenten, von denen keiner die Bedingungen des § 13 AO erfüllen darf. Ist mit dem ausländischen Staat ein DBA vereinbart, so reicht es, um der ErtragStPflicht zu entgehen, aus, wenn die Betriebstättenbedingungen des DBA vermieden werden. Der Betriebstättenbegriff der DBA ist idR enger als derjenige der AO.

2 **2.** Gründet das ausländische Unternehmen im Inland eine **unselbständige Zweigniederlassung,** so verfügt es über eine **Betriebstätte,** die zur beschränkten EStPflicht oder KStPflicht führt. Für ausländische juristische Personen bestand bis 30.9.84 eine Genehmigungspflicht nach § 12 GewO, die für juristische Personen innerhalb der EG aufgehoben war (§ 12a GewO); wegen der leichten Umgehungsmöglichkeit durch Gründung einer selbständigen TochterGes wurde die Genehmigungspflicht aufgehoben (G v 25.7.84, BGBl I 84, 1008); die Gründung von Zweigniederlassungen und Betriebstätten ist seitdem jedem Ausländer möglich. Ist das ausländische Unternehmen eine Körperschaft, so beträgt die KSt-Last der beschränkten Stpfl 15% (§ 23 I KStG); hinzu kommt die GewSt.

3 **3.** Gründet das ausländische Unternehmen im Inland eine **selbständige Gesellschaft** – idR eine **GmbH** –, so beträgt die KStLast ebenfalls 15% zzgl GewSt; sie ändert sich jedoch im Ausschüttungsfall; s „Ausländische Anteilseigner".

**4. Pro und Contra** – Betriebstätte oder selbstständige GmbH 4

**Betriebstätte/Pro**

- leichter zu gründen;
- Verlustausgleich im Sitzstaat des Mutterhauses eher möglich;
- Chance, die StPflicht insgesamt zu vermeiden, wenn der Betriebstättenbegriff nicht erfüllt wird.

**Betriebstätte/Contra**

- Auftreten in der inländischen Wirtschafts- und Rechtsordnung im ausländischen Rechtsgewand;
- problematische Abgrenzung des Betriebstättengewinns von dem der MutterGes;
- keine Zins- und Lizenzberechnung zwischen Mutterhaus und Betriebstätte.

**GmbH/Pro**

- Auftreten in der inländischen Wirtschaftsordnung in einem Rechtsgewand dieser Ordnung;
- es kann unbekannt bleiben, dass ein Ausländer am Markt teilnimmt;
- klare organisatorische und wirtschaftl Abgrenzung der inländischen gewerbl Aktivität;
- Manager des ausländischen Unternehmens können Geschäftsführer werden;
- Übersichtlichkeit der Gestaltung;
- Haftungsbegrenzung; idR kein Durchgriff auf die MutterGes;
- leichtere steuerliche Abgrenzung zur MutterGes;
- Lizenzen und Zinsen sind zugunsten der MutterGes, sofern angemessen, möglich.

**GmbH/Contra**

- inländische Prüfungs- und Publizitätspflicht;
- kostenmäßig aufwendiger.

Die Steuerbelastung ist kein entscheidender Grund für Pro und Contra.

**Fazit:** Die Möglichkeit einer in jeder Hinsicht klaren Gestaltung und Abgrenzung sowie die Verwendung einer inländischen Rechtsform sprechen für die GmbH. Dem entspricht, dass tatsächlich in der Bundesrepublik Deutschland die ausländischen Unternehmen weit überwiegend durch selbständige Gesellschaften – idR GmbH – tätig sind.

**5.** Ein Sonderfall der Betriebstättenwahl ist die Gründung einer **GmbH & Co KG,** die wie eine Betriebstätte des Ausländers behandelt wird (vgl BFH BStBl III 64, 165, 166; *Streck* AWD 71, 521). Die Komplementär-GmbH bleibt in die inländische Besteuerung eingebunden, da die Anteile Sonderbetriebsvermögen der KG und folglich einer inländischen Betriebstätte zugeordnet sind. Die GmbH & Co KG ist hinsichtlich der klaren Gliederung und Abgrenzung der GmbH vergleichbar. Wenn sie gleichwohl nur selten als Tochter eines ausländischen Unternehmens zu finden ist, so liegt dies daran, dass die Rechtsform der GmbH & Co KG für den Ausländer ungewohnt und nicht klar durchschaubar ist. Es bleibt im Übrigen der Nachteil, dass Zinsen und Lizenzen zugunsten der MutterGes nicht abzugsfähig sind; dies ist nicht nur eine Folge von § 15 I Nr 2 EStG, sondern auch des Verbots, Zinsen und Lizenzen zwischen Mutterhaus und Betriebstätte zu berechnen. 5

**6.** Zur **Betriebsaufspaltung** über die **Grenze** s „Betriebsaufspaltung". 6

**7.** Nachdem die **Kapitalgesellschaften** in der **EU** auch grenzüberschreitend nicht diskriminiert werden können, kann der Ausländer im Inland auch „seine" KapGes importieren. Der Brite kann im Inland (wie der Deutsche) mit einer Ltd auftreten. Ob diese wirtschaftliche unternehmerische Tätigkeit mit einem dem Ort der wirtschaftlichen Tätigkeit fremden Rechtskleid sinnvoll ist, bedarf der sorgfältigen Prüfung. S „Ausländische EU-Kapitalgesellschaften", „Europäische Aktiengesellschaft", „Europäische Genossenschaft". 7

## Ausländische Anteilseigner

S „Ausländer als Unternehmer im Inland", „Missbrauch".

1 **1.** Behandlung der ausländischen AntE bis zur Einführung des AnrV s 5. Aufl im **AnrV** s 8. Aufl.

7 **2. Ausländische AntE** nach Beendigung des AnrV **ab 2001:** Das **Halbeinkünfteverfahren** (und sodann **Teileinkünfteverfahren**) gilt auch für Inlandsdividenden beschränkt stpfl AntE. Zu einer wesentlichen Entlastung kommt es dennoch nicht. Der Abzug der KapErtrSt erfolgt von den ungekürzten Kapitalerträgen, dh einschließlich der nach § 3 Nr 40 EStG steuerfreien Erträgen (§§ 43 I Nr 1a, 43a II 2 EStG). Zum anderen tritt weiterhin Abgeltungswirkung ein (§ 50 V 1 EStG). Damit findet keine Veranlagung statt, bei der die (zu hoch) geleistete KapErtrSt berücksichtigt werden könnte. Diese Benachteiligung insbes der ausländischen AntE im EU-Raum ist europarechtswidrig (EuGH v 20.10.11 Rs C-284/09, AG 11, 869). *Der Gesetzgeber berücksichtigt dies durch die Möglichkeit, die Erstattung der KapErtrSt zu beantragen. Im Einzelnen s §§ 32a V, 34 XIIIb; s dort.*

8 **3.** Als Gestaltungsalternative besteht weiterhin die Möglichkeit, eine inländische PersGes oder Betriebstätte zwischenzuschalten. Nach § 49 I Nr 2a, § 30 Nr 40 S 2 iVm § 20 III EStG werden dem Halbeinkünfte-/Teileinkünfteverfahren unterworfene gewerbl Einkünfte erzielt, für die nach § 50 V 2 EStG die Abgeltungswirkung nicht eingreift, sondern eine Veranlagung stattfindet, bei der es zur Anrechnung der KapErtrSt kommt. Gewstl ist die nur für Streubesitz von Nachteil (§ 8 Nr 5 GewStG). Handelt es sich beim AntE der Körperschaft um eine ausländische KapGes, sind die Gewinnausschüttungen bei der ausländischen KapGes steuerfrei (§ 8b I). Dessen ungeachtet wird QuellenSt auf die volle Dividende eingehalten, die auch hier als Abgeltungssteuer wirkt (§§ 43 I Nr 1a, 43a I Nr 1 EStG, 32 I Nr 2 KStG). Die Begünstigung aus der Mutter-Tochter-Richtlinie für EU-KapGes gilt allerdings weiterhin (§ 43b EStG). Die Einbringung der Beteiligung in eine inländische Betriebstätte der ausländischen Körperschaft bzw in eine inländische PersGes (§ 8b VI) gelten auch hier mit der identischen gewstl Behandlung (§ 8 Nr 5 GewStG).

## Ausländische EU-Kapitalgesellschaften

S „ ‚Abschirmende' ausländische juristische Personen", „Europäische Aktiengesellschaft", „Europäische Genossenschaft".

1 **1.** Trotz Einführung der Unternehmergesellschaft haftungsbeschränkt (§ 5a GmbHG) als KapGes ohne Mindeststammkapital wird bei Beratern die KapGes ausländ Rechtsform nachgefragt. Grundlage für die inländ Aktzeptanz ausländ Rechtsformen ist die **Rechtsprechung des EuGH,** der unter Berufung auf die Niederlassungsfreiheit (Art 43, 48 EG-Vertrag) die EU-Mitgliedsstaaten verpflichtet, den Zuzug im EU-Ausland wirksam gegründeter KapGes durch Verlegung des tatsächlichen Verwaltungssitzes in einen anderen EU-Mitgliedsstaat zuzulassen, dh die zuziehende Gesellschaft als wirksam gegründete juristische Person anzuerkennen, wenn der Wegzugsstaat den Wegzug zulässt. Als weiterer Schritt im internationalen Gesellschaftsrecht wurde die Europäische Aktiengesellschaft (SE = societas europaea) eingeführt. S **„Europäische Aktiengesellschaft".**

2 **2. Zivilrechtlich** geht es um die Frage, welcher nationalen Rechtsordnung die privatrechtlichen Normen zu entnehmen sind, die für die Rechtsverhältnisse einer Gesellschaft maßgebend sind (sog Personalstatut), wenn die Gesellschaft in einem Staat gegründet, aber von einem anderen Staat aus geleitet wird. Das Personalstatut richtet sich im Fall der Verlegung des tatsächlichen Geschäftssitzes der Gesellschaft entweder nach dem nationalen Gesellschaftsrecht des Gründungsstaats **(Gründungstheorie)** oder nach dem nationalen Gesellschaftsrecht des Staats, in dem sich der Ort der tatsächlichen Geschäftsleitung befindet **(Sitztheorie).** Die deut-

sche Zivilrechtsprechung, FinVerw sowie Finanzrechtsprechung und herrschende Auffassung in der Literatur folgten vor der aktuellen Entwicklung der Rechtsprechung des EuGH **traditionell** der Sitztheorie (vgl BGH V ZR 10/85 v 21.3.86, BGHZ 97, 269, 271; BFH BStBl II 92, 973; *Jasper,* Münchener Handbuch des Gesellschaftsrechts III, GmbH, 2. Aufl 03, § 75 Rz 13 ff). Dies führte zu dem Ergebnis, dass im Ausland wirksam gegründete Kapitalgesellschaften bei Verlegung ihres tatsächlichen Sitzes der Geschäftsleitung in die Bundesrepublik Deutschland hier nicht als juristische Personen anerkannt wurden, da deutsches Gesellschaftsrecht anzuwenden war und diese Gesellschaften nicht nach deutschem Recht wirksam gegründet, insbesondere nicht im deutschen Handelsregister eingetragen waren.

**3. Rechtsprechung** des **EuGH** (Niederlassungsfreiheit nach Art 43, 48 EG-Vertrag) – **Daily Mail:** Die erste Entscheidung des EuGH in diesem Zusammenhang ist die Entscheidung vom 27.9.88 (Rs 81/87, Slg 88, I-5483, NJW 89, 2189), in der der EuGH feststellte, das europäische Recht gewähre nationalen Gesellschaften kein Recht, unter Beibehaltung ihrer Identität aus ihrem Gründungsstaat **wegzuziehen.** Danach ist es zulässig, wenn die EU-Mitgliedsstaaten nach ihrem jeweiligen nationalen Recht bestimmen, dass mit der Verlegung des Satzungssitzes und/oder der Verlegung des Sitzes der tatsächlichen Geschäftsleitung ins Ausland die Auflösung der Gesellschaft verbunden ist. Nach deutschem Recht wird die **Verlegung des Satzungssitzes** einer nach deutschem Recht gegründeten KapGes ins Ausland nach wie vor nicht anerkannt (BayObLG GmbHR 04, 490). Hieran hat sich auch durch die EuGH-Entscheidung in Sachen Lasteyrie du Saillant (Rs C-9/02 v 11.3.04, NJW 04, 2439) sowie in Sachen Sevic (Rs C-411/03 v 13.12.05, NJW 06, 425) nichts geändert (vgl OLG München 31 Wx 49/07 v 11.9.07, DStR 07, 1925). Die hM qualifiziert diesen Beschluss als **Auflösungsbeschluss** (OLG Düsseldorf BB 01, 901; BayObLG GmbHR 04,490). Diese Auffassung hat insbesondere zur Konsequenz, dass unter Auflösung sämtlicher stiller Reserven die Schlussbesteuerung nach § 12 KStG vorzunehmen ist. Nach der für den Wegzugsfall weiterhin vertretenen Sitztheorie ging die hM auch für den Fall der Verlegung des tatsächlichen Sitzes der Geschäftsleitung ins Ausland davon aus, dass dies die Auflösung der Gesellschaft zur Konsequenz hat (vgl OLG Hamm NJW 01, 2183; *Triebel/v Hase* BB 03, 2409; *Bayer* BB 03, 2357; *Wertenbruch* NZG 03, 618; *Eidenmüller* JZ 04, 24; *Maul/Schmidt* BB 03, 2297). Steuerrechtlich galt wiederum § 12. Der Gesetzgeber beabsichtigte, die Verlegung des Verwaltungssitzes einer KapGes deutschen Rechts ins Ausland unter Identitätswahrung zu ermöglichen. Im Rahmen des MoMiG wurden § 4a II GmbHG sowie § 5 II AktG gestrichen. Da umstritten ist, ob diese Maßnahme ausreicht, um die Auflösung der KapGes zu verhindern (vgl nur *Preuß* GmbHR 07, 57), ist weiterhin Vorsicht geboten. Steuerlich würde mit der Verlegung des Verwaltungssitzes ins Ausland der Ort der Geschäftsleitung verlegt. Die unbeschränkte KSt-Pflicht nach § 1 bleibt aufgrund des Satzungssitzes im Inland. Bei Verlegung in DBA-Staaten wird Ansässigkeit iSd DBA im Ausland begründet (vgl Art 4 I und III OECD-MA). Die allgemeinen Entstrickungsgrundsätze (§ 12 I und § 4 I 3 EStG) gelten. **Centros:** In der zweiten maßgeblichen Entscheidung des EuGH v 9.3.99 (Rs C-212/97 GmbHR 99, 474) hat der EuGH festgestellt, dass die EU-Mitgliedsstaaten die **Eintragung einer Zweigniederlassung** einer Gesellschaft, die in einem anderen EU-Mitgliedsstaat nach dessen Regelungen rechtswirksam gegründet wurde, nicht verweigern dürfen. Im Ergebnis bestimmt die Centros-Entscheidung für das deutsche Recht, dass Gesellschaften, die in Mitgliedsstaaten gegründet wurden, die der **Gründungstheorie** folgen, unabhängig davon anerkannt werden müssen, wo sie ihren tatsächlichen Geschäftssitz haben. Der Umzug in einen anderen EU-Mitgliedsstaat durch die Verlegung des tatsächlichen Geschäftssitzes hat keinen Einfluss auf den Rechtsbestand der Gesellschaft. Das nationale Recht des Zuzugsstaats, auch das deutsche Recht, darf die EU-Auslandsgesellschaft nicht schlechter stellen als inländische 3

Gesellschaften (*Schwedhelm/Binnewies* GmbH-StB 00, 100, mwN). **Überseering:** Die dritte maßgebliche Entscheidung des EuGH erging aufgrund eines Vorlagebeschlusses des BGH (v 30.3.00 VII ZR 370/98, DB 00, 1114). In seiner Entscheidung vom 5.11.02 (Rs C-208/00, ZIP 02, 2037) stellt der EuGH fest, dass einer nach dem Recht eines anderen Mitgliedsstaats wirksam gegründeten Kapitalgesellschaft grundsätzlich die **Rechts- und Parteifähigkeit** aufgrund der Verlegung ihres tatsächlichen Verwaltungssitzes nach Deutschland **nicht aberkannt** werden darf. In der deutschen Literatur wurde im Anschluss umfangreich darüber diskutiert, ob trotz der Pflicht der Anerkennung der Rechts- und Parteifähigkeit der zugezogenen Gesellschaft die Regelungen zum Mindestkapital bzw zur Kapitalaufbringung und -erhaltung anzuwenden bzw die Regelungen zur Durchgriffshaftung zu erweitern seien. Dies hat zur Abkehr von der Sitztheorie in EU-Fällen geführt: BayObLG NZG 03, 290; *Kindler* NJW 03, 1073; *Forsthoff* DB 03, 979; *Lutter* BB 03, 7; *Eidenmüller* JZ 03, 525; *Merkt* RIW 03, 458; *Schulz* NJW 03, 2705; *Meilicke* GmbHR 03, 793; *Roth* IPRax 03, 117; *Schanze/Jüttner* AG 03, 30; *Geyrhalter/Gänßler* 03, 409; *Zimmer* BB 03, 1; *Kersting* NZG 03, 9; *Paefgen* DB 03, 487. **Inspire Art:** In der vierten Entscheidung des EuGH v 30.9.03 (C-167/01, NZG 03, 1064) hat der EuGH festgestellt, dass es für die Anwendung der Vorschriften über die Niederlassungsfreiheit ohne Bedeutung sei, dass eine Gesellschaft in einem anderen Mitgliedsstaat nur errichtet wurde, um sich in einem zweiten Mitgliedsstaat niederzulassen, in dem die Geschäftstätigkeit im Wesentlichen oder ausschließlich ausgeübt werden soll. Danach stellt es **keinen Missbrauch** dar, wenn eine Gesellschaft in einem anderen Mitgliedsstaat nur gegründet wurde, um in den Genuss vorteilhafterer Rechtsvorschriften zu kommen. Solche Gesellschaften hätten gleichwohl das Recht, ihre Tätigkeit in einem anderen Mitgliedsstaat durch eine Zweigniederlassung oder ausschließlich auszuüben (ausführlich zur Entscheidung „Inspire Art“: *Kindler* NZG 03, 1068; *Hirsch/Britien* NZG 03, 1100; *Geyrhalter/Gänßler* DStR 03, 2167; *Müller-Bonanni* GmbHR 03, 1235).

4 Im Ergebnis können folgende Grundsätze der Rechtsprechung des EuGH festgehalten werden:

- Der **Wegzug** einer Gesellschaft aus ihrem Gründungsstaat unterliegt dem nationalen **Recht des Gründungsstaats.**
- Erkennt der Gründungsstaat den Wegzug der Kapitalgesellschaft an, hat der **Zuzugsstaat** die Rechtsfähigkeit der ausländischen Gesellschaft zu respektieren.
- Der Umstand, dass eine Gesellschaft in dem ersten Mitgliedsstaat nur errichtet wurde, um in den Genuss vorteilhafterer Rechtsvorschriften (insbesondere Kapitalaufbringungs- und -erhaltungsvorschriften) zu kommen, stellt für sich allein **keinen Rechtsmissbrauch** dar.

5 Diese für die nationalen Gerichte verbindlichen Grundsätze sind inzwischen auch von der **deutschen Rechtsprechung** umgesetzt (BGH v 13.3.03 VII ZR 370/98, NZG 03, 431; BayObLG NZG 03, 290; OLG Celle GmbHR 03, 532; OLG Naumburg GmbHR 03, 533; OLG Zweibrücken NZG 03, 537; KG Berlin NZG 04, 49; vgl auch *Goette* DStR 05, 197).

Der EuGH hat ein **Einfallstor** für die nationale Rechtsprechung und Gesetzgebung offen gehalten. Einschränkungen sind nur zulässig, wenn sie in nicht diskriminierender Weise angewandt werden und aus **zwingenden Gründen des Gemeinwohls** gerechtfertigt sind; ob das deutsche Gesellschaftsrecht auf die im Ausland wirksam gegründeten Kapitalgesellschaften mit tatsächlichem Verwaltungssitz in Deutschland Anwendung finden kann, wird derzeit diskutiert. ME ist davon auszugehen, dass die in der Rechtsprechung des EuGH vorgesehene **Missbrauchsklausel** nicht dazu berechtigt, deutsche Kapitalaufbringungs-, Kapitalerhaltungs- oder Haftungsgrundsätze anzuwenden.

6 **4. Geltungsbereich ausländischen Rechts:** Auf die im Ausland wirksam gegründete und im Inland anzuerkennende **Gesellschaft ist ausländisches Recht**

anwendbar. Lediglich für das **Insolvenzrecht** ist nach Art 3 iVm Art 4 der Europäischen Verordnung für das Insolvenzverfahren vom 31.5.02 das Recht des Staats anwendbar, in dessen Gebiet der Schuldner den Mittelpunkt seiner hauptsächlichen Interessen hat. Nach hM gilt das **Mitbestimmungsrecht** nach § 1 MitBestG für Kapitalgesellschaften ausländischer Rechtsformen nicht, da sich die gesellschaftsrechtliche Organisation, unter die auch die Besetzung der Organe nach dem MitBestG fällt, nach dem ausländischen Recht richtet. Die betriebliche Mitbestimmung (§ 1 BetrVerfG, 1/3 Arbeitnehmer-Vertreter im Aufsichtsrat bei mehr als 500 Mitarbeitern) hingegen kann Anwendung finden, da sich diese nach der Belegenheit des Betriebs richtet und nicht nach dem Gesellschaftsstatut.

**5. Eintragungs- und Publizitätspflichten:** Da die Verlegung des Verwal- 7
tungssitzes einer im EU-Ausland wirksam gegründeten Gesellschaft nach Deutschland eine **Zweigniederlassung** begründet (§§ 13d–13g HGB), ist dieselbe zusätzlich nach § 29 HGB zum **deutschen Handelsregister** anzumelden. Das gilt, obgleich die inländische Niederlassung im Zweifel als einzige aktive Niederlassung tatsächlich die Hauptniederlassung darstellt. Für das Registerverfahren gilt nach ganz hM **deutsches Registerrecht.** Die Pflichtmitgliedschaft in der **Industrie- und Handelskammer** besteht sowohl für inländische Kapitalgesellschaften als auch für inländische Zweigniederlassungen ausländischer Kapitalgesellschaften (§ 2 I IHKG). Die **Jahresabschlusspublizität** besteht ebenso für Niederlassungen ausländischer KapGes wie für inländische KapGes (vgl § 325a I HGB). Gleiches gilt für die Einhaltung der **Offenlegungspflichten im Ausland.** Im Ergebnis sind **Jahresabschlüsse zweisprachig** zu erstellen, da sie für steuerliche Zwecke in deutscher Sprache und für die Erfüllung der Offenlegungspflichten im Ausland in der Landessprache abzufassen sind. Ferner sind die **Jahresabschlüsse in zwei Rechtssystemen** zu fertigen. Nach § 325a I HGB sind die Unterlagen der Rechnungslegung der Hauptniederlassung, die nach dem für die Hauptniederlassung maßgeblichen Recht erstellt, geprüft und offengelegt worden sind, offenzulegen. Das für die Hauptniederlassung maßgebende Recht bestimmt sich gemäß Art 3 der Publizitätsrichtlinie. Danach folgt die Rechnungslegung dem Recht des Mitgliedsstaats, dem die Gesellschaft unterliegt. Dies ist nach hM das Recht des statutarischen Sitzes, also das ausländische Recht. Die hingegen für die deutsche Finanzverwaltung zu erstellende Steuerbilanz richtet sich nach deutschem Recht.

**6.** Der GmbH vergleichbar in **England: Die private limited company –** 8
**Gründung:** Die Gründer müssen die Gesellschaft beim **registrar of companies** im Companies House in London, Cardiff oder Edinburgh unter Angabe des Gesellschaftssitzes anmelden. Jede in England registrierte Ltd ist verpflichtet, in England ein **registered office** zu unterhalten. Wird der tatsächliche Verwaltungssitz im Anschluss nach Deutschland verlegt, handelt es sich hierbei um eine Büroadresse ohne wesentliche eigene Funktion. Zustellungen und Einsichtnahmen im Verhältnis zum registrar erfolgen unter dieser Anschrift. Die **Gesellschaftsgründung** ist nicht formpflichtig. Beim registrar müssen die Gründungsurkunde (memorandum of association), die Satzung (articles of association), die Liste der Geschäftsführer sowie die Liste der Schriftführer eingereicht werden. Ferner muss einer der Gesellschafter, der Geschäftsführer oder ein mit der Gründung Beauftragter eine eidesstattliche Versicherung darüber abgeben, dass die Gründungsvoraussetzungen erfüllt sind. Die Anmeldebehörde prüft die Dokumente auf ihre formelle Ordnungsgemäßheit. Sie stellt im Anschluss die Gründungsurkunde (certificate of incorporation) aus (Formulare und Beispiele für Gesellschaftsverträge sind im Internet verfügbar unter: http://www.companieshouse.gov.uk). Es bedarf **keines Mindestkapitals.** Die Rechtssubjektsfähigkeit mit der Konsequenz der Haftungsbeschränkung auf das Gesellschaftsvermögen entsteht mit der **Eintragung der Gesellschaft** in das Register. **Organisationsstruktur:** Die Ltd wird durch den

**director** (Geschäftsführer) vertreten. Neben dem director hat jede Ltd einen **secretary** (Schriftführer) zu bestellen. Der secretary ist für die Einhaltung der Formalien gegenüber dem registrar verantwortlich. Gesellschafter und director können identisch sein. Werden mehrere directors bestellt, kann einer von ihnen die Funktion des secretary übernehmen. Die reine Ein-Mann-Gründung ist somit nicht möglich, da mindestens ein director, der gleichzeitig Gesellschafter sein kann, und ein secretary bestellt sein müssen. Die Funktion des secretary wird regelmäßig durch einen englischen Berater wahrgenommen. Im Übrigen wird das Innenverhältnis zwischen **Gesellschafterversammlung** und Geschäftsführung durch die Satzung bestimmt. **Haftung:** Es besteht grundsätzlich keine persönliche Haftung der Gesellschafter. Auch das englische Recht kennt die Durchgriffshaftung auf die Gesellschafter für den Fall der Einsetzung eines Strohmanns (agency), des Betrugs sowie in Ausnahmefällen der materiellen Unterkapitalisierung (vgl *Wachter* GmbHR 03, 1254; *Ebert/Levedag* GmbHR 03, 1337). Nicht anwendbar sind die für das **deutsche Recht** entwickelten Grundsätze der Haftung wegen Unterkapitalisierung oder der Haftung im Rahmen eines Mantelkaufs, da es keines Mindestkapitals bedarf (*Wachter* GmbHR 04, 88). Die Haftung nach **Deliktsrecht** und im Fall der **Insolvenz** richtet sich jedenfalls zusätzlich nach deutschem Recht (*Schumann* DB 04, 743; *Goette* DStR 05, 197; vgl BGH v 24.6.02 II ZR 300/00, DStR 02, 1822). Die Geschäftsführer der Ltd haften für die Verletzung ihrer Pflichten. Dazu gehören Treue- und Loyalitätspflichten sowie die allgemeinen Sorgfaltspflichten. Das gilt insbesondere für die Pflicht, im Fall der Insolvenz alles zu tun, um die Nachteile für die Gläubiger zu minimieren (vgl *Wachter* GmbHR 04, 88; *Ebert/Levedag* GmbHR 03, 1337; *Schumann* DB 04, 743).

9 **Ltd & Co KG:** Da das englische Recht die Beteiligung einer Ltd an einer Personengesellschaft als persönlich haftende Gesellschafterin zulässt und aufgrund der Entwicklung der Rechtsprechung des EuGH dies auch für das deutsche Recht als zulässig erachtet werden muss, ist auch die Gründung einer Ltd & Co KG in Betracht zu ziehen.

10 **7.** Die GmbH vergleichbar in **Frankreich:** Die S. A. R. L. eignet sich nicht im gleichen Maß wie die Ltd als im Ausland „verbilligt" gegründete Kapitalgesellschaft, deren Verwaltungssitz im Anschluss an die Gründung in die Bundesrepublik Deutschland verlegt wird. Zwar ist für das Stammkapital ab dem 1.1.04 nur noch € 1,– aufzubringen. **Frankreich** folgt aber wie Deutschland der **Sitztheorie** Das bedeutet jedenfalls nach traditionellem Verständnis, dass der Wegzug der S. A. R. L. ihre Auflösung zur Konsequenz hätte. Dann muss auch Deutschland den Zuzug nicht billigen. Inwieweit diese Auffassung in Frankreich und Deutschland aufgrund der EuGH-Rechtsprechung weiter aufrechterhalten wird, muss abgewartet werden. Gegenwärtig bleibt der Unsicherheitsfaktor (ausführlich *Recq/Hoffmann* GmbHR 04, 1070). **Gründung:** Die S. A. R. L. kann grundsätzlich durch eine oder mehrere Personen errichtet werden. Der Gesellschaftsvertrag bedarf der Schriftform. Die Firma der Gesellschaft kann frei gewählt werden. Gleiches gilt für den Unternehmensgegenstand. Das **Mindestkapital** der Gesellschaft beträgt seit dem 1.1.04 € 1,–. Wird die Gesellschaft mit Vermögen ausgestattet, muss das Kapital bei Gründung iHv 10 % erbracht werden. Der Rest ist innerhalb von fünf Jahren ab Eintragung der Gesellschaft im Handelsregister zu leisten. Die S. A. R. L. darf höchstens **50 Gesellschafter** haben. Die Gründung ist in einer örtlichen Zeitung zu veröffentlichen. Die Eintragung im Handelsregister erfolgt erst, wenn zumindest ein Antrag auf Bekanntmachung gestellt wurde. Die **Bekanntmachung** enthält Firma, Rechtsform, Höhe des Gesellschaftskapitals, Geschäftsadresse, Unternehmensgegenstand, Dauer, Namen sowie Wohnort des Geschäftsführers. Zuständig für die Eintragung ist das **Handelsregister** beim zuständigen Handelsgericht (Tribunal de Commerce). Zuständig ist das Gericht des Sitzes der Gesellschaft. Die Gründung der Gesellschaft ist innerhalb eines Monats nach Abschluss des Gründungsgeschäfts

bei der zuständigen Finanzkasse zu belegen. Die Gründung hat die Erhebung einer in Deutschland nicht bekannten Registersteuer zur Folge. Der Antrag auf Eintragung ist auf einem bestimmten Antragsformular, dem Nasse unique, zu stellen. Die Gesellschaft entsteht mit Eintragung im Handelsregister. Die Haftungsbeschränkung tritt mit **Registereintragung** ein. Für die „Vor-S. A. R.L" gilt grundsätzlich das Vorbelastungsverbot, es sei denn, mit Einverständnis sämtlicher Gründer werden vor Eintragung Geschäfte abgeschlossen. Bis zur Eintragung haften die Gründer persönlich und unbeschränkt. Die Eintragung erfolgt auch ohne ein Auffüllen der Einlagen. Die Eintragung ist innerhalb von fünf Werktagen nach Annahme des Eintragungsantrags durch das Register zu bewerkstelligen. **Organisation:** Die Geschäftsführung und Vertretung erfolgt durch einen oder mehrere Geschäftsführer (gerant). Der Geschäftsführer kann Gesellschafter oder Dritter sein. Für EU-Ausländer gibt es keine Verschärfungen. Jeder Geschäftsführer vertritt die Gesellschaft im Außenverhältnis alleine. Die Geschäftsführer werden durch die Gesellschafterversammlung bestellt und abberufen. Oberstes Organ ist die Gesellschafterversammlung. **Haftung:** Die S. A. R. L. erlangt ihre Rechtspersönlichkeit mit Eintragung ins Handelsregister. Die Handelnden haften für die in Rechnung der in Gründung befindlichen Gesellschaft abgeschlossenen Rechtsgeschäfte persönlich, gesamtschuldnerisch und unbeschränkt. Im Übrigen ist die Haftung auf das Gesellschaftsvermögen beschränkt. Die Geschäftsführer haften der Gesellschaft und Dritten gegenüber, sofern sie gesetzliche Vorschriften oder gesellschaftsvertragliche Regelungen verletzen. Das französische Recht sieht zudem eine allgemeine Haftungsnorm vor, die den Geschäftsführer bei vorsätzlicher oder fahrlässiger Begehung von Geschäftsführungsfehlern zum Schadensersatz verpflichtet.

**8. Steuerrechtliche Konsequenzen:** Der **unbeschränkten Körperschaftsteuerpflicht in** der Bundesrepublik Deutschland unterliegen Körperschaften nach § 1 I, sofern sie entweder ihren Satzungssitz oder den Ort ihrer Geschäftsleitung im Inland haben. Liegen diese Voraussetzungen nicht vor, werden lediglich die im Inland erzielten bzw die dem Steuerabzug unterliegenden Einkünfte der deutschen Besteuerung unterworfen (**beschränkte Steuerpflicht** nach § 2 KStG, § 49 EStG). Als Konsequenz hieraus sind deutsche Kapitalgesellschaften stets unbeschränkt steuerpflichtig, da sie gesellschaftsrechtlich zwingend ihren Satzungssitz im Inland haben. Kann der Verwaltungssitz im Ausland genommen werden, führt dies zur Ansässigkeit der Gesellschaft im Ausland iSe DBA (vgl Art 4 I und III OECD-MA). Für die Qualifizierung des Besteuerungsumfangs ausländischer Körperschaften kommt es darauf an, ob diese den **Ort ihrer tatsächlichen** Geschäftsleitung im Inland haben. Wird also die ausländische Kapitalgesellschaft im Ausland rechtswirksam gegründet und verlegt sie im Anschluss ihren tatsächlichen Verwaltungssitz ins Inland, hat dies zur Konsequenz, dass im Inland die unbeschränkte Steuerpflicht begründet wird. Der Zuzugsakt als solcher hat keine steuerlichen Auswirkungen. Steuerlich ist von einem einheitlichen Körperschaftsteuersubjekt auszugehen, das von der beschränkten in die unbeschränkte Steuerpflicht wechselt (BFH BStBl II 99, 972; ausführlich *Schwedhelm/Binnewies* DB 99, 1420). 11

**Behandlung als inländische KapGes:** Konsequenz der Rechtsprechung des EuGH ist, dass die im EU-Ausland rechtswirksam gegründeten KapGes, die ihren tatsächlichen Verwaltungssitz ins Inland verlegen, unter **§ 1 I Nr 1** zu subsumieren sind und damit den inländischen KapGes gleichgestellt werden (vgl *Wachter* GmbHR 03, 684; *Deininger* IStR 03, 214; *Birk* IStR 03, 369; Umwandlung einer GmbH in eine im Inland ansässige EU-Kapitalgesellschaft vgl von *Busekist* GmbHR 04, 650). Damit sind sämtliche Vorschriften des KSt-Rechts, also nicht nur solche, die auf Körperschaften, sondern auch diejenigen, die auf inländische KapGes iSv § 1 I Nr 1 bezogen sind, anwendbar. Bezüglich anderer ausländischer Körperschaften richtet sich die Anerkennung als Körperschaftsteuersubjekt nach dem sog Typenvergleich (§ 1 Rz 13). 12

13 **Doppelbesteuerung:** Da die im Ausland wirksam gegründete Kapitalgesellschaft ihren Satzungssitz im Ausland, ihren tatsächlichen Verwaltungssitz in Deutschland hat, unterliegt sie sowohl der Besteuerung im Herkunftsland als auch der Besteuerung im Zuzugsland Deutschland. Um die Doppelbesteuerung zu vermeiden, weisen die entsprechenden Doppelbesteuerungsabkommen regelmäßig dem Land, in dem der tatsächliche Verwaltungssitz belegen ist, das Besteuerungsrecht zu (vgl zB Art 3 DBA-Großbritannien).

14 Im **Ergebnis** bleibt festzuhalten, dass die im EU-Ausland rechtswirksam gegründete Kapitalgesellschaft, die im Inland als rechtsfähig anzuerkennen ist, nach Verlegung ihres tatsächlichen Verwaltungssitzes gegenüber den inländischen Kapitalgesellschaften weder diskriminiert noch bevorteilt wird. Das **Steuerrecht** ist demnach kein **Entscheidungskriterium** für die Rechtsformwahl bezogen auf die Wahl zwischen der inländischen Kapitalgesellschaft und der ausländischen Kapitalgesellschaft. Hinzuweisen bleibt aber auf das Risiko, dass eine Löschung der ausländischen Kapitalgesellschaft im ausländischen Register dazu führt, dass die Rechtsfähigkeit nicht nur im Ausland, sondern auch im Inland verloren geht. Ab diesem Zeitpunkt ist der Zusammenschluss steuerlich nicht mehr als Körperschaft, sondern als Mitunternehmerschaft zu behandeln.

15 **9. Entscheidungskriterien für die Wahl der Rechtsform.** Nachteile deutscher Kapitalgesellschaftsformen: Vergleichsweise hohes Mindestkapital, Pflicht zur notariellen Beurkundung von Satzung und Gründung, vergleichsweise zeitintensives Eintragungsverfahren, Mitbestimmung.

16 **Nachteile und Risiken:** Bei KapGes ausländ Rechtsform, die vom Inland aus geführt werden, besteht die Pflicht, die Registervorschriften des ausländ Rechts dauerhaft zu erfüllen. Im Ergebnis bestehen daher insbesondere folgende Nachteile:

- Im Rahmen der Anmeldung der Zweigniederlassung zum deutschen Handelsregister sind sämtliche Urkunden in die deutsche Sprache zu übersetzen und zu beglaubigen (Kosten).
- Im Ausland ist regelmäßig zumindest „Briefkastenadresse“ zu unterhalten, für die Ltd ist im Ausland zB ein „Secretary“ dauerhaft zu bestellen (Kosten).
- Rechtsberatung hat in zwei Rechtssystemen zu erfolgen (Kosten).
- Jahresabschlüsse sind sowohl zum deutschen Handelsregister als auch zum ausländ Handelsregister einzureichen und damit zweisprachig zu erstellen. Ferner müssen sie sowohl dem deutschen Recht als auch dem ausländ Recht genügen (Kosten).
- Bei nicht dauerhaft gewährleisteter Rechtsberatung im ausländ Recht droht die Gefahr, dass die Registervorschriften des ausländ Rechts nicht eingehalten und es zur Zwangslöschung im ausländ Register kommt. Die Finanzverwaltung geht davon aus, dass bei Fortführung der KapGes ausländ Rechts trotz Registerlöschung im Ausland der oder die Gesellschafter über die Liquidation hinaus einen neuen Zweck verfolgen. Mangels Körperschaft wird dieser Zweck als Einzelunternehmen der OHG/GbR verfolgt. Dies hat steuerl folgende Konsequenzen:
- Das inländ Vermögen der gelöschten Ltd geht im Zeitpunkt der Löschung auf das Einzelunternehmen bzw die PersGes über.
- Die stillen Reserven der Wirtschaftsgüter, die im Wege der Sachauskehrung auf den oder die Gesellschafter übergehen, sind aufzudecken. Letztlich handelt es sich um eine vGa iSv § 8 III 2 KStG.
- Bei den Gesellschaftern führt die vGa zu Einnahmen aus KapVermögen iSv § 20 I Nr 1 EStG und zur Einlage in das neue BetrVermögen (vgl OFD Hannover, DStR 09, 1585).

Regelmäßig werden kaum Wirtschaftsgüter mit stillen Reserven vorhanden sein. Problematisch ist dies aber, wenn dauerhaft Gewinne erzielt wurden. Geht der Kundenstamm über, ist insoweit der Geschäftswert zu versteuern, was zur existenzvernichtenden Belastung führen kann.

## Basisgesellschaften

S „‚Abschirmende‘ ausländische juristische Personen“, „Missbrauch“, „Zwischengesellschaft“.

**1. Schrifttum:** *Selling,* Die Abschirmwirkung ausländischer Basisgesellschaften gegenüber dem deutschen Fiskus, DB 88, 930; *Zacharias/Weisert,* Steuerrechtliche Aspekte zur Errichtung einer Basisgesellschaften in einem Niedrigsteuerland, NJW 88, 1421; *Selling,* Ausländische Holding-, Vermögens- und Dienstleistungsgesellschaften im Licht des § 42 AO, RIW 91, 235; *Bosch,* Gedanken zur Missbrauchsvermutung des § 42 AO bei Zwischenschaltung einer Basisgesellschaft aus Sicht der steuerlichen Betriebsprüfung, IStR 98, 392; s im Übrigen die im Text zitierte Literatur.

**1.** Der **Begriff** BasisGes ist kein gesetzl Begriff. In der Praxis wird unter BasisGes eine ausländische KapGes in einem steuergünstigen Land verstanden, die bestimmte Aktivitäten für den Steuerinländer übernimmt. Zur Frage der Qualifizierung ausländischer Körperschaften im Inland s im Übrigen § 1 Rz 13. 1

**2.** Problematisch ist, ob **ausländische BasisGes** wegen **Rechtsmissbrauch** (§ 42 AO) nicht anzuerkennen oder andere Zurechnungsregeln anzuwenden sind. Nach der Rspr des BFH sind sie anzuerkennen, wenn für ihre Errichtung wirtschaftl oder sonst beachtlichen Gründe sprechen und sie eine eigene wirtschaftl Tätigkeit entfalten (BFH BStBl II 75, 553; II 76, 401, 513, 608; II 77, 261, 263, 265, 266, 268; II 79, 586; II 81, 339; II 82, 150; II 92, 1026, 1029; II 93, 84; II 01, 222; II 05, 14; FG Nbg EFG 05, 631 dazu auch *Debatin* DB 79, 183, 229; *Schulze-Osterloh* ZHR 76, 46; *Kluge* StRK Anm StAnpG § 6 I R 34 (1975); *Bellstedt* StRK StAnpG § 6 I R 36, 37, 38, 40–42 und StAnpG § 6 II–III R 9 (1976/1977); *Luttermann* IStR 93, 153). Auch wenn ausländische Gesellschaften anerkannt und nicht anerkannt werden, so zielt der Kontrollzweck des § 42 AO bei diesen Gestaltungen auf die Einkommenszurechnung, nicht auf die Gesellschaftsgründung ab (*Debatin* DB 79, 229). Es geht um die Frage, wem ein bestimmtes Einkommen zuzurechnen ist, weniger um die konkrete Anerkennung oder Nichtanerkennung einer Gesellschaft. Der Gesellschafter selbst kann auch über § 42 AO die Existenz nicht abgesprochen werden (*Kluge* StuW 76, 107; *Schulze-Osterloh* StRK Anm StAnpG § 6 I R 34). Daraus folgt einmal: Eine ausländische Gesellschaft ist hinsichtlich der Anerkennung teilbar; sie kann bzgl der Wertpapierverwaltung als BasisGes nicht anzuerkennen, bzgl eines Hotelbetriebs anzuerkennen sein (vgl BFH BStBl II 93, 84 mit Anm HFR 92, 393). Zum anderen kann sich die Nichtanerkennung auf bestimmte Geschäfte beziehen; die Grenzziehung zwischen nicht anerkannten Gesellschaft im Ausland und nicht anerkannten Geschäften im Einzelnen ist allerdings wenig geklärt (vgl *Kluge* StRK Anm StAnpG § 6 I R 34 (1975); s auch Rz 8). Die Rechtsfolge des § 42 AO kann sich folglich auch unter voller Anerkennung der Auslandsgesellschaft auf einzelne Geschäftsbedingungen oder Verträge beziehen. Insoweit wendet die Rspr § 42 AO zu Zurechnungsänderungen an (BFH/NV 07, 751). *Arndt/Ringel* BB 88, 2147 halten es für möglich, dass die Rspr zu den BasisGes entsprechend auf **inländische KapGes** Anwendung findet, wenn an der inländischen KapGes ausländische AntE beteiligt sind; richtig ist, dass § 42 AO auf alle Sachverhalte und Rechtsgestaltungen, mithin auch auf inländische KapGes Anwendung finden kann; die Rspr zu den BasisGes ist jedoch auf die Besonderheiten ausländischer Gesellschaften im Verhältnis zur Bundesrepublik bezogen; für inländische KapGes müssen eigene Maßstäbe entwickelt werden; ein nennenswerter Bedarf besteht nicht. 2

**3.** Die **hinreichenden Gründe** für die ausländische Gesellschaft müssen sich auf die Rechtsform und Sitz der Gesellschaft – zB: warum gerade Schweiz? Liechtenstein? – beziehen (BFH BStBl II 77, 261). Die Gründungszwecke richten sich nicht allein nach den Statuten (BFH BStBl II 76, 401; II 77, 261, 263). Sie müssen durch wirtschaftl Handeln in Erscheinung treten (BFH BStBl II 76, 401; II 77, 261, 263). Bei einer vermögensverwaltenden Gesellschaft im Ausland besteht die 3 tatsächliche Vermutung, dass es keine hinreichenden Gründe für die Zwischenschaltung gibt (BFH BStBl II 93, 84 mit HFR 92, 393; BFH/NV 1993, 416); in diesem Fall trifft also die Vortrags- und Beweislast den zwischenschaltenden Stpfl. Der hinreichende Gründungszweck kann insbesondere durch eine sich fortsetzende wirtschaftl Betätigung belegt werden (BFH BStBl II 93, 84; s auch unten Rz 4). Weitere Gründungszwecke: Aufbau eines Konzerns (BFH BStBl II 75, 553); Beteiligungserwerb im Inland und Ausland (BFH BStBl II 77, 261, 268); Finanzierung von TochterGes (BFH BStBl II 75, 553). Nicht ausreichend ist die Gründung allein aus steuerlichen Gründen (BFH BStBl II 77, 261); diese Aussage bedarf der Differenzierung. *Debatin* DB 79, 183 weist zutr darauf hin, dass die Verlegung einer Produktionsstätte nach Liechtenstein ausschließlich aus steuerlichen Gründen sicher nicht an § 42 AO scheitert. Steuerliche Gründe reichen für die ausländische Gesellschaft dann nicht aus, wenn nicht eine entsprechende Auslagerung von Wirtschaftsaktivitäten erfolgt (*Debatin* aaO). Zur funktionslosen niederländischen VermietungsGes s BFH BStBl II 98, 163; HessFG EFG 97, 538 korrigierend.

4 **4. Wirtschaftliche Betätigung:** Hinsichtlich der wirtschaftl Betätigung gibt es keine Vermutung tatsächliche Art zur Gründung einer Gesellschaft im niedrig besteuernden Ausland. Allerdings ist der Stpfl aufgrund der gesteigerten Mitwirkungspflicht bei Auslandsbeziehungen gehalten, die wirtschaftl Betätigung glaubhaft zu machen. Mit der wirtschaftl Betätigung kann sodann auch der Gründungszweck belegt werden (s Rz 3; BFH BStBl II 93, 84). Allein das Halten des StammKap ist für die wirtschaftl Betätigung nicht ausreichend (BFH BStBl II 76, 401). Ebenfalls ist es nicht genügend, wenn mit diesem Kapital oder mit vom Gesellschafter darlehensweise überlassenen Mitteln Wertpapiere erworben und verwaltet werden (BFH BStBl II 77, 261; II 93, 84). Erforderlich ist eine Beteiligung am allgemeinen wirtschaftl Verkehr (BFH BStBl II 77, 261), zB das Betreiben eines Hotels (vgl BFH BStBl II 93, 84). Die Zwischenschaltung einer niederländischen Kapitalgesellschaft mit Grundbesitz im Inland ist nicht rechtsmissbräuchlich (BFH/NV 05, 1016 und Vorinstanz FG Münster EFG 03, 1212). Vorbereitende Aktivitäten müssen mit späteren Betätigungen zusammengesehen werden (BFH BStBl II 77, 261). Damit ist ein nur schwer lösbares Problem angesprochen, nämlich der zur Beurteilung stehende Zeitraum (vgl *Luttermann* IStR 93, 153, 157). Was sich im ersten Jahr noch als nicht ausreichend darstellt, kann bei längerfristiger Beurteilung der Beginn einer ausreichenden Betätigung sein. Dem wirtschaftl bedeutsamen Geschäft des ersten Jahres kann umgekehrt nichts mehr folgen.

5 **5.** Besondere Schwierigkeiten ergeben sich, wenn die ausländische Gesellschaften **Holdingfunktion** haben soll. Grundsätzlich wird diese Funktion von der Rspr anerkannt (BFH BStBl II 77, 263). Problematisch ist jedoch, wie hier die geforderte Beteiligung am allgemeinen wirtschaftl Verkehr glaubhaft gemacht werden kann. Fraglich ist auch, in welcher Zeit wieviele Beteiligungen erworben werden; hierzu BFH BStBl II 81, 339: eine Beteiligung ist nicht ausreichend. Ist hingegen die Zahl ausreichend, ist wiederum zu erörtern, von welchem Zeitpunkt sodann die Gesellschaft anzuerkennen ist. Die Grundpositionen im StStreit zwischen der Fiskalseite und dem StBürger sind hier bereits in der Sache selbst angelegt (zur Holdingproblematik s auch *Selling* RIW 91, 235). Ist ein **Berater** – Finanzberater, Unternehmensberater etc – im Inland tätig, so kann er diese Leistungen nicht über eine in der Schweiz gegründete Gesellschaft abrechnen. Auch wenn er sich von dieser Gesellschaft einsetzen lässt, so liegt idR Rechtsmissbrauch vor; vgl BFH BStBl II 76, 608. Der Kern dieser Entscheidung liegt darin, dass die eigentliche Beratungstätigkeit nicht in die Schweiz verlagert wird (*Bellstedt* StRK Anm StAnpG § 6 I R 38 (1977)). In derartigen Fällen bietet sich im Übrigen anstelle der Anwendung des § 42 AO die Rechtsfolge der unbeschränkt StPfl der ausländischen Gesellschaft an (Rz 10). Da durch § 42 AO nur eine bestimmte Einkommenszurechnung, nicht aber die ausländische Gesellschaft selbst betroffen

wird (s Rz 2), ist es durchaus möglich, dass eine Gesellschaft zwar in den ersten Jahren nicht anerkannt wird – richtiger: dass die GesEinkünfte den AntE zugerechnet werden –, dass ihre steuerliche Rechtszuständigkeit später aber, wenn sie eine volle wirtschaftl Tätigkeit entfaltet, anzuerkennen ist; so auch *Debatin* DB 79, 229.

**6. Praxishinweise:** Die geforderte wirtschaftl Betätigung im Ausland erfordert regelmäßig ein eigenes Büro und zumindest einen leitenden Angestellten im Ausland. Hieran fehlt es, wenn die Gesellschaft von einem Berufstreuhänder gehalten und geführt wird. Natürlich kann die ausländische Gesellschaft ihre wirtschaftl Funktion auch durch Entscheidungen aus dem Inland erfüllen. Dieser Fall ist in den klassischen Briefkastenfällen nicht selten. Damit gerät man in der Argumentation in einen Konflikt, den der Berater sicher handhaben muss. Je mehr er nämlich die wirtschaftl Tätigkeit herausarbeitet, um so mehr weist er auf die wirtschaftl Führung aus dem Inland hin. Damit bringt er zwar einerseits die ausländische Gesellschaft zur Anerkennung. Gleichzeitig kann aber das FA „nachziehen" und die unbeschränkte StPfl der Gesellschaft im Inland bejahen (s unten Rz 10): darauf weist auch ausdrücklich BFH BStBl II 76, 401 hin; ähnlich auch *Bellstedt* StRK Anm StAnpG § 6 I R 36 (1976). 6

**7.** Die dargestellte Rspr setzt voraus, dass der **inländische Stpfl,** bei dessen Besteuerung die ausländische Gesellschaft zu beurteilen ist, überhaupt **an der ausländischen Gesellschaft beteiligt** ist (BFH BStBl II 79, 586; II 89, 216). Ist das nicht der Fall, so sind die Geschäfte zwischen dem Inländer und der ausländischen Gesellschaft nach den allgemeinen Regeln des § 42 AO zu beurteilen (BFH II 79, 586; Rz 8). Ist das Geschäft außergewöhnlich, können vernünftige Gründe nicht vorgetragen werden und fehlt es an klaren Vereinbarungen, kann die Beziehung nicht anerkannt werden; so BFH aaO betr die Beteiligung einer Schweizer Gesellschaft an einer inländischen GmbH als stille Gesellschafterin. Die Rspr findet keine Anwendung, wenn an der ausländischen Gesellschaft nur beschränkt Stpfl beteiligt sind, da diese Gesellschaft ohne Interesse für den deutschen Fiskus ist (BFH BStBl II 82, 150; FG D'dorf EFG 82, 413; krit *Rauer* BB 83, 2276). Nach FG BaWü EFG 82, 250 reicht eine Beteiligung unter 50% eines beschränkt Stpfl, um der Gesellschaft die Anerkennung zu verschaffen. Soweit Ausländer jedoch eine ausländische Gesellschaft in eine bestehende Rechtsbeziehung zum Inland einschalten, will BFH BStBl II 84, 605 die Rspr zu den BasisGes anwenden. 7

**8.** Soweit die Gesellschaft anerkannt wird, können die **Geschäftsbeziehungen** zu dieser Gesellschaft nach **§ 42 AO** (vgl BFH BStBl II 79, 586; BStBl II 82, 150) oder nach **§ 41 AO** (Scheingeschäft) überprüft werden (BFH BStBl II 89, 216). Das Geschäft mit einer fremden ausländischen Gesellschaft ist jedoch idR anzuerkennen. Verlangt zB ein libyischer Auftraggeber, dass eine Provisionszahlung an eine liechtensteinische Anstalt gezahlt wird, die die Funktion einer Briefkastenfirma – des Libyers – hat, so ist die Provision Betriebsausgabe (vorbehaltlich § 160 AO). Verlangt der französische Kunde, dass sein Einkauf über eine Firma der Kanalinseln erfolgt, mit der der inländische Verkäufer nichts zu schaffen hat, so sind die von der Einkaufsfirma berechneten Preise anzuerkennen. 8

**9.** Zwar trägt grundsätzlich das FA die **Beweislast** für den Rechtsmissbrauch (BFH BStBl II 75, 553). BFH BStBl II 93, 84 hat diese Grundaussage jedoch dadurch in ihr Gegenteil verkehrt, dass bei einer vermögensverwaltenden Gesellschaft im niedrigbesteuerten Ausland die tatsächliche Vermutung bestehe, dass es keine hinreichenden Gründe für die Zwischenschaltung gibt (s oben Rz 3). Im Übrigen ist der Stpfl mit der gesteigerten Mitwirkungspflicht bei Auslandsbeziehungen belastet (BFH BStBl II 76, 513). S hierzu § 8 Rz 277; dort auch zu Art 273 Schweizer Strafgesetzbuch. Beweislast des Stpfl und seine gesteigerten Mitwirkungspflichten verleiten Finanzbeamte und Prüfer vorschnell zu folgendem Zirkelschluss: Es wird eine Beteiligung des Stpfl an der ausländischen Gesellschaft be- 9 hauptet. Aus der Behauptung wird gefolgert, der Stpfl möge nunmehr sich entlasten und mitwirken. Da der Stpfl – er sei in diesem Beispiel tatsächlich nicht an der ausländischen Gesellschaft beteiligt – dieser Entlastung und Mitwirkung nicht nachkommen kann, nimmt dies der Prüfer als Beleg für seine ursprüngliche Annahme. Der Prüfer sieht die Mitwirkungspflicht als verletzt und den Gegenbeweis als nicht geführt an. Folglich ist der Stpfl an der ausländischen Gesellschaft beteiligt. Allerdings: Wird ein ungewöhnlich, nicht beweisbarer Sachverhalt behauptet, soll dies zu Lasten des Stpfl gehen (BFH BStBl II 79, 587; zweifelhaft). Das weitere **Verfahren** richtet sich nach der Folge des § 42 AO. Wird die ausländische Gesellschaft nicht anerkannt und hinweggedacht, werden die Besteuerungsgrundlagen unmittelbar in die Einkommen- oder Körperschaftsteuerveranlagung des AntE übernommen. Sind an der ausländischen Gesellschaft mehrere beteiligt, ist ein Feststellungsverfahren nach § 180 AO notwendig.

10 **10.** Missbrauch und **unbeschränkte StPfl** der KapGes stehen nicht im Verhältnis der Vor- und Nachrangigkeit (BFH BStBl II 85, 2; zur unbeschränkten KStPfl ausländischer Körperschaften s auch BFH BStBl II 92, 972 und FG Saarland EFG 04, 430 eine Liechtensteiner AG betr). Gleichwohl ist die Steuerbelastung ein Indiz für den Missbrauch; da die Steuerbelastung von der StPfl abhängt, kommt der Frage nach der unbeschränkten StPfl eine faktische Priorität zu (BFH aaO; BFH/NV 02, 1411; FG BaWü RIW 85, 994; *Küster* DStR 83, 326).

11 **11.** Die Missbrauchskontrolle wird durch **DBA** nicht gehindert (BFH BStBl II 76, 513; II 77, 263). Eine **Anrechnung** der von der ausländischen Gesellschaft **gezahlten Steuer** scheidet aus, weil die für die Anrechnung erforderliche Subjektidentität fehlt; die schweizerische und die deutsche Steuer werden für unterschiedliche StSubjekte gezahlt (BFH BStBl II 77, 265). Bleibt eine wirtschaftl Doppelbelastung, so ist hierfür notfalls das Verständigungsverfahren einzuleiten (BFH BStBl II 79, 265; *Debatin* DB 79, 234).

12 **12.** Nach Ansicht der FinVerw wird **§ 42 AO** durch das **AStG** nicht ausgeschlossen. Die Verwaltung geht von dem Vorrang des § 42 AO aus (so 1974 EinfErl AStG Tz 0 und 7.0.2, StEK AStG Vor § 1 Nr 6; glA BFH BStBl II 84, 605; II 92, 1026, 1029; *Raupach* JbFfSt 77/78, 430; *Döllerer* ZGR 82, 580). Diese Ansicht wird mit beachtlichen Gründen abgelehnt, ua von *Schulze-Osterloh* StRK Anm StAnpG § 6 I R 34 (1977); *Bellstedt* StRK Anm StAnpG § 6 I R 40–42 (1977); soweit die §§ 7 ff AStG eingreifen, seien sie leges speciales. **BFH** BStBl II 92, 1026 (§ 42 AO bejahend), 1029 (§ 42 AO verneinend) berücksichtigen dies insoweit, als die Zwecke der §§ 7 ff AStG innerhalb des § 42 AO zu verwirklichen sind; typische Regelungsgegenstände der §§ 7 ff AStG sind nach diesen Vorschriften nicht nach § 42 AO zu beurteilen (dazu auch *Kraft* IStR 93, 148); ebenso BFH BStBl II 01, 222; II 05, 14 betr KapVerwGes in den Dubliner Docks (folgend FG BaWü EFG 01, 1350; FG Hbg EFG 01, 587 mit Anm *Herlinghaus;* zunächst Nichtanwendungserlass BStBl I 01, 243), dann der Rspr folgend (BStBl I 05, 28); die Rspr löste die Änderung des § 42 AO aus (ob dies die Rspr beeindrucken wird, ist zu bezweifeln); BFH BStBl I 03, 50, hier jetzt auch zurückhaltend zu § 42 II nF. Zu einem Fall, in dem auch unter Anwendung der BFH-Rspr § 42 AO greifen kann, s FG Köln EFG 99, 922. Das Anwendungsschreiben zum AStG v 14.5.04, BStBl I 04, SonderNr 1, regelt das Problem nicht mehr.

13 Die Besteuerungs-, Prüfungs- und Fahndungs**praxis** denkt nicht in grundsätzlich und systematischen Kategorien. Der Weg über die Nichtanerkennung ist häufig praktikabler. Sie vermeidet nachteilige Folgen, die an offene oder vGa anknüpfen. Die Anwendung des § 42 AO kann im Einzelfall die Einigung erleichtern. Fälle, in denen im Wege nachträglicher Ermittlungen oder Schätzungen bei ausländischen Gesellschaften die §§ 7 ff AStG angewandt werden, sind äußerst selten.

14 **13.** Die Rspr zu den BasisGes hat keine Auswirkungen auf das **steuerliche Vollstreckungsrecht.** Schuldet die BasisGes eine inländische Steuer, kann mit

Vollstreckungsmaßnahmen nicht gegen die AntE oder die sonstigen Personen vorgegangen werden, die hinter der BasisGes stehen. Vgl auch „ ‚Abschirmende' ausländ jur Personen" Rz 10.

## Betriebsaufspaltung

S „Unternehmensform", „Verluste".

**1.** Die **Betriebsaufspaltung** ist eine Unternehmensform, die im zivilrechtlichen Gesellschaftsrecht als Typus nicht vorgezeichnet ist, sondern aus wirtschaftlichen und steuerlichen Motivationen entwickelt wurde. Bei der Betriebsaufspaltung wird das Unternehmen in einen aktiven Teil und einen passiven Teil geteilt. Der aktive Teil, idR eine GmbH oder eine GmbH & Co KG, führt das Unternehmen (Betriebsgesellschaft). Der passive Teil (Besitzunternehmen) verwaltet wenigstens eine wesentliche Betriebsgrundlage, häufig das Betriebsgrundstück, und verpachtet es an die Betriebsgesellschaft. **Betriebsgesellschaft und Besitzunternehmen** werden von den gleichen Personen oder der gleichen Personengruppe beherrscht. Wesentliche Steuerfolge ist, dass die Einkünfte aus Vermietung und Verpachtung des Besitzunternehmens umqualifiziert werden in **Einkünfte aus Gewerbebetrieb.** Das betrifft in der Rechtsfolge nicht nur die Gewerbesteuerpflicht, sondern insbesondere auch den Wechsel von der Überschusseinkunftsart in die Gewinneinkunftsart, mit der Konsequenz, dass notwendiges Betriebsvermögen des Besitzunternehmens die überlassenen wesentlichen Betriebsgrundlagen sowie die Anteile an der Betriebsgesellschaft sind. 1

**2.** Der Tatbestand einer Betriebsaufspaltung ist gegeben, wenn zwischen den Besitzunternehmen und dem Betriebsunternehmen sowohl eine **sachliche** als auch eine **personelle Verflechtung** besteht. Ist dies der Fall, wird von Finanzverwaltung und Finanzrechtsprechung der für die Umqualifizierung der Einkünfte erforderliche **einheitliche geschäftliche Bestätigungswille** angenommen. 2

**3. Die sachliche Verflechtung** liegt vor, wenn vom Besitzunternehmen an das Betriebsunternehmen eine für die Funktion **wesentliche Betriebsgrundlage** überlassen wird. Für die Voraussetzungen der sachlichen Verflechtung ausreichend ist die Überlassung **einer** wesentlichen Betriebsgrundlage (BFH BFH/NV 06, 2259; BFH/NV 15, 1398). **Aus Sicht des Betriebsunternehmens** ist zu prüfen, ob eine wesentliche Betriebsgrundlage vorliegt. Hierbei ist eine **funktionale Betrachtungsweise** anzustellen. Auf den Wert des Wirtschaftsguts kommt es nicht an. Eine funktionale Wesentlichkeit ist gegeben, wenn bei Wegfall der Nutzung des überlassenen Wirtschaftsguts das Unternehmen der Betriebsgesellschaft so nicht fortgeführt werden könnte. Die wesentliche Betriebsgrundlage muss nicht im Eigentum des Besitzunternehmens stehen. Die **Überlassung** kann auch **im Wege der Weiterverpachtung** oder des Nießbrauchs erfolgen (OFD Frankfurt FR 12, 976). Die Nutzungsüberlassung kann **unentgeltlich, teilentgeltlich oder entgeltlich** erfolgen. Auch bei unentgeltlicher Überlassung wird regelmäßig eine Gewinnerzielungsabsicht des Besitzunternehmens angenommen, da diese darin bestehen soll, künftig die Wertsteigerung der Anteile an der Betriebskapitalgesellschaft zu realisieren oder entsprechende Gewinnausschüttungen zu erhalten (BFH BFH/NV 13, 1204; BStBl II 13, 817). Auch die **mittelbare Nutzungsüberlassung** steht der unmittelbaren Nutzungsüberlassung gleich. Bei bebauten Grundstücken geht die Rechtsprechung heute idR davon aus, dass diese für das Betriebsunternehmen eine funktional wesentliche Betriebsgrundlage darstellen. Eine **besondere Herrichtung** für die speziellen Bedürfnisse des Betriebsunternehmens oder besondere Lage, Größe oder Grundriss sind **nicht erforderlich** (BFH BFH/NV 03, 41). Diese strenge Rechtsprechung des BFH gilt letztlich auch für andere Wirtschaftsgüter. Auf die **Austauschbarkeit des Wirtschaftsguts bzw. seine spezielle Herrichtung** für das konkrete Betriebsunternehmen **kommt es nicht an.** Sonstige Wirtschaftsgüter als wesentliche Betriebsgrundlage sind zB: Die 3

**Überlassung eines Firmenwerts,** der **Mandantenstamm eines Freiberuflers, Maschinen und Betriebsvorrichtungen, Erfindungen, Lizenzen, Patente, Konzessionen,** auch im Eigentum oder gemieteten Räumlichkeiten genutzte **Arbeitszimmer** können wesentliche Betriebsgrundlage sein. Zum „Firmensitz" vgl BFH BStBl II 06, 804; BFH/NV 15, 1398; zum Namen BFH/NV 11, 312; BStBl II 17, 336).

4 **4.** Neben der sachlichen Verflechtung ist die **personelle Verflechtung** Voraussetzung für die Annahme einer Betriebsaufspaltung. Eine personelle Verflechtung zwischen Besitzunternehmen und Betriebsunternehmen liegt vor, wenn hinter den beiden rechtlich selbstständigen Unternehmen **eine Person** oder **eine Personengruppe** steht, die in beiden Unternehmen einen **einheitlichen geschäftlichen Betätigungswillen** hat und diesen auch **in beiden Unternehmen durchsetzen kann** (vgl nur BFH BStBl II 72, 63). Genügend und erforderlich ist eine sich aus den **Stimmrechtsverhältnissen ergebende Herrschaft über die Geschäfte des täglichen Lebens** (BFH BStBl II 86, 296). Eindeutig ist die **personelle Verflechtung bei Beteiligungsidentität.** Beteiligungsidentität bedeutet, dass an beiden Unternehmen **dieselbe Person oder dieselbe Personengruppe im gleichen Verhältnis beteiligt ist** (vgl nur FG Sachsen v 23.7.14 – 2 K 471/14 nv (juris). Beherrschungsidentität liegt auch vor, wenn nach der gesellschaftsrechtlichen Grundlage dieselben Personen und nur diese am Besitzunternehmen und an der Betriebskapitalgesellschaft in unterschiedlicher Höhe beteiligt sind. Dies gilt auch für Familienangehörige (vgl BFH BStBl II 00, 417). Für die Frage, ob eine Beherrschung iSd Durchsetzbarkeit eines einheitlichen Betätigungswillens vorliegt, kommt es grundsätzlich auf die **Stimmrechtsverhältnisse im Besitzunternehmen** und **in der Betriebskapitalgesellschaft** an (BFH BStBl 99, 445; BFH/NV 02, 185). Sowohl im Besitzunternehmen als auch bei der Betriebskapitalgesellschaft ist der **Gesellschaftsvertrag** daraufhin zu untersuchen, ob das **Einstimmigkeitsprinzip** oder das **Mehrheitsprinzip** gilt. Dabei ist darauf abzustellen, dass der **Stimmrechtseinfluss auch das Nutzungsverhältnis** umfasst.

5 Die **Grundaussagen des BFH** hierzu sind wie folgt (BFH/NV 13, 1557):

- Eine personelle Verflechtung liegt nicht vor, wenn an der Betriebsgesellschaft nicht alle Gesellschafter der Besitz-Personengesellschaft beteiligt sind und die Beschlüsse der **Besitz-Personengesellschaft einstimmig** gefasst werden müssen. Hierzu reicht auch eine Minibeteiligung desjenigen aus, der nicht an der Betriebskapitalgesellschaft beteiligt ist.
- Eine personelle Verflechtung ist gegeben, wenn die Personen, die an beiden Unternehmen zusammen mehrheitlich beteiligt sind und damit die Betriebs-Kapitalgesellschaft beherrschen, auch im Besitzunternehmen über die Mehrheit der Stimmen verfügen und im Besitzunternehmen für die Geschäfte des täglichen Lebens und insbesondere in Bezug auf das Nutzungsüberlassungsverhältnis das **Mehrheitsprinzip** maßgeblich ist.
- Wenn die **Geschäftsführungsbefugnis** im Besitz- und/oder Betriebsunternehmen nicht oder nicht ausschließlich den Mehrheitsgesellschaftern zusteht, ist iRe **Gesamtwürdigung aller Umstände** des Einzelfalls zu entscheiden, ob die **Regelungen zur Geschäftsführung der Annahme einer Beherrschungsidentität entgegenstehen.**
- Ausnahmsweise greifen die Folgerungen dieser sogenannten Personengruppentheorie nicht ein, wenn die ihr innewohnende **Vermutung gleichgerichteter Interessen** der Mehrheitsgruppe im Einzelfall widerlegt werden kann (zB zerstrittene Gesellschafterstämme).

6 Eine personelle Verflechtung liegt trotz entsprechender Stimmrechtsverhältnisse nicht vor, wenn die identische Mehrheit der Stimmrechte im Besitzunternehmen und der Betriebskapitalgesellschaft sich nicht in Bezug auf die Geschäftsführung und insbesondere **auf die Geschäftsführung hinsichtlich des Nutzungsver-**

**hältnisses durchsetzen kann.** Dies ist der Fall, wenn abweichende Geschäftsführungsregelungen unentziehbar im Gesellschaftsvertrag vorgesehen sind (FG Köln BB 17, 406; Az des BFH IV R 4/17).

Sind **Familienangehörige** in identischer Besetzung – wenn auch mit unterschiedlichen Beteiligungsquoten – an Besitzunternehmen und Betriebskapitalgesellschaft beteiligt, ist die personelle Verflechtung nach den allgemeinen Ausführungen gegeben. Nach der **Rechtsprechung des BVerfG** dürfen Anteile von Ehegatten nicht zusammengerechnet werden (BVerfG BStBl II 85, 475). Zur Gütergemeinschaft vgl BFH v 19.10.06, BFHE 215, 268). Im Hinblick auf die **Zurechnung von Anteilen von minderjährigen Kindern** stellt die Finanzverwaltung auf das Vermögenssorgerecht der Eltern (§ 1626 BGB) als Kriterium für die gleichgerichtete Ausübung der Rechte von Eltern und Kindern an der Beteiligung ab (vgl R 15.7 Abs 8 EStR). In diesem Zusammenhang ist zu beachten, dass die personelle Verflechtung wegfallen kann, wenn das Kind volljährig wird und die Vermögenssorge der Eltern entfällt. 7

**5. Nießbrauchsvorbehalt** (vgl BFH GmbHR 15, 776): A ist Alleineigentümer des an die A-GmbH überlassenen Grundstücks. A ist auch Alleingesellschafter der A-GmbH. A überträgt beides an seinen Sohn unter Nießbrauchsvorbehalt. Der BFH ist der Auffassung, dass die Voraussetzungen der Betriebsaufspaltung entfallen, wenn sowohl Besitzunternehmen als auch die Anteile an der Betriebskapitalgesellschaft unter Nießbrauchsvorbehalt übertragen werden. Der BFH geht davon aus, dass der Nießbraucher die **beherrschende Stellung im Besitzunternehmen** trotz Übertragung aufgrund des vorbehaltenen Nießbrauchs behält. Vor dem Hintergrund, dass gesellschaftsrechtlich nicht abschließend geklärt ist, wem in der Nießbrauchssituation die **Stimmrechte in der GmbH** zustehen, geht der BFH ferner davon aus, dass bei Übertragung der Anteile an der Betriebskapitalgesellschaft die beherrschende Stellung auf den **zivilrechtlichen Gesellschafter,** vorliegend also den Sohn, übergeht. Dies soll bei unwiderruflich erteilter Vollmacht anders sein. Das FG Köln geht nicht davon aus, dass der Vater wirtschaftlicher Inhaber des Besitzunternehmens bleibt, wenn im Nießbrauchsvertrag seine Rückforderungsrechte vorbehalten sind (EFG 08, 98). 8

**6. Aktiengesellschaft als Betriebsgesellschaft:** Im Urteil v 29.7.15 knüpft der **BFH** (BFH/NV 16, 19) an seine ständige Rechtsprechung an, dass die für die Annahme einer Betriebsaufspaltung erforderliche personelle Verflechtung auch im Verhältnis zwischen einer **Aktiengesellschaft und ihrem Mehrheitsaktionär** zu bejahren ist. Dies gilt auch für börsennotierte Gesellschaften (vgl nur BFH/NV 11, 1565). 9

**7. Rechtsfolgen der Betriebsaufspaltung:** Die wichtigste Rechtsfolge der Betriebsaufspaltung ist die **Umqualifizierung der Vermietungs- und Verpachtungstätigkeit des Besitzunternehmens** in eine gewerbliche Tätigkeit. Damit erfolgt der Wechsel von einer Überschusseinkunftsart in eine Gewinneinkunftsart. Dies betrifft nicht nur die laufende Besteuerung. Dies betrifft in der Rechtsfolge insbesondere auch die Betriebsvermögensqualität der überlassenen wesentlichen Betriebsgrundlage sowie insbesondere auch der Beteiligung an der Betriebskapitalgesellschaft. Die Umqualifizierung der Einkünfte des Besitzunternehmens in Einkünfte aus Gewerbebetrieb **betrifft sämtliche Beteiligte** am Besitzunternehmen. Ist das Besitzunternehmen ein Personenunternehmen, werden **insgesamt gewerbliche Einkünfte** realisiert. Dies gilt auch bezogen auf die Nur-Besitzunternehmen-Gesellschafter. 10

Zum **Betriebsvermögen des Einzelunternehmens** gehören: Die Anteile an der Betriebskapitalgesellschaft, die überlassenen wesentlichen Betriebsgrundlagen, sämtliche weiteren Wirtschaftsgüter, die an die Betriebskapitalgesellschaft überlassen werden, unabhängig davon, ob sie funktional wesentlich sind, Darlehensforderungen des Einzelunternehmens gegen die Betriebskapitalgesellschaft. Die vom 11

Besitzunternehmen realisierten Einkünfte werden **insgesamt umqualifiziert** in Einkünfte aus Gewerbebetrieb.

12 Zum **Betriebsvermögen der Personengesellschaft,** deren Einkünfte insgesamt in Einkünfte aus Gewerbebetrieb umqualifiziert werden, gehören sämtliche sich im **Gesamthandsvermögen** befindenden Wirtschaftsgüter. Abzustellen ist auf das wirtschaftliche Eigentum. Zum gewerblichen Betriebsvermögen gehören auch die Wirtschaftsgüter, die sich im **Sonderbetriebsvermögen** der Mitunternehmer befinden. Auch dies betrifft sowohl die Wirtschaftsgüter, die an die Betriebskapitalgesellschaft überlassen werden, als auch die Wirtschaftsgüter, die nicht an die Betriebskapitalgesellschaft überlassen werden.

13 **8. Übertragung von Wirtschaftsgütern:** Werden iRd Begründung der Betriebsaufspaltung oder auch während des Bestehens der Betriebsaufspaltung Wirtschaftsgüter vom Besitzunternehmen übertragen auf die **Betriebskapitalgesellschaft,** ist eine **Buchwertfortführung** nicht möglich. Die stillen Reserven in den übertragenen Wirtschaftsgütern sind aufzudecken. Etwas anderes gilt nur dann, wenn es sich beim **Betriebsunternehmen** um eine **Personengesellschaft** handelt. Hier greift **§ 6 V EStG** ein. Eine steuerneutrale Begründung einer Betriebsaufspaltung ist zB möglich, wenn aus dem Besitzunternehmen ein Teilbetrieb ausgegliedert oder abgespalten wird auf die neu gegründete Betriebskapitalgesellschaft.

14 **9. Betriebsaufspaltung und Abfärbewirkung:** Auf der Ebene der Besitzpersonengesellschaft kann es aufgrund des Vorliegens der Voraussetzungen der Betriebsaufspaltung zur Qualifizierung sämtlicher Einkünfte der Besitzpersonengesellschaft als gewerbliche Einkünfte nach **§ 15 III Nr 1 EStG** kommen, auch wenn zwar die überwiegenden Einkünfte nicht gewerblich sind, ein Teil der Einkünfte aufgrund der Voraussetzungen der Betriebsaufspaltung jedoch als gewerblich zu qualifizieren ist (vgl FG Münster EFG 15, 473; Az des BFH IV R 5/15).

15 **10. Merkmalsübertragung Gewerbesteuerfreiheit:** Ist die **Betriebsgesellschaft nach § 3 GewStG von der GewSt befreit,** schlägt nach der Rechtsprechung die Befreiung der Betriebsgesellschaft von der Gewerbesteuer auf das Besitzunternehmen durch. Dies ändert nach Auffassung des BFH aber nichts an seiner Qualifizierung als Gewerbebetrieb und damit der **Steuerverstrickung seiner Wirtschaftsgüter** (BFH/NV 07, 149). Entgegen der Auffassung der Finanzverwaltung geht der BFH auch von einer Merkmalsübertragung und von einer Gewerbesteuerfreiheit aus, wenn es sich beim Besitzunternehmen um eine **gewerblich geprägte Personengesellschaft** iSv § 15 III Nr 2 EStG handelt. Nach **Auffassung des BFH** greift die gewerbliche Prägung iRe Betriebsaufspaltung nicht. Sie führt nicht zur Qualifizierung der Einkünfte des Besitzunternehmens als gewerblich, wenn auf der Ebene der Betriebsgesellschaft eine Gewerbesteuerbefreiung greift (BFH/NV 16, 143).

16 **11. Betriebsaufspaltung über die Grenze:** Die Grundsätze der Betriebsaufspaltung sind nach der Rechtsprechung für die Besteuerung in der Bundesrepublik Deutschland auch dann zugrunde zu legen, wenn eine Betriebsaufspaltung über die Grenze in der Konstallation gegeben ist, dass die **Besitzgesellschaft im Inland** belegen ist und die Betriebsgesellschaft im Ausland. Die im Inland steuerlich zu erfassende Besitzgesellschaft erzielt gewerbliche Einkünfte (FG Hessen EFG 15, 1454; FG Köln EFG 16, 1997, mit dem Hinweis, dass abkommensrechtlich nicht von einer Umqualifizierung (insbesondere der Dividenden) auszugehen ist).

17 Sind die **Besitzunternehmer beschränkt stpfl,** ist die von ihnen beherrschte KapGes unbeschränkt stpfl, konzentriert sich die Problematik auf die Behandlung des Besitzunternehmens. In der Betriebsaufspaltung vermittelt die BetriebsGes nicht grundsätzlich dem Besitzunternehmen eine Betriebstätte oder einen ständigen Vertreter iSv §§ 12, 13 AO. Eine solche Annahme würde BFH BStBl II 72, 63, widerstreiten, der von zwei selbstständigen Unternehmen ausgeht; so BFH BStBl II 83, 77; *Woerner* Riw 83, 71. Die beschränkte StPfl des § 49 I Nr 2 EStG

greift folglich nicht zwingend. Das gilt auch im Fall der Betriebsaufspaltung zwischen einer ausländischen (Besitz-) und einer inländischen (Betriebs-)KapGes (BFH BStBl II 83, 77). Allerdings kann im Einzelfall die BetriebsGes ständiger Vertreter (§ 13 AO) der Besitzunternehmer sein (BFH BStBl II 83, 77, unter Berufung auf BFH BStBl II 78, 494 und II 72, 785). Zu den Bedingungen, unter denen der inländische Pächter ständiger Verteter des Verpächters sein kann, s insbs BFH BStBl II 78, 494. Die Gewerblichkeit des Verpächters kann im Übrigen auch dann gegeben sein, wenn die Vermietung oder Verpachtung als solche nach allgemeinen Kriterien gewerblich wird (vgl hierzu BFH BStBl II 81, 522). Mangels der Voraussetzungen des § 49 I Nr 2 EStG entfällt jedoch nicht die Stpfl der Besitzunternehmer (so aber *Gassner* BB 73, 1352; *Bopp* DStZ/A 74, 94; *Günkel/Kussel* FR 80, 553; *Crezelius* StVj 92, 333f; *Becker/Günkel* in FS Schmidt, 93, 491f). Miet- und Pachteinkünfte aus einem inländischen Besitzunternehmen sind idR nach § 49 I Nr 6 EStG stpfl und können nach dem Belegenheitsprinzip der DBA in der Bundesrepublik versteuert werden, und zwar auch bei gewerblichen Vermietungseinkünften ohne Betriebstätte (vgl BFH BStBl II 78, 494, betr USA; BStBl II 83, 77, betr Belgien). Die Zuordnung zu den DBA-Einkünften aus unbeweglichem Vermögen gilt auch für den Veräußerungsgewinn (BFH BStBl II 78, 494; s weiter § 2 Rz 6). Wie hier *Barth* DB 68, 819; *Piltz* DB 81, 2045; *Kaligin* Wpg 83, 457. Daraus folgt: Laufende Pachtzahlungen sind nach § 49 I Nr 6 EStG stpfl.

Zur Betriebsaufgabe beim **Wegzug** von Besitzunternehmen ins Ausland s BFH BStBl II 78, 494. Wird eine **inländische Betriebstätte** eines ausländischen Unternehmens **aufgespalten** dergestalt, dass der Betrieb von einer neuen inländischen GmbH fortgeführt wird, während das Grundstück an die GmbH verpachtet wird, so wird das Grundstück entnommen (*Piltz* DB 81, 2047). Für die **GewStPfl** kann aus BFH (BStBl II 83, 77) gefolgert werden, dass das Besitzunternehmen im Inland nur gewstpfl ist, wenn es im Inland über eine Betriebstätte iSv § 12 AO verfügt (*Kaligin* DStZ 95, 22; *Becker/Günkel* in FS Schmidt, 93, 493). 18

**Wesentliche Betriebsgrundlage im Ausland:** Da die Regeln der Betriebsaufspaltung nicht an die deutschen Staatsgrenzen gebunden sind, kann sie sich auch im Ausland realisieren. Der inländische Beteiligte eines ausländischen Besitzunternehmens bezieht gewerbliche Einkünfte. Soweit ein DBA eingreift, wird jedoch regelmäßig die Besteuerung nach dem Belegenheitsprinzip vorgehen; dies gilt unabhängig davon, ob die Einkünfte aus der Immobilie als gewerbliche Einkünfte oder als VuV-Einkünfte zu qualifizieren sind. Für die Frage, ob das Besitzunternehmen im Ausland eine Betriebstätte begründet, gilt das vorstehend Gesagte entsprechend (vgl auch BFH BStBl II 83, 77). Soweit dem inländischen Besitzunternehmer Beteiligungen an der ausländischen BetriebsKapGes gehören, stellen diese notwendiges BetriebsVerm dar; im Fall der Veräußerung fallen gewerbliche Einkünfte an. Wird das Grundstück als wesentliche Betriebsgrundlage veräußert, ist diese Veräußerung stpfl (evtl Betriebsaufgabe). Ist mit dem ausländischen Staat ein DBA vereinbart, wird regelmäßig der Vorrang des Belegenheitsstaats eingreifen. 19

**12. Betriebsaufspaltung mit einer vermögensverwaltenden GmbH:** Die Grundsätze der Betriebsaufspaltung gelten auch dann, wenn die **Betriebsgesellschaft** eine originär rein **vermögensverwaltende Tätigkeit** ausübt (BFH/NV 16, 1840). 20

**13. Auflösung der Betriebsaufspaltung:** Sobald entweder die Voraussetzungen der personellen Verflechtung oder die Voraussetzungen der sachlichen Verflechtung entfallen, endet die Betriebsaufspaltung. Das Ende der Betriebsaufspaltung bedeutet, dass das **Besitzunternehmen seine gewerbliche Betätigung einstellt.** Regelmäßig liegen die Voraussetzungen der **Betriebsaufgabe** vor, mit der Konsequenz, dass sämtliche sich im Betriebsvermögen des Besitzunternehmens befindenden Wirtschaftsgüter grundsätzlich als in das Privatvermögen überführt gelten. §§ 16, 34 EStG finden Anwendung. Eine Betriebsaufgabe liegt nicht vor, 21 wenn die Voraussetzungen der Betriebsverpachtung im Ganzen oder eine vorübergehende Betriebsunterbrechung (Ruhenlassen des Betriebs) gegeben sind und der Betriebsinhaber keine Betriebsaufgabe erklärt (so) (vgl FG Brandenburg EFG 13, 1400).

22 Wird über das Vermögen der Betriebsgesellschaft das Insolvenzverfahren eröffnet, endet die personelle Verflechtung zwischen Besitzunternehmen und Betriebsgesellschaft (so die hM zB BFH BStBl II 97, 460 = ZIP 97, 1199; aA *Wendt* FR 98, 264, 277). Unabhängig von der bestehendbleibenden gesellschaftsrechtlichen Verknüpfung, hat der Insolvenzverwalter nach § 80 InsO die **alleinige Verwaltungs- und Verfügungsbefugnis** bei der Betriebsgesellschaft. Es kommt bei dem Besitzunternehmen zu einer **Betriebsaufgabe nach § 16 III EStG,** wenn das Besitzunternehmen nicht aufgrund anderer Umstände gewerblich tätig ist (zB wegen einer eigengewerblichen Tätigkeit nach § 15 I EStG neben der Betriebsaufspaltung oder einer gewerblichen Prägung nach § 15 III Nr 1 EStG) (vgl dazu BFH BFH/NV 08, 141). Die Betriebsaufgabe führt zu einer **Gewinnrealisierung** bezogen auf das gesamte Betriebsvermögen (einschließlich Sonderbetriebsvermögen bei den Gesellschaftern) des Besitzunternehmens. Eine Betriebsaufgabe ist ausnahmsweise nicht gegeben, wenn die personelle Verflechtung unverändert wieder auflebt, nachdem das Insolvenzverfahren aufgehoben oder eingestellt und die Fortsetzung der (Betriebs-)Gesellschaft beschlossen wird. Der BFH geht hier von einer unschädlichen **Betriebsunterbrechung** aus (BFH BStBl II 97, 460 = ZIP 97, 1199; BStBl II 97, 530; BStBl II 98, 325).

23 **14. Betriebsverpachtungswahlrecht:** Das Verpächterwahlrecht (§ 16 IIIb EStG), das während der Betriebsaufspaltung nicht besteht (BMF BStBl I 94, 771), lebt bei Wegfall der Voraussetzung wieder auf (vgl BFH BStBl II 98, 325; BStBl II 02, 527). Voraussetzung ist, dass zum Zeitpunkt der Beendigung der Betriebsaufspaltung **sämtliche den Betrieb betreffenden wesentlichen Betriebsgrundlagen** an die Betriebsgesellschaft verpachtet sind. Die Betriebsverpachtung im Ganzen setzt voraus, dass sämtliche funktional wesentliche Betriebsgrundlagen überlassen werden (BFH BStBl II 08, 220). Eine Betriebsverpachtung im Ganzen scheidet auch dann aus, wenn sich das Betriebsvermögen des Besitzunternehmens lediglich aus dem Betriebsgrundstück und den Anteilen an der Betriebskapitalgesellschaft zusammensetzt. Die Überlassung lediglich des Betriebsgrundstücks als einzigem überlassenen Wirtschaftsgut kann demnach eine Betriebsverpachtung im Ganzen nicht begründen (FG BaWü EFG 16, 1167; Az des BFH IV R 12/16).

## Betriebsführung

**Schrifttum:** *Schulze zur Wiesche* BB 83, 1026; *Schneider* JbFfSt 82/83, 387; *Strobl* JbFfSt 82/83, 413.

Durch Vertrag kann die Führung eines Betriebs einem anderen übertragen werden. A führt den Betrieb für B. A und B können Einzelunternehmer, PersGes oder juristische Person sein. Wenn A den Betrieb für B führt, so wird er auf Rechnung und im Namen des B geführt. Möglich ist allerdings auch die Betriebsführung im eigenen Namen für fremde Rechnung. Das Führen auf fremde Rechnung entscheidet über den Unterschied zur Betriebsverpachtung: Der Pächter führt den Betrieb auf eigene Rechnung. Der Komplementär einer KG – zB die GmbH der GmbH & Co KG – führt den Betrieb nicht aufgrund eines Betriebsführungsvertrages, sondern aufgrund seiner gesellschaftsrechtlichen Stellung. Der Betriebsführungsvertrag ist zivilrechtlich ein unentgeltlicher Auftrag oder eine entgeltliche Geschäftsbesorgung. Ein Gesellschaftsverhältnis liegt nicht vor. S *Schulze zur Wiesche* BB 83, 1026; *Schneider* JbFfSt 82/83, 387. Der Betriebsführer erzielt mit dem Entgelt für die Betriebsführung steuerlich gewerbliche Einkünfte, soweit sich die Gewerblichkeit nicht nach der Rechtsform bestimmt. Das Entgelt bildet Betriebsausgaben bei dem geführten Unternehmen. Der Betriebsführungsvertrag konnte die organisatorische Eingliederung bei der Organschaft begründen, solange diese erforderlich war (§ 14 Rz 71). Die Anteile einer BetriebsführungsGmbH sind bei Beteiligungsidentität uE nicht notwendiges BetriebsVerm der geführten PersGes. Die Bindung ist nicht derart eng wie bei der Betriebsaufspaltung; der „Führer" ist austauschbar und nicht mit dem geführten Unternehmen notwendig verbunden (aA *Schulze zur Wiesche* BB 83, 1028). Zur vGa s § 8 Anh Rz 179 „Betriebsführung".

## Betriebsprüfung

S „‚Abschirmende' ausländische Personen", „Steuerstreit", „Steuerfahndung in Großunternehmen".

Die **verdeckte Gewinnausschüttung** ist bei Betriebsprüfungen von KapGes ein zentrales Thema. Der Streit um die Angemessenheit von Entgelten ist durch das Fehlen klarer Maßstäbe belastet. Betriebsprüfer und FÄ neigen dazu, eine Unangemessenheit zu behaupten und schließlich die Unangemessenheit als vorliegend hoheitlich zu bestimmen. Begründet ist sie damit in aller Regel nicht. Die Begründung ist aber Voraussetzung; denn idR trägt das FA die Beweislast. Wenn der Geschäftsführer oder der Vorstand der KapGes von der Angemessenheit eines Entgelts überzeugt ist, sollte er diese Beurteilung hartnäckig verfolgen. Die Beratungserfahrung lehrt, dass auf dem Weg durch die Instanzen schließlich das FA oder das FG überzeugt werden können.

Die verdeckte Gewinnausschüttung hat als Einkommenskorrektur iSv § 8 III ihre Bedeutung **nach Beendigung** des **AnrV** beibehalten.

## Betriebsübernahmegesellschaft

S „Fortführungsgesellschaft".

## Bilanz der GmbH

**1. Der Jahresabschluss und seine Veröffentlichung:** Die GmbH hat einen 1
**Jahresabschluss bestehend aus Bilanz, Gewinn- und Verlustrechnung und Anhang** zu erstellen (§§ 242, 264 HGB; §§ 42, 42a GmbHG). Der Jahresabschluss wird ergänzt durch den **Lagebericht** (§§ 264 I 289 HGB). Kleine Gesellschaften iSv § 267 HGB sind von der Aufstellung eines Lageberichts befreit (§ 264 I S 3 HGB). Für **Kleinstkapitalgesellschaften** gibt es weitere Erleichterungen, die zu einer **verkürzten Bilanz** führen (§§ 267a, 266 I 4 HGB).

| | Kleinstkapital-gesellschaft | kleine Gesellschaft | mittelgroße Gesellschaft | große Gesellschaft |
|---|---|---|---|---|
| Bilanzsumme | < € 350 000 | < € 6 000 000 | < € 20 000 000 | > € 20 000 000 |
| Jahresnetto-umsatz | < € 700 000 | < € 12 000 000 | < € 40 000 000 | > € 40 000 000 |
| Arbeitnehmer | < 10 Personen | < 50 Personen | < 250 Personen | > 250 Personen |

Der Jahresabschluss ist innerhalb von zwölf Monaten nach dem Abschlussstichtag 2
offenzulegen (§§ 325 ff HGB). **Offenzulegen** ist der **festgestellte/gebilligte Jahresabschluss.** Die Einreichung eines Entwurfs erfüllt die Publizitätspflichten nicht (§ 325 I Nr 1 HGB). Die Offenlegung erfolgt durch elektronische Einreichung des Jahresabschlusses zum Betreiber des elektronischen Bundesanzeigers. Es erfolgt sodann die Weiterleitung an das Unternehmensregister (www.unternehmensregister.de) für die Speicherung und Einsehbarkeit der Unternehmensdaten. Die Publizitätspflicht obliegt den Geschäftsführern. Wird die Publizitätspflicht nicht erfüllt, kann das Bundesamt für Justiz **Ordnungsgelder** bis zu einer Höhe von € 250 000 festsetzen (§§ 334 ff HGB). Das Verfahren ist von Amts wegen einzuleiten. Das Ordnungsgeld wird zunächst angedroht und kann durch Nachholung

der Veröffentlichung innerhalb von sechs Wochen ab Zugang der Androhung vermieden werden. Der Bundesanzeiger zeigt die Nichterfüllung der Publizitätspflichten dem Bundesamt für Justiz automatisch an. Dies erfolgt in bis zu 150000 Fällen pro Jahr.

3 **2. Aufstellung des Jahresabschlusses:** Zur Aufstellung des Jahresabschlusses ist die **Geschäftsführung** verpflichtet (§ 41 GmbHG). Diese Regelung ist zwingend. Die gesetzliche Verpflichtung trifft bei mehreren Geschäftsführern jeden einzeln. Sie kann nicht auf andere Organe verlagert werden. Die Delegation der Buchführungspflicht auf einen von mehreren Geschäftsführern reduziert lediglich die Verantwortlichkeit der übrigen Geschäftsführer auf die sorgfältige Auswahl und Überwachung des zuständigen Geschäftsführers. Es gelten folgende Fristen:
- Kleine Kapitalgesellschaften haben den Jahresabschluss jedenfalls innerhalb der ersten sechs Monate nach Ablauf des Geschäftsjahrs aufzustellen, sofern dies einem ordnungsgemäßen Geschäftsgang entspricht (§ 264 Abs 1 S 4 HGB);
- für die übrigen Gesellschaften ist der Jahresabschluss innerhalb von drei Monaten nach Ablauf des Geschäftsjahrs aufzustellen (§ 264 Abs 1 S 3 HGB).

4 Der von der **Geschäftsführung aufgestellte Jahresabschluss** stellte einen **Entwurf** dar. Erst nach Feststellung des Jahresabschlusses durch die Gesellschafterversammlung ist der Jahresabschluss von sämtlichen Geschäftsführern, die im Zeitpunkt der Feststellung als Geschäftsführer bestellt sind, zu unterzeichnen (§ 41 GmbHG, § 245 S 1 HGB). Um ein **zeitgerechtes Aufstellen** des Jahresabschlusses zu belegen, sollte der den Gesellschaftern zur Beschlussfassung zur Verfügung gestellte Entwurf von den Geschäftsführern mit Datumsangabe abgezeichnet werden.

5 Bei der Aufstellung des Jahresabschlusses unterliegen die Geschäftsführer den **gesetzlichen Regelungen** und innerhalb der gesetzlichen Regelungen den **Weisungen der Gesellschafterversammlung.** Durch Mehrheitsbeschluss – wenn nicht ein abweichendes Mehrheitserfordernis aus der Satzung hervorgeht – kann hinsichtlich des „Ob“ und des „Wie“ (zB bei der Ausübung von Wahlrechten) der Bilanzierung angewiesen werden. Entsprechende Weisungen können auch noch iRd Feststellung des Jahresabschlusses erfolgen. Insbesondere, wenn die Geschäftsführung untätig bleibt, hat die Gesellschafterversammlung eine entsprechende Weisung zu beschließen. Folgt der Geschäftsführer der Weisung der Gesellschafterversammlung nicht, kann die Gesellschafterversammlung einen Vertreter bestimmen, der den Geschäftsführer im Namen der Gesellschaft auf Aufstellung des Jahresabschlusses verklagt (§ 46 Nr 8 2. Alt GmbHG). Alternativ kann nach § 46 Nr 5 GmbHG die Abberufung des Geschäftsführers und die Bestellung eines neuen Geschäftsführers beschlossen werden. Sofern die Satzung den Widerruf der Bestellung von einem wichtigen Grund abhängig macht, liegt ein solcher wichtiger Grund vor, wenn der Geschäftsführer den Jahresabschluss nicht aufstellt (§ 38 II GmbHG). Verstößt der Geschäftsführer gegen seine Verpflichtung, für eine ordnungsgemäße Buchführung sowie die rechtzeitige Aufstellung des Jahresabschlusses Sorge zu tragen (§ 41, § 42 I GmbHG), stellt dies einen wichtigen Grund iSv § 38 II GmbHG dar (vgl KG Berlin GmbHR 11, 1272). Trifft die Gesellschafterversammlung trotz Aufforderung einzelner Gesellschafter eine solche Weisung nicht, kann die Geschäftsführung durch einzelne Gesellschafter im Wege der actio pro socio gezwungen werden.

6 **3. Prüfungspflicht: Mittlere und große Gesellschaften** (zu den Größenklassen siehe oben) müssen ihren Jahresabschluss durch einen Abschlussprüfer prüfen lassen (§ 316 I HGB). Grundsätzlich sind Wirtschaftsprüfer oder Wirtschaftsprüfungsgesellschaften zu bestellen. Bei der mittleren GmbH kann auch von einem vereidigten Buchprüfer oder einer Buchprüfungsgesellschaft geprüft werden (§ 319 HGB).

7 Die Wahl des Abschlussprüfers erfolgt durch die Gesellschafterversammlung mittels Mehrheitsbeschluss. Der Gesellschaftsvertrag kann diese Kompetenz auf einen

fakultativen Aufsichtsrat oder Beirat verlagern. Wurde in der ordentlichen Gesellschafterversammlung kein Abschlussprüfer gewählt, hat die Geschäftsführung dafür Sorge zu tragen, dass der Abschlussprüfer so rechtzeitig gewählt wird, dass die Prüfung ordnungsgemäß durchgeführt werden kann (§ 318 IV HGB). Es ist rechtzeitig zu einer außerordentlichen Gesellschafterversammlung zu laden.

Ist der Gesellschafterbeschluss gefasst, haben die Geschäftsführer unverzüglich 8
den Prüfungsauftrag zu erteilen. Hat die GmbH ausnahmsweise einen gesetzlich vorgeschriebenen Aufsichtsrat, hat zwingend der Aufsichtsrat dem Abschlussprüfer den Prüfauftrag zu erteilen (§ 111 II 3 AktG). Dies gilt auch für den fakultativen Aufsichtsrat bzw. Beirat, sofern diesem die Bestellungskompetenz in der Satzung verliehen wird, über die Auftragskompetenz die Satzung jedoch schweigt.

**4. Vorlage des Jahresabschlusses:** Gemäß § 42a I GmbHG ist der Geschäfts- 9
führer verpflichtet, den Jahresabschluss nach Aufstellung, bei prüfungspflichtigen Jahresabschlüssen nach vorheriger Prüfung, der Gesellschafterversammlung zuzuleiten.

Die Vorlage umfasst: Bilanz, Gewinn- und Verlustrechnung, Anhang, Lagebe- 10
richt, Bericht des Abschlussprüfers bei Prüfungspflicht, gegebenenfalls Bericht des Aufsichtsrats (§ 42a I 1 bis 3 GmbHG).

Die **Vorlage** hat unverzüglich nach Aufstellung bzw unverzüglich nach Eingang 11
des Prüfungsberichts zu erfolgen. Auch die Nichteinhaltung der Vorlagepflicht stellt eine gravierende Pflichtverletzung des Geschäftsführers dar (KG Berlin GmbHR 11, 1272). Damit in der Gesellschafterversammlung die Feststellung des Jahresabschlusses beschlossen werden kann (siehe unten), muss die Vorlage des Jahresabschlusses bei der Gesellschafterversammlung so rechtzeitig erfolgen, dass die Gesellschafter ausreichend Zeit haben, den Jahresabschluss zu prüfen, um sich auf die Gesellschafterversammlung angemessen vorbereiten zu können. Die Wochenfrist aus § 51 I GmbHG genügt diesbezüglich nicht. Allgemein kann von einer Vorlagefrist von mindestens einem Monat vor Durchführung der Gesellschafterversammlung ausgegangen werden. Wird diese nicht eingehalten, kann in der Gesellschafterversammlung die Vertagung der Beschlussfassung über die Feststellung des Jahresabschlusses beantragt werden. Sollte von der Mehrheit gleichwohl die Feststellung des Jahresabschlusses beschlossen werden, ist dieser Beschluss idR anfechtbar.

**5. Feststellung des Jahresabschlusses:** Der Jahresabschluss ist durch **Be-** 12
**schlussfassung in der Gesellschafterversammlung** innerhalb der ersten acht Monate des Geschäftsjahrs festzustellen. Bei kleinen GmbHs gewährt das Gesetz eine Frist von elf Monaten. Eine Verlängerung dieser Frist in der Satzung ist nicht möglich (§ 42a II GmbHG). Eine verspätete Beschlussfassung macht den Beschluss nicht mangelhaft. Die Gesellschafter können die **Feststellungskompetenz** in der Satzung abweichend zB auf einen Aufsichtsrat oder einen Gesellschafterausschuss übertragen. IRd Feststellung können Wahlrechte abweichend von der aufgestellten Bilanz ausgeübt werden, wenn die Mehrheit dies beschließt. Die Feststellung eines prüfungspflichtigen Jahresabschlusses kann nicht erfolgen, wenn eine Abschlussprüfung nicht stattgefunden hat. Der Jahresabschluss ist mangels Prüfung nichtig. Ein darauf beruhender Feststellungsbeschluss ist ebenfalls nichtig. Auch bei der GmbH & Co. KG erfolgt die Feststellung der Bilanz durch die Gesellschafterversammlung.

Inhaltlich stellt der Feststellungsbeschluss die **Verbindlichkeitserklärung des** 13
**Jahresabschlusses** dar (*Tiedchen* in Rowedder/Schmidt-Leithoff 5. Auflage, 2013, § 42a GmbHG Rz 58). Festgestellt wird die Bilanz mit Gewinn- und Verlustrechnung sowie der Anhang, nicht jedoch der Lagebericht. Dem Jahresabschluss kommen überdies folgende Funktionen zu:

– Der Jahresabschluss ist **Grundlage für die Gewinnverwendung.** Ist der Jahresabschluss nicht wirksam festgestellt, kann ein wirksamer Beschluss über die Gewinnverwendung nicht erfolgen. Ein auf einem nicht wirksam festgestellten

Jahresabschluss beruhender Gewinnverwendungsbeschluss ist nichtig. Eine tatsächlich vollzogene Gewinnausschüttung ist von den Geschäftsführern zurückzufordern. Steuerrechtlich stellt sich das Problem, dass eine tatsächlich vollzogene Gewinnausschüttung mit steuerlicher Wirkung nicht rückgängig gemacht werden kann. Es bleibt bei der Versteuerung auf der Ebene der Gesellschafter. Die (Brutto-)Rückzahlung, die die Gesellschafter zu leisten haben, führt steuerrechtlich zu nachträglichen Anschaffungskosten im Wege der Einlage. Diese nachträglichen Anschaffungskosten wirken sich steuerlich allerdings erst im Zeitpunkt der Veräußerung oder Liquidation aus. Bis dahin verbleibt bei den Gesellschaftern eine Liquiditätslücke iHd Steuer auf die Dividende.
– Der wirksam festgestellte Jahresabschluss ist Ausgangspunkt für die **Rechnungslegung im Folgejahr.** Umstritten ist, ob sich eine Kette der Nichtigkeit ergibt (*Schwab* in Schmidt/Lutter AktG, Bd 2, 3. Aufl 15, § 256 Rz 44 mwN).
– Ohne wirksam festgestellten Jahresabschluss kann eine **Entlastung der Geschäftsführung** für das betreffende Geschäftsjahr nicht erfolgen.
– **Verbindlichkeitserklärung** der Bilanz im Verhältnis der Gesellschafter zur Gesellschaft und der Gesellschafter untereinander.

14 **6.** Insbesondere die Frage, inwieweit der Jahresabschluss bzw. die Bilanz **für das Verhältnis der Gesellschafter zur Gesellschaft bzw der Gesellschafter** untereinander oder auch im Verhältnis zu Dritten verbindlich ist, hat große Bedeutung im Zusammenhang mit **Gesellschafterstreitigkeiten.** Rechtsfolge der wirksamen Feststellung des Jahresabschlusses ist, dass die in der Bilanz zum Ausdruck kommenden Verhältnisse im Verhältnis der Gesellschafter zur Gesellschaft und im Verhältnis der Gesellschafter untereinander für verbindlich erklärt werden. Dies gilt insbesondere für in der Bilanz ausgewiesene Forderungen und Verbindlichkeiten zwischen Gesellschaft und Gesellschaftern. Nach der Rechtsprechung stellt die Feststellung des Jahresabschlusses einen Vorgang dar, aus dem sich im Innenverhältnis auch rechtliche Konsequenzen für die Ansprüche zwischen Gesellschaft und Gesellschaftern in Form eines Schuldverhältnisses ergeben können. Die Qualifizierung der einvernehmlichen Feststellung des Jahresabschlusses als **abstraktes Schuldanerkenntnis** oder als **Feststellungsvertrag iSe deklaratorischen Anerkenntnisses** hängt von den Umständen des Einzelfalls ab (BGH DStR 09, 1272; BGHZ 132, 263; WM 60, 187; OLG Stuttgart GmbHR 15, 255). Zweck der Feststellung ist die **Fixierung der Rechtsgrundlage für das Folgejahr** auch betreffend die Ansprüche und Verbindlichkeiten zwischen Gesellschaft und Gesellschaftern. Ferner werden bekannte oder zumindestens für möglich gehaltene Einwendungen gegen entsprechende Ansprüche jedenfalls iSe deklaratorischen Anerkenntnisses ausgeschlossen (BGH DStR 09, 1272). Das Anerkenntnis etwaiger Ansprüche zwischen Gesellschaft und Gesellschafter als Feststellungswirkung trifft nur für die Gesellschafter zu, die für die Feststellung des der Feststellung zugrundeliegenden Jahresabschlusses gestimmt haben (ausdrücklich OLG Stuttgart GmbHR 15, 255). Gesellschafter, die gegen eine Feststellung gestimmt haben, müssen sich an den in der festgestellten Bilanz ausgewiesenen Forderungen/Verbindlichkeiten nicht festhalten lassen.

15 **7.** In der **Situation des Gesellschafterstreits,** in der auch Forderungen der Gesellschafter gegenüber der Gesellschaft umstritten sind, müssen die Gesellschafter, die diese Forderungen streitig stellen, iRd Feststellung des Jahresabschlusses in der Gesellschafterversammlung gegen eine solche Feststellung stimmen. Ansonsten können sie sich nicht mehr darauf berufen, dass Mitgesellschafter zu Unrecht Forderungen geltend machen oder von Verbindlichkeiten befreit sind.

**Beispiel:** Mehrheitsgesellschafter-Geschäftsführer A hat die Bilanz aufgestellt. Die Bilanz weist einen Tantieme-Anspruch seinerseits aus. Ferner weist die Bilanz eine im Vorjahr noch gegebene Darlehensverbindlichkeit des A nicht mehr aus. Minderheitsgesellschafter B muss gegen die Feststellung des Jahresabschlusses stimmen, wenn er geltend macht, dass der Tantiemeanspruch unberechtigt ist und die Darlehensverbindlichkeit des A weiterhin besteht. Bei Meinungsverschiedenheiten über das Bestehen von Forderungen und Verbindlichkeiten zwischen Gesellschaft und Gesellschaftern sind die Gesellschafter, die gegen die Feststellung des Jahresabschlusses gestimmt haben, weder berechtigt noch verpflichtet, diese Meinungsverschiedenheiten iRd Anfechtung des Feststellungsbeschlusses geltend zu machen. Im Streit um die Wirksamkeit der Feststellung des Jahresabschlusses kommt es ausschließlich darauf an, ob die ausgewiesenen Bilanzpositionen sich innerhalb des gesetzlichen und gesellschaftsrechtlichen Rahmens bewegen, dh ob die allgemeinen Bilanzierungsgrundsätze zum Ansatz oder Nichtansatz der Bilanzposition berechtigen.

**Beispiel:** Minderheitsgesellschafter B bestreitet den in der Bilanz ausgewiesenen Tantiemeanspruch des Mehrheits-Gesellschafter-Geschäftsführers A. B trägt vor, die Tantiemevereinbarung sei unangemessen. Alternativ: B trägt vor, die Tantiemevereinbarung sei zivilrechtlich unwirksam. Im Grundfall ist der Ausweis zutreffend. Ist die Tantiemevereinbarung zivilrechtlich wirksam getroffen, ist eine entsprechende Verbindlichkeit in der Bilanz auszuweisen. In der Alternative ist eine entsprechende Rückstellung zu bilden, wenn Mehrheitsgesellschafter-Geschäftsführer A sich auf die Wirksamkeit der Tantiemevereinbarung beruft und somit damit zu rechnen ist, dass er den Anspruch gegenüber der Gesellschaft geltend macht. Etwaige – aus Sicht des B bei bereits erfolgter Zahlung sich für die Gesellschaft ergebende – Erstattungsansprüche sind in der Bilanz nicht auszuweisen, solange A diese nicht anerkannt hat.

Als **Ergebnis** bleibt festzuhalten, dass die Gesellschafter, die Forderungen und Verbindlichkeiten zwischen Gesellschaft und Mitgesellschaftern in Frage stellen, gegen die Feststellung des Jahresabschlusses, der diese Forderungen/Verbindlichkeiten ausweist, stimmen müssen. Sofern diese **Forderungen/Verbindlichkeiten** nach den allgemeinen Bilanzierungsgrundsätzen in der Bilanz zulässig abgebildet sind, können die Minderheitsgesellschafter die Unwirksamkeit der Bilanzfeststellung nicht im Wege der Anfechtungsklage gegen den Feststellungsbescheid geltend machen. Sie sind vielmehr darauf verwiesen, im Wege der actio pro socio für die Gesellschaft die Feststellung des Nichtbestehens von Forderungen der Mitgesellschafter oder des Bestehens etwaiger Erstattungsansprüche der Gesellschaft gegen Mitgesellschafter zu verfolgen. Dem festgestellten Jahresabschluss kommt keine Beweiskraft im Hinblick auf die inhaltliche Richtigkeit der Bilanz zu (vgl § 416 ZPO), soweit sich außenstehende Gläubiger der Gesellschaft hierauf berufen. Auf den Ausweis einer Verbindlichkeit in der Bilanz kann sich der externe Dritte als Gläubiger also nicht berufen (BGH DStR 09, 1272). 16

Die **Ladung zur Gesellschafterversammlung** hat bei dem entsprechenden Tagesordnungspunkt klar und eindeutig auf den Beschlussgegenstand „Feststellung des Jahresabschlusses" hinzuweisen. Formulierungen wie zB „Bilanzbesprechung", „Erörterung der Bilanz", „Bilanzaufstellung", „Bilanzerstellung" sind unklar und machen einen unter diesem Tagesordnungspunkt gefassten Beschluss anfechtbar (vgl LG Saarbrücken GmbHR 10, 762; OLG Karlsruhe GmbHR 89, 206). **Beschlussgegenstand,** dh festgestellt werden Bilanz, Gewinn- und Verlustrechnung sowie Anhang. Nicht Gegenstand der Feststellung ist der Lagebericht. Fehler im Lagebericht machen den Beschluss demnach idR nicht angreifbar. Im Übrigen gelten für die Ladung die **allgemeinen Grundsätze für die Ladung zur Gesellschafterversammlung.** Gleiches gilt für die Teilnahmeberechtigung. Sofern der Jahresabschluss geprüft ist, hat auf Verlangen auch nur eines Gesellschafters der Abschlussprüfer an der Gesellschafterversammlung teilzunehmen (§ 42a III GmbHG). Auch für die **Stimmberechtigung** gelten die allgemeinen Vorschriften. Die Gesellschafter-Geschäftsführer, die den Jahresabschluss aufgestellt haben, unterliegen keinem Stimmverbot (vgl § 47 IV S 1 GmbHG). Sofern kein höheres Quorum in der Satzung geregelt ist, genügt die einfache Mehrheit der abgegebenen Stimmen (§ 47 I GmbHG). Die Feststellung ist konkludent erfolgt, wenn sämtliche Gesellschafter den Jahresabschluss unterzeichnen. Um eine ordnungsgemäße Vorbereitung auf die Gesellschafterversammlung zu ermöglichen, ist der Jahresabschluss entweder mit der Ladung oder gesondert den Gesellschaftern zu übersenden. Die **Wochenfrist aus § 52 I GmbHG** genügt hierfür nicht (siehe 17 oben). Wird der Jahresabschluss nicht rechtzeitig – idR einen Monat vor Durchführung der Gesellschafterversammlung – zur Verfügung gestellt und/oder wird auf sachgerechte Nachfragen zur inhaltlichen Beurteilung des Jahresabschlusses seitens der Geschäftsführung nicht angemessen geantwortet (vgl § 51a GmbHG), macht dies den Feststellungsbeschluss für die Minderheitsgesellschafter, die gegen die Feststellung gestimmt haben, anfechtbar. Etwaige Fragen sind der Geschäftsführung unverzüglich auch im Vorfeld der Durchführung der Gesellschafterversammlung zu stellen, damit die Geschäftsführung die Möglichkeit hat, angemessen zu antworten. Tauchen in der Gesellschafterversammlung im Vorfeld nicht absehbare Fragen zum Jahresabschluss auf, die die Geschäftsführung nicht unmittelbar beantworten kann, ist seitens der Minderheitsgesellschafter der Antrag auf Vertagung zu stellen. Beschließt die Mehrheit gleichwohl die Feststellung, macht auch dieses Vorgehen den Feststellungsbeschluss ggf für die Minderheitsgesellschafter, die gegen die Feststellung gestimmt haben, anfechtbar.

18 **8.** Wird die **Zustimmung zum Jahresabschluss zu Unrecht verweigert,** können die bei der Abstimmung unterlegenen Gesellschafter bei Scheitern des Feststellungsbeschlusses die Mitgesellschafter auf Zustimmung verklagen (BGH BGHZ 139, 299). Die Gesellschaft ist nicht Partei dieses Verfahrens (vgl OLG München NZG 01, 959). Entsprechendes gilt, wenn die Mehrheit die Abstimmung über die Feststellung des Jahresabschlusses verhindert. Dies geht allerdings nur, wenn ein aufgestellter Jahresabschluss vorliegt. Liegt dieser nicht vor, muss zunächst im Wege der actio pro socio die Geschäftsführung auf Aufstellung eines Jahresabschlusses verklagt werden. Liegt ein aufgestellter Jahresabschluss vor, der den gesetzlichen Regelungen entspricht, sind die Mitgesellschafter aufgrund der gesellschaftsrechtlichen Treuepflicht verpflichtet, diesem zuzustimmen. Dies ergibt sich bereits daraus, dass die Gesellschaft aufgrund öffentlich-rechtlicher Vorschriften zur Offenlegung des Jahresabschlusses verpflichtet ist. Dieser Offenlegungspflicht wird nur durch die Veröffentlichung eines festgestellten Jahresabschlusses genügt (vgl § 262a HGB).

19 **9.** Hinsichtlich der **Mängel eines Feststellungsbeschlusses** ist bei der GmbH zwischen seiner Nichtigkeit und seiner **Anfechtbarkeit** zu differenzieren:

- Der Feststellungsbeschluss kann aufgrund allgemeiner, insbesondere formeller Fehler nichtig sein (§ 241 AktG analog);
- der Feststellungsbeschluss kann aufgrund von Verstößen gegen § 256 I AktG analog nichtig sein;
- der Feststellungsbeschluss kann aufgrund von allgemeinen Anfechtungsgründen anfechtbar sein (§ 243 AktG analog);
- der Feststellungsbeschluss kann aufgrund inhaltlicher Mängel des Jahresbeschlusses unterhalb der Nichtigkeitsschwelle anfechtbar sein (zB Falschbewertung unterhalb der Nichtigkeitsschwelle, Satzungsverstöße).

20 Eine **Nichtigkeit** erfasst den Jahresabschluss als Ganzen. **Nichtigkeitsgründe** sind insbesondere:

- Wesentliche Überbewertung (§ 256 V 1 Nr 1 iVm S 2 AktG analog);
- wesentliche Unterbewertung, wenn dadurch Vermögens- und Ertragslage vorsätzlich unrichtig wiedergegeben oder verschleiert werden (§ 256 V S 1 Nr 2 iVm S 3 AktG analog);
- Verletzung von Vorschriften, die ausschließlich oder überwiegend dem Gläubigerschutz dienen (zB Verstoß gegen das Vollständigkeitsgebot (§ 256 I Nr 1 AktG analog, § 246 I 1 HGB);
- Verletzung der Prüfungspflicht (§ 256 I Nr 2 und 3 AktG analog iVm §§ 316, 319, 319a HGB);
- Verletzung gesetzlicher und/oder satzungsmäßiger Vorschriften über die Bildung oder Auflösung von Gewinn- oder Kapitalrücklagen (§ 256 I Nr 4 AktG analog);

- Verletzung von Gliederungsvorschriften, wenn dadurch Klarheit und Übersichtlichkeit wesentlich beeinträchtigt werden;
- vorsätzliche Falschbewertung.

Die Nichtigkeit kann nicht mehr geltend gemacht werden, wenn **seit der Bekanntmachung** nach § 325 II HGB drei Jahre verstrichen sind (§ 356 VI analog). 21
Die **Nichtigkeit des Feststellungsbeschlusses** wird durch Feststellungsklage geltend gemacht. Ergeben sich unterhalb der Nichtigkeitsschwelle liegende Fehler des Jahresabschlusses (zB Unter- bzw Überbewertung eines Wirtschaftsguts unterhalb der Wesentlichkeitsschwelle (vgl OLG Brandenburg GmbHR 97, 796) oder die Unterlassung der Bildung von Rückstellungen (vgl OLG Brandenburg GmbHR 96, 697) ist der Feststellungsbeschluss lediglich anfechtbar. Die Anfechtungsklage ist analog § 246 AktG innerhalb der Monatsfrist zu erheben. Da die Abgrenzung zwischen Nichtigkeit und Anfechtbarkeit insbesondere im Hinblick auf die Wesentlichkeit einer Unter- oder Überbewertung in der Praxis schwierig ist, sollte innerhalb der Monatsfrist die Nichtigkeitsfeststellungsklage, hilfsweise die Anfechtungsklage erhoben werden. Ist die Nichtigkeitsklage oder die Anfechtungsklage erfolgreich, hat die Gesellschaft ihre **öffentlich-rechtliche Pflicht zur Rechnungslegung** nicht erfüllt. Ferner ist ein etwaig folgender Beschluss über die Gewinnverwendung ebenfalls nichtig (§ 253 I S 1 AktG analog).

## Dividendenregelung

S „Gewinnausschüttung“.

## Einlagekonto

**1. Subjektiver Anwendungsbereich:** § 27 gilt insbesondere für unbeschränkt 1
steuerpflichtige Kapitalgesellschaften und nach Abs 7 sinngemäß für andere Körperschaften und Personenvereinigungen, die Leistungen iSd § 20 I Nr 1, 9 und 10 EStG gewähren können. Neben der unbeschränkt steuerpflichtigen Kapitalgesellschaft (vgl § 1 I Nr 1) werden Leistungen iSv § 20 I Nr 1 EStG vor allem auch von ausländischen unbeschränkt steuerpflichtigen Kapitalgesellschaften (nach ausländischem Recht gegründete Kapitalgesellschaften mit Geschäftsleitung im Inland) und ausländischen EU-Kapitalgesellschaften (Abs 8) erbracht. In Organkreisen haben die Organträger und die Organgesellschaften jeweils eigenständig steuerliche Einlagekonten zu führen.

**2. Bestand des Einlagekontos:** Zu- und Abgänge auf dem Einlagekonto sind 2
ausgehend vom Bestand am Ende des vorangegangenen Wirtschaftsjahrs nach dem Zuflussprinzip und nicht nach Bilanzgrundsätzen fortzuschreiben. Abweichungen zwischen der Bilanz und dem Einlagekonto können sich ergeben, wenn zB Einlageforderungen gebucht, aber noch nicht tatsächlich erfüllt sind. Das Einlagekonto ist auf den Schluss eines jeden Wirtschaftsjahrs (auch Rumpf-Wirtschaftjahr) zu erstellen und ausgehend vom Stand am Ende des Vorjahrs um Zu- und Abgänge zu korrigieren. Zugänge sind die nicht in das Nennkapital geleisteten Einlagen im Zeitpunkt ihres Zuflusses, Abgänge die zu erfassenden Minderungen im Zeitpunkt ihres Abflusses, soweit nach der Fiktion des § 27 I 3 KStG bei Auskehrungen das Einlagekonto als verwendet gilt.

**3. Verwendung:** Zur Bestimmung des Umfangs der Verwendung des Einlage- 3
kontos für Leistungen der Körperschaft an ihre Anteilseigner ist mangels vollständiger Gliederung des vEK eine **Differenzrechnung** erforderlich. Das Einlagekonto wird nach Abs 1 S 3 nur insoweit gemindert, als die Summe der im Wirtschaftsjahr von der Körperschaft an ihre Gesellschafter erbrachten Leistungen (Ausgangsgröße) den auf den Schluss des vorangegangenen Wirtschaftsjahrs ermittelten ausschüttbaren Gewinn (Abzugsgröße) übersteigt. Ein positiver Differenzbetrag mindert in entsprechender Höhe das Einlagekonto. Auf die **Reihenfolge des Abflusses** im Einzelfall kommt es nicht an, für Abs 1 S 3 ist lediglich die Summe

der im Wirtschaftsjahr abgeflossenen Leistungen maßgeblich. Der im Wirtschaftsjahr abgeflossenen Summe der Leistungen ist als Abzugsgröße der ausschüttbare Gewinn, ermittelt auf den Schluss des vorangegangenen Wirtschaftsjahrs, gegenüberzustellen.

4 **4.** Der **ausschüttbare Gewinn** umfasst das sogenannte neutrale Vermögen (Abs 1 S 5). Die Finanzverwaltung definiert den ausschüttbaren Gewinn als **Saldo des EK laut Steuerbilanz abzüglich gezeichnetem Kapital abzüglich des Bestands des Einlagekontos** (BMF BStBl I 03, 366 Rz 14; ebenso BFH BStBl II 10, 57). Ist der Saldo negativ, ist kein ausschüttbarer Gewinn vorhanden. Für die Bestimmung des EK kommt es auf die Steuerbilanz an (BMF BStBl I 03, 366 Rz 14; zu der Frage der gesellschafterbezogenen Rücklagenbildung und deren Auflösung und Ausschüttung an einzelne Gesellschafter vgl *Priester* DStR 01, 795; zur Problematik der gezielten Rückzahlung von Nachschüssen bei einer GmbH als unmittelbare Rückzahlung aus dem Einlagekonto trotz Vorhandenseins von neutralem Vermögen vgl *Frotscher* in F/D § 27 KStG Rz 41a), liegt keine vor, auf eine nach § 60 EStDV angepasste Handelsbilanz. **Sonderposten mit Rücklagenanteil,** Rücklagen nach § 6b EStG, Rückstellungen und Verbindlichkeiten, auch wenn sie auf außerhalb der Bilanz hinzuzurechnenden vGA beruhen, gehören nach Auffassung der Finanzverwaltung nicht zum steuerlichen EK. Für die **Berechnung des gezeichneten Kapitals** soll es auf den **Nennwert,** nicht auf den Stand der Einzahlung ankommen. Im Ergebnis vermindert sich das Einlagekonto durch folgende **Differenzrechnung:** Ausgangsgröße (Summe der im Wirtschaftsjahr abgeflossenen Leistungen. Rückzahlung von Nennkapital nach § 28 II 2. Abzugsgröße (ausschüttbarer Gewinn zum Schluss des vorangegangenen Wirtschaftsjahrs (neutrales Vermögen + fortgeführtes $EK_{02}$)) = Differenzbetrag, wenn positiv = Minderung des Einlagekontos in entsprechender Höhe.

5 **5. Leistungen aus dem Einlagekonto** an mehrere Anteilseigner sind ihnen entsprechend ihrem Anteil an der Ausschüttung zuzurechnen. Finanziert sich eine Ausschüttung teilweise aus dem sogenannten neutralen Vermögen und teilweise aus dem Einlagekonto, ist es nicht möglich, dem einen Anteilseigner den Finanzierungsanteil aus dem neutralen Vermögen zuzuweisen und einem anderen Anteilseigener den Finanzierungsanteil aus dem Einlagekonto. Zulässig ist es hingegen, **disproportional auszuschütten,** dh abweichend von der handelsrechtlichen Beteiligung der jeweiligen Anteilseigners an der Körperschaft. Die aus dem Einlagekonto finanzierte Leistung des einzelnen Anteilseigner bestimmt sich dann nach seinem Anteil an der konkreten Ausschüttung. Da Abs 1 S 3 bestimmt, dass auf den **ausschüttbaren Gewinn zum Schluss des vorangegangenen Wirtschaftsjahrs** abzustellen ist, stehen im laufenden Wirtschaftsjahr erwirtschaftete Gewinne zur Finanzierung von Vorabausschüttungen oder vGA nicht zur Verfügung. Werden in einer Kapitalgesellschaft regelmäßig Vollausschüttungen beschlossen und stehen somit ausschüttbare Gewinne zum Jahresende nicht zur Verfügung, finanzieren sich Vollausschüttungen bzw vGA im laufenden Jahr nicht aus im laufenden Jahr erzielten Gewinnen, sondern aus dem Einlagekonto. Insoweit ist es möglich, zum Jahresende durch Vollausschüttungen die Rücklagen auf Null zu reduzieren und laufende Gewinne im Folgejahr durch Vorabausschüttungen an die Gesellschafter unmittelbar weiterzureichen (ausf *Ackermann/Strnad* GmbHR 02, 584). Diese müssten dann mit dem Einlagekonto verrechnet werden. Das gelingt allerdings nur iHd tatsächlichen Bestands des Einlagekontos. Begrifflich können Einlagen zur Finanzierung von Ausschüttungen nur herangezogen werden, sofern sie tatsächlich geleistet wurden. Einen Negativausweis aus dem Einlagekonto gibt es nicht. **Beispiel:** Die A-GmbH hat zum 31.12.15 ein steuerliches EK von 100. Das gezeichnete Kapital beträgt 60, das steuerliche Einlagekonto 40 und damit der ausschüttbare Gewinn (steuerliches EK abzüglich gezeichnetes Kapital, abzüglich EK) null. Der bis zum 30.6.16 erwirtschaftete Gewinn wird insoweit ausgeschüttet.

IRv 40 kommt es zur steuerneutralen Auskehrung des Einlagekontos, iRv 10 ist eine Dividende zu versteuern und Kapitalertragsteuer abzuführen, da die Vorabausschüttung nicht zu einem Negativbestand des Einlagekontos führen kann.

**6. Ebene der Gesellschaft:** Auf der Ebene der auskehrenden Gesellschaft ist die Auskehrung von Einlagen an die Gesellschafter steuerneutral, insbesondere ist keine KapESt einzubehalten (§ 43 I 1 Nr 1 und 3 EStG). 6

**7. Ebene der Gesellschafter:** Handelt es sich um einen **Anteil im Privatvermögen** und erreicht die Beteiligung nicht die 1%-Grenze des § 17 EStG, ist die Rückzahlung unabhängig von ihrer Höhe beim Empfänger steuerlich nicht zu erfassen. Einkünfte aus Kapitalvermögen iSv § 20 I Nr 1 EStG sind nicht gegeben, da Auskehrungen aus dem steuerlichen Einlagekonto ausdrücklich ausgenommen sind (§ 20 I Nr 1 S 3 EStG). Auch der Veräußerungstatbestand iSv § 20 II Nr 1 EStG ist nicht erfüllt, da es sich bei der Auskehrung nicht um eine Veräußerung handelt. Dies kann aus § 17 IV 1 EStG geschlossen werden. § 17 IV 1 EStG definiert die Auskehrung aus dem steuerlichen Einlagekonto ausdrücklich als Veräußerung iSv § 17 I EStG. Dies wäre nicht erforderlich, wenn von einer Veräußerung auszugehen wäre. Erreicht die Beteiligung im Privatvermögen die 1%-Grenze des § 17 EStG, erzielt der Empfänger steuerpflichtige Einkünfte, wenn die Auskehrung aus dem steuerlichen Einlagekonto die Anschaffungskosten der Beteiligung übersteigt. § 17 IV 1 EStG ordnet an, dass es sich um einen Veräußerungsgewinn handelt. Dieser Veräußerungsgewinn unterliegt gem § 3 Nr 40 S 1c und 2 EStG dem Teileinkünfteverfahren. 7

**Beispiel:** A und B gründen die AB-GmbH. Beide erbringen ihren Anteil an der Stammeinlage iHv je € 25 000. Das für den Geschäftsbetrieb zusätzlich benötigte Kapital leistet nach einem Gesellschafterbeschluss allein A iHv € 100 000. Drei Jahre später erfolgt eine Gewinnausschüttung iHv je € 12 000 an A und B. In der Gewinnausschüttung ist eine Rückzahlung aus dem steuerlichen Einlagekonto iHv je € 30 000 enthalten. Die Gewinnausschüttung unterliegt iHv je € 90 000 bei A und B dem Teileinkünfteverfahren bzw der Abgeltungsteuer. IHd Rückzahlung aus dem steuerlichen Einlagekonto von € 30 000 mindern sich jeweils die Anschaffungskosten von A und B. Die (fortgeführten) Anschaffungskosten von A betragen € 95 000 (Stammkapital iHv € 25 000 + offene Einlage iHv € 100 000 ./. Rückzahlung aus dem steuerlichen Einlagekonto iHv € 30 000). Bei einer späteren Veräußerung der Beteiligung oder Liquidation der Gesellschaft sind die Anschaffungskosten nur noch iHv € 95 000 zu berücksichtigen. Die (fortgeführten) Anschaffungskosten von B betragen € 0, sie werden sogar um den Betrag von € 5000 überschritten (Stammeinlage iHv € 25 000 ./. Rückzahlung aus dem steuerlichen Einlagekonto iHv € 30 000). Im die Anschaffungskosten übersteigenden Betrag von € 5000 liegt bei B ein Gewinn nach § 17 IV EStG vor, der ebenfalls dem Teileinkünfteverfahren unterliegt. Bei einer späteren Veräußerung der Beteiligung oder Liquidation der Gesellschaft sind die Anschaffungskosten nur noch iHv € 0 zu berücksichtigen.

Anschaffungskosten

| | | | |
|---|---|---|---|
| A: | € 25 000 | B: | € 25 000 |
| | € 100 000 | ./. | € 30 000 |
| | € 30 000 | | |

€ 95 000 ./. € 5000 = Veräußerungsgewinn nach § 17 IV ESG

**Beispiel:** A kauft 100% der Anteile an der X-GmbH, die in wirtschaftlichen Schwierigkeiten steckt für € 1. Er führt die Gesellschaft aus der Krise und erwirtschaftet in den nachfolgenden Jahren Gewinne. Bei einer Gewinnausschüttung iHv € 200 000 werden € 50 000 aus dem steuerlichen Einlagekonto verwendet. Die zurückgewährten Einlagen stammen vom vorhergehenden Gesellschafter X. Die Gewinnausschüttung unterliegt iHv € 150 000 bei A dem Teileinkünfteverfahren bzw. der Abgeltungsteuer. IHd Rückzahlung aus dem steuerlichen Einlagekonto von € 50 000 mindern sich die AK von A. Da A aber nur AK iHv € 1 hatte, entsteht IHd übersteigenden Betrags von € 49 999 ein Gewinn nach § 17 Abs 4 EStG, der ebenfalls dem Teileinkünfteverfahren unterliegt. X könnte die iHv € 50 000 geleistete Einlage im Jahr der Veräußerung der Beteiligung bei dem Veräußerungsverlust nach § 17 EStG gegebenenfalls mit weiteren nachträglichen AK mindernd ansetzen.

Wird die **Beteiligung von der natürlichen Person in einem Betriebsvermögen** gehalten, unterliegt der den Buchwert der Beteiligung übersteigende Betrag gem § 3 Nr 40 S 1a EStG dem Teileinkünfteverfahren.

Soweit die Auskehrung **aus dem Einlagekonto der Tochtergesellschaft** auf der Ebene der Muttergesellschaft mit dem Buchwert verrechnet wird, ist keine steuerbare Vermögensmehrung gegeben (vgl nur BFH GmbHR 10, 323). Die hM in der Literatur sowie die Finanzverwaltung subsumieren den den Buchwert übersteigenden Teil der Einlagerückzahlung unter § 8b II KStG (vgl BMF BStBl I 03, 292; *Eilers/Wienland* GmbHR 00, 1229, 1235). Auch der BFH tendiert hierzu (vgl BFH GmbHR 10, 323; GmbHR 10, 1098; dazu *Schwetlik* GmbH-StB 2010, 62; aA *Gosch* KStG, 3. Aufl 15, § 8b Rz 106, der von einer Steuerpflicht ausgeht). Ist nur handelsrechtlich eine Eigenkapitalauskehrung gegeben, steuerrechtlich ein Bestand im Einlagenkonto aber nicht vorhanden, handelt es sich unstreitig um eine Ausschüttung, die unter § 8b I zu subsumieren ist (BFH GmbHR 2010, 160). Bei der Anwendung von § 8b II kommt § 8b III zur Anwendung, was insbesondere bedeutet, dass vorangegangene Teilwertabschreibungen aufzuholen sind. Darüber hinaus gilt § 8b IV aF. Auskehrungen aus dem Einlagekonto sind bei alt-einbringungsgeborenen Anteilen innerhalb der 7-Jahres-Frist steuerpflichtig.

8 **8. Fehlerfallen:** Bei der Auskehrung von Einlagen gehen Gesellschaft und Gesellschafter regelmäßig von einer steuerneutralen Rückzahlung der Einlage aus. Das Finanzamt hingegen qualifiziert diese Auskehrung oftmals als steuerpflichtige Dividende. Bei der Anwendung von § 27 kommt es in der Praxis immer wieder zu Schwierigkeiten, die nicht zuletzt auch zu Haftungsrisiken der Berater führen. Fiktionen und Fristen des § 27 KStG führen dazu, dass **formal-rechtlich keine steuerneutrale Auskehrung aus dem Einlagekonto** gegeben ist, sondern Einkünfte aus Kapitalvermögen veranlagt werden, obgleich handelsrechtlich Einlagen zurückgezahlt werden.

9 **9. Verwendungsfiktion:** § 27 I 3 KStG bestimmt im Wege der gesetzlichen Fiktion, dass Leistungen der Kapitalgesellschaft mit Ausnahme der Rückzahlung von Nennkapital iSd § 28 II 2 und 3 KStG das steuerliche Einlagenkonto **unabhängig von ihrer handelsrechtlichen Einordnung** nur mindern, soweit sie den auf den Schluss des vorangegangenen Wirtschaftsjahrs ermittelten **ausschüttbaren Gewinn übersteigen** (Einlagenrückgewähr). Der ausschüttbare Gewinn gilt also als zuerst ausgekehrt, was zur steuerpflichtigen Dividende führt. Ausschüttbarer Gewinn ist der positive Saldo des in der Steuerbilanz ausgewiesenen Eigenkapitals abzüglich des Nennkapitals und des Bestands des steuerlichen Einlagekontos (§ 27 I 6).

10 **10. Kein Direktzugriff auf die Kapitalrücklage bei Ausschüttungen:** Mit Entscheidung vom 11.2.15 hat der BFH (BFH/NV 15, 1204–1209) nochmals entschieden, dass ein **Direktzugriff auf das Einlagekonto nicht möglich** ist. Dem steht die Verwendungsfiktion von § 27 I S 3 entgegen. Sofern bezogen auf den Schluss des der Auskehrung vorangegangenen Wirtschaftsjahrs ausschüttbarer Gewinn vorhanden ist, gilt dieser als zuerst ausgeschüttet. Dies gilt auch dann, wenn die Gesellschafter im Ausschüttungsbeschluss zunächst eine handelsrechtliche Kapitalrücklage nach § 272 II Nr 4 HGB zivilrechtlich auflöst und handelsrechtlich diese ausgeschüttet wird. Nach Auffassung des BFH verstößt die Verwendungsfiktion aus § 27 I S 3 nicht gegen Art 3 GG. Der Gesetzgeber sei berechtigt, zur Bewältigung einer Vielzahl von Verwaltungsvorgängen typisierende Anordnungen zu treffen. Im Ergebnis können die Gesellschafter – etwa durch Gestaltung des Ausschüttungsbeschlusses – die Verwendungsreihenfolge des § 27 I 3 nicht beeinflussen.

11 **11. Direktzugriff bei Kapitalherabsetzung:** § 27 I 3 sieht als einzigen Fall des unmittelbaren Zugriffs auf das Einlagekonto die Kapitalherabsetzung vor (zur Diskussion, ob es weitere Fälle gibt vgl *Binnewies* in Streck KStG, 8. Aufl 14, § 27 Rz 15). Mit Urteil vom 21.10.14 hat der BFH (BFH/NV 2015, 623) entschieden, dass ein Direktzugriff auf das Einlagekonto im Zusammenhang mit einer **Kapital-**

**herabsetzung** auch dann möglich ist, wenn im Kapitalherabsetzungsbeschluss selbst noch nicht die Auskehrung des herabgesetzten Kapitals an die Gesellschafter beschlossen wird.

**Beispiel:** Im Oktober 06 wird die Herabsetzung des Stammkapitals von € 5 Mio um € 4 Mio auf € 1 Mio beschlossen. Im November 07 wird nach Eintragung der Kapitalherabsetzung im Handelsregister beschlossen, dass die Voraussetzungen der Reduzierung des EK erfüllt seien und daher € 4 Mio an die Gesellschafter ausgekehrt werden.

Technisch legt § 28 II fest, dass im Fall der **Kapitalherabsetzung** zunächst ein aus Gewinnrücklagen gebildeter **Sonderausweis** als herabgesetzt und an die Gesellschafter ausgekehrt gilt. Hierbei handelt es sich um steuerpflichtige Dividenden. Ist ein solcher Ausweis nicht vorhanden, führt die Herabsetzung des Stammkapitals im ersten Schritt zu einer entsprechenden Erhöhung des Einlagekontos und in einem zweiten Schritt zu einer unmittelbaren Auskehrung dieses Betrags aus dem Einlagekonto, unabhängig davon, ob zum Schluss des vorangegangenen Wirtschaftsjahrs ausschüttbarer Gewinn vorhanden ist. In der Entscheidung vom 21.10. 14 hat der BFH insoweit zugunsten der Steuerpflichtigen entschieden, als der Kapitalherabsetzungsbeschluss selbst nicht unmittelbar auch die sich der Kapitalherabsetzung anschließende Auskehrung des herabgesetzten Kapitals beinhalten muss. Durch das Finanzgericht sei lediglich festzustellen, dass die Auskehrung an die Gesellschafter in sachlichem Zusammenhang mit der Kapitalherabsetzung stehe, was im entschiedenen Fall durch das Finanzgericht festgestellt worden sei (BFH/NV 2015, 623).

**12. Unterjährige Einlagen:** Für die Feststellung der Verwendung des Einlagekontos wird gem § 27 I S 3 für die Bestimmung des ausschüttbaren Gewinns auf den **Schluss des der Auskehrung vorangegangenen Wirtschaftsjahrs** abgestellt. Stimmt das Wirtschaftsjahr mit dem Kalenderjahr überein, ist dies der 31.12. des Vorjahrs. **12**

**Beispiel:** A tätigt am 1.6.15 eine Einlage zur Sicherstellung der Liquidität der A-GmbH. Im Oktober 15 wird der entsprechende Betrag wieder ausgekehrt, da die Liquidität nicht mehr benötigt wird. Das Einlagekonto zum 31.12.14 beträgt null. A geht von einer steuerneutralen Rückzahlung der von ihm kurzfristig gewährten Einlageleistung aus.

Die Auskehrung aus der A-GmbH ist nur steuerneutral, wenn das Geld darlehensweise überlassen wurde oder es sich tatsächlich um eine Auskehrung aus dem Einlagekonto handelt. Nach dem **Wortlaut von § 27 I 3** ist für die Bestimmung des ausschüttbaren Gewinns auf den Bestand des Einlagekontos zum Schluss des vorangegangenen Wirtschaftsjahrs abzustellen. Die ganz hM schließt hieraus, dass die zeitliche Fiktion von § 27 I S 3 auch den verwendbaren Bestand des steuerlichen Einlagekontos umfasst. Sowohl Sinn und Zweck der gesonderten Feststellung des steuerlichen Einlagekontos als auch der Umstand, dass der festgestellte Bestand des steuerlichen Einlagekontos Grundlage für die Ermittlung des ausschüttbaren Gewinns ist, legen es nahe, die Verwendung des steuerlichen Einlagekontos auf den **positiven Bestand zum vorangegangenen Feststellungszeitpunkt** zu begrenzen (BMF BStBl I 03, 366 Rz 10; *Heger* in Gosch KStG, 2. Aufl 09, § 27 Rz 29; *Frotscher* in F/D KStG, § 27 Rz 24 (Sept 15); *Binnewies* GmbHR 10, 1101; BFH BStBl II 13, 560; vgl auch BFH DStR 10, 1833). Nach der Systematik von § 27 I 3 ist vorliegend daher von der Auskehrung zwischenzeitlich erwirtschafteter Gewinne, also ausschüttbarem Gewinn, auszugehen. Die Auskehrung unterliegt auf der Ebene der A-GmbH der Kapitalertragsteuer und auf der Ebene des A der Dividendenbesteuerung. Dies gilt unabhängig davon, wie der „Auskehrungsbeschluss" gefasst wird. Wirtschaftlich und ausgehend vom Zweck des Gesetzes würde es allerdings Sinn ergeben, auch einen unterjährigen Zugang zum Einlagekonto bereits zur Finanzierung einer in demselben Wirtschaftsjahr vorgenommenen Leistung heranzuziehen.

13 **13. Bindungswirkung des Feststellungsbescheids:** Das Einlagekonto ist gem § 27 II 1 zum Schluss eines Wirtschaftsjahrs **gesondert festzustellen.** Die Feststellung erfolgt gegenüber der Gesellschaft. Der Bescheid ist Grundlagenbescheid für den Bescheid über die gesonderte Feststellung zum folgenden Feststellungszeitpunkt. Entsprechend haben unbeschränkt steuerpflichtige Kapitalgesellschaften sowie sonstige Körperschaften eine Erklärung zur gesonderten Feststellung des Bestands des steuerlichen Einlagekontos auf den Schluss des jeweiligen Wirtschaftsjahrs abzugeben. Bei der Erstellung der Feststellungserklärung ist größte Sorgfalt geboten. Für den steuerlichen Berater schwierig zu erkennen sind insbesondere im laufenden Geschäftsjahr erbrachte verdeckte Einlagen. Hiernach sind Geschäftsführer und Gesellschafter ausdrücklich zu befragen.

14 **14. Keine nachträgliche Erfassung:** Die Einlage kann nur in dem Jahr zur Erfassung im Einlagekonto erklärt werden, in dem sie der Gesellschaft zugeflossen ist. Ist sie **im Jahr des Zuflusses** in der Erklärung und damit auch im Feststellungsbescheid gem § 27 II 1 nicht erfasst, ist eine Erfassung in späteren Jahren nicht möglich. Dies verhindert die **Grundlagen-Folgebescheidfunktion** (vgl nur *Heger* in Gosch KStG, 2. Aufl 09, § 27 Rz 32ff). Steuerlich wirkt sich die Einlage nur noch iRe Veräußerung oder der Liquidation in Form von nachträglichen Anschaffungskosten aus. Die verfassungsrechtliche Zulässigkeit dieser Konsequenz ist mE nur schwerlich mit dem Leistungsfähigkeitsprinzip vereinbar.

**15. Korrektur gem § 129 AO:**

**Beispiel:** Im Jahr 14 verzichtet Gesellschafter A auf eine Forderung gegenüber der A-GmbH, deren alleiniger Gesellschafter er ist. Der Forderungsverzicht ist aus der beim Finanzamt eingereichten Bilanz erkennbar. Hier ist eine Rücklage gem § 272 II Nr 4 HGB erfasst und in den Erläuterungen zur Bilanz ausdrücklich erwähnt. Versehentlich wird die Einlage in der Erklärung gem § 27 II S 4 KStG nicht erfasst. Der Feststellungsbescheid zum 31.12.14 weist ein Einlagekonto von null aus.

15 Sofern die Einspruchsfrist abgelaufen ist und der Bescheid nicht unter dem Vorbehalt der Nachprüfung gem § 164 II AO steht, ist eine Korrektur schwierig. Wenn iRd Steuererklärung die Bilanz mit eingereicht wurde und hier eine Einlagenleistung in die Rücklagen der Gesellschaft erkennbar ist, kann innerhalb der Festsetzungsfrist als **Korrekturnorm § 129 AO** in Betracht gezogen werden. ME stellt die Nichtberücksichtigung einer in der Bilanz ausgewiesenen Kapitalrücklage bei der Feststellung des steuerlichen Einlagekontos eine offenbare Unrichtigkeit iSv § 129 AO dar, da die Unrichtigkeit aus der Steuererklärung und deren Anlagen offenbar hervorgeht. Wenn die Bilanz die geleistete Einlageleistung in der Kapitalrücklage erkennbar ausweist, liegt kein die Berichtigung ausschließender Fehler in der Sachverhaltsermittlung oder eine fehlerhafte Tatsachenwürdigung vor (vgl BFH BStBl II 86, 541; FG Köln EFG 14, 417). Die versehentliche Nichtauswertung von dem Finanzamt vorliegenden Unterlagen ist vielmehr eine offenbare Unrichtigkeit iSv § 129 AO (BFH BStBl II 86, 541; BStBl II 03, 867). Die Offenbarkeit des Fehlers wird nicht dadurch infrage gestellt, dass das Finanzamt den Fehler hätte bemerken müssen. Verschuldenserwägungen sind unerheblich. Es kommt nicht darauf an, ob der Bearbeiter bei gehöriger Sorgfalt sein Versehen hätte erkennen und die offenbare Unrichtigkeit bei der Festsetzung hätte vermeiden können (vgl BFH BFH/NV 10, 1410; FG Köln EFG 14, 417). Das FG Köln hat eine Korrektur nach § 129 AO angenommen (FG Köln EFG 14, 417; DStZ 16, 513). Andere Finanzgerichte sind diesbezüglich ablehnend (FG Münster EFG 14, 1155, NZB erfolglos, vgl BFH/NV 15, 472; FG BaWü EFG 15, 954; FG RhPf EFG 14, 2081).

16 **16. Korrektur gem § 173 I Nr 2 AO:** Als weitere Korrekturnorm kommt § 173 I Nr 2 AO in Betracht. Zwar ist der steuerpflichtigen Gesellschaft nach hM das **Versehen des steuerlichen Beraters** zuzurechnen (vgl *Loose* in Tipke/Kruse AO/FGO, § 173 AO Rz 83 (Jan 12), mwN). Die Gesellschaft kann sich jedoch auf eine Verletzung der Ermittlungspflicht des Finanzamts berufen. Das Finanzamt

muss eingereichte Bilanzen und Wirtschaftsprüfungsberichte usw. auswerten (FG Köln EFG 09, 120). Zwar braucht die Finanzverwaltung eindeutigen Steuererklärungen und vorgelegten Jahresabschlüssen nicht mit Misstrauen zu begegnen. Sie kann regelmäßig von deren Richtigkeit und Vollständigkeit ausgehen (vgl nur BFH BStBl II 04, 444; BFH/NV 03, 19). Das gilt insbesondere bei unter Mitwirkung eines Steuerberaters angefertigten Steuererklärungen (BFH/NV 88, 151). Gleichwohl meine ich, ist das Finanzamt nach Treu und Glauben gehindert, sich auf das Verschulden des Steuerpflichtigen bzw. seines Beraters zu berufen, wenn es offensichtlichen Widersprüchen – hier zwischen eingereichter Bilanz und eingereichter Feststellungserklärung gem § 27 II 4 – nicht nachgeht (aA FG Münster EFG 14, 1155).

**17. Kapitalerhöhung aus Gesellschaftsmitteln:** Sofern die Rücklage handelsrechtlich noch vorhanden ist, kann der Fehler mE über eine Kapitalerhöhung aus Gesellschaftsmitteln behoben werden (*Schwedhelm/Olbing/Binnewies* GmbHR 13, 1233, 1242; im Anschluss daran *Ott* DStR 14, 674. *Ott* zieht auch den Erwerb eigener Anteile in Betracht): Bei der **Umwandlung von Rücklagen in Nennkapital gilt gem § 28 I 1** das Einlagekonto bzw. der positive Bestand des steuerlichen Einlagekontos als vor den sonstigen Rücklagen umgewandelt. Hintergrund dieser Verwendungsreihenfolge ist, dass eine Umwandlung aus den sonstigen Rücklagen möglichst vermieden werden soll. Diejenigen Beträge des Nennkapitals, die aus den sonstigen Rücklagen (und nicht aus dem steuerlichen Einlagekonto) herrühren, müssen besonders gekennzeichnet werden **(Sonderausweis),** um eine spätere Besteuerung im Fall der Kapitalherabsetzung nach § 20 I Nr 2 EStG zu gewährleisten. § 28 I 2 sieht eine Bindungswirkung des gem § 27 II S 1 festgestellten Einlagekontos vor. Nicht entscheidend ist daher der Bestand der handelsrechtlichen Kapitalrücklagen (vgl *Frotscher* in F/D KStG, § 28 Rz 7 (Nov 07); *Danelsing* in Blümich EStG/KStG/GewStG, § 28 Rz 13 (April 07)). Übersteigt die Kapitalerhöhung aus Gesellschaftsmitteln das steuerliche Einlagekonto bzw. ist kein positiver Bestand im steuerlichen Einlagekonto vorhanden, findet eine Umwandlung von sonstigen (Gewinn-)Rücklagen im Nennkapital statt. Dieser durch Umwandlung von Gewinnrücklagen entstehende Teil des gezeichneten Kapitals ist getrennt auszuweisen und gesondert festzustellen (*Heger* in Gosch KStG, 2. Aufl 09, § 28 Rz 14). Es handelt sich hierbei um den **Sonderausweis gem § 28 I 3** (durch Umwandlung von Gewinnrücklagen in entstandenes Nennkapital). Die Feststellung über den Bestand des Sonderausweises bindet sowohl die Körperschaft als auch den Anteilseigner, bei dem die Ausschüttungen, für die der Sonderausweis als verwendet gilt, nach § 20 I Nr 2 S 2 EStG zu den Einkünften aus Kapitalvermögen zählen (BFH BStBl II 95, 362; *Heger* in Gosch KStG, 2. Aufl 09, § 28 Rz 19). Nach dem **Wortlaut des Gesetzes in § 28 I 3** ist die Pflicht zur Bildung des Sonderausweises mE aber nicht an die formelle Feststellung des Einlagekontos gebunden. Anders als S 1 von § 28 I knüpft S 3 nicht an den Bestand des steuerlichen Einlagekontos an, sondern weist nur die Beträge dem Sonderausweis zu, die dem Nennkapital „durch Umwandlung von sonstigen Rücklagen mit Ausnahme von aus Einlagen der Anteilseigner stammenden Beträgen zugeführt worden sind". Nimmt man den Wortlaut ernst, sind erbrachte Einlagen, die zwar nicht im steuerlichen Einlagekonto festgestellt wurden, aber materiell-rechtlich Einlagen der Anteilseigner darstellen und handelsrechtlich in der Rücklage gem § 272 II Nr 4 HGB vorhanden sind, nicht zum Sonderausweis zu erfassen. In der Literatur geht nur *Dötsch* ausdrücklich auf dieses Problem ein. *Dötsch* geht auch insoweit von der Bindungswirkung der formalen Feststellung des Einlagekontos aus, muss bei dieser Auslegung des Gesetzes aber ausdrücklich zugestehen, dass der Satzteil „mit Ausnahme von aus Einlagen der Anteilseigner stammenden Beträgen" keinen Regelungsgehalt hätte (*Dötsch* in D/P/M KStG, § 28 Rz 27 (Okt 09). Nimmt man den differenzierten Wortlaut des Gesetzes ernst, sind tatsächlich geleistete Einlagen, die handelsrechtlich in den Rücklagen der Gesellschaft vorhanden sind, nicht im Son- 17 derausweis nach § 28 I 3 zu erfassen. Dabei kommt es nicht auf die Feststellung im Einlagekonto an. Dies hat zur Konsequenz, dass Auskehrungen im Fall späterer Kapitalherabsetzungen in dieser Höhe dem Einlagekonto gutzuschreiben sind (§ 28 II 1). Materiell-rechtlich gegebene Einlagen, die nur formal-rechtlich nicht festgestellt sind, werden im Fall der Kapitalherabsetzung also zunächst dem steuerlichen Einlagekonto gutgeschrieben (§ 28 II 1 Halbs 2). Bei Auskehrung dieses Betrags wird der Betrag vom Bestand des steuerlichen Einlagekontos in einem zweiten Schritt abgezogen (§ 28 II 3). Das steuerliche Einlagekonto gilt insoweit als verwendet. Die Rückzahlung des Teils des Nennkapitals, das nicht im Sonderausweis festgestellt ist, wird somit nicht als Dividende besteuert (§ 20 I Nr 1 S 3 EStG). Im Ergebnis stellt die **Kapitalerhöhung aus Gesellschaftsmitteln mit späterer Kapitalherabsetzung** und Auskehrung daher mE einen Weg dar, in geeigneten Fällen im Einlagekonto versehentlich nicht festgestellte Einlagen der Gesellschafter steuerneutral an die Gesellschafter auskehren zu können (*Ott* DStR 14, 673, schlägt den Erwerb und die Wiederveräußerung eigener Anteile vor, vgl aber FG Münster EFG 17, 423).

18 **18. Bindungswirkung des Feststellungsbescheids auf der Ebene der Gesellschafter:** Gem § 20 I Nr 1 S 3 EStG gehören Bezüge aus Anteilen an einer Körperschaft nicht zu den Einnahmen aus Kapitalvermögen, soweit für diese Eigenkapital iSv § 27 als verwendet gilt. Daraus schließt der BFH, dass ein Gesellschafter sich nicht darauf berufen kann, das steuerliche Einlagekonto sei im Bescheid über die Feststellung des steuerlichen Einlagekontos auf der Ebene der Gesellschaft unzutreffend ausgewiesen. Vielmehr gilt nach Auffassung des BFH das steuerliche Einlagekonto für Leistungen der Körperschaft nur als verwendet, sofern dies der **Feststellung auf der Ebene der Gesellschaft gem § 27 II** zu entnehmen ist (BFH DStR 10, 1833; GmbHR 15, 766; FG BaWü EFG 12, 949, Az des BFH VIII R 50/11). Für den fehlenden Einbehalt von KapESt haftet die Gesellschaft (BFH GmbHR 15, 766). Ferner hat der BFH im Urteil vom 28.1.15 entschieden, dass geänderte Feststellungsbescheide nach § 27 II als rückwirkendes Ereignis iSv § 175 I 1 Nr 2 AO die Anlaufhemmung der vierjährigen Frist für die Einkommensteuerfestsetzung nach § 175 I 2 iVm § 169 II 1 Nr 2 AO auslösen. Dies kann sich theoretisch sowohl zugunsten als auch zulasten der Gesellschafter auswirken, je nachdem ob eine nachträgliche Erfassung der Auskehrung aus dem Einlagekonto im Änderungsbescheid über die Feststellung erfolgt oder nicht. In der Praxis dürfte eine Änderung zugunsten des Gesellschafters jedoch regelmäßig daran scheitern, dass in Fällen der nachträglichen Erfassung oder Erhöhung einer Auskehrung aus dem Einlagekonto nach § 27 II keine (ausreichende) Bescheinigung nach § 27 V vorliegen dürfte.

19 Das FG Hessen (DStR 17, 1129) lässt aufgrund der Bindungswirkung den Einspruch/die Klage des Gesellschafters gegen den Feststellungsbescheid der Gesellschaft zu. Da der Bescheid diesen nicht bekanntgegeben wird, laufen keine Rechtsbehelfsfristen. Verwirkungsgrundsätze gelten. **Bescheinigung gem § 27 III:** Gem § 27 III 1 sind Leistungen, für die nach § 27 I 3 das steuerliche Einlagekonto als verwendet gilt, **von der Gesellschaft zu bescheinigen.**

20 **19. Keine Korrektur bei zu niedriger Bescheinigung:** Ist in der Bescheinigung die Verwendung des Einlagekontos **zu niedrig** bescheinigt worden, erfolgt gem § 27 V 1 und 3 KStG keine Korrektur. Nach der Rechtsprechung des BFH gilt die Verwendung des steuerlichen Einlagekontos nur dann als durch die Bescheinigung festgeschrieben, wenn mindestens einem Anteilseigner eine Bescheinigung iSv § 27 Abs 3 KStG ausgehändigt wurde (BFH BStBl. II 09, 974). Solange dies nicht erfolgt ist, ist die Gesellschaft demnach bezüglich einer Korrektur frei.

21 **20. Fiktion einer Null-Bescheinigung bei verspäteter Bescheinigung:** Ist allerdings für eine Leistung **bis zum Tag der Bekanntmachung** der erstmaligen Feststellung des Bestands des steuerlichen Einlagekontos gem § 27 II 1 **eine Be-**

**scheinigung** seitens der Gesellschaft **nicht ausgestellt**, wird der Betrag der **Einlagenrückgewähr als mit € 0 bescheinigt fingiert** (§ 27 V 2). Hiervon ist selbst dann keine Ausnahme zu machen, wenn Gesellschaft und Gesellschafter den Tatbestand einer Ausschüttung subjektiv gar nicht realisieren (vgl nur OFD Münster GmbHR 10, 56; SächsFG EFG 17, 156, Rev BFH I R 45/16). Der BFH hat die Fiktion aus § 27 V 2, die zu materiell-rechtlich nicht berechtigter Steuer führt, für verfassungsgemäß erachtet (BFHE 249, 448). Die Regelung sei hinsichtlich ihrer Voraussetzungen und Rechtsfolgen klar und diene in zulässiger Weise der Vereinfachung des Verwaltungsverfahrens. Auch sei es zulässig, die Gesellschaft im Fall der versehentlichen Nichterteilung der Bescheinigung für die KapESt haften zu lassen. Die Nichterteilung oder nicht rechtzeitige Erteilung der Bescheinigung sei als **grob fahrlässig iSd Haftungsnorm** zu qualifizieren (BFHE 249, 448). Nach der Rechtsprechung ist eine nachträgliche Änderung auch dann nicht möglich, wenn der Feststellungsbescheid noch unter dem Vorbehalt der Nachprüfung steht. Das Gesetz stelle in diesem Punkt ausdrücklich nicht auf den Gesichtspunkt der Bestandskraft ab. Der Gesetzgeber habe mit der Vereinfachung nicht die Grenzen seines Gestaltungsspielraums überschritten (FG SchlHol EFG 14, 581; bestätigt durch BFHE 249, 448; FG RhPf EFG 14, 2081; Az des BFH I R 48/14; vgl auch BFH/NV 15, 623).

**Beispiel:** A erhält von der A-GmbH, deren alleiniger Gesellschafter-Geschäftsführer er ist, im Oktober 13 eine Provisionszahlung, für die es keine Rechtsgrundlage gibt. Ausschüttbarer Gewinn ist nicht vorhanden, zum 31.12.12 ist jedoch ein entsprechender positiver Bestand im Einlagekonto ausgewiesen. Die Unwirksamkeit der Provisionsvereinbarung ist A nicht bewusst. Am 27.11.14 erfolgt die erstmalige Feststellung des Einlagekontos auf den 31.12.13. IRd Betriebsprüfung im Jahr 15 wird die vGA aufgedeckt und entsprechende Einkünfte aus Kapitalvermögen bei A veranlagt. A kann sich nicht auf § 20 I Nr 1 S 3 EStG berufen. Da bis zum Tag der Bekanntgabe der erstmaligen Feststellung des Einlagekontos iSv § 27 II zum Schluss des Wirtschaftsjahrs der Leistung (13) eine **Steuerbescheinigung** iSv § 27 III nicht erteilt wurde, gilt der Betrag der Einlagenrückgewähr im Jahr 13 als mit € 0 bescheinigt (§ 27 V S 2). Eine Korrektur ist nach dem Wortlaut des Gesetzes nicht möglich. Allerdings muss mE in diesem Fall eine Billigkeitsmaßnahme nach § 163 AO möglich sein. Die Rechtsprechung ist aufgrund der klaren Formulierung des Gesetzes diesbezüglich ablehnend (vgl FG RhPf EFG 14, 2081; BFH/NV 15, 1022). 22

**21. Einlagenrückgewähr aus ausländischen Kapitalgesellschaften:** § 27 VIII soll es im Inland ansässigen Gesellschaftern ermöglichen, Einlagen aus im EU-Inland ansässigen Kapitalgesellschaften steuerfrei zu vereinnahmen. In der Praxis wirft die Regelung große Schwierigkeiten auf. Es ist ein Antrag auf Feststellung der Einlagenrückgewähr regelmäßig beim Bundeszentralamt für Steuern zu stellen. Dem Antrag liegt eine „Schattenrechnung" nach § 27 I bis VI zugrunde. Unter Anwendung des deutschen Steuerrechts ist also zu ermitteln, ob es sich bei der Auskehrung um eine Dividende oder um eine Auszahlung aus dem für diese Zwecke für die ausländische Gesellschaft fingierten Einlagekonto handelt. Im Ergebnis ist das steuerliche Eigenkapital seit Gründung der Gesellschaft unter Hinzurechnung von Einlagen und Abrechnung von Ausschüttungen nach den Grundsätzen des § 27 zu ermitteln, um für die in Rede stehende Auskehrung feststellen zu können, ob das für die ausländische Kapitalgesellschaft fingierte Einlagekonto zur Verwendung gelangt. Zur Rückgewähr von Nennkapital vgl BMF-Schreiben vom 4.4.16 (BStBl I 16, 468). **Beratungshinweis:** Der Antrag auf Feststellung ist bis zum Ende des Kalenderjahrs zu stellen, das auf das Kalenderjahr folgt, in dem die Leistung erfolgt ist (§ 27 VIII 4). Hierbei handelt es sich um eine nicht verlängerbare Ausschlussfrist (vgl BMF BStBl I 16, 468). 23

## Einlagen

S „Inkongruente Einlagen".

## Einziehung von Geschäftsanteilen

1 **1. Besteuerungsgrundsätze auf Ebene der Gesellschaft: Steuerlich neutrale Einlagenrückgewähr:** Für die Gesellschaft selbst ist der Einziehungsvorgang grundsätzlich erfolgsneutral (BFH BStBl II 93, 369 = GmbHR 93, 380), weil letztlich nur eine **Einlagen(rück)auskehrung** stattfindet: Das Eigenkapital der Gesellschaft wird gemindert, ohne dass gleichzeitig Aktiva hinzuerworben werden; die Gesellschaft wird wertloser (*Weber-Grellet* EStG, § 17 Rz 101). Diese Lösung ist angesichts des zivilrechtlichen Erfordernisses, dass der Einziehungsbetrag aus dem freien Vermögen der Gesellschaft zu erfolgen hat, konsequent. Sollte sich derartiges Vermögen (infolge eines hohen Ertragswerts, der sich buchmäßig nicht niedergeschlagen hat) nicht darstellen lassen, würde die Einziehung bereits zivilrechtlich scheitern, wenn nicht die verbleibenden Gesellschafter vorsorglich einen gegen sie aktivierbaren Anspruch auf Erstattung des das Eigenkapital übersteigenden Betrags wirksam und werthaltig zugesagt hätten. Im **BMF-Schreiben v 27.11.13** zur steuerlichen Behandlung des Erwerbs eigener Anteile (BStBl I 13, 1615 = GmbHR 14, 108 Tz 6) ist unter Tz 16 ausgeführt, im Fall der Einziehung würden die Tz 8 ff des BMF-Schreibens mit der Maßgabe gelten, dass eine Entschädigungszahlung wie eine Kaufpreiszahlung zu behandeln sei. Nach Tz 8 ff des BMF-Schreibens soll auf Ebene der Gesellschaft die Einziehung von Anteilen der wirtschaftlichen Betrachtungsweise des Handelsrechts folgen. Die **Einziehung** stelle – so das GMF – keinen Anschaffungsvorgang dar, sondern sei wie eine **Herabsetzung des Nennkapitals** zu behandeln. Der über die Rückzahlung des Nennkapitals hinausgehende Betrag sei eine Leistung der Gesellschaft an den veräußernden Gesellschafter, die nach den Grundsätzen des § 27 I 3 zu einer **Minderung des steuerlichen Einlagekontos** führe, soweit sie den maßgebenden ausschüttbaren Gewinn übersteige (BMF BStBl I 13, 1615 = GmbHR 14, 108, Tz 6). **Kapitalertragsteuer** sei auch auf den Teil der Leistung, der das steuerliche Einlagekonto nicht nach § 27 I 3 oder nach § 28 II 3 mindere, **nicht einzubehalten und abzuführen,** da der Vorgang auf der Ebene des Anteilseigners eine Veräußerung darstelle (BMF BStBl I 13, 1615 = GmbHR 14, 108, Tz 6). Insoweit stellt die Verwaltungsauffassung einen Bruch zur Systematik des Gesetzes dar; aA daher FG Münster EFG 17, 423 (danach Anschaffungs- und Veräußerungsvorgang auch auf Ebene der Gesellschaft unter Anwendung von § 8b). Von den Besteuerungsfolgen auf der Ebene des Gesellschafters wird für die Besteuerung der Gesellschaft der Rückschluss gezogen. Entscheidend ist für die Gesellschaft, dass der Geschäftsführer nach Auffassung des BMF keine Kapitalertragsteuer einzubehalten hat, unabhängig davon, ob die Abfindungszahlung aus dem Einlagekonto oder aus ausschüttbarem Gewinn (§ 27 I 5) finanziert wird. Bei Zahlung eines überhöhten Kaufpreises kann nach Auffassung des BMF eine verdeckte Gewinnausschüttung iSd § 20 I Nr 1 S 1 EStG vorliegen, die nach den allgemeinen Grundsätzen zu behandeln sei (BMF BStBl I 13, 1615 = GmbHR 14, 108, Tz 8 ff).

2 **Gefahr der Verlustvernichtung:** Soweit ersichtlich, ist bislang die Frage nicht abschließend geklärt, ob und unter welchen Voraussetzungen die Vorschriften zum **Verlust des Verlustabzugs nach § 8c** auf den Zwangsausschluss anwendbar sind. **Unklar** ist die Situation, wenn die Anteile eingezogen und die verbleibenden Anteile der übrigen Gesellschafter um den Nennbetrag der untergegangenen Geschäftsanteile aufgestockt werden. Formal findet keine Veräußerung gegen Entgelt statt. Nach § 8c I sind aber auch mit dem Erwerb **„vergleichbare Sachverhalte"** schädlich. Die Norm ist weit gefasst. Ein „vergleichbarer Sachverhalt" kann auch vorliegen, wenn Anteile eingezogen werden und dadurch die Beteiligung eines der verbliebenen Gesellschafters am Nennkapital um mehr als 25% oder sogar nach § 8c I 2 um mehr als 50% ansteigt (vgl *Frotscher* in F/D § 8c KStG Rz 59 (Nov 11)). UE liegt kein „vergleichbarer Sachverhalt" vor, da keine Mitgliedschaftsrechte „übertragen" werden, sondern der Geschäftsanteil schlicht untergeht.

**Betriebsausgabenabzug bei Überabfindung eines „lästigen" Gesellschafters:** Um einen **lästigen Gesellschafter** handelt es sich grundsätzlich dann, wenn ein wesentlich beteiligter Gesellschafter die geschäftliche Tätigkeit der Gesellschaft mittelbar oder unmittelbar gefährdet, so dass es im betrieblichen Interesse ist, dass er aus der Gesellschaft ausscheidet (vgl hierzu *Martini* FR 11, 564). In diesem Fall kann der überzahlte Teil der Abfindung, der als „Lästigkeitsprämie" aufgewandt wird, um den Gesellschafter im Interesse der Gesellschaft loszuwerden, auf Ebene der Gesellschaft ggf als **sofort abzugsfähige Betriebsausgabe gewinnmindernd** erfasst werden. Die Frage, ob die Gewährung einer Lästigkeitsabfindung eine verdeckte Gewinnausschüttung darstellen kann, ist mitunter schwer zu klären und folgt per se nicht den allgemeinen Vorgaben des Fremdvergleichs. In diesen Fällen ist aufseiten der Gesellschaft für eine Abzugsfähigkeit allein die betriebliche Veranlassung entscheidend. Ausgaben einer Kapitalgesellschaft, die dazu dienen, einen ihr lästigen Gesellschafter zum Ausscheiden aus der Gesellschaft zu bewegen, können betrieblich veranlasst sein (BFH/NV 96, 438 = GmbHR 96, 555 (LS); BStBl III 61, 463; BStBl III 65, 618; BStBl III 63, 454; *Schwedhelm* in Streck KStG, § 8 Rz 782). Die Lästigkeit und deren **betriebliche Veranlassung** setzen voraus, dass sich aus dem Gesellschafter eine **Gefahr für die Gesellschaft** – zB der Verlust wichtiger Hauptkunden (FG Hbg EFG 09, 652; bestätigt durch BFH BStBl II 10, 607 = GmbHR 10, 444) – ergibt und die Leistung des Mehrbetrags zur Abwendung dieser Gefahr dient (*Kußmaul/Richter/Tcherveniachki* GmbHR 07, 911, 914). Eine Lästigkeitsprämie ist zur Abwehr solcher Gefahren idR nicht erforderlich, wenn es sich bei dem auszuschließenden Gesellschafter nur um einen Minderheitsgesellschafter handelt und die Stimmquoten ausreichen, um diesen Minderheitsgesellschafter mittels Gesellschafterbeschluss aus der Gesellschaft auszuschließen (*Kußmaul/Richter/Tcherveniachki* GmbHR 07, 911, 914). Andererseits kann die Lästigkeitsprämie betrieblich veranlasst und in der Folge als Betriebsausgabe steuerlich anzuerkennen sein, wenn sie darauf zielt, dem sonst **keinem Wettbewerbsverbot** unterliegenden Gesellschafter, der tatsächlich in Konkurrenz zu seiner Gesellschaft tritt, zum Austritt aus der Gesellschaft zu bewegen. 3

**2. Besteuerungsgrundsätze auf Ebene des Gesellschafters: Teileinkünfteverfahren oder Abgeltungsteuer:** Auf Ebene des von der Einziehung betroffenen Gesellschafters wird die Einziehung gegen Abfindung nach hM als **Veräußerungstatbestand iSd § 17 EStG** behandelt, sofern der Gesellschafter in den letzten fünf Jahren vor der Einziehung mit mindestens 1% an der Gesellschaft beteiligt war (BFH BStBl II 93, 369 = GmbHR 93, 380). Ein sich ergebender **Veräußerungsgewinn** oder **Verlust** als Differenz zwischen Abfindung und AK und Erwerbsnebenkosten (zB die mit der Durchsetzung des Abfindungsguthabens verbundenen Berater- und Gerichtskosten) ist grundsätzlich in dem Veranlagungsjahr zu erfassen, in dem die eingezogene Beteiligung zivilrechtlich **untergeht** oder – im Fall der Zwangsabtretung – an einen Dritten **abgetreten** wird (BFH BStBl II 08, 927 = GmbHR 08, 1232; FG RhPf EFG 16, 288; *Wollweber/Ruske* GmbHR 15, 785). Der Gewinn/Verlust unterliegt nach hM dem sog Teileinkünfteverfahren (§§ 17, 3 Nr 40a EStG) und wird zu 60% bei der Veranlagung des Gesellschafters erfasst. Bei GmbH-Beteiligungen, die in den letzten fünf Jahren vor der Einziehung weniger als 1% betragen haben, ist ein Veräußerungsgewinn pauschal der Abgeltungsteuer von 25% zzgl Solidaritätszuschlag zu unterwerfen. **Nicht abschließend geklärt** ist, ob die Abfindungszahlung iRd Einziehung dem Tatbestand des § 17 Abs 1 EStG oder dem **Tatbestand des § 17 IV EStG** zuzuordnen ist. Relevant ist dies für die Frage, ob die Abfindung **einheitlich und vollständig** dem **Teileinkünfteverfahren** (60% des Gewinns zum persönlichen Einkommensteuersatz) unterworfen oder aber, soweit die Abfindung auf die Kompensation des laufenden Gewinns und der Gewinnrücklagen entfällt, gem § 17 IV S 2 EStG **teilweise** als **Einkünfte aus Kapitalvermögen** erfasst wird. Teile der Literatur 3 gehen davon aus, dass die Einziehung im Hinblick auf die gesellschaftsrechtliche Ausgestaltung wie eine wirtschaftliche Teilliquidation nach § 17 IV EStG analog steuerlich zu erfassen sei (vgl *Weber-Grellet* in Schmidt, EStG, § 17 Rz 101; *Rapp* in Littmann/Bitz/Pust, EStG, § 17 Rz 117 (Nov 09); für eine Veräußerung iSd § 17 I EStG wohl *Frotscher* in Frotscher, EStG, § 17 Rz 192 (Mai 10); *Früchtl/Fischer* DStZ 09, 112ff; offengelassen BFH BStBl II 08, 927 =GmbHR 08, 1232). Folge wäre, dass das Entgelt für den ausscheidenden Gesellschafter keinen Veräußerungspreis darstellen würde, sondern Einkünfte aus **Kapitalvermögen,** soweit für die Abfindungszahlung nicht die nach § 27 festgestellten Einlagen verwendet werden (vgl *Weber-Grellet* in Schmidt, EStG, § 17 Rz 101; offengelassen BFH BStBl II 08, 927 = GmbHR 08, 1232). Letzteres richtet sich nach der Verwendungsreihenfolge in § 27 I 3. Nach **hM,** insbesondere auch nach **Ansicht des BMF,** soll die Abfindungszahlung bei Einziehung **einheitlich** nach § 17 I EStG erfasst werden. Nach dem BMF-Erlass vom 27.11.13 zur steuerlichen Behandlung des Erwerbs eigener Anteile soll die Abfindungszahlung iRe Anteilseinziehung einheitlich nach § 17 I EStG zu erfassen sein. Beim Anteilseigner stelle die Einziehung ein Veräußerungsgeschäft dar, das nach allgemeinen Grundsätzen der Besteuerung unterliege (BMF BStBl I 13, 1615 = GmbHR 14, 108 Tz 20 bis 22; anders noch BMF BStBl I 98, 1509, Tz 21; FG RhPf GmbHR 16, 718 = EFG 16, 288). Die gesamte Abfindung soll nach dieser Auffassung **ohne Differenzierung den Einkünften nach § 17 I EStG** zugewiesen werden. Sofern es sich um eine Beteiligung iSd § 17 I EStG handelt, unterliegt damit die Abfindung eines Gesellschafters, der seine Beteiligung im Privatvermögen hält, einheitlich dem Teileinkünfteverfahren und damit zu 60% dem persönlichen Einkommensteuersatz. 40% des Abfindungsgewinns sind steuerfrei. Für die steuerliche Behandlung der Abfindungszahlung als Einkunft iSv § 17 I EStG kommt es nicht darauf an, ob die Abfindungszahlung unter Verstoß gegen §§ 34, 30 Abs 1 GmbHG erfolgt und die Einziehung insoweit zivilrechtlich als unwirksam betrachtet werden muss, wenn die Parteien die **Abfindungszahlung vollziehen** und einvernehmlich davon ausgehen, dass der Anteil wirksam eingezogen wurde (vgl FG RhPf GmbHR 16, 718 = EFG 16, 288). Insofern greift steuerlich die **wirtschaftliche Betrachtungsweise,** bei der der tatsächliche Vollzug im Vordergrund steht. Übersteigen die ursprünglichen AK nachträgliche AK sowie Erwerbsnebenkosten und auch die mit der Einziehung für den Gesellschafter verbundenen Kosten die Abfindungszahlung, entsteht ein **Verlust iSv § 17 II EStG** (BFH BStBl II 08, 927). Der Verlust ist nach § 3c II EStG nur im Umfang von 60% (Teilabzugsverfahren) mit anderen Einkünften ausgleich- bzw verrechenbar (vgl FG RhPf GmbHR 16, 718 = EFG 16, 288). Diese Grundsätze gelten auch für die Abfindung des **„lästigen" Gesellschafters,** sofern nicht ausnahmsweise der eigentliche Lästigkeitswert, für den die Abfindung gezahlt wird, in der Geschäftsführerstellung des ausscheidenden Gesellschafters liegt; in letzterem Fall wären wohl Einkünfte gem § 19 EStG gegeben; ggf ist zwischen Einkünften nach § 17 EStG und § 19 EStG aufzuteilen.

4 **Beispiel:** An der X-GmbH sind A und B zu jeweils 50% beteiligt. Der Geschäftsanteil des A (€ 12500 Nennbetrag) wird aus wichtigem Grund eingezogen. Im Zeitpunkt des Wirksamwerdens des Einziehungsbeschlusses sieht die Bilanz der X-GmbH wie folgt aus:

| | |
|---|---|
| **Aktiva:** Immobilie | € 100000 |
| Bank | € 200000 |
| **Passiva:** Stammkapital | € 25000 |
| Kapitalrücklage iSd § 272 II Nr 4 HGB | € 150000 |
| Gewinnvortrag iSd § 272 III S 1 HGB | € 25000 |
| Sonstige Verbindlichkeiten | € 100000 |

Nach der Satzung ist eine Verkehrswertabfindung vorgesehen. Stille Reserven (Grundstück/Firmenwert) sind im Unternehmen iHv € 200000 vorhanden. Die Abfindung des A berechnet sich wie folgt:

| | |
|---|---|
| 50% Stammkapital | € 12000 |
| 50% Kapitalrücklage | € 75000 |
| 50% Gewinnvortrag | € 12500 |
| **Zwischensumme Buchkapital** | **€ 100 000** |
| 50% stille Reserven | € 100000 |
| **Abfindungsanspruch** | **€ 200 000** |

Ausgehend von der hM handelt es sich um eine Veräußerung iSd § 17 I EStG, die auf Ebene der GmbH erfolgsneutral sein soll. Für die Zahlung müssen der Gewinnvortrag und die Kapitalrücklage voll verwendet werden. Nach dieser Ansicht dürfte bei Verwendung der Gewinnrücklage von der GmbH **keine Kapitalertragsteuer** einzubehalten und abzuführen sein, weil es sich bei den Rückzahlungen nicht um Gewinnausschüttungen iSd § 20 I Nr 1 EStG handelt. A hat danach € 112500 nach dem Teileinkünfteverfahren (60% steuerpflichtig; 40% steuerfrei nach §§ 17 IV, III Nr 40d EStG) zu versteuern.

Nach der Auffassung, die von einer **Teilliquidation** ausgeht, dürfte es sich bei der Abfindungszahlung um eine Ausschüttung handeln. Soweit die Zahlung sich aus dem Einlagekonto speist (§ 27 I 3), ist sie nicht Teil der steuerpflichtigen Dividende (§ 20 I Nr 1 S 3 EStG). Soweit dieser Teil, also die Auszahlung aus dem Einlagekonto, die AK des A übersteigt, ist ein Veräußerungsgewinn wiederum nach § 17 IV EStG gegeben, der dem Teileinkünfteverfahren unterliegt. Ergebnis der mM: € 50000 Dividende nach § 20 I Nr 1, § 32d EStG. € 87500 nach dem Teileinkünfteverfahren iHv 60% steuerpflichtig nach §§ 17 IV, § 3 Nr 40d EStG (€ 175000 ./. € 12500 ./. € 75000). Dabei wird unterstellt, dass A AK von € 87500 hat (50% Stammkapital, 50% Kapitalrücklage) und die Kapitalrücklage im Einlagekonto nach § 27 festgestellt ist. Auf die (Teil-)Dividende wäre nach der hM KapESt einzubehalten.

**Steuerliche Rückwirkung:** Das rechtskräftige Einziehungs- und Abfindungs- 5
urteil hat ggf steuerliche Rückwirkung iSd § 175 I S 1 AO. IRd Veräußerungstatbestände des § 17 EStG greift nicht das Realisations- oder Zu- und Abflussprinzip, sondern das **Stichtagsprinzip** (BFH BStBl II 93, 897; BStBl II 94, 564; BStBl II 97, 509; BStBl II 01, 641; BFHE 154, 85). Stichtag ist der Zeitpunkt, zu dem die Veräußerung der Kapitalbeteiligung erfolgt (BFH BStBl II 98, 569 = FR 98, 738). Der Tatbestand der Anteilsveräußerung wird mit der Übertragung des wirtschaftlichen Eigentums auf den Erwerber verwirklicht. In diesem Zeitpunkt entsteht der Veräußerungsgewinn, und zwar unabhängig davon, ob der vereinbarte Kaufpreis sofort fällig, in Raten zahlbar oder langfristig gestundet ist und wann der Verkaufserlös dem Veräußerer tatsächlich zufließt (BFH BStBl II 93, 897 mwN). Diese Grundsätze gelten auch im Fall der Einziehung oder Zwangsabtretung. Entscheidend für den Besteuerungszeitpunkt ist der Zeitpunkt des zivilrechtlichen Verlusts der Beteiligung. Auf diesen Stichtag ist der Gewinn oder Verlust zu berechnen. Nachträgliche Änderungen oder Korrekturen wirken auf diesen Zeitpunkt zurück. Nicht entscheidend ist der Zeitpunkt der Rechtskraft etwaiger Urteile betreffend die Höhe der Abfindung. Ebenso wenig kommt es auf den Zeitpunkt der tatsächlichen Erfüllung an. Ist nichts Abweichendes in der Satzung geregelt, kommt es bei der Einziehung auf die Mitteilung des Beschlusses über die Einziehung an, bei der Abtretung auf den Abtretungszeitpunkt (FG Mchn EFG 16, 715).

**Beispiel:** Die Beschlussfassung über die Einziehung der Anteile des A erfolgt im Jahr 14. 6
Die Einziehung wird durch rechtskräftiges Urteil in 15 bestätigt. Im Jahr 16 vergleichen sich die Parteien im gerichtlichen Verfahren über die Abfindung iHv € 200000.

**Folge:** A ist bereits im Jahr 14 aus der Gesellschaft ausgeschieden und hat im Jahr 14 die Abfindung der Besteuerung nach § 17 EStG zu unterwerfen. Der gerichtlich geschlossene Vergleich über die Höhe der Abfindung ist ein rückwirkendes Ereignis; der Einkommensteuerbescheid des A für das Jahr 14 kann ggf nach § 175 I Nr 2 AO geändert werden.

7 Sofern die Satzung die Zahlung der Abfindung über mehrere Jahre vorsieht (häufig über fünf oder zehn Jahre), befindet sich der ausscheidende Gesellschafter ggf in der **Liquiditätsfalle,** muss er doch bereits die vollständige Abfindung, ggf leicht abgezinst, im Jahr des Ausscheidens versteuern, obgleich ein Zufluss erst sukzessive über mehrere Jahre stattfindet. Auch bei vereinbarter Stundung des „Kaufpreises" entsteht der Veräußerungsgewinn iSv § 17 EStG grundsätzlich im Zeitpunkt der Veräußerung, eine wahlweise **Zuflussbesteuerung** des Veräußerungsgewinns kommt nach Ansicht des BFH nur in Betracht, wenn die wiederkehrenden Zahlungen Versorgungscharakter haben (BFH BStBl II 10, 969 = GmbHR 10, 1160; großzügiger beim Wahlrecht für Ratenzahlung des Kaufpreises wohl FG Mchn EFG 09, 1030). Wird die Abfindung in Raten gezahlt und werden die **Raten nicht verzinst**, ist das Veräußerungsentgelt iSd § 17 EStG durch Abzug der AK von dem nach den Vorschriften des BewG errechneten Barwert der Abfindung zu ermitteln (vgl R 17 VII EStR 12 iVm R 16 XI EStR 12). Der **Zinsanteil** der einzelnen Ratenzahlungen ist sodann nach Ansicht des BMF im Zeitpunkt des tatsächlichen Zuflusses der einzelnen Rate nach § 20 I Nr 7 EStG als **Einnahme aus Kapitalvermögen** zu versteuern. Dies kommt nur in Betracht, wenn langfristige wiederkehrende Bezüge vereinbart werden, die mit einem Wagnis behaftet (Leben des Ausscheidenden) oder hauptsächlich im Interesse des Ausscheidenden sind, um dessen Versorgung zu sichern (R 17 VII 2 EStR 12 iVm R 16 XI EStR 12).

8 **Verzinsung des Abfindungsguthabens:** Für den Regelfall sehen die Abfindungsregeln für den Zahlungszeitraum eine **Verzinsung** vor. Auf Ebene des Gesellschafters geht das BMF davon aus, dass der **Zinsanteil** als Einkünfte aus Kapitalvermögen gem § 20 I Nr 7 EStG zu erfassen ist (R 17 VII S 2 EStR 12 iVm R 16 XI EStR 12). Die Grundsätze dürften auch auf die **ratierliche Zahlung des Abfindungsguthabens** übertragbar sein. Danach sind die Zinserträge und der Ertragsanteil eines ratierlich ausgezahlten Abfindungsguthabens gem § 20 I Nr 7 EStG als Einkünfte aus Kapitalvermögen zu erfassen. Die Besteuerung der Zinsen erfolgt dann gem § 11 I EStG im Zeitpunkt des Zuflusses. Wie diese Zinszahlungen auf **Ebene der Kapitalgesellschaft** zu erfassen sind, ist – soweit ersichtlich – bislang in Literatur und Rechtsprechung nicht erörtert. UE kann argumentiert werden, dass der Zinsaufwand bzw Ertragsanteil nach den gleichen Grundsätzen wie eine verzinsliche Fremdverbindlichkeit zu erfassen sind. Hierfür spricht, dass die GmbH von der verstetigten Auszahlung des Abfindungsguthabens unmittelbar betrieblich profitiert. Folge ist, dass der Zins- bzw. Ertragsanteil auf Ebene der Kapitalgesellschaft als Betriebsausgaben abzugsfähig ist.

9 **3. Abfindung bei Beendigung des Geschäftsführeranstellungsverhältnisses:** Die Abfindungszahlung an einen ausscheidenden Geschäftsführer wegen vorzeitiger Beendigung seines Anstellungsvertrags ist steuerpflichtiger **Arbeitslohn** iSd § 19 I EStG. Sofern diese Abfindung als Surrogat für die durch die Kündigung weggefallene oder zukünftig wegfallende Einkunftsquelle gezahlt wird, kommt eine **Steuervergünstigung nach § 24 Ia EStG iVm § 34 Abs 2 EStG** in Betracht: Liegen die Voraussetzungen vor, wird nach der sog Fünftel-Regelung der persönliche Einkommensteuersatz auf die Abfindung so bemessen, als wäre die Abfindung gleichmäßig über einen Zeitraum von fünf Jahren zugeflossen. Zahlungen, die nicht an die Stelle weggefallener oder wegfallender Einnahmen treten, sondern noch in Erfüllung des Arbeitsvertrags geleistet werden – zB Zahlungen bereits verdienter Gehalts- oder Tantiemeansprüche –, sind allerdings keine steuerbegünstigten Entschädigungen (BFH/NV 08, 361). Wird eine einheitliche Abfindung gezahlt, ist ggf betragsmäßig zwischen steuerlich begünstigter Entschädigungszahlung und nicht begünstigter Zahlung „bereits verdienter" Gehaltsforderungen aufzuteilen (vgl hierzu auch BFH/NV 03, 745). Für die betroffene Gesellschaft sind die Abfindungszahlungen laufende **Betriebsausgaben.**

**4. Steuerliche Abzugsfähigkeit der Rechtsverfolgungskosten des Gesellschafterstreits:**

**Beispiel:** An der X-GmbH sind A und B hälftig beteiligt. A wird aus der X-GmbH aus wichtigem Grund ausgeschlossen und zugleich als Geschäftsführer abberufen und sein Anstellungsvertrag gekündigt. Die Anteile werden eingezogen unter Aufstockung der Anteile des verbleibenden Gesellschafters B.

Mit der Vorbereitung und Durchführung der Gesellschafterversammlung sowie mit der Prozessvertretung im nachfolgenden Anfechtungsprozess sowie Kündigungsschutzprozess waren: 10
– Rechtsanwalt „RA" für Herrn A;
– Rechtsanwalt „RB" für Herrn B;
– Rechtsanwalt „RX" für die GmbH tätig.

Sowohl die **Abgrenzung von allgemeinen Beratungskosten** und Veräußerungskosten als auch die Abgrenzung von allgemeinen Beratungskosten und AK bereiten in der Praxis Schwierigkeiten (vgl *Binnewies* GmbHR 13, 437 f). 11

**Rechtsverfolgungskosten für RA:** Allgemeine Beratungskosten stellen grundsätzlich **abzugsfähige Betriebsausgaben** dar. Rechtsverteidigungskosten im Zusammenhang mit der Abberufung und Kündigung als **Geschäftsführer** können vom A als **Werbungskosten** bei den Einkünften aus nichtselbständiger Tätigkeit geltend gemacht werden. Die Rechtsverteidigungskosten im Hinblick auf die **Anfechtung** des Einziehungsbeschlusses dürften **AK** auf die Beteiligung iSd § 17 EStG sein: Hat die Anfechtungsklage Erfolg, ist daher ein Betriebsausgaben- oder Werbungskostenabzug, insbesondere bei den Einkünften aus Kapitalvermögen, nicht möglich, es erhöhen sich die Anschaffungskosten der Beteiligung. Hat die Anfechtungsklage keinen Erfolg und wird die Rechtmäßigkeit der Einziehung bestätigt, mindern die Rechtsverteidigungskosten des A als **nachträg-liche Anschaffungs- oder als Veräußerungskosten** den Veräußerungsgewinn, der ggf iRe Abfindungszahlung nach § 17 EStG entsteht (Veräußerungskosten liegen dabei nur vor, wenn die Aufwendungen in unmittelbarer sachlicher Beziehung zur Veräußerung stehen (vgl *Weber-Grellet* in Schmidt EStG, § 17 Rz 150 f)). 12

**Rechtsverfolgungskosten für RB:** Sofern B seinen Anwalt an der Gesellschafterversammlung teilnehmen lässt und diesen mit der Nebenintervention im Geschäftsführerverfahren und gerichtlichen Einziehungsverfahren auftreten lässt, handelt es sich **ausschließlich** um **nachträgliche AK** auf die Beteiligung des B. Für B lockt die Versuchung, die Anwaltskosten als Betriebsausgaben über die X-GmbH als „allgemeine Beratungsleistung" und damit sofort abzugsfähige Betriebsausgaben zu erfassen. Hiervon ist dringend abzuraten. Nach der Erfahrung der Autoren werden derlei Handhabungen zunehmend nicht nur steuerlich, sondern zugleich **steuerstrafrechtlich** aufgegriffen. Der Zugriff der Behörden wird häufig dadurch erleichtert, dass (E-Mail-)Korrespondenz zwischen Berater und Unternehmen vorgefunden wird, in der der tatsächlich Beratene um Berichtigung der Rechnung zu den Transaktionskosten und stattdessen um Erteilung einer Rechnung über allgemeine Beratungsleistungen bittet. Sofern die X-GmbH den Anwalt RB unmittelbar beauftragt, besteht schon das berufsrechtliche Problem des Interessenkonflikts. Zudem dürfte die Übernahme der Rechtsverfolgungskosten des B durch die X-GmbH regelmäßig eine **vGA** darstellen, da die Übernahme ihren Rechtsgrund im Gesellschaftsverhältnis haben wird. Schließlich dürfte auch der **Vorsteuerabzug** zu versagen sein, da die Rechtsberatungsleistung ja gerade nicht gegenüber der Gesellschaft, sondern gegenüber dem Gesellschafter erbracht worden ist und damit ein wesentliches Tatbestandsmerkmal des § 15 I UStG nicht erfüllt ist. 13

**Rechtsverfolgungskosten für RX:** Sofern auch die X-GmbH einen Anwalt mit der außergerichtlichen und gerichtlichen Tätigkeit im Zusammenhang mit der Abberufung bzw. der Einziehung beauftragt, handelt es sich um **sofort abzugsfähige Betriebsausgaben.** 14

## Erfolgsabhängige Bezüge

§ 8 Anh Rz 275 „Dienstverhältnis" (zur Tantieme), Rz 1129 „Stille Gesellschaft".

## EU-Kapitalgesellschaft

S „Ausländische EU-Kapitalgesellschaften", „Europäische Aktiengesellschaft", „Europäische Genossenschaft".

## Europäische Aktiengesellschaft

S „Europäische Genossenschaft".

**Schrifttum:** *Hirte* DStR 05, 653; *Seibt/Saame* AnwBl 05, 225; *Brandt* BB-Special 3/05, 1; *Luke* NWB 04, F 18, 4047; *Waclawik* DB 04, 1191; *Ihrig/Wagner* BB 04, 1749; *Engert* DStR 04, 664; *Blumers/Kinzl* AG 05/196; *Jamat/Frodermann* Handbuch der Europäischen Aktiengesellschaft, 2005; *Funke,* Die Besteuerung der Societas Europaea, NWB F 4, 5407 (11/08); *Binnewies,* Grundzüge der Besteuerung der Europäischen Gesellschaft und ihrer Gesellschafter, KSZ W 01 2010, 20; *Schwarz,* SE-VO, 2006; *Lutter/Hommelhalff/Teichmann,* SE-Kommentar, 2. Aufl 15; *Manz/Mayer/Schröder,* SE, 2. Aufl 10.

1 **1.** Am 8.10.04 ist die **VO** über das **Statut** der **europäischen Gesellschaft (SEE = societas europaea)** in Kraft getreten (Verordnung (EG) Nr 2157/2001 vom 8.10.01, ABlEG Nr L 294 v 10.11.01). Zeitgleich endete die Umsetzungsfrist für die sie begleitende Mitbestimmungsrichtlinie (SE-RL, Richtlinie 2001/86/EG v 8.10.01, ABlEG Nr L 294 v 10.11.01). Die Umsetzung in Deutschland erfolgte über das **SE-Ausführungsgesetz** (SEAG) und das Gesetz über die Beteiligung der Arbeitnehmer in einer europäischen Gesellschaft (SEBG), die zum 29.12.04 in Kraft traten durch das Gesetz zur Einführung der europäischen Gesellschaft (SEEG), das als Mantelgesetz konzipiert ist (BGBl I 04, 3675). Die SE bildet die zweite europäische Gesellschaftsform neben der zum 1.7.89 eingeführten europäischen wirtschaftlichen Interessenvereinigung (EWIV).

2 **2.** Rechtsgrundlage Art 9 SE-VO enthält folgende **Normenhierarchie:**

**Erste Ebene**
Zunächst sind die Regelungen der SE-VO anzuwenden.

**Zweite Ebene**
Soweit die SE-VO eine Abweichung ausdrücklich zulässt, gelten die Bestimmungen der Satzung der SE.

**Dritte Ebene**
Fragen, die von der SE-VO nicht oder nur teilweise geregelt sind, sind durch das nationale, speziell für die SE erlassene Recht des Sitzstaats zu klären. Im Fall einer SE mit Sitz in Deutschland ist also auf das SEAG zurückzugreifen.

**Vierte Ebene**
Enthalten auch die nationalen Ausführungsbestimmungen keine Regelung, gilt subsidiär das nationale Aktienrecht, in Deutschland also das Recht des AktG.

**Fünfte Ebene**
Ist auch dem nationalen Aktienrecht keine Regelung zu entnehmen, kann auf die Satzung zurückgegriffen werden, sofern das nationale Aktienrecht Satzungsregelungen zulässt.

Neben dieser Verweisungskette enthält die SE-VO **Spezialverweisungen** auf das nationale Aktienrecht des Sitzstaats, insbesondere auf dessen Regelung über die Erhaltung und Änderung des Grundkapitals (Art 5 SE-VO), Gründung und Registerverfahren (Art 12, 13, 15 SE-VO), Organisation und Ablauf der Hauptversammlung (Art 53 SE-VO). Im Ergebnis überlagern sich das europäische Recht und das nationale Recht in vielfältiger Weise und es gibt nicht eine einheitliche SE, sondern so viele SE wie Mitgliedstaaten. 3

**3. Organisationsverfassung:** Das **Grundkapital** einer SE muss gem Art 4 II SE-VO mindestens € 120 000,– betragen. Das Grundkapital ist in Aktien zerlegt. Die SE mit Sitz in Deutschland besitzt stets eine Hauptversammlung. Die Hauptversammlung richtet sich entsprechend der Konzeption der SE nach deutschem Recht. § 50 SEAG regelt die Minderheitenrechte bei der Einberufung entsprechend § 122 AktG. Ein Wesensmerkmal der SE ist die Möglichkeit der **Wahl** bei der Gestaltung der Binnenverfassung im Hinblick auf Geschäftsführung und Überwachung. Art 38b SE-VO ermöglicht die Wahl zwischen einem dualistischen und einem monistischen System. Das **dualistische System** ist in Art 39 ff SE-VO geregelt und entspricht im Wesentlichen dem deutschen gesellschaftsrechtlichen System mit seiner **Unterteilung** in **Aufsichtsrat** und **Vorstand.** Für die SE werden die Begriffe Aufsichts- und Leitungsorgan verwendet. Für das **monistische System** (in Art 43 ff SE-VO) ist charakteristisch, dass die Verwaltung der Gesellschaft nur **einem Organ** obliegt. Dessen Mitglieder werden gemäß § 43 III SE-VO von der Hauptversammlung gewählt. Die Mitglieder des Verwaltungsorgans können in *geschäftsführende* und **weitere Direktoren** aufgeteilt werden. Um die sehr weitreichende Kompetenz der geschäftsführenden Direktoren zu begrenzen und so einen angemessenen Ausgleich zu den übrigen Mitgliedern des Verwaltungsorgans zu schaffen, muss die Satzung ausdrücklich die Geschäfte bestimmen, für deren Tätigkeit ein Beschluss des Verwaltungsorgans erforderlich ist (Art 48 I SE-VO). Der Verwaltungsrat ist zugleich **Leitungs-** und **Kontrollorgan** der SE. Die Vorteile des monistischen Systems werden neben seiner Vertrautheit für ausländische Beteiligte in der Einbindung der nicht geschäftsführenden Mitglieder in die Unternehmensführung und strategische Planung sowie in einer größeren Sitzungsfrequenz des alleinigen Verwaltungsorgans und einer entsprechend besseren Informationsmöglichkeit für die Überwachung gesehen. Das SEBG regelt für die Beteiligung der **Arbeitnehmer** als Oberbegriff die **Unterrichtung** und **Anhörung** auf Betriebsebene über den SE-Betriebsrat und die **Unternehmensmitbestimmung** durch Arbeitnehmervertreter im Aufsichts- oder Verwaltungsorgan (§ 2 IX–XII SEBG). In Bezug auf beide Aspekte wird der Möglichkeit einer **freiwilligen Verhandlungslösung** mit den Arbeitnehmern der Vorrang vor einer gesetzlichen Regelung eingeräumt (ausführlich *Müller-Bonanni/Melot de Beauregard* GmbHR 05, 198). 4

**4. Gründung der SE:** Für die Entstehung einer SE stehen nach Art 2 SE-VO **vier verschiedene Wege** zur Verfügung. Für alle gilt, dass die Gründung nur durch juristische Personen, die ihren satzungsmäßigen Sitz und ihre Hauptverwaltung in der EU haben, möglich ist und dementsprechend eine SE von natürlichen Personen nicht gegründet werden kann. Darüber hinaus muss jede SE einen Aspekt der Mehrstaatlichkeit aufweisen. Für eine rein nationale Gesellschaft ist damit die Gründung einer SE ebenfalls nicht möglich (vgl *Vossius* ZIP 05, 747). Folgende Wege können beschritten werden: Gründung durch **Verschmelzung** (Art 2 I, 17 ff SE-VO), Gründung einer **Holding-SE** (Art 2 II, 32 ff SE-VO), **Umwandlung** in eine SE (Art 2 IV, 37 ff SE-VO), Gründung einer **Tochter-SE** (Art 2 III, 35 f SE-VO). 5

**5. Steuerrecht:** Sowohl die SE-VO als auch das SEAG enthalten keine steuerrechtlichen Regelungen. Mangels bestehender Sonderregelungen ist die SE steuerlich wie eine Aktiengesellschaft zu behandeln (vgl *Blumers/Kinzl* AG 05, 196; *Ken-* 6 *ter/Brendt* IWB 04, Nr 7 Gr 2, 621). Demnach ist die SE als unbeschränkt steuerpflichtiges Körperschaftsteuersubjekt analog **§ 1 I Nr 1** anzusehen, wenn sie den Sitz oder Ort der Geschäftsleitung im Inland hat. Bei **Sitzverlegung** einer SE gelten die allg Entstrickungsregeln (§ 12 I und § 4 I 3 EStG), mit gewissen Privilegien für die SE und ihre Gesellschafter (vgl § 4 I 4, § 17 V 2 EStG, § 12 I). An **Umwandlungsvorgängen** nimmt die SE nach nationalem Recht (UmwG, UmwStG) teil. Die Rechnungslegung der SE folgt in Deutschland den für Aktiengesellschaften geltenden Vorschriften.

## Europäische Genossenschaft

S „Europäische Aktiengesellschaft".

1 **1.** Der Rat der **EU** hat auf der Grundlage von Art 308 EGV am 22.7.03 die Verordnung über das **Statut** der **Europäischen Genossenschaft** (societas cooperativa europaea – SCE –) verabschiedet; VO EG Nr 1435/03 vom 22.7.03, ABlEU Nr L 207 vom 18.8.03; ergänzt durch die Richtlinie 03/72 EG vom 22.7.03 hinsichtlich der Beteiligung der Arbeitnehmer, ABlEU Nr L 207 vom 18.8.03. Die VO ist am 21.8.03 in Kraft getreten und gilt ab dem 18.8.06 unmittelbar in allen Mitgliedstaaten. Bis zum 18.8.06 muss die Richtlinie in nationales Recht umgesetzt werden. Zwar gilt die Verordnung gemäß Art 249 II EGV unmittelbar in jedem Mitgliedstaat und bedarf daher keiner Umsetzung in das innerstaatliche Recht (Art 249 III EGV). Aufgrund der in der VO enthaltenen Verpflichtungs- und Ermächtigungsnormen für den nationalen Gesetzgeber ist allerdings ein Ausführungsgesetz unerlässlich. Dieses ist inzwischen geschehen (G zur Einführung der Europäischen Genossenschaft und zur Änderung des Genossenschaftsrechts v 14.8.06 (BGBl I 06, 1911).

2 **2.** Die Europäische Genossenschaft hat **Rechtspersönlichkeit.** Das Grundkapital besteht aus den auf die Landeswährung lautenden Geschäftsanteilen der Mitglieder. Hauptzweck der SCE ist es, den Bedarf der Mitglieder zu decken und deren wirtschaftliche Tätigkeit zu fördern. **Gründung:** Die SCE kann durch natürliche Personen oder juristische Personen gegründet werden. Außerdem ist die Verschmelzung und Umwandlung möglich. Rechtspersönlichkeit erwirbt die SCE mit der Eintragung. Wie bei der Europäischen Aktiengesellschaft (siehe zu diesem Stichwort) gibt es ein Wahlrecht zwischen dem **dualistischen** und **monistischen** System. Bei ersterem gibt es einen Aufsichtsrat und einen Vorstand, bei dem monistischen System nur ein Verwaltungsorgan. Organe müssen Genossen sein. Neben den Kontroll- und Leitungsorganen gibt es die Generalversammlung. **Steuerpflicht:** Hier gilt das Steuerrecht, das der inländischen Genossenschaft vergleichbar ist.

## Europäische Gesellschaft

S „Europäische Aktiengesellschaft", „Europäische Genossenschaft".

## Familiengesellschaft

S „Gewinnausschüttung".

## Flucht aus der GmbH

S „Unternehmensform".

## Fortführungsgesellschaft

S „Insolvenz", „Sanierung", „Verluste"

**Schrifttum:** *Pannen* Sanierungsberatung 2004; *Thierhoff,* Unternehmenssanierung, 2. Aufl 16; *Olbing,* Sanierung durch Steuergestaltung, 3. Aufl 03; *Kahlert/Rühland,* Sanierungs- und Insolvenzsteuerrecht, 2. Aufl 11.

**1. Zivilrecht:** Fortführungsgesellschaften sind Unternehmen, die insolvenzgefährdete Unternehmen sanierend fortführen. Dazu wird idR der Betrieb des insolvenzgefährdeten Unternehmens auf einen anderen Rechtsträger übertragen. Das insolvenzgefährdete Unternehmen wird idR reduziert fortgeführt oder abgewickelt. Andere Begriffe sind Sanierungs-. Betriebsübernahme- und Auffanggesellschaft. Abzugrenzen davon ist die Sanierung des insolvenzgefährdeten Unternehmens. Beides kann vor dem Insolvenzantrag, aber auch danach erfolgen. Die Vermögensübertragung in der Krise unterliegt den erhöhten Anfechtungsrisiko der §§ 129ff InsO. Ein rechtssicherer Erwerb ist nur vom Verwalter nach der Eröffnung des Insolvenzverfahrens möglich. 1

**2.** Das **steuerliche Instrumentarium** gehorcht den allgemeinen Regeln und steuerlichen Möglichkeiten. Die Vermögensübertragung führt idR zur Gewinnrealisierung (ausnahmsweise nur über das UmwStG). Es besteht ein erhöhtes vGA-Risiko. Die FinVerw hat über § 75 AO einen besonderen Haftungsbestand zur Hand. 2

## Freibetrag

Gestaltungen zur Ausnutzung des Freibetrages gemäß § 24 s dort.

## Geschäftsführergehalt

§ 8 Anh Rz 275ff „Dienstverhältnis“.

## Gesellschafterdarlehen

**1. Gesellschafterdarlehen im Konzern:** Für Teilwertabschreibungen gelten die in § 8b III 4ff KStG. Betroffen sind MutterGes, die zu mehr als 25% unmittelbar oder mittelbar am Grund- oder Stammkapital der Körperschaft, der das Darlehen gewährt wurde, beteiligt sind. Der **Anwendungsbereich** des § 8b III 4ff KStG gilt für unmittelbar oder mittelbar qualifiziert beteiligte Gesellschafter und nahestehende Personen iSv § 1 II AStG. **Inhaltlich** werden Gewinnminderungen im Zusammenhang mit einer Darlehensforderung aus der Inanspruchnahme von Sicherheiten oder aus dem Rückgriff Dritter und Gewinnminderungen im Zusammenhang mit einer Forderung aus Rechtshandlungen, die mit einer Darlehensgewährung wirtschaftlich vergleichbar sind, erfasst. Nach dem Gesetzeswortlaut reicht das Bestehen einer „wesentlichen Beteiligung“ zu irgendeinem **Zeitpunkt** aus. Sie muss im Zeitpunkt des Eintritts der Gewinnminderung nicht mehr vorliegen. Die Rechtsprechung stimmt dem zu (BFH BStBl II 14, 859). UE kann von einer gesellschaftsrechtlichen Veranlassung aber nur ausgegangen werden, wenn im Zeitpunkt der Darlehenshingabe oder im Zeitpunkt der Hingabe der Sicherheit das qualifizierte gesellschaftsrechtliche Verhältnis bestand. Wenn das Darlehen in die Voraussetzung des § 8b III 4 KStG hineinwächst, weil der Darlehensgeber zu einem späteren Zeitpunkt in die Beteiligungsgrenze von mehr als 25% hineinwächst, kann dem Wertminderungsverbot gem § 8b III 4 KStG allenfalls der zum Zeitpunkt des Hineinwachsens in die Wesentlichkeitsgrenze gegebene Teilwert unterliegen. Eine Wertminderung bis zu diesem Zeitpunkt würde ansonsten unter Verstoß gegen das Rückwirkungsverbot erfasst. **Laufende Aufwendungen** (zB Refinanzierungskosten) sind vom Abzugsverbot nicht betroffen. § 8b III 6 KStG sieht eine **Escape-Klausel** vor. Der qualifizierte Gesellschafter kann sich durch die Möglichkeit eines Drittvergleichs vom Betriebsausgabenabzugsverbot entlasten. Der Drittvergleich ist auf den Zeitpunkt der Darlehensgewährung bzw der Nichtausübung eines Kündigungsrechts anzustellen. Der Drittvergleich ist lediglich insoweit zu führen, als nachgewiesen werden muss, dass ein fremder Dritter ebenfalls ein Darlehen zur Verfügung gestellt hätte, ohne dass sich die Gesellschaft Wucherzinsen hätte unterwerfen müssen. Damit ist der Drittvergleich insbes erbracht, wenn der Gesellschaft zum Zeitpunkt der Gewährung eines Gesellschafterdarlehens 1 von einem fremden Dritten ein Kreditrahmen eingeräumt und dieser nicht ausgeschöpft wird. Hält sich das Gesellschafterdarlehen iRd nicht ausgeschöpften Kreditrahmens, kann es auf weitere Umstände nicht ankommen (vgl *Watermeyer* GmbH-StB 08, 81, 84).

2 **2. Gesellschafterdarlehen im Privatvermögen:** Auch die steuerrechtliche Behandlung von **Gesellschafterdarlehen im Privatvermögen** eines Gesellschafters ist nicht unproblematisch. Dies gilt insbes für Gesellschafterdarlehen, die unter ihrem Nennwert erworben wurden.

3 Gem **§ 20 II 1 Nr 7 EStG** werden Gewinne aus der Veräußerung sonstiger Kapitalforderungen jeder Art als Kapitalerträge iSv § 20 I Nr 7 EStG erfasst. Gem § 20 II 2 EStG gilt als Veräußerung iSv § 20 I Nr 7 EStG auch die Rückzahlung einer Forderung. Gem § 20 IV EStG errechnet sich der tilgungsbedingte Veräußerungsgewinn aus der Differenz zwischen der Tilgungssumme und den Anschaffungskosten für die Forderung.

4 Gem § 32d I 1 EStG unterliegen die Einkünfte aus Kapitalvermögen ab dem 1.1.09 der **Abgeltungsteuer** von 25% zzgl SolZ und ggf KiSt. Die Abgeltungsteuer gilt gem § 32d II EStG **nicht,** wenn der Erwerber der Darlehensforderung und die KapGes nahestehende Personen sind, die Kapitalerträge von der KapGes an einen zumindest 10% beteiligten Gesellschafter oder an eine diesem nahestehende Person gezahlt werden, die Kapitalerträge von einem Dritten geschuldet werden, der seinerseits dem Betrieb der Kapitalgesellschaft Kapital überlassen hat (Back-to-back-Finanzierung). **Umstritten** ist die Frage, inwieweit die Rückführung von vor dem 31.12.08 – also unter der Geltung des alten Rechts – erworbenen Darlehen nach dem 1.1.09 unter das neue Recht fällt. § 52a X 6 bis 10 EStG enthält diesbezüglich eine nicht abschließend klare Übergangsregelung. Infolgedessen ist umstritten, ob unter altem Recht erworbene, aber nach dem 1.1.09 zurückgeführte Darlehensforderungen zu Einkünften aus Kapitalvermögen führen können (ausf *Neumann* GmbHR 08, 473; *Schwetlik* GmbHR 08, 358 und 587).

5 **3. Verlust von Gesellschafterdarlehen im Privatvermögen:** In der Vergangenheit hatte der Verlust von Gesellschafterdarlehen im Privatvermögen steuerrechtliche Auswirkungen iRd Veräußerung von Anteilen an KapGes sowie iRd Liquidation von KapGes. Rechtsprechung, Finanzverwaltung und Schrifttum legten den Begriff der **Anschaffungskosten** iRd § 17 Abs 2 EStG weit aus, indem hierunter auch nachträgliche Anschaffungskosten subsumiert wurden. Nach stRspr des BFH zählten hierzu auch nachträgliche Aufwendungen auf die Beteiligung, wenn sie durch das Gesellschaftsverhältnis veranlasst sind und weder Werbungskosten bei den Einkünften aus KapVermögen noch Veräußerungskosten sind (vgl nur BFH GmbHR 09, 43). Mit dem BMF-Schr v 21.10.10 DStR 10, 2191) nimmt die Finanzverwaltung zu den **steuerlichen Auswirkungen des zivilrechtlichen Wegfalls der kapitalersetzenden Darlehen** durch das MoMiG vom 1.11.08 (BGBl I 08, 2026) Stellung (vgl dazu bereits *Schwedhelm/Olbing/Binnewies* GmbHR 09, 1233, 1237 ff). Die Finanzverwaltung **führte die bisherigen Grundsätze zum Eigenkapitalersatzrecht fort.** Unbeschadet der Aufgabe des Eigenkapitalersatzrechts durch das MoMiG orientiert sich die Auslegung einer **gesellschaftsrechtlichen Veranlassung** an der im BMF-Schr v 8.6.99 (BStBl I 99, 545) herangezogenen Figur des ordentlichen gewissenhaften Geschäftsführers, so dass bei gesellschaftsrechtlicher Veranlassung auch nachträgliche Anschaffungskosten bei uneinbringlichen Rückzahlungsansprüchen des Gesellschafters anzunehmen sind. Maßgeblich wurde weiterhin auf den **Kriseneintritt** abgestellt. Danach ist ein Darlehen durch das Gesellschaftsverhältnis veranlasst, wenn im Zeitpunkt seiner Gewährung oder Weitergewährung die Rückzahlung des Darlehens angesichts der finanziellen Situation der Gesellschaft in dem Maße gefährdet ist, dass ein ordentlicher Kaufmann das Risiko einer Kreditgewährung zu denselben Bedingungen wie der Gesellschafter nicht mehr eingegangen wäre. Die bisherige Rspr des BFH zu

nachträglichen Anschaffungskosten iRd § 17 II EStG sollte damit weiterhin grds anzuwenden sein. Der BFH (BFH/NV 17, 1501) hat in einem Grundsatzurteil ausgesprochen, dass grds keine AK gegeben sind, es sei denn, die Verbindlichkeit entfällt auch in der Bilanz der Gesellschaft. Diese neuen Grundsätze sollen für Darlehen ab 11.7.2017 anwendbar sein.

**4. Teilabzugsverfahren bei Teilwertabschreibung von Gesellschafterdarlehen:** In den zwei **Entscheidungen aus 2012** (BFH BFH/NV 12, 1358 = GmbHR 12, 867 m Anm *Binnewies*; BFH/NV 12, 1363 = GmbHR 12, 860) folgt der X. Senat des BFH der vom IX. Senat vorgegebenen Linie der Begrenzung des Anwendungsbereichs des Teilabzugsverfahrens. Unabhängig davon, ob **Gesellschafterdarlehen oder Bürgschaften gesellschaftsrechtlich veranlasst sind** (zB eigenkapitalersetzend), greift bei **Substanzverlusten von im Betriebsvermögen** gehaltenen Gesellschafterdarlehen oder Rückgriffsansprüchen aus im Betriebsvermögen gehaltenen Bürgschaften für die Gesellschaft das Teilabzugsverfahren nicht. Damit erteilt der BFH der im **BMF-Schreiben vom 8.11.10** (BMF BStBl I 10, 129) festgelegten Auffassung der Finanzverwaltung eine klare Absage. Danach soll § 3c II EStG auf Teilwertabschreibungen von Gesellschafterdarlehen angewendet werden, wenn das Darlehen oder die Bürgschaft gesellschaftsrechtlich veranlasst sei, zB aufgrund nicht fremdüblicher Konditionen oder vorliegendem Eigenkapitalersatz gewährt wurde. Die Auffassung des BFH ist zutreffend. Dies belegt eine einfache **Kontrollüberlegung**: A erwirbt die Anteile an der A-AG. Ferner erwirbt A vom Veräußerer das der AG unentgeltlich überlassene Betriebsgrundstück (Betriebsaufspaltung) sowie ein Gesellschafterdarlehen mit einem Nennwert von € 100 zum Preis von € 1. Später veräußert A die Darlehensforderung und/oder das Grundstück mit Gewinn. Nach geltendem Recht wäre dieser voll steuerpflichtig. Für die Überlegung, in diesen Fällen § 3 Nr 40 EStG analog anzuwenden, gibt das Gesetz keine Grundlage. Wenn aber der Gewinn aus der Veräußerung voll steuerpflichtig ist, kann der Verlust nicht dem Teilabzugsverfahren unterliegen. Das Darlehen/Grundstück bleibt stets ein von der Beteiligung zu unterscheidendes Wirtschaftsgut. Mit **Wirkung ab 1.1.15** hat der Gesetzgeber § 3c II EStG aufgrund der Rechtsprechung des BFH angepasst (ZollkAnpG BGBl I 14, 2417). Die Verwaltungsauffassung, die vom BFH nicht vollständig bestätigt wurde, wurde nunmehr im Wesentlichen ins Gesetz aufgenommen. Betriebsvermögensminderungen oder Betriebsausgaben im Zusammenhang mit einer **Darlehensforderung** oder aus der Inanspruchnahme von Sicherheiten, die für ein Darlehen hingegeben wurden, sind nach § 3c II S 2 EStG unter folgenden Voraussetzungen nur noch zu 60% steuerlich zu berücksichtigen: 6

- Der das Darlehen oder die Sicherheit gewährende Gesellschafter muss zu mehr als **25 %** unmittelbar oder mittelbar am Grund- und Stammkapital der Kapitalgesellschaft beteiligt sein.
- Dem Gesellschafter gelingt der **Nachweis** nicht, dass auch ein fremder Dritter das Darlehen bei sonst gleichen Umständen gewährt oder nicht zurückgefordert hätte. Zu berücksichtigen hierbei sind nur eigene Sicherungsmittel der Gesellschaft.

Kommt es später zu einer **Wertaufholung,** bleibt diese nach § 3c II 5 EStG insoweit außer Ansatz, als der vorausgegangene Ansatz des niedrigeren Teilwerts steuerlich keine Auswirkungen fand (§ 3c II 5, § 6 I Nr 2 S 3 EStG). Erfasst wird nicht nur eine etwaige **Teilwertabschreibung,** sondern auch ein **Verzicht.**

**Beispiel:** A ist alleiniger Gesellschaft der A-AG. Die Beteiligung wird im Betriebsvermögen gehalten, zB aufgrund einer Betriebsaufspaltung. A verzichtet auf die Darlehensforderung, die noch zur Hälfte werthaltig ist. IHd Hälfte des Nennbetrags der Darlehensforderung liegt eine Einlage vor. Diese ist als Zugang zum steuerlichen Einlagekonto nach § 27 zu erklären. Auf der Ebene des A kommt es insoweit zu nachträglichen AK auf die Beteiligung. Die zweite Hälfte führt aufgrund der Wertlosigkeit grundsätzlich zu Betriebsausgaben im Besitzunternehmen. Gelingt dem A der Nachweis der Angemessenheit der Darlehenskonditionen nicht, 7 sind lediglich 60% von 50% der Darlehensforderung als steuerlicher Aufwand im Besitzunternehmen zu berücksichtigen (vgl auch *Paintner*, DStR 15, 5 f; *Strahl*, KÖSDI 15, 19204 f).

## Gesellschafterdarlehen/Abzinsung

### 1. Darlehen mit Laufzeit über ein Jahr.

1 **Beispiel:** Gesellschafter G gewährt seiner GmbH ein unverzinsliches Gesellschafterdarlehen iHv 100 Punkten mit dreijähriger Laufzeit. Die Darlehensvaluta iHv 100 Punkten wird an die GmbH ausbezahlt. Bereits nach 1 ½ Jahren zahlt die GmbH den Darlehensbetrag von 100 Punkten an G zurück.

2 Nach Auffassung der **Finanzverwaltung** und der **Finanzrechtsprechung** unterliegt das zinslose Gesellschafterdarlehen mit einer Laufzeit von mindestens 12 Monaten dem Abzinsungsgebot. In Anwendung des § 6 I Nr 3 S 1 EStG ist das Gesellschafterdarlehen mit einem Zinssatz von 5,5%, der bei unbestimmter Laufzeit einem Abzinsungsfaktor von 0,503 entspricht, abzuzinsen. Dieser Abzinsungsfaktor ergibt sich bei einer Anwendung des § 13 II BewG. Mit Urteil v 5.1.11 (BFH/NV 11, 986) hat es der BFH ausdrücklich für statthaft erklärt, die mutmaßliche Restlaufzeit eines Darlehens analog § 13 II BewG zu schätzen. Der steuerbilanzielle Ausweis des Gesellschafterdarlehens von 100 Punkten kann daher nicht mit dem Nennwert, sondern nur mit einem abgezinsten Wert von 50,3 Punkten erfolgen. Durch die Verminderung dieses Passivpostens ergibt sich ein Betriebsvermögenszuwachs iHv 49,7 Punkten. Im Zeitpunkt der Rückzahlung entsteht entsprechender Aufwand, da in der logischen Sekunde vor der Rückzahlung eine korrespondierende Aufzinsung vorzunehmen ist. Durch die Anwendung von § 6 I Nr 3 EStG kommt es zu einem **Steuernachteil**, dem kein zu korrigierender Steuervorteil durch den Erhalt des zinslosen Gesellschafterdarlehens auf der Seite der GmbH gegenübersteht. Im Gegenteil: Der steuerliche Ertrag auf der Ebene der Gesellschaft erhöht sich bereits aufgrund des ersparten Zinsaufwands. Es wird zusätzlich ein Ertrag versteuert, der die tatsächliche steuerliche Leistungsfähigkeit der Gesellschaft nicht erhöht hat, da er Resultat einer gesetzlichen Fiktion ist. Damit ist uE das von Verfassungs wegen zu beachtende Prinzip der Besteuerung nach der Leistungsfähigkeit verletzt. UE sind der Wortlaut und in der Folge der Anwendungsbereich des § 6 I Nr 3 S 1 EStG teleologisch zu reduzieren und auf solche Verbindlichkeiten zu beschränken, die aufwandswirksam verbucht werden. Der **BFH** geht hingegen davon aus, es sei von dem Gestaltungsspielraum des Gesetzgebers gedeckt, eine Regelung zu schaffen, die im Falle der Gewährung eines Gesellschafterdarlehens zunächst zu einer – im weiteren Verlauf durch ratierliche Aufzinsungen wieder zu kompensierende – Erhöhung des Gewinns führt (vgl nur BFH BStBl II 10, 177).

### 2. Gesellschafterdarlehen ohne feste Laufzeit.

3 **Beispiel:** Gesellschafter G gewährt seiner GmbH ein unverzinsliches Gesellschafterdarlehen. Eine Laufzeit ist nicht vertraglich vereinbart. Tatsächlich wird das Darlehen über mehrere Jahre hinweg gewährt. Es kommt weder zu einer Rückforderung des Darlehens durch G noch zu einer Rückzahlung des Darlehens durch die GmbH.

4 Ein solches Darlehen ist nach der gesetzlichen Regelung des § 488 III BGB jederzeit mit einer Kündigungsfrist von 3 Monaten **künd- und rückforderbar**. Damit ist die – zudem zinslose – Gewährung eines solchen Darlehens von Rechts wegen lediglich für einen Zeitraum von 3 Monaten, nicht hingegen von mindestens 12 Monaten (vgl § 6 I Nr 3 S 2 EStG) gesichert. Aus **zivilrechtlicher Sicht** hat der Geschäftsführer der GmbH am Bilanzstichtag somit keine Gewissheit, dass das Darlehen nicht zurückgefordert und innerhalb von 3 Monaten fällig wird. Vor diesem Hintergrund sollte man davon ausgehen, dass ein solches Darlehen dem Abzinsungsgebot nicht unterfällt. Die **Finanzverwaltung** hat frühzeitig die Auffassung vertreten, dass es zur Bestimmung der Restlaufzeit eines (Gesellschafter-)

Darlehens nicht auf die rechtliche Möglichkeit zur jederzeitigen Kündigung, sondern auf eine Schätzung anhand der objektiven Umstände des Einzelfalls ankomme (BMF BStBl I 05, 699 Tz 6f). Der **BFH** hat diese Rechtsauffassung bestätigt (im Einzelnen BFH BStBl II 10, 177; ausdrücklich bestätigt durch BFH BStBl II 10, 478).

**3. Gesellschafterdarlehen mit einer Laufzeit von weniger als 12 Monaten.**

**Beispiel:** Gesellschafter G gibt seiner GmbH Darlehen, die eine vertraglich vereinbarte Laufzeit von 11 Monaten und 25 Tagen aufweisen. Die Darlehen werden pünktlich zurückgezahlt. Vertragliche Verlängerungen der Darlehenslaufzeiten werden nicht vorgenommen. In Ausnahmefällen werden diese von G über den Fälligkeitszeitpunkt hinaus für kurze Zeit stehen gelassen, um auf die Liquiditätssituation der Gesellschaft Rücksicht zu nehmen. 5

Nach dem **Wortlaut des § 6 I Nr 3 S 2 EStG** sollte man annehmen können, ein Gesellschafterdarlehen mit einer vertraglich vereinbarten Laufzeit von weniger als 12 Monaten am Bilanzstichtag unterfalle dem Abzinsungsgebot nicht. Dass es jedoch nicht alleine auf die vertragliche Laufzeit ankommen kann, ergibt sich aus dem ersten Beispiel. Das **FG Köln** hat sich in zwei Verfahren mit dieser Konstellation befasst. Zwar sind die Darlehen in den entschiedenen Sachverhalten wiederholt prolongiert worden. Gleichwohl können die Ausführungen des FG Köln uE auch zur Beurteilung von Gesellschafterdarlehen ohne Prolongation herangezogen werden: Das FG Köln geht in einem ersten Schritt davon aus, dass die Laufzeit einer Verbindlichkeit vorbehaltlich einer Anwendung der §§ 41, 42 AO grds nach Maßgabe der zivilrechtlich verbindlichen Verträge zu bestimmen sei. In einem zweiten Schritt weist das FG Köln jedoch darauf hin, dies gelte nur, sofern sich aufgrund anderer Umstände keine abweichende Bewertung der Verbindlichkeit ergebe. Dies sei dann der Fall, wenn zB aufgrund einer entsprechenden Ankündigung des Gläubigers davon auszugehen sei, dass die Laufzeit der Verbindlichkeit verlängert werden würde. Maßgebend für die Laufzeitbestimmung könne dabei nur die Erkenntnissituation im Zeitpunkt der Aufstellung der Bilanz sein (vgl FG Köln EFG 09, 969; 09, 973). 6

**4. Gesellschafterdarlehen mit einer Laufzeit von mehr als 12 Monaten, aber geringfügiger Verzinsung.**

**Beispiel:** Gesellschafter G gewährt seiner GmbH ein Gesellschafterdarlehen. Eine Laufzeit ist nicht vertraglich vereinbart. Die vertraglich vorgesehene Verzinsung liegt bei 1% pa. 7

Neben einer Laufzeit von weniger als 12 Monaten am Bilanzstichtag sieht § 6 I Nr 3 S 2 EStG eine Ausnahme von dem Abzinsungsgebot für den Fall vor, dass die Verbindlichkeit ihrerseits **verzinslich** ist. Die **Finanzverwaltung** geht davon aus, eine verzinsliche Verbindlichkeit liege bereits dann vor, wenn ein Zinssatz von mehr als 0% vereinbart sei (BMF BStBl I 99, 818 Tz 13). Das **FG Bln-Bdbg** geht davon aus, dass ein für die Besteuerung unbeachtliches Scheingeschäft vorliege, wenn eine Gesellschafterin mit ihrer Gesellschaft einen Darlehensvertrag schließt, in dem die Verzinslichkeit des Darlehens mit 2% pa in einer Situation beschlossen wird, in der die Gesellschafterin zum Erhalt der Gesellschaft gleichzeitig einen Rangrücktritt hinsichtlich ihrer Forderungen erklären muss und in der augenfällig ist, dass die Gesellschaft die Zinszahlungen nicht leisten können wird (vgl FG Bln-Bdbg EFG 09, 1125). Zwar hat der **BFH** diese Entscheidung wieder aufgehoben. Eine inhaltliche Festlegung, unter welchen Voraussetzungen die Vereinbarung einer Verzinsung unter dem Blickwinkel des § 6 I Nr 3 S 2 EStG anzuerkennen ist, hat der BFH jedoch vermieden (BFH BFH/NV 09, 1804). Auch in anderen Verfahren hat der BFH diese Frage offenlassen können (so zB in BFH BStBl II 10, 177). Das FG Münster geht in einem von ihm entschiedenen Fall davon aus, „eine nicht durchgeführte Vereinbarung“ über die Verzinsung eines Darlehens könne der Besteuerung nicht zugrunde gelegt werden (FG Münster EFG 10, 07). Liegt eine 8 anzuerkennende Vereinbarung über die Verzinslichkeit des Darlehens dem Grunde nach vor, ist eine **tatsächliche Auszahlung** der Zinsen nach Auffassung der Finanzverwaltung nicht erforderlich. Auch bei einer Stundung der Zinszahlungen soll weiterhin eine verzinsliche Verbindlichkeit anzunehmen sein (BMF BStBl I 05, 699 Tz 13; vgl auch BFH BFH/NV 09, 1804).

## Gesellschafterdarlehen/Aufzinsung

1 **1. Aufzinsung.** Es ist grds anerkannt, dass ein einmal abgezinstes Gesellschafterdarlehen in der Folge wieder – aufwandswirksam – aufzuzinsen ist (siehe zB *Buciek* DB 10, 1029, der davon ausgeht, diese Frage sei unstreitig). Der BFH geht ausdrücklich davon aus, es sei vom Gestaltungsspielraum des Gesetzgebers gedeckt, eine Regelung zu schaffen, die im Falle der Gewährung eines Gesellschafterdarlehens zunächst zu einer Erhöhung des Gewinns führe, die im weiteren Verlauf durch Aufzinsungen zu kompensieren sei (vgl nur BFH BStBl II 10, 177). Unklar ist allerdings, wann und in welchem Umfang eine solche Aufzinsung vorzunehmen ist. Die Literatur befasst sich mit dieser Thematik lediglich am Rande. Das FG Köln hält eine Aufzinsung für unzulässig (EFG 15, 668).

2 **2. Gesellschafterdarlehen mit fester Laufzeit.** Das unverzinsliche Gesellschafterdarlehen mit fester Laufzeit dürfte zwar in der Praxis die Ausnahme sein. Liegt ein solches Darlehen jedoch ausnahmsweise vor, sollte sich dessen Aufzinsung als unproblematisch darstellen. Weist das Gesellschafterdarlehen am ersten Bilanzstichtag nach seiner Gewährung eine Laufzeit von 5 Jahren auf, ist es zunächst auf Basis dieser Laufzeit erfolgswirksam abzuzinsen. An den folgenden Bilanzstichtagen ist es sodann unter Beachtung der jeweils abnehmenden Restlaufzeit (zunächst 4 Jahre etc) aufwandswirksam bis zu seinem Nennbetrag aufzuzinsen. Für die Ermittlung des jeweiligen Aufzinsungsbetrags können – ebenso wie für Zwecke der Abzinsung – die Regelungen des BewG analog herangezogen werden. Diese Aufzinsungsfolge gilt uE auch dann, wenn ein ursprünglich ohne feste Laufzeit vereinbartes Darlehen nachträglich im Wege der Vertragsänderung mit einer festen Laufzeit ausgestattet wird. Auch in diesem Fall weist das Darlehen – wenn auch erst in einem späteren Zeitpunkt – eine feste Laufzeit auf, so dass entsprechend aufzuzinsen ist.

3 **3. Gesellschafterdarlehen ohne feste Laufzeit.** Wann und in welchem Umfang ein Gesellschafterdarlehen ohne Laufzeit aufzuzinsen ist, ist offen. Aus systematischen Gründen spricht vieles dafür, „den Spieß umzudrehen“. Finanzverwaltung und Rspr zinsen Gesellschafterdarlehen bzw Verbindlichkeiten im Allgemeinen, die eine unbestimmte Laufzeit aufweisen, unter Hinweis auf § 13 II BewG auf 50,3% des Nennwerts ab. Über die Anwendung des § 13 II BewG wird unterstellt, das Darlehen weise am Bilanzstichtag eine Restlaufzeit von knapp 13 Jahren (um genau zu sein: 12 Jahre, 10 Monate und 12 Tage; vgl BMF BStBl I 05, 699 Tz 7) auf. Es ist uE unter dem Gesichtspunkt des Leistungsfähigkeitsprinzips konsequent, dass hierdurch die Restlaufzeit des Darlehens – wenn auch im Wege einer Fiktion – für Besteuerungszwecke definiert und festgelegt worden ist. Konsequente Folge ist es, diese unterstellte Restlaufzeit auch in den Folgejahren der Besteuerung zugrunde zu legen, sofern sich keine Veränderungen (zB Kündigung des Darlehens) ergeben (aA *Buciek* DB 09, 1029, der offensichtlich davon ausgeht, in derartigen Fällen sei überhaupt keine Aufzinsung vorzunehmen; ebenso FG Köln EFG 15, 668). Somit ist diese Verbindlichkeit uE in den folgenden knapp 12 Jahren wieder ergebniswirksam aufzuzinsen. Zwar entwickelt sich ein „perpetuum mobile“. Dies ist aber nicht auf unsere Auffassung zurückzuführen, sondern auf die Auffassung von Finanzverwaltung und Rspr, diese Darlehen überhaupt abzuzinsen.

4 **4. Beendigung des Darlehensvertrags durch Rückzahlung oder durch Umwandlung in Eigenkapital.** Bei Rückzahlung des Darlehens oder dessen

Umwandlung in Eigenkapital ist zunächst eine Aufzinsung des Darlehens bis zu seinem Nennbetrag vorzunehmen. Das Darlehen wird mit seinem Nennwert an den Gesellschafter zurückgezahlt bzw in Höhe seines Nennwerts in Eigenkapital umgewandelt, was bei rechtlicher wie wirtschaftlicher Betrachtung ebenfalls eine Darlehensrückzahlung an den Gesellschafter darstellt. Eine „logische Sekunde" vorher ist die Aufzinsung aufwandswirksam vorzunehmen. Problematisch ist lediglich, wann diese Aufzinsung in der Bilanz vorgenommen werden kann, dh wann sie steuerlich zu erfassen ist. Auch insoweit dürfte es auf die äußeren Umstände am Bilanzstichtag unter Berücksichtigung einer etwaigen besseren Erkenntnis bei Bilanzaufstellung ankommen. Maßgeblich dürfte der Zeitpunkt sein, in dem die GmbH erstmalig mit einer Inanspruchnahme im Rückzahlungswege bzw mit einer Umwandlung des Darlehens in Eigenkapital rechnen musste. Denn ab diesem Zeitpunkt konnte die Gesellschaft nicht mehr von einer langfristigen Überlassung des Darlehens ausgehen. Eben dies ist das Kriterium, das die Rspr im Rahmen des § 6 I Nr 3 S 2 EStG heranzieht, um eine kurzfristige von einer langfristigen Laufzeit abzugrenzen. Im umgekehrten Fall müssen diese Grundsätze uE entsprechend gelten. Nach unserer Auffassung genügen damit bereits erste Verhandlungen zwischen Gesellschaft und Gesellschafter über eine beabsichtigte Darlehensrückzahlung oder die Umwandlung des Darlehens in Eigenkapital. Letztlich dürfte sogar die einseitige – ernsthafte – Ankündigung des Gesellschafters genügen, derartige Schritte umsetzen zu wollen. Bereits hierdurch wird die weitere Gewährung des Darlehens objektiv in Frage gestellt, so dass am Bilanzstichtag nicht mehr gesichert von einer weiteren langfristigen Laufzeit ausgegangen werden kann. Dies stellt uE das auslösende Moment dar, um ein derartiges Darlehen aufwandswirksam aufzinsen zu können.

Aufgrund der dargestellten Unsicherheiten, sollten unverzinsliche Gesellschafterdarlehen mit einer festen Laufzeit versehen werden. Damit wird der Aufzinsungsrahmen festgelegt. Die nach Laufzeit ausdrückliche Neuvereinbarung des Darlehens ist uE unschädlich. 5

## Gewinnausschüttung

S auch „Bilanz der GmbH", „Vorabausschüttung".

**1.** Der **Gewinnausschüttungsbeschluss** bezieht sich in seiner Formulierung auf den Handelsbilanz-Gewinn. Gesellschaftsrechtlich und steuerrechtlich anerkannt ist auch die sog **Nachausschüttung**. Nachausschüttungen sind Ausschüttungen, die nach einer erstmaligen zutreffenden Feststellung des Jahresabschlusses und einem ersten zutreffenden Ergebnisverwendungsbeschluss auf der Grundlage eines erneuten (geänderten) Verwendungsbeschlusses erfolgen. Wichtig ist, dass zunächst die Auflösung der Rücklagen und sodann die Gewinnausschüttung beschlossen wird. Eine unmittelbare Ausschüttung aus den Rücklagen selbst ist unzulässig. Ferner ist zu beachten, dass die ursprüngliche Handelsbilanz ein entsprechendes Ausschüttungsvolumen enthält. Dann bedarf es keiner Änderung. Dies gilt insbesondere für die AG. Bei der GmbH geht die hM von einer (zulässigen) konkludenten Aufhebung der Rücklage mit anschließlichender Ausschüttung aus. 1

**2. Subjektive Zurechnung von Ausschüttungen:** Ausschüttungen erzielt der Anteilseigner. **Anteilseigner** ist derjenige, dem nach § 39 AO die Anteile an der ausschüttenden Kapitalgesellschaft im Zeitpunkt des Gewinnverwendungsbeschlusses zuzurechnen sind. Sind die Ausschüttungen einem **Nießbraucher** oder **Pfandgläubiger** zuzurechnen, gilt er als Anteilseigner (§ 8 I S 1 iVm § 20 IIa EStG). Entsprechendes gilt nach hM bei der **atypischen Unterbeteiligung.** Eine atypische Unterbeteiligung liegt vor, wenn auf den Unterbeteiligten die wesentlichen Rechte, die die Beteiligung vermittelt (Vermögens- und Verwaltungsrechte) übergegangen sind (BFH/NV 06, 392 = GmbHR 06, 98; BStBl II 05, 857 = GmbHR 05, 1633). Der atypisch Unterbeteiligte erzielt unmittelbar Einkünfte aus 2

Kapitalvermögen. Die Einkünfte des Gesellschafters sind entsprechend zu kürzen (*Martens* BB 05, 1660; BFH BStBl II 05, 857 = GmbHR 05, 1633). Gem § 39 AO sind Wirtschaftsgüter dem **zivilrechtlichen Eigentümer** zuzurechnen, abweichend dem **wirtschaftlichen Eigentümer,** wenn dieser die tatsächliche Herrschaft über das Wirtschaftsgut in der Weise ausübt, dass er den Eigentümer im Regelfall für die gewöhnliche Nutzungsdauer von der Einwirkung auf das Wirtschaftsgut wirtschaftlich ausschließen kann. Bei Treuhandverhältnissen sind die Wirtschaftsgüter dem **Treugeber** (nach Auffassung des FG Köln EFG 05, 1195, ist die verdeckte Treuhandschaft steuerlich erst mit Offenlegung des Treuhandverhältnisses gegenüber dem Finanzamt anzuerkennen; BFH/NV 08, 2004 = GmbHR 08, 1229; auch die Treuhand anteilig an einer Aktie ist möglich, vgl BFH BStBl II 10, 460 = GmbHR 10, 485 m Anm *Binnewies)*, beim Sicherungseigentum dem **Sicherungsgeber** zuzurechnen (§ 39 I, II Nr 1 AO).

3 **Wirtschaftlicher Eigentümer: Wirtschaftliches Eigentum** an Beteiligungen an Kapitalgesellschaften hat derjenige inne, der unabhängig vom zivilrechtlichen Eigentum eine rechtlich geschützte Position einnimmt, die ihm entgegen seinem Willen nicht mehr entzogen werden kann. Bezogen auf Aktien sind insbesondere folgende Fragestellungen zu prüfen (vgl BFH GmbHR 07, 1224; BFH-PR 07, 42 = GmbHR 07, 49 m Anm *Hoffmann)*:

- Wer trägt das Risiko der Wertsteigerung bzw. des Wertverlustes bezüglich der Beteiligung?
- Wem steht das Stimmrecht zu?
- Wem steht das Gewinnbezugsrecht zu?

4 Der BFH hat im Zusammenhang mit den Fällen des **„Dividenden-Stripping"** grundsätzliche Ausführungen gemacht (BFH BStBl II 00, 527 = AG 00, 277; vgl auch BFH GmbHR 07, 49; FG Hessen EFG 06, 277; BFH/NV 08, 551). Dabei handelte es sich um kurzfristige Veräußerungen von Aktien ausländischer Aktionäre an inländische Steuerpflichtige. Die Veräußerung erfolgte in zeitlicher Nähe zu dem jeweiligen Dividendenstichtag. Durch die inländischen Steuerpflichtigen wurden dividendenberechtigte Aktien erworben und gleichzeitig Aktien desselben Unternehmens ex Dividende an den ursprünglichen Verkäufer zurückveräußert (vgl *Sorgenfrei* FR 00, 441; IStR 97, 705; *Haarmann/Dörfler* StR 00, 181). Diese Gestaltung war im Zusammenhang mit dem Anrechnungsverfahren sinnvoll, um die Anrechnung der KSt auf die ESt der Aktionäre sicherstellen zu können, da diese Anrechnungsmöglichkeit den ausländischen Aktionären nicht zustand. Trotz des taggleichen An- und Verkaufs von Aktien nahm der BFH nicht nur den Übergang des zivilrechtlichen, sondern auch des wirtschaftlichen Eigentums an. Nach Auffassung des BFH sind Wirtschaftsgüter unter dem Gesichtspunkt des wirtschaftlichen Eigentums demjenigen zuzurechnen, der über sie die tatsächliche Herrschaft in der Weise ausübt, dass er den Eigentümer im Regelfall und nach dem **Gesamtbild der Verhältnisse** im Einzelfall für die gewöhnliche Nutzungsdauer von der Einwirkung auf das Wirtschaftsgut ausschließen kann. Bei Aktien erlange der Erwerber idR wirtschaftliches Eigentum, sobald Besitz, Gefahr, Nutzen und Lasten, insbesondere die mit Wertpapieren regelmäßig verbundenen **Kursrisiken und -chancen,** auf den Erwerber übergegangen seien. Über einen Besitzmittlungsanspruch zu der girosammelverwahrenden Stelle (§ 929 S 2 BGB) bzw. durch Vereinbarung eines Besitzkonstituts (§ 930 BGB), zumindest über die nach den einschlägigen Börsenusancen nicht mehr entziehbaren Gewinnansprüche, sei laut BFH das wirtschaftliche Eigentum an Aktien übergegangen, unabhängig davon, dass der damit zusammenhängende Buchungsvorgang ggf. erst mehrere Tage nach einem Vertragsabschluss vorgenommen werde. Die gleichzeitig eingegangene **Rückkaufsverpflichtung** stehe dem nicht entgegen. Selbst bei taggleichen Geschäften bestehe ein realistisches Kurs-, Pfändungs- sowie Konkursverfallsrisiko. Im **Ergebnis** wird neben dem zivilrechtlichen Eigentum wirtschaftliches Eigentum begründet, wenn der Gewinnanspruch übergeht und zumindest für einen kurzen

Zeitraum auch ein Wertrisiko besteht. Der Übergang des Stimmrechts ist nicht zwingend erforderlich für die Begründung des wirtschaftlichen Eigentums. Ausschlaggebend ist das **Gesamtbild der Verhältnisse** (vgl nur BFH-PR 07, 42 = GmbHR 07, 49 m Anm *Hoffmann*; vgl auch BFH DStR 11, 1895 = GmbHR 11, 1162).

An dieser Rechtsprechung hat der BFH auch im Zusammenhang mit sogenannten Cum-/Ex-Geschäften festgehalten. Nach Auffassung des BFH scheidet wirtschaftliches Eigentum über Aktien bei sogenannten Cum-/Ex-Geschäften mit Aktien aus, wenn der Erwerber der Aktien mit dem durch ein Kreditinstitut initiiertes und modellhaft aufgelegtes Gesamtvertragskonzept verbunden ist, nach welchem der Initiator den Anteilserwerb fremdfinanziert, der Erwerber die Aktien unmittelbar nach ihrem Erwerb dem Initiator im Wege einer sogenannten Wertpapierleihe (bis zum Rückverkauf) weiterreicht und der Erwerber das Marktpreisrisiko der Aktien iRe sogenannten Total-Return-Swap-Geschäfts auf den Initiator überträgt (BFH/NV 14, 1813). Auch bei den Cum-/Ex-Geschäften findet der Aktienhandel rund um den Tag der Beschlussfassung der Hauptversammlung über die Ausschüttung einer Dividende statt, mit dem Ziel, das sowohl dem bisherigen Anteilsinhaber als auch dem Erwerber der Einbehalt von Kapitalertragsteuer durch die depotverwaltenden Kreditinstitute bescheinigt wird. Sowohl der Bezug von Dividenden (§ 20 I Nr 1 S 1 EStG), als auch hierfür geleistete Ausgleichszahlungen (§ 20 I Nr 1 S 4 EStG) berechtigen zur Bescheinigung der Anrechnung von Kapitalertragsteuer (§ 36 II Nr 2 S 1 EStG). Vor diesem Hintergrund kam es bei den sogenannten Cum-/Ex-Geschäften zur doppelten Erstattung von Kapitalertragsteuer. Im entschiedenen Fall verweigerte der BFH die Anerkennung der doppelten Erstattung der Kapitalertragsteuer an den dinglich berechtigten Anteilsinhaber und an den vermeintlich wirtschaftlichen Inhaber mit der Begründung, dass aufgrund des Gesamtkonstrukts der Vertragswert ein Übergang des wirtschaftlichen Eigentums nicht stattgefunden habe und daher ein Steuererstattungsanspruch ausscheide (vgl auch HessFG EFG 17, 656 sowie *Berger/Matuszewski* BB 11, 3097; *Podewils* FR 13, 481; *Englisch* FR 10, 1023; *Desens* DStZ 12, 142; *Loritz* WM 17, 309). 5

**Dividendenzurechnung bei Anteilskauf:** Unabhängig davon, ob Verkäufer und Käufer im **Anteilskaufvertrag** vereinbaren, dass dem Verkäufer Gewinnausschüttungen zurückliegender Zeiträume zustehen sollen, wird die Gewinnausschüttung steuerlich dem Erwerber zugerechnet, wenn der **Gewinnverwendungsbeschluss** nach Anteilsübergang gefasst wird (§ 20 IIa EStG). Dem Erwerber ist die Bescheinigung über die Kapitalertragsteuer auszustellen. Die **AK** auf die Beteiligung erhöhen sich um die Nettodividende (Dividende abzüglich Kapitalertragsteueranrechnung), da die Dividende vom Erwerber an den Veräußerer ausgekehrt wird. Handelt es sich beim Erwerber um eine Kapitalgesellschaft, hat diese die bezogene Dividende mit 5% (§ 8b V) zu versteuern. Handelt es sich um eine natürliche Person, hat diese die **Dividende** gem § 3 Nr 40 S 1 Buchst d EStG dem Teileinkünfteverfahren bzw. der Abgeltungsteuer zu unterwerfen. Beim Veräußerer erhöht die vom Erwerber an ihn ausgekehrte Nettodividende den Veräußerungsgewinn. Wird der Gewinnverwendungsbeschluss vor Anteilsübergang gefasst, erzielt der Veräußerer in entsprechender Höhe Einkünfte aus Kapitalvermögen. Der Erwerber wird von der Dividendenzahlung nicht berührt. 6

**Verkauf auf Termin:** Erfolgen schuldrechtliches Veräußerungsgeschäft und dingliche Übertragung der Anteile durch Abtretung nicht gleichzeitig, kommt es für die Dividendenzurechnung auf den Inhaber des wirtschaftlichen Eigentums im Zeitpunkt des Gewinnverwendungsbeschlusses an. Eine zeitliche Differenzierung zwischen Abschluss des schuldrechtlichen Kaufvertrages und des dinglichen Vollzugs kann im Zusammenhang mit **Haltefristen** von Bedeutung sein (zB § 8b IV S 2 Nr 1 aF, § 13a V ErbStG). Eine zeitliche Differenzierung zwischen Abschluss 7 des schuldrechtlichen **Veräußerungsgeschäfts** und dessen dinglichem Vollzug und damit ein späterer Übergang des wirtschaftlichen Eigentums entsteht, wenn die schuldrechtliche Veräußerung von der dinglichen Übertragung zeitlich getrennt wird. Der Verkäufer verpflichtet sich zur Veräußerung der Beteiligung. Der Vollzug des schuldrechtlichen Geschäfts in Form der **Anteilsabtretung** wird auf einen späteren Zeitpunkt verlagert (entweder durch aufschiebend bedingte Abtretung oder zum Termin abgegebene Abtretungserklärungen). Bis zu diesem Zeitpunkt verbleiben die mit der Beteiligung verbundenen Rechte (Stimmrecht, Gewinnbezugsrecht) beim Veräußerer. Der Kaufpreis kann fest vereinbart werden. Damit geht das Risiko der Wertminderung oder Werterhöhung bereits mit Abschluss des schuldrechtlichen Geschäfts auf den Erwerber über. Der Veräußerer behält die Verfügungsbefugnis und sämtliche weiteren Rechte bezüglich der Anteile, macht sich jedoch schadensersatzpflichtig, sofern er nicht an den Erwerber in Erfüllung des abgeschlossenen schuldrechtlichen Geschäfts überträgt. Damit gibt es iE beim Terminkauf sowohl Aspekte, die für den Übergang des wirtschaftlichen Eigentums auf den Erwerber im Zeitpunkt des Abschlusses des schuldrechtlichen Geschäfts sprechen als auch Aspekte, die dem entgegenstehen. Letztlich kommt es auf die Verhältnisse im konkreten Einzelfall an. Werden keine weiteren Nebenabreden getroffen, die dem Erwerber Einfluss auf die Beteiligung verleihen, ist im geschilderten Fall in der Regel davon auszugehen, dass das wirtschaftliche Eigentum erst mit Anteilsabtretung übergeht (vgl *Haun/Winkler* DStR 2001, 1195 (1196); *Seibt* DStR 2000, 2061 (2065); FG Münster 18.11.99, EFG 2000, 374; bestätigt durch BFH 18.12.01, BFH/NV 2002, 640 = GmbHR 2002, 443. Vgl auch BFH 22.7.08, DStR 2008, 1921 = GmbHR 2008, 1170). Etwas anderes kann gelten, wenn der Erwerber bereits an der Aktiengesellschaft beteiligt ist, deren Anteile zur Veräußerung anstehen, und er auf diese Weise unternehmerischen Einfluss auf die Beteiligung ausüben kann.

8 **Option:** Die Vereinbarung einer zweiseitigen Option für den Verkäufer und Käufer zu gleichen Bedingungen (insbesondere gleicher Ausübungszeitraum, gleicher Kaufpreis) kommt ihren rechtlichen Wirkungen nach der Vereinbarung eines Terminverkaufs gleich. Sowohl Veräußerer als auch Erwerber sind in ihrer schuldrechtlichen Position gesichert. Beide erhalten eine von der Gegenseite eingeräumte Option, die nach Ablauf der vereinbarten Frist ausgeübt werden kann. Letztlich kommt es wie beim Terminkauf darauf an, ob dem Erwerber bereits ab Vereinbarung der Optionen **Einflussrechte auf die Beteiligung** zustehen (vgl BFH-PR 07, 42 = GmbHR 07, 49 m. Anm. *Hoffmann*; *Haun/Winkler* DStR 01, 1195 (1198); *Seibt* DStR 00, 2061 (2065); *van Lishaut/Köster* GmbHR 00, 1121 (1126, Fn. 30); FG Hbg EFG 88, 475; vgl auch FG Münster EFG 00, 374). Bei der Vereinbarung einer **einseitigen Verkaufsoption** bleibt der Verkäufer bis zur Ausübung der Option zivilrechtlicher und wirtschaftlicher Eigentümer, da der Erwerber keine gesicherte Rechtsposition erlangt. Bei der Vereinbarung einer einseitigen Kaufoption geht das zivilrechtliche und wirtschaftliche Eigentum ebenfalls erst bei Ausübung der Option über, sofern keine weiteren Nebenvereinbarungen getroffen sind (BFH GmbHR 07, 1224). Zwar hat der Erwerber das einseitige Recht, die Beteiligung zu erwerben, denn es entsteht ein Anwartschaftsrecht. Bis zur Ausführung der Option verbleiben jedoch Stimmrecht und Gewinnbezugsrecht beim Veräußerer. Allerdings ist sorgsam darauf zu achten, dass keine weiteren Nebenabreden getroffen werden, die dazu führen, dass dem optionsberechtigten Erwerber bereits vor Ausübung der Option Einflussmöglichkeiten auf die Beteiligung eröffnet werden.

9 **Unwirksame Übertragungen:** Wird aufgrund unwirksamer schuldrechtlicher Vereinbarung zwischen **nicht nahestehenden Personen** das wirtschaftliche Eigentum an Kapitalbeteiligungen übertragen, wird der Erwerber wirtschaftlicher Eigentümer, wenn die Beteiligten die wirtschaftlichen Folgen des Rechtsgeschäfts nicht rückgängig machen (BFH GmbHR 04, 1038).

**Beispiel:** A veräußert seine Aktien im Jahr 96 an B. Die dingliche Abtretung der Anteile steht unter der aufschiebenden Bedingung, dass der Kaufpreis vollständig gezahlt wird. Die Stimmrechte verbleiben bis zum Eintritt der Bedingung bei A. Der Gewinn des Jahres 96 soll bereits B zustehen. B wird zum alleinigen Vorstand der A-AG bestellt. Der Kaufpreis wird nie vollständig gezahlt (vereinfachter Sachverhalt des zitierten Urteils des BFH GmbHR 04, 1038). 10

Der BFH hat in diesem zur GmbH entschiedenen Fall erkannt, dass neben dem Gewinnbezugsrecht nicht zwingend das Stimmrecht auf den Erwerber übergehen muss, damit dieser wirtschaftliches Eigentum erlangt. Wenn die Gesamtumstände des Einzelfalls dazu führen, dass das Stimmrecht keine tatsächliche erhebliche Einflussnahme vermittelt, kann der Übergang des Gewinnbezugsrechts ausreichen, um beim Erwerber wirtschaftliches Eigentum zu begründen. Verändert sich der Kaufpreis, liegt hierin ein rückwirkendes Ereignis iS von § 175 I 1 Nr 2 AO. Gleiches gilt, wenn der Kauf aufgrund der Nichtzahlung des Kaufpreises rückabgewickelt wird. Belassen es die Kaufvertragsparteien jedoch beim Vollzug der Anteilsübertragung, liegt hierin gemäß § 141 I BGB zwar eine Bestätigung des Rechtsgeschäfts mit Wirkung ex nunc. Aus steuerlicher Sicht bleibt es hingegen unter Anwendung von § 41 I 1 AO bei der Anteilsübertragung zum Zeitpunkt des Übergangs des wirtschaftlichen Eigentums. 11

### 3. Inkongruente Gewinnausschüttungen

**Beispiel:** Die A-GmbH ist an der A-AG zu 50% beteiligt. Weitere hält die natürliche Person N. N erzielt im Jahr 2005 einen Verlust aus gewerblichen Einkünften. Vor diesem Hintergrund einigen sich die A-GmbH und N darauf, dass N die im Jahr 2005 auszuschüttende Dividende iHv 100% erhält. Dies wird in späteren Jahren dadurch ausgeglichen, dass eine entsprechende Ausschüttung zugunsten der A-GmbH beschlossen wird. 12

**Zivilrechtliche Voraussetzung:** Regelmäßig erfolgen sowohl die Ausschüttungen an die Gesellschafter als auch die Einlagen von Gesellschaftern im Verhältnis ihrer Beteiligung an der Gesellschaft. Damit wird eine gleichmäßige Partizipation der Gesellschafter am Vermögen der Gesellschaft und ihrer wirtschaftlichen Entwicklung entsprechend der Höhe der einzelnen Beteiligungen gewährleistet. Diese wirtschaftlich grundsätzlich angemessene – und vom Gesetz vorgegebene (§ 60 III AktG) – Gestaltung ist **zivilrechtlich** keineswegs zwingend. Zum Ausgleich von von der Regel abweichenden wirtschaftlichen oder persönlichen Interessen der Gesellschafter kann – gesellschaftsrechtlich unbedenklich – eine **inkongruente Gewinnausschüttung** vereinbart werden (§ 60 III AktG). Die **gesellschaftsrechtliche Wirksamkeit** hängt nach hM bei der AG – anders als bei der GmbH – davon ab, ob der Gesellschaftsvertrag eine entsprechende Satzungsklausel über die von den Beteiligungsverhältnissen abweichende konkrete Gewinnverteilung enthält (vgl *Koch* in Hüffer/Koch AktG, 12. Aufl 2016, § 60 Rz 6; BayOLG GmbHR 01, 728 = DB 01, 1981). 13

**Steuerrechtliche Anerkennung:** Der BFH hat die gesellschaftsrechtlich wirksame inkongruente Ausschüttung **steuerlich anerkannt.** Nach Auffassung des BFH hat das Steuerrecht dem Zivilrecht zu folgen, wenn die inkongruente Gewinnausschüttung zivilrechtlich wirksam beschlossen und entsprechend vollzogen ist. Danach ist den Gesellschaftern die Ausschüttung steuerlich so zuzurechnen, wie sie erfolgt ist (BFH BStBl II 01, 43 = GmbHR 99, 1258; BFH GmbHR 06, 1206 m Anmerkung *Roser* = FR 07, 38 m Anmerkung *Binnewies*; vgl ferner BFH/NV 10, 865; FG BaWü EFG 08, 1206). Die Finanzverwaltung hat diese Rechtsprechung über lange Zeit nicht akzeptiert (vgl den Nichtanwendungserlass DB 00, 2501). Erst mit Erlass vom 17.12.13 (BMF DB 14, 23) hat die Finanzverwaltung die Finanzrechtsprechung vermeintlich anerkannt. Auch aus Sicht der Finanzverwaltung ist zivilrechtliche Voraussetzung, dass sich die konkrete von den Beteiligungsverhältnissen abweichende Gewinnverteilungsregelung aus der Satzung der AG selbst ergibt. Eine für das GmbH-Recht akzeptierte Öffnungsklausel lässt 14 die Finanzverwaltung für die steuerliche Anerkennung inkongruenter Gewinnausschüttungen bei der AG nicht zu. Der konkrete Verteilungsmaßstab selbst muss sich aus der Satzung ergeben. Eine nachträgliche Satzungsänderung bedarf der Zustimmung aller Gesellschafter. Besondere Leistungen im Verhältnis der begünstigten Gesellschafter zur Gesellschaft fordert die Finanzverwaltung nicht. Allerdings wird ausdrücklich auf das Problem des Gestaltungsmissbrauchs nach § 42 AO hingewiesen. Von einem solchen Gestaltungsmissbrauch soll nicht auszugehen sein, „wenn für die vom gesetzlichen Verteilungsschlüssel abweichende Gewinnverteilung beachtliche wirtschaftlich vernünftige außersteuerliche Gründe nachgewiesen werden. Diese Prüfung ist unter Zugrundelegung der besonderen Umstände des Einzelfalls vorzunehmen." Die Finanzverwaltung fordert also für die Anerkennung inkongruenter Gewinnausschüttungen nach wie vor außersteuerliche Gründe (vgl auch *Birnbaum/Escher* DStR 14, 1413). Dies widerspricht der BFH-Rechtsprechung. In den entschiedenen Fällen kam es den Gesellschaftern ausdrücklich auf die Nutzung steuerlicher Vorteile wie zB die Verlustnutzung bei begünstigten Gesellschaftern oder die Realisierung von KSt-Guthaben an. Die Auffassung der Finanzverwaltung verstößt daher nach wie vor gegen den von der Rechtsprechung gesicherten Grundsatz, dass gesellschaftsrechtlich wirksam beschlossene inkongruente Gewinnausschüttungen steuerrechtlich nachzuvollziehen sind. Das BMF-Schreiben vom 17.12.13 (BMF DB 14, 23) enthält keine Aussage zur Schenkungsteuer. Im Erlass vom 14.3.12 (BStBl I 12, 331 Tz 2.6.2) geht die Finanzverwaltung davon aus, dass inkongruente verdeckte Gewinnausschüttungen im Verhältnis zwischen Gesellschaft und Gesellschafter Schenkungsteuer auslösen. Dasselbe muss mE aus Sicht der Finanzverwaltung dann auch für offene inkongruente Ausschüttungen gelten. Nach Auffassung der Finanzverwaltung ist der inkongruente Teil der Ausschüttung nicht gesellschaftsrechtlich veranlasst, da dieser Teil über die gesellschaftsrechtliche Beteiligung hinaus gewährt wird.

15 **Beispiel:** A und B sind zu jeweils 50 % an der A-AG beteiligt. A erhält ein um € 100 000 überhöhtes Vorstandsgehalt. Ertragsteuerlich ist eine vGA iHv € 100 000 gegeben. Nach Auffassung der Finanzverwaltung ist zusätzlich von einer Schenkung der Gesellschaft an A iHv € 50 000 auszugehen, da aufgrund der hälftigen Beteiligung lediglich die Hälfte des überhöhten Gehalts gesellschaftsrechtlich veranlasst sein könne.

16 Diese Auffassung der Finanzverwaltung ist unzutreffend. Ebenso wie Einlagen des Gesellschafters in das Gesellschaftsvermögen gesellschaftsrechtlich veranlasst sind, sind es umgekehrt auch Ausschüttungen, unabhängig davon, ob kongruent oder inkongruent, ob offen oder verdeckt (vgl *Viskorf* DStR 11, 607; *Binnewies* GmbHR 11, 1022). Auch der BFH hat der Auffassung der Finanzverwaltung eine Absage erteilt. Nach Auffassung des Schenkungsteuersenats besteht im Verhältnis zwischen Gesellschaft und Gesellschafter im Fall der inkongruenten Ausschüttung kein Raum für eine Schenkung. Das gesellschaftsrechtliche Verhältnis steht einer freigiebigen Zuwendung der Gesellschaft an den Gesellschafter entgegen, unabhängig davon, ob diese Zuwendung im Verhältnis seines Beteiligungsumfangs erfolgt oder nicht (BFH GmbHR 13, 449). Die Finanzverwaltung wendet das Urteil über den entschiedenen Einzelfall hinaus nicht an (BStBl I 13, 1465). Als Konsequenz der steuerlichen Anerkennung inkongruenter Ausschüttungen sind auch sog **tracking stocks** steuerlich anzuerkennen. Bei tracking stocks erfolgt die Gewinnzuordnung und Ausschüttung zugunsten bestimmter Gesellschafter abhängig von gesondert ermittelten Teilbetriebs- oder Spartenergebnissen (vgl *Prinz/Schürner* DStR 03, 181; *Blumers/Beinert/Witt* DStR 02, 836; *Eilers* StbJb. ½, 43).

17 **4. Gewinnausschüttung während des schwebenden Anfechtungsprozesses:** Durch das Inkrafttreten des MoMiG ist die Bedeutung der beim Handelsregister hinterlegten **Gesellschafterliste** wesentlich aufgewertet worden. Danach soll sich die Frage, wer Gesellschafter ist, für alle Beteiligten verbindlich aus der im Handelsregister aufgenommenen Gesellschafterliste ergeben (§ 16 I 1 GmbHG

iVm § 40 GmbHG). Nur der in der Gesellschafterliste eingetragene Gesellschafter gilt gegenüber der Gesellschaft als Gesellschafter und ist einzuladen, ist bei der Gesellschafterversammlung teilnahmeberechtigt und kann das Stimmrecht ausüben (OLG Zweibrücken GmbHR 12, 689). Die Gesellschaft hat diejenigen Personen zur Gesellschafterversammlung **zu laden,** die in der aktuellen, beim Handelsregister hinterlegten Gesellschafterliste genannt sind. Auf die materielle Frage, wer Gesellschafter ist, soll es zunächst nicht ankommen. Vielmehr ergebe sich aus § 16 I GmbHG, dass die Gesellschaft in ihrem eigenen Interesse, aber auch zum Schutz Dritter berechtigt und verpflichtet ist, unabhängig von der wahren Rechtslage jeden, der sich einmal ihr gegenüber als Gesellschafter ausgewiesen hat, so lange als solchen zu behandeln, bis eine **Rechtsänderung** bei ihr **angemeldet und nachgewiesen** ist (BGH GmbHR 90, 164; GmbHR 07, 375; GmbHR 09, 38; OLG Bremen GmbHR 12, 687). Mit der zum Handelsregister aufgenommenen Gesellschafterliste verbunden ist gegenüber der Gesellschaft daher gem § 16 I GmbHG nach hM eine unwiderlegliche Vermutung der Berechtigung des in der Liste Eingetragenen bezüglich seiner mitgliedschaftlichen Berechtigung (*Fastrich* in Baumbach/Hueck GmbHG 20. Aufl 13, § 16 Rz 11). Dies betrifft insbesondere den Umfang des Stimmrechts der in der Gesellschafterliste Eingetragenen (*Fastrich* in Baumbach/Hueck GmbHG 20. Aufl 13, § 16 Rz 11). Ein Widerspruch gem § 16 Abs 3 GmbHG beeinträchtigt die Legitimationswirkung der Eingetragenen gegenüber der Gesellschaft nicht (*Fastrich* in Baumbach/Hueck GmbHG 20. Aufl 13, § 16 Rz 12; unter Hinweis auf die RegBegr zum MoMiG BR-Drucks 354/07, 89, die auf die Parallele zum Aktienregister (§ 67 AktG) verweist).

Solange der nur anfechtbare Beschluss damit nicht für nichtig erklärt ist, ist die Gesellschafterliste insoweit richtig, als diese die beschlossene Einziehung des Geschäftsanteils widerspiegelt. Danach hat der sich gegen die Einziehung seiner Anteile wehrende Gesellschafter nach der **Legitimationswirkung der Gesellschafterliste** keinerlei mitgliedschaftliche Rechte. Damit sind die ohne ihn gefassten Folgebeschlüsse formwirksam zustande gekommen. Der Geschäftsführer ist grundsätzlich verpflichtet, allein nach Maßgabe der aktuell beim Handelsregister **eingereichten Liste zu laden.**

**Beispiel:** IRd Gesellschafterstreits in der GmbH, an der A und B hälftig beteiligt sind, wird Beschluss gefasst über die Einziehung der Anteile des A aus wichtigem Grund. Eine geänderte Gesellschafterliste wird unverzüglich beim Handelsregister eingereicht, in der B als einzig verbliebener Gesellschafter ausgewiesen ist. A erhebt Anfechtungsklage. **18**

Während des **mehrjährigen Anfechtungsprozesses** führt B ohne Beteiligung des A mehrere Gesellschafterversammlungen durch, in denen die Gewinnausschüttung an ihn beschlossen wird. Später entscheidet der BGH letztinstanzlich, dass der Beschluss über die Einziehung der Geschäftsanteile des A anfechtbar war und stellt kraft rechtskräftigen Urteils die Unwirksamkeit des Beschlusses fest. Fraglich ist – ausgehend von diesem Beispielsfall – die **Wirksamkeit der Folgebeschlüsse** während des anhängigen Anfechtungsprozesses. Sofern B, nachdem A aus der Gesellschafterliste ausgetragen worden ist, ausgehend von der formal nicht zu beanstandenden und daher bindenden (§ 16 GmbHG) Gesellschafterliste nur noch sich selbst zur Gesellschafterversammlung lädt, sind die Folgebeschlüsse in jedem Fall wirksam, solange noch nicht die Unwirksamkeit der Einziehung der Geschäftsanteile des A festgestellt ist. **19**

Nicht abschließend geklärt ist bislang, welche Auswirkungen die **rechtskräftige Feststellung der Unwirksamkeit der Einziehung** auf die Wirksamkeit der in der Folgezeit gefassten Beschlüsse hat. In der Literatur wird überwiegend davon ausgegangen, dass die in der Zwischenzeit gefassten Beschlüsse auch dann rechtmäßig und wirksam bleiben, wenn rechtskräftig die Einziehung der Geschäftsanteile des A für unwirksam erklärt worden ist. Die Beschlüsse über die Gewinnverwendung, die Kapitalerhöhung und die Umwandlung sind und bleiben daher **20** wirksam. Allerdings muss **für jeden Beschluss gesondert geprüft** werden, ob nicht gleichwohl die Rechtsfolgen der Beschlussfassung (auch) auf Ebene des materiell rechtlich richtigen Gesellschafters, vorliegend des A, eintreten. Nach Ansicht der Literatur soll dies dann möglich sein, wenn sich die mit der Folgebeschlussfassung verbundenen Rechtsfolgen aus dem Gesetz ergeben.

21 Unklar ist die Situation im Hinblick auf die **Gewinnverwendung und Ausschüttung.** Ist Beschlussgegenstand allein die Ausschüttung des Gewinns, ohne Regelungen zur konkreten Verteilung der Ausschüttungsbeträge zwischen den Gesellschaftern zu treffen, dürfte uE durch die Beschlussfassung ein Gewinnausschüttungsanspruch zugunsten des A entstanden sein (§ 29 GmbHG). Der B würde in Höhe des überschießenden, auf A entfallenden, Ausschüttungsbetrags rechtlich keine Ausschüttung erhalten, sondern eine ungerechtfertigte Bereicherung beziehen, die der B an die GmbH zurückzuzahlen hat. Nach rechtskräftiger Entscheidung über die Unwirksamkeit der Einziehung der Geschäftsanteile des A müsste die Geschäftsleitung der GmbH gegenüber B die Rückzahlung geltend machen. Geht man davon aus, dass aufgrund der Gesellschafterliste an den „Richtigen" ausgezahlt wurde und der Rechtsgrund auch bei erfolgreicher Anfechtung der Einziehung nicht nachträglich wegfällt, bleibt es uE bei der Problematik. Ob und unter welchen Voraussetzungen anstelle dieser Leistungskondiktion auch eine Eingriffskondiktion (insbesondere nach § 817 BGB) des A gegenüber dem B möglich ist, wurde – soweit ersichtlich – bislang noch nicht erörtert. Unabhängig davon, ob eine Eingriffskondition greift oder B an A die Zahlung der (Brutto-)Dividende nach Schadensersatzgrundsätzen leistet, hat B die volle – zunächst erhaltene – Dividende zu versteuern. Nach ständiger Rechtsprechung des BFH verbleibt es bei der Besteuerung der vollständigen Ausschüttung bei B, da die hälftige Rückzahlung die Dividendenbesteuerung nicht rückgängig macht. Die Rückzahlung des A ist Einlage. Sie ist brutto, dh inklusive KapErSt + SolZ zurückzuzahlen. Dies kann dadurch vermieden werden, dass B in der Schwebephase nur 50% ausschüttet und 50% in die Gewinnrücklage einstellt. Später können diese Beträge inkongruent an A ausgeschüttet werden, wenn er den Einziehungsbeschluss erfolgreich anficht. Dies wiederum setzt voraus, dass die **Satzung eine Öffnungsklausel** für inkongruente Ausschüttungen enthält (siehe Ziff 3).

22 **Abfindungszahlung durch die verbleibenden Gesellschafter:** Mit Entscheidung vom 24.1.12 hat der BGH klargestellt, dass die Einziehung mit der Mitteilung des Beschlusses an den betroffenen Gesellschafter wirksam wird und nicht erst mit der Leistung der Abfindung (BGH GmbHR 12, 387, m Anm *Münnich*). Die Gesellschafter, die den Einziehungsbeschluss gefasst haben, **haften dem ausgeschiedenen Gesellschafter** allerdings persönlich und unbeschränkt anteilig, wenn sie nicht dafür sorgen, dass die Abfindung aus dem ungebundenen Vermögen der Gesellschaft geleistet werden kann oder sie die Gesellschaft nicht auflösen (BGH GmbHR 12, 387, m Anm *Münnich*). Der BGH hat die Haftung zwischenzeitlich auf Fälle begrenzt, in denen die Fortsetzung der Gesellschaft unter Verzicht auf Maßnahmen zur Befriedigung des Abfindungsanspruchs des ausgeschiedenen Gesellschafters als treuwidrig anzusehen ist.

23 **Beispiel:** Das freie buchmäßige Eigenkapital, welches in den Rücklagen iSd § 272 II, III HGB abgebildet ist, beträgt bei der X-GmbH € 100 000. Der Gesellschafter A wird aus der Gesellschaft durch Einziehung ausgeschlossen. Nach der Satzung steht ihm über einen Zeitraum von fünf Jahren ein Auszahlungsanspruch iHv € 80 000 zu.

24 Nachdem die erste Rate iHv € 16 000 im Folgejahr an A ausgezahlt worden ist, macht die GmbH hohe Verluste, durch die die gesamten Rücklagen aufgebraucht werden. Die verbleibende Abfindung iHv € 64 000 wird – in Übereinstimmung mit den **Grundsätzen des Urteils des BGH** vom 24.1.12 ((BGH GmbHR 12, 387, m Kommn *Münnich*). – von dem in der Gesellschaft verbliebenen Gesellschafter iHv € 64 000 gezahlt.

**Steuerliche Folge:** Aus Sicht des B handelt es sich uE um nachträgliche AK iHv € 64 000 auf seine Beteiligung. Ob es sich im Verhältnis zwischen B und der GmbH um eine Einlage handelt, ist – soweit ersichtlich – noch nicht diskutiert. Vieles spricht für die Annahme einer Einlage. Dies sollte dann in jedem Fall im Feststellungsbescheid nach § 27 berücksichtigt werden. Aus Sicht des ausgeschiedenen A ist die Gesamtabfindung iHv € 80 000 gem § 17 EStG im Jahr des Wirksamwerdens der Einziehung zu versteuern. 25

**Erbschaft-/Schenkungsteuer:** Erfolgt der Ausschluss und nachgehend die **Abfindung des ausscheidenden Gesellschafters unterhalb des Verkehrswerts** der betroffenen Beteiligung, kann dies zulasten der verbleibenden Gesellschafter zu Schenkungsteuer führen. 26

**Beispiel:** In der GmbH tobt der Gesellschafterstreit. Der Minderheitsgesellschafter wird durch Gesellschafterbeschluss zwangsweise aus wichtigem Grund ausgeschlossen. Der Gesellschaftsvertrag sieht eine Buchwertabfindung vor. Tatsächlich übersteigt der Verkehrswert den Buchwert um ein Vielfaches. 27

Gem **§ 7 VII ErbStG iVm § 3 I Nr 2 S 2 ErbStG** führt die Abfindung des Gesellschafters unterhalb des steuerlich zu ermittelnden Ertragswerts – zB auf Grundlage einer Buchwertklausel – in Höhe der Differenz zwischen Ertrags- und Buchwert zu einer schenkungsteuerpflichtigen **Schenkung des Gesellschafters** an die Gesellschaft. Als „Beschenkte“ fingiert § 7 VII S 2 ErbStG im Fall der Zwangseinziehung von Geschäftsanteilen die **verbleibenden Gesellschafter** (vgl hierzu *Klose* GmbHR 10, 300 ff; *Mohr* GmbH-StB 10, 73 ff; *Milatz/Kämper* GmbHR 09, 470 ff). 28

**Hinweis:** Sofern trotz streitiger Situation mit dem Auszuschließenden Einvernehmen über die Art des Ausscheidens gefunden werden kann, konnte die Schenkungsteuer nach **§ 7 VII ErbStG** ggf. vermieden werden, wenn statt des Einziehungsbeschlusses ein notarieller Kaufvertrag über den Erwerb des Anteils des Herauszudrängenden geschlossen wird, dies auch dann, wenn der dafür geschuldete Kaufpreis sich an der Höhe des Abfindungsguthabens für den Fall der Einziehung orientiert und ggf ein Kaufpreis unterhalb des Verkehrswerts gezahlt wird: Veräußert ein Gesellschafter einer GmbH seinen Geschäftsanteil, mit dem er die in § 17 I 1 EStG vorgeschriebene Mindestbeteiligung erreicht, iR seines Ausscheidens rechtsgeschäftlich zu einem unter dem gemeinen Wert liegenden Kaufpreis an die Gesellschaft und ergibt sich die Übertragungspflicht nicht unmittelbar aus dem Gesellschaftsvertrag, liegt darin kein Fall des § 7 VII 1 ErbStG (BFH GmbHR 16, 498). 29

Nicht abschließend in Literatur und Rechtsprechung aufgearbeitet ist die Frage, ob die Einziehung nach **§§ 13a, 13b ErbStG** steuerlich privilegiert ist in der Weise, dass der schenkungsteuerrelevante Wert nach § 7 VII ErbStG zu 85 % bzw uU zu 100 % von der Schenkungsteuer befreit ist. Nach § 13a I 1 ErbStG iVm § 13b IV ErbStG iVm § 13b I Nr 3 ErbStG können Anteile an Kapitalgesellschaften der **Steuerprivilegierung** unterliegen, wenn die Kapitalgesellschaft zur Zeit der Entstehung ihren steuerlichen Sitz oder ihre Geschäftsleitung im Inland oder in einem Mitgliedsstaat der EU oder in einem anderen Staat der europäischen Wirtschaftsgemeinschaft hat und der Erblasser oder Schenker an dem Kapital dieser Gesellschaft zu mehr als 25 % unmittelbar beteiligt war. Diese Beteiligung muss in schenkungsteuerbarer Weise übertragen werden. Erfolgt die Abfindung iRd Einziehung unterhalb des schenkungsteuerlich relevanten Ertragswerts der von der Einziehung betroffenen Beteiligung, greift der Schenkungsteuertatbestand des § 7 VII ErbStG. Aus unserer Sicht sind damit keine Anhaltspunkte erkennbar, die gegen eine Steuerprivilegierung der nach § 7 VII ErbStG steuerbaren Einziehung gegen Abfindung unter Wert sprechen. Eine weitere Frage im Zusammenhang mit der schenkungsteuerlichen Behandlung ist, ob die Einziehung, die zeitlich nach einer Anteilsschenkung innerhalb der **fünfjährigen Behaltensfrist** erfolgt, steuer- 30 schädlich ist und die Steuerprivilegierung nach § 13a ErbStG jedenfalls ratierlich rückwirkend zu Fall bringen kann.

31 **Beispiel:** V schenkt S Ende 11 einen Anteil an einer GmbH. Die Schenkung unterliegt der Steuerprivilegierung nach §§ 13a, 13b ErbStG. Im Jahr 13 kommt es zum Gesellschafterstreit. Ende 13 werden die Anteile des S wirksam eingezogen. Fraglich ist, ob die Einziehung eine steuerschädliche Anteilsübertragung iSd § 13a V 1 Nr 4 ErbStG ist. Folge wäre, dass zeitanteilig, zu 3/5, die Steuerprivilegierung für die Ende 11 vollzogene Schenkung rückwirkend entfallen würde.

32 Nach § 13a V 1 Nr 4 ErbStG entfällt die Steuerprivilegierung rückwirkend und zeitanteilig (§ 13a V 2 ErbStG), wenn Anteile an Kapitalgesellschaften innerhalb von fünf Jahren nach der schenkungsteuerrelevanten Übertragung (Behaltensfrist) ganz oder teilweise „veräußert" werden; eine **verdeckte Einlage** der Anteile in eine Kapitalgesellschaft steht der Veräußerung der Anteile gleich (§ 13a V 1 Nr 4 Halbs 2 ErbStG). Gleiches soll gem § 13a V 1 Nr 4 S 2 ErbStG gelten, wenn die Kapitalgesellschaft innerhalb dieser Frist **aufgelöst** oder ihr **Nennkapital herabgesetzt** wird, wenn diese wesentliche Betriebsgrundlagen veräußert oder das Vermögen an die Gesellschafter verteilt wird (§ 13a V 1 Nr 4 S 2 ErbStG). Insofern könnte vom **Finanzamt** argumentiert werden, dass die Einziehung von Anteilen an einer Kapitalgesellschaft der Teilliquidation oder jedenfalls der Herabsetzung des Nennkapitals wirtschaftlich gleichsteht. Ob insofern aber § 13 V Nr 4 ErbStG analogiefähig ist, ist uE abzulehnen: Als Rückausnahme von einem Privilegierungstatbestand handelt es sich bei § 13a V 1 Nr 4 ErbStG uE um einen steuerbegründenden Tatbestand, der nach dem verfassungsrechtlich abgesicherten Grundsatz der Tatbestandsmäßigkeit des Steuerzugriffs nicht analogiefähig sein dürfte.

## Gewinnausschüttungen/Rückgängigmachung

1 **Beispiel** (nach FG Münster GmbHR 11, 150): A und B sind an der A-GmbH beteiligt. Im Januar 2006 wird die Bilanz zum 31.12.04 festgestellt und ein Teil des Jahresüberschusses ausgeschüttet. Die Gewinnausschüttung wurde am Folgetag vollzogen, dh ausgezahlt. Die auf die Gewinnausschüttung entfallende Kapitalertragsteuer wurde angemeldet und abgeführt. Einen Monat später halten A und B erneut eine Gesellschafterversammlung ab und stellen fest, dass sie bei der Beschlussfassung über die Gewinnausschüttung von falschen wirtschaftlichen Voraussetzungen ausgegangen waren. Nach Feststellung dieses Irrtums beschließen sie nunmehr die Gewinnausschüttung zurückzuzahlen, was auch geschah. In der Steuererklärung des Jahres 06 nahmen A und B negative Einnahmen bei den Einkünften aus Kapitalvermögen an.

2 Im Bewusstsein der Praxis ist, dass vGA nicht rückgängig gemacht werden können. Dies wird seit Jahren von FinVerw und Rspr nicht akzeptiert. Weniger im Bewusstsein ist, dass auch gesellschaftsrechtlich **wirksam beschlossene Gewinnausschüttungen** nicht mit steuerlicher Wirkung rückgängig gemacht werden können. Die beschlossene und **vollzogene Gewinnausschüttung** führt beim Gesellschafter zu Einkünften aus Kapitalvermögen gem § 20 I Nr 1 EStG. Erforderlich ist der tatsächliche Zufluss. Dies ist der Fall, wenn der Gesellschafter die wirtschaftliche Verfügungsmacht über die Einnahmen erlangt (vgl nur *Schmidt/Krüger,* § 11 Rz 15). Bei beherrschenden Gesellschafter-Geschäftsführern wird ein Zufluss bereits im Zeitpunkt der Beschlussfassung über die Gewinnverwendung angenommen, da ein beherrschender Gesellschafter es ab Fälligkeit, dh ab Beschlussfassung über die Gewinnverwendung, in der Hand hat, die Leistung an sich zu bewerten (vgl nur BFH/NV 07, 2249). Der einmal **erfolgte Zufluss** kann mit steuerl Wirkung nicht tatsächlich rückgängig gemacht werden. Der Zufluss einer Ausschüttung iSv § 20 I Nr 1, § 11 I EStG entfällt nicht dadurch, dass der Betrag zurückgezahlt wird. Dies gilt selbst dann, wenn von Beginn an ein Rückzahlungsanspruch der Gesellschaft besteht. Das **Behaltendürfen** ist nicht Voraussetzung des Zuflusses (vgl nur *Birk/Kister* in H/H/R, § 11 Rz 28). Dies gilt selbst dann, wenn die Gewinnausschüttung auf einem Versehen des Stpfl oder seines Beraters beruht

(BFH/NV 98, 308). Grund hierfür ist, dass insbes im Bereich der Überschusseinkünfte allein der tatsächliche Zu- bzw Abfluss von Einnahmen und Ausgaben Steuerrelevanz entfaltet. Diese tatsächlichen Vorgänge können nicht mit Rückwirkung beseitigt werden (BFH BStBl II 09, 282). Die Rückzahlung führt nicht zu negativen Einnahmen bei den Einkünften aus Kapitalvermögen. Zwar hat der BFH in älteren Urteilen ausnahmsweise auch im Fall der Rückgängigmachung einer Gewinnausschüttung **negative Einnahmen** angenommen, wenn eine tatsächliche oder rechtliche Verpflichtung zur Rückzahlung der Gewinnausschüttung bereits im Zeitpunkt des Zuflusses bestand (vgl BFH BStBl II 94, 561). Von dieser Rspr hat sich der BFH distanziert. Aktuell geht er stets von einer Einlage auf der Ebene der Gesellschaft und des Gesellschafters aus, wenn die Rückzahlung durch das Gesellschaftsverhältnis veranlasst ist (BFH BFH/NV 09, 1815; BStBl II 01, 173). Nach Auffassung des BFH ist das Merkmal der rechtlichen oder tatsächlichen Verpflichtung zur Rückzahlung für die Beurteilung der rechtlichen Behandlung der Rückzahlung auf der Ebene des Gesellschafters nicht geeignet (BFH BStBl II 01, 173). Da die Rückzahlung einer Gewinnausschüttung als **actus contrarius** zu der Gewinnausschüttung stets gesellschaftsrechtlich veranlasst ist, geht der BFH seitdem in stRspr bei der Rückzahlung einer Gewinnausschüttung von einer Einlage aus, die auf der Ebene des Gesellschafters lediglich dessen Anschaffungskosten erhöht, nicht aber zu negativen Einnahmen bei den Einkünften aus Kapitalvermögen führt (vgl auch BFH BFH/NV 09, 1815).

## Gewinnverteilung

S „Gewinnausschüttung".

## Haftung

**Schrifttum:** *Nacke* Die Haftung für Steuerschulden, 4. Aufl 17.

Für die **Körperschaftsteuer** gelten die allg Haftungsgrundsätze. Steuerschuldner ist primär die Gesellschaft. Nach den §§ 69 ff AO kann insbes der gesetzliche Vertreter in Haftung genommen werden. Die Inhaftungnahme des Beraters kommt nur ausnahmsweise in Betracht. Voraussetzung ist, dass er als faktischer Geschäftsführer qualifiziert werden kann oder nach § 71 AO an der KSt-Hinterziehung teilgenommen hat. IRd § 73 AO kann die Organgesellschaft für die KSt-Schulden des Organträgers in Anspruch genommen werden. 1

IRd § 69 AO wird die KSt nicht wie die LSt privilegiert behandelt. Vielmehr gilt für sie der Grundsatz der anteiligen Tilgung. Sie ist mit der gleichen Quote zu bedienen, wie auch die anderen Schulden.

Besonderheiten gelten für die **Kapitalertragsteuer.** 2

Eine Haftungsgefahr im weiteren Sinne besteht auch beim Unternehmenskauf. Hier können sich kstl Risiken nach dem Verkauf realisieren, die ihre Grundlagen vor dem Kauf haben. Vor diesem Hintergrund ist eine due diligence von besonderer Bedeutung. Der Kaufvertrag muss eine entsprechende Steuerklausel enthalten. Nach Möglichkeit ist diese Steuerklausel abzusichern.

Entsprechende Risiken bestehen auch bei der Umwandlung der Körperschaft. Auch nach der **Umwandlung** kann die Finanzverwaltung Körperschaftsteuern für die Zeit vor der Umwandlung festsetzen. Der übernehmende Rechtsträger haftet dafür, auch wenn er selber nicht mehr kstpfl ist (zB durch Formwechsel einer KapGes in eine PersGes). Bei einer Auf- oder Abspaltung kann die Finanzverwaltung auch den Rechtsträger in Haftung nehmen, welchem zivilrechtlich nicht die KSt-Schulden zugewiesen sind (vgl § 133 UmwG). Auch hier sind die Verträge entsprechend anzupassen. 3

## Inkongruente Einlagen

Inkongruente Einlagen, dh Einlagen von Gesellschaftern in das Vermögen der Gesellschaft abweichend von den gesellschaftsrechtlichen Beteiligungsverhältnissen, sind gesellschaftsrechtlich zulässig und können offen oder verdeckt, im Zeitpunkt der Gesellschaftsgründung oder nachher, auf rein gesellschaftsrechtlicher Grundlage, zB im Rahmen von Kapitalerhöhungen oder im Zusammenhang mit schuldrechtlichen Beziehungen, zB Grundstücksveräußerungen unter Wert, erbracht werden. Ertragsteuerl sind sie grds anzuerkennen (zum Sonderfall des Leg-ein-Hol-zurück-Verfahrens „inkongruent" vgl *Schwedhelm/Binnewies* DB 01, 503 und zu diesem Stichwort). Aufgrund der durch inkongruente Einlagen verursachten mittelbaren Vermögensverschiebung zwischen den AntE kann es zur Schenkungsteuerpflicht kommen (vgl hierzu *Binnewies* GmbHR 11, 1022; *Neufang/Merz* BB 11, 2397); siehe ausf „Schenkungsteuer und inkongruente Einlage".

## Insolvenz

**Schrifttum:** *Frotscher* Besteuerung bei Insolvenz, 8. Aufl 14; *Roth* Insolvenz Steuerrecht, 2. Aufl 16; *Waza/Uhländer/Schmittmann* Insolvenzen und Steuern, 11. Aufl 15.

1 Die Krise, der Insolvenzantrag und die Insolvenzeröffnung haben keine Auswirkungen auf die KSt-Pflicht. Diese besteht fort, obwohl die Körperschaft kraft Gesetz mit der Insolvenzeröffnung aufgelöst wird (vgl zur GmbH §§ 60 I Nr 4, 66 I GmbHG). Selbst eine Löschung im Handelsregister beendet die KSt-Pflicht nicht, wenn die Körperschaft werbend tätig bleibt. Eine volle Beendigung tritt erst dann ein, wenn alle Besteuerungsverfahren abgeschlossen sind.

2 **Verfahrensrechtlich** ist § 11 zu beachten. Nach § 11 VII sind die allg Vorschriften der Abwicklung (insbes bis zum dreijährigen Besteuerungszeitraum) auch dann zu beachten, wenn das Insolvenzverfahren eröffnet wird. Die Regelung kommt nicht zwangsläufig mit Eröffnung des Insolvenzverfahrens zur Anwendung. Sie setzt die Einstellung der werbenden Tätigkeit voraus. Nach Ablauf der drei Jahre ist das Finanzamt grds berechtigt, wieder jährliche Erklärungen zu verlangen und entsprechend zu veranlagen. Dies hat Bedeutung in Zeiten schwankender KS-Sätze, da nach der ständigen Rspr des BFH der Satz am Ende des Abwicklungszeitraums maßgeblich für die Besteuerung des gesamten Zeitraums ist. Andererseits wird der Sockelbetrag des § 10d II EStG auch bei einer mehrjährigen Liquidation iRd § 11 KStG nur einmal gewährt (BFH BStBl II 13, 508).

Mit der Verfahrenseröffnung übernimmt der Insolvenzverwalter alle steuerlichen Pflichten der Körperschaft auch für die Vergangenheit. So trifft ihn die Berichtigungspflicht nach § 153 AO für bereits abgegebene Erklärungen und Anmeldungen sowie die Verpflichtung zur Abgabe noch ausstehender Steuererklärungen und Anmeldungen.

3 Für die Abgrenzung der KSt als Insolvenzforderung (§ 38 InsO) von der Masseverbindlichkeit (§ 55 InsO) gelten die allgemeinen Regeln. Maßgeblich ist die Frage, inwieweit die KSt vor bzw nach der Insolvenzeröffnung begründet wurde. Die Neuerungen des § 55 IV InsO für das Eröffnungsverfahren sind auch für die KSt zu berücksichtigen. Die KSt-Jahresschuld ist prozentual für das Jahr der Eröffnung aufzuteilen. Die KSt-Vorauszahlungen entstehen mit dem Beginn des Kalendervierteljahrs, in dem die Vorauszahlung zu entrichten ist. Eine Aufteilung ist ebenfalls erforderlich, wenn iRd Jahresveranlagung eine Erstattung ausgewiesen wird. Hier ist auf eine korrekte Zuordnung der Vorauszahlung zu achten.

Besonderheiten gelten für das KSt-Guthaben nach §§ 37 ff in der Insolvenz (vgl *Schmittmann* StuB 11, 70).

4 **Materiell-rechtlich** haben weder die Krise noch die Insolvenzeröffnung grds unmittelbare Auswirkungen auf das Steuerrecht. Die wirtschaftliche Krise kann jedoch dazu führen, dass iRe Organschaft der Gewinnabführungsvertrag nicht ordnungsgemäß durchgeführt werden kann. Mit der Eröffnung des Insolvenzverfahrens als solches, wird nach der noch herrschenden Meinung der Gewinnabführungsvertrag zwangsweise beendet und auch die Privilegien des Gemeinnützigkeitsrechts entfallen grds (BFH/NV 07, 1793). Schließlich kann durch die

Insolvenz der Betriebsgesellschaft die personelle Verknüpfung iRd Betriebsaufspaltung wegfallen.

## Internationale Rechnungslegungsstandards (IFRS)

**Schrifttum:** *Heuser/Theile* IFRS Handbuch, 5. Aufl 12.

**1.** Für die Informationsfunktion für Aktionäre und Gläubiger hat die **Konzernrechnungslegung** inzwischen mehr Bedeutung als der Einzelabschluss. Die Konzernrechnungslegung ist in den §§ 290 ff HGB geregelt. Gem § 315a I HGB haben Unternehmen, die nach §§ 290 bis 293 HGB einen Konzernabschluss aufstellen müssen und deren Anteile an einem geregelten Markt in der EU zum Handel zugelassen sind, diesen nach den internationalen Rechnungslegungsstandards „International Financial Reporting Standards (IFRS)" zu erstellen. § 315a II HGB erweitert diese Verpflichtung auf Unternehmen, die zum Bilanzstichtag die Zulassung ihrer Anteile zum Handel am inländischen amtlichen oder geregelten Markt beantragt haben. Für Unternehmen, deren Anteile am geregelten Markt gehandelt werden oder dies beantragt ist, ist die Erstellung der Konzernrechnungslegung nach IFRS zwingend. Nicht kapitalmarktorientierte Unternehmen, die nach §§ 290 bis 293 HGB zur Erstellung eines Konzernabschlusses verpflichtet sind, haben gem § 315a III HGB das Wahlrecht, den Konzernabschluss nach IFRS zu erstellen. Die IFRS werden vom International Accounting Standards Board (IASB) erstellt und weiterentwickelt (vgl www.iasc.org.uk). 1

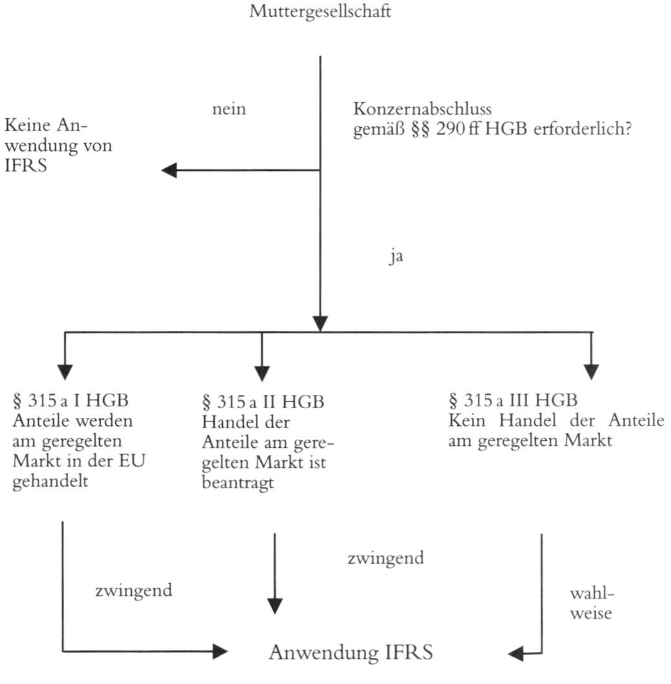

2 **2.** Stellt ein Unternehmen einen Einzelabschluss nach IFRS auf, kann es diesen Abschluss anstelle eines HGB-Abschlusses im Bundesanzeiger bekannt machen. Es ist von der Offenlegung eines HGB-Abschlusses befreit. Der IFRS-Abschluss kann also Gegenstand der Pflichtveröffentlichung sein. Für die gesellschaftsrechtlichen, steuerrechtlichen und aufsichtsrechtlichen Belange bleibt gleichwohl der HGB-Jahresabschluss maßgebend. Dieser ist ggf vom Abschlussprüfer zu prüfen, er ist Grundlage der Gewinnverteilung und auch Grundlage der Steuerbilanz. Aus Sicht des deutschen Gesetzgebers gibt es hierfür im Wesentlichen zwei Gründe:

– Die internationalen Rechnungslegungsstandards werden der Zwecksetzung des Einzelabschlusses nicht gerecht. Dieser dient nicht lediglich Informationszwecken, sondern ist Grundlage für die Ergebnisverwendung (§ 57 III, § 58 IV AktG). Als **Ausschüttungsbemessungsgrundlage** ist der IFRS-Abschluss nicht geeignet, da er in konsequenter Verfolgung des Informationszwecks den Fair-Value-Gedanken betont und noch nicht realisierte Gewinne ausweist. Soweit § 255 IIa HGB – in Anlehnung an IFRS-Grundsätze – für den Einzelabschluss eine Aktivierungspflicht für selbst geschaffene immaterielle Wirtschaftsgüter vorsieht, enthält § 268 VIII HGB eine entsprechende Ausschüttungssperre.
– Ferner dient der Einzelabschluss aufgrund des **Maßgeblichkeitsprinzips** als Grundlage der steuerlichen Gewinnermittlung (§ 5 I 1 EStG). Der IFRS-Abschluss ist als Grundlage der Besteuerung nicht geeignet. Dem steht die vorgelagerte Erfassung von noch nicht realisierten Gewinnen entgegen. Ferner können die Regelungen eines privaten internationalen Gremiums, dem IASB, nicht Grundlage für die nationale Besteuerung sein (BT-Drucks 15/3419, 21 ff; vgl *Hoffmann/Lüdenbach,* GmbHR 04, 145).

3 **3.** Da das nationale Recht die internationalen Rechnungslegungsstandards in Form der IFRS nicht als Grundlage für einen **befreienden Einzelabschluss** zulässt, haben die internationalen Rechnungslegungsstandards grds keinen Einfluss auf die Besteuerung der AG, solange es beim Maßgeblichkeitsprinzip aus § 5 I 1 EStG bezogen auf den nach Handelsrecht zu erstellenden Einzelabschluss verbleibt. Vereinzelt ist dieser Grundsatz bereits durchbrochen (vgl § 4h EStG; zur Bedeutung von IFRS für das Steuerrecht vgl *Kahle/Dahlke/Schulz* StuW 08, 266).

## Investment-Club, Investmentverein

**Schrifttum:** *Märkle* DB 70, 1945; *Gudczinski* DStR 73, 33; *Kamprad* AG 71, 143.

1 **Zusammenschluss** einer bestimmten Zahl von Personen zu einer **Gesellschaft** mit dem **Zweck,** regelmäßige Zahlungen der Mitglieder in **Wertpapieren anzulegen.** Regelmäßig Mitunternehmerschaft mit Einkünften nach § 15 oder § 20 EStG (*Märkel* DB 70, 1945; *Gudczinski* DStR 73, 33; *Kamprad* AG 71, 143; ebenso FinVerw 1970 StEK KStG § 1 Nr 52 und FinVerw DB 02, 244 für den Zusammenschluss aufgrund des Mustergesellschaftsvertrags der Deutschen Schutzvereinigung für Wertpapierbesitz eV). Das Interesse der Mitglieder, unmittelbar am Vermögen der **Gesellschaft** als Eigentümer beteiligt zu sein, hindert die Annahme eines nichtrechtsfähigen Vereins (s § 3 Rz 3). Bei sehr starker Fluktuation und/oder größerer Mitgliederzahl kann im Einzelfall gleichwohl die Schwelle zum nichtrechtsfähigen Verein überschritten werden (FinVerw 1970 StEK KStG § 1 Nr 52); die Anzahl der Mitglieder ist nicht entscheidend (FinVerw DB 02, 244).

2 Zum Investmentverein als Mittel, **ausländischen AntE** die **AnrMöglichkeit** im **AnrV** zu verschaffen, s *Haas* RIW/AWD 78, 581; *Görlich* RIW/AWD 78, 730 und oben „Ausländische AntE" Rz 8.

## Kantinen

1 Werden Kantinen in der Rechtsform eines Einzelunternehmens, einer PersGes oder einer KapGes betrieben, ist die Behandlung regelmäßig ohne besondere Prob-

lematik. Zweifelhaft ist das Betreiben einer Kantine durch den **Betriebsrat** für die **Belegschaft** eines Betriebs. Überwiegend aus Praktikabilitätserwägungen nimmt BFH BStBl III 60, 496 einen körperschaftsteuerpflichtigen nichtrechtsfähigen Verein an; glA FG München EFG 56, 49; FG Nbg EFG 57, 96. Für steuerpflichtige Einkünfte müssen die Merkmale eines Gewerbebetriebs vorliegen. Verkauf nur innerhalb des Betriebs ist Beteiligung am allgemeinen Verkehr (aA FG Münster EFG 64, 69). Zweifelhaft ist die Gewinnerzielungsabsicht; FG RhPf EFG 66, 81 will hierauf in Analogie zum wirtschaftl Geschäftsbetrieb verzichten; für gewerbl Einkünften innerhalb des wirtschaftl Geschäftsbetriebs ist aber die Gewinnerzielungsabsicht erforderlich. Falls sich ein Verfahren finden lässt, die Auszahlung von Überschüssen an die Belegschaft an den Verzehrumsatz anzuknüpfen, hält BFH BStBl III 60, 496, ebenso FG Nbg EFG 57, 96, eine Analogie zu den abzugsfähigen Rückvergütungen für möglich (uE bedenklich). Die Auszahlung der Überschüsse an die Belegschaft führt hier weder zu Einkünften aus KapVerm noch aus nichtselbständiger Arbeit. Nichtselbständige Kantinen von **Körperschaften des öffentl Rechts** sind Betriebe gewerbl Art.

## Kirchensteuer und Teil-, Halbeinkünfteverfahren

**Schrifttum:** *Homburg,* Das Halbeinkünfteverfahren und die KiSt, FR 08, 153.

Der Protest der Kirchen war groß, als im Rahmen der Unternehmensteuerreform mit Wirkung ab VZ 2002 für die Besteuerung der Dividendeneinkünfte auf der Ebene der Anteilseigner das **Teileinkünfteverfahren** eingeführt wurde (§ 3 Nr 40 EStG). Die Kirchen befürchteten einen Einbruch der Kirchensteuer, da durch das Teileinkünfteverfahren im Ergebnis das ESt-Aufkommen gesenkt wurde und die ESt als Bemessungsgrundlage für die Berechnung der Kirchensteuer dient. Die ehrlichste Reaktion der Kirchen hierauf wäre die Erhöhung der KiSt-Sätze gewesen. Da dies den Kirchen offensichtlich nicht opportun erschien, wurde mit Hilfe des Bundesgesetzgebers – der hierfür gar nicht zuständig ist – in das EStG eine Regelung aufgenommen, nach der für die Berechnung der KiSt eine Schattenveranlagung durchgeführt wird, im Rahmen der das Halbeinkünfteverfahren negiert wird (§ 51a II 2 EStG). Im Ergebnis wird für die Berechnung der KiSt so getan, als gäbe es das Teileinkünfteverfahren nicht. Die nach § 3 Nr 40 EStG steuerfrei gestellten Dividendeneinnahmen werden hinzugerechnet. Im Gegenzug greift das Teilabzugsverfahren nach § 3c II EStG nicht. Auf diesem Weg soll die Anhebung der KiSt-Sätze gesetzestechnisch verschleiert werden (*Schmidt/Drenseck* EStG § 51a Rz 1). Die Kirchensteuergesetze der Länder verweisen für die Berechnung der KiSt auf die in § 51a II 2 EStG getroffene Regelung. 1

Die rechtliche Zulässigkeit der Negierung des Teileinkünfteverfahrens für die Berechnung der Kirchensteuer verstößt uE gegen das Leistungsfähigkeitsprinzip und ist verfassungswidrig. Durch die Negierung des Teileinkünfteverfahrens für die Berechnung der Kirchensteuer bleibt die vollständige steuerliche Vorbelastung auf der Ebene der Körperschaft unberücksichtigt. Hierbei kann es nicht auf eine konkrete Kirchensteuerbelastung des auf der Ebene der Körperschaft erzielten Gewinns ankommen. Das Teileinkünfteverfahren führt zu dem Ergebnis, dass die Gewinne beim AntE aufgrund der Vorbelastung auf der Ebene der Körperschaft generalisierend und typisierend entsprechend der Steuerbelastung anderer Einkunftsquellen besteuert werden. Das belegt bereits die Gesetzesbegründung. Dies ist letztlich wiederum die Konsequenz der steuerlich einheitlichen Betrachtung von Körperschaft und AntE im Fall der Ausschüttung. Demnach fehlt es dann aber an einer sachlichen Rechtfertigung für die Ungleichbehandlung der Einkunftsquellen im Rahmen der Berechnung der Kirchensteuer nach § 51 a II 2 EStG. Im Ergebnis bleibt daher festzuhalten, dass die Berechnung der Kirchensteuer unter Negierung des Halbeinkünfteverfahrens im Rahmen einer Schattenveranlagung 2 verfassungsrechtlich unzulässig ist (zu den untragbaren Ergebnissen vgl *Schult* BB 01, 1019).

3 Zur KiSt im Teileinkünfteverfahren und bei der Abgeltungssteuer s „Teileinkünfteverfahren und Abgeltungsteuer".

## Liquidation

1 IRd Liquidation ist hinsichtlich der steuerrechtlichen Konsequenzen zwischen der Ebene der Gesellschaft und der Ebene der Gesellschafter zu differenzieren. Auf beiden Ebenen wiederum ist zu unterscheiden zwischen der **Auskehrung von Gewinn** (Dividende) und der **Auskehrung von Kapital** (Einlagenrückzahlung). Auf der Ebene der Gesellschaft ist Letzteres entscheidend für die Pflicht zum Einbehalt von KapErtrSt. Auf der Ebene des Gesellschafters haben Dividende und Auskehrung von Kapital unterschiedliche steuerrechtliche Konsequenzen. § 11 sieht Sonderregelungen für den **Besteuerungszeitraum** und die **Gewinnermittlung** auf der Ebene der Gesellschaft vor.

### 1. Ebene der Gesellschaft

2 **Besteuerungszeitraum:** Gem § 11 I sieht das Gesetz für die Abwicklung eine Gewinnermittlung für einen **abweichenden Besteuerungszeitraum** vor. Es ist der im Zeitraum der Abwicklung erzielte Gewinn zu ermitteln. Gem § 11 I 2 soll der Besteuerungszeitraum drei Jahre nicht übersteigen. Dies gilt im Fall der Abwicklung nach Auflösung, Auflösung durch Gerichtsentscheid (§§ 396 ff AktG), Insolvenz (§ 11 VII). Hinsichtlich des **Besteuerungszeitraums** gelten folgende Besonderheiten:

– Der Gewinnermittlungszeitraum des Wj (§ 7 IV) wird durch den Abwicklungszeitraum ersetzt (§ 11 I 1).
– Der Abwicklungszeitraum beginnt mit dem Zeitpunkt der Auflösung und endet mit der Schlussverteilung des Gesellschaftsvermögens.
– Gem § 11 I 2 soll der Abwicklungszeitraum nicht länger als drei Jahre dauern.
– Der Abwicklungszeitraum ist Ermittlungs- und Veranlagungszeitraum. Es erfolgt eine einheitliche Veranlagung.

3 Der Zeitraum der Abwicklung beginnt mit der **Auflösung,** zB am Tag der Beschlussfassung über die Auflösung (vgl BFH BStBl II 83, 433). Der Besteuerungszeitraum beginnt in dem Wj, in das die Auflösung fällt. Erfolgt die Auflösung im Laufe eines Wj, kann die Gesellschaft ein **Rumpfwirtschaftsjahr** bilden (KStR 11 I). Für dieses gelten die allgemeinen Gewinnermittlungsgrundsätze. Die Zeitdauer des Rumpf-Wj wird auf den Liquidationszeitraum des § 11 I 2 angerechnet (*Kraft* in Münch Hdb AG, 4. Aufl 13, § 67 Rz 5). Wird kein Rumpf-Wj gebildet, ist der Zeitraum vom Schluss des vorangegangenen Wj bis zum Auflösungszeitpunkt in den Abwicklungszeitraum einzubeziehen.

4 **Beratungshinweis:** Bei einem positiven Ergebnis des Rumpf-Wj kann dessen Einbeziehung in den Liquidationszeitraum zu Liquiditätsvorteilen auf der Ebene der Gesellschaft führen. Die Besteuerung des Gewinns dieses Rumpfwirtschaftsjahrs wird bis zum Abschluss der Abwicklung, jedenfalls aber bis zum Ende des dreijährigen Zeitraums hinausgeschoben. Ferner kann das positive Ergebnis des Rumpf-Wj bei Einbeziehung in den Abwicklungszeitraum unmittelbar mit in diesem Zeitraum entstandenen Verlusten ausgeglichen werden. In diesem Fall sollte also von der Bildung eines Rumpf-Wj abgesehen werden.

5 **Ende des Besteuerungszeitraums:** Der Besteuerungszeitraum endet mit dem Abschluss der Liquidation bzw der Insolvenz, dh mit der **Verteilung des Endvermögens** an die Gesellschafter oder Gläubiger. Er endet jedoch nicht vor Ablauf des gesellschaftsrechtlichen Sperrjahrs. Die Inanspruchnahme von § 11 setzt voraus, dass die Gesellschaft tatsächlich abgewickelt, der Betrieb eingestellt und das Vermögen verteilt wird. Wird zwar eine Liquidation beschlossen, der Geschäftsbetrieb

jedoch aufrechterhalten, gilt § 11 nicht, dh es sind jährliche KSt-Veranlagungen mit normaler Gewinnermittlung zu erstellen.

**Veranlagungen:** § 11 I 1 definiert den Abwicklungszeitraum als einheitlichen Besteuerungszeitraum. Für den Abwicklungszeitraum ist die Gesellschaft von der Pflicht zur jährlichen Erstellung von Steuererklärungen entbunden. Eine **jährliche Steuerveranlagung unterbleibt.** Die Festsetzung von Vorauszahlungen während dieses Besteuerungszeitraums ist zulässig. Erst mit Ablauf des einheitlichen, regelmäßig über mehrere Jahre sich erstreckenden Abwicklungszeitraums entsteht die Steuer gem § 38 AO für den im Hinblick auf den Liquidationsgewinn maßgeblichen Besteuerungszeitraum (*Gosch/Stalbold* § 11 Rz 49, 88). Endet die Abwicklung innerhalb des von § 11 I 2 vorgesehenen **„Regel-Besteuerungs-Zeitraums“,** erfolgt eine einheitliche Gewinnermittlung und Veranlagung. Positive und negative Ergebnisse innerhalb des Zeitraums gleichen sich aus. Wird ein Verlust ausgewiesen, kann dieser in den vorherigen VZ nach den allgemeinen Grundsätzen zurückgetragen werden (§ 8 KStG, § 10d EStG). **Übersteigt der Abwicklungszeitraum** den in § 11 I 2 vorgesehenen Regel-Zeitraum, kann das Finanzamt nach Ablauf dieses Zeitraums veranlagen. Innerhalb des Ermessens des Finanzamts ist das Finanzamt zu einer Begründung nur verpflichtet, wenn ein rechtliches Interesse der Gesellschaft an der Verlängerung des Besteuerungszeitraums über drei Jahre hinaus erkennbar ist (BFH BStBl II 08, 319 = GmbHR 08, 160). Insbesondere wenn das Ende der Abwicklung kurz nach dem Drei-Jahres-Zeitraum absehbar ist, erscheint es ermessensgerecht, eine einheitliche Veranlagung über den Regelzeitraum hinaus durchzuführen. Sind besondere Gründe zur Verlängerung des Drei-Jahres-Zeitraums nicht erkennbar, ist es ermessensgerecht, wenn das Finanzamt nach drei Jahren veranlagt. Fraglich ist, ob das Finanzamt nach Ablauf des Drei-Jahres-Zeitraums zur jährlichen Veranlagung überzugehen hat (vgl KStR 11 I 7). Interessengerecht erscheint dies nur, wenn man davon ausgeht, dass es sich bei der Veranlagung nach Ablauf des Drei-Jahres-Zeitraums um eine vorläufige „Zwischenveranlagung“ handelt und sie am Ende der Abwicklung durch eine den gesamten Abwicklungszeitraum umfassende Veranlagung ersetzt wird (vgl *Gosch/Stalbold* § 11 Rz 51 ff). Der BFH hat dies zwar letztlich nicht entschieden, seine Bezeichnung der Veranlagung nach Ablauf des Drei-Jahres-Zeitraums als „Zwischenveranlagung“ spricht allerdings hierfür (vgl BFH BStBl II 08, 319 = GmbHR 08, 160). Diese Sichtweise sichert, dass positive und negative Ergebnisse des gesamten Abwicklungszeitraums sich ausgleichen und ein etwaiger Verlust aus dem Abwicklungszeitraum in den letzten von der Abwicklung nicht betroffenen VZ innerhalb der Grenzen des § 10d EStG zurückgetragen werden kann. 6

**Abwicklungsgewinn/-verlust:** § 11 II regelt für den Abwicklungszeitraum die Gewinnermittlung. Vom Abwicklungs-Endvermögen ist das Abwicklungs-Anfangsvermögen abzuziehen. Das **Abwicklungs-Endvermögen** ist in § 11 III und das **Abwicklungs-Anfangsvermögen** ist in § 11 IV definiert. Abweichend von den allgemeinen Gewinnermittlungsgrundsätzen muss bei der Gewinnermittlung für den Abwicklungszeitraum die Erfassung der stillen Reserven sichergestellt werden. Das Abwicklungs-Endvermögen, also das Verteilungsvermögen, ist mit dem **gemeinen Wert** zu bewerten. Dies gilt auch, wenn Vermögensgegenstände an Gesellschafter zu einem niederen Wert veräußert worden sind (vGA) (BFH BStBl III 66, 152). Nicht verwertbare Wirtschaftsgüter sind abzuschreiben. Dies gilt insbes für einen aktivierten Firmenwert. 7

**Körperschaftsteuer:** Die KSt wird in dem VZ veranlagt, in den das Ende des Abwicklungszeitraums fällt. Da der Abwicklungsgewinn einheitlich für den gesamten Abwicklungszeitraum ermittelt wird, ist der **Steuersatz** anzuwenden, der für den VZ gilt, in dem der Abwicklungszeitraum endet. Erfolgen gem § 11 I 2 Zwischenveranlagungen, gilt der Steuersatz des VZ, in den das jeweilige Ende des Zeitraums der Zwischenveranlagung fällt (BFH BFH/NV 14, 1593). UE sind die Zwischenveranlagungen durch eine den gesamten Abwicklungszeitraum erfassende 8 abschließende Veranlagung zu ersetzen, so dass im Ergebnis der Steuersatz für den Abwicklungszeitraum anzusetzen ist, der in dem VZ gilt, in dem die Abwicklung beendet wurde. Abschließende höchstrichterliche Rspr gibt es bislang nicht.

9 **Kapitalertragsteuer:** Im Hinblick auf die Pflicht zum Einbehalt und zur Abführung zur KapErtrSt ist bereits auf der Ebene der Gesellschaft zu differenzieren, ob es sich bei Auskehrungen während oder nach Abschluss der Abwicklung um **Dividenden** oder **Kapitalrückzahlungen** handelt. Bezüglich der **Verwendungsreihenfolge** gilt für den Fall der Kapitalherabsetzung bzw Auflösung § 28 II. Das Gesetz geht von einer Herabsetzung des Nennkapitals auf Null aus. Vor Auskehrung des Abwicklungsvermögens setzt sich das steuerliche Eigenkapital nur noch aus sonstigem Vermögen und Einlagekonto zusammen. Die gedankliche Herabsetzung des Nennkapitals auf null führt dazu, dass

- zuerst der Sonderausweis zum Schluss des vorangegangenen Wj (§ 28 I 3) auf Null gemindert wird. Da es sich iRd Auskehrung beim Anteilseigner insoweit um Einkünfte aus Kapitalvermögen iSv § 20 I Nr 2 EStG handelt, ist auf der Ebene der KapGes KapErtrSt einzubehalten und abzuführen (§ 43 I Nr 1 EStG). Eine Bescheinigung gem § 45a II EStG ist auszustellen.
- Ein über den Sonderausweis hinausgehender Betrag des herabgesetzten Nennkapitals ist gem § 28 II 3 von einem positiven Bestand des Einlagekontos abzuziehen. Der Teil dieser Auskehrung führt bei den Aktionären nicht zu Einkünften aus Kapitalvermögen. Es handelt sich um eine Kapitalrückzahlung, für die auf der Ebene der Gesellschaft keine KapErtrSt einzubehalten ist.
- Darüber hinausgehende Beträge (sonstiges Vermögen) sind gemäß § 28 II 4 als Gewinnausschüttungen zu qualifizieren, die beim Anteilseigner wiederum zu Einkünften aus Kapitalvermögen gem § 20 I Nr 2 EStG mit KapErtrSt-Abzug gem § 43 Nr 1 EStG und zur Bescheinigungserteilung gem § 45a II EStG führen.

10 **Beispiel** (vgl *Förster/van Lishaut* FR 02, 1214):

| | **Ebene der Körperschaft** | | | **Ebene des Gesellschafters** | |
|---|---|---|---|---|---|
| | NK | SA | EL | GA | EL |
| Stand 31.12.15 | 120 | 8 | 0 | | |
| effektive Kapitalherabsetzung, § 28 II 1 und 2 KStG | – 120 | | | | |
| | **Ebene der Körperschaft** | | | **Ebene des Gesellschafters** | |
| | NK | SA | EL | GA | EL |
| Minderung SA und GA | | – 8 | | + 8 | |
| Einlagengutschrift (S 1) | | | + 112 | | |
| Einlagenrückzahlung (S 2) | | | – 112 | | + 112 |
| Stand 31.12.16 | 0 | 0 | 0 | 8 | 112 |

11 Werden **Abschlagszahlungen** auf den Liquidationsüberschuss geleistet, gilt nach der Finanzverwaltung das sonstige Vermögen als vor dem Nennkapital verwendet (BMF BStBl I 03, 434, Tz 12).

12 **Gewerbesteuer:** Der gewstl Abwicklungszeitraum ist mit dem kstl Abwicklungszeitraum identisch. Der während des Abwicklungszeitraums entstehende Gewerbeertrag ist jedoch gem § 16 I GewStDV **zeitanteilig** auf die Veranlagungsjahre des Abwicklungszeitraums zu verteilen. Der BFH spricht sich für eine identische Behandlung wie bei der KSt aus (BFH BStBl II 08, 319 = GmbHR 08, 160). Die FinVerw hat einen Nichtanwendungserlass erlassen (BMF BStBl I 08, 542).

13 **Umsatzsteuer:** Die Gesellschaft ist auch während der Auflösung **Unternehmer** iSv § 2 I UStG. Ihre Umsätze unterliegen der USt. Sie bleibt zum Vorsteuer-

abzug berechtigt. USt-Voranmeldungen und die USt-Jahreserklärung sind auch während des Abwicklungszeitraums abzugeben. Dies gilt sogar nach ihrer Löschung im Handelsregister (UStAE 2.6 VI).

**2. Ebene der Gesellschafter**

**Anteile im Privatvermögen:** Gem § 20 I Nr 2 EStG gehören sämtliche Bezüge, die nach Auflösung einer Gesellschaft anfallen und nicht in der Rückzahlung von Nennkapital bestehen, zu den **Einkünften** aus **Kapitalvermögen**. Beträge des Nennkapitals, die aus Gewinnrücklagen gebildet wurden und im Sonderausweis gem § 28 II 2 vorhanden sind, gelten ebenfalls als Gewinnausschüttung. Sie unterliegen der privilegierten Besteuerung gem § 32d EStG und dem Wahlrecht zum Teileinkünfteverfahren gem § 32d III EStG. Wurde auf der Ebene der Gesellschaft zutreffend KapErtrSt zzgl SolZ und KiSt einbehalten und an das Finanzamt abgeführt, sind diese Einkünfte in der Steuererklärung nicht anzugeben. Die Auskehrung des nicht aus Gewinnrücklagen gebildeten Nennkapitals sowie die Auskehrung der Beträge des Einlagekontos iSv § 27 I KStG können zu einem **Veräußerungsgewinn** iSv § 17 IV 1 und 2 EStG führen. Dies ist der Fall, wenn die Auskehrungen die Anschaffungskosten übersteigen. Es gilt das Teileinkünfteverfahren (§ 3 Nr 40 S 1 Buchst c EStG). Ist der Gesellschafter nicht mit 1% am Grundkapital der Gesellschaft beteiligt, ist ein entsprechender Gewinn nicht steuerbar. § 20 II 1 Nr 1 iVm S 2 EStG gilt nicht (BMF BStBl I 16, 854, Tz 63). **14**

**Aktien im Betriebsvermögen:** Bei Anteilen im Betriebsvermögen ist der Differenzbetrag zwischen der Auskehrung des Vermögens und dem Buchwert der Aktien als **Unterschiedsbetrag iRd Gewinnermittlung** zu berücksichtigen. Im Konzern gilt die 95%ige **Freistellung** gem § 8b I bzw II, sofern kein Streubesitz nach § 8b IV vorliegt und keine Einlagen ausgekehrt werden. Die Differenz zwischen Anschaffungskosten und Einlagenrückzahlung wird wie eine Veräußerung unter § 8b II subsumiert (unstr, vgl *Gosch* § 8b Rz 110). Bei natürlichen Personen gilt das Teileinkünfteverfahren (§ 3 Nr 40 Buchst e und § 3 Nr 40 S 1 Buchst c EStG). Über § 7 GewStG besteht insoweit auch GewSt-Pflicht. § 9 Nr 2a GewStG gilt nicht (BFH BStBl II 05, 297 = GmbHR 05, 310). **15**

**Zeitpunkt der Verlustrealisierung nach § 17 IV EStG:** In der **Praxis** problematisch ist die Bestimmung des Zeitpunkts einer Verlustrealisierung gem § 17 I und IV EStG. Betroffen sind Gesellschafter, die mit mindestens 1% an der Gesellschaft beteiligt sind und iRd Liquidation oder Insolvenz einen Verlust erleiden, dh die Differenz aus Anschaffungskosten und Auskehrungen negativ ist. **16**

**Beispiel:** A ist Alleingesellschafter der A-AG. Die Auflösungsbilanz zum 30.1.15 weist kein Anlagevermögen und keine fertigen Erzeugnisse oder Waren mehr aus. Im Anlagespiegel waren Geschäfts- oder Firmenwert, Pkw und sonstige Betriebs- und Geschäftsausstattung als Abgabe gebucht. Die von der A-AG angemieteten Räume wurden ab 1.1.15 an fremde Dritte überlassen. Im Mai 16 wird die A-AG wegen Vermögenslosigkeit von Amts wegen im Handelsregister gelöscht. A macht im Jahr 15 einen Verlust gem § 17 IV EStG geltend. **17**

Soweit A die Aktien im **Privatvermögen** hält, kann er den Verlust iHv 60% gem §§ 17 I und IV, 3c II EStG geltend machen. Fraglich ist, ob A den Verlust bereits im Jahr 15 realisiert hat. Ein Auflösungsverlust entsteht regelmäßig im **Zeitpunkt** des Abschlusses der Liquidation. Ausnahmsweise kann der Zeitpunkt, in dem der Auflösungsverlust realisiert ist, schon vor Abschluss der Liquidation liegen, wenn mit einer wesentlichen Änderung des Verlusts nicht mehr zu rechnen ist. Diese Voraussetzung ist erfüllt, wenn die Möglichkeit einer Auskehrung von Restvermögen an die Gesellschafter wegen der Vermögenslosigkeit der Gesellschaft ausgeschlossen werden kann und absehbar ist, ob und in welcher Höhe dem Gesellschafter noch nachträglich Anschaffungskosten oder sonstige iRv § 17 II EStG berücksichtigungsfähige Veräußerungs- oder Aufgabekosten anfallen. Nach den **18**

**Grundsätzen ordnungsmäßiger Buchführung** muss der entstehende Verlust errechenbar sein. Im Wesentlichen können folgende **Grundsätze** festgehalten werden:

– Der letztmögliche Zeitpunkt der Realisierung des Verlusts ist der VZ, in den die Beendigung der Abwicklung iRd Liquidation oder der Insolvenz fällt.
– Frühestmöglicher Zeitpunkt ist das Jahr der Antragstellung auf Eröffnung eines Insolvenzverfahrens, die mangels Masse abgelehnt wird.
– Im Übrigen gilt der allgemeine Grundsatz, dass nach den GoB der Verlust in seiner Höhe mit an Sicherheit grenzender Wahrscheinlichkeit zu ermitteln sein muss. Wirtschaftsgüter mit wesentlichem Wert dürfen sich im Betriebsvermögen der Gesellschaft nicht mehr befinden. Dies gilt insbes für Grundstücke.

Nach diesen Grundsätzen ist der Verlust im Beispielsfall im Jahr 15 realisiert (vgl BFH GmbHR 09, 385).

19 **Beratungshinweis:** In der Praxis ist es wichtig, dass sämtliche VZ offengehalten werden, die als Zeitpunkt der Verlustrealisierung in Betracht kommen. Die Entscheidung, in welchen konkreten VZ die Verlustrealisierung fällt, ist stets unsicher.

## Marktförderungs-, Marktstabilisierungsfonds

S „Zweckvermögen“.

1 Zur **Markterschließung, -förderung** und **-stabilisierung** sind einige Handels- und Produktionszweige den Weg gegangen, durch Beiträge der Händler, Produzenten oder Erzeuger Förderungs- und Stabilisierungsfonds zu schaffen, die zur Marktbeeinflussung eingesetzt werden können. Zweck dieser Fonds ist es, durch einen zeitweiligen KapEinsatz bei den Mitgliedern dieser Fonds oder durch ausgleichende Zuschüsse einen bestimmten Markterfolg zu erreichen. Diese Fonds können als ZweckVerm, dh als selbstständige Steuersubjekte, ausgestaltet werden. Beispiele: **Mastgeflügel-Stabilisierungsfonds; Eier-Stabilisierungsfonds.**

2 Die Fonds gleichen, sofern selbständige Zweckvermögen geschaffen werden sollten, den Sammelvermögen und damit den nichtrechtsfähigen Stiftungen (s zu diesem Stichwort). Die Beiträge der Mitglieder scheiden aus dem rechtlich und wirtschaftl Eigentum der Mitglieder aus. Formalrechtlich Eigentümer wird regelmäßig eine bereits bestehende juristische Person oder eine eigens hierfür geschaffene Gesellschaft (zB GmbH). Die Zweckbindung erfolgt durch Richtlinien oder durch ein Statut des Fonds, die jedes zum Fonds beitragende Mitglied expressis verbis, durch Verweis oder stillschweigend als rechtlich Gehalt der Beitragszahlung zugrunde legt. Diese Zweckbindung ist entscheidend, allein ein vom Träger selbst abgesonderter Vermögensfonds reicht nicht zur Schaffung eines Zweckvermögens aus; s RFH StuW 43 Nr 244 betr eine nichtrechtsfähige Pensionskasse. Von den nichtrechtsfähigen Stiftungen unterscheidet sich der Fonds wie das Sammelvermögen durch die Vielzahl der Stifter oder Mitglieder vom Sammelvermögen dadurch, dass es für einen dauernden Zweck geschaffen ist.

3 Das **Zusammentragen** des Fonds ist **keine Betriebseinnahme** des Zweckvermögens, der Einsatz des Fondsvermögens keine **Betriebsausgabe** (FinVerw 1971 StEK KStG § 4 Nr 69). Zu weiteren Fragen der Besteuerung s „Zweckvermögen“ und FinVerw aaO.

## Missbrauch

S „Basisgesellschaften“, „Steuergünstige Gestaltungen“.

1 **1. Anerkennung der Körperschaft:** Eine KapGes, die nur „zwischengeschaltet“ werde und keinen eigenen Geschäftsbetrieb unterhalte, sei wegen Rechtsmissbrauchs nicht anzuerkennen (RFH RStBl 35, 148). In der Praxis kommt die

Nichtanerkennung einer GmbH wegen Verstoßes gegen § 42 AO jedoch nicht vor (*Streck* KÖSDI 80, 3593). Die Komplementär-GmbH wird anerkannt, obwohl von einem eigenen Geschäftsbetrieb wirtschaftl kaum die Rede sein kann. Ausnahme: Ausländische Basisgesellschaft; s nachfolgend. Im Übrigen ist in der Praxis eher die gegenteilige Tendenz feststellbar. Wer eine GmbH gegründet hat und sie nicht ernst nimmt, wird mit nachteiligen StFolgen auf diese Nachlässigkeit hingewiesen. *Arndt/Ringel* BB 88, 2147 halten es für möglich, dass die Rspr zu den ausländischen Basisgesellschaft auch auf inländischen KapGes Anwendung finden, wenn an der inländischen KapGes ausländische AntE beteiligt sind; krit dazu „Basisgesellschaften".

**2. Basisgesellschaft:** Unter BasisGes werden ausländischen Gesellschaft in Niedrigsteuerländern verstanden. Sie werden kritisch unter Missbrauchsgesichtspunkten geprüft; s zu diesem Stichwort. Soweit eine ausländische Gesellschaft nicht wegen Missbrauchs verworfen wird, sind die Geschäftsbeziehungen zu dieser ausländischen Gesellschaft zu prüfen; s Rz 2 ff „Basisgesellschaften". S auch „Abschirmende ausländische juristische Personen". 2

**Gewinnausschüttung:** Zur Anwendung s „Gewinnausschüttung". „Schütt-aus-Hol-zurück"-Verfahren und „Leg-ein-Hol-zurück"-Verfahren s zu diesen Stichworten. Missbrauch und vGa s § 8 Anh Rz 843 „Missbrauch". **Einlagen:** Betriebsausgaben bleiben Betriebsausgaben, auch wenn sie als Einlagen zurückgewährt werden (BFH BStBl II 89, 473). Der Annahme eines Missbrauchs im Rahmen der KSt muss nicht die gleiche Annahme bei der KapVSt entsprechen (BFH BStBl II 84, 147). 3

**3. Mantelkauf:** S § 8 Rz 420 ff und § 8c.

**4.** Ausnutzung des **§ 17 EStG** und der StFreiheit der Veräußerung **nicht wesentlicher Beteiligungen** s „Liquidation" und „Steuergünstige Gestaltungen". **Anteilsrotation** s zu diesem Stichwort. 4

**5. KapErh** und Missbrauch: S KapErhStG Vorbem Rz 3. 5

**6. Gemeinnützige Körperschaften:** Ausnutzung der Bagatellgrenze des § 64 III AO als gesetzl normierter Missbrauch s § 64 IV AO. 6

## Mitunternehmerschaft

Ist AntE einer KapGes eine Mitunternehmerschaft, so waren die Mitunternehmer im AnrV anrechnungsberechtigt. In dem gesonderten Gewinnfeststellungsverfahren für diese Mitunternehmerschaft wird das KStGuthaben „mit verteilt" (s § 44 aF Rz 4, 5 der 7. Aufl; BFH BStBl II 96, 531; FG Bremen EFG 94, 1078), und zwar uE bestands- bzw rechtskräftig. Das KStGuthaben ist Sonderbetriebsvermögen (*Döllerer* BB 79, 1304; s auch „Handelsbilanz"). Die Verteilung des KSt-Guthabens erfolgt nach Maßgabe der Ausschüttungsverteilung; es kann nicht gesondert verteilt werden (BFH, FG Bremen aaO). Die Bescheinigung nach § 44 aF wird auf die Mitunternehmerschaft ausgestellt (s § 44 aF Rz 4, 5). 1

Zur Frage, ob in der Mitunternehmerschaft die Beteiligungserträge mit oder ohne Anrechnungsguthaben zu bilanzieren sind, s „Handelsbilanz". 2

Zu einzelnen vGa-Problemen s § 8 Anh „Personengesellschaft" mit Weiterverweisungen. 3

## Nichtrechtsfähige Stiftungen

S „Sammelvermögen", „Zweckvermögen" „Nichtrechtsfähige Stiftungen".

**Schrifttum:** *v Campenhausen/Richter* Handbuch des Stiftungsrechts, 4. Aufl 14.

**Allgemeines:** Die nichtrechtsfähige bzw unselbstständige Stiftung ist die häufigste Erscheinungsform, in der Zweckvermögen (s zu diesem Stichwort) kstpfl sind. Zur Steuerpflicht nach § 1 I Nr 5 s § 1 Rz 40 ff und § 3 Rz 3, zur Gemein- 1 nützigkeit § 5 Rz 103 ff. Ein gesetzlich ausgeformtes Rechtsinstitut der nichtrechtsfähigen Stiftung gibt es nicht. Die nichtrechtfähige Stiftung hat den großen Vorteil gegenüber der rechtsfähigen, dass sie nicht der staatlichen Stiftungsaufsicht unterliegt und sehr rasch gegründet werden kann. Maßgeblich sind nur ein Vertragsabschluss mit einem Dritten und die entsprechende Vermögensübertragung. Regelmäßig wird eine nichtrechtsfähige Stiftung angenommen, wenn der Stifter einen bestimmten Vermögensgegenstand auf einen Dritten überträgt, der Gegenstand aus dem Vermögen des Stifters rechtlich und wirtschaftlich ausscheidet und in das Vermögen des neuen Trägers zwar formal-rechtlich, jedoch nicht wirtschaftlich eingeht (so bereits RFH StuW 30 Nr 14). Teile der Finanzverwaltung verlangen zur steuerlichen Anerkennung der nichtrechtsfähigen Stiftung darüber hinaus – unzutreffend – weitere Kriterien zur Abgrenzung zum Treuhänder (vgl OFD Frankfurt DB 12, 204). Haben Treuhänder und nichtrechtsfähige Stiftungen identische Zwecke, soll durch zusätzliche Stiftungsgremien sichergestellt werden, dass der Treuhänder keinen Einfluss auf die Verwendung der Stiftungsmittel hat. Dies ist uE weder stiftungsrechtlich noch steuerlich haltbar. Der Dritte kann eine natürliche Person, aber auch eine Gesellschaft sein. Der Stifter kann diese Gesellschaft speziell für die Stiftungserrichtung gründen. Aus einer nichtrechtfähigen Stiftung kann jederzeit eine rechtsfähige Stiftung gemacht werden. Dazu gründet idR der Dritte die rechtsfähige Stiftung und überträgt das Zweckvermögen auf die neue Stiftung.

2 **2. Steuerliche Bedingungen:** Die nichtrechtsfähige Stiftung unterscheidet sich in ihrer Ertragsbesteuerung nicht von der rechtsfähigen Stiftung (anders zB bei der Familienstiftung im Hinblick auf die Erbersatzsteuer nach § 1 I Nr 4 ErbStG, BFH/NV 17, 698). Die nichtrechtsfähige Stiftung ist unabhängig von der Qualifikation des Dritten als dessen Zweckvermögen kstpfl. Auch im Falle ihrer Gemeinnützigkeit (s § 5 Rz 103 ff) vermittelt sie die gleichen Steuervorteile wie die rechtsfähige Stiftung. Die steuerlich nicht begünstigte Stiftung ist nicht Kraft ihrer Rechtsform gewstpfl. Bei einer rein vermögensverwaltenden Täktigkeit ergeben sich damit Steuervorteile gegenüber anderen Gesellschaftsformen. Die Leistungen der Stiftung an die Begünstigten sind nur unter den allg Regelungen des EStG steuerbar. Einzelne Leistungen, die nicht unter § 20 I Nr 9 EStG fallen, können damit unter Umständen ertragsteuerfrei vereinnahmt werden. Wiederkehrende Leistungen nach § 22 Nr 1 EStG unterliegen nicht der KapErtrSt.

3 Um zivilrechtlich eine nichtrechtsfähige Stiftung iSv § 1 I Nr 5 zu schaffen, muss sichergestellt werden,

- dass ein bestimmter Vermögensgegenstand auf einen Dritten übertragen wird (für die nichtrechtsfähige Stiftung typische, für das Zweckvermögen nicht notwendige Bedingung);
- dass ein Zweck, dem dieser Vermögensgegenstand dienen soll, bestimmt wird (Zweckbestimmung);
- dass die Zweckbindung vertraglich mit dem formal-rechtlichen Träger sowohl hinsichtlich des Vermögensstamms als auch hinsichtlich der Erträge sichergestellt wird;
- und dass schließlich die Verwaltung des Zweckvermögens, dh die Zweckverfolgung, geregelt wird.

4 Das **Zivilrecht** kennt in den §§ 80 ff BGB nur die rechtsfähige Stiftung. Die Errichtung einer nichtrechtsfähigen Stiftung muss sich daher der allg Formen des bürgerlichen Rechts bedienen, insbes des Vertrags und der Verfügung von Todes wegen. Rechtsgrundlage ist allein der Vertrag zwischen Stifter und empfangendem Rechtsträger. Bei der **vertraglichen Vereinbarung** müssen – nach der Übertragung des Vermögensgegenstandes auf den Träger – zwischen Stifter und Träger Zweckbestimmung, -bindung und -verfolgung, dh die treuhänderische oder fiduziarische Bindung, obligatorisch vereinbart werden. Bei dem Vertrag, den man

Stiftungs- oder Treuhandvertrag nennen kann, handelt es sich idR um einen **Auftrag** (§ 662 BGB) oder – bei Vereinbarung eines Entgelts – um einen **Geschäftsbesorgungsvertrag** (§ 675 BGB). Eine Eigenstiftung ist nach hM unzulässig (vgl *Hof* in v Campenhausen/Richter § 36 Rz 46). Träger (Vertragspartner) wird regelmäßig eine juristische Person, kann aber auch eine natürliche Peron sein; im letzteren Fall muss vereinbart werden, dass die Stiftungsverpflichtung über den Tod hinausreicht und auf die Erben übergeht. Besondere **Formvorschriften** bestehen nicht. Allerdings kann der Vertrag ein Geschäft umfassen, das als solches einer Form unterliegt (zB § 311b BGB). Als zweckmäßige äußere Gestaltungsform ist ein Rahmenvertrag, kraft dessen der Träger die Stiftung gemäß einem besonderen Statut, das Zweckbindung und Zweckverfolgung regelt, verwalten soll, üblich. Bei der vertraglichen Vereinbarung ist die **Abgrenzung zur Schenkung** unter Auflage wichtig (§ 525 BGB). Unterscheidungskriterium ist die Frage, ob der Stifter den Träger trotz Auflage bereichern will. Da er in diesem Fall dem Träger wirtschaftlich regelmäßig etwas zuwendet, wenn auch vielleicht nach Ablauf einer bestimmten Zeit, liegt in diesen Fällen ein steuerliches Zweckvermögen nicht vor. Der Stiftungsvertrag ist weiter gegen den **Dienst- oder Werkvertrag** abzugrenzen, bei dem der Zuwendung des Stiftungsgegenstands eine konkrete Gegenleistung des Trägers gegenübersteht. Auch hier liegt wirtschaftlich eine Zuwendung an den Träger vor, die ein Zweckvermögen ausschließt. **Beispiel:** Wird einer Friedhofsverwaltung ein Vermögen gestiftet, um ein Grab zu pflegen, so kann eine nichtrechtsfähige Stiftung oder ein Dienst- oder Werkvertrag, das Grab entgeltlich – nämlich als Gegenleistung für das „gestiftete" Vermögen – zu pflegen, vorliegen. Nur im ersteren Fall ist ein Zweckvermögen entstanden.

Eine nichtrechtsfähige Stiftung kann durch **Verfügung von Todes** wegen entstehen. 5 Einmal kann der Erblasser die Erben verpflichten, vertraglich eine nichtrechtsfähige Stiftung zu errichten. In diesem Fall gilt das vorstehend zu den vertraglichen Stiftungen Gesagte entsprechend. Die übliche Form einer Stiftung von Todes wegen ist die Anordnung einer Auflage gem §§ 1940, 2192ff BGB. Der Erbe oder der Vermächtnisnehmer ist Träger; durch die Auflage werden Zweckbestimmung, -bindung und -verfolgung geregelt. Das Vermächtnis eignet sich schon wegen der Frist des § 2162 BGB wenig für die nichtrechtsfähige Stiftung.

Nichtrechtsfähige Stiftungen unterliegen iÜ nach diesen Rechtsbereichen weder 6 **Form-** noch **Genehmigungserfordernissen,** weder inhaltlichen Mindest- noch Mussbedingungen, auch unterliegen sie keiner staatlichen Aufsicht. Sie sind mit großer Gestaltungsfreiheit und **einfach zu schaffen.** Ein Mindestkapital ist – auch steuerlich (s OFD Frankfurt DB 04, 1016) – nicht erforderlich. Nachteile hat die nichtrechtsfähige Stiftung durch ihre fehlende Rechtsfähigkeit, je mehr sie nach dem Stiftungszweck auf eine Beteiligung am Rechtsverkehr ausgerichtet ist. Da Treuhänder und Stifter das Stiftungsgeschäft einseitig kündigen können, bietet die nichtrechtsfähige Stiftung zudem eine geringere Gewähr für ihre Dauerhaftigkeit. Der Stifterverband für die deutsche Wissenschaft fördert die Errichtung sog treuhänderischer Stiftungen, die selbst keine Rechtsfähigkeit besitzen und treuhänderisch vom Stifterverband verwaltet und geführt werden. Der Stifterverband hat **Vertragsmuster** entwickelt, die eine Treuhandvereinbarung vorsehen, die den Stifterverband verpflichtet, das Zweckvermögen gemäß einem gesonderten Stiftungsstatut, das Zweck, Mittelverwendung und die Entscheidungskompetenzen regelt, zu verwalten.

**Ausländische Rechtsordnungen** kennen im Gegensatz zum deutschen Recht 7 für nichtrechtsfähige Stiftungen besondere Rechtsformen. Hinweis auf das nichtrechtsfähige Treuunternehmen des liechtensteinischen Privatrechts (dazu BFH BStBl II 68, 695) oder den Trust des anglo-amerikanischen Rechtskreises. Es gilt die Beratungsregel, dass Stiftung und Trust dort gegründet werden, wo das nationale Recht mit der jeweiligen Rechtsform umzugehen weiß.

## Organschaft

**Schrifttum:** *Lutter/Bayer* Holding Handbuch, 5. Aufl 15; *Müller/Stöcker/Lieber* Organschaft, 10. Aufl 17; *Prinz/Witt* Steuerliche Organschaft, 2015.

1 Die **Organschaft** ist das steuerliche Pendant zu dem gesellschaftsrechtlichen **Konzern.** Voraussetzung, Rechtsfolgen und Begrifflichkeit weichen jedoch erheblich voneinander ab.

Steuerlich gibt es im Wesentlichen vier Arten der Organschaft:
- im Körperschaftsteuerrecht nach § 14ff KStG,
- im Gewerbesteuerrecht nach § 2 II 2 GewStG,
- im Umsatzsteuerrecht nach § 2 II Nr 2 UStG,
- im Grunderwerbsteuerrecht nach § 1 III Nrn 1 und 2 iVm IV Nr 4 GrEStG.

2 IRd Organschaft wird die zivilrechtliche Selbstständigkeit nicht aufgehoben. **Steuerlich** werden die verschiedenen Gesellschaften jedoch als eine **Einheit** betrachtet. Die ertragsteuerliche Organschaft ist dadurch geprägt, dass die Einkünfte des bzw der Organgesellschaft(en) dem Organträger zugerechnet werden. Dort findet eine Saldierung statt. Die KSt und GewSt werden auf das saldierte Ergebnis erhoben.

3 Die **ertragsteuerliche Organschaft** ist seit 2002 zwischen dem KapErtrSt- und GewSt-Recht wieder angeglichen. Die ertragsteuerliche Organschaft ist geprägt durch die finanzielle Eingliederung und den Abschluss eines Gewinnabführungsvertrags. Dadurch ist die Ergebnissaldierung auf Deutschland beschränkt. Ein Ergebnistransfer über die Grenze auch innerhalb Europas iS einer Gruppenbesteuerung ist bisher nicht vorgesehen.

4 Die **Gründe** für eine Organschaft sind vielfältig. Hauptvorteil ist die Überwindung des steuerl Trennungsprinzips zwischen der KapGes und ihren Gesellschaftern:
- Die Saldierung von Gewinnen und Verlusten ist uneingeschränkt möglich, soweit die Verluste nicht vororganschaftlich sind.
- Ein Gewinntransfer ist ohne die Beschränkung des § 8b möglich.
- Die Ergebnissaldierung erfolgt phasengleich.
- Leistungsbeziehungen innerhalb des Organkreises unterliegen nicht der vGA-Kontrolle.
- Die Zinsschranke ist nicht bei jeder einzelnen Gesellschaft, sondern nur auf das saldierte Ergebnis des Organkreises anzuwenden.

5 Die Organschaft ist jedoch mit **Bindungen und Risiken** verbunden, die sorgsam abzuwägen sind. Hierzu zählen insbes:
- Der Ergebnisabführungsvertrag muss auf mindestens fünf Jahre abgeschlossen werden. Eine vorzeitige Kündigung ist nur ausnahmsweise aus wichtigem Grund möglich.
- In dieser Zeit muss der Gewinnabführungsvertrag tatsächlich durchgeführt werden. Verstöße können zur rückwirkenden Unwirksamkeit führen.
- Die gesellschaftsrechtliche Gewinnabführung kann von dem steuerlich zuzurechnenden Einkommen der Organgesellschaft abweichen.
- § 73 AO sieht einen speziellen Haftungstatbestand vor.
- Die Eingehung einer Organschaft wird zunehmend als steuerschädlich qualifiziert (vgl zB § 3a EStG).
- Das Recht der Organschaft ist mit dem UmwStG nicht ausreichend abgeglichen, so dass bei Umwandlung im Organschaftskreis relativ rasch ungewollte Steuerschäden eintreten.

6 Vor diesem Hintergrund sind **Alternativgestaltungen** zu berücksichtigen:
- Verschmelzung der betroffenen Gesellschaften,
- Umwandlung einer KapGes in eine PerGes,
- Begründung einer atypisch stillen Beteiligung.

## Personengesellschaft

S „Mitunternehmerschaft“, „Unternehmensform“.

## Phasengleiche Aktivierung von Dividenden

Werden Anteile an einer KapGes in einem steuerlichen Betriebsvermögen gehalten, gelten für die Frage des Zeitpunkts, zu dem Gewinnausschüttung bzw der Gewinnausschüttungsanspruch zu berücksichtigen ist, die allgemeinen Bilanzierungsgrundsätze. Zivilrechtlich entsteht die Dividendenforderung erst mit der Fassung des Gewinnverwendungsbeschlusses. Vor diesem Hintergrund hat der Große Senat des BFH (GrS BStBl II 00, 632) abweichend von der handelsrechtlich Rspr des BGH (II ZR 82/93 v 12.1.98, GmbHR 98, 324) eine phasengleiche Gewinnvereinnahmung abgelehnt (s weiter BFH BStBl II 01, 185; II 01, 410; II 08, 347; s § 8 Rz 19). Somit können bei kj-gleichen Wj Ausschüttungen von TochterGes beim Mutterunternehmen nicht mehr „phasengleich“, dh in dem Jahr für das ausgeschüttet wird, bilanziell erfasst werden. Für den Übergang vom Anrechnungs- zum Halbeinkünfteverfahren bzw Freistellung nach § 8b hat die FinVerw mit einem Übergangsschreiben (BMF v 1.11.00, GmbHR 00, 1218) reagiert. Damit gilt die phasengleiche Aktivierung letztmals für Gewinnausschüttungen, die auf einem den gesellschaftsrechtlich Vorschriften entsprechenden Gewinnverteilungsbeschluss für ein abgelaufenes Wj beruhen und für die letztmals das AnrV gilt. Bei kj-gleichem Wj konnte in 01 für 00 ausgeschüttet und phasengleich aktiviert werden. Das war insbes von Interesse, um $EK_{45}$ von der Ebene der TochterGes auf die Ebene der MutterGes zu transferieren, wobei es dann noch für eine Ausschüttung in 01 für 00 zur Verfügung stand, um das darin gespeicherte KStGuthaben vollständig zu realisieren.

## Rückgängigmachung von Ausschüttungen

Eine **Rückgängigmachung der Ausschüttung** ist nicht möglich. Gewinnausschüttungen einer KapGes, egal ob offen oder verdeckt, können mit steuerl Wirkung nicht rückgängig gemacht werden. Dies gilt selbst dann, wenn die Gesellschaft einen Anspruch auf Rückzahlung der Ausschüttung hat. Der einmal erfolgte Zufluss einer Ausschüttung bleibt von dem Rückzahlungsanspruch unberührt, wenn es zu einem tatsächlichen Zufluss – auch durch Verrechnung – beim Gesellschafter gekommen ist. Das Entstehen eines Rückgewähranspruchs kann den tatsächlich vollzogenen Zufluss der Kapitalerträge nicht ungeschehen machen. Das **Behaltendürfen einer Ausschüttung ist nicht Merkmal des Zuflusses** iSv §§ 11, 20 I Nr 1 EStG (vgl nur BFH BFH/NV 98, 308). Auch die tatsächliche Erfüllung eines Rückzahlungsanspruchs kann den tatsächlichen Zufluss der Ausschüttung nicht ungeschehen machen. Es bleibt bei der steuerl Erfassung der Ausschüttung beim Gesellschafter. Nach st Rspr des BFH wird die Rückzahlung von Beteiligungserträgen unabhängig vom Bestehen einer etwaigen gesellschaftsrechtlichen Rückforderungsgrundlage (zB §§ 57 ff AktG, §§ 30 ff GmbHG) oder von Satzungsklauseln als gesellschaftsrechtlich veranlasste Anschaffungskosten auf die Beteiligung und somit als Einlage qualifiziert. Dies gilt sowohl im Fall der offenen Ausschüttung als auch im Fall der verdeckten Ausschüttung. Diese steuerl Betrachtungsweise gilt sowohl auf der Ebene der Gesellschaft als auch auf der Ebene des Gesellschafters (vgl nur BFH BStBl II 01, 173; BFH/NV 00, 1201; DStR 04, 2143; FG Köln EFG 07, 514; aus der Literatur vgl nur *Schmidt/Weber-Grellert* 33. Aufl 14, § 20 Rz 25). Es ist darauf zu achten, dass die Rückzahlung der Ausschüttung als Einlage iRd Erklärung gem § 27 II 4 erfasst wird.

## Rücklagen: gesellschafterbezogen

Die hM ist der Auffassung, dass **handelsrechtlich** auch bei der KapGes **gesell-** 1
**schafterbezogene Rücklagen** gebildet werden können. Dies wird insbes im Fall

inkongruenter Einlagen zur Vermeidung von Schenkungsteuer nach § 7 VIII ErbStG in Betracht gezogen. In diesem Zusammenhang ist darauf hinzuweisen, dass das **Einlagekonto nach § 27 nicht gesellschafterbezogen** geführt wird. Hierdurch kann es zu Verschiebungen kommen.

2 **Beispiel:** Der ausschüttbare Gewinn auf den 31.12.14 beträgt € 0,–. Der Bestand im Einlagekonto beträgt € 100 000. Dieser resultiert aus einer inkongruenten Einlage des A. An der Gesellschaft sind A und B zu jeweils 50 % beteiligt. Zugunsten des A wurde handelsrechtlich eine gesellschafterbezogene Rücklage gebildet. Im März 15 werden jeweils € 50 000 an A und B ausgekehrt. Beiden Gesellschaftern ist eine Bescheinigung nach § 27 über die Verwendung des Einlagekontos iHv jeweils € 50 000 auszustellen. Die KapErtrSt-Anmeldung ist mit € 0,– auszufüllen. Das Einlagekonto zum 31.12.15 ist mit € 0,– festzustellen. Wird in der Folge Gewinn erwirtschaftet und handelsrechtlich die zugunsten von A gebildete Rücklage aufgelöst und an A inkongruent ausgekehrt, hat dieser die Auskehrung den Einkünften aus Kapitalvermögen zu unterwerfen. Der Bestand des steuerl Einlagekontos nach § 27 beträgt € 0,–. Damit ist die Auskehrung als Dividende stpfl, da eine Verwendung des steuerl Einlagekontos nicht in Betracht kommen kann.

3 Probleme ergeben sich auch, wenn nach Zufluss der inkongruenten Einlage ausschüttbarer Gewinn erwirtschaftet wird. Beträgt der ausschüttbare Gewinn zum 31.12.15 beispielsweise € 300 000 und das Einlagekonto nach wie vor € 100 000 und wird im März 16 handelsrechtlich die zugunsten von A gebildete Rücklage aufgelöst und an diesen ausgekehrt, stellt auch diese Auskehrung eine stpfl Dividende dar. Auf der Ebene der Gesellschaft ist KapErtrSt einzubehalten, da nach der Verwendungsfiktion von § 27 I 3 der ausschüttbare Gewinn als zuerst ausgekehrt gilt.

## Sammelvermögen

S „Nichtrechtsfähige Stiftungen", „Zweckvermögen".

Oft genanntes Beispiel eines Zweck-Vermögens (s dort) ist das Sammelvermögen des § 1914 BGB („Ist durch öffentliche Sammlung Vermögen für einen vorübergehenden Zweck zusammengebracht worden …"). Bürgerlich-rechtlich wird es überwiegend als Treuhandvermögen des Sammlers aufgefasst. Der Sammler ist zwar formal-rechtlich Eigentümer, jedoch durch den Sammlungszweck gehindert, über das Sammelvermögen wirtschaftlich wie ein Eigentümer zu verfügen. Im Ergebnis ist damit das Sammelvermögen einer nichtrechtsfähigen Stiftung, die sich von dieser durch die **Vielzahl der Stifter** und dadurch unterscheidet, dass in erster Linie das gestiftete Vermögen selbst und nicht dessen Ertrag alsbald dem Stiftungszweck zufließen soll. Wie die nichtrechtsfähige Stiftung ist das Sammelvermögen als Zweck-Vermögen iSv § 1 I Nr 5 stpfl, Steuerbefreiung nach § 5 (zB als gemeinnütziges Zweck-Vermögen) ist möglich. Der Steuerpflicht unterliegen bei dem Sammelvermögen die Erträge, die das Vermögen bis zur Verteilung abwirft.

## Sanierung

S auch „Fortführungsgesellschaft".

**Schrifttum:** *Eilers/Bühring* Sanierungssteuerrecht, 2011; *Kahlert/Rühland* Sanierungs- und Insolvenzsteuerrecht, 2. Aufl 11; *Olbing* Sanierung durch Steuergestaltung, 3. Aufl 03; *Pannen/Deuchler/Kahlert* Sanierungsberatung, 2004; *Thierhoff/Müller* Unternehmenssanierung, 2. Aufl 15.

1 **Allgemeines:** IRd Unternehmensführung gehört es zu den Pflichten der Gesellschafter und der Geschäftsführung, ständig die Erfolgsziele zu überprüfen. Nicht nur bei insolvenzgefährdeten Unternehmen sind ständig Verbesserungsmaßnahmen zu überprüfen und ggf umzusetzen. Diese ständige Sanierungsaufgabe wird leider im Steuerrecht nicht in einem ausreichenden Maße unterstützt. In den letzten Jahren ist das Steuerrecht zunehmend sanierungsfeindlicher geworden. Die-

se Problematik wird insbes bei Körperschaften deutlich, da dort ein striktes Trennungsprinzip zwischen der Gesellschaft und den Gesellschaftern besteht.

**Steuerrecht:** Solang sich die Sanierungsmaßnahmen auf allg betriebswirtschaftliche Maßnahmen beschränken, die die Ertragslage verbessern, kommt das allg Steuerrecht zum Tragen (zB höhere Gewinnbesteuerung durch günstigeren Leistungsbezug, kostengünstigere Produktion, höherer Veräußerungspreis). Unabhängig davon sind eine Vielzahl von steuerlichen Vorschriften zu beachten, die einen uU betriebswirtschaftlich notwendigen Schritt mit steuerl Nachteilen verbinden. Jede Sanierungsmaßnahme muss daher nicht nur auf die **unmittelbaren** sondern auch **mittelbaren Steuerfolgen** hin überprüft werden. So kann zB der Verkauf eines Gegenstands bezogen auf den Gegenstand zu einer gewollten Gewinnrealisierung führen. Es sind jedoch auch mittelbare ungewollte Steuerfolgen (zB durch den Wegfall der Betriebsaufspaltung oder den Verstoß von Haltefristen) möglich. Der Sanierungsgewinn ist grds nur iRd § 10d II EStG, § 10a GewStG mit folgenden Verlustvoträgen beschränkt ausgleichsfähig. Der darüber hinausgehende Sanierungsgewinn unterliegt den besonderen Beschränkungen des § 3a EStG. Unabhängig davon kann der Verlustvortrag sowie der nicht verbrauchte Zinsvortrag nach § 4h EStG, § 8a KStG durch die Sanierungsmaßnahme verlorengehen. 2

Es gibt **kein allgemeines Sanierungsprivileg.** Insbesondere die Haltefristen bei steuerbegünstigten Transaktionen (zB §§ 13a und 13b ErbStG) enthalten typisierte Missbrauchsvorschriften, wonach das Privileg davon abhängt, dass die Struktur bereits eine gewisse Zeit lang besteht bzw fortgeführt wird. Wird innerhalb dieser Zeit gegen die Haltefrist verstoßen, geht der Gesetzgeber typisiert davon aus, dass ein Missbrauch vorliegt. Der BFH hat wiederholt entschieden, dass diese Vermutungsregel auch dann gilt, wenn ein Dritter die Maßnahme zum Zwecke der Sanierung vornimmt oder zB als Insolvenzverwalter verpflichtet ist, die Maßnahme zu ergreifen (BFH BStBl II 05, 581 sowie BStBl II 10, 663). 3

Zu den wichtigsten Sanierungsmaßnahmen im Einzelnen: 4

- **(Teil-)Betriebseinstellung:** Gerade die Betriebseinstellung kann gegen Haltefristen verstoßen (insbes § 8c Ia 3 Nr 3 KStG, § 13a ErbStG, § 6 III und V EStG, § 18 III UmwStG). Gerade in diesem Zusammenhang hat der BFH wiederholt festgestellt, dass es kein Insolvenz- bzw Sanierungsprivileg gibt (BFH BStBl II 05, 571, BStBl II 10, 663). Zudem kann es – wie bei einer Betriebsaufspaltung – somit zu einer Gewinnrealisierung durch Entnahme kommen.
- **Verkauf von Betriebsvermögen:** Bezogen auf das einzelne Wirtschaftsgut kommen die allg Regeln der Gewinnrealisierung zum Tragen. Beim Verkauf an den Gesellschafter bzw innerhalb des Unternehmensverbunds ist auf die Gefahr der vGA zu achten. Wird wesentliches Betriebsvermögen verkauft, besteht die Möglichkeit des Wegfalls der Betriebsaufspaltung.
- **Darlehen:** Die Darlehenshingabe hat keine unmittelbare ertragsteuerl Auswirkung. Dennoch können die mittelbaren Folgen weitreichend sein. Die Parameter für die Zinsschranke ändern sich. Die Darlehensgewährung kann zu einer vGA führen; sowohl hinsichtlich der Darlehensgewährung, als auch hinsichtlich des Zinssatzes. Die Zinslosigkeit führt zur Abzinsung (§ 6 I Nr 3 EStG). Soll das Darlehen iRd Überschuldungsprüfung unberücksichtigt bleiben, ist ein Rangrücktritt zu erklären. Hier sind die Besonderheiten des § 5 IIa EStG zu beachten.
- **Nicht Passivierung von Verbindlichkeiten:** Eine gewinnwirksame Ausbuchung von Verbindlichkeiten erfolgt grds nur einem Verzicht, der Verjährung, dem Insolvenzplan bzw dem Restschuldbefreiungsverfahren oder unter Berücksichtigung des § 5 IIa EStG (vgl OFD NRW DB 17, 2580). Bei einem Gesellschafter als Gläubiger kommt es nur zu einer Gewinnrealisierung, soweit die Forderung nicht mehr werthaltig ist.
- **Kapitalerhöhung:** Auch die Kapitalerhöhung ist für sich betrachtet nicht unmittelbar von ertragsteuerl Relevanz. Aber auch hier sind mittelbare Steuerfol-

gen zu beachten. ZB die Veränderung der Parameter bei der Zinsschranke, beim Mantelkauf § 8c I 4, bei der Änderung der Beteiligungsverhältnisse sowie der Wegfall der persönlichen Verflechtung bei der Betriebsaufspaltung bzw finanziellen Eingliederung bei der Organschaft.

– **Veräußerung von Anteilen** an der Kapitalgesellschaft: Neben den direkten Steuerfolgen sind auch hier mögliche Verstöße gegen Haltefristen (zB § 13a ErbStG, § 22 UmwStG) zu prüfen. Ebenso können die Voraussetzungen für die Betriebsaufspaltung und die Organschaft wegfallen. Kein Problem ist jedoch der Mantelkauf nach §§ 8c und 8d. Insbesondere iRd § 8d werden darüber hinaus eine Vielzahl von weiteren Gestaltungen als steuerschädlich beschrieben.
– **Umwandlung:** Auch in der Krise der KapGes ist zivilrechtlich die Umwandlung zulässig, solange die Liquidation noch nicht beschlossen ist. Der Formwechsel in eine PersGes kommt insbes in Betracht, um die Insolvenzantragspflicht des § 15a InsO zu vermeiden sowie die Restrukturierungskosten beim Gesellschafter steuerwirksam werden zu lassen. Die Spaltung der notleidenden KapGes kommt in Betracht, um die Risikobereiche zu trennen; hier ist jedoch die fünfjährige Haftung nach dem UmwG zu beachten (§ 133 UmwG). Bei der Verschmelzung von notleidenden KapGes ist auf den Erhalt des Verlustvortrags zu achten; in aller Regel sollte daher auf die notleidende KapGes verschmolzen werden.
– **Organschaft:** s dort, „Verlust“.

## S. A. R. L.

S „Ausländische EU-Kapitalgesellschaften“.

## Satzung der GmbH und KSt

**Schrifttum:** *Baumbach/Hueck* GmbHG, 21. Aufl 14; *Scholz* GmbHG, 11. Aufl 14; *Schwedhelm/Wollweber* Formularbuch Recht und Steuern, 9. Aufl 14, A 6.00; *Ulmer/Habersack/Löbbe* GmbHG, 2. Aufl 14.

1 **Allgemeines:** Grundsätzlich lösten die Regelungen der Satzung selbst keine unmittelbaren steuerl Folgen aus, soweit sie die Rechtsbeziehungen der Gesellschafter untereinander regelten. Soweit die Satzung aber Grundlagen für die Beziehungen zwischen der GmbH und dem Gesellschafter festlegt, hat sie zumindest mittelbare Bedeutung. S zu einzelnen typischen Satzungsregelungen die nachfolgenden Erläuterungen.

2 **Unternehmensgegenstand:** Der Unternehmensgegenstand ist ggf Indiz für die Zurechnung von Geschäftschancen und kann damit vGA-relevant sein.

3 **Stammkapital:** Steuerlich ist es grds nicht notwendig, die GmbH mit einem über € 25 000 hinausgehenden Stammkapital auszustatten. Auch kapitalersetzende Darlehen sind Fremdkapital und kein verdecktes Stammkapital (§ 8 Rz 93 mwN; zur Frage, ob die Bildung einer Rückstellung für mögliche Ansprüche aus kapitalersetzender Nutzungsüberlassung zu einer vGA führt, s BFH BStBl II 11, 60). Die Grenzen der Gesellschafter-Fremdfinanzierung bestimmt § 8a KStG.

Die gesetzlich vorgeschriebene bzw vertraglich vereinbarte Mindesteinlage sowie durch Beschluss angeforderte Einlagen auf das Stammkapital sind zu verzinsen. Ansonsten liegt eine vGA vor (FG Nds GmbHR 90, 580; FG MeVo EFG 99, 581; HessFG EFG 15, 1638; *Schneider* StBp 94, 16). Bei der Satzungsformulierung ist darauf zu achten, dass Einlagen nicht ungewollt fällig gestellt werden.

4 **Selbstkontrahierungsverbot:** Bei einer Ein-Mann-GmbH bedarf jede Befreiung von § 181 BGB einer Satzungsgrundlage (BayOLG DB 84, 1517; OLG Hamm BB 98, 1328; aA *Altmeppen* NJW 95, 1182). Erforderlich ist damit eine Satzungsregelung, die unmittelbar befreit („A ist von der Beschränkung des § 181 BGB befreit.“; „Die Geschäftsführer sind von der Beschränkung des § 181 BGB befreit.“) oder die zumindest eine Befreiung gestattet („Die Geschäftsführer kön-

nen durch Beschluss der Gesellschafterversammlung von § 181 BGB befreit werden.“). Bei der Beschlussfassung ist sodann § 48 III GmbHG zu beachten (BayOLG DB 84, 1517).

Bei der mehrgliedrigen GmbH bedarf nur die generelle Befreiung einer Satzungsgrundlage. Eine Befreiung im Einzelfall, die auch konkludent erteilt werden kann, ist ohne Satzungsgrundlage wirksam (streitig, wie hier *Schneider/Schneider* in Scholz § 35 Rz 133f; aA *Zollner/Noack* in Baumbach/Hueck § 35 Rz 132, generelle Befreiung auch ohne Satzungsgrundlage wirksam; *Meyer-Landrut/Miller/Niehus* GmbHG 87, §§ 35 bis 38 Anm 24, auch für die Befreiung im Einzelfall ist eine Satzungsgrundlage erforderlich). Wegen der bestehenden Rechtsunsicherheit ist auch bei der mehrgliedrigen GmbH in der Satzung die Befreiungsmöglichkeit entsprechend zu regeln. 5

Bei der Formulierung der Satzung ist auf die Wirksamkeit der Befreiungsregelung zu achten (s *Simon* GmbHR 99, 588). Eine Klausel, wonach der Geschäftsführer von § 181 BGB befreit ist, „solange er Gesellschafter ist“, ist ebenso unwirksam wie eine beschränkte Befreiung für Rechtsgeschäfte zwischen der GmbH und Gesellschaften, bei denen der GmbH die Geschäftsführung obliegt (OLG DNotZ 96, 816). 6

Die Befreiung von § 181 BGB ist eine eintragungspflichtige Tatsache (OLG Stuttgart DNotZ 08, 303), die Eintragung im Handelsregister hat aber nur deklaratorische Bedeutung (*Priester* DStR 92, 254; BFH/NV 96, 363). 7

Ist ein Gesellschafter-Geschäftsführer wirksam von § 181 BGB befreit, erlischt die Befreiung nicht, wenn aus der mehrgliedrigen GmbH eine Ein-Mann-GmbH wird (BGH BB 91, 925; BFH BStBl II 91, 597). 8

Eine zunächst wirksame Befreiung von § 181 BGB, die aufgrund einer Gesetzesänderung (hier § 35 IV GmbHG) möglicherweise unwirksam wird, führt nicht zur vGA (BFH BStBl II 93, 141). Ferner begründet eine unwirksame Befreiung vom Selbstkontrahierungsverbot dann keine vGA, wenn die Zivilrechtslage umstritten ist (BFH BStBl II 96, 246; BFH/NV 96, 363, in beiden Entscheidungen fehlte jeweils eine Satzungsgrundlage für den Befreiungsbeschluss. Da aber für eine mehrgliedrige GmbH bis heute streitig ist, ob die generelle Befreiung einer Satzungsregelung bedarf, ist eine etwaige zivilrechtliche Unwirksamkeit steuerl unerheblich; ebenso FG Nds EFG 00, 649). Eine Vereinbarung ist auch dann als rechtzeitig anzuerkennen, wenn die Befreiung von § 181 BGB bei Vertragsabschluss fehlt, aber später rechtswirksam nachgeholt wird (§ 8 Rz 353 mwN). Fehlt durch einen Fehler des Notars eine wirksame Befreiung von § 181 BGB, haftet dieser für den Steuerschaden (BGH WM 00, 35; s auch DB 03, 2649; zur Haftung des Steuerberaters s AG 1998, 231). 9

**Vertretung, Geschäftsführung:** Satzungen enthalten regelmäßig einen Katalog zustimmungspflichtiger Geschäfte, die die Geschäftsführerbefugnis einschränken. Diese interne Regelung beeinflusst grds nicht die Wirksamkeit der im Außenverhältnis abgeschlossenen Rechtsgeschäfte, da die Vertretungsmacht des Geschäftsführers nicht beschränkt werden kann (§ 37 IIGmbHG). Dieser Grundsatz gilt aber nicht für Rechtsgeschäfte zwischen der GmbH (vertreten durch den Geschäftsführer) und dem Gesellschafter. Hier ist die Innenbeschränkung des Geschäftsführers zu beachten (BGH ZIP 97, 1419; *Zöller/Noack* in Baumbach/Hueck § 37 Rz 39). Wird ein Kataloggeschäft ohne Zustimmung der Gesellschafterversammlung mit einem Gesellschafter abgeschlossen, ist das Rechtsgeschäft unwirksam. Bei einem beherrschenden Gesellschafter oder einer ihm nahestehenden Person kann eine vGA vorliegen (FG Nds GmbHG 92, 391; BFH/NV 99, 1125; kritisch *Paus* GmbHR 99, 1278). 10

Die dargestellte Problematik tritt jedoch nicht nur bei katalogmäßig erfassten Rechtsgeschäften auf. Auch Rechtsbeschäfte, die nicht zum gewöhnlichen Geschäftsbetrieb gehören, bedürfen der Zustimmung der Gesellschafterversammlung (*Schneider/Schneider* in Scholz § 35 Rz 35). 11

12 **Gesellschafterbeschlüsse:** Für die Rechtswirksamkeit bestimmter Rechtsgeschäfte ist die Beschlussfassung der Gesellschafterversammlung erforderlich (zB Abschluss und Änderung des Geschäftsführervertrags, Pensionszusagen, Befreiung von § 181 BGB).

13 Das Gesetz kennt für Beschlussfassungen der Gesellschafterversammlung grds keine Formerfordernisse. In der Gesellschafterversammlung gefasste Beschlüsse sind damit auch dann rechtswirksam, wenn sie nicht schriftlich niedergelegt wurden.

14 Dies gilt selbst für die Ein-Mann-GmbH, für die eine gesetzliche Protokollierungspflicht besteht (§ 48 III GmbHG). Ein Verstoß führt nicht zur Nichtigkeit des Beschlusses (*Hüffer/Schürnbrand* in Ulmer/Habersack/Löbbe GmbHG, 2. Aufl 14, § 48 Rz 67). Streitig ist allerdings, ob sich der Alleingesellschafter gegenüber Dritten (und damit auch gegenüber dem Finanzamt) auf einen nicht protokollierten Beschluss berufen kann (ablehnend *Hüffer/Schürnbrand* in Ulmer/Habersack/Löbbe § 48 Rz 68, für die Anerkennung eines nicht protokollierten, aber anders nachweisbaren Beschlusses; so auch *Zöller* in Baumbach/Hueck § 48 Rz 49). Es ist daher dringend zu empfehlen, sowohl bei der Ein-Mann-GmbH, wie bei der mehrgliedrigen GmbH, Beschlüsse zu protokollieren. Andernfalls bestehen regelmäßig Beweisprobleme. Eine nachträgliche Protokollierung gefasster Beschlüsse ist zulässig.

15 Nach § 48 II GmbHG können Beschlüsse auch außerhalb der Gesellschafterversammlung gefasst werden. Erforderlich ist allerdings die schriftliche Abstimmung. Formlose Beschlüsse sind außerhalb der Gesellschafterversammlung ohne Satzungsgrundlage nach hM unzulässig und damit nichtig (zum Meinungsstand *Hüffer/Schürnbrand* in Ulmer/Habersack/Löbbe § 48 Rz 59 ff).

16 Keine Beschlussfassung außerhalb der Gesellschafterversammlung liegt vor, wenn alle Gesellschafter spontan oder zufällig zusammenkommen (Vollversammlung) und bei der Beschlussfassung auf Formen und Fristen für die Beschlussfassung verzichten.

17 Die Satzung kann die gesetzlichen Regelungen zur Beschlussfassung erweitern oder beschränken. Besteht eine entsprechende Satzungsregelung, sind formlose Beschlussfassungen außerhalb der Gesellschafterversammlung zulässig und wirksam. Enthält die Satzung zusätzliche Formerfordernisse für die Beschlussfassung in oder außerhalb der Gesellschafterversammlung, führt eine Missachtung zur Unwirksamkeit (BayOblG BB 91, 2103; s auch FG Köln EFG 97, 487, ein konkludenter Beschluss ist wirksam, wenn die Satzung schriftliche Bestätigung verlangt).

18 Gesellschafter unterliegen bei der Beschlussfassung über die Vornahme eines Rechtsgeschäfts mit der Gesellschaft idR einem Stimmrechtsausschluss (§ 47 IV GmbHG). Die verbotswidrige Stimmabgabe führt jedoch nicht zwangsläufig zur Unwirksamkeit der Beschlussfassung. Bleibt auch nach Abzug der verbotswidrig abgegebenen Stimme die erforderliche Mehrheit gegeben, so ist der Beschluss wirksam (*Hüffer/Schürnbrand* in Ulmer/Habersack/Löbbe § 47 Rz 19). Nur wenn die Mehrheit nicht erreicht wird, kann der Beschluss unwirksam sein.

19 Stimmt ein Gesellschafter für sich und als Vertreter für einen anderen Gesellschafter oder ein Dritter als Vertreter mehrerer Gesellschafter ab, so bedarf es idR einer Befreiung von § 181 BGB (BGH GmbHR 88, 337; JZ 91, 877; *Kirsgen* GmbHR 89, 406). Die Stimmabgabe ist zunächst schwebend unwirksam, der Beschluss nur, wenn es auf diese Stimmen ankommt. In der Bevollmächtigung eines Mitgesellschafters zur Stimmabgabe liegt idR eine Befreiung von § 181 BGB durch schlüssiges Verhalten (s *Hüffer/Schürnbrand* in Ulmer/Habersack/Löbbe § 47 Rz 128).

20 **Wettbewerbsverbot:** S Anh § 8 Rz 1406 „Wettbewerbsverbot und Betriebsabgrenzung“.

21 **Steuer- und Satzungsklauseln:** Zu solchen Klauseln zur Vermeidung von vGa bzw der nachteiligen Folge von vGa s § 8 Rz 305 ff.

**Abfindungen:** S zu diesem Stichwort.

**Publizitäts- und Prüfungspflicht:** Die Verletzung der Plublizitätspflichten hat steuerl keine Auswirkung. Eine nicht geprüfte, aber prüfungspflichtige Bilanz kann nicht festgestellt werden. Tantiemen werden idR nicht fällig. 22

**Liquidation:** S zu diesem Stichwort. Die Liquidationsbesteuerung ist zwingend. Der Vertrag muss insoweit keine Besonderheiten vorsehen; in die Besteuerung eingreifende Regelungen sind nicht möglich. 23

**Gründungskosten** kann die GmbH nur tragen, wenn dies in der Satzung geregelt oder anlässlich der Gründung festgelegt ist, und zwar auch betragsmäßig; anderenfalls vGa (s § 8 Anh Rz 650 „Gründungskosten"). 24

## Schenkungsteuer und vGa

**1. Kongruente Ausschüttungen an unmittelbare Gesellschafter:** Ebenso wie Einlagen des Gesellschafters in das Gesellschaftsvermögen **gesellschaftsrechtlich veranlasst** sind, sind es umgekehrt auch Ausschüttungen. Hierbei kommt es nicht darauf an, ob die Ausschüttung zivilrechtlich entsprechend den gesellschaftsrechtlichen Vorgaben beschlossen wurde, oder es sich um eine vGA handelt. Darüber besteht Einigkeit (vgl BGH DB 13, 45). Erfolgen die Zuwendungen aufgrund von Gesellschaftsverhältnis unabhängiger **entgeltlicher Schuldverhältnissen** (zB Mietvertrag, Darlehensvertrag usw), gehen diese vor. Diese zivilrechtl Qualifikation von unmittelbaren Zuwendungen zwischen Gesellschafter und Gesellschaft liegt auch dem Steuerrecht zugrunde (vgl nur BFH BStBl II 08, 381; BFH/NV 06, 6; BStBl II 07, 472; *Felten* BB 11, 1621; *Christ* ZEV 11, 10; *Tolksdorf* DStR 10, 423). Unentgeltliche sowie entgeltliche, aber aus anderen Gründen **nicht betrieblich veranlasste Zuwendungen** der Gesellschaft an ihre Gesellschafter erfolgen sowohl aus ertragsteuerl als auch aus schenkungsteuerl Sicht „societatus causa". Der Gesellschafter erzielt Beteiligungseinkünfte (§ 20 I Nr 1 EStG oder § 8b). Eine Schenkung kommt nicht in Betracht. Das Urteil des BFH vom 30.1.13 (GmbHR 13, 449) setzt dies – zu Recht – als selbstverständlich voraus. 1

**2. Kongruente Ausschüttungen an mittelbare Gesellschafter:** Bei Zuwendungen einer KapGes an ihren mittelbaren Gesellschafter wird **ertragsteuerl** von einem **abgekürzten Zahlungsweg** ausgegangen. Erfolgt also eine Zuwendung der KapGes an den Gesellschafter ihres Gesellschafters, wird ertragsteuerlich eine **„Kettenausschüttung"** fingiert. Wendet die Enkelgesellschaft der Muttergesellschaft einen Vorteil zu, wird die Zuwendung als „durchgeleitete" Ausschüttung von der EnkelGes über die TochterGes bis hin zur MutterGes fingiert (BFH BStBl II 86, 195; *Gosch* § 8 Rz 239). Ertragsteuerl wird davon ausgegangen, dass die TochterGes sich der EnkelGes bedient, um Vorteile an die MutterGes verdeckt auszuschütten. Die EnkelGes wendet dadurch, dass sie diese Aufgabe übernimmt, der TochterGes einen entsprechenden Vorteil zu (BFH BStBl II 86, 195). In der Entscheidung v 30.1.13 geht der II. Senat des BFH nun auch **schenkungsteuerlich** davon aus, dass bei Zuwendungen an den mittelbaren Gesellschafter von einem **abgekürzten Zahlungsweg** auszugehen ist. Inhaltlich wird der Vorteil über die MutterGes an den mittelbaren Gesellschafter auch aus schenkungsteuerl Sicht gesellschaftsrechtlich veranlasst im Wege der nacheinander geschalteten Ausschüttung zugewandt (BFH GmbHR 13, 449). Ebenso wie bei der Zuwendung im unmittelbaren Gesellschaftsverhältnis ist für eine Schenkung auch bei Zuwendungen an den mittelbaren Gesellschafter damit kein Raum, da **das jeweilige gesellschaftsrechtliche Verhältnis** ein etwaiges Schenkungsverhältnis verdrängt. 2

**3. Inkongruente Ausschüttung an unmittelbare Gesellschafter:** Die Ausschüttungen von Gewinn oder Auskehrungen von Rücklagen erfolgen regelmäßig im Verhältnis der Beteiligungen der jeweiligen Gesellschafter. Diese wirtschaftlich grds angemessene – und vom Gesetz vorgegebene (für die GmbH: § 29 III 1 GmbHG; für die AG: § 60 II AktG) – Gestaltung ist **rechtlich nicht zwingend.** 3

Zum Ausgleich von der Regel abweichender wirtschaftlicher oder persönlicher Interessen kann – gesellschaftsrechtlich unbedenklich (vgl § 29 III 2 GmbHG und § 60 III AktG) – eine inkongruente, dh der Höhe der Beteiligungen nicht entsprechende Gewinnverteilung vereinbart werden. Der BFH hat inkongruente Ausschüttungen **ertragsteuerlich** anerkannt (BFH GmbHR 99, 1258; BFH/NV 06, 2207; vgl ferner BFH BFH/NV 10, 865). Die FinVerw hat sich nach langem Zögern jedenfalls im Grundsatz angeschlossen (BMF DB 14, 23). Im **Erlass v 14.3.12** (BStBl I 12, 331 Tz 2.6.2) geht die FinVerw davon aus, dass inkongruente verdeckte Ausschüttungen (vGa) im Verhältnis zwischen Gesellschaft und Gesellschafter **Schenkungsteuer** auslösen. Dasselbe muss mE aus Sicht der FinVerw für die offenen inkongruenten Ausschüttungen gelten. Nach Auffassung der FinVerw ist der inkongruente Teil der Ausschüttung nicht gesellschaftsrechtlich veranlasst, da dieser Teil über die gesellschaftsrechtliche Beteiligung hinaus gewährt wird.

4 **Beispiel:** A und B sind zu jeweils 50% an der A-GmbH beteiligt. A erhält ein um € 100 000 überhöhtes Geschäftsführergehalt. Ertragsteuerl ist eine vGa iHv € 100 000 gegeben. Nach Auffassung der FinVerw ist daneben von einer Schenkung der Gesellschaft an A iHv € 50 000 auszugehen, da aufgrund der hälftigen Beteiligung lediglich die Hälfte des überhöhten Gehalts gesellschaftsrechtlich veranlasst sein könne.

5 Die Auffassung der FinVerw ist unzutreffend. Ebenso wie Einlagen des Gesellschafters in das Gesellschaftsvermögen gesellschaftsrechtlich veranlasst sind, sind es umgekehrt auch Ausschüttungen, unabhängig davon, ob kongruent oder inkongruent, ob offen oder verdeckt. Gerade bei **vGa** ist die **gesellschaftsrechtliche Veranlassung** immanentes Tatbestandsmerkmal. Der Auffassung der FinVerw wurde frühzeitig entgegengetreten (vgl *Viskorf* DStR 11, 607; *Binnewies* GmbHR 11, 1022). In der **Entscheidung v 30.1.13** (GmbHR 13, 449) hat auch der **BFH** – erwartungsgemäß – der Auffassung der FinVerw eine Absage erteilt. Auch nach Auffassung des Schenkungsteuersenats besteht im Verhältnis zwischen der Gesellschaft und dem Gesellschafter im Fall der inkongruenten Ausschüttung kein Raum für eine Schenkung. Das gesellschaftsrechtliche Verhältnis steht einer freigebigen Zuwendung der Gesellschaft an den Gesellschafter entgegen, unabhängig davon, ob diese Zuwendung im Verhältnis seines Beteiligungsumfangs erfolgt oder nicht. Als actur contrarius zur Einlage kann für die Ausschüttung nichts anderes gelten als für die Einlage. Die **Finanzverwaltung** wendet das Urteil über den entschiedenen Einzelfall hinaus nicht an (gleichlautender Erlass BStBl I 13, 1465).

6 **4. Inkongruente Ausschüttung an mittelbare Gesellschafter:** Der Entscheidung des BFH v 30.1.13 (GmbHR 13, 449) liegt ein **mittelbares Gesellschaftsverhältnis** zugrunde. Ebenso wie bei der kongruenten Ausschüttung kommt es bei der inkongruenten Ausschüttung für die ertragsteuerl und die schenkungsteuerl Behandlung nicht darauf an, ob die Ausschüttung an einen unmittelbaren Gesellschafter oder mittelbaren Gesellschafter erfolgt. Sowohl ertragsteuerl als auch schenkungsteuerl wird von einem abgekürzten Zahlungsweg ausgegangen. Dies gilt sowohl für die kongruente als auch für die inkongruente Ausschüttung.

7 **5. Kongruente Ausschüttungen an unmittelbare Gesellschafter:** Ebenso wie Einlagen des Gesellschafters in das Gesellschaftsvermögen **gesellschaftsrechtlich veranlasst** sind, sind es umgekehrt auch Ausschüttungen. Hierbei kommt es nicht darauf an, ob die Ausschüttung zivilrechtlich entsprechend den gesellschaftsrechtlichen Vorgaben beschlossen wurde, oder es sich um eine vGA handelt. Darüber besteht Einigkeit (vgl BGH DB 13, 45). Erfolgen die Zuwendungen aufgrund vom Gesellschaftsverhältnis unabhängiger **entgeltlicher Schuldverhältnisse** (zB Mietvertrag, Darlehensvertrag usw), gehen diese vor. Diese zivilrechtliche Qualifikation von unmittelbaren Zuwendungen zwischen Gesellschafter und Gesellschaft liegt auch dem Steuerrecht zugrunde (vgl nur BFH BStBl II 08, 381; BFH/NV 06, 6; BStBl II 07, 472; *Felten* BB 11, 1621; *Christ* ZEV 11, 10; *Tolksdorf* DStR 10, 423). Unentgeltliche sowie entgeltliche, aber aus anderen Gründen

**nicht betrieblich veranlasste Zuwendungen** der Gesellschaft an ihre Gesellschafter erfolgen sowohl aus ertragsteuerlicher als auch aus schenkungsteuerlicher Sicht „societatus causa". Der Gesellschafter erzielt Beteiligungseinkünfte (§ 20 I Nr 1 EStG oder § 8b KStG). Eine Schenkung kommt nicht in Betracht. Das Urteil des BFH vom 30.1.13 (GmbHR 13, 449) setzt dies – zu Recht – als selbstverständlich voraus.

**6. Kongruente Ausschüttungen an mittelbare Gesellschafter:** Bei Zu- 8
wendungen einer Kapitalgesellschaft an ihren mittelbaren Gesellschafter wird **ertragsteuerlich** von einem **abgekürzten Zahlungsweg** ausgegangen. Erfolgt also eine Zuwendung der Kapitalgesellschaft an den Gesellschafter ihres Gesellschafters, wird ertragsteuerlich eine **„Kettenausschüttung"** fingiert. Wendet die Enkelgesellschaft der Muttergesellschaft einen Vorteil zu, wird die Zuwendung als „durchgeleitete" Ausschüttung von der Engelgesellschaft über die Tochtergesellschaft bis hin zur Muttergesellschaft fingiert (BFH BStBl II 86, 195; *Gosch* in Gosch KStG, 3. Aufl 15, § 8 Rz 239). Ertragsteuerlich wird davon ausgegangen, dass die Tochtergesellschaft sich der Enkelgesellschaft bedient, um Vorteile an die Muttergesellschaft verdeckt auszuschütten. Die Enkelgesellschaft wendet dadurch, dass sie diese Aufgabe übernimmt, der Tochtergesellschaft einen entsprechenden Vorteil zu (BFH BStBl II 86, 195). In der Entscheidung v 30.1.13 geht der II. Senat nun auch **schenkungsteuerlich** davon aus, dass bei Zuwendungen an den mittelbaren Gesellschafter von einem **abgekürzten Zahlungsweg** auszugehen ist. Inhaltlich wird der Vorteil über die Muttergesellschaft an den mittelbaren Gesellschafter auch aus schenkungsteuerlicher Sicht gesellschaftsrechtlich veranlasst im Wege der nacheinander geschalteten Ausschüttung zugewandt (BFH GmbHR 13, 449). Ebenso wie bei der Zuwendung im unmittelbaren Gesellschaftsverhältnis ist für eine Schenkung auch bei Zuwendungen an den mittelbaren Gesellschafter damit kein Raum, da **das jeweilige gesellschaftsrechtliche Verhältnis** ein etwaiges Schenkungsverhältnis verdrängt.

**7. Inkongruente Ausschüttung an unmittelbare Gesellschafter:** Die Aus- 9
schüttungen von Gewinn oder Auskehrungen von Rücklagen erfolgen regelmäßig im Verhältnis der Beteiligungen der jeweiligen Gesellschafter. Diese wirtschaftliche grundsätzlich angemessene – und vom Gesetz vorgegebene (für die GmbH: § 29 III 1 GmbHG; für die AG: § 60 II AktG) – Gestaltung ist **rechtlich nicht zwingend.** Zum Ausgleich von der Regel abweichender wirtschaftlicher oder persönlicher Interessen kann – gesellschaftsrechtlich unbedenklich (vgl § 29 III 2 GmbHG und § 60 III AktG) – eine inkongruente, dh den der Höhe der Beteiligungen nicht entsprechende Gewinnverteilung vereinbart werden. Der BFH hat inkongruente Ausschüttungen **ertragsteuerlich** anerkennt (BFH GmbHR 99, 1258; BFH/NV 06, 2207; vgl ferner BFH/NV 10, 865). Die FinVerw hat sich nach langem Zögern jedenfalls im Grundsatz angeschlossen (BMF DB 14, 23). Im **Erlass v 14.3.12** (BStBl I 12, 331 Tz 2.6.2) geht die FinVerw davon aus, dass inkongruente verdeckte Ausschüttungen (vGa) im Verhältnis zwischen Gesellschaft und Gesellschafter **Schenkungsteuer** auslösen. Dasselbe muss uE aus Sicht der FinVerw für die offene inkongruente Ausschüttung gelten. Nach Auffassung der FinVerw ist der inkongruente Teil der Ausschüttung nicht gesellschaftsrechtlich veranlasst, da dieser Teil über die gesellschaftsrechtliche Beteiligung hinaus gewährt wird.

**Beispiel:** A und B sind zu jeweils 50 % an der A-GmbH beteiligt. A erhält ein um € 100 000,– überhöhtes Geschäftsführergehalt. Ertragsteuerlich ist eine vGa iHv € 100 000,– gegeben. Nach Auffassung der FinVerw ist daneben von einer Schenkung der Gesellschaft an A iHv € 50 000,– auszugehen, da aufgrund der hälftigen Beteiligung lediglich die Hälfte des überhöhten Gehalts gesellschaftsrechtlich veranlasst sein könne.

Nach Auffassung der FinVerw ist dies unzutreffend. Ebenso wie Einlagen des 10
Gesellschafters in das Gesellschaftsvermögen gesellschaftsrechtlich veranlasst sind,

sind es umgekehrt auch Ausschüttungen, unabhängig davon, ob kongruent oder inkongruent, ob offen oder verdeckt. Gerade bei **vGa** ist die **gesellschaftsrechtliche Veranlassung** immanentes Tatbestandsmerkmal. Der Auffassung der FinVerw wurde frühzeitig entgegengetreten (vgl *Viskorf* DStR 11, 607; *Binnewies* GmbHR 11, 1022). In der **Entscheidung v 30.1.13** (GmbHR 13, 449) hat auch der **BFH** – erwartungsgemäß – der Auffassung der FinVerw eine Absage erteilt. Auch nach Auffassung des Schenkungsteuer-Senats besteht im Verhältnis zwischen der Gesellschaft und dem Gesellschafter im Fall der inkongruenten Ausschüttung kein Raum für eine Schenkung. Das gesellschaftsrechtliche Verhältnis steht einer freigebigen Zuwendung der Gesellschaft an den Gesellschafter entgegen, unabhängig davon, ob diese Zuwendung im Verhältnis seines Beteiligungsumfangs erfolgt oder nicht. Als actur contrarius zur Einlage kann für die Ausschüttung nichts anderes gelten als für die Einlage. Die **Finanzverwaltung** wendet das Urteil über den entschiedenen Fall hinaus nicht an (Erlass der obersten Finanzbehörden BStBl I 13, 1465).

11 **8. Inkongruente Ausschüttung an mittelbare Gesellschafter:** Der Entscheidung des BFH v 30.1.13 (GmbHR 13, 449) liegt ein **mittelbares Gesellschaftsverhältnis** zugrunde. Ebenso wie bei der kongruenten Ausschüttung kommt es bei der inkongruenten Ausschüttung für die ertragsteuerliche und die schenkungsteuerliche Behandlung nicht darauf an, ob die Ausschüttung an einen unmittelbaren Gesellschafter oder mittelbaren Gesellschafter erfolgt. Sowohl ertragsteuerlich als auch schenkungsteuerlich wird von einem abgekürzten Zahlungsweg ausgegangen. Dies gilt sowohl für die kongruente als auch für die inkongruente Ausschüttung.

12 **9. VGa an Nahestehende:** Die Annahme einer vGA setzt keinen Zufluss beim Gesellschafter selbst voraus. Die **Zuwendung des Vorteils an eine dem Gesellschafter nahestehende Person** genügt, um beim Gesellschafter von entsprechenden Einnahmen gemäß § 20 I Nr 1 S 2 EStG ausgehen zu können (vgl nur BFH/NV 06, 722; *Gosch* in Gosch, KStG, 3. Aufl 15, § 8 Rz 227 ff). Dies hat der BFH mit Urteil vom 14.3.17 nochmals bestätigt (BFH/NV 17, 1174). Nach stRspr des BFH kann eine vGa auch ohne tatsächlichen Zufluss beim Gesellschafter anzunehmen sein, wenn der Vorteil dem Gesellschafter mittelbar in der Weise zugewendet wird, dass eine ihm nahestehende Person aus der Vermögensverlagerung Nutzen zieht. Das „Nahestehen" idS kann familienrechtlicher, gesellschaftsrechtlicher, schuldrechtlicher oder auch rein tatsächlicher Art sein (BFH/NV 17, 1174). Ferner stellt der BFH nochmals klar, dass die vGa an eine nahestehende Person nicht voraussetzt, dass der Gesellschafter die Kapitalgesellschaft beherrscht (BFH/NV 17, 1174). Die Zuwendung eines Vermögensvorteils an eine nahestehende Person ist dann, wenn **andere Ursachen** für die Zuwendung als das Nahestehen des Empfängers zu einem Gesellschafter auszuschließen sind, unabhängig davon als vGa zu beurteilen, ob auch **der Gesellschafter selbst ein vermögenswertes Interesse** an dieser Zuwendung hat. Nach der Rspr des BFH spricht der Beweis des ersten Anscheins dafür, dass die nahestehende Person den Vorteil ohne ihre Beziehung zum Gesellschafter nicht erhalten hätte (BFH BStBl II 16, 219; BFH/NV 17, 1174). Der **Beweis des ersten Anscheins** für die Veranlassung durch das Gesellschaftsverhältnis kann durch die Feststellung erschüttert werden, dass die Zuwendung des Vorteils ihre Ursache ausschließlich in einer vom Gesellschaftsverhältnis zum nahestehenden Gesellschafter unabhängigen Beziehung der Kapitalgesellschaft zum Empfänger zugewendet hat. Dasselbe gilt, wenn der unmittelbare Empfänger der Zuwendung (auch) einem anderen Gesellschafter nahesteht und anzunehmen ist, dass nur dieser ihm etwas zuwenden wollte. Im konkret entschiedenen Fall ist eine Lebensgemeinschaft Grundlage für die Annahme der Voraussetzung des Nahestehens (vgl BFH/NV 17, 1174). Eine bestehende Lebensgemeinschaft mit gemeinsamem Haushalt lässt darauf schließen, dass der Gesellschafter ein wirtschaftliches Eigeninteresse daran hat, dass dem Lebenspart-

ner/der Lebenspartnerin eine Zuwendung der Gesellschaft gewährt wird. Allerdings ist nach Auffassung des BFH eine vGa nicht anzunehmen, wenn die **Vermögensminderung dem Gesellschafter nicht bekannt** und sie auch nicht in seinem Interesse ist (BFH BStBl II 07, 830; BFH/NV 07, 2291). Nur wenn andere Ursachen als die Nähe des Empfängers zum Gesellschafter auszuschließen sind, liegt ein Zufluss beim Gesellschafter vor (BFH DStR 04, 2143). Steht der Begünstigte mehreren Gesellschaftern nahe, muss festgestellt werden, ob die Zuwendung durch die Beziehung zu allen oder nur zu einzelnen nahestehenden Gesellschaftern veranlasst ist (BFH/NV 05, 1266; 11, 449; 17, 1174). Bei einem Nahestehen zu mehreren Gesellschaftern ist die Zurechnung der vGa offen.

**Beispiel:** A ist Geschäftsführer der X-GmbH. Seine Ehefrau und seine drei Kinder sind mit anderen Gesellschafter der X-GmbH. A lebt neuerdings von seiner Familie getrennt und ist mit seiner Freundin zusammengezogen. A hat sich im Streit getrennt. A erhält bei der X-GmbH weiterhin ein Gehalt, ohne dass feststellbar ist, dass er hierfür arbeitet bzw in welchem Umfang er arbeitet. Im vorliegenden Fall ist offen, ob der Ehefrau des A sowie seinen Kindern ab der familienrechtlichen Trennung eine vGa zugerechnet werden kann. Aufgrund der Trennung von A kann nicht automatisch davon ausgegangen werden, dass den Gesellschaftern ein Vorteil zufließt durch die Gehaltszahlung an A. Nur wenn andere (zB gesellschaftsrechtliche) Gründe auszuschließen sind, kann die unangemessene Gehaltszahlung auf die familienrechtliche Beziehung zurückgeführt werden. Sollte dies der Fall sein, ist die konkrete Zurechnung schwierig. Handelt es sich um minderjährige Kinder, ist diesen uE ein solcher Vorteil nicht zuzurechnen. Empfänger der vGa wäre dann nur die Ehefrau. Nur wenn Ehefrau und (volljährige) Kinder gleichermaßen Kenntnis und Einfluss auf die Gehaltszahlung haben, wäre die vGa gleichmäßig zuzurechnen.

Die **schenkungsteuerliche Behandlung** von Zuwendungen der Gesellschaft 13
an dem Gesellschafter nahestehende Personen ist umstritten. Mangels unmittelbarer Vermögensverfügung des Gesellschafters an die nahestehende Person lehnte der **BFH** in einer viel beachteten und diskutierten Entscheidung aus dem Jahr 07 in diesem Verhältnis eine freigebige Zuwendung iSv § 7 I Nr 1 ErbStG ab. Er deutete in einem obiter dictum allerdings an, dass eine Schenkung im Verhältnis der Gesellschaft zur nahestehenden Person gegeben sein könnte (BFH BStBl II 08, 258). Ausgehend von diesem obiter dictum geht die **Finanzverwaltung** ua im Erlass v 14.3.13 (BStBl I 12, 331 Tz. 2.6.1) von einer Schenkung im Verhältnis der Gesellschaft zu nahestehenden Personen aus. Auch der Gesetzgeber folgte dieser Linie und versucht, mit § 15 IV ErbStG die zwischen der Gesellschaft und der nahestehenden Person zu ziehenden schenkungsteuerlichen Konsequenzen abzumildern, indem bezüglich des anwendbaren Freibetrags und des anwendbaren Tarifs davon ausgegangen werden soll, als ob eine Schenkung zwischen Gesellschafter und nahestehender Person gegeben wäre. Nach der Gesetzesbegründung ging der Gesetzgeber bei Einführung des § 15 IV ErbStG davon aus, dass eine entsprechende „ständige Rechtsprechung des BFH" existiere, obgleich lediglich das erwähnte obiter dictum im Raum stand (vgl Stellungnahme des BR v 17.6.11 zum Entwurf des BeitrRLUmsG BR-Drucks 253/11, Zustimmung der BReg in BT-Drucks 17/6263, Anlage 5). Die **finanzgerichtliche Rechtsprechung** ist uneinheitlich. Das **FG Münster** und das **FG Niedersachsen** (NdsFG EFG 16, 1818; bestätigt durch BFH v 13.9.17 II R 32/16, nnv) lehnen bei vGa an Nahestehende eine Schenkung der Gesellschaft ab, da neben offener oder vGa sowie Kapitalrückzahlung und betrieblich veranlassten Rechtsbeziehungen kein Raum für eine Schenkung zwischen Gesellschaft und Gesellschafter sowie Nahestehenden sei, jedenfalls, wenn die Zuwendung der Gesellschaft beim Empfänger als „Markteinkommen" ertragsteuerlich erfasst werden (zB § 21 EStG; FG Münster EFG 14, 301; BFH DStR 14, 2239, aus anderen Gründen bestätigt; vgl auch FG Münster EFG 16, 232; bestätigt durch BFH v 13.9.2017 II R 54/15, nnv). Das **FG Düsseldorf** nimmt eine Schenkung zwischen Gesellschaft und nahestehender Person an. Die auf dem Gesellschaftsverhältnis beruhende vGa steht danach einer Schenkung nicht

entgegen, da das jeweilige Verhältnis der Gesellschaft mit unterschiedlichen Personen besteht (Gesellschafter einerseits und nahestehende Person andererseits; FG D'dorf EFG 17, 237; aufgehoben durch BFH v 13.9.2017 II R 42/16, nnv). In allen drei Fällen war die Revision zugelassen, über die der BFH in den Urteilen v 13.9.17 (BFH II R 54/15, nnv; II R 42/16, nnv und II R 32/16, nnv) einheitlich entschieden hat.

14 Der **BFH** hat seine im Urteil aus dem Jahr 07 **vertretene Auffassung aufgegeben** und akzeptiert einerseits, dass das Gesellschaftsverhältnis zwischen Gesellschaft und Gesellschafter ein Schenkungsverhältnis zwischen Gesellschaft und nahestehender Person verdrängt und andererseits eine Schenkung unmittelbar zwischen Gesellschafter und nahestehender Person gegeben sein kann:

- Die Zahlung überhöhter Entgelte an die dem Gesellschafter nahestehende Person **kann auf dem Gesellschaftsverhältnis beruhen**, obwohl sie nicht an den Gesellschafter selbst erfolgt, sondern im **abgekürzten Zahlungsweg** aufgrund einer vertraglichen Vereinbarung zwischen der GmbH und der dem Gesellschafter nahestehenden Person.
- IHd unangemessenen Teils der Zahlung liegt eine vGa an den Gesellschafter vor. „Wirkt der Gesellschafter an dieser vGa mit", **verdrängt diese im Gesellschaftsverhältnis begründete vGa die Schenkung** der Gesellschaft an die nahestehende Person.
- Die **Mitwirkung des Gesellschafters** „an den Vertrag zwischen GmbH und nahestehender Person" kann darin bestehen, dass er den Vertrag als Gesellschafter-Geschäftsführer abschließt, als Gesellschafter mitunterzeichnet, dem Geschäftsführer eine Anweisung zum Vertragsabschluss erteilt oder in sonstiger Weise auf den Vertragsabschluss hinwirkt oder diesem zustimmt.
- Durch diese Mitwirkung verschafft der Gesellschafter der ihm nahestehenden Person einen Vermögensvorteil und **verfügt** über „seinen künftigen Gewinnausschüttungsanspruch". Dadurch mindert sich iHd vGa bzw iHd Entnahmewerts das künftige Gewinnausschüttungsvolumen der GmbH zu seinen Lasten. Zugleich ist darin die Ermächtigung zu sehen, dass die Gesellschaft an die nahestehende Person mit befreiender Wirkung leistet (abgekürzter Zahlungsweg).
- Das **Nahestehen** einer Person kann auf familienrechtlichen, gesellschaftsrechtlichen, schuldrechtlichen oder auch rein tatsächlichen Beziehungen beruhen.
- Diese Rechtsgrundsätze gelten entsprechend, wenn **mehrere** Gesellschafter **an der GmbH beteiligt sind** von denen zumindest einer bei der Vereinbarung zwischen der GmbH und der ihm nahestehenden Person mitgewirkt hat.
- Sofern der **BFH im Urteil aus 2007** eine gemischte freigiebige Zuwendung der GmbH an die dem Gesellschafter nahestehende Person für möglich gehalten hat, wird an dieser Auffassung für Sachverhalte, in denen die überhöhten Entgelte an die nahestehender Person unter Mitwirkung des Gesellschafters und damit auf gesellschaftsrechtlicher Grundlage geleistet werden, nicht mehr festgehalten.
- **§ 15 IV ErbStG** rechtfertigt es nicht, eine GmbH, die überhöhte Entgelte an eine dem Gesellschafter nahestehende Person auf gesellschaftsrechtlicher Grundlage zahlt, als Schenkerin iSv § 7 I Nr 1 ErbStG anzusehen. Wirkt der Gesellschafter an der Leistung mit, ist die Leistung auf seine Veranlassung zurückzuführen und die Gesellschaft vollzieht keine freigiebige Zuwendung.
- Der BFH weist darauf hin, dass er nunmehr der Auffassung ist, dass eine **Schenkung des Gesellschafters unmittelbar an die nahestehende Person** gegeben sein kann. Sofern der Gesellschafter an der Leistung der Gesellschaft an die nahestehende Person „mitwirkt" sieht der BFH hierin eine Vermögensverfügung, da sein Gewinnanspruch gemindert wird, was spiegelbildlich bei der nahestehenden Person zu einer Vermögensmehrung führt.
- Ob tatsächlich zwischen Gesellschafter und nahestehender Person eine freigiebige Zuwendung iSv § 7 I Nr 1 ErbStG vorliegt, hängt von der **Ausgestaltung**

der zwischen ihnen bestehenden Rechtsbeziehung ab. Hier sind verschiedene Gestaltungen denkbar (zB Schenkungsabrede, Darlehen, Kaufvertrag).

Damit ist der BFH auf den „Pfad der Tugend" zurückgekehrt und kommt uE zu zutreffenden Ergebnissen. Die gesellschaftsrechtliche Veranlassung der Zuwendung an die nahestehende Person steht einer Schenkung der GmbH entgegen. Zwar besteht zwischen Zuwendendem (Gesellschaft) und Zuwendungsempfänger (nahestehende Person) kein Gesellschaftsverhältnis, weder mittelbar noch unmittelbar. Die Veranlassung für die Zuwendung ist jedoch gleichwohl im Verhältnis zwischen der Gesellschaft und dem Gesellschafter zu suchen und zu finden. **Anlass und Motiv für die Zuwendung** aus Sicht der Gesellschaft kann nur der Einfluss des Gesellschafters, auch des Minderheitsgesellschafters, sein. Ein eigenes Motiv der Gesellschaft im Verhältnis zu nahestehenden Personen kommt bei vGa an dem Gesellschafter nahestehende Personen regelmäßig nicht in Betracht. Insoweit ist für eine freigebige Zuwendung iSv § 7 I Nr 1 ErbStG im Verhältnis der Gesellschaft zur nahestehenden Person kein Raum. Vielmehr ist auch in dieser Konstellation von einem – und dem folgt der BFH nun – abgekürzten Zahlungsweg auszugehen. Dies gilt sowohl zivilrechtlich als auch steuerrechtlich (vgl *Friz/Grünwald* FR 12, 911, 918; *Gosch* in Gosch, KStG, 3. Aufl 15, § 8 Rz 230). Die **Causa der Vermögenszuwendung** im Fall der vGa an nahestehende Personen findet sich ausschließlich im Verhältnis zwischen Gesellschafter und nahestehender Person. Es ist daher von einer Leistungskette im Dreiecksverhältnis auszugehen. Die Kapitalgesellschaft leistet als durch das Gesellschaftsverhältnis Angewiesene an den Gesellschafter, der Gesellschafter leistet als Anweisender und Veranlasser an die nahestehende Person (vgl *Friz/Grünwald* FR 12, 911, 918; *Hübner* DStR 08, 1357, 1359). Auch eine etwaige bereicherungsrechtliche Rückabwicklung würde über das Dreieck erfolgen (vgl BGH BGHZ 147, 269; *Friz/Grünwald* FR 12, 911, 918; *Gosch* in Gosch, KStG, 3. Aufl 15, § 8 Rz 234). 15

Mit der **Entscheidung vom 30.1.13** (GmbHR 13, 449; Nichtanwendungserlass der FinVerw v 5.6.13, BStBl I 13, 1465; vgl auch BFH/NV 14/1554) **hatte sich der BFH** uE dieser Sichtweise bereits angenähert. Bei einem mittelbaren Beteiligungsverhältnis ist der mittelbar Beteiligte gleichzeitig nahestehende Person des Gesellschafters. Der BFH geht von einem Dreiecksverhältnis mit abgekürztem Zahlungsweg aus. Das verhindert im Ergebnis die Annahme einer Schenkung der Gesellschaft. Allerdings schien der BFH dieses Ergebnis am Ende der Entscheidung auf den Fall der mittelbaren Beteiligung des Bedachten beschränken zu wollen und ließ die Frage des Verhältnisses von Einkommensteuer und Schenkungsteuer im Übrigen ausdrücklich offen. UE war es nur ein kleiner, aber konsequenter Schritt, die Argumentation in der Entscheidung v 30.1.13 auf den Fall der Zuwendung an nahestehende Personen, ohne dass eine mittelbare Beteiligung vorliegt, zu übertragen. 16

Im Ergebnis ist **nur im Verhältnis zwischen Gesellschafter und nahestehender Person** zu untersuchen, ob eine freigebige Zuwendung iSv § 7 I Nr 1 ErbStG in Betracht kommen kann. UE kommt es diesbezüglich auf die fehlende unmittelbare Vermögenszuwendung zwischen Gesellschafter und nahestehender Person nicht an (vgl bereits ausf *Binnewies* GmbH-StB 00, 281 und GmbHR 11, 1022). Der BFH sieht nunmehr in der „Minderung des künftigen Gewinnanspruchs zu Lasten des Gesellschafters mit spiegelbildlichem Vermögensvorteil bei der nahestehenden Person eine Vermögensverfügung. Diese – aus unserer Sicht nicht erforderliche – Begründung scheint „konstruiert". Zwar mindert sich durch die vGa künftiges Ausschüttungspotential. Auch führt dieses durch die vGa realisierte Ausschüttungspotential zu einem entsprechenden Vermögensvorteil bei der nahestehenden Person. Jedenfalls aber bei mehrgliedrigen Gesellschaften muss mit der vGa für den Gesellschafter, dem diese steuerrechtlich zugerechnet wird, keine entsprechende Minderung seines künftigen Gewinnanspruch einhergehen. 17

**Beispiel:** A, B und C sind in gleichem Umfang an der X-GmbH beteiligt. Die Tochter des A erhält ein überhöhtes Gehalt von der Gesellschaft. Eine Ausgleichsregelung für vGa sieht die Satzung der Gesellschaft nicht vor. Ein Ausgleich wird – typischerweise – auch nicht vorgenommen. In diesem Fall mindert sich der künftige Ausschüttungsanspruch des A nicht in Höhe der vGa bzw in Höhe des Vermögensvorteils der Tochter des A. Hier – und der BFH möchte seine neue Rspr ausdrücklich auch (im Ergebnis zu Recht) auf Gesellschaften mit mehreren Gesellschaftern angewendet wissen – mindert sich der künftige Gewinnanspruch nur zu $^1/_3$ des der Tochter zugewandten Vermögensvorteils. Diese Begründung überzeugt daher nicht gänzlich. UE wäre es zutreffender, in dieser Konstellation der vGa an nahestehende auf das Erfordernis der unmittelbaren Vermögensverfügung auf Kosten des Gesellschafters zugunsten der nahestehende Person zu verzichten.

18 Im Ergebnis ist dem BFH auch darin zuzustimmen, dass es für die Frage der Schenkung zwischen Gesellschafter und nahestehender Person auf die konkrete Ausgestaltung dieses Verhältnisses ankommt.

**Beispiel:** V ist Alleingesellschafter der A-GmbH. Seine Tochter T ist Rechtsanwältin. T berät V, woraus eine Honorarforderung iHv € 10 000,– resultiert. Die A-GmbH bezahlt die Forderung. Im Verhältnis zwischen A-GmbH zu V liegt eine vGa vor. Durch die Zahlung wird V von einer Verbindlichkeit befreit. Es erfolgt eine Zuwendung im abgekürzten Zahlungsweg. Bei T liegen Einkünfte aus selbstständiger Arbeit vor. Die Auffassung der Finanzverwaltung konsequent angewandt, müsste zusätzlich eine Schenkung der Gesellschaft an T veranlagt werden. Dieses Ergebnis belegt, dass die Auffassung der Finanzverwaltung systemwidrig ist. Ebenso wie im vorliegenden Beispiel die Dienstleistungsbeziehung zwischen A und T den abgekürzten Zahlungsweg begründet, kann ein Schenkungsverhältnis zwischen V und T den abgekürzten Zahlungsweg begründen. Nur bei dieser Betrachtungsweise wird eine systemwidrige Doppelbesteuerung verhindert.

19 Ferner ist es auch zutreffend, dass an die **„Mitwirkung" des Gesellschafters** keine hohen Anforderungen zu stellen sind. Es genügt ua, dass „in sonstiger Weise auf den Vertragsabschluss hingewirkt oder diesem zugestimmt" wird. Das schließt uE auch die Veranlassung durch den Minderheitsgesellschafter ein. Ein Minderheitsgesellschafter kann die Zuwendung an die nahestehende Person nicht einseitig durchsetzen. Gleichwohl liegt die Veranlassung der Zuwendung in seiner Gesellschafterstellung, wenn er der Zuwendung mit Duldung des oder der Mehrheitsgesellschafter zustimmt.

## Schenkungsteuer bei begünstigtem Bezug von Anteilen iRd Kapitalerhöhung

Verzichten die Gesellschafter einer GmbH iRe Kapitalerhöhung auf ihr **Bezugsrecht** und werden als Dritte zur Übernahme der iRd Kapitalerhöhung entstehenden Gesellschaftsanteile zugelassen, liegt eine Schenkung zwischen den Altgesellschaftern und den Neugesellschaftern vor, wenn der gemeine Wert der Anteile die von den Neugesellschaftern zu leistende Einlage übersteigt. In dieser Konstellation liegt nach der Rspr eine unmittelbare Vermögensverfügung zwischen den Alt- und Neugesellschaftern vor, durch den Verzicht auf das Bezugsrecht bzw die Zulassung der Neugesellschafter zur Übernahme der Anteile. Die Voraussetzungen von § 7 I Nr 1 ErbStG werden daher als erfüllt angesehen. Das subjektive Merkmal der Freigebigkeit iSv § 7 I Nr 1 ErbStG wird dabei schon bejaht, wenn den Altgesellschaftern der Mehrwert ihrer Leistung bewusst ist. Auf die Kenntnis des Ausmaßes des Wertunterschieds kommt es nicht an. Gesellschafter der Altgesellschaften kommen als Schenker nicht in Betracht (FG Münster EFG 12, 2136; bestätigt durch BFH DStR 14, 2282, mit dem Hinweis, dass § 13a ErbStG anwendbar sein kann; vgl auch BFH BStBl II 01, 454; BFH/NV 92, 26).

## Schenkungsteuer bei disquotaler Einlage

1 **1. Inkongruente Einlage des Gesellschafters:**

**Beispiel:** Vater V und Sohn S sind an der A-GmbH zu je 50% beteiligt. V wendet der A-GmbH € 1 Mio zu. Das Geld wird handelsrechtlich in den Rücklagen der Gesellschaft nach

§ 272 II Nr 4 HGB erfasst. Wirtschaftlich partizipiert der Sohn an der Rücklage entsprechend seiner Beteiligungsquote zur Hälfte.

**Ertragsteuerlich** handelt es sich um eine **inkongruente Einlage** des Gesellschafters V in das Vermögen der Gesellschaft. Es entstanden um € 1 Mio erhöhte Anschaffungskosten (zur Zurechnung der AK vgl FG Nds DStZ 12, 676). Als Einlage des Gesellschafters in das Vermögen seiner Gesellschaft ist die Zuwendung nicht betrieblich, sondern **gesellschaftsrechtlich veranlasst.** KSt und GewSt fallen auf der Ebene der Gesellschaft nicht an. Die Einlage wird steuerlich im Einlagekonto gem § 27 I erfasst. 2

Schenkungsteuerlich ging die **Finanzverwaltung** von einer Schenkung des V an S iHv 50% aus. Der **BFH** hatte sich dieser Lösung verweigert. Nach Auffassung des BFH richtet sich die freigebige Zuwendung nach dem Zivilrecht. Zivilrechtlich **mangelt es an einer unmittelbaren Vermögensverfügung** zwischen V und S. Die Werterhöhung in der Beteiligung des S ist ein nicht steuerbarer Reflex (zuletzt: BFH BStBl II 10, 566). Als Reaktion darauf hat der **Gesetzgeber** nun **§ 7 VIII 1 ErbStG** eingeführt. Danach ist für Verfügungen nach dem 13.12.11 von einer anteiligen Schenkung des V an S auszugehen, und zwar iHd Wertsteigerung in der Beteiligung des S. Die **Fiktion des § 7 VIII 1 ErbStG** ersetzt die fehlende Unmittelbarkeit der Vermögenszuwendung von V an S. 3

**2. Kongruente zeitversetzte Einlagen der Gesellschafter:** 4

**Beispiel:** A und B sind zu jeweils 50% an der A-GmbH beteiligt. Im Jahr 01 wendet der A der GmbH aufgrund von Liquiditätsschwierigkeiten € 100 000 zu. In Jahr 02 wendet der B der A-GmbH aufgrund von Liquiditätsschwierigkeiten € 100 000 zu.

Beide Zuwendungen erfüllen den Wortlaut des **§ 7 VIII 1 ErbStG.** Beide inkongruente Einlagen führen zur anteiligen Werterhöhung beim Geschäftsanteil des Mitgesellschafters. § 7 VIII 1 ErbStG will nach der Gesetzesbegründung (BR-Drucks 2853/11, 35) nur **endgültige Vermögensverschiebungen** zwischen den Gesellschaftern erfassen. Demnach ist § 7 VIII 1 ErbStG nur auf Zuwendungen in das Gesellschaftsvermögen anwendbar, die **nicht anderweitig ausgeglichen werden.** Demnach ist eine **Gesambetrachtung** anzustellen. IRv § 7 VIII 1 ErbStG ist stets zu prüfen, ob die inkongruente Einlage in einem rechtlichen, sachlichen oder wirtschaftlichen Zusammenhang mit anderweitigen Leistungen der Mitgesellschafter steht (vgl *van Lishaut/Ebber/Schmitz* Ubg 12, 1 ff). Werden von einzelnen Gesellschaftern inkongruente Einlagen in das Vermögen der Gesellschaft geleistet, allerdings in der Erwartung, dass zu späteren Zeitpunkten entsprechende inkongruente Einlagen der Mitgesellschafter erfolgen, ist diese Erwartungshaltung im Zeitpunkt des Vollzugs der ersten inkongruenten Einlage schriftlich zu fixieren. Eine teleologische Reduktion des § 7 VIII 1 ErbStG dürfte nur in Betracht kommen, wenn im Zeitpunkt des Vollzugs der ersten Einlage eine entsprechende Leistung der Mitgesellschafter zu einem späteren Zeitpunkt erwartet wird. Der sachlich/wirtschaftliche Zusammenhang späterer Leistungen der Mitgesellschafter mit der inkongruenten Einlage ist daher festzuhalten. Kommt es zu späteren Leistungen der Mitgesellschafter, spielt deren rechtliche Verbindlichkeit im Zeitpunkt der ersten inkongruenten Einlage keine Rolle. Hierauf kann es allenfalls dann ankommen, wenn im Zeitpunkt der Prüfung des Vorgangs durch die FinVerw nicht ausgleichende Leistungen der Mitgesellschafter erfolgt sind

**3. Forderungsverzicht:** 5

**Beispiel:** An der A-GmbH sind A und B zu jeweils 50% beteiligt. Es droht die Überschuldung. A verzichtet auf ein Gesellschafterdarlehen iHv € 100 000.

Auch dieser Vorgang unterfällt grds § 7 VIII 1 ErbStG. Fraglich ist allerdings, ob es zu einer **Wertsteigerung beim Geschäftsanteil des Mitgesellschafters** kommt. Dies ist jedenfalls fraglich, soweit das Gesellschafterdarlehen nicht werthaltig ist (vgl *Wälzholz* GmbH-StB 11, 340; vgl auch FinVerw BStBl I 12, 331 Tz 3.4.1).

6 **4. Vermögensverschiebungen zwischen Schwestergesellschaften:**

**Beispiel:** A und B sind an der A-GmbH zu jeweils 50% beteiligt. A und B sind an der B-GmbH zu 70% (A) und 30% (B) beteiligt. Die A-GmbH verzichtet auf eine werthaltige Forderung gegenüber der B-GmbH iHv € 100 000.

**Ertragsteuerlich** wird von einer vGa an A und B bei der A-GmbH (Gewinnerhöhung auf Ebene der A-GmbH iHv € 100 000 und entsprechende Einkünfte aus Kapitalvermögen bei A und B jeweils zur Hälfte) und einer **Einlage** von A und B in die B-GmbH entsprechend ihrer Beteiligungsquoten ausgegangen.

7 **§ 7 VIII 2 ErbStG** erfasst Vermögensverschiebungen zwischen SchwesterGes. Diese sind dann schenkungsteuerrelevant, wenn die Gesellschafter an beiden Gesellschaften **nicht in identischem Umfang beteiligt** sind. Anders als bei unmittelbaren Zuwendungen der Gesellschafter in das Gesellschaftsvermögen kommt es bei der Verschiebung von Vermögen zwischen SchwesterGes allerdings darauf an, dass diese in der **Absicht** getätigt werden, Mitgesellschafter zu bereichern. Anders als in § 7 VIII 1 ErbStG kommt es bei § 7 VIII 2 ErbStG also maßgeblich auf den **subjektiven Tatbestand** an. Im vorliegenden Fall hat das Finanzamt nachzuweisen, dass der Forderungsverzicht in der Absicht erfolgte, den A zu bereichern.

8 **5. Zuwendungen nicht an der Gesellschaft beteiligter Dritter:** Aufgrund des weiten **Wortlauts von § 7 VIII 1 ErbStG** findet die Vorschrift auch auf Zuwendungen nicht an der Geellschaft beteiligter Dritter Anwendung, obwohl diese Fallkonstellation gar nicht Anlass der „Missbrauchsgesetzgebung" war.

**Beispiel:** A und B sind jeweils zu 50% an der A-GmbH beteiligt. Zu Sanierungszwecken verzichtet die Bank Z auf eine Darlehensforderung.

9 Ertragsteuerlich handelt es sich um einen **außerordentlichen Ertrag.** Aufgrund von entsprechenden Verlustvorträgen wirkt sich dieser in der Praxis bis zu einer Höhe von € 1 Mio regelmäßig nicht aus. Darüber hinaus gilt die Mindestbesteuerung gem § 10d EStG. Dem Wortlaut nach greif § 7 VIII 1 ErbStG. Ausgehend von dem Missbrauchsgedanken, der Grundlage von § 7 VIII 1 ErbStG ist, muss es auch in diesem Fall zu einer **teleologischen Reduktion** der Norm kommen. § 7 VIII 1 ErbStG ist uE Auffangnorm nur für den Fall, dass eine unmittelbare Vermögenszuführung iSv § 7 I 1 ErbStG nicht gegeben bzw gewollt ist. Zielt die Vermögenszuwendung unmittelbar darauf ab, die GmbH zu sanieren, ist kein Bedarf, auf § 7 VIII 1 ErbStG zurückzugreifen. Dies gilt uE unabhängig davon, dass § 7 I 8 ErbStG keinen subjektiven Tatbestand enthält (vgl auch *Maile* DB 12, 1952). Die **Zielrichtung der Zuwendung** muss gleichwohl geprüft werden. Ist eine unmittelbare Zuwendung nicht erkennbar, bedarf es keines Rückgriffs auf die Fiktion des § 7 VIII 1 ErbStG. Weiterer Ansatzpunkt ist die Frage der Werterhöhung der Beteiligung. IdR führt ein Forderungsverzicht zu Sanierungszwecken nicht unmittelbar dazu, dass die Geschäftsanteile, die vor entsprechenden Sanierungsmaßnahmen regelmäßig wertlos sind, unmittelbar werthaltig werden (zum Forderungsverzicht der Gesellschafter unter Besserungsvorbehalt vgl Erlass der FinVerw BStBl II 12, 331 Tz 3.3.7.).

## Schenkungsteuer bei Verzicht auf Gesellschafterrechte

Im Urteil v 30.1.13 (DStR 13, 970) widmet sich der BFH der Konstellation, dass ein Gesellschafter auf ein ihm aufgrund gesellschaftsrechtlicher Vereinbarung zustehendes Mehrstimmrecht in der GmbH verzichtet. Insbes in mittelständisch bzw familiär geprägten Gesellschaften ist das **Mehrstimmrecht ein beliebtes Gestaltungsinstrument,** um den Einfluss des Unternehmensgründers unabhängig von seiner kapitalmäßigen Beteiligung an der Gesellschaft zu sichern. Es erlaubt, „die Fäden in der Hand zu halten" und gleichzeitig Anteile auf die nächste Generation zu übertragen. Im Urteil hatte der BFH nunmehr die Frage zu entscheiden, ob der **Verzicht auf ein Mehrstimmrecht** eine Schenkung des Verzichtenden zugunsten seiner Mitgesellschafter iSv § 7 I Nr 1 ErbStG darstellen kann. Der BFH bleibt seiner Linie treu. Etwaige Zuwendungen oder Wertverschiebungen, die vor dem 13.12.11 erfolgen und „über die Gesellschaft gehen", erkennt er nicht als Schenkung zwischen den Gesellschaftern iSv § 7 I Nr 1 ErbStG an, da es an einer unmittelbaren Vermögensverfügung zwischen potenziell Bedachten mangelt. Der Verzicht auf das Mehrstimmrecht wird gegenüber der Gesellschaft erklärt. Diese insoweit vorzunehmende Satzungsänderung gestaltet zunächst das Verhältnis des verzichtenden Gesellschafters zur Gesellschaft selbst. Der steigende Einfluss der Mitgesellschafter stellt sich insoweit nur als Reflex dar. Einen solchen „Reflex", der zu einer potenziellen Wertveränderung von Anteilen der Mitgesellschafter führt, subsumiert der BFH nach stRspr nicht unter § 7 I Nr 1 ErbStG.

## Schenkungsteuer und KSt

**Beispiel** (BFH BStBl II 17, 324): Die Pflegeheim GmbH wird als Erbin eines ihrer Patienten eingesetzt, der dann verstirbt. Die FinVerw veranlagt KSt und SchenkSt.

Gem § 1 I Nr 2 ErbStG iVm § 7 I Nr 1 ErbStG unterliegt jede freigebige Zuwendung unter Lebenden als Schenkung der Schenkungsteuer, soweit der Bedachte durch sie auf Kosten des Zuwendenden bereichert wird. Die KapGes als **jur Person** kann Empfänger bzw Übertragender einer steuerbaren Zuwendung iSd ErbStG sein (*Gebel* in Troll/Gebel/Jülicher, ErbStG, § 7 Rz 185 (Stand März 2012)). Gem § 8 I 1 KStG ist die Zuwendung auch körperschaftsteuerlich zu erfassen. Nach stRspr des BFH hat die KapGes **keine Privatsphäre** (BFH GmbHR 97, 317; BStBl II 07, 961). Danach sind sämtliche Einnahmen und Ausgaben als Betriebseinnahmen bzw Betriebsausgaben auf der Ebene der KapGes zu erfassen. Eine etwaige private Veranlassung wird betreffend die Betriebsausgaben über das Rechtsinstitut der vGa gelöst. Gem **§ 10 VIII ErbStG** sowie **§ 10 Nr 2 KStG** ist weder die Schenkungsteuer noch die KSt gewinn- bzw erwerbsmindernd zu berücksichtigen. Es kommt im Ergebnis also zur vollen Erfassung mit KSt, GewSt und ErbSt. Nach Auffassung der hM, insbes auch des BFH, liegt **keine verfassungsrechtlich bedenkliche Doppelbesteuerung** der Zuwendungen mit Schenkungsteuer und KSt vor. Danach wird darauf abgestellt, dass die KSt das zu versteuernde Einkommen eines VZ besteuere, während der Schenkungsteuer ein einziger Schenkungsvorgang zu einem konkreten Stichtag unterworfen sei. Derartige Doppelbelastungen seien hinzunehmen. Überzeugend ist dies uE nicht, setzt sich doch das zu versteuernde Einkommen aus einer Vielzahl von Einzelvorgängen, die steuerbar sind, zusammen. Die unterschiedliche Definition des Besteuerungsgegenstands ändert nichts daran, dass die einzelne Zuwendung, die sowohl als Schenkung qualifiziert wird, als auch als Teil des zu versteuernden Einkommens doppelt belastet ist. UE scheidet – entgegen der Auffassung des BFH – eine Schenkung aus. Wenn auf der Ebene der KapGes eine Privatsphäre nicht existiert und sämtliche Einnahmen als betrieblich veranlasst qualifiziert werden, führt diese Qualifizierung als Betriebseinnahme zur **Entgeltlichkeit** der Zuwendung. Die Umqualifizierung als Betriebseinnahme, also als betrieblich veranlasste Vermögensmehrung, nimmt der Zuwendung die Qualität einer „freigebigen Zuwendung" in Form einer Schenkung (vgl auch BFH/NV 13, 229).

## Solidaritätszuschlag

**Solidaritätszuschlaggesetz v 24.6.91** (BGBl I 91, 1318; BStBl I 91, 640). 1
**Text** s zuletzt 5. Aufl des Kommentars, dort S 617. Höhe: 3,75% der ESt/KSt 1991 und 1992.

Der Solidaritätszuschlag (nicht verfassungswidrig, BFH BStBl II 92, 702, auch 2
nicht im Hinblick auf die Erhebung gegenüber ausländischen Staatsangehörigen, FG Nbg IStR 02, 247) gehört zu den nichtabziehbaren Ausgaben, der das $EK_{50}$

mindert (vgl § 31 aF Rz 8 der 7. Aufl; *Scheumann-Kettner/Dötsch* DB 91, 1591; *Korn* KÖSDI 91, 8646, 8652). Bei Ausschüttungen beeinflussen sich KSt und Solidaritätszuschlag wechselseitig (vgl hierzu *Scheumann-Kettner/Dötsch* aaO). Die Festsetzung der KSt ist Grundlagenbescheid für die Festsetzung des Solidaritätszuschlags (BFH BStBl II 95, 305; II 96, 619). Zur Mehrfachbelastung mit Solidaritätszuschlag bei Ausschüttungen s *Dötsch* GmbHR 92, 513; *Siegel* GmbHR 92, 795. Zur Berechnung und Rechnungslegung *Küffner/Raaz* DStR 93, 750. Solidaritätszuschlag und vGa s *Krag/Böth/Harle* StBp 93, 160; zur steuerlichen Behandlung im Ausland *Strunz* DStZ 98, 761.

3 **Solidaritätszuschlaggesetz 1995** v 23.6.93 (BGBl I 93, 944; BStBl I 93, 510) mit nachfolgenden Änderungen. Text s S 779 ff. Höhe: 7,5 % der ESt/KSt ab 1995, ab 1998 5,5 %. Verfassungsgemäß FG Köln EFG 10, 1063; FG Hamburg EFG 10, 1532 (keine AdV); gleichwohl sollen die Veranlagungen vorläufig sein (BMF BStBl I 09, 1509). BFH BFH/NV 11, 185: verfassungsgemäß für 2005. Anrufung des BVerfG bzgl der Frage, ob ein KStGuthaben nicht auch den Solidaritätszuschlag ausweisen muss (BFH BStBl II 12, 603).

**Solidaritätszuschlag und AnrV:** S 8. Aufl zu diesem Stichwort.

## Sponsoring

S „Sportvereine“.

1 **1.** Geben Unternehmen Gelder oder geldwerte Vorteile an Organisationen, um hiermit (auch) unternehmensbezogene Ziele der Werbung oder Öffentlichkeitsarbeit zu verfolgen, spricht man von Sponsoring. Für die steuerl Behandlung dieser Zuwendungen muss zwischen der Ebene des Sponsors und der des Zuwendungsempfängers unterschieden werden: Beim Sponsor können diese Zahlungen Betriebsausgaben darstellen. Die Zuwendungen können aber auch nach §§ 9 I Nr 2 KStG, 10b EStG als Spenden anzusehen sein. In diesem Fall ist die Zuwendung als Sonderausgabe nur beschränkt abzugsfähig. Treffen beide Möglichkeiten nicht zu, handelt es sich bei dem Sponsor um nicht abziehbare Aufwendungen. Beim stpfl Empfänger handelt es sich um (Betriebs-)Einnahmen. Ist der Empfänger der Zuwendung gemeinnützig, können Einnahmen im ideellen Bereich vorliegen, die steuerl irrelevant sind. Es können stfreie Einnahmen aus der Vermögensverwaltung oder innerhalb eines Zweckbetriebs, schließlich stpfl Einnahmen eines wirtschaftlichen Geschäftsbetriebs gegeben sein. Dies ist beim Empfänger isoliert zu prüfen. Die Qualifikation hängt nicht davon ab, wie der Sponsor seine Zahlungen behandelt.

2 Die FinVerw hat sich mit diesen Fragen in einem besonderen Erlass beschäftigt (sog **Sponsoring-Erlass** BStBl I 98, 212). Der Erlass geht sehr weit, beim Sponsor die Betriebsbedingtheit einer solchen Zahlung anzuerkennen und beim gemeinnützigen Empfänger eine stfreie Vermögensverwaltung anzunehmen.

3 **2. Steuerliche Behandlung beim Sponsor:** Das Interesse des Sponsors geht dahin, den Betriebsausgabenabzug zu erlangen. Im Gegensatz zur Spende erfordert die Betriebsausgabe keinen qualifizierten (gemeinnützigen) Empfänger und unterliegt in der Höhe grds keiner Beschränkung. Die FinVerw erkennt die Zuwendungen des Sponsors als Betriebsausgabe an, wenn dieser hierdurch einen wirtschaftlichen Vorteil für sein Unternehmen erstrebt oder dessen Produkte bewerben will. Ein ausreichender Vorteil kann auch in einem bloßen Ansehensgewinn liegen (FinVerw aaO, Tz 3, unter Bezugnahme auf BFH BStBl II 93, 441, 445). Auch die Rechtsprechung stellt als Abgrenzungskriterium auf die Motivation des Zuwendenden ab (BFH BStBl II 90, 237; HessFG EFG 99, 497). Von einem erstrebten wirtschaftlichen Vorteil des Unternehmens ist insbesondere auszugehen, wenn die Sponsoren vom Empfänger oder den berichterstattenden Medien öffentlichkeitswirksam genannt werden (zB auf Plakaten, Anzeigen, Homepage, Katalog, Vereinszeitung oder in Durchsagen; Berichterstattung in Zeitung, Fernsehen). Für den

Betriebsausgabenabzug ist nicht notwendige Voraussetzung, dass die Zuwendung mit einer konkreten Gegenleistung verbunden ist. Ebenso unerheblich für den Abzug ist, ob die Zuwendung üblich oder zweckmäßig ist und ob sie in einem angemessenen Verhältnis zum Vorteil des Unternehmens steht (aA wohl HessFG EFG 99, 497, 498). Nur bei besonders krassem Missverhältnis will die FinVerw den Betriebsausgabenabzug nach § 4 V 1 Nr 7 EStG versagen (FinVerw aaO, Tz 5). Dann muss aber nicht nur die Unangemessenheit, sondern auch eine persönliche Verbindung des Sponsors zum Empfänger offensichtlich sein. Scheidet ein Betriebsausgabenabzug aus, verbleibt die Möglichkeit des Spendenabzugs. Liegen weder Betriebsausgabe noch Spende vor, handelt es sich um nicht abziehbare Aufwendungen. Bei KapGes rechtfertigt dies noch nicht die Annahme einer verdeckten Gewinnausschüttung (s auch HessFG aaO). Hierfür müsste eine zumindest mittelbare Begünstigung des Gesellschafters nachgewiesen werden.

**3. Steuerliche Behandlung beim Empfänger:** Ist der Empfänger nicht gemeinnützig, ist die Zuwendung stpfl Betriebseinnahme. Ist der Empfänger gemeinnützig, ist die Besteuerung davon abhängig, welchem Einnahmebereich die Zuwendung beim Empfänger zuzuordnen ist: Wird für die Zuwendung keine Gegenleistung erbracht, liegen stfreie Einnahmen im ideellen Bereich vor. Ob beim Zuwendenden die Voraussetzungen des Betriebsausgaben- oder Spendenabzugs gegeben sind, ist unerheblich. Ein Gegenleistungsverhältnis besteht nicht bereits dann, wenn sich der Sponsor von der Zuwendung einen (für den Betriebsausgabenabzug ausreichenden) wirtschaftlichen Vorteil verspricht. Vielmehr ist erforderlich, dass der Empfänger seinerseits eine von der Zuwendung abhängige Leistung für den Sponsor erbringt. 4

Ist die Zuwendung von einer **Gegenleistung** abhängig, kann je nach Fallkonstellation eine stfreie Vermögensverwaltung (§ 5 Rz 12) oder ein stpfl wirtschaftl Geschäftsbetrieb (§ 5 Rz 7 ff) gegeben sein. Auch hierfür ist die steuerl Behandlung beim Sponsor ohne Belang. Räumt der Verein im Austausch für eine finanzielle Förderung dem Sponsor das Recht ein, Anzeigen in der Vereinszeitschrift zu schalten und die Mitglieder über dessen Produkte zu informieren, liegt ein stpfl wirtschaftl Geschäftsbetrieb vor (BFH BStBl II 08, 949). Die FinVerw hat für die Abgrenzung zwischen Vermögensverwaltung und wirtschaftl Geschäftsbetrieb im Sponsoring-Erlass, aaO, folgende Kriterien aufgestellt: Duldet die gemeinnützige Körperschaft lediglich die Werbemaßnahme des Sponsors mit ihrem Namen, ohne sich selbst an der Werbemaßnahme zu beteiligen, ist dies stfreie Vermögensverwaltung (**Beispiel:** Der Sponsor wirbt in eigenen Anzeigen mit dem Zusatz: „Partner/Sponsor/Ausrüster des …"). UE gilt dies auch, wenn dem Sponsor gegen Entgelt/Kostenbeteiligung gestattet wird, auf Veranstaltungen der Körperschaft mit eigenen Produkten/Ausstellungen zu werben (str; aA FG München, EFG 01, 539; aufgehoben – allerdings aus anderen Erwägungen – durch BFH/NV 01, 1445; zu ähnlichem Sachverhalt s FG Hbg EFG 07, 218, wirtschaftl Geschäftsbetrieb bejahend). Besteht die Gegenleistung des Empfängers in einem bloßen Hinweis auf die Unterstützung des Sponsors oder einer Danksagung, bleibt dies nach dem Sponsoring-Erlass ebenfalls noch steuerfrei. Gefordert wird allerdings, dass der Hinweis oder die Danksagung nicht übermäßig herausgehoben wird (FinVerw aaO; *Kümpel* DStR 99, 1605, 1606). Dies gilt auch dann, wenn sich der Empfänger hierzu vertraglich verpflichtet. Die Grenze zum wirtschaftlichen Geschäftsbetrieb sieht die FinVerw erst dann als überschritten an, wenn eine „Mitwirkung der Körperschaft an den Werbemaßnahmen" erfolgt, die über Hinweis und Danksagung hinausgeht (FinVerw aaO Tz 9). 5

**4. Beispiele für wirtschaftl Geschäftsbetrieb:** Stadion-, Banden-, Trikotwerbung gegen Entgelt (BFH BStBl II 92, 101); Übertragung der Rundfunk- und Übertragungsrechte (FG München EFG 01, 950); entgeltliche Verpflichtung des Vereins, Sportler nur in bestimmter Ausrüstung auftreten zu lassen (BFH BStBl II 6

83, 27); entgeltliche Werbeanzeigen in Vereinszeitschrift/Katalog (BFH BStBl III 62, 73; FG Saarland EFG 88, 135); Aufnahme der Sponsoren oder einer Marke in den Vereins-, Stadion- oder Veranstaltungsnamen.

7 **Kein wirtschaftlicher Geschäftsbetrieb:** Sponsorenlogo auf Plakat, Anzeige, Homepage (nach FinVerw DStR 00, 594, soll allerdings ein wirtschaftlicher Geschäftsbetrieb gegeben sein, wenn durch einen Link auf die Werbeseiten des Sponsors umgeschaltet werden kann. Benennung eines Raums in einem Museum/Vereinsheim/Stadion nach dem Sponsor (FinVerw aaO); Verwendung von kostenlos überlassenen Fahrzeugen mit Werbeaufschrift.

8 Sind die Zuwendungen des Sponsors teils stfreien, teils stpfl Bereichen des gemeinnützigen Empfängers zuzuordnen, ist – sofern möglich – eine **Aufteilung** vorzunehmen.

9 **5.** Steht die Werbetätigkeit des Sponsors in untrennbarem Zusammenhang mit einer zweckbetrieblichen Tätigkeit des Empfängers, kann das vom Sponsor gezahlte Entgelt dem steuerfreien **Zweckbetrieb** zuzuordnen sein (BFH/NV 01, 1445). Die bloße Verbindung von Werbemaßnahme und zweckbetrieblicher Veranstaltung reicht hierfür allerdings nicht aus.

10 **6.** Die **Verpachtung der Werberechte** behandelt die FinVerw grds als stfreie Vermögensverwaltung (AEAO zu § 67a Tz 9). Dies allerdings verbunden mit der – unzutr – Voraussetzung, dass dem Pächter (Werbeunternehmer) ein „angemessener Gewinn" verbleiben müsse. Von der grds Zuordnung zur stfreien Vermögensverwaltung macht die FinVerw, aaO, darüber hinaus eine wesentliche Ausnahme: Die Verpachtung des Rechts zur Nutzung von Werbeflächen auf der Sportkleidung (zB Trikots, Schuhen, Helmen) und auf Sportgeräten wird als wirtschaftl Geschäftsbetrieb behandelt (s auch BFH BStBl II 92, 101). Wird die Werbegesellschaft von der gemeinnützigen Körperschaft beherrscht, kann dies eine **Betriebsaufspaltung** begründen.

11 Werden die Werbeleistungen durch eine jur Person des öffentl Rechts erbracht, ist nach den vorstehenden Kriterien zu beurteilen, ob ein Betrieb gewerbl Art (vgl § 4 Rz 10ff) vorliegt. Zur Gewinnermittlung OFD Münster DB 12, 203.

## Sportvereine

S „Sponsoring", „Verdeckte Gewinnausschüttung bei Vereinen".

**Schrifttum** *Hopt,* Aktiengesellschaft im Berufsfußball, BB 91, 778; *Jansen,* Einzelfragen zur Besteuerung von Sportvereinen, DStR 92, 133; *Müller-Gatermann,* Gemeinnützigkeit und Sport, FR 95, 261; *Madl,* Die Sonderstellung der Sportvereine im Steuerrecht, BB 97, 1126; *Schöll,* Einnahmen der Sport-Vereine, StBp 02, 27; *Kußmaul/Zabel,* Die steuerliche Behandlung der Ausgliederung der Lizenz-Spielerabteilung eines (Fußball-)Vereins, StuB 03, 880; *Pezzer,* Eintrittsspende für einen Golfclub durch Erwerb eines Kommanditanteils, FR 04, 33; *Kasper,* Steuerliche Aspekte beim Betrieb von Schwimmbädern, DStZ 06, 321.

1 **1. KStPflicht:** Sportvereine sind als eingetragene oder nichteingetragene Vereine kstpfl; zur Befreiung s unten Rz 3. Sie erzielen Einkünfte gemäß § 2 I EStG; die Einkünfteermittlung entspricht der jeweiligen Einkunftsart. Die Vereine können den Freibetrag gemäß § 24 (s dort) beanspruchen.

2 **2. KStBefreiung wegen Gemeinnützigkeit (§ 5 I Nr 9):** Durch die AO 1977 wurde die Gemeinnützigkeit des Sports ausgedehnt. Gemäß § 52 II Nr 21 AO ist die Förderung des Sports schlechthin gemeinnützig (enger § 17 III Nr 1 StAnpG, BFH BStBl II 70, 67), also auch der Motorsport (Motorwasser-, Motorflugsport, aber auch Motorstraßensport; AEAO zu § 52 Tz 6; BFH BStBl II 98, 9; gegen die Gemeinnützigkeit des Motorsports früher FG Nbg EFG 86, 621; einschränkend auch noch BFH BStBl II 92, 1048), zulassend dann aber BFH BStBl II 98, 9. „Körperliche Ertüchtigung" wird jedoch von der FinVerw (aaO) und auch vom BFH (BStBl II 98, 9) weiter gefordert; zweifelhaft; Schach ist so förderungswürdig wie der Motorsport und, da die „körperliche Ertüchtigung" problematisch

sein könnte, als Sport definiert (§ 52 II Nr 21 AO). Berufssport ist nicht gemeinnützig (AEAO zu § 52 Tz 7). Amateur- und bezahlter Sport können aber nebeneinander betrieben werden, ohne die Gemeinnützigkeit im Amateurbereich zu gefährden, vgl §§ 58 Nr 9, 67a AO. Nach Auffassung der FinVerw (BMF BStBl I 98, 1424 u AEAO zu § 52 Tz 1) ist eine Förderung der Allgemeinheit (§ 52 I AO) nicht gegeben, wenn der Sportverein den Kreis der Mitglieder durch hohe Aufnahmegebühren oder Mitgliedsbeiträge klein hält. Förderung der Allgemeinheit soll nur dann angenommen werden, wenn die Beiträge und Umlagen bestimmte Betragsgrenzen nicht übersteigen. Zu den – zT großzügigeren – Kriterien der Rspr s BFH BStBl II 79, 488; II 82, 336; II 97, 794; II 98, 711; FG Münster EFG 01, 613; FG Brandenburg EFG 02, 1355; *Wallenhorst* DStR 97, 479. Ein reiner Profisportverein ist voll kstpfl. Ist der Berufssport Teil eines Vereinsbetriebs, so ist er als „wirtschaftlicher Geschäftsbetrieb" kstpfl (s § 5 I Nr 9 KStG, § 64 AO). Zur Versagung der Gemeinnützigkeit bei Steuerhinterziehungen im Sportverein BFH BStBl II 02, 169.

**3. Wirtschaftlicher Geschäftsbetrieb** des Vereins ist kstpfl (§ 5 I Nr 9 KStG, 3
§ 64 AO). Begriff § 14 AO; dazu § 5 Rz 7 ff. **Besteuerungsgrenze** von € 35 000 Einnahmen s § 64 III, IV AO. **Freibetrag** gemäß § 24. **Beginn** und **Ende** der StPflicht s § 13 (§ 5 Rz 24, 104, 114). Für die **Einkünfteermittlung** gelten die allgemeinen Vorschriften (dazu im Einzelnen § 5 Rz 14 ff). Abweichendes Wj kann gestattet werden. **Beispiele:** s § 5 Rz 35. Zur steuerlichen Behandlung des Sponsorings s dort. Kein wirtschaftl Geschäftsbetrieb ist die **Vermögensverwaltung** (§ 14 S 3 AO; § 5 Rz 12 f); sie führt bei gemeinnützigen Vereinen zu stfreien Einnahmen. **Beispiel:** Zinseinkünfte, VuV. Zur Vermietung von Sportstätten s § 5 Rz 35 „Sportwerbung".

**4. Zweckbetriebe** hindern die Gemeinnützigkeit nicht und sind nicht stpfl 4
(§ 64 AO): Betrieb muss die Verwirklichung des gemeinnützigen Zwecks bezwecken. Dazu § 65 AO. Der Überschuss muss für die stbegünstigten gemeinnützigen Zwecke des Sportvereins verwendet werden; keine Vermischung mit einem wirtschaftl Geschäftsbetrieb (BFH/NV 93, 341). Beispiele: Sportunterricht (BdF BStBl I 78, 202); Sportreisen, wenn die sportliche Betätigung wesentlicher und notwendiger Bestandteil ist (BdF BStBl I 78, 202); Veräußerung von Formularen und Prüfungsmarken durch einen Dachverband (FG Münster EFG 67, 476); Verkauf von Leistungsabzeichen (FG SchlHol EFG 64, 30). Zur sportlichen Veranstaltung als Zweckbetrieb s § 67 a AO und Rz 6.

**5.** Für die gemeinnützigen Sportvereine ist von besonderer Bedeutung **§ 67 a** 5
**AO,** der sich mit **sportlichen Veranstaltungen** befasst. Auf die detaillierte Gesetzesregelung wird verwiesen. Zu sportlichen Veranstaltungen eines nicht gemeinnützigen Vereins s BFH/NV 04, 445 und die Vorinstanz, FG Münster EFG 02, 1001. Sportliche Veranstaltungen sind insbes solche, die der Durchführung oder Vorführung sportlicher Übungen oder Wettkämpfe dienen, die es aktiven Sportlern ermöglichen, Sport zu treiben (BFH BStBl II 97, 154; BFH/NV 98, 96). § 67 a AO wurde durch das VereinsförderungsG v 18.12.89 (BGBl I 89, 2212; BStBl I 89, 499) eingeführt und gilt seit 1.1.90 (Art 2 VereinsförderungsG aaO). Unter die Zweckbetriebsgrenze von € 45 000 fallen vor allem die Einnahmen aus von den Sportvereinen veranstalteten Wettbewerben, insbes Zuschauereinnahmen, Ablöse- oder Fernsehgelder. Für die Prüfung der Zweckbetriebsgrenze sind die Einnahmen aus sämtlichen sportlichen Veranstaltungen zusammenzurechnen. Die Höhe des Gewinns ist unerheblich. Wird die Grenze überschritten, liegt ein wirtschaftl Geschäftsbetrieb vor. Mehrere Veranstaltungen gelten nur dann als eine einzige sportliche Veranstaltung, wenn sie in engem zeitlichen und örtlichen Zusammenhang ausgetragen werden. Bei einer Meisterschaftsrunde ist daher nicht die gesamte Runde, sondern jedes einzelne Meisterschaftsspiel zu beurteilen. Bei einem Turnier ist aber das einzelne Spiel nur dann Veranstaltung, wenn jeweils

gesondert Eintritt erhoben und Einnahmen und Ausgaben für jedes Spiel getrennt ermittelt werden (vgl FinVerw AEAO zu § 67a Tz IV.2). Der Verkauf von Speisen und Getränken sowie die Werbung gehören nicht zu den sportlichen Veranstaltungen, § 67a I 2 AO. Auf die Anwendung der Zweckbetriebsgrenze kann verzichtet werden, § 67a II und III AO, um insb die Verlustverrechnung zu ermöglichen. Für die Einstufung als wirtschaftl Geschäftsbetrieb ist dann entscheidend, ob bezahlte Sportler an der Veranstaltung teilnehmen. Nimmt mindestens ein bezahlter Sportler an einer sportlichen Veranstaltung teil, ist diese – unabhängig von der Höhe der Einnahmen – dem wirtschaftl Geschäftsbetrieb zuzuordnen. Zur bis 1989 geltenden Regelung des § 68 Nr 7 AO s 2. Aufl.

6 **6. Einzelfälle: Amateurfunk** ist kein Sport (AEAO zu § 52 Tz 6 S 4), aber nach § 52 II Nr 23 eigenständiger gemeinnütziger Zweck. **Angelvereine:** Sportfischereivereine, Gemeinnützigkeit möglich; Verkauf von Angelkarten kein wirtschaftl Geschäftsbetrieb (FinVerw DStZ/B 68, 338). **Ballonfahren** ist Sport, AEAO zu § 52 Tz 6 S 2. **Billard** ist Sport (OVG Lüneburg DGStZ 68, 9 betr VergnSt unter Hinweis auf eine eigene unveröffentl Entscheidung). **Bridge** ist kein Sport, AEAO zu § 52 Tz 6 S 3. **Denksport** nicht gemeinnützig, kein Sport. **Deutscher Sportbund:** Mitgliedschaft ist Indiz für Sport. **Freikörperkultur** nicht gemeinnützig (BFH BStBl II 70, 133; II 72, 197; nach *Widmann* JbFfSt 76/77, 387 nicht mehr haltbar), hindert jedoch nicht die Gemeinnützigkeit des Sportvereins (FinVerw 1980 StEK AO 1977 § 52 Nr 7). **Fußball:** ab 1990 gilt auch für Bundesligavereine § 67a AO (*Kirch* StBp 90, 255; s Rz 6). **Golf:** ist gemeinnützig (BFH BStBl II 79, 488); zur Beschränkung des Jahresbeitrags als Bedingung der Gemeinnützigkeit s oben Rz 3. **Gospiel** und **Gotcha** sind nicht gemeinnützig, AEAO zu § 52 Tz 6 S 3, str. **Hundesport** ist gemeinnützig nach § 52 II Nr 23 (abl noch BFH BStBl II 79, 495). **Kegeln** ist Sport (OVG Lüneburg DGStZ 68, 9 betr VergnügungsSt unter Hinweis auf Sächs OVG PrVBl 48, 17). **Minicar-Sport** gemeinnützig (FG BaWü EFG 95, 337). **Minigolf:** Gemeinnützigkeit möglich (abl VergnügungsStBefreiung OVG Lüneburg DGStZ 68, 9). **Modellflug, -sport:** kein Sport (AEAO zu § 52 Tz 6; glA FG RhPf EFG 80, 145, s aber BFH BStBl II 95, 499), aber nach § 52 II Nr 23 eigenständiger gemeinnütziger Zweck. **Motorsport** kann ab 1977 gemeinnützig sein (s oben Rz 3; Motorsportvereine gemeinnützig BFH BStBl II 98, 9; aA: Vorinstanz Hess FG EFG 97, 514). **Motorsportclub** im ADAC: verneinend BFH BStBl II 92, 1048; zu Motorsportveranstaltungen eines nicht gemeinnützigen Vereins s BFH/NV 04, 445. **Olympische Sportarten** können Zweck eines gemeinnützigen Sportvereins sein. **Paintball** sieht FinVerw als nicht gemeinnützig an, AEAO zu § 52 Tz 6 S 3. **Pferderennvereine** können gemeinnützig sein (FinVerw 1994 StEK AO 1977 § 52 Nr 80); glA NdsFG EFG 82, 320); zu Totalisatorbetrieben FG Hamburg EFG 04, 1262; BFH/NV 05, 1970. **Pferdeeinstellen/Pferdevermietung** ist wirtschaftl Geschäftsbetrieb (BFH BStBl II 69, 43) **Reitunterricht** von gemeinnützigen Reit- und Sportvereinen ist wirtschaftl Geschäftsbetrieb (BFH BStBl II 69, 43. **Schach** gemeinnützig (s Rz 3). **Schießsport/Schützenverein:** Gemeinnützigkeit ja; gesellige Veranstaltungen dürfen nicht überwiegen (s Rz 6; RFH RStBl 32, 105, 572; 39, 688); Abgabe von Leistungsabzeichen und Schießscheiben kein wirtschaftl Geschäftsbetrieb (FG SchlHol EFG 64, 30). **Segelsport:** Gemeinnützigkeit ja (RFH RStBl 31, 553). **Skat** nicht gemeinnützig. **Sportdachverbände** sind auch gemeinnützig, wenn die Mitgliedsverbände gemeinnützig sind (FG SchlHol EFG 64, 30; FG Münster EFG 67, 476). **Sportschule:** Eine Gesellschaft, die nur für die Unterbringung und Verpflegung von Personen zu sorgen hat, die an Lehrgängen einer Sportschule teilnehmen, kann gemeinnützig sein (FG RhPf EFG 77, 504; aA BFH II R 110/77 v 25.2.81, DB 81, 2105). **Sportunterricht** ist Zweckbetrieb (BdF BStBl I 78, 202). **Tanzverein** (Turniertanz) ist Sport (FinVerw 1972 StEK GemVO Nr 35; aA HessFG EFG 69, 39, wenn auch die Pflege des Gesellschafts-

tanzes bezweckt wird); Formationstanz gegen Entgelt kann Zweckbetrieb sein (FG D'dorf EFG 90, 81). **Tischfußball** s FG Berlin EFG 82, 272; unter bestimmten Bedingungen gemeinnützig; abl BFH/NV 87, 705; FG Berlin EFG 86, 419; FinVerw DStR 07, 2214.

## Steuerbefreite Anteilseigner

S „Ausländische AntE", „Steuerbefreite Körperschaften".

Durch die vorgenannten besonderen Stichworte ist der wirtschaftl bedeutsame Kreis der AntE, die mit den Einkünften aus KapGes stbefreit sind oder befreit sein können (vorbehaltlich der StBelastung mit der Kap ErtrSt), erfasst.

## Steuerbefreite Körperschaften

Zur **StBefreiung** s § 5. Zu Gestaltungsmöglichkeiten im alten AnrV s 5. Aufl.

## Steuerfahndung in Großunternehmen

S „Abschirmende ausländische juristische Personen", „Betriebsprüfung", „Steuerstreit".

**1.** Was sind die besonderen **Steuerstrafrisiken** der Großunternehmen? Im Be- 1
reich der Körper- und Gewerbesteuer: Die Bildung von schwarzen Kassen, um nützliche Abgaben zu finanzieren, ohne zur Empfängerbenennung nach § 160 AO verpflichtet zu sein. Gewinnverschiebung in das Ausland. Im Bereich der Umsatzsteuer: Die Beschäftigung von nicht genau identifizierten Subunternehmern. Umsatzsteuer bei Bilanzkorrekturen. Im Bereich der Lohnsteuer: Nicht versteuerte Sonderzuwendungen und Annehmlichkeiten an Arbeitnehmer. Incentive-Zuwendungen an Dritte (Versicherungsagenten, Ärzte, etc verdeckte Spenden) und – allgemein – im Bankenbereich die Hilfestellung beim Geldtransfer ins günstige Ausland.

**2.** Zur **Selbstanzeige** sollten sich die Steuerabteilungen mit dem in den letzten 2
Jahren mehrfach geänderten Recht der Selbstanzeigen vertraut machen. Es ist, um es kurz zu sagen, komplizierter und risikoreicher geworden; hierzu *Streck/Spatscheck/Talaska* Die Steuerfahndung, 5. Aufl 17, Rz 179 ff.

**3.** Das **Steuerfahndungsverfahren beginnt** durchweg mit einer Durch- 3
suchung. Dies nicht nur bei mittelständischen Unternehmen, sondern auch bei Großunternehmen. Bei Letzteren wird die Steuerfahndung in besonderem Maße fündig. Die Beweisführung bei Steuerhinterziehung geschieht ganz überwiegend durch schriftliche Unterlagen. Nirgendwo werden so viele schriftliche Unterlagen produziert, wie in Großunternehmen. Jeder muss jedem berichten. Jeder versucht, sich abzusichern. Niemand denkt bei dem Diktat der Vermerke an deren Beweiskraft in Steuersachen. Und was einmal geschrieben ist, wird nicht vernichtet. Symptomatisches **Beispiel:** Die tägliche Postbesprechung wird in einem Bankhaus stets durch ein Protokoll festgehalten. Hier wird erwähnt, dass ein Bankkunde zur Absicherung der Kredite ein verschwiegenes Konto in Luxemburg zur Verfügung stellt. Der Bankchef bemerkt dies und ordnet die Streichung an. Die Steuerfahndung findet später in dem Protokollband sowohl die ursprüngliche Fassung als auch die korrigierte Fassung.

**4.** Großunternehmen sind anfällig für **wiederholende Durchsuchungen.** 4
Durchsucht die Steuerfahndung bei einem mittelständischen Unternehmen, so kann sie sicher sein, dass das, was nicht gefunden wurde, auch später nicht gefunden wird. In Großunternehmen können Unterlagen, dies ist sicherer Erfahrungsbestandteil, nicht vernichtet werden. Diskreditierende nicht mitgenommene Leitzordner bleiben auch nach der Durchsuchung genau dort, wo sie zuvor standen. Die Fahndung weiß das. Wiederholende Durchsuchungen sind möglich.

5 **5. Der Tag der Durchsuchung.** Die Steuerfahndung erscheint und niemand von der Vorstandsetage will hierfür zuständig sein. Natürlich ist das Steuerfahndungserscheinen im Geschäftsverteilungsplan des Vorstands nicht vorgesehen. Aufgabe des Vorstandsvorsitzenden? Der Steuerabteilung? Der Rechtsabteilung? Der internen Revision? Die Steuerfahndung berichtet, sie habe Bankdurchsuchungen durchgeführt und habe dort die Mitarbeiter bis spät in die Nacht vernehmen können, während der Vorstand geradezu fluchtartig bis 17:00 Uhr das Gebäude verlassen habe. Daraus der Beratungsrat: Für das Erscheinen der Steuerfahndung muss es eine exakte Zuständigkeit in der Leitungshierarchie geben. Dies auch verbunden mit einer exakten Vertretungsregelung.

6 **6.** Großunternehmen müssen der Versuchung widerstehen, ihre **vielfältigen Gesellschaften** als **Instrument** gegen die **Steuerfahndung** einzusetzen. Aus den Parteispendeverfahren ist bekannt, dass Unternehmen einzelne Räume als solche von Tochterunternehmen ausgaben, um sodann der Steuerfahndung entgegenzuhalten, in diesen Räumen könne mit dem gegen das Mutterunternehmen gerichteten Durchsuchungsbefehl nicht durchsucht werden. Das ist natürlich Unsinn. Bei „Gefahr im Verzug“ kann die Steuerfahndung jederzeit auch ohne einen richterlichen Durchsuchungsbefehl durchsuchen.

7 **7.** Es muss eine sichere Kenntnis darüber vorhanden sein, wie man die sofortige **Vernehmung** von **Mitarbeitern** handhabt. Der Tag der Durchsuchung ist von hoher Nervosität geprägt. Die Steuerfahndung bemüht sich, Mitarbeiter sofort und direkt zu vernehmen. Sie glaubt, auf diese Weise schnell gute Informationen zu bekommen. Richtet sich das Steuerstrafverfahren gegen Mitarbeiter, so haben diese ein Recht auf Aussageverweigerung. Sind Mitarbeiter Zeugen, so haben sie das Recht, zu jeder Vernehmung einen Anwalt ihrer Wahl beizuziehen. Allein dieses Recht hindert die sofortige Vernehmung.

8 **8.** Der Tag der Durchsuchung ist auch für die **Beschuldigten** kein Tag der **Aussage.** Der Drang aller Beteiligten ist groß, sofort der Steuerfahndung Geschichten und Wahrheiten zu erzählen. Man glaubt, auf diese Weise das Verfahren zu verkürzen und erledigen zu können. Dies ist nicht richtig. Aussagen der Beschuldigten bedürfen des Rechtsrats und der sorgfältigen Erwägung. Ihr Platz ist nicht der Tag der Durchsuchung.

9 **9.** Steuerfahndungsverfahren **dauern lange.** Dies gilt insbes für Großunternehmen.

10 **10.** Kombinieren sich bei einem Großunternehmen **Steuerfahndungsverfahren** und **Betriebsprüfung,** so bestimmt das Steuerfahndungsverfahren die Handlungsweise des Unternehmens. Die FinVerw liebt die saubere Trennung zwischen Steuerfahndung und Betriebsprüfung. Jede Betriebsprüfungsfeststellung kann jedoch in das Steuerstrafverfahren einmünden. Die vom Steuerstrafverfahren Betroffenen müssen jedes Ergebnis der Betriebsprüfung als ein solches betrachten, das in ihr Verfahren einfließen kann.

11 **11.** Die **tatsächliche Verständigung,** die Einigung über den Sachverhalt, ist natürlich auch ein probates Mittel der Steuerfahndungsverfahren bei Großunternehmen. Bei diesen hat die Steuerfahndung die Tatsächliche Verständigung zu Lasten Dritter erfunden. Ein Pharma-Unternehmen gibt Vorteile, sog Incentives, an Ärzte. Dies wird bei den Pharma-Unternehmen aufgedeckt. Das Unternehmen will nicht, dass bei den Ärzten ermittelt wird, ob diese die Vorteile versteuert haben. Man trifft mit der Steuerfahndung eine Tatsächliche Verständigung dahingehend, dass durch einen Betriebsausgabenabzug das Pharma-Unternehmen die Steuern zahlt. Ähnliches kann bei einem Lebensversicherer der Fall sein, wenn vermutet wird, dass kleine Versicherungsagenten ihre Provision nicht versteuert haben. Alle Beteiligten müssen sich darüber klar sein, dass diese Tatsächliche Verständigung zu Gunsten und zu Lasten der Ärzte bzw der Versicherungsagenten

nicht wirkt. Auch wirkt sie nicht zu Gunsten und zu Lasten der für diese Personen zuständigen Finanzämter. Faktisch mag eine solche Tatsächliche Verständigung durchgeführt werden und Bestand haben. In einem Steuerverfahren bei dem Arzt oder bei dem Versicherungsvertreter kann man sich hingegen nicht auf jene Verständigung berufen, an der man nicht teilgenommen hat.

## Steuerfreie Erträge

Zu steuerfreien Erträgen unter dem AnrV vgl 5. Aufl. Im neuen Recht ist nach § 8b weitgehende Freistellung für Dividenden und Gewinne aus Veräußerung von Anteilen an KapGes eingetreten.

## Steuerfreie Körperschaften

S „Steuerbefreite Körperschaften".

## Steuergünstige Gestaltungen

S „Anteilsrotation", „Abschirmende ausländische juristische Personen", „Missbrauch".

Zu steuergünstigen Gestaltungen unter dem AnrV sowie der alten Wesentlichkeitsgrenze iSv § 17 EStG vgl 5. Aufl.

Unter dem neuen Recht bietet die KapGes aufgrund der niedrigen Thesaurierungsbelastung die Möglichkeit als vermögensverwaltende „Spardose" zu dienen. In Kombination mit dem Teileinkünfteverfahren kann es zu beachtlichen Unterschieden zwischen der Steuerbelastung der in einer KapGes erwirtschafteten Gewinne und den im Privatvermögen eines Stpfl erwirtschafteten Einkünften kommen. S „Steuerbelastungsvergleich". Daher kommt die KapGes als vermögensverwaltende KapGes insbes auch für Familien in Betracht (ausführlich mit Berechnungsbeispielen *Stollenwerk* GmbH-StB 02, 46; *Scheffel* DStZ 02, 216). Bis zur weiteren Absenkung der Steuersätze der Anteilseigner kann die Zusammenfassung von Familienvermögen in einer GmbH insbes auch mit inkongruenten Ausschüttungen kombiniert werden. Nur die Gesellschafter, die auf Liquidität angewiesen sind, erhalten bis zur endgültigen Absenkung der Steuersätze Ausschüttungen, die anderen holen diese nach Absenkung der Steuersätze nach. Zur steuerlichen Anerkennung der inkongruenten Ausschüttungen s „Gewinnausschüttung".

## Steuerstreit

S „Abschirmende ausländische juristische Personen", „Betriebsprüfung", „Steuerfahndung in Großunternehmen".

Im **Mittelpunkt** der Steuerstreitigkeiten des KStRechts steht die Frage, ob **vGA** oder **verdeckte Einlagen** vorliegen. S hierzu weiter § 8 Anh Rz 1112 „Steuerstreit". 1

**Nachrangig** sind Streitverfahren um sonstige Fragen des KStRechts (Organschaft, Anrechnung ausländischer KSt usw).

Einen besonderen Stellenwert haben die Streitfragen, die sich mit dem Problem befassen, ob eine Körperschaft **steuerbefreit** ist oder nicht (dh ob sie gemeinnützig, ein Berufsverband usw ist). Auch hier gibt es im Verhältnis zu der Zahl der anfallenden Streitfragen nur wenige Urteile. Dies liegt daran, dass eine Körperschaft kaum um die Frage der StBefreiung streiten kann. Dies gilt in erster Linie für Körperschaften, die die Gemeinnützigkeit behaupten; Berufsverbände können sich eher auf den Weg durch die Instanzen machen. Kein Verein kann als gemeinnütziger Verein weiterarbeiten, wenn über ihm langjährig die Frage schwebt, ob er überhaupt gemeinnützig ist oder nicht. Dies führt dazu, dass gerade in Fragen des Gemeinnützigkeitsrechts recht häufig neben den FÄ auch die Oberbehörden angesprochen werden. Entweder wird die OFD (oder das FinMin) gebeten, eine Entscheidung des FA zu korrigieren. Oder aber man sucht zusammen mit FA/OFD/FinMin einen Weg, der die Gemeinnützigkeit eröffnet. 2

## Stiftung

S „Nichtrechtsfähige Stiftungen".

**Schrifttum:** *v Campenhausen/Richter,* Handbuch des Stiftungsrechts, 4. Aufl 14.

1 **1.** Die Stiftung ist im deutschen Recht nicht legaldefiniert. Sie wird gemeinhin bezeichnet als rechtsfähige Organisation, die die Aufgabe hat, mit Hilfe des ihr übertragenen Vermögens einen festgelegten Stiftungszweck zu verfolgen (*v Campenhausen* in v Campenhausen/Richter, § 1 Rz 6 mwN). Das Ausland kennt ähnliche Gestaltungen. Die wesentlichen Elemente der Stiftung sind Stiftungszweck, Stiftungsvermögen und Stiftungsorganisation. Hintergrund ihrer Gründung ist der Wille des Stifters, ein vorhandenes Vermögen einem dauerhaft zu verfolgenden, von ihm selbst bestimmten Zweck zu widmen. Die Besonderheit der Stiftung liegt in der **Verselbstständigung ihres Vermögens.** Eine Stiftung hat weder Eigentümer noch Gesellschafter noch Mitglieder.

2 **2.** Der **Stiftungszweck** kann mannigfaltig sein. Er sollte eindeutig, aber nicht zu eng festgelegt werden. Der Sprachgebrauch kennt zB gemeinnützige, kirchliche, kommunale Stiftungen, Familienstiftungen, Unternehmensstiftungen. Eine Stiftung kann privatrechtlich oder öffentlich-rechtlich errichtet werden. Im letzteren Fall ist sie in das System der staatlichen Verwaltung eingegliedert und übernimmt öffentliche Aufgaben.

3 **3. Zivilrechtliche Grundlage** sind die §§ 80ff BGB. Diese Vorschriften sind durch das Gesetz zur Modernisierung des Stiftungsrechts v 15.7.02 (BStBl I 02, 2634) überarbeitet und in weiten Bereichen liberalisiert worden. Sie werden ergänzt durch die einzelnen **Stiftungsgesetze der Länder,** insbes zur staatlichen Stiftungsanerkennung und -aufsicht. Seit der Neuregelung durch das StiftModG v 15.7.02 muss die Stiftung nicht mehr nach Landesrecht genehmigt, sondern unter den Voraussetzungen des § 80 II BGB anerkannt werden. Mit **Anerkennung** ist der Stifter zur Vermögensübertragung auf die Stiftung verpflichtet, § 82 BGB. Die Ländergesetze stimmen in den Grundzügen überein, können jedoch in Einzelfragen voneinander abweichen. Das **Stiftungsgeschäft** ist eine einseitige, empfangsbedürftige Willenserklärung. Unter Lebenden bedarf es der Schriftform, § 81 S 1 BGB. Bei der Verfügung von Todes wegen kann das Stiftungsgeschäft in Testamentsform oder durch Erbvertrag (§§ 2274ff BGB) erfolgen. Im Stiftungsgeschäft wird die Stiftungssatzung festgelegt, § 85 BGB. Zwingend erforderlich sind Anordnungen über Name, Sitz, Organe, Vermögensausstattung und Zweck der Stiftung. Hinzu treten Sollvorschriften der Länder. Der Stifter ist in der Wahl des Stiftungssitzes frei. Eine vorgeschriebene Mindestkapitalausstattung der Stiftung existiert nicht. Das **Stiftungsvermögen** muss so bemessen sein, dass der **Stiftungszweck** erfüllt werden kann. In der Mehrzahl der Bundesländer wird eine Mindestausstattung von unterschiedlicher Größe erwartet. Vor der staatlichen Anerkennung entsteht die Stiftung weder zivil- noch steuerrechtlich.

4 **4.** Die Stiftung wird gesetzlich **vertreten** durch ihren Vorstand, §§ 86, 26 II 1 BGB. In der Praxis werden häufig weitere Organe, zB Aufsichtsrat, Beirat, Kuratorium, oder besondere Vertreter installiert. Der Stifter kann sich zu Lebzeiten das Benennungsrecht der Organe vorbehalten. Er kann sich auch selbst als Organ bestellen.

**5.** Zur **Besteuerung der Stiftung** s „Nichtrechtsfähige Stiftungen"; zur Gemeinnützigkeit § 5 Rz 103ff.

## Tantieme

Zur Zulässigkeit bei Gesellschafter-Geschäftsführern s § 8 Anh Rz 275ff „Dienstverhältnis".

## Teilabzugsverfahren bei Veräußerung ertragloser Beteiligungen

**1.** Bereits in den Jahren 2009 und 2010 hat der BFH entscheiden, dass im Fall **der Veräußerung von Anteilen an Kapitalgesellschaften mit Verlust** das Halbabzugs-/Teilabzugsverfahren gem § 3c II 1 EStG keine Anwendung findet, wenn es sich um ertraglose Beteiligungen handelt (BFH BStBl II 10, 220; II 10, 22). Diese Rspr hat der BFH im Jahr 2011 weiter konkretisiert: Bei der Ermittlung eines Auflösungsverlusts iSv § 17 I und IV EStG ist der Erwerbsaufwand nicht gem § 3c II 1 EStG begrenzt abziehbar, wenn der Stpfl lediglich solche durch seine Beteiligung an der GmbH vermittelten Einnahmen erzielt hat, für die noch das AnrV galt (BFH DStR 11, 1606). Dasselbe muss uE gelten, wenn in den VZ 09 und/oder 10 lediglich Einnahmen erzielt wurden, die unter die Abgeltungsteuer fallen. Das Halb-/Teilabzugsverbot gem § 3c II EStG soll auch dann nicht gelten, wenn eine Beteiligung an einer KapGes mit Verlust veräußert wird und iRd Veräußerung lediglich „aus buchungstechnischen Gründen ein symbolischer Kaufpreis (zB von € 1)" vereinbart wird (BFH DStR 11, 1411). Werden bei der Anteilsveräußerung iSv § 17 EStG veräußerungsbedingte Einnahmen (Veräußerungspreis) erzielt, sind Halbeinkünfteverfahren (§ 3 Nr 40 S 1 Buchst c EStG) und Halbabzugsverbot (§ 3c II EStG) auch im Verlustfall anzuwenden (BFH BFH/NV 11, 1574). Erwartungsgemäß ist der BFH der Auffassung, dass die Anwendbarkeit des Halbabzugsverbots gem § 3c II EStG nicht davon abhängt, dass der Saldo aus Veräußerungserlös und Anschaffungskosten positiv ist. Soweit das Halbeinkünfteverfahren eingreift, hat der BFH dessen typisierende Verknüpfung mit dem Halbabzugsverbot gem § 3 II EStG für verfassungsgemäß erachtet (BFH BStBl II 08, 551). Vor diesem Hintergrund sieht der BFH für eine Einschränkung des Halbabzugsverbots bei Verlusten in der Weise, dass die Anschaffungs- und Veräußerungskosten der jeweiligen Anteile voll berücksichtigt werden, soweit sie den Veräußerungsauflösungserlös übersteigen, keinen Raum. Halbeinkünfteverfahren und Halbabzugsverbot sind danach auch anzuwenden, wenn der Stpfl wegen lediglich geringfügiger Veräußerungseinnahmen im Ergebnis einen Verlust erwirtschaftet hat. Dem muss man wohl zustimmen. Abgrenzungsfragen ergeben sich allerdings zum Urteil des BFH (BFH/NV 11, 1575). Von einem symbolischen Kaufpreis geht der BFH offensichtlich nur dann aus, wenn aus „buchungstechnischen Gründen ein symbolischer Kaufpreis zB iHv € 1 vereinbart wird, nicht jedoch dann, wenn Anteile aus dem Privatvermögen zu einem symbolischen Kaufpreis von jeweils € 1 pro Anteil veräußert werden (vgl BFH BStBl II 12, 20). Die FinVerw hat die Rspr des BFH umgesetzt (OFD NRW v 13.11.13 StEd 13, 793). 1

Nach der **Neufassung von § 3c II 2 EStG** ist es für die Anwendung des Teileinkünfteverfahrens **ab VZ 11** genügend, die Absicht zu haben, begünstigte Einnahmen nach § 3 Nr 40 EStG zu erzielen. 2

## Teileinkünfteverfahren und Abgeltungsteuer

Das **UnternehmenStRefG 2008** v 14.7.07 (Vor § 1 Rz 28) hat die **Thesaurierungsbelastung** auf Ebene der KapGes ab dem VZ 08 **abgesenkt.** Dies wurde verknüpft mit einer Erhöhung der Belastung von Dividenden und Veräußerungsgewinnen auf der Ebene der Gesellschafter durch Einführung des Teileinkünfteverfahrens bzw der Abgeltungsteuer. Zu den Grundsätzen: 1

Kernpunkt der bis heute unveränderten Unternehmensteuerreform 2008 ist die **Absenkung des KStTarifs** von 25% auf 15% (§ 23 I). Ferner ist die **GewSt** ab dem VZ 08 **nicht mehr als Betriebsausgabe** abzugsfähig. Die GewSt mindert weder ihre eigene Bemessungsgrundlage noch die Bemessungsgrundlage für die KSt. Zur Kompensation wird die GewStMesszahl von derzeit 5% auf 3,5% abgesenkt. Rechnet man KSt iHv 15% und GewSt zusammen, erfolgt eine **Absenkung der Gesamtsteuerbelastung** auf der Ebene der Körperschaft von ca 38% auf ca 29% (bei unterstelltem GewStHebesatz von 400%). 2

3 Insbesondere für Unternehmen, die aufgrund ihres Unternehmensgegenstands von der **GewSt** befreit sind (zB Pflegeheim, vgl § 3 GewStG), kann sich die Rechtsform der KapGes anbieten. Werden die Anteile im PV gehalten, unterliegt der Gewinn auf der Ebene der Gesellschaft lediglich einer Definitivbelastung von 15%. Die Dividenden unterliegen ab VZ 09 der Abschlagsteuer von 25%, wenn die Anteile im PV gehalten werden.

| | | |
|---|---|---|
| Gewinn | | 100 |
| | ./. | 15 KSt (15%) |
| | | 85 |
| | ./. | 21,25 (25%) |
| | | 63,75 verbleiben |
| | | 36,25% Gesamtbelastung |

4 **Besteuerung im Konzern.** Dividenden aus TochterKapGes (Dividendenfreistellung nur bei Beteiligung von mind 10%) sowie Gewinne aus der Veräußerung von TochterKapGes sind zu 95% steuerfreigestellt. Dies gilt sowohl für die KSt als auch für die GewSt. Die Auffassung des FG München (EFG 06, 1534), wonach für die GmbH gern § 9 Nr 2a GewStG die 5% nichtabzugsfähigen Betriebsausgaben der gewerbesteuerlichen Kürzung unterliegen, hat sich nicht durchgesetzt. Nach Auffassung des BFH handelt es sich nicht um eine Dividende iSv § 9 Nr 2a GewStG, sondern um fingierten nichtabzugsfähigen Aufwand, der über § 7 S 1 GewStG den gewerbesteuerlichen Gewinn erhält (BFH DStR 07, 1078). Entsprechendes gilt für Veräußerungsgewinne. Insoweit gilt § 8b IIiVm III.

5 **Teileinkünfteverfahren.** Für **natürliche Personen** sowie PersGes mit natürlichen Personen als Gesellschafter, die Anteile an KapGes im BV halten, werden nach dem 31.12.08 zufließende **Dividenden** zu 40% von der Steuer freigestellt. 60% der Dividenden sind steuerpflichtig und unterliegen dem persönlichen EStSatz des jeweiligen Gesellschafters (Teileinkünfteverfahren nach § 3 Nr 40d EStG). Korrespondierend zum Teileinkünfteverfahren können in wirtschaftlichem Zusammenhang stehende **Betriebsausgaben** zu 60% steuermindernd berücksichtigt werden (§ 3c II 1 EStG). Die 60%ige Steuerpflicht nach dem Teileinkünfteverfahren gilt auch für **Veräußerungsgewinne** von im BV gehaltenen Anteilen an KapGes. Entsprechendes gilt für die Teilanerkennung von Anschaffungskosten (§§ 3 Nr 40a, 3c II 1 EStG).

6 **Abgeltungsteuer.** Die Veranlagung von Kapitaleinkünften im Privatvermögen soll ab VZ 09 weitgehend vermieden werden. Dividenden aus Anteilen im Privatvermögen stellen Einkünfte aus Kapitalvermögen iSv § 20 I Nr 1 EStG dar. Es gibt einen einheitlichen Steuertarif iHv pauschal 25% der Bemessungsgrund-lage (§ 32d I 1 EStG). Sowohl die ESt, als auch der SolZ als auch die KiSt sollen ab dem 1.1.09 im Regelfall vollständig an der Quelle einbehalten und an das Finanzamt abgeführt werden (§ 43 EStG). Der Einbehalt von KapESt entfällt bei Vorlage einer Nicht-Veranlagungsbescheinigung (§ 44a II 1 Nr 2, I 1 Nr 2 EStG) sowie bei Vorlage eines Freistellungsantrags iHv € 801,– für Ledige bzw € 1602,– für zusammenveranlagte Ehegatten (§ 44a II 1 Nr 1, I Nr 1 EStG). Ein über den Sparer-Pauschbetrag hinausgehender Werbungskostenabzug ist grds ausgeschlossen.

7 Gemäß § 32d IINr 3 EStG können „wesentlich" beteiligte Gesellschafter die Option zur Besteuerung nach dem Teileinkünfteverfahren ausüben. Dies kommt insbes in Betracht, wenn die Beteiligung fremdfinanziert ist, damit die Finanzierungskosten jedenfalls zu 60% geltend gemacht werden können. Als „wesentlich" beteiligte Gesellschafter iSv § 32d II Nr 3 EStG gelten Gesellschafter, die mit mindestens 25% am Grundkapital der Gesellschaft beteiligt oder mit mindestens 1% am Grundkapital der Gesellschaft beteiligt sind und für die Gesellschaft „beruflich tätig sind". Wird die Option ausgeübt, gilt insoweit das ansonsten für Kapitaleinkünfte eingeführte Verlustverrechnungsverbot mit positiven Einkünften aus anderen Einkunftsarten nicht.

Für **Veräußerungsgewinne** und **-verluste** bei Beteiligungen im Privatvermögen gilt bei einem Beteiligungsumfang von mindestens 1% am Grundkapital die Besteuerung nach § 17 EStG. Auch insoweit greift das Teileinkünfteverfahren. Für Beteiligungen mit einem Umfang von unter 1% im PV gilt ab dem 1.1.09 § 20 II Nr 1 EStG. Der Veräußerungsgewinn unterfällt den Einkünften aus Kapitalvermögen und damit der Pauschalversteuerung nach § 32d EStG, so dass im Ergebnis 25% zzgl SolZ und ggf KiSt zu bezahlen sind. Die Besteuerung ist unabhängig von einer Haltefrist. Allerdings ist die zeitliche Anwendung zu beachten: Die Besteuerung nach § 20 II Nr 1 EStG gilt nur für die Anteile, die sowohl nach dem 31.12.08 angeschafft als auch nach dem 1.1.09 veräußert werden. Für vor dem 31.12.08 angeschaffte Anteile gilt das alte Recht fort. Diese können aufgrund der längst abgelaufenen Spekulationsfrist des alten Rechts steuerfrei veräußert werden. Verluste aus Veräußerungen von Aktien, bei unter 1% Beteiligung im Privatvermögen, sind auch künftig nur mit Gewinnen, die aus folgenden Aktienveräußerungen resultieren, verrechenbar (§ 20 VI 5 EStG). 8

Die **KiSt** wird wahlweise direkt mit dem **KapEStAbzug** einbehalten. Der Kirchensteuerpflichtige hat die Wahl, ob er die KiSt durch die auszahlende Stelle einbehalten lassen möchte und dadurch die Abgeltungswirkung auch für die KiSt erreicht oder ob er die KiSt veranlagen lässt (§ 51a IIc 1 EStG). Der für den Abzug der KiSt notwendige schriftliche **Antrag** hat die Religionszugehörigkeit zu bezeichnen und ist für alle Kapitalerträge des Steuerpflichtigen einheitlich zu stellen (§ 51 II 3 und 4 EStG). 9

**Werbungskosten** können iRd Abgeltungsteuer nicht mehr geltend gemacht werden. Der bisherige Werbungskostenpauschbetrag wird mit dem bisherigen Sparer-Freibetrag zusammengefasst zu einem **Sparer-Pauschbetrag** iHv € 801,– bzw € 1602,– bei zusammen veranlagten Ehegatten. Die Streichung des tatsächlichen Werbungskostenabzugs kann zu einer unverhältnismäßigen und dem Leistungsfähigkeitsprinzip nicht mehr entspr Besteuerung führen, wenn die Kapitalanlagen fremdfinanziert sind. Bei **fremdfinanzierten Kapitalanlagen** muss insoweit überlegt werden, diese einer anderen Einkunftsart zuzuordnen, zB durch Erzielung der Einkünfte durch eine gewerblich geprägte PersGes. Sofern die Kapitalerträge aufgrund von § 20 VIII EStG **(Subsidiaritätsprinzip)** unter andere Einkunftsarten zu subsumieren sind, gilt zwingend das allgemeine Veranlagungsverfahren zum individuellen Steuersatz. Das WKAbzugsverbot ist nicht einschlägig, da auch der Sparer-Pauschbetrag nicht gilt. Es ist die verpflichtende Veranlagung zum individuellen Steuersatz vorzunehmen. Für Dividenden gilt das Teileinkünfteverfahren (60%) mit Betriebsausgabenabzug iHv 60% (§§ 3 Nr 40, 3c II EStG). Bei der **wahlweisen Veranlagung** zum **individuellen Steuersatz** 32d VI iVm § 20 IX 1, 2. Halbs EStG) gilt hingegen das WKAbzugsverbot und die Bemessungsgrundlage von 100% der Dividende. 10

**Verlustverrechnung.** Verluste aus Kapitalvermögen sind nicht mehr mit Einkünften aus anderen Einkunftsarten auszugleichen und auch nicht nach § 10d EStG verrechenbar. Verluste, die nicht innerhalb eines Jahres ausgeglichen werden, dürfen in den Folgejahren mit Gewinnen aus Kapitalvermögen verrechnet werden (Verlustvortrag; §§ 20 VI, 43a III EStG). 11

## Übergangsfragen

Zum Übergang **zum AnrV** zum **1.1.77** s 5. Aufl.

Zum KStRecht **nach Abschaffung** des **AnrV** (im Wesentlichen) zum **1.1.01** s §§ 36–40 und ABC „Gewinnausschüttung".

## Umwandlung

**Schrifttum:** *Schmitt/Hörtnagel/Stratz*, UmwG/UmwStG, 7. Aufl 16; *Schwedhelm*, Die Unternehmensumwandlung, 8. Aufl 16.

1 **Allgemeines:** In der laufenden Beratung von Körperschaften kommt immer wieder die Frage auf, ob die bisherige Unternehmensstruktur ausreichend ist. Neben betriebswirtschaftlichen Gründen können auch steuerl Fragestellungen Ausschlag für Umwandlungen geben.

Gesellschaftsrechtlich wird das Umwandlungsrecht maßgeblich durch das UmwG geprägt. Das UmwG kennt im Wesentlichen drei Umwandlungsformen:
– Formwechsel
– Verschmelzung
– Spaltung (Aufspaltung, Abspaltung und Ausgliederung)

Je nachdem, ob der aufnehmende Rechtsträger bereits besteht oder iRd Umwandlungsvorgangs gegründet wird, differenziert man zwischen der Umwandlung **zur Aufnahme** und der Umwandlung **zur Neugründung.**

2 Die klassischen KapGes (wie GmbH) kommen sowohl als **übertragende** wie auch als **aufnehmende Rechtsform** in Betracht. Hingegen können zB Stiftungen nur eingeschränkt an Umwandlungen teilnehmen. So ist zB eine Verschmelzung einer GmbH auf eine Stiftung unzulässig. Dazu müsste zunächst die Stiftung eine eigene TochterGes gründen, auf die dann andere GmbH verschmolzen werden kann.

Neben den Umwandlungsformen des UmwG kommen auch **andere Gestaltungen des Gesellschaftsrechts** zum Tragen, zB „Verschmelzung" einer GmbH & Co KG auf deren Komplementär-GmbH durch Einbringung aller Komanditanteile in die Komplementär-GmbH.

3 **Steuerrechtlich** ist vorrangig das UmwStG anwendbar. Hier weichen Begrifflichkeit und Systematik erheblich von dem UmwG ab. Das UmwStG geht grds davon aus, dass der **gemeine Wert** in der Schlussbilanz des übertragenden Rechtsträgers aufzudecken ist. Unter gewissen Voraussetzungen kann auf Antrag der Buchwert fortgeführt oder ein Zwischenwert angesetzt werden.

4 Bei der **Umwandlung einer KapGes** auf bzw **in eine PersGes** wird letztmalig eine Besteuerung nach dem Körperschaftsteuergesetz vorgenommen. In aller Regel wird eine Vollausschüttung an die Gesellschafter fingiert. Verlustvorträge der übertragenden Gesellschaft gehen verloren. Vor diesem Hintergrund kann es sinnvoll sein, bewusst die Buchwertfortführung nicht anzustreben, um die stillen Reserven aufzudecken.

5 Bei der **aufnehmenden KapGes** ist unabhängig von der Ausübung des Wahlrechts bei der übertragenden Gesellschaft die Umwandlung ertragsteuerlich ohne Auswirkung. Die Bilanzwerte in der Schlussbilanz der übertragenden Gesellschaft werden von der aufnehmenden Gesellschaft übernommen.

6 Die Umwandlung einer KapGes in eine PersGes bzw in ein Einzelunternehmen kann gezielt eingesetzt werden, um **Besteuerungsnachteile** des KStRechts zu vermeiden (insbes vGa-Gefahr sowie die mit dem Teilungsprinzip verbundene Nichtberücksichtigung der Verluste der Gesellschaft auf der Ebene der Gesellschafter). Umgekehrt kann der Weg in die KapGes sinnvoll sein, um die Vorteile des KStRechts zu nutzen (insbes Abzugsfähigkeit von Vergütungen an Gesellschafter sowie die Vermeidung von SonderBV).

7 Um **steuerneutral umzuwandeln** sind nicht nur bestimmte Voraussetzungen (zB Teilbetriebseigenschaft bei Abspaltung) einzuhalten. Darüber hinaus verlangt das UmwStG in Teilbereichen, dass die neue Struktur eine gewisse Zeit lang beibehalten wird (Haltefristen von vier bis sieben Jahren). Bei jeder Umwandlung ist daher sorgsam zu prüfen, ob aus vorangegangenen Umwandlungen solche Haltefristen noch bestehen und ob die neue Umwandlung so dauerhaft ist, dass sie die neu in Gang gesetzten Haltefristen beachten kann.

## Un- oder teilentgeltliche Überlassung von Wirtschaftsgütern an die Gesellschaft

Nach ursprünglicher Auffassung der **Finanzverwaltung** sollten Betriebsausgaben anteilig zu kürzen sein, wenn sie mit Wirtschaftsgütern im Zusammenhang stehen, die vom Gesellschafter einer KapGes dieser unentgeltlich oder vergünstigt überlassen werden (BMF BStBl I 10, 1292). Der **BFH** stimmte dem nur in Teilen zu. Nach Auffassung des BFH sind die Aufwendungen nur anteilig unter Anwendung des § 3c II EStG anzusetzen, wenn die Aufwendungen ganz oder teilweise gesellschaftsrechtlich veranlasst sind. Das sei der Fall, wenn der Verzicht auf ein angemessenes Entgelt dem Drittvergleich nicht standhält und damit gesellschaftsrechtlich veranlasst ist. Wird das Entgelt für die Überlassung der Wirtschaftsgüter abgesenkt, weil dies der Marktentwicklung entspricht oder es erlassen wird iRe Sanierung, an der auch andere Gläubiger teilnehmen, sind die Aufwendungen durch das Überlassungsverhältnis und nicht gesellschaftsrechtlich veranlasst und daher voll abzugsfähig. Zweifel gehen zulasten des Finanzamts, das die Kürzung von – an sich gegebenen – Betriebsausgaben nachzuweisen hat (BFH BStBl II 13, 802; BFH/NV 13, 1081; DB 13, 2059). Jedenfalls voll abzugsfähig sind **substanzbezogene Aufwendungen** wie zB AfA oder Erhaltungsaufwendungen für der Gesellschaft zur Nutzung überlassene Wirtschaftsgüter. Da die Substanzgewinne voll steuerpflichtig sind, müssen auch die substanzbezogenen laufenden Aufwendungen (AfA, Erhaltungsaufwand, uE Zinsen für die Kredite, die die Anschaffung finanzieren; aA FinVerw) voll abzugsfähig sein (BFH/NV 13, 1081). Dies gilt unabhängig davon, ob die Überlassung der Wirtschaftsgüter unentgeltlich oder teilentgeltlich, also gesellschaftsrechtlich veranlasst, erfolgt ist. Der Gesetzgeber hat mit **Wirkung ab 1.1.15** auch insoweit im Wesentlichen die ursprünglich von der FinVerw vertretene Auffassung ins Gesetz geschrieben. Nach § 3c II 6 EStG gilt das 40%ige Abzugsverbot ungeachtet eines wirtschaftlichen Zusammenhangs des Teilabzugsverfahrens auch für Betriebsvermögensminderungen, Betriebsausgaben oder Veräußerungskosten eines Gesellschafters, soweit diese mit einer **im Gesellschaftsverhältnis veranlassten unentgeltlichen oder teilentgeltlichen Überlassung** von Wirtschaftsgütern im Zusammenhang stehen. Voraussetzung ist auch hier, dass der Gesellschafter zu mehr als **25 %** unmittelbar oder mittelbar beteiligt ist oder war. Bei einer teilentgeltlichen Überlassung gilt das 40%ige Abzugsverbot nur für den unentgeltlichen Teil. Auch insoweit handelt es sich um ein „Nichtanwendungsgesetz“ (vgl *Ortmann-Babel/Gauss* DB 15, 14).

## Unternehmensform

**Schrifttum:** *Kußmaul/Meyering/Schwarz,* Historische Entwicklung der GmbH – Besteuerung und Belastungsvergleich der laufenden Steuerbelastung von Kapital- und Personengesellschaften, GmbHR 16, 385.

**1. Einführung:** Für die Frage, welche Rechtsform für den Träger eines Unternehmens gewählt werden soll, sind vor allem **zivil- und steuerrechtliche Kriterien** relevant. Beide Kategorien stehen gleichwertig nebeneinander. Die Rechtsform sollte weder anhand isolierter zivilrechtlicher Überlegungen bestimmt noch ausschließlich steuerrechtlich motiviert gewählt werden (zu den tatsächlichen Erhebungen bzgl der verschiedenen Rechtsformen vgl *Kornblum* GmbHR 11, 692 Rz I 1.1 ff). **Zivilrechtlich** stehen insbes die Frage der Rechtsfähigkeit sowie Haftungs-, Finanzierungs- und Organisationsfragen (Anzahl und Kompetenzen der Organe) im Vordergrund (ausf zu den zivilrechtlichen Kriterien: *Jacobs* Unternehmensbesteuerung und Rechtsform, 5. Aufl 15, S 7 ff). Ausnahmsweise zwingt das zivil- bzw. öffentliche Aufsichtsrecht den Unternehmensträger in die Rechtsform der AG (zB dürfen private Bausparkassen nur als AG – § 2 I BauSparkG –, Lebens-, Unfall-, Haftpflicht-, Feuer-, Hagelversicherer privatrechtlich nur als AG oder 1

VVaG – § 18 KAGB –, KapitalanlageGes nur als AG oder GmbH – § 6 I InvG – betrieben werden). **Steuerrechtlich** konzentriert sich die Frage auf die ertragsteuerlich relevante Entscheidung zwischen Körperschaft als von ihren Gesellschaftern losgelöstem eigenständigen Körperschaftsteuersubjekt (Trennungsprinzip) und Mitunternehmerschaft als Subjekt lediglich der einheitlich und gesonderten Gewinnfeststellung mit anschließender Zurechnung der Einkünfte zu den Gesellschaftern (Einheits- bzw Transparenzprinzip). Im Einzelfall gibt es aber auch zwischen AG und GmbH die Rechtsformwahl beeinflussende steuerrechtliche Kriterien.

2 **2. Checkliste der zivilrechtlichen Kriterien für die Rechtsformwahl**

| **Kriterien** | **PersGes** | **GmbH** | **AG** |
|---|---|---|---|
| Rechtsfähigkeit | Teilrechtsfähigkeit | ja | ja |
| Haftung der Gesellschafter für Verbindlichkeiten der Gesellschaft | ja, nein bei GmbH & Co KG | nein | nein |
| Vertragsfreiheit bei Gestaltung des Gesellschaftsvertrags | weitgehend | eingeschränkt | gering |
| Formfreiheit des Gesellschaftsvertrags | ja | nein[1] | nein |
| Mindestkapital | nein | 25000 €[2] | 50000 € |
| Kleinste Stückelung der Beteiligung | gestaltbar | 1 € | 1 € |
| Gründungs-/Organisationsaufwand | gering | mittel | hoch; Erleichterung für nichtbörsennotierte AG |
| Laufende Kosten | gering | mittel | hoch; geringer bei nichtbörsennotierter AG |
| Mindestpersonenzahl (wenn Gesellschafter gleichzeitig Organmitglieder) | 2,1 bei GmbH & Co. KG | 1 | 4 (1 Vorstand, 3 Aufsichtsräte) |
| Unabhängige Geschäftsleitung | nein | nein | ja |
| Weisungsrecht der Gesellschafter | ja | ja | nein |
| „Trennung von Herrschaft und Kapital" | nein | nein | ja |
| Unabhängiges Überwachungsorgan | fakultativ | fakultativ | zwingend |
| Auskunfts- und Einsichtsrechte der Gesellschafter | weitgehend, aber einschränkbar | weitgehend zwingend | sehr eingeschränkt |
| Minderheitenrechte | ausgeprägt | ausgeprägt | gering |
| Schutz vor Überfremdung | ja | gut gestaltbar | gestaltbar |
| Sozialversicherungspflicht der Geschäftsleitung | | | |
| a) Fremdgeschäftsführer/Vorstand | ja | ja | nein |
| b) Gesellschafter | abhängig von konkreter Einflussmöglichkeit | wie bei PersGes | nein |
| Formfreiheit der Übertragung der Anteile | ja | nein | ja |

[1] § 2 Ia GmbHG sieht als Erleichterung für unkomplizierte Standardgründungen die Verwendung eines beurkundungspflichtigen Musterprotokolls vor.
[2] § 5a GmbHG sieht eine Unternehmergesellschaft (haftungsbeschränkt) ohne bestimmtes Mindeststammkapital vor.

| Kriterien | PersGes | GmbH | AG |
|---|---|---|---|
| Zustimmungspflicht zur Übertragung der Anteile | ja | gestaltbar | gestaltbar |
| Wettbewerbsverbot für Gesellschafter | ja | für beherrschende Gesellschafter | nein |
| Zugang zum Kapitalmarkt | nein | nein | ja |
| Mitarbeiterbeteiligung | KG: geeignet | ungeeignet | gut geeignet |
| Eignung als Holding | geeignet | gut geeignet | gut geeignet |
| Eignung als Tochtergesellschaft | geeignet | gut geeignet | nicht geeignet |
| Mitbestimmung | gering | ausgeprägt | ausgeprägt |
| Rechnungslegung, Prüfung und Publizität | nicht ausgeprägt | ausgeprägt | ausgeprägt |
| Image | positiv | weniger positiv | positiv |

### 3. Steuerrechtliche Kriterien für KapGes

**Steuersubjektsfähigkeit: KapGes** deutschen Rechts sind nach § 1 I Nr 1 **unbeschränkt kstpfl,** sofern sie ihren Sitz oder ihre Geschäftsleitung im Inland haben. Sie sind **Gewerbebetrieb** iSv § 2 II GewStG sowie **Unternehmer** iSv § 2 I 1 UStG. Hinsichtlich der **Steuersubjektsfähigkeit** besteht zwischen der AG und der GmbH kein Unterschied, da beide als jur Personen des Privatrechts (voll-)rechtsfähig sind und dies steuerrechtlich nachvollzogen wird. Damit ist bei beiden Gesellschaftsformen strikt zwischen der Besteuerung der Gesellschaft und der Besteuerung der Gesellschafter zu unterscheiden. Die steuerliche Gleichbehandlung von AG und GmbH erstreckt sich auf die laufende Besteuerung. Der im Wesentlichen identisch ermittelte Gewinn oder Verlust zieht identische steuerliche Konsequenzen nach sich. Ferner gelten auch dieselben Rechnungslegungs-, Prüfungs- und Offenlegungspflichten. Lediglich in Randbereichen kommt es zur Differenzierung. 3

**Laufende Besteuerung der Gesellschafter:** Sofern die Gewinne auf der Ebene der KapGes, gleich ob GmbH oder AG, **thesauriert** werden, fällt auf der Ebene der Gesellschafter keine Besteuerung an. Werden die Anteile im Privatvermögen gehalten, gilt sowohl für den GmbH-Gesellschafter als auch für den Aktionär für Dividenden die Abgeltungsteuer (25% zzgl SolZ) nach §§ 20 I Nr 1, 32d I EStG. Gesellschafter, die mit 25% am Grundkapital der Gesellschaft beteiligt sind oder mit 1% am Grundkapital der Gesellschaft beteiligt und für die Gesellschaft tätig sind, können gem § 32d II Nr 3 EStG zum **Teileinkünfteverfahren** nach § 3 Nr 40 S 1 Buchst d EStG optieren. Im Übrigen gilt das Teileinkünfteverfahren, wenn die Anteile im Betriebsvermögen gehalten werden. Danach unterliegt die Dividende zu 60% der Besteuerung im Rahmen der Einkünfte aus Kapitalvermögen nach § 20 I Nr 1 EStG. Umgekehrt dürfen nach § 3c II 1 EStG im Zusammenhang stehende Werbungskosten oder Betriebsausgaben nur zu 60% abgezogen werden. Sind Gesellschafter der GmbH bzw AG wiederum **Körperschaften,** sind bei ihnen erhaltene Dividenden nach § 8b I KStG bei einer Mindestbeteiligung von 10% (§ 8b IV KStG) **steuerfrei** gestellt, allerdings gilt die in § 8b V vorgesehene Fiktion von nichtabzugsfähigen Betriebsausgaben iHv 5%, so dass iE lediglich 95% der Dividenden steuerfrei gestellt sind. § 3c I EStG tritt hinter § 8b Abs 5 KStG zurück. 4

5 **Besteuerung des Anteilsverkaufs: Veräußerungsgewinne** aus der Veräußerung von Geschäftsanteilen einer GmbH bzw AG sind bei **natürlichen Personen,** die die Beteiligungen im Privatvermögen halten, der Besteuerung zu unterwerfen, wenn die Beteiligung innerhalb der letzten fünf Jahre vor der Veräußerung 1% des Stamm- bzw Grundkapitals erreicht (§ 17 EStG). Für Anteile, die nach dem 31.12.08 im Privatvermögen erworben wurden und einen Umfang von weniger als 1% am Stamm- oder Grundkapital ausmachen, gilt die Abgeltungsteuer, §§ 20 II Nr 1, 32d I EStG (25 zzgl SolZ). Der Gewinn aus der Veräußerung dieser Anteile ist unabhängig von einer Haltefrist der Abgeltungsteuer zu unterwerfen. Der Gewinn aus der Veräußerung von Geschäftsanteilen an einer GmbH bzw AG ist bei **natürlichen Personen** ebenfalls dem **Teileinkünfteverfahren** (Anteile von mindestens 1% oder im Betriebsvermögen) nach § 3 Nr 40a EStG unterworfen. Demnach werden 60% des Gewinns als Veräußerungsgewinn steuerlich erfasst. Im Gegenzug sind 60% der Veräußerungskosten abzugsfähig (§ 3c II 1 EStG). IRd Abgeltungsteuer wird pauschal versteuert (25% zzgl SolZ gem § 32d EStG). Veräußert eine **Körperschaft** Geschäftsanteile an einer GmbH oder AG, ist der Veräußerungsgewinn nach § 8b II **steuerfrei** gestellt, sofern nicht ausnahmsweise die Sperre von § 8b IV eingreift. Allerdings gilt nach § 8b III auch hier eine Fiktion von nichtabzugsfähigen Betriebsausgaben iHv 5% des Veräußerungsgewinns, so dass iE lediglich 95% des Veräußerungsgewinns steuerfrei gestellt sind. § 3c I EStG tritt hinter § 8b III KStG zurück. Sind die Gesellschafter der GmbH oder AG im Inland **beschränkt steuerpflichtig,** sind sowohl **Dividendeneinkünfte** als auch **Veräußerungsgewinne** gem § 49 I Nr 2 Buchst e, Nr 5 Buchst a EStG im Inland stpfl. Sind die beschränkt stpfl Gesellschafter in einem Staat ansässig, mit dem ein **Doppelbesteuerungsabkommen** abgeschlossen ist, sind sowohl die Dividenden als auch die Veräußerungsgewinne regelmäßig von der inländischen Besteuerung **freigestellt**, wobei bzgl der Dividenden die Freistellung im Hinblick auf eine reduzierte Quellensteuer eingeschränkt ist (vgl Art 10, Art 13 V OECD-MA).

6 **Besteuerung der Anteilsschenkung bzw des Erbfalls:** IRd **Erbschaft- und Schenkungsteuer** wird die Übertragung sowohl von Geschäftsanteilen an einer GmbH als auch die Übertragung von Aktien mit dem **gemeinen Wert** bzw dem **Kurswert** erfasst (§ 12 I, II ErbStG; § 11 BewG). Besondere Privilegien werden gewährt, wenn der Beteiligungsumfang des Erblassers oder Schenkers mindestens 25% des Stamm- oder Grundkapitals beträgt. Abhängig von Behaltensfristen und der Aufrechterhaltung der Lohnsumme über einen Zeitraum von fünf bzw sieben Jahren kann die Beteiligung eine 8%ige bzw 100%ige Verschonung von der Erb- bzw Schenkungsteuer erfahren (§ 13a ErbStG). Zur Verfassungswidrigkeit vgl BVerfG BGBl I 15, 4.

### 4. Steuerrechtliche Kriterien der PersGes

7 **Steuersubjektsfähigkeit:** Die zivilrechtliche Entwicklung im Hinblick auf die **Teilrechtsfähigkeit der PersGes** (BGH GmbHR 99, 1134; DStR 01, 310; §§ 124, 128 HGB) wird steuerrechtlich nicht nachvollzogen. PersGes sind weder KStSubjekt nach § 1 KStG noch EStSubjekt nach § 1 EStG. Bei einer PersGes unterliegen ausschließlich die Gesellschafter, denen die Einkünfte über die **einheitliche und gesonderte Gewinnfeststellung** (§§ 179ff AO) zugerechnet werden, der ESt oder der KSt. Die Gewinnanteile werden den Gesellschaftern als Einkünfte aus Gewerbebetrieb im Jahr ihrer Entstehung auf der Ebene der PersGes zugerechnet (§ 15 I Nr 2 EStG), und zwar unabhängig davon, ob die Gewinnanteile in der PersGes den Rücklagen zugeführt oder an die Gesellschafter ausgekehrt werden. Sie unterliegen bei natürlichen Personen der individuellen ESt, bei Körperschaften dem einheitlichen KStSatz von 15%. Sowohl **umsatzsteuerlich** als auch **gewerbesteuerlich** ist die PersGes **Steuersubjekt.** Die PersGes ist Unternehmer iSv § 2 I UStG sowie Gewerbebetrieb iSv § 2 II GewStG. Anteile am Gewinn oder Verlust aus der Beteiligung an einer PersGes unterliegen bei einem

gewstpfl Gesellschafter gem §§ 8 Nr 8, 9 Nr 2 GewStG nicht erneut der GewSt. Gewinnausschüttungen einer KapGes unterliegen bei einem gewstpfl Gesellschafter hingegen grds nur dann nicht erneut der GewSt, wenn die Beteiligungsquote zu Beginn des Erhebungszeitraums mindestens 15% beträgt (§§ 9 Nr 2a, 8 Nr 5 GewStG). Liegt die Beteiligungsquote darunter, werden einkommen- oder körperschaftsteuerfreie Gewinnausschüttungen (§ 3 Nr 40 EStG, § 8b I KStG) nach § 8 Nr 5 GewStG gewerbesteuerl hinzugerechnet, so dass die sog **Streudividenden** iE in voller Höhe erneut mit der GewSt belastet werden. Ferner ist gewerbesteuerl anzumerken, dass für PersGes nach § 11 I Nr 1 GewStG ein Freibetrag iHv 24 500 € gewährt wird. Bei einer PersGes werden die Verluste den Gesellschaftern grds **unmittelbar zugerechnet,** so dass den Gesellschaftern in den Grenzen des § 15a EStG neben dem Verlustausgleich auch der Verlustabzug offen steht. Bei einer KapGes werden die Verluste den Gesellschaftern nur im Fall der Organschaft zugerechnet. Die auf der Ebene der KapGes anfallenden Verluste können daher grds nur von der KapGes im Wege des Verlustabzugs verrechnet werden (§ 10d EStG, beachte aber die Beschränkungen des § 8c KStG).

Persönliche Aufwendungen der Gesellschafter, die wirtschaftlich durch die Beteiligung und die daraus resultierenden Erträge verursacht sind, sind bei PersGes als sog **Sonderbetriebsausgaben** in voller Höhe abzugsfähig. Persönliche Aufwendungen der Gesellschafter einer KapGes, die wirtschaftlich durch die Beteiligung an der Gesellschaft und die daraus resultierenden Erträge verursacht sind, sind bei natürlichen Personen zu 60% (§ 3c II EStG), bei Körperschaften abgesehen von der Fiktion iHv 5% nichtabzugsfähiger Betriebsausgaben (§ 8b III und V) abzugsfähig. Bei Anteilen natürlicher Personen im Privatvermögen ist der Werbungskostenabzug iRd Abgeltungsteuer grds ausgeschlossen. Auf Antrag können Gesellschafter, die mit mindestens 25% am Grund-/Stammkapital beteiligt oder mit mindestens 1% am Grund-/Stammkapital beteiligt und für die Gesellschaft tätig sind, die Veranlagung nach dem Teileinkünfteverfahren beantragen (§ 32d II Nr 3 EStG). **8**

Schuldrechtliche Verträge können zivilrechtlich sowohl zwischen PersGes und ihren Gesellschaftern als auch zwischen KapGes und ihren Gesellschaftern geschlossen werden. Steuerlich gehören die auf schuldrechtlicher Basis vereinbarten Leistungsvergütungen bei den PersGes allerdings zum **Gewinn aus Gewerbebetrieb** nach § 15 I Nr 2 EStG, so dass die Belastung mit GewSt erfolgt. Bei KapGes führen die auf schuldrechtlicher Basis vereinbarten Vergütungen grds zu **Betriebsausgaben** und dadurch zu einer Reduzierung der GewStBelastung. Dieser Vorteil der KapGes kann durch die pauschalierte GewStAnrechnung für Personenunternehmen in Abhängigkeit von der Höhe des Hebesatzes allerdings vermindert, bestenfalls (Hebesatz von 400% oder niedriger) eliminiert werden (§ 35 EStG). Bei den PersGes zählen Aufsichtsrats- bzw Beiratsvergütungen wie die übrigen Leistungsvergütungen zum **Gewinn aus Gewerbebetrieb** nach § 15 I Nr 2 EStG, wenn sie dem Mitunternehmer zufließen. Fließen sie fremden Dritten zu, sind sie in vollem Umfang als Betriebsausgabe **abzugsfähig.** Bei KapGes hingegen sind Vergütungen für Aufsichtsratsmitglieder nach § 10 Nr 4 nur **zur Hälfte** abzugsfähig. Bei den Aufsichtsräten stellen die Vergütungen Einnahmen aus selbstständiger Tätigkeit nach § 18 I Nr 3 EStG dar. Es ergibt sich daher eine hohe Gesamtsteuerbelastung. **9**

**Wirtschaftsgüter,** die der PersGes von einem Gesellschafter zur **Nutzung** überlassen werden, gehören zum Sonderbetriebsvermögen des Personengesellschafters. Damit ist das Vermögen **steuerlich verstrickt,** bei Veräußerung ist der Veräußerungsgewinn, bei Beendigung der Nutzungsüberlassung der Entnahmegewinn zu versteuern. Bei der Beteiligung an einer KapGes sind die entsprechenden Wirtschaftsgüter nur steuerlich verstrickt, wenn die Voraussetzungen der Betriebsaufspaltung vorliegen oder von der Gesellschaftsform unabhängige Besteuerungstatbestände wie zB das Spekulationsgeschäft (§ 23 EStG) eingreifen. **10**

11 **Laufende Besteuerung der Gesellschafter:** Anders als bei der KapGes kommt es bei der PersGes grds auf die Auskehrung der auf der Ebene der Gesellschaft erzielten Gewinne an die Gesellschafter bzgl ihrer Versteuerung nicht an. Entsprechend dem handelsrechtlich vereinbarten Gewinnverteilungsschlüssel werden die Gewinne den estpfl oder kstpfl Gesellschaftern anteilig als Einkünfte aus Gewerbebetrieb (§ 15 I Nr 2 EStG) iRd **einheitlichen und gesonderten Gewinnfeststellung** zugerechnet. Bei den natürlichen Personen unterliegen sie der individuellen EStBelastung, bei den Körperschaften der Besteuerung mit 15% KSt zzgl SolZ. Bei den natürlichen Personen als Gesellschafter der PersGes kommt es zur Entlastung durch die pauschalierte anteilige **Anrechnung** der auf der Ebene der PersGes entrichteten GewSt auf die ESt der Gesellschafter nach § 35 I Nr 2 EStG. Es gelten Besonderheiten, wenn das zu versteuernde Einkommen **nicht entnommene Gewinne** enthält. Es kann für diese ganz oder teilweise die Besteuerung mit einem Steuersatz von 28,25% beantragt werden (§ 34a I 1 EStG). Begünstigt sind **Gewinneinkünfte** (Land- und Forstwirtschaft, Gewerbebetrieb, selbstständige Arbeit) von Einzelunternehmer und Mitunternehmern, sofern die Gewinnermittlung durch **Bestandsvergleich** nach § 4 I 1 oder § 5 EStG erfolgt (§ 34a II EStG). Wird der Gewinn durch Einnahmeüberschussrechnung (§ 4 III EStG) oder nach §§ 5a, 13a EStG pauschaliert ermittelt, scheidet eine Begünstigung aus. Ein Mitunternehmer kann nur in den Genuss kommen, wenn sein **Gewinnanteil mehr als 10%** beträgt oder € 10 000 übersteigt (§ 34a I 3 EStG).

12 **Besteuerung des Anteilsverkaufs:** Der Gewinn aus der Veräußerung einer Beteiligung an einer PersGes wird nach § 16 I Nr 2 EStG unabhängig von der Höhe der Beteiligung und unabhängig davon besteuert, ob die Beteiligung von einer natürlichen Person oder einer KapGes gehalten wird. Bei der KapGes unterliegt der Gewinn ungekürzt der KSt. Bei natürlichen Personen, die entweder das 55. Lebensjahr vollendet haben oder dauernd berufsunfähig sind, gewährt § 16 IV EStG abhängig von der Höhe des Veräußerungsgewinns einen Freibetrag iHv € 45000. Soweit der Veräußerungsgewinn den **Freibetrag** übersteigt oder dieser nicht in Anspruch genommen werden kann, gewährt § 34 III EStG bis zu einem Höchstbetrag von € 5 Mio einmalig einen **ermäßigten Steuersatz.** Die Veräußerung des Anteils an der PersGes ist nicht Teil des Gewerbeertrags (Ausnahme bei Veräußerung innerhalb von fünf Jahren nach Umwandlung, § 18 III UmwStG). Diese Vergünstigungen gelten nur bei Veräußerung des gesamten Mitunternehmeranteils. Gewinne aus der Veräußerung von Anteilen an einer KapGes hingegen unterliegen bei einer KapGes weder der KSt noch der GewSt (§ 8b II KStG, § 7 GewStG; ausgenommen Fiktion nicht abzugsfähiger Betriebsausgaben iHv 5% nach § 8b III KStG). Bei natürlichen Personen, die die Anteile im Betriebsvermögen halten oder die mit mindestens 1% beteiligt sind, sind sie demgegenüber zu 60% steuerfrei (§ 3 Nr 40 EStG, § 7 GewStG). Bei Anteilen unter 1% im Privatvermögen, die nach dem 31.12.08 erworben werden, gilt die Abgeltungsteuer (§§ 20 II Nr 1, 32d I EStG). Sind die Gesellschafter der PersGes im Inland **beschränkt steuerpflichtig,** sind sowohl die iRd einheitlichen und gesonderten Gewinnermittlung zugerechneten Gewinnanteile als auch Veräußerungsgewinne im Inland stpfl, da Einkünfte aus einer inländischen Betriebsstätte fingiert werden (§ 49 I Nr 2 Buchst a EStG). Anders als bei einer Beteiligung an einer KapGes gilt dies unabhängig davon, ob mit dem Staat der Ansässigkeit der Gesellschafter ein DBA abgeschlossen ist oder nicht, da Einkünfte aus einer Betriebsstätte dem Staat, in dem diese belegen ist, zugerechnet werden (vgl Art 7 OECD-MA).

13 **Besteuerung der Anteilsschenkung bzw des Erbfalls:** Die **unentgeltliche Übertragung** eines Mitunternehmeranteils erfolgt nach § 6 III EStG zwingend zu **Buchwerten,** so dass stille Reserven nicht realisiert, sondern auf den Rechtsnachfolger übertragen werden. Hinsichtlich der Erbschaft- und Schenkungsteuer gelten grds dieselben Bewertungsgrundsätze wie bei der Beteiligung an einer KapGes (§§ 11, 95, 109 BewG). Vorteilhaft bei der PersGes ist weiterhin, dass die Be-

günstigung gem § 13a ErbStG anders als bei der KapGes nicht von einem Beteiligungsumfang iHv 25% abhängt (§ 13b I Nr 2 ErbStG). **Gewerbesteuerlich** ist anzumerken, dass bei der PersGes im Unterschied zur KapGes ein gewerbesteuerl Verlustvortrag anteilig verloren geht bei Eintritt neuer Gesellschafter, unabhängig davon, ob der Gesellschafterwechsel durch Verkauf, Schenkung oder Erbfall eintritt. Andererseits ist die GewSt nach § 35 EStG auf die ESt anzurechnen, wenn natürliche Personen an der PersGes beteiligt sind.

**Ergebnis:** Es ist bis heute nicht gelungen, eine „annähernde Rechtsform- und Finanzierungsneutralität" herbeizuführen (vgl die Begründung zur Unternehmenssteuerreform 2008, BT-Drucks 16/4841, 65). Dies ist aufgrund des beibehaltenen Trennungsprinzips für KapGes und des beibehaltenen Transparenzprinzips für PersGes kaum möglich. Nach den obigen Ausführungen bestehen insbes **Unterschiede** hinsichtlich 14

- der Verlustverrechnung,
- der Qualifikation für **Leistungsvergütungen** zwischen Gesellschaft und Gesellschaftern,
- der Anrechnung der **Gewerbesteuer** nur bei natürlichen Personen,
- der steuerneutralen **Übertragung von Einzelwirtschaftsgütern** zwischen Gesamthandsvermögen und Sonderbetriebsvermögen,
- der Besteuerung von Gewinnen oder Verlusten aus der **Veräußerung** von Anteilen,
- der **Abschreibung** von Mehrwerten beim Anteilserwerb bei Mitunternehmeranteilen,
- der Behandlung von Verlusten aus **Gesellschafterdarlehen,**
- der Möglichkeit der Bildung von **Pensionsrückstellungen** für Gesellschafter-Geschäftsführer bei KapGes,
- der Freistellung von **Dividenden** aus in- und ausländischen KapGes iHv 95% bei KapGes,
- der Eignung als **Organgesellschaft,**

In Teilen wurden die **Besteuerungsunterschiede** zwischen der KapGes und der Mitunternehmerschaft **verschärft.** Dies gilt insbes für

- die Besteuerung von Dividenden nach der **Abgeltungsteuer** für Anteile im Privatvermögen und der Besteuerung von Entnahmen aus Personenunternehmen,
- die steuerliche Anerkennung von **Refinanzierungskosten,**
- die Nichtabzugsfähigkeit der **Gewerbesteuer** und der Erhöhung der Anrechnungsmöglichkeit bei Personenunternehmen.

### 5. Vergleich der Thesaurierungsbelastung ohne § 34a EStG

Aufgrund der Vielzahl der Entscheidungsparameter müssen beim Belastungsvergleich zwischen Kap- und PersGes **verschiedene Konstellationen** betrachtet werden. Vergleicht man die Thesaurierungsbelastung der KapGes mit der PersGes ohne Inanspruchnahme von § 34a EStG, ergibt sich folgendes Bild: 15

| **Hebesatz** | **Kapitalgesellschaft** | **Personengesellschaften (Einkommensteuersatz)** | | | | |
|---|---|---|---|---|---|---|
| | | 25% | 30% | 35% | 42% | 45% |
| 300% | 26,33% | 25,80% | 31,07% | 36,35% | 43,73% | 46,90% |
| 400% | 29,83% | 26,34% | 31,67% | 36,89% | 44,28% | 47,44% |
| 420% | 30,53% | 27,04% | 32,32% | 37,59% | 44,98% | 48,14% |
| 490% | 32,98% | 29,49% | 34,77% | 40,04% | 47,44% | 50,59% |

Die Übersicht zeigt, dass selbst bei einem relativ niedrigen persönlichen Steuersatz von 35% die **Thesaurierungsbelastung** bei einer KapGes wesentlich geringer ist als die Regelbesteuerung bei einem Personenunternehmen. Dies beruht auf dem niedrigen KStSatz und vergleichsweise hohen EStSätzen von bis zu 45 %. Bei hohen GewSt-Hebesätzen wirkt sich zudem die Anrechnungsbeschränkung auf das 3,8-fache des Messbetrags aus. Im Höchststeuersatz und einem Hebesatz von 490 % übersteigt die Gesamtsteuerbelastung bei einem Personenunternehmen (50,59 %) diejenige einer KapGes (32,98 %) um 53,4 %. Bei niedrigen Hebesätzen und hohem EStSatz vergrößern sich die Unterschiede sogar noch. Soll der im Unternehmen erzielte Gewinn überwiegend thesauriert werden, ist somit die Regelbesteuerung bei einem Personenunternehmen selbst bei relativ niedrigen Steuersätzen ungünstig. Erst bei Steuersätzen von unter 30 % nähert sich die Steuerbelastung des Personenunternehmens nach der Regelbesteuerung derjenigen von KapGes an.

### 6. Vergleich bei Vollausschüttung

16 Vergleicht man die KapGes bei Vollausschüttung mit dem Personenunternehmen bei Sofortversteuerung bzw bei zunächst begünstigter Besteuerung mit folgender Nachversteuerung gem § 34a EStG unter der Voraussetzung, dass die zu zahlenden Steuern aus dem Gewinn der PersGes zu entnehmen sind, ergibt sich folgendes Bild:

| | **Kapitalgesellschaft** | **Personengesellschaft** | |
|---|---|---|---|
| | | ohne Antrag nach § 34a EStG | mit Antrag nach § 34a EStG |
| **Gesellschaft:** | | | |
| Gewinn vor Steuern | 100 000 | 100 000 | 100 000 |
| GewSt* | 14 875 | 14 875 | 14 875 |
| KSt | 15 000 | | |
| SolZ | 825 | | |
| **verbleiben** | **69 300** | **85 125** | **62 775**[1] |
| **Steuerbelastung** | **30 700** | | **37 225** |
| **Gesellschafter:** | | | |
| steuerpflichtig | 69 300 | 100 000 | 100 000 |
| ESt | 17 325 (25 %) | 45 000 (45 %) | 34 485 11 016 |
| Ermäßigung, § 35 EStG | | – 13 300 | – 13 300 |
| SolZ | 953 | 1744 | 1 165 606[3] |
| Zufluss nach Steuern | 51 022 | 51 681 | 51 152 |
| **Gesamtbelastung** | **48 978** | **48 319** | **48 848** |

* Bei Personengesellschaften: ohne Berücksichtigung des Freibetrags. Gewerbesteuerhebesatz von 425 %.

[1] 100 000 – 14 875 Gewerbesteuer – 34 485 Einkommensteuer[2] + 13 300 Ermäßigung (§ 35 EStG) – 1165 Solidaritätszuschlag = 62 775.

[2] = 16 751 reguläre Einkommensteuer auf 37 225 + 17 734 ermäßigte Einkommensteuer auf 62 775.

[3] SolZ auf ESt 34 485 und ESt 11 016 (Nachsteuer).

17 **Checkliste steuerlicher Kriterien für die Rechtsformwahl** (das „+" zeigt die tendenzielle Vorteilhaftigkeit der Rechtsform beim jeweiligen Kriterium an)

| Kriterien | PersGes | KapGes |
|---|---|---|
| Niedrige Einkommensteuerbelastung auf der Ebene der Gesellschafter | + | |
| Thesaurierung des Gewinns | + | ++ |
| GewSt kann bei Gesellschaften angerechnet werden (ausr. Anrechnungsbetrag) | + | |
| Finanzierungskosten für Beteiligung | + | |
| vGA-Risiko durch Vergütungen an Gesellschafter | + | |
| Gesellschafter ist Kapitalgesellschaft (§ 8b KStG) | | + |
| Verluste auf Ebene der Gesellschaft, Gewinne auf Ebene Gesellschafter | + | |
| Gesellschafter beschränkt steuerpflichtig und geringere Steuerschuld auf Ebene der Gesellschafter im Ausland | + | |
| Wegzug der Gesellschafter ins Ausland möglich | + | |

## Verband

**Allgemeines:** Der Verband ist als solcher keine Rechtsform. Eine einheitliche rechtliche Definition für den Verbandsbegriff existiert nicht. Im gesellschaftspolitischen Sinn ist er eine auf Dauer angelegte Vereinigung von natürlichen oder juristischen Personen mit dem Ziel der gemeinsamen Zweckverfolgung und organisierten Interessenvertretung. Die meisten Verbände sind in der Rechtsform des (eingetragenen oder nicht eingetragenen) Vereins organisiert. Verbände können aber auch in allen anderen Rechtsformen, zB einer KapGes, betrieben werden. 1

Die **Besteuerungsregeln** folgen der gewählten Rechtsform. IdR ist der Verband KStSubjekt. Der Verband kann auch nach anderen Befreiungstatbeständen im Rahmen von §§ 4, 5 KStG stbefreit sein, zB als gemeinnütziger Verband nach § 5 I Nr 9, s § 5 Rz 103 ff. Insbes auf den unteren Stufen von Großverbänden (zB Landes-, Bezirks-, Ortsverbände) kommt es häufig zu Abgrenzungsschwierigkeiten, ob es sich hierbei lediglich um unselbständige Organisationseinheiten oder eigenständige, nicht rechtsfähige Zweigvereine handelt. Kriterien für die Eigenständigkeit sind eigener Name, Wahrnehmung von eigenen Aufgaben und Selbstbestimmungsrecht in eigenen Angelegenheiten, körperschaftliche Organisation und eigene Satzung (s § 1 Rz 19). 2

Von der KSt befreit sind nach § 5 I Nr 5 die **Berufsverbände** ohne öffentlrechtl Charakter sowie die kommunalen Spitzenverbände. S hierzu § 5 Rz 75. ABC zum Berufsverband § 5 Rz 85. Die Befreiung gilt in allen Rechtsformen des § 1 I Nr 1–5. Sie ist nach § 5 I Nr 5 S 2 KStG ausgeschlossen, soweit der Berufsverband einen wirtschaftl Geschäftsbetrieb unterhält oder mehr als 10% seiner Einnahmen für die Unterstützung politischer Parteien verwendet. Die KStPflicht betrifft die positiven Einkünfte des Verbands, sofern sie einer Einkunftsart des EStG zugeordnet werden können, § 8 I KStG. Zur im Verbandsbereich häufig problematischen Steuerfreiheit der Mitgliedsbeiträge nach § 8 KStG s § 8 Rz 460 ff und *Alvermann* FR 06, 262. Zum wirtschaftl Geschäftsbetrieb s § 5 Rz 10 ff. 3

Auch Körperschaften und Personenvereinigungen, deren Hauptzweck die **Vermögensverwaltung** für einen nichtrechtsfähigen Berufsverband ist, sind nach § 5 I Nr 6 KStG befreit, soweit ihre Erträge im Wesentlichen aus der Vermögensverwaltung herrühren und ausschließlich dem Berufsverband zufließen. S im Einzelnen § 5 Rz 78 ff. 4

Zum **Verfahren** bei der Überprüfung der KStPflicht von Berufsverbänden s FinVerw DStR 96, 830.

## Verdeckte Gewinnausschüttungen

S „Verdeckte Gewinnausschüttungen bei Vereinen“, „Verdeckte Gewinnausschüttungen – Sonderbedingungen für beherrschende Aktionäre“.

Zur Behandlung der vGa im KStRecht s § 8 Rz 142 ff und das vGa-ABC § 8 Anh. Die vGa bei ausländischen AntE ist außerdem behandelt zu „Ausländische AntE“. VGa-Probleme der öffentl Hand s auch „Verluste“ Rz 5 mit Weiterverweisungen.

## Verdeckte Gewinnausschüttungen an Nahestehende

S „Schenkungsteuer und vGa“.

## Verdeckte Gewinnausschüttungen bei Vereinen

1 Vereine, seien sie rechtsfähig oder nichtrechtsfähig, sind **körperschaftsteuerpflichtig** nach § 1 I Nr 4 bzw Nr 5 KStG. Die KStPflicht betrifft die positiven Einkünfte des Vereins, sofern sie einer Einkunftsart des EStG zugeordnet werden können (§ 8I). Steuersubjekt ist der Verein, unabhängig von seiner Rechtsfähigkeit. Der Verein kann nach § 5 I Nr 9 von KSt befreit sein.

2 **Zuwendungen** des **Vereins** an seine **Mitglieder** führen zu **Einkünften** aus **Kapitalvermögen,** wenn diese Gewinnausschüttungen ähnlich sind. Insoweit können Zuwendungen des Vereins an seine Mitglieder zu **vGa** führen. Auf die früher umstrittene Ausschüttungsfähigkeit von Vereinen kommt es nicht mehr an. Vgl zur Entwicklung der Rechtsprechung *Pel* DB 04, 1065; vgl auch BFH BStBl II 92, 42; II 99, 99. Für einen Verein gelten grundsätzlich die allgemeinen Regeln über vGa. Liegt eine vGa vor, ist regelmäßig auch ein Verstoß gegen die Selbstlosigkeit bei gemeinnützigen Vereinen gegeben (§ 55 I Nr 1 und 3 AO), der zum Verlust der Gemeinnützigkeit führen kann (BFH/NV 01, 1536).

## Verdeckte Gewinnausschüttungen – Sonderbedingungen für beherrschende Aktionäre

S „Verdeckte Gewinnausschüttungen“.

1 Zur GmbH hat die Finanzrechtsprechung **besondere Bedingungen** für die steuerl Anerkennung von **Leistungsbeziehungen** zwischen der **GmbH** und ihrem **beherrschenden Gesellschafter** oder beherrschenden Gesellschaftern nahe stehenden Personen entwickelt. Danach hängt die steuerliche Anerkennung dieser Leistungsbeziehungen von folgenden Kriterien ab (s § 8 Rz 320 ff):
- Zivilrechtlich wirksame Vereinbarung,
- klare und eindeutige Vereinbarung,
- im Vorhinein, dh vor erfolgter Leistung, abgeschlossene Vereinbarung,
- tatsächliche Durchführung des Vereinbarten.

2 Aufgrund der zwischen der **GmbH** und der **Aktiengesellschaft differierenden Organisationsstruktur** ist die zur GmbH entwickelte Rspr nicht unmittelbar auf das Steuerrecht der Aktiengesellschaft zu übertragen. Auch der BFH hat es abgelehnt, die im GmbH-Recht entwickelte Rechtsprechung zu den Sonderbedingungen für beherrschende Gesellschafter auf die Aktiengesellschaft zu übertragen (BFH BStBl II 72, 436; II 72, 438, bestätigt durch BFH v 18.12.02 – 1 R 93/01, GmbHR 03, 846). Entsprechendes gilt im Bereich der Anerkennung von Pensionszusagen (FG Bln-Bdbg EFG 12, 873) und der Anerkennung einer Umsatztantieme (BFH GmbHR 04, 1160). Grund der Differenzierung ist der zwischen GmbH und AG bestehende Strukturunterschied. Die gesellschaftsrechtlichen Einflussmöglichkeiten eines beherrschenden GmbH-Gesellschafters sind mit dem eines beherrschenden Aktionärs nicht vergleichbar. Der beherrschende Aktionär hat es nicht wie ein beherrschender GmbH-Gesellschafter in der Hand, Gewinne in Form von verschleierten Betriebsausgaben auszuschütten und dadurch Gewinne

nach Belieben abzusaugen, da er aufgrund der anders gelagerten Organisationsstruktur anders als der beherrschende GmbH-Gesellschafter keine vergleichbare gesellschaftsrechtliche Machtposition innehat, um entsprechende Gestaltungen in der Gesellschaft problemlos durchzusetzen. Im Rahmen der für die Aktiengesellschaft anzustellenden **differenzierten Betrachtung** sind die konkreten Einflussmöglichkeiten des beherrschenden Aktionärs im Einzelfall zu prüfen (ausführlich *Streck/Binnewies* AG 98, 26; *Binnewies* DStR 03, 2105). Zwischen folgenden Fallgruppen kann differenziert werden:

**Mehrheitsaktionär ohne Sitz im Vorstand oder Aufsichtsrat.** Für den 3
Abschluss von Rechtsgeschäften zwischen Mehrheitsaktionär und Gesellschaft greift die gesetzlich vorgeschriebene Kompetenzordnung ein. Für die Gesellschaft handelt der Vorstand als gem § 78 AktG vertretungsberechtigtes Organ. Der Vorstand ist ausschließlich verpflichtet, im Gesellschaftsinteresse zu handeln und unterliegt nicht den Weisungen des Mehrheitsaktionärs (§ 76 I 1 AktG). Auch die persönliche Abhängigkeit ist abgemildert, da die Vorstandsmitglieder regelmäßig für fünf Jahre bestellt werden und die Bestellung nur aus wichtigem Grund widerrufen werden kann (§ 48 I 1, III 1 AktG). Ferner haften die Vorstandsmitglieder gem § 93 II 1 AktG für den der Gesellschaft entstehenden Schaden, wenn sie ihre Pflicht, die Sorgfalt eines ordentlichen und gewissenhaften Geschäftsleiters anzuwenden, verletzen. Schließlich werden unter Verstoß gegen § 57 AktG erfolgte Leistungen gern nach § 62 AktG vom Aktionär zurückzufordern sein. Gemäß § 93 III Nr 1 und 2 AktG haftet der Vorstand für die Rückgewähr der verbotswidrig an den Mehrheitsaktionär geflossenen Leistungen. Schließlich wird der Vorstand durch den Aufsichtsrat überwacht (§ 111 AktG). Auch die Aufsichtsratsmitglieder sind verpflichtet, ausschließlich im Interesse der Gesellschaft zu handeln und unterliegen nicht den Weisungen des Mehrheitsaktionärs. Im Ergebnis führt die weisungsfreie Leitung der Gesellschaft durch den Vorstand und die zwingende Trennung zwischen Geschäftsführung und Überwachung derselben zu dem Ergebnis, dass der Mehrheitsaktionär keine dem beherrschenden GmbH-Gesellschafter vergleichbare Manipulationsmöglichkeiten innehat, so dass die Rechtfertigung für die Anwendung der Sonderbedingungen entfällt.

**Alleinaktionär ohne Sitz im Aufsichtsrat oder Vorstand.** Im Fall der Ein- 4
Mann-AG ändert sich an den Zuständigkeiten der Organe nichts. Vorstand und Aufsichtsrat handeln ausschließlich im Interesse der Gesellschaft. Ein Weisungsrecht besteht nicht. Auch der Alleinaktionär ist also bei Abschluss und Durchsetzung von Vereinbarungen mit der Gesellschaft auf die Mitwirkung der – rechtlich – unabhängigen Organmitglieder angewiesen. Darüber hinaus gilt auch § 57 AktG für die Ein-Mann-AG. Zwar besteht bei einer Ein-Mann-AG verstärkt die Gefahr, dass Vorstand und Aufsichtsrat aufgrund der erhöhten persönlichen Abhängigkeit vom Alleinaktionär und dem Wegfall der Interessen außen stehenden Aktionäre ihren gesetzlich festgeschriebenen Pflichten nicht in gleicher Weise nachkommen wie in einer mehrgliedrigen Gesellschaft. Letztlich kommt es aber auf die konkrete Besetzung der Organe an. Nur sofern aus konkreten Umständen geschlossen werden kann, dass Vorstand und Aufsichtsrat nicht Willens oder in der Lage sind, sich dem tatsächlichen Einfluss des Alleinaktionärs im Interesse der Gesellschaft zu entziehen und etwaige Gewinnmanipulationen zu verhindern, kommt eine Anwendung der Sonderbedingungen in Betracht.

**Mehrheits-/Alleinaktionär mit Sitz im Vorstand.** Auch in dieser Konstel- 5
lation ist der beherrschende Aktionär nicht wie ein beherrschender Gesellschafter-Geschäftsführer einer GmbH ohne Weiteres in der Lage, mit Hilfe von rechtsgeschäftlichen Vereinbarungen zwischen ihm und der Gesellschaft Gewinnmanipulationen durchzusetzen. Anders als in der GmbH ist der beherrschende Aktionär unabhängig vom Selbstkontrahierungsverbot aus § 181 BGB auf die Mitwirkung des Aufsichtsrats angewiesen. Gemäß § 112 AktG vertritt der **Aufsichtsrat** die Gesellschaft gegenüber den Vorstandsmitgliedern. Dabei handelt es sich um zwin-

gendes Recht. Will die Finanzverwaltung die Sonderbedingungen für beherrschende Gesellschafter zur Anwendung bringen, ist sie auch in dieser Konstellation verpflichtet, konkrete Umstände dazulegen und nachzuweisen, die gegen eine Einhaltung der gesetzlichen Pflichten des Aufsichtsrats als zentrales Organ in diesem Zusammenhang sprechen.

6 **Mehrheits-/Alleinaktionär mit Sitz im Aufsichtsrat.** Auch für den beherrschenden Aktionärs-Aufsichtsrat gilt, dass zum Abschluss rechtsgeschäftlicher Vereinbarungen zwischen ihm und der Gesellschaft zwingend die Mitwirkung Dritter (Vorstand, Aufsichtsrat) notwendig ist, die allein dem Interesse der Gesellschaft verpflichtet sind. Außerdem sieht das AktG besondere **formelle Voraussetzungen** sowie inhaltliche Bedingungen für die Gewährung von Aufsichtsratsvergütungen oder den Abschluss anderer Verträge vor. Die Aufsichtsratsvergütungen können gemäß § 113 I 2 AktG nur in der Satzung festgesetzt oder durch Beschluss in der Hauptversammlung festgelegt werden. Konsequenz ist, dass anderweitig versprochene Sondervergütungen nach § 134 BGB nichtig sind. Auf beiden Wegen ist eine Bezifferung erforderlich, so dass insoweit für Publizität gesorgt ist. Zur Begrenzung der Höhe von Aufsichtsratsvergütungen trägt in der Praxis darüber hinaus § 10 Nr 4 KStG bei. Sofern mit Aufsichtsratsmitgliedern darüber hinaus für Tätigkeiten außerhalb der Aufsichtsratstätigkeit Verträge geschlossen werden, greifen §§ 114, 115 AktG ein. Insbesondere für den Abschluss von Beraterverträgen und Kreditzusagen an das einzelne Aufsichtsratsmitglied ist danach die Zustimmung des gesamten Gremiums erforderlich. Im Ergebnis muss auch in dieser Fallgruppe eine Anwendung der Sonderbedingungen für beherrschende Gesellschafter davon abhängig gemacht werden, ob das Finanzamt darlegen kann, dass aufgrund der konkreten Machtverhältnisse, dh der konkreten Besetzung des Aufsichtsrats und des Vorstands davon ausgegangen werden muss, dass dem Mehrheitsaktionär die Möglichkeit zu Gewinnmanipulationen eingeräumt wird.

## Verluste

S „Sanierung“.

1 **1.** Verluste bei Körperschaften verursachen typische **Problemsituationen:**
- Kein Verlustausgleich mit den Einkünften des Anteilseigners.
- Verluste werden durch stpfl Entgelte an den Anteilseigner (Gehalt, Miete usw) begründet oder erhöht, ohne dass zwischen dem Anteilseigner und der Körperschaft eine Ausgleichsmöglichkeit besteht.
- Verluste können vGa indizieren; dazu § 8 Rz 97 f.
- Verlustvorträge können nicht mehr ausgenutzt werden oder drohen zu verfallen.
- Bei der öffentlichen Hand stehen Gewinnbetriebe und Verlustbetriebe nebeneinander; die Verrechnungsmöglichkeit wird gesucht.

Die Verlustproblematik hat sich durch den Wegfall des Anrechnungsverfahrens verschärft (§ 8b KStG und § 3c EStG).

2 **2.** Der **fehlende Verlustausgleich** zwischen KapGes und ihren Anteilseignern führt zu Schwierigkeiten. ZB müssen Geschäftsführergehälter gezahlt und versteuert werden; die Verluste, die sie hinterlassen, können nicht ausgeglichen werden. Insbes sind Startprobleme bei Betriebsaufspaltung möglich. **Auswege** (mit Hinweisen auf die damit verbundenen Probleme), zB:
- **Formwechsel** in eine PersGes; hier können zumindest zukünftige Verluste von den Gesellschaftern iRd § 15a EStG geltend gemacht werden.
- **Verschmelzung** mit einer gewinnträchtigen KapGes; bei der Verschmelzung ist auf den Erhalt der Verlustvorträge zu achten.
- **Organschaft,** vororganschaftliche Verluste der OrganGes werden jedoch nicht auf den Organträger steuerl transferiert.
- **Atypisch stille Beteiligung.**

– **Änderung der schuldrechtlichen Verträge** mit den Gesellschaftern (zB Gehaltsreduzierung), der Verzicht auf ein Entgelt kann zu steuerl Nachteilen führen (zB Abzinsung der Darlehensforderung, Einlage).
– **Gewollte Nichtdurchführung** des schuldrechtlichen Vertrags; hierdurch kann eine vGa entstehen.
– **Verzicht oder Teilverzicht** auf bereits entstandenes Gehalt und sonstige Entgelte des Anteilseigners; soweit werthaltige Einlage.
– Vereinbarung einer **gewinnabhänigen Vergütung;** hier bestehen die allg vGa-Gefahren, soweit unüblich; zudem kann es uU eine Grundlage für die Umqualifizierung in eine mitunternehmerische Beteiligung sein.
– Gezielter **Verlustrücktrag.**

**3.** Bei einer **Gewinnrealisierung** auf der Ebene der KapGes sind die Beschrän- 3
kungen des § 10d II EStG zu beachten.

**4.** Soweit **Verlustvorträge** bestehen, muss bei jeder Gestaltung beachtet wer- 4
den, dass sie **verfallen können** (insbes UmwStG und § 8c KStG)

**5. Verlustjahre und Anrechnungsverfahren:** S 5. Aufl.

**6. Öffentliche Hand:** Hier geht es um die Frage, Verluste in BgA oder in 5
TochterGes auszugleichen. S hierzu § 5 Rz 21. Zur Problematik einer vGa bei Verlustbetrieben s § 4 Rz 57, § 8 Anh Rz 484 ff.

## Vorabausschüttung

**1.** Bei der **AG** ist eine Vorabausschüttung iRd § 59 AktG möglich, allerdings 1
erst nach Ablauf des Geschäftsjahres. Wegen der Seltenheit von Vorabausschüttungen bei einer AG wird nachfolgend insbes die Rechtslage bei der GmbH erläutert.

**2.** Die Vorabausschüttung der **GmbH** ist gesellschaftsrechtlich zulässig. Das die 2
Vorabausschüttung in der Satzung nicht vorgesehen ist, ist uE unerheblich.

Die Vorabausschüttung wird bei der GmbH mit der **Mehrheit** beschlossen, die für reguläre Ausschüttungen gilt.

**§ 30 GmbHG** – Erhaltung des StammKap – darf durch die Vorabausschüttung 3
nicht verletzt werden. Um einen Verstoß gegen § 30 GmbHG feststellen zu können, ist nur in Zweifelsfällen eine Zwischenbilanz im Zahlungszeitpunkt erforderlich (vgl BFH BStBl II 77, 491, der im Urteilsfall keine Zwischenbilanz fordert). Nur wenn „sehenden Auges" gegen § 30 GmbHG verstoßen wird, ist kein den gesellschaftsrechtl Vorschriften entsprechender Ausschüttungsbeschluss gefasst.

**3.** Die Vorabausschüttung wird in der **Handelsbilanz** als Aktivpos-ten ausge- 4
wiesen, der allerdings kein WG darstellt (vgl *Geschwendtner* BB 78, 109, 118; *Fasold* DStR 78, 369). Verrechnung gegen früheren Gewinnvortrag ist aber auch möglich; dazu BFH BStBl II 77, 491. Der endgültige Verteilungsbeschluss muss die Vorabausschüttung nicht noch einmal bestätigen.

**4.** Die Vorabausschüttung erfolgt iÜ unter der **Bedingung,** dass zumindest 5
ein Gewinn in Höhe der Vorabausschüttung erzielt wird; ist dies nicht der Fall, entsteht ein Rückforderungsanspruch nach § 812 I 2 BGB (BFH BStBl II 79, 510). Auch wenn wegen Verstoß gegen § 30 GmbHG ein Rückforderungsanspruch entsteht, der erfüllt wird, verbleibt es beim KapESt-Einbehalt (BFH BStBl II 01, 127; v 5.9.01 I R 60, 61/00, HFR 02, 230; FG Münster GmbHR 00, 151; FG Hbg GmbHR 00, 153; anders FG Berlin EFG 94, 409). Rückzahlung überhöhter Vorabausschüttung ist Einlage, Erfassung im Einlagekonto nach § 27.

**5. Zufluss** der Vorabausschüttung beim AntE erfolgt zu dem Zeitpunkt, zu 6
dem er über die Ausschüttung verfügen kann. Unerheblich ist nach der hA, ob die Vorabausschüttung gesellschaftsrechtlich zulässig war und ob gleichzeitig ein Rück-

forderungsanspruch entstanden ist; selbst bei Verstoß gegen § 30 GmbHG ist Zufluss anzunehmen (BFH BStBl II 77, 545; FG Münster EFG 74, 521). Die Rückzahlung führt, falls entsprechend eine Rückzahlungsverpflichtung besteht, zur Einlage.

7 **6. Alternativ** zur Vorabausschüttung: „Dividendenvorschuss" als Darlehen. Zur Vermeidung einer vGa Verzinsung erforderlich. S auch § 8 Anh Rz 248 ff „Darlehen". Vorabausschüttung unter der Bedingung eines späteren endgültigen Beschlusses (Vorschlag von *Müller* BB 77, 1194) dürfte hingegen bedenklich sein.

8 **7.** Vorabausschüttungen unterliegen dem Teileinkünfteverfahren nach § 3 Nr 40 EStG oder der Abgeltungsteuer nach § 32d EStG sowie der Dividendenfreistellung nach § 8b.

## Vorabdividende

S „Vorabausschüttung".

## Werbung

S „Sponsoring".

## Zweckvermögen

S „Marktförderungs-, Marktstabilisierungsfonds", „Nichtrechtsfähige Stiftungen", „Sammelvermögen".

**Schrifttum:** *Streck,* Die Steuerpflicht nichtrechtsfähiger Stiftungen und anderer Zweckvermögen, StuW 75, 135.

1 **1. Steuerliche Bedingungen:** Das Zweckvermögen ist kstpfl nach § 1 I Nr 5; Zweckvermögen ist der Oberbegriff zu den nichtrechtsfähigen Stiftungen (s dort), nichtrechtsfähigen Anstalten und sonstigen Zweckvermögen. Zur allgemeinen Definition s § 1 Rz 43. **Sonstige Zweckvermögen** sind als Erscheinungsform dann gegeben, wenn ein Vermögensgegenstand nur wirtschaftl, nicht jedoch rechtl aus dem Vermögen einer Person ausscheidet, ohne in das wirtschaftl Eigentum einer anderen Person überzugehen (s *Streck* StuW 75, 135). Im Unterschied zur nichtrechtsfähige Stiftung (s dort) bleibt die eigentumsmäßige Zuständigkeit erhalten. Daraus folgen die **Gestaltungsbedingungen:** Obwohl eine Person Eigentümer und damit rechtlich verfügungsberechtigt bleibt, muss ihr diese Verfügungsmacht derart genommen oder eingeschränkt werden, dass weder ihr noch einem Dritten das Zweckvermögen und seine Erträge wirtschaftlich zuzurechnen sind. Aussonderung und getrennte Verwaltung eines Vermögensteils reichen nicht aus, solange der Eigentümer noch über die Erträge oder den Vermögensstamm verfügen darf (*Streck* aaO mwN; s auch BFH HFR 64, 247). Auch die Möglichkeit zur einseitigen Aufhebung der Vermögensbindung kann gegen Zweckvermögen sprechen (FG München EFG 99, 1096).

2 **2.** Die **Vermögen in der Insolvenz, Erbengemeinschaft, Vorerbschaft,** das **Gesamthandsvermögen** und **dergleichen** unterliegen zwar einer gewissen Zweckbindung, sind jedoch wirtschaftlich noch dem formalrechtl Eigentümer zuzurechnen, da er grds, wenn auch nur eingeschränkt oder in bestimmter Form, die Verfügungsmöglichkeit behält und die Vermögensteile seiner wirtschaftl Leistungsfähigkeit zuzurechnen sind. Ausnahmen sind auch hier möglich: Ist die Vorerbschaft zB so ausgestaltet, dass sie für den Vorerben keinerlei wirtschaftl Substanz hat, weil er alle Erträge für den Nacherben thesaurieren muss, so kann ein eigenständiges, stpfl Zweckvermögen angenommen werden. Das Gleiche gilt, wenn der Erbe die Erbschaft aufgrund einer Auflage als nichtrechtsfähige Stiftung zugunsten eines bestimmten Zwecks verwalten muss. S § 1 Rz 43.

3 **3.** Ein „anderes" Zweckvermögen kann auch bei **zeitlich begrenztem Anfall** einer **Einkunftsquelle** angenommen werden. Hier wird eine Person zwar formal-

rechtl Eigentümer; dennoch kann sie nicht wie ein Eigentümer über die Quelle verfügen, weil sich der Gegenstand zugunsten eines Zwecks verselbstständigt hat. **Beispiel:** Eine Persönlichkeit des öffentl Lebens (oder des Show-business) schreibt ein Buch (spielt in einem Film mit, besingt einen Tonträger, CD, DVD) mit dem von Anfang an erklärten Ziel, die Erträge einem gemeinnützigen Zweck zuzuführen. Nunmehr fallen Erträge an. Das Urheberrecht kann in diesem Fall als (evtl gemeinnütziges, s Rz 8) Zweckvermögen aufgefasst werden.

**4.** Die Rspr hat schließlich Zweckvermögen angenommen, wenn **unklar,** unbestimmt oder nur mit unzumutbaren Schwierigkeiten feststellbar ist, **wem** zivilrechtlich ein Gegenstand **zuzurechnen** ist, zB bei Erbengemeinschaften mit unbekannten, insbes ausländischen Beteiligten (RFH RStBl 40, 918). Zur KStPflicht einer Stiftung vor der Stiftungsgenehmigung s Rz 8. Auch der von einem Treuhänder für die Belegschaft des Unternehmens gehaltene GmbH-Anteil kann Zweckvermögen sein (FG RhPf EFG 96, 1117). 4

**5. Zivilrechtliche Gestaltung:** Notwendig ist ein Rechtsgeschäft, durch das jemand sich selbst in die Lage versetzt, einen Teil seines Vermögens nur noch unter einer Auflage zu besitzen (RFHE 10, 240). Dieses Ergebnis lässt sich vertraglich erreichen, wenn sich der Stpfl einem Dritten gegenüber (zB einer juristischen Person) unwiderruflich und auch über den Tod hinaus verpflichtet, einen Gegenstand einem bestimmten Zweck zu widmen und die Verwaltung und Zweckverfolgung in bestimmter Weise – zB nach einem Statut – durch den Vertragspartner oder durch einen Dritten vornehmen zu lassen. Auf diese Weise wird vertraglich der gleiche Zustand wie bei einer nichtrechtsfähigen Stiftung (s dort) erreicht, ohne dass sich allerdings ein Eigentumswechsel vollzieht. 5

**6. Selbstständigkeit des Steuersubjekts:** Nichtrechtsfähige Stiftungen, Anstalten und Zweckvermögen sind selbstständige KStSubjekts. Ihre **Einkünfte** sind getrennt von denen des Trägers zu ermitteln; sie sind gesondert zu veranlagen. Oft entfällt die Steuerpflicht nach § 24. Träger und Zweckvermögen dürfen nicht zusammengefasst werden, wie dies zum Teil in der Praxis geschieht. Aus der Selbstständigkeit folgt, dass zwischen den nichtrechtsfähigen Körperschaften und dem Träger Beziehungen, die die Einkünfteermittlung des Zweckvermögens beeinflussen, bestehen können. S hierzu § 4 Rz 53 betr „Rechtsbeziehungen" zwischen den juristischen Personen des öffentl Rechts und ihren Betrieben gewerbl Art. Erfüllt bei einer treuhänderischen Stiftung der Träger den Stiftungszweck (zB eine Grabpflege) und erhält er aus dem Stiftungsvermögen die Kosten erstattet und evtl ein Geschäftsbesorgungsentgelt, so liegen bei ihm Betriebseinnahmen vor (RFH RStBl 38, 827). **Beginn** und **Ende** s § 1 Rz 18ff. 6

**8. Steuerbefreiung § 5 I Nr 9:** Gemeinnützig und stbefreit können alle kstpfl Subjekte sein, also auch Zweckvermögen (s § 5 Rz 103). Die Anerkennung der StFreiheit setzt nach § 59 AO eine die Bedingungen der Gemeinnützigkeit festlegende Satzung voraus. Satzung können hiernach „Satzung, Stiftungsgeschäft oder – daran sei bei Zweckvermögen erinnert – sonstige Verfassung" sein. Bei Zweckvermögen mit geringem Umfang kann und sollte hierbei die Verwaltung beweglich sein. Im Einzelfall wird man bereits im Stiftungsakt selbst dann die Voraussetzungen der Gemeinnützigkeit als gegeben annehmen können, wenn eine förmliche Satzung nicht vorliegt. Zur KStBefreiung einer gemeinnützigen Stiftung vor Stiftungsgenehmigung s BFH BStBl II 05, 149. Ist das Zweckvermögen eigentumsmäßig einem nach § 5 I Nr 9 befreiten Subjekt (eV usw) zugeordnet, so folgt aus der Gemeinnützigkeit des Trägers nicht die Gemeinnützigkeit des Zweckvermögens. 7

## Zwischengesellschaft

S „Basisgesellschaften".

Die ZwischenGes ist eine ausländische KapGes, von Steuerinländern beherrscht, im Ausland mit niedrigem StNiveau, deren „passive Einkünfte" (Einkünfte, die ohne eigene wirtschaftl Aktivität erwirtschaftet werden) den inländischen AntE zugerechnet werden; s hierzu §§ 7 ff AStG. Zur Abgrenzung von der BasisGes s zu diesem Stichwort.

# Sachverzeichnis

Die **fettgedruckte Zahl** bezeichnet den Paragraphen des KStG, **KapErhStG** verbunden mit einer fettgedruckten Zahl den Paragraphen des KapErhStG. Die nachfolgende magere Ziffer gibt die jeweilige Randziffer an. Die kursiv gesetzten Worte zum **ABC** (= Beratungs-ABC) verweisen auf die Schlagworte, zu denen das jeweilige Stichwort zu finden ist; auch hier bezieht sich die magere Ziffer auf die Randziffer zu diesem Schlagwort.